〔清〕阮元 校刻

十三經注疏

（清嘉慶刊本）

一

周易 尚書 詩經

中華書局

圖書在版編目(CIP)數據

十三經注疏:清嘉慶刊本/(清)阮元校刻. —北京:中華書局,
2009.10(2023.12 重印)
ISBN 978-7-101-06844-3

Ⅰ.十…　Ⅱ.阮…　Ⅲ.①十三經-注釋②經學　Ⅳ.Z126.2

中國版本圖書館 CIP 數據核字(2009)第 108428 號

責任編輯:陳　雅　張繼海
責任印製:陳麗娜

十三經注疏(清嘉慶刊本)
(全五册)
〔清〕阮　元 校刻
*
中 華 書 局 出 版 發 行
(北京市豐臺區太平橋西里 38 號　100073)
http://www.zhbc.com.cn
E-mail:zhbc@zhbc.com.cn
三河市宏達印刷有限公司印刷
*
880×1230 毫米 1/16 · 386 印張 · 10000 千字
2009 年 10 月第 1 版　2023 年 12 月第 10 次印刷
印數:12901-13800 册　定價:1280.00 元

ISBN 978-7-101-06844-3

影印説明

清人阮元校刻的十三經注疏，彙編儒家「十三經」及漢至宋代經學家的注疏而成，是研究古代文史必備的參考書。目前十三經注疏的通行版本，是我局一九八〇年影印的上海世界書局縮印本，因爲經濟適用，查檢方便，受到讀者的歡迎。該本以清道光重刊本爲底本，每面九拼頁縮印，注疏文字太小，不利閲讀，爲此，我們決定影印出版十三經注疏清嘉慶原刊本，以滿足讀者閲讀的需要。

十三經注疏全稱重刊宋本十三經注疏附校勘記，清嘉慶二十至二十一年由江西南昌府學刊刻，是迄今爲止最好的本子。本書以每面四拼頁影印，基本保留了嘉慶原刻本的面貌，字大可讀，閲讀收藏兩相宜。我們曾經拿本書所據的嘉慶初刻本與後來的幾個重印本作了比較，發現同是嘉慶本，不同印次間存在細微差别，不僅正文有挖改，校勘記也有增删。這顯係初刻本行世後陸續發現一些錯誤而作的修訂。例如，初刻本在穀梁傳卷八校勘記的最後有這樣一行字：『盡二十三年，閩監毛本同，二當作三。』它其實是爲下一頁第一行『卷第九起十九年盡二十三年』出的校記。重印本則直接改『盡二十三年』爲『盡三十三年』，而删去了卷八末的此條校記。又如，左傳卷十九下的校勘記，重印本比初印本多出了一整頁的内容。對於這些差異，我們採取了比較保守的處理辦法，即儘量尊重初刻本的原貌，僅在版面允許的情況下作了少量换頁。從文字内容上説，重印本可能有後出轉精的地方，但是它離古本的原貌却更遠了。影印的首要目的是存真，我們希望讀者不僅可以看到嘉慶原刻本的面貌，而且可以從中窺見宋本的一些信息。另外，爲方便使用，我們新編了全書細目，書後附有全部「十三經」的篇目索引，以便查檢。

中華書局編輯部

二〇〇九年六月

目録

二　尚書正義

三　毛詩正義

四　周禮注疏

卷第九

卷第十

卷第十一

卷第十二

卷第十三

卷第十四

卷第十五

卷第三十六

卷第三十七

卷第三十八

卷第三十九

五　儀禮注疏

六　禮記正義

七　春秋左傳正義

八　春秋公羊傳注疏

卷第二十二

卷第二十三

卷第二十四

卷第二十五

卷第二十六

卷第二十七

卷第二十八

九　春秋穀梁傳注疏

卷第七

卷第八

卷第九

卷第十

卷第十一

十 論語注疏

十一 孝經注疏

十二 爾雅注疏

十三　孟子注疏

重栞宋本十三經注疏附挍勘記

用文選樓藏本挍定

重刻宋板注疏總目録

論語注疏二十卷魏何晏等注宋邢昺疏

孝經注疏九卷唐元宗明皇帝御注宋邢昺疏

爾雅注疏十卷晉郭璞注宋邢昺疏

孟子注疏十四卷漢趙岐注宋孫奭疏

右十三經注疏共四百十六卷謹案五代會要後唐長興三年始依石經文字刻九經印板經書之刻木板實始於此逮兩宋刻本浸多有宋十行本注疏者即南宋岳珂九經三傳沿革例所載建本附釋音注疏也其書刻于宋南渡之後由元入明遞有修補至明正德中其板猶存是以十行本爲諸本最古之册此後有閩板乃

明嘉靖中用十行本重刻者有明監板乃明萬厤中用閩本重刻者有汲古閣毛氏板乃明崇禎中用明監本重刻者輾轉翻刻訛謬百出明監板已燬今各省書坊通行者惟有汲古閣毛本此本漫漶不可識讀近人修補更多訛舛元家所藏十行宋本有十一經雖無儀禮爾雅但有蘇州北宋所刻之單疏板本爲賈公彦邢昺之原書此二經更在十行本之前元舊作十三經注疏挍勘記雖不專主十行本單疏本而大端實在此二本

嘉慶二十年元至江西武寧盧氏宣旬讀余挍勘記而有慕于宋本南昌給事中黄氏中傑亦苦毛板之朽因

以元所藏十一經至南昌學堂重刻之且借挍蘇州黄氏丕烈所藏單疏二經重刻之近鹽廵道胡氏稷亦從吳中購得十一經其中有可補元藏本中所殘缺者於是宋本注疏可以復行於世豈獨江西學中所私哉刻書者最患以臆見改古書今重刻宋板凡有明知宋板之誤字亦不使輕改但加圈于誤字之旁而别據挍勘記擇其說附載於每卷之末俾後之學者不疑于古籍之不可據慎之至也其經文注文有與明本不同恐後人習讀明本而反臆疑宋本之誤故盧氏亦引挍勘記載於卷後慎之至也竊謂士人讀書當從經學始經學

當從注疏始空疏之士高明之徒讀注疏不終卷而思臥者是不能潛心揅索終身不知有聖賢諸儒經傳之學矣至於注疏諸義亦有是有非我

朝經學最盛諸儒論之甚詳是又在好學深思實事求是之士由注疏而推求尋覽之也二十一年秋刻板初成藏其板於南昌學使士林書坊皆可就而印之學中因書成請序於元元謂聖賢之經如日月經天江河行地安敢以小言冠茲卷首惟記刻書始末於目錄之後復敬錄

欽定四庫全書十三經注疏各提要於各注疏之前俾束身修

行之士知我

大清儒學遠軼前代由此潛心敦品博學篤行以求古聖

賢經傳之本源不爲虛浮孤陋兩途所誤云爾

太子少保光禄大夫江西巡撫兼提督揚州阮元謹記

重栞宋本十三經注疏後記

嘉慶二十有一年秋八月南昌學堂重栞宋本十三經注疏成卷四百十六幷附録挍勘記爲書萬一千八百一十葉距始事於二十年仲春歷時十有九月蓋官於斯土與生是邦者合其心力而爲之者也稷竊心慰焉曩歲癸酉稷承乏江寧鹽法道適浙閩制府桐城方公維甸予告在籍相與過從講求政事之餘究研經義時以各注疏本異同得失參差互見近日坊間重刻汲古閣毛氏本舛誤滋多計欲重栞之而稷調任江西厥議遂寢越明年甲戌　宫保阮公元來撫江右稷向讀其

所著十三經注疏挍勘記心知其所藏宋本之善欲請觀之而涖政之初公事旁午踰歲初春始獲所願稷昔欲重栞而志未逮者又怦然動矣武寧貢生盧宣旬宫保門下士於稷夙有文字契至是來謁屬董厥事以宋本名工剞劂而一時賢士大夫樂與觀成者咸鼓舞而贊襄之於官則有今江南藩松督糧道前九江府知府方體今江西督糧道前廣信府知府王賡言今南昌府知府張敦仁暨南昌縣知縣陳煦新建縣知縣鄭祖琛署鄱陽縣知縣候補知州周澍浮梁縣知縣劉丙廣豐縣知縣阿應麟會昌縣知縣候補知州曾暉春二品

蔭生儀徵阮常生於紳則有給事中黄中傑御史盧浙編修黄中模員外黄中栻舉人余成教貢生趙儀吉袁泰開李楨或輸廉以助或分經以挍續殘補闕證是存疑而　宫保於退食餘閒詳加勘定且令庋其版於學中俾四方讀者皆可就而印之誠西江之盛事而　宫保嘉惠士林之至意也　宫保既記其刻書始末於序目之後稷亦喜夙願之既副爲記其重栞日月與挍栞諸名氏於全書之末云

江西鹽法道分巡瑞袁臨等處地方廬江胡稷謹記

重栞宋本周易注疏附挍勘記

嘉慶二十年江西南昌府學開雕

太子少保江西巡撫兼提督揚州阮元審定　武寧縣貢生盧宣旬校

欽定四庫全書總目

周易正義十卷

魏王弼晉韓康伯注唐孔穎達疏易本卜筮之書故末派寖流於讖緯王弼乘其極敝而攻之遂能排擊漢儒自標新學然隋書經籍志載晉揚州刺史顧夸等有周易難王輔嗣義一卷冊府元龜又載顧悅之（宋悅之即顧夸之字）難王弼易義四十餘條京口閔康之又申王難顧是在當日已有異同王儉顏延年以後此揚彼抑互詰不休至穎達等奉詔作疏始專崇王注而衆說皆廢故隋志易類稱鄭學寖

微今殆絕矣蓋長孫無忌等作志之時在正義旣行之後也今觀其書如復彖七日來復王偶用六日七分之說則推明鄭義之善乾九二利見大人王不用利見九五之說則駁詰鄭義之非於見龍在田時舍也則曰經但云時舍注曰必以時之通舍者則輔嗣以通解舍舍是通義也而不疏舍之何以訓通於天元而地黃則曰恐莊氏之言非王本意今所不取而不言莊說之何以未允如斯之類皆顯然偏袒至說卦傳之分陰分陽韓注二四爲陰三五爲陽則曰輔嗣以爲初上無陰陽定位此注用王之說帝出乎震韓氏無注則曰益卦六二王用享于帝吉輔嗣注云帝者生物之主興益之宗出震而齊巽者也則輔嗣之意以此帝爲天帝也是雖弼所未注者亦委曲旁引以就之然疏家之體主於詮解注文不欲有所出入故皇侃禮疏或乖鄭義穎達至斥爲狐不首丘葉不歸根其墨守專門固通例然也至於詮釋文句多用空言不能如諸經正義根據典籍源委粲然則由

王注掃棄舊文無古義之可引亦非考證之疏矣此書初名義贊後詔改正義然卷端又題曰兼義未喻其故序稱十四卷唐志作十八卷書錄解題作十三卷此本十卷乃與王韓注本同殆後人從注本合併歟

周易正義序

國子祭酒上護軍曲阜縣開國子臣孔穎達奉勑撰定

夫易者象也爻者效也聖人有以仰觀俯察象天地而育羣品雲行雨施效四時以生萬物若用之以順則兩儀序而百物和若行之以逆則六位傾而五行亂故王者動必則天地之道不使一物失其性行必協陰陽之宜不使一物受其害故能彌綸宇宙酬酢神明宗社所以无窮風聲所以不朽非夫道極玄妙孰能與於此乎斯乃乾坤之大造生靈之所益也若夫龍出於河則八卦宣其象麟傷於澤則十翼彰其

用業資凡聖時歷三古及秦亡金鏡未墜斯文漢理珠囊重興儒雅其傳易者西都則有丁孟京田東都則有荀劉馬鄭大體更相祖述非有絶倫唯魏世王輔嗣之注獨冠古今所以江左諸儒並傳其學河北學者罕能及之其江南義疏十有餘家皆辭尚虛玄義多浮誕原夫易理難窮雖復玄之又玄至於垂範作則便是有而教有若論住內住外之空就能就所之說斯乃義涉於釋氏非爲敎於孔門也既背其本又違於注至若復卦云七日來復並解云七日當爲七月謂陽氣從五月建午而消至十一月建子始復所歷七辰故云七月今案輔嗣注云陽氣始剝盡至來復時凡七日則是陽氣剝盡之後凡經七日始復但陽氣雖建午始消至建戌之月陽氣猶在何得稱七月來復故鄭康成引易緯之說建戌之月以陽氣既盡建亥之月純陰用事至建子之月陽氣始生隔此純陰一卦卦主六日七分舉其成數言之而云七日來復仲尼之緯分明輔嗣之注若此康成之說遺跡可尋輔嗣注之於前諸儒背之於後考其義理其可通乎又蠱卦云先甲三日後甲三日輔嗣注云甲者創制之令又若漢世之時甲令乙令也輔嗣又云

令洽乃誅故後之三日又巽卦云先庚三日後庚三日輔嗣注云申命令謂之庚輔嗣又云甲庚皆申命之謂也諸儒同於鄭氏之說以爲甲者宣令之日先之三日而用辛也欲取改新之義後之三日而用丁也取其丁寧之義王氏注意本不如此而又不顧其注妄作異端今既奉

勑刪定考察其事必以仲尼爲宗義理可詮先以輔嗣爲本去其華而取其實欲使信而有徵其文簡其理約寡而制衆變而能通仍恐鄙才短見意未周盡謹與朝散大夫行大學博士臣馬嘉運守大學助教

臣趙乾叶等對共參議詳其可否至十六年又奉勑與前修疏人及給事郎守四門博士上騎都尉臣蘇德融等對勑使趙弘智覆更詳審爲之正義凡十有四卷庶望上裨聖道下益將來故序其大略附之卷首爾

周易正義卷第一

自此下分爲八段

第一論易之三名　第二論重卦之人

第三論三代易名　第四論卦辭爻辭誰作

第五論分上下二篇　第六論夫子十翼

第七論傳易之人　第八論誰加經字

第一論易之三名

正義曰夫易者變化之總名改換之殊稱自天地開闢陰陽運行寒暑迭來日月更出孚萌庶類亭毒羣品新新不停生生相續莫非資變化之力换代之功然變化運行在陰陽二氣故聖人初畫八卦設剛柔兩畫象二氣也布以三位象三才也謂之爲易取變化之義既義揔變化而獨以易爲名者易緯乾鑿度云易一名而含三義所謂易也變易也不易也又云易者其德也光明四通簡易立節天以爛明日月星辰布設張列通精無門藏神無穴不煩不擾澹泊不失此其易也變易者其氣也天地不變不能通氣五行迭終四時更廢君臣取象變節相移能消者息必專者敗此其變易也不易者其位也天在上地在下君南面臣北面父坐子伏此其不易也鄭玄依此義作易贊及易論云易一名而含三義易簡一也變易二也不易三也故繫辭云乾坤其易之蘊邪又云易之門戸邪又云夫乾確然示人易矣夫坤隤然示人簡矣易則易知簡則易從此言其易簡之法則也又云爲道也屢遷變動不居周流六虛上下無常剛柔

相易不可爲典要唯變所適此言順時變易出入移動者也又云天尊地卑乾坤定矣卑高以陳貴賤位矣動靜有常剛柔斷矣此言其張設布列不易者也崔覲劉貞簡等並用此義云易者謂生生之德有易簡之義不易者言天地定位不可相易變易者謂生生之道變而相續皆以緯稱不煩不擾澹泊不失此明是易簡之義無爲之道故易者易也作難易之音而周簡子云易者易（音亦）也不易者變易也易者易代之名凡有無相代彼此相易皆是易義不易者常體之名有常有體無常無體是不易之義變易者相變

改之名兩有相變此爲變易張氏何氏並用此義云易者換代之名待奪之義因於乾鑿度云易者其德也或沒而不論或云德者得也萬法相形皆得相易不顧緯文不煩不擾之言所謂用其文而背其義何不思之甚故今之所用同鄭康成等易者易也音爲難易之音義爲簡易之義得緯文之本實也蓋易之三義唯在於有然有從无出理則包无故乾鑿度云夫有形者生於无形則乾坤安從而生故有太易有太初有太始有太素太易者未見氣也太初者氣之始也太始者形之始也太素者質之始也氣形質具

而未相離謂之渾沌渾沌者言萬物相渾沌而未相離也視之不見聽之不聞循之不得故曰易也是知易理備包有无而易象唯在於有者蓋以聖人作易本以垂教教之所備本備於有故繫辭云形而上者謂之道道卽无也形而下者謂之器器卽有也故以无言之存乎道體以有言之存乎器用以變化言之存乎其神以生成言之存乎其易以眞言之存乎其性以邪言之存乎其情以氣言之存乎陰陽以質言之存乎爻象以教言之存乎精義以人言之存乎景行此等是也且易者象也物无不可象也作易所以垂教者卽乾鑿度云孔子曰上古之時人民無別羣物未殊未有衣食器用之利伏犧乃仰觀象於天俯觀法於地中觀萬物之宜於是始作八卦以通神明之德以類萬物之情故易者所以斷天地理人倫而明王道是以畫八卦建五氣以立五常之行象法乾坤順陰陽以正君臣父子夫婦之義度時制宜作爲罔罟以佃以漁以贍民用於是人民乃治君親以尊臣子以順羣生和洽各安其性此其作易垂教之本意也

第二論重卦之人

繫辭云河出圖洛出書聖人則之又禮緯含文嘉曰伏犧德合上下天應以鳥獸文章地應以河圖洛書伏犧則而象之乃作八卦故孔安國馬融王肅姚信等並云伏犧得河圖而作易是則伏羲雖得河圖復須仰觀俯察以相參正然後畫卦伏犧初畫八卦萬物之象皆在其中故繫辭曰八卦成列象在其中矣是也雖有萬物之象其萬物變通之理猶自未備故因其八卦而更重之卦有六爻遂重爲六十四卦也繫辭曰因而重之爻在其中矣是也然重卦之人諸儒不同凡有四說王輔嗣等以爲伏犧畫卦鄭玄之

徒以爲神農重卦，孫盛以爲夏禹重卦，史遷等以爲文王重卦。其言夏禹及文王重卦者，案繫辭神農之時已有蓋取益與噬嗑，以此論之，不攻自破。其言神農重卦亦未爲得。今以諸文驗之，案說卦云昔者聖人之作易也，幽贊於神明而生蓍。凡言作者，創造之謂也。神農以後便是述修，不可謂之作也。則幽贊用蓍謂伏犧矣。故乾鑿度云垂皇策者犧。上繫論用蓍云四營而成易，十有八變而成卦。既言聖人作易，十八變成卦，明用蓍在六爻之後，非三畫之時。伏犧用蓍，卽伏犧已重卦矣。說卦又云昔者聖人之作易也

將以順性命之理，是以立天之道曰陰與陽，立地之道曰柔與剛，立人之道曰仁與義，兼三才而兩之，故易六畫而成卦。既言聖人作易兼三才而兩之，又非神農始重卦矣。又上繫云易有聖人之道四焉，以言者尚其辭，以動者尚其變，以制器者尚其象，以卜筮者尚其占。此之四事皆在六爻之後。何者？三畫之時未有彖繇，不得有尚其辭；因而重之，始有變動，三畫不動，不得有尚其變；揲蓍布爻，方用之卜筮，蓍起六爻之後，三畫不得有尚其占。自然中間以制器者尚其象，亦非三畫之時。今伏犧結繩而爲罔罟，則是制器，明伏犧已重卦矣。又周禮小史掌三皇五帝之書，明三皇已有書也。下繫云上古結繩而治，後世聖人易之以書契，蓋取諸夬。既象夬卦而造書契，伏犧有書契，則有夬卦矣。故孔安國書序云古者伏犧氏之王天下也，始畫八卦，造書契，以代結繩之政。又曰伏犧、神農、黃帝之書謂之三墳是也。又八卦小成，爻象未備，重三成六，能事畢矣。若言重卦起自神農，其爲功也豈比繫辭而已哉！何因易緯等數所歷三聖，但云伏犧、文王、孔子，竟不及神農？明神農但有蓋取諸益，不重卦矣。故今依王輔嗣以伏犧既畫八卦卽自

重爲六十四卦爲得其實。其重卦之意備在說卦，此不具敘。伏犧之時道尚質素，畫卦重爻足以垂法；後代澆訛，德不如古，爻象不足以爲教，故作繫辭以明之。

第三論三代易名

案周禮大卜三易云一曰連山，二曰歸藏，三曰周易。杜子春云連山伏犧，歸藏黃帝。鄭玄易贊及易論云夏曰連山，殷曰歸藏，周曰周易。鄭玄又釋云連山者，象山之出雲，連連不絕；歸藏者，萬物莫不歸藏於其中；周易者，言易道周普，无所不備。鄭玄雖有此釋，更无所據之文。先儒因此遂爲文質之義，皆煩而无用

今所不取。案世譜等羣書，神農一曰連山氏，亦曰列山氏；黃帝一曰歸藏氏。既連山、歸藏並是代號，則周易稱周，取岐陽地名，毛詩云「周原膴膴」是也。又文王作易之時，正在羑里，周德未興，猶是殷世也，故題周別於殷。以此文王所演，故謂之周易，其猶周書、周禮題周以別餘代。故易緯云「因代以題周」是也。先儒又兼取鄭說云：「既指周代之名，亦是普徧之義。」雖欲无所遐棄，亦恐未可盡通。其易題周，因代以稱周，是先儒更不別解。唯皇甫謐云：「文王在羑里演六十四卦，著七八九六之爻，謂之周易。」以此文王安周字，其繫辭之文，連山、歸藏无以言也。

第四論卦辭爻辭誰作

其周易繫辭凡有二說：一說所以卦辭、爻辭並是文王所作，知者，案繫辭云：「易之興也，其於中古乎？作易者其有憂患乎？」又曰：「易之興也，其當殷之末世、周之盛德邪？當文王與紂之事邪？」又乾鑿度云：「垂皇策者犧，卦道演德者文，成命者孔。」通卦驗又云：「蒼牙通靈昌之成，孔演命明道經。」準此諸文，伏犧制卦，文王繫辭，孔子作十翼，易歷三聖，只謂此也。故史遷云「文王因而演易」，卽是「作易者其有憂患乎」。鄭學之徒並依此說也。二以爲驗爻辭多是文王後事。案升卦六四「王用亨于岐山」，武王克殷之後始追號文王爲王，若爻辭是文王所制，不應云「王用亨于岐山」。又明夷六五「箕子之明夷」，武王觀兵之後，箕子始被囚奴，文王不宜豫言「箕子之明夷」。又既濟九五「東鄰殺牛，不如西鄰之禴祭」，說者皆云西鄰謂文王，東鄰謂紂。文王之時，紂尚南面，豈容自言已德受福勝殷，又欲抗君之國，遂言東西相鄰而已。又左傳韓宣子適魯，見易象云：「吾乃知周公之德。」周公被流言之謗，亦得爲憂患也。驗此諸說，以爲卦辭文王，爻辭周公。馬融、陸績

等並同此說，今依而用之。所以只言三聖，不數周公者，以父統子業故也。案禮稽命徵曰：「文王見禮壞樂崩，道孤無主，故設禮經三百，威儀三千。」其三百、三千，卽周公所制周官、儀禮，明文王本有此意，周公述而成之，故繫之文王。然則易之爻辭，蓋亦是文王本意，故易緯但言文王也。

第五論分上下二篇

案乾鑿度云：「孔子曰：陽三陰四，位之正也。故易卦六十四分爲上下，而象陰陽也。夫陽道純而奇，故上篇三十，所以象陽也；陰道不純而偶，故下篇三十四，所

以法陰也。乾坤者陰陽之本始，萬物之祖宗，故爲上篇之始而尊之也。離爲日，坎爲月，日月之道，陰陽之經，所以始終萬物，故以坎離爲上篇之終也。咸恒者，男女之始，夫婦之道也。人道之典，必由夫婦，所以奉承祖宗，爲天地之主，故爲下篇之始而貴之也。既濟、未濟爲最終者，所以明戒愼而全王道也。以此言之，則上下二篇文王所定，夫子作緯以釋其義也。

第六論夫子十翼

其彖象等十翼之辭，以爲孔子所作，先儒更无異論。但數十翼亦有多家，既文王易經本分爲上下二篇，

則區域各別，彖象釋卦亦當隨經而分。故一家數十翼云：上彖一，下彖二，上象三，下象四，上繫五，下繫六，文言七，說卦八，序卦九，雜卦十。鄭學之徒並同此說，故今亦依之。

第七論傳易之人

孔子既作十翼，易道大明。自商瞿已後，傳授不絕。案儒林傳云：商瞿子木受易於孔子，以授魯橋庇子庸，子庸授江東馯臂子弓，子弓授燕周醜子家，子家授東武孫虞子乘，子乘授齊田何子莊。及秦燔書，易爲卜筮之書，獨得不禁，故傳授者不絕。漢興，田何授東武王同子中及雒陽周王孫、梁人丁寬、齊服生，皆著易傳數篇。同授菑川楊何，字叔元，叔元傳京房，京房傳梁丘賀，賀授子臨，臨授御史大夫王駿。其後丁寬又別授田王孫，孫授施讎，讎授張禹，禹授彭宣。此前漢大略傳授之人也。其後漢則有馬融、荀爽、鄭玄、劉表、虞翻、陸績等及王輔嗣也。

第八論誰加經字

但子夏傳云雖分爲上下二篇，未有經字。經字是後人所加，不知起自誰始。案前漢孟喜易本云分上下二經，是孟喜之前已題經字。其篇題經字雖起於後，

其稱經之理則久在於前。故禮記經解云「絜靜精微，易教也」。既在經解之篇，是易有稱經之理。案經解之篇備論六藝，則詩書禮樂並合稱經，而孝經緯稱易建八卦，序六十四卦，轉成三百八十四爻，運機布度，其氣轉易，故稱經也。但緯文鄙僞，不可全信。其八卦方位之所，六爻上下之次，七八九六之數，內外承乘之象，入經別釋，此未具論也。

周易正義卷之一　　太子少保江西巡撫阮元栞

周易兼義上經乾傳第一

國子祭酒上護軍曲阜縣開國子臣孔穎達奉勑撰正義

王弼注

☰☰ 乾下乾上 **乾元亨利貞** 疏 正義曰乾者此卦之名謂之卦者易緯云卦者掛也言縣掛物象以示於人故謂之卦但二畫之體雖象陰陽之氣未成萬物之象未得成卦必三畫以象三才寫天地雷風水火山澤之象乃謂之卦也故繫辭云八卦成列象在其中矣是也但初有三畫雖有萬物之象於萬物變通之理猶有未盡故更重之而有六畫備萬物之形象窮天下之能事故六畫成卦也此乾卦本以象天天乃積諸陽氣而成天故此卦六爻皆陽畫成卦也此既象天何不謂之天而謂之乾者天者定體之名乾者體用之稱故說卦云乾健也言天之體以健爲用聖人作易本以教人欲使人法天之用不法天之體故名乾不名天也天以健爲用者運行不息應化无窮此天之自然之理故聖人當法此自然之象而施人事亦當應物成務云爲不已終日乾乾无時懈倦所以因天象以教人事於物象言之則純陽也天也於人事言之則君也父也以其居尊故在諸卦之首爲易理之初但聖人名卦體例不同或則以物象而爲卦名者若否泰剥頤鼎之屬是也或以象之所用而爲卦名者卽乾坤之屬是也如此之類多矣雖取物象乃以人事而爲卦名者卽家人歸妹謙履之屬是也所以如此不同者但物有萬象人有萬事若執一事不可包萬物之象若限局一象不可總萬有之事故名有隱顯辭有踳駁不可一例求之不可一類取之故繫辭云上下无常剛柔相易不可爲典要韓康伯注云不可立定準是也元亨利貞者是乾之四德也子夏傳云元始也亨通也利和也貞正也言此卦之德有純陽之性自然能以陽氣始生萬物而得元始亨通能使物性和諧各有其利又能使物堅固貞正得終此卦自然令物有此四種使得其所故謂之四德言聖人亦當法此卦而行善道以長萬物物得生存而爲元也又當以嘉美之事會合萬物令使開通而爲亨也又當以義協和萬物使物各得其理而爲利也又當以貞固幹事使物各得其正而爲貞也是以聖人法乾而行此四德故曰元亨利貞其委曲條例備在文言

初九潛龍勿用 文言備矣 疏 正義曰居第一之位故稱初以其陽爻故稱九潛者隱伏之名龍者變化之物言天之自然之氣起於建子之月陰氣始盛陽氣潛在地下故言初九潛龍也此自然之象聖人作法言於此潛龍之時小人道盛聖人雖有龍德於此時唯宜潛藏勿可施用故言勿用張氏云以道未可行故稱勿用以誡之於此小人道盛之時若其施用則爲小人所害寡不敵衆弱不勝強禍害斯及故誡勿用若漢高祖生於暴秦之世唯隱居爲泗水亭長是勿用也諸儒皆以爲舜始漁於雷澤舜之時當堯之世堯君在上不得爲小人道盛此潛龍始起在建子之月於義恐非也第一位言初第六位當言終第六位言上第一位當言下所以文不同者莊氏云下言初則上有末義故大過彖云棟橈本末弱是上有末義六言上則初當言下故小象云潛龍勿用陽在下也則是初有下義互文相通義或然也且第一言初者欲明萬物積漸從无入有所以言初不言一與下也六言上者欲見位居卦上故不言六與末也此初九之等是乾之六爻之辭但乾卦是陽生之世故六爻所述皆以聖人出處託之其餘卦六爻各因象明義隨義而發不必皆論聖人他皆倣此謂之爻者繫辭云爻也者效此者也聖人畫爻以倣效萬物之象先儒云後代聖人以易占事之時先用蓍以求數得數以定爻累爻而成卦因卦以生辭則蓍爲爻卦之本爻卦爲蓍之末今案說卦云聖人之作易也幽贊於神明而生蓍三天兩地而倚數觀變於陰陽而立卦發揮於剛柔而生爻繫辭云成天下之亹亹者莫大乎蓍龜是故天生神物聖人則之又易乾鑿度云垂皇策者犧據此諸文皆是用蓍以求卦先儒之說理當然矣然陽爻稱九陰爻稱六其說有二一者乾體有三畫坤體有六畫陽得兼陰故其數九陰不得兼陽故其數六二者老陽數九老陰數六老陰老陽皆變周易以變者爲占故杜元凱注襄九年傳遇艮之八及鄭康成注易皆稱周易以變者爲占故稱九稱六所以老陽數九老陰數六者以揲蓍之數九遇揲則得老陽六遇揲則得老陰其少陽稱七少陰稱八義亦準此張氏以爲陽數有七有九陰數有八有六但七爲少陽八爲少陰質而不變爲爻之本體九爲老陽六爲老陰文而從變故爲爻之別名且七既爲陽爻其畫已長今有九之老陽不可復畫爲陽所以重錢避少陽七數故稱九也八爲陰數而畫陰爻今六爲老陰不可復畫陰爻故交其錢避八而稱六但易含萬象所託多塗義或然也

九二見龍在田利見大人 出潛離隱故曰見龍處於地上故曰在田德施周普居中不偏雖非君位君之德也初則不彰三則乾乾四則或躍上則過亢利見大人唯二五焉 疏 至利見大人○正義曰陽處二位故曰九二陽氣發見故曰見龍田是地上可營爲有益之處陽氣發在地上故曰在田且一之與二俱爲地道二在一上所以稱田見龍在田是自然之象利見大人以人事託之言龍見在田之時猶似聖人久潛稍出雖非

君位而有君德故天下衆庶利見九二之大人故先儒云若夫子教於洙泗利益天下有人君之德故稱大人案文言云九二德博而化又云君德也王輔嗣注云雖非君位君之德也是九二有人君之德所以稱大人也輔嗣又云利見大人唯二五焉是二之與五俱是大人爲天下所利見也而褚氏張氏同鄭康成之說皆以爲九二利見九五之大人其義非也且大人之云不專在九五與九二故訟卦云利見大人又蹇卦利見大人此大人之文施處廣矣故輔嗣注謂九二也是大人非專九五○注處於地上至唯二五焉○正義曰處於地上故曰在田者先儒以爲重卦之時重於上下兩體故初與四相應二與五相應三與上相應矣上下兩體論天地人各別但易含萬象爲例非一及其六位則一二爲地道三四爲人道五上爲天道二在一上是九二處其地上所田食之處唯在地上所以稱田也觀輔嗣之注意唯取地上稱田諸儒更廣而稱之言田之耕稼利益及於萬物盈滿有益於人猶若聖人益於萬物故稱田也德施周普者下小象文謂周而普徧居中不偏者九二居在下卦之中而於上於下其心一等是居中不偏也不偏則周普也雖非君位者二爲大人已居二位是非君位也君之德者以德施周普也文言云德博而化又云君德也是九二有人君之德也初則不彰者謂潛隱不彰顯也三則乾乾者危懼不安也四則或躍者謂進退懷疑也上則過亢過謂過甚亢謂亢極利見大人唯二五焉者言範模乾之一卦故云唯二五焉於別卦言之非唯二五而已故訟卦蹇卦並云利見大人所以施處廣非唯二五也諸儒以爲九二當太蔟之月陽氣發見則九三爲建辰之月九四爲建午之月九五爲建申之月爲陰氣始殺不宜稱飛龍在天上九爲建戌之月羣陰既盛上九不得言與時偕極於此時陽氣僅存何極之有諸儒此說於理稍乖此乾之陽氣漸生似聖人漸出宜據十一月之後至建巳之月已來此九二當據建丑建寅之間於時地之萌牙初有出者即是陽氣發見之義乾卦之象其應然也但陰陽二氣共成歲功故陰興之時仍有陽在陽生之月尚有陰存所以六律六呂陰陽相間取象論義與此不殊乾之初九則與復卦不殊乾之九二又與臨卦无別何以復臨二卦與此不同者但易論象復臨二卦既有羣陰見象於上即須論卦之象義各自爲文此乾卦初九九二只論居位一爻无羣陰見象故但自明當爻之地爲此與臨復不同

九三君子終日乾乾夕惕若厲无咎

處下體之極居上體之下在不中之位履重剛之險上不在天未可以安其尊也下不在田未可以寧其居也純脩下道則居上之德廢純脩上道則處下之禮曠故終日乾乾至于夕惕猶若厲也居上不驕在下不憂因時而惕不失其幾雖危而勞可以無咎處下卦之極愈於上九之亢故竭知力而後免於咎也乾三以處下卦之上故免亢龍之悔坤三以處下卦之上故免龍戰之災

疏 九三君子至夕惕若厲无咎○正義曰以陽居三位故稱九三以居不得中故不稱大人陽而得位故稱君子在憂危之地故終日乾乾言每恒終竟此日健健自強勉力不有止息夕惕者謂終竟此日後至向夕之時猶懷憂惕若厲者若如也厲危也言尋常憂懼恒如傾危乃得无咎謂既能如此戒慎則无罪咎如其不然則有咎故繫辭云无咎者善補過也此一爻因陽居九三之位皆以人事明其象○注處下體之極至免龍戰之災○正義曰處下體之極者極終也三是上卦之下下體之極故云極也又云居上體之下者四五與上是上體三居四下未入上體但居上體之下四則已入上體但居其上體之下故九四注云居上體之下與此別也云履重剛之險者上下皆有陽爻剛強好爲險難故云履重剛之險云上不在天未可以安其尊者若在天位其尊自然安處在上卦之下雖在下卦之上其尊亦安故云未可以安其尊也下不在田未可以寧其居者田是所居之處又是中和之所既不在田故不得安其居純脩下道則居上之德廢者言若純脩下道以事上卦則已居下卦之上其德廢壞言其太卑柔也純脩上道則處下之禮曠者曠謂空曠言已純脩居下卦之上道以自驕矜則處上卦之下其相終竟空曠夕惕猶若厲也者言雖至於夕恒懷惕懼猶如未夕之前當若厲也案此卦九三所居之處實有危厲又文言云雖危无咎是實有危也據其上下文勢若字宜爲語辭但諸儒並以若爲如如似有厲是實无厲也理恐未盡今且依如解之因時而惕不失其幾者因時謂因可憂之時故文言云因時而惕又云知至至之可與幾也是因時而惕不失其幾也雖危而勞者若厲是雖危終日乾乾是而勞也故竭知力而後免於咎者王以九三與上九相並九三處下卦之極其位猶卑故竭知力而得免咎也上九在上卦之上其位極尊雖竭知力不免亢極言下勝於上卑勝於尊

九四或躍在淵无咎

去下體之極居上體之下乾道革之時也上不在天下不在田中不在人履重剛之險而无定位所處斯誠進退无常之時也近乎尊位欲進其道迫乎在下非躍所及欲靜其居居非所安持疑猶豫未敢決志用心存公進不在私疑以爲慮不謬於果故无咎也

疏 九四或躍在淵无咎○正義曰或疑也躍跳躍也言九四陽氣漸進似若龍體欲飛猶疑或也躍於在淵未即飛也此自然之象猶若聖人位漸尊高欲進於王位猶豫遲疑在於故位未即進也云无咎者以其遲疑進退不即果敢以取尊位故无咎也若其貪利務進時未可行而行則物

所不與故有咎也若周西伯内執王心外率諸侯以事紂也。注去下體之極至无咎也。正義曰去下體之極者離下體入上體但在下體之上故云去下體之極注九三云處下體之極彼仍處九三與此别也云乾道革之時者革變也九四去下體入上體是乾道革之時云上不在天下不在田中不在人者易之爲體三與四爲人道人近在下不近於上故九四云中不在人異於九三也云而无定位所處者九四以陽居陰上既不在於天下復不在於地中又不當於人上下皆无定位所處也斯誠進退无常之時者文言云上下无常進退无恒是也欲進其道迫乎在下非躍所及者謂欲進已聖道而居王位但逼迫於下羣衆未許非己獨躍所能進及也欲靜其居居非所安持疑猶豫未敢決志者謂志欲靜其居處百姓既未離禍患須當拯救所以不得安居故遲疑猶豫未敢決斷其志而苟進也用心存公進不在私者本爲救亂除患不爲於己是進不在私也疑以爲慮不謬於果者謬謂謬錯果謂果敢若不思慮苟欲求進當錯謬於果敢之事而致敗亡若疑惑以爲思慮則不錯謬於果敢之事其錯謬者若宋襄公與楚人戰而致敗亡是也。**九五飛龍在天利見大人**不行不躍而在乎天非飛而何故曰飛龍也龍德在天則大人之路亨也夫位以德興德以位敘以至德而處盛位萬物之覩

不亦宜乎【疏】九五至利見大人。正義曰言九五陽氣盛至於天故云飛龍在天此自然之象猶若聖人有龍德飛騰而居天位德備天下爲萬物所瞻覩故天下利見此居王位之大人。注龍德在天。正義曰龍德在天則大人之路亨謂若聖人有龍德居在天位則大人道路得亨通猶若文王拘在羑里是大人道路未亨也夫位以德興者位謂王位以聖德之人能興王位也德以位敘者謂有聖德之人得居王位乃能敘其聖德若孔子雖有聖德而无其位是德不能以位敘也　**上九亢龍有悔**【疏】正義曰上九亢陽之至大而極盛故曰亢龍此自然之象以人事言之似聖人有龍德上居天位久而亢極物極則反故有悔也純陽雖極未至大凶但有悔吝而已繫辭云悔吝者言乎其小疵也故鄭引堯之末年四凶在朝是以有悔未大凶也凡悔之爲文既是小疵不單稱悔也必以餘字配之其悔若在則言有悔謂當有此悔則此經是也其悔若无則言悔亡言其悔已亡也若恒卦九二悔亡是也其悔雖亡或是更取他文結之若復卦初九不遠復无祗悔之類是也但聖人至極終始无虧故文言云知進退存亡而不失其正者其唯聖人乎是知大聖之人本無此悔但九五天位有大聖而居者亦有非大聖而居者不能不有驕亢故聖人設法以戒之也　**用九見羣龍无首吉**九天之德也能用天德乃見羣龍之義焉夫以剛健而居人之首則物之所不與也以柔順而爲不正則佞邪之道也故乾吉在无首坤利在永貞。【疏】用九見羣龍无首吉。正義曰用九見羣龍者此一句說乾元能用天德也九天德也若體乾元聖人能用天德則見羣龍之義羣龍之義以无首爲吉故曰用九見羣龍无首吉也。注九天之德。正義曰九天之德者言六爻俱九乃共成天德非是一爻之九則爲天德也　**彖曰大哉乾元萬物資始乃統天雲行雨施品物流形大明終始六位時成時乘六龍以御天乾道變化各正性命**天也者形之名也健也者用形者也夫形也者物之累也有天之形而能永保无虧爲物之首統之者豈非至健哉大明乎終始之道故六位不失其時而成升降无常隨時而用處則乘潛龍出則乘飛龍故曰時乘六龍也乘變化而御大器靜專動直不失大和豈非正性命之情者邪【疏】彖曰大哉乾元至各正性命。正義曰夫子所作彖辭統論一卦之義或說其卦之德或說其卦之義或說其卦之名故畧例云彖者何也統論一卦之體明其所由之主案褚氏莊氏並云彖斷

也斷定一卦之義所以名爲彖也但此彖釋乾與元亨利貞之德但諸儒所說此彖分解四德意各不同今案莊氏之說於理稍密依而用之大哉乾元萬物資始乃統天者此三句總釋乾與元也乾是卦名元是乾德之首故以元德配乾釋之大哉乾元者陽氣昊大乾體廣遠又以元大始生萬物故曰大哉乾元萬物資始者釋其乾元稱大之義以萬象之物皆資取乾元而各得始生不失其宜所以稱大也乃統天者以其至健而爲物始以此乃能統領於天天是有形之物以其至健能總統有形是乾元之德也雲行雨施品物流形者此二句釋亨之德也言乾能用天之德使雲氣流行雨澤施布故品類之物流布成形各得亨通无所壅蔽是其亨也大明終始六位時成者此二句總結乾卦之德也以乾之爲德大明曉乎萬物終始之道始則潛伏終則飛躍可潛則潛可飛則飛是明達乎始終之道故六爻之位依時而成若其不明終始之道應潛而飛應飛而潛應生而殺應殺而生六位不以時而成也時乘六龍以御天者此二句申明乾元乃統天之義言乾之爲德以依時乘駕六爻之陽氣以控御於天體六龍即六位之龍也以所居上下言之謂之六位也陽氣升降謂之六龍也上文以至健元始總明乾德故云乃統天也此名乘駕六龍各分其事故云以御天也乾道變化各正性命者此二句更申明乾元資始之義道體无形自

然使物開通謂之爲道言乾卦之德自然通物故云乾道也變謂後來改前以漸移改謂之變也化謂一有一无忽然而改謂之爲化言乾之爲道使物漸變者使物卒化者各能正定物之性命性者天生之質若剛柔遲速之別命者人所稟受若貴賤夭壽之屬是也○注天也者形之名也至豈非正性命之情者邪○正義曰夫形也者物之累也凡有形之物以形爲累是含生之屬各憂性命而天地雖復有形常能永保无虧爲物之首豈非統用之者至極健哉若非至健何能使天形无累見其无累則知至健也乘變化而御大器者乘變化則乘潛龍飛龍之屬是也而御大器大器謂天也乘此潛龍飛龍而控御天體所以運動不息故云而御大器也靜專動直不失大和者謂乾之爲體其靜住之時則專一不轉移也其運動之時正直不傾邪也故上繫辭云夫乾其靜也專其動也直是以大生焉韓康伯注云專專一也直剛正也不失大和則下文保合大和是也豈非正性命之情者邪以乾能正定物之性命故云豈非正性命之情者邪謂物之性命各有情非天之情也天本无情何情之有而物之性命各有情也所稟生者謂之性隨時念慮謂之情无識无情今據有識而言故稱曰情也夫子爲彖之體斷明一卦之義體例不同莊氏以爲凡有一十二體今則略舉大綱不可事事繁說莊氏云彖者發首則歎美卦者則此乾彖云大哉

乾元坤卦彖云至哉坤元以乾坤德大故先歎美之乃後詳說其義或有先疊文解義而後歎者則豫卦歎云豫之時義大矣哉之類是也或有先釋卦名之義後以卦名結之者則同人彖云柔得位得中而應乎乾曰同人大有彖云柔得尊位大中而上下應之曰大有之例是也或有特疊卦名而稱其卦者則同人彖云同人曰同人於野亨注云同人於野亨利涉大川非二之所能也是乾之所行故特曰同人曰此等之屬爲文不同唯同人之彖特稱同人曰注又別釋其餘諸卦之彖或詳或略或先或後故上下參差體例不同或難其解或易略解若一一比並曲生節例非聖人之本趣恐學者之徒勞心不曉也今皆略而不言必有其義於卦下而具說

保合大和乃利貞。不和而剛暴。

疏　正義曰此二句釋利貞也純陽剛暴若无和順則物不得利又失其正以能保安合會大和之道乃能利貞於萬物言萬物得利而貞正也

首出庶物萬國咸寧　萬國所以寧各以有君也

疏　正義曰自上已來皆論乾德自然養萬物之道此二句論聖人上法乾德生養萬物言聖人爲君在衆物之上最尊高於物以頭首出於衆物之上各置君長以領萬國故萬國皆得寧也人君位實尊高故於此云首出於庶物者也志須卑下故前經云无首吉也但前文說乾用

天德其事既詳故此文聖人以人事象乾於文略也以此言之聖人亦當令萬物資始統領於天位而雲行雨施布散恩澤使兆庶衆物各流布其形又大明乎盛衰終始之道使天地四時貴賤高下各以時而成又任用羣賢以奉行聖化使物各正性命此聖人所以象乾而立化

象曰天行健君子以自強不息。

疏　正義曰此大象也十翼之中第三翼總象一卦故謂之大象但萬物之體自然各有形象聖人設卦以寫萬物之象今夫子釋此卦之所象故言象曰天有純剛故有健用今畫純陽之卦以比擬之故謂之象象在彖後者彖詳而象略也是以過半之義思在彖而不在象有由而然也天行健者行者運動之稱健者強壯之名乾是衆健之訓今大象不取餘健爲釋偏說天者萬物壯健皆有衰怠唯天運動日過一度蓋運轉混沒未曾休息故云天行健健是乾之訓也順者坤之訓也坤則云地勢坤此不言天行乾而言健者劉表云詳其名也然則天是體名乾則用名健是其訓三者並見最爲詳悉所以尊乾異於他卦凡六十四卦說象不同或總舉象之所由不論象之實體又總包六爻不顯上體下體則乾坤二卦是也或直舉上下二體者若雲雷屯也天地交泰也天地不交否也雷電噬嗑也雷風恒也雷雨作解也風雷益也雷電皆至豐

也洊雷震也隨風巽也習坎坎也明兩作離也兼山艮也麗澤兌也凡此一十四卦皆總舉兩體而結義也取兩體俱成或有直舉兩體上下相對者天與水違行訟也上天下澤履也天與火同人也上火下澤睽也凡此四卦或取兩體相違或取兩體相合或取兩體上下相承而爲卦也故兩體相對而俱言也雖上下二體共成一卦或直指上體而爲文者若雲上於天需也風行天上小畜也火在天上大有也雷出地奮豫也風行地上觀也山附於地剥也澤滅木大過也雷在天上大壯也明出地上晉也風自火出家人也澤上於天夬也澤上於地萃也風行水上渙也水在火上既濟也火在水上未濟也凡此十五卦皆先舉上象而連於下亦意取上象以立卦名也亦有雖意在上象而先舉下象以出上象者地上有水比也澤上有地臨也山上有澤咸也山上有火旅也木上有水井也木上有火鼎也山上有木漸也澤上有雷歸妹也山上有水蹇也澤上有水節也澤上有風中孚也山上有雷小過也凡此十二卦皆先舉下象以出上象亦意取上象共下象而成卦也或先舉上象而出下象義取下象以成卦義者山下出泉蒙也地中有水師也山下有風蠱也山下有火賁也天下雷行无妄也山下有雷頤也天下有山遯也山下有澤損也天下有風姤也地中有山謙也澤中有雷隨也地中生木升也澤中有火革也凡此十三卦皆先

舉上體後明下體也。其上體是天，天與山則稱下也。若上體是地，地與澤則稱中也。或有雖先舉下象稱在上象之下者，若雷在地中復也，天在山中大畜也，明入地中明夷也，澤无水困也，是先舉下象而稱在上象之下，亦義取下象以立卦也。所論之例者，皆大判而言之，其閒委曲，各於卦下別更詳之。先儒所云此等象辭，或有實象，或有假象。實象者，若地上有水比也，地中生木升也，皆非虛，故言實也。假象者，若天在山中，風自火出，如此之類，實无此象，假而爲義，故謂之假也。雖有實象假象，皆以義示人，總謂之象也。天行健者，謂天體之行，晝夜不息，周而復始，无時虧退，故云天行健。此謂天之自然之象。君子以自强不息，此以人事法天所行，言君子之人，用此卦象，自彊勉力，不有止息。言君子者，謂君臨上位，子愛下民，通天子、諸侯，兼公卿大夫有地者。凡言君子，義皆然也。但位尊者象卦之義多也，位卑者象卦之義少也，但須量力而行，各法其卦也。所以諸卦並稱君子。若卦體之義唯施於天子，不兼包在下者，則言先王也。若比卦稱先王以建萬國，豫卦稱先王以作樂崇德，觀卦稱先王以省方觀民設教，噬嗑稱先王以明罰勑法，復卦稱先王以至日閉關，无妄稱先王以茂對時育萬物，渙卦稱先王以享于帝立廟，泰卦稱后以財成天地之道，姤卦稱后以施命誥四方，稱后兼諸侯也。自外卦並稱君子。

潛龍勿用，陽在下也。見龍在田，德施普也。終日乾乾，反復道也。以上言之則不驕，以下言之則不憂，反覆皆道也。【疏】潛龍勿用至反覆道也。○正義曰：自此以下至盈不可久，是夫子釋六爻之象辭，謂之小象。以初九陽潛地中，故云陽在下也。經言龍而象言陽者，明經之稱龍，則陽氣也。此一爻之象，專明天之自然之氣也。見龍在田德施普者，此以人事言之，用龍德在田，似聖人已出在世，道德恩施能普徧也。比初九勿用，是其周普也。若比九五，則猶狹也。終日乾乾反復道者，此亦以人事言之，君子終日乾乾，自彊不息，故反之與覆，皆合其道。反謂進反在上也，處下卦之上，能不驕逸，是反能合道也。覆謂從上倒覆而下，居上卦之下，能不憂懼，是覆能合道也。

或躍在淵，進无咎也。飛龍在天，大人造也。亢龍有悔，盈不可久也。【疏】或躍在淵至盈不可久也。○正義曰：或躍在淵進无咎者，此亦人事言之。進則跳躍在上，退在潛處在淵，猶聖人疑或而在於貴位也。心所欲進，意在於公，非是爲私，故進无咎也。飛龍在天大人造者，此亦人事言之。飛龍在天，猶聖人之在王位。造，爲也。唯大人能爲之而成就也。姚信、陸績之屬，皆以造爲造至之造。今案象辭皆上下爲韻，則姚信之義，其讀非也。亢龍有悔盈不可久者，此亦人事言之。九五是盈也，盈而不已，則至上九，地致亢極，有悔恨也，故云盈不可久也。但此六爻象辭，第一爻言陽在下，是舉自然之象，明其餘五爻皆有自然之象，舉初以見末。五爻並論人事，則知初爻亦有人事，互文相通也。

用九，天德不可爲首也。【疏】正義曰：此一節釋經之用九之象辭。經稱用九，故象更疊云用九。云天德不可爲首者，此夫子釋辭也。九是天之德也。天德剛健，當以柔和接待於下，不可更懷尊剛爲物之首，故云天德不可爲首也。

文言曰：元者，善之長也。亨者，嘉之會也。利者，義之和也。貞者，事之幹也。君子體仁，足以長人。嘉會，足以合禮。利物，足以和義。貞固，足以幹事。君子行此四德者，故曰乾元亨利貞。【疏】文言曰至乾元亨利貞。○正義曰：文言者，是夫子第七翼也。以乾坤其易之門戶邪，其餘諸卦及爻皆從乾坤而出，義理深奧，故特作文言以開釋之。莊氏云：文謂文飾，以乾坤德大，故特文飾以爲文言。今謂夫子但贊明易道，申說義理，非是文飾華彩，當謂釋二卦之經文，故稱文言。從此至元亨利貞，明乾之四德，爲第一節；從初九曰潛龍勿用至動而有悔，明六爻之義，爲第二節；自潛龍勿用下至天下治也，論六爻之人事，爲第三節；自潛龍勿用陽氣潛藏至乃見天則，論六爻自然之氣，爲第四節；自乾元者至天下平也，此一節復說乾元之四德之義，爲第五節；自君子以成德爲行至其唯聖人乎，此一節更廣明六爻之義，爲第六節。今各依文解之。此第一節論乾之四德，但乾之爲體，是天之用。凡天地運化，自然而爾，因无而生，有也无爲，而自爲天，本无心，豈造元亨利貞之德也。天本无名，豈造元亨利貞之名也。但聖人以人事託之，謂此自然之功，爲天之四德，垂教於下，使後代聖人法天之所爲，故立天四德以設教也。莊氏云：第一節元者善之長者，謂天之體性生養萬物，善之大者，莫善施生，元爲施生之宗，故言元者善之長也。亨者嘉之會者，嘉美也，言天能通暢萬物，使物嘉美之會聚，故云嘉之會也。利者義之和者，言天能利益庶物，使物各得其宜而和同也。貞者事之幹者，言天能以中正之氣成就萬物，使物皆得幹濟。莊氏之意，以此四句明天之德也，而配四時。元是物始，於時配春，春爲發生，故下云體仁，仁則春也。亨是通暢萬物，於時配夏，故下云合禮，禮則夏也。利爲和義，於時配秋，秋既物成各合其宜貞爲事幹於時配冬冬既收藏事皆幹了也於五行之氣唯少土也土則分王四季四氣之行非土不載故不言也君子體仁足以長人者自此已下明人法天之行此四德言君子之人體包仁道汎愛施生足以尊長於人也仁則善也謂行仁德法天之元德也嘉會足以合禮者言君子能使萬物嘉美集會足以配合於禮謂法天之亨也利物足以和義者言君子利益萬物使物各得其宜足以和合於義法天之利也貞固足以幹事者言君子能堅固貞正令物得成使事皆幹濟此法天之貞也施於王事言之元則仁也亨則禮也利則義也貞則信也不論智者行此四事並須資於知且乾鑿度云水土二行兼信與知也故略而不言也君子行此四德者故曰乾元亨利貞以君子之人當行此四種之德是以文王作易稱元亨利貞之德欲使君子法之但行此四德則與天同功非聖人不可唯云君子者但易之爲道廣爲垂法若限尚聖人恐不逮餘下故總云君子使諸侯公卿之等悉皆行之但聖人行此四德能盡其極也君子行此四德各量力而爲多少各有其分但乾卦象天故以此四德皆爲天德但陰陽合會二象相成皆能有德非獨乾之一卦是以諸卦之中亦有四德但餘卦四德有劣於乾故乾卦直云四德更无所言欲見乾之四德无所不包其餘卦四德之下則更有餘事以四德狹劣故以餘事繫之卽坤卦之類是也亦有四德之上卽論餘事若革卦云巳日乃孚元亨利貞悔亡也由乃孚之後有元亨利貞乃得悔亡也有四德者卽乾坤屯臨隨无妄革七卦是也亦有其卦非善而有四德者以其卦凶故有四德乃可也故隨卦有元亨利貞乃得无咎是也四德具者其卦未必善也亦有三德者卽離咸萃兑渙小過凡六卦就三德之中爲文不一或總稱三德於上更别陳餘事於下若離咸之屬是也就三德之中上下不一離則云利貞亨由利貞乃得亨也亦有先云亨更陳餘事乃始云利貞者以有餘事乃得利貞故也有二德者大有蠱漸大畜升困中孚凡七卦此二德或在事上言之或在事後言之由後有事乃致此二德故也亦有一德者若蒙師小畜履泰謙噬嗑賁復大過震豐節既濟未濟凡十五卦皆一德也並是亨也或多在事上言之或在事後言。履卦云履虎尾不咥人亨由有事乃得亨以前所論德者皆於經文挺然特明德者乃言之也其有因事相連而言德者則不數之也若需卦云需有孚光亨貞吉雖有亨貞二德連事起文故不數也遯卦云亨小利貞雖有三德亦不數也旅卦云旅小亨旅貞吉雖有亨貞二德亦連他事不數也比卦云原筮元永貞无咎否卦云否之匪人不利君子貞雖有貞字亦連他文言之又非本卦德亦不數之同人云同人於野亨坎卦云有孚維心亨損卦云无咎可貞此等雖有一德皆連事而言之故亦不數所以然者但易含萬象事義非一隨時曲變不可爲典要故也其有意義各於卦下詳之亦有卦善而德少者若泰與謙復之類雖善唯一德也亦有全无德者若豫觀剥晉蹇解夬姤井艮歸妹凡十一卦也大略唯有凶卦无德者若剥蹇夬姤之屬是也亦有卦善而无德者晉解之屬是也各於卦下詳之凡四德者亨之與貞其德特行若元之與利則配連他事其意以元配亨以利配貞雖配他事爲文元是元大也始首也利是利益也合和也以當分言之各是其一德也唯元大與俱爲四德元雖配亨亦配他事故比卦云元永貞坤六五黃裳元吉是也利亦非獨利貞亦所利餘事多矣若利涉大川利建侯利見大人利君子貞如此之屬是利字所施處廣故諸卦謂他事之利不數以爲德也此四德非唯卦下有之亦於爻下有之但爻下其事稍少故黃裳元吉及何天之衢亨小貞吉大貞凶此皆於爻下言之其利則諸爻皆有

初九曰潛龍勿用何謂也子曰龍德而隱者也不易乎世不爲世俗所移易也〔疏〕初九曰至不易乎世○正義曰此第二節釋初九爻辭也初九曰潛龍勿用何謂也者此夫子疊經初九爻辭故言初九曰方釋其義假設問辭故言潛龍勿用何謂也子曰龍德而隱者也此夫子以人事釋潛龍之義聖人有龍德隱居者也不易乎世者不移易其心在於世俗雖逢險難不易本志也不成乎名遯世无悶不見是而无悶樂則行之憂則違之確乎其不可拔。潛龍也〔疏〕不成乎名至潛龍也○正義曰不成乎名者言自隱默不成就於令名使人知也遯世无悶者謂逃遯避世雖逢无道心无所悶不見是而无悶者言舉世皆非雖不見善而心亦无悶上云遯世无悶心處僻陋不見是而无悶此因見世俗行惡是亦无悶故再起无悶之文樂則行之憂則違之者心以爲樂已則行之心以爲憂已則違之確乎其不可拔者身雖逐物推移隱潛避世心志守道確乎堅實其不可拔此是潛龍之義也

九二曰見龍在田利見大人何謂也子曰龍德而正中者也庸言之信庸行之謹閑邪存其誠善世而不伐德博而化易曰見龍在田利見大人君德也〔疏〕九二曰至君德也○正義曰此釋九二爻辭子曰龍德而正中者九二居中不偏然不如

九五居尊得位故但云龍德而正中者也庸言之信庸行之謹者庸謂中庸庸常也從始至末常言之信實常行之謹愼閑邪存其誠者言防閑邪惡當自存其誠實也善世而不伐者謂爲善於世而不自伐其功德博而化者言德能廣博而變化於世俗初爻則全隱遯避世二爻則漸見德行以化於俗也若舜漁於雷澤陶於河濱以器不窳民漸化之是也易曰見龍在田利見大人君德者以其異於諸爻故特稱易曰見龍在田未是君位但云君德也

九三曰君子終日乾乾夕惕若厲无咎何謂也子曰君子進德脩業忠信所以進德也脩辭立其誠所以居業也知至至之可與幾也知終終之可與存義也處一體之極是至也居一卦之盡是終也處事之至而不犯咎知至者也故可與成務矣處終而能全其終知終者也夫進物之速者義不若利存物之終者利不及義故靡不有初鮮克有終夫可與存義者其唯知終者乎。【疏】九三曰至可與存義也。正義曰此釋九三爻辭也子曰君子進德脩業者德謂德行業謂功業九三所以終日乾乾者欲進益道德脩營功業故終日乾乾匪懈也進德則知至將進也脩業則知終存義也忠信所以進德者復解進德之事推忠於人以信待物人則親而尊之其德日進是進德也脩辭立其誠所以居業者辭謂文教誠謂誠實也外則脩理文教內則立其誠實內外相成則有功業可居故云居業也上云進德下復云進德上云脩業下變云居業者以其間有脩辭之文故避其脩文而云居業且功業宜云居也知至至之可與幾者九三處一體之極方至上卦之下是至也既居上卦之下而不凶咎是知至也既能知是將至則是識幾知理可與共論幾事幾者去无入有有理而未形之時此九三既知時節將至知理欲到可與共營幾也知終終之可與存義者居一體之盡而全其終竟是知終也既能知此終竟是終盡之時可與保存其義義者宜也保全其位不有失喪於事得宜九三既能知其自全故可存義然九三唯是一爻或使之欲進知幾也或使之欲退存義也一進一退其意不同以九三處進退之時若可進則進可退則退兩意並行。注處一體之極至其唯知終者乎。正義曰處一體之極是至也者莊氏云極即至也三在下卦之上是至極褚氏云一體之極是至者是下卦已極將至上卦之下至謂至上卦也下云在下位而不憂注云知夫至至故不憂此以人事言之既云下位明知在上卦之下欲至上卦故不憂是知將至上卦若莊氏之說直云下卦上極是至極儻无上卦之體何可至也何須與幾也是知至者據上卦爲文莊說非也處事之至而不犯咎是知至者謂三近上卦事之將至能以禮知屈而不觸犯上卦之咎則是知事之將至故可與成務者務謂事務既識事之先幾可與以成其事務與猶許也言可許之事不謂此人共彼相與也進物之速者義不若利者利則隨幾而發見利則行也義者依分而動不妄求進故進物速疾義不如利由義靜而利動故也存物之終者利不及義者保全已成之物不妄興動故利不及義也故靡不有初鮮克有終者見利則行不顧在後是靡不有初不能守成其業是鮮克有終

是故居上位而不驕在下位而不憂居下體之上在上體之下明夫終敝故不驕也知夫至至故不憂也【疏】是故居上位而不驕在下位而不憂。正義曰是故居上位而不驕者謂居下體之上位而不驕也以其知終故不敢懷驕慢在下位而不憂者處上卦之下故稱下位以其知事將至務幾欲進故不可憂也。注明夫終敝故不驕也至故不憂也。正義曰明夫終敝故不驕者解知終也知夫至至故不憂者解知至也前經知至在前知終在後此經先解知終後解知至者隨文便而言之也

故乾乾因其時而惕雖危无咎矣惕怵惕之謂也處事之極失時則廢懈怠則曠故。因其時而惕雖危无咎。【疏】故乾乾至无咎矣。正義曰九三以此之故恒乾乾也因其已終已至之時而心懷惕懼雖危不寧以其知終知至故无咎。注處事之極至懈怠則曠。正義曰處事之極失時則廢者謂三在下卦之上體是處事之極至也至失時不進則幾務廢闕所以乾乾須進也懈怠則曠者既處事極極則終也當保守已終之業若懈怠驕逸則功業空曠所以乾乾也失時則廢解知至也懈怠則曠解知終也

九四曰或躍在淵无咎何謂也子曰上下无常非爲邪也進退无恒非離羣也君子進德脩業欲及時也故无咎【疏】九四曰至故无咎。正義曰此明九四爻辭也子曰上下无常非爲邪者上而欲躍下而欲退是无常也意在於公非是爲邪也進退无恒非離羣者何氏云所以進退无恒者時使之然非苟欲離羣也何氏又云言上下者據位也進退者據爻也所謂非離羣者言雖進退无恒猶非羣衆而行和光俯仰並同於衆非是卓絕獨離羣也君子進德脩業欲及時者進德則欲上欲進也脩業則欲下欲退也進者棄位欲躍是進德之謂也退者仍退在淵是脩業之謂也

其意與九三同但九四欲前進多於九三故云欲及時也九三則不云及時但可與言幾而已**九五曰飛龍在天利見大人何謂也子曰同聲相應同氣相求水流濕火就燥雲從龍風從虎聖人作而萬物覩本乎天者親上本乎地者親下則各從其類也**【疏】九五曰至各從其類也○正義曰此明九五爻之義飛龍在天者言天能廣感衆物衆物應之所以利見大人因大人與衆物感應故廣陳衆物相感應以明聖人之作而萬物瞻覩以結之也同聲相應者若彈宫而宫應彈角而角動是也同氣相求者若天欲雨而礎柱潤是也此二者聲氣相感也水流濕火就燥者此二者以形象相感水流於地先就濕處火焚其薪先就燥處此同氣水火皆无識而相感先明自然之物故發初言之也雲從龍風從虎者龍是水畜雲是水氣故龍吟則景雲出是雲從龍也虎是威猛之獸風是震動之氣此亦是同類相感故虎嘯則谷風生是風從虎也此二句明有識之物感无識故以次言之漸就有識而言也聖人作而萬物覩者此二句正釋飛龍在天利見大人之義聖人作則飛龍在天也萬物覩則利見大人也陳上數事之名本明於此是有識感有識也此亦同類相感聖人有生養之德萬物有生養之情故相感應也此本乎天者親上本乎地者親下者在上雖陳感應唯明數事而已此則廣解天地之間共相感應之義莊氏云天地絪緼和合二氣共生萬物然萬物之體有感於天氣偏多者有感於地氣偏多者故周禮大宗伯有天產地產大司徒云動物植物本受氣於天者是動物含靈之屬天體運動含靈之物亦運動是親附於上也本受氣於地者是植物无識之屬地體凝滯植物亦不移動是親附於下也則各從其類者言天地之間共相感應各從其氣類此類因聖人感萬物以同類故以同類言之其造化之性陶甄之器非唯同類相感亦有異類相感者若磁石引針琥珀拾芥蠶吐絲而商弦絶銅山崩而洛鍾應其類煩多難一一言也皆冥理自然不知其所以然也感者動也應者報也皆先者爲感後者爲應非唯近事則相感亦有遠事遥相感者若周時獲麟乃爲漢高之應漢時黄星後爲曹公之兆感應之事應非片言可悉今意在釋理故略舉大綱而已**上九曰亢龍有悔何謂也子曰貴而无位高而无民**下无陰也【疏】正義曰此明上九爻辭也子曰貴而无位者以上九非位而上九居之是无位也高而无民者六爻皆无陰是无民也**賢人在下位而无輔**賢人雖在下而當位不爲之助【疏】正義曰賢人雖在下位不爲之輔助也**是以動而有悔也**處上卦之極而不當位故盡陳其闕也獨立而動物莫之與矣乾文言首不論乾而先説元下乃曰乾何也夫乾者統行四事者也君子以自強不息行此四者故首不論乾而下曰乾元亨利貞○餘爻皆説龍至於九三獨以君子爲目何也夫易者象也象之所生生於義也有斯義然後明之以其物故以龍叙乾以馬明坤隨其事義而取象焉是故初九九二龍德皆應其義故可論龍以明之也至於九三乾乾夕惕非龍德也明以君子當其象矣統而舉之乾體皆龍别而叙之各隨其義【疏】是以動而有悔也○正義曰聖人設戒居此之時不可動作也○注夫乾者統行四事者也○正義曰夫乾者統行四事者也君子以自強不息行此四者注意以乾爲四德之主文言之首不先説乾而先説四德者故自發問而釋之以乾體當分无功唯統行此四德之事行此四德乃是乾之功故文言先説君子以自強不息行此四德者故先言之發首不論乾也但能四德既備乾功自成故下始云乾元亨利貞**潛龍勿用下也見龍在田時舍也終日乾乾行事也或躍在淵自試也飛龍在天上治也亢龍有悔窮之災也乾元用九天下治也**此一章全以人事明之也九陽也陽剛直之物也夫能全用剛直放遠善柔非天下至理未之能也故乾元用九則天下治也夫識物之動則其所以然之理皆可知也龍之爲德不爲妄者也潛而勿用何乎必窮處於下也見而在田必以時之通舍也以爻爲人以位爲時人不妄動則時皆可知也文王明夷則主可知矣仲尼旅人則國可知矣【疏】潛龍勿用至天下治也○正義曰此一節是文言第三節説六爻人事所治之義潛龍勿用下也者言聖人於此潛龍之時在卑下也見龍在田時舍者舍謂通舍九二以見龍在田是時之通舍也終日乾乾行事者言行此知至知終之事也或躍在淵自試者言聖人逼近五位不敢果决而進唯漸漸自試意欲前進遲疑不定故云自試也飛龍在天上治者言聖人居上位而治理也亢龍有悔窮之災者言位窮而致災災則悔也非爲大禍災也乾元用九天下治者易經上稱用九用九之文總是乾德又乾字不可獨言故舉元德以配乾也言此乾元用九德而天下治九五止是一爻觀見事狹但云上治乾元總包六爻觀見事濶故云天下治也○

注此一章全以人事至國可知矣○正義曰此一章全以人事明之者下云陽氣潛藏又云乃位乎天德又云乃見天則此一章但云天下治是皆以人事說之也夫能全用剛直放遠善柔非天下至理未之能也者以乾元用九六爻皆陽是全用剛直放遠善柔謂放棄善柔之人善能柔謟貌恭心很使人不知其惡識之爲難此用九純陽者是全用剛直更无餘陰柔善之人堯尚病之故云非天下之至理未之能也夫識物之動則其所以然之理皆可知者此欲明在下龍潛見之義故張氏云識物之動謂龍之動也則其所以然之理皆可知者謂識龍之所以潛所以見然此之理皆可知也龍之爲德不爲妄者言龍靈異於他獸不妄舉動可潛則潛可見則見是不虛妄也見而在田必以時之通舍者經唯云時舍也注云必以時之通舍者則輔嗣以通解舍舍是通義也初九潛藏不見九二既見而在田是時之通舍之義也以爻爲人以位爲時者爻居其位猶若人遇其時故文王明夷則主可知矣主則時也謂當時无道故明傷也仲尼旅人則國可知矣國亦時也若見仲尼羇旅於人則知國君无道令其羇旅出外引文王仲尼者明龍潛龍見之義

潛龍勿用陽氣潛藏見龍在田天下文明終日乾乾與時偕行與天時俱不息。

〔疏〕潛龍勿用至與時偕行○正義曰此一節是文言第四節明六爻天氣之義天下文明者陽氣在田始生萬物故天下有文章而光明也與時偕行者此以天道釋爻象也所以九三乾乾不息終日自戒者同於天時生物不息言與時偕行也偕俱也諸儒以爲建辰之月萬物生長不有止息與天時而俱行若以不息言之是建寅之月三陽用事三當生物之初生物不息同於天時生物不息故言與時偕行也

或躍在淵乾道乃革飛龍在天乃位乎天德亢龍有悔與時偕極與時運俱終極。

〔疏〕或躍在淵至與時偕極○正義曰乾道乃革者去下體入上體故云乃革也乃位乎天德者位當天德之位言九五陽居於天照臨廣大故云天德也

乾元用九乃見天則此一章全說天氣以明之也九剛直之物唯乾體能用之用純剛以觀天天則可見矣

〔疏〕正義曰乃見天則者陽是剛亢之物能用此純剛唯天乃然故云乃見天則

乾元者始而亨者也利貞者性情也不爲乾元何能通物之始不性其情何能久行其正是故始而亨者必乾元也利而正者必性情也

〔疏〕乾元者至性情也○正義曰此一節是第五節復明上初章及乾四德之義也乾元者始而亨者也以乾非自當分有德以元亨利貞爲德元是四德之首故夫子恆以元配乾而言之欲見乾元相將之義也以有乾之元德故能爲物之始而亨通也此解元亨二德也利貞者性情也者所以能利益於物而得正者由性制於情也○注不爲乾元至必性情也○正義曰乾之元氣其德廣大故能徧通諸物之始若餘卦元德雖能始生萬物德不周普故云不爲乾元何能通物之始其實坤元亦能通諸物之始以此文言論乾元之德故注連言乾元也不性其情何能久行其正者性者天生之質正而不邪情者性之欲也言若不能以性制情使其情如性則不能久行其正。其六爻發揮之義案略例云爻者言乎變者也故合散屈伸與體相乖形躁好靜質柔愛剛體與情反質與願違是爻者所以明情故六爻發散旁通萬物之情輔嗣之意以初爲无用之地上爲盡末之境其居位者唯二三四五故繫辭唯論此四爻初上雖无正位統而論之爻亦始末之位故乾象云六位時成二四爲陰位陰居爲得位陽居爲失位三五爲陽位陽居爲得位陰居爲失位略例云陽之所求者陰也陰之所求者陽也一與四二與五三與上若一陰一陽爲有應若俱陰俱陽爲无應此其六爻之大略其義具於繫辭於此略言之

乾始能以美利利天下不言所利大矣哉大哉乾乎剛健中正純粹精也六爻發揮旁通情也時乘六龍以御天也雲行雨施天下平也

〔疏〕乾始能以美利至天下平也○正義曰乾始能以美利利天下不言所利大矣哉者此復說始而亨利貞之義乾始謂乾能始生萬物解元也能以美利利天下解利也謂能以生長美善之道利益天下也不復說亨貞者前文亨既連始貞又連利舉始舉利則通包亨貞也不言所利大矣哉者若坤卦云利牝馬之貞及利建侯利涉大川皆言所利之事此直云利貞不言所利之事欲見无不利也非唯止一事而已故云不言所利大矣哉其實此利爲无所不利此貞亦无所不貞是乾德大也大哉乾乎剛健中正純粹精者此正論乾德不兼通元也故直云大哉乾乎剛健中正謂純陽剛健其性剛強其行勁健中謂二與五也正謂五與二也故云剛健中正六爻俱陽是純粹也純粹不雜是精靈故云純粹精也六爻發揮旁通情者發謂發越也揮謂揮散也言六爻發越揮散旁通萬物之情也時乘六龍以御天者重取乾象之文以贊美此乾之義雲行雨施天下平者言天下普得其利而均平不偏陂

君子以成德

為行日可見之行也潛之為言也隱而未見行而未成是以君子弗用也【疏】君子以成德為行至君子弗用也○正義曰此一節是文言第六節更復明六爻之義此節明初九爻辭周氏云上第六節乾元者始而亨者也是廣明乾與四德之義此君子以成德為行亦是第六節明六爻之義總屬第六節不更為第七節義或當然也君子以成德為行者明初九潛龍之義故先開此語也言君子之人當以成就道德為行令其德行彰顯使人日可見其德行之事此君子之常也不應潛隱所以今日潛者以時未可見故須潛也潛之為言也隱而未見行而未成此夫子解潛龍之義此經中潛龍之言是德之幽隱而未宜見所行之行未可成就是以君子弗用者德既幽隱行又未成是君子於時不用以逢衆陰未可用也周氏云德出於己在身內之物故云成行被於人在外之事故云為行下又卽云行而未成是行亦稱成周氏之說恐義非也成德為行者言君子成就道德以為其行其成德為行未必文相對君子學以聚之問以辯之。以君德而處下體資納於物者也【疏】正義曰此復明九二之德君子學以聚之者九二從微而進未在君位故且習學以畜其德問以辯之者學有未了更詳問其事以辯決於疑也寬以居之仁以行之易曰見龍在田利見大人君德也【疏】正義曰寬以居之者當用寬裕之道居處其位也仁以行之者以仁恩之心行之被物易曰見龍在田利見大人君德者既陳其德於上然後引易本文以結之易之所云是君德寬以居之仁以行之是也但有君德未是君位九三重剛而不中上不在天下不在田故乾乾因其時而惕雖危无咎矣【疏】九三至无咎矣○正義曰此明九三爻辭上之初九九二皆豫陳其德於上不發首云初九九二此九三九四則發首先言九三九四其九五全不引易文上九則發首云亢之為言也上下不為例者夫子意在釋經義便則言以潛見須言其始故豫張本於上三四俱言重剛不中恐其義同故並先云爻位幷重剛不中之事九五前章已備故不復引易但云大人也上九亦前章備顯故此直言亢之為言也案初九云潛之為言上爻云亢之為言獨二爻云言者褚氏以初上居无位之地故稱言也其餘四爻是有位故不云言義或然也重剛者上下俱陽故重剛也不中者不在二五之位故不中也上不在天

謂非五位下不在田謂非二位也故乾乾因其時而惕雖危无咎矣者居危之地以乾乾夕惕戒懼不息得无咎也九四重剛而不中上不在天下不在田中不在人故或之。或之者疑之也故无咎【疏】九四至故无咎正義曰此明九四爻辭也其重剛不中上不在天下不在田並與九三同也中不在人者三之與四俱為人道但人道之中人下近於地上遠於天九三近二是下近於地正是人道故九三不云中不在人九四則上近於天下遠於地非人所處故特云中不在人故或之者以其上下无定故心或之也或之者疑之也者此夫子釋經或字經稱或是疑惑之辭欲進欲退猶豫不定故疑之也九三中雖在人但位卑近下向上為難故危惕其憂深也九四則陽德漸盛去五彌近前進稍易故但疑惑憂則淺也夫大人者與天地合其德與日月合其明與四時合其序與鬼神合其吉凶先天而天弗違後天而奉天時天且弗違而況於人乎況於鬼神乎【疏】夫大人者至況於鬼神乎○正義曰此明九五爻辭但上節明大人與萬物相感此論大人之德无所不合廣言所合之事與天地合其德者莊氏云謂覆載也與日月合其明者謂照臨也與四時合其序者若賞以春夏刑以秋冬之類也與鬼神合其吉凶者若福善禍淫也先天而天弗違者若在天時之先行事天乃在後不違是天合大人也後天而奉天時者若在天時之後行事能奉順上天是大人合天也天且弗違而況於人乎況於鬼神乎者夫子以天且不違遂明大人之德言尊而遠者尚不違況小而近者可有違乎況於人乎況於鬼神乎亢之為言也知進而不知退知存而不知亡知得而不知喪其唯聖人。乎知進退存亡而不失其正者其唯聖人乎【疏】亢之為言也至其唯聖人乎○正義曰此明上九之義也知進而不知退知存而不知亡知得而不知喪者言此上九所以亢極有悔者正由有此三事若能三事備知雖居上位不至於亢也此設誡辭莊氏云進退據心存亡據身得喪據位其唯聖人乎知進退存亡者言唯聖人乃能知進退存亡也何不云得喪者得喪輕於存亡舉重略輕也而不失其正者其唯聖人乎者

聖人非但只知進退存亡又能不失其正道其唯聖人乎此經再稱其唯聖人乎者上稱聖人爲知進退存亡發文下稱其唯聖人乎者爲不失其正發文言聖人非但知進退存亡又能不失其正故再發聖人之文也

☷☷坤下坤上 **坤元亨利牝馬之貞** 坤貞之所利利於牝馬也馬在下而行者也而又牝爲順之至也至順而後乃亨故唯利於牝馬之貞。〔疏〕正義曰此一節是文王於坤卦之下陳坤德之辭蓋乾坤合體之物故乾後次坤言地之爲體亦能始生萬物各得亨通故云元亨與乾同也利牝馬之貞者此與乾異乾之所貞利於萬事爲貞此唯云利牝馬之貞坤是陰道當以柔順爲貞正借柔順之象以明柔順之德也牝對牡爲柔馬對龍爲順還借此柔順以明柔道故云利牝馬之貞牝馬外物自然之象此亦聖人因坤元亨利牝馬之貞自然之德以垂教也不云牛而云馬者牛雖柔順不能行地无疆无以見坤廣生之德馬雖比龍爲劣所而亦能廣遠象地之廣育。注至順而後乃亨至唯利於牝馬之貞。正義曰至順而後乃亨故唯利於牝馬者案牝馬是至順牝馬在元亨之下在貞之上應云至順而後乃貞今云至順而後乃亨倒取上文者輔嗣之意下句既云牝馬之貞避此貞文故云乃亨但亨貞相將之物故云至順之貞亦是至順之亨此坤德以牝馬至順乃得貞也下文又云東北喪朋去陰就陽乃得貞吉上下義反者但易含萬象一屈一伸此句與乾相對不可純剛敵乾故利牝馬下句論凡所交接不可純陰當須剛柔交錯故喪朋吉也 **君子有攸往先迷後得主利西南得朋東北喪朋安貞吉** 西南致養之地與坤同道者也故曰得朋東北反西南者也故曰喪朋陰之爲物必離其黨之於反類而後獲安貞吉〔疏〕君子有攸往至安貞吉。正義曰君子有攸往者以其柔順利貞故君子利有所往先迷後得主利者以其至柔當待唱而後和凡有所爲若在物之先即迷惑若在物之後即得主利以陰不可先唱猶臣不可先君卑不可先尊故也西南得朋者此假象以明人事西南坤位是陰也今以陰詣陰乃得朋俱是陰類不獲吉也猶人既懷陰柔之行又向陰柔之方是純陰柔弱故非吉也東北喪朋安貞吉者西南既爲陰東北反西南即爲陽也以柔順之道往詣於陽是喪失陰朋故得安靜貞正之吉以陰而兼有陽故也若以人事言之象人臣離其黨而入君之朝女子離其家而入夫之室莊氏云先迷後得主利者唯據臣事君也得朋喪朋唯據婦適夫也其禰狹非復弘通之道。○注西南致養之地至後獲安貞吉。○正義曰坤位居西南說卦云坤也者地也萬物皆致養焉坤既養物若向西南與坤同道也陰之爲物必離其黨之於反類而後獲安貞吉者若二女同居其志不同必之於陽是之於反類乃得吉也凡言朋者非唯人爲其黨性行相同亦爲其黨假令人是陰柔而之剛正亦是離其黨 **彖曰至哉坤元萬物資生乃順承天坤厚載物德合无疆含弘光大品物咸亨牝馬地類行地无疆** 地之所以得无疆者以卑順行之故也乾以龍御天坤以馬行地〔疏〕彖曰至行合无疆。正義曰至哉坤元至德合无疆此五句總明坤義及二德之首也但元是坤德之首故連言之猶乾之元德與乾相通共文也至哉坤元者歎美坤德故云至哉至謂至極也言地能生養至極與天同也但天亦至極包籠於地非但至極又大於地故乾言大哉坤言至哉萬物資生者言萬物資地而生初稟其氣謂之始成形謂之生乾本氣初故云資始坤據成形故云資生乃順承天者乾是剛健能統領於天坤是陰柔以和順承平於天坤厚載物德合无疆者以其廣厚故能載物有此生長之德合會无疆凡言无疆者其有二義一是廣博无疆二是長久无疆也自此已上論坤元之氣也含弘光大品物咸亨者包含以厚光著盛大故品類之物皆得亨通但坤比元即不得大名若比衆物其實大也故曰含弘光大者也此二句釋亨也牝馬地類行地无疆者以其柔順故云地類以柔順爲體終无禍患順行地无疆不復窮已此二句釋利貞也故上文云利牝馬之貞是也 **柔順利貞君子攸行先迷失道後順得常西南得朋乃與類行東北喪朋乃終有慶安貞之吉應地无疆** 地也者形之名也坤也者用地者也夫兩雄必爭二主必危有地之形與剛健爲耦而以永保无疆用之者不亦至順乎若夫行之不以牝馬利之不以永貞方而又剛柔而又圓求安難矣〔疏〕柔順利貞至應地无疆。正義曰柔順利貞君子攸行者重釋利貞之義是君子之所行兼釋前文君子有攸往先迷失道者以陰在物之先失其爲陰之道後順得常者以陰在物之後陽唱而陰和乃得主利是後順得常西南得朋乃與類行者以陰而造坤位是乃與類俱行東北喪朋乃終有慶者以陰而詣陽初雖離羣乃終久有慶善也安貞之吉應地无疆者安謂安靜貞謂貞正地體安靜而貞正人若得靜而能正即得其吉應合地之无疆是慶善之事也。○注行之不以牝馬至求安難矣○正義曰：行之不以牝馬，牝馬謂柔順也；利之不以永貞，永貞謂貞固剛正也。言坤既至柔順而利之，即不兼剛正也。方而又剛者，言體既方正而性又剛强，即太剛也，所以須牝馬也。柔而又圓者，謂性既柔順，體又圓曲，謂太柔也，故須永貞也。若其坤无牝馬，又无永貞，求安難矣。云永貞者，是下用六爻辭也。東北喪朋，去陰就陽，是利之永貞。

象曰：地勢坤，地形不順，其勢順。〔疏〕正義曰：地勢方直，是不順也；其勢承天，是其順也。**君子以厚德載物。**〔疏〕正義曰：君子用此地之厚德容載萬物。言君子者，亦包公卿諸侯之等，但厚德載物，隨分多少，非如至聖載物之極也。

初六：履霜，堅冰至。始於履霜，至于堅冰，所謂至柔而動也剛。陰之爲道，本於卑弱而後積著者也，故取履霜以明其始。陽之爲物，非基於始以至於著者也，故以出處明之，則以初爲潛。〔疏〕初六履霜堅冰至○正義曰：初六陰氣之微，似若初寒之始，但履踐其霜，微而積漸，故堅冰乃至。義所謂陰道初雖柔順，漸漸積著，乃至堅剛。凡易者，象也，以物象而明人事，若詩之比喻也。或取天地陰陽之象以明義者，若乾之潛龍、見龍，坤之履霜堅冰、龍戰之屬是也；或取萬物雜象以明義者，若屯之六三即鹿无虞、六四乘馬班如之屬是也。如此之類，易中多矣。或直以人事，不取物象以明義者，若乾之九三君子終日乾乾、坤之六三含章可貞之例是也。聖人之意，可以取象者則取象也，可以取人事者則取人事也。故文言注云“至於九三，獨以君子爲目者何也？乾乾夕惕，非龍德也”，故以人事明之，是其義也。

象曰：履霜堅冰，陰始凝也。馴致其道，至堅冰也。〔疏〕象曰履霜堅冰至至堅冰也○正義曰：夫子所作象辭，元在六爻經辭之後，以自卑退，不敢干亂先聖正經之辭。及至輔嗣之意，以爲象者本釋經文，宜相附近，其義易了，故分爻之辭象各附其當爻下言之，猶如元凱注左傳分經之年與傳相附。陰始凝也者，釋履霜之義，言陰氣始凝結而爲霜也。馴致其道至堅冰也者，馴猶狎順也，若鳥獸馴狎然，言順其陰柔之道，習而不已，乃至堅冰也。褚氏云：履霜者，從初六至六三；堅冰者，從六四至上六。陰陽之氣无爲，故積馴履霜，必至於堅冰；以明人事有爲，不可不制其節度，故於履霜而逆以堅冰爲戒，所以防漸慮微，慎終于始也。

六二：直方大，不習无不利。居中得正，極於地質，任其自然而物自生，不假修營而功自成，故不習焉而无不利。〔疏〕六二至无不利○正義曰：文言云“直其正也”，二得其位，極地之質，故亦同地也。俱包三德，生物不邪，謂之直也；地體安靜，是其方也；无物不載，是其大也。既有三德，極地之美，自然而生，不假修營，故云不習无不利，物皆自成，无所不利。以此爻居中得位，極於地體，故盡極地之義。此因自然之性，以明人事，居在此位，亦當如地之所爲。注居中得正○正義曰：居中得正，極於地質者，質謂形質，地之形質直方又大，此六二居中得正，是盡極地之體質也。所以直者，言氣至即生物，由是體正直之性；其運動生物之時，又能任其質性，直而且方，故象云六二之動，直以方也。

象曰：六二之動，直以方也。動而直方，任其質也。〔疏〕象曰至直以方也○正義曰：言六二之體所有興動，任其自然之性，故云直以方也○注動而直方○正義曰：是質以直方，動又直方，是質之與行，內外相副。物有內外不相副者，故略例云“形躁好靜，質柔愛剛”，此之類是也。**不習无不利，地道光也。**〔疏〕正義曰：言所以不假修習，物无不利，猶地道光大故也。

六三：含章可貞。或從王事，无成有終。三處下卦之極，而不疑於陽，應斯義者也。不爲事始，須唱乃應，待命乃發，含美而可正者也，故曰含章可貞也。有事則從，不敢爲首，故曰或從王事也。不爲事主，順命而終，故曰无成有終也。〔疏〕六三至无成有終○正義曰：含章可貞者，六三處下卦之極，而能不被疑於陽，章美也。既居陰極，能自降退，不爲事始，唯內含章美之道，待命乃行，可以得正，故曰含章可貞。或從王事无成有終者，言六三爲臣，或順從於王事，故不敢爲事之首，主成於物，故云无成；唯上唱下和，奉行其終，故云有終○注三處下卦之極○正義曰：三處下卦之極者，欲見三雖陰爻，其位尊也。不疑於陽者，陰之尊極，將與陽敵體，必被陽所忌，今不被疑於陽，言陽不害也。應斯義者，斯，此也，若能應此義，唯行含章可貞已下之事，乃應斯義。此爻全以人事明之。

象曰：含章可貞，以時發也。或從王事，知光大也。知慮光大，故不擅其美。〔疏〕象曰至知光大也○正義曰：含章可貞以時發者，夫子釋含章之義，以身居陰極，不敢爲物之首，但內含章美之道，待時而發，是以時發也。或從王事知光大者，釋无成有終也。既隨從王事，不敢主成物始，但奉終而行，是知慮光大，不自擅其美，唯奉於上。

六四：括囊，无咎无譽。處陰之卦，以陰居陰，履非中位，无直方之質，不造陽事，无含章之美，括結否閉，賢人乃隱，施慎則可，非泰之道。〔疏〕六四至无譽○正義曰：括，結也；囊，所以貯物，以譬心藏知也。閉其知而不用，故曰括囊。功不顯物，故曰无譽；不與物忤，故曰无咎○注不造陽事至非泰之道○正義曰：不造陽事，无含章之美者，六三以陰居陽位是造爲陽事但不爲事始待唱乃行是陽事猶在故云含章章卽陽之美也今六四以陰處陰内无陽事是不造陽事无含章之美當括結否閉之時是賢人乃隱唯施謹慎則可非通泰之道也**象曰括囊无咎慎不害也**【疏】正義曰慎不害者釋所以括囊无咎之義曰其謹慎不與物競故不被害也。

六五黃裳元吉黃中之色也裳下之飾也坤爲臣道美盡於下夫體无剛健而能極物之情通理者也以柔順之德處於盛位任夫文理者也垂黃裳以獲元吉非用武者也極陰之盛不至疑陽以文在中美之至也【疏】六五黃裳元吉。正義曰黃是中之色裳是下之飾坤爲臣道五居君位是臣之極貴者也能以中和通於物理居於臣職故云黃裳元吉元大也以其德能如此故得大吉也。注黃中之色。正義曰黃中之色裳下之飾者左氏昭十二年傳文也裳下之飾則上衣比君下裳法臣也垂黃裳以獲元吉非用武者以體无剛健是非用威武也以内有文德通達物理故象云文在中也**象曰黃裳元吉文在中也**用黃裳而獲元吉以文在中也【疏】正義曰釋所以黃裳元吉之義以其文德在中故也既有中和又奉臣職通達文理故云文在其中言不用威武也

上六龍戰于野其血玄黃陰之爲道卑順不盈乃全其美盛而不已固陽之地陽所不堪故戰于野【疏】上六至其血玄黃。正義曰以陽謂之龍上六是陰之至極陰盛似陽故稱龍焉盛而不已固陽之地陽所不堪故陽氣之龍與之交戰卽說卦云戰乎乾是也戰於卦外故曰于野陰陽相傷故其血玄黃。注盛而不已。正義曰盛而不已固陽之地者固爲占固陰去則陽來陰乃盛而不去占固此陽所生之地故陽氣之龍與之交戰**象曰龍戰于野其道窮也用六利永貞**用六之利利永貞也【疏】正義曰用六利永貞者此坤之六爻總辭也言坤之所用用此衆爻之六六是柔順不可純柔故利在永貞永長也貞正也言長能貞正也**象曰用六永貞以大終也**能以永貞大終者也【疏】正義曰以大終者釋永貞之義既能用此柔順長守貞正所以廣大而終也若不用永貞則是柔而又圓卽前注云求安難矣此永貞卽坤卦之下安貞吉是也**文言曰坤至柔而動也剛至靜而德方**動之方直不爲邪也柔而又圓消之道也其德至靜德必方也【疏】正義曰此一節是第一節明坤之德也自

積善之家以下是第二節也分釋六爻之義坤至柔而動也剛者六爻皆陰是至柔也體雖至柔而運動也剛柔而積漸乃至堅剛則上云履霜堅冰是也又地能生物初雖柔弱後至堅剛而成就至靜而德方者地體不動是至靜生物不邪是德能方正**後得主而有常含萬物而化光坤道其順乎承天而時行**【疏】正義曰後得主而有常者陰主卑退若在事之後不爲物先卽得主也此陰之恒理故云有常含萬物而化光者自明象辭含弘光大言含養萬物而德化光大也坤道其順乎承天而時行者言坤道柔順承奉於天以量時而行卽不敢爲物之先恒相時而動**積善之家必有餘慶積不善之家必有餘殃臣弑其君子弑其父非一朝一夕之故其所由來者漸矣由辯之不早辯也易曰履霜堅冰至蓋言順也**【疏】積善之家至蓋言順也。正義曰此一節明初六爻辭也積善之家必有餘慶積不善之家必有餘殃者欲明初六其惡有漸故先明其所行善惡事由久而積漸

故致後之吉凶其所由來者漸矣者言弑君弑父非一朝一夕率然而起其禍患所從來者積漸久遠矣由辯之不早辯者臣子所以久包禍心由君父欲辯明之事不早分辯故也此戒君父防臣子之惡蓋言順者言此履霜堅冰至蓋言順習陰惡之道積微而不已乃致此弑害稱蓋者是疑之辭凡萬事之起皆從小至大從微至著故上文善惡並言今獨言弑君弑父有漸者以陰主柔順積柔不已乃終至禍亂故特於坤之初六言之欲戒其防柔弱之初又陰爲弑害故寄此以明義**直其正也方其義也君子敬以直内義以方外敬義立而德不孤。直方大不習无不利則不疑其所行也**【疏】直其正也至所行也。正義曰此一節釋六二爻辭直其正者經稱直是其正也方其義者經稱方是其義也義者宜也故事得宜故曰義君子敬以直内者覆釋直其正也言君子用敬以直内内謂心也用此恭敬以直内理義以方外者用此義事以方正外物言君子法地正直而生萬物皆得所宜各以方正然卽前云直其正也方其義也下云義以方外卽此應云正以直内改云敬以直正者欲見正則能敬故變正爲敬也敬義立而德不孤者身有敬義以接於人

則人亦敬義以應之是德不孤也直則不邪正則謙恭義則與物無競方則凝重不躁既不習無不利則所行不須疑慮故曰不疑其所行**陰雖有美含之以從王事弗敢成也地道也妻道也臣道也地道無成而代有終也**〔疏〕陰雖有美至有終也○正義曰此一節明六三爻辭言陰雖有美含之以從王事者釋含章可貞之義也言六三之陰雖有美道包含之德苟或從王事不敢爲主先成之也地道也妻道也臣道也者欲明坤道處卑待唱乃和故歷言此三事皆卑應於尊下順於上也地道無成而代有終者其地道卑柔无敢先唱成物必待陽始先唱而後代陽有終也**天地變化草木蕃。天地閉賢人隱易曰括囊无咎无譽蓋言謹也**〔疏〕天地變化至蓋言謹也○正義曰此一節明六四爻辭天地變化謂二氣交通生養萬物故草木蕃滋天地閉賢人隱者謂二氣不相交通天地否閉賢人潛隱天地通則草木蕃明天地閉草木不蕃天地閉賢人隱明天地通則賢人出互而相通此乃括囊无咎故賢人隱屬天地閉也蓋言謹者謹謂謹慎蓋言賢人君子於此之時須謹慎也

君子黃中通理正位居體美在其中而暢於四支發於事業美之至也〔疏〕君子至美之至也○正義曰此一節明六五爻辭也黃中通理者以黃居中兼四方之色奉承臣職是通曉物理也正位居體者居中得正是正位也處上體之中是居體也黃中通理是美在其中有美在於中必通暢於外故云暢於四支四支猶人手足比于四方物務也外内俱善能宣發於事業所營謂之事事成謂之業美莫過之故云美之至也**陰疑。於陽必戰**辯之不早疑盛乃動故必戰〔疏〕正義曰此一節明上六爻辭陰疑於陽必戰者陰盛爲陽所疑陽乃發動欲除去此陰陰旣强盛不肯退避故必戰也**爲其嫌於无陽也**爲其嫌於非陽而戰**故稱龍焉**〔疏〕正義曰上六陰盛似陽爲嫌純陰非陽故稱龍以明之**猶未離其類也**猶未失其陰類爲陽所滅**故稱血焉**猶與陽戰而相傷故稱血〔疏〕正義曰言上六雖陰盛似陽然猶未能離其陽類故爲陽所傷而見成也**夫玄黃者天地之雜。也天玄而地黃**〔疏〕正義曰釋

其血玄黃之義莊氏云上六之爻兼有天地雜氣所以上六被傷其血玄黃也天色玄地色黃故血有天地之色今輔嗣注云猶與陽戰而相傷是言陰陽俱傷也恐莊氏之言非王之本意今所不取也

䷂震下坎上**屯元亨利貞**剛柔始交是以屯也不交則否故屯乃大亨也大亨則無險故利貞。〔疏〕正義曰屯難也剛柔始交而難生初相逢遇故云屯難也以陰陽始交而爲難因難物始大通故元亨也萬物大亨乃得利益而貞正故利貞也但屯之四德劣於乾之四德故屯乃元亨亨乃利貞乾之四德無所不包此卽勿用有攸往又別言利建侯不如乾之無所不利此已上說屯之自然之四德聖人當法之**勿用有攸往**往益屯也**利建侯**得主則定。〔疏〕正義曰勿用有攸往利建侯者以其屯難之世世道初創其物未寧故宜利建侯以寧之此二句釋人事也**彖曰屯剛柔始交而難生動乎險中大亨貞**始於險難至於大亨而後全正故曰屯元亨利貞〔疏〕彖曰至大亨貞○正義曰屯剛柔始交而難生者此一句釋屯之名以剛柔二氣始欲相交未相通感情意未得故難生也若剛柔已交之後物皆通泰非復難也唯初始交

時而有難故云剛柔始交而難生動乎險中大亨貞者此釋四德也坎爲險震爲動震在坎下是動於險中初動險中故屯難動而不已將出於險故得大亨貞也大亨卽元亨也不言利者利屬於貞故直言大亨貞**雷雨之動滿盈**雷雨之動乃得滿盈皆剛柔始交之所爲〔疏〕雷雨之動滿盈○正義曰周氏云此一句覆釋亨也但屯有二義一難也一盈也上旣以剛柔始交釋屯難也此又以雷雨二象解盈也言雷雨二氣初相交動以生養萬物故得滿盈卽是亨之義也覆釋亨者以屯難之世不宜亨通恐亨義難曉故特釋之此已下說屯之自然之象也○注雷雨之動乃得滿盈○正義曰雷雨之動乃得滿盈者周氏褚氏云釋亨也萬物盈滿則亨通也皆剛柔始交之所爲者雷雨之動亦陰陽始交也萬物盈滿亦陰陽而致之故云皆剛柔始交之所爲也若取屯難則坎爲險則上云動乎險中是也若取亨通則坎爲雨震爲動此云雷雨之動是也隨義而取象其義不一**天造草昧宜建侯而不寧**屯體不寧故利建侯也屯者天地造始之時也造物之始始於冥昧故曰草昧也處造始之時所宜之善莫善建侯也〔疏〕天造草昧至不寧○正義曰釋利建侯也草謂草創昧謂冥昧言天造萬物於草創之始如在冥昧之時也于此草昧之時王

者當法此屯卦宜建立諸侯以撫恤萬方之物而不得安居于事此二句以人事釋屯之義。注屯體不寧。正義曰屯體不寧者以此屯遭險難其體不寧故宜建侯也造物之始始於冥昧者造物之始卽天造草昧也草謂草創初始之義始於冥昧者言物之初造其形未著其體未彰故在幽冥闇昧也

象曰雲雷屯君子以經綸。君子經綸之時〔疏〕正義曰經謂經緯綸謂綱綸言君子法此屯象有為之時以經綸天下約束於物故云君子以經綸也姚信云綸謂綱也以織綜經緯此君子之事非其義也劉表鄭玄云以綸為淪字非王本意也

初九磐桓。處屯之初動則難生不可以進故磐桓也

利居貞利建侯。處此時也其利安在不唯居貞建侯乎夫息亂以靜守靜以侯安民在正弘正在謙屯難之世陰求於陽弱求於強民思其主之時也初處其首而又下焉爻備斯義宜其得民也〔疏〕初九至利建侯。正義曰磐桓不進之貌處屯之初動卽難生故磐桓也不可進唯宜利居處貞正亦宜建立諸侯。注息亂以靜至得民也。正義曰息亂以靜者解利居貞也守靜以侯者解利建侯也安民在正者解貞也弘正在謙者取象其以貴下賤也言弘大此屯正在於謙也陰求於陽弱求於強者解大得民也

象曰雖磐桓志行正也。不可以進故磐桓也非為宴安棄成務也故雖磐桓志行正也〔疏〕象曰至志行正也。正義曰言初九雖磐桓不進非苟求宴安志欲以靜息亂故居處貞也非是苟貪逸樂唯志行守正也。注非為宴安棄成務。正義曰非為宴安棄成務者言已止為前進有難故磐桓且住非是苟求宴安棄此所成之務而不為也言身雖住但欲以靜息亂也

以貴下賤大得民也。陽貴而陰賤也〔疏〕正義曰貴謂陽也賤謂陰也言初九之陽在三陰之下是以貴下賤屯難之世民思其主之時既能以貴下賤所以大得民心也

六二屯如邅如乘馬班如匪寇婚媾女子貞不字十年乃字。志在乎五不從於初屯難之時正道未行與初相近而不相得困於侵害故屯邅也時方屯難正道未通涉遠而行難可以進故曰乘馬班如也寇謂初也无初之難則與五婚矣故曰匪寇婚媾也志在於五不從於初故曰女子貞不字也屯難之世勢不過十年者也十年則反常反常則本志斯獲矣故曰十年乃字〔疏〕六二至十年乃字。正義曰屯如邅如者屯是屯難邅是邅迴如是語辭也言六二欲應於九五卽畏初九逼之不敢前進故屯如邅如也乘馬班如者子夏傳云班如者謂相牽不進也馬季長云班班旋不進也言二欲乘馬往適於五正道未通故班旋而不進也匪寇婚媾者寇謂初也言二非有初九與己作寇害則得其五為婚媾矣馬季長云重婚曰媾鄭玄云媾猶會也女子貞不字者貞正也女子謂六二也女子以守貞正不受初九之愛字訓愛也十年乃字者十年難息之後卽初不害已也乃得往適於五受五之字愛十者數之極數極則復故云十年也

象曰六二之難乘剛也十年乃字反常也〔疏〕正義曰六二之難乘剛也者釋所以屯如邅如也有畏難者以其乘陵初剛不肯從之故有難也十年乃字反常者謂十年之後屯難止息得反常者謂反常道卽二適于五是其得常也已前有難不得行常十年難息得反歸於常以適五也此爻因六二之象以明女子婚媾之事卽其餘人事亦當法此猶如有人逼近於強雖遠有外應未敢苟進被近者所陵經久之後乃得與應相合是知萬事皆象於此非唯男女而已諸爻所云陰陽男女之象義皆倣於此

六三卽鹿無虞惟入于林中君子幾不如舍往吝。三既近五而無寇難四雖比五其志在初不妨己路可以進而无屯邅也見路之易不揆其志五應在二往必不納何異無虞以從禽乎雖見其禽而無其虞徒入于林中其可獲乎幾辭也夫君子之動豈取恨辱哉故不如舍往吝窮也〔疏〕六三至舍往吝。正義曰卽鹿無虞者卽就也虞謂虞官如人之田獵欲從就於鹿當有虞官助己商度形勢可否乃始得鹿若无虞官卽虛入于林木之中必不得鹿故云唯入于林中此是假物為喻今六三欲往從五如就鹿也五自應二今乃不自揆度彼五之情納己以否是無虞也卽徒往向五五所不納是徒入于林中君子幾不如舍者幾辭也夫君子之動自知可否豈取恨辱哉見此形勢卽不如休舍也言六三不如舍此求五之心勿往也往吝者若往求五卽有悔吝也。注見路之易不揆其志。正義曰見路之易不揆其志者三雖比四四不害己身夫屯邅是路之平易卽意欲向五而不預先揆度五之情意納己以否是無虞也獵人先遣虞官商度鹿之所有猶若三欲適五先遣人測度五之情意幾為語辭不為義也知此幾不為事之幾微凡幾微者乃從无向有其事未見乃為幾也今卽鹿無虞是已成之事事已顯著故不得為幾微之義。

象曰卽鹿无虞以從禽也君子舍之往吝窮也〔疏〕正義曰卽鹿无虞以從禽者言卽鹿當有虞官卽有鹿也若无虞官以從逐于禽亦不可得也君子舍之往吝窮者君子見此之時

當舍而不往若往則有悔吝窮苦也

六四乘馬班如求婚媾往吉无不利二雖比初執貞不從不害己志者也求與合好往必見納矣故曰往吉无不利【疏】正義曰六四應初故乘馬也處二妨已路故初時班如旋也二既不從於初故四求之爲婚必得媾合所以往吉无不利

象曰求而往明也見彼之情狀也【疏】正義曰言求初而往婚媾明識初與二之情狀知初納已知二不害己志是其明矣

九五屯其膏小貞吉大貞凶處屯難之時居尊位之上不能恢弘博施无物不與拯濟微滯亨于羣小而繫應在二屯難其膏非能光其施者也固志同好不容他間小貞之吉大貞之凶【疏】九五屯其膏至大貞凶○正義曰屯其膏者膏謂膏澤恩惠之類言九五既居尊位當恢弘博施唯繫應在二而所施者褊狹是屯難其膏小貞吉大貞凶者貞正也出納之吝謂之有司是小正爲吉若大人不能恢弘博施是大正爲凶○注固志同好不容他間○正義曰固志同好不容他間者間者厠也五應在二是堅固其志在于同好不容他人間厠其間也

象曰屯其膏施未光也

上六乘馬班如泣血漣如處險難之極下无應援進無所適雖比於五五屯其膏不與相得居不獲安行无所適窮困闉厄无所委仰故泣血漣如【疏】正義曰處險難之極而下无應援若欲前進即无所之適故乘馬班如窮困闉厄无所委仰故泣血漣如

象曰泣血漣如何可長也【疏】正義曰何可長者言窮困泣血何可久長也

䷃坎下艮上蒙亨匪我求童蒙童蒙求我初筮告再三瀆瀆則不告筮者決疑之物也童蒙之來求我欲決所惑也決之不一不知所從則復惑也故初筮則告再三則瀆瀆蒙也能爲初筮其唯二乎以剛處中能斷夫疑者也【疏】蒙亨至瀆則不告○正義曰蒙者微昧闇弱之名物皆蒙昧唯願亨通故云蒙亨匪我求童蒙童蒙求我者物既闇弱而意願亨通即明者不求於闇即匪我師德之高明往求童蒙之闇但闇者求明明者不諮於闇故云童蒙求我也初筮告者初者發始之辭筮者決疑之物童蒙既來求我當以初始一理剖決告之再三瀆瀆則不告者師若遲疑不定或再或三是褻瀆瀆則不告童蒙來問本爲決疑師若以廣深二義再三之言告之則童蒙聞之轉亦瀆亂故不如不告也自此以上解蒙亨之義順此上事乃得亨也故亨文在此事之上也不云元者謂時當蒙弱未有元也○注初筮告○正義曰初筮則告者童蒙既來求我我當以初心所念所筮之義一理而剖告之再三則瀆瀆蒙也者若以棄此初本之意而猶豫遲疑岐頭別說則童蒙之人聞之褻瀆而煩亂也故再三則瀆瀆蒙也能爲初筮其唯二乎者以彖云初筮告以剛中者剛而得中故知是二也

利貞蒙之所利乃利正也夫明莫若聖昧莫若蒙蒙以養正乃聖功也然則養正以明失其道矣【疏】利貞○正義曰貞正也言蒙之爲義利以養正故彖云蒙以養正乃聖功也若養正以明即失其道也○注然則養正以明失其道○正義曰然則養正以明失其道者言人雖懷聖德若隱默不言人則莫測其淺深不知其大小所以聖德彌遠而難測矣若彰顯其德苟自發明即人知其所爲識其淺深故明夷注云明夷莅衆顯明於外巧所避是也此卦繫辭皆以人事明之

彖曰蒙山下有險險而止蒙退則困險進則閡山不知所適蒙之義也【疏】正義曰山下有險者坎在艮下是山下有險艮爲止坎上遇止是險而止也恐進退不可故蒙昧也此釋蒙卦之名

蒙亨以亨行時中也時之所願惟願亨也以亨行之得時中也【疏】正義曰疊蒙亨之義言居蒙之時人皆願亨若以亨道行之于時則得中也故云時中也

匪我求童蒙童蒙求我志應也我謂非童蒙者也非童蒙者即陽也凡不識者求問識者識者不求所告闇者求明明者不諮於闇故蒙之爲義匪我求童蒙童蒙求我也童蒙之來求我志應故也【疏】正義曰以童蒙闇昧之志而求應會明者故云志應也

初筮告以剛中也謂二也二爲衆陰之主也无剛失中何由得初筮之告乎

再三瀆瀆則不告瀆蒙也蒙以養正聖功也【疏】正義曰再三瀆瀆則不告瀆蒙者所以再三不告恐瀆亂蒙者自此以上彖辭揔釋蒙亨之義蒙以養正聖功也者能以蒙昧隱默自養正道乃成至聖之功此一句釋經之利貞

象曰山下出泉蒙山下出泉未知所適蒙之象也【疏】正義曰山下出泉未有所適之處是險而止故蒙昧之象也

君子以果行育德果行者初筮之義也育德者養正之功也【疏】正義曰君子當發此蒙道以果決其行告示蒙者則初筮之義育德謂隱默懷藏不自彰顯以育養其德果行育德者自相違錯若童蒙來問則果行也尋常處衆則育德是不相須也

初六發蒙利用刑人

用說桎梏以往吝處蒙之初二照其上故蒙發也蒙發疑明刑說當也以往吝刑不可長【疏】初六至以往吝正義曰發蒙者以初近於九二二以陽處中而明能照闇故初六以能發去其蒙也利用刑人用說桎梏者蒙既發去无所疑滯故利用刑戮于人又利用說去罪人桎梏以蒙既發去疑事顯明刑人說桎梏皆得當在足曰桎在手曰梏小雅云杻謂之梏械謂之桎以往吝者若以正道而往即其事益善矣若以刑人之道出往往之即有鄙吝**象曰利用刑人以正法也**刑人之道道所惡也以正法制故刑人也【疏】正義曰且刑人之道乃賊害於物是道之所惡以利用刑人者以正其法制不可不刑矣故刑罰不可不施於國鞭扑不可不施於家案此經刑人說人二事象直云利用刑人一者但舉刑重故也**九二包蒙吉納婦吉子克家**以剛居中童蒙所歸包而不距則遠近咸至故包蒙吉也婦者配已而成德者也體陽而能包蒙以剛而能居中以此納配物莫不應故納婦吉也處于卦內以剛接柔親而得中能幹其任施之於子克家之義【疏】九二至子克家正義曰包謂包含九二以剛居中童蒙悉來歸已九二能含容而不距皆與之決疑故得吉也九二以剛居中陰來應之婦謂配也故納此匹配而得吉也此爻在下體之中能包蒙納婦任內理中幹了其任即是子孫能克荷家事故云子克家也○注親而得中○王氏曰親而得中者言九二居下卦之中央上下俱陰以己之兩陽迎接上下二陰陰陽相親故云親而得中也能幹其任者既能包蒙又能納匹是能幹其任**象曰子克家剛柔節也**【疏】正義曰以陽居於卦內接待羣陰是剛柔相接故克幹家事也**六三勿用取女見金夫不有躬无攸利**童蒙之時陰求於陽晦求於明各求發其昧者也六三在下卦之上上九在上卦之上男女之義也上不求三而三求上女先求男者也女之為體正行以待命者也見剛夫而求之故曰不有躬也施之於女行在不順故勿用取女而无攸利【疏】六三至无攸利○正義曰勿用取女者女謂六三言勿用取此六三之女所以不須者此童蒙之世陰求於陽是女求男之時也見金夫者謂上九以其剛陽故稱金夫此六三之女自往求見金夫女之為祇正行以待命而嫁今先求於夫是為女不能自保其躬固守貞信乃非祇而動行既不順若欲取之无所利益故云不有躬无攸利也**象曰勿用取女行不順也**【疏】正義曰釋勿用取女之義所以勿用取此女者以女行不順故也**六四困蒙吝**獨遠於陽處兩陰之中闇莫之發故曰困蒙也困於蒙昧不能比賢以發其志亦以鄙矣故曰吝也【疏】正義曰此釋六四爻辭也六四在兩陰之中去九二既遠无人發去其童蒙故曰困于蒙昧而有鄙吝**象曰困蒙之吝獨遠實也**陽稱實也【疏】象曰至獨遠實也○正義曰獨遠實者實謂九二之陽也九二以陽故稱實也六三近九二六五近上九又應九二唯此六四既不近二又不近上故云獨遠實也○注陽稱實也○正義曰陽主生息故稱實陰主消損故不得言實**六五童蒙吉**以夫陰質居於尊位不自任察而委於二付物以能不勞聰明功斯克矣故曰童蒙吉【疏】正義曰言六五以陰居於尊位其應在二二剛而得中五則以事委任於二不勞已之聰明猶若童稚蒙昧之人故所以得吉也**象曰童蒙之吉順以巽也**委物以能不先不為順以巽也【疏】象曰至順以巽也正義曰順以巽也釋童蒙之吉巽以順也猶委物於二順謂心順巽謂貌順故褚氏云順者心不違也巽者外迹相卑下也○注委物以能至順以巽也○正義曰委物以能謂委付事物與有能之人謂委二也不先不為者五雖居尊位而專委任於二不在二先而首唱是順於二也不為者謂不自造為是委任二也不先於二是心順也不自造為是貌順也**上九擊蒙不利為寇利禦寇**處蒙之終以剛居上能擊去童蒙以發其昧者也故曰擊蒙也童蒙願發而已能擊去之合上下之願故莫不順也為之扞禦則物咸附之若欲取之則物咸叛矣故不利為寇利禦寇也【疏】正義曰處蒙之終以剛居上能擊去眾陰之蒙合上下之願故莫不順從也若因物之來即欲取之而為寇害物皆叛矣故不利為寇也若物從外來為之扞禦則物咸附之故利用禦寇也**象曰利用禦寇上下順也**【疏】正義曰所宜利為物禦寇者由上下順從故也言此爻既能發去眾蒙以合上下之願又能為之禦寇故上下彌更順從也

周易兼義卷之一　　太子少保江西巡撫阮元栞

周易注疏挍勘記序

古周易十二篇漢後至宋晁以道朱子始復其舊自晁以道朱子以前皆彖象文言分入上下經卦中别爲繫辭上下說卦序卦雜卦五篇鄭元王弼之書業已如是此學者所共知無庸覼縷者也易之爲書冣古而文多異字宋晁以道古文易撏撦爲之如郭忠恕薛季宣古文尚書之比

國朝之治周易者未有過於徵士惠棟者也而其挍刊雅雨堂李鼎祚周易集解與自著周易述其改字多有似是而非者葢經典相沿已久之本無庸突爲擅易況師說之不同他書之引用未便據以改久沿之本也但當錄其說於考證而

周易注疏挍勘記序目　一

已元於周易注疏舊有挍正各本今更取唐宋元明經本經注本單疏本經注疏合本讎挍各刻同異屬元和生員李銳筆之爲書九卷别挍略例一卷陸氏釋文一卷而不取他書妄改經文以還王弼孔穎達陸德明之舊謹列目錄如左阮元　記

引據各本目錄

單經本

唐石經　凡九卷附略例開成二年刻今在陝西西安府

單注本

岳本　宋岳珂刻凡十卷今據　武英殿重刊五經本

古本　已下二本據七經孟子考文補遺

足利本

單疏本

宋本　據錢遵王挍本案錢跋有單疏本一單注本二注疏本一今不復能識别但稱錢挍本

注疏本

影宋鈔本　據餘姚盧文弨傳挍明錢保孫求赤挍本今稱錢本

宋本　據七經孟子考文補遺

十行本　凡九卷附音義一卷無略例

閩本　凡九卷附略例一卷音義一卷

監本　與閩本同

周易注疏挍勘記序目　二

毛本　凡九卷無略例音義

周易注疏校勘記卷一

阮元撰盧宣旬摘錄

國子祭酒上護軍曲阜縣開國子臣孔穎達奉勅撰　閩本同錢本亦同惟勅撰定三字在次行與國子並毛本國上有唐字監本刪去銜作唐孔穎達撰定非

夫易者象也　十行本自此已下行行頂格錢本同閩監毛本首行頂格次行以後並上空一格

業資凡聖　閩監本同毛本足利本寫本凡作九

輔嗣之注若此　錢本閩監本同毛本注作註○按漢唐宋人經注字無作註者

欲取改新之義　閩監毛本同寫本新作辛

今既奉勅刪定　十行本勅字提行下同錢本同閩監毛本不提行毛本勅改敕

考察其事　閩監毛本同錢本寫本察作案

周易正義卷第一　閩監毛本同錢本無此七字但有八論二字

第一論易之三名　第二論重卦之人　此八論題目十行本作四行分上下兩排閩監毛本同錢本作八行

第一論易之三名　十行本頂格錢本同閩監毛本並上空一格八論並同

正義曰夫易者　十行本自此已下行行頂格錢本同閩監毛本首行頂格次行已後並上空一格八論並同

天以爛明　閩監毛本同寫本爛作燗

其易之藴邪　閩監毛本同錢本藴作緼

上下無常　閩監毛本同錢本無作无下同

崔覲劉貞簡等　閩監毛本同寫本簡上有周字

故易者所以斷天地　盧文弨云案乾鑿度本作繼天地此斷字疑誤

以爲伏羲畫卦　閩監毛本同盧文弨云當作重卦畫字誤

未有象繇　閩毛本同監本繇作䌛○按籀者正字也繇者叚借字䌛爲俗字

周易兼義上經乾傳第一　閩監本同毛本第上有卷字石經釋文岳本考文引古本足利本題周易上經乾傳第一錢本考文所據宋本題周易注疏卷第一○按兼義字乃合刻注疏者所加取兼并正義之意也蓋其始注疏無合一之本南北宋之間以疏附於經注者謂之某經兼義至其後則直謂之某經注疏此變易之漸也又十行本閩監毛本其第七卷題云周易兼義卷第七周易繫辭上第七八卷九卷同則此第一至第六卷亦當先標周易兼義卷第幾後標周易上下經某傳第幾庶前後畫一釋文云第亦作弟

國子祭酒上護軍曲阜縣開國子臣孔穎達奉勅撰

正義　王弼注　宋本無正義二字閩監毛本作魏王弼注唐孔穎達正義又監本義誤善又釋文王弼注本亦作王輔嗣注今本或無注字師說無者非石經岳本並作王弼注

䷀乾下乾上　乾元亨利貞　石經岳本宋本古本足利本並如此連寫閩監毛本以䷀及乾下乾上四字爲一行乾元以下提行頂格非是又十行本自此盡卦末連注疏行行頂格其每爻及彖象文言等不復提行另起與石經合錢本每卦分作數節每節首行頂格次行以後上空一格閩監毛本與錢本同

天乃積諸陽氣而成天　閩監毛本同浦鏜云下天字疑衍

欲使人法天之用　閩監毛本同錢本使人二字作以

文言備矣　凡注文十行本雙行夾注岳本古本足利本同閩監毛本改爲單行上加注字錢本注文上有注云二字按考文大過下引宋本注云音相過之過則宋本與錢本同

他皆倣此　錢本閩監本同宋本倣作放毛本誤做

其畫已長　閩監毛本同浦鏜云長當陽字誤

所以重錢　宋本同閩監毛本錢改體下故交其錢同按火珠林始以錢代蓍故謂之重錢交錢改體非是

故曰在田　岳本閩監毛本同古本下有也字下故免龍戰之災下坤利在永貞下故六位不失其時而成下其唯知終者乎下雖危无咎下不爲之助下而下曰乾元亨利貞下各隨其義下與天時俱不息下與時運俱終極下剛直之物下唯乾體能用之下並同

四則或躍　岳本閩監毛本同古本足利本或作惑非

九二至利見大人　閩監毛本同錢本宋本無此七字山井鼎云經傳下疏更引經文者宋板刊去直云正義曰以下皆然

且一之與二　錢本宋本同閩監毛本一改初下二在一上同

且大人之云　閩監毛本同宋本云作文

注處於地上至唯二五焉　閩監毛本同錢本宋本作出潛至五焉較今本爲省文後多類此茲不悉出

矣上下兩體　閩監毛本同錢本無矣字宋本作是○補案是字是也

是九二處其地上所田食之處　閩本同宋本其作於監毛本田誤由

覩輔嗣之注焉　閩監毛本同錢本宋本焉作意○補案意字是也

謂周而普獨　閩監毛本同錢本宋本獨作徧○補案徧字是也

言範模乾之一卦　閩監毛本同錢本宋本範模作此據

地之萌牙　閩監毛本同李鼎祚集解亦作牙錢本作芽○按古多以牙爲芽

其相終竟空曠　閩監毛本同錢本宋本相作禮○補案禮字是也注則處下之禮曠可證

當若厲也　閩監毛本同宋本當作常○補案常字是也

周易注疏挍勘記卷一　三

王以九三與上九相並　宋本同閩監毛本王作正

或躍在淵　岳本閩監毛本同石經淵字諱缺末畫釋文出或躍古本或作惑注及象文言同

而无定位所處　岳本閩監毛本同足利本所作可釋文所處處一本作可處

躍於在淵　閩監毛本同錢本宋本作躍在於淵

猶豫遲疑　閩監毛本同下同宋本遲作持與注合

百姓既未離禍患　盧文弨云未字衍文

非飛而何　閩監毛本同岳本宋本古本足利本而作如

以柔順而爲不正　岳本閩監毛本同古本足利本下有之主二字

正義曰夫子所作彖辭　按自此以下錢本摠在注各以有君也之下蓋每一節末下接正義又釋經都畢然後釋注錢挍單疏本注疏本亦同十行本閩監毛本每節內每段分屬雖便讀者究失舊第後皆準此

明其所由之主　閩監本同毛本由作繇按毛作繇者避所諱或諱作由後不悉出

此名乘駕六龍　閩監毛本同宋本名作明

正直不傾邪也　閩監毛本同錢本上有則字

何情之有　閩監毛本同浦鏜云情當正誤

則豫卦數云　閩監毛本同錢本數作彖是也

或難其解　閩監毛本同宋本其作具是也

不和而剛暴　岳本閩監毛本同古本足利本暴上有則字下有也字

大利之道　閩監毛本同錢本宋本利作和是也

以頭首出於衆物之上　宋本閩本同監毛本以作似

周易注疏挍勘記卷一　四

君子以自强不息　岳本同。石經初刻彊，後改强。釋文出自强，閩監毛本作彊。

乾則用名　閩監毛本同，錢本則作是。

潛龍勿用陽在下也　閩監毛本提行另起，錢本不提行。

反復道也　石經岳本閩監毛本同，古本足利本道上有之字。一本無也字。釋文復本亦作覆。

反復皆道也　岳本閩監毛本同，古本足利本皆下有合字。

大人造也　石經岳本閩監毛本同，釋文亦作造，云劉歆父子作聚。按造聚聲相近。

退在潛處在淵　閩監毛本同，宋本上在作則。

文言曰　自此至卦末竝文言也。錢本皆不提行。

君子體仁　石經岳本閩監毛本同，釋文體仁，京房荀爽董遇本作體信。

利物足以和義　石經岳本閩監毛本同，釋文利物，孟喜京荀陸績作利之。

周易注疏校勘記卷一　五

若限尚聖人　閩監毛本同，錢本宋本尚作局，是也。

或在事後言　閩監毛本同，錢本宋本言作者。

亦於爻下有之　閩監毛本同，宋本有作言，是也。

此第二節釋初九爻辭也　盧文弨云：當云此文言第二節，此釋初九爻辭也。觀下疏自明。

不成乎名　石經岳本閩監毛本同，釋文出不成名，云一本作不成乎名。按疏云不成就於令名，以於字釋經文乎字，則正義本與石經合。

確乎其不可拔　石經岳本閩監毛本同，古本下有者字。

心處僻陋　盧文弨云：心疑身之誤。

可與幾也　石經岳本閩監毛本同，古本足利本與下有言字。

存物之終若　補案：若當作者。

而不凶咎　閩監本同，錢本宋本不下有犯字。按毛本作而不犯咎。

懈怠則曠　岳本閩監毛本同，釋文出解怠。按古多以解爲懈。

故因其時而惕　岳本閩監毛本同，集解故下有乾乾二字。

至失時不進　閩監毛本同，錢本宋本至作若，是也。

猶非羣衆而行　閩監毛本同，錢本宋本非作依，是也。

聖人作而萬物覩　石經岳本閩監毛本同，釋文作，馬融作起。

而礎柱潤　閩監毛本同，宋本作而柱礎潤，是也。

感應之事應　錢本閩監毛本同，宋本下應作廣，是也。

以上九非位而上九居之　盧文弨云：當作上非九位而九居之。

周易注疏校勘記卷一　六

以馬明坤　岳本閩監毛本同，錢本明作敍。

正義取夫乾者　補毛本取作曰，案所改是也。

不先說乾　十行本不字空，閩監毛本如此，錢本宋本不作應。

非天下至理　岳本閩監毛本同，古本理作治。按集解作非天下之至治。

其六爻發揮之義　山井鼎云：從此已下解下文者，乃誤在此。但宋板每章通爲一節，間不雜疏，故無此誤。

六爻發揮　石經岳本閩監毛本同，釋文揮本亦作輝。

下又卽云　閩監毛本同，宋本又作文。

問以辯之　石經岳本同，閩監毛本辯誤辨。釋文出以辯。

故或之　石經岳本閩監毛本同，古本或作惑，非，下句同。

故心或之也　閩監毛本同宋本或作惑

其唯聖人乎　石經岳本閩監毛本同釋文王肅本作愚人後結始作聖人○按王肅本大非此經依釋文所載無末五字者是最古本此是倒裝文法故曰其唯聖人乎知進退存亡而不失其正者如檀弓誰與哭者即哭者誰與

坤　石經岳本閩監毛本同釋文本又作巛巛今字也錢本宋本此卦前題周易注疏卷第二

故唯利於牝馬之貞　岳本閩監毛本同古本下有也字下故曰得朋下故曰喪朋下坤以馬行地下其勢順下故不習焉而无不利下故不擅其美下并泰之道下故戰于野下故必戰下爲陽所滅下故稱血下並同

蓋乾坤合體之物　閩監毛本同宋本蓋作但是也

乾之所貞　十行本閩監本貞字缺毛本如此錢本宋本作利

牝對牝爲柔　補毛本下牝字作牡案所改是也

馬雖比龍爲劣　十行本閩監本比字缺毛本如此

所而亦能廣遠　閩監本缺所字毛本作鈍屬上句非也錢本宋本而作行是

今以陰詣陰乃得朋　十行本閩監本乃字缺毛本如此錢本宋本作是

其褊狹非復宏通之道　十行本閩監本缺復字毛本如此宋本作易錢本無此字又錢本宋本其下有理字

行地无疆　石經岳本閩監毛本同釋文疆或作壃下及注同

彖曰至行合无疆　補案合當作地

及二德之首也　閩監毛本同宋本二作元

與乾相通共文也　十行本通字模糊閩監毛本如此錢本宋本作連是也

以和順承平於天　閩監毛本同錢本宋本平作奉是也

包含以厚　閩監毛本同錢本宋本以作宏是也

但坤比元　閩監毛本同錢本宋本元作乾

順行地无疆　閩監毛本同錢本宋本順作故是也

應地无疆　石經岳本同閩監毛本无誤無

夫用雄必爭　補岳本監本毛本用作兩是也閩本作用缺夫字十行本夫雄字筆畫外誤今正

重釋利貞之善　十行本之下一字筆畫外誤閩監毛本如此錢本宋本作義

以陰在是之先　錢本宋本是作物閩監毛本作事

人得主利　閩本同錢本宋本人作乃監毛本主誤生

人若得靜而能正　閩監本同錢本宋本毛本若作君

正義曰地勢方直　閩監毛本同宋本勢作體錢本此疏在君子厚德載物疏後正義曰上標注地形不順其勢順七字

義所謂陰道　閩監毛本同錢本宋本義下有取字是也

履霜堅冰陰始凝也　岳本閩監毛本同石經初刻無也字後增古本足利本冰下有至字

不敢于亂先聖正經之辭　閩毛本同錢本監本于作干是也

故分爻之辭象　閩監毛本同錢本宋本辭象作象辭

而逆以堅冰爲戒　宋本同閩監毛本逆誤遂

不假脩營而功自成　岳本閩監毛本同古本上有故字○按古本多不可信

正義曰文言云　閩監毛本同宋本文言云上有直方大不習无不利者九字山井鼎云宋板爻象連爲一節經文終乃有疏每卦爲然如此篇地道光也下始有疏故疏字下無六二至无不利六字直作正義曰直方大不習无不利者文言云云云今本斷章裁句與宋板稍異

功不顯物故曰无譽不與物忤故曰无咎　集解作不與物忤故无咎功名不顯故无譽也

曰其謹慎　錢本宋本曰作由閩監毛本作施字

固爲占固　浦鏜云爲當作謂

文言曰坤至柔而動也剛　石經岳本閩監毛本同釋文出坤至柔云本或有文言曰者

至靜而德方　岳本閩監毛本同石經德下旁添也字按旁添字並後人妄增不可信

其所由來者漸矣由辯之不早辯也　石經岳本閩監本同毛本由作繇釋文辯荀作變

直方大不習无不利則不疑其所行也　石經岳本閩監毛本同釋文出上十四字無也字云張璠本此上有易曰衆家皆無

故事得安　閩監毛本同錢本宋本故作於

名以方正　閩監毛本同錢本宋本名作各是也

既云義以方外　十行本閩監本缺既字毛本如此錢本宋本作下是也

改云敬以直正者　〔補〕案正當作内

草木蕃　石經岳本閩監毛本同古本下有茂字不必從

蓋言謹也　石經岳本閩監毛本同古本無也字

陰疑於陽必戰　石經岳本閩監毛本同釋文疑荀虞姚信蜀才本作凝

爲其嫌於无陽也　石經岳本閩監毛本同古本無也字釋文嫌鄭作謙荀虞陸董作嗛○按鄭作謙當云鄭作溓說詳釋文

然猶未能離其陽類　閩監本同毛本陽作陰

而見成也　閩本同錢本宋本成作滅監毛本作血

天地之雜也　石經岳本閩監毛本同古本雜下有色字

屯

故利貞　岳本閩監毛本同古本下有也字下故曰屯元亨利貞乃得滿盈下皆剛始交之所爲下君子經綸之時下故曰十年乃字下大貞之凶下不與相得下故泣血漣如下並同

得王則定　王主之誤岳本閩監毛本不誤釋文則定本亦作則寧古本下有也字

一盈也　閩監毛本同錢本宋本一作二

其義不一　閩監毛本同錢本宋本義作例

君子以經綸　岳本閩監毛本同石經綸字漫滅釋文出經論云本亦作綸

綸謂綱綸　閩監毛本同錢本宋本綱作繩是也

姚信云綸謂綱也　閩監毛本同錢本宋本綱作緯

磐桓　石經岳本閩監毛本同釋文磐本亦作盤又作槃

志行正也　石經岳本閩監毛本同古本無也字下大得民也同

但欲以靜息亂也　錢本宋本同閩本但誤桓監毛本誤恒

乘馬班如匪寇婚媾　石經岳本閩監毛本同釋文班鄭本作般媾馬本作冓本或作搆者非

數極則復　閩監毛本同錢本宋本復作變是也

即鹿无虞　〔補〕石經岳本閩監毛本無作无案无字是也釋文鹿王肅作麓

君子幾不如舍　石經岳本閩監毛本同釋文幾鄭作機

往吝窮也　岳本閩監毛本同古本往作无

故不得爲幾微之義　閩監毛本同宋本義作幾

何長也 補各本作何可長也此十行本原脱可字案正義曰何可長者又曰何可久長也是何下當有可字今補

蒙

童蒙求我 石經岳本閩監毛本同考文引古本蒙下有來字

此卦繫辭 閩監毛本同錢本宋本繫作繇

以亨行時中也 石經岳本閩監毛本同古本足利本時上有得字一本也作矣按此得字蓋涉注文而衍

童蒙求我 石經岳本閩監毛本同釋文一本作來求我○案惠棟周易古義引吕覽勸學篇注易曰匪我求童蒙童蒙來求我王念孫云注云童蒙之來求我又蔡邕處士圈叔則碑童蒙來求彪之用文是漢魏時經文多有來字

君子當發此蒙道 閩監毛本同宋本發作法

小雅云 錢本宋本閩監毛本小作爾○按爾字誤小爾雅唐人多作小雅文選注亦然

出往往之 閩監毛本同宋本下往作行

故刑人也 岳本閩監毛本同古本刑上有利字

包蒙吉 岳本閩監毛本同石經包作苞釋文出苞蒙按此據宋本釋文若通志堂本則亦改爲包矣古經典包容字多从艸

克家之義 岳本閩監毛本同古本下有也字下而无攸利下故曰童蒙吉下並同

王氏曰 閩監毛本同錢本宋本作正義曰是也

勿用取女 石經岳本閩監毛本同釋文取本又作娶下及注同

所以不須者 閩監毛本同宋本須下有取字

困蒙吝 石經岳本閩監毛本同古本吝作咎象注同山井鼎云非

擊蒙不利爲寇利禦寇 石經岳本閩監毛本同釋文擊馬鄭作繫古本禦上有用字注同

爲之扞禦 岳本閩監毛本同釋文禦本又作衞

止

周易兼義上經需傳卷第二

國子祭酒上護軍曲阜縣開國子臣孔穎達奉勑撰正義

王弼注

乾下坎上　需有孚光亨貞吉利涉大川〔疏〕正義曰此需卦繫辭也需者待也物初蒙稚待養而成无信即不立所待唯信也故云需有孚言需之爲體唯有信也光亨貞吉者若能有信即需道光明物得亨通于正則吉故云光亨貞吉也利涉大川者以剛健而進即不患於險乾德乃亨故云利涉大川

象曰需須也險在前也剛健而不陷其義不困窮矣需有孚光亨貞吉位乎天位以正中也謂五也位乎天位用其中正以此待物需道畢矣故光亨貞吉〔疏〕象曰需須也至以正中也○正義曰此釋需卦繫辭需須也險在前者釋需卦之名也是需待之義故云需須也險在前釋所以需待由險難在前故有待乃進也剛健而不陷其義不困窮矣者解需道所以得亨由乾之剛健前雖遇險而不被陷滯是其需待之義不有困窮矣故得光亨貞吉由乾之德也需有孚光亨貞吉位乎天位以正中者此疊出需卦繫辭然後釋之也言此需體非但得乾之剛彊而不陷又由中正之力也以九五居乎天子之位又以陽居陽正而得中故能有信光明亨通而貞吉也剛健而不陷只由二象之德位乎天位以正中是九五之德也凡卦之爲體或直取象而爲卦德者或直取爻而爲卦德者或以兼象兼爻而爲卦德者此卦之例是也○注謂五也至光亨貞吉○正義曰需道畢矣者凡需待之義先須於信後乃光明亨通於物而貞吉能備此事是須道終畢五即居於天位以陽居尊中則不偏正則无邪以此待物則所爲皆成故需道畢矣

利涉大川往有功也乾德獲進往輒亨也〔疏〕利涉大川往有功也○正義曰釋利涉大川之義以乾剛健故行險有功也○注乾德至亨也○正義曰前云剛健而不陷此云往有功剛健即乾也故乾德獲進往而有功即是往輒亨通也此雖釋利涉大川兼釋上光亨之義由是光亨乃得利涉大川故於利涉大川乃明亨也

象曰雲上於天需君子以飲食宴樂童蒙已發盛德光亨飲食宴樂其在茲乎〔疏〕象曰至飲食宴樂○正義曰坎既爲險又爲雨今不言險雨者此象不取險難之義也故不云險也雨是已下之物不是須待之義故不云雨也不言天上有雲而言雲上於天者若是天上有雲无以見欲雨之義故云雲上於天若言雲上於天是天之欲雨待時而落所以明需大惠將施而盛德又亨故君子於此之時以飲食宴樂

初九需于郊利用恆无咎居需之時最遠於難能抑其進以遠險待時雖不應幾可以保常也〔疏〕正義曰但難在於坎初九去難既遠故待時在於郊郊者是境上之地亦去水遠也利用恆无咎者恆常也遠難待時以避其害故宜利保守其常所以无咎猶不能見幾速進但得无咎而已

象曰需于郊不犯難行也利用恆无咎未失常也〔疏〕正義曰不犯難行者去難既遠故不犯難而行未失常者不敢速進遠難待時是未失常也○

九二需于沙小有言終吉將近於難故曰需於沙也不至致寇故曰小有言也近不逼難遠不後時履健居中以待其會雖小有言以吉終也〔疏〕正義曰沙是水傍之地去水漸近待時于沙故難稍近雖未致寇而小有言以相責讓近不逼難遠不後時但履健居中以待要會雖小有責讓之言而終得其吉也

象曰需于沙衍在中也雖小有言以終吉也〔疏〕正義曰需于沙衍在中者衍謂寬衍去難雖近猶未逼于難而寬衍在其中也故雖小有言以吉終也

九三需于泥致寇至以剛逼難欲進其道所以招寇而致敵也猶有須焉不陷其剛寇之來也自我所招敬慎防備可以不敗〔疏〕正義曰泥者水傍之地泥溺之處逼近於難欲進其道難必害已故致寇至猶且遲疑而需待時雖即有寇至亦未爲禍敗也

象曰需于泥災在外也自我致寇敬慎不敗也〔疏〕正義曰災在外者釋需于泥之義言爲需雖復在泥泥猶居水之外即災在身外之義未陷其剛之義故可用需以免自我致寇敬慎不敗者自由也由我欲進而致寇來已若敬慎則不有禍敗也

六四需于血出自穴凡稱血者陰陽相傷者也陰陽相近而不相得陽欲進而陰塞之則相害也穴者陰之路也處坎之始居穴者也九三剛進四不能距見侵則辟順以聽命者也故曰需于血出自穴也〔疏〕六四需于血出自穴○正義曰需于血者謂陰陽相傷故有血也九三之陽而欲上進此六四之陰而塞其路兩相妨害故稱血言待時于血猶待時於難中

也。出自穴者，穴即陰之路也，而處坎之始，是居穴者也。三來逼己，四不能距，故出此所居之穴以避之，但順以聽命而得免咎也，故象云「需于血，順以聽命」也。○注「凡稱血者」至「出自穴也」。○正義曰：「凡稱血者，陰陽相傷者也」，即坤之上六「其血玄黃」是也。「穴者陰之路也」者，凡孔穴穿道，皆是幽隱，故云「陰之路也」。處坎之始，居穴者，坎是坎險，若處坎之上，即是出穴者也；處坎之始，是居穴者也。但易含萬象，此六四一爻，若以戰鬭言之，其出則爲血也；若以居處言之，其處則爲穴也。穴之與位，各隨事義也。

象曰：需于血，順以聽也。九五，需于酒食，貞吉。需之所須，以待達也。已得天位，暢其中正，无所復須，故酒食而已獲貞吉也。【疏】正義曰：「需于酒食，貞吉」者，五既爲需之主，已得天位，无所復需，但以需待酒食以遞相宴樂而得貞吉。象曰：酒食貞吉，以中正也。【疏】正義曰：釋酒食貞吉之義，言九五居中得正，需道亨通，上下无事也。上六，入于穴，有不速之客三人來，敬之終吉。六四所以出自穴者，以不與三相得而塞其路，不辟則害，故不得不出自穴而辟之也。至於上六，處卦之終，非塞路者也，與三爲應，三來之己，乃爲己援，故无畏害之辟而乃有入穴之固也。三陽所以不敢進者，須難之終也。難終則至，不待召也。己居難終，故自來也。處无位之地，以一陰而爲三陽之主，故必敬之而後終吉。【疏】「上六」至「敬之終吉」。○正義曰：「上六入于穴」者，上六陰爻，故亦稱穴也。上六與三相應，三來之己，不爲禍害，乃得爲己援助，故上六无所畏忌，乃入于穴而居也。「有不速之客三人來」者，速，召也，不須召喚之客有三人自來。三人謂初九、九二、九三，此三陽務欲前進，但畏于險難，不能前進；其難既通，三陽務欲上升，不須召喚而自來，故云「有不速之客三人來」也。「敬之終吉」者，上六居无位之地，以一陰而爲三陽之主，不可怠慢，故須恭敬此三陽，乃得終吉。象曰：不速之客來，敬之終吉，雖不當位，未大失也。處无位之地，不當位者也。敬之則得終吉，故雖不當位，未大失也。【疏】正義曰：「雖不當位，未大失」者，釋「敬之終吉」之義。言己雖不當位，而以一陰爲三陽之主，若不敬之，則有凶害。今由己能敬之，雖不當位，亦未有大失。言初時雖有小失，終久乃獲吉，故云「未大失也」。且需之一卦，須待難通，其於六爻，皆假他物之象，以明人事待通而亨，須待之義。且凡人萬事，或有去難遠近，須出須處，法此六爻，即萬事盡矣，不可皆以人事曲細比之。易之諸爻之例，並皆放此。

☵☰坎下乾上　訟：有孚，窒惕，中吉，窒謂窒塞也。皆惕，然後可以獲中吉。【疏】正義曰：窒，塞也。惕，懼也。凡訟者，物有不和，情相乖爭，而致其訟。凡訟之體，不可妄興，必有信實，被物止塞，而能惕懼，中道而止，乃得吉也。終凶。利見大人，不利涉大川。【疏】正義曰：「終凶」者，訟不可長，若終竟訟事，雖復窒惕，亦有凶也。「利見大人」者，物既有訟，須大人決之，故「利見大人」也。「不利涉大川」者，以訟不可長，若以訟而往涉危難，必有禍患，故「不利涉大川」。象曰：訟，上剛下險，險而健，訟。訟，有孚窒惕，中吉，剛來而得中也。終凶，訟不可成也。利見大人，尚中正也。不利涉大川，入于淵也。凡不和而訟，无施而可，涉難特甚焉。唯有信而見塞懼者，乃可以得吉也。猶復不可終，中乃吉也。不閉其源，使訟不至，雖每不枉，而訟至終竟，此亦凶矣。故雖復有信而見塞懼，猶不可以爲終也。故曰「訟有孚，窒惕，中吉，終凶」也。无善聽者，雖有其實，何由得明？而令有信塞懼者得其中吉，必有善聽之主焉，其在二乎？以剛而來，正夫羣小，斷不失中，應斯任也。【疏】「象曰訟上剛下險」至「入于淵也」。○正義曰：此釋繇辭之義。「訟，上剛下險，險而健，訟」者，上剛即乾也，下險即坎也，猶人意懷險惡，性又剛健，所以訟也。此二句因卦之象以顯有訟之所由。案上需須也，以釋卦之名。此訟卦不釋訟名者，訟義可知，故不釋也。諸卦其名難者則釋之，其名易者則不釋之，他皆倣此。「訟，有孚窒惕，中吉，剛來而得中」者，先疊出訟之繇辭，以「剛來而得中」者，釋所以訟得其「有孚窒惕，中吉」者，言中九二之剛來向下體而處下卦之中，爲訟之主，而聽斷獄訟，故訟者得其「有孚窒惕，中吉」也。「終凶，訟不可成」者，釋終凶之義，以爭訟之事不可使成，故終凶也。「利見大人，尚中正」者，釋利見大人之義，所以於訟之時，利見此大人者，以時方鬭爭，貴尚居中得正之主而聽斷之。「不利涉大川，入于淵」者，釋不利涉大川之義。若以訟事往涉于川，即必墜于深淵而陷于難也。○注「凡不和而訟」至「應斯任也」。○正義曰：「无施而可」者，言若性好不和，又與人鬭訟，即无處施設而可也。言所往之處皆不可也。「涉難特甚焉」者，言好訟之人，習常施爲，已且不可，若更以訟涉難，其不可特甚焉，故云「涉難特甚焉」。「中乃吉」者，謂此訟事以中途而止，乃得吉也。前注云「可以獲中吉」，謂獲中止之吉。「不閉其源，使訟不至」者，若能謙虛退讓，與物不競，即此是閉塞訟之根源，使訟不至也。今不能如此，是不閉塞訟源，使訟得至也。「雖每不枉，而訟至終竟」者，謂雖每訴訟陳其道理，不有枉曲而訟至終竟此亦凶矣。**象曰：天與水違行，訟。君子以作事謀始。**聽訟吾猶人也，必也使無訟乎。无訟在於謀始，謀始在於作制。契之不明，訟之所以生也。物有其分起契之過職不相監，爭何由興？訟之所以起，契之過也。故有德司契而不責於人。〔疏〕天與水違行訟至作事謀始。○正義曰：天道西轉，水流東注，是天與水相違而行。相違而行，象人彼此兩相乖戾，故致訟也。不云水與天違行者，凡訟之所起，必剛健在先，以爲訟始，故云天與水違行也。「君子以作事謀始」者，物既有訟，言君子當防此訟源。凡欲興作其事，先須謀慮其始。若初始分職分明，不相干涉，卽終无所訟也。○注「聽訟」至「不責於人」。○正義曰：訟之所以起，契之過者，凡鬬訟之起，只由初時契要之過，謂作契要不分明。有德司契者，言上之有德司主契要，而能使分明，以斷於下，亦不須責在下之人有爭訟也。有德司契之文，出老子經也。

初六：不永所事，小有言，終吉。處訟之始，訟不可終，故不永所事，然後乃吉。凡陽唱而陰和，陰非先唱者也。四名而應，見犯乃訟。處訟之始，不爲訟先，雖不能不訟，而了訟必辯明矣。〔疏〕初六至小有言終吉。○正義曰：不永所事者，永，長也，不可長久爲鬬訟之事，以訟不可終也。小有言終吉者，言終吉者，言初六應于九四，然九四剛陽，先來非理犯已，初六陰柔，見犯乃訟，雖不能不訟，是不獲已而訟也，故小有言，以處訟之始，不爲訟先，故終吉。○注「處訟之始」至「必辯明也」。○正義曰：處訟之始者，始入訟境，言訟事尚微，故云處訟之始也。不爲訟先者，言已是陰柔，待唱乃和，故云不爲訟先也。**象曰：不永所事，訟不可長也。雖小有言，其辯明也。**〔疏〕正義曰：訟不可長者，釋不永所事，以訟不可長，故不長此鬬爭之事。其辯明者，釋小有言，以訟必辯析分明，四雖初時犯己，己能辯訟道理分明，故初時小有言也。

九二：不克訟，歸而逋其邑人三百戶，无眚。以剛處訟，不能下物，自下訟上，宜其不克。若能以懼歸竄其邑，乃可以免災。邑過三百，非爲竄也，竄而據強，災未免也。〔疏〕九二至三百戶无眚。○正義曰：不克訟者，克，勝也，以剛處訟，不能下物，自下訟上，與五相敵，不勝其訟，言訟不得勝也。歸而逋其邑者，訟既不勝，怖懼還歸，逋竄其邑。若其邑強大，則大都偶國，非逋竄之道。人三百戶无眚者，若其邑狹少，唯三百戶乃可也。三百戶者，鄭注禮記云「小國下大夫之制」。又鄭注周禮小司徒云「方十里爲成，九百夫之地，溝渠城郭道路三分去其一，餘六百夫，又以田有不易，有一易，有再易，定受田三百家」，卽此三百戶者，一成之地也。鄭注云：「不易之田，歲種之；一易之田，休一歲乃種；再易之地，休二歲乃種。」言至薄也。苟自藏隱，不敢與五相敵，則无眚災。○注「以剛處訟」至「災未免也」。○正義曰：若能以懼歸竄其邑，乃可免災者，如此注意，則經稱「其邑」二字連上爲句，「人三百戶」合下爲句。**象曰：不克訟，歸逋竄也。自下訟上，患至掇也。**〔疏〕正義曰：歸逋竄者，釋歸而逋邑，以訟之不勝，故退歸逋竄也。患至掇者，掇猶拾掇也。自下訟上，悖逆之道，故禍患來至，若手自拾掇其物，言患必來也。故王肅云「若手拾掇物然」。

六三：食舊德，貞厲，終吉。或從王事，无成。體夫柔弱以順於上，不爲九二自下訟上，不見侵奪，保全其有，故得食其舊德而不失也。居爭訟之時，處兩剛之閒，而皆近不相得，故曰貞厲。柔體不爭，繫應在上，衆莫能傾，故曰終吉。上壯爭勝，難可忤也，故或從王事，不敢成也。〔疏〕六三食舊德至王事无成。○正義曰：食舊德者，六三以陰柔順從上九，不爲上九侵奪，故保全已之所有，故食其舊日之德祿位。貞厲者，貞，正也，厲，危也，居爭訟之時，處兩剛之閒，故須貞正自危厲，故曰貞厲。然六三柔體不爭，係應在上，衆莫能傾，故終吉也。或從王事无成者，三應於上，上則壯而又勝，故六三或從上九之王事，不敢觸忤，无敢先成，故云无成。**象曰：食舊德，從上吉也。**〔疏〕正義曰：從上吉者，釋所以食舊德，以順從上九，故得其吉，食舊德也。

九四：不克訟，初辯明也。〔疏〕正義曰：九四既非理陵犯於初，初能分辯道理，故九四訟不勝也。**復卽命渝，安貞吉。**處上訟下，可以改變者也，故其咎不大。若能反從本理，變前之命，安貞不犯，不失其道，爲仁猶已，故吉從之。〔疏〕復卽命渝安貞吉。○正義曰：復卽命渝者，復，反也；卽，就也。九四訟既不勝，若能反就本理，變前與初爭訟之命，能自渝變休息，不與初訟，故云復卽命渝。安貞吉者，既能反從本理，渝變往前爭訟之命，卽得安居貞吉。○注「處上訟下」至「故吉從之」。○正義曰：若能反從本理者，釋復卽之義。復，反也；卽，從也。本理謂原本不與初訟之理，當反從此原本不爭之理，故云反從本理。變前之命者，解命渝也。渝，變也，但倒經渝字在命上，故云變前之命。前命者，謂往前共初相訟之命也，今乃變之也。安貞不犯者，謂四安居貞正，不復犯初，故云安貞不犯。爲仁由己，故吉從之者，爲仁由己，論語文。初不犯己，己莫陵於初，是爲仁義之道自由於己，故云爲仁由己。**象曰：復卽命渝，安貞不失也。**〔疏〕正義曰：安貞不失者，釋復

卽命渝之義以其反理變命故得安貞之吉不失其道

九五訟元吉處得尊位爲訟之主用其中正以斷枉直中則不過正則不邪剛无所溺公无所偏故訟元吉

疏九五訟元吉。正義曰處得尊位中而且正以斷獄訟故得元吉也。注處得尊位至故訟元吉。正義曰處得尊位爲訟之主者居九五之位當爭訟之時是主斷獄訟者也然此卦之內斷獄訟之人凡有二主案上注云善聽之主其在二乎是二爲主也此注又云爲訟之主用其中正以斷枉直是五又爲主也一卦兩主者凡諸卦之內如此者多矣五是其卦尊位之主餘爻是其卦爲義之主猶若復卦初九是復卦之主復義在于初九也六五亦居復之尊位爲復卦尊位之主如此之例非一卦也所以然者五居尊位猶若天子總統萬機與萬物爲主故諸卦皆五居尊位諸爻則偏主一事猶若六卿春官主禮秋官主刑之類偏主一事則其餘諸爻各主一事也卽六卿總歸於天子諸卦之爻皆以九五爲尊位也若卦由五位五又居尊正爲一主也若比之九五之類是也今此訟卦二旣爲主五又爲主皆有斷獄之德其五與二爻其義同然也故俱以爲主也案上象辭剛來而得中今九五象辭云訟元吉以中正也知象辭剛來得中非據九五也輔嗣必以爲九二者凡上下二象在於下象者則稱來故賁卦云柔來而文剛是離下艮上而

稱柔來今此云剛來而得中故知九二也且凡云來者皆據異類而來九二在二陰之中故稱來九五在外卦又三爻俱陽不得稱來若於爻辭之中亦有從下卦向上卦稱來也故需上六有不速之客三人來謂下卦三陽來然需上六陰爻陽來詣之亦是往非類而稱來也以斷枉直者枉曲也凡二人來訟必一曲一直此九五聽訟能斷定曲直者故云以斷枉直

象曰訟元吉以中正也

疏正義曰以中正也者釋元吉之義所以訟得大吉者以九五處中而得正位中則不有過差正則不有邪曲中正爲德故元吉。

上九或錫之鞶帶。終朝三褫之處訟之極以剛居上訟而得勝者也以訟受錫榮何可保故終朝之閒褫帶者三也

疏正義曰或錫之鞶帶者上九以剛居上是訟而得勝者也若以謙讓蒙錫則可長保有若因訟而得勝雖或錫與鞶帶不可長久終一朝之閒三被褫脫故云終朝三褫之

象曰以訟受服亦不足敬也

疏正義曰釋終朝三褫之義以其因訟得勝受此錫服非德而受亦不足可敬故終朝之間三被褫脫也凡言或者或之言有也言或有如此故言或則上云或從王事无成及坤之六三或從王事无成之類是也鞶帶謂大帶也故杜元凱桓二年傳鞶厲旅綬注云鞶大帶也此訟一卦及爻辭並以人事明之雖不利涉大川假外物之象以喻人事

☵☷坎下坤上**師貞丈人吉无咎**丈人嚴莊之稱也爲師之正丈人乃吉也興役動衆无功罪也故吉乃无咎也

疏師貞丈人吉无咎。正義曰。師衆也貞正也丈人謂嚴莊尊重之人言爲師之正唯得嚴莊丈人監臨主領乃得吉无咎若不得丈人監臨之衆不畏懼不能齊衆必有咎害。注丈人嚴戒之稱也至乃无咎也。正義曰興役動衆无功罪者監臨師旅當以威嚴則有功勞乃得无咎若其不以威嚴師必无功而獲其罪故云興役動衆无功罪也

象曰師衆也貞正也能以衆正可以王矣剛中而應行險而順以此毒天下而民從之吉又何咎矣毒猶役也

疏象曰至又何咎矣。正義曰師衆也貞正也能以衆正可以王矣者此釋師卦之名幷明用師有功之義但師訓旣多或訓爲法或訓爲長恐此師名取法之與長故特明之師訓爲衆也貞爲正也貞之爲正其義已見於此復云見正者欲見齊衆必須以正故訓貞爲正也與下文爲首引之勢故云能以衆正可以王矣剛中而應者剛中謂

九二而應謂六五行險而順者行險謂下體坎也而順謂上體坤也若剛中而无應或有應而不剛中或行險而不柔順皆不可行師得吉也以此毒天下而民從之吉又何咎矣者毒猶役也若用此諸德使役天下之衆人必從之以得其吉又何无功而咎責乎自剛中以下釋丈人吉无咎也言丈人能備此諸德也

象曰地中有水師君子以容民畜衆

疏正義曰君子以容民畜衆者言君子法此師卦容納其民畜養其衆若爲人除害使衆得寧此則容民畜衆也又爲師之主雖尚威嚴當赦其小過不可純用威猛於軍師之中亦是容民畜衆之義所以象稱地中有水欲見地能包水水又衆大是容民畜衆之象若其不然或當云地在水上或云上地下水或云水上有地今云地中有水蓋取容畜之義也

初六師出以律否臧凶爲師之始齊師者也齊衆以律失律則散故師出以律律不可失失律而臧何異於否失令有功法所不赦故師出不以律否臧皆凶

疏初六師出至否臧凶。正義曰初六師出以律者律法也初六爲師之始是整齊師衆者也旣齊整師衆使師出之時當須以其法制整齊之故云師出以律也否臧凶者若其失律行師无問否之與臧皆爲凶也否謂破敗臧謂有功然否爲破敗卽是凶也何須

更云否臧凶者，本意所明雖臧亦凶。臧文既單，故以否配之。欲盛言臧凶，不可單言，故云否之與臧皆爲凶也。○注「爲師之始」至「否臧皆凶」。○正義曰：「爲師之始，齊師者也」者，以師之初爻，故云爲師之始。在師之首，先唱發始，是齊整師眾者也。「失律而臧，何異於否」者，若棄失法律，不奉法而行，雖有功而臧，何異於否也。「失令有功，法所不赦」者，解何異於否之義。令則法律也。若失此法令，雖有功勞，軍法所不容赦，故云何異於否。然閫外之事，將軍所載，臨事制宜，不必皆依君命，何得有功法所不赦者？凡爲師之體，理非一端，量事制宜，隨時進退，此則將軍所制，隨時施行。若苟順私情，故違君命，犯律觸法，則事不可赦耳。象曰：師出以律，失律凶也。疏正義曰：「失律凶」者，釋「師出以律」之義。言所以必須以律者，以其失律則凶，反經之文，以明經義。九二：在師中吉，无咎，王三錫命。以剛居中而應於上，在師而得其中者也。承上之寵，爲師之主，任大役重，无功則凶，故吉乃无咎也。行師得吉，莫善懷邦，邦懷眾服，錫莫重焉，故乃得成命。疏「九二」至「王三錫命」。○正義曰：「在師中吉」者，以剛居中而應於五，是在師中吉也。「无咎」者，承上之寵，爲師之主，任大役重，无功則凶，故吉乃无咎。「王三錫命」者，以其有功，故王三加錫命。○注「以剛居中」至「故乃得成命」。○正義曰：「在師而得中」者，觀注之意，以「在師中」爲句，其「吉」字屬下。觀象之文，「在師中吉，承天寵」者，則似「吉」字屬上。此「吉」之一字，上下兼該，故注文屬下，象文屬上，但象略其「无咎」之字，故「吉」屬「師中」也。「故乃得成命」者，案曲禮云「三賜不及車馬」，一命受爵，再命受服，三命受車馬，三賜三命而尊之，得成，故乃得成命也。象曰：在師中吉，承天寵也。王三錫命，懷萬邦也。疏正義曰：「承天寵」者，釋「在師中吉」之義也。正謂承受五之恩寵，故中吉也。「懷萬邦也」者，以其有功，能招懷萬邦，故被王三錫命也。六三：師或輿尸，凶。以陰處陽，以柔乘剛，進則无應，退无所守，以此用師，宜獲輿尸之凶。疏「六三師或輿尸凶」。○正義曰：以陰處陽，以柔乘剛，進无所應，退无所守，以此用師，或有輿尸之凶。○注「以陰處陽」至「輿尸之凶」。○正義曰：「退无所守」者，倒退而下，乘二之剛，已又以陰居陽，是退无所守。象曰：師或輿尸，大无功也。疏正義曰：「大无功也」者，釋「輿尸」之義，以其輿尸，則大无功也。六四：師左次，无咎。得位而无應，无應不可以行，得位則可以處，故左次之而无咎也。行師之法，欲右背高，故左次之。疏「六四師左次无咎」。○正義曰：六四得位而无應，无應則不可以行，得位則可以處，故云「師左次无咎」。故師在高險之左，以次止則无凶咎也。○注「行師之法」至「故左次之」。○正義曰：「行師之法，欲右背高」者，此兵法也。故漢書韓信云「兵法欲右背山陵，前左水澤」。象曰：左次无咎，未失常也。雖不能有獲，足以不失其常也。疏正義曰：「未失常」者，釋「无咎」之義，以其雖未有功，未失常道。六五：田有禽，利執言，无咎。長子帥師，弟子輿尸，貞凶。處師之時，柔得尊位，陰不先唱，柔不犯物，犯而後應，往必得直，故田有禽也。物先犯己，故可以執言而无咎也。柔非軍帥，陰非剛武，故不躬行，必以授也。授不得王，則眾不從，故長子帥師可也。弟子之凶，故其宜也。疏「六五田有禽」至「輿尸貞凶」。○正義曰：「田有禽，利執言」者，柔得尊位，陰不先唱，柔不犯物，犯而後應，往必得直，故往即有功。猶如田中有禽而來犯苗，若往獵之，則无咎過也。人之修田，非禽之所犯；王者守國，非叛者所亂。禽之犯苗，則可獵取；叛人亂國，則可誅之。此假他象以喻人事，故「利執言，无咎」。己不直則有咎，己今得直，故可以執此言往問之而无咎也。「長子帥師，弟子輿尸，貞凶」者，以己是柔，不可爲軍帥，已又是陰，身非剛武，不可以親行，故須役任長子、弟子之等。若任役長子，則可以帥師；若任用弟子，則軍必破敗而輿尸，是爲正之凶。莊氏云：「長子謂九二，德長於人；弟子謂六三，德劣於物。」今案象辭云「長子帥師，以中行也」，是九二居中也；「弟子輿尸，使不當也」，謂六三失位也。○注「至往必得直」。○正義曰：「往必得直」者，見犯乃得欲往征之，則於理正直，故云「往必得直」。象曰：長子帥師，以中行也。弟子輿尸，使不當也。上六：大君有命，開國承家，小人勿用。處師之極，師之終也。大君之命，不失功也。開國承家，以寧邦也。小人勿用，非其道也。疏「上六大君有命」至「小人勿用」。○正義曰：「大君有命」者，上六處師之極，是師之終竟也。大君謂天子也，言天子爵命此上六，若其功大，使之開國爲諸侯；若其功小，使之承家爲卿大夫。「小人勿用」者，言開國承家，須用君子，勿用小人也。象曰：大君有命，以正功也。小人勿用，必亂邦也。疏正義曰：「大君有命，以正功也」者，正此上六之功也。「小人勿用，必亂邦也」者，若用小人，必亂邦國，故不得用小人也。

坤下坎上　比：吉。原筮，元永貞，无咎。不寧方來，後夫凶〔疏〕正義曰比吉者謂能相親比而得其吉原筮元永貞无咎者欲相親比必能原窮其情筮決其意唯有元大永長貞正乃得无咎元永貞者謂兩相親比皆須永貞不寧方來者此是寧樂之時若能與人親比則不寧之方皆悉歸來後夫凶者夫語辭也親比貴速若及早而來人皆親已故在先者吉若在後而至者人或疏已親比不成故後夫凶或以夫為丈夫謂後來之人也

彖曰比吉也比輔也下順從也原筮元永貞无咎以剛中也處比之時將原筮以求无咎其唯元永貞乎夫羣黨相比而不以元永貞則凶邪之道也若不遇其主則雖永貞而猶未足免於咎也使永貞而无咎者其唯九五乎〔疏〕象曰至以剛中也○正義曰比吉也者釋親比為善言相親比而得吉也比輔也者釋比所以得吉由比者人來相輔助也下順從者在下之人順從於上是相輔助也謂衆陰順從九五也自此以上釋比名為吉之義原筮元永貞无咎以剛中者釋原筮元永貞无咎之義所以得如此者以九五剛而處中故使比者皆得原筮元永貞无咎也○注處比之時至其唯九五乎○正義曰將原筮以求无咎其唯元永貞乎者原謂原窮比者根本筮謂筮決求比之情以求久長无咎其唯元永貞乎元大也永長也為已有大長貞正

乃能原筮相親比之情得久長而无咎謂彼此相親比也若不遇其主則雖永貞而猶未足免於咎者若不逢遇明主則彼此相求比者雖各懷永貞而猶未足免離於咎雖有永貞而无明主照察不被上知相親涉於朋黨故不免咎也使永貞而无咎者其唯九五乎者使比者得免咎保永貞久而无咎其唯九五乎以九五為比之主剛而處中能識比者之情意故使比者得保永貞无凶咎也

不寧方來上下應也上下无陽以分其民五獨處尊莫不歸之上下應之既親且安安則不安者託焉故不寧方所以來上下應故也夫无者求有有者不求所與危者求安安者不求所保火有其炎寒者附之故已苟安焉則不寧方來矣〔疏〕正義曰釋不寧方來之義以九五處中故上下羣陰皆來應之於此之時陰往比陽羣陰未得其所皆未寧也

後夫凶其道窮也將合和親而獨在後親成則誅是以凶也〔疏〕後夫凶其道窮也○正義曰釋後夫凶他悉親比已獨後來比道窮困无人與親故其凶也此謂上六也○注將合和親至是以凶也○正義曰親成則誅者彼此相比皆速來為親親道已成已獨在後而來衆則嫌其離貳所以被誅而凶也

象曰地上有水比先王以建萬國親諸侯萬國以比建諸侯以比親〔疏〕正義曰建萬國親諸侯非諸侯以下之所為故特云先王也建萬國謂割土而封建之親諸侯謂爵賞恩澤而親友之萬國據其境域故曰建也諸侯謂其君身故云親也地上有水猶域中有萬國使之各相親比猶地上有水流通相潤及物故云地上有水比也

初六有孚比之无咎有孚盈缶終來有它吉處比之始為比之首者也夫以不信為比之首則禍莫大焉故必有孚盈缶然後乃得免比之咎故曰有孚比之无咎也處比之首應不在一心无私吝則莫不比之著信立誠盈溢乎質素之器則物終來无衰竭也親乎天下著信盈缶應者豈一道而來故必有他吉也〔疏〕初六有孚至有他吉○正義曰有孚比之无咎者處比之始為比之首若无誠信禍莫大焉必有誠信而相親比終始如一為之誠信乃得无咎有孚盈缶終來有他吉者身處比之首應不在一心无私吝莫不比之有此孚信盈溢質素之缶以此待物物皆歸向從始至終尋常恒來非唯一人而已更有他人並來而得吉故云終來有他吉也此假外象喻人事也○注應不在一心无私吝○正義曰應不在一者初六无應是應不在一故心无私吝也若心有偏應即私有愛吝也以應不在一故心无私吝也

象曰比之初六有它吉也

六二比之自內貞吉處比之時居中得位而繫應在五不能來它故得其自內貞吉而已〔疏〕正義曰比之自內貞吉者居中得位係應在五不能使它悉來唯親比之道自在其內獨與五應但貞吉而已不如初六有它吉也

象曰比之自內不自失也〔疏〕正義曰不自失者釋比之自內之義不自失其所應之偶故云比之自內不自失也

六三比之匪人四自外比二為五應近不相得遠則无應所與比者皆非已親故曰比之匪人

象曰比之匪人不亦傷乎〔疏〕正義曰比之匪人不亦傷乎者言六三所比皆非己親之人四自外比二為五應近不相得遠又无應是所欲親比皆非其親是以悲傷也

六四外比之貞吉外比於五復得其位比不失賢處不失位故貞吉也〔疏〕正義曰六四上比於五欲外比也居得其位比不失賢所以貞吉凡下體為內上體為外六四比五故云外比也

象曰外比於賢以從上也〔疏〕正義曰九五居中得位故稱賢也五在四上四往比之是以從上也

九五顯比王用三驅失前

邑人不誠吉爲比之主而有應在二顯比者也比而顯之則所親者狹矣夫无私於物唯賢是與則去之與來皆无失也夫三驅之禮禽逆來趣己則舍之背己而走則射之愛於來而惡於去也故其所施常失前禽也以顯比而居王位用三驅之道者也故曰王用三驅失前禽也用其中正征討有常伐不加邑動必討叛邑人无虞故不誠也雖不得乎大人之吉是顯比之吉也此可以爲上之使非爲上之道也〔疏〕九五顯比至邑人不誠吉○正義曰五應於二顯明比道不能普徧相親是比道狹也王用三驅失前禽者此假田獵之道以喻顯比之事凡三驅之禮禽向己者則舍之背己者則射之是失於前禽也顯比之道與己相應者則親之與己不相應者則疏之與三驅田獵愛來惡去相似故云王用三驅失前禽也言顯比之道似於此也邑人不誠吉者雖不能廣普親比於自己相親之處不妄加討罰所以己邑之人不須防誠而有吉也至于邑人不誠而爲吉非是大人弘闊之道不可爲大人之道但可爲大人之使○注爲比之主至非爲上之道○正義曰去之與來皆无失者若比道弘闊不偏私於物唯賢是親則背己去者與來向己者皆悉親附无所失也言去亦不失來亦不失夫三驅之禮者先儒皆云三度驅禽而射之也三度則已令亦從之去則射之褚氏諸儒皆以爲三面著人驅禽必知三面者禽唯有背己向己趣己故左右及於後皆有驅之愛於來而惡於去者來則舍之是愛於來也去則射之是惡於去也故其所施常失前禽者言獨比所應則所比爲失如三驅所施愛來憎去則失在前禽也用其中正征討有常伐不加邑動必討叛者此九五居中得正故云用其中正也心既中正不妄喜怒故征伐有常也所伐之事不加親己之邑興師動衆必欲討其叛逆五以其顯比親者伐所不加也叛者必欲征伐也云雖不得乎大人之吉是顯比之吉者以象云顯比之吉其比狹也若大人之吉則比道弘通也可以爲上之使非爲上之道者九五居上之位若爲行如此身雖爲王止可爲上使之人非是爲王之道故云非爲上之道**象曰顯比之吉位正中也舍逆取順失前禽也邑人不誠上使中也**〔疏〕顯比之吉至上使中也○正義曰顯比之吉位在中者所以顯比得吉者以所居之位正而且中故云顯比之吉舍逆取順失前禽也者禽逆來向己者則舍之而不害禽順去背己而走者則射而取之是失前禽也邑人不誠上使中也者釋邑人不誠之義所以己邑之人不須防誠止由在上九五之使得其中正之人伐不加邑動必討叛不橫加无罪止由在上使中也中謂九五也此九五雖不得爲王者之身堪爲王者之使以居中位故云上使中也**上六比之无首凶**无首後也處卦之終是後夫也親道已成无所與終爲時所棄宜其凶也〔疏〕正義曰无首凶者謂无能爲頭首它人皆比己獨在後是親比於人无能爲頭首也它人皆比親道已成己獨在後衆人所棄宜其凶也**象曰比之无首无所終也**〔疏〕正義曰无所終者釋比之无首既不能爲比之初首被人所棄故无能與之共終也

☴巽上
☰乾下

小畜亨不能畜大止健剛志故行是以亨〔疏〕正義曰但小有所畜唯畜九三而已初九九二猶剛健得行是以剛志上得亨通故云小畜亨也若大畜乾在於下艮在於上艮是陽卦又能止物能止此乾之剛健所畜者大故稱大畜此卦則巽在於上乾在於下巽是陰柔性又和順不能止畜在下之乾唯能畜止九三所畜狹小故名小畜**密雲不雨自我西郊**〔疏〕正義曰密雲不雨者若陽之上升陰能畜止兩氣相薄則爲雨也今唯能畜止九三其氣被畜但爲密雲初九九二猶自上通所以不能爲雨也自我西郊者所聚密雲由在我之西郊去我既遠潤澤不能行也但聚在西郊而已**彖曰小畜柔得位而上下應之曰小畜**謂六四也成卦之義在此爻也體无二陰以分其應故上下應之也既得其位而上下應之三不能陵小畜之義〔疏〕正義曰柔得位謂六四也以陰居陰故稱得位此卦唯有一陰上下諸陽皆來應之故曰小畜此釋小畜卦名也言此卦之畜六四唯畜其下九三初九九二猶不能擁畜而云上下應之者若細別而言小畜之義唯當畜止在下三陽猶不能畜盡但畜九三而已若大判而言之上下五陽總應六四故云上下應之其四雖應何妨總不能畜止剛健也**健而巽剛中而志行乃亨密雲不雨尚往也自我西郊施未行也**小畜之勢足作密雲乃自我西郊未足以爲雨也何由知未能爲雨夫能爲雨者陽上薄陰陰能固之然後烝而爲雨今不能制初九之復道固九二之牽復九三更以不能復爲劣也下方尚往施豈得行故密雲而不能爲雨尚往故也何以明之去陰能固之然後乃雨乎上九獨能固九三之路故九三不可以進而輿說輻也能固其路而安於上故得既雨既處若四五皆能若上九之善畜則能雨明矣故舉一卦而論之能爲小畜密雲而已陰苟不足以固陽則雖復至盛密雲自我西郊故不能雨也雨之未下卽施之未行也彖至論一卦之體故曰密雲不雨

象各言一爻之德，故曰既雨既處也。【疏】健而巽至施未行也。正義曰：健而巽剛中而志行乃亨者，内既剛健而外遜柔順，剛發於外，不被摧抑，而志意得行，以此言之，故剛健之志乃得亨通，此釋亨也。密雲不雨尚往者，所以密雲不雨者，不能畜止諸陽，初九九二猶得上進，陰陽氣通，所以不雨，釋密雲不雨也。自我西郊施未行者，釋自我西郊之義，所以密雲不雨，從我西郊而積聚者，猶所施潤澤未得流行周徧，故不覆國都，但遠聚西郊也。然雲在國都而不雨，亦是施未行也，必云在西郊者，若在國都，雨雖未落，猶有覆蔭之施，不得云施未行，今言在西郊，去施遠也。○注小畜之勢至既雨既處也。○正義曰：九三更以不能復爲劣者，初九既得復道，九二可牽以獲復，皆得剛健上通，則是陰不能固陽，而九三劣弱，又不能自復，則是陽不薄陰，是以皆不雨也。且小畜之義，貴於上往，而九三不能自復，更爲劣弱，故言九三更不能復爲劣也。能固其路而安於上者，謂上九能閑固九三之道路，不被九三所陵，得安於上，所以既雨既處也。故舉一卦而論之，能爲小畜密雲而已者，此明卦之與爻其義别也。但卦總二象，明上體不能閑固下體，所以密雲不能爲雨；爻則止明一爻之事，上九能固九三，所以上九而有雨也。所以卦與爻其義異也。諸卦多然，若比卦云比吉，上六則云比之无首凶也；復卦云復亨，上六云迷復凶也。此皆卦之與爻義相違反，它皆倣此。

象曰：風行天上，小畜，君子以懿文德。未能行其施者，故可以懿文德而已。【疏】正義曰：君子以懿文德者，懿，美也。以於其時施未得行，喻君子之人但修美文德，待時而發。風爲號令，若風行天下，則施附於物，不得云施未行也。今風在天上，去物既遠，無所施及，故曰風行天上。凡大象，君子所取之義，或取二卦之象而法之者，若地中有水，師，君子以容民畜衆，取卦象包容之義；若履卦象云上天下澤，履，君子以辯上下，取上下尊卑之義。如此之類，皆取二象君子法以爲行也。或直取卦名，因其卦義所有君子法之，須合卦義行事者，若訟卦云君子以作事謀始，防其所訟之源，不取天與水違行之象；若小畜君子以懿文德，不取風行天上之象。餘皆倣此。

初九：復自道，何其咎，吉。處乾之始，以升巽初，四爲已應，不距已者也。以陽升陰，復自其道，順而无違，何所犯咎，得義之吉。【疏】正義曰：處乾之始，以升巽初，四爲已應，以陽升陰，反復於上，自用已道，四則順而无違，於已无咎，故云復自道，何其咎，吉。

象曰：復自道，其義吉也。【疏】正義曰：其義吉者，以陽升陰，以剛應柔，其義於理吉也。

九二：牽復，吉。處乾之中，以升巽五，五非畜極，非固已者也，雖不能若陰之不違，可牽以獲復，是以吉也。【疏】正義曰：牽謂牽連，復謂反復。二欲往五，五非止畜之極，不閑固於已，可自牽連反復於上而得吉也。

象曰：牽復在中，亦不自失也。【疏】正義曰：既彊牽連而復，在下卦之中，以其得中，不被閑固，亦於已不自有失，解牽復吉也。

九三：輿說輻，夫妻反目。上爲畜盛，不可牽征，以斯而進，故必說輻也。已爲陽極，上爲陰長，畜於陰長，不能自復，方之夫妻反目之義也。【疏】正義曰：九三欲復而進，上九固而止之，不可以行，故車輿說其輻。夫妻反目者，上九體巽爲長女之陰，今九三之陽被長女閑固，不能自復，夫妻乖戾，故反目相視。

象曰：夫妻反目，不能正室也。【疏】正義曰：不能正室者，釋夫妻反目之義。以九三之夫不能正上九之室，故反目也。此假象以喻人事也。

六四：有孚，血去惕出，无咎。夫言血者，陽犯陰也。四乘於三，近不相得，三務於進，而已隔之，將懼侵克者也。上亦惡三而能制焉，志與上合，共同斯誠，三雖逼已而不能犯，故得血去懼除，保无咎也。【疏】六四至无咎。○正義曰：六四居九三之上，乘陵於三，三既務進而已固之，懼三害已，故有血也；畏三侵陵，故惕懼也。但上九亦憎惡九三，六四與上九同志，共惡於三，三不害已，故得其血去除，其惕出散，信能血去懼除，乃得无咎。○注夫言血者至无咎也。○正義曰：夫言血者，陽犯陰也者，謂此卦言血，陽犯陰也。夫者，發語之端，非是總凡之辭。故需六四云需於血，注云凡稱血者，陰陽相傷也。則稱血者，非唯陽犯陰也。

象曰：有孚惕出，上合志也。【疏】正義曰：釋惕出之意。所以惕出者，由己與上九同合其志，共惡於三也。

九五：有孚攣如，富以其鄰。處得尊位，不疑於二，來而不距，二牽已攣，不爲專固，有孚攣如之謂也。以陽居陽，處實者也，居盛處實而不專固，富以其鄰者也。【疏】正義曰：有孚攣如者，五居尊位，不疑於二，來而不距，二既牽挽而來，已又攀攣而迎接，志意合同，不有專固相逼，是有信而相牽攣也。如，語辭，非義類。富以其鄰者，五是陽爻，即必富實，心不專固，故能用富以與其鄰，鄰謂二也。

象曰：有孚攣如，不獨富也。【疏】正義曰：不獨富也者，釋攣如之義。所以攀攣於二者，以其不獨自專固於富，欲分與二也。

上九：既雨既處，尚德載，婦貞厲。月幾望，君子征凶。處小畜之極，能畜者也。陽不獲亨，故既雨也。剛不能侵，故既處也。體巽處上，剛不敢犯尙德者也爲陰之長能畜剛健德積載者也婦制其夫臣制其君雖貞近危故曰婦貞厲也陰之盈盛莫盛於此故曰月幾望也滿而又進必失其道陰疑於陽必見戰伐雖復君子以征必凶故曰君子征凶【疏】上九既雨既處至君子征凶○正義曰既雨既處者九三欲進已能固之陰陽不通故已得其雨也既處者三不能侵不憂危害故已得其處也尙德載者體巽處上剛不敢犯爲陰之長能畜正剛健慕尙此德之積聚而運載也故云尙德載也言慕尙此道德之積載也婦貞厲者上九制九三是婦制其夫臣制其君雖復貞正而近危厲也月幾望者婦人之制夫猶如月在望時盛極以敵日也幾辭也已從上釋故於此不復言也君子征凶者陰疑於陽必見戰伐雖復君子之行而亦凶也○注處小畜之極至君子征凶○正義曰處小畜之極能畜者也又已處小畜盛極是閉畜者也陽不獲亨故既雨也者陽若亨通則不雨也所以卦係辭云小畜亨密雲不雨今九三之陽被上九所固不獲亨通故既雨也

象曰既雨既處德積載也君子征凶有所疑也夫處下可以征而无咎者唯泰也則然坤本體下又順而弱不能敵剛故可以全其類征而吉也自此以往則其進各有難矣夫巽雖不能若艮之善畜猶不肯爲坤之順從也故可得少進不可盡陵也是以初九九二其復則可至於九三則輿說輻也夫大畜者畜之極也畜而不已畜極則通是以其畜之盛在於四五至于上九道乃大行小畜積極而後乃能畜是以四五可以進而上九說征之輻【疏】象曰既雨既處至有所疑也○正義曰既雨既處德積載者釋既雨既處之義言所以得既雨既處者以上九道德積聚可以運載使人慕尙故云既雨既處也君子征凶有所疑者釋君子征凶之義言所以征凶者陰氣盛滿被陽有所疑忌必見戰伐故征凶也○注夫處下至說征之輻○正義曰夫巽雖不能若艮之善畜者謂雖不能如大畜艮卦在上善畜下之乾也巽雖不能如艮之善畜故其畜小也猶不肯爲坤之順從者謂猶不肯如泰卦坤在於上順從乾也故可得少進者謂初九九二得前進也不可盡陵者九三欲陵上九被上九所固是不可得盡陵也畜而不已畜極則通是以其畜之盛在于四五至于上九道乃大行者此論大畜義也大畜畜而不已謂之大畜四爻五爻是畜之盛極而不休已畜極則通四五畜道既極至於上九无可所畜故上九道乃大行无所畜也小畜積極而後乃能畜者小畜之道既微積其終極至於上九乃能畜也謂畜九三也是以四五可以進者四雖畜初五雖畜二畜道既弱故九二可以進上九說征之輻者上九畜之積極故能說此九三征行之輻案九三但有說輻无征之文而王氏言上九說征之輻者輿之有輻可以征行九三爻有征義今輿輻既說則是說征之輻因上九征凶之文征則行也文雖不言於義必有言輻者鄭注云[illegible]輿下縛木與軸相連鉤心之木是也子夏傳云輻車劇也

䷉ 兌下乾上 **履虎尾不咥人亨**【疏】正義曰履卦之義以六三爲主六三以陰柔履踐九二之剛履危者也猶如履虎尾爲危之甚不咥人亨者以六三在兌體兌爲和說而應乾剛雖履其危而不見害故得亨通猶若履虎尾不見咥齧于人此假物之象以喻人事

彖曰履柔履剛也說而應乎乾是以履虎尾不咥人亨凡彖者言乎一卦之所以爲主也成卦之體在六三也履虎尾者言其危也三爲履主以柔履剛履危者也履虎尾有不見咥者以其說而應乎乾也乾剛正之德者也不以說行夫佞邪而以說應乎乾宜其履虎尾不見咥而亨【疏】彖曰履柔履剛也至不咥人亨○正義曰履柔履剛者言履卦之義是柔之履剛六三陰爻在九二陽爻之上故云柔履剛也履謂履踐也此釋履卦之義說而應乎乾是以履虎尾不咥人亨者釋不咥人亨之義六三在兌體兌爲和說應於上九上九在乾體兌自和說應乎乾剛以說應剛无所見害是以履踐虎尾不咥害于人而得亨通也若以和說之行而應於陰柔則是邪佞之道由以說應於剛无得吉也

剛中正履帝位而不疚光明也言五之德【疏】正義曰剛中正履帝位者謂九五也以剛處中得其正位居九五之尊是剛中正履帝位也而不疚光明者能以剛中而居帝位不有疚病由德之光明故也此一句贊明履卦德義之美於經无所釋也

象曰上天下澤履君子以辯上下定民志【疏】正義曰天尊在上澤卑處下君子法此履卦之象以分辯上下尊卑以定正民之志意使尊卑有序也但此履卦名合二義若以爻言之則在上履踐於下六三履九二也若以二卦上下之象言之則履禮也在下以禮承事於上此象之所言取上下二卦卑承尊之義故云上天下澤履但易合萬象反覆取義不可定爲一體故也

初九素履往无咎處履之初爲履之始履道惡華故素乃无咎處履以素何往不從必獨行其願物无犯也【疏】正義曰處履之始而用質素故往而无咎若不以質素則有咎也

象曰素履之往獨行願也【疏】正義曰獨行願者釋素履之往它人尙華已獨質素則何咎也故獨行所願則物无犯也

九

二履道坦坦幽人貞吉履道尚謙不喜處盈務在致誠惡夫外飾者也而二以陽處陰履於謙也居内履中隱顯同也履道之美於斯爲盛故履道坦坦无險厄也在幽而貞宜其吉【疏】九二至幽人貞吉。正義曰履道坦坦者坦坦平易之貌九二以陽處陰履於謙退已能謙退故履道坦坦者易无險難也幽人貞吉者既无險難故在幽隱之人守正得吉。注履道尚謙至宜其吉。正義曰履道尚謙者言履踐之道貴尚謙退然後乃能踐物履又爲禮故尚謙也居内履中隱顯同者履道尚謙不喜處盈然以陽處陰尚於謙德居内履中以信爲道不以居外爲榮處内爲屈若居在外亦能履中謙退隱之與顯在心齊等故曰隱顯同也在幽而貞宜其吉者以其在内卦之中故云在幽也謙而得中是貞正也在幽能行此正故曰宜其吉　象曰幽人貞吉中不自亂也【疏】正義曰中不自亂者釋幽人貞吉以其居中不以危險而自亂也既能謙退幽居何有危險自亂之事　六三眇能視跛能履履虎尾咥人凶武人爲于大君居履之時以陽處陽猶曰不謙而況以陰居陽以柔乘剛者乎故以此爲明眇目者也以此爲行跛足者也以此履危見咥者也志在剛健不

修所履欲以陵武於人爲于大君行未能免於凶而志存于五頑之甚也【疏】六三眇能視至武人爲于大君。正義曰眇能視跛能履者居履之時當須謙退今六三以陰居陽而又失其位以此視物猶如眇目自爲能視不足爲明也以此履踐猶如跛足自爲能履不足與之行也履虎尾咥人凶者以此履虎尾咥齧於人所以凶也武人爲于大君者行此威武加陵於人欲自爲於大君以六三之微欲行九五之志頑愚之甚　象曰眇能視不足以有明也跛能履不足以與行也咥人之凶位不當也武人爲于大君志剛也【疏】象曰眇能視至武人爲于大君志剛也。正義曰不足以有明者釋眇能視物目既隆眇假使能視无多明也不足以與行者解跛能履足既蹇跛假使能履行不能遠故云不足以與行也位不當者釋咥人之凶所以被咥見凶者緣居位不當爲以陰處陽也志剛者釋武人爲于大君所以陵武加人欲爲大君以其志意剛猛以陰而處陽是志意剛也　九四履虎尾愬愬終吉逼近至尊以陽承陽處多懼之地故曰履虎尾愬愬也然以陽居陰以謙爲本雖處危懼終獲其志故終吉也【疏】正義曰履虎尾愬愬者逼近五之尊位是履虎尾近其危也以陽承陽處嫌隙之地故愬愬危懼也終吉者以陽居陰意能謙退故終得其吉也　象曰愬愬終吉志行也【疏】正義曰志行者釋愬愬終吉初雖愬愬終得其吉以謙志得行故終吉也　九五夬履貞厲得位處尊以剛決正故曰夬履貞厲也履道惡盈而五處尊是以危【疏】正義曰夬履者夬者決也得位處尊以剛決正履道行正故夬履也貞厲者厲危也履道惡盈而五以陽居尊故危厲也　象曰夬履貞厲位正當也【疏】正義曰位正當者釋夬履貞厲之義所以夬履貞厲者以其位正當處在九五之位不得不決斷其理不得不有其貞厲以位居此地故也　上九視履考祥其旋元吉禍福之祥生乎所履處履之極履道成矣故可視履而考祥也居極應說高而不危是其旋也履道大成故元吉也【疏】正義曰視履考祥者祥謂徵祥上九處履之極履道已成故視其所履之行善惡得失考其禍福之徵祥其旋元吉者旋謂旋反也上九處履之極下應兊說高而不危是其不墜於履而能旋反行之履道大成故元吉也　象曰元吉在上大有慶也【疏】正義曰大有慶者解元吉在上之義既以元吉而在上九是大有福慶也以有福慶故在上元吉也

䷊乾下坤上　泰小往大來吉亨【疏】正義曰陰去故小往陽長故大來以此吉而亨通此卦亨通之極而四德不具者物既太通多失其節故不得以爲元始而利貞也所以象云財成輔相故四德不具　彖曰泰小往大來吉亨則是天地交而萬物通也上下交而其志同也内陽而外陰内健而外順内君子而外小人君子道長小人道消也【疏】彖曰泰小往大來至小人道消也。正義曰泰小往大來吉亨則是天地交而萬物通者釋此卦小往大來吉亨名爲泰也所以得名爲泰者由天地氣交而生養萬物物得大通故云泰也上下交而其志同者此以人事象天地之交上謂君也下謂臣也君臣交好故志意和同内陽而外陰内健而外順内健則内陽外順則外陰内陽外陰據其象内健外順明其性此說泰卦之德也陰陽言爻健順言卦此就卦爻釋小往大來吉亨也内君子而外小人君子道長小人道消者更就人事之中釋小往大

來吉亨也

象曰：天地交泰，后以財成天地之道，輔相天地之宜，以左右民。泰者，物大通之時也。上下大通，則物失其節，故財成而輔相，以左右民也。

〔疏〕象曰天地交泰至以左右民。○正義曰：后以財成天地之道者，由物皆通泰，則上下失節。后，君也。於此之時，君當翦財成就天地之道。輔相天地之宜者，相，助也。當輔助天地所生之宜。以左右民者，左右，助也，以助養其人也。天地之道者，謂四時也。冬寒夏暑，春生秋殺之道，若氣相交通，則物失其節。物失其節，則冬溫夏寒，秋生春殺。君當財節成就，使寒暑得其常，生殺依其節。此天地自然之氣，故云天地之道也。天地之宜者，謂天地所生之物各有其宜，若大司徒云其動物植物，及職方云揚州其貢宜稻麥，雍州其貢宜黍稷。若天氣大同，則所宜相反，故人君輔助天地所宜之物，各安其性，得其宜，據物言之，故稱宜也。此卦言后者，以不兼公卿大夫，故不云君子也。兼通諸侯，故不得直言先王，欲見天子諸侯俱是南面之君，故特言后也。

初九：拔茅茹以其彙。征吉。茅之為物，拔其根而相牽引者也。茹，相牽引之貌也。三陽同志，俱志在外，初為類首，已舉則從，若茅茹也。上順而應，不為違距，進皆得志，故以其類征吉。

〔疏〕正義曰：拔

茅茹者，初九欲往於上，九二、九三皆欲上行，已去則從，而似拔茅舉其根相牽茹也。以其彙者，彙，類也，以類相從。征吉者，征，行也。上坤而順，下應於乾，已去則納，故征行而吉。

象曰：拔茅征吉，志在外也。

〔疏〕正義曰：志在外者，釋拔茅征吉之義。以其三陽志意皆在於外，已行則從，而似拔茅征行而得吉。此假外物以明義也。

九二：包荒，用馮河，不遐遺，朋亡，得尚于中行。體健居中而用乎泰，能包含荒穢，受納馮河者也。用心弘大，无所遐棄，故曰不遐遺也。无私无偏，存乎光大，故曰朋亡也。如此乃可以得尚于中行。尚尤配也。中行，謂五。

〔疏〕正義曰：包荒用馮河者，體健居中而用乎泰，能包含荒穢之物，故云包荒也。用馮河者，无舟渡水，馮陵于河，是頑愚之人，此九二能包含容受，故曰用馮河也。不遐遺者，遐，遠也；遺，棄也。用心弘大，无所疏遠棄遺於物。朋亡者，得中无偏，所在皆納，无私於朋黨之事。亡，无也。故云朋亡也。得尚於中行者，中行謂六五也。處中而行，以九二所為如此，尚配也，得配六五之中也。

象曰：包荒，得尚于中行，以光大也。

〔疏〕正義曰：釋得尚中行之義。所以包荒得配此六五之中者，以无私无偏，存乎光大之道，故此包荒皆假外物以明義也。

九三：无平不陂，无往不復，艱貞无咎。勿恤其孚，于食有福。乾本上也，坤本下也，而得泰者，降與升也。而三處天地之際，將復其所處。復其所處，則上守其尊，下守其卑，是故无往而不復也，无平而不陂也。處天地之將閉，平路之將陂，時將大變，世將大革，而居不失其正，動不失其應，艱而能貞，不失其義，故无咎也。信義誠著，故不恤其孚而自明也，故曰勿恤其孚，于食有福也。

〔疏〕九三无平不陂至于食有福。○正義曰：无平不陂者，九三處天地相交之際，將各分復其所處。乾體初雖在下，今將復歸於上；坤體初雖在上，今欲復歸於下。是初始平者，必將有險陂也；初始往者，必將有反復也。无有平而不陂，无有往而不復者，猶若元在下者而不在上，元在下者而不歸下也。艱貞无咎者，已居變革之世，應有危殆，只為已居得其正，動有其應，艱難貞正，乃得无咎。勿恤其孚，于食有福者，恤，憂也；孚，信也。信義先以誠著，故不須憂其孚信也。信義自明，故於食祿之道自有福慶也。○注將復其所處至于食有福也。○正義曰：將復其所處者，以泰卦乾體在下，此九三將棄三而向四，是將復其乾之上體所處也；泰卦坤體在上，此六四今將去四而歸向初，復其坤體所處也。處天地之將閉，平路之將陂者，天將處上，地將處下，閉而不通，是天地

之將閉也。所以往前通泰，路无險難，自今已后，時既否閉，路有傾危，是平路之將陂也。此因三之向四，是下欲上也，則上六將歸於下，是上欲下也，故云復其所處也。信義誠著者，以九三居不失正，動不失應，是信義誠著也。故不恤其孚而自明者，解於食有福，以信義自明，故飲食有福。

象曰：无往不復，天地際也。天地將各分復之際。

〔疏〕正義曰：天地際者，釋无往不復之義。而三處天地交際之處，天體將上，地體將下，故往者將復，平者將陂。

六四：翩翩，不富以其鄰，不戒以孚。乾樂上復，坤樂下復，四處坤首，不固所居，見命則退，故曰翩翩也。坤爻皆樂下，已退則從，故不待富而用其鄰也。莫不與已同其志願，故不待戒而自孚也。

〔疏〕正義曰：六四翩翩者，四主坤首而欲下復，見命則退，故翩翩而下也。不富以其鄰者，以，用也。鄰謂五與上也。今已下復，眾陰悉皆從之，故不待財富而用其鄰。不戒以孚者，鄰皆從已，共同志願，不待戒告而自孚信以從已也。

象曰：翩翩不富，皆失實也。不戒以孚，中心願也。

〔疏〕正義曰：皆失實者，解翩翩不富之義。猶眾陰皆失其本實所居之處，今既見命，翩翩樂動，不待財富，並悉從之，故云皆失實也。不戒以孚中心

願者解不戒以孚之義所以不待六四之戒告而六五上六皆以孚信者由中心皆願下復故不待戒而自孚也**六五帝乙歸妹以祉元吉**婦人謂嫁曰歸泰者陰陽交通之時也女處尊位履中居順降身應二感以相與用中行願不失其禮帝乙歸妹誠合斯義履順居中行願以祉盡夫陰陽交配之宜故元吉也〔疏〕六五至以祉元吉。正義曰帝乙歸妹者女處尊位履中居順降身應二感以相與用其中情行其志願不失於禮爻備斯義者唯帝乙歸嫁于妹而能然也故作易者引此帝乙歸妹以明之也以祉元吉者履順居中得行志願以獲祉福盡夫陰陽交配之道故大吉也。注婦人謂嫁曰歸。正義曰婦人謂嫁曰歸隱二年公羊傳文也**象曰以祉元吉中以行願也**〔疏〕正義曰中以行願者釋以祉元吉之義止由中順行其志願故得福而元吉也**上六城復于隍勿用師自邑告命貞吝**居泰上極各反所應泰道將滅上下不交卑不上承尊不下施是故城復于隍卑道崩也勿用師不煩攻也自邑告命貞吝否道已成命不行也〔疏〕上六城復于隍至自邑告命貞吝。正義曰城復于隍者居泰上極各反所應泰道將滅上下不交卑不上承尊不下施猶若城復于隍也子夏傳云隍是城下池也城之為體由基土陪扶乃得為城今下不陪扶城則隕壞以此崩倒反復於隍猶君之為體由臣之輔翼今上下不交臣不扶君君道傾危故云城復于隍此假外象以喻人事勿用師者謂君道已傾不煩用師也自邑告命貞吝者否道已成物不順從唯於自己之邑而施告命下既不從故貞吝。注卑道崩也。正義曰卑道崩也者卑道向下不與上交故卑之道崩壞不承事於上也**象曰城復于隍其命亂也**〔疏〕正義曰其命亂者釋城復于隍之義若教命不亂臣當輔君猶土當扶城由其命錯亂下不奉上猶上不陪城使復于隍故云其命亂也

䷋坤下乾上**否之匪人不利君子貞大往小來**〔疏〕正義曰否之匪人者言否閉之世非是人道交通之時故云匪人不利君子貞者由小人道長君子道消故不利君子為正也陽氣往而陰氣來故云大往小來陽主生息故稱大陰主消耗故稱小**象曰否之匪人不利君子貞大往小來則是天地不交而萬物不通也上下不交而天下无邦也內陰而外陽內柔而外剛內小人而外君子小人道長君子道消也**〔疏〕正義曰上下不交而天下无邦者與泰卦反也泰卦云上下交而其志同此應云上下不交則其志不同也非但其志不同上下乖隔則邦國滅亡故變云天下无邦也內柔而外剛者欲取否塞之義故內至柔弱外禦剛彊所以否閉若欲取通泰之義則云內健外順各隨義為文故此云剛柔不云健順**象曰天地不交否君子以儉德辟難不可榮以祿**〔疏〕正義曰君子以儉德辟難者言君子於此否塞之時以節儉為德辟其危難不可榮華其身以居位此若據諸侯公卿言之辟其羣小之難不可重受官賞若據王者言之謂節儉為德辟其陰陽已運之難不可重自榮華而驕逸也**初六拔茅茹以其彙貞吉亨**居否之初處順之始為類之首者也順非健也何可以征居否之時動則入邪三陰同道皆不可進故茅茹以類貞而不諂則吉亨〔疏〕正義曰拔茅茹者以居否之初處順之始未可以動動則入邪不敢前進三陰皆然猶若拔茅牽連其根相茹也已若不進餘皆從之故云拔茅茹也以其彙者以其同類共皆如此貞吉亨者守正而居志在於君乃得吉而亨通**象曰拔茅貞吉志在君也**志在於君故不苟進〔疏〕正義曰志在君者釋拔茅貞吉之義所以居而守正者以其志意在君不敢懷諂苟進故得吉亨也此假外物以明人事**六二包承小人吉大人否亨**居否之世而得其位用其至順包承於上小人路通內柔外剛大人否之其道乃亨〔疏〕正義曰包承者居否之世而得其位用其志順包承於上小人吉者否閉之時小人路通故於小人為吉也大人否亨者若大人用此包承之德能否閉小人之吉其道乃亨**象曰大人否亨不亂羣也**〔疏〕正義曰此釋所以大人否亨之意良由否閉小人防之以得其道小人雖盛不敢亂羣故言不亂羣也**六三包羞**俱用小道以承其上而位不當所以包羞也**象曰包羞位不當也**〔疏〕正義曰包羞者言羣陰俱用小人之道包承於上以失位不當所包承之事唯羞辱已**九四有命无咎疇離祉**夫處否而不可以有命者以所應者小人也有命於小人則消君子

之道者也今初志在君處乎窮下故可以有命无咎而疇麗福也疇謂初也【疏】正義曰有命无咎者九四處否之時其陰爻皆是小人若有命於小人則君子道消也今初六志在於君守正不進處于窮下今九四有命命之故无咎疇離祉者疇謂疇匹謂初六也離麗也麗謂附著也言九四命初身既无咎初既被命附依祉福言初六得福也

象曰有命无咎志行也【疏】正義曰釋有命无咎之義所以九四有命得无咎者由初六志意得行守正而應於上故九四之命得无咎

九五休否大人吉其亡其亡繫于苞桑居尊得位能休否道者也施否於小人否之休也唯大人而後能然故曰大人吉也處君子道消之時已居尊位何可以安故心存將危乃得固也【疏】九五休否至繫于苞桑○正義曰休否者休美也謂能行休美之事於否塞之時能施此否閉之道遏絕小人則是否之休美者也故云休否大人吉者唯大人乃能如此而得吉也若其凡人則不能其亡其亡繫于苞桑者在道消之世居於尊位而遏小人必近危難須恒自戒慎其意常懼其危亡言丁寧戒慎如此也繫于苞桑者苞本也凡物繫于桑之苞本則牢固也若能其亡其亡以自戒慎則有繫于苞桑之固无傾危也○注心存將危○正義曰心存將危解其亡其亡之義身雖安靜心意常存將有危難但念其亡其亡乃得固者即繫于苞桑也必云苞桑者取會韻之義又桑之爲物其根衆也衆則牢固之義

象曰大人之吉位正當也【疏】正義曰釋大人吉之義言九五居尊得位正所以當遏絕小人得其吉

上九傾否先否後喜先傾後通故後喜也始以傾爲否後得通乃喜【疏】正義曰處否之極否道已終此上九能傾毀其否故曰傾否也先否後喜者否道未傾之時是先否之道否道已傾之後其事得通故曰後有喜也

象曰否終則傾何可長也【疏】正義曰釋傾否之義否道已終通道將至故否之終極則傾損其否何得長久故云何可長也

䷌離下乾上**同人于野亨利涉大川利君子貞**【疏】正義曰同人謂和同於人于野亨者野是廣遠之處借其野名喻其廣遠言和同於人必須寬廣无所不同用心无私處非近狹遠至于野乃得亨進故云同人于野亨與人同心足以涉難故曰利涉大川也與人和同義涉邪僻故利君子貞也此利涉大川假物象以明人事

彖曰同人柔得位得中而應乎乾曰同人二爲同人之主【疏】正義曰此釋所以能同於人之義柔得位得中者謂六二也上應九五是應於乾也

同人曰同人于野亨利涉大川乾行也所以乃能同人于野亨利涉大川非二之所能也是乾之所行故特曰同人曰【疏】同人曰至乾行也○正義曰釋同人于野亨利涉大川之義所以能如此者由乾之所行也言乾能行此德非六二之所能也故特云同人曰乃云同人于野亨與諸卦別也○注故特曰同人曰○正義曰故特曰同人曰者謂卦之彖辭發首即疊卦名以釋其義則以例言之此發首應云同人于野亨爲主別云同人曰者是其義有異此同人卦名以六二爲主故同人卦名繫屬六二故稱同人曰猶言同人卦曰也同人于野亨利涉大川雖是同人卦下之辭不關六二之義故更疊同人于野亨之文乃是乾之所行也

文明以健中正而應君子正也行健不以武而以文明用之相應不以邪而以中正應之君子正也故曰利君子貞【疏】正義曰此釋君子貞也此以二象明之故云文明以健中正而應謂六二九五皆居中得正而又相應是君子之正道也故云君子正也若以威武而爲健邪僻而相應則非君子之正也

唯君子爲能通天下之志君子以文明爲德【疏】唯君子爲能通天下之志○正義曰此更贊明君子貞正之義唯君子之人於同人之時能以正道通達天下之志故利君子之貞○注君子以文明爲德○正義曰若非君子則用威武今卦之下體爲離故彖云文明又云唯君子能通天下之志是君子用文明爲德也謂文理通明也

象曰天與火同人天體在上而火炎上同人之義也【疏】正義曰天體在上火又炎上取其性同故云天與火同人

君子以類族辨物君子小人各得所同【疏】正義曰族聚也言君子法此同人以類而聚也辨物謂分辨事物各同其黨使自相同不間雜也

初九同人于門无咎居同人之始爲同人之首者也无應於上心无係吝通夫大同出門皆同故曰同人于門也出門同人誰與爲咎【疏】正義曰同人于門者居同人之首无應於上心无係吝含弘光大和同於人在於門外出門皆同故云无咎也

象曰出門同人又誰咎也【疏】正義曰又誰咎者釋出門同人无咎之義言旣心无係吝出門逢人皆同

則誰與爲過咎。

六二：同人于宗，吝。應在乎五，唯同於主，過主則否。用心褊狹，鄙吝之道。【疏】正義曰：係應在五，而和同於人在於宗族，不能弘闊，是鄙吝之道，故象云吝道也。

象曰：同人于宗，吝道也。九三：伏戎于莽，升其高陵，三歲不興。居同人之際，履下卦之極，不能包弘上下，通夫大同，物黨相分，欲乖其道，貪於所比，據上之應；其敵剛健，非力所當，故伏戎于莽，不敢顯亢也。升其高陵，望不敢進，量斯勢也，三歲不能興者也。三歲不能興，則五道亦以成矣，安所行焉。【疏】九三伏戎于莽至三歲不興○正義曰：伏戎于莽者，九三處下卦之極，不能包弘上下，通夫大同，欲下據六二，上與九五相爭也。但九五剛健，九三力不能敵，故伏潛兵戎於草莽之中。升其高陵三歲不興者，唯升高陵以望前敵，量斯勢也，縱令更經三歲，亦不能興起也。○注不能包弘上下至安所行焉○正義曰：不能包弘上下通夫大同者，初九出門，皆同无所係著，是包弘上下，通夫大同。今九三欲下據六二，奪上之應，是不能包弘也。物黨相分者，謂同人之時，物各有黨類而相分別也。二則與五相親，與三相分別也。欲乖其道，貪於所比，據上之應者，言此九三欲乖其同人之道，不以類相從，不知二之從五，直以苟貪與二之比近，而欲取之，據上九五之應也。

象曰：伏戎于莽，敵剛也。三歲不興，安行也。安，辭也。【疏】正義曰：伏戎于莽敵剛者，釋伏戎于莽之義，以其當□九五之剛，不敢顯亢，故伏戎于莽。三歲不興安行者，釋三歲不興之義，雖經三歲，猶不能興起也。安，語辭也，猶言何也。既三歲不興，五道亦已成矣，何可行也，故云安行也。此假外物以明人事。

九四：乘其墉，弗克攻，吉。處上攻下，力能乘墉者也。履非其位，以與人爭二，自五應三，非犯己，攻三求二，尤而效之，違義傷理，衆所不與，故雖乘墉而不克也。不克則反，反則得吉也。不克乃反，其所以得吉，困而反則者也。【疏】正義曰：乘其墉者，履非其位，與人鬭爭，與三爭二，欲攻於三，既是上體，力能顯亢，故乘上高墉，欲攻三也。弗克攻吉者，三欲求二，其事已非，四又效之，以求其二，違義傷理，衆所不與，雖復乘墉，不能攻三也。吉者，既不能攻三，能反自思愆，以從法則，故得吉也。此爻亦假物象也。

象曰：乘其墉，義弗克也。其吉，則困而反則也。【疏】正義曰：乘其墉義弗克也者，釋不克之義。所以乘墉攻三不能克者，以其違義，衆所不從，故云義不克也。其吉則困而反則者，釋其吉之義。所以得其吉者，九四則以不克，困苦而反歸其法則，故得吉也。

九五：同人先號咷而後笑，大師克相遇。象曰柔得位得中而應乎乾曰同人，然則體柔居中，衆之所與；執剛用直，衆所未從，故近隔乎二剛，未獲厥志，是以先號咷也。居中處尊，戰必克勝，故後笑也。不能使物自歸，而用其強直，故必須大師克之，然後相遇也。【疏】正義曰：同人先號咷者，五與二應，用其剛直，衆所未從，故九五共二欲相和同，九三、九四與之競二也。五未得二，故志未和同於二，故先號咷也。而後笑者，處得尊位，戰必克勝，故後笑也。大師克相遇者，不能使物自歸，己用其剛直，必以大師與三、四戰克，乃得與二相遇。此爻假物象以明人事。

象曰：同人之先，以中直也。大師相遇，言相克也。【疏】正義曰：同人之先以中直者，解先號咷之意，以其用中正剛直之道，物所未從，故先號咷也。但象略號咷之字，故直云同人之先以中直也。大師相遇言相克者，釋相遇之義，所以必用大師，力能相遇也。以其用大師與三、四相伐而得克勝，乃與二相遇，故言相克也。

上九：同人于郊，无悔。郊者，外之極也。處同人之時，最在於外，不獲同志，而遠於內爭，故雖无悔吝，亦未得其志。【疏】上九同人于郊无悔○正義曰：同人于郊者，處同人之極，最在於外，雖欲同人，人必疎己，不獲所同，其志未得。然雖陽在于外，遠於內之爭訟，故无悔吝也。○注不獲同志至未得其志○正義曰：不獲同志者，若彼此在內相同，則獲其同志意也。若己爲郊境之人，而與相同，人未親己，是不獲同志也。遠于內爭者，以外而同，不於室家之內，是遠于內爭也。以遠內爭，故无悔吝；以在外郊，故未得志也。

象曰：同人于郊，志未得也。凡處同人而不泰焉，則必用師矣。不能大通，則各私其黨而求利焉。楚人亡弓，不能亡楚。愛國愈甚，益爲它災。是以同人不弘，剛健之爻皆至用師也。【疏】象曰同人于郊志未得也○正義曰：釋同人于郊之義。同人在郊境遠處，與人疎遠，和同之志猶未得也。○注凡處同人至用師也○正義曰：凡處同人而不泰焉則必用師矣者，王氏注意非止上九一爻，乃總論同人一卦之義。去初、上而言，二有同宗之吝，三有伏戎之禍，四有不克之困，五有大師之患，是處同人之世，无大通之志，則必用師矣。楚人亡弓不能亡楚愛國愈甚益爲它災者，案孔子家語弟子好生篇云：楚昭王出游，亡烏號之弓，左右請求之。王曰：楚人亡弓，楚得之，又何求焉。孔子聞之曰：惜乎其志不大也。不曰人亡之，人得之，何必楚也。昭王名軫，哀六年，吳伐陳，楚救陳，在城父卒。此愛國而致它災也。引此者，證同人不弘，皆至用師矣。○

☲☰乾下離上大有元亨不大通何由得大有乎大有則必元亨矣疏正義曰柔處尊位羣陽並應大能所有故稱大有既能大有則其物大得亨通故云大有元亨彖曰大有柔得尊位大中而上下應之曰大有處尊以柔居中以大體无二陰以分其應上下應之靡所不納大有之義也疏正義曰釋此卦稱大有之義大中者謂六五處大以中柔處尊位是其大也居上卦之內是其中也其德剛健而文明應乎天而時行是以元亨德應於天則行不失時矣剛健不滯文明不犯應天則大時行無違是以元亨疏其德剛健至是以元亨○正義曰釋元亨之義剛健謂乾也文明謂離也應乎天而時行者褚氏莊氏云六五應乾九二亦與五爲體故云應乎天也德應於天則行不失時與時無違雖萬物皆得亨通故云是以元亨○注剛健不滯至是以元亨○正義曰剛健不滯者剛健則物不擁滯也文明不犯者文則明粲而不犯於物也應天則大者能應於天則盛大也時行無違者以時而行物无違也以有此諸事故大通而元亨也象曰火在天上大有君子以遏惡揚善順天休命大有包容之象也故遏惡揚善成物之性順天休命順物之命疏正義曰君子以遏惡揚善者大有包容之義故君子象之亦當包含遏匿其惡褒揚其善順奉天德休美物之性命巽順含容之義也不云天在火下而云火在天上者天體高明火性炎上是照耀之物而在於天上是光明之甚无所不照亦是包含之義又爲揚善之理也○初九无交害匪咎艱則无咎以夫剛健爲大有之始不能履中滿而不溢術斯以往後害必至其欲匪咎艱則无咎也疏初九至艱則无咎○正義曰以夫剛健爲大有之始不能履中謙退雖无交切之害久必有凶其欲匪咎能自艱難其志則得无咎故云无交害匪咎艱則无咎也○注不能履中至无咎也○正義曰不能履中滿而不溢者初不在二位是不能履中在大有之初是盈滿身行剛健是溢也注云不能履中滿而不溢也象曰大有初九无交害也九二大車以載任重而不危疏九二大車以載○正義曰大車以載者體是剛健而又居中身被委任其任重也能堪受其任不有傾危猶若大車以載物也此假外象以喻人事○注任重而不危○正義曰釋大車以載之意大車謂牛車也載物既多故云任重車材彊壯故不有傾

危也有攸往无咎健不違中爲五所任任重不危致遠不泥故可以往而无咎也疏正義曰堪當重任故有所往无咎者以居失其位嫌有凶咎故云无咎也象曰大車以載積中不敗也疏正義曰積中不敗者釋大車以載之義物既積聚身有中和堪受所積之聚在身上上不至於敗也九三公用亨于天子小人弗克處大有之時居下體之極乘剛健之上而履得其位與五同功威權之盛莫此過焉公用斯位乃得通乎天子之道也小人不克害可待也疏九三至小人弗克○正義曰公用亨于天子者九三處大有之時居下體之極乘剛健之上履得其位與五同功五爲王位三既與之同功則威權之盛莫盛於此乃得通乎天子之道故云公用亨于天子小人弗克者小人德劣不能勝其位必致禍害故云小人不克也○注與五同功至莫此過焉○正義曰與五同功者繫辭云三與五同功此云與五同功謂五爲王位三既能與五之同功則威權與五相似故云威權之盛莫此過焉象曰公用亨于天子小人害也九四匪其彭无咎既失其位而上近至尊之威下比分權之臣其爲懼也可謂危矣唯夫有聖知者乃能免斯咎也三雖至盛五不可舍能辯斯數專心承五常匪其旁則无咎矣旁謂三也疏九四匪其彭无咎○正義曰匪其彭无咎者匪非也彭旁也謂九三在九四之旁九四若能專心承五非取其旁九四言不用三也如此乃得无咎也既失其位上近至尊之威下比分權之臣可謂危矣能棄三歸五故得无咎也象曰匪其彭无咎明辯晢也明猶才也疏正義曰明辯晢也者釋匪其彭无咎之義明猶才也九四所以能去其旁之九三者由九四才性辯而晢知能斟酌事宜故云明辯晢也六五厥孚交如威如吉君尊以柔處大以中无私於物上下應之信以發志故其孚交如也夫不私於物物亦公焉不疑於物物亦誠焉既公且信何難何備不言而教行何爲而不威如爲大有之主而不以此道吉可得乎疏正義曰六五厥孚交如者厥其也孚信也交謂交接也如語辭也六五居尊以柔處大以中无私於物上下應之故其誠信物來交接故云厥孚交如也威如吉者威畏也既誠且信不言而教行所爲之處人皆畏敬故云威如以用此道故得吉也象曰厥孚交如信以發志也威如之吉易而无備也疏正義

曰信以發志者釋厥孚交如之義由己誠信發起其志故上下應之與之交接也威如之吉易而无備者釋威如之吉之義所以威如得吉者以己不私於物唯行簡易无所防備物自畏之故云易而无備也

上九自天祐之吉无不利大有豐富之世也處大有之上而不累於位志尚乎賢者也餘爻皆乘剛而已獨乘柔順也五爲信德而已履焉履信之謂也雖不能體柔而以剛乘柔思順之義也居豐富之世而不以物累其心高尚其志尚賢者也爻有三德盡夫助道故繫辭具焉〔疏〕上九至无不利。正義曰釋所以大有上九而得吉者以有三德從天已下悉皆祐之故云自天祐之。注不累於位至盡夫助道。正義曰不累於位志尚乎賢者既居豐富之時應須以富有爲累也既居无位之地不以富有縈心是不繫累於位既能清靜高絜是慕尚賢人行也爻有三德者五爲信德而已履焉履信之謂是一也以剛乘柔思順之義是二也不以物累於心高尚其志尚賢者是三也爻有三德盡夫助道者天尚祐之則无物不祐故云盡夫助道也

象曰大有上吉自天祐也

艮下坤上**謙亨君子有終**〔疏〕正義曰謙者屈躬下物先人後己以此待物則所在皆通故曰亨也小人行謙則不能長久唯君子有終也然案謙卦之象謙爲諸行之善是善之最極而不言元與利貞及吉者元是物首也利貞是幹正也於人既爲謙退何可爲之首也以謙下人何以幹正於物故不云元與利貞也謙必獲吉其吉可知故不言之況易經之體有吉理可知而不言吉者即此謙卦之繇及乾之九五利見大人是吉理分明故不云吉也諸卦言吉者其義有嫌者爻兼善惡也若行事有善則吉乃隨之若行事有惡則不得其吉諸稱吉者嫌其不言故稱吉也若坤之六五及泰之六五並以陰居尊位若不行此事則无吉若行此事則得其吉故並稱元吉其餘皆言吉事亦倣此亦有大人爲吉於小人爲凶若否之九五云休否大人吉是也或有於小人爲吉大人爲凶若屯之九五小貞吉大貞凶及否之六三包承小人吉之類是也亦有其吉灼然而稱吉者若大有上九自天祐之吉无不利之類是也但易之爲體不可以一爲例今各隨文解之義具諸卦之下今謙卦之繇其吉可知也既不云吉何故初六六二及九三並云吉者謙卦是總諸六爻其善既大故不須云吉也六爻各明其義其義有優劣其德既不嫌其不吉故須吉以明之也

彖曰謙亨天道下濟而光明地道卑而上行天道虧盈而益謙地道變盈而流謙鬼神害盈而福謙人道惡盈而好謙謙尊而光卑而不可踰君子之終也〔疏〕彖曰至君子之終也。正義曰謙亨天道下濟而光明地道卑而上行者釋亨義也欲明天地上下交通坤體在上故言地道卑而上行也其地道既上行天地相對則天道下濟也且艮爲陽卦又爲山天之高明今在下體亦是天道下濟之義也下濟者謂降下濟生萬物也而光明者謂三光垂耀而顯明也地道卑而上行者地體卑柔而氣上行交通於天以生萬物也天道虧盈而益謙者從此已下廣說謙德之美以結君子能終之義也虧謂減損減損盈滿而增益謙退若日中則昃月盈則食是虧減其盈盈者虧減則謙者受益也地道變盈而流謙者上陵川谷之屬高者漸下下者益高是改變盈者流布而謙者也鬼神害盈而福謙者驕盈者被害謙退者受福是害盈而福謙也人道惡盈而好謙者盈溢驕慢皆以惡之謙退恭巽悉皆好之謙尊而光卑而不可踰者尊者有謙而更光明盛大卑謙而不可踰越是君子之所終也言君子能終其謙之善事又獲謙之終福故云君子之終也

象曰地中有山謙君子以裒多益寡稱物平施多者用謙以爲裒少者用謙以爲益隨物而與施不失平也〔疏〕象曰至稱物平施。正義曰裒多者君子若能用此謙道則裒益其多言多者得謙物更裒聚彌益多也故云裒多即謙尊而光也是尊者得謙而光大也益寡者謂寡者得謙而更進益即卑而不可踰也是卑者得謙而更增益不可踰越也稱物平施者稱此物之多少均平而施物之先多者而得其施也物之先寡者而亦得其施也故云稱物平施也此謙卦之象以山爲主是於山爲謙於地爲不謙應言山在地中今乃云地中有山者意取多之與少皆得其益似地中有山以包取其物以與於人故變其文也。注多者用謙至不失平也。正義曰多者用謙以爲裒者爾雅釋詁云裒聚也於先多者其物雖多未得積聚以謙故益其物更多而積聚故云多者用謙以爲裒也少者用謙以爲益者其物先少今既用謙而更增益故云用謙以爲益也隨物而與者多少俱與隨多隨少而皆與也施不失平者多者亦得施恩少者亦得施恩是施不失平也言君子於下若有謙者官之先高則增之榮秩位之先卑亦加以爵祿隨其官之高下考其謙之多少皆因其多少而施與之也

初六謙謙君子用涉大川吉處謙之下謙之謙者也能體謙謙其唯君子用涉大難物无害也〔疏〕正義曰謙謙君子者能體

謙謙唯君子者能之以此涉難其吉宜也用涉大川假象言也象曰謙謙君子卑以自牧也牧養也【疏】正義曰卑以自牧者牧養也解謙謙君子之義恒以謙卑自養其德也六二鳴謙貞吉鳴者聲名聞之謂也得位居中謙而正焉【疏】正義曰鳴謙者謂聲名也處正得中行謙廣遠故曰鳴謙正而得吉也象曰鳴謙貞吉中心得也【疏】正義曰中心得者鳴聲中吉以中和為心而得其所鳴謙得中吉也九三勞謙君子有終吉處下體之極履得其位上下无陽以分其民衆陰所宗尊莫先焉居謙之世何可安尊上承下接勞謙匪解是以吉也【疏】正義曰勞謙君子者處下體之極履得其位上下无陽以分其民上承下接勞倦於謙也唯君子能終而得吉也象曰勞謙君子萬民服也【疏】正義曰萬民服者釋所以勞謙之義以上下羣陰象萬民皆來歸服事須引接故疲勞也六四无不利撝謙處三之上而用謙焉則是自上下下之義也承五而用謙順則是上行之道也盡乎奉上下下之道故无不利指撝皆謙不違則也【疏】正義曰无不利者處三之

上而用謙焉則是自上下下之義承五而用謙順則是上行之道盡乎奉上下下之道故无所不利也象曰无不利撝謙不違則也【疏】正義曰指撝皆謙不違則者釋无不利撝謙之義所以指撝皆謙者以不違法則動合於理故无所不利也六五不富以其鄰利用侵伐无不利居於尊位用謙與順故能不富而用其鄰也以謙順而侵伐所伐皆驕逆也【疏】正義曰不富以其鄰者以用也凡人必將財物周贍鄰里乃能用之六五居於尊位用謙與順鄰自歸之故不待豐富能用其鄰也利用侵伐无不利者居謙履順必不濫罰无罪若有驕逆不服則須伐之以謙得衆故利用侵伐无不利者也象曰利用侵伐征不服也上六鳴謙利用行師征邑國最處於外不與內政故有名而已志功未得也處外而履謙順可以邑一國而已【疏】正義曰鳴謙者上六最處於外不與內政不能於實事而謙但有虛名聲聞之謙故云鳴謙志欲立功未能遂事其志未得旣在外而行謙順唯利用行師征伐外旁國邑而已不能立功在內也象曰鳴謙志未得也可用行師征邑國也夫吉凶悔吝生乎動者也動之所起興於利者也故飲食必有訟訟必有衆起未有居衆人之所惡而為動者所害處不競之地而為爭者所奪是以六爻雖有失位无應乘剛而皆无凶咎悔吝者以謙為主也謙尊而光卑而不可踰信矣哉【疏】象曰鳴謙至征邑國也○正義曰志未得者釋鳴謙之義也所以但有聲鳴之謙不能實爭立功者以其居在於外其內立功之志猶未得也可用行師征邑國者釋行師征邑國之意經言利用象改利為可者言內志雖未得猶可在外與行軍師征邑國也○注動之所起興於利者也○正義曰動之所起興於利者凡人若不見利則心无所動今動之所以起者見利乃動故云興於利也飲食必有訟訟必有衆起者欲明為利乃有動動而致訟訟則起兵故序卦需為飲食飲食必有訟故需卦之後次訟卦也爭訟必興兵故訟卦之後次師卦也

䷏坤下震上

豫利建侯行師【疏】正義曰謂之豫者取逸豫之義以和順而動動不違衆衆皆說豫故謂之豫也動而衆說故可利建侯也以順而動不加无罪故可以行師也无四德者以逸豫之事不可以常行時有所為也縱恣寬暇之事不可長行以經邦訓俗故无元亨也逸豫非幹正之道故不云利貞也莊氏云建侯即元亨也行

師即利貞也案屯卦元亨利貞之後別云利建侯則建侯非元亨也恐莊氏說非也彖曰豫剛應而志行順以動豫豫順以動故天地如之而況建侯行師乎天地以順動故日月不過而四時不忒聖人以順動則刑罰清而民服豫之時義大矣哉【疏】彖曰豫剛應而志行至大矣哉○正義曰豫剛應而志行順以動豫者剛謂九四也應謂初六也旣陰陽相應故志行也此就爻明豫義順以動坤在下是順也震在上是動也以順而動故豫也此以上下二象明豫義也自此已上釋豫卦之理也豫順以動故天地如之而況建侯行師乎者此釋利建侯行師也若聖人和順而動合天地之德故天地亦如聖人而為之也天地尊大而遠神之難者猶尚如之況於封建諸侯行師征伐乎難者旣從易者可知若建侯能順動則人從之行師能順則衆從之天地以順動故日月不過而四時不忒自此以下廣明天地聖人順動之功也若天地以順而動則日月不有過差依其晷度四時不有忒變寒暑以時聖人以順動則刑罰清而民服者聖人能以理順而動則不赦有罪不

監无辜故刑罰清也刑罰當理故人服也豫之時義大矣哉者歎美爲豫之善言於逸豫之時其義大矣此歎卦也凡言不盡意者不可煩文其說且歎之以示情使後生思其餘蘊得意而忘言也然歎卦有三體一直歎時如大過之時大矣哉之例是也二歎時并用如險之時用大矣哉之例是也三歎時并義豫之時義大矣哉之例是也夫立卦之體各象其時時有屯夷事非一揆故爻來適時有凶有吉人之生世亦復如斯或逢治世或遇亂時出處存身此道豈小故曰大矣哉也然時運雖多大體不出四種者一者治時頤養之世是也二者亂時大過之世是也三者離散之時解緩之世是也四者改易之時革變之世是也故舉此四卦之時爲歎餘皆可知言用者謂適時之用也雖知居時之難此事不小而未知以何而用之耳故坎睽蹇之時宜用君子小人勿用用險取濟不可爲常斟酌得宜是用時之大略舉險難等三卦餘從可知矣又言義者姤卦注云凡言義者不盡於所見中有意謂者也是其時皆有義也略明佚樂之世相隨相遇之日隱遯羇旅之時凡五卦其義不小則餘卦亦可知也今所歎者十二卦足以發明大義恢弘妙理者也凡于彖之末歎云大哉者凡一十二卦若豫旅遯姤凡四卦皆云時義案姤卦注云凡言義者不盡於所見中有意謂以此言之則四卦卦各未盡其理其中更有餘意不可盡申故總云義也隨之一卦亦言義但與四卦其文稍別四卦皆云時義隨卦則隨時之義者非但其中別有義意又取隨逐其時故變云隨時之義大矣哉睽蹇坎此三卦皆云時用案睽卦注云睽離之時非小人之所能用蹇卦亦云非小人之所能用此二卦言大矣哉者則是大人能用故云大矣哉其中更无餘義唯大人能用故云用不云義也坎卦時用則與睽蹇稍別故注云非用之常用有時也謂坎險之事時之須用利益乃大與睽蹇時用文同而義異也解之時革之時頤之時大過之時此四卦直云時不云義與用也案解卦注難解之時非治難時故不言用體盡於解之名无有幽隱故不曰義以此注言之直云時者尋卦之名則其意具盡中間更无餘義故不言義其卦名之事事已行了不須別有所用故解革及頤事已行了不須言用唯大過稱時注云君子有爲之時與解革頤其理稍別大過是有用之時亦直稱時者取大過之名其意即盡更无餘意故直稱時不云義又略不云用也**象曰：雷出地奮，豫。先王以作樂崇德，殷薦之上帝，以配祖考。**〔疏〕正義曰案諸卦之象或云雲上于天或云風行天上以類言之今此應云雷出地上乃云雷出地奮豫者雷是陽氣之聲奮是震動之狀雷既出地震動萬物被陽氣而生各皆逸豫故曰雷出地奮豫也先王以作樂崇德者雷是鼓動故先王法此鼓動而作樂崇盛德業樂以發揚盛德故也殷薦之上帝者用此殷盛之樂薦祭上帝也象雷出地而向天也以配祖考者謂以祖考配上帝用祖用考若周夏正郊天配靈威仰以祖后稷配也配祀明堂五方之帝以考文王也故云以配祖考也

初六：鳴豫，凶。處豫之初而特得志於上樂過則淫志窮則凶豫何可鳴〔疏〕正義曰鳴豫者處豫之初而獨得應於四逸豫之甚是聲鳴于豫但逸樂之極過則淫荒獨得於樂所以凶也**象曰：初六鳴豫，志窮凶也。**〔疏〕正義曰釋鳴豫之義而初時鳴豫後則樂志窮盡故爲凶也**六二：介于石，不終日，貞吉。**處豫之時得位履中安夫貞正不求苟豫者也順不苟從豫不違中是以上交不諂下交不瀆明禍福之所生故不苟說辯必然之理故不改其操介如石焉不終日明矣〔疏〕正義曰介于石者得位履中安夫貞正不苟求逸豫上交不諂下交不瀆知幾事之初始明禍福之所生不苟求逸豫守志耿介似於石然見幾之速不待終竟一日去惡修善相守正得吉也**象曰：不終日貞吉，以中正也。**〔疏〕正義曰釋貞吉之義所以見其惡事即能離去不待終日守正吉者以比六二居中守正順不苟從豫不違中故不須待其一日終守貞吉也**六三：盱豫，悔。遲有悔。**居下體之極處兩卦之際履非其位承動豫之主若其睢盱而豫悔亦生焉遲而不從豫之所疾位非所據而以從豫進退離悔宜其然矣〔疏〕正義曰盱豫悔者六三履非其位上承動豫之主盱謂睢盱睢盱者喜說之貌若睢盱之求豫則悔吝也遲有悔者居豫之時若遲停不求於豫亦有悔也**象曰：盱豫有悔，位不當也。**〔疏〕正義曰解其盱豫有悔之義以六三居不當位進退不得其所故盱豫有悔但象載經文多從省略經有盱豫有悔遲有悔兩文具載象唯云盱豫有悔不言遲者略其文也故直云盱豫舉其欲進略云有悔舉其遲也**九四：由豫，大有得。勿疑，朋盍簪。**處豫之時居動之始獨體陽爻衆陰所從莫不由之以得其豫故曰由豫大有得也夫不信於物物亦疑焉故勿疑則朋合疾也盍合也簪疾也〔疏〕正義曰由豫大有得者處豫之時居動之始獨體陽爻爲衆陰之所從莫不由之以得其豫故云由豫也大有得者衆陰皆歸是大有所得勿疑朋盍簪者盍合也簪疾也若能不疑於物以信待之則衆陰羣朋合聚而疾來也**象曰：由豫大有**

得志大行也【疏】正義曰釋由豫大有之意衆陰既由之而豫大有所得是志意大同也六五貞疾恒不死四以剛動爲豫之主專權執制非己所乘故不敢與四爭權而又居中處尊未可得亡是以必常至于貞疾恒不死而已【疏】正義曰四以剛動爲豫之主專權執制非己所乘故不敢與四爭權而又居中處尊未可得亡滅之是以必常至於貞疾恒得不死而已象曰六五貞疾乘剛也恒不死中未亡也【疏】正義曰六五貞疾乘剛者解貞疾之義以乘九四之剛故正得其疾恒不死也中未亡者以其居中處尊未可亡滅之也上六冥豫成有渝无咎處動豫之極極豫盡樂故至于冥豫成也過豫不已何可長乎故必渝變然後无咎【疏】正義曰處動豫之極極豫盡樂乃至於冥昧之豫而成就也如俾晝作夜不能休已滅亡在近有渝无咎者渝變也若能自思改變不爲冥豫乃得无咎也象曰冥豫在上何可長也

周易兼義卷第二

太子少保江西巡撫阮元栞

周易注疏校勘記卷二　阮元撰盧宣旬摘錄

需

此需卦係辭也　閩監毛本同錢本宋本係作繇

位乎天位　岳本閩監毛本同釋文出位乎石經乎作于

雲上於天　石經岳本閩監毛本同釋文王肅本作雲在天上

利用恒无咎未失常也　石經岳本閩監毛本同釋文出利用恒未失常也云本亦有无咎者

需于沙　石經岳本閩監毛本同釋文沙鄭作沚○按說文沙亦作沚與沚字形似

以終吉也　閩本同石經岳本監毛本作以吉終也按終與中韻作終吉者非足利本以誤也

自我致寇　石經岳本閩監毛本同釋文寇鄭王肅本作戎古本亦作戎按陸云鄭王作戎則輔嗣本不作戎可知考文引古本多不足據

穴之與位　閩監毛本同宋本位作血

酒食貞吉　石經岳本閩監毛本同古本足利本上有需字

訟

有孚窒惕中吉　石經岳本閩監毛本同釋文窒馬作咥王注或在惕字上或在下皆通在中吉下者非

言中九二之剛　閩監毛本同宋本中作由

已且不可　閩監毛本同宋本且作自

起契之過職不相監　閩本同岳本監毛本監作濫宋本古本足利本無上四字岳本同

若其邑狹少　宋本閩本同監毛本少作小

再易之地休二歲　宋本同閩監毛本地改田○按作地與大司徒注合毛本上文不易之地

苗易之地皆改作田

患至掇也　石經岳本閩監毛本同釋文掇鄭本作惙

爲仁猶已　㈥案注作猶正義作由由猶古字通

也知彖辭剛來得中　閩監毛本同錢本宋本也作何

或錫之鞶帶終朝三褫之　石經岳本閩監毛本同釋文鞶王肅作槃帶亦作帶褫釋文云鄭本作拕

鞶厲旒縷　孫志祖云今左傳旒作游

師　此卦前錢本宋本題周易注疏卷第三錢挍本同按錢挍本起此已前缺

丈人嚴莊之稱也　岳本閩監毛本同集解也上有有軍正者四字錢挍本凡注文上並有注云二字

无功罪也　岳本閩監毛本同集解作无功則罪

師貞丈人吉无咎○正義曰　閩監毛本同錢挍本作正義曰師貞丈人吉无咎者

按錢挍正義每卦分數段繇辭下一段彖曰下一段象曰下一段六爻下六段或彖象下共一段並在經注之末釋經在前釋注在後其釋經者皆引經文不標起止釋注者標起止所標起止較今本爲省文後皆放此

言爲師之正　錢本宋本同閩監毛本正誤主

注丈人嚴戒之稱也　㈥毛本戒作莊

王三錫命　石經岳本閩監毛本同釋文錫鄭本作賜

以剛居中而應於上　岳本閩監毛本同古本足利本上作五

故乃得成命　岳本閩監毛本同古本下有也字一本作故乃成也

承天寵也　石經岳本閩監毛本同釋文寵王肅作龍

田有禽　石經岳本閩監毛本同釋文禽徐本作擒○按徐本俗字也

授不得主　閩監毛本主作正岳本宋本古本足利本作主

故其宜也　閩監毛本同岳本宋本古本足利本故作固

比

則不寧方來矣　閩監毛本同岳本作則不寧之方皆來矣

終來有它吉　石經岳本錢本宋本古本足利本同閩監毛本它作他下象傳同釋文出有它云本亦作他○按它他古今字

比之匪人　石經岳本閩監毛本同釋文匪人王肅本作匪人凶

二爲五應　閩監毛本同岳本宋本古本足利本應作貞按內卦爲貞作貞是也

王用三驅　釋文云鄭作敺

邑人不誡　岳本閩監毛本同石經初刻作戒後改下句同

非爲上道也　㈥岳本錢本宋本足利本作非爲上之道古本作非爲上之道也案正義標起止作非爲上之道又曰非爲上之道者又故云非爲上之道則正義本作非爲上之道是也

今亦從之去則射之　盧文弨云此八字乃衍文

五以其顯比親者　閩監毛本同錢本宋本五作二

无首後已　㈥毛本已作也

小畜　石經岳本閩監毛本同釋文本又作蓄

去陰能固之　㈥案去當作夫形近之譌

然後乃雨乎上九獨能固九三之路　岳本宋本閩本古本足利本同監毛本乎改今爲下句非也

彖至論一卦之體　閩本同岳本監毛本至作全

得義之吉　岳本閩監毛本同古本作得其義之吉者也一本無其字足利本作得其義之吉

輿說輻　石經岳本閩監毛本同釋文輻本亦作輹

不可牽征　岳本閩監毛本同古本可下有以字足利本有不字

三不害已已　閩監毛本同錢本宋本作三不能害已是也

非是總凡之辭　宋本閩本同監本凡作咎毛本作爲並非

有孚攣如　石經岳本閩監毛本同釋文攣子夏傳作戀

不有專固相逼　浦鏜云有當作爲

尙德載　石經岳本閩監毛本同古本載上有積字按此蓋因下文相涉而衍

月幾望　石經岳本閩監毛本同釋文幾子夏傳作近

能畜正剛健　閩監毛本正作止是也監本健作食誤

能畜者也又　閩監毛本同宋本又作者是也

惟泰也則然　岳本閩監毛本同釋文一本作然則讀卽以也字絕句古本足利本作然則采釋文

无可所畜　宋本同閩監毛本作无所可畜

履

有不見咥者　閩監毛本同岳本宋本古本足利本有作而

无得吉也　(補)案无當故字之譌

履帝位而不疚　石經岳本閩監毛本同釋文疚陸本作疾

此一句　閩監毛本同錢本宋本一作二

但易合萬象　(補)毛本合作含案含字是也

不喜處盈　閩監毛本同岳本錢本宋本古本喜作憙釋文出不憙

者易无險難也　(補)案上文坦坦平易之貌此者字當作平

不脩所履　岳本閩監毛本同釋文脩本又作循

欲行九五之志　盧文弨云志當作事

愬愬終吉　石經岳本閩監毛本同釋文愬愬馬本作虩虩○案愬愬虩虩並訓恐懼說文引亦作虩與馬本同

而五處尊　閩監毛本同岳本宋本古本足利本尊作實盧文弨云實謂陽也

視履考祥　石經岳本閩監毛本同釋文祥本亦作詳

是其不墜於履　閩毛本同監本履作禮下履道大成同

泰　此卦前石經題周易上經泰傳第二釋文岳本古本足利本同

物既太通　宋本太作大閩監毛本作泰

止由天地氣交　閩監毛本同宋本止作正

后以財成天地之道　石經岳本閩監毛本同釋文財作裁

楊州其貢宜稻麥雍州其貢宜黍稷　按二貢字周禮並作穀

以其彙征吉　石經岳本閩監毛本同古本征作往釋文彙古文作曹董作夤江聲云據類篇當云古文作𢑴

而相牽引者也　岳本閩監毛本同古本無牽字

征行而得吉　閩監毛本同錢本宋本征作往

包荒　岳本閩監毛本同石經初刻同後改巟下象傳及否卦包承包羞同釋文巟本又作包荒本亦作巟

猶若元在下者　閩監毛本同錢本宋本元作无下元在上者同

憂恤也　閩監毛本同宋本作恤憂也是也

象曰无往不復　石經岳本閩監毛本同釋文出象曰无平不波云一本作无往不復古本象曰下有无平

不陂四字

翩翩　石經岳本閩監毛本同釋文出篇篇云子夏傳作翩翩向本同古文作偏偏

故不待富而用其鄰也　岳本閩監毛本同古本待作得

猶衆陰皆失其本實所居之處　錢本宋本同閩監毛本猶誤由

女處尊位　岳本閩監毛本同釋文女處本亦作夊處

城復于隍　石經岳本閩監毛本同釋文隍子夏傳作堭姚作湟

由基土陪扶　宋本閩本同監毛本陪作培下同

否

以居倖位　閩監毛本同錢本宋本倖作禄集解同

辟其陰陽已運之難　閩監毛本同宋本集解已作厄

故茅茹以類　閩監毛本同岳本古本足利本茅上有拔字

拔茅貞吉　石經岳本閩監毛本同古本茅下有茹字

用其志順　補案志當依注作至

疇離祉　石經岳本閩監毛本同釋文鄭作古𠷎字

疇離位者　補案位當依經文作祉

繫于苞桑　岳本閩監毛本同石經初刻作包後改苞是也古本無于字非

居尊得位　閩監毛本同岳本宋本古本足利本得作當

但念其亡其亡　閩監毛本同錢本宋本但作恒

同人

義涉邪僻　錢本宋本閩監本同毛本義誤易

爲主別云同人曰者　閩監毛本主作之錢本宋本作今此同人于野亨之上別云同人曰者無爲主二字

過主則否　岳本閩本古本足利本同監毛本主誤上

用心偏狹　十行本偏字左旁缺閩監毛本如此岳本作褊釋文出褊狹

物黨相分　岳本閩監毛本同釋文物或作朋古本黨下有而字

以其當口九五之剛　閩本同監毛本無缺非錢本宋本當下是敵字

乘其墉　石經岳本閩監毛本同釋文墉鄭作庸

以與人爭二自五應　岳本閩監毛本同集解作與三爭二二自應五

不克則反反則得吉也　岳本閩監毛本同釋文一本作反則得得則吉也

而應乎乾　岳本閩監毛本同古本乎作于

欲功於三　補案功當作攻形近之譌毛本正作攻

力能相遇也　閩監毛本同宋本力作乃

不能亡楚　岳本宋本閩本古本足利本同監毛本亡誤忘疏同

楚得之　宋本同閩監毛本作楚人得之○按今本家語有人字

不曰人亡之　宋本同閩監毛本之作弓○按今本家語作弓

大有

此卦前錢本錢按本宋本題周易注疏卷第四

六五應乾九二　錢本閩監毛本同宋本無乾字

亦與五爲體　閩監毛本同錢本宋本作九二在乾體

與時無違雖萬物皆得亨通　閩監毛本無作无錢本宋本作以時而行則萬物大得亨通

文則明察而不犯於物也　閩監毛本同宋本則作理察而作祭則錢本亦作祭則

成物之性順天休命順物之命　閩監毛本同岳本宋本作成物之美順夫天德休物之命古本足利本與岳本同唯夫作奉一本無奉字

巽順含容之義也　閩監毛本同錢本宋本巽順作皆取

火性炎上是照耀之物　閩監毛本同錢本宋本作火又在上火是照耀之物

注云不能履中滿而不溢也　閩監毛本同錢本宋本注作故是作故無也字按注作故是也

大車以載　石經岳本閩監毛本同釋文車蜀才作輿

故云小人不克也　錢本宋本同閩監毛本不作弗

三既能與五之同功　盧文弨云五衍文

匪其彭　石經岳本閩監毛本同釋文彭子夏作旁虞作尪

唯夫有聖知者　岳本閩監毛本同釋文出至知

非取其旁九四言不用三也　盧文弨云九四二字衍文

明辯哲也　石經岳本同閩本辯監毛本辯哲作辨哲古本無也字釋文哲王廙作晰又作哲字鄭本作遰陸本作逝虞作折凡俗本作哲者誤

與之夾接也　補案夾當交字之譌毛本正作交

履信之謂也　岳本閩監毛本同集解之謂二字作者

居豐有之世　岳本閩監毛本同集解有作富世作代

而不以物累其心　集解作物不累心

謙　石經岳本閩監毛本同釋文子夏作嗛

況易經之體　閩監毛本同宋本況作凡

天道虧盈而益謙　石經岳本閩監毛本同釋文虧馬本作毀盈

鬼神害盈而福謙　石經岳本閩監毛本同釋文而福京本作而富

卑謙而不可踰越　集解作卑者有謙而不踰越盧文弨云論語疏所引正同

是君子之所終也言君子能終其謙之善事又獲謙之終福故云君子之終　集解無所字事作而無福上終字之作有

君子以裒多益寡　岳本閩監毛本同石經裒作褒釋文裒鄭荀董蜀才作捊

鳴者聲名聞之謂也　岳本閩監毛本同釋文出名者聲名聞之謂也

利用侵伐　石經岳本閩監毛本同釋文侵王廙作寑

征邑國　石經岳本閩監毛本同釋文出征國云本或作征邑國者非

可用行師征邑國也　石經岳本閩監毛本同古本可作利

未有居衆人之所惡而為動者所害　郭京云而乃不字之誤盧文弨謂而下脫不字耳

不能實爭立功者　閩監毛本同錢本宋本爭作事

豫

而四時不忒　石經岳本閩監毛本同釋文忒京作貸

行師能順　閩監毛本同錢本宋本下有動字

不監无辜　補毛本監作濫

又略不云用也　閩監本同毛本又作文

殷薦之上帝　石經岳本閩監毛本同釋文殷京作隱薦本又作[illegible]同本或作廌非

介于石　石經岳本蜀監毛本同釋文介古文作砎馬作扴

相守正得吉也（補）閩本明監本正作善錢本宋本相作恒案恒字是也

盱豫悔遲有悔　岳本閩監毛本同石經遲作遟餘並同古本豫下有有字釋文盱子夏作紆京作汙姚作盱

由豫大有得勿疑朋盍簪　石經岳本閩監毛本同釋文由馬作猶簪古文作貸京作撍馬作臧荀作宗虞作戠蜀才本依京

非已所乘　閩監毛本同宋本作非合已之所乘錢本亦有之字○按盧文弨云非合猶言不當也

周易注疏挍勘記卷二

周易兼義上經隨傳卷第三

國子祭酒上護軍曲阜縣開國子臣孔穎達奉勑撰正義

王弼注

震下兌上　隨元亨利貞无咎【疏】隨元亨利貞无咎。正義曰元亨者於相隨之世必大得亨通若其不大亨通則无以相隨逆於時也利貞者相隨之體須利在得正隨而不正則邪僻之道必須利貞也无咎者有此四德乃无咎以苟相從涉於朋黨故必須四德乃无咎也凡卦有四德者或其卦當時之義即有四德如乾坤屯臨无妄此五卦之時即能四德備具其隨卦以惡相隨則不可也有此四德乃无咎无此四德則有咎也與前五卦其義稍別其革卦已日乃孚有四德若不已日乃孚則无四德與乾坤屯臨无妄隨其義又別若當卦之時其卦雖美未有四德若行此美方得在後始致四德者於卦則不言其德也若謙泰及復之等德義既美行之不已久必致此四德但當初之時其德未具故卦不顯四德也其諸卦之三德已下其義大略亦然也

彖曰隨剛來而下柔動而說隨大亨。貞无咎。而天下隨時。隨時之。義大矣哉震剛而兌柔也以剛下柔動而之說乃得隨也為隨而不大通逆於時也相隨而不為利正災之道也故大通利貞乃得无咎也為隨而令大通利貞得於時也得時則天下隨之矣隨之所施唯在於時也時異而不隨否之道也故隨時之義大矣哉【疏】彖曰至大矣哉。正義曰隨剛來而下柔動而說隨者此釋隨卦之義所以致此隨者由剛來而下柔剛謂震也柔謂兌也震處兌下是剛來下柔震動而兌說既能下人動則喜說所以物皆隨從也大亨貞无咎而天下隨時者以有大亨貞正无有咎害而天下隨之以正道相隨故隨之者廣若不以大亨貞无咎而以邪僻相隨則天下不從也隨時之義大矣哉若以元亨利貞則天下隨從即隨之義意廣大矣哉謂隨之初始其道未弘終久義意而美大者特云隨時者謂隨其時節之之義謂此時宜行元亨利貞故云隨時也。注震剛而兌至大矣哉。正義曰為隨而不大通逆於時也物既相隨之時若主者不以廣大開通使物閉塞是違逆於隨從之時也相隨而不為利正災之道者凡物之相隨多曲相朋附不能利益於物守其正直此則小人之道長災禍及之故云災之道也隨之所施唯在於時者釋隨時之義言隨時施設唯在於得時若能大通利貞是得時也若不能大通利貞是失時也時異而不隨否之道者凡所遇之時體无恒定或值不動之時或值相隨之時舊來恒往今須隨從時既殊異於前而不使物相隨則是否塞之道當須可隨則隨逐時而用所利則大故云隨時之義大矣哉

象曰澤中有雷隨君子以嚮晦入宴息澤中有雷動說之象也物皆說隨可以无為不勞明鑒故君子嚮晦入宴息也【疏】象曰至宴息。正義曰說卦云動萬物者莫疾乎雷說萬物者莫說乎澤故注云澤中有雷動說之象也君子以嚮晦入宴息者明物皆說豫相隨不勞明鑒故君子象之鄭玄云晦宴也猶人君既夕之後入於宴寢而止息

初九官有渝貞吉出門交有功居隨之始上无其應无所偏係動能隨時意无所主者也隨不以欲以欲隨宜者也故官有渝變隨不失正也出門无違何所失哉【疏】初九至有功。正義曰官有渝者官謂執掌之職人心執掌與官同稱故人心所主謂之官渝變也此初九既无其應无所偏係可隨則隨是所執之志有能渝變也唯正是從故貞吉也出門交有功者所隨不以私欲故見善則往隨之以此出門交獲其功。注居隨之始至何所失哉。正義曰言隨不以欲以欲隨宜者若有其應則有私欲以无偏應是所隨之事不以私欲有正則從是以欲隨其所宜也

象曰官有渝從正吉也出門交有功不失也【疏】正義曰官有渝從正吉者釋官有渝之義所執官守正能隨時渝變以見貞正則往隨從故云從正吉出門交有功不失者釋交有功之義以所隨之處不失正道故出門即有功也

六二係小子失丈夫陰之為物以處隨世不能獨立必有係也居隨之時體於柔弱而以乘夫剛動豈能秉志違於所近隨此失彼弗能兼與五處己上初處己下故曰係小子失丈夫也【疏】六二至失丈夫。正義曰小子謂初九也丈夫謂九五也初九處卑故稱小子五居尊位故稱丈夫六二既是陰柔不能獨立所處必近係屬初九故云係小子既屬初九則不得往應於五故云失丈夫也

象曰係小子弗兼與也【疏】正義曰釋係小子之意既隨此初九則失彼九五丈夫是不能兩處兼有故云弗兼與也

六三係丈夫失小子隨有求得利居貞陰之為物以處隨世不能獨立必有係也雖體下卦二已據初將何所附故舍初係四志在丈夫四俱无應亦欲於已隨之則得其所求矣故曰隨有求得也應非其正以係於人何可以妄

曰利居貞也初處巳下四處巳上故曰係丈夫失小子也〔疏〕六三係丈夫至利居貞○正義曰六三陰柔近於九四是係於丈夫也初九既被六二之所據六三不可復往從之是失小子也隨有求得者三從往隨於四四亦更无他應巳往隨於四四不能逆巳是三之所隨有求而皆得也利居貞者巳非其正以係於人不可妄動唯利在俱處守正故云利居貞也○注四俱无應至小子也○正義曰四居无應者三既无應四亦无應是四與三俱无應也此六二六三因陰陽之象假丈夫小子以明人事餘无義也**象曰係丈夫志舍下也**下謂初也〔疏〕正義曰釋係丈夫之義六三既係九四之丈夫志意則舍下之初九也**九四隨有獲貞凶有孚在道以明何咎**處說之初下據二陰三求係巳不距則獲故曰隨有獲也居於臣地履非其位以擅其民失於臣道違正者也故曰貞凶體剛居說而得民心能幹其事而成其功者也雖爲常義志在濟物心有公誠著信在道以明其功何咎之有〔疏〕九四至何咎○正義曰隨有獲者處說之初下據二陰三求係巳不距則獲故曰隨有獲也貞凶者居於臣地履非其位以擅其民失其臣道違其正理故貞凶也有孚在道以明何咎者體剛居說而得民心雖違常義志在濟

物心存公誠著信在於正道有功以明更有何咎故云有孚在道以明何咎也**象曰隨有獲其義凶也有孚在道明功也**〔疏〕正義曰隨有獲其義凶者釋隨有獲貞凶之意九四既有六三六二獲得九五之民爲臣而擅君之民失於臣義是以宜其凶也有孚在道明功者釋以明何咎之義既能著信在于正道是明立其功故无咎也**九五孚于嘉吉**履正居中而處隨世盡隨時之宜得物之誠故嘉吉也〔疏〕正義曰嘉善也履中居正而處隨世盡時之義得物之誠信故獲美善之吉也**象曰孚于嘉吉位正中也上六拘係之乃從維之王用亨于西山**隨之爲體陰順陽者也最處上極不從者也隨道巳成而特不從故拘係之乃從也率土之濱莫非王臣而爲不從王之所討也故維之王用亨于西山也兌爲西方山者途之險隔也處西方而爲不從故王用通于西山〔疏〕象曰至于西山○正義曰最處上極是不隨從者也隨道巳成而特不從故須拘係之乃始從也維之王用亨于西山者若欲維係此上六王者必須用兵通于西山險難之處乃得拘係也山謂險阻兌處西方故謂西山今有不從必須維係此乃王者必須用兵通於險阻之道非是意在好刑故曰王用亨于西山**象曰拘係之上窮也**處于上極故窮也〔疏〕正義曰釋拘係之義所以須拘係者以其在上而窮極不肯隨從故也

☶☴巽下艮上**蠱元亨利涉大川先甲三日後甲三日**〔疏〕蠱元亨至後甲三日○正義曰蠱者事也有事營爲則大得亨通有爲之時利在拯難故利涉大川也先甲三日後甲三日者甲者創制之令既在有爲之時不可因仍舊令今用創制之令以治於人人若犯者未可卽加刑罰以民未習故先此宣令之前三日殷勤而語之又如此宣令之後三日更丁寧而語之其人不從乃加刑罰也其褚氏何氏周氏等並同鄭義以爲甲者造作新令之日甲前三日取改過自新故用辛也甲後三日取丁寧之義故用丁也今案輔嗣注甲者創制之令不云創制之日又巽卦九五先庚三日後庚三日輔嗣注申命令謂之庚輔嗣又云甲庚皆申命之謂則輔嗣不以甲爲創制之日而諸儒不顧輔嗣注旨妄作異端非也**象曰蠱剛上而柔下**上剛可以斷制下柔可以施令**巽而止蠱**既巽又止不競爭也有事而无競爭之患故可以有爲也〔疏〕象曰至止蠱○正義

曰剛上而柔下巽而止蠱者此釋蠱卦之名并明稱蠱之義也以上剛能制斷下柔能施令巽順止靜故可以有爲也褚氏云蠱者惑也物既惑亂終致損壞當須有事也有爲治理也故序卦云蠱者事也謂物蠱必有事非謂訓蠱爲事義當然也**蠱元亨而天下治也**有爲而大亨非天下治而何也〔疏〕正義曰釋元亨之義以有爲而得元亨是天下治理也**利涉大川往有事也先甲三日後甲三日終則有始天行也**蠱者有事而待能之時也可以有爲其在此時矣物已說隨則待夫作制以定其事也進德修業往則亨矣故元亨利涉大川也甲者創制之令也創制不可責之以舊故先之三日後之三日使令治而後乃誅也因事申令終則復始若天之行用四時也〔疏〕正義曰利涉大川往有事也者釋利涉大川也蠱者有爲之時拔拯危難往當有事故利涉大川此則假外象以喻危難也先甲三日後甲三日終則有始天行者釋先甲三日後甲三日之義也民之犯令告之巳終更復從始告之殷勤不巳若天之行四時既終更復從春爲始象天之行故云天行也○注蠱者至四時也○正義曰蠱者有事待能之時者物既蠱壞須有事營爲所作之事非賢能不可故經云幹父之

蠱幹則能也甲者創制之令者甲爲十日之首創造之令爲在後誥令之首故以創造之令謂之爲甲故漢時謂令之重者謂之甲令則此義也創制不可責之以舊者以人有犯令而致罪者不可責之舊法有犯則刑故須先後三日殷勤語之使曉知新令而後乃專誅謂兼通責讓之罪非尊謂誅殺也**象曰山下有風蠱君子以振民育德**蠱者有事而待能之時也故君子以濟民養德也〔疏〕正義曰必云山下有風者風能遙動散布潤澤今山下有風取君子能以恩澤下振於民育養以德振民象山下有風育德象山在上也**初六幹父之蠱有子考无咎厲終吉**處事之首始見任者也以柔巽之質幹父之事能承先軌堪其任者也故曰有子也任爲事首能堪其事考乃无咎也故曰有子考无咎也當事之首是以危也能堪其事故終吉〔疏〕初六至厲終吉○正義曰幹父之蠱者處事之首以柔巽之質幹父之事堪其任也有子考无咎者有子既能堪任父事考乃无咎也以其處事之初若不堪父事則考有咎也厲終吉者厲危也既爲事初所以危也能堪其事所以終吉也**象曰幹父之蠱意承考也**幹事之首時有損益不可盡承故意承而已

〔疏〕正義曰釋幹父之蠱義凡堪幹父事不可小大損益一依父命當量事制宜以意承考而已對文父沒稱考若散而言之生亦稱考若康誥云大傷厥考心是父在稱考此避幹父之文故變云考也**九二幹母之蠱不可貞**居於內中宜幹母事故曰幹母之蠱也婦人之性難可全正宜屈己剛既幹且順故曰不可貞也幹不失中得中道也〔疏〕正義曰居內處中是幹母事也不可貞者婦人之性難可全正宜屈已剛不可固守貞正故云不可貞也**象曰幹母之蠱得中道也**〔疏〕正義曰得中道者釋幹母之蠱義雖不能全正猶不失在中之道故云得中道也**九三幹父之蠱小有悔无大咎**以剛幹事而无其應故有悔也履得其位以正幹父雖小有悔終无大咎〔疏〕正義曰幹父之蠱小有悔者以剛幹事而无其應故小有悔也无大咎者履得其位故終无大咎也**象曰幹父之蠱終无咎也六四裕父之蠱往見吝**體柔當位幹不以剛而以柔和能裕先事者也然无其應往必不合故曰往見吝〔疏〕象曰至見吝○正義曰裕父之蠱者體柔當位幹不以剛而以柔和能容裕父之事也往見吝者以其無應所往之處見其鄙吝故往未得也**象曰裕父之蠱往未得也六五幹父之蠱用譽**以柔處尊用中而應承先以斯用譽之道也〔疏〕象曰至用譽○正義曰幹父之蠱用譽者以柔處尊用中而應以此承父用有聲譽**象曰幹父用譽承以德也**以柔處中不任威力也〔疏〕正義曰釋幹父用譽之義奉承父事唯以中和之德不以威力故云承以德也**上九不事王侯高尚其事**最處事上而不累於位不事王侯高尚其事也〔疏〕正義曰最處事上不復以世事爲心不係累於職位故不承事王侯但自尊高慕尚其清虛之事故云高尚其事也**象曰不事王侯志可則也**〔疏〕正義曰釋不事王侯之義身既不事王侯志則清虛高尚可法則也

䷒兌下坤上**臨元亨利貞至于八月有凶**〔疏〕臨元亨至有凶○正義曰案序卦云臨大也以陽之浸長其德壯大可以監臨於下故曰臨也剛既浸長說而且順又以剛居中有應於外大

得亨通而利正也故曰元亨利貞也至于八月有凶者以物盛必衰陰長陽退臨爲建丑之月從建丑至于七月建申之時三陰既盛三陽方退小人道長君子道消故八月有凶也以盛不可終保聖人作易以戒之也**彖曰臨剛浸而長說而順剛中而應大亨以正天之道也**陽轉進長陰道日消君子日長小人日憂大亨以正之義〔疏〕彖曰至天之道也○正義曰臨剛浸而長說而順者此釋卦義也凡諸卦之例說而順之下應以臨字結之此無臨字者以其剛中而應亦是臨義故不得於剛中之上而加臨也剛中而應大亨以正天之道者天道以剛居中而下與地相應使物大得亨通而利正故乾卦元亨利貞今此臨卦其義亦然故云天之道也**至于八月有凶消不久也**八月陽衰而陰長小人道長君子道消也故曰有凶〔疏〕至于八月不久也○正義曰證有凶之義以其陽道既消不可常久故有凶也但復卦一陽始復剛性尚微又不得其中故未有元亨利貞泰卦三陽之時三陽在下而成乾體乾下坤上象天降下地升上上下通泰物通則失正故不具四德唯此卦二陽浸長陽浸壯大特得稱臨所以四德具也然陽長之卦每卦皆應八月有凶但此卦名臨是盛大之義

故於此卦特戒之耳。若以類言之，則陽長之卦至其終末皆有凶也○注八月至有凶○正義曰：云八月者，何氏云從建子陽生至建未爲八月，褚氏云自建寅至建酉爲八月。今案此注云小人道長，君子道消，宜據否卦之時，故以臨卦建丑而至否卦建申爲八月也。

象曰：澤上有地，臨。君子以教思无窮，容保民无疆。相臨之道，莫若說順也。不恃威制，得物之誠，故物无違也。是以君子敎思无窮，容保民无疆也。【疏】象曰至无疆○正義曰：澤上有地者，欲見地臨於澤，在上臨下之義，故云澤上有地也。君子以教思无窮者，君子於此臨卦之時，其下莫不喜說和順，在上但須教化思念无窮已也，欲使教恒不絕也。容保民无疆者，容謂容受也，保安其民，无有疆境，象地之闊遠，故云无疆也。

初九：咸臨，貞吉。咸，感也。感，應也。有應於四，感以臨者也。四履正位，而已應焉，志行正者也。以剛感順，志行其正，以斯臨物，正而獲吉也。【疏】正義曰：咸，感也。有應於四，感之而臨，志行得正，故貞吉也。

象曰：咸臨貞吉，志行正也。【疏】正義曰：咸臨貞吉，志行正者，釋咸臨貞吉之義。四既履得正位，已往與之相應，是已之志意行而歸正也。

九二：咸臨，吉无不利。有應在五，感以臨者也。剛勝則柔危，而五體柔，非能同斯志者也。若順於五，則剛德不長，何由得吉无不利乎？全與相違，則失於感應，其得咸臨吉无不利，必未順命也。【疏】正義曰：咸臨吉者，咸，感也，有應於五，是感以臨而得其吉也。无不利者，二雖與五相應，二體是剛，五體是柔，兩雖相感，其志不同。若純用剛往，則五所不從；若純用柔往，又損已剛性。必須商量事宜，有從有否，乃得无不利也。

象曰：咸臨吉无不利，未順命也。【疏】正義曰：未順命者，釋无不利之義。未可盡順五命，須斟酌事宜，有從有否，故得无不利也。則君臣上下獻可替否之義也。

六三：甘臨，无攸利。既憂之，无咎。甘者，佞邪說媚不正之名也。履非其位，居剛長之世，而以邪說臨物，宜其无攸利也。若能盡憂其危，改脩其道，剛不害正，故咎不長。【疏】正義曰：甘臨者，謂甘美諂佞也。履非其位，居剛長之世，而以邪說臨物，故无攸利也。既憂之无咎者，既能盡憂其危，則剛不害正，故无咎也。

象曰：甘臨，位不當也。既憂之，咎不長也。【疏】正義曰：既憂之咎不長者，能盡憂其事，改過自脩，其咎則止，不復長久，故无咎也。

六四：至臨，无咎。處順應陽，不忌剛長，而乃應之，履得其位，盡其至者也。剛勝則柔危，柔不失正，乃得无咎也。【疏】正義曰：履順應陽，不畏剛長，而已應之，履得其位，能盡其至極之善，而爲臨，故云至臨。以柔不失正，故无咎也。

象曰：至臨无咎，位當也。【疏】正義曰：釋无咎之義，以六四以陰所居，得正，柔不爲邪，位當其處，故无咎也。

六五：知臨，大君之宜，吉。處於尊位，履得其中，能納剛以禮，用建其正，不忌剛長，而能任之，委物以能而不犯焉，則聰明者竭其視聽，知力者盡其謀能，不爲而成，不行而至矣。大君之宜，如此而已，故曰知臨大君之宜吉也。【疏】正義曰：處於尊位，履得其中，能納剛以禮，用建其正，不忌剛長，而能任之，故聰明者竭其視聽，知力者盡其謀能，是知爲臨之道，大君之所宜以吉也。

象曰：大君之宜，行中之謂也。【疏】正義曰：釋大君之宜所以得宜者，止由六五處中，行此中和之行，致得大君之宜，故言行中之謂也。

上六：敦臨，吉无咎。處坤之極，以敦而臨者也。志在助賢，以敦爲德，雖在剛長，剛不害厚，故无咎也。【疏】正義曰：敦，厚也。上六處坤之上，敦厚而爲臨，志在助賢，以敦爲德，故云敦臨吉。雖在剛長，而志行敦厚，剛所以不害，故无咎也。

象曰：敦臨之吉，志在內也。【疏】正義曰：釋敦臨吉之義。雖在上卦之極，志意恒在於內之二陽，意在助賢，故得吉也。

䷓坤下巽上

觀：盥而不薦，有孚顒若。王道之可觀者，莫盛乎宗廟。宗廟之可觀者，莫盛於盥也。至薦，簡略不足復觀，故觀盥而不觀薦也。孔子曰：禘自既灌而往者，吾不欲觀之矣。盡夫觀盛，則下觀而化矣。故觀至盥則有孚顒若也。【疏】觀盥而至顒若○正義曰：觀者，王者道德之美而可觀也，故謂之觀。觀盥而不薦者，可觀之事，莫過宗廟之祭，盥其禮盛也。薦者，謂既灌之後陳薦籩豆之事，故云觀盥而不薦也。有孚顒若者，孚，信也。但下觀此盛禮，莫不皆化，悉有孚信而顒然，故云有孚顒若○注王道之可觀至有孚顒若也○正義曰：盡夫觀盛則下觀而化者，觀盛謂觀盥禮盛則休而止，是觀其大，不觀其細，此是下之效上，因觀而皆化之矣。故觀至盥則有孚顒若者，顒是嚴正之貌，若爲語辭，言下觀而化，皆孚信容貌儼然也。

彖曰：大觀在上，下賤而上貴也。【疏】正義曰：謂大爲在下所觀，唯在於上，由在上既貴，故在下大觀，今大觀在於上。**順而巽，中正以觀天下。觀，**

盥而不薦有孚顒若下觀而化也觀天之神道而四時不忒聖人以神道設教而天下服矣統說觀之爲道不以刑制使物而以觀感化物者也神則無形者也不見天之使四時而四時不忒不見聖人使百姓而百姓自服也〔疏〕順而巽至天下服矣○正義曰順而和巽居中得正以觀於天下謂之觀也此釋觀卦之名觀盥而不薦有孚顒若下觀而化者釋有孚顒若之義本由在下觀效在上而變化故有孚顒若也觀天之神道而四時不忒者此盛名觀卦之美言觀盥與天之神道相合觀此天之神道而四時不有差忒神道者微妙无方理不可知目不可見不知所以然而然謂之神道而四時之節氣見矣豈見天之所爲不知從何而來邪蓋四時流行不有差忒故云觀天之神道而四時不忒也聖人以神道設敎而天下服矣者此明聖人用此天之神道以觀設敎而天下服矣天既不言而行不爲而成聖人法則天之神道本身自行善垂化於人不假言語敎戒不須威刑恐逼在下自然觀化服從故云天下服矣象曰風行地上觀先王以省方觀民設教〔疏〕正義曰風行地上者風主號令行于

地上猶如先王設敎在於民上故云風行地上觀也先王以省方觀民設敎者以省視萬方觀看民之風俗以設於敎非諸侯以下之所爲故云先王也初六童觀小人无咎君子吝處於觀盥而最遠德美體於陰柔不能自進无所鑒見故曰童觀巽順而巳無所能爲小人之道也故曰小人无咎君子處大觀之時而爲童觀不亦鄙乎〔疏〕正義曰童觀者處於觀時而最遠朝廷之美觀是柔弱不能自進无所鑒見唯如童稚之子而觀之爲小人无咎君子吝者爲此觀看趣在順從而巳無所能爲於小人行之纔得无咎若君子行之則鄙吝也象曰初六童觀小人道也六二闚觀利女貞處在於內無所鑒見體性柔弱從順而巳猶有應焉不爲全蒙所見者狹故曰闚觀居觀得位柔順寡見故曰利女貞婦人之道也處大觀之時居中得位不能大觀廣鑒闚觀而巳誠可醜也〔疏〕象曰至利女貞○正義曰闚觀利女貞者既是陰爻又處在卦內性又柔弱唯闚竊而觀如此之事唯利女之所貞非丈夫所爲之事也注處在於內至誠可醜也○正義曰猶有應焉不爲全蒙者六二以柔弱在內猶有九五剛陽與之爲應則爲有闚竊不爲全蒙童蒙如初六也故能闚而外觀此童觀闚觀皆讀爲去聲也

象曰闚觀女貞亦可醜也六三觀我生進退居下體之極處二卦之際近不比尊遠不童觀觀風者也居此時也可以觀我生進退也〔疏〕象曰至進退○正義曰觀我生進退者我生我身所動出三居下體之極是有可進之時又居上體之下復是可退之地遠則不爲童觀近則未爲觀國居在進退之處可以自觀我之動出也故時可則進時不可則退觀風相幾未失其道故曰觀我生進退也道得名生者道是開通生利萬物故繫辭云生生之謂易是道爲生也象曰觀我生進退未失道也〔疏〕正義曰處進退之時以觀進退之幾未失道也六四觀國之光利用賓于王居觀之時最近至五觀國之光者也居近得位明習國儀者也故曰利用賓于王也〔疏〕正義曰最近至五是觀國之光利用賓于王者居在親近而得其位明習國之禮儀故曰利用賓于王庭也象曰觀國之光尙賓也〔疏〕正義曰釋觀國之光義以居近至尊之道志意慕尙爲王賓也九五觀我生君子无咎居於尊位爲觀之主宣弘大化光于四表觀之極者也上之化下猶風之靡章

故觀民之俗以察已之百姓有罪在予一人君子風著已乃无咎上爲觀主將欲自觀乃觀民也〔疏〕正義曰九五居尊爲觀之主四海之內由我而觀而敎化善則天下有君子之風敎化不善則天下著小人之俗故則民以察我道有君子之風著則无咎也故曰觀我生君子无咎也象曰觀我生觀民也〔疏〕正義曰謂觀民以觀我故觀我卽觀民也上九觀其生君子无咎觀我生自觀其道也觀其生爲民所觀者也不在於位最處上極高尙其志爲天下所觀者也處天下所觀之地可不愼乎故君子德見乃得无咎生猶動出也〔疏〕上九至无咎○正義曰觀其生者最處上極高尙其志生亦道也爲天下觀其巳之道故云觀其生也君子无咎者既居天下可觀之地可不愼乎故君子謹愼乃得無咎也注觀我生至動出也○正義曰生猶動出者或動或出是生長之義故云生猶動出六三九五皆云觀我生上九云觀其生此等云生皆爲動出故於卦末總明之也象曰觀其生志未平也將處異地爲衆所觀不爲平易和光流通志未平也〔疏〕正義曰釋觀其生之義以特處異地爲衆所觀不爲平易和光流通志未與世俗均平世無危懼之憂我有符同之慮故曰志未平也

䷔震下離上 噬嗑亨利用獄 噬齧也嗑合也凡物之不親由有間也物之不齊由有過也有間與過齧而合之所以通也刑克以通獄之利也 疏 正義曰噬嗑亨者噬齧也嗑合也物在於口則隔其上下若齧去其物上下乃合而得亨也此卦之名假借口象以爲義以喻刑法也凡上下之間有物間隔當須用刑法去之乃得亨通故云噬嗑亨也利用獄者以刑除間隔之物故利用獄也 彖曰頤中有物曰噬嗑 頤中有物齧而合之噬嗑之義也 疏 正義曰此釋噬嗑名也案諸卦之彖先標卦名乃復言曰某卦曰同人曰大有曰小畜之類是也此發首不疊卦名者若義幽隱者先出卦名後更以卦名結之若其義顯露則不先出卦名則此頤中有物曰噬嗑之類其事可知故不先出卦名此乃夫子因義理文勢隨義而發不爲例也 噬嗑而亨 有物有間不齧不合无由亨也 疏 正義曰釋亨義由噬嗑而得亨也 剛柔分動而明雷電合而章 剛柔分動不溷乃明雷電並合不亂乃章皆利用獄之義 疏 剛柔分動至合而章○正義曰釋利用獄之義剛柔既分不相溷雜故動而顯明也雷電既合而不錯亂故事得彰著明而且著可以斷獄剛柔分謂震剛在下離柔在上

剛柔云分雷電云合者欲見明之與動各是一事故剛柔云分也明動雖各一事相須而用故雷電云合但易之爲體取象既多若取分義則云震下離上若取合義則云離震合體共成一卦也此釋二象利用獄之義也○注剛柔分動至用獄之義○正義曰雷電並合不亂乃章者彖文唯云雷電合注云不亂乃章者不亂之文以其上云剛柔分剛柔分則是不亂故云雷電並合不亂乃章也 柔得中而上行雖不當位利用獄也 謂五也能爲齧合而通必有其主五則是也上行謂所之在進也凡言上行皆所之在貴也雖不當位不害用獄也 疏 柔得中至用獄也○正義曰此釋爻有利用獄之義陰居五位是柔得中也而上行者既居上卦意在向進故云上行其德如此雖不當位者所居陰位猶利用獄也○注謂五也至不害用獄也○正義曰凡言上行皆所之在貴者輔嗣此注恐畏之適五位則是上行故於此明之凡言上行但所之在進皆曰上行不是唯向五位乃稱上行也故謙卦彖云地道卑而上行坤道體在上故總云上行不止也又損卦彖云損下益上曰上行是減下云益上卦謂之上行是亦不據五也然則此云上行及晉卦彖卦上行既在五位而又稱上行則似若王者雖見在尊位猶意在欲進仰慕三皇五帝可貴之道故稱上行者也 象曰雷電噬嗑先王以明罰勑法 疏 正義曰雷電噬嗑者但噬嗑之象其象在口雷電非噬嗑之體但噬嗑象外物既有雷電之體則雷電欲取明罰勑法可畏之義故連云雷電也 初九屨校滅趾无咎 居无位之地以處刑初受刑而非治刑者也凡過之所始必始於微而後至於著罰之所始必始於薄而後至於誅過輕戮薄故屨校滅趾桎其行也足懲而已故不重也過而不改乃謂之過小懲大誡乃得其福故无咎也校者以木絞校者也即械也校者取其通名也 疏 初九至无咎○正義曰屨校滅趾者屨謂著而履踐也校謂所施之械也處刑之初居无位之地是受刑之人非治刑之主凡過之所始必始於微積而不已遂至於著罰之所始必始於薄刑薄刑之不已遂至於誅在刑之初過輕戮薄必校之在足足爲懲誡故不復重犯故校之在足已沒其趾桎其小過誡其大惡過而能改乃是其福雖復滅趾可謂无咎故言屨校滅趾无咎也 象曰屨校滅趾不行也 過止於此 疏 正義曰釋屨校滅趾之義猶著校滅沒其趾也小懲大誡故罪過止息不行也 六二噬膚滅鼻无咎 噬齧也齧者刑克之謂也處中得位所刑者當故曰噬膚也乘剛而

刑未盡順道噬過其分故滅鼻也刑得所疾故雖滅鼻而无咎也膚者柔脆之物也 疏 正義曰六二處中得位是用刑者所刑中當故曰噬膚膚是柔脆之物以喻服罪受刑之人也乘剛而刑未盡順道噬過其分故至滅鼻言用刑大深也无咎者用刑得其所疾謂刑中其理故无咎也 象曰噬膚滅鼻乘剛也 疏 正義曰乘剛者釋噬膚滅鼻之義以其乘剛故用刑深也 六三噬腊肉遇毒小吝无咎 處下體之極而履非其位以斯食物其物必堅豈唯堅乎將遇其毒噬以喻刑人腊以喻不服毒以喻怨生然承於四而不乘剛雖失其正刑不侵順故雖遇毒小吝无咎 疏 正義曰噬腊肉者腊是堅剛之肉也毒者苦惡之物也三處下體之上失政刑人人不服若齧其腊肉非但難齧亦更生怨咎猶噬腊而難入復遇其毒味然也三以柔不乘剛刑不侵順道雖有遇毒之吝於德亦无大咎故曰噬腊肉遇毒小吝无咎也 象曰遇毒位不當也 疏 正義曰位不當者謂處位不當也 九四噬乾胏得金矢利艱貞吉 雖體陽爻爲陰之主履不獲中而居其非位以斯噬物物亦不服故曰噬乾胏也金剛也矢直也噬乾胏而得剛直可以利於艱貞

之吉未足以盡通理之道也〔疏〕正義曰噬乾胏者乾胏是臠肉之乾者履不獲中居其非位以斯治物物亦不服猶如噬乾胏然也得金矢者金剛也矢直也雖刑不能服物而能得其剛直也利艱貞吉者既得剛直利益艱難守貞正之吉猶未能光大通理之道故象云未光也

象曰利艱貞吉未光也。

六五噬乾肉得黃金貞厲无咎乾肉堅也黃中也金剛也以陰處陽以柔乘剛以噬於物物亦不服故曰噬乾肉也然處得尊位以柔乘剛而居於中能行其戮者也履不正而能行其戮剛勝者也噬雖不服得中而勝故曰噬乾肉得黃金也已雖不正而刑戮得當故雖貞厲而无咎也〔疏〕象曰至貞厲无咎○正義曰噬乾肉者乾肉堅也以陰處陽以柔乘剛以此治罪於人人亦不服如似噬乾肉也得黃金者黃中也金剛也以居於中是黃也以柔乘剛是金也既中而行剛能行其戮剛勝者也故曰得黃金也貞厲无咎者已雖不正刑戮得當故雖貞正自危而无咎害位雖不當而用刑得當故象云得當也

象曰貞厲无咎得當也

上九何校滅耳凶處罰之極惡積不改者也罪非所懲故刑及其首至于滅耳及首非誡滅耳非懲凶莫甚焉〔疏〕象曰至滅耳凶

正義曰何校滅耳凶者何謂檐何處罰之極惡積不改故罪及其首何檐枷械滅沒於耳以至誅殺以其聰之不明積惡致此故象云聰不明也○注處罰之極至凶莫甚焉○正義曰罪非所懲者言其惡積既深尋常刑罪非能懲誡故云罪非所懲也及首非誡滅耳非懲者若罪未及首猶可誡懼歸善也罪已及首性命將盡非復可誡故云及首非誡也校既滅耳將欲刑殺非可懲改故云滅耳非懲也

象曰何校滅耳聰不明也聰不明故不慮惡積至于不可解也

☲☶離下艮上賁亨小利有攸往〔疏〕正義曰賁飾也以剛柔二象交相文飾也賁亨者以柔來文剛而得亨通故曰賁亨也小利有攸往者以剛上文柔不得中正故不能大有所往故云小利有攸往也

彖曰賁亨柔來而文剛故亨分剛上而文柔故小利有攸往剛柔不分文何由生故坤之上六來居二位柔來文剛之義也柔來文剛居位得中是以亨乾之九二分居上位分剛上而文柔之義也剛上文柔不得中位不若柔來文剛故小利有攸往〔疏〕彖曰至有攸往○正義曰賁亨柔來而文剛故亨者此釋賁亨之義不直言賁連云賁亨者由賁而致亨事義相連也若大哉乾元以元連乾者也柔來而文剛故亨柔來文剛以文相飾是賁義也相飾即有為亨故云賁亨亨之下不重以賁字結之者以亨之與賁相連而釋所以亨下不得重結賁字分剛上而文柔故小利有攸往釋小利有攸往義乾體在下今分乾之九二上向文飾坤之上六是分剛上而文柔也棄此九二之中往居无位之地棄善從惡往无大利故小利有攸往也○注剛柔不分至小利有攸往○正義曰坤之上六何以來居二位不居於初三乾之九二何以分居上位不居於五者乾性剛亢故以已九二居坤極坤性柔順不為順首故以已上六下居乾之二位也且若柔不分居乾二剛不分居坤極則不得文明以止故也又陽本在上陰本在下應分剛而下分柔而上何因分剛向上分柔向下者今謂此本泰卦故也若天地交泰則剛柔得交若乾上坤下則是天地否閉剛柔不得交故分剛而上分柔而下也

天文也剛柔交錯而成文焉天之文也〔疏〕正義曰天之為體二象剛柔剛柔交錯成文是天文也

文明以止人文也止物不以威武而以文明人之文也〔疏〕正義曰文明離也以止艮也用此文明之道裁止於人是人之文德之教此賁卦之象既有天文人文欲廣美天文

人文之義聖人用之以治於物也

觀乎天文以察時變觀乎人文以化成天下觀天之文則時變可知也觀人之文則化成可為也〔疏〕正義曰觀乎天文以察時變者言聖人當觀視天文剛柔交錯相飾成文以察四時變化若四月純陽用事陰在其中靡草死也十月純陰用事陽在其中薺麥生也是觀剛柔而察時變也觀乎人文以化成天下者言聖人觀察人文則詩書禮樂之謂當法此教而化成天下也

象曰山下有火賁君子以明庶政无敢折獄處賁之時止物以文明不可以威刑故君子以明庶政而无敢折獄。〔疏〕正義曰山下有火賁者欲見火上照山有光明文飾也又取山含火之光明象君子內含文明以理庶政故云山有火賁也以明庶政者用此文章明達以治理庶政也无敢折獄者勿得直用果敢折斷訟獄

初九賁其趾。舍車而徒在賁之始以剛處下居於无位棄於不義安夫徒步以從其志者也故飾其趾舍車而徒義弗乘之謂也〔疏〕正義曰在賁之始以剛處下居於无位之地乃棄於不義之車而從有義之徒步故云舍車而徒以其志行高絜不苟就輿乘是以義不肯乘故象云義弗乘也

象

曰舍車而徒義弗乘也六二賁其須得其位而无應三亦无應俱无應而比焉近而相得者也須之爲物上附者也循其所履以附於上故曰賁其須也疏正義曰賁其須者須是上須於面六二常上附於三若似賁飾其須也循其所履以附於上與上同爲興起故象云與上興也象曰賁其須與上興也九三賁如濡如永貞吉處下體之極居得其位與二相比俱履其正和合相潤以成其文者也既得其飾又得其潤故曰賁如濡如也永保其貞物莫之陵故曰永貞吉也疏正義曰賁如濡如者賁如華飾之貌濡如潤澤之理居得其位與二相比和合文飾而有潤澤故曰賁如濡如其美如此長保貞吉物莫之陵故象云永貞之吉終莫之陵也象曰永貞之吉終莫之陵也六四賁如皤如白馬翰如匪寇婚媾有應在初而閡於三爲己寇難二志相感不獲通亨欲靜則疑初之應欲進則懼三之難故或飾或素內懷疑懼也鮮絜其馬翰如以待雖履正位未敢果其志也三爲剛猛未可輕犯匪寇乃婚終无尤也疏象曰永貞之吉至匪寇婚媾正義曰賁如皤如者皤是素

白之色六四有應在初欲往從之三爲己難故己猶豫或以文絜故賁如也或守質素故皤如也白馬翰如者但鮮絜其馬其色翰如徘徊待之未敢輒進也匪寇婚媾者若非九三爲己寇害乃得與初爲婚媾也象曰六四當位疑也匪寇婚媾終无尤也疏正義曰六四當位疑者以其當位得與初爲應但礙於三故遲疑也若不當位則與初非應何須欲往而致遲疑也匪寇婚媾終无尤者釋匪寇婚媾之義若待匪有寇難乃爲婚媾則終无尤過若犯寇難而爲婚媾則終有尤也六五賁于丘園束帛戔戔吝終吉處得尊位爲飾之主飾之盛者也施飾於物其道害也施飾丘園盛莫大焉故賁于束帛丘園乃落賁于丘園帛乃戔戔用莫過儉泰而能約故必吝焉乃得終吉也疏六五賁于丘園至終吉○正義曰賁于丘園者丘園是質素之處六五處得尊位爲飾之主若能施飾在於質素之處不華侈費用則所束之帛戔戔衆多也吝終吉者初時儉約故是其吝也必儉約之吝乃得終吉而有喜也故象云六五之吉有喜也○注處得尊位至乃得終吉也○正義曰爲飾之主飾之盛者若宮室輿服之屬五爲飾主若施設華飾在於輿服宮館之物則大道損害也施飾丘園盛莫大焉

者丘謂丘墟園謂園圃唯草木所生是質素之處非華美之所若能施飾每事質素與丘園相似盛莫大焉故賁于束帛丘園乃落者束帛財物也舉束帛言之則金銀珠玉之等皆是也若賁飾於此束帛珍寶則素質之道乃隕落故云丘園乃落也賁于丘園帛乃戔戔者設飾在於丘園質素之所則不費財物束帛乃戔戔衆多也諸儒以爲若賁飾束帛不用聘士則丘園之士乃落也若賁飾丘園之士與之故束帛乃戔戔也諸家注易多爲此解但今案輔嗣之注全无聘賢之意且爻之與象亦无待士之文輔嗣云用莫過儉泰而能約故必吝焉乃得終吉此則普論爲國之道不尚華侈而貴儉約也若從先師唯用束帛招聘丘園以儉約待賢豈其義也所以漢聘隱士或乃用羔鴈玄纁蒲輪駟馬豈止束帛之間而云儉約之事今觀注意故爲此解耳象曰六五之吉有喜也上九白賁无咎處飾之終飾終反素故在其質素不勞文飾而无咎也以白爲飾而无患憂得志者也疏正義曰白賁无咎者處飾之終飾終則反素故在其質素不勞文飾故曰白賁无咎也守志任眞得其本性故象云上得志也言居上得志也象曰白賁无咎上得志也

☷☶坤下艮上剝不利有攸往疏正義曰剝者剝落也今陰長變剛剛陽剝落故稱剝也小人既長故不利有攸往也象曰剝剝也柔變剛也不利有攸往小人長也順而止之觀象也君子尚消息盈虛天行也坤順而艮止也所以順而止之不敢以剛止者以觀其形象也強亢激拂觸忤以隕身身既傾焉功又不就非君子之所尚也疏象曰至天行也○正義曰剝剝也者釋剝卦名爲剝不知何以稱剝故釋云剝者解剝之義是陰長解剝於陽也柔變剛者釋所以此卦名剝之意也不利有攸往小人道長者此釋不利有攸往之義小人道長世既闇亂何由可進往則遇災故不利有攸往也順而止之觀象者明在剝之時世既无道君子行之不敢顯其剛直但以柔順止約其上唯望君上形象量其顏色而止也君子尚消息盈虛天行者解所以在剝之時順而止之觀其顏色形象者須量時制變隨物而動君子通達物理貴尚消息盈虛道消之時行消道也道息之時行盈道也在虛之時行虛道也若值消虛之時存身避害危行言遜也若值盈息之時極言正諫建事立功也天行謂逐時消息盈虛乃天道之所行也春夏始生之時天氣盛

大秋冬嚴殺之時天氣消滅故云天行也。注坤順而艮止也至君子之所尚也。正義曰非君子之所尚者不逐時消息盈虛於无道之時剛亢激拂觸忤以隕身身既傾隕功又不就非君子之所尚也**象曰山附於地剝上以厚下安宅**厚下者牀不見剝也安宅者物不失處也厚下安宅治剝之道也〔疏〕正義曰山附於地剝者山本高峻今附於地即是剝落之象故云山附於地剝也上以厚下安宅者剝之為義從下而起故在上之人當須豐厚於下安物之居以防於剝也**初六剝牀以足蔑貞凶**牀者人之所以安也剝牀以足猶云剝牀之足也蔑猶削也剝牀之足滅下之道也下道始滅剛隕柔長則正削而凶來也〔疏〕正義曰剝牀以足者牀者人之所以安處也在剝之初剝道從下而起剝牀之足言牀足已剝也下道始滅也蔑貞凶者蔑削也貞正也下道既蔑則以侵削其貞正所以凶也**象曰剝牀以足以滅下也**〔疏〕正義曰釋剝牀以足之義牀在人下足又在牀下今剝牀之足是盡滅於下也**六二剝牀以辨蔑貞凶**蔑猶甚極之辭也辨者足之上也剝道浸長故剝其辨也稍近於牀轉欲滅物之所處長柔而削正以斯為德物所棄也〔疏〕六二至蔑貞凶。正義曰剝牀以辨者辨謂牀身之下牀足之上足與牀身分辨之處也今剝落侵上乃至於辨是漸近人身故云剝牀以辨也蔑貞凶者蔑削也削除中正之道故凶也初六蔑貞但小削而已六二蔑貞是削之甚極故更云蔑貞凶也長此陰柔削其正道以此為德則物之所棄故象云未有與也言无人與助之也。注蔑猶甚極至物所棄也。正義曰蔑猶甚極之辭者初既稱蔑二又稱蔑蔑上復蔑此為蔑甚極故云蔑猶甚極之辭也蔑謂微蔑物之見削則微蔑也故以蔑為削稍近於牀轉欲蔑物之處者物之所處謂牀也今剝道既至於辨在牀體下畔之間是將欲滅牀故云轉欲滅物之所處也**象曰剝牀以辨未有與也六三剝之无咎**與上為應羣陰剝陽我獨協焉雖處於剝可以无咎〔疏〕正義曰六三與上九為應雖在剝陽之時獨能與陽相應雖失位處剝而无咎也**象曰剝之无咎失上下也**三上下各有二陰而三獨應於陽則失上下也〔疏〕正義曰釋所以无咎之義上下羣陰皆悉剝陽也己獨能違失上下之情而往應之所以无咎也**六四剝牀以膚凶**初二剝牀民所以安未剝其身也至四剝道浸長牀既剝盡以及人身小人遂盛物將失身豈唯削正靡所不凶〔疏〕正義曰四道浸長剝牀已盡乃至人之膚體物皆失身所以凶也**象曰剝牀以膚切近災也**〔疏〕正義曰切近災者其災已至故云切近災也**六五貫魚以宮人寵无不利**處剝之時居得尊位為剝之主者也剝之為害小人得寵以消君子者也若能施寵小人於宮人而已不害於正則所寵雖眾終无尤也貫魚謂此眾陰也駢頭相次似貫魚也〔疏〕正義曰貫魚以宮人寵者處得尊位為剝之主剝之為害小人得寵以消君子貫魚者謂眾陰也駢頭相次似若貫穿之魚此六五若能處待眾陰但以宮人之寵相似宮人被寵不害正事則終无尤過无所不利故云无不利故象云終无尤也**象曰以宮人寵終无尤也上九碩果不食君子得輿小人剝廬**處卦之終獨全不落故果至于碩而不見食也君子居之則為民覆蔭小人用之則剝下所庇也〔疏〕正義曰碩果不食者處卦之終獨得完全不被剝落猶如碩大之果不為人食也君子得輿者若君子而居此位能覆蔭於下使得全安是君子居之則得車輿也若小人居之下无庇蔭在下之人被剝徹廬舍也**象曰君子得輿民所載也小人剝廬終不可用也**〔疏〕正義曰君子得輿民所載者釋得輿之義若君子居處此位養育其民民所仰載也小人剝廬終不可用者言小人處此位為君剝徹民之廬舍此小人終不可用為君也

䷗震下坤上**復亨出入无疾朋來无咎反復其道七日來復利有攸往**〔疏〕正義曰復亨者陽氣反復而得亨通故云復亨也出入无疾者出則剛長入則陽反理會其時故无疾病也朋來无咎者朋謂陽也反復眾陽朋聚而來則无咎也若非陽眾來則有咎以其眾陽之來故无咎也反復其道七日來復者欲速反之與復而得其道不可過遠唯七日則來復乃合於道也利有攸往者以陽氣方長往則小人道消故利有攸往也**彖曰復亨剛反動而以順行是以出入无疾**入則為反出則剛長故无疾疾猶病也**朋來无咎**朋謂陽也〔疏〕彖曰至无咎。正義曰復亨者以陽復則亨故以亨連復而釋之也剛反動而以順行者既上釋復亨之義又下釋出入无疾

朋來无咎之理故云是以出入无疾朋來无咎也**反復其道七日來復**陽氣始剝盡至來復時凡七日〈疏〉正義曰陽氣始剝盡謂陽氣始於剝盡之後至陽氣來復時凡經七日觀注之意陽氣從剝盡之後至於反復凡經七日其注分明如褚氏莊氏並云五月一陰生至十一月一陽生凡七月而云七日不云月者欲見陽長須速故變月言日今輔嗣云剝盡至來復是從盡至來復經七日也若從五月言之何得云始盡也又臨卦亦是陽長而言八月今復卦亦是陽長何以獨變月而稱七日觀注之意必謂不然亦用易緯六日七分之義同鄭康成之說但於文省略不復具言案易緯稽覽圖云卦氣起中孚故離坎震兌各主其一方其餘六十卦卦有六爻爻別主一日凡主三百六十日餘有五日四分日之一者每日分為八十分五日分為四百分四分日之一又為二十分是四百二十分六十卦分之六七四十二卦別各得七分是每卦得六日七分也剝卦陽氣之盡在於九月之末十月當純坤用事坤卦有六日七分坤卦之盡則復卦陽來是從剝盡至陽氣來復隔坤之一卦六日七分舉成數言之故輔嗣言凡七日也反復者則出入之義反謂入而倒反復謂既反之後復而向上也**天行也**以天之行反覆不過七日復之不可遠也〈疏〉正義曰反復其道七日來

復天行者以天行釋反復其道七日來復之義言反之與復得合其道唯七日而來復不可久遠也此是天之所行也天之陽氣絕滅之後不過七日陽氣復生此乃天之自然之理故曰天行也**利有攸往剛長也**往則小人道消也〈疏〉正義曰以剛長釋利有攸往之義也**復其見天地之心乎**復者反本之謂也天地以本為心者也凡動息則靜靜非對動者也語息則默默非對語者也然則天地雖大富有萬物雷動風行運化萬變寂然至无是其本矣故動息地中乃天地之心見也若其以有為心則異類未獲具存矣〈疏〉復見天地之心乎○正義曰復其見天地之心乎者此贊明復卦之義天地養萬物以靜為心不為而物自為不生而物自生寂然不動此天地之心也此復卦之象動息地中雷在地下息而不動靜寂之義與天地之心相似觀此復象乃見天地之心也天地非有主宰何得有心以人事之心託天地以示法爾○注復者反本之謂也至未獲具存矣○正義曰復者反本之謂也者往前離本處而去今更反於本處是反本之謂也天地以本為心者本謂靜也言天地寂然不動是以本為心者也凡動息則靜靜非對動者也天地之動靜為其本動為其末言靜時多也動時少也若暫時而動止息則歸靜是靜非對動言靜之為本自然而有

非對動而生靜故曰靜非對動者也語息則默默非對語者語則聲之動默則口之靜是不語之時恒常默也非是對語有默以動靜語默而无別體故云非對也云天地雖大富有萬物雷動風行運化萬變者此言天地之動也言寂然至无是其本矣者凡有二義一者萬物雖運動於外而天地寂然至无於其內也外是其末內是其本言天地无心也二者雖雷動風行千化萬變若其雷風止息運化停住之後亦寂然至无也若其以有為心則異類未獲具存者凡以无為心則物我齊致親疏一等則不害異類彼此獲寧若其以有為心則我之自我不能普及於物物之自物不能普賴於我物則被害故未獲具存也**象曰雷在地中復先王以至日閉關商旅不行后不省方**方事也冬至陰之復也夏至陽之復也故為復則至於寂然大靜先王則天地而行者也動復則靜行復則止事復則无事也〈疏〉象曰至后不省方○正義曰雷在地中復者雷是動物復卦以動息為主故曰雷在地中先王以至日閉關者先王象此復卦以二至之日閉塞其關也商旅不行於道路也后不省方者方事也后不省視其方事也以地掩閉於雷故關門掩閉商旅不行君后掩閉於事皆取動息之義○注方事也至事復則无事也○正義曰方事者恐方是因

方境域故以方為事也言至日不但不可出行亦不可省視事也冬至陰之復夏至陽之復者復謂反本靜為動本冬至一陽生是陽動用而陰復於靜也夏至一陰生是陰動用而陽復於靜也動復則靜行復則止事復則无事者動而反復則歸靜行而反復則歸止事而反復則歸于无事也**初九不遠復无祇悔元吉**最處復初始復者也復之不速遂至迷凶不遠而復幾悔而反以此修身患難遠矣錯之於事其始庶幾乎故元吉也〈疏〉正義曰不遠復者最處復初是始復者也既在陽復即能從而復之是迷而不遠即能復也无祇悔元吉者韓氏云祇大也既能速復是无大悔所以大吉**象曰不遠之復以脩身也**〈疏〉正義曰釋不遠之復也所以不遠速復者以能脩正其身有過則改故也**六二休復吉**得位處中最比於初上无陽爻以疑其親陽為仁行在初之上而附順之下仁之謂也既處中位親仁善鄰復之休也〈疏〉正義曰得位處中最比於初陽為仁行已在其上附於而順之是降下於仁是休美之復故云休復吉也以其下仁所以吉也故象云休復之吉以下仁也**象曰休復之吉以下仁也六三頻復厲无咎**頻頻蹙之貌也處下體之終雖

愈於上六之迷已失復遠矣是以蹙也蹙而求復未至於迷故雖危无咎也復道宜速蹙而乃復義雖无咎它來難保【疏】象曰休復之吉至无咎○正義曰頻復者頻謂頻蹙六三處下體之上去復稍遠雖勝於上六迷復猶頻蹙而復復道宜速謂蹙而求復也去復猶近雖有危厲於義无咎故象云義无咎也注頻蹙之貌至它來難保○正義曰義雖无咎它來難保者去復未甚大遠於義雖復无咎謂以道自守得无咎也若自守之外更有他事而來則難可保此无咎之吉也所以象云義无咎守常之義得无咎也

象曰頻復之厲義无咎也六四中行獨復四上下各有二陰而處厥中履得其位而應於初獨得所復順道而反物莫之犯故曰中行獨復也【疏】象曰至中行獨復○正義曰中行獨復者處於上卦之下上下各有二陰已獨應初居在衆陰之中故云中行獨自應初故云獨復從道而歸故象云以從道也

象曰中行獨復以從道也六五敦復无悔居厚而履中居厚則无怨履中則可以自考雖不足以及休復之吉守厚以復悔可免也【疏】正義曰敦復无悔者處坤之中是敦厚於復故云敦復既能履中又能自考成其行既居敦厚物无所怨雖不及六二之休復猶得免於悔吝故云无悔也

象曰敦復无悔中以自考也【疏】正義曰釋无悔之義以其處中能自考其身故无悔也

上六迷復凶有災眚用行師終有大敗以其國君凶至于十年不克征最處復後是迷者也以迷求復故曰迷復也用之行師難用有克也終必大敗用之於國則反乎君道也大敗乃復量斯勢也雖復十年修之猶未能征也【疏】上六迷復凶至不克征○正義曰迷復凶者最處復後是迷闇於復以迷求復所以凶也有災眚者闇於復道必无福慶唯有災眚也用行師終有大敗者所爲既凶故用之行師必无克勝唯終有大敗也以其國君凶者以用也用此迷復於其國內則反違君道所以凶也至于十年不克征者師敗國凶量斯形勢雖至十年猶不能征伐以其迷闇不復而反違於君道故象云迷復之凶反君道也

象曰迷復之凶反君道也

☳☰震下乾上**无妄元亨利貞其匪正有眚不利有攸往**【疏】正義曰无妄者以剛爲內主動而能健以此臨下物皆无敢詐僞虛妄俱行實理所以大得亨通利於貞正故曰元亨利貞也其匪正有眚不利有攸往者物既无妄當以正道行之若其匪依正道則有眚災不利有所往也

彖曰无妄剛自外來而爲主於內謂震也**動而健**震動而乾健也【疏】正義曰以此卦象釋能致无妄之義以震之剛從外而來爲主於內震動而乾健故能使物无妄也

剛中而應謂五也【疏】正義曰明爻義能致无妄九五以剛處中六二應之是剛中而應剛中則能制斷虛實有應則物所順從不敢虛妄也

大亨以正天之命也剛自外來而爲主於內動而愈健剛中而應威剛方正私欲不行何可以妄使有妄之道滅无妄之道成非大亨利貞而何剛自外來而爲主於內則柔邪之道消矣動而愈健則剛直之道通矣剛中而應則齊明之德著矣故大亨以正也天之教命何可犯乎何可妄乎是以匪正則有眚而不利有攸往也【疏】大亨以正天之命也○正義曰釋元亨利貞之義威剛方正私欲不行何可以妄此天之教命也天道純陽剛而能健是乾德相似故云天之命也既是天命豈可犯乎○注剛自外來至不利有攸往也○正義曰云使有妄之道滅无妄之道成者妄謂虛妄矯詐不循正理若无剛中之主柔弱邪僻則物皆詐妄是有妄之道興也今遇剛中之主威嚴剛正在下畏威不敢詐妄是有妄之道滅无妄之道成

其匪正有眚不利有攸往无妄之往何之矣天命不祐行矣哉匪正有眚不求改以從正而欲有所往居不可以妄之時而欲以不正有所往將欲何之天命之所不祐竟矣哉【疏】其匪正有眚至天命不祐行矣哉○正義曰其匪正有眚不利有攸往妄之往何之矣者此釋匪正有眚不利有攸往之義也无妄之往何之矣上之是語辭下之是適也身既非正在无妄之世欲有所往何所之適矣故云无妄之往何之矣天命不祐行矣哉者身既非正欲有所往犯違天命則天命不祐助也必竟行矣哉言終竟行此不祐之事也○注匪正有眚至不祐竟矣哉○正義曰竟矣哉者竟謂終竟言天所不祐終竟行矣哉

象曰天下雷行物與无妄與辭也猶皆也天下雷行物皆不可以妄也【疏】正義曰天下雷行者雷是威恐之聲今天下雷行震動萬物物皆驚肅无敢虛妄故云天下雷行物皆无妄也

先王以茂對時育萬物茂盛也物皆不敢妄然後萬物乃得各全其性對時育物莫盛於斯也【疏】正義曰茂盛也對當也言先王以此无妄盛事當其无妄之時

育養萬物也此唯王者其德乃耳非諸侯已下所能故不云君子而言先王也案諸卦之象直言兩象卽以卦名結之若雷在地中復今无妄應云天下雷行无妄今云物與无妄者欲見萬物皆无妄故加物與二字也其餘諸卦未必萬物皆與卦名同義故直顯象以卦結之至如復卦唯陽氣復非是萬物皆復舉復一卦餘可知矣

初九无妄往吉體剛處下以貴下賤行不犯妄故往得其志（疏）正義曰體剛居下以貴下賤所行敎化不爲妄動故往吉而得志也

象曰无妄之往得志也

六二不耕穫不菑畲則利有攸往不耕而穫不菑而畲代終已成而不造也不擅其美乃盡臣道故利有攸往（疏）象曰至利有攸往○正義曰不耕穫不菑畲者六二處中得位盡於臣道不敢創首唯守其終猶若田農不敢發首而耕唯在後穫刈而已不敢菑發新田唯治其菑熟之地皆是不爲其始而成其末猶若爲臣之道不爲事始而代君有終也則利有攸往者爲臣如此則利有攸往若不如此則往而无利也

象曰不耕穫未富也（疏）正義曰釋不耕而穫之義不敢前耕但守後穫者未敢以耕耕之與穫俱爲己事唯爲後穫不敢先耕事既闕初不擅其美故云未富也

《易疏三卷》　三三

六三无妄之災或繫之牛行人之得邑人之災以陰居陽行違謙順是无妄之所以爲災也牛者稼穡之資也二以不耕而穫利有攸往而三爲不順之行故或繫之牛是有司之所以爲獲彼人之所以爲災也故曰行人之得邑人之災也（疏）六三至人之災○正義曰无妄之世邪道不行六三陰居陽位失其正道行違謙順而乖臣範故无妄之所以爲災矣牛者稼穡之資六三僭爲耕事行唱始之道而爲不順王事之行故有司或繫其牛制之使不妄造故曰或繫之牛也行人者有司之義也有司繫得其牛是行人制之得功故曰行人之得彼居三者是處邑之人僭爲耕事受其災罰故曰行人之得邑人之災也

象曰行人得牛邑人災也（疏）正義曰釋行人之得義也以行人所得謂得牛也此則得牛彼則爲災故云邑人災也

九四可貞无咎處无妄之時以陽居陰以剛乘柔履於謙順比近至尊故可以任正固有所守而无咎也（疏）正義曰以陽居陰以剛乘柔履於謙順上近至尊可以任正固有所守而无咎故曰可貞无咎也

象曰可貞无咎固有之也（疏）正義曰釋可貞无咎之義所以可執貞正言堅固有所執守故曰无咎也

九五无妄之疾勿藥有喜居得尊位爲无妄之主者也下皆无妄害非所致而取藥焉疾之甚也非妄之災勿治自復非妄而藥之則凶故曰勿藥有喜（疏）正義曰无妄之疾者凡禍疾所起由有妄而來今九五居得尊位爲无妄之主下皆无妄而偶然有此疾害故云无妄之疾也勿藥有喜者若疾自己招或寒暑飲食所致當須治療若其自然之疾非己所致疾當自損勿須藥療而有喜也此假病象以喩人事猶若人主而剛正自修身无虛妄下亦无虛妄而遇逢凶禍若堯湯之厄災非己招但順時修德勿須治理必欲除去不勞煩天下是有喜也然堯遭洪水使鯀禹治之者雖知災未可息必須順民之心鯀之不成以災未息也禹能治救災欲盡也是亦自然之災勿藥有喜之義也

象曰无妄之藥不可試也藥攻有妄者也而反攻无妄故不可試也（疏）正義曰解勿藥有喜之義若有妄致疾其藥可用若身既非妄有災不可治也若必欲治之則勞煩於下害更甚也此非直施於人主至於凡人之事亦皆然也若己之无罪忽逢禍患此乃自然之理不須憂勞救護亦恐反傷其性

上九无妄行有眚无攸利不處

《易疏三卷》　三四

可妄之極唯宜靜保其身而已故不可以行也（疏）正義曰處不可妄之極唯宜靜保其身若動行必有災眚无所利也位處窮極動則致災故象云无妄之行窮之災也

象曰无妄之行窮之災也

䷙乾下艮上　**大畜利貞不家食吉利涉大川**（疏）正義曰謂之大畜者乾健上進艮止在上止而畜之能畜止剛健故曰大畜象云能止健大正也是能止健故爲大畜也小畜則巽在乾上以其巽順不能畜止乾之剛故云小畜也此則艮能止之故爲大畜也利貞者人能止健非正不可故利貞也不家食吉者已有大畜之資當須養順賢人不使賢人在家自食如此乃吉也利涉大川者豐則養賢應於天道不憂險難故利涉大川也

象曰大畜剛健篤實輝光日新其德凡物既厭而退者弱也既榮而隕者薄也夫能輝光日新其德者唯剛健篤實也（疏）正義曰言大畜剛健篤實者此釋大畜之義剛健謂乾也乾體剛性健故言剛健也篤實謂艮也艮體靜止故稱篤實也輝光日新其德者以其剛健篤實之故故能輝耀光榮日日增新其德若无剛健則劣弱也必既厭而退若无篤實則虛薄也必既榮而隕何能久有輝光日新其德乎○注凡物既厭至剛

健篤實也。正義曰凡物既厭而退者弱也者釋經剛健也若不剛健則見厭被退能剛健則所爲日進不被厭退也既榮而隕者薄也者釋經篤實也凡物暫時榮華而卽損落者由體質虛薄也若能篤厚充實則恒保榮美不有損落也**剛上而尚賢**謂上九也處上而大通剛來而不距尚賢之謂也【疏】剛上而尚賢。正義曰剛上謂上九也乾剛向上上九不距是貴尚賢也。注謂上九至尚賢之謂也。正義曰謂上九也者言上九之德見乾之上進而不距逆是貴尚賢也處上而大通者釋上九何天之衢亨是處上通也既處於上下應於天有大通之德也剛來而不距者以有大通既見乾來而不距逆是尚賢之義也**能止健大正也**健莫過乾而能止之非夫大正未之能也【疏】正義曰釋利貞義所以艮能止乾之健者德能大正故能止健也**不家食吉養賢也利涉大川應乎天也**有大畜之實以之養賢令賢者不家食乃吉也尚賢制健大正應天不憂險難故利涉大川也【疏】不家食吉至應乎天也。正義曰不家食吉養賢者釋不家食吉所以不使賢者在家自食而獲吉也以在上有大畜之實養此賢人故不使賢者在家自食也利涉大川應乎天者以貴尚賢人大正應天可踰越險難故利涉大川也。注有大畜之實至利涉大川也。正義曰尚賢制健者謂上九剛來不距尚賢之謂也艮能畜剛制健之謂也故上經云剛上而尚賢王注云謂上九也又云能止健大正也王注云健莫過乾而能止之非夫大正未之能也則是全論艮體明知尚賢謂上九也制健謂艮體也大正應天者謂艮也故前文云能止健大正也止健是艮也應天者上體之艮應下體之乾故稱應天也此取上卦下卦而相應非謂一陰一陽而相應也**象曰天在山中大畜君子以多識前言往行以畜其德**物之可畜於懷令德不散盡於此也【疏】象曰至以畜其德。正義曰天在山中者欲取德積於身中故云天在山中也君子以多識前言往行以畜其德者君子則此大畜物既大畜德亦大畜故多記識前代之言往賢之行使多聞多見以畜積己德故云以畜其德也。注物之可畜至盡於此也。正義曰物之可畜於懷令其道德不有棄散者唯貯藏前言往行於懷可以令德不散也唯此而已故云盡於此也**初九有厲利已**四乃畜已未可犯也故進則有厲已則利也【疏】正義曰初九雖有應於四四乃抑畜於己己今若往則有危厲唯利休已不須前進則不犯禍災也故象云不犯災也**象曰有厲利已不犯災也**處健之始未果其健者故能利已**九二輿說輹**五處畜盛未可犯也遇斯而進故輿說輹也居得其中能以其中不爲馮河死而无悔遇難能止故无尤也【疏】正義曰九二雖與六五相應五處畜盛未可犯也若遇斯而進則輿說其輹車破敗也以其居中能遇難而止則无尤過故象云中无尤也以其居中能自止息故无尤也**象曰輿說輹中无尤**此輿說輹亦假象以明人事也**也九三良馬逐利艱貞曰閑輿衞利有攸往**凡物極則反故畜極則通初二之進値於畜盛故不可以升至於九三升于上九而上九處天衢之亨塗徑大通進无違距可以馳騁故曰良馬逐也履當其位進得其時在乎通路不憂險厄故利艱貞也閑閑也衞護也進得其時雖涉艱難而无患也輿雖遇閑而故衞也與上合志故利有攸往也【疏】正義曰九三良馬逐者初二之進値於畜盛不可以升至於九三升于上九而上九處天衢之亨塗徑大通進无違距故九三可以良馬馳逐也利艱貞者履當其位進得其時在乎通路不憂險厄故宜利艱難而貞正也若不値此時雖平易守正而尚不可況艱難而欲行正乎曰閑輿衞者進得其時涉難无患雖曰有人欲閑閡車輿乃是防衞見護也故云曰閑輿衞也利有攸往者與上合志利有所往故象曰上合志也**象曰利有攸往上合志也六四童牛之牿元吉**處艮之始履得其位能止健初距不以角柔以止剛剛不敢犯抑銳之始以息強爭豈唯獨利乃將有喜也【疏】正義曰童牛之牿者處艮之始履得其位能抑止剛健之初距此初九不須用角故用童牛牿止其初也元吉者柔以止剛剛不敢犯以息彊爭所以大吉而有喜也故象云元吉有喜也**象曰六四元吉有喜也六五豶豕之牙吉**豕牙橫猾剛暴。難制之物謂二也五處得尊位爲畜之主二剛而進能豶其牙柔能制健禁暴抑盛豈唯能固其位乃將有慶也【疏】象曰至豶豕之牙吉。正義曰豶豕之牙者豕牙謂九二也二既剛陽似豕牙之橫猾九二欲進此六五處得尊位能豶損其牙故云豶豕之牙柔能制剛禁暴抑盛所以吉也非唯獨吉乃終久有慶故象云六五之吉有慶也。注豕牙橫猾至將有慶。正義曰能豶其牙者觀注意則豶是禁制損去之名褚氏云豶除也除其牙也然豶之爲除爾雅无訓案爾雅云豶大防則豶是隄防之義此豶其牙謂防止其牙古字假借雖豕傍土邊之異其義亦通豶其牙謂止

其牙也

象曰六五之吉有慶也上九何天之衢亨處畜之極畜極則通大畜以至於大亨之時何辭也猶云何畜乃天之衢亨也【疏】正義曰何天之衢亨者何謂語辭猶云何畜也處畜極之時更何所畜乃天之衢亨无所不通也故象云何天之衢道大行也何氏云天衢既通道乃大亨象曰何天之衢道大行也

䷚震下艮上頤貞吉觀頤自求口實【疏】正義曰頤貞吉者於頤養之世養此貞正則得吉也觀頤者頤養也觀此聖人所養物也自求口實者觀其自養求其口中之實也象曰頤貞吉養正則吉也觀頤觀其所養也自求口實觀其自養也天地養萬物聖人養賢以及萬民頤之時大矣哉【疏】象曰至大矣哉〇正義曰頤貞吉養正則吉者釋頤貞吉之義頤養也貞正也所養得正則有吉也其養正之言乃兼二義一者養此賢人是其養正故下云聖人養賢以及萬民二者謂養身得正故象云

慎言語節飲食以此言之則養正之交兼養賢及自養之義也觀頤觀其所養也者釋觀頤之義也言在下觀視在上頤養所養何人故云觀頤觀其所養也自求口實觀其自養者釋自求口實之義也謂在下之人觀此在上自求口中之實是觀其自養則是在下觀上乃有二義若所養是賢及自養有節則是其德盛也若所養非賢及自養乖度則其德惡也此卦之意欲使所養得也不欲所養失也天地養萬物者自此已下廣言頤卦所養事大故云天地養萬物也聖人養賢以及萬民者先須養賢乃得養民故云養賢以及萬民也聖人但養賢人使治衆衆皆獲安有如虞舜五人周武十人漢帝張良齊君管仲此皆養得賢人以爲輔佐政治世康兆庶咸說此則聖人養賢以及萬民之養也頤之時大矣哉者以象釋頤義於理既盡更无餘意故不云義所以直言頤之時大矣哉以所養得廣故云大矣哉象曰山下有雷頤君子以慎言語節飲食言飲食猶慎而節之而況其餘乎【疏】正義曰山止於上雷動於下頤之爲用下動上止故曰山下有雷頤人之開發言語咀嚼飲食皆動頤之事故君子觀此頤象以謹慎言語裁節飲食先儒云禍從口出患從口入故於頤養而慎節也初九舍爾靈龜觀我朵頤凶

朵頤者嚼也以陽處下而爲動始不能令物由己養動而求養者也夫安身莫若不競修己莫若自保守道則福至求祿則辱來居養賢之世不能貞其所履以全其德而舍其靈龜之明兆羨我朵頤而躁求離其致養之至道闚我寵祿而競進凶莫甚焉【疏】初九至觀我朵頤凶〇正義曰靈龜謂神靈明鑒之龜兆以喻己之明德也朵頤謂朵動之頤以嚼物喻貪惏以求食也初九以陽處下而爲動始不能使物賴己而養而更自動求養是舍其靈龜之明兆觀我朵頤而躁求是損己廉靜之德行其貪竊之情所以凶也不足可貴故象云亦不足貴也注朵頤者嚼也至凶莫甚焉〇正義曰朵頤者嚼也者朵是動義如手之捉物謂之朵也今動其頤故知嚼也不能令物猶己養者若道德弘大則己能養物是物由己養今身處无位之地又居震動之始是動而自求養也離其致養之至道闚我寵祿而競進者若能自守廉靜保其明德則能致君上所養今不能守廉靜是離其致養之至道反以求其寵祿而競進也象曰觀我朵頤亦不足貴也六二顛頤拂經于丘頤征凶養下曰顛拂違也經猶義也丘所履之常也處下體之中无應於上反而養初居下不奉上而反養下故曰顛頤拂經于丘也以此而養未見其福也以此而行未見有

與故曰頤貞凶【疏】正義曰顛倒也拂違也經義也丘所履之常處也六二處下體之中无應於上反倒下養初故曰顛頤下當奉上是義之常處也今不奉於上而反養於下是違此經義於常之處故云拂經于丘也頤征凶者征行也若以此而養所行皆凶故曰頤征凶也象曰六二征凶行失類也類皆上養而二處下養初【疏】正義曰頤養之體類皆養上也今此獨養下是所行失類也六三拂頤貞凶十年勿用无攸利履夫不正以養於上納上以諂者也拂養正之義故曰拂頤貞凶也處頤而爲此行十年見棄者也立行於斯无施而利【疏】正義曰拂頤貞凶者拂違也履夫不正以養上九是自納於上以諂媚者也違養正之義故曰拂頤貞而有凶也爲行如此雖至十年猶勿用而見棄也故曰十年勿用立行於此故无所利也象曰十年勿用道大悖也【疏】正義曰釋十年勿用之義以其養上以諂媚則於正道大悖亂解十年勿用見棄也六四顛頤吉虎視眈眈其欲逐逐无咎體屬上體居得其位而應於初以上養下得頤之義故曰顛頤吉也下交不可以瀆故虎視眈眈威而不猛不

惡而嚴養德施賢何可有利故其欲逐逐尚敦實也修此二者然後乃得全其吉而无咎觀其自養則履正察其所養則養陽頤爻之貴斯爲盛矣〔疏〕六四顛頤吉至无咎○正義曰顛頤吉者體屬上體居得其位而應於初以上養下得養之宜所以吉也虎視眈眈者以上養下不可褻瀆恒如虎視眈眈然威而不猛也其欲逐逐者既養於下不可有求其情之所欲逐逐然尚於敦實也无咎者若能虎視眈眈其欲逐逐雖復顛頤養下則得吉而无咎也○注體屬上體至斯爲盛矣○正義曰觀其自養則履正者以陰處陰四自處其身是觀其自養則能履正道也察其所養則養陽者六四下養於初是觀其所養初是陽爻則能養陽也**象曰顛頤之吉上施光也**〔疏〕正義曰釋顛頤吉之義上謂四也下養於初是上施也能威而不猛如虎視眈眈又寡欲少求其欲逐逐能爲此二者是上之所施有光明也然六二顛頤則爲凶六四顛頤得爲吉者六二身處下體而又下養所以凶也六四身處上體又應於初陰而應陽又能威嚴寡欲所以吉也**六五拂經居貞吉不可涉大川**以陰居陽拂頤之義也行則失類故宜居貞也无應於下而比於上故可守貞從上得頤之吉雖得居貞之吉處頤違謙難未可涉也〔疏〕正義曰拂違也經義也以陰居陽不有謙退乖違於頤養之義故言拂經也居貞吉者行則失類居貞吉也不可涉大川者處頤違謙患難未解故不可涉大川故居貞吉也**象曰居貞之吉順以從上也**〔疏〕正義曰釋居貞之義以五近上九以陰順陽親從於上故得居貞吉也**上九由頤厲吉利涉大川**以陽處上而履四陰陰不能獨爲主必宗於陽也故莫不由之以得其養故曰由頤爲衆陰之主不可瀆也故厲乃吉有似家人悔厲之義貴而无位是以厲也高而有民是以吉也爲養之主物莫之違故利涉大川也〔疏〕正義曰由頤者以陽處上而履四陰陰不能獨爲其主必宗事於陽也衆陰莫不由之以得其養故曰由頤也厲吉者爲衆陰之主不可褻瀆嚴厲乃吉故曰厲吉也利涉大川者爲養之主无所不爲故利涉大川而有慶也故象云大有慶也**象曰由頤厲吉大有慶也**

䷛巽下兌上**大過**〔疏〕大過○正義曰過謂過越之過非經過之過此衰難之世唯陽爻乃大能過越常理以拯患難也故曰大過以人事言之猶若聖人過越常理以拯患難也○注音相過之過○正義曰相過者謂相過越之甚也非謂相過從之過故象云澤滅木是過越之甚也四陽在中二陰在外以陽之過越之甚也**棟撓利有攸往亨**〔疏〕正義曰棟撓者謂屋棟也本之與末俱撓弱以言衰亂之世始終皆弱也利有攸往亨者既遭衰難聖人利有攸往以拯患難乃得亨通故云利有攸往亨也**象曰大過大者過也**大者乃能過也〔疏〕正義曰釋大過之義也大者過謂盛大者乃能過其分理以拯難也故於二爻陽處陰位乃能拯難也亦是過甚之義**棟撓本末弱也**初爲本而上爲末也〔疏〕正義曰釋棟撓義以大過本末俱弱故屋棟撓弱也似若衰難之時始終弱**剛過而中**謂二也居陰過也處二中也拯弱興衰不失其中也**巽而說行**巽而說行以此救難難乃濟也**利有攸往乃亨**危而弗持則將安用故往乃亨〔疏〕正義曰剛過而中巽而說行利有攸往乃亨者此釋利有攸往乃亨義剛過而中謂二也以陽處陰是剛之過極之甚則陽來拯此陰難是過極之甚也巽而說行者既以巽順和說而行難乃得濟故利有攸往得亨也故云乃亨**大過之時大矣哉**是君子有爲之時也〔疏〕正義曰此廣說大過之美言當此大過之時唯君子有爲拯難其功甚大故曰大矣哉也**象曰澤滅木大過君子以獨立不懼遯世无悶**此所以爲大過非凡所及也〔疏〕正義曰澤滅木者澤體處下木體處上澤无滅木之理今云澤滅木者乃是澤之甚極而至滅木是極大過越之義其大過之卦有二義也一者物之自然大相過越常分即此澤滅木是也二者大人大過越常分以拯患難則九二枯楊生稊老夫得其女妻是也君子以獨立不懼遯世无悶者明君子於衰難之時卓爾獨立不有畏懼隱遯於世而无憂悶欲有遯難之心其操不改凡人遇此則不能然唯君子獨能如此是其過越之義**初六藉用白茅无咎**以柔處下過而可以无咎其唯愼乎〔疏〕正義曰以柔處下心能謹愼薦藉於物用絜白之茅言以絜素之道奉事於上也无咎者既能謹愼如此雖遇大過之難而无咎也以柔道在下所以免害故象云柔在下也**象曰藉用白茅柔在下也九二枯楊生稊老夫得其女妻无不利**稊者楊之秀也以陽處陰能過其本而救其弱者也上无其應心无持吝處過以此无衰不濟也故能令枯楊更生稊老夫更得少妻拯弱興衰莫盛斯爻故

无不利也老過則枯少過則稺以老分少則稺者長以稺分老則枯者榮過以相與之謂也大過至衰而已至壯以至壯輔至衰應斯義也〔疏〕象曰藉用白茅至无不利○正義曰枯楊生稊者枯謂枯槁稊謂楊之秀者九二以陽處陰能過其本分而救其衰弱上无其應心无特吝處大過之時能行此道无有衰者不被拯濟故衰者更盛猶若枯槁之楊更生少壯之稊枯老之夫得其少女爲妻也无不利者謂拯弱興衰莫盛於此以斯而行无有不利也○注稊者楊之秀也至應斯義也○正義曰稊者楊柳之穗故云楊之秀也以陽處陰能過其本分而救其弱者若以陽處陽是依其本分今以陽處陰是過越本分拯救陰弱也老過則枯少過則稺者老之太過則枯槁少之太過則幼稺也以老分少則稺者長也謂老夫減老而與女妻女妻得之而更益長故云以老分少則稺者長也以稺分老則枯者榮者謂女妻減少而與老夫老夫得之似若槁者而更得生稊故云則枯者榮也云大過至衰而已至壯以至壯輔至衰應斯義者此大過之卦本明至壯輔至衰不論至衰減至壯故輔嗣此注特云以至壯輔至衰也象曰過以相與者因至壯而輔至衰似女妻而助老夫遂因云老夫減老而與少猶若至衰減衰而與壯也其實不然也

象曰老夫女妻過以相與也〔疏〕正義曰釋老夫女妻之義若老夫而有老妻是依分相對今老夫而得女妻是過分相與也老夫得女妻是女妻以少而與老夫老夫得少而更壯是女妻過分而與夫也女妻而得少夫是依分相對今女妻得老夫是老夫減老而與少女妻既得其老則益長是老夫過分而與妻也故云過以相與象直云老夫女妻不云枯楊生稊者枯楊則是老夫也生稊則女妻也其意相似故象略而不言

九三棟橈凶居大過之時處下體之極不能救危拯弱以隆其棟而以陽處陽自守所居又應於上係心在一宜其淹弱而凶衰也〔疏〕正義曰居大過之時處下體之極以陽居陽不能救危拯弱唯自守而已獨應於上係心在一所以凶也心既褊狹不可以輔救衰難故象云不可以有輔也

象曰棟橈之凶不可以有輔也

九四棟隆吉有它吝體屬上體以陽處陰能拯其弱不爲下所橈者也故棟隆吉也而應在初用心不弘故有它吝也〔疏〕正義曰棟隆吉者體居上體以陽處陰能拯救其弱不爲下所橈故得棟隆起而獲吉也有它吝者以有應在初心不弘闊故有它吝也

象曰棟隆之吉不橈乎下也〔疏〕正義曰釋棟隆之吉以其能拯於難不被橈乎在下故得棟隆吉九四應初行又謙順能拯於難然唯只拯初初謂下也下得其拯猶若所居屋棟隆起下必不橈若何得之不被橈乎在下但經文云棟橈彖釋棟橈者本末弱也以屋棟橈弱而偏則屋下橈柱亦先弱柱爲本棟爲末觀此彖辭是足見其義故子産云棟折榱崩僑將壓焉以屋棟橈折則榱柱亦同崩此則義也

九五枯楊生華老婦得其士夫无咎无譽處得尊位而以陽處陽未能拯危處得尊位亦未有橈故能生華不能生稊能得夫不能得妻處棟橈之世而爲无咎无譽何可長哉故生華不可久士夫誠可醜也〔疏〕九五枯楊生華至无咎无譽○正義曰枯楊生華者處得尊位而以陽居陽未能拯危不如九二枯楊生稊但以處在尊位唯得枯楊生華而已言其衰老雖被拯救其益少也又似年老之婦得其彊壯士夫婦已衰老夫又彊大亦是其益少也所拯難處少纔得无咎而已何有聲譽之美故无咎无譽也○注處得尊位至誠可醜也○正義曰處得尊位亦未有橈者以九三不得尊位故有棟橈今九五雖與九三同以陽居陽但九五處得尊位功雖未廣亦未有橈弱若其橈弱不能拯難不能使枯楊生華也以在尊位微有拯難但其功狹少但使枯楊生華而已不能。生稊也能得夫不能得妻者若拯難功闊則老夫得其女妻是得少之甚也今既拯難功狹但能使老婦得士夫而已不能。似女妻言老婦所得利益薄少皆爲拯難功薄故所益少也

象曰枯楊生華何可久也老婦士夫亦可醜也〔疏〕正義曰枯楊生華何可久者枯槁之楊被拯纔得生華何可長久尋當衰落也老婦士夫亦可醜也者婦當少稚於夫今年老之婦而得彊壯士夫亦可醜辱也此言九五不能廣拯衰難但使枯楊生華而已但使老婦得其士夫而已拯難狹劣故不得長久誠可醜辱言不如九二也

上六過涉滅頂凶无咎處太過之極過之甚也涉難過甚故至于滅頂凶志在救時故不可咎也〔疏〕正義曰處大過之極是過越之甚也以此涉危難乃至於滅頂言涉難深也既滅其頂所以凶也无咎者所以涉難滅頂至于凶亡本欲濟時拯難意善功惡无可咎責此猶龍逢比于憂時危亂不懼誅殺直言深諫以忤无道之主遂至滅亡其意則善而功不成復有何咎責此亦過涉滅頂凶无咎之象故象云不可咎言不可害於義理也

象曰過涉之凶不可咎也雖凶无咎不害義也

☵☵ 坎下坎上 **習坎。**坎險陷之名也習謂便習之〔疏〕正義曰坎是險陷之名習者便習之義險難之

此非經便習不可以行故須便習於坎事乃得用故云習坎也案諸卦之名皆於卦上不加其字此坎卦之名特加習者以坎爲險難故特加習名習有二義一者習重也謂上下俱坎是重疊有險險之重疊乃成險之用也二者人之行險先須使習其事乃可得通故云習也

有孚維心亨剛正在內有孚者也陽不外發而在乎內心亨者也【疏】有孚維心亨○正義曰有孚者亨信也由剛正在內故有信也維心亨者陽不發外而在於內是維心亨言心得通也○注剛正在內至心亨者也○正義曰剛正在內者謂陽在中也因心剛正則能有誠信故云剛正在內有孚者也陽不外發而在乎內心亨者也若外陽內陰則內心柔弱故不得亨通今以陽在於內陽能闓通故維其在心之亨也

行有尚內亨外闇內剛外順以此行險行有尚也【疏】行有尚○正義曰內亨外闇內剛外柔以此行險事可尊尚故云行有尚也○注內亨外闇至行有尚也○正義曰內亨外闇者內陽故內亨外陰故外闇以亨通之性而往謂陰闇之所能通於險故行可貴尚也

彖曰習坎重險也坎以險爲用故特名曰重險言習坎者習重乎險也【疏】彖曰習坎重險也○正義曰釋習坎之義言習坎者習行重險險難也若險難不重不爲至險不須便習亦可濟也今險難既重是險之甚者若不便習不可濟也故注云習坎者習重險也○注坎以險爲用至習乎重險也○正義曰言習坎者習乎重險也者言人便習於坎止是便習重險便習之語以釋習名兩坎相重謂之重險又當習義是一習之名有此兩義

水流而不盈行險而不失其信險陗之極故水流而不能盈也處至險而不失剛中行險而不失其信者習坎之謂也【疏】水流而不盈至不失其信○正義曰此釋重險習坎之義水流而不盈謂險陗既極坑穽特深水雖流注不能盈滿言險之甚也釋重險之義也行險而不失其信謂行此至險能守其剛中不失其信也此釋習坎及有孚之義也以能便習於險故守剛中不失其信也○注險陗之極至習坎之謂也○正義曰險陗之極故水流而不能盈者若淺岸平谷則水流有可盈滿若其崖岸險峻澗谷泄瀉是水流不可盈滿是險難之極也

維心亨乃以剛中也行有尚往有功也便習於坎而之坎地盡坎之宜故往必有功也【疏】正義曰維心亨乃以剛中也者釋維心亨義也以剛在於中故維得心亨也行有尚往有功者此釋行有尚也既便習於坎而往之險地必有其功故云行有尚往有功也

天險不可升也不可得升故得保其威尊【疏】正義曰此已下明險之用也言天之爲險懸邈高遠不可升上此天之險也若其可升不得保其威尊故以不可升爲險也

地險山川丘陵也有山川丘陵故物得以保全也【疏】正義曰言地以山川丘陵而爲險也故使地之所載之物保守其全若无山川丘陵則地之所載之物失其性也故地以山川丘陵而爲險也

王公設險以守其國國之爲衛恃於險也言自天地以下莫不須險也【疏】正義曰言王公法象天地固其城池嚴其法令以保其國也

險之時用大矣哉非用之常用有時也【疏】正義曰言天地已下莫不須險險雖有時而用故其功盛大矣哉○注非國之常用有時也○正義曰若天險地險不可暫无此謂人之設險用有時也若化洽平治內外輯睦非用險也若家國有虞須設險防難是用有時也

象曰水洊至習坎重險懸絶故水洊至也不以坎爲隔絶相仍而至習乎坎也【疏】正義曰重險懸絶其水不以險之懸絶水亦相仍而至故謂爲習坎也以人之便習于坎猶若水之洊至水不以險爲難也

君子以常德行習教事至險未夷教不可廢故以常德行而習教事也習於坎然後乃能不以險難爲困而德行不失常也故則夫習坎以常德行而習教事也【疏】正義曰言君子當法此便習於坎不以險難爲困當守德行而習其政教之事若能習其教事則可便習於險也

初六習坎入于坎窞凶習坎者習爲險難之事也最處坎底入坎窞者也處重險而復入坎底其道凶也行險而不能自濟習坎而入坎窞失道而窮在坎底上无應援可以自濟是以凶也【疏】正義曰既處坎底上无應援是習爲險難之事无人應援故入於坎窞而至凶也以其失道不能自濟故象云失道凶也

象曰習坎入坎失道凶也

九二坎有險求小得履失其位故曰坎上无應援故曰有險坎而有險未能出險之中也處中而與初三相得故可以求小得也初三未足以爲援故曰小得也【疏】正義曰坎有險者履失其位故曰坎也上无應援故曰有險既在坎難而又遇險未得出險之中故象云未出中也求小得者以陽處中初三來附故可以求小得也初三柔弱未足以爲大援故云求小得也

象曰求小得未出中也

六三來之坎坎險且枕入于坎窞勿用既履非其位而又處兩坎之間出則之坎居則

亦坎故曰來之坎坎也枕者枕枝而不安之謂也出則无之處則无安故曰險且枕也來之皆坎无所用之徒勞而已疏正義曰來之坎坎者履非其位而處兩坎之閒出之與居皆在於坎故云來之坎坎也險且枕者枕枝而不安之謂也出則无應所以險處則不安故且枕也入于坎窞者出入皆難故入於坎窞也勿用者不出行若其出行終必无功徒勞而已故象云終无功也**象曰來之坎坎終无功也六四樽酒簋貳用缶納約自牖終无咎**處重險而履正以柔居柔履得其位以承於五五亦得位剛柔各得其所不相犯位皆无餘應以相承比明信顯著不存外飾處坎以斯雖復一樽之酒二簋之食瓦缶之器納此至約自進於牖乃可羞之於王公薦之於宗廟故終无咎也疏象曰至自牖終无咎○正義曰樽酒簋貳者處重險而履得其位以承於五五亦得位剛柔各得其所皆无餘應以相承比明信顯著不假外飾處坎以此雖復一樽之酒二簋之食故云樽酒簋二也用缶者既有樽酒簋二又用瓦缶之器故云用缶也納約自牖終无咎者納此儉約之物從牖而薦之可羞於王公可薦於宗廟故云終无咎也**象曰樽酒簋貳剛柔際也**剛柔相比而相親焉際之謂也疏正義曰釋樽酒簋二義所以一樽之酒二簋之食得進獻者以六四之柔與九五之剛兩相交際而相親故得以此儉約而為禮也**九五坎不盈祇既平无咎**為坎之主而无應輔可以自佐未能盈坎者也坎之不盈則險不盡矣祇辭也為坎之主盡平乃无咎故曰祇既平无咎也說既平乃无咎明九五未免於咎也疏正義曰坎不盈者為坎之主而无應輔可以自佐險難未能盈坎猶險難未盡也故云坎不盈也祇既平无咎者祇辭也謂險難既得盈滿而平乃得无咎若坎未盈平仍有咎也**象曰坎不盈中未大也**疏正義曰釋坎不盈之義雖復居中而无其應未得光大所以坎不盈滿也**上六係用徽纆寘于叢棘三歲不得凶**險陗之極不可升也嚴法峻整難可犯也宜其囚執寘于思過之地三歲險道之夷也險終乃反故三歲不得自脩三歲乃可以求復故曰三歲不得凶也疏正義曰係用徽纆寘于叢棘者險陗之極不可升上嚴法峻整難可犯觸上六居此險陗之處犯其峻整之威所以被繫用其徽纆之繩置於叢棘謂囚執之處以棘叢而禁之也三歲不得凶者謂險道未終三歲已來不得其吉而有凶也險終乃反若能自脩三歲後可以求復自新故象云上六失道凶三歲也言失道之凶唯三歲之後可以免也**象曰上六失道凶三歲也**

䷝離下離上　離利貞亨離之為卦以柔為正故必貞而後乃亨故曰利貞亨也疏離利貞亨○正義曰離麗也麗謂附著也言萬物各得其所附著處故謂之離也利貞亨者離卦之體陰柔為主柔則近於不正不正則不亨通故利在行正乃得亨通以此故亨在利貞之下故云利貞亨○注離之為卦至利貞亨也○正義曰離之為卦以柔為正者二與五俱是陰爻處於上下兩卦之中是以柔為正**畜牝牛吉**柔處于內而履正中牝之善也外強而內順牛之善也離之為體以柔順為主者也故不可以畜剛猛之物而吉於畜牝牛也疏畜牝牛吉正義曰柔處於內而履正中是牝之善者外強內順是牛之善者也離之為體以柔順為主故畜養牝牛乃得其吉若畜養剛健則不可也此云畜牝牛假象以明人事也言離之為德須內順外強而行此德則得吉也若內剛外順則反離之道也○注柔處于內至畜牝牛也○正義曰柔處於內而履正中牝之善也者若柔不處於內似婦人而預外事若柔而不履正中則邪僻之行皆非牝之善也若柔能處中行能履正是為牝之善也云外強而內順牛之善也者若內外俱強則失於猛害若外內俱順則失於劣弱唯外強內順於用為善故云外強內順牛之善也離之為體以柔順為主故不可以畜剛猛之物者既以柔順為主若畜剛猛之物則反其德故不可畜剛猛而畜牝牛也**象曰離麗也**麗猶著也各得所著之宜疏正義曰釋離卦之名麗謂附著也以陰柔之質附著中正之位得所著之宜故云麗也**日月麗乎天百穀草木麗乎土重明以麗乎正乃化成天下柔麗乎中正故亨是以畜牝牛吉也**柔著于中正乃得通也柔通之吉極於畜牝牛不能及剛猛也疏日月麗乎天至是以畜牝牛吉也○正義曰日月麗乎天百穀草木麗乎土者此廣明附著之義以柔附著中正是附得宜故廣言所附得宜之事也重明以麗乎正乃化成天下者此以卦象說離之功德也并明利貞之義也重明謂上下俱離麗乎正也者謂兩陰在內既有重明之德又附於正道所以化成天下也然陰居二位可謂為正若陰居五位非其正位而云重明麗乎正者以五處於中正又居尊位雖非陰陽之正乃是事理之正故總云麗於

正也。柔麗乎中正，故亨，是以牝牛吉者，釋經亨義也，又總釋畜牝牛吉也。柔麗於中正，謂六五、六二之柔，皆麗於中，中則不偏，故云中正。以中正爲德，故云柔麗乎中正，得通，故畜養牝牛而得吉也。以牝牛有中正而柔順，故離之象，釋卦名之下，乃釋卦下之義，於後乃歎而美之。此象既釋卦名，卽廣歎爲卦之美，乃釋卦下之義，與諸卦不例者，此乃夫子隨義則言，因文之便也。比既釋離名麗，因廣說日月草木所麗之事，然後却明卦下之義，更無義例。**象曰：明兩作離，大人以繼明照于四方。**繼，謂不絕也。明照相繼不絕曠也。○【疏】正義曰：明兩作離者，離爲日，日爲明，今有上下二體，故云明兩作離也。案八純之卦論象不同，各因卦體事義，隨文而發。乾坤不論上下之體，直總云天行健，地勢坤，以天地之大，故總稱上下二體也。雷是連續之至，水爲流注不已，義皆取連續相因，故震云洊雷，坎云洊至也。風是搖動相隨之物，故云隨風巽也。山澤各自爲體，非相入之物，故云兼山艮、麗澤兌，是兩物各行也。今明之爲體，前後各照，故云明兩作離，是積聚兩明，乃作於離。若一明暫絕，其離未久，必取兩明前後相續，乃得作離卦之美，故云大人以繼明照於四方，是繼續其明，乃照於四方。若明不繼續，則不得久爲照臨，所以特云明兩作離，取不絕之義也。**初九，履錯然，敬之无咎。**錯然者，警慎之貌也。處離之始，將進而盛，未在既濟，故宜慎其所履，以敬爲務，辟其咎也。【疏】初九履錯然敬之无咎。○正義曰：履錯然者，身處離初，將欲前進，其道未濟，故其所履踐恆錯然敬慎，不敢自寧，故云履錯然敬之无咎。若能如此恭敬，則得避其禍而无咎，故象云履錯之敬以避咎也。○注錯然者警慎之貌也至辟其咎也。○正義曰：錯然者，警慎之貌。是警懼之狀，其心未寧故錯然也。言處離之始，將進而盛，未在既濟者，將進而盛，謂將欲前進而向盛也。若位在於三，則得既濟，今位在於初，是未在既濟，謂功業未大，故宜慎其所履，恆須錯然避咎也。○**象曰：履錯之敬，以辟咎也。六二，黃離，元吉。**居中得位，以柔處柔，履文明之盛而得其中，故曰黃離元吉也。【疏】正義曰：黃者中色，離者文明，居中得位而處於文明，故元吉也。故象云得中道，以其得中央黃色之道也。**象曰：黃離元吉，得中道也。九三，日昃之離，不鼓缶而歌，則大耋之嗟，凶。**嗟，憂歎之辭也。處下離之終，明在將沒，故曰日昃之離也。明在將終，若不委之於人，養志无爲，則至於耋老，有嗟凶矣。故曰不鼓缶而歌，則大耋之嗟凶也。【疏】正義曰：日昃之離者，處下離之終，其明將沒，故云日昃之離也。不鼓缶而歌，大耋之嗟凶者，時既老耄，當須委事任人，自取逸樂，若不委之於人，則是不鼓擊其缶而爲歌，則至於大耋老耄而咨嗟，何可久長？所以凶也。故象云日昃之離，何可久也。**象曰：日昃之離，何可久也。九四，突如其來如，焚如，死如，棄如。**處於明道始變之際，昏而始曉，沒而始出，故曰突如其來如。其明始進，其炎始盛，故曰焚如。逼近至尊，履非其位，欲進其盛，以炎其上，命必不終，故曰死如。違離之義，无應无承，衆所不容，故曰棄如也。【疏】九四突如其來如焚如死如棄如。○正義曰：突如其來如者，四處始變之際，三爲始昏，四爲始曉，三爲已沒，四爲始出，突然而至，忽然而來，故曰突如其來如也。焚如者，逼近至尊，履非其位，欲進其盛，以焚炎其上，故云焚如也。死如者，既焚其上，命必不全，故云死如也。棄如者，違於離道，无應无承，衆所不容，故云棄如，是以象云无所容也。**象曰：突如其來如，无所容也。六五，出涕沱若，戚嗟若，吉。**履非其位，不勝所履，以柔乘剛，不能制下，下剛而進，將來害己，憂傷之深，至于沱嗟也。然所麗在尊，四爲逆首，憂傷至深，衆之所助，故乃沱嗟而獲吉也。【疏】正義曰：出涕沱若者，履非其位，不勝其任，以柔乘剛，不能制下，下剛而進，將來害己，憂傷之深，所以出涕滂沱，憂戚而咨嗟也。若是語辭也。吉者，以所居在尊位，四爲逆首，已能憂傷悲嗟，衆之所助，所以吉也。**象曰：六五之吉，離王公也。**【疏】正義曰：此釋六五吉義也。所以終得吉者，以其所居在五，離附於王公之位，被衆所助，故得吉也。五爲王位，而言公者，此連王而言公，取其便文以會韻也。**上九，王用出征，有嘉折首，獲匪其醜，无咎。**離，麗也，各得安其所麗，謂之離。處離之極，離道已成，則除其非類，以去民害，王用出征之時也。故必有嘉折首，獲匪其醜，乃得无咎也。【疏】正義曰：王用出征者，處離之極，離道既成，物皆親附，當除去其非類，以去民害，故王用出征也。有嘉折首，獲匪其醜者，以出征罪人，事必尅獲，故有嘉美之功，所斷罪人之首，獲得匪其醜類，乃得无咎也。若不出征除害，居在終極之地，則有咎也。**象曰：王用出征，以正邦也。**【疏】正義曰：釋出征之義，言所出征者，除去民害，以正邦國故也。

周易兼義卷第三

易疏三

太子少保江西巡撫阮元栞

周易注疏校勘記卷三

阮元撰盧宣旬摘錄

隨

大亨貞无咎而天下隨時　石經岳本閩監毛本同石經此行十一字无咎巳下七字磨改釋文大亨貞本又作大亨利貞而天下隨時王肅本作隨之古本貞上有利字

隨時之義大矣哉　石經岳本閩監毛本同釋文王肅本作隨之時義

隨時之義大矣哉若　閩監毛本同浦鏜云者誤若

釋隨時之義　閩監毛本同宋本無釋字

猶來恒往今須隨從　十行本猶字空閩監毛本如此○〔補〕猶字今依校補栞

君子以嚮晦入宴息　石經岳本閩監毛本同釋文嚮本又作向王肅本作鄉○按嚮俗字鄉者今之向字

晦宴也　閩監毛本同宋本錢本宴作冥

官有渝　石經岳本閩監毛本同釋文官有蜀才作館有

體於柔弱　岳本宋本古本足利本同錢本閩監毛本於作分是也

四居无應者　〔補〕案居當俱字之譌此述注四俱无應之文毛本正作俱

位正中也　石經岳本閩監毛本同釋文一本作中正

王用亨于西山也　岳本錢本宋本閩本足利本同監毛本也作者古本亨作通

今有不從　閩監毛本同錢本今作令是也

蠱

又如此宜令之後三日　閩監毛本同錢本宋本如作於

使令治而後乃誅也　閩監毛本同岳本宋本古本足利本治作洽○按正義序引注亦作洽

而後乃專誅 補毛本專作誅下誅字屬下讀

非尊謂誅殺也 補毛本尊作專案專字是也

君子以振民育德 石經岳本閩監毛本同釋文育王肅作毓

象曰幹父用譽 石經岳本閩監毛本同足利本父下有之蠱二字

臨

陽轉進長 岳本閩監毛本同古本足利本進作浸

至于八月不久也 補案不當作至正義標起止例如此

其得感臨吉 補案感當作咸此注正述經文也無改字之例

居剛長之世 岳本閩監毛本同宋本古本世作前

乃得无咎也 閩監毛本同岳本宋本足利本乃作則一本無乃字

位當也 石經岳本閩監毛本同釋文本或作當位實非也

剛所以不害 盧文弨云以字衍

觀

盥而不薦 石經岳本閩監毛本同釋文王又作廌同牋練反王肅本作而觀薦

觀天之神道而四時不忒 岳本閩監毛本同石經道下旁添日月不過四字

聖人以神道設教 石經岳本閩監毛本同釋文出神道設教云一本作以神道設教按據此則釋文本無以字

不見天之使四時而四時不忒 岳本閩監毛本同古本之上衍下字而四時作而時

正義曰順而和巽 閩監毛本同錢本宋本順上有又字案此疏本與上疏相連剗裂分屬故刪又字

此盛名觀卦之美 閩監毛本同錢本宋本名作明

處於觀盥而最遠德美 岳本閩監毛本盥作時德作朝是也釋文出處於觀時最遠朝美又集解載此節注作失位處下最遠朝美无所鑒見故曰童觀處大觀之時而童觀趣順而已小人爲之无可咎責君子爲之鄙吝之道與此文句多不同

巽順而已 岳本閩監毛本巽作趣釋文出趣字疏云趣在順從而已作巽非

闚觀 石經岳本閩監毛本同釋文闚本亦作窺

六二以柔弱 補毛本以作雖

則爲有闚竊不爲全蒙 補毛本上爲字作微竊作發蒙作昇

象曰闚觀女貞 石經岳本閩監毛本同釋文一本有利字古本足利本女上有利字

正義曰○處進退之時以觀進退之幾未失道也 閩監毛本○作三監毛本脫以字案處進至道也十五字岳本錢本宋本古本足利本並作注文十行本以下誤爲正義因衍正義曰三字非也

以察己之 閩監毛本同岳本宋本古本足利本之作道。按正義本作道

在于一人 閩本同岳本足利本于作乎宋本古本作余監毛本作於按乎是

故則民以察我道 閩監毛本則作觀是也

自觀其道也 閩監毛本同岳本宋本古本足利本也上有者字孫志祖云困學紀聞引道下亦有者字

故於卦主主 補毛本主主作末註

將處異地爲衆觀 閩監毛本同岳本宋本古本足利本將作特觀上有所字

噬嗑 石經岳本此卦前題周易上經噬嗑傳第三釋文古本足利本同

有閒與過 岳本閩監毛本同釋文與過一本作有過

不韶不合　岳本閩監毛本同釋文不合本又作而合古本韶下有而字一本下不作而

故事得彰著　補毛本彰作彰案彰字是也

故總云上行不止也　十行本闕故字閩監毛本如此錢本宋本止下有五字

是滅下云益上卦　補閩監毛本作是滅三而益上卦案滅字是也三而兩字猶誤當作是滅下卦益上卦此云字與次行卦字正相並互易而譌

及晉卦象卦　補案下卦字當作云以與前行云字正相並互易而譌也

先王以明罰勑法　石經岳本閩監本同釋文出勑法毛本勑作敕

屨校滅趾　石經岳本閩監本同釋文滅止本亦作趾毛本校譌作挍下同○案止趾古今字

桎其小過　閩監毛本同浦鏜云桎當懲字誤

不行也　石經岳本閩監毛本同釋文或本作止不行也

柔脆之物也　閩監毛本同岳本脆作脃釋文出脃字按脆俗脃字

失政刑人　閩監毛本同錢本宋本政作正

噬乾胏　石經岳本閩監毛本同釋文胏子夏作脯荀董同○按胏說文作𩚬

利艱貞吉　岳本閩監毛本同石經貞下旁添大字

而居其非位　閩監毛本同岳本宋本古本足利本其非作非其孫志祖云據疏應作居非其位

居其非位以斯治物　錢本宋本其非作非其閩監毛本斯下衍道字

未光也　石經岳本閩監毛本同釋文出未光大也云本亦無大字

何校滅耳　石經岳本閩監毛本同古本何作荷象同釋文何校本亦作荷下同

聰不明也　岳本閩監毛本同古本脫也字

賁

小利有攸往　岳本閩監毛本同石經利字旁添貞字

故小利有攸佳　佳當作往閩監毛本不誤錢本宋本下有者字

居坤極　閩監毛本同錢本宋本上有上字

不爲順首　閩監毛本同錢本宋本順作物

觀天之文則時變可知也觀人之文則化成可爲也　閩監毛本同岳本宋本古本足利本二觀字作解古本爲作知釋文出解天音蟹下同

齊麥生也　閩監毛本同錢本宋本齊作薺是也

君子以明庶政　石經岳本閩監毛本同釋文明蜀才本作命

故云山有火賁也　補毛本作山下有火賁也案所加是也

賁其趾舍車而徒　石經岳本閩監毛本同釋文趾一本作止車鄭張本作輿

須是上須於面　補毛本下須字作附案附字是也

賁如皤如　石經岳本閩監毛本同釋文皤鄭陸作燔荀作波

欲靜則疑初之應　閩監毛本同集解疑作失岳本宋本古本足利本作欽

賁于丘園束帛戔戔　石經岳本閩監毛本同釋文黃本賁作世戔戔子夏傳作殘殘

賁于丘園帛乃戔戔　岳本閩監毛本同宋本園作束古本足利本帛上有束字

用不士費財物　宋本用不士作則不靡閩本作則不靡監毛本作則不靡

不困聘上則丘園之上乃落也　補毛本不困作不用二上字並作士字

故在其質素　閩監毛本同岳本宋本古本足利本在作任是也疏引亦當依宋本作任

剝

道消之時　錢本宋本閩本同監毛本道作在下道息之時同

行盈道也 閩本同監毛本上有行息道也在盈之時八字

蔑貞凶 石經岳本閩監毛本同釋文蔑荀作滅

猶削也 岳本閩監毛本同釋文削或作消此從荀本也下皆然

轉欲蔑物之處者 閩監毛本同宋本蔑作滅處上有所字

剝之无咎 石經岳本閩監毛本同釋文出剝无咎云一本作剝之无咎非

剝牀以膚 石經岳本閩監毛本同釋文膚京作簠

君子得輿 石經輿字漫漶岳本閩監毛本同釋文得輿京作德輿董作德車

養育其民 閩監毛本同宋本其民閒闕一字

復 此卦前錢本題周易註疏卷第五宋本同

朋來无咎 石經岳本閩監毛本同釋文朋來京作崩

周易注疏校勘記卷三　六

反復其道 石經岳本閩監毛本同釋文反復本又作覆象并注反復皆同

欲速反之與復 閩監毛本同宋本速作使

正義曰陽氣始剝盡 閩監毛本同案此疏係釋注在釋經後錢本上標注陽氣至凡七日是也

反覆不過七日 錢本同岳本閩監毛本覆作復

復見天地之心乎 閩本同監毛本復下有其字

閉塞其關也商旅不行於道路也 盧文弨云上也字當作使屬下句

无祇悔 岳本閩監毛本同石經祇作祇釋文王肅作禔九家本作鼓

遂至迷凶 岳本閩監毛本同宋本迷作遠

頻復 石經岳本閩監毛本同釋文本又作嚬鄭作顰。按鄭作顰呂東萊引作鄭作卑是也

頻蹙之貌也 岳本閩監毛本同釋文出頻戚子寂反下同

已失復遠矣 閩監毛本同岳本失作去

能自考其身 閩監毛本同錢本宋本考下有成字

有災眚 石經岳本閩監毛本同釋文出有灾云本又作災鄭作裁

无妄

无妄之道成 岳本閩監毛本同古本道作德

天命不祐 石經岳本閩監毛本同釋文出不佑本又作祐馬作右

天下雷行 石經岳本閩監毛本同古本行誤往

其德乃耳 錢本宋本閩本同監毛本耳作爾。按監毛本是也爾作如此解耳作而已解其德乃爾猶云其德乃如此爾在古音十五部耳在一部二字音義絕不相同也

不耕穫 石經岳本閩監毛本同釋文云或依注作不耕而穫非下句亦然

周易注疏校勘記卷三　七

不敢菑發新田 宋本閩本同錢本監毛本菑作首。按盧文弨云首發新田正謂菑也錢本是

唯治其菑熟之地皆是不爲其始 錢本閩監毛本同宋本菑作畬始作初。按盧文弨云菑熟之地正謂畬也錢本是

不耕穫未富也 岳本閩監毛本同古本穫上有而字石經初刻亦有而字後改刪去故此行止九字

未敢以耕耕之與穫 補案兩耕字當誤重宜衍一字

六二陰居陽位 閩監毛本同錢本宋本二作三是也

行唱始之道 宋本閩本同監毛本唱改創

大畜 石經岳本閩監毛本同釋文本又作蓄

當須養順賢人 閩監毛本同錢本宋本順作賸

豐則養賢閩監毛本同錢本宋本則作財

剛健篤實輝光閩監毛本同岳本錢本輝作煇釋文煇音輝石經煇旁火係磨改當是初刻煇後改煇。按煇輝正俗字

既見乾來而不距逆宋本同閩監毛本見作是

而即損落者補案損當作隕上既榮而隕者可證下不有損落同

未之能也岳本閩監毛本同古本足利本未作末

君子以多識前言往行岳本閩監毛本同釋文識劉作志石經以多字漫漶識字存下半

有厲利已岳本閩監毛本同釋文利已夷止反或音紀姚同案音紀則字當作己石經作巳

故能利已岳本閩監毛本同案釋文利已下云注能已同此文作能利已與釋文不合古本下有也字下進無違距下大畜以至於大亨之時下並同

輿說輹石經岳本閩監毛本同釋文輿本或作轝輹蜀才本同或作輻。按作輹是也輹者伏兔也可言脫輻貫於牙轂不可言脫

良馬逐石經岳本閩監毛本同釋文鄭本作逐逐

曰閑輿衛石經岳本閩監毛本同釋文曰音越鄭人實反。按人實反則當爲日月字

不憂險厄閩監毛本同岳本厄作阨釋文出險阨云本亦作厄

童牛之牿石經岳本閩監毛本同釋文牿九家作告

剛暴難制之物岳本閩監毛本同釋文剛暴一本作剛突

爾雅云豶大防則豶是隄防之義補案此兩豶字當依爾雅作墳下所謂豕旁土邊之異也

頤

自求口實補石經岳本宋本古本足利本同閩本明監本毛本實作食非也

言飲食猶慎而節之補案言下當有語字

觀我朶頤石經閩監毛本同釋文朶鄭同京作揣

闚我寵祿岳本閩監毛本同釋文出而闚則其本上有而字

拂經于丘石經岳本閩監毛本同釋文拂子夏傳作弗

未見有與岳本閩監毛本同古本足利本有作其下有也字

其欲逐逐石經下二字漫漶岳本閩監毛本同釋文逐逐子夏傳作攸攸荀作悠悠劉作跾

觀其自養則履正察其所養則養陽岳本閩監毛本同集解履作養陽作賢案疏云初是陽爻則能養陽也是正義本自作陽

故可守貞從上得頤之吉岳本閩監毛本同釋文得頤一本作得順集解作故宜居貞順而從上則吉古本下有也字

大過岳本錢本宋本足利本此下有注文音相過之過五字古本之過下有也字釋文出相過之過十行本閩監毛本並脫去

棟撓利有攸往補撓各本皆作橈是撓字誤也正義同。案九三爻辭以下經文正義亦並作橈則此特寫者誤耳

唯陽爻宋本同閩本陽作昜監毛本作易

拯弱興衰岳本閩監毛本同釋文弱本亦作溺下救其弱拯弱皆同

遯世无悶石經岳本閩監毛本同釋文遯本又作遁

枯楊生稊石經岳本閩監毛本同釋文稊鄭作荑

心无持吝岳本閩監毛本持作特釋文特或作持

拯救陰弱也　閩監毛本同錢本宋本陰弱作弱陰

宜其淹弱而凶衰也　閩監毛本同岳本宋本古本足利本弱作溺釋文出淹溺乃歷反

若何得之不被橈乎在下　閩本若作弱監毛本若何得之作弱何得云宋本作之

杜爲本　盧文弨云當作棟爲本

棟爲末也　閩監毛本同錢本宋本棟作榱盧文弨云榱是

不能生稊也　閩監毛本同宋本能下有使之二字

不能使女妻　閩本同宋本使作得監毛本使下有老夫得三字

習坎　石經岳本閩監毛本同釋文坎本亦作埳京劉作欿

案諸卦之名　案自此至故云習也錢本在行有尚也下

一者人之行險　閩監毛本同錢本宋本一作二是也

因心剛正　閩監毛本同錢本宋本因作內

故云剛正在內有孚者也　閩監本同毛本也作內

而往謂陰闇之所　補毛本謂作詣案詣字是也形近之譌

習重乎險也　閩監毛本同岳本宋本古本足利本重乎作乎重

險陷之釋　岳本閩監毛本釋作極是也古本下有也字

習坎之謂也　閩監毛本同岳本宋本坎作險古一本作其信習險謂也一本作信習險之謂也

故物得以保全也　岳本閩監毛本同足利本以作其

險雖有時而用　閩監毛本同宋本雖作難是也

水洊至　石經岳本閩監毛本同釋文洊京作臻干作荐

當守德行　閩監毛本同宋本當作常

最處坎底　岳本閩監毛本同釋文出處欿云亦作坎字

而復入坎底其道凶也　岳本閩監毛本同古本坎作欿其上有失字足利本亦有失字

初三未足以爲援故曰小得也　岳本閩監毛本同古本足利本援上有大字小上有求字

險且枕　石經岳本閩監毛本同釋文險且古文及鄭向本作檢枕九家作玷古文作沈

出則之坎　岳本閩監毛本同釋文出則之坎一本作出則亦坎誤

居則亦坎　岳本閩監毛本同古二本亦作之一本亦下有之字足利本與一本同

枕枝而不安之謂也　閩監毛本同岳本宋本古本足利本無枕字

勿用者不出行　閩監毛本同錢本宋本不下有可字

納約自牖　石經岳本閩監毛本同釋文牖陸作誘

象曰樽酒簋貳　石經岳本閩監毛本同釋文出象曰樽酒簋五字云一本更有貳字案此則釋文與石經不合

祇既平　閩監毛本同石經岳本祇作祗是也釋文祇京作禔

說既平乃无咎　岳本閩監毛本同古本說作謂

中未大也　石經岳本閩監毛本同集解大上有光字案疏亦云未得光大

寘于叢棘　石經岳本閩監毛本同釋文寘劉作示子夏傳作湜姚作寔張作置

險陷之極　岳本閩監毛本同古本陷作欿

離

似婦人而預外事　閩本下衍也字監毛本亦有也字似作以宋本作似錢本作以

百穀草木麗乎土　石經岳本閩監毛本同釋文乎土王肅本作地

故云柔麗乎中正補案云柔麗乎四字毛本作萬事亨以是也

有中正而柔順故離之象補案而柔順故離五字毛本作故也案諸卦是也

麗乎正也者閩監毛本同浦鏜云也當衍字

是以牝牛吉者錢本宋本同閩監毛本者誤言

此象既釋卦名十行本此象既釋卦五字闕閩監毛本如此下例者此三字麗因廣說日月草木所麗十字義更无義例五字並同○補今並依挍補栞

繼謂不絕也明照相繼不絕曠也此注十行本止有也明照也四字餘並闕岳本如此閩監毛本同釋文明照相繼一本無明照二字○補今依挍補栞

今有上下二體故云明兩作離也錢本宋本體作離案故云七字缺閩監毛本如此下體事義隨文而發七字十行本此文有上至揔稱二字取連續相因五字隨風巽三字兩物二字積聚兩明四字並同○補今並依挍補栞

警愼之貌也岳本閩監毛本同集解警作敬

是警懼之狀閩監毛本同宋本上有錯字

日昃之離不鼓缶而歌則大耋之嗟凶閩監毛本同石經昃作昃耋作耋岳本同釋文日昃王嗣宗本作仄鼓鄭本作擊大耋京作經蜀才作咥之嗟荀作差下嗟若亦爾凶古文及鄭無凶字

有嗟凶矣岳本宋本古本足利本同閩監毛本作而有嗟凶

大耋之嗟凶者閩監毛本大上有則字

時既老耋錢本宋本同閩監毛本時誤將

棄如岳本閩監毛本同石經作弃如

出涕沱若戚嗟若石經岳本閩監毛本同釋文沱荀作池一本作沲㸰古文若皆如此戚子夏傳作嘁

四爲逆首岳本閩監毛本同釋文逆首本又作逆道兩得

離王公也石經岳本閩監毛本同釋文離鄭作麗

此釋六五吉義也閩監毛本同錢本上有象曰六五之吉離王公者十字

事必剋獲錢本宋本同閩監毛本剋作克

所斷罪人之首閩監毛本同錢本宋本所作折

周易注疏校勘記卷三終

周易兼義下經咸傳卷第四

國子祭酒上護軍曲阜縣開國子臣孔穎達奉勑撰正義

王弼注

䷞艮下兌上　咸亨利貞取女吉〔疏〕咸亨至取女吉○正義曰先儒以易之舊題分自此以上三十卦爲上經已下三十四卦爲下經序卦至此又别起端首先儒皆以上經明天道下經明人事然韓康伯注序卦破此義云夫易六畫成卦三才必備錯綜天人以效變化豈有天道人事偏於上下哉案上經之內明飮食必有訟訟必有衆起是兼於人事不專天道既不專天道則下經不專人事理則然矣但孔子序卦不以咸繫離繫辭云二篇之策則是六十四卦皆分上下乾坤象天地咸恒明夫婦乾坤乃造化之本夫婦實人倫之原因而擬之何爲不可天地各卦夫婦共卦者周氏云尊天地之道略於人事猶如三才天地爲二人止爲一也此必不然竊謂乾坤明天地初闢至屯乃剛柔始交故以純陽象天純陰象地則咸以明人事人物既生共相感應若二氣不交則不成於相感自然天地各一夫婦共卦此不言可悉豈宜妄爲異端咸亨利貞取女吉者咸感也此卦明人倫之始夫婦之義必須男女共相感應方成夫婦既相感應乃得亨通若以邪道相通則凶害斯及故利在貞正既感通以正即是婚媾之善故云咸亨利貞取女吉也

彖曰咸感也柔上而剛下二氣感應以相與是以亨也〔疏〕正義曰柔上而剛下二氣感應以相與者此因上下二體釋咸亨之義也艮剛而兌柔若剛自在上柔自在下則不相交感无由得通今兌柔在上而艮剛在下是二氣感應以相授與所以爲咸亨也　止而說故利貞也〔疏〕正義曰此因二卦之義釋利貞也艮止而兌說也能自靜止則不隨動欲以上行說則不爲邪諂不失其正所以利貞也　男下女取女吉也〔疏〕正義曰此因二卦之象釋取女吉之義艮爲少男而居於下兌爲少女而處於上是男下於女也婚姻之義男先求女親迎之禮御輪三周皆是男先下於女然後女應於男所以取女得吉者也　是以亨利貞取女吉也天地感而萬物化生二氣相與乃化生也〔疏〕是以至化生○正義曰是以亨利貞取女吉者次第釋訖總舉繇辭以結之天地感而萬物化生者以下廣明感之義也天地二氣若不感應相與則萬物无由得應化而生　聖人感人心而天下和平觀其所感而天地萬物之情可見矣天地萬物之情見於所感也凡感之爲道不能感非類者也故引取女以明同類之義也同類而不相感應以其各亢所處也故女雖應男之物必下之而後取女乃吉也○〔疏〕聖人至可見矣○正義曰聖人感人心而天下和平者聖人設教感動人心使變惡從善然後天下和平觀其所感而天地萬物之情可見矣者結歎咸道之廣大則包天地小則該萬物感物而動謂之情也天地萬物皆以氣類共相感應故觀其所感而天地萬物之情可見矣

象曰山上有澤咸君子以虛受人以虛受人物乃感應〔疏〕象曰至虛受人○正義曰山上有澤咸澤性下流能潤於下山體上承能受其潤以山感澤所以爲咸君子以虛受人者君子法此咸卦下山上澤故能空虛其懷不自有實受納於物无所棄遺以此感人莫不皆應

初六咸其拇處咸之初爲感之始所感在末故有志而已如其本實未至傷靜〔疏〕初六咸其拇○正義曰咸其拇者拇是足大指也體之最末初應在四俱處卦始爲感淺末取譬一身在於足指而已故曰咸其拇也○注處咸至傷靜○正義曰六二咸道轉進所感在腓腓體動躁則成往而行今初六所感淺末則譬如拇指指雖小動未移其足以喻人心初感始有其志志雖小動未甚躁求凡吉凶悔吝生乎動者也以其本實未傷於靜故无吉凶悔吝之辭

象曰咸其拇志在外也四屬外也〔疏〕正義曰志在外者外謂四也與四相應所感在外處於感初有志而已故云志在外也

六二咸其腓凶居吉咸道轉進離拇升腓腓體動躁者也感物以躁凶之道也由躁故凶居則吉矣處不乘剛故可以居而獲吉〔疏〕六二至居吉○正義曰腓足之腓腸也六二應在九五咸道轉進離拇升腓腓體動躁以相感凶之道也由躁故凶靜居則吉故曰咸其腓凶居吉以不乘剛故可以居而獲吉○注腓體動躁○正義曰王廙云動於腓腸斯則行矣故言腓體動躁也

象曰雖凶居吉順不害也陰而爲居順之道也不躁而居順不害也〔疏〕正義曰雖者與奪之辭若既凶矣何由得居而獲吉良由陰性本靜今能不躁而居順其本性則不有災害免凶而獲吉也

九三咸其股執其隨往吝股之爲物隨足者也進不能制動退不能靜處所感在股志在隨人者也志在隨人

所執亦以賤矣，用斯以往，吝其宜也。**象曰：咸其股，亦不處也。志在隨人，所執下也。**疏 正義曰：咸其股亦不處也者，非但進不能制動，退亦不能靜處也。所執下者，既志在隨人，是其志意所執下賤也。

九四：貞吉悔亡。憧憧往來，朋從爾思。處上卦之初，應下卦之始，居體之中，在股之上，二體始相交感，以通其志，心神始感者也。凡物始感而不以之於正，則至於害，故必貞然後乃吉，吉然後乃得亡其悔也。始在於感，未盡感極，不能至於无思以得其黨，故有憧憧往來，然後朋從其思也。疏 正義曰：貞吉悔亡者，九四居上卦之初，應下卦之始，居體之中，在股之上，二體始相交感，以通其志，心神始感者也。凡物始感而不以之於正，則害之將及矣，故必貞然後乃吉，吉然後乃得亡其悔也，故曰貞吉悔亡也。憧憧往來朋從爾思者，始在於感，未盡感極，惟欲思運動以求相應，未能忘懷息照，任夫自然，故有憧憧往來，然後朋從爾之所思也。**象曰：貞吉悔亡，未感害也。**未感於害，故可正之，得悔亡也。疏 正義曰：未感害者，心神始感，未至於害，故不可不正，正而故得悔亡也。**憧憧往來，未光大也。**疏 正義曰：未光大者，非感之極，不能无思无欲，故未光大也。

九五：咸其脢，无悔。脢者，心之上，口之下。進不能大感，退亦不爲无志，其志淺末，故无悔而已。疏 九五至无悔。正義曰：咸其脢无悔者，脢者，心之上，口之下也。四已居體之中，爲心神所感，五進在於四上，故所感在脢。脢已過心，故進不能大感，由在心上，退亦不能无志，志在淺末，故无悔而已，故曰咸其脢无悔也。注脢者心之上口之下。正義曰：脢者心之上口之下者，子夏易傳曰：在脊曰脢。馬融云：脢，背也。鄭玄云：脢，脊肉也。王肅云：脢在背而夾脊。說文云：脢，背肉也。雖諸說不同，大體皆在心上。輔嗣以四爲心神，上爲輔頰，五在上四之間，故直云心之上，口之下也。明其淺於心神，厚於言語。**象曰：咸其脢，志末也。**疏 正義曰：志末也者，末猶淺也。感以心爲深，過心則謂之淺末矣。

上六：咸其輔頰舌。咸道轉末，故在口舌言語而已。疏 正義曰：咸其輔頰舌者，馬融云：輔，上頷也。輔頰舌者，言語之具。咸道轉末，在於口舌言語而已，故云咸其輔頰舌也。**象曰：咸其輔頰舌，滕口說也。**輔頰舌者，所以爲語之具也。咸其輔頰舌，則滕口說也。憧憧往來，猶未光大，況在滕口，薄可知也。疏 正義曰：滕口說也者，舊說字作滕，徒登反。滕，競與也。所競者口，无復心實，故云滕口說也。鄭玄又作媵。媵，送也。咸道極薄，徒送口舌言語相感而已，不復有志於其間。王注義得兩通，未知誰同其旨也。

䷟ 巽下震上 **恆：亨，无咎，利貞。**恆而亨，以濟三事也。恆之爲道，亨乃无咎也。恆通无咎，乃利正也。疏 恆亨至利貞。正義曰：恆，久也。恆久之道，所貴變通。必須變通隨時，方可長久。能久能通，乃无咎也。恆通无咎，然後利以行正，故曰恆亨无咎利貞也。注三事。正義曰：褚氏云：三事，謂无咎、利貞、利有攸往。莊氏云：三事者，无咎一也，利二也，貞三也。周氏云：三事者，一亨也，二无咎也，三利貞也。注不明數，故先儒各以意說。竊謂注云恆而亨以濟三事者，明用此恆亨濟彼三事，无疑亨字在三事之中。而此注云恆之爲道，亨乃无咎，恆通无咎，乃利正也。又注彖曰道得所久，則常通无咎而利正也。此解皆以利正相將爲一事，分以爲二，恐非注旨。驗此注云恆之爲道亨乃无咎，此以恆亨濟无咎也。又云恆通无咎乃利正也，此以恆亨濟利貞也。下注利有攸往云各得所恆，修其常道，終則有始，往而无違，故利有攸往，此以恆亨濟利有攸往也。觀文驗注，褚氏爲長。**利有攸往。**各得所恆，修其常道，終則有始，往而无違，故利有攸往也。疏 正義曰：得其常道，何往不利，故曰利有攸往也。

彖曰：恆，久也。剛上而柔下，剛尊柔卑，得其序也。疏 彖曰至柔下。正義曰：恆久也者，釋訓卦名也。恆之爲名，以長久爲義。剛上而柔下者，既訓恆爲久，因名此卦得其恆名，所以釋可久之意。此就二體以釋恆也。震剛而巽柔，震則剛尊在上，巽則柔卑在下，得其順序，所以爲恆也。注剛尊柔卑得其序也。正義曰：咸明感應，故柔上而剛下，取二氣相交也。恆明長久，故剛上而柔下，取尊卑得序也。**雷風相與，**長陽長陰，能相成也。疏 雷風相與。正義曰：此就二象釋恆也。雷之與風，陰陽交感，二氣相與，更互而相成，故得恆久也。注長陽長陰能相成也。正義曰：震爲長男，故曰長陽；巽爲長女，故曰長陰。象曰雷風相與，雷之與風，共相助成之義。故褚氏云：雷資風而益遠，風假雷而增威，是也。今言長陽長陰能相成者，因震爲長男，巽爲長女，遂以長陽長陰而名之，作文之體也。又此卦明夫婦可久之道，故以二長相成，如雷風之義也。**巽而動，**動无違也。疏 正義曰：此就二卦之義，因釋恆名。震動而巽順，无有違逆，所以可恆也。**剛柔皆應，**不孤嫓也。疏 剛柔皆應。正義曰：此就六爻釋恆。此卦六爻，剛柔皆相應和，无孤嫓者，故可長久也。注不孤嫓也。正義曰：嫓

配也**恆**皆可久之道〔疏〕正義曰歷就四義釋恆名訖故更舉卦名以結之也明上四事皆可久之道故名此卦為恆

恆亨无咎利貞久於其道也道德所久則常通无咎而利正也〔疏〕正義曰此就名釋卦之德言所以得亨无咎利貞者更无別義正以得其恆久之道故言久於其道也

天地之道恆久而不已也得其所久故不已也〔疏〕正義曰將釋利有攸往先舉天地以為證喻言天地得其恆久之道故久而不已也

利有攸往終則有始也得其常道故終則復始往无窮也。〔疏〕正義曰舉經以結成也人用恆久之道會於變通故終則復始往无窮極同於天地之不已所以為利也

日月得天而能久照四時變化而能久成聖人久於其道而天下化成言各得其所恆故皆能長久〔疏〕日月得天而能久照至天下化成。正義曰日月得天而能久照者以下廣明恆義上言天地之道恆久而不已也故日月得天所以亦能久照四時變化而能久成者四時更代寒暑相變所以能久生成萬物聖人久於其道而天下化成者聖人應變隨時得其長久之道所以能光宅天下使萬物從化而成也

觀其所恆而天地萬物之情可見矣天地萬物之情見於所恆也。〔疏〕正義曰總結恆義也

象曰雷風恆長陽長陰合而相與可久之道也。〔疏〕正義曰雷風相與為恆已如彖釋

君子以立不易方得其所久故不易也〔疏〕正義曰君子立身得其恆久之道故不改易其方方猶道也

初六浚恆貞凶无攸利處恆之初最處卦底始求深者也求深窮底令物无餘緼漸以至此物猶不堪而況始求深者乎以此為恆凶正害德无施而利也〔疏〕初六浚恆貞凶无攸利。正義曰浚深也最處卦底故曰深也深恆者以深為恆是也施之於仁義即不厭深施之於正即求物之情過深是凶正害德无施而利故曰浚恆貞凶无攸利也。注此恆之初至害德无施而利也。正義曰處卦之初故言始也最在於下故言深也所以致凶謂在於始而求深者也

象曰浚恆之凶始求深也

九二悔亡雖失其位恆位於中可以消悔也〔疏〕正義曰失位故稱悔居中故悔亡也

象曰九二悔亡能久中也〔疏〕正義曰能久中者處恆故能久位在於中所以消悔也

九三不恆其德或承之羞貞吝處三陽之中居下體之上處上體之下上不至尊下不至卑中不在體體在乎恆而分无所定无恆者也德行无恆自相違錯不可致詰故或承之羞也施德於斯物莫之納鄙賤甚矣故曰貞吝也〔疏〕九三不恆其德或承之羞貞吝。正義曰不恆其德或承之羞貞吝者九三居下體之上處上體之下雖處三陽之中又在不中之位上不全尊下不全卑執心不定德行无恆故曰不恆其德德既无恆自相違錯則為羞辱承之所羞非一故曰或承之羞也處久如斯正之所賤故曰貞吝也。注處三陽之中至故曰貞吝也。正義曰雖在三陽之中非一體之中也不可致詰者詰問也違錯處多不足問其事理所以明其羞辱之深如論語云於予與何誅

象曰不恆其德无所容也〔疏〕正義曰无所容者謂不恆之人所往之處皆不納之故无所容也

九四田无禽恆於非位雖勞无獲也〔疏〕正義曰田者田獵也以譬有事也无禽者田獵不獲以喻有事无功也恆於非位故勞而无功也

象曰久非其位安得禽也〔疏〕正義曰有恆而失位是久非其位田獵而无所獲是安得禽也

六五恆其德貞婦人吉夫子凶居得尊位為恆之主不能制義而係應在二用心專貞從唱而已婦人之吉夫子之凶也〔疏〕正義曰恆其德貞者六五係應在二不能傍及他人是恆常貞一其德故曰恆其德貞也婦人吉者用心專貞從唱而已是婦人之吉也夫子凶者夫子須制斷事宜不可專貞從唱故曰夫子凶也

象曰婦人貞吉從一而終也夫子制義從婦凶也〔疏〕正義曰從一而終者謂用心貞一從其貞一而自終也從婦凶者五與二相應五居尊位在震為夫二處下體在巽為婦五係於二故曰從婦凶也

上六振恆凶夫靜為躁君安為動主故安者上之所處也靜者可久之道也處卦之上居動之極以此為恆无施而得也〔疏〕正義曰振恆凶者振動也凡處於上者當守靜以制動今上六居恆之上處動之極以振為恆所以凶也

象曰振恆在上大无功也正義曰大无功者居上而以振動為恆无施而得故曰大无功也

䷠艮下乾上**遯亨小利貞**〔疏〕正義曰遯亨者遯者隱退逃避之名陰長之卦小人方用

君子日消君子當此之時若不隱遯避世卽受其害須遯而後得通故曰遯亨小利貞者陰道初始浸長正道亦未全滅故曰小利貞。**彖曰遯亨遯而亨也**遯之爲義遯乃通也【疏】正義曰遯而亨者此釋遯之所以得亨通之義小人之道方長君子非遯不通故曰遯而亨也**剛當位而應與時行也**謂五也剛當位而應非否亢也遯不否亢能與時行也。【疏】正義曰舉九五之爻釋所以能遯而致亨之由良由九五以剛而當其位有應於二非爲否亢遯不否亢卽是相時而動所以遯而得亨故云剛當位而應與時行也。**小利貞浸而長也**陰道欲浸而長正道亦未全滅故小利貞也。【疏】正義曰釋小利貞之義浸者漸進之名若陰德暴進卽消正道良由二陰漸長而正道亦未卽全滅故云小利貞也。**遯之時義大矣哉**【疏】正義曰歎美遯德相時度宜避世而遯自非大人照幾不能如此其義甚大故云大矣哉。**象曰天下有山遯**天下有山陰長之象【疏】象曰天下有山遯。正義曰天下有山遯者山者陰類進在天下卽是山勢欲上逼於天天性高遠不受於逼是遯避之象故曰天下有山遯。注天下有山至之象。正義曰精

陽爲天積陰爲地山者地之高峻今上逼於天是陰長之象。**君子以遠小人不惡而嚴**【疏】正義曰君子當此遯避之時小人進長理須遠避力不能討故不可爲惡復不可與之褻瀆故曰不惡而嚴。**初六遯尾厲勿用有攸往**遯之爲義辟內而之外者也尾之爲物最在體後者也處遯之時不往何災而爲遯尾禍所及也危至而後未行雖可免乎厲則勿用有攸往也。【疏】正義曰遯尾厲者爲遯之尾最在後遯者也小人長於內應出外以避之而最在卦內是遯之爲後也逃遯之世宜速遠而居先而爲遯尾禍所及也故曰遯尾厲也勿用有攸往者危厲既至則當固窮危行言遯勿用更有所往故曰勿用有攸往**象曰遯尾之厲不往何災也**【疏】正義曰不往何災者象釋當遯之時宜須出避而勿用有攸往者既爲遯尾出必見執不如不往不往卽无災害何災者猶言无災也與何傷何咎之義同也**六二執之用黃牛之革莫之勝說**居內處中爲遯之主物皆遯已何以固之若能執乎理中厚順之道以固之也則莫之勝解。【疏】正義曰執之用黃牛之革莫之勝說者逃遯之世避內出外二既處中居內卽非遯之人

也既非遯之人便爲所遯之主物皆弃已而遯何以執固留之惟有中和厚順之道可以固而安之也能用此道則不能勝已解脫而去也黃中之色以譬中和牛性順從皮體堅厚牛革以譬厚順也六二居中得位亦是能用中和厚順之道故曰執之用黃牛之革莫之勝說也**象曰執用黃牛固志也**【疏】正義曰固志者堅固遯者之志使不去已也**九三係遯有疾厲畜臣妾吉**在內近二以陽附陰宜遯而繫故曰繫遯遯之爲義宜遠小人以陽附陰繫於所在不能遠害亦已憊矣宜其屍辱而危厲也繫於所在畜臣妾可也施於大事凶之道也【疏】正義曰係遯者九三无應於上與二相比以陽附陰係意在二處遯之世而意有所係故曰係遯有疾厲者遯之爲義宜遠小人既係於陰卽是有疾憊而致危厲故曰有疾厲也畜臣妾吉者親於所近係在於下施之於人畜養臣妾則可矣大事則凶故曰畜臣妾吉**象曰係遯之厲有疾憊也畜臣妾吉不可大事也**【疏】正義曰不可大事者釋此係遯之人以畜臣妾吉明其不可爲大事也**九四好遯君子吉小人否**處於外而有應於內君子好遯

故能舍之小人繫戀是以否也【疏】正義曰九四處在於外而有應於內處外卽意欲遠遯應內則未能弃捨若好遯君子超然不顧所以得吉小人有所係戀卽不能遯故曰小人否也**象曰君子好遯小人否也**音臧否之否【疏】正義曰嫌讀爲圯故音之也**九五嘉遯貞吉**遯而得正反制於內小人應命率正其志不惡而嚴得正之吉遯之嘉也【疏】正義曰嘉遯貞吉者嘉美也五居於外得位居中是遯而得正二爲已應不敢違拒從五之命率正其志遯而得正反制於內不惡而嚴得正之吉爲遯之美故曰嘉遯貞吉也**象曰嘉遯貞吉以正志也**【疏】正義曰以正志者小人應命不敢爲邪是五能正二之志故成遯之美也**上九肥遯无不利**最處外極无應於內超然絕志心无疑顧憂患不能累矰繳不能及是以肥遯无不利也【疏】上九肥遯无不利。正義曰子夏傳曰肥饒裕也四五雖在於外皆在內有應猶有反顧之心惟上九最在外極无應於內心无疑顧是遯之最優故曰肥遯遯而得肥无所不利故云无不利也。注最處外極至无不利也。正義曰矰矢名也鄭注周禮結繳於矢謂之矰繳字林及說文云繳生絲縷也**象曰**

肥遯无不利无所疑也

䷡乾下震上 大壯利貞【疏】正義曰大壯卦名也壯者强盛之名以陽稱大陽長既多是大者盛壯故曰大壯利貞者卦德也羣陽盛大小道將滅大者獲正故曰利貞也 彖曰大壯大者壯也 大者謂陽爻小道將滅大者獲正故利貞也【疏】彖曰至壯也○正義曰大者壯也者就爻釋卦名陽爻浸長已至於四是大者盛壯故曰大者壯也○注大者謂陽爻小道將滅大者獲正故利貞也○正義曰釋名之下剩解利貞成大者之義也 剛以動故壯大壯利貞大者正也正大而天地之情可見矣 天地之情正大而已矣弘正極大則天地之情可見矣【疏】正義曰剛以動故壯者就二體釋卦名乾剛而震動柔弱而動即有退弱剛强以動所以成壯大壯利貞大者正也者就爻釋卦德大者獲正故得利貞正大而天地之情可見矣者因大獲正遂廣美正大之義天地之道弘正極大故正大則見天地之情不言萬物者壯大之名義歸天極故不與咸恒同也 象曰雷在天上大壯 剛以動也【疏】正義曰震雷為威動乾天主剛健雷在天上是剛以動所以為大壯 君子以非禮弗履 壯而違禮則凶凶則失壯也故君子以大壯而順體也【疏】正義曰盛極之時好生驕溢故於大壯誡以非禮勿履也 初九壯于趾征凶有孚 夫得大壯者必能自終成也未有陵犯於物而得終其壯者在下而壯故曰壯于趾也居下而用剛壯以斯而進窮凶可必也故曰征凶有孚【疏】正義曰壯于趾征凶有孚者趾足也初在體下有如趾足之象故曰壯于趾也施之於人即是在下而用壯也在下用壯陵犯於物以斯而行凶其信矣故曰征凶有孚 象曰壯于趾其孚窮也 言其信窮【疏】正義曰其孚窮者釋壯於趾者其人信其窮凶也 九二貞吉 居得中位以陽居陰履謙不亢是以貞吉 象曰九二貞吉以中也【疏】正義曰以其居中履謙行不違禮故得正而吉也 九三小人用壯君子用罔貞厲羝羊觸藩羸其角 處健之極以陽處陽用其壯者也故小人用之以為壯君子用之以為羅已者也貞厲以壯雖復羝羊以之觸藩能无羸乎【疏】九三小人用至羸其角○正義曰罔羅罔也羝羊羖羊也藩藩籬也羸拘累纏繞也九三處乾之上是健之極也又以陽居陽是健而不謙也健而不謙必用其壯也小人當此不知恐懼即用以為壯盛故曰小人用壯君子當此即慮危難用之以為羅罔於已故曰君子用罔以壯為正其正必危故云貞厲也以此為正狀似羝羊觸藩也必拘羸其角矣 象曰小人用壯君子罔也【疏】正義曰言小人用以為壯者即是君子所以為羅罔也 九四貞吉悔亡藩決不羸壯于大輿之輹 下剛而進將有憂虞而以陽處陰行不違謙不失其壯故得貞吉而悔亡也已得其壯而上陰不罔已路故藩決不羸也壯于大輿之輹无有能說其輹者可以往也【疏】正義曰大輿者大車也下剛而進將有憂虞而九四以陽處陰行不違謙居謙即不失其壯故得正吉而悔亡也故云貞吉悔亡九三以壯健不謙即被羸其角九四以謙而進謂之上行陰爻不罔已路故藩決不羸也壯于大輿之輹者言四乘車而進其輹壯大无有能脫之者故曰藩決不羸壯于大輿之輹也 象曰藩決不羸尚往也【疏】正義曰尚往者尚庶幾也言已不失其壯庶幾可以往也 六五喪羊于易无悔 居於大壯以陽處陽猶不免咎而況以陰處陽以柔乘剛者乎羊壯也必喪其羊失其所居也能喪壯于易不于險難故得无悔二履貞吉能幹其任而已委焉則得无悔委之則難不至居之則敵寇來故曰喪羊于易【疏】六五喪羊于易无悔○正義曰喪羊于易无悔者羊壯也居大壯之時以陽處陽猶不免咎而況以陰處陽以柔乘剛者乎違謙越禮必喪其壯羣陽方進勢不可止若於平易之時逆捨其壯委身任二不為違拒亦剛所不害不害即无悔矣故曰喪羊于易无悔也○注居於大壯至喪羊于易○正義曰羊剛狠之物故以譬壯云必喪其羊失其所居者言違謙越禮理勢必然云能喪壯于易不於險難者二雖應已剛長則侵陰為已寇難必喪其壯當在於平易寇難未來之時勿於險難敵寇既來之日良由居之有必喪之理故戒其預防而莊氏云經止一言喪羊而注為兩處分用初云必喪其羊失其所居是自然應失後云能喪壯於易不於險難故得无咎自能喪其羊二理自為矛楯竊謂莊氏此言全不識注意 象曰喪羊于易位不當也【疏】正義曰位不當者正由處不當位故須捨其壯也 上六羝羊觸藩不能退不能遂无攸利艱則吉 有應於三故不能退懼於剛長故不能遂持疑猶豫志无所定

以斯決事未見所利雖處剛長剛不害正苟定其分固志在一以斯自處則憂患消亡故曰艱則吉也。疏上六羝羊觸藩至艱則吉。正義曰退謂退避遂謂進往有應於三疑之不已故不能退避然懼於剛長故不能遂往故云羝羊觸藩不能退不能遂也无攸利者持疑猶豫不能自決以此處事未見其利故曰无攸利也艱則吉者雖處剛長剛不害正但艱固其志不捨於三即得吉故曰艱則吉也**象曰不能退不能遂不詳也艱則吉咎不長也**疏正義曰不詳也者祥者善也進退不定非為善也故云不祥也咎不長也者能艱固其志即憂患消亡其咎不長釋所以得吉也

䷢坤下離上**晉康侯用錫馬蕃庶晝日三接**疏正義曰晉者卦名也晉之為義進長之名此卦明臣之昇進故謂之晉康者美之名也侯謂昇進之臣也臣既柔進天子美之賜以車馬蕃多而衆庶故曰康侯用錫馬蕃庶也晝日三接者言非惟蒙賜蕃多又被親寵頻數一晝之間三度接見也**彖曰晉進也明出地上順而麗乎大明柔進而上行**凡言上行者所以在貴也疏彖曰晉進也至進而上行。正義曰晉進也者以今釋古古之晉字即以進長為義恐後世不曉故以進釋之明出地上者此就二體釋得晉名離上坤下故言明出地上明既出地漸就進長所以為晉順而麗乎大明柔進而上行者此就二體之義及六五之爻釋康侯用錫馬已下也坤順也離麗也又為明坤能順從而麗著於大明六五以柔而進上行貴位順而著明臣之美道也柔進而上行君上所與也故得厚賜而被親寵也**是以康侯用錫馬蕃庶晝日三接也**康美之名也順以著明臣之道也柔進而上行物所與也故得錫馬而蕃庶以訟受服則終朝三褫柔進受寵則一晝三接也疏是以康侯至三接也。正義曰釋訖舉經以結君寵之意也。注康美之名也至一晝三接也。正義曰舉此對釋者蓋訟言終朝晉言一晝俱不盡一日明黜陟之速所以示懲勸也**象曰明出地上晉君子以自昭明德**以顯著明自顯之道疏象曰至以昭明德。正義曰自昭明德者昭亦明也謂自顯明其德也周氏等為照以為自照己身老子曰自知者明用明以自照為明德案王注此云以順著明自顯之道又此卦與明夷正反明夷象云君子以莅衆用晦而明王

注彼云莅衆顯明蔽偽百姓藏明於內乃得明也準此二注明王之注意以此為自顯明德昭字宜為昭[illegible]遥周氏等為照[illegible]反非注旨也**初六晉如摧如貞吉罔孚裕无咎**處順之初應明之始明順之德於斯將隆進明退順不失其正故曰晉如摧如貞吉也處卦之始功業未著物未之信故曰罔孚方踐卦始未至履位以此為足自喪其長者也故必裕之然後无咎疏初六晉如摧如至无咎。正義曰晉如摧如貞吉者何氏云摧退也裕寬也如辭也初六處順之初應明之始明順之德於斯將隆進則之明退則居順進之與退不失其正故曰晉如摧如貞吉也罔孚者處卦之始功業未著未為人所信服故曰罔孚裕无咎者裕寬也方踐卦始未至履位不可自以為足也若以此為足是自喪其長也故必宜寬裕其德使功業弘廣然後无咎故曰裕无咎也**象曰晉如摧如獨行正也裕无咎未受命也**未得履位未受命也疏象曰至未受命也。正義曰獨行正者獨猶專也言進與退專行其正也裕无咎未受命也者進之初未得履位未受錫命故宜寬裕進德乃得无咎**六二晉如愁如貞吉受茲介福于其王母**進而无應其德不昭故曰晉如愁如居中得位履順而正不以无應而回其志處晦能致其誠者也脩德以斯間乎幽昧得正之吉也故曰貞吉母者處內而成德者也鳴鶴在陰則其子和之立誠於闇闇亦應之故其初愁如履貞不回則乃受茲大福于其王母也疏六二晉如愁如至于其王母。正義曰晉如愁如者六二進而无應於上其德不見昭明故曰進如愁如憂其不昭也貞吉者然履順居於中正不以无應而不脩其德正而獲吉故曰貞吉也受茲介福于其王母者介者大也母者處內而成德者也初雖愁如但守正不改終能受此大福於其所脩故曰受茲介福於其王母。注進而无應至于其王母也。正義曰鳴鶴在陰則其子和之者此王用中孚九二爻辭也**象曰受茲介福以中正也六三衆允悔亡**處非其位悔也志在上行與衆同信順而麗明故得悔亡也疏正義曰六三處非其位有悔也志在上行與衆同信順而麗明故得其悔亡**象曰衆允之志上行也**疏正義曰居晉之時衆皆欲進已應於上志在上行故能與衆同信也**九四晉如鼫鼠貞厲**履非其位上承於五下據三陰履非其位又負且乘无業可安志无所據以斯為進正之

厄也。進如鼫鼠，无所守也。【疏】九四晉如鼫鼠貞厲。○正義曰：晉如鼫鼠者，鼫鼠有五能而不成伎之蟲也。九四履非其位，上承於五，下據三陰，上不許其承，下不許其據，以斯爲進，无業可安，无據可守，事同鼫鼠，无所成功也。以斯爲進，正之危也，故曰晉如鼫鼠貞厲也。○注履非其位至无所守也。○正義曰：晉如鼫鼠无所守也者，蔡邕勸學篇云鼫鼠五能不成一伎。王注曰：能飛不能過屋，能緣不能窮木，能游不能度谷，能穴不能掩身，能走不能先人。本草經云：螻蛄一名鼫鼠，謂此也。鄭引詩云「碩鼠碩鼠，无食我黍」，謂大鼠也。陸機以爲雀鼠。案王以爲无所守，蓋五伎者當之。**象曰：鼫鼠貞厲，位不當也。六五：悔亡，失得勿恤，往吉无不利。**柔得尊位，陰爲明主，能不用柔，不代下任也。故雖不當位，能消其悔。失得勿恤，各有其司，術斯以往，无不利也。【疏】象曰鼫鼠至无不利。○正義曰：悔亡，失得勿恤，往吉无不利者，居不當位，悔也。柔得尊位，陰爲明主，能不自用其明，以事委任於下，故得悔亡。既以事任下，委物責成，失之與得，不須憂恤，故曰失得勿恤也。能用此道，所往皆吉而无不利，故曰往吉无不利也。**象曰：失得勿恤，往有慶也。**【疏】正義曰：有慶者，委任得人，非惟自得无憂，亦將人所慶說，故曰有慶也。**上九：晉其角，維用伐邑，厲吉无咎，貞吝。**處進之極，過明之中，明將夷焉。已在乎角，而猶進之，非亢如何？失夫道化无爲之事，必須攻伐，然後服邑，危乃得吉，吉乃无咎，用斯爲正，亦以賤矣。【疏】上九晉其角至貞吝。○正義曰：晉其角者，西南隅也。上九處晉之極，過明之中，其猶日過於中，已在於角而猶進之，故曰進其角也。維用伐邑者，在角猶進，過亢不已，不能端拱无爲，使物自服，必須攻伐其邑，然後服之，故云維用伐邑也。厲吉无咎貞吝者，兵者凶器，伐而服之，是危乃得吉，吉乃无咎，故曰厲吉无咎。以此爲正，亦以賤矣，故曰貞吝也。**象曰：維用伐邑，道未光也。**【疏】正義曰：道未光也者，用伐乃服，雖得之，其道未光大也。

䷣離下坤上 **明夷，利艱貞。**【疏】正義曰：明夷，卦名。夷者，傷也。此卦日入地中，明夷之象。施之於人事，闇主在上，明臣在下，不敢顯其明智，亦明夷之義也。時雖至闇，不可隨世傾邪，故宜艱難堅固，守其貞正之德。故明夷之世，利在艱貞。**彖曰：明入地中，明夷。內文明而外柔順，以蒙大難，文王以之。利艱貞，晦其明也。內難而能正其志，箕子以之。**【疏】象曰明入地中至箕子以之。○正義曰：明入地中明夷者，此就二象以釋卦名，故此及晉卦皆彖象同辭也。內文明而外柔順，以蒙大難，文王以之者，既釋明夷之義，又須出能用明夷之人。內懷文明之德，撫教六州，外執柔順之能，三分事紂，以此蒙犯大難，身得保全，惟文王能用之，故云文王以之。利艱貞晦其明也者，此又就二體釋卦之德。明在地中，是晦其明也。既處明夷之世，外晦其明，恐陷於邪道，故利在艱固其貞，不失其正，言所以利艱貞者，用晦其明也。內難而能正其志，箕子以之者，既釋艱貞之義，又須出能用艱貞之人。內有險難，殷祚將傾，而能自正其志，不爲邪干，惟箕子能用之，故云箕子以之。**象曰：明入地中，明夷。君子以蒞眾，**蒞眾顯明，蔽僞百姓者也，故以蒙養正，以明夷蒞眾。【疏】象曰至君子以蒞眾。○正義曰：蒞眾顯明，蔽僞百姓者也。所以君子能用此明夷之道以臨於眾，冕旒垂目，黈纊塞耳，无爲清靜，民化不欺。若運其聰明，顯其智慧，民即逃其密網，姦詐愈生，豈非藏明用晦，反得其明也。故曰君子以蒞眾，用晦而明也。**用晦而明。**藏明於內，乃得明也；顯明於外，巧所辟也。**初九：明夷于飛，垂其翼。君子于行，三日不食。有攸往，主人有言。**明夷之主，在於上六。上六爲至闇者也。初處卦之始，最遠於難也。遠難過甚，明夷遠遯，絕跡匿形，不由軌路，故曰明夷于飛。懷懼而行，行不敢顯，故曰垂其翼也。尚義而行，故曰君子于行也。志急於行，飢不遑食，故曰三日不食也。殊類過甚，以斯適人，人心疑之，故曰有攸往，主人有言。【疏】初九明夷于飛至主人有言。○正義曰：明夷于飛者，明夷是至闇之卦，上六既居上極，爲明夷之主。云飛者，借飛鳥爲喻，如鳥飛翔也。初九處於卦始，去上六最遠，是最遠於難。遠難過甚，明夷遠遯，絕跡匿形，不由軌路，高飛而去，故曰明夷于飛也。垂其翼者，飛不敢顯，故曰垂其翼也。君子于行三日不食者，尚義而行，故云君子于行；志急於行，饑不遑食，故曰三日不食。有攸往主人有言者，殊類過甚，以此適人，人必疑怪而有言，故曰有攸往，主人有言。**象曰：君子于行，義不食也。**【疏】正義曰：義不食也者，君子逃難惟速，故義不求食也。**六二：明夷，夷于左股，用拯馬壯，吉。**夷于左股，是行不能壯也。以柔居中，用夷其明，進不殊類，退不近難，不見疑憚，順以則也，故可用拯馬而壯吉也不垂其翼然後乃免也疏正義曰明夷夷于左股者左股被傷行不能壯六二以柔居中用夷其明不行剛壯之事者也故曰明夷夷于左股莊氏云言左者取其傷小則比夷右未爲切也夷于左股明避難不壯不爲闇主所疑猶得處位不至懷懼而行然後徐徐用馬以自拯濟而獲其壯吉也故曰用拯馬壯吉也象曰六二之吉順以則也順之以則故不見疑疏正義曰順以則也者言順闇主之則不同初九殊類過甚故不爲闇主所疑故得拯馬之吉也九三明夷于南狩得其大首不可疾貞處下體之上居文明之極上爲至晦入地之物也故夷其明以獲南狩得大首也南狩者發其明也既誅其主將正其民民之迷也其日固已久矣化宜以漸不可速正故曰不可疾貞疏九三明夷于南狩至不可疾貞○正義曰南方文明之所狩者征伐之類大首謂闇君明夷于南狩得其大首者初藏明而往託狩而行至南方而發其明也九三應於上六是明夷之臣發明以征闇君而得其大首故曰明夷于南狩得其大首也不可疾貞者既誅其主將正其民民迷日久不可卒正宜化之以漸故曰不可疾貞象曰南狩之志乃得大也去闇主也疏

正義曰志欲除闇乃得大首是其志大得也六四入于左腹獲明夷之心于出門庭左者取其順也入于左腹得其心意故雖近不危隨時辟難門庭而已能不逆忤也疏正義曰入于左腹獲明夷之心者凡右爲用事也從其左不從其右是卑順不逆也腹者事情之地六四體柔處坤與上六相近是能執卑順入于左腹獲明夷之心意也于出門庭者既得其意雖近不危隨時避難門庭而已故曰于出門庭象曰入于左腹獲心意也疏正義曰獲心意者心有所存既不逆忤能順其正故曰獲心意也六五箕子之明夷利貞最近於晦與難爲比險莫如茲而在斯中猶闇不能沒明不可息正不憂危故利貞也疏正義曰箕子之明夷者六五最比闇君似箕子之近殷紂故曰箕子之明夷也利貞者箕子執志不同闇不能沒明不可息正不憂危故曰利貞象曰箕子之貞明不可息也疏正義曰明不可息也息滅也象稱明不可滅者明箕子能保其貞卒以全身爲武王師也上六不明晦初登于天後入于地處明夷之極是至晦者也

本其初也在乎光照轉至於晦遂入于地疏正義曰不明晦者上六居明夷之極是至闇之主故曰不明而晦本其初也其意在於光照四國其後由乎不明遂入於地謂見誅滅也象曰初登于天照四國也後入于地失則也疏正義曰失則者由失法則故誅滅也

䷤離下巽上家人利女貞家人之義各自脩一家之道不能知家外他人之事也統而論之非元亨利君子之貞故利女貞其正在家內而已疏正義曰家人者卦名也明家內之道正一家之人故謂之家人利女貞者既修家內之道不能知家外他人之事統而論之非君子丈夫之正故但言利女貞彖曰家人女正位乎內謂二也○男正位乎外謂五也家人之義以內爲本故先說女也疏彖曰至男正位乎外○正義曰此因二五得正以釋家人之義并明女貞之旨家人之道必須女主於內男主於外然後家道乃立今此卦六二柔而得位是女正位乎內也九五剛而得位是男正位乎外也家人以內爲本故先說女也男女正天地之大義也家人有嚴君焉父母之謂也

父父子子兄兄弟弟夫夫婦婦而家道正正家而天下定矣疏男女正至天下定矣○正義曰男女正天地之大義也者因正位之言廣明家人之義乃道均二儀非惟人事而已家人即女正於內男正於外二儀則天尊在上地卑在下同於男女正位故曰天地之大義也家人有嚴君焉父母之謂者上明義均天地此又言道齊邦國父母一家之主家人尊事同於國有嚴君故曰家人有嚴君焉父母之謂也父父子子兄兄弟弟夫夫婦婦而家道正正家而天下定矣者此歎美正家之功可以定於天下申成道齊邦國既家有嚴君即父不失父道乃至婦不失婦道尊卑有序上下不失而後爲家道之正各正其家无家不正即天下之治定矣象曰風自火出家人由內以相成熾也○疏正義曰巽在離外是風從火出火出之初因風方熾火既炎盛還復生風內外相成有似家人之義故曰風自火出家人也○君子以言有物而行有恒家人之道脩於近小而不妄也故君子以言必有物而口无擇言行必有恒而身无擇行疏正義曰物事也言必有事即口无擇言行必有常即身无擇行正家之義修於近小言之與行君子樞機出身

加人發邇化遠故舉言行以爲之誠言既稱物而行稱恒者發言立行皆須合於可常之事互而相足也**初九閑有家悔亡**凡敎在初而法在始家瀆而後嚴之志變而後治之則悔矣處家人之初爲家人之始故宜必以閑有家然後悔亡也〔疏〕正義曰治家之道在初即須嚴正立法防閑若黷亂之後方始治之即有悔矣初九處家人之初能防閑有家乃得悔亡故曰閑有家悔亡也**象曰閑有家志未變也**〔疏〕正義曰志未變也者釋在初防閑之義所以在初防閑其家者家人志未變黷也**六二无攸遂在中饋貞吉**居內處中履得其位以陰應陽盡婦人之正義无所必遂職乎中饋巽順而已是以貞吉也〔疏〕正義曰六二履中居位以陰應陽盡婦人之義也婦人之道巽順爲常无所必遂其所職主在於家中饋食供祭而已得婦人之正吉故曰无攸遂在中饋貞吉也**象曰六二之吉順以巽也**〔疏〕正義曰舉爻位也言吉者明其以柔居中而得正位故能順以巽而獲吉也**九三家人嗃嗃悔厲吉婦子嘻嘻終吝**以陽處陽剛嚴者也處下體之極爲一家之長者也行與其慢寧過乎恭家與其瀆寧過乎嚴是以家人雖嗃嗃悔厲猶得其道婦子嘻嘻乃失其節也〔疏〕正義曰嗃嗃嚴酷之意也嘻嘻喜笑之貌也九三處下體之上爲一家之主以陽處陽行剛嚴之政故家人嗃嗃雖復嗃嗃傷猛悔其酷厲猶保其吉故曰悔厲吉若縱其婦子慢黷嘻嘻喜笑而无節則終有恨辱故曰婦子嘻嘻終吝也**象曰家人嗃嗃未失也婦子嘻嘻失家節也**〔疏〕正義曰未失也者初雖悔厲似失於猛終无慢黷故曰未失也失家節者若縱其嘻嘻初雖歡樂終失家節也**六四富家大吉**能以其富順而處位故大吉也若但能富其家何足爲大吉體柔居巽履得其位明於家道以近至尊能富其家也〔疏〕正義曰富謂祿位昌盛也六四體柔處巽得位承五能富其家者也由其體巽承尊長保祿位吉之大者也故曰富家大吉**象曰富家大吉順在位也**〔疏〕正義曰順在位者所以致大吉由順承於君而在臣位故不見黜奪也**九五王假有家勿恤吉**假至也履正而應處尊體巽王至斯道以有其家者也居於尊位而明於家道則下莫不化矣父父子子兄兄弟弟夫夫婦婦六親和睦交相愛樂而家道正正家而天下定矣故王假有家則勿恤而吉〔疏〕正義曰王假有家者假至也九五履正而應處尊體巽是能以尊貴巽接於物王至此道以有其家故曰王假有家也勿恤吉者居於尊位而明於家道則在下莫不化之矣不須憂恤而得吉也故曰勿恤吉也**象曰王假有家交相愛也**〔疏〕正義曰交相愛也者王既明於家道天下化之六親和睦交相愛樂也**上九有孚威如終吉**處家人之終居家道之成刑于寡妻以著于外者也故曰有孚凡物以猛爲本者則患在寡恩以愛爲本者則患在寡威故家人之道尚威嚴也家道可終唯信與威身得威敬人亦如之反之於身則知施於人也〔疏〕正義曰上九處家人之終家道大成刑于寡妻以著於外信行天下故曰有孚也威被海內故曰威如威信並立上得終於家道而吉從之故曰有孚威如終吉也**象曰威如之吉反身之謂也**〔疏〕正義曰反身之謂者身得人敬則敬於人明知身敬於人人亦敬已反之於身則知施之於人故曰反身之謂也

䷥兌下離上**睽小事吉**〔疏〕正義曰睽者乖異之名物情乖異不可大事大事謂與役動衆必須大同之世方可爲之小事謂飲食衣服不待衆力雖乖而可故曰小事吉也**彖曰睽火動而上澤動而下二女同居其志不同行說而麗乎明柔進而上行得中而應乎剛是以小事吉**事皆相違害之道也何由得小事吉以有此三德也〔疏〕象曰睽火動而上至小事吉○正義曰睽火動而上澤動而下二女同居其志不同行者此就二體釋卦名爲睽之義同而異者也水火二物共成烹飪理應相濟今火在上而炎上澤居下而潤下无相成之道所以爲乖中少二女共居一家理應同志各自出適志不同行所以爲異也說而麗乎明柔進而上行得中而應乎剛是以小事吉者此就二體及六五有應釋所以小事得吉說而麗乎明不爲邪僻柔進而上行所之在貴得中而應乎剛非爲全弱雖在乖違之時卦爻有此三德故可以行小事而獲吉也**天地睽而其事同也男女睽而其志通也萬物睽而其事類也睽之時用大矣哉**睽離之時非小人之所能用也〔疏〕天地睽而其事同也至時用大矣哉○正義曰

天地睽而其事同此以下歷就天地男女萬物廣明睽義體乖而用合也天高地卑其體懸隔是天地睽也而生成品物其事則同也男女睽而其志通者男外女內分位有别是男女睽也而成家理事其志則通也萬物殊形各自爲象是萬物睽也而均於生長其事卽類故曰天地睽而其事同也男女睽而其志通也萬物睽而其事類也睽之時用大矣哉既明睽理合同之大又歎能用睽之人其德不小睽離之時能建其用使合其通理非大德之人則不可也故曰睽之時用大矣哉也

象曰上火下澤睽君子以同而異同於通理異於職事疏正義曰上火下澤睽者動而相背所以爲睽也君子以同而異者佐王治民其意則同各有司存職掌則異故曰君子以同而異也

初九悔亡喪馬勿逐自復見惡人无咎處睽之初居下體之下无應獨立悔也與人合志故得悔亡馬者必顯之物處物之始乖而喪其馬物莫能同其私必相顯也故勿逐而自復也時方乖離而位乎窮下上无應可援下无權可恃顯德自異爲惡所害故見惡人乃得免咎也疏初九悔亡喪馬勿逐自復見惡人无咎。正義曰悔亡者初九處睽離之初居下體之下无應獨立所以悔也四亦處下无應獨立不乖於巳與巳合志

故得悔亡喪馬勿逐自復者時方睽離觸目乖阻馬之爲物難可隱藏時或失之不相容隱不須尋求勢必自復故曰喪馬勿逐自復也見惡人无咎者處於窮下上无其應无應則無以爲援窮下則无權可恃若標顯自異不能和光同塵則必爲惡人所害故曰見惡人无咎見。謂遜接之也

象曰見惡人以辟咎也疏象曰見惡人以辟咎也。正義曰以辟咎也者惡人不應與之相見而遜接之者以辟咎也

九二遇主于巷无咎處睽失位將无所安然五亦失位俱求其黨出門同趣不期而遇故曰遇主于巷也處睽得援雖失其位未失道也疏九二遇主于巷无咎。正義曰九二處睽之時而失其位將无所安五亦失位與巳同黨同趣相求不假遠涉而自相遇適在於巷言遇之不遠故曰遇主於巷主謂五也處睽得援咎悔可亡故无咎也

象曰遇主于巷未失道也疏正義曰未失道者既遇其主雖失其位亦未失道也

六三見輿曳其牛掣。其人天且劓。无初有終凡物近而不相得則凶處睽之時履非其位以陰居陽以柔乘剛志在於上而不和於四二應於五則近而不相比故見輿曳輿曳者履非其位失所載也其牛掣者滯隔所在不獲進也其人天且劓者四從上取二從下取而應在上九執志不回初雖受困終獲剛助疏六三見輿曳其牛至无初有終。正義曰見輿曳其牛掣者處睽之時履非其位以陰居陽以柔乘剛志在上九不與四合二自應五又與巳乖欲載其輿被曳失巳所載也欲進其牛被牽滯隔所在不能得進也故曰見輿曳其牛掣也其人天且劓无初有終者剠額爲天截鼻爲劓既處二四之間皆不相得其爲人也四從上刑之故剠其額二從下刑之又截其鼻故曰其人天且劓而應在上九執志不回初雖受困終獲剛助故曰无初有終

象曰見輿曳位不當也无初有終遇剛也疏象曰至有終遇剛也。正義曰位不當者由位不當故輿被曳遇剛者由遇上九之剛所以有終也

九四睽孤遇元夫交孚厲无咎无應獨處五自應二三與巳睽故曰睽孤也初亦无應特立處睽之時俱在獨立同處體下同志者也而巳失位比於三五皆與巳乖處无所安故求其疇類而自託焉故曰遇元夫也同志相得而无疑焉故曰交孚也雖在乖隔志故得行故雖危无咎疏九四至交孚厲无咎。正義曰元夫謂初九也處於卦始故云元也初四俱陽而言夫者蓋是丈夫之夫非夫婦之

夫也

象曰交孚无咎志行也

六五悔亡厥宗噬膚往何咎非位悔也有應故。亡厥宗謂二也噬膚者齧柔也三雖比二二之所噬非妨巳應者也以斯而往何咎之有往必合也疏六五悔亡至往何咎。正義曰悔亡者失位悔也有應故悔亡也厥宗噬膚往何咎者宗主也謂二也噬膚謂噬三也三雖隔二二之所噬故曰厥宗噬膚也三是陰爻故以膚爲譬言柔脆也二既噬三卽五可以往而无咎矣故曰往无咎

象曰厥宗噬膚往有慶也疏象曰至往有慶也。正義曰往有慶也者有慶之言善功被物爲物所賴也五雖居尊而不當位與二合德乃爲物所賴故曰往有慶也

上九睽孤見豕負塗載鬼一車先張之弧後說之弧。匪寇婚媾往遇雨則吉處睽之極睽道未通故曰睽孤巳居炎極三處澤盛睽之極也以文明之極而覩至穢之物睽之甚也豕失。負塗穢莫過焉至睽將合至殊將通恢詭譎怪道將爲一未至於治。先見殊怪故。見豕負塗甚可穢也見鬼盈車吁可怪也先張之弧將攻害也後說之弧睽怪通也四剠其應故爲寇也睽志將通匪寇婚媾往不

失時睽疑亡也貴於遇雨和陰陽也陰陽旣和羣疑亡也〔疏〕上九睽孤見豕至遇雨則吉正義曰睽孤者處睽之極睽道未通故曰睽孤也見豕負塗者火動而上澤動而下已居炎極三處澤盛睽之極也離爲文明澤是卑穢以文明之極而觀至穢之物事同豕而負塗泥穢莫斯甚矣故曰見豕負塗載鬼一車先張之弧後説之弧者鬼魅盈車怪異之甚也至睽將合至殊將通未至於洽先見殊怪故又見載鬼一車載鬼不言見者爲豕上有見字也見怪若斯懼來害已故先張之弧將攻害也物極則反睽極則通故後説之弧不復攻也匪寇婚媾者四剠其應故謂四爲寇睽志旣通匪能爲寇乃得與二爲婚媾矣故曰匪寇婚媾也往遇雨則吉者雨者陰陽交和之道也衆異併消无復疑阻往得和合則吉從之故曰往遇雨則吉○注處睽之極至羣疑亡也○正義曰恢詭譎怪道將爲一者莊子内篇齊物論曰无物不然无物不可故爲舉莛與楹厲與西施恢詭譎怪道通爲一郭象注云夫莛橫而楹縱厲醜而西施好所謂齊者豈必齊形狀同規矩哉舉縱橫好醜恢詭譎怪各然其所然各可其所可卽形雖萬殊而性本得同故曰道通爲一也莊子所言以明齊物故舉恢詭譎怪至異之物道通爲一得性則同王輔嗣用此文而改通爲將字者明物極則反睽極則通有似引詩斷章不必與本義同也

象曰遇雨之吉羣疑亡也〔疏〕正義曰羣疑亡也者往與三合如雨之和向之見豕見鬼張弧之疑併消釋矣故曰羣疑亡也

䷦艮下坎上蹇利西南不利東北西南地也東北山也以難之平則難解以難之山則道窮〔疏〕正義曰蹇難也有險在前畏而不進故稱爲蹇西南險位平易之方東北險位阻礙之所世道多難率物以適平易則蹇難可解若入於險阻則彌加擁塞去就之宜理須如此故曰蹇利西南不利東北也利見大人往則濟也〔疏〕正義曰能濟衆難惟有大德之人故曰利見大人貞吉爻皆當位各履其正居難履正正邦之道也正道未否難由正濟故貞吉也遇難失正吉。可得乎〔疏〕正義曰居難之時若不守正而行其邪道雖見大人亦不得吉故曰貞吉也

彖曰蹇難也險在前也見險而能止知矣哉蹇利西南往得中也不利東北其道窮也利見大人往有功也當位貞吉以正邦。也蹇之時用大矣哉蹇難之時非小人之所能用也〔疏〕彖曰至大矣哉○正義曰蹇難也險在前也見險而能止知矣哉者釋卦名也蹇者有難而不進能止而不犯故就二體有險有止以釋蹇名坎在其外是險在前也有險在前所以爲難若冒險而行或罹其害艮居其内止而不往相時而動非知不能故曰見險而能止知矣哉也蹇利西南往得中也者之於平易救難之理故云往得中也不利東北其道窮者之於險阻更益其難其道彌窮故曰其道窮也利見大人往有功也者往見大人必能除難故曰往有功也當位貞吉以正邦也者二三四五爻皆當位所以得正而吉故曰當位貞吉也以正邦也者居難守正正邦之道故曰以正邦也蹇之時用大矣哉者能於蹇難之時建立其功用以濟世者非小人之所能故曰蹇之時用大矣哉也

象曰山上有水蹇山上有水蹇難之象〔疏〕正義曰山者是巖險水是阻難水積山上彌益危難故曰山上有水蹇君子以反身修德除難莫若反身脩德〔疏〕正義曰蹇難之時未可以進惟宜反求諸身自脩其德道成德立方能濟險故曰君子以反身修德也陸績曰水在山上失流通之性故曰蹇通水流下今在山上不得下流蹇之象陸績又曰水本應山下今在山上終應反下故曰反身處難之世不可以行只可反自省察脩己德用乃除難君子通達道暢之時並濟天下處窮之時則獨善其身也

初六往蹇來譽處難之始居止之初獨見前識覩險而止以待其時知矣哉故往則遇蹇來則得譽〔疏〕正義曰初六處蹇之初往則遇難來則得譽初居艮始是能見險而止見險不往則是來而得譽故曰往蹇來譽

象曰往蹇來譽宜待也。〔疏〕正義曰宜待者旣往則遇蹇宜止以待時也

六二王臣蹇蹇匪躬之故處難之。時履當其位居不失中以應於五不以五在難中私身遠害執心不回志匡王室者也故曰王臣蹇蹇匪躬之故履中行義以存其上處蹇以比。未見其尤也〔疏〕正義曰王謂五也臣謂二也九五居於王位而在難中六二是五之臣往應於五履正居中志匡王室能涉蹇難而往濟蹇故曰王臣蹇蹇也盡忠於君匪以私身之故而不往濟君故曰匪躬之故

象曰王臣蹇蹇終无尤也〔疏〕正義曰終无尤者處難以斯豈有過尤也

九三往蹇來反進則入險來則得位故曰往蹇來反爲下卦之主是内之所恃也〔疏〕正義曰九三與坎爲鄰進則入險故曰往蹇來則得位故曰來反

象

曰往蹇來反內喜之也【疏】正義曰內喜之者內卦三爻惟九三一陽居二陰之上是內之所恃故云內喜之也　六四往蹇來連往則無應來則乘剛往來皆難故曰往蹇來連得位履正當其本實雖遇於難非妄所招也【疏】正義曰馬云連亦難也鄭云遲久之意六四往則無應來則乘剛往來皆難故曰往蹇來連也　象曰往蹇來連當位實也【疏】正義曰當位實者明六四當位履正當其本實而往來遇難者乃數之所招非邪妄之所致也故曰當位實也　九五大蹇朋來處難之時獨在險中難之大者也故曰大蹇然居不失正履不失中執德之長不改其節如此則同志者集而至矣故曰朋來也【疏】九五大蹇朋來○正義曰九五處難之時獨在險中難之大者也故曰大蹇然得位履正不改其節如此則同志者自遠而來故曰朋來○注處難之時至朋來也○正義曰同志者集而至矣者此以同志釋朋來之義鄭注論語云同門曰朋同志曰友此對友也通而言之同志亦是朋黨也　象曰大蹇朋來以中節也【疏】正義曰以中節者得位居中不易其節故致朋來故云以中節也　上六往蹇來碩吉利見大人往則長難來則難終難終則衆難皆濟志大得矣故曰往蹇來碩吉險夷難解大道可興故曰利見大人也【疏】正義曰碩大也上六難終之地不宜更有所往往則長難故曰往蹇也來則難終難終則衆難皆濟志大得矣故曰碩吉也險夷難解大道可興宜見大人以弘道化故曰利見大人也　象曰往蹇來碩志在內也有應在內往則失之來則志獲志在內也【疏】正義曰志在內也者有應在三是志在內也應既在內往則失之來則得之所以往則有蹇來則碩吉也　利見大人以從貴也【疏】正義曰貴謂陽也以從陽故云以從貴也

䷧坎下震上　解利西南西南衆也解難濟險利施於衆遇難不困于東北故不言不利東北也【疏】正義曰解者卦名也然解有兩音一音古買反一音胡買反解謂解難之初解謂既解之後彖稱動而免乎險明解衆難之時故先儒皆讀爲解序卦云物不可以終難故受之以解解者緩也然則解者險難解釋物情舒緩故爲解也解利西南者西南坤位坤是衆也施解於衆則所濟者弘故曰解利西南也　无所往其來復吉有攸往夙吉未有善於解難而迷於處安也解之爲義解難而濟厄者也无難可往以解來復則不失中有難而往則以速爲吉者无難則能復其中有難則能濟其厄也【疏】正義曰无所往者上言解難濟險利施於衆此下明救難之時誠其可否若无難可往則以來復爲吉若有難可往則以速赴爲善故云无所往其來復吉有攸往夙吉設此誡者褚氏云世有无事求功故誡以无難宜靜亦有待敗乃救故誡以有難須速也　彖曰解險以動動而免乎險解動乎險外故謂之免免險則解故謂之解【疏】正義曰此就二體以釋卦名遇險不動无由解難動在險中亦未能免咎今動於險外卽見免說於險所以爲解也　解利西南往得衆也其來復吉乃得中也有攸往夙吉往有功也○天地解而雷雨作雷雨作而百果草木皆甲坼天地否結則雷雨不作交通感散雷雨乃作也雷雨之作則險厄者亨否結者散故百果草木皆甲坼也【疏】解利西南至百果草木皆甲坼○正義曰解利西南往得衆者解之爲義兼濟爲美往之西南得施解於衆所以爲利也其來復吉乃得中也者无難可解退守靜默得理之中故云乃得中也有攸往夙吉往有功也者解難能速則不失其幾故往有功也天地解而雷雨作雷雨作而百果草木皆甲坼者此因震坎有雷雨之象以廣明解義天地解緩雷雨乃作雷雨既作百果草木皆孚甲開坼莫不解散也　解之時大矣哉无所而不釋也難解之時非治難時故不言用體盡於解之名无有幽隱故不曰義【疏】正義曰結歎解之大也自天地至於草木无不有解豈非大哉　象曰雷雨作解君子以赦過宥罪【疏】正義曰赦謂放免過謂誤失宥謂寬宥罪謂故犯過輕則赦罪重則宥皆解緩之義也　初六无咎解者解也屯難盤結於是乎解也處蹇難始解之初在剛柔始散之際將赦罪厄以夷其險處此之時不煩於位而无咎也【疏】正義曰夫險難未夷則賤弱者受害然則蹇難未解之時柔弱者不能无咎否結既釋之後剛強者不復陵暴初六處蹇難始解之初在剛柔始散之際雖以柔弱處无位之地逢此之時不慮有咎故曰初六无咎也　象曰剛柔之際義无咎也或有過咎非其理也義猶理也【疏】正義曰義无咎者義猶理也剛柔旣散理必无咎或有過咎非理之當也故曰義无咎也○注有過咎至

義猶理也○正義曰或有過咎非其理也者或本无此八字

九二田獲三狐得黃矢貞吉狐者隱伏之物也剛中而應爲五所任處於險中知險之情以斯解物能獲隱伏也故曰田獲三狐也黃理中之稱也矢直也田而獲三狐得乎理中之道不失枉直之實能全其正者也故曰田獲三狐得黃矢貞吉也〔疏〕正義曰田獲三狐者狐是隱伏之物三爲成數舉三言之搜獲備盡九二以剛居中而應於五爲五所任處於險中知險之情以斯解險无險不濟能獲隱伏如似田獵而獲窟中之狐故曰田獲三狐得黃矢貞吉者黃中之稱矢直也田而獲三狐得乎理中之道不失枉直之實能全其正者也故曰得黃矢貞吉也**象曰九二貞吉得中道也**〔疏〕正義曰得中道也者明九二位既不當所以得貞吉者由處於中得乎理中之道故也**六三負且乘致寇至貞吝**處非其位履非其正以附於四用夫柔邪以自媚者也乘二負四以容其爲寇之來也自已所致雖幸而免正之所賤也〔疏〕正義曰負且乘致寇至者六三夫正无應下乘於二上附於四即是用夫邪佞以自說媚者也乘者君子之器也負者小人之事也施之於人即在車騎之上而負於物也故寇盜知其非已所有於是競欲奪之故曰負且乘致寇至也貞吝者負乘之人正其所鄙故曰貞吝也**象曰負且乘亦可醜也自我致戎又誰咎也**〔疏〕正義曰亦可醜也者天下之醜多矣此是其一故曰亦可醜也自我致戎又誰咎也者言此寇雖由已之招非是他人致此過咎故曰又誰咎也**九四解而拇朋至斯孚**失位不正而比於三故三得附之爲其拇也三爲之拇則失初之應故解其拇然後朋至而信矣〔疏〕正義曰而汝也拇足大指也履於不正與三相比三從下來附之如指之附足四有應在初若三爲之拇則失初之應故必解其拇然後朋至而信故曰解而拇朋至斯孚**象曰解而拇未當位也**〔疏〕正義曰未當位者四若當位履正即三爲邪媚之身不得附之也既三不得附四則无所解今須解拇由不當位也**六五君子維有解吉有孚于小人**居尊履中而應乎剛可以有解而獲吉矣以君子之道解難釋險小人雖闇猶知服之而无怨矣故曰有孚于小人也〔疏〕正義曰君子維有解吉者六五居尊履中而應於剛是有君子之德君子當此之時可以解於險難維辭也有解於難所以獲吉故曰君子維有解吉也有孚于小人者以君子之道解難則小人皆信服之故曰有孚于小人也**象曰君子有解小人退也**〔疏〕正義曰小人謂作難者信君子之德故退而畏服之**上六公用射隼于高墉之上獲之无不利**初爲四應二爲五應三不應上失位負乘處下體之上故曰高墉墉非隼之所處高非三之所履上六居動之上爲解之極將解荒悖而除穢亂者也故用射之極則後動成而後舉故必獲之而无不利也〔疏〕上六至无不利○正義曰隼者貪殘之鳥鸇鷂之屬墉牆也六三失位負乘不應於上即是罪釁之人故以譬於隼此借飛鳥爲喻而居下體之上其猶隼處高墉隼之爲鳥宜在山林隼於人家高墉必爲人所繳射以譬六三處於高位必當被人所誅討上六居動之上爲解之極將解之荒悖而除穢亂故用射之也極而後動成而後舉故必獲之而无不利故曰公用射隼于高墉之上獲之无不利也公者臣之極上六以陰居上故謂之公也**象曰公用射隼以解悖也**〔疏〕正義曰解悖也者悖逆也六三失位負乘不應於上是悖逆之人也上六居動之上能除解六三之荒悖故云以解悖也

䷨兌下艮上**損有孚元吉无咎可貞利有攸往曷之用二簋可用享**〔疏〕損有孚至可用享○正義曰損者減損之名此卦明損下益上故謂之損損之爲義損下益上損剛益柔損下益上非補不足者也損剛益柔非長君子之道者也若不以誠信則涉諂諛而有過咎故必有孚然後大吉无咎可正而利有攸往矣故曰損有孚元吉无咎可貞利有攸往也先儒皆以无咎可貞各自爲義言既吉而无咎則可以爲正準下王注彖辭无損下而不爲邪益上而不爲諂則何咎而可正然則王意以无咎可貞共成一義故莊氏云若行損有咎則須補過以正其失今行損用信則是无咎可正故云无咎可貞竊謂莊氏之言得正旨矣曷之用二簋可用享者明行損之禮貴夫誠信不在於豐既行損以信何用豐爲二簋至約可用享祭矣故曰曷之用二簋可用享也**彖曰損損下益上其道上行**艮爲陽兌爲陰凡陰順於陽者也陽止於上陰說而順損下益上上行之義也〔疏〕正義曰此就二體釋卦名之義艮陽卦爲止兌陰卦爲說陽止於上陰說而順之是下自減損以奉於上上行之謂也**損而有孚元吉无咎可貞利有攸往**

損之爲道損下益上損剛益柔也損下益上非補不足也損剛益柔非長君子之道也爲損而可以獲吉其唯有孚乎損而有孚則元吉无咎而可正利有攸往矣損剛益柔不以消剛損柔益上不以盈上損剛而不爲邪益上而不爲諂則何咎而可正雖不能拯濟大難以斯有往物无距也【疏】正義曰卦有元吉已下等事由於有孚故加一而字則其義可見矣**曷之用**曷辭也曷之用言何以豐爲也**二簋可用享**二簋質薄之器也行損以信雖二簋而可用享【疏】正義曰曷之用二簋可用享者舉經明之皆爲損而有孚故得如此**二簋應有時**至約之道不可常也【疏】正義曰申明二簋之禮不可爲常二簋至約惟在損時應時行之非時不可也**損剛益柔有時**下不敢剛貴於上行損剛益柔之謂也剛爲德長損之不可以爲常也【疏】正義曰明損下益上之道亦不可爲常損之所以能損下益上者以下不敢剛亢貴於奉上則是損於剛亢而益柔順也損剛者謂損兌之陽爻也益柔者謂益艮之陰爻也人之爲德須備剛柔就剛柔之中剛爲德長既爲德長不可恆減故損之有時**損益盈虛與時偕行**自然之質各定其分短者不爲不足長者不爲有餘損益將何加焉非道之常故必與時偕行也【疏】正義曰盈虛者鳧足短而任性鶴脛長而自然此又云與時偕行者上既言損剛益柔不可常用此又汎明損益之事體非恆理自然之質各定其分鳧足非短鶴脛非長何須損我以益人虛此以盈彼但有時宜用故應時而行故曰損益盈虛與時偕行也**象曰山下有澤損**山下有澤損之象也【疏】正義曰澤在山下澤卑山高似澤之自損以崇山之象也**君子以懲忿窒欲。**可損之善莫善忿欲也【疏】正義曰君子以法此損道以懲止忿怒窒塞情欲夫人之情也感物而動境有順逆故情有忿欲懲者息其既往窒者閉其將來忿欲皆有往來懲窒互文而相足也**初九已事遄往无咎酌損之**損之爲道損下益上損剛益柔以應其時者也居於下極損剛奉柔則不可以逸處損之始則不可以盈事已則往不敢宴安乃獲无咎也剛以奉柔雖免乎咎猶未親也故既獲无咎復自酌損乃得合志也遄速也【疏】正義曰已事遄往无咎者已竟也遄速也損之爲道損下益上如人臣欲自損己奉上然各有所掌若廢事而往咎莫大焉若事已不往則爲傲慢竟事速往乃得无咎故曰已事遄往无咎也酌損之者剛勝則柔危以剛奉柔初未見親也故須酌而減損之乃得合志故曰酌損之

象曰已事遄往尚合志也尚合於志欲速往也【疏】正義曰尚合志者尚庶幾也所以竟事速往庶幾與上合志也**九二利貞征凶弗損益之**柔不可全益剛不可全削下不可以无正初九已損剛以順柔九二履中而復損已以益柔則剝道成焉故不可遄往而利貞也進之於柔則凶矣故曰征凶也故九二不損而務益以中爲志也【疏】正義曰柔不可以全益剛不可以全削下不可以无正初九已損剛以益柔爲順六四爲初六九二復損已以益六五爲六二則成剝卦矣故九二利以居而守正進之於柔則凶故曰利貞征凶也既征凶故九二不損已而務益故曰不損益之也**象曰九二利貞中以爲志也**【疏】正義曰中以爲志者言九二所以能居而守貞不損益之由居中以中爲志故損益得其節適也**六三三人行則損一人一人行則得其友**損之爲道損下益上其道上行三人謂自六三已上三陰也三陰並行以承於上則上失其友內无其主名之曰益其實乃損故天地相應乃得化醇男女匹配乃得化生陰陽不對生可得乎故六三獨行乃得其友二陰俱行則必疑矣【疏】六三至得其友。正義曰六三處損之時居於下體損之爲義其道上行三人謂自六三已上三陰上一人謂上九也下一人謂六三也夫陰陽相應萬物化醇男女匹配故能生育六三應於上九上有二陰六四六五也損道上行有相從之義若與二陰并己俱行雖欲益上九一人更使上九懷疑疑則失其適匹之義也名之曰益即不是減損其實損之也故曰三人行則損一人若六三一人獨行則上九納己无疑則得其友矣故曰一人行則得其友也**象曰一人行三則疑也**【疏】正義曰三則疑者言一人則可三人疑加疑惑也**六四損其疾使遄有喜无咎**履得其位以柔納剛能損其疾也疾何可久故速乃有喜損疾以離其咎有喜乃免故使速乃有喜有喜乃无咎也【疏】六四至无咎。正義曰疾者相思之疾也初九自損已遄往己以正道速納陰陽相會同志斯來無復企子之疾故曰損其疾疾何可久速乃有喜有喜乃无咎故曰使遄有喜无咎。注履得其位至有喜乃无咎也。正義曰速乃有喜有喜乃无咎者相感而久不相會則有勤望之憂故速乃有喜初九自損以益四四不速納則有失益之咎也故曰有喜乃无咎也**象曰損其疾亦可喜也**【疏】正義曰亦可喜者詩曰亦既見止我心則降不亦有

喜乎**六五或益之十朋之龜弗克違元吉**以柔居尊而爲損道江海處下百谷歸之履尊以損則或益之矣所黨也龜者決疑之物也陰非先唱柔非自任尊以自居損以守之故人用其力事順其功智者慮能明者慮策弗能違也則衆才之用事矣獲益而得十朋之龜足以盡天人之助也〔疏〕六五至元吉○正義曰六五居尊以柔而在乎損而能自抑損者也居尊而能自抑損則天下莫不歸而益之故曰或益之也或者言有也言其不自益之有人來益之也朋者黨也龜者決疑之物也陰不先唱柔不自任尊以自居損以守之則人用其力事竭其功智者慮能明者慮策而不能違也朋至不違則羣才之用盡矣故曰十朋之龜弗克違也羣才畢用自尊委人天人並助故曰元吉○注以柔居尊至天人之助也○正義曰朋黨也者馬鄭皆案爾雅云十朋之龜者一曰神龜二曰靈龜三曰攝龜四曰寶龜五曰文龜六曰筮龜七曰山龜八曰澤龜九曰水龜十曰火龜**象曰六五元吉自上祐也**〔疏〕正義曰自上祐曰上謂天也故與自天祐之吉無不利義同也**上九弗損益之无咎貞吉利有攸往得臣无家**處損之終上无所奉損終

反益剛德不損乃反益之而不憂於咎用正而吉不制於柔剛德遂長故曰弗損益之无咎貞吉利有攸往也居上乘柔處損之極尙夫剛德爲物所歸故曰得臣得臣則天下爲一故无家也〔疏〕上九至得臣无家○正義曰弗損益之无咎貞吉者損之爲義損下益上上九處損之極上无所奉損終反益故曰弗損益之也既剛德不損乃反益之則不憂於咎用正而吉故曰无咎貞吉也利有攸往者不利於柔不使三陰俱進不疑其志剛德遂長故曰利有攸往也又能自守剛陽不爲柔之所制豈惟无咎貞吉而已所往亦无不利故曰利有攸往義兩存也得臣无家者居上乘柔處損之極尊夫剛德爲物所歸故曰得臣得臣則以天下爲一故曰无家无家者光宅天下无適一家也**象曰弗損益之大得志也**〔疏〕正義曰大得志者剛德不損爲物所歸故大得志也

䷩震下巽上**益利有攸往利涉大川**〔疏〕正義曰益者增足之名損上益下故謂之益下已有矣而上更益之明聖人利物之无已也損卦則損下益上益卦則損上益下得名皆就下而不據上者向秀云明王之道志在惠下故取下謂之損與下謂之益既上行惠下之道利益萬物動而无違何往不利故曰利有攸往以益涉難理絕險阻故曰利涉大川**象曰益損上益下民說无疆**震陽也巽陰也巽非違震者也處上而巽不違於下損上益下之謂也〔疏〕正義曰此就二體釋卦名之義柔損在上剛動在下上巽不違於下損上益下之義也既居上者能自損以益下則下民懽說无復疆限益卦所以名益者正以損上益下民說无疆者也**自上下下其道大光利有攸往中正有慶**五處中正自上下下故有慶也以中正有慶之德有攸往也何適而不利哉〔疏〕正義曰此就九五之爻釋利有攸往中正有慶也五處中正能自上下下則其道光大爲天下之所慶順也以中正有慶之德故所往无不利爲益之所以利有攸往者正謂中正有慶故也**利涉大川木道乃行**木者以涉大川爲常而不溺者也以益涉難同乎木也〔疏〕正義曰此取譬以釋利涉大川也木體輕浮以涉大川爲常而不溺也以益涉難如木道之涉川涉川无害方見益之爲利故云利涉大川木道乃行也**益動而巽日進无疆天施地生其益无方**損下益上〔疏〕正義曰益動而巽日進无疆者自此已下廣明益義前則就二

體明損上益下以釋卦名以下有動求上能巽接是損上益下之義今執二體更明得益之方也若動而驕盈則彼損无已若動而卑巽則進益无疆故曰益動而巽日進无疆天施地生其益无方者此就天地廣明益之大義也天施氣於地地受氣而化生亦是損上益下義也其施化之益无有方所故曰天施地生其益无方**凡益之道與時偕行**益之爲用施未足也滿而益之害之道也故凡益之道與時偕行也〔疏〕正義曰雖施益无方不可恒用當應時行之故舉凡益總結之故曰凡益之道與時偕行也**象曰風雷益君子以見善則遷有過則改**遷善改過益莫大焉〔疏〕正義曰子夏傳云雷以動之風以散之萬物皆盈孟僖亦與此同其意言必須雷動於前風散於後然後萬物皆益如二月啓蟄之後風以長物八月收聲之後風以殘物風之爲益其在雷後故曰風雷益也遷謂遷徙慕尙改謂改更懲止遷善改過益莫大焉故君子求益以見善則遷有過則改也六子之中並有益物猶取雷風者何晏云取其最長可久之義也**初九利用爲大作元吉无咎**處益之初居動之始體夫剛德以莅其事而之乎巽以斯大作必獲大功夫居下非厚事之地在卑非任重之

處大作非小功所濟故元吉乃得无咎也〔疏〕正義曰大作謂興作大事也初九處益之初居動之始有興作大事之端又應剛能幹應巽不違有堪建大功之德故曰利用爲大作也然有其才而无其位得其時而无其處雖有殊功人不與也時人不與則咎過生焉故必元吉乃得无咎故曰元吉无咎

象曰元吉无咎下不厚事也時可以大作而下不可以厚事得其時而无其處故元吉乃得无咎也〔疏〕正義曰下不厚事者厚事猶大事也

六二或益之十朋之龜弗克違永貞吉王用享。于帝吉以柔居中而得其位處內履中居益以中益自外來不召自至不先不爲則朋龜獻策同於損卦六五之位位不當尊故吉在永貞也帝者生物之主興益之宗出震而齊巽者也六二居益之中體柔當位而應於巽享帝之美在此時也〔疏〕六二至王用享于帝吉○正義曰六二體柔居中當位應巽是居益而能用謙沖者也居益用謙則物自外來朋龜獻策弗能違也同於損卦六五之位故曰或益之十朋之龜弗克違也然位不當尊故永貞乃吉故曰永貞吉帝天也王用此時以享祭於帝明靈降福故曰王用享於帝吉也

象曰或益之自外來也〔疏〕正義曰自外來者明益之者從外自來不召而至也

六三益之用凶事无咎有孚中行告公用圭。以陰居陽求益者也故曰益之益不外來已自爲之物所不與故在謙則戮救凶則免以陰居陽處下卦之上壯之甚也用救衰危物所恃也故用凶事乃得无咎也若能益不爲私志在救難壯不至亢不失中行以此告公國主所任也用圭之禮備此道矣故曰有孚中行告公用圭也公者臣之極也凡事足以施天下則稱王次天下之大者則稱公六三之才不足以告王足以告公而得用圭也故曰中行告公用圭也〔疏〕六三至告公用圭○正義曰六三以陰居陽不能謙退是求益者也故曰益之益不外來已自爲之物所不與若以謙道責之則理合誅戮若以救凶原之則情在可恕然此六三以陰居陽處下卦之上壯之甚也用此以救衰危則物之所恃所以用凶事而得免咎故曰益之用凶事无咎若能求益不爲私己志在救難爲壯不至亢極能適於時是有信實而得中行故曰有孚中行也用此有孚中行之德執圭以告於公公必任之以救衰危之事故曰告公用圭○注以陰居陽至告公用圭也○正義曰告王者宜以文德燮理使天下人寧不當恆以救凶用志褊狹也

象曰益用凶事固有之也用施凶事乃得固有之也〔疏〕正義曰固有之者明其爲救凶則不可求益施之凶事乃得固有其功也

六四中行告公從利用爲依遷國居益之時處巽之始體柔當位在上應下卑不窮下高不處亢位雖不中用中行者也以斯告公何有不從以斯依遷誰有不納也〔疏〕正義曰六四居益之時處巽之始體柔當位在上應下卑不窮下高不處亢位雖不中用中行者也故曰中行也以此中行之德有事以告於公公必從之故曰告公從也用此道以依人而遷國者人无不納故曰利用爲依遷國也遷國國之大事明以中行雖有大事而无不利如周之東遷晉鄭焉依之義也

象曰告公從以益志也志得益也〔疏〕正義曰以益志者既爲公所從其志得益也

九五有孚惠心勿問元吉有孚惠我德得位履尊爲益之主者也爲益之大莫大於信爲惠之大莫大於心因民所利而利之焉惠而不費惠心者也信以惠心盡物之願固不待問而元吉有孚惠我德也以誠惠物物亦應之故曰有孚惠我德也〔疏〕正義曰九五得位處尊爲益之主兼張德義以益物者也爲益之大莫大於信爲惠之大莫大於心因民所利而利之焉惠而不費惠心者也有惠有信盡物之願必獲元吉不待疑問故曰有孚惠心勿問元吉我既以信惠被於物物亦以信惠歸於我故曰有孚惠我德也

象曰有孚惠心勿問之矣惠我德大得志也〔疏〕正義曰大得志者天下皆以信惠歸我則可以得志於天下故曰大得志也

上九莫益之或擊之立心勿恆凶處益之極過盈者也求益无已心无恆者也无厭之求人弗與也獨唱莫和是偏辭也人道惡盈怨者非一故曰或擊之也〔疏〕正義曰上九處益之極益之過甚者也求益无厭怨者非一故曰莫益之或擊之也勿猶无也求益无已是立心无恆者也无恆之人必凶咎之所集故曰立心勿恆凶

象曰莫益之偏辭也或擊之自外來也〔疏〕正義曰偏辭者此有求而彼不應是偏辭也自外來者怨者非一不待召也故曰自外來也

周易兼義卷第四　　太子少保江西巡撫阮元栞

周易注疏校勘記卷四

阮元撰盧宣旬摘錄

咸 此卦前石經題周易下經咸傳第四釋文岳本古本足利本同錢本題周易注疏卷第六宋本同

取女吉 石經岳本閩監毛本同釋文取本亦作娶○按娶正字取假借字

則萬物无由得應化而生 錢本閩監毛本同宋本應作變

以其各亢所處也 岳本閩監毛本同釋文亢本或作有

咸其拇 石經岳本閩監毛本同釋文拇子夏作𧿹荀作母

四屬外也 岳本閩監毛本也作卦古本上有卦字

咸其腓 石經岳本閩監毛本同釋文腓荀作肥

退不能靜處 岳本閩監毛本同古本足利本靜處作處靜案疏云靜守其處作處靜非

吝其宜也 此下十行本閩監毛本並脫去正義一段今據錢本宋本錄之於下正義曰咸其股執其隨往吝者九三處二之上轉高至股股之爲體動靜隨足進不能制足之動退不能靜守其處股是可動之物足動則隨不能自處常執其隨足之志故云咸其股執其隨施之於人自无操持志在隨人所執卑下以斯而往鄙吝之道故言往吝

憧憧往來 石經岳本閩監毛本同釋文憧憧京作憧

正而故得悔亡也 閩監毛本同浦鏜云而下當脫吉字

咸其輔頰舌 石經岳本閩監毛本同釋文輔虞作酺頰孟作俠

滕口說也 石經岳本閩監毛本同釋文滕九家作乘虞作騰鄭元又作媵口送也補毛本作媵媵送也案經滕字虞本作媵是滕口二字當媵媵之譌

恒

无疑亨字在三事之中 浦鏜云中當作外

釋訓卦名也 錢本閩監毛本同宋本釋訓作訓釋

因名此卦得其恒名 閩監毛本同宋本名作明

往无窮也 閩監毛本同岳本宋本古本足利本也作極

浚恒 石經岳本閩監毛本同釋文浚鄭作濬

令物无餘縕 閩監毛本同岳本錢本縕作蘊釋文出餘縕

或承之羞 石經岳本閩監毛本同釋文或承鄭本作咸承

振恒凶 石經岳本閩監毛本同釋文振張作震

遯

危至而後未行 補毛本未作求案未字宜衍正義是遯之爲後也可證

雖可免乎 閩本同監毛本雖作難不誤釋文出難可

物皆遯已 岳本閩監毛本同釋文已音以或音紀案音紀則當作人已字疏云物皆棄已而遯則正義本作已與或音合

係遯 石經岳本閩監毛本同釋文本或作繫○按凡相連屬謂之係此係遯是也

宜遯而繫 錢本宋本古本岡岳本閩監毛本繫作係下繫遯繫於所在不能遠害同

有疾憊也 石經岳本閩監毛本同釋文憊王肅作𤻓荀作備

𩟗繳不能及 岳本閩監毛本同釋文出繒繳○按𩟗正字繒假借字

大壯

一者謂陽爻 岳本閩監毛本一作大古本下有也字○補案大字是也正義標起止可證

遂廣美正人之義 補案人當作大

義歸天極 補毛本極作大

故正大則見天地之情 閩監毛本同錢本宋本則作卽

而順體也 岳本錢本閩監毛本體作禮釋文而愼禮也愼或作順

其人信其窮凶也 閩監毛本同錢本宋本其作有

羸其角 石經岳本閩監毛本同釋文羸王肅作縲鄭虞作纍蜀才作累張作虆

用之以爲羅罔於已 閩監毛本同宋本無以字

君子罔也 石經岳本閩監毛本同古本罔上有用字非

壯于大輿之輹 石經岳本閩監毛本同釋文輹本又作輻

能幹其任 岳本閩監毛本同古本任上有所字

二理自爲矛楯 錢本宋本同閩監毛本楯作盾

持疑猶豫 岳本閩監毛本同釋文猶與一本作預○按與豫之假借字預又豫之俗字

固志在一 岳本閩本古本足利本同閩監毛本一作三

疑之不已 閩監毛本同錢本宋本疑作欽

不詳也 石經岳本宋本閩監毛本同古本足利本詳作祥釋文不詳鄭王肅作祥案此則王弼本自作詳古本足利本非也

不詳也者 閩監毛本同錢本宋本詳作祥○〔補〕案下並同

晉 石經岳本閩監毛本同釋文孟作齊

所以在貴也 閩監毛本同岳本宋本古本足利本以作之案噬嗑注皆所之在貴也足證此文以字爲之字之誤

以顯著明自顯之道 閩本同岳本監毛本上顯作順古本下有也字○〔補〕案順字是也正義可證

之遙反 十行本此三字雙行夾注閩本作單行側注監毛本誤與正義字同

之召反 十行本此三字亦雙行夾注錢本宋本召作少閩監毛本與十行本同

進之初 閩監毛本同錢本宋本上有處字

而回其志 岳本閩監毛本同古本回誤曲下履貞不回同

處晦能致其誠者也 閩監毛本同岳本晦作悔

闇乎幽昧 閩監毛本同岳本宋本古本足利本闇作聞釋文出聞乎

故曰進如愁如 閩監本同毛本進作晉是也

故得其悔亡 閩監毛本同錢本宋本無其字

晉如鼫鼠 石經岳本閩監毛本同釋文鼫子夏傳作碩

正之厄也 〔補〕案厄當危字之譌正義正之危也可證毛本作危

不成一伎王 閩監毛本同錢本宋本王作術○按盧文弨云顏氏家訓作不成技術知王字誤也

能游不能度谷 閩監毛本同錢本宋本度作渡○按詩疏亦作渡

能穴不能掩身 詩疏掩作覆

陸機以爲雀鼠 閩監本同毛本機改璣非

失得勿恤 石經岳本閩監毛本同釋文失孟馬鄭虞王肅本作矢

能不用柔 〔補〕毛本柔作察

有慶者委任得人 盧文弨云疏讀失得勿恤往爲句故此上無往字

明夷

文王以之 石經岳本閩監毛本同釋文鄭荀向作似之下亦然

不爲邪干 〔補〕毛本干作諂

蔽僞百姓者也 岳本閩監毛本同釋文蔽僞本或作弊僞

巧所辟也補岳本毛本同古本足利本巧作乃閩本明監本辟作避

初處卦之始最遠於難也岳本閩監毛本同古本初下有九字也上有者字

夷于左股用拯馬岳本閩監毛本同石經股用拯三字漫漶釋文夷子夏作睇京作䁲左股姚作右槃拯子夏作抍

是行不能壯也閩監毛本同岳本宋本古本足利本是作示釋文出示行

然後乃免也岳本閩監毛本同釋文然後而免也一本作然後乃獲免也古本乃作獲

明夷于南狩石經岳本閩監毛本同釋文狩本亦作守

乃得大也石經岳本閩監毛本作乃大得也疏亦云是其志大得也○補案大得是也誤倒耳

事情之地補毛本事作懐

隨時辟難錢本閩監毛本同岳本宋本古本足利本隨作雖

獲心意也石經岳本閩監毛本同古本也誤者

箕子之明夷石經岳本閩監毛本同釋文蜀才箕作其劉向云今易箕子作荄滋

家人

卽入不失父道補毛本入作父

發邇化遠宋本閩本同監毛本化作見

則悔矣岳本閩監毛本同古本作則悔成矣足利本作則悔生矣

志未變也石經岳本閩監毛本同古本也上衍之字

家人嗃嗃石經岳本閩監毛本同釋文嗃嗃荀作確確劉作熇熇

婦子嘻嘻終吝石經岳本閩監毛本同古本終下衍之字釋文嘻嘻張作嬉嬉陸作喜喜

猶得其道岳本閩監毛本同集解作猶得吉也古本無猶字

上得終於家道補毛本上作乃

睽、

睽動而上補案動上當有火字

佐王治民補毛本王作主

與人合志閩監毛本同岳本宋本古本足利本人作四

馬者必顯之物岳本閩監毛本同古本下有也字釋文必顯一本作必類下相顯亦然

見謂遜接之也閩監毛本同錢本宋本無見字

以辟咎也閩監毛本同宋本辟作避

正義曰未失道者旣遇其主雖失其位亦未失道也此疏錢本宋本在九二疏末十行本在未失道也下閩本與十行本同監毛本脫去

其牛掣其人天且劓石經岳本閩監毛本同釋文掣鄭作挈子夏作契荀作觭劉本從說文作觢劓王肅作臲

有應故亡岳本閩監毛本同古本足利本亡上有悔字○按集解有悔字正義本同是古本之所據也

後說之弧石經岳本閩監毛本同釋文弧本亦作壺京馬鄭王肅翟子元作壺

豕失負塗閩本同岳本錢本宋本古本失作而監毛本作之足利本作也案而是

恢詭譎怪岳本閩監毛本同釋文譎本亦作決

未至於治先見殊怪閩監毛本同岳本錢本宋本足利本治作洽古本治先作合志一本治作合志二字

故見豕負塗岳本閩監毛本同古本故下有曰字

四剠其應岳本閩監毛本同錢本宋本古本剠作剌釋文出四剠

未至於治　閩監毛本同宋本治作治

乃得與二爲婚媾矣　閩監毛本同錢本宋本二作三

故爲舉莛與楹　孫志祖云今本莊子故爲下有是字

蹇

利西南　石經岳本閩監毛本同古本利下衍也字

西南險位　閩本同宋本險作地監毛本作順

吉可得乎　岳本閩監毛本同古本吉下有何字一本作吉何可得也足利本上有何字

以正邦也　石經岳本閩監毛本同釋文正邦荀陸本作正國爲漢朝諱

宜待也　岳本閩監毛本同石經待也二字漫漶釋文張本作宜時也鄭本宜待時也

處難之時　岳本閩監毛本同錢本宋本古本之作窮

處蹇以比　補毛本比作此

而在難中　錢本閩監本同毛本而作倘

往則失之　岳本閩監毛本同錢本宋本古本作往之則失

以從陽　閩監毛本同宋本以下有陰字

解

利施於衆遇難不困于東北　岳本閩監毛本遇難作也亦宋本難不困于東北作亦不因于東北

一音古買反一音胡買反　錢本宋本同閩本胡作故監毛本作諧又錢本宋本古買反胡買反六字小注

解難而濟厄者也　十行本難字闕岳本如此閩監毛本同古本足利本厄作危下放此釋文厄或作危○補難字今依挍補栞

則以速爲吉者　閩監毛本同岳本宋本古本足利本者作也

卽見免說於險　宋本同閩監毛本見作是說作脫

而百果草木皆甲坼　石經岳本錢本坼作坼是也下注及正義並同閩監毛本作拆非宋本注疏皆作甲坼經文坼字不明當亦作坼釋文坼馬陸作宅

无坼而不釋也　補案坼當作坼毛本作所非也

君子以赦過宥罪　石經岳本閩監毛本同釋文宥京作尤

或有過咎非其理也　岳本閩監毛本同釋文遇或作過一本無此八字古本亦無此八字

非理之當也　補毛本當作常

搜獲懽盡　補毛本懽作備

乘二負四以容其爲寇之來也　補毛本爲作身

自我致戎　石經岳本閩監毛本同釋文本又作致寇

解而拇　石經岳本閩監毛本同釋文拇皆作母

言此寇雖由己之招　閩監毛本同錢本宋本雖作難○補案所改是也

極則後動　閩本同岳本監毛本則作而○補案而字是也正義可證

隼於人家高墉　補案隼當作集因上隼之爲鳥隼字而誤也

損　此卦前錢本宋本題周易注疏卷第七

二簋可用享　石經岳本閩監毛本同釋文二簋蜀才作軌

準下王注　閩監毛本同錢本準作淮

損下而不爲邪　按下注作損剛

則是无咎可正　錢本閩監毛本同宋本咎作過

得正旨矣　閩監毛本同錢本宋本正作王盧文弨云王謂王弼也

君子以懲忿窒欲　石經岳本閩監毛本同釋文徵劉作懲蜀才作澄窒鄭劉作懫孟作恎陸作咨欲孟作浴

莫善忿欲也　岳本閩監毛本同古本足利本善下有損字

巳事遄往　石經岳本閩監毛本同釋文巳本亦作以虞作祀遄荀作顓

不敢宴安　閩監毛本同岳本古本足利本敢作可

利貞征凶　石經岳本閩監毛本同古本征作往注同

柔下可全益剛不可全削　下不之誤岳本閩監毛本不誤古本全上並有以字

謂自六三已上三陰也　岳本閩監毛本同釋文出以上按以已古多通用

乃得化醇　岳本閩監毛本同宋本占本足利本醇作淳疏同釋文出化淳

三八疑加疑惑也　閩監毛本同錢本宋本上疑作益

無復企子之疾　錢本宋本子作予閩監毛本無作无

智者慮能　閩監毛本同岳本智作知釋文出知者

則衆才之用事矣　補案正義事當作盡毛本不誤

自上祐也　石經岳本閩監毛本同釋文祐本亦作佑

吉無不利義同也　閩監毛本無作无錢本無也字

不制於柔　岳本閩監毛本同釋文不制一本作下制

不利於柔　補宋本不利作下制閩監毛本作不制案不制正與注同然注不字亦疑是下字之譌

益

損下益上　岳本閩監毛本作損上益下是也古本下有也字下必獲大功下與益之宗下救凶則免下並同

君子以見善則遷　岳本閩監毛本同石經善字磨改

又應剛能幹　閩監毛本同錢本宋本應作體○補案體字是也注體大剛德可證

王用享于帝吉　岳本閩監毛本同石經下五字漫滅釋文出用亨案此釋文據宋本通志堂本作享

出震而齊巽者也　岳本閩監毛本同古本齊誤濟

居益以中　補案中當作沖下正義居益而能用謙沖者也可證

不先不爲　補案爲當作違

告公用圭　石經岳本閩監毛本同釋文用圭王肅作用桓圭

不失中行　岳本閩監毛本同古本上有故字

誰有不納也　岳本閩監毛本同古本足利本誰作何

固不待問而元吉有孚惠我德也　閩監毛本同岳本宋本古本足利本固作故浦鏜云下六字疑衍文

兼張德義　閩監毛本同錢本宋本張作宏

无厭之求　岳本閩監毛本同釋文出無厭

偏辭也　石經岳本閩監毛本同釋文偏孟作徧

周易注疏校勘記卷四

周易兼義下經夬傳卷第五

國子祭酒上護軍曲阜縣開國子臣孔穎達奉勑撰正義

王弼注

䷪ 乾下兌上 **夬揚于王庭孚號有厲告自邑不利即戎利有攸往** 夬與剥反者也剥以柔變剛至於剛幾盡夬以剛決柔如剥之消剛剛隕則君子道消柔消則小人道隕君子道消則剛正之德不可得直道而用刑罰之威不可得坦然而行揚于王庭其道公也 〔疏〕夬揚于王庭至利有攸往○正義曰夬決也此陰消陽息之卦也陽長至五五陽共決一陰故名為夬也揚于王庭者明行決斷之法夬以剛決柔施之於人則是君子決小人也王庭是百官所在之處以君子決小人故可以顯然發揚決斷之事於王者之庭示公正而无私隱也故曰揚于王庭也孚號有厲者號號令也行決之法先須號令夬以剛決柔則是用明信之法而宣其號令如此即柔邪者危故曰孚號有厲也以剛制斷行令於邑可也若用剛即戎尚力取勝為物所疾以此用師必有不利故

曰告自邑不利即戎雖不利即戎然剛德不長則柔邪不消故陽爻宜有所往夬道乃成故曰利有攸往也 **彖曰夬決也剛決柔也健而說決而和** 健而說則決而和矣 〔疏〕彖曰至決而和○正義曰夬決也剛決柔者此就爻釋卦名也健而說決而和者此就二體之義明決而能和乾健而兌說健則能決說則能和故曰決而和也○**揚于王庭柔乘五剛也** 剛德齊長一柔為逆衆所同誅而无忌者也故可揚于王庭○〔疏〕正義曰此因一陰而居五陽之上釋行決之法以剛德齊長一柔為逆衆所同誅誅而无忌也故曰揚于王庭言所以得顯然揚于王庭者只謂柔乘五剛也 **孚號有厲其危乃光也** 剛正明信以宣其令則柔邪者危故曰其危乃光也 〔疏〕正義曰以明信而宣號令即柔邪者危厲危厲之理分明可見故曰其危乃光也○**告自邑不利即戎所尚乃窮也** 以剛斷制告令可也告自邑謂行令於邑也用剛即戎尚力取勝也尚力取勝物所同疾也 〔疏〕正義曰剛克之道不可常行若專用威猛以此即戎則便為尚力取勝即是決而不和其道窮矣行決所以惟告自邑不利即戎者只謂所尚乃窮

故**利有攸往剛長乃終也** 剛德愈長柔邪愈消故利有攸往道乃成也 〔疏〕正義曰道成也剛長柔消夬道乃成也 **象曰澤上於天夬君子以施祿及下居德則忌** 澤上於天夬之象也澤上於天必來下潤施祿及下之義也夬者明法而決斷之象也忌止也法明斷嚴不可以慢故居德以明禁也施而能嚴嚴而能施健而能說決而能和美之道也 〔疏〕象曰至居德則忌○正義曰澤上於天夬者澤性潤下雖復澤上於天決來下潤此事必然故是夬之象也君子以施祿及下居德則忌者忌禁也決有二義象則澤來潤下象則明法決斷所以君子法此夬義威惠兼施雖復施祿及下其在身居德復須明其禁令合於健而能說決而能和故曰君子以施祿及下居德則忌也 **初九壯于前趾往不勝為咎** 居健之初為決之始宜審其策以行其事壯其前趾往而不勝宜其咎也 〔疏〕正義曰初九居夬之初當須審其籌策然後乃往而體健處下徒欲果決壯其前趾以此而往必不克勝非決之謀所以為咎故曰初九壯于前趾往不勝為咎也 **象曰不勝而往咎也** 不勝之理在往前也 〔疏〕正義曰經稱往

不勝為咎象云不勝而往咎翻其文者蓋暴虎馮河孔子所忌謬於用壯必無勝理孰知不勝果決而往所以致於咎過故注云不勝之理在往前也 **九二惕號莫夜有戎勿恤** 居健履中以斯決事能審己度而不疑者也故雖有惕懼號呼莫夜有戎不憂不惑故勿恤也 〔疏〕正義曰九二體健居中能決其事而无疑惑者也雖復有人惕懼號呼語之云莫夜必有戎卒來害己能審己度不惑不憂故勿恤也 **象曰有戎勿恤得中道也** 〔疏〕正義曰得中道者決事而得中道故不以有戎為憂故云得中道也 **九三壯于頄有凶君子夬夬獨行遇雨若濡有慍无咎** 頄面權也謂上六也最處體上故曰權也剥之六三以應陽為善夫剛長則君子道興陰盛則小人道長然則處陰長而助陽則善處剛長而助柔則凶矣夬為剛長而三獨應上六助於小人是以凶也君子處之必能棄夫情累決之不疑故曰夬夬也若不與衆陽為羣而獨行殊志應於小人則受其困焉遇雨若濡有恨而无所咎也 〔疏〕九三壯于頄至无咎○正義曰壯于頄有凶者頄面權也謂上六也言九三處夬之時獨應上六助於小人是以凶也若剥之六三處陰長之

時而應上是助陽爲善今九三處剛長之時獨助陰爲凶也君子夬夬者君子之人若於此時能棄其情累不受於應在於決斷而无滯是夬夬也獨行遇雨若濡有愠无咎者若不能決斷殊於衆陽應於小人則受濡濕其衣自爲怨恨无咎責於人故曰有愠无咎也

象曰君子夬夬終无咎也〔疏〕正義曰衆陽決陰獨與上六相應是有咎也若能夬夬決之不疑則終无咎矣然則象云无咎自釋君子夬夬非經之无咎也

九四臀无膚其行次且牽羊悔亡聞言不信不剛而進非已所據必見侵傷失其所安故臀无膚其行次且也羊者抵狠難移之物謂五也五爲夬主非下所侵若牽於五則可得悔亡而已剛亢不能納言自任所處聞言不信以斯而行凶可知矣○〔疏〕九四臀无膚至聞言不信○正義曰臀无膚其行次且者九四據下三陽位又不正下剛而進必見侵傷侵傷則居不得安若臀无膚矣次且行不前進也臀之无膚居既失安行亦不進故曰臀无膚其行次且也牽羊悔亡聞言不信者羊者抵狠難移之物謂五也居尊當位爲夬之主下不敢侵若牽於五則可得悔亡故曰牽羊悔亡然四亦是剛陽各亢所處雖復聞牽羊之言不肯信服事於五故曰聞言不信也○

象曰其行次且位不當也聞言不信聰不明也同於噬嗑滅耳之凶〔疏〕聰不明也○正義曰聰不明者聰聽也良由聽之不明故聞言不信也○注同於噬嗑滅耳之凶○正義曰四既聞言不信不肯牽係於五則必被侵克致凶而經无凶文象稱聰不明者與噬嗑上九辭同彼以不明釋凶知此亦爲凶也

九五莧陸夬夬中行无咎莧陸草之柔脆者也決之至易故曰夬夬也夬之爲義以剛決柔以君子除小人者也而五處尊位最比小人躬自決者也以至尊而敵至賤雖其克勝未足多也處中而行足以免咎而已未足光也〔疏〕九五至无咎○正義曰莧陸草之柔脆者也夬之爲義以剛決柔以君子除小人者也五處尊位爲夬之主親決上六決之至易也如決莧草然故曰莧陸夬夬也但以至尊而敵於至賤雖其克勝不足貴也特以中行之故纔得无咎故曰中行无咎○注莧陸草之柔脆者○正義曰莧陸草之柔脆者子夏傳云莧陸木根草莖剛下柔上也馬融鄭玄王肅皆云莧陸一名商陸皆以莧陸爲一黄遇云莧人莧也陸商陸也以莧陸爲二案注直云草之柔脆者亦以爲一同於子夏等也

象曰中行无咎中未光也〔疏〕正義曰中未光者雖復居中而行以其親決上六以尊敵卑未足以爲光大也

上六无號終有凶處夬之極小人在上君子道長衆所共棄故非號咷所能延也〔疏〕正義曰上六居夬之極以小人而居羣陽之上衆共棄也君子道長小人必凶非號咷所免故禁其號咷曰无號終有凶也

象曰无號之凶終不可長也〔疏〕正義曰終不可長者長延也凶危若此非號咷所能延故曰終不可長也

☰☴巽下乾上**姤女壯勿用取女**〔疏〕正義曰姤遇也此卦一柔而遇五剛故名爲姤施之於人則是一女而遇五男爲壯至甚故戒之曰此女壯甚勿用取此女也

象曰姤遇也柔遇剛也施之於人即女遇男也一女而遇五男爲壯至甚故不可取也〔疏〕正義曰此就爻釋卦名以初六一柔而上遇五剛所以名遇而用釋卦辭女壯勿用取女之義也

勿用取女不可與長也天地相遇品物咸章也正乃功成也〔疏〕勿用取女至品物咸章也○正義曰勿用取女不可與長者女之爲體婉娩貞順方可期之偕老淫壯若此不可與之長久故勿用取女天地相遇品物咸章者已

下廣明遇義卦得遇名本由一柔與五剛相遇故遇辭非美就卦而取遂言遇不可用是勿用取女也故孔子更就天地歎美遇之爲義不可廢也天地若各亢所處不相交遇則萬品庶物无由彰顯必須二氣相遇乃得化生故曰天地相遇品物咸章

剛遇中正天下大行也化乃大行也〔疏〕正義曰莊氏云一女而遇五男既不可取天地匹配則能成品物由是言之若剛遇中正之柔男得幽貞之女則天下人倫之化乃得大行也

姤之時義大矣哉凡言義者不盡於所見中有意謂者也〔疏〕姤之時義大矣哉正義曰上既博美此又結歎欲就卦而取義但是一女而遇五男不足稱美博論天地相遇乃致品物咸章然後姤之時義大矣哉○注凡言義者至有意謂者也○正義曰注總爲稱義發例故曰凡言也就卦以驗名義只是女遇於男博尋遇之深旨乃至道該天地故云不盡於所見中有意謂者也

象曰天下有風姤后以施命誥四方〔疏〕正義曰風行天下則无物不遇故爲遇象后以施命誥四方者風行草偃天之威令故人君法此以施教命誥於四方也

初六繫于金柅貞吉有攸往見凶羸豕孚

蹢躅。金者堅剛之物柅者制動之主謂九四也初六處遇之始以一柔而承五剛體夫躁質得遇而通散而无主自縱者也柔之爲物不可以不牽臣妾之道不可以不貞故必繫于正應乃得貞吉也若不牽于一而有攸往行則唯凶是見矣羸豕謂牝豕也羣豕之中豭强而牝弱故謂之羸豕也孚猶務躁也夫陰質而躁恣者羸豕特甚焉言以不貞之陰失其所牽其爲淫醜若羸豕之孚務蹢躅也

疏初六繫于金柅至羸豕孚蹢躅○正義曰繫于金柅貞吉者金者堅剛之物柅者制動之主謂九四也初六陰質若繫於正應以從於四則貞而吉矣故曰繫于金柅貞吉也有攸往見凶者若不牽於一而有所行往則惟凶是見矣故曰有攸往見凶羸豕孚蹢躅者初六處遇之初以一柔而承五剛是不繫金柅有所往者也不繫而往則如羸豕之務躁而蹢躅然也故曰羸豕孚蹢躅羸豕謂牝豕也羣豕之中豭强而牝弱也故謂牝豕爲羸豕陰質而淫躁牝豕特甚焉故取以爲喻○注柅者制動之主者○正義曰柅者制動之主者柅之爲物衆說不同王肅之徒皆爲織績之器婦入所用惟馬云柅者在車之下所以止輪令不動者也王注云柅制動之主蓋與馬同

象曰繫于金柅柔道牽也疏正義曰柔道牽者陰柔之道必須有所牽繫也

九二包有魚无咎不利賓初陰而窮下故稱魚不正之陰處遇之始不能逆近者也初自樂來應己之廚非爲犯奪故无咎也擅人之物以爲己惠義所不爲故不利賓也疏正義曰庖有魚无咎者初六以陰而處下故稱魚也以不正之陰處遇之始不能逆於所近故捨九四之正應樂充九二之庖廚故曰九二庖有魚初自樂來爲己之廚非爲犯奪故得无咎也不利賓者夫擅人之物以爲己惠義所不爲故不利賓也

象曰包有魚義不及賓也疏正義曰義不及賓者言有他人之物於義不可及賓也

九三臀无膚其行次且厲无大咎處下體之極而二據於初不爲己乘居不獲安行爲其應不能牽據以固所處故曰臀無膚其行次且也然履得其位非爲妄處不遇其時故使危厲災非已招是以无大咎也疏正義曰陽之所據者陰也九三處下體之上爲內卦之主以乘於二无陰可據居不獲安上又无應不能牽據以固所處同於夬卦九四之失據故曰臀无膚其行次且也然復得其位非爲妄處特以不遇其時故致此危厲災非已招故无大咎故曰厲无大咎

象曰其行次且行未牽也疏正義曰行未牽者未能牽據故其行次且是行未牽也

九四包无魚起凶二有其魚故失之也无風而動失應而作是以凶也疏正義曰庖无魚者二擅其應故曰庖无魚也庖之无魚則是无民之義也起凶者起動也无民而動失應而作是以凶也

象曰无魚之凶遠民也疏正義曰遠民者陰爲陽之民爲二所據故曰遠民也

九五以杞包瓜含章有隕自天杞之爲物生於肥地者也包瓜爲物繫而不食者也九五履得尊位而不遇其應得地而不食含章而未發不遇其應命未流行然處得其所體剛居中志不舍命不可傾隕故曰有隕自天也疏九五以杞包瓜至有隕自天○正義曰以杞匏瓜者杞之爲物生於肥地匏瓜爲物繫而不食九五處得尊位而不遇其應是得地而不食故曰以杞匏瓜也含章有隕自天者不遇其應命未流行无物發起其美故曰含章然體剛居中雖復當位命未流行而不能改其操无能傾隕之者故曰有隕自天蓋言惟天能隕之耳○注杞之爲物生於肥地者也○正義曰杞之爲物生於肥地者也先儒説杞亦有不同馬云杞大木也左傳云杞梓皮革自楚注則爲杞梓之杞子夏傳曰作杞匏瓜薛虞記云杞杞柳也杞性柔刃宜屈橈似匏瓜又爲杞柳之杞案王氏云生於肥地蓋以杞爲今之枸杞也

象曰九五含章中正也有隕自天志不舍命也疏正義曰中正者中正故有美无應故含章而不發若非九五中正則无美可含故舉爻位而言中正也志不舍命者雖命未流行而居尊當位志不舍命故曰不可傾隕也

上九姤其角吝无咎進之於極无所復遇遇角而已故曰姤其角也進而无遇獨恨而已不與物爭其道不害故无凶咎也疏正義曰姤其角者角者最處體上上九進之於極无所復遇遇角而已故曰姤其角也吝无咎者角非所安與无遇等故獨恨而鄙吝也然不與物爭其道不害故无凶咎故曰无咎也

象曰姤其角上窮吝也疏正義曰上窮吝者處於上窮所以遇角而吝也

䷬坤下兌上萃亨聚乃通也疏正義曰萃卦名也又萃聚也聚集之義也能招民聚物使物歸而聚己故名爲萃也亨者通也擁隔不通无由得聚聚之爲事其道必通故云萃亨

王假有廟假至聚王以聚至有廟也疏正義曰假至也天下崩離則民怨神怒雖復享祀與无廟同王至大聚之時孝德乃昭始可謂之有廟矣

故曰王假有廟。**利見大人亨利貞**聚得大人乃得通而利正也。〔疏〕正義曰聚而無主不散則亂，惟有大德之人能弘正道，乃得常通而利正，故曰利見大人亨利貞也。**用大牲吉**全乎聚道用大牲乃吉也。聚道不全而用大牲，神不福也。〔疏〕正義曰大人爲王，聚道乃全，以此而用大牲，神明降福，故曰用大牲吉也。**利有攸往**〔疏〕正義曰人聚神祐，何往不利，故曰利有攸往也。**彖曰萃聚也順以說剛中而應故聚也**但順而說則邪佞之道也，剛而違於中應則强亢之德也，何由得聚？順說而以剛爲主，主剛而履中，履中以應，故得聚也。〔疏〕彖曰至故聚也。○正義曰萃聚者，訓萃名也。順以說剛中而應故聚者，此就二體及九五之爻釋所以能聚也。若全用順說，則邪佞之道興；全用剛陽而違於中應，則强亢之德著，何由得聚？今順以說而剛爲主，則非邪佞也；應不失中，則非偏亢也。如此方能聚物，故曰順以說剛中而應故聚也。**王假有廟致孝享也**全聚乃得致孝之享也。〔疏〕正義曰享，獻也。聚道既全，可以至於有廟設祭祀而致孝享也。**利見大人亨聚以正也**大人體中正者也。通衆以正，聚乃得全也。

〔疏〕正義曰釋聚所以利見大人乃得通而利正者，良由大人有中正之德，能以正道通而化之，然後聚道得全，故曰聚以正也。**用大牲吉利有攸往順天命也**順以說而不損剛，順天命者也。天德剛而不違中，順天則說而以剛爲主也。〔疏〕正義曰天之爲德，剛不違中。今順以說而以剛爲主，是順天命也。動順天命，可以享於神明，无往不利，所以得用大牲吉利有攸往者，只爲順天命也。**觀其所聚而天地萬物之情可見矣**方以類聚，物以羣分，情同而後乃聚，氣合而後乃羣。〔疏〕正義曰此廣明萃義而歎美之也。凡物所以得聚者，由情同也。情志若乖，无由得聚，故觀其所聚，則天地萬物之情可見矣。**象曰澤上於地萃君子以除戎器戒不虞**聚而无防，則衆心生。〔疏〕正義曰澤上於地，則水潦聚，故曰澤上於地萃也。除者，治也。人既聚會，不可无防備，故君子於此之時，脩治戎器，以戒備不虞也。**初六有孚不終乃亂乃萃若號一握爲笑勿恤往无咎**有應在四，而三承之，心懷嫌疑，故有孚不終也。不能守道以結至好，迷務競爭，故乃亂乃萃也。一握者，小之貌也。爲笑者，儒劣之貌也。已爲正配，三以近寵，若安夫卑退，謙以自牧，則勿恤而往无咎也。〔疏〕初六有孚至往无咎。○正義曰有孚不終乃亂乃萃者，初六有應在四，而三承之。萃聚之時，貴於近合，見三承四，疑四與三始以中應相信，不以他意相阻，故曰有孚不終也。既心懷嫌疑，則情意迷亂，奔馳而行，萃不以禮，故曰乃亂乃萃。一握者，小之貌也。自比一握之間，言至小也。爲笑者，非嚴毅之容，言儒劣也。已爲正配，三以近寵，若自號比爲一握之小，執其謙退之容，不與物爭，則不憂於三，往必得合而无咎矣。故曰若號一握爲笑勿恤往无咎也。**象曰乃亂乃萃其志亂也**〔疏〕正義曰其志亂者，只爲疑四與三，故志意迷亂也。**六二引吉无咎孚乃利用禴**居萃之時，體柔當位，處坤之中，己獨處正，與衆相殊，異操而聚，民之多僻，獨正者危矣。能變體以遠於害，故必見引，然後乃吉而无咎也。禴，殷者祭名也，四時祭之省者也。居聚之時，處於中正，而行以忠信致之，以省薄薦於鬼神也。〔疏〕六二至利用禴。○正義曰引吉无咎者，萃之爲體，貴相從就，聚道乃成。今六二以陰居陰，復在坤體，志於靜退，則是守中未變，不欲相從者也。乖衆違時，則致危害，故須牽引乃得吉而无咎也。故曰引吉无咎。孚乃利用禴者，禴殷者，

祭之名也，四時之祭最薄者也。雖乖於衆，志須牽引，然居中得正，忠信而行，故可以省薄祭於鬼神也。故曰孚乃利用禴。**象曰引吉无咎中未變也**〔疏〕正義曰中未變也者，釋其所以須引乃吉，良由居中未變。**六三萃如嗟如无攸利往无咎小吝**履非其位，以比於四，四亦失位，不正相聚，相聚不正，患所生也。干人之應，害所起也。故萃如嗟如无攸利也。上六亦无應而獨立，處極而憂危，思援而求朋，巽以待物者也。與其萃於不正，不若之於同志，故可以往而无咎也。二陰相合，猶不若一陰一陽之至，故有小吝也。〔疏〕六三萃如嗟如至小吝。○正義曰居萃之時，履非其位，以比於四，四亦失位，不正相聚，相聚不正，患所生也。干人之應，害所起也。故曰萃如嗟如无攸利也。往无咎小吝者，上六亦无應而獨立，處極而憂危，思援而求朋，巽以待物者也。與其萃於不正，不若之於同志，故可往而无咎。但以上六是陰，已又是陰，以二陰相合，猶不若一陰一陽之應，故有小吝也。**象曰往无咎上巽也**〔疏〕正義曰以上體柔巽，以求其朋，故三可以往而无咎也。**九四大吉无咎**履非其位，而下據三陰，得其所據，失其所處。處聚之時，不正而據，故必大吉，立夫大功，然後无

咎也。【疏】正義曰：以陽處陰，明履非其位，又不據三陰，得其所據，失其所處。處聚之時，不正而據，是其凶也。若以萃之時，立夫大功，獲其大吉，乃得无咎，故曰大吉无咎。**象曰：大吉无咎，位不當也。**【疏】正義曰：位不當者，謂以陽居陰也。

九五：萃有位，无咎。匪孚，元永貞，悔亡。處聚之時，最得盛位，故曰萃有位也。四專而據，己德不行，自守而己，故曰无咎匪孚。夫脩仁守正，久必悔消，故曰元永貞悔亡。【疏】九五至悔亡。正義曰：九五處聚之時，最得盛位，故曰萃有位也。既得盛位，所以无咎。匪孚者，良由四專而據，己德化不行，信不孚物，自守而己，故曰无咎匪孚。若能修夫大德，久行其正，則其悔可消，故曰元永貞悔亡。**象曰：萃有位，志未光也。**【疏】正義曰：志未光也者，雖有盛位，然德未行，久乃悔亡，今時志意未光大也。

上六：齎咨涕洟，无咎。處聚之時，居於上極，五非所乘，內无應援，處上獨立，近遠无助，危莫甚焉。齎咨，嗟歎之辭也。若能知危之至，懼禍之深，憂病之甚，至于涕洟，不敢自安，亦衆所不害，故得无咎也。【疏】正義曰：齎咨者，居萃之時，最處上極，五非所乘，內又无應，處上獨立，无其援助，危亡之甚，居不獲安，故齎咨而嗟歎也。若能知

有危亡，懼害之深，憂危之甚，至於涕洟滂沲，如此居不獲安，方得衆所不害，故无咎矣。自目出曰涕，自鼻出曰洟。**象曰：齎咨涕洟，未安上也。**【疏】正義曰：未安上者，未敢安居其上所乘也。

䷭ 巽下坤上　**升：元亨，用見大人，勿恤。**巽順可以升，陽爻不當尊位，无嚴剛之正，則未免於憂，故用見大人，乃勿恤也。【疏】正義曰：升元亨者，升，卦名也。升者，登上之義，升而得大通，故曰升元亨也。用見大人勿恤者，升者，登也。陽爻不當尊位，无剛嚴之正，則未免於憂，故用見大德之人，然後乃得无憂恤，故曰用見大人勿恤。**南征吉。**以柔之南，則麗乎大明也。【疏】正義曰：非直須見大德之人，復宜適明陽之地，若以陰之陰，彌足其闇也。南是明陽之方，故云南征吉也。**象曰：柔以時升，**柔以其時，乃得升也。【疏】正義曰：升之爲義，自下升高，故就六五居尊以釋名升之意。六五以陰柔之質，超升貴位，若不得時，則不能升耳，故曰柔以時升也。**巽而順，剛中而應，是以大亨。**純柔則不能自升，剛亢則物不從，既以時升，又巽而順，剛中而應，以此而升，故得大亨。【疏】正義曰：此就二體及九二之爻釋元亨之德也。純柔則不能自升，剛亢則物所不從。

卦體既巽且順，爻又剛中而應於五，有此衆德，故得元亨。**用見大人，勿恤，有慶也。南征吉，志行也。**巽順以升，至于大明，志行之謂也。【疏】正義曰：用見大人勿恤有慶者，以大通之德，用見大人，不憂否塞，必致慶善，故曰有慶也。南征吉志行者，之於闇昧，則非其本志，今以柔順而升大明，其志得行也。**象曰：地中生木，升。君子以順德，積小以高大。**【疏】正義曰：地中生木，升者，地中生木，始於細微，以至高大，故爲升象也。君子以順德積小以高大者，地中生木，始於毫末，終至合抱，君子象之，以順行其德，積其小善，以成大名，故繫辭云「善不積，不足以成名」是也。

初六：允升，大吉。允，當也。巽卦三爻皆升者也，雖无其應，處升之初，與九二、九三合志俱升，當升之時，升必大得，是以大吉也。【疏】正義曰：允，當也。巽卦三爻皆應升上，而二、三有應於五、六，升之不疑，惟初无應於上，恐不得升，當二、三升時，與之俱升，必大得矣，故曰允升大吉也。**象曰：允升大吉，上合志也。**【疏】正義曰：上謂二、三也，與之合志，俱升乃得大吉也。

九二：孚乃利用禴，无咎。與五爲應，往必見任，體夫剛德，進不求寵，

閑邪存誠，志在大業，故乃利用禴，約于神明矣。【疏】正義曰：九二與五爲應，往升於五，必見信任，故曰孚。二體剛德，而履乎中，進不求寵，志在大業，用心如此，乃可薦其省約于神明而无咎也，故曰孚乃利用禴无咎。**象曰：九二之孚，有喜也。**【疏】正義曰：有喜也者，上升則爲君所任，薦約則爲神所享，斯之爲喜，不亦宜乎。

九三：升虛邑。履得其位，以陽升陰，以斯而舉，莫之違距，故若升虛邑也。【疏】正義曰：九三履得其位，升於上六，上六體是陰柔，不距於己，若升空虛之邑也。**象曰：升虛邑，无所疑也。**往必得邑。【疏】正義曰：无所疑者，往必得邑，何所疑乎。

六四：王用亨于岐山，吉，无咎。處升之際，下升而進，可納而不可距也。距下之進，攘來自專，則殃咎至焉。若能不距而納，順物之情，以通庶志，則得吉而无咎矣。岐山之會，順事之情，无不納也。【疏】正義曰：王用亨于岐山者，六四處升之際，下體二爻皆來上升，可納而不可距，事同文王岐山之會，故曰王用亨於岐山也。吉无咎者，若能納而不距，順物之情，則得吉而无咎，故曰吉无咎也。**象曰：王用亨于岐山，順事也。**【疏】正義曰：順事者，順物之情而立功立事，故曰順

事也

六五貞吉升階升得尊位，體柔而應，納而不距任而不專，故得貞吉升階而尊也〔疏〕正義曰貞吉升階者六五以柔居尊位納於九二不自專權故得貞吉升階保是尊貴而踐阼矣故曰貞吉升階也象曰貞吉升階大得志也〔疏〕正義曰大得志者居中而得其貞吉處尊而保其升階志大得矣故曰大得志也

上六冥升利于不息之貞處貞之極進而不息者也進而不息故雖冥猶升也故施於不息之正則可用於爲物之主則喪矣終於不息消之道也〔疏〕正義曰冥升者冥猶暗也處升之上進而不已則是雖冥猶升也故曰冥升利于不息之貞者若冥升在上陵物爲主則喪亡斯及若潔已脩身施於爲政則以不息爲美故曰利於不息之貞象曰冥升在上消不富也勞不可久也〔疏〕正義曰消不富者雖爲政不息交免危咎然勞不可久終致消衰故曰消不富也

☵☱坎下兌上困亨困必通也處窮而不能自通者小人也〔疏〕正義曰困者窮厄委頓之名道窮力竭不能自濟故名爲困亨者卦德也小人遭困則窮斯濫矣君子遇之則不改其操君子處困而不失其自通之道故曰困亨也貞大人吉无咎處困而得无咎吉乃免也〔疏〕正義曰處困而能自通必是履正體大之人能濟於困然後得吉而无咎故曰貞大人吉无咎也有言不信〔疏〕正義曰處困求濟在於正身脩德若巧言能辭人所不信則其道彌窮故誡之以有言不信也象曰困剛揜也剛則揜於柔也〔疏〕正義曰此就二體以釋卦名兌陰卦爲柔坎陽卦爲剛坎在兌下是剛見揜於柔也剛應升進今被柔揜施之於人其猶君子爲小人所蔽以爲困窮矣險以說困而不失其所亨處險而不改其說困而不失其所亨也〔疏〕正義曰此又就二體名訓以釋亨德也坎險而兌說所以困而能亨者良由君子遇困安其所遇雖居險困之世不失暢說之心故曰險以說困而不失其所亨也其唯君子乎貞大人吉以剛中也處困而用剛不失其中履正而能體大者也能正而不能大博未能說困者也故曰貞大人吉也〔疏〕正義曰其唯君子乎者結歎處困能通非小人之事唯君子能然也貞大人吉以剛中者此就二五之爻釋貞大人之義剛則正直所以爲貞中而不偏所以能大若正而不大未能濟困處困能濟濟乃得吉而无咎也故曰貞大人吉以剛中也有言不信尚口乃窮也處困而言不見信之時也非行言之時而欲用言以免必窮者也其吉在於貞大人口何爲乎〔疏〕正義曰處困求通在於修德非用言以免困徒尚口說更致困窮故曰尚口乃窮也象曰澤无水困君子以致命遂志澤无水則水在澤下水在澤下困之象也處困而屈其志者小人也君子固窮道可忘乎〔疏〕正義曰澤无水困者謂水在澤下則澤上枯槁萬物皆困故曰澤无水困也君子以致命遂志者君子之人守道而死雖遭困厄之世期於致命喪身必當遂其高志不屈撓而移改也故曰致命遂志也

初六臀困于株木入于幽谷三歲不覿最處底下沈滯卑困居无所安故曰臀困于株木也欲之其應二隔其路居則困于株木進不獲拯必隱遯者也故曰入于幽谷也困之爲道不過數歲者也以困而藏困解乃出故曰三歲不覿也〔疏〕初六臀困于株至三歲不覿○正義曰臀困于株木者初六處困之時以陰爻最居窮下沈滯卑困居不獲安若臀之困于株木故曰臀困於株木也入于幽谷者有應在四而二隔之居則困株進不獲拯勢必隱遯者也故曰入于幽谷也三歲不覿者困之爲道不過數歲困窮乃出故曰三歲不覿也象曰入于幽谷幽不明也言幽者不明之辭也入于不明以自藏也〔疏〕正義曰幽不明者象辭惟釋幽字言幽者正是不明之辭所以入不明以自藏而避困也釋株者初不謂之株也

九二困于酒食朱紱方來利用亨祀征凶无咎以陽居陰尚謙者也居困之時處得其中體夫剛質而用中履謙應不在一心无所私盛莫先焉夫謙以待物物之所歸剛以處險難之所濟履中則不失其宜无應則心无私恃以斯處困物莫不至不勝豐衍故曰困于酒食美之至矣坎北方之卦也朱紱南方之物也處困以斯能招異方者也故曰朱紱方來也豐衍盈盛故利用亨祀盈而又進傾之道也以此而征凶誰咎乎故曰征凶无咎〔疏〕九二困于酒食至无咎○正義曰困于酒食者九二體剛居陰處中无應體剛則健能濟險也居陰則謙物所歸也處中則不失其宜无應則心无私黨處困以斯物莫不至不勝豐衍故曰困于酒食也朱紱方來利用亨祀者紱祭服也坎北方之卦也紱南方之物處困用謙能招異方者也故曰朱紱方來也舉異方者明物无不至酒食豐盈異方歸向祭則受福故曰利用亨祀征凶无咎者盈而又進傾敗之道以征必凶故曰征凶自進致凶无所怨咎

故曰无咎也

象曰：困于酒食，中有慶也。【疏】正義曰：中有慶者，言二以中德被物，物之所賴，故曰有慶也。

六三：困于石，據于蒺蔾，入于其宮，不見其妻，凶。石之爲物，堅而不納者也，謂四也。三以陰居陽，志武者也。四自納初，不受已者。二非所據，剛非所乘。上比困石，下據蒺蔾，无應而入，焉得配偶？在困處斯，凶其宜也。【疏】「六三困于石」至「不見其妻凶」。○正義曰：困于石，據于蒺蔾者，石之爲物，堅剛而不可入也。蒺蔾之草，有刺而不可踐也。六三以陰居陽，志懷剛武，己又无應，欲上附於四，四自納於初，不受已者也，故曰困于石也。下欲比二，二又剛陽，非已所據，故曰據于蒺蔾也。入于其宮，不見其妻凶者，无應而入，難得配偶，譬於入宮，不見其妻，處困以斯，凶其宜也，故曰入于其宮，不見其妻凶也。

象曰：據于蒺蔾，乘剛也。入于其宮，不見其妻，不祥也。【疏】正義曰：乘剛者，明二爲蒺蔾也。不祥也者，祥，善也，吉也，不吉必有凶也。

九四：來徐徐，困于金車，吝，有終。金車，謂二也。二剛以載者也，故謂之金車。徐徐者，疑懼之辭也。志在於初，而隔於二，履不當位，威令不行，棄之則不能，欲往則畏二，故曰來徐徐，困于金車也。有應而不能濟之，故曰吝也。然以陽居陰，履謙之道，量力而處，不與二爭，雖不當位，物終與之，故曰有終也。【疏】「九四來徐徐」至「有終」。○正義曰：何氏云，九二以剛德勝，故曰金車也。徐徐者，疑懼之辭。九四有應於初，而礙於九三，故曰困于金車。欲棄之，惜其配偶，疑懼而行，不敢疾速，故來徐徐也。有應而不敢往，可恥可恨，故曰吝也。以陽居陰，不失謙道，爲物之所與，故曰有終也。

象曰：來徐徐，志在下也。下謂初也。雖不當位，有與也。【疏】正義曰：有與者，位雖不當，執謙之故，物所與也。

九五：劓刖，困于赤紱，乃徐有說，利用祭祀。以陽居陽，任其壯者也。不能以謙致物，物則不附，忿物不附，而用其壯猛，行其威刑，異方愈乖，遐邇愈叛，刑之欲以得，乃益所以失也，故曰劓刖，困于赤紱也。二以謙得之，五以剛失之，體在中直，能不遂迷，困而徐能用其道者也。致物之功，不在於暴，故曰徐也。困而後乃徐，徐則有說矣，故曰困于赤紱，乃徐有說也。祭祀所以受福也，履夫尊位，困而能改，不遂其迷，以斯祭祀，必得福焉，故曰利用祭祀也。【疏】「九五」至「利用祭祀」。○正義曰：九五以陽居陽，用其剛壯，物不歸己，見物不歸，而用咸刑，行其劓刖之事，既行其威刑，則異方愈乖，遐邇愈叛。兌爲西方之卦，赤紱南方之物，故曰劓刖，困於赤紱也。此卦九二爲以陽居陰，用其謙退，能招異方之物也。此言九五剛猛，不能感異方之物也。若但用其中正之德，招致於物，不在速暴，而徐徐則物歸之而有說矣，故曰乃徐有說也。居得尊位，困而能反，不執其迷，用其祭祀，則受福也。

象曰：劓刖，志未得也。乃徐有說，以中直也。利用祭祀，受福也。【疏】正義曰：志未得也者，由物不附已，已德未得，故曰志未得也。乃徐有說以中直也者，居中得直，不貪不暴，終得其應，乃寬緩修其道德，則得喜說，故云乃徐有說以中直也。利用祭祀受福者，若能不遂迷志，用其中正，則異方所歸，祭則受福，故曰利用祭祀受福也。

上六：困于葛藟，于臲卼，曰動悔。有悔，征吉。居困之極，而乘於剛，下无其應，行則愈繞者也。行則纏繞，居不獲安，故曰困于葛藟，于臲卼也。下句无困，困於上也。處困之極，行无通路，居无所安，困之至也。凡物窮則思變，困則謀通，處至困之地，用謀之時也。曰者，思謀之辭也。謀之所行，有隙則獲。言將何以通至困乎？曰：動悔令生，有悔以征，則濟矣。故曰動悔有悔，征吉也。【疏】「上六困于葛藟」至「征吉」。○正義曰：葛藟，引蔓纏繞之草。臲卼，動搖不安之辭。上六處困之極，極困者也。而乘於剛，下又无應，行則纏繞者，不得安，故曰困於葛藟，於臲卼也。應亦言困於臲卼，困困於上，省文也。凡物窮則思變，困則謀通，處至困之地，是用謀策之時也。曰者，思謀之辭也。謀之所行，有隙則獲，言將何以通至困乎？爲之謀曰：必須發動其可悔之事，令其有悔，可知，然後處困求通，可以行而獲吉，故曰動悔有悔征吉。

象曰：困于葛藟，未當也。所處未當，故致此困也。【疏】正義曰：未當也者，處於困極，而又乘剛，所處不當，故致此困也。動悔有悔，吉行也。【疏】正義曰：吉行者，知悔而征行，必獲吉也。

☵☴巽下坎上　井：改邑不改井，井以不變爲德者也。【疏】正義曰：井者，物象之名也。古者穿地取水，以瓶引汲，謂之爲井。此卦明君子脩德養民，有常不變，終始无改，養物不窮，莫過乎井，故以修德之卦取譬名之井焉。改邑不改井者，以下明井有常德，此明井體有常，邑雖遷移，而井體无改，故云改邑不改井也。无喪无得，德有常也。【疏】正義曰：此明井用有常德，終日引汲未嘗言損，終日泉注未嘗言益，故曰无喪无得也。往來井井不渝變也〔疏〕正義曰此明性常井井絜靜之皃也往者來者皆使潔靜不以人有往來改其洗濯之性故曰往來井井也汔至亦未繘井巳來至而未出井也羸其瓶凶井道以巳出爲功也幾至而覆與未汲同也〔疏〕正義曰此下明井誠言井功難成也汔幾也幾近也繘綆也雖汲水以至井上然綆出猶未離井口而鉤羸其瓶而覆之也棄其方成之功雖有出井之勞而與未汲不異喻今人行常德須善始令終若有初无終則必致凶咎故曰汔至亦未繘井羸其瓶凶言亦者不必之辭言不必有如此不克終者計獲一瓶之水何足言凶以喻人之修德不成又云但取喻人之德行不恒不能慎終如始故就人言凶也象曰巽乎水而上水井上音舉上之上〔疏〕彖曰至水井。正義曰此就二體釋井之名義此卦坎爲水在上巽爲木在下又巽爲入以木入於水而又上水井之象也。注音舉上之上。正義曰嫌讀爲去聲故音之也井養而不窮也改邑不改井乃以剛中也以剛處中故能定居其所而不變也〔疏〕正義曰井養而不窮者歎美井德愈汲愈生給養於人无有窮巳也改邑不改井乃以剛中也者此釋井體有常由

於二五也二五以剛居中故能定居其所而不改變也不釋往來二德者无喪无得往來井井皆由以剛居中更无他義故不具舉經文也汔至亦未繘井未有功也井以巳成爲功〔疏〕正義曰水未及用則井功未成其猶人德事被物亦是功德未就也羸其瓶是以凶也〔疏〕正義曰汲水未出而覆喻脩德未成而止所以致凶也象曰木上有水井君子以勞民勸相木上有水井。之象也上水以養養而不窮者也相猶助也可以勞民勸助莫若養而不窮也〔疏〕正義曰木上有水則是上水之象所以爲井君子以勞民勸相者勞謂勞賚相猶助也井之爲義汲養而不窮君子以勞來之恩勤恤民隱勸助百姓使有成。功則此養而不窮也初六井泥不食舊井无禽最在井底上又无應沈滯滓穢故曰井泥不食也井泥而不可食則是久井不見渫治者也久井不見渫治禽所不嚮而況人乎一時所共棄舍也井者不變之物居德之地恒德至賤物无取也〔疏〕初六井泥至无禽。正義曰初六最處井底上又无應沈滯滓穢即是井之下泥汚不堪食也故曰井泥不食也井泥而不可食即是久井不見渫治禽所不嚮而況人乎故

曰舊井无禽也。注井者不變之物。正義曰井者不變之物居德之地者繇辭稱改邑不改井故曰井者不變之物居德者繫辭又云井德之地也故曰居德之地也注言此者明井既有不變即是有恒既居德地即是用德也今居窮下即是恒德至賤故物无取也禽之與人皆共棄舍也象曰井泥不食下也舊井无禽時舍也〔疏〕正義曰下也者以其最在井下故爲井泥也時舍也者以既井食禽又不向即是一時共棄舍也九二井谷射。鮒甕敝漏谿谷出水從上注下水常射焉井之爲道以下給上者也而无應於上反下與初故曰井谷射鮒鮒謂初也失井之道水不上出而反下注故曰甕敝漏也夫處上宜下處下宜上井巳下矣而復下注其道不交則。莫。之。與也〔疏〕正義曰井谷射鮒者井之爲德以下汲上九二上无其應反下比初施之於事正似谷中之水下注敝鮒井而似谷故曰井谷射鮒也鮒謂初也子夏傳云井中蝦蟆呼爲鮒魚也甕敝漏者井而下注失井之道有似甕敝漏水水漏下流故曰甕敝漏也象曰井谷射鮒无與也〔疏〕正義曰无與也者井既處下宜應汲上今反養下則不與上交物莫之與故曰无與也九三井渫不食

爲我心惻可用汲王明並受其福渫不停汚。之謂也處下卦之上復得其位而應於上得井之義也當井之義而不見食脩巳全潔而不見用故爲我心惻也爲猶使也不下注而應上故可用汲也王明則見照。明既嘉其行又欽其用故曰王明並受其福也〔疏〕九三井渫不食至王明並受其福。正義曰井渫不食者渫治去穢汚之名也井被渫治則清潔可食九三處下卦之上異初六井泥之時得位而有應於上非射鮒之象但井以上出爲用猶在下體未有成功功既未成井雖渫治未食也故曰井渫不食也爲我心惻者爲猶使也井渫而不見食猶人脩巳全潔而不見用使我心中惻愴故曰爲我心惻也可用汲王明並受其福者不同九二下注而不可汲也有應於上是可汲也井之可汲猶人可用若不遇明王則滯其才用若遭遇賢主則申其行能賢主既嘉其行又欽其用故曰可用汲王明並受其福也象曰井渫不食。行惻也行感於誠故曰惻也求王明受福也六四井甃无咎得位而无應自守而不能給上可以修井之壞補過而巳〔疏〕正義曰六四井甃无咎者案子夏傳曰甃亦治也以塼壘井脩井之壞謂之爲甃六四得位而无應自守而巳不能給上可以

脩井崩壞施之於人可以脩德補過故曰井甃无咎也

象曰井甃无咎脩井也【疏】正義曰脩井者但可脩井之壞未可上給養人也

九五井洌寒泉食洌絜也居中得正體剛不撓不食不義中正高絜故井洌寒泉然後乃食也【疏】正義曰餘爻不當貴位但脩德以待用九五爲卦之主擇人而用之洌絜也九五居中得正而體剛直既體剛直則不食污穢必須井絜而寒泉然後乃食以言剛正之主不納非賢必須行絜才高而後乃用故曰井洌寒泉食也

象曰寒泉之食中正也【疏】正義曰以中正者若非居中得正則任用非賢不能要待寒泉然後乃食也必言寒泉者清而冷者水之本性遇物然後濁而溫故言寒泉以表絜也

上九井收勿幕有孚元吉處井上極水已出井井功大成在此爻矣故曰井收也羣下仰之以濟淵泉由之以通者也幕猶覆也不擅其有不私其利則物歸之往无窮矣故曰勿幕有孚元吉也【疏】正義曰收式胄凡物可收成者則謂之收如五穀之有收也上六處井之極水已出井井功已成若能不擅其美不專其利不自掩覆與衆共之則爲物所歸信能致其大功而獲元吉故曰勿幕有孚元吉也

象曰元吉在上大成也【疏】正義曰上六所以能獲元吉者只爲居井之上井功大成者也

☲☱離下兌上　革巳日乃孚元亨利貞悔亡夫民可與習常難與適變可與樂成難與慮始故革之爲道即日不孚巳日乃孚也孚然後乃得元亨利貞悔亡也巳日而不孚革不當也悔吝之所生在乎變動者也革而當其悔乃亡也【疏】正義曰革者改變之名也此卦明改制革命故名革也巳日乃孚者夫民情可與習常難與適變可與樂成難與慮始故革命之初人未信服所以即日不孚巳日乃孚也元亨利貞悔亡者爲革而民信之然後乃得大通而利正也悔吝之所生生乎變動革之爲義變動者也革若不當則悔吝交及如能大通利貞則革道當矣爲革而當乃得亡其悔吝故曰元亨利貞悔亡

彖曰革水火相息二女同居其志不相得曰革凡不合。然後乃變生變之所生生於不合者也故取不合之象以爲革也息者生變之謂也。火欲上而澤欲下水火相戰而後生變者也二女同居而有水火之性近而不相得也【疏】彖曰居其志不相得曰革。正義曰此就二體釋卦名也水火相息先就二象明革息生也火本乾燥澤本潤濕燥濕殊性不可共處若其共處必相侵尅既相侵尅其變乃生變生則本性改矣水熱而成湯火滅而氣冷是謂革也二女同居者此就人事明革也中少二女而成一卦此雖形同而志革也一男一女乃相感應二女雖復同居其志終不相得志不相得則變必生矣所以爲革

巳日乃孚革而信之。文明以說大亨以正革而當其悔乃亡夫所以得革而信者文明以說也文明以說履正而行以斯爲革應天順民大亨以正者也革而大亨以正非當如何【疏】巳日乃孚至其悔乃亡。正義曰巳日乃孚革而信者釋革之爲義革初未孚巳日乃信也文明以說者此舉二體上釋革而信下釋四德也能思文明之德以說於人所以革命而爲民所信也大亨以正者民既說文明之德而從之所以大通而利正也革而當其悔乃亡者爲革若合於大通而利王可謂當矣革而當理其悔乃亡消也

天地革而四時成湯武革命順乎天而應乎人革之時大矣哉【疏】天地革而四時成至大矣哉。正義曰天地革而四時成者以下廣明革義此先明天地革者天地之道陰陽升降溫暑涼寒迭相變革然後四時之序皆有成也湯武革命順乎天而應乎人者以明人革也夏桀殷紂凶狂无度天旣震怒人亦叛主殷湯周武聰明睿智上順天命下應人心放桀鳴條誅紂牧野革其王命改其惡俗故曰湯武革命順乎天而應乎人計王者相承改正易服皆有變革而獨舉湯武者蓋舜禹禪讓猶或因循湯武干戈極其損益故取相變甚者以明人革也革之時大矣哉者備論革道之廣訖總結歎其大故曰大矣哉也

象曰澤中有火革君子以治厤明時厤數時會存乎變也【疏】正義曰澤中有火革者火在澤中二性相違必相改變故爲革象也君子以治厤明時者天時變改故須厤數所以君子觀茲革象脩治厤數以明天時也

初九鞏用黃牛之革在革之始革道未成固夫常中未能應變者也此可以守成不可以有爲也鞏固也黃中也牛之革堅仞不可變也固之所用常中堅仞不肯變也【疏】正義曰鞏固也黃中也牛革牛皮也革之爲義變改之名而名皮爲革者以禽獸之皮皆可從革故以喻焉皮雖從革之物然牛皮堅仞難變初九在革之始革道未成守夫常中未能應變施之於事有似用牛皮以自固未肯造次以從變者也故曰鞏用黃牛之革也

象曰鞏用黄牛不可以有爲也【疏】正義曰不可以有爲者有爲謂適時之變有所云爲也既堅忍自固可以守常不可以有爲也六二巳日乃革之征吉无咎陰之爲物不能先唱順從者也不能自革革巳乃能從之故曰巳日乃革之也二與五雖有水火殊體之異同處厥中陰陽相應往必合志不憂咎也是以征吉而无咎【疏】六二巳日至无咎○正義曰巳日乃革之者陰道柔弱每事順從不能自革革巳日乃能從之故曰巳日乃革之征吉无咎者與五相應同處厥中陰陽相應往必合志不憂咎也故曰征吉无咎二五雖是相應而水火殊體嫌有相尅之過故曰无咎象曰巳日革之行有嘉也【疏】正義曰行有嘉者往應見納故行有嘉慶也九三征凶貞厲革言三就有孚巳處火極上卦三爻雖體水性皆從革者也自四至上從命而變不敢自違故曰革言三就其言實誠故曰有孚革言三就有孚而猶征之凶其宜也【疏】正義曰九三陽爻剛壯又居火極火性炎上處革之時欲征之使革征之非道則正之危也故曰征凶貞厲所以征凶致危者正以水火相息之物既處於火極上之三爻水在火

上皆從革者也自四至下從命而變不敢有違則從革之言三爻並成就不虛故曰革言三就其言實誠故曰有孚也既不言三就有孚從革巳矣而猶征之則凶所以征凶而厲貞象曰革言三就又何之矣【疏】正義曰又何之矣者征之本爲不從既革言三就更又何往征伐矣九四悔亡有孚改命吉初九處下卦之下九四處上卦之下故能變也无應悔也與水火相比能變者也是以悔亡處水火之際居會變之始能不固吝不疑於下信志改命不失時願是以吉也有孚則見信矣見信以改命則物安而无違故曰悔亡有孚改命吉也處上體之下始宜命也【疏】正義曰九四與初同處卦下初九處下卦之下革道未成故未能變九四處上卦之下所以能變也无應悔也能變故悔亡也處水火之際居會變之始能不固吝不疑於下信彼改命之志而能從之合於時願所以得吉故曰有孚改命吉也象曰改命之吉信志也信志而行【疏】正義曰信志者信下之志而行其命也九五大人虎變未占有孚未占而孚合時心也【疏】正義曰九五居中處尊以大人之德爲革之主損益前王創制立法有文章之美煥然可觀有似虎變其文彪

炳則是湯武革命廣大應人不勞占決信德自著故曰大人虎變未占有孚也象曰大人虎變其文炳也【疏】正義曰其文炳者義取文章炳著也上六君子豹變小人革面居變之終變道巳成君子處之能成其文小人樂成則變面以順上也【疏】正義曰上六居革之終變道巳成君子處之雖不能同九五革命創制如虎文之彪炳然亦潤色鴻業如豹文之蔚縟故曰君子豹變也小人革面者小人處之但能變其顏面容色順上而巳故曰小人革面也征凶居貞吉改命創制變道巳成功成則事損事損則无爲故居則得正而吉征則躁擾而凶也【疏】正義曰革道巳成宜安靜守正更有所征則凶居而守正則吉故曰征凶居貞吉也象曰君子豹變其文蔚也小人革面順以從君也【疏】正義曰其文蔚者明其不能大變故文炳而相暎蔚也順以從君者明其不能潤色立制但順而從君也

☲☴巽下離上鼎元吉亨革去故而鼎取新取新而當其人易故而法制齊明。吉然後乃亨故先元

吉而後亨也鼎者成變之卦也革既變矣則制器立法以成之焉變而无制亂可待也法制應時然後乃吉賢愚有別尊卑有序然後乃亨故先元吉而後乃亨【疏】正義曰鼎者器之名也自火化之後鑄金而爲此器以供烹飪之用謂之爲鼎亨飪成新能成新法然則鼎之爲器且有二義一有亨飪之用二有物象之法故象曰鼎象也明其有法象也雜卦曰革去故而鼎取新明其亨飪有成新之用此卦明聖人革命示物法象惟新其制有鼎之義以木巽火有鼎之象故名爲鼎焉變故成新必須當理故先元吉而後乃亨故曰鼎元吉亨也象曰鼎象也法象也【疏】正義曰明鼎有亨飪成新之法象也以木巽火亨飪也亨飪鼎之用也【疏】正義曰此明上下二象有亨飪之用此就用釋卦名也聖人亨以享上帝而大亨以養聖賢亨者鼎之所爲也革去故而鼎成新故爲亨飪調和之器也去故取新聖賢不可失也飪熟也天下莫不用之而聖人用之乃上以享上帝而下以大亨養聖賢也【疏】正義曰此明鼎用之美亨飪所須不出二種一供祭祀二當賓客若祭祀則天神爲大賓客則聖賢爲重故舉其重大則輕小可知享帝直言亨養人則言大亨者享帝尚質特牲而巳故直言亨聖賢既多

養須飽飫故亨上加大字也巽而耳目聰明聖賢獲養則已不爲而成矣故巽而耳目聰明也〔疏〕正義曰此明鼎用之益言聖人既能謙巽大養聖賢聖賢獲養則憂其事而助於已明目達聰不勞已之聰明則不爲而成矣柔進而上行得中而應乎剛是以元亨謂五也有斯二德故能成新而獲大亨也〔疏〕正義曰此就六五釋元吉亨以柔進上行體已獲通得中應剛所通者大故能制法成新而獲大亨也象曰木上有火鼎君子以正位凝命凝者嚴整之貌也鼎者取新成變者也革去故而鼎成新正位者明尊卑之序也凝命者以成教命之嚴也〔疏〕正義曰木上有火即是以木巽火有亨飪之象所以爲鼎也君子以正位凝命者凝者嚴整之貌也鼎既成新即須制法制法之美莫若上下有序正尊卑之位輕而難犯布嚴凝之命故君子象此以正位凝命也初六鼎顛趾利出否得妾以其子无咎凡陽爲實而陰爲虛鼎之爲物下實而上虛而今陰在下則是爲覆鼎也鼎覆則趾倒矣否謂不善之物也取妾以爲室主亦顛趾之義也處鼎之初將在納新施顛以出穢得妾以爲子故无咎也〔疏〕正義曰鼎顛趾趾足也凡陽爲實而陰爲虛鼎之爲物下實而上虛初六居鼎之始以陰處下則是下虛上實而鼎足倒矣故曰鼎顛趾也利出否者否者不善之物鼎之倒趾失其所利鼎覆而不失其利在於寫出否穢之物也故曰利出否也得妾以其子无咎者妾者側媵非正室也施之於人正室雖亡妾猶不得爲室主妾爲室主亦猶鼎之顛趾而有咎過妾若有賢子則母以子貴以之繼室則得无咎故曰得妾以其子无咎也象曰鼎顛趾未悖也倒以寫否故未悖也〔疏〕正義曰未悖也者倒趾以出否未爲悖逆也利出否以從貴也棄穢以納新也〔疏〕正義曰以從貴者舊穢也新貴也棄穢納新所以從貴也然是去妾之賤名而爲室主亦從子貴也九二鼎有實我仇有疾不我能即吉以陽之質處鼎之中有實者也有實之物不可復加益之則溢反傷其實我仇謂九也困於乘剛之疾不能就我則我不溢得全其吉也〔疏〕正義曰實謂陽也仇是匹也即就也九二以陽之質居鼎之中有實者也故曰鼎有實也有實之物不可復加也加之則溢而傷其實矣六五我之仇匹欲來應我困於乘剛之疾不能就我則我不溢而全其吉也故曰我仇有疾不我能即吉象

曰鼎有實慎所之也有實之鼎不可復有所取才任已極不可復有所加〔疏〕正義曰慎所之者之往也自此已往所宜慎之也我仇有疾終无尤也〔疏〕正義曰終无尤也者五既有乘剛之疾不能加我則我終无尤也九三鼎耳革其行塞雉膏不食方雨虧悔終吉鼎之爲義虛中以待物者也而三處下體之上以陽居陽守實无應无所納受耳宜空以待鉉而反全其實塞故曰鼎耳革其行塞雖有雉膏而終不能食也雨者陰陽交和不偏亢者也雖陰陽爻而統屬陰卦若不全任剛亢務在和通方雨則悔虧終則吉也〔疏〕九三鼎耳革至終吉○正義曰鼎耳革其行塞者鼎之爲義下實上虛是空以待物者也鼎耳之用亦宜空以待鉉今九三處下體之上當此鼎之耳宜居空之地而以陽居陽是以實處實者也既實而不虛則變革鼎耳之常義也常所納物受鉉之處今則塞矣故曰鼎耳革其行塞也雉膏不食者非有體實不受又上九不應於已亦无所納雖有其器而无所用雖有雉膏而不能見食也故曰雉膏不食方雨虧悔終吉者雨者陰陽交和不偏亢者也雖體陽爻而統屬陰卦若不全任剛亢務在和通方欲爲此和通則悔虧而終獲吉故曰方雨虧悔終吉也象曰鼎耳革失其義也〔疏〕正義曰失其義也者失其虛中納受之義也九四鼎折足覆公餗其形渥凶處上體之下而又應初既承且施非已所堪故曰鼎折足也初已出否至四所盛則已絜矣故曰覆公餗也渥沾濡之貌也既覆公餗體爲渥沾知小謀大不堪其任受其至辱災及其身故曰其形渥凶也〔疏〕九四鼎折足至其形渥凶○正義曰鼎折足覆公餗者餗糝也八珍之膳鼎之實也初以出否至四所盛故當馨絜矣故以餗言之初處下體之下九四處上體之下上有所承而又應初下有所施既承且施非已所堪故曰鼎折足鼎足既折則覆公餗也渥沾濡之貌也既覆公餗體則渥霑也施之於人知小而謀大力薄而任重如此必受其至辱災及其身也故曰其形渥凶象曰覆公餗信如何也不量其力果致凶災信之如何〔疏〕正義曰信如何也者言不能治之於未亂既敗之後乃責之云不量其力果致凶災災既及矣信如之何也言信有此不可如何之事也六五鼎黄耳金鉉利貞居中以柔能以通理納乎剛正故曰黄耳金鉉利貞也耳黄則能納剛正以自舉也〔疏〕正義曰黄中也金剛也鉉所以貫鼎

而舉之也五爲中位故曰黄耳應在九二以柔納剛故曰金鉉所納剛正故曰利貞也 象曰鼎黄耳中以爲實也 以中爲實所受不妄也 〔疏〕正義曰中爲實也者言六五以中爲實所受不妄也

上九鼎玉鉉大吉无不利 處鼎之終鼎道之成也居鼎之成體剛履柔用勁施鉉以斯處上高不誠亢得夫剛柔之節能舉其任者也應不在一則靡所不舉故曰大吉无不利也 〔疏〕正義曰鼎玉鉉者玉者堅剛而有潤者也上九居鼎之終鼎道之成體剛處柔則是用玉鉉以自舉者也故曰鼎玉鉉也大吉无不利者應不在一即靡所不舉故得大吉而无不利 象曰玉鉉在上剛柔節也 〔疏〕正義曰剛柔節者以剛履柔雖復在上不爲乾之亢龍故曰剛柔節也

☳☳震下震上 震亨 懼以成則是以亨。 〔疏〕正義曰震動也此象雷之卦天之威動故以震爲名震既威動莫不驚懼驚懼以威則物皆整齊由懼而獲通所以震有亨德故曰震亨也 震來虩虩。笑言啞啞 震之爲義威至而後乃懼也故曰震來虩虩恐懼之貌也震者驚駭怠惰以肅解慢者也故震來虩虩恐致福也笑言啞啞後有則也 〔疏〕正義曰虩虩恐懼之貌也啞啞笑語之聲也震之爲用天之威怒所以肅整怠慢故迅雷風烈君子爲之變容施之於人事則是威嚴之教行於天下也故震之來也莫不恐懼故曰震來虩虩也物既恐懼不敢爲非保安其福遂至笑語之盛故曰笑言啞啞也 震驚百里不喪匕鬯 威震驚乎百里則是可以不喪匕鬯矣匕所以載鼎實鬯香酒奉宗廟之盛也 〔疏〕震驚百里不喪匕鬯○正義曰匕所以載鼎實鬯香酒也奉宗廟之盛者也震卦施之於人又爲長子長子則正體於上將所傳重出則撫軍守則監國威震驚於百里可以奉承宗廟彝器粢盛守而不失也故曰震驚百里不喪匕鬯○注威震驚乎百里至宗廟之盛也○正義曰先儒皆云雷之發聲聞乎百里故古帝王制國公侯地方百里故以象焉竊謂天之震雷不應止聞百里蓋以古之啓土百里爲極文王作繇在殷時明長子威震於一國故以百里言之也匕所以載鼎實鬯香酒者陸績云匕者棘匕橈鼎之器先儒皆云匕形似畢但不兩岐耳以棘木爲之長三尺刊柄與末詩云有捄棘匕是也用棘者取其赤心之義祭祀之禮先烹牢於鑊既納諸鼎而加冪焉將薦乃舉冪而以匕出之升于俎上故曰匕所以載鼎實也鬯者鄭玄之義則爲秬黍之酒其氣調暢故謂之鬯詩傳則爲鬯是香草

案王度記云天子鬯諸侯薰大夫蘭以例而言之則鬯是草明矣今特言匕鬯者鄭玄云人君於祭祀之禮尚牲薦鬯而已其餘不足觀也 象曰震亨震來虩虩恐致福也笑言啞啞後有則也震驚百里驚遠而懼邇也 威震驚乎百里則惰者懼於近也。 〔疏〕象曰震亨至懼邇也○正義曰震亨者卦之名德但舉經而不釋名德所由者正明由懼得通故曰震亨更无他義或本无此二字震來虩虩恐致福也者威震之來初雖恐懼能因懼自修所以致福也笑言啞啞後有則也者因前恐懼自修未敢寬逸致福之後方有笑言以曾經戒懼不敢失則必時然後言樂然後笑故曰笑言啞啞後有則也震驚百里驚遠而懼邇者言威震驚於百里之遠則惰者恐懼於近也 出可以守宗廟社稷以爲祭主也 明所以堪長子之義也不喪匕鬯則已出可以守宗廟。 〔疏〕出可以守宗廟至爲祭主也○正義曰釋不喪匕鬯之義也出謂君出巡狩等事也君出則長子留守宗廟社稷攝祭主之禮事也○注已出○正義曰已出謂君也 象曰洊雷震君子以恐懼脩省 〔疏〕正義曰洊者重也因仍也雷相因仍乃爲威震也此是重震之卦故曰洊雷震也君子以恐懼修省者君子恒自戰戰兢兢不敢懈惰今見天之怒畏雷之威彌自脩身省察已過故曰君子以恐懼脩省也

初九震來虩虩後笑言啞啞吉 體夫剛德爲卦之先能以恐懼脩其德也 〔疏〕正義曰初九剛陽之德爲一卦之先剛則不闇於幾先則能有前識故處震驚之始能以恐懼自脩而獲其吉故曰震來虩虩後笑言啞啞吉此爻辭兩句既與卦同象辭釋之又與象不異者蓋卦主威震之功令物恐懼致福爻論遇震而懼脩省致福之人卦則自震言人爻則據人威震所說雖殊其事一也所以爻卦二辭本末俱等其猶屯卦初九與卦俱稱利建侯然卦則凡舉屯時宜其有所封建爻則以貴下賤則是堪建之人此震之初九亦其類也 象曰震來虩虩恐致福也笑言啞啞後有則也

六二震來厲億喪貝躋于九陵勿逐七日得 震之爲義威駭怠懈。肅整惰慢者也初幹其任而二乘之震來則危喪其資貨亡其所處矣故曰震來厲億喪貝億辭也貝資貨糧用之屬也犯逆受戮无應而行无所舍威嚴大行物莫之納无糧而走雖復超越陵險必困

于窮匱不過七日故曰勿逐七日得也【疏】六二震來厲億至勿逐七日得。正義曰震來厲億喪貝者億辭也貝資貨糧用之屬震之為用本威惰慢者也初九以剛處下聞震而懼恐而致福即是有德之人六二以陰賤之體不能敬於剛陽尊其有得而反乘之是傲尊陵貴為天所誅震來則有危亡喪其資貨故曰震來厲億喪貝也躋于九陵勿逐七日得者躋升也犯逆受戮无應而行行无所舍威嚴大行物莫之納既喪資貨无糧而走雖復超越陵險必困於窮匱不過七日為有司所獲矣故曰躋於九陵勿逐七日得

象曰震來厲乘剛也【疏】正義曰乘剛也者只為乘於剛陽所以犯逆受戮也

六三震蘇蘇震行无眚不當其位位非所處故懼蘇蘇也而无乘剛之逆故可以懼行而无眚也【疏】六三震蘇蘇震行无眚。正義曰蘇蘇畏懼不安之貌六三居不當位故震懼而蘇蘇然也雖不當位而无乘剛之逆故可以懼行而无災眚也故曰震蘇蘇震行无眚也。注故懼。正義曰驗註以訓震為懼蓋懼不自為懼由震故懼也自下爻辭皆以震言懼也

象曰震蘇蘇位不當也【疏】正義曰位不當者其猶竊位者遇威嚴之世不能自安也

九四震遂泥處四陰之中居恐懼之時為衆陰之主宜勇其身以安於衆若其震也遂困難矣履夫不正不能除恐使物安已德未光也【疏】正義曰九四處四陰之中為衆陰之主當恐懼之時宜勇其身以安於衆若其自懷震懼則遂滯溺而困難矣故曰震遂泥也然四失位違中則是有罪自懼遂沈泥者也

象曰震遂泥未光也【疏】正義曰未光也者身既不正不能除恐使物安已是道德未能光大也

六五震往來厲意无喪有事往則无應來則乘剛恐而往來不免於危夫處震之時而得尊位斯乃有事之機也而懼往來將喪其事故曰億无喪有事也【疏】正義曰震往來厲者六五往則无應來則乘剛恐而往來不免於危故曰震往來厲也億无喪有事者夫處震之時而得尊位斯乃有事之機而懼以往來將喪其事故戒之曰億无喪有事也

象曰震往來厲危行也其事在中大无喪也大則无喪往來乃危也【疏】正義曰危行也者懷懼往來是致危之行其事在中大无喪也者六五居尊當有其事在於中位得建大功若守中建大則无喪有事若恐懼往來則致危无功也

上六震索索視矍矍征凶震不于其躬于其鄰无咎婚媾有言處震之極極震者也居震之極求中未得故懼而索索視而矍矍无所安親也已處動極而復征焉凶其宜也若恐非已造彼動故懼懼鄰而戒合於備預故无咎也極懼相宜故雖婚媾而有言也【疏】上六震索索至婚媾有言。正義曰震索索視矍矍者索索心不安之貌矍矍視不專之容上六處震之極極震者也既居震位欲求中理以自安而未能得故懼而索索視而矍矍无所安親征凶者夫處動懼之極而復征焉凶其宜也故曰征凶也震不于其躬于其鄰无咎者若恐非已造彼動故懼懼鄰而戒合於備豫則得无咎故曰震不于其躬于其鄰无咎。疑婚媾有言者居極懼之地雖復婚媾相結亦不能无相疑之言故曰婚媾有言也

象曰震索索中未得也雖凶无咎畏鄰戒也【疏】正義曰中未得也者猶言未得中也畏鄰戒也者畏鄰之動懼而自戒乃得无咎

䷳艮下艮上

艮其背目无患也【疏】正義曰目者能見之物施止於面則抑割所見強隔其欲是目見之所患今施止於背則目无患也

不獲其身所止在後故不得其身也

行其庭不見其人相背故也

无咎凡物對面而不相通否之道也艮者止而不相交通之卦也各止而不相與何得无咎唯不相見乃可也施止於背不隔物欲得其所止也背者无見之物也无見則自然靜止靜止而无見則不獲其身矣相背者雖近而不相見故行其庭不見其人夫施止不於无見令物自然而止而強止之則姦邪並興近而不相得則凶其得无咎艮其背不獲其身行其庭不見其人故也【疏】艮其背不獲其身至无咎。正義曰艮其背不獲其身行其庭不見其人无咎者艮止也靜止之義此是象山之卦其以艮為名施之於人則是止物之情防其動欲故謂之止艮其背者此明施止之所也施止得所則其道易成施止不得其所則其功難成故者子曰不見可欲使心不亂也背者无見之物也夫无見則自然靜止夫欲防止之法宜防其未兆既兆而止則傷物情故施止於无見之所則不隔物欲得其所止也若施止於面則對面而不相通強止其情則姦邪並興而有凶咎止而无見則所止在後不與而相對言有物對面而來則情欲有私於已既止在後則是施止无見所止无見何見其身故不獲其身既不獲其身則相背矣相背者雖近而不相見故行其庭不見其人如此乃得无咎故曰艮其背不獲其身行其庭不見其人无咎也又若能止於未兆則是治之於未萌若對面不相交通則是否

之道也但止其背可得无咎也。**彖曰：艮，止也。時止則止，時行則行，動靜不失其時，其道光明。**正道不可常用，必施於不可以行，適於其時，道乃光明也。

〔疏〕彖曰艮止也至其道光明。○正義曰：「艮，止也」者，訓其名也。「時止則止，時行則行，動靜不失其時，其道光明」者，將釋施止有所光明。施止有時，凡物之動息，自各有時運用。止之法不可爲常，必須應時行止，然後其道乃得光明也。**艮其止，止其所也。**易背曰止，以明背即止也。施止不可於面，施背乃可也。施止於止，不施止於行，得其所矣。故曰艮其止，止其所也。〔疏〕正義曰：此釋施止之所也。「艮其止」者，疊經文「艮其背」也。易背曰止，以明背者无見之物，即是可止之所也。既時止即宜止，時行則行，所以施止須是所艮。既訓止，今言艮其止，是止其所止也，故曰「艮其止，止其所也」。**上下敵應，不相與也。是以不獲其身，行其庭不見其人，无咎也。**〔疏〕正義曰：「上下敵應，不相與也」者，此就六爻皆不相應，釋艮卦之名，又釋不獲其身以下之義。凡應者，一陰一陽，二體不敵。今上下之位，雖復相當，而爻皆峙敵，不相交與，故曰「上下敵應，不相與也」。然八

純之卦皆六爻不應，何獨於此言之者？謂此卦既止而不加交，又峙而不應，與止義相協，故兼此以明之也。「是以不獲其身，行其庭不見其人，无咎也」者，此舉經文以結之，明相與而止之，則无咎也。**象曰：兼山，艮。君子以思不出其位。**各止其所，不侵官也。〔疏〕正義曰：「兼山，艮」者，兩山義重，謂之兼山也。直置一山，已能鎮止；今兩山重疊，止義彌大，故曰「兼山，艮」也。「君子以思不出其位」者，止之爲義，各止其所，故君子於此之時，思慮所及，不出其已位也。**初六：艮其趾，无咎，利永貞。**處止之初，行无所之，故止其趾，乃得无咎。至靜而定，故利永貞。〔疏〕正義曰：「艮其趾，无咎」者，趾，足也。初處體下，故謂之足。居止之初，行无所適，止其足而不行，乃得无咎，故曰「艮其趾，无咎」也。「利永貞」者，靜止之初，不可以躁動，故利在永貞也。**象曰：艮其趾，未失正也。**〔疏〕正義曰：「未失正也」者，行則有咎，止則不失其正，釋所以在永貞。**六二：艮其腓，不拯其隨，其心不快。**隨謂趾也。止其腓，故其趾不拯也。腓體躁而處止，而不得拯其隨，又不能退聽安靜，故其心不快也。〔疏〕正義曰：「艮其腓，不拯其隨」者，腓，腸也，在足之上。腓體或屈或伸，躁動之物，腓動則足

隨之，故謂足爲隨。拯，舉也。今既施止於腓，腓不得動，則足无拯舉，故曰「艮其腓，不拯其隨」也。「其心不快」者，腓是躁動之物，而強心之，貪進而不得動，則情與質乖也，故曰「其心不快」。此爻明施止不得其所也。**象曰：不拯其隨，未退聽也。**〔疏〕正義曰：「未退聽也」者，聽，從也。既不能拯動，又不能靜退聽從其見止之命，所以其心不快矣。**九三：艮其限，列其夤，厲薰心。**限，身之中也。三當兩象之中，故曰艮其限。夤，當中脊之肉也。止加其身，中體而分，故列其夤而憂危薰心也。艮之爲義，各止於其所，上下不相與，至中則列矣。列加其夤，危莫甚焉。危亡之憂，乃薰灼其心也。施止體中，其體分焉。體分兩主，大器喪矣。〔疏〕九三艮其限至厲薰心。○正義曰：限，身之中，人帶之處，言三當兩象之中，故謂之限。施止於限，故曰「艮其限」也。夤，當中脊之肉也。薰，燒灼也。既止加其身之中，則上下不通之義也，是分列其夤。夤既分列，身將喪亡，故憂危之切，薰灼其心矣。然則君臣共治，大體若身，大體不通，則君臣不接，君臣不接，則上下離心。列夤則身亡，離心則國喪，故曰「列其夤，厲薰心」。○注「體分兩主人器喪矣」。○正義曰：「體分兩主，大器喪矣」者，大器謂國與身也。此爻亦明施止不得其所也。**象曰：艮其限，危薰心也。**

六四：艮其身，无咎。中上稱身。履得其位，止求諸身，得其所處，故不陷於咎也。〔疏〕六四艮其身无咎。○正義曰：「艮其身，无咎」者，中上稱身。六四居止之時，已入上體，履得其位，止求諸身，不陷於咎，故曰「艮其身，无咎」也。求，責也。諸，之也。**象曰：艮其身，止諸躬也。**自止其躬，不分全體。〔疏〕象曰至止諸躬也。○正義曰：「止諸躬也」者，躬猶身也，明能靜止其身，不爲躁動也。○注「自止其躬，不分全體」。○正義曰：艮卦總其兩體以爲一身，兩體不分，乃謂之全，全乃謂之身。以九三居兩體之際，在於身中，未入上體，則是止於下體，不與上交，所以體分夤列。六四已入上體，則非上下不接，故能總止其身，不分全體。然則身是總名，而言中上稱身者何也？蓋至中則體分而身喪，入上體則不分而身全。九三施止於分體，故謂之限；六四施止於全體，故謂之身。非中上獨是其身，而中下非身也。**六五：艮其輔，言有序，悔亡。**施止於輔，以處於中，故口无擇言，能亡其悔也。〔疏〕正義曰：輔，頰車也。能止於輔頰也，以處其中，故口无擇言也。言有倫序，能亡其悔，故曰「艮其輔，言有序，悔亡」。**象曰：艮其輔，以中正也。**能用中正，故言有序也。〔疏〕正義曰：「以中正」者，位雖不正，以居得其中，故不失其

正故言有序也上九敦艮吉居止之極極止者也敦重在上不陷非妄宜其吉也〔疏〕正義曰敦厚也上九居艮之極極止者也在上能用敦厚以自止不陷非妄宜其吉也故曰敦艮吉也象曰敦艮之吉以厚終也〔疏〕正義曰以厚終者言上九能以敦厚自終所以獲吉也

䷴艮下巽上漸女歸吉利貞漸者漸進之卦也止而巽以斯適進漸進者也以止巽爲進故女歸吉也進而用正故利貞也〔疏〕正義曰漸者不速之名也凡物有變移徐而不速謂之漸也女歸吉者歸嫁也女人生有外成之義以夫爲家故謂嫁曰歸也婦人之嫁備禮乃動故漸之所施吉在女嫁故曰女歸吉也利貞者女歸有漸得禮之正故曰利貞也彖曰漸之進也之於進也〔疏〕正義曰釋卦名也漸是徐動之名不當進退但卦所名漸是之於進也女歸吉也進得位往有功也進以正可以正邦也其位剛得中也以漸進得位也〔疏〕女歸吉也至得中也。正義曰女歸吉也者漸漸而進之施於人事是女歸之吉也進得位往有功也進以正可以正邦也者此就九五得位剛中

釋利貞也言進而得於貴位是往而有功也以六二適九五是進而以正身既得正可以正邦也其位剛得中者此卦爻皆得位上言進得位嫌是兼二三四等故特言剛得中以明得位言唯是九五也止而巽動不窮也〔疏〕正義曰此就二體廣明漸進之美也止不爲暴巽能用謙以斯適進物无違拒故能漸而動進不有困窮也象曰山上有木漸君子以居賢德善俗賢德以止巽則居風俗以止巽乃善〔疏〕正義曰山上有木漸者木生山上因山而高非是從下忽高故是漸義也君子以居賢德善俗者夫止而巽者漸之美也君子求賢得使居位化風俗使清善皆須文德謙下漸以進之若以卒暴威刑物不從矣初六鴻漸于干小子厲有言无咎鴻水鳥也適進之義始於下而升者也故以鴻爲喻之又皆以進而履之爲義焉始進而位乎窮下又无其應若履于干危不可以安也始進而未得其位則困於小子窮於謗言故曰小子厲有言也困於小子讒諛之言未傷君子之義故曰无咎也〔疏〕初六鴻漸至无咎。正義曰鴻漸于干者鴻水鳥也干水涯也漸進之道自下升高故取譬鴻飛自下而上也初之始進未得祿位上无應援體又窮下若鴻之進于

河之干不得安寧也故曰鴻漸于干也小子厲有言无咎者始進未得顯位易致陵辱則是危於小子而被毀於謗言故曰小子厲有言小人之言未傷君子之義故曰无咎也象曰小子之厲義无咎也六二鴻漸于磐飲食衎衎吉磐山石之安者少進而得位居中而應本无祿養進而得之其爲歡樂願莫先焉〔疏〕六二鴻漸至衎衎吉。正義曰磐山石之安者也衎衎樂也六二進而得位居中而應得可安之地故曰鴻漸于磐既得可安之地所以飲食衎衎然樂而獲吉福也故曰鴻漸于磐飲食衎衎吉也。注磐山石之安者也。正義曰馬季長云山中石磐紆故稱磐也鴻是水鳥非是集於山石陵陸之禽而爻辭以此言鴻漸者蓋漸之爲義漸漸之於高故取山石陵陸以應漸高之義不復係水鳥也象曰飲食衎衎不素飽也〔疏〕正義曰不素飽者素故也故无祿養今日得之故願莫先爲九三鴻漸于陸夫征不復婦孕不育凶利禦寇陸高之頂也進而之陸與四相得不能復反者也夫征不復樂於邪配則婦亦不能執貞矣非夫而孕故不育也三

本艮體而棄乎羣醜與四相得遂乃不反至使婦孕不育見利忘義貪進忘舊凶之道也異體合好順而相保物莫能間故利禦寇也〔疏〕九三鴻漸于陸至利禦寇。正義曰鴻漸于陸夫征不復婦孕不育凶者陸高之頂也九三居下體之上是進而得高之象故曰鴻漸于陸也進而之陸无應於上與四相比四亦无應近而相得三本是艮體與初二相同一家棄其羣類而與四合好即是夫征而不反復也夫既樂於邪配妻亦不能保其貞非夫而孕故不育也見利忘義貪進忘舊凶之道也故曰夫征不復婦孕不育凶也利禦寇者異體合好恐有寇難離間之者然和比相順其相保安物莫能間故曰利用禦寇也。注陸高之頂也。正義曰陸高之頂也者爾雅云高平曰陸故曰高之頂也象曰夫征不復離羣醜也婦孕不育失其道也利用禦寇順相保也〔疏〕正義曰離羣醜者醜類也言三與初二雖有陰陽之殊同體艮卦故謂之羣醜也失其道也者非夫而孕孕而不育失道故也順相保也者謂四以陰乘陽嫌其非順然好合相得和比相安故曰順相保也六四鴻漸于木或得其桷无咎鳥而之木得其宜也或得其桷遇安棲也雖乘于剛志相得也

【疏】正義曰：鴻漸于木者，鳥而之木，得其宜也。六四進而得位，故曰鴻漸于木也。或得其桷无咎者，桷，榱也。之木而遇堪爲桷之枝，取其易直可安也。六四與二相得，順而相保，故曰或得其桷。既與相得，无乘剛之咎，故曰无咎。

象曰：或得其桷，順以巽也。【疏】正義曰：順以巽也者，言四雖乘三，體巽而附下，三雖被乘，上順而相保，所以六四得其安棲，猶順以巽也。

九五：鴻漸于陵，婦三歲不孕，終莫之勝，吉。陵次陸者也。進得中位，而隔乎三四，不得與其應合，故婦三歲不孕也。各履正而居中，三四不能久塞其塗者也，不過三歲，必得所願矣。進以正邦，三年有成，成則道濟，故不過三歲也。【疏】九五鴻漸于陵至終莫之勝吉。○正義曰：鴻漸于陵者，陵次陸者也。九五進于中位，處於尊高，故曰鴻漸于陵。婦三歲不孕者，有應在二，而隔乎三四，不得與其應合。是二五情意徒相感說，而隔礙不交，故曰婦三歲不孕也。終莫之勝吉者，然二與五合，各履正而居中，三四不能久塞其路，終得遂其所懷，故曰終莫之勝吉也。○注進以正邦至不過三歲。○正義曰：進以正邦三年有成者，九五居尊得位，故曰進以正邦也。三年有成，則三四不敢塞其路，故曰不過三歲也。

象曰：終莫之勝吉，得所願也。【疏】正義曰：得所願也者，所願在於與三合好，既各履中正，无能勝之，故終得其所願也。

上九：鴻漸于陸，其羽可用爲儀，吉。進處高絜，不累於位，无物可以屈其心而亂其志，峨峨清遠，儀可貴也，故曰其羽可用爲儀吉。【疏】正義曰：鴻漸于陸者，上九與三皆處卦上，故並稱陸。上九最居上極，是進處高潔，故曰鴻漸于陸也。其羽可用爲儀吉者，然居无位之地，是不累於位者也。處高而能不以位自累，則其羽可用爲物之儀表，可貴可法也，故曰其羽可用爲儀吉也。○注必言羽者，既以鴻明漸，故用羽表儀也。

象曰：其羽可用爲儀吉，不可亂也。【疏】正義曰：不可亂也者，進處高潔，不累於位，无物可以亂其志也。

䷵ 兑下震上　歸妹：征凶，无攸利。妹者，少女之稱也。兑爲少陰，震爲長陽，少陰而乘長陽，說以動，嫁妹之象也。【疏】正義曰：歸妹者，卦名也。婦人謂嫁曰歸，歸妹猶言嫁妹也。然易論歸妹，得名不同。泰卦六五云帝乙歸妹，彼據兄嫁妹，謂之歸妹。此卦名歸妹，以妹從娣而嫁，謂之歸妹。故初九爻辭云歸妹以娣是也。上咸卦明二少相感，恒卦明二長相承，今此卦以少承長，非是匹敵，明是妹從娣嫁，故謂之歸妹焉。古者諸侯一取九女，嫡夫人及左右媵皆以姪娣從，故以此卦當之矣。不言歸姪者，女娣是兄弟之行，亦舉尊以包之也。征凶无攸利者，歸妹之戒也。征謂進有所往也。妹從娣嫁，本非正四，唯須自守卑退以事元妃，若妾進求寵，則有並后凶咎之敗，故曰征凶无攸利。

彖曰：歸妹，天地之大義也。天地不交而萬物不興，歸妹人之終始也。陰陽既合，長少又交，天地之大義，人倫之終始。【疏】正義曰：歸妹天地之大義也天地不交而萬物不興者，此舉天地交合然後萬物蕃興，證美歸妹之義。所以未及釋卦名，先引證者，以歸妹之義，非人情所欲，且違於匹對之理，蓋以聖人制禮，令姪娣從其姑娣而充妾媵者，所以廣其繼嗣，以象天地以少陰少陽、長陰長陽之氣共相交接，所以蕃興萬物也。歸妹人之終始也者，上既引天地交合爲證，此又舉人事歸妹結合其義也。天地以陰陽相合而得生物不已，人倫以長少相交而得繼嗣不絕，歸妹豈非天地之大義、人倫之終始也。

說以動，所歸妹也。少女而與長男交，少女所不樂也，而今說以動，所歸必妹也。雖與長男交，嫁而係娣，是以說也。【疏】正義曰：此就二體釋歸妹之義。少女而與長男交，少女所不樂也，而今說以動，所歸必妹也。雖與長男交，嫁而係於娣，是以說也。係娣所以說者，既係娣爲媵，不得別適，若其不以備數，更有動望之憂，故係娣而行合禮，說以動也。

征凶，位不當也。履於不正，說動以進，妖邪之道也。【疏】正義曰：此因二三四五皆不當位，釋征凶之義。位既不當，明非正嫡，因說動而更求進，妖邪之道也，所戒其征凶也。

无攸利，柔乘剛也。以征則有不正之凶，以處則有乘剛之逆。【疏】正義曰：此因六三、六五乘剛，釋无攸利之義。夫陽貴而陰賤，以妾媵之賤，進求殊寵，即是以賤陵貴，故无施而利也。○注以征則至有乘剛之逆也。○正義曰：彖以失位釋征凶，乘剛釋无攸利，而注連引言之者，畧例云：去初上而論位分，則三五各在一卦之上，何得不謂之陽？二四各在一卦之下，何得不謂之陰？然則二四陰位也，三五陽位也。陽應在上，陰應在下，今二三四五並皆失位，其勢自然柔皆乘剛，其猶妾媵求寵，其勢自然以賤陵貴，以明柔之乘剛，緣於失正而進也。

象曰：澤上有雷，歸妹，君子以永終知敝。歸妹相終始之道也，故以永終知敝。【疏】正義曰：澤上有雷，說以動也，故曰歸妹。君子以永終知敝者，歸妹相終始之道也，故君子象此以永長其終，知應有不終之敝故也。

初九：歸妹以娣，跛能履，征吉。

少女而與長男爲耦非敵之謂是娣從之義也娣少女之稱也少女之行善莫若娣夫承嗣以君之子雖幼而不妄行少女以娣雖跛能履斯乃恒久之義吉而相承之道也以斯而進吉其宜也〔疏〕初九至貞吉○正義曰歸妹以娣者少女謂之妹從娣而行謂之歸初九以兊適震非夫婦匹敵是從娣之義也故曰歸妹以娣也跛能履者妹而繼娣爲娣雖非正配不失常道譬猶跛人之足然雖不正不廢能履故曰跛能履也征吉者少長非偶爲妻而行則凶焉爲娣而行則吉故曰征吉也注夫承嗣以君之子至吉其宜也○正義曰夫承嗣以君之子雖幼而不妄行者此爲少女作此例也言君之子宜爲嗣承以類妃之妹應爲娣也立嗣宜取長然君之子雖幼而立之不爲妄也以言行嫁宜匹敵然妃之妹雖至少而爲娣則可行也

象曰歸妹以娣以恒也跛能履吉相承也〔疏〕正義曰以恒也者妹而爲娣恒久之道也吉相承也者行得其宜是相承之道也

九二眇能視利幽人之貞雖失其位而居內處中眇猶能視足以保常也在內履中而能守其常故利幽人之貞也〔疏〕正義曰九二不云歸妹者既在歸妹之卦歸妹可知故畧不言也然九二雖失其位不廢居內處中以言歸妹雖非正配不失交合之道猶如眇目之人視雖不正不廢能視耳故曰眇能視也利幽人之貞者居內處中能守其常施之於人是處幽而不失其貞正也故曰利幽人之貞也

象曰利幽人之貞未變常也〔疏〕正義曰未變常也者貞正者人之常也九三失位嫌其變常不貞也能以履中不偏故云未變常也

六三歸妹以須反歸以娣室主猶存而求進焉進未值時故有須也不可以進故反歸待時以娣乃行也〔疏〕正義曰歸妹以須者六三在歸妹之時處下體之上有欲求爲室主之象而居不當位則是室主猶存室主既存而欲求進爲未值其時也未當其時則宜有待故曰歸妹以須也反歸以娣者既而有須不可以進宜反歸待時以娣乃行故曰反歸以娣

象曰歸妹以須未當也〔疏〕正義曰未當也者未當其時故宜有待也

九四歸妹愆期遲歸有時夫以不正无應而適人也必須彼道窮盡无所與交然後乃可以往故愆期遲歸以待時也〔疏〕正義曰九四居下得位又无其應以斯適人必待彼道窮盡无所與交然後乃可以往故曰愆期遲歸有時也

象曰愆期之志有待而行也〔疏〕正義曰嫁宜及時今乃過期而遲歸者此嫁者之志正欲有所待而後乃行也

六五帝乙歸妹其君之袂不如其娣之袂良月幾望吉歸妹之中獨處貴位故謂之帝乙歸妹也袂衣袖所以爲禮容者也其君之袂爲帝乙所寵也即五也爲帝乙所崇飾故謂之其君之袂也配在九二兊少震長以長從少不若以少從長之爲美也故曰不若其娣之袂良也位在乎中以貴而行極陰之盛以斯適配雖不若少往亦必合故曰月幾望吉也〔疏〕六五帝乙至幾望吉○正義曰帝乙歸妹者六五居歸妹之中獨處貴位是帝王之所嫁妹也故曰帝乙歸妹其君之袂不如其娣之袂良者六五雖處貴位卦是長陽之卦若以爻爲人即是婦人之道故爲帝乙之妹既居長卦乃是長女之象其君即五也袂衣袖也所舉斂以爲禮容帝王嫁妹爲之崇飾故曰其君之袂也配在九二兊少震長以長從少者可以從少雖有其君崇飾之袂猶不若以少從長之爲美故曰不如其娣之袂良也月幾望吉者陰而貴盛如月之近望以斯適配雖不如以少從長然以貴而行往必合志故得吉也故曰月幾望吉也

象曰帝乙歸妹不如其娣之袂良也其位在中以貴行也〔疏〕象曰至以貴行也○正義曰帝乙歸妹不如其娣之袂良者釋其六五雖所居貴位言長不如少也言不必少女而從於長男也其位在中以貴行也者釋月幾望吉也既以長適少非歸妹之美而得吉者其位在五之中以貴盛而行所往必得合而獲吉也

上六女承筐无實士刲羊无血无攸利羊謂三也處卦之窮仰无所承下又无應爲女而承命則筐虛而莫之與爲士而下命則刲羊而无血刲血而无血不應所命也進退莫與故曰无攸利也〔疏〕上六至无攸利○正義曰女之爲行以上有承順爲美士之爲功以下有應命爲貴上六處卦之窮仰則无所承受故爲女承筐則虛而无實又下无其應下命則无應之者故爲士刲羊則乾而无和故曰女承筐无實士刲羊无血則進退莫與故无所利

象曰上六无實承虛筐也〔疏〕正義曰承虛筐者筐本盛幣以幣爲實今之无實正是承捧虛筐空无所有也

周易兼義卷第五

太子少保江西巡撫阮元栞

周易注疏挍勘記卷五　阮元撰盧宣旬摘錄

夬此卦前石經岳本釋文古本足利本題周易下經夬傳第五

故可以顯然發揚決斷之事於王者之庭 孫志祖云上之字當作其

剛夬柔者 補案夬當作決

則柔邪者危 岳本閩監毛本同釋文出則邪是其本無柔字

道成也 閩本同錢本宋本道作終是也監毛本作道成者尤誤

壯于前趾 石經岳本閩監毛本同釋文趾荀作止按說文有止無趾古經多用止字止者足也

惕號 石經岳本閩監毛本同釋文惕荀翟作錫

能審已度 岳本閩監毛本同古本無能字

莫夜必有戎卒來害已 閩監毛本同宋本莫作暮卒作寇

壯于頄 石經岳本閩監毛本同釋文頄鄭作頯蜀才作仇

必能棄夫情累 岳本閩監毛本同釋文棄夫本亦作去

若於此時 閩監毛本同錢本宋本若作居

其行次且 石經岳本閩監毛本同釋文次本亦作趑或作跌鄭作趀且本亦作趄或作跙下卦放此

必見侵傷 岳本閩監毛本同宋本古本足利本傷作食按正義本作傷

抵很難移之物 閩監毛本同岳本抵很作牴很古本亦作牴釋文出牴很牴本又作抵或作羝

莧陸夬夬 石經岳本閩監毛本同釋文莧一本作莞陸蜀才作睦

正義曰莧陸草之柔脆者 閩監毛本同錢本錢按本無下七字案此複上文下皆放此○按脆俗脃字

草之柔脆者亦以爲一 閩監毛本同錢本宋本者作似

姤 石經岳本閩監毛本同釋文古文作遘鄭同

勿用取女 石經岳本閩監毛本同釋文出娶女云本亦作取注及下同古本作娶采音義

爲壯至甚 閩監毛本同錢本宋本爲作淫

彖曰姤遇也 石經岳本宋本閩監本古本足利本同毛本彖誤象

正乃功成也 閩監毛本同岳本宋本古本足利本正作匹釋文正亦作匹

誥四方 石經岳本閩監毛本同釋文誥鄭作詰王肅同

繫于金柅 石經岳本閩監毛本同釋文柅王肅作抳从手子夏作鑈蜀才作尼

羸豕孚蹢躅 石經岳本閩監毛本同釋文蹢一本作擲古文作蹢躅本亦作蹢古文作𨁂

注柅者制動之主者 補案下者字當衍毛本不誤

包有魚 石經岳本閩監毛本同釋文包本亦作庖下同荀作胞按正義作庖

不爲已棄 閩監本同毛本棄作弃岳本宋本古本足利本棄作乘

行爲其應 閩監毛本爲作失岳本作无古本作無案爲乃無之誤失乃无之誤

然復得其位 補案復當作履上注文可證毛本不誤

以杞包瓜 石經岳本閩監毛本同釋文包子夏作苞

而不能改其操 閩監毛本同宋本不能作能不

自楚注 閩監毛本同錢本宋本注作往

杞性柔刃 宋本閩本同監毛本刃作韌○按盧文弨云禮記月令命澤人納材葦注此時柔刃可取又毛詩抑箋柔忍之木釋文云本亦作刃知刃非誤字

萃亨 石經岳本閩監毛本同釋文王肅本同馬鄭陸虞等並無亨字

假至聚 補案聚當也字之譌毛本正作也

全乎聚道 閩監毛本同岳本宋本古本足利本乎作夫
故聚也 石經岳本閩監毛本同古本無也字
聚以正也 石經岳本閩監毛本同釋文聚以正荀作取以正
通衆以正 (補)毛本衆作聚
順天則說 岳本閩監毛本同錢本則作而
君子以除戎器 石經岳本閩監毛本同釋文除本亦作儲又作治荀作慮
則衆心生 閩監毛本同岳本宋本足利本作則衆生心古本作則衆生心也孫志祖云據困學紀聞當作則衆生心
一握爲笑 石經岳本閩監毛本同釋文握傅氏作渥
懦劣之貌也 閩監毛本同岳本懦作愞釋文同○按釋文乃亂反則當從耎古音耎聲需聲劃然不同說文云愞弱也從人從耎作愞者後出字

已爲正配 閩監毛本同岳本古本配作妃釋文出正妃○按釋文正云本亦作匹
則情意迷亂 閩監毛本同宋本意作志
始以中應相信不以他意相阻 (補)毛本中作正不作未案未字是也
比爲一握之小 閩監毛本同錢本宋本爲作於
孚乃利用禴 石經岳本閩監毛本同釋文禴蜀才作躍劉作爚
獨正者危矣 (補)毛本矣作未屬下句
故必見引 集解作故必待五引
禴殷者祭名也 (補)毛本者作春下正義同
致之以省薄 (補)毛本致之作故可

无攸利也 岳本閩監毛本同古本攸下有往字
猶不若一陽一陰之至 岳本宋本古本足利本同閩監毛本至作應○按正義作應
志未光也 石經岳本閩監毛本同釋文未光也一本作志未光也
升 石經岳本閩監毛本同釋文鄭本作昇
用見大人 石經岳本閩監毛本同釋文本或作利見
升者登也 宋本者下空一字十行本閩監毛本不空
象曰柔以時升 (補)毛本同石經岳本宋本閩監本古本足利本象作彖案象字誤也
起升貴位 閩監毛本同錢本宋本起作超
君子以順德積小以高大 石經岳本閩監毛本同釋文順本又作愼姚本德作得以高大本或作以成高大古本足利本有成字

允升大吉 石經岳本閩監毛本同古本下衍也字
往必得邑 閩監毛本同岳本宋本古本足利本邑作也
保是尊貴而踐阼矣 閩監毛本同宋本是作其錢本阼作祚
處貞之極 錢本閩監毛本同岳本古本貞作升按正義當作升
冥猶暗也 閩監毛本同宋本暗作昧

困

若巧言能辭 (補)毛本能作飾
剛揜也 石經岳本閩監毛本同釋文本又作掩虞作弇
剛則揜於柔也 閩監毛本同岳本宋本古本足利本則作見案見是
未能說困者也 (補)案正義說當作濟毛本是濟字

其唯君子乎者 閩監毛本同宋本唯作惟下唯君子能然也同

君子固窮 岳本閩監毛本同釋文固窮或作困窮非

居則困于株木 岳本閩監毛本同古本無于木二字

不過數歲者也 岳本閩監毛本同釋文數歲本亦作三歲

幽不明也 石經岳本閩監毛本同足利本無幽字

初不謂之株也 錢本宋本初不作机木閩監毛本作机木

利用享祀 石經岳本宋本古本足利本同閩監毛本享誤亨釋文出享祀

據于蒺蔾 石經岳本監毛本同閩本據誤㨿

焉得配偶 閩監毛本同岳本宋本古本足利本偶作耦宋本疏亦作耦○按耦字是也俗多借偶字爲之

來徐徐困于金車 石經岳本閩監毛本同釋文徐徐子夏作荼荼翟同王肅作余余金車本亦作金輿

而礙於九三 補案三當作二

欲棄之 閩監本同毛本棄作弃宋本誤乘

劓刖 石經岳本閩監毛本同釋文王肅本作臲𦣦陸同京作劓劊

利用祭祀 石經岳本閩監毛本同釋文祭祀本亦作享祀

遐邇愈叛 岳本閩監毛本同釋文出遐遠云本亦作遐邇

已德未得 補案德當作志毛本正作志

困于葛藟于臲卼 石經岳本閩監毛本同釋文藟本又作蘽臲說文作劓薛同卼說文作𡰓薛又作杌字同

動搖不安之辭 補毛本辭作貌

行則纏繞者不得安 補毛本者作居

井

羸其瓶 石經岳本閩監毛本同釋文羸蜀才作累

計獲一瓶之水 閩監毛本同錢本宋本獲作覆○按盧文弨云此句下多衍文當以集解正之云計覆一瓶之水何足言凶但此喻人德行不恒不能善始令終故就人言之凶也

汔至亦未繘井 石經岳本閩監毛本同古本脫亦字

其猶人德事被物 補毛本事作未案未字是也

木上有水井之象也 集解云木上有水上水之象也○按正義作則是上水之象

使有成功 閩監毛本同宋本作使有功成

井谷射鮒甕敝漏 石經岳本閩監毛本同釋文射荀作耶甕鄭作甕案釋文二甕字當有一誤

則莫之與也 岳本閩監毛本同釋文出无與之也云一本作則莫之與也

不停汚之謂也 岳本閩監毛同釋文出停汙

王明則見照明 岳本錢本閩本同監毛本照作昭

行惻也 石經岳本閩監毛本同古本上有其字

脩井也 石經岳本閩監本同毛本脩誤修

井洌寒泉 石經岳本閩本同監毛本洌誤冽釋文出洌字

井收勿幕 石經岳本閩監毛本同釋文收荀作甃干本勿作网

正義曰收式冑反 凡物可收成者 錢本宋本同閩監毛本删三小字正義曰上加收式冑反四字一○大謬

革

凡不合然後乃變生 閩監毛本同岳本錢本然作而

火欲上而澤欲下 岳本閩監毛本同古本上有故字

彖曰居其志不相得曰革 補 毛本居作至

革而信之 石經岳本閩監毛本同釋文一本無之字

革而當其悔乃亡名爲革 補 毛本名作者

其悔乃亡消也 補 案此本消字缺毛本如此今補

人亦叛主 補 毛本主作亡

以明人革也 閩監毛本同錢本宋本以作次

堅肕 岳本閩本同監毛本肕作韌○補下並同

既不言三就有孚 閩監本同毛本不作革

故文炳而相暎蔚也 補 毛本炳作細

鼎 此卦前錢本錢按本宋本題周易注疏卷第八

吉然後乃亨 岳本閩監毛本同古本上有元字

賢愚有別尊卑有序 岳本閩監毛本同釋文賢愚別尊卑序本亦作有別有序

以供烹飪之用 閩監毛本同錢本宋本烹作亨○按亨通之亨享獻之享烹飪之烹古多作亨

能成新法 盧文弨云句有誤字

亨飪也 石經岳本閩監毛本同釋文亨本又作亯下及注聖人亨大亨亨飪亨者並同古本作烹聖人亨大亨同注放此

飪孰也 岳本同閩監毛本孰作熟○按孰熟古今字

故質其牲大 補 毛本質作舉牲作重案所改是也

特性而已 閩監毛本作特牲不誤宋本性作牡亦非

君子以正位凝命 石經岳本閩監毛本同釋文凝翟作擬

則是爲覆鼎也 岳本閩監毛本同釋文出是覆則其本無爲字

倒以寫否 岳本閩監毛本同古本足利本倒下有趾字

不我能卽吉 石經岳本閩監毛本同古本作不能我卽吉

我仇謂九也 補 案九當作五正義云六五我之仇匹是也毛本是五字

雖陰陽爻 補 毛本陰作體案所改是也

非有體實不受 閩本同監毛本有作其錢本宋本作直

其形渥 石經岳本閩監毛本同釋文渥鄭作剭

信之如何 閩監毛本同岳本宋本古本足利本之如作如之

震

懼以成則是以亨 岳本閩監毛本同釋文成亦作盛古本下有也字下故曰震來厲億喪貝下同

震來虩虩笑言啞啞 岳本閩監毛本同釋文虩虩荀作愬愬言亦作語下同石經初刻語後改言下唯象傳句漫滅不可識餘並改語爲言

威至而後乃懼也 岳本閩監毛本同古本也上有者字一本無乃字下奉宗廟之盛也能以恐懼修其德也也上並有者字

驚駭怠惰 岳本閩監毛本同釋文怠本又作殆

則是可以不喪匕鬯矣 閩監毛本同岳本錢本宋本足利本是作足

長三尺 宋本同閩監毛本三作二○按二字誤禮記雜記云枇以桑長三尺可證也

則惰者懼於近也 閩監毛本同古本惰下有惓字也作矣岳本宋本足利本並作矣

則已出可以守宗廟 岳本閩監毛本同古本下有也字一本則作卽

君子以恐懼脩省　石經岳本監毛本同閩本脩誤修

然卦則凡舉屯時　錢本宋本凡作汎閩監毛本作況

億喪貝躋于九陵　石經岳本閩監毛本同釋文億本又作噫六五同躋本又作隮

威駭怠懈　岳本閩監毛本同宋本懈作解

亡其所處矣　岳本閩監毛本同古本無其字

是傲尊陵貴　閩監毛本同錢本宋本傲作慠按傲慠古今字

正義曰驗注以訓震爲懼　盧文弨云當作以震訓爲懼

象曰震蘇蘇　石經岳本閩監毛本同古本下衍也字

震遂泥　石經岳本閩監毛本同釋文荀本遂作隊

居恐懼之時　岳本閩監毛本同足利本上有以字

意无喪有事　（補）毛本意作億

當有其事　閩監毛本同宋本作當其有事

視矍矍征凶　石經岳本閩監毛本同古本征作往

彼動故懼　岳本閩監毛本同釋文故或作而

疑婚媾有言者　（補）毛本疑作也屬上讀

亦不能无相疑之言　（補）毛本疑作疑案疑字是也

艮

其道光明　石經岳本閩監毛本同古本脫其字下行其庭同

謂此卦既止而不加交又峙而不應　（補）毛本加交作交爻

艮其趾　石經岳本閩監毛本同釋文趾荀作止○按說見前

釋所以在永貞　錢本宋本閩本同監毛本在作利

艮其腓不拯其隨　石經岳本閩監毛本同釋文腓本又作肥不承音拯救之拯是陸所據本作承

故口无擇言　岳本閩監毛本同古本故作口

漸

女歸吉也　石經岳本閩監毛本同釋文王肅本遐作女歸吉利貞

以明得位言言唯是九五也　（補）閩監毛本上言字作之案之字是也宋本唯作惟

君子以居賢德善俗　石經岳本閩監毛本同釋文善俗王肅本作善風俗足利本與王肅本同盡采音義

則困於小子　岳本閩監毛本同釋文本又作則困讒於小子

面獲吉福也　（補）毛本面作而

婦孕不育　石經岳本閩監毛本同釋文孕荀作乘

而棄乎羣醜　岳本閩監毛本同古本醜作配下經離羣醜也同

故曰鴻漸于陸也　閩監毛本同宋本無漸字

志相得也　岳本閩監毛本同古本上有與字

巽而附下　閩監毛本同錢本宋本作巽而下附

九五進于中位　閩監毛本于作乎宋本作得

進以正邦三年有成者　閩監毛本同宋本年作歲錢本無者字以此爲標注在正義曰上

峨峨清遠　閩監毛本同岳本峨峨作峩峩釋文出峩峩

歸妹

少陰而乘長陽　閩監毛本同宋本古本足利本乘作承岳本作丞蓋亦承之誤

以妹從娣而嫁　閩監毛本同錢本宋本娣作姊下明是妹從娣嫁又妹從娣嫁又嫁而係於娣又係娣所以說者既係娣爲媵又故係娣而行合禮又從娣而行又是從娣之義也並同

本非正四　補各本四作匹案匹字是也

若妾進求寵　閩監毛本同錢本宋本妾作妄是也

令姪娣從其姑娣　補各本下娣字作姊案姊字是也

所歸妹也　石經岳本閩監毛本同釋文本或作所以歸妹

嫁而係娣　岳本閩監毛本同宋本古本娣作姊

更有動望之憂　閩監毛本同宋本動作勤。按盧文弨云詩摽有梅迨其謂之箋云謂勤也女年二十而無嫁端則有勤望之憂正義本此

緣於失正而進也　錢本正作位

君子以永終知敝　石經岳本閩監毛本同釋文出知弊

娣少女之稱也　閩監毛本同岳本宋本古本足利本娣作妹是也考文引毛本娣下誤衍者字

雖幼而不妾行　補案妾當作妄形近之譌下正義可證毛本正作妄

歸妹以須　石經岳本閩監毛本同釋文須荀陸作嬬

則是室主獨存　閩監毛本同錢本宋本獨作猶

夫以不正无應而適人也　岳本閩監毛本同釋文出不正不應云本亦作无應

有待而行也　石經岳本閩監毛本同釋文一本待作時

月幾望　石經岳本閩監毛本同釋文幾荀作既

以長從少者可以從少　閩監毛本同錢本宋本作以長從少者也以長從少

雖所居貴位　閩監毛本同宋本無貴字

言不必少女　閩監毛本同宋本必作如

女承筐无實　石經岳本閩監毛本同釋文承匡鄭作筐是其本作匡

周易注疏挍勘記卷五

周易兼義下經豐傳卷第六

國子祭酒上護軍曲阜縣開國子臣孔穎達奉勅撰正義

王弼注

䷶離下震上 豐亨王假之大而亨者王之所至疏正義曰豐亨者豐卦名也彖及序卦皆以大訓豐也然則豐者多大之名盈足之義財多德大故謂之爲豐德大則无所不容財多則无所不齊无所擁礙謂之爲亨故曰豐亨王假之者假至也豐亨之道王之所尚非有王者之德不能至之故曰王假之也 勿憂宜日中豐之爲義闡弘微細通夫隱滯者也爲天下之主而令微隱者不亨憂未已也故至豐亨乃得勿憂也用夫豐亨不憂之德宜處天中以偏照者也故曰宜日中也疏正義曰勿无也王能至於豐亨乃得无復憂慮故曰勿憂也用夫豐亨无憂之德然後可以君臨萬國徧照四方如日中之時徧照天下故曰宜日中也 彖曰豐大也音闡大之大也疏彖曰豐大也○正義曰豐大也者釋卦名正是弘大之義也○注音闡大之大也○正義曰闡者弘廣之言凡物之大其有二種一者自然之大一者由人之闡弘使大豐之爲義既闡弘微細則豐之稱大乃闡大之大非自然之大故音之也 明以動故豐王假之尚大也大者王之所尚故至之也疏正義曰動故豐者此就二體釋卦得名爲豐之意動而不明未能光大資明以動乃能致豐故曰明以動故豐也王假之尚大也者豐大之道王所崇尚所以王能至之以能尚大故也 勿憂宜日中宜照天下也以勿憂之德故宜照天下也疏正義曰日中之時徧照天下王无憂慮德乃光被同於日中之盈故曰勿憂宜日中宜照天下也 日中則昃月盈則食天地盈虛與時消息而況於人乎況於鬼神乎豐之爲用困於昃食者也施於未足則尚豐施於已盈則方溢不可以爲常故具陳消息之道者也疏正義曰此孔子因豐設戒以上言王者以豐大之德照臨天下同於日中然盛必有衰自然常理日中至盛過中則昃月滿則盈過盈則食天之寒暑往來地之陵谷遷貿盈則與時而息虛則與時而消天地日月尚不能久況於人與鬼神而能長保其盈盛乎勉令及時脩德仍戒居存慮亡也此辭先陳天地後言人鬼神者欲以輕譬重亦先尊後卑也而日月先天地者承上宜日中之下遂言其昃食因舉日月以對之然後并陳天地作文之體也 象曰雷電皆至豐君子以折獄致刑文明以動不失情理也疏正義曰雷電皆至豐者雷者天之威動電者天之光耀雷電俱至則威明備足以爲豐也君子以折獄致刑者君子法象天威而用刑罰亦當文明以動折獄斷決也斷決獄訟須得虛實之情致用刑罰必得輕重之中若動而不明則淫濫斯及故君子象於此卦而折獄致刑 初九遇其配主雖旬无咎往有尚處豐之初其配在四以陽適陽以明之動能相光大者也旬均也雖均无咎往有尚也初四俱陽爻故曰均也疏正義曰遇其配主者豐者文明之動尚乎光大者也初配在四俱是陽爻以陽適陽以明之動能相光大者也故曰遇其配主也雖旬无咎往有尚者旬均也俱是陽爻謂之爲均非是陰陽相應嫌其有咎以其能相光大故雖均可以无咎而往有嘉尚也故曰雖均无咎往有尚也 象曰雖旬无咎過旬災也過均則爭交斯叛也疏象曰至災也○正義曰過旬災光者言勢若不均則相傾奪既相傾奪則爭競乃興而相違背災咎至焉故曰過旬災也○注過均至叛也○正義曰初四應配謂之爲交勢若不均則初四之相交於斯乖叛矣 六二豐其蔀日中見斗往得疑疾有孚發若吉蔀覆暖鄣光明之物也處明動之時不能自豐以光大之德既處乎內而又以陰居陰所豐在蔀幽而无覩者也故曰豐其蔀日中見斗也日中者明之盛也斗見者闇之極也處盛明而豐其蔀故曰日中見斗不能自發故往得疑疾然履中當位處闇不邪有孚者也若辭也有孚可以發其志不困於闇故獲吉也疏六二豐其蔀至有孚發若吉○正義曰豐其蔀者二以陰居陰又處於內幽闇无所覩見所豐在於覆蔽故曰豐其蔀也蔀者覆暖障光明之物也日中見斗者二居離卦之中如日正中則至極盛者也處日中盛明之時而斗星顯見是二之至闇使斗星見明者也處光大之世而爲極闇之行譬日中而斗星見故曰日中見斗也二五俱陰二已見斗之闇不能自發以自求於五往則得見疑之疾故曰往得疑疾也然居中履正處闇不邪是有信者也有信以自發其志不困於闇故獲吉也故曰有孚發若吉也 象曰有孚發若信以發志也疏正義曰信以發志者雖處幽闇而不爲邪是有信以發其豐大之志故得吉也 九三豐其沛日中

見沬，折其右肱，无咎。沛，幡幔，所以禦盛光也。沬，微昧之明也。應在上六，志在乎陰，雖愈乎以陰處陰，亦未足以免於闇也。所豐在沛，日中則見沬之謂也。施明則見沬而已，施用則折其右肱，故可以自守而已，未足用也。〔疏〕正義曰：「豐其沛，日中見沬」者，沛，幡幔，所以禦盛光也。沬，微昧之明也。以九三應在上六，志在乎陰，雖愈於六二以陰處陰，亦未見免於闇也，是所以豐在沛，日中見沬。夫處光大之時，而豐沛見沬，雖愈於豐蔀見斗，然施於大事，終不可用。假如折其右肱，自守而已，乃得无咎，故曰「折其右肱，无咎」。**象曰：豐其沛，不可大事也。**明不足也。〔疏〕正義曰：「不可大事」者，當光大之時，可爲大事，明不足，故不可爲大事也。**折其右肱，終不可用也。**雖有左在，不足用也。〔疏〕正義曰：「終不可用」者，凡用事在右肱，右肱既折，雖有左在，終不可用也。

九四：豐其蔀，日中見斗，遇其夷主，吉。以陽居陰，豐其蔀也。得初以發，夷主吉也。〔疏〕正義曰：「豐其蔀」者，九四以陽居陰，闇同於六二，故曰「豐其蔀」也。「日中見斗，遇其夷主，吉」者，夷，平也。四應在初，而同是陽爻，能相顯發，而得其吉，故曰「遇其夷主，吉」也。言四之與初，交相爲主者，若賓主之義也。若據初適

四，則以四爲主，故曰「遇其配主」；自四之初，則以初爲主，故曰「遇其夷主」也。二陽體敵，兩主均平，故初謂四爲旬，而四謂初爲夷也。**象曰：豐其蔀，位不當也。日中見斗，幽不明也。遇其夷主，吉行也。**〔疏〕正義曰：「位不當」者，止謂以陽居陰，而位不當，所以豐蔀而闇者也。「幽不明」也者，日中盛則反而見斗，以譬當光大而居陰，是應明而幽闇不明也。「吉行」也者，處於陰位，爲闇已甚，更應於陰，无由獲吉，猶與陽相遇，故得吉行也。

六五：來章，有慶譽，吉。以陰之質，來適尊陽之位，能自光大，章顯其德，獲慶譽也。〔疏〕正義曰：六五處豐大之世，以陰柔之質，來適尊陽之位，能自光大，章顯其德，而獲慶善也，故曰「來章，有慶譽，吉」也。**象曰：六五之吉，有慶也。**〔疏〕正義曰：「有慶也」者，言六五以柔處尊，履得其中，故致慶譽也。

上六：豐其屋，蔀其家，闚其戶，闃其无人，三歲不覿，凶。屋，藏陰之物，以陰處極而最在外，不履於位，深自幽隱，絕跡深藏者也。既豐其屋，又蔀其家，屋厚家覆，闇之甚也。雖闚其戶，闃其无人，棄其所處而自深藏也。處於明動尚大之時，而深自幽隱以高其行，大道既濟而猶不見，隱不爲賢，更爲反道，凶其宜也。三年，豐道之成。治道未濟，隱猶可也；既濟而隱，是以治爲亂者也。〔疏〕「上六豐其屋」至「不覿」〇正義曰：屋者，藏蔭隱蔽之物也。上六以陰處陰極，以處外不履於位，是深自幽隱，絕跡深藏也，事同豐厚於屋者也。既豐厚其屋，而又覆蔀其家，屋厚家闇，蔽之甚也。雖闚視其戶，而闃寂无人，棄其所處而自深藏也。處於豐大之世，隱不爲賢。治道未濟，隱猶可也；三年豐道已成，而猶不見，所以爲凶，故曰「豐其屋，蔀其家，闚其戶，闃其无人，三歲不覿，凶」。**象曰：豐其屋，天際翔也。**翳光最甚者也。〔疏〕正義曰：「天際翔也」者，如鳥之飛翔於天際，言隱翳之深也。**闚其戶，闃其无人，自藏也。**可以出而不出，自藏之謂也。非有爲而藏，不出戶庭，失時致凶，況自藏乎？凶其宜也。〔疏〕正義曰：「自藏也」者，言非有爲而當自藏，可以出而不出，无事自爲隱藏也。

☶☲艮下離上　**旅：小亨，旅貞吉。**不足全夫貞吉之道，唯足以爲旅之貞吉，故特重曰「旅貞吉」也。〔疏〕正義曰：旅者，客寄之名，羈旅之稱，失其本居而寄他方，謂之爲旅。既爲羈旅，苟求僅存，雖得自通，非甚光大，故旅之

爲義，小亨而已，故曰「旅小亨」。羈旅而獲小亨，是旅之正吉，故曰「旅貞吉」也。**彖曰：旅，小亨，柔得中乎外而順乎剛，止而麗乎明，是以小亨，旅貞吉也。**夫物失其主則散，柔乘於剛則乖，既乖且散，物皆羈旅，何由得小亨而吉乎？夫陽爲物長，而陰皆順陽，唯六五乘剛而復得中乎外，以承于上，陰凶順陽，不爲乖逆，止而麗明，動不履妄，雖不及剛得尊位、恢弘大通，是以小亨，令附旅者不失其正，得其所安也。〔疏〕「彖曰」至「貞吉也」〇正義曰：「旅小亨」者，舉經文也。「柔得中乎外而順乎剛，止而麗乎明，是以小亨，旅貞吉」者，此就六五及二體釋旅得亨貞之義。柔處於外，弱而爲客之象，若所託不得其主，得主而不能順從，則乖逆而離散，何由得自通而貞吉乎？今柔雖處外而得中順陽，則是得其所託而順從於主；又止而麗明，動不履妄，故能於寄旅之時，得適而正，不失所安也。**旅之時義大矣哉！**旅者，大散，物皆失其所居之時也。咸失其居，物願所附，豈非知者有爲之時？〔疏〕正義曰：此歎美寄旅之時，物皆失其所居，若能與物爲附，使旅者獲安，非小才可濟，惟大智能然，故曰「旅之時義大矣哉」。**象曰：山上有火，旅。君子以明慎用**

刑而不留獄止以明之刑戮詳也【疏】正義曰火在山上逐草而行勢不久留故爲旅象又上下二體艮止離明故君子象此以靜止明察審慎用刑而不稽留獄訟初六旅瑣瑣斯其所取災最處下極寄旅不得所安而爲斯賤之役所取致災志窮且困【疏】正義曰旅瑣瑣斯其所取災者瑣瑣者細小卑賤之貌也初六當旅之時最處下極是寄旅不得所安而爲斯卑賤之役然則爲斯卑賤勞役由其處於窮下故致此災故曰旅瑣瑣斯其所取災也象曰旅瑣瑣志窮災也【疏】正義曰志窮災志意窮困自取此災也六二旅即次懷其資得童僕貞次者可以安行旅之地也懷來也得位居中體柔奉上以此寄旅必獲次舍懷來資貨得童僕之所正也旅不可以處盛故其美盡於童僕之正也過斯以往則見害矣童僕之正義足而已【疏】正義曰旅即次懷其資得童僕貞者得位居中體柔承上以此而爲寄旅必爲主君所安旅得次舍懷來資貨又得童僕之正不同初六賤役故曰旅即次懷其資得童僕貞象曰得童僕貞終无尤也【疏】正義曰終无尤者旅不可以處盛盛則爲物所害今惟正於童僕則終保无咎也九三旅焚其次喪其童僕貞厲居下體之上與二相得以寄旅之身而爲施下之道與萌侵權主之所疑也故次焚僕喪而身危也【疏】九三旅焚其次至貞厲○正義曰旅焚其次喪其童僕貞厲者九三居下體之上下據於二上无其應與二相得是欲自尊而惠施於下也以羇旅之身而爲惠下之道是與萌侵權爲主君之所疑也爲君主所疑則被黜而見害故焚其次舍喪其童僕之正而身危也○注與萌至所疑也正義曰與萌侵權者言與得政事之萌漸侵奪主君之權勢若齊之田氏故爲主所疑也象曰旅焚其次亦以傷矣以旅與下其義喪也【疏】正義曰亦以傷矣者言失其所安亦可悲傷也其義喪者言以旅與下理是喪亡也九四旅于處得其資斧我心不快斧所以斫除荆棘以安其舍者也雖處上體之下不先於物然而不得其位不獲平坦之地客于所處不得其次而得其資斧之地故其心不快也【疏】正義曰旅于處得其資斧我心不快者九四處上體之下不同九三之自尊然不得其位猶寄旅之人求其次舍不獲平坦之所而得用斧之地言用斧除荆棘然後乃處故曰旅于處得其資斧也求安處而得資斧之地所以其心不快也象曰旅于處未得位也得其資斧心未快也六五射雉一矢亡終以譽命射雉以一矢而復亡之明雖有雉終不可得矣寄旅而進雖處于文明之中居于貴位此位終不可有也以其能知禍福之萌不安其處以乘其下而上承於上故終以譽而見命也【疏】六五射雉至以譽命○正義曰射雉一矢亡終以譽命者羇旅不可以處盛位六五以羇旅之身進居貴位其位終不可保譬之射雉惟有一矢射之而復亡失其矢其雉終不可得故曰射雉一矢亡也然處文明之內能照禍福之幾不乘下以侵權而承上以自保故得終以美譽而見爵命故曰終以譽命也象曰終以譽命上逮也【疏】正義曰上逮者逮及也以能承及於上故得終以譽命也上九鳥焚其巢旅人先笑後號咷喪牛于易凶居高危而以爲宅巢之謂也客旅得上位故先笑也以旅而處于上極衆之所嫉也以不親之身而當被害之地必凶之道也故曰後號咷牛者稼穡之資以旅處上衆所同嫉故喪牛于易不在於難物莫之與危而不扶喪牛于易終莫之聞莫之聞則傷之者至矣【疏】正義曰鳥焚其巢旅人先笑後號咷喪牛于易凶者最居於上如鳥之巢以旅處上必見傾奪如鳥巢之被焚故曰鳥焚其巢也客得上位所以先笑凶害必至故後號咷衆所同嫉喪其稼穡之資理在不難故曰喪牛于易物莫之與則傷之者至矣故曰凶也象曰以旅在上其義焚也喪牛于易終莫之聞也【疏】正義曰終莫之聞也者衆所同疾危而不扶至于喪牛于易終无以一言告之使聞而悟也

☴☴巽下巽上巽小亨全以巽爲德是以小亨也上下皆巽不違其令命乃行也故申命行事之時上下不可以不巽也【疏】正義曰巽者卑順之名說卦云巽入也蓋以巽是象風之卦風行無所不入故以入爲訓若施之於人事能自卑巽者亦無所不容然巽之爲義以卑順爲體以容入爲用故受巽名矣上下皆巽不爲違逆君唱臣和教令乃行故於重巽之卦以明申命之理雖上下皆巽命令可行然全用卑巽則所通非大故曰小亨利有攸往巽悌以行物无距也【疏】正義曰巽悌以行物无違距故曰利有攸往利見大人大人用之道愈隆

【疏】正義曰但能用巽者皆无往不利然大人用巽其道愈隆故曰利見大人明上下皆須用巽也 彖曰重巽以申命 命乃行也未有不巽而命行也【疏】正義曰此卦以巽爲名以申命爲義故就二體上下皆巽以明可以申命也上巽能接於下下巽能奉於上上下皆巽命乃得行故曰重巽以申命也 剛巽乎中正而志行 以剛而能用巽處乎中正物所與也【疏】正義曰剛巽乎中正而志行者雖上下皆巽若命不可從則物所不與也故又因二五之爻剛而能巽不失其中所以志意得行申其命令也 柔皆順乎剛 明无違逆故得小亨【疏】柔皆順乎剛○正義曰柔皆順乎剛者剛雖巽爲中正柔若不順乎剛何所申其命乎故又就初九各處卦下柔皆順剛无有違逆所以教命得申成小亨以下之義也○注明无違至得小亨○正義曰案彖併舉小亨利有攸往利見大人以結之則柔皆順剛之意不專釋小亨二字而注獨言明无違逆故得小亨者褚氏云夫獻可替否其道乃弘柔皆順剛非大通之道所以文王係小亨之辭孔子致皆順之釋案王注上下卦之體皆以巽言之柔不違剛正是巽義故知皆順之言通釋諸辭也 是以小亨利有攸往利見大人【疏】正義曰是以小亨以下釋經結也 象曰隨風巽君子以申命行事【疏】正義曰隨風巽者兩風相隨故曰隨風風既相隨物无不順故曰隨風巽君子以申命行事者風之隨至非是令初故君子訓之以申命行事也 初六進退利武人之貞 處令之初未能服令者也故進退也成命齊邪莫善武人故利武人之貞以整之【疏】正義曰初六處令之初法未宜著體於柔巽不能自決心懷進退未能從令者也成命齊邪莫善威武既未能從令則宜用武人之正以整齊之故曰進退利武人之貞也 象曰進退志疑也 巽順之志進退疑懼【疏】正義曰志疑者欲從之則未明其令欲不從則懼罪及巳志意懷疑所以進退也 利武人之貞志治也【疏】正義曰志治也者武非行令所宜而言利武人者志在使人從治故曰利武人其猶蒙卦初六象曰利用刑人以正法也 九二巽在牀下用史巫紛若吉无咎 處巽之中既在下位而復以陽居陰卑巽之甚故曰巽在牀下也卑甚失正則入于咎過矣能以居中而施至卑於神祇而不用之於威勢則乃至于紛若之吉而亡其過矣故曰用史巫紛若吉无咎也【疏】正義曰巽在牀下者九二處巽下體而復以陽居陰卑巽之甚故曰巽在牀下用史巫紛若吉无咎者史謂祝史巫謂巫覡並是接事鬼神之人也紛若者盛多之貌卑甚失正則入於過咎人有威勢易爲行恭神道无形多生怠慢若能用居中之德行至卑之道用之於神祇不行之於威勢則能致之於盛多之吉而无咎過故曰用史巫紛若吉无咎也 象曰紛若之吉得中也【疏】正義曰得中者用卑巽於神祇是行得其中故能致紛若之吉也 九三頻巽吝 頻頻蹙不樂而窮不得巳之謂也以其剛正而爲四所乘志窮而巽是以吝也【疏】正義曰頻巽吝者頻者頻蹙憂戚之容也九三體剛居正爲四所乘是志意窮屈不得申遂也既處巽時只得受其屈辱也頻蹙而巽鄙吝之道故曰頻巽吝也 象曰頻巽之吝志窮也【疏】正義曰志窮者志意窮屈所以爲吝也 六四悔亡田獲三品 乘剛悔也然得位承五卑得所奉雖以柔乘剛而依尊履正以斯行命必能獲强暴遠不仁者也獲而有益莫善三品故曰悔亡田獲三品一曰乾豆二曰賓客三曰充君之庖【疏】正義曰悔亡田獲三品者六四有乘剛之悔然得位承尊得其所奉雖以柔乘剛而依尊履正以斯行命必能有功取譬田獵能獲而有益莫善三品所以得悔亡故曰悔亡田獲三品也三品者一曰乾豆二曰賓客三曰充君之庖廚也 象曰田獲三品有功也【疏】正義曰有功者田獵有獲以喻行命有功也 九五貞吉悔亡无不利无初有終先庚三日後庚三日吉 以陽居陽損於謙巽然秉乎中正以宣其令物莫之違故曰貞吉悔亡无不利也化不以漸卒以剛直用加於物故初皆不說也終於中正邪道以消故有終也申命令謂之庚夫以正齊物不可卒也民迷固久直不可肆也故先申三日令著之後復申三日日然後誅而无咎怨矣甲庚皆申命之謂也【疏】正義曰九五以陽居陽違於謙巽是悔也然執乎中正以宣其令物莫之違是由貞正獲吉故得悔亡而无不利故曰貞吉悔亡无不利也无初有終者若卒用剛直化不以漸物皆不說故曰无初也終於中正物服其化故曰有終也先庚三日後庚三日吉者申命令謂之庚民迷固久申不可卒故先申之三日令著之後復申之三日然後誅之民服其罪无怨而獲吉矣故曰先庚三日後庚三日吉也 象曰九五之吉位正中也【疏】正義曰位正中者若不以九居五位

則不能以中正齊物，物之不齊，无由致吉。致吉是由九居五位，故舉爻位言之。上九，巽在牀下，喪其資斧，貞凶。處巽之極，極巽過甚，故曰巽在牀下也。斧所以斷者也。過巽失正，喪所以斷，故曰喪其資斧貞凶也。【疏】正義曰：巽在牀下者，上九處巽之極，巽之過甚，故曰巽在牀下。喪其資斧者，斧能斬決，以喻威斷也。巽過則不能行威命，命之不行，是喪其所用之斧，故曰喪其資斧也。貞凶者，失其威斷，是正之凶，故曰貞凶也。象曰：巽在牀下，上窮也。喪其資斧，正乎凶也。【疏】正義曰：上窮者，處上窮巽，故過在牀下也。正乎凶者，正理須當威斷而喪之，是正乎凶也。

☱☱兑下兑上　兑，亨，利貞。【疏】正義曰：兑，說也。說卦曰：說萬物者莫說乎澤。以兑是象澤之卦，故以兑爲名。澤以潤生萬物，所以萬物皆說；施於人事，猶人君以恩惠養民，民无不說也。惠施民說，所以爲亨。以說說物，恐陷諂邪，其利在於貞正，故曰兑亨利貞。彖曰：兑，說也。剛中而柔外，說以利貞，說而違剛則諂，剛而違說則暴。剛中而柔外，所以說以利貞也。剛中故利貞，柔外故說亨。【疏】正義曰：兑說也者，訓卦名也。剛中而柔外說以利貞者，此就二五以剛居中，上六六三以柔處外，釋兑亨利貞之義也。外雖柔說，而內德剛正，則不畏邪諂；內雖剛正，而外迹柔說，則不憂侵暴。只爲剛中而柔外，中外相濟，故得說亨而利貞也。是以順乎天而應乎人，天剛而不失說者也。【疏】正義曰：廣明說義合於天人。天爲剛德而有柔克，是剛而不失其說也。今說以利貞，是上順乎天也。人心說於惠澤，能以惠澤說人，是下應乎人也。說以先民，民忘其勞；說以犯難，民忘其死；說之大，民勸矣哉！【疏】正義曰：說以先民民忘其勞以下，歎美說之所致，亦申明應人之法。先以說豫撫民，然後使之從事，則民皆竭力，忘其從事之勞，故曰說以先民，民忘其勞也。說以犯難民忘其死者，先以說豫勞民，然後使之犯難，則民皆授命，忘其犯難之死，故曰說以犯難，民忘其死也。施說於人，所致如此，豈非說義之大，能使民勸勉矣哉！故曰說之大民勸矣哉。象曰：麗澤，兑。君子以朋友講習。麗猶連也。施說之盛，莫盛於此。【疏】正義曰：麗澤兑者，麗猶連也。兩澤相連，潤說之盛，故曰麗澤兑也。君子以朋友講習者，同門曰朋，同志曰友，朋友聚居，講習道義，相說之盛，莫過於此也。故君子象之以朋友講習也。

初九，和兑，吉。【疏】居兑之初，應不在一，无所黨係，和兑之謂也。說不在諂，履斯而行，未見有疑之者，吉其宜矣。【疏】正義曰：初九居兑之初，應不在一，无所私說，說之和也。說物以和，何往不吉，故曰和兑吉也。象曰：和兑之吉，行未疑也。【疏】正義曰：行未疑者，說不爲諂，履斯而行，未見疑之者也，所以得吉也。九二，孚兑，吉，悔亡。說不失中，有孚者也。失位而說，孚吉乃悔亡也。【疏】正義曰：九二說不失中，有信者也。說而有信，則吉從之，故曰孚兑吉也。然履失其位，有信而吉，乃得亡悔，故曰孚兑吉悔亡也。象曰：孚兑之吉，信志也。其志信也。【疏】正義曰：信志也者，失位而得吉，是其志信也。六三，來兑，凶。以陰柔之質，履非其位，來求說者也。非正而求說，邪佞者也。【疏】正義曰：三爲陽位，陰來居之，是進來求說，故言來兑。而以不正來說，佞邪之道，故曰來兑凶也。象曰：來兑之凶，位不當也。【疏】正義曰：位不當者，由位不當，所以致凶也。九四，商兑未寧，介疾有喜。商，商量裁制之謂也。介，隔也。三爲佞說，將近至尊，故四以剛德裁而隔之，匡內制外，是以未寧也。處於幾近，閑邪介疾，宜其有喜也。【疏】正義曰：商兑未寧者，商量裁制之謂也。夫佞邪之人，國之疾也。三爲佞說，將近至尊，故四以剛德裁而隔之，使三不得進，匡內制外，未遑寧處，故曰商兑未寧。居近至尊，防邪隔疾，宜其有喜，故曰介疾有喜。象曰：九四之喜，有慶也。【疏】正義曰：有慶者，四能匡內制外，介疾除邪，此之爲喜，乃爲至尊所善，天下蒙賴，故言有慶也。九五，孚于剝，有厲。比於上六，而與相得，處尊正之位，不說信乎陽，而說信乎陰，孚于剝之義也。剝之爲義，小人道長之謂。【疏】正義曰：剝者，小人道長，消君子之正，故謂小人爲剝也。九五處尊正之位，下无其應，比於上六，與之相得，是說信於小人，故曰孚于剝。信而成剝，危之道也，故曰有厲。象曰：孚于剝，位正當也。以正當之位，信於小人而疏君子，故曰位正當也。【疏】正義曰：位正當者，以正當之位，宜任君子，而信小人，故以當位責之也。上六，引兑。以夫陰質最處說後，靜退者也，故必見引，然後乃說也。【疏】正義曰：上六以陰柔之質，最在兑後，是自靜退，不同六三自進求說，必須他人見引，然後乃說，故曰引兑也。象曰：上六引兑，未光也。

疏正義曰：未光也者雖免躁求之凶亦有後時之失所以經无吉文以其道未光故也

䷺坎下巽上　渙亨王假有廟利涉大川利貞 疏正義曰渙亨者渙卦名也序卦曰說而後散之故受之以渙然則渙者散釋之名雜卦曰渙離也此又渙是離散之號也蓋渙之爲義小人遭難離散奔迸而逃避也大德之人能於此時建功立德散難釋險故謂之爲渙能釋險難所以爲亨故曰渙亨王假有廟者王能渙難而亨可以至於建立宗廟故曰王假有廟也利涉大川者德洽神人可濟大難故曰利涉大川利貞者大難既散宜以正道而柔集之故曰利貞

彖曰渙亨剛來而不窮柔得位乎外而上同 二以剛來居內而不窮於險四以柔得位乎外而與上同內剛而无險困之難外順而无違逆之乖是以亨利涉大川利貞也凡剛得暢而无忌回之累柔履正而同志乎剛則皆亨利涉大川利貞也 疏彖曰渙亨至上同○正義曰渙亨者疊經文略舉名德也剛來而不窮柔得位乎外而上同者此就九二剛德居險六四得位從上釋所以能散釋險難而致亨通乃至利涉大川利貞等也二以剛德來居險中而不窮於險四以柔順得位於外而上與五同內剛无險

易六　十一

困之難外柔无違逆之乖所以得散釋險難而通亨建立宗廟而祭亨利涉大川而克濟利以正道而鳩民也○注凡剛得暢至利貞也○正義曰凡剛得暢而无忌回之累者此還言九二居險不窮是剛得暢遂剛既得暢无復畏忌回邪之累也柔履正而同志乎剛者此還言六四得位履正同志乎五也剛德不暢柔不同剛何由得亨通而濟難利貞而不邪乎故言則皆亨利涉大川利貞也注於此言皆者凡有二意一則彖雖疊渙亨二字即以剛來而不窮柔得位乎外而上同釋之下別言王假有廟王乃在中利涉大川乘木有功恐剛來之言惟釋亨德不通在下二則先儒有以剛來不窮釋亨德柔得位乎外釋利貞故言皆以通之明剛柔皆釋亨以下至于利貞也

王假有廟王乃在中也 王乃在乎渙然之中故至有廟也 疏正義曰此重明渙時可以有廟之義險難未夷方勞經略今在渙然之中故至於有廟也

利涉大川乘木有功也 乘木即涉難也木者專所以涉川也涉難而常用渙道必有功也 疏利涉至有功也○正義曰重明用渙可以濟難之事乘木涉川必不沈溺以渙濟難必有成功故曰乘木有功也○注乘木有功也○正義曰先儒皆以此卦坎下巽上以爲乘木水上涉川之象故言乘木有功王不用象直取況喻之義故言此以序之也

象曰風行水上渙先王以享于帝立廟 疏正義曰風行水上渙者風行水上激動波濤散釋之象故曰風行水上渙先王以享于帝立廟者先王以渙然无難之時享于上帝以告太平建立宗廟以祭祖考故曰先王以享于帝立廟也

初六用拯馬壯吉 渙散也處散之初乖散未甚故可以遊行得其志而違於難也不在危劇而後乃逃竄故曰用拯馬壯吉 疏正義曰初六處散之初乖散未甚可用馬以自拯拔而得壯吉也故曰用拯馬壯吉

象曰初六之吉順也 觀難而行不與險爭故曰順也 疏正義曰觀難而行不與險爭故曰順也

九二渙奔其机悔亡 机承物者也謂初也二俱无應與初相得而初得散道離散而奔得其所安故悔亡也 疏正義曰渙奔其机者机承物者也初承於二謂初爲机二俱无應與初相得而初得遠難之道今二散奔歸初故曰渙奔其机也悔亡者初得散道而二往歸之得其所安故悔亡也

象曰渙奔其机得願也 疏正義曰得願者違難奔散願得所安奔初獲安是得其願也

六三渙其躬无悔 渙之爲義內險而外安者也散躬志外不固所守與剛合志故得无悔也 疏正義曰渙其躬无悔者渙之爲義內險外安六三內不比二而外應上九是不固所守能散其躬故得无悔故曰渙其躬无悔

象曰渙其躬志在外也 疏正義曰志在外者釋六三所以能渙其躬者正爲身在於內而應在上九是志意在外也

六四渙其羣元吉渙有丘匪夷所思 踰乎險難得位體巽與五合志內掌機密外宜化命者也故能散羣之險以光其道然處於卑順不可自專而爲散之任猶有丘虛匪夷之慮雖得元吉所思不可忘也 疏正義曰渙其羣者六四出在坎上已踰於險得位體巽與五合志內掌機密外宜化命者也能爲羣物散其險害故曰渙其羣也元吉渙有丘匪夷所思者能散羣險則有大功故曰元吉然處上體之下不可自專而得位承尊憂責復重雖獲元吉猶宜於散難之中有丘墟未平之慮爲其所思故曰渙有丘匪夷所思也

象曰渙其羣元吉光大也 疏正義曰光大也者能散羣險而獲元吉是其道光大也

九五渙汗其大號渙王居无咎 處尊履正居巽之中散汗大號以盪險阨者也爲渙之主唯王居之乃得无咎也

易六　十二

〔疏〕正義曰：渙汗其大號者，人遇險阨驚怖而勞則汗從體出，故以汗喻險阨也。九五處尊履正，在號令之中，能行號令以散險阨者也，故曰渙汗其大號也。渙王居无咎者，爲渙之主，名位不可假人，惟王居之乃得无咎，故曰渙王居无咎。**象曰：王居无咎，正位也。**正位不可以假人。〔疏〕正義曰：正位者，釋王居无咎之義。以九五是王之正位，若非王居之則有咎矣。**上九：渙其血去逖出，无咎。**逖，遠也。最遠於害，不近侵害，散其憂傷遠出者也。散患於遠害之地，誰將咎之哉！〔疏〕正義曰：渙其血去逖出者，血，傷也；逖，遠也。上九處於卦上，最遠於險，不近侵害，是能散其憂傷，去而逖出者也，故曰渙其血去逖出也。无咎者，散患於遠害之地，誰將咎之矣，故曰无咎。**象曰：渙其血，遠害也。**〔疏〕正義曰：遠害者，釋渙其血也。是居遠害之地故也。

䷻ 兌下坎上 **節：亨。苦節不可貞。**〔疏〕正義曰：節，卦名也。象曰：節以制度。雜卦云：節，止也。然則節者制度之名，節止之義。制事有節，其道乃亨，故曰節亨。節須得中，爲節過苦，傷於刻薄，物所不堪，不可復正，故曰苦節不可貞也。**象曰：節亨，剛柔分而剛得中。**坎陽而兌陰也。陽上而陰下，剛柔分也。剛柔分而不亂，剛得中而爲制主，節之義也。節之大者，莫若剛柔分、男女別也。〔疏〕正義曰：此就上下二體居二五剛中，釋所以爲節得亨之義也。坎剛居上，兌柔處下，是剛柔分也。剛柔分，男女別，節之大義也。二五以剛居中，爲制之主，所以得節。節不違中，所以得亨，故曰節亨，剛柔分而剛得中也。**苦節不可貞，其道窮也。**爲節過苦，則物所不能堪也；物不能堪，則不可復正也。〔疏〕正義曰：爲節過苦，不可爲正，若以苦節爲正，則其道困窮，故曰苦節不可貞，其道窮也。**說以行險，當位以節，中正以通。**然後及亨也。无說而行險，過中而爲節，則道窮也。〔疏〕正義曰：上言苦節不可貞，其道窮者，正由爲節不中，則物所不說，不可復正，其道困窮，故更就二體及四五當位，重釋行節得亨之義，以明苦節之窮也。行險以說，則爲節得中；當位以節，則可以爲正。良由中而能正，所以得通，故曰中正以通。此其所以爲亨也。**天地節而四時成，節以制度，不傷財，不害民。**〔疏〕正義曰：天地節而四時成者，此下就天地與人廣明

節義。天地以氣序爲節，使寒暑往來各以其序，則四時功成之也。王者以制度爲節，使用之有道，役之有時，則不傷財，不害民也。**象曰：澤上有水，節。君子以制數度，議德行。**〔疏〕正義曰：澤上有水節者，水在澤中，乃得其節，故曰澤上有水節也。君子以制數度議德行者，數度謂尊卑禮命之多少，德行謂人才堪任之優劣。君子象節以制其禮數等差，皆使有度；議人之德行任用，皆使得宜。**初九：不出戶庭，无咎。**爲節之初，將整離散而立制度者也，故明於通塞，慮於險僞，不出戶庭，愼密不失，然後事濟而无咎也。〔疏〕初九至无咎○正義曰：初九處節之初，將立制度，宜其愼密，不出戶庭。若不愼而泄，則民情姦險，應之以僞，故愼密不失，然後事濟而无咎，故曰不出戶庭无咎。○注將整離散而立制度者也○正義曰：序卦云：物不可以終離，故受之以節。此卦承渙之後，初九居節之初，故曰將整離散而立法度也。**象曰：不出戶庭，知通塞也。**〔疏〕正義曰：知通塞者，識時通塞，所以不出也。**九二：不出門庭，凶。**初已造之，至二宜宣其制矣，而故匿之，失時之極，則遂廢矣，故不出門庭則凶也。〔疏〕正義曰：初已制法，至二宜宣，若猶匿之，則失時之極，可施之事，則遂廢矣。不出門庭，所以致凶，故曰不出門庭凶。**象曰：不出門庭凶，失時極也。**〔疏〕正義曰：失時極者，極，中也。應出不出，失時之中，所以爲凶。**六三：不節若，則嗟若，无咎。**若，辭也。以陰處陽，以柔乘剛，違節之道，以至哀嗟。自已所致，无所怨咎，故曰无咎也。〔疏〕正義曰：節者制度之卦，處節之時，位不可失。六三以陰處陽，以柔乘剛，失位驕逆，違節之道，禍將及已，以至哀嗟，故曰不節若，則嗟若也。禍自已致，无所怨咎，故曰无咎。**象曰：不節之嗟，又誰咎也。**〔疏〕正義曰：又誰咎者，由已不節，自致禍災，又欲怨咎誰乎？**六四：安節，亨。**得位而順，不改其節，而能亨者也。承上以斯，得其道也。〔疏〕正義曰：六四得位，而上順於五，是得節之道。但能安行此節而不改變，則何往不通，故曰安節亨。明六三以失位乘剛，則失節而招咎；六四以得位承陽，故安節而致亨。**象曰：安節之亨，承上道也。**〔疏〕正義曰：承上道者，以能承於上，故不失其道也。**九五：甘節，吉，往有尚。**當位居中，爲節之主，不失其中，不傷財，不害民之謂也。爲節之不苦，非甘而何？術斯以往，往有尚也。〔疏〕正義曰：甘者，不苦之

名也九五居於尊位得正履中能以中正爲節之主則當象曰節以制度不傷財不害民之謂也爲節而无傷害則是不苦而甘所以得吉故曰甘節吉以此而行所往皆有嘉尚故曰往有尚也**象曰甘節之吉居位中也**〔疏〕正義曰居位中者以居尊位而得中故致甘節之吉也**上六苦節貞凶悔亡**過節之中以致亢極苦節者也以斯施正物所不堪正之凶也以斯脩身行在无妄故得悔亡〔疏〕正義曰上六處節之極過節之中節不能甘以至於苦故曰苦節也爲節過苦物所不堪不可復正正之凶也故曰貞凶若以苦節施人則是正道之凶若以苦節脩身則儉約无妄可得亡悔故曰悔亡也**象曰苦節貞凶其道窮也**

☱☴兌下巽上**中孚豚魚吉利涉大川利貞**〔疏〕正義曰中孚豚魚吉者中孚卦名也信發於中謂之中孚魚者蟲之幽隱豚者獸之微賤人主內有誠信則雖微隱之物信皆及矣莫不得所而獲吉故曰豚魚吉也利涉大川利貞者微隱獲吉顯者可知既有誠信光被萬物萬物得宜以斯涉難何往不通故曰利涉

易六　十五

大川信而不正凶邪之道故利在貞也**象曰中孚柔在內而剛得中說而巽孚**有上四德然後乃孚〔疏〕正義曰此就三四陰柔并在兩體之內二五剛德各處一卦之中及上下二體說而以巽釋此卦名爲中孚之義也柔內剛中各當其所說而以巽乖爭不作所以信發於內謂之中孚故曰柔在內而剛得中說而巽孚也**乃化邦也**信立而後邦乃化也柔在內而剛得中各當其所也剛得中則直而正柔在內則靜而順說而以巽則乖爭不作如此則物无巧競敦實之行著而篤信發乎其中矣〔疏〕正義曰誠信發於內則邦國化於外故曰乃化邦也**豚魚吉信及豚魚也**魚者蟲之隱者也豚者獸之微賤者也爭競之道不興中信之德淳著則雖微隱之物信皆及之〔疏〕正義曰釋所以得吉由信及豚魚故也**利涉大川乘木舟虛也**乘木於川舟之虛則終已无溺也用中孚以涉難若乘木舟虛也〔疏〕正義曰釋此涉川所以得利以中信而濟難若乘虛舟以涉川也**中孚以利貞乃應乎天也**盛之至也〔疏〕正義曰釋中孚所以利貞者天德剛正而氣序不差是正而信也今信不失正乃得應於天是中孚之盛故須濟以利貞也**象曰澤上有風中孚君子以議獄緩死**信發於中雖過可亮〔疏〕正義曰澤上有風中孚者風行澤上无所不周其猶信之被物无所不至故曰澤上有風中孚君子以議獄緩死者中信之世必非故犯過失爲辜情在可恕故君子以議其過失之獄緩捨當死之刑也

初九虞吉有它不燕虞猶專也爲信之始而應在四得乎專吉者也志未能變繫心於一故有它不燕也〔疏〕正義曰虞猶專也燕安也初爲信始應在于四得其專一之吉故曰虞吉既係心於一故更有他求不能與之共相燕安也故曰有它不燕也**象曰初九虞吉志未變也**〔疏〕正義曰志未變者所以得專一之吉以志未改變不更親於他也

九二鶴鳴在陰其子和之我有好爵吾與爾靡之處內而居重陰之下而履不失中不徇於外任其眞者也立誠篤至雖在闇昧物亦應焉故曰鳴鶴在陰其子和之也不私權利唯德是與誠之至也故曰我有好爵與物散之〔疏〕正義曰鳴鶴在陰其子和之者九二體剛處於卦內又在三四重陰之下而履不失中是不徇於外自任其眞

易六　十六

者也處於幽昧而行不失信則聲聞于外爲同類之所應焉如鶴之鳴於幽遠則爲其子所和故曰鳴鶴在陰其子和之也我有好爵吾與爾靡之者靡散也又无偏應是不私權利惟德是與若我有好爵吾願與爾賢者分散而共之故曰我有好爵吾與爾靡之**象曰其子和之中心願也**〔疏〕正義曰中心願者誠信之人願與同類相應得誠信而應之是中心願也

六三得敵或鼓或罷或泣或歌三居少陰之上四居長陰之下對而不相比敵之謂也以陰居陽欲進者也欲進而闇敵故或鼓也四履正而承五非己所克故或罷也不勝而退懼見侵陵故或泣也四履乎順不與物校退而不見害故或歌也不量其力進退无恆憊可知也〔疏〕正義曰六三與四俱是陰爻相與爲類然三居少陰之上四居長陰之下各自有應對而不相比敵之謂也故曰得敵欲進礙四恐其害己故或鼓而攻之而四履正承尊非己所勝故或罷而退敗也不勝而退懼見侵陵故或泣而憂悲也四履于順不與物校退不見害故或歌而歡樂也故曰或鼓或罷或泣或歌也**象曰或鼓或罷位不當也**〔疏〕正義曰位不當者所以或鼓或罷進退无恆者止爲不當其位妄進故也**六四月幾**

望馬匹亡无咎居中孚之時處巽之始應說之初居正履順以承於五內毗元首外宣德化者也充乎陰德之盛故曰月幾望馬匹亡者棄羣類也若夫居盛德之位而與物校其競爭則失其所盛矣故曰絕類而上履正承尊不與三爭乃得无咎也〔疏〕正義曰月幾望者六四居中孚之時處巽應說得位履順上承於五內毗元首外宣德化充乎陰德之盛如月之近望故曰月幾望也馬匹亡无咎者三與己敵進來攻己己若與三校戰則失其所盛故棄三之類如馬之亡匹上承其五不與三爭乃得无咎故曰馬匹亡无咎也。象曰馬匹亡絕類上也類謂三俱陰爻故曰類也〔疏〕正義曰絕類上者絕三之類不與三爭而上承於五也。九五有孚攣如无咎攣如者繫其信之辭也處中誠以相交之時居尊位以爲羣物之主信何可舍故有孚攣如乃得无咎也〔疏〕正義曰有孚攣如无咎者攣如者相牽繫不絕之名也五在信時處於尊位爲羣物之主恆須以中誠交物孚信何可暫舍故曰有孚攣如繫信不絕乃得无咎故曰有孚攣如无咎也。象曰有孚攣如位正當也〔疏〕正義曰位正當者以其正當尊位故戒以繫信乃得无咎若眞以陽得正位而无有繫信則招有咎之嫌也。上九翰音登于天貞凶翰高飛也飛音者音飛而實不從之謂也居卦之上處信之終信終則衰忠篤內喪華美外揚故曰翰音登于天也翰音登天正亦滅矣〔疏〕正義曰翰高飛也飛音者音飛而實不從之謂也上九處信之終信終則衰也信衰則詐起而忠篤內喪華美外揚若鳥於翰音登于天虛聲遠聞也故曰翰音登于天虛聲无實正之凶也故曰貞凶。象曰翰音登于天何可長也〔疏〕正義曰何可長也者虛聲无實何可久長

䷽ 艮下震上 小過亨利貞可小事不可大事飛鳥遺之音不宜上宜下大吉飛鳥遺其音聲哀以求處上愈无所適下則得安愈上則愈窮莫若飛鳥也〔疏〕小過亨至大吉○正義曰小過亨者小過卦名也王於大過卦下注云音相過之過恐人作罪過之義故以音之然則小過之義亦與彼同也過之小事謂之小過即行過乎恭喪過乎哀之謂是也褚氏云謂小人之行小有過差君子爲過厚之行以矯之也如晏子狐裘之比也此因小人有過差故君子爲過厚之行非即以過差釋卦名象曰小過小者過而亨言因過得亨明非罪過故王於大過音之明雖義兼罪過得名上在君子爲過行也而周氏等不悟此理兼以罪過釋卦名失之遠矣過爲小事道乃可通故曰小過亨也利貞者矯世厲俗利在歸正故曰利貞也可小事不可大事者時也小有過差惟可矯以小事不可正以大事故曰可小事不可大事也飛鳥遺之音不宜上宜下大吉者借喻以明過厚之行有吉有凶飛鳥遺其音聲哀以求處過上則愈无所適過下則不失其安以譬君子處過差之時爲過厚之行順而立之則吉逆而忤鱗則凶故曰飛鳥遺之音不宜上宜下大吉順則執卑守下逆則犯君陵上故以臣之逆順類鳥之上下也○注飛鳥至求處○正義曰飛鳥遺其音聲哀以求處者遺失也鳥之失聲必是窮迫未得安處論語曰鳥之將死其鳴也哀故知遺音即哀聲也。象曰小過小者過而亨也小者謂凡諸小事也過於小事而通者也〔疏〕正義曰此釋小過之名也幷明小過有亨德之義過行小事謂之小過順時矯俗雖過而通故曰小者過而亨也。過以利貞與時行也過而得以利貞應時宜也施過於恭儉利貞者也〔疏〕正義曰此釋利貞之德由爲過行而得利貞然矯枉過正應時所宜不可常也故曰與時行也。柔得中是以

小事吉也剛失位而不中是以不可大事也成大事者必在剛也柔而浸大剝之道也〔疏〕正義曰此就六二六五以柔居中九四失位不中九三得位不中釋可小事不可大事之義柔順之人惟能行小事柔而得中是行小中時故曰小事吉也剛健之人乃能行大事失位不中是行大不中時故曰不可大事也。有飛鳥之象焉不宜上宜下即飛鳥之象〔疏〕正義曰釋不取餘物爲況惟取飛鳥者以不宜上宜下有飛鳥之象故也。飛鳥遺之音不宜上宜下大吉上逆而下順也上則乘剛逆也下則承陽順也施過於不順凶莫大焉施過於順過更變而爲吉也〔疏〕正義曰此就六五乘九四之剛六二承九三之陽釋所以不宜上宜下大吉之義也上則乘剛而逆下則承陽而順故曰不宜上宜下大吉以上逆而下順也。象曰山上有雷小過君子以行過乎恭喪過乎哀用過乎儉〔疏〕正義曰雷之所出不出於地今出山上過其本所故曰小過小人過差失在慢易奢侈故君子矯之以行過乎恭喪過乎哀用過乎儉也。初六飛

鳥以凶小過上逆下順而應在上卦進而之逆无所錯足飛鳥之凶也〔疏〕正義曰小過之義上逆下順而初應在上卦進而之逆同於飛鳥无所錯足故曰飛鳥以凶也象曰飛鳥以凶不可如何也〔疏〕正義曰不可如何也者進而之逆孰知不可自取凶咎欲如何乎六二過其祖遇其妣不及其君遇其臣无咎過而得之謂之遇在小過而當位過而得之之謂也祖始也謂初也妣者居內履中而正者也過初而履二位故曰過其祖而遇其妣過而不至於僭盡於臣位而已故曰不及其君遇其臣无咎〔疏〕正義曰過而得之謂之遇六二在小過而當位是過而得之也祖始也謂初也妣者母之稱六二居內履中而正固謂之妣已過於初故曰過其祖也履得中正故曰遇其妣也過不至於僭盡於臣位而已故曰不及其君遇其臣无咎象曰不及其君臣不可過也〔疏〕正義曰臣不可過者臣不可自過其位也九三弗過防之從或戕之凶小過之世大者不立故令小者得過也居下體之上以陽當位而不能先過防之至令小者或過而復應而從焉其從之也則戕之凶至矣故曰弗

過防之從或戕之凶也〔疏〕正義曰弗過防之者小過之世大者不能立德故令小者得過九三居下體之上以陽當位不能先過爲防至令小者或過上六小人最居高顯而復應而從焉其從之也則有殘害之凶至矣故曰弗過防之從或戕之凶者春秋傳曰在內曰弑在外曰戕然則戕者皆殺害之謂也言或者不必之辭也謂爲此行者有幸而免也象曰從或戕之凶如何也〔疏〕正義曰凶如何者從於小人果致凶禍將如何言不可如何也九四无咎弗過遇之往厲必戒勿用永貞雖體陽爻而不居其位不爲責主故得无咎也失位在下不能過者也以其不能過故得合於免咎之宜故曰弗過遇之夫宴安酖毒不可懷也處於小過不寧之時而以陽居陰不能有所爲者也以此自守免咎可也以斯依往危之道也不交於物物亦弗與无援之助故危則必戒而已无所告救也沉沒怯弱自守而已以斯而處於羣小之中未足任者也故曰勿用永貞言不足用之於永貞〔疏〕九四无咎至永貞○正義曰居小過之世小人有過差之行須大德之人防使无過今九四雖體陽爻而不居其位不防之責責不在己故得无咎所以无其咎者以其失位在下不能爲過厚之行故得遇於无咎之宜故

曰无咎弗過遇之也既能无爲自守則无咎有往則危厲故曰往厲不交於物物亦不與无援之助故危則必自戒愼而已无所告救故曰不戒以斯而處於羣小之中未足委任不可用之以長行其正也故曰勿用永貞也○注夫宴安至懷也○正義曰夫宴安酖毒不可懷也者此春秋狄伐邢管仲勸齊侯救邢爲此辭言宴安不救邢卽酖鳥之毒不可懷而安之也象曰弗過遇之位不當也往厲必戒終不可長也〔疏〕正義曰位不當者釋所以弗過而遇得免於咎者以其位不當故也終不可長者自身有危无所告救豈可任之長以爲正也六五密雲不雨自我西郊公弋取彼在穴小過小者過於大也六得五位陰之盛也故密雲不雨至于西郊也夫雨者陰在於上而陽薄之而不得通則烝而爲雨今艮止於下而不交焉故不雨也是故小畜尚往而亨則不雨也小過陽不上交亦不雨也雖陰盛于上未能行其施也公者臣之極也五極陰盛故稱公也弋射也在穴者隱伏之物也小過者過小而難未大作猶在隱伏者也以陰質治小過能獲小過者也故曰公弋取彼在穴也除過之道不在取之是乃密雲未能雨也〔疏〕六五密雲至在穴○正義曰密雲不雨自我西

郊者小過者小者過於大也六得五位是小過於大陰之盛也陰盛於上而艮止之九三陽止於下是陰陽不交雖復至盛密雲至于西郊而不能爲雨也施之於人是柔得過而處尊未能行其恩施廣其風化也故曰密雲不雨自我西郊也公弋取彼在穴者公者臣之極五極陰盛故稱公也小過之時爲過猶小而難未大作猶在隱伏以小過之才治小過之失能獲小過在隱伏者有如公之弋獵取得在穴隱伏之獸也故曰公弋取彼在穴也○注除過至能雨也○正義曰除過至能雨也者雨者以喻德之惠化也際過差之道在於文德懷之使其自服弋而取之是尚威武尚威武卽密雲不雨之義也象曰密雲不雨已上也陽已上故止也〔疏〕正義曰已上者釋所以密雲不雨也以艮之陽爻已上於一卦之上而成止故不上交而爲雨也上六弗遇過之飛鳥離之凶是謂災眚小人之過遂至上極過而不知限至於亢也過至于亢將何所遇飛而不已將何所託災自己致復何言哉〔疏〕正義曰上六處小過之極是小人之過遂至上極過而不知限至于亢者也過至於亢无所復遇故曰弗遇過之也以小人之身過而弗遇必遭羅網其猶飛鳥飛而无託必離矰繳故曰飛鳥離之凶也過亢離凶是謂自災而

致眚復何言哉故曰是謂災眚也**象曰弗遇過之已亢也**〔疏〕正義曰已亢者釋所以弗遇過之以其已在亢極之地故也

䷾離下坎上**既濟亨小利貞初吉終亂**〔疏〕正義曰既濟亨小利貞初吉終亂者濟者濟渡之名既者皆盡之稱萬事皆濟故以既濟爲名既萬事皆濟若小者不通則有所未濟故曰既濟亨小也小者尚亨何況于大則大小剛柔各當其位皆得其所當此之時非正不利故曰利貞也但人皆不能居安思危慎終如始故戒以今日既濟之初雖皆獲吉若不進德脩業至於終極則危亂及之故曰初吉終亂也**彖曰既濟亨小者亨也**既濟者以皆濟爲義者也小者不遺乃爲皆濟故舉小者以明既濟也〔疏〕正義曰此釋卦名德既濟之亨必小者皆亨也但舉小者則大者可知所以爲既濟也具足爲文當更有一小字但既疊經文畧足以見故從省也**利貞剛柔正而位當也**剛柔正而位當則邪不可以行矣故雖正乃利貞也〔疏〕正義曰此就二三四五並皆得正以釋利貞也剛柔皆正則邪不可行故惟正乃利貞也**初吉柔

得中也終止則亂其道窮也**柔得中則小者亨也柔不得中則小者未亨小者未亨雖剛得正則爲未既濟也故既濟之要在柔得中也以既濟爲安者道極无進終唯有亂故曰初吉終亂終亂不爲自亂由止故亂故曰終止則亂也〔疏〕正義曰初吉柔得中者此就六二以柔居中釋初吉也以柔小尚得其中則剛大之理皆獲其濟物无不濟所以爲吉故曰初吉也終止則亂其道窮者此正釋戒若能進脩不止則既濟无終既濟終亂由止故亂終止而亂則既濟之道窮矣故曰終止則亂其道窮也**象曰水在火上既濟君子以思患而豫防之**存不忘亡既濟不忘未濟也〔疏〕正義曰水在火上炊爨之象飲食以之而成性命以之而濟故曰水在火上既濟也但既濟之道初吉終亂故君子思其後患而豫防之**初九曳其輪濡其尾无咎**最處既濟之初始濟者也始濟未涉於燥故輪曳而尾濡也雖未造易心无顧戀志棄難者也其爲義也无所咎也〔疏〕正義曰初九處既濟之初體剛居中是始欲濟渡也始濟未涉於燥故輪曳而尾濡故云曳其輪濡其尾也但志在棄難雖復曳輪濡尾其義不有咎故云无咎**象曰曳其輪

義无咎也六二婦喪其茀勿逐七日得**居中履正處文明之盛而應乎五陰之光盛者也然居初三之間而近不相得上不承三下不比初夫以光盛之陰處於二陽之間近而不相得能无見侵乎故曰喪其茀也稱婦者以明自有夫而它人侵之也茀首飾也夫以中道執乎貞正而見侵者衆之所助也處既濟之時不容邪道者也時既明峻衆又助之竊之者逃竄而莫之歸矣量斯勢也不過七日不須已逐而自得也〔疏〕六二至七日得○正義曰婦喪其茀勿逐七日得者茀者婦人之首飾也六二居中履正處文明之盛而應乎五陰之光盛者也然居初三之間而近不相得夫以光盛之陰處於二陽之間近而不相得能无見侵乎故曰婦喪其茀稱婦者以明自有夫而他人侵之也夫以中道執乎貞正而見侵者衆之所助也處既濟之時不容邪道者也時既明峻衆又助之竊之者逃竄而莫之歸矣量斯勢也不過七日不須已逐而自得故曰勿逐七日得**象曰七日得以中道也**〔疏〕正義曰以中道者釋不須追逐而自得者以執守中道故也**九三高宗伐鬼方三年克之小人勿用**處既濟之時居文明之終履得其位是居衰末而能濟者高宗伐鬼

方三年乃克也君子處之故能興也小人居之遂喪邦也〔疏〕正義曰高宗伐鬼方三年克之者高宗者殷王武丁之號也九三處既濟之時居文明之終履得其位是居衰末而能濟者也高宗伐鬼方以中興殷道事同此爻故取譬焉高宗德實文明而勢甚衰憊不能卽勝三年乃克故曰高宗伐鬼方三年克之也小人勿用者勢既衰弱君子處之能建功立德故興而復之小人居之日就危亂必喪邦也故曰小人勿用**象曰三年克之憊也**〔疏〕正義曰憊也者以衰憊之故故三年乃克之**六四繻有衣袽終日戒**繻宜曰濡衣袽所以塞舟漏也履得其正而近不與三五相得夫有隙之棄舟而得濟者有衣袽也鄰於不親而得全者終日戒也〔疏〕正義曰繻有衣袽終日戒者王注云繻宜曰濡衣袽所以塞舟漏者也六四處既濟之時履得其位而近不與三五相得如在舟而漏矣而舟漏則濡濕所以得濟者有衣袽也鄰於不親而得全者終日戒也故曰繻有衣袽終日戒也**象曰終日戒有所疑也**〔疏〕正義曰有所疑者釋所以終日戒以不與三五相得懼其侵克有所疑故也○**九五東鄰殺牛不如西鄰之禴祭實受其福

牛祭之盛者也禴祭之薄者也居既濟之時而處尊位物皆盛矣將何爲焉其所務者祭祀而已祭祀之盛莫盛脩德故沼沚之毛蘋蘩之菜可羞於鬼神故黍稷非馨明德惟馨是以東鄰殺牛不如西鄰之禴祭實受其福也〔疏〕九五東鄰至受其福○正義曰牛祭之盛者也禴殷春祭之名祭之薄者也九五居既濟之時而處尊位物既濟矣將何爲焉其所務者祭祀而已祭祀之盛莫盛脩德九五履正居中動不爲妄脩德者也苟能脩德雖薄可饗假有東鄰不能脩德雖復殺牛至盛不爲鬼神歆饗不如我西鄰禴祭雖薄能脩其德故神明降福故曰東鄰殺牛不如西鄰之禴祭實受其福也○注沼沚之毛至鬼神○正義曰沼沚之毛蘋蘩之菜可羞於鬼神者並略左傳之文也　**象曰東鄰殺牛不如西鄰之時也**在於合時不在於豐也〔疏〕正義曰不如西鄰之時者神明饗德能脩德致敬合於祭祀之時雖薄降福故曰時也○注在於合時○正義曰在於合時者詩云威儀孔時言周王廟中羣臣助祭並皆威儀肅敬甚得其時此合時之義亦當如彼也　**實受其福吉大來也**〔疏〕正義曰吉大來者非惟當身福流後世

上六濡其首厲處既濟之極既濟道窮則之於未濟之於未濟則首先犯焉過惟不已則遇於難故濡其首也將没不久危莫先焉〔疏〕正義曰上六處既濟之極則反於未濟若反於未濟則首先犯焉若進而不已必遇於難故濡其首也既被濡首將没不久危莫先焉故曰濡其首厲也　**象曰濡其首厲何可久也**〔疏〕正義曰何可久者首既被濡身將陷没何可久長者也

☲☵坎下離上　**未濟亨小狐汔濟濡其尾无攸利**〔疏〕正義曰未濟亨者未濟者未能濟渡之名也未濟之時小才居位不能建功立德拔難濟險若能執柔用中委任賢哲則未濟有可濟之理所以得通故曰未濟亨小狐汔濟濡其尾无攸利者汔者將盡之名小才不能濟難事同小狐雖難渡水而无餘力必須水汔方可涉川未及登岸而濡其尾濟不免濡豈有所利故曰小狐汔濟濡其尾无攸利也　**彖曰未濟亨柔得中也**以柔處中不違剛也能納剛健故得亨也〔疏〕正義曰此就六五以柔居中下應九二釋未濟所以得亨柔而得中不違剛也與二相應納剛自輔故於未濟之世終得亨通也　**小狐汔濟未出中也**小狐不能涉大川須汔然後乃能濟處未濟之時必剛健拔難然後乃能濟汔乃能濟未能出險之中〔疏〕正義曰小狐汔濟未出中也者釋小狐涉川所以必須水汔乃濟以其力薄未能出險之中故也　**濡其尾无攸利不續終也**小狐雖能渡而无餘力將濟而濡其尾力竭於斯不能續終險難猶未足以濟也濟未濟者必有餘力也〔疏〕正義曰濡尾力竭不能相續而終至於登岸所以无攸利也　**雖不當位剛柔應也**位不當故未濟剛柔應故可濟〔疏〕正義曰雖不當位剛柔應者重釋未濟之義凡言未者今日雖未濟復有可濟之理以其不當其位故卽時未濟剛柔皆應是得相拯是有可濟之理故稱未濟不言不濟也　**象曰火在水上未濟君子以慎辨物居方**辨物居方令物各當其所也〔疏〕正義曰火在水上未濟者火在水上不成烹飪未能濟物故曰火在水上未濟君子以慎辨物居方者君子見未濟之時剛柔失正故用慎爲德辨别衆物各居其方使皆得安其所所以濟也

初六濡其尾吝處未濟之初最居險下不可以濟者也而欲之其應進則溺身未濟之始始於既濟之上六也濡其首猶不反至於濡其尾不知紀極者也然以陰處下非爲進亢遂其志者也困則能反故不曰凶事在已量而必困乃反頑亦

甚矣故曰吝也〔疏〕初六至吝○正義曰初六處未濟之初最居險下而欲上之其應進則溺身如小狐之渡川濡其尾也未濟之始始於既濟之上六也既濟上六但云濡其首言始入於難未没其身此言濡其尾者進不知極已没其身也然以陰處下非爲進亢遂其志者也困則能反故不曰凶不能豫昭事之幾萌困而後反頑亦甚矣故曰吝也○注不知紀極○正義曰不知紀極者春秋傳曰聚斂積實不知紀極謂之饕餮言无休已也　**象曰濡其尾亦不知極也**〔疏〕正義曰亦不知極者未濟之初始於既濟之上六濡首而不知遂濡其尾故曰不知極也

九二曳其輪貞吉體剛履中而應於五五體陰柔應與而不自任者也居未濟之時處險難之中體剛中之質而見任與拯救危難經綸屯蹇者也用健拯難靖難在正而不違中故曳其輪貞吉也〔疏〕正義曰曳其輪貞吉者九二居未濟之時處險難之內體剛中之質以應於五五體陰柔委任於二令其濟難者也經綸屯蹇任重憂深故曰曳其輪曳其輪者言其勞也靖難在正然後得吉故曰曳其輪貞吉也　**象曰九二貞吉中以行正也**位雖不正中以行正也〔疏〕正義曰中以行正者釋九二失位而稱貞吉者位雖不正以其居中

故能行正也**六三未濟征凶利涉大川**以陰之質失位居險不能自濟者也以不正之身力不能自濟而求進焉喪其身也故曰征凶也二能拯難而已比之棄已委二載二而行溺可得乎何憂未濟故曰利涉大川【疏】正義曰未濟征凶者六三以陰柔之質失位居險不能自濟者也身既不能自濟而欲自進求濟必喪其身故曰未濟征凶也利涉大川者二能拯難而已比之若能棄已委二則没溺可免故曰利涉大川**象曰未濟征凶位不當也**【疏】正義曰位不當者以不當其位故有征則凶**九四貞吉悔亡震用伐鬼方三年有賞于大國**處未濟之時而出險難之上居文明之初體乎剛質以近至尊雖履非其位志在乎正則吉而悔亡矣其志得行靡禁其威故曰震用伐鬼方也伐鬼方者興衰之征也故每至興衰而取義焉處文明之初始出於難其德未盛故曰三年也五居尊以柔體乎文明之盛不奪物功者也故以大國賞之也【疏】正義曰居未濟之時履失其位所以爲悔但出險難之外居文明之初以剛健之質接近至尊志行其正正則貞吉而悔亡故曰貞吉悔亡正志既行靡禁其威故震發威怒用伐鬼方也然處文明之初始出於險其德未盛不能即勝故曰三年也五以順柔文明而居尊位不奪物功九四既克而還必得百里大國之賞故曰有賞於大國也**象曰貞吉悔亡志行也**【疏】正義曰志行者釋九四失位而得貞吉悔亡者也以其正志得行而終吉故也**六五貞吉无悔君子之光有孚吉**以柔居尊處文明之盛爲未濟之主故必正然後乃吉吉乃得无悔也夫以柔順文明之質居於尊位付與於能而不自役使武以文御剛以柔斯誠君子之光也付物以能而不疑也物則竭力功斯克矣故曰有孚吉【疏】正義曰貞吉无悔者六五以柔居尊處文明之盛爲未濟之主故必正然後乃吉吉乃得无悔故曰貞吉无悔也君子之光者以柔順文明之質居於尊位有應於二是能付物以能而不自役有君子之光華矣故曰君子之光也有孚吉者付物以能而无疑焉則物竭其誠功斯克矣故曰有孚吉也**象曰君子之光其暉吉也**【疏】正義曰其暉吉者言君子之德光暉著見然後乃得吉也**上九有孚于飲酒无咎濡其首有孚失是**未濟之極則反於既濟既濟之道所任者當也所任者當則可信之无疑而已逸焉故曰有孚于飲酒无咎也以其能信於物故得逸豫而不憂於事之廢苟不憂於事之廢而耽於樂之甚則至于失節矣由於有孚失於是矣故曰濡其首有孚失是也【疏】正義曰有孚于飲酒无咎者上九居未濟之極則反於既濟既濟之道則所任者當也所任者當則信之无疑故得自逸飲酒而已故曰有孚于飲酒无咎濡其首者既得自逸飲酒而不知其節則濡首之難還復及之故曰濡其首也有孚失是者言所以濡首之難及之者良由信任得人不憂事廢故失於是矣故曰有孚失是也**象曰飲酒濡首亦不知節也**【疏】正義曰亦不知節者釋飲酒所以致濡首之難以其不知止節故也

周易兼義卷第六

太子少保江西巡撫阮元栞

周易注疏校勘記卷六　　阮元撰盧宣旬摘錄

豐此卦前石經釋文岳本古本足利本題周易下經豐傳第六

財多則无所不齊補毛本齊作濟

日中則昃月盈則食石經岳本同閩監毛本昃作昃釋文昃孟作稷食或作蝕非

施於已盈則方溢岳本閩監毛本同釋文則溢本或作則方溢者非

承上宜日中之下宋本同閩監毛本下作文

遇其配主雖旬无咎石經岳本閩監毛本同釋文配鄭作妃旬荀作均劉昞作鈞

過旬災光者補毛本光作也案所改是也

災咎至焉十行本至字筆畫舛誤今改正閩監毛本如此宋本作生

豐其蔀日中見斗石經岳本閩監毛本同釋文蔀鄭薛作菩見斗孟作見主

又處於內閩監毛本同宋本上更有陰字

象曰有孚發若信以發志也石經岳本閩監毛本同古本若下衍吉字脫也字

豐其沛日中見沬折其右肱石經岳本閩監毛本同釋文沛本或作旆子夏作芾鄭干作韋沬鄭作昧肱姚作股

日中則見沬之謂也閩監毛本同岳本宋本古本足利本無則字

日中盛則反而見斗閩監毛本同錢本宋本作日中盛明而反見斗

闃其无人石經閩監毛本同岳本作闃其釋文闃姚作闚孟作窒並通按說文門部無闃門部有闚

三年豐道之成岳本閩監毛本同古本成作盛下有也字宋本亦作盛

治道未濟閩監毛本同錢本濟作際

天際翔也石經岳本閩監毛本同釋文翔鄭王肅作祥

自藏也石經岳本閩監毛本同釋文藏眾家作戕

旅此卦前錢本錢挍本宋本題周易注疏卷第九

是以小亨閩監毛本同岳本宋本錢本古本足利本是作足

咸失其居物願所附岳本閩監毛本同足利本其作所集解作物失所居則咸願有附

止以明之閩監毛本同岳本以作而

懷其資石經岳本閩監毛本同釋文本或作懷其資斧非

則終保无咎也閩監毛本同宋本咎作九

而為惠下之道閩監毛本同錢本惠作施

為君主所疑錢本宋本閩本同監毛本君主作主君

得其資斧石經岳本閩監毛本同釋文資斧子夏傳及眾家並作齊斧

客于所處集解作客子所處

故其心不快也岳本閩監毛本同古本無故其二字

寄旅而進岳本閩監毛本同古本寄作羈

旅人先笑後號咷石經岳本閩監毛本同古本後上衍而字

客旅得上位閩監毛本同岳本錢本宋本古本足利本旅作而

眾之所嫉也岳本閩監毛本同釋文嫉本亦作疾下同

終莫之聞岳本閩監毛本同錢本宋本古本終作故古本下有也字

如鳥巢之被焚宋本閩本同監毛本巢之倒

眾所同嫉閩監毛本同錢本宋本嫉作疾下同

其義焚也喪牛于易石經岳本閩監毛本同釋文其義焚也一本作宜其焚也喪牛之凶本亦作喪

牛于易

巽

巽悌以行 岳本閩監毛本同釋文弟本亦作悌

雖上下皆巽 宋本同閩監毛本雖作須

故又就初九各處卦下 補毛本九作四

則柔皆順剛之意 閩監毛本同錢本宋本則作明

係小亨之辭 閩監毛本同宋本係作繫

釋經結也 補毛本釋作舉

故君子訓之 閩監毛本同錢本宋本訓作則

頻巽吝 石經岳本閩監毛本同古本頻作嚬注同

頻蹙不樂 岳本閩監毛本同釋文出頻顣

三曰允君之庖 岳本閩監毛本同宋本庖作包古本同下有也字

故初皆不說也 岳本閩監毛本同古本初作物

夫以正齊物 岳本閩監毛本同古本正作令

民迷固久 岳本閩監毛本同古本足利本固作故

故先申三日 岳本閩監毛本同釋文申音身或作甲字

復申三日日然後誅而无咎怨矣 補毛本日字不重案此誤衍也

兌

麗澤兌 石經岳本閩監毛本同釋文麗鄭作離

施說之盛 岳本閩本同錢本監毛本盛作道

无所黨係 岳本閩監毛本同釋文出黨繫云本亦作係

孚兌 石經岳本閩監毛本同古本兌作說

而以不正來說 閩監毛本同宋本來作求

此之爲喜 宋本此上更有除邪二字十行本閩監毛本無

宜在君子 閩監毛本同宋本在作任

故以當位責之也 錢本宋本閩本同監毛本責誤貴

渙

注乘木有功也 補毛本木下有至字

先王以享于帝立廟 岳本閩監毛本同石經享于以下入字磨改初刻于下尚有一字古本于下有上字

用拯馬壯吉 石經岳本閩監毛本同釋文拯子夏作抍古本下有悔亡二字

故可以遊行 岳本閩監毛本同釋文出以逝云逝又作遊

不在危劇 岳本閩監毛本同釋文出厄劇云本又作危處又作厄處

故得无悔 宋本閩本同監毛本悔作咎下同

渙有丘匪夷所思 石經岳本閩監毛本同釋文有丘姚作有近匪夷荀作匪弟

猶有丘虛匪夷之慮 閩監毛本同岳本宋本古本虛作墟正義同釋文出丘墟○按虛墟正俗字

節

去而逖出者也 閩監毛本同錢本宋本逖作遠

則物所不能堪也 十行本所字墨丁閩監毛本如此岳本錢本宋本古本足利本無此字

然後及亨也　閩監毛本同岳本古本及作乃

正出爲節不中　閩監毛本同錢本宋本正作止

澤上有水　石經岳本閩監毛本同釋文上或作中今不用

慮於險僞　補案下正義爲當作僞毛本是僞字

不出門庭凶　石經岳本閩監毛本同古本凶上有之字

故不出門庭則凶也　岳本閩監毛本同古本故下有曰字

爲節之不苦非甘而何　閩監毛本同岳本之作而古本同而作如

以斯施正　岳本足本古本足利本同閩監毛本正作人依正義當作人

中孚

豚魚吉　石經岳本閩監毛本同釋文豚黄作遯

顯者可知　閩監毛本同錢本宋本者作著

蟲之隱者也　岳本閩監毛本同古本足利本隱上有潛字

獸之微賤者也　獸岳本閩監毛本同釋文出畜之云本或作

若乘木舟虛也　者也岳本閩監毛本同古本作若乘木於舟虛

而應在四　岳本閩監毛本同古本在下有乎字

繫心於一　岳本閩監毛本同古本於作專

故更有它求　閩監毛本同錢本宋本求作來

九二鳴鶴在陰　補案十行本初刻與諸本同正德補板鳴鶴誤作鶴鳴今訂正

吾與爾靡之　石經岳本閩監毛本同釋文靡本又作縻陸作䉦京作劘

立誠篤志　宋本閩本古本足利本同岳本監毛本至作志

月幾望　石經岳本閩監毛本同釋文幾京作近荀作既

若眞以陽得正位　閩監毛本同錢本宋本眞作直

忠篤內喪　岳本閩監毛本同古本內作日釋文出內喪

若鳥於翰音登於天　閩監毛本同錢本宋本於作之

小過

過之小事　閩監毛本同宋本之作於

得名上在君子爲過行也　閩監毛本同錢本宋本上作止

時也小有過差　閩監毛本同錢本宋本也作世

爲過厚之行順而立之　閩監毛本同錢本宋本厚作矯立作止

无所錯足飛鳥之凶也　岳本閩監毛本同釋文錯本又作措又作厝古本作无所錯手足飛鳥凶也○按錯與措厝詁訓皆别而古多通用

過而不至於僭　岳本閩監毛本同釋文出于僭古本過作遇

履得中正　閩監毛本同宋本正作位

小過之世　錢本古本足利本同岳本閩監毛本世作時

至令小者或過　閩監毛本同岳本宋本古本足利本或作咸疏中錢本亦作咸

然則戕者皆殺害之謂也　盧文弨云皆衍文否則者字當作弑

不爲責主　閩監毛本同岳本宋本足利本責作貴

夫宴安酖毒　岳本閩監毛本同釋文出晏安鴆本亦作酖○按鴆正字酖假借字

以斯攸往　岳本閩監毛本同古本作以斯有攸往

即酖鳥之毒　閩監毛本同宋本即作比

小過小者過於大也　閩監毛本同岳本小過作小過者

陰在於上而陽薄之而不得通則烝而爲雨　閩監毛本同岳本足利本在作布烝作蒸宋本亦作布古本同陽下有上字錢本亦作蒸釋文出則蒸

是故小畜尚往而亨　岳本閩監毛本同釋文畜本又作蓄

雖陰盛於上未能行其施也　岳本閩監毛本同古本陰下有復字也上有者字

五極陰盛故稱公也弋射也　岳本閩監毛本同古本無極字射作獦

是乃密雲未能雨也　岳本閩監毛本同宋本足利本是乃作足及古本同也上有者字

巳上也　石經岳本閩監毛本同釋文上鄭作尙

陽巳上故止也　岳本閩監毛本同釋文本又作陽巳上故少陰止

巳上於一卦之上　閩監毛本同宋本巳上作巳止

至於亢也過至于亢　閩監毛本同岳本於作于于作於古本于作於也上有者字

過至於亢　宋本同閩監毛本於作于

既濟

故惟正乃利貞也　岳本閩監毛本同錢本無貞也二字

以既濟爲安者　岳本閩監毛本同錢本古本足利本安作象宋本作家案家卽象之誤

故曰初吉終亂終亂不爲自亂　閩監毛本同岳本足利本不重終亂二字古本同初吉終亂下有也字

體剛居中　閩監毛本同錢本宋本中作下

婦喪其茀　石經岳本閩監毛本同釋文茀子夏作髴荀作紱董作髢

量斯勢也　岳本閩監毛本同古本斯作其

而能濟者高宗伐鬼方　閩監毛本同岳本宋本足利本高宗作也故古本同一本高宗上有也故二字

憊也　石經岳本閩監毛本同釋文憊陸作備

繻有衣袽　岳本閩監毛本同釋文繻子夏作襦王廙同薛云古文作繻袽子夏作茹京作絮石經袽字漫滅

夫有隙之棄舟而得濟者　岳本閩監毛本同釋文出有郤

過惟不已　岳本錢本宋本足利本惟作進古本同一本作過進惟不已閩監毛本惟作而

未濟

小狐雖能渡　岳本閩監毛本同古本下有濟字

令物各當其所也　岳本閩監毛本同釋文各得其所一本得作當古本作得采音義

使皆得安其所　閩監毛本同宋本安作求

濡其首猶不反　岳本閩監毛本同古本首下有而字

經綸屯蹇者也　岳本閩監毛本同釋文綸本又作論

用健拯難靖難在正　岳本閩監毛本同宋本足利本拯作施靖作循古本同一本靖作循錢本亦作循釋文出循難

靖難在正　閩監毛本同錢本宋本靖作循

周易注疏挍勘記卷六

周易兼義卷第七

國子祭酒上護軍曲阜縣開國子臣孔穎達奉勑撰正義

韓康伯注

周易繫辭上第七

【疏】正義曰謂之繫辭者凡有二義論字取繫屬之義聖人繫屬此辭於爻卦之下故此篇第六章云繫辭焉以斷其吉凶第十二章云繫辭焉以盡其言是繫屬其辭於爻卦之下則上下二篇經辭是也文取繫屬之義故字體從毄又音爲係者取剛係之義卦之與爻各有其辭以釋其義則卦之與爻各有剛係所以音謂之係也夫子本作十翼申説上下二篇經文繫辭條貫義理別自爲卷總曰繫辭分爲上下二篇者何氏云上篇明无故曰易有太極太極即无也又云聖人以此洗心退藏於密是其无也下篇明幾從无入有故云知幾其神乎今謂分爲上下更无異義有以簡編重大是以分之或以上篇論易之大理下篇論易之小理者事必不通何則案上繫云君子出其言善則千里之外應之出其言不善則千里之外違之又云藉用白茅无咎皆人言語小事及小慎之行豈爲易之大理又下繫云天地之道

貞觀者也日月之道貞明者也豈復易之小事乎明以大小分之義必不可故知聖人既无其意若欲强釋理必不通諸儒所釋上篇所以分段次下凡有一十二章周氏云天尊地卑爲第一章聖人設卦觀象爲第二章彖者言乎象者爲第三章精氣爲物爲第四章顯諸仁藏諸用爲第五章聖人有以見天下之賾爲第六章初六藉用白茅爲第七章大衍之數爲第八章子曰知變化之道爲第九章天一地二爲第十章是故易有太極爲第十一章子曰書不盡言爲第十二章馬季長荀爽姚信等又分白茅章後取負且乘更爲別章成十三章案白茅以下歷序諸卦獨分負且乘以爲別章義无所取也虞翻分爲十一章合大衍之數并知變化之道共爲一章案大衍一章總明揲著策數及十有八變之事首尾相連其知變化之道已下別明知神及唯幾之事全與大衍章義不類何得合爲一章今從先儒以十二章爲定

【疏】正義曰天尊地卑至其中矣此第一章明天尊地卑及貴賤之位剛柔動靜寒暑往來廣明乾坤簡易之德聖人法之能見天下之理

天尊地卑乾坤定矣 乾坤其易之門戸先明天尊地卑以定乾坤之體

【疏】天尊至定矣○正義曰天以剛陽而尊地以柔陰而卑則乾坤之體安定矣乾健與天陽同坤順與地陰同故得乾坤定矣若天不剛陽地不柔陰是乾坤之體不得定也此經明天地之德也○注先明至之體○正義曰云先明天尊地卑以定乾坤之體者易含萬象天地最大若天尊地卑各得其所則乾坤之義得定矣若天之不尊降在滯溺地之不卑進在剛盛則乾坤之體何由定矣案乾坤是天地之用非天地之體今云乾坤之體者是所用之體乾以健爲體坤以順爲體故云乾坤之體

卑高以陳貴賤位矣 天尊地卑之義既列則涉乎萬物貴賤之位明矣

【疏】卑高至位矣○正義曰卑謂地體卑下高謂天體高上卑高既以陳列則物之貴賤得其位矣若卑不處卑謂地在上高不處高謂天在下上下既亂則萬物貴賤則不得其位矣此經明天地之體此雖明天地之體亦涉乎萬物之形此貴賤總兼萬物不唯天地而已先云卑者便文爾案前經云天尊地卑天地別陳此卑高以陳不更別陳總云卑高者上文詳於此畧也○注天尊至明矣○正義曰天尊地卑之義既列解經卑高以陳也云則涉乎萬物貴賤之位明矣解經貴賤位矣上經既云天尊地卑此經又云貴賤者則貴非唯天地是兼萬物之貴賤

動靜有常剛柔斷矣 剛動而柔止也動止得其常體則剛柔之分著矣

【疏】正義曰天陽爲動地陰爲靜各有常度則剛柔斷定矣動而有常則成剛靜而有常則成柔所以剛柔可斷定矣若動而无常則剛道不成靜而无常則柔道不立是剛柔雜亂動靜无常則剛柔不可斷定也此經論天地之性也此雖天地動靜亦總兼萬物也萬物稟於陽氣多而爲動也稟於陰氣多而爲靜也

方以類聚物以羣分吉凶生矣 方有類物有羣則有同有異有聚有分也順其所同則吉乖其所趣則凶故吉凶生矣

【疏】方以類聚至生矣○正義曰方謂法術性行以類共聚固方者則同聚也物謂物色羣黨共在一處而與他物相分別若順其所同則吉也若乖其所趣則凶也故曰吉凶生矣此經雖因天地之性亦廣包萬物之情也○注方有類○正義曰云方有類者方謂法術情性趣舍故春秋云教子以義方注云方道也是方謂性行法術也言方雖以類而聚亦有非類而聚者若陰之所求者陽陽之所求者陰是非類聚也若以人比禽獸即是非類雖男女不同俱是人例亦是以類聚也故云順所同則吉乖所趣則凶

在天成象在地成形變化見矣 象況日月星辰形況山川草木也懸象運轉以成昏明山澤通氣而雲行雨施故變化見矣

【疏】

正義曰象謂懸象日月星辰也形謂山川草木也懸象運轉而成昏明山澤通氣而雲行雨施故變化是也**是故剛柔相摩**相切摩也言陰陽之交感也 疏 正義曰以變化形見卽陽極變爲陰陰極變爲陽陽剛而陰柔故剛柔共相切摩更遞變化也**八卦相盪**相推盪也言運化之推移 疏 正義曰剛則陽爻也柔則陰爻也剛柔兩體是陰陽二爻相雜而成八卦遞相推盪若十一月一陽生而推去一陰五月一陰生而推去一陽雖諸卦遞相推移本從八卦而來故云八卦相盪也**鼓之以雷霆潤之以風雨日月運行一寒一暑乾道成男坤道成女乾知大始坤作成物乾以易知坤以簡能**天地之道不爲而善始不勞而善成故曰易簡 疏 鼓之以雷霆至簡能○正義曰鼓之以雷霆潤之以風雨日月運行一寒一暑者重明上經變化見矣及剛柔相摩八卦相盪之事八卦既相推盪各有功之所用也又鼓動之以震雷離電滋潤之以巽風坎雨或離日坎月運動而行一節爲寒一節爲暑直云震巽離坎不云乾坤艮兌者乾坤上下備言艮兌非鼓動運行之物故不言之其實亦一焉雷電風雨亦出山澤也乾道成男坤道成女者道謂自然而生故乾得自然而爲男坤得自然而成女必云成者有故以乾因陰而得成男坤因陽而得成女故云成也乾知太始者以乾是天陽之氣萬物皆始在於氣故云知其大始也坤作成物者坤是地陰之形坤能造作以成物也初始無形未有營作故但云知也已成之物事可營爲故云作也乾以易知者易謂易略无所造爲以此爲知故曰乾以易知也坤以簡能者簡謂簡省凝靜不須繁勞以此爲能故曰坤以簡能也若於物艱難則不可以知故以易而得知也若於事繁勞則不可能也必簡省而後可能也○注天地之道至易簡○正義曰云天地之道不爲而善始者釋經之乾以易知不勞而善成者釋經坤以簡能也案經乾易坤簡各自别言而注合云天地者若以坤對乾乾爲易也坤爲簡也經之所云者是也若據乾坤相合皆無爲自然養物之始也是自然成物之終也是乾亦有簡坤亦有易故注合而言之也用使聖人俱行易簡法无爲之化**易則易知簡則易從易知則有親易從則有功**順萬物之情故曰有親通天下之志故曰有功 疏 正義曰易則易知者此覆說上乾以易知也乾德旣能說易若求而行之則易可知也簡則易從者覆說上坤以簡能也於事簡省若求

而行之則易可從也上乾以易知坤以簡能論乾坤之體性也易則易知簡則易從者此論乾坤既有此性人則易可倣○倣也易知則有親者性意易知心无險難則相和親故云易知則有親也易從則有功者於事易從不有繁勞其功易就故曰易從則有功此二句論聖人法此乾坤易簡則有所益也**有親則可久有功則可大**有易簡之德則能成可久可大之功 疏 正義曰有親則可久者物既和親无相殘害故可久也有功則可大者事業有功則積漸可大此二句論人法乾坤久而益大**可久則賢人之德可大則賢人之業**天地易簡萬物各載其形聖人不爲羣方各遂其業德業既成則入於形器故以賢人目其德業 疏 可久至之業○正義曰可久則賢人之德者使物長久是賢人之德能養萬物故云可久則賢人之德也可大則賢人之業者功勞既大則是賢人事業行天地之道總天地之功唯聖人能然今云賢人者聖人則隱迹藏用事在无境今云可久可大則是離无入有賢人則事在有境故可久可大以賢人目之也○注聖人至其業○正義曰云聖人不爲羣方各遂其業者聖人顯仁藏用唯見生養之功不見其何以生養猶若日月見其照臨之力不知何以照臨是聖人用无爲以及天下是聖人不爲也云德業既成則入於形器者初行德業未成之時不見其所爲是在於虛无若德業既成復被於物在於有境是入於形器也賢人之分則見其所爲見其成功始末皆有德之與業是所有形器故以賢人目其德業然則本其虛无玄象謂之聖據其成功事業謂之賢也**易簡而天下之理得矣**天下之理莫不由於易簡而各得順其分位也 疏 易簡至得矣○正義曰此則贊明聖人能行天地易簡之化則天下萬事之理並得其宜矣○注易簡○正義曰若能行說易簡靜任物自生則物得其性矣故列子云不生而物自生不化而物自化若不行易簡法令茲章則物失其性也老子云水至淸則無魚人至察則無徒又莊云馬翦剔羈絆所傷多矣是天下之理未得也**天下之理得而成位乎其中矣**成位至立象也極易簡則能通天下之理通天下之理故能成象並乎天地言其中則並明天地也 疏 正義曰成位況立象言聖人極易簡之善則能通天下之理故能成立卦象於天地之中言並天地也

疏 正義曰聖人設卦至不利此第二章也前章言天地成象成形簡易之德明乾坤之大旨此章明聖人設卦觀

象爻辭吉凶悔吝之細別

聖人設卦觀象此總言也〔疏〕聖人至觀象。正義曰謂聖人設畫其卦之時莫不瞻觀物象法其物象然後設之卦象則有吉有凶故下文云吉凶者失得之象也悔吝者憂虞之象變化者進退之象剛柔者晝夜之象是施設其卦有此諸象也。注此總言也。正義曰此設卦觀象總爲下而言故云此總言也

繫辭焉而明吉凶剛柔相推而生變化繫辭所以明吉凶剛柔相推所以明變化也吉凶者存乎人事也變化者存乎運行也〔疏〕正義曰繫辭焉而明吉凶者卦象爻象有吉有凶若不繫辭其理未顯故繫屬吉凶之文辭於卦爻之下而顯明此卦爻吉凶也案吉凶之外猶有悔吝憂虞直云而明吉凶者悔吝憂虞是凶中之小別舉吉凶則包之可知也剛柔相推而生變化者八純之卦卦之與爻其象既定變化猶少若剛柔二氣相推陰爻陽爻交變分爲六十四卦有三百八十四爻委曲變化事非一體是而生變化也繫辭而明吉凶明繫辭之意剛柔相推而生變化明其推引而生雜卦之意也

是故吉凶者失得之象也由有失得故吉凶生〔疏〕正義曰此下四句經總明諸象不同之事辭之吉者是得之象辭之凶者是失之象故曰吉凶者是失得之象也初時於事有失有得積漸成著乃爲吉凶也然易之諸卦及爻不言吉凶者義有數等或吉凶據文可知不須明言吉凶者若乾元亨利貞及九五飛龍在天利見大人之屬尋文考義是吉可知故不須云吉也若其剝不利有攸往離之九四突如其來如焚如死如棄如之屬據其文辭其凶可見故不言凶也亦有爻處吉凶之際吉凶未定行善則吉行惡則凶是吉凶未定亦不言吉凶若乾之九三君子終日乾乾夕惕若厲无咎若屯之六二屯如邅如乘馬班如匪寇婚媾女子貞不字十年乃字是吉凶未定亦不言吉凶也又諸稱无咎者若不有善應則有咎若有善應則无咎此亦不定言吉凶也諸稱吉凶者皆嫌其吉凶不明故言吉凶以明之若坤之六五黃裳元吉以陰居尊位嫌其不吉故言吉以正之推此餘可知也亦有於事无嫌吉凶灼然可知而更明言吉凶者若剝之初六剝牀以足蔑貞凶六二剝牀以辨蔑貞凶者此皆凶狀灼然而言凶也或有一卦之內或一爻之中得失相形須言吉凶若大過九三棟橈凶九四棟隆吉是一卦相形也屯卦九五屯其膏小貞吉大貞凶是一爻相形也亦有一事相形終始有異若訟卦有孚窒惕中吉終凶之類是也大略如此原夫易之爲書曲明萬象苟在釋辭明其意達其理不可以一爻爲例義有變通也

悔吝者憂虞之象也失得之微者足以致憂虞而已故曰悔吝〔疏〕正義曰經稱悔吝者是得失微小初時憂念虞度之形象也以憂虞不已未是大凶終致悔吝悔者其事已過意有追悔之也吝者當事之時可輕鄙恥故云吝也吝既是小凶則易之爲書亦有小吉則无咎之屬善補過是也此亦小吉而不言者下經備陳之也故於此不言其餘元亨利貞則是吉象之境有四德別言故於此不言也其以祉有慶有福之屬各於爻卦別言故不在此而說且易者戒人爲惡故於惡事備言也

變化者進退之象也往復相推迭進退也〔疏〕正義曰萬物之象皆有陰陽之爻或從始而上進或居終而倒退以其往復相推或漸變而頓化故云進退之象也

剛柔者晝夜之象也晝則陽剛夜則陰柔始總言吉凶變化而下別明悔吝晝夜者悔吝則吉凶之類晝夜亦變化之道吉凶之類則同因繫辭而明變化之道則俱由剛柔而著故始總言之下則明失得之輕重辨變化之小大故別序其義也〔疏〕剛柔至象也。正義曰晝則陽日照臨萬物生而堅剛是晝之象也夜則陰潤浸被萬物而皆柔弱是夜之象也。注始總至變化。正義曰云始總言吉凶變化者謂上文云繫辭焉

而明吉凶剛柔相推而生變化是始總言吉凶變化也云而下別明悔吝晝夜者謂次文云悔吝者憂虞之象剛柔者晝夜之象是別明悔吝晝夜也言悔吝則吉凶之類者案上文繫辭而明吉凶次又別序云吉凶者失得之象悔吝者憂虞之象是吉凶之外別生悔吝是悔吝亦吉凶之類大畧總言吉凶是細別之吉凶之外別有悔吝也故云悔吝則吉凶之類云晝夜亦變化之道者案上文云剛柔相推而生變化次文別云變化者進退之象剛柔者晝夜之象變化之外別云晝夜總言之則變化晝夜是一分之則變化晝夜是殊故云晝夜亦變化之道也云吉凶之類則同因繫辭而明者案上文云繫辭焉而明吉凶次文別序云吉凶悔吝兩事同因上繫辭而明之也故云吉凶之類則同因繫辭而明也云變化之道則俱由剛柔而著者上文剛柔相推而生變化次文別序云變化者進退之象剛柔者晝夜之象上文則變化剛柔合爲一次文則別序變化剛柔分爲二合之則同分之則異是變化從剛柔而生故云變化之道俱由剛柔而著也云故始總言之也上文繫辭焉而明吉凶不云悔吝是總言之也又上文剛柔相推而生變化不云晝夜是總變化言之也云下則明失得之輕重辨變化之小大故別序其義者案次文別序云吉凶者失得之象是失得重也悔吝者憂虞之象是失得輕也又次經云變化者進退之象是變化大也剛柔者

晝夜之象是變化小也兩事並言失得別明輕重變化別明小大是別序其義六爻之動三極之道也三極三材也兼三材之道故能見吉凶成變化也〔疏〕正義曰此覆明變化進退之義言六爻遞相推動而生變化是天地人三才至極之道以其事兼三才故能見吉凶而成變化也是故君子所居而安者易之序也序易象之次序〔疏〕正義曰以其在上吉凶顯其得失變化明其進退以此之故君子觀象知其所處故可居治之位而安靜居之是易位之次序也若居在乾之初九而安在勿用若居在乾之九三而安在乾乾是以所居而安者由觀易之位次序也所樂而玩者爻之辭也是故君子居則觀其象而玩其辭動則觀其變而玩其占是以自天祐之吉无不利〔疏〕所樂至无不利○正義曰所樂而玩者爻之辭也者言君子愛樂而習玩者是六爻之辭也辭有吉凶悔吝見善則思齊其事見惡則懼而自改所以愛樂而耽玩也卦之與爻皆有其辭但爻有變化取象既多以知得失故君子尤所愛樂所以特云爻之辭也是故君子居則觀其象而玩其辭者以易象則明其善惡辭則示其吉凶故君子自居處其身觀看其象以知身之善惡而習玩其辭以曉事之吉凶動則觀其變而玩其占者言君子出行與動之時則觀其爻之變化而習玩其占之吉凶若乾之九四或躍在淵是動則觀其變也春秋傳云先王卜征五年又云卜以決疑是動玩其占也是以自天祐之吉无不利者君子既能奉遵易象以居處其身无有凶害是以從天以下悉皆祐之吉无不利此大有上九爻辭〔疏〕正義曰彖者言乎至生之說此第三章也上章明吉凶悔吝繫辭之義而細意未盡故此章更委曲說卦爻吉凶之事是以義理深奧能彌綸天地之道仰觀俯察知死生之說

彖者言乎象者也彖總一卦之義也〔疏〕正義曰彖謂卦下之辭言說乎一卦之象也爻者言乎變者也爻各言其變也〔疏〕正義曰謂爻下之辭言說此爻之象改變也吉凶者言乎其失得也悔吝者言乎其小疵也无咎者善補過也是故列貴賤者存乎位爻之所處曰位六位有貴賤也〔疏〕正義曰吉凶者言乎其失得也者謂爻卦下辭也著其吉凶者言論其卦爻失之與得之義也前章言據其卦爻之象故云吉凶者失得之象此章據其卦爻之辭故云吉凶者言乎其失得也悔吝者言乎其小疵也者辭著悔吝者言說此卦爻有小疵病也有小疵病必預有憂虞故前章云悔吝者憂虞之象但前章據其象此章論其辭也无咎者善補過也者辭稱无咎者即此卦爻能補其過若不能補過則有咎也案畧例无咎有二一者善能補過故无咎二者其禍自已招无所怨咎故節之六三不節之嗟又誰咎也但如此者少此據多者言之故云善補過也前章舉其大略故不細言无咎之事此章備論也是故列貴賤者存乎位者以爻者言乎變以此之故陳列物之貴賤者在存乎六爻之位皆上貴而下賤也齊小大者存乎卦卦有小大也齊猶言辨也即彖者言乎象也〔疏〕正義曰以彖者言乎象象有小大故齊辯物之小大者存乎卦也猶若泰則小往大來吉亨否則大往小來之類是也辯吉凶者存乎辭辭爻辭也即爻者言乎變也言象所以明小大言變所以明吉凶故小大之義存乎卦吉凶之狀見乎爻至於悔吝无咎其例一也吉凶悔吝小疵无咎皆主乎變事有小大故下歷言五者之差也〔疏〕辯吉至乎辭○正義曰謂辯明卦之與爻之吉凶存乎卦爻下之言辭是也○注辭爻至差也○正義曰云辭爻辭也者其實卦之與爻皆有其辭知是爻辭者但卦辭變化少爻辭變化多此經辯吉凶者存乎辭與齊小大者存乎卦二文相對上既云卦故此辭爲爻辭也云言象所以明小大者即齊小大者存乎卦是也云言變化所以明吉凶者則辯吉凶者存乎辭是也云故小大之義存乎卦者覆說言象所以明小大也云吉凶之狀見乎爻者覆說言變所以明吉凶也云悔吝无咎其例一也者謂悔吝无咎體例與吉凶一也皆是存乎辭云悔吝小疵无咎皆生乎變者謂皆生於爻也言乎變者謂皆從爻變而來云事有小大者大則爲吉凶小則爲悔吝无咎也云故下歷言五者之差者謂於吉凶下歷次言五者之差別數五者謂吉一凶二悔三吝四无咎五然諸儒以爲五者皆數列貴賤者存乎位是其一也齊小大者存乎卦是其二也辯吉凶者存乎辭是其三也憂悔吝者存乎介是其四也震无咎者存乎悔是其五也於經數之爲便但於注理則乖今並存焉任後賢所釋憂悔吝者存乎介介纖介也王弼曰憂悔吝之時其介不可慢也即悔吝者言乎小疵也〔疏〕正義曰介謂纖介謂小小疵病能預憂虞悔吝者存於細小之疵病也震无咎者存乎悔

无咎者善補過也。震，動也。故動而无咎，存乎悔過也。【疏】正義曰震動也動而无咎者存乎能自悔過也 **是故卦有小大辭有險易** 其道光明曰大君子道消曰小之泰則其辭易之否則其辭險 【疏】正義曰其道光明謂之大其道消散謂之小若之適通泰其辭則說易若之適否塞其辭則難險也 **辭也者各指其所之易與天地準** 作易以準天地 【疏】正義曰辭也者各指其所之者謂爻卦之辭各斥其爻卦之之適也若之適於善則其辭善若之適於惡則其辭惡也易與天地準者自此已上論卦爻辭理之義自此已下廣明易道之美言聖人作易與天地相準謂準擬天地則乾健以法天坤順以法地之類是也 **故能彌綸天地之道仰以觀於天文俯以察於地理是故知幽明之故原始反終故知死生之說** 幽明者有形无形之象死生者終始之數也 【疏】正義曰故能彌綸天地之道者以易與天地相準爲此之故聖人用易能彌綸天地之道彌謂彌縫補合綸謂經綸牽引能補合牽引天地之道用此易道也仰以觀於天文俯以察於地理者天

易七　九

文有懸象而成文章故稱文也地有山川原隰各有條理故稱理也是故知幽明之故者故謂事也故以用易道仰觀俯察知无形之幽有形之明義理事故也原始反終故知死生之說者言用易理原窮事物之初始反復事物之終末始終吉凶皆悉包羅以此之故知死生之數也正謂用易道參其逆順則禍福可知用蓍策求其吉凶則死生可識也

【疏】正義曰精氣爲物至鮮矣此第四章也上章明卦爻之義其事類稍盡但卦爻未明鬼神情狀此章說物之改變而爲鬼神易能通鬼神之變化故於此章明之

精氣爲物遊魂爲變 精氣烟熅聚而成物聚極則散而遊魂爲變也遊魂言其遊散也 【疏】正義曰云精氣爲物者謂陰陽精靈之氣氤氳積聚而爲萬物也遊魂爲變者物既積聚極則分散將散之時浮遊精魂去離物形而爲改變則生變爲死成變爲敗或未死之間變爲異類也 **是故知鬼神之情狀** 盡聚散之理則能知變化之道无幽而不通也 【疏】是故至情狀○正義曰能窮易理盡生死變化以此之故能知鬼神之內外情狀也物既以聚而生以散而死皆是鬼神所爲但極聚散之理則知鬼神之情狀也言聖人以易之理而能然

也○注知變化之道○正義曰案下云神无方韓氏云自此以上皆言神之所爲則此經情狀是虛无之神聖人極虛无之神知變化之道幽冥悉通德合天地故能知鬼神之情狀 **與天地相似故不違** 故曰相似 【疏】正義曰天地能知鬼神任其變化聖人亦窮神盡性能知鬼神是與天地相似所爲所作故不違於天地能與天地合也 **知周乎萬物而道濟天下故不過** 知周萬物則能以道濟天下 【疏】正義曰知周乎萬物而道濟天下者聖人无物不知是知周於萬物天下皆養是道濟天下也故不過者所爲皆得其宜不有愆過使物失分也 **旁行而不流** 應變旁通而不流淫也 【疏】正義曰言聖人之德應變旁行无不被及而不有流移淫過若不應變化非理而動則爲流淫也 **樂天知命故不憂** 順天之化故曰樂也 【疏】正義曰順天施化是歡樂於天識物始終自知性命順天道之常數知性命之始終任自然之理故不憂也 **安土敦乎仁故能愛** 安土敦仁者萬物之情也物順其情則仁功贍矣 【疏】正義曰言萬物之性皆欲安靜於土敦厚於仁聖人能行此安土敦仁之化故能愛養萬物也 **範**

易七　十

圍天地之化而不過 範圍者擬範天地而周備其理也 【疏】正義曰範圍天地之化而不過者範謂模範圍謂周圍言聖人所爲所作模範周圍天地之化養言法則天地以施其化而不有過失違天地者也 **曲成萬物而不遺** 曲成者乘變以應物不係一方者也則物宜得矣 【疏】正義曰言聖人隨變而應屈曲委細成就萬物而不有遺棄細小而不成也 **通乎晝夜之道而知** 通幽明之故則无不知也 【疏】正義曰言聖人通曉於晝夜之道晝則明也夜則幽也言通曉於幽明之道而无事不知也自此以上皆神之所爲聖人能極神之幽隱之德也 **故神无方而易无體** 自此以上皆言神之所爲也方體者皆係於形器者也神則陰陽不測易則唯變所適不可以一方一體明 【疏】故神至无體○正義曰神則寂然虛无陰陽深遠不可求難是无一方可明也易則隨物改變應變而往无一體可定也○注自此以上○正義曰自此以上皆言神之所爲者謂從神无方以上至精氣爲物以下經之所云皆言神所施爲神者微妙玄通不可測量故能知鬼神之情狀與天地相似知周萬物樂天知命安土敦仁範圍天地曲成萬物通乎晝夜此皆神之功用也作易者因自然之神以垂教欲使

聖人用此神道以被天下，雖是神之所爲，亦是聖人所爲。云方體者皆係於形器者，方是處所之名，體是形質之稱，凡處所形質幷是虛无，皆係著於器物，故云皆係於形器也。云神則陰陽不測者，既幽微不可測度，不可測則何有處所，是神无方也。云易則唯變所適者，既是變易，唯變之適，不有定往，何可有體，是易无體也。云不可以一方一體明者，解无方无體也。凡无方无體各有二義：一者神則不見其處所云爲，是无方也；二則周遊運動，不常在一處，亦是无方也。无體者，一是自然而變，而不知變之所由，是无形體也；二則隨變而往，无定在一體，亦是无體也。

一陰一陽之謂道道者何？无之稱也，无不通也，无不由也，況之曰道。寂然无體，不可爲象，必有之用極而无之功顯，故至乎神无方而易无體，而道可見矣。故窮變以盡神，因神以明道，陰陽雖殊，无一以待之。在陰爲无陰，陰以之生；在陽爲无陽，陽以之成，故曰一陰一陽也。〔疏〕一陰是謂道○正義曰：一謂无也，无陰无陽乃謂之道。一得爲无者，无是虛无，虛无是大虛，不可分別，唯一而已，故以一爲无也。若其有境，則彼此相形，有二有不得爲一。故在陰之時而不見爲陰之功，在陽之時而不見爲陽之力，自然而有陰陽，自然无所營爲，此則道之謂也。故以言之爲道，以數言之謂之一，以體言之謂之无，以物得開通謂之道，以微妙不測謂之神，以應機變化謂之易。總而言之，皆虛无之謂也。聖人以人事名之，隨其義理，立其稱號。○注道者至一陽也○正義曰：云道者何无之稱者，此韓氏自問其道而釋之也。道是虛无之稱，以虛无能開通於物，故稱之曰道。云无不通无不由者，若處於有，有則爲物礙難，不可常通；道既虛无爲體，則不爲礙難，故曰不通也。无不由者，言萬物皆因之而通，由之而有。云況之曰道者，比況道路以爲稱也。寂然无體不可爲象者，謂寂然幽靜而无體，不可以形象求，是不可爲象。至如天覆地載，日照月臨，冬寒夏暑，春生秋殺，萬物運動皆由道而然，豈見其所營，知其所爲？是寂然无體不可爲象也。云必有之用極而无之功顯者，猶若風雨是有之所用，當用之時，以无爲心，風雨既極之後，萬物賴此風雨而得生育，是生育之功由風雨无心而成，是有之用極而无之功顯，是神之發作動用以生萬物，其功成就乃在於无形。應機變化，雖有功用，本其用之所以，亦在於无也。故至乎神无方而易无體，自然无爲之道可顯見矣。當其有用之時，道未見也。云故窮變以盡神者，神則杳然不測，千變萬化，聖人則窮此千變萬化以盡神之妙理，故云窮變化以盡神。云因神以明道者，謂盡神之理，唯在虛无，因此虛无之神以明道之所在，道亦虛无，故云因神以明道也。陰陽雖殊，无一以待之者，言陰之與陽雖有兩氣，恒用虛无之一以擬待之。言在陽之時亦以爲虛无，無此陽也；在陰之時亦以爲虛无，无此陰也。云在陰爲无陰，陰以之生者，謂道雖在於陰而无於陰，言道所生皆无陰也，雖无於陰，陰終由道而生，故言陰以之生也。在陽爲无陽，陽以之成者，謂道雖在陽，陽中必无道也，雖无於陽，陽必由道而成，故言陽以成之也。道雖無於陰陽，然亦不離於陰陽，陰陽雖由道成，卽陰陽亦非道，故曰一陰一陽也。

繼之者善也，成之者性也。仁者見之謂之仁，知者見之謂之知，仁者資道以見其仁，知者資道以見其知，各盡其分。〔疏〕正義曰：繼之者善也者，道是生物開通，善是順理養物，故繼道之功者唯善行也。成之者性也者，若能成就此道者，是人之本性。若性仁者成就此道爲仁，性知者成就此道爲知也。故云仁者見之謂之仁，知者見之謂之知。是仁之與知皆資道而得成仁知也。

百姓日用而不知，故君子之道鮮矣。君子體道以爲用也。仁知則滯於所見，百姓則日用而不知。體斯道者，不亦鮮矣。故常无欲以觀其妙，始可以語至而言極也。〔疏〕百姓至鮮矣○正義曰：百姓日用而不知者，言萬方百姓恒日日賴用此道而得生，而不知道之功力也。言道冥昧，不以功爲功，故百姓日用而不能知也。故君子之道鮮矣者，君子謂聖人也，仁知則各滯於所見，百姓則日用不知，明體道君子不亦少乎。○注君子體道至極也○正義曰：君子體道以爲用者，謂聖人爲君子，體履於至道，法道而施政，則老子云爲而不宰，功成不居是也。云仁知則滯於所見者，言仁知雖賢，猶有偏見，仁者觀道謂道爲仁，知者觀道謂道爲知，不能徧曉，是滯於所見也。是道既以爲用，若以仁以知，則滯所見也。至於百姓，但日用通生之道，又不知通生由道而來，故云百姓日用而不知也。云體斯道者不亦鮮矣者，是聖人君子獨能悟道，故云不亦鮮矣。云故常無欲以觀其妙者，引老子道經之文以結成此義。無欲謂無心，若能寂然無心無欲，觀其道之妙趣，謂不爲所爲，得道之妙理也。云始可以語至而言極也者，若能無欲觀此道之妙理，無事無爲，如此可以語說其至理而言其極趣也。若不如此，不可語至而言極也。

〔疏〕正義曰：顯諸仁至之門，此第五章也。上章論神之所爲，此章廣明易道之大，與神功不異也。

顯諸仁，藏諸用，衣被萬物，故曰顯諸仁；日用而不知，故曰藏諸用。〔疏〕正義曰：顯諸仁者，言道之爲體，顯見仁功，衣被萬物，是顯諸仁也。藏諸用者，謂潛藏功用，不使物知，是藏諸用也。

鼓萬物而

不與聖人同憂萬物由之以化故曰鼓萬物也聖人雖體道以爲用未能至无以爲體故順通天下則有經營之跡也【疏】鼓萬物至同憂。正義曰言道之功用能鼓動萬物使之化育故云鼓萬物聖人化物不能全无以爲體猶有經營之憂道則虛无爲用无事无爲不與聖人同用有經營之憂也。注聖人雖體以爲用。正義曰云聖人雖體道以爲用者言聖人不能无憂之事道則无心无跡聖人則亦无心有跡聖人能體附於道其跡以有爲用云未能全无以爲體者道則心跡俱无是其全无以爲體聖人則无心有跡是跡有而心无是不能全无以爲體云故順通天下則有經營之跡者言聖人順通天下之理內則雖是无心外則有經營之跡則有憂也道則心跡俱无无憂无患故云不與聖人同憂也**盛德大業至矣哉**夫物之所以通事之所以理莫不由乎道也聖人功用之母體同乎道盛德大業所以能至【疏】正義曰聖人爲功用之母體同於道萬物由之而通衆事以之而理是聖人極盛之德廣大之業至極矣哉於行謂之德於事謂之業**富有之謂大業**廣大悉備故曰富有【疏】正義曰自此已下覆說大業盛德因廣明易與乾坤及其占之與事并明神之體以廣大悉備萬事富有所以謂之大業**日新**

易七　十三

之謂盛德體化合變故曰日新【疏】正義曰聖人以能變通體化合變其德日日增新是德之盛極故謂之盛德也**生生之謂易**陰陽轉易以成化生【疏】正義曰生生不絕之辭陰陽變轉後生次於前生是萬物恒生謂之易也前後之生變化改易生必有死易主勸戒奬人爲善故云生不云死也**成象之謂乾**擬乾之象【疏】正義曰謂畫卦成乾之象擬乾之健故謂卦爲乾也**效法之謂坤**效坤之法【疏】正義曰謂畫卦效坤之法擬坤之順故謂之坤也**極數知來之謂占通變之謂事**物窮則變變而通之事之所由生也【疏】正義曰極數知來之謂占者謂窮極蓍策之數豫知來事占問吉凶故云謂之占也通變之謂事者物之窮極欲使開通須知其變化乃得通也凡天下之事窮則須變萬事乃生故云通變之謂**陰陽不測之謂神**神也者變化之極妙萬物而爲言不可以形詰者也故曰陰陽不測嘗試論之曰原夫兩儀之運萬物之動豈有使之然哉莫不獨化於大虛欻爾而自造矣造之非我理自玄應化之无主數自冥運故不知所以然而況之神是以明兩儀以太極爲始言變化而稱極乎神也夫唯知天之所爲者窮理體化坐忘遺照至虛而善應則以道爲稱不思而玄覽則以神爲名蓋資道而同乎道由神而冥於神也。【疏】陰陽至謂神。正義曰天下萬物皆由陰陽或生或成本其所由之理不可測量之謂神也故云陰陽不測之謂神。注神也者至神也。正義曰云神也者變化之極者言神之施爲自將變化之極以爲名也云妙萬物而爲言者妙謂微妙也萬物之體有變象可尋神則微妙於萬物而爲言也謂不可尋求也云不可以形詰者杳寂不測无形无體不可以物之形容所求而窮語也云造之非我理自玄應者此言神力也我謂宰主之名也言物之造作非由我之宰主所爲其造化之理自然玄空相應而自然造作也云是以明兩儀以太極爲始者言欲明兩儀天地之體必以太極虛无爲初始不知所以然將何爲始也云言變化而稱極乎神者欲言論變化之理不知涯際唯稱極乎神神則不可知也云夫唯知天之所爲者窮理體化坐忘遺照者言若能知天之所造爲者會能窮其物理體其變化靜坐而忘其事及遺棄所照之物任其自然之理不以他事係心端然玄寂如此者乃能知天之所爲也言天之道亦如此也坐忘遺照之言事出莊子大宗師篇也云至虛而善應則以道爲稱者此解道之目也言至極空虛而善應於物則乃目之爲道故云則以道爲稱云不思而玄覽則以神爲名者謂不可思量而玄遠覽

易七　十四

見者乃目之爲神故云則以神爲名也云蓋資道而同乎道者此謂聖人設教資取乎道行无爲之化積久而遂同於道內外皆无也云由神而冥於神也者言聖人設教法此神之不測无體无方以垂於教久能積漸而冥合於神不可測也此皆謂聖人初時雖法道法神以爲无體未能全无但行之不已遂至全无不測故云資道而同於道由神而冥於神也**夫易廣矣大矣以言乎遠則不禦**窮幽極深无所止也【疏】正義曰夫易廣矣大矣者此贊明易理之大易之變化極於四遠是廣矣窮於上天是大矣故下云廣大配天地也以言乎遠則不禦者禦止也言乎易之變化窮極幽深之遠則不有禦止也謂无所止息也。**以言乎邇則靜而正**則近而當【疏】正義曰邇近也言易之變化在於邇近之處則寧靜而得正謂變化之道於其近處物各靜而得正不煩亂邪僻也遠尚不禦近則不禦可知近既靜正則遠亦靜正互文也**以言乎天地之間則備矣夫乾其靜也專其動也直是以大生焉**專專一也直剛正也【疏】正義曰以言乎天地之間則備矣者變通之道遍滿天地之內是則備矣夫乾其靜也專其動也直

是以大生焉者上經既論易道資陰陽而成故此經明乾復兼明坤也乾是純陽德能普備无所偏主唯專一而已若氣不發動則靜而專一故云其靜也專若其運轉則四時不忒寒暑无差則而得正故云其動也直以其動靜如此故能大生焉

夫坤其靜也翕其動也闢是以廣生焉翕斂也止則翕斂其氣動則闢開以生物也乾統天首物爲變化之元通乎形外者也坤則順以承陽功盡於已用止乎形者也故乾以專直言乎其材坤以翕闢言乎其形〔疏〕正義曰此經明坤之德也坤是陰柔閉藏翕斂故其靜也翕動則開生萬物故其動也闢以其如此故能廣生於物焉天體高遠故乾云大生地體廣博故坤云廣生對則乾爲物始坤爲物生散則始亦爲生故總云生也

廣大配天地變通配四時陰陽之義配日月易簡之善配至德易之所載配此四義〔疏〕正義曰廣大配天地者此經申明易之德以易道廣大配合天地大以配天廣以配地變通配四時者四時變通易理亦能變通故云變通配四時也陰陽之義配日月易簡之善配至德者案初章論乾坤易簡可久可大配至極微妙之德也然易初章易爲賢人之德簡爲賢人之業今總云至德者對則德業別散則業由德而來俱爲德也

子曰易其至矣乎夫易聖人所以崇德而廣業也窮理入神其德崇也兼濟萬物其業廣也〔疏〕正義曰子曰易其至矣乎者更美易之至極是語之別端故言子曰夫易聖人所以崇德而廣業者言易道至極聖人用之增崇其德廣大其業故云崇德而廣業也

知崇禮卑知以崇爲貴禮以卑爲用〔疏〕正義曰易兼知之與禮故此明知禮之用知者通利萬物象天陽无不覆以崇爲貴也禮者卑敬於物象地柔而在下故以卑爲用也

崇效天卑法地極知之崇象天高而統物備禮之用象地廣而載物也〔疏〕正義曰知既崇高故效天禮以卑退故法地也

天地設位而易行乎其中矣天地者易之門戶而易之爲義兼周萬物故曰行乎其中矣〔疏〕正義曰天地陳設於位謂知之與禮而效法天地也而易行乎其中矣者變易之道行乎知禮之中言知禮與易而並行也若以實象言之天在上地在下是天地設位天地之間萬物變化是易行乎天地之中也

成性存存道義之門物之存成由乎道義也〔疏〕正義曰此明易道既在天地之中能成其

萬物之性使物生不失其性存其萬物之存使物得其存成也性謂稟其始也存謂保其終也道謂開通也義謂得其宜也既能成性存存則物之開通物之得宜從此易而來故云道義之門謂易與道義爲門戶也

〔疏〕正義曰聖人有以至如蘭此第六章也上章既明易道變化神理不測聖人法之所以配於天地道義從易而生此章又明聖人擬議易象以贊成變化又明人擬議之事先慎其身在於慎言語同心行動舉措守謙退勿驕盈保靜密勿貪非位凡有七事是行之於急者故引七卦之議以證成之

聖人有以見天下之賾而擬諸其形容象其物宜乾剛坤柔各有其體故曰擬諸形容〔疏〕正義曰聖人有以見天下之賾者賾謂幽深難見聖人有其神妙以能見天下深賾之至理也而擬諸其形容者以此深賾之理擬度諸物形容也見此剛理則擬諸乾之形容見此柔理則擬諸坤之形容也象其物宜者聖人又法象其物之所宜若象陽物宜於剛也若象陰物宜於柔也是各象其物之所宜六十四卦皆擬諸形容象其物宜也若泰卦比擬泰之形容象其泰之物宜若否卦則比擬否之形容象其否之物宜也舉此而言諸卦可知也

是故謂之象聖人有以見天下之動而觀其會通以行其典禮典禮適時之所用〔疏〕正義曰是故謂之象者以是之故謂之象也謂六十四卦是也故前章云卦者言乎象者也此以上結成卦象之義也聖人有以見天下之動者謂聖人有其微妙以見天下萬物之動也而觀其會通以行其典禮者既知萬物以此變動觀看其物之會合變通當此會通之時以施行其典法禮儀也

繫辭焉以斷其吉凶是故謂之爻言天下之至賾而不可惡也言天下之至動而不可亂也易之爲書不可遠也惡之則逆於順錯之則乖於理〔疏〕正義曰繫辭焉以斷其吉凶者既觀其會通而行其典禮以定爻之通變而有三百八十四爻於此爻下繫屬文辭以斷定其吉凶若會通典禮得則爲吉若會通典禮失則爲凶也是故謂之爻者以是之故議此會通之事而爲爻也夫爻者效也效諸物之通變故上章云爻者言乎變者也自此已上結爻義也言天下之至賾而不可惡也者此覆說前文見天下之賾卦象義也謂聖人於天下至賾之理必重愼明之不可鄙賤輕惡

也若鄙賤輕惡不存意明之則逆於順道也言天下之至動而不可亂者覆說上聖人見天下之至動爻之義也謂天下至賾變動之理論說之時明不可錯亂也若錯亂則乖違正理也若以文勢上下言之宜云至動而不可亂也擬之而後言議之而後動擬議以成其變化擬議以動則盡變化之道〔疏〕正義曰擬之而後言者覆說上天下之至賾不可惡也聖人欲言之時必擬度之而後言也議之而後動者覆說上天下之至動不可亂也謂欲動之時必議論之而後動也擬議以成其變化者言則先擬也動則先議也則能成盡其變化之道也鳴鶴在陰其子和之我有好爵吾與爾靡之鶴鳴則子和脩誠則物應我有好爵與物散之物亦以善應也明擬議之道繼以斯義者誠以吉凶失得存乎所動同乎道者道亦得之同乎失者失亦違之莫不以同相順以類相應動之斯來綏之斯至鶴鳴于陰氣同則和出言戶庭千里或應出言猶然況其大者乎千里或應況其邇者乎故夫憂悔吝者存乎纖介定失得者慎於樞機是以君子擬議以動慎其微也○〔疏〕正義曰鳴鶴在陰者上既明擬議而動若擬議於善則善來應之若擬於惡則惡亦隨之故引鳴鶴在陰取同類相應以證之此引中孚九二爻辭也鳴鶴在幽陰之處雖在幽陰而鳴其子則在遠而和之以其同類相感召故也我有好爵者言我有美好之爵而在我身吾與爾靡之者言我雖有好爵不自獨有吾與汝外物共靡散之謂我既有好爵能靡散以施於物物則有感我之恩亦來歸從於我是善往則善者來皆證明擬議之事我擬議於善以及物物亦以善而應我也子曰君子居其室出其言善則千里之外應之況其邇者乎居其室出其言不善則千里之外違之況其邇者乎言出乎身加乎民行發乎邇見乎遠言行君子之樞機樞機制動之主〔疏〕子曰君子至樞機　正義曰子曰君子居其室者既引易辭前語已絕故言子曰況其邇者乎者出其言善遠尚應之則近應可知故曰況其邇者乎此證明擬議而動之事言身有善惡无問遠近皆應之也言行君子之樞機者樞謂戶樞機謂弩牙言戶樞之轉或明或闇弩牙之發或中或否猶言行之動從身而發以及於物或是或非也○樞機之發榮辱之主也言

行君子之所以動天地也可不慎乎同人先號咷而後笑子曰君子之道或出或處或默或語二人同心其利斷金同人終獲後笑者以有同心之應也夫所況同者豈係乎一方哉君子出處默語不違其中則其跡雖異道同則應〔疏〕正義曰言行君子之所以動天地者言行雖初在於身其善惡積而不已所感動天地豈可不慎乎同人先號咷而後笑者證擬議而動則同類相應以同人初未和同故先號咷後得同類故後笑也子曰君子之道者各引易之後其文勢已絕故言子曰或出或處或默或語者言同類相應本在於心不必共同一事或此物而出或彼物而處或此物而默或彼物而語出處默語其時雖異其感應之事其意則同或處應於出或默應於語二人同心其利斷金者二人若同齊其心其纖利能斷截於金金是堅剛之物能斷而截之盛言利之甚也此謂二人心行同也○同心之言其臭如蘭〔疏〕正義曰言二人同齊其心吐發言語氤氳臭氣香馥如蘭也此謂二人言同也

〔疏〕正義曰初六藉用至盜之招也此第七章也此章欲求外物來應必須擬議謹慎則外物來應之故引藉用白茅无咎之事以證謹慎之理

初六藉用白茅无咎子曰苟錯諸地而可矣藉之用茅何咎之有慎之至也夫茅之爲物薄而用可重也慎斯術也以往其无所失矣〔疏〕正義曰此藉用白茅大過初六爻辭也子曰苟錯諸地而可矣者苟且也錯置也凡薦獻之物且置於地其理可矣言今乃謹慎薦藉此物而用絜白之茅可置於地藉之用茅何咎之有者何愆咎之有是謹慎之至也勞謙君子有終吉子曰勞而不伐有功而不德厚之至也語以其功下人者也〔疏〕正義曰勞謙君子有終吉者欲求外物來應非唯謹慎又須謙以下人故引謙卦九三爻辭以證之也子曰勞而不伐者以引卦之後故言子曰勞而不伐者雖謙退疲勞而不自伐其善也有功而不

德厚之至者雖有其功而不自以爲恩德是篤厚之至極語以其功下人者言易之所言者語說其謙卦九三能以其有功卑下於人者也德言盛禮言恭謙也者致恭以存其位者也〔疏〕正義曰德言盛禮言恭者謂德以盛爲本禮以恭爲主德貴盛新禮尚恭敬故曰德言盛禮言恭謙也者致恭以存其位者言謙退致其恭敬以存其位者也言由恭德保其祿位也亢龍有悔子曰貴而无位高而无民賢人在下位而无輔是以動而有悔也〔疏〕正義曰亢龍有悔者上既以謙德保位此明无謙則有悔故引乾之上九亢龍有悔證驕亢不謙也不出戶庭无咎子曰亂之所生也則言語以爲階〔疏〕正義曰不出戶庭无咎者又明擬議之道非但謙而不驕又當謹慎周密故引節之初九周密之事以明之子曰亂之所生則言語以爲階者階謂梯也言亂之所生則由言語以爲亂之階梯也君不密則失臣臣不密則失身幾事不密則害成是以君子愼密而不出也〔疏〕正義曰君不密則失臣者臣既盡忠不避危難爲君謀事君不愼密乃彰露臣之所爲使在下聞之衆共嫉怒害此臣而殺之是失臣也臣不密則失身者言臣之言行既有虧失則失身也幾事不密則害成者幾謂幾微之事當須密愼預防禍害若其不密而漏泄禍害交起是害成也是以君子愼密而不出者於易言之是身愼密不出戶庭於此義言之亦謂不妄出言語也子曰作易者其知盜乎易言盜亦乘釁而至也〔疏〕正義曰此結上不密失身之事事若不密人則乘此機危而害之猶若財之不密盜則乘此機危而竊之易者愛惡相攻遠近相取盛衰相變若此爻有釁隙衰弱則彼爻乘變而奪之故云作易者其知盜乎易曰負且乘致寇至負也者小人之事也乘也者君子之器也小人而乘君子之器盜思奪之矣上慢下暴盜思伐之矣慢藏誨盜冶容誨淫〔疏〕易曰至誨淫○正義曰易曰負且乘致寇至者此又明擬議之道當量身而行不可以小處大以賤貪貴故引解卦六三以明之也負也者小人之事也負者擔負於物合是小人所爲也乘也者君子之器者言乘車者君子之器物言君子合乘車今應負之人而乘車是小人乘君子之器也則盜竊之人思欲奪之矣上慢下暴盜思伐之矣者小人居上位必驕慢而在下必暴虐爲政如此大盜思欲伐之矣慢藏誨盜冶容誨淫者若慢藏財物守掌不謹則教誨於盜者使來取此物女子妖冶其容身不精慤是教誨淫者使來淫已也以此小人而居貴位驕矜而不謹愼而致寇至也易曰負且乘致寇至盜之招也〔疏〕正義曰又引易之所云是盜之招來也言自招來於盜以愼重其事故首尾皆稱易曰而載易之爻辭也

〔疏〕正義曰大衍之數至祐神矣此第八章明占筮之法揲蓍之體顯天地之數定乾坤之策以爲六十四卦而生三百八十四爻

大衍之數五十其用四十有九王弼曰演天地之數所賴者五十也其用四十有九則其一不用也不用而用以之通非數而數以之成斯易之太極也四十有九數之極也夫无不可以无明必因於有故常於有物之極而必明其所由之宗也〔疏〕大衍至有九○正義曰京房云五十者謂十日十二辰二十八宿也凡五十其一不用者天之生氣將欲以虛來實故用四十九焉馬季長云易有太極謂北辰也太極生兩儀兩儀生日月日月生四時四時生五行五行生十二月十二月生二十四氣北辰居位不動其餘四十九轉運而用也荀爽云卦各有六爻六八四十八加乾坤二用凡有五十乾初九潛龍勿用故用四十九也鄭康成云天地之數五十有五以五行氣通凡五行減五大衍又減一故四十九也姚信董遇云天地之數五十有五者其六以象六畫之數故減之而用四十九但五十之數義有多家各有其說未知孰是今案王弼云演天地之數所賴者五十據王弼此說其意皆與諸儒不同萬物之策凡有萬一千五百二十其用此策推演天地之數唯用五十策也一謂自然所須策者唯用五十就五十策中其所用揲蓍者唯用四十有九其一不用以其虛无非所用也故不數之顧懽同王弼此說故顧懽云立此五十數以數神神雖非數因數而顯故虛其一數以明不可言之義只如此意則别无所以自然而有此五十也今依用之○注王弼至宗也○正義曰王弼云演天地之數所賴者五十者韓氏親受業於王弼承王弼之旨故引王弼云以證成其義演天地之數所賴者五十謂萬物籌策雖萬有一千五百

二十若用之推演天地之數所賴者唯賴五十其餘不賴也但賴五十者自然如此不知其所以然云則其一不用者經既云五十又云其用四十九也既稱其用明知五十之內其一是不用者也言不用而用以之通者若全不用理應不賴此既當論用所以并言不用爲用五十者雖是不用其有用從不用而來以不用而得用也故云不用而用以之通所用者則四十九蓍也蓍所以堪用者從造化虛无而生也若无造化之生此蓍何由得用也言非數而數以之成者太一虛无无形无數是非可數也然有形之數由非數而得成也即四十九是有形之數原從非數而來故將非數之一總爲五十故云非數而數以之成也言斯易之太極者斯此也言此其一不用者是易之太極之虛无也无形即无數也凡有皆從无而來故易從太一爲始也言夫无不可以无明必因於有者言虛无之體處處皆虛何可以无說之明其虛无也若欲明虛无之理必因於有物之境可以却本虛无猶若春生秋殺之事於虛无之時不見生殺之象是不可以无明也就有境之中見其生殺却推於无始知无中有生殺之理是明无必因於有也言故常於有物之極而必明其所由之宗者言欲明於无常須因有物至極之處而明其所由宗若易由太有由於无變化由於神皆是所由之宗也言有且何因如此皆由於虛无自然而來也 分而爲

二以象兩掛一以象三揲之以四以象四時歸奇於扐以象閏五歲再閏故再扐而後掛 奇況四揲之餘不足復揲者也分而爲二既揲之餘合掛於一故曰再扐而後掛凡閏十九年七閏爲一章五歲再閏者二故略舉其凡也 【疏】正義曰分而爲二以象兩者五十之內去其一餘有四十九合同未分是象太一也今以四十九分而爲二以象兩儀也掛一以象三者就兩儀之間於天數之中分掛其一而配兩儀以象三才也揲之以四以象四時者分揲其蓍皆以四四爲數以象四時歸奇於扐以象閏者奇謂四揲之餘歸此殘奇於所扐之策而成數以法象天道歸殘聚餘分而成閏也五歲再閏者凡前閏後閏相去大略三十二月在五歲之中故五歲再閏再扐而後掛者既分天地天於左手地於右手乃四四揲天之數最末之餘歸之合於扐掛之一處是一揲也又以四四揲地之數最末之餘又合於前所歸之扐而總掛之是再扐而後掛也 天數五 五奇也 【疏】正義曰謂一三五七九也 地數五 五耦也 【疏】正義曰謂二四六八十也 五位相得而各有合 天地之數各五五數相配以合成金木水

火土 【疏】正義曰若天一與地六相得合爲水地二與天七相得合爲火天三與地八相得合爲木地四與天九相得合爲金天五與地十相得合爲土也 天數二十有五 五奇合爲二十五 【疏】正義曰總合五奇之數 地數三十 五耦合爲三十 【疏】正義曰總合五耦之數也 凡天地之數五十有五此所以成變化而行鬼神也 變化以此成鬼神以此行 【疏】正義曰凡天地之數五十有五者是天地二數相合爲五十五此乃天地陰陽奇耦之數非是上文演天地之策也此所以成變化而行鬼神者言此陽奇陰耦之數成就其變化言變化以此陰陽而成故云成變化也而宣行鬼神之用言鬼神以此陰陽而得宣行故云而行鬼神也 乾之策二百一十有六 陽爻六一爻三十六策六爻二百一十六策 【疏】正義曰以乾老陽一爻有三十六策六爻凡有二百一十六策也乾之少陽一爻有二十八策六爻則有一百六十八策此經據老陽之策也 坤之策百四十有四 陰爻六一爻二十四策六爻百四十四策 【疏】正義曰坤之老陰一爻有二十四策六爻故一百四十有四策也若坤之

少陰一爻有三十二六爻則有一百九十二此經據坤之老陰故百四十有四也 凡三百有六十當期之日二篇之策萬有一千五百二十當萬物之數也 二篇三百八十四爻陰陽各半合萬一千五百二十策 【疏】正義曰凡三百有六十當期之日者舉合乾坤兩策有三百有六十當期之數三百六十日舉其大略不數五日四分日之一也二篇之策萬有一千五百二十當萬物之數者二篇之爻總有三百八十四爻陰陽各半陽爻一百九十二爻爻別三十六總有六千九百一十二也陰爻亦一百九十二爻爻別二十四總有四千六百八也陰陽總合萬有一千五百二十當萬物之數也 是故四營而成易 分而爲二以象兩一營也掛一以象三二營也揲之以四三營也歸奇於扐四營也 【疏】正義曰營謂經營謂四度經營蓍策乃成易之一變也 十有八變而成卦八卦而小成引而伸之 伸之六十四卦 【疏】正義曰十有八變而成卦者每一爻有三變謂初一揲不五則九是一變也第二揲不四則八是二變也第三揲亦不四則八是三變也若三者俱多爲老陰謂初得九第二第三俱得八也

若三者俱少爲老陽謂初得五第二第三俱得四也若兩少一多爲少陰謂初與二三之間或有四或有五而有八也或有二箇四而有一箇九此爲兩少一多也其兩多一少爲少陽者謂三揲之間或有一箇九有一箇八而有一箇四或有二箇八而有一箇五此爲兩多一少也如此三變既畢乃定一爻六爻則十有八變乃始成卦也八卦而小成者象天地雷風日月山澤於大象略盡是易道小成引而伸之者謂引長八卦而伸盡之謂引之爲六十四卦也**觸類而長之天下之能事畢矣**〔疏〕正義曰觸類而長之者謂觸逢事類而增長之若觸剛之事類以次增長於剛若觸柔之事類以次增長於柔天下之能事畢矣者天下萬事皆如此例各以類增長則天下所能之事法象皆盡故曰天下之能事畢矣也**顯道**顯明**神德行**由神以成其用〔疏〕正義曰言易理備盡天下之能事故可以顯明无爲之道而神靈其德行之事言大虛以養萬物爲德行今易道以其神靈助太虛而養物是神其德行也**是故可與酬酢可與祐神矣**可以應對萬物之求助成神化之功也酬酢猶應對也〔疏〕正義曰是故可與酬酢者酬酢謂應對報荅言易道如此若萬物有所求爲此易道可與應荅萬物有求則報故曰可與酬酢也可與祐神矣者祐助也易道弘大可與助成神化之功也〔疏〕正義曰子曰知變化至此之謂也此第九章也上章既明大衍之數極盡蓍策之名數可與助成神化之功此又廣明易道深遠聖人之道有四又明易之深遠窮極幾神也

子曰知變化之道者其知神之所爲乎夫變化之道不爲而自然故知變化者則知神之所爲〔疏〕正義曰言易既知變化之道理不爲而自然也則能知神化之所爲言神化亦不爲而自然也**易有聖人之道四焉以言者尚其辭以動者尚其變以制器者尚其象以卜筮者尚其占**此四者存乎器象可得而用也〔疏〕易有至其占○正義曰易有聖人之道四焉者言易之爲書有聖人所用之道者凡有四事焉以言者尚其辭者謂聖人發言而施政教者貴尚其爻卦之辭發其言辭出言而施政教也以動者尚其變者謂聖人有所興動營爲故法其陰陽變化變有吉凶聖人之動取吉不取凶也以制器者尚其象者謂造制形器法其爻卦之象若

造弧矢法睽之象若造杵臼法小過之象也以卜筮者尚其占者策是筮之所用并言卜者卜雖龜之見兆亦有陰陽三行變動之狀故卜之與筮尚其爻卦變動之占也○注器象○正義曰辭是爻辭爻辭是器象也變是變化見其來去亦是器象也象是形象占是占其形狀並是有體之物有體則是物之可用故云可得而用者也**是以君子將有爲也將有行也問焉而以言其受命也如嚮无有遠近幽深遂知來物非天下之至精其孰能與於此**〔疏〕正義曰是以君子將有爲也將有行也問焉而以言者既易道有四是以君子將欲有所施爲將欲有所行往占問其吉凶而以言命蓍也其受命也如嚮者謂蓍受人命報人吉凶如嚮之應聲也无有遠近幽深者言易之告人吉凶无問遠之與近及幽遂深遠之處悉皆告之也遂知來物者物事也然易以萬事告人人因此遂知將來之事也非天下之至精其孰能與於此者言易之功深如此若非天下萬事之內至極精妙誰能參與於此與易道同也此已上論易道功深告人吉凶使豫知來事故以此結之也**參伍以變錯綜其數通其變遂成天下之文極其數遂定天下之象非天下之至變其孰能與於此**〔疏〕正義曰參伍以變者參三也伍五也或三或五以相參合以相改變略舉三五諸數皆然也錯綜其數者錯謂交錯綜謂總聚交錯總聚其陰陽之數也通其變者由交錯總聚通極其陰陽相變也遂成天地之文者以其相變故能遂成就天地之文若青赤相雜故稱文也極其數遂定天下之象者謂窮極其陰陽之數以定天下萬物之象猶若極二百一十六策以定乾之老陽之象窮一百四十四策以定坤之老陰之象舉此餘可知也非天下之至變其孰能與於此者言此易之理若非天下萬事至極之變化誰能與於此者言皆不能也此結成易之變化之道故更言與於此也前經論易理深故云非天下之至精此經論極數變通故云非天下之至變也**易无思也无爲也寂然不動感而遂通天下之故非天下之至神其孰能與於此**夫非忘象者則无以制象非遺數者无以極數至精者无籌策而不可亂至變者體一而无不周至神者寂然而无不應斯蓋功用之母象數所由立故曰非至精至變至神

則不得與於斯也〔疏〕易无思至於此。正義曰易无思也无爲也者任運自然不關心慮是无思也任運自動不須營造是无爲也寂然不動感而遂通天下之故者既无思无爲故寂然不動有感必應萬事皆通是感而遂通天下之故也故謂事故言通天下萬事也非天下之至神其孰能與於此者言易理神功不測非天下萬事之中至極神妙其孰能與於此也此經明易理神妙不測故云非天下之至神若非天下之至神誰能與於此也。注非忘象。正義曰云夫非忘象者則无以制象者凡自有形象者不可以制他物之形象猶若海不能制山之形象山不能制海之形遺忘已象者乃能制衆物之形象也非遺數者无以極數者若以數數物則不能極其物數猶若以萬而數則不能苞億以一億而數則不能苞千億萬億遺去數名者則无所不苞是非遺去其數无以極盡於數也言至精者无籌策而不可亂者以其心之至精理在玄通无不記億雖无籌策而不可亂也言至變者體一而无不周者言至極曉達變理者能體於淳一之理其變通无不周徧言雖萬類之變同歸於一變也斯蓋功用之母象數所由立者言至精至變至神三者是物之功用之母物之功用象之與數由此至精至變至神所由來故云象數所由立也言象之所以立有象者豈由象而來由太虛自然而有象也數之所以有數者豈由數而來由太虛自然而有數也是太虛之象太虛之數是其至精至變也由其至精故能制數由其至變故能制象若非至精至變至神則不得參與妙極之玄理也

夫易聖人之所以極深而研幾也唯深也故能通天下之志唯幾也故能成天下之務極未形之理則曰深適動微之會則曰幾〔疏〕正義曰夫易聖人之所以極深而研幾也者言易道弘大故聖人用之所以窮極幽深而研覈幾微也極深者則前經初一節云君子將有爲將有行問焉而以言其受命如響无有遠近幽深是極深也研幾者上經次節云參伍以變錯綜其數通其變遂成天地之文極其數以定天下之象是研幾也唯深也故能通天下之志者言聖人用易道以極深故聖人德深也故能通天下之志意卽是前經上節問焉而以言其受命如響遂知來物是通天下之志也唯幾也故能成天下之務者聖人用易道以研幾故聖人知事之幾微是前經次節參伍以變錯綜其數通其變遂成天地之文是也幾者離无入有是有初之微以能知有初之微則能興行其事故能成天下之事務也**唯神也故不疾而速不行而至子曰易有聖人之道四焉者此之謂也**四者由聖道以成故曰聖人之道〔疏〕正義曰唯神也故不疾而速不行而至者此覆說上經下節易之神功也以无思无爲寂然不動感而遂通故不須急疾而事速成不須行動而理自至也案下節云唯深也言通天下之志唯幾也言成天下之務今唯神也直云不疾而速不行而至不言通天下者神則至理微妙不可測知无象无功於天下之事理絕名言不可論也故不云成天下之功也子曰易有聖人之道四焉者此之謂也者章首論聖人之道四焉章中歷陳其三事章末結而成之故曰聖人之道四焉是此之謂也章首聖人之道有四者韓氏注云此四者存乎器象可得而用者則辭也變也象也占也是有形之物形器可知也若章中所陳則有三事一是至精精則唯深也二是至變變則唯幾也三是至神神則微妙无形是其无也神既无形則章中三事不得配章首四事韓氏云四者存乎器象故知章中三事不得配章首四事者也但行此四者卽能致章中三事故章中歷陳三事下總以聖人之道四焉結之也

〔疏〕正義曰天一地二至謂之神此第十章也前章論易有聖人之道四焉以卜筮尙其占此章明卜筮蓍龜所用能通神知也

天一地二天三地四天五地六天七地八天九地十易以極數通神明之德故明易之道先舉天地之數也〔疏〕天一至地十。正義曰此言天地陰陽自然奇偶之數也。注易以極數通神明之德者謂易之爲道先由窮極其數乃以通神明之德也故明易之道先舉天地之數者此章欲明神之德先由天地之數而成故云故明易之道先舉天地之數也**子曰夫易何爲者也夫易開物成務冒天下之道如斯而已者也**冒覆也言易通萬物之志成天下之務其道可以覆冒天下也〔疏〕正義曰子曰夫易何爲者言易之功用其體何爲是問其功用之意夫易開物成務冒天下之道如斯而已者此夫子還自釋易之體用之狀言易能開通萬物之志成就天下之務有覆冒天下之道斯此也易之體用如此而已**是故聖人以通天下之志以定天下之業以斷天下之疑是故蓍之德圓而神卦之德方以知**圓者運而不窮方者止而有分言蓍以圓象神

卦以方象知也。唯變所適，无數不周，故曰圓；卦列爻分，各有其體，故曰方也。〔疏〕是故聖人至以知。正義曰：是故聖人以通天下之志者，言易道如此，是故聖人以其易道通達天下之志，極其幽深也。以定天下之業者，以此易道定天下之業，由能研幾成務，故定天下之業也。以斷天下之疑者，以此易道決斷天下之疑，用其蓍龜占卜，定天下疑危也。是故蓍之德圓而神，卦之德方以知者，神以知來，是來无方也；知以藏往，是往有常也。物既有常，猶方之有止；數无恒體，猶圓之不窮。故蓍之變通則无窮，神之象也；卦列爻分有定體，知之象也。知可以識前言往行，神可以逆知將來之事，故蓍以圓象神，卦以方象知也。注圓者至方也。○正義曰：圓者運而不窮者，謂團圓之物，運轉无窮已，猶阪上走丸也。蓍亦運動不已，故稱圓也。言方者止而有分者，方謂處所，既有處所，則是止而有分。且物方者著地則安，其卦既成，更不移動，亦是止而有分，故卦稱方也。**六爻之義易以貢**。貢，告也。六爻變易以告吉凶。〔疏〕正義曰：貢，告也。六爻有吉凶之義，變易以告人也。**聖人以此洗心**，洗濯萬物之心。〔疏〕正義曰：聖人以此易之卜筮，洗蕩萬物之心。萬物有疑則卜之，是蕩其疑心；行善得吉，行惡遇凶，是盪其惡心也。**退藏於密**，言其道深微，萬物日用而不能知其原，故曰退藏於密，猶藏諸用也。〔疏〕正義曰：言易道進則盪除萬物之心，退則不知其所以然，萬物日用而不知有功用，藏於密也。**吉凶與民同患**，表吉凶之象以同民所憂患之事，故曰吉凶與民同患也。〔疏〕正義曰：易道以示人吉凶，民則亦憂患其吉凶，是與民同其所憂患也。凶者民之所憂也，上竝言吉凶，此獨言同患者，凶雖民之所患，吉亦民之所患也，既得其吉，又患其失，故老子云「寵辱若驚」也。**神以知來，知以藏往**，明蓍卦之用同神知也。蓍定數於始，於卦爲來；卦成象於終，於蓍爲往。往來之用相成，猶神知也。〔疏〕正義曰：此明蓍卦德同神知，知來藏往也。蓍定數於始，於卦爲來；卦成象於終，於蓍爲往。以蓍望卦，則是知卦象將來之事，故言神以知來；以卦望蓍，則是聚於蓍象往去之事，故言知以藏往也。**其孰能與此哉？古之聰明叡知神武而不殺者夫**，服萬物而不以威形也。〔疏〕正義曰：其孰能與此哉者，言誰能同此也，蓋是古之聰明叡知神武而不殺者夫，易道深遠，以吉凶禍福威服萬物，故古之聰明叡知神武之君，謂伏犧等，用此易道能威服天下，而不用刑殺而畏服之也。**是以明於天之道，而察於民之故，是與神物以前民用**，定吉凶於始也。〔疏〕正義曰：是以明於天之道者，言聖人能明天道也。而察於民之故者，故，事也，易窮變化而察知民之事也。是與神物以前民用者，謂易道興起神理事物，豫爲法象，以示於人，以前民之所用，定吉凶於前，民乃法之所用，故云以前民用也。**聖人以此齊戒**，洗心曰齊，防患曰戒。〔疏〕正義曰：聖人以易道自齊自戒，謂照了吉凶，齊戒其身。洗心曰齊，防患曰戒。**以神明其德夫！是故闔戶謂之坤**，坤道包物。〔疏〕正義曰：以神明其德夫者，言聖人既以易道自齊戒，又以易道神明其已之德化也。是故闔戶謂之坤者，聖人既用此易道以化天下，此以下又廣明易道之大。易從乾坤而來，故更明乾坤也。凡物先藏而後出，故先言坤而後言乾。闔戶謂閉藏萬物，若室之閉闔其戶，故云闔戶謂之坤也。**闢戶謂之乾**，乾道施生。〔疏〕正義曰：闢戶謂吐生萬物也，若室之開闢其戶，故云闢戶謂之乾也。**一闔一闢謂之變，往來不窮謂之通，見乃謂之象**，兆見曰象。〔疏〕正義曰：一闔一闢謂之變者，開閉相循，陰陽遞至，或陽變爲陰，或開而更閉，或陰變爲陽，或閉而還開，是謂之變也。往來不窮謂之通者，須往則變來爲往，須來則變往爲來，隨須改變，不有窮已，恒得通流，是謂之通也。見乃謂之象者，前往來不窮，據其氣也，氣漸積聚，露見萌兆，乃謂之象，言物體尚微也。**形乃謂之器**，成形曰器。〔疏〕正義曰：體質成器，是謂器物，故曰形乃謂之器，言其著也。**制而用之謂之法，利用出入，民咸用之謂之神**。〔疏〕正義曰：制而用之謂之法者，言聖人裁制其物而施用之，垂爲模範，故云謂之法。利用出入，民咸用之謂之神者，言聖人以利而用，或出或入，使民咸用之，是聖德微妙，故云謂之神。

〔疏〕正義曰：是故易有至无不利也。此第十一章也。前章既明蓍卦有神明之用，聖人則而象之，成其神化，此又明易道之大，法於天地，明象日月，能定天下之吉凶，成天下之亹亹也。

是故易有太極，是生兩儀，夫有必始於无，故太極生兩儀也。太極者，无稱之稱，不可得而名，取有之所極，況之太極者也。〔疏〕正義曰：太極謂天地未分之前，元氣混而爲一，即是太初、太一也。故老子云道生一即此太極是也又謂混元既分即有天地故曰太極生兩儀即老子云一生二也不言天地而言兩儀者指其物體下與四象相對故曰兩儀謂兩體容儀也**兩儀生四象四象生八卦**卦以象之【疏】正義曰兩儀生四象者謂金木水火稟天地而有故云兩儀生四象土則分王四季又地中之別故唯云四象也四象生八卦者若謂震木離火兌金坎水各主一時又巽同震木乾同兌金加以坤艮之土爲八卦也**八卦定吉凶**八卦既立則吉凶可定【疏】正義曰八卦既立爻象變而相推有吉有凶故八卦定吉凶也**吉凶生大業**既定吉凶則廣大悉備【疏】正義曰萬事各有吉凶廣大悉備故能王天下大事業也**是故法象莫大乎天地變通莫大乎四時縣象著明莫大乎日月崇高莫大乎富貴**位所以一天下之動而濟萬物【疏】正義曰是故法象莫大乎天地者言天地最大也變通莫大乎四時者謂四時以變得通是變中最大也縣象著明莫大乎日月者謂日月中時徧照天下无幽不燭故云著明莫大乎日月也崇高莫大乎富貴者以王者居九五富貴之位力能齊一天下之動而道濟萬物是崇高之極故云莫大乎富貴**備物致用立成器以爲天下利莫大乎聖人**【疏】正義曰謂備天下之物招致天下所用建立成就天下之器以爲天下之利唯聖人能然故云莫大乎聖人也**探賾索隱鉤深致遠以定天下之吉凶成天下之亹亹者莫大乎蓍龜**【疏】正義曰探謂闚探求取賾謂幽深難見卜筮則能闚探幽昧之理故云探賾也索謂求索隱謂隱藏卜筮能求索隱藏之處故云索隱也物在深處能鉤取之物在遠方能招致之卜筮能然故云鉤深致遠也以此諸事正定天下之吉凶成就天下之亹亹者唯卜筮能然故云莫善乎蓍龜也案釋詁云亹亹勉也言天下萬事悉動而好生皆勉勉營爲此蓍龜知其好惡得失人則棄其得而取其好背其失而求其得是成天下之亹亹也**是故天生神物聖人則之天地變化聖人效之天垂象見吉凶聖人象之河出圖洛出書聖人則之**【疏】正義曰是故天生神物聖人則之者謂天生蓍

龜聖人法則之以爲卜筮也天地變化聖人效之者行四時生殺賞以春夏刑以秋冬是聖人效之天垂象見吉凶聖人象之者若璿璣玉衡以齊七政是聖人象之也河出圖洛出書聖人則之者如鄭康成之義則春秋緯云河以通乾出天苞洛以流坤吐地符河龍圖發洛龜書感河圖有九篇洛書有六篇孔安國以爲河圖則八卦是也洛書則九疇是也輔嗣之義未知何從**易有四象所以示也繫辭焉所以告也定之以吉凶所以斷也**【疏】正義曰易有四象所以示者莊氏云四象謂六十四卦之中有實象有假象有義象有用象爲四象也今於釋卦之處已破之矣何氏以爲四象謂天生神物聖人則之一也天地變化聖人效之二也天垂象見吉凶聖人象之三也河出圖洛出書聖人則之四也今謂此等四事乃是聖人易外別有其功非專易內之物何得稱易有四象且又云易有四象所以示也繫辭焉所以告也然則象之與辭相對之物辭既爻卦之下辭則象爲爻卦之象也則上兩儀生四象七八九六之謂也故諸儒有爲七八九六今則從以爲義繫辭焉所以告者繫辭於象卦下所以告其得失也定之以吉凶所以斷者謂於繫辭之中定其行事吉凶所以斷其行事得失**易曰自天祐之吉无不利子曰祐者助也天之所助者順也人之所助者信也履信思乎順又以尚賢也是以自天祐之吉无不利也**【疏】正義曰易曰自天祐之吉无不利者言人於此易之四象所以示繫辭所以告吉凶告所斷而行之行則鬼神无不祐助无所不利故引易之大有上九爻辭以證之子曰祐者助也者上既引易文下又釋其易理故云子曰祐者助也天之所助者順也人之所助者信也履信思乎順者人之所助唯在於信此上九能履踐於信也天之所助唯在於順此上九恒思於順既有信思順又能尊尚賢人是以從天已下皆祐助之而得其吉无所不利也

【疏】正義曰子曰書不盡言至乎德行此第十二章也此章言立象盡意繫辭盡言易之興廢存乎其人事也

子曰書不盡言言不盡意然則聖人之意其不可見乎【疏】正義曰此一節夫子自發其問謂聖人之意難見也所以難見者書所以記言言有煩碎或楚

夏不同有言无字雖欲書錄不可盡竭於其言故云書不盡言也言不盡意者意有深邃委曲非言可寫是言不盡意也聖人之意意又深遠若言之不能盡聖人之意書之又不能盡聖人之言是聖人之意其不可見也故云然則聖人之意其不可見乎疑而問之故稱乎也子曰聖人立象以盡意設卦以盡情僞繫辭焉以盡其言變而通之以盡利極變通之數則盡利也故曰易窮則變變則通通則久〔疏〕正義曰子曰聖人立象以盡意已下至幾乎息矣此一節是夫子還自釋聖人之意有可見之理也聖人立象以盡意者雖言不盡意立象可以盡之也設卦以盡情僞者非唯立象以盡聖人之意又設卦以盡百姓之情僞也繫辭焉以盡其言者雖書不盡言繫辭可以盡其言也變而通之以盡利者變謂化而裁之通謂推而行之故能盡物之利也鼓之舞之以盡神乾坤其易之緼邪緼淵奧也〔疏〕正義曰鼓之舞之以盡神者此一句總結立象盡意繫辭盡言之美聖人立象以盡其意繫辭則盡其言可以說化百姓之心百姓之心自然樂順若鼓舞然而天下從之非盡神其孰能與於此故曰鼓之舞之以盡神也乾坤其易之緼

邪者上明盡言盡意皆由於易道此明易之所立本乎乾坤若乾坤不存則易道无由興起故乾坤是易道之所緼積之根源也是與易爲川府奧藏故云乾坤其易之緼邪乾坤成列而易立乎其中矣乾坤毀則无以見易易不可見則乾坤或幾乎息矣〔疏〕正義曰乾坤成列而易立乎其中矣者夫易者陰陽變化之謂陰陽變化立爻以效之皆從乾坤而來故乾生三男坤生三女而爲八卦變而相重而有六十四卦三百八十四爻本之根源從乾坤而來故乾坤既成列位而易道變化建立乎乾坤之中矣乾坤毀則无以見易者易既從乾坤而來乾坤若缺毀則易道損壞故云无以見易也易不可見則乾坤或幾乎息矣若易道毀壞不可見其變化之理則乾坤亦壞或其近乎止息矣幾近也猶若樹之枝幹生乎根株根株毀則枝條不茂若枝幹已枯死其根株雖未全死僅有微生將死不久根株譬乾坤也易譬枝幹也故云易不可見則乾坤或幾乎息矣是故形而上者謂之道形而下者謂之器化而裁之謂之變因而制其會通適變之道也〔疏〕正義曰是故形而上者謂之道形而

下者謂之器者道是无體之名形是有質之稱凡有從无而生形由道而立是先道而後形是道在形之上形在道之下故自形外已上者謂之道也自形内而下者謂之器也形雖處道器兩畔之際形在器不在道也既有形質可爲器用故云形而下者謂之器也化而裁之謂之變者陰陽變化而相裁節之謂之變也是得以理之變也猶若陽氣之化不可久長而裁節之以陰雨也是得理之變也陰陽之化自然相裁聖人亦法此而裁節也推而行之謂之通乘變而往者无不通也〔疏〕正義曰因推此以可變而施行之謂之通也猶若亢陽之後變爲陰雨因陰雨而行之物得開通聖人亦當然也舉而錯之天下之民謂之事業事業所以濟物故舉而錯之於民〔疏〕正義曰謂舉此理以爲變化而錯置於天下之民凡民得以營爲事業故云謂之事業也此乃自然以變化錯置於民也聖人亦當法此錯置變化於萬民使成其事業也凡繫辭之說皆說易道以爲聖人德化欲使聖人法易道以化成天下是故易與聖人恒相將也以作易者本爲立教故也非是空說易道不關人事也是故夫象聖人有以見天下之賾而擬諸其形容象其物

宜是故謂之象聖人有以見天下之動而觀其會通以行其典禮繫辭焉以斷其吉凶是故謂之爻〔疏〕正義曰是故夫象聖人有以見天下之賾至是故謂之爻者於第六章已具其文今於此更復言者何也爲下云極天下之賾存乎卦鼓天下之動存乎辭爲此故更引其文也且已下又云存乎變存乎通存乎其人廣陳所存之事所以須重論也極天下之賾者存乎卦鼓天下之動者存乎辭辭爻辭也爻以鼓動效天下之動也〔疏〕正義曰極天下之賾存乎卦者言窮極天下深賾之處存乎卦言觀卦以知賾也鼓天下之動存乎辭者鼓謂發揚天下之動動有得失存乎爻卦之辭謂觀辭以知得失也化而裁之存乎變推而行之存乎通神而明之存乎其人體神而明之不假於象故存乎其人〔疏〕正義曰化而裁之存乎變者謂覆說上文化而裁之謂之變也推而行之存乎通者覆說上文推而行之謂之通也神而明之存乎其人者言人能神此易道而顯明之者存在於其人

若其人聖則能神而明之若其人愚則不能神而明之故存於其人不在易象也默而成之不言而信存乎德行德行賢人之德行也順足於內故默而成之也體與理會故不言而信也疏正義曰若能順理足於內默然而成就之闇與理會不須言而自信也存乎德行者若有德行則得默而成就之不言而信也若无德行則不能然此言德行據賢人之德行也前經神而明之存乎其人謂聖人也

周易兼義卷第七

太子少保江西巡撫阮元栞

周易注疏挍勘記卷七　阮元撰盧宣旬摘錄

周易兼義卷第七　錢本錢挍本宋本作周易注疏卷第十

韓康伯注　石經岳本古本足利本同釋文作韓伯注云本亦作韓康伯注閩監毛本上加晉字

周易繫辭上第七　石經岳本閩監毛本古本足利本同錢本錢挍本宋本無第七二字釋文周易繫辭本亦作繫上第七本亦作繫辭上王肅本皆作繫辭上傳訖於雜卦皆有傳字本亦有無上字者又十行本此行頂格與石經合閩監毛本並上空一字

故字體從繫　閩監毛本同錢本宋本繫作毄○按毄字是也

取剛係之義　補毛本剛作綱下同

有以簡編重大　閩監毛本同錢本宋本有作直

正義曰天尊地卑至其中矣此第一章　錢本錢挍本正義摠在每章之後亦釋經畢乃釋注考文所據宋本正義在每段之末如此章第一段注文以定乾坤之體下接疏與錢本異十行本閩監毛本以釋一章大義者分列每章之前低一字寫以下逐段繫疏尤屬非是又錢本錢挍本宋本此第一章此第二章之上不標經文起止如此章作正義曰此第一章云云無天尊地卑至其中矣八字下皆放此

天尊地卑　石經岳本閩監毛本同釋文卑本又作埤

其易之門戶　岳本閩監毛本同釋文其易之門本亦作其易之門戶是其本無戶字

以定乾坤之體　岳本閩監毛本同古本下有也字下言運化之推移下故曰易簡下故曰有功下並乎天地下並同

則不得其位矣　宋本閩本同監毛本無則字

則貴非唯天地　補毛本貴下有賤字案所補是也

乖其所趣則凶　岳本閩監毛本同錢本宋本趣作趍

圓方者則同聚也　補　毛本圓作同

象況日月星辰　岳本閩監毛本同古本況作謂

懸象運轉以成昏明　岳本閩監毛本同釋文出縣象古本轉下有而字

剛柔相摩　石經岳本閩監毛本同釋文摩本又作磨按摩字是

八卦相盪　石經岳本閩監毛本同釋文盪衆家作蕩

日月運行　石經岳本閩監毛本同釋文運行姚作違行

乾知大始坤作成物　石經岳本閩監毛本同釋文大王肅作泰坤作虞姚作坤化

其實亦一焉　閩監毛本同錢本宋本一作兼

乾知太始者　宋本同閩監毛本太作大下知其大始宋本亦作太

人則易可倣傚也　補　毛本倣作做案倣字是也

德業既成則入於形器　岳本閩監毛本同古本無德業二字

目其德業　岳本閩監毛本同宋本目作名古本下有也字

賢人則事在有境　閩監毛本同宋本則作亦

法令茲章　補　毛本茲作滋

又莊云　閩監毛本同錢本宋本作又莊子云

而成位乎其中矣　石經岳本閩監毛本同釋文而成位乎其中馬王肅作而易成位乎其中

成位至立象也　閩監毛本同岳本宋本古本足利本至作況

言其中則並明天地也　閩監毛本同岳本宋本古本足利本並明作明並

簡易之德　閩監毛本同錢本簡易作易簡

繫辭焉而明吉凶　石經岳本閩監毛本同釋文虞本更有悔吝二字

是故吉凶者　石經岳本閩監毛本同足利本故作以

其以祉有慶有福之屬　宋本同閩監毛本以作有

剛柔者晝夜之象也　石經岳本閩監毛本同釋文剛柔者晝夜之象虞作晝夜者剛柔之象

夜則陰柔　岳本閩監毛本同古本作夜則柔陰也

次文別云變化者　閩監毛本同錢本宋本別下有序字

易之序也　石經岳本閩監毛本同釋文序虞本作象

故可居治之位　宋本閩本同監毛本可居作居可

所樂而玩者　石經岳本閩監毛本同釋文所樂虞本作所變玩鄭作翫

是故君子居則觀其象　石經岳本閩監毛本同古本無君子二字

吉无不利　石經岳本閩監毛本同古本下有也字

彖者言乎象者也　石經岳本閩監毛本同古本彖下有曰字

正義曰彖謂卦下之辭言說乎一卦之象也　閩本同監毛本脫卦下之辭言五字錢本宋本並有

言乎其小疵也　岳本閩監毛本同石經言作存案正義云言說此卦爻有小疵病也則正義所據本是言字

存乎悔過也　岳本閩監毛本同錢本宋本過作道

辭有險易　石經岳本閩監毛本同古本上有而字

其道消散　閩監毛本同錢本宋本消作銷

其辭則難險也　閩監毛本同錢本宋本難作艱

故能彌綸天地之道　石經岳本閩監毛本同釋文彌本又作弥天下之道一本作天地

俯以察於地理　石經岳本閩監毛本同釋文察於一本作觀於

原始反終　石經岳本閩監毛本同釋文反終鄭虞作及終

知死生之數也止謂用易道　錢本宋本閩本同監本止作正毛本同死生作生死

精氣烟熅　岳本同閩監毛本烟熅作絪縕釋文出烟熅

而遊魂爲變也　閩監毛本同岳本足利本無而字

旁行而不流　石經岳本閩監毛本同釋文流京作留

應變考通　補　案考當作旁形近之譌毛本正作旁

樂天知命　石經岳本閩監毛本同釋文樂天虞作變天

範圍天地之化而不過　石經岳本閩監毛本同釋文範圍馬王肅張作犯違

則物宜得矣　岳本閩監毛本同古本足利本宜得作得宜

通乎晝夜之道而知　石經岳本閩監毛本同古本乎作于

寂然天體　閩監毛本同岳本宋本古本足利本天作无按正義作无

一陰是謂道　補　案是當作至毛本不誤

有二有不得爲一　補　毛本作有二有三不得爲一

故曰不通也　錢本曰作无閩監毛本曰下增无字

班无於陰　補　案班當作雖與下雖无於陽對舉而言毛本不誤

百姓日用而不知故君子之道鮮矣　石經岳本閩監毛本同古本知下有也字釋文鮮鄭作尟

恒日日賴用此道而得生　閩監毛本同宋本而作以

藏諸用　石經岳本閩監毛本同釋文藏鄭作臧。按臧藏古今字

未能至无以爲體　閩本同岳本錢本宋本足利本至作全監本未作不毛本亦作不至作全古本亦作全無无字。補　案下正義未字不誤至當作全

故順通天下則有經營之跡也　閩監毛本同岳本跡作迹宋本順作顯釋文則有經營之功也本亦无功字一本功作迹

聖人功用之母體同乎道　岳本閩監毛本同宋本母作無古本同作周

成象之謂乾　石經岳本閩監毛本同釋文成象蜀才作盛象

效法之謂坤　石經岳本閩監毛本同釋文爻法蜀才作效

故兩而自造矣　岳本閩監毛本故兩作欻爾釋文出欻爾古本欻作歘采集解

言變化而稱極乎神也　岳本閩監毛本同足利本而作之

以言乎遠則不禦　石經岳本閩監毛本同古本乎作于下以言乎天地之間則備矣而易行乎其中矣並同

以言乎邇則靜而正　岳本閩監毛本同釋文迩本又作邇

其靜也專　石經岳本閩監毛本同釋文專陸作塼

遍滿天地之內　閩監毛本同錢本宋本遍作徧。按徧正字遍俗字

則而得正　補　毛本則作剛

動則關閉以生物也　補　毛本關作闢

易其至矣乎　石經岳本閩監毛本同古本乎誤于

知崇禮卑　石經岳本閩監毛本同釋文禮蜀才作體卑本亦作埤

此第六章也　自此章已下錢本錢挍本宋本爲周易注疏卷第十一

是行之於急者故引七卦之議　閩監毛本同錢本於作九宋本同議作義

聖人有以見天下之賾　石經岳本閩監毛本同釋文賾九家作冊京作嘖

以行其典禮　石經岳本閩監毛本同釋文典禮京作等禮姚作典體

言天下之至賾而不可惡也言天下之至動而不可亂也　石經岳本閩監毛本同釋文惡荀作亞言天下之至動而不可亂也眾家本並然鄭本作至賾云賾當作動九家亦作冊。按至動王本亦作至賾正義云謂天下至賾變動之理又云以文勢上下言之宜云至動而不可亂也云宜云至動則不作賾可知

議此會通之事　閩監毛本同錢本宋本議作謂

議之而後動　石經岳本閩監毛本同釋文議之陸姚桓元荀柔之作儀之

吾與爾靡之　石經岳本閩監毛本同釋文靡本又作糜

綏之斯至　補案綏當作綏形近之譌毛本正作綏

千里或應　岳本閩監毛本同古本或應作應之

況其邇者乎　石經岳本閩監毛本同古本乎誤于下出乎加乎發乎見乎慎乎並同

言行雖初在於身　宋本同閩監毛本初作切

其纖利能斷截於金　盧文弨云纖當作鐵是也

苟錯諸地而可矣　石經岳本閩監毛本同釋文錯本亦作措。按措置之措經傳假錯字爲之

慎斯術也以往　石經岳本閩監毛本同釋文慎一本作順

有功而不德　石經岳本閩監毛本同釋文德鄭陸蜀才作置

則言語以爲階　石經岳本閩監毛本同釋文階姚作機

作易者其知盜乎　石經岳本閩監毛本同釋文爲易者本又云作易者

致寇至　石經岳本閩監毛本同釋文寇徐或作戎

慢藏誨盜冶容誨淫　石經岳本閩監毛本同釋文誨虞作悔冶鄭陸虞姚王肅作野

以此小人而居貴位　閩監毛本同錢本宋本此作比

易曰負且乘致　補案此六字各本皆有不誤惟此本六字空白今補正

故□尾皆稱易曰　補閩本故下重故字明監本毛本刪一故字錢本宋本故下有首字案首字是也今補正

而載易之爻辭也　盧文弨挍本而作兩

明占筮之法揲蓍之體　補本著上原闕法揲兩字各本皆有今補正

所賴者　閩監毛本同錢本宋本作所須賴者

若易由太　閩監毛本同宋本下有一字

故再扐而後掛　石經岳本閩監毛本同釋文掛京作卦。按乾鑿度說文解字引此句皆作卦張惠言云作卦義長

奇況四揲之餘　岳本宋本古本足利本同閩監毛本況誤凡

天數二十有五　岳本閩監毛本同石經二十作廿下同又下三十作卅眾經並同

當期之日　石經岳本閩監毛本同釋文期本又作朞

引而伸之　石經岳本閩監毛本同釋文伸本又作信。按古經傳信多作伸

是故可與酬酢可與祐神矣　石經岳本閩監毛本同釋文酢京作醋祐荀作侑

謂應對報荅　閩監毛本同宋本對報作報對

易有聖人之道四焉以言者尚其辭　石經岳本閩監毛本同釋文聖人之道明僧紹作君子之道以言者下三句無以字一本四句皆有

發其言辭出言而施政教也　浦鏜云發當作法

故法其陰陽變化　浦鏜云故當作效

其受命也如嚮　石經岳本宋本古本足利本同閩監毛本嚮作響釋文嚮又作響

及幽遂深遠之處　補毛本遂作邃

遂成天地之文　石經岳本閩監毛本同釋文天地之文一本作天下虞陸本作之爻

前經論易理深　閩監毛本同錢本宋本深上有功字

此經論極數變通　宋本閩本同監毛本變通作通變

无不記億　閩監毛本記誤既宋本億作憶。補案憶字是也

能體於淳一之理　閩監毛本同宋本於作其

聖人之所以極深而研幾也　石經岳本閩監毛本同釋文研蜀才作揅幾本或作機

以定天下之象　宋本閩監本同毛本以作遂

乃以通神明之德也　閩監毛本同宋本以下有數字

夫易開物成務　石經岳本閩監毛本同釋文開王肅作闓本無夫易二字

蓍之德圓而神　石經岳本閩監毛本同釋文圓本又作員

六爻之義易以貢　石經岳本閩監毛本同釋文貢京陸虞作工荀作功

聖人以此洗心　石經岳本閩監毛本同釋文洗京荀虞董張蜀才作先石經同

寵辱若驚也　閩監毛本同錢本若作皆

知以藏往　岳本閩監毛本同石經漫滅不可識釋文藏劉作臧

其孰能與此哉　石經同岳本閩監毛本與下有於字案正義云其孰能與此哉者言誰能同此也是正義本無於字

以神明其德夫　石經岳本閩監毛本同釋文一本無夫字

故云謂之法　錢本閩監本同毛本云作曰

言聖人以利而用　宋本同閩監毛本而作爲

易有太極　閩監毛本同石經岳本太作大釋文大音泰注同

取有之所極　閩監毛本同岳本宋本古本足利本取下有其字

探賾索隱　石經岳本閩監毛本同釋文賾九家作册

莫大乎蓍龜　石經岳本閩監毛本同釋文莫善乎蓍龜本亦作莫大

故云莫善乎蓍龜也　宋本閩本同監毛本善改大。按正義作善與釋文本同

洛出書　石經岳本閩監毛本同釋文洛王肅作雒

又以尚賢也　石經岳本閩監毛本同釋文又以尚賢也鄭本作有以

告所斷而行之　宋本同閩監毛本告所作所以。補案所改是也

乾坤其易之緼邪　岳本閩監毛本同石經初刻緼作蘊後去艹釋文出之緼

則乾坤或幾乎息矣　石經岳本監毛本同閩本或誤成

其根株雖未全死　錢本宋本閩監本同毛本全作至

是得以理之變也　盧文弨云以當作其

舉而錯之天下之民　石經岳本閩監毛本同釋文錯本又作措

有以見天下之賾　石經岳本閩監毛本同釋文之賾本亦作之至賾古本有至字采音義

化而裁之　石經岳本閩監毛本同釋文裁本又作財

默而成之　石經岳本閩監毛本同釋文默而成本或作默而成之

闇與理會　補本與上原缺闇字閩監毛本有今補正

則得然而成就之〔補〕本而下原缺成就二字閩監毛本有今補正

據賢人之德行也〔補〕本行上原缺德字閩監毛本有今補正

周易注疏挍勘記卷七

周易兼義卷第八

國子祭酒上護軍曲阜縣開國子臣孔穎達奉勅撰正義

韓康伯注

周易繫辭下第八

【疏】正義曰此篇章數諸儒不同劉瓛爲十二章以對上繫十二章也周氏莊氏並爲九章今從九章爲說也第一起八卦成列至非曰義第二起古者包犧至蓋取諸夬第三起易者象也至德之盛第四起困于石至勿恒凶第五起乾坤其易之門至失得之報第六起易之興至巽以行權第七起易之爲書至思過半矣第八起二與四至謂易之道第九起夫乾天下至其辭屈

【疏】正義曰八卦成列至非曰義此第一章覆釋上繫第二章象爻剛柔吉凶悔吝之事更具而詳之

八卦成列象在其中矣備天下之象也【疏】正義曰言八卦各成列位萬物之象在其八卦之中也

因而重之爻在其中矣夫八卦備天下之理而未極其變故因而重之以象其動用擬諸形容以明治亂之宜觀其所應以著適時之功則爻卦之義所存各異故爻在其中矣【疏】因而至中矣○正義曰謂因此八卦之象而更重之萬物之爻在其所重之中矣然象亦有爻爻亦有象所以象獨在卦爻獨在重者卦則爻少而象多重則爻多而象少故在卦舉象在重論爻也○注夫八卦至其中矣○正義曰夫八卦備天下理者前注云備天下之象據其體此云備天下之理據其用也言八卦大略有八以備天下大象大理大者既備則小者亦備矣直是不變之備未是變之備也故云未極其變故因而重之以象其動用也云則爻卦之義所存各異者謂爻之所存存乎已變之義因而重之爻在其中是也卦之所存存於未變之義八卦成列象在其中是也

剛柔相推變在其中矣【疏】正義曰則上繫第二章云剛柔相推而生變化是變化之道在剛柔相推之中剛柔即陰陽也論其氣即謂之陰陽語其體即謂之剛柔也

繫辭焉而命之動在其中矣剛柔相推況八卦相盪或否或泰繫辭焉而斷其吉凶況之六爻動以適時者也立卦之義則見於彖象適時之功見存之爻辭王氏之例詳矣○【疏】繫辭至中矣○正義曰謂繫辭於爻卦之下而呼命其卦爻得失吉凶則適時變動好惡故在其繫辭之中矣○注立卦至詳矣○正義曰云立卦之義則見於彖象者彖象謂卦下之辭說其卦之義也適時之功則存於爻辭者卦者時也六爻在一卦之中各以適當時之所宜以立功也欲知適時之功用觀於爻辭也云王氏之例詳矣者案略例論彖云彖者何也統論一卦之體明其所由之主者也夫衆不能治衆治衆者至寡者也論卦體皆以一爲主是卦之大略也又論爻云爻者何也言乎其變者也變者何也情僞之所爲也夫情僞之動非數之所求也故合散屈伸與體相乖形躁好靜質柔愛剛體與情反質與願違是故情僞相感遠近相追愛惡相攻屈伸相推見情者獲直往則違此是爻之大略也其義既廣不能備載是王氏之例詳矣

吉凶悔吝者生乎動者也有變動而後有吉凶【疏】正義曰上既云動在繫辭之中動則有吉凶悔吝所以悔吝生在乎所動之中也

剛柔者立本者也變通者趣時者也立本況卦趣時況爻【疏】正義曰剛柔者立本者也言剛柔之象立在其卦之根本者也言卦之根本皆由剛柔陰陽往來變通者趣時者也其剛柔之氣所以改變會通趣向於時也若乾之初九趣向勿用之時乾之上九趣向亢極之時是諸爻之變皆臻趣於時也其剛柔立本者若剛定體爲乾若柔定體爲坤陽卦兩陰而一陽陰卦兩陽而一陰是立其卦本而不易也則上八卦成列象在其中矣是也卦既與爻爲本又是總主其時故略例云卦者時也變通者趣時者也則上因而重之爻在其中矣是也卦既總主一時爻則就一時之中各趣其所宜之時故略例云爻者趣時者也

吉凶者貞勝者也貞者正也一也夫有動則未免乎累殉吉則未離乎凶盡會通之變而不累於吉凶者其唯貞者乎老子曰王侯得一以爲天下貞萬變雖殊可以執一御也【疏】吉凶至者也○正義曰貞正也言吉之與凶皆由所動不能守一而生吉凶唯守一貞正而能克勝此吉凶謂但能貞一正則免此吉凶之累也○注貞者至御也○正義曰貞者正也一也者言貞之爲訓訓正訓一正者體无傾邪一者情无差二寂然无慮任運而行者也凡吉凶者由動而來若守貞靜寂何吉何凶之有是貞正能勝其吉凶也云夫有動則未能免乎累者寂然不動則无所可累若動有營求則恥累將來故云動則未免於累也云殉吉則未離乎凶者殉求也若不求其吉无慮无患凶禍何因而至由其求吉有所貪欲則凶亦將來故云殉吉未離乎凶也云盡會通之變而不累於吉凶者其唯貞者乎言若能窮盡萬物會通改變之理而不繫累於吉凶之事者唯貞一者乃能然也猶若少必有老老必有死能知此理是盡會通之變

既知老必將死是運之自然何須憂累於死是不累乎吉凶唯守貞一任其自然故云其唯貞者乎云老子曰王侯得一以爲天下貞者王侯若不得一二三其德則不能治正天下若得純粹无二无邪則能爲天下貞也謂可以貞正天下也云萬變雖殊可以執一御也者猶若寒變爲暑暑變爲寒少變爲壯壯變爲老老變爲死禍變爲福盛變爲衰變改不同是萬變殊也其變雖異皆自然而有若能知其自然不造不爲无喜无慼而乘御於此是可以執一御也

天地之道貞觀者也明夫天地萬物莫不保其貞以全其用也〔疏〕正義曰謂天覆地載之道以貞正得一故其功可爲物之所觀也

日月之道貞明者也天下之動貞夫一者也夫乾確然示人易矣夫坤隤然示人簡矣確剛貌也隤柔貌也乾坤皆恒一其德物由以成故簡易也〔疏〕正義曰日月之道貞明者也言日月照臨之道以貞正得一而爲明也若天覆地載不以貞正而有二心則天不能普覆地不能兼載則不可以觀由貞乃得觀見也日月照臨若不以貞正有二之心則照不普及不爲明也故以貞而爲明也天下之動貞夫一者也言天地日月之外天下萬事之動皆正乎純一也若得於純一則所動遂其性若失於純一則所動乖其理是天下之動得正在一也夫乾確然示人易矣者此明天之得一之道剛質確然示人以和易由其得一无爲物由以生是示人易也夫坤隤然示人簡矣者此明地之得一以其得一故坤隤然而柔自然无爲以成萬物是示人簡矣若乾不得一或有隤然則不能示人易矣若坤不隤然或有確然則不能示人簡矣

爻也者效此者也象也者像此者也。爻象動乎內兆數見於卦也〔疏〕正義曰爻也者效此者也此釋爻之名也言爻者效此物之變動也象也者像此者也言象此物之形狀也爻象動乎內者言爻之與象發動於卦之內也

吉凶見乎外失得驗於事也〔疏〕正義曰其爻象吉凶見於卦外在事物之上也

功業見乎變功業由變以興故見乎變也○〔疏〕正義曰言功勞事業由變乃興故功業見於變也○

聖人之情見乎辭辭也者各指其所之故曰情也〔疏〕正義曰辭則言其聖人所用之情故觀其辭而知其情也是聖人之情見乎爻象之辭也若乾之初九其辭云潛龍勿用則聖人勿用之情見於初九爻辭也他皆放此

天地之大德曰生施生而不爲故能常生故曰大德也〔疏〕正義曰自此已下欲明聖人同天地之德廣生萬物之意也言天地之盛德在乎常生故言曰生若不常生則德之不大以其常生萬物故云大德也

聖人之大寶曰位夫无用則无所寶有用則有所寶也无用而常足者莫妙乎道有用而弘道者莫大乎位故曰聖人之大寶曰位○〔疏〕正義曰言聖人大可寶愛者在於位耳位是有用之地寶是有用之物若以居盛位能廣用无疆故稱大寶也

何以守位曰仁。何以聚人曰財財所以資物生也〔疏〕正義曰何以守位曰仁者言聖人何以保守其位必信仁愛故言曰仁也何以聚人曰財者言何以聚集人眾必須財物故言曰財也

理財正辭禁民爲非曰義〔疏〕正義曰言聖人治理其財用之有節正定號令之辭出之以理禁約其民爲非僻之事勿使行惡是謂之義義宜也言以此行之而得其宜也

〔疏〕正義曰古者包犧至取諸夬此第二章明聖人法自然之理而作易象易以制器而利天下此一章其義既廣今各隨文釋之

古者包犧氏之王天下也仰則觀象於天俯則觀法於地觀鳥獸之文與地之宜聖人之作易无大不極无微不究大則取象天地細則觀鳥獸之文與地之宜也〔疏〕正義曰自此至取諸離此一節明包犧法天地造作八卦法離卦而爲罔罟也云仰則觀象於天俯則觀法於地者言取象大也觀鳥獸之文與地之宜者言取象細也大之與細則无所不包也地之宜者若周禮五土動物植物各有所宜是也

近取諸身遠取諸物於是始作八卦以通神明之德以類萬物之情作結繩而爲罔罟以佃以漁。蓋取諸離離麗也罔罟之用必審物之所麗也魚麗于水獸麗于山也〔疏〕正義曰近取諸身者若耳目鼻口之屬是也遠取諸物者若雷風山澤之類是也舉遠近則萬事在其中矣於是始作八卦以通神明之德者言萬事云爲皆是神明之德若不作八卦此神明之德閉塞幽隱既作八卦則而象之是通達神明之德也以類萬物之情者若不作易物情難知今作八卦以類象萬物之情皆可見也作結繩

而爲罔罟以佃以漁者用此罟罔或陸畋以羅鳥獸或水澤以罔魚鼈也蓋取諸離者離麗也麗謂附著也言罔罟之用必審知鳥獸魚鼈所附著之處故稱離卦之名爲罔罟也案諸儒象卦制器皆取卦之爻象之體今韓氏之意直取卦名因以制器案上繫云以制器者尚其象則取象不取名也韓氏乃取名不取象於義未善矣今既遵韓氏之學且依此釋之也

包犧氏没神農氏作斲木爲耜揉木爲耒耒耨之利以教天下蓋取諸益 制器致豐以益萬物 日中爲市致天下之民聚天下之貨交易而退各得其所蓋取諸噬嗑 噬嗑合也市人之所聚異方之所合設法以合物噬嗑之義也

【疏】正義曰包犧氏至取諸噬嗑此一節明神農取卦造器之義一者制耒耜取於益卦以利益民也二者日中爲市聚合天下之貨設法以合物取於噬嗑象物噬齧乃得通也包犧者案帝王世紀云大皞帝包犧氏風姓也母曰華胥燧人之世有大人跡出於雷澤華胥履之而生包犧長於成紀蛇身人首有聖德取犧牲以充包厨故號曰包犧氏後世音謬故或謂之伏犧或謂之虙犧一號皇雄氏在位一百一十年包犧氏没女媧氏代立爲女皇亦風姓也女媧氏没次有大庭氏柏黄氏中央氏栗陸氏驪連氏赫胥氏尊盧氏混沌氏皞英氏有巢氏朱襄氏葛天氏陰康氏无懷氏凡十五世皆習包犧氏之號也神農者案帝王世紀云炎帝神農氏姜姓也母曰任己有蟜氏女名曰女登爲少典正妃游華山之陽有神龍首感女登於尚羊生炎帝人身牛首長於姜水有聖德繼无懷之後本起烈山或稱烈山氏在位一百二十年而崩納奔水氏女曰聽談生帝臨魁次帝承次帝明次帝直次帝釐次帝哀次帝榆罔凡八代及軒轅氏也

神農氏没黄帝堯舜氏作通其變使民不倦 通物之變故樂其器用不解倦也

【疏】正義曰神農氏没至吉无不利此一節明神農氏没後乃至黄帝堯舜通其易之變理於是廣制器物此節與下制器物爲引緒之勢爲下起文黄帝堯舜氏作者案世紀云黄帝有熊氏少典之子姬姓也母曰附寶其先即炎帝母家有蟜氏之女附寶見大電光繞北斗樞星照於郊野感附寶孕二十四月而生黄帝於壽丘長於姬水龍顔有聖德戮蚩尤于涿鹿擒之在位一百年崩子青陽代立是爲少皞少皞帝名摯字青陽姬姓也母曰女節黄帝時大星如斗下臨華渚女節夢接意感生少皞在位八十四年而崩顓頊高陽氏黄帝之孫昌意之子母曰昌僕蜀山氏之女爲昌意正妃謂之女樞瑶光之星貫月如虹感女樞於幽房之宫生顓頊於弱水在位七十八年而崩少皞之孫蟜極之子代立是爲帝嚳帝嚳高辛氏姬姓也其母不見生而神異自言其名在位七十年而崩子帝摯立在位九年摯立不肖而崩弟放勛代立是爲帝堯帝堯陶唐氏伊祁姓母曰慶都生而神異常有黄雲覆其上爲帝嚳妃出以觀河遇赤龍晻然陰風而感慶都孕十四月而生堯於丹陵即位九十八年而崩帝舜代立帝舜姚姓其先出自顓頊顓頊生窮蟬窮蟬生敬康敬康生句芒句芒生蟜牛蟜牛生瞽瞍瞍之妻握登見大虹意感而生舜於姚墟故姓姚氏此歷序三皇之後至堯舜之前所爲君也此既云黄帝即云堯舜者略舉五帝之終始則少皞顓頊帝嚳在其間也通其變使民不倦者事久不變則民倦而變今皇帝堯舜之等以其事久或窮故開通其變量時制器使民用之日新不有懈倦也

神而化之使民宜之易窮則變變則通通則久 通變則无窮故可久也

【疏】正義曰神而化之使民宜之者言所以通其變者欲使神理微妙而變化之使民各得其宜若黄帝已上衣鳥獸之皮其後人多獸少事或窮乏故以絲麻布帛而制衣裳是神而變化使民得宜也易窮則變變則通通則久者此覆說上文通則變之事所以通其變者言易道若窮則須隨時改變所以須變者變則開通得久長故云通則久也

是以自天祐之吉无不利

【疏】正義曰此明若能通變則无所不利故引易文證結變通之善上繫引此文者證明人事之信順此乃明易道之變通俱得天之祐故各引其文也

黄帝堯舜垂衣裳而天下治蓋取諸乾坤 垂衣裳以辨貴賤乾尊坤卑之義也

【疏】正義曰自此已下凡有九事皆黄帝堯舜取易卦以制象此於九事之第一也何以連云堯舜者謂此九事黄帝制其初堯舜成其末事相連接共有九事之功故連云黄帝堯舜也案皇甫謐帝王世紀載此九事皆爲黄帝之功若如所論則堯舜无事易繫何須連云堯舜則皇甫之言未可用也垂衣裳者以前衣皮其制短小今衣絲麻布帛所作衣裳其制長大故云垂衣裳也取諸乾坤者衣裳辨貴賤乾坤則上下殊體故云取諸乾坤也

刳木爲舟剡木爲楫舟楫之利以濟不通致遠以利天下蓋取諸渙 渙者乘理以散通也

【疏】正義曰此九事之第二也舟必用大木刳鑿其中故云刳木也剡木爲楫者楫必須纖長理當剡削故曰

剡木也。取諸渙者，渙，散也。渙卦之義，取乘理以散動也。舟楫以乘水，以載運，故取諸渙也。**服牛乘馬，引重致遠，以利天下，蓋取諸隨。**隨，隨宜也。服牛乘馬，隨物所之，各得其宜也。〔疏〕正義曰：此九事之第三也。隨者，謂隨時之所宜也。今服用其牛，乘駕其馬，服牛以引重，乘馬以致遠，是以人之所用各得其宜，故取諸隨也。**重門擊柝，以待暴客，蓋取諸豫。**取其豫備。〔疏〕正義曰：此九事之第四也。豫者，取其豫有防備。韓氏以此九事皆以卦名而爲義者，特以此象文取備豫之義，其事相合，故其餘八事皆以卦名解義，量爲此也。**斷木爲杵，掘地爲臼，臼杵之利，萬民以濟，蓋取諸小過。**以小用而濟物也。〔疏〕正義曰：此九事之第五也。杵須短木，故斷木爲杵；臼須鑿地，故掘地爲臼。取諸小過，以小事之用，過而濟物，杵臼亦小事，過越而用以利民，故取諸小過也。**弦木爲弧，剡木爲矢，弧矢之利，以威天下，蓋取諸睽。**睽，乖也。物乖則爭興，弧矢之用，所以威乖爭也。〔疏〕正義曰：此九事之第六也。案爾雅：弧，木弓也。故云弦木爲弧。取諸睽者，睽謂乖離，弧矢所以服此乖離之人，故取諸睽也。案弧矢、杵臼、服牛乘馬、舟楫皆云之利，此皆器物益人，故稱利也。重門擊柝，非如舟楫杵臼，故不云利也，變稱以禦暴客，是以利也。垂衣裳不言利者，此亦隨便立稱，故云天下治，治亦利也。此皆義便而言，不可以一例取也。**上古穴居而野處，後世聖人易之以宮室，上棟下宇，以待風雨，蓋取諸大壯。**宮室壯大於穴居，故制爲宮室，取諸大壯也。〔疏〕正義曰：此九事之第七也。已前不云上古，已下三事或言上古，或言古，與上不同者，已前未造此器之前，更无餘物之用，非是後物以替前物，故不云上古也。此已下三事，皆是未造此物之前，已更別有所用，今將後用而代前用，欲明前用所有，故本之云上古及古者。案未有衣裳之前，則衣鳥獸之皮，亦是已前有用，不云上古者，雖云古者衣皮，必不專衣皮也，或衣草衣木，事无定體，故不得稱上古衣皮也。若此穴居野處及結繩以治，唯專一事，故可稱上古，由後物代之也。取諸大壯者，以造制宮室，壯大於穴居野處，故取大壯之名也。**古之葬者，厚衣之以薪，葬之中野，不封不樹，喪期无數，後世聖人易之以棺椁，蓋取諸大過。**取其過厚。〔疏〕正義曰：此九事之第八也。不云上古，直云古者，若極遠者則云上古，其次遠者則直云古。則厚衣之以薪，葬之中野，猶在穴居結繩之後，故直云古也。不封不樹者，不積土爲墳，是不封也；不種樹以標其處，是不樹也。喪期无數者，哀除則止，无日月限數也。後世聖人易之以棺椁者，若禮記云有虞氏瓦棺，未必用木爲棺也。則禮記又云殷人之棺椁，以前云椁无文也。取諸大過者，送終追遠，欲其甚大過厚，故取諸大過也。案書稱堯崩，百姓如喪考妣，三載，四海遏密八音，則喪期无數在堯已前，而棺椁自殷已後，則夏已前棺椁未具也。所以其文參差、前後不齊者，但此文舉大略，明前後相代之義，不必確在一時，故九事上從黄帝，下稱堯舜，連延不絕，更相增脩也。**上古結繩而治，後世聖人易之以書契，百官以治，萬民以察，蓋取諸夬。**夬，決也。書契所以決斷萬事也。〔疏〕正義曰：此明九事之終也。夬者，決也，造立書契，所以決斷萬事，故取諸夬也。結繩者，鄭康成注云：事大，大結其繩；事小，小結其繩。義或然也。

〔疏〕正義曰：是故易者至德之盛也。此第三章，明陰陽二卦之體，及日月相推而成歲，聖人用之，安身崇德，德之盛也。**是故易者，象也。象也者，像也。彖者，材也。**材，才德也。彖言成卦之材，以統卦義也。〔疏〕正義曰：是故易者象也者，但前章皆取象以制器，以是之故，易卦者寫萬物之形象，故易者象也。象也者像也，謂卦爲萬物象者，法像萬物，猶若乾卦之象法像於天也。彖者材也者，謂卦下彖辭者，論此卦之材德也。**爻也者，效天下之動者也。是故吉凶生而悔吝著也。陽卦多陰，陰卦多陽，其故何也？陽卦奇，陰卦耦。**夫少者，多之所宗；一者，衆之所歸。陽卦二陰，故奇爲之君；陰卦二陽，故耦爲之主。〔疏〕正義曰：爻也者，效天下之動者，謂每卦六爻，皆倣效天下之物而發動也。吉凶生而悔吝著者，動有得失，故吉凶生也；動有細小疵病，故悔吝著也。陽卦多陰，陰卦多陽，其故何也者，此夫子將釋陰陽二卦不同之意，故先發其問，云其故何也。陽卦多陰，謂震、坎、艮一陽而二陰也；陰卦多陽，謂巽、離、兌一陰而二陽也。陽卦奇，陰卦耦者，陽卦則以奇爲君，故一陽而二陰，陽爲君，陰爲臣也。陰卦則以耦爲君故二陽而一陰陰爲君陽爲臣也故注云陽卦二陰故奇爲之君陰卦二陽故耦爲之主其德行何也辨陰陽二卦之德行也〔疏〕正義曰前釋陰陽之體未知陰陽德行之故故夫子將釋德行先自問之故云其德行何也陽一君而二民君子之道也陰二君而一民小人之道也陽君道也陰臣道也君以无爲統衆无爲則一也臣以有事代終有事則二也故陽爻畫奇以明君道必一陰爻畫兩以明臣體必二斯則陰陽之數君臣之辨也以一爲君君之德也二居君位非其道也故陽卦曰君子之道陰卦曰小人之道也〔疏〕陽一至道也。正義曰陽一君而二民君子之道者夫君以无爲統衆无爲者爲。每事因循委任臣下不司其事故稱一也臣則有事代終各司其職有對故稱二也今陽爻以一爲君以二爲民得其尊卑相正之道故爲君子之道者也陰二君而一民小人之道者陰卦則以二爲君是失其正以一爲臣乖反於理上下失序故稱小人之道也。注陽君至道也。正義曰陽君道者陽是虛无爲體純一不二君德亦然故云陽君道也陰臣道者陰是形器各有質分不能純一臣職亦然故云陰臣道也案經云民而注云臣者臣則民也經中對君故稱民注意解陰故稱臣也易曰憧憧往來朋從爾思天下之動必歸乎一思以求朋未能一也一以感物不思而至〔疏〕正義曰此明不能无心感物使物來應乃憧憧然役用思慮或來或往然後朋從爾之所思若能虛寂以純一感物則不須憧憧往來朋自歸也此一之爲道得爲可尚結成前爻陽爻以一爲君是君子之道也注云天下之動必歸乎一思以求朋未能一也一以感物不思而至矣子曰天下何思何慮天下同歸而殊塗一致而百慮天下何思何慮夫少則得多則惑塗雖殊其歸則同慮雖百其致不二苟識其要不在博求一以貫之不慮而盡矣〔疏〕正義曰子曰天下何思何慮者言得一之道心既寂靜何假思慮也天下同歸而殊塗者言天下萬事終則同歸於一但初時殊異其塗路也一致而百慮者所致雖一慮必有百言慮雖百種必歸於一致也塗雖殊異亦同歸於至眞也言多則不如少動則不如寂則天下之事何須思也何須慮也日往則月來月往則日來日月相推而明生焉寒往則暑來暑往則寒來寒暑相推而歲成焉往者屈也來者信也屈信相感而利生焉〔疏〕正義曰日往則月來至相推而歲成者此言不須憂慮任運往來自然明生自然歲成也往者屈也來者信也者此覆明上日往則月來寒往則暑來自然相感而生利之事也往是去藏故爲屈也來是施用故爲信也一屈一信遞相感動而利生則上云明生歲成是利生也尺蠖之屈以求信也龍蛇之蟄以存身也精義入神以致用也精義物理之微者也神寂然不動感而遂通故能乘天下之微會而通其用也〔疏〕正義曰尺蠖之屈以求信者覆明上往來相感屈信相須尺蠖之蟲初行必屈者欲求在後之信也言信必須屈屈以求信是相須也龍蛇之蟄以存身者言靜以求動也蛟蛇初蟄是靜也以此存身是後動也言動必因靜也靜而得動亦動靜相須也精義入神以致用者亦言先靜而後動此言人事之用言聖人用精粹微妙之義入於神化寂然不動乃能致其所用精義入神是先靜也以致用是後動也是動因靜而來也利用安身以崇德也利用之道由安其身而後動也精義由於入神以致其用利用由於安身以崇其德理必由乎其宗事各本乎其根歸根則寧天下之理得也若役其思慮以求動用忘其安身以殉功美則僞彌多而理愈失名彌美而累愈彰矣。〔疏〕利用至德也。正義曰此亦言人事也言欲利己之用先須安靜其身不須役其思慮可以增崇其德言利用安身是靜也言崇德是動也此亦先靜而後動動亦由靜而來也。注利用之道至崇其德。正義曰云利用之道皆安其身而後動者言欲利益所用先須自安其身身既得安然後舉動德乃尊崇若不先安身身有患害何能利益所用以崇德也云精義由於入神以致其用者言精粹微妙之義由入神寂然不動乃能致其用云利用由於安身以崇德者言欲利益所用先須自安其身乃可以增崇其德也過此以往未之或知也窮神知化德之盛也〔疏〕正義曰過此以往未之或知也者言精義入神以致用利用安身以崇德此二者皆人理之極過此二者以往則微妙不可知故云未之或知也窮神知化德之盛者此言過此二者以往之事若能過此以往則窮極微妙之神曉知變化之道乃是聖人德之盛極也

〔疏〕正義曰易曰困于石至勿恒凶此第四章凡有九節以上章先利用安身可以崇德若身自危辱何崇德之有

故此章第一節引困之六三危辱之事以證之也

易曰：困于石，據于蒺蔾。入于其宮，不見其妻，凶。子曰：非所困而困焉，名必辱；非所據而據焉，身必危。既辱且危，死期將至，妻其可得見耶？〔疏〕正義曰：困之六三履非其地。欲上于於四，四自應初，不納於已，是困於九四之石也。三又乘二，二是剛陽，非已所乘，是下向據於九二之蒺蔾也。六三又无應，是入其宮，不見其妻，死期將至，所以凶也。子曰「非所困而困焉」者，夫子既引易文，又釋其義，故云「子曰」。非所困，謂九四。若六三不往犯之，非六三之所困，而六三彊往干之，而取困焉。「名必辱」者，以向上而進取，故以聲名言之，云名必辱也。「非所據而據焉」者，謂九二也。若六三能卑下九二，則九二。不爲其害，是非所據也。今六三彊往陵之，是非所據而據焉。「身必危」者，下向安身之處，故以身言之，云身必危也。

易曰：公用射隼于高墉之上，獲之，无不利。子曰：隼者，禽也；弓矢者，器也；射之者，人也。君子藏器於身，待時而動，何不利之有？動而不括，是以出而有獲，語成器而動者也。括，結也。君子待時而動，則无結閡之患也。〔疏〕「易曰」至「動者也」。○正義曰：以前章先須安身可以崇德，故此第二節論明先藏器於身，待時而動而有利也。故引解之上六以證之。三不應上，又以陰居陽，此上六處解之極，欲除其悖亂而去其三也。故公用射此六三之隼於下體高墉之上，云自上攻下，合於順道，故獲之无不利也。「子曰隼者禽也」者，既引易文於上，下以解之，故言「子曰」也。「君子藏器於身，待時而動，何不利」者，猶若射人持弓矢於身，此君子若包藏其器於身，待時而動，何不利之有？似此射隼之人也。「動而不括」者，言射隼之人既持弓矢，待隼可射之動而射之，則不括結而有礙也。猶若君子藏善道於身，待可動之時而興動，亦不滯礙而括結也。「語成器而後動」者，謂易之所說此者，語論有見成之器而後興動也。

子曰：小人不恥不仁，不畏不義，不見利不勸，不威不懲。小懲而大誡，此小人之福也。易曰：屨校滅趾，无咎。此之謂也。〔疏〕正義曰：此章第三節也。明小人之道不能恆善，若因懲誡而得福也。此亦證前章安身之事，故引易噬嗑初九以證之。以初九居无位之地，是受刑者，以處卦初，其過未深，故屨校滅趾而无咎也。

善不積，不足以成名；惡不積，不足以滅身。小人以小善爲无益而弗爲也，以小惡爲无傷而弗去也，故惡積而不可揜，罪大而不可解。易曰：何校滅耳，凶。〔疏〕正義曰：此章第四節也。明惡人爲惡之極，以致凶也。此結成前章不能安身之事，故引噬嗑上九之義以證之。上九處斷獄之終，是罪之深極者，故有何校滅耳之凶。案：第一、第二節皆先引易文於上，其後乃釋之；此第三已下，皆先豫張卦義於上，然後引易於下以結之。體例不同者，蓋夫子隨義而言，不爲例也。

子曰：危者，安其位者也；亡者，保其存者也；亂者，有其治者也。是故君子安而不忘危，存而不忘亡，治而不忘亂，是以身安而國家可保也。易曰：其亡其亡，繫于苞桑。〔疏〕正義曰：此第五節以上章有安身之事，故此節恆須謹慎，可以安身，故引否之九五以證之。「危者，安其位者也」，言所以今有傾危者，由往前安樂於其位，自以爲安，不有畏慎，故致今日危也。「亡者，保其存者」，所以今日滅亡者，由往前保有其存，恆以爲存，不有憂懼，故今致滅亡也。「亂者，有其治者」，所以今有禍亂者，由往前自恃有其治理也，謂恆以爲治，不有憂慮，故今致禍亂也。是故君子今雖復安，心恆不忘傾危之事；國之雖存，心恆不忘滅亡之事；政之雖治，心恆不忘禍亂之事。「其亡其亡，繫于苞桑」者，言心恆畏慎其將滅亡，其將滅亡，乃繫于苞桑之固也。

子曰：德薄而位尊，知小而謀大，力小而任重，鮮不及矣。易曰：鼎折足，覆公餗，其形渥，凶。言不勝其任也。〔疏〕「子曰」至「其任也」。○正義曰：此第六節，言不能安其身，知小謀大而遇禍，故引易鼎卦九四以證之。「鼎折足，覆公餗，其形渥，凶」者，處上體之下而又應初，既承且施，非已所堪，故有折足之凶，既覆敗其美道，災及其形，以致渥凶也。「言不勝其任」者，此夫子之言引易後以此結之其文少故不云子曰也子曰知幾其神乎君子上交不諂下交不瀆其知幾乎形而上者況之道形而下者況之器於道不冥而有求焉未離乎諂也於器不絕而有交焉未免乎瀆也能无諂瀆窮理者乎疏正義曰子曰知幾其神乎至萬夫之望者此第七節前章云精義入神故此章明知幾入神之事故引豫之六二以證之云易曰介于石不終日貞吉知幾其神乎者神道微妙寂然不測人若能豫知事之幾微則能與其神道合會也君子上交不諂下交不瀆者上謂道也下謂器也若聖人知幾窮理冥於道絕於器故能上交不諂下交不瀆若於道不冥而有求焉未能離於諂也於器不絕而有交焉未能免於瀆也能无諂瀆知幾窮理者乎幾者動之微吉之先見者也幾者去无入有理而无形不可以名尋不可以形覩者也唯神也不疾而速感而遂通故能朗然玄昭鑒於未形也合抱之木起於毫末吉凶之彰始於微兆故爲吉之先見也疏正義曰此釋幾之義也幾微也是已動之微動謂心動事動初動之時其理未著唯纖微而已若其已著之後則心事顯露不得爲幾若未動之前又寂然頓无兼亦不得稱幾也幾是離无入有在有无之際故云動之微

也若事著之後乃成爲吉此幾在吉之先豫前已見故云吉之先見者也此直云吉不云凶者凡豫前知幾皆向吉而背凶違凶而就吉无復有凶故特云吉也諸本或有凶字者其定本則无也君子見幾而作不俟終日易曰介于石不終日貞吉介如石焉寧用終日斷可識矣定之於始故不待終日也疏正義曰君子見幾而作不俟終日者言君子既見事之幾微則須動作而應之不得待終其日言赴幾之速也易曰介于石不終日貞吉者此豫之六二辭也得位居中故守介如石見幾則動不待終其一日也介如石焉寧用終日斷可識矣者此夫子解釋此爻之時既守志耿介如石不動纔見幾微即知禍福何用終竟其日當時則斷可識矣君子知微知彰知柔知剛萬夫之望此知幾其神乎疏正義曰君子知微知彰者初見是幾是知其微既見其幾逆知事之禍福是知其彰著也知柔知剛者剛柔是變化之道既知初時之柔則逆知在後之剛言凡物之體從柔以至剛凡事之理從微以至彰知幾之人既知其始又知其末是合於神道故爲萬夫所瞻望也萬夫舉大略而言若知幾合神則爲天下之主何直只云萬

夫而已此知幾其神乎者也子曰顏氏之子其殆庶幾乎有不善未嘗不知知之未嘗復行也在理則昧造形而悟顏子之分也失之於幾故有不善得之於二不遠而復故知之未嘗復行也疏正義曰子曰顏氏之子至元吉者此第八節上節明其知幾是聖人之德此節論賢人唯庶於幾雖未能知幾故引顏氏之子以明之也其殆庶幾乎者言聖人知幾顏子亞聖未能知幾但殆近庶慕而已故云其殆庶幾乎又以殆爲辭有不善未嘗不知者若知幾之人本无不善以顏子未能知幾故有不善不近於幾之人既有不善不能自知於惡此顏子以其近幾若有不善未嘗不自知也知之未嘗復行者以顏子通幾既知不善之事見過則改未嘗復更行之但顏子於幾理闇昧故有不善之事於形器顯著乃自覺悟所有不善未嘗復行易曰不遠復无祇悔元吉吉凶者失得之象也得一者於理不盡未至成形故得不遠而復舍凶之吉免夫祇悔而終獲元吉祇大也疏正義曰以去幾既近尋能改悔故引復卦初九以明之也以復卦初九既在卦初則能復於陽道是速而不遠則能復也所以无大悔而有元吉也天地絪縕萬物化

醇男女構精萬物化生疏正義曰天地絪縕至勿恆凶此第九節也以前章利用安身以崇德也安身之道在於得一若已能得一則可以安身故此節明得一之事也天地絪縕萬物化醇者絪縕相附著之義言天地无心自然得一唯二氣絪縕共相和會萬物感之變化而精醇也天地若有心爲二則不能使萬物化醇也男女構精萬物化生者構合也言男女陰陽相感任其自然得一之性故合其精則萬物化生也若男女无自然之性而各懷差二則萬物不化生也易曰三人行則損一人一人行則得其友言致一也致一而後化成也疏正義曰此損卦六三辭也言六三若更與二人同往承上則上所不納是三人俱行并六三不相納是則損一人也若六三獨行則上所容受故云一人行則得其友此言衆不如寡三不及一也言致一也者此夫子釋此爻之意謂此爻所論致其醇一也故一人獨行乃得其友也子曰君子安其身而後動易其心而後語定其交而後求君子脩此三者故全也危以動則民不與也懼

以語則民不應也，无交而求則民不與也，莫之與則傷之者至矣。〔疏〕正義曰：子曰君子安其身而後動者，此明致一之道。致一者在身之謂，若己之爲得則萬事得，若己之爲失則萬事失也。欲行於天下，先在其身之一，故先須安靜其身而後動，和易其心而後語，先以心選定其交而後求。若其不然，則傷之者至矣。易曰：莫益之，或擊之，立心勿恆，凶。大虛己存誠，則衆之所不迮也。躁以有求，則物之所不欲也。〔疏〕正義曰：此益之上九爻辭，在无位高亢，獨唱无和，是莫益之也。衆怒難犯，是或擊之也。勿，无也。由己建立其心无能有恆，故凶危也。易之此言，若虛己存誠則衆之所與，躁以有求則物之所不與也。〔疏〕正義曰：子曰乾坤其易至失得之報，此第五章也。前章明安身崇德之道，在於知幾得一也。此明易之體用，辭理遠大，可以濟民之行，以明失得之報也。

子曰：乾坤其易之門。邪乾陽物也，坤陰物也，陰

陽合德而剛柔有體，以體天地之撰，撰，數也。〔疏〕正義曰：子曰乾坤其易之門邪者，易之變化，從乾坤而起，猶人之興動從門而出，故乾坤是易之門邪。乾陽物也，坤陰物也，陰陽合德而剛柔有體者，若陰陽不合，則剛柔之體无從而生，以陰陽相合，乃生萬物，或剛或柔，各有其體，陽多爲剛，陰多爲柔也。以體天地之撰者，撰，數也。天地之內，萬物之象，非剛則柔，或以剛柔體象天地之數也。以通神明之德。其稱名也雜而不越，備物極變，故其名雜也。各得其序，不相踰越，況爻繇之辭也。〔疏〕正義曰：以通神明之德者，萬物變化，或生或成，是神明之德，易則象其變化之理，是其易能通達神明之德也。其稱名也雜而不越者，易之其稱萬物之名，萬事論說，故辭理雜碎，各有倫敘而不相乖越。易之爻辭，多載細小之物，若見豕負塗之屬，是雜碎也。辭雖雜碎，各依爻卦所宜而言之，是不相踰越也。於稽其類，其衰世之意邪。有憂患而後作。易世衰則失得彌彰，爻繇之辭所以明失得，故知衰世之意邪。稽，猶考也。〔疏〕正義曰：稽，考也。類謂事類。然考校易辭事類，多有悔之憂虞，故云變亂之世所陳情意也。若盛德之時，物皆遂性，人悉懽娛，无累於吉凶，不憂於禍害。今易所論，則有亢龍有悔，或稱龍戰于野，或稱箕子明夷，或稱不如西鄰之禴祭，此皆論戰爭盛衰之理，故云衰意也。凡云邪者，是疑而不定之辭也。

夫易彰往而察來，而微顯闡幽，易无往不彰，无來不察，而微以之顯，幽以之闡。闡，明也。〔疏〕正義曰：夫易彰往而察來者，往事必載，是彰往也。來事豫占，是察來也。而微顯闡幽者，闡，明也。謂微而之顯，幽而闡明也。言易之所說，論其初微之事，以至其終末顯著也；論其初時幽闇，以至終末闡明也。皆從微以至顯，從幽以至明。觀其易辭，是微而幽闇也；演其義理，則顯見著明也。以體言之，則云微顯也；以理言之，則云闡幽。其義一也，但以體以理，故別言之。開而當名辨物，正言斷辭，則備矣。開釋爻卦，使各當其名也。理類辨明，故曰斷辭也。〔疏〕正義曰：開而當名者，謂開釋爻卦之義，使各當所象之名，若乾卦當龍，坤卦當馬也。辨物正言者，謂辨天下之物，各以類正定言之，若辨健物正言其龍，若辨順物正言其馬，是辨物正言也。斷辭則備矣者，言開而當名及辨物正言，凡此二事，決斷於爻卦之辭，則備具矣。其稱名也小，其取類也大。託象以明義，因小以喻大。〔疏〕正義曰：其稱名也小者，言易辭所稱物名多細小，若見豕負塗、噬腊

肉之屬，是其辭碎小也。其取類也大者，言雖是小物，而比喻大事，是所取義類而廣大也。其旨遠，其辭文，其言曲而中，變化无恆，不可爲典要，故其言曲而中也。〔疏〕正義曰：其旨遠者，近道此事，遠明彼事，是其旨意深遠。若龍戰于野，近言龍戰，乃遠明陰陽鬬爭、聖人變革，是其旨遠也。其辭文者，不直言所論之事，乃以義理明之，是其辭文飾也。若黃裳元吉，不直言得中居職，乃云黃裳，是其辭文也。其言曲而中者，變化无恆，不可爲體例，其言隨物屈曲，而各中其理也。其事肆而隱。事顯而理微也。〔疏〕正義曰：其易之所載之事，其辭放肆顯露，而所論義理深而幽隱也。因貳以濟民行，以明失得之報。貳則失得也。因失得以通濟民行，故明失得之報也。失得之報者，得其會則吉，乖其理則凶。〔疏〕正義曰：因貳以濟民行者，貳，二也，謂吉凶二理。言易因自然吉凶二理，以濟民之行也。欲令趨吉而避凶，行善而不行惡也。以明失得之報者，言易明人行失之與得所報應也。失則報之以凶，得則報之以吉，是明失得之報也。

〔疏〕正義曰：易之興也至巽以行權，此第六章，明所以作易，爲其憂患，故作易。既有憂患，須脩德以避患，故明九卦

爲德之所用也

易之興也，其於中古乎？作易者其有憂患乎？ 无憂患則不爲而足也 【疏】正義曰：其於中古乎者，謂易之爻卦之辭起於中古。若易之爻卦之象，則在上古伏犧之時。但其時理尚質素，聖道凝寂，直觀其象，足以垂教矣。但中古之時，事漸澆浮，非象可以爲教，又須繫以文辭，示其變動吉凶，故爻卦之辭起於中古。則連山起於神農，歸藏起於黃帝，周易起於文王及周公也。此之所論，謂周易也。作易者其有憂患乎者，若无憂患，何思何慮，不須營作。今既作易，故知有憂患也。身既患憂，須垂法以示於后，以防憂患之事，故繫之以文辭，明其失得與吉凶也。其作易憂患，已於初卷詳之也。

是故履，德之基也。 基所蹈也 【疏】正義曰：以爲憂患，行德爲本也。六十四卦悉爲脩德防患之事，但於此九卦最是脩德之甚，故特舉以言焉，以防憂患之事。故履卦爲德之初基，故爲德之時，先須履踐其禮，敬事於上，故履爲德之初基也。

謙，德之柄也。復，德之本也。 夫動本於靜，語始於默，復者各反其所始，故爲德之本也 【疏】正義曰：謙德之柄也者，言爲德之時，以謙爲用，若行德不用謙，則德不施用，是謙爲德之柄，猶斧刃以柯柄爲用也。復德之本者，言爲德之時，先從靜默而來，復是靜默，故爲德之根本也。

恆，德之固也。 固不傾移也 【疏】正義曰：言爲德之時，恆能執守始終不變，則德之堅固，故爲德之固也。

損，德之脩也。益，德之裕也。 能益物者，其德寬大也 【疏】正義曰：損德之脩者，行德之時，恆自降損，則其德自益而增新，故云損德之脩也。謙者論其退下於人，損者能自減損於己，故謙損別言也。益德之裕者，裕，寬大也，能以利益於物，則德更寬大也。

困，德之辨也。 困而益明 【疏】正義曰：若遭困之時，守操不移，德乃可分辨也。

井，德之地也。 所處不移，象居得其所也 【疏】正義曰：改邑不改井，井是所居之常處，能守處不移，是德之地也。言德亦不移動也。

巽，德之制也。 巽所以申命明制也 【疏】正義曰：巽申明號令，以示法制，故能與德爲制度也。自此已上，明九卦各與德爲用也。

履和而至。 和而不至，從物者也。和而能至，故可履也 【疏】正義曰：自此已下，明九卦之德也。言履卦與物和諧，而守其能至，故可履踐也。

謙尊而光，復小而辨於物。 微而辨之，不遠復也 【疏】正義曰：謙尊而光者，以能謙卑，故其德益尊而光明也。復小而辨於物者，言復卦於初細微小之時，即能辨於物之吉凶，不遠速復也。

恆雜而不厭。 雜而不厭，是以能恆 【疏】正義曰：言恆卦雖與物雜碎並居，而常執守其操，不被物之不正也。

損先難而後易。 刻損以脩身，故先難也。身脩而无患，故后易也 【疏】正義曰：先自減損，是先難也；后乃无患，是后易也。

益長裕而不設。 有所興爲，以益於物，故曰長裕。因物興務，不虛設也 【疏】正義曰：益是增益於物，能長養寬裕於物，皆因物性自然而長養，不空虛妄設其法而无益也。

困窮而通。 處窮而不屈其道也 【疏】正義曰：言困卦於困窮之時，而能守節，使道通行而不屈也。

井居其所而遷。 改邑不改井，井所居不移，而能遷其施也 【疏】正義曰：言井卦居得其所，恆住不移，而能遷其潤澤，施惠於外也。

巽稱而隱。 稱揚命令，而百姓不知其由也 【疏】正義曰：言巽稱揚號令，而不自彰伐，而幽隱也。自此已上，辨九卦性德也。

履以和行，謙以制禮，復以自知。 求諸己也 【疏】正義曰：履以和行者，自此以下，論九卦各有施用，而有利益也。言履者以禮敬事於人，是調和性行也。謙以制禮者，性能謙順，可以裁制於禮。復以自知者，既能返復求身，則自知得失也。

恆以一德。 以一爲德也 【疏】正義曰：恆能終始不移，是純一其德也。

損以遠害。 止於脩身，故可以遠害而已 【疏】正義曰：自降損脩身，无物害己，故遠害也。

益以興利，困以寡怨。 困而不濫，无怨於物 【疏】正義曰：益以興利者，既能益物，物亦益己，故興利也。困以寡怨者，遇困守節不移，不怨天，不尤人，是无怨於物，故寡怨也。

井以辯義。 施而无私，義之方也 【疏】正義曰：井能施而无私，則是義之方所，故辨明於義也。

巽以行權。 權反經而合道，必合乎巽順，而后可以行權也 【疏】正義曰：巽順以既能順時合宜，故可以權行也。若不順時制變，不可以行權也。

【疏】正義曰：易之爲書至思過半矣。此第七章明易書體用也。

易之爲書也不可遠， 擬議而動，不可遠也 【疏】正義曰：不可遠者，言易書之體，皆倣法陰陽，擬議而動，不可遠離陰陽物象而妄爲也。

爲道也屢遷，變動不居，周

流六虛六虛六位也〔疏〕正義曰其爲道也屢遷者屢數也言易之爲道皆法象陰陽數數遷改若乾之初九則潛龍九二則見龍是屢遷也變動不居者言陰陽六爻更互變動不恆居一體也若一陽生爲復二陽生爲臨之屬是也周流六虛者言陰陽周徧流動在六位之虛六位言虛者位本无體因爻始見故稱虛也上下无常剛柔相易不可爲典要不可立定準也〔疏〕正義曰上下无常者初居一位又居二位是上下无常定也既窮上位之極又下來居於初是上下无常定也若九月剝卦一陽上極也十一月一陽下來歸初也剛柔相易不可爲典要者言陰陽六爻兩相交易或以陰易陽或以陽易陰或在初位相易在二位相易六位錯綜上下所易皆不同是不可爲典常要會也唯變所適變動貴於適時趣舍存乎會也〔疏〕正義曰言剛柔相易之時既无定準唯隨應變之時所之適也其出入以度外內使知懼明出入之度使物之外內之戒也出入尤行藏外內尤隱顯遯以遠時爲吉豐以幽隱致凶漸以高顯爲美明夷以處昧利貞此外內之戒也〔疏〕正義曰其出入以度者出入尤行藏也言行藏各有其度不可違失於時故韓氏云豐以幽隱致凶明夷以處昧利

貞是出入有度也外內使知懼者外內尤隱顯言欲隱顯之人使知畏懼於易也若不應隱而隱不應顯而顯必有凶咎使知畏懼凶咎而不爲也又明於憂患與故故事故也〔疏〕正義曰故事故也非但使人隱顯知懼又使人明曉於憂患并與萬事也无有師保如臨父母安而不忘危存而不忘亡終日乾乾不可以怠也〔疏〕正義曰言使人畏懼此易歸行善道不須有師保教訓恆常恭敬如父母臨之故云如臨父母也初率其辭而揆其方既有典常能循其辭以度其義原其初以要其終則唯變所適是其常典也明其變者存其要也故曰苟非其人道不虛行〔疏〕正義曰初率其辭而揆其方者率循也揆度也方義也言人君若能初始依循其易之文辭而揆度其易之義理則能知易有典常也故云既有典常易雖千變萬化不可爲典要然循其辭度其義原尋其初要結其終皆唯變所適是其常典也言唯變是常既以變爲常其就變之中剛之與柔相易仍不常也故上云不可爲典要也苟非其人道不虛行〔疏〕正義曰言若聖人則能循其文辭揆其義理知其典常是易道得行也若苟非通聖之人則不曉達易之道理則易之道不虛

空得行也言有人則易道行若无人則易道不行无人而行是虛行也必不如此故云道不虛行也易之爲書也原始要終以爲質也質體也卦兼終始之義也〔疏〕正義曰此以下亦明易辭體用尋其辭則吉凶可以知也原始要終以爲質者質體也言易之爲書原窮其事之初始乾初九潛龍勿用是原始也又要會其事之終末若上九亢龍有悔是要終也言易以原始要終以爲體質也此潛龍亢龍是一卦之始終也諸卦亦然若大畜初畜而后通皆是也亦有一爻之中原始要終也故坤卦之初六履霜堅冰至履霜是原始也堅冰至是要終也六爻相雜唯其時物也爻各存乎其時物事也〔疏〕正義曰物事也一卦之中六爻交相雜錯唯各會其時唯各主其事若屯卦初九盤桓利居貞是居貞之時有居貞之事六二屯如邅如是乘陽屯邅之時是有屯邅之事也略舉一爻餘爻倣此也其初難知其上易知本末也初辭擬之卒成之終夫事始於微而后至於著初者數之始擬議其端故難知也上者卦之終事皆成著故易知也〔疏〕正義曰其初難知者謂卦之初始起於微細始擬議其端緒事未顯著故難知也其上易知者

其上謂卦之上爻事已終極成敗已見故易知也上云其上則其初宜云下也初既言初則上應稱末互文也以易經爻辭言初言上故此從經文也本末也者其初難知是本也其上易知是末也以事本故難知以事末故易知故云本末也初辭擬之者覆釋其初難知也以初時以辭擬議其始故難知也卒成之終者覆釋其上易知也言上是事之卒了而成就終竟故易知也若夫雜物撰德。辯是與非。則非其中爻不備。噫亦要存亡吉凶則居可知矣。知者觀其彖辭則思過半矣夫彖者舉立象之統論中爻之義約以存博簡以兼衆雜物撰德而一以貫之形之所宗者道衆之所歸者一其事彌繁則愈滯乎形其理彌約則轉近乎道彖之爲義存乎一也一之爲用同乎道矣形而上者可以觀道過半之益不亦宜乎〔疏〕若夫至過半矣正義曰若夫雜物撰德辨是與非則非其中爻不備者言雜聚天下之物撰數衆人之德辨定是之與非則非其中之一爻不能備具也謂一卦之內而有六爻各主其物各數其德欲辨定此六爻之是非則總歸於中爻言中爻統攝一卦之義多也若非中爻則各守一爻不能盡統卦義以中爻居一无偏故能統卦義也。危乾之九二見龍在田利見大人九五飛龍在天利見大人是總攝乾卦之義也乾是陽長是行利見大人之時二之與五統攝乾德又坤之六二云直方大攝坤卦地道之義六五黄裳元吉亦統攝坤之臣道之義也噫亦要存亡吉凶則居可知矣者噫者發聲之辭卦爻雖衆意義必在其中爻噫乎發歎要定或此卦存之與亡吉之與凶但觀其中爻則居然可知矣謂平居自知不須營爲也知者觀其彖辭則思過半矣者彖辭謂文王卦下之辭言聰明知達之士觀此卦下彖辭則能思慮有益以過半矣。注夫彖者至近乎道。正義曰夫彖者舉立象之統者謂文王卦下彖辭舉明立此卦象之綱統也云論中爻之義者言彖辭論量此卦中爻義意也舉立象之統者若屯卦彖云利貞夫子釋云動於險中大亨貞者是舉立象之統也論中爻之義者若蒙卦云蒙亨初筮告注云能爲初筮其唯二乎是彖云初筮其在九二是論中爻之義也云約以存博簡以兼衆者唯舉中爻是約是簡存備六爻之義是存博兼衆也云雜物撰德而一以貫之者一卦六爻雜聚諸物撰數諸德而用一道以貫穿之一謂中爻也以其居中於上於下无有偏二故稱一也其事彌繁則愈滯乎形者愈益也滯謂陷滯也若事務彌更繁多則轉益滯陷於形體言處處妨礙也云其理彌約則轉近乎道者若理能簡約則轉轉附近於道道以約少无爲之稱故少則近於道也

〔疏〕正義曰二與四至易之道也此第八章也明諸卦二三四五爻之功用又明三才之道并明易興之時總贊明易道之大也各隨文釋之

二與四同功同陰功也**而異位**有內外也**其善不同二多譽**二處中和故多譽也**四多懼近也**位逼於君故多懼也**柔之爲道不利遠者其要无咎其用柔中也**四之多懼以近君也柔之爲道須援而濟故有不利遠者二之能无咎柔而處中也

〔疏〕正義曰柔之爲道不利遠者此覆釋上四多懼之意凡陰柔爲道當須親附於人以得濟今乃遠其親援而欲上逼於君所以多懼其不宜利於疏遠也其要无咎其用柔中者覆釋上二多譽也言二所以要會无罪咎而多譽也所以然者以其用柔而居中也

三與五同功同陽功也**而異位**有貴賤也**三多凶五多功貴賤之等也其柔危其剛勝邪**三五陽位柔非其位處之則危居以剛健勝其任也夫所貴剛者閑邪存誠動而不違其節者也所貴柔者含弘居中順而不失其貞者也若剛以犯物則非剛之道柔以卑佞則非柔之義也

〔疏〕正義曰貴賤之等也其柔危其剛勝邪者此釋三與五同功之義五爲貴三爲賤是貴賤之等也此並陽位若陰柔處之則傾危陽剛處之則剋勝其任故云其柔危其剛勝也諸本三多凶五多功之下皆有注今定本无也三居下卦之極故多凶五居中處尊故多功也

易之爲書也廣大悉備有天道焉有人道焉有地道焉兼三材而兩之故六六者非它也三材之道也說卦備矣

〔疏〕正義曰易之爲書至吉凶生焉此節明三材之義六爻相雜之理也六者非他三材之道也者言六爻所效法者非更別有他義唯三材之道也

道有變動故曰爻爻有等故曰物等類也乾陽物也坤陰物也爻有陰陽之類而后有剛柔之用故曰爻有等故曰物

〔疏〕正義曰道有變動故曰爻者言三材之道既有變化而移動故重畫以象之而曰爻也爻有等故曰物者物類也言爻有陰陽貴賤等級以象萬物之類故謂之物也

物相雜故曰文剛柔交錯玄黃錯雜

〔疏〕正義曰言萬物遞相錯雜若玄黃相間故謂之文也

文不當故吉凶生焉

〔疏〕正義曰若相與聚居間雜成文不相妨害則吉凶不生也由文之不當相與聚居不當於理故吉凶生也

易之興也其當殷之末世周之盛德邪當文王與紂之事邪文王以盛德蒙難而能亨其道故稱文王之德以明易之道也**是故其辭危**文王與紂之事危其辭也

〔疏〕正義曰易之興也至易之道也此一節明易之興起在紂之末世故其辭者憂其傾危也以當紂世憂畏滅亡故作易辭多述憂危之事亦以垂法於后使保身危懼避其患難也周氏云謂當紂時不敢指斥紂惡故其辭微危而不正也今案康伯之注云文王與紂之事危其辭也則似周釋爲得也案下覆云危者使平則似危謂憂危是非既未可明所以兩存其釋也

危者使平易者使傾易慢易也

〔疏〕正義曰危者使平者既有傾危以蒙大難文王有天下是危者使平也易者使傾者若其慢易不循易道者則使之傾覆若紂爲凶惡以至誅滅也

其道甚大百

物不廢懼以終始其要无咎此之謂易之道也夫文不當而吉凶生則保其存者亡不忘亡者存有其治者亂不忘危者安懼以終始歸於无咎安危之所由爻象之本體也〔疏〕正義曰其道甚大百物不廢者言易道功用甚大百種之物賴之不有休廢也懼以終始者言恒能憂懼於終始能於始思終於終思始也其要无咎者若能始終皆懼要會歸於无咎也此之謂易之道者言易之爲道若能終始之懼則无凶咎此謂易之所用之道其大體如此也

〔疏〕正義曰夫乾天下至其辭屈此第九章自此已下終篇末總明易道之美兼明易道愛惡相攻情僞相感吉凶悔吝由此而生人情不等制辭各異也

夫乾天下之至健也德行恒易以知險夫坤天下之至順也德行恒簡以知阻能說諸心能研諸侯之慮諸侯物主有爲者也能說萬物之心能精爲者之務〔疏〕正義曰德行恒易以知險者謂乾之德行恒易畧不有艱難以此之故能知險之所興若不有易畧則爲險也故行易以知險也德行恒簡以知阻者言坤之德行恒爲簡靜不有煩亂以此之故知阻之所興也若不簡則爲阻難故行簡靜以知阻也大難曰險乾以剛健故知其大難小難曰阻坤以柔順故知其小難知大難曰險者案坎卦彖云天險不可升地險山川丘陵言險不云阻故知險爲大難險既爲大明阻爲小也能說諸心者萬物之心皆患險阻今以阻險逆告於人則萬物之心无不喜說故曰能說諸心也能研諸侯之慮者研精也諸侯既有爲於萬物有養萬物使令得所易既能說諸物之心則能精妙諸侯之慮謂諸侯以此易之道思慮諸物轉益精粹故云研諸侯之慮也**定天下之吉凶成天下之亹亹者**

是故變化云爲吉事有祥象事知器占事知來夫變化云爲者行其吉事則獲嘉祥之應觀其象事則知制器之方玩其占事則觀方來之驗也〔疏〕正義曰定天下之吉凶者言易道備載諸物得失依之則吉逆之則凶是易能定天下之吉凶也成天下之亹亹者亹亹勉也天下有所營爲皆勉勉不息若依此易道則所爲得成故云成天下之亹亹也是故變化云爲者易既備含諸事以是之故物之或以漸變改或頓從化易或口之所云或身之所爲也吉事有祥者若行吉事則有嘉祥之應也象事知器者觀其所象之事則知作器物之方也占事知來者言卜占之事則知未來之驗也言易之爲道有此諸德也**天地設位聖人成能**聖人乘天地之正萬物各成其能〔疏〕正義曰天地設位者言聖人乘天地之正設貴賤之位也聖人成能者聖人因天地所生之性各成其能令皆得所也**人謀鬼謀百姓與能**人謀況議於衆以定失得也鬼謀況寄卜筮以考吉凶也不役思慮而失得自明不勞探討而吉凶自著類萬物之情通幽深之故故百姓與能樂推而不厭也〔疏〕正義曰謂聖人欲舉事之時先與人衆謀圖以定得失又卜筮於鬼神以考其吉凶是與鬼爲謀也聖人既先與人謀鬼神謀不煩思慮與探討自然能類萬物之情能通幽深之理是其能也則天下百姓親與能人樂推爲王也自此已上論易道之大聖人法之而行**八卦以象告**以象告人**爻彖以情言**辭有險易而各得其情也〔疏〕正義曰自此已下又明卦爻剛柔變動情僞相感之事也**剛柔雜居而吉凶可見矣變動以利言**變而通之以盡利也〔疏〕正義曰剛柔雜居而吉凶可見矣者剛柔二爻相雜而居得理則吉失理則凶故吉凶可見也變動以利言者若不變不動則於物有損有害今變而動之使利益於物是變動以利而言說也**吉凶以情遷**吉凶无定唯人所動情順乘理以之吉情逆違道以陷凶故曰吉凶以情遷也〔疏〕正義曰遷謂遷移凡得吉者由情遷移於善也所得凶者由情遷於惡也

是故愛惡相攻而吉凶生泯然同順何吉何凶愛惡相攻然后逆順者殊故吉凶生〔疏〕正義曰若泯然无心事无得失何吉凶之有由有所貪愛有所憎惡兩相攻擊或愛攻於惡或惡攻於愛或兩相攻擊事有得失故吉凶生也**遠近相取而悔吝生**相取九相資也遠近之爻互相資取而后有悔吝也〔疏〕正義曰遠謂兩卦上下相應之類近謂比爻共聚迭相資取取之不以理故悔吝生也**情僞相感而利害生**情以感物則得利僞以感物則致害也〔疏〕正義曰情謂實情僞謂虛僞虛實相感若以情實相感則利生若以虛僞相感則害生也**凡易之情近而不相得則凶**近況比爻也易之情剛柔相摩變動相適者也近而不相得必有乖違之患或有相違而无患者得其應也相順而皆凶

者乖於時也存事以考之則義可見矣〔疏〕正義曰近謂兩爻相近而不相得以各无外應則致凶咎若各有應雖近不相得不必皆凶也或害之悔且吝夫无對於物而後盡全順之道豈可有欲害之者乎雖能免濟必有悔吝也或欲害之辭也〔疏〕正義曰言若能弘通不偏對於物盡竭順道物豈害之今既有心於物情意二三其外物則或欲害之則有凶禍假令自能免濟猶有悔及吝也故云或害之悔且吝也將叛者其辭慙中心疑者其辭枝吉人之辭寡躁人之辭多誣善之人其辭游失其守者其辭屈。〔疏〕正義曰將叛者其辭慙者此已下說人情不同其辭各異將欲違叛已者貌雖相親辭不以實故其辭慙也中心疑者其辭枝者枝謂樹枝也中心於事疑惑則其心不定其辭分散若閒枝也吉人之辭寡者以其吉善辭直故辭寡也躁人之辭多者以其煩躁故其辭多也誣善之人其辭游者游謂浮游誣罔善人其辭虛漫故言其辭游也失其守者其辭屈者居不值時失其所守之志故其辭屈橈不能申也凡此辭者皆論易經之中有此六種之辭謂作易之人述此六人之意各準望其意而制其辭也

周易兼義卷之八

太子少保江西巡撫阮元栞

周易注疏校勘記卷八

阮元撰盧宣旬摘錄

周易兼義卷第八　錢本錢挍本宋本作周易注疏卷第十二

周易繫辭下第八　石經釋文岳本古本足利本同錢本宋本無第八二字

繫辭焉而命之　石經岳本閩監毛本同釋文命孟作明古本無焉字

況之六爻　岳本閩監毛本同古本下更有六爻二字

見存之爻辭　閩監毛本同岳本宋本古本足利本見作則。〔補〕案則字是也正義可證

立在其卦之根本者也　錢本閩監本同毛本立在作在立

貞勝者也　石經岳本閩監毛本同釋文貞勝姚本作貞稱

夫有動則未免乎累　正義未下有能字

貞夫一者也　石經岳本閩監毛本同古本夫作於釋文出貞夫

隤然示人簡矣　石經岳本閩監毛本同釋文隤孟作退陸董姚作安

像此者也　岳本閩監毛本同石經初刻作象後加人旁下第三章同釋文出像此

則德之不大　孫志祖云之字疑衍

聖人之大寶曰位　石經岳本閩監毛本同釋文寶孟作保

何以守位曰仁　石經岳本閩監毛本同釋文曰人王肅卞伯玉桓元明僧紹作仁

財所以資物生也　岳本閩監毛本同古本也上有者字

必信仁愛　閩監毛本同宋本信作須。〔補〕案須字是也

包犧氏之王天下也　石經岳本閩監毛本同釋文包本又作庖孟京作伏犧孟京作戲

无微不究　岳本閩監毛本同足利本微作細

作結繩而爲罔罟以佃以漁　石經岳本閩監毛本同釋文爲罟黃本作爲网罟佃本亦作田

漁本亦作魚

或水澤以罔魚鼈也　浦鏜云澤當作漁

故稱離卦之名　浦鏜云稱當作取

採木爲耒　石經岳本閩監毛本同釋文爲耒本或作揉木爲之耒耨非

在位一百一十年　錢本宋本同閩監毛本下一作二案帝王世紀正作一

皆習包犧氏之號也　浦鏜云習當作襲

納奔水氏女曰聽談　錢本宋本閩本同監毛本談作詼

不解倦也　閩監毛本同岳本宋本古本足利本解作懈○按懈正字解假借字

大星如斗　閩監毛本同錢本宋本斗作虹

生顓頊於弱水　盧文弨云當作若水

萬天氏　補案萬當作葛形近之譌毛本正作葛今改正

乃至皇帝堯舜　補各本皇皆作黃案黃字是也下並同

易窮則變變則通通則久　石經岳本閩監毛本同釋文一本作易窮則變通則久

通則變之事　閩監毛本同錢本宋本則作其○補案其字是也

是以自天祐之吉无不利　岳本閩監毛本同釋文祐本亦作佑石經利下有也字古本同

此明若能通變　閩監毛本同錢本宋本通變作變通

此乃明易道道之變通　補案道字不當重毛本刪一道字

以辨貴賤　岳本閩監毛本同釋文以別一本作辯

此於九事之第一也　浦鏜云於字衍是也

何以連云　浦鏜云當作所以連云是也

刳木爲舟剡木爲楫　石經岳本閩監毛本同釋文挎本又作刳掞本亦作剡楫本又作檝

致遠以利天下　石經岳本閩監毛本同釋文一本無此句

乘理以散通也　閩監毛本同岳本宋本足利本通作動古本同也上有者字下各得其宜也同

以利天下蓋取諸隨　石經岳本閩監毛本同釋文一本無以利天下一句

以待暴客　石經岳本閩監毛本同釋文暴鄭作虣

取其豫備　閩監毛本同岳本宋本古本作取其備豫

特以此象　閩監毛本同宋本象作豫

易之以棺椁　石經岳本同閩監毛本椁作槨非釋文出棺椁

書契所以決斷萬事也　岳本閩監毛本同宋本決上有夬字

象也者像也　石經岳本閩監毛本同釋文衆本並云像擬也孟京虞董姚還作象

故易者象也　浦鏜云故下有云字

象也者像也○謂卦爲萬物象者　補案○當者字之誤毛本正作者

无爲者爲每事因循　孫志祖云下爲字當作謂

憧憧往來　石經岳本閩監毛本同釋文憧本又作𢤱

心既寂靜　閩監毛本同宋本寂靜倒

來者信也　石經岳本閩監毛本同釋文信本又作伸

龍蛇之蟄以存身也　岳本閩監毛本同石經初刻作虵後改蛇釋文出龍虵云本又作蛇全身本亦作存身

蛟蛇初蟄　錢本宋本閩本同監毛本蛟改龍

由安其身而後動也　閩監毛本同岳本宋本古本足利本由作皆○補案皆字是也正義可證

過此以往　石經岳本閩監毛本同古本此下有而字

以上章先利用安身　集解先下有言字

何崇德之有　集解無德字

據于蒺蔾　石經岳本閩監本同毛本蔾作藜釋文出蒺藜

死期將至　岳本閩監毛本同石經死字漫滅餘同釋文出死其云其亦作期

履非其地　閩監毛本同宋本地作位集解同

故云不曰　補閩監毛本不作子案子字是也

則九三不爲其害　補案三當二字之譌毛本正作二

是以出而有獲　石經岳本閩監毛本同古本下有何字

此君子若包藏其器於身　錢本宋本同閩監毛本此作比

待隼可射之動而射之　盧文弨云上之字下當有時字嚴杰云動疑時字之誤

小懲而大誡　岳本閩監毛本同石經初刻戒後改誡

履校滅趾　補古本同石經岳本閩監毛本履作屨釋文止本亦作趾案屨字是也噬嗑爻辭及下正義可證

故惡積而不可揜　石經岳本同閩監毛本揜作掩

何校滅耳　石經岳本閩監毛本同古本何作荷釋文出何校

繫于苞桑　岳本閩監毛本同石經初刻包後加艹

力小而任重　岳本閩監毛本同石經小作少錢大昕云當從唐石經爲正後漢書朱馮虞鄭周傳贊注引易與石經同三國志王脩傳注引魏略力少任重又漢書王莽傳自知德薄位尊力少任大今本少作小唯北宋景祐本是少字

鮮不及矣　釋文尠本亦作鮮

理而无形　閩監毛本同岳本宋本古本足利本无作未集解同孫志祖云據乾文言可與幾也疏當作有理而未形

故能朗然元昭　閩監毛本同岳本宋本古本足利本昭作照集解同

故爲吉之先見也　集解故爲作故言

介于石　石經岳本閩監毛本同釋文介衆家作砎

未嘗不知　石經岳本閩監毛本同古本下有也字

以顏子逼幾　閩監毛本同錢本宋本逼作近

得一者　閩監毛本同岳本宋本古本足利本一作二

天地絪縕萬物化醇男女構精萬物化生　岳本閩監毛本同釋文絪縕本又作氤氳石經構字木旁摩改初刻似从女古本精下衍而字

君子脩此三者　石經岳本閩監本同毛本脩誤修

則物之所不欲也　閩監毛本同岳本宋本古本足利本欲作與按正義作與

乾坤其易之門邪乾陽物也　岳本監毛本同閩本陽誤坤釋文其易之門邪本又作門戶邪

況爻繇之辭也　閩本宋本古本足利本同岳本監本繇作繇毛本誤卦釋文出爻繇

易之其稱萬物之名　浦鏜云之其當作辭所

所以明失得　閩監毛本同岳本明作辨宋本古本足利本作辯

故云衰意也　浦鏜云衰下脫世之二字

辨物正言　石經岳本閩監毛本同釋文出辯物錢本亦作辯

欲令趣吉而避凶　閩監本同毛本趣作趨錢本宋本作取

身既患憂　補毛本患憂作憂患

故爲德之時　閩監毛本同宋本故作欲
謙德之柄也　石經岳本閩監毛本同古本無也字
損德之脩也　石經岳本閩監毛本同釋文脩馬作循
能以利益於物　閩監毛本同錢本宋本無以字
困德之辨也　閩監毛本同石經岳本辨作辯釋文出之辯
象居得其所也　岳本閩監毛本同古本無象字
恒雜而不厭　石經岳本閩監毛本同古本雜上有先字
不被物之不正也　閩監毛本同宋本不正作厭薄
而百姓不知其由也　岳本閩監毛本同古本由作曲
以禮敬事於人　閩監毛本同錢本疊敬事二字

物亦益已　閩監毛本同錢本宋本益作盈
并以辯義　石經同岳本閩監毛本辯作辨
巽順以　閩監毛本同錢本宋本以作也
故可以權行也　閩監毛本同錢本宋本權行倒
不可立定準也　岳本閩監毛本同宋本立作以
在二位相易　閩監毛本同錢本宋本上有或字
趣舍存乎會也　岳本閩監毛本同古本會上有其字
出入九行藏外內九隱顯　〔補〕毛本九作循下正義並同
初九盤桓　閩監毛本同錢本盤作磐
若夫雜物撰德辯是與非　石經岳本同閩監毛本辯作辨釋文撰鄭作算

知者觀其彖辭　石經岳本閩監毛本同古本知作智彖作彖釋文出知者彖辭
九乾之九二　〔補〕毛本九作猶
其用柔中也　石經岳本閩監毛本同古本中上有得字
須援而濟　岳本閩監毛本同古本援作扶
其剛勝邪　石經岳本閩監毛本同古本下有也字
陽剛處之則剋勝　錢本宋本閩本同監毛本剋作克
兼三材而兩之　岳本宋本古本足利本同閩監毛本材作才石經初刻作才後改材下同
故曰爻有等故曰物　閩監毛本同岳本疊爻字足利本爻上有交字古本下有也字
物相雜故曰文　石經岳本閩監毛本同足利本無相字
元黃錯雜　閩監毛本同岳本宋本足利本錯作相古本同下有也字

今以阻險　宋本同閩監毛本阻險倒
則覩方來之驗也　岳本閩監毛本同古本覩作觀
不勞探討　閩監毛本同岳本宋本古本足利本討作射釋文出探射疏探討宋本亦作射
情逆違道以陷凶　〔補〕閩監毛本同岳本宋本古本足利本陷作蹈案蹈字是也
然后逆順者殊　閩本同岳本監毛本后作後古本下有功字
情僞相感而利害生　石經岳本閩監毛本同古本無此入字及注文
情謂情實　閩監毛本同錢本宋本情實作實情
近況比爻也　岳本宋本古本足利本同閩監毛本況誤凡
以各无外應　閩監毛本同錢本宋本以作又
失其守者其辭屈　石經岳本閩監毛本同古本下有也字

故言其辭游也　閩監毛本同錢本宋本游上有浮字盧文弨云言字疑衍

周易兼義卷第九

國子祭酒上護軍曲阜縣開國子臣孔穎達奉　勑撰正義

韓康伯注

周易說卦第九

【疏】正義曰：說卦者，陳說八卦之德業變化及法象所爲也。孔子以伏犧畫八卦後重爲六十四卦，八卦爲六十四卦之本。前繫辭中略明八卦小成，引而伸之，觸類而長之，天下之能事畢矣。又曰：八卦成列，象在其中矣，因而重之，爻在其中矣。又云：古者包犧氏之王天下也，仰則觀象於天，俯則觀法於地，觀鳥獸之文與地之宜，近取諸身，遠取諸物，於是始作八卦，以通神明之德，以類萬物之情。然引而伸之，重三成六之意，猶自未明；仰觀俯察，近身遠物之象，亦爲未見。故孔子於此更備說重卦之由及八卦所爲之象，故謂之說卦焉。先儒以孔子十翼之次，乾坤文言在二繫之后，說卦之前，以彖象附上下二經爲六卷，則上繫第七，下繫第八，文言第九，說卦第十。輔嗣之文言分附乾坤二卦，故說卦爲第九。

【疏】正義曰：昔者聖人至以至於命，此一節將明聖人引伸因重之意，故先敘聖人本制蓍數卦爻，備明天道人事妙極之理。

昔者聖人之作易也，幽贊於神明而生蓍　幽深也，贊明也。蓍受命如嚮，不知所以然而然也。

【疏】昔者至生蓍○正義曰：據今而稱上世謂之昔者也。聰明叡知謂之聖人。此聖人即伏犧也。不言伏犧而云聖人者，明以聖知而制作也。且下繫已云包犧氏之王天下也，於是始作八卦，今言作易，言是伏犧，非文王等。凡言作者，皆本其事之所由，故云昔者聖人之作易也。聖人作易，其作如何？以此聖知深明神明之道，而生用蓍求卦之法，故曰幽贊於神明而生蓍也。○注幽深也至然也○正義曰：幽者，隱而難見，故訓爲深也。贊者，佐而助成，而令微者得著，故訓爲明也。蓍受命如嚮，不知所以然而然者，釋聖人所以深明神明之道，便能生用蓍之意，以神道與用蓍相協之故也。神之爲道，陰陽不測，妙而无方，生成變化，不知所以然而然者也。蓍則受人命令，告人吉凶，應人如嚮，亦不知所以然而然，與神道爲一。故繫辭云：蓍之德圓而神，其受命如嚮，亦繫辭文也。

參天兩地而倚數　參，奇也。兩，耦也。七九陽數，六八陰數。

【疏】參天至倚數○正義曰：倚，立也。既用蓍求卦，其揲蓍所得，取奇數於天，取耦數於地，而立七八九六之數，故曰參天兩地而倚數也。○注七九陽數○正義曰：先儒馬融、王肅等解此，皆依繫辭云天數五，地數五，五位相得而各有合，以爲五位相合，以陰從陽，天得三合，謂一三與五也；地得兩合，謂二與四也。鄭玄亦云：天地之數備於十，乃三之以天，兩之以地，而倚託大演之數五十也。必三之以天，兩之以地者，天三覆，地二載，欲極於數，庶得吉凶之審也。其意皆以繫辭所云大演之數五十，其用四十有九，明用蓍之數；下云天數五，地數五，五位相得而各有合，天地之數五十有五，以爲大演即天地之數。又此上言幽贊於神明而生蓍，便云參天兩地而倚數，驗文準義，故知如此。韓康伯注繫辭云：大演之數五十，用王輔嗣意，云易之所賴者五十，其用四十有九，則其一不用也。不用而用以之通，非數而數以之成，即是不用之末合數，故五十也。以大衍五十非即天地之數，故不用馬融、鄭玄等說。然此倚數生數，在生蓍之後，立卦之前，明用蓍得數而布以爲卦，故以七八九六當之。七九爲奇，天數也；六八爲耦，地數也。故取奇於天，取耦於地，而立七八九六之數也。何以參兩爲目奇耦者？蓋古之奇耦亦以三兩言之，且以兩是耦數之始，三是奇數之初故也。不以一目奇者，張氏云以三中含兩，有一以包兩之義，明天有包地之德，陽有包陰之道，故天舉其多，地言其少也。

觀變於陰陽而立卦　卦，象也。蓍，數也。卦則雷風相薄，山澤通氣，擬象陰陽變化之體；蓍則錯綜天地參兩之數。蓍極數以定象，卦備象以盡數，故蓍曰參天兩地而倚數，卦曰觀變於陰陽也。

【疏】觀變至立卦○正義曰：言其作易聖人本觀察變化之道，象於天地陰陽而立乾坤等卦，故曰觀變於陰陽而立卦也。○注卦則雷風○正義曰：卦則雷風相薄，山澤通氣，擬象陰陽變化之體○此言六十四卦，非小成之八卦也。伏犧初畫八卦，以震象雷，以巽象風，以艮象山，以兌象澤，八卦未重，則雷風各異，山澤不通，於陰陽變化之理未爲周備，故此下云八卦相錯，數往者順，知來者逆。注云：八卦相錯，變化理備，於往則順而知之，於來則逆而數之是也。知非八卦者，先儒皆以繫辭論用蓍之法，云四營而成易，十有八變而成卦者，謂用蓍三扐而布一爻，則十有八變爲六爻也。然則用蓍在六爻之後，非三畫之時。蓋伏犧之初，直仰觀俯察，用陰陽兩爻而畫八卦，後因而重之爲六十四卦，然後天地變化，人事吉凶，莫不周備，縕在爻卦之中矣。文王又於爻卦之下繫之以辭，明其爻卦之中吉凶之義。蓍是數也。傳稱物生而後有象，象而後有滋，滋而後有數，然則數從象生，故可用數求象，於是幽贊於神明而生蓍，用蓍之法，求取卦爻以定吉凶繫辭曰天生神物聖人則之无有遠近幽深遂知來物是也繫辭言伏犧作易之初不假用蓍成卦故直言仰觀俯察此則論其既重之后端策布爻故先言生蓍后言立卦非是聖人幽贊元在觀變之前**發揮於剛柔而生爻**剛柔發散變動相和〔疏〕正義曰既觀象立卦又就卦發動揮散於剛柔兩畫而生變動之爻故曰發揮於剛柔而生爻也**和順於道德而理於義。窮理盡性以至於命**命者生之極窮理則盡其極也〔疏〕和順至性命。正義曰蓍數既生爻卦又立易道周備无理不盡聖人用之上以和協順成聖人之道德下以治理斷。人倫之正義又能窮極萬物深妙之理究盡生靈所稟之性物理既窮生性又盡至於一期所賦之命莫不窮其短長定其吉凶故曰和順於道德而理於義窮理盡性以至於命也。注命者至極也。正義曰命者人所稟受有其定分從生至終有長短之極故曰命者生之極也此所賦命乃自然之至理故窮理則盡其極也

〔疏〕正義曰昔者至成章此。節就爻位明重卦之意

昔者聖人之作易也將以順性命之理是以立天之道曰陰與陽立地之道曰柔與剛在天成象在地成形陰陽者言其氣剛柔者言其形變化始於氣象而后成形萬物資始乎天成形乎地故天曰陰陽地曰柔剛也或有在形而言陰陽者本其始也在氣而言柔剛者要其終也〔疏〕昔者至柔與剛。正義曰八卦小成但有三畫於三才之道陰陽未備所以重三為六然后周盡故云昔者聖人之畫卦作易也將以順性命之理者本意將此易卦以順從天地生成萬物性命之理也其天地生成萬物之理須在陰陽必備是以造化闢設之時其立天之道有二種之氣曰成物之陰與施生之陽也其立地之道有二種之形曰順承之柔與特載之剛也。注在形而言陰陽者。正義曰在形而言陰陽者即坤象辭云履霜堅冰陰始凝是也在氣而言柔剛者即尚書云高明柔克及左傳云天為剛德是也**立人之道曰仁與義兼三才而兩之故易六畫而成卦分陰分陽迭用柔剛故易六位。而成章**設六爻以效三才之動故六畫而成卦也六位爻所處之位也二四為陰三五為陽故曰分陰分陽六爻升降或柔或剛故曰迭用柔剛也〔疏〕立人之道至成章。正義曰天地既立人生其間立人之道有二種之性曰愛惠之仁與斷割之義也既。備三才之道而皆兩之作易本順此道理須六畫成卦故作易者因而重之使六畫而成卦也六畫所處有其六位分二四為陰位三五為陽位迭用六八之柔爻七九之剛爻而來居之故作易者分布六位而成爻卦之文章也。注二四至為陽者。正義曰二四為陰三五為陽者王輔嗣以為初上无陰陽定位此注用王之說也

天地定位山澤通氣雷風相薄水火不相射八卦相錯數往者順知來者逆易八卦相錯變化理備於往則順而知之於來則逆而數之**是故易逆數也**作易以逆覩來事以前民用〔疏〕天地定位至數也。正義曰此一節就卦象明重卦之意易以乾坤象天地艮兌象山澤震巽象雷風坎離象水火若使天地不交水火異處則庶類无生成之用品物无變化之理所以因而重之今。八卦相錯則天地人事莫不備矣故云天地定位而合德山澤異體而通氣雷

風各動而相薄水火不相入而相資既八卦之用變化如此故聖人重卦令八卦相錯乾坤震巽坎離艮兌莫不交互而相重以象天地雷風水火山澤莫不交錯則易之爻卦與天地等成性命之理吉凶之數既往之事將來之幾備在爻卦之中矣故易之為用人欲數知既往之事者易則順后而知之人欲數知將來之事者易則逆前而數之是故聖人用此易道以逆數知來事也。注作易至民用。正義曰易雖備知來往之事莫不假象知之故聖人作易以逆覩來事以前民用者易占事在其民用之前此繫辭文引之以証逆數來事也

雷以動之風以散之雨以潤之日以烜之艮以止之兌以說之乾以君之坤以藏之〔疏〕正義曰此一節總明八卦養物之功烜乾也上四舉象下四舉卦者王肅云互相備也明雷風與震巽同用乾坤與天地通功也**帝出乎震齊乎巽相見乎離致役乎坤說言乎兌戰乎乾勞乎坎成言乎艮**〔疏〕正義曰帝出乎震至故曰成言乎艮者康伯於此无

注然益卦六二王用亨于帝吉王輔嗣注云帝者生物之主興益之宗出震而齊巽者也王之注意正引此文則輔嗣之意以此帝爲天帝也帝若出萬物則在乎震絜齊萬物則在乎巽令萬物相見則在乎離致役以養萬物則在乎坤說萬物而可言者則在乎兌陰陽相戰則在乎乾受納萬物勤勞則在乎坎能成萬物而可定則在乎艮也

萬物出乎震震東方也齊乎巽巽東南。也齊也者言萬物之絜齊也離也者明也萬物皆相見南方之卦也聖人南面而聽天下嚮明而治蓋取諸此也

疏正義曰萬物出乎震震東方者解上帝出乎震以震是東方之卦斗柄指東爲春春時萬物出生也齊乎巽巽東南也齊也者言萬物之絜齊也解上齊乎巽以巽是東南之卦斗柄指東南之時萬物皆絜齊也離也者明也萬物皆相見南方之卦也聖人南面而聽天下嚮明而治蓋取諸此也者解上相見乎離因明聖人法離之事以離爲象日之卦故爲明也日出而萬物皆相見也又位在南方故聖人法南面而聽天下嚮明而治也故云蓋取諸此也

坤也者地也萬物皆致養焉故曰致役乎坤兌正秋也萬物之所說也故曰說言乎兌戰乎乾乾西北之卦也言陰陽相薄也坎者水也正北方之卦也勞卦也萬物之所歸也故曰勞乎坎艮東北之卦也萬物之所成終而所成始也故曰成言乎艮

疏坤也者至乎艮○正義曰坤也者地也萬物皆致養焉故曰致役乎坤者解上致役乎坤以坤是象地之卦地能生養萬物是有其勞役故云致役乎坤鄭云坤不言方者所言地之養物不專一也兌正秋也萬物之所說也故曰說言乎兌者解上說言乎兌以兌是象澤之卦說萬物者莫說乎澤又位是西方之卦斗柄指西是正秋八月也立秋而萬物皆說成也戰乎乾乾西北之卦也言陰陽相薄也者解上戰乎乾以乾是西北方之卦西北是陰地乾是純陽而居之是陰陽相薄之象也故曰戰乎乾坎者水也正北方之卦也勞卦也萬物之所歸也故曰勞乎坎者解上勞乎坎以坎是象水之卦水行不舍晝夜所以爲勞卦又是正北方之卦斗柄指北於時爲冬冬時萬物閉藏納受爲勞是坎爲勞卦也艮東北之卦也萬物之所成終而所成始也故曰成言乎艮者解上成言乎艮也以艮是東北方之卦也東北在寅丑之間丑爲前歲之末寅爲後歲之初則是萬物之所成終而所成始也

神也者妙。萬物而爲言者也於此言神者明八卦運動變化推移莫有使之然者神則无物妙萬物而爲言也。則雷疾風行火炎水潤莫不自然相與爲變化故能萬物既成也

疏正義曰神也者至成萬物也此一節別明八卦生成之用八卦運動萬物變化應時不失无所不成莫有使之然者而求其真宰无有遠近了无晦跡不知所以然而然況之曰神也然則神也者非物妙萬物而爲言者神既範圍天地故此之下不復別言乾坤直舉六子以明神之功用

動萬物者莫疾乎雷橈萬物者莫疾乎風燥萬物者莫熯。乎火說萬物者莫說乎澤潤萬物者莫潤乎水終萬物始萬物者莫盛乎艮故水火相逮雷風不相悖山澤通氣然後能變化既成萬物也

疏正。義曰鼓動萬物者莫疾乎震震象雷也橈散萬物者莫疾乎巽巽象風也乾燥萬物者莫熯乎離離象火也光說萬物者莫說乎兌兌象澤也潤濕萬物者莫潤乎坎坎象水也終萬物始萬物者莫盛乎艮艮東北方之卦也故水火雖不相入而相逮及雷風雖相薄而不相悖逆山澤雖相懸而能通氣然後能行變化而盡成萬物也艮不言山獨舉卦名者動橈燥潤之功是雷風水火至於終始萬物於山義爲微故言艮而不言山也上章言水火不相入此言水火相逮者既不相入又不相及則无成物之功明性雖不相入而氣相逮及也上言雷風相薄此言不相悖者二象俱動動若相薄而相悖逆則相傷害亦無成物之功明雖相薄而不相逆也

乾健也坤順也震動也巽入也坎陷也離麗也艮止也兌說也

疏正義曰此一節說八卦名訓乾象天天體運轉不息故爲健也坤順也坤象地地順承於天故爲順也震動也震象雷雷奮動萬物故爲動也巽入也巽象風風行无所不入故爲入也坎陷也坎象水

水處險陷故爲陷也離麗也離象火火必著於物故爲麗也艮止也艮象山山體靜止故爲止也兌說也兌象澤澤潤萬物故爲說也

乾爲馬坤爲牛震爲龍巽爲雞坎爲豕。離爲雉艮爲狗兌爲羊【疏】正義曰此一節說八卦畜獸之象略明遠取諸物也乾象天天行健故爲馬也坤爲牛坤象地任重而順故爲牛也震爲龍震動象龍動物故爲龍也巽爲雞巽主號令雞能知時故爲雞也坎爲豕坎主水瀆豕處汚濕故爲豕也離爲雉離爲文明雉有文章故爲雉也艮爲狗艮爲靜止狗能善守禁止外人故爲狗也兌爲羊兌說也王廙云羊者順。之畜故爲羊也

乾爲首坤爲腹震爲足巽爲股坎爲耳離爲目艮爲手兌爲口【疏】正義曰此一節說八卦人身之象略明近取諸身也乾尊而在上故爲首也坤爲腹坤能包藏含容故爲腹也震爲足足能動用故爲足也巽爲股股隨於足則巽順之謂故爲股也坎爲耳坎北方之

卦主聽故爲耳也離爲目南方之卦主視故爲目也艮爲手艮既爲止手亦能止持其物故爲手也兌爲口兌西方之卦主言語故爲口也

乾天也故稱乎父坤地也故稱乎母震一索而得男故謂之長男巽一索而得女故謂之長女坎再索而得男故謂之中男離再索而得女故謂之中女艮三索而得男故謂之少男兌三索而得女故謂之少女【疏】正義曰此一節說乾坤六子明父子之道王氏云索求也以乾坤爲父母而求其子也得父氣者爲男得母氣者爲女坤初求得乾氣爲震故曰長男坤二求得乾氣爲坎故曰中男坤三求得乾氣爲艮故曰少男乾初求得坤氣爲巽故曰長女乾二求得坤氣爲離故曰中女乾三求得坤氣爲兌故曰少女

乾爲天爲圜爲君爲父爲玉爲金爲寒爲冰爲大赤爲良馬爲老馬爲瘠。馬爲駁。馬爲木果【疏】正義曰此下歷就八卦廣明卦象者也此一節廣明乾象乾既爲天天動運轉故爲圜也爲君爲父取其尊道而爲萬物之始也爲玉爲金取其剛之。清明也爲寒爲冰取其西北寒冰之地也爲大赤取其盛陽之色也爲良馬取其行健之善也爲老馬取其行健之久也爲瘠馬取其行健之甚瘠馬骨多也爲駁馬言此馬有牙如倨能食虎豹爾雅云倨。牙食虎豹此之謂也王廙云駁馬能食虎豹取其至健也爲木果取其果實著木有似星之著天也

坤爲地爲母爲布爲釜爲吝嗇爲均爲子母牛爲大輿爲文爲衆爲柄其於地也爲黑【疏】正義曰此一節廣明坤象坤既爲地地受任生育故謂之爲母也爲布取其地廣載也爲釜取其化生成熟也爲吝嗇取其地生物不轉移也爲均以其地道平均也爲子母牛取其多蕃育而順之也爲大輿取其能載萬物也爲文取其萬物之色雜也爲衆取其地載物非一也爲柄取其生物之本也其於地也爲黑取其極陰之色也

震爲雷爲龍爲玄黃爲旉爲大塗爲長子爲決躁爲蒼筤竹爲萑葦其於馬也爲善鳴爲馵足爲作足爲的顙其於稼也爲反生其究爲健爲蕃鮮【疏】正義曰此一節廣明震象爲玄黃取其相雜而成蒼色也爲旉取其春時氣至草木皆吐旉布而生也爲大塗取其萬物之所生。也爲長子如上文釋震爲長子也爲決躁取其剛動也爲蒼筤竹竹初生之時色蒼筤取其春生之美也爲萑葦萑葦竹之類也其於馬也爲善鳴取其象雷聲之遠聞也爲馵足馬後。足白爲馵取其動而見也爲作足取其動而行健也爲的顙白額爲的顙亦取動而見也其於稼也爲反生取其始生戴甲而出也其究爲健究極也極於震動則爲健也爲蕃鮮鮮明也取其春時草木蕃育而鮮明

巽爲木爲風爲長女爲繩直爲工爲白爲長爲高爲進退爲不果爲臭其於人也爲寡髮爲廣

顙爲多白眼爲近利市三倍其究爲躁卦（疏）正義曰此一節廣明巽象巽爲木木可以輮曲直即巽順之謂也爲風取其陽在上搖木也爲長女如上釋巽爲長女也爲繩直取其號令齊物如繩之直木也爲工亦正取繩直之類爲白取其風吹去塵故絜白也爲長取其風行之遠也爲高取其風性高遠又木生而上也爲進退取其風之性前却其物進退之義也爲不果取其風性前却不能果敢決斷亦皆進退之義也爲臭王肅作爲香臭也取其風所發也又取下風之遠聞其於人也爲寡髮寡少也風落樹之華葉則在樹者稀踈如人之少髮亦類於此故爲寡髮也爲廣顙額闊爲廣顙髮寡少之義故爲廣顙也爲多白眼取躁人之眼其色多白也爲近利取其躁人之情多近於利也市三倍取其木生蕃盛於市則三倍之宜利也其究爲躁卦究極也取其風之近極於躁急也

坎爲水爲溝瀆爲隱伏爲矯輮爲弓輪其於人也爲加憂爲心病爲耳痛爲血卦爲赤其於馬也爲美脊爲亟心爲下首爲薄蹄爲曳其於輿也爲多眚爲通爲月爲盜其於木也爲堅多心（疏）正義曰此一節廣明坎象坎爲水取其北方之行也爲溝瀆取其水行無所不通也爲隱伏取其水藏地中也爲矯輮取其使曲者直爲矯使直者曲爲輮水流曲直故爲矯輮也爲弓輪弓者激矢取如水激射也輪者運行如水行也其於人也爲加憂取其憂險難也爲心病憂其險難故心病也爲耳痛坎爲勞卦也又北方主聽聽勞則耳痛也爲血卦取其人之有血猶地有水也爲赤亦取血之色其於馬也爲美脊取其陽在中也爲亟心亟急也取其中堅內動也爲下首取其水流向下也爲薄蹄取其水流迫地而行也爲曳取其水磨地而行也其於輿也爲多眚取其表裏有陰力弱不能重載常憂災眚也爲通取其行有孔穴也爲月取其月是水之精也爲盜取水行潛竊如盜賊也其於木也爲堅多心取剛在內也

離爲火爲日爲電爲中女爲甲胄爲戈兵其於人也爲大腹爲乾卦爲鼈爲蟹爲蠃爲蚌爲龜其於木也爲科上槁（疏）正義曰此一節廣明離象離爲火取南方之行也爲日取其日是火精也爲電取其有明似火之類也爲中女如上釋離爲中女也爲甲胄取其剛在外也爲戈兵取其剛在於外以剛自捍也其於人也爲大腹取其懷陰氣也爲乾卦取其日所烜也爲鼈爲蟹爲蠃爲蚌爲龜皆取剛在外也其於木也爲科上槁科空也陰在內爲空木既空中者上必枯槁也

艮爲山爲徑路爲小石爲門闕爲果蓏爲閽寺爲指爲狗爲鼠爲黔喙之屬其於木也爲堅多節（疏）正義曰此一節廣明艮象艮爲山取陰在下爲止陽在於上爲高故艮象山也爲徑路取其山雖高有澗道也爲小石取其艮爲山又爲陽卦之小者故爲小石也爲門闕取其有徑路又崇高也爲果蓏木實爲果草實爲蓏取其出於山谷之中也爲閽寺取其禁止人也爲指取其執止物也爲狗爲鼠取其皆止人家也爲黔喙之屬取其山居之獸也其於木也爲堅多節取其山之所生其堅勁故多節也

兌爲澤爲少女爲巫爲口舌爲毀折爲附決其於地也爲剛鹵爲妾爲羊（疏）正義曰此一節廣明兌象兌爲澤取其陰卦之小地類卑也爲少女如上釋兌爲少女也爲巫取其口舌之官也爲口舌取西方於五事爲言取口舌爲言語之具也爲毀折爲附決兌西方之卦又兌主秋也取秋物成熟稾稈之屬則毀折也果蓏之屬則附決也其於地也爲剛鹵取水澤所停則鹹鹵也爲妾取少女從姊爲娣也爲羊如上釋取其羊性順也

周易序卦第十

（疏）正義曰序卦者文王既繇六十四卦分爲上下二篇其先後之次其理不見故孔子就上下二經各序其相次之義故謂之序卦焉其周氏就序卦以六門往攝第一天道門第二人事門第三相因門第四相反門第五相須門第六相病門如乾之次坤泰之次否等是天道運數門也如訟必有師師必有比等是人事門也如因小畜生履因履故通等是相因門也如遯極反壯動竟歸止等是相反門也如大有須謙蒙稚待養等是相須門也如賁盡致剝進極致傷等是相病門也韓康伯云序卦之所明非易之緼也蓋因卦之次託象以明義不取深緼之義故云非易之緼故以取其人理也今驗六十四卦二二相耦非覆即變覆者表裏視之遂成兩卦屯蒙需訟師比之類是也變者反覆唯成一

卦則變以對之乾坤坎離大過頤中孚小過之類是也且聖人本定先後若元用孔子序卦之意則不應非覆即變然則康伯所云因卦之次託象以明義蓋不虛矣故不用周氏之義

有天地然後萬物生焉盈天地之間者唯萬物故受之以屯屯者盈也屯者物之始生也。屯剛柔始交故爲物之始交也疏正義曰王肅云屯剛柔始交而難生故爲物始生也盧氏云物之始生故屯難皆以物之始生釋屯難之義案上言屯者盈也釋屯次乾坤其言已畢更言屯者物之始生者開說下物生必蒙直取始生之意非重釋屯之名也故韓康伯直引剛柔始交以釋物之始生也物生必蒙故受之以蒙蒙者蒙也物之穉也物穉不可不養也故受之以需需者飲食之道也飲食必有訟故受之以訟夫有生則有資有資則爭興也訟必有衆起故受之以師師者衆也衆必有所比故受之以比衆起而不比則爭无由息必相親比而後得寧也比者比也比必有所畜故受之以小畜此非大通之道則各有所畜以相濟也由比而畜故曰小畜而不能大也物畜然後有禮故受之以履履者禮也禮所以適用也故既畜則宜用有用則須禮也履而泰然後安故受之以泰泰者通也物不可以終通故受之以否物不可以終否故受之以同人否則思通人人同志故可出門同人不謀而合與人同者物必歸焉故受之以大有有大者不可以盈故受之以謙有大而能謙必豫故受之以豫豫必有隨順以動者衆之所隨疏正義曰鄭玄云喜樂而出人則隨從孟子曰吾君不游吾何以休吾君不豫吾何以助此之謂也王肅云歡豫人必有隨隨者皆以爲人君喜樂歡豫則以爲人所隨案豫卦象云豫剛應而志行順以動豫豫順以動故天地如之而況建侯行師乎天地以順動故日月不過而四時不忒聖人以順動則刑罰清而民服即此上云有大而能謙必豫故受之以豫其意以聖人順動能謙爲物所說所以爲豫人既說豫自然隨之則謙順在君說豫在人也若以人君喜樂游豫人則隨之紂作靡靡之樂長夜之飲何爲天下離叛乎故韓康伯云順以動者衆之所隨在於人君取致豫之義然後爲物所隨所以非斥先儒也故受之以隨以喜隨人者必有事故受之以蠱蠱者事也有事而後可大可大之業由事而生故受之以臨臨者大也物大然後可觀故受之以觀可觀而後有所合故受之以噬嗑可觀則異方合會也嗑者合也物不可以苟合而已故受之以賁賁者飾也物相合則須飾以脩外也致飾然後亨則盡矣故受之以剝極飾則實喪也剝者剝也物不可以終盡剝窮上反下故受之以復復則不妄矣故受之以无妄有无妄然後可畜故受之以大畜物畜然後可養故受之以頤頤者養也不養則不可動故受之以大過不養則不可動養過則厚疏正義曰鄭玄云以養賢者宜過於厚王輔嗣注此卦云音相過之過韓氏云養過則厚與鄭玄輔嗣義同唯王肅云過莫大於不養則以爲過失之過案此序卦以大過次頤也明所過在養子雍以爲過在不養違經反義莫此之尤而周氏等不悟其非兼以過失釋大過之名已具論之於經也物不可以終過故受之以坎坎者陷也過而不已則陷沒也陷必有所麗故受之以離離者麗也物窮則變極陷則反所麗也有天地然後有萬物有萬物然後有男女有男女然後有夫婦有夫婦然後有父子有父子然後有君臣有君臣然後有上下有上下然後禮義有所錯言咸卦之義也凡序卦所明非易之緼也蓋因卦之次託以明義咸柔上而剛下感應以相與夫婦之象莫美乎斯人倫之道莫大乎夫婦故夫子殷勤深述其義以崇人倫之始而不係之於離也先儒以乾至離爲上經天道也咸至未濟爲下經人事也夫易六畫成卦三材必備錯綜天人以效變化豈有天道人事偏於上下哉斯蓋守文而不求義失之遠矣【疏】正義曰韓於此一節注破先儒上經明天道下經明人事於咸卦之初已論之矣夫婦之道不可以不久也故受之以恒恒者久也物不可以久居其所故受之以遯遯者退也夫婦之道以恒爲貴而物之所居不可以恒宜與世升降有時而遯也物不可以終遯遯君子以遠小人遯而後亨何可終邪則小人遂陵君子日消也故受之以大壯陽盛陰消君子道勝物不可以終壯故受之以晉晉以柔而進也晉者進也雖以柔而進要是進也進必有所傷故受之以明夷日中則昃日盈則食夷者傷也傷於外者必反於家故受之以家人傷於外必反脩諸内家道窮必乖室家至親過在失節故家人之義唯嚴與敬樂勝則流禮勝則離家人尚嚴其敝必乖也故受之以睽睽者乖也乖必有難故受之以蹇蹇者難也物不可以終難故受之以解解者緩也緩必有所失故受之以損損而不已必益故受之以益益而不已必決益而不已則盈故必決也故受之以夬夬者決也決必有遇以正決邪必有喜遇也故受之以姤姤者遇也物相遇而後聚故受之以萃萃者聚也聚而上者謂之升故受之以升升而不已必困

故受之以困困乎上者必反下故受之以井井道不可不革井久則濁穢宜革易其故故受之以革革物者莫若鼎故受之以鼎革去故鼎取新既以去故則宜制器立法以治新也鼎所以和齊生物成新之器也故取象焉主器者莫若長子故受之以震震者動也物不可以終動止之故受之以艮艮者止也物不可以終止故受之以漸漸者進也進必有所歸故受之以歸妹得其所歸者必大故受之以豐豐者大也窮大者必失其居故受之以旅旅而无所容故受之以巽旅而无所容以巽則得出入也巽者入也入而後說之故受之以兌兌者說也說而後散之故受之以渙說不可偏係故宜散也渙者離也渙者發暢而无所壅滯則殊越各肆而不反則遂乖離也物不可以終離故受之以節夫事有其節則物之所同守而不散越也節而信之故受之以中孚孚信也既已有節則宜信以守之有其信者必行之故受之以小過守其信者則失貞而不諒之道而以信爲過故曰小過也有過物者必濟行過乎恭禮過乎儉可以矯世厲俗有所濟也故受之以既濟物不可窮也故受之以未濟終焉有爲而能濟者以已窮物者也物窮則乖功極則亂其可濟乎故受之以未濟也

周易雜卦第十一

雜卦者雜糅衆卦錯綜其義或以同相類或以異相明也【疏】正義曰上序卦依文王上下而次序之此雜卦孔子更以意錯雜而對辨其次第不與序卦同故韓康伯云雜卦者雜糅衆卦錯綜其義或以同相類或以異相明也虞氏云雜卦者雜六十四卦以爲義其於序卦之外别言也此者聖人之興因時而作隨其時宜

不必皆相因襲當有損益之意也故歸藏名卦之次亦多異於時王道踳駁聖人之意或欲錯綜以濟之故次序卦以其雜也乾剛坤柔比樂師憂親比則樂動衆則憂臨觀之義或與或求以我臨物故曰與物來觀我故曰求屯見而不失其居屯利建侯君子經綸之時雖見而磐桓利貞不失其居也蒙雜而著雜而未知所定也求發其蒙則終得所定著定也震起也艮止也損益盛衰之始也極損則益極益則損大畜時也因時而畜故能大也无妄災也无妄之世妄則災也萃聚而升不來也來還也方在上升故不還也謙輕而豫怠也謙者不自重大噬嗑食也賁无色也飾貴合衆无定色也兌見而巽伏也兌貴顯說巽貴卑退隨无故也隨時之宜不繫於故也隨則有事受之蠱則飭也以蠱飭整治也蠱所以整治其事也剝爛也物熟則剝落也復反也晉晝也明夷誅也誅傷也井通而困相遇也井物所通用而不吝也困安於所遇而不濫也咸速也物之相應莫速乎咸恒久也渙離也節止也解緩也蹇難也睽外也相疏外也家人內也否泰反其類也大壯則止遯則退也大正則小人也小人亨則君子退也大有衆也同人親也革去故也鼎取新也小過過也中孚信也豐多故也虛者懼危滿者戒盈豐大者多憂故也親寡旅也親寡故寄旅也離上而坎下也火炎上水潤下小畜寡也不足以兼濟也履不處也王弼云履卦陽爻皆以不處其位爲吉也需不進也畏駭而止也訟不親也大過顛也本末弱也姤遇也柔遇剛也漸女歸待男行也女從男也頤養正也既濟定也歸妹女之終也女終於出嫁也未濟男之窮也剛柔失位其道未濟故曰窮也夬決也剛決柔也君子道長小人道憂也

周易兼義卷第九

太子少保江西巡撫阮元栞

周易注疏校勘記卷九　　阮元撰盧宣旬摘錄

周易兼義卷第九　錢本錢挍本宋本作周易注疏卷第十三

周易說卦第九　石經釋文岳本古本足利本同錢本宋本無第九二字

輔嗣之文言　閩監毛本同錢本宋本之作以

將明聖人引伸因重之意　閩監毛本同錢本宋本重下有卦字

幽贊於神明而生蓍　石經岳本閩監毛本同釋文本贊或作讚

蓍受命如嚮　閩監毛本同岳本宋本古本足利本嚮作響釋文嚮本又作響

言是伏犧非文王等　閩監毛本同錢本宋本言作明○按集解作明是伏犧非謂文王也

參天兩地而倚數　石經岳本閩監毛本同釋文天或作大者非倚蜀才作奇通

觀變於陰陽而立卦　石經岳本閩監毛本同釋文觀變一本作觀變化

擬象陰陽變化之體○　補案○當者字之譌毛本正作者

變動相和　閩監毛本同岳本宋本古本足利本和作生○補案生字是也

和順於道德而理於義　此下古本有易所以和天道順地德理行義十二字注足利本同惟理行義作理仁義也

斷人倫之正義　閩監毛本同宋本斷下有割字

此節就爻位　閩監毛本同錢本宋本此下有一字

將以順性命之理　石經岳本閩監毛本同古本下有也字

或有在形而言陰陽者　岳本閩監毛本同古本無有字

與特載之剛也　補毛本特作持

故易六位而成章　石經岳本閩監毛本同釋文六位而成章本又作六畫

與斷刮之義也　補閩監毛本刮作割宋本同案割字是也

旣備三才之道　閩監毛本同錢本宋本備上有兼字

注二四至爲陽者　補案注文無者字此該衍也毛本不誤

今八卦相錯　閩監毛本同宋本今作令○補案令字是也

日以烜之　石經岳本閩監毛本同釋文烜本又作晅

巽東南也　石經岳本閩監毛本同古本南下有方字

故曰致役乎坤　石經岳本閩監毛本同古本下有也字

坎者水也　石經岳本閩監毛本同古本無也字

萬物之所歸也　補各本如此十行本原脫所字案經萬物之所說也萬物之所成終而所成始也並有所字正義述此句亦作萬物之所歸也是當有所字今補正

萬物之所成終而所成始也　石經岳本閩監毛本同古本無下所字

立秋而萬物皆說成也　閩監毛本同宋本立作正

妙萬物而爲言者也　石經岳本閩監毛本同釋文妙王肅作眇

則雷疾風行　盧文弨云則當作明集解作明則衍則字

莫熯乎火　石經岳本閩監毛本同釋文熯徐本作暵

故水火相逮　石經岳本閩監毛本同釋文水火不相逮鄭宋陸王肅王廙無不字

正義曰鼓動萬物者　閩監毛本同錢本宋本與上疏相連故無正義二字但作故曰二字

坎爲豕　石經岳本閩監毛本同正義亦作豕釋文云京作彘

羊者順之畜　閩監毛本同錢本宋本順下有從字

爲瘠馬爲駁馬　岳本閩監毛本同石經駁字係摩改初刻當是駮字釋文瘠京荀作柴駁邦角反

取其尊道　閩監毛本同宋本道作首

取其剛之清明也　閩監毛本同錢本宋本之作而

此馬有牙如倨　宋本同閩監毛本倨作鋸下同

爲吝嗇　石經岳本閩監毛本同釋文吝京作遴

以其地道平均也　閩監毛本同宋本以作取是也

爲龍　石經岳本閩監毛本同釋文龍虞干作駹

爲旉　石經岳本閩監毛本同釋文旉本又作專

爲蒼筤竹爲萑葦　岳本閩監毛本同釋文蒼筤或作琅通石經萑作雈釋文出萑葦○按依說文當作雈从艸萑聲省作萑俗作藿

爲馵足　石經岳本閩監毛本同釋文馵京作朱荀同

其於稼也爲反生　石經岳本閩監毛本同釋文反虞作阪

取其萬物之所生也　閩監毛本同宋本生下有出字

馬後足白爲馵　盧文弨云依爾雅足上當有左字

白顛爲的顙　閩監毛本同宋本顛作顚○按顚顛古今字

爲臭　石經岳本閩監毛本同釋文王肅作爲香臭

其於人也爲寡髮爲廣顙　石經岳本閩監毛本同釋文寡本又作宣廣鄭作黃

取躁人之眼　閩監毛本同錢本宋本躁上有其字

爲矯輮爲弓輪　石經岳本閩監毛本同釋文矯一本作撟輮馬鄭陸王肅本作此宋衷王廙作揉京作柔荀作撓輪姚作倫

爲亟心　石經岳本閩監毛本同釋文亟荀作極

取其行有孔穴也　閩監毛本同錢本宋本行上有水字

爲乾卦爲鱉　閩監本同岳本毛本鱉作鼈石經鼈字下半漫滅釋文乾董作幹鱉本又作鼈○按鼈鱉正俗字

爲蠃爲蚌　岳本閩監毛本同石經蚌字漫滅釋文蠃京作螺姚作蠡蚌本又作蜯

其於木也爲科上槁　石經岳本監毛本同閩本槁作稿釋文科虞作折槁鄭作槀干作熇

爲果蓏爲閽寺　石經岳本閩監毛本同釋文果蓏京本作果墮之字寺亦作閹字

爲黔喙之屬　石經岳本閩監毛本同釋文黔鄭作黚

爲堅多節　石經岳本閩監毛本同釋文一本無堅字古本多上有爲字

取陰在下爲止　閩監毛本同錢本宋本在下有於字

爲羊　石經岳本閩監毛本同釋文虞作羔此六子依求索而爲次序也本亦有以三男居前三女後從乾健也章至此韓無注或有注非也

周易序卦第十　石經釋文岳本錢本錢按本宋本同古本序上有經字又案石經篇題在每卷首者皆八分大書此及雜卦與繫辭下同卷故獨楷書

以六門往攝　閩監毛本同錢本宋本往作主

泰之次否等第　閩監毛本同宋本無第字

是人事門也　閩監毛本同宋本無門字

故以取其人理也　閩監毛本同錢本宋本人作義盧文弨云按句上疑有脫字

屯者物之始生也　石經岳本閩監毛本同古本無也字

故爲物之始交也　(補)案交當作生正義可證毛本是生字

物之穉也　石經岳本閩監毛本同釋文穉本或作稚

比必有所畜石經岳本閩監毛本同釋文畜本亦作蓄下及雜卦同

此非大通之道閩監毛本同岳本宋本古本足利本此作比○補案比字是也

物不可以終通補各本如此十行本原脫以字案序卦物不可以終否物不可以終盡物不可以終過物不可以終遯物不可以終壯物不可以終離物不可以終動止之物不可以終止物不可以終離句法凡九見終上並有以字今依各本補正

吾君不游吾何以休吾君不豫吾何以助孫志祖云今孟子二君字俱作王

嘉樂游豫閩監毛本同宋本游作歡

物大然後可觀石經岳本閩監毛本同古本下有也字下剝窮上反下下有无妄然後可畜下物畜然後可養下不養則不可動下並同案无妄然後可畜下石經初刻有也字後改刪去

故受之以坎石經岳本閩監毛本同古本坎上有習字

然後禮義有所錯石經岳本閩監毛本同古本下有矣字

言咸卦之義也岳本閩監毛本同古本咸作感

非易之緼也岳本閩監毛本同釋文緼本又作蘊

託以明義岳本閩監毛本同古本託作説

故夫子殷勤深述其義閩監毛本同岳本足利本殷勤作慇懃

而不係之於雜也閩監毛本同岳本宋本古本足利本雜作離○補案離字是也

三材必備岳本閩本古本同監毛本材作才

君子日消也岳本閩監毛本同古本也作矣

日盈則食閩本同岳本監毛本日作月是也古本下有也字下宜革易其故下而以信爲過下並同

必反於家石經岳本同閩本反下空一字監毛本於作其錢大昕云周易本義咸淳本亦作於字

乖必有難石經岳本閩監毛本同古本難上有所字釋文出有難

故受之以解補各本如此十行本原脫以字案序卦故受之下並有以字今補正

決必有遇石經岳本宋本古本足利本同閩監毛本有下衍所字

必有喜遇也岳本宋本古本足利本喜作嘉閩監毛本脫也字

井道不可不革石經岳本閩監毛本同古本下有也字

物不可以終動止之石經閩監毛本同岳本古本足利本止上有動必二字

必失其居石經岳本閩監毛本同古本居作君

則得出入也閩監毛本同岳本宋本古本足利本出作所

則殊越閩監毛本同岳本宋本古本足利本越作趣

節而信之石經岳本閩監毛本同古本而下有後字

周易雜卦第十一石經釋文岳本錢本錢校本同古本卦下有傳字○按監本此節注文全脫當依此補

別言也此者錢本宋本同閩監毛本此作昔

君子經綸之時閩監毛本同岳本古本經上有以字釋文綸本又作論

雜而未知所定也閩監毛本同岳本宋本古本足利本而下作者

萃聚而升不來也石經岳本閩監毛本同古本聚下有也字下謙輕下離上下漸女歸下並同

謙輕而豫怠也石經岳本閩監毛本同釋文怠京作治虞作怡

謙者不自重大集解作不自任也

蠱則飭也岳本閩監毛本同石經飭作飾釋文則飭鄭本王肅作飾

復反也岳本閩監毛本同古本無也字下親寡旅也履不處也並同石經此三字漫滅以字數計之當有也字

大正則小人也（補）案也當作止形近之譌

小人亨則君子退也閩監毛本古本亨作亨岳本宋本足利本同無也字

大有衆也石經岳本閩監毛本同釋文衆荀作終

豐多故也石經岳本閩監毛本同釋文豐多故衆家以此絶句親寡旅也荀本豐多故親絶句寡旅也别爲句是其本無也字

艮駭而止也（補）案駭當作險毛本是險字

姤遇也岳本閩監毛本同石經姤作媾非

小人道憂也足利本此下有君子以決小人長其道小人見決云深憂也十八字注

周易注疏校勘記卷九

經典釋文卷第一　周易音義

唐國子博士兼太子中允贈齊州刺史吳縣開國男陸　德明　撰

周代名也周至也遍也備也今名書義取周普　易盈隻反此經名也虞翻注參同契云字從日下月　上經者上
對下立名經者常也法也徑也由也　乾卦　傳直戀反以傳述為義謂夫子十翼也解見發題　第一亦作弟一　王
弼注本亦作王輔嗣注音張具反今本或无注字師說无者非
䷀乾竭然反依字作乾下乙乾從旦㫃㫃音偃說卦云乾健也此八純卦象天　元亨許庚反卦德也訓通也餘
放此　潛捷鹽反　龍喻陽氣及聖人　見龍賢遍反示也注及下見龍皆同　利見如字下皆同　大人王肅
云聖人在位之目　離隱力智反　處於昌呂反不音者放此　德施始豉反與也　不偏音篇　則
過古臥反諸經內皆同　夕惕他歷反怵惕也鄭玄云懼也廣雅同　若厲力世反危也　无音無易內皆作此字
說文云奇字無也通於无者虛无道也王述說天屈西北為无　咎其久反易內同　重剛直龍反下同　竭知音智

易音　一

或躍羊灼反廣雅云上也上音時掌反　所處一本作可處　近乎附近之近　猶以救反　與音預　不
謬靡幼反本或作繆音同　夫位音符下皆同　亢苦浪反子夏傳云極也廣雅云高也　則佞乃定反　邪
字又作耶似嗟反　彖吐亂反斷也斷音都亂反　資始鄭云資取也　乃統鄭云統本也　雲行如字　雨
施始豉反卦內皆同　之累劣偽反　者邪或作耶同餘嗟反後協句辭皆放此　象翔丈反精象擬象也　自
強其良反　反復芳服反注同本亦作覆　大人造鄭徂早反為也王肅七到反就也至也劉歆父子作聚
文言文飾卦下之言也夫子之十翼梁武帝云文言是文王所制　之長張丈反　之幹古旦反　體仁
如字京房荀爽董遇本作體信　利物孟喜京荀陸績作利之　不成名一本作成乎名　不遯世徒頓
反　无悶門遜反　樂則音洛　確乎苦學反鄭云堅高之皃說文云高至　可拔蒲八反鄭云移也廣雅云出也
庸行下孟反　閑邪以嗟反下同　幾既依反注同理初始微名幾　能全一本作能令　尟本亦
作鮮同仙善反少也　怵救律反　解怠佳賣反　上下並如字王肅上音時掌反　非離力智反　相應

應對之應易內不出者並同　流濕申入反　就燥蘇早先早二反　聖人作如字鄭云起也馬融作起　而
當都浪反易內皆同有異者別出　故盡津忍反　當其如字　上治直吏反下及注同　放遠于萬反
見而賢遍反　粹雖遂反　揮音輝廣雅云動也王肅云散也本亦作輝義取光輝　為行下孟反下之行行而
皆同　日可人實反　未見賢遍反　以辯如字徐便免反　重剛直龍反下同　夫大人音符發端
之字皆放此　先天悉薦反　後天胡豆反　知喪息浪反　其唯聖人乎王肅本作愚人後結
始作聖人
䷁坤本又作巛巛今字也同困魂反說卦云順也八純卦象地　利牝頻忍反徐邈扶忍反又扶死反　有攸
音由所也　喪朋息浪反馬云失也下及注並同　必離力智反　无疆或作壃同居良反下及注同　必爭
爭鬬之爭　履霜如字鄭讀履為禮　積著張慮反眾經不音者皆同　始凝魚冰反　馴似遵反向秀云從也
徐音訓此依鄭義　任其而鴆反眾經皆同　知光音智注同　不擅善戰反專也　括古活反結也方言云

易音　二

閉也廣雅云塞也　囊乃剛反　无譽音餘又音預　不造七到反又曹早反　否皮鄙反　閉必計反字
林方結反云閭也　施慎並如字慎謹也象詞同本或作順非　之飾甲職反本或作飭俗字　坤至柔本或
有文言曰者　為邪似嗟反　餘殃於良反鄭云禍惡也說文云凶也　臣弒式志反本或作殺音同下同
由辯如字馬云別也荀作變　言順如字　直方大不習无不利則不疑其所行
張璠本也上有易曰眾家皆无　木蕃伐袁反　而暢勑亮反　陰疑如字荀虞姚信蜀才本作凝　為其
于偽反注為其同　嫌戶謙反注同鄭作謙荀虞陸董作嗛　未離力智反
䷂屯張倫反難也盈也坎宮二世卦　則否備鄙反　得主則定本亦作寧寧　而難乃旦反卦
內除六二注難可餘並同賈逵注周語云畏懼也　天造徂早反注同　草昧音妹廣雅云草造也董云草昧微物
而不寧而辭也鄭讀而曰能能猶安也　經論音倫鄭如字謂論撰書禮樂施政事黃穎云經綸匡濟也本亦作倫
磐本亦作盤又作槃步干反　桓馬云槃桓旋也　晏安本又作宴各依字晏一諫反宴一見反　下賤遐嫁反

屯如子夏傳云如辭也邅如張連反馬云難行不進之皃乘馬繩證反四馬曰乘下及注並同鄭云馬壯牡曰乘子夏傳音繩班如如字子夏傳云相牽不進皃鄭本作般媾古后反馬云重婚本作冓鄭云猶會本或作搆者非相近附近之近下近王同又如字即鹿王肅作麓云山足君子幾徐音祈辭也注同又音機近也速也鄭作機云弩牙也如舍式夜反止也注下同徐音捨往吝力刃反又力愼反馬云恨也雖比毗志反下皆同之易以豉反不揆葵癸反以從如字鄭黃子用反合好呼報反下同恢弘苦回反大也博施式豉反及下爻皆同拯拯救之拯亨于許庚反他間間廁之間漣如音連說文云泣下也應援于眷反又音袁闉音因塞也春秋傳云當陳隧者井堙木刊是也阨於革反又於賣反委仰如字又魚亮反長也直良反

䷃蒙莫公反蒙蒙也稚也稽覽圖云無以教天下曰蒙方言云蒙萌也離宮四世卦童如字字書作僮鄭云未冠之稱廣雅云癡也筮市制反決也鄭云問告古毒反示也語也再三息暫反又如字瀆音獨亂也鄭云褻也

則復扶又反能斷丁亂反夫疑音扶六五注同閡山五代反時中張仲反注時中浹中同又如字和也童蒙求我一本作來求我不諮本亦作咨又作資並通果行下孟反注及六三注象同用說吐活反注同徐又音稅桎音質梏古毒反在足曰桎在手曰梏小爾雅云杻謂之梏械謂之桎杻音丑所惡烏路反苞蒙如字鄭云苞當作彪彪文也用取七住反本又作娶下及注同獨遠于万反下文同能比毗志反以巽音遜鄭云當作遜擊蒙經歷反王肅云治也馬鄭作繫擊去起呂反耶爲之于僞反又如字扞胡旦反禦魚呂反本又作衛

䷄需音須字從雨重而者非飲食之道也訓養鄭讀爲秀解云陽氣秀而不直前者畏上坎也坤宮遊魂卦有孚徐音敷信也又作尃光師讀絕句亨貞吉一句馬鄭總爲一句不陷陷沒之陷位乎如字鄭音涖雲上時掌反干寶云外也於天王肅本作雲在天上宴烏練反徐烏殄反安也下同鄭云享宴也李軌烏行反樂音洛注同最遠袁萬反下遠險同於難乃旦反下及爻皆同利用恒未失常也本亦有无

咎者于沙如字鄭作沚轉近附近之近後時胡豆反衍在以善反徐怡戰反致冠如字鄭王肅本作戎則辟音避下同已得音紀又音已所復扶又反不速如字馬云召也釋詁云疾也釋言云徵也召也

䷅訟才用反爭也言之於公也鄭云辯財曰訟離宮遊魂卦窒張栗反徐得悉反又得失反馬作咥云讀爲躓猶止也鄭云咥覺悔皃惕湯歷反王注或在惕字上或在下皆通在中吉下者非中如字馬丁仲反吉有孚窒一句惕中吉一句涉難乃旦反猶復扶又反下同不枉紆往反而令力呈反正夫音符下注同斷不丁亂反下注並同契之苦計反下同其分符問反相濫力暫反爭何爭鬭之爭陰和胡臥反而逋補吳反徐方吳反眚生領反子夏傳云妖祥曰眚馬云災也鄭云過也下物遐嫁反竄七亂反徐又七外反逃也掇徐都活反說文云拾取也鄭本作惙陟劣反憂也忤也五故反復即音服後同者更不音渝以朱反變也馬同鄭云然也不邪似嗟反錫星歷反又星自反賜也鞶步干反馬

云大也徐云王肅作槃帶音帶亦作帶終朝馬云旦至食時爲終朝三息暫反注同或如字褫徐敕紙反又直是反本又作褫音同王肅云鮮也鄭本作拕徒何反

䷆師象云眾也馬云二千五百人爲師坎宮歸魂卦貞丈人絕句丈人嚴莊之稱鄭云能以法度長於人之稱尺證反以王如字物歸往也徐又往況反毒徒篤反役也馬云治也畜眾敕六反聚也王肅許六反養也否音鄙惡也注同馬鄭王肅方有反臧作郎反善也三錫星歷反徐音賜鄭本作賜天寵如字鄭云光耀也王肅作龍云寵也背高音佩有禽徐本作擒長子丁丈反注及下同輿師色類反

䷇比毗志反卦內並同象云輔也序卦云比比也子夏傳云地得水而柔水得地而流故曰比徐又甫履反坤宮歸魂卦凶邪似嗟反求有本亦作求得其炎于廉反缶方有反瓦器也鄭云汲器也爾雅云盎謂之缶有它敕多反本亦作他匪人非鬼反馬云匪非也王肅本作匪人凶三驅匡愚反徐云鄭作毆馬云三驅者一曰乾豆二曰賓客三曰君庖狹矣戶夾反則舍音赦又音捨背已音佩則射食亦反惡

而 烏路反 舍逆 音捨

☰☴小畜 本又作蓄，同。敕六反，積也，聚也。卦內皆同。鄭許六反，養也。巽宮一世卦。 施未 始豉反。注皆同。 陽上 時掌反。 烝 職膺反。 車說 吐活反。下文并注並同。說，云解也。 輻也 音福。 雖復 扶又反。上九注同。 輿 音餘。 輹 音福。本亦作輹，音服。馬云車下縛也。鄭云伏菟。 陰長 丁丈反。下同。 血 如字。馬云當作恤，憂也。 去 起呂反。注同。 亦惡 烏路反。履卦同。 攣 力專反。馬云連也。徐又力轉反。子夏傳作戀，云思也。 幾 徐音祈，又音機。注同。子夏傳作近。 唯泰也則然 一本作然則，讀即以也字絕句。 有難 乃旦反。 可盡 津忍反。

☰☱履 利恥反，禮也。艮宮五世卦。 咥 直結反，齧也。馬云齕。 說而 音悅。注及後同。 行夫 音符。下同。 佞邪 似嗟反。 疚 久又反。馬云病也。陸本作疾。 坦坦 吐但反。說文云安也。廣雅云平也，明也。蒼頡篇云著也。 不憙 虛備反。又音喜。 險厄 於革反。又作戹。 眇 妙小反。字書云盲也。說文云小目。 跛 波我反。足跛也。依字作彼。 不脩 本又作循。 行未 下孟反。 愬愬 山革反。子夏傳云恐懼皃。何休注公羊傳云驚愕也。馬本作虩虩，音許逆反，云恐懼也。說文同。廣雅云懼也。 遁近 附近之近。 夬 古快反。 考祥 本亦作詳。

周易上經泰傳第二

☷☰泰 如字。大通也。鄭云通也。馬云大也。坤宮三世卦。 道長 丁丈反。 財成 音才。徐才載反。荀作裁。 輔相 息亮反。注同。 以左 音佐。注同。 右民 音佑。注同。左右，助也。 拔 蒲八反。 茅 卯交反。鄭音苗。 茹 汝據反。牽引也。鄭湛同。王肅音加。 彙 音胃，類也。李丁鬼反。傅氏注云：彙，古偉字，美也。古文作𦳝。董作夤，出也。鄭云勤也。 苞 本又作包，必交反。下卦同。音薄交反。 荒 本亦作巟，音同。鄭注禮云穢也。說文水廣也。又大也。鄭讀為康，云虛也。 用馮 音憑。注同。 荒穢 於廢反。 不陂 彼僞反。徐甫寄反。傾也。注同。又破何反，偏也。 象曰无平不陂 一本作无往不復。 篇篇 如字。子夏傳作翩翩。向本同，云輕舉皃。古文作偏偏。 以祉 音恥，一音勑子反，又音止。 女處 本亦作処處。 盡夫 音符。後皆放此，以意求之。 隍 音皇，城塹也。子夏作堭，姚作湟。 所應 如字。舊音應對之應。 上承 時掌反。 下施 始豉反。 否道 備鄙反。

☰☷否 備鄙反。卦內同。閉也，塞也。乾宮三世卦。 道長 丁丈反。 辟難 上音避，下乃旦反。 入邪 似嗟反。 不諂 勑檢反。 否亨 許庚反。 疇 直留反。鄭作古疇字。 休否 虛虬反，美也。又許求反，息也。注同。

☲☰同人 和同也。離宮歸魂卦。 以邪 似嗟反。 炎上 時掌反。 辯物 如字。王肅卜免反。 繫吝 繫，或作係。本作黨係。 則否 方有反，又備鄙反。 褊 必淺反。 狹 戶夾反。 于莽 莫蕩反。王肅冥黨反。鄭云叢木也。 物黨 物或作朋。 所比 毗志反。 所當 如字。 量斯 音良，又音亮。 其墉 徐音容。鄭作庸。 而效 下教反。 不克則反反則得吉也 一本作反則得，得則吉也。 號 戶羔反。 咷 道刀反。號咷，啼呼也。 而遠 袁萬反。 內爭 爭鬭之爭。 異災 一本作他災。

☲☰大有 包容豐富之象。乾宮歸魂卦。 遏 於葛反，止也。徐又音謁。 休命 虛虬反，美也。徐又許求反。 大車 王肅剛徐反。蜀才作輿。 不泥 乃計反。 用亨 許庚反，通也。下同。衆家並香兩反。京云獻也。干云亨宴也。姚云亨祀也。 其彭 步郎反。子夏作旁。干云彭亨，驕滿皃。王肅云壯也。虞作尫。姚云彭，旁。徐音同。 上近 如字，亦附近之近。 下比 毗志反。 至知 音智。 可舍 音捨。 斯數 色助反。 哲 章舌反。王廙作晣，同。音徐李之世反。又作哲字。鄭本作遰，云讀如明星哲哲。陸本作逝，虞作折。 何難 依象宜如字，一音乃旦反。 易而 以豉反。 祐之 音又。 不累 劣僞反。下同。 盡夫 津忍反。 繫辭 音係。

☷☶謙 卑退為義，屈己下物也。兌宮五世卦。子夏作嗛，云：嗛，謙也。 下濟 節細反。 而上 時掌反。下注上承上行同。 虧盈 馬本作毀盈。 而福 京本作而富。 惡盈 烏路反。卦末注同。 而好 呼報反。 裒 蒲侯反。鄭荀董蜀才作捊，云取也。字書作掊。廣雅云：掊，減也。 稱物 尺證反。 平施 始豉反。注同。 大難 乃旦反。 自牧 牧養之牧。徐音目，一音茂。 名者聲名聞之謂也 一讀名者聲絕句，聞音問。 匪解 佳賣反。 撝 毀皮反。指撝也。義與麾同。書云右秉白旄以麾是也。馬云撝猶離也。鄭讀為宣。 下下 上遐嫁反，下如字。下句同。 用侵 王廙作寢。 征國 本或作征邑國者，非。 不與 音預。 為爭 爭鬭之爭。

☳☷豫 餘慮反。悅豫也，備豫也。馬云豫樂。震宮一世卦。 不忒 他得反。鄭云差也。京作貸。 地奮 方問反。 殷

於勤反馬云盛也說文云作樂之盛稱殷京作隱 薦 將電反本又作鬃同本或作廌獸名耳非 介于 音界纖介古文

作砎鄭古八反云謂磨砎也馬作扴云觸小石聲 苟說 音悅 盱 香于反睢盱也向云睢盱小人喜悅之皃王肅云盱

大也鄭云誇也說文云張目也字林火孤反又火于反子夏作紆京作汙姚作旴云日始出引詩旴日始旦 睢 香維反說

文云仰目也字林火佳反 由豫 由從也鄭云用也馬作猶云猶豫疑也 盍 胡臘反合也 簪 徐側林反子夏傳同

疾也鄭云速也埤蒼同王肅又祖感反古文作貸京作撍馬作臧荀作宗虞作戠戠叢合也蜀才本依京義從鄭 冥 覓經

反馬云冥昧耽於樂也王廙云深也又亡定反鄭讀爲鳴 有渝 羊朱反 盡 津忍反 樂 音洛

䷐ 隨 從也震宮歸魂卦 而下 遐嫁反注下柔同 而說 音悅注下皆同 大亨貞 本又作大亨利

貞 而天下隨時 王肅本作隨之 隨時之義 王肅本作隨之時義 而令 力呈反 否之 備鄙

反 以嚮 本又作向許亮反王肅本作鄉音同 入宴 徐烏練反王肅烏顯反 官有 蜀本作館有 故舍

音捨下文同 以擅 市戰反 盡隨 津忍反盡卷末同 未正中也 一本作中正 拘 句于反 用

亨 許庚反通也陸許兩反云祭也 之濱 音賓

䷑ 蠱 音古事也惑也亂也左傳云於文皿蟲爲蠱又云女惑男風落山謂之蠱徐又姬祖反一音故巽宮歸魂卦

先甲 息薦反象并注同 後甲 胡豆反象并注同 以斷 丁亂反 施令 力政反下同 競爭 爭鬬

之爭 治也 直吏反注同 說隨 音悅 創制 初亮反此俗字也依字作刱 復始 扶又反 以振 舊之

慎反濟也師讀音。音真振。仁厚也 育德 王肅作毓古育字 有子考无咎 絕句周依馬王肅以考絕句

當事 丁堂反 盡承 津忍反下皆同 裕父 羊樹反馬云寬也 不累 力僞反

䷒ 臨 如字序卦云大也坤宮二世卦 剛浸 子鴆反 而長 丁丈反除六三注末及象咎不長皆同一音此

治良反 說而 音悅下同 教思 息吏反注同 無疆 居良反注同 剛勝 升證反下同 佞邪 似嗟

反下同 媚 密備反 位當也 本或作當位實非也 知臨 音智注同又如字

䷓ 觀 官喚反示也乾宮四世卦 盥 音管 而不薦 本又作薦同牋練反王肅本作而觀薦 顒 魚恭反

足復 扶又反 既灌 官喚反 不忒 吐得反 神道設教 一本作以神道設教 省方 悉井反

童觀 馬云童猶獨也鄭云稚也 最遠 袁萬反 朝美 直遙反 所鑒 古暫反下同 趣 促裕反 闚

苦規反本亦作窺 者狹 戶夾反 象曰闚觀女貞 一本有利字 不比 毗志反 觀國之

光 如字或音官喚反 最近 附近之近 居近 如字 德見 賢遍反 平易 以豉反 盡夫觀盛

故觀至大觀在上 王肅音官 以觀天下 徐雅此一字作官音 觀盥而不薦觀之

爲道而以觀感風行地上觀處於觀時君子處大觀之時處大

觀之時大觀廣鑒 亦音官 居觀之時爲觀之主觀之盛也 從盡夫觀以下

並官喚反餘不出者並音官

周易上經噬嗑傳第三

䷔ 噬 市利反齧也 嗑 胡臘反合也巽宮五世卦 齧 研節反 有閒 如字下同又音閒廁之閒 與過

古本作有過 頤 以之反 不合 本又作而合 不溷 胡困反濁也雜也亂也韋昭云汙辱也 上行 時掌

反注同 勑法 恥力反此俗字也字林作敕鄭云勑猶理也一云整也 屨 紀具反 校 爻教反注及下同馬音教

滅止 本亦作趾趾足也 桎 章實反 足懲 直冰反 木絞 交卯反 械 戶戒反 不行也 本或

作止不行也 噬膚 方于反馬云柔脃肥美曰膚 未盡 津忍反下同 其分 符問反 脃 七歲反 腊

肉 音昔馬云晞於陽而煬於日。曰腊肉鄭注周禮小物全乾曰腊 乾 音干 胏 緇美反馬云有骨謂之胏鄭云簀也字林

云含。食所遺也一曰脯也子夏作脯徐音甫荀董同 未光大也 本亦無大字 何校 何可反又音何本亦作荷

音同下同王肅云荷擔 聰不明也 馬云耳無所聞鄭云目不明耳不聰王肅云言其聰之不明 可解 佳買反

䷕ 賁 彼僞反徐甫寄反李軌府奚反傅氏云賁古斑字文章皃鄭云變也文飾之皃王肅符文反云有文飾黃白色

艮宮一世卦 剛上 時掌反注剛上皆同 解天 音蟹下同 以明 蜀才本作命 折 之舌反注同鄭云斷也斷

音丁亂反 其趾 一本作止鄭云趾足 舍 音捨下及注同 車 音居鄭張本作輿從漢時始有居音 安夫 音符 其

須如字字從彡水邊作非而比毗志反下同上附時掌反循以遵反濡如臾反皤白波反說
文云老人皃董音槃云馬作足橫行曰皤鄭陸作蟠音煩荀作波翰戶旦反董黃云馬舉頭高卬也馬荀云高也鄭云白
也亦作寒案反媾古豆反而閡五戴反寇難乃旦反下同賁于丘園黃本賁作世束帛
子夏傳云五匹為束三玄二纁象陰陽戔戔在干反馬云委積皃薛虞云禮之多也又音殘黃云猥積皃一云顯見皃
子夏傳作殘殘有喜如字徐許意反无妄大畜卦放此
䷖剝邦角反彖云剝剝也馬云落也說文云裂也乾宮五世卦人長丁丈反下注皆同激經歷反拂
附弗反觸忤五故反以殞于敏反失處昌呂反又昌預反蔑莫結反猶削也楚俗有削蔑之言馬
云無也鄭云輕慢荀作滅猶削相略反或作消此從荀本也下皆然辨徐音辦具之辦足上也馬鄭同黃云牀簀也薛
虞膝下也鄭符勉反王肅否勉反道浸子鴆反下同稍近附近之近六三剝无咎一本作剝之无
咎非以膚方于反京作簠謂祭器切近如字徐巨靳反鄭云切急也貫魚古亂反徐音官穿也駢頭

薄田反得輿音餘京作德輿董作德車廬力居反覆蔭於鴆反所庇本又作庇必利反又悲備反
䷗復音服反也還也坤宮一世卦朋來如字京作崩反復芳福反劉本同本又作覆象并注反復皆同
剛反句絕剛長丁丈反下文注皆同心見賢遍反具存本亦作其存商旅鄭云資貨而行曰商
旅客也無祇音支辭也馬同音之是反韓伯祁支反云大也鄭云病也王肅作禔時支反陸云禔安也九家本作多字
音支幾悔音機下同又音祈患難乃旦反遠矣袁萬反錯之七故反休復虛虯反最
比毗志反仁行下孟反下仁遐嫁反以下仁也如字王肅云下附於仁徐戶嫁反頻復
如字本又作嚬嚬眉也鄭作顰音同馬云憂頻也頻戚千寂反下同憂也又子六反自考也鄭云考成也向
云察也有灾本又作災鄭作裁按說文裁正字也灾或字也災籀文也眚生領反下卦同子夏傳云傷害曰災妖祥
曰眚鄭云異自內生曰眚自外曰祥害物曰災量斯音良雖復扶又反
䷘无妄亡亮反无妄无虛妄也說文云妄亂也馬鄭王肅皆云妄猶望謂无所希望也巽宮四世卦柔邪

似嗟反不佑音又鄭云助也本又作祐馬作右謂天不右行茂對時茂盛也馬云茂勉也對配也下賤
遐嫁反不耕穫黃郭反或依注作不耕而穫非下句亦然不菑側其反馬云田一歲也董云反草也畬音餘
馬曰田三歲也董云悉耨曰畬說文云二歲治田也字林弋恕反不擅市戰反行違下孟反下之行同稼
音嫁穡音色為獲如字或作穫非比毗志反近附近之近可試試驗一云用也
䷙大畜本又作蓄勑六反義與小畜同艮宮二世卦大畜剛健絕句篤實輝音揮光絕句
日新其德鄭以日新絕句其德連下句厭而於豔反夫能音符發句皆然下非夫同令賢力呈
反下同險難乃旦反下遇難同多識如字又音試劉作志往行下孟反利已夷止反下及注已則
能已同或音紀姚同輿音餘下同本或作轝音同說吐活反注及下同馬云解也輹音服又音福蜀才本同或作輻
一云車旁作复音服車下縛也作畐者音福老子所云三十輻共一轂是也釋名云輹似人屐又曰伏菟上軸上似之又曰輹
伏於軸上馮河皮冰反良馬逐如字鄭本作逐逐云兩馬走也姚云逐逐疾並驅之皃一音胄曰音越劉云

曰猶言也鄭人實反云日習車徒閑如字閑也馬鄭云習險阨於革反本亦作厄童牛無角牛也廣蒼作犝
劉云童妾也牿古毒反劉云牿之言角也陸云牿當作角九家作告說文同云牛觸角著橫木所以告人抑銳於力
反下同本又作挫災臥反強其良反爭爭鬭之爭豶符云反劉云豕去勢曰豶之牙徐五加反鄭讀為互剛
暴一本作剛突禁暴音金何天音河梁武帝音賀衢其俱反馬云四達謂之衢亨許庚反
䷚頤以之反養也此象文字也巽宮遊魂卦舍爾音捨注同朶多果反動也鄭同京作揣嚼詳略反
令物力呈反離其力智反而闚苦規反顛頤丁田反拂符弗反違也薛同注下皆同一音敷
弗反子夏傳作弗云輔弼也此行下孟反下立行同悖也布內反逆也虎視徐市志反又常止反眈
眈丁南反威而不猛也馬云虎下視皃一音大南反逐逐如字敦實也薛云速也子夏傳作攸攸志林云攸當為逐
蘇林音迪荀作悠悠劉作攸云遠也說文攸音式六反施賢始豉反下文同又如字而比毗志反得頤
一本作得順難未乃旦反厲吉王肅云危厲嚴厲也馬

䷛大過徐古臥反罪過也超過也王肅音戈震宮遊魂卦相過之過並古臥反棟徐丁貢反橈
乃教反曲折也下同拯拯救之拯弱本亦作溺並依字讀下救其二拯弱皆同而說音悅注同救難難乃
並乃旦反上六注同遯本又作遁同徒遜反藉在夜反下同馬云在下曰藉唯慎辰震反枯楊如字鄭音
姑謂無姑山榆榆羊朱反稊徒稽反楊之秀也鄭作荑荑木更生音夷謂山榆之實老夫如字下同特吝特或
作持能令力呈反得少詩照反下同則稗直吏反者長丁丈反淹溺乃歷反生華
如字徐音花无譽音預又音餘滅頂徐都冷反
䷜習坎便習也重也劉云水流行不休故曰習坎徐苦感反本亦作埳京劉作欿險也陷也八純卦象水險
陷陷沒之陷謂便婢面反下同重險直龍反注下並同陗七妙反洊在薦反徐在悶反舊又才本反
爾雅云再也劉云仍也京作臻于作荐德行下孟反注同險難乃旦反下險難同則夫音符窞徒坎
反說文云坎中更有坎王肅又作陵感反云窞坎底也字林云坎中小坎一曰旁入處欿亦作坎字而復扶又反下

雖復同險且如字古文及鄭向本作檢鄭云木在手曰檢枕徐舒鴆反王肅針甚反鄭玄云木在首曰枕陸云閑
礙險害之皃九家作玷古文作沈沈直林反出則之坎一本作出則亦坎誤樽酒音尊絕句簋貳音軌
絕句用缶方有反絕句舊讀樽酒簋絕句貳用缶句自牖音酉陸作誘承比毗志反下同之食音嗣
飯也象曰樽酒簋一本更有貳字祇音支又祁支反鄭云當爲坻小丘也京作禔說文同音支又上支反安也
盡平津忍反徽許韋反纆音墨劉云三股曰徽兩股曰纆皆索名寘之豉反置也注同劉作示言衆議於
九棘之下也子夏傳作湜姚作寔寔置也張作置叢才公反法峻荀潤反
䷝離列池反麗也麗著也八純卦象日象火畜許六反注同牝頻忍反徐又扶死反外強其良反
猶著直略反卦內同草木麗如字說文作䕻乎土王肅本作地重明直龍反明兩作鄭云
作起也荀云用也明照相繼一本无明照二字履錯鄭徐七各反馬七路反警京領反辟其
音避象同日昃王嗣宗本作仄音同鼓鄭本作擊大耋田節反馬云七十曰耋王肅又他結反云八十曰耋京作

經蜀才作咥之嗟如字王肅又遭哥反荀作差下嗟若亦同凶古文及鄭无凶字突徒忽反王肅唐屑反舊又
湯骨反字林同云暫出逼近附近之近出如字徐尺遂反王嗣宗勑類反涕徐他米反又音弟沱徒河反荀
作池一本作沲若古文若皆如此戚千寂反子夏傳作嘁子六反咨慼也不勝音升逆首本又作逆道兩
得離王公也音麗鄭作麗王肅云麗王者之後爲公梁武力智反王嗣宗同折首徐之舌反注同以去
羌呂反王用出征以正邦也王肅本此下更有獲匪其醜大有功也

周易下經傳第四

䷞咸如字彖云咸感也兌宮三世卦取七具反本亦作娶音同相與如字鄭云與猶親也而說音悅
男下遐嫁反下注必下同見於賢遍反各亢口浪反本或作有拇茂后反馬鄭薛云足大指也子夏作
踇荀作母云陰位之尊腓房非反鄭云膊腸也膊音市轉反王廙云腓腓腸也荀作肥云謂五也尊盛故稱肥離拇
力智反動躁早報反股音古憧憧昌容反馬云行皃王肅云往來不絕皃廣雅云往來也劉云意未定也徐

又音童又音鍾京作憧字林云憧遲也丈冢反脢武杯反又音每心之上口之下也鄭云背脊肉也說文同王肅又音灰廣
雅云胂謂之脢胂音以人反輔如字馬云上頷也虞作酺云耳目之間頰兼叶反孟作俠滕徒登反達也九家作
乘虞作媵鄭云送也口說如字注同徐音稅又始銳反
䷟恒如字久也震宮三世卦長陽長陰並丁丈反大象注同媲普計反配也復始扶又反
見於賢遍反浚荀潤反深也鄭作濬令物力呈反餘縕紆粉反廣雅云積也或承或有也一云常
也鄭本作咸承德行下孟反詰去吉反而分扶運反振恒之刃反馬云動也鄭云摇落也張作震
䷠遯徒巽反字又作遂又作遁同隱退也匿迹避時奉身退隱之謂也鄭云逃去之名序卦云遯者退也乾宮二世
卦大靜音扶非否備鄙反下同亢苦浪反浸子鴆反注同而長丁丈反卦內同或如字以
遠袁萬反注並同辟內音避難可乃旦反何災音河褐河可反今不用勝升證反又音升注同說
王肅如字解說也師同徐吐活反又始銳反遯已音以或音紀係遯古詣反本或作繫近二之附近近

憊蒲拜反鄭云困也廣雅云極也王肅作斃荀作備 好遯呼報反注下同 小人否音鄙注下同惡也徐方有反鄭王肅備鄙反云塞也 能舍音捨 肥遯如字子夏傳云肥饒裕 能累劣偽反 繒則能反 繳章略反

䷡大壯莊亮反威盛強猛之名鄭云氣力浸強之名王肅云壯盛也廣雅云健也馬云傷也郭璞云今淮南人呼壯為傷坤宮四世卦 而慎禮也慎或作順義亦通 用罔罔羅也馬王肅云无 羝羊音低張云羖羊也廣雅云吳羊曰羝 觸徐處六反 藩方袁反徐甫言反下同馬云籬落也 羸律悲反又力追反下同馬云大索也徐力皮反王肅作縲音螺鄭虞作纍蜀才作累張作虆 雖復扶又反 藩決音穴注下同 大輿音餘 之輹音福本又作輻 行不下孟反 能說吐活反 喪羊息浪反注下同 于易以豉反注下同鄭音亦謂佼易也陸作場謂壃場也 險難如字亦乃旦反 則難乃旦反 剛長丁丈反下剛長同 猶與音預一本作預 其分扶問反 不詳詳審也鄭王肅作祥善也

䷢晉彖云進也孟作齊齊子西反義同乾宮遊魂卦 康美之名也馬云安也鄭云尊也廣也陸云安也樂也 蕃

音煩多也鄭發袁反 庶如字眾也鄭止奢反謂蕃遮禽也 晝日竹又反 三徐息暫反下及注同 接如字鄭云捷勝也 上行時掌反凡上行並同 以著直略反下著明同 三褫勅紙反又直紙反 摧如罪雷反退也鄭讀如南山崔崔之崔 未著張慮反 自喪息浪反 愁狀由反鄭子小反云變色皃 介音戒大也馬同 聞乎聞亦作文又作交義並通 和之胡臥反 鼫音石子夏傳作碩鼠鼫鼠五技鼠也本草螻蛄一名鼫鼠 得。如字孟馬鄭虞王肅本作矢馬王云離為矢虞云矢古誓字 失夫音符

䷣明夷夷傷也坎宮遊魂卦 以蒙大難乃旦反卦內同鄭云蒙猶遭也一云蒙冒也 文王以之王肅云唯文王能用之鄭荀向作似之下亦然 莅履二反又律祕反 蔽偽本或作弊偽 所辟音避下同 最遠袁萬反下遠難同 遯遁徒遜反 匿形女力反 不遑音皇 夷于如字子夏作睇鄭陸同云旁視曰睇京作眱 左股音古馬王肅作般云旋也日隨天左旋也姚作右槃云自辰右旋入丑 用拯拯救之拯注同說文云舉也鄭云承也子夏作抍字林云抍上舉音承 示行示或作亦 近難附近之近下最近同 疑憚但旦反 然後而免也一作然後乃獲免也 南狩手又反本亦作守同 去闇羌呂反 逆忤五故反 箕子之明夷蜀才箕作其劉向云今易箕子作荄滋鄒湛云訓箕為荄詁子為滋漫衍無經不可致詁以譏荀爽 為比毗志反

䷤家人說文家居也案人所居稱家爾雅室內謂之家是也巽宮二世卦 熾也尺志反 而行下孟反注皆同 閑馬云闌也防也鄭云習也 中饋巨愧反食也 嗃嗃呼落反又呼學反馬云悅樂自得皃鄭云苦熱之意荀作確確劉作熇熇 嘻嘻喜悲反馬云笑聲鄭云驕佚喜笑之意張作嬉嬉陸作喜喜 之長丁丈反 以近附近之近 王假更白反注同至也鄭云登也徐古雅反馬云大也 樂。樂音洛 以著張慮反

䷥睽苦圭反馬鄭王肅徐呂忱並音圭序卦云乖也雜卦云外也說文云目不相視也艮宮四世卦 而上時掌反上上行同 同行如字王肅遐孟反 說而音悅 喪馬息浪反注同 自復音服注同 必顯一本作必類下相顯亦然 可援于眷反下得援同又音袁 以辟音避 于巷戶絳反說文云里中道也廣雅云居也字

書作衖 曳以制反 掣昌逝反鄭作犎云牛角皆踊曰犎徐市制反說文作觢之世反云角一俯一仰子夏作挈傳云一角仰也荀作觭劉本從說文解依鄭 其人天天剠也馬云剠鑿其額曰天 劓魚器反截鼻也王肅作臲臲魚一反 相比毗志反下同 元夫如字 噬市制反 之弧音胡弓也 後說吐活反注同一音始銳反 之弧本亦作壺京馬鄭王肅翟子玄作壺 媾古豆反 恢苦回反大也 詭久委反異也戾也 譎古穴反本亦作決詐也乖也 吁可況于反 四剠其京反說文或作黥字

䷦蹇紀免反彖及序卦皆云難也王肅徐紀偃反兌宮四世卦 以難乃旦反卦內及解卦皆同 難解音蟹上六注同 未否備鄙反 知矣音智初六注同 得中如字鄭云和也又張仲反王肅云中適也解卦彖同 正邦荀陸本作正國為漢朝諱 宜待也張本作宜時也鄭本宜待時也 遠害袁萬反 內喜如字徐許意反猶好也 來連力善反馬云亦難也鄭如字遅久之意 之長直良反 長難丁丈反

䷧解音蟹序卦云緩也震宮二世卦 解之為義音蟹下以解來復同 濟厄厄或作危 彖曰解

音蟹自此盡初六注皆同坼勑宅反說文云裂也廣雅云分也馬陸作宅云根也否結備鄙反者亨許庚反

宥罪音又京作尤磐結步丹反或有遇遇或作過咎非其理也一本无此八字所任而鴆反斯解佳買反之稱尺證反失枉紆往反且乘如字王肅繩證反柔邪似嗟反

自我致戎本又作致寇解而佳買反注同拇茂后反陸云足大指王肅云手大指荀作母而比毗志反

維有解音蟹注有解及象并下注為解之極同解難佳買反用射食亦反注下同隼荀尹反毛詩草木鳥獸疏云鷂高墉音容馬云城也將解佳買反荒悖布內反象同以解佳買反

☶☱損蒙本反省減之義也又訓失序卦云損必有所失是也艮宮三世卦曷何葛反二簋蜀才作軌用享香兩反下同蜀才許庚反上行時掌反凡上行皆同陰說音悅非長丁丈反下德長遂長同為邪似嗟反能拯拯救之拯大難乃旦反二簋應師如字舊應對之應偕行音皆其分扶問反徵直升反止也鄭云猶清也劉懲云清也蜀才作澄忿芳粉反窒珍栗反徐得悉反鄭劉作懫懫止也孟作恎陸作脊

易音　十五

欲如字孟作浴已事音以本亦作以虞作祀遄市專反速也荀作顓復自扶又反九二注同以上時掌反化淳尚春反以離力智反知者音智以盡津忍反上祐音又本亦作佑不制一本作下制遂長丁丈反尚夫音符

☳☴益增長之名又以弘裕為義繫辭云益長裕而不設是也巽宮三世卦民說音悅無疆居良反下同下下上遐嫁反下如字注同涉難乃旦反下同天施始豉反之處昌預反下其處同用享香兩反注同王肅許庚反用圭王肅作用桓圭不為于僞反不處本或作不屆用費芳貴反盡物津忍反無厭於鹽反莫和胡臥反惡盈烏路反偏辭音篇孟作偏云周匝也

周易下經夬傳第五

☰☱夬古快反決也坤宮五世卦剛幾音祈坦然他但反夬決徐古穴反而說音悅注皆同齊長丁丈反徐上六象並同則邪似嗟反下同斷制丁亂反注同澤上時掌反注同以施始豉反注同壯于側亮反前趾荀作止惕勑歷反荀翟作錫云賜也號戶羔反注及下同鄭王廣音号

莫夜音暮注同鄭如字云無也無夜非一夜號呼火故反頄求龜反顴也又音求又上倫反翟云面顴頰間骨也鄭作頯頯夾面也王肅音龜江氏音琴威反蜀才作仇若濡而朱反有慍紆運反恨也舊於問反面

權如字字書作顴棄夫夫亦作去羌呂反情累劣僞反臀徐徒敦反次本亦作趑或作跌說文及鄭作趑同七私反注下同馬云卻行不前也說文倉卒也下卦倣此且本亦作趄或作跙同七餘反注及下同馬云語助也王肅云趑趄行止之礙也下卦倣此牽羊苦年反子夏作掔牴丁禮反本又作抵音同或作羝丁帝反很胡懇反

莧閑辯反三家音胡練反一本作莧華板反陸如字馬鄭云莧陸商陸也宋衷云莧莧菜也陸當陸也虞云莧萁也陸商也蜀才作陸睦親也通也柔脃七歲反至易以豉反最比毗志反號咷徒刀反

☴☰姤古豆反薛云古文作遘鄭同序卦及彖皆云遇也乾宮一世卦用娶七喻反本亦作取音同注及下同正乃如字正亦作匹誥四方李古報反鄭作詰起一反正也王肅同柅徐乃履反又女紀反廣雅云止也說

易音　十六

文作檷云絡絲趺也讀若昵字林音乃米反王肅作抳從手子夏作鑈蜀才作尼止也羸豕劣隨反王肅同鄭力追反陸讀為累蹢直戟反徐治益反一本作蹢鄭古文作蹢躅直錄反本亦作蹢躅躅不靜也古文作蹤牝頻忍反豭音家包有本亦作庖同白交反下同鄭百交反虞云白茅苞之荀作胞利賓如字擅人市戰反遠民袁万反以杞音起張云苟杞馬云大本也鄭云柳也薛云柳柔脃木也並同包瓜白交反子夏作苞馬鄭百交反瓜音王花反不舍音捨下同所復扶又反物爭爭鬭之爭下卦同

☷☱萃在季反彖及序卦皆云聚也兌宮二世卦亨王肅本同馬鄭陸虞等並无此字王假更白反以說音悅下注皆同則邪似嗟反孝享香兩反聚以正荀作取以正澤上時掌反除戎器如字本亦作鍺又作治王肅姚陸云除猶脩治師同鄭云除去也蜀才云除去戎器脩行文德也荀作慮若號絶句戶報反馬鄭王肅王廙戶羔反一握烏學反傅氏作渥鄭云握當讀為夫三為屋之屋蜀才同至好呼報反愞乃亂反正本亦作匹妃音配禴羊略反殷春祭名馬王肅同鄭云夏祭名蜀才作躍劉作𥛱多辟匹亦反

以遠袁万反 之省生領反下同 以比毗志反 未光也一本作志未光也 齎徐將池反王肅將啼反 咨音諮又將利反齎咨嗟歎之辭也鄭同馬云悲聲怨聲 涕徐音體 洟他麗反又音夷鄭云自目曰涕自鼻曰洟

䷭升式陵反序卦云上也上音時掌反鄭本作昇馬云高也巽宫四世卦 用見大人本或作利見 以順德如字王肅同本又作慎師同姚本德作得 以高大本或作以成高大 允當如字下同 闃邪似嗟反 升虛如字空也徐去餘反馬云丘也 用亨許庚反通也馬鄭陸王肅許兩反馬云祭也鄭云獻也 岐山其宜反或祁支反 攘來如羊反 冥見經反闇昧之義也注同又云日冥也 則喪息浪反

䷮困窮也窮悴掩蔽之義故彖云剛掩也廣雅云困悴也兌宫一世卦 剛揜本又作掩於檢反李於範反虞作弇 以說音悅卦內同 困窮如字或作困窮非 臀徒敦反 株木張[illegible]反 幽谷徐古木反 不覿大歷反見也注同 獲拯拯救之拯 隱遯徒困反 數歲色柱反本亦作三歲 困解音蟹 朱紱音弗下同 享祀許兩反注同 難之乃旦反 不勝音升 豐衍延善反 蒺藜音疾藜音黎蒺藜草 上比毗志反 焉得於虔反 來徐徐徐徐疑懼兒馬云安行兒子夏作荼荼翟同荼音圖云內不定之意王肅作余余 金車本亦作金輿 劓徐魚器反 刖徐方刮反又音月荀王肅本劓刖作臲卼云不安兒陸同鄭云劓刖當爲倪侃京作劓劊案說文劊斷也 祭祀本亦作享祀 遲遲本或作遲遲 藟力軌反似葛之草本又作蘽毛詩草木疏云一名巨荒似蘡薁連蔓而生幽州人謂之推藟 臲五結反王肅妍喆反說文作劓牛列反薛同 卼五骨反又音月說文作䠱云䠱不安也薛又作杌字同 曰動悔音越向云言其無不然 令生力呈反

䷯井精領反雜卦云通也彖云養而不窮周書云黃帝穿井世本云化益作井宋衷云化益伯益也堯臣廣雅云井深也鄭云井法也字林作丼子挺反周云井以不變更爲義師說井以清絜爲義震宫五世卦 無喪息浪反 汔許徐訖反注同幾也王肅音其乞反 繘音橘徐又居密反鄭云綆也方言云關西謂綆爲繘郭璞云汲水索也又其律反又音述 羸律悲反徐力追反下同蜀才作累鄭讀曰虆 甁白經反 幾至音祈或音機 而覆芳福反 而上

水時掌反注及下注上水皆同 井養如字徐以上反注同 木上時掌反 以勞力報反二同 勸相息亮反注同王肅如字 井泥乃計反注及下同 滓穢側里反 不嚮許亮反 乘舍音捨下文同 井谷古木反又音浴 射食亦反注同徐食夜反鄭王肅皆音亦云厭也荀作耶 鮒音付魚名也子夏傳謂蝦蟆 甕屋送反李於鍾反鄭作甕云停水器也說文作罋汲缾也 敝婢世反王肅徐扶滅反 谿谷口啼反 注下章喻反下同 而復扶又反 无與之也亦本作則莫之與也 渫息列反徐又食列反黃云治也 心惻初力反說文云痛也 汲音急 停汙音烏 其行下孟反象并注皆同 甃側舊反馬云爲瓦裏下達上也子夏傳云脩治也本云以甎壘井曰甃字林云井壁也 冽音列絜也說文云水清也王肅音例 不撓乃孝反 不食如字又音嗣 井收徐詩救反又如字馬云汲也陸云井幹也荀作甃 勿幕音莫覆也干本勿作网

䷰革馬鄭云改也坎宫四世卦 樂成音洛上六注同 相息如字馬云滅也李斐注漢書同說文作熄 欲上時掌反 革而信之一本无之字 以說音悅注同 鞏九勇反固也馬同 堅仞仁震反 行有如字又下孟反 相比毗志反 文炳兵領反 文蔚音尉又紆弗反廣雅云茂也數也說文作斐

䷱鼎丁冷反法象也即鼎器也離宫二世卦 革去羌呂反下皆同 賢愚別彼列反 尊卑序本亦作有別有序 以木巽火亨本又作亯同普庚反煑也下及注聖人亨大亨亨飪亨者並同 飪入甚反熟也徐而鴆反 以享香兩反注亨上帝同 上行時掌反 凝魚承反嚴兒鄭云成也翟作擬云度也 顛丁田反倒也 趾音止 利出徐尺遂反或如字注及下同 否悲已反惡也注及下同 是覆芳目反下皆同 趾倒丁老反下同 以爲于僞反下體爲同 未悖必內反逆也 我仇音求匹也鄭云怨耦曰仇 可復扶又反下同 其行下孟反注同 塞悉則反 雉膏如字鄭云雉膏食之美也 折足之舌反注同 餗送鹿反虞云八珍之具也馬云健也健音之然反鄭云菜也 形渥於角反沾也鄭作剭音屋 且施始豉反 所盛音成 知小音智 金鉉玄典反徐又古玄反又古冥反一音古螢反馬云鉉扛鼎而舉之也 用勁古政反

䷲震止慎反動也八純卦象雷 以成成亦作威 虩虩許逆反馬云恐懼兒鄭同荀作愬愬 笑言言亦

作語下同啞啞烏客反馬云笑聲鄭云樂也意本又作殆惰徒臥反下同解慢佳賣反下同恐致曲勇反下文注皆同不喪息浪反卦內並同匕必以反鬯勑亮反香酒堪長丁丈反已出音紀洊在薦反徐又在悶反億本又作噫同於其反辭也六五同鄭於力反云十萬曰億喪息浪反注同荀如字貝如字荀音敗躋本又作隮子西反升也雖復扶又反上六注同蘇蘇疑懼皃王肅云躁動皃鄭云不安也馬云尸祿素餐皃无眚生領反遂泥乃計反下同荀本遂作隊泥音乃低反困難乃旦反索索桑洛反注及下同懼也馬云內不安皃鄭云猶縮縮足不正也視如字徐市至反矍矍俱縛反徐許縛反馬云中未得之皃鄭云目不正婚媾古豆反被動故懼故或作而

☶☶艮根恨反止也鄭云艮之言很也八純卦象山其背必內反徐甫載反相背音佩下相背同否之備鄙反令物力呈反而強其兩反姧邪似嗟反敵應應對之應又音膺其趾如字荀作止腓符非反本又作腓腓義同咸卦同不拯音拯救之拯馬云舉也不快苦夬反其限馬云限要也鄭荀虞同夤引眞反馬云夾脊肉也鄭本作膑徐本又音胤荀作腎云互體有坎坎爲腎薰許云反荀作動云互體有震震爲動器喪息浪反

☴☶漸捷檢反以之前爲義卽階漸之道艮宮歸魂卦女歸吉也王肅本還作女歸吉利貞善俗王肅本作善風俗于干如字鄭云干水傍故停水處陸云水畔稱干毛傳詩云涯也又云澗也荀王肅云山間澗水也翟云涯也則困於小子本又作則困讒於小子於謗博浪反讒諛音臾磐畔干反山石之安也馬云山中磐紆衎衎苦旦反馬云饒衍祿養羊尙反歡樂音洛于陸陸高之頂也馬云山上高平曰陸孕以證反說文云懷子曰孕弋甑反鄭云猶娠也荀作乘復反扶又反邪配似嗟反合好呼報反能閑閑廁之閑離羣力智反鄭云猶去也桷音角翟云方曰桷桷椽也馬陸云桷榱也說文云秦曰榱周謂之椽齊魯謂之桷安棲音西字亦作栖不累劣僞反義義五何反

☳☱歸妹婦人謂嫁曰歸妹者少女之稱兌宮歸魂卦少女詩照反下皆同之稱尺證反下同爲

長丁丈反下皆同說以音悅後並同所歸妹也本或作所以歸妹不樂音洛妖邪似嗟反知弊釋也反以娣大計反跛波我反娣從才用反又如字眇彌小反以須如字待也鄭云有才智之稱荀陸作孺陸云妾也愆期起虔反馬云過也遲雉夷反晚也緩也陸云待也一音直冀反不正不應本亦作无應有待而行也一本待作時之袂彌世反月幾音機又音祈荀作既承筐曲亡反鄭作筐刲苦圭反馬云刺也一音工惠反

周易下經豐傳第六

☳☲豐芳忠反字林匹忠反依字作豐今並三直畫猶是變體若曲下作者禮字耳非也世人亂之久矣彖及序卦皆云大也彖豐是腆厚光大之義鄭云豐之言腆充滿意也坎宮五世卦王假庚白反至也下同馬古雅反大也闡昌善反而令力呈反以徧音遍則昃如字孟作稷則食如字或作蝕非則溢本或作則方益者非以折之舌反斷也下及注同其配如字鄭作妃云嘉耦曰妃雖旬如字均也王肅尙純反或音脣荀作均劉昞作鈞則爭爭鬭之爭下皆同蔀音部王廙同蒲戶反王肅普苟反略例云大暗之謂蔀馬云蔀小也鄭薛作菩云小席見斗孟作見主曖音愛鄣音章又止尙反字又作障同斗見者賢遍反下不見同不邪似嗟反沛本或作旆謂幡幔也又普貝反姚云滂沛也王廙豐蓋反又補賴反徐普蓋反子夏作芾傳云小也鄭干作常云祭祀之蔽膝沬徐武蓋反又亡對反微昧之光也字林作昧亡太反云斗杓後星王肅云音妹鄭作昧服虔云日中而昏也子夏傳云昧星之小者馬同薛云輔星也肱古弘反姚作股幡方袁反幔末半反以禦魚呂反從昧音妹豐其屋說文作豐云大屋闚苦規反李登云小視闃苦鶪反徐苦鶪反一音苦馘反馬鄭云无火皃字林云靜也姚作閴孟作窒並通覿徒歷反藏如字廕於鴆反其行下孟反治道直吏反下同天際如字鄭云當爲瘵瘵病也翔鄭王肅作祥翳光烏細反自藏如字衆家作戕慈羊反馬王肅云殘也鄭云傷也有爲于僞反不出戶庭此引節卦九二爻辭應云門庭作戶誤也或云門戶通語

☲☶旅力舉反羈旅也序卦云旅而无所容雜卦云親寡旅是也離宮一世卦王肅等以爲軍旅特重直用反

物長丁丈反　而復扶又反六五注同　令附力呈反　非知音智　瑣瑣悉果反或作璅字者非也鄭云瑣瑣小也馬云疲弊皃王肅云細小皃　懷其資本或作懷其資斧非　喪息浪反卦內并下卦同　爲施始豉反　與萌如字又音預　得其資斧如字子夏傳及眾家並作齊斧張軌云齊斧蓋黃鉞斧也張晏云整齊也應劭云齊利也虞喜志林云齊當作齋齋戒入廟而受斧下卦同　不快苦夬反　斫諸若反　平坦吐但反　射雉食亦反　而上時掌反　上逮音代一音大計反　號戶羔反　咷道羔反　于易以豉反注同王肅音亦　所嫉音疾字林音自本亦作疾下同　其義焚也馬云義宜也一本作宜其焚也　喪牛之凶本亦作喪牛于易

䷸巽孫問反入也廣雅云順也八純卦象風象木　巽弟大計反本亦作悌　重巽直龍反　齊邪似嗟反下并下卦同　志治直吏反　紛芳云反廣雅云眾也喜也一云盛也　而復扶又反下同　神祇祁支反　頻顣千寂反又子六反此同鄭意　不樂音洛　遠不袁万反　之庖步交反　先庚西薦反注同　後庚胡豆反　卒以寸忽反下同　不說字又作悅同　先申音身或作甲字非　以斷丁亂反下同

䷹兌徒外反悅也八純卦象澤　兌說音悅卦內並同　以先西薦反又如字　犯難乃旦反　麗澤如字麗連也鄭作離云猶併也　黨繫本亦作係　商兌如字商商量也鄭云隱度也　介疾音界隔也馬云大也　將近附近之近　比於毗志反　道長丁丈反

䷺渙呼亂反散也序卦云離也離宮五世卦　王假庚白反下同梁武帝音賈　而上如字又時掌反　之難乃旦反卦內同　之累劣偽反　享于香兩反　用拯拯救之拯馬云舉也伏曼容云濟也王肅云拔也子夏作拼拼取也　以逝逝又作遊　厄劇本又作危處又作厄處　逃竄七亂反　險爭爭鬭之爭　机音几　有丘姚作有近　匪夷荀作匪弟　丘墟去魚反　渙汗下旦反　以盪徒黨反　險阸於隔反　以假古雅反　逖湯歷反　血去羌呂反　最遠袁萬反下於遠象遠害並同　不近附近之近

䷻節薦絜反止也明禮有制度之名一云分段支節之義坎宮一世卦　男女別彼列反　復正扶又反　說以音悅注同　澤上有水上或作中今不用　德行下孟反下注同　故匿女力反　所怨紆萬反又紆元反

䷼中孚芳夫反信也艮宮遊魂卦　豚徒尊反黃作遯　說而音悅下注皆同　乖爭爭鬭之爭　之行下孟反　畜之許六反本或作獸　涉難乃旦反　有它音他　燕音鷰　鶴戶各反　和之胡卧反注及下同　好爵如字王肅呼報反孟云好小也　爾靡本又作縻同亡池反散也干同徐又武寄反又亡彼反韓詩云共也孟同埤蒼作縻云散也陸作䌕京作劘　重陰直龍反　不狥似俊反　或罷如字王肅音皮徐扶彼反　少陰詩照反　長陰丁丈反　相比毗志反　而閡五代反　憊備拜反　幾望音機又音祈京作近荀作既　而上時掌反象同　攣力圓反廣雅云拳也　可舍音捨　翰胡旦反高飛　內喪息浪反

䷽小過古卧反義與大過同王肅云音戈兌宮遊魂卦　遺之如字　不宜上時掌反注同下及文不宜上上六注上亦同鄭如字謂君也　而浸子鴆反　以行下孟反　所錯本又作措又作厝同七路反　其妣必履反　于僭子念反　盡於津忍反　或戕徐在良反注同　故令力呈反注同　先過西薦反　而復扶又反卦末同　晏安於諫反又音宴　鴆除蔭反本亦作酖　沒怯去業反　公弋餘職反　則蒸章勝反字又作烝或作滕字非　小畜本又作蓄同勑六反　其施始豉反　而難乃旦反　已上也並如字上又時掌反注同鄭作尚云庶幾也　陽已上故止也本又作陽已上故少陰上少音多少之少　上六弗遇玉付反本多誤故詳之　災眚生領反

䷾既濟節計反下卦同鄭云既已也盡也濟度也坎宮三世卦　亨小絕句以小連利貞者非　則邪似嗟反下同　曳以制反　濡其音儒注同　於燥西皁反　未造七報反　易以豉反　棄難乃旦反卦末并下卦同　婦喪息浪反注皆同　其茀方拂反首飾也馬同干云馬髴也鄭云車蔽也子夏作髴荀作紱董作髢　不比毗志反　鬼方蒼頡篇云鬼遠也　憊備拜反鄭云劣弱也陸作備云當爲憊憊困劣也　繻有

而朱反鄭王肅云音須子夏作襦王廙同薛云古文作繻衣袽女居反絲袽也王肅音如說文作絮云縕也廣雅云絮塞
也子夏作茹京作絮有卻去逆反禴羊略反祭之薄者沼之紹反沚音止蘋音頻蘩音煩非馨
呼庭反
䷿未濟離宮三世卦小狐徐音胡汔許訖反說文云水涸也鄭云幾也合物力呈反各
得其所一本得作當經綸本又作論同音倫又會門反屯張倫反蹇紀勉反循難似遵反猶
也喪其息浪反已比上音紀下毗志反以近附近之近暉許歸反字又作輝而耽丁南反
於樂音洛○
周易繫徐胡詣反本系也又音係續也字從毄若直作毄下系者音口奚反非○辭本亦作詞依字應作詞說也說
文云詞者意內而言外也辭不受也受辛者辤辭籒文辭字也上第七本亦作繫辭上王肅本皆作繫辭上傳訖於雜
卦皆有傳字本亦有无上字者韓伯注本亦作韓康伯注案王輔嗣止注大經講者相承用韓注繫辭以下續之

地卑如字又音婢本又作埤同其易之門本亦作其易之門戶斷矣丁亂反之分符問反章末注
同著矣張慮反見矣賢遍反注同縣象音玄雨施始豉反相摩本又作磨末何反京云相
礚切也礚音古代反馬云摩切也鄭注禮記云迫也迫音百相盪眾家作蕩王肅音唐黨反馬云除也桓云動也唯韓
云相推盪鼓之虞陸董皆云鼓鼓動也霆王肅呂忱音庭徐又徒鼎反又音定京云霆者雷之餘氣挺生萬物也說
文同蜀才云疑爲電運行姚作違行大始音泰王肅作泰坤作虞姚作坤化姚云化當爲作易知以豉
反訖章末同鄭荀董並音亦簡能如字姚云能當爲從而成位乎其中馬王肅作而易成位乎其中
繫辭音系卷內皆同焉而明吉凶虞本更有悔吝二字迭田節反剛柔者晝夜之象
虞作晝夜者剛柔之象三極陸云極至也馬云三統也鄭韓云三才也王肅云陰陽剛柔仁義爲三極能見賢遍
反易之序也陸云序象也京云次也虞本作象所樂音岳適會也虞本作所變而玩五亂反研玩也
馬云貪也鄭作翫翫之音又後同

爻者戶交反說文云交也小疵徐才斯反馬云瑕也辯吉凶如字京云明也虞董姚顧蜀才並云別也音彼
列反見乎賢遍反乎介音界注同王肅干韓云纖介也纖息廉反震无咎馬云震驚也鄭云懼也王
肅韓云動也周云威也險易以豉反注同京云險惡也易善也之否備鄙反天地準如字京云準等
也鄭云中也平也彌如字本又作彌綸音倫京云彌遍綸知也王肅云綸纏裹也荀云彌終也綸迹也天下之
道一本作天地俯以音甫察於一本作觀於反終鄭虞作及終之說如字宋衷始銳反云舍也
烟音因熅紆云反盡衆津忍反注同知周音智注同道濟如字鄭云道當作導不流如字京作
留樂天音洛注同虞作變天功贍先艷反範圍鄭云範法也馬王肅張作犯違張云犯違猶裁成也而
知如字荀爽荀柔之明僧知音智以上時掌反之稱尺證反下章及注同知者音智下之知注知者其知
仁知並同其分符問反鮮矣悉淺反注同師說云盡也鄭作尟馬鄭王肅云少也藏諸才剛反鄭作臧云善
也衣於既反被皮寄反則有經營之功也本亦无功字一本功作迹成象蜀本作盛象

爻法胡孝反馬韓如字云放也蜀才作效形詰去吉反大虛音泰下大極同欻爾況勿反自造
在早反下同稱極尺征反爲稱尺證反不禦魚呂反禁止也乎迩本又作邇音爾也專如字
陸作摶音同也翕虛級反斂也也闢舞亦反開也易簡以豉反知崇音智注同禮蜀才作體
卑必彌反本亦作俾徐音婢下同賾仕責反下同九家作冊京作嘖云債也典禮京作等禮姚作典禮以斷
丁亂反下注同惡也於嫁反荀作亞亞次也又烏路反馬鄭烏洛反並通言天下之至動而不可
亂也衆家本並然鄭本作至賾云賾當爲動九家亦作冊可遠袁萬反之惡烏路反錯之七各反
議之鄭姚桓玄荀柔之作儀之則盡律忍反子和明臥反注同靡之本又作縻亡池反徐又亡彼反
京作劉行發下孟反下同見乎賢遍反樞尺朱反王廙云戶樞也一云門臼機王廙云弩牙也先
號戶羔反咷道羔反或默亡北反字或作嘿利斷丁亂反王肅丁管反其臭昌又反
初六藉在夜反下同用白茅卯交反无咎或以此爲別章今不用苟錯七故反本亦作措

可重 直勇反 慎斯術也 時震反鄭干同一本作順師明義鄭云術道 不德 鄭陸蜀本作置鄭云置當
為德 下人 遐嫁反後同 為階 姚作機 為易者 本又云作易者 乘釁 許覲反 致寇至 徐或
作戎宋衷云戎誤 乘也者 如字一讀繩證反 慢藏 才浪反 誨 如字教也虞作悔謂悔恨 治容 音也
鄭陸虞姚王肅作野言妖野容儀教誨淫泆也王肅云作野音也 大衍 延善反又注演同鄭云衍演也干云合也王廙
蜀才云廣也 大極 音泰 掛一 卦買反別也王肅音卦 揲 時設反案揲猶數也說文云閱持也一音思頰反徐
音息列反鄭云取也 歸奇 紀宜反注下同 於扐 郎得反下同馬云指閒也荀柔之云別也 後掛 京作卦云再扐
而後布卦 之策 初革反字亦作筴 當 如字下同 期 本又作朞音朞同 而伸 本又作信音身 而長 丁丈
反 德行 下孟反 酬 市由反徐又音疇 酢 在洛反京作醋 與祐 音又助也馬云配也荀作侑
聖人之道 明僧紹作君子之道 以言者 下三句无以字一本四句皆有 如嚮 許兩反又作響 能與
音預下及注同 參伍 七南反 錯 七各反 綜 宗統反 天地之文 一本作天下虞陸本作之爻 无

壽 直周反 研 蜀才作揅 幾也 如字本或作機鄭云機當作幾幾微也 夫易開 王肅作闓音同 物成
務 一本无夫易二字 冒天 莫報反注同覆也 以斷 丁亂反下三章同 蓍 音尸 圓而 本又作貟音同
方以知 音智注同下知以叡知注神知皆同 有分 符問反 易以 以豉反韓音亦謂變易 貢 如字告也
京陸虞作工荀作功 洗心 劉瓛悉殄反盡也王肅韓悉禮反京荀虞董張蜀才作先石經同 洗濯 直角反 藏往
如字劉作藏善也 能與 音預 不殺 王鄭王肅干所戒反師同徐所例反陸韓如字 者夫 音符下同 齊戒
側皆反注同 以神明其德夫 荀虞顧絕句眾皆以夫字為下句一本无夫字 闔戶 胡臘反 闢戶
婢亦反王肅甫亦反 施生 始豉反 見乃 賢遍反 是故易有大極 大音泰注同大極无也馬云北
辰也王肅云此章首獨言是故者總眾章之意 无稱之稱 並尺證反 縣象 音玄 探 吐南反 賾 九家作册
索隱 色白反 亹亹 亡偉反 莫善乎蓍龜 本亦作莫大 見吉 賢遍反 河出 如字又尺
遂反下同 洛出 王肅作雒漢家以火德王故從各 又以尚賢也 鄭本作有以 子曰書不盡

如字又津忍反下同 之縕 紆粉反徐於憤反王肅又於問反 之與 烏報反 而上 時掌反 而錯 七故
反注同本又作措 之賾 本亦作之至賾 而裁 音才本又作財 默而成 本或作默而成之 德行 下孟反

周易繫辭下第八

而重 直龍反注同 明治 直吏反 繫辭 音係卷內皆同 而命 孟作明 或否 備鄙反 而斷
丁亂反 則見 賢遍反下及注皆同 趣時 七樹反 貞勝 姚本作貞稱 乎累 劣偽反 殉吉 辭俊
反後同 未離 力智反 壹會 丁迴反下同 貞觀 官換反又音官 貞夫 音符 確然 苦角反馬韓云
剛皃說文云高至 人易 以豉反下注同 隤然 大回反馬韓云柔皃也孟作退陸董姚作妥 像此 音象 施
生 始豉反 大寶 孟作保 曰人 王肅下伯玉桓玄明僧紹作仁 禁民 音金又金鴆反 包 本又作庖白交
反鄭云取也孟京作伏 犧 許宜反字又作羲鄭云鳥獸全具曰犧孟京作戲云伏服也戲化也 氏 包犧取大皞三皇之
最先 之王 于況反 不究 九又反 為罟 音古馬姚云猶网也黃本作為网罟云取獸曰网取魚曰罟 以

佃 音田本亦作田 以漁 音魚本亦作魚又言庶反馬云取獸曰佃取魚曰漁 斲木 陟角反 為耜 音似京云
耒下耓也陸云廣五寸耓音勑丁反 為耒 力對反京云耜上句木也說文云耜曲木垂所作字林同力隹反徐力猥反垂
造作也木或揉木為之耒耨非 耒耨之利 奴豆反馬云鉏也孟云耘除草 為市 世本云祝融為市宋衷云顓頊
臣也說文云市時止反 噬 市制反 嗑 胡臘反 不解 佳賣反 易窮則變變則通通則
久 一本作易窮則變通則久 祐之 音又本亦作佑 下治 直吏反章末同 以別 彼列反一本作辯 刳 本又
作剡口孤反徐又口溝反 掞 以冉反亦作剡 楫 本又作檝將輙反下同徐音集又子入反方言云楫謂之橈或謂之櫂說
文云楫舟櫂也 致遠以利天下 一本无此句 諸渙 音喚 以利天下蓋取諸隨 一本
无以利天下一句 重門 直龍反 柝 他洛反馬云兩木相擊以行夜說文作㯓字林他各反同 暴客 白報反鄭
作虣 斷木 丁緩反又徒緩反斷斷絕 為杵 昌呂反 掘地 其月反又其勿反 為臼 求酉反 為弧
音胡說文云木弓 剡木 以冉反字林云銳也因冉反 諸睽 苦圭反又音圭 則爭 爭鬬之爭下同 厚衣

於既反朞期並如字无數色具反棺椁上音官下音郭而治直吏反下同書契苦計反
決斷都亂反象也者像也衆本並云像擬也孟京虞董姚還作象卦奇紀宜反注同德行
下孟反下同畫奇音獲下同憧憧本又作憧昌容反以貫古亂反屈也巨勿反下同信也
本又作伸同音申下同韋昭漢書音義云古伸字尺蠖紆縛反蟲名也徐又烏郭反龍虵本又作蛇同之
蟄直立反全身本亦作存身思慮息吏反而累劣偽反蒺音疾藜音黎死其其亦作期
射食亦反下注同隼恤允反高墉音容不括古活反結也結閡五代反不懲直升反屨
俱遇反校胡孝反下同滅趾本亦作止弗去羌呂反何校河可反又音河其治直吏反下同
知小音智尟不本亦作鮮仙善反少也折足之設反覆公芳六反餗音速馬作粥形渥
於角反不勝音升而上時掌反未離力智反先見賢遍反介于徐音戒衆家作介徐云王
廙古黜反斷可丁亂反注同復行扶又反注復行同造形七報反之分符問反无祇韓音

祁支反注同王廙輔嗣音支舍凶音捨絪本又作氤同音因緼本又作氳紆云反化醇音淳易其
以豉反不迕五路反字亦作忤其易之門邪本又作門戶邪之撰仕勉反下章同數也廣雅云定
也王肅士眷反數也色柱反爻繇直救反下同服虔云抽也抽出吉凶也韋昭云由也吉凶所由而出也於
稽古兮反考也闡幽昌善反明也辯物如字徐扶勉反別也斷辭丁亂反注同辭文如字音問
而中丁仲反注同因貳音二鄭云當為式民行下孟反注同所蹈徒報反之柄兵病反
之脩如字鄭云治也馬作循之辯如字王肅卜免反不厭於豔反注同後易以豉反注同長
裕丁丈反注同其施始豉反下同巽稱尺證反又尺升反和行下孟反以遠于萬反注同
不濫力暫反可遠馬王肅韓袁萬反注皆同師讀如字上下時掌反章末同趣舍音捨處昧音妹
而揆葵癸反度也其方馬云方道能循似倫反以度待洛反以要一遥反下文要終同其
要於妙反易知以豉反撰德鄭作算云數也噫於其反王肅於力反辭也馬同亦要一妙反絕句又

一遥反絕句至吉凶則居馬如字處也師音同鄭王肅音基知者音智彖辭吐貫反馬云彖辭卦辭也鄭云
爻辭也周同王肅云彖舉象之要也師說通謂爻卦之辭也一云即夫子彖辭則思息吏反貫之古亂反轉
近附近之近下章以近同而上時掌反須援于眷反剛勝升證反一音升勝其音升閑邪
似嗟反其當如字下當文王同紂直又反當難乃旦反能亨許庚反易者以豉反注同
其治直吏反德行下孟反下德行同易以以豉反下注險易同知阻莊呂反能說音悅注同
亹亹亡偉反鄭云沒沒也王肅云勉也役思息吏反探七南反射食亦反不厭於豔反以
盡津忍反下同愛惡烏路反注同鄭烏洛反泯然亡忍反比爻毗志反辭枝音支誣善
音無

周易說卦第九

幽贊本或作讚子旦反幽深也贊明也蓍音尸說文云蒿屬生千歲三百莖易以為數天子九尺諸侯七尺大夫五

尺士三尺毛詩草木疏云以蓍蕭青色科生鴻範五行傳云蓍百年一本生百莖論衡云七十歲生一莖七百歲生十莖神靈
之物故生遲也史記云生滿百莖者其下必有神龜守之其上常有雲氣覆之淮南子云上有叢蓍下有伏龜如嚮香兩
反本又作響參七南反又如字音三天或作夫者非而倚於綺反馬云依也王肅其綺反云立也虞同蜀才作
奇通數色具反參奇紀宜反觀變一本作觀變化發揮音輝鄭云揚也王廙韓云散也盡性津忍
反要其一遥反迭用田節反六位而成章本又作六畫相薄旁各反陸云相附薄也馬
鄭顧云薄入也相射食亦反虞陸董姚王肅音亦云厭也數往色具反又色主反而數色主反下文同晅
況晚反京云乾也本又作晅徐古鄧反又音香元反以說音悅後皆同嚮明許亮反而治直吏反妙
萬物如字王肅作眇音妙董云眇成也撓徐乃飽反王肅乃教反又呼勞反熯王肅云呼但反火氣也徐本作
暵音漢云熱暵也說文同莫盛是政反鄭音成云襄也水火不相逮音代一音七計反鄭宋陸王肅王廙
无不字悖必內反逆也為豕京作彘為狗音苟一索色白反下同馬云數也王肅云求也長男

丁丈反下長女長子皆同 中男丁仲反下同 少男許照反下必之皆同 爲圜音圓 瘠在亦反下同王廙云健之甚者爲多骨也京荀作柴云多筋幹 駹邦角反 爲釜扶甫反 爲吝京作遴 嗇音色 爲柄彼病反 爲龍如字虞干作駹虞云倉色干云雜色 爲旉王肅音孚干云花之通名鋪爲花象謂之敷本又作尃如字虞同姚云專一也鄭市戀反 蒼筤音郎或作琅通 萑音丸廣雅云蓷也蓷音狄 葦韋鬼反蘆 馵主樹反京作朱荀同 陽在下 的丁歷反說文作馰 顙桑黨反的顙曰顛 反生麻豆之屬反生戴莩甲而出也虞作阪云陵阪也陸云反當爲反 蕃音煩 鮮息連反 爲臭昌又反王肅作爲香臭 寡髮如字本又作宣黑白雜爲宣髮 爲廣如字鄭作黃 爲近附近之近 三倍步罪反 其究九又反 矯紀表反一本作撟同 輮如九反王肅奴又反又女九反又如又反馬鄭陸王肅本作此宋衷王廙作揉宋云使曲者直直者曲爲揉京作柔荀作橈 弓輪姚作倫 美脊精亦反 爲亟紀力反王肅去記反荀作極云中也 爲薄傍博反 蹄徒低反 爲曳以制反 眚生領反王廙云病也 甲胄直又反 乾卦古丹反鄭云乾當爲幹陽在以能幹正也董作幹 鼈卑列反本又作鱉同 蟹戶賣反 蠃力禾反京作螺姚作蠡 蚌步項反本又作蜯同 科苦禾反空也虞作折 槁苦老反鄭作槀干作熇 爲徑古定反 果蓏力火反馬云果桃李之屬蓏瓜瓠之屬應劭云木實曰果草實曰蓏說文云在木曰果在地曰蓏張晏云有核曰果无核曰蓏京本作果墮之字 閽音昏 寺如字徐音侍亦作閽字 黔其廉反徐音禽王肅其嚴反鄭作黚謂虎豹之屬貪冒之類 喙況廢反徐丁遘反 爲堅多節本无堅字 爲巫亡符反 附決如字徐音穴 剛鹵力杜反鹹土也 爲羊虞作羔此六子依求索而爲次第也本亦有以三男居前三女後從乾健也章至此韓无注或有注者非也荀爽九家集解本乾後更有四爲龍爲直爲衣爲言巛後有八爲牝爲迷爲方爲囊爲裳爲黃爲帛爲漿震後有三爲王爲鵠爲鼓巽後有二爲楊爲鸛坎後有八爲宮爲律爲可爲棟爲叢棘爲狐爲蒺蔾爲桎梏離後有一爲牝牛艮後有三爲鼻爲虎爲狐兑後有二爲常爲輔頰注云常西方神也不同故記之於此

周易序卦第十

之穉直吏反本或作稚 爭爭鬭之爭下同 所比毗志反下注同 所畜敕六反本亦作蓄下及雜卦同

以否備鄙反下同 以觀官喚反 亨則許庚反鄭許兩反徐音向同 實塞息浪反 所錯七各反注同徐七路反 之緼紆粉反本又作薀 遠小人袁万反 有難乃旦反下同 以解音蟹下同 決邪似嗟反 而上時掌反 去故起吕反下同 以和胡臥反又如字 齊才細反又如字 若長丁丈反 說音悅下及注同 行過下孟反

周易雜卦第十一

韓云雜糅衆卦也孟云雜亂也

雜糅如又反 比毗志反下同 樂音洛注同 臨觀古亂反 屯見賢遍反注及下皆同鄭如字 經綸本又作論音倫又力門反 上升時掌反下丈反離上并注同 豫怠如字姚同京作治虞作怡 則飭音敕注同整治也鄭本王肅作飾 剝爛老旦反 晝也竹又反 誅也荀云誅滅也陸韓云傷也 解音蟹 難也乃旦反 衆終荀作 去故起吕反 豐多故衆家以此絕句 親寡旅也荀本豐多故親絕句寡旅也別爲句 道長丁丈反

周易釋文校勘記

阮元撰盧宣旬摘録

字從日下月閩監本同宋本下有正从日勿四字盧本下从作從

第一宋本此二字另提行

乾

乾依字作乾下乙乾從旦㫃㫃音偃○閩本同監本脫此十三字宋本乾並作亁盧本同是也

无通於无者王述說○宋本閩監本同盧本无作元述作育

无悶門遜反○宋本盧本同閩監本遜作遯○按盧刻多升出於宋本

閑邪以嗟反○補通志堂本盧本以作似案似字是也

怵敕律反○宋本閩監本同案敕字是也盧本作勅依集韻改

就燥蘇早先早二反○補通志堂本盧本先早作先皁案皁字是也宋本皁作皂俗字閩本亦誤早監本作告

以辯徐便免反○補閩監本同宋本盧本便作扶案便免卽集韻之平免扶字非也

坤

○閩監本同盧本改巛

坤本又作巛巛今字也○宋本閩監本同盧本巛並改坤案坤正字巛假借字說詳王引之經義述聞

利牝又扶死反○宋本閩本盧本同監本死作允

括方言云閑也○補閩監本同宋本盧本閑作閉是也

閉必計反字林方結反○補舊本必作心閩本亦作必監本盧本同又方作兵宋本方作力案必字兵字是也

之飾字是也本或作飭○補閩本同宋本作餝監本盧本作餝案餝

嫌鄭作謙荀虞陸董作嗛○閩監本同宋本嗛作兼盧本謙改溓

屯

得主則定本亦作寍寧○補閩監本同宋本盧本寍寧作則寧按則寧是也

經綸經綸匡濟也本亦作倫○補閩監本同宋本盧本綸作論倫作綸是也

邅如○閩監本盧本同宋本作亶如○按亶邅正俗字

乘馬馬牡牡曰乘○補閩本同宋本盧本上牡字作牝監本作四

相近下近五同○補盧本同閩監本五作王十行本模糊今改五宋本作並誤

如舍式夜反○補通志堂本盧本式作武

蒙

梏小爾雅云○宋本同閩監本爾作廣盧本亦作廣無小字○按作廣是也

擊去起吕反○閩監本盧本同宋本作繫去宋本起作紀○按當作起

需

需字從兩重而者非○宋本閩監本同盧本兩改雨

雲上干寶云外也○補閩監本同宋本盧本外作升閩本干誤于按升字是也

宴徐烏殄反安也下同鄭云享宴也李暫烏衍反○補閩監本同宋本下作干宴作宜並誤盧本暫作軌是也

於難下及文皆同○閩監本同宋本作及下文盧本作下文及注皆同

于沙鄭作沚○宋本閩監本同盧本沚改沙

訟

褫徐敕紙反本又作褫鄭本作拕徒何反○補宋本敕作致褫作補閩監本褫作褫盧本褫作褫何作可云褫或體㱙本褫虍下作市譌今改

師

天寵光耀也○宋本閩監本同盧本耀作燿

比

比 徐又甫履反○補宋本閩本盧本同盧文弨云舊本作補今據錢本正案作甫非舊本是也

小畜

車說 說云解也○補通志堂本盧本說下有文字是也盧文弨云今說文作說釋也

履

坦坦 吐但反說文云文也○補閩監本同宋本盧本但作旦下文字作安案安字是也

跛 依字作彼○補宋本閩監本彼作破盧本破改彼云舊本作破譌今從雅雨本正案所改是也彼正字隸變而爲跛行本模糊今正

泰

荒 本亦作巟○補盧本荒作巟巟作㠩云舊譌作充案巟㠩並从巛下荒穢同

否

同人

不克則反反則得吉也 ○閩監本盧本同宋本作反則得則得則則吉也

大有

大車 剛徐反蜀才作輿○補閩本同宋本盧本徐作除監本剛除誤荆余才誤本

用亨 干云亨宴也○補閩監本同宋本盧本亨作享

謙

謙 云二謙也○補閩監本同宋本盧本二作嗛案嗛字是也

名者聲名聞之謂也 ○宋本閩本盧本同監本上名改鳴○按監本是也

豫

他奮 ○補閩監本同宋本盧本他作地案地字是也

薦 本又作廌○補閩監本同宋本盧本廌作薦

隨

蠱

以振 振仁厚也○補通志堂本盧本作振振仁厚也

不累 力僞反○補宋本閩本同監本盧本力作劣

臨

無疆 ○補宋本閩監本同盧本無作无

觀

而不薦 本又作薦同牋練反王肅本作而觀薦○補宋本盧本本作王薦作廌而觀薦作而不觀薦案王字非也豫殷薦釋文云本又作薦此當與彼同閩監本亦是本字唯此觀薦上當有不字誤脫耳

者狹 戶夾反○閩監本盧本同宋本戶作下

噬嗑

噬 市利反○補閩監本同宋本盧本利作制案制字是也

腊肉 而煬於日○補宋本閩本同監本盧本同日作火

胏 字林云含食所遺也○補宋本閩監本同盧本含作㑹○按盧依說文改也

何校 又音何○宋本閩監本同盧本何改河

賁

賁 鄭云變也○閩監本盧本同宋本變作有

其須 水邊作非○宋本閩本盧本同監本非上有須字誤

皤 鄭陸作蟠音煩○補宋本蟠作燔閩本作膰監本盧本作蹯

翰鄭云白也。宋本閩監本同盧本白作幹。按盧作幹是也

剝

貫魚徐音宮。補閩本同宋本盧本宮作官監本作館案官字是也

復

復音服。宋本盧本同閩本服作復監本作覆

無祇九家本作多。補宋本閩監本同祇宋本作祇盧本無祇作无祇多作敍案盧挍是也

頻復本又作頻馬云憂嚬也。補宋本閩監本同盧本頻嚬互易

大畜

篤實輝音揮。補閩監本同宋本盧本輝作煇宋本音揮作音輝

輹輹似人屐又曰伏菟上軸上似之。補閩監本同宋本輹作屐非盧本上軸作在軸案在字是也

艮馬逐鄭本作逐逐云兩馬疋也姚云逐逐疾並驅之皃。補閩本同宋本上逐逐下有衍字疾作姚非監本疋作是亦非盧本疋作走案走字是也

險阨於厄反。補閩監本同宋本盧本厄作革案革字是也

頤

朶京作瑞。補閩監本同盧本瑞作揣盧文弨云舊本從木譌今從宋本錢本正

虎視又常止反。宋本閩本同監本盧本常作市。按常是也

逐逐志林云。宋本閩本盧本同監本志作字

施賢。閩監本盧本同宋本賢作贒

得頤一本作得順。宋本閩本盧本同監本得誤德

大過

弱下救其二。補閩監本同宋本盧本二作弱案二字誤也

習坎

窞王肅又作陵感反。補盧本同宋本陵作徒

枕徐舒鴆反。補閩監本同宋本盧本舒作針按針字是也

祇又上支反。宋本閩本盧本同監本上作止。按監本是也

寘姚作寔寔置也。宋本閩本盧本同監本寔並作寘非是

離

牝又扶死反。宋本閩本盧本同監本死作允

涕徐他木反。補閩本同監本木誤李宋本盧本木作米案米字是也

若閩監本同宋本盧本作嵯是也

恒

而分。此條各本俱在詰去吉反下盧本移在德行條上。按盧本是也

遯

遯匿亦避時。補閩監本同宋本盧本亦作迹案迹字是也

夫靜。此條各本俱在非否條上盧本移在恒卦末按盧本是也

大壯

于易謂佼易也謂壃埸也。宋本閩監本盧本同壃埸閩監本作疆場

晉

接鄭云捷。補閩監本同宋本盧本云作音按音字是也

鼫一名鼫。補閩監本同宋本盧本鼫下有鼠字案有者是也今正

得。補閩監本同宋本盧本得上有失字案有者是也

明夷

最遠也下袁難同。補閩監本同宋本盧本袁作遠案遠字是也

夷于京作睇。補宋本盧本同盧文弨云舊本京作亦今正閩監本作京作䏲

左股日隨天左音也姚作右槃云自辰右旋入丑。補盧本音作旋是也閩監本旋誤行槃誤樂宋本下右字誤在

南狩手又反本亦作守同。宋本盧本同此十行本缺又作二字閩監本又誤救作誤與案此救與二字乃閩本以意補十行本之缺故誤。補又作二字今正

家人

樂樂。補閩監本同宋本盧本上樂字作愛案愛字是也

睽

睽目不相視也。閩監本同宋本盧本視作聽。按聽字是也

解

用射食亦反注下同。補閩監本盧本同宋本注下作下注

損

損豫本反省減之義也又訓失序卦云損必有所失。補閩監本同宋本盧本豫作孫省作虧損作緩是也

徵劉懲云清也蜀才作證。補閩本同監本徵作懲劉懲云作劉云懲蜀才作蜀本盧本證作澂云舊本澄據訓云清也則當作澂

益

無疆。補宋本閩本同監本盧本無作无

用圭王肅作用恒圭。補閩監本同宋本盧本恒作桓案桓字是也

用費。宋本閩監本同盧本用改不。按注云惠而不費作不是也

無厭。宋本閩監本同盧本無改无

夬

夬使也。補閩監本同宋本盧本使作決案決字是也

齊長丁丈反徐上六象注同。補盧本徐作除案除字是也

莫夜鄭如字云無也無夜非一夜。補案此不誤無夜非一夜正是鄭訓莫爲無之義盧本無夜作莫夜非

次本亦作趑或作跌說文及鄭作趑同。補閩監本同宋本盧本上趑作𧻸跌作趹下趑作趑案趑字是也

陸陸當睦也虞云莧萁也陸商也。補閩監本同盧本萁作說商作和云舊作陸商陸也則與馬鄭同非又說也作萁也或作萁也和也作商也皆譌今據宋本正莧通莞故訓說陸通睦故訓和案張惠言周易虞氏義作莧說也陸和睦也與盧本合

姤

誥四方正也。補宋本閩監本同盧本正作止

蹢一本作鄭古文作蹢。補宋本盧本鄭作躑下蹢字作蹢案躑字蹢字是也閩監本亦作蹢非

以杞馬云大本也柳柔脆木也。補閩監本同宋本馬誤禹脆作楖盧本大本作大木脆作韌

萃

除戎器本亦作鍺。補宋本盧本鍺作儲閩監本鍺誤錯案儲字是也

升

冥見經反。補盧本見作覓

困

株木張一反。補閩本同宋本一作愚監本一作于盧本一作慮案宋本是也

數歲邑柱反○宋本閩監本同盧本柱改主

刖方刮反○補閩本同宋本方作王監本方作於盧本方作五案五字是也

藟幽州人謂之推虆○補盧本推作蓷

（井）

無喪○宋本閩監本同盧本無作无

以勞力報反二同○補宋本盧本二作注是也閩監本作下

甕說文作罋○宋本閩本同盧本甕改雍非監本罋作甕俗字○按依說文當作罋从缶雝聲

甃本云以甎壘井曰甃○補閩監本同宋本盧本本作干案干字是也

洌潔也○補閩監本同宋本盧本潔作絜按絜正字潔俗字

（革）

（鼎）

以爲○宋本閩監本同盧本下增子字是也

雉膏食之美也○補閩監本同宋本盧本也作者案者字是也

（震）

以成成亦作威○補閩監本盧本同宋本威作盛

漸

衎衎馬云饒衍○補盧本饒衍作饒行

（歸妹）

知弊釋也反○補盧本作婢世反

以須荀陸作孺○補閩監本同宋本盧本孺作嬬

承筐郑作筐○補宋本承筐作承匡郑作鄭閩監本盧本筐作匡案宋本是也

（豐）

則溢本或作則方益者非○補宋本閩本盧本益作溢監本方誤云

沬鄭干作常○補盧本常作芾云舊本鄭干作芾之芾作韋字乃後人所臆改不知訓小之芾乃蔽芾之芾鄭干作芾乃朱芾之芾二字義本不同今從宋本正錢本同

豐其屋說文作豐○閩監本同宋本作寷盧本作寷是也

（旅）

不快苦夬反○宋本盧本同閩監本苦作革○按革字誤

（渙）

血去○此條各本在逖湯歷反下盧本移在上是也

（中孚）

爾靡本又作縻又亡彼反京作劘○宋本盧本縻作縻亡彼宋本作亡波閩監本劘作劘

（小過）

不宜上上六注上亦同○宋本閩監本同盧本亦作極○按盧是也

故令力呈反注同○宋本閩監本同盧本注作下○按盧是也

陽已上故止也故少陰上○補閩監本同宋本盧本上作止案止字是也

（既濟）

衣袽說文作絮○閩監本同宋本盧本絮作絮下絮塞同

（繫辭上）

周易繫徐胡詣反字從毄若直作毄下系者○補閩本同監本詣作計盧本詣作詣從毄下有下系二字系者系

字作系案詣字是也古用毄爲系字陸氏謂字作毄不誤若作繫則音口奚反說文所謂繫繢也繫繢惡絮也上音溪下音題陸氏大字當云周易毄小字字從毄當云本作毄

霆 疑爲電○補閩監本盧本同盧文弨云舊本疑作凝非

震无咎 周云威也○補閩監本同宋本盧本威作救

盡衆○補閩監本同宋本盧本衆作聚案聚字是也

功贍 先豔反○補閩本同監本先作失宋本盧本先作涉案涉字是也

而知 明僭知音智○補盧本僭知作僭絽是也十行本原闕僭字今正

成象 蜀本作盛象○補閩監本同宋本盧本作蜀才案才字是也

甲 本亦作俾○補閩監本同宋本盧本俾作埤

賾 云債也○補閩監本同宋本盧本債作情案情字是也

周易釋文挍勘記　十一

典禮 姚作典禮○補盧本作姚作典體

之惡○補盧本作惡之云舊誤倒今從官本改正

議之 鄭姚○補盧本鄭作陸

子和 明臥反○補盧本明作和

愼斯術也 師明義○補閩監本同宋本盧本明作用

不德 蜀本作置○補盧本作蜀才作置案才字是也

期 音朞○補盧本朞作基

以斷 下二章同○補十行本二字缺宋本盧本有今正閩監本誤作一

洛出 故從各○補閩監本同宋本盧本各下有隹字

之奧○補盧本作淵奧云淵舊本作之疑避唐諱因致譌今依毛本正

繫辭下

盡會 丁廻反○補盧本丁廻作津忍

貞觀 官換反○補盧本換作喚云舊本作換譌今依前例作喚宋本錢本作煥

隤然 人回反○補盧本人作大

氏 包犧取大皞○補閩監本同宋本盧本取作氏案氏字是也

下治 草木同○補閩監本同宋本盧本草木作章末是也

暴客 鄭作虣○補閩監本同宋本盧本虣作虣是也

介于 衆家作介○宋本作介作作砎

數也 邑柱反○補盧本柱作主云主舊作柱譌宋本作拄亦非仍據前後例改作主

說卦

周易釋文挍勘記　十二

發揮 音輝○補宋本盧本同閩監本音輝作音揮十行本輝字模糊今正

撓○補盧本撓作橈案橈正字撓俗字

水火不相逮 一音七計反○補盧本七作大

少男 許黨反下必之皆同○補盧本許黨作詩照必之作少女

騅○補閩監本同宋本盧本作駁是也

爲旉 鋪爲花泉謂之敷○補閩本同宋本泉作皃盧本作貌敷作蘛案皃字是也監本作朶亦非

蓍筤○補盧本筤作莨

顙 的顙曰顛○補閩監本同宋本盧本曰作白

反生 麻豆之屬陸云反當爲反○補十行本麻字缺今正閩監本麻作蹴宋本盧本作麻陸云反作陸云阪監本作坂案阪字是也

蟜一本作橋。補盧本橋作憍

乾卦古兎反陽在以能幹正也。補宋本盧本兎作丹以作外監本兎作完在作性閩本亦作性

鱉本又作鱉。補盧本作本又作鼈

蟹戶賣反。宋本閩本同監本盧本賣作買是也

果蓏在地曰瓜。補盧本瓜作蓏

黔鄭作黚。補閩監本同宋本盧本黚作黜

爲堅多節本無堅字。補閩監本同宋本盧本作一本无堅字

爲羊爲首爲作爲楊爲可爲叢棘爲此字。補盧本首作直作作牝此字作牝牛是也閩監本亦誤爲首爲作宋本爲楊作爲揚監本爲可作爲河宋本爲叢棘作爲叢梗閩監本此字二字缺

周易釋文挍勘記

重栞宋本尚書注疏附挍勘記

嘉慶二十年江西南昌府學開雕

太子少保江西巡撫兼提督揚州阮元審定武寧縣貢生盧宣旬校

欽定四庫全書總目　尚書正義二十卷

舊本題漢孔安國傳其書至晉豫章內史梅賾始奏於朝唐貞觀十六年孔穎達等爲之疏永徽四年長孫無忌等又加刊定孔傳之依託自朱子以來遞有論辯至

國朝閻若璩作尚書古文疏證其事愈明其灼然可據者梅鷟尚書考異攻其注禹貢瀍水出河南北山一條積石山在金城西南羌中一條地名皆在安國後朱彝尊經義考攻其注書序東海駒驪扶餘馯貊之屬一條謂駒

驪王朱蒙至漢元帝建昭二年始建國安國武帝時人亦不及見若璩則攻其注泰誓雖有周親不如仁人與所注論語相反又安國傳有湯誓而注論語予小子履一節乃以爲墨子所引湯誓之文（案安國論語注今佚此條乃何晏集解所引）皆證佐分明更無疑義至若璩謂定從孔傳以孔穎達之故則不盡然考漢書藝文志敘古文尚書但稱安國獻之遭巫蠱事未立於學官不云作傳而經典釋文敍錄乃稱藝文志云安國獻尚書傳遭巫蠱事未立於學官始增入一傳字以證實其事又稱今以孔氏爲正則定從孔傳者乃陸德明非自穎達惟德明於舜典下注云孔氏傳亡舜典一篇時以王肅注頗類孔氏故取王注從慎徽五典以下爲舜典以續孔傳又云曰若稽古帝舜曰重華協于帝十二字是姚方興所上孔氏傳本無阮孝緒七錄亦云方興本或此下更有濬哲文明溫恭允塞玄德升聞乃命以位凡二十八字異聊出之於王注無施也則開皇中雖增入此文尚未增入孔傳中故德明

云爾今本二十八字當爲穎達增入耳梅賾之時去古未遠其傳實據王肅之注而附益以舊訓故釋文稱王肅亦注今文所解大與古文相類或肅私見孔傳而祕之乎此雖以末爲本未免倒置亦足見其根據古義非盡無稽矣穎達之疏晁公武讀書志謂因梁費甝疏廣之然穎達原序稱爲正義者蔡大寶巢猗費甝顧彪劉焯劉炫六家而以劉焯劉炫最爲詳雅其書實因二劉非因費氏公武或以經典釋文所列義疏僅甝一家故云然

歟朱子語錄謂五經疏周禮最好詩禮記次之易書爲下其言良允然名物訓故究賴之以有考亦何可輕也

尚書正義序

國子祭酒上護軍曲阜縣開國子臣孔穎達奉

勑撰

夫書者人君辭誥之典右史記言之策古之王者事總萬機發號出令義非一揆或設教以馭下或展禮以事上或宣威以肅震曜或敷和而散風雨得之則百度惟貞失之則千里斯謬樞機之發榮辱之生絲綸之動不可不慎所以辭

不苟出君舉必書欲其昭法誡慎言行也其泉源所漸基於出震之君黼藻斯彰郁乎如雲之后勳華揖讓而典謨起湯武革命而誓誥興先君宣父生於周末有至德而無至位修聖道以顯聖人芟煩亂而翦浮辭舉宏綱而撮機要上斷唐虞下終秦魯時經五代書總百篇採翡翠之羽毛拔犀象之牙角罄荆山之石所得者連城窮漢水之濱所求者照乘巍巍蕩蕩無得而稱郁郁紛紛於斯爲盛斯乃前言往行足以垂法將來者也暨乎七雄已戰五精未聚儒雅與深穽同埋經典共積薪俱燎漢氏大濟區宇廣求遺逸採古文於金石得今書於齊魯其文則歐陽夏侯二家之所說蔡邕碑石刻之古文則兩漢亦所不行安國注之寔遭巫蠱遂寢而不用歷及魏晉方始稍興故馬鄭諸儒莫覩其學

所注經傳時或異同晉世皇甫謐獨得其書載於帝紀其後傳授乃可詳焉但古文經雖然早出晚始得行其辭富而備其義弘而雅故復而不厭久而愈亮江左學者咸悉祖焉近至隋初始流河朔其爲正義者蔡大寶巢猗費甝顧彪劉焯劉炫等其諸公旨趣多或因循怗釋注文義皆淺略惟劉焯劉炫最爲詳雅然焯乃織綜經文穿鑿孔穴詭其新

見異彼前儒非險而更爲險無義而更生義竊以古人言誥惟在達情雖復時或取象不必辭皆有意若其言必託數經悉對文斯乃鼓怒浪於平流震驚飆於靜樹使教者煩而多惑學者勞而少功過猶不及良爲此也炫嫌焯之煩雜就而删焉雖復微稍省要又好改張前義義更太略辭又過華雖爲文筆之善乃非開奬之路義既無義文又非文欲使後生若爲領袖此乃炫之所失未爲得也今奉

明勑考定是非謹罄庸愚竭所聞見覽古人之傳記質近代之異同存其是而去其非削其煩而增其簡此亦非敢臆說必據舊聞謹與朝散大夫行太學博士臣王德韶前四門助教臣李子雲等謹共銓敘至十六年又奉

勑與前修疏人及通直郎行四門博士驍騎尉臣朱長才給事郎守四門博士上騎都尉臣蘇德融登仕郎守太學助教雲騎尉臣隨德素儒林郎守四門助教雲騎尉臣王士雄等對

勑使趙弘智覆更詳審爲之正義凡二十卷庶對揚於聖範冀有益於童稚略陳其事敘之云爾

尚書正義序終

江西鹽法道胡稷栞

附釋音尚書注疏卷第一

國子祭酒上護軍曲阜縣開國子臣孔穎達等奉

勑撰

尚書序

釋文此孔氏所作述尚書起之時代并敘爲注之由故相承講之今依舊爲音 疏 正義曰道本沖寂非有名言既形以道生物由名舉則凡諸經史因物立名物有本形形從事著聖賢闡教事顯於言言愜羣心書而示法既書有法因號曰書後人見其久遠自於上世尚者上也言此上代以來之書故曰尚書且言者意之聲書者言之記是故存言以聲意立書以記言故易曰書不盡言言不盡意是言者意之筌蹄書言相生者也書者舒也書緯璿璣鈐云書者如也則書者寫其言如其意情得展舒也又劉熙釋名云書者庶也以記庶物又爲著言事得彰著五經六籍皆是筆書此獨稱書者以彼五經者非是君口出言卽書爲法所書之事各有云爲遂以所爲别立其稱稱以事立故不名書至於此書者本書君事事雖有别正是君言言而見書因而立號以此之故名異諸部但諸部之書隨事立名名以事舉要名立之後亦是筆書故百氏六經總曰書也論識所謂題意别名各自載耳昭二年左傳曰晉韓起適魯觀書於太史氏見易象與魯春秋此總名書也序者言序述尚書起存亡注說之由序爲尚書而作故曰尚書序周頌曰繼序思不忘毛傳云序者緒也則緒述其事使理相胥續若繭之抽緒但易有序卦子夏作詩序孔子亦作尚書序故孔君因此作序名也鄭玄謂之贊者以序不分散避其序名故謂之贊贊者明也佐也佐成序義明以注解故也安國以孔子之序分附篇端故已之總述亦謂之序事不煩重義無所嫌故也

古者伏犧氏之王天下也始畫八卦造書契以代結繩之政由是文籍生焉。伏犧氏伏古作虙犧本又作羲亦作戲辭皮反說文云賈侍中說此犧非古字張揖字詁云羲古字戲今字一號包羲氏三皇之最先風姓母曰華胥以木德王卽太皡也王于況反畫乎麥反卦俱賣反契苦計反書者文字契者刻木而書其側故曰書契也一云以書契約其事也鄭玄云以書書木邊言其事刻其木謂之書契也結繩易繫辭上。上古結繩以治後世聖人易之以書契文文字也籍 疏 古者至生焉。正義曰代結繩者言前世之政用結繩今有書契以代之則伏犧時始有文字以書事故曰由是文籍生焉自今本昔曰古古者以聖德伏物教人取犧牲故曰伏犧字或作宓犧音亦同律歷志曰結作網罟以取犧牲故曰伏犧或曰包犧言取犧而包之顧氏讀包爲庖取其犧牲以供庖廚顧氏又引帝王世紀云伏犧母曰華胥有巨人跡出於雷澤華胥以足履之有娠生伏犧於成紀蛇身人首月令云其帝太昊繫辭云古者包犧氏之王天下也是直變包言伏耳則伏犧是皇言王天下者以皇與帝王據跡爲優劣通亦爲王故禮運云昔者先王亦謂上代爲王但自下言之則以上身爲王據王身於下謂之王天下也知伏犧始畫八卦者以繫辭云包犧氏之王天下也後乃云始畫八卦以通神明之德以類萬物之情故知之也知時造書契以代結繩之政者亦以繫辭云上古結繩而治後世聖人易之以書契蓋取諸夬是造書契可以代結繩也彼直言後世聖人知是伏犧者以理比況而知何則八卦畫萬物之象文字書百事之名故繫辭曰仰則觀象於天俯則觀法於地觀鳥獸之文與地之宜近取諸身遠取諸物始畫八卦是萬象見於卦然畫亦書也與卦相類故知書契亦伏犧時也由此孔意正欲須言伏犧時有書契本不取於八卦今云八卦者明書卦相類據繫辭有畫八卦之成文而言明伏犧造書契也言結繩者當如鄭注云爲約事大大其繩事小小其繩王肅亦曰結繩識其政事是也言書契者鄭云書之於木刻其側爲契各持其一後以相考合若結繩之爲治孔無明說義或當然說文云文者物象之本也籍者借也借此簡書以記錄政事故曰籍蓋取諸夬夬者決也言文籍所以決斷宣揚王政是以夬繇曰揚于王庭繫辭云包犧氏之王天下又云作結繩而爲罔罟蓋取諸離彼謂結罔罟之繩與結爲政之繩異也若然尚書緯及孝經讖皆云三皇無文字又班固馬融鄭玄王肅諸儒皆以爲文籍初自五帝亦云三皇未有文字與此說不同何也又蒼頡造書出於世本蒼頡豈伏犧時乎且繫辭云黃帝堯舜爲九事之目末乃云上古結繩以治後世聖人易之以書契是後世聖人卽黃帝堯舜何得爲伏犧哉孔何所據而更與繫辭相反如此不同者藝文志曰仲尼沒而微言絕七十子喪而大義乖況遭秦焚書之後羣言競出其緯文鄙近不出聖人前賢共疑有所不取通人考正僞起哀平則孔君之時未有此緯何可引以爲難乎其馬鄭諸儒以據文立說見後世聖人在九事之科便謂書起五帝自所見有異亦不可難孔也而繫辭云後世聖人在九事之下者有以而然案彼文先歷說伏犧神農蓋取下乃云黃帝堯舜垂衣裳而天下治蓋取諸乾坤是黃帝堯舜之事也又舟檝取渙服牛取隨重門取豫臼杵取小過弧矢取睽此五者時無所繫在黃帝堯舜時以否皆可以通也至於宮室葬與書契皆先言上古古者乃言後世聖人易之則別起事之端不指黃帝堯舜時以此葬事云古者不云上古而云易之以棺槨棺槨自殷湯而然非是彼時之驗則上古結繩何廢伏犧前也其蒼頡則說者不同故世本云蒼頡作書司馬遷班固韋誕宋忠傅玄皆云蒼頡黃帝之史官也崔瑗曹植蔡邕索靖皆直云古之王也徐整云在神農黃帝之間譙周云在炎帝之世衞氏云當在庖犧蒼帝之世愼到云在庖犧之前張揖云蒼頡爲帝王生於禪通之紀廣雅曰自開闢至獲麟二百七十六萬歲分爲十紀則大率一紀二十七萬六千年十紀者九頭一也五龍二也攝提三也合雒四也連通五也序命六也循飛七也因提八也禪通九也流訖十也如揖此言則蒼頡在獲麟前二十七萬六千餘年是說蒼頡其年代莫能有定亦不可以難孔也然紀自燧人而下揖以爲自開闢而設又伏犧前六紀後三紀亦爲據張揖愼到徐整等說亦不可以年斷其流訖之紀似自黃帝爲始耳又依易緯通卦驗燧人在伏犧前表計寘其刻曰蒼牙通靈昌之成孔演命明道經鄭玄注云刻謂刻石而記識之據此伏犧前已有文字矣又陰陽書稱天老對黃帝云鳳皇之象首戴德背負仁頸荷義膺抱信足履政尾繫武又山海經云鳳皇首文曰德背文曰義翼文曰順膺文曰仁腹文曰信又易繫辭云河出圖洛出書聖人則之是文字與天地並興焉又韓詩外傳稱古封太山禪梁甫者萬餘人仲尼觀焉不能盡識又管子書稱管仲對齊桓公曰古之封太山者七十二家夷吾所識十二而已首有無懷氏封太山禪云云其登封者皆刻石紀號但遠者字有彫毀故不可識則夷吾所不識者六十家又在無懷氏前孔子觀而不識又多於夷吾是文字在伏犧之前已自久遠何怪伏犧而有書契乎如此者蓋文字在三皇之前未用之教世至伏犧乃用造書契以代結繩之政是教世之用猶燧人有火中古用以燔黍捭豚後聖乃修其利相似文字理本有之用否隨世而漸也若然惟繫辭至神農始有噬嗑與益則伏犧時其卦未重當無雜卦而得有取諸夬者此自鄭玄等說耳案說卦曰昔者聖人幽贊於神明而生蓍繫辭曰天生神物聖人則之則伏犧用蓍而筮矣故鄭注說卦亦曰昔者聖人謂伏犧文王也繫辭又曰十有八變而成卦是言爻皆三歸奇爲三變十八變則六爻明矣則筮皆六爻伏犧有筮則有六爻何爲不重而怪有夬卦乎

伏犧神農黃帝之書謂之三墳言大道也少昊顓頊高辛唐虞之書謂之五典言常道也。

少詩照反昊胡老反　少昊金天氏名摯字青陽一曰玄囂己姓黃帝之子母曰女節以金德王五帝之最先顓音專頊許玉反顓頊高陽氏姬姓黃帝之孫昌意之子母曰景僕謂之女樞以水德王五帝之二也高辛帝嚳也姬姓嚳口毒反母曰不見以木德王五帝之三也唐帝堯也姓伊耆氏堯初爲唐侯後爲天子都陶故號陶唐氏帝嚳之子帝摯之弟母曰慶都以火德王五帝之四也虞帝舜也姓姚氏國號有虞顓頊六世孫瞽瞍之子母曰握登以土德王五帝之五也先儒解三皇五帝與孔子同並見發題

疏

伏犧至常道也。正義曰墳大也以所論三皇之事其道至大故曰言大道也以典者常也言五帝之道可以百代常行故曰言常道也此三皇五帝或舉德號或舉地名或直指其人言及便稱不爲義例顧氏引帝王世紀云神農母曰女登有神龍首感女登而生炎帝人身牛首黃帝母曰附寶見大電光繞北斗樞星附寶感而懷孕二十四月而生黃帝日角龍顏少昊金天氏母曰女節有星如虹下流意感而生少昊顓頊母曰景僕昌意正妃謂之女樞有星貫月如虹感女樞於幽房之宮而生顓頊堯母曰慶都觀河遇赤龍晻然陰風感而有孕十四月而生堯又云舜母曰握登見大虹感而生舜此言謂之三墳謂之五典者因左傳有三墳五典之文故指而謂之然五帝之書皆謂之典則虞書皐陶謨益稷之屬亦應稱典所以別立名者若主論帝德則以典爲名其臣下所爲隨義立稱其三墳直云言大道也五典直云言常道也不訓墳典之名者以墳大典常常訓可知故略之也常道所以與大道爲異者以帝者公平天下其道可以常行故以典言之而皇優於帝其道不但可常行而已又更大於常故言墳也此爲對例耳雖少有優劣皆是大道並可常行故禮運云以大道之行爲五帝時也然帝號同天名所莫加優而稱皇者以皇是美大之名言大於帝也故後代措廟立主尊之曰皇生者莫敢稱焉而士庶祖父稱曰皇者以取美名可以通稱故也案左傳上有三墳五典不言墳是三皇之書典是五帝之書孔知然者案今堯典舜典是二帝二典推此二典而上則五帝當五典是五典爲五帝之書今三墳之書在五典之上數與三皇相當墳又大名與皇義相類故云三皇之書爲三墳孔君必知三皇有書者案周禮小史職掌三皇五帝之書是其明文也鄭玄亦云其書即三墳五典但鄭玄以三皇無文或據後錄定孔君以爲書者記當時之事不可以在後追録，君當時無書，後代何以得知其道也。此亦孔君所據三皇有文字之驗耳。鄭玄注中候依運斗樞以伏犧女媧神農爲三皇，又云五帝坐帝鴻金天高陽高辛唐虞氏。知不爾者，孔君既不依緯，不可以緯難之。又易興作之條不見有女媧，何以輙數。又鄭玄云女媧修伏犧之道，無改作，則已上修舊者衆，豈皆爲皇乎。既不數女媧，不可不取黄帝以充三皇耳。又鄭玄數五帝何以六人，或爲之說云德協五帝座，不限多少，故六人亦名五帝。若六帝，何有五座。而皇指大帝，所謂耀魄寶，止一而已，本自無三皇，何云三皇。豈可三皇數人、五帝數座，二文舛互，自相乖阻也。其諸儒說三皇或數燧人，或數祝融以配犧農者，其五帝皆自軒轅，不數少昊，斯亦非矣。何燧人說者以爲伏犧之前，據易曰帝出於震，震東方，其帝太昊。又云古者包犧氏之王天下也，言古者制作莫先於伏犧，何以燧人厠在前乎。又祝融及顓頊以下火官之號，金天已上百官之號，以其徵五經，無云祝融爲皇者，縱有不過如共工氏。共工有水瑞，乃與犧農軒摯相類，尚云霸其九州，祝融本無此瑞，何可數之乎。左傳曰少昊之立，鳳鳥適至，於月令又在秋享食，所謂白帝之室者也，何爲獨非帝乎。故孔君以黄帝上數爲皇，少昊爲五帝之首耳。若然，案今世本帝繫及大戴禮五帝德并家語宰我問、太史公五帝本紀皆以

黄帝爲五帝，此乃史籍明文，而孔君不從之者，孟軻曰信書不如其無書，吾於武成取二三策而已，言書以漸染之濫也。孟軻已然，況後之說者乎。又帝繫、本紀、家語、五帝德皆云少昊即黄帝子青陽是也，顓頊黄帝孫昌意子，帝嚳高辛氏爲黄帝曾孫玄囂孫僑極子，堯爲帝嚳子，舜爲顓頊七世孫。此等之書說五帝而以黄帝爲首者，原由世本經於暴秦，爲儒者所亂。家語則王肅多私定，大戴禮、本紀出於世本，以此而同。蓋以少昊而下皆出黄帝，故不得不先說黄帝，因此謬爲五帝耳。亦由繫辭以黄帝與堯舜同事，故儒者共數之。爲孔君今者意以月令春曰太昊，夏曰炎帝，中央曰黄帝，依次以爲三皇。又依繫辭先包犧氏王，没神農氏作，又没黄帝氏作，亦文相次，皆著作見於易，此三皇之明文也。月令秋曰少昊，冬曰顓頊，自此爲五帝。然黄帝是皇，今言帝不云皇者，以皇亦帝也，別其美名耳。太昊爲皇，月令亦曰其帝太昊，易曰帝出於震是也。又軒轅之稱黄帝，猶神農之云炎帝，神農於月令爲炎帝，不怪炎帝爲皇，何怪軒轅稱帝。而梁主云書起軒轅，同以燧人爲皇，其五帝自黄帝至堯而止，知帝不可以過五，故曰舜非三王，亦非五帝，與三王爲四代而已。其言與詩之爲體不雅則風，除皇已下不王則帝，何有非王非帝，以爲何人乎。典謨皆云帝曰，非帝如何。**至于夏商**

周之書，雖設教不倫，雅誥奥義，其歸一揆。○夏禹天下號也，以金德王，三王之最先。商湯天下號，亦號殷，以水德王，三王之二也。周文王武王有天下號也，以木德王，三王之三也。誥，故報反，告也，示也。奥，烏報反，深也。揆，葵癸反，度也。【疏】至于至一揆○正義曰：既皇書稱墳，帝書稱典，除皇與帝墳典之外，以次累陳，故言至于夏商周三代之書。雖復當時所設之教與皇及帝墳典之等不相倫類，要其言皆是雅正辭誥，有深奥之義，其所歸趣與墳典一揆。明雖事異墳典，而理趣終同，故所以同入尚書，共爲世教也。孔君之意，以墳典亦是尚書，故此因墳典而及三代。下云討論墳典，斷自唐虞以下，是墳典亦是尚書之内，而小史偏掌之者，以其遠代故也。此既言墳典，不依外文連類解八索九丘，而言三代之書厠於其間者，孔意以墳典是尚書，丘索是尚書外物，欲先說尚書事訖，然後及其外物，故先言之也。夏商周之書皆訓誥誓命之事，言設教者，以此訓誥誓命即爲教而設，故云設教也。言不倫者，倫，類也，三代戰爭，不與皇帝等類。若然，五帝稱典，三王劣而不倫，不得稱典，則三代非典，不可常行，何以垂法乎。然三王世澆，不如上代，故隨事立名，雖篇不目典，理實是典，故以雅誥奥義其歸一揆即爲典之謂也。然

三王之書惟無典謨，以外訓誥誓命歌貢征範類猶有八，獨言誥者，以別而言之，其類有八，文從要約，一誥兼焉。何者以此八事皆有言以誥示，故總謂之誥。又言奥義者，指其言謂之誥，論其理謂之義，故以義配焉。言其歸一揆，見三代自歸於一，亦與墳典爲一揆者，況喻之義。假譬人射，莫不皆發志揆度於的，猶如聖人立教，亦同揆度於至理，故云一揆。**是故歷代寶之，以爲大訓。**【疏】正義曰：顧命云越玉五重，陳寶，即以赤刀、大訓在西序，是寶之以爲大訓之文。彼注以典謨爲之，與此相當，要六藝皆是，此直爲書者，指而言之，故彼注亦然也。彼直周時寶之，此知歷代者，以墳典久遠，周尚寶之，前代可知，故言歷代耳。**八卦之說，謂之八索，求其義也。九州之志，謂之九丘。丘，聚也。言九州所有，土地所生，風氣所宜，皆聚此書也。**○八索，所白反，下同，求也。徐音素，本或作素。【疏】八卦至此書也○正義曰：以墳典因外文而知，其丘索與墳典文連，故連而說之，故總引傳文以充足己意，且爲於下見與墳典俱被黜削，故說而以爲首。引言爲論八卦事

義之說者其書謂之八索其論九州之事所有志記者其書謂之九丘所以名丘者以丘聚也言於九州當有土地所生之物風氣所宜之事莫不皆聚見於此書故謂之九丘焉然八卦言之說九州言之志不同者以八卦交互相說其理九州當州有所志識以此而不同此索謂求索亦爲搜索以易八卦爲主故易曰八卦成列象在其中矣因而重之爻在其中矣又曰八卦相盪是六十四卦三百八十四爻皆出於八卦就八卦而求其理則萬有一千五百二十策天下之事得故謂之索非一索再索而已此索於左傳亦或謂之索說有不同皆後人失其眞理妄穿鑿耳其九丘取名於聚義多如山丘故爲聚左傳或謂之九區得爲說當九州之區域義亦通也又言九州所有此一句與下爲揔即土地所生風氣所宜是所有也言土地所生即其動物植物大率土之所生不出此二者又云風氣所宜者亦與土地所生大同何者以九州各有土地有生與不生由風氣所宜與不宜此亦職方禹貢之類别而言之土地所生若禹貢之厥貢厥篚也風氣所宜若職方其畜宜若干其民若干男若干女是也上墳典及索不别訓之以可知故略之丘訓既難又須别言九州所宜已下故先訓之於下結義故云皆聚此書也

春秋左氏傳曰楚左史倚相能讀三墳五典八索九丘即謂上世帝王遺書也○左史史官左右倚於綺反劉琴綺反相息亮反倚相楚靈王時史官也

【疏】春秋至遺書也　正義曰以上因有外文言墳典丘索而謂之故引成文以證結之此昭十二年左傳楚靈王見倚相趨過告右尹子革以此辭知倚相是其名字蓋爲太史而主記左動之事謂之左史不然或楚俗與諸國不同官多以左右爲名或别有此左史乎彼子革荅王云倚相臣問祈招之詩而不知若問遠焉其焉能知之彼以爲倚相不能讀之此云能者以此據左傳成文因王言而引之假不能讀事亦無妨況子革欲開諫王之路倚相未必不能讀也言此墳典丘索即此書是謂上世帝王遺餘之書也以楚王論時已在三王之末故云遺書其丘索知是前事亦不知在何代故直揔言帝王耳

先君孔子生於周末覩史籍之煩文懼覽之者不一遂乃定禮樂明舊章删詩爲三百篇約史記而修春秋讚易道以黜八索述職方以除九丘○删色姦反

【疏】先君至九丘○正義曰既結申帝王遺書欲言孔子就而刊定孔子世家云安國是孔子十一世孫而上尊先祖故曰先君穀梁以爲魯襄公二十一年冬十一月庚子孔子生左傳哀公十六年夏四月己丑孔子卒計以周靈王時生敬王時卒故爲周末上云文籍下云滅先代典籍此言史籍籍者古書之大名由文而有籍謂之文籍因史所書謂之史籍可以爲常故曰典籍義亦相通也但上因書契而言文下傷秦滅道以稱典於此言史者不但義通上下又以此史籍不必是先王正史是後代好事者作以此懼其不一故曰蓋有不知而作之者我無是也先言定禮樂者欲明孔子欲反於聖道以歸於一故先言其舊行可從者修而不改曰定就而減削曰删準依其事曰約因而佐成曰贊顯而明之曰述各從義理而言獨禮樂不改者以禮樂聖人制作已無貴位故因而定之又云明舊章者即禮樂詩易春秋是也以易道職方與黜八索除九丘相對其約史記以删詩書爲偶其定禮樂文孤故以明舊章配之作文之體也易亦是聖人所作不言定者以易非如禮樂人之行事不須云定又因而爲作十翼故云贊耳易文在下者亦爲黜八索與除九丘相近故也爲文之便不爲義例孔子之修六藝年月孔無明說論語曰吾自衛反魯然後樂正雅頌各得其所則孔子以魯哀公十一年反魯爲大夫十二年孟子卒孔子弔則致仕時年七十以後脩述也詩有序三百一十一篇全者三百五篇云三百者亦舉全數計職方在周禮夏官亦武帝時出於山巖屋壁即藏祕府世人莫見以孔君爲武帝博士於祕府而見爲知必黜八索除九丘者以三墳五典本有八今序只有二典而已其三典三墳今乃寂寞明其除去既墳典書內之正尚有去者況書外乎故知丘索亦黜除也黜與除其義一也黜退不用而除去之必云贊易道以黜者以不有所興孰有所廢故也職方即周禮也上已云定禮樂即職方在其內别云述之以爲除九丘舉其類者以言之則云述者以定而不改即是遵述更有書以述之

討論墳典斷自唐虞以下訖于周芟夷煩亂翦截浮辭舉其宏綱撮其機要足以垂世立教典謨訓誥誓命之文凡百篇○斷丁亂反訖居乙反又許乙反芟色咸反翦咨淺反撮七活反機本又作幾典凡十五篇正典二攝十三十一篇亡謨莫胡反凡三篇正二攝一訓凡十六篇正二篇亡攝十四三篇亡誥凡三十八篇正

八攝三十十八篇亡誓市制反凡十七篇正八攝二十篇亡命凡十八篇正十二三篇亡攝六四篇亡【疏】討論至百篇○正義曰言孔子既懼覽之者不一不但刪詩約史定禮贊易有所黜除而已又討整論理此三墳五典并三代之書也論語曰世叔討論之鄭以討論爲整理孔君既取彼文義亦當然以書是亂物故就而整理之若然墳典周公制禮使小史掌之而孔子除之者蓋隨世不同亦可孔子之時墳典已雜亂故因去之左傳曰芟夷蘊崇之又曰俘翦惟命詩曰海外有截此孔君所取之文也芟夷者據全代全篇似草隨次皆芟使平夷若自帝嚳已上三典三墳是芟夷之文自夏至周雖有所留全篇去之而多者即芟夷也翦截者就代就篇辭有浮者翦截而去之去而少者爲翦截也舉其宏綱即上芟夷煩亂也撮其機要即上翦截浮辭也且宏綱云舉是據篇代大者言之機要云撮爲就篇代之內而撮出之耳宏大也綱者綱之索舉大綱則衆目隨之機者機關撮取其機關之要者斷自唐虞以下者孔無明說書緯以爲帝嚳以上朴略難傳唐虞已來煥炳可法又禪讓之首至周五代一意故耳孔義或然典即堯典舜典謨即大禹謨皋陶謨訓即伊訓高宗之訓誥即湯誥大誥誓即甘誓湯誓命即畢命顧命之等是也說者以書體例有十此六者之外尚有征貢歌範

書疏一　九

四者并之則十矣若益稷盤庚單言附於十事之例今孔不言者不但舉其機約亦自征貢歌範非君出言之名六者可以兼之此云凡百篇據序而數故耳或云百二篇者誤有所由以前漢之時有東萊張霸僞造尚書百兩篇而爲緯者附之因此鄭云異者其在大司徒大僕正乎此事爲不經也鄭作書論依尚書緯云孔子求書得黄帝玄孫帝魁之書迄於秦穆公凡三千二百四十篇斷遠取近定可以爲世法者百二十篇以百二篇爲尚書十八篇爲中候以爲去三千一百二十篇以上取黄帝玄孫以爲不可依用今所考覈尚書首自舜之末年以禪於禹上錄舜之得用之事由堯以爲堯典下取舜禪之後以爲舜讓得人故史體例別而不必君言若禹貢全非君言而禹身事受禪之後無入夏書之言是舜史自錄成一法後代因之耳

所以恢弘至道示人主以軌範也帝王之制坦然明白可舉而行三千之徒並受其義○恢苦回反大也坦土管反【疏】所以至其義○正義曰此論孔子正理羣經已畢揔而結之故爲此言家語及史記皆云孔子弟子三千人故云三千之徒也

及秦始皇滅先代典籍焚書坑儒天下學士逃難解散我先人用藏其家書于屋壁○始皇名政二十六年初并六國自號始皇帝焚書詩在始皇之三十四年坑儒在三十五年坑苦庚反難乃旦反解音蟹【疏】及秦至屋壁○正義曰言孔子既定此書後雖曰明白反遭秦始皇滅除之依秦本紀云秦王正二十六年平定天下尊爲皇帝不復立謚以爲初并天下故號始皇爲滅先代典籍故云坑儒焚書以即位三十四年因置酒於咸陽宮丞相李斯奏請天下敢有藏詩書百家語者悉詣守尉親燒之有敢偶語詩書者棄市令下三十日不燒黥爲城旦制曰可是焚書也三十五年始皇以方士盧生求仙藥不得以爲誹謗諸生連相告引四百六十餘人皆坑之咸陽是坑儒也又衞宏古文奇字序云秦改古文以爲篆隸國人多誹謗秦患天下不從而名諸生至者皆拜爲郎凡七百人又密令冬月種瓜於驪山硎谷之中溫處瓜實乃使人上書曰瓜冬有實有詔天下博士諸生說之人人各異則皆使往視之而爲伏機諸生方相論難因發機從上填之以土皆終命也我先人用藏其家書于屋壁者史記孔子世家云孔子生鯉字伯魚魚生伋字子思思生白字子上上生求字子

書疏一　十

家生箕字子京京生穿字子高高生慎慎爲魏相慎生鮒鮒爲陳涉博士鮒弟子襄爲惠帝博士長沙太守襄生中中生武武生延陵及安國爲武帝博士臨淮太守家語序云子襄以秦法峻急壁中藏其家書是安國祖藏之

漢室龍興開設學校旁求儒雅以闡大猷濟南伏生年過九十失其本經口以傳授裁二十餘篇以其上古之書謂之尚書百篇之義世莫得聞○校戶教反詩箋云鄭國謂學爲校闡尺善反大也明也濟子禮反郡名也伏生名勝過古臥反後同傳直專反下傳之同二十餘篇即馬鄭所注二十九篇也【疏】漢室至得聞○正義曰將言所藏之書得之所由故本之也言龍興者以易龍能變化故比之聖人九五飛龍在天猶聖人在天子之位故謂之龍興也言學校者校學之一名也故鄭詩序云子衿刺學校廢左傳云然明請毁鄉校是也漢書云惠帝除挾書之律立學興教招聘名士文景以後儒者更衆至武帝尤甚故云旁求儒雅詩小雅曰匪先民是程匪大猷是經彼注云猷道也大道即先王六籍是也伏生

名勝爲秦二世博士儒林傳云孝文帝時求能治尚書者天下無有聞伏生治之欲名時伏生年已九十有餘老不能行於是詔太常使掌故臣鼂錯往受之得二十九篇即以教於齊魯之間是年過九十也案史記秦時焚書伏生壁藏之其後兵火起流漢定天下伏生求其書亡數十篇獨得二十九篇以教于齊魯之間則伏生壁内得二十九篇而云失其本經口以傳授者蓋伏生初實壁内得之以教齊魯傳教既久誦文則熟至其末年因其習誦或亦目暗至年九十晁錯往受之時不執經而口授之故也又言裁二十餘篇者意在傷亡爲少之文勢何者以數法隨所近而言之若欲多之當云得三十篇今裁二十餘篇言裁亦意以爲少之辭又二十九篇自是計卷若計篇則三十四去泰誓猶有三十一案史記及儒林傳皆云伏生獨得二十九篇以教齊魯則今之泰誓非初伏生所得案馬融云泰誓後得鄭玄書論亦云民間得泰誓別録曰武帝末民有得泰誓書於壁内者獻之與博士使讀説之數月皆起傳以教人則泰誓非伏生所傳而言二十九篇者以司馬遷在武帝之世見泰誓出而得行入於伏生所傳内故爲史總之并云伏生所出不復曲別分析云民間所得其實得時不與伏生所傳同也但伏生雖無此一篇而書傳有八百諸侯俱至孟津白魚入舟之事與泰誓事同

不知爲伏生先爲此説不知爲是泰誓出後後人加增此語案王充論衡及後漢史獻帝建安十四年黄門侍郎房宏等説云宣帝泰和元年河内女子有壞老子屋得古文泰誓三篇論衡又云以掘地所得者今史漢書皆云伏生傳二十九篇則司馬遷時已得泰誓以并歸於伏生不得云宣帝時始出也則云宣帝時女子所得亦不可信或者爾時重得之故於後亦據而言之史記云伏生得二十九篇武帝記載今文泰誓末篇由此劉向之作別録班固爲儒林傳不分明因同於史記而劉向云武帝末得之泰誓理當是一而古今文不同者即馬融所云吾見書傳多矣凡諸所引今之泰誓皆無此言而古文皆有則古文爲眞亦復何疑但於先有張霸之徒僞造泰誓以藏壁中故後得而惑世也亦可今之泰誓百篇之外若周書之例以於時實有觀兵之誓但不録入尚書故古文泰誓曰皇天震怒命我文考肅將天威大勳未集肆予小子發以爾友邦冢君觀政於商是也又云以其上古之書謂之尚書者此文繼在伏生之下則言以其上古之書謂之尚書此伏生意也若以伏生指解尚書之名名已先有有則當云名之尚書既言以其上古之書今先云以其則伏生意之所加則知尚字乃伏生所加也以尚解上則尚訓爲上上者下所慕尚故義得爲通也孔君既陳伏生此義於下更無是非明即用伏生之説故書此而論之馬融雖不見孔君此説理自然同故曰上古有虞氏之書故曰尚書是也王肅曰上所言史所書故曰尚書鄭氏云尚者上也尊而重之若天書然故曰尚書一家以尚與書相將則上名不正出於伏生鄭玄依書緯以尚字是孔子所加故書贊曰孔子乃尊而命之曰尚書璿璣鈐云因而謂之書加尚以尊之又曰書務以天言之鄭玄溺於書緯之説何有人言而須繫之於天乎且孔君親見伏生不容不悉自云伏生以其上古之書謂之尚書何云孔子加也王肅云上所言史所書則尚字與書俱有無先後既直云尚何以明上之所言書者以筆畫記之辭羣書皆是何知書要責史所爲也此其不若前儒之説密耳云上古者亦無指定之目自伏生言之則於漢世仰遵前代自周已上皆是馬融云有虞氏爲書之初耳若易歷三世則伏犧爲上古文王爲中古孔子爲下古禮運鄭玄以先王食腥與易上古結繩同時爲上古神農爲中古五帝爲下古其不相對則無例耳且太之與上爲義不異禮以唐虞爲太古以下有三代冠而推之爲然是爲不定則但今世已上仰之已古便爲上古耳以書是本名尚是伏生所加故諸引書直云書曰若有配代而言則曰夏書無言尚書者

至魯共王好治宫室壞孔子舊宅以廣其居於壁中得先人所藏古文虞夏商周之書及傳論語孝經皆科斗文字王又升孔子堂聞金石絲竹之音乃不壞宅

○共音恭亦作龔又作恭共王漢景帝之子名餘好呼報反下好古同壞音怪下同字林作壞云公壞反毀也傳謂春秋也一云周易十翼非經謂之傳論如字又音倫科苦禾反科斗蟲名蝦蟆子書形似之

［疏］至魯至壞宅。○正義曰欲云得百篇之由故序其事漢景帝之子名餘封於魯爲王死謚曰共存日以居於魯近孔子宅好治宫室故欲裒益乃壞孔子舊宅以增廣其居於所壞壁内得安國先人所藏古文虞夏商周之書及傳論語孝經皆是科斗文字王雖得此書猶壞不止又升孔子廟堂聞金鍾石磬絲琴竹管之音以懼其神異乃止不復敢壞宅也上言藏家書於屋壁此亦屋壁内得書也亦得及傳論語孝經等不從約云得尚書而煩文言虞夏商周之書者以壁内所得上有題目虞夏商周書其序直云書序皆無尚字故其目録亦然故不云尚書而言虞夏商周之書安國亦以此知尚字是伏生所加惟此壁

內所無則書本無尚字明矣凡書非經則謂之傳言及傳論
語孝經正謂論語孝經是傳也漢武帝謂東方朔云傳曰時
然後言人不厭其言又漢東平王劉雲與其太師策書云傳
曰陳力就列不能者止又成帝賜翟方進策書云傳曰高而不
危所以長守貴也是漢世通謂論語孝經爲傳也以論語孝
經非先王之書是孔子所傳說故謂之傳所以異於先王之
書也上已云壞孔子舊宅又云乃不壞宅者初王意欲壞之
已壞其屋壁聞八音之聲乃止餘者不壞明知已壞者亦不
敢居故云乃
不壞宅耳
悉以書還孔氏科斗書廢已久時
人無能知者以所聞伏生之書考論文義定
其可知者爲隸古定更以竹簡寫之增多伏
生二十五篇伏生又以舜典合於堯典益稷
合於皐陶謨盤庚三篇合爲一康王之誥合
於顧命復出此篇并序凡五十九篇爲四十

六卷其餘錯亂摩滅弗可復知悉上送官藏
之書府以待能者。隸音麗謂用隸書寫古文二十
五篇謂虞書大禹謨夏書五子之
歌胤征商書仲虺之誥湯誥伊訓太甲三篇咸有一德說命
三篇周書泰誓三篇武成旅獒微子之命蔡仲之命周官君
陳畢命君牙冏命合舊音閤又如字下同皐音高本又作咎
陶音遙本又作繇盤步干反本又作般下復扶又反下同五十
九篇即今所行五十八篇其一是百篇之序謂虞書汨作九
共九篇槀飫夏書帝告釐沃湯征汝鳩汝方商書夏社疑至
臣扈典寶明居肆命徂后沃丁咸乂四篇伊陟原命仲丁河
亶甲祖乙高宗之訓周書分器旅巢命歸禾嘉禾成王政將
蒲姑賄肅慎之命亳姑凡
四十二篇亡上時掌反
疏悉以至能者。正義曰既云
王不壞宅以懼神靈因還其
書已前所得言悉以書還孔氏則上傳論語孝經等皆還之
故言悉也科斗書古文也所謂蒼頡本體周所用之以今所
不識是古人所爲故名古文形多頭麤尾細狀腹團圓似水
蟲之科斗故曰科斗也以古文經秦不用故云廢已久矣時
人無能知識者孔君以人無能知識之故已欲傳之故以所
聞伏生之書比校起發考論古文之義考文而云義者以上

下事義推考其文故云義也定其可知者就古文內定可知
識者爲隸古定不言就伏生之書而云以其所聞者明用伏
生書外亦考之故云可知者謂并伏生書外有可知不徒伏
生書內而已言隸古者正謂就古文體而從隸定之存古爲
可慕以隸爲可識故曰隸古以雖隸而猶古由此故謂孔君
所傳爲古文也古文者蒼頡舊體周世所用之文字案班固
漢志及許氏說文書本有六體一曰指事上下二曰象形日
月三曰形聲江河四曰會意武信五曰轉注考老六曰假借
令長此造字之本也自蒼頡以至今字體雖變此本皆同古
今不易也自蒼頡以至周宣皆蒼頡之體未聞其異宣王紀
其史籀始有大篆十五篇號曰篆籀惟篆與蒼頡二體而已
衛恒曰蒼頡造書觀於鳥跡因而遂滋則謂之字字有六義
其文至於三代不改及秦用篆書焚燒先代典籍古文絕矣
許慎說文言自秦有八體一曰大篆二曰小篆三曰刻符四
曰蟲書五曰摹印六曰署書七曰殳書八曰隸書亡新居攝
以應制作改定古文使甄豐校定時有六書一曰古文孔子
壁內書也二曰奇字即古字有異者三曰篆書即小篆下杜
人程邈所作也四曰佐書秦隸書也五曰繆篆所以摹印也
六曰鳥蟲書所以書幡信也由此而論即秦罷古文而有八
體非古文矣以至亡新六書并八體亦用書之六體以造其

字其亡新六書於秦八體用其小篆蟲書摹印隸書去其大
篆刻符殳書署書而加以古文與奇字其刻符及署書蓋同
摹印殳書同於繆篆大篆正古文之別以慕古故乃用古文
與奇字而不用大篆也是孔子壁內古文即蒼頡之體故鄭
玄云書初出屋壁皆周時象形文字今所謂科斗書以形言
之爲科斗指體即周之古文鄭玄知者若於周時秦世所有
至漢猶當識之不得云無能知者又亡新古文亦云即孔氏
壁內古文是其證也或以古文即大篆非也何者八體六書
自大篆與古文不同又秦有大篆若大篆是古文不得云古
文遂絕以此知大篆非古文也六書古文與蟲書本別則蟲
書非科斗書也鄭玄云周之象形文字者總指六書之象形
之形不謂六書之內一曰象形也又云更以竹簡寫之明留
其壁內之本也顧氏云策長二尺四寸簡長一尺二寸曾多
伏生二十五篇者以壁內古文篇題殊別故知以舜典合於
堯典益稷合於皐陶謨伏生之本亦壁內古文而合之者蓋
以老而口授之時因誦而連之故殊耳其盤庚本當同卷故
有并也康王之誥以一時之事連誦而同卷當以王出在應
門之內爲篇首及以王若曰庶邦亦誤矣以伏生本二十八
篇盤庚出二篇加舜典益稷康王之誥凡五篇爲三十三篇
加所增二十五篇爲五十八加序一篇爲五十九篇云復出

此篇并序凡五十九篇，此云爲四十六卷者，謂除序也。下云定五十八篇既畢，不更云卷數，明四十六卷故爾。又伏生二十九卷而序在外，故知然矣。此云四十六卷者，不見安國明說，蓋以同序者同卷，異序者異卷，故五十八篇爲四十六卷。何者？五十八篇内有太甲、盤庚、說命、泰誓皆三篇共卷，減其八，又大禹謨、皋陶謨、益稷又三篇同序共卷，其康誥、酒誥、梓材亦三篇同序共卷，則又減四，通前十二，以五十八減十二，非四十六卷而何？其康王之誥乃與顧命別卷，以别序故也。其餘錯亂摩滅，五十八篇外四十二篇也。以不可復知，亦上送官，其可知者已用竹簡寫得其本，亦俱送入府，故在祕府得有古文也。以後生可畏，或賢聖間出，故須藏之，以待能整理讀之者。

承詔爲五十九篇作傳，於是遂研精覃思，博考經籍，採摭羣言，以立訓傳。約文申義，敷暢厥旨，庶幾有補於將來。爲，于僞反。覃，徒南反，深也。思，息嗣反。採，本又作采。摭，之石反，一音之若反。敷，芳夫反。暢，丑亮反。

【疏】承詔至將來。正義曰：安國時爲武帝博士，孔君考正古文之日，帝之所知，亦既定訖，當以聞於帝，帝令注解，故云承詔爲五十九篇作傳。以注者多言曰傳，傳者傳通故也。以傳名出自丘明，賓牟賈對孔子曰「史失其傳」，又喪服儒者皆云子夏作傳，是傳名久矣。但大率秦漢之際多名爲傳，於後儒者以其傳多，或有改之，别云注解者，仍有同者，以當時之意耳。說者爲例云前漢稱傳，於後皆稱注，誤矣。何者？馬融、王肅亦稱注，名爲傳，傳何有例乎？以聖道弘深，當須詳悉，於是研覈精審，覃靜思慮，以求其理，冀免乖違。既顧察經文，又取證於外，故須廣博推考羣經六籍，又捃拾採摭羣書之言，以此文證造立訓解，爲之作傳，明不率爾。雖復廣證，亦不煩多，爲傳直約省文，令得申盡其義，明文要義通，不假煩多也。以此得申，故能徧布通暢書之旨意，是辭達而已，不求於煩。既義暢而文要，則觀者曉悟，故云庶幾有所補益於將來讀之者，得悟而有益也。敷，布也。厥，其也。庶，幸也。幾，冀也。爾雅有訓。既云經籍，又稱羣言者，經籍，五經是也；羣言，子史是也。以書與經籍理相因通，故云博考；子史時有所須，故云採摭耳。案孔君此傳辭旨不多，是約文也。要文無不解，是申義也。其義既申，故云敷暢其義之旨趣耳。考其此注，不但言少，書之爲言多須詁訓，而孔君爲例，一訓之後重訓者少，此亦約文也。

書序，序所以爲作者之意，昭然義見，宜相附近，故引之各冠其篇首。定五十八篇既畢，會國有巫蠱事，經籍道息，用不復以聞，傳之子孫，以貽後代。若好古博雅君子與我同志，亦所不隱也。爲，于僞反，又如字。見，賢遍反。冠，工亂反。巫蠱，漢武帝末征和中，江充造蠱敗戾太子，故經籍道息焉。巫音無。蠱音古。貽，以之反。

【疏】書序至隱也。正義曰：孔君既言已立傳之意，又當斟酌所宜，而書序雖名爲序，不是總陳書意汎論，乃篇篇各序作意。但作序者不敢廁於正經，故謙而聚於下，而注述者不可代作者之謙，須從利益而欲分之，從便云序所以當篇爲作此書之意，則是當篇作意，觀序而昭然，意義顯見。既義見由序，宜各與其本篇相從附近，不宜聚於一處，故每篇引而分之，各冠加於篇首，令意昭見。序既分散，損其一篇，故定五十八篇。然此本承詔而作，作畢當以上奏聞知，但會值國家有巫蠱之事，好愛經籍之道滅息，假奏亦不能行用。爲此之故，不復以此傳奏聞，亦以既傳成不得聞上，惟自傳於已之子孫，以遺與後世之人使行之，亦不敢望後世必行，故云若後世有好愛古道、廣博學問、志懷雅正如此之君子，冀能與我同於慕古之志，以行我道。我道得此人流行，亦所以傳不隱蔽，是弘道由人也。言巫蠱者，王制曰「執左道以亂政者殺」，鄭玄注云：「左道謂巫蠱之屬。」以非正道，故謂之左道。以蠱皆巫之所行，故云巫蠱。蠱者總名，左傳云「惑蠱其君」，則蠱者怪惑之名，指體則藥毒害人者是，若行符厭俗之爲魅，令人蠱惑夭年傷性皆是也。依漢書，此時武帝末年，上已年老，淫惑鬼神，祟信巫術。由此姦人江充因而行詐，先於太子宫埋桐人，告上云太子宫有蠱氣，上信之，使江充治之。於太子宫果得桐人，太子知己不爲此，以江充故爲陷己，因而殺之。而帝不知太子實心，謂江充言爲實，即詔丞相劉屈氂發三輔兵討之。太子看長安因與鬬，不勝而出走，奔湖關自殺。此即巫蠱事也。言不隱者，不謂恐隱藏己道，以己道人所不知，懼其幽隱，人能行之使顯，爲不隱藏耳。易曰「謙謙君子」，仁者好謙，而孔君自作揄揚，云君子知己者，亦意在教世，欲令人觀此言，知己傳是深遠，因而有所曉寤，令之有益，故不可以苟謙也。亦猶孔子曰「何有於我哉」。

附釋音尚書注疏卷第一　　江西鹽法道胡稷栞

尚書注疏挍勘記序

自梅頤獻孔傳而漢之眞古文與今文皆亡乃梅本又有今文古文之別新唐書蓺文志云天寶三載詔集賢學士衞包改古文從今文說者謂今文從此始古文從此絕殊不知衞包以前未嘗無今文衞包以後又別有古文也隋書經籍志有古文尚書十五卷今字尚書十四卷又顧彪今文尚書音一卷是隋以前已有今文矣蓋變古文爲今文實自范甯始甯自爲集注成一家言後之傳寫孔傳者從而效之此所以有今文也六朝之儒傳古文者多傳今文者少今文自顧彪而外不少槪見李巡徐邈陸德明皆爲古文作音孔穎達正

義出於二劉蓋亦用古文本如塗之爲斁云之爲員是也然疏內不數數覯殆爲後人竄改如陳鄂等之於釋文歟然則衞包之改古從今乃改陸孔而從范顧非倡始爲之也乃若天寶旣改古文其舊本藏書府民閒不復有之更經喪亂卽書府所藏亦不可問矣開成初鄭覃進石經悉用今文前此張參之壁經後此長興之板本廣政之石本當無不用今文者乃後周顯德六年郭忠恕獨校古文尚書上之上距天寶三載已三百餘年不知郭氏從何而得其本宋初仍不甚行至呂大防得於宋次道王仲至家而晁公武取以刻石薛季宣據以作訓然後大顯今按釋文序錄云尚書之字本爲隸古旣是隸寫古文則不全爲古字今宋齊舊本及徐李等音所有古字蓋亦無幾穿鑿之徒務欲立異依傍字部改變經文疑惑後生不可寫用是所謂古文不過如周禮漢書略有古體及假借通用之字而已晁氏讀書志云陸德明獨存一二於釋文此正與古字無幾之說相合若連篇累牘悉是奇字則陸氏豈得或釋或不釋哉晁氏又云以古文尚書校釋文雖小有異同而大體相類夫釋文所存僅止一二就此一二之中復小有異同則全經不合者必十之九其爲贋本無疑然觀陸氏之言則穿鑿立異自古而然不獨郭氏也元於尚書注疏舊有挍本茲以各本授德淸貢生徐養原挍之幷

及釋文元復定其是非且考其顚末著於簡首阮元記

引據各本目錄

唐石經　用衞包所改之今文後來注疏本俱出於此

宋臨安石經　今所存者起禹貢之半至允征之半又起大誥末至酒誥之半

古本　見山井鼎七經孟子考文乃日本足利學所藏書寫本也物序以爲唐以前物其經皆古文然字體太奇閒參俗體多不足信

岳本　宋岳珂用廖氏世綵堂本重加挍勘所謂相臺本也世甚重之今考其書多詳於音讀句逗而略於字句異同又往往據疏以改注不知疏中所述經傳不必盡依元文也然合二十三家參訂用力甚勤固當優於諸家元本未見今所據者武英殿翻刻本也

葛本　卽永懷堂本與閩刻注疏本相類而譌字較多○已上三種皆單注本

宋板 見七經孟子考文左傳考文載黃唐禮記跋云本司舊刊易書周禮正經注疏萃見一書便於披繹它經獨闕紹興辛亥遂取毛詩禮記疏義如前三經編彙精加讎正蓋注疏合刻起於南北宋之閒而易書周禮先刻當在北宋之末也此本或即黃跋所稱者自盤庚以下爲九卷泰誓以下爲十卷洪範以下爲十一卷旅獒以下爲十二卷康誥以下爲十三卷召誥以下爲十四卷多士以下爲十五卷君奭以下爲十六卷立政以下爲十七卷顧命以下爲十八卷君牙以下爲十九卷文侯之命以下爲二十卷其中缺葉爲後人所補者則謂之補

宋十行本 案他本注疏每半葉九行此獨十行故世謂之十行本溯其源蓋即岳珂九經三傳沿革例所謂建本有音釋注疏是也修板至明正德間止亦即山井鼎所謂正德本是也記中稱正德本據考文而言其中譌字雖多無臆改之失考文所引宋板多與之合

閩本 明嘉靖時李元陽刻於閩中即考文所謂嘉靖本也記中亦與考文所引並載以見此詳彼略云

明監本 神廟時所刊毛本從此出

毛本 汲古閣刻本 今挍正義以此爲據○已上七種皆注疏合刻本

釋文 陸德明本據古文作音義自陳鄂改用今文流傳至今已非其舊矣其注中所載别本或尚屬元文今仍歸之陸氏

六經正誤 宋毛居正撰多辨偏旁之疑似惟所載監本與國本建本可以考宋本之異同自不可廢

尚書纂傳 元王天與撰注語略有刊落疏則僅載十之一二其中有臆改處不足盡憑

石經考文提要 乾隆五十六年命刊立石經工部尚書彭元瑞因著此書其所據自通行各本外有宋本九經南宋巾箱本宋本附釋音尚書注疏宋本纂圖互注尚書岳珂本元本尚書注疏至善堂九經本

九經誤字 顧炎武撰以唐石經正監本之誤又金石文字記舉唐石經誤字

七經孟子考文 山井鼎撰物觀補遺以古本宋板挍明刻之訛閒有辨論别爲古文考一卷列尚書之前殊嫌肬贅

十三經正字 嘉善浦鏜撰

羣書拾補 餘姚盧文弨輯

尚書注疏挍勘記卷一

阮元撰盧宣旬摘錄

尚書正義序

國子祭酒上護軍曲阜縣開國子臣孔穎達奉勑撰 按七經孟子考文所據宋板此行在尚書正義卷第一之下蓋唐時北宋時單疏別行序文當列正義第一卷之首今序文既别爲一篇遂移此行於序題下耳閩本達下有等字按此行若如宋板則達下宜有等字以正義非一人所作故也若在序題下則不當有等字序云先君宣父此孔氏之詞非他人所得通用

古之正者 案正當作王

怗釋注文 浦鏜云怗疑詁字誤○按怗疑帖字誤

謹其銓敍 按銓應作詮

尚書注疏卷第一

國子祭酒上護軍曲阜縣開國子臣孔穎達等奉勑撰 宋本首有尚書正義卷第一七字達下無等字正義下或作注疏參差不一勑字提頭凡三行記之下同此

尚書序

足利古本作古文尚書序

言序述尚書起 閩本明監本同宋本起下有記字浦鏜云記疑訖字誤按訖字是也

作結繩而爲罔罟 閩本明監本同宋本罔作網

易繫辭上 按上當作云

循飛七也 宋本正德本同毛本飛作蜚

流訖十也 宋本正德本同毛本流訖改作疏仡案此本流訖下誤作渷訖山井鼎曰史記三皇本紀載此及上條與宋板同但循作脩

背文曰義翼文曰順 浦鏜云翼背字互誤禮誤順○按順字不誤浦云非也毛詩左傳正義及周禮疏引並可證惟埤雅引作翼文曰禮王念孫云順字與下膺文曰仁腹文曰信爲韻若作禮則失其韻矣

與孔子同 按子當作君

言及便稱 宋本同案便稱二字當倒

案左傳上有三墳五典 宋本上作止是也

案周禮小史職掌三皇五帝之書 浦鏜云外誤小是也下同

又云五帝坐 案坐當作座

何燧人說者以爲伏犧之前 浦鏜云何疑又字誤

僑極子 浦鏜云蟜誤僑

舜非三王 皇宋板十行閩本俱作王

曰非帝如也 宋本閩本明監本如下俱有何字案有者是

此索於左傳亦或謂之索也 宋本下索字作素按素字是

八索 陸氏曰索所白反徐音素本或作素

懼覽之者不一 岳本之者作者之顏師古匡謬正俗曰孔安國古文尚書序云先君孔子生於周末覩史籍之煩文懼覽者之不一遂乃定禮樂明舊章覽者謂習讀之人猶言學者爾蓋思後之讀史籍者以其煩文不能專一將生異說故刪定之凡此數句文對旨明甚爲易曉然後之學者輒改之字居者字上云覽之者不一雖大意不失而顛倒本文語更凡淺又不屬對亦爲妄矣今有晉宋時書不被改者往往而在皆云覽者之不一

穀梁以爲魯襄公二十一年冬十一月庚子孔子生 浦鏜云十月誤十一月許宗彥曰公羊釋文云一本作十一月則穀梁亦有作十一月者

詩有序三百一十一篇 浦鏜云有序字當誤倒○按或序下脫者字

全者三百五篇　浦鏜云全當今字誤下當脫存字○按全謂辭義俱存也非誤

於秘府而見爲　閩本明監本同案爲當作焉

别云述之以爲除九卯　浦鏜云之疑者字誤

更有書以述之　浦鏜云更上疑脫非字

足以垂世立教　文選李善注本無立字

使小史掌之　浦鏜云外誤小是也

而禹身事受禪之後無入夏書之言　浦鏜云理誤言從後堯典下疏校許宗彦曰事乃自字之誤言禹所言皆在受禪以前入於虞書自受禪後更無入夏書之言也下堯典下疏同此義

所以恢宏至道示人主以軌範也　文選李善本無主字

反遭秦始皇滅除之　浦鏜云反當及字誤○按當又字誤

悉詣守尉親燒之　宋本監本親作雜是也

又衛宏古文奇字序云　段玉裁云師古注儒林傳引此作衛宏詔定古文官書

於是詔太常使掌故臣鼂錯往受之　監本無臣字浦鏜云臣字衍是也

其後兵火起流　案流下當有亡字

使讀說之　按文選注讀作讚

但伏生雖無此一篇　宋本一作三按一字非也

宣帝泰和元年　宋本閩本同毛本泰和作本始案所改是也

爲隸古定更以竹簡寫之　匡謬正俗曰言以孔氏壁中科斗文字依旁伏生口傳授者考校改定之易科斗以隸古字定訖更别以竹簡寫之非復本文也近代淺學乃改隸古定爲隸古字非也按直云隸古即是隸古字於理可知無所闕少定者爲定訖耳今先代舊本皆爲隸古定不爲古字也

益稷合於皋陶謨　陸氏曰皋本作咎陶本作繇

盤庚三篇合爲一　陸氏曰盤本又作般○按周禮司勳注作般庚說詳段玉裁尚書撰異

其餘錯亂摩滅　山井鼎曰古本後人旁記云異本摩作磨按磨字說文所無

弗可復知　弗文選李善本作不

曾多伏生二十五篇者也　閩本同毛本曾作增案增字是

及以王若曰庶邦亦誤矣　浦鏜云及當乃字誤

亦壁内古文而合者者　毛本下者字作也

傳子孫孫　諸本俱作傳之子孫

宜各以其本篇相從附近　閩本明監本同毛本宜上有此序二字案有者是也

卽詔丞相劉屈氂　閩本同明監本毛本氂作氂按氂字非也

太子看長安因與鬭　毛本看作釋因作囚案所改是也監本囚作國鬭作閗並誤

奔湖關自殺　宋本明監本閩本同毛本關作遂山井鼎曰作遂似是○按湖地名也作湖關者殆因壺關而誤

附釋音尚書注疏卷第二

孔　穎達　疏

堯典第一

。釋文凡十六篇十一篇亡五篇見存〔疏〕古文尚書堯典第一。正義曰檢古本并石經直言堯典第一無古文尚書以孔君從隸古仍號古文故後人因而題於此以別伏生所出大小夏侯及歐陽所傳爲今文故也堯典第一篇之名當與衆篇相次第訓爲次也於次第之内而處一故曰堯典第一以此第一者以五帝之末接三王之初典策既備因機成務交代揖讓以垂無爲故爲第一也然書者理由舜史勒成一家可以爲法上取堯事下終禪禹以至舜終皆爲舜史所錄其堯舜之典多陳行事之狀其言寡矣禹貢即全非君言準之後代不應入書此其一一體之異以此禹之身事於禪後無入夏書之理自甘誓已下皆多言辭則古史所書於是乎始知五子之歌亦非上言典書草創以義而錄但致言有本名隨其事檢其此體爲例有十一曰典二曰謨三曰貢四曰歌五曰誓六曰誥七曰訓八曰命九曰征十曰範堯典舜典二篇典也大禹謨皋陶謨二篇謨也禹貢一篇貢也五子之歌一篇歌也甘誓泰誓三篇湯誓牧誓費誓秦誓八篇誓也仲虺之誥湯誥大誥康誥酒誥召誥洛誥康王之誥八篇誥也伊訓一篇訓也說命三篇微子之命蔡仲之命顧命畢命冏命文侯之命九篇命也胤征一篇征也洪範一篇範也此各隨事而言益稷亦謨也因其人稱言以別之其太甲咸有一德伊尹訓道王亦訓之類盤庚亦誥也故王肅云不言誥何也取其徒而立功非但錄其誥高宗肜日與訓序連文亦訓辭可知也西伯戡黎云祖伊恐奔告于受亦誥也武成云識其政事亦誥也旅獒戒王亦訓也金縢自爲一體祝亦誥辭也梓材酒誥分出亦誥也多士以王命誥自然誥也無逸戒王亦訓也君奭周公誥召公亦誥也多方周官上誥於下亦誥也君陳君牙與畢命之類亦命也呂刑陳刑告王亦誥也書篇之名因事而立既無體例隨便爲文其百篇次第於序孔鄭不同孔以湯誓在夏社前於百篇爲第二十六鄭以爲在臣扈後第二十九孔以咸有一德次太甲後第四十鄭以爲在湯誥後第三十二孔以蔡仲之命次君奭後第八十三鄭以爲在費誓前第九十六孔以周官在立政後第八十八鄭以爲在立政前第八十六孔以費誓在文侯之命後第九十九鄭以爲在呂刑前第九十七不同者孔依壁內篇次及序爲文鄭依賈氏所奏別錄爲次孔未入學官以此不同考論次第孔義是也

書疏二　一

虞書

〔疏〕正義曰堯典雖曰唐事本以虞史所錄末言舜登庸由堯故追堯作典非唐史所錄故謂之虞書也鄭玄云舜之美事在於堯時是也案馬融鄭玄王肅別錄題皆曰虞夏書以虞夏同科雖虞事亦連夏此直言虞書本無尚書之題也案鄭序以爲虞夏書二十篇商書四十篇周書四十篇贊云三科之條五家之教是虞夏同科也其孔於禹貢注云禹之王以是功故爲夏書之首則虞夏別題也以土爲虞書則十六篇又帝告釐沃湯征汝鳩汝方於鄭玄爲商書而孔并於胤征之下或以爲夏事猶西伯戡黎則夏書九篇商書三十五篇此與鄭異也或孔因帝告以下五篇上并註於夏書不廢猶商書乎別文所引皆云虞書曰夏書曰無并言虞夏書者又伏生雖有一虞夏傳以外亦有虞傳夏傳此其所以宜別也此孔依虞夏各別而存之莊八年左傳云夏書曰皋陶邁種德僖二十四年左傳引夏書曰地平天成二十七年引夏書賦納以言襄二十六年引夏書曰與其殺不辜寧失不經皆在大禹謨皋陶謨當云虞書而云夏書者以事關禹故引爲夏書若洪範以爲周書以箕子至周商人所陳而傳引之即曰商書也案壁內所得孔爲傳者凡五十八篇爲四十六卷三十三篇與鄭註同二十五篇增多鄭註也其二十五篇者大禹謨一五子之歌二胤征三仲虺之誥四湯誥五伊訓六太甲三篇九咸有一德十說命三篇十三泰誓三篇十六武成十七旅獒十八微子之命十九蔡仲之命二十周官二十一君陳二十二畢命二十三君牙二十四冏命二十五但孔君所傳值巫蠱不行以終前漢諸儒知孔本有五十八篇不見孔傳遂有張霸之徒於鄭註之外僞造尚書凡二十四篇以足鄭註三十四篇爲五十八篇其數雖與孔同其篇有異孔則於伏生所傳二十九篇內無古文泰誓除序尚二十八篇分出舜典益稷盤庚二篇康王之誥爲三十三增二十五篇爲五十八篇鄭玄則於伏生二十九篇之內分出盤庚二篇康王之誥又泰誓三篇爲三十四篇更增益僞書二十四篇爲五十八所增益二十四篇者則鄭註書序舜典一汩作二九共九篇十一大禹謨十二益稷十三五子之歌十四胤征十五湯誥十六咸有一德十七典寶十八伊訓十九肆命二十原命二十一武成二十二旅獒二十三冏命二十四以此二十四爲十六卷以九共九篇共卷除八篇故爲十六故藝文志劉向別錄云五十八篇藝文志又云孔安國者孔子後也悉得其書以古文又多十六篇篇即卷也即是僞書二十四篇也劉向作別錄班固作藝文志並云此言不見孔傳也劉歆作三統歷論武王伐紂引今文泰誓云丙午逮師又引武成越若來三月五日甲子咸劉

書疏二　二

商王受並不與孔同亦不見孔傳也後漢初賈逵奏尚書疏云流爲烏是與孔亦異也馬融書序云經傳所引泰誓泰誓並無此文又云逸十六篇絕無師說是融亦不見也服虔杜預註左傳亂其紀綱並云夏桀時服虔杜預皆不見也鄭玄亦不見之故註書序舜典云入麓伐木註五子之歌云避亂於洛汭註胤征云胤征臣名又註禹貢引胤征云厥匪玄黃昭我周王又註咸有一德云伊陟臣扈曰又註典寶引伊訓云載孚在亳又曰征是三朡又註旅獒云獒讀曰豪謂是遒豪之長又古文有仲虺之誥太甲說命等見在而云亡其汨作典寶之等一十三篇見亡而云已逸是不見古文也案伏生所傳三十四篇者謂之今文則夏侯勝夏侯建歐陽和伯等三家所傳及後漢末蔡邕所勒石經是也孔所傳者膠東庸生劉歆賈逵馬融等所傳是也鄭玄書贊云我先師棘子下生安國亦好此學衛賈馬二三君子之業則雅才好博既宜之矣又云歐陽氏失其本義今疾此蔽冒猶復疑惑未悛是鄭意師祖孔學傳授膠東庸生劉歆賈逵馬融等學而䟦夏侯歐陽等何意鄭註尚書亡逸並與孔異篇數並與三家同又劉歆賈逵馬融之等並傳孔學云十六篇逸與安國不同者良由孔註之後其書散逸傳註不行以庸生賈馬之等惟傳孔學經文三十三篇故鄭與三家同以爲古文而鄭承其後所註皆同賈逵馬融之學題曰古文尚書篇與夏侯等同而經字多異夏侯等書宅嵎夷爲宅嵎鐵昧谷曰柳谷心腹腎腸曰憂腎陽劓刵劅剠云臏宮劓割頭庶剠是鄭註不同也三家之學傳孔業者漢書儒林傳云安國傳都尉朝子俊俊傳膠東庸生生傳清河胡常常傳徐敖敖傳王璜及塗惲惲傳河南桑欽至後漢初衛賈馬亦傳孔學故書贊云自世祖興後漢衛賈馬二三君子之業是也所得傳者三十三篇古經亦無其五十八篇及傳說絕無傳者至晉世王肅註書始似竊見孔傳故註亂其紀綱爲夏太康時又晉書皇甫謐傳云姑子外弟梁柳邊得古文尚書故作帝王世紀往往載孔傳五十八篇之書晉書又云晉太保公鄭沖以古文授扶風蘇愉愉字休預預授天水梁柳字洪季卽謐之外弟也季授城陽臧曹曹字彥始始授郡守子汝南梅賾字仲眞又爲豫章內史遂於前晉奏上其書而施行焉時已亡失舜典一篇晉末范甯爲解時已不得焉至齊蕭鸞建武四年吳興姚方興於大航頭得而獻之議者以爲孔安國之所註也值方興有罪事亦隨寢至隋開皇二年購慕遺典乃得其篇焉然孔註之後歷及後漢之末無人傳說至晉之初猶得存者雖不列學官散在民間事雖久遠故得猶存

孔氏傳傳卽註也以傳述爲義舊說漢已前稱傳〔疏〕正義曰以註者多門故云其氏以別衆家或當時自題孔氏亦可以後人辨之

昔在帝堯聰明文思光宅天下。言聖德之遠著昔古也堯唐帝名馬融云謚也翼善傳聖曰堯聰千公反思息嗣反又如字下同著張慮反**將遜于位讓于虞舜**遜遁也老使攝遜禪之。遁本作遯徒遜反退也避也遂禪音時戰反讓也授也**作堯典**

〔疏〕昔在至堯典。正義曰此序鄭玄馬融王肅並云孔子所作孔義或然詩書理不應異夫子爲書作序不作詩序者此自或作或否無義例也鄭知孔子作者依緯文而知也安國既以同序爲卷檢此百篇凡有六十三序序其九十六篇明居咸有一德立政無逸不序所由直云咎單作明居伊尹作咸有一德周公作立政周公作無逸六十三序者若汨作九共九篇稾飫十一篇共序其咸乂四篇同序其大禹謨皐陶謨益稷夏社疑至臣扈伊訓肆命徂后太甲三篇盤庚三篇說命三篇泰誓三篇康誥酒誥梓材二十四篇皆三篇同序其帝告釐沃汝鳩汝方伊陟原命高宗肜日高宗之訓八篇皆共卷類同故同序同序而別篇者三十三篇通明居無逸等四篇爲三十七篇加六十三卽百篇也序者以序別行辭爲形勢言昔日在於帝號堯之時也此堯身智無不知聰也神無不見明也以此聰明之神智足可以經緯天地卽文也又神智之運深敏於機謀卽思也聰明文思卽其聖性行之於外無不備知故此德充滿居止於天下而遠著德既如此政化有成天道沖盈功成者退以此故將遜遁避於帝位以禪其有聖德之虞舜史序其事而作堯典之篇言昔在者鄭玄云書以堯爲始獨云昔在使若無先之典然也詩云自古在昔言在昔者自下本上之辭言昔在者從上自下爲稱故曰使若無先之者據代有先之而書無所先故云昔也言帝者天之一名所以名帝帝者諦也言天蕩然無心忘於物我言公平通遠舉事審諦故謂之帝也五帝道同於此亦能審諦故取其名若然聖人皆能同天故曰大人大人者與天地合其德卽三王亦大人不得稱帝者以三王雖實聖人內德同天而外隨時運不得盡其聖用逐迹爲名故謂之爲王禮運曰大道之行天下爲公卽帝也大道既隱各親其親卽王也則聖德無大於天三皇優於帝豈過乎天哉然則三皇亦不能過天但遂同天之名以爲優劣五帝有爲而同天三皇無爲而同天立名以爲優劣耳但有爲無爲亦逐多少以爲分三王亦順帝之則而不盡故不得名帝然天之與帝義爲一也人主可得稱帝不可得稱天者以天隨體而立名人主不可同天之體也無由稱天者以天德立號王者可以同其德爲所以可稱於帝故繼天則謂之天子其號謂之帝不得云帝子也言堯者孔無明解案下傳云虞氏舜名然堯舜相配爲義既舜爲名則堯亦名也以此而言禹湯亦名於下都無所解而放勳重華文命注隨其事而解其文以爲義不爲堯舜及禹之名據此似堯舜及禹與湯相類名則俱名不應殊異案鄭以下亦云虞氏舜名與孔傳不殊及鄭注中候云重華舜名則舜不得有二名鄭注禮記云舜之言充是以舜爲號謚之名則下注云舜名亦號謚之名也推此則孔君亦然何以知之既湯類堯舜當爲名而孔注論語曰予小子履云履是殷湯名是湯名履而湯非名也又此不云堯舜是名則堯及舜禹非名於是明矣既非名而放勳重華文命蓋以爲三王之名同於鄭玄矣鄭知名者以帝繫云禹名文命以上類之亦名若然名本題情記意必有義者蓋運命相符名與運接所以異於凡平或說以其有義皆以爲字古代尚質若名之不顯何以著字必不獲已以爲非名非字可也譙周以堯爲號皇甫謐以放勳重華文命爲名案謚法翼善傳聖曰堯仁義盛明曰舜是堯舜謚也故馬融亦云謚也又曰淵源流通曰禹雲行雨施曰湯則禹湯亦是謚法而馬融云禹湯不在謚法故疑之將由謚法或本不同故有致異亦可本無禹湯爲謚後來所加故或本曰除虐去殘曰湯是以異也檀弓曰死謚周道也周書謚法周公所作而得有堯舜禹湯者以周法死後乃追故謂之爲謚謚者累也累其行而號也隨其行以名之則死謚猶生號因上世之生號陳之爲死謚明上代生死同稱上世質非至善至惡無號故與周異以此堯舜或云號或云謚也若然湯名履而王侯世本湯名天乙者安國意蓋以湯受命之王依殷法以乙日生名天乙至將爲王又改名爲履故二名也亦可安國不信世本無天乙之名皇甫謐巧欲傳會云以乙日生故名履字天乙又云祖乙亦云乙日生復名乙引易緯孔子所謂天之錫命故可同名既以天乙爲字何云同名乎斯又妄矣號之曰堯者釋名以爲其尊高堯堯然物莫之先故謂之堯也謚法云翼善傳聖曰堯堯者以天下之生善因善欲禪之故二八顯升所謂爲翼能傳位於聖人天下爲公此所以出衆而高也言聰明者據人近驗則聽遠爲聰見微爲明若離婁之視明也師曠之聽聰也以耳目之聞見喻聖人之智慧兼知天下之事故在於聞見而已故以聰明言之智之所用用於天地經緯天地謂之文故以聰明之用爲文須當其理故又云思而會理也經云欽明此爲聰明者彼方陳行事故美其敬此序其聖性故稱其聰隨事而變文下舜典直云堯聞之聰明不

云文思者此將言堯用故云文思彼要云舜德故直云聰明亦自此而可知也言光宅者經傳云光充也不訓宅者可知也不於此訓光者從經爲正也下將遜于位傳云遜遁者以經無遜字故在序訓之。傳言聖德之遠著。正義曰聖德解聰明文思遠著解光宅天下。傳老使至禪之。正義曰老使攝者解將遜于位云遂禪之者解讓于虞舜也以己年老故遜之使攝之後功成而禪禪即讓也言攝者納於大麓是也禪者汝陟帝位是也雖舜受而攝之而堯以爲禪或云汝陟帝位爲攝因即直言爲讓故云遂也鄭玄云堯尊如故舜攝其事是也

堯典　言堯可爲百代常行之道

疏　堯典。正義曰序已云作堯典而重言此者此是經之篇目不可因序有名略其舊題故諸篇皆重言本目而就目解之稱典者以道可百代常行若堯舜禪讓聖賢禹湯傳授子孫即是堯舜之道不可常行但惟德是與非賢不授授賢之事道可常行但後王德劣不能及古耳然經之與典俱訓爲常名典不名經者以經是總名包殷周以上皆可爲後代常法故以經爲名典者經中之別特指堯舜之德於常行之內道最爲優故名典不名經也其太宰六典及司寇三典者自由當代常行與此別矣

曰若稽古帝堯　若順稽考也能順考古道而行之者帝堯。

曰放勳欽明文思安安　勳功欽敬也言堯放上世之功化而以敬明文思之四德安天下之當安者。放方往反註同徐云鄭王如字勳許云反功也馬云放勳堯名皇甫謐同一云放勳堯字欽明文思馬云威儀表備謂之欽照臨四方謂之明經緯天地謂之文道德純備謂之思

允恭克讓光　允信克能光充格至也既有四德又信恭能讓故其名聞充溢四外

被四表格于上下　至于天地。被皮寄反徐扶義反聞音問本亦作問溢音逸

疏　曰若至上下。正義曰史將述堯之美故爲題目之辭曰能順考校古道而行之者是帝堯也又申其順考古道之事曰此帝堯能放效上世之功而施其教化心意恒敬智慧甚明發舉則有文謀思慮則能通敏以此四德安天下之當安者在於己身則有此四德其於外接物又能信實恭勤善能謙讓恭則人不敢侮讓則人莫與爭由此爲下所服名譽著聞聖德美名充滿被溢於四方之外又至于上天下地言其日月所照霜露所墜莫不聞其聲名被其恩澤此即稽古之事也。傳若順至帝堯。正義曰若順釋言文詩稱考卜惟王洪範考卜之事謂之稽疑是稽爲考經傳常訓也爾雅一訓一也孔所以約文故數字俱訓其末以一也結

之又已經訓者後傳多不重訓顯見可知則徑言其義皆務在省文故也言順考古道者古人之道非無得失施之當時又有可否考其事之是非知其宜於今世乃順而行之言其行可否順是不順非也考古者自己之前無遠近之限但事有可取皆考而順之今古既異時政必殊古事雖不得盡行又不可頓除古法故說命曰事不師古以克永世匪說攸聞是後世爲治當師古法雖則聖人必須順古若空欲追遠不知考擇居今行古更致禍災若宋襄慕義師敗身傷徐偃行仁國亡家滅斯乃不考之失故美其能順考也鄭玄信緯訓稽爲同訓古爲天言能順天而行之與之同功論語稱惟堯則天詩美文王順帝之則然則聖人之道莫不同天合德豈待同天之語然後得同之哉書爲世教當因之人事以人繫天於義無取且古之爲天經無此訓高貴鄉公皆以鄭爲長非篤論也○傳勳功至安者○正義曰勳功欽敬釋詁文此經述上稽古之事放效上世之功卽是考於古道也經言放勳放其功而已傳兼言化者據其勳業謂之功指其敎人則爲化功之與化所從言之異耳鄭玄云敬事節用謂之欽照臨四方謂之明經緯天地謂之文慮深通敏謂之思孔無明說當與之同四者皆在身之德故謂之四德凡是臣人王者皆須安之故廣言安天下之當安者所安者則下文九族百

書疏二　七

姓萬邦是也其敬明文思爲此次者顧氏云隨便而言無義例也知者此先聰後明舜典云明四目達四聰先明後聰故知無例也今考舜典云濬哲文明又先文後明與此不類知顧氏爲得也○傳允信至天地○正義曰允信格至釋詁文克能光充釋言文在身爲德施之曰行鄭玄云不懈於位曰恭惟賢尚善曰讓恭讓是施行之名上言堯德此言堯行故傳以文次言之言堯既有敬明文思之四德又信實恭勤善能推讓下人愛其恭讓傳其德音故其名遠聞旁行則充溢四方上下則至于天地持身能恭與人能讓自己及物故先恭後讓恭言信讓言克交互其文耳皆言信實能爲也傳以溢解被言其饒多盈溢故被及之也表裏內外相對之言故以表爲外向不向上至有所限旁行四方無復限極故四表言被上下言至四外者以其無限自內言之言其至於遠處正謂四方之外畔者當如爾雅所謂四海四荒之地也先四表後上下者人之聲名宜先及於人後被四表是人先知之故先言至人後言至于上下言至於天地喻其聲聞遠耳禮運稱聖人爲政能使天降膏露地出醴泉是名聞遠達使天地効靈是亦格于上下之事

克明俊德以親九族能明俊德之士任用之以睦高祖玄孫之親○九族上自高祖下至玄孫凡九族馬鄭同

九族既睦平章百姓既已也百姓百官言化九族而平和章明**百姓昭明協和萬邦黎民於變時雍**昭亦明也協合黎衆時是雍和也言天下衆民皆變化化上是以風俗大和○黎力兮反〔疏〕克明至時雍○正義曰言堯能名聞廣遠由其委任賢哲故復陳之言堯之爲君也能尊明俊德之士使之助己施化以此賢臣之化先令親其九族之親九族既親睦矣又使之和協顯明於百官之族姓百姓蒙化皆有禮儀昭然而明顯矣又使之合會調和天下之萬國其萬國之衆人於是變化從上是以風俗大和能使九族敦睦百姓顯明萬邦和睦是安天下之當安者也○傳能明至之親○正義曰鄭玄云俊德賢才兼人者然則俊德謂有德又能明俊德之士者謂命爲大官賜之厚祿用其才智使之高顯也以其有德故任用之以此賢臣之化親睦高祖玄孫之親上至高祖下及玄孫是爲九族同出高曾皆當親之故言之親也禮記喪服小記云親親以三爲五以五爲九又異義夏侯歐陽等以爲九族者父族四母族三妻族二皆據異姓有服鄭玄駁云異姓之服不過緦麻言不廢昏又昏禮請期云惟是三族之不虞恐其廢昏明非外族也是鄭與孔同九族謂帝之九族百姓謂

書疏二　八

百官族姓萬邦謂天下衆民自內及外從高至卑以爲遠近之次也知九族非民之九族者以先親九族次及百姓百姓是羣臣弟子不宜越百姓而先下民若是民之九族則九族既睦民已和矣下句不當復言協和萬邦以此知帝之九族也堯不自親九族而待臣使之親者此言用臣法耳豈有聖人在上疏其骨肉者乎若以堯自能親不待臣化則化萬邦百姓堯豈不能化之而待臣化之也且言親九族者非徒使帝親之亦使臣親之帝亦令其自相親愛故須臣子之化也○傳既已至章明○正義曰既已義同故訓既爲已經傳之言百姓或指天下百姓此下句乃有黎民故知百姓卽百官也百官謂之百姓者隱八年左傳云天子建德因生以賜姓謂建立有德以爲公卿因其所生之地而賜之以爲其姓令其收斂族親自爲宗主明王者任賢不任親故以百姓言之周官篇云唐虞稽古建官惟百大禹謨云率百官若帝之初是唐虞之世經文皆稱百官而禮記明堂位云有虞氏之官五十後世所記不合經也平章與百姓共文非九族之事傳以此經之事文勢相因先化九族乃化百官故云化九族而平和章明謂九族與百官皆須導之以德義平理之使之協和敎之以禮法章顯之使之明著○傳昭亦至大和○正義曰釋詁以昭爲光光明義同經已有明故云昭亦明也釋詁

以協爲和和合義同故訓協爲合也黎衆時是釋詁文雍和釋訓文堯民之變明其變惡從善人之所和惟風俗耳故知謂天下衆人皆變化化上是以風俗大和人俗大和即是太平之事也此經三事相類古史交互立文以親言既睦平章言昭明協和言時雍睦即親也章即明也雍即和也各自變文以類相對平九族使之親平百姓使之明正謂使從順禮義恩情和合故於萬邦變言協和明以親九族平章百姓亦是協和之也但九族宜相親睦百姓宜明禮義萬邦宜盡和協各因所宜爲文其實相通也民言於變謂從上化則九族既睦百姓昭明亦是變上故得睦得明也

乃命羲和欽若昊天厤象日月星辰敬授人時。重黎之後羲氏和氏世掌天地四時之官故堯命之使敬順昊天昊天言元氣廣大星四方中星辰日月所會厤象其分節敬記天時以授人也此舉其目下別序之○羲和馬云羲氏掌天官和氏掌地官四子掌四時昊胡老反重直龍反少昊之後黎高陽之後日月所會謂日月交會於十二次也寅曰析木卯曰大火辰曰壽星巳曰鶉尾午曰鶉火未曰鶉首申曰實沈酉曰大梁戌曰降婁亥曰娵訾子曰玄枵丑曰星紀

分命羲仲宅嵎夷曰暘谷宅居也東表之地稱嵎夷暘明也日出於谷而天下明故稱暘谷暘谷嵎夷一也羲仲居治東方之官○嵎音隅馬曰嵎海嵎也夷萊夷也尚書考靈耀及史記作禺銕暘音陽谷工木反又音欲下同馬云暘谷海嵎夷之地名日出於谷本或作日出於陽谷陽衍字

寅賓出日平秩東作寅敬賓導秩序也歲起於東而始就耕謂之東作東方之官敬導出日平均次序東作之事以務農也○寅徐以眞反又音夷下同賓如字徐音殯馬云從也出尺遂反又如字註同平如字馬作苹普庚反云使也下皆放此秩如字

日中星鳥以殷仲春日中謂春分之日鳥南方朱鳥七宿殷正也春分之昏鳥星畢見以正仲春之氣節轉以推季孟則可知○中貞仲反又如字殷於勤反馬鄭云中也宿音秀下同見賢遍反下同

厥民析鳥獸孳尾冬寒無事並入室處春事既起丁壯就功厥其也言其民老壯分析乳化曰孳交接曰尾○析星歷反孳音字乳儒付反說文云人及鳥生子曰乳獸曰產

申命羲叔宅南交申重也南交言夏與春交舉一隅以見之此居治南方之官○重直用反

平秩南訛敬致訛化也掌夏之

官平敘南方化育之事敬行其教以致其功四時同之亦舉一隅○訛五和反

日永星火以正仲夏永長也謂夏至之日火蒼龍之中星舉中則七星見可知以正仲夏之氣節季孟亦可知

厥民因鳥獸希革因謂老弱因就在田之丁壯以助農也夏時鳥獸毛羽希少改易革改也

分命和仲宅西曰昧谷昧冥也日入於谷而天下冥故曰昧谷昧谷曰西則嵎夷東可知此居治西方之官掌秋天之政也○昧武內反冥莫定反

寅餞納日平秩西成餞送也日出言導日入言送因事之宜秋西方萬物成平序其政助成物○餞賤衍反馬云滅也滅猶沒也

宵中星虛以殷仲秋宵夜也春言日秋言夜互相備虛玄武之中星亦言七星皆以秋分日見以正三秋

厥民夷鳥獸毛毨夷平也老壯在田與夏平也毨理也毛更生整理○毛毨下先典反說文云仲秋鳥獸毛盛可選取以爲器用也

申命和叔宅朔方曰幽都平在朔易北稱朔亦稱方言一方則三方見矣北稱幽則南稱明從可知也都謂所聚也易謂歲改易於北方平均在察其政以順天常上摠言羲和敬順昊天此分別仲叔各有所掌○別音彼列反下同

日短星昴以正仲冬日短冬至之日昴白虎之中星亦以七星並見以正冬之三節

厥民隩鳥獸氄毛隩室也民改歲入此室處以辟風寒鳥獸皆生耎毳細毛以自溫焉○隩於六反馬云煖也氄如勇反徐又音而充反馬云溫柔貌辟音避耎如兗反本或作濡音儒毳尺銳反

帝曰咨汝羲暨和朞三百有六旬有六日以閏月定四時成歲咨嗟暨與也匝四時曰朞一歲十二月月三十日正三百六十日除小月六爲六日是爲一歲有餘十二日未盈三歲足得一月則置閏焉以定四時之氣節成一歲之歷象○暨其器反朞居其反下同旬似遵反十日爲旬匝子合反

允釐百工庶績咸熙允信釐治工官績功咸皆熙廣也言定四時成歲歷以告時授事則能信治百官衆功皆廣歎其善○釐力之反熙許其反興也

［疏］乃命至咸熙○正義曰上言能明俊德又述能明之事堯之聖德美政如上所陳但聖不必獨理必須賢輔堯以須臣之故乃命有俊明

之人羲氏和氏敬順昊天之命歷此法象其日之甲乙月之大小昏明遞中之星日月所會之辰定其所行之數以爲一歲之歷乃依此歷敬授下人以天時之早晚其總爲一歲之歷其分有四時之異既舉總目更别序之堯於羲和之内乃分别命其羲氏而字仲者令居治東方嵎夷之地也日所出處名曰暘明之谷於此處所主之職使羲仲主治之既主東方之事而日出於東方令此羲仲恭敬導引將出之日平均次序東方耕作之事使彼下民務勤種植於日晝夜中分刻漏正等天星朱鳥南方七宿合昏畢見以此天之時候調正仲春之氣節此時農事已起不居室内其時之民宜分析適野老弱居室丁壯就功於時鳥獸皆孕胎卵孳尾匹合又就所分羲氏之内重命其羲氏而字叔者使之居治南方之職又於天分南方與東交立夏以至立秋時之事皆主之均平次序南方化育之事敬行其教以致其功於日正長晝漏最多天星大火東方七宿合昏畢見以此天時之候調正仲夏之氣節於時苗稼已殖農事尤煩其時之民老弱因一丁壯就在田野於時鳥獸羽毛希少變改寒時又分命和氏而字仲者居治西方日所入處名曰昧冥之谷於此處所主之職使和仲主治之既主西方之事而日入在於西方令此和仲恭敬從送既入之日平均次序西方成物之事使彼下民務勤收斂於晝夜中分漏刻正等天星之虚北方七宿合昏畢見以此天時之候調正仲秋之氣節於時禾苗秀實農事未閑其時之民與夏齊平盡在田野於時鳥獸毛羽更生已稍整治又重命和氏而字叔者令居治北方名曰幽都之地於此處所主之職使和叔主治之平均視察北方歲改之事於日正短晝漏最少天星之昴西方七宿合昏畢見以此天時之候調正仲冬之氣節於時禾稼已入農事閑暇其時之人皆處深隩之室鳥獸皆生耎毳細毛以自温煗此是羲和敬天授人之實事也羲和所掌一如是故帝堯乃述而歎之曰咨嗟汝羲仲羲叔與和仲和叔一朞之間三百有六旬有六日分爲十二月則餘日不盡令氣朔參差若以閏月補闕令氣朔得正定四時之氣節成一歲之歷象是汝之美可歎也又以此歲歷告時授事信能和治百官使之衆功皆廣也歎美羲和能敬天之節衆功皆廣則是風俗大和

○傳重黎至序之○正義曰楚語云少昊氏之衰九黎亂德人神雜擾不可方物顓頊受之乃命南正重司天以屬神火正黎司地以屬民使復舊常無相侵瀆其後三苗復九黎之惡堯復育重黎之後不忘舊者使復典之以至于夏商據此文則自堯及商無他姓也堯育重黎之後是此羲和可知是羲和爲重黎之後世掌天地之官文所出也呂刑先重後黎此文先羲後和揚子法言云羲近重和近黎是羲承重而和承黎矣呂刑稱乃命重黎與此命羲和爲一事也故呂刑傳云重即羲也黎即和也羲和雖别爲氏族而出自重黎故呂刑以重黎言之鄭語云爲高辛氏火正則高辛亦命重黎故鄭玄於此注云高辛氏世命重爲南正司天黎爲火正司地據世掌之文用楚語爲說也楚世家云重黎爲帝嚳火正能光融天下帝嚳命曰祝融共工氏作亂帝嚳使重黎誅之而不盡帝乃以庚寅日誅重黎而以其弟吳回爲重黎復居火正爲祝融案昭二十九年左傳稱少昊氏有子曰重顓頊氏有子曰黎則重黎二人各出一帝而史記并以重黎爲楚國之祖吳回爲重黎以重黎爲官號此乃史記之謬故束皙譏馬遷并兩人以爲一謂此是也左傳稱重爲句芒黎爲祝融不言何帝使爲此官但黎是顓頊之子其爲祝融必在顓頊之世重雖少昊之胄而與黎同命明使重爲句芒亦是顓頊時也祝融火官可得稱爲火正句芒木官不應號爲南正且木不主天火不主地而外轉稱顓頊命南正司天火正司地者蓋使木官兼掌天火官兼掌地南爲陽位故掌天謂之南正黎稱本官故掌地猶爲火正鄭答趙商云先師以來皆云火掌爲地當云黎爲北正孔無明說未必然也昭十七年左傳郯子稱少昊氏以鳥名官自顓頊已來乃命以民事句芒祝融皆以人事名官明此當顓頊之時也傳言少昊氏有四叔當爲後代子孫非親子也何則傳稱共工氏有子曰句龍共工氏在顓頊之前多歷年代豈復共工氏親子至顓頊時乎明知少昊四叔亦非親子高辛所命重黎或是重黎子孫未必一人能歷二代又高辛前命後誅當是異人何有罪而誅不容列在祀典明是重黎之後世以重黎爲號所誅重黎是有功重黎之子孫也呂刑說羲和之事猶尚謂之重黎況彼尚近重黎何故不得稱之以此知異世重黎號同人别顓頊命重司天黎司地羲氏掌天和氏掌地其實重黎羲和通掌之也此云乃命羲和欽若昊天是羲和二氏共掌天地之事以乾坤相配天地相成運立施化者天資生成物者地天之功成其見在地故下言日中星鳥之類是天事也平秩東作之類是地事也各分掌其時非别職矣案楚語云重司天以屬神黎言地以屬人天地既别人神又殊而云通掌之者外傳之文說呂刑之義以爲少昊之衰天地相通人神雜擾顓頊乃命重黎分而異之以解絕地天通之言故云各有所掌天地相通人神雜擾見其能離絕天地變異人神耳非即别掌之下文别序所掌則羲主春夏和主秋冬俱掌天時明其共職彼又言至于夏商世掌天地胤征云羲和湎淫廢時亂日不知日食羲和同罪明其世掌天地共職可知顓頊命掌天地惟重黎

二人堯命羲和則仲叔四人者以羲和二氏賢者既多且後代稱文故分掌其職事四人各職一時兼職方岳以有四岳故用四人顓頊之命重黎惟司天地主岳以否不可得知設令亦主方岳蓋重黎二人分主東西也馬融鄭玄皆以此命羲和者命爲天地之官下云分命申命爲四時之職天地之與四時於周則冢宰司徒之屬六卿是也孔言此舉其目下別序之則惟命四人無六官也下傳云四岳卽羲和四子舜典傳稱禹益六人新命有職與四岳十二牧凡爲二十二人然新命之六人禹命爲百揆契作司徒伯夷爲秩宗皐陶爲士垂作共工亦禹契之輩卽是卿官卿官之外別有四岳四岳非卿官也孔意以羲和非是卿官別掌天地但天地行於四時四時位在四方平秩四時之人因主方岳之事猶自別有卿官分掌諸職左傳稱少昊氏以鳥名官五鳩氏卽周世之卿官也五鳩之外別有鳳鳥氏歷正也班在五鳩之上是上代以來皆重歷數故知堯於卿官之外別命羲和掌天地也於時羲和似尊於諸卿後世以來稍益卑賤周禮太史掌正歲年以序事卽古羲和之任也桓十七年左傳云日官居卿以底日猶尚尊其所掌周之卿官明是堯時重之故特言乃命羲和此乃命羲和重述克明俊德之事得致雍和所由已上論堯聖性此說堯之任賢據堯身而言用臣故云乃命

非時雍之後方始命之使敬順昊天昊天者混元之氣昊然廣大故謂之昊天也釋天云春爲蒼天夏爲昊天秋爲旻天冬爲上天毛詩傳云尊而君之則稱皇天元氣廣大則稱昊天仁覆閔下則稱旻天自上降監則稱上天據遠視之蒼蒼然則稱蒼天爾雅四時異名詩傳卽隨事立稱鄭玄讀爾雅云春爲昊天夏爲蒼天故駮異義云春氣博施故以廣大言之夏氣高明故以遠言之秋氣或生或殺故以閔下言之冬氣閉藏而清察故以監下言之皇天者尊而號之也六藉之中諸稱天者以情所求言之耳非必於其時稱之然此言堯敬大四天故以廣大言之星四方中星者二十八宿布在四方隨天轉運更互在南方每月各有中者月令每月昏旦惟舉一星之中若使每日視之卽諸宿每日昏旦莫不常中中則人皆見之故以中星表宿四方中星總謂二十八宿也或以書傳云主春者張昏中可以種稷主夏者火昏中可以種黍主秋者虛昏中可以種麥主冬者昴昏中可以收斂皆云上告天子下賦臣人天子南面而視四方星之中知人緩急故曰敬授人時謂此四方中星如書傳之說孔於虛昴諸星本無取中之事用書傳爲孔說非其旨矣辰日月所會者昭七年左傳士文伯對晉侯之辭也日行遲月行疾每月之朔月行及日而與之會其必在宿分二十八宿是日月所會之

處辰時也集會有時故謂之辰日月所會與四方中星俱是二十八宿舉其人目所見以星言之論其日月所會以辰言之其實一物故星辰共文益稷稱古人之象日月星辰共爲一象由其實同故也日月與星天之三光四時變化以此爲政故命羲和令以算術推步累歷其所行法象其所在具有分數節候參差不等敬記此天時以爲歷而授人此言星辰共爲一物周禮大宗伯云實柴祀日月星辰鄭玄云星謂五緯辰謂日月所會十二次者以星辰爲二者五緯與二十八宿俱是天星天之神祇禮無不祭故鄭玄隨事而分之以此敬授人時無取五緯之義故鄭玄於此注亦以星辰爲一觀文爲說也然則五星與日月皆別行不與二十八宿同爲不動也○傳宅居至之官○正義曰宅居釋言文禹貢青州云嵎夷既略青州在東界外之畔爲表故云東表之地稱嵎夷也陰陽相對陰闇而陽明也故以暘爲明谷無陰陽之異以日出於谷而天下皆明故謂日出之處爲暘谷冬南夏北不常厥處但日由空道似行自谷故以谷言之非實有深谷而日從谷之出也據日所出謂之暘谷指其地名卽稱嵎夷故云暘谷嵎夷一也又解居者居其官不居其地故云羲仲居治東方之官此言分命者上云乃命羲和總舉其目就乃命之內分其職掌使羲主春夏和主秋冬分一歲而別掌之故

言分命就羲和之內又重分之故於夏變言申命既命仲而復命叔是其重命之也所命無伯季者蓋時無伯季或有而不賢則外傳稱堯育重黎之後不忘舊者使復典之明仲叔能守舊業故命之也此羲和掌序天地兼知人事因主四時而分主四方故舉東表之地以明所舉之域地東舉嵎夷之名明分三方皆宜有地名此爲其始故特詳舉其文羲仲居治東方之官居在帝都而遙統領之王肅云皆居京師而統之亦有時述職是其事也以春位在東因治於東方其實木主四方春政故於和仲之下云此居治西方之官掌秋天之政明此掌春天之政孔以經事詳故就下文而互發之○傳寅敬至務農○正義曰寅敬釋詁文寳者主行導引故寳爲導也釋詁以秩爲常常卽次第有序故秩爲序也一歲之事在東則耕作在南則化育在西則成熟在北則改易故以方名配歲事爲文言順天時氣以勸課人務也春則生物秋則成物日之出也物始生長人當順其生長致力耕耘日之入也物皆成熟人當順其成熟致力收斂東方之官當恭敬導引日出平秩東作之事使人耕耘西方之官當恭敬從送日入平秩西成之事使人收斂日之出入自是其常但由日出入故物有生成雖氣能生物而非人不就勤於耕稼是導引之勤於收藏是從送之冬夏之文無此類者南北二方非日

所出入平秩南訛亦是導日之事平在朔易亦是送日之事依此春秋而共爲寅餞故冬夏二時無此一句勸課下民皆使致力是敬導之平均次序即是授人田里各有疆場是平均之也耕種收斂使不失其次序王者以農爲重經主於農事寅賓出日爲平秩設文故并解之也言敬導出日者正謂平秩次序東作之事以務農也鄭以作爲生計秋言西成春宜言東生但四時之功皆須作力不可不言力作直說生成明此以歲事初起特言東作以見四時亦當力作故孔以耕作解之鄭玄云寅賓出日謂春分朝日又以寅餞納日謂秋分夕日也○傳日中至可知○正義曰其仲春仲秋冬至夏至馬融云古制刻漏晝夜百刻晝長六十刻夜短四十刻晝短四十刻夜長六十刻晝中五十刻夜亦五十刻融之此言據日出見爲說天之晝夜以日出入爲分人之晝夜以昏明爲限日未出前二刻半爲明日入後二刻半爲昏損夜五刻以裨於晝則晝多於夜復校五刻古今歷術與太史所候皆云夏至之晝六十五刻夜三十五刻冬至之晝四十五刻夜五十五刻春分秋分之晝五十五刻夜四十五刻此其不易之法也然今太史細候之法則校常法半刻也從春分至于夏至晝漸長增九刻半夏至至于秋分所減亦如之從秋分至于冬至晝漸短減十刻半從冬至至于春分其增亦如之

又於每氣之閒增減刻數有多有少不可通而爲率漢初未能審知率九日增減一刻和帝時待詔霍融始請改之鄭注書緯考靈曜仍云九日增減一刻猶尚未覺誤也鄭注此云日長者日見之漏五十五刻日短者日見之漏四十五刻與歷不同故王肅難云知日見之漏減晝漏五刻不意馬融爲傳已減之矣因馬融所減而又減之故日長爲五十五刻因以冬至反之取其夏至夜刻以爲冬至晝短此其所以誤耳鳥南方朱鳥七宿者在天成象星作鳥形曲禮說軍陳象天之行前朱雀後玄武左青龍右白虎雀即鳥也武謂龜甲捍禦故變文玄武焉是天星有龍虎鳥龜之形也四方皆有七宿各成一形東方成龍形西方成虎形皆南首而北尾南方成鳥形北方成龜形皆西首而東尾以南方之宿象鳥故言鳥謂朱鳥七宿也此經舉宿爲文不類春言星鳥總舉七宿夏言星火獨指房心虛昴惟舉一宿文不同者互相通也釋言以殷爲中中正義同故殷爲正也此經冬夏言正春秋言殷者其義同春分之昏觀鳥星畢見以正仲春之氣節計仲春日在奎婁而入於酉地則初昏之時井鬼在午柳星張在巳軫翼在辰是朱鳥七宿皆得見也春有三月此經直云仲春故傳辨之云既正仲春轉以推季孟之月則事亦可知也天道左旋日體右行故星見之方與四時相逆春則南方見

夏則東方見秋則北方見冬則西方見此則勢自當然而讖緯爲文生說言春夏相與交秋冬相與互謂之母成子子助母斯假妄之談耳馬融鄭玄以爲星鳥星火謂正在南方春分之昏七星中仲夏之昏心星中秋分之昏虛星中冬至之昏昴星中皆舉正中之星不爲一方盡見此其與孔異也至于舉仲月以統一時亦與孔同王肅亦以星鳥之屬爲昏中之星其要異者以所宅爲孟月日中日永爲仲月星鳥星火爲季月以殷以正皆總三時之月讀仲爲中言各正三月之中氣也以馬融鄭玄之言不合天象星火之屬仲月未中故爲每時皆歷陳三月言日以正仲春以正春之三月中氣若正春之三月中當言以正春中不應言以正仲春王氏之說非文勢也孔氏直取畢見稍爲迂闊比諸王馬於理最優○傳冬寒至曰尾○正義曰厥其釋言文其人老弱在室丁壯適野是老壯分析也孳字古今同耳字訓愛也產生爲乳胎孕爲化孕產必愛之故乳化曰孳鳥獸皆以尾交接故交接曰尾計當先尾後孳隨便言之○傳申重至之官○正義曰申重釋詁文此官既主四時亦主方面經言南交謂南方與東方交傳言夏與春交見其時方皆掌之春盡之日與立夏之初時相交也東方之南南方之東位相交也言羲叔所掌與羲仲相交際也四時皆舉仲月之候嫌其不統季孟於此

言交明四時皆然故傳言舉一隅以見之春上無冬不得見其交接至是夏與春交故此言之○傳訛化至一隅○正義曰訛化釋言文禾苗秀穗化成子實亦胎生乳化之類故掌夏之官平序南方化育之事謂勸課民耘耔使苗得秀實敬行其教以致其功謂敬行平秩之教以致化育之功農功歲終乃畢敬行四時皆同於此言之見四時皆然故云亦舉一隅也夏日農功尤急故就此言之○傳永長至可知○正義曰永長釋詁文夏至之日日最長故知謂夏至之日計七宿房在其中但房心連體心統其名左傳言火中火見詩稱七月流火皆指房心爲火故曰火蒼龍之中星特舉一星與鳥不類故云舉中則七星見可知計仲夏日在東井而入於酉地即初昏之時角亢在午氐房心在巳尾箕在辰是東方七宿皆得見也○傳因謂至革改○正義曰春既分析在外今日因往就之故言因謂老弱因就在田之丁壯以務農也鳥獸冬毛最多春猶未脫故至夏始毛羽希少改易往前革謂變革故爲改也傳之訓字或先或後無義例也○傳昧冥至之政○正義曰釋言云晦冥也冥是暗故昧爲冥也谷者日所行之道日入於谷而天下皆冥故謂日入之處爲昧谷非實有谷而日入也此經春秋相對春不言東但舉昧谷曰西則嵎夷東可知然則東言嵎夷則西亦有地明矣闕其文所

以互見之傳於春言東方之官不言掌春夏言掌夏之官不言南方此言居治西方之官掌秋天之政互文明四時皆同○傳餞送至成物也○正義曰送行飲酒謂之餞故餞為送也導者引前之言送者從後之稱因其欲出導而引之因其欲人從而送之是其因事之宜而立此文也秋位在西於時萬物成熟平序其秋天之政未成則耘耨既熟則收斂助天成物以此而從送入日也納入義同故傳以入解納○傳宵夜至三秋○正義曰宵夜釋言文舍人曰宵陽氣消也三時皆言日惟秋言夜故傳辨之云春言日秋言夜互相備也互者明也明日中宵亦中宵中日亦中因此而推之足知日永則宵短日短則宵長皆以此而備知也正於此時變文者以春之與秋日夜皆等春言出日卽以日言之秋云納日卽以夜言之亦事之宜也北方七宿則虛為中故虛為玄武之中星計仲秋日在角亢而入于酉地初昏之時斗牛在午女虛危在巳室壁在辰舉虛中星言之亦言七星皆以秋分之日昏時並見以正秋之三月○傳夷平至整理○正義曰釋詁云夷平易也俱訓為易是夷得為平秋禾未熟農事猶煩故老壯在田與夏平也毨者毛羽美悅之狀故為理也夏時毛羽希少今則毛羽復生夏改而少秋更生多故言更生整理○傳北稱至所掌○正義曰釋訓云朔北方也舍人曰朔盡

也北方萬物盡故言朔也李巡曰萬物盡於北方蘇而復生故言北方是北稱朔也羲和主四方之官四時皆應言方於此言方者卽三方皆見矣春為歲首故舉地名夏與春交故言南交秋言西以見嵎夷當為東冬言方以見三時皆有方古史要約其文互相發見也幽之與明文恒相對北既稱幽則南當稱明從此可知故於夏無文經冬言幽都夏當云明都傳不言都者從可知也鄭云夏不言曰明都三字摩滅也伏生所誦與壁中舊本並無此字非摩滅也王肅以夏無明都避敬致然卽幽足見明闕文相避如肅之言義可通矣都謂所聚者總言此方是萬物所聚之處非指都邑聚居也易謂歲改易於北方者人則三時在野冬入隩室物則三時生長冬入囷倉是人之與物皆改易也王肅云改易者謹約蓋藏循行積聚引詩嗟我婦子曰為改歲入此室處王肅言察物皆易孔意亦當然也釋詁云在察也舍人曰在見物之察是在為察義故言平均在察其政以順天常以在察須與平均連言不復訓在為察故舜典之傳則更訓之三時皆言平秩此獨言平在者以三時乃役力田野當次序之冬則物皆藏入須省察之故異其文秋日物成就故傳言助成物冬日蓋藏天之常道故言順天常因明東作南訛亦是助生物類常道也上總言羲和敬順昊天此分別仲叔各有所掌明此

四時之節卽順天之政實恐人以敬順昊天直是歷象日月嫌仲叔所掌非順天之事故重明之○傳隩室至溫焉○正義曰釋宮云西南隅謂之隩孫炎云室中隱隩之處也隩是室內之名故以隩為室也物生皆盡野功咸畢是歲改矣以天氣改歲故入此室處以避風寒天氣既至故鳥獸皆生耎毳細毛以自溫焉經言氄毛謂附肉細毛故以耎毳解之○傳咨嗟至歷象○正義曰咨嗟暨與皆釋詁文也匝四時曰朞朞卽匝也故王肅云朞四時是也然古時眞歷遭戰國及秦而亡漢存六歷雖詳於五紀之論皆秦漢之際假託為之實不得正要有梗槩之言周天三百六十五度四分度之一而日日行一度則一朞三百六十五日四分日之一今考靈曜乾鑿度諸緯皆然此言三百六十六日者王肅云四分日之一又入六日之內舉全數以言之故云三百六十六日也傳又解所以須置閏之意皆據大率以言之云一歲十二月月三十日正三百六十日也除小月六又為六日今經云三百六十六日故云餘十二日不成朞以一月不整三十日今一年餘十二日故未至盈滿三歲足得一月則置閏也以時分於歲故云氣節謂二十四氣時月之節歲總於時故云歷象日月星辰敬授人時以相配成也六歷諸緯與周髀皆云日行一度月行十三度十九分度之七為每月二十九日過

半日之於法分為日九百四十分日之四百九十九卽月有二十九日半強為十二月六大之外有日分三百四十八是除小月無六日又大歲三百六十六日小歲三百五十五日則一歲所餘無十二日今言十二日者皆以大率據整而計之其實一歲所餘正十一日弱也以為十九年七閏十九年年十一日則二百九日其七月四大三小猶二百七日況無四大乎為每年十一日弱分明矣所以弱者以四分日之一於九百四十分則一分為二百三十五分少於小月餘分三百四十八以二百三十五減三百四十八不盡一百一十三是四分日之一餘矣皆以五日為率其小月雖為歲日殘分所減猶餘一百一十三則實餘尚無六日就六日抽一日為九百四十分減其一百一十三分不盡八百二十七分以不抽者五日并三百六十日外之五日為十日其餘九百四十分日之八百二十七為每歲之實餘今十九年年十日得整日一百九十又以十九乘八百二十七分得一萬五千七百一十三以日法九百四十除之得十六日以并一百九十日為二百六日不盡六百七十三分為日餘今為閏月得七每月二十九日七月為二百三日又每四百九十九分以七乘之得三千四百九十三以日法九百四十分除之得三日以二百三日亦為二百六日不盡亦六百七十三為日餘亦相

當矣。所以無閏時不定、歲不成者，若以閏無三年差一月，則以正月爲二月，每月皆差，九年差三月，即以春爲夏，若十七年差六月，即四時相反，時何由定，歲何得成乎？故須置閏以定四時。故左傳云「履端於始，序則不愆；舉正於中，民則不惑；歸餘於終，事則不悖」是也。先王以重閏焉。王肅云：「斗之所建，是爲中氣。日月所在，斗指兩辰之閒，無中氣，故以爲閏也。」○傳「允信」至「其善」○正義曰：釋訓云「鬼之爲言歸也」，鄉飲酒義云「春之爲言蠢也」，然則釋訓之例，有以聲相近而訓其義者。釐治、工官皆以聲近爲訓，他皆放此類也。績功、咸皆，釋詁文。熙廣，周語文。此經文義承成歲之下，傳以文勢次之，言定歷授事，能使衆功皆廣，歎其善，謂帝歎羲和之功也。

帝曰：「疇咨若時登庸？」疇，誰；庸，用也。誰能咸熙庶績，順是事者，將登用之。○疇，直由反。

放齊曰：「胤子朱啓明。」帝曰：「吁！嚚訟，可乎？」放齊，臣名。胤，國；子，爵；朱，名；啓，開也。吁，疑怪之辭。言不忠信爲嚚，又好爭訟，可乎？言不可。○放，方往反，註同。胤，引信反，馬云：「嗣也。」吁，況于反，徐往付反，一音于。嚚，魚巾反。訟，才用反，馬本作庸。好，呼報反，下註同。爭鬭也。

帝曰：「疇咨若予采？」采，事也。復求誰能順我事者。○予音餘，又羊汝反。采，七在反，馬云：「官也。」復，扶又反。

驩兜曰：「都！共工方鳩僝功。」驩兜，臣名。都，於，歎美之辭。共工，官稱。鳩，聚；僝，見也。歎共工能方方聚見其功。○驩，呼端反。兜，丁侯反。共音恭，注同。僝，仕簡反，徐音撰，馬云：「具也。」於音烏。稱，尺證反。

帝曰：「吁！靜言庸違，象恭滔天。」靜，謀；滔，漫也。言共工自爲謀言，起用行事而違背之，貌象恭敬而心傲很，若漫天，言不可用。○滔，吐刀反。漫，末旦反，下同，又末寒反。背音佩。傲，五報反，下同。很，恨懇反。

帝曰：「咨！四岳，四岳，即上羲和之四子，分掌四岳之諸侯，故稱焉。湯湯洪水方割，湯湯，流貌。洪，大；割，害也。言大水方方爲害。○湯音傷。洪，音戶工反。蕩蕩懷山襄陵，浩浩滔天。蕩蕩，言水奔突有所滌除。懷，包；襄，上也。包山上陵，浩浩盛大，若漫天。○浩，胡老反。滌，大歷反。上，時掌反。下民其咨，有能俾乂？」俾，使；乂，治也。言民咨嗟憂愁，病水困苦，故問四岳，有能治者將使之。○俾，必爾反。

僉曰：「於！鯀哉。」僉，皆也。鯀，崇伯之名。朝臣舉之。○僉，七廉反，又七劍反。於音烏。鯀，故本反，馬云：「禹父也。」朝，直遙反。

帝曰：「吁！咈哉，方命圮族。」凡言吁者，皆非帝意。咈，戾；圮，毀；族，類也。言鯀性很戾，好此方名，命而行事，輒毀敗善類。○咈，扶弗反，忿戾也。方，如字，馬云：「方，放也。」徐云鄭王音放。圮，音皮美反。戾，音力計反。

岳曰：「异哉！試可乃已。」异，已也，退也。言餘人盡已，唯鯀可試，無成乃退。○异，徐云鄭音異，孔王音怡。

帝曰：「往，欽哉！」勑鯀往治水，命使敬其事。堯知其性很戾圮族，未明其所能，而據衆言可試，故遂用之。

九載，績用弗成。載，年也。三考，九年功用不成，則放退之。

【疏】「帝曰疇咨」至「九載績用弗成」○正義曰：史又序堯事。堯任羲和，衆功已廣，及其末年，羣官有闕，復求賢人欲任用之。帝曰：誰乎？咨嗟，嗟人之難得也。有人能順此咸熙庶績之事者，我將登而用之。有臣放齊者對帝曰：有胤國子爵之君，其名曰朱，其人心志開達，性識明悟。言此人可登用也。帝疑怪歎之曰：吁！此人既頑且嚚，又好爭訟，豈可用乎？言不可也。史又記堯復求人，帝曰：誰乎？咨嗟，嗟人之難得也。今有人能順我事者否乎？言有即欲用之也。有臣驩兜者對帝曰：嗚呼！歎有人之大賢也帝至共工之官者，此人於所在之方能立事業，聚見其功。言此人可用也。帝亦疑怪之曰：吁！此人自作謀計之言，及起用行事而背違之，貌象恭敬而心傲很，若漫天。言此人不可用也。

頻頻求人，無當帝意。於是洪水爲災，求人治之。帝曰：咨嗟！嗟水災之大也。呼掌岳之官而告以須人之意：汝四岳等，今湯湯流行之水，所在方方爲害，又其勢奔突，蕩蕩然滌除在地之物，包裹高山，乘上丘陵，浩浩盛大，勢若漫天。在下之人其皆咨嗟困病其水矣，有能治者，將使治之。羣臣皆曰：嗚呼！歎其有人之能，惟鯀堪能治之。帝又疑怪之曰：吁！其人心很戾哉，好此方直之名，命而行事，輒毀敗善類。言其不可使也。朝臣已共爲舉，四岳又復然之。岳曰：帝若謂鯀爲不可，餘人悉皆已哉。言不及鯀也。惟鯀一人試之可也，試若無功，乃黜退之。言洪水必須速治，餘人不復及鯀，故勸帝用之。帝以羣臣固請，不得已而用之，乃告勑鯀曰：汝往治水，當敬其事哉！鯀治水九載，已經三考，而功用不成。言帝實知人，而朝無賢臣，致使水害未除，待舜乃治。此經三言求人，未必一時之事，但歷言朝臣不賢，爲求舜張本故也。○傳「疇誰」至「用之」○正義曰：疇誰，釋詁文。庸聲近用，故爲用也。馬融以羲和爲卿官，堯之末年皆以老死，庶績多闕，故求賢順四時之職，欲用以代羲和。孔於下傳云「四岳即上羲和之四子」，帝就羲和求賢，則所求者別代他官，不代羲氏和氏。孔以羲和掌天地之官，正在敬順昊天，告時授事而已。其施政者，乃是百官之事，非復羲和之職但義和告時授事流行百官使百官庶績咸熙今云咸熙庶績順是事者指謂求代百官之闕非求代義和也此經文承庶績之下而言順是事者故孔以文勢次之此言誰能咸熙庶績順是事者將登用之蓋求卿上用任也計堯即位至洪水之時六十餘年百官有闕皆應求代求得賢者則史亦不錄不當帝意乃始錄之爲求舜張本故惟帝求一人放齊以一人對之非六十餘年止求一人也堯以聖德在位庶績咸熙蓋應久矣此繼咸熙之下非知早晚求之史自歷序其事不必與治水同時也計四岳職掌天地當是朝臣之首下文求治水者帝咨四岳此不言咨四岳者帝求賢者固當博訪朝臣但史以有岳對者言咨四岳此不言咨者但此無岳對故不言耳○傳放齊至不可○正義曰以放齊舉人對帝故知臣名爲名爲字不可得知傳言名者辯此是爲臣之名號耳未必是臣之名也夏王仲康之時胤侯命掌六師顧命陳寶有胤之舞衣故知古有胤國胤是國自然子爲爵朱爲名也馬融鄭玄以爲帝之胤子曰朱也求官而薦太子太子下愚以爲啓明揆之人情必不然矣啓之爲開書傳通訓言此人心志開解而明達吁者必有所嫌而爲此聲故以爲疑怪之辭僖二十四年左傳曰口不道忠信之言爲嚚是言不忠信爲嚚也其人心既頑嚚又好爭訟此實不可而

帝云可乎故吁聲而反之可乎言不可也唐堯聖明之主應任賢哲放齊聖朝之臣當非庸品人有善惡無容不知稱嚚訟以爲啓明舉愚臣以對聖帝何哉將以知人不易人不易知密意深心固難照察胤子矯飾容貌但以惑人放齊內少鑒明未能圓備謂其實可任用故承意舉之以帝堯之聖乃知其嚚訟之事放齊所不知也驩兜薦舉共工以爲比周之惡謂之四凶投之遠裔放齊舉胤子不爲凶人者胤子雖有嚚訟之失不至滔天之罪放齊謂之實賢非是苟爲阿比驩兜則志不在公私相朋黨共工行背其言心反於貌其罪並深俱被流放其意異於放齊舉胤子故也○傳采事至事者正義曰采事釋詁文上已求順時不得其人故復求順我事者順時順事其義一也史以上承庶績之下故言順時謂順是庶績之事此不可復同前文故變言順我帝事其意亦如前經當求卿士之任也順我事之下亦宜有登用之言上文已具故於此略之○傳驩兜至其功○正義曰驩兜亦舉人對帝故知臣名都於釋詁文於即鳴字歎之辭也將言共工之善故先嘆美之舜典命垂作共工知共工是官稱鄭以爲其人名氏未聞先祖居此官故以官氏也計稱人對帝不應舉先世官名孔直云官稱則其人於時居此官也時見居官則是已被任用復舉之者帝求順事之人欲置之上位以爲

大臣所欲尊於共工故舉之也鳩聚釋詁文僝然見之狀故爲見歎共工能方方聚見其功謂每於所在之方皆能聚集善事以見其功言可用也若能共工實有見功則是可任用之人帝言其庸違滔天不可任者共工言是行非貌恭心很取人之功以爲己功其人非無見功但功非已有左傳說驩兜云醜類惡物是與比周天下之人謂之渾敦言驩兜以共工比周妄相薦舉知所言見功非其實功也○傳靜謀至滔用○正義曰靜謀釋詁文滔者漫浸之名浸漫其上故滔爲漫也共工險僞之人自爲謀慮言皆合於道及起用行事而背違之言其語是而行非也貌象恭敬而心傲很其侮上陵下若水漫天言貌恭而心很也行與言違貌恭心反乃是大佞之人不可任用也明君聖主莫先於堯求賢審官王政所急乃有放齊之不識是非驩兜之朋黨惡物共工之巧言令色崇伯之敗善亂常聖人之朝不才總萃雖曰難之何其甚也此等諸人才實中品亦雖行有不善未爲大惡故能仕於聖代致位大官以帝堯之末洪水爲災欲責非常之功非復常人所及自非聖舜登庸大禹致力則滔天之害未或可平以舜禹之成功見此徒之多罪勳業既謝愆釁自生爲聖所誅其咎益大且虞史欲盛彰舜德歸過前人春秋史克以宣公比堯辭頗增甚知此等並非下愚未有大惡其爲不

善惟帝所知將言求舜以見帝之知人耳○傳四岳至稱焉正義曰上列義和所掌云宅嵎夷朔方言四子居治四方主於外事岳者四方之大山今王朝大臣皆號稱四岳是與義和所掌其事爲一以此知四岳即上義和之四子也又解謂之岳者以其分掌四岳之諸侯故稱焉舜典稱巡守至于岱宗肆覲東后周官說巡守之禮云諸侯各朝於方岳之下是四方諸侯分屬四岳也計堯在位六十餘年乃命義和蓋應早矣若使成人見命至此近將百歲故馬鄭以爲義和皆死孔以爲四岳即是義和至今仍得在者以義和世掌天地自當父子相承不必仲叔之身皆悉在也書傳雖出自伏生其常聞諸先達虞傳雖說舜典之四岳尚有義伯和伯是仲叔子孫世掌岳事也○傳湯湯至爲害○正義曰湯湯波動之狀故爲流貌洪大釋詁文刀害爲割故割爲害也言大水方方爲害謂其徧害四方也○傳蕩蕩至漫天○正義曰蕩蕩廣平之貌言水勢奔突有所滌除謂平地之水除地上之物爲水漂流無所復見蕩蕩然惟有水耳懷藏包裹之義故懷包也釋言以襄爲駕駕乘牛馬皆車在其上故襄爲上也包山謂遶其傍上陵謂乘其上平地已皆蕩蕩又復遶山上陵故爲盛大之勢總言浩浩盛大若漫天然也天者無上之物漫者加陵之辭甚其盛大故云若漫天也○傳俾使乂治也

正義曰俾使乂治釋詁文○傳僉皆至舉之○正義曰僉皆釋詁文周語云有崇伯鯀卽鯀是崇君伯爵故云鯀崇伯之名帝以岳爲朝臣之首故特言四岳其實求能治者普問朝臣不言岳對而云皆曰乃衆人舉之非獨四岳故言朝臣舉之○傳凡言至善類○正義曰自上以來三經求人所舉者帝言其惡而辭皆稱吁故知凡言吁者皆非帝之所當意也咈者相乖詭之意故爲戾也圮毀釋詁文左氏稱非我族類其心必異族類義同故族爲類也言鯀性很戾多乖異衆人好此方直之名內有姦回之志命而行事輒毀敗善類何則心性很戾違衆用己知善不從故云毀敗善類詩稱貪人敗類與此同鄭王以方爲放謂放棄敎命易坤卦六二直方大是直方之事爲人之美名此經云方故依經爲說○傳异已已退也○正義曰异聲近已故爲已也已訓爲止是停住之意故爲退也○傳勑鯀至用之○正義曰傳解鯀非帝所意而命使之者堯知其性很戾圮族未明其所能夫管氏之好者尚僭彊贊覇圖陳平之盜嫂受金弼諧帝業然則人有性雖不善才堪立功者而衆皆據之言鯀可試冀或有益故遂用之孔之此說據迹立言必其盡理而論未是聖人之實何則禹稱帝德廣運乃聖乃神夫以聖神之資聰明之鑒既知鯀性很戾何故使之治水者馬融云堯以大聖知時運當然

人力所不能治下民其咨亦當憂勞屈己之是從人之非遂用於鯀李顒云堯雖獨明於上衆多不達於下故不得不副倒懸之望以供一切之求耳○傳載年至退之○正義曰釋天云載歲也夏曰歲商曰祀周曰年唐虞曰載李巡云各自紀事示不相襲也孫炎曰歲取歲星行一次也祀取四時祭祀一訖也年取禾穀一熟也載取萬物終而更始是載者年之別名故以載爲年也舜典云三載考績三考黜陟幽明是三考九年也功用不成水害不息故放退之謂退使不復治求至明年得舜乃殛之羽山周禮太宰職云歲終則令百官各正其治而詔王廢置三年則大計羣吏之治而誅賞然則考課功績必在歲終此言功用不成是九年歲終三考也下云朕在位七十載而求得虞舜歷試三載卽數登用之年至七十二年爲三載卽知七十載者與此異年此時堯在位六十九年鯀初治水之時堯在位六十一年若然鯀旣無功早應黜廢而待九年無成始退之者水爲大災天之常運而百官不悟謂鯀能治水及遣往治非無小益下人見其有益謂鯀實能治之日復一日以終三考三考無成衆人乃服然後退之故至九年祭法云鯀障洪水而殛死禹能脩鯀之功然則禹之大功顧亦因鯀是治水有益之驗但不能成功故誅殛之耳若然灾以運來時不可距假使興禹未必能治何以

治水之功不成而便殛鯀者以鯀性傲很帝所素知又治水無功法須貶黜先有很戾之惡復加無功之罪所以殛之羽山以示其罪若然禹既聖人當知洪水時未可治何以不諫父者梁王以爲舜之怨慕由己之私鯀之治水乃爲國事上令必行非禹能止時又年小不可干政也**帝曰咨四岳朕在位七十載**堯年十六以唐侯升爲天子在位七十年則時年八十六老將求代○朕直錦反馬云我也**汝能庸命巽朕位**巽順也言四岳能用帝命故欲使順行帝位之事○巽音遜馬云讓也**岳曰否德忝帝位**否不忝辱也辭不堪○否方久反又音鄙忝音他簟反**曰明明揚側陋**堯知子不肖有禪位之志故明舉明人在側陋者廣求賢也○肖音笑說文云肖骨肉相似也不似其先故曰不肖**師錫帝曰有鰥在下曰虞舜**師衆錫與也無妻曰鰥虞氏舜名在下民之中衆臣知舜聖賢恥己不若故不舉乃不獲已而言之○錫星歷反鰥故頑反虞舜虞氏舜名也馬云舜謚也舜死後賢臣錄之臣子爲諱故變名言謚**帝曰俞予聞如何**俞然也然其所舉言我亦聞之其德

行如何○俞羊朱反行下孟反下其行同**岳曰瞽子父頑母嚚象傲**無目曰瞽舜父有目不能分別好惡故時人謂之瞽配字曰瞍瞍無目之稱心不則德義之經爲頑象舜弟之字傲慢不友言並惡○瞽音古傲五報反瞍素后反稱尺證反又如字**克諧以孝烝烝乂不格姦**諧和烝進也言能以至孝和諧頑嚚昏傲使進進以善自治不至於姦惡○諧戶皆反烝之承反姦古顏反**帝曰我其試哉**言欲試舜觀其行迹**女于時觀厥刑于二女**女妻刑法也堯於是以二女妻舜觀其法度接二女以治家觀治國○女音而據反妻音丁計反**釐降二女于嬀汭嬪于虞**降下嬪婦也舜爲匹夫能以義理下帝女之心於所居嬀水之汭使行婦道於虞氏○嬀音居危反汭音如銳反水之內也杜預注左傳云水之隈曲曰汭嬪音毗人反**帝曰欽哉**歎舜能脩己行敬以安人則其所能者大矣〔疏〕帝曰咨四至欽哉○正義曰帝以鯀功不成又已年老求得授位明聖代御天災故咨嗟汝四岳等我在天子之位七十載矣言已年老不堪在位汝等

四岳之內有能用我之命使之順我帝位之事言欲讓位與之也四岳對帝曰我等四岳皆不有用命之德若使順行帝事即辱於帝位言已不堪也帝又言曰汝當明白舉其明德之人於僻隱鄙陋之處何必在位之臣乃舉之也於是朝廷衆臣乃與帝之明人曰有無妻之鰥夫在下民之內其名曰虞舜言側陋之處有此賢人帝曰然我亦聞之其德行如何四岳又對帝曰其人愚瞽之子其父頑母嚚其弟字象性又傲慢家有三惡其人能諧和以至孝之行使此頑嚚傲慢者皆進進於善以自治不至於姦惡言能調和惡人是爲賢也帝曰其行如此當可任用我其名而試之哉欲配女與試之也即以女妻舜於是欲觀其居家治否也舜能以義理下二女之心於嬀水之汭使行婦道於虞氏帝歎曰此舜能敬其事哉歎其善治家知其可以治國故下篇言其授以官位而歷試諸難○傳堯年至求代○正義曰徧檢今之書傳無堯即位之年孔氏博考羣書作爲此傳言堯年十六以唐侯升爲天子必當有所案據未知出何書計十六爲天子其歲稱元年在位七十載應年八十五孔云八十六者史記諸書皆言堯帝嚳之子帝摯之弟嚳崩摯立摯崩乃傳位於堯然則堯以弟代兄蓋踰年改元據其改元年則七十載數其立年故八十六下句求人巽位是老將求代也此經文承績用不

成之下計治水之事於時最急不求治水之人而先求代已者堯以身既年老臣無可任治水之事非己所能故求人代已令代者自治是虞史盛美舜功言堯不能治水以大事付舜美舜能消大災成堯美也○傳巽順至之事○正義曰巽順易說卦文帝呼四岳言汝能庸命四岳自謙言己否德故知汝四岳言四岳能用帝命故帝欲使之順行帝位之事將使攝也在位之臣四岳爲長故讓位於四岳也○傳否不至不堪○正義曰否古今不字忝辱釋言文已身不德恐辱帝位自辭不堪岳爲羣臣之首自度既不堪意以爲在位之臣皆亦不堪由是自辭而已不薦餘人故帝使之明舉側陋之處○傳堯知至求賢○正義曰此經曰上無帝以可知而省文也傳解四岳既辭而復言此者堯知子不肖不堪爲主有禪位與人之志故令四岳明舉明人令其在側陋者欲使廣求賢也鄭注雜記云肖似也言不如人也史記五帝本紀云堯知子丹朱之不肖不足授天下於是權授舜授舜則天下得其利而丹朱病授丹朱則天下病而丹朱得其利堯曰終不以天下之病而利一人而卒授舜以天下是堯知子不肖而禪舜之意也文王世子論舉賢之法云或以事舉或以言揚揚亦舉也故以舉解揚經之揚字在於二明之下傳進舉字於兩明之中經於明中宜有揚字言明舉明人於側陋之

處明下有揚故上闕揚文傳進舉於明上互文以足之也側陋者僻側淺陋之處意言不問貴賤有人則舉是令朝臣廣求賢人也堯知有舜而朝臣不舉故令廣求賢以啓之臣亦以堯知側陋有人故不得不舉舜耳此言堯知子不肖有志禪位然則曰有賢子必不禪人授賢爰自上代堯舜而已非堯舜獨可彼皆不然將以子不肖時無聖者乃運値汚隆非聖有優劣而緯候之書附會其事乃云河洛之符名字之錄何其妄且俗也○傳師衆至言之○正義曰師衆錫與釋詁文無妻曰鰥釋名云愁悒不寐目恒鰥鰥然故鰥字從魚魚目恒不閉王制云老而無妻曰鰥舜於時年未三十而謂之鰥者書傳稱孔子對子張曰舜父頑母嚚無室家之端故謂之鰥鰥者無妻之名不拘老少少者無妻可以更娶老者即不復更娶謂之天民之窮故禮舉老者耳詩云何草不玄何人不鰥暫離室家尚謂之鰥不獨老而無妻始稱鰥矣書傳以舜年尚少爲之說耳虞氏舜名者舜之爲虞猶禹之爲夏外傳稱禹氏曰有夏則此舜氏曰有虞顓頊已來地爲國號而舜有天下號曰有虞氏是地名也王肅云虞地名也皇甫謐云堯以二女妻舜封之於虞今河東太陽山西虞地是也然則舜居虞地以虞爲氏堯封之虞爲諸侯及王天下遂爲天子之號故從微至著常稱虞氏舜爲生號之名前已具釋

傳又解衆人以舜與帝則衆人盡知有舜但舜在下人之中未有官位衆臣德不及之而位居其上雖知舜實聖賢而恥已不若故不舉之以帝令舉及側陋意謂帝知有舜乃不獲已而言之耳知然者止以初不薦舉至此始言明是恥已不若故不早舉舜實聖人而連言賢者對則事有優劣散即語亦相通舜謂禹曰惟汝賢是言聖德稱賢也傳以師爲衆臣爲朝臣之衆或亦通及吏人王肅云古者將舉大事訊羣吏訊萬人堯將讓位咨四岳使問羣臣衆舉側陋衆皆願與舜堯計事之大者莫過禪讓必應博詢吏人非獨在位王氏之言得其實矣鄭以師爲諸侯之師帝咨四岳徧訪羣臣安得諸侯之師獨對帝也○傳俞然至如何○正義曰俞然釋言文然其所舉言我亦聞也其德行如何恐所聞不審故詳問之堯知有舜不召取禪之而訪四岳令衆舉薦者以舜在卑賤未有名聞卒暴禪之則下人不服故鄭玄六藝論云若堯知命在舜舜知命在禹猶求於羣臣舉於側陋上下交讓務在服人孔子曰民可使由之不可使知之此之謂也是解堯使人舉舜之意也○傳無目至並惡○正義曰周禮樂官有瞽矇之職以其無目使眡瞭相之是無目曰瞽又解稱瞽之意舜父有目但不能識別好惡與無目者同故時人謂之瞽配字曰瞍瞍亦無目之稱故或謂之爲瞽瞍詩云矇瞍奏公

是瞍爲瞽類大禹謨云祗載見瞽瞍是相配之文史記云舜父瞽瞍盲以爲瞽瞍是名身實無目也孔不然者以經說舜德行美其能養惡人父自名瞍何須言之若實無目卽是身有固疾非善惡之事輒言舜是盲人之子意欲何所見乎論語云未見顏色而言謂之瞽則言瞽者非謂無目史記又說瞽瞍使舜上廩從下縱火焚廩使舜穿井下土實井若其身自能然不得謂之無目明以不識善惡故稱瞽耳心不則德義之經爲頑僖二十四年左傳文象舜弟之字以字表象是人之名號其爲名字未可詳也釋訓云善兄弟爲友孟子說象與父母共謀殺舜是傲慢不友言舜父母與弟竝皆惡也此經光指舜身因言瞽子又稱父頑者欲極其惡故文重也○傳諧和至于姦惡○正義曰諧和烝進釋詁文上歷言三惡此美舜能養之言舜能和之以至孝之行和頑嚚昏傲使皆進進於善道以善自治不至于姦惡以下愚難變化令慕善是舜之美行故以此對堯案孟子及史記稱瞽瞍縱火焚廩舜以兩笠自扞而下以土實井舜從旁空井出象與父母共分財物舜之大孝升聞天朝堯妻之二女三惡尚謀殺舜爲姦之大莫甚於此而言不至姦者此三人性實下愚動罹刑網非舜養之久被刑戮猶尚有心殺舜餘事何所不爲舜以權謀自免厄難使瞽無殺子之愆象無害兄之罪不至於姦惡於此益驗終令瞽亦允若象封有鼻是不至於姦惡也○傳言欲至行迹○正義曰下言妻舜以女觀其治家是試舜觀其行迹也馬鄭王本說此經皆無帝曰當時庸生之徒漏之也鄭玄云試以爲臣之事王肅云試之以官鄭王皆以舜典合於此篇故指歷試之事充此試哉之言孔據古今別卷此言試哉正謂以女試之既善於治家別更試以難事與此異也○傳女妻至治國○正義曰左傳稱宋雍氏女於鄭莊公晉伐驪戎驪戎男女以驪姬以女妻人謂之女故云女妻也刑法釋詁文此已下皆史述堯事非復堯語言女于時謂妻舜於是故傳倒文以曉民堯於是以二女妻舜必妻之者舜家有三惡身爲匹夫忽納帝女難以和協觀其施法度於二女以法治家觀治國將使治國故先使治家敵夫曰妻不得有二女言女于時者摠言之耳二女之中當有貴賤長幼劉向列女傳云二女長曰娥皇次曰女英舜既升爲天子娥皇爲后女英爲妃然則初適舜時卽娥皇爲妻鄭不言妻者不告其父不序其正又注禮記云舜不告而娶不立正妃此則鄭自所說未有書傳云然案世本堯是黃帝玄孫舜是黃帝八代之孫計堯女於舜之曾祖爲四從姊妹以之爲妻於義不可世本之言未可據信或者古道質故也○傳降下至虞氏○正義曰降下釋詁文周禮九嬪之職掌婦學之法

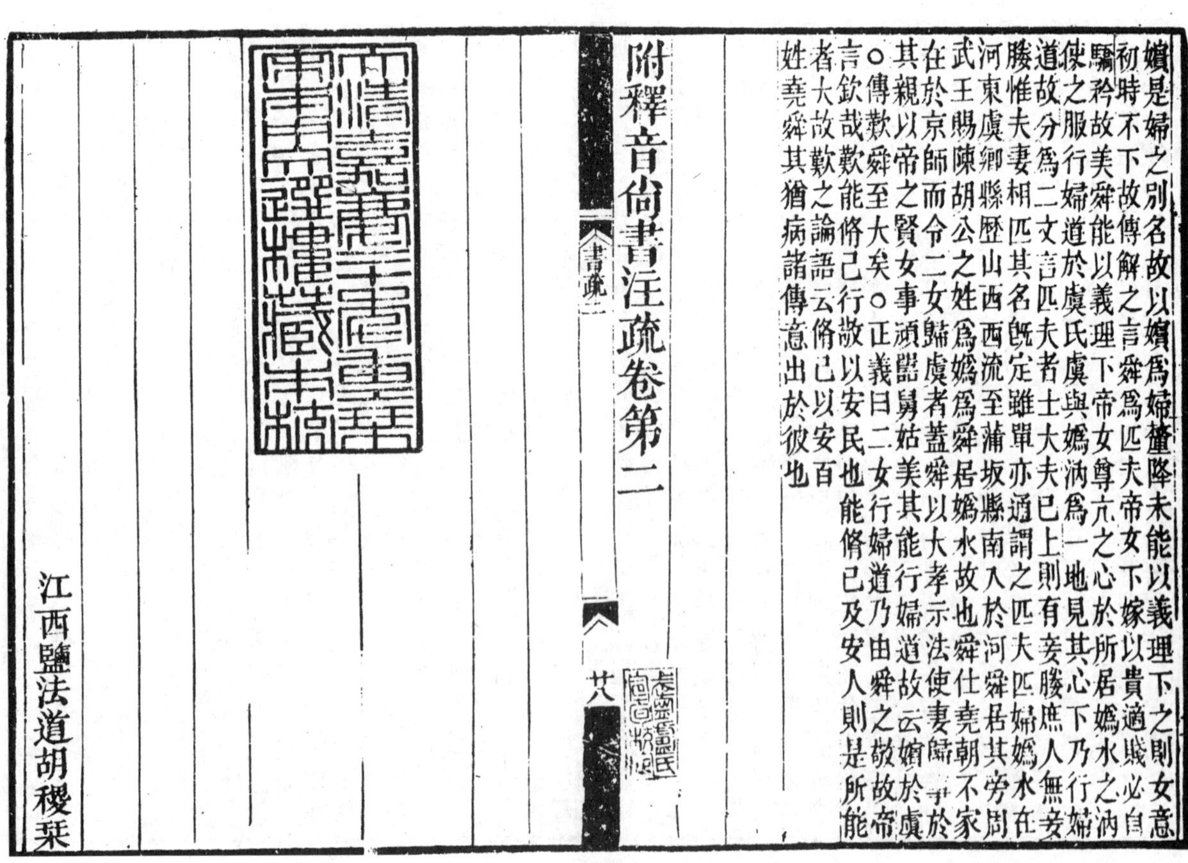

嬪是婦之別名故以嬪爲婦攡降未能以義理下之則女意初時不下故傳解之言舜爲匹夫帝女下嫁以貴適賤必自驕矜故美舜能以義理下帝女尊亢之心於所居嬀水之汭使之服行婦道於虞氏虞與嬀汭爲一地見其心下乃行婦道故分爲二文言匹夫者士大夫已上則有妾媵庶人無妾媵惟夫妻相匹其名既定雖單亦通謂之匹夫匹婦嬀水在河東虞鄉縣歷山西西流至蒲坂縣南入於河舜居其旁周武王賜陳胡公之姓爲嬀爲舜居嬀水故也舜仕堯朝不家在於京師而令二女歸虞者蓋舜以大孝示法使妻歸事於其親以帝之賢女事頑嚚舅姑美其能行婦道故云嬪於虞○傳歎舜至大矣○正義曰二女行婦道乃由舜之敬故帝言欽哉歎能脩己行敬以安民也能脩己及安人則是所能者大故歎之論語云脩己以安百姓堯舜其猶病諸傳意出於彼也

附釋音尚書注疏卷第二

江西鹽法道胡稷栞

尚書注疏挍勘記卷二

阮元撰　盧宣旬摘錄

尚書注疏卷第二 古本作尚書卷第一古文尚書堯典第一虞書孔氏傳宋板作尚書正義卷第二國子祭酒上護軍曲阜縣開國子臣孔穎達奉勑撰古文尚書堯典第一〇按釋文題曰堯典第一卷之一虞書孔氏傳唐石經二典爲安國序同卷無尚書卷第一五字自第二卷以後乃始有之每篇篇名上俱無古文尚書四字岳本亦無古文尚書四字餘俱與古本同按卷數當依釋文記於篇數之下其篇名上當依正義及足利古本加古文尚書四字首行題尚書卷第幾係後人所增可刪安國序當依唐石經與二典同卷

堯典第一

泰誓八篇誓也 泰當作秦

取其徒而立功 徒當作徙

與畢命之類 宋本同毛本命誤作公

本無尚書之題也 浦鏜云尚當夏字誤按浦挍是也

莊八年左傳云夏書曰 閩本明監本同宋本毛本云作引案引字是也

肆命二十 宋本肆命作伊陟〇按鄭注本無伊陟宋板非是

泰誓竝無此文 宋本無泰誓二字按無泰誓二字則謂漢之大誓經傳未有引之者也若有泰誓二字則謂經傳所引泰誓皆不見於漢之泰誓也二義竝通据泰誓疏引馬序云吾見書傳多矣所引泰誓而不在泰誓者甚多則此處宜有泰誓二字

我先師棘子下生安國亦好此學 按子字衍文

宅嵎夷爲宅嵎鐵 宋本鐵作峓〇按段玉裁云嵎鐵即嵎銕者古文鐵字鐵者銕之譌體也廣韻六脂云嵎峓山名書作嵎夷集韻云嵎銕東表之地又十二齊亦有銕字引字林云鐵名然則夷銕峓三字通用

心腹腎腸曰憂腎陽 孫志祖云憂腎陽三字乃優賢揚之譌優賢揚歷語見魏志管寧傳及左思魏都賦又隸釋載漢成陽令唐扶頌亦有優賢颺歷之文

購慕遺典 宋本閩本明監本慕作募

言聖德之遠著 古本下有也字案古本句末有也字者甚多不可勝載顏氏家訓書證篇曰也是語已及助句之辭河北經傳悉略此字有不可無者如伯也執殳於旅也語之類儻削此文頗成廢闕又有俗學聞經傳中時須也字輒以意加之每不得所益誠可笑是此字已經後人任意增損今不悉挍

但遂同天之名 宋本同毛本遂作逐閩本初亦作遂後改逐案逐是也

三皇無爲而同天 岳本閩本明監本同毛本皇作王

堯典

能順考古道而行之者帝堯 古本能上有言字堯下有也字

惟賢尚善曰讓 岳本惟作推案推字是也閩本以下並不誤

向不向上 岳本宋本不作下案下字是也閩本以下並不誤

皆變化化上 岳本閩本纂傳同毛本下化字作從又古本化下有今字按今或是令字之誤

是以風俗大和 纂傳大作太按大字釋文不作音當讀如字纂傳恐非

昭然而明顯矣 岳本宋本昭作照閩本以下同

然則俊德謂有德又 宋本又作人是也

故知謂天下衆人皆變化化上 宋本閩本同毛本化作從山井鼎曰作化與注合〇按疏釋經云其萬國之衆人於是變化從上唯此句從字諸本皆同無作化者

敬授人時 古本人作民注同按唐以前引此句未有不作民者疏云敬授下人以天時之早晚下人猶下民也知孔疏所据之本猶作民字後人因疏作人并經傳改之自開成石經以後沿譌至今舜典食哉惟時傳曰惟當敬授民

時此未經改竄者

世掌天地四時之官　史記集解無四時二字按疏意似亦無此二字

日出於谷而天下明　陸氏曰本或作日出於陽谷陽衍字。按史記集解有暘字

平秩南訛　按史記便程南譌集解引孔安國曰譌化也索隱曰爲依字讀孔安國强讀爲訛字正義亦云爲音于僞反然則史文及注皆當作爲今作譌非也至孔本經傳亦皆當作爲若經文本是訛字可得云安國强讀耶又羣經音辨人部云僞化也音訛書平秩南僞蓋古文僞譌通用漢書王莽傳亦作南僞。按今本史記爲作譌者妄依衞包所改尚書說詳段玉裁撰異

四時同之　纂傳時作方

寅餞納日　按餞納羣經音辨作淺內。補釋文挍勘記段玉裁云餞本是淺字開寶依唐石經改爲餞餞安得訓爲滅也案羣經音義水部云淺送也滅也書寅淺內日

西方萬物成　成上古本有咸字

助成物　古本作助成萬物也宋本岳本作助成物也

毛更生整理　古本毛下有羽字

北稱幽則南稱明　宋本則作都按則字非也

鳥獸皆生而毳細毛以自温焉　岳本閩本明監本毛本而作耎陸氏曰耎如兗反本或作濡音儒是作而字誤也又宋板無焉字與疏標題不合

帝曰咨汝羲暨和　汝古本作女下皆同

朞三百有六旬　唐石經纂傳朞俱作期纂傳注同

匝四時曰朞　古本宋本匝俱作迊按迊匝並俗帀字

釐治　古本治作理下治百官同

於時苗稼已殖　宋板已作以按已以古多通用

其後三苗復九黎之惡　宋本閩本同毛本惡作德按作惡與國語楚語異

揚子法言云　監本同閩本揚从木作楊按楊子雲之楊從木不從才說詳段玉裁尚書撰異閩本亦從木是也

據世掌之文　宋本據作是

火掌爲地　按詩檜風正義引鄭志作火當爲地

何有罪而誅　浦鏜云何疑旣字誤許宗彦云何字絕句

黎言地以屬人　閩本同毛本言作司案所改是也

推舉一星之中　宋本推作惟

而日從谷之出也　宋本閩本纂傳並同毛本之作以

特言東作　宋本同岳本閩本毛本特作時案作特非也

以此而從送入日也　閩本明監本同毛本入日作日入案入日誤倒也

互者明也　岳本者作著案著字是也閩本亦誤作者

斗牛在午　閩本明監本同毛本牛作女

故重明之　浦鏜云此下當脫日短至三節傳疏內有西方七宿則昴爲中故昴爲白虎之中星計仲冬日在斗入於申酉地則初昏之時奎婁在午胃昴在巳畢觜參在辰四十五字餘無攷

周天二百六十五度四分度之一　宋本二作三三字是也閩本以下皆不誤

有日分三百四十八　宋本同毛本日作餘按餘字是也

雖爲歲日殘分所滅　閩本明監本同毛本日作月

以二百三日亦爲二百六日　按以字下疑脫并字

蕩蕩言之奔突　閩本同毛本之作水是也

有能治者將使之　古本作有能治者將使治也

方命圮族　按羣經音辨匸部云匸放也甫妄切書匸命圮族

好此方名　毛氏曰比作此誤○按纂傳作比與毛說合又爾雅釋詁虧壞圮垝毀也疏引此傳正作比孫志祖云疏兩言好此方直之名亦皆當改爲比岳本亦誤作此

异已也退也　古本作异已也已退也宋板岳本史記正義俱作异已已退也纂傳與今本同按今本之誤甚明纂傳疑後人妄改

無成乃退　古本作無成功乃退也

帝曰疇咨若予至九載績用弗成　宋板作帝曰疇咨至弗成

緜治水九載　九下宋板空一字

其常聞諸先達　宋板常作當

蕩然惟有水耳　宋板蕩然作蕩蕩然是也

年取千穀一熟也　宋本閩本同毛本禾作米按說文年字從禾千聲故義取禾熟也

顧亦因緜　宋板顧作頗

心不則德義之經爲頑　古本則作側岳本此句下有口不道忠信之言爲嚚九字按前嚚訟傳云言不忠信爲嚚傳例一訓不重出岳本恐非

否古今不字　浦鏜云當作否不古今字盧文弨云當作否古文不字○按補義爲長此釋傳否不也又前疏云孳字古今同耳亦此例

令其在側陋者　宋板令作今

人可使由之　宋板同毛本人作民

此經光指舜身　宋本光作充是也

孔據古今別卷　按今字當作文

故傳倒文以曉民　浦鏜云民恐明誤當屬下句是也

尚書挍勘記卷二

會昌縣知縣候補知州會暉春栞

附釋音尚書注疏卷第三

舜典第二

○釋文王氏注相承云梅賾上孔氏傳古文尚書云舜典一篇時以王肅注頗類孔氏故取王注從愼徽五典以下爲舜典以續孔傳徐仙民亦音此本今依舊音之

虞書　孔氏傳　孔穎達疏

虞舜側微 爲庶人故微賤 堯聞之聰明將使嗣位歷試諸難 嗣繼也試以治民之難事○難乃丹反 作舜典 典之義與堯同 〔疏〕虞舜至舜典○正義曰虞舜所居側陋身又微賤堯聞之有聰明聖德將使之繼已帝位歷試於諸所難爲之事史述其事故作舜典○傳爲庶人故微賤○正義曰此云側微即堯典側陋也不在朝廷謂之側其人貧賤謂之微居處褊隘故言陋此指解微故云爲庶人故微賤也帝繫云顓頊生窮蟬窮蟬生敬康敬康生句芒句芒生蟜牛蟜牛生瞽瞍瞽瞍生舜昭八年左傳云自幕至于瞽瞍無違命似其繼世相傳當有國土孔言爲庶人者堯典云有鰥在下此云虞舜側微必是爲庶人矣蓋至瞽瞍始失國也○傳嗣繼至難事○正義曰嗣繼釋詁文經所云愼徽五典納于百揆賓于四門皆是試以治民之難事也

曰若稽古帝舜 亦言其順考古道而行之 曰重華協于帝 華謂文德言其光文重合於堯俱聖明○曰若稽古帝舜曰重華協于帝此十二字是姚方興所上孔氏傳本無阮孝緒七錄亦云然方興本或此下更有濬哲文明溫恭允塞玄德升聞乃命以位此二十八字異聊出之於王注無施也 濬哲文明溫恭允塞 濬深哲智也舜有深智文明溫恭之德信允塞上下 玄德升聞乃命以位 玄謂幽潛潛行道德升聞天朝遂見徵用 〔疏〕曰若至以位○正義曰昔東晉之初豫章內史梅賾上孔氏傳猶闕舜典自此乃命以位已上二十八字世所不傳多用王范之注補之而皆以愼徽已下爲舜典之初至齊蕭鸞建武四年吳興姚方興於大航頭得孔氏傳古文舜典亦類太康中書乃表上之事未施行方興以罪致戮至隋開皇初購求遺典始得之史將錄舜之美故爲題目之辭曰能順而考案古道而行之者是爲帝舜也又申其順考古道之事曰此舜能繼堯重其文德之光華用此德合於帝堯與堯俱聖明也此舜性有深沈智慧文章明鑒溫和之色恭遜之容由名聞遠達信能充實上下潛行道德聞天朝堯乃徵用命之以位而試之也○傳濬深至上下○正義曰濬深哲智皆釋言文舍人曰濬下之深也哲大智也舜有深智言其智之深所知不淺近也經緯天地曰文照臨四方曰明詩云溫溫恭人言其色溫而貌恭也舜既有深遠之智又有文明溫恭之德信能充實上下也詩毛傳訓塞爲實言能充滿天地之間堯典所謂格于上下是也不言四表者以四表外無限極非可實滿故不言之堯舜道同德亦如一史官錯互爲文故與上篇相類是其所合於堯也○傳玄謂至徵用○正義曰老子云玄之又玄衆妙之門則玄者微妙之名故云玄謂幽潛也舜在畎畝之間潛行道德顯彰於外升聞天朝天朝者天子之朝也從下而上謂之爲升天子聞之故遂見徵用

愼徽五典五典克從 徽美也五典五常之教父義母慈兄友弟恭子孝舜愼美篤行斯道舉八元使布之於四方五教能從無違命○徽許韋反王云美馬云善也從才容反八元左傳高辛氏有才子八人伯奮仲堪叔獻季仲伯虎仲熊叔豹○ 納于百揆百揆時敘 揆度也度百事揔百官納舜於此官舜舉八凱使揆度百事百事時敘無廢事業○揆音葵癸反凱

音開在反左傳高陽氏有才子八人蒼舒隤敳檮戭大臨尨降庭堅仲容叔達齊聖廣淵明允篤誠天下之民謂之八凱 賓于四門四門穆穆 穆穆美也四門四方之門舜流四凶族四方諸侯來朝者舜賓迎之皆有美德無凶人○朝直遙反 納于大麓烈風雷雨弗迷 麓錄也納舜使大錄萬機之政陰陽和風雨時各以其節不有迷錯愆伏明舜之德合於天○麓音鹿王云錄也馬鄭云山足也愆音起虔反 帝曰格汝舜詢事考言乃言底可績三載汝陟帝位 格來詢謀乃汝底致陟升也堯呼舜曰來汝所謀事我考汝言汝言致可以立功三年矣三載考績故命使升帝位將禪之○詢音荀底音之履反王云致也馬云定也本或作疷非 舜讓于德弗嗣 辭讓於德不堪不能嗣成帝位 〔疏〕愼徽至弗嗣○正義曰此承乃命以位之下言命之以位試之以事也堯使舜愼美篤行五常之教而五常之教皆能順從而行之無違命也又納於百官之事命揆度行之而百事所揆度者於是皆得次序無廢事也又命使賓迎諸侯於四門而來入者穆穆然皆有美德無凶人也又納於大官揔

錄萬機之政，而陰陽和，風雨時，烈風雷雨不有迷惑錯謬，明舜之德合於天。天人和協，其功成矣。帝堯乃謂之曰：「來，汝舜。有所謀之事，我考驗汝舜之所言，汝言致可以立功，於今三年，汝功已成，汝可升處帝位。」告以此言，欲禪之也。舜辭讓於德，言已德不堪嗣成帝也。○傳「微美」至「違命」。○正義曰：釋詁云「徽，善也」，善亦美也。此五典與下文五品、五教，其事一也。一家之內，品有五，謂父、母、兄、弟、子也。教此五者各以一事，教父以義，教母以慈，教兄以友，教弟以恭，教子以孝，是爲五教也。五者皆可常行，謂之五典。是五者可爲一事，所從言之異耳。文十八年左傳曰：「昔高辛氏有才子八人，伯奮、仲堪、叔獻、季仲、伯虎、仲熊、叔豹、季貍，忠肅恭懿，宣慈惠和，天下之民謂之八元。」舜臣堯，舉八元，使布五教于四方，父義、母慈、兄友、弟恭、子孝。以此知五典是五常之教，謂此父義之等五事也。皋陶謨云「天敘有典，自我五典五惇哉」，惇，厚也，行此五典須厚行之，篤亦厚也。言舜謹慎美善，篤行斯道，舉八元使布之於四方，命教天下之民以此五教，能使天下皆順從之，無違逆舜之命也。左傳又云：「故虞書數舜之功曰『慎徽五典，五典克從』，無違教也。」父母於子，並宜爲慈，今分之者，以父主教訓，母主撫養，撫養在於恩愛，故以慈爲名；教訓愛而加嚴，故以義爲稱。義者，宜也，理也，教之以義方，使得事理之宜，故爲義也。釋

訓云：「善兄弟爲友。」則兄弟之恩俱名爲友。今云兄友弟恭者，以其同志曰友，友是相愛之名，但兄弟相愛，乃有長幼，故分其弟使之爲恭，恭敬於兄，而兄友愛之。○傳「揆度」至「事業」。○正義曰：「揆，度」，釋言文。百揆者，言百事皆度之。國事散在諸官，故度百事爲揔百官也。周官云：「唐虞稽古，建官惟百，內有百揆四岳。」則百揆爲官名，故云納舜於此官也。文十八年左傳云：「昔高陽氏有才子八人，蒼舒、隤敳、檮戭、大臨、尨降、庭堅、仲容、叔達，齊聖廣淵，明允篤誠，天下之民謂之八凱。舜臣堯，舉八凱，使主后土，以揆百事，莫不時敘，地平天成。」又云：「虞書數舜之功曰『納于百揆，百揆時敘』，無廢事業也。」是言百官於是得其次敘，皆無廢事業。舜既臣堯，乃舉元、凱，主后土，布五教，同時爲之。史官立文，自以人事外內爲次，故孔先言八元，若左傳據所出代之先後，故先舉八凱。堯既得舜，庶事委之，舜既臣堯，任無不統，非五典克從之後方始納於百揆，百揆時敘之後方始賓于四門。四門穆穆，謂流四凶族，流放四凶最在於前矣。洪範云「鯀則殛死，禹乃嗣興」，是先誅鯀而後用禹，明此言三事皆同時爲之。但言百揆時敘，故言納于百揆。其實納于百揆，初得即然。由舜既居百揆，故得舉用二八。若偏居一職，不得分使元、凱。○傳「穆穆美」至「凶人」。○正義曰：「穆穆，美」也，釋詁文。四門，四方之門。謂四方諸侯來朝者，從四門而入。

文十八年左傳歷言四凶之行，乃云：「舜臣堯，流四凶族，渾敦、窮奇、檮杌、饕餮，投諸四裔，以禦螭魅。」又曰：「虞書數舜之功曰『賓于四門，四門穆穆』，無凶人也。」是言皆有美德，無凶人也。案驗四凶之族，皆是王朝之臣，舜流王朝之臣，而言諸侯無凶人者，以外見內，諸侯無凶人，則于朝必無矣。鄭玄以賓爲擯，謂舜爲上擯，以迎諸侯。今孔不爲擯者，則謂舜既錄攝，事無不統，以諸侯爲賓，舜主其禮，迎而待之，非謂身爲擯也。○傳「麓錄」至「於天」。○正義曰：麓聲近錄，故爲錄也。皋陶謨云：「一日二日萬幾。」言天下之事，事之微者有萬，喻其多無數也。納舜使大錄萬機之政，還是納於百揆，揆度百事，大錄萬機，揔是一事，不爲異也。但此言德合于天，故以大錄言耳。論語稱孔子曰：「迅雷風烈必變。」書傳稱越常之使久矣天之無烈風淫雨，則烈風是猛疾之風，非善風也。經言「烈風雷雨弗迷」，言舜居大錄之時，陰陽和，風雨時，無此猛烈之風，又雷雨各以其節，不有迷錯愆伏也。迷錯者，應有而無，應無而有也。昭四年左傳云：「冬無愆陽，夏無伏陰。」無愆伏者，無冬溫夏寒也。舜錄大政，天時如此，明舜之德合於天也。此文與上三事亦同時也，上爲變人，此爲動天，故最後言之，以爲功成之驗。王肅云：「堯得舜，任之事無不統，自慎徽五典以下是也。」其言合孔意。○傳「格來」至「禪之」。○正義曰：「格，來」，釋言文。「詢，謀」，「陟，升」，釋詁文。

厎聲近致，故爲致也。經傳言汝多呼爲乃，知乃、汝義同。凡事之始，必先謀之，後爲之。堯呼舜曰：「來，汝舜。」呼使前而與之言也。汝所謀事，我考汝言，汝所爲之事皆副汝所謀，致可以立功，於今三年矣。從徵得至此爲三年也。君之馭臣，必三年考績，考既有功，故使升帝位，將禪之也。鯀三考乃退，此一考使升者，鯀待三考，冀其有成，無成功乃黜，爲緩刑之義；舜既有成，更無所待，故一考即升之，且大聖之事，不可以常法論也。若然，禹貢兖州「作十有三載乃同」，是禹治兖州之水乃積十有三年，此始三年已言地平天成者，祭法云「鯀障洪水而殛死，禹能修鯀之功」，先儒馬融等皆以爲鯀既九年，又加此三年爲十二年，惟兖州未得盡平，至明年乃畢，八州已平，一州未畢，足以爲成功也。

正月上日，受終于文祖。上日，朔日也。終謂堯終帝位之事。文祖者，堯文德之祖廟。○正音政，又音征。王云：「文祖，廟名。」馬云：「文祖，天也。天爲文，萬物之祖，故曰文祖。」

在璿璣玉衡，以齊七政。在，察也。璿，美玉。璣衡，王者正天文之器，可運轉者。七政，日月五星各異政。舜察天文，齊七政，以審已當天心與否。○璿音旋。

肆類于上帝，堯不聽舜讓，使之攝位，舜察天文，考齊七政而當天心，故行其事。肆，遂也。類，謂攝位

事類遂以攝告天及五帝。王云上帝天也馬云上帝太一神在紫微宫天之最尊者**禋于六宗**精意以享謂之禋宗尊也所尊祭者其祀有六謂四時也寒暑也日也月也星也水旱也祭亦以攝告。禋音因王云絜祀也馬云精意以享也六宗王云四時寒暑日月星水旱也馬云天地四時也**望于山川徧于羣神**九州名山大川五岳四瀆之屬皆一時望祭之羣神謂丘陵墳衍古之聖賢皆祭之。墳扶云反衍音演

輯五瑞既月乃日覲四岳羣牧班瑞于羣后輯斂既盡覲見班還后君也舜斂公侯伯子男之瑞圭璧盡以正月中乃日日見四岳及九州牧監還五瑞於諸侯與之正始。輯徐音集王云合馬云斂也瑞垂僞反信也牧牧養之牧徐音目

[疏]正月至羣后。正義曰舜既讓而不許乃以堯禪之明年正月上日受堯終帝位之事於堯文祖之廟雖受堯命猶不自安又以璿爲璣以玉爲衡者是爲王者正天文之器也乃復察此璿璣玉衡以齊整天之日月五星七曜之政觀其齊與不齊齊則受之是也不齊則受之非也見七政皆齊知己受爲是遂行爲帝之事而以告攝事類祭於上帝祭昊天及五帝也又禋祭於六宗等尊卑之神望祭於名山大川五岳四瀆而又徧祭於山川丘陵墳衍古之聖賢之羣神以告己之受禪也告祭既畢乃斂公侯伯子男五等之瑞玉其圭與璧悉斂取之盡以正月之中乃日日見四岳及羣牧既而更班所斂五瑞於五等之羣后而與之更始見已受堯之禪行天子之事也。傳上日至祖廟。正義曰月之始日謂之朔日每月皆有朔日此是正月之朔故云上日言一歲日之上也下云元日亦然鄭玄以爲帝王易代莫不改正堯正建丑舜正建子此時未改堯正故云正月上日即位乃改堯正故云月正元日故以異文先儒王肅等以爲惟殷周改正易民視聽自夏已上皆以建寅爲正此篇二文不同史異辭耳孔意亦然下云歲二月傳云既班瑞之明月以此爲建寅之月也受終者堯爲天子於此事終而授與舜故知終謂堯終帝位之事終言堯終舜始也禮有大事行之於廟況此是事之大者知文祖者堯文德之祖廟也且下云歸格于藝祖藝文義同知文祖是廟者咸有一德云七世之廟可以觀德則天子七廟其來自遠堯之文祖蓋是堯始祖之廟不知爲誰也帝繫及世本皆云黄帝生玄囂玄囂生僑極僑極生帝嚳帝嚳生堯即如彼言黄帝爲堯之高祖黄帝以上不知復祭何人充此七數況彼二書未必可信堯之文祖不可强言。傳在察至與否。正義曰在察釋詁文説

文云璿美玉也玉是大名璿是玉之别稱璣衡俱以玉飾但史之立文不可以玉璣玉衡一指玉體一指玉名猶左傳云瓊弁玉纓所以變其文傳以璿言玉名故云美玉其實玉衡亦美玉也易賁卦彖云觀乎天文以察時變日月星宿運行於天是爲天之文也璣衡者璣爲轉運衡爲横簫運璣使動於下以衡望之是王者正天文之器漢世以來謂之渾天儀者是也馬融云渾天儀可旋轉故曰璣衡其横簫所以視星宿也以璿爲璣以玉爲衡蓋貴天象也蔡邕云玉衡長八尺孔徑一寸下端望之以視星辰蓋懸璣以象天而衡望之轉璣窺衡以知星宿是其説也七政其政有七於璣衡察之必在天者知七政謂日月與五星也木曰歲星火曰熒惑星土曰鎮星金曰太白星水曰辰星易繫辭云天垂象見吉凶聖人象之此日月五星有吉凶之象因其變動爲占七者各自異政故爲七政得失由政故稱政也舜既受終乃察璣衡是舜察天文齊七政以審己之受禪當天心與否也馬融云日月星皆以璿璣玉衡度知其盈縮進退失政所在聖人謙讓猶不自安視璿璣玉衡以驗齊日月五星行度知其政是與否重審己之事也上天之體不可得知測天之事見於經者唯有此璿璣玉衡一事而已蔡邕天文志云言天體者有三家一曰周髀二曰宣夜三曰渾天宣夜絶無師説周髀術數具在考驗天象多所違失故史官不用惟渾天者近得其情今史所用候臺銅儀則其法也虞喜云宣明也夜幽也幽明之數其術兼之故曰宣夜但絶無師説不知其狀如何周髀之術以爲天似覆盆蓋以斗極爲中中高而四邊下日月旁行遶之日近而見之爲晝日遠而不見爲夜渾天者以爲地在其中天周其外日月初登於天後入於地晝則日在地上夜則日入地下王蕃渾天説曰天之形狀似鳥卵天包地外猶卵之裹黄圓如彈丸故曰渾天言其形體渾渾然也其術以爲天半覆地上半在地下其天居地上見有一百八十二度半强地下亦然北極出地上三十六度南極入地下亦三十六度而嵩高正當天之中極南五十五度當嵩高之上又其南十二度爲夏至之日道又其南二十四度爲春秋分之日道又其南二十四度爲冬至之日道南下去地三十一度而已是夏至日北去極六十七度春秋分去極九十一度冬至去極一百一十五度此其大率也其南北極持其兩端其天與日月星宿斜而迴轉此必古有其法遭秦而滅楊子法言云或問渾天曰落下閎營之鮮于妄人度之耿中丞象之幾乎幾乎莫之能違也是楊雄之意以渾天而問之也閎與妄人武帝時人宣帝時司農中丞耿壽昌始鑄銅爲之象史官施用焉後漢張衡作靈憲以説其狀蔡邕鄭玄陸績吳時

王蕃。晉世姜岌張衡葛洪皆論渾天之義並以渾說爲長江南宋元嘉年皮延宗又作是渾天論太史丞錢樂鑄銅作渾天儀傳於齊梁周平江陵遷其器於長安今在太史書矣衡長八尺璣徑八尺圓周二丈五尺強轉而望之有其法也。傳堯不至五帝。正義曰傳以既受終事又察璣衡方始祭於羣神是舜察天文考齊七政知已攝位而當於天心故行其天子之事也祭法云有天下者祭百神徧祭羣神是天子事也肆是縱緩之言此因前事而行後事故以肆爲遂也類謂攝位事類既知攝當天心遂以攝位事類告天帝也此類與下禋望相次當爲祭名詩云是類是禡周禮肆師云類造上帝王制云天子將出類乎上帝所言類者皆是祭天之事言以事類而祭也周禮小宗伯云天地之大裁類社稷則爲位是類之爲祭所及者廣而傳之類謂攝位事類者以攝位而告祭故類爲祭名周禮司服云王祀昊天上帝則服大裘而冕祀五帝亦如之是昊天外更有五帝上帝可以兼之故以告天及五帝也鄭玄篤信讖緯以爲昊天上帝謂天皇大帝北辰之星也五帝謂靈威仰等太微宮中有五帝座星是也如鄭之言天神有六也家語云季康子問五帝之名孔子曰天有五行金木水火土分時化育以成萬物其神謂之五帝王肅云五行之神助天理物者也孔意亦當然矣此經惟

有祭天不言祭地及社稷必皆祭之但史略文耳。傳精意至攝告。正義曰國語云精意以享禋也釋詁云禋祭也孫炎曰禋絜敬之祭也周禮大宗伯云以禋祀祀昊天上帝以實柴祀日月星辰以槱燎祀司中司命風師雨師鄭云禋之言煙周人尚臭煙氣之臭聞者也鄭以禋祀之文在燎柴之上故以禋爲此解耳而洛誥云秬鬯二卣曰明禋又曰禋于文王武王又曰王賓殺禋咸格經傳之文此類多矣非燔柴祭之也知禋是精誠絜敬之名耳宗之爲尊常訓也名曰六宗明是所尊祭者有六但不知六者爲何神耳祭法云埋少牢於太昭祭時相近於坎壇祭寒暑王宮祭日夜明祭月幽禜祭星雩禜祭水旱也據此言六宗彼祭六神故傳以彼六神謂此六宗必謂彼之所祭是此六宗者彼文上有祭天祭地下有山谷丘陵此六宗之文在上帝之下山川之上二者次第相類故知是此六宗王肅亦引彼文乃云禋于六宗此之謂矣鄭玄注彼云四時謂陰陽之神也然則陰陽寒暑水旱各自有神此言禋于六宗則六宗常禮也禮無此文不知以何時祀之鄭以彼皆爲所禱之祭則不可用鄭玄注以解此傳也漢世以來說六宗者多矣歐陽及大小夏侯說尚書皆云所祭者六上不謂天下不謂地旁不謂四方在六者之間助陰陽變化實一而名六宗矣孔光劉歆以六宗謂乾坤六子水火雷風山澤也賈逵以爲六宗者天宗三日月星也地宗三河海岱也馬融云萬物非天不覆非地不載非春不生非夏不長非秋不收非冬不藏此其謂六也鄭玄以六宗言禋與祭天同名則六者皆是天之神祇謂星辰司中司命風師雨師星謂五緯星辰謂日月所會十二次也司中司命文昌第五第四星也風師箕也雨師畢也晉初幽州秀才張髦上表云臣謂禋于六宗祀祖考所尊者六三昭三穆是也司馬彪又上表云歷難諸家及自言已意天宗者日月星辰寒暑之屬也地宗社稷五祀之屬也四方之宗四時五帝之屬惟王肅據家語六宗與孔同各言其志未知孰是司馬彪續漢書云安帝元初六年立六宗祠於洛陽城西北亥地祀比大社魏亦因之晉初荀顗定新祀以六宗之神諸說不同廢之摯虞駁之謂宜依舊近代以來皆不立六宗之祠也。傳九州至祭之。正義曰望於山川大揔之語故知九州之內所有名山大川五岳四瀆之屬皆一時望祭之也王制云名山大川不以封山川大乃有名是名大互言之耳釋山云泰山爲東嶽華山爲西嶽霍山爲南嶽恒山爲北嶽嵩高山爲中嶽白虎通云岳者何捔也捔考功德也應劭風俗通云岳者捔考功德黜陟也然則四方方有一大山天子巡守至其下捔考諸侯功德而黜陟之故謂之岳釋水云江河淮濟

爲四瀆四瀆者發源注海者也釋名云瀆獨也各獨出其水而入海也岳是名山瀆是大川故先言名山大川又舉岳瀆以見之岳瀆之外猶有名山大川故言之屬以包之周禮大司樂云四鎮五嶽崩令去樂鄭云四鎮山之重大者謂揚州之會稽山青州之沂山幽州醫無閭山冀州之霍山是五岳之外名山也周禮職方氏每州云其川其浸若雍州云其川涇汭其浸渭洛如此之類是四瀆之外大川也言徧于羣神則神無不偏故羣神謂丘陵墳衍古之聖賢皆祭之周禮大司樂云凡六樂者一變而致川澤之示再變而致山林之示三變而致丘陵之示四變而致墳衍之示鄭玄大司徒注云積石曰山竹木曰林注瀆曰川水鍾曰澤土高曰丘大阜曰陵水崖曰墳下平曰衍此傳舉丘陵墳衍則林澤亦包之矣古之聖賢謂祭法所云在祀典者黃帝顓頊句龍之類皆祭之也。傳輯斂至正始。正義曰覲見后君釋詁文釋言云輯合也輯是合聚之義故爲斂也日月食盡謂之既是既爲盡也釋言云班賦也孫炎曰謂布與也輯是斂聚班爲散布故爲還也下云班瑞于羣后則知輯者從羣后而斂之故云舜斂公侯伯子男之瑞圭璧也周禮典瑞云公執桓圭侯執信圭伯執躬圭子執穀璧男執蒲璧是圭璧爲五等之瑞諸侯執之以爲王者瑞信故稱瑞也舜以朔日受終於文祖又

徧祭羣神及斂五瑞則入月以多日矣盡以正月中謂從斂瑞以後至月末也乃日日見四岳及九州牧監舜初攝位當發號出令日日見之與之言也州牧各監一州諸侯故言監也更復還五瑞於諸侯者此瑞本受於堯斂而又還之若言舜新付之改爲舜臣與之正新君之始也

歲二月東巡守至于岱宗柴諸侯爲天子守土故稱守巡行之既班瑞之明月乃順春東巡岱宗泰山爲四岳所宗燔柴祭天告至。巡似遵反徐養純反守時救反本或作狩岱音代泰山也柴士皆反爾雅祭天曰燔柴馬曰祭時積柴加牲其上而燔之行下孟反燔扶袁反又扶云反望秩于山川東岳諸侯竟內名山大川如其秩次望祭之謂五岳牲禮視三公四瀆視諸侯其餘視伯子男。瀆徒木反肆覲東后遂見東方之國君協時月正日同律度量衡合四時之氣節月之大小日之甲乙使齊一也律法制及尺丈斛斗斤兩皆均同。同律王云同齊也律六律也馬云律法也鄭云陰呂陽律也度如字丈尺也量力尚反斗斛也衡稱也修五禮五玉修吉凶賓軍嘉之禮五等諸侯執其玉三帛二生一死贄三帛諸侯世子執纁公之孤執玄附庸之君執黃二生卿執羔大夫執鴈一死士執雉玉帛生死所以爲贄以見之。贄音至本又作摯纁許云反如五器卒乃復卒終復還也器謂圭璧如五器禮終則還之三帛生死則否。復扶又反下同還音旋五月南巡守至于南岳如岱禮南岳衡山自東岳南巡五月至八月西巡守至于西岳如初西岳華山初謂岱宗。華戶化反華山在弘農。十有一月朔巡守至于北岳如西禮北岳恒山。有如字徐于救反如西禮方興本同馬本作如初歸格于藝祖用特巡守四岳然後歸告至文祖之廟藝文也言祖則考著特一牛。藝魚世反馬王云禰也五載一巡守羣后四朝各會朝于方岳之下凡四處故曰四朝將說敷奏之事故申言之堯舜同道舜攝則然堯又可知。四朝馬王皆云四面朝於方岳之下鄭云四朝四季朝京師也朝音直遙反註同敷奏以言明試以功車服以庸敷陳奏進也諸侯四朝各使陳

書疏三　九

進治禮之言明試其言以要其功功成則賜車服以表顯其能用。敷音孚

疏「歲二月」至「以庸」。正義曰：舜既班瑞羣后卽以其歲二月東行巡省守土之諸侯至於岱宗之岳燔柴告至又望而以秩次祭於其方岳山川柴望既畢遂以禮見東方諸侯諸國之君於此諸國協其四時氣節月之大小正其日之甲乙使之齊一均同其國之法制度之丈尺量之斛斗衡之斤兩皆使齊同無輕重大小又修五禮吉凶賓軍嘉之禮修五玉公侯伯子男所執之圭璧也又修三帛諸侯世子公之孤附庸之君所執玄纁黃之帛也又修二生卿所執羔大夫所執鴈也又修一死士所執雉也自五玉至於一死皆蒙上修文摠言所用玉帛生死皆爲贄以見天子也其贄之內如五玉之器禮終乃復還之其帛與生死則不還也東岳禮畢卽向衡山五月南巡守至于南岳之下柴望以下一如岱宗之禮南岳禮畢卽向華山八月西巡守至于西岳之下其禮如初時如岱宗所行西岳禮畢卽向恒山朔北也十有一月北巡守至于北岳之下一如西岳之禮巡守既周乃歸京師藝文也至於文祖之廟用特牛之牲設祭以告巡守歸至也從是以後每五載一巡守其巡守之年諸侯羣后四方各朝天子於方岳之下其朝之時各使自陳進其所以治化之言天子明試其言以考其功功成有驗則賜之車服以表顯其有功能用事。

傳「諸侯」至「告至」。正義曰：王者所爲巡守者以諸侯自專一國威福在已恐其擁遏上命澤不下流故時自巡行問民疾苦孟子稱晏子對齊景公云天子適諸侯曰巡守巡守者巡所守也是言天子巡守主謂巡行諸侯故言諸侯爲天子守土故稱守而往巡行之定四年左傳祝鮀言衞國取相土之東都以會王之東蒐是獵之名也王者因巡諸侯或亦獵以教戰其守皆作狩白虎通云王者所以巡狩者也巡者循也狩者收也爲天子循收養人彼因名以附說不如晏子之言得其本也正月班瑞二月卽行故云既班瑞之明月乃順春東巡春位在東故順春也爾雅泰山爲東岳此巡守至於岱岱之與泰其山有二名也風俗通云泰山山之尊者一曰岱宗岱始也宗長也萬物之始陰陽交代故爲五岳之長是解岱卽泰山爲四岳之宗稱岱宗也郊特牲云天子適四方先柴是燔柴爲祭天告至也。

傳「東岳」至「子男」。正義曰：四時各至其方岳望祭其方岳山川故云東岳諸侯境內名山大川如其秩次望祭之也言秩次而祭知徧於羣神故云五岳牲禮視三公四瀆視諸侯其餘視伯子男也其尊卑所視王制及書傳之文牲禮二字孔增之也諸侯五等三公爲上等諸侯爲中等伯子男爲下等則所言諸侯惟謂侯爵者耳其言所視蓋視其祭祀祭五

書疏三　十

岳如祭三公之禮祭四瀆如祭諸侯之禮祭山川如祭伯子男之禮公侯伯子男尊卑既有等級其祭禮必不同但古典亡滅不可復知鄭玄注書傳云所視者謂其牲幣粢盛籩豆爵獻之數案五等諸侯適天子皆膳用太牢禮諸侯祭皆用太牢無上下之别又大行人云上公九獻侯伯七獻子男五獻掌客上公饔餼九牢飧五牢侯伯饔餼七牢飧四牢子男饔餼五牢飧三牢又上公豆四十侯伯三十二子男二十四並伯與侯同又鄭注禮器四望五獻據此諸文與孔傳王制不同者掌客行人自是周法孔與王制先代之禮必知然者以周禮侯與伯同公羊及左氏傳皆以公爲上伯子男爲下是其異也○傳合四至均同○正義曰上篇已訓協爲合故注即以合言之也他皆倣此周禮太史云正歲年須告朔於邦國則節氣晦朔皆天子須之脩恐諸侯國異或不齊同故因巡守而合和之節是月初氣是月半也世本云容成作歷大撓作甲子二人皆黃帝之臣蓋自黃帝巳來始用甲子紀日每六十日而甲子一周史記稱紂爲長夜之飲忘其日辰恐諸侯或有此之類故須合日之甲乙也時也月也日也三者皆當勘檢諸國使齊一也律者候氣之管而度量衡三者法制皆出於律故云律法制也度有丈尺量有斛斗衡有斤兩皆取法於律故孔解律爲法制即云及尺丈斛斗斤兩皆

均同之漢書律厤志云度量衡出於黃鍾之律也度者分寸尺丈引所以度長短也本起於黃鍾之管長以子穀秬黍中者以一黍之廣度之千二百黍爲一分十分爲寸十寸爲尺十尺爲丈十丈爲引而五度審矣量謂龠合升斗斛所以量多少也本起於黃鍾之龠以子穀秬黍中者千有二百實爲一龠十龠爲合十合爲升十升爲斗十斗爲斛而五量嘉矣權者銖兩斤鈞石所以稱物知輕重也本起於黃鍾之龠一龠容千二百黍重十二銖兩銖之爲兩十六兩爲斤三十斤爲鈞四鈞爲石而五權謹矣權衡一物衡平也權重也稱上謂之衡稱錘謂之權所從言之異耳如彼志文是度量衡本起於律也時月言協日言正度量衡言同者以時月須與他月和合故言協日有正與不正故言正度量衡俱是明之所用恐不齊同故言同因事宜而變名耳○傳修吉至其玉○正義曰周禮大宗伯云以吉禮事邦國之鬼神示以凶禮哀邦國之憂以賓禮親邦國以軍禮同邦國以嘉禮親萬民之昬姻知五禮謂此也帝王之名既異古今之禮或殊而以周之五禮爲此五禮者以帝王相承事有損益後代之禮亦當是前代禮也且歷驗此經亦有五事此篇類於上帝吉也如喪考妣凶也羣后四朝賓也大禹謨云汝徂征軍也堯典云女于時嘉也五禮之事並見於經知與後世不異也此云五

玉即上文五瑞故知五等諸侯執其玉也鄭玄云執之曰瑞陳列曰玉○傳諸侯至執黃○正義曰周禮典命云凡諸侯之適子皆於天子攝其君則下其君之禮一等未誓則以皮帛繼子男之下公之孤四命以皮帛眡小國之君是諸侯世子公之孤執帛也附庸雖則無文而爲南面之君是一國之主春秋時附庸之君適魯皆稱來朝未有爵命不得執玉則亦繼小國之君同執帛也經言三帛必有三色所云纁玄黃者孔時或有所據未知出何書也王肅云三帛纁玄黃也附庸與諸侯之適子公之孤執皮帛其執之色未詳聞或曰孤執玄諸侯之適子執纁附庸執黃王肅之注尚書其言多同孔傳周禮孤與世子皆執皮帛鄭玄云皮帛者束帛而表之以皮爲之飾皮虎豹皮也此三帛不言皮蓋于時未以皮爲飾○傳卿執至執雉○正義曰此皆大宗伯文也鄭玄曰羔小羊取其羣而不失其類也鴈取其候時而行也雉取其守介死不失節也曲禮云飾羔鴈者以繢謂衣之以布又畫之雉執之無飾士相見之禮卿大夫飾贄以布不言繢此諸侯之臣與天子之臣異也鄭之此言論周之禮耳廣時每事猶質羔鴈不必有飾○傳玉帛至見之○正義曰曲禮云贄諸侯圭卿羔大夫鴈士雉雉不可生知一死是雉二生是羔鴈也鄭玄云贄之言至所執以自至也自五玉以下蒙上修

文者執之使有常也若不言贄則不知所用故言贄以結上又見玉帛生死皆所以爲贄以見君與自相見其贄同也○傳卒終至則否○正義曰卒終釋詁文釋言云還復返也是還復同義故爲還也五器文在贄下則是贄內之物周禮大宗伯云以玉作五器知器謂圭璧卽五玉是也如若也言諸侯贄之內若是五器禮終乃還之如三帛生死則不還也聘義云以圭璋聘重禮也已聘而還圭璋此輕財而重禮之義也聘義主於說聘其朝禮亦然周禮司儀云諸公相見爲賓還圭如將幣之儀是圭璧皆還之也士相見禮言大夫以下見國君之禮云若他邦之人則使擯者還其贄已臣皆不還其贄是三帛生死則否○傳南岳至月至○正義曰釋山云河南華河東岱河北恒江南衡李巡云華西岳華山也岱東岳泰山也恒北岳恒山也衡南岳衡山也郭璞云恒山一名常山避漢文帝諱釋山又云泰山爲東岳華山爲西岳霍山爲南岳恒山爲北岳岱之與泰衡之與霍皆一山而有兩名也張揖云天柱謂之霍山漢書地理志云天柱在廬江灊縣則霍山在江北而與江南衡爲一者郭璞爾雅注云霍山今在廬江灊縣潛水出焉別名天柱山漢武帝以衡山遼曠故移其神於此今其彼土俗人皆呼之爲南岳南岳本自以兩山爲名非從近來也而學者多以霍山不得爲南岳又云漢

武帝來始乃名之，即如此言，謂武帝在爾雅前乎？斯不然矣。是解衡霍二名之由也。書傳多云五岳，以嵩高爲中岳，此云四岳者，明巡守至於四岳故也。風俗通云：「泰山，山之尊者，一曰岱宗。岱，始也；宗，長也。萬物之始，陰陽交代，故爲五岳之長。王者受命恒封禪之。衡山一名霍山，言萬物霍然大也。華，變也，萬物變由西方也。恒，常也，萬物伏北方有常也。」二月至於岱宗，不指岳名者，巡守之始，故詳其文。三時言岳名，明岱亦是岳，因事宜而互相見也。四巡之後乃云歸格，則是一出而周四岳，故知自東岳而即南行，以五月至也。王者順天道以行人事，故四時之月各當其時之中，故以仲月至其岳。上去歲二月東巡守，以二月始發者，此四時巡守之月皆以至岳爲文，東巡以二月至，非發時也。但舜以正月有事，二月即發行耳。鄭玄以爲每岳禮畢而歸，仲月乃復更去。若如鄭言，當於東巡之下即言歸格，後以如初包之，何當北巡之後始言歸乎？且若來而復去，計程不得周徧，此事不必然也。其經南云如岱禮，西云如初，北云如西禮者，見四時之禮皆同，互文以明耳。不巡中岳者，蓋近京師，有事必聞，不慮枉滯，且諸侯分配四方，無屬中岳，故不須巡之也。○朔巡守○正義曰：釋訓云：「朔，北方也。」故堯典及此與禹貢皆以朔言北，史變文耳。○傳「巡守」至「一牛」○正義曰：此承四巡之下，是巡守既徧，然後歸也。以上受終在文祖之廟，知此以告至文祖之廟。才藝、文德，其義相通，故執爲文也。文祖、藝祖，史變文耳。王制說巡守之禮云「歸格于祖禰，用特」，此不言禰，故傳推之，言祖則考著，考近於祖，舉尊以及卑也。特者，獨也，故爲一牛。此惟言文祖，故云一牛。徧告諸廟，廟用一牛，故鄭注彼云「祖下及禰皆一牛」也。此時舜始攝位，未自立廟，故知告堯之文祖也。○傳「各會」至「可知」○正義曰：此揔說巡守之事而言羣后四朝，是言四方諸侯各自會朝於方岳之下。凡四處別朝，故云四朝。上文肆覲東后，是爲一朝，四岳禮同，四朝見矣。計此不宜須重言之，爲將說敷奏之事，敷奏因朝而爲，故申言之。申，重也。此是巡守大法，文在舜攝位之時，嫌堯本不然，故云堯舜同道。舜攝則然，堯又可知也。堯法已然，舜無增改，而言此以美舜者，道同於堯，足以爲美，故史錄之。○傳「敷陳」至「能用」○正義曰：敷者，布散之言，與陳設義同，故爲陳也。奏是進上之語，故爲進也。諸侯四處來朝，每朝之處，舜各使陳進其治理之言，令自說已之治政。既得其言，乃依其言明試之，以要其功。以如其言，即功實成，則賜之車服，以表顯其人有才能可用也。人以車服爲榮，故天子之賞諸侯，皆以車服賜之。覲禮云「天子賜侯氏以車服」是也。

肇十有二州，肇，始也。禹治水之後，舜分冀州爲幽州、并州，分青州爲營州，始置十二州。○肇音兆。十有二州，謂冀、兗、青、徐、荊、楊、豫、梁、雍、并、幽、營也。**封十有二山，濬川。**封，大也。每州之名山殊大者，以爲其州之鎮。有流川則深之，使通利。○濬，荀俊反。**象以典刑，**象，法也。法用常刑，用不越法。**流宥五刑，**宥，寬也。以流放之法寬五刑。○宥音又。馬云：「宥，二宥也。」**鞭作官刑，**以作爲治官事之刑。**扑作教刑，**扑，榎楚也。不勤道業則撻之。○扑，普卜反，徐敷卜反。榎，古雅反。**金作贖刑，**金，黃金。誤而入刑，出金以贖罪。○贖，石欲反，徐音樹。**眚災肆赦，怙終賊刑。**眚，過；災，害；肆，緩；賊，殺也。過而有害，當緩赦之；怙姦自終，當刑殺之。○眚，所景反。怙音戶。**欽哉欽哉，惟刑之恤哉！**舜陳典刑之義，勑天下使敬之，憂欲得中。○恤，峻律反，憂也。**流共工于幽洲，**象恭滔天，足以惑世，故流放之幽洲，北裔。水中可居者曰州。○共音恭。左傳「少皞氏有不才子，毀信廢忠，崇飾惡言，靖譖庸回，服讒蒐慝，以誣盛德，天下之民謂之窮奇」，杜預云即共工。裔，以制反。**放驩兜于崇山，**黨於共工，罪惡同。崇山，南裔。○驩，呼端反。兜，丁侯反。左傳「帝鴻氏有不才子，掩義隱賊，好行凶德，醜類惡物，頑嚚不友，是與比周，天下之民謂之渾敦」，杜預云即驩兜也。帝鴻，黃帝也。**竄三苗于三危，**三苗，國名，縉雲氏之後，爲諸侯，號饕餮。三危，西裔。○竄，七亂反。三苗，馬、王云：「國名也。縉雲氏之後爲諸侯，蓋饕餮也。」左傳「縉雲氏有不才子，貪于飲食，冒于貨賄，侵欲崇侈，不可盈厭，聚斂積實，不知紀極，不念孤寡，不恤窮匱，天下之民以比三凶，謂之饕餮」，杜預云：「縉雲，黃帝時官名，非帝子孫，故以比三凶也。貪財曰饕，貪食曰餮。」縉音晉。饕，土刀反。餮，他節反。**殛鯀于羽山，**方命圮族，績用不成。殛、竄、放、流，皆誅也。異其文，述作之體。羽山，東裔，在海中。○殛，紀力反。鯀，故本反。左傳「顓頊氏有不才子，不可教訓，不知話言，告之則頑，舍之則嚚，傲很明德，以亂天常，天下之民謂之檮杌」，杜預云即鯀也。檮杌，凶頑無儔匹之貌。**四罪而天下咸服。**皆服舜用刑當其罪。故作者先敘典刑，而連引四罪，明皆徵用所行，於此揔見之。

疏「肇十」至「咸服」○正義曰：史言舜既攝位，出行巡守，復分置州域，重愼刑罰。於禹治水後，始分置十有二州，每州以一大山爲鎭，殊大者十有二山，深其州內之川，使水通利。又留意於民，詳其罪罰，依法用其常刑，使罪各當刑，不越法。用流放之法寬宥五刑五刑雖有犯者或以恩減降不使身服其罪所以流放宥之五刑之外更有鞭作治官事之刑有扑作師儒教訓之刑其有意善功惡則令出金贖罪之刑若過誤爲害原情非故者則緩縱而赦放之若怙恃姦詐終行不改者則賊殺而刑罪之舜慎刑如此又設言以誡百官曰敬之哉敬之哉推此刑罰之事最須憂念之哉令勤念刑罰不使枉濫也又言舜非於攝位之後方始重慎刑罪初於登用之日卽用刑當其罪流共工於北裔之幽州放驩兜於南裔之崇山竄三苗于西裔之三危誅殛伯鯀于東裔之羽山行此四罪各得其實而天下皆服從之。傳肇始至二州。正義曰肇始釋詁文禹貢治水之時猶爲九州今始爲十二州知禹治水之後也禹之治水通鯀九載爲作十有三載則舜攝位元年九州始畢當是二年之後以境界太遠始別置之知分冀州爲幽州并州者以王者廢置理必相沿周禮職方氏九州之名有幽并無徐梁周立州名必因於古知舜時當有幽并職方幽并山川於禹貢皆冀州之域知分冀州之域爲之也爾雅釋地九州之名於禹貢無梁青而有幽營云燕曰幽州齊曰營州孫炎以爾雅之文與職方禹貢並皆不同疑是殷制則營州亦有所因知舜時亦有營州齊卽青州之地知分青州爲之於此居攝之時始置十有二州蓋終舜之世常然

宜三年左傳云昔夏之方有德也貢金九牧則禹登王位還置九州其名蓋如禹貢其境界不可知也。傳封大至通利正義曰釋詁云冢大也舍人曰冢封之大也定四年左傳云封豕長蛇相對是封爲大也周禮職方氏每州皆云其山鎭曰某山揚州會稽荆州衡山豫州華山雍州嶽山冀州霍山并州恒山幽州醫無閭青州沂山兗州岱山是周時九州之內最大之山舜時十有二山事亦然也州內雖有多山取其最高大者以爲其州之鎭特舉其名是殊大之也其有川無大無小皆當深之故云濬川有流川則深之使通利也職方氏每州皆云其川其浸亦舉其州內大川但令小大俱通不復舉其大者故直云濬之而已。傳象法至越法。正義曰易繫辭云象也者象此者也又曰天垂象聖人則之是象爲倣法故爲法也五刑雖有常法所犯未必當條皆須原其本情然後斷決或情有差降俱被重科或意有不同失出失入皆是違其常法故令依法用其常刑用之使不越法也。傳宥寬至五刑。正義曰寬宥周語文流謂徙之遠方放使生活以流放之法寬縱五刑也此惟解以流寬之刑而不解宥寬之意鄭玄云其輕者或流放之四罪是也王肅云謂君不忍刑殺宥之以遠方然則知此是據狀合刑而情差可恕全赦則太輕致刑卽太重不忍依例刑殺故完全其體宥之遠

方應刑不刑是寬縱之也上言典刑此言五刑者其法是常其數則五象以典刑謂其刑之也流宥五刑謂其遠縱之也流言五刑則典刑亦五其文互以相見王肅云言宥五刑則正五刑見矣是言二文相通之意也典刑是其身流宥離其鄉流放致罪爲輕此鞭爲故次典刑之下先言流宥鞭扑雖輕猶虧其體比於出金贖罪又爲輕且呂刑五罰雖主贖五刑其鞭扑之罪亦容輸贖故後言之此正刑五與流宥鞭扑俱有常法典字可以統之故發首言典刑也。傳以鞭至之刑。正義曰此有鞭刑則用鞭久矣周禮滌狼氏誓大夫曰敢不關鞭五百左傳有鞭徒人費圉人犖是也子玉使鞭七人衞侯鞭師曹三百日來亦皆施用大隨造律方使廢之治官事之刑者言若於官事不治則鞭之蓋量狀加之未必有定數也。傳扑榎至撻之。正義曰學記云榎楚二物以收其威鄭玄云榎稻也楚荆也二物可以扑撻犯禮者知扑是榎楚也旣言以收其威知不勤道業則撻之益稷云撻以記之又大射鄉射皆云司馬搢扑則扑亦官刑惟言作教刑者官刑鞭扑俱用教刑惟扑而已故屬扑於教其實官刑亦當用扑蓋重者鞭之輕者撻之。傳金黃至贖罪。正義曰此以金爲黃金呂刑其罰百鍰傳爲黃鐵俱是贖罪而金鐵不同者古之金銀銅鐵揔號爲金別之四名耳釋器云黃金謂

之盪白金謂之銀是黃金白銀俱名金也周禮考工記攻金之工築氏爲削冶氏爲殺矢鳧氏爲鍾㮚氏爲重段氏爲鎛桃氏爲劍其所爲者有銅有鐵是銅鐵俱名爲金則鐵名亦包銅矣此傳黃金呂刑黃鐵皆是今之銅也古之贖罪者皆用銅漢始改用黃金但少其斤兩令與銅相敵故鄭玄駁異義言贖死罪千鍰鍰六兩大半兩爲四百一十六斤十兩六半兩銅與金贖死罪金三斤爲價相依附是古贖罪皆用銅也實謂銅而謂之金鐵知傳之所言謂銅爲金鐵耳漢及後魏贖罪皆用黃金後魏以金難得合金一兩收絹十匹今律乃復依古死罪贖銅一百二十斤於古稱爲三百六十斤孔以鍰爲六兩計千鍰爲三百七十五斤今贖輕於古也誤而入罪出金以贖卽律過失殺傷人各依其狀以贖論是也呂刑所言疑赦乃罰者卽今律疑罪各從其實以贖論是也疑謂虛實之證等是非之理均或事涉疑似旁無證見或雖有證見事非疑似如此之類言皆爲疑罪疑而罰贖呂刑已用言誤而輸贖於文不顯故此傳指言誤而入罪以解此贖鞭扑加於人身可云扑作教刑金非加人之物而言金作贖刑出金之與受扑俱是人之所患故得指其所出以爲刑名。傳眚過至殺之。正義曰春秋言肆眚者皆謂緩縱過失人是肆爲緩也眚爲過也公羊傳云害物曰災是爲害也宜

二年左傳晉侯殺趙盾使鉏麑賊之是賊爲殺也此經二句承上典刑之下揔言用刑之罪過而有害雖據狀合罪而原心非故如此者當緩赦之小則恕之大則宥之上言流宥此刑是也怙恃姦詐欺罔時人以此自終無心改悔如此者當刑殺之小者刑之大者殺之上言典刑及鞭扑皆是也經言賊刑傳云刑殺不順經文者隨便言之○傳舜陳至得中○正義曰此經二句舜之言也不言舜曰以可知而略之舜既制此典刑又陳典刑之義以勑天下百官使敬之哉敬之哉惟刑之憂哉憂念此刑恐有濫失欲使得中也○傳象恭至曰洲○正義曰堯典言共工之行云靜言庸違象恭滔天言貌象恭敬傲很漫天足以疑惑世人故流放也左傳說此事言投諸四裔釋地云燕曰幽州知北裔也水中可居者曰洲釋水文李巡曰四方有水中央高獨可居故曰洲天地之勢四邊有水鄒衍書說九州之外有瀛海環之是九州居水內故以州爲名共在一洲之上分之爲九耳州取水內爲名故引爾雅解州也投之四裔裔訓遠也當在九州之外而言於幽州者在幽州境之北邊也禹貢羽山在徐州三危在雍州知北裔在幽州下三者所居皆言山名此共工所處不近大山故舉州言之此流四凶在治水前於時未作十有二州則無幽州之名而云幽州者史據後定言之○傳黨於至南裔

○正義曰共工象恭滔天而驩兜薦之是黨於共工罪惡同故放之也左傳說此事云流四凶族投諸四裔則四方方各有一人幽州在北裔雍州三危在西裔徐州羽山在東裔三方既明知崇山在南裔也禹貢無崇山不知其處蓋在衡嶺之南也○傳三苗至西裔○正義曰昭元年左傳說自古諸侯不用王命者虞有三苗夏有觀扈知三苗是國其國以三苗爲名非三國也杜預言三苗地闕不知其處三凶皆是王臣則三苗亦應是諸夏之國入仕王朝者也文十八年左傳言縉雲氏有不才子貪于飲食冒于貨賄侵欲崇侈不可盈厭聚斂積實不知紀極不分孤寡不恤窮匱天下之民以比三凶謂之饕餮卽此三苗是也知其然者以左傳說此事言舜臣堯流四凶族渾敦窮奇檮杌饕餮投諸四裔以禦螭魅謂此驩兜共工三苗與鯀也雖知彼言四凶此等四人但名不同莫知孰是惟當驗其行跡以別其人左傳說窮奇之行云靖譖庸回堯典言共工之行云靜言庸違其事既同知窮奇是共工也左傳說渾敦之行云醜類惡物是與比周堯典言驩兜薦舉共工與惡比周知渾敦是驩兜也左傳說檮杌之行言不可教訓不知話言傲很明德以亂天常堯典言鯀之行云咈哉方命圮族其事既同知檮杌是鯀也惟三苗之行堯典無文鄭玄具引左傳之文乃云命驩兜舉共工則驩兜爲渾敦也共工爲窮奇也鯀爲檮杌也而三苗爲饕餮亦可知是先儒以書傳相考知三苗是饕餮也禹貢雍州言三危既宅三苗丕敘知三危是西裔也○傳方命至海中○正義曰方命圮族是其本性績用不成試而無功二者俱是其罪故並言之釋言云殛誅也傳稱流四凶族者皆是流而謂之殛竄放流皆誅者流者移其居處若水流然罪之正名故先言也放者使之自活竄者投棄之名殛者誅責之稱俱是流徙異其文述作之體也四者之次蓋以罪重者先共工滔天爲罪之最大驩兜與之同惡故以次之祭法以鯀障洪水故列諸祀典功雖不就爲罪最輕故後言之禹貢徐州云蒙羽其藝是羽山爲東裔也漢書地理志羽山在東海郡祝其縣西南海水漸及故言在海中也○傳皆服至見之○正義曰此四罪者徵用之初卽流之也舜以微賤超升上宰初來之時天下未服旣行四罪故天下皆服舜用刑得當其罪也自象以典刑以下徵用而卽行之於此居攝之後追論成功之狀故作者先敘典刑言舜重刑之事而連引四罪述其刑當之驗明此諸事皆是徵用之時所行於此揔見之也知此等諸事皆徵用所行者洪範云鯀則殛死禹乃嗣興傳三十三年左傳云舜之罪也殛鯀其舉也興禹襄二十一年左傳云鯀殛而禹興此三者皆言殛鯀而後用禹爲治水是徵用時

事四罪在治水之前明是徵用所行也又下云禹讓稷契皐陶帝因追美三人之功所言稷播百穀契敷五教皐陶作士皆是徵用時事皐陶所行五刑有服五流有宅卽是象以典刑流宥五刑此爲徵用時事足可明矣而鄭玄以爲禹治水事畢乃流四凶故王肅難鄭言若待禹治水功成而後以鯀爲無功殛之是爲舜用人子之功而流放其父則禹之勤勞適足使父致殛爲舜失五典克從之義禹陷三千莫大之罪進退無據亦甚迂哉

二十有八載，帝乃殂落。殂落死也堯年十六卽位七十載求禪試舜三載自正月上日至崩二十八載堯死壽一百一十七歲○殂才枯反

百姓如喪考妣，考妣父母言百官感德思慕○喪如字又息浪反妣必履反父曰考母曰妣

三載，四海遏密八音。遏絕密靜也八音金石絲竹匏土革木四夷絕音三年則華夏可知言盛德恩化所及者遠○遏安葛反或音謁八音謂金鐘也石磬也絲琴瑟也竹篪笛也匏笙也土塤也革鼓也木柷敔也匏白交反

【疏】二十至八音○正義曰舜受終之後攝天子之事二十有八載帝堯乃死百官感德思慕如喪考妣三載之內四海之人蠻夷戎狄皆絕靜八音而不復作樂是堯盛德恩化

所及者遠也。傳殂落至七歲。正義曰殂落死也釋詁文李巡曰殂落堯死之稱郭璞曰古死尊卑同稱故書堯曰殂落舜曰陟方乃死謂之殂落者蓋殂爲往也言人命盡而往落者若草木葉落也堯以十六卽位明年乃爲元年七十載求禪求禪之時八十六也試舜三年自正月上日至崩二十八載揔計其數凡壽一百一十七歲案堯典求禪之年卽得舜而試之求禪試舜共在一年也更得二年卽爲歷試三年故下傳云歷試二年與攝位二十八年合得爲三十在位故王肅云徵用三載其一在徵用之年其餘二載與攝位二十八年凡三十歲也故孔傳云歷試二年明其一年在徵用之限以此計之惟有一百一十六歲不得有七蓋誤爲七也。傳考妣至思慕。正義曰曲禮云生曰父母死曰考妣鄭玄云考成也言其德行之成也妣之言媲也媲於考也喪服爲父爲君同服斬衰檀弓說事君之禮云服勤至死方喪三年鄭玄云方喪資於事父凡此以義爲制義重則恩輕其情異於父如喪考妣言百官感德情同父母思慕深也諸經傳言百姓或爲百官或爲萬民知此百姓是百官者以喪服庶民爲天子齊衰三月畿外之民無服不得如考妣故知百官也。傳遏絕至者遠。正義曰密靜釋詁文遏止絕之義故爲絕也周禮太師云播之以八音金石土革絲木匏竹鄭云金

鍾鎛也石磬也土塤也革鼓鼗也絲琴瑟也木柷敔也匏笙也竹管簫也傳言八音與彼次不同者隨便言耳釋地云九夷八狄七戎六蠻謂之四海夷狄尚絕音三年則華夏內國可知也喪服諸侯之大夫爲天子正服繐衰既葬除之今能使四夷三載絕音言堯有盛德恩化所及遠也

月正元日舜格于文祖月正正月元日上日也舜服堯喪三年畢將卽政故復至文祖廟告。復扶又反

詢于四岳闢四門詢謀也謀政治於四岳開闢四方之門未開者廣致衆賢。闢婢亦反徐甫亦反

明四目達四聰廣視聽於四方使天下無壅塞

咨十有二牧曰食哉惟時咨亦謀也所重在於民食惟當敬授民時

柔遠能邇惇德允元柔安邇近敦厚也元善之長言當安遠乃能安近厚行德信使足長善。惇音敦長張丈反下同

而難任人蠻夷率服任佞難拒也佞人斥遠之則忠信昭於四夷皆相率而來服。難乃旦反任音壬又音而鴆反

疏月正至率服。正義曰自此已下言舜眞爲天子命百官授職之事舜既除堯喪以明年之月正元日舜至於文祖之廟告已將卽正位爲天子也告廟既訖乃謀政治於四岳之官所謀開四方之門大爲仕路致衆賢也明四方之目使爲已遠視四方也達四方之聰使爲已遠聽聞四方也恐遠方有所壅塞令爲已悉聞見之既謀於四岳又別勑州牧咨十有二牧曰人君最所重者在於民之食哉惟當敬授民之天時無失其農要爲政務在安民當安彼遠人則能安近人耳遠人不安則近亦不安欲令遠近皆安之也又當厚行德信而使足爲善長欲令諸侯皆厚行其德爲民之師長而難拒佞人斥遠之使不干朝政如是則誠信昭於四夷自然蠻夷皆相率而來服也。傳月正至廟告。正義曰正訓長也月正言月之最長正月長於諸月月正還是正月也上日日之最上元日日之最長元日還是上日王肅云月正元日猶言正月上日變文耳禮云令月吉日又變文言吉月令辰此之類也知舜服堯喪三年畢將卽政者以堯存且攝其位堯崩謙而不居孟子云堯崩三年喪畢舜避丹朱於南河之南天下諸侯朝覲者不之堯子而之舜訟獄者不之堯子而之舜謳歌者不之堯子而謳歌舜曰天也然後之中國踐天子位既言然矣此文又承三載之下故知舜服堯喪三年畢將欲卽政復至文祖廟告前以攝位告今以卽政告也此猶是堯之文祖自此以後舜當自立文祖之廟堯之文祖當

遷於丹朱之國也。傳詢謀至衆賢。正義曰詢謀釋詁文闢訓開闢四方之門謂開仕路引賢人也論語云從我於陳蔡者皆不及門也門者行之所由故以門言仕路以堯舜之聖求賢久矣今更言開門是開其未開者謂多設取士之科以此廣致衆賢也。傳廣視至壅塞。正義曰聽謂耳聞之也既云明四目不云聰四耳者目視苦其不明耳聽貴其及遠明謂所見博達謂聽至遠二者互以相見故傳揔申其意廣視聽於四方使天下無壅塞天子之聞見在下必由近臣四岳親近之官故與謀此事也。傳咨亦至民時。正義曰咨謀釋詁文以上帝曰咨上連帝曰故爲咨嗟此則上有詢于四岳言咨十有二牧故爲謀也立君所以牧民民生在於粒食是君之所重論語云所重民食謂年穀也種殖收斂及時乃獲故惟當敬授民時。傳柔安至長善。正義曰柔安邇近惇厚皆釋詁文元善之長易文言也安近不能安遠遠人或來擾亂雖欲安近近亦不安人君爲政若其不能安近但戒使之柔遠故能安近言當安彼遠人乃能安近欲令遠言皆安也王肅云能安遠者先能安近知不然者以牧在遠方故據遠近之惇德者令人君厚行德也允元者信使足爲長善也言人君厚行德之與信使足爲善長民必効之爲善而行也。傳任佞至來服。正義曰任佞釋詁文孫炎云佞

可任之佞也。論語說爲邦之法云「遠佞人」，佞人殆，故以難距佞人爲斥遠之，令不干朝政，朝無佞人，則忠信昭於四夷，皆相率而來服也。舉蠻夷而戎狄亦見矣。

舜曰：「咨，四岳！有能奮庸熙帝之載，奮，起。庸，功。載，事也。訪羣臣有能起發其功廣堯之事者。言舜曰，以別堯。○奮，弗運反。**使宅百揆亮采惠疇？」**亮，信。惠，順也。求其人使居百揆之官，信立其功順其事者誰乎。**僉曰：「伯禹作司空。」**四岳同辭而對。禹代鯀爲宗伯，入爲天子司空，治洪水有成功，言可用之。**帝曰：「俞，咨！禹，汝平水土，惟時懋哉！」**然其所舉，稱禹前功以命之。懋，勉也。惟居是百揆，勉行之。○俞，以朱反。懋音茂，王云勉也，馬云美也。**禹拜稽首，讓于稷、契暨皋陶。**居稷官者棄也。契、皋陶，二臣名。稽首，首至地。○稽音啓。稽首，首至地，臣事君之禮。契，息列反。陶音遙。**帝曰：「俞，汝往哉！」**然其所推之賢，不許其讓，敕使往宅百揆。

疏「舜曰」至「往哉」○正義曰：舜本以百揆攝位，今既即政，故求置其官。曰：「咨嗟！四岳等，汝於羣臣之內，有能起發其功，廣大帝堯之事者，我欲使之居百揆之官，在官而信立其功，於事能順者，其是誰乎？」四岳皆曰：「伯禹作司空，有成功，惟此人可用。」帝曰：「然。」然其所舉得人也。乃咨嗟勑禹：「汝本平水土，實有成功，惟當居是百揆而勉力行哉！」禹拜稽首，讓于稷、契與皋陶。帝曰：「然。」然其所讓實賢也，「汝但往居此職」，不許其讓也。○傳「奮起」至「別堯」○正義曰：奮是起動之意，故爲起也。釋詁云：「庸，勞也。」勞亦功也。鄭玄云：「載，行也。」王肅云：「載，成也。」孔以載爲事也，各自以意訓耳。舜受堯禪，當繼行其道，行之在於任臣，百揆臣之最貴，求能起發其功廣大帝堯之事者，欲任之。舜既即位，可以稱帝，而言舜曰者，承堯事下，言舜曰以別堯，於此一別，以下稱帝也。○傳「亮信」至「誰乎」○正義曰：「亮，信」，釋詁文。「惠，順」，釋言文。上云舜納於百揆，百揆是官名，故求其人使居百揆之官。居官則當信立其功，能順其事者，誰乎？此官任重，當統羣職，繼堯之功，故歷言所順，而後始問誰乎，異於餘官先言疇也。○傳「四岳」至「用之」○正義曰：僉訓爲皆，故云四岳皆同辭而對也。國語云「有崇伯鯀」，堯殛之於羽山。賈逵云：「崇，國名。伯，爵也。」禹代鯀爲崇伯，入爲天子司空，以其伯爵，故稱伯禹。言人之賢而舉其爲官，知禹治洪水自成功，言可用也。○傳「然其」至「行之」○正義曰：禹平水土，往前之事，嫌其今復命之令平水土，故云稱禹前功以命之。「懋，勉」，釋詁文。○傳「居稷」至「首至地」○正義曰：下文帝述三人，遂變稷爲棄，故解之。居稷官者棄也。獨稱官者，出自禹意耳，不必著義。鄭云：「時天下賴后稷之功，故以官名通稱。」或當然也。經因稷、契名單，共文言暨皋陶爲文勢耳。三人爲此次者，蓋以官尊卑爲先後也。周禮太祝辨九拜，一曰稽首。稽首爲敬之極，故爲首至地。稽首是拜內之別名，爲拜乃稽首，故云拜稽首也。

帝曰：「棄，黎民阻飢，汝后稷，播時百穀。」阻，難。播，布也。衆人之難在於饑，汝后稷，布種是百穀以濟之。美其前功以勉之。○阻，莊呂反，王云難也。播，波左反。

疏「帝曰棄」至「百穀」○正義曰：帝因禹讓三人，而官不轉，各述其功以勸之。帝呼稷曰：「棄，往者洪水之時，衆民之難，難在於飢，汝君爲此稷之官，教民布種是百穀以濟活之。」言我知汝功，當勉之。○傳「阻難」至「勉之」○正義曰：「阻，難」，釋詁文。播是分散之義，故爲布也。王肅云：「播，敷也。」堯遭洪水，民不粒食，故衆民之難在於飢也。稷是五穀之長，立官主此稷事。后，訓君也。帝言汝君此稷官，布種是百穀以濟救之，追美其功以勸勉之。上文讓於稷、契，益稷云「暨稷」，呂刑云「稷降播種」，國語云「稷爲天官」，單名爲稷，尊而君之，稱爲后稷，故詩傳、孝經皆以后稷爲言，非官稱后也。

帝曰：「契，百姓不親，五品不遜。五品謂五常。遜，順也。**汝作司徒，敬敷五教，在寬。」**布五常之教，務在寬，所以得人心，亦美其前功。

疏「帝曰契」至「在寬」○正義曰：帝又呼契曰：「往者天下百姓不相親睦，家內尊卑五品不能和順，汝作司徒之官，謹敬布其五常之教，務在於寬。」故使五典克從，是汝之功，宜當勉之。○傳「五品」至「順也」○正義曰：品謂品秩，一家之內尊卑之差，即父母兄弟子是也。教之義慈友恭孝，此事可常行，乃爲五常耳。傳上云「五典克從」，即此五品能順，上傳以解五典爲五常，又解此以同之，故云五品謂五常。其實五常據教爲言，不據品也。遜，順，常訓也。不順謂不義、不慈、不友、不恭、不孝也。○傳「布五」至「前功」○正義曰：文十八年左傳云：「布五教於四方，父義、母慈、兄友、弟恭、子孝。」是布五常之教也。論語云：「寬則得衆。」故務在寬，所以得民心也。治不遜之罪，宜峻法以繩之，而貴其務在寬者，此五品不遜，眞是禮教不行，風俗未淳耳，未有殺害之罪，故教之務在於寬。若其不孝不恭，其人至於逆亂，而後治之，於事不得寬也。

帝曰：「皋陶，蠻夷猾夏，寇賊姦宄。猾，亂也。夏，華夏。羣行攻劫曰寇，殺人曰賊。在外曰姦，在內曰宄。言無教所致。○猾，戶八反。寇，苦豆反。宄音軌。**汝作士，五刑有**

服，士理官也。五刑：墨、劓、剕、宮、大辟。服，從也。言得輕重之中正。○劓，魚器反，截鼻也。剕，扶味反，刖足也。大辟，婢亦反，死刑也。**五服三就**，既從五刑，謂服罪也。行刑當就三處，大罪於原野，大夫於朝，士於市。○處，昌慮反。朝，直遙反。**五流有宅，五宅三居**。謂不忍加刑，則流放之，若四凶者。五刑之流，各有所居。五居之差，有三等之居，大罪四裔，次九州之外，次千里之外。**惟明克允**。言皋陶能明信五刑，施之遠近，蠻夷猾夏，使咸信服，無敢犯者。因禹讓三臣，故歷述之。

【疏】帝曰皋陶至克允。○正義曰：帝呼皋陶曰往者蠻夷戎狄猾亂華夏，又有強寇劫賊外姦內宄者，爲害甚大。汝作士官治之，皆能審得其情，致之五刑之罪，受罪者皆有服從之心，言輕重得中，悉無怨恨也。五刑有服從者，於三處就而殺之。其有不忍刑其身者，則斷爲五刑而流放之。五刑之流，各有所居處。五刑所居於三處居之，所以輕重罪得其宜，受罪無怨者，惟汝識見之明，能使之信服，故姦邪之人無敢更犯，是汝之功，宜當勉之。因禹之讓，以次誡之。○傳猾亂至之致。○正義曰：猾者，狡猾，相亂，故猾爲亂也。夏訓大也。中國有文章光華禮義之大。定十年左傳云「裔不謀夏，夷不亂華」，是中國爲華夏也。寇者，衆聚爲之；賊者，殺害之稱。故羣行攻劫曰寇，殺人曰賊。成十七年左傳云「亂在外爲姦，在內爲宄」，是在外曰姦，在內曰宄也。寇賊姦宄，皆是作亂害物之名也。蠻夷猾夏，與兵犯邊，害大，故先言之；寇賊姦宄，皆國內之害，小，故後言之。管子曰「倉廩實，知禮節；衣食足，知榮辱」。讓生於有餘，爭生於不足。往者洪水爲災，下民飢困，內有寇賊爲害，外則四夷犯邊，皆言無教之致也。唐堯之聖，協和萬邦，不應末年頓至於此，蓋少有其事，辭頗增甚，歸功於人，作與奪之勢耳。○傳士理至中正。○正義曰：士即周禮司寇之屬，有士師、鄉士等，皆以士爲官名。鄭玄云「士，察也，主察獄訟之事」。月令云「命大理」，昭十四年左傳云「叔魚攝理」，是謂獄官爲理官也。準呂刑文，知五刑謂墨、劓、剕、宮、大辟也。人心服罪，是順從之義，故爲從也。所以服者，言得輕重之中正也。呂刑云「咸庶中正」是也。○傳既從至於市。○正義曰：經言五服，謂皋陶所斷五刑，皆服其罪。傳既訓服爲從，故云既從五刑，謂服罪也。行刑當就三處，惟謂大辟罪耳。魯語云：「刑五而已，無有隱者。大刑用甲兵，次刑斧鉞，中刑刀鋸，其次鑽笮，薄刑鞭扑，以威民。故大者陳之原野，小者致之市朝。五刑三次，是無隱也。」孔用彼爲說，故以三就爲原野與朝市也。國語賈逵注云「用兵甲者，諸侯逆命征討之刑也。大夫已上於朝，士已下於市」。傳雖不言已上已下，爲義亦當然也。國語云五刑者，謂甲兵也，斧鉞也，刀鋸也，鑽笮也，鞭扑也，與呂刑之五刑異也。所言三次，即此三就是也。惟死罪當分就處所，其墨、劓、剕、宮無常處，可就也。馬、鄭、王三家皆以三就爲原野也，市朝也，甸師氏也。案刑於甸師氏者，王之同族，刑於隱者，不與國人慮兄弟耳，非所刑之正處。此言正刑，不當數甸師也。又市朝異所，不得合以爲一，且皆國語之文，其義不可通也。○傳謂不至之外。○正義曰：此五流有宅，即流宥五刑也。當在五刑而流放之，故知謂不忍加刑，則流放之，若四凶也。鄭玄云「舜不刑此四人者，以爲堯臣，不忍刑之」。王肅云「謂在八議之辟，君不忍殺，宥之以遠」。八議者，周禮小司寇所云議親、議故、議賢、議能、議貴、議賓、議勤是也。以君恩不忍殺，罪重不可全赦，故流之也。五刑之流，各有所居，謂徙置有處也。五居之差有三等之居，量其罪狀爲遠近之差也。四裔最遠，在四海之表，故大罪四裔，謂不犯死罪也。故周禮調人職云「父之讎，辟諸海外」，即與四裔爲一也。次九州之外，即王制云「入學不率教者，屏之遠方，西方曰棘，東方曰寄」，注云「偪寄於夷狄也」，與此九州之外同也。次千里之外者，即調人職云「兄弟之讎，辟諸千里之外」也。立政云「中國之外」不同者，言中國者，據罪人所居之國定千里也，據其遠近，其實一也。周禮與王制既有三處之別，故約以爲言。鄭玄云「三處者，自九州之外至於四海，三分其地，遠近若周之夷、鎮、蕃也」。然罪有輕重不同，豈五百里之校乎？不可從也。○傳言皋至述之。○正義曰：惟明，謂皋陶之明；克允，謂受罪者信服。故王肅云「惟明其罪，能使之信服」，是信施於彼也。但彼人信服，由皋陶有信，故傳言皋陶能明信五刑，施之遠近，蠻夷使咸信服，主言信者，見其皋陶有信，故彼信之也。

帝曰：「疇若予工？」僉曰：「垂哉！」問誰能順我百工事者，朝臣舉垂。垂，臣名。○垂如字，徐音睡。

【疏】傳問誰至臣名。○正義曰：考工記云「國有六職，百工與居一焉」，工即百工，故云問誰能順我百工事者。直言帝曰，無所偏咨，故知僉曰是朝臣共舉垂也。

帝曰：「俞，咨！垂，汝共工。」共謂供其職事。○共音恭。

【疏】傳共謂供其職事。○正義曰：堯典傳云「共工，官稱」，即彼以共工二字爲官名。上云「疇若予工」，舉工名，今命此人，云「汝作共工」，明是帝謂此人堪供此職，非是呼此官名爲共工也。其官或以共工爲名，要帝意言共，謂供此職也。

垂拜稽首，讓于殳斨暨伯與。殳斨、伯與，二臣名。○斨，七良反。與音餘。**帝曰：「俞，往哉！汝諧。」**汝能諧和此官。**帝曰：「疇若予上下草木鳥獸？」僉**

曰益哉上謂山，下謂澤，順謂施其政教，取之有時，用之有節。言伯益能之。○益，皐陶子也。〔疏〕傳上謂至能之。○正義曰：言上下草木鳥獸，則上之與下各有草木鳥獸，即周禮山虞、澤虞之官，各掌其教。知上謂山，下謂澤也。順其草木鳥獸之宜，明是施其政教，取之有時，用之有節也。馬、鄭、王本皆爲禹曰益哉，是字相近而彼誤耳。帝曰俞咨益汝作朕虞虞，掌山澤之官。〔疏〕作朕虞。○正義曰：此官以虞爲名，帝言作我虞耳，朕非官名也。鄭玄云「言朕虞，重鳥獸草木」。漢書王莽自稱爲予，立予虞之官，則莽謂此官名爲朕虞。其義必不然也。益拜稽首讓于朱虎熊羆帝曰俞往哉汝諧朱虎、熊羆，二臣名。垂、益所讓四人，皆在元凱之中。○羆，彼皮反。〔疏〕傳朱虎至之中。○正義曰：知垂所讓四人皆在元凱之中者，以文十八年左傳八元之內有伯虎、仲熊，即此朱虎、熊羆是也。虎、熊在元凱之內，明殳斯、伯與亦在其內，但不知彼誰當之耳。益是皐陶之子，皐陶即庭堅也，益在八凱之內，垂則不可知也。傳不在伯夷、夔龍之下爲此言者，以伯夷姜姓，不在元凱之內，夔龍亦不可知，惟言此四人耳。傳雖言殳斯、伯與，亦難知也。帝曰咨四岳有能典朕三禮僉曰伯夷三禮，天地人之禮。伯夷，臣名，姜姓。〔疏〕傳三禮至姜姓。○正義曰：此時秩宗，即周禮之宗伯也。其職云「掌天神、人鬼、地祇之禮」，雖三者併爲吉禮，要言三禮者，是天地人之事，故知三禮是天地人之禮。上文舜之巡守言修五禮，此云典朕三禮，各有其事，則五禮皆據其所施，於三處五禮所施於天地人耳，言三足以包五，故舉三以言之。鄭語云「姜，伯夷之後也。伯夷能禮於神以佐堯」，是伯夷爲姜姓也。此經不言疇者，訪其有能，是問誰可知，上文已具，此略之也。帝曰俞咨伯汝作秩宗秩，序。宗，尊也。主郊廟之官。〔疏〕傳秩序至之官。○正義曰：堯典傳已訓秩爲序，此復訓者，此爲官名，須辨官名之義，故詳之也。宗之爲尊，常訓也。主郊廟之官，掌序鬼神尊卑，故以秩宗爲名。郊謂祭天南郊、祭地北郊，廟謂祭先祖，即周禮所謂天神、人鬼、地祇之禮是也。夙夜惟寅直哉惟清夙，早也。言早夜敬思其職，典禮施政教，使正直而清明。○寅，如字，徐音夷。〔疏〕傳夙早也言早夜敬思其職典禮施政教使正直而清明。○正義曰：夙，早，釋詁文。早夜敬服其職，謂侵早已起，深夜乃臥，謹敬其職事也。典禮之官，施行教化，使正直而清明。正直，不枉曲也。清明，不暗昧也。伯拜稽首讓于夔龍夔、龍，二臣名。○夔，音求龜反。帝曰俞往欽哉然其賢，不許讓。帝曰夔命汝典樂教冑子冑，長也，謂元子以下至卿大夫子弟，以歌詩蹈之舞之，教長國子中和祗庸孝友。○冑，直又反。王云：「冑子，國子也。」馬云：「冑，長也。教長天下之子弟。」直而溫寬而栗教之正直而溫和，寬弘而能莊栗。莊栗，戰栗也。剛而無虐簡而無傲剛失之虐，簡失之傲，教之以防其失。詩言志歌永言謂詩言志以導之，歌詠其義以長其言。○永，徐音詠，又如字。聲依永律和聲聲謂五聲，宮、商、角、徵、羽。律謂六律六呂，十二月之音氣。言當依聲律以和樂。八音克諧無相奪倫神人以和倫，理也。八音能諧，理不錯奪，則神人咸和，命夔使勉之。夔曰於予擊石拊石百獸率舞石，磬也。磬，音之清者。拊亦擊也。舉清者和，則其餘皆從矣。樂感百獸，使相率而舞，則神人和可知。○於，如字，或音烏，而絕句者非。拊，音撫，徐音府。〔疏〕帝曰夔至率舞。○正義曰：帝因伯夷所讓，隨才而任用之。帝呼夔曰：我令命女典掌樂事，當以詩樂教訓世適長子，使此長子正直而溫和，寬弘而莊栗，剛毅而不苛虐，簡易而不傲慢。教之詩樂所以然者，詩言人之志意，歌詠其義以長其言，樂聲依此長歌爲節，律呂和此長歌爲聲。八音皆能和諧，無令相奪道理，如此則神人以此和矣。夔荅舜曰：嗚呼！我擊其石磬，拊其石磬，諸音莫不和諧，百獸相率而舞。樂之所感如此，是人神既已和矣。○傳冑長至孝友。○正義曰：說文云「冑，胤也」。釋詁云「胤，繼也」。繼父世者惟長子耳，故以冑爲長也。謂元子已下至卿大夫子弟者，王制云「樂正崇四術，立四教，王太子、王子、羣后之太子、卿大夫元士之適子皆造焉」，是下至卿大夫也。不言元士，士卑，故略之。彼鄭注云「王子，王之庶子也」。此傳兼言弟者，蓋指太子之弟耳。或孔意公卿大夫之弟亦教之，國子以適爲主，故言冑子也。命典樂之官使教冑子，下句又言詩歌之事，是令夔以歌詩蹈之舞之，教此適長曰子也。周禮大司樂云「以樂德教國子中和祗庸孝友」，鄭云「中猶忠也。和，剛柔適也。祗，敬也。庸，有常也。善父母曰孝，善兄弟曰友」。是言樂官用樂教之，使成此六德也。樂記又云「樂在宗廟之中，君臣上下同聽之，則莫不和敬；在族黨鄉里之中，長幼同聽之，則莫不和順；在閨門之內父子兄弟同聽之則莫不和親是樂之感人能成忠和祗庸孝友之六德也。傳教之至莊栗。正義曰此直而溫與下三句皆使夔教胄子令性行當然故傳發首言教之也正直者失於太嚴故令正直而溫和寬弘者失於緩慢故令寬弘而莊栗謂矜莊嚴栗栗者謹敬也。傳剛失至其失。正義曰剛彊之失入於苛虐故令人剛而無虐簡易之失入於傲慢故令簡而無傲剛簡是其本性教之使無虐傲是言教之以防其失也由此而言之上二句亦直寬是其本性直失於不溫寬失於不栗故教之使溫栗也直寬剛簡即皐陶所謀之九德也九德而獨舉此四事者人之大體故特言之。傳謂詩至其言。正義曰作詩者自言己志則詩是言志之書習之可以生長志意故教其詩言志以導胄子之志使開悟也作詩者直言不足以申意故長歌之教令歌詠其詩之義以長其言謂聲長續之定本經作永字明訓永爲長也。傳聲謂至和樂。正義曰周禮太師云文之以五聲宮商角徵羽言五聲之淸濁有五品分之爲五聲也又太師掌六律六吕以合陰陽之聲陽聲黃鍾太簇姑洗蕤賓夷則無射陰聲大吕應鍾南吕林鍾仲吕夾鍾是六律六吕之名也漢書律歷志云律有十二陽六爲律陰六爲吕是陰律名同亦名吕也鄭玄云律述氣也同助陰宣氣與之同也又云

吕旅也言旅助陽宣氣也志又云律黃帝之所作也黃帝使伶倫氏自大夏之西崑崙之陰取竹於嶰谷之中各生其竅厚薄均者斷兩節之間吹之以爲黃鍾之宫制十二筩以聽鳳皇之鳴其雄聲爲六雌鳴亦六以比黃鍾之宫是爲律之本言律之所作如此聖人之作律也既以出音又以候氣布十二律於十二月之位氣至則律應是六律六吕述十二月之音氣也聲依永者謂五聲依附長言而爲之其聲未和乃用此律吕調和其五聲使應於節奏也。傳倫理至勉之。正義曰倫之爲理常訓也八音能諧相應和也各自守分不相奪道理是言理不錯亂相奪也如此則神人咸和矣帝言此者命夔使勉之也大司樂云大合樂以致鬼神示以和邦國以諧萬民以安賓客以說遠人是神人和也。傳石磬至可知。正義曰樂器惟磬以石爲之故云石磬也八音之音石磬最清故知磬是音之聲清者磬必擊以鳴之故云拊亦擊之重其文者擊有大小擊是大擊拊是小擊音聲濁者粗清者精精則難和舉清者和則其餘皆從矣商頌云依我磬聲是言磬聲清諸音來依之百獸率舞即大司樂云以作動物益稷云鳥獸蹌蹌是也人神易感鳥獸難感百獸相率而舞則神人和可知也夔言此者以帝戒之云神人以和欲使勉力感神人也乃荅帝云百獸率舞則神人以和言帝德及鳥獸也

帝曰龍朕堲讒說殄行震驚朕師堲疾殄絕震動也言我疾讒說絕君子之行而動驚我衆欲遏絕之。堲徐在力反讒切韻仕咸反說如字註同徐失銳反殄徒典反行下孟反註同

命汝作納言夙夜出納朕命惟允納言喉舌之官聽下言納於上受上言宣於下必以信。喉音侯

疏帝曰龍至惟允。正義曰帝呼龍曰龍我憎疾人爲讒佞之說絕君子之行而動驚我衆人欲遏之故命汝作納言之官從早至夜出納我之教命惟以誠信每事皆信則讒言自絕命龍使勉之。傳堲疾至絕之。正義曰堲聲近疾故爲疾也殄絕震動皆釋詁文讒人以善爲惡以惡爲善故言我疾讒說絕君子之行衆人畏其讒口故爲讒也動驚我衆欲遏止之。傳納言至以信。正義曰詩美仲山甫爲王之喉舌喉舌者宣出王命如王咽喉口舌故納言爲喉舌之官也此官主聽下言納於上故以納言爲名亦主受上言宣於下故言出朕命納言不納於下朕命有出無入官名納言云出納朕命互相見也必以信者不妄傳下言不妄宣帝命出納皆以信也

帝曰咨汝二十有二人禹垂益伯夷夔龍六人新命有職四岳十二牧凡二十二人特勑命之

欽哉惟時亮天功各敬其職惟是乃能信立天下之功

疏帝曰咨至天功。正義曰帝既命用衆官乃摠戒勑之曰咨嗟汝新命六人及四岳十二牧凡二十有二人汝各當敬其職事哉惟是汝等敬事則信實能立天下之功天下之功成在於汝可得不敬之哉。傳禹垂至命之。正義曰傳以此文摠結上事據上文詢於四岳咨十有二牧及新命六官等適滿二十二人謂此也其稷契皐陶殳斨伯與朱虎熊羆七人仍舊故不須勑命之岳牧亦應是舊而勑命之者岳牧外内之官常所咨詢故亦勑之鄭玄云自咨十有二牧至帝曰龍皆月正元日格於文祖所勑命也案經格於文祖之後方始詢於四岳咨十二州牧未必一日之内即得行此諸事傳既不說或歷日命授乃摠勑之未必即是元日之事也鄭以爲二十二人數殳斨伯與朱虎熊羆不數四岳彼四人者直被讓而已不言居官何故勑使敬之也岳牧俱是帝所咨詢何以勑牧不勑岳也必非經旨故孔說不然

三載考績三考黜陟幽明三年有成故以考功九歲則能否幽明有別黜退其幽者升進其明者。黜丑律反

庶績咸熙分北三苗考績法明衆功皆廣三苗

幽闇君臣善否分北流之不令相從善惡明。北如字又音佩令力呈反【疏】三載至三苗。正義曰自此以下史述舜事非帝語也言帝命羣官之後經三載乃考其功績經三考則九載黜陟幽明明者升之闇者退之羣官懼黜思升各敬其事故得衆功皆廣前流四凶時三苗之君竄之西裔更紹其嗣不滅其國舜即政之後三苗復不從化是闇當黜之其君臣有善有惡舜復分北流其三苗北背也善留惡去使分背也。傳三年至明者。正義曰三年一閏天道成人亦可以成功故以三年考校其功之成否也九年三考則人之能否可知幽明有别黜退其幽者或奪其官爵或徙之遠方升進其明者或益其土地或進其爵位也。傳考績至惡明。正義曰考績法明人皆自勵故得衆功皆廣也分北三苗即是黜幽之事故於考績之下言其流之分謂别之云北者言相背必善惡不同故知三苗幽闇宜黜其君臣乃有善否分背流之不令相從俱從之則善從惡俱不從則惡從善言善惡不使相從言舜之黜陟善惡明也鄭玄以爲流四凶者卿爲伯子大夫爲男降其位耳猶爲國君故以三苗爲西裔諸侯猶爲惡乃復分北流之謂分北西裔之三苗也孔傳竄三苗爲誅也其身無復官爵必非黜陟之限其所分北非彼竄者王肅云三苗之民有赦宥者復不從化不令相從分

北流之王肅意彼赦宥者復繼爲國君至不復從化故分北流之禹繼鯀爲崇伯三苗未必絕後傳意或如肅言

舜生三十徵庸言其始見試用三十在位歷試二年攝位二十八年【疏】傳歷試至八年。正義曰上云乃言厎可績三載則歷試當三年云二年者其一即是徵用之年已在上句三十之數故惟有二年耳受終居攝尚在臣位故歷試并爲三十在位謂在臣位也

五十載陟方乃死方道也舜即位五十年升道南方巡守死於蒼梧之野而葬焉三十徵庸三十在位服喪三年其一在三十之數爲天子五十年凡壽百一十二歲【疏】傳方道至十二歲。正義曰論語云可謂仁之方也已孔註亦以方爲道常訓也舜即位五十年從格於文祖之後數之升道謂乘道而行也天子之行必是巡其所守之國故通以巡守爲名未必以仲夏之月巡守南岳也檀弓云舜葬蒼梧之野是舜死蒼梧之野因而葬焉孔以月正元日在三載遏密之下又孟子云舜服堯三年喪畢避堯之子故服喪三年三年之喪二十五月而畢其一年即在三十在位之數惟有二年是舜年六十二爲天子五十年是舜凡壽百一十二歲也大禹謨云帝曰朕宅帝位三十有三載乃求禪禹孟子云舜薦禹於天

子十七年是在位五十年其文明矣鄭玄讀此經云舜生三十謂生三十年也登庸二十謂歷試二十年在位五十載陟方乃死謂攝位至死爲五十年舜年一百歲也史記云舜年三十堯舉用之年五十攝行天子事年五十八堯崩年六十一而踐天子位三十九年崩皆謬耳

帝釐下土方設居方言舜理四方諸侯各設其官居其方。釐力之反馬云賜也理也下土絕句讀至方字絕句

别生分類生姓也别其姓族分其類使相從。别彼列反分方云反徐扶問反

作汨作汨治作興也言其治民之功興故爲汨作之篇亡。汨音骨

九共九篇槀飫槀勞也飫賜也凡十一篇皆亡。共音恭王已勇反法也馬同槀苦報反飫於據反槀飫亦書篇名也汨作等十一篇同此序其文皆亡而序與百篇之序同編故存今馬鄭之徒百篇之序揔爲一卷孔以各冠其篇首而亡篇之序即隨其次篇居見存者之間衆家經文並盡此唯王注本下更有汨作九共故逸故亦作古【疏】帝釐至槀飫。正義曰此序孔以書序序所以爲作者之意宜相附近故引之各冠其篇首其經亡者以序附於本篇次而爲之傳故此序在此也帝舜治理下土諸侯之事爲各於其方置設其官居其所在

之方而統治之又爲民别其姓族之生分别異類各使相從作汨作篇又作九共九篇又作槀飫之篇凡十一篇皆亡。傳言舜至其方。正義曰在虞書知帝是舜也下土對天子之辭故云理四方諸侯各爲其官居其方不知若爲設之凡此三篇之序亦既不見其經闇射無以可中孔氏爲傳復順其文爲其傳耳是非不可知也他皆倣此。傳汨治至篇亡。正義曰汨之爲治無正訓也作是起義故爲興也言其治民之功興以意言之耳。傳槀勞飫賜也。正義曰左傳言犒師者以師枯槁用酒食勞之是槀得爲勞也襄二十六年左傳云將賞爲之加膳加膳則飫賜是飫得爲賜也亦不知勞賜之何所謂也

附釋音尚書注疏卷第三

江西鹽法道胡稷栞

尚書注疏挍勘記卷三

阮元撰盧宣旬摘錄

尚書注疏卷第三 宋板同古本作古文尚書舜典第二虞書孔氏傳山井鼎曰古本分爲十三卷卷內有數篇每篇篇題同此宋板卷數同今本其所分少有不同今詳記之見其牴牾耳但宋板篇題虞書孔氏傳之類或有或無注疏或作正義之等參差不一又舜典以下無古文尚書四字應以古本爲正也○按十行本堯典上亦無古文尚書四字每篇題孔氏傳下各有孔穎達疏四字未知宋板如是否

舜典第二　虞書 按舜典傳乃姚方興所上梅頤本無詳見正義及釋文此亦有關古本異同故識之

似其繼世相傳 宋板似作以

曰若稽古帝舜曰重華協于帝 陸氏曰此十二字是姚方興所上孔氏傳本無阮孝緒七錄亦云然方興本或此下更有濬哲文明溫恭允塞元德升聞乃命以位凡二十八字○按方興奏上孔傳不容遽有異本疑經文濬哲以下十六字及傳三十六字又後人所加明鄭曉謂舜典孔傳乃劉光伯僞撰托名姚方興細按方興之事見釋文序錄不可誣也惟濬哲以下十六字或劉氏所增耳或問陸氏著釋文時已知世有劉光伯乎曰隋文帝得舜典在開皇二年壬寅陸氏著書在癸卯較後一年時南北雖未混一陸氏或遙聞其說而筆之於書也

信允塞上下 古本作充塞四表至于上下也岳本作信充塞上下按古本四表與疏說不合允字作充則是也纂傳亦誤作允

豫章內史梅賾 纂傳賾作頤

聞天朝 閩本明監本毛本聞上有升字

詩毛傳訓塞爲實 實監本誤作貴

叔豹 補案釋文豹下有季貍二字此誤脫也

格汝舜 汝古本作女

不能嗣成帝位 纂傳成作承

是五者司爲一事 岳本司作同

自我五典五惇哉 宋板同毛本自作勑按勑字是也

檮戭 毛本檮改作檮非也

傳麓錄至於天 閩本明監本同毛本天作大非也

書傳稱越常之使久矣 閩本同毛本常作裳案說文常是裳之正字詩小雅蓼蕭周頌譜及臣工三正義皆引作常

玉者正天文之器 岳本閩本纂傳玉作王是也

以審已當天心與否 古本作以政察已當天心與否也

王云上帝天也注 山井鼎曰此以下二十二字釋文混入于

星也 古本星下有辰字

輯五瑞 按輯古文作楫見漢書倪寬傳注

班瑞于羣后 古　瑞上有五字

是爲主者正天文之器也 閩本主作玉按作王是也毛本作玉九誤

乃日月見四岳及羣牧 岳本日月作日日按日日是也毛本不誤

今史所用候臺銅儀 宋板今作令

猶卵之裏黃 毛本裏作裹按陳師凱曰晉志及孔疏裏字皆作裹取包裹之義是裏字誤也

又其南十二度爲夏至之日道 宋板閩本纂傳同毛本二作三

耻中丞象之 毛本耻作耿是也

王藩 毛本藩作蕃是也

江南宋元嘉年 浦鏜云中誤年○按玉海卷四引亦作年

今在太史書矣盧文弨云書當作署○按當作臺

衡長八尺此下纂傳有孔徑一寸四字按正義前引蔡邕云玉衡長八尺孔徑一寸蔡氏集傳因錢樂銅儀亦衡長八尺遂肊增此四字而纂傳承其誤

有而下者祭百神岳本而作天是也閩本以下皆不誤

而傳之類謂攝位事類者盧文弨云之當作云是也

禋之言禋閩本明監本同毛本下禋字作烟是也

幽禜纂傳禜作宗與記合下同○按依說文當作禜

司馬彪又上表云盧文弨云云字疑衍○按疏中往往有小注下文歷難諸家及自言已意九字疑是小注否則云字當在已意下

東岳諸侯竟內名山大川岳本閩本纂傳同毛本竟作境按竟境正俗字

二生按儀禮士昏記疏引尚書云三帛二生一死摯宋單疏本生作牲考風俗通山澤篇及劉昭注補後漢書祭祀志上引此經俱作二牲是漢世經文如此孔傳古本葢亦作牲賈疏所引尚存其舊今經及賈疏俱作生古本遂湮矣○按史記封禪書漢書郊祀志並作牲

各使陳進治禮之言古本閩本明監本同與國本禮作理毛本亦作理案正義各使自陳進其治化之言是作禮者誤也

白虎通云王者所以巡狩者也盧文弨浦鏜皆云也當作何是也

謂其牲幣粢盛籩豆爵獻之數毛本幣作帛

兩銖之爲兩宋板閩本同毛本無銖字山井鼎曰漢元文無銖

以軍禮同邦國宋板同毛本作固按作同是也

上去歲二月東巡守毛本去作云去字誤也

此事不必然也盧文弨云不必疑倒○按下云莽謂此官名爲秩虞其義必不然也語勢正同

肇十有二州肇唐石經作肈後竝同不悉挍

每州之名山殊大者古本者作之按疏云特舉其名是殊大之也則作之爲是

以作爲治官事之刑閩本明監本同毛本作作鞭案鞭字是也

惟刑之恤哉匡謬正俗曰惟辭也葢語之發端書云惟三月哉生魄惟十有三祀王訪于箕子之類是也古文皆惟字今文尚書易爲維音義並同

流共工于幽洲按說文無洲字水中之地本只作州後人加水相沿已久惟此句不可作洲觀孔疏直以十二州之幽州釋之則孔氏所据之經作州與孟子同若作洲則似别有一地名爲幽洲矣孔傳云水中可居者曰州此葢汎釋州字之義顧不於肇十有二州釋之而釋之於此亦不可解

水中可居者曰州閩本同岳本州作洲當是岳本誤下幽州同

每州以一大山爲鎭宋板州上亦有一字閩本明監本並無毛本州上有一字大上無

正義曰寬宥周語文浦鏜云宥寬字誤倒

此鞭爲毛本此作比爲下有重字是也

周禮滌狼氏閩本同毛本滌作條案周禮條狼氏杜子春云條讀爲滌器之滌因改而爲滌此正義例也作條誤

大隨造律山井鼎曰隨恐隋誤○按此說非也唐人書隋字多作隨歐陽詢書皇甫誕諸碑可証

治氏爲殺矢案治當作冶閩本亦誤

㮚氏爲重岳本重作㬃案㬃字是也閩本明監本並誤

吕刑已用言岳本用作明是也閩本明監本並誤

是肆爰緩也眚爰過也岳本爰並作爲是也閩本明監本並誤

總言用刑之罪　岳本罪作要是也閩本明監本並誤

共在一洲之上　宋板同毛本洲作州

堯死壽一百一十七歲　古本岳本宋板死作凡岳本宋板無上一字纂傳歲作載

若其不能安近　按若疑當作苦

欲令遠言皆安也　案言當作近與下據遠言之互易而譌也

故據遠近之　宋板纂傳近作言按言字是也與上互誤

禹代鯀爲宗伯　岳本宗作崇是也閩本亦誤

爲拜乃稽首　纂傳爲作禹是也

帝曰棄　棄唐石經作弃後並同

言無教所致　古本作九教之致也岳本作言無教之致

有士師卿士等　浦鏜云鄉誤卿

議能議貴　閩本議能下有議功二字案所補是也

攷傳言臯陶能明信五刑　宋板攷作故按攷非也

知垂所讓四人　按垂下脫益字

深夜乃臥　宋板深夜作夜深

謂元子以下至卿大夫子弟　古本謂上有子字元作天弟下有也字按釋文王云胄子國子也馬云胄長也教長天下之子弟如馬氏說則教胄二字連文子字單出謂教長此子也如王氏說則教字單出胄子二字連文謂教此國子也孔傳云教長國子二字取諸王教長二字取之馬則孔意亦教胄連文子字單出也上文所謂胄長也者乃長養之長非長幼之長當從古本謂上加子字爲是然以疏考之則孔穎達時已譌脫矣又按胄無長義馬本未必作胄說文𠫓部育字注云養子使作善也虞書曰教育子然則古書作育馬本亦必作育故訓作長長卽養也陸氏未經注明偶失檢耳僞孔於文則從王於義則從馬殊爲牽率後人誤解長字妄刪子字職此之由

剛失之虐簡失之傲　兩之字古本岳本宋板纂傳俱作入岳本考證曰正義云剛強之失入於苛虐簡易之失入於傲慢謂過於剛簡則入虐傲知元本兩入字最得解若如諸本作失之則似剛簡卽虐傲矣於義未洽

歌咏其義以長其言　纂傳咏作永按永則與長其言意複矣孔疏中傳意云定本經作永字明訓永爲長正恐人誤認傳之咏字爲釋經之永也

聲依永　永古本作詠按古本此句作詠上句不作詠葢字有虛實動靜之別定本當皆作永耳

我令命女典掌樂事　岳本令作今是也

各生其篾厚薄均者　按各字疑衍或谷字之誤

述十二月之音氣也　宋板無述字

卽疾　毛本卽作壂是也

汝各當敬其職事哉　汝宋板作等屬上句

成王在於汝　宋板王作主毛本作之

九歲　歲古本作載

分北流之　古本分上有並字北作背按疏意似亦作背

舜薦禹於天子十七年　毛本十作十有是也閩本亦誤

槀飫　唐石經槀从木岳本閩本明監本同注疏同○按槀卽枯槁字也今注疏本作稾从禾非也

各爲其官　盧文弨云爲依注是設字

左傳言槁師者　閩本同毛本槁作犒

止

附釋音尚書注疏卷第四

大禹謨第三 ○釋文徐云本虞書總爲一卷凡十二卷今依七志七錄爲十三卷

虞書　孔氏傳　孔穎達疏

皋陶矢厥謨 矢陳也○皋音高陶音遙 禹成厥功 陳其成功 帝舜申之 申重也重美二子之言○重直用反 作大禹皋陶謨 大禹謨九功皋陶謨九德○謨亦作謩 益稷 凡三篇 [疏]皋陶至益稷○正義曰皋陶爲帝舜陳其謀禹爲帝舜陳已成所治水之功帝舜因其所陳從而重美之史錄其辭作大禹皋陶二篇之謨又作益稷之篇凡三篇也篇先大禹序先言皋陶者皋陶之篇皋陶自先發端禹乃然而問之皋陶言在禹先故序先言皋陶其此篇以功大爲先故先禹也益稷之篇亦是禹之所陳因皋陶之言而禹論益稷在皋陶謨後故後其篇○傳矢陳也○正義曰矢陳釋詁文○傳陳其成功正義曰此是謨篇禹成其功陳其言耳蒙上矢文故傳明之言陳其成功也序成在厥上傳成在下者序順上句傳從便文故倒也○傳申重至之言○正義曰申重釋詁文大禹謨云帝曰俞地平天成時乃功又帝曰皋陶惟兹臣庶罔或于予正時乃功懋哉益稷云迪朕德時乃功皆是重美二子之言也○傳大禹至九德○正義曰二篇皆是謨也序以一謨揔二篇故傳明之大禹治水能致九功而言謨以其序所謀文故云謨也○傳凡三篇○正義曰益稷亦大禹所謀不言謨者禹謀言及益稷非是益稷爲謀不得言益稷謨也其篇雖有夔曰夔言樂和本非謀慮不得謂之夔謨

大禹謨 禹稱大大其功謨謀也 [疏]傳禹稱至謀也○正義曰餘文單稱禹而此獨加大者故解之與皋陶同爲舜謀而禹功實大禹與皋陶不等史加大其功使異於皋陶於此獨加大字與皋陶並言故也謨謀釋詁文此三篇皆是舜史所錄上取堯事下錄禹功善於堯之知已又美所禪得人故包括上下以爲虞書其事以類相從非由事之先後若其不然上篇已言舜死於此豈死後言乎此篇已言禪禹下篇豈受禪後乎明史以類聚爲文計此三篇禹謨最在後以禹功大故進之於先孟子稱舜薦禹於天十有七年則禹攝一十七年舜陟方乃死不知禹征有苗在攝幾年史述禹之行事不必以攝位之年卽征苗民也

曰若稽古大禹 順考古道而言之 曰

文命敷於四海祗承于帝 言其外布文德敎命內則敬承堯舜○文命孔云文德敎命也先儒云文命禹名 [疏]曰若至于帝○正義曰史將錄禹之事故爲題目之辭曰能順而考案古道而言之者是大功之禹也此禹能以文德敎命布陳於四海又能敬承堯舜外布四海內承二帝言其道周備○傳順考至言之○正義曰典是常行謨是言語故傳於典云行之於謨云言之皆是順考古道也○傳言其至堯舜○正義曰敷於四海卽敷此文命故言外布文德敎命也四海舉其遠地故傳以外內言之祗訓敬也禹承堯舜二帝故云敬承堯舜傳不訓祗而直言敬以易知而略之

曰后克艱厥后臣克艱厥臣政乃乂黎民敏德 敏疾也能知爲君難爲臣不易則其政治而衆民皆疾修德○易以豉反治直吏反

帝曰俞允若兹嘉言罔攸伏野無遺賢萬邦咸寧 攸所也善言無所伏言必用如此則賢才在位天下安寧○俞羊朱反攸音由徐以帚反

稽于衆舍己從人不虐無告不廢困窮惟帝時克 帝謂堯也舜因嘉言無所伏遂稱堯德以成其義考衆從人矜孤愍窮凡人所輕聖人所重○舍音捨告故毒反矜居陵反 [疏]曰后至時克○正義曰禹爲帝舜謀曰君能重難其爲君之事臣能重難其爲臣之職則上之政敎乃治則下之衆民皆化而疾修其德而帝曰然信能如此君臣皆能自難竝願善以輔已則下之善言無所隱伏在野無遺逸之賢賢人盡用則萬國皆安寧也爲人上者考於衆言觀其是非舍己之非從人之是不苛虐鰥寡孤獨無所告者必哀矜之不廢棄困苦貧窮無所依者必愍念之惟帝堯於是能爲此行餘人所不能言克艱之不易也○傳敏疾至修德○正義曰許愼說文云敏疾也是相傳爲訓爲君難爲臣不易論語文能知爲君難爲臣不易則當謹愼恪勤求賢自輔故其政自然治矣見善則用知賢必進衆民各自舉則皆疾修德矣此經上不言禹者承上禹事以可知而略之○傳攸所至下安○正義曰攸所釋言文善言無所伏者言其必用之也言之善者必出賢人之口但言之易行之難或有人不賢而言可用也故嘉言與賢異其文也如此用善言任賢才在位則天下安○傳帝謂至所重○正義曰舜稱爲帝故知帝謂堯也舜因嘉言無所伏以爲堯乃能然故遂稱堯德以成其義此禹言之義以堯之聖智無所不能惟言其

考衆從人矜孤愍窮以爲堯之美者此是凡人所輕聖人所重不虐不廢皆謂矜撫愍念之互相通也王制云少而無父謂之孤老而無子謂之獨老而無妻謂之鰥老而無夫謂之寡此四者天民之窮而無告者故此無告是彼四者彼四者而此惟言孤者四者皆孤也言孤足以揔之言困窮謂貧無資財也

益曰都帝德廣運乃聖乃神乃武乃文益因舜言又美堯也廣謂所覆者大運謂所及者遠聖無所不通神妙無方文經天地武定禍亂皇天眷命奄有四海爲天下君眷視奄同也言堯有此德故爲天所命所以勉舜也○眷居倦反奄於檢反

疏益曰至下君○正義曰益承帝言歎美堯德曰嗚呼帝堯之德廣大運行乃聖而無所不通乃神而微妙無方乃武能克定禍亂乃文能經緯天地以此爲大天顧視而命之使同有四海之內爲天下之君○傳益因至禍亂○正義曰廣者闊之義故爲所覆者大運者動之言故爲所及者遠洪範云睿作聖言通知衆事故爲無所不通案易曰神者妙萬物而爲言也又曰神妙無方此言神道微妙無可比方不知其所以然易又云陰陽不測之謂神謚法云經緯天地曰文克定禍亂曰武經傳文武倒

者經取韻句傳以文重故也○傳眷視至勉舜○正義曰詩云乃眷西顧謂視而迴首說文亦以眷爲視奄同釋言文益因帝言盛稱堯善者亦勸勉舜冀之必及堯也

禹曰惠迪吉從逆凶惟影響迪道也順道吉從逆凶吉凶之報若影之隨形響之應聲言不虛○迪徒力反響許丈反益曰吁戒哉儆戒無虞罔失法度先吁後戒欲使聽者精其言虞度也無億度謂無形戒於無形備慎深秉法守度言有恆○吁況俱反度徒洛反罔遊于逸罔淫于樂淫過也遊逸過樂敗德之原富貴所忽故特以爲戒○樂音洛任賢勿貳去邪勿疑疑謀勿成百志惟熙一意任賢果於去邪疑則勿行道義所存於心日以廣矣○去起呂反熙火其反罔違道以干百姓之譽干求也失道求名古人賤之罔咈百姓以從己之欲咈戾也專欲難成犯衆興禍故戒之○咈扶弗反戾連弟反無怠無荒四夷來王言天子常戒慎無怠惰荒廢則四夷歸往之○怠音待惰徒臥反

疏禹曰至來王○正義曰禹因益言謀及世事言人順道則吉從逆則凶吉凶之報惟若影之隨形響之應聲言其無不報也益聞禹語驚懼而言曰吁誠如此言宜誠慎之哉所誠者當儆誠其心無億度之事謂忽然而有當誠慎之無失其守法度使行必有恆無違常也無遊縱於逸豫無過耽於戲樂當誠慎之以保已也任用賢人勿有二心逐去回邪勿有疑惑所疑之謀勿成用之如是則百種志意惟益廣也無違越正道以求百姓之譽無反戾百姓以從已心之欲常行此事無怠惰荒廢則四夷之國皆來歸往之此亦所以勸勉舜也○傳迪道也○正義曰釋詁文○傳先吁至有恆○正義曰堯典傳云吁疑怪之辭此無可怪聞善驚而爲聲耳先吁後戒者驚其言之美然後設戒辭欲使聽者精審其言虞度釋詁文無億度者謂不有此事無心億度之曲禮云凡爲人子者聽於無聲視於無形戒於無形見之事言備慎深也安不忘危治不忘亂是其慎無形也法度常執守之故以秉法守度解不失言有恆也○傳淫過至爲戒○正義曰淫者過度之意故爲過也逸謂縱體樂謂適心縱體在於逸遊適心在於淫恣故以遊逸過樂爲文二者敗德之源富貴所忽故特以爲戒○傳干求至賤之○正義曰干求釋言文失道求名謂曲取人情苟悅

衆意古人賤之○傳咈戾至戒之○正義曰堯典已訓咈悉戾彼謂戾明僞此謂戾在下故詳其文耳專欲難成犯衆興禍襄十年左傳文

禹曰於帝念哉德惟善政政在養民歎而言念重其言爲政以德則民懷之水火金木土穀惟修言養民之本在先修六府正德利用厚生惟和正德以率下利用以阜財厚生以養民三者和所謂善政九功惟敍九敍惟歌言六府三事之功有次敍皆可歌樂乃德政之致○樂音洛戒之用休董之用威勸之以九歌俾勿壞休美董督也言善政之道美以戒之威以督之歌以勸之使政勿壞在此三者而已○俾必爾反壞乎怪反帝曰俞地平天成六府三事允治萬世永賴時乃功水土治曰平五行敍曰成因禹陳九功而歎美之言是汝之功明衆臣不及

疏禹曰至乃功○正義曰禹因益言又獻謀於帝曰嗚呼帝當念之哉言所謂德者惟是善於政也政之所爲在於養民養民者使水火金木土

穀此六事惟當修治之正身之德利民之用厚民之生此三事惟當諧和之修和六府三事九者皆就有功九功惟使皆有次敍九事次敍惟使皆可歌樂此乃德之所致是德能爲善政之道終當不得怠惰但人雖爲善或寡令終故當戒勑之念用美道使民慕美道行善又督察之用威罰言其不善當獲罪勸勉之以九歌之辭但人君善政先致九歌成辭自勸勉也用此事使此善政勿有敗壞之時勸帝使長爲善也帝荅禹曰汝之所言爲然汝治水土使地平天成六府三事信皆治理萬代長所恃賴是汝之功也歸功于禹明衆臣不及○傳歎而至懷之○正義曰於歎辭歎而言念自重其言欲使帝念之此史以類相從共爲篇耳非是一時之事不使念益言也禹謀以九功爲重知重其言者九功之言也○傳言養至六府○正義曰下文帝言六府即此經六物也六者民之所資民非此不生故言養民之本在先修六府也府者藏財之處六者貨財所聚故稱六府襄二十七年左傳云天生五材民竝用之卽是水火金木土民用此自資也彼惟五材此兼以穀爲六府者穀之於民尤急穀是土之所生故於土下言之也此言五行與洪範之次不同者洪範以生數爲次此以相剋爲次便文耳六府是民之急先有六府乃可施教故先言六府後言三事也○傳止德至善政○正義曰正

德者自正其德居上位者正已以治民故所以率下人利用者謂在上節儉不爲縻費以利而用使財物殷阜利民之用爲民興利除害使不匱乏故所以阜財阜財謂財豐大也厚生謂薄征徭輕賦稅不奪農時令民生計溫厚衣食豐足故所以養民也三者和謂德行正財用利生資厚立君所以養民人君若能如此則爲君之道備矣故謂善政結上德惟善政之言此三者之次人君自正乃能正下故以正德爲先利用然後厚生故後言厚生厚生謂財用足禮讓行也○傳言六至之致○正義曰上六下三即是六府三事此揔云九功知六府三事之功爲九功惟敍者即上惟修惟和爲次序事皆有敍民必歌樂君德故九敍皆可歌樂乃人君德政之致也言下民必有歌樂乃爲善政之驗所謂和樂興而頌聲作也○傳休美至而已○正義曰休美釋詁文又云董督正也是董爲督也此戒之董之勸之皆謂人君自戒勸欲使善政勿壞在此三事而已文七年左傳云晉郤缺言於趙宣子引此一經乃言九功之德皆可歌也謂之九歌若吾子之德莫可歌也其誰來之盍使睦者歌吾子乎言九功之德皆可歌者若水能灌溉火能烹飪金能斷割木能興作土能生殖穀能養育古之歌詠各述其功猶如漢魏已來樂府之歌事歌其功用是舊有成辭人君修治六府以自勸勉使民歌詠之

三事亦然○傳水土至不及○正義曰釋詁云平成也是平成義同天地文異而分之耳天之不成由地之不平故先言地平本之於地以及天也禹平水土故水土治曰平五行之神佐天治物繫之於天故五行敍曰成洪範云鯀陻洪水汨陳其五行彝倫攸斁禹治洪水彝倫攸敍是禹命五行敍也帝因禹陳九功而歎美之指言是汝之功明衆臣不及

帝曰：格汝禹！朕宅帝位三十有三載，耄期倦于勤，汝惟不怠，揔朕師。八十九十曰耄，百年曰期頤。言已年老，厭倦萬機，汝不懈怠於位，稱揔我衆，欲使攝。○格，庚白反。朕，直錦反。耄，莫報反。倦，其卷反。頤，以之反。厭，於豔反。解，于賣反。

禹曰：朕德罔克，民不依。皋陶邁種德，德乃降，黎民懷之。邁，行。種，布。降，下。懷，歸也。言已無德，民所不能依，皋陶布行其德，下治於民，民歸服之。○種，章用反。降，江巷反。

帝念哉！念茲在茲，釋茲在茲，茲，此。釋，廢也。念此人在此功，廢此人在此罪，言不可誣。名言茲在茲，允出茲在茲，惟帝念功。名言此事，必在此義；信出此心，亦在此義。言皋陶之德以義爲主，所宜念之。

〔疏〕帝曰格至念功○正義曰此舜言將禪禹帝呼禹曰來汝禹我居帝位已三十有三載在耄期之間厭倦於勤勞汝惟在官不懈怠可代我居帝位揔領我衆禹讓之曰我德實無所能民不依我也言已不堪揔攝衆也皋陶行布於德德乃下洽於民民衆皆歸服之可令皋陶攝也我所言者帝當念之哉凡念愛此人在此功勞知有功乃用之釋廢此人在此罪釁知有罪乃廢之言進人退人不可誣也名目言談此事必在此事之義而名言之若信實出見此心必在此心之義而出見之言已名言其口出見其心以舉皐陶皆在此義不有虛妄帝當念録其功以禪之言皐陶堪攝位也○傳八十至使攝○正義曰八十九十曰耄百年曰期頤曲禮文也如舜典之傳計舜年六十三即政至今九十五矣年在耄期之間故竝言之鄭云期要也頤養也不知衣服食味孝子要盡養之道而已孔意當然○傳邁行至服之○正義曰邁行降下釋言文又云懷來也來亦歸也種物必布於地故爲布也○傳茲此至可誣○正義曰茲此釋詁文釋爲舍義故爲廢也禹之此意欲令帝念皋陶下云惟帝念功念是念功知廢是廢罪言念廢必依其實不可誣罔也○傳名言至念之○正義曰名言謂已發於口信出謂始發

於心皆據欲舉臯陶必先念慮於心而後宣之於口先言名言者已對帝讓臯陶卽是名言之事故先言其意然後本其心故後言信出以義爲主者言已讓臯陶事非虛妄以義爲尚

帝曰：臯陶，惟茲臣庶，罔或干予正。或有也無有干我正言順命汝作士，明于五刑，以弼五教，期于予治。弼輔期當也歎其能以刑輔教當於治體○治音稚當丁浪反又如字刑期于無刑，民協于中，時乃功，懋哉。雖或行刑以殺止殺終無犯者刑期於無所刑民皆命於大中之道是汝之功勉之○懋音茂臯陶曰：帝德罔愆，臨下以簡，御衆以寬；愆過也善則歸君人臣之義○愆音牽罰弗及嗣，賞延于世。嗣亦世俱謂子延及也父子罪不相及而及其賞道德之政宥過無大，刑故無小；過誤所犯雖大必宥不忌故犯雖小必刑○宥音又罪疑惟輕，功疑惟重；刑疑附輕賞疑從重忠厚之至與其殺不辜，寧失不經，好生之德洽于民心，茲用不犯于有司。辜罪經常司主也臯陶因帝勉己遂稱帝之德所以明民不犯上也寧失不常之罪不枉不辜之善仁愛之道○辜音孤好呼報反帝曰：俾予從欲以治，四方風動，惟乃之休。使我從心所欲而政以治民動順上命若草應風是汝能明刑之美

〔疏〕帝曰臯陶至之休○正義曰：帝以禹讓臯陶，故述而美之。帝呼之曰：「臯陶，惟此羣臣衆庶，皆無敢有干犯我正道者，由汝作士官，明曉於五刑，以輔成五教，當於我之治體。用刑期於無刑，以殺止殺，使民合於中正之道，令人每事得中，是汝之功，當勉之哉。」臯陶以帝美己，歸美於君曰：「民合於中者，由帝德純善，無有過失，臨臣下以簡易，御衆庶以優寬，罰人不及後嗣，賞人延於來世，宥過失者無大，雖大亦有之，刑其故犯者無小，雖小必刑之。罪有疑者，雖重從輕罪之；功有疑者，雖輕從重賞之。與其殺不辜非罪之人，寧失不經不常之罪。以等枉殺無罪，寧妄免有罪也。由是故帝之好生之德，下洽於民心，民服帝德如此，故用是不犯於有司。」言民之無刑，非已力也。帝又述之曰：「使我從心所欲而爲政，以大治四方之民，從我化如風之動草，惟汝用刑之美。」言已知其有功也。○傳「弼輔」至「治體」○正義曰：書傳稱「左輔右弼」，是弼亦輔也。期要是相當之帝，故爲當也。傳言「當於治體」，言臯陶用刑輕重得中，於治體與正相當也。○傳「雖或」至「勉之」○正義曰：言臯陶或行刑，乃是以殺止殺，爲罪必將被刑，民終無犯者，要使人無犯法，是期於無所用刑。刑無所用，此期爲限，與前經期義別，而論語所謂「勝殘去殺」矣。民皆合於大中，言舉動每事得中，不犯法憲，是合大中，卽洪範所謂「皇極」是也。○傳「愆過」至「之義」○正義曰：「愆，過」，釋言文。坊記云：「善則稱君，過則稱己，則民作忠。」是善則稱君人之義也。「臨下」據其在上，「御衆」斥其治民，簡易寬大，亦不異也。論語云：「居敬而行簡，以臨其民，不亦可乎？」是臨下宜以簡也。又曰：「寬則得衆。」「居上不寬，吾何以觀之哉？」是御衆宜以寬也。○傳「嗣亦」至「及也」○正義曰：嗣謂繼父，世謂後胤，故俱謂子也。延訓長，以長及物，故延爲及也。○傳「辜罪」至「之道」○正義曰：「辜，罪」，釋詁文。「經，常」，「司，主」，常訓也。臯陶因帝勉已，遂稱帝之德所以明民不犯上者，自由帝化使然，非已力也。不常之罪者，謂罪大，非尋常小罪也。枉殺無罪，妄免有罪，二者皆失，必不得民心，寧妄免大罪，不枉殺無罪，以好生之心故也。故大罪尚赦，小罪可知。欲極言不可枉殺不辜，寧放有罪故也。故言非常大罪以對之耳。寧失不經與殺不辜相對，故爲放赦罪人。原帝之意，等殺無罪，寧放有罪；傳言帝德之善，寧失有罪，不枉殺無罪，是仁愛之道。各爲文勢，故經傳倒也。洽謂沾漬優渥，洽於民心，言潤澤多也。

帝曰：來，禹！降水儆予，成允成功，水性流下故曰下水儆戒也能成聲教之信成治水之功言禹最賢重美之○儆居領反重直用反惟汝賢；克勤于邦，克儉于家，不自滿假，惟汝賢。滿謂盈實假大也言禹惡衣薄食卑其宮室而盡力爲民執心謙沖不自盈大○假工雅反盡津忍反爲于僞反汝惟不矜，天下莫與汝爭能；汝惟不伐，天下莫與汝爭功。自賢曰矜自功曰伐言禹推善讓人而不失其能不有其勞而不失其功所以能絕衆人予懋乃德，嘉乃丕績，天之歷數在汝躬，汝終陟元后。丕大也歷數謂天道元大也大君天子舜善禹有治水之大功言天道在汝身汝終當升爲天子○丕普悲反人心惟危，道心惟微，惟精惟一，允執厥中。危則

難安，微則難明，故戒以精一，信執其中。無稽之言勿聽，弗詢之謀勿庸。無考，無信驗。不詢，專獨。終必無成，故戒勿聽用。○聽，徐天定反。可愛非君？可畏非民？衆非元后何戴？后非衆罔與守邦？民以君爲命，故可愛。君失道，民叛之，故可畏。言衆戴君以自存，君恃衆以守國，相須而立。欽哉！愼乃有位，敬修其可願，四海困窮，天祿永終。有位，天子位。可願，謂道德之美。困窮，謂天民之無告者。言爲天子勤此三者，則天之祿籍長終汝身。惟口出好興戎，朕言不再。好，謂賞善。戎，謂伐惡。言口榮辱之主，慮而宣之，成於一也。○出，如字，徐尺遂反。好，如字，徐許到反。

〔疏〕「帝曰來」至「不再」。○正義曰：帝不許禹讓，呼之曰來禹，下流之水儆戒於我，我恐不能治之，汝能成聲教之信，能成治水之功，惟汝之賢。汝能勤勞於國，謂盡力於溝洫；能節儉於家，謂薄飲食，卑宮室。常執謙沖，不自滿盈誇大，惟汝之賢也。又申美之：汝惟不自矜誇，故天下莫敢與汝爭能；汝惟不自稱伐，故天下莫敢與汝爭功。美功之大也。我

今勉汝之德，善汝大功，天之歷運之數，帝位當在汝身，汝終當升此大君之位，宜代我爲天子。因戒以爲君之法：民心惟甚危險，道心惟甚幽微。危則難安，微則難明，汝當精心，惟當一意，信執其中正之道，乃得人安而道明耳。又爲人君不當妄受用人語，無可考驗之言勿聽受之，不是詢衆之謀勿信用之。言民所愛者，豈非人君乎？民以君爲命，故愛君也。言君可畏者，豈非民乎？君失道則民叛之，故畏民也。衆非大君而何所奉戴？無君則民亂，故愛君也。君非衆人無以守國？無人則國亡，故畏民也。君民相須如此，當宜敬之哉！謹愼汝所有之位，守天子之位，勿使失也。敬修其可願之事，謂道德之美，人所願也。養彼四海困窮之民，使皆得存立，則天之祿籍長終汝身矣。又告禹：惟口之所言，出好事，興戎兵，非善思慮無以出口。我言不可再發，令禹受其言也。○傳「水性」至「美之」。○正義曰：降水，洪水也。水性下流，故曰下水。禹以治水之事儆戒於予，益稷云「予創若時，娶于塗山，辛壬癸甲，啓呱呱而泣，予弗子，惟荒度土功」之事，雖文在下篇，實是欲禪前事，故帝述而言之。禹貢言治水功成，云「朔南暨聲教」，故知「成允」是成聲教之信，「成功」是成治水之功也。前已言「地平天成，是汝功」，今復說治水之事，言禹最賢，重美之也。禹實聖人，美其賢者，其性爲聖，其功爲賢，猶易繫辭云「可久則賢人之德，可大則賢人之業」，亦是聖人之事。○傳「滿謂至盈大」。○正義曰：滿以器喻，故爲盈實也。假，大，釋詁文。言已無所不知，是爲自滿；言已無所不能，是爲自大。禹實不自滿大，故爲賢也。論語美禹之功德云「惡衣服，菲飲食，卑宮室，而盡力乎溝洫」，故傳引彼惡衣薄食卑其宮室是儉於家，盡力爲民是勤於邦。上言其功，此言其德，故再云「惟汝賢」。○傳「自賢至衆人」。○正義曰：自言已賢曰矜，自言已功曰伐。論語云「願無伐善」，詩云「矜其車甲」，矜與伐俱是誇義。以經有爭能、爭功，故别解之耳。「弗矜莫與汝爭能」，即矜者矜其能也。賢、能大同小異，故自賢解矜。老子云：「夫惟不爭，故天下莫能與之爭。」是故不矜伐而不失其功能，此所以能絶異於衆人也。○傳「丕大至天子」。○正義曰：丕，大，釋詁文。歷數謂天歷運之數，帝王易姓而興，故言歷數謂天道。鄭玄以歷數在汝身謂有圖籙之名，孔無讖緯之說，義必不然。當以大功既立，衆望歸之，即是天道在身。釋詁：元，訓爲首，首是體之大也。易曰「大君有命」，是大君謂天子也。○傳「危則至其中」。○正義曰：居位則治民，治民必須明道，故戒之以人心惟危，道心惟微。道者，經也，物所從之路也。因言人心，遂云道心。人心惟萬慮之主，道心爲衆道之本。立君所以安人，人心危則難安；安民必須明道，道心微則難明。將欲明道必須精心，將欲安民必須一意，故以戒精心一意，又當信

執其中，然後可得明道以安民耳。○傳「無考至聽用」。○正義曰：爲人之君，不當妄用人言，故又戒之：無可考按之言，謂無信驗；不詢於衆人之謀，謂專獨用意。言無信驗是虛妄之言，獨爲謀慮是偏見之說，二者終必無成，故戒令勿聽用也。言謂率意爲語，謀謂豫計前事，故互文也。○傳「民以至而立」。○正義曰：百人無主，不散則亂，故民以君爲命。君尊，民畏之，嫌其不愛，故言愛也。民賤，君忽之，嫌其不畏，故言畏也。○傳「有位至汝身」。○正義曰：上云「汝終陟元后」，命升天位，知其「愼汝有位」，愼天子位也。道德，人之可願，知可願者是道德之美也。惟言「四海困窮」，不結言民之意，必謂四海之内困窮之民，令天子撫育之，故知如王制所云「孤、獨、鰥、寡」，此四者，天民之窮而無告者，此是困窮者也。言爲天子，當愼天位，修道德，養窮民，勤此三者，則天之祿籍長終汝身。祿謂福祿，籍謂名籍，言享大福，保大名也。○傳「好謂至於一」。○正義曰：昭二十八年左傳云：「慶賞刑威曰君。」君出言有賞有刑，出好謂愛人而出好言，故爲賞善；興戎謂疾人而動甲兵，故謂伐惡。易繫辭曰：「言語者，君子之樞機，樞機之發，榮辱之主。」必當慮之於心，然後宣之於口，故成之於一而不可再。帝言我命汝升天位者，是慮而宣之，此言故不可再。

禹曰：「枚卜功臣，惟吉之從。」枚謂歷卜之而

從其吉此禹讓之志。枚音梅帝曰：禹，官占惟先蔽志，昆命于元龜。帝王立卜占之官，故曰官占。蔽，斷。昆，後也。官占之法，先斷人志，後命於元龜，言志定然後卜。蔽，必世反，徐甫世反。斷，丁亂反朕志先定，詢謀僉同，鬼神其依，龜筮協從，卜不習吉。習，因也。然已謀之於心，謀及卜筮，四者合從，卜不因吉，無所枚卜。僉，七潛反禹拜稽首，固辭。再辭曰固帝曰：毋，惟汝諧。言毋所以禁其辭。禹有大功德，故能諧和元后之任。禁，今鴆反，又音金

【疏】禹曰至汝諧。正義曰：禹以讓而不許，更請帝曰每以一枚歷卜功臣，惟吉之人從而受之。帝曰：禹，卜官之占，惟能先斷人志，後乃命其大龜。我授汝之志，先以定矣，又詢於衆人，其謀又皆同美矣，我後謀及鬼神，加之卜筮，鬼神其依我矣，龜筮復合從矣。卜法不得因前之吉更復卜之，不須復卜也。禹僉拜而後稽首固辭，帝曰：毋。毋者，禁止其辭也。惟汝能諧和此元后之任，汝宜受之。傳「枚謂」至「之志」。正義曰：周禮有銜枚氏，所銜之物狀如箸。今人數物云一枚兩枚，則枚是籌之名也。枚卜謂人人以次歷申卜之，似老枚數

然。然請卜不請筮者，舉動也。傳「帝王」至「後卜」。正義曰：占是卜人之占，而云官占者，帝王立卜筮之官，故曰官占。洪範稽疑云「擇建立卜筮人」，是帝王立卜筮之官。周禮司寇斷獄爲蔽獄，是蔽爲斷也。「昆，後」，釋言文。官占之法，先斷人志，後命元龜，言志定然後卜也。洪範云「汝則有大疑，謀及乃心，謀及卿士，謀及庶人」，是先斷人志；乃云「謀及卜筮」，是後命元龜。元龜謂大龜也。傳「習因」至「枚卜」。正義曰：表記云「卜筮不相襲」，鄭云：「襲，因也。」然則習與襲同，重衣謂之襲，習是後因前，故爲因也。朕志先定，言已謀之於心；龜筮協從，是謀及卜筮。經言詢謀僉同，謀及卿士庶人，謀皆同心；鬼神其依，卽是龜筮之事，卜筮通鬼神之意，故言鬼神其依。龜筮協從，謂卜得吉，是依從也。志先定也，謀僉同也，鬼神依也，龜筮從也，四者合從，然後命汝。卜法不得因吉，無所復枚卜也。如帝此言，旣謀旣卜，方始命禹，禹仍請枚卜者，帝與朝臣私謀私卜，將欲命禹，禹不須謀，故不在更請卜也。傳「言毋」至「之任」。正義曰：說文云：「毋，止之也。」其字從女，內有一畫，象有姦之者，禁止令勿姦也。古人言毋，猶今人言莫，是言毋者，所以禁其辭，令勿辭。

正月朔旦，受命于神宗，受舜終事之命。神宗，文祖之宗廟。言神，尊之。正音政，徐音征率百官若帝之初。順舜初攝帝位故事奉行之

【疏】正月至之初。正義曰：舜卽政三十三年，命禹代己，禹辭不獲免，乃以明年正月朔旦受終事之命於舜神靈之宗廟，總率百官，順帝之初攝故事，言與舜受禪之初其事悉皆同也。此年舜卽政三十四年，九十六也。傳「受舜」至「尊之」。正義曰：舜典說舜之初受終于文祖，此言若帝之初，知受命卽是舜終事之命也。神宗猶彼文祖，故云文祖之宗廟。文祖言祖有文德，神宗言神而尊之，名異而實同。神宗當舜之始祖。案帝嚳云：黃帝生昌意，昌意生顓頊，顓頊生窮蟬，窮蟬生敬康，敬康生句芒，句芒生蟜牛，蟜牛生瞽瞍，瞽瞍生舜，卽是舜有七廟，黃帝爲始祖，其顓頊與窮蟬爲二祧，敬康、句芒、蟜牛、瞽瞍爲親廟，則文祖爲黃帝、顓頊之等也。傳「順舜」至「行之」。正義曰：若不得爲如也。舜典巡守之事言如初者，皆言如，不言若，知此若爲順也。順舜初攝帝位故事而盡行之，其奉行者，當如舜典在璿璣以下，班瑞羣后以上也。其巡守非率百官之事，舜尚自爲陟方，禹攝帝位，未得巡守。此是舜史所錄，以爲虞書，故言順帝之初，奉行帝之事，故自美禪之得人也。

帝曰：咨，禹，惟時有苗弗率，汝徂征。三苗之民，數干王誅。率，循。徂，往也。不循帝道，言亂逆，命禹討之。數音朔禹乃會羣

后，誓于師曰：濟濟有衆，咸聽朕命。會諸侯共伐有苗，軍旅曰誓。濟濟，衆盛之貌。濟，子禮反蠢茲有苗，昏迷不恭，蠢，動。昏，闇也。言其所以宜討之。蠢，春允反侮慢自賢，反道敗德，狎侮先王，輕慢典教，反正道，敗德義。侮，亡甫反。慢，亡諫反君子在野，小人在位，廢仁賢，任姦佞民棄不保，天降之咎。言民叛，天災之。咎，其九反肆予以爾衆士，奉辭罰罪。肆，故也。辭謂不恭，罪謂侮慢以下事爾尚一乃心力，其克有勳。尚，庶幾。一汝心力，以從我命

【疏】帝曰咨至有勳。正義曰：史言禹雖攝位，帝尊如故。時有苗國不順，帝曰：咨嗟，汝禹，惟時有苗之國不循帝道，汝往征之。禹得帝命，乃會羣臣諸侯，告誓於衆曰：濟濟美盛之有衆，皆聽從我命。今蠢蠢然動而不遜者，是此有苗之君，昏闇迷惑，不恭敬王命，侮慢衆常，自以爲賢，反戾正道，敗壞德義，君子在野，小人在位，由此民棄叛之，不保其有衆，上天降之殃咎。故我以爾衆士奉此譴責之辭，伐彼有罪之國，汝等庶幾同心盡力，以從我命。

其必能有大功勳，不可懈倦。○傳「三苗」至「討之」。○正義曰：呂刑稱「苗民作五虐之刑」，「皇帝遏絶苗民，無世在下」，謂堯初誅三苗。舜典云「竄三苗于三危」，謂舜居攝之時投竄之也。舜典又云「庶績咸熙，分北三苗」，謂舜即位之後往徙三苗也。今復不率命，命禹徂征，是三苗之民數干王誅之事，禹率衆征之，猶尚逆命，即三苗是諸侯之君，而謂之民者，以其頑愚號之爲民。呂刑云「苗民弗用靈」，是謂爲民也。呂刑稱堯誅三苗云「無世在下」，而得有苗國歷代常存者，無世在下，謂誅其人身，絶後世耳，蓋不滅其國，又立其近親紹其先祖。鯀既殛死於羽山，禹乃代爲崇伯，三苗亦竄其身而存其國，故舜時有被宥者，復不從化，更分北流之。下傳云「三苗之國，左洞庭，右彭蠡」，其國在南方，蓋分北之時，使爲南國君，今復不率帝道。率循、徂往，皆釋詁文。不循帝道，言其亂逆，以其亂逆，故命禹討之。案此舜典，皆言舜受終之後，萬事皆舜主之，舜自巡守，不稟堯命，此言若帝之初，其事亦應同矣，而此言命禹征苗，舜復陟方乃死，與舜受堯禪事不同者，以題曰虞書，即舜史所錄，明其詳於舜事，略於堯禹也。○傳「會諸」至「之貌」。○正義曰：軍衆曰誓，曲禮文也。隱八年穀梁傳曰：「誥誓不及五帝，盟詛不及三王，交質不及二伯。」二伯謂齊桓公、晉文公也。不及者，言於時未有也。據此文，五帝之世有誓，周禮立司盟之官，三王之

世有盟也。左傳云「平王與鄭交質」，二伯之前有質也。穀梁傳漢初始作，不見經文，妄言之耳。美軍衆而言濟濟，知是衆盛之貌。○傳「蠢動」至「討之」。○正義曰：蠢動，釋詁文。釋訓云：「蠢，不遜也。」郭璞云：「蠢動爲惡，不謙遜也。」日入爲昏，是爲闇也。動爲惡而闇於事，言其所以宜討之。○傳「狎侮」至「德義」。○正義曰：侮謂輕人身，慢謂忽言語，故爲狎侮先王，輕慢典教，侮慢義同，因有二字而分釋之。論語云「狎大人，侮聖人之言」，則狎侮爲異。旅獒云「狎侮君子」，則狎侮意亦同。鄭玄云：「狎，慣忽也。」慣見而忽之，是侮之義。傳取狎侮連言之。慢先王典教，自謂已賢，不知先王訓教之道者，物所由之路；德謂自得於心。反正道從邪徑，敗德義，毀正行也。○傳「廢仁賢，任姦佞」。○正義曰：雖則下愚之君，皆云好賢疾佞，非知賢而廢之，知佞而任之，但愚人所好必同於民，賢求其心，佞從其欲，以賢爲惡，謂佞爲善。故仁賢見廢，姦佞被任，此則民迷之狀也。○傳「肆故」至「下事」。○正義曰：肆故，釋詁文。所奉之辭，即所伐之罪，但天子責其不恭，數其身罪，因其文異而分之。○傳「尚庶」至「我命」。○正義曰：釋言云：「庶幾，尚也。」反以相解，故尚爲庶幾。

三旬苗民逆命，旬，十日也。以師臨之，一月不服，責舜不先有文誥之命、威讓之辭而便憚之以威，脅之以兵，所以生辭。○誥，古報反。憚，徒旦反，一音丹末反。脅，許業反。

益贊于禹曰：惟德動天，無遠弗居。贊，佐。居，至也。益以此義佐禹，欲其修德致遠。○居音戒。滿招損，謙受益，時乃天道。自滿者人損之，自謙者人益之，是天之常道。帝初于歷山，往于田，日號泣于旻天，于父母。仁覆愍下謂之旻天。言舜初耕于歷山之時，爲父母所疾，日號泣于旻天及父母，克己自責，不責於人。○田本或作畋。號，戶高反。旻，武巾反。負罪引慝，祗載見瞽瞍，夔夔齋慄，瞽亦允若。慝，惡。載，事也。夔夔，悚懼之貌。言舜負罪引惡，敬以事見于父，悚懼齋莊，父亦信順之。言能以至誠感頑父。○慝，他則反。見，賢遍反。瞽音古。瞍，素后反。夔，求龜反。齋，側皆反。至諴感神，矧茲有苗。諴，和。矧，況也。至和感神，況有苗乎？言易感。○諴音咸。矧，失忍反。易，以豉反。禹拜昌言曰：兪！班師振旅。昌，當也。以益言爲當，故拜受而然之。遂還師。兵入曰振旅，言整衆。○當，丁浪反，下同。還，經典皆音旋。帝乃誕敷文德，遠人不服，

大布文德以來之。○誕音但。舞干羽于兩階，干，楯。羽，翳也。皆舞者所執。修闡文教，舞文舞于賓主階間，抑武事。○階，徐音皆。楯，食允反。翳，於計反。闡，尺善反。七旬有苗格。討而不服，不討自來，明御之者必有道。三苗之國，左洞庭，右彭蠡，在荒服之例，去京師二千五百里也。○洞，徒弄反。蠡，音禮。

〔疏〕「三旬」至「苗格」。○正義曰：禹既誓於衆，而以師臨苗，經三旬，苗民逆帝命，不肯服罪。益乃進謀以佐於禹曰：惟是有德能動上天，苟能修德，無有遠而不至。因言行德之事：自滿者招其損，謙虛者受其益，是乃天之常道。欲禹修德謙虛以來苗。既說其理，又言其驗：帝乃初耕於歷山之時，爲父母所疾，往至于田，日號泣于旻天，於父母，乃自負其罪，自引其惡，恭敬以事。見父瞽瞍，夔夔然悚懼齋莊，戰慄不敢言己無罪，舜謙如此，雖瞽瞍之頑愚，亦能信順帝，至和之德尚能感于冥神，況此有苗乎？言其苗易感於瞽瞍。禹拜益受之當言，曰：然。然益語也。遂還師整衆而歸，帝舜乃大布文德，舞干羽于兩階之間，七旬而有苗自服來至。言主聖臣賢，御之有道也。○傳「旬十」至「生辭」。○正義曰：堯典云「三百有六旬」，是知旬十日也。以師臨之一月不服者，責舜不先有文告之命，威讓之辭，而便憚之以威，脅之以兵，所以有苗得生辭也。傳知然者，昭十三

年左傳論征伐之事云告之以文辭董之以武師是用兵者先告不服然後伐之今經無先告之文而有逆命之事故知責舜不先有文告之命而即脅之以兵其文告之命威讓之辭國語亦有其事夫以大舜足達用兵之道而不爲文告之命使之得生辭者有苗數干王誅逆者難以言服故憚之以威武任其生辭待其有辭爲之振旅彼若師退而服我復更有何求爲退而又不降復往必無辭說不恭而征之有辭而捨之正是柔服之道也若先告以辭未必即得從命不從而後行師必將大加殺戮不以文誥感德自來固是大聖之遠謀也。傳贊佐至致遠。正義曰禮有贊佐是助祭之人故贊爲佐也屆至也釋詁文經云惟德動天天遠而難動德能動遠又言無遠不屆乃據人言德動遠人無不至也益以此義佐禹欲脩德致遠使有苗自來也德之動天經傳多矣禮運云聖人順民天不愛其道也不愛其寶故天降膏露地出醴泉如此之類皆德動之也。傳自滿至常道。正義曰自以爲滿人必損之自謙受物人必益之易謙卦彖曰天道虧盈而益謙地道變盈而流謙鬼神害盈而福謙人道惡盈而好謙是滿招損謙受益爲天道之常也益言此者欲令禹脩德息師持謙以待有苗。傳仁覆至責於人。正義曰仁覆愍下謂之旻天詩毛傳文也旻愍也求天愍已故呼曰旻天

書疏四　十五

書傳言舜耕於歷山鄭玄云歷山在河東是耕於歷山之時爲父母所疾故往於田日號泣于旻天何爲然也孟子曰怨慕也長息問於公明高曰舜往于田則予既聞命矣號泣于旻天及父母則吾不知矣公明高曰非爾所知也我竭力耕田供爲子職而已父母不愛我何哉大孝終身慕父母五十而慕者予於大舜見之矣言舜之號泣怨慕者克己自責不責於人也。傳慝惡至頑父。正義曰慝之爲惡常訓耳舜典已訓載爲事以非常訓故詳其文夔夔與齋慄共文故爲悚懼之貌自負其罪引惡歸己事意同耳丁寧深言之敬以事見於父者謂恭敬自因事務須見父恭敬以見夔夔然悚懼齊慄是見時之貌父亦信順之者謂當以事見之時順帝意不悖怒也言能以至誠感頑父者言感使當時暫以順耳不能使每事信順變爲善人故孟子說舜既被堯徵用堯妻之以二女瞽瞍猶與象欲謀殺舜而分其財物是下愚之性終不可改但舜善養之使不至于姦惡而已。傳誠和至易感。正義曰誠亦感也感訓爲皆皆能相從亦和之義也知況釋言文上言德能動天矣言帝能感瞽天以玄遠難感瞽以頑愚難感言苗民近於天而智於瞽故言感天感瞽以況之天是神也覆動上天言至和尚能感天神而況於有苗乎言有苗易感神覆動天而不覆言瞽者以瞽雖愚猶是人類

天神事與人隔感天難於感瞽故舉難者以見之其實天與瞽俱言難感以況有苗易於彼二者。傳昌當至整衆。正義曰昌當也釋詁文禹以益言爲當拜舜而已卽還還不請者春秋襄十九年晉士匄帥師侵齊聞齊侯卒乃還公羊傳曰大夫。以君命出進退在大夫是言進退由將不須請也或可當時請帝乃還文不具耳兵入曰振旅釋天文與春秋二傳皆有此文振整也言整衆而還。傳遠人至來之。正義曰遠人不服文德以來之論語文也益贊於禹使脩德而帝自誕敷者言君臣同心大布者多設文德之教君臣共行之也。傳干楯至武事。正義曰釋言云干扞也孫炎曰干楯自蔽扞也以楯爲人扞通以干爲楯名故干爲楯釋言又云纛翳也郭璞云舞者持以自蔽翳也故明堂位云朱干玉戚以舞大武戚斧也是武舞執斧執楯詩云左手執籥右手秉翟是文舞執籥故干羽皆舞者所執修闡文教不復征伐故舞文德之舞於賓主階間言帝抑武事也經云舞干羽即亦舞武也傳惟言舞文者以據器言之則有武有文俱用以爲舞而不用於敵故教爲文也。傳討而至百里。正義曰御之必有道者不恭而往征得辭而振旅而御之以道史記吳起對魏武侯云昔三苗氏左洞庭右彭蠡德義不修而禹滅之此言來服則是不滅吳起言滅者以武侯恃險言滅以

書疏四　十六

懼之辯士之說不必皆依實也知在荒服之例者以其地驗之爲然禹貢五服甸侯綏要荒荒最在外王畿面五百里其外四服又每服五百里是去京師爲二千五百里

皐陶謨第四

虞書　孔氏傳　孔穎達疏

皐陶謨 謨謀也皐陶爲帝舜謀。爲于僞反 〔疏〕傳謨謀至舜謀。正義曰孔以此篇惟與禹言嫌其不對帝舜故言爲帝舜謀將言爲帝舜謀故又訓謨爲謀以詳其文

曰若稽古皐陶 亦順考古道以言之夫典謨聖帝所以立治之本皆師法古道以成不易之則。夫音扶治直吏反下同 **曰允迪厥德謨明弼諧** 迪蹈厥其也其古人也言人君當信蹈行古人之德謀廣聰明以輔諧其政。蹈徒報反 **禹曰俞如何** 然其言問所以行 **皐陶曰都愼厥身修思永** 歎美之重也愼修其身思爲長久之道。身修絕句 **惇敘九族庶**

明勵翼邇可遠在茲言慎修其身厚次敍九族則衆庶皆明其教而自勉勵翼戴上命近可推而遠者在此道○惇切韻都昆反

禹拜昌言曰俞以皋陶言爲當故拜受而然之○當丁浪反下同

【疏】曰若至曰俞○正義曰史將言皋陶之能謀故爲題目之辭曰能順而考案古道而言之者是皋陶也其爲帝謀曰爲人君者當信實蹈行古人之德而謀廣其聰明之性以輔諸己之政事則善矣禹曰然然其謀是也此當如何行之皋陶曰嗚呼重其事而歎美之行上謀者當謹慎其已身而修治人之事思爲久長之道又厚次敍九族之親而不遺棄則衆人皆明曉上意而各自勉勵翼戴上命行之於近而可推而至遠者在此道也禹乃拜受其常理之言曰然美其言而拜受之○傳亦順至之則○正義曰二謨其目正同故云亦順考古道以言也堯舜考古以行謂之爲典大禹皋陶考古以言謂之爲謨典謨之文不同其目皆云考古故傳明言其意夫典謨聖帝所以立治之本雖言行有異皆是考法古道以成不易之則故史皆以稽古爲端目但君則行之臣則言之以尊卑不同故典謨名異禹亦爲君而云謨者禹在舜時未爲君也顧氏亦同此解皋陶德劣於禹皆是考古以言故得同其題目但禹能敷于四

海祗承于帝皋陶不能然故此下更無別辭耳○傳迪蹈至其政○正義曰釋詁云迪道也聲借爲導導音與蹈同故迪又爲蹈也其德卽其上稽古故曰其古人也而臣爲君謀故云言人君當信蹈行古人之德謂蹈履依行之也謀廣聰明聰明者自是已性又當受納人言使多所聞見以博大此聰明以輔弼和諧其政經惟言明傳亦有聰者以耳目同是所用故以聰明言之此曰上不言皋陶猶大禹爲謨曰上不言禹鄭玄云以皋陶下屬爲句則稽古之下無人名與上三篇不類甚矣○傳歎美至之道○正義曰案傳之言以修爲上讀顧氏亦同也○傳言慎至此道○正義曰自身以外九族爲近故慎修其身又厚次敍九族猶堯之爲政先以親九族也人君既能如此則衆庶皆明其教而各自勉勵翼戴上命昭九年左傳說晉叔向言翼戴天子故以爲翼戴上命言如鳥之羽翼而奉戴之王者率已以化物親親以及遠故從近可推而至于遠者在修已身親九族之道王肅云以衆賢明爲砥礪爲羽翼鄭云厲作也以衆賢明作輔翼之臣與孔不同

皋陶曰都在知人在安民歎修身親親之道在知人所信任在能安民

禹曰吁咸若時惟帝其難之言帝堯亦以知人安民爲難故曰吁知人則哲能官人安民則惠黎民懷之哲智也無所不知故能官人惠愛也愛則民歸之

能哲而惠何憂乎驩兜佞人亂德堯憂其敗政故流放之

何遷乎有苗何畏乎巧言令色孔壬孔甚也巧言靜言庸違令色象恭滔天禹言有苗驩兜之徒甚佞如此堯畏其亂政故遷放之

【疏】皋陶曰都在至孔壬○正義曰皋陶以禹然其言更述修身親親之道歎而言曰人君行此道者在於知人善惡擇善而信任之在於能安下民爲政以安定之也禹聞此言乃驚而言曰吁人君皆如是能知人能安民惟帝堯猶其難之況餘人乎知人善惡則爲大智能用官得其人矣能安下民則爲惠政衆民皆歸之矣此甚不易也若帝堯能智而惠則當朝無姦佞何憂懼於驩兜之佞而流放之何須遷徙於有苗之君何所畏懼於彼巧言令色爲甚佞之人三凶見惡帝堯方始去之是知人之難○傳哲智至歸之○正義曰哲智釋言文舍人曰哲大智也無所不知知人之善惡是能官人惠愛釋詁文君愛民則民歸之○傳孔甚至放之○正義曰孔甚釋詁文上句既言驩兜有苗則此巧言令色共工之行也故

以堯典共工之事解之巧言靜言庸違也令色象恭滔天也孔壬之文在三人之下摠上三人皆甚佞也苗言其名巧言令色言其行令其文首尾互相見故傳通言之禹言有苗驩兜之徒甚佞如此堯畏其亂政故遷放之傳不言共工故云之徒以包之遷與憂畏亦互相承言畏之而憂乃遷之也四凶惟言三者馬融云禹爲父隱故不言鯀也

皋陶曰都亦行有九德言人性行有九德以考察眞僞則可知○行下孟反注性行行正直之行同

亦言其人有德乃言曰載采采載行采事也稱其人有德必言其所行某事某事以爲驗

【疏】皋陶至采采○正義曰禹既言知人爲難皋陶又言行之有術故言曰嗚呼人性雖則難知亦當考察其所行有九種之德人欲稱薦人者不直言可用而已亦當言其人有德問其德之狀乃言曰其德之所行某事某事以所行之事爲九德之驗如此則可知也○傳言人至可知○正義曰言人性行有九德下文所云是也如此九者考察其眞僞則人之善惡皆可知矣然則皋陶之賢不及帝堯遠矣皋陶知有此術帝堯無容不知而有四凶在朝禹言帝難之者堯朝之有四凶蹤迹以顯舜爾禹言惟帝難之說彼其佞因其成敗以示敎法欲開皋陶之志

故舉大事以爲戒非是此實甚佞堯不能知也顧氏亦云堯實不以此爲難今云難者俯同流俗之稱也。傳載行至爲驗。正義曰載者運行之義故爲行也此謂薦舉人者稱其人有德欲使在上用之必須言其所行之事云見此人常行其某事某事由此所行之事以爲有德之驗論語云如有所譽者其有所試矣是言試之於事乃可知其德

禹曰何問九德品例皋陶曰寬而栗性寬弘而能莊栗柔而立和柔而能立事愿而恭慤愿而恭恪。愿音願慤切韻苦角反恪苦各反亂而敬亂治也有治而能謹敬擾而毅擾順也致果爲毅。擾而小反徐音饒毅五既反直而溫行正直而氣溫和簡而廉性簡大而有廉隅剛而塞剛斷而實塞。斷丁亂反彊而義無所屈撓動必合義。撓女孝反彰厥有常吉哉彰明吉善也明九德之常以擇人而官之則政之善

〔疏〕禹曰至吉哉。正義曰皋陶既言其九德禹乃問其品例曰何謂也皋陶曰人性有寬弘而能莊栗也和柔而能立事也慤愿而能恭恪也治理而能謹敬也和順而能果毅也正直而能溫和也簡大而有廉隅也剛

斷而能實塞也強勁而合道義也人性不同有此九德人君明其九德所有之常以此擇人而官之則爲政之善哉。傳性寬至莊栗。正義曰此九德之文舜典云寬而栗直而溫與此正同彼云剛而無虐簡而無傲與此小異彼言剛失之虐此言剛斷而能實塞實塞亦是不爲虐彼言簡失之傲此言簡大而有廉隅廉隅亦是不爲傲也九德皆人性也鄭玄云凡人之性有異有其上者不必有下有其下者不必有上上下相協乃成其德是言上下以相對各令以相對兼而有之乃爲一德此二者雖是本性亦可以長短自矯寬弘者失於緩慢故性寬弘而能矜莊嚴栗乃成一德九者皆然也。傳慤愿而恭恪。正義曰愿者慤謹良善之名謹愿者失於遲鈍貌或不恭故慤愿而能恭恪乃爲德。傳亂治至謹敬。正義曰亂治釋詁文有能治者謂才高於人也堪撥煩理劇者也負才輕物人之常性故有治而能謹敬乃爲德也愿言恭治云敬者恭在貌敬在心愿者遲鈍外失於儀故言恭以表貌治者輕物內失於心故稱敬以顯情恭與敬其事亦通愿其貌恭而心敬也。傳擾順至爲毅。正義曰周禮大宰云以擾萬民鄭玄云擾猶馴也司徒云安擾邦國鄭云擾亦安也擾是安馴之義故爲順也致果爲毅宣二年左傳文彼文以殺敵爲果致果爲毅謂能致果敢殺敵之心是爲彊毅也和順者失於不斷故順而能決乃爲德也。傳性簡至廉隅。正義曰簡者寬大率略之名志遠者遺近務大者輕細弘大者失于不謹細行者不修廉隅故簡大而有廉隅乃爲德也。傳剛斷至實塞。正義曰塞訓實也剛而能斷失於空疏必性剛正而內充實乃爲德也。傳無所至合義。正義曰強直自立無所屈撓或任情違理失於事宜動合道義乃爲德也鄭注論語云剛謂強志不屈撓即剛強義同此剛強異者剛是性也強是志也當官而行無所避忌剛也執己所是不爲衆撓強也剛強相近鄭連言之寬謂度量寬弘柔謂性行和柔擾謂事理擾順三者相類即洪範云柔克也愿謂容貌恭正亂謂剛柔治理直謂身行正直三者相類即洪範云正直也簡謂器量凝簡剛謂事理剛斷強謂性行堅強三者相類即洪範云剛克也而九德之次從柔而至剛也惟擾而毅在愿亂之下耳其洪範三德先人事而後天地與此不同。傳彰明至之善。正義曰彰明吉善常訓也此句言用人之義所言九德謂彼人常能然者若暫能爲之未成爲德故人君取士必明其九德之常知其人常能行之然後以此九者之法擇人而官之則爲政之善也明謂人君明知之王肅云明其有常則善也言有德當有恆也其意亦言彼能有常人君能明之也鄭云人能明其德所行使有常則成善

人矣其意謂彼人自明之與孔異也日宣三德夙夜浚明有家三德九德之中有其三宣布夙早浚須也卿大夫稱家言能日日布行三德早夜思之須明行之可以爲卿大夫。浚息俊反馬云大也日嚴祗敬六德亮采有邦有國諸侯日日嚴敬其身敬行六德以信治政事則可以爲諸侯。嚴如字馬徐魚檢反翕受敷施九德咸事俊乂在官翕和也能合受三六之德而用之以布施政教使九德之人皆用事謂天子如此則俊德治能之士並在官。翕許及反俊乂馬曰千人曰俊百人曰乂百僚師師百工惟時僚工皆官也師師相師法百官皆是言政無非。僚本又作寮撫于五辰庶績其凝凝成也言百官皆撫順五行之時衆功皆成。撫方武反凝魚陵反馬云定也。

〔疏〕日宣至其凝。正義曰皋陶既陳人有九德宜擇而官之此又言官之所宜若人能日日宣布三德早夜思念而須明行之此人可以爲卿大夫使有家也若日日嚴敬其身又能敬行六德信能治理其事此人可以爲諸侯使有國也然後撫以天子之任合受有家有國三六之德而用之

布施政教使九德之人皆得用事事各盡其能無所遺棄則天下俊德治能之士並在官矣皆隨賢才任職百官各師其師轉相教誨則百官推皆是矣無有非者以此撫順五行之時以化天下之民則衆功其皆成矣結上知人安民之意○傳三德至大夫○正義曰此文承九德之下故知三德是九德之內課有其三也周語云宣布哲人之令德宣以布義故爲布也夙早釋詁文又云須待也此經之意謂夜思之明旦行之須爲待之意故後爲須也大夫受采邑賜氏族立宗廟世不絕祀故稱家位不虛受非賢不可言能日日布行三德早夜思之待明行之如此念德不懈怠者乃可以爲大夫也以士卑故言不及也計有一德二德卽可以爲士也鄭以三德六德皆亂而敬以下之文經無此意也○傳有國至諸侯○正義曰天子分地建國諸侯專爲已有故有國謂諸侯也祇亦爲敬敬有二文上謂敬身下謂敬德嚴則敬之狀也故言日日嚴敬其身敬行六德以信治政事則可以爲諸侯也諸侯大夫皆言日日者言人之行德不可暫時捨也此臣行君之令故早夜思之君是出令者故言敬身行德此文以小至大揔以天子之事故先大夫而後諸侯○傳翕合至在官○正義曰翕合釋詁文以文承三德六德之下故言合受三六之德而用之以此人爲官令其布施政教使此九德之人皆居官用事謂天子也任之所能大夫所行三德或在諸侯六德之內但并此三六之德旣充九數故言九德皆用事謂用爲大夫用爲諸侯使之治民事也大夫諸侯當身自行之故言日宣日嚴天子當任人使行之故言合受而用之其實天子亦備九德故能任用三德六德也則俊德治能之士並在官矣乂訓爲治故云治能馬王鄭皆云才德過千人爲俊百人爲乂○傳僚工至無非○正義曰僚官釋詁文工官常訓也師師謂相師法也○傳凝成至皆成○正義曰鄭玄亦云凝成也王肅云凝猶定也皆以意訓耳文承百工之下撫于五辰還是百工撫之故云百官皆撫順五行之時則衆功皆成也五行之時卽四時也禮運曰播五行於四時土寄王四季故爲五行之時也所撫順者堯典敬授民時平秩東作之類是也

無教逸欲有邦不爲逸豫貪欲之教是有國者之常**兢兢業業一日二日萬幾**兢兢戒愼業業危懼幾微也言當戒懼萬事之微○兢居凌反業如字徐五荅反幾徐音機**無曠庶官天工人其代之**曠空也位非其人爲空官言人代天理官不可以天官私非其才**天敘有典勑我五典五惇哉**天次敘人之常性各有分義當勑正我五常之敘使合于五厚厚天下○有典馬本作五典分扶問反**天秩有禮自我五禮有庸哉**庸常自用也天次秩有禮當用我公侯伯子男五等之禮以接之使有常○有庸馬本作五庸**同寅協恭和衷哉**衷善也以五禮正諸侯使同敬合恭而和善○衷音中**天命有德五服五章哉**五服天子諸侯卿大夫士之服也尊卑彩章各異所以命有德**天討有罪五刑五用哉**言天以五刑討五罪用五刑宜必當**政事懋哉懋哉**言敘典秩禮命德討罰無非天意者故人君居天官聽政治事不可以不自勉

［疏］無教至懋哉○正義曰皐陶既言用人之法又戒以居官之事上之所爲下必效之無教在下爲逸豫貪欲之事是有國之常道也爲人君當兢兢然戒愼業業然危懼言當戒愼一日二日之間而有萬種幾微之事皆須親自知之不得自爲逸豫也萬幾事多不可獨治當立官以佐已無得空廢衆官使才非其任此官乃是天官人其代天治之不可以天之官而用非其人又言典禮德刑皆從天出天次敘人倫使有常性故人君爲政當勑正我父母兄弟子五常之敎敎之使五者皆惇厚哉天又次敘爵命使有禮法故人君爲政當奉用我公侯伯子男五等之禮接之使五者皆有常哉接以常禮當使同敬合恭而和善哉天又命用有九德使之居官當承天意爲五等之服使五者尊卑彰明哉天又討治有罪使之絕惡當承天意爲五等之刑使五者輕重用法哉典禮德刑無非天意人君居天官聽治政事當須勉之哉○傳不爲至之常○正義曰毋者禁戒之辭人君身爲逸欲下則效之是以禁人君使不自爲耳不爲逸豫貪欲之敎是有國者之常也此文主於天子天子謂天下爲國詩云生此王國之類是也○傳兢兢至之微○正義曰釋訓云兢兢戒也業業危也戒必愼危必懼傳言愼懼以足之易繫辭云幾者動之微故幾爲微也一日二日之間微者乃有萬事言當戒愼萬事之微微者尚有萬則大事必多矣且微者難察察則勞神以言不可逸耳馬王皆云一日二日猶日日也○傳曠空至其才○正義曰曠之爲空常訓也位非其人所職不治是爲空官天不自治立君乃治之君不獨治爲臣以佐之下典禮德刑無非天意者天意旣然人君當順天是言人當代天治官官則天之官居天之官代天爲治苟非其人不堪此任人不可以天之官而私非其才王肅云天不自下治之故人代天居之不可不得

其人也○傳天次至天下○正義曰天敘有典有此五典勑父義母慈兄友弟恭子孝是也五者人之常性自然而有但人性有多少耳天次敘人之常性使之各有分義義宜也今此義慈友恭孝各有定分合於事宜此皆出天然是爲天次敘之天意既然人君當順天之意勑正我五常之教使合於五者皆厚以教天下之民也五常之敎人君爲之故言我也五教徧於海內故以天下言之○傳庸常至有常○正義曰庸常釋詁文又云由自也由是用故自爲用也天次敘有禮謂使賤事貴卑承尊是天道使之然也天意既然人君當順天意用我公侯伯子男五等之禮以接之使之貴賤有常也此文主於天子天子至於諸侯車旗衣服國家禮儀饗食燕好饔餼飧牢禮各有次秩以接之上言天敘此云天秩者敘謂定其倫次秩謂制其差等義亦相通上云勑我此言自我者五等以教下民須勑戒之五禮以接諸侯當用我意故文不同也上言五惇此言五庸者五典施於近親欲其恩厚五禮施于臣下欲其有常故文異也王肅云五禮謂王公卿大夫士鄭玄云五禮天子也諸侯也卿大夫也士也庶民也此無文可據各以意說耳○傳衷善至和善○正義曰衷之爲善常訓也故左傳云天誘其衷說者皆以衷爲善此文承五禮之下禮尚恭敬故以五禮正諸侯使同敬合恭而和善也鄭玄以爲并上之禮共有此事五典室家之內務在相親非復言以恭敬恭敬惟爲五禮而已孔言是也○傳五服至有德○正義曰益稷云以五采彰施於五色作服汝明是天子諸侯卿大夫士之服也其尊卑采章各異於彼傳具之天命有德使之居位命有貴賤之倫位有上下之異不得不立名以此等之象物以彰之先王制爲五服所以表貴賤也服有等差所以別尊卑也

天聰明自我民聰明言天因民而降之福民所歸者天命之天視聽人君之行用民爲聰明**天明畏自我民明威**天明可畏亦用民成其威民所叛者天討之是天明可畏之効○畏如字徐音威馬本作威**達于上下敬哉有土**言天所賞罰惟善惡所在不避貴賤有土之君不可不敬懼**皐陶曰朕言惠可底行**其所陳九德以下之言順於古道可致行**禹曰俞乃言底可績**然其所陳從而美之曰用汝言致可以立功**皐陶曰予未有知思曰贊贊襄哉**言我未有所知未能思致於善徒亦贊奏上古行事而言之因禹美之承以謙辭言之序○知如字徐音智思如字徐音息吏反襄息羊反上也馬云因也案爾雅作儴因也如羊反

【疏】天聰至襄哉○正義曰此承上懋哉以下言所勉之者以天之聰明視聽觀人有德用我民以爲耳目之聰明察人言善者天意歸賞之又天之明德可畏天威者用我民言惡而叛之因討而伐之成其明威天所賞罰達於上下不避貴賤故須敬哉有土之君皐陶既陳此戒欲其言入之故曰我之此言順於古道可致行不可忽也禹即受之曰然汝言用而致可以立功重其言以深戒帝皐陶乃承之以謙曰我未有所知未能思致於善我所言曰徒贊奏上古所行而言之哉非已知思而所自能是其謙也○傳言天至聰明○正義曰皇天無心以百姓之心爲心此經大意言民之所欲天必從之聰明謂聞見也天之所聞見用民之所聞見也然則聰明直是見聞之義其言未有善惡以下言明威是天降之禍知此聰明是天降之福此即泰誓所云天聽自我民聽天視自我民視故民所歸者天命之大而言之民所歸就天命之爲天子也小而言之雖公卿大夫之任亦爲民所歸向乃得居之此文主於天子故言天視聽人君之行用民爲聰明戒天子使順民心受天之福也○傳言天至敬懼○正義曰上句有賞罰故言天所賞罰不避貴賤此之達於上下言天子亦不免也喪服鄭玄注云天子諸侯及卿大夫有地者皆曰君即此有土可兼大夫以上但此文本意實主於天子戒天子不可不敬懼也○傳言我至之序○正義曰皐陶目言可致行禹言致可績此承而爲謙知其目言未有所知未能思致於善也思字屬上句王肅云贊贊猶贊奏也顧氏云襄上也謂贊奏上古行事而言之也經云曰者謂我上之所言也傳不訓襄爲上已從襄陵而釋之故二劉並以襄爲因若必爲因孔傳無容不訓其意言進習上古行事因贊成其辭而言之也傳雖不訓襄字其義當如王說皐陶慮忽之自云言順可行因禹美之即承謙辭一揚一抑言之次序也鄭玄云贊明也襄之言暢言我未有所知所思徒贊明帝德暢我忠言而已謙也

附釋音尚書注疏卷第四

江西鹽法道胡稷栞

尚書注疏校勘記卷四　阮元撰盧宣旬摘錄

尚書注疏卷第四　宋板同古本作尚書卷第二古文尚書大禹謨第三虞書孔氏傳。案宋板標題皆低二字與十行本不同又或題注疏或題正義參差互見以後惟出題正義者

大禹謨第三　虞書

皐陶矢厥謨　陸氏曰矢本又作夫盧文弨云隋天文志枉矢舊本並作枉夫

天下安寧　古本寧下有也字岳本無寧字按岳本與疏合

傳攸所至下安　安下宋板有寧字山井鼎曰當作攸所至安寧。按今本正與岳本傳合

惟影響　顏氏家訓書證篇曰尚書曰惟景響周禮云土圭測景景朝景夕孟子曰圖景失形莊子曰罔兩問景如此等字皆當爲光景之景凡陰景者因光而生故即爲景淮南子呼爲景柱廣雅云晷柱挂景並是也至晉世葛洪字苑傍始加彡音於景反而世閒輒改治尚書周禮莊孟從葛洪字甚爲失矣

儆戒無虞　按朱子曰儆與警同古文作敬開元改今文

言天子常我慎　毛本我作戒是也

或寡令慈　或下宋板空一字

厭倦萬機　機岳本作幾

信出謂始發於心　宋板閩本明監本同毛本信作言下言出同。案毛本下言出言字似挩去人傍

民皆命於大中之道　毛本命作合是也

俾予從欲以治　諸本同毛本欲誤作教

刑無所用　浦鏜云四字疑在下與前經期義別之下。○按下云此期爲限與前經期義別而論語所謂勝殘去殺矣三句當是疏內小注

帝曰來禹降水儆予　石經考文提要云坊本作洚水小沿蔡沈集傳。○按蔡傳云洚水洪水也古文作降而纂傳引朱子則曰降水洪水也古文作洚與蔡傳相反蓋蔡氏用師說而誤倒其文也薛氏古文訓正作洚

民叛之　古本叛作畔監本誤作判

百人無主　宋板同毛本人作姓

惟先蔽志　孫志祖云左傳哀十八年引夏書官占惟能蔽志釋文云尚書能作克克亦能也孔疏則云夏書大禹謨之篇也惟彼能作先耳此則陸氏所見本與今異孔氏所見本與今同頗疑釋文近得其眞先字後人以意改也。按旣言昆則不必言先故知陸氏爲得也但孔疏云惟能先斷人志先字上仍有能字則孔氏所見本未必不作克左傳疏先字疑本是克字後人反据誤本尚書改之

然請卜不請筮者　宋板然下空一字

故言順帝之初　宋板閩本明監本同毛本言上脫故字

奉行帝之事故　浦鏜云故事誤倒

數千王誅　纂傳誅作法是也

不循帝道　纂傳帝作常是也

命禹討之　纂傳禹作汝

民棄不保　岳本棄作弃

言民叛天災之　古本叛下有之字

奉辭罰罪　宋板岳本閩本纂傳本同唐石經罰作伐明監本毛本因之古本及蔡傳並作伐案伐字是也又辭古本作嗣罪古本作辠皆古今字

此則氏迷之狀也　案氏當昏之譌毛本正作昏

夔夔齋慄　唐石經岳本閩本葛本纂傳同明監本毛本齋作齊葛本注亦作齊按釋文云齊側皆反明不作齋

蓋陸氏据古文而石經則從今文也

往至于田 宋板往下空一字

恭敬以事見父瞽瞍 宋板事下空一字

何爲然也 宋板然上有其字是也

事瞽同耳 宋本瞽作勢是也

覆動上天 許宗彥云當作覆上動天

神覆動天 許宗彥曰神字衍。按神疑作祇

皋陶謨第四　虞書

夫典謨 岳本無夫字按釋文云夫音扶明有夫字岳本誤脱也

俟人亂眞 古本眞作德按德古作悳形近之譌

亦言其人有德 唐石經無人字與史記夏本紀同。按石經元刻本有人字唐元度覆定乃删人字重刻今注疏本則沿襲別本也唐石經摩去重刻者多同於今此獨異於今本也

必言其所行某事某事以爲驗 史記集解作必言其所行事因事以爲驗

彼言剛失之虐 宋板之作入與舜典傳古本合下之傲放此

是爲強貌也 毛本貌作數是也閩本亦誤

翕和也 毛本和作合是也閩本亦誤

百僚師師 陸氏曰僚本又作寮。按依說文當作寮俗省作寮假借作僚

庶績其凝 按羣經音辨冰尚書古文凝字然則此經其凝古文作其冰

故稱家 家上纂傳有有字

謂天子也任之所能是也 浦鏜云也疑各字譌之疑其字譌

堯典敬授民時 宋板堯上有即字是也

自我五禮有庸哉 古本有作五按疏云上言五惇此言五庸疑孔氏所見本亦作五庸與馬本同。按古本多竊取釋文正義爲之此其證也

五服五章哉 章古本作彰

尊卑彩章各異 岳本纂傳彩作采。按采彩古今字

鄭元以爲并上之禮 浦鏜云之當典字誤

自我民明威 威古本作畏山井鼎曰古字通用王應麟曰古文天明畏自我民明畏今文下畏字作威蓋衞包所改當從古。按王所云古文即宋次道家本也多不足據

徒亦贊奏上古行事而言之 宋板無而字

非已知思而所自能 宋板閩本同毛本思作天

襄之言暢 盧文弨云王伯厚鄭注尚書言暢作言揚注一作暢下暢亦作揚毛本作揚似與王所見本合。按鄭注尚書乃惠棟所輯託名王伯厚者

暢我忠言而已 宋板同毛本暢作揚

尚書注疏挍勘記卷四終

會昌縣知縣候補知州曾暉春栞

附釋音尚書注疏卷第五

益稷第五

夏書　孔氏傳　孔穎達疏

益稷 禹稱其人因以名篇 疏 傳禹稱至名篇○正義曰禹言暨益暨稷是禹稱其二人二人佐禹有功因以此二人名篇既美大禹亦所以彰此二人之功也禹先言暨益故益在稷上馬鄭王所據書序此篇名爲棄稷棄稷一人不宜言名又言官是彼誤耳又合此篇於皋陶謨謂其別有棄稷之篇皆由不見古文妄爲說耳

帝曰來禹汝亦昌言 因皋陶謨九德故呼禹使亦陳當言○當丁浪反本亦作讜當湯反李登聲類云讜言善言也

禹拜曰都帝予何言予思日孜孜 拜而歎辭不言欲使帝重皋陶所陳言己思日孜孜不怠奉承臣功而已○思徐如字又息吏反孜音茲

皋陶曰吁如何 問所以孜孜之事

禹曰洪水滔天浩浩懷山襄陵下民昏墊 言天下民昏瞀墊溺皆困水災○浩戶老反墊丁念反瞀音務一音茂本或作務溺乃歷反

予乘四載隨山刊木 所載者四謂水乘舟陸乘車泥乘輴山乘樏隨行九州之山林刊槎其木開通道路以治水也○乘音繩刊苦安反輴丑倫反漢書作橇如淳音蕝以板置泥上服虔云木橇形如木箕擿行泥上尸子云澤行乘蕝蕝音子絕反樏力追反史記作橋徐音丘遙反漢書作梮九足反行下孟反槎士雅反下同說文云衺斫又莊下反

暨益奏庶鮮食 奏謂進於民鳥獸新殺曰鮮與益槎木獲鳥獸民以進食○暨其器反鮮徐音仙馬云鮮生也

予決九川距四海濬畎澮距川 距至也決九州名川通之至海一畎之間廣尺深尺曰畎方百里之間廣二尋深二仞曰澮濬畎澮之至川亦入海○畎工犬反澮故外反廣光浪反深尸鴆反

暨稷播奏庶艱食鮮食 艱難也衆難得食處則與稷教民播種之決川有魚鱉使民鮮食之○艱工閑反馬本作根云根生之食謂百穀處昌慮反鱉必滅反

懋遷有無化居 化易也居謂所宜居積者

勉勸天下徙有之無魚鹽徙山林木徙川澤交易其所居積○懋音茂鹽余廉反

烝民乃粒萬邦作乂 米食曰粒言天下由此爲治本○烝之承反粒音立治直吏反下同

皋陶曰俞師汝昌言 言禹功甚當可師法○當丁浪反

疏 帝曰來至汝昌言○正義曰皋陶既爲帝謀帝又呼禹進之曰來禹汝亦宜陳其當言禹拜曰嗚乎帝皋陶之言既已美矣我更何所言我之所思者每日孜孜勤於臣職而已皋陶怪禹不言故謂之曰吁問其所以孜孜之事如何禹曰往者洪水漫天浩浩然盛大包山上陵下民昏或沈溺皆困水災我乘舟車輴樏等四種之載隨其所往之山槎木通道而治之與益所進於人者惟有槎木所獲衆鳥獸鮮肉爲食也我又通決九州名川通之至於四海深其畎澮以至於川水漸除矣與稷播種五穀進於衆人難得食處乃決水所得魚鱉鮮肉爲食也人既皆得食矣又勸勉天下徙有之無交易其所居積於是天下衆人乃皆得米粒之食萬國由此爲治理之政我所言孜孜者在此也皋陶曰然可以爲師法者是汝之當言○傳因皋至當言○正義曰上篇皋陶謀九德此帝呼禹令亦陳當言亦者亦皋陶也明上篇皋陶雖與益相應其言亦對帝也上傳云皋陶爲帝舜謀者以此而知也○傳拜而至而已○正義曰既已拜而歎必有所美復辭而不言是知欲使帝重皋陶所陳言已無以加也王肅云帝在上皋陶陳謀於下已備矣我復何所言乎是也既無所言故言已思惟日孜孜不敢怠惰奉成臣職而已孜孜者勉功不怠之意○傳言天下至水災○正義曰瞀者眩或之意故言昏瞀墊是下濕之名故爲溺也言天下之人遭此大水精神昏瞀迷惑無有所知又若沈溺皆困此水災也鄭云昏沒也墊陷也禹言洪水之時人有沒陷之害○傳所載至治水○正義曰史記河渠書云夏書曰禹湮洪水十三年三過家不入門陸行載車水行載舟泥行蹈橇音蕝山行即橋丘遙反徐廣曰橋一作輂几玉反輂直轅車也尸子云山行乘樏泥行乘蕝子絕反漢書溝洫志云泥行乘毳山行則梮居足反毳行如箕擿行泥上如淳云毳謂以板置泥上以通行路也慎子云爲毳者患塗之泥也應劭云梮或作樏爲人所牽引也如淳云梮謂以鐵如錐頭長半寸施之履下以上山不蹉跌也韋昭云梮木器也如今轝牀人轝以行也此經惟言四載傳言所載者四同彼史記之說古書尸子慎子之徒有此言也輴與毳爲一樏與梮轝爲一古篆變形字體改易說者不同未知孰是禹之施功本爲治水此經乃云隨山刊木刊木爲治水治水徧於九州故云隨行九州之山

林襄二十五年左傳云井堙木刊刊是除木之義也毛傳云除木曰槎故曰刊槎其木開通道路以治水○傳奏至進食正義曰黎民阻飢爲人治水故知奏謂進食於人也禮有鮮魚腊以其新殺鮮淨故名爲鮮是鳥獸新殺曰鮮魚鼈新殺亦曰鮮也此承山下故爲鳥獸下承水後故爲魚鼈其新殺之意同也既言刊木乃進鮮食食是除木所得故言與益槎木獲鳥獸人以進食○傳距至入海○正義曰距者相抵之名故爲至也非是名川不能至海故決九州之名川通之至海也考工記云匠人爲溝洫耜廣五寸二耜爲耦一耦之伐廣尺深尺謂之畎田首倍之廣二尺深二尺謂之遂九夫爲井井間廣四尺深四尺謂之溝方十里爲成成間廣八尺深八尺謂之洫方百里爲同同間廣二尋深二仞謂之澮是畎遂溝洫澮皆通水之道也以小注大故從畎遂溝洫乃以入澮澮入於川川入於海是畎內之水亦入海也惟言畎澮舉大小而略其餘也先言決川至海後言濬畎至川者川既入海然後澮得入川故先言川也○傳艱難至鮮食之○正義曰艱難也釋詁文禹主治水稷主教播種水害漸除則有可耕之地艱得食處先須教導以救之故云衆艱得食處則與稷教人播種之易得食處人必自能得之意在救人難危之厄故舉難得食處以言之於時雖漸播種得穀猶少人食

未足故決川有魚鼈使人鮮食之言食魚以助穀也鄭玄云與稷教人種澤物菜蔬艱厄之食稷功在於種穀不主種菜蔬也言后稷種菜蔬艱厄之食傳記未有此言也○傳化易至居積○正義曰懋化是改易之義故化爲易也居謂所宜居積者近水者居魚鹽近山者居林木也勉勸天下徙有之無者謂徙我所有往彼無鄉取彼所有以濟我之所無魚鹽徙山林木徙川澤交易其所宜居積言此遷者謂將物去不得空取彼物也王肅云易居者不得空去當滿而去當滿而來也○傳米食至治本○正義曰說文云粒糂也今人謂飯爲米糂遺餘之飯謂之一粒兩粒是米食曰粒言是用米爲食之名也人非穀不生政由穀而就言天下由此穀爲治政之本也君子之道以謙虛爲德禹盛言己功者爲臣之法當孜孜不怠自言己之勤苦所以勉勸人臣非自伐也

禹曰都帝慎乃在位帝曰俞然禹言受其戒**禹曰安汝止惟幾惟康其弼直**言慎在位當先安好惡所止念慮幾微以保其安其輔臣必用直人○好惡上呼報反下烏路反又並如字**惟動丕應徯志**徯待也帝先安所止動則天下大應之順命以待帝志○應應對之應徯胡啓反

以昭受上帝天其申命用休昭明也非但人應之又乃明受天之報施天又重命用美○施始豉反重直用反**帝曰吁臣哉鄰哉鄰哉臣哉禹曰俞**鄰近也言君臣道近相須而成

疏禹曰都至曰俞○正義曰禹以皐陶然已因歎而戒帝曰嗚呼帝當謹慎汝所在之位帝受其戒曰然禹又戒帝曰若欲慎汝在位當須先安汝心好惡所止念慮事之微細以保安其身其輔弼之臣必用正直之人若能如此惟帝所動則天下大應之以待帝志以明受天之布施於天其重命帝用美道也帝以禹言已重乃驚而言曰吁臣哉近哉臣當親近君也近哉臣哉君當親近臣也言君臣宜相親近共成政道也禹應帝曰然言君臣當相親近也○傳言慎至直人○正義曰此禹重戒帝覆上慎乃在位當先安好惡所止謂心之所止當止好不止惡言惡以刑好也太學云爲人君止於仁爲人臣止於敬好惡所止謂此類也傳意以上惟爲念下惟爲辭故云念慮幾微然後以保其好惡所安寧耳○傳徯待至帝志○正義曰徯待釋詁文帝先能自安所止心之所止止於好事其有舉動發號出令則天下大應之順命以待帝志謂靜以待命有命則從也○傳昭明至用美○正義

曰堯典已訓昭爲明此重訓詳之皇天無親惟德是輔人之所欲天必從之帝若能安所止非但人歸之又乃明受天之報施天下太平祚胤長遠是天之報施也天又重命用美謂四時和祥瑞臻之類也或當前後非一故傳言又也○傳鄰近至而成○正義曰周禮五家爲鄰取相近之義故鄰爲近也禹言君當好善帝言須得臣力再言鄰哉言君臣之道當相須而成鄭玄云臣哉汝當爲我鄰哉鄰哉汝當爲我臣哉反覆言此欲其志心入禹

帝曰臣作朕股肱耳目言大體若身○股音古肱古弘反**予欲左右有民汝翼**左右助也助我所有之民富而教之汝翼成我**予欲宣力四方汝爲**布力立治之功汝羣臣當爲之**予欲觀古人之象**欲觀示法象之服制○觀舊音官又官喚反**日月星辰山龍華蟲**日月星爲三辰華象草華蟲雉也畫三辰山龍華蟲於衣服旌旗○蟲直弓反**作會宗彝**會五采也以五采成此畫焉宗廟彝樽亦以山龍華蟲爲飾○會胡對反馬鄭作繪彝音夷馬同鄭云宗彝虎也**藻火粉米黼黻絺繡**

藻水草有文者火爲火字粉若粟冰米若聚米黼若斧形黻爲兩己相背葛之精者曰絺五色備曰繡。藻音早本又作藻粉米說文作黺䋧徐米作絲首米黼音甫白與黑謂之黼黻音弗黑與青謂之黻絺徐勑私反又勑其反馬同鄭陟里反刺也繡音秀背音佩

以五采彰施于五色作服汝明天子服日月而下諸侯自龍衮而下至黼黻士服藻火大夫加粉米上得兼下下不得僭上以五采明施于五色作尊卑之服汝明制之。衮工本反僭子念反

予欲聞六律五聲八音在治忽以出納五言汝聽言欲以六律和聲音在察天下治理及忽怠者又以出納仁義禮智信五德之言施于民以成化汝當聽審之。出如字又尺遂反注同納如字又音內

予違汝弼汝無面從退有後言我違道汝當以義輔正我無得面從我違而退後有言我不可弼

欽四鄰庶頑讒說若不在時四近前後左右之臣勑使敬其職衆頑愚讒說之人若所行不在於是而爲非者當察之

侯以明之撻以記之當行射侯之禮以明善惡之教笞撻不是者使記識其過。撻他末反又他達反笞勑疑反

書用識哉欲並生哉書識其非欲使改悔與共並生

工以納言時而颺之工樂官當誦詩以納諫當是正其義而颺道之。颺音揚

格則承之庸之否則威之天下人能至于道則承用之任以官不從教則以刑威之。否方有反徐音鄙任汝鴆反

〔疏〕帝曰臣至威之。正義曰帝以禹然已言又說須臣之事作我股肱耳目言己動作視聽皆由臣也我欲助我所有之人使之家給人足汝當翼贊我也我欲布陳智力於天下四方爲立治之功汝等當與我爲之我欲觀示君臣上下以古人衣服之法象其日月星辰山龍華蟲作會合五采而畫之又畫山龍華蟲於宗廟彝罇其藻火粉米黼黻於絺葛而刺繡以五種之彩明施於五色制作衣服汝當爲我明其差等而制度之我欲聞知六律和五聲播之於八音以此音樂察其政治與忽怠者其樂音又以出納五德之言汝當爲我聽審之我有違道汝當以義輔成我汝無得知我違非而對面從我退而後更有言云我不可輔也既言其須臣之力乃揔勑之敬其職事哉汝在我前後左右四旁鄰近之臣也其衆類頑愚讒說之人若有所行不在於是而爲非者汝當察之以法行射侯之禮知其善惡以明別之行有不是者又撻其身以記之書其過者以識。所以撻之書之者冀其改悔欲與並生活哉工樂之官以納諫言於上當是正其義而顯揚之使我自知得失也又揔言御下之法天下之人有能至於道者則當承受而進用之當任以官也不從教者則以刑罰威之當罪其身也此等皆汝臣之所爲。傳言大體若身。正義曰君爲元首臣爲股肱耳目大體如一身也足行手取耳聽目視身雖百體四者爲大故舉以爲言鄭玄云動作視聽皆由臣也。傳左右至成我。正義曰釋詁云左右助也同訓爲慮是左右得爲助也立君所以牧人人之自營生産人君當助救之論語稱孔子適衛欲先富民而後教之故云助我所有之民欲富而教之也君子施教本爲養人故先云助人舉其重者以其爲人事重當須翼成故言汝翼次顯君施教化須臣爲之故言汝爲次明衣服上下標顯尊卑。傳云汝明次云六律五聲故云汝聽各隨事立文其實不異。傳布力至爲之。正義曰詩云四方于宣論語云陳力就列是布政用力故言布力立治之功汝羣臣當爲之。傳欲觀至服制。正義曰觀示法象之服制者謂欲申明古人法象之衣服垂示在下使觀之也易。繫辭云黃帝堯舜垂衣裳而天下治象物制服蓋因黃帝以還未知何代而具彩章舜言己欲觀古知在舜之前耳。傳日月至旌旗。正義曰桓二年左傳云三辰旂旗昭其明也三辰謂此日月星也故日月星爲三辰辰即時也三者皆是示人時節故並稱辰焉傳言此者以辰在星下揔上三事爲辰辰非別爲物也周禮大宗伯云實柴祀日月星辰鄭玄云星謂五緯也辰謂日月所會十二次也星辰異者彼鄭以徧祭天之諸神十二次也次亦當祭之故令辰與星別此云畫之於衣日月合宿之辰非有形容可畫且左傳云三辰即日月星也周禮司常掌九旗之物惟日月爲常不言畫星蓋太常之上又畫星也穆天子傳稱天子葬盛姬畫日月七星蓋畫北斗也草木雖皆有華而草華爲美故云華象草華蟲雉也周禮司服有鷩冕鷩則雉焉雉五色象草華也月令五時皆云其蟲蟲是鳥獸之揔名也下云作服汝明知畫三辰山龍華蟲於衣服也又言旌旗者左傳言三辰旂旗周禮司常云日月爲常王者禮有沿革後因於前故知舜時三辰亦畫之於旌旗也下傳云天子服日月而下則三辰畫之於衣服又畫於旌旗也周禮司服云享先王則衮冕衮者卷也言龍首卷然以衮爲名則所畫自龍已下無日月星也郊特牲云祭之日王被衮冕以象天也又曰龍章而設日月以象天也鄭玄云謂有日月星辰之章設日月畫於衣服旌旗也

據此記文衮冕之服亦畫日月鄭注禮記言郊特牲所云謂魯禮也要其文稱王被服衮冕非魯事也或當二代天子衣上亦畫三辰自龍章爲首而使衮純名耳禮文殘缺不可得詳但如孔解舜時天子之衣畫日月耳鄭玄亦以爲然王肅以爲舜時三辰即畫於旌旗不在衣也天子山龍華蟲耳○傳會五至爲飾○正義曰會者合聚之名下云以五彩彰施於五色作服知會謂五色也禮衣畫而裳繡五色備謂之繡知畫亦備五色故云以五彩成此畫焉謂畫之於衣宗彝文承作會之下故云宗廟彝樽亦以山龍華蟲爲飾知不以日月星爲飾者孔以三辰之尊不宜施於器物也周禮有山罍龍勺雞彝鳥彝以類言之知彝樽以山龍華蟲爲飾亦畫之以爲飾也周禮彝器所云犧象雞鳥者鄭玄皆爲畫飾與孔意同也周禮彝器無山龍華蟲爲飾者帝王革易所尚不同故有異也○傳藻水至曰繡○正義曰詩云魚在在藻是藻爲水草草類多矣獨取此草者謂此草有文故也火爲火字謂刺繡爲火字也考工記云火以圜鄭司農云謂圜形似火也鄭玄云形如半環然記是後人所作何必能得其眞今之服章繡爲火字者如孔所說也粉若粟冰者粉之在粟其狀如冰米若聚米者刺繡爲文類聚米形也黼若斧形考工記云白與黑謂之黼釋器云斧謂之黼孫炎云黼文如斧形蓋

半白半黑似斧刃白而身黑黻謂兩已相背謂刺繡爲已字兩已字相背也考工記云黑與青謂之黻刺繡爲兩已字以青黑線繡也詩葛覃云爲絺爲綌是絺用葛也玉藻云浴用二巾上絺下綌曲禮云爲天子削瓜者副之巾以絺爲國君者華之巾以綌皆以絺貴而綌賤是絺精而綌麤故葛之精者曰絺五色備謂之繡考工記文也計此所陳皆述祭服祭服玄纁爲之後代無用絺者蓋於時仍質暑月染絺爲纁而繡之以爲祭服孔以華象草華蟲雉則合華蟲爲一周禮鄭玄注亦然則以日月星辰山龍華蟲六章畫於衣也藻火粉米黼黻六章繡於裳也天之大數不過十二故王者制作皆以十二象天也顧氏取先儒等說以爲日月星取其照臨山取能興雲雨龍取變化無方華取文章雉取耿介顧氏雖以華蟲爲二其取象則同又云藻取有文火取炎上粉取絜白米取能養黼取能斷黻取善惡相背鄭玄云會讀爲繪宗彝謂宗廟之鬱鬯樽也故虞夏以上蓋取虎彝蜼彝而已粉米白米也絺讀爲黹黹紩也自日月至黼黻凡十二章天子以飾祭服凡畫者爲繪刺者爲繡此繡與繪各有六衣用繪裳用繡至周而變之以三辰爲旂旗謂龍爲衮宗彝爲毳或損益上下更其等差鄭意以華蟲爲二粉米爲一加宗彝謂虎蜼也周禮宗廟彝器有虎彝蜼彝故以宗彝爲虎蜼也此經所云凡十二章日也月也星也山也龍也華蟲也六者畫以作繪施於衣也宗彝也藻也火也粉米也黼也黻也此六者紩以爲繡施之於裳也鄭玄云至周而變易之損益上下更其等差周禮司服之注具引此文乃云此古天子冕服十二章也王者相變至周而以日月星畫於旌旗冕服九章登龍於山登火於宗彝尊其神明也九章初一曰龍次二曰山次三曰華蟲次四曰火次五曰宗彝皆畫以爲繢次六曰藻次七曰粉米次八曰黼次九曰黻以絺爲繡則衮之衣五章裳四章凡九也鷩畫以雉謂華蟲也其衣三章裳四章凡七也毳畫虎蜼謂宗彝也其衣三章裳二章凡五也是鄭以冕服之名皆取章首爲義衮冕九章以龍爲首龍首卷然故以衮爲名鷩冕七章華蟲爲首華蟲即鷩雉也毳冕五章虎蜼爲首虎蜼毛淺毳是亂毛故以毳爲名如鄭此解配文甚便於絺繡之義揔爲消帖但解宗彝爲虎蜼取理太迴未知所說誰得經旨○傳天子至制之○正義曰此言作服汝明故傳辨其等差天子服日月而下十二章諸侯自龍衮而下至黼黻八章再言而下明天子諸侯皆至黼黻也士服藻火二章大夫加粉米四章孔注上篇五服謂天子諸侯卿大夫士則卿與大夫不同當加之以黼黻爲六章孔略而不言孔意蓋以周禮制諸侯有三等之服此諸侯同八章者上古樸質諸侯

俱南面之尊故合三爲一等且禮諸侯多同爲一等故雜記云天子九虞諸侯七虞左傳云天子七月而葬諸侯五月而葬是也孔以此經上句日月星辰山龍華蟲尊者在上下句藻火粉米黼黻尊者在下黼黻尊於粉米粉米尊於藻火故從上以尊卑差之士服藻火大夫加以粉米并藻火爲四章馬融不見孔傳其注亦以爲然以古有此言相傳爲說也蓋以衣在上爲陽陽統於上故所尊在先裳在下爲陰陰統於下故所重在後詩稱玄衮及黼顧命云麻冕黼裳當以黼爲裳故首舉黼以言其事如孔說也天子諸侯下至黼黻大夫粉米兼服藻火是上得兼下也士不得服粉米大夫不得服黼黻是下不得僭上也訓彰爲明以五種之彩明施於五色作尊卑之服汝當分明制之令其勿使僭濫也鄭玄云性曰采施曰色以本性施於繒帛故云以五采施於五色也鄭云作服者此十二章爲五服天子備有焉公自山龍而下侯伯自華蟲而下子男自藻火而下卿大夫自粉米而下亦是以意說也此云作服推據衣服以經有宗彝及孔云旌旗亦以山龍華蟲爲飾者但此雖以服爲主上既云古人之象則法象分在器物皆悉明之非止衣服而已旌旗器物皆是彩飾被服以明尊卑故揔云作服以結之○傳言欲至審之○正義曰此經大意令臣審聽樂音察世之治否以報君也金

石絲竹匏土革木八物各出其音謂之八音八音之聲皆有清濁聖人差之以爲五品宮商角徵羽謂之五聲五聲高下各有所準則聖人制爲六律與五聲相均作樂者以律均聲聲從器出帝言我欲以六律和彼五聲八音以此樂之音聲察世之治否詩序云治世之音安以樂其政和亂世之音怨以怒其政乖此則聽聲知政之道也言今聽作樂若其音安樂和平則時政辨治而修理也若其音怨怒乖離則時政忽慢而怠惰也是用樂之聲音察天下治理及忽怠者也知其治理則保以修之知其忽怠則改以修之此治理忽怠人君所願聞也又樂之感人使和易調暢若樂云合度則言必得理以此樂音出納仁義禮智信五德之言乃君之發言合彼五德施之於人可以成其教化是出五言也人之五言合彼五德歸之於君可以成諷諫是納五言也君言可以利民民言可以益君是言之善惡由樂音而知也此言之善惡亦人君之所願聞也政之理忽言之善惡皆是上所願聞欲令察知以告已得守善而改惡故帝令臣汝當爲我聽審之也六律六吕當有十二惟言六律者鄭玄云舉陽陰從可知也傳以五言爲五德之言者漢書律歷志稱五聲播於五常則角爲仁商爲義徵爲禮羽爲智宮爲信志之所稱必有舊說也言五聲與五德相協此論樂事而云出納五言知是出納五

書疏五　九

德之言也樂音和則五德之言得其理音不和則五德之言違其度故亦以樂音察五言也帝之此言自說臣之大法於舜所聽使聽韶樂也襄二十九年左傳吳季札見舞韶樂而歎曰德至矣哉大矣如天之無不幬也如地之無不載也然則韶樂盡善盡美有理無忽而并言忽者韶樂自美取樂采人歌爲曲若其怠忽則音辭亦有焉故常使聽察之也。傳四近至察之。正義曰冏命云惟予一人無良實賴左右前後有位之士匡其不及知四近謂前後左右四者近君之臣勑使敬其職也更欲告以此下之辭故勑之衆頑愚讒說之人若有所行不在於是而爲非者當察之知其非乃撻之書之此與以下發端也庶頑讒說謂朝廷之臣格則承之乃謂天下之人舜之朝廷當無讒說之人故設爲大法戒愼之耳四近之臣普謂近君之臣耳無常人也鄭玄以四近爲左輔右弼前疑後承惟伏生書傳有此言文王世子云有師保有疑承以外經傳無此官也。傳當行至其過。正義曰禮射皆張侯射之知侯以明之當行射侯之禮以明善惡之教射禮有序賓以賢詢衆擇善之義是可以明善惡也笞撻不是者使記識其過謂過輕者也大罪刑殺之矣古之射侯之土無以言之案周禮司裘云王大射則供虎侯熊侯豹侯設其鵠諸侯則供熊侯豹侯卿大夫則供麋侯皆設其鵠鄭玄注云

虎九十弓即方一丈八尺熊七十弓方一丈四尺豹麋五十弓方一丈鄭又引梓人爲侯廣與崇方三分其廣而鵠居一焉則丈八之侯鵠方六尺丈四之侯鵠方四尺六寸大半寸一丈之侯鵠方三尺三寸少半寸此皆大射之侯也射人云王以六耦射三侯五正諸侯以四耦射二侯三正孤卿大夫以三耦射一侯二正士以三耦射豹侯二正鄭玄注云五正者五采中朱次白次蒼次黄玄居外三正者去玄黄二正者去白蒼而畫以朱綠此賓射之侯也鄭以賓射三侯步數高廣與大射侯同正大如鵠司裘及射人所云諸侯者謂圻內諸侯若圻外諸侯則儀禮大射云大侯九十弓熊侯七十弓豹侯五十弓皆以三耦其賓射則無文若天子已下之燕射案鄉射記云天子熊侯白質諸侯麋侯赤質大夫布侯畫以虎豹士布侯畫以鹿豕熊侯已下同五十弓即侯身高一丈君臣共射之。傳書識至並生。正義曰書識其非亦是小過者也欲並生哉總上三者侯以明之撻以記之書用識哉皆是欲其改悔與無過之人共並生也。傳工樂至道之。正義曰禮通謂樂官爲工知工是樂官則周禮大師瞽矇之類也樂官掌頌詩言以納諫以詩之義理或微人君聽之若有不悟當正其義而揚道之揚舉也舉而道向君也。傳天下至威之。正義曰言承之用之則此人未在官也故言謂

書疏五　十

天下民必也能至於道即賢者故承用之而任以官也否謂不從教者則以刑威之而罪其身也臣過必小故撻之書之人罪或大故以刑威之

禹曰俞哉帝光天之下至于海隅蒼生光天之下至于海隅蒼蒼然生草木言所及廣遠萬邦黎獻共惟帝臣惟帝時舉敷納以言明庶以功車服以庸獻賢也萬國衆賢共爲帝臣帝舉是而用之使陳布其言明之皆以功大小爲差以車服旌其能用之誰敢不讓敢不敬應上惟賢是用則下皆敬應上命而讓善。應應對之應帝不時敷同日奏罔功帝用臣不是則遠近布同而日進於無功以賢愚並位優劣共流故無若丹朱傲惟慢遊是好丹朱堯子舉以戒之。傲五報反字又作奡好呼報反傲虐是作罔晝夜頟頟傲戲而爲虐無晝夜常頟頟肆惡無休息。傲五羔反徐五報反注同頟五客反罔水行舟朋淫于家用殄厥

世朋羣也丹朱習於無水陸地行舟言無度羣淫於家妻妾亂用是絕其世不得嗣。殄徒見反予創若時娶于塗山辛壬癸甲創懲也塗山國名懲丹朱之惡辛日娶妻至于甲日復往治水不以私害公。娶促住反復扶又反啓呱呱而泣予弗子惟荒度土功啓禹子也禹治水過門不入聞啓泣聲不暇子名之以大治度水土之功故。呱音孤子如字鄭將吏反度徒洛反弼成五服至于五千州十有二師五服侯甸綏要荒服也服五百里四方相距爲方五千里治洪水輔成之一州用三萬人功九州二十七萬庸。至于五千馬云面五千里爲方萬里鄭云五服已五千又弼成爲萬里州十有二師二千五百人爲師鄭云師長也要一遙反外薄四海咸建五長薄迫也言至海諸侯五國立賢者一人爲方伯謂之五長以相統治以獎帝室。薄蒲各反徐扶各反長丁丈反五長衆官之長各迪有功苗頑弗卽工帝其念哉九州五長各蹈爲有功惟三苗頑凶不得就官善惡分別。別彼列反

帝曰迪朕德時乃功惟敘言天下蹈行我德是汝治水之功有次序敢不念乎

〔疏〕禹曰至惟敘。正義曰禹既得帝言乃荅帝曰然既帝之任臣又言當擇人充滿大天之下旁至四海之隅蒼蒼然生草木之處皆是帝德所及其內有萬國衆賢皆共爲帝臣言其可用者甚衆也帝當就是衆賢之內舉而用之其舉用之法各使陳布其言納受之以其言之所能從其所能而驗試之明顯衆人所能當以功之大小既知有功乃賜之以車服以表其功有能用帝以此法用人卽在下之人知官不妄授必用度才能而使之如此誰敢不讓有德敢不敬應帝命而推先善人也若帝用臣不是不宜試驗不知臧否則羣臣遠近徧布同心而日進無功之人既戒帝擇人又勸帝自勤無若丹朱之傲惟慢褻之遊是其所好傲戲而爲虐是其所爲爲此惡事不問晝夜而額額然恒爲之無休息又無水而陸地行舟羣朋淫泆於室家之內用此之故絕其世嗣不得居位我本創丹朱之惡若是也故娶於塗山之國歷辛壬癸甲四日而卽往治水其後過門不入聞啓呱呱而泣我不暇入而子名之惟以大治度水土之功故也水土既平乃輔成五服四面相距至于五千里州十有二師其治水之時所役人功每州用十有二師各用三萬人也自京師外迺及四海其間諸侯五國皆立一長迺相統領以此諸侯各蹈行所職並爲有功惟有三苗頑凶不能就官我以供勤之故得使災消沒帝念此事哉不可不自勤也帝荅禹曰天下之人皆蹈行我德是汝治水之功惟有次敘故也受其戒而美其功也。傳光天至廣遠。正義曰堯典之序訓光爲充卽此亦爲充言充滿大天之下也據其方面卽四隅爲遠至于海隅舉極遠之處言帝境所及廣遠其內多賢人也。傳獻賢至用之。正義曰釋言云獻聖也賢是聖之次臣德不宜言聖故爲賢也萬國衆賢共爲帝臣言求臣之處多也帝舉是衆賢而用之使陳布其言令其自說己之所能聽其言而納受之依其言而考試之顯明衆臣皆以功大小爲差然後賜車服以旌別其人功能事用是舉賢用人之法也舜典云敷奏以言明試以功奏試二字與此異者彼言施於諸侯其人見爲國君故令奏言試功此謂方始擢用故言納庶納謂受取之庶謂在羣衆。傳帝用至流故。正義曰帝用臣不是不以言考功在下知帝不分別善惡則無遠近徧布同心日日進於无功之人由其賢愚並位優劣共流故也敷是布之義故言遠近布同同心妄舉也。傳丹朱堯子。正義曰漢書律歷志云堯讓舜使子朱處於丹淵爲諸侯則朱是名丹是國也。傳傲戲至休息。正義曰詩美衞武公云善

戲謔兮不爲虐兮丹朱反之故傲戲而爲虐也額額是不休息之意肆謂縱恣也晝夜常額額然縱恣爲惡無休息時也。傳朋羣至得嗣。正義曰朋輩與羣聚義同故朋爲羣也聖人作車以行陸作舟以行水丹朱乃習於無水而陸地行舟言其所爲惡事無節度也此乃稟受惡性習惡事也鄭玄云丹朱見洪水時人乘舟今水已治猶居舟中額額使人推行之案下句云予創若時乃勤治水則丹朱行舟之時水尚未除非効洪水之時人乘舟也羣淫於家言羣聚妻妾恣意淫之無男女之別故言妻妾亂也用是之惡故絕其世位不得嗣父也此用殄厥世一句禹既見世絕今始言之以明行惡之驗此句非禹所創創之者創其行之惡耳。傳創懲至害公。正義曰創與懲皆是見惡自止之意故云創懲也哀七年左傳云禹會諸侯於塗山杜預云塗山在壽春縣東北塗山國名蓋近彼山也娶于塗山言其所娶之國耳非就妻家見妻也懲丹朱之惡故不可不勤故辛日娶妻至于甲日復往治水孔云復往則已嘗治水而輟事成昏也鄭玄云登用之年始娶于塗山氏三宿而爲帝所命治水鄭意娶後始受帝命娶前未治水也然娶後始受帝命當云聞命卽行不須計辛之與甲日數多少當如孔說輟事成昏也此時禹父新殛而得爲昏者鯀放而未死不妨禹娶且治水四年兗州始

畢禹娶不必在殛鯀之年也。傳啓禹至功故。正義曰：啓禹子，世本文也。孟子稱禹治水三過其門而不入，是至門而聞啓泣聲，不暇如人父子名爲己子而愛念之，以其爲大治度水土之功故也。訓荒爲大，治謂去其水，度謂量其功，故治度連言之。傳五服至萬庸。正義曰：據禹貢所云五服之名數，知五服卽甸侯綏要荒服也。彼五服每服五百里，四面相距爲方五千里也。王肅云：五千里者，直方之數，若其迴邪委曲，動有倍加之較，是直路五千里也。治洪水輔成之者，謂每服之內爲其小數，定其差品，各有所掌，是禹輔成之也。周禮大司馬法二千五百人爲師，每州十有二師，通計之一州用三萬人功，總計九州用二十七萬庸，庸亦功也。州境旣有濶狹，用功必有多少，例言三萬人者，大都通率爲然。惟言用三萬人者，不知用功日數多少，治水四年乃畢，用功蓋多矣，不知用幾日也。鄭玄云：輔五服而成之，至于面方各五千里，四面相距爲方萬里。九州州立十二人爲諸侯師以佐牧。堯初制五服，服各五百里，要服之內方四千里，曰九州，其外荒服曰四海。此禹所受地記書曰：崑崙山東南地方五千里，名曰神州者，禹弼五服之殘數，亦每服者合五百里，故有萬里之界，萬國之封焉。猶用要服之內爲九州，州更方七千里，七七四十九，得方千里者四十九，其一以爲圻內，餘四十八，八

州分而各有六。春秋傳曰：禹朝羣臣于會稽，執玉帛者萬國。言執玉帛者，則九州之內諸侯也。其制特置牧，以諸侯賢者爲之師，蓋百國一師，州十有二師，則州千二百國也。八州凡九千六百國，其餘四百國在圻內。與王制之法準之，八州通率封公侯百里之國者一，伯七十里之國二，子男五十里之國四，方百里者三，封國七十有畸。至于圻內，則子男而已。鄭云禹弼成五服，面各五千里，王肅禹貢之注已難之矣。傳稱萬，盈數也，萬國舉盈數而言，非謂其數滿萬也。詩桓曰綏萬邦，烝民曰揉此萬邦，豈周之建國復有萬乎？天地之勢，平原者甚少，山川所在，不啻居半，豈以不食之地亦封建國乎？王圻千里，封五十里之國四百，則圻內盡以封人，王城宮室無建立之處，言不顧實，何至此也？百國一師，不出典記，自造此語，何以可從？禹朝羣臣于會稽，魯語文也；執玉帛者萬國，左傳文也。探合二事，亦爲謬矣。傳薄迫至帝室。正義曰：釋言云：逼，迫也。薄者逼近之義，故云迫也。外迫四海，言從京師而至于四海也。釋地云：九夷八狄七戎六蠻謂之四海，謂九州之外也。王制云：五國以爲屬，屬有長。此建五長，亦如彼文，故云諸侯五國立賢者一人爲方伯，謂之五長，以相統治，欲以共奬帝室故也。僖元年公羊傳曰：上無天子，下無方伯。方伯謂周禮九命作伯者也。王制云：千里之外設方伯，方伯一

爲之長，謂周禮八命作牧者也。傳言五國立一人爲方伯，直是五國之長耳，與彼異也。以其是當方之長，故傳以方伯言之。傳九州至分別。正義曰：蹈爲有功之長，言蹈履典法持之有功。惟三苗頑凶不得就官，謂舜分北三苗之時，苗君有罪，不得就其諸侯國君之官，而被流於遠方也。言九州五長各蹈爲有功，則海內諸侯皆有功矣。惟有三苗不得就官，以見天下大治而惡者少耳。頑則不得就官，言善惡分別也。

皐陶方祗厥敘，方施象刑惟明。方，四方。禹五服既成，故皐陶敬行其九德考績之次序於四方，又施其法刑，皆明白。史因禹功重美之。○重，直用反。

【疏】皐陶至惟明。○正義曰：此經史述爲文，非帝言也。史以禹成五服，帝念禹功，故因美皐陶。言禹既弼成五服，故皐陶於其四方敬行九德考績之法，有次敘也。又於四方施其刑法，惟明白也。由禹有此大功，故史重美之也。○傳方四至美之。○正義曰：皐陶爲帝所任，徧及天下，故方爲四方也。天下蹈行帝德，水土既治，亦由刑法彰明，若使水害不息，皐陶法無所施，若無皐陶以刑人，亦未能奉法。天下蹈行帝德，二臣共有其功，故史因帝歸功於禹，兼記皐陶之功。舜典與大禹謨已美皐陶，故言重美之也。傳言考績之次敘者，皐陶所言九德，依德以考其功績，亦是

刑法之事，故兼言也。鄭云歸美於二臣，則以此經爲帝語。此文上無所由，下無所結，形勢非語辭也，故傳以爲史因記之。

夔曰：戛擊鳴球，搏拊琴瑟以詠，祖考來格。戛擊，柷敔，所以作止樂。搏拊以韋爲之，實之以糠，所以節樂。球，玉磬。此舜廟堂之樂，民悅其化，神歆其祀，禮備樂和，故以祖考來至明之。○夔，求龜反。戛，居八反，徐古八反，馬云：櫟也。球音求。搏音博。拊音撫。柷，尺叔反，所以作樂。敔，魚呂反，所以止樂。糠音康。歆，許金反。

虞賓在位，羣后德讓。丹朱爲王者後，故稱賓。言與諸侯助祭，班爵同，推先有德。

下管鼗鼓，合止柷敔，堂下樂也。上下合止樂，各有柷敔，明球弦鍾籥各自互見。○鼗音桃。合如字，徐音閤。籥，余若反。互音護。見，賢遍反，下見細器同。

笙鏞以間，鳥獸蹌蹌。鏞，大鍾。間，迭也。吹笙擊鍾，鳥獸化德，相率而舞蹌蹌然。○鏞音庸。間，間側之間。鳥獸，孔以爲自舞也，馬云：鳥獸，筍簴也。蹌，七羊反，舞貌，說文作牄，云：鳥獸來食聲。迭，直結反。

簫韶九成，鳳皇來儀。韶，舜樂名。言簫，見細器之備。雄曰鳳，雌曰皇，靈鳥也。儀，有容儀。備樂九奏而致鳳皇，則餘鳥獸不待九而

率舞。○韶時昭反。夔曰：於！予擊石拊石，百獸率舞，庶尹允諧。尹正也。衆正官之長信皆和諧，言神人治，始於任賢立政以禮，治成以樂，所以太平。○於予並如字。

疏夔曰至允諧○正義曰皐陶大禹爲帝設謀大聖納其昌言
天下以之致治功成道洽禮備樂和史述夔言繼之於後夔
曰在舜廟堂之上戛敔擊柷鳴球玉之磬擊搏拊鼓琴瑟以
詠詩章樂音和協感致幽冥祖考之神來至矣虞之賓客
丹朱者在於臣位與羣君諸侯以德相讓此堂上之樂所感
深矣又於堂下吹竹管擊鼗鼓合樂用柷止樂用敔吹笙擊
鍾以次迭作鳥獸相率而舞其容蹌蹌然堂下之樂感亦深
矣簫韶之樂作之九成以致鳳皇來而有容儀也夔又曰嗚
呼歎舜樂之美我大擊其石磬小拊其石磬百獸相率而舞
鳥獸感德如此衆正官長信皆和諧矣言舜致教平而樂音
和君聖臣賢謀爲成功所致也○傳戛擊至明之○正義曰
戛擊是作用之名非樂器也故以戛擊爲柷敔柷敔之狀經
典無文漢初已來學者相傳皆云柷如漆桶中有椎柄動而
擊其旁也敔狀如伏虎背上有刻戛之以爲聲也樂之初擊
柷以作之樂之將末戛敔以止之故云所以作止樂雙解之
釋樂云所以鼓柷謂之止所以鼓敔謂之籈郭璞云柷如漆

桶方二尺四寸深一尺八寸中有椎柄連底挏之令左右擊
止者其椎名也敔如伏虎背上有二十七鉏鋙刻以木長一
尺櫟之籈者其名也是言擊柷之椎名爲止戛敔之木名爲
籈戛即櫟也漢禮器制度及白虎通馬融鄭玄李巡其說皆
爲然也惟郭璞爲詳據見作樂器而言之搏拊形如鼓以韋
爲之實之以糠擊之以節樂漢初相傳爲然也釋器云球玉也
鳴球謂擊球使鳴樂器惟磬用玉故球爲玉磬商頌云依我
磬聲磬亦玉磬也鄭玄云磬懸也而以合堂上之樂玉磬和
尊之也然則鄭以球玉之磬懸于堂下尊之故進之使在上
耳此舜廟堂之樂謂廟内堂上之樂言祖考來格知在廟内
下云下管知此在堂上也馬融見其言祖考遂言此是舜除
瞽瞍之喪祭宗廟之樂亦不知舜父之喪在何時也但此論
韶樂必在即政後耳此說樂音之和而云祖考來格者聖王
先成於人然後致力於神言人悅其化神歆其祀禮備樂和
所以祖考來至明矣以祖考來至明樂之和諧也詩稱神之
格思不可度思而云祖考來至者王肅云祖考來至者見其
光輝也蓋如漢書郊祀志稱武帝郊祭天祠上有美光也此
經文次以柷敔是樂之始終故先言戛擊其球與搏拊琴瑟
皆當彈擊故使鳴冠於球上使下共蒙之也鄭玄以戛擊鳴
球三者皆揔下樂櫟擊此四器也樂器惟敔當櫟耳四器不

櫟鄭言非也○傳丹朱至有德○正義曰微子之命云作賓
于王家詩頌微子之來謂之有客是王者之後爲時王所賓
也故知虞賓謂丹朱爲王者後故稱賓也王者立二代之後
而獨言丹朱者蓋高辛氏之後無文而言故惟指丹朱也王
者之後尊於羣后故殊言在位羣后亦在位也後言德讓丹
朱亦以德讓矣故言與諸侯助祭同者推先有德也二
王之後並爲上公亦有與丹朱爵同故丹朱亦讓也丹朱之
性下愚堯不能化此言有德者猶上云瞽亦允若暫能然也
○傳堂下至互見○正義曰經言下管知是堂下樂也敔當
戛之柷當擊之上言戛擊此言柷敔其事是一故云上下合
止樂各有柷敔也言堂下堂上合樂各以柷止樂各以敔也
上言作用此言器名兩相備也上下皆有柷敔兩見其文明
球弦鍾籥上下樂器不同各自更互見也弦謂琴瑟鍾鏞也
籥管也琴瑟在堂鍾籥在庭上下之器各別不得兩見其名
各自更互見之依大射禮鐘磬在庭今鳴球於廟堂之上者
案郊特牲云歌者在上貴人聲也左傳云歌鍾二肆則堂上
有鍾明磬亦在堂上故漢魏已來登歌皆有鍾磬燕禮大射
堂上無鍾磬者諸侯樂不備也○傳鏞大至蹌蹌然○正義
曰釋樂云大鍾謂之鏞李巡曰大鍾音聲大鏞大也孫炎曰
鏞深長之聲釋詁云間代也孫炎曰間廁之代也釋言云遞

迭也李巡曰遞者更迭間廁相代之義故間爲迭也吹笙擊
鍾更迭而作鳥獸化德相率而舞蹌蹌然下云百獸率舞知
此蹌蹌然亦是舞也禮云凡行容惕惕大夫濟濟士蹌蹌是
爲行動之貌故爲舞也○傳韶舜至率舞○正義曰韶是舜
樂經傳多矣但餘文不言簫簫乃樂器非樂名簫是樂器之
小者言簫見細器之備謂作樂之時小大之器皆備也釋鳥
云鶠鳳其雌皇是此鳥雄曰鳳雌曰皇禮運云麟鳳龜龍謂
之四靈是鳳皇爲神靈之鳥也易漸卦上九鴻漸于陸其羽
可用爲儀是儀爲有容儀也成謂樂曲成也鄭云成猶終也
每曲一終必變更奏故經言九成傳言九奏周禮謂之九變
其實一也言簫見細器之備備樂九奏而致鳳皇則其餘鳥
獸不待九而率舞也尊者體盤靈瑞難致故九成之下始言
鳳皇來儀鳥獸蹌蹌乃在上句傳據此文言鳥獸易來鳳皇
難致故云鳥獸不待九也樂之作也依上下遞奏間合而後
曲成神物之來上下共致非堂上堂下別有所感以祖考尊
神配堂上之樂鳥獸賤物故配堂下之樂揔上下之樂言九
成致奉尊異靈瑞故別言爾非堂上之樂獨致神來堂下之
樂偏令獸舞也鄭玄注周禮具引此文乃云此其在於宗廟
九奏効應也是言祖考來格百獸率舞皆是九奏之事也大
司樂云凡六樂者六變而致象物及天神鄭玄云象物有象

在天所謂四靈者彼謂大蜡之祭作樂以致其神此謂鳳皇身至故九奏也。傳尹正至太平。正義曰尹正釋言文衆正官之長謂每職之首周官所謂唐虞稽古建官惟百是也信皆和諧言職事修理也上云祖考來格此言衆正官治言神人洽樂音和也此篇初說用臣之法末言樂音之和言其始用任賢立政以禮治成以樂所以得致太平解史錄夔言之意

帝庸作歌曰勑天之命惟時惟幾用庶尹允諧之政故作歌以戒安不忘危勑正也奉正天命以臨民惟在順時惟在慎徼乃歌曰股肱喜哉元首起哉百工熙哉元首君也股肱之臣喜樂盡忠君之治功乃起百官之業乃廣。樂音洛盡津忍反皋陶拜手稽首颺言曰念哉大言而疾曰颺承歌以戒帝。颺音揚率作興事慎乃憲欽哉憲法也天子率臣下爲起治之事當慎汝法度敬其職屢省乃成欽哉屢數也當數顧省汝成功敬終以善無懈怠。屢力具反省悉井反數色角反懈佳賣反乃賡載歌曰元首明哉股肱良哉庶事康哉賡續載成也帝歌歸美股肱義未足故續歌先君後臣衆事乃安以成其義。賡加孟反劉皆行反說文以爲古續字又歌曰元首叢脞哉股肱惰哉萬事墮哉叢脞細碎無大略君如此則臣懈惰萬事墮廢其功不成歌以申戒。叢太公反脞倉果反徐音鎖馬云叢揔也脞小也惰徒臥反墮許規反帝拜曰俞往欽哉拜受其歌戒羣臣自今以往敬其職事哉

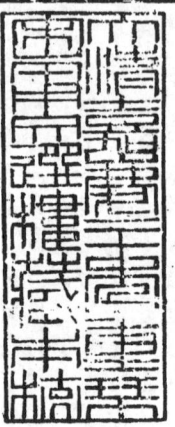

疏帝庸至往欽哉。正義曰帝既得夔言用此庶尹允諧之政故乃作歌自戒將歌而先爲言曰人君奉正天命以臨下民惟當在於順時惟當在於慎微既爲此言乃歌曰股肱之臣喜樂其事哉元首之君政化乃起哉百官事業乃得廣大哉言君之善政由臣也皋陶拜手稽首颺聲大言曰帝當念是言哉率領臣下爲起政治之事慎汝天子法度而敬其職事哉又當數自顧省己之成功而敬終之哉乃續載帝歌曰會是元首之君能明哉則股肱之臣乃善哉衆事皆得安寧哉既言其美又戒其惡元首之君叢脞細碎哉則股肱之臣懈怠緩慢哉衆事悉皆墮廢哉言政之得失由君也帝拜而受之曰然然其所歌顯是也汝羣臣自今已往各敬其職事哉。傳用庶至慎徼。正義曰此承夔言之下既得夔言而歌故知帝庸作歌者用庶尹允諧之政故作歌以自戒之安不忘危也勑是正齊之意故爲正也言天命奉正天命以臨下民惟在順時不妨農務也惟在慎微不忽細事也鄭玄以爲戒臣孔以爲自戒者以正天之命是人君之事故也。傳元首至乃廣。正義曰釋詁云元良首也僖三十三年左傳稱狄人歸先軫之元則元與首各爲頭之別名此以元首共爲頭也君臣大體猶如一身故元首君也股肱之臣喜樂盡忠謂樂行君之化君之治功乃起言無變事業事業在於百官故衆功皆起百官之業乃廣也。傳憲法至其職。正義曰憲法釋詁文此言興事對上起哉天子率臣下爲起治之事言臣不能獨使起也。傳屢數至懈怠。正義曰釋詁云屢數疾也俱訓爲疾故屢爲數也顧省汝成功謂已有成功令數顧省之敬終以善無懈怠也恐其惰於已成功故以此爲戒。傳賡續至其義。正義曰詩云西有長賡毛傳亦以賡爲續是相傳有此訓也鄭玄以載爲始孔以載爲成各以意訓耳帝歌歸美股肱義未足者非君之明爲臣不能盡力空責臣功是其義未足以此續成帝歌必先君後臣衆事乃安故以此言成其義也。傳叢脞至申戒。正義曰孔以叢脞爲細碎無大略鄭以叢脞揔聚小小之事以亂大政皆是以意言耳君無大略則不能任賢功不見知則臣皆懈惰萬事墮廢其功不成故又歌以重戒也庶事萬事爲義同而文變耳

附釋音尚書注疏卷第五

江西鹽法道胡稷栞

尚書注疏挍勘記卷五　阮元撰盧宣旬摘錄

益稷第五　虞書

又合此篇於皐陶謨　岳本謨作謀毛本同案謀字誤

因皐陶謨九德　宋板岳本謨作謀毛本作謨纂傳亦是謨字

使亦陳當言　古本當上有其字陸氏曰當本亦作讜

開通道路以治水也　古本也上有之字山井鼎曰崇禎本也字細書與釋文混非也○案監本誤同毛本亦然

澮畎深之　纂傳澮畎作畎澮

魚鹽徙山林木徙川澤　古本木上有竹字盧文弨云依疏當以林木徙川澤爲句不必增竹字

精神昏瞀迷或　毛本或作惑

意在救人難危之厄　宋板難作艱是也

故舉難得食處以言之　宋板同嘉靖本閩本食之作之食

順命以待帝志　古本宋板命上有天字

言惡以刑好也　閩本同毛本刑作形刑字誤也

藻火粉米　陸氏曰藻本又作薻米徐本作䋛音米

汝當聽審之　纂傳聽審作審聽之古本作也

侯以明之　石經侯字偏寫于右

當誦詩以納諫　古本岳本宋板纂傳當作掌按當字非也

當是正其義而颺道之　古本纂傳道作導按釋文無音作導爲是之古本作也

否則威之　威古本作畏

書其過者以識　宋板識下有哉字毛本作以識之

易辭云　宋板易下有繫字是也

彼鄭以徧祭天之諸神十二次也次亦當祭之　閩本明監本同毛本無也次二字○山井鼎曰似非宋板與崇禎本同

或當二代天子　宋板二作三

若樂云合度　岳本云作音是也閩本亦誤

若其怠忽　宋板閩本同毛本其作有

古之射侯之士　宋板士作事

熊侯已下同五十弓　閩本明監本纂傳同毛本熊作諸

明庶以功　庶古本作試按正義作庶又僖二十七年左傳引夏書曰賦納以言明試以功車服以庸疏云此古文虞書益稷之篇古文作敷納以言明庶以功敷作賦庶作試師受不同古字改易耳○按王符潛夫論引亦作試正與左氏合

以車服旌其能用之　古本之作也

無若丹朱傲　釋文云傲五報反字又作奡說文夰部奡嫚也讀若傲則奡傲古字通徐鍇曰今文尚書作傲則作奡者古文也

傲虐是作　岳本傲作敖按傲倨也五報反敖遊也五羔反傳釋傲虐云傲戲而爲虐釋文音五羔反則當作敖明矣釋文又云徐五報反則與上文傲字無別唐石經及近刻皆沿其誤薛氏古文訓兩句俱作奡亦非也惟岳本得之

得使天災消滅　閩本明監本同毛本災上有天字

禹朝羣臣於會稽　浦鏜云魯語作禹致羣神于會稽之山注羣神謂主山川之君爲羣神之主故謂之神許宗彥曰鄭答張逸云欲明守土之祀故兼用外傳內傳語蓋稱諸侯爲羣神明其守土之祀也

今書疏禮疏引鄭注均作羣臣當是淺人所改

直謂五國之長耳　宋板謂作是

班爵同　古本岳本宋板班作年與疏合○按纂傳作班與此同

言神人治　古本岳本宋板治作洽

戛擊之木名爲鐵　閩本同毛本木作本

鄭元以戛擊鳴球三者　按球衍文

丹朱亦以德讓矣　宋板纂傳矣作也

言九成致奉　案鳳誤作奉

言其始用任賢　宋板用作於

帝拜曰俞　古本無帝拜二字

天合奉正天命　宋板閩本同山井鼎曰不可解也○按天合當作人君明監本得之毛本正誤政

惟在愼微不忍細事也　案忍當作忽各本皆不誤

元良首也　毛本元良作元首案元良與釋詁合

傳憲法至其識　毛本識作職是也

令數顧省之　宋板同毛本令作今

西有長賡　孫志祖云詩作長庚

尚書注疏校勘記卷五　會昌縣知縣候補知州曾暉春栞

附釋音尚書注疏卷第六

禹貢第一

夏書　孔氏傳　孔穎達疏

禹別九州分其圻界。別彼列反九州周公職錄云黃帝受命風后受圖割地布九州鄒子云中國爲赤縣內有九州春秋說題辭云州之言殊也圻其依反**隨山濬川**。刊其木深其流濬思俊反刊苦安反**任土作貢**任其土地所有定其貢賦之差此堯時事而在夏書之首禹之王以是功。任而鴆反貢字或作贛王于況反〔疏〕禹別至作貢。正義曰禹分別九州之界隨其所至之山刊除其木深大其川使得注海水害既除地復本性任其土地所有定其貢賦之差史錄其事以爲禹貢之篇。傳分其圻界。正義曰詩傳云圻疆也分其疆界使有分限計九州之境當應舊定而云禹別者以堯遭洪水萬事改新此爲作貢生文故言禹別耳。傳刊其木深其流。正義曰經言隨山刊木序以較略爲文直云隨山不云隨山爲何事故傳明之隨山刊其木也濬川深其流也隨山本爲濬川故連言之。傳任其至是功。正義曰九州之土物產各異任其土地所有以定貢賦之差既任其所有亦因其肥瘠多少不同制爲差品鄭玄云任土謂定其肥磽之所生是言用肥瘠多少爲差也賦者自上稅下之名謂治田出穀故經定其差等謂之厥賦貢者從下獻上之稱謂以所出之穀市其土地所生異物獻其所有謂之厥貢雖以所賦之物爲貢用賦物不盡有也亦有全不用賦物直隨地所有採取以爲貢者此之所貢卽與周禮太宰九貢不殊但周禮分之爲九耳其賦與周禮九賦全異彼賦謂口率出錢不言作賦而言作貢者取下供上之義也諸序皆言作某篇此序不言作禹貢者以發首言禹句末言貢篇名足以顯矣百篇之序此類有三微子作誥父師少師不言作微子仲虺作誥不言作仲虺之誥與此篇皆爲理足而略之也又解篇在此之意此治水是堯末時事而在夏書之首禹之得王天下以是治水之功故以爲夏書之首此篇史述時事之非是應對言語當是水土既治史卽錄此篇其初必在虞書之內蓋夏史抽入夏書或仲尼始退其第事不可知也

禹貢禹制九州貢法〔疏〕禹貢。正義曰此篇史述爲文發首奠高山大川言禹治九州之水水害既除定山川次秩與諸州爲引序自導岍至嶓冢條說所治之山言其首尾相及也自導弱水至導洛條說所治之水言其發源注海也自九州攸同至成賦中邦揔言水土既平貢賦得常之事也錫土姓三句論天子於土地布行德教之事也自五百里甸服至二百里流揔言四海之內量其遠近分爲五服之事也自東漸于海以下揔結禹功成受錫之事也。傳禹制九州貢法。正義曰禹制貢法故以禹貢名篇貢賦之法其來久矣治水之後更復改新言此篇貢法是禹所制非禹始爲貢也

禹敷土隨山刊木洪水汎溢禹布治九州之土隨行山林斬木通道。敷芳無反馬云分也汎敷劒反行下孟反**奠高山大川**奠定也高山五岳大川四瀆定其差秩祀禮所視。奠田遍反瀆音獨下同〔疏〕禹敷至大川。正義曰言禹分布治此九州之土其治之也隨行所至之山除木通道決流其水水土既平乃定其高山大川謂定其次秩尊卑使知祀禮所視言禹治其山川使復常也。傳洪水至通道。正義曰詩傳云汎汎流也汎是水流之貌洪水流而汎溢浸壞民居故禹分布治之知者文十八年左傳云舉八凱使主后土則伯益之輩佐禹多矣禹必身行九州規謀設法乃使佐已之人分布治之於時平地盡爲流潦鮮有陸行之路故將欲治水隨行山林斬木通道鄭云必隨州中之山而登之除木爲道以望觀所當治者則規其形而度其功焉是言禹登山之意也孟子曰禹三過門不入其家門猶三過之則其餘所歷多矣來而復往非止一處故言分布治之。傳奠定至所視。正義曰禮定器於地通名爲奠是奠爲定也山之高者莫高於岳川之大者莫大於瀆故言高山五岳謂嵩岱衡華恒也大川四瀆謂江河淮濟也此舉高大爲言卑小亦定之矣舜典云望秩於山川故言定其差秩定其大小次敍也定其祀禮所視謂王制所云五岳視三公四瀆視諸侯其餘視伯子男往者洪水滔天山則爲水所包川則水皆汎溢祭祀禮廢今始定之以見水土平復舊制也經云荆岐既旅蔡蒙旅平九山刊旅是次秩既定故旅祭之

冀州既載堯所都也先施貢賦役載於書。冀居器反州九州名義見爾雅音載如字載載於書也馬同鄭韋昭云載事也〔疏〕冀州。正義曰九州之次以治爲先後以水性下流當從下而泄故治水皆從下爲始冀州帝都於九州近北故首從冀起而東南次兗而東南次青而南次徐而南次揚從揚而西次荆從荆而北次豫從豫而西次梁從梁而北次雍雍地最高故在後也自兗已下皆準地之形勢從下向高從東向西青徐揚三州並爲東偏雍州高於豫州豫州高於青徐雍豫之水從青徐而入海也梁

高於荆。荆高於揚。梁荆之水。從揚而入海也。兖州在冀州東南冀兖二州之水各自東北入海也冀州之水不經兖州以冀是帝都河爲大患故先從冀起而次治兖若使冀州之水東入兖州水無去處治之無益雖是帝都不得先也此經大體每州之始先言山川後言平地青州梁州先山後川徐州雍州先川後山兖揚荆豫有川無山揚豫不言平地冀州田賦之下始言恒衛既從史以大略爲文不爲例也每州之下言水路相通通向帝都之道言禹每州事了入朝以白帝也○傳堯所至至書○正義曰史傳皆云堯都平陽五子之歌曰惟彼陶唐有此冀方是冀州堯所都也諸州冀爲其先治水先從冀起爲諸州之首記其役功之法既載者言先施貢賦役載於書也謂計人多少賦功配役載於書籍然後徵而用之以治水也冀州如此則餘州亦然故於此特記之也王肅云言已賦功屬役載於書籍傳意當然鄭云載之言事事謂作徒役也禹知所當治水又知用徒之數則書於策以告帝徵役而治之惟解載字爲異其意亦同孔也

壺口治梁及岐壺口在冀州梁岐在雍州從東循山治水而西○壺音胡馬云壺口山名治如字岐其宜反雍於用反後州名同

疏傳壺口至而西○正義曰史記稱高祖入咸陽蕭何先收圖籍則秦焚詩書圖籍皆在孔君去漢初七八十年耳身爲武帝博士必當具見圖籍其山川所在必是驗實而知壺口在冀州梁岐在雍州當時疆界爲然也此於冀州之分言及雍州之山者從東循山治水而西故也鄭云於此言治梁及岐者蓋治水從下起以襄水害易也班固作漢書地理志據前漢郡縣言山川所在志云壺口在河東北屈縣東南應劭云已有南屈故稱北屈梁山在左馮翊夏陽縣西北岐山在右扶風美陽縣西北然則壺口西至梁山梁山西至岐山從東而向西言之也經於壺口之下言治者孔意蓋云欲見上下皆治也

既修太原至于岳陽高平曰太原今以爲郡名岳太岳在太原西南山南曰陽○岳字又作嶽太岳山名陽山南曰陽水北亦曰陽

疏傳高平至曰陽○正義曰太原原之大者漢書以爲郡名傳欲省文故云高平曰太原今以爲郡名即晉陽縣是也釋地云廣平曰原高平曰陸孔以太原地高故言高平其地高而廣也下文導山云壺口雷首至于太岳知此岳即太岳也屬河東郡在太原西南也地理志河東彘縣東有霍太山此彘縣周厲王所奔順帝改爲永安縣周禮職方氏冀州其山鎮曰霍山即此太岳是也山南見日故山南曰陽此說循理平地言從太原至岳山之南故云岳陽也

覃懷厎績至于衡漳覃懷近河地名漳水橫流入河從覃懷致功至橫漳○覃徒南反厎之履反衡如字橫也馬云水名漳音章近附近之近

疏傳覃懷至衡漳○正義曰地理志河內郡有懷縣在河之北蓋覃懷二字共爲一地故云近河地名衡即古橫字漳水橫流入河故云橫漳漳在懷北五百餘里從覃懷致功而北至橫漳也地理志云清漳水出上黨沾縣大黽谷東北至渤海阜城縣入河過郡五行千六百八十里此沾縣因水爲名志又云沾水出壺關志又云濁漳水出長子縣東至鄴縣入清漳鄭玄亦云橫漳漳水橫流王肅云衡漳二水名

厥土惟白壤無塊曰壤水去土復其性色白而壤○壤若丈反馬云天性和美也塊若對反

疏傳無塊至而壤○正義曰九章筭術穿地四爲壤五壤爲息土則壤是土和緩之名故云無塊曰壤此土本色爲然水去土復其性色白而壤雍州色黃而壤豫州直言壤不言其色蓋州內之土不純一色故不得言色也

厥賦惟上上錯賦謂土地所生以供天子上上第一錯雜雜出第二之賦○上如字賦第一錯倉各反馬云地有上下相錯通率第一供音恭

疏傳賦謂至之賦○正義曰以文承厥土之下序云任土作貢又賦者稅斂之名往者洪水爲災民皆墊溺九州賦稅蓋亦不行水災既除土復本性以作貢賦之差故云賦謂土地所生以供天子謂稅穀以供天子鄭玄云此州入穀不貢是也因九州差爲九等上上是第一也交錯是閒雜之義故錯爲雜也顧氏云上上之下即次上中故云雜出第二之賦也孟子稱稅什一爲正輕之於堯舜爲大貊小貊重之於堯舜爲大桀小桀則此時亦什一稅俱什一而得爲九等差者人功有強弱收穫有多少傳以荆州田第八賦第三爲人功修也雍州田第一賦第六爲人功少也是據人功多少揔計以定差此州以上上爲正而雜爲次等言出上上時多而上中時少也多者爲正少者爲雜故云第一此州言上上錯者少在正下故先言上上而後言錯揚州言下上上錯下上者以本設九等分三品爲之上中下下上本是異品故變文言下上上錯也梁州云下中三錯者梁州之賦凡有三等其出下中時多故以下中爲正上有下上下有下三等雜出故言三錯是明雜有下上下下可知也此九等所較無多諸州相準爲等級耳此計大率所得非上科定也但治水據田責其什一隨土豐瘠是上之任土而下所獻自有差降即以差等爲上之定賦也然一升一降不可常同冀州自出第二與豫州同時則無第一之賦豫州與冀州等一同時

則無第二之賦，或容如此，事不可恒。鄭玄云賦之差一井上上出九夫稅，下下出一夫稅，通率九州一井稅五夫。如鄭此言，上上出稅九倍多於下下。鄭詩箋云井稅一夫，其田百畝。若上上一井稅一夫，則下下九井乃出一夫稅，太少矣；若下下井稅一夫，則上上全入官矣。豈容輕重頓至是乎？

厥田惟中中。田之高下肥瘠，九州之中爲第五。○中，丁仲反，又如字。中，馬云：土地有高下。肥，符非反。瘠，在亦反。

〔疏〕傳田之至第五。正義曰：鄭玄云田著高下之等者，當爲水害備也。則鄭謂地形高下爲九等也。王肅云言其土地各有肥瘠，則肅定其肥瘠以爲九等也。如鄭之義，高處地瘠，出物既少，不得爲上；如肅之義，肥處地下，水害所傷，出物既少，不得爲上。故孔云高下肥瘠共相參對以爲九等。上言敷土，此言厥田，田土異者，鄭玄云地當陰陽之中，能吐生萬物者曰土；據人功作力競得而田之，則謂之田。田土異名，義當然也。

恒衛既從，大陸既作。二水已治，從其故道。大陸之地已可耕作。○從，才容反。

〔疏〕傳二水至耕作。正義曰：二水汎溢漫流，已治從其故道，故今已可耕作也。青州濰淄其道，與此恒衛既從同，是從故道也。荊州雲土夢作乂，與此大陸既作同，是水治可耕作也。其文不同，史異辭耳，無義例也。壺口與雍州之山連文，故傳言壺口在冀州；此無所嫌，故不言在冀州。以下皆如此也。地理志云恒水出常山上曲陽縣，東入滱水；衛水出常山靈壽縣，東北入滹沲；大陸在鉅鹿縣北。釋地十藪云晉有大陸。孫炎等皆云今鉅鹿縣北廣河澤也。郭璞云廣河猶大陸，以地名言之，近爲是也。春秋魏獻子畋于大陸，焚焉，還，卒于甯。杜氏春秋說云嫌鉅鹿絕遠，以爲汲郡修武縣吳澤也。甯即修武也。然此二澤相去甚遠，所以得爲大陸者，以爾雅廣平曰陸，但廣而平者則名大陸，故異所而同名焉。然此一澤地形卑下，得以廣平爲陸者，澤雖卑下，旁帶廣平之地，故統名爲故大陸澤，名廣河，以旁近大陸故也。

島夷皮服。海曲謂之島，居島之夷還服其皮，明水害除。○島，當老反。馬云：島夷，北夷國。

〔疏〕傳海曲至害除。正義曰：孔讀鳥爲島。島是海中之山。九章筭術所云海島邈絕不可踐量是也。傳云海曲謂之島，謂其海曲有山，夷居其上。此居島之夷，常衣鳥獸之皮，爲遭洪水，衣食不足，今還得衣其皮服，以明水害除也。鄭玄云鳥夷，東方之民搏食鳥獸者也。王肅云鳥夷，東北夷國名也。與孔不同。

夾右碣石入于河。碣石，海畔山。禹夾行此山之右而入河，逆上此州。帝都不說境界，以餘州所至則可知。先賦後田，亦殊於餘州。不言貢篚，亦差於餘州。

○夾，音協，詰同，帶也。碣，其列反，韋昭其逝反。上，時掌反。篚，方尾反。

〔疏〕傳碣石至餘州。正義曰：地理志碣石山在北平驪城縣西南，是碣石爲海畔山也。鄭云戰國策碣石在九門縣，今屬常山郡，蓋別有碣石，與此名同。今驗九門無此山也。下文導河入于海，傳云入于渤海。渤海之郡，當以此海爲名。計渤海北距碣石五百餘里，河入海處遠在碣石之南，禹行碣石，不得入于河也。蓋遠行通水之處，北盡冀州之境，然後南迴入河而逆上也。夾右者，孔云夾行此山之右，則行碣石山西南行入河，在碣石之右，故云夾右也。顧氏亦云山西曰右。鄭玄云禹由碣石山西北行，盡冀州之境，還從山東南行入河。鄭以北行則東爲右，南行西爲右，故夾山兩旁，山常居右，與孔異也。梁州傳云浮東渡河而還帝都白所治也，則入河逆上爲還都白所治也。禹之治水，必每州巡行，度其形勢，計其人功，施設規模，指授方略，令人分布並作，還都白帝所治。於時帝都近河，故於每州之下皆言浮水達河，記禹還都之道也。冀兗徐荊豫梁雍州各自言河，惟青揚二州不言河耳。兗州云浮于濟漯，達于河，故青州直云達于濟。徐州云浮于淮泗，達于河，故揚州云達于淮泗，皆記禹入河之道也。王肅云凡每州之下說諸治水者，禹功主於治水，故詳記其所治之州往還所乘涉之水名。肅雖不言還都白帝，亦謂爲治水故浮水也。鄭玄以爲治水既畢，更復行之，觀地肥瘠，定貢賦上下，其意與孔異也。八州皆言境界，而此獨無，故解之。此州帝都，不說境界，以餘州所至則可知也。兗州云濟河，自東河以東也。豫州云荊河，自南河以南也。雍州云西河，自西河以西也。明東河之西，西河之東，南河之北，是冀州之境也。馬鄭皆云冀州不書其界者，時帝都之，使若廣大然。文既局以州名，復何以見其廣大？是妄說也。又解餘州先田後賦，此州先賦後田，亦如境界殊於餘州也。言殊者，當爲田賦以收獲爲差，田以肥瘠爲等。若田在賦上，則賦宜從田，田美則宜賦重，無以見人功修否，故令賦先於田也，以見賦由人功。此州既見此理，餘州從而可知，皆令賦在田下，欲見賦從田出，爲此故殊於餘州也。鄭玄云此州入穀不貢。下云五百里甸服，傳云爲天子服治田，是田入穀，故不獻貢篚，差異於餘州也。甸服止方千里，冀之北土境界甚遥遠，都之國必有貢篚，舉大畧而言也。

濟河惟兗州。東南據濟，西北距河。○濟，子禮反，下同。兗，悅轉反。

〔疏〕兗州。傳東南至距河。正義曰：此下八州發首言山川者，皆謂境界所及也。據，謂跨之；距，至也。濟河之間相去路近，兗州之境跨濟而過，東南越濟水，西北至東河也。李巡注爾雅解州名云兩河間其氣清，性相近，故曰冀。冀，近也。濟河間其氣專○體性信謙故云兖兖信也淮海間其氣寬舒稟性安徐故曰徐徐舒也江南其氣燥勁厥性輕揚故曰揚揚輕也荆州其氣燥剛稟性彊梁故曰荆荆彊也河南其性安舒厥性寬豫故曰豫豫舒也河西其氣蔽壅受性急凶故云雍雍壅也爾雅九州無梁清故李巡不釋所言未必得其本也

九河既道河水分爲九道在此州界平原以北是○九河徒駭一太史二馬頰三覆釜四胡蘇五簡六絜七鉤盤八鬲津九出爾雅【疏】傳河水至北是○正義曰河自大陸之北敷爲九河謂大陸在冀州嫌九河亦在冀州故云在此州界也河從大陸東畔北行而東北入海冀州之東境至河之西畔水分大河東爲九道故知在兖州界平原以北是也釋水載九河之名云徒駭太史馬頰覆釜胡蘇簡絜鉤盤鬲津李巡曰徒駭禹疏九河以徒衆起故云徒駭太史禹大使徒衆通其水道故曰太史馬頰河勢上廣下狹狀如馬頰也覆釜水中多渚往往而處形如覆釜胡蘇其水下流故曰胡蘇胡下也蘇流也簡大也河水深而大也絜言河水多山石治之苦絜絜苦也鉤盤言河水曲如鉤屈折如盤也鬲津河水狹小可鬲以爲津也孫炎曰徒駭禹疏九河用功雖廣衆懼不成故曰徒駭胡蘇水流多散胡蘇然其餘同李巡郭璞云徒駭今在成平東光縣今有胡蘇亭覆釜

之名同李巡餘名皆云其義未詳計禹陳九河云復其故道則名應先有不冝徒駭太史因禹立名此郭氏所以未詳也或九河雖舊有名至禹治水更別立名即爾雅所云是也漢書溝洫志成帝時河隄都尉許商上書曰古記九河之名有徒駭胡蘇鬲津今見在成平東光鬲縣界中自鬲津以北至徒駭其間相去二百餘里是知九河所在徒駭最北鬲津最南蓋徒駭是河之本道東出分爲八枝也許商上言三河下言三縣則徒駭在成平胡蘇在東光鬲津在鬲縣其餘不復知也爾雅九河之次從北而南既知三河之處則其餘六者太史馬頰覆釜在東光之北成平之南簡絜鉤盤在東光之南鬲縣之北也其河填塞時有故道鄭玄云周時齊桓公塞之同爲一河今河間弓高以東至平原鬲津往往有其遺處春秋緯寶乾圖云移河爲界在齊呂填閼八流以自廣鄭玄蓋據此文爲齊桓公塞之也言閼八流拓境則塞其東流八枝并使歸於徒駭也

雷夏既澤灉沮會同雷夏澤名灉沮二水會同此澤○灉徐音邕王於用反沮七餘反【疏】傳雷夏至此澤○正義曰洪水之時高原亦水澤不爲澤雷夏既澤高地水盡此復爲澤也於澤之下言灉沮會同謂二水會合而同入此澤也地理志云雷澤在濟陰城陽縣西北

桑土既蠶是降丘宅土地高曰丘大水去民下丘居平土就桑蠶○蠶在南反【疏】桑土至宅土○正義曰宜桑之土既得桑養蠶矣洪水之時民居丘土於是得下丘陵居平土矣○傳地高至桑蠶○正義曰釋丘云非人爲之丘孫炎曰地性自然也是地高曰丘也降丘宅土與既蠶連文知下丘居平土就桑蠶也計下丘居土諸處皆然獨於此州言之者鄭玄云此州寡於山而夾川兩大流之閒遭洪水其民尤困水害既除於是下丘居土以其免於厄尤喜故記之

厥土黑墳色黑而墳起○墳扶粉反後同韋昭音勃憤反起也馬云有膏肥也

厥草惟繇厥木惟條繇茂條長也○繇音遥馬云抽也【疏】傳繇茂條長也○正義曰繇是茂之貌條是長之體言草茂而木長也九州惟此州與徐揚三州言草木者三州偏宜之也宜草木則地美矣而田非上者爲土下濕故也

厥田惟中下田第六

厥賦貞貞正也州第九賦正與九相當【疏】傳貞正至相當○正義曰周易彖象皆以貞爲正也諸州賦無下下貞即下下爲第九也此州治水最在後畢州爲第九成功其賦亦爲第九列賦於九州之差與第九州相當故變文爲貞見此意也

作十有

三載乃同治水十三年乃有賦法與他州同○載馬鄭本作年【疏】傳治水至州同○正義曰作者役功作務謂治水也治水十三年乃有賦法始得貢賦與他州同也他州十二年此州十三年比於他州最在後也堯典言鯀治水九載績用不成然後堯命得舜舜乃舉禹治水三載功成堯即禪舜此言十三載者并鯀九載數之祭法云禹能脩鯀之功明鯀已加功而禹因之也此言十三載者記其治水之年言其水害除耳非言十三年內皆是禹之治水施功也馬融曰禹治水三年八州平故堯以爲功而禪舜是十三年而八州平十三年而兖州平兖州平在舜受終之年也

厥貢漆絲厥篚織文地宜漆林又宜桑蠶織文錦綺之屬盛之筐篚而貢焉○漆音七盛音成【疏】傳地宜至貢焉○正義曰任土作貢此州貢漆知地宜漆林也周禮載師云漆林之征故以漆林言之綺是織繒之有文者是綾錦之別名故云錦綺之屬皆是織而有文者也篚是入貢之時盛在於篚故云盛之篚篚而貢焉鄭玄云貢者百功之府受而藏之其實於篚者入於女功故以貢篚別之歷檢篚之所盛皆供衣服之用入於女功如鄭言矣槃絲中琴瑟之絃亦是女功所爲也織貝鄭玄以爲織如貝文傳謂織爲細紵貝爲水物則貝非服飾所

須蓋恐其損缺故以篚篚盛之也諸州無厥篚者其諸州無入篚之物故不貢也漢世陳留襄邑縣置服官使制作衣服是兖州綾錦美也

浮于濟漯達于河順流曰浮濟漯兩水名因水入水曰達○漯天苔反篇韻作他合反〔疏〕傳順流至曰達○正義曰地理志云漯水出東郡東武陽縣至樂安千乘縣入海過郡三行千二十里其濟則下文具矣是濟漯爲二水名也言因水入水曰達當謂從水入水不須舍舟而陸行也揚州云沿于江海達于淮泗傳云沿江入海自海入淮自淮入泗是言水路相通得乘舟經達也案青州云浮于汶達于濟經言濟會于汶浮汶則達濟也此云浮于濟漯達于河從漯入濟自濟入河徐州云浮于淮泗達于河蓋以徐州北接青州既浮淮泗當浮汶入濟以達于河也

海岱惟青州東北據海西南距岱○岱音代泰山也〔疏〕青州○傳東北至距岱○正義曰海非可越而言據者東萊東境之縣浮海入海曲之間青州之境非至海畔而已故言據也漢末有公孫度者竊據遼東自號青州刺史越海收東萊諸郡堯時青州當越海而有遼東也舜爲十二州分青州爲營州營州即遼東也

嵎夷既略濰淄其道嵎夷地名用功少曰略濰淄二水復其故道○嵎音隅濰音惟本亦作惟又作維淄側其反〔疏〕傳嵎夷至故道○正義曰嵎夷地名即堯典宅嵎夷是也嵎夷萊夷和夷爲地名淮夷爲水名島夷爲狄名皆觀文爲說也略是簡易之義故用功少爲略也地理志云濰水出琅邪箕屋山北至都昌縣入海過郡三行五百二十里淄水出泰山萊蕪縣原山東北至千乘博昌縣入海

厥土白墳海濱廣斥濱涯也言復其斥鹵○濱必人反斥徐音尺說文云東方謂之斥西方謂之鹵鄭云斥謂地鹹鹵涯魚佳反〔疏〕傳濱涯至斥鹵○正義曰濱涯常訓也說文云鹵鹹地也東方謂之斥西方謂之鹵海畔迥闊地皆斥鹵故云廣斥言水害除復舊性也

厥田惟上下厥賦中上田第三賦第四

厥貢鹽絺海物惟錯絺細葛錯雜非一種○鹽餘占反絺勑其反種章勇反

岱畎絲枲鈆松怪石畎谷也怪異好石似玉者岱山之谷出此五物皆貢之○畎工犬反徐本作畎谷枲思似反鈆寅專反字從谷谷音以選反怪如字怪石礦砆之屬〔疏〕傳畎谷至貢之○正義曰釋水云水注川曰谿注谿曰谷谷是兩山之間流水之道畎言畎去水故言谷也怪石奇怪之石故云好石似玉也枲麻也鈆錫也岱山之谷有此五物美於他方所有故貢之也

萊夷作牧萊夷地名可以放牧○萊音來牧牧養之牧徐音目一音茂註同

厥篚檿絲檿桑蠶絲中琴瑟弦○檿烏簟反山桑也〔疏〕傳檿桑至瑟弦○正義曰釋木云檿桑山桑郭璞曰柘屬也檿絲是蠶食檿桑所得絲韌中琴瑟弦也

浮于汶達于濟〔疏〕浮于汶○正義曰地理志云汶水出泰山萊蕪縣原山西南入濟也

海岱及淮惟徐州東至海北至岱南及淮○汶音問

淮沂其乂蒙羽其藝二水已治二山已可種藝○沂魚依反水名藝魚世反〔疏〕徐州○傳二水至種藝○正義曰乂訓治也故云二水已治地理志云沂水出泰山蓋縣臨樂子山南至下邳入泗過郡五行六百里淮出桐柏山發源遠矣於此州言之者淮水至此而大爲害尤甚喜得其治故於此記之地理志云蒙山在泰山蒙陰縣西南羽山在東海祝其縣南詩云藝之荏菽故藝爲種也

大野既豬東原底平大野澤名水所停曰豬東原致功而平言可耕○豬張魚反馬云水所停止深者曰豬劉東胡反〔疏〕傳大野至可耕○正義曰地理志云大野澤在山陽鉅野縣北鉅即大也檀弓云洿其宮而豬焉又澤名孟豬停水處也故云水所停曰豬往前漫溢今得豬水爲澤也東原即今之東平郡也致功而地平言其可耕也

厥土赤埴墳草木漸包土黏曰埴漸進長包叢生○埴市力反鄭作戠徐鄭王皆讀曰戠韋昭音試漸如字本又作蔪字林才冉反草之相包裹也包必茅反字或作苞非叢生也馬云相包裹也黏女占反長丁丈反叢才公反〔疏〕傳土黏至叢生○正義曰戠埴音義同考工記用土爲瓦謂之搏埴之工是埴謂黏土故土黏曰埴易漸卦彖云漸進也釋言云苞稹也孫炎曰物叢生曰苞齊人名曰稹郭璞曰今人呼叢緻者爲稹漸苞謂長進叢生言其美也

厥田惟上中厥賦中中田第二賦第五

厥貢惟土五色王者封五色土爲社建諸侯則各割其方色土與之使立社燾以黃土苴以白茅茅取其潔黃取王者覆四方○燾徒報反覆也苴子餘反包裹也〔疏〕傳王者至四方○正義曰傳解貢土之意王者封五色土以爲社若封建諸侯則各割其方色土與之使歸國立社其土燾以黃土燾覆也四方各依其方色皆以黃土覆之其割土與之時苴以白茅用白

茅裹土與之，必用白茅者，取其潔清也。易稱「藉用白茅」，茅色白而絜美。韓詩外傳云：天子社廣五丈，東方青，南方赤，西方白，北方黑，上冒以黄土。將封諸侯，各取其方色土，苴以白茅，以爲社。明有土謹敬絜清也。蔡邕獨斷云：天子大社以五色土爲壇，皇子封爲王者，授之大社之土，以所封之方色，苴以白茅，使之歸國以立社，謂之茅社。是必古書有此説，故先儒之言皆同也。

羽畎夏翟，嶧陽孤桐。夏翟，翟雉名。羽中旌旄。羽山之谷有之。孤，特也。嶧山之陽特生桐，中琴瑟。○夏，行雅反。翟，徒歷反。嶧音亦，一音夂。〔疏〕傳「夏翟」至「琴瑟」。○正義曰：釋鳥云：「翟，山雉。」此言夏翟，則夏翟共爲雉名。周禮立夏采之官，取此名也。周禮司常云：「全羽爲旞，析羽爲旌。」用此羽爲之，故云「羽中旌旄」也。地理志云：東海下邳縣西有葛嶧山，即此山也。

泗濱浮磬，淮夷蠙珠暨魚。泗水涯水中見石，可以爲磬。蠙珠，珠名。淮夷二水出蠙珠及美魚。○泗音四，水名。淮夷，鄭云：淮水之夷民也。馬云：淮夷二水名。孔傳云淮夷之水，本亦有作淮夷二水也。蠙，音蒲邊反，徐扶堅反，字又作蚍。韋昭薄迷反，蚌也。暨，其器反。見，賢遍反。〔疏〕傳「泗水」至「美魚」。○正義曰：泗水旁山而過，石爲泗水之涯，石在水旁，水中見石，似若水中浮然，此石可以爲磬，故謂之浮磬也。貢石而言磬者，此石宜爲磬，猶如砥礪然也。蠙是蚌之別名，此蚌出珠，遂以蠙爲珠名。蠙之與魚，皆是水物，而以淮夷冠之，知淮夷是二水之名。淮即四瀆之淮也。夷蓋小水，後來竭涸，不復有其處耳。王肅亦以淮夷爲水名，鄭玄以爲淮水之上夷民獻此珠與魚也。地理志泗水出濟陰乘氏縣，東南至臨淮睢陵縣入淮，行千一百一十里也。

厥篚玄纖縞。玄，黑繒。縞，白繒。纖，細也。纖在中，明二物皆當細。○纖，息廉反。縞，古老反，徐古到反。繒，似陵反。〔疏〕傳「玄黑」至「當細」。○正義曰：篚之所盛，例是衣服之用，此單言玄，玄必有質，玄是黑色之別名，故知玄是黑繒也。史記稱高祖爲義帝發喪，諸侯皆縞素，是縞爲白繒也。

浮于淮泗，達于河。○河，如字。説文作菏，工可反。云水出山陽湖陵南。

淮海惟揚州。北據淮，南距海。

彭蠡既豬，陽鳥攸居。彭蠡，澤名。隨陽之鳥，鴻鴈之屬，冬月所居於此澤。○蠡音禮。張勃吳録云：今名洞庭湖，案今在九江郡界。〔疏〕揚州。○傳「彭蠡」至「此澤」。○正義曰：彭蠡是江漢合處，下云「導漾水，南入于江，東匯爲彭蠡」是也。日之行也，夏至漸南，冬至漸北，鴻鴈之屬九月而南，正月而北。左思蜀都賦所云「木落南翔，冰泮北徂」是也。日陽也，此鳥南北與日進退，隨陽之鳥，故稱陽鳥。冬月所居於此彭蠡之澤也。

三江既入，震澤底定。震澤，吳南大湖名。言三江已入，致定爲震澤。○三江，韋昭云：謂吳松江、錢唐江也。吳地記云：松江東北行七十里得三江口，東北入海爲婁江，東南入海爲東江，并松江爲三江。○震澤，吳都太湖。底，之履反，致也。史記音致。大湖音太湖。〔疏〕傳「震澤」至「震澤」。○正義曰：地理志云：會稽吳縣，故周泰伯所封國也。具區在西，古文以爲震澤。是吳南大湖名，蓋縣治居澤之東北，故孔傳言南，志言西。大澤畜水，南方名之曰湖，三江既入此湖也。治水致功，今江入此澤，故致定爲震澤也。下傳云：自彭蠡江分爲三，入震澤，遂爲北江而入海，是孔意江從彭蠡而分爲三，又共入震澤，從震澤復分爲三，乃入海。鄭云：三江分於彭蠡，爲三孔，東入海，其意言三江既入，入海耳，不入震澤也。又案周禮職方揚州藪曰具區，浸曰五湖。五湖即震澤，若如志云，具區即震澤，則浸藪爲一，案餘州浸藪皆異，而揚州同者，蓋揚州浸藪同處，論其水謂之浸，指其澤謂之藪。

篠簜既敷。篠，竹箭。簜，大竹。水去已布生。○篠，西了反。簜，徒黨反，或作蕩，他莽反。〔疏〕傳篠竹箭簜大竹。○正義曰：釋草云：「篠，竹箭。」郭璞云：別二名也。又云：「簜，竹。」李巡曰：竹節相去一丈曰簜。孫炎曰：竹闊節者曰簜。郭璞云：竹別名。是篠爲小竹，簜爲大竹。

厥草惟夭，厥木惟喬。少長曰夭。喬，高也。○夭，於嬌反。馬云：長也。喬，其嬌反，徐音驕。少，詩照反。長，丁丈反。〔疏〕傳「少長曰夭喬高也」。○正義曰：夭是少長之貌。詩曰：「桃之夭夭。」是也。喬，高，釋詁文。詩曰：「南有喬木。」是也。

厥土惟塗泥。地泉濕。

厥田惟下下，厥賦下上，錯。田第九，賦第七，雜出第六。

厥貢惟金三品，金銀銅也。〔疏〕傳「金銀銅也」。○正義曰：金既總名，而云三品，黄金以下惟有白銀與銅耳，故爲金銀銅也。釋器云：黄金謂之璗，其美者謂之鏐。白金謂之銀，其美者謂之鐐。郭璞曰：此皆道金銀之別名及其美者也。鏐即紫磨金也。鄭玄以爲金三品者，銅三色也。

瑤琨篠簜，瑤琨，皆美玉。○瑤音遙。琨音昆。美石也。馬本作瑻，韋昭音貫。〔疏〕傳「瑤琨皆美玉」。○正義曰：美石似玉者也。玉石其質相類，美惡別名也。王肅云：瑤琨，美石。石次玉者也。

齒革羽毛惟木。齒革牙，革犀皮，羽鳥羽，毛旄牛尾。木，楩、梓、豫章。○犀，細兮反。旄音毛。楩音鞭，又婢善反。〔疏〕傳「齒象」至「豫章」。○正義曰：詩云「元龜象齒」，知齒是象牙也。説文云：「齒，口斷骨也。」

牙牡齒也隱五年左傳云齒牙骨角牙齒小別統而名之齒亦牙也考工記犀甲七屬兕甲六屬宣二年左傳云犀兕尚多棄甲則那是甲之所用犀革爲上革之所美莫過於犀知革是犀皮也說文云獸皮治去其毛爲革革與皮去毛爲異耳說文云羽鳥長毛也知羽是鳥羽南方之鳥孔雀翡翠之屬其羽可以爲飾故貢之也說文云犛西南夷長旄牛也此犛牛之尾可爲旌旗之飾經傳通謂之旄牧誓云右秉白旄詩云建旐設旄皆謂此牛之尾故知毛是旄牛尾也直云惟木不言木者故言楩梓豫章此三者是揚州美木故傳舉以言之所貢之木不止於此

島夷卉服南海島夷草服葛越。卉徐許貴反〔疏〕傳南海至葛越。正義曰上傳海曲謂之島知此島夷是南海島上之夷也釋草云卉草舍人曰凡百草一名卉知卉服是草服葛越也葛越南方布名用葛爲之左思吳都賦云蕉葛升越弱於羅紈是也冀州云島夷皮服是夷自服皮此非所貢也此言島夷卉服亦非所貢也此與萊夷作牧並在貢篚之間古史立文不次也鄭玄云此州下濕故衣草服貢其服者以給天子之官與孔異也

厥篚織貝織細紵貝水物〔疏〕傳織細至水物。正義曰傳以貝非織物而云織貝則貝織異物織是織而爲之揚州紵之所出此物又以篚盛之爲衣服之用知是細紵謂細紵布也釋魚之篇貝有居陸居水此州下濕故云水物釋魚有玄貝貽貝餘貾黄白文餘泉白黄文當貢此有文之貝以爲器物之飾也鄭玄云貝錦名詩云萋兮斐兮成是貝錦凡爲織者先染其絲乃織之則文成矣禮記曰土不衣織與孔異也

厥包橘柚錫貢小曰橘大曰柚其所包裹而致者錫命乃貢言不常。橘均必反柚由究反裹音果〔疏〕傳小曰至不常。正義曰橘柚二果其種本別以實相比則柚大橘小故云小曰橘大曰柚猶詩傳云大曰鴻小曰鴈亦別種也此物必須裹送故云其所包裹而送之以須之有時故待錫命乃貢言不常也文在篚下以不常故耳荆州納錫大龜豫州錫貢磬錯皆爲非常並在篚下荆州言包傳云橘柚也文在篚上者荆州橘柚爲善以其常貢此州則不常也王肅云橘與柚錫其命而後貢之不常入當繼荆州乏無也鄭云有錫則貢之此州有錫而貢之或時無則不貢錫所以柔金也周禮考工記云攻金之工掌執金錫之齊故也

沿于江海達于淮泗順流而下曰沿沿江入海自海入淮自淮入泗。沿悅專反鄭本作松松當爲沿馬本作均云均平〔疏〕傳順流至入泗。正義曰文十年左傳云沿漢泝江泝是逆沿是順故順流而下曰沿沿江入海順也自海入淮自淮入泗逆也

荆及衡陽惟荆州北據荆山南及衡山之陽〔疏〕荆州。傳北據至之陽。正義曰此州北界至荆山之北故言據也南及衡山之陽其境過衡山也以衡是大山其南無復有名山大川可以爲記故言陽見其南至山南也

江漢朝宗于海二水經此州而入海有似於朝百川以海爲宗宗尊也。朝直遙反〔疏〕傳二水至宗尊也。正義曰周禮大宗伯諸侯見天子之禮春見曰朝夏見曰宗鄭云朝猶朝也欲其來之早也宗尊也欲其尊王也朝宗是人事之名水無性識非有此義以海水大而江漢小以小就大似諸侯歸於天子假人事而言之也詩云沔彼流水朝宗於海毛傳云水猶有所朝宗朝宗是假人事而言水也老子云江海所以能爲百谷王者以其下之是百川以海爲宗鄭云江水漢水其流遄疾又合爲一共赴海也猶諸侯之同心尊天子而朝事之荆楚之域國有道則後服國無道則先彊故記其水之義以著人臣之禮

九江孔殷江於此州界分爲九道甚得地勢之中。九江潯陽地記云一曰烏白江二曰蚌江三曰烏江四曰嘉靡江五曰畎江六曰源江七曰廩江八曰提江九曰箘江張須元緣江圖云一曰三里江二曰五州江三曰嘉靡江四曰烏土江五曰白蚌江六曰白烏江七曰箘江八曰沙提江九曰廩江參差隨水長短或百里或五十里始於鄂陵終於江口會于桑落洲太康地記曰九江劉歆以爲湖漢九水入彭蠡澤也〔疏〕傳江於至之中。正義曰傳以江是此水大名九江謂大江分而爲九猶大河分爲九河故言江於此州之界分爲九道訓孔爲甚殷爲中言甚得地勢之中也鄭云殷猶多也九江從山谿所出其孔衆多言治之難也地理志九江在今廬江潯陽縣南皆東合爲大江如鄭此意九江各自別源其源非大江也下流合於大江耳然則江以南水無大小俗人皆呼爲江或從江分出或從外合來故孔鄭各爲別解應劭注地理志云江自潯陽分爲九道符於孔說潯陽記有九江之名一曰烏江二曰蚌江三曰烏白江四曰嘉靡江五曰畎江六曰源江七曰廩江八曰提江九曰箘江雖名起近代義或當然

沱潛既道沱江別名潛水名皆復其故道。沱徒河反潛捷廉反馬云沱湖也其中泉出而不流者謂之潛〔疏〕傳沱江至故道。正義曰下文岷山導江東別爲沱是沱爲江之別名也經無潛之本源直云水名釋水云水自江出爲沱漢爲潛鄭注此既引爾雅乃云今南郡枝江縣有沱水其尾入江耳首不於江出也華容有

夏水首出江尾入沔蓋此所謂沱也潛則未聞象類此解荊州之沱潛發源此州若如鄭言此水南流不入荊州界非此潛也此下梁州注云二水亦謂自江漢出者地理志在今蜀郡郫縣江沱及漢中安陽皆有沱水潛水其尾入江漢耳首不於此出江源有郫江首出江南至犍爲武陽又入江豈沱之類與潛蓋漢西出嶓冢東南至巴郡江州入江行二千七百六十里此解梁州之沱潛也郭璞爾雅音義云沱水自蜀郡都水縣揃山與江別而更流璞又云有水從漢中沔陽縣南流至梓潼漢壽入大穴中通峒山下西南潛出一名沔水舊俗云即禹貢潛也郭璞此言亦解梁州沱潛與鄭又異然地理志及鄭皆以荊梁二州各有沱潛又郭氏所解沱潛惟據梁州不言荊州之沱潛而孔梁州注云沱潛發源此州入荊州以二州沱潛爲一者然彼州山水古今不可移易孔爲武帝博士地理志無容不知蓋以水從江漢出者皆曰沱潛但地勢西高東下雖於梁州合流還從荊州分出猶如濟水入河還從河出故孔舉大略爲發源梁州耳

雲土。夢作乂。

雲夢之澤在江南其中有平土丘水去可爲耕作畎畝之治。雲徐本作云夢亡弄反一音武仲反徐莫公反治直吏反

疏 傳雲夢至之治。正義曰昭三年左傳楚子與鄭伯田于江南之夢是雲夢之澤在江南也地理志南郡華容縣南有雲夢澤杜預云南郡枝江縣西有雲夢城江夏安陸縣亦有雲夢或曰南郡華容縣東南有巴丘湖江南之夢雲夢一澤而每處有名者司馬相如子虛賦云雲夢者方八九百里則此澤跨江南北每處名存焉定四年左傳稱楚昭王寢于雲中則此澤亦得單稱雲單稱夢經之土字在二字之間蓋史文兼上下也此澤既大其內有平土有高丘水可爲耕作畎畝之治

厥土惟塗泥，厥田惟下中，厥賦上下。

田第八賦第三人功修

厥貢羽毛齒革惟金三品，

土所出與揚州同

疏 傳土所至州同。正義曰與揚州同而揚州先齒革此州先羽毛者蓋以善者爲先由此而言之諸州貢物多種其次第皆以當州貴者爲先也

杶榦栝柏，

榦柘也柏葉松身曰栝。杶勑倫反徐勑荀反木名又作櫄榦本又作幹故旦反栝古活反馬云白栝也柘章夜反

疏 傳榦柘至曰栝。正義曰榦爲弓榦考工記云弓人取榦之道也以柘爲上知此榦是柘也釋木云栝柏葉松身陸機毛詩義疏云杶㯬㮦漆相似如一則杶似㯬㮦漆也杶栝柏皆木名也以其所施多矣柘木惟用爲弓榦弓榦莫若柘木故舉其用也

礪砥砮丹，

砥細於礪皆磨石也砮石中矢鏃丹朱類。礪力世反砥音脂徐之履反韋昭音旨砮音奴韋昭乃固反磨末佐反鏃子木反一音七木反

疏 傳砥細至朱類。正義曰砥以細密爲名礪以麤糲爲稱故砥細於礪皆磨石也鄭云礪磨刀刃石也精者曰砥魯語曰肅愼氏貢楛矢石砮賈逵云砮矢鏃之石也故曰砮石中矢鏃丹者丹砂故云朱類王肅云丹可以爲采

惟箘簵楛，三邦厎貢厥名。

箘簵美竹楛中矢榦三物皆出雲夢之澤近澤三國常致貢之其名天下稱善。箘求隕反韋昭一名聆風簵音路楛音戶馬云木名可以爲箭毛詩草木疏云葉如荊而赤莖似蓍近附近之近

疏 傳箘簵至稱善。正義曰箘簵美竹當時之名猶然鄭云箘簵風也竹有二名或大小異也箘簵是兩種竹也肅愼氏貢楛矢知楛中矢榦三物皆出雲夢之澤當時驗之猶然經言三邦厎貢知近澤三國致此貢也文續厥名則其物特有美名故云其名天下稱善鄭玄以厥名下屬包匭菁茅

包橘柚，

疏 傳橘柚。正義曰包下言匭菁茅說文云匚受物之器象形也凡匚之屬皆從匚匱匣之字皆從匚匭亦從匚故匭是匣也菁茅既以匭盛非所包之物明包必有裹也此州所出與揚州同揚州厥包橘柚知此包是橘柚也王肅云揚州厥包橘柚從省而可知也

匭菁茅，

匭匣也菁以爲菹茅以縮酒。匭音軌菁子丁反徐音精馬同鄭云茅有毛刺曰菁茅匣胡甲反又音甲菹切韻側魚反縮所六反

疏 傳匭匣也菁以爲菹茅以縮酒。正義曰匭是匱之別名匱之小者菁茅所盛不須大匱故用匣也周禮醢人有菁菹鹿臡故知菁以爲菹鄭云菁蔓菁也蔓菁處處皆有而令此州貢者蓋以其味善也僖四年左傳齊桓公責楚云爾貢包茅不入王祭不供無以縮酒是茅以縮酒也郊特牲云縮酒用茅明酌也鄭注云以茅縮酒也周禮甸師云祭祀供蕭茅鄭興云蕭字或爲莤莤讀爲縮束茅立之祭前沃酒其上酒滲下若神飲之故謂之縮杜預解左傳用鄭興之說未知誰同孔旨特令此州貢茅茅當異於諸處杜預云茅之爲異未審也或云茅有三脊案史記齊桓公欲封禪管仲覩其不可窮以辭因設以無然之事云古之封禪江淮之間三脊茅以爲藉此乃懼桓公耳非荊州所有也鄭玄以菁茅爲一物匭猶纏結也菁茅之有毛刺者重之故既包裹而又纏結也

厥篚玄纁璣組，

此州染玄纁色善故貢之璣珠類生於水組綬類。纁許云反璣其依反又音機馬同說文云珠不圓也字書云小珠也玉篇渠依居沂二反組音祖馬云組文也

〔疏〕傳「此州至紱類」。○正義曰：釋器云「三染謂之纁」，李巡云「三染其色已成爲絳」。纁、絳一名也。考工記云「三入爲纁，五入爲緅，七入爲緇」。鄭云：纁者三入而成，又再染以黑則爲緅，又再染以黑則爲緇。玄色在緅緇之間，其六入者是染玄纁之法也。此州染玄纁色善，故令貢之。說文云：璣，珠不圓者，故爲珠類。玉藻說佩玉所懸者皆云組綬，是組綬相類之物也。

九江納錫大龜 尺二寸曰大龜，出於九江水中。龜不常用，錫命而納之。○馬云：納，入也。

〔疏〕傳「尺二至納之」。○正義曰：史記龜策傳云「龜千歲滿尺二寸」。漢書食貨志云「元龜距冉長尺二寸」，故以尺二寸爲大龜。冠以九江，知出九江水中也。文在篚下，而言納錫，是言龜不常用，故錫命乃納之。言此大龜錫命乃貢之也。

浮于江、沱、潛、漢，逾于洛，至于南河 逾，越也。河在冀州南，東流，故越洛而至南河。○江、沱、潛、漢，四水名。本或作潛于漢，非。逾，羊朱反。

〔疏〕「浮于江沱潛漢」。○正義曰：浮此四水乃得至洛。本或潛下有于，誤耳。

荆河惟豫州 西南至荆山，北距河水。

伊、洛、瀍、澗既入于河 伊出陸渾山，洛出上洛山，澗出沔池山，瀍出河南北山，四水合流而入河。○瀍，直然反。澗，故晏反。渾，音魂，又胡困、胡昆二反。沔，亡淺反，又亡忍反。下同。陸渾、沔池二縣屬河南郡。

〔疏〕豫州。○傳「伊出至入河」。○正義曰：地理志云：伊水出弘農盧氏縣東熊耳山，東北入洛。洛水出弘農上洛縣冢領山，東北至鞏縣入河。瀍水出河南穀城縣潛亭北，東南入洛。澗水出弘農新安縣，東南入洛。志與傳異者，熊耳山在陸渾縣西，冢領山在上洛縣境之內，沔池在新安縣西，穀城潛亭北，此即是河南境內之北山也。志詳而傳略，所據小異耳。伊、瀍、澗三水入洛，合流而入河，言其不復爲害也。

滎波既豬 滎澤波水已成遏豬。○滎，戶扃反，滎澤也。波，如字，馬本又播。滎播，澤名。遏，烏葛反。

〔疏〕傳「滎澤至遏豬」。○正義曰：沇水入河而溢爲滎，滎是澤名。洪水之時，此澤水大動成波浪，此澤其時波水已成遏豬，言壅遏而爲豬，畜水而成澤，不濫溢也。鄭云「今塞爲平地，滎陽民猶謂其處爲滎澤，在其縣東」，言在滎澤縣之東也。馬、鄭、王本皆作「滎播」，謂此澤名滎播。春秋閔二年「衛侯及狄人戰于滎澤」，不名播也。鄭玄謂衛狄戰在此地，杜預云「此滎澤當在河北」，以衛敗方始渡河，戰處必在河北。蓋此澤跨河南北，多而得名耳。

導菏澤，被孟豬 菏澤在胡陵。孟豬，澤名，在菏東北，水流溢覆被之。○導，音道，下同。菏，徐音柯，又土可反，註同。韋，胡阿反。被，皮寄反，徐扶義反，註同。豬，張魚反，又音諸，左傳及爾雅皆作孟諸，宋藪澤也。

〔疏〕傳「菏澤至被之」。○正義曰：地理志山陽郡有胡陵縣，不言其縣有菏澤也。又云菏澤在濟陰定陶縣東，孟豬在梁國睢陽縣東北。以今地驗之，則胡陵在睢陽之東，定陶在睢陽之北，其水皆不流溢東北被孟豬也。然郡縣之名隨代變易，古之胡陵當在睢陽之西北，故得東出被孟豬也。於此作孟豬，左傳、爾雅作孟諸，周禮作望諸，聲轉字異，正是一地也。

厥土惟壤，下土墳壚 高者壤，下者壚。壚，疏。○壚，音盧。說文：黑剛土也。

厥田惟中上，厥賦錯上中 田第四，賦第二，又雜出第一。

厥貢漆、枲、絺、紵，厥篚纖纊 纊，細綿。○絺，勑其反。紵，直呂反。纊，音曠。綿，切韻武延反。

〔疏〕傳「纊細綿」。○正義曰：禮喪大記「候死者屬纊以候絕氣」，即纊是新綿耳。纖是細，故言細綿。

錫貢磬錯 治玉石曰錯，治磬錯。

〔疏〕傳「治玉至磬錯」。○正義曰：詩云「沱山之石，可以攻玉」，又曰「可以爲錯」。磬有以玉爲之者，故云治玉石曰錯，謂治磬錯也。

浮于洛，達于河。華陽、黑水惟梁州 東據華山之南，西距黑水。○華，胡化反，又胡瓜反。

〔疏〕梁州。○傳「東據至黑水」。○正義曰：周禮職方氏豫州其山鎮曰華山，在豫州界內。此梁州之境東據華山之南，不得其山，故言陽也。此山之西，雍州之境也。

岷、嶓既藝，沱、潛既道 岷山、嶓冢，皆山名。水去已可種藝。沱、潛發源此州，入荆州。○岷，武巾反。嶓，音波，徐甫河反，韋音播。

〔疏〕傳「岷山至荆州」。○正義曰：漢制縣有羌夷曰道。地理志云：蜀郡有湔道，岷山在西徼外，江水所出也。隴西郡西縣冢山，西漢水所出。是二者皆山名也。于江潛出于漢，二水發源此州，而入荆州，故荆州亦云「沱潛既道」。

蔡、蒙旅平，和夷厎績 蔡、蒙，二山名。祭山曰旅。平言治功畢。和夷之地，致功可藝。○旅，如字，韋音盧。和，如字，又作龢，鄭云：和讀曰洹。治，直吏反，下同。

〔疏〕傳「蔡蒙至可藝」。○正義曰：地理志云：蒙山在蜀郡青衣縣。應劭云：順帝改曰漢嘉縣。蔡山不知所在。論語云「季氏旅於泰山」，是祭山曰旅也。平者，言其治水畢，猶上「既藝」也。和夷，平地之名，致功可藝。藝與平互言耳。

厥土青黎 色青黑而沃壤。○黎，鄭力兮反，徐力私反，馬云：小疏也。

〔疏〕傳「色青黑而沃壤」。○正義曰：孔以黎爲黑，故云色青黑。其地沃壤，言其美也。王肅曰：青黑色，黎，小疏也。

厥田惟下上

厥賦下中三錯田第七賦第八雜出第七第九三等〔疏〕傳田第至三等○正義曰傳以既言下中復云三錯舉下中第八爲正上下取一故雜出第七第九與第八爲三也鄭云三錯者此州之地有當出下之賦者少耳又有當出下上中下者差復益小與孔異也厥貢璆鐵銀鏤砮磬璆玉名鏤剛鐵○璆音虯徐又居虯反又閭幼反馬同韋昭郭璞云紫磨金案郭注爾雅璆即紫磨金鐵天結反鏤婁豆反〔疏〕傳璆玉至剛鐵○正義曰釋器云璆琳玉也郭璞云璆琳美玉之別名鏤者可以刻鏤故爲剛鐵也熊羆狐貍織皮貢四獸之皮織金罽○熊音雄羆彼宜反如熊而黃貍力疑反罽紀例反〔疏〕傳貢四至金罽○正義曰與織皮連文必不貢生獸故云貢四獸之皮釋言云氂罽也舍人曰氂謂毛罽也胡人績羊毛作衣孫炎曰毛氂爲罽織毛而言皮者毛附於皮故以皮表毛耳西傾因桓是來浮于潛逾于沔西傾山名桓水自西傾山南行因桓水是來浮于潛漢上曰沔○傾窺井反〔疏〕傳西傾至曰沔○正義曰下文導山有西傾知是山名也地理志云西傾在隴西臨洮縣西南西傾在雍州自西傾山南

行因桓水是來浮於潛水也地理志云桓水出蜀郡蜀山西南行羌中入南海則初發西傾未有水也不知南行幾里得桓水也下傳云泉始出山爲漾水東南流爲沔水至漢中東行爲漢水是漢上曰沔入于渭亂于河越沔而北入渭浮東渡河而還帝都自所治正絕流曰亂○渭音謂〔疏〕傳越沔至曰亂○正義曰計沔在渭南五百餘里故越沔陸行而北入渭浮渭水入河故浮渭而東帝都在河之東故渡河陸行而還帝都也以每州之下言入河之事河近帝都知是還都自所治也正絕流曰亂釋水文孫炎曰橫渡也黑水西河惟雍州西距黑水東據河龍門之河在冀州西○雍於用反〔疏〕雍州○傳西距至州西○正義曰禹治豫州乃次梁州自東向西故言梁州之境先以華陽而後黑水從梁適雍自南向北故先黑水而後西河計雍州之境被荒服之外東不越河而西踰黑水王肅云西據黑水東距西河所言得其實也偏檢孔本皆云西距黑水東據河必是誤也又河在雍州之東而謂之西河者龍門之河在冀州西界故謂之西河王制云自東河至於西河千里而近是河相對而爲東西也弱水既西導之西流至於合黎〔疏〕傳導之至合黎○正義曰諸水言既導此言既

西由地勢不同導之使西流也鄭云衆水皆東此水獨西故記其西下也涇屬渭汭屬逮也水北曰汭言治涇水入於渭○涇音經屬之蜀反汭本又作內同如銳反馬云入也逮音代〔疏〕傳屬逮至於渭○正義曰屬謂相連屬故訓爲逮逮及也言水相及詩毛傳云汭水涯也鄭云汭之言內也蓋以人皆南面望水則北爲汭也且涇水南入渭而名爲渭汭知水北曰汭言治涇水使之入渭亦是從故道也地理志云涇水出安定涇陽縣西岍頭山東南至馮翊陽陵縣入渭行千六百里漆沮既從灃水攸同漆沮之水已從入渭灃水所同同於渭○沮七徐反灃芳弓反〔疏〕傳漆沮至於渭○正義曰詩云自土沮漆毛傳云沮水漆水也則漆沮本爲二水地理志云漆水出扶風漆縣西闞駰十三州志云漆水出漆縣西北岐山東入渭沮則不知所出蓋東入渭時已與漆合渭發源遠以渭爲主上云涇屬渭是矣故此言漆沮既從已從於渭灃水所同亦同於渭以渭爲主故也地理志灃水出扶風鄠縣東南北過上林苑入渭也荊岐既旅已旅祭言治功畢此荊在岐東非荊州之荊○治直吏反〔疏〕傳已旅至之荊○正義曰洪水之時祭祀禮廢已旅祭而言治功畢治水從下自東而西

先荊後岐荊在岐東嫌與上荊爲一故云非荊州之荊也地理志云禹貢北條荊山在馮翊懷德縣南南條荊山在南郡臨沮縣北彼是荊州之荊也終南惇物至于鳥鼠三山名言相望○終南山名漢書地理志一名太一山秦記云又名地肺惇物山名漢書云垂山也〔疏〕傳三山至相望○正義曰以荊岐單名此山復名故辯之云三山名也至於爲首尾之辭故言相望也三山空舉山名不言治意蒙上既旅之文也地理志云扶風武功縣有太一山古文以爲終南垂山古文以爲惇物皆在縣東原隰厎績至于豬野下濕曰隰豬野地名言皆致功〔疏〕傳下濕至致功○正義曰下濕曰隰釋地文地理志云豬野澤在武威縣東北有休屠澤古文以爲豬野澤鄭玄以爲詩云度其隰原即此原隰是也原隰幽地從此致功西至豬野之澤也三危既宅三苗丕敘西裔之山已可居三苗之族大有次敘美禹之功○丕普悲反〔疏〕傳西裔至之功○正義曰左傳稱舜去四凶投之四裔舜典云竄三苗於三危是三危爲西裔之山也其山必是西裔未知山之所在地理志杜林以爲燉煌郡即古瓜州也昭九年左傳云先王居檮杌於四裔故允姓之姦居于瓜州

州杜預云允姓之祖與三苗俱放於三危瓜州今燉煌也鄭玄引地記書云三危之山在鳥鼠之西南當岷山則在積石之西南地記乃妄書其言未必可信要知三危之山必在河之南也禹治水未已竄三苗水災既除彼得安定故云三危之山已可居三苗之族大有次敘記此事以美禹治之功也

厥土惟黃壤厥田惟上上厥賦中下田第一賦第六人功少【疏】傳田第一至功少。正義曰此與荊州賦田升降皆較六等荊州升之極故云人功修此州降之極故云人功少其餘相較少者從此可知也王制云凡居民量地以致邑度地以居民地邑民居必參相得也則民當相準而得有人功修人功少者記言初置邑者可以量之而州境闊遠民居先定新遭洪水存亡不同故地勢有美惡人功有多少治水之後即爲此差在後隨人少多必得更立其等此非永定也

厥貢惟球琳琅玕。球琳皆玉名琅玕石而似玉球音求琳韋音來金反琅音郎玕音干山海經云崐崘山有琅玕樹【疏】傳球琳至似珠。正義曰釋地云西北之美者有崐崘虛之璆琳琅玕焉說者皆云球琳美玉名琅玕石而似珠者必相傳驗實有此言也

浮于積石至于龍門西河積石山在金城西南河所經也沿河順流而北千里而東千里而南龍門山在河東之西界【疏】傳積石至西界。正義曰地理志云積石山在金城河關縣西南羌中河行塞外東北入塞內積石非河之源故云河所經也河從西來至此北流故禹沿河順流而北釋水云河千里一曲一直故千里而東千里而南至于龍門西河也地理志云龍門山在馮翊夏陽縣北此山當河之道禹鑿以通河東郡之西界也禹至此渡河而還都白帝也沿或誤爲治此說禹行不說治水也

會于渭汭逆流曰會自渭北涯逆水西上。上時掌反【疏】傳逆流至西上。正義曰會合也人行逆流而水相向故逆流曰會從河入渭自渭北涯逆水西上言禹白帝訖從此而西上更入雍州界也諸州之末惟言還都之道此州事終言發都更去明諸州皆然也

織皮崐崘析支渠搜西戎即敘織皮毛布有此四國在荒服之外流沙之內羌髳之屬皆就次敘美禹之功及戎狄也。崘倉門反馬云崐崘在臨羌西析星歷反馬云析支在河關西搜所由反漢書志朔方郡有渠搜縣武紀云北發渠搜是也髳音謀又音毛西戎國名【疏】傳織皮至戎狄也。正義曰四國皆衣皮毛故以織皮冠之傳言織

皮毛布有此四國崐崘也析支也渠也搜也四國皆是戎狄也末以西戎摠之此戎在荒服之外流沙之內牧誓云武王伐紂有羌髳從之此是羌髳之屬禹皆就次敘美禹之功遠及戎狄故記之也鄭玄云衣皮之民居此崐崘析支渠搜三山之野者皆西戎也王肅云崐崘在臨羌西析支在河關西西戎西域也王肅不言渠搜鄭併渠搜爲一孔傳不明或亦以渠搜爲一通西戎爲四也鄭以崐崘爲山謂別有崐崘之山非河所出者也所以孔意或是地名國號不必爲山也

導岍及岐至于荊山更理說所治山川首尾所在治山通水故以山名之三山皆在雍州。導音道從首起也岍音牽字又作汧山名一名吳岳馬本作開【疏】傳導岍及岐。正義曰上文每州說其治水登山從下而上州境隔絕未得從通今更從上而下條說所治之山本以通水舉其山相連屬言此山之傍所有水害皆治訖也因冀州在北故自北爲始從此導岍至敷淺原舊說以爲三條地理志云禹貢北條荊山在馮翊懷德縣南南條荊山在南郡臨沮縣東北是舊有三條之說也故馬融王肅皆爲三條導岍北條西傾中條嶓冢南條鄭玄以爲四列導岍爲陰列西傾爲次陰列嶓冢爲次陽列岷山爲正陽列鄭玄創爲此說孔亦當爲三條也岍與嶓冢言導西傾不言導者史文有詳略以可知故省文也。傳更理至雍州。正義曰荊岐上已具矣而此復言之以山勢相連而州境隔絕更從上理說所治山川首尾所在摠解此下導山水之意也其實通水而文稱導山者導山本爲治水故以導山名之地理志云吳岳在扶風岍縣西古文以爲岍山岐山在美陽縣西北荊山在懷德縣三山皆在雍州

逾于河此謂梁山龍門西河【疏】傳此謂至西河。正義曰逾于河謂山逾之也此處山勢相望越河而東故云此謂龍門西河言此處山不絕從此而渡河也

壺口雷首至于太岳三山在冀州太岳上黨西【疏】傳三山至黨西。正義曰地理志云壺口在河東北屈縣東南雷首在河東蒲坂縣南太岳在河東彘縣東是三山在冀州以太岳東近上黨故云在上黨西也

厎柱析城至于王屋此三山在冀州南河之北東行。厎之履反柱如字韋知父反又知女反厎柱山名在河水中【疏】傳此三至東行。正義曰地理志云析城在河東濩澤縣西王屋在河東垣縣東北地理志不載厎柱厎柱在太陽關東析城之西從厎柱至王屋在冀州南河之北東行也

大行恒山至于碣石入于海此二山連延東北接

碣石而入滄海。百川經此衆山，禹皆治之，不可勝名，故以山言之。○行，戶剛反，又如字。滄音倉。勝音升。〔疏〕傳「此二」至「言之」。○正義曰：地理志云大行山在河內山陽縣西北，恒山在常山上曲陽縣西北。大行去恒山太遠，恒山去碣石又遠，故云此二山連延東北接碣石而入滄海。言山傍之水皆入海，山不入海也。又解治水言山之意，百川經此衆山，禹皆治之，川多不可勝名，故以山言之也。謂漳、潞、汾、涑在壺口、雷首、大行、經底柱、析城，濟出王屋，淇近大行，恒、衛、滹沲、滱、易近恒山、碣石之等也。

西傾、朱圉、鳥鼠西傾、朱圉在積石以東，鳥鼠渭水所出，在隴西之西，三者雍州之南山。○傾，窺井反。圉，魚呂反。〔疏〕傳「西傾」至「南山」。○正義曰：地理志云西傾在隴西臨洮縣西南，朱圉在天水冀縣南。言在積石以東，見河所經也。地理志云鳥鼠同穴山在隴西首陽縣西南，渭水所出，在隴西郡之西。是三者皆雍州之南山也。

至于太華相首尾而東。○華，如字，又戶化反。〔疏〕傳「相首尾而東」。○正義曰：地理志云太華在京兆華陰縣南。鳥鼠東望太華太遠，故云相首尾而東也。

熊耳、外方、桐柏，至于陪尾。四山相連，東南在豫州界。洛經熊耳，伊經外方，淮出桐柏，經陪尾。凡此皆先舉所施功之山於上，而後條列所治水於下，互相備。○陪音裴。陪尾，山名，漢書作橫尾。列，如字，本或作別，彼列反。〔疏〕傳「四山」至「相備」。○正義曰：地理志云熊耳山在弘農盧氏縣東，伊水所出；嵩高山在潁川嵩高縣，古文以爲外方山；桐柏山在南陽平氏縣東南；積尾山在江夏安陸縣東北，古文以爲陪尾山。是四山接華山而相連，東南皆在豫州界也。凡舉山名，皆爲治水，故言水之所經。洛出熊耳，伊經外方，淮出桐柏，經陪尾。導山本爲治水，故云皆先舉所施功之山於上，而後條列所治水於下，互相備也。

導嶓冢，至于荊山，漾水出嶓冢，在梁州，經荊山，荊山在荊州。○漾，羊尚反。〔疏〕傳「漾水」至「荊州」。○正義曰：下云「嶓冢導漾」，梁州云「岷嶓既藝」，是嶓冢在梁州也。荊州以荊山爲名，知荊山在荊州也。

內方，至于大別。內方、大別，二山名，在荊州，漢所經。〔疏〕傳「內方」至「所經」。○正義曰：地理志云章山在江夏竟陵縣東北，古文以爲內方山。地理志無大別。鄭玄云大別在廬江安豐縣。杜預解春秋云大別闕，不知何處，或曰大別在安豐縣西南。左傳云吳既與楚夾漢，然後楚乃濟漢而陳，自小別至于大別。然則二別近漢之名，無緣得在安豐縣，如預所言，雖不知其處，要與內方相接，漢水所經，必在荊州界也。

岷山之陽，至于衡山，岷山，江所出，在梁州。衡山，江所經，在荊州。〔疏〕傳「岷山」至「荊州」。○正義曰：其下云「岷山導江」，梁州「岷嶓既藝」，是岷山在梁州也。地理志云衡山在長沙湘南縣東南。上言「衡陽惟荊州」，是江所經在荊州也。

過九江，至于敷淺原。言衡山連延過九江，接敷淺原。言導從首起，言陽從南。敷淺原，一名博陽山，在揚州豫章界。〔疏〕傳「言衡」至「章界」。○正義曰：衡即橫也，東西長，今之人謂之爲嶺，東行連延過九江之水而東接於敷淺原之山也。經於岍及嶓冢言導，岷山言陽，故解之，言導從首起，言陽從南，言岷山之南至敷淺原，別以岷山爲首，不與大別相接，由江所經，別記之耳，以見岷非三條也。地理志豫章歷陵縣南有博陽山，古文以爲敷淺原。

導弱水，至于合黎，合黎，水名，在流沙東。○弱，本或作溺。合，如字。黎，力兮反，馬云地名。〔疏〕「導弱水」。○正義曰：此下所導凡有九水，大意亦自北爲始，以弱水最在西北，水又西流，故先言之。黑水雖在河南，水從雍梁西界南入南海，與諸水不相參涉，故又次之。四瀆江河爲大，河在北，故先言河也。漢入於江，故先漢後江。其濟發源河北，越河而南，與淮俱爲四瀆，故次濟次淮。其渭與洛俱入于河，故後言之。計流水多矣，此舉大者言耳。凡此九水，立文不同。弱水、黑水、流水不出于山，文單，故以水配。其餘六水，文與山連，既繫於山，不須言水。積石山非河上源，記施功之處，故云導河積石，言發首積石起也。漾、江先山後水，淮、渭、洛先水後山，皆是史文詳略，無義例也。又淮、渭、洛言自某山者，皆是發源此山，欲使異於導河，故加自耳。鄭玄云：「凡言導者，發源於上，未成流；凡言自者，亦發源於上，未成流。」必其俱未成流，何須別導與自？河出崐崘，發源甚遠，豈至積石猶未成流，而云導河也。○傳「合黎」至「沙」。○正義曰：弱水得入合黎，知合黎是水名。顧氏云：「地說書合黎，山名。」但此水出合黎，因山爲名。鄭玄亦以爲山名。地理志張掖郡刪丹縣，桑欽以爲導弱水自此西至酒泉合黎。張掖郡又有居延澤，在縣東北，古文以爲流沙。如志之言，酒泉郡在張掖郡西，居延屬張掖，合黎在酒泉，則流沙在合黎之東，與此傳不合。案經弱水西流，水既至于合黎，餘波入于流沙，當如傳文，合黎在流沙之東，不得在其西也。

餘波入于流沙。弱水餘波西溢入流沙。○溢音逸。

導黑水，至于三危，入于南海。黑水自北而南，經三危，過梁州，入南海。〔疏〕傳「黑水」至「南海」。○正義曰：地理志益州郡，計在蜀郡西南三千餘里，故滇王國也，武帝元封二年始開爲郡，郡內有滇池縣，縣有黑水祠。

止言有其祠不知水之所在鄭云今中國無也傳之此言順經文耳案酈元水經黑水出張掖雞山南流至燉煌過三危山南流入于南海然張掖燉煌並在河北所以黑水得越河入南海者河自積石以西皆多伏流故黑水得越而南也

導河積石，至于龍門，施功發於積石至于龍門或鑿山或穿地以通流【疏】傳施功至通流。正義曰河源不始於此記其施功處耳故言施功發于積石釋水云河千里一曲一直則河從積石北行又東乃南行至于龍門計應三千餘里龍門底柱鑿山也其餘平地穿地也或鑿山或穿地以通流言自積石至海皆然也釋水云河出崐崘虛色白李巡曰崐崘山名虛山下地也郭璞云發源高處激湊故水色白潛流地中受渠衆多渾濁故水色黃漢書西域傳云河有兩源一出葱嶺一出于闐于闐在南山下其河北流與葱嶺河合東注蒲昌海蒲昌海一名鹽澤者去玉門陽關三百餘里廣袤三四百里其水停居冬夏不增減皆以爲潛行地下南出于積石爲中國河郭璞云其去崐崘里數遠近未得詳也

南至于華陰，河自龍門南流至華山北而東行

東至于厎柱，厎柱山名河水分流包山而過山見水中若柱然在西虢之界。見賢遍反虢寡白反

又東至于孟津，孟津地名在洛北都道所湊古今以爲津。孟津如字洛北地名湊七豆反【疏】傳孟津至爲津。正義曰孟是地名津是渡處在孟地致津謂之孟津傳云地名謂孟爲地名耳杜預云孟津河內河陽縣南孟津也在洛陽城北都道所湊古今常以爲津武王渡之近世以來呼爲武濟

東過洛汭，至于大伾，洛汭洛入河處山再成曰伾至于大伾而北行。伾本或作岯音丕又皮鄙反徐扶眉反又敷眉反韋音鄙郭撫梅反字或作岯【疏】傳洛汭至北行。正義曰洛汭洛入河處河南鞏縣東也釋山云再成英一成岯李巡曰山再重曰英一重曰岯傳云再成曰岯與爾雅不同蓋所見異也鄭玄云大岯在修武武德之界張揖云成皋縣山也漢書音義有臣瓚者以爲修武武德無此山也成皋縣山又不一成今黎陽縣山臨河豈不是大岯乎瓚言當然

北過降水，至于大陸，降水水名入河大陸澤名。降如字鄭戶江反【疏】傳降水至澤名。正義曰地理志云降水在信都縣案班固漢書以襄國爲信都信都在大陸之內或降水發源在此下尾至今之信都故得先過降水乃至大陸若其不爾則降水不可知也鄭以降讀爲降下江反聲轉爲共河內共縣淇水出焉東至魏郡黎陽縣入河北近降水也周時國於此地者惡言降水改謂之共此鄭胥聽不可從也

又北播爲九河，北分爲九河以殺其溢在兗州界。殺所界反溢字又作隘於賁反

同爲逆河，入于海。同合爲一大河名逆河而入於渤海皆禹所加功故敘之。渤蒲兀反【疏】傳同合至敘之。正義曰傳言九河將欲至海更同合爲一大河名爲逆河而入于渤海也鄭玄云下尾合名爲逆河言相向迎受王肅云同逆一大河納之於海其意與孔同

嶓冢導漾，東流爲漢，泉始出山爲漾水東南流爲沔水至漢中東流爲漢水【疏】傳泉始至漢水。正義曰傳之此言當據時人之名爲說也地理志云漾水出隴西氐道縣至武都爲漢水不言中爲沔水孔知嶓冢之東漢水之西而得爲沔水者以禹治梁州入帝都白所治云逾于沔入于渭是沔近于渭當梁州向冀州之路也應劭云沔水自江別至南郡華容縣爲夏水過江夏郡入江既云江別明與此沔別也依地理志漢水之尾變爲夏水是應劭所云沔水下尾亦與漢合乃入於江也

又東爲滄浪之水，別流在荊州。浪音郎【疏】傳別流在荊州。正義曰傳言別流似分爲異水案經首尾相連不是分別當以名稱別流也又上在梁州故此云在荊州

過三澨，至于大別，三澨水名入漢大別山名。澨市制反

南入于江。觸山迴南入江。觸尺玉反

東匯澤爲彭蠡，匯迴也水東迴爲彭蠡大澤。匯徐胡罪反韋空爲反

東爲北江，入于海。自彭蠡江分爲三入震澤遂爲北江而入海【疏】傳自彭至入海。正義曰揚州云三江既入震澤厎定孔爲三江既入入震澤也故言江自彭蠡分而爲三江復共入震澤出澤又分爲三此水遂爲北江而入于海鄭玄以爲三江既入入于海不入震澤也孔必知入震澤者以震澤屬揚州彭蠡在揚州之西界今從彭蠡有三江則震澤之西三江具矣今云三江既入繼以震澤厎定故知三江入震澤矣今南人以大江不入震澤震澤之東別有松江等三江案職方揚州其川曰三江宜舉州內大川其松江等雖出震澤入海既近周禮不應捨岷山大江之名而記松江等小江之說山水同今變易故鄭云既知今亦當知古是古今同之驗也

岷山導江，東別爲沱，江東南流沱東行。沱唐河反【疏】傳江東至東行。正義曰以上云浮于江沱潛漢其次自南而北江在沱南知江東南流

而沱東行。又東至于澧，澧，水名。澧音禮。〔疏〕傳「澧水名」。○正義曰：鄭玄以此經自「導弱水」已下，言「過」言「會」者，皆是水名；言「至于」者，或山或澤，皆非水名。故以合黎爲山名，澧爲陵名。鄭玄云「今長沙郡有澧陵縣」，其以陵名爲縣乎？孔以合黎與澧皆爲水名。「弱水餘波入于流沙」，則本源入合黎矣。合黎得容弱水，知是水名。楚辭曰「濯余佩兮澧浦」，是澧亦爲水名。

過九江，至于東陵，江分爲九道，在荆州。東陵，地名。〔疏〕傳「江分至地名」。○正義曰：九江之水，禹前先有其處，禹今導江過歷九江之處，非是別有九江之水。

東迆北會于匯。迆，溢也。東溢分流，都共北會爲彭蠡。迆以爾反。〔疏〕傳「迆溢至彭蠡」。○正義曰：迆言靡迆邪出之言，故爲溢也。東溢分流，又都共聚合，北會彭蠡，言散流而復合也。鄭云「東迆者，爲南江」，孔意或然。至之與會，史異文耳。

東爲中江，入于海。有北有中，南可知。〔疏〕傳「有北有中，南可知」。○正義曰：地理志云：「南江從會稽吳縣南，東入海；中江從丹陽蕪湖縣西，東至會稽陽羨縣東入海；北江從會稽毗陵縣北，東入海。」

導沇水，東流爲濟，泉源爲沇，流去爲濟，在溫西北平地。○沇音兖，又以轉反。

〔疏〕傳「泉源至平地」。○正義曰：地理志云：「濟水出河東垣縣王屋山東南，至河內武德縣入河。」傳言在溫西北平地者，濟水近在河內，孔必驗而知之，見今濟水所出在溫之西北七十餘里。溫是古之舊縣，故計溫言之。

入于河，溢爲滎，濟水入河，並流十數里，而南截河，又並流數里，溢爲滎澤，在敖倉東南。○數，色主反，下同。一本作「十一所」。〔疏〕傳「濟水至東南」。○正義曰：此皆目驗爲說也。濟水既入于河，與河相亂，而知截河過者，以河濁濟清，南出還清，故可知也。

東出于陶丘北，陶丘，丘再成。○陶音桃。〔疏〕傳「陶丘丘再成」。○正義曰：釋丘云：「再成爲陶丘。」李巡曰：「再成，其形再重也。」郭璞云：「今濟陰定陶城中有陶丘。」地理志云定陶縣西南有陶丘亭。

又東至于菏，菏澤之水。又東北會于汶，濟與汶合。又北東入于海。北折而東。○折，之設反。

導淮自桐柏，桐柏山在南陽之東。〔疏〕傳「桐柏至之東」。○正義曰：地理志云：「桐柏山在南陽平氏縣東南，淮水所出。」水經云：「出胎簪山，東北過桐柏山。」胎簪蓋桐柏之傍小山，傳言南陽郡之東也。

東會于泗、沂，東入于海。與泗、沂二水合入海。〔疏〕傳「與泗至入海」。○正義曰：地理志云：「泗水出濟陰乘氏縣，至臨淮睢陵縣入淮；沂水出泰山蓋縣，南至下邳入泗。」泗水先入泗，泗入淮耳。以沂入泗處去淮已近，故連言之。

導渭自鳥鼠同穴，鳥鼠共爲雌雄，同穴處此山，遂名山曰鳥鼠，渭水出焉。〔疏〕傳「鳥鼠至出焉」。○正義曰：釋鳥云：「鳥鼠同穴，其鳥爲鵌，其鼠爲鼵。」李巡曰：「鵌鼵，鳥鼠之名，共處一穴，天性然也。」郭璞曰：「鼵如人家鼠而短尾，鵌似鵽而小，黃黑色，穴入地三四尺，鼠在內，鳥在外。今在隴西首陽縣有鳥鼠同穴山。」尚書孔傳云「共爲雄雌」，張氏地理記云「不爲牝牡」。璞並載此言，未知誰得實也。地理志云：「隴西首陽縣西南有鳥鼠同穴山，渭水所出，至京兆船司空縣入河，過郡四，行千八百七十里。」

東會于灃，又東會于涇，灃水自南，涇水自北而合。○灃音豐。又東過漆沮，入于河。漆沮，二水名，亦曰洛水，出馮翊北。○翊，與職反。〔疏〕傳「漆沮至翊北」。○正義曰：地理志云：漆水出扶風漆縣，依十三州記，漆水在岐山東入渭，則與漆沮不同矣。此云「會于涇，又東過漆沮」，是漆沮在涇水之東，故孔以爲洛水一名漆沮。水經：沮水出北地直路縣，東入洛水。又云：鄭渠在太上皇陵東南，濯水入焉，俗謂之漆水，又謂之

漆沮。其水東流，注於洛水。志云：出馮翊懷德縣東南入渭。以水土驗之，與毛詩古公「自土沮漆」者別也。彼漆即扶風漆水也，彼沮則未聞。

導洛自熊耳，在宜陽之西。東北會于澗、瀍，會于河南城南。又東會于伊，合於洛陽之南。又東北入于河。合於鞏之東。○鞏，恭勇反，縣名，屬河南郡。

九州攸同，所同事在下。四隩既宅，四方之宅已可居。○隩，於六反。九州刊旅，九川滌源，九澤既陂，九州名山與槎木通道而旅祭矣，九州之川已滌除泉源無壅塞矣，九州之澤已陂障無決溢矣。○滌，待歷反。陂，彼宜反。槎，仕雅反。障，章尚反。四海會同，四海之內會同京師，九州同風，萬國共貫。六府孔修，水火金木土穀甚修治，言政化和。○貫，工喚反。庶土交正，厎慎財賦，交，俱也。衆土俱得其正，謂壤墳壚，致所慎者財貨貢賦，言取之有節，不過度。咸則三壤成賦中邦。皆法壤田上中下大較三品，成九州之賦，明水害除。○較音角。〔疏〕傳「九州至中邦」。○正義曰：昔堯遭

洪水道路阻絶，今水土既治，天下大同，故揔敘之。今九州所共同矣，所同者四方之宅已盡可居矣，九州之山刊槎其木旅祭之矣，九州之川滌除泉源無壅塞矣，九州之澤已皆陂障無決溢矣，四海之内皆得會同京師無乖異矣，六材之府甚修治矣，言海内之人皆豐足矣。水災已除，天下衆土墳壤之屬俱得其正，復本性故也。民既豐足，取之有藝，致所重慎者惟財貨賦税也。慎之者，皆法則其三品土壤，準其地之肥瘠爲上中下三等，以成其貢賦之法於中國。美禹能治水土安海内，於此總結之。○傳「所同事在下」。○正義曰：九州所同與下爲目，故言所同之事在下，「四隩既宅」已下皆是也。其言九山九川九澤，最是同之事矣。○傳「四方至可居」。○正義曰：室隅爲隩，隩是内也。人之造宅爲居，至其隩内，遂以隩表宅，故傳以隩爲宅，以宅内可居言四方舊可居之處皆可居也。○傳「九州至溢矣」。○正義曰：上文諸州有言山川澤者，皆舉大言之，所言不盡，故於此復更揔之。九山九川九澤，言九州之内所有山川澤無大無小皆刊槎決除已訖，其皆旅祭，惟據名山大川。言旅者，往前大水，旅祭禮廢，已旅見已治也。山非水體，故以旅見治，其實水亦旅矣。發首云「奠高山大川」，但是定位，皆已旅祭也。川言滌除泉源，從其所出至其所入皆蕩除之，無壅塞也。澤言既陂，往前濫溢，今時水定，或作陂以障之，使無決溢。《詩》云「彼澤之陂」，毛傳云「陂，澤障也」。○傳「四海至化和」。○正義曰：《禮》諸侯之見天子，時見曰會，殷見曰同。此言四海會同，乃謂官之與民皆得聚會京師，非據諸侯之身朝天子也。夷狄戎蠻謂之四海，但天子之於夷狄不與華夏同風，故知四海謂四海之内，即是九州之中，乃有萬國，萬國同其風化，若物在繩索之貫，故云九州同風，萬國共貫。《大禹謨》云「水火金木土穀謂之六府」，皆修治者，言政化和也。由政化和平，民不失業，各得殖其資産，故六府修治也。○傳「交俱至過度」。○正義曰：交錯更互，俱之義，故交爲俱也。洪水之時，高下皆水，土失本性，今水災既除，故土俱得其正，謂壤墳壚還復其壤墳壚之性也。諸州之土，青黎是色，塗泥是濕，土性之異惟有壤墳壚耳，故舉三者以言也。致所慎者財貨貢賦，謹慎其事，不使害人，言取民有節，什一而税，不過度也。○傳「皆法至害除」。○正義曰：土壤各有肥瘠，貢賦從地而出，故分其土壤爲上中下，計其肥瘠，等級甚多，但舉其大較，定爲三品，法則地之善惡以爲貢賦之差。雖細分三品以爲九等，人功修少，當時小異，要民之常税必準其土，故皆法三壤成九州之賦，言得施賦法以明水害除也。九州即是中邦，故傳以九州言之。

錫土姓，祗台德先，不距朕行。台，我也。天子建德因生以賜姓，謂有德之人生此地，以此地名賜之姓以顯之。王者常自以敬我德爲先，則天下無距違我行者。

疏「錫土」至「朕行」。○正義曰：此一經皆史美禹功，言九州風俗既同，可以施其教化，天子惟當擇任其賢者，相與共治之，選有德之人，賜與所生之土爲姓。既能尊賢如是，又天子立意常自以敬我德爲先，則天下之民無有距違我天子所行者，皆禹之使然，故敘而美之。○傳「台我至行者」。○正義曰：「台，我」，《釋詁》文。「天子建德，因生以賜姓」，隱八年《左傳》文。既引其文，又解其義。土地也，謂有德之人生於此地，天子以地名賜之姓以尊顯之。《周語》稱帝嘉禹德，賜姓曰姒，祚四岳，賜姓曰姜。《左傳》稱周賜陳胡公之姓爲嬀，皆是因生賜姓之事也。臣蒙賜姓，其人少矣，此事是用賢大者，故舉以爲言。王者既能用賢，又能謹敬其立意也，常自以敬我德爲先，則天下無有距違我天子之行者。《論語》云：「上好禮，則民莫敢不敬；上好義，則民莫敢不服；上好信，則民莫敢不用情。」王者自敬其德，則民豈敢不敬之，人皆敬之，誰敢距違者？聖人行而天下皆悅，動而天下皆應，用此道也。

五百里甸服，規方千里之内謂之甸服。爲天子服治田，去王城面五百里。○甸，田遍反。爲，于僞反。

疏「五百里甸服」。○正義曰：既言九州同風，法壤成賦，而四海之内路有遠近，更敘弼成五服之事。甸侯綏要荒五服之名，堯之舊制，洪水既平之後，禹乃爲之節文，使賦役有恒，職掌分定。甸服去京師最近，賦税尤多，故每於百里即爲一節。侯服稍遠，近者供役，故二百里内各爲一節，三百里外共爲一節。綏要荒三服去京師益遠，每服分而爲二，内三百里爲一節，外二百里爲一節。以遠近有較，故其任不等。甸服入穀，故發首言賦税也。賦令自送入官，故三百里内每皆言納，四百里五百里不言納者，從上省文也。於三百里言服者，舉中以明上下皆是服王事也。侯服以外貢不入穀，侯主爲斥候，二百里内徭役差多，故各爲一名，三百里外同是斥候，故共爲一名。自下皆先言三百里而後二百里，舉大率爲差等也。○傳「規方至百里」。○正義曰：先王規方千里以爲甸服，《周語》文。《王制》亦云「千里之内曰甸」。鄭玄云：「服治田出穀税也。」言甸者，主治田，故服名甸也。

百里賦納總，甸服内之百里近王城者，禾稾曰總，入之供飼國馬。○納，如字，本又作内，音同。下如字。總，音揔。近，附近之近。稾，故老反。供，音恭。飼，音嗣。

疏傳「甸服」至「國馬」。○正義曰：去王城五百里揔名甸服，就其甸服内又細分之，從内而出，此爲其首，故云甸服之内近王城者。總者，總下銍秸，禾穗與稾總皆送之，故云禾稾曰總，入之供飼國馬。《周禮·掌客》待諸侯之禮有芻有禾，此總是也。

二百里

納銍。銍刈謂禾穗。銍珍栗反穗亦作穟音遂〔疏〕傳銍刈謂禾穗。正義曰劉熙釋名云銍穫禾鐵也說文云銍穫禾短鐮也詩云奄觀銍刈用銍刈者謂禾穗也禾穗用銍以刈故以銍表禾穗也三百里納秸服秸稾也服稾役。秸本或作稭工八反馬云去其穎音潁〔疏〕傳秸稾也服稾役。正義曰郊特牲云莞簟之安而稾秸之設秸亦稾也雙言之耳去穗送稾易於送穗故爲遠彌輕也然計什一而得稾粟皆送則秸服重於納銍則乖近重遠輕之義蓋納粟之外斟酌納稾服稾役者解經服字於此言服明上下服皆並有所納之役也四百里猶尚納粟此當稾粟別納非是徒納稾也四百里粟五百里米所納精者少麤者多〔疏〕傳所納至者多。正義曰直納粟米爲少禾稾俱送爲多其於稅也皆當什一但所納有精麤遠輕而近重耳五百里侯服甸服外之五百里侯候也斥候而服事〔疏〕傳甸服至服事。正義曰侯聲近候故爲候也襄十八年左傳稱晉人伐齊使司馬斥山澤之險斥謂檢行之也斥候謂檢行險阻伺候盜賊此五百里主爲斥候而服事天子故名侯服因見諸言服者皆是服事也百里采侯服內之百里供王事而已不主一〔疏〕傳侯服至主一。正義曰采訓爲事此百里之內主供王事而已事謂役也有役則供不主於一故但言采二百里男邦男任也任王者事。任而針反又而鴆反下同〔疏〕傳男任也任王者事。正義曰男聲近任故訓爲任任王者事任受其役此任有常殊於不主一也言邦者見上下皆是諸侯之國也三百里諸侯三百里同爲王者斥候故合三爲一名。爲于僞反〔疏〕傳三百至一名。正義曰經言諸侯者三百里內同爲王者斥候在此內所主事同故合三百四百五百共爲一名言諸侯以示義耳五百里綏服綏安也侯服外之五百里安服王者之政教。綏息遺反〔疏〕傳綏安至政教。正義曰綏安釋詁文要服去京師已遠王者以文教要束使服此綏服路近言王者政教以示不待要束言安服自服也周語云先王之制邦內甸服邦外侯服侯衛賓服夷蠻要服戎狄荒服役賓服當此綏服韋昭云以文武侯衛爲安王賓之因以名服然則綏者據諸侯安王爲名賓者據王敬諸侯爲名故云先王之制則此服舊有二名三百里揆文教揆度也度王者文教而行之三百里皆同。揆葵癸反度待洛反〔疏〕傳揆度至皆同。正

義曰釋詁訓揆爲度故雙言之以王者有文教此服諸侯揆度王者政教而行之必自揆度恐其不合上耳即是安服王者之義二百里奮武衛文教外之二百里奮武衛天子所以安。奮方問反〔疏〕傳文教至以安。正義曰既言三百又言二百嫌是三百之內以下二服文與此同故於此解之此是文教外之二百里也由其心安王化奮武以衛天子所以名此服爲安也內文而外武故先揆文教後言奮武衛所從言之異與安之義同奮武衛天子是其安之驗也言服內諸侯心安天子非言天子賴諸侯以安也五百里要服綏服外之五百里要束以文教。要一遙反束如字一音來〔疏〕傳綏服至文教。正義曰要者約束之義上言揆文教知要者要束以文教也綏服自揆天子文教恐其不稱上旨此要服差遠已慢王化天子恐其不服乃以文教要服之名爲要見其疏遠之義也三百里夷守平常之教事王者而已。馬云夷易也二百里蔡蔡法也法三百里而差簡。差初佳反又初賣反〔疏〕傳蔡法至差簡。正義曰蔡之爲法無正訓也上言三百里夷夷訓平也言守平常教耳此名爲蔡義簡於夷故訓蔡爲法法則三百里者去京師彌遠差復簡易言其不能守平常也五百里荒服要服外之五百里言荒又簡略〔疏〕傳要服至簡略。正義曰服名荒者王肅云政教荒忽因其故俗而治之傳言荒又簡略亦當以爲荒忽又簡略於要服之蔡也三百里蠻以文德蠻來之不制以法〔疏〕傳以文至以法。正義曰鄭云蠻者聽從其俗羈縻其人耳故云蠻蠻之言緡也其意言蠻是緡也緡是繩也言蠻者以繩束物之名揆度文教論語稱遠人不服則修文德以來之故傳言以文德蠻來之不制以國內之法強逼之王肅云蠻慢也禮儀簡慢與孔異然甸侯綏要四服俱有三日之役什一而稅但二百里蔡者稅微差簡其荒服力役田稅並無故鄭注云蔡之言殺減殺其賦荒服既不役作其人又不賦其田事也其侯綏等所出稅賦各入本國則亦有納總納銍之差但此據天子立文耳要服之內皆有文教故孔於要服傳云要束以文教則知已上皆有文教可知獨於綏服三百里云揆文教者以去京師既遠更無別供又不近外邊不爲武衛其要服又要束始行文教無事而能揆度文教而行者惟有此三百里耳奮武衛者在國習學兵武有事則征討夷狄不於要服內奮武衛者以要服逼近夷狄要束始來不可委以兵武二百里流流移也言政教隨其俗凡五服相距

爲方五疏傳流移至千里○正義曰流如水流故云移也千里其俗流移無常故政教隨其俗任其去來不服蠻來之也凡五服之別各五百里是王城四面面別二千五百里四面相距爲方五千里也賈逵馬融以爲甸服之外百里至五百里米特有此數去王城千里其侯綏要荒服各五百里是面三千里相距爲方六千里鄭玄以爲五服服別五百里是堯之舊制及禹弼之每服之間更增五百里面別至于五千里相距爲方萬里司馬遷與孔意同王肅亦以爲然故肅注此云賈馬既失其實鄭玄尤不然矣禹之功在平治山川不在拓境廣土土地之廣三倍於堯而書傳無稱也則鄭玄創造難可據信漢之孝武疲弊中國甘心夷狄天下戶口至減太半然後僅開緣邊之郡而已禹方憂洪水三過其門不入未暇以征伐爲事且其所以爲服之名輕重顛倒遠近失所難得而通矣先王規方千里以爲甸服其餘均分之公侯伯子男使各有寰宇而使甸服之外諸侯入禾藁非其義也史遷之旨蓋得之矣是同於孔也若然周禮王畿之外別有九服服別五百里是爲方萬里復以何故三倍於堯又地理志言漢之土境東西九千三百二里南北萬三千三百六十八里驗其所言山川不出禹貢之域山川戴地古今必同而得里數異者堯與周漢其地一也尚書所言據其虛空鳥路方直而計之漢書所言乃謂著地人跡屈曲而量之所以數不同也故王肅上篇注云方五千里者直方之數若其迴邪委曲動有倍加之較是言經指直方之數漢據迴邪之道有九服五服其地雖同王者革易自相變改其法不改其地也鄭玄不言禹變堯法乃云地倍於堯故王肅所以難之王制云西不盡流沙東不盡東海南不盡衡山北不盡恒山凡四海之內斷長補短方三千里者彼自言不盡明未至遠界且王制漢世爲之不可與經合也

東漸于海西被于流沙朔南暨聲教漸入也被及也此言五服之外皆與王者聲教而朝見○漸子廉反被皮寄反朔北也與音預朝直遙反見賢遍反**訖于四海禹錫玄圭告厥成功**玄天色禹功盡加於四海故堯賜玄圭以彰顯之言天功成○訖斤密反

疏東漸至成功○正義曰言五服之外又東漸入于海西被及于流沙其北與南雖在服外皆與聞天子威聲文教時來朝見是禹治水之功盡加于四海以禹功如是故帝賜以玄色之圭告其能成天之功也○傳漸入至朝見○正義曰漸是沾濕故爲入謂入海也被是遠及之辭故爲及也海多邪曲故言漸入流沙長遠故言被及皆是過之意也五服之下乃說此事故言此五服之外皆與王者聲教而朝見言其聞風感德而來朝也鄭玄云南北不言所至容踰之此言西被於流沙流沙當是西境最遠者也而地理志以流沙爲張掖居延澤是也計三危在居延之西太遠矣志言非也○傳玄天至功成○正義曰考工記天謂之玄是玄爲天色禹之蒙賜必是堯賜故史敘其事禹功盡加于四海故堯賜玄圭以彰顯之必以天色圭者言天功成也大禹謨舜美禹功云地平天成是天功成也

附釋音尚書注疏卷第六

江西鹽法道胡稷栞

尚書注疏挍勘記卷六　　阮元撰盧宣旬摘録

尚書注疏卷第六古本作尙書卷第三古文尙書禹貢第一夏書孔氏傳宋板作尙書正義卷第六

禹貢第一　夏書

任土作貢 古本貢下有作禹貢三字

定其貢賦之差 古本定上有以字賦下無之字按有以字與疏合無之字恐非

深大其川 宋板作深其大川

取下供上之義也 閩本明監本同毛本供作貢案供貢古通用字

浸壞民居 宋板閩本同毛本浸作漫

故言分布治之之 宋板不重之字毛本下之字作也

冀州 唐石經别起一行每州皆然

傳堯所至至書 案至當作於毛本不誤

山南見日 毛本日作曰是也

從覃懷致功至橫漳 纂傳橫作衡諸本皆作橫案衡橫古今字

錯雜 古本史記集解下俱有也字按此與海物惟錯傳錯雜小異此以雜訓錯彼則二字平讀

此州入穀不貢 宋板州作則盧文弨云則字非

豫州與兾州等一同 案等當作第閩本明監本並誤

今鉅鹿縣北廣河澤也 纂傳河作阿是也下廣河同

相去其遠 毛本其作甚是也

島夷皮服 臧琳曰孔傳海曲謂之島正義曰孔讀鳥爲島鄭元云鳥夷東方之民搏食鳥獸者也王肅云鳥夷東北夷國名也與孔不同據此知鄭王本皆作鳥夷孔傳雖讀鳥爲島然未改經字故正義本亦作鳥也史記夏本紀兾州作鳥夷揚州作島夷蓋因集解采孔傳後人遂私改漢書地理志兾州揚州皆作鳥夷羣經音辨鳥部云鳥海曲也當老切書鳥夷是北宋孔傳尙作鳥字○按唐石經已作島

碣石山在北平驪城縣西南 浦鏜云碣石山漢志作大揭石山北平上有右字按疏引漢志多脱誤諸本皆然未可擅改茲不悉按

還都白帝所知 案知當作治閩本亦誤知毛本不誤

濟河閒其氣專體性信謙 宋板體上有質字毛本體作質

河南其性安舒厥性寬豫 宋板閩本同毛本作其氣著密厥性安舒

在濟陰城縣縣西北 案上縣字當作陽毛本不誤

民居卭土 案土當作上閩本亦作土毛本不誤

而夾川兩大流之間 纂傳川作於按川字非也

與徐揚三州 纂傳三作二是也

賦正與九相當 古本九下有州字

是十三年而八州平 案三當作二閩本亦作三毛本不誤

盛之篚篚而貢焉 案篚篚當作筐篚疏同

得乘舟經達也 宋板同毛本經作徑

東北至千乘博昌縣入海 纂傳海作泲與漢志合

岱畎絲枲 陸氏曰畎徐本作畎谷○按徐本葢畎上無岱字畎下有谷字也傳曰畎谷也則徐本誤明矣○補釋文挍勘記段玉裁云此處釋文不可通不當一字爲二字也當云徐本作甽谷也說文曰甽古文也畎小篆文也谷下奪一也字

言可耕 宋板此下有作也二字

厥土赤埴墳草木漸包 陸氏曰漸本又作蔪。按說文蔪下云艸相蔪包也从艸斬聲引書草木蔪包蔪包者稹緻之皃僞孔以進長釋蔪而或改蔪爲漸唐已前已如是

漸進長 進長二字史記集解倒按疏亦倒

謂之摶埴之工 監本同毛本摶作搏盧文弨云釋文元有兩音

出蠙珠及美魚 岳本無及字毛氏曰出蠙珠及美魚下多一字

達於河 諸本作河非也案說文菏字下水經濟水篇引並作達於菏古文尚書疏說云菏者澤名爲濟水所經又東至于菏者是在豫之東北卽徐之西北舟則自淮而泗自泗而菏然後由菏入濟以達於河此徐之貢道也

北揚淮 案揚當作據毛本不誤

錢塘江也 岳本也上有浦陽江三字此誤脫也

今江入此澤 閩本明監本同毛本作今案所改是也

地泉濕 古本濕作溼

厥田惟下下厥賦下上錯 閩本上錯上更有上字按所補是也

牙牡齒也 宋板牡作壯。按壯字不誤說文士部曰壯大也壯齒謂齒大者

凡爲織者 纂傳織作錦

當繼荆州乏無也 宋板同毛本乏作之

是沱爲江之別名也 按當作是沱爲江別之名也

直云水名 宋板直上有故字

在今蜀郡鄲縣 岳本鄲作郫案鄲字誤也

潛蓋漢西出嶓冢 漢西二字纂傳倒是也

沱水自蜀郡都水縣揃山與江別而更流 纂傳自作出浦鏜云揃誤揃

入太穴中 纂傳太作大是也

雲土夢作乂 陸氏曰雲徐本作云沈括筆談曰舊尚書禹貢云雲夢土作乂太宗皇帝時得古本尚書作雲土夢作乂詔改禹貢從古本。按筆談所謂太宗乃宋太宗也胡朏明禹貢錐指乃以爲唐太宗殆誤矣疏云經之土字在二字之閒開成石經亦作雲土夢作乂則古本卽唐世通行本耳至宋初監本始倒土夢二字蓋据漢書地理志不知史記夏本紀夢字亦在土下

此澤既大 宋板閩本明監本同毛本大作土

水可爲耕作畎畝之治 閩本同毛本水下有去字案有者是也

杶榦栝柏 陸氏曰榦本又作幹

弓人取榦之道也 浦鏜云七誤也。按作七與攷工記合

陸璣毛詩義疏云 璣閩本作機後並同。按作機是也說詳爾雅挍勘記

菁莫菁也 浦鏜云蔓誤莫下同按浦挍是也

江淮之閒三茅脊以爲藉 宋板閩本茅脊二字倒不誤

鄭云纁者 宋板纁上有染字

浮于江沱潛漢 陸氏曰江沱潛漢四水名本或作潛于漢非正義曰本或潛下有于誤耳

出宏農盧氏縣冢熊耳山 岳本冢作東冢字非也閩本亦誤

多而得名耳 浦鏜云多上脫但在河內四字從詩疏挍

下者壚壚疏 岳本宋本纂傳同古本下有也毛本作下者墳壚許宗彥云傳末疏字今本誤爲黑質白文。按史記集解孔安國曰壚疏也

壚音盧說文黑剛土也 十行本不誤按下九字乃陸氏音義非孔疏也今本既誤以傳

末疏字爲黑質白文遂於音義之首妄加傳字閩本疏字雖已誤尚無傳字祇於壚上作圈蓋猶知其爲音義也

沱山之石　案沱當作沲毛本不誤

浮于洛達于河　唐石經脫達于二字

隴西郡西縣冢山西漢水所出　宋板縣下有嶓字閩本纂傳無嶓字亦有縣字毛本縣作嶓案所改是也

是二者皆山名于江　閩本同毛本于上有沱出二字案所補是也

差復益小　宋板小作少

織金罽　古本作織皮金罽也。按史記集解金作今

胡人續羊毛作衣　盧文弨云續當本是績字

桓水自西傾山南行　各本皆同毛本自誤是。按段玉裁按本作桓水名自西傾山南行

皆云西距黑水　宋板同毛本距作據

涇屬渭汭　陸氏曰汭本又作內同

出安定涇陽縣西岍頭山　纂傳岍作笄案漢志作幵師古注云幵音苦見反

同之於渭　盧文弨云史記集解作同于渭也是

杜林以爲燉煌郡　宋板閩本纂傳同毛本燉作敦。按作敦煌與漢書地理志合唐人乃作燉見元和郡縣志

禹治水未已竄三苗　浦鏜云未下疑脫平字許宗彥云未字當在禹下治上

石而似玉　閩本葛本同岳本纂傳玉作珠萬歷本珠作玉毛氏本與古本宋板同按作玉誤也作珠與疏標目合初學記地部上琅玕石似珠也注云出尚書注此作珠之證古本珠下有者也二字史記集解作石名而似珠者

太岳上黨西　古本史記集解岳下有在字與疏合

而後條列所治水於下　陸氏曰列本或作別

豫章歷陵縣南有博陽山　浦鏜云博陽漢志作傅易師古曰傅讀曰敷易古陽字朱長孺曰韻會敷古作敷隸作傅史世家傅錫庶民漢文傅納以言是也傅陽山字當作敷敷轉爲傅傅轉爲博耳。按此或刊本之誤傳中博字疑亦當作傅但陸氏不爲音未可遽改

導弱水　陸氏曰弱本或作溺

傳合黎至沙　毛本沙下有東字

河自龍門南流至華山　古本史記集解華下有陰字

北至東行　古本岳本宋板史記集解纂傳至作而

山見水中若柱然　纂傳柱上有底字

東過洛汭至于大伾　陸氏曰伾本又作岯。按段玉裁云東京賦底柱輟流鐔以大岯善注引東過大岯此正釋文又作之本也

一成岯　閩本明監本同毛本岯作伾

北過降水　降蔡氏作洚。按此與大禹謨降水字同義異說文洚水不遵道一曰下也然則禹謨降字可作洚此降字必不可作洚也唐石經宋臨安石經亦俱作降知自古無作洚者

在大陸之內　閩本明監本同毛本內作南

北近降水也　宋板北作此

至漾中東流爲漢水　古本岳本流作行。按纂傳亦作流

分爲三　史記集解三下有道字

遂爲北江而入海　岳本入上有南字古本入海作入于海也按史記集解纂傳俱與今本同

山水同今變易　許宗彦曰同蓋古字誤案宗彦說得之下云是古今同之驗也同上亦疑脫不字

又東至于澧　案澧史記漢書俱作醴鄭氏以醴爲陵名亦不從水史記索隱曰騷人所歌濯余佩於醴浦明醴是水孔安國馬融解得其實又虞喜志林以醴是江沅之別流而醴字作澧也據此則以醴爲澧始於虞喜志林安國本作醴與馬鄭同耳

東迆北會于匯　顧炎武曰石經及監本注疏皆同史記夏本紀亦作于匯今本作爲匯非石經考文提要云坊本作爲匯沿董鼎書傳

都其北會爲彭蠡　葛本正嘉本監本同毛本其作共案其字誤也又古本無爲字與疏及史記集解合按經文于作爲傳中加爲字其誤一也

濟水在河東垣縣王屋山　宋板在作出

菏澤之水　古本菏作荷

與泗沂二水合入海　葛本泗誤作四岳本合入海作合入于海與疏標目不合纂傳作合而入海按史記集解與今本同

鳥鼠共爲雌雄　古本岳本宋板雌雄二字倒與史記集解合纂傳與今本同

漆沮二水名　按二當作一洛水一名漆沮可證也孫志祖云詩緜疏引孔安國云漆沮一名洛水漆沮爲一今作二水名誤也

沮水出北池直路縣　宋板同毛本池作地。按水經作地不作池

會同于京師　古本岳本宋板纂傳俱無于字

相與共治之　宋板無相字

祚四岳　毛本祚作胙案胙祚正俗字

去王城面五百里　古本里下有內字依史記集解增集解面作近閩本王誤壬

百里賦納總　陸氏曰納本又作內音同

銍刈謂禾穗　古本作所銍刈謂禾穗也按所字依史記集解增

安服王者之政教　古本岳本宋板俱無之字與疏及史記集解合

役賓服當此綏服　毛本役作彼役字誤也

以文武侯衛爲安　閩本明監本侯作教

稅徵差簡　毛本徵作徵案徵字是也

不服蠻來之也　宋板同毛本服作復案復字是也

至減太半　毛本太作大太字非也

使各有寘宇　浦鏜云寘國語作寧按詩頌殷武正義亦作寘當舊本作寘字也

別有九里　毛本里作服案服字是也閩本亦誤

正義義曰考工記　案義曰二字復衍

尚書注疏挍勘記卷六　會昌縣知縣候補知州會曄春栞

附釋音尚書注疏卷第七

甘誓第二

夏書　孔氏傳　孔穎達疏

啓與有扈戰于甘之野作甘誓　夏啓嗣禹征伐有扈之罪。啓禹子嗣禹爲天子也扈音戶有扈國名與夏同姓馬云姒姓之國爲無道者案京兆鄠縣即有扈之國也甘有扈郊地名馬云南郊地也甘水名今在鄠縣西誓馬云軍旅曰誓會同曰誥〔疏〕啓與至甘誓。正義曰夏王啓之時諸侯有扈氏叛王命率衆親征之有扈氏發兵拒啓啓與戰于甘地之野。將戰集將士而誓戒之史敘其事作甘誓。傳夏啓至之罪。正義曰孟子稱禹薦益於天七年禹崩之後益避啓於箕山之陰天下諸侯不歸益而歸啓曰吾君之子也啓遂即天子位史記夏本紀稱啓立有扈氏不服故伐之蓋由自堯舜受禪相承啓獨見繼父以此不服故云夏啓嗣禹立伐有扈之罪言繼立者見其由嗣立故不服也

甘誓　甘有扈郊地名將戰先誓〔疏〕甘誓。正義曰發首二句敘其誓之由其王曰已下皆是誓之辭也曲禮云約信曰誓將與敵戰恐其損敗與將士設約示賞罰之信也將戰而誓是誓之大者禮將祭而號令齊百官亦謂之誓周禮大宰云祀五帝則掌百官之誓戒鄭玄云誓戒要之以刑重失禮也明堂云所謂各揚其職百官廢職服大刑是誓辭之略也彼亦是約信但小於戰之誓馬融云軍旅曰誓會同曰誥誥誓俱是號令之辭意小異耳。傳甘有至先誓。正義曰地理志扶風鄠縣古扈國夏啓所伐者也鄠扈音同未知何故改也啓伐有扈必將至其國乃出兵與啓戰故以甘爲有扈之郊地名馬融云甘有扈南郊地名計啓西行伐之當在東郊融則扶風人或當知其處也將戰先誓誓是臨戰時也甘誓牧誓費誓皆取誓地爲名湯誓舉其王號泰誓不言武誓者皆史官不同故立名有異耳泰誓未戰而誓故別爲之名秦誓自悔而誓非爲戰誓自約其心故舉其國名

大戰于甘乃召六卿　天子六軍其將皆命卿。將子匠反　王曰嗟六事之人　各有軍事故曰六事　予誓告汝有扈氏威侮五行怠棄三正　五行之德王者相承所取法有扈與夏同姓恃親而不恭是則威虐侮慢五行怠惰棄廢天地人之正道言亂常。侮亡甫反正如字徐音征馬云建子建丑建寅三正也惰徒臥反　天用勦絕其命　用其失道故勦截也截絕謂滅之。勦子六反玉篇子小反馬本作巢與玉篇切韻同　今予惟恭行天之罰　恭奉也言欲截絕之。罰音伐　左不攻于左汝不恭命　左車左左方主射攻治也治其職　右不攻于右汝不恭命　右車右勇力之士執戈矛以退敵　御非其馬之正汝不恭命　御以正馬爲政三者有失皆不奉我命。御魚慮反　用命賞于祖　天子親征必載遷廟之祖主行有功則賞祖主前示不專　弗用命戮于社　天子親征又載社主謂之社事不用命奔北者則戮之於社主前社主陰陰主殺親祖嚴社之義。戮音六北如字又音佩軍走曰北　予則孥戮汝　孥子也非但止汝身辱及汝子言恥累也。孥音奴累劣僞反〔疏〕大戰至戮汝。正義曰史官自先敘其事啓與有扈大戰于甘之野將欲交戰乃召六卿令與衆士俱集王乃言曰嗟重其事故嗟嘆而呼之汝六卿者各有軍事之人我設要誓之言以勑告汝今有扈氏威虐侮慢五行之盛德怠惰棄廢三才之正道上天用失道之故今欲截絕其命天既如此故我今惟奉行天之威罰不敢違天也我既奉天汝當奉我汝諸士衆在車左者不治理於車左之事是汝不奉我命在車右者不治理於車右之事是汝不奉我命御車者非其馬之正令馬進退違戾是汝不奉我命若用我命者我則賞之於祖主之前若不用我命則戮之於社主之前所戮者非但止汝身而已我則并殺汝子以戮辱汝汝等不可不用我命以求殺敵戒之使齊力戰也。傳天子至命卿。正義曰將戰而召六卿明是卿爲軍將天子六軍其將皆命卿周禮夏官序文也鄭玄云夏亦然則三王同也經言大戰者鄭玄云天子之兵故曰大孔無明說蓋以六軍並行威震多大故稱大戰。傳各有至六事。正義曰卿爲軍將故云乃召六卿及其誓之非六卿而已鄭玄云變六卿言六事之人者言軍吏下及士卒也下文戒左右與御是徧勑在軍之士步卒亦在其閒六卿之身及所部之人各有軍事故六事之人爲摠呼之辭。傳五行至亂常。正義曰五行水火金木土也分行四時各有其德月令孟春三日太史謁於天子曰某日立春盛德在木夏云盛德在火秋云盛德在金冬云盛德在水此五行之德王者雖易姓相承其所取法同也言王者共所取法

而有扈氏獨侮慢之所以爲大罪也且五行在人爲仁義禮智信威侮五行亦爲侮慢此五常而不行也有扈與夏同姓恃親而不恭天子廢君臣之義失相親之恩五常之道盡矣是威侮五行也無所畏忌作威虐而侮慢之故云威虐侮慢易說卦云立天之道曰陰與陽立地之道曰柔與剛立人之道曰仁與義物之爲大無大於此者周易謂之三才人生天地之間莫不法天地而行事以此知怠惰棄廢天地人之正道棄廢此道言亂常也孔馬鄭王與皇甫謐等皆言有扈與夏同姓並依世本之文楚語云昭王使觀射父傳太子射父辭之曰堯有丹朱舜有商均夏有觀扈周有管蔡是其恃親而不恭也周語云帝嘉禹德賜姓曰姒禹始得姓有扈與夏同姓則爲啓之兄弟如此者蓋禹未賜姓之前以姒爲姓故禹之親屬皆已姓姒帝嘉其德又以姒顯揚之之猶若伯夷國語稱賜姓曰姜然伯夷是炎帝之後未賜姓之前先爲姜姓與此同也故有扈以爲夏之同姓。傳用其至滅之。正義曰天子用兵稱恭行天罰諸侯討有罪稱肅將王誅皆示有所稟承不敢專也有扈既有大罪宜其絕滅故原天之意言天用其失道之故欲截絕其命謂滅之也勦是斬斷之義故爲截也。傳左車至其職。正義曰歷言左右及御此三人在一車之上也故左爲車左則右爲車右明矣宣十二年左傳云楚許伯御樂伯攝叔爲右以致晉師樂伯曰吾聞致師者左射以菆攝叔曰吾聞致師者右入壘折馘執俘而還是左方主射右主擊刺而御居中也御言正馬而左右不言所職者以戰主殺敵左右用兵是戰之常事故略而不言御惟主馬故特言之互相明也此謂凡常兵車甲士三人所主皆如此耳若將之兵車則御者在左勇力之士在右將居鼓下在中央主擊鼓與軍人爲節度成二年左傳說晉伐齊云晉解張御郤克鄭丘緩爲右郤克傷於矢未絕鼓音曰余病矣張侯曰自始合而矢貫余手及肘余折以御左輪朱殷豈敢言病郤克傷於矢而鼓音未絕張侯爲御而血染左輪是御在左而將居中也攻之爲治常訓也治其職者左當射人右當擊刺是其所掌職事也。傳御以至我命。正義曰御以正馬爲政言御之政事事在正馬故馬不正則罪之詩云兩驂如手傳云進止如御者之手是爲馬之正也左右與御三者有失言皆不奉我命以御在後故揔解之。傳天子至不專。正義曰曾子問云孔子曰天子巡守以遷廟之主行載於齊車言必有尊也恐守尚然征伐必也故云天子親征必載遷廟之祖主行有功則賞祖主前示不專也周禮大司馬云若師不功則厭而奉主車鄭玄云厭伏冠也奉猶送也送主歸於廟與社亦是征伐載主之事也。傳天子至之義。正義曰定四年左傳云君以軍行祓社釁鼓祝奉以從是天子親征又載社主行也郊特牲云惟爲社事單出里故以社事言之不用命奔北者則戮之於社主之前奔北謂背陳走也所以刑賞異處者社主陰陰主殺則祖主陽陽主生禮左宗廟右社稷是祖陽而社陰就祖賞就社殺親祖嚴社之義也大功大罪則在軍賞罰其偏敘諸勳乃至太祖賞耳。傳孥子至恥累也。正義曰詩云樂爾妻孥對妻別文是孥爲子也非但止辱汝身并及汝子亦殺言以恥惡累之湯誓云予則孥戮汝傳曰古之用刑父子兄弟罪不相及今云孥戮汝權以脅之使勿犯此亦然也

五子之歌第三

夏書　孔氏傳　孔穎達疏

太康失邦啓子也盤于遊田不恤民事爲羿所逐不得反國昆弟五人須于洛汭作五子之歌太康五弟與其母待太康於洛水之北怨其不反故作歌。五子名字書傳無聞仲康蓋其一也。須馬云止也汭如鋭反本又作内音同

【疏】太康至之歌。正義曰啓子太康以遊畋棄民爲羿所逐失其邦國其未失國之前畋于洛水之表太康之弟更有昆弟五人從太康畋獵與其母待太康于洛水之北太康爲羿所距不得反國其弟五人即啓之五子並怨太康各自作歌史敘其事作五子之歌。傳太康至作歌。正義曰昆弟五人自有長幼故稱昆弟嫌是太康之昆故云太康之五弟

五子之歌啓之五子因以名篇

【疏】五子之歌。正義曰史述作歌之由先敘失國之事其一日以下乃是歌辭此五子作歌五章每章各是一人之作辭相連接自爲終始初言皇祖有訓末必則指怨太康必是五子之歌相顧從輕至甚其一其二蓋是昆弟之次或是作歌之次不可知也。傳啓之至名篇。正義曰直言五子不知謂誰故言啓之五子太康之弟敘怨作歌不言五弟而言五子者以其述祖之訓故繫父以言之

太康尸位以逸豫尸主也主以尊位爲逸豫不勤。逸本又作佾豫本又作忬音同滅厥德黎民咸貳君喪其德則衆民皆二心矣。黎力兮反喪息浪反乃盤遊無度盤樂遊逸無法度。盤步干反本或作槃度如字樂如字畋于有洛之表十旬弗反洛水之表水之南十日曰旬田獵過

百日不還○畋音田。有窮后羿因民弗忍，距于河。有窮國名，羿諸侯名。距太康於河，不得入國，遂廢之。○羿五計反，徐胡細反。距音巨。厥弟五人御其母以從，御，待也。言從畋。○從如字，或作才用反，非。徯于洛之汭。五子咸怨，待太康，怨其久畋失國。○徯胡啓反。述大禹之戒以作歌。述，循也。歌以敍怨。

〔疏〕太康至作歌○正義曰：天子之在天位，職當牧養兆民。太康主以尊位，用爲逸豫，滅其人君之德，衆人皆有二心。太康乃復愛樂遊逸，無有法度，畋獵於洛水之表，一出十旬不反。有窮國君其名曰羿，因民不能堪忍太康之惡，率衆距之于河，不得反國。太康初去之時，其弟五人待其母以從太康，太康畋于洛南，五弟待於洛北。太康久而不反，致使羿距於河。五子皆怨太康，追述大禹之戒以作歌，而各敍已怨之志也。其弟待母以從太康，太康初去即然，待於洛水之北，以冀太康速反。羿既距之，五子乃怨。史述太康之惡，既盡然後言其作歌，故令羿距之文乃在母從之上，作文之勢當然也。○傳尸主也○正義曰：釋詁文。○傳有窮至廢之○正義曰：襄四年左傳曰：「夏之方衰也，后羿自鉏遷于窮石。」然則羿居窮石，故

曰有窮。國名窮，是諸侯之國；羿是其君之名也。說文云：「羿，帝嚳射官也。」賈逵云：「羿之先祖，世爲先王射官，故帝賜羿弓矢，使司射。」淮南子云：「堯時十日並生，堯使羿射九日而落之。」楚辭天問云：「羿焉彈日？烏解羽。」歸藏易亦云：「羿彈十日。」說文云：「彈者，射也。」此三者言雖不經，以取信要，言帝嚳時有羿，堯時亦有羿，則羿是善射之號，非復人之名字。信如彼言，則不知羿名爲何也。夏都河北，洛在河南，距太康於河北，不得入國，遂廢太康耳。羿猶立仲康，不自立也。○傳述循至敍怨○正義曰：述，循，釋詁文。循其所戒，用作歌以敍怨也。其一曰「皇祖有訓」，其二曰「訓有之」，是述大禹之戒也。其三恨亡國都，其四恨絕宗祀，其五言追悔無及，直是指怨太康，非爲述祖戒也。本述戒作歌，因即言及時事，故言祖戒以摠之。

其一曰：皇祖有訓，民可近，不可下。皇，君也。君祖禹有訓戒。近謂親之，下謂失分。○近，附近之近。分，扶問反。民惟邦本，本固邦寧。言人君當固民以安國。予視天下愚夫愚婦一能勝予，言能畏敬小民，所以得衆心。一人三失，怨豈在明？不見是圖。三失，過非一也。不見，是謀備其微。○三如

字，又息暫反。見，賢遍反。予臨兆民，懍乎若朽索之馭六馬，十萬曰億，十億曰兆，言多。懍，危貌。朽，腐也。腐索馭六馬，言危懼甚。○懍力甚反。朽，許久反。馭音御。腐，扶甫反。爲人上者，奈何不敬？能敬則不驕，在上不驕，則高而不危。

〔疏〕其一至不敬○正義曰：我君祖大禹有訓戒之事，言民可親近，不可卑賤輕下，令其失分則人懷怨，則事上之心不固矣。民惟邦國之本，本固則邦寧。言在上不可使人怨也。我視天下之民，愚夫愚婦一能過勝我，安得不敬畏之也？所以畏其怨者，一人之身三度有失，凡所過失，爲人所怨，豈在明著大過？皆由小事而起，言小事不防，易致大過，故於不見細微之時，當於是豫圖謀之，使人不怨也。我臨兆民之上，常畏人怨，懍懍乎危懼若腐索之馭六馬，索絕則馬逸，言危懼之甚。人之可畏如是，爲民上者，奈何不敬慎乎？怨太康之不恤下民也。○傳皇君至失分○正義曰：皇，君，釋詁文。述禹之戒，知君祖是禹，禹有訓也。民可近者，據君爲文，近謂親近之也。下謂卑下輕忽之，失本分也。奪其農時，勞以橫役，是失分也。故下云「予視天下愚夫愚婦一能勝予」，是畏敬下民也。○傳言能至衆心○正義曰：我視愚夫愚婦當能勝我身，是畏敬小民也。由能長

敬小民，故以小民從命，是得衆心也。○傳三失至其微○正義曰：顧氏云：「怨豈在明？未必皆在明著之時，必於未形之日思善道以自防衛之，是備慎其微也。」○傳十萬至懼甚○正義曰：古數十萬曰億，十億曰兆，言多也。懍懍，心懼之意，故爲危貌。朽腐，常訓也。腐索馭六馬，索絕馬驚，馬驚則逸，言危懼甚也。經傳之文惟此言六馬，漢世此經不傳，餘書多言駕四者。春秋公羊說「天子駕六」，毛詩說「天子至大夫皆駕四」。許慎案王度記云「天子駕六」。鄭玄以周禮校人養馬，乘馬一師四圉，四馬曰乘。康王之誥云「皆布乘黃朱」，以爲天子駕四。漢世天子駕六，非常法也。然則此言馬多懼深，故舉六以言之。

其二曰：訓有之，内作色荒，外作禽荒。作，爲也。迷亂曰荒。色，女色。禽，鳥獸。

〔疏〕傳作爲至鳥獸○正義曰：作，爲，釋言文。昭元年左傳晉平公近女色過度，惑以喪志。老子云：「馳騁田獵，令人心發狂。」好色好田，則精神迷亂，故迷亂曰荒。女有美色，男子悅之，經傳通謂女人爲色。獵則鳥獸並取，故以禽爲鳥獸也。

甘酒嗜音，峻宇彫牆。甘、嗜無厭足。峻，高大。彫，飾畫。○甘，一音戶甘反。嗜，市志反。峻，思俊反。牆，慈羊反。厭，於鹽反，又於豔反。有一于此，未或不亡。此六

者，棄德之君必有其一，有一必亡，況兼有乎？

其三曰：惟彼陶唐，有此冀方。陶唐，帝堯氏，都冀州，統天下四方。

〔疏〕傳「陶唐至四方」。○正義曰：世本云：帝堯爲陶唐氏。韋昭云：陶唐皆國名，猶湯稱殷商也。案書傳皆言堯以唐侯升爲天子，不言封於陶。唐陶唐二字或共爲地名，未必如昭言也。以天子王有天下，非獨冀州一方，故以冀方爲都，冀州統天下四方。堯都平陽，舜都蒲坂，禹都安邑，相去不盈二百，皆在冀州。自堯以來，其都不出此地，故舉陶唐以言之。

今失厥道，亂其紀綱，乃底滅亡。言失堯之道，亂其法制，自致滅亡。○底，之履反。

其四曰：明明我祖，萬邦之君。有典有則，貽厥子孫。君萬國爲天子，典謂經籍，則，法，貽，遺也。言仁及後世。○貽，以之反。遺，唯季反。

關石和鈞，王府則有。荒墜厥緒，覆宗絕祀。金鐵曰石，供民器用，通之使和平，則官民足。言古制存而太康失其業，以取亡。○覆，芳服反。供音恭。

〔疏〕其四至絕祀。○正義曰：有明明之德，我祖大禹也。以有明德，爲萬邦之君，謂爲天子也。有治國之典，有爲君之法，遺其後世之子孫，使法則之。又關通衡石之用，使之和平，人既足用，王之府藏則皆有矣。典存國富，宜以爲政。今太康荒廢墜失其業，覆滅宗族，斷絕祭祀。言太康棄典法，所以滅宗祀也。○傳「君萬至後世」。○正義曰：萬邦之君，謂君統萬國爲天子也。典謂先王之典，可憑據而行之，故爲經籍。則，法，釋詁文。典謂先王舊典，法謂當時所制，其事不爲大異，重言以備文耳。貽，遺，釋言文。以典法遺子孫，言仁恩及後世。○傳「金鐵至取亡」。○正義曰：關者，通也。名石而可通者，惟衡量之器耳。律歷志云：二十四銖爲兩，十六兩爲斤，三十斤爲鈞，四鈞爲石。是石爲稱之最重，以石而稱，則爲重物，故金鐵曰石，言絲絲止於斤兩，金鐵乃至於石，舉石而言之，則止稱之物皆通之也。傳取金鐵重物以解言石之意，非謂所關通者惟金鐵耳。米粟則斗斛以量之，布帛則丈尺以度之，惟言關通衡，則度量之物懋遷有無亦關通矣。舉一以言之耳。衡石所稱之物以供民之器用，其土或有或無，通使和平也。論語云：百姓足，君孰與不足。民既足用，則官亦富饒，故通之使和平，則官民皆足。定有典有法可依而行，官民足，可坐而守。言古制存而太康失其業，所以亡也。訓緒爲業。費氏、顧氏等意云：通金鐵於人，官不禁障，民得取之以供器用。器既具，所以上下充足。以金鐵皆從石而生，則金鐵亦石之類也。故漢書五行志云：石爲怪異，人金不從革之條。費、顧之義亦得通也。

其五曰：嗚呼曷歸？予懷之悲。曷，何也。言思而悲。○曷，戶割反。

萬姓仇予，予將疇依？仇，怨也。言當依誰以復國乎？

鬱陶乎予心，顏厚有忸怩。鬱陶，言哀思也。顏厚，色愧。忸怩，心慙。慙愧於仁人賢士。○鬱音蔚。陶音桃。鬱陶，憂思也。忸，女六反。怩，女姬反，徐乃私反。思，息嗣反。

弗慎厥德，雖悔可追？言人君行已不慎，其德以速滅敗，雖欲改悔，其可追及乎？言無益。○雖如字，或作雖。

〔疏〕其五至可追。○正義曰：嗚呼，太康已覆滅矣，我將何所依歸？我以此故思之而悲。太康爲惡，毒徧天下，萬姓皆共仇我，我將誰依就乎？鬱陶而哀思乎，我之心也。我以此故外貌顏厚，而內情忸怩，羞慙由太康不慎其德，以致此見距，雖欲改悔，其可追及之乎？事已往矣，不可如何。從首漸怨至此爲深，皆是羿距時事也。○傳「仇怨至國乎」。○正義曰：桓二年左傳云：怨耦曰仇，故爲怨也。羿距於河，不得復反，乃思太康欲歸依之，言當依誰以復國乎？○傳「鬱陶至賢士」。○正義曰：孟子稱舜弟象見舜云：思君爾，鬱陶。鬱陶，精神憤結積聚之意，故爲哀思也。詩云：顏之厚矣。羞愧之情見於面，貌似如面皮厚然，故以顏厚爲色愧。忸怩，羞不能言，心慙之狀。小人不足以知得失，故慙愧於仁人賢士。

胤征第四

夏書　孔氏傳　孔穎達疏

羲和湎淫，廢時亂日，羲氏和氏世掌天地四時之官，自唐虞至三代世職不絕。承太康之後，沈湎於酒，過差非度，廢天時，亂甲乙。○湎，徐音緬，面善反。差，初賣反，又初佳反。胤往征之，

作胤征。胤國之君受王命往征之。○胤，國名。胤征。奉辭罰罪曰征。

〔疏〕羲和至胤征。○正義曰：羲氏和氏世掌天地四時之官，今乃沈湎於酒，過差非度，廢天時，亂甲乙，不以所掌爲意。胤國之侯受王命往征之。史敘其事，作胤征。○傳「羲氏至甲乙」。○正義曰：羲氏和氏世掌天地四時之官，堯典所言是其事也。羲和是重黎之後，楚語稱堯育重黎之後，使典天地，以至于夏商，是自唐虞至三代世職不絕，故此時羲和仍掌時日。以太康逸豫，臣亦縱弛，此承太康之後，於今仍亦懈惰，沈湎于酒，過差非度，廢天時，亂甲乙，是其罪也。經云：酒荒于厥邑，惟言荒酒，不言好色，故訓

淫爲過言耽酒爲過差也聖人作曆數以紀天時不存曆數是廢天時也日以甲乙爲紀不知日食是亂甲乙也。傳奉辭罰罪。正義曰奉責讓之辭伐不恭之罪名之曰征征者正也伐之以正其罪**惟仲康肇位四海**羿廢太康而立其弟仲康爲天子。肇音兆**胤侯命掌六師**仲康命胤侯掌王六師爲大司馬**羲和廢厥職酒荒于厥邑**舍其職官還其私邑以酒迷亂不修其業。舍音捨**胤后承王命徂征**徂往也就其私邑往討之〔疏〕惟仲康至徂征。正義曰惟仲康始即王位臨四海胤國之侯受王命爲大司馬掌六師於是有羲氏和氏廢其所掌之職縱酒荒迷亂于私邑胤國之君承王命往征之。傳羿廢至天子。正義曰以羿距太康於河於時必廢之也夏本紀云太康崩弟仲康立襄四年左傳云羿因夏民以代夏政則羿於其後簒天子之位仲康不能殺羿必是羿握其權知仲康之立是羿立之矣故云羿廢太康而立其弟仲康爲太子計五子之歌仲康當是其一仲康必賢於太康但形勢既衰政由羿耳羿在夏世爲一代大賊左傳稱羿既簒位寒浞殺之羿滅夏后相相子少康始滅浞復夏政計羿浞相承向有

尚書疏七　九

百載爲夏亂甚矣而夏本紀云太康崩其弟仲康立仲康崩子相立相崩子少康立都不言羿浞之事是馬遷之說疏矣**告于衆曰嗟予有衆**誓勑之**聖有謨訓明徵定保**徵證保安也聖人所謨之教訓爲世明證所以定國安家**先王克謹天戒臣人克有常憲**言君能愼戒臣能奉有常法**百官修輔厥后惟明明**修職輔君君臣俱明**每歲孟春遒人以木鐸徇于路**遒人宣令之官木鐸金鈴木舌所以振文教。遒在由反鐸待洛反鈴音令**官師相規工執藝事以諫**官衆衆官更相規闕百工各執其所治技藝以諫諫失常。藝本又作埶更音庚技其綺反**其或不恭邦有常刑**言百官廢職服大刑〔疏〕告于至常刑。正義曰胤侯將征羲和告于所部之衆曰嗟乎我所有之衆人聖人有謨之訓所以爲世之明證可以定國安家其所謀者言先王能謹愼敬畏天戒臣人者能奉先王常法百官修常職輔其君君臣相與如是則君臣俱明惟爲明

君明臣言君當謹愼以畏天臣當守職以輔君也先王恐其不然大開諫爭之路每歲孟春遒人之官以木鐸徇于道路以號令臣下使在官之衆更相規闕百工雖賤令執其藝能之事以諫上之失常其有違諫不恭謹者國家則有常刑。傳徵證至安家。正義曰成八年左傳稱晉殺趙括欒郤爲徵徵是證驗之義故爲證也能自保守是安定之義故爲安也聖人將爲教訓必謀而後行故言所謀之教訓聖人之言必有其驗故爲世之明證用聖人之謨訓必有成功故所以定國安家。傳言君至常法。正義曰王者代天理官故稱天戒臣人奉主法令故言常憲君當奉天臣當奉君言君能戒愼天戒也臣能奉有常法奉行君法也此謂大臣下云百官修輔謂衆臣。傳遒人至文教。正義曰以執木鐸徇于路是宣令之事故言宣令之官周禮無此官惟小宰云正歲師理官之屬而觀治象之法徇以木鐸曰不用法者國有常刑宣令之事略與此同似別置其官非如周之小宰名曰遒人不知其意蓋訓遒爲聚聚人而令之故以爲名也禮有金鐸木鐸鐸是鈴也其體以金爲之明舌有金木之異知木鐸是木舌也周禮教鼓人以金鐸通鼓大司馬教振旅兩司馬執鐸明堂位云振木鐸於朝是武事振金鐸文事振木鐸今云木鐸故云所以振文教也。傳官衆至失常。正義曰

尚書疏七　十

相規相平等之辭故官衆謂衆官相規謂更相規闕平等有闕已尚相規見上之過諫之必矣百工各執其所治技藝以諫謂被遣作器工有奢儉若月令云無作淫巧以蕩上心見其淫巧不正當執之以諫諫失常也百工之職猶令進諫則百工以上不得不諫矣。傳言百至大刑。正義曰百官廢職服大刑明堂位文也顧氏云百官衆臣其有廢職懈怠不恭謹者國家當有常刑**惟時羲和顚覆厥德**顚覆言反倒將陳羲和所犯故先舉孟春之令犯令之誅。覆芳服反倒丁老反**沈亂于酒畔官離次**沈謂醉冥失次位也。離如字又力智反冥莫定反又亡丁反**俶擾天紀遐棄厥司**俶始擾亂遐遠也紀謂時日司所主也。俶本又作俶亦作叔同尺六反擾而小反**乃季秋月朔辰弗集于房**辰日月所會房所舍之次集合也不合即日食可知**瞽奏鼓嗇夫馳庶人走**凡日食天子伐鼓於社責上公瞽樂官樂官進鼓則伐之嗇夫主幣之官馳取幣禮天神衆人走供救日食之百役也。嗇音色馳車馬曰馳走步曰走供音恭**羲和尸厥官罔**

聞知主其官而無聞知於日食之變異所以罪重昏迷于天象以干先王之誅闇錯天象言昏亂之甚干犯也政典曰先時者殺無赦政典夏后爲政之典籍若周官六卿之治典先時謂歷象之法四時節氣弦望晦朔先天時則罪死無赦○先悉薦反又如字注先時先天同赦亦作赦治直吏反不及時者殺無赦不及謂歷象後天時雖治其官苟有先後之差則無赦況廢官乎○後胡豆反〔疏〕惟時至無赦○正義曰言不誅尚有刑廢職懈怠是爲大罪惟是羲和顛倒其奉上之德而沈沒昏亂於酒違叛其所掌之官離其所居位次始亂天之紀綱遠棄所主之事乃季秋九月之朔日月當合於辰其日之辰日月不合於舍不得合辰謂日被月食日有食之禮有救日之法於是瞽人樂官進鼓而擊之嗇夫馳驟而取幣以禮天神庶人奔走供救日食之百役此爲災異之大羣官促遽若此羲和主其官而不聞知日食是大罪也此羲和昏闇迷錯於天象以犯先王之誅此罪不可赦也故先王爲政之典曰主歷之官爲歷之法節氣先天時者殺無殺不及時者殺無赦失前失後尚猶合殺況乎不知日食其罪不可赦也況彼罪之大言已所以征也○

傳顛覆至之誅○正義曰顛覆言反倒謂人反倒也人當豎立今乃反倒猶臣當事君今乃廢職似人之反倒然言臣以事君爲德故言顛覆厥德胤侯將陳羲和之罪故先舉孟春之令犯令之誅舉輕以見重小事犯令猶有常刑況叛官離次爲大罪乎○傳沈謂至次位○正義曰沒水謂之沈大醉冥然無所復知猶沈水然故謂醉爲沈○傳傲始至所主○正義曰傲始遐遠皆釋詁文擾謂煩亂故爲亂也洪範五紀五曰歷數歷數所以紀天時此言天紀謂時日此時日之事是羲和所司言棄其所主○傳辰日至可知○正義曰昭七年左傳曰晉侯問於士文伯曰何謂辰對曰日月之會是謂辰是一辰爲日月之會日月俱右行於天日行遲月行疾日每日行一度月日行十三度十九分度之七計二十九日過半月已行天一周又逐及日而與日聚會謂此聚會爲辰一歲十二會故爲十二辰即子丑寅卯之屬是也房謂室之房也故爲所舍之次計九月之朔日月當會於大火之次釋言云集會也會即是合故爲合也日月當聚會共舍今言日月不合於舍則是日月可知也日食者月掩之也月體掩日日被月映即不成共處故以不集言日食也或以爲房謂房星九月日月會于大火之次房心共爲大火言辰在房星事有似矣知不然者以集是止舍之處言其不集於舍故得以表日食若言不集於房星似太遲太疾惟可見歷錯不得以表日食也且日之所在星宿不見正可推算以知之非能舉目見之君子愼疑寧當以日在之宿爲文以此知其必非房星也○傳凡日至百役○正義曰文十五年左傳云日有食之天子不舉伐鼓于社諸侯用幣于社伐鼓于朝杜預以爲伐鼓于社責羣陰也此傳言責上公者郊特牲云社祭土而主陰氣也君南嚮北墉下答陰之義也是言社主陰也日食陰侵陽故杜預以爲責羣陰也昭二十九年左傳云封爲上公祀爲貴神社稷五祀是尊是奉是社祭句龍爲上公之神也日食臣侵君之象故傳以爲責上公亦當羣陰上公並責之也周禮瞽矇之官掌作樂瞽爲樂官樂官用無目之人以其無目於音聲審也詩云奏鼓簡簡謂伐鼓爲奏鼓知樂官進鼓則伐之周禮太僕軍旅田役贊王鼓救日月亦如之鄭玄云王通鼓佐擊其餘面則救日之時王或親鼓莊二十五年穀梁傳曰天子救日置五麾陳五兵五鼓陳既多皆樂人伐之周禮無嗇夫之官禮云嗇夫承命告于天子鄭玄云嗇夫蓋司空之屬也嗇夫主幣禮無其文此云嗇夫馳必馳走有所取也左傳云諸侯用幣則天子亦當有用幣之處嗇夫必是主幣之官馳取幣也社神尊於諸侯故諸侯用幣於社以請救天子伐鼓于社必不用幣知嗇夫馳取幣禮天神庶人走

蓋是庶人在官者謂諸侯胥徒也其走必有事知爲供救日食之百役也曾子問云諸侯從天子救日食各以方色與其兵周禮庭氏云救日之弓矢是救日必有多役庶人走供之鄭注庭氏云以救日爲太陽之弓救月爲太陰之弓救日以枉矢救月以恆矢其鼓則蓋用祭天之雷鼓也昭十七年夏六月甲戌朔日有食之左傳云季平子曰惟正月朔慝未作日有食之於是乎有伐鼓用幣禮也其餘則否太史曰在此月也當夏四月是謂孟夏如彼傳文惟夏四月有伐鼓用幣禮餘月則不然此以九月日食亦奏鼓用幣者顧氏云夏禮異於周禮也○傳政典至無赦○正義曰胤侯夏之卿士引政典而不言古典則當時之書知是夏后爲政之典籍也周禮太宰掌建邦之六典以佐王治邦國一曰治典二曰教典三曰禮典四曰政典五曰刑典六曰事典若周官六卿之治典謂此也先時不及者謂此歷象之法四時節氣弦望晦朔不得先天時不得後天時四時各九十日有餘分爲八節節各四十五日有餘也節氣者周天三百六十五日四分日之一四時分之均分爲十二月則月各得三十日十六分日之七以初爲節氣半爲中氣故一歲有二十四氣也計十二月每月二十九日彊半也以月初爲朔月盡爲晦當月之中日月相望故以月半爲望望去晦朔皆不滿十五日也又半

此望去晦朔之數名之曰弦弦者言其月光正半如弓弦也晦者月盡無月言其闇也朔者蘇也言月死而更蘇也先天時者所名之日在天時之先假令天之正時當以甲子爲朔今歷乃以癸亥爲朔是造歷先天時也若以乙丑爲朔是造歷後天時也後卽是不及時也其氣望等皆亦如此

今予以爾有衆奉將天罰將行也奉王命行王誅謂殺湎淫之身立其賢子弟爾衆士同力王室尚弼予欽承天子威命以天子威命督其士衆使用命火炎崐岡玉石俱焚山脊曰岡崐山出玉言火逸而害玉○崐音昆天吏逸德烈于猛火逸過也天王之吏爲過惡之德其傷害天下甚於火之害玉猛火烈矣又烈於火殲厥渠魁脅從罔治殲滅渠大魁帥也指謂羲和罪人之身其脅從距王師者皆無治○殲子廉反魁苦回反脅虛業反帥色類反舊染汙俗咸與惟新言其餘人久染汙俗本無惡心皆與更新一無所問○汙烏故反汙辱之汙又音烏涴泥著物也一音烏卧反嗚呼威克厥

愛允濟歎能以威勝所愛則必有成功愛克厥威允罔功以愛勝威無以濟衆信無功其爾衆士懋戒哉言當勉以用命戒以辟戮○懋音茂辟音避

〔疏〕今予至戒哉○正義曰羲和所犯如上故今我用汝所有之衆奉王命行天罰汝等衆士當同心盡力於王室庶幾輔我敬承天子之命使我伐必克之又恐兵威所及濫殺無辜故假喻以戒之火炎崐山之岡玉石俱被焚燒天王之吏爲過惡之德則酷烈甚於猛火宜誅惡存善不得濫殺滅其爲惡大帥罪止羲和之身其被迫脅而從距王師者皆無治責其罪久染汙穢之俗本無惡心皆與惟德更新一無所問又言將軍之法必有殺戮嗚呼重其事故歎而言之將軍威嚴能勝其愛心有罪者雖愛必誅信有成功若愛心勝其威嚴親愛者有罪不殺信無功矣言我雖愛汝有罪必殺其汝衆士宜勉力以戒愼哉勿違我命以取殺也○傳將行至子弟○正義曰將之爲行常訓也天欲加罪王者順天之罰則王誅也奉王命行王誅謂殺湎淫之身羲和之罪不及其嗣故知殺其身立其賢子弟楚語云重黎之後世掌天地四時之官至于夏商則此不滅其族故傳言此也○傳山脊至害玉○正義曰釋山云山脊曰岡孫炎曰長山之脊也以崐山出玉言火逸害玉喻誅惡害善也○傳逸過至於火○正義曰逸卽佚也佚是淫縱之名故爲過也天王之吏言位貴而威高乘貴勢而逞毒心或貶黜而害良善故爲過惡之德其傷害天下甚於火之害玉猛火爲烈甚矣又復烈之於火言其害之深也○傳殲滅至無治○正義曰殲盡也釋詁文舍人曰殲衆之盡也衆皆死盡爲殲也渠大魁帥無正訓以上殲厥渠魁謂滅其元首故以渠爲大魁爲帥史傳因此謂賊之首領爲渠帥本原出於此

自契至于成湯八遷十四世凡八徙國都○契息列反殷之始祖八遷之書史唯見四湯始居亳從先王居契父帝嚳都亳湯自商丘遷焉故曰從先王居○亳旁各反徐扶各反嚳苦毒反作帝告釐沃告來居治沃土二篇皆亡○告工毒反釐力之反沃徐烏酷反此五亡篇舊解是夏書馬鄭之徒以爲商書兩義並通

〔疏〕自契至釐沃○正義曰自此已下皆商書也序本別卷與經不連孔以經序宜相附近引之各冠其篇首此篇經亡序存文無所託不可以無經之序爲卷之首本書在此故附此卷之末契是商之始祖故遠本之自契至于成湯凡八遷都至湯始往居亳從其先王帝嚳舊居當時湯有言告史序其事作帝告釐沃二篇

○傳十四至國都○正義曰周語曰玄王勤商十四世而興玄王謂契也勤殖功業十四世至湯而興爲天子也殷本紀云契生昭明昭明卒子相土立相土卒子昌若立昌若卒子曹圉立曹圉卒子冥立冥卒子振立振卒子微立微卒子報丁立報丁卒子報乙立報乙卒子報丙立報丙卒子主壬立主壬卒子主癸立主癸卒子天乙立天乙是爲成湯是也契至成湯十四世凡八遷國都者商頌云帝立子生商是契居商也世本云昭明居砥石左傳稱相土居商丘及今湯居亳事見經傳者有此四遷其餘四遷未詳聞也鄭玄云契本封商國在太華之陽皇甫謐云今上洛商是也襄九年左傳云陶唐氏之火正閼伯居商丘相土因之杜預云今梁國睢陽宋都是也其砥石先儒無言不知所在自契至湯諸侯之國而得數遷都者蓋以時王命之使遷至湯乃以商爲天下號則都雖數遷商名不改今湯遷亳乃作此篇若是諸侯遷都則不得史錄其事以爲商書之首文在湯征諸侯伊尹去亳之上是湯將欲爲王時事史以商有天下乃追錄初興并湯征與汝鳩汝方皆是伐桀前事後追錄之也○傳契父至王居○正義曰先王天子也自契已下皆是諸侯且文稱契至湯今云從先王居者必從契之先世天子所居也世本本紀皆云契是帝嚳子知先王是契父帝嚳帝嚳本居亳今湯往

從之譽實帝也言先王者對文論優劣則有皇與帝及王之別散文則雖皇與帝皆得言王也故禮運云昔者先王未有宮室乃謂上皇爲王是其類也孔言湯自商丘遷焉以相土之居商丘其文見於左傳因之言自商丘徙耳此言不必然也何則相土契之孫也自契至湯凡八遷若相土至湯都遂不改豈契至相土三世而七遷也相土至湯必更遷都但不知湯從何地而遷亳耳必不從商丘遷也鄭玄云亳今河南偃師縣有湯亭漢書音義臣瓚者云湯居亳今濟陰亳縣是也今亳有湯冢已氏有伊尹冢杜預云梁國蒙縣北有亳城城中有成湯冢其西又有伊尹冢皇甫謐云孟子稱湯居亳與葛爲隣葛伯不祀湯使亳衆爲之耕葛即今梁國寧陵之葛鄉也若湯居偃師去寧陵八百餘里豈當使民爲之耕乎亳今梁國穀熟縣是也諸說不同未知孰是。傳告來至皆亡。正義曰經文既亡其義難明孔以意言耳所言帝告不知告誰序言從先王居或當告帝嚳也

湯征諸侯爲夏方伯得專征伐**葛伯不祀湯始征之**葛國伯爵也廢其土地山川及宗廟神祇皆不祀湯始伐之伐始於葛。祇巨支反

〔疏〕傳葛國至於葛。正義曰序言湯征諸侯知其人是葛國之君伯爵直云不祀文無指斥王制云山川神祇有不舉者爲不敬不敬者君削以地宗廟有不順者爲不孝不孝者君黜以爵是言不祀必廢其土地山川之神祇及宗廟皆不祀故湯始征之湯伐諸侯伐始於葛仲虺之誥云初征自葛是也孟子云湯居亳與葛爲隣葛伯不祀湯使人問之曰何爲不祀曰無以供犧牲也湯使遺之牛羊葛伯食之又不祀湯又使人問之曰何爲不祀曰無以供粢盛也湯使亳往爲之耕老弱饋食葛伯率其人要其酒食黍稻者劫而奪之不授者殺之有童子以黍肉餉殺而奪之書曰葛伯仇餉此之謂也是說伐始於葛之事也

作湯征述始征之義也亡

伊尹去亳適夏伊尹字氏

〔疏〕傳伊尹至於桀。正義曰伊氏尹字故云字氏倒文以曉人也伊尹不得叛湯知湯貢之於桀必貢之者湯欲以誠輔桀冀其用賢以治不可匡輔乃始伐之此時未有伐桀之意故貢伊尹使輔之孫武兵書反間篇曰商之興也伊尹在夏周之興也呂牙在殷言使之爲反間也與此說殊

既醜有夏復歸于亳醜惡其政不能用賢故退還。復扶又反**入自北門乃遇汝鳩汝方**鳩方二人湯之賢臣不期而會曰遇

〔疏〕傳鳩方至曰遇。正義曰伊尹與之言知是賢臣也不期而會曰遇隱八年穀梁傳文也

作汝鳩汝方言所以醜夏而還之意二篇皆亡

附釋音尚書注疏卷第七

江西鹽法道胡稷采

尚書注疏挍勘記卷七

阮元撰盧宣旬摘錄

甘誓第二　夏書

夏啓嗣禹位　古本宋本位作立與疏同

故伐之　浦鏜云啟誤故

甘誓

明堂云　毛本同宋本云作位案位字是也

未知何故改也　閩本明監本同毛本故作時案時字是也

有扈氏威侮五行　古本威作畏

怠棄三正　唐石經棄作弃後並同

用其失道故　古本故下有也字

絕之也　閩本葛本同岳本毛本絕之作攻治

執戈矛以退敵　古本以上有爲字

御以正馬爲政　古本政下有者也二字

有功則賞祖主前　史記集解則作即

親祖嚴社之義　纂傳義作意

言恥累也　史記集解也作之

傳五行至亂帝　案帝當作常形近之譌傳文可證

如此者蓋禹未賜姓之前　閩本同毛本如作知案知字是也

五子之歌第三　夏書

五子之歌

以其迷祖之訓　閩本明監本毛本迷作述案述字是也

盤樂遊逸無法度　古本重樂字

有窮后羿　古本后上有之字

御待也　岳本閩本明監本毛本待作侍正義同案侍字是也

一出十旬不反　宋本十上有而字

言雖不經以取信　浦鏜云以字上當有雖字

甘酒嗜音峻宇彫牆　宋臨安石經彫作雕孫志祖云玉篇口部引作酣酒嗜音

則止稱之物　宋本閩本同毛本止作所案所字是也

則官民皆定　閩本明監本毛本定作足案足字是也

其五曰嗚呼曷歸　按顏師古匡謬正俗云嗚呼歎辭也或嘉其美或傷其悲古文尚書悉爲於戲字今

文尚書悉爲嗚呼字段玉裁云古今二字互譌以蔡邕石經殘字皆作於戲知之石經系今文也

雖悔可追　陸氏曰雖如字或作睢○按雖睢古蓋通用

姓皆其仇我　閩本明監本毛本姓上有萬字案有者是也

胤征第四　夏書

胤征

奉辭罰罪曰征　岳本葛本宋本閩本同按大禹謨奉辭伐罪宋本亦作罰

惟仲康肇位四海　古本仲作中注同

掌王六師爲大司馬　岳本宋本王作主古本作掌主也主六師爲大司馬也按當從之纂傳亦作掌王六師則其誤久矣

而立其弟仲康爲太子　宋本太作天與注合

政由弃耳　宋本政上有故字

官衆衆官　古本岳本宋本上衆字作師與疏標目不合纂傳亦作官衆

百工之職　宋本職作賤按職字非也

不及謂厤象後天時　古本謂上有時字

殺無殺　閩本明監本毛本下殺字作赦案赦字是也

謂此聚會爲長之　閩本明監本同宋本無謂字毛本此作之

則是日月可知也　宋本閩本同毛本月作食

君南鄉北墉下　毛本墉作牖按北牖之牖諸經正義多誤作墉或又誤爲牗

山脊曰岡　宋本無曰字山井鼎曰無曰字爲是

或眦睚而害良善　宋本眦睚二字倒按宋本是也

告來居洽沃土也　閩本葛本同岳本毛本洽作治案治字是

湯使亳往爲之耕也　閩本同毛本亳下有衆字案有者是

尚書挍勘記卷七

會昌縣知縣候補知州曾暉春栞

附釋音尚書注疏卷第八

湯誓第一 釋文凡三十四篇十七篇存

商書　孔氏傳　孔穎達疏

伊尹相湯伐桀升自陑 桀都安邑湯升道從陑出其不意陑在河曲之南○相息亮反湯如字馬云俗儒以湯爲謚或爲號號者似非其意言謚近之然不在謚法故無聞焉及禹俗儒以爲名帝系禹名文命王侯世本湯名天乙推此言之禹豈復非謚乎亦不在謚法故疑焉桀其列反夏之末天子升音昇陑音而 遂與桀戰于鳴條之野 地在安邑之西桀逆拒湯 作湯誓

〔疏〕伊尹至湯誓○正義曰伊尹以夏政醜惡志而歸湯輔相成湯與之伐桀升道從陑出其不意遂與桀戰于鳴條之野將戰而誓戒士衆史敘其事作湯誓○傳桀都至之南○正義曰此序湯自伐桀必言伊尹相湯者序其篇次自爲首尾以上云伊尹醜夏遂相成湯伐之故文次言伊尹也計太公之相武王猶如伊尹之相成湯泰誓不言太公相者彼文無其次也且武王之時有周召之倫聖賢多矣湯稱伊尹云聿求元聖與之戮力伊尹稱惟尹躬暨湯咸有一德則伊尹相湯其功多於太公故特言伊尹相湯也桀都安邑相傳爲然即漢之河東郡安邑縣是也史記吳起對魏武侯云夏桀之居左河濟右太華伊闕在其南羊腸在其北修政不仁湯放之也地理志云上黨郡壺關縣有羊腸坂在安邑之北是桀都安邑必當然矣將明陑之所在故先言桀都安邑桀都在亳西當從東而往今乃升道從陑升者從下向上之名言陑當是山阜之地歷險迂路爲出不意故也陑在河曲之南蓋今潼關左右河曲在安邑西南從陑向北渡河乃東向安邑鳴條在安邑之西桀西出拒湯故戰于鳴條之野陑在河曲之南鳴條在安邑之西皆彼有其迹相傳云然湯以至聖伐暴當顯行用師而出不意掩其不備者湯承禪代之後嘗爲桀臣慙而且懼故出其不意武王則三分天下有其二久不事紂紂有浮桀之罪地無險要之勢故顯然致罰以明天誅又慇懃誓衆與湯有異所以湯惟一誓武王有三○傳地在至拒湯○正義曰鄭玄云鳴條南夷地名孟子云舜卒於鳴條東夷之地或云陳留平邱縣今有鳴條亭是也皇甫謐云伊訓曰造攻自鳴條朕哉自亳又曰夏師敗績乃伐三朡湯誥曰王歸自克夏至于亳三朡在定陶於義不得

在陳留與東夷也今安邑見有鳴條陌昆吾亭左氏以爲是昆吾與桀同以乙卯日亡韋顧亦爾故詩曰韋顧既伐昆吾夏桀於左氏昆吾在衛乃在濮陽不得與桀異處同日而亡明昆吾亦來安邑欲以衛桀故同日亡而安邑有其亭也且吳起言險以指安邑安邑於此而言何得在南夷乎謐言是也

湯誓 戒誓湯士衆

〔疏〕湯誓○正義曰此經皆誓之辭也甘誓泰誓牧誓發首皆有序引別言其誓意記其誓處此與費誓惟記誓辭不言誓處者史非一人辭有詳略序以經文不具故備言之也

王曰格爾衆庶悉聽朕言 契始封商湯遂以爲天下號湯稱王則比桀於一夫○格庚白反 非台小子敢行稱亂有夏多罪天命殛之 稱舉也舉亂以諸侯伐天子非我小子敢行此事桀有昏德天命誅之今順天○台以之反下同殛居力反 今爾有衆汝曰我后不恤我衆舍我穡事而割正夏 汝汝有衆我后桀也正政也言奪民農功而爲割剝之政○恤荀律反舍音捨廢也 予惟聞汝衆言 不憂我衆之言 夏氏有罪予畏上帝不敢不正 不敢不正桀罪誅之 今汝其曰夏罪其如台 今汝其復言桀惡其亦如我所聞之言○復扶又反 夏王率遏衆力率割夏邑 言桀君臣相率爲勞役之事以絕衆力謂廢農功相率割剝夏之邑居謂征賦重○遏於葛反徐音謁馬云止也 有衆率怠弗協曰時日曷喪予及汝皆亡 衆下相率爲怠惰不與上和合比桀於日曰是日何時喪我與汝俱亡欲殺身以喪桀○喪息浪反惰徒臥反 夏德若茲今朕必往 凶德如此我必往誅之 爾尚輔予一人致天之罰予其大賚汝 賚與也汝庶幾輔成我我大與汝爵賞○罰音伐賚力代反徐音來 爾無不信朕不食言 食盡其言僞不實 爾不從誓言 不用命 予則孥戮汝罔有攸赦 古之用刑父子兄弟罪不相及今云孥戮汝無有所赦權以脅之使勿犯

〔疏〕王曰至攸赦○正義曰商王成湯將與桀戰呼

其將士曰來汝在軍之衆庶悉聽我之誓言我伐夏者非我小子輒敢行此以臣伐君舉爲亂事乃由有夏君桀多有罪罪上天命我誅之桀既失君道我非復桀臣是以順天誅之由其多罪故也桀之罪狀汝盡知之今汝桀之所有之衆即汝輩是也汝等言曰我君夏桀不憂念我等衆人舍廢我稼穡之事奪我農功之業而爲割剝之政於夏邑斂我貨財我惟聞汝衆言夏氏既有此罪上天命我誅桀我畏上天之命不敢不正桀罪而誅之又質而審之今汝衆人其必言曰夏王之罪其實如我所言夏王非徒如此又與臣下相率遏絕衆力使不得事農又相率爲割剝之政於此夏邑使不得安居上下同惡民困益甚由是汝等相率怠惰不與在上和協比桀於日曰是日何時能喪君其可喪我與汝皆亡身殺之寧殺身以亡桀是其惡之甚夏王惡德如此今我必往誅之汝庶幾輔成我一人致行天之威罰我其大賞賜汝汝無得不信我語我終不食盡其言爲虛僞不實汝若不從我之誓我則并殺汝子以戮汝身必無有所赦勸使勉力勿犯法也庶亦衆也古人有此重言猶云艱難也○傳契始至一夫○正義曰以湯於此稱王故本其號商之意契始封商湯遂以商爲天下之號鄭玄之說亦然惟王肅云相士居商丘湯取商爲號若取商丘爲號何以不名商丘而單名商也若八遷

國名商不改則此商猶是契商非相士之商也若八遷遷即改名則相士至湯改名多矣相士既非始祖又非受命何故用其所居之地以爲天下號名成湯之意復何取乎知其必不然也湯取契封商以商爲天下之號周不取后稷封邰爲天下之號者契後八遷商名不改成湯以商受命故宜以商爲號后稷之後隨遷易名公劉爲豳大王爲周文王以周受命故當以周爲號二代不同理則然矣泰誓云獨夫受此湯稱爲王則比桀於一夫桀既同於一夫故湯可稱王矣是言湯於伐桀之時始稱王也周書泰誓稱王則亦伐紂之時始稱王也鄭玄以文王生稱王亦謬也○傳稱舉至順天○正義曰稱舉釋言文常法以臣伐君則爲亂逆故舉亂謂以諸侯伐天子桀有昏德宣三年左傳文以有昏德天命誅之今乃順天行誅非復臣伐君也以此解衆人守常之意也○傳今汝至之言○正義曰如我者謂湯之自稱我也湯謂其衆云汝言桀之罪如我誓言所述也○傳言桀至賦重○正義曰此經與上舍我穡事而割正夏其意一也上言夏王之身此言君臣相率再言所以積桀之非也力施於農財供上賦故以止絕衆力謂廢農功割剝夏邑謂征賦重言以農時勞役又重斂其財致使民困而怨深賦斂重則民不安矣○傳衆下至喪桀○正義曰上既馭之非道下亦不供其命故衆

下相率爲怠惰不與上和合不肯每事順從也比桀於日曰是日何時喪亡欲令早喪桀命也我與汝俱亡者民相謂之辭言並欲殺身以喪桀也所以比於日者以日無喪之理猶云桀不可喪言喪之難也不避其難與汝俱亡欲殺身以喪桀疾之甚也鄭云桀見民欲叛乃自比於日曰是日何嘗喪乎日若喪亡我與汝亦皆喪亡引不亡之徵以脅恐下民也○傳食盡至不實○正義曰釋詁云食僞也孫炎曰食言之僞也哀二十五年左傳云孟武伯惡郭重曰何肥也公曰是食言多矣能無肥乎然則言而不行如食之消盡後終不行前言爲僞故通謂僞言爲食言故爾雅訓食爲僞也○傳古之至勿犯○正義曰昭二十年左傳引康誥曰父子兄弟罪不相及是古之用刑如是也既刑不相及必不殺其子權時以迫脅之使勿犯刑法耳不於甘誓解之者以夏啓承舜禹之後刑罰尚寬殷周以後其罪或相緣坐恐其實有孥戮故於此解之鄭玄云大罪不止其身又孥戮其子孫周禮云其奴男子入于罪隸女子入于舂槀鄭意以爲實戮其子故周禮注云奴謂從坐而沒入縣官者也孔以孥戮爲權脅之辭則周禮所云非從坐也鄭衆云謂坐爲盜賊而爲奴者輸於罪隸舂人槀人之官引此孥戮汝又引論語云箕子爲之奴或如衆言則有汝入非緣坐者也

湯既勝夏，欲遷其社，不可。湯承堯舜禪代之後順天應人逆取順守而有慙德故革命創制改正易服變置社稷而後世無及句龍者故不可而止○社后土之神禪時戰反應應對之應創初亮反正音征又音政句音鉤句龍共工之子爲后土

作夏社、疑至、臣扈。言夏社不可遷之義疑至及臣扈三篇皆亡○扈音戶

疏　湯既至臣扈○正義曰湯既伐而勝夏革命創制變置社稷欲遷其社無人可代句龍故不可而止於時有言議論其事故史敘之爲夏社疑至臣扈三篇皆亡○傳湯承至而止○正義曰傳解湯遷社之意湯承堯舜禪代之後己獨伐而取之雖復應天順人乃是逆取順守而有慙愧之德自恨不及古人故革命創制改正易服因變置社稷也易革卦彖曰湯武革命順乎天而應乎人下篇言湯有慙德大傳云改正朔易服色此其所得與民變革者也所以變革此事欲易人之視聽與之更新故於是之時變置社稷昭二十九年左傳云共工氏有子曰句龍爲后土后土爲社有烈山氏之子曰柱爲稷自夏已上祀之周棄亦爲稷自商已來祀之祭法云厲山氏之有天下也其子曰農能殖百穀夏之衰也周棄繼之故祀以爲稷共工氏之霸九州也其子曰后土能平九州故祀以爲社是言變置之事也魯語文與

祭法正同而云夏之興也周棄繼之興當爲衰字之誤耳湯于初時社稷俱欲改之周棄功多於柱卽令廢柱祀棄而上世治水土之臣其功無及句龍者故不可遷而止此序之次在湯誓之下云湯既勝夏下云夏師敗績湯遂從之是未及逐桀已爲此謀鄭玄等注此序乃在湯誓之上若在作誓之前不得云既勝夏也孟子曰犧牲既成粢盛既絜祭祀以時然而旱乾水溢則變置社稷鄭玄因此乃云湯伐桀之時大旱既置其禮祀明德以薦而猶旱至七年故更致社稷乃謂湯卽位之後七年大旱方始變之若實七年乃變何當繫之勝夏勝夏猶尙不可況在湯誓前乎且禮記云夏之衰也周棄繼之商興七年乃變安得以夏衰爲言也若商革夏命猶七年祀柱左傳亦不得斷爲自夏已上祀柱自商以來祀棄也由此而言孔稱改正朔而變置社稷所言得其旨也漢世儒者說社稷有二左傳說社祭句龍稷祭柱棄惟祭人神而已孝經說社爲土神稷爲穀神句龍柱棄是配食者也孔無明說而此經云遷社孔傳云無及句龍卽同賈逵馬融等說以社爲句龍也○傳言夏至皆亡○正義曰疑至與臣扈相類當是二臣名也蓋亦言其不可遷之意馬融云聖人不可自專復用二臣自明也

夏師敗績湯遂從之大崩曰敗績從謂遂討之○績子寂反從才容反

遂伐三朡俘厥寶玉三朡國名桀走保之今定陶也桀自安邑東入山出太行東南涉河湯緩追之不迫遂奔南巢俘取也玉以禮神使無水旱之災故取而寶之○朡子公反俘音孚行戶剛反一音加字

疏傳三朡至寶之○正義曰湯伐三朡知是國名逐桀而伐其國知桀走保之也今定陶者相傳爲然安邑在洛陽西北定陶在洛陽東南孔跡其所往之路桀自安邑東入山出太行乃東南涉河往奔三朡湯緩追之不迫遂奔南巢俘取釋詁文桀必載寶而行棄於三朡取其寶玉取其所棄者也楚語云玉足以庇廕嘉穀使無水旱之災則寶之韋昭云玉禮神之玉也言用玉禮神神享其德使風雨調和可以庇廕嘉穀故取而寶之

誼伯仲伯作典寶二臣作典寶一篇言國之常寶也亡○誼本或作義

仲虺之誥第二

湯歸自夏至于大坰自三朡而還大坰地名○夏亥雅反坰故螢反徐欽螢反又古螢反仲虺作誥爲湯左相奚仲之後○虺許鬼反誥故報反相息亮反奚弦雞反

疏湯歸至作誥○正義曰湯歸自伐夏至于大坰之地其臣仲虺作誥以誥湯使錄其言作仲虺之誥上言遂伐三朡故傳言自三朡而還不言歸自三朡而言歸自夏者伐夏而遂逐桀於今方始旋歸以自夏告廟故序言自夏傳本其來處故云自三朡耳大坰地名未知所在當是定陶向亳之路所經湯在道而言予恐來世以台爲口實故仲虺至此地而作誥也序不言作仲虺之誥以理足文便故略之○傳爲湯至之後○正義曰定元年左傳云薛之皇祖奚仲居薛以爲夏車正仲虺居薛以爲湯左相是其事也

仲虺之誥仲虺臣名以諸侯相天子會同曰誥

疏仲虺之誥○正義曰發首二句史述成湯之心次二句湯言已慙之意仲虺乃作誥以下皆勸湯之辭自曰嗚呼至用爽厥師言天以桀有罪命伐夏之事自簡賢輔勢至言足聽聞說湯在桀時怖懼之事自惟王弗邇聲色至厥惟舊哉言湯有德行加民民歸之事自佑賢輔德以下說天子之法當擢用賢良屛黜昏暴勸湯奉行此事不須以放桀爲惡康誥名誥之類一字足以爲文仲虺誥三字不得成文以之字足成其句畢命冏命不言之微子之命文侯之命言之與此同猶周禮司服言大裘而冕亦足句也○傳仲虺至曰誥○正義曰伯仲叔季人字之常仲虺必是其名或字仲而名虺古人

名或不可審知縱使是字亦得謂之爲名言是人之名號也左傳稱居薛爲湯左相是以諸侯相天子也周禮士師云以五戒先後刑罰一曰誓用之於軍旅二曰誥用之於會同是會同曰誥誥謂於會之所設言以誥衆此惟誥湯一人而言會同者因解諸篇誥義且仲虺必對衆誥湯亦是會同曰誥

成湯放桀于南巢惟有慙德湯伐桀武功成故以爲號南巢地名有慙德慙德不及古○湯伐桀武功成故號成湯一云成謚也曰予恐來世以台爲口實恐來世論道我放天子常不去口仲虺乃作誥陳義誥湯可無慙曰嗚呼惟天生民有欲民無君主則恣情欲必致禍亂無主乃亂惟天生聰明時乂言天生聰明是治民亂有夏昏德民墜塗炭夏桀昏亂不恤下民民之危險若陷泥墜火無救之者天乃錫王勇智表正萬邦纘禹舊服言天與王勇智應爲民主儀表天下法正萬國繼禹之功統其故服○纘子管反應應對之應茲率

厥典奉若天命天意如此但當循其典法奉順天命而已無所慙疏成湯放桀于南巢。正義曰桀奔南巢湯縱而不迫故稱放也傳言南巢地名不知地之所在周書序有巢伯來朝傳云南方遠國鄭玄云巢南方之國世一見者桀之所奔蓋彼國也以其國在南故稱南耳傳并以南巢爲地名不能委知其處故未明言之夏王有罪矯誣上天以布命于下言託天以行虐於民乃桀之大罪。矯居表反誣音無帝用不臧式商受命用爽厥師天用桀無道故不善之式用爽明也用商受王命用明其衆言爲主也。臧作郎反簡賢附勢寔繁有徒簡略也賢而無勢則略之不賢有勢則附之若是者繁多有徒衆無道之世所常。繁音煩肇我邦于有夏若苗之有莠若粟之有秕始我商家國於夏世欲見翦除若莠生苗若秕在粟恐被鋤治簸颺。莠羊九反秕悲里反徐甫里反又必履反鋤仕魚反簸彼我反颺音揚小大戰戰罔不懼于非辜矧予之德言足

聽聞言商家小大憂危恐其非罪見滅矧況也況我之道德善言足聽聞乎無道之惡有道自然理。惡烏路反惟王不邇聲色不殖貨利邇近也不近聲樂言清簡不近女色言貞固殖生也不生資貨財利言不貪也既有聖德兼有此行。近附近之近行下孟反疏夏王至厥師。正義曰矯詐也誣加也夏王自有所欲詐加上天言天道須然不可不爾假此以布苛虐之命於天下以困苦下民上天用桀無道之故故不善之用使商家受此爲王之命以王天下用命商王明其所有之衆謂湯教之使修德行善以自安樂是明之也。傳式用爽明也。正義曰式用釋言文昭七年左傳云是以有精爽至於神明從爽以至於明則爽是明之始故爽爲明也經稱昧爽謂未大明也德懋懋官功懋懋賞用人惟已改過不吝勉於德者則勉之以官勉於功者則勉之以賞用人之言若自已出有過則改無所吝惜所以能成王業克寬克仁彰信兆民言湯寬仁之德明信於天下疏德懋至不吝。正義曰於德能勉力行之者王則勸勉之以官於功能勉力爲之者王則勸勉之以賞用人之言惟如已之所

出改悔過失無所悋惜美湯之行如此凡庸之主得人之言恥非已智雖知其善不肯遂從已有愆失恥於改過舉事雖覺其非不肯更悔是惜過不改故以此美湯也成湯之爲此行尙爲仲虺所稱歎凡人能勉者鮮矣乃葛伯仇餉初征自葛東征西夷怨南征北狄怨葛伯遊行見農民之餉於田者殺其人奪其餉故謂之仇餉仇怨也湯爲是以不祀之罪伐之從此後遂征無道西夷北狄舉遠以言則近者著矣。仇音求餉式亮反曰奚獨後予怨者辭也攸徂之民室家相慶曰徯予后后來其蘇湯所往之民皆喜曰待我君來其可蘇息。徯胡啓反蘇字亦作穌民之戴商厥惟舊哉舊謂初征自葛時佑賢輔德顯忠遂良賢則助之德則輔之忠則顯之良則進之明王之道兼弱攻昧取亂侮亡弱則兼之闇則攻之亂則取之有亡形則侮之言正義推亡固存邦乃其昌有亡道則推而亡之有存道則輔而固之王者如此國乃昌盛。推土雷反疏

乃葛伯仇餉。正義曰此言乃者却說已過之事亂征云乃季秋月朔其義亦然左傳稱怨耦曰仇謂彼人有負於我我心怨之是名爲仇也餉田之人不負葛伯葛伯奪其餉而殺之是葛伯以餉田之人爲已之仇言非所怨而妄殺故湯爲之報也孟子稱湯使亳衆往爲之耕有童子以黍肉餉葛伯奪而殺之則葛伯所殺殺亳人也傳言葛伯遊行見農人之餉於田者殺其人而奪其餉故謂之仇餉乃似葛伯自殺已人與孟子違者湯之征葛以人之枉死而爲之報耳不爲亳人乃報之非亳人則赦之故傳指言殺餉不辨死者何人亳人葛人義無以異故不復言亳非是故違孟子。傳賢則至之道。正義曰周禮卿大夫云三年則大比考其德行道藝而與賢者鄭玄云賢者謂有德行者詩序云忠臣良士皆是善也然則賢是德盛之名德是資賢之實忠是盡心之事良是爲善之稱俱是可用之人所從言之異耳佑之與輔顯之與遂隨便而言之。傳弱則至正義。正義曰力少爲弱不明爲昧政荒爲亂國滅爲亡兼謂包之攻謂擊之取謂取爲已有侮謂侮慢其人弱昧亂亡俱是彼國衰微之狀兼攻取侮是此欲吞并之意弱昧是始衰之事來服則制爲已屬不服則以兵攻之此二者始欲服其人末是滅其國亂是已亂亡謂將亡二者衰甚已將滅其國亡形已著無可忌憚故陵

侮其人。既侮其人，必滅其國，故以侮言之。此是人君之正義，仲虺陳此者，意亦言桀亂亡取之不足爲愧。下言推亡及覆昏暴，其意亦在桀也。

德日新，萬邦惟懷；志自滿，九族乃離。日新不懈怠，自滿志盈溢。○懈，工債反。

疏「德日」至「乃離」○正義曰：易繫辭云「日新之謂盛德」，修德不怠，日日益新，德加於人，無遠不屆，故萬邦之衆惟盡歸之。志意自滿則陵人，人既被陵，情必不附，雖九族之親乃亦離之。萬邦舉遠以明近，九族舉親以明疏也。漢代儒者說九族有二，案禮戴及尚書緯歐陽說九族乃異姓有屬者，父族四，母族三，妻族二。古尚書說九族從高祖至玄孫，凡九族。堯典云「以親九族」，傳云「以睦高祖玄孫之親」，則此言九族亦謂高祖玄孫之親也。謂萬邦惟懷，實歸之；九族乃離，實離之。聖賢設言爲戒，容辭頗甚，父子之閒便以志滿相棄。此言九族，以爲外姓九族，有屬文便也。

王懋昭大德，建中于民，以義制事，以禮制心，垂裕後昆。欲王自勉明大德，立大中之道於民，率義奉禮，垂優足之道示後世。○中，如字，中或作忠，非。裕，徐以樹反。

予聞曰：能自得師者王，求賢聖而事之。○王，徐于況反，又如字。

謂人莫己若者亡。自多足，人莫之益，亡之道。

好問則裕，自用則小。問則有得，所以足；不問專固，所以小。○好，呼報反。

嗚呼！慎厥終，惟其始。靡不有初，鮮克有終，故戒慎終如其始。○鮮，息淺反。

殖有禮，覆昏暴。有禮者封殖之，昏暴者覆亡之。○覆，芳服反。暴，蒲報反，字或作虣。

欽崇天道，永保天命。王者如此上事，則敬天安命之道。

湯誥第三

商書　孔氏傳　孔穎達疏

湯既黜夏命，黜，退也。退其王命。**復歸于亳，作湯誥。**湯誥以伐桀大義告天下。

疏「湯既」至「湯誥」○正義曰：湯既黜夏王之命，復歸于亳，以伐桀大義誥示天下，史錄其事，作湯誥。仲虺在路作誥，此至亳乃作，故次仲虺之下。

王歸自克夏，至于亳，誕告萬方。誕，大也。以天命大義告萬方之衆人。○誕，音但。告，工毒反。

疏「王歸自克夏」○正義曰：湯之伐桀，當有諸侯從之，不從行者必應多矣。既已克夏，改正名號，還至于亳，海內盡來，猶如武成篇所云「庶邦冢君暨百工受命于周」也。湯於此時大誥諸侯以伐桀之義，故云「誕告萬方」。「誕，大」，釋詁文。「萬」者舉盈數，下云「凡我造邦」，是誥諸侯也。

王曰：「嗟！爾萬方有衆，明聽予一人誥。天子自稱曰予一人，古今同義。

惟皇上帝，降衷于下民。皇，天；上帝，天也。衷，善也。

疏「降衷于下民」○正義曰：天生烝民，與之五常之性，使有仁義禮智信，是天降善於下民也。天既與善於民，君當順之，故下傳云「順人有常之性，則是爲君之道」。

若有恒性，克綏厥猷惟后。順人有常之性，能安立其道教，則惟爲君之道。

夏王滅德作威，以敷虐于爾萬方百姓。夏桀滅道德，作威刑，以布行虐政於天下百官，言殘酷。

爾萬方百姓，罹其凶害，弗忍荼毒，罹被荼毒，苦也。不能堪忍，虐之甚。○罹，力之反，本亦作羅，洛河反。荼，音徒。

疏「弗忍荼毒」○正義曰：釋草云「荼，苦菜」，此菜味苦，故假之以言人苦。毒謂螫人之蟲，蛇虺之類，實是人之所苦，故并言荼毒以喻苦也。

並告無辜于上下神祇。言百姓兆民並告無罪，稱冤訴天地。○冤，紆元反。

天道福善禍淫，降災于夏，以彰厥罪。政善天福之，淫過天禍之，故下災異以明桀罪惡，譴寤之而桀不改。○譴，遣戰反。寤，五故反。

肆台小子，將天命明威，不敢赦。行天威，謂誅之。○台，音怡。

敢用玄牡，敢昭告于上天神后，請罪有夏。明告天，問桀百姓有何罪而加虐乎？○牡，茂后反。

疏「敢用玄牡」○正義曰：檀弓云「殷人尚白，牲用白」，今云「玄牡」，夏家尚黑，于時未變夏禮，故不用白也。故安國注論語「敢用玄牡」之文云「殷家尚白，未變夏禮，故用玄牡」，是其義也。鄭玄說天神有六，周家冬至祭皇天大帝于圜丘，牲用蒼；夏至祭靈威仰於南郊，則牲用騂。孔注孝經，圜丘與郊共爲一事，則孔之所說無六天之事。論語堯曰之篇所言「敢用玄牡」，即此事是也。孔注論語以爲堯曰之章有二帝三王之事，錄者採合以成章。檢大禹謨及此篇與

泰誓武成則堯曰之章其文略矣鄭玄解論語云用玄牡者爲舜命禹事於時總告五方之帝莫適用用皇天大帝之牲其意與孔異

聿求元聖與之戮力以與爾有衆請命聿遂也大聖陳力謂伊尹放桀除民之穢是請命○聿允橘反述也戮舊音六又力彫反說文力周反史記音力消反穢於廢反【疏】傳聿遂也至請命○正義曰聿訓述也述前所以申遂故聿爲遂也戮力猶勉力也論語云陳力就列湯臣大賢惟有伊尹故知大聖陳力謂伊尹也伊尹賢人而謂之聖者相對則聖極而賢次散文則賢聖相通舜謂禹曰惟汝賢是聖得謂之賢則賢亦可言聖鄭玄周禮注云聖通而先識也解先識則爲聖名故伊尹可爲聖也孟子云伯夷聖人之清者也伊尹聖人之任者也柳下惠聖人之和者也孔子聖人之時者也是謂伊尹爲聖人者也桀爲殘虐人不自保故伐桀除人之穢是爲請命

上天孚佑下民罪人黜伏孚信也天信佑助下民桀知其罪退伏遠屏

天命弗僭賁若草木兆民允殖僭差賁飾也言福善禍淫之道不差天下惡除煥然咸飾若草木同華民信樂生○僭子念反忒也劉創林反賁彼義反徐扶云反煥呼亂反樂音洛【疏】天命至允殖○正義曰桀以大罪身即黜伏是天之福善禍淫之命信而不僭差也既除大惡天下煥然修飾若草木同生華兆民信樂生也昔日不保性命今日樂生活矣僭差不齊之意故傳以僭爲差賁飾易序卦文也

俾予一人輯寧爾邦家言天使我輯安汝國家國諸侯家卿大夫

茲朕未知獲戾于上下此伐桀未知得罪於天地謙以求衆心○戾力計反【疏】傳此伐至衆心○正義曰經言茲者謂此伐桀也顧氏云未知得罪于天地言伐桀之事未知得罪于天地言伐桀之事未知得罪于天地以否湯之伐桀上應天心下符人事本實無罪而云未知得罪以否者謙以求衆心

慄慄危懼若將隕于深淵慄慄危心若墜深淵危懼之甚○慄音栗隕于敏反

凡我造邦無從匪彝無即慆淫戒諸侯與之更始彝常慆慢也無從非常無就慢過禁之○彝徐音夷慆他刀反

各守爾典以承天休守其常法承天美道

爾有善朕弗敢蔽罪當朕躬弗敢自赦

惟簡在上帝之心所以不蔽善人不赦己罪以其簡在天心故也【疏】惟簡在上帝之心○正義曰鄭玄注論語云簡閱在天心言天簡閱其善惡也

其爾萬方有罪在予一人自責化不至

予一人有罪無以爾萬方無用爾萬方言非所及

嗚呼尚克時忱乃亦有終忱誠也庶幾能是誠道乃亦有終世之美○忱市林反

咎單作明居咎單臣名主土地之官作明居民法一篇亡○單音善卷末同【疏】咎單作明居○正義曰百篇之序此類有四伊尹作咸有一德周公作無逸作立政與此篇直言其所作之人不言其作者之意蓋以經文分明故略之馬融云咎單爲湯司空傳言主土地之官蓋亦爲司空也

伊訓第四

商書　孔氏傳　孔穎達疏

成湯既沒太甲元年太甲太丁子湯孫也太丁未立而卒及湯沒而太甲立稱元年

伊尹作伊訓肆命徂后凡三篇其二亡【疏】成湯至徂后○正義曰成湯既沒其歲即太甲元年伊尹以太甲承湯之後恐其不能纂修祖業作書以戒之史敘其事作伊訓肆命徂后三篇○傳太甲至元年○正義曰太甲太丁子世本文也此序以太甲元年繼湯沒之下明是太丁未立而卒太甲以孫繼祖故湯沒而太甲代立即以其年稱爲元年也周法以踰年即位知此即以其年稱元年者此經云元祀十有二月伊尹祠于先王奉嗣王祗見厥祖太甲中篇云惟三祀十有二月朔伊尹以冕服奉嗣王歸于亳二者皆云十有二月若是踰年即位二者皆當以正月行事何以用十二月也明此經十二月是湯崩之踰月太甲中篇三祀十有二月是服闋之踰月以此知湯崩之年太甲即稱元年也舜禹以受帝終事自取歲首遭喪嗣位經無其文夏后之世或亦不踰年也顧氏云殷家猶質踰月即改元年以明世異不待正月以爲首也商謂年爲祀序稱年者序以周世言之故也據此經序及太甲之篇太甲必繼湯後而殷本紀云湯崩太子太丁未立而卒於是乃立太丁之弟外丙三年崩別立外丙之弟仲壬四年崩伊尹乃立太丁之子太甲與經不同彼必妄也劉歆班固不見古文謬從史記皇甫謐既得此經作帝王世紀乃述馬遷之語

是其疏也。顧氏亦云止可依經誥大典，不可用傳記小說。

伊訓作訓以教道太甲。

惟元祀十有二月乙丑，伊尹祠于先王，此湯崩踰月，太甲即位，奠殯而告。○祀，年也。夏曰歲，商曰祀，周曰年，唐虞曰載尹。祠音辭，祭也。

疏「惟元祀」○正義曰：伊尹祠于先王，謂祭湯也。奉嗣王祗見厥祖，謂見湯也。故傳解祠先王為奠殯而告，見厥祖為居位主喪，羣后咸在為在位次，皆述在喪之事。是言祠是奠也。祠喪于殯，斂祭皆名為奠，虞祔卒哭始名為祭。知祠非宗廟者，元祀即是初喪之時，未得祠廟，且湯之父祖不追為王，所言先王惟有湯耳，故知祠實是奠，非祠宗廟也。祠之與奠有大小耳，祠則有主有尸，其禮大；奠則奠器而已，其禮小。奠祠俱是享神，故可以祠言奠，亦由於時猶質，未有節文，周時則祠奠有異，故傳解祠為奠耳。○傳「此湯至而告」○正義曰：太甲中篇云「三祀十有二月，伊尹以冕服奉嗣王」，則是除喪即吉，明十二月服終。禮記稱三年之喪二十五月而畢，知此年十一月湯崩，此祠先王是湯崩踰月，太甲即位，奠殯而告也。此奠殯而告，亦如周康王受顧命尸於天子。春秋之世既有奠殯即位、踰年即位，此踰月即位，當奠殯即位也。此言伊尹祠于先王，是特設祀也。嗣王祗見厥祖，是始見祖也。特設祀禮而王始見祖，明是初即王位，告殯為喪主也。

奉嗣王祗見厥祖，居位主喪。○見，賢遍反。**侯甸羣后咸在，**在位次。○甸，徒遍反。**百官總己以聽冢宰，**伊尹制百官以三公攝冢宰。○總音揔。**伊尹乃明言烈祖之成德，以訓于王。**湯有功烈之祖，故稱焉。

疏傳「湯有至稱焉」○正義曰：湯有功烈之祖，毛詩傳文也。烈訓業也，湯有定天下之功業，為商家一代之大祖，故以烈祖稱焉。

曰：「嗚呼！古有夏先后，方懋厥德，罔有天災。先君謂禹以下、少康以上賢王，言能以德禳災。○少，詩照反。上，時掌反。禳，如羊反。

疏傳「先君至禳災」○正義曰：有夏先君揔指桀之上世有德之王皆是也。傳舉聖賢者，言禹已下、少康已上，惟當禹與啓及少康耳。魯語云杼能師禹者也。杼，少康之子。傳蓋以其德衰薄，故斷自少康已上耳。由勉行其德，故無有天災，言能以德禳災也。

山川鬼神，亦莫不寧，莫，無也。言皆安之。**暨鳥獸魚鼈咸若。**雖微物皆順之，明其餘無不順。○暨，其器反。鼈，必滅反。

疏「山川至咸若」○正義曰：山川鬼神，謂山川之鬼神也。亦莫不寧者，謂鬼神安人君之政，政善則神安之，神安之則降福，人君無妖孽也。鳥獸魚鼈咸若者，謂人君順禽魚，君政善而順彼性，取之有時，不夭殺也。鳥獸在陸，魚鼈在水，水陸所生微細之物，人君為政皆順之，明其餘無不順也。

于其子孫弗率，皇天降災，假手于我有命，言桀不循其祖道，故天下禍災，借手於我有命商王誅討之。**造攻自鳴條，朕哉自亳。**造、哉，皆始也。始攻桀伐無道，由我始修德於亳。○亳，旁各反，徐扶各反。

疏「于其至自亳」○正義曰：于其子孫，於有夏先君之子孫，謂桀也。不循其祖之道，天下禍災，謂滅其國而誅其身也。天不能自誅於桀，故借手於我有命之人，謂成湯也。言湯有天命，將為天子，就湯借手，使誅桀也。既受天命誅桀，始攻從鳴條之地而敗之，天所以命我者，由湯始自修德於亳故也。

惟我商王，布昭聖武，代虐以寬，兆民允懷。言湯布明武德，以寬政代桀虐政，兆民以此皆信懷我商王之德。

今王嗣厥德，罔不在初。言善惡之由無不在初，欲其慎始。**立愛惟親，立敬惟長，始于家邦，終于四海。**言立愛敬之道，始於親長，則家國並化，終治四海。○長，丁丈反。

疏「立愛至四海」○正義曰：王者之馭天下，撫兆人，惟愛敬二事而已。孝經天子之章盛論愛敬之事，言天子當用愛敬以接物也。行之所立，自近為始，立愛惟親，先愛其親，推之以及疏；立敬惟長，先敬其長，推之以及幼。即孝經所云「愛親者不敢惡於人，敬親者不敢慢於人」，是推親以及物。始則行於家國，終乃治於四海，即孝經所云「德教加於百姓，刑於四海」是也。所異者，孝經論愛敬並始於親，令緣親以及疏，此分敬屬長，言從長以及幼耳。

嗚呼！先王肇修人紀，從諫弗咈，先民時若。言湯始修為人綱紀，有過則改，從諫如流，必先民之言是順。○咈，扶弗反。

疏「先民時若」○正義曰：賈逵注周語云：「先民，古賢人也。」魯語云：「古曰在昔，昔曰先民。」然則先民在古昔之前，遠言之也。遠古賢人亦是民內之一人，故以民言之。先民之言，於是順從，言其動皆法古賢也。

居上克明，言理恕。

疏「居上克明」○正義曰：見下之謂明，言其以理恕物，照察下情，是能明也。

為下克忠，事上竭誠。**與人不**

求備檢身若不及使人必器之常如不及恐有過疏○檢身若不及○正義曰檢謂自攝斂也檢勑其身常如不及不自大以卑人不恃長以陵物也以至于有萬邦兹惟艱哉言湯操心常危懼動而無過以至爲天子此自立之難。○操七曹反又七報反敷求哲人俾輔于爾後嗣布求賢智使師輔於爾嗣王言仁及後世。○哲本又作喆俾必爾反制官刑儆于有位言湯制治官刑法以儆戒百官。○儆君領反曰敢有恒舞于宮酣歌于室時謂巫風常舞則荒淫樂酒曰酣酣歌則廢德事鬼神曰巫言無政。○酣戶甘反巫音無樂音洛敢有殉于貨色恒于遊畋時謂淫風殉求也昧求財貨美色常遊戲畋獵是淫過之風俗。○殉辭俊反徐辭荀反畋音田敢有侮聖言逆忠直遠耆德比頑童時謂亂風狎侮聖人之言而不行拒逆忠直之規而不納耆年有德疏遠之童稚頑嚚親比之是荒亂之風俗。○遠

于萬反注同耆巨夷反比毗志反徐扶至反稚直利反嚚魚巾反惟兹三風十愆卿士有一于身家必喪有一過則德義廢失位亡家之道。○愆去乾反喪如字又息浪反邦君有一于身國必亡諸侯犯此國亡之道臣下不匡其刑墨具訓于蒙士邦君卿士則以爭臣自匡正臣不正君服墨刑鑿其額涅以墨蒙士例謂下士士以爭友僕隸自匡正。○爭諫爭之爭鑿在洛反額魚白反涅乃結反隸郎計反疏曰敢有至蒙士○正義曰此皆湯所制治宮之刑以儆戒百官之言也三風十愆謂巫風二舞也歌也淫風四貨也色也遊也畋也與亂風四爲十愆也舞及遊畋得有時爲之而不可常然故三事特言恒也歌則可矣不可樂酒而歌故以酣配之巫以歌舞事神故歌舞爲巫覡之風俗也貨色人所貪欲宜其以義自節而不可專心殉求故言殉於貨色心殉貨色常爲遊畋是謂淫過之風俗也侮慢聖人之言拒逆忠直之諫疏遠耆年有德親比頑愚幼童愛惡憎善國必荒亂故爲荒亂之風俗也此三風十愆雖惡有大小但有一於身皆喪國亡家故各從其類相配爲風俗臣下不匡其刑墨言臣無貴賤皆當匡正君也具訓于蒙士者謂湯制官刑非直教訓邦君卿大夫等使之受諫亦備具教訓下士使受諫也。傳常舞至無政。正義曰酣歌常舞並爲耽樂無度荒淫廢德俱是敗亂政事其爲愆過不甚異也恒舞酣歌乃爲愆耳若不恒舞不酣歌非爲過也樂酒曰酣言耽酒以自樂也說文亦云酣樂酒也楚語云民之精爽不攜貳者則明神降之在男曰覡在女曰巫又周禮有男巫女巫之官皆掌接神故事鬼神曰巫也廢棄德義專爲歌舞似巫事鬼神然言其無政也。傳殉求至風俗。正義曰殉者心循其事是貪求之意故爲求也志在得之不顧禮義昧求謂貪昧以求之無遜云于遊于畋是遊與畋別故爲遊戲與畋獵爲之無度是淫過之風俗也。傳狎侮至風俗。正義曰侮謂輕慢狎謂慣忽故傳以狎配侮而言之旅獒云德盛不狎侮是狎侮意相類也。傳邦君至匡正。正義曰言十愆有一則亡國喪家邦君卿士慮其喪亡之故則宜以爭臣自匡正犯顏而諫臣之所難故設不諫之刑以勵臣下故言臣不正君則服墨刑墨刑五刑之輕者謂鑿其額涅以墨司刑所謂墨罪五百者也蒙謂蒙稚卑小之稱故蒙士例謂下士也顧氏亦以爲蒙謂蒙闇之士例字宜從下讀言此等流例謂下士也嗚呼嗣王祗厥身念哉言當敬身念祖

德聖謨洋洋嘉言孔彰洋洋美善言甚明可法。○洋音羊徐音翔疏聖謨至孔彰。○正義曰此歎聖人之謨洋洋美善者謂上湯作官刑所言三風十愆令受下之諫是善言甚明可法也惟上帝不常作善降之百祥作不善降之百殃祥善也天之禍福惟善惡所在不常在一家爾惟德罔小萬邦惟慶修德無小則天下賚慶。○賚力代反爾惟不德罔大墜厥宗苟爲不德無大言惡有類以類相致必墜失宗廟此伊尹至忠之訓疏爾惟至厥宗。○正義曰又戒王爾惟修德而爲善德無小德雖小猶萬邦賴慶況大善乎爾惟不德而爲惡惡無大惡雖小猶墜失其宗廟況大惡乎。傳苟爲至之訓。正義曰爾惟德謂修德以善也爾惟不德謂不修德爲惡也易繫辭曰善不積不足以成名惡不積不足以滅身乃謂大善始爲福大惡乃成禍此訓作勸誘之辭言爲善無小小善萬邦猶慶況大善乎而爲惡無大言小惡猶墜厥宗況大惡乎此經二事辭反而意同也傳言惡有類者解小惡墜宗之意初爲小惡小惡有族類以類相致至於大惡若致

於大惡必墜失宗廟言至於大惡乃墜非小惡卽能墜也晉語云趙文子冠見韓獻子曰戒之此謂成人成人在始始與善善進不善蔑由至矣始與不善不善進善亦蔑由至矣言惡有類以類相致也今太甲初立恐其親近惡人以惡類相致禍害故以言戒之此是伊尹至忠之訓也**肆命**陳天命以戒太甲亡**徂后**陳往古明君以戒亡

太甲上第五

商書　孔氏傳　孔穎達疏

太甲既立不明不用伊尹之訓不明居喪之禮**伊尹放諸桐**湯葬地也不知朝政故曰放○朝直遙反**三年復歸于亳思庸**念常道**伊尹作太甲三篇**〔疏〕太甲至三篇○正義曰太甲既立爲君不明居喪之禮伊尹放諸桐宮使之思過三年復歸於亳都以其能改前過思念常道故也自初立至放而復歸伊尹每進言以戒之史敘其事作太甲三篇案經上篇是放桐宮之事中下二篇是歸亳之事此序歷言其事以揔三篇也○傳不用至之禮○正義曰此篇

承伊訓之下經稱不惠于阿衡知不明者不用伊尹之訓也王徂桐宮始云居憂是未放已前不明居喪之禮也○傳湯葬至曰放○正義曰經稱營于桐宮密邇先王知桐是湯葬地也舜放四凶徙之遠裔春秋放其大夫流之他境嫌此亦然故辨之云不知朝政故曰放使之遠離國都往居墓側與彼放逐事同故亦稱放也古者天子居喪三年政事聽於冢宰法當不知朝政而云不知朝政曰放者彼正法三年之內君雖不親政事冢宰猶尚諮稟此則全不知政故爲放也

太甲戒太甲故以名篇〔疏〕傳戒太甲故以名篇○正義曰盤庚仲丁祖乙等皆是發言之人名篇此太甲及沃丁君奭以被告之人名篇史官不同故以爲名有異且伊訓肆命徂后與此三篇及咸有一德皆是伊尹戒太甲不可同名伊訓故隨事立稱以太甲名篇也

惟嗣王不惠于阿衡阿倚衡平言不順伊尹之訓○倚於綺反〔疏〕惟嗣至阿衡○正義曰太甲以元年十二月卽位此至放桐之時未知凡經幾月必是伊尹數諫久而不順方始放之蓋以三五月矣必是二年放之序言三年復歸者謂卽位三年非在桐宮三年也史錄其伊尹訓王有伊訓肆命徂后其餘忠規切諫固應多矣太甲終不從之故言不惠于阿衡史爲作書發端故言此爲目也○傳阿倚至之訓○正義曰古人所讀阿倚同音故阿亦倚也稱上謂之衡故衡爲平也詩毛傳云阿衡伊尹也鄭玄亦云阿倚衡平也伊尹湯倚而取平故以爲官名

伊尹作書曰先王顧諟天之明命以承上下神祇顧謂常目在之諟是也言敬奉天命以承順天地○顧音故諟音是說文理也祇巨支反〔疏〕傳顧謂至天地○正義曰說文云顧還視也諟與是古今之字異故變文爲是也言先王每有所行必還迴視是天之明命謂常目在之言其想象如目前終常敬奉天命以承上天下地之神祇也

社稷宗廟罔不祇肅肅嚴也言能嚴敬鬼神而遠之○遠于萬反**天監厥德用集大命撫綏萬方**監視也天視湯德集王命於其身撫安天下○監工暫反**惟尹躬克左右厥辟宅師**伊尹言能助其君居業天下之衆○辟必亦反徐甫亦反〔疏〕惟尹躬○正義曰孫武兵書及呂氏春秋皆云伊尹名摯則尹非名也今自稱尹者蓋湯得之使尹正天下故號曰伊尹人旣呼之爲尹故亦以尹自稱禮法君前臣名不稱名者古人質直不可以後代之禮約之

肆嗣王丕承基緒肆故也言先祖勤德致有天下故子孫得大承基業宜念祖修德○丕普悲反徐甫眉反**惟尹躬先見于西邑夏自周有終相亦惟終**周忠信也言身先見夏君臣用忠信有終夏都在亳西○先見並如字注同**其後嗣王罔克有終相亦罔終**言桀君臣滅先人之道德不能終其業以取亡○相悉亮反**嗣王戒哉祗爾厥辟辟不辟忝厥祖**以不終爲戒愼之至敬其君道則能終忝辱也爲君不君則辱其祖**王惟庸罔念聞**言太甲守常不改無念聞伊尹之戒**伊尹乃言曰先王昧爽丕顯坐以待旦**爽顯皆明也言先王昧明思大明其德坐以待旦而行之○昧音妹**旁求俊彥啓迪後人**旁非一方美士曰彥開道後人言訓戒○俊本亦作畯迪大歷反**無越厥命以自覆**越墜失也無失亡祖命而不勤德以自顛覆○越于月反本又作粵覆芳服反注同**愼乃**

儉德惟懷永圖言當以儉爲德思長世之謀**若虞機張往省括于度則釋**機弩牙也虞度也度機機有度以準望言修德夙夜思之明旦行之如射先省矢括于度釋則中。省息井反括故活反度如字虞度待洛反中丁仲反**欽厥止率乃祖攸行**止謂行所安止君止於仁子止於孝**惟朕以懌萬世有辭**言能循汝祖所行則我喜悅王亦見歎美無窮。懌音亦

〔疏〕伊尹至有辭。正義曰伊尹作書以告太甲不念聞之伊尹乃又言曰先王以昧爽之時思大明其德既思得其事則坐以待旦明則行之其身既勤於政又乃旁求俊彥之人置之於位令以開導後人先王之念子孫其憂勤若是嗣王今承其後無得墜失其先祖之命以自覆敗王當慎汝儉約之德令其以儉爲德而謹慎守之惟思其長世之謀謀爲政之事譬若以弩射也可準度之機已張之又當以意往省視矢括當於所度則釋而放之如是而射則無不中矣猶若人君所修政教欲發命也當以意夙夜思之使當於民心明旦行之則無不當矣王又當敬其身所安止循汝祖之所行若能如此惟我以此喜悅王于萬世常有善辭言有聲譽亦見歎美無窮也。傳爽顯至行之。正義曰昭七年左傳云是以有精爽至於神明從爽以至於明是爽謂未大明也昧是晦冥爽是未明謂夜向晨也釋詁云丕大也顯光也光亦明也於夜昧冥之時思欲大明其德既思得之坐以待旦而行之言先王身之勤也。傳旁非至訓戒。正義曰旁謂四方求之故言非一方也美士曰彥釋訓文舍人曰國有美士爲人所言道也。傳機弩至則中。正義曰括謂矢末機張省括則是以射喻也機是轉關故爲弩牙虞訓度也度機機者機有法度以準望所射之物準望則解經虞也如射者弩以張訖機關先省矢括與所射之物三者於法度相當乃後釋弦發矢則射必中矣言爲政亦如是也

王未克變未能變不用訓太甲性輕脫伊尹至忠所以不已。輕遣政反

〔疏〕傳未能至不已。正義曰未能變者據在後能變故當時爲未能也時既未變是不用伊尹之訓也太甲終爲人主非是全不可移但體性輕脫與物推遷雖有心向善而爲人之不固伊尹至忠所以進言不已是伊尹知其可移故誨之不止冀其終從已也

伊尹曰茲乃不義習與性成言習行不義將成其性。義本亦作誼。**予弗狎于弗順營于桐宮密邇**

先王其訓無俾世迷狎近也經營桐墓立宮令太甲居之近先王則訓於義無成其過不使世人迷惑怪之。俾必爾反後篇同近附近之近令力呈反

〔疏〕伊尹至世迷。正義曰伊尹以王未變乃告於朝廷羣臣曰此嗣王所行乃是不義之事習行此事乃與性成言爲之不已將以不義爲性也我不得令王近於不順之事當營於桐墓立宮使此近先王當受人教訓之無得成其過失使後世人迷惑怪之。傳狎近至怪之。正義曰狎習是相近之義故訓爲近也不順則是近不順也胥爲不義近於不順則當日日益惡必至滅亡故伊尹言已不得使王近於不順故經營桐墓立宮墓旁令太甲居之不使復知朝政身見廢退必當改悔爲善也

王徂桐宮居憂往入桐宮居憂位

〔疏〕傳往入至憂位。正義曰亦既不知朝政之事惟行居喪之禮居憂位謂服治喪禮也伊尹亦使兵士衞之選賢俊教之故太甲能終信德也

克終允德言能思念其祖終其信德

太甲中第六

商書　孔氏傳　孔穎達疏

惟三祀十有二月朔湯以元年十一月崩至此二十六月三年服闋。闋苦穴反**伊尹以冕服奉嗣王歸于亳**冕冠也踰月卽吉服。冕音免

〔疏〕惟三至于亳。正義曰周制君薨之年屬前君明年始爲新君之元年此殷法君薨之年而新君卽位卽以其年爲新君之元年惟三祀者太甲卽位之三年也湯以元年十一月崩至此年十一月爲再朞除喪服也至十二月服闋闋息也如喪服息卽吉服舉事貴初始故於十二月朔以冕服奉嗣王歸于亳冕是在首之服冠內之別名冠是首服之大名故傳以冕爲冠案王制云殷人哻而祭大雅云常服黼哻哻是殷之祭冠今云冕者蓋冕爲通名王制又云有虞氏皇而祭夏后氏收而祭殷人哻而祭周人冕而祭並是當代別名殷禮不知天子幾冕周禮天子六冕大裘之冕祭天尚質弁師惟掌五冕備物盡文惟衮冕耳此以冕服蓋以衮冕之服也顧氏云祥禫之制前儒不同案士虞禮云朞而小祥又朞而大祥中月而禫王肅云祥月之內又禫祭服彌寬而變彌數也禮記檀弓云祥而縞是月禫徙月樂王肅云是祥之月而禫禫之明月可以樂矣案此孔傳云二十六月服闋則與王肅同鄭玄以中月爲間一月云祥後復更有一月而禫則三年之

喪凡二十七月與孔爲異作書曰民非后罔克胥匡以生無能相匡故須君以生○胥息餘反后非民罔以辟四方須民以君四方皇天眷佑有商俾嗣王克終厥德實萬世無疆之休言王能終其德乃天之顧佑商家是商家萬世無窮之美○疆居良反王拜手稽首曰予小子不明于德自底不類君而稽首於臣謝前過類善也闇於德故自致不善○底之履反欲敗度縱敗禮以速戾于厥躬速召也言已放縱情欲毀敗禮儀法度以召罪於其身○敗必邁反徐甫邁反縱子用反戾郎計反疏傳速召至其身○正義曰釋言云速徵也徵召也轉以相訓故速爲召也欲者本之於情縱者放之於外有欲而縱之縱欲爲一也準法謂之度體見謂之禮禮度一也故傳并釋之言已放縱情欲毀敗禮儀法度以召罪於其身也天作孼猶可違自作孼不可逭孼災逭逃也言天災可避自作災不可逃○孼魚列反逭胡亂

反疏傳孼災至可逃○正義曰洪範五行傳有妖孼眚祥漢書五行志說云凡草物之類謂之妖妖猶夭胎言尚微也蟲豸之類謂之孼孼則牙孼矣甚則異物生謂之眚自外來謂之祥是孼爲災初生之名故爲災也逭逃也釋言文樊光云行相避逃謂之逭亦行不相逢也天作災者謂若太戊桑穀生朝高宗雊雉升鼎耳可修德以禳之是可避也自作災者謂若桀放鳴條紂死宣室是不可逃也據其將來修德可去及其已至改亦無益天災自作逃否亦同且天災亦由人行而至非是橫加災也此太甲自悔之深故言自作甚於天災耳既往背師保之訓弗克于厥初尚賴匡救之德圖惟厥終言已已往之前不能修德於其初今庶幾賴教訓之德謀終於善悔過之辭○背音佩徐扶代反伊尹拜手稽首拜手首至手疏傳拜手首至手○正義曰周禮太祝辨九拜一曰稽首二曰頓首三曰空首鄭玄云稽首拜頭至地也頓首拜頭叩地也空首拜頭至手所謂拜手也鄭惟解此三者拜之形容所以爲異也稽首頭至地頭下至地也頓首頭下至地暫一叩之而已此言拜手稽首者初爲拜頭至手乃復申頭以至于地至手是爲拜手至

地乃爲稽首然則凡爲稽首者皆先爲拜手乃後爲稽首故拜手稽首連言之諸言拜手稽首義皆同也太祝又云四曰振動五曰吉拜六曰凶拜七曰奇拜八曰褒拜九曰肅拜鄭注云振動者戰栗變動而拜吉拜者拜而後稽顙謂齊衰不杖以下者之拜凶拜者稽顙而後拜謂三年喪拜也奇拜者謂君答臣一拜也褒拜者謂再拜拜神與尸也肅拜者謂揖拜也禮介者不拜及婦人之拜也左傳云天子在寡君無所稽首則諸侯於天子稽首也諸侯相於則頓首也君於臣則空首也曰修厥身允德協于下惟明后言修其身使信德合於羣下惟乃明君先王子惠困窮民服厥命罔有不悅言湯子愛困窮之人使皆得其所故民心服其教令無有不忻喜並其有邦厥鄰乃曰徯我后后來無罰湯俱與鄰並有國鄰國人乃曰待我君來言忻戴君來無罰言仁惠○徯胡啓反疏並其至無罰○正義曰言湯昔爲諸侯之時與湯並居其有邦國謂諸侯之國也此諸侯國人其與湯鄰近者皆願以湯爲君乃言曰待我后后來無罰於我言羨慕湯德忻戴之也王懋乃德

視乃厥祖無時豫怠言當勉修其德法視其祖而行之無爲是逸豫怠惰○懋音茂奉先思孝接下思恭以念祖德爲孝以不驕慢爲恭視遠惟明聽德惟聰言當以明視遠以聰聽德疏傳言當至聽德○正義曰人之心識所知在於聞見聞見所得在於耳目故欲言人之聰明以視聽爲主視若不見故言惟明明謂監察是非也聽若不聞故言惟聰聰謂識知善惡也視戒見近迷遠故言視遠聽戒背正從邪故言聽德各準其事相配爲文朕承王之休無斁王所行如此則我承王之災○無斁○斁音亦厭於豔反

太甲下第七

商書　孔氏傳　孔穎達疏

伊尹申誥于王曰嗚呼惟天無親克敬惟親言天於人無有親疏惟親能敬身者疏伊尹申誥于王○正義曰伊尹以至忠之心喜王改悔重告於王冀王大

善一篇皆誥辭也天親克敬民歸有仁神享克誠言天民與神皆歸于善也奉天宜其敬謹養民宜用仁恩事神當以誠信亦準事相配而爲文也

民罔常懷，懷于有仁。民所歸無常，以仁政爲常。鬼神無常享，享于克誠。言鬼神不保一人，能誠信者則享其祀。天位艱哉！言居天子之位難，以此三者。德惟治，否德亂。爲政以德則治，不以德則亂。○治，直吏反，注及下同。與治同道，罔不興；與亂同事，罔不亡。言安危在所任，治亂在所法。

【疏】傳「言安」至「所法」。○正義曰：任賢則興，任佞則亡，故安危在所任。於善則治，於惡則亂，故治亂在所法。撿言治國則稱道，單指所行則言事，與難而亡易，道大而事小，故大言興而小言亡也。此所云，惟言治亂在所法耳。下句云「終始慎厥與」，言當與賢，不與佞，治亂在於用臣，故傳於此言安危在所任也。

終始慎厥與，惟明明后。明慎其所與，治亂之機，則爲明王明君。

【疏】「惟明明后」。○正義曰：重言明明，言其爲大明耳。傳因文重，故言明王明君，君王猶是一也。

先王惟時懋敬厥德，克配上帝。言湯推是終始所與之難，勉修其德，能配天而行之。今王嗣有令緒，尚監茲哉！令，善也。繼祖善業，當夙夜庶幾視祖此配天之德而法之。若升高，必自下；若陟遐，必自邇。言善政有漸，如登高升遠，必用下近爲始，然後終致高遠。無輕民事，惟難；無輕爲力役之事，必重難之乃可。無安厥位，惟危。言當常自危懼，以保其位。慎終于始。於始慮終，於終思始。

【疏】「慎終于始」。○正義曰：欲慎其終，於始卽須慎之，故傳云「於始慮終」。傳以將終戒惰，故又云「於終思始」，言終始皆當慎也。

有言逆于汝心，必求諸道；人以言咈違汝心，必以道義求其意，勿拒逆之。有言遜于汝志，必求諸非道。遜，順也。言順汝心，必以非道察之，勿以自臧。嗚呼！弗慮胡獲？弗爲胡成？一人元良，萬邦以貞。胡，何。貞，正也。言常念慮道德，則得道德；念爲善政，則成善政。一人，天子。天子有大善，則天下得其正。

【疏】傳「胡何」至「其正」。○正義曰：胡之與何，方言之異耳。易彖象皆以貞爲正也。伊尹此言勸王爲善，弗慮弗爲，必是善事。人君善事，惟有道德政教。言不慮何獲，是念慮有所得，知心所念慮是道德也。不爲何成，則爲之有所成，則知心所念是爲善政也。謂天子爲一人者，其義有二：一則天子自稱一人，是爲謙辭，言已是人中之一耳；一則臣下謂天子爲一人，是爲尊稱，言天下惟一人而已。

君罔以辯言亂舊政，利口覆國家，故特慎焉。臣罔以寵利居成功，成功不退，其志無限，故爲之極以安之。

【疏】傳「成功」至「安之」。○正義曰：成功至安四時之序，成功者退。臣既成功，不知退謝，其志貪欲無限，其君不堪所求，或有怨恨之心，君懼其謀，必生誅殺之計，自古以來，人臣有功不退者，皆喪家滅族者衆矣。經稱「臣無以寵利居成功」者，爲之限極以安之也。伊尹告君而言及臣事者，雖復汎說大理，亦見已有退心也。

邦其永孚于休。言君臣各以其道，則國長信保於美。

咸有一德第八

商書　孔氏傳　孔穎達疏

伊尹作咸有一德。言君臣皆有純一之德，以戒太甲。

【疏】「伊尹作咸有一德」。○正義曰：太甲既歸於亳，伊尹致仕而退，恐太甲德不純一，故作此篇以戒之。經稱「尹躬及湯咸有一德」，言已君臣皆有純一之德，戒太甲使君臣亦然。此主戒太甲，而言臣有一德者，欲令太甲亦任一德之臣。經云「任官惟賢材，左右惟其人」，是戒太甲使善用臣也。伊尹既放太甲，又迎而復之，是伊尹有純一之德，已爲太甲所信，是已君臣純一，欲令太甲法之。

咸有一德卽政之後，恐其不一，故以戒之。

【疏】「咸有一德」。○正義曰：此篇終始皆言一德之事。發首至「陳戒于德」，敘其作戒之由，已下皆戒辭也。德者，得也，內得於心，行得其理。既得其理，執之必固，不爲邪見更致差貳，是之謂一德也。而凡庸之主，監不周物，志既少決，性復多疑，與智者謀之，與愚者敗之，則是二三其德，不爲一也。經云「德惟一，動罔不吉；德二三，動罔不凶」，是不二三則爲一德也。又曰「終始惟一，時乃日新」，言守一必須固也。太甲新始卽政，伊尹恐其二三，故專以一德爲戒。

伊尹既復政厥辟，還政太甲。將告歸，乃陳戒于德。告老歸邑，陳德以戒。

【疏】「伊尹」至「于德」。○正義曰：自太甲居桐而伊尹秉政，太甲既歸于亳伊尹還政其君將欲告老歸其私邑乃陳言戒王於德以一德戒王也太甲既得復歸伊尹卽應還政其告歸陳戒未知在何年也下云今嗣王新服厥命則是初始卽政蓋太甲居亳之後卽告老也君奭云在太甲時則有若保衡保衡伊尹也襄二十一年左傳云伊尹放太甲而相之卒無怨色則伊尹又相太甲蓋伊尹此時將欲告歸太甲又留之爲相如成王之留周公不得歸也。傳告老至以戒。正義曰伊尹湯之上相位爲三公必封爲國君又受邑於畿內告老致政事於君欲歸私邑以自安將離王朝故陳戒以德也無逸云肆祖甲之享國三十三年傳稱祖甲卽太甲也殷本紀云太甲崩子沃丁立沃丁序云沃丁既葬伊尹于亳則伊尹卒在沃丁之世湯爲諸侯之時已得伊尹此至沃丁始卒伊尹壽年百有餘歲此告歸之時已應七十左右也殷本紀云太甲既立三年伊尹放之於桐宮居桐宮三年悔過反善伊尹乃迎而受之政謂太甲歸亳之歲已爲卽位六年與此經相違馬遷之說妄也紀年云殷仲壬卽位居亳其卿士伊尹仲壬崩伊尹乃放太甲於桐而自立也伊尹卽位於太甲七年太甲潛出自桐殺伊尹乃立其子伊陟伊奮命復其父之田宅而中分之案此經序伊尹奉太甲歸于亳其文甚明左傳又稱伊尹放太甲而相之孟子云有伊尹之志則可無伊尹之志則篡伊尹不肯自立太甲不殺伊尹也必若伊尹放君自立太甲起而殺之則伊尹死有餘罪義當汙宮滅族太甲何所感德而復立其子還其田宅乎紀年之書晉太康八年汲郡民發魏安僖王冢得之蓋當時流俗有此妄說故其書因記之耳

曰嗚呼天難諶命靡常。以其無常故難信。諶徐市林反

常厥德保厥位厥德匪常九有以亡人能常其德則安其位九有諸侯桀不能常其德湯伐而兼之疏九有以亡。正義曰毛詩傳云九有九州也此傳云九有諸侯謂九州所有之諸侯伊尹此言凡說大理未指夏桀但傳顧下文比桀爲此言之驗故云桀不能常其德湯伐而兼之

夏王弗克庸德慢神虐民言桀不能常其德不敬神明不恤下民皇天弗保監于萬方啓迪有命言天不安桀所爲廣視萬方有天命者開道之眷求一德俾作神主天求一德使伐桀爲天地神祇之主惟尹躬暨湯咸有一德克享天心受天明命享當也所征無敵謂之受天命疏傳享當至天命。正義曰德當神意神乃享之故以享爲當也天道遠而人道近天之命人非有言辭文誥正以神明祐之使之所征無敵謂之受天命也緯候之書乃稱有黃龍玄龜白魚赤雀負圖銜書以授聖人正典無其事也漢自哀平之閒緯候始起假託鬼神妄稱祥瑞孔時未有其說縱使時已有之亦非孔所信也

以有九有之師爰革夏正爰於也於得九有之衆遂伐夏勝之改其正非天私我有商惟天佑于一德非天私商而王之佑助一德所以王。王于況反下同或如字非商求于下民惟民歸于一德非商以力求民民自歸於一德德惟一動罔不吉德二三動罔不凶二三言不一惟吉凶不僭在人惟天降災祥在德行善則吉行惡則凶是不差德一天降之善不一天降之災是在德。僭子念反疏惟吉至在德。正義曰指其已然則爲吉凶言其徵兆則曰災祥其事不甚異也吉凶已成之事指人言之故曰在人災祥未至之徵行之所招故言在德在德謂爲德有一與不一在人謂人行有善與不善也吉凶已在其身故不言來處災祥自外而至故言天降其實吉凶亦天降也

今嗣王新服厥命惟新厥德其命王命新其德戒勿怠終始惟一時乃日新言德行終始不衰殺是乃日新之義。行下孟反殺色界反衰徵也殺害也言小小害也任官惟賢材左右惟其人官賢才而任之非賢材不可任選左右必忠良不忠良非其人臣爲上爲德爲下爲民言臣奉上布德順下訓民不可官所私任非其人。爲上于僞反下爲民同爲德如字下爲下同徐皆于僞反其難其慎惟和惟一其難無以爲易其慎無以輕之羣臣當和一心以事君政乃善。易以豉反疏今嗣王至惟一。正義曰上既言在德此指戒嗣王今新始服其王命惟當新其所行之德所云新者終始所行惟常如一無有衰殺之時是乃日新也王既身行一德臣亦當然任人爲官惟用其賢材輔弼左右惟當用其忠良之人乃可爲左右耳此任官左右卽王之臣也臣之爲用所施多矣何者言臣之助爲在上當施爲道德身爲臣下當須助爲於民也臣之既當

爲君又須爲民故不可任非其才用非其人此臣之所職其事甚難無得以爲易其事須慎無得輕忽爲臣之難如此惟當衆臣和順惟當共秉一心以此事君然後政乃善耳言君臣宜皆有一德○傳其命至勿怠○正義曰說命云王言惟作命成十八年左傳云人之求君使出命也是言人君職在發命新服厥命新始服行王命故云其命王命也新其德者勤行其事日日益新戒王勿懈怠也○傳言德至之義○正義曰日新者日日益新也若今日勤而明日惰昨日是而今日非自旁觀之則有新有舊言王德行終始皆同不有衰殺從旁觀之每日益新是乃日新之義也○傳官賢至其人○正義曰任官謂任人以官故云官賢才而任之言官用賢才而委任之詩序云任賢使能非賢才不可任也冏命云小大之臣咸懷忠良故言選左右必忠良不忠良即是非其人任官是用人爲官左右亦是任而用之故言選左右也直言其人人字不見故據冏命之文以忠良充之○傳言臣至其人○正義曰言臣奉上布德者奉上謂奉爲在上解經爲上也布德者謂布爲道德解經爲德也順下訓民者順下謂卑順以爲臣下解經爲下也訓民者訓以善道訓助下民解經爲民也顧氏亦同此解○傳其難至乃善○正義曰此經申上臣事既所爲如此其難無以爲易其慎無以輕忽之戒臣無

得輕易臣之職也既事不可輕宜和協奉上羣臣當一心以事君如此政乃善耳一心即一德言臣亦當一德也

德無常師，主善爲師，德非一方以善爲主乃可師**善無常主，協于克一。**言以合於能一爲常德**俾萬姓咸曰：大哉王言。**一德之言故曰大**又曰：一哉王心。**能一德則一心**克綏先王之祿，永厎烝民之生。**言爲王而令萬姓如此則能保安先王之寵祿長致衆民所以自生之道是明王之事○烝之丞反**嗚呼！七世之廟，可以觀德，**天子立七廟有德之王則爲祖宗其廟不毀故可觀德**萬夫之長，可以觀政。**能整齊萬夫其政可知○長丁丈反

【疏】嗚呼至觀政○正義曰此又觀王修德以立後世之名禮王者祖有功宗有德雖七世之外其廟不毀嗚呼七世之廟其外則猶有不毀者可以觀知其有明德也立德在於爲政萬夫之長能使其整齊可以觀知其善政也萬夫之長尚爾況天子乎觀王使爲善政也○傳天子至觀德○正義曰天子立七廟是其常事其有德之王則列爲祖宗雖七廟親盡而其廟不毀故於七廟之外可以觀德矣下云萬夫之長可以觀政謂觀其萬夫之長此七世之廟可以觀德謂觀七世之外文雖同而義小異耳所謂辭不害意漢氏以來論七廟諸多矣其文見於記傳禮器家語荀卿書穀梁傳皆曰天子立七廟以爲天子常法不辨其廟之名王制云天子七廟三昭三穆與太祖之廟而七祭法云王立七廟曰考廟曰王考廟曰皇考廟曰顯考廟曰祖考廟皆月祭之遠廟爲祧有二祧享嘗乃止漢書韋玄成議曰周之所以七廟者后稷始封文王武王受命而王是以三廟不毀與親廟四而七也鄭玄用此爲說惟周有七廟二祧爲文王武王廟也故鄭玄王制注云此周制七者太祖及文王武王二祧與親廟四太祖后稷也殷則六廟契及湯與二昭二穆夏則五廟無太祖禹與二昭二穆而已是由不見古文故爲此謬說此篇乃是商書已云七世之廟則天子立七廟王者常禮非獨周人始有七廟也文武則爲祖宗不在昭穆之數王制之文不得云三昭三穆也劉歆馬融王肅雖則不見古文皆以七廟爲天子常禮所言二祧者王肅以爲高祖之父及祖也并高祖已下共爲三昭三穆耳喪服小記云王者禘其祖之所自出以其祖配之而立四廟庶子王亦如之所以不同者王肅等以爲受命之王是初基之王故立四廟庶子王者謂庶子之

後自外繼立雖承正統之後自更別立己之高祖己下之廟猶若漢宣帝別立戾太子悼皇考廟之類也或可庶子初基爲王亦得與嫡子同正立四廟也

后非民罔使，民非后罔事。君以使民自尊民以事君自生**無自廣以狹人，匹夫匹婦不獲自盡，民主罔與成厥功。**上有狹人之心則下無所自盡矣言先盡其心然後乃能盡其力人君所以成功○狹戶夾反盡徐子忍反注同

【疏】無自至厥功○正義曰既言君民相須又戒王虛心待物凡爲人主無得爲廣大以狹小前人勿自以所知爲大謂彼所知爲小若謂彼狹小必待之輕薄彼知遇薄則意不自盡匹夫匹婦不得自盡其意則在下不肯親上在上不得下情如是則人主無與成其功也

沃丁既葬伊尹于亳，沃丁太甲子伊尹既致仕老終以三公禮葬○沃烏毒反徐於毒反**咎單遂訓伊尹事，**訓暢其所行功德之事**作沃丁。**咎單忠臣名作此篇以戒也亡

【疏】沃丁至作沃丁○正義曰沃丁殷王名也沃丁既葬伊尹言重其賢德備禮而葬之咎單以沃丁愛慕伊尹遂訓暢伊尹之事以告沃丁

史錄其事作沃丁之篇。傳沃丁至禮葬。正義曰世本太紀皆云太甲崩子沃丁立是爲太甲子也伊尹本是三公上篇言其告歸知致仕老終以三公禮葬皇甫謐云沃丁八年伊尹卒年百有餘歲大霧三日沃丁葬之以天子禮葬以祀以太牢親臨喪以報大德晉文請隧襄王不許沃丁不當以天子之禮葬伊尹也孔言三公禮葬未必有文要情事當然也

伊陟相大戊伊陟伊尹子太戊沃丁弟之子。陟張力反相息亮反太戊馬太甲子

亳有祥桑穀共生于朝祥妖怪二木合生七日大拱不恭之罰。桑蘇臧反穀工木反楮也朝直遥反

伊陟贊于巫咸作咸乂四篇贊告也巫咸臣名皆亡。巫咸馬云巫男巫也名咸殷之巫也

疏伊陟至四篇。正義曰伊陟輔相太戊於亳都之內有不善之祥桑穀二木共生于朝朝非生木之處是爲不善之徵伊陟以此桑穀之事告于巫咸使錄其事作咸乂四篇乂訓治也言所以致妖須治理之故名篇爲咸乂也伊陟不先告太戊而告巫咸者君奭云在太戊時則有若巫咸乂王家則咸是賢臣能治王事大臣見怪而懼先共議論而後以告君下篇序云太戊贊于伊陟明先告於巫咸而後告太戊。傳伊陟至之子。正義曰伊陟伊尹子相傳爲然殷本紀云沃丁崩弟太庚立崩子小甲立崩弟雍己立崩弟太戊立是太戊爲小甲弟太庚之子。傳祥妖至之罰。正義曰漢書五行志云凡草物之類謂之妖妖自外來謂之祥祥是惡事先見之徵故爲妖怪也二木合生謂共處生也七日大拱伏生書傳有其文或當別出餘書則孔用之也鄭玄注書傳云兩手搤之曰拱生七日而見其大滿兩手也殷本紀云一暮大拱言一夜即滿拱所聞不同故說異也五行傳曰貌之不恭是謂不肅時則有青眚青祥漢書五行志夏侯始昌劉向等說云肅敬也內曰恭外曰敬人君行己體貌不恭怠慢驕蹇則不能敬木色青故有青眚青祥是言木之變怪是貌不恭之罰人君貌不恭天將罰之木怪見其徵也皇甫謐云太戊問於伊陟伊陟曰臣聞妖不勝德帝之政事有闕白帝修德太戊退而占之曰桑穀野木而不合生于朝意者朝亡乎太戊懼修先王之政明養老之禮三年而遠方重譯而至七十六國是言妖不勝德也。傳贊告至臣名。正義曰禮有贊者皆以言告人故贊爲告也君奭傳曰巫氏也當以巫爲氏名咸此言臣名者言是臣之名號也鄭玄云巫咸謂之巫官者案君奭咸子又稱賢父子並爲大臣必不世作巫官故孔言巫氏是也

太戊贊于伊陟告以改過自新

作伊陟原命原臣名原命伊陟三篇皆亡

疏太戊至原命。正義曰言太戊贊於伊陟惟告伊陟不告原也史錄其事而作伊陟原命二篇則太戊告伊陟亦告原俱以桑穀事告故序總以爲文也原是臣名而云原命謂以言命原故以原命名篇猶如冏命畢命也

仲丁遷于囂太戊子去亳囂地名。囂五羔反

疏仲丁遷于囂。正義曰此三篇皆是遷都之事俱以君名名篇並陳遷都之義如盤庚之誥民也發其舊都謂之遷到彼新邑謂之居遷于囂與居相亦事同也以河亶甲三字句長不言于其實亦是俱于相也圮于耿者孔意以爲毀于相地乃遷于耿地其篇蓋言毀意故序特言圮也李顒云囂在陳留浚儀縣皇甫謐云仲丁自亳徙囂在河北也或曰今河南敖倉二說未知孰是也相地孔云在河北蓋有文而知也謐又以耿在河東皮氏縣耿鄉是也。傳太戊至地名。正義曰此及下傳言仲丁是太戊之子河亶甲仲丁弟也祖乙河亶甲子皆世本文也仲丁是太戊之子太戊之時仍云亳有祥知仲丁遷于囂去亳也

作仲丁陳遷都之義亡

河亶甲居相仲丁弟相地名在河北。亶丁但反相息亮反在河北今魏郡有相縣

作河亶甲亡

祖乙圮于耿亶甲子圮於相遷於耿河水所毀曰圮。圮備美反徐扶鄙反馬云毀也

疏傳亶甲至曰圮。正義曰孔以河亶甲居相祖乙卽亶甲之子故以爲圮於相地乃遷都于耿釋詁云圮毀也故云河水所毀曰圮據文圮于耿也知非圮毀于耿更遷餘處必云圮於相地遷於耿者明與其上文連上云遷于囂謂遷來向囂居於相謂居於相也故知圮于耿謂遷來于耿以文相類故孔爲此解謂古人之言雖尙要約皆使言足其文令人曉解若圮於相遷居於耿經言圮於耿大不辭乎且亶甲居於相祖乙居耿今爲水所毀更遷他處故言毀于耿耳非旣毀乃遷耿也盤庚云不常厥邑于今五邦及其數之惟有亳囂相耿四處而已知此旣毀於耿更遷一處盤庚又自彼處而遷於殷耳殷本紀云祖乙遷於邢馬遷所爲說耳鄭玄云祖乙又去相居耿而國爲水所毀於是修德以禦之不復徙也錄此篇者善其國圮毀改政而不徙如鄭所言稍爲文便但上有仲丁亶甲下有盤庚皆爲遷事作書述其遷意此若毀而不遷序當改文見義不應文類遷居更以不遷爲義汲冢古文云盤庚自奄遷於殷者蓋祖乙圮于耿遷于奄盤庚自奄遷于殷亳囂相耿與此奄五邦者此蓋不經之書未可依信也

作祖乙亡

八卷終

尚書注疏挍勘記卷八

臣阮元撰盧宣旬摘錄

尚書注疏卷第八　宋板同古本作尚書卷第四古文尚書湯誓第一商書孔氏傳

湯誓第一　按匡謬正俗卷二引商書湯斲曰予則孥戮汝葢古文尚書誓作斲也　商書

伊尹以夏政醜惡　閩本明監本同毛本醜作配誤

爲出不意故也　閩本明監本同毛本出下有其字

戒誓湯士衆　古本岳本宋本湯作其纂傳亦作湯

而割正夏　按段玉裁云孔傳正政也言奪民農功而爲割剝之政按傳不言於夏邑則各本夏字賸也正義云爲割剝之政於夏邑增此三字以暢經意耳史記殷本紀云舍我嗇事而割政裴駰引孔安國曰奪民農功而爲割剝之政葢今古文尚書皆無夏字後人據正義妄增之非也

正改也　葛本同閩本初亦作改後改作政案政字是也

不敢不正桀罪誅之　按史記集解引此桀下有之字罪下有而字文義較明

言桀君臣相率爲勞役之事以絕衆力謂廢農功　按史記集解引此作桀之君臣相率遏止衆力使不得事農葢檃栝傳意非原文也

予則孥戮汝　按匡謬正俗引此句戮作㣈葢亦古文尚書也

多有夏罪　閩本明監本同毛本夏作大案大字是也

君其可喪　閩本明監本同毛本君作若案若字是也

再言所以積桀之非也　閩本同毛本非作罪

所以比於日者　閩本明監本毛本同宋本比下有桀字案有者是也

變置社稷　按史記集解引此傳變上有欲字浦鏜挍從之言改正易服因變置社稷是也非更端之詞又居疏說湯已變稷唯社未遷明不得有欲字

然而旱乾水溢　閩本溢初作益後加水毛本作溢

故更致社稷　宋本同毛本致作置盧文弨云可通用

大崩曰敗績　古本崩下有壞字

從謂遂討之　古本岳本宋本遂作逐纂傳亦作遂岳本攷證云逐字正釋從字之義卽春秋左氏傳晉師從齊師意也

誼伯仲伯作典寶　陸氏曰誼本或作義

仲虺之誥第二　商書

使錄其言　閩本明監本毛本使作史案史字是也

自簡賢輔勢　閩本明監本毛本輔作附案附字是也

康誥召誥之類　宋本閩本明監本同毛本康作湯

一字足以爲文　閩本明監本同毛本一作二

謂於會之所　浦鏜云會下當脫同字

肇我邦予有夏　各本予作于案予字誤也

惟王不邇聲色　按篇題疏引此句不作弗與古本合

曰徯予后　古本予作我

湯誥第三　商書

皇天　閩本葛本同毛本天作大

則唯爲君之道　按前疏引此句惟作是

夏王滅德作威　古本威作畏下明威同

罹其凶害　古本害作虐

而桀不改　古本作而桀不改改也纂傳作而桀終不改

不敢赦　唐石經不作弗

用元壯者　閩本明監本毛本壯作牡案壯字是也

浮信也　閩本明監本毛本浮作孚案浮字誤也

凡我造邦無從匪彝無卽慆淫　古本無並作亡下無以爾萬方同

承大美道　閩本明監本毛本大作天案大字誤也

朕弗敢蔽　古本蔽作獘

乃亦有終　古本亦作亓山井鼎曰亓古其字○按亦與亓形相似而誤當作亦

伊訓第四　商書

是特設祀也　閩本明監本同毛本祀作祠下特設祀禮同

杍能師禹者也　盧文弨云師國語作帥

朕哉自亳　石經補缺哉誤作載

終治四海　葛本同各本治作洽案洽字是也疏乃洽于四海同

今緣親以及疎　閩本明監本毛本今作令按令字是也

敢有殉于貨色　按一切經音義卷一云尚書狥于貨色注云狥干求也凡元應所引尚書注不出姓名者皆孔傳也其經文當亦據孔本此經殉字古文蓋作狥今文則作殉當以狥爲正傳云殉求也宜改作狥干求也

昧求財貨美色　岳本纂傳昧作敢按敢字固與經相應然疏云昧求謂貪昧以求之則疏自作昧

親此頑愚幼童　閩本明監本毛本此作比案比字是也

但有一於身　宋本同各本身下有者字

謂貪昧以求之　按六經正誤引此文貪作昏攷疏上云殉者必循其事是貪求之意此云貪昧以求與上貪求相應貪者必昧故曰貪昧似不當作昏

則天下賚慶　按釋文云賚力代反是陸氏本作賚也疏云德雖小猶萬邦賴慶是孔氏本作賴也似當以賴爲正賴慶謂一人有慶兆民賴之若作賚慶則費解矣

太甲上第五　商書

此至放桐之時也　閩本明監本同毛本此作比案比字是

欽厥止率乃祖攸行　按今本皆以此兩句爲一節下文惟朕以懌萬世有辭兩句爲一節以傳攷之此節傳云止謂行所安止君止於仁子止於孝專釋止字之義至下傳乃云言能循汝祖所行則我喜悅王亦見歎美無窮似當以欽厥止一句爲一節率乃祖攸行合下兩句爲一節然疏云王又當敬其身所安止循汝祖之所行若能如此惟我以此喜悅其分節蓋已同今本矣

萬世有辭　古本辭作孠

使此近先王　閩本同明監本毛本此作比案比字是也

必當改悔爲善也　閩本明監本同毛本悔作過

太甲中第六　商書

王懋乃德視乃厥祖　石經考文提要云坊本作烈祖亦沿蔡沈集傳案孔安國傳視其祖而行之其訓厥也○按纂傳已從蔡傳作烈矣

則我承王之災無斁　各本災作美案美字是也古本岳本宋本纂傳斁作厭釋文有厭於豔反

太甲下第七　商書

終始愼厥與惟明明后　唐石經初刻有后字後磨改祇作惟明明

言湯推是終始所與之難　閩本明監本毛本推作惟案惟字是也

咸有一德第八　商書

經稱尹躬及湯有一德　宋本湯下有咸字是也

伊尹既復政厥辟　古本厥作其下常厥德同按古本多以其爲厥亦有以厥爲其者後亦不悉按

此至沃丁始卒　閩本明監本同毛本此作比

伊尹乃迎而受之政　閩本同毛本受作授案當作授

厥德匪常　顧炎武曰石經監本同按唐柳澤上書引此作匪常今本作靡常非石經考文提要云亦沿蔡沈集傳因上命靡常而誤

九有諸侯　古本下有也字按此增也字亦可傳意九有猶言諸侯也疏云謂九州所有之諸侯此又申釋傳義耳

任官惟賢材　蒲鏜云材今本作才

謂畢順以爲臣下　宋本閩本明監本同毛本臣下作下下

訓以善道訓助下民　宋本上訓字作謂按訓字非也

此又觀王修德　閩本明監本同毛本觀作勸案勸字是也下觀王重使爲善政也同

論七廟諸多矣　閩本明監本毛本諸作者案諸字誤也

其文見於記傳　閩本明監本同毛本傳下有者字

無得爲廣大　閩本明監本同毛本得下有自字

晉文請遂　閩本同毛本遂作隧案隧字是也

使錄其事　各本使作史

兩手搤之曰揚　閩本明監本毛本揚作拱案拱字是也

時則有青眚之祥　宋本之作青下同案作青與五行志合

而遠方重譯而至七十六國　蒲鏜云者誤七書傳重譯而朝者六國說苑作七國家語作十有六國疑六與七近之○按恐仍當以七十六國爲是書傳脫七十二字說苑脫十六二字耳然者字似不可省姑存蒲說俟考

三篇皆亾　古本岳本宋板纂傳三作二案二字是也

尚書校勘記卷八

會昌縣知縣候補知州曾暉春栞

附釋音尚書注疏卷第九

盤庚上第九

商書　孔氏傳　孔穎達疏

盤庚五遷將治亳殷自湯至盤庚凡五遷都盤庚治亳殷○盤本又作般步干反治直吏反**民咨胥怨**胥相也民不欲徙乃咨嗟憂愁相與怨上○胥徐思餘反怨紆萬反**作**

盤庚三篇〔疏〕盤庚至三篇○正義曰商自成湯以來屢遷都邑仲丁河亶甲祖乙皆有言語歷載於篇盤庚最在其後故序揔之自湯至盤庚凡五遷都今盤庚將欲遷居而治於亳之殷民皆戀其故居不欲移徙咨嗟憂愁相與怨上盤庚以言辭誥之史敘其事作盤庚三篇○傳自湯至亳怨○正義曰經言不常厥邑于今五邦故序言盤庚五遷傳嫌一身五遷故辨之云自湯至盤庚凡五遷都也上文言自契至于成湯八遷幷數湯爲八此言盤庚五遷又幷數湯爲五湯一人再數故班固云殷人屢遷前八後五其實正十二也此序云盤庚將治亳殷下傳云殷亳之別名則亳殷即是一都湯遷還從先王居也汲冢古文云盤庚自奄遷于殷殷在鄴南三十里束晳云尚書序盤庚五遷將治亳殷舊說以爲居亳亳殷在河南孔子壁中尚書云將始宅殷是與古文不同也漢書項羽傳云洹水南殷墟上今安陽西有殷束晳以殷在河北與亳異也然孔子壁內之書安國先得其本此將治亳殷不可作將始宅殷亳字摩滅容或爲宅壁內之書安國先得始皆作能其字與亳不類無緣誤作始字知束晳不見壁內之書妄爲說耳若洹水南有殷墟或當餘王居之非盤庚也盤庚治於亳殷紂滅在於朝歌則盤庚以後遷於河北蓋盤庚後王有從河有亳地遷於洹水之南後又遷于朝歌○傳胥相至怨上○正義曰釋詁云胥皆也相亦是皆義故通訓胥爲相也民不欲徙乃咨嗟憂愁相與怨上經云民不適有居是怨上之事也仲丁祖乙亦是遷都序無民怨之言此獨有怨者盤庚祖乙之曾孫也祖乙遷都於此至今多歷年世民居已久戀舊情深前王三徙詔令則行曉喻之易故無此言此則民怨之深故序獨有此事彼各一篇而此獨三篇者謂民怨上故勸誘之難也民不欲遷而盤庚必遷者鄭玄云祖乙居耿後奢侈踰禮土地迫近山川嘗圮焉至陽甲立盤庚爲之臣乃謀徙居湯舊都又序注云民居耿久奢淫成俗故不樂徙王肅云自祖乙五世至盤庚元兄陽甲宮室奢侈下民邑居墊隘水泉瀉鹵不可以行政化故徙都於殷皇甫謐云耿在河北迫近山川自祖辛已來民皆奢侈故盤庚遷於殷此三者之說皆言奢侈鄭玄既言君奢又言民奢王肅專謂君奢皇甫謐專謂民奢言君奢者以天子宮室奢侈侵奪下民言民奢者以豪民室宇過度逼迫貧乏皆爲細民弱劣無所容居欲遷都改制以寬之富民戀舊故違上意不欲遷也案檢孔傳無奢侈之語惟下篇云今我民用蕩析離居罔有定極傳云水泉沉溺故蕩析離居無安定之極徙以爲之極孔意蓋以地勢洿下又久居水變水泉瀉鹵不可行化故欲遷都不必爲奢侈也此以君名名篇必是爲君時事而鄭玄以爲上篇是盤庚爲臣時事何得專輒謬妄也

盤庚盤庚殷王名殷質以名篇○盤庚殷王名馬云祖乙曾孫祖丁之子不言盤庚誥何非但錄其誥也取其徙而立功故以盤庚名篇〔疏〕盤庚正義曰此三篇皆以民不樂遷開解民意告以不遷之害遷都之善也中上二篇未遷時事下篇既遷後事上篇人皆怨上初啓民心故其辭尤切中篇民已少悟故其辭稍緩下篇民既從遷故辭復益緩哀十一年左傳引此篇云盤庚之誥則此篇皆誥辭也題篇不曰盤庚誥者王肅云取其徙而立功故但以盤庚名篇然仲丁祖乙河亶甲等皆以王名篇則是史意異耳未必見他義○傳殷質以名篇○正義曰周書謚法成王時作故桓六年左傳云周人以諱事神殷時質未諱君名故以王名名篇也上仲丁祖乙亦是王名於此始作傳者以上篇經亾此經稱盤庚故就此解之史記殷本紀云盤庚崩弟小辛立殷復衰百姓思盤庚乃作盤庚三篇與此序違非也鄭玄云盤庚湯十世孫祖乙之曾孫以五遷繼湯篇次祖乙故繼之于上累之祖乙爲湯玄孫七世也又加祖乙復其祖父通盤庚故十世本紀云祖乙崩子祖辛立崩子門甲立崩弟祖丁立崩門甲之子南庚立崩祖丁子陽甲立崩弟盤庚立是祖乙生祖辛祖辛生祖丁祖丁生盤庚故爲曾孫

盤庚遷于殷亳之別名**民不適有居**適之也不欲之殷有邑居**率籲衆慼出矢言**籲和也率和衆憂之人出正直之言○籲音喻慼千歷反**曰我王來既爰宅于茲**我王祖乙居耿爰於也言祖乙已居於此**重我民無盡劉**劉殺也所以遷此重我民無殺盡殺故○盡子忍反**不能胥匡以生卜稽曰其如台**言民不能相匡以生則當卜稽於龜以徙曰其如我所行○稽工兮反台音怡**先王**

有服恪謹天命，茲猶不常寧，先王有所服行敬謹天命如此尚不常安有可遷輒遷○恪苦各反不常厥邑于今五邦。湯遷亳仲丁遷囂河亶甲居相祖乙居耿我往居亳凡五徙國都○馬云五邦謂商丘亳囂相耿也今不承于古，罔知天之斷命，今不承古而徙是無知天將斷絕汝命○斷又音短矧曰其克從先王之烈？天將絕命尚無知之況能從先王之業乎○從才容反若顛木之有由蘖，言今往遷都更求昌盛如顛仆之木有用生蘖哉○蘖五達反本又作枿馬云顛木而肄生曰枿仆音赴又步北反天其永我命于茲新邑，言天其長我命於此新邑不可不從紹復先王之大業，厎綏四方。言我徙欲如此○厎之履反

〔疏〕盤庚至四方○正義曰盤庚欲遷於亳之殷地其民不欲適彼殷地別有邑居莫不憂愁相與怨上盤庚率領和諧其衆憂之人出正直之言以曉告曰我先王初居此者從舊都來於是宅於此地所以遷於此者爲重我民無欲盡殺故先王以久居墊隘不遷則死見下民不能相匡正以生故謀而來徙以徙爲善未敢專決又考卜於龜以徙既獲吉兆乃曰其如我所行欲徙之吉先王成湯以來凡有所服行敬順天命如此尚不常安可徙則徙不常其邑於今五邦矣今若不承於古徙以避害則是無知天將斷絕汝命矣天將絕命尚不能知況曰其能從先王之基業乎今我往遷都更求昌盛若顛仆之木有用生蘖哉人衰更求盛猶木死生蘖哉我今遷向新都上天其必長我殷之王命於此新邑繼復先王之大業致行其道以安四方之人我徙欲如此耳汝等何以不願從乎前云若不徙以避害則天將絕汝命謂絕臣民之命明亦絕我殷王之命復云若遷往新都天其長我殷之王命明亦長臣民之命互文也○傳亳之別名○正義曰此序先亳後殷亳是大名殷是亳內之別名鄭玄云商家自徙此而號曰殷鄭以此前未有殷名也中篇云殷降大虐將遷於殷先正其號名知於此號爲殷也雖兼號爲殷而商名不改或稱殷又有兼稱殷商商頌云商邑翼翼撻彼殷武是單稱之也又大雅云殷商之旅咨汝殷商是兼稱之也亳是殷地大名故殷社謂之亳社其亳鄭玄以爲偃師皇甫謐以爲梁國穀熟縣或云濟陰亳縣說既不同未知誰是○傳適之至邑居○正義曰釋詁云適之往也俱訓爲往故適得爲之不欲往彼殷地別有新邑居也○傳籲和至之言○正義曰籲即裕也是寬裕故爲和也憂則不和感訓憂也故率和衆憂之人出正直之言詩云其直如矢言爲正直之言○傳我王至於此○正義曰孔以祖乙圮於相地遷都於耿今盤庚自欲遷于殷以我王爲祖乙此謂耿也○傳劉殺至殺故○正義曰劉殺釋詁文水泉鹹鹵不可行化王化不行殺民之道先王所以決欲遷此者重我民無欲盡殺故也○傳言民至所行○正義曰不徙所以不能相匡以生者謂水泉沈溺人民困苦不能以義相匡正以生又考卜於龜以徙周禮大卜大遷考自龜是遷必卜也○傳先王至輒遷○正義曰下云于今五邦自湯以來數之則此言先王總謂成湯至祖乙也先王有所服行謂有典法言能敬順天命即是有所服也盤庚言先王敬順天命如此尚不常安有可遷輒遷況我不能敬順天命不遷民必死矣故不可不遷也○傳湯遷至國都○正義曰孔以盤庚意在必遷故通數我往居亳爲五邦鄭注皆云湯自商徙亳數商亳囂相耿爲五計湯既遷亳始建王業此言先王遷都不得遠數居亳之前充此數也○傳言今至蘖哉○正義曰釋詁云枿餘也李巡曰枿槁木之餘也郭璞云晉衞之間曰枿是言木死顛仆其根更生蘖哉此都毀壞若枯死之木若棄去毀壞之邑更得昌盛猶顛仆枯死之木用生蘖哉

盤庚斆于民，由乃在位以常舊服，正法度。斆教也教人使用汝在位之命用常故事正其法度○斆戶敎反下如字度如字曰：「無或敢伏小人之攸箴。」言無有故伏絕小人之所欲箴規上者戒朝臣○箴之林反馬云諫也朝直遙反

〔疏〕盤庚至攸箴○正義曰前既畧言遷意今復竝戒臣民盤庚先教於民云汝等當用汝在位之命用舊常故事正其法度欲令民徙從其臣言也民從上命即是常事法度也又戒臣曰汝等無有敢伏絕小人之所欲箴規上者○傳斆教至朝臣○正義曰文王世子云小樂正斆干大胥贊之籥師斆戈籥師丞贊之彼並是教舞干戈知斆爲教也小民等患水泉沈溺欲箴規上而徙汝臣下勿抑塞伏絕之鄭玄云奢侈之俗小民咸苦之欲言於王今將屬民而詢焉故勑以無伏之

王命衆悉至于庭。衆羣臣以下

〔疏〕○傳衆羣臣以下○正義曰周禮小司寇掌外朝之政以致萬民而詢焉一曰詢國危二曰詢國遷三曰詢立君是國將大遷必詢及於萬民故知衆悉至王庭是羣臣以下謂及下民也民不欲徙由臣不助王勸民故以下多是責臣之辭

王若曰：「格汝

衆于告汝訓告汝以法教汝猷黜乃心無傲從康謀退汝違上之心無傲慢從心所安。傲五報反古我先王亦惟圖任舊人共政先王謀任久老成人共治其政。任而鴆反〔疏〕傳先王。正義曰此篇所言先王其文無指斥者皆謂成湯已來諸賢王也下言神后高后者指謂湯耳下篇言古我先王適于山者乃謂遷都之王仲丁祖乙之等也此言先王謂先世賢王此既言先王下句王播告之王用丕欽蒙上之先不言先省文也王播告之脩不匿厥指王布告人以所脩之政不匿其指。播波餓反匿女力反〔疏〕傳王布至其指。正義曰上句言先王用舊人共政下云王播告之脩當謂告臣耳傳言布告人者以下云民用丕變是必告臣亦又告民王用丕欽罔有逸言民用丕變王用大敬其政教無有逸豫之言民用大變從化今汝聒聒起信險膚予弗知乃所訟聒聒無知之貌起信險爲膚受之言我不知汝所訟言何謂。聒古活反馬云說文皆云拒善自用之意〔疏〕傳聒聒至何謂。正義曰鄭玄云聒讀如聒耳之聒聒聒難告之貌王肅云聒聒善自用之意也此傳以聒聒爲無知之貌以聒聒是多言亂人之意也起信險膚者言發起所行專信此險僞膚受淺近之言信此浮言妄有爭訟我不知汝所訟言何謂言無理也非予自荒茲德惟汝含德不惕予一人予若觀火我之欲徙非廢此德汝不從我命所含惡德但不畏懼我耳我視汝情如視火。惕他歷反〔疏〕非予至觀火。正義曰言先王敬其教民用大變我命汝汝不肯徙非我自廢此丕欽之德惟汝之所含德甚惡不畏懼我一人故耳汝含藏此意謂我不知我見汝情若觀火言見之分明如見火也予亦拙謀作乃逸逸過也我不威脅汝徙是我拙謀成汝過。拙之劣反〔疏〕傳逸過至汝過。正義曰逸過釋言文我若以威加汝汝自不敢不遷則無逸上之過也我不威脅汝徙乃是我亦拙謀作成汝過也恨民以恩導之而不從己也若網在綱有條而不紊若農服田力穡乃亦有秋紊亂也穡耕稼也下之順上當如網在綱各有條理而不亂也農勤穡則有秋下承

上則有福。紊音問徐音文〔疏〕傳紊亂至有福。正義曰紊是絲亂故爲亂也稼穡相對則種之曰稼斂之曰穡穡是秋收之名得爲耕稼揔稱故云穡耕稼下承上則有福福謂祿賞汝克黜乃心施實德于民至于婚友丕乃敢大言汝有積德汝羣臣能退去傲上之心施實德於民至于婚姻僚友則我大乃敢言汝有積德之臣乃不畏戎毒于遠邇惰農自安不昬作勞不服田畝越其罔有黍稷戎大昬強越於也言不欲徙則是不畏大毒於遠近如怠惰之農苟自安逸不強作勞於田畝則黍稷無所有。昬馬同本或作敯音敏爾雅昬敯皆訓強故兩存越本又作粵音曰于也強其丈反〔疏〕傳戎大至所有。正義曰戎大昬強越於皆釋詁文孫炎曰昬夙夜之強也書曰不昬作勞引此解彼是亦讀此爲昬也鄭玄讀昬爲敯訓爲勉也與孔不同傳云言不欲徙則是不畏大毒於遠近其意言不徙則有毒毒爲禍患也遠近謂賒促言害至有早晚也不強於作勞則黍稷無所獲以喻不遷於新邑則福祿無所有也此經惰農弗昬無黍稷對上服田力穡乃亦有秋但其文有詳畧耳汝不和吉言于百姓惟汝自生毒責公卿不能和喻百官是自生毒害〔疏〕傳責公至毒害。正義曰此篇上下皆言民此獨云百姓則知百姓是百官也百姓既是百官和吉言者又在百官之上知此經是責公卿不能和喻善言於百官使之樂遷也不和百官必將遇禍是公卿自生毒害乃敗禍姦宄以自災于厥身言汝不相率共徙是爲敗禍姦宄以自災之道。宄音軌乃既先惡于民乃奉其恫汝悔身何及羣臣不欲徙是先惡於民恫痛也不徙則禍毒在汝身徙奉持所痛而悔之則於身無所及。奉孚勇反注同恫勑動反又音通痛也〔疏〕傳羣臣至所及。正義曰羣臣是民之師長當倡民爲善羣臣亦不欲徙是乃先惡於民也恫痛釋言文相時憸民猶胥顧于箴言其發有逸口矧予制乃短長之命言憸利小民尚相顧於箴誨恐其發動有過口之患況我制汝死生之命而汝不相敎從我是不若小民。相時相息亮反馬云視王徐息羊反憸息廉反馬

云憸利小小見事之人也徐七漸反汝曷弗告朕而胥動以浮言恐沈于衆曷何也責其不請告上而相恐欲以浮言不徙恐汝沈溺於衆有禍害。曷何末反若火之燎于原不可嚮邇其猶可撲滅火炎不可嚮近尚可撲滅浮言不可信用尚可得遏絶之。燎力召反又力鳥反又力紹反嚮竹亮反撲音卜反近附近之近則惟汝衆自作弗靖非予有咎我刑戮汝非我咎也靖謀也是汝自爲非謀所致

〔疏〕相時至有咎。正義曰又責大臣不相教遷徙是不如小民我視彼憸利小民猶尚相顧於箴規之言恐其發舉有過口之患故以言相規患之小者尚知畏避況我爲天子制汝短長之命滅恩甚大汝不相教從我乃是汝不如小民汝若不欲從何以不情告我而輒相恐動以浮華之言乃語民云國不可從我恐汝自取沈溺於衆人而身被刑戮之禍害此浮言流行若似火之燎於原野炎熾不可嚮近其猶可撲之使滅以喻浮言不可止息尚可刑戮使絶也若以刑戮加汝則是汝衆自爲非謀所致此耳非我有咎過也。傳曷何至禍害。正義曰曷何同音故曷爲何也顧氏云汝以浮云恐動

不徙更是無益我恐汝自取沈溺於衆人不免禍害也。傳我刑至所致。正義曰我刑戮汝汝自招之非我咎也靖謀釋詁文告民不徙者非善謀也由此而被刑戮是汝自爲非謀所致也

遲任有言曰人惟求舊器非求舊惟新遲任古賢。言人貴舊器貴新汝不徙是不貴舊。遲直疑反徐持夷反任而今反馬云古老成人古我先王暨乃祖乃父胥及逸勤予敢動用非罰言古之君臣相與同勞逸子孫所宜法之我豈敢動用非常之罰脅汝乎世選爾勞予不掩爾善選數也言我世世選汝功勤不掩蔽汝善是我忠於汝。選息轉反又蘇管反掩本又作弇數色主反茲予大享于先王爾祖其從與享之古者天子錄功臣配食於廟大享烝享也所以不掩汝善。與音預烝之丞反作福作災予亦不敢動用非德善自作福惡自作災我不敢動用非罰加汝非德賞汝乎從汝善惡而報之

〔疏〕遲任至非德。正義曰可遷則遷是先王舊法古之賢人遲任有言曰人惟求舊器非求舊惟新言人貴舊器貴新汝不欲徙是不貴舊反遲任也古者我之先王及汝祖汝父相與同逸豫同勤勞汝爲人子孫宜法汝父祖當與我同其勞逸我豈敢動用非常之罰脅汝乎自我先王以至於我世世數汝功勞我不掩蔽汝善是我忠於汝也以此故我大享祭于先王汝祖其從我先王與在宗廟而歆享之是我不掩汝善也汝有善自作福汝有惡自作災我亦不敢動用非德之賞妄賞汝各從汝善惡而報之耳其意而言汝從上必有賞違命必有罰也。傳遲至貴舊。正義曰其人既沒其言立於後世知是古賢人也鄭玄云古之賢史王肅云古老成人皆謂賢也。傳選數至於汝。正義曰釋詁云算數也舍人曰釋數之曰算選即算也故訓爲數經言世世數汝功勞是從先王至己常行此事故云是我忠於汝也言己之忠責臣之不忠也。傳古者至汝善。正義曰周禮大宗伯祭祀之名天神曰祀地祇曰祭人鬼曰享此大享於先王謂天子祭宗廟也傳解天子祭廟得有臣祖與享之意言古者天子錄功臣配食於廟故臣之先祖得與享之也古者孔氏據已而道前世也此殷時已然矣大享烝嘗者烝嘗是秋冬祭名謂之大享者以事各有對若烝嘗對禘祫則禘祫爲大烝嘗爲小若四時自相對則烝嘗爲大礿祠爲小以秋冬物成可薦者衆故烝嘗爲

大春夏物未成可薦者少故禘祫爲小也知烝嘗有功臣與祭者案周禮司勳云凡有功者銘書於王之太常祭於大烝司勳詔之是也嘗是烝之類而傳以嘗配之魯頌曰秋而載嘗是也祭統云內祭則大嘗禘是也外祭則郊社是也然彼以禘爲大嘗知此不以烝嘗時爲禘祫而直據時祭者以殷祫於三時非獨烝嘗也秋冬之祭尚及功臣則禘祫可知惟春夏不可耳以物未成故也近代已來惟禘祫乃祭功臣配食時祭不及之也近代已來功臣配食各配所事之君若所事之君其廟已毀時祭不祭毀廟其君尚不時祭其臣固當止矣禘祫則毀廟之主亦在焉其時功臣亦當在也王制云犆礿祫禘祫嘗祫烝諸侯礿犆禘一犆一祫嘗祫烝祫此王制之文夏殷之制天子春惟時祭其夏秋冬既爲祫又爲時祭諸侯亦春爲時祭夏惟作祫不作祭秋冬先作時祭而後祫周則春曰祠夏曰礿三年一祫在秋五年一禘在夏故公羊傳云五年再殷祭禮緯云三年一祫五年一禘此是鄭氏之義未知孔意如何

予告汝于難若射之有志告汝行事之難當如射之有所準志必中所志乃善。射食夜反準音准中丁仲反

〔疏〕予告至有志。正義曰既言作福作災由人行有善惡故復教臣行善我告汝於行事之難猶如射之有所準

志志之主欲得中也必中所志乃爲善耳以喻人將有行從思念之行得其道爲善耳其意言遷都是善道當念從我言也。傳告汝至乃善。正義曰此傳惟順經文不言喻意鄭玄云我告汝於我心至難矣夫射者張弓屬矢而志在所射必中然後發之爲政之道亦如是也以己心度之可施於彼然後出之

汝無侮老成人無弱孤有幼不用老成人之言是侮老之不從則孤幼受害是弱易之。侮亡甫反易以豉反

疏傳不用至易之。正義曰老謂見其年老謂其無所復知弱謂見其幼弱謂其未有所識鄭云老弱皆輕忽之意也老成人之言云可從不用其言是侮老之也不從則水泉鹹鹵孤幼受害不念其害則是卑弱輕易之也

各長于厥居勉出乃力聽予一人之作猷盤庚勑臣下各思長於其居勉盡心出力聽從遷徙之謀。長丁丈反

疏傳盤庚至之謀。正義曰於時羣臣難毀其居宅惟見目前之利不思長久之計其臣非一共爲此心盤庚勑臣下各思長久於其居處勉强盡心出力聽從我遷徙之謀自此已下皆是也

無有遠邇用罪伐厥死用德彰厥善言遠近待之如一罪以懲之使勿犯伐去其死道德以明之使勸慕競爲善。去起呂反

疏無有至厥善。正義曰此即遷徙之謀也言我至新都撫養在下無有遠之與近必當待之如一用刑殺之罪伐去其死道用照察之德彰明其行善有過罪以懲之使民不犯非法死刑不用是伐去其死道伐若伐樹然言止而不復行用也有善者人主以照察之德加賞祿以明之使競慕爲善是彰其善也此二句相對上言用罪伐厥死下宜言用賞彰厥生不然者上言用刑下言賞善死是刑之重者舉重故言死有善乃可賞故言彰厥善行賞是德故以德言賞人生是常無善亦生不得言彰厥生故文互

邦之臧惟汝衆有善則衆臣之功。臧徐子郎反邦之不臧惟予一人有佚罰佚失也是已失政之罰罪已之義。佚音逸凡爾衆其惟致告致我誠告汝衆自今至于後日各恭爾事齊乃位度乃口奉其職事正齊其位以法度居汝口勿浮言。度徐如字亦作度

疏度乃口。正義曰度法度也故傳言以法度居汝口也

罰及爾身弗可悔不從我謀罰及汝身雖悔可外乎

盤庚中第十

商書　孔氏傳　孔穎達疏

盤庚作惟涉河以民遷爲此南渡河之法用民徙乃話民之弗率誕告用亶其有衆話善言民不循教發善言大告用誠於衆。話胡快反馬云告也言也誕徐音但亶丁但反馬本作單音同誠也咸造勿褻在王庭造至也衆皆至王庭無褻慢。造士報反注同馬在早反云爲也褻息列反盤庚乃登進厥民升進命使前

疏盤庚至厥民。正義曰盤庚於時見都河北欲遷向河南作惟南渡河之法欲用民徙乃出善言以告曉民之不循教者大爲教告用誠心於其所有之衆人於時衆人皆至無有褻慢之人盡在於王庭盤庚乃升進其民延之使前而衆告之史敘其事以爲盤庚發誥之目。傳爲此至民徙。正義曰鄭玄云作渡河之具王肅云爲此思南渡河之事此傳言南渡河之法皆謂造舟舡渡河之具是濟水先後之次思其事而爲之法也。傳話善至於衆。正義曰釋詁云話言也孫炎曰話善人之言也王苦民不從教必發善言告之故以話爲善言鄭玄詩箋亦云話善言也

曰明聽朕言無荒失朕命荒廢嗚呼古我前后罔不惟民之承言我先世賢君無不承安民而恤之保后胥慼鮮以不浮于天時民亦安君之政相與憂行君令浮行也少以不行於天時者言皆行天時。鮮息淺反

疏傳民亦至天時。正義曰以君承安民而憂之故民亦安君之政相與憂行君令使君令必行責時羣臣不憂行君令也舟舡浮水而行故以浮爲行也行天時也順時布政若月令之爲也

殷降大虐先王不懷我殷家於天降大災則先王不思故居而行徙

疏傳我殷至行徙。正義曰遷徙者止爲邑居墊隘水泉鹹鹵非爲避天災也此傳以虐爲災懷爲思言殷家於天降大災則先王不思故居而行徙者以天時人事終是相將邑居不可行化必將天降之災上云不能相匡以生罔知天之斷命即是天降災也

厥攸

作視民利用遷其所爲視民有利則用徙汝曷弗念我古后之聞古后先王之聞謂遷事○曷何末反下同承汝俾汝惟喜康共非汝有咎比于罰今我法先王惟民之承故承汝使汝徙惟與汝共喜安非謂汝有惡徙汝令比近於殃罰○俾必爾反咎其九反比毗志反徐扶志反注及下同共羣用反令力呈反近附近之近〔疏〕承汝至于罰○正義曰先王爲政惟民之承今我亦法先王故承安汝使汝徙惟歡喜安樂皆與汝共之非謂汝有咎惡而徙汝令比近於殃罰也予若籲懷茲新邑亦惟汝故以丕從厥志言我順和懷此新邑欲利汝衆故大從其志而徙之○籲羊戍反〔疏〕予若至厥志○正義曰盤庚言我順於道理和協汝衆歸懷此新邑者非直爲我王家亦惟利汝衆故爲此大從我本志而遷徙不有疑也今予將試以汝遷安定厥邦試用汝不憂朕心之攸困所困不順上命乃咸大不宣乃心欽念以忱動予一人汝皆大不布腹心敬念以誠感動我是汝不盡忠○忱市林反爾惟自鞠自苦鞠窮也言汝爲臣不忠自取窮苦○鞠居六反若乘舟汝弗濟臭厥載言不徙之害如舟在水中流不渡臭敗其所載物○臭徐尺售反載如字又在代反〔疏〕臭厥載○正義曰臭是氣之別名古者香氣穢氣皆名爲臭易云其臭如蘭謂香氣爲臭也晉語云惠公改葬申生臭徹於外謂穢氣爲臭也下文覆述此意云無起穢以自臭則此臭謂穢氣也肉敗則臭故以臭爲敗舡不渡水則敗其所載物也爾忱不屬惟胥以沈不其或稽自怒曷瘳汝忠誠不屬逮古苟不欲徙相與沈溺不考之先王禍至自怒何瘳差乎○屬音燭注同馬云獨也沈直林反瘳勑留反〔疏〕爾忱至曷瘳○正義曰盤庚責其臣民汝等不用徙者由汝忠誠不能屬逮於古賢苟不欲徙惟相與沈溺於衆不欲徙之言不其有考驗於先王遷徙之事汝既不考於古及其禍至乃自忿怒何所瘳差也汝不謀長以思乃災汝誕勸憂汝不謀長久之計思汝不徙之災苟不欲徙是大勸憂之道〔疏〕汝誕勸憂○正義曰凡人以善自勸則善事多若以憂自勸則憂來衆今不從則憂來衆是自勸勵以憂愁之道今其有今罔後汝何生在上言不從無後計汝何得久生在人上禍將及汝〔疏〕今其至在上○正義曰顧氏云責羣臣汝今日其且有今目前之小利無後日久長之計患禍將至汝何得久生在民上也今予命汝一無起穢以自臭我一心命汝汝違我是自臭敗○穢於廢反〔疏〕今予至自臭○正義曰今我命汝是我之一心也汝當從我無得起爲穢惡以自臭敗汝違我命是起穢以自臭也恐人倚乃身迂乃心言汝既不欲徙又爲他人所誤倚曲迂僻○倚於綺反徐於奇反迂音于僻匹亦反〔疏〕恐人至乃心○正義曰言汝心既不欲徙恐人或更誤汝我又恐他人倚曲汝身迂僻汝心使汝益不用徙也○傳言汝至迂僻○正義曰人心不能自決則好用非理之謀言汝既不欲遷徙又爲他人所誤盤庚疑其被誤故言此也以物倚物者必曲故倚爲曲也迂是迴也迴行必僻故迂爲僻也予迓續乃命于天予豈汝威用奉畜汝衆迓迎也言我徙欲迎續汝命于天豈以威脅汝乎用奉畜養汝衆○迓五駕反畜許竹反下同脅虛業反〔疏〕傳迓迎至汝衆○正義曰迓迎釋詁文不遷必將死矣天欲遷以延命天意向汝我欲迎之天斷汝命我欲續之我今徙者欲迎續汝命於天豈以威脅汝乎遷都惟用奉養汝衆臣民耳予念我先神后之勞爾先予丕克羞爾用懷爾然言我亦法湯大能進勞汝以義懷汝心而汝違我是汝反先人○勞力報反又如字注同〔疏〕予念至爾然○正義曰我念我先世神后之君成湯愛勞汝之先人故我大能進用汝與汝爵位用以道義德懷安汝心耳然汝乃違我命是汝反先人也○傳言我至先人○正義曰易稱神者妙萬物而爲言也殷之先世神明之君惟有湯耳故知神后謂湯也下高后此神后一也神者言其通聖高者言其德尊此神后言先於高后畧而不言先其下直言先后又畧而不言先其下直言先后又畧而不言高從上省文也勞爾先謂愛之也勞者勤也閔其勤勞而慰勞之勞亦愛之義故論語云愛之能勿勞乎是勞爲愛也此言湯勞汝先則此所責之臣其祖於成湯之世已在朝廷世仕王朝而不用已命故責之深也失于政陳于茲高后丕乃崇

降罪疾曰曷虐朕民崇重也今既失政而陳久於此而不徙湯必大重下罪疾於我曰何爲虐我民而不徙乎○重直勇反又直恭反

汝萬民乃不生生暨予一人猷同心不進進謀同心徙

先后丕降與汝罪疾曰曷不暨朕幼孫有比言非但罪我亦將罪汝幼孫盤庚自謂比同心

故有爽德自上其罰汝汝罔能迪湯有明德在天見汝情下罰汝汝無能道言無辭〔疏〕失于至能迪○正義曰盤庚以民不願遷言神將罪汝欲懼之使從已也我所以必須從者我今失於政教陳久於此民將有害高德之君成湯必忿我不徙大乃重下罪疾於我曰何爲殘虐我民而不徙乎我既欲徙而汝與萬民乃不進進與我一人謀計同心則我先君成湯大下與汝罪疾曰何故不與我幼孫盤庚有相親比同心徙乎汝不與我同心故湯有明德從上見汝之情其下罪罰於汝汝實有罪無所能道言無辭以有解說也○傳崇重至徙乎○正義曰崇重釋詁文又云塵久也孫炎曰陳居之久久則生塵矣古者陳塵同也故陳爲久之義○傳不進至心

徙○正義曰物之生長則必漸進故以生生爲進進王肅亦然進進是同心願樂之意也此實責羣臣而言汝萬民者民心亦然因博及之○傳湯有至無辭○正義曰訓爽爲明言其見下故稱明德詩稱三后在天死者精神在天故言下見汝

古我先后既勞乃祖乃父勞之共治人

汝共作我畜民汝有戕則在乃心戕殘也汝共我治民有殘人之心而不欲徙是反父祖之行○戕在良反又七良反行下孟反

我先后綏乃祖乃父乃祖乃父乃斷棄汝不救乃死言我先王安汝父祖之忠今汝不忠汝父祖必斷絕棄汝命不救汝死○斷丁緩反〔疏〕古者至乃死○正義曰又責羣臣古我先君成湯既愛勞汝祖汝父與之共治民矣汝今共爲我養民之官是我於汝與先君同也而汝有殘虐民之心非我令汝如此則在汝心自爲此惡是汝反祖父之行惟汝祖父亦不祐汝我先君安汝祖汝父之忠汝祖汝父忠於先君必忿汝違我乃斷絕棄汝命不救汝死言汝違我命故汝祖父亦忿見湯罪汝不救汝死也○傳勞之共治人○正義曰下句責臣之身云汝共作我畜民明先后勞其祖父是勞之共治民也○傳戕殘至之行○正義曰春秋宣十八年邾人戕鄫子左傳云凡自虐其君曰弑自外曰戕戕爲殘害之義故爲殘也先后愛勞汝祖汝父與共治民汝祖父必有愛人之心作訓爲也汝今共爲我養民之官而有殘民之心而不用徙以避害是汝反祖父之行盤庚距湯年世多矣臣父不及湯世而云父者與祖連言之耳

茲予有亂政同位具乃貝玉亂治也此我有治政之臣同位於父祖不念盡忠但念貝玉而已言其貪○治直吏反盡子忍反

乃祖先父丕乃告我高后曰作丕刑于朕孫言汝父祖見汝貪而不忠必大乃告湯曰作大刑於我子孫求討不忠之罪○告工號反我高后本又作乃祖乃父

迪高后丕乃崇降弗祥言汝父祖開道湯大重下不善以罰汝陳忠孝之義以督之〔疏〕茲予至弗祥○正義曰又責臣云汝祖父非徒不救汝死乃更請與汝罪於此我有治政之臣同位於其父祖其位與父祖同心與父祖異不念忠誠但念具汝貝玉而已言其貪而不忠也汝先祖先父以汝如此大乃告我高后曰爲大刑於我子孫以此言開道我高后故我高后大乃下不善之殃以罰汝成

湯與汝祖父皆欲罪汝汝何以不從我徙乎○亂治至其貪○正義曰亂治釋詁文舍人曰亂義之治也孫炎曰亂治之理也大臣理國之政此者所責之人故言於此我有治政大臣言其同位於父祖責其位同而心異也貝者水蟲古人取其甲以爲貨如今之用錢然漢書食貨志具有其事貝是行用之貨也貝玉是物之最貴者責其貪財故舉二物以言之當時之臣不念盡忠於君但念具貝玉而已言其貪也○傳言汝至之罪○正義曰上句言成湯罪此諸臣其祖父不救子孫之死此句言臣之祖父請成湯討其子孫以不從己故責之益深先祖請討非盤庚所知原神之意而爲之辭以懼其子孫耳○傳汝言至督之○正義曰訓迪爲道言汝父祖開道湯也不從君爲不忠違父祖爲不孝父祖開道湯下罰欲使從君順祖陳忠孝之義以督勵之

嗚呼今予告汝不易凡所言皆不易之事○易以豉反注同

永敬大恤無胥絕遠長敬我言大憂行之無相與絕遠棄廢之○遠于萬反又如字注同

汝分猷念以相從各設中于乃心羣臣當分明相與謀念和以相從各設中正於汝心○分扶問反又如字注同

乃有不吉不迪

不善不道謂凶人

顛越不恭暫遇姦宄顛隕越墜也不恭不奉上命暫遇人而劫奪之爲姦於外爲宄於內○暫才淡反隕于敏反

我乃劓殄滅之無遺育劓割育長也言不吉之人當割絕滅之無遺長其類無使易種於此新邑○劓魚器反徐吾氣反殄徒典反易如字又以豉反注同長丁丈反下遺長同

往哉生生

今予將試以汝遷永建乃家自今以往進進於善我乃以汝徙長立汝家卿大夫稱家

〔疏〕嗚呼至乃家○正義曰盤庚以言事將畢欲戒使入之故嗚呼而歎之今我告汝皆不易之事言其難也事既不易當長敬我言大憂行之無相絕遠棄廢之必須存心奉行汝羣臣臣分輩相與計謀念和協以相從各設中正于汝心勿爲殘害之事汝羣臣若有不善不道隕墜禮法不恭上命暫逢遇人即爲姦宄而劫奪之我乃割絕滅之無有遺餘生長所以然者欲無使易其種類於此新邑故耳自今已往哉汝當進進於善今我將用以汝遷長立汝使汝在位傳諸子孫勿得違我言也○傳不易之事○正義曰此易讀爲難易之易不易言其難也王肅云告汝以命之不易爲難鄭玄云我所以告汝者不變易言必行之謂盤庚自道己言必不改易與孔異○傳顛隕至於內○正義曰釋詁云隕落隕墜顛越也是從上倒下之言故以顛爲隕越是遺落爲墜也左傳僖九年齊桓公云恐隕越於下文十八年史克云弗敢失墜隕越是遺落廢失之意故以隕墜不恭爲不奉上命也暫遇人而劫奪之謂逢人即劫爲之無已成十七年左傳曰亂在外爲姦在內爲宄是劫奪之事故以劫奪解其姦宄也○傳劓割至新邑○正義曰五刑截鼻爲劓故劓爲割也育長釋詁文不吉之人當割絕滅之無遺長其類謂早殺其人不使得子孫有此惡類也易種者即今俗語云相染易也惡種在善人之中則善人亦變易爲惡故絕其類無使易種於此新邑也滅去惡種乃是常法而言于此新邑言已若至新都當整齊使絜清○傳自今至稱家○正義曰長立汝家謂賜之以族使子孫不絕左傳所謂諸侯命氏是也王朝大夫天子亦命之氏故云立汝家也

盤庚下第十一

商書　孔氏傳　孔穎達疏

盤庚既遷奠厥攸居乃正厥位定其所居正郊廟朝社之位○奠田薦反朝直遙反

綏爰有衆曰無戲怠懋建大命安於有衆戒無戲怠勉立大教

今予其敷心腹腎腸歷告爾百姓于朕志布心腹言輸誠於百官以告志○腎時忍反腸徐待良反

罔罪爾衆爾無共怒協比讒言予一人羣臣前有此過故禁其後今我不罪汝汝勿共怒我合比凶人而妄言○比毗志反讒仕減反

〔疏〕盤庚至一人○正義曰盤庚既遷至殷地定其國都處所乃正其郊廟朝社之位又屬民而聚之安慰於其所有之衆曰汝等自今以後無得遊戲怠惰勉力立行教命今我其布心腹腎腸輸寫誠信歷徧告汝百姓於我心志者欲遷之日民臣共怨盤庚盤庚恐其怖懼故開解之今我無復罪汝衆人我既不罪汝汝無得如前共爲忿怒協比讒言毀惡我一人恕其前愆與之更始也○傳定其至之位○正義曰訓攸爲所定其所居揔謂都城之內官府萬民之居處也鄭玄云徙主於民故先定其里宅所處次乃正宗廟朝廷之位如鄭之意奠厥攸居者止謂定民之居豈先令民居使足待其餘剩之處然後建王宮乎若留地以擬王宮即是先定王居不得爲先定民矣孔惟言定其所居知是官民之居並定之也禮郊在國外左祖右社面朝後市正厥位謂正此郊廟朝社之位也○傳安於至大教○正義曰鄭玄云勉立我大命使心識教令常行之王肅云勉立大教建性命致之五福乂案下句爾然共怒予一人是恐其不從己命此句宜言我有教命汝當勉力立之鄭說如孔旨也○傳布心至告志○正義曰此論心所欲言腹內之事耳以心爲五藏之主腹爲六腑之揔腸在腹內腎在心下舉腎腸以配腹心詩曰公侯腹心宣十二年左傳云敢布腹心是腹心足以表內腎腸配言之也

古我先王將多于前功言以遷徙多大前人之功美

適于山用降我凶德嘉績于朕邦徙必依山之險無城郭之勞下去凶惡之德立善功於我國○降工巷反去羌呂反

今我民用蕩析離居罔有定極水泉沉溺故蕩析離居無安定之極徙以爲之極

〔疏〕古我至定極正義曰言古者我之先王欲將多大於前人之功是故徙都而適于山險之處用下去我凶惡之德立善功於我新國但徙來已久水

泉沈溺，令我在此之民用播蕩分析離其居宅，無有安定之極。我今徙而使之得其中也。說其遷都之意，亦欲多大前人之功，定民極也。○傳「言以至功美」。○正義曰：「古我先王」，謂遷都者；「前人」，謂未遷者。前人久居舊邑，民不能相匡以生，則是居無功矣。盤庚言先王以此遷徙，故多大前人之功美，故我今遷亦欲多前功矣。○傳「徙必至我國」。○正義曰：先王至此五邦，不能盡知其地，所都皆近山，故揔稱「適于山」也。易坎卦彖云「王公設險以守其國」，徙必依山之險，欲使下民無城郭之勢，雖則近山，不可全無城郭，言其防守易耳。徙必近山，則舊處新居皆有山矣，而云「適于山」者，言其徙必依山，不適平地，不謂舊處無山，故徙就山也。水泉鹹鹵，民居墊隘，時君不爲之徙，即是凶惡之德。其徙者，是下去凶惡之德，立善功於我新遷之國也。言「下」者，凶德在身，下而墜去之。○傳「水泉至之極」。○正義曰：民居積世，穿掘處多，則水泉盈溢，令人沈深而陷溺，其處不可安居，播蕩分析離其居宅，無安定之極。極，訓中也。詩云「立我烝民，莫匪爾極」，言民賴后稷之功，莫不得其中。今爲民失中，故徙以爲之中也。

爾謂朕曷震動萬民以遷？言皆不明己本心。**肆上帝將復我高祖之德，亂越我家**。以徙，故天將復湯德治理於我家。○治，直吏反。**朕及篤敬，恭承民命，用永地于新邑**。言我當與厚敬之臣奉承民命，用長居新邑。**肆予沖人，非廢厥謀，弔由靈**。沖，童。童人，謙也。弔，至。靈，善也。非廢，謂動謀於衆，至用其善。○弔音的，或如字。**各非敢違卜，用宏茲賁**。宏、賁皆大也。君臣用謀，不敢違卜，用大此遷都大業。○賁，扶云反。

〔疏〕「爾謂」至「茲賁」。○正義曰：言我徙以爲民立中，汝等不明我心，乃謂我何故震動萬民以爲此遷？我以此遷之故，上天將復我高祖成湯之德，治理於我家，我當與厚敬之臣奉承民命，用是長居於此新邑。以此須遷之故，我童蒙之人非敢廢其詢謀，謀於衆人，衆謀不同，至用其善者，言善謀者皆欲遷都也。又決之於龜卜而得吉，我與汝羣臣各非敢違卜，用是必遷，光大此遷都之大業，我徙本意如此耳。○傳「以徙至我家」。○正義曰：民害不徙，違失湯德，以徙之故，天必祐我，將使復奉湯德，令得治理於我家，言由徙故天福之也。○傳「沖童至其善」。○正義曰：沖、童聲相近，皆是幼小之名。自稱童人，言己幼小無知，故爲謙也。「弔，至」，「靈，善」，皆釋詁文。禮將有大事，必謀於衆，謀衆乃是常理，故言「非廢」，謂動謀於衆，言

己不自專也。衆謀必有異見，故至極用其善者。○傳「宏賁至大業」。○正義曰：「宏、賁皆大也」，釋詁文。樊光曰：周禮云「其聲大而宏」，詩云「有賁其首」，是宏、賁皆爲大之義也。各者，非一之辭，故爲君臣用謀不敢違卜。洪範云「汝則有大疑，謀及卿士，謀及卜筮」，言「非敢違卜」，是既謀及於衆，又決於蓍龜也。「用大此遷都大」，謂立嘉績以大之也。

嗚呼！邦伯、師長、百執事之人，尚皆隱哉！國伯，二伯及州牧也。衆長，公卿也。言當庶幾相隱括，共爲善政。○長，丁丈反，注同。**予其懋簡相爾，念敬我衆**。簡，大。相，助也。勉大助汝念敬我衆民。○相，息亮反。**朕不肩好貨，敢恭生生，鞠人謀人之保居，敘欽**。肩，任也。我不任貪貨之人，敢奉用進進於善者，人之窮困能謀安其居者，則我式序而敬之。○好，呼報反。任，而林反。

〔疏〕「嗚呼」至「敘欽」。○正義曰：言遷事已訖，故歎而勑之。嗚呼！國之長伯及衆官之長與百執事之人，庶幾皆相與隱括，共爲善政哉！我其勉力大助汝等爲善，汝當思念愛敬我之衆民。我不任用好貨之人，有人果敢奉用進進於善，見窮困之人能謀此窮困之人安居者，我乃次序而敬用之。○傳「國伯至善政」。○正義曰：邦伯，邦國之伯，諸侯師長，故爲東西二伯及九州之牧也。鄭玄注禮記云：「殷之州長曰伯，虞夏及周皆曰牧。」此殷時而言牧者，此乃鄭之所約，孔意不然，故揔稱故也。師訓爲衆，衆長，衆官之長，故爲三公六卿也。其百執事謂大夫以下諸有職事之官皆是也。此揔勑衆臣，故二伯已下及執事之人皆戒之也。釋言云：「庶幾，尚也。」反覆相訓，故尚爲庶幾。庶，幸也。幾，冀也。隱謂隱審也。幸冀相與隱審檢括，共爲善政，欲其同心共爲善也。隱括必是舊語，不知本出何書。何休公羊序云「隱括使就繩墨焉」。○傳「簡大至衆民」。○正義曰：「簡，大」，釋詁文。又云：「相，助，慮也。」俱訓爲慮，是相得爲助也。盤庚欲使羣臣同心爲善，欲勉力大佐助之，使皆念敬我衆民也。○傳「肩任至敬之」。○正義曰：釋詁云：「肩，勝也。」舍人曰：「肩，強之勝也。」強能勝重，是堪任之義，故爲任也。我今不委任貪貨之人，以恭爲奉，人有向善而心不決志，故美其人能果敢奉用進人進於善者，言其人好善不倦也。鞠訓爲窮，鞠人謂窮困之人。謀人之保居，謂謀此窮人之安居，若見人之窮困，能謀安其人居，愛人而樂安存之者，則我式序而敬之。詩云「式序在位」，言其用次序在官位也。鄭、王皆以鞠爲養，言能謀養人安其居者，我則次序而敬之，與孔不同。

今我既羞告爾于朕志若否，罔

有弗欽已進告汝之後順於汝心與否當以情告我無敢有不敬。告故報反**無總于貨寶生生自庸**無總貨寶以己位當進進皆自用功德**式敷民德永肩一心**用布示民必以德義長任一心以事君

【疏】今我至一心。正義曰今我既進而告汝於我心志矣其我所告順合於汝心以否當以情告我無得有不敬者汝等無得總於貨寶以求官位當進進自用功德不當用富也用此布示於民必以德義長任一心以事君不得懷二意以遷都既定故殷勤以戒之

附釋音尚書注疏卷第九

江西鹽法道胡稷栞

尚書注疏挍勘記卷九

阮元撰盧宣旬摘錄

尚書注疏卷第九 宋板同古本作尚書卷第五古文尚書盤庚上第九商書孔氏傳

盤庚上第九　商書

盤庚五遷將治亳殷 陸氏曰盤本又作般按疏云壁內之書治皆作亂蓋古文尚書也孔氏正義本用古文後人改從今文疏中閒存古字此亂字亦其一也羣經音辨云亂古文尚書治字也𤔔𤔔𤔔古文亂字也賈昌朝好宋次道家古文尚書故其言如此

而治於亳之殷治 宋板殷治作殷地

傳自湯至亳惢 岳本閩本明監本毛本惢作殷案惢字誤也

始皆作亂其字與治不類 宋板作治皆作亂其字與始不類按宋板是也

有從河有亳地遷於洹水之南 閩本同宋本河有作河南案南字是也明監本毛本作河自亦誤

大序注云 宋板大作又是也

耿在河北 宋板耿下空一字

殷質以名篇 古本重名字按疏標目不重

中上二篇 纂傳中上二字倒

題篇不自盤庚誥者 宋本閩本明監本同毛本自作曰案曰字是也今正

皆以王名篇 宋板重名字按下文云故以王名名篇也諸本俱重名字則此句當依宋板而傳文當依古本其疏中標目亦當重名字諸本不重誤也

子門甲立 諸本門皆作開門字誤也

重我民無殺盡殺故 諸本無殺作無欲殺字誤也

則當卜稽於龜以從　毛本稽作考

于今五邦　于上古本有至字

天將斷絕命　古本命上有汝字

若顛木之有由蘖　陸氏曰蘖本又作枿者從俗作枿耳。按枿本作櫱傳寫古本哉作裁山井鼎曰考疏古文似是

有用生蘖哉

先正其號名　宋板名作明按作明屬下句亦通

亳是殷也大名　案也當作地

或稱殷　宋板句上有或稱商三字

不欲住彼殷也　毛本也作地是也

言爲正直之言　宋板作故以矢言爲正直之言

今盤庚自欲遷于殷　毛本欲作耿是也

劉殺釋詁云　閩本明監本同毛本云作文是也

先王所以決欲遷此者　閩本明監本同毛本決欲作去彼

大遷考自龜　毛本考自作則貞案所改是也

謂有典法　閩本明監本同毛本謂下有行字

即是有所服也　閩本明監本同毛本服下有行字

鄭注皆云　毛本注作王

盤庚斆于民由乃在位　古本由上有曰字

無或敢伏小人之攸箴　古本人作民注同

王命衆悉至于庭　古本庭上有朝字

告汝以法教　古本法下有度字

下句王播告之　纂傳之下有修字

蒙上之先　纂傳先作文

民用丕變　古本用作由注王用民用同按注王用既作由則經王用亦當作由

起信險爲膚受之言　閩本葛本同明監本爲作僞

善自用之意也　閩本同明監本毛本善上有拒字

非予自荒茲德惟汝含德　葛本含誤作舍注同

予亦拙謀　疏正義曰下缺今補栞

汝羣臣能退去傲上之心　毛本去傲作汝違

不昬作勞　陸氏曰昬本或作敃。按正義引鄭注昬讀爲敃勉也然則古文作昬鄭讀爲敃釋文所謂本或作敃者指鄭讀也

毒爲禍患也　宋板爲作謂

遠近謂賒促　山井鼎曰賒字毛本與宋板同其餘注疏本皆作徐

徙奉持所痛而悔之　閩本同毛本徙作徒是也

馬云覗王　案王當作也

責其不請告上　閩本葛本明監本請作情毛本情上又有以字按諸本皆因疏而誤不知疏亦誤也見後

恐汝沈溺於衆有禍害　古本恐上有我字害下有也之二字

尚可得遏之絕之　毛本得遏之作刑戮二字

綌竹亮反　案竹當作許盧文弨云綌當作綌是也

滅愚甚大　閩本明監本同毛本滅作威

何以不情告我　宋板以不作不以按觀宋板知諸本傳文無以字者爲誤

傳曷何至忽害　閩本同毛本忽作禍是也今改正

遲任古賢　古本下有人字

言我世世選汝功勤　葛本閩本明監本同毛本選作數

掩本文作弇　毛本同案文當作又

作福作災　古本作依福依災注同

我不敢動用非罰加汝非德賞汝乎從汝善惡而報之　古本我下有豈字之下有乎字山井鼎曰古本不成文理作我豈敢動用非罰加汝非德賞汝乎從汝善惡而報之則爲穩今本不字亦似不穩姑記以俟再考○按浦鏜改乎爲各云從疏按是亦一說或疑非德上有缺文

可選則選　岳本閩本明監本毛本則並作即

其意而言汝從上必有賞　岳本閩本明監本而言汝作告臣言案而言汝誤也

違命必有罰也　毛本命作我

故禘祫爲小也　宋板禘祫作礿祠

祫嘗禘烝　閩本同毛本禘作祫案禘字誤也

志之主欲得中也　閩本明監本同毛本主上有所字

汝無侮老成人　古本無作亡無弱無有遠邇同古本侮上有老字唐石經作汝無老侮成人按今本脫上老字石經脫下老字傳及疏内侮老疑亦俱當作老侮○按段玉裁云唐石經是也今板本作侮老因老成人三字口習既孰又誤會孔傳故倒亂之

是侮老之　閩本之作人恐非○按段玉裁校本作老侮

雖悔可外乎　古本可上有何字外作及案及字是也

盤庚中第十　商書

造士報反　毛本同案士當作七

欲用民徙　閩本明監本毛本徙作徒

延之使前而衆告之　宋板衆作敎

王苦民不從教　宋板苦作詁

行天時也　孫志祖云也當者字之誤

遷徙者止爲邑居墊隘　閩本明監本同毛本徙作都

則先不思故居而行徙者　者字十行本未刻今補正

盤庚凝其被誤　毛本凝作疑是也

予迓續乃命于天　按匡謬正俗引此句迓作御徐氏音訝詳見攷證

予豈汝威　古本威作畏

我念我先世神后之君成湯　按下云殷之先世神明之君惟有湯耳疑此句后字亦當作明

用以道義德懷安汝心耳　宋板無德字

其下直言先后又畧而不言先其下直言先　案后下十一字複衍

此言湯勞汝先　毛本此作道

汝無能道　古本汝上有罰字

言神將罪汝　宋板同毛本神下有后字

故言下見汝　宋板言下倒是也

勞之共治人　古本人作民下殘人同

是反父祖之行　纂傳父祖倒與疏合

又士艮反　案士當作七

古者至乃死　閩本明監本同毛本者作我與岳本合

但念貝玉而已　古本念下有其字與疏合

乃祖先父丕乃告我高后曰　唐石經纂傳同毛本先父作乃父陸氏曰我高后本又作乃祖乃父按段玉裁云別本是也當乃祖乃父丕乃告句絕乃祖乃父曰作丕刑於朕孫句絕迪高后丕乃崇降不詳句絕曰詳尚書撰異

作丕刑于朕孫　孫上古本唐石經俱有子字。按顧炎武謂有子字誤王鳴盛以爲據傳當有子字段玉裁云不必因上文乃祖乃父而必兼舉子孫也古人文字不拘言朕孫者出乃祖口中自可統乃父在內傳多增字足利古本往往依以增經不足爲據也

亂治至其貪　案亂上當有傳字

傳言汝至督之　閩本同毛本言汝倒是也

凡所言皆不易之事　古本凡下有我字

謂凶人　古本宋板謂作爲

言不吉之人　岳本吉作善

我乃以汝徙　古本宋板乃作用

汝羣臣臣分輩相與計謀念　閩本同毛本下臣字作當是也

長立汝　宋板下有家字

告汝以命之不易爲難　宋板爲上有亦以不易四字

釋詁云隕落隕墜顛越也是從上倒下之言　宋本落下墜下俱有也字浦鏜云越也二字疑衍。按釋詁云隕磒湮下降墜摽蘦落也又云汱湮隕墜也當從宋板增兩也字而刪去越下也字以顛越兩字屬下句

恐越於下　閩本同毛本恐下有隕字

不使得子孫　宋板子上有生字

盤庚下第十一　商書

故先定其里宅所處　宋板其里二字間空一字

弔至靈善皆釋詁文　孫志祖云按釋詁無靈善之文

宏賁皆大也　孫志祖云賁爾雅作墳

讒仕減反　案毛本作仕咸是也

相助慮也俱訓爲慮　兩慮字浦鏜云皆勴之誤

無總貨寶以已位　葛本閩本明監本同毛本已作求案求字是也

尚書挍勘記卷九

會昌縣知縣候補知州會暉春栞

附釋音尚書注疏卷第十

說命上第十二

商書　孔氏傳　孔穎達疏

高宗夢得說盤庚弟小乙子名武丁德高可尊故號高宗夢得賢相其名曰說○說本又作兑音悦注及下篇同相息亮反下同使百工營求諸野得諸傅巖使百官以所夢之形象經求之於野得之於傅巖之谿作說命三篇命說爲相使攝政

【疏】高宗至三篇○正義曰殷之賢王有高宗者夢得賢相其名曰說羣臣之內既無其人使百官以所夢之形象經營求之於野外得之于傅氏之巖遂命以爲相史叙其事作說命三篇○傳盤庚王曰說○正義曰世本云盤庚崩弟小辛立崩弟小乙立崩子武丁立是武丁爲盤庚弟小乙子也喪服四制云高宗者武丁武丁者殷之賢王也當此之時殷衰而復興禮廢而復起中而高之故謂之高宗是德高可尊故號高宗也經云爰立作相王呼之曰說知其名曰說○傳使百至之谿○正義曰以工爲官見其求者衆多故舉百官言之使百官以所夢之形象經營求於外野皇甫謐云使百工寫其形象則謂工爲工巧之人與孔異也釋水云水注川曰谿李巡曰水出於山入於川曰谿然則谿是水流之處巖是山崖之名序稱得諸傅巖傳云得之於傅巖之谿以巖是摠名故序言之耳○傳命說至攝政○正義曰經稱爰立作相是命爲相也惟說命摠百官是使攝位也

說命始求得而命之

【疏】說命○正義曰此三篇上篇言夢說始求得而命之中篇說既摠百官戒王爲政下篇王欲師說而學說報王爲學之有益王又厲說以伊尹之功相對以成章史分序以爲三篇也

王宅憂亮陰三祀陰默也居憂信默三年不言○亮本又作諒如字又力章反

【疏】王宅憂亮陰三祀○正義曰言王居父憂信任冢宰默而不言已三年矣三年不言自是常事史錄此句於首者謂既免喪事可以言而猶不言故述此以發端也○傳陰默至不言○正義曰陰者幽闇之義默亦闇義故爲默也易稱君子之道或默或語則默者不言之謂也無逸傳云乃有信默三年不言有此信默則信謂信任冢宰也

既免喪其惟弗言除喪猶不言政羣臣咸諫于王

曰嗚呼知之曰明哲明哲實作則知事則爲明智明智則能制作法則○哲本又作喆天子惟君萬邦百官承式天下待令百官仰法王言惟作命不言臣下罔攸稟令稟受令亦命也王庸作書以誥曰以台正于四方惟恐德弗類茲故弗言用臣下怪之故作誥類善也我正四方恐德不善此故不言○誥故報反台音怡恭默思道夢帝賚予良弼其代予言夢天與我輔弼良佐將代我言政教○賚力代反徐音來乃審厥象俾以形旁求于天下審所夢之人刻其形象以四方旁求之於民間○俾必爾反說築傅巖之野惟肖傅氏之巖在虞虢之界通道所經有澗水壞道常使胥靡刑人築護此道說賢而隱代胥靡築之以供食肖似似所夢之形○肖音笑虢寡白反壞音怪供音恭

【疏】傳傅氏至之形○正義曰傳以傅爲氏此巖以傅爲名明巖傍有姓傅之民故云傅氏之巖也尸子云傅巖在北海之洲傳言虞虢之界孔必有所案據而言之也史記殷本紀云是時說爲胥靡築於傅險晉灼漢書音義云胥相也靡隨也古者相隨坐輕刑之名言於時築傅險則以杵築地傅說賢人必不犯罪言其說爲胥靡當是時代胥靡也傳云通道所經有澗水壞道常使胥靡刑人築護此道說賢而隱代胥靡築之以供食或亦有成文也殷本紀又云武丁得說舉以爲相遂以傅險姓之號曰傅說鄭云得諸傅巖高宗因以傅命說爲傅氏案序直言夢得說不言傅或如馬鄭之言如高宗始命爲傅氏不知舊何氏也皇甫謐云高宗夢天賜賢人胥靡之衣蒙之而來曰我徒也姓傅名說天下得我者豈徒也哉武丁悟而推之曰傅者相也說者懽悅也天下當有傅我而說民者哉明以夢視百官百官皆非也乃使百工寫其形象求諸天下果見築者胥靡衣褐帶索執役于虞虢之間傅巖之野名說以其得之傅巖謂之傅說案諸言初夢即云姓傅名說又言得之傅巖謂之傅說其言自不相副謐惟見此書傅會爲近世之語其言非實事也

爰立作相王置諸其左右於是禮命立以爲相使在左右命之曰朝夕納誨以輔台德言當納諫誨直辭以輔我

德。朝張遥反。若金用汝作礪，鐵須礪以成利器。○礪力世反。若濟巨川，用汝作舟楫；渡大水待舟楫。○楫音接，徐音集。若歲大旱，用汝作霖雨。霖三日雨，霖以救旱。【疏】傳霖三日雨。○正義曰：隱九年左傳云：凡雨自三日已往爲霖。啟乃心，沃朕心，若藥弗瞑眩，厥疾弗瘳。開汝心以沃我心，如服藥必瞑眩極其病，乃除。欲其出切言以自警。【疏】啓乃至弗瘳。○正義曰：當開汝心所有，以灌沃我心，欲令以彼所見教已未知故也。其沃我心，須切至，若服藥不使人瞑眩憒亂，則其疾不得瘳愈。言藥毒乃得除病，言切乃得去惑也。○傳開汝至自警。○正義曰：瞑眩者，令人憤悶之意也。方言云：凡飲藥而毒，東齊海岱間或謂之瞑，或謂之眩。郭璞云：瞑眩亦通語也。然則藥之攻病，先使人瞑眩憒亂，病乃得瘳。傳言瞑眩極者，言悶極藥乃行也。楚語稱衛武公作懿以自警，懿即大雅抑詩也。切言出於傳說，據王以爲自警也。若跣弗視地，厥足用傷。跣必視地，足乃無害。言欲使爲已視聽。○跣先典反，徐七顯反。爲于僞反。惟暨乃僚，罔不同心，以匡乃辟。與汝並官，皆當倡率，無不同心以匡正汝君。○辟必亦反。俾率先王，迪我高后，以康兆民。言匡正汝君，使循先王之道，蹈成湯之蹤，以安天下。嗚呼！欽予時命，其惟有終。敬我是命，修其職，使有終。說復于王曰：惟木從繩則正，后從諫則聖。言木以繩直，君以諫明。后克聖，臣不命其承，君能受諫，則臣不待命其承意而諫之。疇敢不祗若王之休命？言王如此，誰敢不敬順王之美命而諫者乎？

說命中第十三

商書　孔氏傳　孔穎達疏

惟說命總百官，在冢宰之任。○總音揔。【疏】惟說命總百官。○正義曰：惟此傳說受王命總百官之職，謂在冢宰之任也。說以官高任重，乃進言於王，故史特標此句爲發言之端也。乃進于王曰：嗚呼！明王奉若天道，建邦設都，天有日月北斗五星二十八宿，皆有尊卑相正之法。言明王奉順此道以立國設都。○宿音秀。【疏】傳天有至設都。○正義曰：晉語云：大者天地，其次君臣。易繫辭云：天垂象，見吉凶，聖人象之。皆言人君法天以設官，順天以致治也。天有日月照臨晝夜，猶王官之伯率領諸侯也。北斗環繞北極，猶卿士之周衛天子也。五星行於列宿，猶州牧之省察諸侯也。二十八宿布於四方，猶諸侯爲天子守土也。天象皆有尊卑相正之法，言明王奉順天道以立國設都也。立國謂立王國及邦國，設都謂設帝都及諸侯國都，總言建國立家之事。樹后王君公，承以大夫師長，言立君臣上下，將陳爲治之本，故先舉其始。○王于方反，長丁丈反，治直吏反，下同。【疏】樹后至師長。○正義曰：此又總言設官分職之事也。樹，立也。后王謂天子也，君公謂諸侯也。承者奉上之名。后王君公，人主也；大夫師長，人臣也。臣當奉行君命，故以承言之。周禮立官多以師爲名，師者衆所法，亦是長之義也。大夫已下分職不同，每官各有其長，故以師長言之。三公則君公之內包之，卿則大夫之文兼之，師長之言亦通有。○將陳爲治之本，故先舉其始，略言設官，故辭不詳備。爲治之本，惟天聰明已下皆是也。不惟逸豫，惟以亂民。不使有位者逸豫，民上言立之主，使治民。○豫羊慮反。惟天聰明，惟聖時憲，惟臣欽若，惟民從乂。憲，法也。言聖王法天以立教於下，無不聞見，除其所惡，納之於善，雖復運有推移，道有升降，其所施爲，未嘗不法天也。臣敬順而奉之，奉即上文承也，奉承君命而布之於民，民以從上爲治，不從上命則亂，故從乂也。○從才容反。惟口起羞，惟甲冑起戎，甲，鎧；冑，兜鍪也。言不可輕教令，易用兵。○冑直又反，鎧苦代反，兜丁侯反，鍪莫侯反，易以豉反。惟衣裳在笥，惟干戈省厥躬。言服不可加非其人，兵不可任非其才。○笥息嗣反，省息井反，一本作眚。【疏】惟口至厥躬。○正義曰：言王者法天施化，其舉止不可不慎。惟口出令不善，以起羞辱；惟甲冑伐非其罪，以起戎兵。言不可輕教令，易用兵也。惟衣裳在篋笥，不可加非其人，觀其能足稱職，然後賜之；惟干戈在府庫，不可任非其才，省其身堪將帥，然後授之。上二句事相類，下二句文不同者，衣裳言在篋笥，干戈不言所在，干戈云省厥躬，衣裳不言視其人，令其互相足也。○傳甲鎧至用兵○正義曰經傳之。無鎧與兜鍪蓋秦漢已來始有此名傳以今曉古也古之甲冑皆用犀兕未有用鐵者而鍪鎧之字皆從金蓋後世始用鐵耳口之出言爲教令甲冑興師乃用之言不可輕教令易用兵也易亦輕也安危在出令令之不善則人爲背之是起羞也靜亂在用兵伐之無罪則人叛違之是起戎也○傳言服至其才○正義曰非其人非其才義同而互文也周禮大宗伯以九儀之命正邦國之位一命受職再命受服三命受位四命受器五命賜則六命賜官七命賜國八命作牧九命作伯鄭云一命始見命爲正吏受職治職事也列國之士一命王之下士亦一命再命受服受玄冕之服列國之大夫再命王之中士亦再命然則再命已上始受衣服未賜之時在官之鎧器也甲冑干戈俱是軍器上言不可輕用兵此言不可妄委人雖文重而意異也

王惟戒茲允茲克明乃罔不休言王戒愼此四惟之事信能明政乃無不美**惟治亂在庶官**言所官得人則治失人則亂**官不及私昵惟其能**不加私昵惟能是官○昵女乙反**爵罔及惡德惟其賢**言非賢不爵

【疏】官不至其賢○正義曰王制云論定然後官之任官然後爵之鄭云官之使之試守也爵之命之也然則治其事謂之官受其位謂之爵官爵一也所從言之異耳賢謂德行能謂才用治事必用能故官云惟其能受位宜得賢故爵云惟其賢詩序云任賢使能周禮鄉大夫三年則大比考其德行道藝而興賢者能者鄭云賢者有德行者能者有道藝者是賢能爲異耳私昵謂知其不可而用之惡德謂不知其非而任之戒王使審求人絕私好也

慮善以動動惟厥時非善非時不可動**有其善喪厥善矜其能喪厥功**雖天子亦必讓以得之○喪息浪反

【疏】有其至厥功○正義曰人生尙謙讓而憎自取自有其善則人不以爲善故實善而喪其善自誇其能則人不以爲能故實能而喪其能由其自取故人不與之有其善則伐善也舜美禹云汝惟不矜天下莫與汝爭能汝惟不伐天下莫與汝爭功是言推而不有故名反歸之也

惟事事乃其有備有備無患事事非一事**無啟寵納侮**開寵非其人則納侮之道

【疏】無啟寵納侮○正義曰君子位高益恭小人得寵則慢若寵小人則必恃寵慢主無得開小人以寵自納此輕侮也開謂言出恩以寵臣納謂臣入慢以輕王據君而言開納以出入爲文也

無恥過作非恥過誤而文之遂成大非

【疏】傳恥過至大非○正義曰仲虺之美成湯云改過不吝明小人有過皆惜而不改論語云小人之過也必文恥有過誤而更以言辭文飾之望人不覺其非彌甚故遂成大非也

惟厥攸居政事惟醇其所居行皆如所言則王之政事醇粹○醇音純粹雖遂反**黷于祭祀時謂弗欽禮煩則亂事神則難**祭不欲數數則黷黷則不敬事神禮煩則亂而難行高宗之祀特豐數近廟故說因以戒之○黷徒木反數色角反

【疏】傳祭不至戒之○正義曰祭不欲數數則黷黷則不敬禮記祭義文也此一經皆言祭祀之事禮煩亦謂祭祀之煩故傳總云事神禮煩亂而難行孔以高宗肜日祖己訓諸王祀無豐于昵謂傳說此言爲彼事而發故云高宗之祀特豐數於近廟故說因而戒之

王曰旨哉說乃言惟服旨美也美其所言皆可服行**乃不良于言予罔聞于行**汝若不善於所言則我無聞於所行之事**說拜稽首曰非知之艱行之惟艱**言知之易行之難以勉高宗**王忱不艱允協于先王成德**王心誠不以行之爲難則信合於先王成德○忱市林反**惟說不言有厥咎**王能行善而說不言則有其咎罪

說命下第十四

商書　孔氏傳　孔穎達疏

王曰來汝說台小子舊學于甘盤學先王之道甘盤殷賢臣有道德者○台音怡

【疏】王曰至甘盤○正義曰舊學于甘盤謂爲王子時也君奭篇周公仰陳殷之賢臣云在武丁時則有若甘盤然則甘盤於高宗之時有大功也上篇高宗免喪不言卽求傳說似得說時無賢臣矣蓋甘盤於小乙之世以爲大臣小乙將崩受遺輔政高宗之初得有大功及高宗免喪甘盤已死故君奭傳曰高宗卽位甘盤佐之後有傅說是言傅說之前有甘盤也但下句言既乃遯于荒野是學訖乃遯非卽位之初從甘盤學也

既乃遯

于荒野入宅于河既學而中廢業遯居田野河洲也其父欲使高宗知民之艱苦故使居民間○遯徒頓反[疏]傳既學至民間○正義曰河是水名水不可居而云入宅于河知在河之洲也釋水云水中可居者曰洲初遯田野後入河洲言其徙居無常也無逸云其在高宗時舊勞於外爰暨小人言其父欲使高宗知民之艱苦故使居民間也於時蓋未爲太子殷道雖質不可既爲太子更得與民雜居自河徂亳暨厥終罔顯自河往居亳與今其終故遂無顯明之德爾惟訓于朕志言汝當教訓於我使我志通達若作酒醴爾惟麴糵酒醴須麴糵以成亦言我須汝以成○麴起六反糵魚列反若作和羹爾惟鹽梅鹽鹹梅醋羹須鹹醋以和之○羹音庚一音衡鹽余廉反梅亦作楳醋七故反和如字又胡臥反爾交脩予罔予棄予惟克邁乃訓交非一之義邁行也言我能行汝教[疏]傳交非至汝教○正義曰爾交脩予令其交更脩治已也故以交爲非一之義言交互教之非一事之義邁行釋詁文說曰王人求多聞時惟建事學于古訓乃有獲王者求多聞以立事學於古訓乃有所得事不師古以克永世匪說攸聞事不法古訓而以能長世非說所聞言無是道惟學遜志務時敏厥脩乃來學以順志務是敏疾其德之脩乃來[疏]惟學至乃來○正義曰人志本欲求善欲學順人本志學能務是敏疾則其德之脩乃自來言務之既疾則德自來歸已也允懷于茲道積于厥躬信懷此學志則道積於其身惟斅學半念終始典于學厥德脩罔覺斅教也教然後知所困是學之半終始常念學則其德之脩無能自覺○斅戶孝反[疏]惟斅至罔覺○正義曰斅人然後知困知困必將自強惟斅人乃是學之半言其功半於學也於學之法念終念始常在於學則其德之脩漸漸進益無能自覺其進言曰有所益不能自知也監于先王成憲其永無愆愆過也視先王成法其長無過其惟學乎○愆起虔反惟說式克欽承旁招俊

乂列于庶位言王能志學說亦用能敬承王志廣招俊乂使列衆官○俊本又作畯王曰嗚呼說四海之內咸仰朕德時乃風風教也使天下皆仰我德是汝教仰如字徐五亮反股肱惟人良臣惟聖手足具乃成人有良臣乃成聖昔先正保衡作我先王保衡伊尹也作起正長也言先世長官之臣○長丁丈反下同[疏]傳保衡至之臣○正義曰保衡阿衡俱伊尹也君奭傳曰伊尹爲保衡言天下所取安所取平也鄭箋云阿倚衡平也伊尹湯所依倚而取平也故以爲官名又云太甲時曰保衡鄭不見古文太甲云不惠于阿衡故此爲解孔所不用計此阿衡保衡非常人之官名蓋當時特以此名號伊尹也作訓爲起言起而助湯也正長釋詁文乃曰予弗克俾厥后惟堯舜其心愧恥若撻于市言伊尹不能使其君如堯舜則恥之若見撻于市故成其能○俾必爾反撻他達反一夫不獲則曰時予之辜伊尹見一夫不得其所則以爲己罪佑我烈祖格于皇天言以此道左右成湯功至大天無能及者爾尚明保予罔俾阿衡專美有商汝庶幾明安我事則與伊尹同美○阿烏何反惟后非賢不乂惟賢非后不食言君須賢治賢須君食○治直吏反其爾克紹乃辟于先王永綏民能繼汝君於先王長安民則汝亦有保衡之功○辟必亦反說拜稽首曰敢對揚天子之休命對荅也荅受美命而稱揚之

高宗肜日第十五

商書　孔氏傳　孔穎達疏

高宗祭成湯有飛雉升鼎耳而雊耳不聽之異雊鳴○雊工豆反祖己訓諸王賢臣也以訓道諫王○己音紀作高宗肜日高宗

之訓所以訓也亡○肜音融【疏】高宗至之訓○正義曰高宗祭其太祖成湯於肜祭之日有飛雉來升祭之鼎耳而雊鳴其臣祖己以爲王有失德而致此祥遂以道義訓王勸王改脩德政史敘其事作高宗肜日高宗之訓二篇○傳耳不至雊鳴○正義曰經言肜日有雊雉不知祭何廟鳴何處故序言祭成湯升鼎耳以足以禘祫與四時之祭祭之明日皆爲肜祭不知此肜是何祭之肜也洪範五事有貌言視聽思若貌不恭言不從視不明聽不聰思不睿各有妖異興焉雉乃野鳥不應入宗廟今乃入宗廟之內升鼎耳而鳴孔以雉鳴在鼎耳故以爲耳不聰之異也洪範五行傳云視之不明時則有羽蟲之孽聽之不聰時則有介蟲之孽言之不從時則有毛蟲之孽貌之不恭時則有鱗蟲之孽思之不睿時則有倮蟲之孽先儒多以此爲羽蟲之孽非爲耳不聰也漢書五行志劉歆以爲鼎三足三公象也而以耳行野鳥居鼎耳是小人將居公位敗宗廟之祀也鄭云鼎三公象也又用耳行雉升鼎耳而鳴象視不明天意若云當任三公之謀以爲政劉鄭雖小異其爲羽蟲之孽則同與孔意異詩云雉之朝雊尚求其雌說文云雊雄雌鳴也雷始動雉乃鳴而雊其頸○傳所以訓也亡○正義曰名高宗之訓所以訓高宗也此二篇俱是祖己之言並是訓王之事經云乃訓于王此篇亦是訓也但所訓事異分爲二篇標此爲發言之端故以肜日爲名下篇總諫王之事故名之訓終始互相明也肆命徂后孔歷其名於伊訓之下別爲之傳此高宗之訓因序爲傳不重出名者此以訓王事同因解文便作傳不爲例也

高宗肜日祭之明日又祭殷曰肜周曰繹○繹音亦字書作釋爾雅云又祭也周曰繹商曰肜夏曰復胙【疏】傳祭之至曰繹○正義曰釋天云繹又祭也周曰繹商曰肜孫炎曰祭之明日尋繹復祭也肜者相尋不絕之意春秋宣八年六月辛巳有事於太廟壬午猶繹穀梁傳曰繹者祭之旦日之享賓也是肜者祭之明日又祭也爾雅因繹祭而本之上世故先周後商此以上代先後故與爾雅倒也釋天文云夏曰復胙郭璞云未見所出或無此一句孔傳不言夏曰復胙於義非所須或本無此事也儀禮有司徹上大夫曰儐尸與正祭同日鄭康成注詩鳧鷖云祭天地社稷山川五祀皆有繹祭

高宗肜日越有雊雉於肜日有雊異

祖己曰惟先格王正厥事言至道之王遭變異正其事而異自消【疏】高宗至厥事○正義曰高宗既祭成湯肜祭之日於是有雊鳴之雉在於鼎耳此乃怪異之事賢臣祖己見其事而私自言曰惟先世至道之王遭遇變異則正其事而異自消也既作此言乃進言訓王史錄其事以爲訓王之端也○傳言至自消○正義曰格訓至也至道之王謂用心至極行合於道遭遇變異改脩德教正其事而異自消大戊拱木武丁雊雉皆感變而懼殷道復興是爲自消之驗也至道之王當無災異而云遭變消災者天或有譴告使之至道未必爲道不至而致此異且此勸戒之辭不可執文以害意也此經直云祖己曰不知與誰語鄭云謂其黨王肅云言于王下句始言乃訓于王此句未是告王之辭私言告人鄭說是也

乃訓于王曰惟天監下民典厥義祖己既言遂以道訓諫王言天視下民以義爲常

降年有永有不永非天天民民中絕命言天之下年與民有義者長無義者不長非天欲夭民民自不修義以致絕命○中丁仲反又如字

民有不若德不聽罪天既孚命正厥德不順德言無義不服罪不改修天已信命正其德謂有永有不永【疏】乃訓至厥德○正義曰祖己既私言其事乃以道訓諫於王曰惟天視此下民常用其義言以義視下觀其爲義以否其下年與民有長者有不長者言與爲義者長不義者短短命者非是天欲夭民民自不修義使中道絕其性命但人有爲行不順德義有過不服聽罪過而不改乃致天罰非天欲夭之也天既信行賞罰之命正其馭民之德欲使有義者長不義者短王安得不行義事求長命也○傳言天至絕命○正義曰經惟言有永有不永安和由義者以上句云惟天監下民典厥義天既以義爲常知命之長短莫不由義故云天之下年與民有義者長無義者不長也民有五常之性謂仁義禮智信也此獨以義爲言者五常指體則別理亦相通義者宜也得其事宜五常之名皆以適宜爲用故稱義可以總之也民有貴賤貧富愚智好醜不同多矣獨以夭壽爲言者鄭玄云年命者惷愚之人尤愒焉故引以諫王也愒貪也洪範五福以壽爲首六極以短折爲先是年壽者最是人之所貪故祖己引此以諫王也○傳不順至不永○正義曰傳亦顧上經故不順德言無義也聽謂聽從故以不聽爲不服罪言既爲罪過而不肯改修也天已信命正其德言天自信命賞有義罰無義此事必信也天自正其德福善禍淫其德必不差也謂民有求有不求天隨其善惡而報之勸王改過修德以求永也

乃曰其如台祖己恐王未受其言故乃復曰天道其如其所言○台音怡復扶又反

嗚

呼王司敬民罔非天胤典祀無豐于昵。胤嗣昵近也歎以感王入其言王者主民當敬民事民事無非天所嗣常也祭祀有常不當特豐於近廟欲王因異服罪改修之。豐芳弓反昵女乙反尸子云不避遠昵昵近也又乃禮反馬云昵考也謂禰廟也

疏 嗚呼至于昵。正義曰祖己恐其言不入王意又歎而戒之嗚呼王者主民當謹敬民事民事無非天所繼嗣以爲常道者也大以其事爲常王當繼天行之祀禮亦有常無得豐厚於近廟若特豐於近廟是失於常道高宗豐於近廟欲王服罪改修也。傳胤嗣至改修之。正義曰釋詁云胤嗣繼也俱訓爲繼是胤得爲嗣嗣亦繼之義也釋詁云即尼也孫炎曰即猶今也尼者近也郭璞引尸子曰悅尼而來遠是尼爲近也尼與昵音義同烝民不能自治自立君以主之是王者主民也既與民爲主當敬慎民事民事無大小無非天所嗣常也言天意欲令繼嗣行之所以爲常道也祭祀有常謂犧牲粢盛尊彝俎豆之數禮有常法不當特豐於近廟謂犧牲禮物多也祖已知高宗豐於近廟欲王因此雊雉之異服罪改修以從禮耳其異不必由豐近而致之也王肅亦云高宗豐於禰故有雊雉升遠祖成湯廟鼎之異

西伯戡黎第十六

商書　孔氏傳　孔穎達疏

殷始咎周咎惡。咎其九反馬云咎周者爲周所咎**周人乘黎**乘勝也所以見惡。黎力兮反國名尚書大傳作耆**祖伊恐**祖已後賢臣**奔告于受**受紂也音相亂帝乙之子嗣立暴虐無道。受如字傳云受紂也音相亂馬云受讀曰紂或曰受婦人之言故號曰受也**作西伯戡黎**戡亦勝也。伯亦作柏戡音堪說文作𢦟云殺也以此戡訓刺音竹甚反勝詩證反

疏 殷始至戡黎。正義曰文王功業稍高王兆漸著殷之朝廷之臣始畏惡周家所以畏惡之者以周人伐而勝黎邑故也殷臣祖伊見周克黎國之易恐其終必伐殷奔走告受言殷將滅史敘其事作西伯戡黎。傳咎惡至見惡。正義曰易繫辭云無咎者善補過也則咎是過之別名以彼過而憎惡之故咎爲惡也以其勝黎所以見惡釋其見惡之由是周人勝黎之後始惡之詩毛傳云乘陵也乘駕是加陵之意故乘爲勝也鄭玄云紂聞文王斷虞芮之訟又三伐皆勝而始畏惡之所言據書傳爲說伏生書傳云文王受命一年斷虞芮之質二年伐邘三年伐密須四年伐犬夷五年伐耆六年伐崇七年而崩耆卽黎也乘黎之前始言惡周故鄭以伐邘伐密須伐犬夷三伐皆勝始畏惡之武成篇文王誕膺天命九年乃崩則伐國之年不得如書傳所說未必見三伐皆勝始畏之。傳祖已後賢臣。正義曰此無所出正以同爲祖氏知是其後明能先覺故知賢臣。傳受紂至無道。正義曰經云奔告于王王無謚號故序言受以明之此及泰誓武成皆呼此君爲受自外書傳皆呼爲紂受卽紂也音相亂故字改易耳殷本紀云帝乙崩子辛立是爲帝辛天下謂之紂鄭玄云紂帝乙之少子名辛帝乙愛而欲立焉號曰受德時人傳聲轉作紂也史掌書知其本故曰受與孔大同謚法云殘義損善曰紂殷時未有謚法後人見其惡爲作惡義耳。傳戡亦勝也。正義曰戡勝釋詁文孫炎曰戡彊之勝也

西伯戡黎。西伯既戡黎近王圻之諸侯在上黨東北。近附近之近圻巨依反

疏 西伯戡黎。正義曰鄭玄云西伯周文王也時國於岐封爲雍州伯也國在西故曰西伯王肅云王者中分天下爲二公揔治之謂之二伯得專行征伐文王爲西伯黎侯無道文王伐而勝之兩說不同孔無明解下傳云文王率諸侯以事紂非獨率一州之諸侯也論語稱三分天下有其二以服事殷謂文王也終乃三分有二豈獨一州牧乎且言西北對東爲名不得以國在西而稱西伯也蓋同王肅之說。傳近王至東北。正義曰黎國漢之上黨郡壺關所治黎亭是也紂都朝歌王圻千里黎在朝歌之西故爲近王圻之諸侯也鄭云入紂圻內文王猶尚事紂不可伐其圻內所言圻內亦無文也

祖伊恐奔告于王曰天子天既訖我殷命文王率諸侯以事紂內秉王心紂不能制今又克有黎國迫近王圻故知天已畢訖殷之王命言將化爲周。王心于況反下注宜王者同

疏 傳文王至爲周。正義曰襄四年左傳云文王率殷之叛國以事紂是率諸侯共事紂也貌雖事紂內秉王心布德行威有將王之意而紂不能制日益强大今復克有黎國迫近王圻似有天助之力故云天已畢訖殷之王命言殷祚至此而畢將欲化爲周也

格人元龜罔敢知吉至人以人事觀殷大龜以神靈考之皆無知吉

疏 傳至人至知吉。正義曰格訓爲至至人謂至道之人有所識解者也至人以人事觀殷大龜有神靈遞知來物故大龜以神靈考之二者皆無知殷有吉者言必凶也祖伊

未必問至人親灼龜但假之以爲言耳非先王不相我後人惟王淫戲用自絕非先祖不助子孫以王淫過戲迪用自絕於先王。相息亮反故天棄我以紂自絕於先王故天亦棄之宗廟不有康食不虞天性不迪率典不有安食於天下而王不度知天性命所在而所行不蹈循常法言多罪。度待洛反〔疏〕傳以紂至多罪。正義曰禮記稱萬物本於天人本於祖則天與先王俱是人君之本紂既自絕於先王亦自絕於天上經言紂自絕先王此言天棄紂互明紂自絕於天天與先王棄絕之故傳申通其意以紂自絕先王故天亦棄之亦者亦先王言先王與天俱棄之也孝經言天子得萬國之歡心以事其先王然後祭則鬼享之今紂既自絕於先王先王不有安食於天下言紂雖以天子之尊事宗廟宗廟之神不得安食也而王不度知天命所在不知已之性命當盡也而所行不蹈循常法動背違法言多罪今我民罔弗欲喪曰天曷不降威大命不摯今王其如台摯至也民無不欲王之亡言天何不下罪誅之有大命宜王者何以不至王之凶害其如我所言。摯音至本又作贄〔疏〕傳摯至也至所言。正義曰摯至同音故摯爲至也言天何不下罪誅之恨其久行虐政欲得早殺之也有大命宜王者何以不至向望大聖之君欲令早伐紂也王之凶禍其如我之所言以王不信故審告之也王曰嗚呼我生不有命在天言我生有壽命在天民之所言豈能害我遂惡之辭祖伊反曰嗚呼乃罪多參在上乃能責命于天反報紂也言汝罪惡衆多參列於上天天誅罰汝汝能責命于天拒天誅乎。參七南反馬云參字累在上殷之即喪指乃功不無戮于爾邦言殷之就亡指汝功事所致汝不得無死戮於殷國必將滅亡立可待

微子第十七

商書　孔氏傳　孔穎達疏

殷既錯天命錯亂也。錯七各反馬云廢也微子作誥父師少師告二師而去紂。少詩照反〔疏〕殷既至少師。正義曰殷紂既暴虐無道錯亂天命其兄微子知紂必亡以作言詰告父師箕子少師比干史敘其事而作此篇也名曰微子而不言作微子者已言微子作誥以可知而省文也。傳錯亂也。正義曰交錯是渾亂故爲亂也不指言紂惡而言錯亂天命者天生蒸民立君以牧之爲君而無君道是錯亂天命爲惡之大故舉此以見惡之極耳微子微圻內國名子爵爲紂卿士去无道〔疏〕傳微圻至無道。正義曰微國在圻內先儒相傳爲然鄭玄以爲微與箕俱在圻內孔雖不言箕亦當在圻內也王肅云微國名子爵入爲王卿士肅意蓋以微爲圻外故言入也微子名啓世家作開避漢景帝諱也啓與其弟仲衍皆是紂之同母庶兄史記稱微仲衍衍亦稱微者微子封微以微爲氏故弟亦稱微猶如春秋之世虞公之弟稱虞叔祭公之弟稱祭叔微子若非大臣則無假憂紂亦不必須去以此知其爲卿士也傳云去無道者以去見其爲卿士也微子若曰父師少師父師太師三公箕子也少師孤卿比干微子以紂距諫知其必亡順其事而言之殷其弗或亂正四方或有也言殷其不有治正四方之事將必亡。治直吏反

我祖厎遂陳于上言湯致遂其功陳列於上世我用沈酗于酒用亂敗厥德于下我紂也沈湎酗醟敗亂湯德於後世。沈徐直金反酗況具反以酒爲凶曰酗說文作酌云酒醟湎面善反醟音詠說文于命反酌酒也殷罔不小大好草竊姦宄草野竊盜又爲姦宄於內外。好呼報反宄音軌卿士師師非度凡有辜罪乃罔恒獲六卿典士相師效爲非法度皆有辜罪無秉常得中者。度如字小民方興相爲敵讎卿士既亂而小人各起一方其爲敵讎言不和同。讎常周反今殷其淪喪若涉大水其無津涯淪沒也言殷將沒亡如涉大水無涯際無所依就。淪音倫徐力允反喪息浪反涯五皆反又宜佳反殷遂喪越至于今言遂喪亡於是至於今到不待久〔疏〕微子至于今。正義曰微子將欲去殷順其去事而言曰父師少師呼二師與之言也今殷國其將不復有治正四方之事言其必滅亡也昔我祖成湯致行其道遂其功業陳列於上

世矣今我紂惟用沈湎酗醟於酒用是亂敗其祖之德於下由紂亂敗之故今日殷人無不小大皆好草竊姦宄雖在朝卿士相師師爲非法度之事朝廷之臣皆有辜罪乃無有一人能秉當得中者在外小人方方各起相與共爲敵讎荒亂如此今殷其沒亡若涉大水其無津濟涯岸殷遂喪亡言不復久也此喪亡於是至於今到必不得更久也。傳父師至而言。正義曰以畢命之篇王呼畢公爲父師畢公時爲太師也周官云太師太傅太保茲惟三公少師少傅少保曰三孤家語云比干官則少師少師是比干知太師是箕子也徧檢書傳不見箕子之名惟司馬彪注莊子云箕子名胥餘不知出何書也周官以少師爲孤此傳言孤卿者孤亦卿也考工記曰外有九室九卿朝焉是三孤六卿共爲九卿也比干不言封爵或本無爵或有而不言也家語云比干是紂之親則諸父知比干是紂之諸父耳箕子則無文宋世家云箕子者紂親戚也止言親戚不知爲父爲兄也鄭玄王肅皆以箕子爲紂之諸父服虔杜預以爲紂之庶兄既無正文各以意言之耳微子以紂距諫知其必亡心欲去之故順其去事而言呼二師以告之。傳或有至必亡。正義曰或者不定之辭其事欲當然則是有此事故以或爲有也鄭玄論語注亦云或之言有也不有言無也天子天下之主所以治正四方

言殷其不有治正四方之事言將必亡。傳我紂至後世。正義曰嗜酒亂德是紂之行故知我我紂也人以酒亂若沈於水故以耽酒爲沈也湎然是齊同之意詩云天不湎爾以酒鄭云天不同汝顏色以酒是湎謂酒變面色湎然齊同無復平時之容也說文云酗醟也然則酗醟一物謂飲酒醉而發怒經言亂敗其德必有所屬上言我祖指謂成湯知言敗亂湯德於後世也上謂前世故下爲後世也。傳六卿至中者。正義曰士訓事也故卿士爲六卿典事師師言相師效爲非法度之事也止言卿士以責者尚爾見賤者皆然故王肅云卿士以下轉相師效爲非法度之事也鄭云凡猶皆也傳意亦然以凡爲皆言卿士以下在朝之臣其所舉動皆有辜罪無人能秉常行得中正者

曰父師少師我其發出狂吾家耄遜于荒我念殷亡發疾生狂在家耄亂故欲遯出於荒野言愁悶。○出尺遂反耄字又作旄莫報反迯同遯徒困反徐徒頓反一音都困反今爾無指告予顛隮若之何其汝無指意告我殷邦顛隕隮墜如之何其救之。隮子細反玉篇子兮反切韻祖稽反隕于敏反〔疏〕曰父師至何其。正義曰微子既言紂亂乃問身之所宜止而復言

故刖加一曰父師少師更呼而告之也我念殷亡之故其心發疾生狂吾在家心內耄亂欲遯遯出於荒野今汝父師少師無指滅亡之意告我云殷邦其隕墜則當如之何其救之乎恐其留已共救之也。傳我念至愁悶。正義曰狂生於心而出於外故傳以出狂爲生狂應璩詩云積念發狂癡此其事也在家思念之深精神益以耄亂鄭玄云耄昏亂也在家不堪耄亂故欲遯出於荒野言愁悶之至詩云駕言出遊以寫我憂亦此意也。傳汝無至救之。正義曰無指意告我者謂無指殷亡之事告我言殷將隕墜欲留我救之顛謂從上而隕隮謂墜於溝壑皆滅亡之意也昭十三年左傳曰小人老而無子知隮於溝壑矣王肅云隮隮溝壑言此隮之義如左傳也

父師若曰王子比干不見明心同省文微子帝乙元子故曰王子。見賢遍反省所景反天毒降災荒殷邦方興沈酗于酒天生紂爲亂是天毒下災四方化紂沈湎不可如何乃罔畏畏咈其耇長舊有位人言起沈湎上不畏天災下不畏賢人違戾耇老之長致仕之賢不用其教法紂故。咈扶勿反耇工口反長丁丈反注同今殷民乃攘竊神祇之

犧牷牲用以容將食無災自來而取曰攘色純曰犧體完曰牷牛羊豕曰牲器實曰用盜天地宗廟牲用相容行食之無災罪之者言政亂。○攘如羊反因來而取曰攘竊馬云往盜曰竊神祇天曰神地曰祇犧許宜反牷音全降監殷民用乂讎斂召敵讎不怠下視殷民所用治者皆重賦傷民斂聚怨讎之道而又亟行暴虐自召敵讎不解怠。○讎如字下同徐云鄭音疇馬本作稠云數也斂力檢反馬鄭力豔反謂賦斂也徐云鄭力劍反治直吏反亟欺忌反數也又紀力反本又作極如字亟也解佳賣反罪合于一多瘠罔詔言殷民上下有罪皆合於一法紂故使民多瘠病而無詔救之者。瘠在益反商今其有災我興受其敗災滅在近我起受其敗言宗室大臣義不忍去商其淪喪我罔爲臣僕詔王子出迪商其沒亡我二人無所爲臣僕欲以死諫紂我教王子出合於道。臣僕一本無臣字我舊云刻子王子弗出我乃顛隮。刻病也我久知子賢言於帝乙欲立子帝

乙不肯病子不得立則宜爲殷後者子今若不出逃難我殷家宗廟乃隕墜無主。舊云馬云言也刻音克馬云侵刻也難乃旦反

自靖人自獻于先王各自謀行其志人人自獻達于先王以不失道。自靖馬本作清謂潔也

我不顧行遯言將與紂俱死所執各異皆歸於仁明君子之道出處語默非一途。顧音故徐音鼓

【疏】父師至行遯。正義曰父師亦順其事而報微子曰王子今天酷毒下災生此昏虐之君以荒亂殷之邦國紂既沈湎四方化之皆起而沈湎酗營於酒不可如何小人皆自放恣乃無所畏上不畏天災下不畏賢人違戾其耇老之長與舊有爵位致仕之賢人今殷民乃攘竊祭祀神祇之犧牷牲用以相通容行取食之無災罪之者盜天地大祀之物用而不得罪言政亂甚也我又下視殷民所用爲治者民皆讎怨斂聚之道也言重賦傷民民以在上爲讎重賦乃是斂讎也既爲重賦又急行暴虐此所以益招民怨是乃自名敵讎不懈怠也上下各有罪合於一紂之身言紂化之使然也故使民多瘠病而無詔救之者商今其有滅亡之災我起而受其敗商其沒亡喪滅我無所爲人臣僕言不可別事他人必欲諫取死也我教王子出奔於外是道也我久云子賢言於帝乙欲立子不肯我乃病傷子不得立爲王則宜終爲殷後若王子不出則我殷家宗廟乃隕墜無主既勸之出即與之别云各自謀行其志人人各自獻達於先王我不顧念行遯之事明期與紂俱死。傳比干至王子。正義曰諮二人而一人答明心同省文也鄭云少師不答志在必死然則箕子本意豈必求生乎身若求生何以不去既不顧行遯明期於必死但紂自不殺之耳若比干意異箕子則别有答安得默而不呼孔解心同是也微子帝乙元子微子之命有其文也父師言微子爲王子則父師非王子矣鄭王等以爲紂之諸父當是實也。傳天生至如何。正義曰荒殷邦者乃是紂也而云天毒降災故言天生紂爲亂本之於天天毒下災也。以微子云若之何故言四方化紂沈湎不可如何。傳言起至紂故。正義曰文在方興沈酗之下則此無所畏畏者謂當時四方之民也民所當畏惟畏天與人耳故知二畏者上不畏天下不畏賢人違戾耇長與舊有位人即是不畏賢人故不用其教紂無所畏此民無所畏謂法紂故也。傳自來至政亂。正義曰攘竊同文則攘是竊類釋詁云攘因也是因其自來而取之名攘也說文云犧宗廟牲也曲禮云天子以犧牛天子祭牲必用純色故知色純曰犧也周禮牧人掌牧六牲以供祭祀之牲牷以牷爲言必是體全具也故體完曰牷經傳多言三牲知

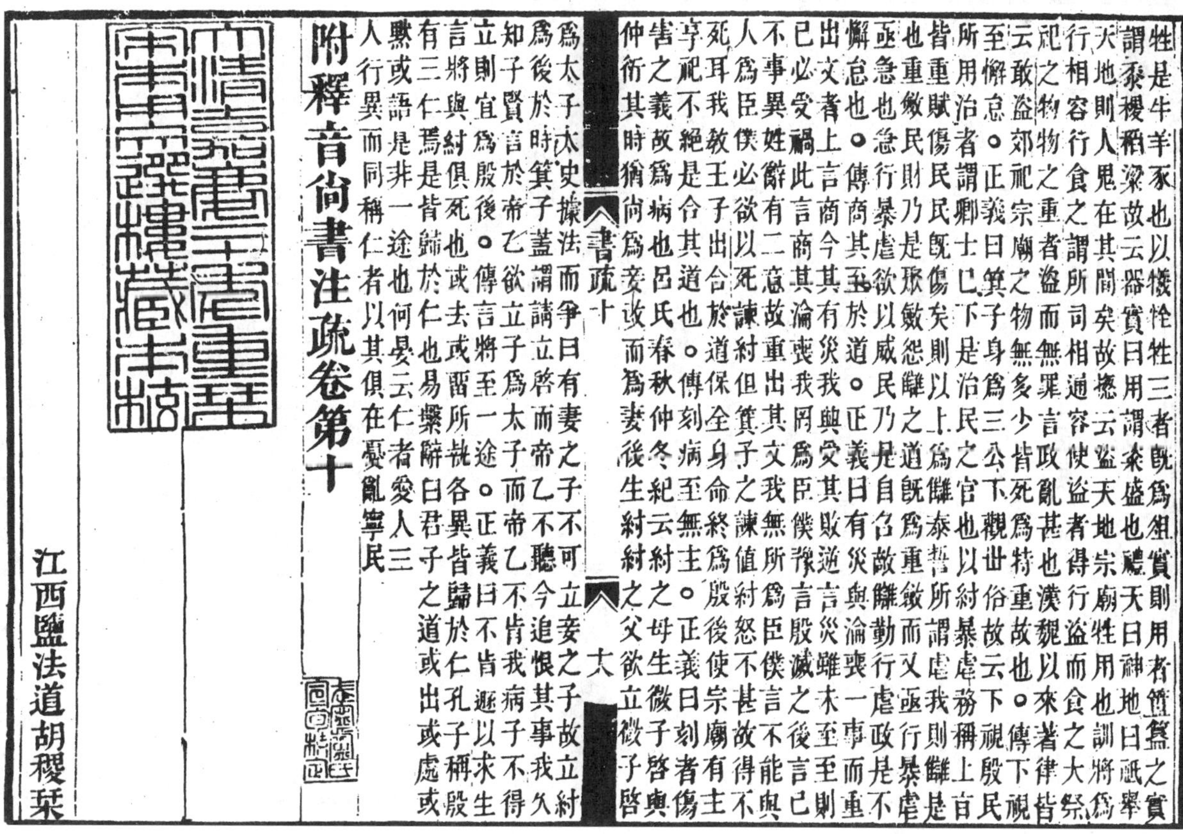

牲是牛羊豕也以犧牷牲三者既爲俎實則用者簠簋之實謂黍稷稻粱故云器實曰用謂粢盛也禮天曰神地曰祇舉大地則人鬼在其間矣故揔云盜天地宗廟牲用也訓將爲行相容行食之謂所司相通容使盜者得行盜而食之大祭祀之物物之重者盜而無罪言政亂甚也漢魏以來著律皆云敢盜郊祀宗廟之物無多少皆死爲特重故也。傳下視至懈怠。正義曰箕子身爲三公下觀世俗故云下視殷民所用治者謂卿士已下是治民之官也以紂暴虐務稱上旨皆重賦傷民民既傷矣則以上爲讎泰誓所謂虐我則讎是也重斂民則乃是聚斂怨讎之道既爲重斂而又亟行暴虐亟急也急行暴虐欲以威民乃是自召敵讎勤行虐政是不懈怠也。傳商今至於道。正義曰有災與淪喪一事而重出文者上言商今其有災我興受其敗言災雖未至已則已必受禍此言商其淪喪我罔爲臣僕言殷滅之後言已不事異姓辭有二意故重出其文我無所爲臣僕不能與人爲臣僕必欲以死諫紂但箕子之諫值紂怒不甚故不得死耳我教王子出合於道保全身命終爲殷後使宗廟有主享祀不絕是合其道也。傳刻病至無主。正義曰刻者傷害之義故爲病也呂氏春秋仲冬紀云紂之母生微子與仲衍其時猶尚爲妾改而爲妻後生紂紂之父欲立微子啓爲太子太史據法而爭曰有妻之子不可立妾之子故立紂爲後於時箕子蓋謂請立啓而帝乙不聽今追恨其事我久知子賢言於帝乙欲立子爲太子而帝乙不肯我病子不得立則宜爲殷後。傳言將至一途。正義曰不肯遯以求生言將與紂俱死也或去或留所執各異皆歸於仁孔子稱殷有三仁焉是皆歸於仁也易繫辭曰君子之道或出或處或默或語是非一途也何晏云仁者愛人三人行異而同稱仁者以其俱在憂亂寧民

附釋音尚書注疏卷第十

江西鹽法道胡稷栞

尚書注疏挍勘記卷十　阮元撰盧宣旬摘録

說命上第十二　商書　宋板與上合爲一卷

高宗夢得說　按一切經音義卷一大方廣佛華嚴經第一卷引此得作㝵亦晉宋古文本也陸氏曰說本又作兊音悅注及下篇同

經求之於野　閩本明監本葛本同岳本纂傳經下有營字野上有外字毛本同

王又厲說以伊尹之功　纂傳厲作屬

王宅憂亮陰三祀　陸氏曰亮本又作諒

陰默也　此句上古本有亮信也三字山井鼎曰晉書杜預奏議中引尚書傳亮信也陰默也臣初疑之久矣今得古本乃知注疏諸本脫三字也○按傳例已釋者不再見亮之爲信已於舜典釋之矣此處不得有亮信也三字杜預在梅頤前安得見孔傳其所引者伏生大傳也山井鼎之說殊謬

羣臣咸諫于王曰嗚呼知之曰明哲　陸氏曰哲本又作喆

王言惟作命不言臣下罔攸稟令　古本罔作亡罔不同心同令石經補缺誤作命

惟恐德弗類　葛本閩本明監本纂傳同唐石經岳本毛本惟作台

遂令傳險姓之本　宋板令作以○按史記殷本紀作以宋本是也

曰云我徒也　宋板曰作旦

若藥弗瞑眩　藥石經補缺誤

先使人瞑眩憒亂　浦鏜云憒當憤字誤○按上云瞑眩者令人憤悶之意也此因彼而誤

說命中第十三　商書

正義曰晉語云　閩本明監本同毛本云作言

猶王官之伯　閩本明監本同毛本之作宗

師長之言亦通有　宋板有下有士字

憲法也　按此節今本疏混入注又脫上截四十二字山井鼎據古本宋板正誤補闕今録于下傳憲法也言聖王法天以立教臣敬順而奉之民以從上爲治疏傳憲法至爲治正義曰憲法也釋詁文人之聞見在於耳目天無形體假人事以言之聰謂無所不聞明謂無所不見惟聖人於是法天言法天以立教於下無不聞見除其所惡納之於善雖復運有推移道有升降其所施爲未嘗不法天也臣敬順而奉之奉即上文承也奉承君命而布之於民民以從上爲治不從上命則亂故從乂也○按岳本纂傳俱與古本同

經傳之無鎧與兜鍪　宋板之下有文字是也

則人爲背之　宋板爲作違是也

官不全其賢　案全當作至今改

是言推而不有　宋板閩本明監本同毛本推作惟

謂言出恩以寵臣　毛本言作君是也

謂臣入慢以輕王　浦鏜云王當主字誤

事神禮煩亂而難行　宋板煩下有則字正與注合

非知之艱行之惟艱　古本艱作難下不艱同

行之難　古本岳本閩本葛本纂傳同毛本難作艱

說命下第十四　商書

若作和羹爾惟鹽梅　陸氏曰梅亦作楳

鹽鹹梅醋　古本醋作酢下同按醋酢二字古今相反

言曰有所益　毛本曰作日是也

惟說式克欽承旁招俊乂　陸氏曰俊本又作畯

故此爲解　浦鏜云此爲二字當誤倒

一夫不獲則曰時予之辜　古本辜作罪

功至大天　古本岳本葛本宋板閩本明監本纂傳同毛本大作于

說拜稽首曰敢對揚天子之休命　唐石經無之字

高宗肜日第十五　商書

以訓道諫王　浦鏜云訓道二字疑誤倒或以訓二字倒○按下傳云遂以道訓諫王則此訓道二字誤倒明矣纂傳道作導亦誤

故序言祭成湯升鼎耳以足以　閩本明監本同毛本下以字作之是也

文云　閩本明監本同毛本文作又

傳言至自消　閩本明監本同毛本至字重是也

謂有永有不永　史記集解謂下有其字

天道其如其所言　葛本閩本明監本俱同毛本次其字作我

祀無豐于昵　按羣經音辨尸部云尼近也乃禮切書祀無豐于尼又女乙切考疏引尔疋亦是尼字疏又云尼與昵音義同此但明尼昵同字非經文作昵

當敬民事民事無非天所嗣常也　史記集解作當敬民事無非天時天時所常祀也按史記注固非今本亦疑有誤

是允德爲嗣　諸本德皆作得德字誤也

即兄也　諸本兄作尼尼字是也形近之譌

自立君以主之　宋板無自字按儀禮通解引亦無自字

西伯戡黎第十六　商書

殷始咎周　古本始初作亂後改作始按亂當作𤔔古治字

作西伯戡黎　陸氏曰伯亦作柏盧文弨云穆天子傳古今人表伯通作柏二字本可通用

且言西北對東爲名　諸本北作伯閩本明監本同誤

以王淫過戲迨　古本岳本宋板纂傳迨作息毛本作逸

以紂自絕先　閩本明監本同毛本先下有王字正與岳本同

動昔違法　宋板昔作皆岳本作悉案悉字是也毛本不誤

大命不摯　命下唐石經旁添胡字陸氏曰摯本又作勢○按說文作勢引書云大命不勢據說文則胡字不應有也殷本紀作大命胡不至石經旁添字乃後人依史記增入也

反報紂也　古本作反報也報紂也

參列於上天　古本天上有在字

微子第十七　商書

錯亂天命　宋板閩本明監本同毛本亂作辭

交錯是渾亂以義　閩本明監本同毛本以作之案以字誤也

以去見其爲卿士也　浦鏜云卿士當無道誤許宗彥云卿士不誤上以此知其爲卿士也八字因末句而誤衍

我祖底遂陳于上　古本底作致

又爲姦宄於內外　閩本葛本監本纂傳同毛本內外二字倒

其爲敵讎　閩本葛本同岳本其作共共字誤也

無涯際　古本涯際作津涯

傳父師至而言　閩本明監本同毛本而言作言之按傳云順其事而言之疏兩云順其失事而

言則作疏者所見孔傳疑本無之字

比干是紂之親則諸父 浦鏜改作比干于紂親則諸父

其事欲當然 宋板欲作或

不解怠 岳本葛本宋板正嘉本閩本纂傳解作懈毛本作解與此同按釋文云解佳賣反是解讀爲懈非字作懈也通志堂本解作懈亦誤

我罔爲臣僕 陸氏曰一本無臣字○按說文云古本僕字從臣作䑑恐此是古本作䑑後折爲二字釋文所云一本是也

我乃顛隮 古本隮作隮

我久知子賢 古本我上有言字

我又下視殷民所用爲治者民皆讎怨斂聚之道也 宋板閩本同毛本者民二字倒盧文弨云民字衍文是也

安得黙而不呼 毛本呼作言是也

尚書注疏校勘記卷十　　會昌縣知縣候補知州會暉春栞

附釋音尚書注疏第十一

泰誓上第一

周書　孔氏傳　孔穎達疏

惟十有一年，武王伐殷。周自虞芮質厥成，諸侯並附，以爲受命之年，至九年而文王卒。武王三年服畢，觀兵孟津，以卜諸侯伐紂之心，諸侯僉同，乃退以示弱。○芮，如銳反。虞芮，二國名。僉，七廉反。**一月戊午，師渡孟津，**十三年正月二十八日，更與諸侯期而共伐紂。○孟津，地名也。**作泰誓三篇。**渡津乃作。

疏　惟十至三篇○正義曰：惟文王受命十有一年，武王服喪既畢，舉兵伐殷，以卜諸侯伐紂之心，雖諸侯僉同，乃退以示弱。至十三年，紂惡既盈，乃復往伐之。其年一月戊午之日，師渡孟津，王誓以戒衆，史敘其事，作泰誓三篇。○傳周自至示弱○正義曰：武成篇云「我文考文王誕膺天命，以撫方夏，惟九年大統未集」，則文王以九年而卒也。無逸稱文王享國五十年，至嗣位至卒，非徒九年而已。知此十一年者，文王改稱元年至九年而卒，至此年爲十一年也。詩云「虞芮質厥成」，毛傳稱天下聞虞芮之訟息，歸周者四十餘國，故知周自虞芮質厥成，諸侯並附，以爲受命之年，至九年而文王卒。至此十一年，武王居父之喪，三年服畢也。案周書云「文王受命九年，惟暮春，在鎬，召太子發，作文傳」，其時猶在，但未知崩月，就如暮春卽崩，武王服喪至十一年三月大祥，至四月觀兵，故今文泰誓亦云四月觀兵也。知此十一年非武王卽位之年者，大戴禮云「文王十五而生武王」，則武王少文王十四歲也。禮記文王世子云「文王九十七而終，武王九十三而終」。計其終年，文王崩時，武王已八十三矣，八十四卽位，至九十三而崩，適滿十年，不得以十三年伐紂。知此十一年者，據文王受命而數之。必繼文王年者，爲其卒父業故也。緯候之書言受命者，謂有黃龍、玄龜、白魚、赤雀負圖銜書以命人主，其言起於漢哀平之世，經典無文焉，孔時未有此說。咸有一德傳云「所征無敵，謂之受天命」，此傳云「諸侯並附，以爲受命之年」，是孔解受命皆以人事爲言，無瑞應也。史記亦以斷虞芮之訟爲受命元年，但彼以文王受命七年而崩，不得與孔同耳。三年之喪，二十五月而畢，故九年文王卒，至此一年服畢。此經武王追陳前事，云「肆予小子發，以爾友邦冢君觀政于商」，是十一年伐殷者，止爲觀兵孟津，以卜諸侯伐紂之心。言「于商」，知亦至孟津也。○傳十三年正月至伐紂○正義曰：以一月戊午乃是作誓月日，經言「十三年春，大會于孟津」，又云「戊午，次于河朔」，知此一月戊午是十三年正月戊午日，非是十一年正月也。序不別言十三年，而以一月接十一年下者，序以觀兵至而卽還，畧而不言月日，誓則經有年有春，故畧而不言年春，正言一月，使其互相足也。戊午是二十八日，以麻推而知之，據經亦有其驗。漢書律麻志載舊說云：「死魄，朔也。生魄，望也。」武成篇說此伐紂之事云「惟一月壬辰，旁死魄」，則壬辰近朔而非朔，是爲月二日也。二日壬辰，則此月辛卯朔矣，以次數之，知戊午是二十八日也。不言正月而言一月者，以武成經言一月，故此序同之。武成所以解一月者，易革卦彖曰「湯武革命，順乎天而應乎人」，象曰「君子以治麻明時」，然則改正治麻，必自武王始矣。武王以殷之十二月發行，正月四日殺紂，既入商郊，始改正朔，以殷之正月爲周之二月。其初發時，猶是殷之十二月，未爲周之正月，改正在後，不可追名爲正月，以其實是周之一月，故史以一月名之。顧氏以爲古史質，或云正月，或云一月，不與春秋正月同義，或然也。易緯稱文王受命，改正朔，布王號於天下，鄭玄依而用之，言文王生稱王，已改正。然天無二日，王無二王，豈得殷紂尚在而稱周王哉？若文王身自稱王，已改正朔，則是功業成矣，武王何得云「大勳未集」，欲卒父業也？禮記大傳云：「牧之野，武王之大事也，既事而退，追王大王亶父、王季歷、文王昌。」是追爲王，何以得爲文王身稱王，已改正朔也？春秋「王正月」，謂周正月也。公羊傳曰：「王者孰謂？謂文王。」其意以正爲文王所改。公羊傳，漢初俗儒之言，不足以取正也。春秋之王，自是當時之王，非改正之王。晉世有王愆期者，知其不可，注公羊以爲春秋制文王指孔子耳，非周昌也。文王世子稱武王對文王云「西方有九國焉，君王其終撫諸」，呼文王爲王，是後人追爲之辭，其言未必可信，亦非實也。○傳渡津乃作○正義曰：孟者，河北地名，春秋所謂「向盟」是也。於孟地置津，謂之孟津。言師渡孟津乃作泰誓，知三篇皆渡津乃作也。然則中篇獨言「戊午，次于河朔」者，三篇皆河北乃作，分爲三篇耳。上篇未次時作，故言「十三年春」；中篇既次乃作，故言「戊午」之日；下篇則明日乃作，言「時厥明」。各爲首引，故文不同耳。尚書遭秦而亡，漢初不知篇數。武帝時有太常蓼侯孔臧者，安國之從兄也，與安國書云：「時人惟聞尚書二十八篇，取象二十八宿，謂爲信然，不知其有百篇也。」然則漢初惟有二十八篇，無泰誓矣。後得僞泰誓三篇，諸儒多疑之。馬融書序曰：「泰誓後得，案其文似若淺露。」又云：「八百諸侯不召自來，不期同時，不謀同辭，及火復於上，至於王屋，流爲鵰，至五，以穀俱來，舉火，神怪得無在子所不語中乎？」

又春秋引泰誓曰民之所欲天必從之國語引泰誓曰朕夢協朕卜襲于休祥戎商必克孟子引泰誓曰我武惟揚侵于之疆取彼凶殘我伐用張于湯有光孫卿引泰誓曰獨夫受禮記引泰誓曰予克受非予武惟朕文考無罪受克予非朕文考有罪惟予小子無良今文泰誓皆無此語吾見書傳多矣所引泰誓而不在泰誓者甚多弗復悉記畧舉五事以明之亦可知矣王肅亦云泰誓近得非其本經馬融惟言後得不知何時得之漢書婁敬説高祖云武王伐紂不期而會盟津之上者八百諸侯僞泰誓有此文不知其本出何書也武帝時董仲舒對策云書曰白魚入于王舟有火入于王屋流爲烏周公曰復哉復哉今引其文是武帝之時已得之矣李顒集注尚書於僞泰誓篇每引孔安國曰計安國必不爲彼僞書作傳不知顒何由爲此言梁王兼而存之言本有兩泰誓古文泰誓伐紂事聖人取爲尚書今文泰誓觀兵時事别録之以爲周書此非辭也彼僞書三篇上篇觀兵時事中下二篇亦伐紂時事非盡觀兵時事也且觀兵示弱卽退復何誓之有設有其誓不得同以泰誓爲篇名也

泰誓　大會以誓衆

〔疏〕○傳大會以示衆○正義曰經云大會于孟津知名曰泰誓者其大會以示衆也王肅云武王以大道誓衆肅解彼僞文故説謬耳湯誓指湯爲名此不言

武誓而别立名者以武誓非一故史推義作名泰誓見大會也牧誓舉戰地時史意也顧氏以爲泰者大之極也猶如天子諸侯之子曰太子天子之卿曰太宰此會中之大故稱泰誓也

惟十有三年春大會于孟津　三分二諸侯及諸戎狄此周之孟春○惟十有三年春或作十有一年後人妄看序文輒改之

〔疏〕惟十至孟津○正義曰此三篇俱是孟津之上大告諸國之君而發首異者此見大會誓衆故言大會于孟津中篇徇師而誓故言以師畢會下篇王更徇師故言大巡六師皆史官觀事而爲作端緒耳○傳三分至孟春○正義曰論語稱三分天下有其二中篇言羣后以師畢會則周之所有諸國皆集牧誓所呼有庸蜀羌髳微盧彭濮人知此大會謂三分有二之諸侯及諸戎狄皆會也序言一月知此春是周之孟春謂建子之月也知者案三統厤以殷之十二月武王發師至二月甲子咸劉商王紂彼十二月卽周之正月建子之月也

王曰嗟我友邦冢君越我御事庶士明聽誓　冢大御治也友諸侯親之稱大君尊之下及我治事衆士大小無不皆明聽誓

〔疏〕傳冢大至聽誓○正義曰冢大釋詁文侍御是治理之事故通訓御爲治也同志爲友天子友諸侯親之也牧誓傳曰言志同滅紂令摠呼國君皆爲大君尊之也下及治事衆士謂國君以外卿大夫及士諸掌事者大小無不皆明聽誓自士以上皆摠戒之也

惟天地萬物父母惟人萬物之靈　生之謂父母靈神也天地所生惟人爲貴

〔疏〕傳生之至爲貴○正義曰萬物皆天地生之故謂天地爲父母也老子云神得一以靈靈神是一故靈爲神也禮運云人者天地之心五行之端也食味别聲被色而生者也言人能兼此氣性餘物則不能然故孝經云天地之性人爲貴此經之意天地是萬物之父母言天地之意欲養萬物也人是萬物之最靈言其尤宜長養也紂違天地之心而殘害人物故言此以數之與下句爲首引也

亶聰明作元后元后作民父母　人誠聰明則爲大君而爲衆民父母○亶丁但反

今商王受弗敬上天降災下民沈湎冒色敢行暴虐　沈湎嗜酒冒亂女色敢行酷暴虐殺無辜○湎面善反冒莫報反注下同嗜市志反切韻常利反酷苦毒反

〔疏〕傳沈湎至無辜○正義曰人被酒困若沈於水酒變其色湎然齊同

故沈湎爲嗜酒之狀冒訓貪也亂女色荒也酷解經之暴殺辭經之虐皆果敢爲之案説文云酷酒厚味也酒味之厚必嚴烈人之暴虐與酒嚴烈同故謂之酷

罪人以族官人以世　一人有罪刑及父母兄弟妻子言淫濫官人不以賢才而以父兄所以政亂

〔疏〕傳一人至政亂○正義曰秦政酷虐有三族之刑謂非止犯者之身乃更上及其父下及其子經言罪人以族故以三族解之父母前世也兄弟及妻當世也子孫後世也一人有罪刑及三族言淫濫也古者臣有大功乃得繼世在位而紂之官人不以賢才而以父兄已濫受寵子弟頑愚亦用不堪其職所以政亂官人以世惟當用其子耳而傳兼言兄者以紂爲惡或當因兄用弟故以兄協句耳

惟宮室臺榭陂池侈服以殘害于爾萬姓　土高曰臺有木曰榭澤障曰陂停水曰池侈謂服飾過制言匱民財力爲奢麗○榭爾雅云有木曰榭本又作謝陂彼皮反障之亮反匱其媿反

〔疏〕傳土高至奢麗○正義曰釋宮云宮謂之室室謂之宮李巡曰所以古今通語明實同而兩名此傳不解宮室義當然也釋宮又云闍謂之臺有木者謂之榭李巡曰臺積土爲之所以觀望也臺上有屋謂之榭又云無室曰榭

四方而高曰臺孫炎曰榭但有堂也郭璞曰榭即今之堂堭也然則榭是臺上之屋歇前無室今之廳是也詩云彼澤之陂毛傳云陂澤障也障澤之水使不流溢謂之陂停水不流謂之池侈亦奢也謂不服采飾過於制度言匱竭民之財力爲奢麗也顧氏亦云華侈服飾二劉以爲宫室之上而加侈服據孔傳云服飾過制即謂人之服飾二劉之說非也殷本紀云紂厚賦稅以實鹿臺之錢而盈鉅橋之粟益收狗馬奇物充牣宫室益廣沙丘苑臺多聚野獸飛鳥置其中大聚樂戲於沙丘以酒爲池懸肉爲林使男女倮相逐其間說紂奢侈之事書傳多矣

焚炙忠良刳剔孕婦忠良無罪焚炙之懷子之婦刳剔視之言暴虐○刳口胡反剔他歷反孕以證反徐養證反

〔疏〕傳忠良至暴虐。○正義曰焚炙俱燒也刳剔謂割剝也說文云刳封也今人去肉至骨謂之剔去是則亦封之義也武王以此數紂之惡必有忠良被炙孕婦被刳不知其姓名爲誰也殷本紀云紂爲長夜之飲時諸侯或叛妲己以爲罰輕紂欲重刑乃爲熨斗以火燒之然使人舉輒爛其手不能勝紂怒乃更爲銅柱以膏塗之亦加於炭火之上使有罪者緣之足滑跌墜入中紂與妲己以爲大樂名曰炮烙之刑是紂焚炙之事也後文王獻洛西之地赤壤之田方千里請紂除炮

烙之刑紂許之皇甫謐作帝王世紀亦云然謐又云紂剖比干妻以視其胎即引此爲刳剔孕婦也

皇天震怒命我文考肅將天威大勳未集言天怒紂之惡命文王敬行天罰功業未成而崩**肆予小子發以爾友邦冢君觀政于商**父業未就之故故我與諸侯觀紂政之善惡謂十一年自孟津還時**惟受罔有悛心乃夷居弗事上帝神祇遺厥先宗廟弗祀**悛改也言紂縱惡無改心平居無故廢天地百神宗廟之祀慢之甚○悛七全反

〔疏〕傳悛改至之甚。○正義曰左傳稱長惡不悛悛是退前創改之義故爲改也觀政于商計當恐怖言紂縱惡無改悔之心平居無故不事神祇是紂之大惡上帝舉其尊者謂諸神悉皆不事故傳言百神以該之不事亦是不祀別言遺厥先宗廟弗祀遺棄祖父言其慢之甚也

犧牲粢盛既于凶盜凶人盡盜食之而紂不罪○粢音咨粢稷曰粢盛音成在器曰盛**乃曰吾有民有命罔懲其侮**紂言吾所以有兆民有天命故羣臣畏罪不爭無能止其慢心○懲直承反爭爭鬭之爭**天佑下民作之君作之師**言天佑助下民爲立君以政之爲立師以教之○爲于僞反**惟其克相上帝寵綏四方**當能助天寵安天下○相息亮反**有罪無罪予曷敢有越厥志**越遠也言己志欲爲民除惡是與否不敢遠其志○否方有反

〔疏〕天佑至厥志。○正義曰已上數紂之罪此言伐紂之意上天佑助下民不欲使之遭害故命我爲之君上使臨政之爲之師保使教誨之爲人君爲人師者天意如此不可違天我今惟其當能佑助上天寵安四方之民使民免於患難今紂暴虐無君師之道故今我往伐之不知伐罪之事爲有罪也爲無罪也不問有罪無罪志在必伐我何敢有遠其本志而不伐之○傳言天至敎之○正義曰衆民不能自治立君以治之立君治民乃是天意言天佑助下民爲立君也治民之謂君教民之謂師君既治之師又教之故言作之君作之師師謂君與民爲師非謂別置師也○傳當能至天下○正義曰天愛下民爲立君立師者當能佑助天意寵安天下不奪民之財力不妄非理刑殺是助天寵愛民也○傳越遠至其志○正義曰越者

踰越超遠之義故爲遠也武王伐紂內實爲民除害外則以臣伐君故疑其有罪與無罪言己志欲爲民除害無問是之與否不敢遠其志言己本志欲伐何敢遠本志捨而不伐也

同力度德同德度義力鈞則有德者勝德鈞則秉義者強揆度優劣勝負可見○度徒洛反下注同

〔疏〕傳力鈞至可見。○正義曰德者得也自得於心義者宜也動合自宜但德在於身故言有德義施於行故言秉執武王志在養民動爲除害有君人之明德執利民之大義與紂無者爲敵雖未交兵揆度優劣勝負可見示以必勝之道令士衆勉力而戰也

受有臣億萬惟億萬心人執異心不和諧○億十萬曰億**予有臣三千惟一心**三千一心言欲同**商罪貫盈天命誅之予弗順天厥罪惟鈞**紂之爲惡一以貫之惡貫已滿天畢其命今不誅紂則爲逆天與紂同罪○貫古亂反

〔疏〕傳紂之至同罪。○正義曰紂之爲惡如物在繩索之貫一以貫之其惡貫已滿矣物極則反天下欲畢其命故上天命我誅之今我不誅紂則是逆天之命無恤民之心是我與紂同罪矣猶如律故縱者與同罪也

予

小子夙夜祗懼，受命文考，類于上帝，宜于冢土，以爾有衆厎天之罰。祭社曰宜。冢土，社也。言我畏天之威，告文王廟，以事類告天，祭社，用汝衆致天罰於紂。○類，師祭名。冢，中勇反。厎，之履反。〔疏〕傳「祭社至於紂」。○正義曰：釋天引詩云「乃立冢土，戎醜攸行」，郎云「起大事，動大衆，必先有事乎社而後出，謂之宜」。孫炎曰：「宜，求見福祐也。」是祭社曰宜。冢訓大也，社是土神，故冢土，社也。毛詩傳云「冢土，大社也」。受命文考，是告廟以行，故爲告文王廟也。毛詩云「天子將出，類乎上帝，宜乎社，造乎禰」，此受命文考，即是造乎禰也。王制以神尊卑爲次，故先言帝，社後言禰，此以廟是已親，若言家內私義，然後告天，故先言受命文考，而後言類于上帝。舜典「類于上帝」，傳云「告天及五帝」，此以事類告天，亦當如彼也。罰紂是天之意，故用汝衆致天罰於紂也。

天矜于民，民之所欲，天必從之。矜，憐也。言天除惡樹善，與民同。○從，才容反。爾尚弼予一人，永清四海。穢惡除，則四海長清。時哉弗可失！言今我伐紂，正是天人合同之時，不可違失。

泰誓中第二

周書　孔氏傳　孔穎達疏

惟戊午，王次于河朔，次，止也。戊午渡河而誓，既誓而止于河之北。〔疏〕傳「次止至之北」。○正義曰：次是止舍之名，穀梁傳亦云「次，止也」。序云「一月戊午，師渡孟津」，則師以戊午日渡也。此戊午日次于河朔，則是師渡之日次止也。上篇是渡河而誓，未及止舍而先誓之，此次于河朔者，是既誓而止於河之北也。莊三年左傳例云：「凡師一宿爲舍，再宿爲信，過信爲次。」此次直取止舍之義，非春秋三日之例也。何則？商郊去河四百餘里，戊午渡河，甲子殺紂，相去纔六日耳，是今日次訖又誓，明日誓訖即行，不容三日止于河旁也。羣后以師畢會。諸侯盡會次也。王乃徇師而誓曰：「嗚呼！西土有衆，咸聽朕言。徇，循也。武王在西，故稱西土。○徇，似俊反。字詁云：徇，巡也。〔疏〕傳「徇循至西土」。○正義曰：說文云：「徇，疾也。循，行也。」徇是疾行之意，故以徇爲循也。下篇「大巡六師」，義亦然也。此誓摠戒衆軍，武王國在西偏，此師皆從西而來，故稱西土。

我聞吉人爲善，惟日不足；凶人爲不善，亦惟日不足。言吉人竭日以爲善，凶人亦竭日以行惡。○竭，苦曷反，又苦蓋反。今商王受力行無度，行無法度，竭日不足，故曰力行。播棄犂老，昵比罪人。鮐背之耇稱犂老。布棄，不禮敬。昵近罪人，謂天下逋逃之小人。○犂，力私反，又力兮反。昵，女乙反。比，毗志反。鮐，他來反，又音怡，魚名。逋，布吳反。〔疏〕傳「鮐背至小人」。○正義曰：釋詁云：「鮐背、耇老，壽也。」舍人曰：「鮐背，老人氣衰，皮膚消瘠，背若鮐魚也。」孫炎曰：「耇，面凍棃色，似浮垢也。」然則老人背皮似鮐，面色似棃，故鮐背之耇稱犂老。傳以播爲布，布者徧也，言徧棄之，不禮敬也。昵，近，釋詁文。孫炎曰：「昵，親近也。」牧誓數紂之罪云「四方之多罪逋逃，是崇是長，是信是使」，知紂所親近罪人，謂天下逋逃之小人也。淫酗肆虐，臣下化之，過酗縱虐，以酒成惡，臣下化之，言罪同。○酗，況付反。〔疏〕傳「過酗至罪同」。○正義曰：酗是酒怒，淫酗共文，則淫非女色，故以淫爲過，言飲酒過多也。肆是放縱之意，酒過則酗，縱情爲虐，以酒成此暴虐之惡，臣下化而爲之，由紂惡而臣亦惡，言君臣之罪同也。

朋家作仇，脅權相滅，無辜籲天，穢德彰聞。臣下朋黨，自爲仇怨，脅上權命，以相誅滅。籲，呼也。民皆呼天告冤無辜，紂之穢德彰聞天地，言罪惡深。○脅，虛業反。籲，音喻。穢，於廢反。〔疏〕「朋家至彰聞」。○正義曰：小人好忿，天性之常，化紂淫酗，怨怒無已，臣下朋黨共爲一家，與前人並作仇敵，脅上權命，以相滅亡，無罪之人怨嗟呼天，紂之穢惡之德彰聞天地，言其罪惡深也。○傳「臣下至惡深」。○正義曰：脅上，謂紂既昏迷，朝無綱紀，姦宄之臣脅於在下，假用在上之權命，脅之更相誅滅也。惟天惠民，惟辟奉天。言君天下者，當奉天以愛民。○辟，必亦反。有夏桀弗克若天，流毒下國。桀不能順天，流毒虐於下國萬民，言凶害。天乃佑命成湯，降黜夏命。言天助湯命，使下退桀命。惟受罪浮于桀。浮，過。〔疏〕傳「浮過」。○正義曰：物在水上謂之浮，浮者高之意，故爲過也。桀罪已大，紂又過之，言紂惡之甚，故下句說其過桀之狀。案夏本紀及帝王世紀云：諸侯叛桀，關龍逢引皇圖而諫，桀殺之。伊尹諫桀，桀曰：「天之有日，由吾之有民，日亡吾乃亡。」桀殺龍逢無剖心之事，又桀惟比之於日，紂乃詐命於天，又紂有炮烙之刑，又有刳胎斮脛之事，而桀皆無之，是紂罪過於桀也。**剝喪元良，賊虐諫輔。**剝，傷害也。賊，殺也。元，善之長。良，善。以諫輔紂，紂反殺之。○喪，息浪反。長，丁丈反。疏傳「剝傷至殺之」。○正義曰：説文云「剝，裂也。一曰剝，割也」。裂與割俱是傷害之義也。殺人謂之賊，故賊爲殺也。「元者善之長」，易文言文。良之爲善，書傳通訓也。元良俱善，而變舉之者，言其剝喪善中之善，爲害大也。以諫輔紂，紂反殺之，卽比干是也。上篇言「焚炙忠良」，與此經相類，而復言此者，以殺害人爲惡之大，故重陳之也。**謂己有天命，謂敬不足行，謂祭無益，謂暴無傷，**言紂所以罪過於桀。○己音紀。**厥監惟不遠，在彼夏王。**其視紂罪與桀同辜，言必誅之。疏傳「其視至誅之」。○正義曰：紂罪過於桀，而言與桀同辜者，罪不過死，合死之罪同，言必誅也。**天其以予乂民，**用我治民，當除惡。**朕夢協朕卜，襲于休祥，戎商必克。**言我夢與卜俱合於美，善以兵誅紂，必克之占。疏傳「言我至之占」。○正義曰：夢者事之祥，人之精爽先見者也。吉凶或有其驗，聖王採而用之。我卜伐紂得吉，夢又戰勝。禮記稱「卜筮不相襲」，襲者重合之義。訓戎爲兵，夢卜俱合於美，是以兵誅紂必克之占也。聖人逆知來物，不假夢卜，言此以強軍人之意耳。史記周本紀云：「武王伐紂，卜龜兆不吉，羣公皆懼，惟太公強之。」太公六韜云：「卜戰龜兆焦，筮又不吉，太公曰：『枯骨朽蓍，不踰人矣。』」彼言不吉者，六韜之書後人所作，史記又採用六韜，好事者妄矜太公，非實事也。**受有億兆夷人，離心離德。**平人，凡人也。雖多而執心用德不同。疏傳「平人至不同」。○正義曰：昭二十四年左傳此文，服虔、杜預以夷人爲夷狄之人。卽如彼言，惟云億兆夷人，則受率其旅若林，卽曾無華夏人矣，故傳訓夷爲平。平人爲凡人，言其智慮齊，識見同，人數雖多，執心用德不同。心謂謀慮，德謂用行，智識既齊，各欲申意，故心德不同也。**予有亂臣十人，同心同德。**我治理之臣雖少而心德同。○十人，周公旦、召公奭、太公望、畢公、榮公、太顛、閎夭、散宜生、南宮适及文母。治，直吏反。疏傳「我治至德同」。○正義曰：釋詁云：「亂，治也。」故謂我治理之臣有十人也。十人皆是上智，咸識周是殷非，故人數雖少，而心能同，同佐武王，欲共滅紂也。論語引此云「予有

亂臣十人」，而孔子論之，「有一婦人焉」，則十人之內其一是婦人，故先儒鄭玄等皆以十人爲文母、周公、太公、召公、畢公、榮公、太顛、閎夭、散宜生、南宮括也。**雖有周親，不如仁人。**周，至也。言紂至親雖多，不如周家之少仁人。疏傳「周至至仁人」。○正義曰：詩毛傳亦以周爲至，相傳爲此訓也。武王三分天下有其二，則紂黨不多於周，但辭有激發，旨有抑揚，欲明多惡不如少善，故言紂至親雖多，不如周家之少仁人也。**天視自我民視，天聽自我民聽，**言天因民以視聽，民所惡者天誅之。○惡，烏路反，一音如字。**百姓有過，在予一人。**已能無惡於民，民之有過在我教不至。疏百姓有過在予一人。○正義曰：言此者，以上云民之所惡天必誅之，己今有善，不爲民之所惡，天必佑我，令教化百姓，若不教百姓，使有罪過，實在我一人之身。此百姓與下「百姓懍懍」皆謂天下衆民也。**今朕必往，我武惟揚，侵于之疆，**揚，舉也。言我舉武事，侵入紂郊疆伐之。○疆，居良反。**取彼凶殘。我伐用張，于湯有光。**桀流毒天下，湯黜其命。紂行凶殘之德，我以兵取之，伐惡之道，張設此於湯，又有光明。疏「今朕至有光」。○正義曰：旣與天下爲任，則當爲之除害。今我必往伐紂，我之武事，惟於此舉之，侵紂之疆境，取彼爲凶殘之惡者，若得取而殺之，是我伐凶惡之事，用張設矣。湯惟放逐，我能擒取，是比於湯又益有光明。○傳「揚舉至伐之」。○正義曰：文王世子論舉賢之法云「或以事舉，或以言揚」，是揚舉義同，故揚爲舉也。於時猶在河朔，將欲行適商都，言我舉武事，侵入紂之郊疆，往伐之也。春秋之例，有鍾鼓曰伐，無曰侵。此實伐也，言往侵者，侵是入之意，非如春秋之例無鍾鼓也。**勗哉夫子，罔或無畏，寧執非敵。**勗，勉也。夫子謂將士，無敢有無畏之心，寧執非敵之志，伐之則克矣。○將，子匠反，下篇注同。疏「勗哉至非敵」。○正義曰：取得紂則功多於湯，宜勉力哉！夫子將士等，呼將士令勉力也。以兵伐人，當臨事而懼，汝將士等無敢有無畏輕敵之心，寧執守似前人之強，非己能敵之志以伐之，如是乃可克矣。○傳「勗勉至克矣」。○正義曰：「勗，勉」，釋詁文。呼將士而誓之，知夫子是將士也。老子云：「禍莫大於輕敵。」故令將士無敢有無畏之心，令其必以前敵爲可畏也。論語稱子路曰：「子行三軍則誰與？」孔子曰：「必也臨事而懼。」令軍士等不欲發意輕前人，寧執非敵之志，恐彼強多，非我能敵，執此志以伐之

則當克矣。百姓懍懍，若崩厥角。言民畏紂之虐，危懼不安，若崩摧其角，無所容頭。○懍力甚反。〔疏〕傳「言民至容頭」。○正義曰：懍懍是怖懼之意。言民畏紂之虐，危懼不安其志，懍懍然以畜獸爲喻，民之怖懼若似畜獸崩摧其頭角然，無所容頭。顧氏云：常如人之欲崩其角也。言容頭無地。隱三年穀梁傳曰：高曰崩。頭角之稱崩，體之高也。嗚呼！乃一德一心，立定厥功，惟克永世。汝同心立功，則能長世以安民。

泰誓下第三

周書　　孔氏傳　　孔穎達疏

時厥明，王乃大巡六師，明誓衆士。是其戊午明日，師出以律，三申令之，重難之義。衆士，百夫長已上。○令力政反，重直用反，長丁丈反，已音以，上時掌反。〔疏〕傳「是其至已上」。○正義曰：上篇未次而誓，故畧言大會；中篇既次乃誓，爲文稍詳；故言以師畢會。此篇最在其後，爲文亦詳，故言大巡六師。巡遶周徧，大其事，故稱大也。師者，衆也，天子之行，通以六師爲言，於時諸侯盡會，其師不啻六也。「師出以律」，易師卦初六爻辭也。律，法也，行師以法，即誓勑賞勸是也。禮成於三，故爲三篇之誓，三度申重號令，爲重慎艱難之義也。孫子兵法三令五申之，此誓三篇亦爲三令之事也。收誓王所呼者，從上而下，至百夫長而止，知此衆士是百夫長已上也。

王曰：嗚呼！我西土君子，天有顯道，厥類惟彰。言天有明道，其義類惟明，言王所宜法則。〔疏〕傳「言天至法則」。○正義曰：孝經云「則天之明」，昭二十五年左傳云「以象天明」，是治民之事皆法天之道。天有尊卑之序，人有上下之節，三正五常皆在於天，有其明道。此天之明道，其義類惟明，言明白可效，王者所宜法則之。將言商王不法天道，故先標二句於前，其下乃述商王違天之事，言其罪宜誅也。今商王受狎侮五常，荒怠弗敬，輕狎五常之教，侮慢不行，大爲怠惰，不敬天地神明。○惰徒卧反。〔疏〕傳「輕狎至神明」。○正義曰：鄭玄論語注云：狎，慣忽之言，慣見而忽也。意與侮同。傳因文重而分之。五常即五典，謂父義、母慈、兄友、弟恭、子孝，五者人之常行。法天明道爲之，輕狎五常之教，侮慢而不遵行之，是違天顯也。訓荒爲大，大爲怠惰。不敬，謂不敬天地神明也。上篇云「不事上帝神祇」，知此不敬天地神明也。禮云「毋不敬」，傳舉天地以言，明毋事皆不敬也。自絶于天，結怨于民。不敬天，自絶之；酷虐民，結怨之。斮朝涉之脛，剖賢人之心，冬月見朝涉水者，謂其脛耐寒，斬而視之。比干忠諫，謂其心異於人，剖而觀之。酷虐之甚。○斮側略反，又士略反。朝陟遙反。脛戶定反。剖普口反。耐乃代反。〔疏〕傳「冬月至之甚」。○正義曰：釋器云：魚曰斮之。樊光云：斮，斫也。說文云：斮，斬也。斬朝涉水之脛，必有所由，知冬月見朝涉水者，謂其脛耐寒，疑其骨髓有異，斬而視之。其事或當有所出也。殷本紀云：微子既去，比干曰：「爲人臣者不得不以死爭。」乃强諫紂，紂怒曰：「吾聞聖人心有七竅。」遂剖比干，觀其心。是紂謂比干心異於人，剖而觀之，言酷虐之甚。作威殺戮，毒痡四海。痡，病也。言害所及遠。○痡徐音敷，又普吳反。〔疏〕傳「痡病至及遠」。○正義曰：痡，病，釋詁文。紂之毒害未必徧及夷狄，而云病四海者，言害所及者遠也。崇信姦回，放黜師保，回，邪也。姦邪之人反尊信之，可法以安者反放退之。○邪似嗟反。屏棄典刑，囚奴正士。屏棄常法而不顧，箕子正諫而以爲囚奴。郊社不修，宗廟不享。作奇技淫巧以悅婦人。言紂廢至尊之敬，營卑褻惡事，作過制技巧，以恣耳目之欲。○技其綺反，褻息列反。〔疏〕郊社至婦人。○正義曰：不修謂不掃治也，不享謂不祭祀也，與上篇「不祀上帝神祇，遺厥先宗廟不祀」其事一也，重言之耳。奇技謂奇異技能，淫巧謂過度工巧，二者大同，但技據人身，巧指器物爲異耳。上帝弗順，祝降時喪。祝，斷也。天惡紂逆道，斷絶其命，故下是喪亡之誅。○喪蘇浪反，斷丁管反，惡烏路反。〔疏〕傳「祝斷」。○正義曰：哀十四年公羊傳云：子路死，子曰：「天祝予。」何休云：祝，斷也。是相傳訓也。爾其孜孜，奉予一人，恭行天罰。孜孜，勤勉不息。○孜音玆。古人有言曰：撫我則后，虐我則讎。武王述古言以明義，言非惟今紂惡。獨夫受洪惟作威，乃汝世讎。言獨夫，失君道也。大作威殺無辜，乃是汝累世之讎，明不可不誅。樹德務滋，除惡務本。立德務滋長，去惡務除本。言紂爲天下惡本。**肆予小子誕以爾衆士殄殲乃讎**，言欲行除惡之義，絶盡紂。○殄，徒典反。殲，子廉反。**爾衆士其尚迪果毅以登乃辟**。迪，進也。殺敵爲果，致果爲毅。登，成也。成汝君之功。○毅，牛既反。〔疏〕傳「迪進」至「之功」。○正義曰：迪，進；登，成，皆釋詁文。殺敵爲果，致果爲毅，宣二年左傳文。果謂果敢，毅謂強決。能殺敵人謂之爲果，言能果敢以除賊，致此果敢是爲毅，言能强決以立功，皆言其心不猶豫也。軍法以殺敵爲上，故勸令果毅成功也。**功多有厚賞，不迪有顯戮**。賞以勸之，戮以威之。**嗚呼！惟我文考若日月之照臨，光于四方，顯于西土**。稱父以感衆也。言其明德充塞四方，明著岐周。**惟我有周誕受多方**。言文王德大，故受衆方之國，三分天下而有其二。**予克受，非予武，惟朕文考無罪**。推功於父，言文王無罪於天下，故天佑之，人盡其用。**受克予，非朕文考有罪，惟予小子無良**。若紂克我，非我父罪，我之無善之致。〔疏〕傳「若紂」至「之致」。○正義曰：言克受乃是文王之功，若受克予非是文王之罪，而言非我父罪，我之無善之致者，其意言勝非我功，敗非父咎，崇孝罪己以求衆心耳。

牧誓第四

周書

孔氏傳　孔穎達疏

武王戎車三百兩，兵車，百夫長所載。車稱兩，一車步卒七十二人，凡二萬一千人，舉全數。○車音居，釋名云：古者聲如居，所以居人也；今曰車，聲近舍，車，舍也。韋昭辯釋名云：古皆尺遮反，從漢始有音居。長，丁丈反。卒，子忽反。**虎賁三百人**，勇士稱也。若虎賁獸，言其猛也。皆百夫長。○賁音奔。稱，尺證反。**與受戰于牧野，作牧誓**。

牧誓　至牧地而誓衆。○牧如字，徐一音茂。說文作坶，云地名，在朝歌南七十里。字林音母。〔疏〕武王至牧誓。○正義曰：武王以兵戎之車三百兩、虎賁之士三百人，與受戰于商郊牧地之野，將戰之時，王設言以誓衆，史敘其事，作牧誓。○傳「兵車」至「全數」。○正義曰：孔以虎賁三百人與戎車數同，王於誓時所呼有百夫長，因謂虎賁即是百夫之長，一人而乘一車，故云兵車百夫長所載也。數車之法，一車謂之一兩。詩云「百兩迓之」，是車稱兩也。風俗通說：車有兩輪，故稱爲兩，猶屨有兩隻，亦稱爲兩。詩云「葛屨五兩」，即其類也。一車步卒七十二人，司馬法文也。車有七十二人，三百乘凡二萬一千人。計車有七十二人，三百乘當有二萬一千六百人，孔略六百而不言，故云舉全數。顧氏亦同此解。孔既用司馬法一車七十二人，又云兵車百夫長所載，又下傳以百夫長爲卒師，是實領百人，非惟七十二人。依周禮大司馬法，天子六軍出自六鄉，凡起徒役無過家一人，故一鄉出一軍，鄉爲正，遂爲副。若鄉遂不足，則徵兵於邦國，則司馬法六十四井爲甸，計有五百七十六夫，共出長轂一乘，甲士三人，步卒七十二人。至於臨敵對戰布陳之時，則依六鄉軍法，五人爲伍，五伍爲兩，四兩爲卒，五卒爲旅，五旅爲師，五師爲軍。故左傳云「先偏後伍」，又云「廣有一卒，卒偏之兩」，非直人數如此，車數亦然。故周禮云「乃會車之卒伍」，鄭云「車亦有卒伍」。左傳「戰于繻葛」，杜注云「車二十五乘爲偏」，是車亦爲卒伍之數也。則一車七十二人者，自計元科兵之數，科兵既至，臨時配割，其車雖在，其人分散，前配車之人臨戰不得還屬本車，當更以虎賁甲士配車而戰。孔舉七十二人元科兵數者，欲總明三百兩人之大數。云兵車百夫長所載者，欲見臨敵實一車有百人，既虎賁與車數相當，又經稱百夫長，故孔爲此說。○傳「勇士」至「夫長」。○正義曰：周禮虎賁氏之官，其屬有虎士八百人，是虎賁爲勇士稱也。若虎之賁走逐獸，言其猛也。此虎賁必是軍內驍勇選而爲之，當時謂之虎賁。樂記云「虎賁之士說劍」，謂此也。孔意虎賁即是經之百夫長，故云皆百夫長也。

時甲子昧爽，是克紂之月，甲子之日，二月四日。昧，冥；爽，明，早旦。○昧音妹。爽，明也。昧爽謂早旦也。馬云：昧，未旦也。〔疏〕傳「是克」至「早旦」。○正義曰：春秋主書動事，編次爲文，於法日月時年皆具，其有不具，史闕耳。尚書惟記言語，直指設言之日。上篇「戊午次于河朔」，洛誥「戊辰王在新邑」，與此甲子皆言有日無月，史意不爲編次，故不具也。是克紂之月，甲子之日，是周之二月四日，以麻推而知之也。釋言云：晦，冥也。昧亦晦義，故爲冥也。冥是夜，爽是明，夜而未明，謂早旦之時，蓋雞鳴後也。爲下朝至發端，朝即昧爽時也。**王朝至于商郊牧野，乃誓**。紂近郊三十里地名牧。癸亥夜陳，甲子朝誓，將與紂戰。○陳，直刃反。〔疏〕傳「紂近」至「紂戰」。○正義曰：傳言在紂近郊三十里，或當有所據也。皇甫謐云在朝歌南七十里，不知出何書也。言至于商郊牧野，知牧是郊上之地，戰在

平野故言野耳詩云于牧之野禮記大傳云牧之野武王之
大事繼牧言野明是牧地而鄭玄云郊外曰野將戰于郊故
至牧野而誓案經至于商郊牧野乃誓豈王行已至於郊乃
後到退適野誓訖而更進兵乎何不然之甚也武成云癸亥
夜陳未畢而雨是癸亥夜已布陳故
甲子朝而誓衆將與紂戰故戒勑之**王左杖黄鉞右秉**
白旄以麾曰逖矣西土之人。鉞以黄金飾斧左手杖鉞示無事於誅右
手把旄示有事於教逖遠也遠矣西土之人勞苦之○杖徐
直亮反鉞音越本又作戉旄音毛馬云白旄旄牛尾麾許危
反逖他歷反〔疏〕傳越以至苦之○正義曰太公六韜云大柯斧重八斤一名天鉞廣雅云鉞斧也斧稱黄鉞故
知以黄金飾斧也鉞以殺戮殺戮用右手用左手杖鉞示無
事於誅右手把旄示有事於教其意言惟教軍人不誅殺也
把旄何以白旄用白者取
其易見也逖遠釋詁文**王曰嗟我友邦冢君**同志爲友
言志同滅紂**御事司徒司馬司空**治事三卿司徒主民司馬主兵司空主土指誓
戰者〔疏〕傳治事至戰者○正義曰孔以於時已稱王而有六
師亦應已置六卿今呼治事惟三卿者司徒主民治

徒庶之政令司馬主兵治軍旅之誓戒司空主士治壘壁以
營軍是指誓戰者故不及太宰大宗司寇也其時六卿具否
不可得知但據此三卿爲說耳此御事
之文指三卿而說是不通於亞旅已下**亞旅師氏**亞次旅衆
也衆大夫其位次卿師氏大夫官以兵守門者〔疏〕傳亞次至門者○正義曰亞次釋言文旅衆釋詁文此及左傳
皆卿下言亞旅知是大夫其位次卿而數衆故以亞次名之
謂諸是四命之大夫在軍有職事者也師氏亦大夫其官掌
以兵守門所掌尤重故別言之周禮師氏中大夫使其屬師
四夷之隸各以其兵服守王之門外朝在野外則守內列鄭
玄云內列蕃營之在內
者也守之如守王宮**千夫長百夫長**師帥卒帥○帥色類反下同○
〔疏〕傳師帥卒帥○正義曰周禮二千五百人爲師師帥皆
中大夫百人爲卒卒長皆上士孔以師雖二千五百人
舉全數亦得爲千夫長長與師帥其義同是千夫長亦可以稱
師故以千夫長爲師帥百夫長爲卒帥王肅云師長卒長意
與孔同順經文而稱長耳鄭玄
以爲師帥旅帥也與孔不同**及庸蜀羌髳微盧彭**
濮人八國皆蠻夷戎狄屬文王者國名羌在西蜀叟髳微在巴蜀盧彭在西北庸濮在江漢之南〔疏〕

傳八國至之南○正義曰九州之外四夷大名則東夷西戎
南蠻北狄其在當方或南有戎而西有夷此八國並非華夏
故大判言之皆蠻夷戎狄屬文王者國名也此八國皆西南
夷也文王國在於西故西南夷先屬焉大劉以蜀是蜀郡顯
然可知孔不說又退庸就濮解之故以次先解羌云羌在西
蜀叟者漢世西南之夷蜀名爲大故傳據蜀而說左思蜀都
賦云三蜀之豪時來時往是蜀都分爲三羌在其西故云西
蜀叟叟者蜀夷之別名故後漢書興平元年馬騰劉範謀誅
李傕益州牧劉焉遣叟兵五千人助之是蜀夷有名叟者也
髳微在巴蜀者巴在蜀之東偏漢之巴郡所治江州縣也盧
彭在西北者在東蜀之西北也文十六年左傳稱
庸與百濮伐楚楚遂滅庸是庸濮西江漢之南**稱爾戈**
比爾干立爾矛予其誓稱舉也戈戟干楯也○比徐扶志毗志二反楯食準
反又音允〔疏〕傳稱舉至干楯○正義曰稱舉釋言文方言云戟楚謂之孑吳揚之間謂之戈是戈卽戟也考工記
云戈柲六尺有六寸車戟常鄭云八尺曰尋倍尋曰常然則
戈戟長短異名而云戈者卽戟戈戟長短雖異其形制則同
此云舉戈宜舉其長者故以戈爲戟也方言又云楯自關而
東或謂之楯或謂之干關西謂之楯是干楯爲一也戈短人

執以舉之故言稱楯則並以扞敵
故言比矛長立之於地故言立也**王曰古人有言曰**
牝雞無晨言無晨鳴之道○牝頻引反徐扶忍反**牝雞之晨惟家**
之索索盡也喻婦人知外事雌代雄鳴則家盡婦奪夫政則國亡○索西各反〔疏〕傳索盡至國亡○正
義曰禮記檀弓曰吾離羣而索居則索居爲散義鄭玄云索
散也物散則盡故索爲盡也牝雞雌也爾雅飛曰雌雄走曰
牝牡而此言牝雞者毛詩左傳稱雄狐是亦飛走通也此以
牝雞之鳴喻婦人知外事故重申喻意云雌代雄鳴則家盡
婦奪夫政則國亡家總貴賤爲文言家以對國耳將陳紂用
婦言故舉此古人之語紂直用婦言耳非能奪其政舉此言
者專用其言賞罰由婦卽是奪其政矣婦人不當知政是別
外內之分若使賢如文母可以興助國家則非牝雞之喻矣
今商王受惟婦言是用妲己惑紂紂信用之○妲丹達反己音紀紂妻也
〔疏〕傳妲己至用之○正義曰晉語云殷辛伐有蘇氏蘇氏
以妲己女焉妲己有寵而亡殷殷本紀云紂嬖于婦人
愛妲己惟妲己之言是從列女傳云紂好酒淫樂不離妲己
妲己所與言者貴之妲己所憎者誅之爲長夜飲妲己好之

百姓怨望而諸侯有叛者妲己曰罰輕誅薄威不立耳紂乃重刑辟爲炮烙之法妲己乃笑武王伐紂斬妲己頭懸之於小白旗上以爲亡紂者此女也**昬棄厥肆祀弗荅**昬亂肆陳荅當也亂棄其所陳祭祀不復當享鬼神○復扶又反〔疏〕傳昬亂至鬼神○正義曰昬闇者於事必亂故昬爲亂也詩云肆筵設席肆者陳設之意丟傳亦以肆爲陳也對合相當之事故荅爲當也紂身昬亂棄其宜所陳設祭祀不復當享鬼神與上郊社不修宗廟不享亦一也不事神祇惡之大者故泰誓及此三言之**昬棄厥遺王父母弟不迪**王父祖之昆弟母弟同母弟言棄其骨肉不接之以道〔疏〕傳王父至以道○正義曰釋親云父之考爲王父則王父是祖也紂無親祖可棄故爲祖之昆弟棄其祖之昆弟則父之昆弟亦棄之矣春秋之例母弟稱弟凡春秋稱弟皆是母弟也母弟謂同母之弟同母尚棄別生者必棄矣舉尊親以見卑疎也遺亦棄也言紂之昬亂棄其所遺骨肉之親不接之以道經先言棄祀棄親者鄭玄云誓首言此者神怒民怨紂所以亡也**乃惟四方之多罪逋逃是崇是長**言紂棄其賢臣而尊長逃亡罪人信用之**是**

信是使是以爲大夫卿士士事也用爲卿大夫典政事**俾暴虐于百姓以姦宄于商邑**使四方罪人暴虐姦宄於都邑○俾必爾反使也〔疏〕傳使四至都邑○正義曰暴虐謂殺害殺害加於人故言於百姓姦宄謂劫奪劫奪有處故言於商邑百姓亦是商邑之人故傳總言於都邑也**今予發惟恭行天之罰今日之事不愆于六步七步乃止齊焉**今日戰事就敵不過六步七步乃止相齊言當旅進一心〔疏〕傳今日至一心○正義曰戰法布陳然後相向故設其就敵之限不過六步七步乃止相齊焉欲其相得力也樂記稱進旅退旅是旅爲衆也言當衆進一心也**夫子勗哉不愆于四伐五伐六伐七伐乃止齊焉**夫子謂將士勉勵之伐謂擊刺少則四五多則六七以爲例○勗許六反刺七亦反〔疏〕傳夫子至爲例○正義曰此及下文三云夫子此勗哉在下下勗哉在上此先呼其人然後勉之此既言然下先令勉勵乃呼其人各與下句爲目也上有戈矛戈謂擊兵矛謂刺兵故云伐謂擊刺此伐猶伐樹然也**勗哉夫子尚桓桓**桓桓武貌〔疏〕傳桓桓武貌○正義曰釋訓云桓桓威也詩序云桓武志也**如虎如貔如熊如羆于商郊**貔執夷虎屬也四獸皆猛健欲使士衆法之奮擊於牧野○貔彼皮反爾雅云羆如熊黃白文〔疏〕傳貔執夷○正義曰釋獸云貔白狐其子穀舍人曰貔名白狐其子名穀郭璞曰一名執夷虎豹屬**弗迓克奔以役西土**商衆能奔來降者不迎擊之如此則所以役我西土之義○迓五嫁反馬作禦禁也役馬云爲也爲于僞反〔疏〕傳商衆至之義○正義曰迓訓迎也不迎擊商衆能奔來降者兵法不誅降也役謂使用也如此不殺降人則所以使用我西土之義用義於彼令彼知我有義也王肅讀御爲禦言不禦能奔走者如殷民欲奔走來降者無逆之奔走去者可不禦止役爲也盡力以爲我西土與孔不同**勗哉夫子爾所弗勗其于爾躬有戮**臨敵所安汝不勉則於汝身有戮矣

武成第五

周書　孔氏傳　孔穎達疏

武王伐殷往伐歸獸往誅紂克定偃武修文歸馬牛於華山桃林之牧地○獸徐始售反本或作嘼許救反**識其政事**記識殷家政教善事以爲法**作武成**武功成文事修〔疏〕武王至武成○正義曰武王之伐殷也往則陳兵伐紂歸放牛馬爲獸記識殷家美政善事而行用之史敘其事作武成○傳往誅至牧地○正義曰此序於經于征伐商是往伐也歸馬放牛是歸獸也故傳引經以解之爾雅有釋獸釋畜畜獸形相類也在野自生爲獸人家養之爲畜歸馬放牛不復乘用使之自生自死若野獸然故謂之獸獸以野澤爲家故言歸也○傳記識至爲法○正義曰紂以昬亂而滅前世政有善者故訪問殷家政教記識善事以爲治國之法經云列爵惟五分土惟三是也

武成文王受命有此武功成於克商〔疏〕武成○正義曰此篇敘事多而王言少惟辭又首尾不結體裁異於餘篇自惟一月至受命于周史敘伐殷往反及諸侯大集爲王言發端也自王若曰至大統未集述祖父以來開建王業之事也自予小子至名山大川言已承父祖之意告神陳紂之罪也自日惟有

道至無作神羞王自陳告神之辭也既戊午已下又是史敘往伐殺紂入殷都布政之事無作神羞以下惟告神其辭不結文義不成非述作之體案左傳荀偃禱河云無作神羞具官臣偃無敢復濟惟爾有神裁之蒯聵禱祖云無作三祖羞大命不敢請佩玉不敢愛彼二者於神羞之下皆更申己意此經無作神羞下更無語直是與神之言猶尚未訖且冡君百工初受周命王當有以戒之如湯誥之類宜應說其除害與民更始創以爲惡之禍勸以行道之福不得大聚百官惟誦禱辭而已欲征則殷勤誓衆既克則空話禱神聖人有作理必不爾竊謂神羞之下更合有言簡編斷絶經失其本所以辭不次耳或初藏之日已失其本或壞壁得之始有脫漏故孔稱五十八篇以外錯亂磨滅不可復知明是見在諸篇亦容脫錯但孔此篇首尾具足既取其文爲之作傳恥云有所失落不復言其事耳○傳文王至克商○正義曰文王受命有此武功詩之文也彼言武功謂始伐崇耳殷紂尚在其功未成成功在於克商今武始成矣故以武成名篇以泰誓繼文王之年故本之於文王鄭云著武道至此而成

惟一月壬辰旁死魄此本說始伐紂時一月周之正月旁近也月二日死魄○旁步光反魄普白反說文作霸匹革反云月始生魄然貌近附近之近

越翼日癸巳王朝步自周于征伐商翼明步行也武王以正月三日行自周往征伐商二十八日渡孟津

厥四月哉生明王來自商至于豐其四月哉始也始生明月三日與死魄互言○哉徐音載豐芳弓反文王所都也

乃偃武修文倒載干戈包以虎皮示不用行禮射設庠序修文教

歸馬于華山之陽放牛于桃林之野示天下弗服山南曰陽桃林在華山東皆非長養牛馬之地欲使自生自死示天下不復乘用○華胡化胡瓜二反華山在恒農長丁丈反復扶又反

丁未祀于周廟邦甸侯衛駿奔走執豆籩四月丁未祭告后稷以下文考文王以上七世之祖駿大也邦國甸侯衞服諸侯皆大奔走於廟執事○駿荀俊反豆本又作梪籩音邊上時掌反

越三日庚戌柴望大告武成燔柴郊天望祀山川先祖後郊自近始

【疏】惟一至武成○正義曰此歷敘伐紂往反祖廟告天時日說武功成之事也一月壬辰旁死魄謂伐紂之年周正月辛卯朔其二日是壬辰也翼日癸巳王朝步自周于征伐商謂正月三日發鎬京始東行也其月二十八日戊午渡河泰誓序云一月戊午師渡孟津泰誓中篇云惟戊午王次于河朔是也二月辛酉朔甲子殺紂牧誓云時甲子昧爽乃誓是也其年閏二月庚寅朔三月庚申朔四月己丑朔厥四月哉生明王來自商至于豐謂四月三日月始生明其日當是辛卯也丁未祀于周廟四月十九日也越三日庚戌柴望二十二日也正月始往伐四月告成功史敘其事見其功成之次也漢書律麻志引武成篇云惟一月壬辰旁死魄若翼日癸巳武王乃朝步自周于征伐紂越若來二月既死魄越五日甲子咸劉商王紂惟四月既旁生魄越六日庚戌武王燎于周廟翼日辛亥祀於天位越五日乙卯乃以庶國祀於周廟與此經不同彼是焚書之後有人僞爲之漢世謂之逸書其後又亡其篇鄭玄云武成逸書建武之際亡謂彼僞武成也○傳此本至死魄○正義曰將言武成遠本其始此本說始伐紂時一月周之正月是建子之月殷十二月也此月辛卯朔朔是死魄故月二日近死魄魄者形也謂月之輪郭無光之處名魄也朔後明生而魄死望後明死而魄生律歷志云死魄朔也生魄望也顧命云惟四月哉生魄傳云始生魄月十六日也月十六日爲始生魄是一日爲始死魄二日近死魄也顧氏解死魄與小劉同大劉以三日爲始死魄二日爲旁死魄旁死魄無事而記之者與下日爲發端猶今之將言日必先言朔也○傳翼明至孟津○正義曰翼明釋言文釋宮云堂上謂之行堂下謂之步彼相對爲名耳散則可以通故步爲行也周去孟津千里以正月三日行自周二十八日渡孟津凡二十五日每日四十許里時之宜也詩云于三十里毛傳云師行三十里蓋言其大法耳○傳其四至互言○正義曰其四月此伐商之四月也哉始釋詁文顧命傳以哉生魄爲十六日則哉生明爲月初矣以三日月光見故傳言始生明月三日也此經無日未必非二日也生明死魄俱是月初上云死魄此云生明而魄死明生互言耳○傳倒載至文教○正義曰樂記云武王克殷濟河而西車甲釁而藏之府庫倒載干戈包之以虎皮天下知武王之不復用兵也散軍而郊射左射貍首右射騶虞而貫革之射息也是偃武修文之事故傳引之郊射是禮射也王制論四代學名云虞謂之庠夏謂之序故言設庠序修文教也○傳山南至乘用○正義曰釋山云山西曰夕陽山東曰朝陽李巡曰山西暮乃見日故曰夕陽山東朝乃見日故云朝陽陽以見日爲名故知山南曰陽杜預云桃林之塞今宏農華陰縣潼關是也是在華山東也指其所往謂之歸據我釋

之則云放放牛歸馬互言之耳華山之旁尤乏水草非長養牛馬之地欲使自生自死此是戰時牛馬故放之示天下不復乘用易繫辭云服牛乘馬服乘俱是用義故以服摠牛馬○傳四月至執事○正義曰以四月之字隔文已多故言四月丁未此以成功設祭明其徧告羣祖知告后稷以下后稷則始祖以下容毀廟也天子七廟故云文考文王以上七世之祖見是周廟皆祭之故經摠云周廟也駿大釋詁文周禮六服侯甸男采衞要此略舉邦國在諸侯服故云甸侯衞其言不次詩頌云駿奔走在廟故云皆大奔走於廟執事也○越三日庚戌○正義曰名詁云越三日者皆從前至今爲三日此從丁未數之則爲四日蓋史官不同立文自異或此三當爲四由字積與誤

既生魄庶邦冢君暨百工受命于周魄生明死十五日之後諸侯與百官受政命於周明一統○暨其器反〔疏〕傳魄生至一統○正義曰月以望虧望是月半望在十六日爲多通率在十六日者四分居三其一在十五日耳此言既生魄故言魄生明死十五日之後也丁未祀于周廟已是此月十九日矣此受命于周繼生魄言之則受命在祀廟之前故祀廟之時諸侯已奔走執事豈得未受周命已助周祭明其受命在祀廟前矣史官探其時日先言告武成既說然後却說受命故文在下耳諸侯與百官舊有未屬周者今皆受政命於周於此時始天下一統也顧氏以既生魄謂庚戌已後雖十六日始生魄從十六日至晦皆爲生魄但不知庚戌之後幾日耳

王若曰嗚呼羣后順其祖業歎美之以告諸侯**惟先王建邦啓土**謂后稷也尊祖故稱先王〔疏〕傳謂后至先王○正義曰此先王文在公劉之前知謂后稷也后稷非王尊其祖故稱先王周語云昔我先王后稷又曰我先王不窋韋昭云王之先祖故稱王商頌亦以契爲玄王文武之功起於后稷后稷始封於郃故言建邦啓土

公劉克篤前烈后稷曾孫公劉名能厚先人之業〔疏〕傳后稷至之業○正義曰周本紀云后稷卒子不窋立卒子鞠陶立卒子公劉立是公劉爲后稷曾孫也本紀云公劉之後有公非公祖之類知公是爵殷時未諱故稱劉名先公多矣獨三人稱公當時之意耳本紀云公劉復修后稷之業百姓懷之多從而歸保焉周道之興自此之後是能厚先人之業也

至于大王肇基王迹王季其勤王家大王修德以翦齊商人始王業之肇迹王季纘統其業乃勤立王業○大音太肇音兆王迹于況反又如字注王業王功同〔疏〕傳大王至王家○正義曰詩云后稷之孫實惟大王居岐之陽實始翦商是大王翦齊商人始王業之兆迹也周本紀云王季修古公之道諸侯順之是能纘統大王之業勤立王家之基本也

我文考文王克成厥勳誕膺天命以撫方夏言我文德之父能成其王功大當天命以撫綏四方中夏**大邦畏其力小邦懷其德**言天下諸侯大者畏威小者懷德是文王威德之大〔疏〕大邦至其德○正義曰大邦力足拒敵故言畏其力小邦必畏矣小邦或被棄遺故言懷其德大邦亦懷德矣量事爲文也

惟九年大統未集言諸侯歸之九年而卒故大統未就〔疏〕傳言諸至未就○正義曰文王斷虞芮之訟諸侯歸之改稱元年至九年而卒故云大業未就也文王既未稱王而得輒改元年者諸侯自於其國各稱元年是已之所稱容或中年得改矣汲冢竹書魏惠王有後元年漢初文帝二元景帝三元此必有因於古也伏生司馬遷韓嬰之徒不見此書以爲文王受命七年而崩故鄭玄等皆依用之

予小子其承厥志言承文王本意

底商之罪告于皇天后土所過名山大川致商之罪謂伐紂之時后土社也名山華岳大川河○底之履反〔疏〕傳致商至川河○正義曰致商之罪謂伐紂之時欲將伐紂告天乃發故文在所過之上禮天子出征必類帝宜社此告皇天后土即泰誓上篇類于上帝宜于冢土故云后土社也昭二十九年左傳稱句龍爲后土后土爲社是也僖十五年左傳云戴皇天而履后土彼晉大夫要秦伯故以地神后土而言之與此異也自周適商路過河華故知所過名山華岳大川河也山川大乃有名名大互言之耳周禮大祝云王過大山川則用事焉鄭云用事用祭事告行也

曰惟有道曾孫周王發將有大正于商告天社山川之辭大正以兵征之也〔疏〕曰惟有道曾孫周王發○正義曰自稱有道者聖人至公爲民除害以紂無道言已有道所以告神求助不得飾以謙辭也稱曾孫者曲禮說諸侯自稱之辭云臨祭祀內事曰孝子某侯某外事曰曾孫某侯某哀二年左傳蒯聵禱祖亦自稱曾孫皆是言已承藉上祖奠享之意

今商王受無道無道德**暴殄天物害虐烝民**

暴絶天物言逆天也逆天害民所以爲無道。烝之承反〔疏〕暴殄至烝民。正義曰天物語闊人在其間以人爲貴故別言害民則天物之言除人外皆謂天下百物鳥獸草木皆暴絶之**爲天下逋逃主萃淵藪**逋亡也天下罪人逃亡者而紂爲魁主窟聚淵府藪澤言大姦。萃在醉反藪素口反魁苦回反窟口忽反〔疏〕傳逋亡至大姦。正義曰逋亦逃也故以爲亡罪人逃亡而紂爲魁主魁首也言受用逃亡者與之爲魁首爲主人萃訓聚也言若蟲獸入窟故云窟聚水深謂之淵藏物謂之府史遊急就篇云司農少府國之淵府類故言淵府水鍾謂之澤無水則名藪藪澤大同故言藪澤萃淵藪三者各爲物窟言紂與亡人爲主亡人歸之若蟲之窟聚魚歸淵府獸集藪澤言紂爲大姦也據傳意主字下讀爲便昭七年左傳引此文杜預云萃集也天下逋逃悉以紂爲淵藪集而歸之與孔異也**予小子既獲仁人敢祗承上帝以遏亂略**仁人謂大公周召之徒略路也言誅紂敬承天意以絶亂路。遏烏末反召上照反本又作邵**華夏蠻貊罔不率俾恭天成命**冕服采章曰華大國曰夏及四夷皆相率而使奉天成命。貊亡白反俾必爾反〔疏〕傳冕服至成命。正義曰冕服采章對被髮左衽則爲有光華也釋詁云夏大也故大國曰夏華夏謂中國也言蠻貊則戎夷可知也言華夏及四夷皆相率而充已使奉天成命欲其共伐紂也**肆予東征綏厥士女**此謂十一年會孟津還時**惟其士女篚厥玄黃昭我周王**言東國士女篚盛其絲帛奉迎道次明我周王爲之除害。篚音匪爲于僞反**天休震動用附我大邑周**天之美應震動民心故用依附我。應應對之應**惟爾有神尚克相予以濟兆民無作神羞**神庶幾助我渡民危害無爲神羞辱。相息亮反**既戊午師逾孟津癸亥陳于商郊俟天休命**自河至朝歌出四百里五日而至赴敵宜速待天休命謂夜雨止畢陳。逾亦作踰陳直刃反下同徐音塵**甲子昧爽受率其旅若林會于牧野**旅衆也如林言盛多會逆距戰**罔有敵于我師前徒倒戈攻于後以北血流漂杵**紂衆服周仁政無有戰心前徒倒戈自攻于後以北走血流漂舂杵甚之言。倒丁老反漂匹妙反徐敷妙反又匹消反杵昌呂反〔疏〕既戊午至我師。正義曰自此以下皆史辭也其上闕絶失其本絶故文無次第必是王言既終史乃更敍戰事於文次當承自周于征伐商之下此句次之故云既戊午也史官敍事得言罔有敵于我師稱我者猶如自漢至今文章之士雖民論國事莫不稱我皆云我大嗟以心體國故稱我耳非要王言乃稱我也。傳自河至畢陳。正義曰出四百里驗地爲然戊午明日猶誓於河朔癸亥已陳於商郊凡經五日日行八十里所以疾者赴敵宜速也帝王世紀云王軍至鮪水紂使膠鬲候周師見王問曰西伯將焉之王曰將攻紂也膠鬲曰然願西伯無我欺王曰不子欺也將之殷膠鬲曰何日至王曰以甲子日以是報矣膠鬲去而報命於紂而雨甚軍卒皆諫王曰卒病請休之王曰吾已令膠鬲以甲子報其主矣吾雨而行所以救膠鬲之死也遂行甲子至于商郊然則本期甲子故遠行也周語云王以二月癸亥夜陳未畢而雨是雨止畢陳也待天休命雨是天之美命也韋昭云雨者天地神人和同之應也天地氣和乃有雨降是雨爲和同之應也。傳旅衆至距戰。正義曰旅衆釋詁文詩亦云其會如林言盛多也本紀云紂發兵七十萬人以距武王紂兵雖則衆多不得有七十萬人是史官美其能破强敵虛言之耳。傳紂衆至之言。正義曰罔有敵于我師言紂衆雖多皆無有敵我之心故自攻於後以北走自攻其後必殺人不多血流漂舂杵甚之言也孟子云信書不如無書吾於武成取二三策而已仁者無敵於天下以至仁伐不仁如何其血流漂杵也是言不實也易繫辭云斷木爲杵掘地爲臼是杵爲臼器也**一戎衣天下大定**衣服也一著戎服而滅紂言與衆同心動有成功**乃反商政政由舊**反紂惡政用商先王善政**釋箕子囚封比干墓式商容閭**皆武王反紂政囚奴徒隸封益其土商容賢人紂所貶退式其閭巷以禮賢〔疏〕傳皆武至禮賢。正義曰紂囚其人而放釋之紂殺其身而增封其墓紂退其人而式其門閭皆是紂武王反紂政也下句散其財粟亦是反紂於此須有所解因言之耳上篇云囚奴正士論語云箕子爲之奴是紂囚之又爲奴役之周禮司厲職云其奴男子入于罪隸鄭衆云爲之奴者繫於罪隸之官是囚爲奴以徒隸役之也商容賢人之姓名紂所貶退處於私室式者車上之橫木男子立乘有所敬則俯而憑式遂以式爲敬名說文云閭族居里門也武王過其閭而式之言此内有賢人式之禮賢也帝王世紀云商容及殷民觀周軍之入見畢公至殷民曰是吾新君也容曰非也視其爲人嚴乎將有急色故君子臨事而懼見太公至民曰是吾新君也容曰非也視其爲人虎據而鷹趾當敵將衆怒自倍見利即前不顧其後故君子臨衆果於進退見周公至民曰是吾新君也容曰非也視其爲人忻忻休休志在除賊是非天子則周之相國也故聖人臨衆知之見武王至民曰是吾新君也容曰然聖人爲海内討惡見惡不怒見善不喜顏色相副是以知之是說商容之事也

散鹿臺之財發鉅橋之粟紂所積之府倉皆散發以賑貧民○散西旦反〔疏〕傳紂所至貧民○正義曰藏財爲府藏粟爲倉故言紂所積之府倉也名曰鹿臺鉅橋則其義未聞散者言其分布發者言其開出互相見也周本紀云命召公釋箕子之囚命畢公釋百姓之囚表商容之閭命閎夭封比干之墓命南宫括散鹿臺之錢發鉅橋之粟以賑貧弱也然則武王親式商容之閭又表之也新序云鹿臺其大三里其高千尺則容物多矣此言鹿臺之財則非一物也史記作錢後世追論以錢爲主耳周禮有泉府之官周語稱景王鑄大錢是周時已名泉爲錢也

大賚于四海而萬姓悅服施舍已債救乏賙無所謂周有大賚天下皆悅仁服德○賚力代反徐音來已音以債側界反賙音周本亦作周〔疏〕傳施舍至服德○正義曰左傳成十八年晉悼公初立施舍已責成二年楚將起師已責救乏定五年歸粟於蔡以賙急矜無資也杜預以爲施恩惠舍勞役也已責止逋責也皆是恤民之事故傳引之以證大賚所謂周有大賚論語文孔安國解堯曰之篇有二帝三王之事周有大賚正指此事故言所謂也悅是歡喜服謂聽從感恩則悅見義則服故天下皆悅仁德也帝王世紀云王命封墓釋囚又歸施鹿臺之珠玉及傾宫之女於諸侯殷民咸喜曰王之於仁人也死者猶封其墓況生者乎王之於賢人也亡者猶表其閭況存者乎王之於財也聚者猶散之況其復籍之乎王之於色也見在者猶歸其父母況其復徵之乎是悅服之事也

列爵惟五即所識政事而法之爵五等公侯伯子男

分土惟三列地封國公侯方百里伯七十里子男五十里爲三品〔疏〕傳列地至三品○正義曰爵五等地三品武王於此既從殷法未知周公制禮亦然以否孟子曰北宫錡問於孟子曰周之班爵祿如何孟子曰其詳不可得聞矣嘗聞其略天子之制地方千里公侯方百里伯七十里子男五十里漢書地理志亦云周爵五等其土三等也公侯百里伯七十里子男五十里漢世儒者多以爲然包咸注論語云千乘之國百里之國也謂大國惟百里耳周禮大司徒云諸公之地封疆方五百里侯四百里伯三百里子二百里男一百里蓋是周室既衰諸侯相并自以國土寬大皆違禮文乃除去本經妄爲說耳鄭玄之徒以爲武王時大國百里周公制禮大國五百里王制之注具矣

建官惟賢位事惟能立官以官賢才居位理事必任能事

重民五教所重在民及五常之教〔疏〕重民五教○正義曰以重揔下五事民與五教食喪祭也五教所以教民故與民同句下句食與喪祭三者各爲一事相類而別故以惟目之言此皆聖王所重也論語云所重民食喪祭以論語即是此事而彼無五教錄論語者自略之耳

惟食喪祭民以食爲命喪禮篤親愛祭祀崇孝養皆聖王所重○養羊亮反

惇信明義使天下厚行信顯忠義

崇德報功有德尊以爵有功報以祿

垂拱而天下治言武王所修皆是所任得人欲垂拱而天下治○任而鴆反治直吏反〔疏〕垂拱而天下治○正義曰說文云拱斂手也垂拱而天下治謂所任得人人皆稱職手無所營下垂其拱故美其垂拱而天下治也

附釋音尚書注疏卷第十一

尚書注疏挍勘記卷十一　阮元撰盧宣旬摘錄

尚書注疏卷第十一 古本作尚書卷第六古文尚書泰誓上第一周書孔氏傳宋板作卷第十

泰誓上第一　周書

渡津乃作 古本津上有孟字

至嗣位至卒 正嘉本閩本同宋本上至字作則明監本毛本作自山井鼎曰宋板爲愈

正言一月 宋板正作止

武成所以解一月者 宋板解作稱按解字非也

王無二王 宋板上王字作主毛本作民案民字是也

於孟地置津 宋板於上有是字

又云八百諸侯 按又字疑當作文

至五以穀俱來 閩本明監本同毛本至五二字倒

古文泰誓伐紂事 閩本明監本同毛本事上有時字

泰誓 王應麟困學紀聞泰誓古文作大誓孔氏注大會以誓衆晁氏曰開元間衛包定今文始作泰或以交泰爲説眞燕書哉大誓與大誥同音泰者非○按疏云顧氏以爲泰者大之極也猶天子諸侯之子曰大子天子之卿曰大宰夫太子太宰古通作大無作泰者則泰誓當作太誓明矣字雖爲大音則爲泰後人遂誤爲泰據唐石經作泰則其誤固在開成之前

惟十有三年春 陸氏曰或作十有一年後人妄依序文輒改

惟宮室臺榭 陸氏曰榭本又作謝按古无榭字

使不流洫 宋板洫作溢按洫字非也

謂不服采飾 閩本同毛本不作依按所改是也

是則亦封之義也 宋板封作刜是也

父業未就之故 岳葛閩本明監本纂傳同毛本父作功

故我與諸侯 古本無故字

計當恐怖 宋板同毛本計作紂

是我與討同罪矣 毛本討作紂是也

厎天之罰 古本厎作致

與民同 古本下有欲也二字

王乃徇師而誓 石經補缺徇誤作循説文云徇疾也按依説文當作徇

我聞吉人爲善 古本聞作聽

言吉人竭日以爲善 岳本竭作渴與釋文合下竝同按説文𣶒欲飲也渴盡也竭負舉也今人

多亂之此渴字本當作𣶒從俗作渴盧文弨挍釋文以爲當讀如渴葬之渴是也非取渴盡之義尤不當作負舉之竭俗本既誤作竭併釋文渴苦曷反改作竭巨列反謬甚

故曰力行 古本下有無度也三字

播棄犂老 古本犂作黎注同

物在水上謂水浮 閩本同毛本水作之案所改是也

日亡吾乃亡 案乃亡下脱矣是桀亦賊虐諫輔謂已有天命而云過於桀者殷本紀云紂剖比干觀其心凡三十字閩本明監本同毛本補入與宋本岳本合

以殺害人爲惡之大 閩本同毛本害作善

夢者事之祥人之精爽先見者也 宋板閩本明監本同毛本夢精二字互誤

予有亂臣十人 唐石經臣字旁添石經考文提要云此文諸經凡四見此與論語泰伯句同左傳襄公二

十有八年武王有亂十人昭公二十有四年余有亂十人是也唐石經四見皆無臣字後人於秦誓左傳昭公二十有四年論語皆旁增臣字襄公二十有八年復失不增若云唐石經脫字不應四見皆同也經典釋文於論語明出予有亂十人注云本或作亂臣十人非是增臣字自論語別本始也

太公召公　纂傳召公在太公上

不如周家之少仁人　纂傳少作多按纂傳蓋據朱子論語集注孫志祖云論語集注作多仁人蓋沿邢疏之誤孔氏正義云明多惡不如少善則爲少字無疑人下古本岳本俱有也字按岳本讀不如周家之少爲一句仁人也爲一句文義甚明益知少字不當改作多

此於湯　毛本此作比所改是也

泰誓下第三　周書

斮朝涉之脛　古本斮作斬

剖賢人之心　古本剖作剞注同

作威殺戮　古本威作畏下作威同

二者大同　纂傳大作本按本字是也

乃汝世讎　顧炎武曰石經誤世作誓。按今本唐石經乃汝世讎三字皆係補缺惟世字作卋尚係原刻顧以爲誤作誓非也

明著岐周　古本宋板周作㐺盧文弨云㐺即衆字從三人後人不識妄改爲周。按从音吟非衆字也後人誤會人三爲衆之說遂以众爲衆然相沿已久此㐺字當如盧說山井鼎按古文尚書從字作㐺其倒正同

牧誓第四　周書

若虎賁獸　史記集解無獸字

又下傳以百夫長爲卒師　毛本師作帥所改是也

欲揔明三百兩人之大數　閩本明監本同毛本三作此

乃復到退　閩本同毛本到作倒按倒古通作到

王左杖黃鉞　陸氏曰鉞本又作戉。按作戉是也說文云戉大斧也

鉞以黃金飾斧　浦鏜云鉞上脫黃字從公劉詩疏挍。按史記集解亦無黃字

示有事於教　古本史記集解教下有令字

傳越以至苦之　案越當作鉞轉寫之譌

治事三卿　古本治作理

此御事之文　宋板閩本明監本同毛本文作大

旅衆也衆大夫　古本無下衆字按史記集解作旅衆大夫也視今本少一衆字而也字在夫下文義較順

使其屬師四夷之隸　閩本同毛本帥作師所改是也

師帥卒帥　史記集解帥並作率

亦可以稱師　宋板師作帥是也

巴在蜀之東偏　補本東作南

是庸濮西江漢之南　閩本同毛本西作在所改是也

戟楚謂之孑　纂傳同毛本孑作干。按纂傳引在說命中篇下同

或謂之楯　浦鏜云楯方言作瞂音代誤作楯

今商王受惟婦言是用　唐石經是字旁注按漢書五行志引此經無是字

日義曰晉語云　按日是正字之譌諸本俱不誤

妲己所舉言者貴之　閩本明監本舉言作與言按與言乃譽字誤分爲二也當据列女傳

元文疋之毛本亦誤

弗迓克奔按匡謬正俗引此經迓作御又稱徐仙民音禦是徐本亦作御疏云王肅讀御爲禦則孔氏所據本亦作御葢作御者古文也作迓者今文也釋文云馬作禦史記同

武成第五　周書

武王伐殷往伐歸獸陸氏曰獸徐始售反本或作嘼許救反匡謬正俗曰徐仙民音嘼爲始售反按武成當篇云歸馬於華山之陽放牛於桃林之野此與序意相承六畜之字本作嘼尓疋論牛馬羊豕則在釋畜論麋鹿虎豹卽在釋獸若武王歸鹿放虎可言歸獸所放既是馬牛當依嘼字本音讀之不得謂古文省𤕰卽呼爲獸堯典鳥獸孳尾鳥獸毛毨旅獒珍禽奇獸皆作獸字何獨武城一篇以嘼爲獸斯不然矣○按作嘼者古文也作獸者今文也徐陸二本皆用古文今本釋文開寶所改非陸氏元本故錄顏氏說以存古文之遺

月二日死魄正嘉本萬本閩本葛本同毛本死魄上有近字與岳本合案此誤脫也

七世之祖纂傳祖作廟

而魄死明生浦鏜云而疑衍字

由字積與誤浦鏜云與誤二字疑倒孫志祖云字積者卽積畫之說與誤者或誤寫四爲三也非倒

我文考文王克成厥勳古本唐石經臨安石經岳本葛本閩本明監本並同毛本成誤作伐

以撫綏四方中夏古本補本綏作安

故大統未就葛本正德本嘉萬本閩本纂傳同岳本統作業與疏合毛本依之

厎商之罪古本厎作致

用祭事告行也纂傳事作祀

告天社山川之辭岳本社作地

臨祭祀纂傳祀作事

暴殄天物古本殄作絶

則天物之言纂傳言作害

普謂天下百物閩本明監本普作皆

竄聚葛本閩本明監本竄誤作竄疏同

此謂十一年會孟津還時古本補本作此謂十一年會於孟津之時也

惟其士女篚厥元黃古本無厥字

篚篚盛其絲帛古本作上篚篚其絲帛補本作篚篚其絲帛按當作篚篚其絲帛古本之上今本之盛衍字也古本之篚篚倒字也補本之緜誤字也

既戊午師逾孟津顧炎武云石經監本同釋文逾亦作踰今本作渡非

流血漂舂杵宋板流血二字倒是也

釋箕子囚封比干墓唐石經干下旁增之字容下同

施舍已債古本岳本宋板同毛本債作責按釋文作責責債古今字

列地封國古本列作裂

喪禮篤親愛宋板篤親間空一字

使天下厚行葛本閩本同纂傳言作信

欲垂拱而天下治閩本同毛本欲作故案欲字誤也

尚書校勘記卷十一　　會昌縣知縣候補知州曾暉春栞

附釋音尚書注疏卷第十二

洪範第六

周書　孔氏傳　孔穎達疏

武王勝殷殺受立武庚不放而殺紂自焚也武庚紂子以爲王者後一名祿父。勝商證反父音甫**以箕子歸作洪範**歸鎬京箕子作之。範音范鎬胡老反本又作鄗武王所都也

〔疏〕武王至洪範。正義曰武王伐殷既勝殺受立其子武庚爲殷後以箕子歸鎬京訪以天道箕子爲陳天地之大法敘述其事作洪範此惟當言箕子歸耳乃言殺受立武庚者序自相顧爲文上武成序云武王伐紂故此言勝之下微子之命序云黜殷命殺武庚故此言立之敘言此以順上下也。傳不放至祿父。正義曰放桀也湯放桀此不放而殺之者紂自焚而死也殷本紀云紂兵敗紂走入登鹿臺衣其寶玉衣赴火而死武王遂斬紂頭懸之太白旗是也泰誓云取彼凶殘則志在於殺也死猶斬之則生亦不放傳據實而言之耳本紀云封紂子武庚祿父以續殷祀是以爲王者後也本紀武庚祿父雙言之伏生尚書傳云武王勝殷繼公子祿父是一名祿父也鄭云武庚字祿父春秋之世有齊侯祿父蔡侯考父季孫行父父亦是名未必爲字故傳言一名祿父。傳歸至作之。正義曰上篇云至于豐者文王之廟在豐至豐先告廟耳時王都在鎬知歸者歸鎬京也此經文旨異於餘篇非直問荅而已不是史官敘述必是箕子既對武王之問退而自撰其事故傳特云箕子作之書傳云武王釋箕子之囚箕子不忍周之釋走之朝鮮武王聞之因以朝鮮封之箕子既受周之封不得無臣禮故於十三祀來朝武王因其朝而問洪範案此序云勝殷以箕子歸明既釋其囚即以歸之不令其走去而後來朝也又朝鮮去周路將萬里聞其所在然後封之受封乃朝必歷年矣不得仍在十三祀也宋世家云既作洪範武王乃封箕子於朝鮮得其實也

洪範洪大範法也言天地之大法

〔疏〕洪範。正義曰此經開源於首覆更演說非復一問一荅之勢必是箕子自爲之也發首二句自記被問之年自王乃言至彝倫攸敘王問之辭自箕子乃言至彝倫攸敘言禹得九疇之由自初一曰至威用六極言禹第敘九疇之次自一五行已下箕子更條說九疇之義此條說者當時亦以對王更復退而修撰定其文辭使成典教耳。傳洪

大至大法。正義曰洪大範法皆釋詁文

惟十有三祀王訪于箕子商曰祀箕子稱祀不忘本此年四月歸宗周先告武成次問天道**王乃言曰嗚呼箕子**

惟天陰騭下民相協厥居騭定也天不言而默定下民是助合其居使有常生之資。陰默也馬云覆也騭之逸反馬云升也升猶舉也舉猶生也相息亮反助也**我不知其彝倫攸敘**言我不知天所以定民之常道理次敘問何由。彝以之反

〔疏〕惟十至攸敘。正義曰此箕子陳王問已之年被問之事惟文王受命十有三祀武王訪問於箕子即陳其問辭王乃言曰嗚呼箕子此上天不言而默定下民佑助諧合其安居使有常生之資我不知此天之定民常道所以次敘問天意何由也。傳商曰至天道。正義曰商曰祀周曰年釋天文案此周書也泰誓稱年此獨稱祀故解之箕子稱祀不忘本也此篇箕子所作箕子商人故記傳引此篇者皆云商書曰是箕子自作明矣序言歸作洪範似歸即作之嫌在武成之前故云此年四月歸宗周先告武成次問天道以次在武成之後故知先告武成也。傳騭定至之資。正義曰傳以騭即質也質訓爲成成亦定義故爲定也言民是上天所生形神天之所授故天不言而默定下民羣生受氣流形各有性靈心識下民不知其然是天默定也相助也協和也助合其居者言民有其心天佑助之令其諧合其生出言是非立行得失衣食之用動止之宜無不稟諸上天乃得諧合失道則死合道則生言天非徒賦命於人授以形體心識乃復佑助諧合其居業使有常生之資九疇施之於民皆是天助之事也此問荅皆言乃者以天道之大沉吟乃問思慮乃荅宣八年公羊傳曰乃緩辭也王肅以陰騭下民一句爲天事相協以下爲民事注云陰深也言天深定下民與之五常之性王者當助天和合其居所行天之性我不知常道倫理所以次敘是問承天順民何所由與孔異也**箕子乃言曰我**

聞在昔鯀陻洪水汨陳其五行陻塞汨亂也治水失道亂陳其五行。鯀工本反陻音因汨工忽反行戶更反**帝乃震怒不畀洪範九疇**

彝倫攸斁畀與斁敗也天動怒鯀不與大法九疇疇類也故常道所以敗。畀必二反徐甫至反注同斁多路反徐同路反敗也**鯀則殛死禹乃嗣興**放鯀至死不赦嗣繼也廢父興

子堯舜之道。殛紀力反本或作極音同**天乃錫禹洪範九疇彝倫攸敘**天與禹洛出書神龜負文而出列於背有數至于九禹遂因而第之以成九類常道所以次敘。錫星歷反

【疏】箕子至攸敘。正義曰箕子乃言荅王曰我聞在昔鯀障塞洪水治水失道是乃亂陳其五行而逆天道也天帝乃動其威怒不與鯀大法九類天之常道所以敗也鯀則放殛至死不赦禹以聖德繼父而興代治洪水決道使通天乃賜禹大法九類天之常道所以得其次敘此說其得九類之由也。傳堙塞至五行。正義曰襄二十五年左傳說陳之伐鄭云井堙木刊謂塞其井斬其木是堙為塞也汩是亂之意欲爲亂也水是五行之一水性下流鯀反塞之失水之性水失其道則五行皆失矣是塞洪水爲亂陳其五行言五行陳列皆亂也大禹謨帝美禹治水之功云地平天成傳云水土治曰平五行敘曰成水既治五行序是治水失道爲亂五行也。傳畀與至以敗。正義曰畀與釋詁文斁敗相傳訓也以禹得而鯀不得故爲天動威怒鯀不與大法九疇疇是輩類之名故爲類也言其每事自相類者有九九者各有一章故漢書謂之爲九章此謂九類是天之常道既不得九類故常道所以敗也自古以來得九疇者惟有禹耳未聞餘人有得之者也若人皆得之鯀獨不得可言天帝怒鯀餘人皆不得獨言天怒鯀者以禹由治水有功故天賜之鯀亦治水而天不與以鯀禹俱是治水父不得而子得之所以彰禹之聖當於天心故舉鯀以彰禹也。傳放鯀至之道。正義曰傳嫌殛謂被誅殺故辨之云放鯀至死不赦也嗣繼釋詁文三代以還父罪子廢故云廢父興子堯舜之道賞罰各從其實爲天下之至公也。傳天與至次敘。正義曰易繫辭云河出圖洛出書聖人則之九類各有文字即是書也而云天乃錫禹知此天與禹者即是洛書也漢書五行志劉歆以爲伏羲繫天而王河出圖則而畫之八卦是也禹治洪水錫洛書法而陳之洪範是也先達共爲此說龜負洛書經無其事中候及諸緯多說黃帝堯舜禹湯文武受圖書之事皆云龍負圖龜負書緯候之書不知誰作通人討覈謂僞起哀平雖復前漢之末始有此書以前學者必相傳此說故孔以九類是神龜負文而出列於背有數從一而至於九禹見其文遂因而第之以成此九類法也此九類陳而行之常道所以得次敘也言禹第之者以天神言語必當簡要不應曲有次第丁寧若此故以爲禹次第之禹既第之當有成法可傳應人盡知之而武王獨問箕子者五行志云聖人行其道而寶其眞降及於殷箕子在父師之位而典之周既克殷以箕子

歸周武王親虛己而問焉言箕子典其事故武王特問之其義或當然也若然大禹既得九類常道始有次敘未有洛書之前常道所以不亂者世有澆淳教有疏密三皇已前無文亦治何止無洛書也但既得九類以後聖王法而行之從之則治違之則亂故此說常道攸敘攸斁由洛書耳

初一曰五行九類類一章以五行爲始**次二曰敬用五事**五事在身用之必敬乃善**次三曰農用八政**農厚也厚用之政乃成。農馬云食爲八政之首故以農名之**次四曰協用五紀**協和也和天時使得正用五紀**次五曰建用皇極**皇大極中也凡立事當用大中之道**次六曰乂用三德**治民必用剛柔正直之三德**次七曰明用稽疑**明用卜筮考疑之事**次八曰念用庶徵次九曰嚮用五福威用六極**言天所以嚮勸人用五福所以威沮人用六極此已上禹所第敘。嚮許亮反又許兩反沮在汝反此已上時掌反禹所第敘馬云從五行已下至六極洛書文也漢書五行志以初一已下皆洛書文也

【疏】初一至六極。正義曰天所賜禹大法九類者初一曰五材氣性流行次二曰敬用在身五種之行事次三曰厚用接物八品之政教次四曰和用天象五物之綱紀次五曰立治用大爲中正之道次六曰治民用三等之德次七曰明用小筮以考疑事次八曰念用天時衆氣之應驗次九曰嚮勸人用五福威沮人用六極此九類之事也。傳農厚至乃成。正義曰鄭玄云農讀爲醲則農是醲意故爲厚也政施於民善不厭深故厚用之政乃成也張晏王肅皆言農食之本也食爲八政之首故以農言之然則農用止爲一食不兼八事非上下之例故傳不然八政三德則是治民但政是被物之名德是在已之稱故分爲二疇也。傳協和至五紀。正義曰協和釋詁文天是積氣其狀無形列宿四方爲天之限天左行晝夜一周日月右行日遲月疾周天三百六十五度有餘日則日行一度月則日行十三度有餘日月行於星辰乃爲天之厤數和此天時令不差錯使行得正用五紀也日月逆天道而行其行又有遲疾故須調和之。皇大至之道。正義曰皇大釋詁文極之爲中常訓也凡所立事王者所行皆是無得過與不及常用大中之道也詩云莫匪爾極周禮以爲民極論語允執其中皆謂用大中也。傳信人至第敘。正義曰貧弱等六者皆謂窮極惡事故目之六極也福者人

之所慕皆嚮望之極者人之所惡皆畏懼之勸勉也勉之爲善沮止也止其爲惡福極皆上天爲之言天所以嚮望勸勉人用五福所以畏懼沮止人用六極自初一曰已下至此六極已上皆是禹所次第而敘之下文更將此九類而演說之知此九者皆禹所第也禹爲此次者蓋以五行世所行用是諸事之本故五行爲初也發見於人則爲五事故五事爲二也正身而後及人施人乃名爲政故八政爲三也施人之政用天之道故五紀爲四也順天布政則得大中故皇極爲五也欲求大中隨德是任故三德爲六也政雖在德事必有疑故稽疑爲七也行事在於政得失應於天故庶徵爲八也天監在下善惡必報休咎驗於時氣禍福加於人身故五福六極爲九也皇極居中者摠包上下故皇極傳云大中之道大立其有中謂行九疇之義是也福極處末者顧氏云前八事俱得五福歸之前八事俱失六極臻之故福極處末也發首言初一其末不言終九者數必以一爲始其九非數之終故從上言次而不言終也五行不言用者五行萬物之本天地百物莫不用之不嫌非用也傳於五福六極言天用者以前並是人君所用五福六極受之於天故言天用傳言此禹所第敘不知洛書本有幾字五行志悉載此一章乃云凡此六十五字皆洛書本文計天言簡要必無次第之數上傳云禹因而第之則孔以第是禹之所爲初一曰等二十七字必是禹加之也其敬用農用等一十八字大劉及顧氏以爲龜背先有摠三十八字小劉以爲敬用等亦禹所第敘其龜文惟有二十字並無明據未知孰是故兩存焉皇極不言數者以摠該九疇理兼萬事非局數能盡故也稽疑不言數者以卜五筮二共成爲七若舉卜不得兼筮舉筮不得兼卜且疑事既衆不可以數摠之故也庶徵不言數者以庶徵得爲五休失爲五咎若舉休不兼咎舉咎不兼休若休咎並言便爲十事本是五物不可言十也然五福六極所以善惡皆言者以沮勸在下故丁寧明言善惡也且庶徵雖有休咎皆以念慮包之福極嚮威相反不可一言爲目故別爲文焉知五福六極非各分爲疇所以共爲一者蓋以龜文福極相近一處故禹第之摠爲一疇等行五事所以福五而極六者大劉以爲皇極若得則分散摠爲五福若失則不能爲五事之主與五事並列其咎弱故爲六也猶詩平王以後與諸侯並列同爲國風焉咎徵有五而極有六者五行傳云皇之不極厥罰常陰卽與咎徵常雨相類故以常雨包之爲五也

一五行一曰水二曰火三曰木四曰金五曰土皆其生數**水曰潤下火曰炎上**言其自然之常性。炎，榮鉗反。上，時掌反，又如字，下同。**木曰曲直金曰從革**木可以揉曲直，金可以改更。揉，如酉反。**土爰稼穡**種曰稼，斂曰穡。土可以種，可以斂。**潤下作鹹**水鹵所生。鹹音咸，鹵音魯。**炎上作苦**焦氣之味。**曲直作酸**木實之性。**從革作辛**金之氣。**稼穡作甘**甘味生於百穀。五行以下箕子所陳。

［疏］「一五行」至「作甘」。正義曰：此以下箕子所演陳禹所第疇名於上條列說以成之此章所演文有三重第一言其名次第二言其體性第三言其氣味言五者性異而味別各爲人之用書傳云水火者百姓之求飲食也金木者百姓之所興作也土者萬物之所資生也是爲人用五行卽五材也襄二十七年左傳云天生五材民並用之言五者各有材幹也謂之行者若在天則五氣流行在地世所行用也。傳「皆其生數」。正義曰：易繫辭曰天一地二天三地四天五地六天七地八天九地十此卽是五行生成之數天一生水地二生火天三生木地四生金天五生土此其生數也如此則陽無匹陰無耦故地六成水天七成火地八成木天九成金地十成土於是陰陽各有匹偶而物得成焉故謂之成數也易繫辭又曰天數五地數五五位相得而各有合此所以成變化而行鬼神謂此也又數之所起起於陰陽陰陽往來在於日道十一月冬至日南極陽來而陰往冬水位也以一陽生爲水數五月夏至日北極陰進而陽退夏火位也當以一陰生爲火數但陰不名奇數必以偶故以六月二陰生爲火數也是故易說稱乾貞於十一月子坤貞於六月未而皆左行由此也冬至以及於夏至當爲陽來正月爲春木位也三陽已生故三爲木數夏至以及冬至當爲陰進八月爲秋金位也四陰已生故四爲金數三月春之季四季土位也五陽已生故五爲土數此其生數之由也又萬物之本有生於無者生於微及其成形亦以微著爲漸五行先後亦以微著爲次五行之體水最微爲一火漸著爲二木形實爲三金體固爲四土質大爲五亦是次之宜大劉與顧氏皆以爲水火木金得土數而成故水成數六火成數七木成數八金成數九土成數十義亦然也。傳「言其自然之常性」。正義曰：易文言云水流濕火就燥王肅曰水之性潤萬物而退下火之性炎盛而升上是潤下炎上言其自然之本性。傳「木可」至「改更」。正義曰：此亦言其性也揉曲直者爲器有須曲直也可改更者可銷鑄以爲器也木可以揉令曲直金可以從人改更言其可爲人用之意也由此而觀水則潤下可用以灌溉火則炎上可用以炊爨亦可知

也水既純陰故潤下趣陰火是純陽故炎上趣陽木金陰陽相雜故可曲直改更也○傳種曰至以斂○正義曰鄭玄周禮注云種穀曰稼若嫁女之有所生然則穡是惜也言聚畜之可惜也共爲治田之事分爲種斂二名耳土上所爲故爲土性上文潤下炎上曲直從革卽是水火木金體有本性其稼穡以人事爲名非是土之本性生物是土之本性其稼穡非土本性也爰亦曰也變曰言爰以見此異也六府以土穀爲二由其體異故也○傳水鹵所生○正義曰水性本甘久浸其地變而爲鹵鹵味乃鹹說文云鹵西方鹹地東方謂之斥西方謂之鹵禹貢云海濱廣斥是海浸其旁地使之鹹也月令冬云其味鹹其臭朽是也土言曰者言其本性此言作者從其發見指其體則稱曰致其類卽言作下五事庶徵言曰作者義亦然也○傳焦氣之味○正義曰火性炎上焚物則焦焦是苦氣月令夏云其臭焦其味苦苦爲焦味故云焦氣之味也臭之曰氣在口曰味○傳木實之性○正義曰木生子實其味多酸五果之味雖殊其爲酸一也是木實之性然也月令春云其味酸其臭羶是也○傳金之氣味○正義曰金之在火別有腥氣非苦非酸其味近辛故辛爲金之氣味月令秋云其位辛其臭腥是也○傳甘味生於百穀○正義曰甘味生於百穀穀是土之所生故甘爲土之味也月令

中央云其味甘其臭香是也○

一五事一曰貌容儀○貌本亦作顡二曰言詞章三曰視觀正○視常止反徐市止反四曰聽察是非五曰思心慮所行○思如字徐息吏反下同貌曰恭儼恪○儼魚檢反言曰從是則可從視曰明必清審○聽曰聰必微諦○諦音帝思曰睿必通於微○睿悅歲反馬云通也恭作肅心敬從作乂可以治明作哲照了○哲之舌反徐丁列反又之世反聰作謀所謀必成當○當丁浪反睿作聖於事無不通謂之聖

〔疏〕二五至作聖○正義曰此章所演亦爲三重第一言其所名第二言其所用第三言其所致貌是容儀舉身之大名也言是口之所出視是目之所見聽是耳之所聞思是心之所慮一人之上有此五事也貌必須恭言乃可從視必當明聽必當聰思必當通於微密也此一重卽是敬用之事貌能恭則心肅敬也言可從則政必治也視能明則所見照晳也聽能聰則所謀必當也思通微則事無不通乃成聖也此一重言其所致之事洪範本體與人主作法皆據人主爲說貌揔身也口言之目視之耳聽之心慮之人主始於敬身終通萬事此五事爲天下之本也五事爲此次者鄭云此數本諸陰陽昭明人相見之次也五行傳曰貌屬木言屬金視屬火聽屬水思屬土五行傳伏生之書也孔於太戊桑穀之下云七日大拱貌不恭之罰高宗雊雉之下云耳不聰之異皆書傳之文也孔取書傳爲說則此次之意亦當如書傳也木有華葉之容故貌屬木言之決斷若金之斬割故言屬金火外光故視屬火水內明故聽屬水土安靜而萬物生心思慮而萬事成故思屬土又於易東方震爲足足所以動容貌也西方兌爲口口出言也南方離爲目目視物也北方坎爲耳耳聽聲也土在內猶思在心亦是五屬之義也○傳察是非○正義曰此五事皆有是非論語云非禮勿視非禮勿聽非禮勿言非禮勿動又引詩云思無邪故此五事皆有是非也此經歷言五名名非善惡之稱但爲之有善有惡傳皆以是辭釋之貌者言其動有容儀也言者道其語有辭章也視者言其觀正不觀邪也聽者受人言察是非也思者心慮所行使行得中也傳於聽云察是非明五者皆有是非也所爲者爲正不爲邪也於視不言視邪正於聽言察是非亦所以互相明也○傳必通於微○正義曰此一重言敬用之事貌戒惰容故恭爲儼恪曲禮曰儼若思儼是言正之貌也恪敬也貌當嚴正而莊敬也言非理則人

違之故言是則可從也視必明於善惡故必清徹而審察也聽當別彼是非必微妙而審諦也王肅云睿通也思慮苦其不深故必深思使通於微也此皆敬用使然故經以善事明之鄭玄云此恭明聰睿行之於我身其從則是彼人從我以與上下違者我是而彼從亦我所爲不乖倒也此據人主爲文皆是人主之事說命云接下思恭視遠惟明聽德惟聰卽此是也○傳於事至之聖○正義曰此一重言所致之事也恭在貌而敬在心人有心慢而貌恭必當緣恭以致敬故貌恭作心敬也下從上則國治故人主言必從其國可以治也視能清審則照了物情故視明致照晳也聽聰則知其是非從其是爲謀必當故聽聰致善謀也睿聖俱是通名聖大而睿小緣其能通微事事無不通因睿以作聖也鄭玄周禮注云聖通而先識也是言識事在於衆物之先無所不通以是名之爲聖聖是智之上通之大也此言人主行其小而致其大皆是人主之事也鄭云皆謂其政所致也君貌恭則臣禮肅君言從則臣職治君視明則臣照晳君聽聰則臣進謀君思睿則臣賢智鄭意謂此所致皆是君致臣也案庶徵之意休徵咎徵皆肅乂所致若肅乂明聰皆是臣事則休咎之所致悉皆不由君矣又聖大而睿小若君睿而致臣聖則臣皆上於君矣何不然之甚乎晳字王肅及漢書五行志皆云晳

智也定本作晳則讀爲哲**三八政一曰食**勤農業**二曰貨**寶用物**三曰祀**敬鬼神以成教**四曰司空**主空土以居民**五曰司徒**主徒衆教以禮義**六曰司寇**主姦盜使無縱○縱子用反或作從音同**七曰賓**禮賓客無不敬**八曰師**簡師所任必良士卒○卒子忽反

【疏】三八政至曰師○正義曰八政者人主施政教於民有八事也一曰食教民使勤農業也二曰貨教民使求資用也三曰祀教民使敬鬼神也四曰司空之官主空土以居民也五曰司徒之官教衆民以禮義也六曰司寇之官詰治民之姦盜也七曰賓教民以禮待賓客相往來也八曰師立師防寇賊以安保民也八政如此次者人不食則死食於人最急故教爲先也有食又須衣貨爲人之用故貨爲二也所以得食貨乃是明靈祐之人當敬事鬼神故祀爲三也衣食祭祀必當有所安居司空主居民故司空爲四也雖有所安居非禮義不立司徒教以禮義故司徒爲五也雖有禮義之教而無刑殺之法則彊弱相陵司寇主姦盜故司寇爲六也民不往來則無相親之好故賓爲七也寇賊爲害則民不安居故師爲八也此用於民緩急而爲次也食貨祀賓

師指事爲之名三卿擧官爲名者三官所主事多若以一字爲名則所掌不盡故擧官名以見義鄭玄云此數本諸其職先後之宜也食謂掌民食之官若后稷者也貨掌金帛之官若周禮司貨賄是也祀掌祭祀之官若宗伯者也司空掌居民之官司徒掌教民之官也司寇掌詰盜賊之官賓掌諸侯朝覲之官周禮大行人是也師掌軍旅之官若司馬也王肅云賓掌賓客之官也即如鄭王之說自可皆擧官名何獨三事擧官也八政主以教民非謂公家之事司貨賄掌公家貨賄大行人掌王之賓客若其事如周禮皆掌王家之事非復施民之政何以謂之政乎且司馬在上司空在下今司空在四司馬在八非取職之先後也○傳寶用物○正義曰貨者金玉布帛之揔名皆爲人用故爲用物旅獒云不貴異物賤用物是也食則勤農以求之衣則蠶績以求之但貨非獨衣不可指言求處故云得而寶愛之孝經選云謹身節用詩序云儉以足用是寶物也○傳主空土以居民○正義曰周官篇云司空掌邦土居四民時地利司徒掌邦教敷五典擾兆民司寇掌邦禁詰姦慝刑暴亂周禮司徒教以禮義司寇無縱罪人其文具矣○傳簡師至必練○正義曰經言賓師當有賓師之法故傳以禮賓客無不敬教民待賓客相往來也師者衆之通名必當選人爲之故傳言簡師選人爲師也所任必良任良將也士卒必練練謂教習使知義若練金使精也論語以不教民戰是謂棄之是士卒必須練也

四五紀一曰歲所以紀四時**二曰月**所以紀一月**三曰日**紀一日**四曰星辰**二十八宿迭見以敘氣節十二辰以紀日月所會○宿音秀迭田節反見賢遍反**五曰麻數**麻數節氣之度以爲麻敬授民時

【疏】四五紀至麻數○正義曰五紀者五事爲天時之經紀也一曰歲從冬至以及明年冬至爲一歲所以紀四時也二曰月從朔至晦大月三十日小月二十九日所以紀一月也三曰日從夜半以至明日夜半周十二辰爲一日所以紀一日也四曰星辰星謂二十八宿昏明迭見辰謂日月別行會於宿度從子至於丑爲十二辰星以紀節氣早晚辰以紀日月所會處也五曰麻數筭日月行道所歷計氣朔早晚之數所以爲一歲之麻凡此五者皆所以紀天時故謂之五紀也五紀不言時者以歲月氣節正而四時亦自正時隨月變非麻所推故不言時也五紀爲此節者歲統月月統日星辰見於天其曰麻數揔麻四者故歲爲始麻爲終也○傳二十至所會○正義曰二十八宿布於四方隨天轉運昏明迭見月令十二月皆紀昏旦所中之星若月令孟春昏參中旦尾中

仲春昏弧中旦建星中季春昏七星中旦牽牛中孟夏昏翼中旦婺女中仲夏昏亢中旦危中季夏昏心中旦奎中孟秋昏建星中旦畢中仲秋昏牽牛中旦觜中季秋昏虛中旦柳中孟冬昏危中旦七星中仲冬昏東壁中旦軫中季冬昏婁中旦氐中皆所以敘氣節也氣節者一歲三百六十五日有餘分爲十二月有二十四氣一爲節氣謂月初也一爲中氣謂月半也以彼迭見之星敘此月之節氣也昭七年左傳晉侯問士文伯曰多語寡人辰而莫同何謂也對曰日月之會是謂辰會者日行遲月行疾俱循天度而右行二十九日過半月行一周天又前及日而與日會因謂會處爲辰則月令孟春日在營室仲春日在奎季春日在胃孟夏日在畢仲夏日在東井季夏日在柳孟秋日在翼仲秋日在角季秋日在翼仲秋日在角季秋日在房孟冬日在尾仲冬日在斗季冬日在婺女十二會以爲十二辰辰即子丑寅卯之謂也十二辰所以紀日月之會處也鄭以爲星五星也然五星所行下民不以爲候故傳不以星爲五星也○傳麻數至民時○正義曰天以積氣無形二十八宿分之爲限每宿各有度數合成一百六十五度有餘日月右行循此宿度日行一度月行十三度有餘二十九日過半而月一周與日會每於一會謂之一月是一歲爲十二月仍有餘十一日爲日行天未周故

置閏以充足若均分天度以爲十二次則每次三十度有餘一次之内有節氣中氣次之所管其度多每月之所統其日入月朔參差不及節氣不得在月朔中氣不得在月半故聖人歷數此節氣之度使知氣所在旣得氣在之日以爲一歲之厤所以敬授民時王肅云日月星辰所行布而數之所以紀度數是也歲月日星傳皆言紀厤數不言紀者歷數數上四事爲紀所紀非獨一事故傳不得言紀但成彼四事爲紀故通數以爲五耳

五皇極皇建其有極大中之道大立其有中謂行九疇之義斂時五福用敷錫厥庶民斂是五福之道以爲教用布與衆民使慕之惟時厥庶民于汝極錫汝保極君上有五福之教衆民於君取中與君以安中之善言從化凡厥庶民無有淫朋人無有比德惟皇作極民有安中之善則無淫過朋黨之惡比周之德爲天下皆大爲中正。比毗志反注同

【疏】五皇極至作極。正義曰皇大也極中也施政教治下民當使大得其中無有邪僻故演之云大中者人君爲民之主當大自立其有中之道以施教於民當先敬用五事以斂聚五福之道用此爲教布與衆民使衆民慕而行之在上能教如此惟是其衆民皆效上所爲無不於汝人君取其中道而行積久漸以成性乃更與汝人君以安中之道言皆化也若能化如是凡其衆民無有淫過朋黨之行人無有惡相阿比之德惟皆大爲中正之道言天下衆民盡得中也。傳大中至之義。正義曰此疇以大中爲名故演其大中之義大中之道大立其有中欲使人主先自立其大中乃以大中教民也凡行不迂僻則謂之中中庸所謂從容中道論語允執其中皆謂此也九疇爲德皆求大中是爲善之摠故云謂行九疇之義言九疇之義皆求得中非獨此疇求大中也此大中是人君之大行故特敘以爲一疇耳。傳斂是至慕之正義曰五福生於五事五事得中則福報之斂是五福之道指其敬用五事也用五事得中則各得其福其福乃散於五處不相集聚若能五事皆敬則五福集來歸之普敬五事則是斂聚五福之道以此敬五事爲教布與衆民使衆民勸慕爲之福在幽冥無形可見敬用五事則能致之斂是五福正是敬用五事不言敬用五事以教而云斂是五福以爲教者福是善之見者故言福以勸民欲其慕而行善也汝者箕子汝王也。傳君上至從化。正義曰凡人皆有善性善不能自成必須人君教之乃得爲善君上有五福之教以大中教民衆民於君取中保訓安也旣學得中則其心安之君以大中教民民以大中嚮君是民與君皆以大中之善君有大中民亦有大中言從君化也。傳民有至中止。正義曰民有安中之善非中不與爲交安中之人則無淫過朋黨之惡無有比周之德朋黨比周是不中者善多惡少則惡亦化而爲善無復有不中之人惟天下皆大爲中正矣

凡厥庶民有猷有爲有守汝則念之民戢有道有所爲有所執守汝則念錄敘之不協于極不罹于咎皇則受之凡民之行雖不合於中而不罹于咎惡皆可進用大法受之。罹馬力馳反又來多反行下孟反而康而色曰予攸好德汝則錫之福汝當安汝顏色以謙下人人曰我所好者德汝則與之爵祿。好呼報反下遐嫁反時人斯其惟皇之極不合於中之人汝與之福則是人此其惟大之中言可勉進無虐煢獨而畏高明煢單無兄弟也無子曰獨單獨者不侵虐之寵貴者不枉法畏之。無虐馬本作亡侮煢岐扃反畏如字徐云鄭音威

【疏】凡厥至高明。正義曰又說用人爲官使之大中凡其衆民有道德有所爲有所執守汝爲人君則當念錄敘之用之爲官若未能如此雖不合於中亦不罹於咎惡此人可勉進宜以取人大法則受取之其受人之大法如何乎汝當和安汝之顏色以謙下人彼欲仕者謂汝曰我所好者德也汝則與之以福祿隨其所能用之爲官是人庶幾必自勉進此其惟爲大中之道又爲君者無侵虐單獨而畏忌高明高明謂貴寵之人勿枉法畏之如是卽爲大中矣。傳民戢至敘之。正義曰戢斂也因上斂是五福故傳以戢言之戢文兼下三事民能斂德行智能使其身有道德其才能有所施爲用心有所執守如此人者汝念錄敘之宜用之爲官也有所爲謂藝能也有執守謂得善事能守而勿失言其心正不逆邪也。傳凡民至受之。正義曰不合於中不罹於咎謂未爲大善又無惡行是中人已上可勸勉有方將者也故皆可進用以大法受之大法謂用人之法取其所長棄瑕錄用也上文人君以大中教民使天下皆爲大中此句又令不合於中亦用之者上文言設教耳其實天下之大兆民之衆不可使皆合大中且庶官交曠卽須任人不可待人盡合大中然後敘用言各有爲不相妨害。傳汝當至爵祿。正義曰安汝顏色以謙下人其此不合於中人之皆人言曰我所好者德也是有慕善之心有方將者也汝則與之爵

祿以長進之上句言受之謂治。受以此言與爵祿謂用爲官也。傳不合至勉進。正義曰不合於中之人初時未合中也汝與之爵祿置之朝廷見人爲善心必慕之則是人此其惟大中之道爲大中之人言可勸勉使進也荀卿書曰蓬生麻中不扶自直白沙在涅與之俱黑斯言信矣此經或言時人德鄭王諸本皆無德字此傳不以德爲義定本無德疑衍字也。傳煢單至畏之。正義曰詩云獨行煢煢是爲單謂無兄弟也無子曰獨王制文高明與煢獨相對非謂才高知寵貴之人位望高也不枉法畏之卽詩所謂不畏强禦是也此經皆是據天子無陵虐煢獨而畏避高明寵貴者顧氏亦以此經據人君小劉以爲據人臣謬也

人之有能有爲使羞其行而邦其昌功能有爲之士使進其所行汝國其昌盛。羞其行如字徐下孟反。凡厥正人既富方穀凡其正直之人既當以爵祿富之又當以善道接之汝弗能使有好于而家時人斯其辜不能使正直之人有好於國家則是人斯其詐取罪而去于其無好德汝雖錫之福其作汝用咎於其無好德之人汝雖與之爵祿其爲汝用惡道以敗汝善。其爲于僞反。

疏人之至用咎。正義曰此又言用臣之法人之在位者有才能有所爲當褒賞之委任使進其行汝國其將昌盛也凡其正直之人既以爵祿富之又復以善道接之使之荷恩盡力汝若不能使正直之人有好善於汝國家是人於此其將詐取罪而去矣於其無好德之人謂性行惡者汝雖與之福賜之爵祿但本性既惡必爲惡行其爲汝臣必用惡道以敗汝善言當任善而去惡。傳功能至昌盛。正義曰功能有爲之士謂其身有才能所爲有成功此謂已在朝廷任用者也使進其行者謂人之有善若上知其有能有爲或以言語勞來之或以財貨賞賜之或更任之以大位如是則其人喜於見知必當行自進益人皆漸自修進汝國其昌盛矣。傳凡其至接之。正義曰凡其正直之人普謂臣民有正直者爵祿所設正直是與已知彼人正直必當授之以官既當與爵祿富之又當以善道接之言其非徒與官而已又當數加燕賜使得其歡心也。傳不能至而去。正義曰授之以官爵加之以燕賜喜於知已荷君恩德必進謀樹功有好善於國家若雖用爲官心不委任禮意踈薄更無恩紀言不聽計不用必將奮衣而去不肯久留故言不能使正直之人有好於國家則是人斯其詐取罪而去也。傳於其至汝善。正義曰無好對有好有好謂有善也無好德之人謂彼性不好德好惡之人也論語曰未見好德如好色者傳訓言好德者多矣故傳以好德言之定本作無惡者疑誤耳不好德者性行本惡君雖與之爵祿不能感恩行義其爲汝臣必用惡道以敗汝善也易繫辭云无咎者善補過也咎是過之別名故爲惡耳

無偏無陂遵王之義偏不平陂不正言當循先王之正義以治民。陂音祕舊本作頗音普多反。無有作好遵王之道無有作惡遵王之路言無有亂爲私好惡動必循先王之道路。好呼報反惡烏路反注同。無偏無黨王道蕩蕩言開闢。闢婢必反無黨無偏王道平平言辯治。平平婢緜反治直吏反。無反無側王道正直言所行無反道不正則王道平直。會其有極歸其有極言會其有中而行之則天下皆歸其有中矣。

疏無偏至有極。正義曰更言大中之體爲人君者當無偏私無陂曲動循先王之正義無有亂爲私好謬賞惡人動循先王之正道無有亂爲私惡濫罰善人動循先王之正路無偏私無阿黨王家所行之道蕩蕩然開闢矣無阿黨無偏私王者所立之道平平然辯治矣所行無反道無偏側王家之道正直矣所行得無偏私皆正直者會集其有中之道而行之若其行必得中則天下歸其中矣言人皆謂此人爲大中之人也。傳偏不至治民。正義曰不平謂高下不正謂邪僻與下好惡反側其義一也偏頗阿黨是政之大患故箕子殷勤言耳下傳云無有亂爲私好私惡者人有私好惡則亂於正道故傳以亂言之。傳言會至中矣。正義曰會謂集會言人之將爲行也集會其有中之道而行之行實得中則天下不皆歸其爲有中矣天下者大言之論語云一日克己復禮天下歸仁焉此意與彼同也

曰皇極之敷言是彝是訓于帝其訓曰者大其義言以大中之道布陳言教不失其常則人皆是順矣天且其順而況于人乎凡厥庶民極之敷言是訓是行以近天子之光凡其衆民中心之所陳言凡順是行之則可以近益天子之光明。近附近之近。曰天子作民父母以爲天下王言天子布德惠之教爲兆民之父母是爲天下所歸往不可不

務。【疏】曰皇至下王。○正義曰：既言有中矣，爲天下所歸，更美之曰以大中之道布陳言教，不使失是常道，則民皆於是順矣。天且其順，而況於人乎？以此之故，大中爲天下所歸也。又大中之道至矣，何但出於天子爲貴？凡其衆民中和之心所陳之言，謂以善言聞於上者，於是順之，於是行之，悅於民而便於政，則可近益天子之光明矣。又本人君須大中者，更美大之曰人君於天所子，布德惠之教，爲民之父母，以是之故，爲天下所歸往，由大中之道教使然，言人君不可不務大中矣。

六三德：一曰正直，能正人之曲直。二曰剛克，剛能立事。○克，馬云勝也。三曰柔克。和柔能治，三者皆德。平康正直，世平安，用正直治之。彊弗友剛克，友，順也。世強禦不順，以剛能治之。○禦，魚呂反。能治，直吏反。燮友柔克。燮，和也。世和順，以柔能治之。○燮，息協反。沈潛剛克，沈潛謂地，雖柔亦有剛，能出金石。高明柔克。高明謂天，言天爲剛德，亦有柔克，不干四時。諭臣當執剛以正君，君亦當執柔以納臣。惟辟作福，惟辟作威，惟辟玉食。言惟君得專威福，爲美食。○辟，徐補亦反。玉食，張晏注漢書云：玉食，珍食也。韋昭云：諸侯備珍異之食。臣無有作福作威玉食。臣之有作福作威玉食，其害于而家，凶于而國，人用側頗僻，民用僭忒。在位不敦平，則下民僭差。○頗，普多反。僻，匹亦反。僭，子念反。忒，他得反，馬云惡也。

【疏】六三至僭忒。○正義曰：此三德者，人君之德，張弛有三也。一曰正直，言能正人之曲使直。二曰剛克，言剛強而能立事。三曰柔克，言和柔而能治。既言人主有三德，又說隨時而用之：平安之世，用正直治之；強禦不順之世，用剛能治之；和順之世，用柔能治之。既言三德張弛隨時而用，又舉天地之德以喻君臣之交：地之德沈深而柔弱矣，而有剛，能出金石之物也；天之德高明剛強矣，而有柔，能順陰陽之氣也。以喻臣道雖柔，當執剛以正君；君道雖剛，當執柔以納臣也。既言君臣之交剛柔遞用，更言君臣之分貴賤有恒：惟君作福，得專賞人也；惟君作威，得專罰人也；惟君玉食，得備珍食也。爲臣無得有作福作威玉食，言政當一統，權不可分也。臣之有作福作威玉食者，其必害於汝臣之家，凶於汝君之國，言將得罪喪家，且亂邦也。在位之人用此大臣專權之故，其行側

頗僻，下民用在位頗僻之故，皆言不信而行差錯。○傳和柔至皆德。○正義曰：剛不恒用，有時施之，故傳言立事；柔則常用以治，故傳言能治。三德爲此次者，正直在剛柔之間，故先言二者，先剛後柔，得其敘矣。王肅意與孔同。鄭玄以爲三德人各有一德，謂人臣也。○傳友順至治之。○正義曰：釋訓云：善兄弟爲友。友是和順之名，故爲順也。傳云燮，和也，釋詁文。此三德是王者一人之德，視世而爲之，故傳三者各言世。世平安，雖時無逆亂，而民俗未和，其下猶有曲者，須在上以正之，故世平安用正直之德治之。世有強禦不順，非剛無以制之，故以剛能治之。世既和順，風俗又安，故以柔能治之。鄭玄以爲人臣各有一德，天子擇使之。注云：安平之國，使中平守一之人治之，使不失舊職而已；國有不順孝敬之行者，則使剛能之人誅治之；其有中和之行者，則使柔能之人治之，差正之。與孔不同。○傳高明至納臣。○正義曰：中庸云：博厚配地，高明配天。高而明者，惟有天耳，知高明謂天也。以此高明是天，故上傳沈潛謂地也。文五年左傳云：天爲剛德，猶不干時。是言天亦有柔德，不干四時之序也。地柔而能剛，天剛而能柔，故以諭臣當執剛以正君，君當執柔以納臣也。○傳言惟至美食。○正義曰：於三德之下說此事者，以德則隨時而用，位則不可假人，故言尊卑之分，君臣之紀，不可使臣專威福，奪君權也。衣亦不得僭君，而獨言食者，人之所資，食最爲重，故舉言重也。王肅云：辟，君也。不言王者，關諸侯也。諸侯於國得專賞罰，其義或當然也。○傳在位至僭差。○正義曰：此經福威與食，於君每事言辟，於臣則并文而略之也。作福作威，謂秉國之權，勇略震主者也。人用側頗僻者，謂在位小臣見彼大臣威福由己，由此之故，小臣皆附下罔上，爲此側頗僻也。下民見此在位小臣秉心僻側，用此之故，下民皆不信，恒爲此僭差也。言在位由大臣，下民由在位，故皆言用也。傳不解家，王肅云：大夫稱家，言秉權之臣必滅家，復害其國也。

七稽疑：擇建立卜筮人，龜曰卜，蓍曰筮。考正疑事，當選擇知卜筮人而建立之。○蓍音尸。乃命卜筮。建立其人，命以其職。曰雨，曰霽，龜兆形有似雨者，有似雨止者。○霽，子細反。曰蒙，蒙，陰闇。○蒙，武工反，徐亡鉤反。曰驛，氣洛驛不連屬。○驛音亦，注同。屬音燭。曰克，兆相交錯。五者卜兆之常法。曰貞，曰悔，內卦曰貞，外卦曰悔。凡七。卜筮之數。卜五，占用二，衍忒。立時人作卜筮，三人占，則從二人之言。立是

知卜筮人使為卜筮之事夏殷周卜筮各異三法並卜從二人之言善鈞從衆卜筮各三人○占用二馬云占筮也衍以淺反

汝則有大疑謀及乃心謀及卿士謀及庶人謀及卜筮將舉事而汝則有大疑先盡汝心以謀慮之次及卿士衆民然後卜筮以決之汝則從龜從筮從卿士從庶民從是之謂大同人心和順龜筮從之是謂大同於吉身其康彊子孫其逢吉動不違衆故後世遇吉○逢馬云逢大也汝則從龜從筮從卿士逆庶民逆吉三從二逆中吉亦可舉事卿士從龜從筮從汝則逆庶民逆吉君臣不同決之卜筮亦中吉庶民從龜從筮從汝則逆卿士逆吉民與上異心亦卜筮以決之汝則從龜從筮逆卿士逆庶民逆作內吉作外凶二從三逆龜筮相違故可以祭祀冠婚不可以出師

征伐○冠官喚反龜筮共違于人皆逆用靜吉用作凶安以守常則吉動則凶

【疏】七稽至之言○正義曰稽疑者言王者考正疑事當選擇知卜筮者而建立之以為卜筮人謂立為卜人筮人之官也既立其官乃命以卜筮之職云卜兆有五曰雨兆如雨下也曰霽兆如雨止也曰雺兆氣蒙闇也曰圛兆氣落驛不連屬也曰克兆相交也筮卦有二重二體乃成一卦曰貞謂內卦也曰悔謂外卦也卜筮兆卦其法有七事其卜兆用五雨霽蒙驛克也其筮占用二貞與悔也卜筮皆就此七者推衍其變立是知卜筮人使作卜筮之官其卜筮必用三代之法三人占之若其所占不同而其善鈞者則從二人之言言以此法考正疑事也○傳龜曰至立之○正義曰龜曰卜蓍曰筮曲禮文也考正疑事當選擇知卜筮人而建立之建亦立也復言之耳鄭王皆以建立為二言將考疑事選擇可立者立為卜人筮人○傳兆相至常法○正義曰此上五者灼龜為兆其璺拆形狀有五種是卜兆之常法也說文云霽雨止也霽似雨止則雨似雨下鄭玄曰霽如雨止者雲在上也雺聲近蒙詩云零雨其蒙則濛是闇之義故以雺為兆蒙是陰闇也圛即驛也故以為兆氣落驛不連屬落驛希䟽之意也雨霽既相對則蒙驛亦相對故驛為落驛氣不連屬則雺為氣連蒙闇也王肅云圛霍驛消滅如雲陰雺天氣下地不應闇冥也其意如孔言鄭玄以圛為明言色澤光明也雺者氣澤鬱鬱冥冥也自以明闇相對異於孔也克謂兆相交錯王肅云兆相侵入蓋兆為二拆其拆相交也鄭玄云克者如雨氣色相侵入卜筮之事體用難明故先儒各以意說未知孰得其本今之用龜其兆橫者為土立者為木斜向徑者為金背徑者為火因兆而細曲者為水不知與此五者同異如何此五兆不言一曰二曰者灼龜所遇無先後也○傳內卦至曰悔○正義曰僖十五年左傳云秦伯伐晉卜徒父筮之其卦遇蠱蠱卦巽下艮上說卦云巽為風艮為山其占云蠱之貞風也其悔山也是內卦為貞外卦為悔也筮法爻從下起故以下體為內上體為外下體為本因而重之故以下卦為貞貞正也言下體是其正鄭玄云悔之言晦晦猶終也晦是月之終故以為終言上體是其終也下體言正以見上體不正上體言終以見下體為始二名互相明也○傳立是至三人○正義曰此經卜五占用二衍忒孔不為傳鄭玄云卜五占用謂雨霽蒙驛克也二衍忒謂貞悔也斷用從上句二衍忒者指謂筮事王肅云卜五者筮短龜長故卜多而筮少占用二者以貞悔占六爻衍忒者當推衍其爻義以極其意卜五占二其義當如王解其衍忒宜揔謂

卜筮皆當衍其義極其變非獨筮衍而卜否也傳言立是知卜筮人使為卜筮之事者言經之此文覆述上句立卜筮人也言三人占是占此卜筮法當有三人周禮太卜掌三兆之法一曰玉兆二曰瓦兆三曰原兆掌三易之法一曰連山二曰歸藏三曰周易杜子春以為玉兆帝顓頊之兆瓦兆帝堯之兆又云連山虙犧歸藏黃帝三兆三易皆非夏殷而孔意必以三代夏殷周法者以周禮指言一曰二曰不辯時代之名案考工記云夏曰世室殷曰重屋周曰明堂又禮記郊特牲云夏收殷哻周冕皆以夏殷周三代相因明三易亦夏殷周相因之法子春之言孔所不取鄭玄易贊亦云夏曰連山殷曰歸藏與孔同也所言三兆三易必是三代異法故傳以為夏殷周卜筮各以三代異法三法並卜法有一人故三人也從二人之言者二人為善既鈞故從衆也若三人之內賢智不等雖少從賢不從衆也善鈞從衆成六年左傳文既言三法並卜嫌筮不然故又云卜筮各三人也經惟言三占從二何知不一法而三占而知三法並用者金縢云乃卜三龜一習吉儀禮士喪卜葬占者三人貴賤俱用三龜知卜筮並用三代法也○傳將舉至決之○正義曰非有所舉則自不卜故云將舉事事有疑則當卜筮人君先盡巳心以謀慮之次及卿士衆民人謀猶不能定然後問卜筮以決之故先言

乃心從言卜筮也鄭玄云卿士六卿掌事者然則謀及卿士以卿爲首耳其大夫及士亦在焉以下惟言庶人明大夫及士寄卿文以見之矣周禮小司寇掌外朝之政以致萬民而詢焉一曰詢國危二曰詢國遷三曰詢立君是有大疑而詢衆也又曰小司寇以敘進而問焉是謀及之也大疑者不要是彼三詢其謀及則同也謀及庶人必是大事若小事不必詢於萬民或謀及庶人在官者耳小司寇又曰以三刺斷庶民獄訟之中一曰訊羣臣二曰訊羣吏三曰訊萬民彼羣臣羣吏分而爲二此惟言卿士者彼將斷獄令衆議然後行刑故臣與民爲三其人主待衆議而決之此則人主自疑故一人主爲一又摠羣臣爲一也○傳人心至於吉○正義曰人主與卿士庶民皆從是人心和順也此必臣民皆從乃問卜筮而進龜筮於上者尊神物故先言之不在汝則之上者卜筮當有主故以人爲先下三事亦然改卜言龜者卜是請問之意吉凶龜占兆告以人故改言龜也筮則本是蓍名故不須改也○傳動不至逢吉○正義曰物貴和同故大同之吉延及於後宜三年左傳稱成王定鼎卜世三十卜年七百是後世遇吉○傳三從至舉事○正義曰此與下二事皆是三從二逆除龜筮以外有汝與卿士庶民分三者各爲一從二逆嫌其貴賤有異從逆或殊故三者各以有一從爲主見其爲吉同也方論得吉以從者爲主故交言卿士從下言庶民從也以從爲主故退汝則於下傳解其意卿士從者君臣不同也庶民從者民與上異心也解臣民與君異心得其筮之意也不言四從一逆者吉可知不假言之也四從之內雖龜筮相違亦爲吉以其從者多也若三從之內龜筮相違雖不如龜筮俱從猶勝下龜筮相違二從三逆必知然者以下傳云一從三逆龜筮相違既計從之多少明從多則吉故杜預云龜筮同卿士之數者是龜筮雖靈不至越於人也上言庶人又言庶民者嫌庶人惟指在官者變人言民見其同也民之賤得與卿士敵者貴者雖貴未必謀慮長故通以民爲一令與君臣等也○傳民與至決之○正義曰天子聖人庶民愚人而得爲識見同者但聖人生知不假卜筮垂教作訓晦跡同凡且庶民既衆以衆情可否亦得上敵於聖故老子云聖人無常心以百姓心爲心是也○傳二從至征伐○正義曰此二從三逆爲小吉故猶可舉事內謂國內故可以祭祀冠婚外謂境外故不可以出師征伐征伐事大此非大吉故也此經龜從筮逆其筮從龜逆爲吉亦同故傳言龜筮相違見龜筮之智等也若龜筮智等而僖四年左傳云筮短龜長者於時晉獻公欲以驪姬爲夫人卜既不吉而更令筮之神靈不以實告筮而得吉必欲用之卜人欲令公舍筮從卜故曰

筮短龜長非是龜實長也易繫辭云蓍之德圓而神卦之德方以智神以知來智以藏往然則知來藏往是爲極妙雖龜之長無以加此聖人演筮爲易所知豈是短乎明彼長短之說乃是有爲言耳此二從三逆以汝與龜爲二從耳卿士庶民謀有一從亦是二從凶吉亦同故不復設文可知也若然汝卿士庶民皆逆龜筮並從則亦是二從三逆而經無文者若君與臣民皆逆本自不問卜矣何有龜從筮從之理也前三從之內龜筮既從君與卿士庶民各有一從以配龜筮凡有三條若惟君與卿士從配龜爲一條或君與庶民從配龜又爲一條或卿士庶民從配龜又爲一條凡有三條若筮從龜逆其事亦然二從三逆君配龜從爲一條於經已具卿士配龜從爲二條庶民配龜從爲三條若筮從龜逆以人配筮其事亦同案周禮筮人國之大事先筮而後卜鄭玄云於筮之凶則止何有筮逆龜從及龜筮俱違者崔靈恩以爲筮用三代之占若三占之俱主凶則止不卜即鄭注周禮筮凶則止是也若三占二逆一從凶猶不決雖有筮逆猶得更卜故此有筮逆龜從之事或筮凶則止而不卜乃是鄭玄之意非是周禮經文未必孔之所取曲禮云卜筮不相襲鄭云卜不吉則又筮筮不吉則又卜是謂瀆龜筮周禮太卜小事筮大事卜應筮而又用卜應卜而又用筮及國之大事先筮後卜不吉之後更作卜筮如此之等是爲相襲皆據吉凶分明不可重爲卜筮若吉凶未決於事尚疑者則得更爲卜筮僖二十五年晉侯卜納王得阪泉之兆曰吾不堪也公曰筮之遇大有之睽又哀九年晉趙鞅卜救鄭遇水適火又筮之遇泰之需之類是也周禮既先筮後卜而春秋時先卜後筮者不能依禮故也

八庶徵【疏】正義曰庶衆也徵驗也王者用九疇爲大中行稽疑以上爲善政則驗有美惡以爲人主自曰雨至一極無凶摠言五氣之驗有美有惡曰休徵敘美行之驗曰咎徵敘惡行之驗自曰王省至家用平康言政善致美也日月歲時至家用不寧言政惡致咎也庶民惟星以下言人君當以常度齊正下民

曰雨曰暘曰燠曰寒曰風曰時雨以潤物暘以乾物燠以長物寒以成物風以動物五者各以其時所以爲衆驗○暘音陽乾音干燠乃管反長之丈反

五者來備各以其敘庶草蕃廡言五者備至各以次序則衆草蕃滋廡豐也○蕃音煩廡無甫反徐莫杜反

一極備凶一極無凶一者備極過甚則凶一者極無不至亦凶謂不時失敘

【疏】曰雨至無凶○正義曰將說其驗先立其名五者行於天

地之間人物所以得生成也其名曰雨所以潤萬物也曰暘所以乾萬物也曰燠所以長萬物也曰寒所以成萬物也曰風所以動萬物也此是五氣之名曰時言五者各以時來所以爲衆事之驗也更述時與不時之事五者於是來皆備足須風則風來須雨則雨來其來各以次序則衆草木蕃滋而豐茂矣謂來以時也若不以時五者之內一者備極過甚則凶一者極無不至亦凶雨多則澇雨少則旱是備極亦凶極無亦凶其餘四者亦然。傳雨以至衆驗。正義曰易說卦云風以散之雨以潤之日以烜之日暘也烜乾也是雨以潤物暘以乾物風以動物也易繫辭云寒往則暑來暑往則寒來寒暑相推而歲成焉是言天氣有寒有暑暑長物而寒成物也釋言云燠煖也舍人曰燠温煖也是燠煖爲一故傳以煖言之不言暑而言燠者燠是熱之始暑是熱之極涼是冷之始寒是冷之極長物舉其始成物舉其極理宜然也五者各以其時而至所以爲衆事之驗也所以言時者謂當至則來當止則去無常時也冬寒夏燠雖有定時或夏須漸寒冬當漸熱雨足則思暘暘久則思雨草木春則待風而長秋則待風而落皆是無定時也不言一曰二曰者爲其來無先後也依五事所致爲次下云休徵咎徵雨若風若是其致之次也昭元年左傳云天有六氣陰陽風雨晦明也以彼六氣校此五氣雨暘風文與彼同彼言晦明此言寒燠則晦是寒也明是燠也惟彼陰於此無所當耳五行傳說五事致此五氣云貌之不恭是謂不肅厥罰恒雨惟金沴木言之不從是謂不乂厥罰恒暘惟木沴金視之不明是謂不哲厥罰恒燠惟水沴火聽之不聰是謂不謀厥罰恒寒惟火沴水思之不睿是謂不聖厥罰恒風惟木金水火沴土如彼五行傳言是雨屬木暘屬金燠屬火寒屬水風屬土鄭云雨木氣也春始施生故木氣爲雨暘金氣也秋物成而堅故金氣爲暘燠火氣也寒水氣也風土氣也凡氣非風不行猶金木水火非土不處故土氣爲風是用五行傳爲說孔意亦當然也六氣有陰五事休咎皆不致陰五行傳又曰皇之不極厥罰常陰是陰氣不由五事別自屬皇極也蓋立用大中則陰順時爲休大之不中陰恒若爲咎也。傳言五至廡豐。正義曰五氣所以生成萬物正可時來時去不可常無常有故言五者備至各以次序須至則來須止則去則衆草百物蕃滋廡豐也釋詁文。廡豐茂也草蕃廡言草滋多而茂盛也下言百穀用成此言衆草蕃廡者舉草茂盛則穀成必矣舉輕以明重也。傳一者至失敘。正義曰此謂不以時來其至無次序也一者備極過甚則凶謂來而不去也一者極無不至亦凶謂去而不來也卽卜云恒雨若恒風若之類是也有無相刑去來正反恒雨則無暘恒寒則無燠恒雨亦凶無暘亦凶恒寒亦凶無燠亦凶謂至不待時失次序也如此則草不茂穀不成也

曰休徵。敘美行之驗。行，下孟反。**曰肅時寒若**，君行敬則時雨順之。**曰乂時暘若**，君行政治則時暘順之。治，直吏反，下歐治治其職皆同。**曰哲時燠若**，君能照哲則時燠順之。哲，之設反，徐音制，又音哲。**曰謀時寒若**，君能謀則時寒順之。**曰聖時風若**，君能通理則時風順之。

疏 曰休徵至風若。正義曰既言五者次序覆述次序之事曰美行致以時之驗何者是也曰人君行敬則雨以時而順之曰人君政治則暘以時而順之曰人君照哲則燠以時而順之曰人君謀當則寒以時而順之曰人君通聖則風以時而順之此則致上文各以其次敘庶草蕃廡也

曰咎徵。敘惡行之驗。咎，其九反。**曰狂恒雨若**，君行狂妄則常雨順之。**曰僭恒暘若**，君行僭差則常暘順之。**曰豫恒燠若**，君行逸豫則常燠順之。豫，羊庶反，徐又音舒。**曰急恒寒若**，君行急則常寒順之。**曰蒙恒風若**，君行蒙闇則常風順之。

疏 曰咎之至風若。正義曰上既言失次序覆述失次序之事曰惡行致備極之驗何者是也曰君行狂妄則常雨順之曰君行僭差則常暘順之曰君行逸豫則常燠順之曰君行急躁則常寒順之曰君行蒙闇則常風順之此卽致上文一極備凶一極無凶也。傳君行至順之。正義曰此故咎皆言若者其所致者皆順其所行故言若也易文言云雲從龍風從虎水流濕火就燥是物各以類相應故知天氣順人所行以示其驗也其咎反於休者人君行不敬則狂妄故狂對肅也政不治則僭差故僭對乂也明不照物則行自逸豫故豫對哲也心無謀慮則行必急躁故急對謀也性不通曉則行必蒙闇故蒙對聖也鄭玄以狂爲倨慢以對不敬故爲慢也鄭王本豫作舒鄭云舉遲也王肅云舒惰也以對照哲故爲遲惰鄭云急促自用也以謀者用人之言故急爲自用已也鄭云蒙見冒亂也王肅云蒙瞀以聖是通達故蒙爲瞀蒙所見冒亂言其不曉事與聖反也與孔各小異耳

曰王省惟歲，王所省職兼所總羣吏如歲兼四時。省，息井反。**卿士惟月**，卿士各有所掌如月之有別。別，彼列反。**師尹惟日**，衆正官之吏分治其職如日之有歲月。**歲月日時無易**，各順常。**百**

穀用成乂用明歲月日時無易則百穀成君臣無易則政治明俊民用章家用平康賢臣顯用國家平寧日月歲時既易是三者已易喻君臣易職百穀用不成乂用昏不明俊民用微家用不寧君失其柄權臣擅命治闇賢隱國家亂【疏】「曰王省」至「不寧」○正義曰既陳五事之休咎又言皇極之得失與上異端更復言曰王之省職兼揔羣吏惟如歲也卿士分居列位惟如月也衆正官之長各治其職惟如日也此王也卿士也師尹也掌事猶歲月日者言皆無改易君秉君道臣行臣事則百穀用此而成歲豐稔也其治用是而明世安泰也俊民用此而章在官位也國家用此而平安風俗和也若王也卿士也師尹也掌事猶如日月歲者是已變易君失其柄權臣各專恣百穀用此而不成歲飢饉也其治用此昏闇而不明政事亂也俊民用此而卑微皆隱遁也國家用此而不安泰時世亂也此是皇極所致得中則致善不中則致惡歲月日無易是得中也既易是不中也所致善惡乃大於庶徵故於此敘之也○傳「王所」至「四時」○正義曰下云庶民惟星以星喻民知此歲月日者皆以喻職事也於王言省則卿士師尹亦爲省也王之所省職無不兼所揔羣吏如歲兼四時下句惟有月日羣臣無喻時者但時以統月故傳以四時言之言其兼下月日也○傳「衆正」至「歲月」○正義曰師衆也尹正也衆正官之吏謂卿士之下有正官大夫與其同類之官爲長周禮大司樂爲樂官之長太卜爲卜官之長此之類也此等分治其職屬王屬卿如日之有歲月言其有繫屬也詩稱赫赫師尹乃謂三公之官此以師尹爲正官之吏謂大夫者以此師尹之文在卿士之下卑於卿士知是大夫與小官爲長亦是衆官之長故師尹之名同耳鄭云所以承休徵咎徵言之者休咎五事得失之應其所致尚微故大陳君臣之象成皇極之事其道得則其美應如此其道失則敗德如彼非徒風雨寒燠而已是也

庶民惟星星有好風星有好雨星民象故衆民惟若星箕星好風畢星好雨亦民所好○好呼報反日月之行則有冬有夏日月之行冬夏各有常度君臣政治小大各有常法月之從星則以風雨月經於箕則多風離於畢則多雨政教失常以從民欲亦所以亂【疏】「庶民」至「風雨」○正義曰既言大中治民不可改易又言民各有心須齊正之言庶民之性惟若星然星有好風星有好雨以喻民有好善亦有好惡日月之行則有冬有夏言日月之行冬夏各有常道喻君臣爲政小大名有常法若日月失其常道則天氣從而改焉月之行度失道從星所好以致風雨喻人君政教失常從民所欲則致國亂故常立用大中以齊正之不得從民欲也○傳「星民」至「所好」○正義曰星之在天猶民之在地星爲民象以其象民故因以星喻故衆民惟若星也直言星有好風不知何星故云箕星好風也畢星好雨亦如民有所好也不言畢星好雨具於下傳○傳「日月」至「常法」○正義曰日月之行四時皆有常法變冬夏爲南北之極故舉以言之日月之行冬夏各有常度喻人君爲政小大各有常法張衡蔡邕王蕃等說渾天者皆云周天三百六十五度四分度之一天體圓如彈丸北高南下北極出地上三十六度南極入地下三十六度南極去北極直徑一百二十二度弱其依天體隆曲南極去北極一百八十二度彊正當天之中央南北二極中等之處謂之赤道去南北極各九十一度春分日行赤道從此漸北夏至赤道之北二十四度去北極六十七度去南極一百一十五度日行黑道從夏至日以後日漸南至秋分還行赤道與春分同冬至行赤道之南二十四度去南極六十七度去北極一百一十五度其日之行處謂之黃道又有月行之道與日道相近交路而過半在日道之裏半在日道之表其當交則兩道相合交去極遠處兩道相去六度此其日月行道之大略也王肅云日月行有常度君臣禮有常法以齊其民○傳「月經」至「以亂」○正義曰詩云月離于畢俾滂沱矣是離畢則多雨其文見於經經箕則多風傳記無其事鄭玄引春秋緯云月離於箕則風揚沙作緯在孔君之後以前必有此說孔依用之也月行有常度時或失道從星經箕多風離畢多雨此天象之自然以箕爲簸揚之器畢亦捕魚之物故耳鄭以爲箕星好風者箕東方木宿風中央土氣木克土爲妻從妻所好故好風也畢星好雨者畢西方金宿雨東方木氣金克木爲妻從妻所好故好雨也推此則南宮好暘北宮好燠中宮四季好寒以各尚妻之所好故也未知孔意同否顧氏所解亦同於鄭言從星者謂不應從而從以致此風雨故喻政教失常以從民欲亦所以亂也上云日月之行此句惟言月者鄭云不言日者日之從星不可見故也

九五福一曰壽百二十年二曰富財豐備三曰康寧無疾病四曰攸好德所好者德福之道五曰考終命各成其短長之命以自終不橫夭○橫華孟反又如字六極一曰凶短

折動不遇吉短未六十折未三十言辛苦○凶馬云終也折時設反音之舌反二曰疾常抱疾苦三曰憂多所憂四曰貧困於財五曰惡醜陋六曰弱尩劣○尩烏黃反[疏]九五福至曰弱○正義曰五福者謂人蒙福祐有五事也一曰壽年得長也二曰富家豐財貨也三曰康寧無疾病也四曰攸好德性所好者美德也五曰考終命成終長短之命不橫夭也六極謂窮極惡事有六一曰凶短折遇凶而橫夭性命也二曰疾常抱疾病三曰憂常多憂四曰貧困之於財五曰惡貌狀醜陋六曰弱志力尩劣也五福六極天實得爲之而歷言此者以人生於世有此福極爲善致福爲惡致極勸人君使行善也五福六極如此次者鄭云此數本諸其尤者福是人之所欲以尤欲者爲先極是人之所惡以尤所不欲者爲先以下緣人意輕重爲次耳○傳百二十年○正義曰人之大期百年爲限世有長壽云百二十年者故傳以最長者言之未必有正文也○傳所好至之道○正義曰人所嗜好稟諸上天性之所好不能自已好善者或當知善是善好惡者不知惡之爲惡是善故好之無厭任其所好而觀之所好者德是福之道也好德者天使之然故爲福也鄭云民皆好有德也王肅云言人君所好者道德爲福洪範以人君爲主上之所爲下必從之人君好德故民亦好德事相通也○傳各成至橫夭○正義曰成十三年左傳云民受天地之中以生所謂命也能者養之以福不能者敗以取禍是言命之短長雖有定分未必能遂其性不致夭枉故各成其短長之命以自終不橫夭者亦爲福也○傳動不至辛苦○正義曰動不遇吉者解凶也傳以壽爲百二十年短者半之爲未六十折又半爲未三十辛苦者味也辛苦之味入口猶困阨之事在身故謂殃厄勞役之事爲辛苦也鄭玄以爲凶短折皆是夭枉之名未齔曰凶未冠曰短未婚曰折漢書五行志云傷人曰凶禽獸曰短草木曰折一曰凶夭是也兄喪弟曰短父喪子曰折並與孔不同○傳尩劣○正義曰尩劣並是弱事爲筋力弱亦爲志氣弱鄭玄云愚懦不毅曰弱言其志氣弱也五行傳有致極之文無致福之事鄭玄依書傳云凶短折思不睿之罰疾視不明之罰憂言不從之罰貧聽不聰之罰惡貌不恭之罰弱皇不極之罰反此而云王者思睿則致壽聽聰則致富視明則致康寧言從則致攸好德貌恭則致考終命所以然者不但行運氣性相感以義言之以思睿則無擁神安而保命故壽若蒙則不通殤神夭性所以短所也聽聰則謀當所求而會故致富違而失計故貧也視明照了性得而安寧不明以擾神而疾也言從由於德故好者德也不從而無德所以憂耳貌恭則容儼形美而成性以終其命容毀故致惡也不能爲大中故所以弱也此亦孔所不同焉此福極之文雖主於君亦兼於下故有貧富惡弱之等也

武王既勝殷邦諸侯班宗彝賦宗廟彝器酒罇賜諸侯○班本又作般音同作分器言諸侯尊卑各有分也亡○分扶問反注同[疏]武王至分器○正義曰武王既已勝殷制邦國以封有功者爲諸侯既封爲國君乃班賦宗廟彝器以賜之於時有言誥戒敕史敘其事作分器之篇○傳賦宗至諸侯○正義曰序云邦諸侯者立邦國封人爲諸侯也樂記云封有功者爲諸侯詩賚序云大封於廟謂此時也釋言云班賦也周禮有司尊彝之官鄭云彝亦尊也鬱鬯曰彝彝法也言爲尊之法正然則盛鬯者爲彝盛酒者爲尊皆祭宗廟之酒器也分宗廟彝器酒尊以賦諸侯既封乃賜之也○傳言諸至也亡○正義曰篇名分器知其篇言諸侯尊卑各有分也昭十二年左傳楚靈王云昔我先王熊繹與呂伋王孫牟燮父禽父並事康王四國皆有分我獨無十五年傳曰諸侯之封也皆受明器於王室杜預云謂明德之分器也是諸侯各有分也亡

附釋文尚書注疏卷第十二

江西鹽法道胡稷栞

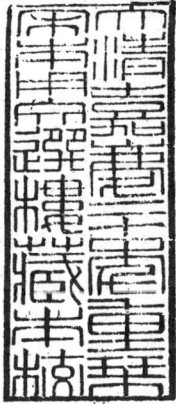

尚書注疏挍勘記卷十二　阮元撰盧宣旬摘錄

尚書注疏卷第十二 毛本同古本作尚書卷第七古文尚書洪範第六周書孔氏傳宋板作十一

立武庚 古本庚作康注同非也

歸鎬京 陸氏曰鎬本又作鄗

上武成序云武王伐紂 宋板閩本同毛本紂作殷

洪範

問天意何由也 宋板閩本明監本同毛本問誤周

乃復佑助諧合其居業 宋板復作得

亂陳其五行 史記集解句首有是字按疏云是乃亂陳其五行似宜有是字

井堙木刊 宋板閩本明監本同毛本木作水按作本與襄十五年左傳合

欲爲亂也 案欲當作故形近之譌閩本同毛本不誤

水失其道 纂傳道作性按性字是也

畀與釋詁文 孫志祖云與爾雅作予

劉歆以爲伏羲繫天而王 浦鏜云繼誤繫

通人討覈 宋板同毛本討作計

初一曰五行 唐石經別起一行九疇皆然

○皇大至之道 案○下誤脫傳字

木可以揉曲直 史記集解作木可揉使曲直

金之氣 葛本嘉萬本閩本同毛本氣下有味字史記集解作金氣之味按金氣之味猶上言焦氣之味也鹹苦酸辛甘皆以味言不以氣言金之氣乃譌也古本味下衍之也二字

名爲人之用 閩本同毛本名作各案所改是也

百姓之求飲食也 閩本同毛本求作所與岳本合求字誤也

土成數十義亦然也 纂傳亦作或

臭之曰氣 宋板臭作嗅

二五事一曰貌 陸氏曰貌本亦作額

明作哲 古本作作曰誤顧炎武曰石經監本同書傳會選哲之列反字與晰同下當從日從口非○按疏云王肅及漢書五行志皆云悊智也定本作哲則讀爲哲段玉裁云說文日部晢昭晰明也从日折聲口部哲知也从口折聲心部悊敬也从心折聲三字各有所屬本義而經傳多相假借

所謀必成當 史記集解當作審

言乃可從 宋板乃作必按宋板是也

不乖倒也 宋板閩本同毛本倒作剌盧文弨云宋板非

哲智也 宋板嘉本閩本同毛本哲作悊

故教爲先也 宋板教作食按教字非也

若以一字爲名 纂傳字作事是也

旦觜中 盧文弨云觜下宋板有觽字而考文獨未載未知盧所據○按有觽字是也月令云仲秋之月旦觜觽中

何謂也對曰 宋板閩本同明監本也作辰毛本也下有辰字

仲秋日在角季秋日在翼仲秋日在角 案季秋下十字誤衍

民戢有道 岳珂九經三傳沿革例云戢字止是一或字傳寫誤作戢爾疏義强釋作斂戢之戢此不敢改

時人斯其惟皇之極 無德字此傳不以德爲義定本無德疑正義曰此經或言時人德鄭王諸本皆

衍字也

無虐煢獨而畏高明　孫志祖云煢周官大司寇疏引作惸

皆人言曰　閩本明監本同毛本皆作此案浦鏜云此人言三字疑衍

謂治受以　閩本同明監本治作始毛本以改作取

于其無好德　按疏云無好對有好又云傳記言好德者多矣至傳乃有之耳又云定本作無惡者疑誤耳蓋謂經文無好德故傳以好德言之疑孔氏所見之本經無德字定本作無惡也

無偏無陂　陸氏曰陂音秘舊本作頗音普多反唐書藝文志開元十四年元宗以洪範無頗聲不協詔改爲無偏無陂困學紀聞宣和六年詔洪範復從舊文以陂爲頗然監本未嘗復舊也顧炎武曰呂氏春秋引此正作頗而下文有人用側頗僻之語況以古音求之作頗爲協。按頗陂皆以皮爲聲詩云彼澤之陂有蒲與荷陂與荷爲韻是陂頗同音也開元之改非但不知義字之古音并不知陂字之古音乃大和石經悖遵開元之詔而紹興石經不遵宣和之詔何也今惟足利古本尚作頗字又按疏云無偏私無頗曲又云偏頗阿黨是政之大患此在孔疏元本必皆作頗後人據今本經文改之而所改又復不盡耳又按匡謬正俗卷六引無偏無陂遵王之誼證誼字有宜音此亦本作頗而後人改之也蓋顏氏亦知古韻部分與今不同宜字可以韻頗特未明乎仄通協之例故有此迂論耳其注漢書亦多類此

言當循王之正義以治民　史記循集解作修

不失其常　岳本宋板其作是

臣之有作福作威玉食其害于而家凶于而國　按漢書翟方進傳注師古引周書洪範云臣之有作福作威迺凶于而國害于厥躬若非熹平石經卽唐初孔傳本如是

在位不敦平　史記集解敦作端與疏異

燮和也釋詁　案下詁字當作文

曰蒙曰驛　孫志祖云案經文本作霽圛而傳讀爲蒙驛耳孔疏猶作霽圛且云霽聲近蒙圛卽驛也可證經文之作霽圛矣不知何時徑改經爲蒙驛沿誤至今幸疏中字多不及全改後之學者猶可尋求是正也。按改作蒙驛在唐天寶開寶時詳段玉裁尚書撰異

氣洛驛不連屬　案洛當作落各本皆不誤此特寫者脫卄頭耳

卜五　監本脫卜字按上傳卜筮之數監本數下有七字卽此經卜字之誤也

則濛是闇之義　宋板同毛本濛作蒙

因兆而細曲者爲水　宋板細作紐

王肅云卜五也　閩本明監本同毛本也作者案所改是也

周禮太卜掌一兆之法　閩本同毛本一作三是也

次及卿王衆民　案王當作士形近之譌

傳動不至逢吉　案逢當作遇毛本不誤

以下傳云一從三逆　宋板一作二是也

亦得上敵於聖故老子云　宋本同毛本故作人屬上讀

課有一從　宋板同毛本課作謀

若三占之俱主凶　宋板無主字

正義曰　按疏首疑脫入庶徵三字

燠以長物　古本岳本宋板燠作煖按史記集解亦作煖疏云煖燠爲一故傳以燠言之是疏亦作燠

五者來備　王應麟云五者史記作五是而今本史記仍作者蓋元明以來刊本之誤也七經孟子考文云古本者下有是字蓋或據史漢箋是字於者字之旁而轉寫者因增諸者字之下致不可通說詳尚書撰異

則衆草蕃滋廡豐也　古本草下有物字史記集解有木字按疏釋經云衆草木蕃滋而豐茂則當有木字又釋注云衆草百物蕃滋廡豐則當有百物二字滋廡二字史記集解倒

謂不時失敘　史記集解作謂其不時失敘之謂也似誤

惟木沴火　浦鏜云水誤木按浦挍是也

釋詁文廡豐茂也　浦鏜云文當云字誤是也

有無相刑　按刑疑形字誤

君行政治　史記集解無行字與疏合

君行狂疾　古本岳本宋板史記集解疾作妄與疏合

君行蒙闇　按稽疑章之蒙與此章之蒙史記俱作霧集解引此傳蒙闇卽作霧闇則孔本此經亦作霿明矣或疑疏引王肅云蒙瞽蒙似此經不當作霿然古字音同皆相假借前旣以霿爲濛此何妨以霿爲矇薛季宣書古文訓洪範兩霿字俱作蒙非也

此故咎皆言若者　毛本故作休故字誤也

箕星好風畢星好雨　浦鏜云按疏云不言畢星好雨具於下傳此有者當是後人增入

南極去北極直徑一百二十二度弱　毛本南北二字互易

交路而過　宋本路作絡是也閩本明監本毛本並誤

折未三十　古本岳本葛本宋板閩本明監本纂傳同毛本三作二

任其所好而觀之　而上宋板有從字

能者養之以福　盧文弨云當作養以之福○按養以之福見漢書五行志杜預注左傳云養威儀以致福疏云養此威儀禮法而往適於福是杜孔所見左傳並與漢志同不知何時誤倒以之二字并改此疏失之遠矣

賦宗廟彝器酒罇　按罇俗字也疏作尊傳文誤刊

言爲尊之法正　浦鏜云也誤正

是諸侯各有分也亡　案亡字似因傳文而誤衍

尚書挍勘記卷十二

會昌縣知縣候補知州曾曄春栞

附釋音尚書注疏卷第十三

旅獒第七

周書　孔氏傳　孔穎達疏

西旅獻獒西戎遠國貢大犬。獒五羔反馬云作豪酋豪也太保作旅獒召公陳戒。召時照反後召公皆倣此

旅獒因獒而陳道義

疏西旅至旅獒。正義曰西方之戎有國名旅者遣獻其大犬其名曰獒於是太保召公因陳戒史敘其事作旅獒。○傳西戎至大犬。○正義曰西旅西方夷名西方曰戎克商之後乃來知是西戎遠國也獒是犬名故云貢大犬。○傳召公陳戒。○正義曰成王時召公爲太保知此時太保亦召公也釋詁云旅陳也故云召公陳戒上旅是國名此旅訓爲陳二旅字同而義異鄭云獒讀曰豪西戎無君名強大有政者爲遒豪國人遒其遒豪來獻見於周良由不見古文妄爲此說

惟克商遂通道于九夷八蠻四夷慕化貢其方賄九八言非一皆通道路無遠不服。賄呼罪反

西旅厎貢厥獒西旅之長致貢其獒大高四尺曰獒以大爲異。厎之履反長丁丈反太保乃作旅獒用訓于王陳貢獒之義以訓諫王

疏惟克至于王。正義曰惟武王既克商華夏既定遂開通道路於九夷八蠻於是有西戎旅國致貢其大犬名獒太保召公乃作此篇陳貢獒之義用訓諫於王。○傳四夷至不服。○正義曰曲禮云其在東夷西戎南蠻北狄經舉夷蠻則戎狄可知四夷慕化貢其方賄言所貢非獨旅也四夷各自爲國無大小統領九八言非一也釋地云九夷八狄七戎六蠻謂之四海又云八蠻在南方六戎在西方五狄在北方上下二文三方數目不同明堂位稱九夷八蠻六戎五狄與爾雅上文不同周禮職方氏掌四夷八蠻七閩九貉五戎六狄之人鄭衆云四八七九五六周之所服國數也徧檢經傳四夷之數參差不同先儒舊解此爾雅殷制明堂位及職方并爾雅下文云八蠻在南六戎在西五狄在北皆爲周制義或當然明堂位言六戎五狄職方言五戎六狄趙商以此問鄭鄭荅云戎狄但有其國數其名難得而知是鄭亦不能定解言克商遂通道是王家遣使通道也魯語引此事韋昭云通道譯使懷柔之是王家遣使通彼彼聞命來獻也言其通夷蠻而有戎貢是四夷皆通道路無所不服。○傳西戎至爲異。○正義曰西戎之長謂旅國之君致貢其獒或遣使貢之不必自來也犬高四尺曰獒釋畜文左傳晉靈公有犬謂之獒旅國以犬爲異故貢之也

曰嗚呼明王慎德四夷咸賓言明王慎德以懷遠故四夷皆賓服無有遠邇畢獻方物惟服食器用天下萬國無有遠近盡貢其方土所生之物惟可以供服食器用者言不爲耳目華侈。供音恭爲于僞反侈昌氏反又式氏反王乃昭德之致于異姓之邦無替厥服德之所致謂遠夷之貢以分賜異姓諸侯使無廢其職分寶玉于伯叔之國時庸展親以寶玉分同姓之國是用誠信其親親之道

疏曰嗚呼至展親。○正義曰嗚呼歎而言也自古明聖之王慎其德教以柔遠人四夷皆來賓服無有遠之與近盡貢其方土所生之物其所獻者惟可以供其服食器用而已不爲耳目華侈供玩好之用也明王既得所貢乃明其德之所致分賜於彼異姓之國明已德致遠賜異姓之國令使無廢其服職事也分寶玉於同姓伯叔之國見已無所愛惜是用誠信其親親之道也。○傳天下至華侈。○正義曰以言無有遠近是華夷摠統之辭釋詁云畢盡也故云天下萬國無有遠之與近盡貢其方土所生之物惟可以供服食器用者玄纁絺紵供服也橘柚菁茅供食也羽毛齒革瑤琨篠簜供器用也下言不役耳目故知言不爲耳目華侈也周禮大行人云九州之外謂之蕃國世壹見各以其所貴寶爲贄鄭玄云所貴寶見經傳者犬戎獻白狼白鹿是也餘外則周書王會備焉案王會篇諸方致貢無所不有此言惟服食器用者遠方所貢雖不充於器用寶亦受之召公深戒武王故言此耳。○傳德之至其職。○正義曰明王有德四夷乃貢是德之所致謂遠夷之貢也昭德之致正謂賜異姓諸侯令其見此遠物服德畏威無廢其貢獻常職也魯語稱武王時肅慎氏來貢楛矢石砮長尺有咫先王欲昭令德之致遠以示後人使永監焉故銘其楛曰肅慎氏貢矢以分大姬配虞胡公而封諸陳古者分異姓以遠方之貢使無忘服也故分陳以肅慎氏之矢是分異姓之事禮有異姓庶姓異姓王之甥舅庶姓與王無親其分庶姓亦當以遠方之貢矣。○傳以寶至之道。○正義曰寶玉亦是萬國所貢但不必是遠方所貢耳以寶玉分同姓之國示已不愛惜共諸侯有之是用誠信其親親之道也言用寶以表誠心使彼知王親愛之也定四年左傳稱分魯公

以夏后氏之璜，是以寶玉分同姓也。異姓疏遠，其廢職，故賜以遠方之物攝彼心；同姓親，嫌王無恩，賜以寶玉貴物表王心。此亦互相見也。**人不易物，惟德其物。**言物貴由人，有德則物貴，無德則物賤，所貴在於德。易，羊質反。**德盛不狎侮，**盛德必自敬，何狎易侮慢之有。易，以豉反。**狎侮君子，罔以盡人心；**以虛受人則人盡其心矣。盡，津忍反，下同。**狎侮小人，罔以盡其力。**以悅使民，民忘其勞，則力盡矣。

疏　人不至其力。○正義曰：既言分物賜人，因說貴不在物，言有德無德之王俱是以物賜人，所賜之物一也，不改易其物，惟有德者賜人，其此賜者是物；若無德者賜人，則此物不是物矣。恐人主恃已賜人，不自脩德，言此者，戒人主使脩德也。又說脩德之事，德盛者常自敬身，不爲輕狎侮慢之事。狎侮君子，則無以盡人心，君子被君侮慢，不肯盡心矣。狎侮小人，則無以盡其力，小人被君侮慢，不復肯盡力矣。君子不盡心，小人不盡力，則國家之事敗矣。○傳言物至於德。○正義曰：有德不濫賞，賞必加於賢人，得者則以爲榮，故有德則物貴也。無德則濫賞，賞或加於小人，賢者得之，反以爲恥，故無德則物賤也。所貴不在於物，乃在於德。○傳以虛至心矣。○正義曰：以虛受人，易咸卦象辭也。人主以已爲虛，受用人言，執謙以下人，則人皆盡其心矣。○傳以悅至盡矣。○正義曰：詩序云「悅以使民，民忘其死」，故云以悅使民，民忘其勞。在上撫悅之，則人皆盡其力矣。此君子謂臣，小人謂民。太甲曰「接下思恭」，不可狎侮臣也。論語云「使民如承大祭」，不可狎侮民也。襄九年左傳云「君子勞心，小人勞力」，故別言之。

不役耳目，百度惟貞。言不以聲色自役，則百度正。**玩人喪德，玩物喪志。**以人爲戲弄則喪其德，以器物爲戲弄則喪其志。○玩，五貫反。喪，息浪反。**志以道寧，言以道接。**在心爲志，發氣爲言，皆以道爲本，故君子勤道。**不作無益害有益，功乃成；不貴異物賤用物，民乃足。**遊觀爲無益，奇巧爲異物，言明王之道以德義爲益，器用爲貴，所以化治生民。○觀，官喚反。**犬馬非其土性不畜，**非此土所生不畜，以不習其用。○畜，許竹反。**珍禽奇獸不育于國。**皆非所用，有損害故。**不寶遠物，則遠人格；**不侵奪其利，則來服矣。**所寶惟賢，則邇人安。**寶賢任能，則近人安；近人安，則遠人安矣。

疏　不役至人安。○正義曰：既言不可狎侮，又言不可縱恣。不以聲色使役耳目，則百事之度惟皆正矣。以聲色自娛，必玩弄人物。既玩弄人者喪其德也，玩弄物者喪其志也，人物既不可玩，則當以道自處。志當以道而寧身，言當以道而接物，依道而行，則志自得而言自當。○傳言不至度正。○正義曰：昭元年左傳子產論晉侯之疾云「茲心不爽，昏亂百度」，杜預云「百度，百事之節也」。此言志既不營聲色，百事皆自用心，則皆得正也。○傳以人至其志。○正義曰：喪德喪志，其義一也。玩人爲重，以德言之；玩物爲輕，以志言之。終是志荒而德喪耳。○傳在心至勤道。○正義曰：在心爲志，詩序文也。在心爲志，謂心動有所向也。發氣爲言，言於志所趣也。志是未發，言是已發，相接而成本末之異耳。志言並皆用道，但志未發，故以道寧，志不依道則不得寧耳。言是已發，故以道接，言不以道則不可接物。志言皆以道爲本，故君子須勤道也。○傳遊觀至生民。○正義曰：遊觀從費時日，故爲無益。無益多矣，非徒遊觀而已。奇巧世所希有，故爲異物。異物多矣，非徒奇巧而已。諸是妄作，皆爲無益；諸是世所希，皆爲異物。異物無益，不可偏舉，舉此二者，以明此類皆是也。不作是初造之辭，爲作有所害，故以爲無益。不貴是愛好之語，有貴必有賤，故以異物對用物。雖經言用物，傳言器用可矣。經言有益，有益不知所謂，故傳以德義是人之本，故德義爲有益。諸是益身之物皆是有益，亦舉重爲言。經之戒人主，人主如此，所以化世俗，生養下民也。此言生民，宣十二年左傳云「分謗生民」，皆謂生活民也。下云「生民保厥居」，與孝經云「生民之本盡矣」，言民生於世，謂之生民，與此傳異也。俗本云「弗賤」，衍「弗」字也。○傳非此至其用。○正義曰：此篇爲戒，止爲此句，以西旅之獒非中國之大，不用令王愛好之，故言此也。僖十五年左傳言晉侯乘鄭馬，及戰，陷於濘，是非此土所生，不習其用也。犬不習用，傳記無文。○傳寶賢至安矣。○正義曰：詩序云「任賢使能，周室中興」，故傳以任能配寶賢言之。論語云「舉直錯諸枉則民服」，故寶賢任能則近人安。嫌安近不及遠，故云近人安則遠人安矣。楚語云：王孫圉聘於晉，定公饗之，趙簡子鳴玉以相，問於王孫圉曰：「楚之白珩猶在乎？」對曰：「然。」簡子曰：「其爲寶也幾何矣？」曰：「未嘗爲寶。楚之所寶者，曰觀射父，及左史倚相。」此楚國之寶也。若夫白珩，先王之所玩，何寶之焉？是謂寶賢也。

嗚呼！夙夜罔或不勤，言當早起夜寐，常勤於德。**不矜細行，終累大德。**輕忽小物，積害毀大故君子慎其微。**為山九仞，功虧一簣。**八尺曰仞。喻向成也。未成一簣，猶不為山，故曰功虧一簣。是以聖人乾乾日昊，慎終如始。○仞音刃，字又作刃，七尺曰仞。虧，曲為反。簣，其貴反。向，許亮反。乾，其連反。昊音側。**允迪茲，生民保厥居，惟乃世王。**言其能信蹈行此誠，則生人安其居，天子乃世世王天下。武王雖聖，猶設此誠，況非聖人，可以無誠乎？其不免於過，則亦宜矣。○世王如字，又于況反，注同。

〔疏〕嗚呼至世王。正義曰：聽戒以終，故歎以結之。嗚呼！為人君所當早起夜寐，無有不勤於德，言當勤行德也。若不矜惜細行，作隨宜小過，終必損累大德矣。譬如為山，已高九仞，其功虧損在於一簣，惟少一簣而止，猶尚不成山。以喻樹德行政，小有不終，德政則不成矣。必當慎終如始，以成德政。王者信能蹈行此誠，生民皆安其居處，惟天子乃世世王天下也。○傳輕忽至其微。正義曰：矜是憐惜之意，故以不惜細行為輕忽小物，謂上狎侮君子小人、愛玩犬馬禽獸之類，是小事也。積小害毀大德，故君子慎其微。易繫辭曰「小人以小善為無益而不為也，以小惡為無傷而不去也。故惡積而不可掩，罪大而不可解」，是故君子當慎微也。○傳八尺至如始。正義曰：周禮匠

人有畎遂溝洫，皆廣深等，而澮云「廣二尋，深二仞」，則澮亦廣深等，仞與尋同，故知八尺曰仞。王肅聖證論及注家語皆云「八尺曰仞」，與孔義同。鄭玄云「七尺曰仞」，與孔意異。論語云「譬如為山，未成一簣」，鄭云「簣，盛土器」。為山九仞，欲成山，以喻為善向成也。未成一簣，猶不為山，故曰為山功虧一簣。古語云「行百里者半於九十」，言末路之艱難也。是以聖人乾乾不息，至於日昊不敢自暇，恐末路之失，同於一簣，故慎終如始也。乾乾，易乾卦文。日昊，無逸篇文。○傳言其至宜矣。正義曰：此揔結上文。信蹈行此誠，行此以上言也。言君主於治民，故先云生民安其居，天子乃得世世王天下也。傳以庸君多自用己，不受人言，敘經意而申之云：武王雖聖，召公猶設此誠，況非聖人，可以無誠乎？身既非聖，又無善誠，其不免於過，則亦宜其然矣。

巢伯來朝。殷之諸侯，伯爵也。南方遠國，武王克商，慕義來朝。○巢，仕交反，徐呂交反。**芮伯作旅巢命。**芮伯，周同姓，圻內之國，為卿大夫。陳威德以命巢，亡。○芮如銳反。圻音祈。

〔疏〕巢伯至巢命。正義曰：巢伯，國爵之君，南方遠國也。以武王克商，乃慕義來朝。王之卿大夫有芮伯者，陳王威德以命巢君，史敘其事，作旅巢命之篇。○傳殷之至來朝。正義曰：武王克商，即來受周之王命，知是殷之諸侯。伯是爵也。仲虺之誥云「成湯放桀于南巢」，或此巢是也。故先儒相傳皆以為南方之國。今聞武王克商，慕義而來朝也。鄭玄以為南方世一見者。孔以夷狄之爵不過子，此君伯爵，夷夏未明，故直言遠國也。○傳芮伯至巢亡。正義曰：世本云「芮伯姬姓」，是周同姓也。杜預云「芮，馮翊臨晉縣芮鄉」是也。知是圻內之國者，芮伯在朝作命，必是王臣，不得其官，故卿與大夫並言之。旅訓為陳，陳王威德以命巢。

金縢第八

周書　孔氏傳　孔穎達疏

武王有疾，周公作金縢。為請命之書，藏之於匱，緘之以金，不欲人開之。○武王有疾，馬本作「有疾不豫」。縢，徒登反。緘，工咸反。**金縢。**遂以所藏為篇名。

〔疏〕武王至金縢。○正義曰：武王有疾，周公作策書告神，請代武王死。事畢，納書於金縢之匱，遂作金縢。凡序言作者，謂作此篇也。案經周公策命之書自納金縢之匱，及為流言所謗，成王悟而開之，史敘其事，乃作此篇，非周公作也。序以經具，故略言之。○傳為請至開之。

○正義曰：經云「金縢之匱」，則金縢是匱之名也。詩述韔弓之事云「竹閉緄縢」，毛傳云「緄，繩。縢，約也」。此傳言「緘之以金」，則訓縢為緘。王、鄭皆云「縢，束也」。又鄭喪大記注云「齊人謂棺束為緘」。家語稱周廟之內有金人，參緘其口，則縢是束縛之義。藏之於匱，緘之以金，若今釘鍱之，不欲人開也。鄭云「凡藏祕書，藏之於匱，必以金緘其表」，是祕密之書皆藏於匱，非周公始造此匱，獨藏此書也。○金縢。○正義曰：發首至「王季、文王」，史敘將告神之事也。「史乃策祝」至「屏璧與珪」，告神之辭也。自「乃卜」至「乃瘳」，言卜吉告王差之事也。自「武王既喪」已下，敘周公被流言東征還反之事也。此篇敘事多而言語少。若使周公不遭流言，則請命之事遂無人知。為成王開書，周公得反，史官美大其事，故敘之以為此篇。

既克商二年，王有疾，弗豫。伐紂明年，武王有疾，不悅豫。○豫本又作忬。**二公曰：「我其為王穆卜。」周公曰：「未可以戚我先王。」**穆，敬。戚，近也。召公、太公言王疾當敬卜吉凶。周公言未可以死近我先王，相順之辭。○為，于偽反。戚，千歷反。**公乃自以為功，**周公乃自以請命為己事。**為三壇同墠。**因太王、王季、文王請命於

天故爲三壇壇築土墠除地大除地於中爲三壇。壇徒丹反築土也馬云土堂墠音善**爲壇於南方北面周公立焉**立壇上對三王**植璧秉珪乃告大王王季文王**璧以禮神植置也置於三王之坐周公秉桓珪以爲贄告謂祝辭。植時織反徐音置贄音至祝如字或之疾反下同

疏既克至文王。正義曰既克商二年即代紂之明年也王有疾病不悅豫召公與太公二公同辭而言曰我其爲王敬卜吉凶問王疾病瘳否周公曰王今有疾未可以死近我先王故當須卜也周公既爲此言公乃自以請命之事爲已事除地爲墠墠內築壇爲三壇同墠又爲一壇於南方北面周公立壇上爲置璧於三王之坐公自執珪乃告大王王季文王告此三王之神也。傳伐紂至悅豫。正義曰武王以文王受命十三年伐紂既殺紂卽當稱元年克紂稱元年知此二年是伐紂之明年也王肅亦云克殷明年顧命云王有疾不懌懌悅也故不豫爲不悅豫也何休因此爲例云天子曰不豫諸侯曰負茲大夫曰犬馬士曰負薪。傳穆敬至之辭。正義曰釋訓云穆穆敬也戚是親近之義故爲近也武王時三公惟周召與太公耳知二公是召公太公也言王疾恐死當敬卜吉凶周公

書疏十三　七

言武王既定天下當成就周道未可以死近我先王死則神與先王相近故言近先王若生則人神道隔是爲遠也二公恐王死欲爲之卜周公言王未可以死是相順之辭也鄭云戚憂也周公既內知武王有九齡之命又有文王曰吾與爾三之期今必瘳不以此終故止二公之卜云未可以憂怖我先王如鄭此言周公知王不死先王豈不知乎而慮先王憂也。傳周公至已事。正義曰功訓事也周公雖許二公之卜仍恐王疾不瘳不復與二公謀之乃自以請命爲己之事獨請代武王死也所以周公自請爲己事者周公位居冢宰地則近親脫或卜之不善不可使外人知悉亦不可苟讓故自以爲功也。傳因大至三壇。正義曰請命請之於天而告三王者以三王精神已在天矣故因大王王季文王以請命於天三王每王一壇故爲三壇壇是築土墠是除地大除其地於中爲三壇周公爲壇於南方亦當在此墠內但其處小別故下別言之周公北面則三壇南面可知但不知以何方爲上耳鄭玄云時爲壇墠於豐壇墠之處猶存焉。傳立壇至三王。正義曰禮授坐不立授立不坐欲其高下均也神位在壇故周公立壇上對三王也。傳璧以至祝辭。正義曰周禮大宗伯云以蒼璧禮天詩說禱旱云圭璧旣卒是璧以禮神不知其何色也鄭云植古置字故爲置也言置璧

於三王之坐也周禮云公執桓圭知周公秉桓圭又置以爲贄也告謂祝辭下文是其辭也**史乃册祝曰惟爾元孫某遘厲虐疾**史爲册書祝辭也元孫武王某名臣諱君故曰某厲危虐暴也。遘工豆反遇也**若爾三王是有丕子之責于天以旦代某之身**太子之責謂疾不可救於天則當以旦代之死生有命不可請代聖人敘臣子之心以垂世教。丕普悲反馬同徐甫眉反鄭音不**予仁若考能多材多藝能事鬼神**我周公仁能順父又多材多藝能事鬼神言可以代武王之意**乃元孫不若旦多材多藝不能事鬼神乃命于帝庭敷佑四方**汝元孫受命于天庭爲天子布其德教以佑助四方言不可以死**用能定爾子孫于下地四方之民罔不祗畏**言武王用受命帝庭之故能定先人子孫於天下四方之民無不敬畏**嗚呼無墜天之降**

書疏十三　八

寶命我先王亦永有依歸歎惜武王言不救則墜天之寶命救之則先王長有依歸。**今我卽命于元龜**就受三王之命於大龜卜知吉凶**爾之許我我其以璧與珪歸俟爾命**許謂疾瘳待命當以事神。瘳勅留反下同**爾不許我我乃屏璧與珪**不許謂不愈也屏藏也言不得事神

疏史乃至與珪。正義曰史乃爲策書執以祝之曰惟爾元孫某某卽發也遇得危暴重疾今恐其死若爾三王是有太子之責於天謂負天太子責必須一子死者請以旦代發之身令旦死而發生又告神以代之狀我仁能順父又且多材力多技藝又能善事鬼神汝元孫不如旦多材多藝又不能事鬼神言取發不如取旦也然人各有能發雖不能事鬼神則有人君之用乃受命於天帝之庭能布其德敎以佑助四方之民用能安定汝三王子孫在於下地四方之民無不敬而畏之以此之故不可使死嗚呼發之可惜如此神明當救助之無得隕墜天之所下寶命謂使爲天子若武王死是隕墜之也若不墜命則我先王亦永有依歸爲宗廟之主神得歸之我與三王人神道隔許我以否不可知今我就

受三王之命於彼大龜卜其吉凶吉則許我凶則爲不許我爾之許我使卜得吉兆且死而發生我其以璧與珪歸家待汝神命我死當以珪璧事神爾不許我使卜兆不吉發死而旦生我乃屏去璧之與珪言不得事神當藏珪璧也○傳史爲至虐暴○正義曰告神之言書之於策祝是讀書告神之名故云史爲策書祝辭史讀此策書以祝告神也武王是大王之曾孫也尊統於上繼之於祖謂元孫是長孫也某者武王之名本告神云元孫發臣諱君故曰某也易乾卦云夕惕若厲厲爲危也虐訓爲暴言性命危而疾暴重也泰誓牧誓皆不諱發而此獨諱之孔惟言臣諱君不解諱之意鄭玄云諱之者由成王讀之也意雖不明當謂成王開匱得書王自讀之至此字口改爲某史官錄爲此篇因遂成王所讀故諱之上篇泰誓牧誓王自稱者令入史制爲此典故不須諱之○傳太子至世教○正義曰責讀如左傳施舍已責之責謂負人物也太子之責於天言負天一太子謂必須死疾不可救於天必須一子死則當以旦代之死生有命不可請代今請代者聖人敍臣子之心以垂世教耳非謂可代得也鄭玄弟子趙商問玄曰若武王未終疾固當瘳信命之終雖請不得自古已來何患不爲玄答曰君父疾病方困忠臣孝子不忍黙爾視其歔欷歸其命於天中心惻然欲爲之請命周公達於此禮著在尚書若君父之病不爲請命豈忠孝之志也然則命有定分非可代死周公爲此者自申臣子之心非謂死實可代自古不廢亦有其人但不見爾未必周公獨爲之鄭玄云不讀曰不愛子孫曰子元孫遇疾若汝不救是將有不愛子孫之過爲天所責欲使爲之請命也與孔讀異○傳我周至之意○正義曰告神稱予知周公自稱我也考是父也故仁能順父上云元孫對祖生稱此言順父從親爲始祖爲王考曾祖爲皇考考父可以通之傳擧親而言父耳旣能順父又多材多藝能事鬼神言已可以代武王之意上言丕子之責於天則是天欲取武王非父祖取之此言已能順父祖善事鬼神者假令天意取之其神必共父祖同處言已是父祖所欲令請之於天也○傳汝元至以死○正義曰以王者存亡大運在天有德於民天之所與是受命天庭也以人況天故言在庭非王實至天庭受天命也旣受天命以爲天子布其德教以佑助四方之民當於天心有功於民言不可以死也

乃卜三龜一習吉習因也以三王之龜卜一相因而吉**啓籥見書乃并是吉**三兆旣同吉開籥見占兆書乃亦并是吉○籥子若反徐以略反馬云藏卜兆書管并必政反**公曰體王其罔害**公視兆曰如此兆體王其無害言必愈**予小子新命于三王惟永終是圖**周公言我小子新受三王之命武王惟長終是謀周之道**茲攸俟能念予一人**言武王愈此所以待能念我天子事成周道○**公歸乃納册于金縢之匱中王翼日乃瘳**從壇歸翼明瘳差也○差初賣反

【疏】乃卜至乃瘳○正義曰視告已畢即於壇所乃卜其吉凶用三王之龜卜一皆相因而吉觀兆已知其吉猶尚未見占書占書在於藏內啓藏以籥見其占書亦與兆體乃并是吉公視兆曰觀此兆體王其無患害也我小子新受命於三王謂卜得吉也我武王當惟長終是謀周之道此卜吉之愈者上天所以須待武王能念我一人天子之事成其周道故也公自壇歸乃納策於金縢之匱中王明日乃瘳○傳習因至而吉○正義曰習則襲也襲是重衣之名因前而重之故以習爲因也雖三龜並卜卜有先後後者因前故云因也周禮太卜掌三兆之法一曰玉兆二曰瓦兆三曰原兆三兆各別必三代法也洪範卜筮之法三人占則從二人之言是必三代之法並用之矣故知三龜三王之龜龜形無異代之別但卜法旣別各用一龜謂之三王之龜耳每龜一人占之其後君與大夫等揔占三代之龜定其吉凶未見占書已知吉者卜有大體見兆之吉凶麤觀可識故知吉也○傳三兆至是吉○正義曰鄭玄云籥開藏之管也開兆書藏之室以管乃復見三龜占書亦合於是吉王肅亦云籥開藏占兆書管然則占兆別在於藏大卜三兆之下云其經兆之體皆百有二十其頌皆千有二百占兆之書則彼頌是也略觀三兆旣已同吉開藏以籥見彼占兆之書乃亦并是吉言其兆頌符同爲大吉也○傳公視至必愈○正義曰如此兆體指卜所得兆也周禮占人云凡卜筮君占體大夫占色史占墨卜人占坼鄭玄云體兆象也色兆氣也墨兆廣也坼兆璺也尊者視兆象而已卑者以次詳其餘也周公卜武王占之曰體王其無害鄭意此言體者即彼君占體也但周公令卜汲汲欲王之愈必當親視灼龜躬省兆繇不惟占體而已但鄭以君占體與此文同故引以爲證耳○傳言武至周道○正義曰此原三王之意也言武王得愈者此謂卜吉武王之愈言天與三王一一須待武王能念我天子事成周道若死則不復得念天子之事周道必不成也體天子自稱曰予一人故以一人言天子也○傳從壇至瘳差○正義曰壇所卽卜故從壇歸也翼明釋言文瘳訓差亦爲愈病除之名也藏此書者

此既告神，卽是國家舊事，其書不可捐棄，又不可示諸世人，故藏于金縢之匱耳。

武王既喪，管叔及其羣弟乃流言於國，

武王死，周公攝政，其弟管叔及蔡叔、霍叔乃放言於國，以誣周公，以惑成王。喪，蘇浪反。

曰：「公將不利於孺子。」

三叔以周公大聖，有次立之勢，遂生流言。孺，稚也。稚子，成王。孺，如樹反。

周公乃告二公曰：「我之弗辟，我無以告我先王。」

辟，法也。告召公、太公，言我不以法法三叔，則我無以成周道告我先王。辟，扶亦反，治也。說文作壁，云：必亦反，法也。馬、鄭音避，謂避居東都。

周公居東二年，則罪人斯得。

周公既告二公，遂東征之，二年之中，罪人此得。

于後，公乃為詩以貽王，名之曰鴟鴞，王亦未敢誚公。

成王信流言而疑周公，故周公既誅三監而作詩，解所以宜誅之意以遺王，王猶未悟，故欲讓公而未敢。貽，羊支反。名，如字，徐亡政反。鴟，尺夷反。鴞，于嬌反。誚，在笑反。以遺，唯季反。

〔疏〕武王至誚公。正義曰：公於成王之世，為管蔡所誣，王開金縢之書，方始明公本意，卒得成就周道，天下太平，史官美大其事，述為此篇，故追言請命於前，乃說流言於後。自此以下，說周公身事。武王既喪，成王幼弱，周公攝王之政，專決萬機。管叔及其羣弟蔡叔、霍叔乃流放其言於國中曰：「公將不利於孺子。」言欲篡王位，為不利。周公乃告二公曰：「我之不以法法此三叔，則我無以成就周道告我先王。」既言此，遂東征之。周公居東二年，則罪人於此皆得，謂獲三叔及諸叛逆者。罪人既得訖，成王猶尚疑公，公於此既得罪人之後，為詩遺王，名之曰鴟鴞鴟鴞，言三叔不可不誅之意。王心雖疑，亦未敢責誚公，言王意欲責而未敢也。○傳武王死至成王。○正義曰：武王既死，成王幼弱，故周公攝政。攝政者，雖以成王為主，政令自公出，不復關成王也。蔡仲之命云「羣叔流言，乃致辟管叔于商，囚蔡叔于郭鄰，降霍叔于庶人」，則知羣弟是蔡叔、霍叔也。周語云「獸三為羣」，則滿三乃稱羣。蔡、霍二人而言羣者，并管故稱羣也。傳既言周公攝政，乃云其弟管叔，蓋以管叔為周公之弟。孟子曰「周公，弟也；管叔，兄也」。史記亦以管叔為周公之兄。孔似不用孟子之說，或可孔以其弟謂武王之弟，與史記亦不違也。流言者，宜布其言，使人開知，若水流然。流卽放也，乃放言於國，以誣周公，以惑成王。王亦未敢誚公，是王心惑也。鄭玄云：流公將不利於孺子之言於京師。於時管蔡在東，蓋遣人流傳此言於民間也。○傳王叔至成王。○正義曰：殷法多兄亡弟立，三叔以周公大聖，又是武王之弟，有次立之勢，今復秉國之權，恐其因卽篡奪，遂生流言。不識大聖之度，謂其實有異心，非是故誣之也。但啓商共叛，為罪重耳。○傳辟法也。○正義曰：釋詁文。○傳周公至此得。○正義曰：詩東山之篇，歌此事也。序云「東征」，知居東者，遂東往征也。雖征而不戰，故言居東也。東山詩曰「自我不見，于今三年」，又云「三年而歸」，此言二年者，詩言初去及來，凡經三年，此直數居東之年，除其去年，故二年也。罪人既多，必前後得之，故云二年之中，罪人此得。惟言居東，不知居在何處。王肅云：「東，洛邑也。管蔡與商奄共叛，故東征鎮撫之。」案驗其事，二年之間，罪人皆得。○傳成王至未敢。○正義曰：成王信流言而疑周公，管蔡既誅，王疑益甚，故周公既誅三監，而作詩解所以宜誅之意。其詩云「鴟鴞鴟鴞，既取我子，無毀我室」，毛傳云：「無能毀我室者，攻堅之故也。」寧亡二子，不可以毀我周室，言宜誅之意也。釋言云：「貽，遺也。」以詩遺王，王猶未悟，故欲讓公而未敢，政在周公，故畏威未敢也。鄭玄以為武王崩，周公為冢宰，三年服終，將欲攝政，管蔡流言，卽避居東都。成王多殺公之屬黨，公作鴟鴞之詩，救其屬臣，請勿奪其官位土地。及遭風雷之異，啓金縢之書，迎公來反，反乃居攝。後方始東征管蔡。解此一篇及鴟鴞之詩，皆與孔異。

秋，大熟，未穫，天大雷電以風，

二年秋也。蒙，恒風若，雷以威之，故有風雷之異。穫，戶郭反。

禾盡偃，大木斯拔，邦人大恐。

風災所及，邦人皆大恐。拔，皮八反。

王與大夫盡弁，以啓金縢之書，

皮弁，質服以應天。弁，皮彥反，徐扶變反。應，應對之應。

乃得周公所自以為功代武王之說。

所藏請命冊書本。說，如字，徐始銳反。

二公及王乃問諸史與百執事。

二公倡王啓之，故先見書。史、百執事皆從周公請命。倡，昌亮反。從，才用反，又如字。

對曰：「信。噫！公命我勿敢言。」

史、百執事言信有此事，周公使我勿道，今言之則負周公。噫，恨辭。噫，於其反，馬本作懿，猶億也。

王執書以泣，曰：「其勿穆卜。

本欲敬卜吉凶，今天意可知，故止之。

昔公勤勞王家，惟予沖人弗及知。

言己童幼，不及知周公昔日忠勤。沖，直忠反。

今天動

威以彰周公之德 發雷風之威以明周公之聖德 惟朕小子其新逆我國家禮亦宜之 周公以成王未寤故留東未還改過自新遣使者迎之亦國家禮有德之宜。新逆馬本作親迎遣使所吏反 王出郊天乃雨反風禾則盡起 郊以玉幣謝天天即反風起禾明郊之是 二公命邦人凡大木所偃盡起而築之歲則大熟 木有偃拔起而立之築有其根桑果無虧百穀豐熟周公之德此已上大誥後因武王喪并見之。築音竹本亦作筑謂築其根馬云築拾也見賢遍反。

疏 秋大至大熟。正義曰爲詩遺王之後其秋大熟未及收穫天大雷電又隨之以風禾盡偃仆大木於此而拔風災所及邦人大恐王見此變與大夫盡皮弁以開金縢之書案省故事求變異所由乃得周公所自以爲功請代武王之說二公及王問於本從公之人史與百執事問審然以否對曰信言有此事也乃爲不平之聲噫公命我勿敢言王執書以泣曰其勿敬卜吉凶言天之意已可知也昔公勤勞王家惟我幼童之人不及見知今天動雷電之威以彰明周公之德惟朕小子其改過自新遣人往迎之我國家褒崇有德之禮亦宜行之王於是出郊而祭以謝天天乃雨反風禾則盡起二公命邦人凡大木所偃仆者盡扶起而築之禾木無虧歲則大熟言周公之所感致若此也。傳二年至之異。正義曰上文居東二年未有別年之事知即是二年秋也嫌別年故辨之洪範咎徵云蒙恒風若以成王蒙闇故常風順之風是闇徵而有雷者以威怒之故以示天之威怒有雷風之異。傳風災至大恐。正義曰言邦人則天災惟在周邦不及寬遠故云風災所及邦人皆大恐言獨畿內恐也。傳皮弁質服以應天。正義曰皮弁象古故爲質服祭天尚質故服以應天也周禮司服云王祀昊天上帝則服大裘而冕無旒乃是冕之質者是事天宜質服故服之以應天變也周禮視朝則皮弁服是視朝服每日常服而言質者皮弁白布衣素積裳故爲質也鄭玄以爲爵弁必爵弁者承天變降服亦如國家未道焉。傳二公至請命。正義曰二公與王若同而問當言王及二公今言二公及王則是二公先問知二公倡王啓之故先見書鄭云開金縢之書者省察變異所由故事也以金縢匱內有先王故事疑其遭遇災變必有消伏之術故倡王啓之史爲公造策書而百執事給使令皆從周公請命者。傳史百至恨辭。正義曰周公使我勿道此事者公以臣子之情忠心欲代王死非是規求名譽不用使人知之且武王瘳而周公不死恐人以公爲詐故令知者勿言今被問公言之是違負周公也噫者心不平之聲故爲恨辭。傳周公至之宜。正義曰公之東征止爲伐罪罪人既得公即當還以成王未寤恐與公不和故留東未還待王之察已也新迎者改過自新遣使者迎之詩九罭之篇是迎之事也亦國家禮有德之宜言尊崇有德宜用厚禮詩稱衮衣籩豆是國家禮也。傳郊以至之是。正義曰祭天於南郊故謂之郊郊是祭天之處也王出郊者出城至郊爲壇告天也周禮大宗伯云以蒼璧禮天牲幣如其器之色是祭天有玉有幣今言郊者以玉幣祭天告天以謝過也王謝天天即反風起禾明王郊之是也鄭玄引易傳云陽感天不旋日陽謂天子也天子行善以感天不迴旋經日故郊之是得反風也。傳木有至見之。正義曰上文禾偃木拔拔必亦偃故云木有偃拔起而立之築有其根桑果無虧百穀豐熟鄭王皆云築拾也禾爲大木所偃者起其木拾下禾無所亡失意太曲碎當非經旨案序將東征作大誥此上居東二年以來皆是大誥後事而編於大誥之前者因武王喪并見之

大誥第九

周書　孔氏傳　孔穎達疏

武王崩三監及淮夷叛 三監管蔡商淮夷徐奄之屬皆叛周、監古儀反視也 周公相成王將黜殷作大誥 相謂攝政黜絕也將以誅叛者之義大誥天下。相息亮反注同

疏 武王至大誥。正義曰武王既崩管叔蔡叔與紂子武庚三人監殷民者又及淮夷共叛周公相成王攝王政將欲東征黜退殷君武庚之命以誅叛之義大誥天下史敍其事作大誥。傳三監至叛周。正義曰知三監是管蔡商者以序上下相顧爲文此言三監及淮夷叛總舉諸叛之人也下云成王既黜殷命殺武庚命微子啓代殷後又言成王既伐管叔蔡叔以殷餘民封康叔此序言三監叛將征之下篇之序歷言伐得三人足知下文管叔蔡叔武庚即此三監之謂知三監是管蔡商也漢書地理志云周既滅殷分其畿內爲三國詩風邶鄘衛是也邶以封紂子武庚鄘管叔尹之衛蔡叔尹之以監殷民謂之三監先儒多同此說惟鄭玄以三監爲管蔡霍獨爲異耳謂之監者當以殷之畿內被紂化日久未可以建諸侯且使三人監此殷民未是封建之也三人雖有其分互相監領不必獨主

一方也史記衛世家云武王克殷封紂子武庚爲諸侯奉其先祀爲武庚未集恐有賊心乃令其弟管叔蔡叔傅相之是言輔相武庚共監殷人故稱監也序惟言淮夷叛傳言淮夷徐奄之屬共叛周者以下序文云成王東伐淮夷遂踐奄作成王政又云成王既黜殷命滅淮夷作周官又云魯侯伯禽宅曲阜徐夷並興作費誓彼三序者一時之事皆在周公歸政之後也多方篇數此諸國之罪云至于再至于三得不以武王初崩已叛成王卽政又叛謂此爲再三也以此知淮夷叛者徐奄之屬皆叛也。傳相謂至天下。正義曰君奭序云召公爲保周公爲師相成王爲左右於時成王爲天子自知政事二公爲臣輔助之此言相成王者有異於彼故辨之相謂攝政攝政者教由公出不復關白成王耳仍以成王爲主故稱成王鄭玄云黜貶退也黜實退名但此黜乃殺其身絕其爵故以黜爲絕也周公此行普伐諸叛獨言黜殷命者定四年左傳云管蔡啓商惎間王室則此叛武庚爲主且顧微子之序故特言黜殷命也以誅叛者之義大誥天下經皆是也

大誥陳大道以誥天下遂以名篇。誥本亦作𢍘

〔疏〕大誥。正義曰此陳伐叛之義以大誥天下而兵凶戰危非衆所欲故言煩重其自殷勤多止而更端故數言王曰大意皆是陳說武庚之罪自言已之不能言已當繼父祖之功須去叛逆之賊人心既從卜之又吉往伐無有不克勸人勉力用心此時武王初崩屬有此亂周公以臣代君天下未察其志親弟猶尚致惑何況疎賤者乎周公慮其有向背之意故殷勤告之陳壽云皐陶之謨略而雅周公之誥煩而悉何則皐陶與舜禹共談周公與羣下矢誓也其意或亦然乎但君奭康誥乃與召公康叔語也其辭亦甚委悉抑亦當時設言自好煩復也管蔡導武庚爲亂此篇略於管蔡者猶難以伐弟爲言故專說武庚罪耳

王若曰猷大誥爾多邦越爾御事周公稱成王命順大道以誥天下衆國及於御治事者盡及之。猷音由道也邦馬本作大誥繇爾多邦盡津忍反**弗弔天降割于我家不少**言周道不至故天下凶害於我家不少謂三監淮夷並作難。弔音的又如字割馬本作害不少馬讀弗少延爲句難乃旦反**延洪惟我幼沖人**凶害延大惟累我幼童人成王言其不可不誅之意。累劣僞反**嗣無疆大歷服弗造哲迪民康**言子孫承繼祖考無窮大數服行其政而不能爲智道以安人故使叛先自責**矧曰其有能格知天命**安人且猶不能況其有能至知天命者乎。矧失忍反**已予惟小子若涉淵水予惟往求朕攸濟**已發端歎辭也我惟小子承先人之業若涉淵水往求我所以濟渡言祗懼**敷賁敷前人受命茲不忘大功**前人文武也我求濟渡在布行大道在布陳文武受命在此不忘大功言任重。賁扶云反徐音憤**予不敢閉于天降威用**天下威用謂誅惡也言我不敢閉絕天所下威用而不行將欲伐四國**寧王遺我大寶龜紹天明卽命**安天下之王謂文王也遺我大寶龜疑則卜之以繼天明就其命而言之言卜不可違。遺唯季反

〔疏〕王若至卽命。正義曰周公雖攝王政其號令大事則假成王爲辭言王順大道而爲言曰我今以大道誥汝天下衆國及於衆治事之臣以我周道不至故上天下其凶害于我家不少言叛逆者多此害延長寬大惟累我幼童人成王自言害及已也我之致此凶害以我爲子孫承繼無疆界之大數服行其政不能爲智道令民安故使之叛自責也安民猶且不能況曰其能至於知天之大命者乎言已不能知天意也復歎而言已乎我惟小子承先人之業如涉淵水惟往求我所以濟渡言已恐懼之甚我所求濟者惟在布行大道布陳前人文王武王受命之事在我此身不忘大功既不忘大功當誅叛逆由此我不敢絕天之所下威用而不行之言必將伐四國也寧天下之王謂文王也文王遺我大寶龜疑則就而卜之以繼天明命今我就受其命言已就龜卜其伐之吉凶已得吉也。傳周公至及之。正義曰序云相成王則王若曰者稱成王之言故言周公稱成王命實非王意成王爾時信流言疑周公豈命公伐管蔡乎猷訓道也故云順大道以告天下衆國也鄭王本猷在誥下漢書王莽攝位東郡太守翟義叛莽莽依此作大誥其書亦道在誥下此本猷在大上言以道誥衆國於文爲便但此經云猷大傳云大道古人之語多倒猶詩稱中谷谷中也多邦之下云於爾御事是於諸國治事者盡及之也鄭玄云王周公也周公居攝命大事則權稱王惟名與器不可假人周公自稱爲王則是不爲臣矣大聖作則豈爲是乎。傳凶害至之意。正義曰釋詁云延長也洪大也此害長大敗亂國家經言惟我幼童人謂損累之故傳加累字累我童人言其不可不誅之意鄭王皆以延上屬爲句言害不少乃延長之王肅又以惟爲念向下爲義大念我幼童子與繼文武無

窮之道。傳言子至自責。正義曰嗣訓繼也言子孫承繼祖疆境界則是無窮大數長遠六世三十卜年七百是長遠也。傳安人至者乎。正義曰民近而天遠以易而況難天子必當至靈至靈乃知天命言已猶不能安民明其不知天命自責而謙。傳前人至任重。正義曰成王前人故爲文武也以涉水爲喻言求濟者在於布行大道行天子之政也文武有大功德故受天命又當布陳文武受命所行之事也陳行天子之政又陳文武所行之事在此不忘大功大功大平之功也言已所任至重不得不奉天道行誅伐也。傳天下至四國。正義曰王者征伐刑獄象天震曜殺戮則征伐者天之所威用謂誅惡是也天有此道王者用之用之則開不用則閉言我不敢閉絕天之所下威用而不行之既不敢不行故將伐四國。傳安天至可違。正義曰紂爲昏虐天下不安言文王能安之安天下之王謂文王也遺我大寶龜者天子寶藏神龜疑則卜之繼天明道就其命而行之言卜吉則當行不可違卜也所以大寶龜皆得繼天明者以天道玄遠龜是神靈能傳天意以示吉凶故疑則卜之以繼天明道鄭玄云時既卜乃後出誥故先云然**曰有大艱于西土西土人亦不靜越茲蠢**曰語更端也四國作大難於京師西土人亦不安於此蠢動。蠢尺允反難乃旦反下同又如字**殷小腆誕敢紀其敘**。言殷後小腆腆之祿父大敢紀其王業欲復之腆他典反馬云至也誕大旦反父音甫後同**天降威知我國有疵**天下威謂三叔流言故祿父知我周國有疵病。疵在斯反馬云瑕也**民不康曰予復反鄙我周邦**祿父言我殷當復欺惑東國人令不安反鄙易我周家道其罪無狀。令力呈反易以豉反下其易同**今蠢今翼日民獻有十夫予翼以于敉寧武圖功**今天下蠢動今之明日四國人賢者有十夫來翼佐我周用撫安武事謀立其功言人事先應。敉亡婢反應應對之應**我有大事休朕卜并吉**大事戎事也人謀既從卜又并吉所以爲美。并必政反注及篇末同

【疏】曰有至并吉。

正義曰上言爲害不少陳欲征之意未說武庚之罪更復發端言之曰今四國叛逆有大艱於西土言作亂於東與京師爲難也西土之人爲此亦不得安靜於此人情皆蠢蠢然動殷後小國腆腆然之祿父大敢紀其王業之次敘而欲興復之祿父所以敢然者上天下威於三叔以其流言欲下威誅之祿父知我周國有此疵病而欺惑東國人令人不安祿父謂之人曰我殷復望得更爲天子反鄙易我周國今天下蠢動今之明日四國民之賢者有十夫不從叛逆其來爲我翼佐我周於是用撫安武事謀立其功明祿父舉事不當得賢者叛來投我爲我謀用是人事先應如此則我有兵戎大事征伐必休美矣人謀既從我卜又并吉是其休也言往必克敵安民之意告衆使勿也。傳曰語至蠢動。正義曰周公丁寧其事正而復言別加一日語更端也下言王曰此不言王史詳略耳四國作逆於東京師以爲大艱故言作大難於京師西土人亦不安亦如東方見其亂不安也釋詁云蠢動也鄭云周民亦不定其心騷動言以兵應之當時京師無與應者鄭言妄耳故。傳言殷至復之。正義曰殷本天子之國武庚比之爲小故言小腆腆是小貌也鄭玄云腆謂小國也王肅云腆主也殷小主謂祿父也大敢紀其王業經紀王業望復之也。傳天下至疵病。正義曰王肅云天降威者謂三叔流言當誅伐之言誅三叔是天下威也釋詁云疵病也鄭王皆云知我國有疵病之瑕。傳祿父至無狀。正義曰祿父以父罪滅殷身亦當死幸得繼其先祀宜荷天恩反鄙薄輕易武周家言其不識恩養道其罪無狀也漢代止有無狀之語蓋言其罪大無可形狀也近代已來遭重喪答人書云無狀招禍是古人之遺語也。傳今天至先應。正義曰武庚既叛聞者皆驚故今天下蠢動謂聞叛之日也今之明日聞叛之明日以獻爲賢四國民內賢者十夫來翼佐我周十人史無姓名直是在彼逆地有先見之明知彼必敗棄而歸周周公喜其來降舉以告衆謂之爲賢未必是大賢也用撫安武事謀立其功用此十夫爲之將欲伐叛而賢者即來言人事先應也。傳大事至爲美。正義曰成十三年左傳云國之大事在祀與戎今論伐叛知大事戎事也十夫來翼人謀既從卜又并吉所以爲美美即經之休也既言其休乃說我卜并言以成此休之意鄭玄云卜并吉者謂三龜皆從也王肅云何以言美以三龜一習吉是言并吉證其休也與孔異矣

肆予告我友邦君越尹氏庶士御事以美故告我友國諸侯及於正官尹氏卿大夫衆士御治事者言謀及之**曰予得吉卜予惟以爾庶邦于伐殷逋播臣**用汝衆國往伐殷逋亡之臣謂祿父。逋布吾反**爾庶邦君越庶士御事罔不反曰艱大**汝衆國上

下無不反曰征伐四國爲大難敘其情以戒之民不靜亦惟在王宮邦君室言四國不安亦在天子諸侯教化之過自責不能綏近以及遠越予小子考翼不可征王害不違卜於我小子先卜敬成周道君謂今四國不可征則王室有害故宜從卜〔疏〕肆予告至違卜○正義曰以人從卜吉爲美之故故我告汝有邦國之君及於尹氏卿大夫衆士治事者曰我得吉卜我惟與汝衆國往伐殷逋亡播蕩之臣謂伐祿父也汝國君及於衆治事者無不反我之意相與言曰伐此四國爲難甚大言其不欲征也汝不欲伐罪我之由四國之民不安而叛者亦惟在我天子王宮與邦君之室教化之過使之然以此令汝難征過事在我雖然於我小子先考疑而卜之欲敬成周道若謂四國難大不可征則於王室有害不可違卜宜從卜往征也○傳以美至及之○正義曰肆訓故也承上休之下以其東征必美之故我告友國君以下共謀之尹氏卿顧命云百尹氏也尹正也諸官之正謂卿大夫故傳言及於正官尹氏卿大夫尹氏卿官也總呼大夫爲官氏也上文大誥爾多邦綏越爾御事無尹氏庶士下之爾庶邦君越庶士御事亦無尹氏惟此及下文施義二者詳其文餘略之從可知也○傳用汝至祿父○正義曰逋逃也播謂播蕩逃亡之意祿父殷君謂之爲殷今日叛逆是背周逃亡故云用汝衆國往伐彼殷君於我周家逋逃叛之臣謂祿父也○傳汝衆至戒之○正義曰王以卜吉之故將以諸國伐殷且彼諸國之情必有不欲伐者無不反我之意相與言曰征伐四國爲大難言其情必如此敘其情以戒之使勿然也鄭云汝國君及下羣臣不與我同志者無不反我之意云三監叛其爲難大是言反者謂反上意反是上意則知曰者相與言也○傳言四至及遠○正義曰自責惟當言天子教化之過而并言諸侯者化從天子布於諸侯道之不行亦邦君之咎見庶邦亦有過故并言之敎化之過在於君身而云王宮邦君室者宮室是行化之處故指以言之○傳於我至從卜○正義曰翼訓敬也於我小子先自考卜欲敬成周道汝庶邦御事等若謂今四國不可征則周道不成於王室有害故宜從卜小子先卜當謂初卽位時卜其欲成周道也不可違卜謂上朕卜并吉也言欲征卜吉當從卜征之

肆予沖人永思艱曰嗚呼允蠢鰥寡哀哉故我童人成王長思此難而歎曰信蠢動天下使無妻無夫者受其害可哀哉○鰥故頑反予造天役遺大投艱于朕身我周家爲天下役事遺我甚大投此艱難於我身言不得已○予造爲也馬云遺也越予沖人不卬自恤義爾邦君越爾多士尹氏御事言征四國於我童人不惟自憂而已乃欲施義於汝衆國君臣上下至御治事者○卬五剛反我也綏予曰無毖于恤不可不成乃寧考圖功汝衆國君臣當安勉我曰無勞於憂不可不成汝寧祖聖考文武所謀之功責其以善言之助○毖音祕〔疏〕肆予沖至圖功○正義曰以汝等有難征之意哉我童子成王長思此難而歎曰嗚呼四國今叛信蠢動天下使鰥寡受害尤可哀哉我周家爲天下役事而遺我甚大乃投此艱難於我身此難須平不可以已今征四國於我童人不惟自憂而已乃欲施義於汝衆國君於汝多士尹氏治事之人如此爲汝計汝君臣當安勉我曰無勞於征伐之憂我諸侯當往共征四國汝王不可不成汝寧祖聖考所謀之功宜出此善言以助我何謂違我不欲征也○傳我周至得已○正義曰爲天子者當役已以養天下故我國家爲天下役事摠言周家當救天下此事遺我故爲甚大以大役遺我以爲甚大而又投擲此艱難之事於我身謂當已之時有四國叛逆言已職當靜亂不得以已也○傳言征至事者○正義曰卬我恤憂也四國叛逆害及衆國君得靜亂則爲大美言征四國於我童人不惟自憂而已乃欲施義於汝衆國君臣言難除則義施也○傳汝衆至之助○正義曰綏安也毖勞也言我既施義於汝汝衆國君臣言得我之力當安慰勉勸我曰無勞於憂令我無憂四國衆國自來征之經言寧卽文王考卽武王故言寧祖聖考也王以衆國反已乃復殺爲此言責其無善言助已

已予惟小子不敢替上帝命不敢廢天命言卜吉當必征之天休于寧王興我小邦周寧王惟卜用克綏受茲命言天美文王興周者以文王惟卜之用故能安受此天命明卜宜用今天其相民矧亦惟卜用人獻十夫是天助民況亦用卜乎吉可知矣亦亦文王○相息亮反嗚呼天明畏弼我丕丕基歎天之明德可畏輔成我大大之基業言卜不可違也○畏如字徐音威王曰爾惟舊人爾丕克遠省爾知寧王

若勤哉特命久老之人知文王故事者大能遠省識古事汝知文王若彼之勤勞哉目所親見法之又明。省息井反天閟毖我成功所予不敢不極卒寧王圖事閟慎也言天慎勞我周家成功所在我不敢不極盡文王所謀之事謂致太平。閟音秘肆予大化誘我友邦君我欲極盡文王所謀故大化天下道我友國諸侯天棐忱辭其考我民言我周家有大化誠辭爲天所輔其成我民矣。棐徐音匪又芳鬼反忱市林反予曷其不于前寧人圖功攸終我何其不於前文王安人之道謀立其功所終乎天亦惟用勤毖我民若有疾天亦勞慎我民欲安之如人有疾欲已去之予曷敢不于前寧人攸受休畢天欲安民我何敢不於前文王所受美命終畢之

〔疏〕已予至丕基。正義曰既敘衆國之情告以必征之意已乎我惟小子不敢廢上帝之命卜吉不征是廢天命從卜而興乃有故事天休美於安天下之文王興我小國周者以安民之王惟卜是用以此之故安受此上天之命明卜宜用之今天助民矣十夫佐周是天助也人事既驗況亦如文王惟卜之用吉可知矣嗚呼而歎天之明德可畏也輔成我周家大大之基業卜既得吉不可違也。傳人獻至文王。正義曰天之助民乃是常道而云民獻十夫是天助民者下云亦惟十人迪知上帝命故以民獻十夫爲天助民也。王曰爾至休畢。正義曰既述文王之事王又命於衆曰汝惟久老之人汝大能遠省識古事汝知寧王若此之勤勞哉以老人目所親見必知之也以文王勤勞如此故天命慎勞來我周家當至成功所在天意既然我不敢不極盡文王所謀之事文王謀致太平我欲盡行之我欲盡文王所謀故我大爲教化勸誘我所友國君共伐叛逆天既輔助我周家有大化誠辭其必成就我之衆民天意既如此矣我何其不於前文王安民之道謀立其功之處所而終竟之乎天亦惟勞慎我民若人有疾病而欲已去之天意於民如此之急我何敢不於前安人文王所受美命終畢之乎以須終畢之故故當誅除逆亂安養下民使之致太平。傳閟慎至太平。正義曰閟慎釋詁文天慎勞我周家者美其德當天心慎惜又勞來勸勉之使至成功所在在於致太平也天意欲使之然我爲文王子孫敢不極盡文王所謀之事文王本謀謂致太平。傳言我至民矣。正義曰釋詁云棐輔也忱誠也文承大化之下知輔誠辭者言周家有大化誠辭爲天所輔其成我民必爲民除害使得成也。傳天亦至去之。正義曰亦者亦民之義也君民共爲一體天慎勞使成功亦當勤勞民使安寧故言亦也如疾欲已去之言天急於民至甚也。傳天欲至畢之。正義曰上云卒寧王圖事又云圖功攸終此云攸受休畢畢終也三者文辭略同義不甚異天意惟言當終文王之業須征逆亂之賊周公重兵慎戰丁寧以勸民耳

王曰若昔朕其逝朕言艱日思順古道我其往東征矣我所言國家之難備矣日思念之。日人實反難乃旦反下爲難同若考作室既厎法厥子乃弗肯堂矧肯構以作室喻治政也父已致法子乃不肯爲堂基況肯構立屋乎不爲其易則難者可知。厎之履反構古候反治直吏反厥父菑厥子乃弗肯播矧肯穫又以農喻其父已菑耕其田其子乃不肯播種況肯收穫乎。菑側其反草也田一歲曰菑穫戶郭反厥考翼其肯曰予有後弗棄基其父敬事創業而子不能繼成其功其肯言我有後不棄我基業乎今不正是棄之肆予曷敢不越卬敉寧王大命作室農人猶惡棄基故我何敢不於今日撫循文王大命以征逆乎。惡烏路反若兄考乃有友伐厥子民養其勸弗救若兄弟父子之家乃有朋友來伐其子民養其勸不救者以子惡故以此四國將誅而無救者罪大故

〔疏〕王曰若至弗救。正義曰子孫成父祖之業古道當然王又言曰今順古昔之道我其往東征矣我所言國家之難備矣日日思念之乃以作室爲喻若父作室營建基趾既致法矣其子乃不肯爲之堂況肯構架成之乎又以治田爲喻其父菑耕其田殺其草已堪下種矣其子乃不肯布種況肯收穫乎其此作室治田之父乃是敬事之人見其子如此其肯言曰我有後不棄我基業乎必不肯爲此言也我若不終文武之謀則文武之神亦如此耳其肯道我不棄基業乎作室農人猶惡棄其基業故我何敢不於我身今日撫循安人之文王大命以征討叛逆乎我今東征無往不克若凡人兄及父與子弟爲家長者乃有朋友來伐其子則民皆養其勸伐之心不救之何則以子惡故也以喻伐四國雖親如父兄亦無救之者以君惡故也

言罪大不可不誅，無救所以必克也。顧氏以上「不卬自」，孔傳云「不惟自憂」，遂皆以「卬」爲「惟」，但「卬」之爲「惟」非是正訓，觀孔意亦以「不卬」爲「惟」義也。○傳「乂以至穫乎」。○正義曰：上言作室，此言治田，其取喻一也。上言「若考作室，既底法」，此類上文，當云「若父爲農，既耕田」，從上省文耳。菑謂殺草，故治田一歲曰菑，言其始殺草也。播謂布種，后稷「播殖百穀」是也。定本云「厥弗肯構」「矧弗肯穫」，皆有「弗」字，檢孔傳所解，「弗」爲衍字。○傳「其父至棄之」。○正義曰：治田作室，爲喻既同，故以此經結上二事。鄭、王本於「矧肯構」下亦有此一經，然取喻既同，不應重出，蓋先儒見下有而上無，謂其脫而妄增之。○傳「若兄至大故」。○正義曰：此經大意言兄不救弟，父不救子，發首「兄考」備文，伐厥子不言弟，互相發見，傳言「兄弟父子之家」以足之。民養其勸民，謂父兄爲家長者也；養其心，不退止也。

王曰：「嗚呼！肆哉爾庶邦君，越爾御事，歎今伐四國必克之故，以告諸侯及臣下御治事者。爽邦由哲，亦惟十人迪知上帝命，言其故有明國事用智道，十人蹈知天命，謂人獻十夫來佐周。越天棐忱，爾時罔敢易法，矧今天降戾于周邦？於天輔誠，汝天下是知無敢易天法，況今天下罪於周，使四國叛乎？惟大艱人誕鄰胥伐于厥室，爾亦不知天命不易。惟大爲難之人，謂三叔也。大近相伐於其室家，謂叛逆也。若不早誅，汝天下亦不知天命之不易也。易，以豉反。

〔疏〕「王曰嗚」至「不易」。○正義曰：既言四國無救之者，王曰又言歎今伐四國必克之故，告汝衆國君及於汝治事之臣，所以知必克者，故有明國事用智道者，亦惟有十人，此人皆蹈知上天之命，謂民獻十夫來佐周家，此人既來，克之必也。於我天輔誠信之故，汝天下是知無敢變易天法者，若易法無信，則上天不輔，故無敢易法也。況今天下罪於周國，使四國叛逆，惟大爲難之人謂三叔等，大近相伐於其室家，自欲拔本塞源，反害周室，是其爲易天法也。彼變易天法，君不早誅之，汝天下亦不知天命之不可變易也。○傳「言其至佐周」。○正義曰：此其必克之故也。爽，明也；由，用也。有明國事用智道，言其有賢德也。蹈天者，識天命而履行之。此言十人，謂上文「民獻十夫來佐周家」者，此是賢人。賢人既來，彼無所與，是必克之効也。王肅云：「我未伐而知民弗救者，以民十夫用知天命故也。」○傳「於天至叛乎」。○正義曰：「於天輔誠」，言天之所輔必是誠信，汝天下於是觀之，始知無敢變易天法。若易天法，則天不輔之，況今天下罪於周，使四國叛乎？以小況大，易法猶尚不可，況叛逆乎？○傳「惟大至不易」。○正義曰：以下句言「相伐於其室家」，室家自相伐，知惟大爲難之人謂三叔也。「大近相伐於其室家」者，三叔爲周室至親而舉兵作亂，是室家自相伐，爲叛逆之罪，是變易天法之極。若汝諸國不肯誅之，是汝天下亦不知天命之不可變易也。王肅云：「惟大爲難之人，謂管蔡也。大近相伐於其室家，明不可不誅也。管蔡犯天誅，而汝不欲伐，則亦不知天命之不易也。」

予永念曰：天惟喪殷，若穡夫，予曷敢不終朕畝？稼穡之夫，除草養苗。我長念天亡殷惡主，亦猶是矣，我何敢不順天終竟我壟畝乎？言當滅殷。○壟，力勇反。天亦惟休于前寧人，予曷其極卜？敢弗于從？天亦惟美于文王受命，我何其極卜法，敢不於從？言必從也。率寧人有指疆土，矧今卜并吉？循文王所有指意以安疆土，則善矣，況今卜并吉乎？言不可不從。肆朕誕以爾東征，天命不僭，卜陳惟若茲。」以吉之故，大以汝衆東征四國，天命不僭差，卜兆陳列惟若此吉，必克之，不可不勉。

〔疏〕「予永」至「若茲」。○正義曰：所以必當誅四國者，我長思念之曰：天惟喪亡殷國者，若稼穡之夫務去草也。天意既然，我何敢不終我壟畝也？言穢草盡須除去，殷餘皆當殄滅也。天亦惟美於前寧人文王，我何其極文王卜法，敢不於是從乎？言必從之也。我循彼寧人所有吉意以安疆土，不待卜筮，便卽東征，已自善矣，況今卜東征而龜并吉？以吉之故，我大以爾東征四國，天命必不僭差，卜兆陳列惟若此吉，不可不從卜，不可不勉力也。○傳「天亦至必從」。○正義曰：天亦惟美於文王受命，言文王德當天心，天毎事美之，故得受天命，是文王之德大美也。文王用卜能受天命，今於我何其窮極文王卜法，敢不從乎？言必從文王卜也。○傳「循文至不從」。○正義曰：文王之吉意，欲今天下疆土皆得其宜，循有叛逆者，自然須平定之，我直循彼文王所有意伐叛，則已善矣，不必須卜筮也，況今卜并吉乎？言不可不從也。王肅云：「順文王安人之道，有吉意盡天下疆土，使皆得其所，不必須卜筮也，況今卜三龜皆吉，明不可不從也。」○傳「以卜至不勉」。○正義曰：天命不僭者，天意去惡與善，其事必不僭差，言我善而彼惡也。卜兆陳列惟若此吉，言往必克之，不可不勉力也。

微子之命第十三

周書　孔氏傳　孔穎達疏

成王既黜殷命，殺武庚，一名祿父。命微子啓代殷後。啓知紂必亡而奔周，命爲宋公，爲湯後。作微子之命。封命之書。〔疏〕「成王」至之命。○正義曰：成王既黜殷君之命，殺武庚，乃命微子啓代武庚爲殷後。爲書命之，史敘其事，作微子之命。黜殷命，謂絕其爵也。殺武庚，謂誅其身也。○傳「啓知」至「湯後」。○正義曰：啓知紂必亡，告父師、少師而遁於荒野，微子作告是其事也。武王既克紂，微子乃歸之，非去紂即奔周也。傳言得封之由，故言其奔周耳。僖六年左傳云：許僖公見楚子，面縛銜璧，大夫衰絰，士輿櫬。楚子問諸逢伯，對曰：「昔武王克殷，微子啓如是。武王親釋其縛，受其璧而祓之，焚其櫬，禮而命之，使復其所。」史記宋世家云：「武王克殷，微子啓乃持其祭器造於軍門，肉袒面縛，左牽羊，右抱茅，膝行而前以告。武王乃釋微子，復其位如故。」是言微子克殷始歸周也。馬遷之書辭多錯謬，面縛縛手於後，故口銜其璧，又安得左牽羊，右把茅也？要言歸周之事是其實耳。樂記云：「武王克殷，既下車，投殷之後於宋。」則傳言復其位者，以其自縛爲囚，釋之，使從本爵，復其卿大夫之位，及下車，即封於宋，以其終爲殷後，故樂記云「投殷之後」，爾時未爲殷之後也。微子初封於宋，不知何爵，此時因舊宋命之爲公，令爲湯後，使祀湯耳，不繼紂也。

微子之命。稱其本爵以名篇。〔疏〕微子之命。○正義曰：令寫命書之辭以爲此篇，君陳、君牙、冏命皆此類也。

王若曰：「猷！殷王元子。微子，帝乙元子，故順道本而稱之。惟稽古，崇德象賢。惟考古典，有尊德象賢之義，言今法之。統承先王，修其禮物，言二王之後各修其典禮，正朔服色與時王並通三統。○正音政。作賓于王家，與國咸休，永世無窮。爲時王賓客，與時皆美，長世無竟。嗚呼！乃祖成湯克齊聖廣淵，言汝祖成湯能齊德聖達，廣大深遠。澤流後世。皇天眷佑，誕受厥命。大天眷顧，湯佑助之，大受其命，謂天命。撫民以寬，除其邪虐，撫民以寬政，放桀邪淫，湯之德。功加于時，德垂後裔。言湯立功加於當時，德澤垂及後世。裔，末也。爾惟踐修厥猷，舊有令聞。汝微子言能踐湯德，久有善譽，昭聞遠近。○令聞如字，又音問。恪愼克孝，肅恭神人。予嘉乃德，曰篤不忘。言微子敬愼，能孝嚴恭神人，故我善汝德，謂厚不可忘。○篤本又作竺，東谷反。〔疏〕王若曰猷殷王元子。○正義曰：王順道而言曰：今以大道告汝殷王首子，告之以下辭也。曰猷，如大誥言以道誥之。○傳「微子」至「稱之」。○正義曰：呂氏春秋仲冬紀云：紂之母生微子啓與仲衍，尚爲妾，已而爲妻，後生紂。紂父欲立啓爲太子，太史據法而爭之曰：有妻之子，不可立妾之子。故紂爲後。鄭云：微子啓，紂同母庶兄也。若，順也。猷，道也。以其本是元子，故順道本而稱之。釋詁云：元，首，始也。易曰：元者，善之長也。○傳「言二」至「三統」。○正義曰：郊特牲云：天子存二代之後，猶尊賢也。尊賢不過二代。書傳云：王者存二王之後，與己爲三，所以通三統，立三正。周人以日至爲正，殷人以日至後三十日爲正，夏人以日至後六十日爲正。天有三統，土有三王，三王者所以統天下也。禮運云：杞之郊也，禹也；宋之郊也，契也。是二王後爲郊祭天，以其祖配之。鄭云：所存二王後者，命使郊天，以天子禮祭其始祖受命之王，自行其正朔服色，此謂通天三統。是立二王後之義也。此命首言稽古，則立先代之後，自古而有此法，不知從何代然也。孔意自夏以上不必改正，縱使正朔不改，典禮服色自當異也。○曰篤不忘。○正義曰：僖十二年左傳王命管仲之辭曰：謂督不忘。則曰亦謂義。孔訓篤爲厚，故傳云謂厚不可忘。杜預以督爲正，可謂正而不可忘也。

上帝時歆，下民祗協，庸建爾于上公，尹茲東夏。孝恭之人，祭祀則神歆享，施令則人敬和，用是封立汝於上公之位，正此東方華夏之國。宋在京師東。○歆，許今反。欽哉！往敷乃訓，愼乃服命，率由典常，以蕃王室。敬哉！敬其爲君之德，往臨人布汝教訓，愼汝祖服命數，循用舊典，無失其常，以蕃屏周室，戒之。〔疏〕愼乃服命。○正義曰：傳言愼汝祖服命數，謂祭湯廟得用天子之禮服，其殷之本服命，則上公九命，當愼之，無使乖禮制也。弘乃烈祖，律乃有民，永綏厥位，毗予一人。大汝烈祖成湯之道，以法度齊汝所有之人，則長安其位，以輔我一人。言上下同榮慶。○毗，房脂反。世世享德萬邦作式言微子累世享德不忝厥祖雖同公侯而特爲萬國法式俾我有周無斁汝世世享德則使我有周好汝無厭。俾必爾反斁音亦好呼報反厭於艷反嗚呼往哉惟休無替朕命惟爲美政無廢我命歎其德遣往之國言當唐叔得禾異畝同穎唐叔成王母弟食邑内得異禾也畝壟穎穗也禾各生一壟而合爲一穗。穎役頃反穗似醉反本亦作遂獻諸天子拔而貢之王命唐叔歸周公于東異畝同穎天下和同之象周公之德所致周公東征未還故命唐叔以禾歸周公作歸禾亡

疏唐叔至歸禾。○正義曰成王母弟唐叔於其食邑之内得禾。下異畝壟上同穎穗以其有異拔而貢於天子以爲周公德所感致於時周公東征未反王命唐叔歸周公於東命有言辭史敘其事作歸禾之篇。○傳唐叔至一穗。○正義曰昭十五年左傳云叔父唐叔成王之母弟指言唐叔得禾知其所食邑内得異禾也唐叔食邑書傳無文詩述后稷種禾於實秀之下乃言實穎毛傳云穎垂穎穗重而垂是穎爲穗也禾各生一壟而合爲一穗言其異也書傳云成王之時有三苗貫桑葉而生同爲一穗其大盈車長幾充箱民得而上諸成王王下傳云拔而貢之若是盈車之穗不可手拔而貢孔不用書傳爲説也。○傳異畝至封晉。○正義曰禾者和也異畝同穎是天下和同之象成王以爲周公德所感致於時周公東征未還故命唐叔以禾歸周公於東也歸禾年月史傳無文不知在啓金縢之先後也王啓金縢正當禾熟之月若是前年得之於時王疑未解必不肯歸周公當是啓金縢之後喜得東土和平而有此應故以歸周公也唐叔後封於晉經史多矣傳言此者欲見此時未封知在邑内得之昭元年左傳稱成王滅唐而封太叔焉所滅之唐即晉國是也然則得禾之時未封於唐從後稱之爲唐叔耳周公既得命禾旅天子之命已得唐叔之禾遂陳成王歸禾之命而推美成王善則稱君作嘉禾天下和同政之善者故周公作書以善禾名篇告天下亡

疏周公至嘉禾。○正義曰周公既得王所命禾乃陳天子歸禾之命爲文辭稱此禾之善推美於成王史敘其事作嘉禾之篇。○傳已得至稱君。○正義曰鄭云受王歸已禾之命與其禾以爲已得命禾謂復得禾義當然矣成王歸禾之命必歸美周公周公陳歸禾之命又推美成王是善則稱君之義也善則稱君坊記文也。○傳天下至下亡。○正義曰嘉訓善也言此禾之善故以善禾名篇陳天子之命故當布告天下此以善禾爲書之篇名後世同穎之禾遂名爲嘉禾由此也二篇東征未還時事微子受命應在此篇後篇在前者蓋先封微子後布此書故也

附釋音尚書注疏卷第十三

江西鹽法道胡稷栞

尚書注疏挍勘記卷十三

阮元撰盧宣旬摘錄

尚書注疏卷第十三 宋板作十二

旅獒第七　周書

太保作旅獒 唐石經岳本纂傳同毛本太改作大石經考文提要云釋文不發音知係太字下同

強大有政者爲道豪 岳本道作酋道字誤也

西旅之長 閩本葛本纂傳同毛本旅作戎與疏標目正合

故銘其楛曰 浦鏜云栝誤楛按魯語作栝

賤用物 按疏傳俗本云弗賤衍弗字也謂此句賤上俗本有弗字也疏不釋經故因釋傳而并及之

所以化治生民 古本岳本宋板治作俗

寶賢生能 毛本生作任案所改是也

不役至人安 宋板人安作道接按疏釋經實至道接而止宋板是也自不作無益以後祇釋傳不釋經以前後各章例之疑有脫誤

惟皆正矣 毛本惟皆二字倒

遊觀從費時日 岳本從作徙從字非也形近之譌

終累大德 羣經音辨糸部云絫連也書終絫大德○按絫累古今字

金縢第八　周書

不欲人開之 古本人下有之字按史記集解作不欲人開也與疏合

有金人叄緘其口 閩本同毛本叄作三按儀禮經傳通解續作叄此殆言其誤

弗豫 陸氏曰豫本又作忬按說文引作有疾不悆釋文別本作忬蓋卽悆字也

問王疾病瘳否 宋本瘳上有當字通解同

但不知以何方爲王耳 閩本同毛本王作上

詩說禱旱至圭璧既卒 宋板至作云通解同

史爲冊書祝辭也 史記集解辭作祠

太子之責 各本太作大太字誤也

我先王亦永有依歸 古本有下有所字

救之則先王長有依歸 古本救上有命字非也有依歸古本作有所依歸也案此依史記集解改

謂負天太子責 岳本太作大太字非也下並同

凶則爲不許我 宋板通解俱無爲字

因遂成王所讀故諱之 通解遂作逐纂傳故作而

令請之於天也 閩本明監本同毛本令上有欲字

卽於壇所 閩本明監本通解同毛本卽作既

亦與兆體乃并是吉 宋板與作以盧文弨云非

乃流言於國 葛本於作于下於孺子同按語助之於尚書皆作于惟堯典於變時雍此篇爲壇於南方及此兩句酒誥人無於水監當於民監各本並作於薛氏古文訓亦然蓋傳寫舛錯初無義例葛本獨於此兩句俱作于又葛本之誤也

公於成王之世 宋板公上有周字

傳王叔至成王 各本王叔作三叔王字誤也

救其屬臣 宋板救作共

禾盡偃 古本禾下有則字以意增

史百執事皆從周公請命　葛本皆誤作者命下古本史記集解俱有者字

言已童幼　岳本童幼二字倒

發雷風之威　纂傳雷風二字倒

周公以成王未寤　葛本閩本明監本同毛本寤作悟○按史記集解亦作寤

改過自新　史記正義句首有成王二字

盡起而築之　陸氏曰築本亦作筑字按馬鄭王皆訓築爲拾釋言云筑拾也訓拾者宜作筑孔不訓拾而別本亦作筑是築筑古蓋通用○按筑與掇雙聲故得訓拾築筑皆非正字且馬鄭王並訓築字爲拾或漢魏時爾雅亦作築未可知也

桑果無虧　古本岳本宋板纂傳同毛本桑果作禾本按桑果言木百穀言禾若作禾木則下百穀複矣所改非是後正義同○案正義釋經禾木無虧是摠承上文故各本皆同皆不誤毛本此傳此疏因之誤改不知上下文各別也

亦如國家未道焉　宋板同岳本未作失盧文弨云玉藻云國家未道則不充其服焉宋板是也

大誥第九　周書

大誥　陸氏曰誥本亦作弇案依汗簡古文四聲韻其字當作弇不作弇

陳大道以誥天下　岳本纂傳誥作告下傳順大道以誥天下岳本作告纂傳作誥

惟我幼沖人　古本惟下有累字按疏言惟我幼童人謂損累之故傳加累字是孔穎達所見經文無累字

就其命而言之　古本岳本宋板纂傳言作行與疏合岳本考證云案文義行字爲長

當誅叛逆　宋板同毛本當作將

則王若曰者稱成王之言　宋板者下空一字

六世三十　宋本六作卜是也毛本作傳亦誤

以于敉寧武圖功　古本敉作撫下敉寧王大命同○按撫即敉字說文敉撫也从攴亾聲讀與撫同段玉裁云

四國人賢者有十夫　古本四國人作四國之民

正而復言　毛本正作止是也

故我告汝有邦國之君　宋板有作友按疏意似當以有爲是

上文大誥爾多邦綏越爾御事　宋板無綏字是也

義爾邦君　古本義作誼

責其以善言之助　古本宋板之助二字倒按疏云責其無善言助己則傳當云責其無善言之助責乃責讓之義非責任之責也

哉我童子成王　案哉各本皆作故哉字誤也

何謂違我不欲征也　浦鏜云謂疑爲字誤

言得我之力　宋板同毛本力作功

言天美文王與周者　纂傳文作寧後並同按王氏據蘇氏說以寧王爲武王凡孔傳武王字率改爲寧王不可爲訓

人獻十夫　古本人作民

亦文王　岳本亦作言

天閟毖我成功所　錢大昕曰天閟毖我成功所傳訓毖爲愼又解之云天愼勞我周家成功所在孔疏云閟愼釋詁文考釋詁本云毖愼也經旣以閟爲毖不當重出毖字據莽誥云天毖勞我成功所則知此經毖乃勞之譌字形相涉後人傳寫致誤僞孔傳尚未誤也○按下經勤毖傳解作勞愼此傳云愼勞則經當作毖勤莽誥於下云天亦

惟勞我民是訓勤爲勞也

閟愼釋詁文 孫志祖云閟爾雅作毖

亦民之義也 閩本明監本同作民是也盧文弨云毛作同是上言國家此方說民不應言亦民。按國家如此民亦如此故曰亦民之義

矧肯構 疏云定本云矧弗肯構矧弗肯穫皆有弗字檢孔傳所解弗爲衍字。按矧況也況益也矧弗肯構矧弗肯穫猶言益弗肯構益弗肯穫也段玉裁云

今不正是棄之 閩本正刓亦作正後加彳毛本因改作征

民養其勸不救者 古岳宋板勸下有心字

以此四國將誅而無救者 浦鏜云此當比字誤

亦以不卬爲惟義也 閩本明監本同毛本以不二字倒

王曰嗚呼肆哉爾庶邦君 古本作王曰嗚呼肆告我爾庶邦冢君按哉字與漢書翟方進傳合古本分爲我二字殆非也

爽邦由哲 古本由作用

所以知必克者 按者字疑之字之誤宜連下故字爲句

君不早誅之 毛本君作若案所改是也

微子之命第十三 案三字誤衍　周書

成王既黜殷命殺武庚 古本庚作康非也

微子作告 閩本同毛本告作誥是也

右抱茅 閩本明監本同毛本抱作把。案下右把茅也乃作把史記元文作把

縛手於復 岳本復作後復字誤也

正朔服色 毛本服誤物與疏不合各本皆不誤

與時皆美 纂傳皆作偕

放桀邪淫蕩之德 古本岳本俱作放桀邪虐湯之德也宋板無也字餘與古本岳本同岳本考證云傳釋經不當改邪作淫又諸本湯之德下無也字辭義似未足

言湯立功加流當時 葛本閩本明監本纂傳同案流當作於毛本不誤

言能踐湯德 纂傳無言字按傳上云汝微子謂經所謂汝者指微子也此五字自爲一句纂傳與上三字連讀故刪去言字耳

曰篤不忘 陸氏曰篤本又作竺

是二王後爲郊祭天 閩本明監本同毛本爲作得按纂傳作是二王後皆郊天

以蕃王室 陸氏曰蕃本亦作藩

以輔我一人 古本輔下有成字

傳唐叔至一德 案德當作穗

以善禾名篇 岳本宋板纂傳善作嘉

告天下亡 古本作布告天下亡也

尚書挍勘記卷十三　　會昌縣知縣候補知州曾暉春栞

附釋音尚書注疏卷第十四

康誥第十一

周書　孔氏傳　孔穎達疏

成王既伐管叔蔡叔滅三監**以殷餘民封康叔**以三監之民國康叔爲衛侯周公懲其數叛故使賢母弟主之○數叛上所角反下亦作畔**作康誥酒誥梓材**

康誥命康叔之誥康圻内國名叔封字○梓音子圻具依反

【疏】成王至康誥○正義曰既伐叛人三監之管叔蔡叔等以殷餘民國康叔爲衛侯周公以王命戒之作康誥酒誥梓材三篇之書也其酒誥梓材亦戒康叔但因事而分之然康誥戒以德刑又以化紂嗜酒故次以酒誥卒若梓人之治材爲器爲善政以結之○傳以三至主之○正義曰此序亦與上相顧爲首引初言三監叛又言黜殷命此云既伐管叔蔡叔言以殷餘民圻内之餘民故云以三監之民國康叔爲衛侯然古字邦封同故漢有上邦下邦縣邦字如封字此亦云邦康叔若分器序云邦諸侯故云國康叔并以三監之地封之者周公懲其數叛故使賢母弟主之此始一叛而云數叛者以六州之衆悉來歸周殷之頑民叛逆天命至今又叛據周言之故云數叛故多方云爾乃不大宅天命爾乃屑播天命以不從天命故云叛也古者大國不過百里周禮上公五百侯四百里孟軻有所不信費誓注云伯禽率七百里之内附庸諸侯則魯猶非七百里之封而康叔封千里者康叔時爲方伯殷之圻内諸侯並屬之故得揔言三監且其實地不方平計亦不能大於魯也故左傳云宋衛吾匹也又曰寡君未嘗後衛君且言千里亦大率言之耳何者邢在襄國河内卽東圻之限故以賜諸侯西山卽有黎濟河濟之西以曹地約有千里也以此鄭云初封於衛至子孫而并邶鄘也其地理志邶鄘之民皆遷分衛民於邶鄘故異國而同風所以詩分爲三孔與同否未明也既三年滅三監七年始封康叔則於其間更遣人鎮守自不知名號耳○傳命康叔至封字○正義曰以定四年左傳祝佗云命以康誥故以爲命康叔之誥知康圻内國名者以管蔡郕霍皆國名則康亦國名而在圻内馬王亦然惟鄭玄以康爲謚號以史記世家云生康伯故也則孔以康伯爲號謚而康叔之康鄭爲國而號謚不見耳

惟三月哉生魄周公攝政七年三月始生魄月十六日明消而魄生○魄字又作霸普白反馬云魄朏也謂月三日始生兆朏名曰魄**周公初基作新大邑于東國洛四方民大和會**初造基建作王城大都邑於東國洛汭居天下土中四方之民大和悅而集會○汭如銳反**侯甸男邦采衛百工播民和見士于周**此五服諸侯服五百里侯服去王城千里甸服千五百里男服去王城二千里采服二千五百里衛服三千里與禹貢異制五服之百官播率其民和悅並見卽事於周**周公咸勤乃洪大誥治**周公皆勞勉五服之人遂乃因大封命大誥以治道○陸云乃洪治同一本作周公迺洪大誥治勞力報反

【疏】惟三至誥治○正義曰言惟以周公攝政七年之三月始明死而生魄月十六日己未於時周公初造基址作新大邑於東國洛水之汭四方之民大和悅而集會言政治也此所集之民卽侯甸男采衛五服百官播率其民和悅並見卽事於周之東國而周公皆慰勞勸勉之乃因大封命以康叔爲衛侯大誥以治道○傳周公至魄生○正義曰知周公攝政七年之三月者以洛誥卽七年反政而言新邑營及獻卜之事與召誥參同俱爲七年此亦言作新邑又同召誥故知七年三月也若然書傳云四年建衛侯而封康叔五年營成洛邑七年制禮作樂明堂位云昔者周公朝諸侯于明堂之位卽云頒度量而天下大服又云六年制禮作樂是六年已有明堂在洛邑而朝諸侯言六年已作洛邑而有明堂者禮記後儒所錄書傳伏生所造皆孔所不用始生魄月十六日戊午朏于新邑之明日魄與明反故云明消而魄生○傳初造至集會○正義曰所以初基東國洛者以天下土中故也其召誥與大司徒文之所出釋言云集會也以主治民故民服悅而見大平也初基者謂初始營建基址作此新邑此史揔序言之鄭以爲此時未作新邑而以基爲謀大不辭矣○傳此五至於周○正義曰男下獨有邦以五服男居其中故舉中則五服皆有邦可知言邦見其國君焉以大司馬職大行人故知五服服五百里禹貢五服通王畿此在畿外去王城五百里故每畿計之至衛服三千里言與禹貢異制也通王畿與不遍爲異以此計畿之均故須土中若然黃帝與帝嚳居偃師餘非土中者自出當時之宜實在土中因得而美善之也不見要服者鄭云以遠於役事而恒闕焉君行必有臣從卽卿大夫及士見亦上其勞故云五服之内百官播率其民和悅卽事以土功勞事民之所苦也而此和悅見太平也而書傳

云示之以力役其民，猶至況導之以禮樂乎？是也。傳「周公至治道」。正義曰：太保以戊申至，七日庚戌已云庶殷攻位於洛汭，則庶殷先與之期于前至也。周公以十三日乙卯朝至于洛，則達觀于新邑營，此日當勉其民，此因命而并言之。序云邦康叔，洪，大也，爲大封命，大誥康叔以治道也。鄭玄以洪爲代，言周公代成王誥，何故代誥而反誥王，呼之曰孟侯，爲不辭矣。

王若曰：「孟侯，朕其弟，小子封。周公稱成王命，順康叔之德，命爲孟侯。孟，長也。五侯之長，謂方伯。使康叔爲之。言王使我命其弟封。封，康叔名。稱小子，明當受教訓。○長，丁丈反，下同。

惟乃丕顯考文王，克明德慎罰，惟汝大明父文王，能顯用俊德，慎去刑罰，以爲教首。○去，羌呂反，下「欲去」、「去疾」同。

不敢侮鰥寡，庸庸，祗祗，威威，顯民，惠恤窮民，不慢鰥夫寡婦，用可用，敬可敬，刑可刑，明此道以示民。

用肇造我區夏，越我一二邦以修，用此明德慎罰之道，始爲政於我區域諸夏，故於我一二邦皆以修治。

我西土惟時怙冒，聞于上帝，帝休，我西土岐周，惟是怙恃文王之道，故其政教冒被四表，上聞于天，天美其治。○怙音戶。冒，莫報反，覆也。聞如字，徐又音問。

天乃大命文王，殪戎殷，誕受厥命，天美文王，乃大命之殺兵殷，大受其王命，謂三分天下有其二以授武王。○殪，於計反。

越厥邦厥民，惟時敘，於其國，於其民，惟是次序，皆文王教。

乃寡兄勖，肆汝小子封，在茲東土。」汝寡有之兄武王，勉行文王之道，故汝小子封得在此東土爲諸侯。○勖，許玉反。

〔疏〕「王若」至「東土」。正義曰：言周公稱成王命，順康叔之德而言曰：命汝爲孟侯，王又使我教命其弟小子封。其所教命者，惟汝大明德之父文王能顯用俊德，慎去刑罰，以爲教首。故惠恤窮民，不侮鰥夫寡婦，況貴强乎？其明德用可用，敬可敬，其慎罰威可威者，顯此道以示民。用此道，故始爲政於我區域諸夏，由是於我一二諸國漸以修治也。上政既修，我西土惟是怙恃文王之道，故其政教冒被四表，聞于上天，天美其治道。以此上天乃大命文王以誅殺之道，用兵除害于殷，大受其王命，三分天下而有其二也。其所受二分者，於其國，於其民，惟是皆有次序，以文王之德故也。汝寡有之兄武王勉行文王之道，故受命克殷，今汝小子封，故得在此東土爲諸侯，是文王之道明德慎罰，既用受命，武王無所復加，以爲勉行，所以汝必法之。○傳「周公至教訓」。正義曰：以「曰」者爲命辭，故曰周公稱成王命，順康叔之德，命爲孟侯。孟，長也。五侯之長，謂方伯。使康叔爲之長者，卽州牧也。五侯之長，五等諸侯之長也。而左傳云「五侯九伯，汝實征之」，彼謂上公之伯，故征九伯，而此五侯當州牧之五侯，與彼不同。王制有連屬卒伯也，孔以五侯亦方伯，則四方者皆可爲方伯，而此方伯自是州牧也。康叔以母弟令德受大國封命，固非卒及連屬也。虞夏及周既有牧，又離騷云「伯昌作牧」，殷亦有牧伯，四代皆通也，非如鄭玄云殷之州長曰伯。以稱小子爲幼弱，故明當受教訓，故云使我命其弟，爲親親而使我用戒故也。此指命康叔爲之，而鄭以摠告諸侯，依略說以太子十八爲孟侯而呼成王，既禮制無文，義理駢曲，豈周公自許天子，以王爲孟侯？皆不可信也。○傳「惟汝至教首」。正義曰：以近而可法，不過子之法父，故舉文王也。法者不過除惡行善，故云明德慎罰也。○傳「惠恤至示民」。正義曰：用可用，敬可敬，卽明德也。用可用，謂小德小官；敬可敬，謂大德大官；刑可刑，謂慎罰也。○傳「天美至武王」。正義曰：天美文王，乃天命之殺兵殷者，殪，殺也，戎，兵也，用誅殺之道以兵患殷。文王以伐殷事未卒，而言殺兵殷者，謂三分有二，爲滅殷之資也。

王曰：「嗚呼！封，汝念哉！念我所以告汝之言。今民將在祗遹乃文考，紹聞衣德言。今治民將在敬循汝文德之父，繼其所聞，服行其德言，以爲政教。○遹音聿，又音述。馬：紹，述也。衣如字，徐於既反。

往敷求于殷先哲王用保乂民。汝往之國，當布求殷先智王之道，用安治民。

汝丕遠惟商耇成人宅心知訓。汝當大遠求商家耇老成人之道，常以居心，則知訓民。○耇音狗。

別求聞由古先哲王用康保民。又當別求所聞父兄用古先智王之道，用其安者以安民。

弘于天，若德裕乃身，不廢在王命。」大于天爲順德，則不見廢，常在王命。

〔疏〕「王曰嗚呼封汝」至「王命」。正義曰：既言文王明德慎罰之調，武王尚行之，汝既得爲君，方別陳明德之事，故稱王命而言曰：嗚呼！封，汝常念我所以告汝之言哉。今治民所行，將在敬循汝文德之父，繼其所聞者，服行其德言，以爲政教。汝往之國，當分布求於殷先智王之道，用安治民。不但法其先君，汝又當須大遠求商家耇老成人之道居之於心即知訓民矣其外又更當別求所聞父兄用古先智王之道用其安者以安民即古虞夏之道也人事既然又聞大於天之道而爲順德又加之寬容則汝身不見廢常在王命○傳今治至政教○正義曰繼其所聞服行其德言者謂文王先有所聞善事今令康叔繼續其文王所聞善事被服而施行其德言以爲政教也○傳汝當至訓民○正義曰上云敷求殷先哲王謂求殷之賢君此言求商家耇老成人謂求殷之賢臣大遠者備徧求之○傳又當至安民○正義曰以父兄乃所居殷外故云別求上只言遹乃文考并言兄者以上云寡兄勗則以文武道同言文可以兼武故并言父兄也古先哲王鄭云虞夏也孔亦當然以上代與今事遠不可以同故言用其安者○傳大于至王命○正義曰以天道人用而光大之故因云大也其文三及殷古先哲王與天其道不異以前後聖迹雖殊同天不二也以康叔亞聖大賢治殷餘惡矜使之用天道爲順德也

王曰嗚呼小子封恫瘝乃身敬哉恫痛瘝病治民務除惡政當如痛病在汝身欲去之敬行我言○恫音通又勑動反瘝古頑反**天畏棐忱民情大可見小人難保**天德可畏以其輔誠人情大可見以小人難安○棐音匪又芳鬼反忱市林反

往盡乃心無康好逸豫乃其乂民往當盡汝心爲政無自安好逸豫寬身其乃治民○盡徐子忍反好呼報反**我聞曰怨不在大亦不在小惠不惠懋不懋**不在大起於小不在小小至於大言怨不可爲故當使不順者順不勉者勉○懋音茂**已汝惟小子乃服惟弘王應保殷民**已乎汝惟小子乃當服行德政惟弘大王道上以應天下以安我所受殷之民衆○應應對之應注同徐於甑反**亦惟助王宅天命作新民**弘王道安殷民亦所以惟助王者居順天命爲民日新之教

（疏）王曰嗚呼小至新民○正義曰所明而云行天人之德者其要在於治民故言王曰嗚呼小子封治民爲善而除惡政當如痛病在汝身欲去之敬行我言哉所以去惡政者以天德可畏者以其輔誠故也以民情大率可見所以可見者以小人難保也安之既難其往治之當盡汝心爲政無自安好逸豫而寬縱乃其可以治民我聞名遺言曰人之怨不在事大或由小事而起雖由小事而起亦不恒在事小因小至大是爲民所怨事不可爲當使施順令不順者順勉力勸行令不勉者勉則其怨小大都消令汝消怨者已乎汝惟小子乃當服行政德惟弘大王道上以應天下以安我所受殷民不但汝身所當行此亦惟助王者居順天命爲民日新之教○傳恫痛至我言○正義曰恫聲類於痛故恫爲痛也瘝病釋詁文以痛病在汝身以述治民故務除惡政如已病也戒之而言敬故知敬行我言也鄭玄云刑罰及已爲痛病其義不及去惡若已病也○傳天德至難安○正義曰人情所以大可見者以小人難安爲可見故須安之○傳不在至者勉○正義曰以致怨恐謂由大惡故云不在大起於小言怨由小事起不在小者謂爲怨不恒在小言其初小漸至於大怨故使不順者順不勉者勉其怨自消也○傳弘王至之教○正義曰亦所以惟助王者言非直康叔身行有益亦惟助王者居順天命爲民日新之教謂漸致太平政教日日益新也

王曰嗚呼封敬明乃罰歎而勑之凡行刑罰汝必敬明之欲其重愼**人有小罪非眚乃惟終自作不典式爾**小罪非過失乃惟終自行之自爲不常用犯汝○眚所領反本亦作省**有厥罪小乃不可**

不殺乃有大罪非終乃惟眚災適爾既道極厥辜時乃不可殺汝盡聽訟之理以極其罪是人所犯亦不可殺當以罰宥論之○宥于救反

（疏）王曰嗚呼封敬至可殺○正義曰以上既言明德之理故此又云愼罰之義而王言曰嗚呼封又當敬明汝所行刑罰須明其犯意人有小罪非過誤爲之乃惟終身自爲不常之行用犯汝如此者有其罪小乃不可不殺以故犯而不可赦若人乃有大罪非終行之乃惟過誤爲之以此故汝當盡斷獄之道以窮極其罪是人所犯乃不可以殺當以罰宥論之以誤故也即原心定罪斷獄之本所以須敬明之也

王曰嗚呼封有敘時乃大明服歎政教有次敘是乃治理大明則民服**惟民其勑懋和**民既服化乃其自勑正勉爲和**若有疾惟民其畢棄咎**化惡爲善如欲去疾治之以理則惟民其盡棄惡修善○咎其九反**若保赤子惟民其康乂**愛養人如安孩兒赤子不失其欲惟民其皆安治○孩亥才反**非汝封刑人殺人**言得刑殺

罪人

無或刑人殺人無以得刑殺人而有妄刑殺非辜者非汝封又曰劓刵人劓截鼻刵截耳刑之輕者亦言所得行○劓魚器反刵如志反無或劓刵人所以舉輕以戒爲人輕行之

〔疏〕王曰嗚呼封有至刵人○正義曰以刑者政之助不得已卽用之非情好殺害故又本於政不可以濫刑而王言曰嗚呼封欲正刑之本要而汝政教有次序是乃治理大明則民服惟民既服從化其自勑正勉力而平和然政之化惡爲善若有病而欲去之治之以理則惟民其盡棄惡而修善言愛養人若母之安赤子惟民爲善其皆安治爲政保民之如此不可行以淫刑豈非汝封得刑人殺人乎言得刑殺不可以得故而有濫刑人殺人无辜也非汝封又曰劓刵人無以得故而有所濫劓刵人之無罪者也○傳化惡至修善○正義曰人之有疾治之以理則疾去人之有惡化之以道則惡除○傳愛養至安治○正義曰既去惡乃須愛養之爲善人爲上養則化所行故言其皆安治子生赤色故言赤子○傳劓截至得行○正義曰以國君故得專刑殺於國中而不可濫其刑卽墨劓剕宮也劓在五刑爲截鼻而有刵者周官五刑所无而呂刑亦云劓刵易噬嗑上九云何校滅耳鄭玄以臣從君坐之刑孔意然否未明要有刵而不在五刑之類言又曰者周公述康叔豈非汝封又自言曰得劓刵人此又曰者述康叔之又曰

王曰外事汝陳時臬司師茲殷罰有倫言外土諸侯奉王事汝當布陳是法司牧其衆及此殷家刑罰有倫理者兼用之○臬魚列反又曰要囚服念五六日至于旬時丕蔽要囚要囚謂察其要辭以斷獄既得其辭服膺思念五六日至於十日至於三月乃大斷之言必反覆思念重刑之至也○要於霄反蔽必世反斷丁亂反下及篇末同覆芳服反

〔疏〕王曰外事至要囚○正義曰言不濫刑不但國內而王言曰若外土諸侯奉王事以至汝汝當布陳是刑法以司牧其衆及此殷家刑罰有倫理者兼用之周公又重言曰既用刑法要察囚情得其要辭以斷其獄當須服膺思念之五日六日次至於十日遠至於三月一時乃大斷囚之要辭言必反覆重之如此乃得無濫故耳○傳言外至用之○正義曰外土以獄事上於州牧之官爲奉士事汝當用刑書爲布陳是刑法爲司牧其衆故受而聽之既衞居殷墟又周承於殷後刑書相因故兼用其有理者謂當時刑書或無正條而殷有故事可兼用若今律無條求故事之比也臬爲準限之義故爲法也○傳要囚至之至○正義曰言要囚明取要辭於囚以思訖事定故言乃大斷之多至三月故云反覆思念重刑之至顧氏云又曰者周公重言之也

王曰汝陳時臬事罰蔽殷彝陳是法事其刑罰斷獄用殷家常法謂典刑故事○彝以支反用其義刑義殺勿庸以次汝封義宜也用舊法典刑宜於時世者以刑殺勿用以就汝封之心所安乃汝盡遜曰時敘惟曰未有遜事乃使汝所行盡順曰是有次敘惟當自謂未有順事君子將興自以爲不足已汝惟小子未其有若汝封之心朕心朕德惟乃知已乎他人未其有若汝封之心言汝心最善我心我心惟汝所知欲其明成王所以命已之款心○款若管反

〔疏〕王曰汝至乃知○正義曰此又申上既要囚思念定其大斷若爲而王言曰汝當陳是刑書之法以行事其刑法斷獄用殷家所行常法故事其陳法殷彝皆用其合宜者以刑殺勿用以就汝封意之所安而自行也以用心不如依法故耳言汝不但依法乃使汝所行盡順曰是有次敘猶當自惟曰未有順事其有餘若不足故耳必期汝於大幸已乎汝惟小子耳而他人未其有若汝封之心言汝心最善汝心既善我心我德惟汝所委知也○傳陳是至故事○正義曰陳是法事卽上汝陳時臬事罰蔽殷彝卽上殷罰有倫上據有初思念得失此據臨時行事也○傳已乎至款心○正義曰此言我我王也以王命故言王爲我以康叔爲已若汝不善我王家心德汝所不知則我不順命汝款曲之心只由汝最善我王心德汝所偏知故我王命汝以款曲之心述康叔爲言故云亦欲令康叔明識此意也

凡民自得罪寇攘姦宄殺越人于貨凡民用得罪爲寇盜攘竊姦宄殺人顛越人於是以取貨利○攘如羊反宄音軌暋不畏死罔弗憝暋強也自強爲惡而不畏死人無不惡之者言當消絕之○暋音敏憝徒對反徐徒猥反強其丈反無不惡烏路反下所大惡疾惡亦惡並音同

〔疏〕凡民至弗憝○正義曰言人所慎刑者以凡民所用得罪者寇盜攘竊於外姦內宄而殺害及顛越於人以取貨利也自強爲之而不畏死此爲人無不惡之者以此須刑絕之故當慎刑罰耳○傳凡民至貨利○正義曰自用也言所用得罪者由寇攘也而爲之於外內既有劫竊其劫竊皆有

殺有傷越人謂不死而傷皆爲之而取貨利故也。○傳暋强至絶之。○正義曰暋強也。盤庚已訓而此重詳之以由此得罪當須絶之

王曰：封，元惡大憝。矧惟不孝不友。大惡之人猶爲人所大惡，況不善父母不友兄弟者乎？言人之罪惡莫大於不孝不友。子弗祗服厥父事，大傷厥考心；爲人子不能敬身服行父道而怠忽其業，大傷其父心，是不孝。于父不能字厥子，乃疾厥子；於爲人父不能字愛其子，乃疾惡其子，是不慈。于弟弗念天顯，乃弗克恭厥兄；於爲人弟不念天之明道，乃不能恭事其兄，是不恭。兄亦不念鞠子哀，大不友于弟。爲人兄亦不念稚子之可哀，大不篤友于弟，是不友。○鞠，居六反。惟弔茲，不于我政人得罪，惟人至此不孝不慈弗友不恭，不於我執政之人得罪乎？道教不至所致。○弔音的。天惟與我民彝大泯亂，天與我民五常，使父義、母慈、兄友、弟恭、子孝，而廢棄不行，是大滅亂天道。○泯，徐武軫反。曰：乃其速由文王作罰，刑茲無赦。言當速用文王所作違教之罰，刑此亂五常者，無得赦。

（疏）「王曰封元」至「無赦」。○正義曰：以是所用得其罪，不但寇盜。王命而言曰：封，非於骨肉之人爲大惡，猶尚爲人所大惡之，況惟不孝父母、不友兄弟者乎？其罪莫大於不孝也。何者？爲人之子不孝，不能敬身服行其父事，而怠忽其業，大傷其父心，是不孝也。於爲人父，不能自愛其子，乃疾惡其子，是不慈也。於爲人弟，不能念天之明道，故乃不能恭事其兄，是不恭也。爲人兄，亦不能念稚子之可哀哉，大不友愛於弟，是不友也。惟人所行以至此不孝不友者，豈不由我執政之人道教不至以得此罪乎？旣人罪由教而致，天惟與我民以五常之性，使有恭孝，廢棄不行，是大滅亂天道也。以由我滅亂，曰乃其疾用文王所作違教之罰，刑此亂五常者，不可赦放也。○傳「大惡」至「不友」。○正義曰：言將有作姦宄大惡，猶爲人所大惡，況不孝父母、不善兄弟者乎？孝經云：「五刑之屬三千，而罪莫大於不孝。」是也。釋親云：「善父母爲孝，善兄弟爲友。」下文不言母，母同於父。父子尊卑而異等，故孝名上不逮於下。其兄弟雖有長幼而同倫，故共友名也。○傳「爲人」至「不孝」。○正義曰：考亦通生死，卽此文及酒誥是也。下曲禮云「死曰考」，是對例耳。人子以逮成父事爲孝，怠忽其業，卽其肯曰我有後，不棄基，故爲大傷父心，卽是上不孝也。則子不逮父事，當輕於盜殺，況以爲甚者，此聖人緣心立法，人莫不緣身本於父母也。自親以及物，天然之理，故孝經曰：「不愛其親而愛他人者，謂之悖德；不敬其親而敬他人者，謂之悖禮。以順則逆，民無則焉。不在於善，而皆在於凶德。」是也。以此言賊殺他人，罪小於骨肉相乖阻，但於他人言其極者，於親言其小者，小則有不和詈爭鬭訟相傷者也。於親小則傷心，大乃逆命毆罵殺害，互相發起而可知也。○傳「於爲」至「不慈」。○正義曰：上文不言不慈，意以不孝爲揔。爲父當言義而云不慈者，以父母於子并爲慈，因父有愛敬多少而分之，言父義母慈，而由慈以義，故雖義言不慈，且見父兼母耳。○傳「於爲」至「不恭」。○正義曰：善兄弟曰友，此言不恭者，友思念之辭，兄弟同倫，故俱言友。雖同倫而有長幼，其心友而貌恭，故因兄弟而分友文爲二而言恭也。五教卽左傳文十八年史克言也。於此言天之明道者，父子天性，不嫌非天明，故於兄弟言之。因上先言不孝，先言子於父，故此不友先言弟於兄，若舉中以見上下，故此言天明見五教皆是。卽孝經云「則天之明」，左傳云「爲父子兄弟姻媾以象天明」，是於天理常然，爲天明白之道。○傳「爲人」至「不友」。○正義曰：言亦者，以兄弟同等而相亦。所謂周書云「父子兄弟，罪不相及」，卽此文也。不孝罪子，非及於父之輩，理所當然。而周官隣保以比伍相及，而趙商疑而發問，鄭荅云：「周禮太平制，此爲居殷亂而言。」斯不然矣。康誥所云，以骨肉之親得相容隱，故左傳云「父子兄弟，罪不相及」。周禮所云，據䟽人相督率之法，故相連獲罪。故今之律令，大功已上得相容隱，鄰保罪有相及，是也。

不率大戛，矧惟外庶子訓人，戛，常也。凡民不循大常之教，猶刑之無赦，況在外掌衆子之官主訓民者而親犯乎？○戛，簡八反。惟厥正人越小臣諸節。惟其正官之人於小臣諸有符節之吏，及外庶子，其有不循大常者，則亦在無赦之科。乃別播敷，造民大譽，弗念弗庸，瘝厥君，時乃引惡，惟朕憝。汝今往之國，當分別播布德教，以立民大善之譽。若不念我言，不用我法者，病其君道，是汝長惡，惟我亦惡汝。○別，彼列反，注同。瘝，長，丁丈反，下同。已！汝乃其速由茲義率殺，亦惟君惟長，汝乃其速用此典刑，宜於時世者，循理以刑殺，則亦惟君長之正道。不能厥家人，越厥小臣外

正惟威惟虐大放王命乃非德用乂爲人君長而不能治其家人之道則於其小臣外正官之吏並爲威虐大放棄王命乃由非德用治之故汝亦罔不克敬典乃由裕民惟文王之敬忌常事人之所輕故戒以無不能敬常汝用寬民之道當惟念文王之所敬忌而法之。乃裕民曰我惟有及則予一人以懌汝行寬民之政曰我惟有及於古則我一人以此悅懌汝德。懌音亦

〔疏〕不率至以懌。○正義曰言滅五常之害當除凡民不循大道五常之教猶刑之況在外土掌庶子之官主於訓民惟其正官之人及於小臣猶有符節者並爲教首其心不循大常豈可赦也以人之須有五常汝今往之國乃當分別播布德教以立民大善之譽若不念我言不用我法卽病其爲君之道是汝長爲惡矣以此惟我亦惡汝也已乎既惡不可爲汝乃其疾用此典刑宜於時世者循理以刑殺亂常者則亦惟爲人君惟爲人長之正道既爲人君長不能治其五教施於家人之道則於其卑小臣外土正官之吏惟爲威暴則爲酷虐大放棄王命矣如是乃由汝非以道德用治之故由此汝亦無得不能敬其常事汝用寬民之道當思惟念用文王之所敬畏而法之汝以此行寬民之政曰我願惟有及於古則我一人天子以此悅懌汝德矣汝惟宜勤之。○傳戛常至犯乎。○正義曰戛猶楷也言爲楷模之常故戛爲常也述上凡民自得罪故言凡民不循大常之教也猶刑之卽上云刑茲無赦故也亦愚以況智故言況在外掌衆子之官主訓民者而親犯乎卽周官云諸子文王世子云庶子也以致教諸子故爲訓人周禮諸子之官亦是王朝之臣言在外者對父子兄弟爲外惟舉庶子之官者以其教訓公卿子弟最爲急故也鄭玄以訓人爲師長亦各一家之道也。○傳惟其至之科。○正義曰正官之人若周官三百六十職正官之首於小臣諸有符節者謂正人之下非長官之身下至符吏諸有符節爲教人之故故言有符節者非要行道之符節若爲官行文書而有符今之印者也以上況之故言不循大常亦在無赦之科矣在軍者有旌節亦得爲有符節耳。○傳汝今至惡汝。○正義曰言分別播布德教謂分遣卿大夫爲之教民使善而已有善譽是立民以大善之譽。○傳汝乃至正道。○正義曰此用宜於時以刑殺上不循五常之道者其君長對則大夫爲長散則人君爲長君而居之是君亦與長爲一孝經對例以長爲大夫耳。○傳爲人至之故。○正義曰以五常父母兄弟子卽家人之道易有家人卦亦與此同也不行五教爲不能治家人之道家人不治則君不明君既不明則不察下故則於其小臣外正官之吏並爲威虐大放棄王命非德用治是不明爲臣德也。○傳常事至法之。○正義曰常事常所行之事也人見尋常不爲異故輕之而以爲戒文王所敬忌卽敬德忌刑鄭云祇祇威威是也。○傳汝行至汝德。○正義曰寬則得衆故五教在寬上既言乃由裕民此又疊之汝行寬民之政曰我惟有及於古卽古賢諸侯汝惡我則惡之汝善我則愛之以此我一人悅懌汝德也

王曰封爽惟民迪吉康明惟治民之道而善安之我時其惟殷先哲王德用康乂民作求我是其惟殷先智王之德用安治民爲求等矧今民罔迪不適不迪則罔政在厥邦治民乃欲求等殷先智王況今民無道不之言從教也不以道訓之則無善政在其國。

〔疏〕王曰封爽至厥邦。○正義曰既言德刑事終而摠言之我所以令汝明德慎罰以施政者王命所以言曰封爲人君當明惟爲治民之道而善安之故我以是須汝善安民故我其惟念殷先智聖王之德用安治民爲求而等之我於民未治之時尚求等殷先智王況今民無道不之而易化汝若不以道訓之則無善政在其國所以須安民以德刑也。○傳明惟至安之。○正義曰以慎德刑爲明治民之道教之五常爲善富而不擾爲安也鄭以迪爲下讀各爲一通也。○傳治民至其國。○正義曰以已喻康叔言我未治之時乃欲求等殷先智王以致太平者況今民無道不之言易從教不以正道訓民民不知道故無善政在其國爲無吉康也

王曰封予惟不可不監告汝德之說于罰之行我惟不可不監視古義告汝施德之說於罰之行欲其勤德慎刑。說如字徐始銳反今惟民不靜未戾厥心迪屢未同假令今天下民不安未定其心於周教道屢數而未和同設事之言。令力呈反數所角反爽惟天其罰殛。我我其不怨明惟天其以民不安罰誅我我其不怨天汝不治我討。汝汝亦不可怨我。殛紀力反惟厥罪無在大亦無在多矧曰其尚顯聞于天民之不安雖小邑少民猶有罰誅不在多大況曰不慎罰明聞於天者乎言罪大〔疏〕

王曰封予至于天。正義曰以汝須善政在國令我民安當爲政以愼德刑爲教故王又命之曰封我惟不可不視古義告汝施德之說於罰之所有欲其勤德愼刑也假令惟天下民不安未定其心於周教道屢數而未和同明惟天其以民不安其罰誅我我其不怨於天則汝不治是其罪我罰汝汝亦不可怨我我以民之不安惟其罰之無在大邑無在多民以少猶誅罰況曰爲君不愼德刑其上明聞於天是爲罪大不可赦。傳我惟至愼刑。正義曰以數求殷先哲王及別求古先哲王爲已視古義也德由說而罰須行故德之言說而罰言行也以事終而結上故云德。也。傳假令至之言。正義曰天下不安爲揔說所以不安猶未定其心於周道屢數而未和同也時以大和會故言假令設不和同事言耳。傳明惟至怨我。正義曰顧氏云明惟天者言天明察在上見民不安乃以刑罰誅戮於我。傳民之至罪大。正義曰此揔德刑而直云不愼罰者政以德爲主不嫌不明政失由於濫刑故舉罰以言之下言無作怨以失罰爲罪大

王曰嗚呼封敬哉無作怨勿用非謀非彝言當修已以敬無爲可怨之事勿用非善謀非常法蔽時忱丕則敏德斷行是誠道大法敏德信則人任焉敏則有功

用康乃心顧乃德遠乃猷用是誠道安汝心顧省汝德無令有非遠汝謀思爲長久裕乃以民寧不汝瑕殄行寬政乃以民安則我不汝罪過不絶亡汝

疏王曰嗚呼至瑕殄。正義曰以罰不可失故王命言曰嗚呼封當修已以敬哉無爲可怨之事勿用非善謀非常法而以決斷行是誠信之道大當法爲機敏之德用是信敏安汝心顧省汝德廣遠汝謀能行寬政乃以民安則我不於汝罪過而絶亡汝。傳斷行至有功。正義曰以誠在於心故決斷行之亦心誠而行敏爲見事有善而須德法故云大法敏德也正以此二者以信則人任焉敏則有功故也論語文。傳用是至長久。正義曰上文有忱有敏此惟云用是誠道不云敏者敏在誠下亦用之可知

王曰嗚呼肆汝小子封惟命不于常以民安則不。絶亡汝故當念天命之不於常汝行善則得之行惡則失之汝念哉無我殄無絶棄我言而不念。享明乃服命享有國土當明汝所服行之命令使可則高乃聽用康乂民高汝聽聽先王道德之言以安治民

疏王曰嗚呼肆至乂民。正義曰與上相首引王命言曰嗚呼以民安則不汝絶亡之故汝小子封當念天命之不於常也惟行善則得之行惡則失之汝念此無常哉無絶棄我言而不念若享有國土當明汝服行之教令使可法高大汝所聽用先王道德之言以安治民也。傳享有至可則。正義曰以不瑕殄卽享有國土也服行之命謂德刑也

王若曰往哉封勿替敬典汝往之國勿廢所宜敬之常法聽朕告汝乃以殷民世享順從我所告之言卽汝乃以殷民世世享國福流後世

疏王若至世享。正義曰以須高聽治民故王命順其德而言曰汝往之國哉封乎勿廢所宜敬之常法卽聽用我誥是也汝如此則汝乃得以殷民世世殷國而言不絶國祚短長由德也又言王若曰者一篇終始言之明於中亦有若也

酒誥第十二

周書　孔氏傳　孔穎達疏

酒誥

康叔監殷民殷民化紂嗜酒故以戒酒誥。嗜市志反

疏傳康叔至酒誥。正義曰以梓材云

若茲監故云康叔監殷民也鄭以爲連屬之監則爲牧而言然康叔時實爲牧而所戒爲居殷墟化紂餘民不主於牧下篇云監監亦指爲君言之也明監卽國君監一國故此言監殷民不言監一州若大宰之建牧立監也

王若曰明大命于妹邦周公以成王命誥康叔順其事而言之欲令明施大教命於妹國妹地名紂所都朝歌以北是。王若馬本作成王若曰注云言成王者未聞也俗儒以爲成王骨節始成故曰成王或曰以成王爲少成二聖之功生號曰成王没因爲謚衛賈以爲戒成康叔以愼酒成就人之道也故曰成此三者吾無取焉吾以爲後錄書者加之未敢專從故曰未聞也妹邦馬云妹邦卽牧養之地欲令力呈反下始令勿令同

乃穆考文王肇國在西土父昭子穆文王弟稱穆將言始國在西土西土岐周之政。文王弟稱穆周自后稷而封爲始祖后稷生不窋爲昭鞠陶爲穆公劉爲昭慶節爲穆皇僕爲昭羌弗爲穆毀揄爲昭公非爲穆高圉爲昭亞圉爲穆諸盩爲昭大王爲穆王季爲昭文王爲穆故左傳宮之奇云大伯虞仲大王之昭也虢仲虢叔王季之穆也又富辰云管蔡已下十六國文之昭也昭一音韶窋音竹律反揄音投盩音張流反大並音太

厥

誥毖庶邦庶士越少正御事朝夕曰祀兹酒
文王其所告慎衆國衆士於少正官御治事吏朝夕勑之惟祭祀而用此酒不常飲○毖音秘少詩照反
惟天降命肇我民惟元祀
惟天下教命始令我民知作酒者惟爲祭祀○爲于僞反下同
天降威我民用大亂喪德亦罔非酒惟行
天下威罰使民亂德亦無非以酒爲行者言酒本爲祭祀亦爲亂行○惟行下孟反注及下注之行同
越小大邦用喪亦罔非酒惟辜
於小大之國所用喪亡亦無不以酒爲罪也

疏

王若至惟辜○正義曰周公以王命誥康叔順其事而言曰汝當明施大教命於妹國而戒之以酒所以須戒酒者以汝父於廟以穆考文王始國在西土岐周爲政也其誥慎所職衆國衆士於少正官御治事吏朝夕勑之曰惟祭祀而用此酒不常爲飲也所以不常爲飲者以惟天之下教命始令我民知作酒者惟爲大祭祀故以酒爲祭不主飲故天下威罰於我民用使之大爲亂以喪其德亦無非以酒爲行而用之故於小大之國用使之喪亡亦無非以酒爲罪以此衆事少正皆須戒酒也是文王以酒爲重戒汝不可不法也○傳周公至北是○正義曰此爲下之目故言明施大教命於妹國此妹與沬一也故沬爲地名紂所都朝歌以北但妹爲朝歌之所居也朝歌近妹邑之南故云以北是詩又云沬之東矣沬之鄉矣即東與北爲鄉也妹屬鄘紂所都在妹又在北與東是地不方平偏在鄘多故也馬鄭王本以文涉三家而有成字鄭玄云成王所言成道之王三家云王年長骨節成立皆爲妄也○傳父昭至之政○正義曰以穆連考故以昭穆言之文王廟次爲穆以周自后稷以至文王十五世案世本云后稷生不窋爲昭不窋生鞠陶爲穆鞠陶生公劉爲昭公劉生慶節爲穆慶節生皇僕爲昭皇僕生羌弗爲穆羌弗生毁榆爲昭毁榆生公飛爲穆公飛生高圉爲昭高圉生亞圉爲穆亞圉生組紺爲昭組紺生大王亶父爲穆亶父生季歷爲昭季歷生文王爲穆據世次偶爲穆也左傳曰大伯虞仲大王之昭言大王爲穆而子爲昭又曰虢仲虢叔王季之穆亦王季爲昭而子爲穆與文王同穆也又管蔡郕霍等十六國亦曰文王之昭則以文王爲穆其子與武王爲昭又曰邘晉應韓武之穆以繼武王爲昭也將言始國在西土西土岐周之政者據今本先故言始爲初始爲政然則居豐前故云西土欲將言道文王誥毖庶邦以下之政故先本之云肇國在西土○傳文王至常飲○正義曰告勑使之敬慎故曰告慎其衆國即衆多國君衆士朝臣也旣揔呼爲士則卿大夫俱在内少正御治事以其卑賤更別目之朝夕勑之丁寧慎之至也○傳惟天至祭祀○正義曰世本云儀狄造酒夏禹之臣又云杜康造酒則人自意所爲言天下教命者以天非人不因人爲者亦天之所使故凡造立皆云本之天元祀者言酒惟用於大祭祀見戒酒之深也顧氏云元大也洛誥稱秩元祀孔以爲舉秩大祀大劉以元爲始誤也○傳天下至亂行○正義曰民自飲酒致亂以被威罰言天下威者亦如上言天之下教命令民作酒也爲亂而罪天理當然故曰天討有罪五刑五用哉俗本云不爲亂行定本云亦爲亂行俗本誤也○傳於小至爲罪也○正義曰小大之國謂諸侯之國有小大也上言民用大亂指其身爲罪此言邦用喪言其邦國喪滅上文揔謂貴賤之人此則專指諸侯之身故也惟行用酒惟罪身得罪亦互相通也

文王誥教小子有正有事無彝酒
小子民之子孫也正官治事謂下羣吏教之皆無常飲酒
越庶國飲惟祀德將無醉
於所治衆國飲酒惟當因祭祀以德自將無令至醉
惟曰我民迪小子惟土物愛厥心臧
文王化我民教道子孫惟土地所生之物皆愛惜之則其心善
聰聽祖考之彝訓越小大德小子惟一
言子孫皆聰聽父祖之常教於小大之人皆念德則子孫惟專一

疏

文王至惟一○正義曰前文王戒酒以爲所供當重飲之則有滅亡之害此更戒之令以德自將不可常飲故又云文王誥教其民之小子與正官之下有職事之人謂羣吏汝等無得常飲酒也於所治衆國之君臣民衆等言飲酒惟當因祭祀以德自將無令至醉又自申文王之教小子者不但身自教之又化民使自教其子弟惟教其民曰惟我民等當道子孫小子令土地所生之物皆愛惜之則其心善矣以愛物則不爲酒而損耗故也旣父祖禀文王之教以化其子孫能聰聽用祖考之常訓言愛物以戒酒也不但民之小子爲然其於小大德之士大夫等亦皆能念行文王德以教其子孫亦聰聽之小子惟皆專一而戒其酒其民及在位不問貴賤子孫皆化則至成長爲德可知也○傳小子至飲酒○正義曰知小子謂民之子孫者以下文二我民迪小子又云奔走事厥考厥長故知小子謂民之子孫也知有正有事非士大夫而云正官治事謂下羣吏者以文

與小子相連故知是正官下治事之羣吏。傳於所至至醉。正義曰以述上文內外雙舉此爲小子及民與士大夫可知其外宜有國君故下云指戒康叔爲國之事故摠言衆國惟於祭祀得飲酒猶以德自將無令至醉大傳因此言宗室將有事族人皆入侍得有醉與不醉而出與不出之事而以德自將無令至醉亦一隅之驗文王爲諸侯而云衆國者文王爲西伯又三分有二諸侯故得戒衆國也。傳文王至心善。正義曰以惟曰爲教辭故言文王化我民愛惜土物而不損耗則不嗜酒故心善妹土嗣爾股肱純其藝黍稷奔走事厥考厥長今往當使妹土之人繼汝股肱之教爲純一之行其當勤種黍稷奔走事其父兄。長丁丈反下注長官諸侯之長同肇牽車牛遠服賈用孝養厥父母農功既畢始牽車牛載其所有求易所無遠行賈賣用其所得珍異孝養其父母。賈音古養牛亮反厥父母慶自洗腆致用酒其父母善子之行子乃自絜厚致用酒養也庶士有正越庶伯君子其爾典聽朕教衆伯君子長官大夫

統庶士有正者其汝常聽我教勿違犯爾大克羞耇惟君爾乃飲食醉飽汝大能進老成人之道則爲君矣如此汝乃飲食醉飽之道先戒羣吏以聽教次戒康叔以君義丕惟曰爾克永觀省作稽中德我大惟教汝曰汝能長觀省古道爲考中正之德則君道成矣。省悉井反爾尚克羞饋祀爾乃自介用逸能考中德則汝庶幾能進饋祀於祖考矣能進饋祀則汝乃能自大用逸之道茲乃允惟王正事之臣則此乃信任王者正事之大臣。任音壬茲亦惟天若元德永不忘在王家言此非但正事之臣亦惟天順其大德而佑之長不見忘在王家〔疏〕妹土至王家。正義曰既上言文王之教今指戒康叔之身實如汝當法文王斷酒之法故今往當使妹土之人繼爾股肱之教爲純一之行其當勤於耕種黍稷奔馳趨走供事其父與兄其農功既畢始牽車牛遠行賈賣用其所得珍異孝養其父母以子如此善子之行子乃自洗潔謹敬厚致用酒以養此亦小子土物愛

也又謂汝衆士有正之人及於衆伯君子長官大夫統衆士有正者其汝亦常聽用我斷酒之教勿違犯也汝康叔大能進行老成人之道則惟可爲君矣如此汝乃爲飲食醉飽之道由須進行老成人故我大惟教汝曰汝能長觀省古道所爲考行中正之德即是進行老成人惟堪爲君能考中德用汝庶幾能進饋祀於祖考矣以能進饋祀人神所助則汝乃能自大用逸之道如此用逸乃信惟王正事之大臣不但汝正事大臣如此亦惟天順其大德而佑助之長不見遺忘在王家矣可不務乎。傳今往至父兄。正義曰以妹土爲所封之都故言今往繼汝股肱之教者君爲元首臣作股肱君倡臣行施由股肱故言繼其教也言奔走者顧氏云勤種黍稷奔馳趨走也。傳農功至父母。正義曰若農功則有所廢故知既畢乃行故云始牽車牛即牽將大車載有易無遠求盈利所得珍異而本不損故可孝養其父母亦愛土物之義也。傳其父至酒養。正義曰以人父母欲家生之富若若非盈利雖得其養有喪家資則父母所不善今勤商得利富而得養所以善子之行也。傳衆伯至犯。正義曰衆伯君子統衆士有正者經云庶士有正者戒其愼酒從卑至尊故先教子孫乃及庶士衆百君子。傳汝大至君義。正義曰釋詁云羞進也既以愼酒立教是大能進行老成人

之道是惟可爲人君矣以人君若治不得有所民事可憂雖得酒食不能醉飽若能進德民事可乎故爲飲食可醉飽之道以羣臣言聽教即爲臣義不過愼酒進德次戒康叔以君義亦有聽教明爲互矣。傳我大至成矣。正義曰以言曰故以爲教辭即教以大克羞者長省古道是老成人之德考其中正是能大進行可以惟爲君故云則君道成矣。傳能考至之道。正義曰以聖人爲能饗帝孝子爲能饗親考德爲君則人治之已成民事可以祭神故考中德能進饋祀於祖考人愛神助可以無爲故大用逸之道即上云飲食醉飽之道也鄭以爲助祭於君亦非其義勢也以下然並亦惟天據人事是惟王正事大臣本天理故天順其大德不見忘在於王家反覆相成之勢也王曰封我西土棐徂邦君御事小子尚克用文王教不腆于酒我文王在西土輔訓往日國君及御治事者下民子孫皆庶幾能用上教不厚於酒言不常飲故我至于今克受殷之命以不厚於酒故我周家至于今能受殷王之命〔疏〕王曰封我西至之命。正義曰於此乃摠言不可不用文王愼酒之教王命之曰封我文王本在西土以道輔

訓往日國君及治事之臣大夫士與其民之小子其此等皆庶幾能用文王教而不厚於酒故我周家至于今能受殷之王命以此故不可不用其教以斷酒。傳我文至常飲。正義曰棐輔也徂往也以事已過故言往日恐嗜酒不成其德故以斷酒輔成之其御事謂國君之下衆臣也不厚於酒卽無彝酒也故云不常飲揔述上也

王曰封我聞惟曰在昔殷先哲王迪畏天顯小民聞之於古殷先智王謂湯蹈道畏天明著小民經德秉哲自成湯咸至于帝乙成王畏相能常德持智從湯至帝乙中間之王猶保成其王道畏敬輔相之臣不敢爲非。相息亮反下同惟御事厥棐有恭不敢自暇自逸惟殷御治事之臣其輔佐畏相之君有恭敬之德不敢自寬暇自逸豫。暇遐嫁反矧曰其敢崇飲崇聚也自假自逸猶不敢況敢聚會飲酒乎明無也越在外服侯甸男衛邦伯於在外國侯服甸服男服衛服國伯諸侯之長言皆化湯畏相之德越在內服百僚庶尹惟亞惟服宗工於在內服治事百官衆正及次大夫服事尊官亦不自逸越百姓里居於百官族姓及卿大夫致仕居田里者罔敢湎于酒不惟不敢亦不暇自外服至里居皆無敢沈湎於酒非徒不敢志在助君敬法亦不暇飲酒。湎面善反惟助成王德顯越尹人祗辟所以不暇飲酒惟助其君成王道明其德於正人之道必正身敬法其身正不令而行。辟扶亦反

〔疏〕王曰封我聞至祗辟。正義曰以周受於殷文王之前殷代也今又衛居殷地故舉殷代以酒興亡得失而爲戒王命之曰封我聞於古所聞惟曰殷之先代智道之王成湯於上蹈道以畏天威於下明著加於小民卽能常德持智以爲政教自成湯之後皆然以至于帝乙猶保成其王道畏敬輔相之臣其君既然惟殷御治事之臣其輔相於君有恭敬之德不敢自寬暇自逸豫況曰其敢聚會羣飲酒乎於是在外之服侯甸男衛國君之長於是在內之服治事百官衆正惟次大夫惟服事尊官於百官族姓及致仕在田里而雅者皆無敢沈湎於酒不惟不敢亦自不暇飲所以不暇者惟以助其君成其王道令德顯明又於正人之道必正身敬法正身以化下不令而行故不暇飲是亦可以爲法也。傳聞之至小民。正義曰言聞之於古是事明衆見也下言自成湯知此別道湯事也王者上承天下恤民皆由蹈行於爲畏天之罰已故也又以道教民故明德著小民。傳能常至爲非。正義曰德在於身智在於心故能常德持智卽上迪畏天顯小民爲自湯後皆爾。傳惟殷至逸豫。正義曰此事當公卿故下別云越在內服百僚庶尹也爲君畏相故輔之若寬暇與逸豫則不恭敬故不敢爲也。傳崇聚至明無。正義曰釋詁云崇充也充實則集聚故崇爲聚也飲必待暇逸猶尚不敢暇逸故言況敢聚集飲酒乎明無也。傳於在至之德。正義曰以公卿與國爲體承君共事故先言之然後見廣故自外及內舉四者以揔六服又因衛爲蕃衛故不言采也國謂國君伯言長連屬卒牧皆是見徧在外爲君故言化湯畏相之德。傳於在至自逸。正義曰畿外有服數畿內無服數故爲服治事也言百官衆正爲揔之文但百官衆正除六卿亦有大夫及士士亦有官首而爲政者惟亞傳云次大夫者謂雖爲大夫不爲官首者亞次官首故云亞舉大夫尊者爲言其實士亦爲亞次之官必知爲亞兼士者以此經文上下更無別見士之文故知兼之惟服宗工揔上百僚庶尹及惟亞言服治職事尊官之故亦不自逸惟亞雖不爲官首亦助上服治政事或可非官首者服事在上之尊官亦不自逸。傳於百至里者。正義曰每言於者繼上君與御事爲於此不言在從上內服故也百官族姓謂其每官之族姓而與里居爲揔故云卿大夫致仕居田里者也。傳自外至飲酒。正義曰自外服至里居皆無敢沈湎亦上御事云亦不暇不暇則不逸可知助君敬法逆探下經也

我聞亦惟曰在今後嗣王酣身嗣王紂也酣樂其身不憂政事。酣戶甘反樂音洛厥命罔顯于民祗保越怨不易言紂暴虐施其政令於民無顯明之德所敬所安皆在於怨不可變易。易如字馬以豉反誕惟厥縱淫泆于非彝用燕喪威儀民罔不衋傷心紂大惟其縱淫泆于非常用燕安喪其威儀民無不衋然痛傷其心。縱子用反注同泆音逸又作逸亦作佚衋許力反惟荒腆于酒不惟自息乃逸言紂大厚於酒晝夜不念自息乃過差。差初佳反又初賣反厥心疾很不克畏死紂疾很其心不能畏死言無忌憚。很胡懇反辜在

商邑越殷國滅無罹。紂聚罪人在都邑而任之於殷國滅亡無憂懼。弗惟德馨香祀登聞于天，誕惟民怨，紂不念發聞其德使祀見享升聞於天大行淫虐惟爲民所怨咎。庶羣自酒腥聞在上，故天降喪于殷，罔愛于殷，惟逸。紂衆羣臣用酒沈荒腥穢聞在上天故天下喪亡於殷無愛於殷惟以紂奢逸故。○聞音問。天非虐，惟民自速辜。言凡爲天所亡天非虐民惟民行惡自召罪。

【疏】我聞至速辜。○正義曰：既言帝乙以上慎酒以存，故又言紂嗜酒而滅。我聞亦惟曰殷之在今帝乙後嗣之謂紂王酣樂其身不憂於政事施其政令無顯明之德於民所敬所安皆在於怨不可變易大惟其縱淫泆於非常用燕安之故喪其威儀民見之無不盡然痛傷其心也皆由惟大愛厚於酒晝夜不念自止息乃過逸其內心疾害很戾不能畏死聚罪人在商邑而任之於殷國滅亡無憂懼也不念發聞其德令之馨香使祀見享升聞于天大惟行其淫虐爲民下所怨紂衆羣臣集聚用酒荒淫腥穢聞在上天故天下喪亡於殷無愛念於殷惟以紂奢逸故非天虐殷以滅之惟紂爲人自召此罪故也。○傳言紂至變易。○正義曰：施其政令於民無顯明之德，言所施者皆是闇亂之政也。紂意謂之爲善所敬之所安之者，及其施行皆是害民之事，爲民所怨。紂之爲惡，執心堅固，不可變易也。○傳紂大至其心。○正義曰：誕訓爲大，言紂大惟其縱淫泆於非常之事。○傳紂衆至逸故。○正義曰：紂衆羣臣用酒沈荒，用者解經之自，定本作自，俗本多誤爲嗜。○傳言凡至召罪。○正義曰：此言惟人，謂紂也。今變言人者，見雖非紂亦然。

王曰：封，予不惟若茲多誥。我不惟若此多誥汝，我親行之。古人有言曰：人無於水監，當於民監。古賢聖有言，人無於水監，當於民監。視水見已形，視民行事見吉凶。○監，工陷反，下及注同。今惟殷墜厥命，我其可不大監撫于時。今惟殷紂無道，墜失天命，我其可不大視此爲戒，撫安天下於是。

【疏】王曰封予至于時。○正義曰：既陳殷之戒酒與嗜酒以致興亡之異，故誥之。王命言曰：封，我不惟若此徒多出言以誥汝而已，我自戒酒，已親行之，汝可法之也。所以親行者，古人有言曰：人無於水監，當於民監。以水監但見已形，以民監知成敗，故也。以須民監之故，今殷紂無道，墜失其天命，我其可不大視以爲戒，撫安天下於今時也。

予惟曰：汝劼毖殷獻臣，劼，固也。我惟告汝曰：汝當固慎殷之善臣，信用之。○劼，若八反。侯甸男衛，矧太史友、內史友，侯甸男衛之國當慎接之，況太史、內史掌國典法所賓友乎。越獻臣百宗工，矧惟爾事服休服采，於善臣百尊官，不可不慎，況汝身事服行美道，服事治民乎。矧惟若疇圻父薄違，農父，圻父，司馬。農父，司徒。身事且宜敬慎，況所順疇咨之司馬乎，況能迫迴萬民之司徒乎，言任大。○圻，巨依反。父音甫。薄，蒲各反，徐又扶各反。違如字，徐音回，馬云：違，行也。若保宏父定辟，矧汝剛制于酒。宏，大也。宏父，司空。當順安之。司馬、司徒、司空，列國諸侯三卿，慎擇其人而任之，則君道定，況汝剛斷於酒乎。○辟，必亦反。斷，丁亂反。

【疏】予惟至於酒。○正義曰：殷之存亡既可以爲監，若是，故我惟告汝曰：汝當堅固愛慎殷之善臣，及侯甸男衛之君，則在外尚然，況已下太史所賓友、內史所賓友，於善臣百尊官，而不固慎乎。

此之卑官猶尚固慎，況惟汝之身事所服行美道、服行美事、治民而可不固慎乎。於已身事猶當固慎，況惟所敬順疇咨之圻父、能迫迴萬民之農父、所順所安之宏父，此等大臣能得固慎，則可定其爲君之道。固慎大臣，雖非急要，尚能使君道得定，況汝又能剛斷於酒乎？善所莫大，不可加也。○傳劼固至用之。○正義曰：劼，固，釋詁文。將欲斷酒爲重，故節文以相況。毖訓爲慎，言誠堅固謹慎，皆敬而釋任之，其文適於下皆固慎。○傳侯甸至賓友乎。○正義曰：太史掌國六典，依周禮，治典、教典、禮典、政典、刑典、事典也。內史掌八柄之法者，爵、祿、廢、置、殺、生、與、奪。此太史、內史即康叔之國大夫，知者，以下圻父、農父、宏父是諸侯之三卿，明太史、內史非王朝之官。所賓友者，敬也。○傳於善至民乎。○正義曰：於善臣，即上經殷獻臣也。百尊官，即上侯甸男衛、太史、內史也。服行美道，服事治民，即上汝之身事。知服事是治民者，民惟邦本，諸侯治民爲事故也。鄭玄以服休爲燕息之近臣，服采爲朝祭之近臣，非孔意也。○傳圻父至任大。○正義曰：司馬主圻封，故云圻父。父者，尊之辭。以司徒教民五土之藝，故言農父也。以司馬征伐在乎閫外所專，故隨順而疇咨之，言君所順疇也。迫近迴繞於萬民，言近民事也。二者皆任大。○傳宏大至酒乎。○正義曰：宏，大，釋詁文。以司空亦君所順所安和之，故言當順安之諸侯之三卿以上有司馬司徒故知宏父是司空言大父者以營造爲廣大國家之父因節文而分之乃摠之言司馬司徒司空列國三卿令愼擇其人而任之則君道定況剛斷於酒乎爲甚之義也其定辟摠上自劼毖殷獻。已下獨言三卿者因文相況而接之其實摠上也三卿不次者以司馬征伐爲重次以政教安萬民司徒爲重司空直指營造故在下也司徒言於萬民爲迫遐者事務爲主故也司徒不言若者互相明皆爲治民而君所順也

厥或誥曰羣飲汝勿佚 其有誥汝曰民羣聚飲酒不用上命則汝收捕之勿令失也 **盡執拘以歸于周予其殺** 盡執拘羣飲酒者以歸於京師我其擇罪重者而殺之。盡子忍反 **又惟殷之迪諸臣惟工乃湎于酒勿庸殺之** 又惟殷家蹈惡俗諸臣惟衆官化紂日久乃沈湎於酒勿用法殺之。惡烏各反 **姑惟教之有斯明享** 以其漸染惡俗故必三申法令且惟教之則汝有此明訓以享國。三息暫反又如字 **乃不用我教辭惟我一人弗恤弗蠲乃事時同于殺** 汝若忽怠不用我教辭惟我一人不憂汝乃不潔汝政事是汝同於見殺之罪

疏 厥或至于殺。正義曰以爲政莫重於斷酒故其有人誥汝曰民今飲酒相與羣聚是不用上命則汝收捕之勿令失矣盡執拘以歸於周之京師我其擇罪重而殺之也又惟殷之蹈惡俗諸臣惟其衆官化紂日久乃沈湎於酒勿用法殺之以漸染惡俗故三申法令且惟教之則汝有此明訓可以享國汝若不用我教辭惟我一人天子不憂汝不潔汝政事是汝同於見殺之罪不可不愼。傳盡執至殺之。正義曰言周故爲京師但飲有稀數罪有大小不可一皆盡殺故知擇罪重者殺之。傳又惟至殺之。正義曰言諸臣謂尊者及其下列職衆官不可用法殺之明法有張施此由殷之諸臣漸染紂之惡俗日久故不可卽殺其衞國之民先非紂之舊臣乃羣聚飲酒恐增長昏亂故擇罪重者殺之據意不同故殺否有異。傳以其至享國。正義曰祇成於三故必三申法令有此明訓摠上之辭故得享國。傳汝若至之罪。正義曰汝不用我教辭則不足憂念故惟我一人不憂汝不絜汝之政事事惟穢惡不復教之使絜靜也

王曰封汝典聽朕毖 汝當常聽念我所愼而篤行之 **勿辯乃司民湎于酒** 乃使也勿使汝主民之吏湎於酒言當正身以帥民

疏 王曰封至于酒。正義曰以戒酒事終故結之王命言曰封汝當常聽命我所使汝愼者篤而行之勿使汝主民之吏若宰人者沈湎於酒當正身以帥民

梓材第十三

周書　孔氏傳　孔穎達疏

梓材 告康叔以爲政之道亦如梓人治材。梓音子本亦作杍馬云古作梓字治木器曰梓治土器曰陶治金器曰冶

疏 傳告康至治材。正義曰此取下言若作梓材既勤樸斲故云爲政之道如梓人治材此古杍字今文作梓梓木名木之善者治之宜精因以爲木之工匠之名下有稽田作室乃言梓材三種獨用梓材者雖三者同喻田在於外室摠於家猶非指事之器故取梓材以爲功也因戒德刑與酒事終言治人似治器而結之故也

王曰封以厥庶民暨厥臣達大家 言當用其衆人之賢者與其小臣之良者以通達卿大夫及都家之政於國。暨其器反 **以厥臣達王惟邦君** 汝當信用其臣以通王教於民言通民事於國

汝若恒越曰我有師師 我有典常之師可師法於是曰 **司徒司馬司空尹旅曰予罔厲殺人** 言國之三卿正官衆大夫皆順典常而曰我無厲虐殺人之事如此則善矣 **亦厥君先敬勞肆徂厥敬勞** 亦其爲君之道當先敬勞民故汝往治民必敬勞來之。勞力報反下同來力代反 **肆往姦宄殺人歷人宥** 以民當敬勞之故汝往之國又當詳察姦宄之人及殺人賊所過歷之人有所寬宥亦所以敬勞之。宄音軌 **肆亦見厥君事戕敗人宥** 聽訟折獄當務從寬恕故往治民亦當見其爲君之事察民以過誤殘敗人者當寬宥之。見如字徐賢遍反戕在羊反又七良反馬云殘也折之舌反

疏 王曰至人宥。正義曰王曰封汝爲政當用其衆人之賢者與其小臣之良者以通達卿大夫及都家等大家之政於國然後汝當信用其臣以通達王教於民惟乃可爲國君之道汝爲君道故當使上下順常於是曰我有典常之師可師法是君之順典常也其下司

徒司馬司空國之三卿及正官衆大夫亦皆順典常而曰我無虐厲殺人之事是使臣之順常也如此君臣皆能順常則爲善矣爲君之道非但順常亦須敬勞之故云亦其爲君之道當先敬心以愛勞民故汝往治民必敬勞之又以民須敬勞之故汝往之國詳察其姦宄及殺人之人二者所過歷之人原情不知有所寬宥以斷獄務從寬故汝往治亦當見其爲君之事而民有過誤殘敗人者當寬宥之此亦爲敬勞之也○傳言當至於國○正義曰以用也暨與也言用通厥臣可用明此皆賢與良也厥臣文在大家之上故知小臣也言用之者既用其言以爲政又用其人以爲補本之得大家所用統之卽君所遣也以太夫稱家封士庶有家而非大故云大家卿大夫在朝者都家亦卿大夫所得邑也又公邑而六夫所治亦是也用此以行政令上達於國使人君知之也卽是庶人升爲士又用庶人進在官者小臣亦得進等而用之周禮有都家之官鄭云都謂王子弟所封及公卿所食邑家謂大夫所食采地傳以大家言之揔包大臣故言卿大夫及都家之政卿大夫之政謂在朝所掌者都家之政謂采邑所有政事二者並當通達之於國故連言之○傳汝當至之道○正義曰言汝當信用臣卽信用卿大夫及都家自然大家也傳用小臣與庶人故得通王教於民也人君上承於王下治民事故交通其政惟乃國君之道而已鄭以於邑言達大家於國言達王與邦君王爲二王之後卽亂名實也○傳汝惟至師法○正義曰卽上民事王教通於國人是順常也故摠上惟邦君言汝惟君道使順常也典常可師卽順常也○傳言國至善矣○正義曰此連上衆若恒之文故云國之三卿正官衆大夫皆順典常也不言士從可知也此曰予罔厲殺人所謂令康叔之語但在臣下宜爲此也以上令下行行之在臣故云我無厲虐殺人之事互明君及臣皆師法而無虐○傳亦其至來之○正義曰亦其爲君之道者爲邦君之道非直順常亦須敬勞故往必敬勞卽論語云先之勞之是也○傳以民至勞之○正義曰上文無罪敬勞此惟就有罪者原情免宥亦敬勞也其實姦宄不殺人者殺人亦是姦宄但重言而別其文姦宄及殺人二者並是賊害自當合罪不可寬宥其所過歷之人情所不知故詳察寬宥以爲敬勞之○傳聽訟至宥之○正義曰以君者立於無過之地使物不失其所故宥罪原情當見其爲君之事與上厥君始終相臣於姦上言肆往此亦以罪事往可知也言宥明情亦可原故知過誤殘敗人也

王啓監厥亂爲民言王者開置監官其治爲民不可不勉○監古暫反劉工銜反下同爲于僞反注同治直吏反**曰無胥戕無胥虐至于敬寡至于屬婦合由以容**當教民無得相殘傷相虐殺至於敬養寡弱至於存恤妾婦和合其教用大道以容之無令見冤枉○屬婦上音蜀妾之事妻也令力呈反篇末同冤紆元反一本作以冤**王其效邦君越御事厥命曷以**王者其效實國君及於御治事者知其教命所施何用不可不勤**引養引恬自古王若茲監罔攸辟**能長養民長安民用古王道如此監無所復罪當務之○恬田廉反辟扶亦反

〔疏〕王啓至攸辟○正義曰周公云所以敬勞者以王者開置監官其治主爲於民故也以此當教民曰無得相殘傷無得相虐殺而爲重害也何但不可爲重害民之相於當至於敬養寡弱至於存恤屬婦合和其教用大道以相容無使至寃枉所以如此者以王者其當效實國君及於御治事者惟須知其教命所施何用知其善惡故不可不勤也所效實若能長養民長安民用古昔明王之道而治之如此爲監无所復罪汝當務之○傳當教至寃枉○正義曰以言曰故知當教民也殘謂不死虐甚則殺故二文也經言屬婦傳言妾婦者以妾屬於人故名屬婦此經屬婦與寡弱爲例則非關嫡婦也何者妻子是家中之貴者不至寃枉故也○傳王者至不勤○正義曰以君臣共國事故并效御治事而知其所施則下不得爲非卽是王使存省侯伯監治是也故不可不勤

惟曰若稽田既勤敷菑惟其陳修爲厥疆畎言爲君監民惟若農夫之考田已勞力布發之惟其陳列修治爲其疆畔畎壟然後功成以喻教化○菑側其反畎工犬反**若作室家既勤垣墉惟其塗墍茨**如人爲室家已勤立垣墻惟其當塗墍茨蓋之○垣音袁墉音庸馬云卑曰垣高曰墉墍徐許旣反說文云仰塗也廣云塗也馬云墍色一音故愛反茨徐在私反**若作梓材既勤樸斲惟其塗丹雘**爲政之術如梓人治材爲器已勞力樸治斲削惟其當塗以漆丹以朱而後成以言教化亦須禮義然後治○樸普角反馬云未成器也斲丁角反雘烏郭反徐烏郭反馬云善丹也說文云讀與靃同也又一郭反字林音同

〔疏〕惟曰至丹雘○正義曰既言王者所以效實國君爲政之事故此言國君爲政之喻惟爲監之事曰若農人之考田也已勞力徧布菑而耕發其田又須爲其陳列修治

爲疆畔畎壟以至收穫然後功成又君人爲室家已勤力立其垣墉又當惟其塗而墍飾茨葢之功乃成也又若梓人治材爲器已勞力樸治斲削其材惟其當塗而丹漆以朱雘乃後成以喻人君爲政之道亦勞心施政除民之疾又當惟其飾以禮義使之行善然後治○傳爲政至後治○正義曰此三者事別而喻同也先遠而類疎者乃漸漸以事近而切者次之皆言既勤於初乃言修治於未明爲政孜孜因前基而修使善垣墉故也皆詳而復言之室器皆云其事終而考田止言疆畎不云刈穫者田以一種但陳修終至收成故開其初與下二文互也二文皆言斁即古塗字明其終而塗飾之其室言塗墍墍亦塗也不是以物塗之茨謂蓋覆也器言塗丹雘塗丹皆飾物之名謂塗雘以朱雘雘是彩色之名有青色者有朱色者故鄭玄引山海經云青丘之山多有青雘此經知是朱者與丹連文故也

今王惟曰先王既勤用明德懷爲夾言文武已勤用明德懷遠爲近汝治國當法之○夾音協近也**庶邦享作兄弟方來亦既用明德**衆國朝享於王又親仁善鄰爲兄弟之國萬方皆來賓服亦已奉用先王之明德○朝直遥反**后式典集庶邦丕享**君天下能用常法則和集衆國大來朝享**皇天既付中國民越厥疆土于先王肆**大天已付周家治中國民矣能遠拓其界壤則於先王之道遂大○付如字馬本作附拓音託**王惟德用和懌先後迷民用懌先王受命**今王惟用德和悅先後天下迷愚之民先後謂教訓所以悅先王受命之義○懌音亦字又作斁下同先悉薦反注同**已若茲監惟曰欲至于萬年惟王**爲監所行已如此所陳法則我周家惟欲使至於萬年承奉王室○監古陷反爲于僞反**子子孫孫永保民**又欲令其子孫累世長居國以安民

【疏】今王至保民○正義曰此戒康叔已滿三篇其事將終須有揔結因其政術言法於明王上下相承資以成治故稱今者王命惟告汝曰先王文武在於前世以自勤用明德招懷遠人使來以爲親近也以明德懷柔之故衆國朝享於王又相親善爲兄弟之國萬方皆來賓服亦已化上奉用先王之明德矣是先王有明德下亦行明德以從之而可法也先王既然凡爲君以君天下者亦如先王用常法則和集衆國使之大來朝享亦須同先王用明德也君天下者當如此今大天已付周家治九州之中國民矣周家之王若能爲政用明德以懷萬國遠拓其疆界土壤則先王之道遂更光大以此今王須大先王之政惟明德之大道而用之以此和悅而先後其天下迷愚之民使之政治用此所以悅先王受命使之遂大之義故也是明德不可不務故我周王今亦行之汝爲人臣可以不法乎當法王家勤用明德治國也汝若能法我王家而用明德是爲善不可加因歎云已乎如此爲監則我周家惟曰欲汝至於萬年惟以承奉王室令其子子孫孫累世長居國以安民○傳言文至法之○正義曰言先王知謂文武也夾者是人左右而夾之故言近也○傳衆國至明德○正義曰享施於王而兄弟爲相於之辭明彼此皆和協親仁善鄰左傳文以先王用明德於下之所行今亦奉用爲亦先王耳○傳大天至遂大○正義曰肆遂也申遂故爲大越遠也使天下賓服故遠拓界壤以益先王故爲遂大也○傳今王至之義○正義曰言用德亦是明德也先後若詩云予曰有先後謂於民心先未悟而啓之已悟於後化成之故謂教訓也先王本欲子孫成其事今化天下使善是悅先王受命其和悅先王即遠拓疆土悅其受命即遂大也

附釋音尚書注疏卷第十四

江西鹽法道胡稷栞

尚書注疏挍勘記卷十四　阮元撰盧宣旬摘錄

尚書注疏卷第十四 古本作尚書卷第八古文尚書康誥第十一周書孔氏傳宋板十四作十三

康誥第十一　周書

以殷餘民封康叔 古本封上有邦字山井鼎曰邦封古或通用案注及疏意當作邦康叔封字衍文

故使賢母弟主之 古本作故使其賢母弟主也與疏異

康圻內國名叔封字 纂傳此注在序封康叔下諸本皆誤

周禮上公五百 宋板百下有里字是也

而康叔之康鄭爲國 案鄭當作猶各本皆不誤轉寫之譌耳

乃洪大誥治 陸氏曰一本作周公迺洪大誥治

大誥以治道 古本誥作告

七年制禮作樂 宋板七作六○案當作六

卽云須度量而天下大順 宋板順作服○案明堂位作服宋本是也

目出當時之宜 毛本出作由

見亦上其勞 毛本上作三

其且猶至 宋板同毛本且作民

故於我一二邦 葛本閩監本俱脫我字

不侮鰥夫寡婦 宋板侮下有慢字

漸以修治也 毛本漸作皆

用兵除害于殷 宋板害作惡

以文王之德故也 宋板德作教

今民將在祇遹乃文考 古本民上有治字

汝丕遠惟商耇成人 古本汝作女篇內皆同

既言文王明德慎罰之謂 岳本謂作訓案謂形近之譌

謂文王先有所聞善事 毛本缺事字

王曰嗚呼小子封恫瘝乃身 案後漢書和帝紀永元八年詔曰朕寤寐恫矜注尚書曰恫矜乃身孔安國注曰恫痛也矜病也言如痛病在身欲除之也矜音古頑反蓋章懷所見孔氏尚書作矜可證瘝爲矜之俗字矣

人情大可見 古本纂傳人作民

起於小 古本起上有大字

所明而云行天人之德者 盧文弨云所疑當作此而云二字疑衍○案而云疑當作上云

以小人難保也 閩本明監本同毛本保作安

我聞名遺言曰 毛本名作古案所改是也

非眚 陸氏曰眚本亦作省○案潛夫論作省

乃惟終自行之 岳本自作身與疏合案纂傳已誤作自

惟民其畢棄咎 古本無惟字

言得刑殺罪 岳本罪上有人字

故又本於政不可以濫刑 閩本明監本同毛本又作文

言又曰者周公述康叔豈非汝封又自言曰得劓刵人

此又曰者述康叔之又曰 案或以爲此經文似本作又曰非汝封又曰劓刵人有兩

又曰無娠朱子疑又曰字當在非汝封之上也臣謂正義文理拙澀周公述已下十八字爲一句而下文又申明之不當疑經文有兩又曰脫其一也又曰要囚正義又重言曰

重刑之至也　案疏標目及舉傳文俱無也字

爲奉土事　閩本同宋板土作王毛本作上案上字是也

用其義刑義殺　古文義作誼

勿庸以次汝封　古本庸作用

我心我心　閩本葛本同毛本下心作德是也○案葛本誤以上二字屬上句下二字屬下句故有此誤

乃使汝所行盡順曰　閩本明監本同毛本盡作而

惟汝所委知也　宋本同毛本委作悉案作委是

述康叔爲言故云亦　宋板亦作已案經文有已字無亦字今本誤以此已字屬下句故有此誤

盤庚已訓　宋板盤上有於字是也

當須絕之　閩本明監本無須字浦鏜云案傳當作消字

王曰封元惡大憝　諸本同毛本誤作熟

不友兄弟者乎　古本友作善

爲人兄　古本爲上有於字

弗友不恭　古本岳本纂傳弗作不

不能自愛其子　閩本明監本同毛本自作字是也

釋親云　孫志祖云親當作訓

故此不友先言弟於兄若　宋板同毛本若作者案山井鼎云若字似屬下句然爲未

穩浦鏜云者當也字誤

及外庶子　案此四字於本節經意無當疏亦無釋疑衍文

越厥小臣外正　古本無厥字

當惟念文王之所敬思而法之　閩本葛古同毛本思作忌句末古本有矣字○案思字誤也

及於小臣猶有符節者　閩本明監本同毛本猶作諸

則爲酷虐　閩本明監本同毛本則作惟

是不明爲臣德也　閩本明監本同毛本臣作非案所改是也

卽敬德忌刑　宋板卽下空三字

我時其惟殷先哲王德　古本時作是

爽惟天其罰殛我　古本我上有於字

我罰汝　古本罰下有誅字

其上明聞於天　宋板同毛本其作有

故德之言說而罰言行也　盧文弨云之字疑衍

故曰德也　閩本明監本同毛本德下有刑字

無令有非　古本非作罪

儆爲見　閩本明監本同毛本見下有事之速三字是也許宗彥曰浦鏜以毛本爲衍殊非

則不絕亡汝　古本作則不汝絕亡

而不念　古本作而不思念也

聽朕告汝　古本唐石經告作誥

卽汝乃以殷民世世享國　古本卽作則是也

則汝乃得以殷民世世殷國　閩本明監本世世作世亨毛本世世同殷國作亨國與纂傳合

而言不絕國祚短長由德也　浦鏜云言字當在不絕下

酒誥第十二　周書

文王弟稱穆　古本岳本宋板纂傳弟俱作第案說文有弟無第後世次弟之弟既别從竹則此當作第

將言始國在西土　宋板在作於

亦爲亂行　古本作而亦爲亂行也正義曰俗本云不爲亂行定本云亦爲亂行俗本誤也

以此衆事少正　盧文弨云事當作士

此妹與沬一也　齊召南云疏此段脫誤不一此妹與沬一也沬字上脫鄘風桑中之五字沬字下脫鄉字但妹爲朝歌之所居也應作爲殷紂之所都也詩又云沬之東矣沬之鄉矣鄉字應是北字之誤

皇僕生羌弗爲穆　宋板閩本同毛本羌作差下同

羌弗生毁榆爲昭　閩本同毛本榆從才下同

毁榆生公飛爲穆　閩本明監本同毛本飛作非下同

亞圉生組紺爲昭　陳浩云組應作祖各本俱誤

爲初始爲政　宋板上爲字作謂

言天下教命者　纂傳作今言天降命者

謂下羣吏　古本吏作事

惟曰我民迪小子　古本我上有化字

孝養其父母以子如此　毛本父母二字重是也

所爲考行中正之德　閩本明監本同毛本考作進

乃及庶士衆百君子　宋板百作伯

若治不得有所民事可憂　宋板無有字盧文弨云疑有字當在民字上○案有疑當作其

以下然竝亦惟天據人事　宋本同毛本竝作茲浦鏜云然疑云字誤○案浦說是宋板十行本以茲爲竝恐誤

王曰封我西土棐徂邦君　古本徂作往

能受殷王之命　古本王之二字倒與疏合

惟服事尊官　閩本明監本同毛本惟作雖

惟亞雖不爲官首　毛本亞下有等字

誕惟厥縱淫泆于非彝　陸氏曰泆又作逸亦作佚○案泆逸佚古竝通用

庶羣自酒　正義曰自酒定本作自俗本多誤爲嗜

天非虐民惟民行惡自召罪　古本兩民字俱作人行上有所字

人無於水監　古本監作鑒下文民監大監同

我其可不大視此爲戒　古文此作之

薄違農父　案羣經音辨韋部云韋違行也音回書薄韋農父

所服行美道服行美事治民　宋板道字在事字下山井鼎曰不可解盧文弨云服行美事依注行美二字衍

揔上自劼毖殷獻巳下　宋板獻下有臣字

惟工乃湎於酒　盧文弨云惟工俗本誤作百工

乃使也　閩本葛本同毛本乃作辯是也

汝當常聽命我所使汝慎者　宋板命作念是也

梓材第十三　周書

梓材　案傳云亦如梓人治材疏云此古杍字今文作梓謂傳中杍字乃古文若今字尚書本則作梓也孔疏本之劉炫其所据者古文也傳既作杍則經亦作杍可知今本經傳俱作梓與疏不合陸氏亦据古文而今本釋文大書梓字注云本亦作杍蓋爲後人竄改亦非陸氏元文也

此古杍字　宋板杍作杍案杍乃古文李字借爲梓匠之梓取音同也

王曰封以厥庶民暨厥臣　民古本作人

以民當敬勞之故汝往之國　古本重故字

聽訟折獄　古本折作斷

傳用小臣與庶人　浦鏜云疑而脫誤案傳用二字未誤與下鄭以爲對

與上厥君始終相承　毛本始終二字倒

王啓監　古本監作鑒下皆同

至于屬婦　孫志祖云玉篇女部嫋婦人妊身也引書至于嫋婦

無令見寃枉　陸氏曰寃一本作以寃○案陸氏此語未詳俟考

惟其塗墍茨　案塗疏作斁下同此亦古文之見於疏者又見羣經音辨支部○案衞包改斁爲塗幸正義猶存斁字

亦須禮義然後治　古岳宋板治作洽與宋本疏同

乃後成　毛本乃作然

然後治　宋板治作洽下後治同

乃言修治於未　閩本明監本未作末案未字是

二文皆言斁卽古塗字　盧文弨云斁乃斁之譌趙佑云說文雘字下引周書曰惟其斁丹雘孔疏蓋本此卽古塗字四字當爲疏中之注○案斁當作斁固爲有據但孔疏自据梅氏所上之本非本說文也

不是以物塗之　閩本明監本同毛本不作揔

言文武已勤用明德　傳首纂傳有夾近也三字案傳例不重訓或訓于前或訓于後初無義例夾近也乃多方傳王氏移置於此不足据

萬方皆來賓服　古本岳本宋板萬作方案方方孔傳屢見後人誤以上方字爲万字之譌遂改作萬纂傳已誤夏氏曰如兄弟之密方方而來卽用孔傳語也

惟欲使至於萬年　古本欲上有敬字無於字

累世長居國以安民　古本居作君監本亦作君與疏不合

萬方皆來賓服　宋板萬作方是也

以先王用明德於下之所行　宋板於作欲山井鼎曰似不可解但非行下之所欲則稍可通○案鼎說亦不可通据疏意先王行明德下亦行明德以從之是謂先王用明德於下之所行也先王既然凡爲君者亦如先王用常法是謂今亦奉用爲亦先王也似當從今本作於

尚書注疏挍勘記卷十四終　會昌縣知縣候補知州曾暉春栞

附釋音尚書注疏卷第十五

召誥第十四

周書　孔氏傳　孔穎達疏

成王在豐欲宅洛邑武王克商遷九鼎於洛邑欲以爲都故成王居焉使召公先相宅相所居而卜之遂以陳戒○召詩照反相息亮反下注同作召誥

召誥召公以成王新卽政因相宅以作誥疏成王至召誥○正義曰成王於時在豐欲居洛邑以爲都使召公先往相其所居之地因卜而營之王與周公從後而往召公於庶殷大作之時乃以王命取幣以賜周公因告王宜以夏殷興亡爲戒史敍其事作召誥○傳武王至居焉○正義曰桓二年左傳云昔武王克商遷九鼎于洛邑服虔注云今河南有鼎中觀云九鼎者案宣三年左傳王孫滿云昔夏之方有德也貢金九牧鑄鼎象物然則九牧貢金爲鼎故稱九鼎其實一鼎案戰國策顏率說齊王云昔武王克商遷九鼎鼎用九萬人則以爲其鼎有九但游說之辭事多虛誕不可信用然鼎之上備載九州山河異物亦又可疑未知孰是故兩解之○傳相所至陳戒○正義曰孔以序言相宅於經意不盡故爲傳以助成之召公相所居而卜之及其經營大作遂以陳戒史錄陳戒爲篇其意不在相宅序以經具故略之耳言先相宅者明於時周公攝政居洛邑是周公之意周公使召公先行故言先以見周公自後往也○傳召公至作誥○正義曰武王旣崩周公卽攝王政至此已積七年將歸政成王故經營洛邑待此邑成使王卽政召公以成王將新卽政恐王不順周公之意或將惰於政事故因相宅以作誥也作誥之時王未卽政周公作洛誥爲反政於成王召公陳戒爲卽政後事故傳言新卽政也

惟二月旣望周公攝政七年二月十五日日月相望因紀之越六日乙未王朝步自周則至于豐於已望後六日二十一日成王朝行從鎬京則至于豐以遷都之事告文王廟告文王則告武王可知以祖見考○鎬胡老反見賢遍反下不見同惟太保先周公相宅太保三公官名召公也召公於周公前相視洛居周公後往○先息薦反又如字越若來三月惟丙午朏越三日戊申太保朝至于洛卜宅朏明也月三日明生之名於順來三月丙午朏於朏三日三月五日召公早朝至於洛邑相卜所居○朏芳尾反又普沒反徐又芳憒反厥旣得卜則經營其已得吉卜則經營規度城郭郊廟朝市之位處○度待洛反朝直遙反處昌慮反越三日庚戌太保乃以庶殷攻位于洛汭越五日甲寅位成於戊申三日庚戌以衆殷之民治都邑之位於洛水北今河南城也於庚戌五日所治之位皆成言衆殷本其所由來○汭如銳反疏惟二月至位成○正義曰惟周公攝政七年二月十六日其日爲庚寅旣日月相望矣於已望後六日乙未爲二月二十一日王以此日之朝行自周之鎬京則至于豐以遷都之事告文王之廟此日王惟命太保召公先周公往洛水之旁相視所居之處太保卽行其月小二十九日癸卯晦於二月之後順來三月惟三日丙午朏而月生明於朏三日戊申卽三月五日太保乃以此朝旦至於洛卽卜宅其已得吉卜則經營之規度其城郭郊廟朝市之位處於戊申三日庚戌爲三月七日太保乃以衆所受於殷之民治都邑之位於洛水之汭謂洛水北也於庚戌五日爲三月十一日甲寅而所治之位皆成矣○傳周公至紀之○正義曰洛誥云周公誕保文武受命惟七年洛誥是攝政七年事也洛誥周公云予惟乙卯朝至于洛師此篇云乙卯周公朝至于洛正是一事知此二月是周公攝政七年之二月也望者於月之半月當日衝光照月光圓滿面嚮相當猶人之相望故稱望也治厤者必先正望朔故史官因紀之將言望後之事必以望紀之將言朏後之事則以朏紀之猶今人將言日必先言朔也望之在一月十六日爲多以太率十六日者四分之三十五日者四分之一耳此年入戊午蔀五十六歲二月小乙亥朔孔云十五日卽爲望是已丑爲望言已望者謂庚寅十六日也且孔云望與生魄死魄皆舉大略而言之不必恰依厤數又筭術前月大者後月二日月見可十五日望也顧氏亦云十五日望日月正相望也○傳於已至見考○正義曰於已望後六日是爲二十一日也步行也此云王朝行下太保與周公言朝至者君子舉事貴早朝故皆言朝也宗周者爲天下所宗止謂王都也武王已都於鎬故知宗周是鎬京也文王居豐武王未遷之時於豐立文王之廟遷都而廟不毁故成王居鎬京則至于豐以遷都之事告文王廟也大事告祖必告於考此經不言告武王以告文王則告武王可知以告祖見考也

告廟當先祖後考此必於豐告文王於鎬京告武王也○傳朏明至所居○正義曰說文云朏月未盛之明故爲明也周書月令云三日粵朏朏字從月出是入月三日明生之名也於順來者於二月之後依順而來次三月也二月乙未而發豐歷三月丙午朏又於朏三日是三月五日凡發豐至洛爲十四日也召公早朝至於洛邑相卜所居當以至洛之日即卜也○傳其已至位處○正義曰經營考工記所云匠人營國方九里左祖右社面朝後市是也下有丁巳郊故知規度城郭郊廟朝市之位處也匠人不言郊以不在國內也匠人王城方九里如典命文又以公城方九里天子城十二里鄭玄兩說孔無明解未知從何文也郊者司馬法百里爲郊鄭注周礼云近郊五十里礼記祭天于南郊祭地于北郊皆謂近郊也其廟案小宗伯云建國之神位右社稷左宗廟鄭注朝士職云庫門內之左右其朝者鄭云外朝一在庫門之外皐門之內是詢衆庶之朝內朝二者其一在路門外王每日所視謂之治朝其一在路門內路寢之朝王每日視訖退適路寢謂之燕朝或與宗人圖私事顧氏云市處王城之北朝爲陽故在南市爲陰故處北今案周礼內宰職佐后立市然則后既主陰故立市也○傳於戊至由來○正義曰於戊申後三日庚戌爲三月七日也水內曰汭蓋以人南面望水則北爲內故洛汭爲洛水之北鄭云隈曲中也漢書地理志河南郡治在洛陽縣河南城別爲河南縣治都邑之位於洛北今於漢河南城是也所治之位皆成布置處所定也治位乃是周人而言衆殷者本其所由來言本是殷民今來爲我周家役也莊二十九年左傳發例云凡土功水昏正而栽日至而畢此以周之三月農時役衆者彼言尋常土功此則遷都事大不可拘以常制也

若翼日乙卯周公朝至于洛周公順位成之明日而朝至於洛汭**則達觀于新邑營**周公遍達觀新邑所營言周偏**越三日丁巳用牲于郊牛二**於乙卯三日用牲告立郊位於天以后稷配故二牛后稷貶於天有羊豕羊豕不見可知**越翼日戊午乃社于新邑牛一羊一豕一**告立社稷之位用太牢也共工氏子曰句龍能平水土祀以爲社周祀后稷能殖百穀祀以爲稷社稷共牢○共音恭句故侯反**越七日甲子周公乃朝用書命庶殷侯甸男邦伯**於戊午七日甲子是時諸侯皆會故周公乃昧爽以賦功屬役書命衆殷侯甸男服之邦伯使就功邦伯方伯即州牧也**厥既命殷庶庶殷丕作**其已命殷衆衆殷之民大作言勸事**大保乃以庶邦冢君出取幣乃復入**諸侯公卿並覲於王王與周公俱至文不見王無事召公與諸侯出取幣欲因大會顯周公○復扶又云**錫周公曰拜手稽首旅王若公**召公以幣入稱成王命錫周公曰敢拜手稽首陳王所宜順周公之事

〔疏〕若翼至若公○正義曰順位成之明日乙卯三月十二日也周公以此朝旦至於洛則遍達而徧觀於新邑所經營其位處皆無所改易於乙卯三日丁巳三月十四日也用牲於郊告立祭天之位牛二天與后稷所配各用一牛於丁巳明日戊午乃祭社於新邑用太牢牛一羊一豕一於戊午七日甲子二十一日也周公乃以此朝旦用策書命衆殷在侯甸男服之內諸國之長謂命州牧使告諸國就功作其已命殷衆衆殷皆勸樂勤事而大作矣太保召公乃以衆國大君諸侯出取幣乃復入稱成王命以錫周公曰我敢拜手稽首以戒王陳說王所宜順周公之事○傳周公至洛汭○正義曰周公以順立成之明日而朝至則是三月十三日也其到洛汭在召公之後七日不知初發鎬京以何日也成王蓋與周公俱來鄭云史不書王往者王於相宅無事也○傳於乙至可知○正義曰知此用牲是告立郊位於天者此郊與社於攻位之時已經營之今非常祭之月而特用牲祭天知是郊位既定告天使知而今後常以此處祭天也礼郊用特牲不應用二牛以后稷配故二牛也郊特牲及公羊傳皆云養牲必養二帝牛不吉以爲稷牛言用彼爲稷牛者以之祭帝其稷牛隨時取用不在滌養是帝稷各用一牛故二牛也先儒皆云天神尊祭天明用犢貴誠之義稷是人神祭用太牢貶於天神法有羊豕因天用牛遂云牛二舉其大者從天言之羊豕不見可知也詩頌我將祀文王於明堂云惟羊惟牛又月令云以太牢祠于高禖皆據配者有羊豕也○傳告立至共牢○正義曰經有社無稷稷是社類知其同告之告立社稷之位其祭用太牢故牛羊豕各一也句龍能平水土祀之以爲社后稷能殖百穀祀以爲稷左傳魯語祭法皆有此文漢世儒者說社稷有二左氏說社稷惟祭句龍后稷人神而已是孔之所用孝經說社爲土神稷爲穀神句龍后稷配食者是鄭之所從而武成篇云告于皇天后土孔以后土爲地言后土社也者以泰誓云類于上帝宜于冢土故以后土爲社也小劉云后土與皇天相對以后土爲地若然左傳云句龍爲后土豈句

龍爲地乎社亦名后土地名后土名同而義異也社稷共牢經無明說郊特牲云社稷太牢二神共言太牢故傳言社稷共牢也此經上句言于郊此不言于社此言社于新邑上句不言郊於新邑上句言用牲此言牛羊豕不言用告天不言告地告社不言告稷皆互相足從省文也洛誥云王在新邑烝祭王入太室祼則洛邑亦立宗廟此不云告廟亦從省文也○傳「於戊至牧也」○正義曰康誥云周公初基作新大邑于東國洛四方民大和會侯甸男邦采衛百工播民和見士于周與此一事也故知是時諸侯皆會故周公乃昧爽以賦功屬役書命衆殷在侯甸男服之邦伯使就築作功也康誥五服此惟三服者立文有詳略耳昭三十二年晉合諸侯城成周左傳稱命役書於諸侯屬役賦丈此傳言賦功屬役其意出於彼也賦斂謂賦功諸侯之功科其人夫多少屬役謂付屬役之處使知得地之尺丈也邦伯諸國之長故爲方伯州牧王制云千里之外設方伯即州牧也周公命州牧使州牧各命其所部○傳「諸侯至周公」○正義曰上云周公朝用書命庶殷者周公自命之其事不由王也庶殷既已大作諸侯公卿乃並覲君王其時蓋有行官王在位而諸侯公卿並覲之既入入見王乃出取幣初不言入而經言出者下云乃復入則上以入可知從省文也下賜周公言旅王若公明此出

入是覲王之事而經文不見王至故傳辯之王與周公俱至自此已上於王無事故不見也正以經文不見王至知與周公俱至也周公居攝功成將歸政於成王召公與諸侯出取幣欲因大會顯周公之功既成將令王自知政因賜周公遂以戒王故出取幣復入以待王命其幣蓋玄纁束帛也鄭玄云所賜之幣蓋璋以皮及寶玉大弓此時所賜案鄭注周禮云璋以皮二王之後享后所用寧當以賜臣也寶玉大弓魯公之分伯禽封魯乃可賜之不得以此時賜周公也○傳「召公至之事」○正義曰太保以庶邦冢君出取幣者以上太保之意非王命幣既入即云賜周公者下言召公不得賜周公知召公既以幣入乃稱成王命以賜周公於時政在周公成王未得賜周公也但召公見周公功成作邑將反王政欲尊王而顯周公故稱成王之命以賜周公鄭玄云召公見衆殷之民大作周公德隆功成有反政之期而欲顯之因大戒天下故與諸侯出取幣使戒成王立於位以其命賜周公王肅云爲戒成王錫周公是也曰拜手稽首者召公自言已與冢君等敢拜手稽首陳王所宜順周公之事宜順之事自此以下皆是也

誥告庶殷越自乃御事召公指戒成王而以衆殷諸侯於自乃御治事爲辭謙也諸侯在故託焉**嗚呼皇天上帝改厥元子茲大國殷之命**歎皇天改其大子此大國殷之命言紂雖爲天所大子無道尤改之言不可不慎**惟王受命無疆惟休亦無疆惟恤**所以戒成王天改殷命惟王受之乃無窮惟美亦無窮惟當憂之**嗚呼曷其奈何弗敬**何其奈何不憂敬之欲其行敬

【疏】「誥告至弗敬」○正義曰召公所陳戒王宜順周公之事云我爲言誥以告汝庶殷之諸侯下自汝御事欲令君臣皆聽之其實指以戒王諸侯皆在故以爲言也乃曰嗚呼有皇天上帝改去其大子所受者即此大國殷之王命也以其無道故改命有德惟王受得此命乃無窮惟美亦無窮惟當憂之既憂之無窮嗚呼何其奈何不敬乎欲其長行敬也告庶殷者告諸侯也庶殷遍尊卑之辭故民與諸侯同云庶殷皆謂所受於殷之衆也○傳「歎皇至不慎」○正義曰釋詁云皇君也天地尊之大故皇天后土皆以君言之也改其大子謂改天子之位與他姓即此大國殷之命謂紂也言紂雖爲天所大子無道尤改之不可不慎也以託戒諸侯故言天子雖大尤改之況已下乎釋詁云元首也首是體之大故傳言大子鄭云言首子者凡人皆云天之子天子爲之

首耳

天既遐終大邦殷之命茲殷多先哲王在天言天已遠終殷命此殷多先智王精神在天不能救者以紂不行敬故**越厥後王後民茲服厥命**於其後王後民謂先智王之後繼世君自此服其命言不忝**厥終智藏瘝在**其終後王之終謂紂也賢智隱藏瘝病者在位言無良臣○瘝工頑反**夫知保抱攜持厥婦子以哀籲天徂厥亡出執**言困於虐政夫知保抱其子攜持其妻以哀號呼天告寃無辜往其逃亡出見執殺無地自容所以窮○夫知並如字注同籲音喻呼也號戶高反**嗚呼天亦哀于四方民其眷命用懋**民哀呼天天亦哀之其顧視天下有德者命用勉敬者爲民主

【疏】「天既至用懋」○正義曰更述改殷之事天既遠終大國殷之王命矣此殷多有先智之王精神在天不能救紂以紂不行敬故也於其智王之後人謂繼世之君及其時之人皆服行其君之命由其亦能行敬故得不忝其先祖其此後王之終謂紂之時賢智者隱藏瘝病者在位言其時無良臣多行

無禮暴虐於時之民困於虐政夫知保抱攜持其婦子以哀號呼天告寃枉無辜往其逃亡出見執殺言無地自容以困窮也天亦哀矜於四方之民其眷顧天下選擇賢聖命用勉力行敬者以爲民主故王今得之也○傳言天至敬故○正義曰天既遠終殷命言其去而不復反也説天終殷之命而言智王在天者言先智王雖精神在天而不能救紂者以紂不行敬故也戒王使行敬○傳於其至不忝○正義曰先智王之後繼世君臣謂智王之後紂已前能守位不失者經言後王後民傳言君臣者見民内有臣民於此皆服行君之命言不忝辱父祖也○傳其終至艮臣○正義曰既言後王又復言其終知是後王之終謂紂也以瘝從病類故言瘝病也鄭王皆以瘝爲病小人在位殘暴在下故以病言之○傳言困至以窮○正義曰言困於虐政抱子攜妻欲去之夫九人人言天下盡然也保訓安也王肅云匹夫知欲安其室抱其子攜其妻以悲呼天也**王其疾敬德相古先民有夏**言王當疾行敬德視古先民有夏之王以爲法戒之**天迪從子保面稽天若今時既墜厥命**夏禹能敬德天道從而子安之禹亦面考天心而順之今是桀棄禹之道天已墜其王命**今相有殷**亦復觀有殷**天迪格保面稽天若**言天道所以至於保安湯者亦如禹**今時既墜厥命**墜其王命**今沖子嗣則無遺壽耉**童子言成王少嗣位治政無遺棄老成人之言欲其法之**曰其稽我古人之德**沖子成王其考行古人之德則善矣況曰其有能考謀從**矧曰其有能稽謀自天**天道乎言至善

疏王其至自天○正義曰既言皇天眷顧命用勉敬者爲人主故戒王言其疾行敬德視古先民有夏之君取大禹以爲法戒禹以能敬之故天道從而子安之禹能面考天心而順以行敬今是桀棄禹之道已墜失其王命矣更復視有殷之君取成湯以爲法戒湯以能敬之故天亦從而子安之天道所以至於保安湯者亦以湯面考天心而順以行敬也今是紂棄湯之道已墜失其王命矣夏殷二代能敬則得之不敬則失之今童子爲王嗣位治政則無遺棄壽考成人之言法古人爲治曰王其考行古人之德則已善矣況曰其有能考行所謀以順從天道乎若能從順天道則與禹湯同功言其善不可加也○傳夏禹至王命○正義曰勸王疾行敬德乃言天道安夏知夏禹能

行敬德天道從而子安之天既子愛禹禹亦順天心鄭云面尤迴向也則面爲向義禹亦志意向天考天心而順安之言能同於天心也禹興夏而桀滅之知天道子保者是禹也既墜厥命者是桀也今桀廢禹之道已墜失其王命矣○傳言天至如禹○正義曰此説二代興亡其意同也於禹言從而子安之則天於湯亦子安之故於湯因上略文直言格保格至也言至於保安湯者亦如禹也○傳童子至法之○正義曰嗣位治政謂周公歸政之後此時王未涖政而言今沖子嗣者召公此戒戒其即政之後故也壽謂長命者是老稱無遺棄長命之老人欲其取老人之言而法效之老人之言即下云古人之德也**嗚呼有王雖小元子哉其丕能諴于小民今休**召公歎曰有成王雖少而大爲天所子其大能和於小民成今之美勉之○諴音咸**王不敢後用顧畏于民碞**王爲政當不敢後能用之士必任之爲先碞僭也又當顧畏於下民僭差禮義能此二者則德化立美道成也○碞五咸反徐音吟

疏嗚呼至民碞○正義曰召公歎以戒王嗚呼今所有之王惟今雖復少小而爲大爲天所子愛哉言任大也若其大能和同於天下小民則成今之美以勉之故王當不敢後其能用之士必任以爲先又當顧念畏于下民僭差禮義能此二者則德化立美道成矣○傳王爲至道成○正義曰王者爲政任賢使能有能有用宜先任之故王者爲政當不敢後其能用之士必任之爲先也碞即巖也參差不齊之意故爲僭也既任能人復憂下民故又當顧畏於下民僭差禮義畏其僭差當治之使合禮義也能此二者則德化立美道成美道成即今休是也**王來紹上帝自服于土中**言王今來居洛邑繼天爲治躬自服行教化於地勢正中○治直吏反下爲治致治皆同**旦曰其作大邑其自時配皇天**稱周公言其爲大邑於土中其用是大邑配上天而爲治**毖祀于上下其自時中乂**爲治當愼祀于天地則其用是土中大致治**王厥有成命治民今休**用是土中致治則王其有天之成命治民今獲太平之美

疏王來至今休○正義曰周公之作洛邑將以反政於王故召公述其遷洛之意今王來居洛邑繼上天爲治躬自服行教化於土地正中之處故周公旦言曰其作大邑於土中其令成王用是大邑配大天而爲治爲治之道當事神訓民謹愼祭祀上下

神祇其用是土中大致治也既能治則王其有天之成命治理下民今獲太平之美矣。傳言王至正中。正義曰傳言躬自服行則不訓自也鄭王皆以自爲用。傳稱周至爲治。正義曰王肅云旦周公名也禮君前臣名故稱周公之言爲旦曰王者爲天所子代天治民天有其意天子繼天使成謂之紹上帝也天子設法其理合於天道是爲配皇天也天子將欲配天必宜治居土中故稱周公之言其爲大邑於土之中其當令此成王用是大邑行化配上天而爲治也説周公之意然戒成王使順公也周禮大司徒云以土圭之法測土深正日影以求地中日南則影短多暑日北則影長多寒日東則影夕多風日西則影朝多陰日至之影尺有五寸謂之地中天地之所合也四時之所交也風雨之所會也陰陽之所和也然則百物阜安乃建王國焉馬融云王國東都王城今河南縣是也。傳爲治至致治。正義曰祭法云有天下者祭百神天地爲大上下即天地也故爲治當慎祀於天地舉天地則百神之祀皆慎之也能事神訓民則其用是土中大致治也。傳用是至之美。正義曰用是土中致治當於天心則王其有天之成命降福與之使多歷年歲治民今獲太平之美自旦曰至此述周公之意也

王先服殷御事比介于我有周御事召公既述周公所言又自陳己意以終其戒言當先服治殷家御事之臣使比近於我有周治事之臣必和協乃可一。比毗志反徐扶志反近附近之近節性惟日其邁和比殷周之臣時節其性令不失中則道化惟日其行。令力呈反王敬作所不可不敬德敬爲所不可不敬之德則下敬奉其命矣疏王先至敬德。正義曰召公既述周公所言又自陳己意戒王今爲政先服治殷家御事之臣使之比近於我有周治事之臣令新舊和協政乃可一和比殷周之臣時節其性命令不失其中則王之道化惟日其行矣王當敬爲所不可不敬之德其德爲下所敬則下敬奉其上命則化必行矣化在下者常若命之不行故以此爲戒。傳召公至可一。正義曰自今休已上文義相連知皆是稱周公言也此一句意異於上知是召公自陳己意以終其戒殷家治事之臣謂殷朝舊人常被殷家任使者也周家治事之臣謂西土新來翼贊周家初基者也周臣恃功或加陵殷士殷人失勢或疎忌周臣新舊不和政必乖戾故召公戒王當先治殷臣使比近周臣必和協政乃可一也不使周臣比殷而令殷臣比周臣者周臣奉周之法當使殷臣從之故治殷臣使比周臣也。傳和比至其行。正義曰文承殷周之下故知和比殷周之臣人各有性嗜好不同各恣所欲必或反道故以禮義時節其性命示之限分令不失中皆得中道則各奉王化故王之道化惟日其行言日日當行之日益遠也顧氏云和協殷周新舊之臣制其性命勿使怠慢也。傳敬爲至命矣。正義曰聖王爲政當使易從而難犯故令行如流水民從如順風若使設難從之教爲易犯之令雖迫以嚴刑而終不用命故爲其德不可不敬也王必敬爲此不可不敬之德則下民無不敬奉其命矣民奉其王命是化行也

我不可不監于有夏亦不可不監于有殷言王當視夏殷法其歷年戒其不長我不敢知曰有夏服天命惟有歷年以能敬德故多歷年數我不敢獨知亦王所知我不敢知曰不其延惟不敬厥德乃早墜厥命言桀不謀長久惟以不敬其德故乃早墜失其王命亦王所知我不敢知曰有殷受天命惟有歷年夏言服殷言受明受而服行之互相兼也殷之賢王猶夏之賢王所以歷年亦王所知我

不敢知曰不其延惟不敬厥德乃早墜厥命紂早墜其命猶桀不敬其德亦王所知今王嗣受厥命我亦惟茲二國命嗣若功其夏殷也繼受其王命亦惟當以此夏殷長短之命爲監戒繼順其功德者而法則之疏我不至若功。正義曰言王所以須慎敬所爲不可不敬之德者以我不可不監視于有夏亦不可不監視于有殷皆有歷年長不與長由敬與不敬故也王當法其歷年戒其不長更説宜監之意我不敢獨知亦王所知曰有夏之君服行天命以敬德之故惟有多歷年數謂桀父已前也其末亦我不敢獨知亦王所知曰有夏桀不其長久惟不敬其德乃早墜失其王命是爲敬者長不敬者短所以我不可不監夏也我不敢獨知亦王所知曰有殷之君受天命以敬德之故惟有多歷年數謂紂父已前也其末亦我不敢獨知亦王所知曰殷紂不其長久惟不敬其德乃早墜失其王命亦是所敬者長不敬者短所以我不可不監殷也夏殷短長既如此矣今王繼受其命我亦惟當用此二國夏殷長短之命以爲監戒繼順其功德者而法則之勸王爲敬也。傳言王至不長。正義曰相監俱訓爲視上言相有夏相有殷

今復重言監有夏監有殷者，上言順天則興，棄命則滅，此言敬則歷年，不敬則短，故重言視夏殷，欲令王法其歷年，戒其不長故也。○傳以能至所知○正義曰：下云不敬厥德乃早墜厥命，知其以能敬德者故多歷年數也。上言相夏相殷皆云天迪從子保，面稽天若，言上天以道安人，人主考天順之，非創業之君不能如是，故傳以禹湯當之。此言敬德歷年，則繼體賢君亦能如此，所言歷年非獨禹湯而已。下傳云殷之賢王猶夏之賢王，則此多歷年數者，夏則桀前之賢王，殷則紂前之賢王不失位者皆是也。召公此誥指以告王，故知言我不敢獨知者，其意言亦是王所知也，王說亦然。

王乃初服。嗚呼！若生子，罔不在厥初生，自貽哲命。言王新即政，始服行教化，當如子之初生，習爲善則善矣，自遺智命，無不在其初生，爲政之道亦猶是也。○遺，唯季反。

今天其命哲，命吉凶，命歷年，今天制此三命，惟人所修。修敬德則有智，則常吉，則歷年；爲不敬德，則愚凶不長。雖說之，其實在人。知今我初服宅新邑，肆惟王其疾敬德。天已知我王今初服政，居新邑洛都，故惟王其當疾行敬德。

王其德之用，祈天永命。言王當其德之用，求天長命以歷年。其惟王勿以小民淫用非彝，勿用小民過用非常，欲其重民秉常。亦敢殄戮用乂民，亦當果敢絕刑戮之道，用治民，戒以慎罰。若有功，其惟王位在德元，順行禹湯所以成功，則其惟王居位在德之首。小民乃惟刑用于天下，越王顯。王在德元，則小民乃惟用法於天下，言治政於王亦有光明。

疏「王乃」至「王顯」。○正義曰：既言當法則賢王，又戒王爲政之要。王乃初始即政，服行教化。嗚呼！王行教化，當如初生之子，子之善惡無不在其初生，若習行善道，此乃自遺智命。智命謂身有賢智，命由己來，是自遺也。爲政之道亦猶是矣，爲政初則能善，天必遺王多福，使王有智則常吉，歷年長久也。今天觀人所爲以授之命，其命者，智與愚也；其命，吉與凶也；其命，歷年與不長也。若能敬德，則有智常吉，歷年長久也；若不敬德，則愚凶不長也。天已知我王今初始服政，居此新邑，觀王善惡，欲授之命，故惟王其當疾行敬德。王其德之用，言爲行當用德，則能求天長命以歷年也。其惟王勿妄役小人，過用非常之事，亦當果敢絕刑戮之道，以治下民，順行禹湯所有成功，則惟王居天子之位在德行之首矣。王能如是，小民乃惟法則於王，行用王德於天下，如是則於王道亦有光明也。○傳「言王」至「猶是」○正義曰：以此新即政，始行教化，比子之初生，始欲學習爲善則善矣。若能爲善，天必授之以賢智之命，是此賢智之命由己行善而來，是自遺智命矣。初習爲惡則惡矣，若其爲惡，天必授之以頑愚之命，亦是自遺愚命也。方欲勸王慕善，故惟舉智命而不言愚命者，愚智由學習而至，是無不在其初生。此初生謂年長以解習學，非初始生也。爲政之道亦猶是，爲善政得福，爲惡政得禍，亦如初生之子習善惡也。○傳「今天」至「在人」○正義曰：命由天授，遠舉天心，故言今天制此三命。有哲當有愚，有歷年當有不長，文不備者，以吉凶相反，言命吉凶，則哲對愚，歷年對不長可知矣。天制此三命，善惡由人，惟人所修習也。此篇所云惟勤修敬德，故云修敬德則有智，則常吉，則多年；惟不敬德則愚凶不長也。愚智夭壽之外而別言吉凶，於凡人則康強爲吉，病患爲凶；於王者則太平爲吉，禍亂爲凶。三者雖以託天說之，其實行之在人，人行之有善惡，天隨以善惡授之耳。此是立教誘人之辭，不可以賢智夭枉爲難也。○傳「言王」至「歷年」○正義曰：其德之用，言爲行當用德，用德與疾敬德爲一事也，故上傳云王者

當疾行敬德，則此文是也。○傳「勿用」至「秉常」○正義曰：勿用小民非常役用，爲非常之義，戒王當使民以時，莫爲非常勞役，欲其重民秉常也。○傳「亦當」至「慎罰」○正義曰：聖人作法，以刑止刑，以殺止殺，若直犯罪之人，亦當果敢致罪之，以此絕刑戮之道，用治民。謂獄事無疑，決斷得理，則果敢爲絕刑戮之道；若其獄情疑惑，枉濫者多，是爲不能果敢絕刑戮之道也。上戒王以明德，此戒王以慎罰，故言亦也。○傳「順行」至「之首」○正義曰：若有功，必順前世有功者也。上文所云相夏相殷，禹湯之功，故知此順行禹湯所有成功。能順禹湯之功，則惟王居位在德之首，禹湯爲有德之首，故王亦爲首。○傳「王在」至「光明」○正義曰：詩稱「民之秉彝，好是懿德」，故王在德元，則小民乃惟法則於王，行王政於天下，王之爲政，民盡行之，是言治政於王道有光明也。

上下勤恤，其曰我受天命，丕若有夏歷年，式勿替有殷歷年。言當君臣勤憂敬德，曰我受天命，大順有夏之多歷年，勿用廢有殷歷年，庶幾兼之。欲王以小民受天永命。我欲王用小民受天長命，言常有民。

拜手稽首曰：予小臣敢以王之讎民

百君子拜手首至手稽首首至地盡禮致敬以入其言我小臣謙辭敢以王之匹民百君子治民者非一人言民在下自上匹之○讎字或作酬越友民保受王威命明德言與匹民百君子於友愛民者共安受王之威命明德奉行之王末有成命王亦顯臣下安受王命則王終有天成命於王亦昭著我非敢勤惟恭奉幣用供王能祈天永命言我非敢獨勤而已惟恭敬奉其幣帛用供待王能求天長命將以慶王多福必上下勤恤乃與小民受天永命○奉如字又芳孔反供音恭徐紀用反注供待同

〔疏〕上下至永命○正義曰上既勤王敬德又言臣當勤君言君臣上下勤憂敬德所以勤者其言曰我周家既受天命當大順有夏之多歷年歲用勿廢有殷之多歷年歲夏殷勤行敬德故多歷年長久我君臣亦當行敬德庶幾兼之如此者我欲令王用小民受天長命言愛下民則歷年多也召公既言此乃拜手稽首盡禮致敬欲王納用其言既拜而又曰我小臣敢以王之匹配於民衆百君子於友愛民者共安受王之威命明德敬奉行之是上勤恤也臣下安受王命則王終有天之成命於王亦爲昭著也我非敢獨勤而已衆百君子皆然言我與衆百君子惟恭敬奉其幣帛用供待王能求天長命將以此慶王受天多福也○傳言當至兼之○正義曰王者不獨治必當以臣助之上句惟指勸王故此又言臣助君上下謂君臣故言當君臣共勤憂敬德不獨使王勤也我周王承夏殷之後受天明命欲其年過二代既言大順有夏歷年又言勿廢有殷歷年庶幾兼彼二代歷年長久勤行敬德即是大順勿廢也○傳拜手至匹之○正義曰拜手頭至手稽首頭至地謂既爲拜當頭至手又申頭以至地故拜手稽首重言之諸言拜手稽首者義皆然也就此文詳而解之周禮太祝辨九拜一曰稽首施之於極尊召公爲此拜者恐王忽而不聽盡禮致敬以入其言於王此拜手稽首一句史錄其事非召公語也召公設言未盡爲此拜乃更言鄭云拜手稽首者召公既拜興曰我小臣以下言召公拜訖而復言也王肅云我小臣召公自謂是小臣爲召公之謙辭讎訓爲匹敢以王之匹民百君子百者舉其成數言治民者非一人鄭玄云王之諸侯與羣吏是非一人也嫌匹爲齊等故云民在下自上匹之○傳言我至永命○正義曰我非敢勤召公自道言我非敢獨勤而已必上下勤恤言與衆百君子皆勤也禮執贄必用幣帛惟恭敬奉其幣帛用供待王能求天長命將以執贄慶王多福毛能愛養小民即是求天長命待王能愛小民即欲慶之

洛誥第十五

周書　孔氏傳　孔穎達疏

召公既相宅周公往營成周使來告卜召公先相宅卜之周公自後至經營作之遣使以所卜吉兆逆告成王○相息亮反注及下同使所吏反注遣使同作洛誥

洛誥既成洛邑將致政成王告以居洛之義

〔疏〕召公至洛誥○正義曰序自上下相顧爲文上篇序云周公先相宅此承其下故云召公既相宅召公以三月戊申相宅而卜周公自後而往以乙卯日至經營成周之邑周公即遣使人來告成王以召公所卜之吉兆及周公將欲歸政於成王乃陳本營洛邑之事以告成王王因請教誨之言周公與王更相報荅史敘其事作洛誥史錄此篇錄周公與王相對之言以爲後法非獨相宅告卜而已但周公因致政本說往前告卜經文既具故序略其事直舉其發言之端耳○傳召公至成王○正義曰上篇云三月戊申太保朝至于洛卜宅厥既得卜則經營是召公先相宅則卜之又云乙卯周公朝至于洛則達觀于新邑營是周公自後至經營作之召公相洛邑亦相成周周公營成周亦營洛邑各舉其一互以相明卜者召公卜也周公既至洛邑案行所營之處遣使以所卜吉兆逆告成王也案上篇傳云王與周公俱至何得周公至洛逆告王者王與周公雖與相俱行欲至洛之時必周公先到行處所故得逆告也顧氏云周公既至洛邑乃遣以所卜吉兆來告於王是也經稱成王言公既定宅伻來來視予卜休恒吉是以得吉兆告成王也上篇召公以戊申至周公乙卯至周公在召公後七日也至洛較七日其發鎬京或亦較七日○傳既成至之義○正義曰周公攝政七年三月經營洛邑既成洛邑又歸向西都其年冬將致政成王告以居洛之義故名之曰洛誥言以居洛之事告王也篇末乃云戊辰王在新邑明戊辰已上皆是西都時所誥也

周公拜手稽首曰朕復子明辟周公盡禮致敬言我復還明君之政於子子成王年二十成人故必歸政而退老○辟必亦反王如弗敢及天基命定命如往也言王往日幼少不敢及知天始命周家安定天下之命故已攝予乃胤保大

相東土其基作民明辟我乃繼文武安天下之道大相洛邑其始爲民明君之治〔疏〕周公至民明辟○正義曰周公將反歸政陳成王將居其位周公拜手稽首盡禮致敬於王既拜乃興而言曰我今復還子明君之政言王往日幼少其志意未成不敢及知天之始命我周家安定天下之命故我攝王之位代王爲治我乃繼文王武王安定天下之道以此故大視東土洛邑之居其始欲王居之爲民明君之治言欲爲民明君必當治土中故爲王營洛邑也○傳周公至退老○正義曰周公還政而已明闇在於人君而云復還明君之政者其意欲令王明故稱復子明辟也正以此年還政者以成王年已二十成人故必歸政而退老也傳說成王之年惟此而已王肅於金縢篇末云武王年九十三而已冬十一月崩其明年稱元年周公攝政遭流言作大誥而東征二年克殷殺管叔三年歸制禮作樂出入四年六年而成七年營洛邑作康誥召誥洛誥致政成王然則武王崩時成王年已十三矣周公攝政七年成王適滿二十孔於此言成王年二十則其義如王肅也又家語云武王崩時成王年十三是孔之所據也○傳如往至已攝○正義曰如往釋詁文及訓與也言王往日幼少志意未成不敢與知上天始命我周家安定天下之命故

已攝也天命周家安定天下者必令天下太平乃爲安定成王幼少未能使之安定故不敢與知之周公所以攝也○傳我乃至之治○正義曰肩訓繼也文王受命武王伐紂意在安定天下天下未得安定故周公言我乃繼續文武安定天下之道大相洛邑之地其處可行教化始營此都爲民明君之政治言欲爲民明君其意當在此

予惟乙卯朝至于洛師致政在冬本其春來至洛衆說始卜定都之意我卜河朔黎水我使人卜河北黎水上不吉又卜澗瀍之間南近洛吉今河南城也卜必先墨畫龜然後灼之兆順食墨○河朔朔北也瀍直連反近附近之近我乃卜澗水東瀍水西惟洛食我又卜瀍水東亦惟洛食伻來以圖及獻卜今洛陽也將定下都遷殷頑民故并卜之遣使以所卜地圖及獻所卜吉兆來告成王○伻普耕反徐敷耕反又甫耕反下同〔疏〕予惟至獻卜○正義曰周公追述立東都之事我惟以七年三月乙卯之日朝至于洛邑衆作之處經營此都其未往之前我使人卜河北黎水之上不得吉兆乃卜澗水東瀍水西惟近洛而其兆得吉依規食墨我亦使人卜瀍水東亦惟近洛其兆亦吉依規食墨我以乙卯至洛我即使人來以所卜地圖及獻所卜吉兆於王言卜吉立此都王宜居之爲治也○傳致政至之意○正義曰下文摠結周公攝政之事云在十有二月是致政在冬也在冬發言嫌此事是冬故辨之云本其春來至洛衆追說始卜定都之意也周公至洛之時庶殷已集於洛邑故云至于洛師○傳我使至食墨○正義曰嫌周公自卜故云我使人謂使召公也案上篇召公至洛其日即卜而得卜河朔黎水者以地合龜非就地内此言所卜三處皆一時事也黎水之下不言吉凶者我乃是改卜之辭明其不吉乃改故知卜河北黎水之上不吉也武王定鼎於郟鄏已有遷都之意而先卜黎水上者以帝王所都不常厥邑夏殷皆在河北所以博求吉地故令先卜河北不吉乃卜河南也其卜澗瀍之間南近洛吉今河南城也基趾仍在可驗而知所卜黎水之上其處不可知矣凡卜之者必先以墨畫龜要坼依此墨然後灼之求其兆順食此墨畫之處故云惟洛食顏氏云先卜河北黎水者近於紂都爲其懷土重遷故先卜近以悅之用鄭康成之說義或然也○傳今洛至成王○正義曰洛陽即成周敬王自王城遷而都之春秋昭三十二年城成周是也周公慮此頑民未從周化故既營洛邑將定下都以遷殷之頑民故命召

公即并卜之周公既至即遣使以所卜地圖及獻所卜吉兆來告於成王言已重其事并獻卜兆者使王觀兆知其審吉也

王拜手稽首曰公不敢不敬天之休來相宅其作周匹休成王尊敬周公若其拜手稽首而受其言述而美之言公不敢不敬天之美來相宅其作周以配天之美公既定宅伻來來視予卜休恒吉我二人共貞言公前已定宅遣使來來視我以所卜之美常吉之居我與公共正其美○貞正也馬云當也公其以予萬億年敬天之休公其當用我萬億年敬天之美十千爲萬十萬爲億言久遠拜手稽首誨言成王盡禮致敬於周公來教誨之言○盡子忍反〔疏〕王拜手至誨言○正義曰成王尊敬周公故亦盡禮致敬拜手稽首乃受公之語述公之美曰不敢不敬天之美來至洛相宅其意欲作周家配天之美故也公既定洛邑即使人來告亦來視我以所卜之美常吉之居我當與公二人共正其美公定其宅其當用我萬億年敬天之美故也王既言此又拜手稽首於周公求教誨之言○傳成

王至之美。正義曰拜手稽首施於極敬哀十七年左傳云非天子寡君無所稽首諸侯小事大尚不稽首況於臣乎成王尊敬周公荅言其拜手稽首而受其言又述而美之天命文武使王天下是天之美事言公不敢不敬天之美來相洛邑之宅。傳言公至其美。正義曰周公追述往前遣使獻卜於成王復疑公言公前已定宅遣使來來視我所卜之吉兆常吉之居自言前已知其卜既有此美我當與公二人共正其美意欲留公輔己共公正此美事來來重文者上來言使來下來爲視我卜也鄭云伻來來者使二人也與孔意異。傳公其至久遠。正義曰言居洛爲治可以永久公意其當用我使萬億年敬天之美言公欲令已作府久遠美公意之深也王制云方百里者爲方十里者百爲田九十億畝方里者萬則是爲田九百萬畝今記乃云九十億畝是名十萬爲億也楚語云百姓千品萬官億醜每數相十是古十萬曰億今之算術乃萬萬爲億也。傳成王至之言。正義曰此一段史官所録非王言也王求教誨之言必有求教誨之辭史略取其意故直云誨言爲求誨言而拜故言成王盡禮致敬於周公求教誨之言也**周公曰王肇稱殷禮祀于新邑咸秩無文**言王當始舉殷家祭祀以禮典祀於新邑皆次秩不在禮文者而祀之**予齊百工伻從王于周予惟曰庶有事**我整齊百官使從王於周行其禮典我惟曰庶幾有善政事**今王即命曰記功宗以功作元祀**令王就行王命於洛邑曰當記人之功尊人亦當用功大小爲序有大功則列大祀謂功施於民者。曰記上音越一音人實反**惟命曰汝受命篤弼丕視功載乃汝其悉自教工**惟天命我周邦汝受天命厚矣當輔大天命視羣臣有功者記載之乃汝新即政其當盡自教衆官躬化之**孺子其朋孺子其朋其往**少子慎其朋黨少子慎朋黨戒其自今已往**無若火始燄燄厥攸灼敘弗其絶**言朋黨敗俗所宜禁絶無令若火始然燄燄尚微其所及灼然有次序不其絶事從微至著防之宜以初。燄音豔敘絶句馬讀敘句字屬下令力呈反**厥若彝及撫事如予惟以在周工**其順常道及撫國事如我所爲惟用在周之百官**往**

新邑伻嚮即有僚明作有功惇大成裕汝永有辭往行政化於新邑當使臣下各嚮就有官明爲有功厚大成寬裕之德則汝長有歎譽之辭於後世。嚮許亮反注同惇都混反〔疏〕周公至有辭。正義曰王求教誨之言公乃誨之周公曰王居此洛邑當始舉殷家祭祀以爲禮典祀於洛之新邑皆次秩在禮無文法應祀者亦次秩而祀之我雖致政爲王整齊百官使從王於周行其禮典若能如此我惟曰庶幾有善政事今王就行王命於洛邑曰王當記人之功尊人亦當用功大小爲次序有大功者則列爲大祀又申述所以祀神功臣功者政事由臣而立惟天命我周邦之故曰汝受天命厚矣當輔大天命故須視羣臣有功者記載之君知臣功則臣皆盡力欲令羣臣盡力於於初即教之乃汝新始即政其當盡自教誨衆官令王躬自化之使之立功又以朋黨害政尤宜禁絶故丁寧戒之少子慎其朋黨少子慎其朋黨戒其自今已往令常慎此朋黨之事若欲絶止禁其未犯無令若火始然燄燄尚微火既然燄其火所及將灼然有次序矣不其復可絶也汝成王其當順此常道及撫循國事如我攝政所爲惟當用我此事在周之百官則當畏服各立功矣汝當以此往行政化於新邑當使臣下百官各嚮就有官明爲有功厚大成寬裕之德則汝長有歎譽之辭於後世此周公誨王之言也。傳言王至祀之。正義曰於時制禮已訖而云殷禮者此殷禮即周公所制禮也雖有損益以其從殷而來故稱殷禮猶上篇云庶殷本其所由來孔於上傳已具故於此不言必知殷禮即周禮者以此云祀於新邑即下文烝祭歲也既用騂牛明用周禮云始者謂於新邑始爲此祭顧氏云舉行殷家舊祭祀用周之常法言周禮即殷家之舊禮也鄭玄云王者未制禮樂恒用先王之禮樂是言伐紂以來皆用殷之禮樂非始成王用之也周公制禮樂既成不使成王即用周禮仍令用殷禮者欲待明年即政告神受職然後班行周禮班訖始得用周禮故告神且用殷禮也孔義或然故復存之神數多而禮文少應祭之神名有不在禮文者故令皆次秩不在禮文而應祀者皆舉而祀之。傳我整至政事。正義曰時成王未有留公之意公以成王初始即政自慮百官不齊故雖即致政猶欲整齊百官使從王於周謂從至新邑行其典禮周公以成王賢君今復成長故言我惟曰庶幾有善政事言已私爲此言冀王爲政善也。傳令王至民者。正義曰記臣功者是人主之事故言令王就行王命於洛邑謂正位爲王臨察臣下知其有功以否恐王輕忽此事故曰當記人之功更言曰者所以致殷勤也尊人必當用功大小爲次序合功大者居上位功小者處下位也有大功則列爲大祀謂有殊功堪載祀典者祭法云聖王之制祭祀也法施於民則祀之以死勤事則祀之以勞定國則祀之能禦大災則祀之能捍大患則祀之是爲大祀謂功施於民者也或時立其祀配享廟廷亦是也。○傳惟天至化之。○正義曰惟天命我周邦謂天命我文武故及汝成王復受天命爲天子是天之恩德深厚矣天以厚德被汝汝當輔大天命任賢使能行合天意是輔大天也汝當輔大天命故宜視羣臣有功者記載之覆上記功宗以功言之也欲令羣臣有功必須躬自教化之在於初始故言乃汝新卽政其當盡自教衆官欲令王躬化之者正己之身使羣臣法之非謂以辭化之也言盡自教者政有大小恐王輕大畧小令王盡自親化之言惟命曰亦是致殷勤乃者緩辭也義異上句故言乃耳王肅云此其盡自教百官謂正身以先之。○傳少子至已往。○正義曰鄭云孺子幼少之稱謂成王也此上皆云成王此句特言少子者以明朋黨敗俗爲害尤大恐年少所忽故特言孺子也朋黨謂臣相朋黨愼其朋黨令禁絶之戒其自今已往謂從卽政以後常以此事爲戒也。○傳言朋至以初。○正義曰無令若火始然以喻無令朋黨始發若火既然初雖燄燄尚微其火所及灼然有次序不

其復可絶也以喻朋黨若起漸漸益大羣黨既成不可復禁止也事從微至著防之宜以初謂朋黨未發之前防之使不發。○傳其順至百官。○正義曰考古依法爲順常道號令治民爲撫國事周公大聖勳臧軌則如我所爲謂如攝政之時事所施爲也惟當用我所爲在周之百官令其行周公之道法於百官也。○傳往行至後世。○正義曰此時在西都戒王故云往行政化於新邑當使臣下各嚮就所有之官令其各守其職思不出其位自當陳力就列明爲有功在官者當以褊小急躁爲累故令臣下厚大成寬裕之德臣下既賢君必明聖則汝長有歎譽之辭於後世矣今周頌所歌卽歎譽成王之辭也

公曰：已！汝惟沖子惟終。已乎汝惟童子嗣父祖之位惟當終其美業

汝其敬識百辟享，亦識其有不享。享多儀，儀不及物，惟曰不享。奉上謂之享言汝爲王其當敬識百君諸侯之奉上者亦識其有違上者奉上之道多威儀威儀不及禮物惟曰不奉上

惟不役志于享，凡民惟曰不享，惟事其爽侮。言人君惟不役志於奉上則凡人化之惟曰不奉上矣如此則惟政事其差錯侮慢不可治理

〔疏〕公曰至爽侮。○正義曰周公復誨王曰嗚呼前言已如是更復教誨汝惟童子嗣父祖之位惟當終其美業天子居百官諸侯之上須知臣下恭之與慢奉上謂之享汝爲天子其當恭敬記識百官諸侯奉上者亦當記識其有不奉上者奉上之道多威儀威儀不及禮物則人惟曰不奉上之道矣所以須記之者百官諸侯爲下民之君惟爲政教不肯役用其志於此奉上之事則凡民化之亦惟曰不奉上矣百官不承天子民復不奉百官上下不相畏敬惟政事其皆差錯侮慢不可治理矣故天子須知百官奉上與否也。○傳已乎至美業。○正義曰周公止而復言故更言公曰已乎者道前言已如是矣爲後言發端也童子者言其年幼而任重嗣父祖之位當終其美業能致太平是終之也。○傳奉上至奉上。○正義曰享訓獻也獻是奉上之辭故奉上謂之享百官諸侯上事天子凡所恭承皆是奉上非獨朝覲貢獻乃爲奉上鄭玄專以朝聘說之理未盡也言汝爲王當敬識百官諸侯之奉上者亦識其有違上者察其恭承王命如法以否奉止違上皆須記之奉上者當以禮接之違上者當以刑威之所謂賞慶刑威爲君之道奉上之道其事非一故云多威儀威儀既多皆須合禮其威儀不及禮物惟曰不奉上矣謂旁人觀之亦言其不奉上也鄭

云朝聘之禮至大其禮之儀不及物所謂貢篚多而威儀簡也威儀既簡亦是不享也

乃惟孺子頒，朕不暇聽。朕教汝于棐民彝，我爲政常若不暇汝爲小子當分取我之不暇而行之聽我教汝於輔民之常而用之。○頒音班徐甫云反馬云猶也棐音匪又芳鬼反

汝乃是不蘉，乃時惟不永哉！汝乃是不勉爲政汝是惟不可長哉欲其必勉爲可長。○蘉徐莫剛反又武剛反馬云勉也

篤敘乃正父，罔不若予，不敢廢乃命。厚次序汝正父之道而行之無不順我所爲則天下不敢棄汝命常奉之

汝往敬哉！茲予其明農哉！彼裕我民，無遠用戾。汝往居新邑敬行教化哉如此我其退老明教農人以義哉彼天下被寬裕之政則我民無遠用來言皆來。○被皮寄反又被美反

〔疏〕乃惟至用戾。○正義曰又曰已居攝之時爲政常若不暇汝惟小子當分取我之不暇而施行之又聽我教汝於輔民之常而用之汝乃於是事不勉力爲政則汝是惟不可長久哉必須勉力爲之乃可長久此所言皆是汝父所行

汝欲勉之但厚次序汝正父之道而行之無不順我所爲則天下不敢廢棄汝命必常奉而行之汝往居新邑敬行教化哉如此我其退老明教農人以義哉汝若能使彼天下之民被寬裕之政則我天下之民無問遠近者悉皆用來歸汝矣○傳我爲至用之○正義曰爲政常若不暇謂居攝時也聖人爲政務在知人雖復治致太平猶恨意之不盡故謙言已所不暇若言猶有美事未得施者然故戒之成王汝惟小子當分取我之不暇而行之言已所不暇行者欲令成王勉行之鄭玄云成王之才周公倍之猶未而言分者誘掖之言也生民之爲業雖復志有經營不能獨自成就須王者設教以輔助之聽我教汝輔民之常法而用之謂用善政以安民說文云須分也○傳汝乃至可長○正義曰成王言公其以予萬億年言欲已長久也故周公於此戒之汝乃於是不勉力爲政汝惟不可長哉欲其必勉力勤行政教爲可長久之道然後可至萬億年耳覆之爲勉相傳訓也鄭王皆以爲勉○傳厚次至奉之○正義曰正父謂武王言其德正故稱正父厚次序汝正父之道而行之令其爲武王之政也武王周公俱是大聖無不順我所爲又令法周公之道既言法武王又法周公則天下不敢棄汝命常奉行之○傳汝往至皆來○正義曰歸其王政令汝往居新邑敬行教化哉公既歸政則身當無事如此我其退老於州里明教農人以義哉又令成王行寬裕之政以治下民民被寬裕之政則天下之民無問遠近者用來歸王言遠處皆來也上文使之惇大戒裕故此言裕政來民結上事也伏生書傳稱禮致仕之臣教於州里大夫爲父師士爲少師朝夕坐於門塾而教出入之子弟是教農人以義也

王若曰公明保予沖子成王順周公意請留之自輔言公當明安我童子不可去之公稱丕顯德以予小子揚文武烈言公當留舉大明德用我小子褒揚文武之業而奉順天○褒薄謀反切韻博毛反奉荅天命和恒四方民居師又當奉當天命以和常四方之民居處其衆惇宗將禮稱秩元祀咸秩無文厚尊大禮舉秩大祀皆次秩無禮文而宜在祀典者凡此待公而行惟公德明光于上下勤施于四方言公明德光於天地勤政施於四海萬邦四夷服仰公德而化之旁作穆穆迓衡不迷文武勤教四方旁來爲敬敬之道以迎太平之政不迷惑於文武所勤之教言化洽○旁步光反迓五嫁反馬鄭王皆音魚據反予沖子夙夜毖祀言政化由公而立我童子徒早起夜寐慎其祭祀而已無所能

疏王若至毖祀○正義曰王以周公將退因誨之而請留公王順周公之意而言曰公當留住而明安我童子不可去也所以不可去者當舉行大明之德用使我小子褒揚文武之業而奉當天命以和常四方之民居處其衆故也其厚尊大禮謂舉秩大祀皆次秩禮所無文者而皆祀之凡此皆待公而行非我能也更述居攝時事惟公明德光于天地勤政施於四方使四方旁來爲敬敬之道以迎太平之政下民皆不復迷惑於文武所勤之教言公化洽使如此也今若留輔我童子惟當早起夜寐慎其祭祀而已言政化由公而立我無所能也○傳成王至去之○正義曰成王以周公誨已爲善順周公之意示已欲行善政而請留之自輔王以公若捨我而去則已政闇而治危故云公當明安我童子不可去也○傳言公至順天○正義曰文武受命功德盛隆成王自量已身不能繼業言公當留舉大明德以佑助我用我小子褒揚文武之業而奉順天者下句奉荅天命是也孔分經爲傳故採取下句以申之○傳又當至其衆○正義曰天命周家欲令民治故又當奉當天命以和常四方之民居處其衆也奉當者尊天意使允當天心和協民心使常行善也居處其衆使之安土樂業也○傳厚尊至而行○正義曰釋詁云將大也厚尊大禮謂祭祀之禮祭統云禮有五經莫重於祭是祭禮最尊大公誨成王令肇稱殷禮祀于新邑咸秩無文欲荅公誨已之事還述公辭舉秩大祀皆次秩無禮文而宜在祀典者其祀事非我所爲凡此皆待公而行者也言公不可捨我以去也○傳言公至化之○正義曰此與下經皆追述居攝時事堯典訓光爲充此光亦爲充也言公之明德充滿天地即堯典格于上下勤政施於四方即堯典光被四表也意言萬邦四夷皆服仰公德而化之上言待公乃行之此言公有是德言其將來說其已然所以深美公也○傳四方至化洽○正義曰上言施化在公此言民化公德四方旁來爲敬敬之道民皆敬嚮公以迎太平之政言迎者公政從上而下民皆自下迎之言其慕化速也文武勤行教化欲以教訓利民民蒙公化識文武之心不復迷惑文武所勤之教言公居攝之時政化已洽於民也○傳言政至所能○正義曰此述留公之意陳自今已後之事言公若留位政化由公而立我童子徒早起夜寐慎其祭祀而已於政事無所能欲惟典祭祀以政事委公襄二十六年左傳云衞獻公使與甯喜言曰苟得反國政由甯氏祭則寡人亦猶是也

王

曰公功棐迪篤罔不若時公之功輔道我已厚矣天下無不順而是公之功【疏】王曰公功至若時。正義曰王又重述前言還說居攝時事也曰公之功輔道我已厚矣天下無有不順而是公之功者公所以須留也。傳公之至之功。正義曰王意言公之居攝天下若爲非則可捨我而去公之居攝天下無不順而是公之功不可捨我去王曰公予小子其退即辟于周命公後我小子退坐之後使就君於周命立公後公當留佑我四方迪亂未定于宗禮亦未克敉公功言四方雖道治猶未定於尊禮禮未彰是亦未能撫順公之大功明不可以去。敉亡婢反治直吏反下同迪將其後監我士師工公留教道將助我其今已後之政監篤我政事衆官委任之言。監工銜反注同誕保文武受民亂爲四輔太安文武所受之民治之爲我四維之輔明當依倚公【疏】王曰公予至四輔。正義曰王呼周公曰我小子其退此坐就爲君於周謂順公之言行天子之政於洛邑也至洛邑當命公後立公之

書疏十五　卅三

世子爲國君公當留輔我也公之攝政四方雖已道治理猶
自未能定於尊禮是亦未能撫順公之大功公當待其定大
禮順公之大功此時未可去也公當留教道將助我其今已
後之政監篤我政事衆官以此大安文武所受之民而治之
爲我四維之輔助明已當依倚公也。傳我小至佑我。正
義曰退者退朝也周公於時令成王坐王位而以政歸之成
王順周公言受其政也言我小子退坐之後便就君位於周
周洛邑許其從公言適洛邑而行新政也古者臣有大功必
封爲國君今周公將欲退老故命立公後使公子伯禽爲國
君公當留佑我王肅云成王前春亦俱至洛邑是顧無事既
會而還宗周周公往營成周還來致政成王也。傳言四至
以去。正義曰王意恐公意以四方既定不須更留故謂公
云四方雖已道治而猶未能定於尊大之禮言其禮樂未能
彰明也禮既未彰是天下之民亦未能撫安順行公之大功
公當待其禮法明公功順乃可去耳明今不可以去。傳大
安至倚公。正義曰文武受民之於天下今大安文武所受
之民助我治之爲我四維之輔明已當依倚公也維者爲之
綱紀猶如用繩維持之文王世子云設四輔謂設衆官爲四
方輔助周公一人事無不統故一人爲四輔管子云四
維不張國乃滅亡傳取管子之意故言四維之輔也　王

曰公定予往已公功肅將祗歡公留以安定我我從公言往至洛邑已矣公功以進大天下咸敬樂公功。樂音洛公無困哉我惟無斁其康事公勿替刑四方其世享公必留無去以困我哉我惟無厭其安天下事公勿去以廢法則四方其世世享公之德。斁音亦厭於豔反【疏】王曰公定至世享。正義曰王又呼公公
留以安定我我從公言往至洛邑已矣公功已進且大矣天
下皆樂公之功敬而歡樂公必留無去以困我哉公留助我
我惟無厭其安天下之事公勿去以廢法則四方之民其世
世享公之德矣。傳公留至公功。正義曰讀文以公定爲
句王稱定者言定已也故傳言公留以安定我我字傳加之
我從公言是經之予也往至洛邑已矣言已順從公命受歸
政也公功已進大天下咸敬樂公之功亦謂居攝時也釋詁
云肅進也。傳公必至之德。正義曰王言已才智淺短公
去則困故請公無去以困我哉我意欲置太平惟無厭倦其
安天下之事是以留公公勿去以廢治國之法則天下四方
之民蒙公之恩其世世享公之德享謂荷負之周公拜手稽首曰王命予

書疏十五　卅四

來承保乃文祖受命民拜而後言許成王留言王命我來承安汝文德之祖文王所受命之民是所以不得去越乃光烈考武王弘朕恭於汝大業之父武王大使我恭奉其道敎成王留已意孺子來相宅其大惇典殷獻民少子今所以來相宅於洛邑其大厚行典常於殷賢人亂爲四方新辟作周恭先言當治理天下新其政化爲四方之新君爲周家見恭敬之王後世所推先也曰其自時中乂萬邦咸休惟王有成績曰其當用是土中爲治使萬國皆被美德如此惟王乃有成功予旦以多子越御事篤前人成烈荅其師作周孚先我旦以衆卿大夫於御治事之臣厚率行先王成業當其衆心爲周家立信者之所推先【疏】周公至孚先。正義曰周公拜手稽首盡禮致敬許王之留乃與而
爲言曰王今命我來居臣位承安汝文德之祖文王所受命
之民令我繼文祖大業我所以不得去也又於汝大業父武

王大使我恭奉其道王意以禮。留我其事甚大我所以爲王留也公呼成王云小子今所以來相宅於洛邑者欲其大厚行常道於殷賢人王當治理天下新其政化爲四方之新君爲周家後世見恭敬之王所推先也重誨王曰其當用是土中爲治使萬國皆被美德如此惟王乃有成功也公自稱名曰若王居洛邑則我旦以多衆君子卿大夫等及於御治事之臣厚率行前人先王成業使當其衆心爲周家後世人臣立信者之所推先言我留輔王使君臣皆爲後世所推先期於上下俱顯也。傳拜而至得去。正義曰拜是從命之事故云拜而後言許成王留也以退爲去以留爲來故言王令我來來居臣位爲太師也承安汝文德之祖文王所受命之民天命文王使爲民主天以民命文王故民是文王所受命之民承安者承文王之意安定此民言王之留已乃爲此事其事既大是所以不得去也。傳於汝至已意。正義曰於汝成王大功業之父武王王意大使我恭奉其道敘成王留已之意也王於文王武王皆欲令周公奉其道安其民其意一也周公分言之耳承安其文王之民恭奉其武王之道互相通也。傳少子至賢人。正義曰少子者呼成王之辭言我今所以來相宅於洛邑者欲令王居洛其大厚行典常於殷賢人而據洛爲政故言來訓典爲常故連言典常言其行

常道也周受於殷故繼之於殷人有賢性故稱賢人。傳言當至推先。正義曰易稱日新之謂盛德雖舊有美政令王更復新之言當治理天下新其政化爲四方之新君與後人爲軌訓爲周家見恭敬之王後世所推先也謂周家後世子孫有德之王被人恭敬推先王戒成王使爲善政令後王崇重之。傳曰其至成功。正義曰重以誨王戒其上事故言曰以起之。傳我旦至推先。正義曰旦是周公之名故自稱我旦也子者有德之稱大夫皆稱子故以多子爲衆卿大夫同欲令成王行善政爲後世賢王所推先公與羣臣盡誠節爲後世賢臣所推先故欲以衆卿大夫及於御治事之臣深厚率行先王之業使當其人衆之心爲周家後世賢臣立信者之所推先也傳於此不言後世從上省文也於君言見恭敬於臣言立信者以君尊言人敬臣卑言自立信因其所宜以設文也**考朕昭子刑乃單文祖德伻來毖殷乃命寧**我所成明子法乃盡文祖之德謂典禮也所以居土。中是文武使已來慎教殷民乃見命而安之。單音丹馬丁但反信也**予以秬鬯二卣曰明禋拜手稽首休享**周公攝政七年致太平以黑黍酒二器明絜致敬告文武以美享既告而致政成王留之本。說之。秬音巨鬯勑亮反香酒也卣由手反又音由中樽也禋音因**予不敢宿則禋于文王武王**言我見天下太平則絜告文武不經宿**惠篤敘無有遘自疾萬年猒乃德殷乃引考**汝爲政當順典常厚行之使有次序無有遇用患疾之道者則天下萬年猒於汝德殷乃長成爲周。遘工豆反猒於豔反注同馬云猒飫也徐於廉反**王伻殷乃承敘萬年其永觀朕子懷德**王使殷民上下相承有次序則萬年之道民其長觀我子孫而歸其德矣勉使終之

【疏】考朕至懷德。正義曰周公又說制禮授王使王奉之我所成明子之法乃盡是汝文祖之德言用文王之道制禮其事大不可輕也又言所以須善治殷獻民者文武使已來居土中慎教殷民乃是見命於文武而安之故也制典當待太平我以時既太平卽以秬黍鬯酒盛於二卣罇內我言曰當以此酒須明絜致敬於文武我則拜手稽首告文武以美享告云今太平卽速告廟我不敢經宿則禋告文王武王以致太平之事汝王爲政當順典常厚行之使有次序則諸爲政者無云

有遇用患疾之道苦毒下民則天下萬年猒飽於汝王之德殷乃長成爲周王使殷民上下相承有次序則萬年之道下民其長觀我子孫而歸其德矣勸王使終之皆是誨王之言也。傳我所至安之。正義曰典禮治國事資聖人前聖後聖其終一揆故言所欲成明子之法乃盡是汝祖文王之德也予。所。成王。下句並告文武兼用武王可知又述居洛邑之意所以居土中者是文武使已來居此地周公自非。已意也文武令我營此洛邑欲使居土中慎教殷民乃是見命於文武而安殷民也顧氏云文武使我來慎教殷民我今受文武之命以安民也。傳周公至說之。正義曰康誥之作事在七年云四方民大和會和會卽太平之驗是周公攝政七年致太平也釋草云秬黑黍釋器云卣中罇也以黑黍爲酒煮鬱金之草築而和之使芬香調暢謂之秬鬯。酒二器明絜致敬告文王武王以美享謂以太平之美事享。祭也國語稱精意以享謂之禋釋詁。云禋敬也是明禋爲明絜。致敬也太平是王之美事故太平告廟是以美享。祭也公既告太平而致政成王成王留之故本而說之此。事者欲令成王重其事厚行之周禮鬱鬯之酒實之於彝此言在卣者詩大雅江漢及文侯之命皆言秬鬯一卣告於文人則未祭實之於卣祭時實之於彝彼一卣此二卣者此一告文王一告武王彼王賜

臣使告其太祖故惟一卣耳此經卣下言曰者說本盛酒於罇乃爲此辭故言曰也。傳言我至經宿。正義曰此申述上明禋之事言我見天下太平則絜告文武不敢經宿示虔恭之意也此三月營洛邑民已和會則三月之時已太平矣旣告而致政則告在歲末而云不經宿者蓋周公營洛邑至冬始成得還鎬京卽文武是爲不經宿也且太平非一日之事公云不經宿者示虔恭之意耳未必旦見太平卽此日告也鄭玄以文祖爲明堂曰明禋者六典成祭於明堂告五帝太皞之屬也旣告明堂則復禋於文武之廟告成洛邑。傳汝爲至爲周。正義曰釋言云惠順也此經述上惇典故言汝爲政當順典常厚行之使有次序釋詁云遘遇也患疾之道謂虐政使人患疾之厚行典常使有次序則百官諸侯凡爲政者皆無有遇用患疾之政以害下民則經歷萬年厭飽於汝德則殷國乃長成爲周。傳王使至終之。正義曰上言天下民萬年猒飽王德此敎爲王德使萬年令民猒飽王德也能使殷民上下有次序則王德堪至萬年之道王之子孫當行不怠則民其長觀我子孫知其有德而歸其德矣此則長成爲周勸勉王使終之

戊辰，王在新邑，成王旣受周公誥遂就居洛邑以十二月戊辰晦到。王在新邑馬孔絕句鄭讀王在新邑烝 烝，祭歲，文王騂牛一，武王騂牛一。王命作冊逸祝冊，惟告周公其後。明月夏之仲冬始於新邑烝祭故曰烝祭歲古者褒德賞功必於祭日示不專也特加文武各牛。告曰。尊周公立其後爲魯侯 王賓殺禋咸格，王入太室祼。王賓異周公殺牲精意以享文武皆至其廟親告也太室清廟祼鬯告神。王賓絕句殺禋絕句一讀連咸格絕句太室馬云廟中之夾室祼官喚反 王命周公後，作冊逸誥，王爲冊書使史逸誥伯禽封命之書皆同在烝祭日周公拜前魯公拜後 在十有二月。惟周公誕保文武受命惟七年。言周公攝政盡此十二月大安文武受命之事惟七年天下太平自戊辰已下史所終述。受命絕句馬同惟七年周公攝政七年天下太平馬同鄭云文王武王受命及周公居攝皆七年

【疏】戊辰至七年。正義曰自此以下史終述之周公歸政成王旣受言誥之王卽東行赴洛邑其年十二月晦戊辰日王在新邑後月是夏之仲冬爲冬節烝祭其月節是周之歲首特異常祭加文王騂牛一武王騂牛一王命有司作策書乃使史官名逸者祝讀此策惟告文武之神言周公有功宜立其後爲國君也其時王尊異周公以爲賓殺牲享祭文王武王皆親至其廟王入廟之大室行祼鬯之禮言其尊異周公而禮敬深也於此祭時王命周公後令作策書使逸讀此策辭以告伯禽言封之於魯命爲周公後也又摠述之在十有二月惟周公大安文武受命之事於此時惟攝政七年矣。傳成王至晦到。正義曰周公告成王令居洛邑爲治王旣受周公之誥遂東行就居洛邑以十二月戊辰晦日到洛指言戊辰王在新邑知其晦日始到者此歲入戊午蔀五十六年三月云丙午朏以算術計之三月甲辰朔大四月甲戌朔小五月癸卯朔大六月癸酉朔小七月壬寅朔大八月壬申朔小九月辛丑朔大又有閏九月辛未朔小十月庚子朔大十一月庚午朔小十二月己亥朔大計十二月三十日戊辰晦到洛也。傳明月至魯侯。正義曰下云在十有二月者周之十二月建亥之月也戊辰是其晦日故明日卽是夏之仲冬建子之月也言明月者此烝祭非朔日故言月也自作新邑已來未嘗於此祭祀此歲始於新邑烝祭故曰烝祭歲也周禮大司馬仲冬敎大閱遂以享烝是也王者冬祭必用仲月此是周之歲首故言歲耳王旣戊辰晦到又須戒日致齊不得以朔日卽祭之祭統云古者明君爵有德而祿有功必賜爵祿於太廟示不敢專也故云古者褒德賞功必於祭日示不專也因封之特設祭烝之禮宗廟用大牢此文武皆言牛一知於太牢之外特加一牛告白文武之神言爲尊周公立其後爲魯侯魯頌所云王曰叔父建爾元子俾侯於魯是此時也王命作策者命有司作策書也讀策告神謂之祝逸祝策者使史逸讀策書也鄭玄以烝祭上屬歲文王騂牛一者歲是成王元年正月朔日特告文武封周公也案周頌烈文序云成王卽政諸侯助祭鄭箋云新王卽政必以朝享之禮祭於祖考告嗣位也則鄭意以朝享之後特以二牛告文武封周公之後與孔義不同。傳王賓至告神。正義曰王賓異周公者王尊周公爲賓異於其臣王肅云成王尊周公不敢臣之以爲賓故封其子是也周語云精意以享謂之禋旣殺二牲精誠其意以享祭文武咸皆也格至也皆至其廟言王重其事親告之也太室室之大者故爲清廟廟有五室中央曰太室王肅云太室清廟中央之室清廟神之所在故王入太室祼獻鬯酒以告神也祼者灌也王以圭瓚酌鬱鬯之酒以獻尸尸受祭而灌於地因奠不飲謂之祼郊特牲云旣灌然後迎牲則殺在祼後此經先言殺後言祼者殺者咸格表王敬公之意非行事之次也其王入太室祼乃是祭時行事耳周人尚臭

祭禮以祼爲重故言王祼其封伯禽乃是祭之將末非祼時也祭統賜臣爵祿之法云祭之日一獻君降立于阼階之南南嚮所命者北面史由君右執策命之鄭云一獻一酳尸也禮酳尸尸獻而祭畢是祭末乃命之以祼爲重故特言之。傳王爲至拜後。正義曰王爲策書亦命有司爲之也上云作策作告神之策此言作策誥伯禽之策祭於神謂之祝於人謂之誥故云使史逸誥伯禽封命之書封康叔謂之康誥此命伯禽當云伯禽之誥定四年左傳云命以伯禽即史逸所讀之策也上言逸祝策此誥下不言策者祝是讀書之名故上云祝策此誥是誥伯禽使知雖復讀書以誥之不得言誥策也上告周公其後已言告神封周公嫌此逸誥以他日告之故云皆同在烝祭日以祭統言一獻命之知此亦祭日也文十三年公羊傳曰封魯公以爲周公也周公拜乎前魯公拜乎後曰生以養周公死以爲周公主。傳言周至終述。正義曰自戊辰已上周公與成王相對語未有致政年月故史於此揔結之自戊辰已下非是王與周公之辭故辨之云史所終述也

書疏十五　三十九

附釋音尚書注疏卷第十五

皇清嘉慶二十年重刊宋本十三經[illegible]

江西鹽法道胡稷栞

尚書注疏校勘記卷十五　阮元撰盧宣旬摘錄

尚書注疏卷第十五　宋板作十四

召誥第十四　周書

然鼎之上　案鼎上疑有一字

以遷都之事告文王廟　古岳本宋板纂傳同毛本告作至非也作告正與疏合許宗彥曰曲禮正義引亦作告

大保乃以庶殷攻位于洛汭　顧炎武曰攻石經誤作公。案今石經作攻顧說非也

月當日衝光照　宋板光上有日字案宋本是也

必先正望朔　纂傳望朔二字倒是也

周祀后稷　葛本閩本明監本同案皆誤也祀當作祖

錫周公曰拜手稽首　古本拜上有敎字案敎字依孔傳增也

衆殷皆勸樂勸事　宋板勸樂作歡樂閩本勸並作勸毛本上勸改歡下勸改勸案所改是也

周公以順立成之明日而朝至　毛本立作位是也

則是三月十三日也　毛本十三作十二是也

是帝稷各用一牛　宋本一牛二字倒

賦斂謂賦功諸侯之功　毛本賦下斂功二字互易

千里之外設方伯即州牧也　宋板即上復有方伯二字案宋本是也

敷皇天改其大子　岳本纂傳大改作太下同葛本此句誤作天下亦作太閩監此亦誤作天下作大毛氏曰改厥元子注皇天改其大子言紂雖爲天所大子無道猶改之正義曰釋詁元首也首是體之大故傳言大子今監本作太子而顧命注將正大子之尊猶作小大之大則知作太者傳寫誤爾興國及建本皆作太誤

言紂雖爲天所大子 案下文元子哉傳云大爲天所子與此不同疑皆有誤疏亦無所發明

無道尤改之 毛本尤作猶是也閩本葛本並誤下同

故以爲言也 宋板故作詁是也

謂繼世之君及其時之人 宋板及作乃

殘暴在下 纂傳在下作其民

夫尤人人 毛本尤作猶是也

面稽天若 古本面上有禽字案禽乃禹字之譌卽古文禹字也與傳合

則德化立美道成也 岳本美道成也作而美道成宋板亦無也字與疏標目合

而爲大爲天所子愛哉 宋板而下無爲字

配大天而爲治 宋板大作上案大字誤

則不訓自也 浦鏜云自疑用字之誤

王先服殷御事 古本殷上有ナ字山井鼎曰古文有字作ナ○案古文有字作又ナ乃左字也此古本傳寫之訛

比介于我有周御事 古本介作迩山井鼎曰迩卽邇字考傳文比介解比近恐經文作比迩爲是○案作迩者古文尚書也今字尚書當作邇後誤爲介則因迩字而譌也開成石經已然

常若命之不行 盧文弨改若爲苦是也

或加陵殷士 宋板無殷士二字非

我不可不監于有夏亦不可不監于有殷 古本下監字作鑒案下句作鑒見後漢書崔駰傳卽古本之所據

言桀不謀長久 古本謀作其與合

長不與長 毛本不與二字倒

雖說之其實在人 岳本之下有於天二字沿革例曰雖說之三字不可曉考石經則曰雖說之於天添於天二字意始明○今案此所謂石經則成都石經然岳氏自述所据書本無成都石經未知其審說之於天卽疏所云託天說之也

順行禹湯所以成功 古岳本宋板以作有與疏合

其命者智與愚也 岳本者作有是也閩本亦誤作者

惟勤修敬德 宋板勤作勸是也

王者當疾行敬德 宋板者作其是也

相夏相殷禹湯之功 宋板禹上有謂字案宋本是

王未有成命 古本唐石經岳本葛本宋板閩本明監本同毛本未作末誤

是上勤恤也 宋本勤上有下字

我周王承夏殷之後 宋板閩本明監本同毛本王作公案此皆誤浦鏜挍改作家是也

洛誥第十五　周書 毛本同古本作尚書卷第九古文尚書洛誥第十五周書孔氏傳

名公既相宅周公往營成周 古本營上有經字

周公先相宅 宋板周作召案周字誤

及周公將欲歸於成王 宋板於上有政字毛本於改作政案所改是也

雖與相俱行 宋板與相作相與是也

不敢及知天始命周家安定天下之命 古本宋板知作如

伻來以圖 案羣經音辨亏部伻使也補耕普耕二切書伻來以圖

來告成王 古本作來告於成王之案疏標起訖無之字古本妄加

來教誨之言　古本岳本宋板纂傳來作求與疏合

荅言其拜手稽首而受其言　毛本荅言作故荅案荅言非是此篇疏文十行本多誤此其一也

於成王復述公言　毛本於作故案所改是也

言公欲令已作允久遠　宋板作作祚案作字非也

咸秩無文　古本無作罔下無若火同案此句無字不可作罔

今王卽命曰　陸氏曰曰音越一音人實反○案古人書曰曰二字其形正同但以上缺者爲曰不缺者爲日此云一音人實反則是別本不缺也蓋經師傳讀不同致經文有異孔疏音越

有大功則列大祀　古本列下有爲字與疏合

其往　古本其上有愼字案段玉裁云後漢書爰延上封事曰臣聞之帝左右者所以咨政德故周公戒成王曰其朋

其朋言愼所與也李注尚書周公戒成王曰孺子其朋孺子其朋愼其往較今本多一愼字疑妄增足利古本蓋本諸此

少子愼朋黨　古本岳本宋板纂傳愼下有其字

又申述所以祀神功臣功者　毛本上功字改作記所改是也

於於初卽敎之　宋本於於作宜於是也毛本作於其亦誤

惟當用我此事在周之百官　案此事浦鏜據下疏改作所爲

時成王未有留公之意　宋板閩本明監本同毛本成作文誤

公曰已　古本已下有乎字

務在知人　宋板知作化是也

言欲已長久也　宋板已作以盧文弨云作以疑非

無問遠近者用來歸王　案者字疑當作皆

不可去之　据疏似無之字或當作不可去也

而奉順天　古本下有地字

言化治　閩本葛本同毛本治作洽是也古本洽下有之字非

舉大明德以佐助我　宋板同毛本佐作佑下我小至佐我同

使就君於周　毛本使作便案使字誤也

命正公後　毛本正作立案正字誤也

亦未克敉公功　古本敉作撫

言四方雖道治　古本道初作通後改作道

周洛邑　閩本明監本同毛本周下有謂字

公當留佑我　宋板佑作佐與宋本注合

是顧無事　案是疑當作自

文武受民之於天下　宋板民作人浦鏜云當作文武受民受之於天

我意欲置太平　宋板置作致案宋本是也

今我繼文祖大業　宋板今作令是也

被人恭敬推先王　閩本明監本同毛本王作已盧文弨云毛本是

所以君上中　古本岳本宋板閩本君上中作居土中是也毛本作居王中尤誤

本說之　岳本作故本而說之沿革例曰本說之三字不可曉依疏云故本而說之意始明○案傳文多簡疏中述傳往往增加數字以顯其意似未可據疏以改傳

萬年猒乃德　唐石經古本岳本纂傳猒下有于字毛本猒作厭案有于字是也猒飫之猒說文本作猒今通作厭別作饜猒字不誤

予斥成王下句並告文武宋板予作子王下有言用文王之道制爲典法以明成王行之爲明君也特舉文祖不言武王二十八年

周公自非已意也宋板自下有言字是

謂之秬鬯酒二器宋板酒上復有鬯字

釋註云宋板註作詁案註字誤

是明禋爲明潔致敬也宋板潔作絜下皆同。案絜正字潔俗字

故本而說之此事者案此事者三字疑有誤

得還鎬京卽文武宋板卽下有告字是也

當行不怠浦鏜云當疑常字誤

特加文武各牛閩本葛本同毛本各下有一字

告曰尊周公古本葛本曰作白與疏合

旣受言誥之浦鏜據儀禮續通解挍云言之二字衍

特以二牛告文武宋板牛作年是也

會昌縣知縣候補知州會暉春栞

附釋音尚書注疏卷第十六

多士第十六

周書　孔氏傳　孔穎達疏

成周既成洛陽下都遷殷頑民殷大夫士心不則德義之經故徙近王都教誨之。不則如字或作測非近附近之近周公以王命誥稱成王命告令之作多士所告者卽衆士故以名篇【疏】成周至多士。正義曰成周之邑旣成乃遷殷之頑民令居此邑頑民謂殷之大夫士從武庚叛者以其無知謂之頑民民性安土重遷或有怨恨周公以成王之命誥此衆士言其須遷之意史敘其事作多士。傳洛陽下都。正義曰周之成周於漢爲洛陽也洛邑爲王都故謂此爲下都遷殷頑民以成周道故名此邑爲成周。傳殷大至誨之。正義曰經云商王士殷遺多士皆非在官謂之頑民知是殷之大夫士也經止云士而知有大夫者以經云迪簡在王庭有服在百僚其意言將任爲王官以爲大臣不惟告士而已故

知有大夫也士者在官之揔號故言士也心不則德義之經僖二十四年左傳文引之以解釋頑民之意經云移爾遐逖比事臣我宗多遜是言從近王都教誨之也漢書地理志及賈逵注左傳皆以爲遷邶鄘之民於成周分衞民爲三國計三國俱是從叛何以獨遷邶鄘在殷畿三分有二其民衆矣非一邑能容民謂之爲士其名不類故孔意不然

惟三月周公初于新邑洛用告商王士周公致政明年三月始於新邑洛用王命告商王之衆士【疏】惟三月至王士。正義曰惟成王卽政之明年三月周公初始於所造新邑之洛用成王之命告商王之衆士言周公親至成周告新來者。傳周公至衆士。正義曰以洛誥之文成周與洛邑同時成也王以周公攝政七年十二月來至新邑明年卽政此篇繼王居洛之後故知是致政明年之三月也成周南臨洛水故云新邑洛周公旣以致政在王都故新邑成周以成王之命告商王之衆士鄭云成王元年三月周公自王城初往成周之邑用成王命告殷之衆士以撫安之是也

王若曰爾殷遺多士順其事稱以告殷遺餘衆士所順在下弗弔旻天大降喪于殷稱天以愍下言愍道至者殷道不至故旻天下喪亡於殷。弔音的旻天上閔巾反仁覆愍下謂之旻馬云秋曰旻天秋氣殺也方言降喪故稱旻天也愍眉隕反喪息浪反我有周佑命將天明威言我有周受天佑助之命故得奉天明威致王罰勑殷命終于帝天命周致王者之誅罰王黜殷命終周於帝王肆爾多士非我小國敢弋殷命天佑我故汝衆士臣服我弋取也非我敢取殷王命乃天命。弋徐音翼馬本作翼義同惟天不畀允罔固亂弼我我其敢求位惟天不與信無堅固治者故輔佑我我其敢求天位乎。治直吏反畀必利反下同惟帝不畀惟我下民秉爲惟天明畏惟天不與紂惟我周家下民秉心爲我皆是天明德可畏之效。爲于僞反畏如字一音威【疏】王若至明畏。正義曰周公以王命順其事而呼之曰汝殷遺餘之衆士汝殷家道教不至旻天以殷道不至之故天下喪亡於殷將欲滅殷我有周受天祐助之命奉天明白之威致王者之誅罰正黜殷命終我周家於帝王之事謂使我周家

代殷爲天子也天既助我周王故汝衆士來爲我臣由天助我我得爲之非我小國敢取殷之王命以爲已有此乃天與我惟天不與信無堅固治者以是故輔弼我若其不然我其敢妄求天子之位乎言此位天自與我非我求而得之惟天不與紂故惟我周家下民秉心爲我故我得之惟天明德可畏之效也亦既得喪由天汝等不得不服以殷士未服故以天命喻之。傳順其至在下。正義曰順其殷亡之事稱王命以告之從紂之臣或有身巳死者遺餘在者遷於成周故告殷遺餘衆士所順在下下文皆是順之辭。傳稱王至於殷。正義曰此經先言弗弔謂殷道不至也不至者上不至天事天不以道下不至民撫民不以理也天有多名獨言旻天者旻愍也稱天以愍下言天之所愍愍道至者也殷道不至故旻天下喪亡於殷言將覆滅之。傳天命至帝王。正義曰天命周致王者之誅罰謂奉上天之命殺無道之王此乃王者之事故爲王者之誅罰勑訓正也正黜殷命謂殺去虐紂使周受其終事是終周於帝王終猶舜受堯終言殷祚終而歸於周。傳天祐至天命。正義曰肆訓故也直云故爾多士辭無所結此經大意敘其去殷事周知其故爾衆士言其臣服我弋射也射而取之故弋爲取也鄭玄王肅本弋作翼王亦云翼取也鄭云翼猶驅也非我周敢驅取汝殷

之王命雖訓爲驅亦爲取義周本殷之諸侯故周公自稱小國**我聞曰上帝引逸有夏不適逸則惟帝降格**言上天欲民長逸樂有夏桀爲政不之逸樂故天下至戒以譴告之○樂音洛下同譴棄戰反**嚮于時夏弗克庸帝大淫泆有辭**天下至戒是嚮於時夏不背棄桀不能用天戒大爲過逸之行有惡辭聞於世○時夏絕句馬以時字絕句嚮許亮反泆音逸又作佾淫同馬本作肙云過也背音佩行下孟反**惟時天罔念聞厥惟廢元命降致罰**惟是桀惡有辭故天無所念聞言不佑其惟廢其天命下致天罰**乃命爾先祖成湯革夏俊民甸四方**天命湯更代夏用其賢人治四方○甸徒遍反〔疏〕我聞至四方○正義曰既言天之効驗此惡與善更迭說往事此而喻之我聞人有言曰上天之情欲民長得逸樂而有夏王桀逆天害民不得使民之適逸樂以此則惟上天下災異至戒以譴告之欲使夏王桀覺悟改惡爲善是天歸嚮於是夏家不背棄之而夏桀不能用天之明戒改悔已惡而反大爲過逸之行致有惡

辭以聞於世惟是桀有惡辭故天無復愛念無復聽聞言天不復助桀其惟廢其大命欲絕夏祚也下致天罰欲誅桀身也乃命汝先祖成湯使之改革夏命用其賢俊之人以治四方之國舉桀滅湯興以譬之○傳言上至告之○正義曰襄十四年左傳稱天之愛民甚矣又曰天生民而立之君使司牧之是言上天欲民長得逸樂故立君養之使之長逸樂也夏桀爲政割剝夏邑使民不得之適逸樂故上天下此至戒以譴告之降下格至也直言下至明是天下至戒天所下戒惟下災異以譴告人主使之見災而懼改修德政耳古書亡失桀之災異未得盡聞○傳惟是至天罰○正義曰桀惡流毒於民乃有惡辭聞於世惡既有辭是惡已成矣惟是桀惡有辭故天無所念聞言天不愛念不聽聞是其全棄之不佑助也棄而不佑則當更求賢主其惟廢大命欲奪其王位也下致天罰欲殺其凶身也廢大命知降致是下罰也**自成湯至于帝乙罔不明德恤祀**自帝乙以上無不顯用有德憂念齊敬奉其祭祀言能保宗廟社稷○上時掌反齊側皆反**亦惟天丕建保乂有殷殷王亦罔敢失帝罔不配天其澤**湯既革夏亦惟天大立安治於殷殷家諸王皆能憂念祭祀無敢失天道者故無不配天布其德澤**在今後嗣王誕罔顯于天矧曰其有聽念于先王勤家**後嗣王紂大無明于天道行昏虐天且忽之況曰其有聽念先祖勤勞國家之事乎**誕淫厥泆罔顧于天顯民祇**言紂大過其過無顧於天無能明人爲敬暴亂甚**惟時上帝不保降若茲大喪**惟是紂惡天不安之故下若此大喪亡之誅○喪息浪反**惟天不畀不明厥德凡四方小大邦喪罔非有辭于罰**惟天不與不明其德者故凡四方小大國喪滅無非有辭於天所罰言皆有闇亂之辭〔疏〕自成至于罰○正義曰既言命湯革夏又說後世皆賢至紂始惡天乃滅之自成湯至於帝乙無不顯用有德憂念祭祀後世亦賢非獨成湯以用其行合天意亦惟天大立安治有殷殷家諸王皆能明德憂祀亦無敢失天道者無不皆配天而布其德澤以此得天下久爲民主在今後嗣王紂大無明於天道敢行昏虐之政於天天猶且忽之況曰其有聽念先

王父祖勤勞國家之事乎乃復大淫過其泆無所顧於上天無能明民爲敬以此反於先王違逆天道惟是上天不安紂之所爲下若此大喪亡之誅惟天不與不明其德之人故也天不與惡豈獨紂乎凡四方諸侯小大邦國其喪滅者無非皆有惡辭是以致至於天罰汝紂以惡而見滅汝何以不服我也○傳自帝至社稷○正義曰下篇說中宗高宗祖甲三王以外其後立王生則逸豫亦罔或能壽如彼文則帝乙以上非無僻王而此言無不顯用有德憂念祭祀者立文之法辭有抑揚方說紂之不善盛言前世皆賢正以守位不失故得美而言之憂念祭祀者惟有齊肅恭敬故言憂念齊敬奉其祭祀言能保宗廟社稷爲天下之主以見紂不恭敬故喪亡之○傳湯既至德澤○正義曰帝乙已上諸王所以長處天位者皆由湯之聖德延及後人湯既革夏亦惟天大立安治於殷者謂天安治之故殷家得治理也殷家諸王自成湯之後皆能憂念祭祀無敢失天道者故得常處王位無不配天布其德澤於民爲天之子是配天也號令於民是布德也○傳言紂至亂甚○正義曰淫泆俱訓爲過言紂大過其慾過無顧於天言其縱心爲惡不畏天也無能明民爲敬言其多行虐政不憂民也不畏於天不愛於民言其暴亂甚也此經顧於天與顯民祇共蒙上罔文故傳再言無也○傳惟天

至之辭。正義曰能明其德天乃與之惟天不與不明其德者紂不明其德故天喪之因即廣言天意凡四方小大邦國謂諸侯有土之君其爲天所喪滅者無非皆有惡辭聞於天乃爲上天所罰言彼天罰者皆有闇亂之辭上天不罰無辜紂有闇亂之辭故天滅之耳天既滅不明其德我有明德爲天所立汝等殷士安得不服我乎以其心仍不服故以天道責之

王若曰爾殷多士今惟我周王丕靈承帝事周王文武也大神奉天事言明德恤祀**有命曰割殷告勑于帝**天有命命周割絕殷命告正於天謂既克紂柴於牧野告天不頓兵傷士**惟我事不貳適惟爾王家我適**言天下事已之我周矣不貳之佗惟汝殷王家已之我不復有變。復扶又反**予其曰惟爾洪無度我不爾動自乃邑**我其曰惟汝大無法度謂紂無道我不先動誅汝亂從汝邑起言自召禍**予亦念天即于殷大戾肆不正**我亦念天就於殷大罪而加誅者故以紂不能正身念法

〔疏〕王若至不正。正義曰周公又稱王順而言曰汝殷衆士今惟我周家文武二王大神能奉天事故天有命命我周王曰當割絕殷命告正於天我受天命已滅殷告天惟我天下之事不有二處之適言已之適周不更適他也惟汝殷王家事亦於我之適不復變改又追說初伐紂之事我其爲汝言曰惟汝殷紂大無法度故當宜誅絕之伐紂之時我不先於汝動自往誅汝其亂從汝邑先起汝紂自召禍耳我亦念天所以就於殷致大罪者故以紂不能正身念法故也。傳周王至恤祀。正義曰文王受命武王伐紂故知周王兼文武也大神奉天事謂以天爲神而勤奉事之勞身敬神言亦如湯明德恤祀也。傳天有至傷士。正義曰以周王奉天之故故天有命命我周使割絕殷命告正於天謂武成之篇所云既克紂柴於牧野告天不頓兵傷士是也前敵即服故無頓兵傷士師以正行故爲告正武成正告功成功成無害即是不頓傷也頓兵者昭十五年左傳文頓折也。傳我亦至念法。正義曰言我亦念天者以紂雖無法度若使天不命我我亦不往誅紂以紂既爲大惡上天命我我亦念天所遣我就殷加大罪者何故以紂不能正身念法也

王曰猷告爾多士予惟時其遷居西爾以道告汝衆士我惟汝未達德義是以徙居西

汝於洛邑教誨汝**非我一人奉德不康寧時惟天命**我徙汝非我天子奉德不能使民安之是惟天命宜然**無違朕不敢有後無我怨**汝無違命我亦不敢有後誅汝無怨我**惟爾知惟殷先人有冊有典殷革夏命**言汝所親知殷先世有冊書典籍說殷改夏王命之意**今爾又曰夏迪簡在王庭有服在百僚**簡大也今汝又曰夏之衆士蹈道者大在殷王庭有服職在百官言見任用**予一人惟聽用德肆予敢求爾于天邑商**言我周亦法殷家惟聽用有德故我敢求汝於天邑商將任用之**予惟率肆矜爾非予罪時惟天命**惟我循殷故事憐愍汝故徙教汝非我罪咎是惟天命

〔疏〕王曰猷至大命。正義曰又言曰我以道告汝衆士我惟是以汝未達德義之故耳今徙居西汝置於洛邑以教誨汝我之徙汝非我一人奉行德義不能使民安而安之是惟天命宜然汝無違我我亦不敢更有後誅罰汝等無於我見怨汝既來遷當爲善事惟汝所親知惟汝殷先人往世有策書有典籍說殷改夏王命之意汝當案省知之汝知先人之故事今往又有言曰夏之諸臣蹈道者大在殷王之庭有服行職事在於百官言其見任用恐我不任汝我一人惟聽用有德之者故我敢求汝有德之人於彼天邑商都欲取賢而任用之我惟循殷故事憐愍汝故徙教汝此徙非我有罪是惟天命當然聖人動合天心故每事惟託天命也。傳以道至誨汝。正義曰猷訓道也故云以道告汝衆士上言惟是不言其故故傳辨之惟是者未達德義也遷使居西正欲教以德義是以徙居西汝置於洛邑近於京師教誨汝也從殷適洛南行而西迴故爲居西也。傳汝無至怨我。正義曰周既伐紂又誅武庚殷士懼更有誅疑其欲違上命故設此言以戒之知無違朕者謂戒之使汝無違命也汝能用命我亦不敢有後誅必無後誅汝無怨我也。傳言我至用之。正義曰夏人簡在王庭爲其有德見用言我亦法殷家惟聽用有德汝但有德我必任用故我往前敢求汝有德之人於天邑商都將任用之也鄭玄云言天邑商者亦本天之所建王肅云言商今爲我之天邑二者其言雖異皆以天邑商爲殷之舊都言未遷之時當求往遷後有德任用之必矣。傳惟我至天命。正義曰

循殷故事此故解經中肆字謂殷用夏人我亦用殷人憐愍汝故徙之教汝此故解義之言非經中肆遷汝來西者非我罪咎是惟天命也

王曰：多士，昔朕來自奄，予大降爾四國民命。昔我來從奄謂先誅三監後伐奄淮夷民命謂君也大下汝民命謂誅四國君

我乃明致天罰，移爾遐逖，比事臣我宗多遜。四國君叛逆我下其命乃所以明致天罰今移徙汝於洛邑使汝遠於惡俗比近臣我宗周多爲順道。逖他力反比毗志反注同遠于萬反

疏王曰多士至多遜。正義曰：王復言曰：衆士，昔我來從奄國，大黜下汝管蔡商奄四國民命，民之性命死生在君，誅殺其君，是下民命。由四國叛逆，我乃明白致行天罰。汝等遺餘，當教之爲善，故移徙汝居於遠，令汝遠於惡俗，比近服事臣我宗周，多爲順道，翼汝相教爲善，永不爲惡也。傳昔我至國君。正義曰：金縢之篇說周公東征，言居東二年，罪人斯得，則昔我來從奄者，謂攝政三年時也。於時王不親行，而王言我來自奄者，周公以王命誅四國，周公師還，亦是王來還也。一舉而誅四國，獨言來自奄者，謂先誅三監，後伐奄與淮夷，奄誅在後，誅奄即來，故言來自奄也。民以君爲命，故民命謂君也。大下汝民命，謂誅四國君。王肅云：君爲民命，爲君不能順民意，故誅之也。傳四國至順道。正義曰：王之所罰，罰有罪也。四國之君有叛逆之罪，我下其命，乃所以明致天罰，言非苟爲之也。遐逖俱訓爲遠。今移徙汝於洛邑，令去本鄉遠也。使汝遠於惡俗，令去惡俗遠也。此近京師，王臣我周家，使汝從我善化，多爲順道，所以敎汝之性命也。

王曰：告爾殷多士，今予惟不爾殺，予惟時命有申。所以徙汝是我不欲殺汝故惟是教命申戒之

今朕作大邑于茲洛，予惟四方罔攸賓，今我作此洛邑以待四方無有遠近無所賓外。賓如字徐音殯馬云却也

亦惟爾多士攸服奔走臣我多遜。非但待四方亦惟汝衆士所當服行奔走臣我多爲順事

爾乃尚有爾土，爾乃尚寧幹止。汝多爲順事乃庶幾還有汝本土乃庶幾安汝故事止居以反所生誘之

爾克敬，天惟畀矜爾；汝能敬行順事則爲天所與爲天所憐

爾不克敬，爾不啻不有爾土，予亦致天之罰于爾躬。汝不能敬順其罰深重不但不得還本土而已我亦致天罰於汝身言刑殺。啻始豉反徐本作翅音同下篇放此

今爾惟時宅爾邑，繼爾居，爾厥有幹有年于茲洛。今汝惟是敬順居汝邑繼汝所當居爲則汝其有安事有豐年於此洛邑言由洛修善得還本土有幹有年

爾小子乃興，從爾遷。汝能敬則子孫乃起從汝化而遷善

疏王曰告至爾遷。正義曰：王又言曰：告汝殷之多士，所以遠徙汝者，今我惟不欲於汝刑殺，我惟是教命有所申戒，由此也。今我作大邑於此洛，非但爲我，惟以待四方無所賓外，亦惟爲汝衆士所當服行臣事我宗周，多爲順事故也。汝若多爲順事，汝乃庶幾還有汝本土，乃庶幾安汝故事止居，可不勉之也。汝能敬行順事，天惟與汝憐汝，況於人乎？汝若不能敬行順事，則汝不啻不得還汝本土，我亦致天之罰於汝身。今汝惟是敬順居汝所受新邑，繼汝舊日所居，爲我當聽汝還歸本鄉，有幹事，有豐年，乃由於此洛邑行善也。汝能敬順，則汝之小子與孫等，乃起從汝化而遷善矣。傳今汝至有年。正義曰：殷士遠離本鄉，新來此邑，或當居不安，爲棄舊業，故戒之。今汝惟是敬順居汝新所受邑，繼汝舊日所當居爲，謂繼其本土之事業也。但能如此，得還本土，其有安事，有豐年也。有幹有年，謂歸本土有幹年，而言於洛者，言由在洛修善，得還本土，有幹有年也。王肅云：汝其有安事，有長久年於此洛邑。王解於文甚便，但孔上句爲云爾乃尚有爾本土，是誘引之辭，故止爲得還本土有幹有年也。

王曰，又曰：時予乃或言，爾攸居。言汝衆士當是我勿非我也我乃有教誨之言則汝所當居行

疏王曰又至攸居。正義曰：王之所云，又復稱曰：汝當是我，勿非我也，我乃有教誨之言，則汝所當居行之。傳言汝至居行。正義曰：王以誨之已終，故戒之云：汝當是我，勿非我，既不非我，我乃有教誨汝之言，則汝所當居行，令其居於心而行用之。鄭玄論語注云：或之言有。此亦或爲有也。凡言王曰，皆是史官録辭，非王語也。今史錄稱王之言曰，以前事未終，故言又曰也。

無逸第十七

周書　孔氏傳　孔穎達疏

周公作無逸中人之性好逸豫，故戒以無逸。好，呼報反。無逸成王卽政，恐其逸豫，本以所戒名篇。

[疏]傳中人至無逸。○正義曰：上智不肯爲非，下愚戒之無益，故中人之性可上可下，不能勉強，多好逸豫，故周公作書以戒之，使無逸。此雖指戒成王，以爲人之大法。成王以聖賢輔之，當在中人以上，其實本性亦中人耳。○傳成王至名篇。○正義曰：篇之次第，以先後爲序。多士、君奭皆是成王卽位之初，知此篇是成王始初卽政，周公恐其逸豫，故戒之使無逸，卽以所戒名篇也。

周公曰：「嗚呼！君子所其無逸，歎美君子之道，所在念德，其無逸豫。君子且猶然，況王者乎！先知稼穡之艱難，乃逸，稼穡，農夫之艱難事，先知之，乃謀逸豫，則知小人之所依怙。則知小人之依。相小人，厥父母勤勞稼穡，厥子乃不知稼穡之艱難，視小人不孝者，其父母躬勤艱難，而子乃不知其勞。○相，息亮反。乃逸乃諺既誕。否則侮厥父母曰：『昔之人無聞知。』」小人之子既不知父母之勞，力爲逸豫遊戲，乃叛諺不恭，已欺誕父母。不欺，則輕侮其父母曰：古老之人無所聞知。○諺，魚變反。

[疏]「周公」至「聞知」。○正義曰：周公歎美君子之道以戒王曰：嗚呼！君子之人所在其無逸豫。君子必先知農人稼穡之艱難，然後乃謀爲逸豫，如是則知小人之所依怙也。視彼小人不孝者，其父母勤勞稼穡，其子乃不知稼穡之艱難，乃爲逸豫遊戲，乃叛諺不恭。既爲欺誕父母矣，不欺則又侮慢其父母曰：昔之人無所聞知。小人與君子如此相反，王宜知其事也。○傳歎美至者乎。○正義曰：周公意重其事，故歎而爲言。鄭云：嗚呼者，將戒成王，欲求以深感動之，是欲深感成王，故歎美君子之道。君子者，言其可以君正上位，子愛下民，有德則稱之，不限貴賤。君子之人念德不怠，故所在念德，其無逸豫也。君子且猶然，而況王者乎？言王者日有萬幾，彌復不可逸豫。鄭云：君子止謂在官長者。所，猶處也，君子處位爲政，其無自逸豫也。○傳稼穡至依怙。○正義曰：民之性命在於穀食，田作雖苦，不得不爲，寒耕熱耘，沾體塗足，是稼穡爲農夫艱難之事。在上位者先知稼穡之艱難，乃可謀其逸豫，使家給人足，乃得思慮不勞，是爲謀逸豫也。能知稼穡之艱難，則知小人之所依怙，言小人依怙此稼穡之事，不可不勤勞也。上句言君子當無逸，此言乃謀逸豫者，君子之事，勞心與形。盤于遊畋，形之逸也；無爲而治，心之逸也。君子無形逸而有心逸，既知稼穡之艱難，可以謀心逸也。○傳視小人至其勞。○正義曰：視小人不孝者，其父母勤苦艱難，勞於稼穡，成於生業，致富以遺之，而其子謂已自然得之，乃不知其父母勤勞。○傳小人至聞知。○正義曰：上言視小人之身，此言小人之子者，小人謂無知之人，亦是賤者之稱，躬爲稼穡，是賤者之事，故言小人之子，謂賤者之子，卽上所視之小人也。此子既不知父母之勞，謂已自然得富，恃其家富，乃爲逸豫遊戲，乃爲叛諺不恭，已是欺誕父母矣。若不欺誕，則輕侮其父母曰：古老之人無所聞知。言其罪之深也。論語曰「由也諺」，諺則叛諺欺誕不恭之貌。昔訓久也，自今而道遠久，故爲古老之人。詩云「召彼故老」。

周公曰：「嗚呼！我聞曰：昔在殷王中宗，大戊也。殷家中世尊其德，故稱宗。嚴恭寅畏天命，自度，言太戊嚴恪恭敬，畏天命，用法度。○嚴，如字，又魚檢反，注同。馬作儼。治民祗懼，不敢荒寧。爲政敬身，畏懼不敢荒怠自安。○治，直吏反。肆中宗之享國七十有五年。以敬畏之故，得壽考之福。

[疏]「周公」至「五年」。○正義曰：既言君子不逸，小人反之，更舉前代之王以天壽爲戒。周公曰：嗚呼！我所聞曰：昔在殷王中宗，威儀嚴恪，貌恭心敬，畏天命，用法度，治民敬身，畏懼不敢荒怠自安，故中宗之享有殷國七十有五年。言不逸之故而得歷年長也。○傳太戊至稱宗。○正義曰：中宗，廟號；太戊，王名。商自成湯已後，政教漸衰，至此王而中興之。王者祖有功，宗有德，殷家中世尊其德，其廟不毁，故稱中宗。○傳言太至法度。○正義曰：祭義云：「嚴威儼恪。」故引恪配嚴。鄭玄云：恭在貌，敬在心。然則嚴是威，恭是貌，敬是心，三者各異，故累言之。

其在高宗時，舊勞于外，爰暨小人。武丁，其父小乙使之久居民間，勞是稼穡，與小人出入同事。作其卽位，乃或亮陰，三年不言。武丁起其卽王位，則小乙死，乃有信默，三年不言，言孝行著。○行，下孟反。其惟不言，言乃雍。不敢荒寧，在喪則其惟不言，喪畢發言，則天下和。亦法中宗，不敢荒怠自安。嘉靖殷邦，至于小大，無時或怨。善謀殷國，至于小大之政，人無是有怨者，言無非。肆高宗之享國五十有九年；高宗爲政，小大無怨，故亦享國永年。〔疏〕其在至九年。正義曰：其殷王高宗父在之時，久勞於外，於時與小人同其事。後爲太子，起其即王之位，乃有信默，三年不言。在喪其惟不言，喪畢發言，言得其道，乃天下大和，不敢荒怠自安，善謀殷國，至於小大之政，莫不得所，其時之人無是有怨恨之者。故高宗之享殷國五十有九年，亦言不逸得長壽也。○傳「武丁」至「同事」。○正義曰：舊，久也。在即位之前而言「久勞於外」，知是其父小乙使之久居民間，勞是稼穡，與小人出入同爲農役，小人之艱難事也。太子使與小人同勞，此乃非常之事，不可以非常怪之。於時蓋未爲太子也。殷道雖質，不可旣爲太子，更得與小人雜居也。○傳「武丁起」至「行著」。○正義曰：以上言「久勞於外」，爲父在時事，故言「起其即王位」，則小乙死也。亮，信也。陰，默也。三年不言，以舊無功而今有故，言乃有說此事者，言其孝行著也。禮記喪服四制引書云「高宗諒闇，三年不言，善之也。王者莫不行此禮，何以獨善之也？曰：高宗者，武丁。武丁者，殷之賢王也。繼世即位而慈良於喪，當此之時，殷衰而復興，禮廢而復起，故載之於書中而高之，故謂之高宗。三年之喪，君不言也」，是說此經不言之意也。○傳「在喪」至「自安」。○正義曰：鄭玄云：「其不言之時，時有所言，則羣臣皆和諧。」鄭玄意謂此「言乃雍」者，在三年之內時有所言也。孔意則爲出言在三年之外，故云「在喪，其惟不言，喪畢發言，則天下大和」。知者，說命云「王宅憂，亮陰三祀。旣免喪，其惟不言」。除喪猶尚不言，在喪必無言矣，故知喪畢乃發言也。高宗「不敢荒寧」，與中宗正同，故云亦法中宗，不敢荒怠自安。殷家之王皆是明王，所爲善事，計應略同，但古文辭有差異，傳因其文同，故言「法中宗」也。○傳「善謀」至「無非」。○正義曰：釋詁云：「嘉，善也。」「靖，謀也。」善謀殷國，謀爲政教，故至於小大之政，皆允人意，人無是有怨高宗者，言其政無非也。鄭云：「小大，謂萬人上及羣臣。」言人臣小大皆無怨王也。

其在祖甲，不義惟王，舊爲小人。湯孫太甲爲王不義，久爲小人之行，伊尹放之桐。**作其即位，爰知小人之依，能保惠于庶民，不敢侮鰥寡。**在桐三年，思集用光，起就王位，於是知小人之所依，依仁政，故能安順於衆民，不敢侮慢惸獨。○惸，求營反，字又作焭。**肆祖甲之享國三十有三年。**太甲亦以知小人之依，故得久年。此以德優劣、立年多少爲先後，故祖甲在下。殷家亦祖其功，故稱祖。

〔疏〕其在至三年。○正義曰：其在殷王祖甲，初遭祖喪，所言行不義，惟亦爲王，久爲小人之行，伊尹廢諸桐。起其即王之位，於是知小人之所依，依於仁政，乃能安順於衆民，不敢侮鰥寡惸獨。故祖甲之享有殷國三十有三年，亦言不逸得長壽也。○傳「湯孫」至「之桐」。○正義曰：以文在高宗之下，世次顛倒，故特辨之。此祖甲是湯孫太甲也。爲王不義，謂湯初崩，久爲小人之行，故伊尹放之於桐。言其廢而復興，爲下「作其即位」起本也。王肅亦以祖甲爲太甲。鄭玄云：「祖甲，武丁子帝甲也。有兄祖庚賢，武丁欲廢兄立弟，祖甲以此爲不義，逃於人間，故云久爲小人。」案殷本紀云：「武丁崩，子祖庚立。祖庚崩，弟祖甲立，是爲帝甲。淫亂，殷道復衰。」國語說殷事云：「帝甲亂之，七代而殞。」則帝甲是淫亂之主，起亡殷之源，寧當與二宗齊名，舉之以戒無逸？武丁賢王，祖庚復賢，以武丁之明，無容廢長立少。祖庚之賢，誰所傳說？武丁廢子，事出何書？造此語是負武丁而誣祖甲也。○傳「在桐」至「惸獨」。○正義曰：「在桐三年」，太甲序文。「思集用光」，詩大雅文。彼「集」作「輯」，輯，和也。彼鄭言公劉之遷豳，思在和其民人，用光大其道。此傳之意，蓋言太甲之在桐也，思得安集其身，用光顯王政，故起即王位，於是知小人之依，依於仁政，故能施行政教，安順於衆民，不敢侮慢惸獨。鰥寡之類，尤可憐愍，故特言之。○傳「太甲」至「稱祖」。○正義曰：傳於中宗云「以敬畏之故，得壽考之福」，高宗之爲政，小大無怨，故亦享國永年，於此云太甲亦以知小人之依，故得久年，各順其文而爲之說。其言行善而得長壽，經意三王同也。以其世次顛倒，故解之云：此以德優劣、立年多少爲先後，故祖甲在太戊、武丁之下。諸書皆言太甲，此言祖甲者，殷家亦祖其功，故稱之祖甲，與二宗爲類。惟見此篇，必言祖其功，亦未知其然。殷之先君有祖乙、祖辛、祖丁，稱祖多矣，或可號之爲祖，未必祖其功而存其廟也。

自時厥後立王，生則逸。從是三王，各承其後而立者，生則逸豫無度。**生則逸，不知稼穡之艱難，**言與小人之子同其敝。**不聞小人之勞，惟耽樂之從。**過樂謂之耽，惟樂之從，言荒淫。○耽，丁南反，注下同。樂音洛，注下同。**自時厥後，亦罔或克壽。**以耽樂之故，從是其後亦無有能壽考。**或十年，或七八年，或五六年，或四三年。**高者十年，下者三年，言逸樂之損壽。

〔疏〕自時至三年。○正義曰：從是三王，其後所立之王，生則逸豫，不知稼穡之艱難，不聞小人之勞苦，惟耽樂之事，則從而爲之。故從是其後，諸王無有能壽考者，或十年，或七八年，或五六年，或四三年，言逸樂之損壽，故舉以戒成王也。

周公曰：嗚呼！厥亦惟我周太王、王季克自抑畏。太王周公曾祖，王季即祖，言皆能以義自抑，長敬天命。將說文王，故本其父祖。文王卑服，即康功田功。文王節儉，卑其衣服，以就其安人之功，以就田功，以知稼穡之艱難。○卑如字，馬本作俾，使也。徽柔懿恭，懷保小民，惠鮮鰥寡。以美道和民，故民懷之；以美政恭民，故民安之；又加惠鮮乏鰥寡之人。○鮮，息淺反，注同。自朝至于日中昃，不遑暇食，用咸和萬民。從朝至日昳不暇食，思慮政事，用皆和萬民。○昃音側，本亦作仄。昳，田節反。文王不敢盤于遊田，以庶邦惟正之供。文王不敢樂於遊逸田獵，以衆國所取法則，當以正道供待之故。○供音恭。文王受命惟中身，厥享國五十年。文王九十七而終，中身即位，時年四十七，言中身，舉全數。

【疏】周公至七年。○正義曰：殷之三王既如此矣，周公又言曰：嗚呼！其惟我周家大王、王季，能以義自抑而畏敬天命，故王迹從此起也。文王又卑薄衣服，以就其安人之功，與治田之功。以美道柔和其民，以美政恭待其民，以此民歸之。以美政恭民之故，故小民安之。又加恩惠於鮮乏鰥寡之人。其行之也，自朝旦至于日中及昃，尚不遑暇食，用善政以諸和萬民，故也。文王專心於政，不敢逸樂於遊戲畋獵，以己爲衆國所取法，惟當正身行己以供待之。由是文王受命嗣位爲君，惟於中身受之，其享國五十年，亦以不逸得長壽也。○傳「大王至父祖」。○正義曰：大王，周公曾祖，王季即祖也，此乃經傳明文，而須詳言之者，此二王之下辭無所結，陳此不爲無逸。周公將說文王，故本其父祖，是以傳詳言也。解其言此之意，以義自抑者，言其非無此心，以義自抑而不爲耳。○傳「文王至艱難」。○正義曰：文王卑其衣服，以就安人之功，言儉於身而厚於人也。立君所以牧人，安人之功，諸有美政皆是也。就安人之內，田功最急，故特云田功，以示知稼穡之艱難也。○傳「以美至之人」。○正義曰：徽、懿皆訓爲美。徽柔、懿恭，此是施人之事，以此柔恭懷安小民，故傳分而配之。徽柔配懷，以美道和民，故民懷之；懿恭配保，以美政恭民，故民安之。徽、懿言其美而已，不知何所美也。人君施於民，惟有道與政耳，故傳以美道、美政言之，政與道亦互相通也。少乏鰥寡，尤是可憐，故別言加惠於鮮乏鰥寡之人也。○傳「從朝至萬民」。○正義曰：昭五年《左傳》云：「日上其中，食日爲二，旦日爲三。」則人之常食在日中之前，謂辰時也。《易·豐卦·彖》曰：「日中則昃。」謂過中而斜昃也。昃亦名昳，言日蹉跌而下，謂未時也。故日之十位，食時爲辰，日昳爲未。言文王勤於政事，從朝不食，或至於日中，或至於日昃，猶不暇食。故經中昃並言之，傳舉晚時，故惟言昳。遑亦暇也，重言之者，古人自有複語，猶云艱難也。所以不暇食者，爲思慮政事，用皆和萬民。政事雖多，皆是爲民，故言咸。咸訓皆也。○傳「文王至之故」。○正義曰：《釋詁》云：「盤，樂也。」遊謂遊逸，田謂畋獵，二者不同，故並云遊逸田獵。以衆國皆於文王所取其法則，文王當以正義供待之故也。言文王思爲政道以待衆國，故不敢樂於遊田。文王世爲西伯，故當爲衆國所取法則。禮有田獵，而不敢者，順時蒐狩，不爲取樂，故不敢非時畋獵以爲樂耳。○傳「文王至全數」。○正義曰：文王年九十七而終，《禮記·文王世子》文也。於九十七內減享國五十年，是未立之前有四十七。在禮，諸侯踰年即位，此據代父之年，故爲即位時年四十七也。計九十七年半折以爲中身，則四十七時於身非中，言中身者，舉全數而稱之也。經言受命者，鄭玄云：「受殷王嗣位之命。」然殷之末世，政教已衰，諸侯嗣位，何必皆待王命？受先君之命亦可也。王肅云：「文王受命嗣位爲君。」不言受王命也。

周公曰：嗚呼！繼自今嗣王，繼從今已往嗣世之王，皆戒之。則其無淫于觀、于逸、于遊、于田，以萬民惟正之供。所以無敢過於觀遊逸豫田獵者，用萬民當惟正身以供待之故。無皇曰：今日耽樂。乃非民攸訓，非天攸若，時人丕則有愆。無敢自暇曰惟今日樂，後日止。夫耽樂者，乃非所以教民，非所以順天，是人則大有過矣。○愆，起虔反。夫音扶。無若殷王受之迷亂，酗于酒德哉！以酒爲凶謂之酗。言紂心迷政亂，以酗酒爲德，戒嗣王無如之。○酗，況付反。

【疏】周公至德哉。○正義曰：周公又言而歎曰：嗚呼！繼此後世，自今以後嗣位之王，則其無得過於觀望，過於逸豫，過於遊戲，過於田獵。所以不得然者，以萬民聽王者之教命，王當正己身以供待萬民，必當早夜恪勤，無敢自閑暇曰：今日且樂，後日乃止。此爲耽樂者，非民之所以教訓也，非天之所以敬順也。若是之人，則有大愆過矣。王當自勤政事，莫如殷王受之迷亂國政，酗醟於酒德哉！殷紂藉酒爲凶，以酒爲德，由是喪亡殷國，王當以紂爲戒，無得如之。○傳「繼從至戒之」。○正義曰先言繼者謂繼此後人卽從今以後嗣世之王也周公思及長遠後王盡皆戒之非獨成王也○傳所以至之故○正義曰傳意訓淫爲過鄭玄云淫放恣也淫者侵淫不止其言雖殊皆是過之義也言觀爲非時而行違禮觀物如春秋隱公如棠觀魚莊公如齊觀社穀梁傳曰常事曰視非常曰觀此言無淫于觀禁其非常觀也逸謂逸豫遊謂遊蕩田謂田獵四者皆異故每事言於以訓用也用萬民皆聽王命王者惟當正身待之故不得淫於觀逸遊田也○傳無敢至過矣○正義曰無敢自暇謂事不寬不暇而以爲原王之意而爲辭故言曰耽以爲樂惟今日樂而後日止惟言今日樂明知後日止也夫耽樂者乃非所以教民教民當恪勤也非所以順天順天當肅恭也是此耽樂之人則大有愆過矣戒王不得如此也○傳以酒至如之○正義曰酗從酉以凶爲聲是酗爲凶酒之名故以酒爲凶謂之酗酗是飲酒而益凶也言紂心迷亂以酗酒爲德飲酒爲政心以凶酒爲已德紂以此亡殷戒嗣王無如之

周公曰嗚呼我聞曰古之人猶胥訓告胥保惠胥教誨歎古之君臣雖君明臣良猶相道告相安順相教誨以義方**民無或胥譸張爲幻**譸張誑也君臣以道相正故下民無有相欺誑幻惑也○幻音患誑九況反**此厥不聽人乃訓之乃變亂先王之正刑至于小大**此其不聽中正之君人乃教之以非法乃變亂先王之正法至于小大無不變亂言已有以致之**民否則厥心違怨否則厥口詛祝**以君變亂正法故民否則其心違怨否則其口詛祝言皆患其上○詛側助反祝之又反

疏周公至詛祝○正義曰周公言而歎曰我聞人之言曰古人之雖君明臣良猶尚相訓告以善道相安順以美政相教誨以義方君臣相正如此故於時之民順從上教無有相誑欺爲幻惑者此其不聽中正之君人乃教訓之以非法之事乃從其言變亂先王之正法至於小大之事無不皆變亂之君既變亂如此其時之民疾苦否則其心違上怨上否則其口詛祝之言人患之無已舉此以戒成王使之君臣相與養下民也○傳歎古至義方○正義曰此章二事善惡相反下句不聽人者是愚闇之君知此言古之人者是賢明之君相是兩人相與故知兼有臣良更相教告隱三年左傳石碏曰臣聞愛子教之以義方故知相教誨者使相教誨以義方也則知相訓告者告之以善道也相保惠者

相安順以美政也○傳譸張至惑也○正義曰譸張誑也釋訓文孫炎曰眩惑誑欺人也民之從上若影之隨形君臣以道相正故下民無有相欺誑幻惑者幻卽眩也惑亂之名漢書稱西域有幻人是也○傳此其至致之○正義曰上言善事此說惡事如此其不聽者是不聽中正之君也既不聽中正則好聽邪佞知此則訓之者是邪佞之人訓之也邪佞之人必反正道故言人乃教之以非法闇君卽受用之變亂先王之正法至於小大無不變亂言皆變亂正法盡也闇君所任同已由已之闇致此佞人言此闇君已身有以致之也上君明臣良由君明而有良臣亦是已有致上之言胥此不言者君在佞臣國亡滅矣不待相教爲惡故不言胥也○傳以君至其上○正義曰君既變亂正法必將困苦下民民不堪命忿恨必起故民忿君乃有二事否則心違怨否則口詛祝言皆患上而爲此也違怨謂違其命而怨其身詛祝謂告神明令加殃咎也以言告神謂之祝請神加殃謂之詛襄十七年左傳曰宋國區區而有詛有祝詩曰侯詛侯祝是詛祝意小異耳

周公曰嗚呼自殷王中宗及高宗及祖甲及我周文王茲四人迪哲言此四人皆蹈智明德以臨下**厥或告之曰小人怨汝詈汝則皇自敬德**其有告之言小人怨詈汝者則大自敬德增修善政○詈力智反**厥愆曰朕之愆允若時不啻不敢含怒**其人有禍則曰我過百姓有過在予一人信如是怨詈則四王不啻不敢含怒以罪之言常和悅

疏周公至含怒○正義曰既言明君闇君善惡相反更述二者之行周公言而歎曰嗚呼自殷王中宗及高宗及祖甲及我周文王此四人者皆蹈明智之道以臨下民其有告之曰小人怨恨汝罵詈汝既聞此言則大自敬德更增修善政其民有過則曰是我之過民信有如是怨詈則不啻不敢含怒以罪彼人乃欲得數聞此言以自改悔言寬弘之若是○傳其有至善政○正義曰釋詁云皇大也故傳言大自敬德者謂增修善政也鄭玄以皇爲暇言寬暇自敬王肅本皇作況況滋益用敬德也○傳其人至和悅○正義曰或告之曰小人怨汝詈汝其言有虛有實其言若虛則民之愆也民有愆過則曰我過不責彼爲虛言而引過歸已者湯所云百姓有過在予一人故若信有如是怨詈小人闘之則含怒以罪彼人此四王卽不啻不敢含怒以罪彼人乃自願聞其愆言其顏色常和悅也鄭玄云不但不敢含怒乃

欲屢聞之以知己政得失之源也。此厥不聽人乃或譸張爲幻曰小人怨汝詈汝則信之此其不聽中正之君，有人誑惑之言小人怨憾詛詈汝，則信受之。憾，胡暗反。則若時不永念厥辟不寬綽厥心則如是信讒者，不長念其爲君之道，不寬緩其心，言含怒。亂罰無罪殺無辜怨有同是叢于厥身信讒含怒，罰殺無罪，則天下同怨讎之，叢聚於其身。叢，才公反。疏「此厥」至「厥身」。正義曰：此其不聽中正之人，乃有欺誑爲幻惑以告之曰「小人怨汝詈汝」，不原其本情，則信受之。則知是信讒者，不長念其爲君之道，不審虛實，不能寬緩其心，而徑即含怒於人，是亂其正法，罰無殺無辜。罰殺欲以止怨，乃令人怨益甚，天下之民有同怨君，令怨惡聚於其身，言褊急使民之怨。若是，教成王勿學此也。○傳「則如」至「含怒」。正義曰：君人者察獄必審其虛實，然後加罪。不長念其爲君之道，謂不審察虛實也。不寬緩其心，言徑即含怒也。王肅讀辟爲辟，扶亦反，不長念其刑辟，不當加無罪也。周公曰嗚呼嗣王其監于茲視此亂罰之禍以爲戒。

君奭第十八

周書　　孔氏傳　　孔穎達疏

召公爲保周公爲師相成王爲左右。傳太保也，師太師也。馬云：保氏、師氏皆大夫官。相，音息亮反。左有，馬云：分陝爲二伯，東爲左，西爲右。召公不說周公作君奭君奭尊之曰君。奭，名，同姓也。陳古以告之，故以名篇。說，音悅。奭，始亦反。疏「召公」至「君奭」。○正義曰：成王即政之初，召公爲保，周公爲師，輔相成王，爲左右大臣。召公以周公嘗攝王之政，今復在臣位，其意不說。周公陳己意以告召公，史敘其事，作君奭之篇也。周官篇云「立太師、太傅、太保，茲惟三公」，則此爲保、爲師，亦爲三公官也。此實太師、太保，而不言太者，意在師法保安王身，言其實爲左右爾，不爲舉其官名，故不言太也。經傳皆言武王之時太公爲太師，此言周公爲師，蓋太公薨，命周公代之。於時太傅蓋畢公爲之，於此無事，不須見也。三公之次，先師後保，此序先言保者，篇之所作主爲召公不說，故先言召公，不以官位爲次也。案經周公之言，皆說己留在王朝之意，則召公不說周公之留也。故鄭、王皆云周公既攝王政，不宜復列於臣職，故不說。然則召公大賢，豈不知周公留意而不說者？以周公留在臣職，當時人皆怪之，故欲開道周公之言以解世人之惑，召公疑之，作君奭，非不知也。史記燕世家云：「成王既幼，周公攝政，當國踐阼，召公疑之，作君奭。」此篇是致政之後言留輔成王之意，其文甚明，馬遷妄爲說爾。鄭玄不見周官之篇，言此師保爲周禮師氏、保氏大夫之職，言賢聖兼此官，亦謬矣。○傳「尊之」至「名篇」。○正義曰：周公呼爲君奭，是周公尊之曰君也。奭是其名，君非名也。僖二十四年左傳富辰言文王之子一十六國，無名奭者，則召公必非文王之子。燕世家云：「召公奭與周同姓，姬氏。」譙周曰：「周之支族。」譙周考校古史，不能知其所出。皇甫謐云原公名豐，是其一也，是爲文王之子一十六國。然文王之子本無定數，并原豐爲一，當召公於中以爲十六，謬矣。此篇多言先世有大臣輔政，是陳古道以告之，呼君奭以告之，故以君奭名篇。周公若曰君奭順古道呼其名而告之。弗弔天降喪于殷殷既墜厥命我有周既受言殷道不至，故天下喪亡於殷。殷已墜失其王命，我有周道至，已受之。○弔，音的。我不敢知曰厥基永孚于休若天棐忱廢興之跡，亦君所知。言殷家其始長信於美道，順天輔誠，所以國也。○棐，音匪。忱，市林反。我亦不敢知曰其終出于不祥言殷紂其終墜厥命，以出於不善之故，亦君所知。疏「周公」至「不祥」。○正義曰：周公留在王朝，召公不說。周公爲師，順古道而呼曰：「君奭，殷道以不至之故，故天下喪亡於殷，殷既墜失其王命，我有周已受之矣。今雖受命，貴在能終，若不能終，與殷無異，故視殷以爲監戒。我不敢獨知殷家其初始之時能長信於美道，能安順於上天之道，輔其誠信，所以有國，此亦君之所知。我亦不敢獨知曰殷紂其終墜失其王命，由出於不善之故，亦君所知也。」○傳「廢興」至「以國」。○正義曰：孔以召誥云「我不敢知」者，其意召公言我不敢獨知，亦王所知，則此言「我不敢知」，亦是周公言我不敢獨知，是君奭所知，故以此及下句爲說殷之興亡，言與君奭同知，舉其殷興亡爲戒。鄭玄亦然也。嗚呼君已曰時我我亦不敢寧于上帝命歎而言曰：君也，當是我之留，我亦不敢安于上天之命故不敢不畱。巳音以弗永遠念天威越。我民罔尤違言君不長遠念天之威而勸化於我民使無過違之闕惟人在我後嗣子孫大弗克恭上下遏佚前人光在家不知惟衆人共存在我後嗣子孫若大不能恭承天地絕失先王光大之道我老在家則不得知。遏於葛反天命不易天難諶乃其墜。命弗克經歷天命不易天難信無德者乃其墜失王命不能經久歷遠不可不慎。易以豉反注同諶氏壬反嗣前人恭明德在今予小子旦繼先王之大業恭奉其明德正在我今。小子旦言異於餘臣非克有正迪惟前人光施于我沖子我畱非能有改正但欲蹈行先王光大之道施正於我童子童子成王

疏嗚呼至沖子。正義曰周公又歎而呼召公曰嗚呼君已已辭也既歎乃復言曰君當是我之畱勿非我也我亦不敢安於上天之命故不敢不畱君何不長遠念天之威罰禍福難量當勸教於我下民使無尤過違法之闕惟今天下衆人共誠心存在我後嗣子孫觀其政之善惡若此嗣王大不能恭承上天下地絕失先王光大之道令使衆人失望我若退老在家則不能得知何得不畱輔王也天命不易言甚難也天難信惡則去之不常在一家是難信也天子若不稱天意乃墜失其王命不能經久歷遠其事可不慎乎繼嗣前人先王之大業恭奉其明德也正在今我小子旦周公自言已身當恭奉其先王之明德畱輔佐王非能有所改正但欲蹈行先王光大之道施政於我童子童子謂成王意欲奉行先王之事以教成王也。傳歎而至不畱。正義曰歎而言曰嗚呼君已已是引聲之辭既呼君奭歎而引聲乃復言曰君當是我之畱以其意不說故令是我而勿非我我不敢安於上天之命孔意當謂天既命周我當成就周道故不敢不畱

又曰天不可信我道惟寧王德延無德去之是天不可信故我以道惟安寧王之德謀欲延久天不庸釋于文王受命言天不用令釋廢於文王所受命故我畱佐成王

疏又曰至受命。正義曰周公又言曰天不可信無德則去之是其不可信也天難信之故恐其去我周家故我以道惟安行寧王之德謀欲延長之我原上天之意不用令廢於文王所受命若嗣王失德則遐廢之故我當畱佐成王也。傳無德至延久。正義曰此經言又曰傳不明解鄭云人又云則鄭玄以此又曰爲周公稱人之言也王肅云重言天不可信明已之畱蓋畏其天命則肅意以周公重言故稱又曰孔雖不解當與王肅意同言寧王者即文王也鄭王亦同

公曰君奭我聞在昔成湯既受命已放桀受命爲天子時則有若伊尹格于皇天尹摯佐湯功至大天謂致太平。摯音至在太甲時則有若保衡太甲繼湯時則有如此伊尹爲保衡言天下所取安所取平在太戊太甲之孫時則有若伊陟臣扈格于上帝巫咸乂王家伊陟臣扈率伊尹之職使其君不隕祖業故至天之功不隕巫咸治王家言不及二臣。隕于敏反在祖乙時則有若巫賢祖乙殷家亦祖其功時賢臣有如此巫賢賢咸子巫氏在武丁時則有若甘盤高宗即位甘盤佐之後有傅說。說音悅

疏公曰君奭至甘盤。正義曰言時。有若者言當其時有如此人也指謂如此伊尹甘盤非謂別有如此人也以湯是殷之始王故言在昔既受命見其爲天子也以下在太甲在武丁亦言其爲天子之時有如此臣也成湯未爲天子已得伊尹言既受命者以功格皇天在受命之後故言既受命也皇天之與上帝俱是天也變其文爾其功至於天帝謂致太平而天下和之也保衡伊尹一人也異時而別號伊尹之下已言格于皇天保衡之下不言格于皇天從可知也伊陟臣扈言格于上帝則其時亦致太平故與伊尹文異而事同巫咸巫賢甘盤蓋功劣於彼三人故無格天之言。傳尹摯至太平。正義曰伊尹名摯諸子傳記名有其文功至大天猶堯格于上下知其謂致太平也。傳太甲至取平。正義曰據太甲之篇及諸子傳記太甲大臣惟有伊尹知即保衡也說命云昔先正保衡作我先王佑我烈祖格于皇天商頌那祀成湯稱爲烈祖烈祖湯之號言保衡佐湯明保衡即是伊尹也詩稱實維阿衡實左右商王鄭玄云阿倚衡平也伊尹湯所依倚而取平至太甲改曰保衡保安也言天下所取安所取平此皆三公之官當時爲之號也孔以太甲云嗣王不惠於阿衡則太甲亦曰阿衡與鄭異也。傳太甲之孫。正義曰史記殷本紀云太甲崩子沃丁立崩弟太庚立崩子小甲立崩弟雍已立崩弟太戊立是太

戊爲太甲之孫太庚之子三代表云小甲太庚弟雍己太戊又是小甲弟則太戊亦是沃丁弟太甲子本紀世表俱出馬遷必有一誤孔於咸乂序傳云太戊沃丁弟之子是太戊爲太甲之孫也○傳伊陟至二臣○正義曰伊尹格于皇天此伊陟臣扈云格于上帝其事既同如此二臣能率循伊尹之職輔佐其君使其君不隕祖業故至天之功亦不隕墜也夏社序云湯既勝夏欲遷其社不可作夏社疑至臣扈則湯初有臣扈已爲大臣矣不得至今仍在與伊尹之子同時立功蓋二人名同或兩字一誤也案春秋范武子光輔五君或臣扈事湯而又事太戊也格于上帝之下乃言巫咸乂王家則巫咸亦是賢臣俱能紹治王家之事而已其功不得至天言不及彼二臣○傳祖乙至巫氏○正義曰殷本紀云中宗崩子仲丁立崩弟外壬立崩弟河亶甲立崩子祖乙立則祖乙是太戊之孫也孔以其人稱祖故云殷家亦祖其功賢是咸子相傳云然父子俱稱爲巫知巫爲氏也○傳高宗至傳說○正義曰說命篇高宗云台小子舊學于甘盤既乃遯於荒野高宗未立之前已有甘盤免喪不言乃求傳說明其卽位之初有甘盤佐之甘盤卒後有傳說計傳說當有大功此惟數六人不言傳說者周公意所不言未知其故**率惟茲有陳保乂有殷故殷禮陟配天多歷年所**言伊尹至甘盤六臣佐其君循惟此道有陳列之功以安治有殷故殷禮能升配天享國久長多歷年所**天惟純佑命則商實百姓**殷禮配天惟天大佑助其王命使商家百姓豐實皆知禮節疏率惟至百姓○正義曰此伊尹甘盤六臣等輔佐其君率循此爲臣之道有陳烈之功以安治有殷故殷有安上治民之禮升配上天享國多歷年之次所天惟大佑助其爲王之命則使商家富實百姓爲命使商之百姓家給人足皆知禮節也○傳言伊至年所○正義曰率訓循也說賢臣佐君云循惟此道當謂循此爲臣之道盡忠竭力以輔其君故有陳烈於世以安治有殷使殷王得安治民故殷得此安上治民之禮能升配上天天在人上故謂之升爲天之子是配也享國久長多歷年所○傳殷禮至禮節○正義曰殷能以禮配天故天降福天惟大佑助其王命風雨以時年穀豐稔使商家百姓豐實家給人足管子曰衣食足知榮辱倉廩實知禮節**王人罔不秉德明恤小臣屏侯甸**自湯至武丁其王人無不持德立業明憂其小臣使得其人以爲蕃屏侯甸之服小臣且憂得人則大臣可知○屏實領

反**矧咸奔走惟茲惟德稱用乂厥辟**王猶秉德憂臣況臣下得不皆奔走惟王此事惟有德者舉用治其君事○辟必亦反**故一人有事于四方若卜筮罔不是孚**一人天子也君臣務德故有事於四方而天下化服如卜筮無不是而信之疏王人至是孚○正義曰王人謂與人爲王言此上所說成湯太甲太戊祖乙武丁皆王人也無不持德立業明憂小臣雖則小臣亦憂使得其賢人以蕃屏侯甸之服王恐臣之不賢尚以爲憂況在臣下得不皆勤勞奔走惟憂王此求賢之事惟求有德者舉之用治其君之事乎君臣共求其有德所在職事皆治天子一人有事於四方天下咸化而服如有卜筮之驗無不是而信之賢臣助君致使大治我留不去亦當如此也○傳自湯至可知○正義曰王肅云王人猶君人也無不持德立業謂持人君之德立王者之事業人君之德在官賢人官得其人則事業立故傳以立業配持德明憂小臣之不賢憂欲使得其人以爲蕃屏侯甸之服也小臣且憂得人則大臣憂之可知侯甸尚思得其人朝廷思之必矣王肅云小臣臣之微者舉小以明大也○傳王猶至君事○正義曰君之所重莫重於求賢官之所急莫急於得人故此章所陳惟言君憂得人臣能舉賢以王之尊猶尚秉德憂臣況其臣下得不皆奔走惟王此求賢之事惟有德者必舉之置於官位用治其君事也○傳一人至信之○正義曰禮天子自稱曰予一人故爲天子也君臣務求有德衆官得其人從上至下遞相師法職無大小莫不治理故天子有事於四方發號出令而天下化服譬如卜筮無不是而信之事既有驗言如是則人皆信之**公曰君奭天壽平格保乂有殷有殷嗣天滅威**信天壽有平至之君故安治有殷有殷嗣子紂不能平至天滅亡加之以威**今汝永念則有固命厥亂明我新造邦**今汝長念平至者安治反是者滅亡以爲法戒則有堅固王命其治理足以明我新成國矣疏公曰君奭天至造邦正義曰周公呼召公曰君奭皇天賦命壽此有平至之君言有德者必壽考也殷之先王有平至之德故能安治有殷言故得安治也有殷嗣子紂不能平至故天滅亡而加之以威今汝奭當長念天道平至者安治不平至者滅亡以此爲法戒則有堅固王命其治理足以明我新成國矣○傳言天至以威○正義曰格訓至也平謂政教均平至謂道有所至也

言不弔謂道有不至者此言格謂道至者天壽有平至之君有平至之德則天與之長壽則知中宗高宗之屬身是也由其君有平至之德故能安治有殷言有殷國安而民治也有殷嗣子紂其德不能平至國不安民不治故天滅亡之而加之以威也孔傳之意此經專說君之善惡其言不及臣也王肅以爲兼言君臣注云殷君臣之有德故安治有殷言是者不可不法殷家有良臣也鄭注以爲傳言臣事格謂至於天也與孔不同。傳今汝至國矣。正義曰上句言善者興而惡者亡此句令其長安治及念明道念上二者故言今汝長念平至者而安治反是者滅亡念此以爲法戒則有堅固王命王族必不傾壞若能如此其治理足以光明我新成國矣周自武王伐紂至此年歲未多對殷而言故爲新國傳意言不及臣周公說此事者蓋言興滅由人我欲輔王使爲平至之君

公曰君奭在昔上帝割申勸寧王之德其集大命于厥躬在昔上天割制其義重勸文王之德故能成其大命於其身謂勸德以受命。重直用反**惟文王尚克修和我有夏亦惟有若虢叔有若閎夭**文王庶幾能修政化以和我所有諸夏亦惟賢臣之助爲治有如此虢閎閎氏虢國叔字文王弟夭名。虢寡白反徐公伯反閎音宏夭於表反徐於驕反**有若散宜生有若泰顛有若南宮括**散泰南宮皆氏宜生顛括皆名凡五臣佐文王爲胥附奔走先後禦侮之任

【疏】公曰君奭至厥躬。正義曰公呼召公曰君奭在昔上天斷割其義重勸文王之德以文王有德勸勉使之成功故文王能成之命於其身言文王能順天之意勤德以受命。傳在昔至受命。正義曰文王去此未久但欲遠本天意故云在昔上天作久遠言之割制謂切割絕斷之意故云割制其義重勸文王之德者文王既已有德上天佑助而重勸勉文王順天之意故其能成大命於其身王謂勤行德義以受天命。傳文王至天名。正義曰文王未定天下庶幾能修政化以和我所有諸夏謂三分有二屬己之諸國也僖五年左傳云虢仲虢叔王季之穆也是虢叔爲文王之弟虢國名叔字凡言人之名氏皆上氏下名故閎散泰南宮皆是氏宜生顛括皆名也。傳散泰至之任。正義曰詩緜之卒章稱文王有疏附先後奔奏禦侮之臣毛傳云率下親上曰疏附相道前後曰先後喻德宣譽曰奔奏武臣折衝曰禦侮鄭箋云疏附使疏者親也奔奏使人歸趨之詩言文王有此四種之臣經歷言五臣之名故知五臣佐文王爲此任也此四事者五臣共爲此任非一臣當一事也鄭云不及呂望者太師教文王以大德周公謙不可以自比

又曰無能往來茲迪彝教文王蔑德降于國人有五賢臣猶曰其少無所能往來而五人以此道法教文王以精微之德下政令於國人言雖聖人亦須良佐**亦惟純佑秉德迪知天威乃惟時昭文王**文王亦如殷家惟天所大佑文王亦秉德蹈知天威乃惟是五人明文王之德**迪見冒聞于上帝惟時受有殷命哉**言能明文王德蹈行顯見覆冒下民彰聞上天惟是故受有殷之王命。見賢遍反注同冒莫報反下同馬作勗勉也聞音問或如字

【疏】又曰至命哉。正義曰文王既有賢臣五人又復言曰我之賢臣猶少無所能往來五人以此道法教文王以微蔑精妙之德下政令於國人德政既善爲天所佑文王亦如殷家惟爲天所大佑文王亦秉德蹈知天威文王德如此者乃惟是五人明文王之德使然也五人能明文王德使蹈行顯見覆冒下民聞於上天惟是之故得受有殷王之命哉言文王之聖猶須良佐我所以留輔成王。傳有五至良佐。正義曰無能往來一句周公假爲文王之辭言文王有五賢臣猶恨其少又復言曰我臣既少於事無能往來謂去還理事不能周悉言其好賢之深不知厭足也迪道彝法也蔑小也小謂精微也而五人以此道法教文王以精微之德用此精微之德下教令於國人言雖聖人亦須良佐以見成王須輔佐之甚也鄭玄亦云蔑小也

武王惟茲四人尚迪有祿文王沒武王立惟此四人庶幾輔相武王蹈有天祿虢叔先死故曰四人。相息亮反**後暨武王誕將天威咸劉厥敵**言此四人後與武王皆殺其敵謂誅紂**惟茲四人昭武王惟冒丕單稱德**惟此四人明武王之德使布冒天下大盡舉行其德

【疏】武王至稱德。正義曰文王既沒武王次立武功初立惟此四人庶幾輔相武王蹈有天下之祿其後四人與武王大行天之威罰皆與共殺其強敵謂其誅紂也武王之有天下惟此四人明武王之德惟武王布德覆冒天下此四人大盡舉行武王之德言武王亦得良臣之力。傳文王至四人。正義曰文王受命九年而崩十三年方得

殺紂文王沒武王立謂武王初立之時惟此四人而已庶幾輔相武王蹈有天祿初立則有此志故下句言後與武王殺紂也虢叔先死故曰四人以是文王之弟其年應長故言先死也鄭玄疑不知誰死注云至武王時虢叔等有死者餘四人也○傳惟此至其德○正義曰單盡稱皋也使武王之德布冒天下是此四人之力言此四人大盡舉行武王之德也

今在予小子旦若游大川予往暨汝奭其濟小子同未在位誕無我責我新還政今任重在我小子旦不能同於四方若游大川我往與汝奭其共濟渡成王同於未在位卽政時汝大無非責我留**收罔勗不及耇造德不降我則鳴鳥不聞矧曰其有能格**今與汝留輔成王欲收教無自勉不及道義者立此化而老成德不降意爲之我周則鳴鳳不得聞況曰其有能格于皇天乎

〔疏〕今在至能格○正義曰周公言我新還政成王今任之重者其在我小子之身也我不能同於四人輔文武使有大功德但苟求救溺而已譬如遊於大川我往與汝奭其共濟渡小子成王用心輔弼同於成王未在位之時恐其未能嗣先人明德我當與汝輔之汝大無非責我之留也我留與汝輔王者欲收教無自勉力不及道義者我今欲立此化而老成德之人不降意爲之我周家則鳴鳳之鳥尚不得聞知況曰其有能格於皇天者乎○傳我新至我留○正義曰周公既已還政則是捨重任矣而猶言今任重在我小子旦者周公既攝王政又須傳授得人若其不能負荷仍是周公之責以嗣子劣弱故言今任重猶在我小子旦也彼四人者能翼贊初基右成王業我不能同於四人望有大功惟求救弱而已詩云泳之游之左傳稱閻敖游涌而逸則游者入水浮渡之名譬若成王在大川我往與汝奭其同共濟渡成王若云從此向川故言往也○傳今與至天乎○正義曰王朝之臣有不勉力者今與汝留輔成王者正欲收斂教誨無自勉力不及道義者當教之勉力使其及道義也我欲成立此化而老成德之人不肯降意爲之我周家則鳴鳳尚不聞知況曰其有能如伊尹之輩使其功格於皇天乎言太平不可冀也經言耇造德不降者周公以已年老應退而留因卽傳言已類言已若退則老成德者悉皆退自逸樂不肯降意爲之政無所成祥瑞不至我周家則鳴鳳不得聞則鳳是難聞之鳥必爲靈瑞之物故以鳴鳥爲鳴鳳孔子稱鳳鳥不至是鳳鳥難聞也詩大雅卷阿之篇歌成王之德其九章曰鳳皇

書疏十六　三十五

鳴矣于彼高岡鄭云因時鳳皇至因以喻焉則成王之時鳳皇至也大雅正經之作多在周公攝政之後成王卽位之初則周公言此之時已鳳皇至見太平矣而復言此者恐其不復能然故戒之此經之意言功格上天難於致鳳故以鳴鳳如之格天案禮器云升中于天而鳳皇降龜龍假升中謂功成告天也如彼記文似功至於天鳳皇乃降此以鳴鳳易致況格天之難者乎記以龍鳳有形是可見之物故以鳳降龍至爲成功之驗非言成功告天然後此物始至也

公曰嗚呼君肆其監于茲我受命無疆惟休亦大惟艱以朝臣無能立功至天故其當視於此我周受命無窮惟美亦大惟艱難不可輕忽謂之易治**告君乃猷裕我不以後人迷**告君汝謀寬饒之道我留與汝輔王不用後人迷惑故欲教之

〔疏〕公曰嗚呼至人迷○正義曰周公歎而呼召公曰嗚呼君我以朝臣無能立功至天之故故君其當視於此謂視此朝臣無能立功之事我周家受天之命無有境界惟美亦大惟艱難不可輕忽謂之易治我今告君汝當謀寬饒之道以治下民使其事可法我不用使後世人迷惑故欲教之也○傳告君至教之○正義曰猷訓爲謀告君汝謀寬饒之道故當以寬饒爲法我留與汝輔王不用使後人迷惑怪之無法則迷惑故欲與汝作法以教之鄭云召公不說似隘急故今謀於寬裕也

公曰前人敷乃心乃悉命汝作汝民極前人文武布其乃心爲法度乃悉以命汝矣爲汝民立中正矣**曰汝明勗偶王在亶乘茲大命**汝以前人法度明勉配王在於成信行此大命而已**惟文王德丕承無疆之恤**惟文王聖德爲之子孫無忝厥祖大承無窮之憂

〔疏〕公曰前至之恤○正義曰周公又言曰前人文武布其乃心制法度乃悉命汝爲民立中正之道矣治民之法已成就也戒召公汝當以前人之法度明自勉力配此成王在於誠信行此大命而已言已有舊法易可遵行也惟文王聖德造始周邦爲其子孫欲令無忝厥祖大承無窮之憂故我與汝不可不輔○傳前人至正矣○正義曰乃緩辭不訓爲汝○傳汝以至而已○正義曰勗勉也偶配也亶信也汝當以前人法度明自勉力配成王在於誠信行大命而已言其不復須勞心傳以乘爲行蓋以乘車必行故訓乘爲行

公曰君告汝朕允告汝以我之誠信也

書疏十六　三十六

保奭其汝克敬以予監于殷喪大否呼其官而名之勑使能敬以我言視於殷喪亡大否言其大不可不戒。肆念我天威予不允惟若兹誥予惟曰襄我二人以殷喪大故當念我天德可畏言命無常我不信惟若此誥我惟曰當因我文武之道而行之汝有合哉言曰在時二人天休滋至惟時二人弗戡言汝行事動當有所合哉發言常在是文武則天美周家日益至矣惟是文武不勝受言多福其汝克敬德明我俊民在讓後人于丕時其汝能敬行德明我賢人在禮讓則後代將於此道大且是疏公曰君告至丕時。正義曰周公呼召公曰君我今告汝以我之誠信又呼其官而名之太保奭其汝必須能敬以我之言視於殷之喪亡殷之喪亡其事甚大不可不戒慎以殷喪大之故當念我天德可畏言天命無常無德則去之甚可畏我不信惟若此誥而已我惟言曰當因我文武二人之道而行之汝所行事舉動必當有所合哉當與文王武王合也汝所發言常在是文王武王二人則天美我周家日日滋益至矣其善既多惟在是文武二人不能勝受之矣其汝能敬行德明我賢俊之人在於禮讓則後人於此道大且是也。傳言汝至多福。正義曰動當有所合哉舉動皆合文武也發言常在是文武言非文武道則不言嗚呼篤棐時二人我式克至于今日休言我厚輔是文武之道而行之或用能至于今日其政美我咸成文王功于不怠丕冒海隅出日罔不率俾今我周家皆成文王功于不懈息則德教大覆冒海隅日所出之地無不循化而使之疏嗚呼至率俾。正義曰周公言而嘆曰嗚呼我厚輔是二人之道而行之我用能至於今日其政美言今日政美由是文武之道我周家若能皆成文王之功於事常不懈怠則德教大覆四海之隅至於日出之處其民無不循我化可臣使也戒召公與朝臣皆當法文王之功公曰君予不惠若兹多誥予惟用閔于天越民我不順若此多誥而已欲使汝念躬行之閔勉也我惟用勉於天道加於民疏公曰君子至越民。正義曰公呼召公曰君我不徒惟順如此之事多誥而已欲使汝躬親行之我惟用勉力自強於天道行化於民顧氏云我亦自用勉勸躬行於天道加益於民人也公曰嗚呼君惟乃知民德亦罔不能厥初惟其終惟汝所知民德亦無不能其初鮮能有終惟其終則惟君子戒召公以慎終。鮮息淺反祗若兹往敬用治當敬順我此言自今以往敬用治民職事疏公曰嗚呼至用治。正義曰周公歎而呼召公曰嗚呼君惟汝知民之德行亦無有不能其初惟鮮能其終言行之難易終之實難恐召公不能終行善政故戒之以慎終汝當以敬順我此言自今以往宜敬用此治民職事戒之使行善不懈怠也。傳惟汝至慎終。正義曰詩云靡不有初鮮克有終是凡民之德無不能其初少能有終者凡民皆如是有終則惟君子蓋召公至此已說恐其不能終善故戒召公汝慎終也鄭云召公是時意說周公恐其復不說故依違託言民德以剴切之

附釋音尚書注疏卷第十六

江西鹽法道胡稷栞

尚書注疏挍勘記卷十六　阮元撰盧宣旬摘錄

尚書注疏卷第十六宋本作十五

多士第十六　周書

周公以王命誥石經考文提要云坊本誥作告

所告者纂傳告作誥

皆非在官閩本明監本同毛本在官作民事段玉裁挍本又改民作序是也

惟天不與言無堅固治者古本與上有右字毛本言作信案言字非閩本明監本並誤

天有多名毛本名作言誤

殺無道之王宋板王作主

大淫泆有辭陸氏曰泆又作佾注同○按失聲𠫓聲古音同部

大爲過逸之行古本岳本葛本宋板閩本明監本纂傳並同毛本大作天誤

旣言天之効驗法惡與善閩本同毛本法作去

誕淫厥泆古本泆作洪誤

罔顧于天顯民祇唐石經岳本葛本閩本明監本同毛本祇作祗

天乃與之宋板與作與

無非皆有惡辭聞於天毛本有作其

不能使民安之古本作不能使民安安之也山井鼎曰恐衍一安字按疏云不能使民安而安之卽古本之所本

朕不敢有後唐石經後下本有誅字後磨改

今爾又曰顧炎武曰又今本作其

昔我周亦法殷家古本宋板法作涉非

今往又有言曰毛本往作汝

我一人惟聽用有德之者浦鏜云者當人字誤○按浦云非也

言未遷之時當求往浦鏜云當疑尙字誤

爾不啻不有爾土陸氏曰啻徐本作翅下篇倣此

王曰又曰時予乃或言唐石經或下本有誨字後磨改

無逸第十七　周書

成王卽政葛本閩本政作位誤

乃不知稼穡之艱難宋板乃作亦葛本脫穡字

力爲逸豫遊戲葛本閩本明監本同毛本力作乃是也

武丁其父小乙古本其作也

言孝行者毛本者作著

起其卽王之位宋板閩本明監本同毛本王作土按土字是也

伊尹放之桐史記集解桐下有宫字

惟樂之從古本樂上有躭字

長敬天命各本長皆作畏形近之譌

自朝至于日中昃陸氏曰昃本亦作仄

文王不敢盤于遊田以庶邦惟正之供按後漢書郅惲傳注引此經云文王不敢槃于游田吕萬人惟政之共

用善政以諧和萬民故也按諧字疑當作皆

惟當正身行已以供待之　宋板同毛本身作心

釋詁云盤樂也　孫志祖云盤爾雅作般

故不敢非時畋獵以爲樂耳　岳本畋作田

惟今日樂後日止　古本作惟今日樂樂後日止也

王當正己身以供待萬民　閩本明監本同毛本以下有洪待之也以身六字與宋板合宋板洪作供

侵淫不止　浦鏜云侵當作浸

田謂田獵　宋板田作畋

酗從酉　閩本明監本酉誤酒毛本酉不誤浦鏜以毛本爲誤非也

飲酒爲政　宋板閩本明監本同毛本政改作文非也按山井鼎云正嘉與宋板同考祓廟監本亦作政

古人之雖君明臣良　宋板古人之作古之人按宋本不誤

譸張誑也　孫志祖云爾雅作侜張

知此則訓之者　宋板則作乃按則字非也

周公曰嗚呼自殷王中宗及高宗及祖甲　古本殷王下有及字高宗下有下字按古本無義不可從

罰無殺無辜　毛本無下有罪字此誤脫也

君奭第十八　周書　毛本同古本作尚書卷第十古文尚書君奭第十八周書孔氏傳宋本首題尚書注疏卷第十六下與此本同

同姓也　古本同上有周字

歎而言曰君也　古本岳本纂傳也作已與疏合

越我民罔尤違　蔡傳本越作曰盧文弨云宋元以來本無不作越字蔡傳亦以於爲訓似亦本作越字○按唐石經亦作越

而勸化於我民　而下古本有尤違二字似誤毛本勸作勤

乃其墜命　唐石經本墜下有厥字後磨改

正在我今小子旦　毛本我今作今我山井鼎曰古本我今作今我宋板同○按葛本閩本明監本俱作我今毛本却不誤鼎失撿耳纂傳亦作今我

尹摯佐湯　尹史記集解尹作伊山井鼎曰尹摯古本作伊尹後改作伊摯○按古本後改者正與史記集解合亦與宋板疏標目合

功至大夫　毛本夫作天是也

言時有若者　宋板時下有則字是也

傳尹摯至太平　宋板尹作伊山井鼎曰傳文作尹摯此作伊摯按古本後改者恐有据也○按宋板於傳雖作尹於疏則作伊是也

有陳烈之功　毛本烈作列案烈字誤下同

是配也　宋板配下有天字

臣能舉賢　閩本同毛本能作皆

信天壽有平至之君　毛本信作言案信字誤

加之有威　毛本有作以案有字誤

則知中宗高宗之屬身是也　盧文弨浦鏜並云則身二字俱衍知當作如

鄭注以爲傳言臣事　宋板傳作專按傳字誤

閎氏號國叔字文王弟夭名　纂傳閎氏二字在夭名上按王氏錄諸家說往往竄易字句多不足據然此處孔傳原文實不可解故存以俟考

佐文王爲胥附奔走先後禦侮之任　陸氏曰奔又作本走又作奏音同

公曰君奭至厥躬　宋板厥躬作宮括按宋本不誤

故文王能成之命於其身　毛本之作大案之字誤

故閎散泰南宮皆是　毛本是作氏案所改是也

相通前後曰先後　毛本通作道案通字誤

文王德如此者　宋板德作得

誕將天威　古本作誕將天畏

我則鳴鳥不聞　陸氏曰本或作鳴鳳者非

因即傳言已類　宋板傳作博

固以喻焉　宋板同毛本固作故

故以鳴鳳如之格天　毛本如作况案如字誤

故今謀於寬裕也　宋本今作令案宋本是也

爲汝民立中正矣　古本正下有之教二字

言其大不可不戒　古本下有之字山井鼎曰此下崇禎本有數字空闕按諸本經傳連接非有缺誤但當有喪否二字釋文耳

予不允惟若茲誥　古本茲作此

天休滋至　毛本滋作茲按茲滋古多通用

明我俊民在讓　俊古本作畯

嗚呼篤棐時二人　古本首有公曰二字

尚書注疏校勘記卷十六

會昌縣知縣候補知州曾暉春栞

附釋音尚書注疏卷第十七

蔡仲之命第十九

周書　孔氏傳　孔穎達疏

蔡叔既沒以罪放而卒王命蔡仲踐諸侯位成王也父卒命子罪不相及作蔡仲之命冊書命之蔡仲之命蔡國名仲字因以名篇

〔疏〕蔡叔至之命○正義曰蔡叔與管叔流言於國謗毁周公周公囚之郭鄰至死不赦蔡叔既沒成王命蔡叔之子蔡仲踐諸侯之位封爲國君以策書命之史敘其事故作蔡仲之命○傳成王至相及○正義曰編書以世先後爲次此篇在成王書內知王命蔡仲是成王命之也蔡叔之沒不知何年其命蔡仲未必初卒即命以其繼父命子故繫之蔡叔之後也蔡叔有罪而命蔡仲者父卒命子罪不相及也昭二十年左傳曰父子兄弟罪不相及其言罪不相及謂蔡仲不坐父爾若父有大罪罪當絕滅正可別封他國不得仍取蔡名以蔡叔爲始祖也蔡叔身尚不死明其罪輕不立管叔之

後者蓋罪重無子或有而不賢故也惟周公位冢宰正百工百官總己以聽冢宰謂武王崩時羣叔流言乃致辟管叔于商囚蔡叔于郭鄰以車七乘致法謂誅殺囚謂制其出入郭鄰中國之外地名從車七乘言少管蔡國名○辟婢亦反徐扶亦反乘繩證反從才用反降霍叔于庶人三年不齒罪輕故退爲衆人三年之後乃齒錄封爲霍侯子孫爲晉所滅蔡仲克庸祗德周公以爲卿士蔡仲能用敬德稱其賢也明王之法誅父用子言至公周公圻內諸侯二卿治事○圻巨依反下同叔卒乃命諸王邦之蔡叔之所封圻內之蔡仲之所封淮汝之間圻內之蔡名已滅故取其名以名新國欲其戒之

〔疏〕惟周至之蔡○正義曰惟周公於武王崩後其位爲冢宰之卿正百官之治攝王政治天下於時管蔡霍等蔡叔流言於國謗毁周公乃以王命致法殺管叔於商就殷都殺之囚蔡叔遷之於郭鄰之地惟與之從車七乘降黜霍叔於庶人若今除名爲民三年之內不得與兄弟年齒相次蔡叔之子蔡仲能用敬德周公爲畿內諸侯得立二卿以蔡仲爲己之卿士周公善其爲人及蔡叔既卒乃將蔡仲命之於王國之於蔡爲諸侯也○傳致法至國名○正義曰周禮有掌囚之官鄭云囚拘也主拘繫當刑殺者拘繫之是爲制其出入不得輒行郭鄰中國之外地名蓋相傳爲然不知在何方舜典云流宥五刑謂流之遠也任其自生此則從之郭鄰而又囚之管蔡世家云封叔鮮於管封叔度於蔡是管蔡爲國名杜預云管在滎陽京縣東北○傳罪輕至所滅○正義曰言羣叔流言則霍叔亦流言也而知其罪輕者以其不死不遷有降黜而已明其罪輕也霍叔不監殷民周公惟伐管蔡不言伐霍叔於時霍叔蓋在京邑聞管蔡之語流傳其言謂其實然不與朝廷同心故退之世家云武王已克商平天下封功臣昆弟封叔處於霍則武王已封之矣後黜爲庶人奪其爵祿三年之後乃更爵祿蓋復其舊封封爲霍侯春秋閔元年晉侯滅霍既子孫不得爲國君爲晉所滅知三年之後復得封也世家惟云封霍不云其爵傳言霍侯或當有所據而知之○傳蔡仲至治事○正義曰周禮冢宰以八則治都鄙馬融云距王城四百里至五百里謂之都鄙鄙邊邑也以封王之子弟在畿內者冢宰又云乃施則于都鄙而建其長立其兩馬鄭皆云立卿兩人是畿內諸侯立二卿定四年左傳說此事云周公舉之以爲

己卿士是爲周公圻內之卿士也世家云周公舉胡以爲魯卿士魯國治於是周公言於成王復封之於蔡案魯世家云成王封周公於魯周公不就封留佐成王則周公身不就封安得使胡爲卿士馬遷說之謬爾○傳叔之至戒之○正義曰仲之所封淮汝之間左傳有文叔之所封圻內之蔡其事不知所出也世家云蔡叔居上蔡宋仲子云胡徙居新蔡杜預云武王封叔度於汝南上蔡至平侯徙新蔡昭侯徙居九江下蔡檢其地上蔡新蔡皆屬汝南郡去京師太遠叔若封於上蔡不得在圻內也孔言叔封圻內或當有以知之但圻內蔡地不知所在爾

王若曰小子胡言小子明當受教訓胡仲名順其事而告之惟爾率德改行克慎厥猷言汝循祖之德改父之行能慎其道歎其賢肆予命爾侯于東土往即乃封敬哉以汝率德改行之故故我命汝爲諸侯於東土往就汝所封之國當脩己以敬哉爾尚蓋前人之愆惟忠惟孝汝當庶幾脩德尚蓋前人之過子能蓋父所以爲惟忠惟孝爾乃邁迹自身克勤無怠以垂憲

乃後汝乃行善迹用汝身使可蹤跡而法循之能率乃祖文王之彝訓無若爾考之違王命言當循文武之常教以父違命爲世戒皇天無親惟德是輔民心無常惟惠之懷天之於人無有親疏惟有德者則輔佑之民之於上無有常主惟愛己者則歸之爲善不同同歸于治爲惡不同同歸于亂言人爲善爲惡各有百端未必正同而治亂所歸不殊宜慎其微。治直吏反爾其戒哉愼厥初惟厥終終以不困不惟厥終終以困窮汝其戒治亂之機哉作事云爲必愼其初念其終則終用不困窮懋乃攸績睦乃四鄰以蕃王室以和兄弟勉汝所立之功親汝四鄰之國以蕃屏王室以和協同姓之邦諸侯之道。懋音茂蕃方元反注同康濟小民率自中無作聰明亂舊章汝爲政當安小民之居成小民之業循用大中之道無敢爲小聰明作異辯以變亂舊典文章詳乃視聽罔以側言改厥度則予一人汝嘉詳審汝視聽非禮義勿視聽無以邪巧之言易其常度必斷之以義則我一人善汝矣。度如字注同斷丁亂反王曰嗚呼小子胡汝往哉無荒棄朕命歎而勑之欲其念戒小子胡汝往之國哉無廢棄我命欲其終身奉行後世遵則〔疏〕侯于東土。正義曰此使之爲諸侯於東土爾不知何爵也世家云蔡仲卒子蔡伯荒立卒子宮侯立自此已下遂皆稱侯則蔡仲初封卽爲侯也蔡伯荒者自稱其字伯非爵也。傳汝當至惟孝。正義曰忠施於君孝施於父子能蓋父惟得爲孝而亦得爲忠者以不忠獲罪若能改父之行蓋父之愆是爲忠臣也成王東伐淮夷遂踐奄成王卽政淮夷奄國又叛王親征之遂滅奄而徙之以其數反覆。踐似淺反馬同大傳云藉也數色角反覆芳服反作成王政爲平淮夷徙奄之政令亡。政如字馬本作征云正〔疏〕成王東至王政。正義曰周公攝政之初奄與淮夷從管蔡作亂周公征

而定之成王卽政之初淮夷與奄又叛成王親往征之成王東伐淮夷遂踐滅奄國以其數叛徙奄民作誥命之辭言平淮夷徙奄之政令史敍其事作成王政之篇成訓平也言平此叛逆之民以爲王者政令故以成王政爲篇名。傳成王至反覆。正義曰洛誥之篇言周公歸政成王多士已下皆是成王卽政初事編篇以先後爲次此篇在成王書內知是成王卽政淮夷奄國又叛王親征之又案洛誥成王卽政始封伯禽伯禽既爲魯侯乃居曲阜費誓稱魯侯伯禽宅曲阜淮夷徐戎竝興魯侯征之作費誓彼言淮夷竝興卽此伐淮夷王伐淮夷魯伐徐戎是同時伐明是成王卽政之年復重叛也鄭玄謂此伐淮夷與踐奄是攝政三年伐管蔡時事其編篇於此卽云未聞費誓之篇言淮夷之叛則是重叛明矣多方之篇責殷臣云我惟時其戰要囚之至於再至於三若武王伐紂之後惟攝政三年之一叛正可至於再爾安得至於三乎故知是成王卽政又叛也鄭玄讀踐爲翦翦滅也孔不破字蓋以踐其國卽是踐滅之事故孔以踐爲滅也下篇序云成王既踐奄將遷其君是滅其奄而從之以其數反覆故也成王既踐奄將遷其君於蒲姑已滅奄而徙其君及人臣之惡者於蒲姑蒲姑齊地近中國教化之。蒲如字徐又扶各反馬本作薄近附近之近周公告召公作將蒲姑言將徙奄新立之君於蒲姑告召公使此冊書告令之亡〔疏〕成王既至作蒲姑。正義曰成王既踐滅奄國將遷其君於蒲姑之地周公告召公使作冊書言將遷奄君於蒲姑之地史敍其事作將蒲姑之篇。傳已滅至化之。正義曰昭二十年左傳晏子云古人居此地者有蒲姑氏杜預云樂安博昌縣北有蒲姑城是蒲姑爲齊地也周公遷殷頑民於成周近京師教化之知今遷奄君臣於蒲姑爲近中國教化之必如此言則奄去中國遠於蒲姑杜預云奄闕不知所在鄭云奄蓋在淮夷之地亦未能詳成王先伐淮夷遂滅奄奄似遠於淮夷也。傳言將至之士。正義曰禮天子不滅國諸侯有罪則殺其君而擇立次賢者故知所徙者言將徙奄新立之君於蒲姑也上言周公告召公其篇既亡不知告以何事孔以意卜之告召公使爲此策書告令之不能知其必然否也

多方第二十

周書　孔氏傳　孔穎達疏

成王歸自奄，伐奄歸。在宗周誥庶邦，誥以禍福。作多方。多方，衆方天下諸侯。惟五月丁亥，王來自奄，至于宗周。周公歸政之明年，淮夷奄又叛。魯征淮夷，作費誓。王親征奄，滅其國，五月還至鎬京。○費音祕。〔疏〕成王至多方。○正義曰：成王歸自伐奄，在於宗周鎬京，諸侯以王征還，皆來朝集。周公稱王命以禍福咸告天下諸侯，國史敍其事，作多方。○傳衆方天下諸侯。○正義曰：自武王伐紂及成王即政，新封建者甚少，天下諸侯多是殷之舊國，其心未服周家。由是奄君重叛，今因滅奄新歸，故告天下諸侯以興亡之戒，欲令其無二心也。語雖普告天下，意在殷之舊國。篇末亦告殷之多士，獨言諸侯者，舉其尊者，以其篇王告殷之諸侯故也。○傳周公至鎬京。○正義曰：以洛誥言歸政之事，多士之篇次之，多士是歸政明年之事，故知此篇亦歸政明年之事。事猶不明，故取費誓爲證，以成以政之序言成王東伐淮夷，費誓之篇言淮夷、徐戎竝興，俱言淮夷，明是一事，故言魯征淮夷，作費誓，王親征之，奄滅其國，以明二者爲一時之事也。上序言成王伐淮夷，而此傳言魯征淮夷者，當時淮夷、徐戎竝起爲亂，魯與二國相近，發意欲竝征二國，故以二

書疏十七　五

國誓衆，但成王恐魯不能獨平二國，故復親往征之。所以成王政之序與費誓之經竝言淮夷，爲此故也。傳言五月還至鎬京，明此宗周即鎬京也。禮記祭統衞孔悝之鼎銘云「即宮於宗周」，彼宗周謂洛邑也，是洛邑亦名宗周。知此是鎬京者，成王以周公歸政之時暫至洛邑，還歸處西都鎬京，是王常居，知至于宗周至鎬京也。且此與周官同時事也，周官序云「還歸在豐」，經云「歸于宗周」，豐、鎬相近，即此宗周是鎬京也。

周公曰：王若曰：猷告爾四國多方，周公以王命順大道告四方，稱周公以別王自告。○別，彼列反。惟爾殷侯尹民，我惟大降爾命，爾罔不知。殷之諸侯王民者，我大降汝命，謂誅紂也。言天下無不知紂暴虐以取亡。〔疏〕周公至不知。○正義曰：周公以成王之意告衆方之諸侯曰：我王順大道以告汝四方之國多方諸侯，惟爾殷之諸侯正民者，我武王大下汝天下民命，誅殺虐紂，汝諸侯天下之民無有不知紂以暴虐取亡，欲令其思念之。○傳周公至自告。○正義曰：成王新始即政，周公留而輔之，周公以王命告令諸侯，所告實非王言，故加「周公曰」於「王若曰」之上，以明周公宣成王之意也。猷，道也。周公以王命順大道告四方也。既言四

國，又言多方，見四方國多也。不直言王曰，稱周公以別王自告也。王肅云：「周公攝政，稱成王命以告，及還政稱王曰，嫌自成王辭，故加周公以明之。」然多士之篇「王若曰」之上不加「周公曰」者，以彼上句云「周公初于新邑洛，用告」，知是周公故也。○傳殷之至取亡。○正義曰：諸侯爲民之主，民所取正，故謂之正民。民以君爲命，死生在君，天下之命在於一人。紂言我大黜下汝之民命，正謂武王誅紂也。言天下無不知。紂以暴虐取亡，欲使思念之，令其心棄殷而慕周也。

洪惟天之命，弗永寅念于祀。惟帝降格于夏。大惟爲王謀天之命，不長敬念于祭祀，謂夏桀。惟天下至戒於夏，以譴告之，謂災異。○譴，弃淺反。有夏誕厥逸，不肯慼言于民，有夏桀不畏天戒，而大其逸豫，不肯憂言於民，無憂民之言。乃大淫昬，不克終日勸于帝之迪，言桀乃大爲過昬之行，不能終日勸於天之道。○迪，徒歷反。馬本作攸，云：所也。行，下孟反。乃爾攸聞。言桀之惡，乃汝所聞。〔疏〕洪惟至攸聞。○正義曰：以諸侯心未服周，故舉夏殷爲戒。此章皆說桀亡湯興之事。言夏桀大惟居天子之位，謀上天之命，而

書疏十七　六

不能長敬念于祭祀。惟天下至戒於夏桀，謂下災異。譴告之，冀其見災而懼，改脩政德。而有夏桀不畏天命，乃大其逸豫，不肯憂言於民，惟乃自樂其身，無憂民之言。夏桀乃復大爲淫昬之行，不能終竟一日勉於天之道，言不能一日行天道也。桀之此惡，乃是汝之所聞，言不虛也。○傳大惟至災異。○正義曰：上天之命，去惡與善，凡爲民主，皆當謀之，恐天捨己而去，常須敬念祭祀。天所譴告，謂下災異。天不言，故下災異以譴告，責人主，冀自脩政也。

厥圖帝之命，不克開于民之麗，桀其謀天之命，不能開於民所施政教。麗，施也。言昬昧。○麗，力馳反。乃大降罰，崇亂有夏，因甲于內亂。桀乃大下罰於民，重亂有夏，言殘虐。外不憂民，內不勤德，因甲於二亂之內，言昬甚。○重，直用反，又直龍反。不克靈承于旅，罔丕惟進之恭，洪舒于民。言桀不能善奉於人衆，無大惟進恭德，而大舒惰於治民。亦惟有夏之民叨懫日欽，劓割夏邑。桀洪舒於民，故亦惟有夏之民貪叨忿懫而逆命，於是桀民尊敬其能劓割夏邑者，謂殘賊臣。○懫，勑二反。劓，魚器反。

〔疏〕厥圖至夏邑。○正義曰：又言桀惡，桀其謀天之命，不能開發於民之所施政教，正謂不能開發善政以施於民，桀乃大下罪罰於民，重亂有夏之國，外不憂民，內不勤德，因復甲於二者之內爲亂之行，桀不能以善道奉承於衆民，無大惟進之恭德而大舒惰於民，言桀不能進行恭德而舒惰於治民。桀既舒惰於民，故亦惟有夏之民貪饕忿懫而違逆桀命，於是桀日日尊敬殘賊之臣，能劓割夏邑者，任用之，使威服下民也。○傳「桀乃至昏甚」。○正義曰：釋詁云：「崇，重也。」桀既爲惡政，無以悛改，乃復大下罪罰於民，重亂有夏之國，言其殘虐大也。夾聲近甲，古人甲與夾通用。夾於二事之內而爲亂行，故傳以二事充之。外不憂民，內不勤德，桀身夾於二亂之內，言其昏闇甚也。鄭、王皆以甲爲狎，王云：「狎習災異於內外，爲禍亂。」鄭云：「習爲鳥獸之行於內，爲淫亂。」與孔異也。○傳「言桀至治民」。○正義曰：民當奉上，而責桀不能善奉於民衆者，君之奉民，謂設美政於民也。以善奉民，當敬以循之，不敢解惰。桀乃無大惟進於恭德而大舒緩解惰於治民，令民益困而政益亂也。○傳「桀洪至賊臣」。○正義曰：禮記云：「言悖而出，亦悖而入。」桀既不憂於民，故民亦違逆桀命，爲貪饕忿懫之行。文十八年左傳云：「縉雲氏有不才子，貪於飲食，冒於貨賄，天下之民謂之饕餮。」說者皆言貪財爲饕，貪食爲餮。饕即叨也，叨、饕謂貪財貪食也。忿懫，言忿怒違理也。民既如此，桀無如之何，惟日日尊敬其能劓割夏邑者，謂性能殘賊者，任用之。

天惟時求民主，乃大降顯休命于成湯，天惟是桀惡，故更求民主以代之，大下明美之命於成湯，使王天下。**刑殄有夏。惟天不畀純，**命湯刑絶有夏，惟天不與桀，亦已大。○畀，必二反。**乃惟以爾多方之義民不克永于多享，**天所以不與桀，以其乃惟用汝多方之義民爲臣，而不能長久多享國故。**惟夏之恭多士大不克明保享于民，**惟桀之所謂恭人衆士大不能明安享于民，言亂主所任，任同己者。**乃胥惟虐于民，至于百爲，大不克開。**桀之衆士乃相與惟暴虐於民，至於百端所爲，言虐非一，大不能開民以善，言與桀合志。

〔疏〕天惟至克開。○正義曰：天惟桀惡之故，更求民主以代天，乃大下明美之命於成湯，使之代桀，王天下，乃命湯施刑罰，絶有夏。惟天不與夏桀亦已大矣。天所不與之者，乃惟此桀用汝多方之義民爲臣，而不能長久於多享國故也。義民，實賢人也。夏桀不用，惟夏桀之所謂恭人衆士者，大不能用明道安存享於衆民，乃相與惟行暴虐於民，至於百端所爲，言虐無所不作，大不能開民以善，其臣與桀同惡，夏家所以滅亡也。○傳「惟桀至己者」。○正義曰：惟桀之所謂恭人衆士，實非恭人，亂主所好，用同己者，以其同己，謂之爲恭人，實非善人，故不能明享於民。杜預訓享爲受，受國者謂受而有之，此言不能安享於民，謂不能安存享受於民衆也。

乃惟成湯克以爾多方簡代夏作民主，乃惟成湯能用汝衆方之賢，大代夏政，爲天下民主。**慎厥麗，乃勸，**湯慎其施政於民，民乃勸善。**厥民刑用勸。**其人雖刑，亦用勸善，言政刑清。**以至于帝乙，罔不明德慎罰，亦克用勸。**言自湯至于帝乙，皆能成其王道，長慎輔相，無不明有德，慎去刑罰，亦能用勸善。○相，息亮反。去，羌呂反。**要囚殄戮多罪，亦克用勸；**帝乙已上，要察囚情，絶戮衆罪，亦能用勸善。**開釋無辜，亦克用勸。**開放無罪之人，必無枉縱，亦能用勸善。○要，一遥反，又一妙反，注同。殄，亭遍反。上，時掌反。**今至于爾辟，弗克以爾多方享天之命。**今至于汝君，謂紂不能用汝衆方享天之命，故誅滅之。○辟，必亦反。

〔疏〕乃惟至之命。○正義曰：桀用殘虐於民，乃惟成湯能用汝衆方之賢人，大代夏桀，作天下民主。慎其所施政教於民，民乃勸勉爲善，其民雖被刑殺，亦用勸勉爲善。非徒湯聖，後世亦賢，自湯至于帝乙，皆能成其王道，無不顯用有德，畏慎刑罰，亦能用勸勉爲善。要察囚情，絶戮衆罪，亦能用勸勉爲善。開放無罪，亦能用勸勉爲善。今至於汝君紂，反先王之道，不能用汝多方之民享有上天之命，由此故被誅滅。汝等宜當知之，不當更令如殷也。○傳「乃惟至民主」。○正義曰：大代夏者，言天位之重，湯能代之，謂之大代夏也。王肅云：「以大道代夏爲民主。」○傳「湯慎至刑清」。○正義曰：慎厥麗者，總謂施政教爾。但下句言刑用勸，則厥麗之言有賞。賞謂賞用勸也。但所施政教，其事既多，非徒刑賞而已。舉事得中，民皆勸也。政無失，刑無濫，民以是勸善，言政刑清。○傳「帝乙至勸善」。○正義曰：將欲斷罪，必受其要辭，察其虛實，故言要囚也。殄戮多罪，罪若不濫，開釋無罪者，不枉殺人，不縱有罪，亦是政刑清，故能用勸善也。

嗚呼！王若曰：誥爾多方，告非天庸

釋有夏歎而順其事以告汝眾方非天用釋棄桀桀縱惡自棄故誅放非天庸釋有殷乃惟爾辟以爾多方大淫圖天之命屑有辭非天用棄有殷乃惟汝君紂用汝眾方大爲過惡者共謀天之命惡事盡有辭說布在天下故見誅滅也〔疏〕嗚呼至有辭○正義曰周公先自歎而復稱王命云王順其事而言曰以言告人謂之誥我告汝眾方諸侯非天用廢有夏夏桀縱惡自棄也非天用廢有殷殷紂縱惡自棄也又指說紂惡乃惟汝君殷紂用汝眾方之民大爲過惡者共此惡人謀天之命其惡事盡有辭說布在天下以此故見誅滅乃惟有夏圖厥政不集于享天降時喪有邦間之更說桀也言桀謀其政不成于享故天下是喪亡以禍之使天下有國聖人代之言有國明皇天無親佑有德○間間厠之間〔疏〕乃惟至間之○正義曰更說桀亡之由乃惟有夏桀謀其政不能成於享國所謀皆是惡事故天下是喪亡以禍之使有國聖人來代之言皇天無親惟佑有德故以聖君代闇主也湯是夏之諸侯故云有國乃惟爾商後王逸厥逸後王紂逸豫其過逸言縱恣無度圖厥政不蠲烝天惟降時喪紂謀其政不絜進于善故天惟下其喪亡謂誅滅○蠲吉玄反馬云明也一音圭烝絕句之承反馬云升也惟聖罔念作狂惟狂克念作聖惟聖人無念於善則爲狂人惟狂人能念於善則爲聖人言桀紂非實狂愚以不念善故滅亡天惟五年須暇之子孫天以湯故五年須暇湯之子孫冀其改悔而紂大爲民主肆行誕作民主罔可念聽無道事無可念言無可聽武正服喪三年還師二年〔疏〕乃惟至念聽○正義曰更說紂亡之由乃惟汝商之後王紂逸豫其過縱恣無度紂謀其爲政不能絜進於善惟行惡事天惟下是喪亡以禍之惟聖人無念於善則爲狂人惟狂人能念於善則爲聖人紂雖狂愚冀其念善也計紂爲惡早應誅滅天惟以成湯之故故積五年須待間暇湯之子孫誕緩多年冀其改悔而紂大爲民主肆行無道事無可念言無可聽由是天始改意故誅滅之○傳惟聖至滅亡○正義曰聖君上智之名狂者下愚之稱孔子曰惟上智與下愚不移是聖必不可爲狂狂必不能爲聖此事決矣而此言惟聖人無念於善則爲狂人惟狂人能念於善則爲聖人者方言天須暇於紂冀其改悔說有此理爾不言此事是實也謂之爲聖寧肯無念於善已名爲狂豈能念善中人念與不念其實少有所移欲見念善有益故舉狂聖極善惡者言之○傳天以至二年○正義曰湯是創業聖王理當祚亂長遠計紂未死五年之前已合喪滅但紂是湯之子孫天以湯聖人之故故五年須待閑暇湯之子孫冀其改悔能念善道而紂大爲民主肆行無道所爲皆惡事無可念者言皆惡言無可聽者由是天始滅之五年者以武王討紂初立即應伐之故從武王初立之年數至伐紂爲五年文王受命九年而崩其年武王嗣立服喪三年未得征伐十一年服闋乃觀兵於孟津十三年方始殺紂從九年至十三年是五年也然服喪三年還師二年乃事理宜然而云以湯故須暇之者以殷紂惡盈久合誅滅逢文王崩未暇行師兼之示弱凡經五載聖人因言之以爲法教爾其實非天不知紂狂望其後改悔亦非曲念湯德延此歲年也天惟求爾多方大動以威開厥顧天天惟求汝眾方之賢者大動紂以威開其能顧天可以代者惟爾多方罔堪顧之惟我周王靈承于旅惟汝眾方之中無堪顧天之道者惟我周王善奉於眾言以仁政得人心克堪用德惟典神天言周文武能堪用德惟可以主神天之祀任天王○任音壬天惟式教我用休簡畀殷命尹爾多方天以我用德之故惟用教我用美道伐殷天與我殷之王命以正汝眾方之諸侯〔疏〕天惟至多方○正義曰天以紂惡之故將選人代之惟求賢人於汝眾方大動紂以威謂誅去紂也開其有德能顧天之者欲以伐紂惟汝眾方之君悉皆無德無堪使天顧之惟我周王善奉於眾能以仁政得人心文武能堪用德惟可以主神天之祀任作天子也天惟以我用德之故故教我使用美道大與我殷王之命命我代殷爲王正汝眾方諸侯言天授我以此世也○傳天惟至代者○正義曰天惟求汝眾方之賢言欲選賢以爲天子也大動紂以威謂誅殺紂也天意復開其能顧天可以代者欲使代之顧謂迴視有聖德者天迴視之詩所謂乃眷西顧此惟與宅與彼顧同言天顧文王而與之居即此意也但謂天顧此人人亦顧天此云開厥顧天謂人顧天也下云罔堪顧之謂天顧人也言多方人皆無德不堪使天顧之傳以顧事通於彼故皆以天言之○傳天以至諸侯○正義曰

周以能行美道乃得天顧復言天用教我美道者人之美惡何事非天由爲美道爲天所顧以美歸功於天言教我用美道故得當天意也**今我曷敢多誥我惟大降爾四國民命**今我何敢多誥汝而已我惟大下汝四國民命謂誅管蔡商奄之君**爾曷不忱裕之于爾多方**汝何不以誠信行寬裕之道於汝眾方欲其戒四國崇和協**爾曷不夾介乂我周王享天之命**夾近也汝何不近大見治於我周王以享天之命而爲不安乎。夾音協注同**今爾尚宅爾宅畋爾田爾曷不惠王熙天之命**今汝殷之諸侯皆尚得居汝常居臣民皆尚得畋汝故田汝何不順從王政廣天之命而自懷疑乎**爾乃迪屢不靜爾心未愛**汝所蹈行數爲不安汝心未愛我周故。數色各反**爾乃不大宅天命爾乃屑播天命**汝乃不大居安天命是汝乃盡播棄天命**爾乃自作不典圖忱于正**汝未愛我周播棄天命是汝乃自爲不常謀信于正道**我惟時其教告之我惟時其戰要囚之**我惟汝如是不謀信于正道故其教告之謂訊以文誥其戰要囚之謂討其倡亂執其朋黨。要一遥反訊音信倡音唱**至于再至于三**再謂三監淮夷叛時三謂成王即政又叛言迪屢不靜之事**乃有不用我降爾命我乃其大罰殛之**我教告戰要囚汝已至再三汝其不用我命我乃大下誅汝君乃其大罰誅之。殛紀力反本又作極**非我有周秉德不康寧乃惟爾自速辜**非我有周執德不安寧自誅汝乃惟汝自召罪以取誅

〈書疏十七〉

〈十一〉

疏「今我」至「速辜」。正義曰：今我何敢多以言誥告於汝眾而已，我惟大下黜汝管蔡商奄四國之君也。民命謂民以君爲命，謂誅殺四國之君也。我已殺汝四國君矣，汝何不以誠信之心行寬裕之道於汝眾方諸侯，欲令懲創四國，務崇和協。言汝眾方諸侯何不崇和協相親近大顯見治道於我周王，以享受上天之命，而執心不安乎？今爾殷之諸侯尚得居汝常居，臣民尚得畋汝故田，其安樂如此，汝何得不順從王政以廣上天之命，而自懷疑乎？汝乃復所蹈行者數爲不安，時或叛逆，是汝心未愛我周家故也。汝乃不大居安天命，是汝乃欲盡播棄天命。汝不愛我周家，播棄天命，是汝乃自爲此不常，謀信於正道，言其心不常謀正道，故爲背違之心。我惟汝如是不謀信於正道之故，其以言辭教告之；我惟汝如是不誠信於正道之故，其用戰伐要察囚繫之。由汝數爲不信，故我教告汝戰伐要囚，汝至於再至於三。我教告汝戰伐要囚汝已至再三，如今而後乃復有不用我命者，我乃其大罰誅之。言我更將殺汝也。非我有周執德不安，數設誅罰，乃惟汝自召罪也。此章反覆殷勤者，恐其更有叛逆，故丁寧戒之。○傳「今我」至「之君」。○正義曰：今我何敢多爲言誥而已，實殺其君，非徒口告。管蔡商奄皆爲叛逆，故今因奄重叛而追說前事，言下四國民命。王肅以四國爲四方之國，言從今以後四方之國苟有此罪則必誅之，謂戒其將來之事，與孔不同。○傳「夾近」至「安乎」。○正義曰：夾其旁，旁是近義，故爲近也。諸國疎遠周室，不肯以治爲功，故責之。顧氏云：汝眾方諸侯何不常和協相親近，大顯見治道於我周王，以享上天之命，而今何以不自安乎？○傳「今汝」至「疑乎」。○正義曰：主遷於上，臣易於下，計汝諸侯之國應隨殷降黜，今汝殷之諸侯皆尚得居汝常居，臣民畋汝故田宅，不易安樂如此，汝何不順從我周王之政，以廣上天之命，使

〈書疏十七〉

〈十二〉

天多佑汝，何故畏我周家，自懷疑乎？諸侯有國，故云「居汝常居」；臣民重田，故云「畋汝故田」。治田謂之畋，猶捕魚謂之漁，今人以營田求食謂之畋食，即此畋亦田之義也。○傳「汝未」至「正道」。○正義曰：事君無二，臣之道；爲人臣者常宜信之。汝未愛我周家，播棄天命，汝數爲叛逆，是汝乃自爲此不常，謀信於正道。○傳「我惟」至「朋黨」。○正義曰：教告與戰要囚連文，則告以文辭，是將戰之時教告，謂伐紂之事。昭十三年說戰法云「告之以文辭，董之以武師」，是將戰之時當有文辭告前敵也。我惟汝如是不謀信於正道，故其教告之謂訊以文辭。訊，告也，告以文辭數其罪也。其戰要囚之謂戰敗其師，執取其人，受其要辭而囚之，謂討其倡亂之人，囚執其朋黨也。此雖摠言戰事，但下有「至於再三」，明此指伐紂也。○傳「再謂」至「之事」。○正義曰：以伐紂爲一，故再謂攝政之初三監與淮夷叛時也，三謂成王即政又叛也。言上迪屢不靜之事。

曰：嗚呼！猷告爾有方多士暨殷多士。王歎而以道告汝眾方與眾多士。**今爾奔走臣我監五祀，**監謂成周之監，此指謂所遷頑民殷眾士。今汝奔走來徙臣我我監，五年無過則是還本土。**越惟有胥伯小大多正**

爾罔不克臬。於惟有相長事小大衆正官之人汝無不能用法欲其皆用法。臬魚列反馬作劓長丁丈反自作不和爾惟和哉爾邑克明爾惟克勤乃事小大多正自爲不和汝有方多士當和之哉汝親近室家不睦汝亦當和之哉汝邑中能明是汝惟能勤汝職事爾尚不忌于凶德亦則以穆穆在乃位汝庶幾不自忌入於凶德亦則用敬敬常在汝位克閱于乃邑謀介爾乃自時洛邑尚永力畋爾田汝能使我閱具于汝邑而以汝所謀爲大則汝乃用是洛邑庶幾長力畋汝田矣言雖遷徙而以修善得反邑里。閱音悅天惟畀矜爾我有周惟其大介賚爾汝能修善天惟與汝憐汝我有周惟其大大賜汝言受多福之作迪簡在王庭尚爾事有服在大僚非但受憐賜又乃蹈大道在王庭庶幾修汝事有所服行在大官〔疏〕王曰

嗚呼猷至大僚。正義曰王言而歎曰嗚呼我以道告汝在此所有四方之多士謂四方之諸侯及與殷之衆士謂之頑民此遷成周者因告四方諸侯遂告成周之人徧使諸侯知之此章皆告成周之人辭也今汝成周之人奔走勤事臣我周之監成周者五年無罪過則聽汝還本土於惟有相長事謂小大衆正官之人汝無有不能用法欲其皆用法也小大衆正官之人自爲不和汝衆官等自當和之哉汝等親近室家不相和親汝亦當和之哉汝邑内之人若能明於和睦之道汝惟能勤於汝之職事言是其教之使然汝能庶幾不自相怨忌入於凶德若能不入於凶德亦則用敬敬之道常在汝之職位不黜退也汝若能善相教誨使我簡閱於汝邑善汝之事以汝所謀爲大則汝乃用是洛邑庶幾得反本土長得勤畋汝田汝能修善天惟與汝憐汝我有周惟其大大賞賜汝汝非但受賞而已其有蹈大道者得在王庭被任用庶幾汝事有所服行在於大官恐其心未服故丁寧勸誘之。傳王歎至多士。正義曰言有方多士與殷多士則此二者非一人也有方多士當謂於時所有四方之諸侯也與殷多士當謂遷於成周頑民之衆士也下云以臣我監者謂成周之監明此殷多士也。傳監謂至本土。正義曰下云自時洛邑此所戒成周之人故知監謂成周之監

此指謂所遷頑民殷家衆士也五年再閏天道有成故期以五年無過則得還本土以民性重遷設期以誘之。傳於惟至用法。正義曰胥相也伯長也顏氏以相長事卽小大衆正官之人也。傳汝庶至汝位。正義曰和順爲善德怨惡爲凶德忌謂自怨忌上言自作不和是怨忌也釋訓云穆穆敬也此戒小大正官之人故云敬常在汝位。傳汝能至邑里。正義曰閱謂簡閱其事觀其具足以否故言閱具於汝邑介大也以汝所謀爲大善其治理聽還本國也是由在洛邑修善得反其邑里王肅云其無成雖五年亦不得反也

王曰嗚呼多士爾不克勸忱我命爾亦則惟不克享凡民惟曰不享王歎而言曰衆士汝不能勸信我命汝亦則惟不能享天祚矣凡民亦惟曰不享於汝祚矣爾乃惟逸惟頗大遠王命則惟爾多方探天之威我則致天之罰離逖爾土若爾乃爲逸豫頗僻大棄王命則惟汝衆方取天之威我則致行天罰離逖汝土將遠徙之。頗破多反探吐南反辟四亦反〔疏〕王曰嗚呼至爾土。正義曰王

言而歎曰嗚呼成周之衆士汝若不能勸勉信用我之教命汝則惟不能多受天福祚矣凡民惟曰不享於汝祚矣汝乃惟爲逸豫惟爲頗僻大遠棄王命則惟汝衆方自取天之威刑我則致天之罰於汝身將遠徙之使離遠汝之本土。傳王歎至祚矣。正義曰勸信我命勸勉而信順之。凡民亦惟曰不享於汝祚矣言民亦不願汝之子孫長久矣。傳若爾至徙之。正義曰成周一邑之士不得謂之多方此蓋意在成周遷者兼告四方諸國使知亦如康誥王告康叔并使諸侯知之離遠汝土更遠徙之鄭云分離奪汝土也與孔異也

王曰我不惟多誥我惟祗告爾命我不惟多誥汝而已我惟敬告汝吉凶之命又曰時惟爾初不克敬于和則無我怨又誥汝是惟汝初不能敬于和道故誅汝汝無我怨解所以再三加誅之意。〔疏〕王曰我至我怨。正義曰王曰我今告戒汝者不惟多爲言誥汝而已惟敬告汝吉凶之命從我則吉違我則凶汝命吉凶在此言也王又謂汝所以再三被誅者是惟汝初不能敬於和道故致此爾汝自取之則無於我有怨。傳又誥至之意。正義曰又誥者更言王意又謂汝曰也以上王誥已終又起別端故更稱王又

復言曰以序云成王在豐誥庶邦則此篇是王親誥之辭又稱王曰者是也其有周公稱王告者則上云周公曰王若曰是也又曰嗚呼王若曰是也顧氏云又曰者是王又復言曰也

立政第二十一

周書　孔氏傳　孔穎達疏

周公作立政周公既致政成王恐其怠忽故以君臣立政爲戒**立政**言用臣當共立政故以名篇**周公若曰拜手稽首告嗣天子王矣**順古道盡禮致敬告成王言嗣天子今已爲王矣不可不慎**用咸戒于王曰王左右常伯常任準人綴衣虎賁**周公用王所立政之事皆戒於王曰常所長事常所委任謂三公六卿準人平法謂士官綴衣掌衣服虎賁以武力事王皆左右近臣宜得其人○任而鴆反準之允反綴徐丁衛反又丁劣反賁音奔長丁丈反除篇末文注以長直良反餘並同**周公曰嗚呼休茲知恤鮮哉**歎此五者立政之本知憂得其人者少○鮮息淺反

［疏］周公至鮮哉○正義曰王之大事在於任賢使能成王初始即政猶尚幼少周公恐其怠忽政事任非其人故告以用臣之法周公順古道而告王曰我敢拜手稽首告嗣世天子成王今已爲王矣王者當立善政其事不可不慎周公既爲此言乃用王所立政之事皆戒於王曰王之親近左右常所長事謂三公也常所委任謂六卿也平法之人謂獄官也綴衣之人謂掌衣服者也虎賁以武力事王者此等皆近王左右最須得人周公既歷言此官復言而歎曰嗚呼美哉此五等之官立政之本也知憂此官置得賢人者少也○傳順古至不慎○正義曰周公既拜手稽首而後發言還自言拜手稽首示已重其事欲令受其言故盡禮致敬以告王也召誥云拜手稽首旅王若公亦是召公自言已拜手稽首與此同也成王嗣世而立故呼成王爲嗣天子周公攝政之時成王未親王事此時既已歸政於成王故言今已爲王矣不可不慎也王肅以爲於時周公會羣臣共戒成王其言曰拜手稽首者是周公讚羣臣之辭○傳周公至其人○正義曰此以立政名篇知用咸戒者是周公用王所立政之事皆戒於王也三公臣之尊者知常所長事謂三公也六卿分掌國事王之所任知常所委任謂六卿也準訓平也平法之人謂士官也士察也察獄之官用法必當均平故謂獄官爲準人周禮司寇之長在常任之內此士官當謂士師也衣服必連綴著之此歷言官人知綴衣是掌衣服者此言親近大臣必非造衣裳者周禮大僕下大夫掌正王之服位出入王之大命此掌衣服者當是大僕之官也周禮虎賁氏下大夫言其若虎賁獸是以武力事王者此皆左右近臣宜得其人言其急於餘官得其人者文官得其文人武官得其武人違才易務皆爲非其人也○傳歎此至者少○正義曰此五官皆親近王故歎此五者立政之本也休美也王肅云此五官美哉是休玆爲美此五官也歎其官之美美官不可不委賢人用之故歎之知憂得其人者少下句惟言禹湯文武官得其人是知憂得人者少也

古之人迪惟有夏乃有室大競籲俊尊上帝古之人道惟有夏禹之時乃有卿大夫室家大強猶乃招呼賢俊與共尊事上天○籲音預**迪知忱恂于九德之行**禹之臣蹈知誠信於九德之行謂賢智大臣九德皐陶所謀○忱市林反恂音荀行下孟反**乃敢告教厥后曰拜手稽首后矣曰宅乃事宅乃牧宅乃準茲惟后矣**知九德之臣乃敢告教其君以立政君矣亦猶王矣宅居也居汝事六卿掌事者牧牧民九州之伯居內外之官及平法者皆得其人則此惟君矣**謀面用丕訓德則乃宅人茲乃三宅無義民**謀所面見之事無疑則能用大順德乃能居賢人于眾官若此則乃能一居無義民大罪宥之四裔次九州之外次中國之外**桀德惟乃弗作往任是惟暴德罔後**桀之爲德惟乃不爲其先王之法往所委任是惟暴德之人故絕世無後

［疏］古之人至罔後○正義曰既言知憂得人者少乃遠述上世之事此言禹與桀也古之人能用此求賢之道者惟有夏禹之時乃有羣臣卿大夫皆是賢人室家大強猶尚招呼賢俊之人與共立於朝尊事上天禹之臣蹈知誠信於九德之行者乃敢告教其君曰我敢拜手稽首君今已爲君矣不可不慎也戒其君即告曰居汝掌事之六卿居汝牧民之州伯居汝平法之獄官使此三者皆得其人則此惟爲君矣言不得賢人不成爲君也禹能謀所面見之事無所疑惑用大明順之德則乃能居賢人於官賢人在官職事修理乃能

三處居無義之民，善人在朝，惡人黜遠，其國乃爲治矣。及其末年，桀乃爲天子，桀之爲德，惟乃不爲其先王之法，往所委任是暴德之人，以此故絶世無後。得賢人則興，任小人則滅，是須官賢人以立政也。○傳「古之至上天」。○正義曰：經言「古之人迪」，傳言「古之人道」，當説古之求賢人之道也。王肅云：「古之人道，惟有夏之大禹爲天子也。」其意言古人之道，説有此事。孔意似不然也。孔以大夫稱家，室猶家也，顧訓呼也，招呼者乃是臣下之事，故以爲夏禹之時，乃有卿大夫室家大强，猶乃招呼在外賢俊，與之共立於朝，尊事上天也。言君既求賢臣之助，言天子事天，臣成君事，故言共尊事上天。○傳「禹之至所謀」。○正義曰：九德之行，非一人能備，言禹之臣蹈知九德之行，極言其賢智大臣也。禹時伯益之輩，乃可以當此。經典之文，更無九德之事，惟有臯陶謀九德，臯陶所謀者，卽寬而栗，柔而立，愿而恭，亂而敬，擾而毅，直而温，簡而廉，剛而塞，强而義是也。○傳「知九至君矣」。○正義曰：進言戒君，非大賢不可，故知九德之臣乃敢告教其君以立政也。「君矣」亦猶言「王矣」，言已爲君矣，不可不慎也。君、王一也，變文以相避爾。宅訓居也。居汝事，須得賢人，六卿各掌其事者也。居汝牧，九州之伯主養民，亦須得賢人，養其民也。居汝準，士官主理刑法，亦須賢人，平其獄也。六卿掌内，州牧掌外，内外之官及平

書疏十七　十七

法三事，皆得其人，則此惟爲君矣。言羣官失職，則不成爲君也。上句周公戒王，歷言五官，其内無州牧，此惟言三官，加州牧者，俱是逐急言之，其有詳畧爾。曲禮云「九州之長曰牧」，王制云「千里之外設方伯」，八州八伯，然則牧、伯一也。伯者言一州之長，牧者言牧養下民，牧、伯俱得言之，故孔以伯解牧。鄭玄云：「殷之州牧曰伯，虞、夏及周曰牧。」與孔不同。○傳「以謀所至之外」。○正義曰：凡人爲主，皆欲臣賢，但大佞以忠，賢不可别，欲知其遠，先驗於近，但禹能謀所面見之事，官賢人既得其官，分别善惡，無所疑惑，仁賢必用，邪佞必退，然後舉直錯諸枉，則爲能用大順德。如是乃能居賢人於衆官。賢人既得居官，則能分别善惡。無義之民必獲大罪，量其輕重，斥之遠地，乃能三處居此無義罪人。三居者，大罪宥之四裔，次九州之外，次中國之外。四裔者，四海之表最遠者也。次九州之外者，四海之内，要服之外。次中國之外者，謂罪人所居之國外也，猶若衞人居於晉，去本國千里，故孔注舜典云「次千里之外」是也。鄭云「三處者，自九州之外至於四海，三分其地，遠近若周之夷、鎭、蕃也」，與孔不同。**亦越成湯陟，丕釐上帝之耿命，**桀之昏亂，亦於成湯之道得升大賜上天之光命，王天下。○釐，力之反。耿，工迥反，徐工頴反，又工永反，下同。王，往況反。**乃**

用三有宅，克卽宅；曰三有俊，克卽俊。湯乃用三有居惡人之法，能使就其居，言服罪。又曰能用剛柔正直三德之俊，能就其俊事，言明德。**嚴惟丕式，克用三宅三俊。**言湯所以能嚴威惟可大法象者，以能用三居三德之法。**其在商邑，用協于厥邑；其在四方，用丕式見德。**湯在商邑，用三宅三俊之道和其邑；其在四方，用是大法見其聖德。言遠近化。

〔疏〕「亦越」至「見德」。○正義曰：不有所廢，則無以興。桀之滅亡夏家，乃以開道湯德，此言湯之能用人也。桀之昏亂，亦於成湯之道得升聞於天，大賜受上天之光命，得王有天下。湯既爲王，乃用三有居惡人之法，能使各就其居處，言皆服其罪也。又曰用三德之俊人，能使各就其俊事，言皆明其德也。湯所以能嚴威惟可大法象者，以其能用三居三俊之法故也。成湯其在商邑，用此三居三俊之道和於其邑；其在四方，用是斷罪任賢之大法見其聖德於民，言遠近皆從化也。○傳「桀之至天下」。○正義曰：成湯之道得升，謂從下而升於天，故天賜之以光命，使之得王天下，爲天子也。釐，賜；耿，光，皆釋詁文。○傳「湯乃至明德」。○正義曰：臯陶謨九德，卽洪範之三德，細

書疏十七　十六

分以爲九爾。以此知三俊卽是洪範所言剛克、柔克、正直三德之俊也。「能就其俊事，言明德」者，用以俊乂居官，顯明其有德也。上句言「則乃宅人，茲乃三宅無義民」，先言用賢，後言去惡；此經先言「三有宅」，後言「曰三有俊」者，用賢、去惡俱是立政之本。上句先説夏禹，言得賢然後去惡，見其須賢之切；及説成湯、文武，先言去惡，後言用賢，又見惡宜速去。或先或後，所以互相見爾。**嗚呼！其在受德暋，惟羞刑暴德之人，同于厥邦；**受德，紂字。帝乙愛焉，爲作善字，而反大惡，自强惟進用刑與暴德之人，同于其國，竝爲威虐。○受德，紂字，馬云：「受所爲德也。」暋，眉謹反，徐亡巾反，一音閔。爲，于爲反，下「爲之」同。强，其丈反。**乃惟庶習逸德之人，同于厥政。**乃惟衆習爲過德之人，同于其政，言不任賢。**帝欽罰之，乃伻我有夏，式商受命，奄甸萬姓。**天以紂惡，故敬罰之，乃使我周家王有華夏，得用商所受天命，同治萬姓。言皇天無親，佑有德。○伻，普耕反，徐敷耕反，又甫耕反。

〔疏〕「嗚呼」至「萬姓」。○正義曰：既言湯以用賢而興，又説紂之失人而滅，周公又歎曰：嗚呼！其在殷王受德，本性

大惡自强惟進用刑罰與暴德之人同治其國竝爲威虐乃惟衆習爲過德之人與之同共於其政由其任同惡之人故上天敬誅罰之乃使我周家王有華夏用商所受天命同治天下萬姓言周能用賢天親有德故得爲天子。傳受德至威虐。正義曰泰誓三篇惟單言受而此云受德者則德本配受共爲一人故知受德是紂字也既受之與德共爲紂字而經或言受或言受德者呼之有單復爾其人實爲大惡德字乃爲善名非是時人呼有德知是帝乙愛焉爲作善字望其爲善而反爲大惡以其行反其字明非時人呼也釋詁云暋强也暋即暋也故訓爲强言紂自强爲惡惟進用刑罰身既進用刑罰則愛好暴虐之人故爲與之同於其國言竝爲威虐。傳乃惟至任賢。正義曰暴德言以暴虐爲德逸德言以過惡爲德習爲之衆者言其所任多也紂任衆爲過德之人與之同於其政言其不任賢也與暴德同於其國與惡德同於其政其事一也異言之爾牧誓所云四方之多罪逋逃是信是使是以爲大夫卿士俾暴虐於百姓以姦究於商邑是其事也。傳天以至有德。正義曰言天知其惡熟詳審下罰故言敬罰也商本受天命周亦受天命故言用商所受天命同治萬姓釋言云弇同也同爲天于治萬姓與商同也此經之意言周家有德皇天親有德也王肅云敬罰者謂

須暇五年

亦越文王武王克知三有宅心灼見三有俊心紂之不善亦於文武之道大行以能知三有居惡人之心灼然見三有賢俊之心以敬事上帝立民長伯言文武知三宅三俊故能以敬事上天立民正長謂郊祀天建諸侯〔疏〕亦曰至長伯。正義曰既言上天去惡與善滅殷興周即說文王武王能用求賢審官之事桀惡所以興成湯紂惡所以開文武言紂之不善亦於文王武王使得其道大行能知居三有惡人之心居之皆得其所言服其罪也灼然見三有賢俊之心用之皆得其人言明其德也文武知此三宅三俊故能敬事上天稱天心也立民正長合民心也。傳紂之至之心。正義曰桀之昏亂開成湯紂之不善開文武其事同也於成湯言能受上天之命於文武云能敬事上帝前聖後聖爲行必同交錯爲文所以互相見爾文王受命武王伐紂二聖共成王道故文武竝言之猶詩序云文武以天保已上治內采薇已下治外文武竝言與此同也文王之時未定天下所立之官亦未具足下經所言立政任人已下三亳阪尹已上其所舉官屬多是文武時事以見二聖同道父作之子述之言其相成爾故以能知三有居惡人之心灼然見三有賢俊之心言文王之聖心能揆度知惡人眞惡須屏黜之知賢人實賢須舉用之故去惡進賢皆得其所賢人難識故特言灼然言其知之審也。傳言文至諸侯。正義曰上天之道與善去惡三宅三俊行合天心言文武知三宅三俊故能敬事上帝伯亦長也故言立民正長天子祭天知敬事上帝謂郊祀天也天子建國立民長伯謂建諸侯也以下句立政任人已下歷言朝廷之臣與蠻夷衆君知此立民長伯主謂諸侯詩周頌維清述文王之德言肇禋大雅皇矣美文王之伐言是類類禋皆是祭天之名是文王已祀天矣文王未得封建諸侯其建諸侯維武王時爾

立政任人準夫牧作三事文武亦法禹湯以立政常任準人及牧治爲天地人之三事虎賁綴衣趣馬小尹趣馬掌馬之官言此三者雖小官長必愼擇其人。趣七口反左右攜僕百司庶府雖左右攜持器物之僕及百官有司主券契藏吏亦皆擇人。券音勸契苦計反藏才浪反大都小伯藝人表臣百司小臣猶皆愼擇其人況大都邑之小長以道藝爲表幹之臣及百官有司之職可以非其任乎太史尹伯庶常

吉士太史下大夫掌邦六典之貳尹伯長官大夫及旅掌常事之善士皆得其人司徒司馬司空亞旅此有三卿及次卿衆大夫則是文武未伐紂特舉文武之初以爲法則夷微盧烝三亳阪尹蠻夷微盧之衆師及亳人之歸文王者三所爲之立監及阪地之尹長皆用賢。阪音反〔疏〕立政至阪尹。正義曰言文武亦法禹湯之審官以立美政任人謂六卿準夫者平法之人謂理獄官也牧者九州之牧治爲天地人之三事自虎賁已下歷舉官名言此官皆須得其人不以官之尊卑爲次蓋以從近而至遠虎賁綴衣趣馬三者官雖小須愼擇其人乃至左右攜持舉物之僕及百官有司之下至衆府藏之吏亦須擇其人既言近王小官及遠官大者之小官猶須擇人況乎都邑之小長與有道藝之人爲表幹之臣及百官有司之職可以非其任乎以近臣況遠臣以小官況大官既以近況大遠大又舉官之次而掌事要者若太史下大夫長官大夫及衆掌常事之善士皆須得其人更舉官之大者司徒司馬司空之卿及次卿之衆大夫皆須得其人既略言內外之官又更遠及夷狄蠻夷微盧之衆師與三處亳民之監及阪地之尹長皆須用賢人言文武於此諸官皆求賢人爲之也。傳

文武至三事○正義曰前聖後聖其道皆同未必相放法也後人法前自是常事因其上說禹湯立政故言文武亦法禹湯以立政也任人則前經所云常任六卿也準夫則準人也牧者前云宅乃牧也前文有常伯綴衣虎賁不言牧此不言常伯綴衣虎賁而言牧者以前文先舉朝臣故不言牧前已備文故此不言常伯其綴衣虎賁而言牧者以下文自詳故此惟舉內外要官者言之故內官舉任人準夫外官舉牧故下云繼自今我立政立事準人牧夫我其克灼知厥若又云自古商人亦越我周文王立政立事牧夫準人則克宅之克由繹之茲乃俾乂皆據內外要重官以言之夫卽人也立官所以事天地治人民爲此三事而已故以三事謂天地人也王肅云文王所以立政任人常任也準夫準人也牧者諸侯之長也與孔意同○傳趣馬至其人○正義曰周禮趣馬爲校人屬官馬一十二疋立趣馬一人掌贊正良馬而齊其飲食是掌馬之小官也綴衣是大僕也虎賁大僕皆下大夫也此三公六卿亦爲小尹之官雖文止三官亦包通在下之屬官三官之下小官多矣趣馬卽下士其馬一匹有圉師一人是趣馬之下猶有小官也○傳雖左至擇人○正義曰諸官有所務從業從王左右攜持器物之僕謂寺人內小臣等也百司庶府謂百官有司之下主券契府藏之吏謂其下賤人

非百官有司之身也言此等亦皆擇人○傳小臣至任乎○正義曰小臣猶皆擇人況大都邑之小長謂公卿都邑之內大夫士及邑宰之屬以身有道藝爲民之表的楨幹之臣其都邑之內屬官謂之小長周禮太宰職云乃施則于都鄙而建其長立其兩設其伍陳其殷兩謂兩卿長謂公卿伍謂大夫殷謂眾士是也○傳太史至其人○正義曰周禮太史下大夫二人掌建邦之六典又太宰職亦云掌建邦之六典太史副貳太宰掌其正太史掌其貳六典謂治典教典禮典政典刑典事典六卿所掌者也掌邦六典之貳其所掌事重故特言之尹伯長官大夫周禮每官各有長若太史爲史官之長大司樂爲樂官之長如此類皆是也及眾掌常事之善士謂士爲長官者其大夫及士不爲長官者則前云百司也居官必須善人此是摠舉眾官故特言吉士○傳此有至法則○正義曰周公攝政之時制禮作樂其作立政之篇必在制禮之後周禮六卿而此有三卿及次卿眾大夫則是副卿之大夫有若周禮小宰之類是也此文武未伐紂之時也違舉文武之初以爲法則爾泰誓下篇云王乃大巡六師六師則六軍也軍將皆命卿卽伐紂之時已立六卿矣牧誓亦云司徒司馬司空舉之三卿者彼傳已解之云指誓戰者也○傳蠻夷至用賢○正義曰牧誓所云有微盧彭濮人此舉夷微

盧以見彭濮之等諸夷也烝訓眾也此篇所言皆立官之事此經惟阪下言尹則夷微已下以一尹摠之故傳言蠻夷微盧之眾帥及亳民之歸文王者三所爲之立監及阪地之尹長故言師言監亦是言爲之立長義出經文尹也亳是湯之舊都此言三亳必是亳民分爲三處此篇說立官之意明是分爲三亳必是三所各爲立監也亳人之歸文王經傳未有其事文王既未伐紂亳民不應歸之鄭王所說皆與孔同言亳民歸文王者蓋以此章雜陳文王武王時事其言以文王爲主故先儒因言亳民歸文王爾卽如此意三亳爲已歸周必是武王時也及阪地之尹長傳言其山阪之地立長爾不知其指斥何處也鄭玄以三亳阪尹者共爲一事云湯舊都之民服文王者分爲三邑其長居險故言阪尹蓋東成皐陶轘轅西降谷也皇甫謐以爲三亳三處之地皆名爲亳蒙爲北亳穀熟爲南亳偃師爲西亳古書亡滅既無要證未知誰得旨矣

文王惟克厥宅心乃克立茲常事司牧人以克俊有德文王惟其能居心遠惡舉善乃能立此常事司牧人用能俊有德者○遠于萬反

文王罔攸兼于庶言庶獄庶慎惟有司之牧

夫文王無所兼知於毀譽眾言及眾刑獄眾當所慎之事惟慎擇有司牧夫而已勞於求才逸於任賢○譽音餘又如字

是訓用違庶獄庶慎文王罔敢知于茲是萬民順法用違法眾獄眾慎之事文王一無敢自知於此委任賢能而已

【疏】文王至于茲○正義曰上既摠言文武此又分而說之文王惟能其居心遠惡舉善乃能立此常事其主養人之官用能俊有德者既任用俊人每事委之文王無所兼知於眾人之言或毀或譽文王皆不知也眾獄斷罪得失文王亦不得知也眾所當慎之事文王亦不得知也惟慎擇在朝有司在外牧養民之夫是時萬民或順於法或用違法眾刑獄眾所慎之事文王一皆無敢自知於此惟委任賢能而已○傳文王至德者○正義曰上言文王能知三宅三俊知此能居心者以遠惡舉善居其心也既遠惡舉善乃能立此常事用賢養民是人君之常事也○傳文王至任賢○正義曰下云是訓用違卽是任上庶言也是訓則稱譽之事用違則毀損之事但分析言之爾

亦越武王率惟敉功不敢替厥義德亦於武王循惟文王無安天下之功不敢廢其義德奉遵父道○敉亡婢反

率惟

謀從容德以竝受此丕丕基武王循惟謀從文王寬容之德故君臣竝受此大大之基業傳之子孫。傳直專反疏亦越至丕基。正義曰亦於武王之功不敢廢其文王義德言奉行遵父道所循惟文王撫安天下者惟謀從文王寬容之德故武王君臣能竝受此大大之基業謂受命爲天子傳之子孫。傳武王至子孫。正義曰以言竝受則非獨王身故以爲君臣竝受此大大之基業謀從寬容之德是與臣謀及基業成就則君臣共有故言竝受且王爲天子臣爲諸侯皆受基業各傳子孫是亦爲竝受也

嗚呼孺子王矣歎稚子今以爲王矣不可不勤法祖考之德繼自今我其立政立事準人牧夫我其克灼知厥若丕乃俾亂繼用今已往我其立政大臣立事小臣及準人牧夫我其能灼然知其順者則大乃使治之言知臣下之勤勞然後莫不盡其力。俾必爾反下同治直吏反下同相我受民和我庶獄庶愼時則勿有間之能治我所受天民和平我衆獄衆愼之事如是則勿有以代之言不可復變。相如字馬息亮反了勱相同間間廁之間復扶又反

自一話一言我則末惟成德之彥以乂我受民言政當用一善善在一言而已欲其口無擇言如此我則終惟有成德之美以治我所受之民。話戶怪反疏嗚呼孺子至受民。正義曰周公旣歷說禹湯文武乃復指戒成王嗚呼而歎孺子今已爲王矣旣正位爲王事不可不慎繼續從今已往我王其與立政謂大臣也其與立事謂小臣也平法之人及養民之夫此等諸臣我王其能察之灼然知其順於事者則大乃使之治理言知其能有勤勞各盡心力然後用此賢臣治我所受天民和平我衆獄訟及衆當所慎之事必能如是則勿復有以代之言其法不可復變也政從君出爲人主用是一善之言善在一言而已勿以惡言亂之王能如是我王則終惟有成德之美以治我所受天民矣。傳繼用至心力。正義曰自此已下四言繼自今者凡八靡不有初鮮克有終恐王不能終之戒成王使繼續從今已往常用賢也自訓爲從亦訓爲用此傳言用今已往下傳言從今已往其意同也政事相對則政大事小故以立政爲大臣立事爲小臣及準人牧夫畧舉四者以摠諸臣戒王任此人也其能灼然知其能順於事者則大乃使治職氏云君能知臣下順於事則臣感君恩大乃治理各盡心力也。傳能治至復變。正義曰相訓助也助君所以治民事故相爲治天命王者使之治民則天與王者此民故言能治我所受天民也能治下民理衆獄衆慎之事使得其所則爲政之大要能如此則勿有以代之言此法盡善不可復變易也或據臣身旣能如此不可以餘人代之也。傳言政至之民。正義曰釋詁云自用也話言也舍人曰話政之善言也孫炎曰話善之言也然則話之與言是一物也自一話者言人君爲政當用純一善言又云一言者純一善言在於一言而已謂發號施令當須純一不得差貳欲令其口無可擇之言也顧氏云人君爲政之道當須用一善而已爲善之法惟在一言也末訓爲終彥訓爲美王能出言皆善口無可擇如此我王則終惟有成德之美以治我所受天民矣釋訓云美士爲彥故彥爲美

嗚呼予旦已受人之徽言咸告孺子王矣歎所受賢聖說禹湯之美言皆以告稚子王矣。稚直吏反本亦作穉繼自今文子文孫其勿誤于庶獄庶慎惟正是乂之文子文孫文王之子孫從今已往惟以正是之道治衆獄

衆慎其勿誤自古商人亦越我周文王立政立事牧夫準人則克宅之克由繹之茲乃俾乂言用古商湯亦於我周文王立政立事用賢人之法能居之於心能用陳之此乃使天下治。繹音亦疏嗚呼至俾乂。正義曰旦者周公名也周公又歎曰嗚呼我旦已受賢聖人說禹湯之美言皆以告孺子王矣王宜依行之繼續從今以往文王之子孫其勿得過誤於衆獄訟衆所慎之事惟當用是正是之道治之用古商人成湯亦於我周家文王其立政立事牧夫準人此等諸官皆用賢人之法則能居之於心能用陳之於位明識賢人用之爲官此乃使天下大治戒成王使法之。傳言用至下治。正義曰上陳禹湯文武此覆上文惟言湯與文王者言有詳畧無別意也能居之於心謂心知其賢也能用陳之謂陳列於位用之以爲官也王肅曰則能居之在位能用陳其才力如此故能使天下治也

國則罔有立政用憸人不訓于德是罔顯在厥世商周賢聖之國則無有立政用憸利之人者憸人不訓於德是使其君無顯名在其世。憸息廉反徐七漸反

本又作憸，馬云：憸利佞人也。繼自今立政，其勿以憸人，其惟吉士，用勱相我國家。立政之臣惟其吉士，用勉治我國家。勱音邁。【疏】"國則"至"國家"。正義曰：既言湯與文王用賢大治，又言其不宜用小人，商周聖賢之國，無有立政用憸利之人者。此憸利之人不順於德，若其用之，是使其君無顯名在其世也。王當繼續從今已往，立其善政，其勿用憸利之人，其惟任用善士，使勉力治我國家。教王使用善士，勿使小人也。今文子文孫，孺子王矣。告文王之子孫，言稚子已即政爲王矣，所以厚戒。其勿誤于庶獄，惟有司之牧夫。獨言衆獄有司，欲其重刑慎官人。其克詰爾戎兵，以陟禹之迹。其當能治汝戎服兵器，威懷竝設，以升禹治水之舊迹。詰，起一反。馬云：窮也。方行天下，至于海表，罔有不服。方四方海表蠻夷戎狄，無不服化者乎。以覲文王之耿光，以揚武王之大烈。能使四夷賓服，所以見祖之光明，揚父之大業。

嗚呼！繼自今後王立政，其惟克用常人。其惟能用賢才爲常人，不可以天官有所私。【疏】"今文"至"常人"。正義曰：今告汝文王之子、文王之孫孺子，今已即政爲王矣，我所以須厚戒之。王其勿誤於衆治獄之官，當須慎刑也。惟有司之牧夫，有司主養民者，宜得賢也。治獄之吏、養民之官，若任得其人，使其能治汝戎服兵器，以此升行禹之舊迹，四方而行，至於天下，至於四海之表，無有不服王之化者，以顯見文王之光明，以播揚武王之大業，言任得賢臣，則光揚父祖。周公又歎曰：嗚呼！繼續從今已往，後世之王立行善政，其惟能用常人，必使常得賢人，不可任不其才。此雖有戒成王，乃是國之常法，因以戒後王，言此法可常行也。○傳"獨言"至"官人"。正義曰：上有庶慎、立政、立事、牧夫、準人，此獨言庶獄與有司之牧夫者，言庶獄欲其重刑，言有司牧夫欲其慎官人也。○傳"其當"至"舊迹"。正義曰：立官所以牧養下民，戒備不虞，故以詰爾戎兵爲言也。戎亦兵也，以其竝言戎兵，故傳以爲戎服兵器，威懷竝設，以升禹治水之舊迹。遠行必登山，故以陟言之，如禹之陟方，意亦然。○傳"方四"至"化者"。正義曰：方行天下，言無所不至，故以方爲四方。《釋地》云：九夷、八狄、七戎、六蠻謂之四海。知海表謂夷狄戎蠻無有不服化者，即《詩·小雅》云"蓼蕭澤及四海"是也。○傳"其惟"至"所私"。正義曰：官須常得賢人，故惟賢是用，用賢是常，常則非賢不可。人主或知其不賢，以私受用之，代天爲官，故言不可以天官有所私。

周公若曰："太史，順其事并告太史。司寇蘇公式敬爾由獄，以長我王國。忿生爲武王司寇，封蘇國，能用法，敬汝所用之獄，以長施行於我王國。言主獄當求蘇公之比。比，必二反，又如字。茲式有慎，以列用中罰。"此法有所慎行，必以其列用中罰，不輕不重，蘇公所行。太史掌六典，有廢置官人之制，故告之。行，如字。【疏】"周公"至"中罰"。正義曰：周公順其事而言曰：太史，以其太史掌廢置官人，故呼而告之。昔日司寇蘇公既能用法，汝太史當敬汝所用之獄，以長施行於我王國，欲使太史選主獄之官，當求蘇公之比也。此刑獄之法有所慎行，必以其體式列用中常之罰，不輕不重，當如蘇公所行也。○傳"忿生"至"之比"。正義曰：成十一年《左傳》云："昔周克商，使諸侯撫封，蘇忿生以溫爲司寇。"是忿生爲武王司寇，封蘇國也。蘇是國名，所都之地其邑名溫，故傳言以溫也。特舉蘇公治獄，官以告太史，知其言主獄之官，當求蘇公之比類也。○傳"此法"至"告之"。正義曰：治獄必有定法，此定法有所慎行。《周禮·大司寇》云："刑新國用輕典，刑平國用中典，刑亂國用重典。"輕重各有體式行列。周公言然之時，是法爲平國，故必以其列用中罰，使不輕不重。美蘇公治獄，使列用中罰，明中罰不輕不重，是蘇公所行也。《周禮》太宰以八柄詔王馭羣臣，有爵祿、廢置、生殺、與奪之法，太史亦掌邦之六典，以副貳太宰，是太史有廢置官人之制，故特呼而告之也。

附釋音尚書注疏卷第十七

江西鹽法道胡稷栞

尚書注疏挍勘記卷十七　阮元撰盧宣旬摘錄

蔡仲之命第十九　周書

冊書之命　古本冊作策

百官總己以聽冢宰　古本聽下有於字

故退爲衆人　古本岳本宋板纂傳同毛本衆作庶

謗毀周公　宋板周公下復有周公二字屬下句

謂流之遠也　毛本也作地案也字誤

乃更爵祿　宋板爵作齒是也盧文弨云祿亦當作錄

不云其爵　宋板同毛本云作聞

留佑成王　閩本明監本同毛本佑作佐案佐字是

世家云蔡叔居上蔡　盧文弨云世家當作世本据史記集解○按疏下文引宋仲子云云宋仲子乃注世本者也

子能蓋父　古本下有愆字

使可蹤跡而法循之　岳本纂傳跡作迹按說文有迹無跡此處經文及傳上句俱作迹此句不當歧出

言當循文武之常教　古本纂傳武作王按岳本已作武

無荒棄朕命　石經補缺棄誤作失

使作冊書告令之　古本作使爲此冊書告令也之也宋板作使此冊書告令之山井鼎云二本紛亂混淆似有謬誤古本上也字誤寫灼然○按岳本纂傳俱作使此冊書告令之與考文所引之宋板同僞古本衍二也字疏標起訖可證

成王既至作蒲姑　閩本明監本同毛本作改將是也

古人居此地者　纂傳人作之○按依昭二十年左氏傳當作始

鄭云奄蓋在淮夷之地　齊召南云周本紀注引鄭云奄國在淮夷之北疑此疏地字訛

多方第二十　周書

誥以禍福　古本誥作告

衆方天下諸侯　史記集解衆上有告字按傳意以衆方釋多方以天下諸侯釋衆方也不必加告字

以成以政之序　毛本下以字改作成案以字誤

王親征之奄滅其國　宋板同毛本無之字案之字衍

殷之諸侯王民者　毛本王作正案王字誤

我大降汝命　古岳宋本纂傳降作下

洪惟天之命　諸本天上有圖字此誤脫也

桀乃大下罰於民　古本罰下有誅字

言桀不能善奉於人衆　古本衆下有民字○按以疏攷之人衆當作民衆衆下不得復有民字

謂殘賊臣　古本臣上有之字

民當奉主也　宋板閩本明監本同毛本主作王案所改是

天所不與之者　按所下疑有以字

亂主所好用同己者　宋本重好字按宋本是也

弗克以爾多方享天之命　古本享上有其字非也

作天下民主　此句下宋板有湯既爲民主五字

非天用乗有殷　古本作天用乗有殷紂也非也

乃惟爾商後王逸厥逸　古本下逸字作佾下尒乃惟逸同後皆改作逸

故天惟下其喪亡　古本岳本宋板纂傳其作是

武正喪服三年　案正當作王形近之譌

聖君上智之名　毛本君作者案君字誤

任天王　毛氏曰任作王誤與國本作天下○按疏云任作天子也則王當作子

惟用教我用美道伐殷　古本岳本宋板纂傳伐當作代按疏則作代字是

開其有德能顧天之者　宋板之作道案宋本是也

欲以伐紂　宋板伐作代按作代與宋本注合

今我曷敢多誥我惟大降爾四國民命　古本無惟字

我乃其大罰殛之　古本殛作極釋文云殛字本又作極卽古本之所本按作極是說詳段玉裁尚書撰異

卽此畋亦田之義也　浦鏜云爾誤亦按浦按是也

董之以武帥　宋板帥作師○按作師與昭十三年傳合

與衆多士　古岳宋板纂傳衆作殷按衆字非也

監謂成周之監　古本同宋板正德本同山井鼎曰嘉靖本誤衍一之字神廟本强改之作三崇禎本據之正德以上諸本皆作成周之監今當從之齊召南云文祗應云成周之監不當云三監此指洛邑之治殷民者非謂武庚時事也按孔疏並不解三監字義則知三字衍文也○按疏云故知監謂成周之監明無三字岳本纂傳俱不誤葛本與嘉靖本同非也

臣我我監　岳本葛本同毛本臣我作臣服案古本無服字山井鼎曰宋板正嘉三本作臣我我監衍一我字神廟本改上我字作服崇禎本據之

則是還本土　古本岳本宋板是作得案是字非

我有周惟其大夫賚汝　毛本大夫作大大大夫誤也

言愛多福之作　閩本葛本同明監本作作胙是也毛本誤作祚

若能不入於凶德若能不入於凶德　案二句誤複衍

我有周惟其大大賞賚汝　宋板大字不重

汝無我怨　岳本同毛本我怨二字誤倒

立政第二十一　周書　宋本首題尚書正義卷第十七

周公若曰拜手稽首　按此篇序題下俱無疏疑有脫誤

今已爲王矣　古本今下有以字宋板已作以山井鼎曰以下文注推之古本衍已字也按岳本與宋本同纂傳與毛本同

知憂此官置得賢人者少也　宋板置作宜

兹乃三宅無義民　古本義作誼下義德同

皋陶所謀者　宋板皋上有故言九德四字

但大佞以忠　案以當作似毛本不誤

但禹能謀所面見之事官賢人　諸本同毛本官誤宮山井鼎攷文以毛本爲據直書作宮誤也官上宋板有善字

曰三有俊　古本俊作畯下三俊三有俊同

言遠近化　岳本遠作遠是也

亦於成湯之道　宋板閩本明監本同毛本於作從

呼之育異復爾　閩本明監本同毛本復作複

異言之爾　纂傳作異其文耳

亦曰至長伯　宋板曰作越按曰字非也

維武王時爾　宋板維作惟纂傳作謂

及衆掌常事之善士　古本無常字

特舉文武之初以爲法則　岳本纂傳特作時屬上句與疏合宋板亦作時下更有也字

蠻夷微盧之衆師　閩本葛本同毛本師作帥案師字誤

乃至左右攜持舉物之僕　毛本舉作器案舉字誤

其綴衣虎賁而言牧者以下文自詳　盧文弨云而言牧者以五字疑衍○按此疏自前已備文至自詳廿四字皆疑衍下句故字亦衍

兩謂兩卿長謂公卿　纂傳二句倒是也

其作立政之篇　宋板其下空一字

故言師言監　宋板師作帥

亳人之歸文王　按疏上下文俱作亳民此人字亦當是民之誤

陶𨍭轅　毛本陶作南案陶字誤

惟慎擇有司牧夫而已　古本擇上有惟字非也

知此能居心者　宋板能上有言字

循惟文王撫安天下之力　閩本葛本同毛本力作功是也

然後莫不盡其力　古本岳本宋板其作心與疏合

及衆當所慎之事　按當所二字宜倒

皆以告稚子王矣　陸氏曰稚直吏反本亦作穉○按前章傳已有稚字至此始作音并存別本未詳其故

國則罔有立政用憸人　陸氏曰憸本又作𢘫同也按說文𢘫疾利口也引詩曰相時𢘫民今詩無此句蓋引盤庚也是漢世古文尚書憸皆作𢘫孔氏元本亦與之同陸氏於盤庚不言至此乃言之未詳其故○按集韻引說文作商書相時𢘫民丁度時所見說文尚不誤也

無有立政用憸利之人者　宋板之作小

無不服化者乎　古本無下有有字者下無乎字宋本同毛本有字乎字並無山井鼎曰正德嘉靖二本共無有字者下有乎字爲誤○按岳本纂傳亦俱作無有不服化者與疏合閩葛俱與正德本同

孺子今已則政爲王矣　毛本則作卽案則字誤

王其勿誤於衆治獄之官　毛本誤作誤案誤字誤

不可任不其才　毛本下不字作非案非字是

如禹之陟方　宋板禹作舜○按宋本是也

周公言然之時　案然字恐此字之譌

尚書注疏挍勘記卷十七　會昌縣知縣候補知州會暉春栞

附釋音尚書注疏卷第十八

周官第二十二

周書　孔氏傳　孔穎達疏

成王既黜殷命滅淮夷黜殷在周公東征時，滅淮夷在成王即政後，事相因，故連言之。**還歸在豐作周官**成王雖作洛邑，猶還西周。**周官**言周家設官分職用人之法。

〔疏〕成王至周官。○正義曰：成王既黜殷命及其即位之後滅淮夷，還歸在豐，號令羣臣，言周家設官分職用人之法，史敘其事，作周官。○傳「黜殷」至「言之」。○正義曰：據金縢之經、大誥之序，知黜殷命在周公攝政三年東征之時也；據成王政之序、費誓之經，知滅淮夷在成王即政之後也。淮夷於攝政之時與武庚同叛，成王既滅淮夷，天下始定。淮夷本因武庚而叛，黜殷命與滅淮夷其事相因，故雖則異年而連言之，以見天下既定乃作周官故也。下經言「四征弗庭」，是黜滅之事也；「六服承德」，是安寧之狀也。序顧經文，故追言黜殷命以接滅淮夷，見征伐乃安定之意也。○傳「成王」至「西周」。○正義曰：以洛誥之文言王在新邑，今復云在豐，故解之也。史記周本紀云：太史公曰：「學者皆稱周伐紂居洛邑，綜其實不然。武王營之，成王使召公卜居，九鼎焉，而周復都豐鎬。」是言成王雖作洛邑，猶還西周之事也。多方云「王來自奄，至於宗周」，宗周即鎬京也。於彼不解，至此始爲傳者，宗周雖是鎬京，文無豐鎬之字，故就此解之。武王既以遷鎬京，今王復在豐者，豐、鎬相近，舊都不毁，豐有文王之廟，故事就豐宣之故也。○傳「言周」至「之法」。○正義曰：周禮每官言人之負數及職所掌，立其定法，授與成王。成王即政之初，即有淮夷叛逆，未服，得以立官之意號令羣臣。今既滅淮夷，天下清泰，故以周家設官分職用人之法以誥羣臣，使知立官之大旨也。設官分職，周禮序官之文。言設置羣官，分其職掌，經言立三公六卿是設官也，各言所掌是分職也。各舉其官之所掌，示以才堪乃得居之，是說用人之法。

惟周王撫萬邦，巡侯甸，即政撫萬國，巡行天下侯服甸服。**四征弗庭，綏厥兆民。**四面征討諸侯之不直者，所以安其兆民。十億曰兆，言多。**六服羣辟，罔不承德，歸于宗周，董正治官。**六服諸侯奉承周德，言協服，還歸於豐，督正治理職司之百官。○辟，必亦反。治，直吏反，下至冢宰經注同。

〔疏〕惟周至治官。○正義曰：惟周之王者布政教，撫安萬國，巡行天下侯服甸服，四面征討諸侯之不直者，所以安其海內兆民。六服之內羣衆諸侯之君，無有不奉承周王之德者。自滅淮夷而歸於宗周豐邑，乃督正治理職司之百官，敘王發言之端也。○傳「即政」至「甸服」。○正義曰：檢成王政之序與費誓之經，知成王即政之年，奄與淮夷又叛，叛即往伐，今始還歸。多方云「五月丁亥，王來自奄，至于宗周」，與此滅淮夷而還歸在豐爲一事也。年初始叛，五月即歸，其間未得巡守於四方也。而此言撫萬國、巡行天下，其實止得撫巡向淮夷之道所過諸侯爾，未是用四仲之月大巡守也。以撫諸侯、巡守是天子之大事，因即大言之爾。周之法制無萬國也，惟伐淮夷非四征也，言萬國、四征，亦是大言之爾。六服而惟言侯甸者，二服去圻最近，舉近以言之，言王巡省徧六服也。○傳「四方」至「言多」。○正義曰：四征從京師而四面征也。釋詁云：「庭，直也。」「綏，安也。」諸侯不直，謂叛逆王命，侵削下民，故四面征討諸侯之不直者，所以安其兆民。楚語云：「十日百姓，千品萬官，億醜兆民。」每數相十，知十億曰兆，稱兆言其多也。○傳「六服」至「百官」。○正義曰：周禮九服，此惟言六者，夷、鎮、蕃三服在九州之外，夷狄之地，王者之於夷狄，羈縻而已，不可同於華夏，故惟舉六服諸侯奉承周德，言協服也。序云「還歸在豐」，知宗周即豐也。周爲天下所宗，王都所在，皆得稱之，故豐、鎬與洛邑皆名宗周。釋詁云：「董、督，正也。」是董得爲督，督正治理職司之百官，下戒勑是董正也。

王曰：若昔大猷，制治于未亂，保邦于未危。言當順古大道，制治安國，必於未亂未危之前思患預防之。

〔疏〕王曰至未危。○正義曰：治謂政教，邦謂國家。治有失則亂，家不安則危。恐其亂則預爲之制，慮其危則謀之使安。制其治於未亂之前，安其國於未危之前。張官設府，使分職明察，任賢委能，令事務順理，如是則政治而國安矣。標此二句於前，以示立官之意，必於未亂未危之前爲之者，思患而預防之。思患而預防之，易既濟卦象辭也。

曰：唐虞稽古，建官惟百。內有百揆四岳，外有州牧侯伯。道堯舜考古以建百官，內置百揆四岳，象天之有五行；外置州牧十二及五國之長，上下相維，外內咸治。言有法。○長，丁丈反，下官長、助長並同。**庶政惟和，萬國咸寧。**官職有序，故衆政惟和，萬國皆安，所以爲正治。**夏商官倍，亦**

克用乂禹湯建官二百亦能用治言不及唐虞之清要明王立政不惟其官惟其人言聖帝明王立政修教不惟多其官惟在得其人〔疏〕曰唐虞至其人。正義曰旣言須立官之意乃追述前代之法止而復言故更加一曰唐堯虞舜考行古道立官惟數止一百也內有百揆四岳者百揆揆度百事爲羣官之首立一人也四岳內典四時之政外主方岳之事立四人也外有州牧侯伯牧一州之長侯伯五國之長各監其所部之國外內置官各有所掌衆政惟以協和萬邦所以皆安也夏禹商湯立官倍多於唐虞雖不及唐虞之淸簡亦能用以爲治明王立其政教不惟多其官惟在得其人言自古制法皆明開官司求賢以處之也。傳道堯至有法。正義曰百人無主不散則亂有父則有君也君不獨治必須輔佐有君則有臣也易序卦云有父子然後有君臣則君臣之興次父子之後人民之始則當有之未知其所由來也雖遠舉唐虞復考古也說命曰明王奉若天道建邦設都則王者立官皆象天爲之故內置百揆四岳象天之有五行也五行佐天羣臣佐主以此爲象天爾不必其數有五乃象五行故以百揆四岳爲五行之象左傳少昊立五鳩氏顓頊已來立五行之官其數亦有五故置於五行矣舜典

云肇十有二州此說虞事知置州牧十二也侯伯謂諸侯之長益稷篇禹言治水時事云外薄四海咸建五長知侯伯是五國之長也成王說此事者言堯舜所制上下相維內外咸治言有法也此言建官惟百夏商官倍則唐虞一百夏商二百禮記明堂位云有虞氏官五十夏后氏官百者禮記是後世之言不與經典合也今予小子祗勤于德夙夜不逮今我小子敬勤於德雖夙夜匪懈不能及古人言自有極。逮音代一音大計反懈佳賣反仰惟前代時若訓迪厥官言仰惟先代之法是順訓蹈其所建官而則之不敢自同堯舜之官準擬夏殷而蹈之立太師太傅太保茲惟三公論道經邦燮理陰陽師天子所師法傅傅相天子保保安天子於德義者此惟三公之任佐王論道以經緯國事和理陰陽言有德乃堪之。燮素協反相息亮反官不必備惟其人三公之官不必備員惟其人有德乃處之。處昌呂反少師少傅少保曰三孤此三官名曰三孤孤特也言卑於公尊於卿特置此三者。少詩照反下同

貳公弘化寅亮天地弼予一人副貳三公弘大道化敬信天地之教以輔我一人之治冢宰掌邦治統百官均四海天官卿稱太宰主國政治統理百官均平四海之內邦國言任大司徒掌邦教敷五典擾兆民地官卿司徒主國教化布五常之教以安和天下衆民使小大皆協睦。擾而小反徐音饒宗伯掌邦禮治神人和上下春官卿宗廟官長主國禮治天地神祇人鬼之事及國之吉凶賓軍嘉五禮以和上下尊卑等列司馬掌邦政統六師平邦國夏官卿主戎馬之事掌國征伐統正六軍平治王邦四方國之亂者司寇掌邦禁詰姦慝刑暴亂秋官卿主寇賊法禁治姦惡刑強暴作亂者夏司馬討惡助長物秋司寇刑姦順時殺司空掌邦土居四民時地利冬官卿主國空土以居民士農工商四人使順天時分地利授之土能吐生百穀故曰土六卿分職各率其屬以倡

九牧阜成兆民六卿各率其屬官大夫士治其所分之職以倡道九州牧伯爲政大成兆民之性命皆能其官則政治。倡尺亮反下同阜音負治直吏反〔疏〕今予至厥官。正義曰王言今我小子敬勤於德雖早夜不懈怠猶不能及於唐虞仰惟先代夏商之法是順順蹈其前代建官而法則之言不敢同堯舜之官準擬行夏殷之官爾若與訓俱訓爲順也。傳師天至堪之。正義曰三公俱是教道天子輔相天子緣其事而爲之名三公皆當運致天子使歸於德義傳於保下言保安天子於德義揔上三者言皆然也禮記文王世子云師也者教之以事而喻諸德者也保也者慎其身以輔翼之而歸諸道者也道德別掌者內得於心出行於道道德不甚相遠因其並釋師保故分配之爾於公云燮理陰陽於孤云寅亮天地和理敬信義亦同爾以孤副貳三公故其事所掌不異。傳天官至任大。正義曰此經言六卿所掌之事撮引周禮爲之揔目或據禮文或取禮意雖言有小異義皆不殊周禮云乃立天官冢宰使帥其屬而掌邦治治官之屬太宰卿一人馬融云冢大也宰治也大治者兼萬事之名也鄭玄云變冢言大進退異名也百官揔焉則謂之冢列職於王則稱大冢者大之上也山頂曰冢是解冢大異名之意大宰職云三曰禮典以統百

官馬融云統本也百官是宗伯之事也此統百官在冢宰之下當以冢尊故命統治百官爲冢宰之事治官禮官俱得統之也禮云以佐王均邦國此言均四海故傳辨之均平四海之内邦國與孔意不異○傳地官至協睦○正義曰周禮云乃立地官司徒使帥其屬而掌邦教以佐王安擾邦國太宰職云二曰教典以擾萬民鄭玄云擾亦安也言饒衍之傳亦以擾爲安五典即五教也布五常之教以安和天下之人民使小大協睦也舜典云契爲司徒敬敷五教周禮司徒掌十有二教一曰以祀禮教敬則民不苟二曰以陽禮教讓則民不爭三曰以陰禮教親則民不怨四曰以樂禮教和則民不乖五曰以儀辨等則民不越六曰以俗教安則民不偷七曰以刑教中則民不暴八曰以誓教恤則民不怠九曰以度教節則民知足十曰以世事教能則民不失職十有一曰以賢制爵則民愼德十有二曰以庸制祿則民興功鄭玄云有虞氏五而周十有二焉然則十有二細分五教爲之五教可以常行謂之五典五典謂父義母慈兄友弟恭子孝也○傳春官至等列○正義曰周禮云乃立春官宗伯使帥其屬而掌邦禮以佐王和邦國宗廟也伯長也宗廟官之長故名其官爲宗伯其職云掌建邦之天神人鬼地祇之禮又主吉凶賓軍嘉之五禮吉禮之別十有二凶禮之別有五賓禮之別有八軍禮之別有五嘉禮之別有六揔有三十六禮皆在宗伯職掌之文文煩不可具載太宰職云三曰禮典以和邦國以諧萬民其職又有以玉作六瑞以等邦國以禽作六贄以等諸臣是以和上下尊卑等列也○傳夏官至亂者○正義曰周禮云乃立夏官司馬使帥其屬而掌邦政以佐王平邦國其職主戎馬之事有掌征伐統正六軍平治王邦四方國之亂者天子六軍軍師之通名也案其職掌九伐之法馮弱犯寡則眚之賊賢害民則伐之暴内陵外則壇之野荒民散則削之負固不服則侵之賊殺其親則正之放弒其君則殘之犯令陵政則杜之外内亂鳥獸行則滅之○傳秋官至時殺○正義曰周禮云乃立秋官司寇使帥其屬而掌邦禁以佐王刑邦國其職云刑邦國詰四方馬融云詰猶窮也窮四方之姦也孔以詰爲治是主寇賊法禁治姦慝之人刑殺其強暴作亂者夏官主征伐秋官主刑殺征伐亦殺人而官屬異時者夏司馬討惡助夏時之長物秋司寇刑姦順秋時之殺物也周禮云掌邦刑此云掌邦禁者避下刑暴亂之文故云掌邦禁○傳冬官至曰土○正義曰周禮冬官亡小宰職云六曰冬官掌邦事又云六曰事職以富邦國以養萬民馬融云事職掌百工器用耒耜弓車之屬與此主土居民全不相當冬官既亡不知其本禮記王制記司空之事云量地以制

邑度地以居民足明冬官本有主土居民之事也齊語云管仲制法令士農工商四民不雜即此居民使順天時分地利授之土也土則地利爲之名以其吐生百穀故曰土也周禮云事此云土者爲下有居四民故云土以居民爲急故也

六年五服一朝五服侯甸男采衛六年一朝會京師**又六年王乃時巡考制度于四岳**周制十二年一巡守春東夏南秋西冬北故曰時巡考正制度禮法于四岳之下如虞帝巡守然**諸侯各朝于方岳大明黜陟**覲四方諸侯各朝于方岳之下大明考績黜陟之法

【疏】六年至黜陟○正義曰此篇說六卿職掌皆與周禮符同則六年五服一朝亦應是周禮之法而周禮無此法也周禮大行人云侯服歲一見其貢祀物甸服二歲一見其貢嬪物男服三歲一見其貢器物采服四歲一見其貢服物衞服五歲一見其貢材物要服六歲一見其貢貨物先儒說周禮者皆云見謂來朝也必如所言則周之諸侯各以服數來朝無六年一朝之事昭十三年左傳叔向云明王之制使諸侯歲聘以志業間朝以講禮再朝而會以示威再會而盟以顯昭明自古已來未之或失也存亡之道恒由是興說左傳者以爲三年一朝六年一會十二年而盟事與周禮不同謂之前代明王之法先儒未嘗措意不知異之所由計彼六年一會與此六年五服一朝事相當也再會而盟與此十二年王乃時巡諸侯各朝於方岳亦相當也叔向盛陳此法以懼齊人使盟若周無此禮叔向妄說齊人當以辭拒之何所畏懼而敬以從命乎且云自古以來未之或失則當時猶尚行之不得爲前代之法晉當時之人明矣明周有此法禮文不具爾大行人所云見者皆言貢物或可因貢而見何必見者皆是君自朝乎遣使貢物亦應可矣大宗伯云時見曰會殷見曰同時見殷見不云年限時見曰會何必不是再朝而會乎殷見曰同何必不是再會而盟乎周公制禮若無此法豈成王謬言叔向妄說也計六年大集應六服俱來而此文惟言五服孔以五服爲侯甸男采衞蓋以要服路遠外逼四夷不必常能及期故寬言之而不數也○傳周制至守然○正義曰周禮大行人云十有二歲王巡守殷國是周制十二年一巡守也如舜典所云春東夏南秋西冬北以四時巡行故曰時巡考正制度禮法于四岳之下如虞帝巡守然據舜典同律度量衡已下皆是也

王曰嗚呼凡我有官君子欽乃攸司愼乃出令令出惟行弗惟反有官君子

大夫以上數而戒之使敬汝所司愼汝出令從政之本令出必惟行之不惟反改若二三其令亂之道以公滅私民其允懷從政以公平滅私情則民其信歸之學古入官議事以制政乃不迷言當先學古訓然後入官治政凡制事必以古義議度終始政乃不迷錯○度待洛反其爾典常作之師無以利口亂厥官其汝爲政當以舊典常故事爲師法無以利口辯佞亂其官〔疏〕王曰至厥官○正義曰王言而歎曰嗚呼凡我有官君子謂大夫已上有職事者汝等皆敬汝所主之職事愼汝所出之號令令出於口惟卽行之不惟反之而不用是去而後反也爲政之法以公平之心滅已之私欲則見下民其信汝而歸汝矣學古之典訓然後入官治政論議時事必以古之制度如此則政教乃不迷錯矣其汝爲政當以舊典常故事作師法無以利口辯佞亂其官教之以居官爲政之法也○傳有官至之道○正義曰敎之出令使之號令在下則是尊官故知有官君子是大夫已上也下云三事曁大夫是也安危在於出令故愼汝出令是從政之本也令曁出口必須行之令而不行是去而更反故謂之反也不惟反者令其必行之勿使反也若前令不行而倒反別出後令以改前令二三其政則在下不知所從是亂之道也○傳言當至迷錯○正義曰襄三十一年左傳子產云我聞學而後入政未聞以政學者也言將欲入政先學古之訓典觀古之成敗擇善而從之然後可以入官治政矣凡欲制斷當今之事必以古之義理議論量度其終始合於古義然後行之則其爲之政教乃不迷錯也蓄疑敗謀怠忽荒政不學牆面莅事惟煩積疑不決必敗其謀怠惰忽略必亂其政人而不學其猶正牆面而立臨政事必煩○蓄勑六反莅音利又音類戒爾卿士功崇惟志業廣惟勤惟克果斷乃罔後艱此戒凡有官位但言卿士舉其掌事者功高由志業廣由勤惟能果斷行事乃無後難言多疑必致患○斷丁亂反下注同〔疏〕蓄疑至後艱○正義曰又戒羣臣使彊於割斷勤於職事蓄積疑惑不能彊斷則必敗其謀怠惰忽略不能恪勤則荒廢政事人而不學如面向牆無所覩見以此臨事則惟煩亂不能治理戒汝卿之有事者功之高者惟志意彊正業之大者惟勤力在公惟能果敢決斷乃無有後日艱難言多疑必將致後患矣申說蓄疑敗謀

也位不期驕祿不期侈貴不與驕期而驕自至富不與侈期而侈自來驕侈以行已所以速亡恭儉惟德無載爾僞言當恭儉惟以立德無行姦僞作德心逸日休作僞心勞日拙爲德直道而行於心逸豫而名且美爲僞飾巧百端於心勞苦而事日拙不可爲居寵思危罔不惟畏弗畏入畏言雖居貴寵當思危懼無所不畏若乃不畏則入可畏之刑推賢讓能庶官乃和不和政厖賢能相讓俊乂在官所以和諧厖亂也○厖武江反舉能其官惟爾之能稱匪其人惟爾不任所舉能修其官惟亦汝之功能舉非其人亦惟汝之不勝其任○勝音升王曰嗚呼三事曁大夫敬爾有官亂爾有政歎而勑之公卿已下各敬居汝所有之官治汝所有之職以佑乃辟永康兆民萬邦惟無斁言當敬治官政以助汝君長安天下兆民則天下萬國惟乃無厭我周德○斁音亦長直良反厭於豔反〔疏〕傳爲德至可爲○正義曰爲德者自得於己直道而行無所經營於心逸豫功成則譽顯而名益美也爲僞者行違其方枉道求進思念欺巧於心勞苦詐窮則道屈而事日益拙也以此故僞不可爲申說無載爾僞也武王既伐東夷肅愼來賀海東諸夷駒麗扶餘馯貊之屬武王克商皆通道焉成王卽政而叛王伐而服之故肅愼氏來賀○肅愼馬本作息愼云北夷也駒俱付反又如字麗力支反馯戶旦反地理志音寒貊孟白反說文作貉北方豸種孔子曰貉之言貊貊惡也王俾榮伯作賄肅愼之命榮國名同姓諸侯爲卿大夫王使之爲命書以幣賄賜肅愼之來賀○俾必爾反馬本作辨〔疏〕成王至之命○正義曰成王卽政之初東夷背叛成王既伐而服之東北遠夷其國有名肅愼氏者以王戰勝遠來朝賀王賜以財賄使榮國之伯爲策書以命肅愼之夷嘉其慶賀慰其勞苦之意史敘其事作賄肅愼之命名篇也○傳海東至來賀○正義曰成王伐淮夷滅徐奄指言其國之名此傳言東夷非徒淮水之上夷也故以爲海東諸夷駒麗扶餘馯貊之屬此皆於孔君之時有此名也周禮職方

氏四夷之名八蠻九貉鄭玄云北方曰貉又云東北夷也漢書有高駒麗扶餘韓無此馯馯即彼韓也音同而字異爾多方云王來自奄奄在後滅言滅奄即來必非滅奄之後更伐東夷夷在海東路遠又不得先伐遠夷後來滅奄此云成王既伐東夷不知何時伐之魯語云武王克商遂通道於九夷八蠻於是肅愼氏來賀貢楛矢則武王之時東夷服也成王即政奄與淮夷近者尚叛明知遠夷亦叛蓋成王親伐淮夷而滅之又使偏師伐東夷而服之君統臣功故言王伐不是成王親自伐也肅愼之於中國又遠於所伐諸夷見諸夷既服故懼而來賀也○傳榮國至夷亡○正義曰晉語云文王諏於蔡原訪於辛尹重之以周召畢榮於文王之時名次畢公之下則是大臣也未知此時榮伯是彼榮公以否或是其子孫也同姓諸侯相傳爲然注國語者亦云榮周同姓不知時爲何官故並云卿大夫王使榮伯明使之有所作史録其篇名爲賄肅愼之命明是王使之爲命書以幣賜肅愼氏之夷也

周公在豐致政老歸**將沒欲葬成周**已所營作示終始念之**公薨成王葬于畢**不敢臣周公故使近文武之墓○近附近之近**告周公作亳姑**周公徙奄君於亳姑因告柩以葬畢之義序及奄君已定亳姑言所遷之功成亡○柩其久反

疏周公至亳姑○正義曰周公既致政於王歸在豐邑將沒遺言欲得葬於成周以成周是已所營示已終始念之故欲葬焉及公薨成王葬於畢以文武之墓在畢示又不敢臣周公使近文武之墓王以葬畢之義告周公之柩篇周公徙奄君於亳姑因言亳姑功成史敘其事作亳姑之篇案帝王世紀云文武葬於畢畢在杜南晉書地道記亦云畢在杜南與畢陌別俱在長安西北○傳致政老歸○正義曰周公既還政成王成王又留爲太師今言周公在豐則是去離王朝又致太師之政告老歸於豐如伊尹之告歸也成王封伯禽於魯以爲周公後公老不歸魯而在豐者文十三年公羊傳云周公曷爲不之魯欲天下之一乎周也何休云周公聖人德至重功至大東征則西國怨西征則東國怨嫌之魯恐天下迴心趣向之故封伯禽命使遥供養死則奔喪爲王所以一天下之心于周室是言周公不歸魯之意也歸豐者蓋以先王之都欲近其宗廟故也○傳周公至成亡○正義曰序說葬周公之事其篇乃名亳姑篇名與序不相允會其篇既亡不知所道故傳原其意而爲之說上篇將遷亳姑序言成王既踐奄將遷其君於亳姑者是周公之意今告周公之柩以葬畢之義乃用亳姑爲篇名必是告葬之時并言及奄君已定於亳姑言周公所遷之功成故以名篇也

君陳第二十三

周書　孔氏傳　孔穎達疏

周公既沒命君陳分正東郊成周成王重周公所營故命君陳分居正東郊成周之邑里官司**作君陳**作書命之**君陳**臣名也因以名篇○鄭注禮記云周公之子

王若曰君陳惟爾令德孝恭言其有令德善事父母行已以恭**惟孝友于兄弟克施有政**言善父母者必友于兄弟能施有政令**命汝尹茲東郊敬哉**正此東郊監殷頑民教訓之○監工銜反**昔周公師保萬民民懷其德往愼乃司茲率厥常**言周公師安天下之民民歸其德今往承其業當愼汝所主此循其常法而教訓之**懋昭周公之訓**

惟民其乂勉明周公之教惟民其治○懋音茂治直吏反下注政治同

疏周公至君陳○正義曰周公遷殷頑民於成周頑民既遷周公親自監之周公既沒成王命其臣名君陳代周公監之分別居處正此東郊成周之邑以策書命之史録其事作策書爲君陳篇名○傳成王至官司○正義曰成周周之下都監成周者正是一邑宰爾而特命君陳大其事者成王重周公所營猶恐殷民有不服之者故命君陳分居正東郊成周之邑里官司也以畢命之序言分居知此分亦爲分居分別殷民善惡所居即畢命所去旌別淑慝表厥宅里是也言東郊者鄭玄云天子之國五十里爲近郊今河南洛陽相去則然是言成周之邑爲周之東郊也○傳臣名至名篇○正義曰孔直云臣名則非周公子也鄭玄注中庸云君陳蓋周公子者以經云周公既沒命君陳猶若蔡叔既沒命蔡仲故也孔未必然矣○傳言其至以恭○正義曰令德在身之大名孝是事親之稱恭是身之所行言其善事父母行已以恭也釋訓云善父母爲孝善兄弟爲友○傳言善至政令○正義曰父母尊之極兄弟親之甚緣其施孝於極尊乃能施友於甚親言善事父母者必友於兄弟推此親親之心以至於疏遠每事以仁恕行之故能施有政令也

我聞曰至治

馨香感于神明，黍稷非馨，明德惟馨。所聞之古聖賢之言政治之至者芬芳馨氣動於神明所謂芬芳非黍稷之氣乃明德之馨勵之以德爾尚式時周公之猷訓，惟日孜孜，無敢逸豫。汝庶幾用是周公之道教殷民惟當日孜孜勤行之無敢自寬暇逸豫。孜音茲〔疏〕我聞至逸豫。正義曰我聞人之言曰有至美治之善者乃有馨香之氣感動於神明所言馨香感神者黍稷飲食之氣非馨香也明德之所遠及乃惟爲馨香爾勉勵君陳使爲德也欲必爲明德惟法周公汝當庶幾用是周公之道惟當每日孜孜勤法行之無敢自寬暇逸豫教使勤於事也凡人未見聖，若不克見；既見聖，亦不克由聖。此言凡人有初無終未見聖道如不能得見已見聖道亦不能用之所以無成爾其戒哉！爾惟風，下民惟草。汝戒勿爲凡人之行民從上教而變猶草應風而偃不可不慎圖厥政，莫或不艱，有廢有興，出入自爾師虞，庶言同則繹。謀其政無有不先慮其難有所廢有所起出納之事當用汝衆言度之衆言同則陳而布之禁其專。繹音亦度待洛反爾有嘉謀嘉猷，則入告爾后于內，爾乃順之于外，汝有善謀善道則入告汝君於內汝乃順行之於外曰：「斯謀斯猷，惟我后之德。」此善謀此善道惟我君之德善則稱君人臣之義嗚呼！臣人咸若時，惟良顯哉！歎而美之曰臣於人者皆順此道是惟良臣則君顯明於世王曰：「君陳，爾惟弘周公丕訓，無依勢作威，無倚法以削，汝爲政當闡大周公之大訓無乘勢位作威人上無倚法制以行刻削之政寬而有制，從容以和。寬不失制動不失和德敎之治。從七容反殷民在辟，予曰辟，爾惟勿辟；予曰宥，爾惟勿宥，惟厥中。殷人有罪在刑法者我曰刑之汝勿刑我曰赦宥汝勿宥惟其當以中正平理斷之。辟扶亦反下同中如字或丁仲反斷丁亂反有弗若于汝政，弗化于汝訓，辟以止辟，乃辟。有不順於汝政不變於汝敎刑之而懲止犯刑者乃刑之狃于姦宄，敗常亂俗，三細不宥。習於姦宄凶惡毀敗五常之道以亂風俗之敎罪雖小三犯不赦所以絕惡源。狃女九反〔疏〕王曰至不宥。正義曰王呼之曰君陳汝今爲政當弘大周公之大訓周公既有大訓汝當遵而行之使其法更寬大汝奉周公之訓無得依恃形勢以作威於人無得倚附法制以行刻削百姓必當寬容而有法制使疎而不漏從容以和協於物莫爲褊急此成周殷民有犯事在於刑法未斷決者我告汝曰刑之汝惟勿得刑罰之我告汝曰赦宥之汝惟勿得赦宥之惟其以中正平法斷決之不得從上意也其有不順於汝之政令不化於汝之訓敎其罪既大當行刑中刑罰一人可以止息後犯者故云犯刑者乃刑之如其罪或輕細罰不當理雖刑勿息故不可輒刑若有人習於姦宄凶惡敗五常之道亂風俗之敎三犯其事者事雖細小勿得宥之以其知而故犯當殺之以絕惡源也。傳汝爲至之政。正義曰君陳之智必不及周公而令闡大周公訓者遵行其法使廣被於民即是闡揚而大之非遣君陳爲法使大於周公法也凡在人上位貴於人勢足可畏者多乘是形勢以作威刑於人倚附公法以行刻削之政故禁之也。傳寬不至之治。正義曰寬不失制則經寬而有制動不失和則經從容以和言動謂從容也。傳習於至惡源。正義曰釋言云狃復也孫炎曰狃忕前復爲也古言狃忕是貫習之義故以習解狃習於姦宄凶惡言爲之不知止也敗常亂俗有大有小罪雖小者三犯不赦恐其滋大所以絕惡源也此謂所犯小事言三者再猶可赦爾爾無忿疾于頑，無求備于一夫。人有頑嚚不喻汝當訓之無忿怒疾之使人當器之無責備于一夫必有忍，其乃有濟；有容，德乃大。爲人君長必有所含忍其乃有所成有所包容德乃爲大欲其忍恥藏垢。長誅丈反垢工口反簡厥修，亦簡其或不修。簡別其德行修者亦別其有不修者善以勸能惡以沮否。別彼列反沮在汝反否方九反又音鄙進厥良，以率其或不良。進顯其賢良者以率勉其有不良者使爲善〔疏〕爾無至不良。正義曰民者冥也當以漸教之故戒君陳民有不知道者汝無忿怒疾惡頑嚚之民當以漸敎訓之無求備于一人當取其所能在爲人君必有所含忍其事乃有所成有所寬容其德乃能大欲其寬大不褊隘也汝之爲政須知民之善惡簡別其德行修者亦簡別其有不修德行者進顯其賢良以率勵其不良者欲令其化惡使爲善也

惟民生厚因物有遷言人自然之性敦厚因所見所習之物有遷變之道故必愼所以示之

違上所命從厥攸好人之於上不從其令從其所好故人主不可不愼所好。好呼報反

爾克敬典在德時乃罔不變允升于大猷汝治人能敬常在道德是乃無不變化其政敎則信升於大道

惟予一人膺受多福汝能升大道則惟我一人亦當受其多福無凶危

其爾之休終有辭於永世非但我受多福而已其汝之美名亦終見稱誦於長世言沒而不朽長如字朽許久反

〔疏〕惟民至永世。正義曰惟民初生自然之性皆敦厚矣因見所習之物本性乃有遷變爲惡皆由習效使然人之情性好違上所命命之不必從也從其君所好君之所好民必從之在上者不可不愼所好也汝之治民能敬當從終常在於道德敎之汝以道德敎之是民

乃無不變化民皆變從汝化則信升于大道矣汝能如此惟我一人亦當受其多福無凶危矣其汝之美名亦終有稱誦之美辭於長世矣

顧命第二十四

周書　　孔氏傳　　孔穎達疏

成王將崩命召公畢公二公爲二伯中分天下而治之**率諸侯相康王作顧命**臨終之命曰顧命。相息亮反顧工戶反馬云成王將崩顧命康王命召公畢公率諸侯輔相之

〔疏〕成王至顧命。正義曰成王病困將崩召集羣臣以言命太保召公太師畢公使率領天下諸侯輔相康王史敍其事作顧命。傳二公至治之。正義曰禮記曲禮下文云九州之長曰牧五官之長曰伯是職方鄭玄云職主也謂爲三公者是伯分主東西者也周禮大宗伯云八命作牧九命作伯鄭云謂上公有功德者加命爲二伯此禮文皆伯尊於牧牧主一州明伯是中分天下者也禮言職方是各主一方也此二伯卽以三公爲之隱五年公羊傳云諸公者何天子三公天子三公者何天子之相也天子之相何以三自陝而東者周公主之自陝而西者召公主之一相處乎內是言三公爲二伯也公羊傳漢世之書陝縣者漢之弘農郡所治其地居二京之中故以爲二伯分掌之界周公所分亦當然也公羊傳所言周召分主謂成王卽位之初此時周公已薨故畢公代之周官篇三公之次太師太傅太保太保最在下此篇以召公爲先者三公命數尊卑同也王就其中委任賢者任之重者則在前耳。傳臨終至顧命。正義曰說文云顧還視也鄭玄云迴首曰顧顧是將去之意此言臨終之命曰顧命言臨將死去迴顧而爲語也

顧命實命羣臣敍以要言

惟四月哉生魄王不懌成王崩年之四月始生魄月十六日王有疾故不悅懌。懌音亦馬本作不釋云不釋疾不解也

甲子王乃洮頮水相被冕服憑玉几王大發大命臨羣臣必齊戒沐浴今疾病故但洮盥頮面扶相者被以冠冕加朝服憑玉几以出命。洮他刀反徐音逃馬云洮洮髮也頮音悔說文作沬云古文作頮馬云頮頮面也被皮義反徐扶僞反注同憑皮冰反下同說文作凭云依倚也字林同父冰反齊側皆反盥音管又音灌朝直遙反

乃同召太保奭芮伯彤伯畢公衞侯毛公同召六卿下至御治事太保畢毛稱公則三公矣此先後六卿次第冢宰第一召公領之司徒第二芮伯爲之宗伯第三彤伯爲之司馬第四畢公領之司寇第五衞侯爲之司空第六毛公領之召芮彤畢衞毛皆國名入爲天子公卿。奭音釋芮如銳反彤徒冬反

師氏虎臣百尹御事師氏大夫官虎臣虎賁氏百尹百官之長及諸御治事者

〔疏〕顧命至御事。正義曰發首至百尹御事敍王以病召臣爲發言之端自王曰至冒貢于非幾是顧命之辭也茲旣受命至立于側階言命後王崩欲宣王命布陳儀衞之事也自王麻冕已下敍康王受命之事。傳實命至要言。正義曰王之所命眞普命羣臣序以要約爲言直云命召公畢公傳不於上召公畢公之下而解於顧命之下言之者以上欲指明二公中分天下之事非是揔語故命不得言之顧命是揔命羣臣非但召畢而已故於此解也。傳成王至悅懌。正義曰成王崩年經典不載漢書律歷志云成王卽位三十年四月庚戌朔十五日甲子哉生魄卽引此顧命之文以爲成王卽位三十年而崩此是劉歆說也孔以甲子爲十六日則不得與歆同矣鄭玄云此成王二十

八年傳惟言成王崩年未知成王卽位幾年崩也志又云死魄朔也生魄望也明死魄生從望爲始故始生魄爲月十六日卽是望之日也釋詁云釋樂也有疾故不悅懌下云病日臻既彌留則成王遇病已多日矣於哉生魄下始言王不懌者甲子是發命之日爲洮頮張本耳。傳王大發至出命。正義曰凡有敬事皆當潔清王將發大命臨羣臣必齋戒沐浴今以病疾之故不能沐浴故但洮頮而已禮洗手謂之盥洗面謂之靧內則云子事父母面垢燂潘請靧頮是洗面知洮爲盥手言水謂洮盥俱用水扶相王者以冕服加王鄭玄云相者正王服位之臣謂太僕或當然也被以冠冕以冕服被王首也加朝服以服加王身也謂以衮冕朝諸侯之服加王身也鄭以爲玄冕知不然者以顧命羣臣大發大命以文武之業傳社稷之重不應惟服玄冕而已覲禮王服衮冕而有玉几此既憑玉几明服衮冕也周禮司几筵云凡大朝覲王位設黼扆扆前南向設左右玉几是王見羣臣當憑玉几以出命。傳同召至公卿。正義曰下及御事嘗此同召之文故云同召六卿下及御事也以王病甚故同時俱召之太保是三公官名畢毛又亦稱公知此三人是三公也三人是三公而與侯伯相次知六者是六卿衞侯爲司寇而位第五知此先後是六卿次第也以三公尊故待言公其餘三卿舉其本爵見其以國君入爲卿也天子三公皆以卿爲之不復別置其人高官兼攝下司者漢世以來謂之爲領故言召公領之毛公領之定四年左傳云康叔爲司寇知此六人依周禮次第爲六卿也王肅云彤姒姓之國其餘五國姒姓畢毛文王庶子衞侯康叔所封武王母弟依世本史記爲說也。傳師氏至事者。正義曰周禮師氏中大夫掌以美詔王居虎門之左司王朝得失之事帥其屬守王之門重其所掌故於虎臣並於百尹之上特言之尹訓正也故百尹爲百官之長諸御治事謂諸掌事者蓋大夫士皆被召也王肅云治事蓋羣士也

王曰嗚呼疾大漸惟幾自歎其疾大進篤惟危殆。幾音機徐音幾下同**病日臻既彌留恐不獲誓言嗣茲予審訓命汝**病日至言困甚已久留言無瘳恐不得結信出言嗣續我志以此故我詳審教命汝。瘳勑留反**昔君文王武王宣重光奠麗陳教則肄**言昔先君文武布其重光累聖之德定天命施陳教則勤勞。重光馬云日月星也太極上元十一月朔旦冬至日月如疊璧五星如連珠故曰重光重直龍反麗力馳反肄徐以至反又以制反**肄不違用克達殷集大命**文武定命陳教雖勞而不違道故能通殷爲周成其大命**在後之侗敬迓天威嗣守文武大訓無敢昏逾**在文武後之侗稚成王自斥敬迎天之威命言奉順繼守文武大教無敢昏亂逾越言戰慄畏懼。侗徐音同又勑動反馬本作詷云共也斥昌亦反**今天降疾殆弗興弗悟爾尚明時朕言**今天下疾我身甚危殆不起不悟言必死汝當庶幾明是我言勿忽略**用敬保元子釗弘濟于艱難**用奉我言敬安太子釗釗康王名大度於艱難勤德政。釗姜遼反又音昭徐之肴反**柔遠能邇安勸小大庶邦**言當和遠又能和近安小大衆國勸使爲善**思夫人自亂于威儀爾無以釗冒貢于非幾**羣臣皆宜思夫人夫人自治正於威儀有威可畏有儀可象然後足以率人汝無以釗冒進于非危之事

（疏）王曰至非幾。正義曰王召羣臣既集乃言而歎曰嗚呼我疾大進益重惟危殆矣病日日益至言病困已甚病既久留於我身恐一旦暴死不得結誓出言語以繼續我志以此故我今詳審教訓命誥汝等昔先君文王武王布其重光累聖之德安定天命施陳教誨則勤勞矣文武定命陳教雖勞而不違於道用能通殷爲周成其大命代殷爲主至文武後之侗稚成王自謂已也言已常敬迎天之威命終當奉順天道繼守文武大教無敢昏亂逾越言當戰慄畏懼恐墜文武之業今天降疾於我身甚危殆矣不能更起不復覺悟言已必死汝等庶幾明是我言勿忽略之用我之語敬安太子釗大渡於艱難言當安和遠人又須能和近人當爲善政遠近俱安之又當安勸小大衆國於彼小大衆國皆安之勸之安之使國得安存勸之使相勸爲善汝羣臣等思夫人夫人衆國各自治正於威儀有威有儀然後可以率人無威無儀則民不從命戒使愼威儀也汝無以釗冒進於非危事欲令戒其不爲惡也。傳病日至命汝。正義曰病日日至者言日日益至徧於身體困甚也已久留者言病來多日無瘳愈也恐死不得結信出言嗣續我志志欲有言若不能言則不得續志以此及今能言故我詳審出言教命彼言已詳審欲其敬聽之。傳今天至忽略。正義曰孔讀殆上屬爲句今天下疾我身甚危殆也不起言身不能起不悟言心不能覺悟病者形弱神亂不起不悟言必

死也兹既受命還此羣臣已受賜命各還本位出綴衣于庭越翼日乙丑王崩綴衣幄帳羣臣既退徹出幄帳於庭王寢於北墉下東首反初生於其明日王崩。出如字徐尺遂反綴丁衛反下同王崩馬本作成王崩注安民立政曰成幄於角反下同墉音容本亦作牖音毛又反太保命仲桓南宮毛冢宰攝政故命二臣桓毛名俾爰齊侯呂伋以二干戈虎賁百人逆子釗於南門之外臣子皆侍左右將正太子之尊故出於路寢門外使桓毛二臣各執干戈於齊侯呂伋索虎賁百人更新逆門外所以殊之伋爲天子虎賁氏。俾必爾反伋居及反齊侯名太公子延入翼室恤宅宗明室路寢延之使居憂爲天下宗主丁卯命作冊度三日命史爲冊書法度傳顧命於康王。度舊音杜洛反恐誤注云作冊書法度音宜如字傳直專反【疏】兹既至冊度○正義曰此羣臣既受王命還復本位出連綴之衣王所坐幄帳置之於庭於其明日乙丑王崩矣太保召公命仲桓南宮毛使此二

人於齊侯呂伋之所以二干戈桓毛各執其一又取虎賁之士百人迎太子釗於南門之外逆此太子使入於路寢明室令太子在室當喪憂居爲天下宗主正其將王之位以繫羣臣之心也。傳此羣至本位。正義曰周禮射人掌國之三公孤卿大夫之位三公北面孤東面卿大夫西面鄭玄云不言士者此與諸侯之賓射士不與也凡朝燕及射臣見於君之禮同鄭知然者以周禮司士掌治朝之位與射人同是天子之朝位與射禮位同案燕禮小臣納卿大夫卿大夫皆北面俟命爾卿東方西面爾大夫少進皆北面大射禮其位亦然是諸侯燕位與射位同故云朝燕及射臣見於君之禮同但天子臣多故三公北面孤東面卿大夫西面諸侯臣少故卿西面大夫北面其士與天子同皆門內西方東面其入門當立定位如是及王呼與言必各自前進巳受顧命退還本位者謂還本治事之位故孔下傳云朝臣就次謂退王庭而還治事之處。傳綴衣至王崩。正義曰綴衣者連綴衣物出之於庭則是從內而出下云狄設黼扆綴衣則綴衣是黼扆之類黼扆是王坐立之處知綴衣是施張於王坐之上故以爲幄帳也周禮幕人掌帳幕幄帟綬之事鄭玄云在旁曰帷在上曰幕帷幕皆以布爲之四合象宮室曰幄王所居之帳也帟王在幕若幄中坐上承塵也幄帟皆以繒爲之然則

幄帳是黼扆之上所張之物此言出綴衣於庭則亦并出黼扆故下句云象王平生之時更復設之王發顧命在此坐故幄帳之坐命訖乃復反於寢處以王病重不復能臨此坐故徹出幄帳於庭將欲爲死備也傳更解徹去幄帳之意以王病困寢不在此喪大記云疾病君大夫徹懸士去琴瑟寢東首於北墉下廢牀鄭玄云廢去也人始生在地去牀庶其生氣反也記言君大夫士則尊卑皆然故知此時王亦寢於北墉下東首反初生也。傳臣子至賁氏。正義曰天子初崩太子必在其側解其迎於門外之意於時臣子皆侍左右將正太子之尊故使太子出於路寢門外更迎入所以殊之也經言以二干戈文在齊侯呂伋下似就齊侯取干戈傳言使桓毛二臣各執干戈於齊侯呂伋索虎賁則是執干戈就齊侯傳似反於經者於時新遭大禍內外嚴戒桓毛二人必是武臣宿衛先執干戈太保就命使之就干戈以往傳達其意故移干戈之文於齊侯之上傳言是實也經言於齊侯呂伋下言以二干戈虎賁百人者指說迎太子之時有此備衛耳非言二人干戈亦是齊侯授也周禮虎賁氏下大夫其屬有虎士八百人知伋爲天子虎賁氏故就伋取虎賁也。傳明室至宗主。正義曰釋言云翼明也喪大記云君大夫卒於路寢以諸侯薨於路寢知天子亦崩於路寢今延太子入室

必延入喪所知翼室是明室謂路寢也路寢之大者故以明言之延之使憂居喪主爲天下宗主也。傳三日至康王。正義曰周禮內史掌策命故命內史爲策書也經不言命史史是常職不假言之將崩雖口有遺命未作策書故以此日作之既作策書因作受策法度下云曰皇后憑玉几宣成王言是策書也將受命時升階卽位及傳命已後康王荅命受同祭饗皆是法度越七日癸酉伯相命士須材邦伯爲相則召公於丁卯七日癸酉召公命士致材木須待以供喪用。相息亮反供音恭狄設黼扆綴衣狄下士扆屏風畫爲斧文置戶牖間復設幄帳象平生所爲。黼音甫徐音補扆於豈反屏步經反畫胡卦反牖音酉復扶又反【疏】越七日至癸酉。正義曰自此以下至立于側階惟命士須材是擬供喪用其餘皆是將欲傳命布設之士四坐王之所處者器物國之所寶者車輅王之所乘者陳之所以華國且以示重顧命其執兵器立于門內堂階者所以備不虞亦爲國家之威儀也。傳邦伯至喪用。正義曰成王既崩事皆聽於冢宰自非召公無由發命知伯相卽召公也王肅云召公爲二伯相王室故曰伯相上言太保命仲桓此改言伯相者於此所命士多非是國相

不得大命諸侯故改言伯相以見政皆在焉於丁卯七日癸酉則王乙丑崩於今巳九日矣於九日始傳顧命不知其所由也鄭玄云癸酉蓋大斂之明日也鄭大夫巳上殯斂皆以死之來日數天子七日而殯於死日爲八日故以癸酉爲殯之明日孔不爲傳不必如鄭說也須訓待也今所命者皆爲喪去。知命士須材者召公命士致材木須待以供喪用謂椁與明器是喪之雜用也案士喪禮將葬筮宅之後始作椁及明器此既殯即須材木者以天子禮大當須預營之故禮記云虞人致百祀之木可爲棺椁者斬之是與士禮不同顧氏亦云命士供葬椁之材。傳狄下至所爲。正義曰禮記祭統云狄者樂吏之賤者也是賤官有名爲狄者故以狄爲下士喪大記復魄之禮云狄人設階是喪事使狄與此同也釋宮云牖戶之閒謂之扆李巡曰謂牖之東戶之西爲扆郭璞曰窻東戶西也禮云斧扆者以其所在處名之郭璞又云禮有斧扆形如屏風畫爲斧文置於扆地因名爲扆是先儒相傳黼扆者屏風畫爲斧文在於戶牖之閒考工記云畫繢之事白與黑謂之黼是用白黑畫屏風置之於扆地故名此物爲黼扆上文言出綴衣於庭此復設黼扆帷幄帳者象王平生時所爲也經於四坐之上言設黼扆綴衣則四坐皆設之此經所云狄設亦是伯相命狄使設之不言命者上云命士

此蒙命文設四坐及陳寶玉兵器與輅車各有所司皆是相命不言所命之人從上省文也

牖間南嚮敷重篾席黼純華玉仍几篾桃枝竹白黑雜繒緣之華彩色華玉以飾憑几仍因也因生時几不改作此見羣臣覲諸侯之坐。嚮許亮反篾眠結反馬云纖蒻純之允反又之閏反下同緣悅絹反本或作純

西序東嚮敷重底席綴純文貝仍几東西廂謂之序底蒻苹綴雜彩有文之貝飾几此旦夕聽事之坐。底之履反馬云青蒲也蒻音弱苹音平

東序西嚮敷重豐席畫純雕玉仍几豐莞彩色爲畫雕刻鏤此養國老饗羣臣之坐。豐芳弓反莞音官又音關鏤來豆反

西夾南嚮敷重筍席玄紛純漆仍几西廂夾室之前筍蒻竹玄紛黑綬此親屬私宴之坐故席几質飾。夾工洽反徐音頰注同筍息允反馬云筍箬也徐云竹子竹爲席于貧反紛孚云反漆音七徐七利反綬音受

越玉五重陳寶於東西序坐北列玉五重又陳先王所寶之器物。越玉馬云越地所獻玉也重直容反

赤刀大訓弘璧琬琰在西序寶刀赤刀削大訓虞書典謨大璧琬琰之珪爲二重。琬紆晚反琰以冉反削音笑

大玉夷玉天球河圖在東序三玉爲三重夷常也球雍州所貢河圖八卦伏犧王天下龍馬出河遂則其文以畫八卦謂之河圖及典謨皆歷代傳寶之。夷玉馬云東夷之美玉說文夷玉即珣玗琪球音求馬云玉磬雍於用反本亦作邕

胤之舞衣大貝鼖鼓在西房胤國所爲舞者之衣皆中法大貝如車渠鼖鼓長八尺商周傳寶之西房西夾坐東。鼖扶云反注同中丁仲反車尺遮反車渠車輞也

兌之戈和之弓垂之竹矢在東房兌和古之巧人垂舜共工所爲皆中法故亦傳寶之東房東廂夾室。兌徒外反共音恭

大輅在賓階面綴輅在阼階面大輅玉綴輅金面前皆南向。阼才故反向許亮反

先輅在左塾之前次輅在右塾之前先輅象次輅木金玉象皆以飾車木則無飾皆在路寢門內左右塾前北面凡所陳列皆象成王生時華國之事所以重顧命。塾音孰一音育重有用反

[疏]牖間至漆仍几。正義曰牖謂窻也間者窻東戶西戶牖之間也周禮司几筵云凡大朝覲大饗射凡封國命諸侯王位設黼扆扆前南向設莞筵紛純加繅席畫純加次席黼純左右玉几彼所設者即此坐也又云戶牖之間謂之扆彼言扆前此言牖間即一坐也彼言次席黼純此言篾席黼純亦一物也周禮天子之席三重諸侯之席再重則此四坐所言敷重席者其席皆敷三重舉其上席而言重知其下更有席也此牖間之坐即是周禮扆前之坐篾席之下二重其次是繅席畫純其下是莞筵紛純也此一坐有周禮可據知其次下二席必然下文三坐禮無其事以扆前一坐數三重之席知下三坐必非一重之席敷三坐但不知其下二重是何席耳周禮天子左右几諸侯惟右几此言仍几則四坐皆左右几也鄭玄云左右有几優至尊也。傳篾桃至之坐。正義曰此篾席與周禮次席一也鄭注彼云次席桃枝席有次列成文鄭玄不見孔傳亦言是桃枝席則此席用桃枝之竹必相傳有舊說也鄭注此下則云篾析竹之次青者王肅云篾席纖蒻苹席竝不知其所據也考工記云白與黑謂之黼釋器云緣謂之純知黼純是白黑雜繒緣之蓋以白繒黑繒錯雜彩以緣之鄭玄注周禮云斧謂之黼其繡白黑采也以絳帛爲質其意以白

黑之線縫刺爲黼又以緣席其事或當然也華是彩之別名故以爲彩色用華玉以飾憑几也鄭玄云華玉五色玉也仍因也釋詁文周禮云几吉事變几凶事仍几禮之於几有變有仍故特言仍几以見因生時几不改作也此見羣臣覲諸侯之坐周禮之文知之又覲禮天子待諸侯設斧扆於戶牖之間左右几天子衮冕負斧扆彼在朝此在寢爲異其牖間之坐則同○傳東西至之坐○正義曰東西廂謂之序釋宫文孫炎曰堂東西牆所以別序内外也禮注謂蒲席爲蒻苹孔以底席爲蒻苹當謂蒲爲蒲蒻之席也史游急就篇云蒲蒻藺席蒲蒻謂此也王肅云底席青蒲席也鄭玄云底致也篾纖致席也鄭謂此底席亦竹席也凡此重席非有明文可據各自以意説耳綴者連綴諸色席必以彩爲緣故以綴爲雜彩也貝者水虫取其甲以飾器物釋魚於貝之下云餘蚳黄白文餘泉白黄文李巡曰貝甲以黄爲質白爲文彩名爲餘蚳貝甲以白爲質黄爲文彩名爲餘泉有文之貝飾几謂用此餘蚳餘泉之貝飾几也此旦夕聽事之坐鄭王亦以爲然牖間是見羣臣覲諸侯之坐見於周禮其東序西嚮養國老饗羣臣之坐者案燕禮云坐於阼階上西嚮則養國老及饗與燕禮同其西序之坐在燕饗坐前以其旦夕聽事重於燕飲故西序爲旦夕聽事之坐夾室之坐在燕饗坐後又夾室是隱映之處又親屬輕於燕饗故夾室爲親屬私宴之坐案朝士職掌治朝之位王南面此西序東嚮者以此諸坐並陳避牖間南嚮覲諸侯之坐故也王肅説四坐皆與孔同○傳豐莞至之坐○正義曰釋草云莞苻離郭璞曰今之西方人呼蒲爲莞用之爲席也又云蔽鼠莞樊光曰詩云下莞上簟郭璞曰似莞而纖細今蜀中所出莞席是也王肅亦云豐席莞鄭玄云豐席刮凍竹席考工記云畫繢之事雜五色是彩色爲畫蓋以五彩色畫帛以爲緣鄭玄云似雲氣畫之爲緣釋器云玉謂之彫金謂之鏤木謂之刻是彫爲刻鏤之類故以刻鏤解彫蓋雜以金玉刻鏤爲飾也○傳西廂至質飾○正義曰下傳云西房西夾坐東東房東廂夾室然則房與夾室實同而異名天子之室有左右房房卽室也以其夾中央之大室故謂之夾室此坐在西廂夾室之前故繫夾室言之釋草云筍竹萌孫炎曰竹初萌生謂之筍是筍爲蒻竹取筍竹之皮以爲席也紛則組之小別鄭玄周禮注云紛如綬有文而狹者也然則紛綬一物小大異名故傳以玄紛爲黑綬鄭於此注云以玄組爲之緣周禮大宗伯云以飲食之禮親宗族兄弟鄭玄云親者使之相親人君有食宗族飲酒之禮所以親之也文王世子云族食世降一等是天子有與親屬私宴之事以骨肉情親不事華麗故席几質飾也○傳於東至器物○正義曰此經爲下揔目下復分別言之越訓於也於者於其處所上云西序東嚮東序西嚮則序旁已有王之坐矣下句陳玉復云在西序在東序者明於東西序坐北也序者牆之别名其牆南北長坐北猶有序牆故言在西序在東序也西序二重東序三重二序共爲列玉五重又陳先王所寶之器物河圖大訓貝鼓戈弓皆是先王之寶器也○傳寶刀至二重○正義曰上言陳寶非寶則不得陳之故知赤刀寶刀也謂之赤刀者其刀必有赤處刀一名削故名赤刀削也禮記少儀記執物授人之儀云刀授穎削授拊鄭玄云避用時也穎鐶也拊謂把也然則刀施鐶削用把削似小於刀相對爲異散文則通故傳以赤刀爲赤刀削吳錄稱吳人嚴白虎聚衆反遣弟與治孫策策引白削斫虎與體動曰我見刃爲然然赤刃爲赤削白刃爲白削是削爲刀之別名明矣周禮考工記云築氏爲削合六而成規鄭注云曲刃刀也又云赤刀者武王誅紂時刀赤爲飾周正色不知其言何所出也大訓虞書典謨王肅亦以爲然鄭云大訓謂禮法先王德教皆是以意言耳弘訓大也大璧琬琰之圭爲二重則琬琰共爲一重周禮典瑞云琬圭以治德琰圭以易行則琬琰別玉而共爲重者蓋以其玉形質同故不別爲重也考工記琬圭琰圭皆九寸鄭玄云大璧大琰皆度尺二寸者孔既不分爲二重亦不知何所據也○傳三玉至寶之○正義曰三玉爲三重與上共爲五重也夷常釋詁文禹貢雍州所貢球琳琅玕知球是雍州所貢也常玉天球傳不解常天之義未審孔意如何王肅云夷玉東夷之美玉天球玉磬也亦不解稱天之意鄭玄云大玉華山之球也夷玉東北之珣玗琪也天球雍州所貢之玉色如天者皆璞未見琢治故不以禮器名之釋地云東方之美者有醫無閭之珣玗琪焉東方實有此玉鄭以夷玉爲彼玉未知經意爲然否河圖八卦是伏羲氏王天下龍馬出河遂則其文以畫八卦謂之河圖當孔之時必有書爲此説也漢書五行志劉歆以爲伏犧氏繼天而王受河圖則而畫之八卦是也劉歆亦如孔説是必有書明矣易繫辭云古者包犧氏之王天下也仰則觀象於天俯則觀法於地觀鳥獸之文與地之宜近取諸身遠取諸物於是始作八卦都不言法河圖也而此傳言河圖者蓋易理寬弘無所不法直如繫辭之言所法已自多矣亦何妨更法河圖也且繫辭又云河出圖洛出書聖人則之若八卦不則河圖餘復何所則也王肅亦云河圖八卦也璧玉人之所貴是爲可寶之物八卦典謨非金玉之類嫌其非寶故云河圖及典謨皆歷代傳寶之此西序東序各陳四物皆是臨時處置未必別有他義下二房各有二物亦應無別意也○傳胤

國至坐東○正義曰以夏有胤侯知胤是國名也胤是前代之國舞衣至今猶在明其所爲中法故常寶之亦不知舞者之衣是何衣也大貝必大於餘貝伏生書傳云散宜生之江淮取大貝如大車之渠是言大小如車渠也考工記謂車罔爲渠大小如車罔其貝形曲如車罔故比之也考工記云鼓長八尺謂之鼖鼓釋樂云大鼓謂之鼖此鼓必有所異周與至此未久當是先代之器故云商周傳寶之西序卽是西夾西夾之前已有南向坐矣西序亦陳之寶近在此坐之西知此在西房者在西夾室東也○傳兌和至夾室○正義曰戈弓竹矢巧人所作垂是巧人知兌和亦古人之巧人也垂舜共工舜典文若不中法卽不足可寶知所爲皆中法故亦傳寶之垂是舜之共工竹矢蓋舜時之物其兌和之所作則不知寶來幾何世也故皆言傳寶之耳東夾室無坐故直言東廂夾室陳於夾室之前也案鄭注周禮宗廟路寢制如明堂明堂則五室此路寢得有東房西房者鄭志張逸以此問鄭荅云成王崩在鎬京鎬京宮室因文武更不改作故同諸侯之制有左右旁也孔無明說或與鄭異路寢之制不必同明堂也○傳大輅至南向○正義曰周禮巾車掌王之五輅玉輅金輅象輅革輅木輅是爲五輅也此經所陳四輅必是周禮五輅之四大輅輅之最大故知大輅玉輅也綴輅繫綴於

下必是玉輅之次故爲金輅也面前者據人在堂上面向南方知面前皆南向謂轅向南也地道尊右故玉輅在西金輅在東○傳先輅至顧命○正義曰此經四輅兩兩相配上言太輅綴輅此言先輅次輅二者各自以前後爲文玉輅金輅卽次象輅故言先輅象其木輅在象輅之下故云次輅木也又解四輅之名金玉象皆以飾車三者以飾爲之名木則無飾故指木爲名耳鄭玄周禮注云革輅輓之以革而漆之木輅不輓以革漆之而已以直漆其木故以木爲名木輅之上猶有革輅不以次輅爲革輅者禮五輅而此四輅於五之內必將少一蓋以革輅是兵戎之用於此不必陳之故不云革輅而以木輅爲次馬融王肅皆云不陳戎輅者兵事非常故不陳之孔意或當然也鄭玄以綴次是從後之言二者皆爲副貳之車先輅是金輅也綴輅是玉輅之貳次輅是金輅之貳不陳象輅木輅革輅者主於朝祀而巳未知孔鄭誰得經旨成王殯在路寢下云二人執惠立于畢門之內畢門是路寢之門知此陳設車輅皆在路寢門內也釋宮云門側之堂謂之塾孫炎曰夾門堂也塾前陳車必以轅向堂故知左右塾前皆北面也左塾者謂門內之西右塾者門內之東故以此面言之爲左右所陳坐位器物皆以西爲上由王殯在西序故也其執兵宿衞之人則先東而後西者以王在東宿衞敬新

王故也顧氏云先輅在左塾之前在寢門內之西北面對玉輅次輅在右塾之前在寢門內之東對金輅也凡所陳列自狄設黼扆已下至此皆象成王生時華國之事所以重顧命也鄭玄亦云陳寶者方有大事以華國也周禮典路云若有大祭祀則出路大喪大賓客亦如之是大喪出輅爲常禮也

二人雀弁執惠立于畢門之內

士衞殯與在廟同故雀韋弁惠三隅矛路寢門一名畢門○弁皮彥反徐扶變反

四人綦弁執戈上刃夾兩階戺

綦文鹿子皮弁亦士。堂廉曰戺士所立處○綦音其馬本作騏云青黑色夾徐工洽反戺音俟徐音士廉力占反棱也

一人冕執劉立于東堂一人冕執鉞立于西堂

冕皆大夫也劉鉞屬立於東西廂之前堂

一人冕執戣立于東垂一人冕執瞿立于西垂

戣瞿皆戟屬立于東西下之階上○戣音逵瞿其俱反徐音欋

一人冕執銳。立于側階

銳矛屬也側階北下立階上○銳以稅反

【疏】二人至側階○正義曰禮大夫服冕士服弁也此所執者凡有七兵立于畢門之內及夾兩階立堂下者服爵弁綦弁者皆士也以其去殯遠故使士爲之其在堂上服冕者皆大夫也以其去殯近皆使大夫爲之先門次階次堂從外向內而敘之也次東西垂次側階又從近向遠而敘之也在門者兩守門兩廂各一人故二人在階者兩廂各二人故四人禮記明堂位三公在中階之前考工記夏后氏世室九階鄭玄云南面三三面各二鄭玄又云宗廟及路寢制如明堂則路寢南面亦當有三階矣此惟四人夾兩階不守中階者路寢制如明堂惟鄭玄之說耳路寢三階不書亦未有明文縱有中階中階無人升降不須以兵衞之○傳士衞至畢門○正義曰士入廟助祭乃服雀弁於此服雀弁者士衞主殯與在廟同故爵韋弁也鄭玄云赤黑曰雀言如雀頭色也雀弁同如冕黑色但無藻耳然則雀弁所用當與冕同阮諶二禮圖云雀弁以三十升布爲之此傳言雀韋弁者蓋以周禮司服云凡兵事韋弁服此人執兵宜以韋爲之異於祭服故言雀韋弁下云綦弁孔言鹿子皮爲弁然則下言冕執兵者不可以韋爲冕未知孔意如何天子五門皐庫雉應路也下云王出在應門之內出畢門始至應門之內如畢門卽是路寢之門一名畢門也此經所陳七種之兵惟戈經傳多言之考工記有其形制其餘皆無文傳惟言惠三

隅矛鋭亦矛也戣瞿皆戟屬不知何所據也劉鉞屬者以劉與鉞相對故言屬以似之而別又不知何以爲異古今兵器名異體殊此等形制皆不可得而知也鄭玄云惠狀蓋斜刃宜芟刈戈即今之句孑戟劉蓋今鑱斧鉞大斧戣瞿蓋今三鋒矛鋭矛屬凡此七兵或施矜或著柄周禮戈長六尺六寸其餘未聞長短之數王肅惟云皆兵器之名也○傳綦文至知立處○正義曰鄭玄云青黑曰綦王肅云綦赤黑色孔以爲綦文鹿子皮弁各以意言無正文也大夫則服冕此服弁知亦士也堂廉曰戺相傳爲然廉者稜也所立在堂下近於堂稜○傳冕皆至前堂○正義曰周禮司服云大夫之服自玄冕而下知服冕者皆大夫也鄭玄云序內半以前曰堂謂序內簷下自室壁至於堂廉中半以前總名爲堂此立於東堂西堂者當在東西廂近階而立以備升階之人也○傳戣瞿至階上○正義曰釋詁云疆界邊衛圉垂也則垂是遠外之名此經所言冕則在堂上弁則在堂下此二人服冕知在堂上也堂上而言東垂西垂知在堂上之遠地當於序外東廂西廂必有階上堂知此立于東西堂之階上也○傳鋭矛至階上○正義曰鄭王皆以側階爲東下階也然立于東垂者已在東下階上何由此人復共並立故傳以爲北下階上謂堂北階北階則惟堂北一階而已側猶特也

王麻冕黼裳由賓階隮王及羣臣皆吉服用西階升不敢當主卿士邦君麻冕蟻裳入即位公卿大夫及諸侯皆同服亦廟中之禮蟻裳名色玄○蟻魚綺反太保太史太宗皆麻冕彤裳執事各異裳彤纁也太宗上宗即宗伯也太保承介圭上宗奉同瑁由阼階隮大圭尺二寸天子守之故奉以奠康王所位同爵名瑁所以冒諸侯圭以齊瑞信方四寸邪刻之用阼階升由便不嫌○冒莫報反太史秉書由賓階隮御王冊命太史持冊書顧命進康王故同階[疏]王麻至冊命○正義曰此將傳顧命布設位次即上所作法度也凡諸行禮皆賤者先置此必卿下士邦君即位既定然後王始升階但以君臣之序先言王服因服之下即言升階從省文卿士邦君無所執事故直言即位而已太保太史太宗皆執事之人故別言衣服各自所職不得即言升階故別言所執各從升階爲文次也卿士王臣故先於邦君太史乃是大宗之屬而先於太宗者太史之職掌冊書此禮主以爲冊命太史所掌事重故先言之○傳王及至當主○正義曰

禮績麻三十升以爲冕故稱麻冕傳嫌麻非吉服故言王及羣羣臣皆吉服也王麻冕者蓋衮冕也周禮司服享先王則衮冕此禮授王冊命進酒祭王是王之上服於此正王之尊明其服必衮冕也其卿士邦君當各以命服服即助祭之冕矣衮鄭玄周禮注云衮之衣五章裳四章則衮衣之裳非獨有黼言黼裳者以裳之章色黼黻有文故特取爲文詩采菽之篇言王賜諸侯云玄衮及黼以黼有文故特言之鄭玄於此注云黼裳者冕服有文者也是言貴文故稱之禮君升阼階此用西階升者以未受顧命不敢當主也○傳公卿至色玄○正義曰卿士卿之有事者公則卿兼之此行大禮大夫亦與焉略舉卿士爲文公與大夫必在故傳言公卿大夫及諸侯皆同服言同服吉服此亦廟中之禮也言其如助祭各服其冕服也禮無蟻裳今云蟻者裳之名也蟻者蚍蜉蟲也此蟲色黑知蟻裳色玄以色玄如蟻故以蟻名之禮祭服皆玄衣纁裳此獨云玄裳者卿士邦君於此無事不可全與祭同改其裳以示變於常也太保太史有所主者則純如祭服暫從吉也入即位者鄭玄云卿西面諸侯北面鄭玄惟據經卿士邦君言之其公亦北面孤東面也○傳執事至宗伯○正義曰此三官者皆執事俱彤裳而言各異裳者各自異於卿士邦君也彤赤也禮祭服纁裳纁是赤色之淺者故

以彤爲纁言是常祭服也太宗與下文上宗一人即宗伯之卿也○傳大圭至不嫌○正義曰考工記玉人云鎮圭尺有二寸天子守之鎮圭之大者介訓大也故知是彼鎮圭天子之所守故奉之以奠康王所位以明正位爲天子也禮又有大圭長三尺知介圭非彼三尺圭者典瑞云王搢大圭執鎮圭以朝日玉人云大圭長三尺天子服之彼搢於紳帶是天子之笏不是天子所守故知非彼三尺之大圭也上宗奉同瑁則下文云天子受同瑁大保必奠於位其奉介圭下文不言受介圭者以同瑁并在手中故不得執之太保必奠於其位但文不見耳禮於奠爵無名同者但下文祭酢皆用同奉酒知同是酒爵之名也玉人云天子執冒四寸以朝諸侯鄭玄注云名玉曰冒者言德能覆蓋天下也四寸者方以尊接卑以小爲貴禮天子所以執瑁者諸侯即位天子賜之以命圭圭頭邪鋭其瑁當下邪刻之其刻闊狹長短如圭頭諸侯來朝執圭以授天子天子以冒之刻處冒彼圭頭若大小相當則是本所賜其或不同則圭是僞作知諸侯信與不信故天子執瑁所以冒諸侯之圭以齊瑞信猶今之合符然經傳惟言圭之長短不言闊狹瑁方四寸容彼圭頭則圭頭之闊無四寸也天子以一瑁冒天下之圭則公侯伯之圭闊狹等也此瑁惟冒圭耳不得冒璧璧亦稱瑞不知所以齊信未

得而聞之也阼階者東階也謂之阼者鄭玄云冠禮注云阼猶酢也東階所以荅酢賓客是其義也禮凶事設洗於西階西南吉事設洗於東階東南此太保上宗皆行吉事盥洗在東故用阼階升由便以卑不嫌爲主人也鄭玄云上宗猶太宗變其文者宗伯之長大宗伯一人與小宗伯二人凡三人使其上二人也一人奉同一人奉瑁傳無明解當同於鄭也○傳太史至同階○正義曰訓御爲進大史持策書顧命欲以進王故與王同升西階鄭玄云御猶鄉也王此時正立賓階上少東太史東面於殯西南而讀策書以命王嗣位之事孔雖以御爲進其意當如鄭言不言王面北可知也篇以顧命爲名指上文爲言顧命策書稟王之意爲言亦是顧命之事故傳言策書顧命

曰皇后憑玉几道揚末命命汝嗣訓冊命之辭大君成王言憑玉几所道稱揚終命所以感動康王命汝繼嗣其道言任重因以託戒○憑皮冰反臨君周邦率循大卞用是道臨君周國率羣臣循大法○卞皮彥反徐扶變反燮和天下用荅揚文武之光訓言用和道和天下用對揚聖祖文武之大教敘成王意

王再拜興荅曰眇眇予末小子其能而亂四方以敬忌天威言微我淺末小子其能如父祖治四方以敬忌天威德乎謙辭託不能○眇彌小反

疏曰皇至光訓○正義曰此即丁卯命作之冊書也誥康王曰大君成王病困之時憑玉几所道稱揚將終之教命命汝繼嗣其道代爲民主用是道以臨君周邦率羣臣循大法用和道和天下用對揚聖祖文武之大教敘成王之意言成王命汝如此也○傳冊命至託戒○正義曰言憑玉几所道以示不憑玉几則不能言所以感動康王令其哀而聽之不敢忽也以訓爲道命汝繼嗣其道繼父道爲天下之主言所任者重因以託戒也○傳用是道至大法○正義曰卞之爲法無正訓也告以爲法之道令率羣臣循之明所循者法也故以大卞爲大法王肅亦同也

乃受同瑁王三宿三祭三咤王受瑁爲主受同以祭禮成於三故酌者實三爵於王王三進爵三祭酒三奠爵告已受羣臣所傳顧命○咤陟嫁反字亦作宅又音妬徐又音託又豬夜反說文作詫丁故反奠爵也馬作詫與說文音義同上宗曰饗祭必受福讚王曰饗福酒太保受同降受王所饗同下堂反於篚盥以異同秉璋以酢太保以盥手洗異同實酒秉璋以酢祭半圭曰璋臣所奉王已祭太保又祭報祭曰酢○酢才各反授宗人同拜王荅拜宗人小宗伯佐大宗伯大宗供主○宗人供太保拜白已傳顧命故授宗人同拜王荅拜尊所受命太保受同祭嚌太宗○既拜而祭既祭受福嚌至齒則王亦至齒王言饗太保言嚌互相備○嚌才細反互音戶宅授宗人同拜王荅拜太保居其所授宗人同拜白成王以事畢王荅拜敬所白○宅如字馬同徐殆故反太保降收太保下堂則王亦可知有司於此盡收徹○徹直列反又徐直列反

疏乃受至降收○正義曰王受冊命之時立於西階上少東北面太史於柩西南東面讀策書讀冊既訖王再拜上宗於王西南北面奉同瑁以授王王一手受同一手受瑁王又以瑁授宗人王乃執同就樽於兩楹之間酌酒乃於殯東西面立三進於神坐前祭神如前祭凡前祭酒酹地而奠爵訖復位再拜王又於樽所別以同酌酒祭神如前復三祭故云三宿三祭三咤然後酌福酒以授王上宗讚王曰饗福酒王再拜受酒跪而祭先嚌至齒與再拜太保受同降自東階反於篚又盥以異同執璋升自東階適樽所酌酒至殯東西報祭之欲祭之時授宗人同拜白王柩云已傳顧命訖王則荅拜拜柩尊所受命太保乃於宗人處受同祭柩如王禮但一祭而已祭訖乃受福祝酌同以授太保宗人讚太保曰饗福酒太保再拜受同亦祭先而嚌至齒與再拜訖於所居位授宗人同太保更拜白柩以事畢王又荅拜拜柩敬所白王與太保降階而下堂有司於是收徹器物○傳王受至顧命○正義曰天子執瑁故受瑁爲主同是酒器故受同以祭鄭玄云王既對神則一手受同一手受瑁然既受之後王受同而祭則瑁以授人禮成於三酌者實三爵於王當是實三爵而續送三祭各用一同非一同而三反也釋詁云肅進也宿即肅也故以宿爵而續送祭各用一同爲一進三宿謂三進爵從立處而三進至神所也三祭酒三酹酒於神坐也每一酹酒則一奠爵三奠爵於地也爲此祭者告神言已已受羣臣所傳顧命白神使知也經典無此咤字咤爲奠爵傳記無文○正以既祭必當奠爵既言三祭知三咤爲三奠爵也王肅亦以咤爲奠爵鄭玄云徐行前曰肅卻行曰咤王徐行前三祭又三卻復本位與孔異也○傳祭必至福酒○正義曰禮於祭末必飲神之酒受神之福其人祭則有受嘏之福禮特牲少牢主人受嘏福是受神之福也其告祭小祀則不得備儀直飲酒而已此非大祭故

於王三奠爵訖上宗以同酌酒進王讀王曰饗福酒也王取同嚌之乃以同授太保也。傳受王至於篚。正義曰上宗讀王以饗福酒也卽云太保受同明是受王所饗同也祭祀飲酒之禮爵未用皆實於篚既飲皆反於篚知此下堂反於篚也。傳太保至曰酢。正義曰祭祀以變爲敬不可卽用王同故太保以盥手更洗異同實酒於同中乃秉璋以酢祭於上。祭後更復報祭猶如正祭大禮之亞獻也周禮典瑞云四圭有邸以祀天兩圭有邸以祀地圭璧以祀日月璋邸射以祀山川從上而下遞減其半知半圭曰璋祭統云君執圭瓚大宗執璋瓚謂亞獻用璋瓚此非正祭亦是亞獻之類故亦執璋若助祭公侯伯子男自得執圭璧也秉璋以酢是報祭之事王已祭太保又報祭也酢訓報也故報祭曰酢飲酒之禮稱獻酢者亦是報之義也。傳宗人至受命。正義曰上宗爲太宗伯知宗人爲小宗伯也太保所以拜者白成王言已已傳顧命訖也將欲拜故先授宗人同拜者自爲拜神不拜康王但白神言已傳顧命之事先告王已受顧命王荅拜者尊所受之命亦告神使知故荅拜也王既祭則奠同於地太保不敢奠於地故以同授宗人然後拜也太保既酢祭而拜則王之奠爵每奠必拜於王祭不言拜者祭酒必拜乃是常禮於王不言拜於太保言拜者足以見王拜也。傳太保至相備。正義曰太保受同者謂太保既拜之後於宗人邊受前所受之同而進以祭神既祭神之後遂更受福酒嚌以至齒禮之通例啐入口是嚌至於齒示飲而實不飲也太保報王之祭事與王祭禮同而史錄其事二文不等故傳辨其意於太保言嚌至齒則王饗福酒亦嚌至齒也於王言上宗曰饗則太保亦應有宗人曰饗二文不同互見以相備。傳太保至所白。正義曰宅訓居也太保居其所於受福酒之處足不移爲將拜故授宗人同祭祀既畢而更拜者白成王以事畢也既拜白成王以傳顧命事畢則王受顧命亦畢王荅拜敬所白也

諸侯出廟門俟言諸侯則卿士已下亦可知殯之所處故曰廟。待王後命。處昌呂反

【疏】諸侯出廟門俟。正義曰廟門謂路寢門也出門待王後命卽作後篇後篇云二伯率諸侯入應門則諸侯之出應門之外非出廟門而已以其在廟行事事畢出於廟門不言出廟門卽止也

附釋音尚書注疏卷第十八　江西鹽法道胡稷栞

尚書注疏挍勘記卷十八　阮元撰盧宣旬摘錄

尚書注疏卷第十八　宋板題在顧命前周官君陳二篇屬卷第十七古本作尚書卷第十一周官二十二周書孔氏傳山井鼎曰周官以下諸篇無古文尚書四字爲非盧文弨云周官下亦少第字

周官第二十二　周書

及其卽位之後　宋板位作政

六服承德　岳本六服作罔不案六服非也

巡行天下　宋板巡下空一字

家不安則危　纂傳家作邦按浦鏜亦謂家宜作邦

安其國於未危之前　纂傳前作始按上句作前則此句當作始

所以爲正治　古本岳本宋板正作至治下古本有之字

外主太岳之事　閩本同毛本太作方

訓蹈其所建官而則之　古本岳本宋板訓作順按疏云若與訓俱訓爲順也明傳中兩順字一釋若一釋訓耳

使小大皆協睦　葛本閩本明監本纂傳同古本岳本宋板纂傳無皆字古本睦下有之字毛本小大二字倒下疏同

主國禮治天地神祇人鬼之事　纂傳天地神祇作天神地祇

及國之吉凶賓軍嘉五禮　纂傳賓軍二字倒疏同

夏司馬討惡　古本夏下有官字

秋司寇刑姦順時殺之　古本作秋官司寇刑姦惡順時殺殺

順蹈其前代建官而法則之　閩本明監本同案諸本傳順作訓疏仍作順獨毛本

作訓宋板傳既作順則疏亦必作順不與毛本同山井鼎失校

吉禮之别十有二 閩本作十有三非也

其職主戎馬之事 閩本明監本同毛本其誤以

是主寇賊法禁治姦慝之人 宋板禁下空一字

恒由是興 閩本明監本同毛本由作繇下所由下傳由志由勤並同

是去而後反也 宋板後作復按後字非也

令暨出口 毛本暨作既案暨字誤

無所覩見 宋板覩作都盧文弨云疑是都無所見

戒汝卿之有事者 宋板之作士按之字非也

而名且美 古本岳本葛本宋板纂傳且作日

弗畏入畏 古本入下衍可字

當思危懼 古本當下有常字懼宋板作惟按當从宋本以惟字下屬

駒麗扶餘馯貌之屬 岳本貌作貊貌字誤也

以幣賄賜肅慎之來賀 古本來賀作夷也亾岳本宋板纂傳作夷亾疏標起訖亦作夷亡史記集解引孔傳云賄賜也孔疏述傳云以幣賜肅慎氏之夷也疏又云王賜以財賄蓋以財賄賜人因訓賄爲賜財賄即幣也言幣言賜即不必更言賄矣竊疑孔傳此句上當有賜賄也三字此句衍賄字

北方曰貉 宋板同毛本作白誤

斥及奄君已定亳姑 古本岳本宋板纂傳斥作并

恐天下迴心趣向之 宋板閩本明監本同毛本迴作刅按刅字誤

君陳第二十三　周書

惟孝友于兄弟 古本孝下有于孝二字山井鼎曰足利所藏古本論語及皇侃義疏本作惟孝于孝足利本論語作孝于惟孝潘岳閒居賦作孝乎惟孝乎于通用固無意義也所引之文少有異耳據斯數者今本尚書脫孝乎二字明矣〇按今皇疏本亦作孝于惟孝山井鼎於論語考文亦祇言古本乎作于不言作惟孝于孝與此不合要之閒居賦最爲近之孝乎惟孝者猶言君子人與君子人也故曰美大孝之辭以乎爲于已不可通若作惟孝于孝更無是理古本之謬往往類此

卽畢命所去 毛本去作云案去字誤

所聞之古聖賢之言 古本岳本宋板纂傳之作上古本言下有也字

亦不能用之 古本岳本宋板纂傳同毛本亦誤作爾

無乘勢位作威人上 古本人作民下殷人有罪同

爾無忿疾于頑無求備于一夫 古本唐石經岳本葛本宋板閩本明監本同毛本夫誤大

民者眞也 宋板眞作寘案嚴杰云宋本是也鄭注論語泰伯可證鄭注呂刑亦可證

言人自然之性敦厚 古本人作民下傳人之於上汝治人能敬同

終有辭於永世 古本辭作詞

非但我受多福而已 古本宋板但作怛非也

見稱誦於長世 古本岳本葛本閩本明監本纂傳同毛本見作凡

因見所習之物 按傳見上有所字

常在於道德敎之 許宗彦云敎之二字因下句誤衍

顧命第二十四　周書 宋本下行題尚書注疏卷第十八

禮記曲禮下文云 宋板無文字

迴顧而爲語也 纂傳爲語作發命

王乃洮頮水　宋板無王字

王大發大命　岳本大作將按疏述注作將其標目仍作大又云顧命羣臣大發大命恐俱因注之誤而誤也續通解及纂傳載此注俱直云王發大命無將字

下至御治事　古本無治字按疏作下及御事殆因下傳而誤

顧命至御事　此下兩段跡一本在篇題下浦鏜云至御事三字誤衍

以上欲指明二公中分天下之事　宋板閩本同毛本二誤作三

傳成王至悗謂　案謂當作懌形近之譌

故待言公　毛本待作特案待字誤也

其餘五國姚姓　案姚當作姬形近之譌

蓋大夫士皆被召也　宋板無士字按續通解亦無士字

故能適殷　毛本適作通適字誤也

大度於艱難　古本岳本宋板度作渡按續通解亦作渡纂傳作度疏內同

不得結誓出言語　宋板得下空二字盧文弨云此無脫文但結誓疑當作結信誓

昔先君文王武王　毛本君誤作公

代殷爲主　宋板閩本明監本同毛本代作伐

言已常敬迎天之威命　宋板閩本明監本同毛本威作成非也

言當戰慄畏懼　毛本當作常案所改是也

恐死不得結信出言　宋板不上空一字

則不得續志　宋板同毛本得作能

故我詩蓄出言教命汝　毛本詩蓄作詳審案詩蓄無解是形近之譌

言必死也　宋板閩本明監本同毛本死作殆

此羣臣已受賜命也　古本岳本宋板續通解纂傳賜作顧是

王寢於北墉下　陸氏曰墉本亦作牖○按墉牖字相似鄭注喪大記兩存之續通解纂傳引此注俱作牖

還復本位　宋板閩本同毛本還復二字倒

下云狄設黼扆綴衣　纂傳云作文

帝王在幕居幄中坐上承塵也　宋板居作若與周禮注本文合

就干戈以往　毛本就作執按續通解作執

君大夫卒於路寢　宋板及續通解大夫作夫人按作大夫非也

延之使憂居喪主爲天下宗主也　續通解作延使之居憂爲天下喪主也按兩本疑俱有脫誤

將崩雖口有遺命　宋板將上有王之二字

故以此日作之　宋板以作於按宋本是也

置戶牖間　齊召南云周禮司几筵賈疏引此注曰其置竟戶牖間似賈所見本置字上有其字下有竟字

越七日至癸酉　各本癸酉皆作綴衣癸酉誤也

其餘皆是將欲傳命布設之上　閩本明監本同毛本士作事是也下皆爲喪士同

不言命者　閩本明監本纂傳同毛本不誤下

敷重篾席　孫志祖云玉篇首部莫字下引書曰布重莫席

白黑雜繒緣之　陸氏曰緣本或作純

有文之貝飾几　岳本閩本明監本纂傳同毛本貝作具非

元紛黑綏　古本岳本宋板閩本纂傳同毛本紛作粉非

赤刀削　古本岳本宋板續通解乃作刃案刀字非也毛本纂傳並誤

大璧琬玉之珪　古本纂傳珪作圭

球雍州所貢　陸氏曰雍本亦作邕。按說文有雝無雍雝乃鳥名也雍州字當以邕爲正今皆作雍此乃僅見

伏犧王天下　岳本葛本閩本明監本同毛本犧作羲續通解纂傳亦作羲古本葢作犧犧下古本岳本宋板續通解纂傳俱有氏字

此言篾席黼純　宋板此下空一字

敷三重之席　宋板重作種是也下一重同

必非一重之席敷三坐　宋板坐作重按坐字非也

纖蒻苹席　監本苹誤作卒

彼在朝　宋板朝作廟

莞苻蘺　宋板纂傳蘺作蘺與爾雅釋艸合

故名赤刀削也　宋板刀作刃下爲赤刀削同按監本初似亦作刃後刊去一點下赤刀白刀同

遺弟與治孫策　宋板閩本同毛本治作詒治字誤

策引白削斫虎之譌也　宋板閩本同毛本虎誤作席虒字形近

我見刃爲然　宋板閩本同毛本刃作刀

曲刃刀也　閩本同宋板曲刃作白刃毛本作曲刀盧文弨云鄭注考工記但云今之書刀疏云馬氏諸家亦爲偃曲却刃也疑曲字是

東北之珣玗琪也　纂傳北作方是也玗毛本作玗案所改亦是閩本纂傳誤下同

古者包犧氏之王天下也　閩本同毛本包犧作伏羲

西序亦陳之寶近在此坐之西　按亦字疑所字之譌當讀至寶字絕句

亦古人之巧人也　宋板無上人字

則不知寶來幾何世也　監本寶誤作責幾何世纂傳作何時

有左右旁也　閩本同毛本旁作房是也

王輅金卽次象　閩本明監本同宋板纂傳王作五是也毛本作玉亦誤

革輅輓之以革而漆之　宋板輓作鞔是也

先輅是金輅也　此句上纂傳有大輅是玉輅五字按大輅爲玉輅孔鄭所同故賈氏不言王氏葢以意增之也

故以此面言之　毛本此作北案此字誤

亦士　古本岳本葛本宋板閩本明監本續通解纂傳同毛本士作仕非也

一人冕執瞿　葛本脫執字

一人冕執鋭　岳珂沿革例曰鋭實鈗字也說文以爲兵器今皆作鋭獨越中注疏於正文作鈗爾疏中亦皆作鋭案玉篇無鋭字廣韻十七準亦無鋭字則說文古本鋭字有無未可定也

故二人　宋板二作三

南面三　宋板閩本明監本三作二。按攷工記注作三宋板非也

士衛主殯　宋板續通解主作王按主字非也

赤黑白雀　宋板續通解纂傳白作曰是也

雀弁同如冕 宋板續通解同作制按制字不誤

阮諶二禮圖云 宋板纂傳二作三是

戈即今之句子戟 宋板子作孑按諸本作子形近之誤他正義中孑字訛作子者十之八九

劉蓋今鑱斧 宋板鑱作纔非是

知在堂上之遠地 纂傳知作蓋此句下宋板續通解俱有堂之遠地四字

皆賤者先置 纂傳置作至是也

天子執冒四寸以朝諸侯 閩本明監本續通解纂傳同毛本冒作瑁案冒與攷工記合

鄭元云冠禮注云 宋板上云字作士是也

率循大卞 古本作帥修大辨

告己受羣臣所傳顧命 告下古本有以字盧文弨云已受當作己受○按疏云告神言已己受羣臣所傳顧命下已字宜作已上已字古通作以今本孔傳既以以爲已遂脫已字疏內又疊出兩已並誤

太保以盥手先異同 閩本葛本同毛本先作洗案先字誤

太宗供主 閩本明監本同毛本主作王案主字誤

拜曰已傳顧命 古本岳本宋板續通解纂傳曰作白按白字是也

太宗既拜而祭 古本岳本宋板續通解纂傳宗作保與疏合

則王亦可知 古岳宋板續通解亦作下是也纂傳毛本並誤

至殯東西報祭之 宋板西下有面字

傳記無文 纂傳文作聞

其人祭則有受嘏之福禮 宋板人作大是也許宗彥曰之福字盖誤倒

祭祀以變爲敬 纂傳祀作禮

於上祭後 宋板上作王

受前所受之同 宋板纂傳下受字作授是也

故曰廟待王後命 古本廟下有門皆二字岳本宋板續通解纂傳有皆字無門字

二伯率諸侯入應門 纂傳伯作公

尚書注疏校勘記卷十八　會昌縣知縣候補知州曾暉春栞

附釋音尚書注疏卷第十九

康王之誥第二十五

周書　孔氏傳　孔穎達疏

康王既尸天子尸主也主天子之正號。馬本此句上更有成王崩三字遂誥諸侯作康王之誥既受顧命羣臣陳戒遂報誥之因事曰遂康王之誥求諸侯之見匡弼

[疏]康王既至之誥。正義曰康王既受顧命主天子之位羣臣進戒於王王遂報誥諸侯史敘其事作康王之誥伏生以此篇合於顧命共爲一篇後人知其不可分而爲二馬鄭王本此篇自高祖寡命已上內於顧命之篇王若曰已下始爲康王之誥諸侯告王王報誥諸侯而使告報異篇失其義也

王出在應門之內出畢門立應門內之中庭南面太保率西方諸侯入應門左畢公率東方諸侯入應門右二公爲二伯各率其所掌諸侯隨其方爲位皆北面

皆布乘黃朱諸侯皆陳四黃馬朱鬣以爲庭實。乘音繩證反鬣力輒反。賓稱奉圭兼幣曰一二臣衛敢執壤奠賓諸侯也舉奉圭兼幣之辭言一二見非一也爲蕃衛故曰臣衛來朝而遇國喪遂因見新王敢執壤地所出而奠贄也。壤如丈反見賢遍反下同蕃方袁反朝直遙反喪息浪反贄音至皆再拜稽首王義嗣德荅拜諸侯拜送幣而首至地盡禮也康王以義繼先人明德荅其拜受其幣。盡子忍反

[疏]王出至荅拜。正義曰此敘諸侯見新王之事王出畢門在應門之內立於中庭太保召公爲西伯率西方諸侯入應門左立於門內之西廂也太師畢公爲東伯率東方諸侯入應門右立於門內之東廂也諸侯皆布陳一乘四匹之黃馬朱鬣以爲見新王之庭實諸侯爲王之賓共使一人少前進舉奉圭兼幣之辭言曰一二天子之臣在外爲蕃衛者敢執土壤所有奠之於庭既爲此言乃皆再拜稽首用盡禮致敬以正王爲天子也康王先爲太子以義嗣先人明德不以在喪爲嫌荅諸侯之拜以示受其圭幣與之爲主也。傳出畢至南面。正義曰出在門內不言王坐諸侯既拜王即荅拜復不言與知立庭中南面也。傳二公至北面。正義曰二公率領諸侯知其爲二伯各率其所掌諸侯曲禮所謂職方者此之義也王肅云畢公代周公爲東伯故率東方諸侯然則畢公是太師也當太師之名在太保之上此先言太保者於時太保領冢宰相王室任重故先言西方若使東伯任重亦當先言東方北面以東爲右西爲左入左入右隨其方爲位嫌東西相向故云皆北面將拜王明北面也。傳諸侯至庭實。正義曰諸侯朝見天子必獻國之所有以表忠敬之心故諸侯皆陳四黃馬朱鬣以爲庭實言實之於王庭也四馬曰乘言乘黃正是馬色黃矣黃下言朱朱非馬色定十年左傳云宋公子地有白馬四公嬖向魋魋欲之公取而朱其尾鬣以與之是古人貴朱鬣知朱者朱其尾鬣也於時諸侯其數必衆衆國皆陳四馬則非王庭所容諸侯各有所獻必當少陳之也案周禮小行人云合六幣圭以馬璋以皮璧以帛琮以錦琥以繡璜以黼此六物者以和諸侯之好鄭玄云六幣所以享也五等諸侯享天子用璧享后用琮用圭璋者二王之後也如鄭彼言則諸侯之享天子惟二王之後用馬此云皆陳馬者下云奉圭兼幣幣即馬是也圭是致馬之物鄭云此幣圭以馬盖舉王者之後以言耳諸侯當璧以帛亦有庭實然則此陳馬者是二王之後享王物也獨取此物以摠表諸侯之

意故云諸侯皆陳馬也圭亦享王之物下言奉圭此不陳圭者圭奉以致命不陳之也案覲禮諸侯享天子馬卓上九馬隨之此用乘黃者因喪禮而行朝故略之。傳賓諸至奠贄。正義曰天子於諸侯有不純臣之義故以諸侯爲賓稱訓舉也舉奉圭兼幣之辭以圭幣奉王而爲之作辭辭出一人之口而言一二者見諸侯同爲此意意非一人也鄭玄云釋辭者一人其餘奠幣拜者稽首而已是也言衛者諸侯之在四方皆爲天子蕃衛故曰臣衛此時成王始崩即得有諸侯在京師者來朝而遇國喪遂因見新王也諸侯享天子其物甚衆非徒圭馬而已皆是土地所有故云敢執壤地所出而奠贄也然舉奉圭兼幣乃是享禮凡享禮則每一國事畢乃更餘國復入其朝則侯氏摠入故鄭玄注曲禮云春受贄於朝受享於廟是朝與享別此既諸侯揔入而得有庭實享禮者以新朝嗣王因行享禮故鄭注云朝兼享禮也與常禮不同。傳諸侯至其幣。正義曰周禮太祝辨九拜一曰稽首施之於極尊故爲盡禮也義嗣德三字史言王荅拜之意也康王先是太子以義繼先人明德今爲天子無所嫌故荅其拜受其幣自許與諸侯爲主也

太保暨芮伯咸進相揖皆再拜稽首冢宰與司徒皆共羣臣諸侯竝進陳戒不言諸

侯以內見外。曰敢敬告天子皇天改大邦殷之命大天改大國殷之王命，謂誅紂也。惟周文武誕受羑若克恤西土言文武大受天道而順之能憂我西土之民本其所起。羑羊久反，馬云道也。惟新陟王畢協賞罰戡定厥功用敷遺後人休惟周家新升王位當盡和天下賞罰能定其功用布遺後人之美言施及子孫無窮。戡音堪遺唯季反注及下同施以豉反今王敬之哉敬天道務崇先人之美張皇六師無壞我高祖寡命言當張大六師之衆無壞我高德之祖寡有之教命。壞音怪

疏太保至寡命。正義曰太保召公與司徒芮伯皆共諸侯並進相顧而揖乃並再拜稽首起而言曰敢告天子大天改大國殷之王命誅殺殷紂惟周家文王武王大受天道而順之能憂我西土之民以此王有天下惟我周家新升王位當盡和天下賞罰戡定其爲王之功用布遺後人之美將使施及子孫無有窮盡之期今王新即王位其敬之哉當張大我之六師令國常強盛無令傾壞我高祖寡有之命

戒王使繼先王之業也。傳冢宰至見外。正義曰召公爲冢宰芮伯爲司徒司徒位次冢宰故言太保與芮伯咸進芮伯已下共告羣臣諸侯並皆進也相揖者揖之使俱進也大保揖羣臣羣臣又報揖太保故言相揖動足然後相揖故相揖之文在咸進之下。傳言文至所起。正義曰羑聲近猷故訓之爲道王肅云羑道也文武所憂非憂西土而已特言能憂西土之民本其初起於西土故也。傳言當至教命。正義曰皇訓大也國之大事在於強兵故令張大六師之衆高德之祖謂文王也王肅云美文王少有及之故曰寡有也王若曰庶邦侯甸男衞順其戒而告之不言羣臣以外見內。馬本從此以下爲康王之誥又云與顧命差異敘歐陽大小夏侯同爲顧命惟予一人釗報誥報其戒昔君文武丕平富不務咎言先君文武道大政化平美不務咎惡底至齊絶句。馬讀信用昭明于天下致行至中信之道用顯明於天下言聖德洽。底之履反則亦有熊羆之士不二心之臣保乂王家言文武既聖則亦有勇猛如熊羆之

士忠一不二心之臣共安治王家。熊音雄羆彼皮反用端命于上帝皇天用訓厥道付畀四方君聖臣良用受端直之命於上天大天用順其道付與四方之國王天下。畀必利反徐甫至反王于況反乃命建侯樹屏在我後之人言文武乃施政令立諸侯樹以爲藩屏傳王業在我後之人謂子孫今予一二伯父尚胥暨顧綏爾先公之臣服于先王天子稱同姓諸侯曰伯父言今我一二伯父庶幾相與顧念文武之道安汝先公之臣服於先王而法循之雖爾身在外乃心罔不在王室言雖汝身在外之爲諸侯汝心常當忠篤無不在王室熊羆之士勵朝臣此督諸侯。督丁木反用奉恤厥若無遺鞠子羞當各用心奉憂其所行順道無自荒怠遺我稚子之羞辱稚子康王自謂也。鞠居六反

疏王若至子羞。正義曰羣臣諸侯既進戒王王順其戒呼而告之曰衆邦在侯甸男衞諸服內之國君惟我一人釗報誥卿士羣公昔先君文王武王其

道甚大政化平美專以美道敎化不務咎惡於人致行至美中正誠信之道用是顯明於天下言聖道博洽也文武既聖時臣亦賢則亦有如熊如羆之勇士不二心之忠臣共安治王家以君聖臣良之故用能受端直之命於上天大天用順其道付與四方之國使文武受此諸國王有天下言文武得賢臣之力也文武以得臣力之故乃施政令封立賢臣爲諸侯者樹之以爲蕃屏令屏衞在我後之人先王所立諸侯即今諸侯之祖故舉先世之事以告今之諸侯今我一二伯父庶幾相與顧念文武之道安汝先公之用臣服於先王之道而法循之亦當以忠誠輔我天子雖汝身在外土爲國君汝心常當無有不在王室當各用心奉憂其所行順道無自荒怠以遺我稚子之羞辱稚子康王自謂戒令匡弼己也。傳順其至見內。正義曰羣臣戒王使勤王又戒之使輔已是順其事而告之也上文太保芮伯進言不言諸侯以內見外此王告庶邦不言朝臣以外見內欲令互相備也周制六服此惟四服不言采要者略舉其事猶武成云甸侯衞駿奔走亦略舉之矣。予一人釗。正義曰禮天子自稱予一人不言名此王自稱名者新即王位謙也。傳言先至咎惡。正義曰孔以富爲美故云政化平美不務咎惡於人言哀矜下民不用刑罰之王肅云文武道大天下以平萬民以富是也

○傳致行至德洽。○正義曰孔以齊爲中致行中正誠信之道。王肅云立大中之道也。○傳天子至循之。○正義曰覲禮言天子呼諸侯之禮云同姓大國則曰伯父其異姓則曰伯舅同姓小邦則曰叔父其異姓則曰叔舅計此時諸侯多矣獨云伯父舉同姓大國言之也諸侯先公以臣道服於先王其事有法故令安汝先公之用臣服於先王以臣之道而法循之。○傳言雖至諸侯。○正義曰王之此誥並誥羣臣諸侯但互相發見其言不備言先王有熊羆之士勵朝臣使用力如先世之臣也此言汝身在外土心念王室督諸侯使然

羣公既皆聽命相揖趨出已聽誥命趨出罷退諸侯歸國朝臣就次王釋冕反喪服脫去黼冕反服喪服居倚廬。○去羌呂反〔疏〕羣公至喪服。○正義曰羣公揔謂朝臣與諸侯也鄭玄云羣公主爲諸侯與王之三公諸臣亦在焉王釋冕反喪服朝臣諸侯亦反喪服禮喪服篇臣爲君諸侯爲天子皆斬衰

畢命第二十六

周書　孔氏傳　孔穎達疏

康王命作冊畢命爲冊書以命畢公分居里成周郊分別民之居里異其善惡成定東周郊境使有保護。○別彼列反作畢命畢命言畢公見命之書〔疏〕康王至畢命。○正義曰康王命史官作冊書命畢公使畢公分別民之居里令善惡有異於成周之邑成定東周之郊境史敘其事作畢命。○傳命爲至畢公。○正義曰周禮內史云凡命諸侯及孤卿大夫則策命之此云命作冊者命內史爲冊書以命畢公故云以冊命畢公。○傳分別至保護。○正義曰殷之頑民遷居此邑歷世化之已得純善恐其變改故更命畢公分別民之居里異其善惡卽經所云旌別淑慝表厥宅里彰善癉惡樹之風聲殊厥井疆俾克畏慕皆是也分者令其善惡分別使惡者慕善非分別其處使之異居也此邑本名成周欲以成就周道民不純善則是未成故命畢公教之成定東周郊境卽經申畫郊圻愼固封守是其使有保護

惟十有二年六月庚午朏康王卽位十二年六月三日庚午○朏普忽反徐芳尾反又芳憒反越三日壬申王朝步自宗周至于豐於朏三日壬申王朝行自宗周至于豐宗周鎬京豐文王所都○朝直遙反鎬戶老反以成周之衆命畢公保釐東郊用成周之民衆命畢公使安理治正成周東郊令得所。○釐力之反治直吏反一本作治政則依字讀令力呈反〔疏〕惟十至東郊。○正義曰惟康王卽位十有二年六月三日庚午月光朏然而明也於朏後三日壬申王早朝行從宗周鎬京至於豐邑就文王之廟以成周之民衆命太師畢公使安理東郊之民令得其所。○傳康王至庚午。○正義曰漢初不得此篇有僞作其書以代之者漢書律麻志云康王十二年六月戊辰朔三日庚午故畢命豐刑曰惟十有二年六月庚午朏王命作策書豐刑此僞作者傳聞舊語得其年月不得以下之辭妄言作豐刑耳亦不知豐刑之言何所道也鄭玄云今其逸篇有冊命霍侯之事不同與此序相應非也鄭玄所見又似異於豐刑皆妄作也說文云朏月未盛之明也此日未有事而記此庚午朏者爲下言王申張本猶如記朔望與生魄死魄然也

王若曰嗚呼父師惟文王武王敷大德于天下用克受殷命王順其事歎告畢公代周公爲大師爲東伯命之代君陳言文武布大德於天下故天佑之用能受殷王之命。○大音泰惟周公左右先王綏定厥家言周公助先王安定其家毖殷頑民遷于洛邑密邇王室式化厥訓惟殷頑民恐其叛亂故徙於洛邑密近王室用化其教。○毖音祕近如字又附近之近既歷三紀世變風移四方無虞予一人以寧言殷民遷周已經三紀世代民易頑者漸化四方無可度之事我天子用安矣十二年曰紀父子曰世。○度待洛反舊作待路反道有升降政由俗革不臧厥臧民罔攸勸天道有上下交接之義政教有用俗改更之理民之俗善以善養之俗有不善以法御之若乃不善其善則民無所勸慕。○上時掌反更古衡反惟公懋德克勤小物弼亮四世正色率下罔不祗師言言公勉行德能勤小物輔佐文武成康四世爲公卿正色率下下人無不敬仰師法。○懋音茂嘉績多于先王予小子垂拱仰成公之善功

多大先人之美我小子爲王垂拱仰公成理言其上顯父兄下施子孫○拱九勇反仰如字徐五亮反〔疏〕王若至仰成○正義曰康王順其事歎而呼畢公曰嗚呼父師惟文王武王布大德於天下用此能受殷之王命代殷爲天子惟周公佐助先王安定其家慎彼殷之頑民恐其或有叛逆故遷於洛邑令之北近王室用使化其教訓自爾已來既歷三紀人世既變風俗亦移四方無可度之事我天子一人用是而得安寧但天道有上下交接之義政教有用俗改更之理今日雖善或變爲惡若不善其善則民無所勸慕更須選賢教之舉善勸之宜此任者莫先於公惟公勉力行德能勤小事輔佐四世正色率下無有不敬仰師法公言者公之善功多於先王我小子垂衣拱手仰公成理將欲任之故盛稱其德也○傳王順至王命○正義曰畢公代周公爲太師故王呼爲父師率東方諸侯是爲東伯也蓋君陳卒命之使代君陳也○傳言周至其家○正義曰釋詁云左右助也言周公助先王安定其家伐殷之時周公已有其功復能遷殷頑民言其功之多也○傳言殷至曰世○正義曰周公以攝政七年營成周成王元年遷殷頑民成王在位之年雖未知其實當在三十左右至今應三十六年是殷民遷周已歷三紀十二年者天之大數歲星太歲皆十二年而一周天故十二

年曰紀父子易人爲世大禹謨云賞延于世謂緣父及子也○傳天道至勸慕○正義曰天氣下降地氣上騰而有寒暑生焉刑新國用輕典刑亂國用重典輕重隨俗而有寬猛異爲天道有上下交接之義故寒暑易節政教有用俗改更之理故寬猛相濟天道有寒暑遞來政教以寬猛相濟民之風俗善惡無常或善變爲惡或惡變爲善不可以其既善謂善必不變民之俗善須以善養之令善遂不變人之俗有不善當以善法御之使變而爲善若乃不善其善則民無所勸慕民無所慕則變爲惡矣殷民今雖已善更當以善教之欲以慕居畢公之意○傳言公至師法○正義曰小物猶小事也能勤小事則大事必能勤矣故舉能勤小事以爲畢公之善釋詁云亮佐也晉語說文王之事云詢于八虞訪于辛尹重之以周召畢榮則畢公於文王之世已爲大臣輔佐文武以成康四世爲公卿也正色謂嚴其顏色不惰慢不阿諂以先率下下民無不敬仰師法之○傳公之至子孫○正義曰以王之功無由可及言公之善功多大先人之美方欲委之以事盛言之重其功美矣

王曰嗚呼父師今予祗命公以周公之事往哉今我敬命公以周公所爲之事往爲之哉言非周公所爲不敢枉公往治○治直吏反

旌別淑慝表厥宅里彰善癉惡樹之風聲言當識別頑民之善惡表異其居里明其爲善病其爲惡立其善風揚其善聲○別音彼列反癉音丁但反

弗率訓典殊厥井疆俾克畏慕其不循教道之常則殊其井居田界使能畏爲惡之禍慕爲善之福所以沮勸○俾必爾反沮辭汝反又慈呂反

申畫郊圻慎固封守以康四海郊圻雖舊所規畫當重分明之又當謹慎堅固封疆之守備以安四海京圻安則四海安矣○守徐始救反重直用反

政貴有恒辭尚體要不惟好異政以仁義爲常辭以理實爲要故貴尚之若異於先王君子所不好○好呼報反

商俗靡靡利口惟賢餘風未殄公其念哉紂以靡靡利口惟賢覆亡國家今殷民利口餘風未絶公其念絶之○覆芳服反〔疏〕王曰至念哉○正義曰王更歎而呼畢公曰嗚呼父師今日我敬命公以周公所爲之事公其往爲之哉公往至彼當識別善之與惡表異其善者所居之里彰明

其爲善病其爲惡其爲善之人當立其善風揚其善聲其有不循道教之常者則殊其井田疆界使能畏爲惡之禍慕爲善之福更重畫郊圻境界謹慎牢固其封疆守備以安彼四海之内爲政貴在有常言辭尚其體實要約當不惟好其奇異商之舊俗靡靡然好相隨順利口辯捷阿諛順旨者惟以爲賢餘風至今未絶公其念絶之哉戒畢公以治殷民之法○傳言當至善聲○正義曰旌旗所以表識貴賤故傳以旌爲識淑善也慝惡也言當識別頑民之善惡知其善者表異其所居之里若今孝子順孫義夫節婦之門閭者也表其善者則惡者自見明其爲善當褒賞之病其爲惡當罪罰之其有善人立其善風令邑里使放傚之揚其善聲告之疏遠使其聞知之○傳其不至沮勸○正義曰孟子云方里爲井井九百畝使民死徙無出鄉鄉田同井出入相友守望相助疾病相扶持則百姓親睦然則先王制之爲井田也欲使民相親愛生相佐助死相殯葬不循道教之常者其人不可親近與善民雜居或染善爲惡故殊其井田居界令民不與來往猶今下民有大罪過不肯服者則擯出族黨之外吉凶不與交通此之義也亦既殊其井田必當思自改悔使其能畏爲惡之禍慕爲善之福所以沮止爲惡者勸勉爲善者○傳郊圻至安矣○正義曰郊圻謂邑之境界境界雖舊有規畫

而年世久遠或相侵奪當重分明畫之以防後相侵犯雖舉邑之郊境爲言其民田疆畔亦令更重畫之不然何以得殊其井疆也王城之立四郊以爲京師屏障預備不虞又當謹慎牢固封疆之守備以安四海之内此是王之近郊牢設守備惟可以安京師耳而云安四海者京師安則四海安矣。傳紂以至絶之。正義曰韓宣子稱紂使師延作靡靡之樂靡靡者相隨順之意紂之爲人拒諫飾非惡聞其短惟以靡靡相隨順利口捷給能隨從上意者以之爲賢商人效之遂成風俗由此所以覆亡國家殷民利口餘風至今不絶公其念絶之欲令其變惡俗也我聞曰世祿之家鮮克由禮以蕩陵德實悖天道特言我聞自古有之世有祿位而無禮教少不以放蕩陵邈有德者如此實亂天道。鮮息淺反悖布内反敝化奢麗萬世同流言敝俗相化車服奢麗雖相去萬世若同一流。敝步寐反茲殷庶士席寵惟舊怙侈滅義服美于人此殷衆士居寵日久怙恃奢侈以滅德義服飾過制美於其民言僭上。怙音戶驕淫矜侉將由惡終雖收放心閑之惟艱言殷衆士驕恣過制矜其所能以自侉大如此不變將用惡自終雖今順從周制心未厭服以禮閑禦其心惟難。侉音苦瓜反壓於葉反又於甲反又於豔反資富能訓惟以永年惟德惟義時乃大訓不由古訓于何其訓以富資而能順義則惟可以長年命矣惟有德義是乃大順若不用古訓典籍於何其能順乎王曰嗚呼父師邦之安危惟茲殷士不剛不柔厥德允修言邦國所以安危惟在和此殷士而已治之不剛不柔寛猛相濟則其德政信修立惟周公克慎厥始惟君陳克和厥中惟公克成厥終周公遷殷頑民以消亂階能慎其始君陳弘周公之訓能和其中畢公闡二公之烈能成其終三后協心同底于道道洽政治澤潤生民三君合心爲一終始相成同致于道道至普洽政化治理其德澤惠施乃浸潤生民言三君之功不可不尚。

治直吏反施始豉反浸子鴆反四夷左衽罔不咸賴予小子永膺多福言東夷西戎南蠻北狄被髮左衽之人無不皆恃賴三君之德我小子亦長受其多福。衽而甚反又而鴆反公其惟時成周建無窮之基亦有無窮之聞公其惟以是成周之治爲周家立無窮之基業於公亦有無窮之名以聞於後世。爲于僞反子孫訓其成式惟乂言後世子孫順公之成法惟以治嗚呼罔曰弗克惟既厥心人之爲政無曰不能惟在盡其心而已罔曰民寡惟慎厥事無曰人少不足治也惟在慎其政事無敢輕之。少詩照反欽若先王成烈以休于前政敬順文武成業以美於前人之政所以勉畢公【疏】我聞至其訓。正義曰我聞古人言曰世有祿位之家恃富驕恣少能用禮以放蕩之心陵邈有德之士如此者實悖亂天道敝俗相化奢侈華麗雖相去萬世而共同一流此殷之衆士皆是富貴之家居處寵勢惟已久矣怙恃奢侈以滅德義身卑而僭上飾其服美於其人驕恣過制矜能自侉行如此不變將用惡自終令以法約之雖收斂其放佚之心恒防閑之惟大艱難資財富足能順道義則惟可以長年命矣惟能用德惟能行義是乃爲大順德也若不用古之訓典則於何其能順乎欲令畢公以古之訓典教殷民也。傳特言至天道。正義曰凡以善言教化無非古之訓典於此特言我聞者言此事自古有之所以尤須嚴禁故也世有祿位則多勢重縱恣其心而無禮教如此之人少能不以放蕩之心陵邈有德者天道以上臨下以善率惡今乃以下慢上以惡陵善如此者實亂天道也。傳此殷至僭上。正義曰席者人之所處故爲居之義舊久也殷士多是世貴之家故爲居寵日久怙恃已之奢侈自謂奢侈爲賢德義廢而不行故爲以滅德義又以人輕位卑美服盛飾是服飾過制度美於其人言僭上服勝人也。傳言殷至惟難。正義曰淫訓過也故爲過制強梁者不得其死好勝者必遇其敵故矜侉不變將用惡自終言雖收放心則已收之矣雖令順從周制思感自止故怨猶在心未壓服故以禮閑禦其心惟難也閑謂防閑禦止也。傳敬順至畢公。正義曰美於前人之政訓光前人之政所以勉勵畢公

君牙第二十七

周書　孔氏傳　孔穎達疏

穆王命君牙爲周大司徒 穆王康王孫昭王子。穆王名滿君牙或作君雅 作君牙 君牙臣名 君牙 命以其名遂以名篇 王若曰嗚呼君牙 順其事而歎稱其名而命之 惟乃祖乃父世篤忠貞服勞王家厥有成績紀于太常 言汝父祖世厚忠貞服事勤勞王家其有成功見紀録書于王之太常以表顯之王之旌旗畫日月曰太常。○畫胡卦反 惟予小子嗣守文武成康遺緒亦惟先正之臣克左右亂四方 惟我小子繼守先王遺業亦惟父祖之臣能佐助我治四方言己無所能 心之憂危若蹈虎尾涉于春冰 言祖業之大己才之弱故心懷危懼虎尾畏噬春冰畏陷危懼之甚

○蹈徒報反噬市制反陷陷沒之陷〔疏〕穆王至春冰。○正義曰穆王命其臣名君牙者爲周大司徒之卿以策書命之史録其策書作君牙。○傳言汝至太常。○正義曰周禮司勳云凡有功者銘書於王之太常祭於大烝鄭玄云銘之言名也生則書于王旌以識其人與其功也死則於烝先王祭之是有功者書於王之太常以表顯之也周禮司常云日月爲常王建太常是王之旌旗畫日月名之曰太常也 今命爾予翼作股肱心膂 今命汝爲我輔翼股肱心體之臣言委任。○膂音旅 纘乃舊服無忝祖考弘敷五典式和民則 繼汝先祖故所服忠勤無辱累祖考之道大布五常之教用和民令有法則。○累劣僞反 爾身克正罔敢弗正民心罔中惟爾之中 言汝身能正則下無敢不正民心無中從汝取中必當正身示民以中正 夏暑雨小民惟曰怨咨 夏月暑雨天之常道小人惟曰怨歎咨嗟言心無中也 冬祁寒小民亦惟曰怨咨。 冬大寒亦天之常道民猶怨咨 厥惟艱哉思其艱以圖其易民乃寧 天不可怨民猶怨嗟治民其惟難哉當思慮其難以謀其易民乃寧。○易以豉反〔疏〕今命至乃寧。○正義曰王言我以危懼之故今命汝爲大司徒汝當作我股肱心膂言將任之如己身也繼汝先世舊所服行亦如父祖忠勤無爲不忠辱累汝祖考當須大布五常之教用和天下兆民令有法則凡欲率下當先正身汝身能正則下無敢不正民心無能中正惟取汝之中正汝當正身心以率之夏月大暑大雨天之常也小民惟曰怨恨而咨嗟冬月大寒亦天之常也小民亦惟曰怨恨而咨嗟天不可怨民尚怨之治民欲使無怨其惟難哉思慮其難以謀其易爲治不違道不逆民民乃安矣。○傳今命至委任。○正義曰股足也肱臂也膂背也汝爲我輔翼當如我之身故舉四支以喻爲股肱心體之臣言委任如身也傳以膂爲體以見四者皆體非獨膂爲體也禮記緇衣云民以君爲心君以民爲體此舉四體今以臣爲心者君臣合體則亦同心詩云赳赳武夫公侯腹心是臣亦爲君心也。○傳冬大至怨嗟。○正義曰傳以祁爲大故云冬大寒寒言大則夏暑雨是大雨於此言祁以見之上言暑雨此不言寒雪者於上言雨以見之互相備也 嗚呼丕顯哉文王謨

歎文王所謀大顯明 丕承哉武王烈 言武王業美大可承奉 啟佑我後人咸以正罔缺。 文武之謀業大明可承奉開助我後嗣皆以正道無邪缺。○缺苦穴反 爾惟敬明乃訓用奉若于先王 汝惟當敬明汝五教用奉順於先王之道 對揚文武之光命追配于前人 言當答揚文武光明之命君臣各追配於前令名之人〔疏〕嗚呼至前人。○正義曰王又歎言嗚呼大是顯明哉文王之謀也大可承奉哉武王之業也文王之謀武王之業開道佑助我在後之人皆以正道無邪缺言先王之道易可遵也汝惟敬明汝之五教用奉順於先王之道汝當答揚文武光明之命追配於前世令名之人令其順先王之道同古之大賢也。○傳言武至承奉。○正義曰文王未克殷始謀造周故美其謀武王以殺紂功成業就故美其業謀則明白可遵業則功成可奉故謀言顯烈言承詩周頌武篇曰於皇武王無競維烈亦美武王業之大也。○傳文王至邪缺。○正義曰文始謀之武卒成之文謀大明武業可奉言先王以此成功開道佑助我之後人使我得安其事而奉行之以正道見其無邪罔缺失見其周備故傳言無

邪鈇**王若曰：君牙，乃惟由先正舊典時式，民之治亂在玆。**汝惟當奉用先正之臣所行故事舊典文籍，是法民之治亂在此而已，用之則民治，廢之則民亂。○治，直吏反，下注同。**率乃祖考之攸行，昭乃辟之有乂。**言當循汝父祖之所行，明汝君之有治功。○辟，必亦反。〖疏〗「王若」至「有乂」。○正義曰：王順而呼之曰：君牙，汝爲大司徒，惟當奉用先世正官之法，諸臣所行故事舊典，於是法則之，民之治亂在此而已，汝必奉而用之，循汝祖考之所行，明汝君之有治功，汝君，王自謂也。

冏命第二十八

周書　孔氏傳　孔穎達疏

穆王命伯冏爲周太僕正，伯冏，臣名也。太僕長，太御中大夫。○冏，九永反，字亦作臩。長，詠丈反。**作冏命。冏命**以冏見命名篇。〖疏〗「穆王」至「冏命」。○正義曰：穆王命其臣名伯冏者爲周太僕正之官，以策書命之，史錄其策書，作冏命。○傳「伯冏」至「大夫」。○正義曰：正，訓長也。周禮太御中大夫，太僕下大夫，孔以此言太僕正，則官高於太僕，故以爲周禮太御者。知非周禮太僕。若是周禮太僕，則此云太僕是矣，何須云正乎？且此經云「命汝作大正，正于羣僕」，案周禮太馭中大夫，而下有戎僕、齊僕、道僕、田僕，太御最爲長，既稱正于羣僕，故以爲太御中大夫。且與君同車，最爲親近，故春秋隨侯寵少師以爲車右，漢書文帝愛趙同，命之爲御，凡御者最爲密昵，故此經云「汝無昵於憸人，充耳目之官」，故以爲太御中大夫，掌御王輅之官。戎僕雖中大夫，以戎事爲重，敘在太御之下，故以太御爲長。太僕雖掌燕朝，非親近之任，又是下大夫，不得爲長。

王若曰：伯冏，惟予弗克于德，嗣先人宅丕后，順其事以命伯冏。言我不能於道德，繼先人居大君之位，人輕任重。**怵惕惟厲，中夜以興，思免厥愆。**言常悚懼惟危，夜半以起，思所以免其過悔。○怵，勑律反。惕，他歷反。**昔在文武，聰明齊聖，小大之臣咸懷忠良。**聰明，視聽遠。齊，通無滯礙。臣雖官有尊卑，無不忠良。○礙，五代反。**其侍御僕從，罔匪正人，**雖給侍進御，僕役從官，官雖微，無不用中正之人。○御，如字，一音禦。從，才用反，注及下注「侍從」同。**以旦夕承弼厥辟，出入起居，罔有不欽。**小臣皆良，僕役皆正，以旦夕承輔其君，故君出入起居，無有不敬。**發號施令，罔有不臧，下民祗若，萬邦咸休。**言文武發號施令，無有不善，下民敬順其命，萬國皆美其化。〖疏〗「王若」至「咸休」。○正義曰：王順其事而呼之曰：伯冏，惟我不能於道德，而繼嗣先人居大君之位，人輕任重，終常悚懼，心內怵惕，惟恐傾危，中夜以起，思望免其愆過。昔在文王、武王，聰無所不聞，明無所不見，齊，中也，每事得中，聖，通也，通知諸事，其身明聖如此，又小大之臣無不皆思忠良，其左右侍御僕從無非中正之人，以旦夕承輔其君，故其君出入起居無有不敬，文武發號施令無有不善，以此之故，下民敬順其命，萬邦皆美其化，由臣善故也。○傳「言常」至「過悔」。○正義曰：禮記祭義云：「春雨露既濡，君子履之，必有怵惕之心。」怵惕是心動之名，多憂懼之意也。厲，訓危也。言常悚懼，惟恐傾危。易稱「夕惕若厲」，卽此義也。○傳「聰明」至「忠良」。○正義曰：聰發於耳，明發於目，故爲視聽遠也。齊，訓通也，動必得中，通而先識，是無滯礙也。

惟予一人無良，實賴左右前後有位之士，匡其不及。惟我一人無善，實恃左右前後有職位之士，匡正其不及。言此責羣臣正己。**繩愆糾謬，格其非心，俾克紹先烈。**言侍左右之臣，彈正過誤，檢其非妄之心，使能繼先王之功業。○繩，市陵反。俾，必爾反。〖疏〗「惟予」至「先烈」。○正義曰：王言：惟我一人無善，亦既無知，實恃賴左右前後有職位之臣匡正其智所不及者，責羣臣使正己也。卽言正己之事，繩其愆過，糾其錯謬，格其非妄之心，心有妄作則格正之，使能繼先王之功業。言得臣匡輔，乃可繼世也。○傳「言侍」至「功業」。○正義曰：木不正者以繩正之，繩謂彈正，糾謂發舉，有愆過則彈正之，有錯謬則發舉之，格謂檢括，其有非理枉妄之心，檢括使妄心不作。臣當如此匡君，使能繼先王之功業，言己無能，責臣使如此也。

今予命汝作大正，正于羣僕侍御之臣，欲其教正羣僕，無敢佞僞。**懋乃后德，交修不逮。**言侍御之臣無小大親疎，皆當勉汝君爲德更代修進其所不及。○更，古衡反。**慎簡乃僚，無以巧言令色、便辟側媚，其惟吉士。**當謹慎簡選汝僚屬侍臣，無得用巧言無實、令色無質、便辟足恭、側媚諂諛之人，其惟皆吉良正士。○便，婢綿反。辟，匹亦反，徐扶亦反。足，將住反。諛，徐以朱反。

【疏】「今予」至「吉士」。○正義曰：今我命汝作太僕官大正，汝當教正於羣僕侍御之臣，勸勉汝君爲德，汝與同僚交更修進汝君智所不及之事。汝爲僕官之長，當慎簡汝之僚屬，必使皆得正人，無得用巧言令色、便辟側媚之人，其惟皆當用吉良善士。今選其在下屬官小臣僕隸之等，皆用善人。○傳「欲其」至「佞僞」。○正義曰：作大正，正，長也，作僕官之長。正於羣僕，令教正之。二正義不同也。羣僕雖官有小大，皆近天子。近人主者多以諂佞自容，今大僕教正羣僕，明使教之無敢佞僞也。案周禮太馭中大夫，掌御玉輅；戎僕中大夫，掌御戎車；齊僕下大夫，掌馭金輅；道僕上士，掌馭象輅；田僕上士，掌馭田輅。羣僕謂此也。○傳「當謹」至「正士」。○正義曰：府史已下，官長所自辟除；命士以上，皆應人主自選。此令太僕正謹慎簡選僚屬者，人主所用皆由臣下，臣下銓擬可者，然後用之，故令太僕正慎簡僚屬也。論語稱「巧言令色足恭，左丘明恥之」，便辟是巧言令色之類，知是

書疏十九　五

彼足恭也。巧言者，巧爲言語以順從上意，無情實也。令色者，善爲顏色以媚說人主，無本質也。便僻者，前却俯仰以是爲恭。側媚者，爲僻側之事以求媚於君。此等皆是諂諛之人，不可用爲近官也。媚，愛也。襄三十年左傳云鄭子產謂子皮曰「誰敢求愛於子」，知此爲側媚者爲側行以求愛，非是愛前人也。若能愛在上，則忠臣也，不當禁其無用。

僕臣正，厥后克正；僕臣諛，厥后自聖。言僕臣皆正，則其君乃能正；僕臣諂諛，則其君乃自謂聖。**后德惟臣，不德惟臣。**君之有德，惟臣成之；君之無德，惟臣誤之。言君所行善惡，專在左右。**爾無昵于憸人，充耳目之官，迪上以非先王之典。**汝無親近於憸利小子之人，充備侍從，在視聽之官，道君上以非先王之法。○昵，女乙反。憸，息廉反，徐七漸反，利口也，本亦作思。近，附近之近。道，導也。**非人其吉，惟貨其吉。**若非人其實吉良，惟以貨財配其吉良，以求入於僕侍之臣，汝當清審。**若時瘝厥官。**若用是行貨之人，則病其官職。○瘝，故頑反。**惟爾大弗克祗厥辟，**

惟予汝辜。用行貨之人，則惟汝大不能敬其君，惟我則亦以此罪汝，言不忠也。**王曰：嗚呼！欽哉！永弼乃后于彝憲。**歎而勑之，使敬用所言，當長輔汝君於常法。此穆王庶幾欲蹈行常法。

呂刑第二十九

周書　孔氏傳　孔穎達疏

呂命，呂侯見命爲天子司寇。**穆王訓夏贖刑，**呂侯以穆王命作書，訓暢夏禹贖刑之法，更從輕以布告天下。○贖音蜀，註及下同。**作呂刑。**後爲甫侯，故或稱甫刑。

呂刑

【疏】「呂命」至「呂刑」。○正義曰：呂侯得穆王之命爲天子司寇之卿，穆王於是用呂侯之言，訓暢夏禹贖刑之法。呂侯稱王之命而布告天下，史録其事，作呂刑。○傳「呂侯」至「司寇」。○正義曰：呂侯得王命，必命爲王官。周禮司寇掌刑，知呂侯見命爲天子司寇。鄭玄云：「呂侯受王命，入爲三公。」引書說云「周穆王以呂侯爲相」。書說謂書緯刑將得放之篇，有此言也。以其言相

書疏十九　六

知爲三公，卽如鄭言，當以三公領司寇。不然，何以得專王刑也？○傳「呂侯」至「天下」。○正義曰：名篇謂之呂刑，其經皆言王曰，知呂侯以穆王命作書也。經言陳罰贖之事，不言何代之禮，故序言訓夏，以明經是夏法。王者代相革易，刑罰世輕世重，殷以變夏，周又改殷，夏法行於前代，廢已久矣，今復訓暢夏禹贖刑之法，以周法傷重，更從輕以布告天下，以其事合於當時，故孔子録之以爲法。經多說治獄之事，是訓釋申暢之也。金作贖刑，唐虞之法。周禮職金掌受士之金罰貨罰，入于司兵，則周亦有贖刑。而遠訓夏之贖刑者，周禮惟言士之金罰，人似不得贖罪，縱使亦得贖罪，贖必異於夏法。以夏刑爲輕，故祖而用之，罪實則刑之，罪疑則贖之，故當並言贖刑，非是惟訓贖罰也。周禮司刑掌五刑之法，以麗萬民之罪，墨罪五百，劓罪五百，宮罪五百，剕罪五百，殺罪五百，五刑惟有二千五百。此經五刑之屬三千，案刑數乃多於周禮，而言變從輕者，周禮五刑皆有五百，此則輕刑少而重刑多；此經墨劓皆千，剕刑五百，宮刑三百，大辟二百，輕刑多而重刑少。變周用夏，是改重從輕也。然則周公聖人，相時制法，而使刑罰太重，令穆王改易之者，穆王遠取夏法，殷刑必重於夏。夏承堯舜之後，民淳易治，故制刑近輕，輕則民慢，故殷刑稍重。自湯已後，世漸苛酷，紂作炮烙之刑，明知刑罰益重。周承暴虐

之後不可頻使太輕雖減之輕猶重於夏法成康之間刑措不用下及穆王民猶易治故吕侯度時制宜勸王改從夏法聖人之法非不善也而不以經遠吕侯之智非能高也而法可以適時苟適於時事即可爲善亦不言吕侯才高於周公法勝於前代所謂觀民設教遭時制宜刑罰所以世輕世重爲此故也。傳後爲至甫刑。正義曰禮記書傳引此篇之言多稱爲甫刑曰故傳解之後爲甫侯故或稱甫刑知後爲甫侯者以詩大雅崧高之篇宣王之詩云生甫及申揚之水爲平王之詩云不與我戍甫明子孫改封爲甫侯不知因吕國改作甫名不知别封餘國而爲甫號然子孫封甫穆王時未有甫名而稱爲甫刑者後人以子孫之國號名之也猶若叔虞初封於唐子孫封晉而史記稱晉世家然宣王以後改吕爲甫鄭語史伯之言幽王之時也乃云申吕雖衰齊許猶在仍得有吕者以彼史伯論四嶽治水其齊許申吕是其後也因上申吕之文而云申吕雖衰吕即甫也

惟吕命王享國百年。耄荒言吕侯見命爲卿時穆王以享國百年耄亂荒忽穆王即位過四十矣言百年大期雖老而能用賢以揚名。耄本亦作薹毛報反切韻莫報反

度作刑以詰四方度時世所宜訓作贖刑以治天下四方之

民。度待洛反註同馬如字云法度也詰起一反【疏】惟吕至四方。正義曰惟吕侯見命爲卿於時穆王享有周國已積百年王精神耄亂而荒忽矣王雖老耄猶能用賢取吕侯之言度時世所宜作夏贖刑以治天下四方之民也。傳言吕至揚名。正義曰史述吕侯見命而記王年知其得命之時王已享國百年也曲禮云八十九十曰耄是耄荒爲年老精神耄亂荒忽也穆王即位之時已年過四十矣此至命吕侯之年未必已有百年言百年者美大其事雖則年老而能用賢以揚名故記其百年之耄荒也周本紀云甫侯言於王作脩刑辟是脩刑法者皆吕侯之意美王能用之穆王即位過四十者不知出何書也周本紀云穆王即位春秋已五十矣立五十五年崩司馬遷若在孔後或當各有所據無逸篇言殷之三王及文王享國若干年者皆謂在位之年此言享國百年乃從生年而數意在美王年老能用賢而言其長壽故舉從生之年以耄荒接之美其老之意也文不害意不與彼同

王曰若古有訓蚩尤惟始作亂延及于平民順古有遺訓言蚩尤造始作亂惡化相易延及於平善之人九黎之君號曰蚩尤。蚩尺之反尤有牛反馬云少昊之末九黎君名

罔不寇賊鴟義姦宄奪攘矯虔平民化之無不相寇賊爲鴟梟之義以相奪攘矯稱上命若固有之亂之甚。鴟尺之反鴟梟惡鳥馬云鴟輕也義本亦作誼宄音軌攘如羊反矯居表反虔其然反

苗民弗用靈制以刑惟作五虐之刑曰法三苗之君習蚩尤之惡不用善化民而制以重刑惟爲五虐之刑自謂得法蚩尤黄帝所滅三苗帝堯所誅言異世而同惡

殺戮無辜爰始淫爲劓刵椓黥三苗之主頑凶若民敢行虐刑以殺戮無罪於是始大爲截人耳鼻椓陰黥面以加無辜故曰五虐。劓魚器反刵徐如志反椓丁角反黥其京反

越茲麗刑并制罔差有辭苗民於此施刑并制無罪無差有直辭者言淫濫。麗力馳反并必政反

民興胥漸泯泯棼棼罔中于信以覆詛盟三苗之民瀆於亂政起相漸化泯泯爲亂棼棼同惡皆無中于信義以反背詛盟之約。泯面忍反徐音民棼芳云反徐扶云反覆芳服反徐敷目反詛側助反背音佩約如字又於妙反

虐威庶戮方

告無辜于上上帝監民罔有馨香德刑發聞惟腥三苗虐政作威衆被戮者方方各告無罪於天天視苗民無有馨香之行其所以爲德刑發聞惟乃腥臭。聞音問又如字注同腥音星行下孟反

皇帝哀矜庶戮之不辜報虐以威遏絶苗民無世在下皇帝帝堯也哀矜衆被戮者之不辜乃報爲虐者以威誅遏絶苗民使無世位在下國也。君帝君宜作皇字帝堯也遏於葛反【疏】王曰至在下。正義曰吕侯進言於王使用輕刑又稱王之言以告天下說重刑害民之義王曰順古道有遺餘典訓記法古人之事昔炎帝之末有九黎之國君號蚩尤者惟造始作亂惡化遞相染易延及末平善之民平民化之亦變爲惡無有不相寇盜相賊害爲鴟梟之義鈔掠良善外姦內宄劫奪人物攘竊人財矯稱上命以取人財若己固自有之然蚩尤之惡已如此矣至於高辛氏之末又有三苗之國君習蚩尤之惡不肯用善化民而更制重法惟作五虐之刑乃言曰此得法也殺戮無罪之人於是始大爲四種之刑刵截人耳劓截人鼻椓割人陰黥人面苗民於此施刑之時并制無罪之人對獄有罪者無辭無

罪者有辭苗民斷獄並皆罪之無差簡有直辭者言濫及無罪者也三苗之民慣瀆亂政起相漸染皆化爲惡泯泯爲亂棼棼同惡小大爲惡民皆乃詐無有中于信義以此無中于信反背詛盟之約雖有要約皆違背之三苗虐政作威衆被戮者方方各告無罪於上天上天下視苗民無有馨香之行其所以爲德刑者發聞於外惟乃皆腥臭無馨香也君帝帝堯哀矜衆被殺戮者不以其罪乃報爲暴虐者以威止絶苗民使無世位在於下國言以刑虐故滅之也○傳順古至蚩尤○正義曰古有遺訓順而言之故爲順古有遺訓也蚩尤造始作亂其事往前未有蚩尤今始造之必是亂民之事不知造何事也下說三苗之主習蚩尤之惡作五虐之刑此章主說虐刑之事蚩尤所作必亦造虐刑也以峻法治民民不堪命故惡化轉相染易延及於平善之民亦化爲惡也九黎之君號曰蚩尤當有舊說云然不知出何書也史記五帝本紀云神農氏世衰諸侯相侵伐蚩尤最爲暴虐莫能伐之黄帝乃徵師諸侯與蚩尤戰於涿鹿之野遂擒殺蚩尤而諸侯咸尊軒轅爲天子如本紀之言蚩尤是炎帝之末諸侯君也應劭云蚩尤古天子鄭云蚩尤霸天下黄帝所伐者漢書音義有臣瓚者引孔子三朝記云蚩尤庶人之貪者諸說不同未知蚩尤是何人也楚語曰少昊氏之衰也九黎亂德顓頊

受之使復舊常則九黎在少昊之末非蚩尤也韋昭云九黎氏九人蚩尤之徒也韋昭雖以九黎爲蚩尤要史記蚩尤在炎帝之末國語九黎在少昊之末二者不得同也九黎之文惟出楚語孔以蚩尤爲九黎下傳又云蚩尤黄帝所滅言黄帝所滅則與史記同矣孔非不見楚語而爲此說蓋以蚩尤是九黎之君黄帝雖滅蚩尤猶有種類尚在故下至少昊之末更復作亂若其不然孔意不可知也鄭玄云學蚩尤爲此者九黎之君在少昊之代也其意以蚩尤當炎帝之末九黎當少昊之末九黎學蚩尤九黎非蚩尤也○傳平民至之甚正義曰蚩尤作亂當是作重刑以亂民以峻法酷刑民無所措手足困於苛虐所酷人皆苟且故平民化之無有不相寇賊羣行攻劫曰寇殺人曰賊言攻殺人以求財也鴟梟貪殘之鳥詩云爲梟爲鴟梟是鴟類鄭玄云盜賊狀如鴟梟鈔掠良善劫奪人物傳言鴟梟之義如鄭說也釋詁云虔固也若固有之言取得人物如己自有也○傳三苗至同惡○正義曰上說蚩尤之惡即以苗民繼之知經意言三苗之君習蚩尤之惡靈善也不用善化民而制以重刑學蚩尤制之用五刑而虐爲之故爲五虐之刑不必皐陶五刑之外别有五也曰法者述苗民之語自謂所作得法欲民行而畏之如史記之文蚩尤黄帝所滅下句所說三苗帝堯所誅楚語云三苗

復九黎之惡是異世而同惡也鄭玄以爲苗民即九黎之後顓頊誅九黎至其子孫爲三國高辛之衰又復九黎之惡堯興又誅之堯末又在朝舜臣堯又竄之後禹攝位又在洞庭逆命禹又誅之穆王深惡此族三生凶德故著其惡而謂之民孔惟言異世同惡不言三苗是蚩尤之子孫韋昭云三苗炎帝之後諸侯共工也○傳三苗至五虐○正義曰三苗之主實國君也頑凶若民故謂之苗民不於上經爲傳者就此惡行解之以其頑凶敢行虐刑以殺戮無罪釋詁云淫大也於是大爲截人耳鼻椓陰黥面苗民爲此刑也椓陰即宫刑也黥面即墨刑也康誥周公戒康叔云無或劓刵人即周世有劓刵之刑非苗民别造此刑也以加無辜故曰五虐鄭玄云刵斷耳劓截鼻椓謂椓破陰黥爲羈黥人面苗民大爲此四刑者言其特深刻異於皐陶之爲鄭意蓋謂截耳截鼻多截之椓陰苦於去勢黥面甚於墨額孔意或亦然也○傳三苗至之約○正義曰三苗之民謂三苗國内之民也瀆謂慣瀆苗君久行虐刑民慣見亂政習以爲常起相漸化泯泯相似之意棼棼擾擾之狀泯泯爲亂習爲亂也棼棼同惡共爲惡也中猶當也皆無中於信義言爲行無與信義合者詩云君子屢盟亂是用長亂世之民多相盟詛既無信義必皆違之以此無中於信反背詛盟之約也○傳三苗至腥臭○正

義曰方方各告無罪於上天言其處處告也天矜於下俯視苗民無有馨香之行馨香以喻善也其所以爲德刑苗民自謂是德刑者發聞於外惟乃皆是腥臭腥臭喻惡也○傳君帝至下國○正義曰釋詁云皇君也此言遏絶苗民下句即云乃命重黎重黎是帝堯之事知此滅苗民亦帝堯也此滅苗民在堯之初興使無世位在於下國而堯之末年又有竄三苗者禮天子不滅國擇立其次賢者此爲五虐之君自無世位在下其改立者復得在朝但此族數生凶德故歷代每被誅耳

乃命重黎絶地天通罔有降格重即羲黎即和堯命羲和世掌天地四時之官使人神不擾各得其序是謂絶地天通言天神無有降地地祇不至於天明不相干○重直龍反黎力兮反

羣后之逮在下明明棐常鰥寡無蓋羣后諸侯之逮在下國皆以明明大道輔行常法故使鰥寡得所無有掩蓋○棐音匪又芳鬼反鰥居頑反

皇帝清問下民鰥寡有辭于苗帝堯詳問民患皆有辭怨於苗民○清問馬云清訊

德威惟畏德明惟明言堯監苗民之見怨則又增修其德行威

則民畏服，明賢則德明人，所以無能名焉。

〔疏〕乃命至推明。○正義曰：三苗亂德，民神雜擾，帝堯既誅苗民，乃命重黎二氏，使絕天地相通，令民神不雜，於是天神無有下至地，地民無有上至天，言天神地民不相雜也。羣后諸侯相與在下國，羣臣皆以明明大道輔行常法，鰥寡皆得其所，無有掩蓋之者。君帝帝堯清審詳問下民所患，鰥寡皆有辭怨於苗民，言誅之合民意。堯視苗民見怨，則又增修其德，以德行威，則民畏之，不敢爲非；以德明人，人皆勉力自修，使德明。言堯所行賞罰得其所也。○傳重即至相干。○正義曰：楚語云：昭王問於觀射父曰：「周書所謂重黎實使天地不通者，何也？若無然，民將能登天乎？」對曰：「非此之謂也。古者民神不雜。少昊氏之衰也，九黎亂德，家爲巫史，民神同位，禍災荐臻。顓頊受之，乃命南正重司天以屬神，命火正黎司地以屬民，使復舊常，無相侵瀆，是謂絕地天通。其後三苗復九黎之德，堯復育重黎之後不忘舊者，使復典之。」彼言主說此事，而堯典云乃命羲和，欽若昊天，即所謂育重黎之後使典之也。以此知重即羲也，黎即和也。言羲是重之子孫，和是黎之子孫，能不忘祖之舊業，故以重黎言之。傳言堯乃命羲和掌天地四時之官，堯典文也。民神不擾，是謂絕地天通，楚語文也。孔惟加各得其序一句耳。楚語又云司天屬神，司地屬民，令神與天在上，民與地在下，定上下之分，使民神不雜，則祭享有度，災厲不生。經言民神分別之意，故言罔有降格，言天神無有降至於地者，謂神不干民；孔因互文云地民不有上至於天者，言民不干神也。乃揔之云明不相干，即是民神不雜也。地民或作地祇，學者多聞神祇，又民字似祇，因妄改使謬耳。如楚語云乃命重黎，是顓頊命之。鄭玄以皇帝哀矜庶戮之不辜至罔有降格，皆說顓頊之事，乃命重黎，即是命重黎之身，非羲和也；皇帝清問以下，乃說堯事。顓頊與堯再誅苗民，故上言遏絕苗民，下云有辭於苗，異代別時，非一事也。案楚語云少昊氏之衰也，九黎亂德，又云其後三苗復九黎之德，則九黎三苗非一物也。顓頊誅九黎，謂之遏絕苗民，於鄭義爲不愜。楚語言顓頊命重黎，解爲帝堯命羲和，於孔說又未允。不知二者誰得經意也。○傳言堯至名焉。○正義曰：此經二句說帝堯之德事也，而其言不順，文在苗民之下，故傳以爲堯監苗民之見怨，則又增修其德，敦德以臨之，以德行其威罰，則民畏之而不敢爲非；明賢則德明人者，若凡人雖欲以德明賢者，不能照察，今堯德明賢者，則能以德明識賢人，故皆勸慕爲善。明與上句相互，則德威者，凡人雖欲以德行威，不能威肅，今堯行威罰，則能以德威罰罪人，故人皆畏威服德也。

乃命三后，恤功于民。

伯夷降典，折民惟刑；禹平水土，主名山川；稷降播種，農殖嘉穀。伯夷下典禮，教民而斷以法。禹治洪水，山川無名者主名之。后稷下教民播種，農畝生善穀。所謂堯命三君，憂功於民。○折，之設反，下同。馬、鄭、王皆音悊，馬云：智也。種，章用反。殖，承力反。斷，丁亂反，下同。**三后成功，惟殷于民。**各成其功，惟所以殷盛於民，言禮教備，衣食足。**士制百姓于刑之中，以教祗德。**言伯夷道民典禮，斷之以法。皋陶作士，制百官於刑之中，助成道化，以教民爲敬德。○祗，止而反。

〔疏〕乃命至祗德。○正義曰：堯既誅苗民，乃命三君伯夷、禹、稷，憂施功於民。使伯夷下禮典教民，折斷下民惟以與法；伯禹身平治水土，主名天下山川，其無名者皆與作名；后稷下教民布種，在於農畝種殖嘉穀。三君者各成其功，惟以殷盛於民，使民衣食充足。乃使士官制御百官之姓於刑之中正，以教民爲敬德。言先以禮法化民，民既富而後教之，非苟欲刑殺也。○傳伯夷至於民。○正義曰：伯夷與稷言降，禹不言降，降可知。降，下也，從上而下於民也。舜典伯夷主禮，典教民而斷以法，即論語所謂齊之以禮也。山川與天地並生，民應先與作名，但禹治水，萬事改新，古老既死，其名或滅，故當時無名者，禹皆主名之。言此者，以見禹治山川，爲民於此耕稼故也。此三事者皆是爲民，故傳既解三事，乃結上句，此即所謂堯命三君，憂功於民，憂欲與民施功也。此三事之次，當禹功在先，先治水土，乃得種穀，民得穀食，乃能行禮。管子云：衣食足，知榮辱；倉廩實，知禮節。是言足食足衣，然後行禮也。此經先言伯夷者，以民爲國之本，禮是民之所急，將言制刑，先言用禮，刑禮相須，重禮，故先言之也。○傳言伯至敬德。○正義曰：此經大意，言禹稷教民，使衣食充足；伯夷道民，使知禮節；有不從教者，乃以刑威之。故先言三君之功，乃說用刑之事。言禹稷教民稼穡，衣食既已充足，伯夷道民典禮，又能折之以法，禮法既行，乃使皋陶作士，制百官於刑之中，令百官用刑皆得中正，使不僭不濫，不輕不重，助成道化，以教民爲敬德，言從伯夷之法，敬德行禮也。

穆穆在上，明明在下，灼于四方，罔不惟德之勤。堯躬行敬敬在上，三后之徒秉明德明君道於下，灼然彰著四方，故天下之士無不惟德之勤。**故乃明于刑之中，率乂于民棐彝。**天下皆勤立德，故乃能明於用刑之中正，循道以治於民輔成常教。○治，直吏反。【疏】「穆穆」至「棐彝」。○正義曰：言堯躬行敬敬之道在於上位，三后之徒躬秉明德，明君道在於下，君臣敬明，與德灼然著於四方，故天下之事無不惟德之勤，悉皆勤行德矣。天下之士皆勤立德，故乃能明於用刑之中正，循大道以治於民，輔成常教，美堯君臣明德能用刑得中，以輔禮教。○傳「堯躬」至「之勤」。○正義曰：《釋訓》云「穆穆，敬也」，明明重明則穆穆重敬，當敬天敬民在於上位也。明明在下，則是臣事，知是三后之徒秉明德明君道於下也。彰著于四方，四方皆法效之，故天下之士無不惟德之勤。○傳「天下」至「常教」。○正義曰：刑者所以助教而不可專用，非是身有明德則不能用刑。以天下之大，萬方之衆，必當盡能用刑，天下乃治。此美堯能使天下皆勤立德，故乃能明於用刑之中正。言天下皆能用刑盡得中正，循治民之道以治於民，輔成常教。伯夷所典之禮，是常行之教也。

典獄非訖于威，惟訖于富。言堯時主獄有威有德有恕，非絶於威，惟絶於富。世治，貨賂不行。○賂，來故反。**敬忌罔有擇言在身。**堯時典獄皆能敬其職，忌其過，故無有可擇之言在其身。**惟克天德，自作元命，配享在下。**凡明於刑之中，無擇言在身，必是惟能天德，自爲大命，配享天意，在於天下。【疏】「典獄」至「在下」。○正義曰：堯時典獄之官，非能止絶於威，有犯必當行威，威刑不可止也，惟能止絶於富，受貨然後得富，無貨富自絶矣。言於時世治，貨賂不行。堯時典獄之官皆能敬其職事，忌其過失，無有可釋之言在於其身。天德平均，惟能爲天之德，志性平均，自爲長久大命，配當天意在於天下。言堯德化之深，於時典獄之官皆能賢也。○傳「言堯」至「不行」。○正義曰：堯時主獄之官，有威嚴，有德行，有恕心。有犯罪必罪之，是有威也；無罪則赦之，是有德也；有威有德，有恕心行之，不受貨賂，是恕心也。訖是盡也，故傳以訖爲絶。不可能使民不犯，非絶於威；能使不受貨賂，惟絶於富。言以恕心行之，世治則貨賂不行，故獄官無得富者。○傳「凡明」至「天下」。○正義曰：惟克天德，言能效天爲德，當謂天德平均，獄官效天爲平均。凡能明於刑之中正矣，又能使無可擇之言在身者，此人必是惟能爲天平均之德，斷獄必平矣。皇天無親，惟德是輔，若能斷獄平均者，必壽長久，大命大命由己而來，是自爲大命。享訓當也，是此人能配當天命在於天之下。鄭云：「大命謂延期長久也。」

王曰：「嗟！四方司政典獄，非爾惟作天牧？主政典獄，謂諸侯也。非汝惟爲天牧民乎？言任重是汝。○爲，于僞反。任，而鴆反。重，輕重之重。**今爾何監？非時伯夷播刑之迪？**言當視是伯夷布刑之道而法之。**其今爾何懲？惟時苗民匪察于獄之麗。**其今汝何懲戒乎？所懲戒惟是苗民非察於獄之施刑以取滅亡。○麗，力馳反。**罔擇吉人，觀于五刑之中，惟時庶威奪貨，**言苗民無肯選擇善人，使觀視五刑之中正，惟是衆爲威虐者任之，以奪取人貨，所以爲亂。**斷制五刑，以亂無辜。上帝不蠲，降咎于苗。**苗民任奪貨姦人斷制五刑，以亂加無罪。天不絜其所爲，故下咎罪，謂誅之。○蠲，吉縁反。咎，其九反。**苗民無辭于罰，乃絶厥世。」**言罪重無以辭於天罰，故堯絶其世。申言之，爲至戒。【疏】「王曰」至「厥世」。○正義曰：王呼諸侯戒之曰：咨嗟！汝四方主政事典獄訟者諸侯之君等，非汝惟爲天牧養民乎？言汝等皆爲天養民，言任重也。受任既重，當觀古成敗。今汝何所監視乎？其所視者，非是伯夷布刑之道也？言當效伯夷善布刑法，受令名也。其今汝何所懲創乎？其所創者，惟是苗民非察於獄之施刑乎？言當創苗民施刑不當，取滅亡也。彼苗民之爲政也，無肯選擇善人，使觀視於五刑之中正，惟是衆爲威虐者任之，以奪取人之貨賂，任用此人使斷制五刑，以亂加無罪之人。上天不絜其所爲，故下咎惡於苗民。苗民無以辭於天罰，堯乃絶滅其世。汝等安得不懲創乎？○傳「言當」至「法之」。○正義曰：伯夷典禮，皋陶主刑，刑禮相成以爲治。不使視皋陶而令視伯夷者，欲其先禮而後刑，道之以禮，禮不從乃刑之，則刑亦伯夷之所布，故令視伯夷布刑之道而法之。王肅云：「伯夷道之以禮，齊之以刑。」○傳「其今」至「滅亡」。○正義曰：上言「非時」，此言「惟時」，文異者，「非時」者，言豈非是事也；「惟時」者，言惟當是事也。雖文異而意同。惟是苗民非察於獄之施刑以取滅亡也，言其正謂察於獄之施刑不當於罪以取滅亡。○傳「苗民」至「誅之」。○正義曰：以亂加無罪者，正謂以罪加無罪，是亂也。蠲訓絜也。天不絜其所爲者，鄭玄云：「天以苗民所行腥臊不絜，故下禍誅之。」

王曰：「嗚呼！念之哉！念以伯夷爲法，苗民爲戒。**伯父、伯兄、仲叔、季弟、幼子、童孫，皆聽朕言，庶有格命。**皆石同姓有父兄弟子孫列者，伯仲叔季，順少長也。舉同姓包異姓，言不殊也。聽從我言，庶幾有至命。○聽如字又他經反少詩照反長丁丈反今爾罔不由慰日勤爾罔或戒不勤今汝無不用安自居日當勤之汝無有徒念戒而不勤。日人實反一音曰天齊于民俾我一日非終惟終在人天整齊於下民使我爲之一日所行非爲天所終惟爲天所終在人所行。天齊于民絕句馬云齊中也俾我絕句俾必爾反馬本作矜矜哀也爾尚敬逆天命以奉我一人雖畏勿畏雖休勿休汝當庶幾敬逆天命以奉我一人之戒行事雖見畏勿自謂可敬畏雖見美勿自謂有德美惟敬五刑以成三德一人有慶兆民賴之其寧惟永先戒以勞謙之德次教以惟敬五刑所以成剛柔正直之三德也天子有善則兆民賴之其乃安寧長久之道

【疏】王曰至惟永。○正義曰王言而歎曰嗚呼汝等諸侯其當念之哉念以伯夷爲法苗民爲戒既令念此法戒又呼同姓諸侯曰伯父伯兄仲叔季弟幼子童孫等汝皆聽從我言依行用之庶幾有至善之命命必長壽也今汝等諸侯無不用安道以自居曰我當勤之哉汝已許自勤卽當必勤汝無有徒念我戒許欲自勤而身竟不勤戒使必自勤也上天欲整齊於下民使我爲之令我爲天子整齊下民也我一日所行失其道非爲天所終一日所行得其理惟爲天所終此事皆在人所行言已當慎行以順天也我已冀欲順天汝等當庶幾敬逆天命以奉用我一人之戒汝所行事雖見畏勿自謂可敬畏雖見美勿自謂有德美欲令其謙而勿自取也汝等惟當敬慎用此五刑以成剛柔正直之三德以輔我天子我天子一人有善事則億兆之民蒙賴之若能如此其乃安寧惟久長之道也。傳皆王至至命。○正義曰此揔告諸侯不獨告同姓知舉同姓包異姓也格訓至也言庶幾有至命至命當謂至善之命不知是何命也鄭玄云格登也登命謂壽考者傳云至命亦謂壽考。○傳今汝至不勤。○正義曰由用也慰安也人之行事多有始無終從而不改王既殷勤教誨恐其知而不行或當曰欲勤行而中道倦怠故以此言戒之今汝等諸侯無不用安道以自居言曰我當勤之安道者謂勤其職是安之道若不勤其職是危之道也。傳天整至所行。○正義曰天整齊於下民者欲使之順道依理以性命自終也以民不能自治故使我爲之使我爲天子我既受天委付務欲稱天之心墜失天命是不爲天所終保全祿位是爲天所終我一日所行善之與惡非爲天所終惟爲天所終皆在人所行王言已冀欲使爲行稱天意也。傳汝當至德美。正義曰逆迎也上天授人爲主是下天命也諸侯上輔天子是逆天命也言與天意相迎逆也汝當庶幾敬逆天命以奉我一人之戒欲使之順天意而用已命凡人被人畏必當自謂已有可畏敬被人譽必自謂已實有德美故戒之汝等所行事雖見畏勿自謂可敬畏雖見美勿自謂有德美教之令謙而不自恃也。傳先戒至之道。正義曰上句雖畏勿畏雖休勿休是先戒以勞謙之德也勞謙易謙卦九三爻辭謙則心勞故云勞謙天子有善以善事教天下則兆民蒙賴之

王曰吁來有邦有土告爾祥刑吁歎也有國土諸侯告汝以善用刑之道。吁況于反馬作于于於也在今爾安百姓何擇非人何敬非刑何度非及在今爾安百姓兆民之道當何所擇非惟吉人乎當何所敬非惟五刑乎當何所度非惟及世輕重所宜乎。度待洛反註同馬云造謀也兩造具備師聽五辭兩謂囚證造至也兩至具備則衆獄官共聽其入五刑之辭。造七報反注同五辭簡孚正于五刑五辭簡核信有罪驗則正之於五刑。核幸革反五刑不簡正于五罰不簡核謂不應五刑當正五罰出金贖罪。應應對之應下同五罰不服正于五過不服不應罰也正於五過從赦免五過之疵惟官惟反惟內惟貨惟來五過之所病或嘗同官位或詐反囚辭或內親用事或行貨枉法或舊相往來皆病所在。疵才斯反來馬本作求云有求請賕也其罪惟均其審克之以病所在出入人罪使在五過罪與犯法者同其當淸察能使之不行五刑之疑有赦五罰之疑有赦其審克之刑疑赦從罰罰疑赦從免其當淸察能得其理簡孚有衆惟貌有稽簡核誠信有合衆心惟察其貌有所考合重刑之至無簡不聽具嚴天威無簡核誠信不聽理具獄皆當嚴敬天威無輕用刑墨辟疑赦其罰百鍰閱實其罪刻其顙而涅之曰墨刑疑則赦從罰六兩曰鍰鍰黃鐵也閱實其罪

使與罰各相當。○辟，婢亦反。鍰，徐戶關反，六兩也。鄭及爾雅同。說文云：六鋝也。鋝，十一銖二十五分銖之十三也。馬同，又云賈逵說俗儒以鋝重六兩，周官劍重九鋝，俗儒近是。閱音悅。纇，素黨反。涅，乃結反。

劓辟疑赦，其罰惟倍，閱實其罪。截鼻曰劓刑，倍百為二百鍰。**剕辟疑赦，其罰倍差，閱實其罪。**刖足曰剕。倍差謂倍之又半，為五百鍰。**宮辟疑赦，其罰六百鍰，閱實其罪。**宮，淫刑也，男子割勢，婦人幽閉，次死之刑。序五刑先輕轉至重者，事之宜。**大辟疑赦，其罰千鍰，閱實其罪。**死刑也。五刑疑各入罰，不降相因，古之制也。**墨罰之屬千，劓罰之屬千，剕罰之屬五百，宮罰之屬三百，大辟之罰其屬二百。五刑之屬三千。**別言罰屬，合言刑屬，明刑罰同屬，互見其義以相備。○見，賢遍反。

【疏】「王曰」至「天威」。○正義曰：凡與人言，必呼使來前。吁，歎聲也。王歎而呼諸侯曰：吁，來！有邦國有土地諸侯國君等，告汝以善

書疏十九

用刑之道。在於今日，汝安百姓兆民之道，何所選擇？非惟選擇善人乎？何所敬慎？非惟敬慎五刑乎？何所謀度？非惟度及世之用刑輕重所宜乎？即教諸侯以斷獄之法。凡斷獄者，必令囚之與證兩皆來至。囚證具備，取其言語，乃與衆獄官共聽其入五刑之辭。其五刑之辭簡核信實有罪，則正之於五刑，以五刑之罪罪其身也。五刑之辭不如衆所簡核，不合入五刑，則正之於五罰。罰謂其取贖也。於五罰論之，又有辭不服，則正之於五過。過失可宥，則赦宥之。從刑入罰，從罰入過，此五過之所病者，惟嘗同官位，惟詐反囚辭，惟內親用事，惟行貨枉法，惟舊相往來。以此五病出入人罪，其罪與犯法者均。其當清證審察，能使五者不行，乃為能耳。五刑之疑有赦，赦從罰也。五罰之疑有赦，赦從過也。過則赦之矣。其當清證審察，使能之，勿使妄入人罪，妄得赦免。既得囚辭，簡核誠信，有合衆心，或皆可刑，或皆可放，雖云合罪，惟更審察其貌，有所考合，謂貌又當罪，乃決斷之。無簡不聽者，謂雖似罪狀，無可簡核誠信合罪者，則不聽理其獄，當放赦之。皆當嚴敬天威，天威勿輕聽用刑也。○傳「在今」至「宜乎」。○正義曰：何度非及，其言不明，以論刑事，而言度所及，知所度者，度及世之用刑輕重所宜。王肅云：度，謀也。非當與主獄者謀慮刑事，度世輕重所宜也。○傳「兩謂」至「之辭」。○正義曰：兩謂兩人，謂囚與證也。凡競獄必有兩人為敵，各言有辭理，或時兩皆須證，則囚之與證非徒兩人而已。兩人謂囚與證，不為兩敵至者，將斷其罪，必須得證。兩敵同時在官，不須待至，且兩人競理，或並皆為囚，各自須證，故以兩為囚與證也。兩至具備，謂囚證具足，各得其辭，乃據辭定罪。與衆獄官共聽其辭，觀其犯狀，斟酌入罪，或入墨劓，或入宮剕，故云聽其入五刑之辭也。○傳「五辭」至「五刑」。○正義曰：既得囚證，將入五刑之辭，更復簡核，實知其信，有罪狀與刑書正同，則依刑書斷之，應墨者墨之，應殺者殺之。○傳「不簡」至「贖罪」。○正義曰：不簡核者，謂覆審囚證之辭，不如簡核之狀，既囚與證辭不相符合，則是犯狀不定，謂不應五刑，不與五刑書同。獄官疑不能決，則當正之於五罰，令其出金贖罪，依準五刑，疑則從罰，故為五罰，即下文是也。今律疑罪各依所犯，以贖論，即是也。虛實之證等，是非之理均，或事涉疑似，旁無證見，或雖有證見，事非疑似，如此者皆為疑罪。○傳「不服」至「赦免」。○正義曰：不服，不應罰者，欲令贖罪而其人不服，獄官重加簡核，無疑似之狀，本情非罪，不可強遣出金。如是者則正之於五過，雖事涉疑似，有罪乃是過失，過則可原，故從赦免。下文惟有五刑、五罰而無五過，亦稱五者，緣五罰為過，故謂之五過。五者之過皆可原也。○傳「五過」至「所在」。○正義曰：釋詁云：疵，病也。此五過之所病皆謂獄吏故出入人罪，應刑不刑，應罰不罰，致之五過而赦免之，故指言五過之疵。於五刑、五罰不赦其罪，未有此病，故不言五刑之疵、五罰之疵。應刑而罰，亦是其病，於赦免言病，則赦刑從罰，亦是病可知。指害干道，於政為病，故謂之病。惟官，謂嘗同官位，與吏舊同僚也。或詐反囚辭，拒諱實情，不承服也。或內親用事，因有親戚在官吏，或望其意而曲筆也。或行貨於吏，吏受財枉法也。或囚與吏舊相往來。此五事皆是病之所在。五事皆是枉法，但枉法多是為貨，故於貨言枉，餘皆枉可知。○傳「以病」至「不行」。○正義曰：以五病所在，出入人罪，不罰不刑，使得在於五過，妄赦免之。此獄吏之罪與犯法者同。諸侯國君清證審察，能使之不行，乃為善也。此以病所在，惟出人罪耳，而傳并言入者，有罪而妄出，與無罪而妄入，獄吏之罪等，故以出人言之。今律故出入者與同罪，此是也。○傳「刑疑」至「其理」。○正義曰：刑疑有赦從罰也，罰疑有赦從免也。上云五罰不服，正於五過，即是免之也。不言五過之疑有赦者，知過則赦之，不得疑也。其當清察，能得其理，不使應刑妄得罰，應罰妄得免也。舜典云「眚災肆赦」，大禹謨云「宥過無大」，易解卦象云「君子以赦過宥罪」，論語云「赦小過」，是過失之罪皆當赦放，故知過即是赦之。鄭玄云：不言五過之疑有赦者，過不當赦也。禮記云：凡執禁以齊衆者，不赦過。如

鄭此言五罰不服正於五過者五過皆當罪之也五刑之疑赦刑取贖五罰疑者反使服刑是刑疑而輸贖罰疑而受刑不疑而更輕可疑而益重事之顛倒一至此乎謂之祥刑豈當若是然則不赦過者復何所謂執禁以齊衆非謂平常之過失也人君故設禁約將以齊整大衆小事易犯人必輕之過犯悉皆赦之衆人不可復禁是故不赦小過所以齊整衆人令其不敢犯也今律和合御藥誤不如本方御幸舟舡誤不牢固罪皆死乏軍興者斬故失等皆是不赦過也。傳簡核至之至。正義曰簡核誠信有合衆心或皆以爲可刑或可以爲赦未得卽斷之惟當察其囚貌更有所考合考合復同乃從衆議斷之重刑之至也察其貌者卽周禮五聽辭聽色聽氣聽耳聽目聽也鄭玄以爲辭聽觀其出言不直則煩色聽觀其顏色不直則赧然氣聽觀其氣息不直則喘耳聽觀其聽聆不直則惑目聽觀其眸子視不直則眊然是察其貌有所考合也。傳無簡至用刑。正義曰無簡核誠信者謂簡核之於罪無誠信效驗可簡核卽是無罪之人當赦之。傳刻其至相當。正義曰五刑之名見於經傳唐虞已來皆有之矣未知上古起在何時也漢文帝始除肉刑其刻顙截鼻刖足割勢皆法傳於先代孔君親見之說文云顙額也墨一名黥鄭玄周禮注云墨黥也先刻其面以墨窒之言刻額爲瘡以墨塞瘡孔令變色也六兩曰鍰蓋古語存於當時未必有明文也考工記云戈矛重三鋝馬融云鋝量名當與呂刑鍰同俗儒云鋝六兩爲一川不知所出耳鄭玄云鍰稱輕重之名今代東萊稱或以太半兩爲鈞十鈞爲鍰鍰重六兩太半兩鍰鋝似同也或有存行之者十鈞爲鍰二鍰四鈞而當一斤然則鍰重六兩三分兩之二周禮謂鍰爲鋝如鄭玄之言一鍰之重六兩多於孔王所說惟挍十六銖爾舜典云金作贖刑傳以金爲黃金此言黃鐵者古者金銀銅鐵揔號爲金今別之以爲四名此傳言黃鐵舜典傳言黃金皆是今之銅也古人贖罪悉皆用銅而傳或稱黃金或言黃鐵謂銅爲金爲鐵爾閱實其罪撿閱核實其所犯之罪使與罰名相當然後收取其贖此旣罪疑而取贖疑罪不定恐受贖參差故五罰之下皆言閱實其罪慮其不相當故也。傳刖足至百鍰。正義曰釋詁云剕刖也李巡云斷足曰刖說文云刖絶也是刖者斷絶之名故刖足曰剕贖劓倍墨剕應倍劓而云倍差倍之又有差則不啻一倍也下句贖宮六百鍰知倍之又半之爲五百鍰也截鼻重於黥額相校猶少刖足重於截鼻所校則多刖足之罪近於宮刑故使贖剕不啻倍劓而多少近於贖宮也。傳宮淫至之宜。正義曰伏生書傳云男女不以義交者其刑宮是宮刑爲淫刑也男子之陰名爲勢割去

其勢與椓去其陰事亦同也婦人幽閉閉於宮使不得出也本制宮刑主爲淫者後人被此罪者未必盡皆爲淫昭五年左傳楚子以羊舌肸爲司宮非坐淫也漢除肉刑除墨劓剕耳宮刑猶在近代反逆緣坐男子十五已下不應死者皆宮之大隋開皇之初始除男子宮刑婦人猶閉於宮宮是次死之刑宮於四刑爲最重也人犯輕刑者多犯重刑者少又以鍰數以倍相加序五刑先輕後重取事之宜。傳死刑至制也。正義曰釋詁云辟罪也死是罪之大者故謂死刑爲大辟經歷陳罰之鍰數五刑之疑各自入罰不降相因不合死疑入宮宮疑入剕者是古之制也所以然者以其所犯疑不能決故使贖之次刑非其所犯故不得降相因。傳別言至相備。正義曰此經歷言二百三百五百者各是刑之條也每於其條有犯者實則刑之疑則罰之刑屬罰屬其數同也別言罰屬五者各言其數合言刑屬但揔云三千明刑罰同其屬數互見其義以相備也經云大辟之罰其屬二百文異於上四罰者以大辟二字不可云大辟罰之屬故分爲二句以其二字足使成文

上下比罪無僭亂辭勿用不行上下比方其罪無聽僭亂之辭以自疑勿用折獄不可行。僭子念反**惟察惟法其審克之**惟當清察罪人之辭附以法理其當詳審能之**上刑適輕下服**重刑有可以虧減則之輕服下罪**下刑適重上服輕重諸罰有權**一人有二罪則之重而輕并數輕重諸刑罰各有權宜。并必政反數色住反**刑罰世輕世重惟齊非齊有倫有要**言刑罰隨世輕重也刑新國用輕典刑亂國用重典刑平國用中典凡刑所以齊非齊各有倫理有要善

［疏］上下至有要。正義曰此又述斷獄之法將斷獄訟當上下比方其罪之輕重乃與獄官衆議斷之其囚有僭亂之虛辭者無得聽之勿用此辭斷獄此僭亂之辭言不可行也惟當清察罪人之辭惟當附以法理其當詳審使能之勿使僭失爲不能也上刑適輕者謂一人雖犯一罪狀當輕重兩條據重條之上有可以虧減者則之輕條服下罪也下刑適重者謂一人之身輕重二罪俱發則以重罪而從上服令之服上罪或輕或重諸所罪罰皆有權宜當臨時斟酌其狀不得雷同加罪刑罰有世輕世重當視世所宜權而行之行罰者所以齊非齊者有倫理有要善戒令審量之。傳上下至可行。正義曰罪條雖有多數犯者未必當條當取故事並之上下比方其罪之輕

重上比重罪下比輕罪觀其所犯當與誰同獄官不可盡賢其間或有阿曲宜預防之僭不信也獄官與囚等或作不信之辭以惑亂在上人君無得聽此僭亂之辭以自疑惑勿即用此僭亂之辭以之斷獄此僭亂之言不可行用也。傳一人至權宜。正義曰一人有二罪則之重而輕并數者謂若一人有二罪則應兩罪俱治今惟斷獄以重條而輕者不更別數與重并數爲一劉君以爲上刑適輕下刑適重皆以爲一人有二罪上刑適輕者若今律重罪應贖輕罪應居作官當者以居作官當爲重是爲上刑適輕下刑適重者謂若二者俱是贓罪罪從重科輕贓亦備是爲而輕并數也知不然者案經既言下刑適重上服則是重上服而已何得爲輕贓亦備又今律云重罪應贖輕重應居作官當者以居作官當爲重者此即是下刑適重之條而以爲上刑適輕之例實爲未允且孔傳下經始云一人有二罪則上經所云非一人有二罪者也劉君妄爲其說故今不從。傳言刑至要善。正義曰刑罰隨世輕重言觀世而制刑也刑新國用輕典刑亂國用重典刑平國用中典周禮大司寇文也鄭玄云新國者新辟地立君之國用輕法者爲其民未習於教也平國承平守成之國用中典者常行之法也亂國篡弑叛逆之國用重典者以其化惡伐滅之也

罰懲非死人極于病 刑罰所以懲過非殺人欲使惡人極于病苦莫敢犯者 **非佞折獄惟良折獄罔非在中** 非口才可以斷獄惟平良可以斷獄無不在中正 **察辭于差非從惟從** 察囚辭其難在於差錯非從其偽辭惟從其本情 **哀敬折獄明啓刑書胥占咸庶中正** 當憐下人之犯法敬斷獄之害人明開刑書相與占之使刑當其罪皆庶幾必得中正之道。當丁浪反 **其刑其罰其審克之** 其所刑其所罰其當詳審能之無失中正 **獄成而孚輸而孚** 斷獄成辭而信當輸汝信於王謂上其鞫劾文辭。上時掌反下註同鞫九六反劾亥代反玉篇胡得反 **其刑上備有并兩刑** 其斷刑文書上王府皆當備具有并兩刑亦具上之

【疏】罰懲至兩刑 正義曰言聖人之制刑罰所以懲創罪過非要使人死也欲使惡人極於病苦莫敢犯之而已非口才辯佞之人可以斷獄惟良善之人乃可以斷獄言斷獄無非在其中正佞人即不能然也察囚之辭其難在於言辭差錯斷獄者非從其偽辭惟從其本情斷獄之時當哀憐之下民之犯法敬慎斷獄之害人勿得輕耳斷之必令典獄諸官明開刑書相與占之皆庶幾得中正之道其所刑罰其當詳審能之勿使失中其斷獄成辭得其信實又當輸汝信實之狀而告於王其斷刑文書上於王府皆使備具勿有疏漏其囚若犯二事罪雖從重有并兩刑上之者言有兩刑亦具上之恐獄官有所隱沒故戒之。傳當憐至之道。正義曰論語云陽膚爲士師曾子戒之云如得其情則哀矜而勿喜是斷獄者於斷之時當憐下民之犯法也死者不可復生斷者不可復續當須敬慎斷獄之害人勿得輕耳即決之五刑之屬三千皆著在刑書使斷獄者依案用之宜令斷獄諸官明開刑書相與占之使刑書當其罪合人之所犯不必當條須探測刑書之意比附以斷其罪若卜筮之占然故稱占也皆庶幾必得中正之道令獄官同心思使中也此言明啓刑書而左傳云昔先王議事以制不爲刑辟者彼鑄刑書以宣示百姓故云臨事時宜不預明刑辟人有犯罪原其情之善惡斷定其輕重乃於刑書比附而罪之故彼此各據其一義不相違也。傳斷獄至文辭。正義曰孚信也輸寫也下而爲汝也斷獄成辭而得信實當輸寫汝之信實以告於王勿藏隱其情不告王也曲必隱情直則無隱令其不隱情者欲使之無阿曲也漢世問罪謂之鞫斷獄謂之劾謂上其鞫劾文辭也。傳其斷至上之。正義曰其斷刑文書上王府皆當備具若今曹司寫案申尚書省也有并兩刑謂人犯兩事刑有上下雖罪從重斷有兩刑者亦并具上之使王知其事王或時以下刑爲重改下爲上故并亦上之

王曰嗚呼敬之哉官伯族姓朕言多懼 敬之哉告使敬刑官長諸侯族同族姓異姓也我言多可戒懼以儆之。儆音景 **朕敬于刑有德惟刑** 我敬於刑當使有德者惟典刑 **今天相民作配在下明清于單辭** 今天治民人君爲配天在下當承天意聽訟當清審單辭單辭特難聽故言之。相如字馬息亮反助也 **民之亂罔不中聽獄之兩辭** 民之所以治由典獄之無不以中正聽獄之兩辭兩辭棄虛從實刑獄清則民治。治直吏反 **無或私家于獄之兩辭** 典獄無敢有受貨聽詐成私家於獄之兩辭 **獄貨非寶惟府辜功報以庶尤** 受獄貨非家寶也惟聚罪之事其報則以衆人見罪 **永畏惟罰非天不**

中惟人在命當長畏懼惟爲天所罰非天道不中惟人在教命使不中不中則天罰之**天罰不極庶民罔有令政在于天下**天道罰不中令衆民無有善政在於天下由人主不中將亦罰之。令力呈反

【疏】王曰至天下。正義曰王歎而呼諸侯曰嗚呼刑罰事重汝當敬之哉謂諸侯官之長此同族異姓等我言多可戒懼我敬於刑當刑命有德者惟典刑事令上天治民命人君爲天子配天在於下承天之意爲事甚重其聽獄訟當明白清審於獄之單辭民之所以治者由獄官無有不用中正聽訟之兩辭由以中正之故下民得治汝獄官無有敢受貨賂成私家於獄之兩辭勿於獄之兩家受貨致富治獄受貨非家寶也惟是聚罪之事言汝身多違則不達虛言戒行急惡疏非虛論矣多聚罪則天報汝以衆人見被九怨而罰責之汝當長畏惟天所罰天罰汝者非是天道不中惟人在於自作教命使不中爾教命不中則天罰汝天道罰不中也若令衆民無有善政在於天下則是人主不中天亦將罰人主諸侯爲民之主故以天罰懼之。傳敬之至儆之。正義曰此篇主多戒諸侯百官之長故知官長卽諸侯也襄十二年左傳哭諸侯之例云異姓臨於外同族於禰廟是相對則族爲同姓姓爲異姓也告之以我言多可戒懼者以儆戒之也下言民無善政則天罰人主是儆戒諸侯也。傳我敬至典刑。正義曰當使有德者惟典刑言將選有德之人使爲刑官官不用無德之人也。傳今天至言之。正義曰傳以相爲治今天治民者天有意治民而天不自治使人治之人君爲配天在下當承天意治民治之當使稱天心也欲稱天心聽獄當清審單辭單辭謂一人獨言未有與對之人訟者多直已以曲彼搆辭以誣人單辭特難聽故言之也孔子美子路云片言可以折獄者其由也與片言卽單辭也子路行直聞於天下不肯自道己長妄稱彼短得其單辭卽可以斷獄者惟子路爾凡人少能然故難聽也。傳民之至民治。正義曰獄之兩辭謂兩人競理一虛一實實者枉屈虛者得理則此民之所以不得治也民之所以得治者由典獄之官其無不以有中正之心聽獄之兩辭棄虛從實實者得理虛者受刑虛者不敢更訟則刑獄清而民治矣孔子稱必也使無訟乎謂此也。傳典獄至兩辭。正義曰典獄知其虛受其貨而聽其詐詐者虛而得理獄官致富成私家此民之所以亂也故戒諸侯無使獄官成私家於獄之兩辭。傳受獄至見罪。正義曰府聚也功事也受獄貨非是家之寶也惟最聚近罪之事爾罪多必有惡報其報則以衆人見罪也衆人見罪者多天必報以禍罰故下句戒令畏天罰之。傳當長至罰之。正義曰衆人見罪者多天必報以禍罰汝諸侯等當長畏懼爲天所罰天之罰人非天道不得其中惟人在其教命自使不中教命不中則天罰之諸侯一國之君施教命於民者也故戒以施教命中否也。傳天道至罰之。正義曰天道下罰罰不中者令使衆民無有善政在於天下由人主不中爲人主不中故無善政天將亦罰人主人主謂諸侯此言戒諸侯也

王曰嗚呼嗣孫今往何監非德于民之中尚明聽之哉嗣孫諸侯嗣世子孫非一世自今已往當何監視非當立德於民爲之中正乎庶幾明聽我言而行之哉**哲人惟刑無疆之辭屬于五極咸中有慶**言智人惟用刑乃有無窮之善辭名聞於後世以其折獄屬五常之中正皆中有善所以然也。屬音燭**受王嘉師監于茲祥刑**有邦有土受王之善衆而治之者視於此善刑欲其勤而法之爲無疆之辭

【疏】王曰至祥刑。正義曰戒之既終王又言而歎曰嗚呼汝諸侯嗣世子孫等從自今已往當何所監視非當視立德於民而爲之中正乎言諸侯并嗣世惟當視此立德於民爲之中正之事汝必視此庶幾明聽我言而行之哉有智之人惟能用刑乃有無疆境之善辭得有無疆善辭者以其折獄能屬於五常之中正皆中其理而法有善政故也汝有邦有土之君受王之善衆而治之當視於此善刑從上已來舉善刑以告之欲其勤而法之使有無窮之美譽。傳言智至以然。正義曰屬謂屬著也極中也慶善也五常謂仁義禮智信人所常行之道也言得有善辭名聞於後世者以其斷獄能屬著於五常之中正皆得其理而法之有善所以得然也知五是五常者以人所常行惟有五事知是五常也

附釋音尚書注疏卷第十九

江西鹽法道胡稷栞

尚書注疏挍勘記卷十九　　阮元撰盧宣旬摘録

康王之誥第二十五　周書

王天子之正號　古本正作政

羣臣陳戒　纂傳陳作進

太保率西方諸侯　古本率作帥下同

若使東伯任重　纂傳伯作方

圭是文馬之物　宋板纂傳同齊召南云書本作文馬非也据覲禮賈疏皆以璧帛致之監本作致字是下文命同

馬卓上　閩本明監本纂傳同毛本卓作阜按阜字誤覲禮作匹馬卓上

史言王荅拜之意也　宋板言作原按纂傳已作言

自許與諸侯爲王也　纂傳同毛本王作主

皆再拜稽首　古本皆作並

誕受羑若　古本受下有厥字

務崇先人之美　纂傳美作業

文武所憂　宋板閩本同毛本武作王

言聖德治　毛本治作洽案治字誤

用端命于上帝　石經補缺于誤作乎

乃命建侯樹屏　侯上古本有諸字

樹以爲蕃屏　岳本纂傳同毛本蕃作藩疏同

安汝先公之臣服於先王而法循之　古本公作君循作修

言雖汝身在外之爲諸侯　古本岳本宋板纂傳之作士與疏合

畢命第二十六　周書

古本首題尚書卷第十二畢命第二十六周書孔氏傳

今其逸篇有册命霍侯之事不同與此序相應非也　與此序相應浦鏜從埤傳作與此不應○按不同謂異於豐刑也漢志豐刑本異於序逸篇册命霍侯又與漢志不同亦不與序相應故知其非也與字上宜更有不字或衍同字亦通埤傳似不可從

用能受殷王之命　岳本宋板纂傳王之二字倒與疏標目合

惟殷頑民　古本岳本宋板纂傳惟作愼是也岳本考正云愼字正釋毖字義孔疏云愼彼殷之頑民諸本作惟字非

今之北近王室　毛本北作比案北字誤

彰善癉惡　孫志祖云此彰字亦開元中所改也古彰字影字皆作章字景字不加彡禮記章義癉惡可證

辭以理實爲要　按正義當作以體

紂以靡靡利口惟賢　古本惟下有爲字纂傳有爲無惟按作爲是也若惟爲疊見則惟字當在紂字下

心未厭服　古本岳本宋板厭作壓按釋文有壓字音纂傳作厭疏同

惟公克成厥終　古本公上有畢字誤

不可不尚　古本下有道字

亦有無窮之聞　古本亦作其

以聞於後世　古本岳本宋板纂傳俱無以字

傳敬順至畢公　浦鏜云自邦之安危以下凡九節僅存一條當有脫落

所以勉勸畢公　宋板勸作勱按宋本是也

君牙第二十七　周書　宋板下行題尚書注疏卷第十九

作君牙　陸氏曰君牙或作君雅。○按禮記緇衣作君雅注云書序作牙假借字也然則記自作雅經自作牙陸言或作君雅自指記言非謂經之别本或作雅也但無顯證或僞孔本有作雅者姑存以俟攷

王若曰嗚呼君牙　毛本嗚呼作鳴呼誤

亦惟先正之臣　正唐石經古岳宋板蔡本俱作王按本篇下文及說命文侯之命言先正皆無之臣二字則此正字當屬王字之譌先王之臣猶言先正爾

小民惟曰怨咨　古本曰作日下同

民猶怨咨　古本岳本宋板咨作嗟與疏標目合

厥惟艱哉　古本艱作難

以謀其易民乃寧　古本岳本宋板寧作安○按安字正釋經文寧字

故今命汝爲大司徒　宋板大司徒作我輔翼

汝當正身心以率之　宋板正身心作爲中正

啓佑我後人　古本佑作佐

文武之謀業　古本岳本葛本宋板閩本明監本纂傳同毛本武誤作王○按疏標目各本俱誤作王毛本遂併改傳非

傳文王至邪缺　按王當作武各本皆誤

王若曰君牙乃惟由先正舊典時式　山井鼎曰正永懷堂本作王古本作生並非

汝惟當奉用先正之臣所行故事　盧文弨云經當作先正傳當作先王之臣先王之臣乃解先正二字

冏命第二十八　周書

穆王命伯冏爲周太僕正　陸氏曰冏字亦作臩。○今按史記周本紀正義引尚書序云穆王令伯臩爲大僕正蓋此字自魏晉以前俱作臩僞孔亦必作臩後人始改爲冏耳集解引孔安國曰伯冏名也冏字疑亦後人所改非裴氏原文

故以爲周禮太御者知非周禮太僕　浦鏜云者字疑在太僕下

則此云太僕是矣　纂傳是作足按足是也

故以太御爲長　宋板同毛本御作僕

齊訓通也　岳本閩本明監本毛本通上有中也聖訓四字案此誤脫

言侍左右之臣　毛本侍作特按特字不誤

今予命汝作大正　古本正上有僕字按疏云命汝作太僕官大正則大字作如字讀不讀爲太古本非也

今選其在下屬官　毛本今作令案今字誤

襄三十年左傳云　宋板十下有一字按有者是也

非是愛前人也　宋板同毛本前作側

爾無昵于憸人　昵古本作暱陸氏曰憸本亦作思

呂刑第二十九　周書

謂書緯刑將得放之篇　盧文弨云刑將得放當作刑德放是也

何以得專王刑也　宋板同毛本王作主

刖罪五百　宋板纂傳同毛本刖作刵○按周禮司刑是刖字

令穆王改易之者　毛本令作今

惟呂命王享國百年耄荒　陸氏曰耄本亦作薹○按說文當作薹此薹字正說文薹字之譌也

言百年大期　古本大期作大其屬下讀按疏云美大其事則作其是也

度作刑以詰四方　石經考文提要云坊本詰譌誥

北至命呂侯之年　宋板北作比是也毛本作此亦非

罔不寇賊鴟義　陸氏曰義本亦作誼

殺戮無辜　古本辜作罪

越茲麗刑并制　古本刑作戮

罔差有辭　古本辭作詞按山井鼎按下繫寡有辭于苗云古文辭作詞下師聽五辭五辭簡孚無僭亂辭察辭于差獄之兩辭無疆之辭並同傳中辭字皆同今本

民興胥漸　古本胥作疋

上帝監民　古本民作人

皇帝哀矜庶戮之不辜　陸氏曰皇宜作君字○按陸氏因傳有君帝之語遂謂經之皇字宜作君不知經自作皇傳自作君傳以君帝釋經皇帝以別於秦之所謂皇帝也皇之爲君自是常訓故傳不特釋之下經官伯傳作官長亦將謂經之伯字當作長乎考單本釋文乃太書君帝二字注云君宜作皇字九爲舛誤注疏本所載不誤也

皇帝帝堯也　岳本葛本同毛本皇作君山井鼎曰宋板君作皇正嘉同古本萬歷崇禎本俱作君今按岳葛十行閩本纂傳亦俱作皇疏引釋詁以解傳則傳宜作君明矣陸德明所據之本蓋亦作君也

乃報爲虐者以威誅遏絕苗民　古本絕下有滅字按如古本則誅字宜屬下讀

蚩尤是炎帝之末諸侯君也　閩本同毛本君作名按君字誤

皇帝所伐者　毛本皇作黃案所改是也

學蚩尤爲此者　浦鏜云亂誤此是也

三生凶德　孫志祖云禮緇衣疏引鄭注作凶惡

必皆違之　宋板皆作背按宋本是也

傳君帝至下國　山井鼎曰注文古本萬歷崇禎本作君帝其餘注疏本皆作皇帝而疏所引諸本皆作君帝未知所適從耳○按十行本亦作君益知傳文宜作君帝

使人神不擾　古本人作祇按祇乃民之訛

地民不至於天　疏云地民或作地祇學者多聞神祇又民字似祇因妄改使謬耳毛居正曰祇作民誤○按此傳全本楚語楚語民神對言故傳亦以神民對言疏說甚明毛氏不從何也岳本纂傳及明刻注疏諸本俱作祇蓋爲毛氏所誤惟此本不誤

禹治洪水　宋板治下空一字按治上疑有平字

今爾罔不由慰曰勤　按段玉裁云曰勤釋文作日月字人實反一音曰音曰當作音越正義作子曰字云言曰我當勤之王鳴盛云孔傳今汝無不用安自居曰當勤之按曰當勤之下文所謂徒念戒而不勤也孔本本作曰字今定作曰唐石經作日非也

欲令其謙而勿自取也　閩本同毛本取作恃

或當曰欲勤行　宋板閩本同毛本曰作日

當何所度　史記集解度作居按度與宅古字通用宅訓居故史記作居若孔意則當與王肅同訓度爲謀故疏云何所謀度非惟度及世之用刑輕重所宜乎是也裴氏所引殆有意遷就非孔氏本文

其罪惟均　岳本均作鈞

使與罰各相當　古本岳本宋板史記集解各作名與疏合按纂傳亦誤作名

刖足曰剕　古本剕下有刑字按以上兩節傳例之當有刑字

必令內之與證　毛本內作囚按內字誤

其當清證審察　盧文弨云證當作澄楚辭不清澂其然否下同

或記可刑　宋板閩本同毛本記作皆盧文弨云作記非

皆當嚴敬天威天威勿輕聽用刑也　毛本天威二字不重此誤重也閩本誤同

覲其犯狀　閩本同毛本覲作觀案覲字誤

或雖有證見事非疑似　閩本同毛本非作涉

無服疑似之狀　宋板服作復是也

捐害王道　閩本同毛本捐作損是也

四有親戒在官吏　閩本同毛本戒作戚

而此是也　宋板而作即

今律和合御藥　宋板倒和合二字山井鼎曰見于唐律十惡之條作合和爲是

或可以爲赦　閩本同毛本作或以爲可赦案所改是也

正義曰釋詁云　宋板詁作言按言字不誤

此經歷言二百三百五百者　山井鼎曰正嘉二本同閩本二百作一百案宋本二百似復衍毛本一百亦疑誤本同宋本三百作二白毛

輕重應居官當者　毛本重作罪案重字誤

有要善　岳本纂傳善作義與疏不合俟攷

謂上其鞫劾文辭　古本岳本宋板鞫作鞠岳本考證云說文窮理罪人曰鞫中應從言爲是

當哀憐之下民之犯法　宋板憐下無之字

故云臨事時宜　宋板時作制按時字非也

言汝身多違則不達虛言戒行急惡疏非虛論矣　浦鏜云一十九字當誤衍盧文弨云刪此十九字義無不足定是衍文無疑○按此數句疑是他節疏文誤入于此而又多誤字遂不可解

惟最聚近罪之事爾　宋板最作是

故下句戒令畏天罰之　宋板之作也是也

尙明聽之哉　葛本聽誤作德

尚書注疏校勘記卷十九　會昌縣知縣候補知州曾暉春栞

附釋音尚書注疏卷第二十

文侯之命第三十

周書　孔氏傳　孔穎達疏

平王錫晉文侯秬鬯圭瓚以圭爲杓柄謂之圭瓚。平王馬無平字錫星歷反馬本作賜秬音巨鬯勑亮反瓚才但反杓上灼反柄彼病反作文侯之命所以名篇。幽王爲犬戎所殺平王立而東遷洛邑晉文侯迎送安定之故錫命焉

文侯之命平王命爲侯伯

疏平王至之命。正義曰幽王嬖褒姒廢申后逐太子宜臼宜臼奔申申侯與犬戎既殺幽王晉文侯與鄭武公迎宜臼立之是爲平王遷於東都平王乃以文侯爲方伯賜其秬鬯之酒以圭瓚副焉作策書命之史錄其策書作文侯之命。傳以圭至圭瓚。正義曰祭之初酌鬱鬯之酒以灌尸圭瓚者酌鬱鬯之杓杓下有槃瓚卽槃之名也是以圭爲杓之柄故謂之圭瓚周禮典瑞云祼圭有瓚以肆先王以祼賓客鄭司農云於圭頭爲器可以挹鬯祼祭謂之瓚以肆先王灌先王祭也鄭玄云肆解牲體以祭因以爲名爵行曰祼漢禮瓚槃大五升口徑八寸下有槃口徑一尺詩云瑟彼玉瓚黃流在中毛傳云玉瓚圭瓚也黃金所以飾流鬯也鄭云黃流秬鬯也圭瓚之狀以圭爲柄黃金爲勺青金爲外朱中央是說圭瓚之形狀也禮無明文而知其然者祭統云君執圭瓚祼尸大宗執璋瓚亞祼鄭云圭瓚璋瓚祼器也以圭璋爲柄酌鬱鬯曰祼然則圭瓚璋瓚惟柄以圭璋爲異其瓚形則同考工記玉人云祼圭尺有二寸有瓚以祀廟大璋中璋九寸邊璋七寸厚寸黃金勺青金外朱中鼻寸鄭云鼻勺流也凡流皆爲龍口也三璋之勺形如圭瓚是鄭以璋形如此知圭瓚亦然毛傳又云九命然後錫以秬鬯圭瓚則晉文侯於時九命爲東西大伯故得受此賜也秬鬯從經爲傳故此惟解圭瓚○傳所以至命焉。正義曰周本紀云幽王嬖褒姒褒姒生子伯服幽王廢申后并去太子用褒姒爲后伯服爲太子申侯怒乃與西夷犬戎共攻殺幽王於是諸侯乃與申侯共立太子宜臼是爲平王東徙於洛邑避戎寇隱六年左傳周桓公言於王曰我周之東遷晉鄭焉依鄭語云晉文侯於是乎定天子是迎送安定之故平王錫命焉。傳平王命爲侯伯○正義曰伯長也諸侯之長謂之伯也僖元年左傳云凡侯伯救患分災討罰禮也是與諸侯之長爲侯伯王肅云幽王既滅平王東遷晉文侯鄭武公夾輔王室者爲大國功重故平王命爲侯伯

王若曰父義和順其功而命之文侯同姓故稱曰父義和字也稱父者非一人故以字別之。義和馬云能以義和諸侯義本作誼別彼列反丕顯文武克愼明德大明乎文王武王之道能詳愼顯用有德昭升于上敷聞在下惟時上帝集厥命于文王更述文王所以王也言文王聖德明升于天而布聞在下居惟以是故上天集成其王命德流子孫。聞音問王于況反亦惟先正克左右昭事厥辟言君既聖明亦惟先正官賢臣能左右明事其君所以然辟必亦反。越小大謀猷罔不率從肆先祖懷在位文王君聖臣良於小大所謀道德天下無不循從其化故我後世先祖歸在王位

疏王若至在位。正義曰平王順文侯之功親之敬而呼其字曰父義和既呼其字乃告以上世之事大明乎文王武王之道能詳順顯用有德之人以爲大臣文王之爲王也聖德明升於天言其道至天也又布聞於在下言其德被民也惟以是故上天成其大命於文王使之身爲天子澤流後世文武聖明如此亦惟先世長官之臣能左右明事其君君聖臣賢之故於小大所謀道德天下無有不循從其化故我之先祖文武之後諸王皆得歸在王位言先世聖王得賢臣之力將說己無賢臣故言此也。傳順其至別之。正義曰覲禮說天子呼諸侯之義曰姓大國則曰伯父其異姓則曰伯舅同姓小國則曰叔父其異姓則曰叔舅鄭玄禮注云稱之以父與舅親親之辭晉文侯唐叔之後與王同姓故稱曰父曲禮天子謂二伯爲伯父伯舅計文侯爲侯伯天子當呼爲伯父此不云伯而直稱父者九親之也左傳以文侯名仇今呼曰義和知是字也天子於同姓諸侯皆呼爲父稱父者非一人若不稱其字無以知是文侯故以字別之鄭玄讀義爲儀儀仇皆訓匹也故名仇字儀古人名字不可皆令相配不必然也。傳文王至王位。正義曰後世先祖謂文武之後在令王之先祖成康以至宣幽皆是也懷歸也歸在王位者王位是其所有也若歸向家然故稱歸也

嗚呼閔予小子嗣造天丕愆歎而自痛傷也言我小子。而遭天大罪過父死國敗祖業隤隕。予如字又音與愆去虔反隤杜回反隕于敏反殄資澤于下民侵戎我國

家純言周邦喪亂絶其資用惠澤於下民侵兵傷我國及卿大夫之家禍甚大○殄大見反即我御事罔或耆壽俊在厥服予則罔克所以遇禍即我治事之臣無有耆宿壽考俊德在其服位我則材劣無能之致（疏）嗚呼至罔克○正義曰王又歎而自傷嗚呼疲病者是我小子繼嗣先王之位遭天大罪過於我周家父死國敗傾覆祖業致使周邦喪亂絶其資用惠澤於下民言下民資用盡致使而王澤竭也西夷犬戎侵兵傷我國及卿大夫之家其禍亦甚大也所以遇此禍者即我治事之臣無有耆宿壽考俊德之人在其服位我則材弱無能之致自恨已弱不能致得賢臣恐又不能自立也○傳言周至甚大○正義曰此經所言追敍幽王滅事民不自治立君以養之民之資用是王者佑助以得之言周邦喪亂不能撫佑下民絶其資用惠澤於下民也幽王之滅由夷狄交侵兵傷我國及卿大夫之家其禍甚大諸言國家者皆謂國爲國家傳意欲見君臣俱被其害故以家爲卿大夫之家王肅云遭天之大愆謂幽王爲犬戎所殺殄絶其先祖之澤於下民侵犯兵寇傷我國家甚大謂犬戎也○傳所以至之致○正義曰此經亦是追敍往事言幽王所以遇禍者即我周家治事之臣無有耆宿

壽考俊德之人在其服位致使有犬戎之禍亦是我材劣無能之致幽王之時平王被逐在外國之興亡非平王所知言我無能之致者引過歸己自懼將來復然故下句思得賢臣曰惟祖惟父其伊恤朕躬嗚呼有績予一人永綏在位王曰同姓諸侯在我惟祖惟父列者其惟當憂念我身嗚呼能有成功則我一人長安在王位言恃諸侯父義和汝克紹乃顯祖重稱字親之不稱名尊之言汝能明汝顯祖唐叔之道獎之汝肇刑文武用會紹乃辟追孝于前文人言汝今始法文武之道矣當用是道合會繼汝君以善使追孝於前文德之人汝君平王自謂也繼先祖之志爲孝○辟扶亦反汝多修扞我于艱若汝予嘉戰功曰多言汝之功多甚修矣乃扞我於艱難謂救周誅犬戎汝功我所善之○扞下旦反注同（疏）曰惟至予嘉○正義曰王又言我以無能之致私爲言曰同姓諸侯惟我祖之列者惟我父之列者其惟當憂念我身又自傷歎嗚呼此諸侯等若有能助我有功則我一人長安在王位言已無能惟

將賴諸侯也又呼文侯字曰父義和汝能明汝顯祖唐叔之道汝始法文武之道用是道合會繼汝君以善追孝於前世文德之人救周之國汝功爲多甚修矣乃能扞蔽我於艱難謂救周誅犬戎也如汝之功是我所善陳其前功以勸勉之○傳王曰至諸侯○正義曰文侯是同姓諸侯王言已未得文侯之時常望同姓助已王私爲言曰同姓諸侯在我惟祖惟父列者惟當憂念我身伊訓惟也望得同姓之間有憂已者以思謂未得更歎而爲言嗚呼同姓諸侯若有能助我有功則我一人長得安在王位言已恃賴諸侯思得其人在後果得文侯告文侯以此言言已思文侯之功○傳重稱至獎之○正義曰天子之於諸侯當稱父舅而已既呼其父又稱其字所以別他人也初則別於他人重則可以已矣重稱其字者親之也禮君父之前曰名朋友之交曰字是名重於字也輕前人則斥其名尊前人則避其重故不稱其名尊之也不於上文作傳於此言尊之者就此親之并解之也昭乃顯祖不知所斥以晉之上世有功名者惟有唐叔耳故知明汝顯祖唐叔之道所以勸獎之令其繼唐叔之業也○傳言汝至爲孝○正義曰以其初有大功終當不殞其業故言始法文武之道當用是文武之道合會繼汝君以善令以功德佐汝君使汝君繼前世追行孝道於前世文德之人汝君者平

王自謂也先祖之志在於平定天下故子孫繼父祖之志爲孝也○傳戰功至所善○正義曰戰功曰多者周禮司勳文又云王功曰勳國功曰功民功曰庸事功曰勞治功曰力戰功曰多彼有此六功也言功多殊於他人故云汝之功多甚修矣言其功修整美其功之善也文侯之功在於誅犬戎立平王言乃扞蔽我於艱難知謂救周誅犬戎也若訓如也如汝之功我所嘉也王肅云云如汝之功我所善也王曰父義和其歸視爾師寧爾邦遣令還晉國其歸視汝眾安汝國內上下○令力呈反用賚爾秬鬯一卣黑黍曰秬釀以鬯草不言圭瓚可知卣中罇也當以錫命告其始祖故賜鬯○賚力代反卣音酉又音由釀女亮反彤弓一彤矢百盧弓一盧矢百彤赤盧黑也諸侯有大功賜弓矢然後專征伐彤弓以講德習射藏示子孫○彤徒冬反馬四匹馬供武用四匹曰乘侯伯之賜無常以功大小爲度○供音恭父往哉柔遠能邇惠康小民無荒寧父往歸國哉懷柔遠人必以文德能柔遠者必能柔近然後國安安小人之道必以順無荒廢人事而自安

簡恤爾都，用成爾顯德。當簡核汝所任，憂治汝都鄙之人，人和政治，則汝顯用有德之功成矣。不言鄙，由近以及遠。○核，尹革反。治，直吏反。

［疏］王曰至顯德○正義曰：王既陳其功，乃賚賜之。王曰：父義和，其當歸汝晉國，視汝衆民，安汝國內。上下用賜汝秬鬯之酒一卣，鐏歸以告祭汝之始祖。又賜汝彤弓一、彤矢百，玈弓一、玈矢百，馬四匹。父往歸國哉，必以文德安彼遠人。欲安遠，必能安近，是遠近乃得安耳。當以順道安汝之小民，無得荒廢人事以自安逸。簡核汝所任之臣，憂治汝都鄙之人民，用成汝顯明之德。戒使歸國善治民也。○傳黑黍至賜鬯○正義曰：釋草云：秬，黑黍。李巡曰：黑黍一名秬。周禮鬱人掌和鬱鬯以實彝而陳之，鄭云：鬱，鬱金香草也。築鬱金煑之以和鬯酒。鄭衆云：鬱爲草，若蘭。又有鬯人掌供秬鬯，鄭玄云：鬯，釀秬爲酒，芬香調暢於上下也。如彼鄭說，釀黑黍之米爲酒，築鬱金之草煑以和之。此傳言釀以鬯草，似用鬯草合釀，不同者，終是以鬯和黍米之酒，或先或後言之耳。詩美宣王賜召穆公云「釐爾圭瓚，秬鬯一卣，告于文人」，知賜秬鬯者必以圭瓚副焉。此不言圭瓚，明并賜之可知也。卣，中尊也，釋器文。孫炎云：樽彝爲上，罍爲下，卣居中。郭璞曰：在罍彝之間。卽犧象壺著大山等六尊是也。周禮司尊彝云：春祠夏禴，祼用雞彝鳥彝；秋嘗冬烝，祼用斝彝黃彝。則祭時實鬯酒於彝。此用卣者，未祭則盛於卣，及祭則實於彝。此初賜未祭，故盛以卣也。詩稱「告于文人」，毛傳云：文人，文德之人也。鄭玄云：王賜召虎以鬯酒一尊，使以祭其宗廟，告其先祖諸有德美見記也。然則得秬鬯之賜，當偏告宗廟。此傳惟言告始祖者，舉祖之尊者言之耳。○傳彤赤至子孫○正義曰：彤字從丹，玈字從玄，故彤赤玈黑也。是諸侯有大弓，賜弓矢然後專征伐，禮記王制文也。周禮司弓矢掌六弓，其名王弧、夾庾、唐大。鄭玄云：六者，弓異體之名也。往體寡、來體多曰王弧，往體多、來體寡曰夾庾，往體來體若一曰唐大。經又云：唐弓大弓以授學射者、使者、勞者。鄭云：學射者弓用中，後習強弱則易也。使者、勞者弓亦用中，遠近可也。勞者，勤勞王事，若晉文侯受弓矢之賜者。鄭玄以此彤弓玈弓爲周禮唐弓大弓，唐大是弓強弱之名，彤玈是弓赤黑之色，孔意亦當然也。此傳及毛傳皆云彤弓以講德習射，用周禮爲說也。唐弓大弓以授學射者，是習射也；授使者勞者，是講德也。講論知其有德，乃賜之耳。襄八年左傳云：晉范宣子來聘，季武子賦彤弓。宣子曰：城濮之役，我先君文公受彤弓于襄王，以爲子孫藏。杜預云：藏之以示子孫。○傳馬供至爲度○正義曰：六畜特以馬賜之者，爲馬供武用故也。周禮校人云：乘馬一師四圉，圉養一馬，是四匹曰乘，乘車必駕四馬故也。司勳云：凡賞無常，輕重視功。是侯伯之賜無常，以功大小爲度。○傳父往至相安○正義曰：論語云：遠人不服，則修文德以來之。是懷柔遠人必以文德也。能柔遠者必能柔近，遠近俱安，然後國安。惠，順也。康，安也。言順安小民者，安小民之道必以順道安之，故言順安也。順者，順小民之心爲其政也。論語云：因民之所利而利之，是順安也。○傳當簡至及遠○正義曰：簡恤者共有爾都之文，當簡核汝都內善人而任之，令以德憂治汝都鄙之人，人和政治，則汝顯用有德之功成矣。言用賢之名既成，國君之治亦成也。鄭云：都，國都也。鄙，邊邑也。言都不言鄙，由近以及遠也。

費誓第三十一

周書　　孔氏傳　孔穎達疏

魯侯伯禽宅曲阜，治封之國居曲阜。○伯禽，魯侯名。**徐夷並興，東郊不開。**徐戎淮夷並起，爲寇於魯，故東郊不開。○開，舊讀皆作開，馬本作闢。**作費誓。**魯侯征之於費地而誓衆也。諸侯之事而連帝王，孔子序書，以魯有治戎征討之備，秦有悔過自誓之戒，足爲世法，故錄以備王事，猶詩錄商魯之頌。○費音祕。

費誓費，魯東郊之地名。

［疏］魯侯至費誓○正義曰：魯侯伯禽於成王卽政元年始就封於魯，居曲阜之地。於時徐州之戎、淮浦之夷並起爲寇於魯，東郊之門不敢開闢。魯侯時爲方伯，率諸侯征之，至費地而誓戒士衆。史錄其誓辭，作費誓。○傳徐戎至不開○正義曰：經稱淮夷徐戎，序言徐夷，略之也。此戎夷在魯之東，諸侯之制，於郊有門，恐其侵逼魯境，故東郊之門不開。○傳費魯至地名○正義曰：甘誓、牧誓皆至戰地而誓，知費非戰地者，東郊不開，則戎夷去魯近矣。此誓令其治兵器，具糗糧，則是未出魯境，故知費是魯東郊地名，非戰處也。

公曰：嗟！人無譁，聽命。伯禽爲方伯，監七百里內之諸侯，帥之以征。歎而勑之，使無喧譁，欲其靜聽誓命。○譁，戶瓜反。監，工銜反。**徂茲淮夷、徐戎並興。**今往征此淮浦之夷、徐州之戎，並起爲寇。此戎夷，帝王所羈縻統敘，故錯居九州之內，秦始皇逐出之。**善敹乃甲冑，敿乃干，無敢不弔。**言當善簡汝甲鎧冑兜鍪，施汝楯紛，無敢不令至攻堅，使可用。

○穀了彫反敿居表反弔音的鍏苦代反垙丁侯反鍪音矛楯常準反又音允紛芳云反令力呈反 **備乃弓矢，鍛乃戈矛，礪乃鋒刃，無敢不善。**備汝弓矢，弓調矢利，鍛鍊戈矛，磨礪鋒刃，皆使無敢不功善。○鍛丁亂反礪力世反鍊來見反

〔疏〕公曰至不善○正義曰魯侯將征徐戎召集士眾歎而勑之公曰嗟在軍之人無得喧譁皆靜而聽我誓命在往征此淮浦之夷徐州之戎以其並起爲寇故也汝等善簡擇汝之甲胄施汝楯紛無敢不令至攻極堅備汝弓矢一弓百矢令弓調矢利鍛鍊汝之戈矛磨礪汝之鋒刃無敢不使皆善戒之使善言不善將得罪也○傳伯禽至誓命○正義曰禮諸侯不得專征伐惟州牧於當州之內有不順者得專征之於時伯禽爲方伯監七百里內之諸侯故得帥之以征戎夷王制云千里之外設方伯以八州八伯是州別立一賢侯以爲方伯鄭周禮大宗伯云八命作牧是也禮記明堂位云封周公於曲阜地方七百里孔意以周之大國不過百里禮記云七百里者監此七百里內之諸侯非以七百里地并封伯禽也下云魯人三郊三遂指言魯人明於時軍內更有諸侯之人故知帥七百里內諸侯之人以之共征也鄭云人謂軍之士眾及費地之民案下句令填塞坑穽必使

軍旁之民塞之或當如鄭言也○傳今往至出之○正義曰詩美宣王命程伯休父率彼淮浦省此徐土知淮夷是淮浦之夷徐戎是徐州之戎也四海之名東方曰夷西方曰戎謂在九州之外此徐州淮浦中夏之地而得有戎夷者此戎夷帝王之所羈縻而統敘之不以中國之法齊其風俗故得雜錯居九州之內此伯禽之時有淮浦者淮浦之夷並起詩美宣王命召穆公平淮夷則戎夷之處中國久矣漢時內地無戎夷者秦始皇逐出之始皇之崩至孔之初惟可三四十年古老尤在及見其事故孔得親知之也○王肅云皆紂時錯居中國經傳不說其事無以知紂時來也○傳言當至可用○正義曰世本云杼作甲宋仲子云少康子杼也說文云胄兜鍪也兜鍪首鎧也經典皆言甲胄秦世已來始有鎧兜鍪之文古之作甲用皮秦漢已來用鐵鎧鍪二字皆從金蓋用鐵爲之而因以作名也甲胄爲有善有惡故令敹簡取其善者鄭云敹謂穿徹之謂甲繩有斷絕當使敹理穿治之干是楯也敿乃干必施功於楯但楯無施功之處惟繫紛於楯故以爲施汝楯紛紛如綬而小繫於楯以持之共以爲飾鄭云敿尤繫也王肅云敿楯當有紛繫持之是相傳爲此說也弔訓至也無敢不令至極攻堅使可用鄭云至尤善也○傳備汝至功善○正義曰備訓具也每弓百矢弓十矢千使其數備足令弓調矢利案毛傳云五十矢爲束或臨戰用五十矢爲束凡金爲兵器皆須鍛礪有刃之兵非獨戈矛而已云鍛鍊戈矛磨礪鋒刃令其文互相通稱諸侯兵器皆使無敢不功善令皆利快也

今惟淫舍牿牛馬，今軍人惟大放舍牿牢之牛馬，言軍所在必放牧也。○牿工毒反 **杜乃擭，敜乃穽，無敢傷牿。牿之傷，汝則有常刑。**擭，捕獸機檻，當杜塞之；穽，穿地陷獸，當以土窒敜之。無敢令傷所以牿牢之牛馬，牛馬之傷，汝則有殘人畜之常刑。○杜本又作敷擭華化反徐戶覆反敜徐乃協反又乃結反穽在性反檻戶減反窒珍栗反畜許六反又丑六反

〔疏〕今惟至常刑○正義曰此戒軍旁之民也今軍人惟欲大放舍牿牢之牛馬令牧於野澤杜汝捕獸之擭塞汝陷獸之穽無敢令傷所放牿牢之牛馬牛馬之傷汝則有殘害人畜之常刑○傳今軍至放牧○正義曰淫訓大也周禮充人掌繫祭祀之牲牷祀五帝則繫于牢芻之三月鄭玄云牢閑也校人掌王馬之政天子十有二閑馬六種然則養牛馬之處謂之牢閑牢閑是周衛之名也此言大舍牿牛馬則是出之牢閑牧於野澤令其逐草而牧之故謂此牢閑之牛馬爲牿牛馬而知牿卽閑牢之謂也故言大放

舍牿牢之牛馬言軍人所在必須放牧此告軍旁之民也既言牛馬在牿遂以牿爲牛馬之名下云無敢傷牿謂傷牛馬牿之傷謂牛馬傷也鄭玄以牿爲梏梏之梏施梏於牛馬之脚使不得走失○傳擭捕至常刑○正義曰周禮冥氏掌爲阱擭以攻猛獸知穽擭皆是捕獸之器也檻以捕虎豹穿地爲深坑又設機於上防其躍而出也穽以捕小獸穿地爲深坑入必不能出其上不設機也穽以穿地爲名擭以得獸爲名擭亦設於穽中但穽不設機爲異耳杜塞之窒敜之皆閉塞之義使之塡坑廢機無敢令傷所放牿牢之牛馬牛馬之傷汝則有殘人畜之常刑今律文施機搶作坑穽者杖一百傷人之畜產者償所減價王肅云杜閉也擭所以捕禽獸機檻之屬敜塞也穽穿地爲之所以陷墮之恐害牧牛馬故使閉塞之鄭玄云山林之田春始穿地爲穽或設擭其中以遮獸擭作罰也

馬牛其風，臣妾逋逃，勿敢越逐。馬牛其有風佚，臣妾逋亡，勿敢棄越壘伍而求逐之。役人賤者男曰臣，女曰妾。○逋布吳反佚音逸 **祗復之，我商賚爾。**衆人其有得佚馬牛、逃臣妾，皆敬還復之，我則商度汝功，賜與汝。○商如字徐音章賚力代反徐音來度待洛反 **乃越逐不復，汝則**

有常刑越逐爲失伍不還爲擄盜汝無敢寇攘踰垣牆軍人無敢暴劫人踰越人垣牆物有自來者無敢取之。垣音袁竊馬牛誘臣妾汝則有常刑軍人盜竊馬牛誘偷奴婢汝則有犯軍令之常刑甲戌我惟征徐戎誓後甲戌之日我惟征之峙乃糗糧無敢不逮汝則有大刑皆當儲峙汝糗糒之糧使足食無敢不相逮及汝則有乏軍興之死刑。峙直里反爾雅云具也糗去九反一音昌紹反糧音良糒音備魯人三郊三遂峙乃楨榦甲戌我惟築總諸國之兵而但稱魯人峙具楨榦道近也題曰楨旁曰榦言三郊三遂明東郊距守不峙甲戌日當築攻敵壘距堙之屬。楨徐音貞榦工翰反築陟六反守手又反堙音因無敢不供汝則有無餘刑非殺峙具楨榦無敢不供不供汝則無有餘之刑刑者非一也然亦非殺汝。供音恭魯人三郊三遂峙乃芻茭無敢不多汝則有

大刑郊遂多積芻茭供軍牛馬不多汝則亦有乏軍興之大刑。芻初俱反茭音交

疏馬牛至大刑。正義曰馬牛其有放佚臣妾其有逋逃汝無敢棄越壘伍而遠求逐之其有得逸馬牛逃臣妾皆敬還復之歸於本主我則商度汝功賞賜汝汝若棄越壘伍遠求逐馬牛臣妾及有得馬牛臣妾不肯敬還復歸本主者汝則有常刑。傳馬牛至曰妾。正義曰僖四年左傳云唯是風馬牛不相及也賈逵云風放也牝牡相誘謂之風然則馬牛風佚因牝牡相逐而遂至放佚遠去也逋亦逃也軍士在軍當各守部署止則有壘壁行則有隊伍勿敢棄越壘伍而遠求逐之周禮太宰以九職任萬民八曰臣妾聚斂疏材僖十七年左傳云晉惠公之妻梁嬴孕過期卜招父與其子卜之其子曰將生一男一女招曰然男爲人臣女爲人妾是役人賤者男曰臣女曰妾也古人或以婦女從軍故云臣妾逋逃也。傳皆當至死刑。正義曰峙具也預貯米粟謂之儲峙鄭衆云糗熬大豆及米也說文云糗熬米麥也鄭玄云糗擣熬穀也謂熬米麥使熟又擣之以爲粉也糒乾飯也糗糒是行軍之糧皆當儲峙汝糗糒之糧使在軍足食無敢不相逮及謂儲糧少不及衆人汝則有乏軍興之死刑興軍征伐而有乏少謂之乏軍興今律乏軍興者斬。傳總諸至之屬。正義曰指言魯人明更有他國之人總諸國之兵而但謂魯人峙具楨榦爲道近故也峙具楨榦以擬築之用題曰楨謂當牆兩端者也旁曰榦謂在牆兩邊者也釋詁云楨榦也舍人曰楨正也築牆所立兩木也榦所以當牆兩邊障土者三郊三遂謂魯人三軍周禮司徒萬二千五百家爲鄉司馬法萬二千五百人爲軍小司徒云凡起徒役無過家一人是家出一人一鄉爲一軍天子六軍出自六鄉則諸侯大國三軍亦當出自三鄉也周禮又云萬二千五百家爲遂遂人職云以歲時稽其人民簡其兵器以起征役則六遂亦當出六軍鄉爲正遂爲副耳鄭衆云六遂之地在王國百里之外然則王國百里爲郊鄉在郊內遂在郊外釋地云邑外謂之郊孫炎曰邑國都也設百里之國去國十里爲郊則諸侯之制亦當鄉在郊內遂在郊外此言三郊三遂者三郊謂三鄉也蓋使三鄉之民分在四郊之內三遂之民分在四郊之外鄉近於郊故以郊言之鄉遂之民分在國之四面當有四郊四遂惟言三郊三遂者明東郊令留守不令峙楨榦也上云甲戌我惟征徐戎此云甲戌我惟築期以至日即築當築攻敵之壘距堙之屬兵法攻城築土爲山以闚望城內謂之距堙襄六年左傳云晏弱城東陽而遂圍萊甲寅堙之環城傅於堞杜預云堞女牆也堙土山也周城爲土山及女牆宣十五年公羊傳楚子圍宋

使司馬子反乘堙而闚宋城宋華元亦乘堙而出見之何休云堙距堙上城具也是攻敵城壘必有距堙知築者築距堙之屬也。傳峙具至殺汝。正義曰上云無敢不逮此云無敢不供下云無敢不多文異者糗糧難備不得偏少故云無敢不逮楨榦易得惟恐闕事故云無敢不供芻茭賤物惟多爲善故云無敢不多量事而爲文也不供汝則有無餘之刑者言刑者非一謂合家盡刑之王肅云汝則有無餘刑父母妻子同產皆坐之無遺免之者故謂無餘之刑然入於罪隸亦不殺之鄭玄云無餘刑非殺者謂盡奴其妻子不遺其種類在軍使給廝役反則入於罪隸舂槀不殺之周禮司厲云其奴男子入於罪隸女子入於舂槀鄭玄云奴從坐而沒入縣官者男女同名鄭衆云輸於罪隸舂人槀人之官也然不供楨榦雖是大罪未應緣坐盡及家人蓋亦權以脅之使勿犯耳。芻茭。正義曰鄭云茭乾芻也

秦誓第三十二

周書　孔氏傳　孔穎達疏

秦穆公伐鄭遣三帥帥師往伐之。事見魯僖公三十三年三帥謂孟明視西乞術白乙丙帥邑

類反，下注同。

晉襄公帥師敗諸崤，崤，晉要塞也。以其不假道，伐而敗之，囚其三帥。崤，戶交反。塞，悉代反。假，工下反。還歸，作秦誓。晉舍三帥，還歸秦，穆公悔過作誓。

秦誓 貪鄭取敗，悔而自誓。

【疏】秦穆至秦誓。正義曰：秦穆公使孟明視、西乞術、白乙丙三帥帥師伐鄭，未至鄭而還。晉襄公帥師敗之於崤山，囚其三帥。後晉舍三帥，得還歸於秦。秦穆公自悔已過，誓戒羣臣，史錄其誓辭，作秦誓。○傳「遣三」至「伐之」。○正義曰：左傳僖三十年，晉文公與鄭穆公圍鄭，鄭使燭之武說秦伯，秦伯竊與鄭人盟，使杞子、逢孫、揚孫戍之，乃還。三十二年，杞子自鄭使告于秦曰：「鄭人使我掌其北門之管，若潛師以來，國可得也。」穆公訪諸蹇叔，蹇叔曰不可，公辭焉。召孟明、西乞、白乙，使出師伐鄭，是遣三帥帥師往伐之事也。序言穆公伐鄭，嫌似穆公親行，故辨之耳。○傳「崤晉」至「三帥」。○正義曰：杜預云：「殽在弘農澠池縣西。」槃城守道謂之塞，言其要塞盜賊之路也。崤山險阨，是晉之要道關塞也。從秦嚮鄭，路經晉之南境，於南河之南崤關而東適鄭。禮，征伐朝聘過人之國，必遣使假道。晉以秦不假道，故伐之。左傳僖三十二年，晉文公卒。三十三年，秦師及滑，鄭商人弦高將市於周，遇之，矯鄭伯之命，以牛十二犒師。孟明曰：「鄭有備矣，不

可冀也。攻之不克，圍之不繼，吾其還也。」滅滑而還。晉先軫請伐秦師，襄公在喪，墨縗絰。夏四月，敗秦師于殽，獲百里孟明視、西乞術、白乙丙以歸。是襄公親自帥師，伐而敗之，囚其三帥也。春秋之例，君將不言帥師，舉其重者。此言襄公帥師，依實爲文，非彼例也。又春秋經書此事云「晉侯及姜戎敗秦師于殽」，實是晉侯而書晉人者，杜預云：「晉侯諱背喪用兵，通以賤者告也。」是言晉人告魯，不言晉侯親行，而云大夫將兵，大夫賤不合書名氏，故稱人也。直言敗秦師于殽，不言秦之將帥之名，亦諱背喪用兵，故言辭略也。○傳「晉舍」至「作誓」。○正義曰：左傳又稱晉文公之夫人文嬴，秦女也，請三帥，曰：「彼實構吾二君，寡君若得而食之不厭，君何辱討焉？使歸就戮于秦，以逞寡君之志，若何？」公許之。秦伯素服郊次，嚮師而哭曰：「孤違蹇叔，以辱二三子，孤之罪也。不替孟明，孤之過也。」是晉舍三帥而得還秦，穆公於是悔過作誓。序言還歸，謂三帥還也，嫌穆公身還，故辨之。公羊傳說此事云「匹馬隻輪無反者」，左傳稱秦伯嚮師而哭，則師亦少有還者。

公曰：「嗟！我士，聽無譁。誓其羣臣，通稱士也。予誓告汝羣言之首。衆言之本要。古人有言曰：『民訖自若是多盤。』言民之行已盡用順

道，是多樂。稱古人言，悔前不順忠臣。○樂音洛。責人斯無難，惟受責俾如流，是惟艱哉！人之有非，以義責之，此無難也。若已有非，惟受人責即改之，如水流下，是惟艱哉。○俾，必爾反，下同。我心之憂，日月逾邁，若弗云來。言我心之憂，欲改過自新，如日月並行，過如不復云來，雖欲改悔，恐死及之，無所益。○復，扶又反。

【疏】公曰至云來。○正義曰：穆公自悔伐鄭，召集羣臣而告之。公曰：咨嗟！我之朝廷之士，聽我告於汝，無得喧嘩。我誓告汝衆言之首，誥汝以言中之最要者。古人有言曰：民之行已盡用順道，是多樂。言順善事則身大樂也。見他有非理，以義責之，此無難也。惟己有非理，受人之責，即能改之，使如水之流下，此事是惟難哉。言己已往之前不受人言，故自悔也。今我心憂，欲自改過自新，但日月益爲疾行，如似不復云來，恐已老死，不得改悔也。○傳「誓其」至「稱士」。○正義曰：士者，男子之大號，故羣臣通稱之。鄭云：「誓其羣臣，下及萬民，獨云士者，舉中言之。」○傳「言民」至「忠臣」。○正義曰：訖，盡也。自，用。若，順。盤，樂也。盡用順道，則有福，有福則身樂，故云是多樂也。稱古人言者，悔前不用古人之言，不順忠臣之謀故也。昔漢明帝問東平王劉蒼云：「在家何者爲樂？」對曰：

「爲善最樂。」是其用順道則多樂。○傳「言我」至「所益」。○正義曰：逾，益。邁，行也。員即云也。言日月益爲疾行，並皆過去，如似不復云來，畏其去而不復來，夜而不復明。言己年老，前途稍近，雖欲改悔，恐死及之，不得修改，身無所益也。王肅云：「年已衰老，恐命將終，日月遂往，若不云來，將不復見日月，雖欲改過，無所及益。」自用改過遲晚，深自咎責之辭。

惟古之謀人，則曰未就予忌；惟爲我執古義之謀人，謂忠賢蹇叔等也，則曰未成我所欲，反忌之耳。○爲，于僞反，下爲我謀同。惟今之謀人，姑將以爲親。惟指今事爲我所謀之人，我且將以爲親而用之，悔前違古從今以取破敗。

【疏】惟古至爲親。○正義曰：此穆公自說己之前過。我欲伐鄭之時，羣臣共爲謀計，惟爲我執古義之謀人，我則曰未成我之所欲，反猜忌之；惟指今事爲我所謀之人，我且將以爲親己而用之。悔前違古從今，自取破敗也。其古之謀人，當謂忠賢之臣，若蹇叔之等。今之謀人勸穆公使伐鄭者，蓋謂杞子之類，國內亦當有此人。

雖則云然，尚猷詢茲黃髮，則罔所愆。言前雖則有云然之過，今我庶幾以道謀此黃髮賢老，則行事無所過矣。番番良

士旅力既愆我尙有之勇武番番之良士雖衆力已過老我今庶幾欲有此人而用之。番音波佗佗勇夫射御不違我尙不欲佗佗壯勇之夫雖射御不違我庶幾不欲用自悔之至。佗許乞反惟截截善諞言俾君子易辭我皇多有之昧昧我思之惟察察便巧善爲辨佞之言使君子迴心易辭我前多有之以我昧昧思之不明故也。截才節反馬云辭語截削省要也諞音辨徐敷連反又甫淺反馬本作偏云少也辭約損明大辨佞之人易羊石反昧音妹如有一介臣斷斷猗無他技其心休休焉其如有容如有束脩一介臣斷斷猗然專一之臣雖無他技藝其心休休焉樂善其如是則能有所容言將任之。○介音界馬本作界云一介耿介一心端慤者字又作个音工佐反斷丁亂反又音短猗於綺反又於宜反技其綺反本亦作伎他本亦作它吐何反樂音洛〔疏〕雖則至不欲。○正義曰言我前事雖則有云然之過我今庶幾以道謀此黃髮賢老受用其言則行事無所過也番番然勇武之善

士雖衆力既過老而謀計深長我庶幾欲有此人而用之佗佗然壯勇之夫雖射御不有違失而智慮淺近我庶幾不欲用之自悔往前用壯勇之計失也。○惟截截至有容。○正義曰惟察察然便巧善爲辯佞之言能使君子迴心易辭我前大多有之昧昧然我思之不明故也如有一心耿介之臣斷斷守善猗然雖無他技藝而其心樂善休休焉其如是則能有所含容如此者我將任用之悔前用巧佞之人今將任寬容善士也。○傳惟察至故也。○正義曰截截猶察察明辯便巧之意諞猶辯也由其便巧善爲辯佞之言使君子聽之迴心易辭皇訓大也我前大多有之謂杞子之等及在國從己之人以我昧昧而闇思之不明故有此輩在我側也。○傳如有至任之。○正義曰孔注論語以束脩爲束帶脩節此亦當然一介謂一心耿介斷斷守善之貌休休好善之意如有束帶脩節一心耿介斷斷然守善猗然專一之臣雖復無他技藝休休焉好樂善道其心行如是則能有所含容言得此人將任用之猗者足句之辭不爲義也禮記太學引此作斷斷兮猗是兮之類詩云河水淸且漣猗是也王肅云一介耿介一心端慤斷斷守善之貌無他技能徒守善而已休休好善之貌其如是人能有所容忍小過寬則得衆穆公疾技巧多端故思斷斷無他技者人之有技若

己有之人之彥聖其心好之不啻若自其口出是能容之人之有技若已有之樂善之至也人之美聖其心好之不啻如自其口出心好之至也是人必能容之。好呼報反啻失豉反以保我子孫黎民亦職有利哉用此好技聖之人安我子孫衆人亦主有利哉言能興國〔疏〕人之至利哉。○正義曰此說大賢之行也大賢之人見人之有技如似已自有之見人之有美善通聖者其心愛好之不啻如自其口出愛彼美聖口必稱揚而薦達之其心愛之又甚於口言其愛之至也是人於民必能含容之用此愛好技聖之人安我子孫衆民則我子孫衆民亦主有利益哉言其能興邦也人之有技冒疾以惡之人之彥聖而違之俾不達見人之有技藝蔽冒疾害以惡之人之美聖而違背壅塞之使不得上通。冒莫報反惡烏路反背音佩壅於勇反塞先得反是不能容以不能保我子孫黎民亦曰殆哉冒疾之人是不能容人用之不能安我子孫衆人亦曰危殆哉

○殆唐在反〔疏〕人之至殆哉。○正義曰此說大佞之行也大佞之人見人之有技蔽冒疾害以惡之見人之有美善通聖者而違背壅塞之使不達於在上是人之不能含容人也用此疾惡技聖之人不能安我子孫衆民則我子孫衆民亦曰危殆哉言其必亂邦也。○傳見人至上通。○正義曰傳以冒爲覆冒之冒謂蔽障掩蓋之也疾謂疾惡之謂憎疾患害之也見人之美善通聖而違背之不從其言壅塞之使不得上通皆是佞人害賢之行也邦之杌隉曰由一人杌隉不安言危也一人所任用國之傾危曰由所任不用賢。○杌五骨反隉五結反徐語折反邦之榮懷亦尙一人之慶國之光榮爲民所歸亦庶幾其所任用賢之善也穆公陳戒背賢則危用賢則榮自誓改前過之意〔疏〕邦之至之慶。○正義曰既言賢佞行異又言用之安否邦之杌隉危而不安曰由所任一人之不賢也邦之光榮爲民所歸亦庶幾所任一人之有慶也言國家用賢則榮背賢則危穆公自誓將改前過用賢人者也

附釋音尚書注疏卷第二十　江西鹽法道胡稷栞

尚書注疏校勘記卷二十　阮元撰盧宣旬摘錄

尚書注疏卷第二十 宋板同古本作尚書卷第十三文侯之命第三十周書孔氏傳

文侯之命第三十　周書

所以名篇 古本篇下有也字按纂傳移此四字於篇題傳末文義較妥但未必孔氏元文爾

課之瓚 宋板纂傳課作謂毛本作祼○案作謂山井鼎曰與周禮注合

晉文侯鄭武公夾輔王室者爲大國 宋板者作晉按者字非也

王若曰父義和 義古本作誼注同今本按陸氏曰義本亦作誼與古本合作誼者蓋古文也作義者今文也馬云能以義和諸侯則馬本作誼鄭氏讀義爲儀則鄭本作義古文與馬本同今文與鄭本同

而布聞在下居 古本岳本宋板纂傳居作民

曰姓大國 毛本曰作同是也○按宋板上句之末有曰字此遂誤同爲曰耳

在令王之先祖 毛本令作今案所改是也

而遭天大罪過 按而字上疑有缺文傳依經釋訓無所遺漏此經有嗣字傳未釋

卽我御事 唐石經古本岳本閩本葛本毛本卽作既○按作卽是也王鳴盛曰傳及疏亦皆言卽及按漢書成帝紀鴻嘉元年詔曰書不云乎卽我御事文穎注云卽尚書文侯之命篇中辭也

無有耇宿壽考俊德 古本俊作儁

非平王所知 閩本明監本纂傳同毛本王誤作生大謬

其惟當憂念我 纂傳惟作誰

嗚呼能有成功 古本嗚呼作於乎

汝克紹乃顯祖 唐石經古本岳本宋板蔡傳紹作昭紹字非也毛本亦誤石經考文提要云孔安國傳汝能明汝顯祖唐叔之道明訓昭也○按疏云昭乃顯祖不知所斥是宜作昭明矣此殆因下紹乃辟而誤

汝功我所善之 古本汝下有之字岳本善下無之字與疏標目合

以思謂未得 浦鏜云謂當惟字誤按浦云是也

更數而爲言 宋板更下有復字是也

不於上文作傳 宋板不字闕

王肅云云 古本云字不重按云云疑當作亦云

盧弓一盧矢百 古本盧並作玈傳同○按正義中玈字凡六見且曰彤字從丹玈字從元故彤赤玈黑也據此則可知尚書經文傳文皆本作玈今經傳皆作盧者未知正義本與陸氏釋文本所據有異抑陸氏本亦作玈天寶三載改作盧音義中玈字爲宋開寶中所刪周禮司弓矢疏云文侯之命賜之彤弓玈弓此段玉裁說也其詳在尚書撰異

告其先祖諸有德美見記也 浦鏜云者誤也

是諸侯有大功 浦鏜云是當衍文

傳父往至相安 宋板相作自與注合

費誓第三十一　周書

魯侯伯禽宅曲阜 史繩祖學齋佔畢云今文尚書費誓首句云魯侯命伯禽宅曲阜予嘗疑魯侯卽伯禽也如何更自出命此字極害義諸家注解咸莫能剖析今觀古文尚書元無命字止曰𡗝戾柏𥝌厇凸壓則今文衍字渙然冰釋矣○按注疏及諸家本俱無命字匡謬正俗引此序亦無命字惟薛氏書古文訓有之史氏謂惟古文無命字殊不可解

東郊不開 開唐石經初作闢後磨改匡謬正俗曰費誓序云魯侯伯禽宅曲阜徐夷並興東郊不開孔安國注云徐戎淮夷並起爲寇於東故東郊不開徐邈音開按許氏說文解字及張揖古今字詁閞古開字閞古闢字但闢既訓開故孔氏釋云東郊不開爾不得徑讀閞爲開○按占文作閞則今文自宜作闢先儒以閞閞相似故誤讀閞爲開而今

文尚書又卻改爲開失之遠矣

並起爲寇於魯　古本並上有以字似誤魯下古本有東字按疏云此戎夷在魯之東似釋傳魯東之義匡謬正俗引此有東字無魯字

作費誓　按史記魯世家云作肹誓集解駰案尚書作柴孔安國曰魯東郊之地名也索隱亦云尚書作粊並據古文尚書也

公曰嗟人無譁聽命　古本命上有子字

善敹乃甲胄　山井鼎曰宋板敹作敿疏同考字書宋板爲是○按毛本作敹不作穀也唐石經岳本俱作敹考說文宜作敹諸本並誤

在往征此淮浦之夷　宋板作今在

其以爲飾　浦鏜云且誤其

今軍人惟大放舍牿牢之牛馬　山井鼎曰古本後人旁注牢一作穽下注牿牢古本作牿穽旁注穽一作牢

杜乃擭　陸氏曰杜本又作敷○按說文敷閉也讀若杜孫志祖云周官雍氏注引作敷

然則養牛馬之處　宋板同毛本養作掌

檻以捕虎豹　纂傳檻作擭按經文擭穽相對疏下云穽以捕小獸則此當作擭明矣浦鏜未見纂傳亦云檻當作擭

今律文施機槍作坑穽者杖一百　浦鏜云槍誤搶是也

王肅云杜閉也　宋板閉作閉按閉字非也

擭作剠也　浦鏜云柞鄂誤作剠

馬牛其風臣妾逋逃勿敢越逐　石經考文提要云勿敢坊本作無敢

峙乃楨幹　唐石經岳本葛本閩本明監本幹作榦不誤

總諸國之兵　古本岳本宋板纂傳同與宋本注合毛本國誤作侯疏同

惟是風馬牛不相及也　毛本是誤作有與僖四年傳不合

謂儲糧少　宋板同毛本儲糧誤倒

萬二千五百家爲遂　宋板纂傳同毛本家作人

秦誓第三十二　周書

悔而自誓　宋板悔下有過字

若弗云來　古本云作員下雖則云然同山井鼎曰傳文共同今本盧文弨云疏云員即云也則本是員字○按傳以云釋員作云來故正義曰員即云也衛包依之改員爲云下文雖則員然同

無所及益　孫志祖云益疑當作盍屬下讀

自用改過遲晚　宋板用作恨是也

雖則云然尚猷詢茲黃髮則罔所愆　按漢書李尋傳注師古引此經云雖則員然尚猶詢茲黃髮則罔所諐云爲員猷爲猶愆爲諐又韋賢傳注亦引此經唯諐作愆餘同

我今庶幾欲有此人而用之　古本欲上有敬字似誤

俾君子易辭　辭古本作詞

使君子迴心易辭　岳本纂傳迴作回是也

我前多有之　按疏前下當有大字

斷斷猗無他伎　斷古本作鮎注同按說文斷古文作𢇍引此句爲證然則古本鮎字殆𢇍字之誤歟陸氏曰他本亦作它技本亦作伎按唐石經宋板葛本伎俱作技與釋文合至監本始從人其所載釋文亦誤倒下文人之有技仍從手舛錯之甚此節傳中伎字葛本亦從人宋板從手○按它他古今字技正字伎假借字

自悔往前用勇壯之計失也　宋板勇壯二字倒按宋本是也否則與注不合與上文亦異

惟截截至有容　宋板截字不重

明辯便巧之意　宋板同毛本意作善

以束脩爲束帶脩節　毛本節作飾案節字誤

禮記太學引此　毛本太作大案太字誤

河水清且漣漪　許宗彥曰此引詩以證猗字作漪者蓋誤○按毛詩釋文猗本亦作漪同蓋六朝以後有以漣猗爲漣漪者猶鸒斯之爲鸒鸒也在此疏則不可耳

用此好技聖之人　古本技下有美字

安我子孫衆人　古本人作民下是不能容人同

尚書注疏校勘記卷二十　會昌縣知縣候補知州曾暉春栞

重栞宋本毛詩注疏附挍勘記

嘉慶二十年江西南昌府學開雕

太子少保江西巡撫兼提督揚州阮元審定　武寧縣貢生盧宣旬校

欽定四庫全書總目毛詩正義四十卷

漢毛亨傳鄭元箋唐孔穎達疏案漢書藝文志毛詩二十九卷毛詩故訓傳三十卷然但稱毛公不著其名後漢書儒林傳始云趙人毛長傳詩是爲毛詩其長字不從艸隋書經籍志載毛詩二十卷漢河閒太守毛萇傳鄭氏箋於是詩傳始稱毛萇然鄭元詩譜曰魯人大毛公爲訓詁傳於其家河閒獻王得而獻之以小毛公爲博士陸璣毛詩草木蟲魚疏亦云孔子删詩授卜商商爲之序以授魯

人曾申申授魏人李克克授魯人孟仲子仲子授根牟子根牟子授趙人荀卿荀卿授魯國毛亨毛亨作訓詁傳以授趙國毛萇時人謂亨爲大毛公萇爲小毛公據是二書則作傳者乃毛亨非毛萇故孔氏正義亦云大毛公爲其傳由小毛公而題毛也隋志所云殊爲舛誤而流俗沿襲莫之能更朱彝尊經義考乃以毛詩二十九卷題毛亨撰注曰佚毛詩訓故傳三十卷題毛萇撰注曰存意主調停尤爲於古無據今參稽衆說定作傳者爲毛亨以鄭氏後漢人陸氏三國吳人併傳授毛詩淵源有自所言必不誣也鄭氏發明毛義自命曰箋博物志曰毛公嘗爲北海郡守康成是此郡人故以爲敬推張華所言蓋以爲公府用記郡將用箋之意然康成生於漢末乃修敬於四百年前之太守殊無所取案說文曰箋表識書也鄭氏六藝論云注詩宗毛爲主毛義若隱略則更表明如有不同卽下己意使可識別案此論今佚此據正義所引然則康成特因毛傳而表識其傍如今人之簽記積而

成帙故謂之箋無容別曲說也自鄭箋既行齊魯韓三家遂廢案此陸德明經典釋文之說然箋與傳義亦時有異同魏王肅作毛詩注毛詩義駁毛詩奏事毛詩問難諸書以申毛難鄭歐陽修引其釋衞風擊鼓五章謂鄭不如王見詩本義王基又作毛詩駁以申鄭難王王應麟引其駮芣苢一條謂王不及鄭見困學紀聞亦載經典釋文晉孫毓作毛詩異同評復申王說陳統作難孫氏毛詩評又明鄭義並見經典釋文袒分左右垂數百年至唐貞觀十六年命孔穎達等因鄭箋

爲正義乃論歸一定無復歧塗毛傳二十九卷隋志附以鄭箋作二十卷疑爲康成所併穎達等以疏文繁重又析爲四十卷其書以劉焯毛詩義疏劉炫毛詩述義爲稾本故能融貫羣言包羅古義終唐之世人無異詞惟王讜唐語林記劉禹錫聽施士匄講毛詩所說維鵜在梁陟彼岵兮勿翦勿拜維北有斗四義稱毛未注然未嘗有所詆排也至宋鄭樵恃其才辨無故而發難端南渡諸儒始以掊擊毛鄭爲能事元延祐科舉條制詩雖兼

用古注疏其時門戸已成講學者訖不遵用洎及明代胡廣等竊劉瑾之書作詩經大全著爲令典於是專宗朱傳漢學遂亡然朱子從鄭樵之說不過攻小序耳至於詩中訓詁用毛鄭者居多後儒不考古書不知小序自小序傳箋自傳箋閧然佐鬬遂併毛鄭而棄之是非惟不知毛鄭爲何語殆併朱子之傳亦不辨爲何語矣我

國家經學昌明一洗前明之固陋乾隆四年

皇上特命校刊十三經注疏

頒布學宮鼓篋之儒皆駸駸乎研求古學今特錄其書與小序同冠詩類之首以昭六義淵源其來有自孔門師授端緒炳然終不能以他說掩也

毛詩正義序

夫詩者論功頌德之歌止僻防邪之訓雖無為而自發乃有益於生靈六情靜於中百物盪於外情緣物動物感情遷若政遇醇和則懽娛被於朝野時當慘黷亦怨刺形於詠歌作之者所以暢懷舒憤聞之者足以塞違從正發諸情性諧於律呂故曰感天地動鬼神莫近於詩此乃詩之為用其利大矣若夫哀樂之起冥於自然喜怒之端非由人事故燕雀表啁噍之感鸞鳳有歌舞之容然則詩理之先同夫開闢詩迹所用隨運而移上皇道質故諷諭之情寡中古政繁亦謳謌之理切唐虞乃見其初犧軒莫測其始於後時經五代篇有三千成康没而頌聲寢陳靈興而變風息先君宣父釐正遺文緝其精華褫其煩重上從周始下暨魯僖四百年閒六詩備矣卜商闡其業雅頌與金石同和秦正燎其書簡牘與煙塵共盡漢氏之初詩分為四申公騰芳於鄢郢毛氏光價於河閒貫長卿傳之於前鄭康成箋之於後晉宋二蕭之世其道大行齊魏兩河之閒兹風不墜其近代為義疏者有全緩何胤舒瑗劉軌思劉醜劉焯劉炫等然焯炫並聰穎特達文而又儒擢秀幹於一時騁絕轡於千里固諸儒之所揖讓日下之無雙於其所作疏内特為殊絕今奉

勑刪定故據以為本然焯炫等負恃才氣輕鄙先達同其所異異其所同或應略而反詳或宜詳而更略準其繩墨差忒未免勘其會同時有顛躓今則削其所煩增其所簡唯意存於曲直非有心於愛憎謹與朝散大夫行太學博士臣王德韶徵事郎守四門博士臣齊威等對共討論辨詳得失至十六年又奉

勑與前脩疏人及給事郎守太學助教雲騎尉臣趙乾叶登仕郎守四門助教雲騎尉臣賈普曜等對

勑使趙弘智覆更詳正凡為四十卷庶以對揚

聖範垂訓幼蒙故序其所見載之於卷首云爾

詩譜序

詩之興也諒不於上皇之世【疏】正義曰上皇謂伏犧三皇之最先者故謂之上皇鄭知于時信無詩者上皇之時舉代淳朴田漁而食與物未殊居上者設言而莫違在下者羣居而不亂未有禮義之教刑罰之威爲善則莫知其善爲惡則莫知其惡其心既無所感其志有何可言故知爾時未有詩詠。**大庭軒轅逮於高辛其時有亡載籍亦蔑云焉**【疏】正義曰鄭注中候敕省圖以伏犧女媧神農三代爲三皇以軒轅少昊高陽高辛陶唐有虞六代爲五帝德合北辰者皆稱皇感五帝座星者皆稱帝故三皇三而五帝六也大庭神農之別號大庭軒轅疑其有詩者大庭以還漸有樂器樂器之音逐人爲辭則是爲詩之漸故疑有之也禮記明堂位曰土鼓蕢桴葦籥伊耆氏之樂也注云伊耆氏古天子號禮運云夫禮之初始諸飲食蕢桴而土鼓注云中古未有釜甑而中古謂神農時也郊特牲云伊耆氏始爲蜡蜡者爲田報祭案易繫辭稱農始作耒耜以教天下則田起神農矣二者相推則伊耆神農並與大庭爲一大庭有鼓籥之器黄帝有雲門之樂至周尚有雲門明其音聲和集既能和集必不空絃絃之所歌即是詩也但事不經見故總爲疑辭案古史考云伏犧作瑟明堂位云女媧之笙簧則伏犧女媧已有樂矣鄭既信伏犧無詩又不疑女媧有詩而以大庭爲首者原夫樂之所起發於人之性情性情之生斯乃自然而有故嬰兒孩子則懷嬉戲抃躍之心玄鶴蒼鸞亦合歌舞節奏之應豈由有詩而乃成樂樂作而必由詩然則上古之時徒有謳歌吟呼縱令土鼓葦籥必無文字雅頌之聲故伏犧作瑟女媧笙簧及蕢桴土鼓必不因詩詠如此則時雖有樂容或無詩鄭疑大庭有詩者正據後世漸文故疑有爾未必以土鼓葦籥遂爲有詩若然詩序云情動於中而形於言言之不足乃永歌嗟歎聲成文謂之音是由詩乃爲樂者此據後代之詩因詩爲樂其上古之樂必不如此鄭說既疑大庭有詩則書契之前已有詩矣而六藝論論詩云詩者弦歌諷喻之聲也自書契之興朴略尚質面稱不爲諂目諫不爲謗君臣之接如朋友然在於懇誠而已斯道稍衰姦僞以生上下相犯及其制禮尊君卑臣君道剛嚴臣道柔順於是箴諫者希情志不通故作詩者以誦其美而譏其過彼書契之興既未有詩制禮之後始有詩者藝論所云今詩所用誦美譏過故以制禮爲限此言有詩之漸述情歌詠未有箴諫故疑大庭以還由主意有異故所稱不同禮之初與天地並矣而藝論論禮云禮其初起蓋與詩同時亦謂今時所用之禮不言禮起之初也。**虞書曰詩言志歌永言聲依永律和聲然則詩之道放於此乎**【疏】正義曰虞書者舜典也鄭不見古文尚書伏生以舜典合於堯典故鄭注在堯典之末彼注云詩所以言人之志意也永長也歌又所以長言詩之意聲之曲折又長言而爲之聲中律乃爲和彼舜典命樂已道歌詩經典言詩無先此者故言詩之道也放於此乎猶言適於此也放於此乎隱二年公羊傳文言放於此者謂今誦美譏過之詩其道始於此非初作謳歌始於此也益稷稱舜云工以納言時而颺之格則乘之庸之否則威之彼說舜誡羣臣使之用詩是用詩規諫舜時已然大舜之聖任賢使能目諫面稱似無所忌而云情志不通始作詩者六藝論云情志不通者據今詩而論故云以誦其美而譏其過其唐虞之詩非由情志不通直對面歌詩以相誠勗且爲濫觴之漸與今詩不一故皐陶謨說皐陶與舜相荅爲歌即是詩也虞書所言雖是舜之命夔而舜承於堯明堯已用詩矣故六藝論云唐虞始造其初至周分爲六詩亦指堯典之文謂之造初謂造今詩之初非謳歌之初謳歌之初則疑其起自大庭時矣然謳歌自當久遠其名曰詩未知何代雖於舜世始見詩名其名必不初起舜時也名爲詩者內則說負子之禮云詩負之注云詩之言承也春秋說題辭云在事爲詩未發爲謀恬澹爲心思慮爲志詩之爲言志也詩緯含神務云詩者持也然則詩有三訓承也志也持也作者承君政之善惡述己志而作詩爲詩所以持人之行使不失隊故一名而三訓也。**有夏承之篇章泯棄靡有孑遺**【疏】正義曰夏承虞後必有詩矣但篇章絕滅無有孑然而得遺餘此夏之篇章不知何時滅也有商頌而無夏頌蓋周室之初也記錄不得**邇及商王不風不雅**【疏】正義曰湯以諸侯行化卒爲天子商頌成湯命於下國封建厥福明其政教漸興亦有風雅商周相接年月未多今無商風雅唯有其頌是周世棄而不錄故云近及商王不風不雅言有而不取之。**何者論功頌德所以將順其美刺過譏失所以匡救其惡各於其黨則爲法者彰顯爲戒者著明**【疏】正義曰此論周室不存商之風雅之意風雅之詩止有論功頌德刺過譏失之二事耳黨謂族親此二事各於巳之族親周人自錄周之風雅則法足彰顯戒足著明不假復錄先代之風雅也頌則美代至美之詩徼先代故錄之○周自后稷播種百穀黎民阻飢茲時乃粒自傳於此名也〔疏〕正義曰自此下至詩之正經說周有正詩之由言后稷種百穀之時衆人皆厄於飢此時乃得粒食后稷有此大功稱聞不朽是后稷自彼堯時流傳於此後世之名也堯典說舜命后稷云帝曰棄黎民阻飢汝后稷播時百穀臯陶謨稱禹曰予暨稷播奏庶艱食鮮食烝民乃粒是其文也陶唐之末中葉公劉亦世脩其業以明民共財〔疏〕正義曰公劉者后稷之曾孫當夏時爲諸侯以后稷當唐之時故繼唐言之也中葉謂中世后稷至於大王公劉居其中商頌云昔在中葉亦謂自契至湯之中也祭法云黃帝正名百物以明民共財明民謂使衣服有章共財謂使之同有財用公劉在豳教民使上下有章財用不乏故引黃帝之事以言之○至於大王王季克堪顧天〔疏〕正義曰此尚書多方說天以紂惡更求人主之意云天惟求爾多方大動以威開厥顧天惟爾多方罔堪顧之惟我周王克堪用德惟典神天注云顧由視念也其意言天下災異之威動天下之心開其能爲天以視念者衆國無堪爲之惟我周能堪之彼言文王武王能顧天耳大王王季爲天所祐巳有王跡是能顧天也○文武之德光熙前緒以集大命於厥身遂爲天下父母使民有政有居〔疏〕正義曰泰誓說武王伐紂衆咸曰孜孜無息天將有立父母民之有政有居言民得聖人爲父母必將有明政有安居文武道同故并言之○其時詩風有周南召南雅有鹿鳴文王之屬〔疏〕正義曰此揔言文武之詩皆述文武之政未必皆文武時作也故文王大明之等檢其文皆成王時作○及成王周公致大平制禮作樂而有頌聲興焉盛之至也〔疏〕正義曰時當成王功由周公故譜說成王之詩皆并舉周公爲文制禮作樂大平無爲故與大平連言頌聲之興不皆在制禮之後也故春官樂師職云及徹帥學士而歌徹玄謂徹者歌雍也是頌詩之作有在制禮前者也○本

之由此風雅而來故皆錄之謂之詩之正經〔疏〕正義曰此解周詩并錄風雅之意以周南召南之風是王化之基本鹿鳴文王之雅初興之政教今有頌之成功由彼風雅而就據成功之頌本而原之其頌乃由此風雅而來故皆錄之謂之詩之正經以道衰乃作者名之爲變此詩謂之爲正此等正詩昔武王采得之後乃成王即政之初於時國史自定其篇屬之大師以爲常樂非孔子有去取也儀禮鄉飲酒工歌鹿鳴四牡皇皇者華笙入奏南陔白華華黍閒歌魚麗笙由庚歌南有嘉魚笙崇丘歌南山有臺笙由儀合樂周南關雎葛覃卷耳召南鵲巢采蘩采蘋燕禮用樂與鄉飲酒文同唯采蘋越草蟲之篇其餘在於今詩悉皆次比又左傳及國語稱魯叔孫穆子聘於晉晉人爲之歌文王大明綿又歌鹿鳴四牡皇皇者華亦各取三篇風雅異奏明其先自次比非孔子定之故譜於此不言孔子其變風變雅皆孔子所定故下文特言孔子錄之春官大師職鄭司農注云古而自有風雅頌之名故延陵季子觀樂於魯時孔子尚幼未定詩書而曰爲之歌邶鄘衛曰是其衛風乎又爲之歌小雅大雅又爲之歌頌論語曰吾自衛反魯然後樂正雅頌各得其所時禮樂自諸侯出頗有謬亂不正者孔子正之耳是司農之意亦與鄭同以爲風雅先定非孔子爲之襄二十九年左傳服虔注云哀公十一年孔子自衛反魯然後樂正雅頌各得其所距此六十二歲當時雅頌未定而云爲之歌小雅大雅頌者傳家據已定錄之此說非也六詩之目見於周禮豈由孔子始定其名乎儀禮歌召南三篇越草蟲而取采蘋蓋采蘋舊在草蟲之前孔子以後簡札始倒或者草蟲有憂心之言故不用爲常樂耳後王稍更陵遲懿王始受譖亨齊哀公夷身失禮之後邶不尊賢〔疏〕正義曰自此以下至刺怨相尋解變風變雅之作時節變風之作齊衛爲先齊哀公當懿王衛頃公當夷王故先言此也莊四年公羊傳曰齊哀公亨乎周紀侯譖之徐廣以爲周夷王亨之鄭知懿王者以齊世家云周亨哀公而立其弟靖爲胡公當夷王之時哀公母弟山殺胡公而自立言夷王之時山殺胡公則胡公之立在夷王前矣受譖亨人是衰闇之主夷王上有孝王書傳不言孝王有大罪惡周本紀云懿王立王室遂衰詩人作刺是周衰自懿王始明懿王受譖矣本紀言詩人作刺得不以懿王之時雞鳴之詩作乎是以知亨之者懿王也衛世家云貞伯卒子頃侯立頃侯厚賂周夷王夷王命爲衛侯是衛頃公當夷王時邪特牲

云覲禮天子不下堂而見諸侯下堂而見諸侯天子之失禮也由夷王以下是夷王身失禮也柏舟言仁而不遇是邶不尊賢也。**自是而下厲也幽也政教尤衰周室大壞十月之交民勞板蕩勃爾俱作衆國紛然刺怨相尋**正義曰大卒變風之作多在夷厲之後故云衆國紛然刺怨相尋擊鼓序云怨州吁怨亦刺之類故連言之。**五霸之末上無天子下無方伯善者誰賞惡者誰罰紀綱絶矣**〔疏〕正義曰此言周室極衰之後不復有詩之意五霸之字或作五伯成二年左傳云五伯之霸也中候霸免注云霸猶把也把天子之事也然則言伯者長也謂與諸侯爲長也五伯者三代之末王政衰微諸侯之強者以把天子之事與諸侯爲長三代共有五人服虔云五伯謂夏伯昆吾商伯大彭豕韋周伯齊桓晉文也知者鄭語注云祝融之後昆吾爲夏伯矣大彭豕韋爲商伯矣論語云管仲相桓公霸諸侯昭九年傳云文之伯也是五者爲霸之文也此言五霸之末正謂周代之霸齊桓晉文之後明其不在夏殷之霸也齊晉最居其末故言五霸之末耳僖元年公羊傳云上無天子下無方伯天下諸侯有相滅亡者桓公不能救則桓公恥之是齊桓晉文能賞善罰惡也其後無復霸君不能賞罰是天下之綱紀絶矣縱使作詩終是無益故賢者不復作詩由其王澤竭故也王制云千里之外設方伯二百一十國以爲州州有伯是方伯謂州牧也周之州長自名爲牧以其長於一方故公羊稱爲方伯言無天子無方伯謂無賢明耳**故孔子録懿王夷王時詩訖於陳靈公淫亂之事謂之變風變雅**〔疏〕正義曰懿王時詩齊風是也夷王時詩邶風是也陳靈公魯宣公十年爲其臣夏徵舒所弑變風齊邶爲先陳最在後變雅則處其間故鄭舉其終始也史記孔子世家云古者詩本三千餘篇去其重取其可施於礼義者三百五篇是詩三百者孔子定之如史記之言則孔子之前詩篇多矣案書傳所引之詩見在者多亡逸者少則孔子所録不容十分去九馬遷言古詩三千餘篇未可信也據今者及亡詩六篇凡有三百一十一篇皆子夏爲之作序明是孔子舊定而史記漢書云三百五篇者闕其亡者以見在爲數也樂緯動聲儀詩緯含神務尚書璿璣鈐皆云三百五篇者漢世毛學不行三家不見詩序不知六篇

亡失謂其唯有三百五篇讖緯皆漢世所作故言三百五耳此言訖於陳靈則在魯僖之後藝論云孔子録周衰之歌及衆國賢聖之遺風自文王創基至於魯僖四百年間凡取三百五篇合爲國風雅頌唯言至於魯僖者據詩之首君爲文也陳靈公非陳詩之首曹昭公以僖七年卒即位在僖之前故舉魯僖以爲言也藝論云文王創基至於魯僖則商頌不在數矣而以周詩是孔子所録商頌則篇數先定論録則獨舉周代數篇則兼取商詩而云合爲國風雅頌者以商詩亦周歌所用故得稱之孔子刊定則應先後依次而鄭風清人是文公詩處昭公之上衛風伯兮是宣公之詩在惠公之下者鄭荅張逸云詩本無文字後人不能盡得其次第録者直録存義而已然則孔子之後始顛倒雜亂耳**以爲勤民恤功昭事上帝則受頌聲弘福如彼若違而弗用則被劫殺大禍如此吉凶之所由憂娛之萌漸昭昭在斯足作後王之鑒於是止矣**〔疏〕正義曰此言孔子録詩唯取三百之意弘福如彼謂如文武成王世脩其德致太平也大禍如此謂如厲幽陳靈惡加於民被放弑也違而不用謂不用詩義則勤民恤功昭事上帝是用詩義也互言之也用詩則吉不用則凶吉凶之所由謂由詩也詩之規諫皆防萌杜漸用詩則樂不用則憂是爲憂娛之萌漸也此二事皆明明在此故唯録三百一十一篇庶今之明君良臣欲崇德致治克稽古於先代視成敗於行事又疾時博士之説詩既不精其研覈又不覩其終始講於鄉黨無昭晳陳於朝廷不煥炳故將述其國土之分列其人之先後。**夷厲已上歲數不明大史年表自共和始歷宣幽平王而得春秋次第以立斯譜**〔疏〕正義曰自此已下論作譜之意本紀夷王已上多不記在位之年是歲數不明周本紀云厲王三十四年王益嚴又三年王出奔于彘召公周公二相行政號曰共和十二諸侯年表起自共和元年是歲魯真公之十四年齊武公之十年晉靖侯之十八年秦仲之四年宋釐公之十八年衛僖侯之十四年陳幽公之十四年蔡武公之二十四年曹夷伯之二十四年鄭則于時未封是太史年表自共和始也又案本紀共和十四年厲王死於彘宣王即位四十六年崩子幽王立十一年爲犬戎所殺子平王立四十九年當魯隱公元年計共和元年距

春秋之初一百一十九年春秋之時年歲分明故云歷宣幽下王而得春秋次第以立斯譜鄭於三禮論語爲之作序此譜亦是序類避子夏序名以其列諸侯世及詩之次故名譜也易有序卦書有孔子作序故鄭避之謂之爲贊贊明也明己爲註之意此詩不謂之贊而謂之譜譜者普也註序世數事得周普故史記謂之譜牒是也

欲知源流清濁之所處則循其上下而省之欲知風化芳臭氣澤之所及則傍行而觀之此詩之大綱也舉一綱而萬目張解一卷而衆篇明於力則鮮於思則寡其諸君子亦有樂於是與

【疏】正義曰此又總言爲譜之理也若魏有儉嗇之俗唐有殺礼之風齊有太公之化衛有康叔之烈述其土地之宜顯其始封之主省其上下知其衆源所出識其清濁也屬其美刺之詩各當其君君之化傍觀其詩知其風化得失識其芳臭皆以喻善惡耳哀十四年公羊傳說孔子制春秋之義以俟後聖以君子之爲亦有樂乎此鄭取彼意也

周南召南譜

周召者禹貢雍州岐山之陽地名○正義曰禹貢雍州云荊岐既旅是岐屬雍州也緜之篇說大王遷於周原閟宮言大王居岐之陽是周地在岐山之陽也孟子云文王以百里而王則周召之地共方百里而皆名曰周其召是周内之別名也大王始居其地至文王乃徙於豐周書稱王季宅程皇矣說文王既伐密須度其鮮原居岐之陽不出百里則王季居程亦在岐南程是周地之小別也○今屬右扶風美陽縣地形險阻而原田肥美○正義曰漢書地理志右扶風郡有美陽縣禹貢岐山在西北周文王所居也皇甫謐云今美陽西北有岐城舊趾是也本或作杜陽案志扶風自別有杜陽縣而岐山在美陽不在杜陽鄭於禹貢注云岐山在扶風美陽西北則作杜者誤也皇矣稱居岐之陽在渭之將是其處險阻也緜云周原膴膴堇荼如飴是地肥美也○周之先公曰大王者避狄難自豳始遷焉而脩德建王業商王帝乙之初命其子王季爲西伯至紂又命文王典治南國江漢汝旁之諸侯○正義曰以帝乙紂之父準其年世與王季同時旱麓說大王王季之事云瑟彼玉瓚黃流在中言王季受玉瓚之賜也尚書謂文王爲西伯當是繼父之業故知王季亦爲西伯殷之州長曰伯謂爲雍州伯也周禮八命作牧殷之州伯蓋亦八命也如旱麓傳云九命然後錫以秬鬯圭瓚孔叢云羊容問於子思曰古之帝王中分天下而二公治之謂之二伯周自后稷封爲王者之後大王王季皆爲諸侯奚得爲西伯乎子思曰吾聞諸子夏云殷王帝乙之時王季以九命作伯於西受圭瓚秬鬯之賜故文王因之得專征伐此諸侯爲伯猶周召分陝皇甫謐亦云王季於帝乙殷王之時賜九命爲西長始受圭瓚秬鬯皆以爲王季受九命作東西大伯鄭不見孔叢之書旱麓之箋不言九命則以王季爲州伯也文王亦爲州伯故西伯戡黎注云文王爲雍州之伯南兼梁荊在西故曰西伯文王之德優於王季文王尚爲州伯明王季亦爲州伯也楚辭天問曰伯昌號衰秉鞭作牧王逸注云伯謂文王也鞭以喻政言紂號令既衰文王執鞭持政爲雍州牧天問屈原所作去聖未遠謂文王爲牧明非大伯也所以不從毛說言至紂又命文王者既已繼父爲州伯又命之使兼治南國江漢汝旁之諸侯也知者以漢廣序云美化行乎江漢之域汝墳序云汝墳之國婦人能閔其君子文王三分天下而有其二此詩猶美江漢汝墳明是江漢之濱先被文王之教若非受紂之命其化無由及之明紂命之矣江漢之域卽梁荊二州故尚書註云南兼梁荊其後化廣民附三分

有二不必皆紂命也○於時三分天下有其二以服事殷故雍梁荊豫徐揚之人咸被其德而從之○正義曰既引論語文王三分有二故據禹貢州名指而言之雍梁荊豫徐揚歸文王其餘冀青兖屬紂九州而有其六是爲三分有其二也禹貢九州夏時之制於周則夏官職方氏辨九州之域有揚荊豫青兖雍幽冀并校之於禹貢無徐梁有幽并故地理志云周監二代而損益之改禹貢徐梁二州合之於雍青分冀州之地以爲幽并是其事也爾雅釋地九州之名有冀豫雍荊揚兖徐幽營孫炎曰此蓋殷制禹貢有梁青無幽營周禮有幽并無徐營然則此說不同不言殷周九州而遠指禹貢者孫炎以爾雅之文與禹貢不同於周禮又異故疑爲殷制耳亦無明文言殷改夏也地理志云殷因於夏無所變改班固不以爾雅爲世法又周禮冀幽并於禹貢唯一州耳相率三分無一故從岐而橫分之據禹貢正經之文取六州以爲三分之二準禹貢之境論施化之處不言當時有此州名也序言化自北而南則於岐東西之南得有三分二者岐於土中近北故也○文王受命作邑於豐乃分岐邦周召之地爲周公旦召公奭之采地施先公之教於已所職之國○正義曰文王受命作邑於豐文王有聲之文也地理志云京兆鄠縣豐水出其東南皇甫謐云豐在京兆鄠縣東豐水之西文王自

程從此案皇矣篇云文王既伐密須徙於鮮原從鮮原徙豐而譜云自程非也豐在岐山東南三百餘里文王既遷於豐而岐邦地空故分賜二公以爲采邑也言分采地當是中半不知孰爲東西或以爲東謂之周西謂之召事無所出未可明也知在居豐之後賜二公地者以泰誓之篇伐紂時事已言周公曰樂記説大武之樂象伐紂之事云五成而分陝周公左而召公右明知周召二公並在文王時已受采矣文王若未居豐則岐邦自爲都邑不得分以賜人明知分賜二公在作豐之後且二南文王之詩而分繫二公若文王不賜采邑不使行化安得以詩繫之故知此時賜之采邑也既以此詩繫二公明感二公之化故知使施先公之教於己所職之國也言先公者大王王季賢人文王承其業文王自有聖化不必要用先公但子當述父之事取其宜者行之以先公爲辭耳猶自兼行聖化故有聖人之風此獨言施先公之教明化己之可知以召南有先公之教故特言之耳文王使二公施化早矣非受采之後於此言之者明詩繫二公之意也言己所職者指謂六州之人服從於己者。武王伐紂定天下巡守述職陳誦諸國之詩以觀民風俗六州者得二公之德教尤純故獨錄之屬之大師分而國之。正義曰宣十二年左傳引時邁之詩云昔武王克商而作頌曰載戢干戈載櫜弓矢時邁序云巡守則武王巡守矣王制説巡守之禮曰命大師陳詩以觀民風俗故知武王巡守得二南之詩也譜云天子納變雅諸侯納變風其禮同則文王亦采詩而必知武王始得之者諸侯之納變風直欲觀民之情以知己政得失耳非能別賢聖之異風立一代之大典也文王猶爲諸侯王業未定必不得分定二南故據武王言之耳武王徧陳諸國之詩非特六州而已而此二南之風獨有二公之化故知六州者得二公之德教風化尤最純絜故獨取其詩付屬之於大師之官使分而國之爲二國之風以大師掌六詩之歌達聲樂之本故知屬之使分繫也。其得聖人之化者謂之周南得賢人之化者謂之召南言二公之德教自岐而行於南國也。正義曰文王將建王業以諸侯而行王道大王王季是其祖父皆有仁賢之行己之聖化未可盡行乃取先公之教宜於今者與己聖化使二公雜而施之又六州之民志性不等或得聖人之化或得賢人之化由受教有精麤故歌詠有等級大師曉達聲樂妙識本源分別所感以爲二國其得聖人之化者謂之周南得賢人之化者謂之召南解大師分作二南之意也知有此理者序云關雎麟趾之化王者之風故繫之周公鵲巢騶虞之德諸侯之風故繫之召公以聖人宜爲天子賢人宜作諸侯言王者之風是得聖人之化也言

諸侯之風是得賢人之化也以周公聖人故以聖人之風繫之以召公賢人故以賢人之風繫之以六州本得二公之教因有天子之風義一聖一賢事尤相類故繫之二公既分繫二公以優劣爲次先聖後賢故先周後召也不直稱周召而連言南者欲見行化之地且作詩之處若不言南無以見斯義也且直言周召嫌主美二公此實文王之詩而繫之二公故周召二國並皆云南見所化之處明其與諸國有異故也此詩既繼二公卽二公爲其詩主若有美二公則各從其國甘棠之在召南是其事也周南無美周公或時不作或録不得也。乃棄其餘謂此爲風之正經。正義曰武王徧陳諸國之詩今唯二南在矣明是棄其餘也。初古公亶父聿來胥宇爰及姜女其後大任思媚周姜大似嗣徽音歷世有賢妃之助以致其治。正義曰此事皆在大雅也鄭言此者以二國之詩以后妃夫人之德爲首召南夫人雖斥文王夫人而先王夫人亦有是德故引詩以歷言。文王刑于寡妻至于兄弟以御于家邦。正義曰此思齊文也言文王先化於妻卒治家國此明二國之詩先以后妃夫人爲首之意。是故二國之詩以后妃夫人之德爲首終以麟趾騶虞言后妃夫人有斯德興助其君子皆可以成功至于獲嘉瑞。正義曰此論二國之詩次比之意是故者緣上事生下勢之稱此后妃夫人皆大姒也一人而二名各隨其事立稱禮天子之妃曰后諸侯之妃曰夫人以周南王者之化故稱后妃召南諸侯之化故云夫人直以化感爲名非爲先後之別有陳聖化雖受命前事猶稱后妃有說賢化雖受命後事尚稱夫人二國別稱而文王不異文者召南夫人爲首后妃變稱夫人足知賢聖異化於文王不假復異其辭故鵲巢之序言國君以著義於後皆以常稱言之聖王之馭世符瑞必臻故次麟趾騶虞於末欲見致嘉瑞也時實不致設以爲法故言耳以詩人之作各言其志麟趾關雎騶虞之與鵲巢未必一人作也麟趾言公子之信厚騶虞歎國君之仁心自取獸名別爲興喻非歎瑞應與前篇共相終始但君子之道作事可法垂憲後昆大師比之於末序者申明其意因言關雎之應鵲巢之應耳其實作者本意不在於應而使詩有龍鳳之文亦將以之爲應非獨麒麟白虎也鄭答張逸云文王承先公之業積脩其德以致風化述其美以爲之法能行其本則致末應既致其應設以爲法是其不實致也此譜於此篇之大略耳而二風大意皆自近及遠周南關雎至螽斯皆后妃身事桃夭兔罝芣苢后妃化之所及漢廣汝墳變言文王之化見其化之又遠也召南鵲巢采蘩夫人身事草蟲采蘋朝廷之妻甘棠行露朝廷之臣大夫之妻與夫人同爲陰類故先於

召伯皆是夫人化之所及也羔羊以下言召南之國江沱之閒亦言文王之政是又化之差遠也篇之大率自以遠近爲差周南上八篇言后妃漢廣汝墳言文王召南上二篇言夫人羔羊摽有梅江有汜騶虞四篇言文王所以論后妃夫人詳於周南而略於召南者以召南夫人則周南后妃既於后妃事詳所以召南於夫人遂略其文王之德化多少不同者自由作不有别又采得多少不同周南桃夭言后妃之所致召南羔羊云鵲巢之功所致者周南桃夭以上皆后妃身事文與后妃接連故言后妃所致召南羔羊以前非獨夫人身事文與夫人不相連接故變言鵲巢之功所致也又桃夭致後三篇有后妃之化羔羊後無夫人之化者亦是周南后妃既詳於召南夫人遂略致者行化於已自已致人草蟲以下非後夫人身事亦是夫人之致也羔羊召南之國化文王之政爲鵲巢之功所致則漢廣文王之道被于南國亦是關雎之功所致序者以此二風皆是文王之化太姒所贊周南以桃夭至芣苢三篇爲后妃所致漢廣以下其事差遠爲文王之致召南以草蟲至行露四篇爲夫人所致羔羊以下差遠爲文王之致各舉其事互相發明此二南之詩文王時作文王卽位至受命之時已四十餘年諸侯從之蓋亦早矣鄭答張逸云文王以諸侯而有王者之化卒以受命是受命之前已行王德當此之時詩已作也何則化被於下則民述其志何須待布王號然後作歌武王采得之時二公已有爵土命其行化遂分繫之非由二公有土此詩始作也周召二十五篇唯甘棠與何彼襛矣二篇乃是武王時作武王伐紂乃封太公爲齊侯令周召爲二伯而何彼襛矣經云齊侯之子太公已封於齊甘棠經云召伯召公爲伯之後故知二篇皆武王時作非徒作在武王之時其所美之事亦武王時也行露雖述召伯事與甘棠異時趙商謂其同時疑而發問故志趙商問甘棠行露之詩美召伯之功箋以爲當文王與紂之時不審召公何得爲伯荅曰甘棠之詩召伯自明誰云文王與紂之時乎至行露篇箋義云衰亂之俗微貞信之教興若當武王時被召南之化久矣衰亂之俗已銷安得云微云此文王時也序義云召伯聽訟者從後錄其意是以云然而鄭此荅明甘棠箋之所云美其爲伯之功謂武王時也此二篇武王時事得入召南風者以詩繫於召召爲詩主以其主美召伯因卽錄於召南王姬以天子之女降尊適卑不失婦道召南多陳人倫事與相類又王姬賢女召南賢化又作在武王之世不可入文王聖化之風故錄之於召南也○風之始所以風化天下而正夫婦焉故周公作樂用之鄉人焉用之邦國焉或謂之房中之樂者后妃夫人侍御於其君子女史

歌之以節義序故耳○正義曰云言或者道異說也鄭之前世有爲此說者故因解之二南之風言后妃樂得淑女無嫉妬之心夫人德如鳲鳩可以承奉祭祀能使夫婦有義妻妾有序女史歌之風切后夫人以節此義序故用之耳王風云君子陽陽左執簧右招我由房謂路寢之房以人君有房中之樂則后夫人亦有房中之樂以后夫人房中之樂歌周南召南則人君房中之樂亦歌周南召南故譜下文云路寢之常樂風之正經也天子歌周南諸侯歌召南用此或說爲義也后夫人用之亦當然也王肅云自關雎至芣苢后妃房中之樂肅以此八篇皆述后妃身事故爲后妃之樂然則夫人房中之樂當用鵲巢采蘩鄭無所說義亦或然○射禮天子以騶虞諸侯以貍首大夫以采蘋士以采蘩爲節○正義曰在召南之篇亦是用之於樂故言之禮記射義有此又彼注亦以爲騶虞取其一發五豝喻得賢者多貍首取小大莫處御于君所采蘋取其循澗以采蘋喻循法度以成君事采蘩取夙夜在公各取其篇之義以爲戒也爲節者謂射之進退當樂節相應彼每篇一言爲節此引之省文也○今無貍首周衰諸侯並僭而去之孔子錄詩不得也爲禮樂之記者從後存之遂不得其次序○正義曰言此者以射用四篇而三篇皆在召南則貍首亦當在今無其篇故辨之云諸侯所以去之大射注云貍之言不來也其詩有射諸侯首不朝者之言因以名篇後世失之然則於時諸侯不肯朝事天子惡其被射之言故棄之爲禮樂之記者正謂記作射義者以貍首樂歌之曲故并樂言之射義注云貍首逸詩下云曾孫侯氏是也其下文云故詩曰曾孫侯氏四正具舉大夫君子凡以庶士小大莫處御于君所以燕以射則燕則譽謂此是貍首經文也彼雖引詩無貍首之字鄭知是貍首者以彼之說諸侯射法而引此詩其下又云君臣相與盡志於射以習禮樂則安則譽也是以天子制之而諸侯務焉言諸侯用爲射節知是貍首之辭無貍首字者略引其文不盡其辭故也○周公封魯死謚曰文公召公封燕死謚曰康公元子世之○正義曰周公封魯召公封燕史記皆有世家言之周語引常棣爲周文公之詩是周公謚曰文也公劉序云召康公戒成王是召公謚曰康也閟宫云建爾元子乃命魯公是元子世之也燕世家云自召公以下九世至惠公當厲王之時則是失其世次不得召公元子名謚傳國於後是元子可知○其大子亦世守采地在王官春秋時周公召公是也○正義曰僖九年公會宰周公于葵丘文五年召伯來會葬是春秋時周公召公也經傳皆言周公謂爲三公不知何爵也召稱伯則伯爵以左傳多云召公故言公其旦與奭次子名謚書傳無

文王以西都賜秦則春秋時周公召公別於東都受采存本周召之名也非復岐周之地晉書地道記云河東郡垣縣有召亭周則未聞今爲召州是也左方無君世者此因詩繫二公故終言之其君世世家亡滅且非此所須故也○問者曰周南召南之詩爲風之正經則然矣自此之後南國諸侯政之興衰何以無變風答曰陳諸國之詩者將以知其缺失省方設教爲黜陟時徐及吳楚僭號稱王不承天子之風今棄其詩夷狄之也○正義曰以列國政衰變風皆作南國諸侯其數多矣不得全不作詩今無其事故問而釋之巡守陳詩者觀其國之風俗故采取詩以爲黜陟之漸亦既僭號稱王不承天子威令則不可黜陟故不錄其詩吳楚僭號稱王春秋多有其事知徐亦僭者檀弓云邾婁考公之喪徐君使容居來弔其辭云昔我先君駒王是其僭稱王也○其餘江黄六蓼之屬既驅陷於彼俗又亦小國猶邾滕紀莒之等夷其詩蔑而不得列於此○正義曰春秋文四年楚人滅江僖十二年滅黄文五年楚滅六并蓼終爲楚人所滅是被其驅逼陷惡俗也既驅陷彼俗亦不可黜陟又且小國政教狹陋故夷其詩輕蔑之而不得列於國風也邾滕紀莒春秋時小國亦不錄之非獨南方之小國也其魏與檜曹當時猶大於邾莒故得錄之春秋時燕蔡之屬國大而無詩者薛綜答韋昭云或時不作詩或有而不足錄

詩譜序　十三

詩譜序終

翰林院編修南昌黄中模栞

附釋音毛詩注疏卷第一 （一之一） 一

唐國子祭酒上護軍曲阜縣開國子孔　穎達。奉

勑撰

周南關雎詁訓傳第一

陸德明音義曰周南周者代名其地在禹貢雍州之域岐山之陽於漢屬扶風美陽縣南者言周之德化自岐陽而先被南方故序云化自北而南也漢廣序又云文王之道被於南國是也。關雎七胥反依字且邊隹且音子餘反旁或作鳥故訓舊本多作故今或作詁音古又音故傳音直戀反案詁故皆是古義所以兩行然前儒多作詁解而章句有故言郭景純注爾雅則作釋詁樊孫等爾雅本皆爲釋故今宜隨本不煩改字。【疏】正義曰關雎者詩篇之名既以關雎爲首遂以關雎爲一卷之目金縢云公乃爲詩以貽王名之曰鴟鴞然則篇名皆作者所自名既言爲詩乃云名之則先作詩後爲名也名篇之例義無定準多不過五少纔取一或偏舉兩字或全取一句偏舉則或上或下全取則或盡或餘亦有捨其篇首撮章中之一言或復都遺見文假外理以

定稱黄鳥顯緜蠻之貌草蟲棄喓喓之聲瓜瓞取緜緜之形瓠葉捨番番之狀夭夭與桃名而俱舉蚩蚩從氓狀而見遺召旻韓奕則采合上下騶虞權輿則并舉篇末其中踳駁不可勝論豈古人之無常何立名之異與以作非一人故名無定目詁訓傳者注解之別名毛以爾雅之作多爲釋詩而篇有釋詁釋訓故依爾雅訓而爲詩立傳傳者傳通其義也爾雅所釋十有九篇獨云詁訓者詁者古也古今異言通之使人知也訓者道也道物之貌以告人也釋言則釋詁之別故爾雅序篇云釋詁釋言通古今之字古與今異言也釋訓言形貌也然則詁訓者通古今之異辭辨物之形貌則解釋之義盡歸於此釋親已下皆指體而釋其別亦是詁訓之義故唯言詁訓足總衆篇之目今定本作故以詩云古訓是式毛傳云古故也則故訓者故昔典訓依故昔典訓而爲傳義或當然毛傳不訓序者以分置篇首義理易明性好簡略故不爲傳鄭以序下無傳不須辨嫌故註序不言箋說文云第次也字從竹弟稱第一者言其次第當一所以分別先後也。

毛詩國風

毛詩是此書之名毛者傳詩人姓既有齊魯韓三家故題姓以別之或云小毛公加毛詩二字又云河間獻王所加故大題在下案馬融盧植鄭玄註三禮並大題在下班固漢書陳壽三國志題亦然國風國者總謂十五國風者諸侯之詩從關雎至騶虞二十五篇謂之正風【疏】正義曰詩國風舊題也毛字漢世加之六藝論云河間獻王好學其博士毛公善說詩獻王號之曰毛詩是獻王始加毛也漢書儒林傳云毛公趙人也爲河間獻王博士不言其名范曄後漢書云趙人毛長傳詩是爲毛詩然則趙人毛公名爲長也譜云魯人大毛公爲詁訓傳於其家河間獻王得而獻之以小毛公爲博士然則大毛公爲其傳由小毛公而題毛也詩者一部之大名國風者十五國之揔稱不冠於周南之上而退在下者按鄭注三禮周易中候尚書皆大名在下孔安國馬季長盧植王肅之徒其所注者莫不盡然然則本題自然非注者移之定本亦然當以皆在第下足得揔攝故也班固之作漢書陳壽之撰國志亦大名在下蓋取法於經典也言國風者國是風化之界詩以當國爲別故謂之國風其雅則天子之事政教刑于四海不須言國也周召風之正經固當爲首自衛以下十有餘國編此先後舊無明說去聖久遠難得而知欲言先後爲次則齊哀先於衛頃鄭武後於檜國而衛在齊先檜處鄭後是不由作之先後欲以國地爲序則鄭小於齊魏狹於晉而齊後於鄭魏先於唐是不由國之大小也欲以采得爲次則雞鳴之作遠在緇衣之前鄭國之風必處檜詩之後何當後作先采先作

後采乎是不由采得先後也二三擬議悉皆不可則諸國所次別有意焉蓋迹其先封善否參其詩之美惡驗其時政得失詳其國之大小斟酌所宜以爲其次邶鄘衛者商紂畿内千里之地柏舟之作夷王之時有康叔之餘烈武公之盛德資母弟之戚成入相之勳文公則滅而復興徙而能富土地既廣詩又早作故以爲變風之首既以衛國爲首邶鄘則衛之所滅風俗雖異美刺則同依其作之先後故以邶鄘先衛也周則平王東遷政遂微弱化之所被纔及郊畿詩作後於衛頃國地狹於千里徒以天命未改王爵仍存不可過于後諸侯故使次之於衛也鄭以史伯之謀列爲大國桓爲司徒甚得周衆武公夾輔平王克成大業有厲宣之親有緇衣之美其地雖狹既親且勳故使之次王也齊則異姓諸侯世有衰德哀公有荒淫之風襄公有鳥獸之行辭有綢刺篇無美者又以大師之後國土仍大故使之次鄭也魏國雖小儉而能勤踵虞舜之舊風有夏禹之遺化故季札觀樂美其詩音云大而婉儉而易行以德輔此則明主也故次於齊唐者叔虞之後雖爲大國昭公則五世交爭獻後則喪亂弘多故次於魏下秦以秦仲始大襄公始命穆公遂霸西戎卒爲强國故使之次唐也陳以三恪之尊食侯爵之地但以民多淫昏國無令主故使之次秦也檜則其君淫恣曹則小人多寵國

小而君奢民勞而政僻季札之所不譏國風次之於末宜哉豳者周公之事欲尊周公使專一國故次於衆國之後小雅之前欲兼其上下之美非諸國之例也鄭譜王在豳後者退就雅頌并言王世故耳諸國之次當是大師所弟孔子刪定或亦改張襄二十九年左傳魯爲季札徧歌周樂齊之下即歌豳歌秦然後歌魏杜預云於詩豳弟十五秦弟十一後仲尼刪定故不同杜以爲今所弟皆孔子之制孔子之前則如左傳之次鄭意或亦然也鄉飲酒云無筭樂注云燕樂亦無筭數或間或合盡歡而止春秋襄二十九年吳公子札來聘請觀於周樂此國君之無筭也以其徧歌謂之無數不以數次爲無筭也。

鄭氏箋

鄭氏箋本亦作牋同薦年反字林云箋表也識也案鄭六藝論文註詩宗毛爲主其義若隱畧則更表明如有不同即下己意使可識別也然此題非毛公馬鄭王肅等題相傳云是雷次宗題承用既久莫敢爲異又案周續之與雷次宗同受慧遠法師詩義而續之釋題已如此又恐非雷之題也疑未敢明之

〔疏〕正義曰鄭氏名玄字康成北海高密人當後漢桓靈之時注此書也不言名而言氏者漢承滅學之後典籍出於人滅各專門命氏以顯其家之學故諸爲訓者皆云氏不言名由此而言毛氏爲傳亦應自載毛字但不必冠詩上耳不然獻王得之

何知毛爲之也明其自言毛矣鄭於諸經皆謂之注此言箋者呂忱字林云箋者表也識也鄭以毛學審備遵暢厥旨所以表明毛意記識其事故特稱爲箋餘經無所遵奉故謂之註註者著也言爲之解說使其義著明也漢初爲傳訓者皆與經別行三傳之文不與經連故石經書公羊傳皆無經文藝文志云毛詩經二十九卷毛詩故訓傳三十卷是毛爲詁訓亦與經別也及馬融爲周禮之註乃云欲省學者兩讀故具載本文然則後漢以來始就經爲註未審此詩引經附傳是誰爲之其鄭之箋當元在經傳之下矣其毛詩經二十九卷不知倂何卷也自周南至鄭氏箋凡一十六字所題非一時也周南關雎至弟一詩國風元是大師所題也詁訓毛自題之毛一字獻王加之鄭氏箋鄭自題之

關雎后妃之德也

。關雎舊解云三百一十一篇詩並是作者自爲名后妃芳非反爾雅云妃媲也對也左傳云嘉耦曰妃禮記云天子之妃曰后之德也舊說云起此至用之邦國焉名關雎序謂之小序自風風也訖末名爲大序沈重云案鄭詩譜意大序是子夏作小序是子夏毛公合作卜商意有不盡毛更足成之或云小序是東海衛敬仲所作今謂此序止是關雎之序總論詩之綱領無大小之異解見詩義序並是鄭注所以無箋云者以無所疑亂故也

〔疏〕關雎后妃之德也。正義曰諸序皆一篇之義但詩理深廣此爲篇端故以詩之大綱倂舉於此今分爲十五節當節自解次第於此不復煩文作關雎詩者言后妃之德也曲禮曰天子之妃曰后註云后之言後也執理內事在夫之後也釋詁云妃媲也言媲匹於夫也天子之妻唯稱后耳妃則上下通名故以妃配后而言之德者得也自得於身人行之總名此篇言后妃性行和諧貞專化下寤寐求賢供奉職事是后妃之德也二南之風實文王之化而美后妃之德者以夫婦之性人倫之重故夫婦正則父子親父子親則君臣敬是以詩者歌其性情陰陽爲重所以詩之爲體多序男女之事不言美后妃者此詩之作直是感其德澤歌其性行欲以發揚聖化示語未知非是褒賞后妃能爲此行也正經例不言美皆此意也其變詩則政教已失爲惡者多苟能爲善則賞其善事征伐玁狁始見憂國之心瞻仰昊天方知求雨之切意與正經有異故序每篇言美也

風之始也所以風天下而正夫婦也故用之鄉人焉用之邦國焉。

風之始此風謂十五國風風是諸侯政教也下云所以風天下論語云君子之德風並是此義所以風如字徐福鳳反今不用

〔疏〕風之至國焉。正義曰序以后妃樂得淑女不淫其色家人之細事耳而編於詩首用爲歌樂故於后妃德下即申明此意言后妃之有美德文王風化之始也言文王行化始於其妻故用此爲風教之始所以風化天下之民而使之皆正夫婦焉周公制禮作樂用之鄉人焉令鄉大夫以之教其民也又用之邦國焉令天下諸侯以之教其臣也欲使天子至於庶民悉知此詩皆正夫婦也故鄭譜云天子諸侯燕其羣臣皆歌鹿鳴合鄉樂是也定本所以風天下俗本風下有化字誤也儀禮鄉飲酒禮者鄉大夫三年賓賢能之禮其經云乃合樂周南關雎是用之鄉人也燕禮者諸侯飲燕其臣子及賓客之禮其經云遂歌鄉樂周南關雎是用之邦國也施化之法自上而下當天子教諸侯教大夫大夫教其民今此先言風天下而正夫婦焉既言化及于民遂從民而廣之故先鄉人而後邦國也老子云脩之家其德乃餘脩之邦其德乃豐脩之天下其德乃普亦自狹至廣與此同意也

風風也教也風以動之教以化之。

○風風也並如字徐上如字下福鳳反崔靈恩集註本下即作諷字劉氏云動物曰風託音曰諷崔云用風感物則謂之諷沈云上風是國風即詩之六義也下風即是風伯鼓動之風君上風教能鼓動萬物如風之偃草

也今從沈說風以動之如字沈福鳳反云謂自下刺上感動之名變風也今不用【疏】風風至化之。正義曰上言風之始謂教天下之始也序又解名教爲風之意風訓諷也教也諷謂微加曉告教謂殷勤誨示諷之與教始末之異名耳言王者施化先依違諷諭以動之民漸開悟乃後明教命以化之風之所吹無物不扇化之所被無往不霑故取名焉

詩者志之所之也在心爲志發言爲詩【疏】詩者至爲詩。正義曰上言用詩以教此又解作詩所由詩者人志意之所之適也雖有所適猶未發口蘊藏在心謂之爲志發見於言乃名爲詩言作詩者所以舒心志憤懣而卒成於歌詠故虞書謂之詩言志也包管萬慮其名曰心感物而動乃呼爲志志之所適外物感焉言悅豫之志則和樂興而頌聲作憂愁之志則哀傷起而怨刺生藝文志云哀樂之情感歌詠之聲發此之謂也正經與變同名曰詩以其俱是志之所之故也

情動於中而形於言言之不足故嗟歎之嗟歎之不足故永歌之永歌之不足不知手之舞之足之蹈之也。嗟遮斜反咨嗟也歎本亦作嘆湯贊反歎息也蹈徒到反動足履地也【疏】情動至蹈之。正義曰上云發言爲詩辨詩志之異而直言者非詩故更序詩必長歌之意情謂哀樂之情中謂中心言哀樂之情動於心志之中出口而形見於言初言之時直平言之耳平言之而意不足嫌其言未申志故咨嗟歎息以和續之嗟歎之猶嫌不足故長引聲而歌之長歌之猶嫌不足忽然不知手之舞之足之蹈之言身爲心使不自覺知舉手而舞身動足而蹈地如是而後得舒心腹之憤故爲詩必長歌也聖王以人情之如是故用詩於樂使人歌詠其聲象其吟詠之辭也舞動其容象其舞蹈之形也具象哀樂之形然後得盡其心術爲情動於中還是在心爲志而形於言還是發言爲詩上辨詩從志出此言爲詩必歌故重其文也定本言之不足故嗟歎之俗本言之下有者字誤也定本永歌之不足下無故字有故字者亦誤也樂記云歌之爲言也長言之也說之故言之言之不足故長言之長言之不足故嗟歎之嗟歎之不足故不知手之舞之足之蹈之其文與此經略同說之故言之謂說前事言出于口與此情動形言一也虞書曰歌永言注云歌所以長言詩之意是永歌長言爲一事也樂記注云嗟歎和續之也謂發言之後咨嗟歎息爲聲以和其言而繼續之也樂記先言長言之乃云嗟歎之此先云嗟歎之乃云永歌之直言既已嗟歎長歌又復嗟歎彼此各言其一故不同也藝文志云誦其言謂之詩詠其聲謂之歌然則在心爲志出口爲言誦言爲詩詠聲爲歌播於八音謂之爲樂皆始末之異名耳。

情發於聲聲成文謂之音發猶見也聲謂宮商角徵羽也聲成文者宮商上下相應。猶見賢遍反徵陟里反上下時掌反應應對之應下註同【疏】情發於至之音。正義曰情發於聲謂人哀樂之情發見於言語之聲於時雖言哀樂之事未有宮商之調唯是聲耳至於作詩之時則次序清濁節奏高下使五聲爲曲似五色成文一人之身則能如此據其成文之響即是爲音此音被諸絃管乃名爲樂雖在人在器皆得爲音下云治世之音謂樂音則此聲成文謂之音亦謂樂之音也原夫作樂之始樂寫人音人音有小大高下之殊樂器有宮徵商羽之異依人音而制樂託樂器以寫人是樂本效人非人效樂但樂曲既定規矩先成後人作詩謨摩舊法此聲成文謂之音若據樂初之時則人能成文始入於樂若據制樂之後則人之作詩先須成樂之文乃成爲音聲能寫情情皆可見聽音而知治亂觀樂而曉盛衰故神瞽有以知其趣也設有言而非志謂之矯情情見於聲矯亦可識若夫取彼素絲織爲綺縠或色美而材薄或文惡而質良唯善賈者別之取彼歌謠播爲音樂或辭是而意非或言邪而志正唯達樂者曉之樂記曰其哀心感者其聲噍以殺其樂心感者其聲發以散是情之所感入於樂也季札見歌唐曰思深哉其有陶唐氏之遺民乎是樂之聲音得其情也若徒取辭賦不達音聲則身爲桀紂之行口出堯舜之辭不可得而知也是以楚茨大田之徒並陳成王之善行露汝墳之篇皆述紂時之惡以汝墳爲王者之風楚茨爲刺過之雅大師曉其作意知其本情故也。箋發猶至相應。正義曰春官大師職云文之以五聲宮商角徵羽是聲必有五故引五聲之名以解之五聲之配五方也於月令角東商西徵南羽北宮在中央立名還以其方爲義漢書律歷志云商之爲言章也物成熟可章度也角觸也物觸地而出戴芒角也宮中也居中央暢四方唱始施生爲四聲之綱也徵祉也物盛大而蕃祉也羽宇也物聚藏宇覆之也又云宮爲君君是陽陽數極於九故宮數八十一三分去一以生徵徵數五十四三分益一以生商商數七十二三分去一以生羽羽數四十八三分益一以生角角數六十四樂記云聲相應故生變變成方謂之音注云方猶文章也樂之器彈其宮則衆宮應然不足樂是以變之使雜也引昭二十年左傳曰若以水濟水誰能食之若琴瑟之專壹誰能聽之是解

聲必須雜之意也。此言聲成文謂之音，則聲與音別。樂記註雜比曰音，單出曰聲。記又云審聲以知音，審音以知樂，則聲音樂三者不同矣。以聲變乃成音，音和乃成樂，故別爲三名，對文則別，散則可以通。季札見歌秦，曰此之謂夏聲。公羊傳云十一而稅，頌聲作，聲卽音也。下云治世之音，音卽樂也。是聲與音樂名得相通也。樂記子夏對魏文侯云，君之所問者樂也，所好者音也。夫樂者與音相近而不同。又以音樂爲異者，以文侯并問古樂新樂，二者同呼爲樂，謂其樂音同也。子夏以古樂順於民而當於神，與天下同樂，故定爲樂名；新樂淫於色而害於德，直申說其音而已，故變言溺音以曉文侯耳，音樂非爲異也。樂記云淫樂慝禮，子夏亦云古樂之發，新樂之發，是鄭衛之音亦爲樂也。

治世之音安以樂，其政和；亂世之音怨以怒，其政乖；亡國之音哀以思，其民困。治，直吏反。之音絕句。樂音洛。絕句。其政和一讀，安字上屬，以樂其政和爲一句，下放此。思，息吏反。

疏 治世至民困。正義曰：序既云情見於聲，又言聲隨世變。治世之音既安又以懽樂者，由其政教和睦故也。亂世之音既怨又以恚怒者，由其政教乖戾故也。亡國之音既哀又以愁思者，由其民之困苦故也。樂記云：其哀心感者，其聲噍以殺；其樂心感者，其聲嘽以緩。彼說樂音之中兼有二事，此安以樂、怨以怒亦與彼同。治世之政教和順，民心民安其化，所以喜樂，述其安樂之心而作歌，故治世之音亦安以樂也。良耜云百室盈止，婦子寧止，安之極也。湛露云厭厭夜飲，不醉無歸，樂之至也。天保云民之質矣，日用飲食，是其政和也。亂世之政教與民心乖戾，民怨其政教，所以忿怒，述其怨怒之心而作歌，故亂世之音亦怨以怒也。蓼莪云民莫不穀，我獨何害，怨之至也。巷伯云取彼譖人，投畀豺虎，怒之甚也。十月云徹我墻屋，田卒汙萊，是其政乖也。國將滅亡，民遭困厄，哀傷己身，思慕明世，述其哀思之心而作歌，故亡國之音亦哀以思也。苕之華云知我如此，不如無生，哀之甚也。大東云睠言顧之，潸焉出涕，思之篤也。正月云民今之無祿，天夭是椓，是其民困也。詩述民志，樂歌民詩，故時政善惡見於音也。治世謂天下和平，亂世謂兵革不息，亡國謂國之將亡也。亂世謂世亂而國存，故以世言之；亡國則國亡而世絕，故不言世也。亂世言政，亡國不言政者，民困必政暴，舉其民困爲甚辭，故不言政也。亡國者，國實未亡，觀其歌詠，知其必亡，故謂之亡國耳，非已亡也。若其已亡，則無復作詩，不得有亡國之音。此云亂世亡國者，謂賢人君子聽其樂音，知其亡亂，故謂之亂世之音、亡國之音。樂記所云鄭衛之音亂世之音，桑間濮上之音亡國之音，與此異也。淫恣之人肆於民上，滿志縱欲，甘酒嗜音，作爲新聲以自娛樂，其音皆樂而爲之，無哀怨也。樂記云：樂者，樂也。君子樂得其道，小人樂得其欲。彼樂得其欲，所以謂之淫樂，爲此樂者必亂必亡，故亦謂之亂世之音、亡國之音耳，與此不得同也。若然，此二者言哀樂出于民情，樂音從民而變，乃是人能變樂，非樂能變人。案樂記稱人心感於物而後動，先王愼所以感之者，故作樂以和其聲。樂之感人深，其移風易俗。又云志微噍殺之音作而民思憂，廉直莊誠之音作而民肅敬，寬裕順成之音作而民慈愛，流僻邪散之音作而民淫亂。如彼文，又是樂能變人，樂由王者所制，民逐樂音而變。此言民能變樂，彼言樂能變人者，但兆民既衆，賢愚不等，以賢哲歌謠，采詩定樂，以賢者所樂教愚者，爲樂取智者之心，變不智者之心。制禮之事亦猶是也。禮者稱人之情而爲之節文，賢者俯而就之，不肖者企而及之，是下民之所行，非聖人之所行也。聖王亦取賢行以教不賢，舉得中以裁不中。禮記問喪稱禮者非從天降，非從地出，人情而已矣，是禮之本意出於民也。樂記又曰：凡音之起，由人心生也。樂者樂其所自生，是樂之本意出於民也。樂記又曰：夫物之感人無窮，而人之好惡無節，則是物至而人化物也。人化物也者，則滅天理而窮人欲者也。於是有悖逆詐僞之心，有淫泆作亂之事。故先王制禮作樂，爲之節。是王者采民情制禮樂之意。禮樂本出於民，還以教民，與夫雲出於山，復雨其山，火生於木，反焚其木，復何異哉？

故正得失，動天地，感鬼神，莫近於詩。正得失，周云：正，齊人之得失也。本又作政，謂政教也。兩通。近，如字，沈音附近之近。厚音后，本或作序，非。

疏 故正至於詩。正義曰：上言播詩於音，音從政變，政之善惡皆在於詩，故又言詩之功德也。由詩爲樂章之故，正人得失之行，變動天地之靈，感致鬼神之意，無有近於詩者，言詩最近之，餘事莫之先也。公羊傳說春秋功德云：撥亂世，反諸正，莫近諸春秋。何休云：莫近猶莫過之也。詩之道所以能有此三事者，詩者志之所歌，歌者人之精誠，精誠之至，以類相感。詩人陳得失之事，以爲勸戒，令人行善不行惡，使失者皆得，是詩能正得失也。普正人之得失，非獨正人君也。下云上以風化下，下以風刺上，是上下俱正人也。人君誠能用詩人之美道，聽嘉樂之正音，使賞善伐惡之道舉無不當，則可使天地效靈，鬼神降福也。故樂記云：姦聲感人而逆氣應之，逆氣成象而淫樂興焉；正聲感人而順氣應之，順氣成象而和樂興焉。又曰：歌者直己而陳德也，動己而天地應焉，四時和焉，星辰理焉萬物育焉此説聲能感物能致順氣逆氣者也天地云動鬼神云感互言耳周禮之例天曰神地曰祇人曰鬼鬼神與天地相對唯謂人之鬼神耳從人正而後能感動故先言正得失也此正得失與雅者正也正始之道本或作政皆誤耳今定本皆作正字

先王以是經夫婦成孝敬厚人倫美教化移風俗

疏先王至俗。正義曰上言詩有功德此言用詩之事經夫婦者經常也夫婦之道有常男正位乎外女正位乎內德音莫違是夫婦之常室家離散夫妻反目是不常也教民使常此夫婦猶商書云常厥德也成孝敬者孝以事親可移於君敬以事長可移於貴若得罪於君親失意於長貴則是孝敬不成故教民使成此孝敬也厚人倫者倫理也君臣父子之義朋友之交男女之別皆是人之常理父子不親君臣不敬朋友道絶男女多違是人理薄也故教民使厚此人倫也美教化者美謂使人服之而無厭也若設言而民未盡從是教化未美故教民使美此教化也移風俗者地理志云民有剛柔緩急音聲不同繫水土之風氣故謂之風好惡取舍動靜隨君上之情欲故謂之俗則風爲本俗爲末皆謂民情好惡也緩急繫水土之氣急則失於躁緩則失於慢王者爲政當移之使緩急調和剛

柔得中也隨君上之情則君有善惡民並從之有風俗傷敗者王者爲政當易之使善故地理志又云孔子曰移風易俗莫善於樂言聖王在上統理人倫必移其本而易其末然後王教成是其事也此皆用詩爲之故云先王以是以用也言先王用詩之道爲此五事也案王制云廣谷大川異制民生其閒者異俗脩其教不易其俗此云易俗彼言不易者彼謂五方之民戎夷殊俗言語不通器械異制王者就而撫之不復易其器械同其言音故言不易其俗與此異也此序言詩能易俗孝經言樂能移風俗者詩是樂之心樂爲詩之聲故詩樂同其功也然則詩樂相將無詩則無樂周存六代之樂豈有黃帝之詩有樂而無詩何能移風易俗斯不然矣原夫樂之初也始於人心出於口歌聖人作八音之器以文之然後謂之爲音謂之爲樂樂雖逐詩爲曲倣詩爲音曲有清濁次第之序音有宮商相應之節其法既成其音可久是以昔日之詩雖絶昔日之樂常存樂本由詩而生所以樂能移俗歌其聲謂之樂誦其言謂之詩聲言不同故異時別教王制稱春教樂夏教詩經解稱温柔敦厚詩教也廣博易良樂教也由其事異故異教也此之謂詩樂據五帝以還詩樂相將故有詩則有樂若上皇之世人性醇厚徒有嬉戲之樂未有歌詠之詩

故詩有六義焉一曰風二曰賦三曰比四曰興五曰雅六曰頌。比必履反興虛應反沈許甑反頌音訟

疏故詩至六曰頌。正義曰上言詩功既大明非一義能周故又言詩有六義大師上文未有詩字不得徑云六義故言六詩各自爲文其實一也彼註云風言賢聖治道之遺化賦之言鋪直鋪陳今之政教善惡比見今之失不敢斥言取比類以言之興見今之美嫌於媚諛取善事以喻勸之雅正也言今之正者以爲後世法頌之言誦也容也誦今之德廣以美之是解六義之名也彼雖各解其名以詩有正變故互見其意風云賢聖之遺化謂變風也雅云言今之正以爲後世法謂正雅也其實正風亦言當時之風化變雅亦是賢聖之遺法也頌訓爲容止云誦今之德廣以美之不解容之義謂天子美有形容下云美盛德之形容是其事也賦云鋪陳今之政教善惡其言通正變兼美刺也比云見今之失取比類以言之謂刺詩之比也興云見今之美取善事以勸之謂美詩之興也其實美刺俱有比興者也鄭必以風言賢聖之遺化舉變風者以唐有堯之遺風故於風言賢聖之遺化賦者直陳其事無所避諱故得失俱言比者比託於物不敢正言似有所畏懼故云見今之失取比類以言之興者興起志意讚揚之辭故云

見今之美以喻勸之雅既以齊正爲名故云以爲後世法鄭之所註其意如此詩皆用之於樂言之者無罪賦則直陳其事於比興云不敢斥言嫌於媚諛者據其辭不指斥若有嫌懼之意其實作文之體理自當然非有所嫌懼也六義次第如此者以詩之四始以風爲先故曰風風之所用以賦比興爲之辭故於風之下即次賦比興然後次以雅頌雅頌亦以賦比興爲之既見賦比興於風之下明雅頌亦同之鄭以賦之言鋪也鋪陳善惡則詩文直陳其事不譬喻者皆賦辭也鄭司農云比者比方於物諸言如者皆比辭也司農又云興者託事於物則興者起也取譬引類起發己心詩文諸舉草木鳥獸以見意者皆興辭也賦比興如此次者言事之道直陳爲正故詩經多賦在比興之先比之與興雖同是附託外物比顯而興隱當先顯後隱故比居興先也毛傳特言興也爲其理隱故也風雅頌者皆是施政之名也上云風風也教也風以動之教以化之是風爲政名也下云雅者正也政有小大故有小雅焉有大雅焉是雅爲政名也周頌譜云頌之言容天子之德光被四表格于上下此之謂容是頌爲政名也人君以政化下臣下感政作詩故還取政教之名以爲作詩之目風雅頌同爲政稱而事有積漸教化之道必先諷動之物情既悟然後教化使之齊正言其風動之初則名之曰

風指其齊正之後則名之曰雅風俗既齊然後德能容物故功成乃謂之頌先風後雅頌爲此次故也一國之事爲風天下之事爲雅者以諸侯列土樹疆風俗各異故唐有堯之遺風魏有儉約之化由隨風設教故名之爲風天子則威加四海齊正萬方政教所施皆能齊正故名之爲雅風雅之詩緣政而作政既不同詩亦異體故七月之篇備有風雅頌駉頌序云史克作是頌明作者本意自定爲風體非采得之後始定體也詩體既異其聲亦殊公羊傳曰十一而税頌聲作史記稱微子過殷墟而作雅聲譜云師摯之始關雎之亂早失風聲矣樂記云人不能無亂先王恥其亂故制雅頌之聲以道之是其各自別聲也詩各有體體各有聲大師聽聲得情知其本意周南爲王者之風召南爲諸侯之風是聽聲而知之也然則風雅頌者詩篇之異體賦比興者詩文之異辭耳大小不同而得並爲六義者賦比興是詩之所用風雅頌是詩之成形用彼三事成此三事是故同稱爲義非別有篇卷也鄭志張逸問何詩近於比賦興荅曰比賦興吳札觀詩已不歌也孔子錄詩已合風雅頌中難復摘別篇中義多興逸見風雅頌有分段以爲比賦興亦有分段謂有全篇爲比全篇爲興欲鄭指摘言之鄭以比賦興者直是文辭之異非篇卷之別故遠言從本來不別之意言吳札觀詩已不歌明其先無別體不可歌也孔子錄詩已合風雅頌中明其先無別體不可分也元來合而不分今日難復摘別也言篇中義多興者以毛傳於諸篇之中每言興也以興在篇中明比賦亦在篇中故以興顯比賦也若然比賦興元來不分則唯有風雅頌三詩而已藝論云至周分爲六詩者據周禮六詩之文而言之耳非謂篇卷也或以爲鄭云孔子已合於風雅頌中則孔子以前未合之時比賦興別爲篇卷若然則離其章句析其文辭樂不可歌文不可誦且風雅頌以比賦興爲體若比賦興別爲篇卷則無風雅頌矣是比賦興之義有詩則有之唐虞之世治致升平周於太平之世無諸侯之風則唐虞之世必無風也雅雖王者之政乃是太平前事以堯舜之聖黎民時雍亦似無雅於六義之中唯應有頌耳夏在制禮之後不復面稱目諫或當有雅夏氏之衰昆吾作霸諸侯彊盛或當有風但篇章泯滅無以言之藝論云唐虞始造其初至周分爲六詩據周禮成文而言之詩之六義非起於周也

上以風化下下以風刺上主文而譎諫言之者無罪聞之者足以戒故曰風風化風刺皆謂譬喻不斥言也主文主與樂之宮商相應也譎諫詠歌依違不直諫。下以風福鳳反注

風刺同刺本又作刺七賜反譎古穴反詐也故曰風福鳳反又如字〔疏〕上以至曰風。正義曰臣下作詩所以諫君君又用之教化故又言上下皆用此上六義之意在上人君用此六義風動教化在下人臣用此六義以風喻箴刺君上其作詩也本心主意使合於宮商相應之文播之於樂而依違譎諫不直言君之過失故言之者無罪人君不怒其作主而罪戮之聞之者足以自戒人君自知其過而悔之感而不切微動若風言出而過改猶風行而草偃故曰風上言風風也教也向下以申風義此云故曰風向上而結彼文使首尾相應解盡風義此六義之下而解名風之意則六義皆名爲風以風是政教之初六義風居其首故六義揔名爲風六義隨事生稱耳若此辭揔上六義則有正變而云主文譎諫唯說刺詩者以詩之作皆爲正邪防失雖論功誦德莫不匡正人君故主說作詩之意耳詩皆人臣作之以諫君然後人君用之以化下此先云上以風化下者以其教從君來上下俱用故先尊後卑襄十六年左傳稱齊人伐魯求救於晉晉人不許穆叔見中行獻子賦圻父獻子曰偃知罪矣穆叔賦而晉人不得怨之是言之者無罪也獻子服罪是聞之者足以戒也俗本戒上有自字者誤定本直云足以戒也。箋風化至直諫。正義曰風者若風之動物故謂之譬喻不斥言也人君教民自得指斥但用詩教民播之於樂故亦不斥言也上言聲成文此言主文知作詩者主意令詩文與樂之宮商相應也如上所說先爲詩歌樂逐詩爲曲則是宮商之辭學詩文而爲之此言作詩之文主應於宮商者初作樂者準詩而爲聲聲既成形須依聲而作詩故後之作詩者皆主應於樂文也譎者權詐之名託之樂歌依違而諫亦權詐之義故謂之譎諫

至于王道衰禮義廢政教失國異政家殊俗而變風變雅作矣〔疏〕至于至雅作矣。正義曰詩之風雅有正有變故又言變之意至于王道衰禮義廢而不行政教施之失所遂使諸侯國國異政下民家家殊俗詩人見善則美見惡則刺之而變風變雅作矣至于者從盛而至于衰相承首尾之言也禮義言廢者典法仍存但廢而不行耳政教言失者非無政教但施之失理耳由施之失理故使國國異政家家殊俗皆是道衰之事故云道衰以冠之禮義者政教之本故先禮義而後政教定本禮義廢俗本有作儀字者非也此家謂天下民家孝經云非家至而日見之也亦謂天下民家非大夫稱家也民隨君上之欲故稱俗若大夫之家不得謂之俗也變風變雅必王道衰乃作者夫天下有道則庶人不議治平累

世則美刺不興何則未識不善則不知善爲善未見不惡則不知惡爲惡太平則無所更美道絕則無所復譏人情之常理也故初變惡俗則民歌之風雅正經是也始得太平則民頌之周頌諸篇是也若其王綱絕紐禮義消亡民皆逃死政盡紛亂易稱天地閉賢人隱於此時也雖有智者無復譏刺成王太平之後其美不異於前故頌聲止也陳靈公淫亂之後其惡不復可言故變風息也班固云成康沒而頌聲寢王澤竭而詩不作此之謂也然則變風變雅之作皆王道始衰政教初失尙可匡而革之追而復之故執彼舊章繩此新失覬望自悔其心更遵正道所以變詩作也以其變改正法故謂之變焉季札見歌小雅曰美哉思而不貳怨而不言其周德之衰乎猶有先王之遺民是由王澤未竭民尙知禮以禮救世作此變詩故變詩王道衰乃作也譜云夷身失禮懿始受譖則周道之衰自夷懿始矣變雅始於厲王無夷懿之雅者蓋孔子錄而不得或有而不足錄也昭十二年左傳稱祭公謀父作祈招之詩以諫穆王衛頃齊哀之時而有變風明時作變雅但不錄之耳王道衰諸侯有變風王道盛諸侯無正風者王道明盛政出一人太平非諸侯之力不得有正風王道既衰政出諸侯善惡在於己身不由天子之命惡則民怨善則民喜故各從其國有美刺之變風也

國史明乎得失之迹傷人倫之廢哀刑政之苛吟詠情性以風其上。苛本亦作荷音何苛虐也吟疑今反動聲曰吟風其上福鳳反告古毒反。

【疏】國史至上。正義曰上既言變詩之作此又說作變之由言國之史官皆博聞強識之士明曉於人君得失善惡之迹禮義廢則人倫亂政教失則法令酷國史傷此人倫之廢棄哀此刑政之苛虐哀傷之志鬱積於內乃吟詠己之情性以風刺其上覬其改惡爲善所以作變詩也國史者周官大史小史外史御史之等皆是也此承變風變雅之下則兼據天子諸侯之史矣得失之迹者人君既往之所行也明曉得失之迹哀傷而詠情性者詩人也非史官也民勞常武公卿之作也黃鳥碩人國人之風然則凡是臣民皆得風刺不必要其國史所爲此文特言國史者鄭荅張逸云國史采衆詩時明其好惡令瞽矇歌之其無作主皆國史主之令可歌如此言是由國史掌書故託文史也苟能制作文章亦可謂之爲史不必要作史官駉云史克作是頌史官自有作詩者矣不盡是史官爲之也言明其好惡令瞽矇歌之是國史選取善者始付樂官也言其無作主國史主之嫌其作者無名國史不主之耳其有作主亦國史主之耳人倫之廢卽上

禮義廢也刑政之苛卽上政教失也動聲曰吟長言曰詠作詩必歌故言吟詠情性也。

達於事變而懷其舊俗者也故變風發乎情止乎禮義發乎情民之性也止乎禮義先王之澤也

【疏】達於至之澤。正義曰此又言王道既衰所以能作變詩之意作詩者皆曉達於世事之變易而私懷其舊時之風俗見時世政事變易舊章卽作詩以舊法誡之欲使之合於禮義故變風之詩皆發於民情止於禮義言各出民之情性而皆合於禮義也又重說發情止禮之意發乎情者民之性言其民性不同故各言其志也止乎禮義者先王之澤言俱被先王遺澤故得皆止禮義也展轉申明作詩之意達於事變者若唐有帝堯殺禮救危之化後世習之失於儉不中禮陳有大姬好巫歌舞之風後世習之失於遊蕩無度是其風俗改變時人曉達之也懷其舊俗者若齊有太公之風衛有康叔之化其遺法仍在詩人懷挾之也詩人既見時世之事變改舊時之俗故依準舊法而作詩戒之雖俱準舊法而詩體不同或陳古政治或指世淫荒雖復屬意不同俱懷匡救之意故各發情性而皆止禮義也此亦兼論變雅獨言變風者上已變風變雅畢其文此從省而略之也先王之澤謂先王有德澤而流及於後世詩人得其餘化故能懷其舊俗也鄭荅張逸云舊俗者若晉有堯之遺風先王之澤衛有康叔餘烈如此言則康叔當云先公而云先王者以變雅有先王之澤變風有先公之澤故季札見歌齊曰表東海者其太公乎見歌小雅曰猶有先王之遺民是其風稟先公雅稟先王也上舉變風下言先王風雅互相見也上言國史作詩此言民之性明作詩皆在民意非獨國史能爲亦是互見也作詩止於禮義則應言皆合禮而變風所陳多說姦淫之狀者男淫女奔傷化敗俗詩人所陳者皆亂狀淫形時政之疾病也所言者皆忠規切諫救世之針藥也尚書之三風十愆疾病也詩人之四始六義救藥也若夫疾病尚輕有可生之道則醫之治也用心銳扁鵲之療太子知其必可生也疾病已重有將死之勢則醫之治也用心緩秦和之視平公知其不可爲也詩人救世亦猶是矣典刑未亡覬可追改則箴規之意切鶴鳴沔水殷勤而責王也淫風大行莫之能救則匡諫之志微溱洧桑中所以咨嗟歎息而閔世陳鄭之俗亡形已成詩人度已箴規必不變改且復賦己之志哀歎而已不敢望其存是謂匡諫之志微故季札見歌陳曰國無主其能久乎見歌鄭曰美哉其細已甚民弗堪也是其先亡乎美者美詩人

之情言不有先王之訓孰能若此先亡者見其匡諫意微知其國將亡滅也。**是以一國之事繫一人之本謂之風言天下之事形四方之風謂之雅**〔疏〕是以至之雅。正義曰序說正變之道以風雅與頌區域不同故又辨三者體異之意是以者承上生下之辭言詩人作詩其用心如此一國之政事善惡皆繫屬於一人之本意如此而作詩者謂之風言道天下之政事發見四方之風俗如是而作詩者謂之雅言風雅之别其大意如此也一人者作詩之人其作詩者道己一人之心耳要所言一人。心乃是一國之心詩人覽一國之意以爲己心故一國之事繫此一人使言之也但所言者直是諸侯之政行風化於一國故謂之風以其狹故也言天下之事亦謂一人言之詩人揔天下之心四方風俗以爲己意而詠歌王政故作詩道說天下之事發見四方之風所言者乃是天子之政施齊正於天下故謂之雅以其廣故也風之與雅各是一人所爲風言一國之事繫一人雅亦天下之事繫一人雅言天下之事謂一人言天下之事風亦一人言一國之事序者逆順立文互言之耳故志張逸問嘗聞一人作詩何謂荅曰作詩者一人而已其取義者一國之事變雅則譏王

政得失閔風俗之衰所憂者廣發於一人之本身如此言風雅之作皆是一人之言耳一人美則一國皆美之一人刺則天下皆刺之谷風黃鳥妻怨其夫未必一國之妻皆怨夫耳北門北山下怨其上未必一朝之臣皆怨上也但舉其夫婦離絶則知風俗敗矣言己獨勞從事則知政教偏矣莫不取衆之意以爲己辭一人言之一國皆悅假使聖哲之君功齊區宇設有一人獨言其惡如弁隨務光之羞見殷湯伯夷叔齊之恥事周武海内之心不同之也無道之主惡加萬民設有一人獨稱其善如張竦之美王莽蔡邕之惜董卓天下之意不與之也必是言當舉世之心動合一國之意然後得爲風雅載在樂章不然則國史不錄其文也此言謂之風雅理兼正變天下無道政出諸侯而變雅亦稱雅者當作變雅之時王政仍被邦國大學曰堯舜率天下以仁而民從之桀紂率天下以暴而民從之是善政惡政皆能正人所以幽厲之詩亦名爲雅及平王東遷政遂微弱其政纔行境内是以變爲風焉**雅者正也言王政之所由廢興也政有小大故有小雅焉有大雅焉**〔疏〕雅者至雅焉。正義曰上已解風名故又解雅名雅者訓爲正也由天子以政教齊正天下故民述天子之政還以齊正爲名王之齊正天下得其道則述其美雅之正經及宣王之美詩是也若王之齊正天下失其理則刺其惡幽厲小雅是也詩之所陳皆是正天下大法文武用詩之道則興幽厲不用詩道則廢此雅詩者言說王政所用廢興以其廢興故有美刺也又解有二雅之意王者政教有小大詩人述之亦有小大故有小雅焉有大雅焉小雅所陳有飲食賓客賞勞羣臣燕賜以懷諸侯征伐以强中國樂得賢者養育人材於天子之政皆小事也大雅所陳受命作周代殷繼伐荷先王之福祿尊祖考以配天醉酒飽德能官用士澤被昆蟲仁及草木於天子之政皆大事也詩人歌其大事制爲大體述其小事制爲小體體有大小故分爲二焉風見優劣之差故周南先於召南雅見積漸之義故小雅先於大雅此其所以異也詩體既異樂音亦殊國風之音各從水土之氣述其當國之歌而作之雅頌之音則王者偏覽天下之志揔合四方之風而制之樂記所謂先王制雅頌之聲以道之是其事也詩體既定樂音既成則後之作者各從舊俗變風之詩各是其國之音季札觀之而各知其國由其音異故也小雅音體亦然正經述大政爲大雅述小政爲小雅有小雅大雅之聲王政既衰變雅兼作取大雅之音歌其政事之變者謂之變大雅取其小雅之音歌其政事之變者謂之變小雅故

變雅之美刺皆由音體有小大不復由政事之大小也風述諸侯之政非無小大但化止一國不足分别頌則功成乃作歸美報神皆是大事無復别體故不分爲二風二頌也定本王政所由廢興俗本王政下有之字誤也**頌者美盛德之形容以其成功告於神明者也。**〔疏〕頌者至神明者。正義曰上解風雅之名風雅之體故此又解頌名頌體上文因變風變雅作矣即說風雅之體故言謂之風謂之雅以結上文此上未有頌作之言文無所結故云頌者美盛德之形容明訓頌爲容解頌名也以其成功告於神明解頌體也上言雅者正也此亦當云頌者容也以雅已備文此亦從可知故略之也易稱聖人擬諸形容象其物宜則形容者謂形狀容貌也作頌者美盛德之形容則天子政教有形容也可美之形容正謂道教周備也故頌譜云天子之德光被四表格于上下無不覆燾無不持載此之謂容其意出於此也成功者營造之功畢也天之所營在於命聖聖之所營在於任賢賢之所營在於養民民安而財豐衆和而事節如是則司牧之功畢矣干戈既戢夷狄來賓嘉瑞悉臻遠邇咸服羣生盡遂其性萬物各得其所即是成功之驗也萬物本於天人本於祖天之所命者牧民也祖之所命者成

業也民安業就須告神使知雖祀稷山川四嶽河海皆以民爲主欲民安樂故作詩歌其功徧告神明所以報神恩也王者政有興廢未嘗不祭羣神但政未太平則神無恩力故太平德洽始報神功頌詩直述祭祀之狀不言得神之力但美其祭祀是報德可知此解頌者唯周頌耳其商魯之頌則異於是矣商頌雖是祭祀之歌祭其先王之廟述其生時之功正是死後頌德非以成功告神其體異於周頌也魯頌主詠僖公功德纔如變風之美者耳又與商頌異也頌者美詩之名王者不陳魯詩魯人不得作風以其得用天子之禮故借天子美詩之名改稱爲頌非周頌之流也孔子以其同有頌名故取備三頌耳置之商頌前者以魯是周宗親同姓故使之先前代也

是謂四始詩之至也

始者王道興衰之所由

〔疏〕是謂四始詩之至也。正義曰四始者鄭荅張逸云風也小雅也大雅也頌也此四者人君行之則爲興廢之則爲衰又箋云始者王道興衰之所由然則此四者是人君興廢之始故謂之四始也詩之至者詩理至極盡於此也序說詩理既盡故言此以終之案詩緯汎歷樞云大明在亥水始也四牡在寅木始也嘉魚在已火始也鴻鴈在申金始也與此不同者緯文因金木水火有四始之義以詩文託之又鄭作六藝論引春秋緯演孔圖云詩含五際六情者鄭以汎歷樞云午亥之際爲革命卯酉之際爲改正辰在天門出入候聽卯天保也酉祈父也午采芑也亥大明也然則亥爲革命一際也亥又爲天門出入候聽二際也卯爲陰陽交際三際也午爲陽謝陰興四際也酉爲陰盛陽微五際也其六情者則春秋云喜怒哀樂好惡是也詩既含此五際六情故鄭於六蓺論言之

然則關雎麟趾之化王者之風故繫之周公南言化自北而南也鵲巢騶虞之德諸侯之風也先王之所以教故繫之召公

自從也從北而南謂其化從岐周被江漢之域也先王大王王季。○麟音呂辛反趾音止騶本亦作騶音側留反召本亦作邵同音上照反後召南召公皆同岐音其宜反山名或音祇祇音被音皮寄反大王音泰

〔疏〕然則關雎麟趾之化王者之風故繫之周公至繫之召公。正義曰序因關雎是風化之始遂因而申之廣論詩義詩理既盡然後乃說周南召南然者然上語則者則下事因前起後之勢也然則關雎麟趾之化是王者之風文王之所以教民也王者必聖周公聖人故繫之周公不直名爲周而連言南者言此文王之化自北土而行於南方故也鵲巢騶虞之德是諸侯之風先王大王王季所以教化民也諸侯必賢召公賢人故繫之召公不復言南意與周南同也周南言化召南言德者變文耳上亦云關雎后妃之德是其通也諸侯之風言先王之所以教王者之風不言文王之所以教者二南皆文王之化不嫌非文王也但文王所行兼行先王之道感文王之化爲周南召南不言先王之教無以知其然故特著之也此實文王之詩而繫之二公者志張逸問王者之風王者當在雅在風何荅曰文王以諸侯而有王者之化述其本宜爲風逸以文王稱王則詩當在雅故問之鄭以此詩所述述文王爲諸侯時事以有王者之化故稱王者之風於時實是諸侯詩人不爲作雅文王三分有二之化故稱王者之風是其風者王業基本此述服事殷時王業基本之事故云述其本宜爲風也化霑一國謂之爲風道被四方乃名爲雅文王纔得六州未能天下統一雖則大於諸侯正是諸侯之大者耳此二南之人猶以諸侯待之爲作風詩不作雅體體實是風不得謂之爲雅文王末年身實稱王又不可以國風之詩繫之王身名無所繫詩不可棄因二公爲王行化是故繫之二公天子嫁女於諸侯使諸侯爲之主亦此義也其鹿鳴文王詩人本以天子待之作雅非基本之事故不爲風也若然作王者之風必感聖人之化已知文王之聖應知終必爲王不爲作雅而作風者詩者志也各言其志文王於時未稱王號或爲作雅或爲作風人志不同故也。箋自從至王季。正義曰釋詁云從自也反覆相訓是自得爲從也文王之國在於岐周東北近於紂都西北迫於戎狄故其風化南行也漢廣序云美化行乎江漢之域是從岐周被江漢之域也太王始有王迹周之追諡上至太王而已故知先王斥太王王季

周南召南正始之道王化之基

〔疏〕周南至之基。正義曰既言繫之周召又揔舉二南要義周南召南二十五篇之詩皆是正其初始之大道王業風化之基本也高以下爲基遠以近爲始文王正其家而後及其國是正其始也化南土以成王業是王化之基也季札見歌周南召南曰始基之矣猶未也服虔云未有雅頌之成功亦謂二南爲王化基始序意出于彼文也

是以關雎樂得淑女以配君子愛在進賢不淫其色哀窈窕思賢才而無傷善之心焉是關雎之義也

哀蓋字之誤也當爲衷衷謂中心恕之無傷善之心謂好

逑也。○淑，常六反，善也。哀，前儒並如字。論語云「哀而不傷」是也。鄭氏改作衷，竹隆反。窈，烏了反。窕，徒了反。毛云：窈窕，幽閒也。王肅云：善心曰窈，善容曰窕。恕音庶，本又作念。好，呼報反。逑音求。

【疏】是以至之義也。○正義曰：上既捴言二南，又說關雎篇義，覆述上后妃之德，言二南皆是正始之道，先美家內之化，是以關雎之篇說后妃心之所樂，樂得此賢善之女，以配己之君子；心之所憂，憂在進舉賢女，不自淫恣其色；又哀傷處窈窕幽閒之女未得升進，思得賢才之人與之共事君子，勞神苦思，而無傷害善道之心，此是關雎詩篇之義也。毛意當然。定本是關雎之義，俗本是下有以者，誤也。鄭以哀爲衷，言后妃衷心念恕在窈窕幽閒之善女，思使此女有賢才之行，欲令宮內和協而無傷害善人之心，餘與毛同。婦人謂夫爲君子，上下之通名。樂得淑女以配君子，言求美德善女使爲夫嬪御，與之共事，文王五章皆是也。女有美色，男子悅之，故經傳之文通謂女人爲色。淫者，過也。過其度量謂之爲淫。男過愛女謂淫女色，女過求寵是自淫其色。此言不淫其色者，謂后妃不淫恣已身之色。其者，其后妃也。婦德無厭，志不可滿，凡有情欲，莫不妬忌。唯后妃之心憂在進賢，賢人不進以爲已憂，不縱恣已色以求專寵，此生民之難事，而后妃之性能然，所以歌美之也。毛以爲哀窈窕之人與

后妃同德者也，后妃以己則能配君子，彼獨幽處未升，故哀念之也。既哀窈窕之未升，又思賢才之良質，欲進舉之也。哀窈窕還是樂得淑女也，思賢才還是憂在進賢也，殷勤而說之也。指斥詩文，則憂在進賢，下三章是也；不淫其色，首章上二句是也。此詩之作，主美后妃進賢，所以能進賢者，由不淫其色，故先言不淫其色。序論作者之意，主在進賢，故先云進賢，所以經序倒也。鄭解哀字爲異，其經亦與毛同。○箋「哀蓋」至「好逑」。○正義曰：以后妃之求賢女，直思念之耳，無哀傷之事在其間也。經云「鍾鼓樂之」，「琴瑟友之」，哀樂不同，不得有悲哀也，故云蓋字之誤。箋所易字多矣，皆註云當爲某字，此在詩初，故云蓋爲疑辭，以下皆做此。衷與忠字異而義同，於文中心爲忠，如心爲恕，故云恕之謂念。恕此窈窕之女，思使之有賢才，言不忌勝己而害賢也。無傷善之心，謂不用傷害善人。經稱衆妾有逑怨，欲令窈窕之女和諧，不用使之相傷害，故云謂好逑也。論語云：「關雎樂而不淫，哀而不傷。」鄭此序之義也。論語註云：「哀世夫婦不得此人，不爲滅傷其愛。」此以哀爲衷，彼仍以哀爲義者，鄭荅劉炎云：「論語註人閒行久，義或宜然，故不復定，以遺後說。」是鄭以爲疑，故兩解之也。必知毛異於鄭者，以此詩出於毛氏，字與三家異者動以百數，此序是毛置篇端，若毛知其誤，自當改之，何須仍作哀字也？毛無破字之理，故知從哀之義。毛既以哀爲義，則以下義勢皆異於鄭。思賢才謂思賢才之善女也。無傷善之心，言其能使善道全也。庸人好賢，則志有懈倦，中道而廢，則善心傷。后妃能寤寐而思之，反側而憂之，不得不已，未嘗懈倦，是其善道必全，無傷缺之心。然則毛意無傷善之心，當謂三章是也。王肅云：「哀窈窕之不得，思賢才之良質，無傷善之心焉。若苟慕其色，則善心傷也。」

關關雎鳩，在河之洲。

興也。關關，和聲也。雎鳩，王雎也，鳥摯而有別。水中可居者曰洲。后妃說樂君子之德，無不和諧，又不淫其色，慎固幽深，若關雎之有別焉，然後可以風化天下。夫婦有別則父子親，父子親則君臣敬，君臣敬則朝廷正，朝廷正則王化成。箋云：摯之言至也，謂王雎之鳥雌雄情意至，然而有別。○雎，七胥反。鳩，九尤反。鳥之有至別者。洲音州。興，虛應反，沈許甑反。案興是譬諭之名，意有不盡，故題曰興，他皆放此。摯本亦作鷙，音至。別，彼竭反，下同。說音悅，樂音洛。諧，戶皆反。朝，直遙反。廷，徒佞反。

窈窕淑女，君子好逑。

窈窕，幽閒也。淑，善。逑，匹也。言后妃有關雎之德，是幽閒貞專之善女，宜爲君子之好匹。箋云：怨耦曰仇。言后妃之德和諧，則幽閒處深宮貞專之善女，能爲君子和好衆妾之怨者。言皆化后妃之德，不嫉妬，謂三夫人以下。○好，

毛如字，鄭呼報反，兔罝詩放此。逑音求，毛云匹也，本亦作仇，音同，鄭云怨耦曰仇。閒音閑，下同。耦，五口反。能爲，于僞反。嫉音疾，徐音自，後皆同。妬，丁路反。以色曰妬。

【疏】關關至好逑。○正義曰：毛以爲關關然聲音和美者，是雎鳩也。此雎鳩之鳥，雖雌雄情至，猶能自別，退在河中之洲，不乘匹而相隨也。以興情至性行和諧者，是后妃也。后妃雖說樂君子，猶能不淫其色，退在深宮之中，不褻瀆而相慢也。后妃既有是德，又不妬忌，思得淑女以配君子，故窈窕然處幽閒貞專之善女，宜爲君子之好匹也。以后妃不妬忌，可共以事夫，故言宜也。○鄭唯下二句爲異，言幽閒之善女謂三夫人九嬪，既化后妃，亦不妬忌，故爲君子文王和好衆妾之怨耦者，使皆說樂也。○傳「關關」至「王化成」。○正義曰：釋詁云：「關關、雝雝，音聲和也。」是關關爲和聲也。「雎鳩，王雎也」，釋鳥文。郭璞曰：「鵰類也。今江東呼之爲鶚，好在江邊沚中，亦食魚。」陸機疏云：「雎鳩大小如鴟，深目，目上骨露，幽州人謂之鷲。」而揚雄、許慎皆曰：「白鷢，似鷹，尾上白。」定本云「鳥摯而有別」，謂鳥中雌雄情意至厚而猶能有別，故以興后妃說樂君子情深，猶能不淫其色。傳爲摯字，實取至義，故箋云「摯之言至，王雎之鳥，雄雌情意至，然而有別」，所以申成毛傳也。俗本云「雎鳩，王雎之鳥」者，誤也。「水中可居者曰洲」，釋水文也。李巡曰：「四方皆有水，中央獨

可居釋水又曰小洲曰渚小渚曰沚小沚曰坻江有渚傳曰渚小洲也蒹葭傳谷風箋並云小渚曰沚皆依爾雅爲說也采蘩傳曰沚渚鳧鷖傳曰渚沚互言以曉人也蒹葭傳文云坻小渚也不言小沚者沚渚大小異名耳坻亦小於渚故舉渚以言之和諧者心中和悅志意諧適每事皆然故云無不和諧又解以在河之洲爲喻之意言后妃雖悅樂君子不淫其色能謹慎貞固居在幽閒深宮之內不妄淫褻君子若雎鳩之有別故以興焉后妃之德能如是然後可以風化天下使夫婦有別夫婦有別則性純子孝故能父子親也孝子爲臣必忠故父子親則君臣敬君臣既敬則朝廷自然嚴正朝廷既正則天下無犯非禮故王化得成也○傳窈窕至好匹正義曰窈窕者謂淑女所居之宮形狀窈窕然故箋言幽閒深宮是也傳知然者以其淑女已爲善稱則窈窕宜爲居處故云幽閒言其幽深而閒靜也揚雄云善心爲窈善容爲窕者非也逑匹釋詁文孫炎云相求之匹詩本作逑爾雅多作仇字異音義同也又曰后妃有關雎之德是幽閒貞專之善女宜爲君子之好匹者美后妃有思賢之心故說賢女宜求之狀摠言宜求爲君子好匹則摠謂百二十人矣○箋不嫉至以下○正義曰下箋三夫人九嬪以下此言云三夫人以下然則九嬪以下摠謂衆妾三夫人以下唯兼九嬪耳以其

淑女和好衆妾據尊者故唯指九嬪以上也求菜論皆樂后妃之事故兼言九嬪以下摠百二十人也若然此衆妾謂世婦女御也周禮註云世婦女御不言數者君子不苟於色有婦德者充之無則闕所以得有怨者以其職卑德小不能無怨故淑女和好之見后妃和諧能化羣下雖有小怨和好從化亦所以明后妃之德也此言百二十人者周南王者之風以天子之數擬之非其時卽然也何者文王爲諸侯早矣豈先無嬪妾一人皆須后妃求之且百二十人之數周禮始置鄭於檀弓差之帝嚳立四妃帝堯因焉舜不告而娶不立正妃夏增以九女爲十二人殷則增以二十七人爲三十九人至周增以八十一人爲百二十人當殷之時唯三十九人況文王爲諸侯世子豈有百二十人也○

參差荇菜左右流之荇接余也流求也后妃有關雎之德乃能共荇菜備庶物以事宗廟也箋云左右助也言后妃將共荇菜之菹必有助而求之者言三夫人九嬪以下皆樂后妃之事○參初金反差初宜反又初佳反荇衡猛反本亦作莕沈有並反左右王申毛如字鄭上音佐下音佑接余音餘本或作菨茶非共音恭本或作供下共荇菜並同菹阻魚反字又作葅嬪鼻申反內官名樂音洛又音岳

窈窕淑女寤寐求之寤覺寐寢也箋云言后妃覺寐則常求此賢女欲與之共已職也○寤五路反寐莫利反覺音教○【疏】參差至求之○毛以爲后妃性既和諧堪居后職當共荇菜以事宗廟后妃言此參差然不齊之荇菜須嬪妾左右佐助而求之由此之故思求淑女窈窕然幽閒貞專之善女后妃寤寐之時常求之也○鄭以爲夫人九嬪既不妬忌世婦女御又無怨爭上下說樂同化后妃故於后妃將共參差之荇菜以事宗廟之時則嬪御之等皆競佐助后妃而求之言皆樂后妃之事既言樂助后妃然後倒本其事後妃今日所以得佐助者由此幽閒之善女未得之時后妃於覺寐之中常求之欲與之共已職事故得之也○傳荇接至宗廟○正義曰釋草云莕接余其葉苻陸機疏云接余白莖葉紫赤色正員徑寸餘浮在水上根在水底與水深淺等大如釵股上青下白鬻其白莖以苦酒浸之肥美可案酒是也定本荇接余也俗本荇下有菜字衍也流求釋言文也所以論求菜事以美后妃者以德不和諧不當神明則不能事宗廟今后妃和諧有關雎之德乃能共荇菜備庶物以事宗廟也案天官醢人陳四豆之實無荇菜者以殷禮詩詠時事故有之言備庶物者以荇菜亦庶物之一不謂今后妃盡備庶物也禮記祭統曰水草之菹陸產之醢小物備矣三牲之俎八簋之實美物備矣昆蟲之

異草木之實陰陽之物備矣凡天之所生地之所長苟可薦者莫不咸在示盡物也是祭必備庶物也此經序無言祭事知事宗廟者以言左右流之助后妃求荇菜若非祭菜后不親采采蘩言夫人奉祭明此亦祭也○箋左右至之事○正義曰左右助也釋詁文此章未得荇菜故助而求之既得故四章論采之采之既得故卒章言擇之皆是淑女助后妃故每云左右此章始求謂未當祭時故云將共荇菜四章琴瑟友之卒章鍾鼓樂之皆謂祭時故箋云共荇菜之時也此云助而求之謂未祭時亦贊助也故天官九嬪職云凡祭祀贊后薦徹豆籩世婦職云祭之日莅陳女官之具凡內羞之物女御職曰凡祭祀贊世婦天官序官註云夫人之於后猶三公之於王坐而論婦禮無官職之事明祭時皆在故下章論祭時皆有淑女之文明贊助可知也此九嬪以下兼世婦女御也言皆樂后妃之事者明既化其德又樂其事見后妃德盛感深也事者荇菜之事也事爲勞務尚能樂之況於其德乎

求之不得寤寐思服服思之也箋云服事也求賢女而不得覺寐則思已職事當誰與共之乎

悠哉悠哉輾轉反側悠思也箋云思之哉思之哉言已誠思之臥而不周曰輾○悠音由輾本亦作展哲善反呂忱從車展鄭云不周曰

輾注本或作卧而不周者剩二字也。疏求之至反側○毛以爲后妃求此賢女之不得則覺寐之中服膺念慮而思之又言后妃誠思此淑女哉誠思此淑女哉其思之時則輾轉而復反側思念之極深也○鄭唯以服爲事求賢女而不得覺寐則思己職事當誰與共之餘同也○傳服思之也○正義曰王肅云服膺思念之箋以釋詁文服事也本求淑女爲己職事故易之也○箋卧而不周曰輾○正義曰書傳曰帝猶反側晨興則反側亦卧而不正也反側既爲一則輾轉亦爲一俱爲卧而不周矣箋獨以輾爲不周者辨其難明不嫌與轉異也澤陂云輾轉伏枕伏枕據身伏而不周則輾轉同爲不周明矣反側猶反覆輾轉猶婉轉俱是迴動大同小異故何人斯箋反側輾轉是也

參差荇菜左右采之箋云言后妃既得荇菜必有助而采之者窈窕淑女琴瑟友之宜以琴瑟友樂之箋云同志爲友言賢女之助后妃共荇菜其情意乃與琴瑟之志同共荇菜之時樂必作○疏參差至友之○毛以爲后妃本已求淑女之意言既求得參差之荇菜須左右佐助而采之故所以求淑女也故思念此處窈窕然幽閒之善女若來則琴瑟友而樂之思設樂以待之親之至也○鄭以爲后妃化感羣下既求得之又樂助采之言參差之荇菜求之既得諸嬪御之等皆樂左右助而采之既化后妃莫不和親故當共荇菜之時作此琴瑟之樂樂此窈窕之淑女其情性之和上下相親與琴瑟之音宮商相應無異若與琴瑟爲友然共之同志故云琴瑟友之○傳宜以琴瑟友樂之○正義曰此稱后妃之意后妃言已思此淑女若來已宜以琴瑟友而樂之言友者親之如友下傳曰德盛者宜有鍾鼓之樂與此章互言也明淑女若來琴瑟鍾鼓並有故此傳并云友樂之亦逆取下章之意也以樂有二等相分以著義琴瑟樂之細者先言之見其和親鍾鼓樂之大者故卒章言之顯其德盛毛氏於序不破哀字則此詩所言思求淑女而未得也若得則設琴瑟鍾鼓以樂此淑女故孫毓述毛云思淑女之未得以禮樂友樂之是思之而未致樂爲淑女設也知非祭時設樂者若在祭時則樂爲祭設何言德盛設女德不盛豈祭無樂乎又琴瑟樂神何言友樂也豈得以祭時之樂友樂淑女乎以此知毛意思淑女未得假設之辭也○箋同志爲友○正義曰人之朋友執志協同今淑女來之雍穆如琴瑟之聲和二者志同似於人友故曰同志爲友琴瑟與鍾鼓同爲祭時但此章言采之故以琴瑟爲友以韻之卒章云芼故以鍾鼓爲樂以韻之俱祭時所用而分爲二等耳此箋樂必作兼下鍾鼓也下箋琴瑟在堂亦取此云琴瑟友之言淑女以琴瑟爲友下云鍾鼓樂之共荇菜之事爲鍾鼓樂淑女二文不同者因事異而變其文以琴瑟相和似人情志故以友言之鍾鼓鏗宏非情志可比故以樂言之見祭時淑女情志之和而因聽祭樂也○

參差荇菜左右芼之芼擇也箋云后妃既得荇菜必有助而擇之者○芼毛報反○疏傳芼擇也○正義曰釋言云芼搴也孫炎曰皆擇菜也某氏曰搴猶拔也郭璞曰拔取菜也以搴是拔之義史記云斬將搴旗謂拔取敵人之旗也芼訓爲拔而此云芼之故知拔菜而擇之也○窈窕淑女鍾鼓樂之德盛者宜有鍾鼓之樂箋云琴瑟在堂鍾鼓在庭言共荇菜之時上下之樂皆作盛其禮也○樂之音洛又音岳或云協韻宜五教反○疏箋琴瑟至其禮○正義曰知琴瑟在堂鍾鼓在庭者皋陶謨云琴瑟以詠祖考來格乃云下管鼗鼓明琴瑟在上鼗鼓在下大射禮頌鍾在西階之西笙鍾在東階之東是鍾鼓在庭也此詩美后妃能化淑女共樂其事既得荇菜以祭宗廟上下樂作盛此淑女所共之禮也樂雖主神因共荇菜歸美淑女耳○

關雎五章章四句故言三章一章章四句二章章八句○五章是鄭所分故言以下是毛公本意後放此○疏自古而有篇章之名與詩禮俱興也故那序曰得商頌十二篇東山序曰一章言其完是也句則古者謂之爲言論語云詩三百一言以蔽之曰思無邪則以思無邪一句爲一言左氏曰臣之業在揚之水卒章之四言謂第四句不敢告人也及趙簡子稱子大叔遺我以九言皆以一句爲一言也秦漢以來衆儒各爲訓詁乃有句稱論語註云此我行其野之句是也句必聯字而言句者局也聯字分疆所以局言者也章者明也總義包體所以明情者也篇者徧也言出情鋪事明而徧者也然字之所用或全取以制義關關雎鳩之類也或假辭以爲助者乎而只且之類也句者聯字以爲言則一字不制也以詩者申志一字則言蹇而不會故詩之見句少不減二即祈父肇禋之類也三字者綏萬邦婁豐年之類也四字者關關雎鳩窈窕淑女之類也五字者誰謂雀無角何以穿我屋之類也六字者昔者先王受命有如召公之臣之類也七字者如彼築室於道謀尚之以瓊華乎而之類也八字者十月蟋蟀入我牀下我不敢效我友自逸是也其外更不見九字十字者摯虞流外論云詩有九言者洞酌彼行潦

挹彼注茲是也徧檢諸本皆云泂酌三章章五句則以爲二句也顏延之云詩祀本無九言者將由聲度闡緩不協金石仲洽之言未可據也句字之數四言爲多唯以二三七八者將由言以申情唯變所適播之樂器俱得成文故也詩之大體必須依韻其有乖者古人之韻不協耳之兮矣也之類本取以爲辭雖在句中不以爲義故處末者皆字上爲韻之者左右流之寤寐求之之類也兮者其實七兮迨其吉兮之類也矣者顏之厚矣出自口矣之類也也者何其處也必有與也之類也乎者俟我于著乎而伐檀且漣猗之篇此等皆字上爲韻不爲義也然人志各異作詩不同必須聲韻諧和曲應金石亦有卽將助句之字以當聲韻之體者則彼人是哉子曰何其不思其反反是不思亦已焉哉是究是圖亶其然乎其虛其徐旣亟只且之類是也章者積句所爲不限句數也以其作者陳事須有多少章總一義必須意盡而成故也累句爲章則一句不可二句得爲之盧令及魚麗之下三章是也其三句則麟趾甘棠騶虞之類是也其多者載芟三十一句閟宮之三章三十八句自外不過也篇之大小隨章多少風雅之中少猶兩章以上卽騶虞渭陽之類是也多則十六以下正月桑

柔之類是也唯周頌三十一篇及那烈祖玄鳥皆一章者以其風雅敘人事刺過論功志在匡救一章不盡重章以申殷勤故風雅之篇無一章者頌者太平德洽之歌述成功以告神直言寫志不必殷勤故一章而已魯頌不一章者魯頌美僖公之事非告神之歌此則論功頌德之詩亦殷勤而重章也雖云盛德所同魯頌實不及制故頌體不一也高宗一人而玄鳥一章長發殷武重章者或詩人之意所作不同或以武丁之德上不及成湯下又踰於魯僖論其至者同於太平之歌述其祖者同於論功之頌明成功有大小其篇詠有優劣采立章之法不常厥體或重章共述一事采蘋之類或一事疊爲數章甘棠之類或初同而末異東山之類或首異而末同漢廣之類或事訖而更申旣醉之類或章重而事別鴟鴞之類何草不黄隨時而改色文王有聲因事而變文采采芣苢一章而再言賓之初筵三章而一發或篇有數章章句衆寡不等章有數句句字多少不同皆由各言其情故體無恒式也東山序云一章二章三章四章不謂末章爲卒章反左傳曰七月之卒章又揚之水卒章者東山分別章意從一而終於四故不言卒章也左傳言卒章者卒終也言終篇之章言卒者對始也終篇爲卒章則初篇爲首章矣故鄭注禮記云緇衣之首章是也若然言卒者對首也則武唯一章而左傳曰作武其卒章曰耆定爾功者以耆定爾功是章之卒句故也大司樂注云騶虞樂章名在召南之卒章者正謂其卒篇謂之章者乘上騶虞爲樂章故言在召南之卒章也定本章句在篇後六藝論云未有若今傳訓章句明爲傳訓以來始辨章句或毛氏卽題或在其後人未能審也○

附釋音毛詩注疏卷第一　一之一

刑部員外南昌黄中栻栞

毛詩注疏校勘記序

攷異於毛詩經有齊魯韓三家之異齊魯詩久亡韓詩則宋以前尚存其異字之見於諸書可攷者大約毛多古字韓多今字有時必互相證而後可以得毛義也毛公之傳詩也同一字而各篇訓釋不同大抵依文以立解不依字以求訓非執於周官之假借者不可以讀毛傳也毛不易字鄭箋始有易字之例顧注禮則立說以改其字而詩則多不欲顯言之亦或有顯言之者毛以假借立說則不言易字而易字在其中鄭又於傳外研尋往往傳所不易者而易之非好異也亦所謂依文立解不如此則文有未適也孟子曰不以文害辭不以辭害志孟子所謂文者今所謂字言不可泥於字而必使作者之志昭著顯白於後世毛鄭之於詩其用意同也傳箋分而同一毛詩字有各異矣自漢以後轉寫滋異莫能枚數至唐初而陸氏釋文顏氏定本孔氏正義先後出焉其所遵用之本不能畫一自唐後至今鋟版盛行於經於傳箋於疏或有意妄更或無意譌脫於是繆盭莫可究詰因以元舊挍本授元和生貟顧廣圻取各本挍之元復定是非於以知經有經之例傳有傳之例箋有箋之例疏有疏之例通乎諸例而折衷於孟子不以辭害志而後諸家之本可以知其分亦可以知其一定不可易者矣阮元記

引據各本目録

經本二

唐石經二十卷 今行於世欵式不具列

南宋石經殘本 高宗御書在今杭州府學碑存十石每石四列列四十五行行十八字惟末石三列碑內不分卷第其周南召南小雅大雅下亦無第一第二等字小序皆連經文每篇另起每章連接凡篇後幾章幾句及風雅頌後揔計章句皆無之末石有秦檜跋語第一石周南起至報我不述止第二石送子涉淇起至青青子佩止第三石悠悠我思起至維子之故羔裘豹止第四石褎自我人究究起至輾轉伏枕止第五石采蘩祁祁起至我有嘉賓中心止第六石好之鍾鼓既設起至我獨居憂止第七石毛取其血膋起至經營四方何草止第八石不元何人不矜起至于時言言于止第九石入覲以其介圭起至薄言駉者有驒有止第十石騂有騂有雒起至末字體小楷書凡遇避諱字皆本字缺筆如筐作筐貞作貞殷作殷桓作桓竟作竟恒作恒佶作佶慤作慤又作慤徵作徵楨作楨朗作朗姞作姞敬作敬禎作禎是也經文大率與今本同唯鳲鳩子尾脩脩竹竿遠兄弟父母園有桃不知我者謂我士也驕不知我者謂我士也罔極椒聊碩大且篤鶴鳴它山之石烈祖來假來饗皆與唐石經同今書中已詳載唐刻故附存其目於此以見南宋時經猶爲善本攷古者宜所寶貴矣

經注本三

孟蜀石經殘本二卷 自召南鵲巢箋爵位故以興焉爵字起至邶風之二子乘舟二章章四句止分卷同唐石經有杭州黃松石廣仁義學印章每行大字計廿四注夾行每行字二十及廿一二三不等宋晁公武云毛詩二十卷張紹文書其注或羨或脫或不同又云昔議者以太和石本授寫非精時人未之許書中凡淵民世字皆缺筆避唐諱察字缺筆避家諱也今攷經文如日月篇乃如人之兮谷風篇不以我能慉非誤倒即誤衍又昔育恐育鞫脫下育字毛傳育鞫之育訓長鄭箋昔育之育訓稺云昔幼稺時恐至長老窮匱無下育字則與傳箋正義不合此經文之誤也傳文如草蟲篇阜螽蠜螽也今所傳各本無下螽與爾雅說文合正義亦引定本云作蠜螽者衍字采蘋篇藻聚藻也下

有沈曰蘋浮曰藻六字與物理不合是據釋文所引韓詩增入也羔羊篇曰古者素絲以英裘乃作黃裘其謬不辨自明此傳文之誤也箋文如采蘋篇蘋之言賓也賓乃賓之謁行露篇不以角乃以味味乃咮之謁野有死麕篇動其佩飾下衍帨音稅也四字終風篇然而已不能得而止之脫不能得而止之六字此箋文之誤也其餘乖異甚多均無足采惟甘棠箋重煩勞百姓較今本少不字與漢書司馬相如傳方今田時重煩百姓合是條差爲可取今此記槩不録入餘詳嚴杰蜀石殘本毛詩考證

宋小字本二十卷 分卷與唐石經同以隋唐著録考之鄭箋元第如此每半葉十三行每行大小皆二十四字第一卷第一行題毛詩卷第一第二行題唐國子博士兼大子中允贈齊州刺史吳縣開國男陸德明釋文附第三行題周南關雎詁訓傳第一以下題毛詩國風以下題鄭氏箋第二卷以後無唐國子云云一行餘悉同前段玉裁云南宋光宗時刻也

重刻相臺岳氏本二十卷 分卷與唐石經同乾隆四十八年武英殿仿宋本款式不具列

注疏本四

十行本七十卷 分經注本第一卷爲五第二卷爲三第三卷爲四第四卷爲四第五卷爲三第六卷爲四第七卷爲三第八卷爲三第九卷爲四第十卷爲三第十一卷爲二第十二卷爲三第十三卷爲二第十四卷爲三第十五卷爲三第十六卷爲五第十七卷爲四第十八卷爲五第十九卷爲四第二十卷爲四共七十卷以正義序及唐志考之非孔疏四十卷之舊也每半葉十行每行大十八字小二十三字經作大字注釋文正義皆小字雙行在其下釋文首加○隔之正義首加疏字圍其外隔之首列毛詩正義序次鄭譜序次周南召南譜第一卷第一行題附釋音毛詩注疏卷第一其下側注一之一行末題云一餘卷皆然第二行第三行題唐國子祭酒上護軍曲阜縣開國子孔穎達奉勑撰餘卷無第四行題周南關雎詁訓傳第一以下題毛詩國風以下題鄭氏箋即以釋文正義各繫其下第二卷第二行題毛詩國風鄭氏箋孔穎達疏共爲一行每空二字以後各卷大略同前日本山井鼎所云宋版即此書其源出於沿革例所云建本有音釋注疏遞加脩改至明正德時山井鼎云與正德刊本略似不知其似二而實一也是爲各本注疏之祖

閩本注疏七十卷 用十行本重雕分卷同山井鼎所云嘉靖本也明御史李元陽僉事江以達刊今行於世款式不具列

明監本注疏七十卷 用閩本重雕分卷同山井鼎所云萬歷本也今行於世款式不具列

汲古閣毛氏本注疏七十卷 用明監本重雕分卷同山井鼎所云崇禎本也今行於世款式不具列

引用諸家

陸德明毛詩音義三卷

山井鼎考文毛詩陸册

浦鏜毛詩注疏正誤十四卷

陳啓源毛詩稽古編二十卷

惠棟毛詩古義二卷

戴震毛鄭詩考正四卷

段玉裁校定毛傳三十卷又詩經小學三十卷

毛詩注疏校勘記卷一

阮元撰盧宣旬摘錄

毛詩正義序 閩本明監本毛本於此下題唐國子祭酒上護軍曲阜縣開國子臣孔穎達等奉勅撰案十行本題於卷第一之首移在序下者非其舊也凡序經注疏之文十行本皆平行接寫唯章句低三字閩本以下分高低數等又多提行皆非其舊

日下之無雙 閩本明監本毛本同案之下當有所字錯入下句

於其所作疏內 閩本明監本毛本同案當作其於作疏內其於二字誤倒所字上句錯在此

非有心於愛增 閩本明監本毛本增作憎案憎字是也古或用增爲憎字如墨子帝式是增之屬唐時則不應爾矣○按此因上文有增其所簡而誤耳

謹與朝散大夫 明監本謹與誤議典閩本毛本不誤

詩譜序 毛本此序文并正義悉脫閩本明監本有案毛本即據明監本重刻乃其本偶失此序更不知補誤甚

稱農始作耒耜 明監本稱下衍神字閩本不誤

藝論所云 閩本明監本同案此不誤浦鏜云上當脫六字非也藝論與六藝論互見即其省耳餘同此詳者浦書失多而得寡茲所采外不勝駁正以後所列用爲舉例推類求之大略可知矣

放於此乎隱二年公羊傳文 閩本明監本同案此不誤浦鏜云放傳作昉非也隸釋載漢石經公羊殘碑字作放版本作昉鄭考工記注引亦作放可證也凡正義所引經典有所見本如此不容執今本以相比較者此類是矣

格則乘之庸之 閩本同明監本乘作承案所改是也

詩緯含神務云 閩本明監本同案此不誤浦鏜云霧誤字正作務困學紀聞亦然其又作霧者霧務聲同得相通借不當以霧改務也餘同此

蓋周室之初也 閩本明監本同案也當作世形近之譌

距此六十二歲 閩本明監本同案浦鏜云一誤二以春秋考之浦校是也

鄭語註云 閩本明監本同案浦鏜云註衍字以國語考之浦校是也

魯眞公之十四年 閩本同明監本眞誤貞物觀考文補遺載此無之字誤脫

周南召南譜 閩本明監本毛本移此譜入卷第一中鄭氏箋云正義之後案十行本與譜序接連考書錄解題則正義備鄭譜於卷首陳氏所見乃正義原書爲得其實則知鄭譜散入各處不復總聚於譜序下者後來合併經注正義時所改也此一譜與譜序接連正其跡之未經盡泯者閩本以下所移非是且鄭氏箋正義之後羼入此一譜於正義之次序尤屬紊亂失之甚矣又正義所載鄭譜是其原第檜在鄭前王城在豳後兩正義屢有明文而鄭譜正義云對上檜風已作故云又作尤爲顯證可見散入各處之失也

周文王所居也 閩本明監本毛本同案浦鏜云大誤文以漢書考之浦校是也

此詩既繼二公 明監本毛本同案浦鏜云繼當繫字誤是也

此譜於此篇之大略耳 閩本明監本毛本同案下此字當作比形近之譌

凡以庶士小人 補 毛本人作大案大字是也

楚滅六并蓼 閩本明監本毛本蓼誤茂

毛詩注疏挍勘記

阮元撰盧宣旬摘錄

附釋音毛詩注疏卷第一　一之一　閩本明監本毛本無附釋音三字又一之一下無一字案閩本以下仍附刻釋文獨刪其題非也十行本於每卷之下自一之一至二十之四凡七十皆標其數考正義原書分四十卷自正義序及唐書新舊志宋著錄各家悉同其分二十卷者經注本也合併時取正義散入經注本之中而四十卷之舊遂不復存亦無由知其七十卷之何所本也閩本以下輒刪一二等字其刪之未盡者僅閩本一二處而已非也餘同此

唐國子祭酒上護軍曲阜縣開國子孔穎達奉勑撰　閩本明監本毛本移此在前正義序下而於此題云毛詩國風漢鄭氏箋唐孔穎達疏非也案毛詩國風鄭氏箋具題在周南關雎詁訓傳第一之下不容復出於上也其一之二以後十行本每卷題毛詩國風鄭氏箋孔穎達疏小雅大雅周頌商頌魯頌亦然閩本衍漢字唐字明監本毛本又誤倒其次序唯此孔穎達下脫等字當補

詁訓傳　唐石經小字本相臺本同案此正義本也正義云今定本作故釋文本作故云舊本多作故今或作詁考漢書藝文志作故與釋文引舊本及樊孫等爾雅本皆爲釋故合當以釋文本定本爲長正義原書與經注別行後來合併實始於南宋紹興間三山黃唐所編彙此本又在其後事載左傳考文其所用經注本非正義之經注也故經注與正義時有相牴牾者而考以集注本定本俗本釋文本唐石經本亦未有全然相合者也乃彼時行世別有此本耳茲條列其同異所自出俾各有考焉

瓠葉捨番番之狀　閩本明監本毛本同案此不誤浦鏜云幡幡誤番番非也正義引詩或不盡據本文如出其東門引白旆英英以說英字而本詩作央可證

趙人毛長傳詩　閩本明監本毛本同案此不誤浦鏜云萇誤長非也釋文序錄云一云名長通志堂本作萇者誤詳後考證困學紀聞引作長云今後漢書作萇亦其證也

不以數次爲無筭也　閩本明監本毛本數作不案不字是也

典籍出於人滅各專間命氏　補　毛本人滅作人間專間作專門案所改是也

詁訓毛自題之　明監本毛本訓下有傳字閩本剜入案所補是也

○關雎

后妃之德也　閩本明監本毛本於此節及後節用之邦國焉下皆有注小字本相臺本無考文古本同案山井鼎云皆釋文混入於注是也十行本附釋音與注文疏文皆雙行小字唯釋文首加圓圍爲別耳故重刻者致誤也又明監本注單行小字側書閩本毛本別爲中等字皆非其舊

所以風天下　唐石經小字本相臺本同案正義云定本所以風天下俗本風下有化字誤也考文古本有采正義考顏師古爲太宗定五經謂之定本非孔穎達等作正義之本也俗本謂當時通行之本亦非卽作正義者兼不專指一本故禮義廢下云俗本有作儀者野有死麕序下云或有俗本以天下大亂以下同爲鄭注者誤是也由此推之則正義本之大槩可見矣定本出於顏師古見舊新二唐書太宗紀顏籀傳封氏聞見記貞觀政要等書段玉裁所考得也

當天子教諸侯教大夫　閩本明監本毛本重諸侯二字案所補非也此謂鄉大夫亦天子教之

風風也　唐石經小字本相臺本同案釋文云徐上如字下福鳳反崔靈恩集注本下卽作諷字考正義標起止云風風是正義本不作諷正義下文又云風訓諷也者風諷古今字凡經注古字正義每易爲今字而說之其爲例如此也今往往有合併時依經注誤改者矣

發猶見也　閩本明監本毛本首有箋字小字本相臺本無考文古本同案山井鼎云箋云二字鄭中毛傳所以別之也毛不注序無可辨嫌故序注本應無箋字後世諸本不知而妄加非亦甚矣其詳見於正義釋文是也凡序注之首十行本悉無箋字閩本以下乃誤加耳餘同此

謂宮商角祉羽也　小字本相臺本祉作徵閩本明監本毛本亦同案考正義釋文皆作徵此祉字當是宋經注本避當時諱字耳

譔摩舊法 補 毛本譔摩作模準

而民思憂 閩本明監本毛本思憂誤剛毅案浦鏜挍此下用樂記補數十字皆非也考正義引羣籍有引其意不全用其文不可依本書改竄者此類是矣

故正得失 唐石經小字本相臺本同案釋文云正本又作政正義云此正得失與雅者正也正始之道本或作政皆誤耳今定本皆作正字正義本之同於定本者此類是也凡正義既著其所從又兼載異本或與定本同或與俗本同也

莫近於詩 補 案此節釋音厚音后本或作序非八字當在下節

史記稱微子過殷墟 閩本明監本毛本同案此不誤浦鏜云尚書大傳云微子史記世家作箕子非也此正義自涉大傳耳非由字譌黍離正義引作箕子如鄭志問甘棠正義兩引譜下作趙商本篇下作張逸也

聞之者足以戒 唐石經小字本相臺本同案正義云俗本戒上有自字者誤定本直云足以戒也文選載此序有自字即俗本也考文古本有采正義

皆用此上六義之意 閩本明監本毛本同案十行本上至之剜添者一字。補上字宜衍

人君不怒其作主 明監本作誤非閩本毛本不誤案作主謂作詩之主也後正義引鄭荅張逸云其無作主皆國史主之此用彼文

國史明乎得失之迹 補 案此節釋音告古毒反四字當在下第四節告於神明者也下

若唐有帝堯殺禮救危之化 閩本明監本毛本同案浦鏜云厄誤危以唐譜考之浦挍是也

要所言一人心 閩本明監本毛本人下有之字案所補是也

言王政之所由廢興也 唐石經小字本相臺本同案正義云定本王政所由廢興俗本王政下有之字誤也是有之字者出於俗本凡斥云誤者意所不從其於定本亦然

代殷繼伐 明監本毛本誤作伐殷繼代閩本不誤案代殷用皇矣序文繼伐用文王有聲序文

所以報神恩也 閩本明監本毛本同案十行本以至也剜添者一字。補神字宜衍

大雅也頌也此四者人君行之 閩本明監本毛本同案十行本大至之剜添者三字是此四者三字衍也

則春秋云 閩本明監本毛本同案此不誤浦鏜云春秋下當脫左氏傳三字非也凡引其書之支屬即稱其大名如易緯單稱易書序單稱書古人之通例不可枚舉者也

愛在進賢 補 毛本愛作憂案憂字是也

興也 閩本明監本毛本首有傳字小字本相臺本無考文古本同案山井鼎云後人加也是也十行本悉無此字閩本以下乃誤加耳餘同此

若關雎之有別焉 小字本同閩本明監本毛本亦同相臺本關雎作雎鳩案關雎是也下傳云有關雎之德可證相臺本因正義云若雎鳩之有別因改此傳考正義凡自爲文每不必盡與注相應不當據改也考文古本作雎鳩采正義而誤

箋云 閩本明監本毛本於箋字外以黑圍之小字本相臺本所無也考文古本同案山井鼎云箋云二字鄭氏之舊所以別毛氏傳也而後世諸本加黑圍者亦失古意矣是也十行本凡箋字及正義中傳箋字悉不如此閩本以下誤耳考其致誤之由乃因正義標起止有傳字箋字遂於注首加傳字復割裂注中箋字配之不知此正義自爲文以作別識耳非注如此也明刻單注別本更有并箋下云字去之者尤爲誤甚餘同此

怨耦曰仇 小字本相臺本同案釋文云好逑音求毛云匹也本亦作仇音同鄭云怨耦曰仇是釋文本經傳作逑箋作仇也正義本箋字未有明文當亦與釋文本同臧琳經義雜記云箋既不云逑當爲仇則說異而字同其說非也凡箋於經字以爲假借者多不言讀爲而顯其爲假借有二例焉一則仍用經字但於訓詁中顯之如容

兮遂兮箋遂瑞也以遂爲璲之假借价人維藩箋价甲也以价爲介之假借是其類也一則於訓釋中竟改其字以顯之如此經之逑箋則曰怨耦曰仇以逑爲仇之假借及湜湜其止箋之小渚曰沚山有橋松箋之槁松在山上可以樂飢箋之可飲以療飢皆其類也二者皆不言讀爲也於訓釋中竟改其字者人每不得其例今隨條說之以去其藏結其仍用經字但於訓詁中顯之者人所易曉不悉說焉臧琳又以爲徧考毛詩兔罝無衣皇矣箋逑匹之逑皆作仇此經作逑出後人私改亦非也凡毛氏詩經中之字例不畫一如或用害或用曷而同訓何或用肩或用豣而同訓獸三歲其類衆矣他經用仇此經用逑不嫌同訓不可據彼改此說文逑下云又曰怨匹曰逑正說逑爲怨匹字之假借其釋文所載本亦作仇者是依箋改經出之於下意所不從章懷注後漢書李善注文選雖經引用要卽所謂以破引之實非毛氏詩舊文也

后妃雖說樂君子　明監本毛本雖誤能閩本不誤案說當作悅下文作悅可證也注作說正義作悅說悅古今字易而說之也例見前餘同此

郭璞曰　閩本明監本毛本同案璞當作樸樸字景純取純樸相應字當從木正義多作璞或改作朴朴卽樸之俗字○案段玉裁云樸素字古作樸樸者素也胎也是以金玉之礦古皆作樸而璞乃俗字郭名當本作樸或譌璞非或譌朴亦非朴者木皮也非命名之意此條舊在曹風候人篇今依先見例錄此

陸機疏云　毛本機誤璣閩本明監本不誤案考隋書經籍志作機釋文序錄同唯資暇集有當從玉旁之說宋代著錄元恪書者多采之毛本因此改作璣其實與士衡同姓名耳古人所有不當改也餘同此釋文亦或誤今正

而揚雄許愼　閩本明監本揚作楊毛本作揚案子雲姓本從木宋以來或誤從扌閩本明監本是也餘同此

其葉符　閩本明監本毛本同案浦鏜云苻誤符以爾雅考之浦校是也

鬻其白莖　閩本明監本毛本同案浦鏜云鬻誤鬻者凡陸疏鬻字皆當作鬻乃形近之譌浦校是也

臥而不周曰輾　小字本相臺本同案此正義本也釋文云鄭云不周曰輾注本或作臥而不周者剩二字也案釋文與正義迥非一本茲著其文字之異其但偏旁不同而正義本已載釋文亦作又作或作者不復悉出

鍾鼓樂之　唐石經小字本相臺本同閩本同明監本毛本鍾作鐘案鍾字是也五經文字云今經典或通用鍾爲樂器是其證餘同此

一章章四句　補案一章下例不重章字次章字誤衍

與詩禮俱興也　閩本明監本毛本同案禮當作體形近之譌

豐豐年之類也　閩本明監本毛本豐誤屢

摯虞流外論云　閩本明監本毛本同案山井鼎云外當作別是也

詩禮本無九言者　補毛本禮作體案體字是也

仲冶之言　閩本同明監本毛本冶作治案山井鼎云治當作洽是也

乎者俟我于著乎而　閩本明監本毛本同案乎者當作著此句稱著與下句稱伐檀對文也誤分爲二字又改丄爲乎

其篇詠有優劣采　補毛本采作乎

采采若苢　補若當作芣

附釋音毛詩注疏卷第一（一之二）

毛詩國風　鄭氏箋　孔穎達疏

葛覃后妃之本也后妃在父母家則志在於女功之事躬儉節用服澣濯之衣尊敬師傅則可以歸安父母化天下以婦道也躬儉節用由於師傅之教而後言尊敬師傅者欲見其性亦自然可以歸安父母言嫁而得意猶不忘孝。覃本亦作蕈徒南反延也澣本又作浣戸管反濯直角反傳夫附反見賢遍反〔疏〕葛覃三章章六句至以婦道。正義曰作葛覃詩者言后妃之本性也謂貞專節儉自有性也敘又申說之后妃先在父母之家則已專志於女功之事復能身自儉約謹節財用服此澣濯之衣而尊敬師傅在家本有此性出嫁脩而不改婦禮無愆當於夫氏則可以歸問安否於父母化天下以爲婦之道也定本后妃在父母家無之字化天下以婦道無成字有者衍也先言后妃在父母家者欲明尊敬師傅皆后妃在家時事說其爲本之意言在父母之家者首章是也志在女功之事者二章治葛以爲絺綌是也躬儉節用服澣濯之衣者卒章汙私澣衣是也澣濯即是節儉分爲二者見由躬儉節用故能服此澣濯之衣也尊敬師傅卒章上二句言告師氏是也可以歸安父母者即卒章下一句歸寧父母是也化天下以婦道者因事生義於經無所當也經言汙私澣衣在言歸之下則是在夫家之事也敘言躬儉節用誦在父母之家者見其在家已然出嫁不改也。箋躬儉至忘孝。正義曰箋知躬儉節用由於師傅之教者以經汙私澣衣在言告師氏之下故也歸寧父母乃是實事而言可以者能如此乃可以耳若不當夫氏雖歸安父母而父母尚憂今既當夫氏仍得歸安父母言其嫁而得夫之意猶不忘孝故也

葛之覃兮施于中谷維葉萋萋興也覃延也葛所以爲絺綌女功之事煩辱者施移也中谷谷中也萋萋茂盛貌箋云葛者婦人之所有事也此因葛之性以興焉興者葛延蔓於谷中喻女在父母之家形體浸浸日長大也葉萋萋然喻其容色美盛也。施毛以豉反鄭如字下同萋七兮反蔓音萬浸子鴆反長丁丈反

黃鳥于飛集于灌木其鳴喈喈黃鳥摶黍也灌木藂木也喈喈和聲之遠聞也箋云葛延蔓之時則摶黍飛鳴亦因以興焉飛集藂木興女有嫁于君子之道和聲之遠聞興女有才美之稱達於遠方。灌古乱反喈音皆摶徒端反鳥名也藂才公反俗作藂一本作最作外反聞音問又如字下同稱尺證反〔疏〕葛之至喈喈。正義曰言葛之漸長稍稍延蔓兮而移於谷中非直枝幹漸長維葉則萋萋然茂盛以興后妃之生浸浸日大而長於父母之家非直形體日大其容色又美盛當此葛延蔓之時有黃鳥往飛集於藂木之上其鳴之聲喈喈然遠聞以興后妃形體既大宜往歸嫁於君子之家其才美之稱亦達於遠方也。傳葛所至盛貌。正義曰傳既云興也復言葛所以爲絺綌者以下章說后妃治葛不爲興欲見此章因事爲興故箋申之云葛者婦人之所有事此因葛之性以興焉是也采葛傳亦云葛所以爲絺綌彼不爲因興亦言之者彼對蕭爲祭祀艾爲療疾故也施移也言引蔓移去其根也中谷谷中倒其言者古人之語皆然詩文多此類也此言萋萋取未成之時喻女之少壯故云茂盛貌下章指采用之時故以莫莫爲成就貌也。箋葛延至美盛。正義曰以谷中是葛生之處故以谷中喻父母之家枝莖猶形體故以葉比容色也王肅云葛生於此延蔓於彼猶女之當外成也案下句黃鳥于飛喻女當嫁若此句亦喻外成於文爲重毛意必不然。傳黃鳥至遠聞。正義曰釋鳥云皇黃鳥舍人曰皇名黃鳥郭璞曰俗呼黃離留亦名摶黍陸機疏云黃鳥黃鸝留也或謂之黃栗留幽州人謂之黃鸎一名倉庚一名商庚一名鵹黃一名楚雀齊人謂之摶黍當葚熟時來在桑間故里語曰黃栗留看我麥黃葚熟亦是應節趨時之鳥也自此以下諸言黃鳥倉庚皆是也釋木云灌木叢木又云木族生爲灌孫炎曰族叢也是灌爲叢木也。箋葛延至遠方。正義曰知葛當延蔓之時摶黍飛鳴亦因以興者以前葛之生長是爲因興則此亦宜然也言摶黍往飛集於灌木之時其鳴恒喈喈然其鳴喈喈然在集于灌木之下欲明摠上于飛至集終始恒鳴以喻后妃在家與出嫁常有聲稱達於遠方也大明曰大邦有子文王嘉止是先有才美之稱也飛集灌木鳥實往焉女嫁君子時實未嫁故言之道言雖有出嫁之理猶未也君子是夫之之大名故詩於婦人稱夫多言君子也女子之名不出於閫才美之稱得達遠方者其名繫於父兄故大雅云大邦有子是也

葛之覃兮施于中谷維葉莫莫莫莫成就之貌箋云成就者其可采用之時。莫莫美博反

是刈是濩爲絺爲綌服之無斁濩煑之也精曰絺麤曰綌斁厭也古者王后織

玄紞公侯夫人紘綖卿之内子大帶大夫命婦成祭服士妻朝服庶士以下各衣其夫箋云服整也女在父母之家未知將所適故習之以絺綌煩辱之事乃能整治之無厭倦是其性貞專○艾本亦作刈魚廢反韓詩云刈取也濩胡郭反韓詩云濩瀹也音羊灼反絺恥知反葛之精者曰絺綌去逆反數本亦作斁音亦猒於豔反本亦作厭紞都覽反紞織五采如縚狀用縣瑱也紘獲耕反纓之無緌者從下仰屬於冠綖音延冕上覆也朝直遥反下同庶士謂庶人在官者本或作庶人衣於既反【疏】葛之至無斁○正義曰言葛之漸延蔓兮所移在於谷中生長不已其葉則莫莫然成就葛既成就已可采用故后妃於是刈取之於是濩煮之煮治已訖后妃乃緝績之爲絺爲綌言后妃整治此葛以爲絺綌之時志無厭倦是后妃之性貞專也○傳濩煮至其夫○正義曰釋訓云是刈是濩濩煮之也舍人曰是刈刈取之是濩煮治之孫炎曰煑葛以爲絺綌以煑之於濩故曰濩煑非訓濩爲煑曲礼云爲天子削瓜巾以絺諸侯巾以綌玉藻云浴用二巾上絺下綌皆貴絺而賤綌是絺精而綌麤故云精曰絺麤曰綌斁厭釋詁文彼斁作射音義同自王后織玄紞以下皆魯語敬姜之言也紞縣瑱之物織五采爲之故著箋云人君五色則天子之紞五色獨言玄者以玄爲尊故舉以言焉紘者纓之無緌從下而上者也祭義曰天子冕而朱紘諸侯冕而青紘此諸侯當以青爲組在冕下仰屬之故士冠礼註云有笄者屈組爲紘垂爲飾無笄者纓而結其條是也綖者冕上覆論語注云績麻三十升以爲冕夏官弁師註云綖冕上覆玄表纁裏是也内子卿之適妻僖二十四年左傳趙姬請以叔隗爲内子而已下之是也大帶者玉藻所云大夫以玄華華黃也以素爲帶飾之外以玄内以黃也大夫命婦成祭服者大夫助祭服玄冕受之於君故大宗伯再命受服是也妻所成者自祭之服少牢礼朝服玄冠緇布衣素裳韋昭云祭服玄衣纁裳謂作玄冕之服非也士妻朝服者作朝於君服亦玄冠緇衣素裳也庶士以下各衣其夫庶士謂庶人在官者故祭法曰官師一廟庶士庶人無廟註云官師中士下士庶士府史之屬庶士與朝服異文則亦府史之屬韋昭云下士非也此庶士下至庶人其妻各衣其夫則夫之所服妻悉爲之也彼文云公侯之夫人加之以紘綖也則爲紞又爲紘綖也則士之妻加之以朝服則爲祭服又爲朝服皆下兼上也貴者所爲少賤者所爲多故庶士以下夫衣悉爲之傳引此者以王后庶人之妻皆有所作后妃在父母之家未知將所適雖葛之煩辱亦治之也定本云王后織玄紞公侯夫人紘綖卿之内子大帶俗本王后下有親字紘綖大帶上有

詩疏一之二　三

織字皆衍也○箋服整至貞專○正義曰服整釋言文也以女在父母之家未知將何所適不知爲作王后爲作士妻故習之以絺綌勞辱之事尚能整治之無厭倦是其性貞專

言告師氏言告言歸

言我也師女師也古者女師教以婦德婦言婦容婦功祖廟未毀教于公宮三月祖廟既毀教于宗室婦人謂嫁曰歸箋云我告師氏者我見教告于女師也教告我以適人之道重言我者尊重師教也公宮宗室於族人皆爲貴○謂嫁曰歸本亦無曰字此依公羊傳文重言直用反

薄汙我私薄澣我衣

汙煩也私燕服也婦人有副褘盛飾以朝事舅姑接見于宗廟進見于君子其餘則私也箋云煩煩撋之用功深澣謂濯之耳衣謂褘衣以下至禒衣○汙音烏副如字婦人首飾之上褘音煇王后六服一曰褘衣接見賢遍反下見於君子同撋諸詮之音而專反何胥沈重皆而純反阮孝緒字略云煩撋猶挼莎也挼音奴禾反莎素禾反禒吐亂反六服之最下者

害澣害否歸寧父母

害何也私服宜澣公服宜否寧安也父母在則有時歸寧耳箋云我之衣服今者何所當見澣乎何所當否乎言常自潔清以事君子○害戶葛反下同否方九反清如字沈音淨【疏】言告至父母○毛以爲上下二我我其身中我我其師后妃言我身本見教告於師氏我師氏告我以歸嫁人之道欲令我躬儉節用不務鮮華故今曰薄欲煩撋我之私服薄欲澣濯我之褻衣然我之衣服有公有私議量而言我之衣服何者當見澣乎私服宜澣之何者當不澣乎公服宜否既以受師教請澣衣節儉復以時歸寧父母○鄭下三句爲異言師氏告我欲令節儉故已今薄欲煩撋其私服薄欲澣濯其公衣所以公服私服並澣之者郎云同是我之衣服知何所當見澣乎何所當見否乎私服公衣皆悉澣之由己常自潔清以事君子故也衣裳既澣身復潔清故當以時歸寧父母耳○傳言我至曰歸○正義曰言我釋詁文女師者教女之師以婦人爲之昏礼云姆纚笄綃衣在其右注云姆婦人五十無子出而不復嫁能以婦道教人者若今時乳母矣鄭知女師之母必是無子而出者以女已出嫁母尙隨之又襄三十年公羊傳曰宋災伯姬存焉傳至母未至逮火而死若非出而不嫁何以得隨女在夫家若非無子而出犯其餘六出之道則身自無禮何能教人故知然也母既如此傳亦宜然○南山箋云姜與姪娣及傅姆同處襄公不宜往雙之則傳亦婦人也何休云選老大夫爲傅大夫妻爲母禮重男女之別大夫不宜教女子大夫之妻當從夫氏不當隨女而適人事無所出其言非

詩疏一之二　四

也此師教女之人內則云大夫以上立師慈保三母者謂子
之初生保養教視男女並有三母此女師教以婦德婦言婦
容婦功皆昏義文也彼注云婦德貞順婦言辭令婦容婉娩
婦功絲枲天官九嬪職注亦然二注皆以婉娩爲婦容內則
注云婉謂言語也娩之言媚也媚謂容貌也分婉娩爲二者
欲以內則之文充四德若不分婉爲言語則無辭令之事且
婉謂婉順得爲言語之婉順亦爲容貌之婉媚故分之也旣
有其德順辭以出之容貌以事人女功而就業故如此次也
祖廟未毀教於公宫三月祖廟旣毀教於宗室昏禮文也彼
注云祖廟女高祖爲君者之廟以有緦麻之親就尊者之宫
教之則祖廟未毀與天子諸侯共高祖者則在天子諸侯女
宫中教之三月知在女宫者以莊元年公羊傳曰羣公子之
舍則以卑矣是諸侯之女有别宫矣明五屬之內女就教可
知彼注又云宗室大宗子之家則大宗者繼别爲大宗百世
不遷者其族雖五屬外與之同承别子者皆臨嫁三月就宗
子女宫教成之知宗子亦有女宫者內則云命士以上父子
皆異宫則女子亦别宫故曲禮曰非有大故不入其門是也
若宗子未爲命士教在宗子之家耳傳引此者以言女師教
歸嫁之道故引此以證所教之處此后妃華國之長女而引
族人之事者取彼成文且明諸侯之女嫁前三月亦教之也

詩疏一之二　五

女子自少及長常皆教習故內則云女子十年不出傳姆教
之但嫁前三月特就尊者之宫教成之耳婦人謂嫁曰歸隱
二年公羊傳文定本歸上無曰字。傳汙煩至則私。正義
曰汙澣相對則汙亦澣名以衣汙垢者澣而用功深故因以
汙爲澣私服之名耳言汙煩者謂澣垢衣者用功煩多亦以
煩爲澣名故箋云煩煩撋之用功深是也但毛以公服不澣
唯澣私衣故一事分爲二句上句言汙見用功深也下句言
澣見其揔名亦爲澣又上句言私見其燕褻下句言衣見其
揔名亦爲衣故王肅述毛荅之云煩撋澣濯其私衣是也言
私燕服謂六服之外常著之服則有汙垢故須澣公服則無
垢汙矣故下傳云私服宜澣公服宜否也副者首服之尊褘
衣六服之首王后之上服故言婦人有副褘盛飾旣擧服之
尊者然後歷陳其事言此皆是公衣不謂諸事皆服褘衣也
毛之六服所施不明內司服注鄭云褘衣從王祭先王褕翟
祭先公闕翟祭羣小祀鞠衣以告桑展衣以禮見王及賓客
褖衣以御于王不言朝舅姑之服今傳旣云婦人有副褘盛
飾卽云以朝事舅姑則以褘衣朝舅姑矣知者以特牲云士
妻祭用纚笄綃衣而士昏禮云纚笄綃衣見於舅姑是朝舅
姑助祭其服同也王后褘衣以祭先王明朝事舅姑亦服之
矣檀弓曰婦人不飾不敢見舅姑將有四方之賓來褻衣何

爲陳於斯似朝舅姑與見四方賓同服展衣者彼以大夫之
妻賓客有尊於舅姑者王后則賓客無與舅姑敵者朝事舅
姑得申上服也王后而得有舅者因姑以協句且詩者設言
耳文王稱王之時太姒老矣不必有父母可歸寧何但無舅
姑也接見于宗廟謂以助祭用褘衣也進見于君子義與奠
同朝于王則展衣御于王則褖衣二者同名爲進見也云其
餘則私明自展褖以上爲公衣矣但擧終始以言之明褕翟
闕翟鞠衣亦在可知也或以進見君子文承副褘之下則皆
以副褘也其餘則私謂褕翟以下知不然者以其臣朝君不
過朝服助祭乃用冕后不宜用祭服以朝王若其餘則私謂
褕翟以下則褕翟當澣君子偕老傳曰褕翟闕翟羽飾衣也
以羽飾衣何由可澣又傳言私燕服若褕翟闕翟乃助祭之
衣不得爲燕褻之服也以此知毛言進見于君子非副褘也
上擧褘衣之名下言展褖之事明六服皆爲公衣其餘則爲
私也六服之外唯有纚笄綃衣耳。箋煩煩撋至褖衣。正
義曰鄭以私謂燕服衣謂公衣故云衣謂褘衣以下至褖衣
以明六服非私也言煩煩撋之用功深澣謂濯之言其用功
淺也此以公對私爲深淺耳若據澣中又有深淺澣深於漱
故內則注云手曰漱足曰澣以內則冠帶言漱衣裳言澣故
漱又淺於澣散而言之皆通以此經言汙㡿揔之云澣濯之

詩疏一之二　六

衣此六服明手濯不足澣也曲禮曰諸母不漱裳裳乃褻服
宜煩撋之而言漱是皆通稱也。傳父母至歸寧。正義曰
此謂諸侯夫人及王后之法春秋莊二十七年杞伯姬來左
傳曰凡諸侯之女歸寧曰來是父母在得歸寧也父母旣沒
則使卿寧於兄弟襄十二年左傳曰楚司馬子庚聘于秦爲
夫人寧禮也是父母沒不得歸寧也泉水有義不得往載馳
許人不嘉皆爲此也若卿大夫之妻父母雖沒猶得歸寧喪
服傳曰爲昆弟之爲父後者何以亦期也婦人雖在外必有
歸宗言父母雖沒有時來歸故不降爲父後者謂大夫以下
也故鄭志荅趙商曰婦人有歸宗謂自其家之爲宗者大夫
稱家言大夫如此耳夫人王后則不然也天子諸侯位高恐
其專恣淫亂故父母旣沒禁其歸寧大夫以下位卑畏威故
許之耳。箋我之至君子。正義曰以言害澣害否明其無
所偏否故知公私皆澣常自潔清也若如傳言私服宜否則
經之害澣害否乃是問辭下無揔結殆非文勢也豈詩人設
問待毛傳荅以足之哉且上言汙私澣衣衣私别文明其異
也私爲私服明衣是公衣衣澣私汙無不澣之事故知公私
皆澣所以不從傳也若然三狄之服刻繒爲形而畫以五色
所以得澣者言公服有澣者耳不必六服皆澣
也三狄不可澣鞠展褖純色之衣得澣之也

葛覃三章章六句

卷耳后妃之志也又當輔佐君子求賢審官知臣下之勤勞內有進賢之志而無險詖私謁之心朝夕思念至於憂勤也謁請也○卷耳卷鴳反苓耳也廣雅云枲耳也郭云亦曰胡枲江南呼常枲草木疏云幽州人謂之爵耳詖彼寄反妄加人以罪也崔云險詖不正也苓音零【疏】卷耳四章章四句至憂勤○正義曰作卷耳詩者言后妃之志也后妃非直憂在進賢躬率婦道又當輔佐君子其志欲令君子求賢德之人審置於官位復知臣下出使之勤勞欲令君子賞勞之內有進賢人之志唯有德是用而無險詖不正私請用其親戚之心又朝夕思此欲此君子官賢人乃至於憂思而成勤此是后妃之志也言又者繫前之辭雖則異篇而同是一人之事故言又爲亞次也輔佐君子摠辭也求賢審官至於憂勤皆是輔佐君子之事君子所專后妃志意如然故云后妃之志也險詖者情實不正譽惡爲善之辭也私謁者婦人有寵多私薦親戚故厲王以豔妻方煽七子在朝成

湯謝過婦謁盛與險詖私謁是婦人之常態聖人猶恐不免后妃能無此心故美之也至於憂勤勤爲勞心憂深不已至於勞勤后妃之篤志也至於憂勤卽首章上二句是也求賢審官卽首章下二句是也經敘倒者敘見后妃求賢而憂勤故先言求賢經主美后妃之志能爲此憂勤故先言其憂也○

采采卷耳不盈頃筐憂者之興也采采事采之也卷耳苓耳也頃筐畚屬易盈之器也箋云器之易盈而不盈者志在輔佐君子憂思深也○頃音傾筐起狂反韓詩云頃筐欹筐也畚音本何休云草器也說文同易以豉反下同思息吏反下憂思同○嗟我懷人寘彼周行懷思寘置行列也思君子官賢人置周之列位箋云周之列位謂朝廷臣也○寘之豉反行戶康反註下同朝直遙反○【疏】采采至周行○正義曰言有人事采此卷耳之菜不能滿此頃筐頃筐易盈之器而不能滿者由此人志有所念憂思不在於此故也此采菜之人憂念之深矣以興后妃志在輔佐君子欲其官賢賞勞朝夕思念至於憂勤其憂思深遠亦如采菜之人也此后妃之憂爲何事言后妃嗟呼而歎我思君子官賢人欲令君子置此賢人於彼周之列位以爲朝廷臣也我者后妃自我也下箋云我我使臣我我君此不解者以詩

主美后妃故不特言也言彼者后妃主求賢人爲此故以周行爲彼也○傳憂者至之器○正義曰不云興也而云憂者之興明有異於餘興也餘興言采菜卽取采菜喻言生長卽取以生長喻此言采菜而取憂爲興故特言憂者之興言興取其憂而已不取其采菜也言事采之者言勤事采此菜也此與芣苢俱言采采彼傳云非一辭與此不同者此取憂爲興言勤事采菜尚不盈筐言其憂之極故云事采之彼以婦人樂有子明其采者衆故云非一辭其實采采之義同故鄭志答張逸云事謂事事一一用意之事芣苢亦然雖說異義則同是也然則此謂一人之身念采非一彼芣苢謂采人衆多非一故鄭云義則同也卷耳苓耳釋草文郭璞曰廣雅云枲耳亦云胡枲江東呼常枲或曰苓耳形似鼠耳叢生如盤陸機疏云葉青白色似胡荽白華細莖蔓生可煮爲茹滑而少味四月中生子如婦人耳中璫今或謂之耳璫幽州人謂之爵耳是也言頃筐畚屬者說文云畚草器所以盛種此頃筐可盛菜故言畚屬以曉人也言易盈之器者明此器易盈自有所憂不能盈耳解以不盈爲喻之意也○箋周之至廷臣正義曰知者以其言周行是周之列位周是后妃之朝故知官人是朝廷臣也襄十五年傳引詩曰嗟我懷人寘彼周行能官人也王及公侯伯子男采衛大夫各居其列所謂周行

也彼非朝廷臣亦言周行者傳證楚能官人引詩斷章故不與此同

陟彼崔嵬我馬虺隤陟升也崔嵬土山之戴石者虺隤病也箋云我我使臣也臣以兵役之事行出離其列位身勤勞於山險而馬又病君子宜知其然○崔徂回反嵬五回反虺呼回反徐呼懷反說文作㾯隤徒回反徐徒壞反爾雅同孫炎云馬退不能升之病也說文作頹使色吏反下同離力智反我姑酌彼金罍維以不永懷姑且也人君黃金罍永長也箋云我我君也臣出使功成而反君且當設饗燕之禮與之飲酒以勞之我則以是不復長憂思也言且者君賞功臣或多於此○姑如字說文作夃音同云秦以市買多得爲夃罍盧回反酒罇也韓詩云天子以玉飾諸侯大夫皆以黃金飾士以梓禮記云夏曰山罍其形似壺容一斛刻而畫之爲雲雷之形勞力到反不復扶富反【疏】陟彼至永懷○正義曰后妃言升彼崔嵬山巔之上者我使臣也我使臣以兵役之事行出離其列位在於山險身已勤苦矣其馬又虺隤而病我之君子當宜知其然若其還也我君子且酌彼金罍之酒饗燕以勞之我則維以此之故不復長憂思矣我所以憂思恐君子不知之耳君子知之故不復憂也○傳崔嵬至隤病○正義曰釋山云石戴土

謂之崔嵬孫炎曰石山上有土者又云土戴石爲砠孫炎曰土山上有石者此及下傳云石山戴土曰砠與爾雅正反者或傳寫誤也釋詁云虺隤玄黃病也孫炎曰虺隤馬罷不能升高之病玄黃馬更黃色之病然則虺隤者病之狀玄黃者病之變色二章互言之也。箋我我至其然。正義曰序云知臣下之勤勞故知使臣也定本云我我臣也無使字言勤勞故知兵役之事事莫勞於兵役故舉其尤苦而言之其實聘使之勞亦閔念之四牡之篇是其事也言君子宜知其然謂未還宜知之還則宜賞之故上句欲君子知其勞下句欲君子加其賞也。傳人君黃金罍。正義曰此無文也故異義罍制韓詩說金罍大夫器也天子以玉諸侯大夫皆以金士以梓毛詩說金罍酒器也諸臣之所酢人君以黃金飾尊大一碩金飾龜目蓋刻爲雲雷之象謹案韓詩說天子以玉經無明文謂之罍者取象雲雷博施如人君下及諸臣又司尊彝云皆有罍諸侯之所酢注云罍亦刻而畫之爲山雲之形言刻畫則用木矣故禮圖依制度云刻木爲之韓詩說言士以梓士無飾言其木體則以上同用梓而加飾耳毛說言大一碩禮圖亦云大一斛則大小之制尊卑同也雖尊卑飾異皆得畫雲雷之形以其名罍取於雲雷故也毛詩說諸臣之所酢與周禮文同則人君黃金罍謂天子也周南王者之

風故皆以天子之事言焉。箋我我至於此。正義曰以后妃有其志耳事不敢專故知所勞臣者君也言臣出使功成而反者聘義云使者聘而誤主君不親饗明功不成不勞之也將率之敗非徒無賞亦自有罪故知功成而反也設饗燕之禮者以經云金罍兕觥皆陳酒事與臣飲酒唯饗燕耳言且者君賞功臣或多於此言或當更有賞賜非徒饗燕而已僖三十三年郤缺獲白狄子受一命之服宣十五年荀林父滅潞晉侯賜以千室之邑是其多也

陟彼高岡我馬玄黃我姑酌彼兕觥維以不永傷山脊曰岡玄馬病則黃兕觥角爵也傷思也箋云此章爲意不盡申殷勤也觥罰爵也饗燕所以有之者禮自立司正之後旅醻必有醉而失禮者罰之亦所以爲樂。岡古康反兕字又作觥徐履反爾雅云兕似牛觵古橫反以兕角爲之字又作觥韓詩云容五升禮圖云容七升爲意于僞反殷勤並如字俗本下並加心非也樂音洛

〔疏〕○傳山脊至角爵○正義曰釋山云山脊岡孫炎曰長山之脊也釋獸云兕似牛郭璞曰一角青色重千斤者以其言兕必以兕角爲之觥者爵稱也爵總名故云角爵也。箋此章至爲樂。正義曰詩本畜志發憤情寄於辭故有意不盡重章以申殷勤詩之初始有此故解之傳云兕觥角爵言其體此言觥罰爵解其用言兕表用角言觥顯其罰二者相接也異義韓詩說一升曰爵爵盡也足也二升曰觚觚寡也飲當寡少三升曰觶觶適也飲當自適也四升曰角角觸也不能自適觸罪過也五升曰散散訕也飲不自節爲人謗訕總名曰爵其實曰觴觴者餉也觥亦五升所以罰不敬觥廓也所以著明之貌君子有過廓然著明非所以餉不得名觴詩毛說觥大七升許慎謹案觥罰有過一飲而盡七升爲過多由此言之則觥是觚觶角散之外別有此器故禮器曰宗廟之祭貴者獻以爵賤者獻以散尊者舉觶卑者舉角特牲二爵二觚四觶一角一散不言觥之所用是正禮無觥不在五爵之例禮圖云觥大七升以兕角爲之先師說云刻木爲之形似兕角蓋無兕者用木也知觥必以罰者地官閭胥掌其比觥撻罰之事注云觥撻者失禮之罰也觥用酒其爵以兕角爲之春官小胥職亦云觥其不敬者是以觥罰人之義也故桑扈絲衣皆云兕觥其觩明爲罰而不犯矣饗燕之禮有兕觥者以饗燕之禮立司正之後旅醻無算必有醉而失禮者以觥罰之亦所以爲樂也然則此后妃志使君勞臣宜是賢者不應失禮而用觥者禮法饗燕須設之耳不謂卽以罰人也知饗有觥者七月云朋酒斯饗稱彼兕觥成十四年左傳衞侯饗苦成叔甯惠子引詩云

兕觥其觩旨酒思柔故知饗有觥也饗以訓恭儉不應醉而用觥者饗禮之初示敬故酒清而不敢飲肉乾而不敢食其末亦如燕法鄉飲酒大夫之饗禮亦有旅醻無算爵則饗末亦有旅醻恐其失禮故用觥也知燕亦有觥者昭元年左傳鄭人燕趙孟穆叔子皮及曹大夫興拜舉兕爵是燕有兕觥也鄉飲酒禮無觥者說行禮不言其有過之事故也又知用觥在立司正之後者燕禮立射人爲司正之後乃云北面命大夫君曰以我安卿大夫皆對曰諾敢不安又曰賓反入及卿大夫皆脫屨升就席公以賓及卿大夫皆坐乃安又司正升受命君曰無不醉賓及卿大夫皆興對曰諾敢不醉以此言之立司正之後君命安賓又升堂皆坐命之無不醉於此以後恐其失禮故知宜有觥也

陟彼砠矣我馬瘏矣我僕痡矣云何吁矣石山戴土曰砠瘏病也痡亦病也吁憂也箋云此章言臣既勤勞於外僕馬皆病而今云何乎其亦憂矣深閔之辭。砠本亦作岨同七餘反瘏音塗本又作屠非痡音敷又普烏反本又作鋪同吁香于反痛病也一本作痡亦病也者非

〔疏〕○傳瘏病痡亦病也○正義曰釋詁云痡瘏病也孫炎曰痡人疲不能行之病瘏馬疲不能進之病也

卷耳四章章四句

樛木，后妃逮下也。言能逮下而無嫉妬之心焉。后妃能和諧衆妾，不嫉妬其容貌，恒以善言逮下而安之。○樛，居虯反，木下曲曰樛。字林九稠反。馬融、韓詩本並作朻，音同，字林已周反。說文以朻爲木高。逮，徒帝反。之心焉，崔集註本此序有鄭注，檢衆本並無。

疏「樛木三章章四句」至「之心焉」。○正義曰：作樛木詩者，言后妃能以恩義接及其下衆妾，使俱以進御於王也。后妃所以能恩意逮下者，而無嫉妬之心焉。定本「焉」作「也」。逮下者，三章章首二句是也。既能逮下，則樂其君子，安之福祿，是由於逮下故也。

南有樛木，葛藟纍之。興也。南，南土也。木下曲曰樛。南土之葛藟茂盛。箋云：木枝以下垂之故，故葛也藟也得纍而蔓之，而上下俱盛。興者，喻后妃能以意下逮衆妾，使得其次序，則衆妾上附事之，而礼義亦俱盛。南土謂荆楊之域。○藟，本亦作虆，力軌反，似葛之草。草木疏云：一名巨荒，似燕薁，亦連蔓，葉似艾，白色，其子赤，可食。纍，力追反，纏繞也。本又作虆。上附，時掌反。

疏傳「南南土」至「茂盛」。○正義曰：諸言南山者，皆據其國內，故傳云周南山、曹南山也。今此樛木言南，不必己國，何者？以興必取象，以興后妃上下之盛，宜取木之盛者，木盛莫如南土，故言南土也。下曲曰樛者，釋木文。藟與葛異，亦葛之類也。陸機云：「藟，一名巨瓜，似燕薁，亦延蔓生，葉艾白色，其子赤，亦可食，酢而不美。」是也。○箋「木枝」至「之域」。○正義曰：箋知取上下俱盛者，以下云「樂只君子」，據后妃與衆妾，則此經非直興下逮而已，又興其上下相與有礼義，可以樂君子，故知取上下俱盛，以喻后妃能以恩意下逮衆妾，令之次敘進御，使得其所，則衆妾上親附而事之，尊卑有敘，礼義亦俱盛也。又解傳言南土之處，謂荆州、揚州之域。知者，禹貢「淮海惟揚州，厥木惟喬，厥草惟夭」，是揚州草木美茂也。又周官「正南曰荆州」，又曰「東南曰揚州」，二州境界接連，故皆有江漢，俱宜稻麥，則生草木大同。又荆州在正南，此言南土，故以爲荆揚也。此南與下「南有喬木」同，彼喬木與「厥木惟喬」亦同，據荆揚矣。彼注不言，從此可知。若然，下傳「南方之木美，喬而上竦，則非葛藟所能延」，言樛木者，木種非一，皆以地勢之美，或下垂，或上竦也。

樂只君子，福履綏之。履，祿。綏，安也。箋云：妃妾以礼義相與和，又能以礼樂樂其君子，使爲福祿所安。○只，之氏反，徐：是也。綏，之音雖。樂，樂，上音岳，下音洛。

疏箋「后妃」至「所安」。○正義曰：定本云「妃妾以礼義相與」，不作「后妃」字，於義是也。言又能以礼樂樂其君子者，妃妾相與既有礼義，又以此礼義施於君子，所以言「又」也。所以得樂君子者，以內和而家治，則天下化之，四方感德，樂事文王，而此爲福祿所安也。南山有臺箋云「只之言是」，則此只亦爲是。此箋云「樂其君子」，猶言樂是君子矣。祭統曰：「福者，富也，大順之顯名。」孝經援神契云：「祿者，錄也。取上所以敬錄接下，下所以謹錄事上。」堯典曰「天祿永終」，及此「以樂君子」，皆謂保王位爲福祿。天保云「降爾遐福」，天下普蒙，則下民遇善時亦曰福祿，故正月云「民今之無祿」，是福祿之言無定分矣。「福履將之」，毛以爲福祿所大，鄭以爲福祿之所扶助。

南有樛木，葛藟荒之。樂只君子，福履將之。荒，奄。將，大也。箋云：此章申殷勤之意。將猶扶助也。

南有樛木，葛藟縈之。樂只君子，福履成之。縈，旋也。成，就也。○縈，本又作縈，烏營反，說文作藥。

樛木三章章四句

螽斯，后妃子孫衆多也。言若螽斯不妬忌，則子孫衆多也。忌有所諱惡於人。○螽，音終，爾雅作蜤，音同。惡，烏路反。

疏「螽斯三章章四句」至「衆多」。○正義曰：此不妬忌得子孫衆多者，以其不妬忌，則嬪妾俱進，所生亦后妃之子孫，故得衆多也。思齊云：「大姒嗣徽音，則百斯男。」傳云：「大姒十子，衆妾則宜百子。」是也。三章皆言后妃不妬忌，子孫衆多，既言其多，因說其美，言仁厚、戒慎、和集耳。○箋「忌有」至「於人」。○正義曰：忌者，人有勝己，己則諱其不如，惡其勝己，故曰「有所諱惡於人」。德是也。此唯釋忌，於義未盡，故小星箋云「以色曰妬，以行曰忌」。故僖十年左傳說晉侯「其言多忌」，是忌不謂色也。嫉者，色行俱有，又取怨憎之名，則又甚於妬忌也。故此與樛木同論后妃，前云「無嫉妬之心」，此云「不妬忌」，是爲大同也。又小星云「無妬忌之行」，樛木云「無嫉妬之心」，則嫉亦大同，心之與行，別外內之稱，行爲心使，表裏一也。本以色曰妬，以行曰忌，但後之作者，妬亦兼行，故云「妬賢嫉能」。○

螽斯羽，詵詵兮。螽斯，蚣蝑也。詵詵，衆多也。箋云：凡物有陰陽情慾者，無不妬忌，維蚣蝑不耳，各得受氣而生子，故能詵詵然衆多。后妃之德能如是，則宜然。○詵，所巾反，說文作㚫，音同。蚣，粟容反，字林作蜙，先凶反，郭璞先工反，許慎思弓反。蝑，粟居反，許慎、呂沈並先呂反，郭璞才與反。案：一名斯螽，七月詩云「斯螽動股」是也。揚雄、許愼皆云春黍草木疏云幽州謂之春箕蝗類也長而青長股股鳴者也郭璞注方言云江東呼爲蚱蜢音竹帛反蜢音猛慾音欲諸詮之音諭不耳本或作不然

宜爾子孫振振兮振振仁厚也箋云后妃之德寬容不嫉妬則宜女之子孫使其無不仁厚○振音眞女音汝〔疏〕螽斯至振振兮○正義曰螽斯之蟲不妬忌故諸蚣蝑皆共交接各各受氣而生子故螽斯之羽詵詵然衆多以興后妃之身不妬忌故令衆妾皆共進御各得受氣而生子故后妃子孫亦衆多也非直子多則又宜汝之子孫使之振振兮無不仁厚也此以螽斯之多喻后妃之子而言羽者螽斯羽蟲故舉羽以言多也○傳螽斯蚣蝑○正義曰此言螽斯七月云斯螽文雖顚倒其實一也故釋蟲云蜤螽蚣蝑舍人曰今所謂春黍也陸機疏云幽州人謂之春箕春箕即春黍蝗類也長而青長角長股股鳴者也或謂似蝗而小班黑其股似瑇瑁又五月中以兩股相切作聲聞數十步是也此實興也傳不言興者鄭志荅張逸云若此無人事實興也文義自解故不言之凡說不解者耳衆篇皆然是由其可解故傳不言興也傳言興也箋言興者喻言傳所興者欲以喻此事也興喻名異而實同或與傳興同而義異亦云興者喻摽有梅之類也亦有興也不言興者或鄭不爲興若厭浥行露之類或便文徑喻若綠衣之類或同興箋略不言喻者若邶風習習谷風之類也或疊傳之文若葛覃箋云興焉之類是也然有興也不必要有興者而有興者必有興也亦有毛不言興自言興者若四月箋云興人爲惡有漸是也或興喻並不言直云猶亦若者雖大局有準而應機無定鄭云喻者喻猶曉也取事比方以曉人故謂之爲喻也○箋凡物至宜然○正義曰昭十年左傳曰凡有血氣皆有爭心是有情慾者無不妬也序云若螽斯不妬忌則知唯蚣蝑不耳○傳振振仁厚○正義曰言宜爾子孫明子孫皆化后妃能寬容故爲仁厚即寬仁之義也麟趾殷其靁傳曰振振信厚者以麟趾序云雖衰世之公子皆信厚殷其靁其妻勸夫以義臣成君事亦信故皆以爲信厚也○箋后妃至仁厚○正義曰此止說后妃不妬衆妾得生子衆多而言孫者協句且孫則子所生生子衆則孫亦多矣此言后妃子孫仁厚然而有管蔡作亂者此詩人盛論之據其仁厚者多耳

螽斯羽薨薨兮宜爾子孫繩繩兮薨薨衆多也繩繩戒愼也○薨呼弘反

螽斯羽揖揖兮宜爾子孫蟄蟄兮揖揖會聚也蟄蟄和集也○揖子入側立二反蟄尺十反徐又直立反

螽斯三章章四句

桃夭后妃之所致也不妬忌則男女以正婚姻以時國無鰥民也老而無妻曰鰥○桃夭於驕反桃木名說文作枖云木少盛貌鰥本亦作鰥古頑反〔疏〕桃夭三章章四句至鰥民○正義曰作桃夭詩者后妃之所致也后妃內脩其化贊助君子致使天下有禮昏娶不失其時故曰致也由后妃不妬忌則令天下男女以正年不過限昏姻以時行不踰月故周南之國皆無鰥獨之民焉皆后妃之所致也此雖文王化使之然亦由后妃內贊之致故因上螽斯后妃不妬忌後言其所致也且言致從家至國亦自近致遠之辭也男女以正三章上二句是也昏姻以時下二句是也國無鰥民爲申述所致之美於經無所當也○箋老而至曰鰥○正義曰劉熙釋名云無妻曰鰥者愁悒不寐目恒鰥鰥然故其字從魚魚目不閉也無夫曰寡寡踝也單獨之名鰥或作矜同蓋古今字異王制曰老而無妻謂之矜老而無夫謂之寡則鰥寡年老不復嫁娶之名也孝經注云丈夫六十無妻曰鰥婦人五十無夫曰寡也知如此爲限者以內則云妾雖老年未滿五十必與五日之御則婦人五十不復御明不復嫁矣故知稱寡以此斷也士昏禮註云姆婦人年五十出而無子者亦出於此也本三十男二十女爲昏婦人五十不嫁男子六十不復娶爲鰥寡之限也巷伯傳曰吾聞男女不六十不閒居謂婦人也內則曰雖及七十同藏無閒謂男子也此其差也白虎通云鰥之言鰥鰥無所親則寡者少也言少匹對耳故鴻鴈傳偏喪曰寡此其對例也婦人無稱鰥之文其男子亦稱寡襄二十八年傳曰崔杼生成及彊而寡故爾雅云無夫無婦並謂之寡丈夫曰索婦人曰釐又許愼曰楚人謂寡婦爲霜並其異名也鰥寡之名以老爲稱其有不得及時爲室家者亦同名焉即此無鰥民謂年不過時過則謂之鰥故舜年三十不娶書曰有鰥在下曰虞舜唐傳孔子曰舜父頑母嚚不見室家之端故謂之鰥是三十不娶稱鰥也又何草不黃云何人不矜尚從軍未老不早還見室家亦謂之矜易大過九二老夫得其女妻無不利九五老婦得其士夫无咎无譽彼鄭注云以丈夫年過娶二十之女老婦年過嫁於三十之男皆得其子彼言老若容男六十婦五十猶得嫁娶者禮宗子雖七十無主婦是年過可以改娶則婦人五十或可以更嫁者言鰥寡據其不得嫁娶者耳傳言崔杼爲寡則有子亦稱寡鰥寡據其困者多是無子故王制及周禮皆云天民之窮而無所告者

傳以桃之夭夭言其少壯宜其室家爲不踰時則上句言其年盛下句言嫁娶得時也但傳說昏嫁年月於此不著標有梅卒章傳曰三十之男二十之女不待禮會而行之謂期盡之法則男女以正謂男未三十女未二十也此三章皆言女得以年盛時行則女自十五至十九也女年既盛則男亦盛矣自二十至二十九也東門之楊傳曰男女失時不逮秋冬則秋冬嫁娶正時也言宜其室家無踰時則三章皆爲秋冬時矣鄭以三十之男二十之女仲春之月爲昏是禮之正法則三章皆上二句言婦人以年盛時行謂二十也下句言年時俱當謂行嫁又得仲春之正時也。

桃之夭夭灼灼其華興也桃有華之盛者夭夭其少壯也灼灼華之盛也箋云興者喻時婦人皆得以年盛時行也。少詩照反**之子于歸宜其室家**之子嫁子也于往也宜以有室家無踰時者箋云宜者謂男女年時俱當。當丁浪反。

【疏】桃之至室家。毛以爲少壯之桃夭夭然復有灼灼然此桃之盛華以興有十五至十九少壯之女亦夭夭然復有灼灼之美色正於秋冬行嫁然是此行嫁之子往歸嫁於夫正得善時宜其爲室家矣。鄭唯據年月不同又宜者謂年時俱善爲異。傳桃有華之盛者。正義曰夭夭言桃之少灼灼言華之盛桃或少而未華或華而不少此詩夭夭灼灼並言之則是少而有華者故辨之言桃有華之盛者由桃少故華盛以喻女少而色盛也。箋時婦至時行。正義曰此言年盛時謂以年盛二十之時非時月之時下云宜其室家乃據時月耳。箋宜者至俱當。正義曰易傳者以既說女年之盛又言之子于歸後言宜其室家則揔上之辭故以爲年時俱當。

桃之夭夭有蕡其實蕡實貌非但有華色又有婦德。蕡浮雲反**之子于歸宜其家室**家室猶室家也**桃之夭夭其葉蓁蓁**蓁蓁至盛貌有色有德形體至盛也。蓁側巾反**之子于歸宜其家人**一家之人盡以爲宜箋云家人猶室家也。盡津忍反或如字他皆放此

【疏】箋家人猶室家。正義曰易傳者以其與上相類同有宜其之文明據宜其爲夫婦據其年盛得時之美不宜橫爲一家之人桓十八年左傳曰女有家男有室室家謂夫婦也此云家人家猶夫也猶婦也以異章而變文耳故云家人猶室家也

桃夭三章章四句

附釋音毛詩注疏卷第一（一之二）

翰林院編修南昌黃中模栞

毛詩注疏校勘記（一之二）　阮元撰盧宣旬摘錄

○葛覃

葛覃三章章六句至以婦道　閩本明監本毛本同案正義本章句在篇前故標起止如此唯關雎獨不然於全書相反當是南宋合併時所移也合併所用經注本章句在篇後釋文唐石經小字本相臺本皆然與關雎正義所云定本合與正義本不合餘同此

喻其容色美盛也　小字本相臺本無也字閩本明監本毛本有案此也字當衍

灌木藂木也　小字本相臺本同考文古本同閩本明監本毛本藂作叢案正義作叢釋文叢才公反俗作藂一本作冣作外反段玉裁云當作冣冣積也从冖从取才句反古書冣字多譌爲冣字從曰是以顔黄門説周氏劉氏讀徂會祖會二反釋文亦云一本作冣作外反也今考皇矣傳云灌木叢生也當以釋文正義本爲長

謂之黄鸝　毛本鸝誤鸎閩本明監本不誤案段玉裁云廣韻鸎鳥羽文也鸝黄鸎二字有别爾雅䟽即取此字正作鸝

看我麥黄甚熟亦　閩本明監本毛本同案亦當作不與上句留字韻○按艸木蟲魚䟽正作不

濩煑之也　小字本相臺本同案釋文濩下云煑也無之字考釋文之例無毛云鄭云者或用己意增損注文如下傳精曰絺釋文絺下云葛之精者曰絺皆其類也但此傳毛用爾雅文之字不當去考文古本無采釋文

以煑之於濩　閩本明監本毛本同案此不誤浦鏜云當作鑊非也考爾雅作是乂是鑊鑊煑之也皆用正字此皆用假借爾雅釋文鑊又作濩同

纓之無綏　閩本同明監本毛本綏作緌案緌字是也考鄭周禮注云士冠禮及玉藻冠緌之字故書亦多作綏者是冠緌字誤爲綏久矣鄭定用緌字唐時不應更用綏也

婦人謂嫁曰歸　小字本相臺本同案正義云定本歸上無曰字釋文云本亦無曰字此依公羊傳文考此即楚人謂乳穀謂虎於菟之類毛傳文古故其語亦如此當以定本爲長其鄭箋則有曰字見江有汜南山

害何也　小字本相臺本同閩本明監本毛本害誤曷案段玉裁云此謂害爲曷之假借傳例如此

傳亦宜然○南山箋云姜與姪娣　閩本明監本毛本同案然下浦鏜云誤衍○姜上浦鏜云脱文字是也

此后妃莘國之長女　閩本明監本毛本莘誤幷

故王肅述毛合之云　閩本明監本毛本合誤荅

若如傳言私服宜否　閩本明監本毛本服下有宜澣公服四字案所補是也

○卷耳

言后妃嗟呼而歎也　閩本明監本毛本呼作吁案所改是

君賞功臣　小字本相臺本同考文古本同閩本明監本毛本君誤若案閩本明監本毛本正義中亦誤若

衛侯饗苦成叔　閩本明監本毛本不重成字案此蓋以苦成爲邑成爲謚前人亦多言郤犨謚成者其左氏傳舊解與

云何吁矣　唐石經小字本相臺本同案爾雅注詩曰云何盱矣邢疏云卷耳及都人士文也郭所稱未必爲毛氏詩邢氏不辨此經作吁而引之非也考釋文石經此作吁而都人士及何人斯作盱者盱爲正字吁爲假借經中用字例不畫一也例見前

痡亦病也　小字本相臺本同案釋文云痡病也一本作痡亦病也者非正義本標起止有亦字考傳文不嫌於痡病也之下更云痡病也當以釋文本爲長

○樛木

后妃能和諧衆妾不嫉妬其容貌恒以善言逮下而安之

小字本相臺本同案此二十二字非鄭注也釋文云崔集注本此序有鄭注檢衆本並無是釋文本無此注也序云言能逮下正義云言后妃能以恩意接及其下衆妾而此注以序中言字爲善言於正義無文是正義本亦無此注也且以言爲善言既不出於經亦不更見箋中必非鄭注審矣各本乃沿崔集注之誤當據釋文正義正之

謂荆楊之域 小字本相臺本楊作揚閩本明監本毛本亦作揚案正義字皆作揚考春秋元命包以爲地多赤楊引見於建康實錄是字本從木也其李巡爾雅注劉熙釋名皆以輕揚爲義唐人遂但用從才字然則鄭箋應本作揚字釋文正義二本應俱作揚字餘同此

似葛之草木疏云 〔補〕毛本之作類案釋文云似葛之草也是草字宜重毛本亦非

一名巨瓜 閩本明監本毛本瓜作苽案皆誤也當作荒易釋文齊民要術可證

令之次敘進御 閩本明監本毛本同案注作序正義作敘序敘古今字易而說之也例見前考文古本注亦作敘是用正義以改注由不悉正義之例故也

降邇遐福 閩本同明監本毛本邇作爾案爾字是也

○螽斯

德是也 閩本明監本毛本同案此不誤浦鏜云德是二字當衍文非也德者對色而言與下文以行曰忌意同讀當三字爲一句也

維蚣蝑不耳 小字本相臺本同案釋文云不耳本或作不然正義云則知唯蚣蝑不耳是正義本作耳不字當上聲讀考文古本耳作爾考他箋所用耳字多誤爲爾而正義中仍有未誤者考文古本遂不知耳爾二字有別混而一之

則又宜汝之子孫 閩本明監本毛本同案注作女正義作汝女汝古今字易而說之也例見前考文古本注女亦作汝非餘同此

肱鳴者也 閩本同明監本毛本肱作股案股字是也鄭考工記梓人注云股鳴蚣蝑動股屬

其股似瑇瑁又 閩本明監本毛本同案又當作叉形近之譌

若襐衣之類 閩本明監本襐誤緣毛本誤緣案襐衣見鄭緣衣序注正義用彼文

則知唯蚣蝑不耳 閩本明監本毛本同案注作維正義作唯維唯古今字易而說之也例見前餘同此考文古本注維亦作唯采正義而誤東山序其唯東山乎用唯字者序字亦不與經注同也

○桃夭

婚姻以時 小字本同閩本明監本毛本同唐石經相臺本作昏案昏婚古今字序用昏字唐石經相臺本是也正義每易爲婚字而說之今正義此作昏者亦後改也餘同此其引士昏禮及行露匏有苦葉昏時等仍用昏者非此例

襄二十八年 閩本明監本毛本同案浦鏜云七誤八以左傳考之浦校是也

故爾雅云無夫無婦 閩本明監本毛本同案爾當作小小雅者今在孔叢第十一此其廣名文也狼跋文王正義皆云膚美小雅廣訓文是其證浦鏜云爾雅上脫小字非也唐人如李善文選注之類多稱小雅漢書志云小雅一篇誤本乃作小爾雅耳

无告无譽 閩本明監本毛本二无字誤無案引易文舊多作无其非易文閒亦作无則當時寫書人以无爲無之別體也餘同此

雖七十無主婦 閩本明監本毛本同案浦鏜云脫一無字以禮記考之浦校是也

與者踰時婦人 閩本明監本毛本同小字本相臺本踰作踰考文古本同案踰字是也山井鼎云諸本皆誤但據注疏本而言耳

謂年時俱善爲異 閩本明監本毛本同案善當作當考正義上下文可證

家猶夫也猶婦也 閩本明監本毛本同案猶婦上當脫入字

附釋音毛詩注疏卷第一　一之三　三

毛詩國風　鄭氏箋　孔穎達疏

兔罝，后妃之化也。關雎之化行，則莫不好德，賢人衆多也。菟罝菟又作兔他故反罝音子斜反說文子余反好呼報反

疏 兔罝三章章四句至衆多。正義曰作兔罝詩者言后妃之化也言由后妃關雎之化行則天下之人莫不好德是故賢人衆多由賢人多故兔罝之人猶能恭敬是后妃之化行也經三章皆言賢人衆多之事也經直陳兔罝之人賢而云多者箋云罝兔之人鄙賤之事猶能恭敬則是賢人衆多是舉微以見著也桃夭言后妃之所致此言后妃之化芣苢言后妃之美此三章所美如一而設文不同者以桃夭承螽斯之後螽斯以前皆后妃身事桃夭則論天下昏姻得時爲自近及遠之辭故云所致也此兔罝又承其後已在致限故變言之化明后妃化之使然也芣苢以后妃事終故揔言之美其實三者義通皆是化美所以致也又上言不妬忌此言關雎之化行不同者以桃夭說昏姻男女故言不妬忌此說賢人衆多以關雎求賢之事故言關雎之化行芣苢則婦人樂有子故云和平序者隨義立文其實揔上五篇致此三篇

肅肅兔罝，椓之丁丁。肅肅敬也兔罝兔罟也丁丁椓杙聲也箋云罝兔之人鄙賤之事猶能恭敬則是賢者衆多也。椓陟角反丁陟耕反罟音古罔也杙本又作弋羊職反郭羊北反爾雅云樴謂之杙李巡云橛也樴音特橛音其月反

赳赳武夫，公侯干城。赳赳武貌干扞也箋云干也城也皆以禦難也此罝兔之人賢者也有武力可任爲將帥之德諸侯可任以國守扞城其民折衝禦難於未然。赳居黝反爾雅云勇也干如字孫炎注云干楯所以自蔽扞也舊戶旦反沈音幹扞戶旦反禦魚呂反難乃旦反下同任音壬將子匠反帥色類反沈所愧反可任而鴆反後不音者放此守手又反折之設反衝昌容反

疏 肅肅兔罝椓之丁丁赳赳至干城。毛以爲肅肅然恭敬之人乃爲兔作罝身自椓杙其椓杙之聲丁丁然雖爲鄙賤之事甚能恭敬此人非直能自肅敬又是赳赳然威武之夫可以爲公侯之扞城言可以蕃屏公侯爲之防固也。鄭唯以干城爲異言此兔罝之人有赳赳然威武之德公侯可任以國守令扞城其民使之折衝禦難於未然也謂公侯使之與民作扞城也。傳肅肅至杙聲。正義曰肅肅敬也釋訓文此美其賢人衆多故爲敬小星云肅肅宵征故傳曰肅肅疾貌鴇羽鴻鴈說鳥飛文連其羽故傳曰肅肅羽聲也黍苗說宮室箋云肅肅嚴正之貌各隨文勢也釋器云兔罟謂之罝李巡曰兔自作徑路張罝捕之也釋宮云樴謂之杙李巡云杙謂橜也此丁丁連椓之故知椓杙聲故伐木傳亦云丁丁伐木聲。傳干扞也。正義曰釋言文孫炎曰干盾自蔽扞也下傳曰可以制斷公侯之腹心是公侯以爲腹心則好仇者公侯自以爲好匹干城者公侯自以爲扞城言以武夫自固爲扞蔽如盾爲防守如城然。箋干也至未然。正義曰箋以此武夫爲扞城其民易傳者以其赳赳武夫論有武任明爲民扞城可以禦難也言未然者謂未有來侵者來則折其衝禦其難也若使和好則此武夫亦能和好之故二章云公侯好仇

肅肅兔罝，施于中逵。逵九逵之道。施如字逵求龜反杜預注春秋云逵方九軌

疏 傳逵九達之道。正義曰釋宮云一達謂之道路二達謂之歧旁郭氏云歧道旁出三達謂之劇旁孫炎云旁出歧多故曰劇四達謂之衢郭氏云交道四出五達謂之康孫炎云康樂也交會樂道也六達謂之莊孫氏云莊盛也道煩盛七達謂之劇驂孫氏云三道交復有一歧出者八達謂之崇期郭氏云四道交出九達謂之逵郭璞云四道交出復有旁通者莊二十八年左傳楚伐鄭入自純門及逵市杜預云逵並九軌案周禮經塗九軌不名曰逵杜意蓋以鄭之城內不應有九出之道故以爲並九軌於爾雅則不合也

赳赳武夫，公侯好仇。箋云怨耦曰仇此兔罝之人敵國有來侵伐者可使和好之亦言賢也

疏 赳赳至好仇。毛以爲赳赳然有威武之夫有文有武能匹耦於公侯之志爲公侯之好匹此雖無傳以毛仇皆爲匹鄭唯好仇爲異

肅肅兔罝，施于中林。中林林中。施如字沈以豉反

赳赳武夫，公侯腹心。可以制斷公侯之腹心箋云此罝兔之人於行攻伐可用爲策謀之臣使之慮事。亦言賢也。斷丁亂反

疏 公侯腹心。毛以爲兔罝之人有文有武可以爲腹心之臣言公侯有腹心之謀事能制斷其是非。鄭以爲此罝兔之人賢者若公侯行攻伐時可使之爲腹心之計謀慮前事。傳可以至腹心。正義曰解武夫可爲腹心之意由能制斷公侯之腹心以能制治己之腹心臣之倚用如己腹心。箋此罝至言賢。正義曰箋以首章爲禦難謂難未至而預禦之二章爲和好怨耦謂已被侵伐使和好之也皆是用兵之事故知此腹心者謂行攻伐又可以爲策謀之臣使之慮無也慮

無者宜十二年左傳文也謀慮不意之事也今所無不意有此郎令謀之出其奇策也言用策謀明自往攻伐非和好兩軍與二章異也

兔罝三章章四句

芣苢后妃之美也和平則婦人樂有子矣天下和政教平也。芣苢音浮苢本亦作苡音以韓詩云直曰車前瞿曰芣苢郭璞云江東呼爲蝦蟇衣草木疏云幽州人謂之牛舌又名當道其子治婦人生難本草云一名牛遺一名勝舄山海經及周書王會皆云芣苢木也實似李食之宜子出於西戎衞氏傳及許愼並同此王肅亦同王基已有駮難也舄音昔［疏］芣苢三章章四句至有子。正義曰若天下亂離兵役不息則我躬不閱於此之時豈思子也今天下和平於是婦人始樂有子矣經三章皆樂有子之事也定本和平上無天下二字據箋則有者誤也。箋天下和政教平。正義曰文王三分天下有其二言天下者以其稱王王必以天下之辭故騶虞序曰天下純被文王之化是也文王平六州武王平天下事實平定雖不得言太平耳太平者王道大成

圖瑞畢至故曰太平雖武王之時亦非太平也故論語曰武盡美矣未盡善也注云謂未致太平是也武王雖未太平平定天下四海貢職比於文王之世亦得假稱太平故魚麗傳魚藻箋皆云武王太平比於周公之時其實未太平也太平又名隆平隆平者亦據頌聲既作盛德之隆故嘉魚既醉維天之命序及詩譜皆言太平惟鄭康誥注云隆平已至中候序云帝舜隆平此要政洽時和乃得稱也此三章皆再起采采之文明時婦人樂有子者衆故頻言采采見其采者多也六者在而相須首章言采之有之采者始往之辭有者已藏之稱捴其終始也二章言采之時之狀或掇拾之或捋取之卒章言所成之處或袺之或襭之首章采之據初往至則掇之捋之既得則袺之襭之歸則有藏之於首章先言有之者欲急明婦人樂采而有子故與采之爲對所以捴終始也六者本各見其一因相首尾以承其次耳掇捋事殊袺襭用別明非一人而爲此六事而已

采采芣苢薄言采之采采非一辭也芣苢馬舄馬舄車前也宜懷任焉薄辭也采取也箋云薄言我薄也［疏］傳芣苢馬舄。正義曰釋草文也郭璞曰今車前草大葉長穗好生道邊江東呼爲蝦蟆衣陸機疏云馬舄一名車前一名當道喜在牛跡中生故曰車前當道也今藥中車前子是也幽州人謂之牛舌草可鬻作茹大滑其子治婦人難產王肅引周書王會云芣苢如李出於西戎王基駮云王會所記雜物奇獸皆四夷遠國各齎土地異物以爲貢贄非周南婦人所得采是芣苢爲馬舄之草非西戎之木也言宜懷任者卽陸機疏云所治難產是也。箋薄言我薄也。正義曰毛傳言薄辭故申之言我薄也我訓經言也薄還存其字是爲辭也言我薄者我薄欲如此於義無取故爲語辭傳於薄汙我私不釋者就此衆也時邁云薄言震之箋云薄猶甫也甫始也有客曰薄言追之箋云王始言餞送之以薄爲始者以時邁下句云莫不震疊明上句薄言震之爲始動以威也有客前云以縶其馬欲留微子下云薄言追之是時將行王始言餞送之詩之薄言多矣唯此二者以薄爲始餘皆爲辭也。

采采芣苢薄言有之有藏之也

采采芣苢薄言掇之掇拾也。掇都奪反一音知劣反拾音十

采采芣苢薄言捋之捋取也。捋力活反

采采芣苢薄言袺之袺執衽也。袺音結衽入錦反又而鴆反衣際也

采采芣苢薄言襭之扱衽曰襭。襭戶結反一本作擷同扱初洽反［疏］傳袺執至曰襭。正義曰釋器云執衽謂之袺扱衽謂之襭李巡曰扱衣上衽於帶衽者裳之下也置袺謂手執之而不扱襭則扱於帶中矣

芣苢三章章四句

漢廣德廣所及也文王之道被于南國美化行乎江漢之域無思犯禮求而不可得也紂時淫風徧於天下維江漢之域先受文王之教化。漢廣漢水名也尚書云嶓冢導漾東流爲漢被皮義反紂直九反殷王也徧邊見反［疏］漢廣三章章八句至不可得。正義曰作漢廣詩者言德廣所及也言文王之道初致桃夭芣苢之化今被於南國美化行於江漢之域故男無思犯禮女求而不可得此由德廣所及然也此與桃夭皆文王之化后妃所贊於此言文王者因經陳江漢指言其處爲遠辭遂變后妃而言文王爲遠近積漸之義敘於此既言德廣汝墳亦廣可知故直云道化行耳此既言美化下篇不嫌不美故直言文王之化不言美也言南國則六州猶羔羊序云召南之國也彼言召南

此不言周南者以天子事廣故直言南彼論諸侯故止言召南之國此無思犯禮求而不可得總序三章之義也。箋紂時至教化。正義曰言先者以其餘三州未被文王之化故以江漢之域爲先被也定本先被作先受因經序有江漢之文故言之耳其實六州共被文王之化非江漢獨先也

南有喬木不可休息。漢有游女不可求思興也南方之木美喬上竦也思辭也漢上游女無求思者箋云不可者本有可道也木以高其枝葉之故故人不得就而止息也興者喻賢女雖出游流水之上人無欲求犯禮者亦由貞絜使之然。喬木亦作橋渠驕反徐又紀橋反休息並如字古本皆爾本或作休思此以意改爾竦粟勇反流水本或作漢水。

漢之廣矣不可泳思江之永矣不可方思潛行爲泳永長方泭也箋云漢也江也其欲渡之者必有潛行乘泭之道今以廣長之故故不可也又喻女之貞絜犯禮而往將不至也。泳音詠泭芳于反本亦作淓又作桴或作柎並同沈旋音附方言云泭謂之簰簰謂之筏筏秦晉通語也孫炎注爾雅云方木置水爲柎栰也郭璞云水中簰筏也又云木曰簰竹曰筏小筏曰泭簰音皮佳反柎筏同音伐樊光爾雅本作柎

疏南有至方思。正義曰木所以庇廕本有可息之道今南方有喬木以上竦之故不可就而止息以興女以定情本有可求之時今漢上有游女以貞絜之故不可犯禮而求是爲木以高其枝葉人無休息者女由持其絜淸人無求思者此言游女尙不可求則在室無敢犯禮可知也出者猶能爲貞處者自然尤絜又言水所以濟物本有泳思方思之道今漢之廣潤矣江之永長矣不可潛行乘泭以求濟以興女皆貞絜矣不可犯禮而求思然則方泳以渡江漢雖往而不可濟喻犯禮以思貞女雖求而將不至是爲女皆貞絜求而不可得故男子無思犯禮也定本遊女作游。傳思辭至思者。正義曰以泳思方思之等皆不取思爲義故爲辭也經求思之文在游女之下傳解喬木之下先言思辭然後始言漢上疑經休息之字作休思也何則詩之大體韻在辭上疑休求字爲韻二字俱作思但未見如此之本不敢輒改耳內則云女子居內深宮固門此漢上有游女者內則言閽寺守之則貴家之女也庶人之女則執筐行饁不得在室故有出游之事既言不可求明人無求者定本喬上竦無木字。箋不可至之然。正義曰箋知此爲本有可道者以此皆據男子之辭若恒不可則不應發不可之辭故云本有可道也此箋與下箋互也此直言不可者本有可道總解經不可之文遂略木有可息之道箋下言渡江漢有潛行乘泭之道不釋不可之文是其互也然本淫風大行之時女有可求今被文王之化游女皆絜此云絜者本未必已淫興者取其一象木可就蔭水可方泳猶女有可求今木以枝高不可休息水以廣長不可求渡不得要言木本小時可息水本一勺可渡也言木以高其枝葉解傳言上竦也言女雖出游漢水之上者對不出不游者言無求犯禮者謂男子無思犯禮由女貞絜使之然也所以女先貞而男始息者以姦淫之事皆男唱而女和由禁嚴於女法緩於男故男見女不可求方始息其邪意召南之篇女既貞信尙有彊暴之男是也。傳潛行至方泭。正義曰潛行爲泳釋水文郭璞曰水底行也晏子春秋曰潛行逆流百步順流七里永長釋詁文方泭釋言文孫炎曰方水中爲泭筏也論語曰乘桴浮於海注云桴編竹木曰栰小曰桴是也。箋漢也至不至。正義曰此江漢之深不可乘泭而渡谷風云就其深矣方之舟之者雖深不長於江漢故也言將不至者雖求之女守禮將不肯至也

翹翹錯薪言刈其楚翹翹薪貌錯雜也箋云楚雜薪之中尤翹翹者我欲刈取之以喻衆女皆貞絜我又欲取其尤高絜者。翹祁遙反沈其堯反尤高絜者一本無絜字**之子于歸言秣其馬**秣養也六尺以上曰馬箋云之子是子也謙不敢斥其適己於是子之嫁我願秣其馬致禮餼示有意焉。秣莫葛反說文云食馬穀也上時掌反下文同餼虛氣反牲腥曰餼

疏翹翹至其馬。正義曰翹翹然而高者乃是雜薪此薪雖皆高我欲刈其楚所以然者以楚在雜薪之中尤翹翹而高故也以興貞絜者乃是衆女此衆女雖皆貞絜我欲取其尤貞絜者又言是其尤絜者之子若往歸嫁我欲以粟秣養其馬乘之以致禮餼示己有意欲求之下四句同前。傳翹翹薪貌。正義曰翹翹高貌傳言薪貌者明薪之貌翹翹然若直云高貌恐施於楚最高者此翹翹連言錯薪故爲薪貌鴟鴞云予室翹翹卽云風雨所漂搖故傳曰翹翹危也莊二十二年左傳引逸詩曰翹翹車乘卽云招我以弓明其遠故云服虔云翹遠貌。箋楚雜至絜者。正義曰薪木稱故月令云收秩薪柴注云大者可析謂之薪下章蔞草亦云薪者因此通其文楚亦木名故學記注以楚爲荆王風鄭風並云不流束楚皆是也言楚在雜薪之中尤翹翹言尤明雜薪亦翹翹也。箋之子至意焉。釋訓云之子是子也李巡曰之子者論五方之言是子也然則之爲語助人言之子者猶云是此子也桃夭傳云嫁子彼說嫁事爲嫁者之子此則貞絜者之子東山之子言其妻白華之子斥幽

王各隨其事而名之言謙不敢斥其適己謂云往嫁若斥適己當言來嫁所以桃夭鵲巢東山不爲謙者不自言己說他女嫁故不爲謙也言致禮餼者昏禮下達納采用鴈問名納吉皆如之納徵用玄纁束帛儷皮是士禮也媒氏云純帛無過五兩謂庶人禮也欲致禮謂此也餼謂牲也昏禮不見用牲文鄭以時事言之或亦宜有也言示有意者前已執謙不敢斥言其適己言養馬是欲致禮餼示有意求之但謙不斥耳

漢之廣矣不可泳思江之永矣不可方思翹翹錯薪言刈其蔞蔞草中之翹翹然。蔞力俱反馬云蔞蒿也郭云似艾音力侯反【疏】傳蔞草中之翹翹然。正義曰傳以上楚是木此蔞是草故言草中之翹翹然釋草云購蔏蔞舍人曰購一名蔏蔞郭云蔏蔞蔞蒿也生下田初生可啖江東用羹魚也陸機疏云其葉似艾白色長數寸高丈餘好生水邊及澤中正月根牙生旁莖正白生食之香而脆美其葉又可蒸爲茹是也

之子于歸言秣其駒五尺以上曰駒【疏】傳五尺以上曰駒。正義曰廋人云八尺以上爲龍七尺以上爲騋六尺以上爲馬故上傳曰六尺以上曰馬此駒以次差之故知五尺以上也五尺以上卽六

尺以下故株林箋云六尺以下曰駒是也輈人注國馬謂種戎齊道高八尺田馬高七尺駑馬高六尺卽廋人三等龍騋馬是也何休注公羊云七尺以上曰龍不合周禮也

漢之廣矣不可泳思江之永矣不可方思

漢廣三章章八句

汝墳道化行也文王之化行乎汝墳之國婦人能閔其君子猶勉之以正也言此婦人被文王之化厚事其君子。汝墳符云反常武傳云墳涯也能閔密謹反傷念也一本有婦人二字被皮義反【疏】汝墳三章章四句至以正。正義曰作汝墳詩者言道化行也文王之化行於汝墳之國婦人能閔念其君子猶復勸勉之以正義不可逃亡爲文王道德之化行也知此道非言道之道者以諸敘言道者皆爲言不爲道耳上云德廣所及先德後道事之次也言汝墳之國以汝墳之厓表國所在猶江漢之域非國名也閔者情所憂念勉者勸之盡誠欲見情雖憂念猶能勸勉故先閔而後勉也臣奉君命不敢憚勞雖則勤苦無所逃避是臣之正道故曰勉之以正也閔其君子首章二章是也勉之以正卒章是也定本能閔上無婦人二字

遵彼汝墳伐其條枚遵循也汝水名也墳大防也枝曰條幹曰枚箋云伐薪於汝水之側非婦人之事以言己之君子賢者而處勤勞之職亦非其事。枚妹迴反幹也

未見君子惄如調飢惄飢意也調朝也箋云惄思也未見君子之時如朝飢之思食。惄本又作惄乃歷反韓詩作溺音同調張留反又作輖音同【疏】遵彼至調飢。正義曰言大夫之妻身自循彼汝水大防之側伐其條枝枚幹之薪以爲己伐薪汝水之側非婦人之事因閔己之君子賢者而處勤勞之職亦非其事也既閔其勞遂思念其事言己未見君子之時我之思君子惄然如朝飢之思食也。傳汝水至曰枚。正義曰釋水云汝爲墳傳曰濆汝故知是水名也墳大防釋丘文李巡曰墳謂厓岸狀如墳墓名大防也故常武傳曰墳厓大司徒注云水厓曰墳則此墳謂汝水之側厓岸大防也若然釋水云水自河出爲灉江爲沱別爲小水之名又云江有沱河有灉汝有濆李巡曰江河汝旁有肥美之地名郭璞曰詩云遵彼汝墳則郭意以此汝墳爲濆汝所分之處有美地因謂之濆箋傳不

然者以彼濆從水此墳從土且伐薪宜於厓岸大防之上不宜在濆汝之間故也枝曰條幹曰枚無文也以枚非木則條亦非木明是枝幹相對爲名耳枝者木大不可伐其幹取條而已枚細者可以全伐之也周禮有銜枚氏注云枚狀如箸是其小也終南云有條有梅文與梅連則條亦木名也故傳曰條槄與此異也下章肄條肄餘也斬而復生是爲餘也如今蘖生者亦非本名也襄二十九年左傳曰晉國不恤宗周之闕而夏肄是屏又曰杞夏餘也是肄爲復生之餘。箋伐薪至其事。正義曰知婦人自伐薪者以序云婦人能閔其君子則閔其君子者是汝墳之國婦人也經言遵彼汝墳故知婦人自伐薪也大夫之妻尊爲命婦而伐薪者由世亂時勞君子不在猶非其宜故云非婦人之事婦人之事深宮固門紡績織紝之謂也不賢而勞是其常故以賢者處勤爲非其事也。傳惄飢意箋惄思。正義曰釋詁云惄思也舍人曰惄志而不得之思也釋言云惄飢也李巡曰惄宿不食之飢也然則惄之爲訓本爲思耳但飢之思食意又惄然故又以爲飢惄是飢之意非飢之狀故傳言飢意箋以爲思義相接成也此連調飢爲文故傳以爲飢意小弁云惄焉如擣無飢事故箋直訓爲思也此以思食比思夫故箋又云如朝飢之思食

遵彼汝墳伐其

條肄肄餘也漸而復生曰肄○肄以自反沈云徐音以世反非復扶冨反**既見君子不我遐棄**既已遐遠也箋云已見君子君子反也于已反得見之知其不遠棄我而死亡於思則愈故下章而勉之○思如字又息嗣反【疏】既見君子不我遐棄○正義曰不我遐棄猶云不遐棄我古之人語多倒詩之此類衆矣婦人以君子處勤勞之職恐避役死亡今思之覬君子事訖得反我既得見君子卽知不遠棄我而死亡我於思則愈未見恐其逃亡既見知其不死故憂思愈也○箋已見至勉之○正義曰言不遠棄我我者婦人自謂也若君子死亡已不復得見爲遠棄我今不死亡已得見之爲不遠棄我也然君子或不堪其苦避役死亡或自思公義不避勞役不由於婦人然婦人閔夫之辭據婦人而言耳鄭知不直遠棄己而去知爲王事死亡者以閔其勤勞豈爲棄己而憂也下章云父母孔邇是勉勸之辭由此畏其死亡故下章勉之定本箋之下云已見君子君子反也於己反得見之俗本多不然

魴魚頳尾王室如燬頳赤也魚勞則尾赤燬火也箋云君子仕於亂世其顏色瘦病如魚勞則尾赤所以然者畏王室之酷烈是時紂存○魴符方反魚名頳勑貞反說文作䞓又作頳並同燬音毀齊人謂火曰燬郭璞又音貨字書作焜音毀說文同一音火尾反或云楚人名曰燥齊人曰燬吳人曰焜此方俗訛語也瘦色救反酷苦毒反○**雖則如燬父母孔邇**孔甚邇近也箋云辟此勤勞之處或時得罪父母甚近當念之以免於害不能爲疏遠者計也○辟此一本作辟此處昌慮反爲踈于僞反踈亦作疏○【疏】魴魚至孔邇○正義曰婦人言魴魚勞則尾赤以興君子苦則容悴君子所以然者由畏王室之酷烈猛熾如火故也既言君子之勤苦卽勉之言今王室之酷烈雖則如火當勉力從役無得逃避若其避之或時得罪父母甚近當自思念以免於害無得死亡罪及父母所謂勉之以正也○傳頳赤至燬火○正義曰釋器云再染謂之頳郭云頳淺赤也魴魚之尾不赤故知勞則尾赤哀十七年左傳曰如魚頳尾衡流而彷徉鄭氏云魚肥則尾赤以喻蒯聵淫縱不同者此自魴魚尾本不赤赤故爲勞也鄭以爲彼言彷徉爲魚肥不指魚名猶自有肥而尾赤者服氏亦爲魚勞燬火釋言文也李巡曰燬一名火孫炎曰方言有輕重故謂火爲燬也○箋君子至紂存○正義曰言君子仕於亂世不斥大夫士王肅云當紂之時大夫行役王基云汝墳之大夫久而不歸樂詳馬昭孔晁孫毓等皆云大夫則箋云仕於亂世是爲大夫矣若庶人之妻杕杜

言我心傷悲伯兮則云甘心首疾憂思皆在於情性豈有勸以德義恐其死亡若是乎序稱勉之以正則非庶人之妻言賢者不宜勤勞則又非爲士周南召南述本大同而殷其靁召南之大夫遠行從政其妻勸以義此引父母之甚近傷王室之酷烈閔之則恐其死亡勉之則勸其盡節比之於殷其靁志遠而義高大夫妻於是明矣雖王者之風見感文王之化但時實紂存文王率諸侯以事殷故汝墳之國大夫猶爲殷紂所役若稱王以後則不復事紂六州文王所統不爲紂役也箋以二南文王之事其衰惡之事舉紂以明之上漢廣云求而不可得本有可得之時言紂時淫風大行此云王室如燬言是時紂存行露云衰亂之俗微言紂末之時野有死麕云惡無禮言紂時之世麟趾有衰世之公子不言紂時法有詳略承此可知也

汝墳三章章四句

麟之趾關雎之應也關雎之化行則天下無犯非禮雖衰世之公子皆信厚如麟趾之時也關雎之時以麟爲應後世雖衰猶存關雎之化者君之宗族猶尚振振然有似麟應之時無以過也○麟之趾呂辛反瑞獸也草木疏云麐身牛尾馬足黃色員蹄一角角端有肉音中鍾呂行中規矩王者至仁則出服虔注左傳云視明禮脩則麒麟至麐音倶倫反序本或直云麟趾無之字止本亦作趾兩通之應應對之應序注及下傳應禮同【疏】麟之趾三章章三句至之時○正義曰此麟趾處末者有關雎之應也由后妃關雎之化行則令天下無犯非禮天下既不犯禮故今雖衰世之公子皆能信厚如古致麟之時信厚無以過也關雎之化謂螽斯以前天下無犯非禮桃夭以後也雖衰世之公子皆信厚如麟趾之時此篇三章是也此篇處末見相終始故歷序前篇以爲此次旣因有麟名見若致然編之處末以法成功也此篇本意直美公子信厚似古致麟之時不爲有關雎而應之大師編之以象應敍者述以示法耳不然此豈一人作詩而得相顧以爲終始也又使天下無犯非禮乃致公子信厚是公子難化於天下豈其然乎明是編之以爲示法耳○箋關雎至以過○正義曰箋欲明時不致麟信厚似之故云關雎之時以麟爲應謂古者太平行關雎之化至極之時以麟爲瑞後世雖衰謂紂時有文王之敎猶存關雎之化能使君之宗族振振然信厚如麟應之時無以過也

信厚如麟時實不致麟故張逸問麟趾義云關雎之化則天下無犯非禮雖衰世之公子皆信厚其信厚如麟趾之時箋云喻今公子亦信厚與禮相應有似於麟唯於此二者時關雎之化致信厚未致麟答曰衰世者謂當文王與紂之時而周之盛德關雎化行之時公子化之皆信厚與禮合古太平致麟之時不能過也由此言之不致明矣鄭言古太平致麟之時者案中候握河紀云帝軒題象麒麟在囿又唐傳云堯時麒麟在郊藪又孔叢云唐虞之世麟鳳遊於田由此言之黃帝堯舜致麟矣然感應宜同所以俱行關雎之化而致否異者亦時勢之運殊古太平時行關雎之化至極能盡人之情能盡物之性太平化洽故以致麟文王之時殷紂尚存道未盡行四靈之瑞不能悉至序云衰世之公子明由衰故不致也成康之時天下太平亦應致麟但無文證無以言之孔子之時所以致麟者自爲制作之應非化洽所致不可以難此也三章皆以麟爲喻先言麟之趾次定次角者麟是走獸以足而至故先言趾因從下而上次見其額次見其角也同姓疏於同祖而先言姓者取其與定爲韻故先言之

麟之趾振振公子興也趾足也麟信而應禮以足至者也振振信厚也箋云興者喻今公子亦信厚與禮相應有似於麟○振音眞相應音鷹當也**于嗟**

麟兮于嗟歎辭【疏】麟之至麟兮○正義曰言古者麟之趾猶今之振振公子也麟之爲獸屬信而應禮以喻今公子亦振振然信厚與禮相應言公子信厚似於麟獸也卽歎而美之故于嗟乎歎今公子信厚如麟兮言似古致麟之時兮雖時不致麟而信與之等反覆嗟歎所以深美之也○傳麟信至信厚○正義曰傳解四靈多矣獨以麟爲興意以麟於五常屬信爲瑞則應禮故以喻公子信厚而與禮相應也此直以麟比公子耳而必言趾者以麟是行獸以足而至故言麟之趾也言信而應禮則與左氏說同以爲脩母致子也哀十四年左傳服虔注云視明禮脩而麟至思睿信立白虎擾言從乂成則神龜在沼聽聰知正而名山出龍貌恭體仁則鳳皇來儀騶虞傳云有至信之德則應之是與左傳說同也說者又云人臣則脩母致子應以昭二十九年左傳云水官不脩則龍不至故也人君則當方來應是以駁異義云玄之聞也洪範五事一曰言於五行屬金孔子時周道衰於是作春秋以見志其言可從故天應以金獸之瑞是其義也箋公子信厚與禮相應有似於麟申述傳文亦以麟爲信獸駁異義以爲西方毛蟲更爲別說○傳于嗟歎辭○正義曰此承上信厚歎信厚也故射義注云于嗟乎騶虞歎仁人也明此歎信厚可知○

麟之定振振公姓定題也公姓公同姓○定都佞反字書作顁音同題徒兮反郭璞注爾雅顁也本作顛誤**于嗟麟兮**【疏】傳定題○正義曰釋言文郭璞曰謂額也傳或作顛釋畜云的顙白顛顛亦額也故因此而誤定本作題○傳公姓公同姓○正義曰言同姓疏於同祖上云公子爲最親下云公族傳云公族公同祖則謂與公同高祖有廟屬之親此同姓則五服以外故大傳云五世袒免殺同姓是也大傳注又云外高祖爲庶姓是同高祖爲一節也此有公子公族公姓對例爲然案杕杜云不如我同父又曰不如我同姓傳曰同姓同祖此同姓同祖爲異彼爲一者以彼上云同父卽云同姓同父之外次同祖更無異稱故爲一也且皆對他人異姓不限遠近甫舉祖父之同爲親耳襄十二年左傳曰同姓於宗廟同宗於祖廟同族於禰廟又曰魯爲諸姬臨於周廟謂同姓於文王爲宗廟也邢凡蔣茅胙祭臨於周公之廟是同宗於祖廟也同族謂五服之內彼自以五服之外遠近爲宗姓與此又異此皆君新非異國也要皆同姓以對異姓最爲疏也

麟之角振振公族麟角所以表其德也公族公同祖也箋云麟角之末有肉示有武而不用○示有武一本示作象**于嗟麟兮**【疏】傳麟角箋至不

用○正義曰有角示有武有肉示不用有武而不用是其德也箋中說傳文也釋獸云麟麕身牛尾一角京房易傳曰麟麕身牛尾馬蹄有五彩腹下黃高丈二陸機疏麟麕身牛尾馬足黃色員蹄一角角端有肉音中鍾呂行中規矩遊必擇地詳而後處不履生蟲不踐生草不羣居不侶行不入陷穽不罹羅網王者至仁則出今并州界有麟大小如鹿非瑞應麟也故司馬相如賦曰射麋脚麟謂此麟也○

麟之趾三章章三句

周南之國十一篇三十六章百五十九句

召南鵲巢詁訓傳第二

鵲巢夫人之德也國君積行累功以致爵位夫人起家而居有之德如鳲鳩乃可以配焉起家而居有之謂嫁於諸侯也夫人有均壹之德如鳲鳩然而後可配國君○鵲七略反字林作䧿行下孟反下注同尸

鳩本又作鳲，音同。爾雅云鳲鳩鴶鵴也，郭璞云今布穀也，江東呼獲穀。草木疏云一名擊穀。案尸鳩有均一之德，飼其子旦從上而下，暮從下而上，平均如一。楊雄云戴勝也。〔疏〕鵲巢三章章四句至配焉○正義曰：作鵲巢詩者，言夫人之德也。言國君積脩其行，累其功德，以致此諸侯之爵位，今夫人起自父母之家而來居處共有之，由其德如鳲鳩，乃可以配國君焉，是夫人之德也。經三章皆言起家而來居之。文王之迎大姒，未爲諸侯，而言國君者，召南諸侯之風，故以夫人國君言之。文王繼世爲諸侯，而云積行累功以致爵位者，言爵位致之爲難，夫人起家而居有之，所以顯夫人之德，非謂文王之身始有爵位也。

維鵲有巢，維鳩居之。興也。鳩，鳲鳩，秸鞠也。鳲鳩不自爲巢，居鵲之成巢。箋云：鵲之作巢，冬至架之，至春乃成，猶國君積行累功，故以興焉。興者，鳲鳩因鵲成巢而居有之，而有均壹之德，猶國君夫人來嫁，居君子之室，德亦然。室，燕寢也。○秸，古八反，又音吉，爾雅作鴶。鞠音菊，爾雅作鵴。架音嫁，俗本或作加功。

之子于歸，百兩御之。百兩，百乘也。諸侯之子嫁於諸侯，送御皆百乘。箋云：之子，是子也。御，迎也。是如鳲鳩之子，其往嫁也，家人送之，良人迎之，車皆百乘，象有百官之盛。○御，五嫁反，本亦作訝，又作迓，同。王肅魚據反，云侍也。乘，繩證反，下同。送御，五嫁反，一本作迎。〔疏〕維鵲至御之○正義曰：言維鵲自冬歷春功著，乃有此巢窠，鳲鳩往居之，以興國君積行累功，勤勞乃有此爵位，維夫人往處之。今鳲鳩居鵲之巢，有均壹之德，以興夫人亦有均一之德，故可以配國君。又本其所起之事，是子有鳲鳩之德，其往嫁之時，則夫家以百兩之車往迎之，言夫人有德，禮迎具備。○傳鳩鳲鳩秸鞠○正義曰：序云德如鳲鳩也。釋鳥云鳲鳩鴶鵴，郭氏曰今布穀也，江東呼獲穀。埤倉云鴶鵴，方言云戴勝，謝氏云布穀類也。諸說皆未詳，布穀者近得之。○箋鵲之至燕寢○正義曰：推度災曰：鵲以復至之月始作室家，鳲鳩因成事，天性如此也。復於消息，十一月卦，故知冬至加功也。月令十二月鵲始巢，則季冬猶未成也，故云至春乃成也。此與月令不同者，大率記國中之候，不能不有早晚，詩緯主以釋此，故依而說焉。此以巢比爵位，則鳲鳩居巢猶夫人居爵位，然有爵者必居其室，不謂以室比巢。燕寢，夫人所居，故云室者燕寢。下傳言旋歸謂反燕寢亦是也。○傳百兩至百乘○正義曰：書序云武王戎車三百兩，皆以一乘爲一兩。謂之兩者，風俗通以爲車有兩輪，馬有四匹，故車稱兩，馬稱匹。言諸侯之女嫁於諸侯，送迎皆百乘者，探解下章將之，明此諸侯之禮。嫁女於諸侯，故迎之百乘，諸侯之女故送亦百乘。若大夫之女，雖爲夫人，其送不得百乘，各由其家之所有爲禮也。此夫人斥大姒也。大明云纘女維莘，莘國長女，實是諸侯之子，故得百乘將之。○箋家人至盛○正義曰：此申說傳送迎百乘之事。家人謂父母家人也。左傳曰：凡公女嫁於敵國，姊妹則上卿送之，公子則下卿送之；於大國，雖公子亦上卿送之。言大姒自莘適周，必上卿送之。良人謂夫也。昏禮曰衽良席在東，注云婦人稱夫曰良人。孟子曰吾將瞯良人所之。小戎曰厭厭良人。皆婦人之稱夫也。綢繆傳曰良人美室者，以其文對粲者，粲是三女，故良人爲美室也。百乘象百官者，昏禮人倫之本，以象國君有百官之盛。諸侯禮亡，官屬不可盡知，雖王制云三卿、五大夫、二十七士，是舉全數，故云百官也。士昏禮從車二乘，其天子與大夫送迎則無文，以言夫人之嫁自乘家車，故鄭箴膏肓引士昏禮曰：主人爵弁纁裳，從車二乘，婦車亦如之，有供。則士妻始嫁乘夫家之車也。又引此詩，乃云：此國君之禮，夫人自乘其家之車也。然宣五年齊高固及子叔姬來反馬，何彼襛矣美王姬之車，故鄭箴膏肓又云：禮雖散亡，以詩義論之，天子以至大夫皆有留車反馬之禮。故泉水云還車言邁，箋云還車者嫁時乘來，今思乘以歸，是其義也。知夫人自乘家車也。言迓之者，夫自以其車迎之；送之，則其家以車送之。故知壻車在百兩迎之中，婦車在百兩將之中明矣。

維鵲有巢，維鳩方之。方，有之也。○方有之也，一本無之字。

之子于歸，百兩將之。將，送也。○將如字，沈七羊反。

維鵲有巢，維鳩盈之。盈，滿也。箋云：滿者，言衆媵姪娣之多。○媵音孕，又繩證反，國君夫人有左右媵。姪，待結反，字林丈一反，兄女曰姪，謂吾姑者吾謂之姪。娣，徒帝反，女弟也。

之子于歸，百兩成之。能成百兩之禮也。箋云：是子有鳲鳩之德，宜配國君，故以百兩之禮送迎成之。〔疏〕箋滿者至之多○正義曰：公羊傳曰：諸侯一娶九女，二國往媵之，以姪娣從。凡有八人，是其多也。又曰：姪者何？兄之子。娣者何？女弟也。○傳能成百兩之禮○正義曰：傳言夫人有鳲鳩之德，故能成此百兩迎之禮。箋以迓爲迎，夫人將之謂送夫人，成之謂成夫人，故易以百兩之禮送迎成之。

鵲巢三章，章四句。

采蘩，夫人不失職也。夫人可以奉祭祀，則不失

職矣奉祭祀者采蘩之事也不失職者夙夜在公也。蘩音煩本亦作繁孫炎云白蒿于以采蘩于沼于沚蘩皤蒿也于於沼池沚渚也公侯夫人執蘩菜以助祭神饗德與信不求備焉沼沚谿澗之草猶可以薦王后則苻菜也箋云于以猶言往以也執蘩菜者以豆薦蘩菹。沼之紹反沚音止皤薄波反白也蒿好羔反谿苦兮反杜預云澗也于以用之公侯之事之事祭事也箋云言夫人於君祭祀而薦此豆也

疏于以至之事。正義曰言夫人往何處采此蘩菜乎於沼池於沚渚之傍采之也既采之爲菹夫人往何處用之乎於公侯之宮祭事夫人當薦之也此章言其采取故卒章論其祭事。傳蘩皤蒿。正義曰釋草文孫炎曰白蒿也然則非水菜此言沼沚者謂於其傍采之也下于澗之中亦謂於曲內非水中也。傳公侯至苻菜正義曰言執蘩菜以助祭者以采之本爲祭用既言公侯夫人執蘩菹嫌王后尊不可親事故因明王后則親執苻菜也言不求備者據詩舉苻菜非其備者其實祭則備物故關雎傳云備庶物以事宗廟是也左傳曰苟有明德澗谿沼沚之毛可薦於鬼神彼言毛此傳言草皆菜也。箋于以至蘩菹正義曰經有三于傳訓爲於不辨上下箋明下二于爲於上于爲往故疊經以訓之言往足矣兼言往以者嫌于以共訓爲往故明之又言以豆薦蘩菹者醢人云四豆之實皆有菹菹在豆故知以豆薦蘩菹也特牲云主婦設兩敦黍稷于菹南西上及兩鉶鉶芼設于豆南南陳卽主婦亦設羹矣知蘩不爲羹者祭統云夫人薦豆九嬪職云贊后薦徹豆籩卽王后夫人以豆爲重故關雎箋云后妃供苻菜之菹亦不爲羹采蘋知爲羹者以敎成之祭牲用魚芼之以蘋藻故知爲羹且使季女設之不以薦事爲重與此異也。傳之事祭事。正義曰序云可以奉祭祀故知祭事祭必於宗廟故下云宮互見其義也

于以采蘩于澗之中山夾水曰澗。澗古晏反夾古洽反一音古協反于以用之公侯之宮宮廟也

被之僮僮夙夜在公被首飾也僮僮竦敬也夙早也箋云公事也早夜在事謂視濯漑饎爨之事禮記主婦髲鬄。被皮寄反注及下同僮音同蚤音早本多作早下同濯直角反漑古愛反饎昌志反酒食也爨七亂反髲皮寄反鄭音髲鬄本亦作髢徒帝反劉昌宗吐歷反沈湯帝反鄭注少牢禮云古者或剔賤者刑人之髮以被婦人之紒因以名焉春秋以爲呂姜髢是也紒音計被之祁祁薄言還歸祁祁舒遲也去事有儀也箋云言我也祭事畢夫人釋祭服而去髲鬄其威儀祁祁然而安舒無罷倦之失我還歸者自廟反其燕寢。祁巨私反罷音皮本或作疲

疏被之至還歸。正義曰言夫人首服被鬄之飾僮僮然甚竦敬乎何時爲此竦敬謂先祭之時早夜在事當視濯漑饎爨之時甚竦敬矣至於祭畢釋祭服又首服被鬄之釋祁祁然有威儀何時爲此威儀乎謂祭事既畢夫人云薄欲還歸反其燕寢之時明有威儀矣。傳被首飾。正義曰被者首服之名在首故曰首飾箋引少牢之文云主婦髲鬄與此被一也案少牢作被裼注云被裼讀爲髲鬄古者或剔賤者刑者之髮以被婦人之紒爲飾因名髲鬄焉此周禮所謂次也又追師掌爲副編次注云次次第髮長短爲之所謂髲髢卽與次一也知者特牲云主婦纚笄少牢云被錫纚笄笄上有次而已故知是周禮之次也此言被與髲鬄之文同故知被是少牢之髲鬄同物而異名耳少牢注讀被錫爲髲鬄者以翦髮之名直云被錫於用髮之理未見故讀爲髲鬄髲鬄以被首也少牢既正其讀故此及追師引經之言髲鬄也定本作髲髢與俗本不同少牢云主婦衣侈袂注云衣綃衣而侈其袂耳侈者蓋半士妻之袂以益之衣三尺三寸袪尺八寸此夫人首服與之同其衣卽異何者夫人於其國與王后同展衣以見君褖衣御序於君此雖非正祭亦爲祭事宜與見君相似故絲衣士視壺濯猶爵弁則此夫人視濯漑蓋展衣否則褖衣也知非祭服者郊特牲曰王皮弁以聽祭報又曰祭之日王被袞以象天王非正祭不服袞夫人非正祭不服狄衣明矣且狄首服副非被所當配耳故下箋云夫人祭畢釋祭服而去是也少牢注侈綃衣之袂追師注引少牢衣侈袂以爲侈褖衣之袂不同者鄭以特牲禮士妻綃衣大夫妻言侈袂對士而言故侈綃衣之袂以無明文故追師之注更別立說見士祭玄端其妻綃衣大夫祭朝服其妻亦宜與士異故爲侈褖衣之袂也知非助祭自祭爲異者以助祭申上服卿妻鞠衣大夫妻展衣不得侈褖衣之袂此主婦髲鬄在少牢之經箋云禮記曰者誤也。傳僮僮竦敬。正義曰知僮僮不爲被服者以下祁祁據夫人之安舒故此爲竦懼而恭敬也。箋早夜至之事。正義曰早謂祭日之晨夜謂祭祀之先夕之期也先夙後夜便文耳夜在事謂先夕視濯漑早在事謂朝視饎爨在事者存在於此視濯漑饎爨之事所謂不失其職也鄭何知非當祭之日自早至夜而以爲視濯者以被之祁祁薄言還歸據祭畢卽此被之僮僮爲祭前矣若爲自夙至夜則文兼祭末下不宜復言祭末之事故鄭引髲鬄與被爲一非祭時所服解在公爲視濯非正祭之時也經

言夙夜在公知是視濯溉饎爨者諸侯之祭祀亡正以言夙夜是祭前之事案特牲夕陳鼎於門外宗人升自西階視壺濯及籩豆卽此所云夜也又云夙興主婦親視饎爨於西堂下卽此所云夙也以其夙夜之事同故約之以爲濯溉饎爨之事也特牲言濯不言溉注云濯溉也卽濯溉一也鄭幷言耳特牲宗人視濯非主婦此引之者諸侯與士不必盡同以此夙夜文王夫人故約彼夙夜所爲之事以明之不約少牢者以少牢先夕無事所以下人君祭之日朝乃饔人溉鼎廩人溉甑無主婦所視無饎爨之文故鄭不約之士妻得與夫人同者士卑不嫌也此諸侯祀故夫人視濯天子則大宗伯視滌濯王后不視矣○傳祁祁至有儀○正義曰言去事有儀者謂祭畢去其事之時有威儀故箋云祭畢釋祭服而去是去事也髮鬄其威儀祁祁然而安舒是有儀也定本云祭事畢夫人釋祭服而髮鬄無去字知祭畢釋祭服者以其文言被與上同若祭服卽副矣故知祭畢皆釋祭服矣○箋我還至燕寢○正義曰言此者以廟寢同宮嫌不得言歸故明之燕寢夫人常居之處

采蘩三章章四句

附釋音毛詩注疏卷第一（一之三）

刑部員外郎南昌黄中栻栞

毛詩注疏挍勘記（一之三）

阮元撰盧宣旬摘錄

○兔罝

有武力可任爲將帥之德 小字本相臺本同案盧文弨云釋文無可字非也釋文上出任爲下出可任其任爲上有可字與否不能知也考文古本乃無可字耳

此兔罝之人敵國有來侵伐者 小字本相臺本兔罝作罝兔案罝兔是也箋三章皆云此罝兔之人不應一章獨倒序正義云箋云罝兔之人首章正義云言此罝兔之人卒章正義云鄭以爲此罝兔之人皆順箋文也其云故兔罝之人又經直陳兔罝之人賢又毛以爲兔罝之人者不主說箋故順經文也閩本明監本毛本於正義中盡改爲兔罝之人失之甚矣考文古本首章箋作此兔罝之人閩本明監本毛本此章及下章箋作此兔罝之人皆誤

使之慮事 閩本同小字本相臺本事作無明監本毛本亦作無考文古本同山井鼎云一本作事考疏作無爲是是也

○芣苢

卒章言所成之處 閩本明監本毛本同案浦鏜云成當盛字誤是也

宜懷任焉 小字本相臺本同閩本明監本毛本任誤妊案妊身字作任者假借也又見閟宮箋漢書外戚傳云任身十四月迺生亦可證不知者改之耳閩本明監本毛本正義中亦誤妊

可鬻作茹 補案陸疏鬻皆作鬻下凡引陸疏作鬻皆誤

袺執衽也 毛本誤以釋文衣際也三字入注明監本以上皆不誤

薄言襭之 唐石經小字本相臺本同案釋文云擷一本作襭同正義標起止云傳袺執至曰襭卽一作本也考文古本作擷采釋文考說文衣部襭擷文重實一字耳考文古本采釋文兼及字畫之異如兕作兕觥作觵之類并取諸一作又作或作本如亨本又作烹之類此皆非有異字故亦不復悉出

○漢廣

先受文王之教化　小字本相臺本同案此定本也正義本作先被考序云文王之道被于南國當以正義本爲長

不可休息　唐石經小字本相臺本同案釋文云舊本皆爾本或休思此以意改耳正義云詩之大體韻在辭上疑休求字爲韻二字俱作思但未見如此之本不敢輒改耳正義之說是也此爲字之誤惠棟九經古義以爲思息通非

漢有游女　小字本相臺本同唐石經𨦻案此正義本也定本游作遊以出遊字從辵泳游字從氵爲區別也考游古文作𨒫隸變作遊說文云旗流者正訓也出游泳游皆假借經出游之字多作遊或亦作游非有區別當以正義本爲長

喻賢女雖出游流水之上　小字本相臺本同案釋文云流水本或作漢水正義本今無可考

方泭也　小字本相臺本同案釋文云泭或作柎樊光爾雅本作柎考文古本作柎采釋文或作本○按依說文作泭是

定本遊女作游　閩本明監本毛本同案十行本遊至游剜添者一字是女字衍也此當云定本游作遊正義說經傳箋字皆作游是其本作游特著定本作遊之不同上游下遊誤互易其字

編竹木曰柎　明監本毛本曰上有大字閩本剜入是也

方之舟者　明監本毛本舟下有之字閩本剜入是也

我又欲取其尤高絜者　小字本相臺本同案釋文云一本無絜字正義標起止云至絜者是正義本有考此箋尤高者說以楚爲喻之意也不應有絜字當以一本爲長

至意焉釋訓云　明監本毛本焉下有○又有正義曰三字閩本剜入是也

○汝墳

釋水云汝爲墳　閩本明監本毛本同案浦鏜云墳當依爾雅作濆下詩云遵彼汝墳同是也○按說文曰濆水厓墳者墓也

○漸而復生曰肄　補　毛本漸作斬案斬字是也

已見君子君子反也于已反得見之　小字本同閩本明監本毛本亦同相臺本于作於案於字是也正義作於此箋皆定本也正義云俗本多不然今無可考

故下章而勉之　小字本相臺本同閩本同明監本剜去而字毛本無案因正義云故下章勉之遂誤刪不知正義自爲文每不盡與注相應也考文古本亦無而字采正義而誤

辟此勤勞之處　小字本相臺本同案釋文辟此一本作避此正義本是辟字

無得逃避若其避之　閩本明監本毛本同案注作辟正義作避辟避古今字易而說之也例見前餘同此

憂思昔在於情性　閩本明監本同毛本昔作皆案皆字是也

○麟之趾

麟之趾關雎之應也　唐石經小字本相臺本同案釋文云序本或直云麟趾無之字考正義云此麟趾處末者是正義本無之字標起止云麟之趾三章衍也○補案或直云麟止止字此誤作趾

故于嗟乎歎今公子　閩本明監本毛本同案于當作吁于吁古今字注作于正義作吁易字之例如此不知者乃改之擊鼓權輿正義亦誤岷正義不誤

言從义成　閩本明監本毛本义作乂案皆誤也當作義此句說脩義母下句則神龜在沼說致智子與洪範從作乂初不相涉但當時俗字或以乂爲義耳禮運正義亦誤作乂

貌恭躰仁　閩本明監本躰作體毛本誤作軆案體字是也躰卽當時俗字

爾雅顚也　補　釋文挍勘通志堂本同盧本顚作額案所改是也

此皆君新（補）毛本新作親案親字是也上下文皆可證

○鵲巢

冬至架之 小字本相臺本同案此釋文本也釋文云架之音嫁俗本或作加功考正義本當作加功正義云故知冬至加功也是其證定本當亦作加功故正義不言有異也定本出於顏師古其匡謬正俗有論此一條云始起冬至加功力爲巢也是其證顏又引劉昌宗周續等音加爲架而駁其不應言架功其說誤也劉周二本皆作加之故音架而以橫架爲義與釋文作架之者實一本也自不作功字不得以架功駁之當以釋文本爲長

而有均壹之德 閩本明監本毛本同小字本相臺本壹作一案壹字是也均壹字當作壹一二字乃作一經中所用有互通者假借也注及正義自爲文則皆用本字矣序下注及正義皆不作一可證也此正義中又有作一字者乃寫者取省所亂餘同此

送御皆百乘 小字本相臺本同案釋文送御五嫁反一本作迎正義本是御字考經御之釋文云王肅魚據反云侍也其述毛此傳自不當仍云送御則一本或出於王肅也

婦車亦如之有供 閩本明監本毛本同案浦鏜云袟誤供以士昏禮考之浦校是也

言迓之者 閩本明監本毛本同案箋及經傳皆作御此作迓御迓古今字易而說之也例見前標起止仍云至御之可證也釋文御之本亦作訝又作迓同非正義本

方有之也 小字本相臺本同案釋文云方有之也一本無之字正義本今無可者段玉裁云一本誤傳當云方之方有之也下傳當云成之能成百兩之禮也皆引經附傳時所刪

○采蘩

苟有明德 閩本明監本毛本同案浦鏜云信誤德是也采蘋正義引作信

彼言芼 閩本明監本同毛本芼作毛案毛字是也

于蒩南西上 閩本明監本毛本同案浦鏜云俎誤蒩以特牲者之浦挍是也

主婦髲鬄 小字本相臺本同案此定本也正義本髢作鬄釋文云鬄本亦作髢徒帝反劉昌宗吐歷反段玉裁云考此字當作鬄五經文字云鬄聽亦反見詩風注謂此也劉音吐歷反可見其字作鬄說文鬄鬀髮也鄭少牢注古者或剔賤者刑者之髮以剔解鬄所謂詁訓之法也其徒帝反者鬄與髢爲一字說文五經文字與鬄字皆別見即髲也不得重在髲下定本正義本釋文本皆誤所當正也鄭少牢及追師二注本皆與此注同作鬄今少牢亦一誤而爲鬄追師亦再誤而爲髢也

夫人釋祭服而去髲髢 小字本相臺本同案此正義本也定本無去字正義於去字斷句定本於髲髢斷句也惠棟云當依定本刪去字

又首服被鬄之釋 閩本明監本毛本同案浦鏜云釋當飾字誤是也

案少牢作被裼注云被裼 閩本明監本毛本同案裼當作錫形近之譌

少牢云被錫纚笄 閩本明監本毛本錫誤裼案少牢作錫正義所引正作錫字明監本毛本因上文譌作裼并盡改其未譌者誤甚下同

文王夫人 閩本明監本毛本同案浦鏜云王當主字誤是也

而髲髢無去字 明監本毛本髢誤鬄閩本不誤案此述定本當用髢不用鬄

附釋音毛詩注疏卷第一（一之四）四

毛詩國風　鄭氏箋　孔穎達疏

草蟲大夫妻能以禮自防也。蟲直忠反本或作虫非也虫音許鬼反草木疏云一名負蠜大小長短如蝗而青也 疏 草蟲三章章七句至自防〻正義曰作草蟲詩者言大夫妻能以禮自防也經言在室則夫唱乃隨既嫁則憂不當其禮皆是以禮自防之事

喓喓草蟲趯趯阜螽興也喓喓聲也草蟲常羊也趯趯躍也阜螽蠜也卿大夫之妻待禮而行隨從君子箋云草蟲鳴阜螽躍而從之異種同類猶男女嘉時以禮相求呼。喓於遙反趯託歷反阜音婦螽音終李巡云蝗子也草木疏云今人謂蝗子爲螽躍音藥蠜音煩種章勇反

未見君子憂心忡忡忡忡猶衝衝也婦人雖適人有歸宗之義箋云未見君子者謂在塗時也在塗而憂憂不當君子無以寧父母故心衝衝然是其不自絕於其族之情。忡敕中反當丁浪反下同

亦既見止亦既覯止我心則降止辭也覯遇降下也箋云既見謂已同牢而食也既覯謂已昏也始者憂於不當今君子待已以禮庶自此可以寧父母故心下也易曰男女覯精萬物化生。覯古豆反降戶江反 疏 喓喓至則降。正義曰言喓喓然鳴而相呼者草蟲也趯趯然躍而從之者阜螽也以興以禮求女者大夫隨從君子者其妻也此阜螽乃待草蟲鳴而後從之而與相隨也以興大夫之妻必待大夫呼已而後從之與俱去也既已隨從君子行嫁在塗未見君子之時父母憂已恐其見棄已亦恐不當君子無以寧父母之意故憂心衝衝然亦既見君子與之同牢而食亦既遇君子與之臥息於寢知其待已以禮庶可以安父母故我心之憂即降下也。傳草蟲至蠜螽。正義曰釋蟲云草蟲負蠜郭璞曰常羊也陸機云小大長短如蝗也奇音青色好在茅草中釋蟲又云阜螽蠜李巡曰蝗子也陸機云今人謂蝗子爲螽子兗州人謂之螣許慎云蝗螽也蔡邕云螽蝗也明一物定本云阜螽蠜依爾雅云則俗本云蠜螽者衍字也。箋草蟲至求呼。正義曰言異種同類者以爾雅別文而釋故知異種今聞聲而相從故知同類也以其種類大同故聞其聲跳躍而相從猶男女嘉時以禮相求呼也嘉時者謂嘉善之時鄭爲仲春之月也以此善時相求呼不爲草蟲而記時也出車箋云草蟲鳴晚秋之時。傳婦人至

之義。正義曰婦人雖適人若不當夫氏爲夫所出還來歸宗謂被出也。箋未見至塗時。正義曰知者以上文說待禮而行隨從君子則已去父母之家矣下文亦既見止謂同牢而食則已至夫家矣此未見之文居其中故知在塗時也此章首已論行嫁之事故下采蕨采薇皆爲在塗所見文在未見之前尚爲在塗則未見之言在塗明矣案昏義云壻親受之於父母則在家已見矣今在塗言未見者謂不見君子接待之禮而心憂非謂未見其面目而已。箋憂不至之情正義曰知憂不當君子者以未見而心憂既見即心下故知憂不當君子也又知憂無以寧父母者此大夫之妻能以禮自防者也必不苟求親愛斯干曰無父母貽罹明父母以見棄爲憂已緣父母之心憂不當君子無以寧父母也又申說傳歸宗之義憂不當夫意慮反宗族是其不自絕於族親之情也。箋既見至化生。正義曰知既見謂同牢而食者以文在既覯之上案昏禮婦至主人揖婦以入席于奥即陳同牢之饌三飯卒食乃云御衽席於奥媵衽良席在東皆有枕北趾主人入親脫婦纓燭出注云昏禮畢將臥息是先同牢後與夫相遇也遇與夫爲禮即見非直空見也故知據同牢而食亦與夫爲禮也言既覯謂已昏者謂已經一昏得君子遇接之故也所以既見既覯並言乃云我心即降者以同牢初見君子待已顏色之和已雖少慰君子之心尚未可知至於既遇情親知君子之於己厚庶幾從此以往稍得夫意其可以寧父母故心下二者相因故並言之謂之遇者男女精氣相覯遇故引易以明之所引者下繫文也彼注云覯合也男女以陰陽合其精氣以覯爲合此云遇者言精氣亦是相遇也

陟彼南山言采其蕨南山周南山也蕨鼈也箋云言我也我采者在塗而見采鼈采者得其所欲得猶已今之行者欲得禮以自喻也。蕨居月反草木疏云周秦曰蕨齊魯曰虌鼈卑滅反本又作虌俗云其初生似鼈腳故名焉 疏 陟彼至其蕨。毛以爲言有人升彼南山之上云我欲采其鼈菜然此采鼈者欲得此鼈以興己在塗路之上欲歸於夫家然我今歸嫁亦欲得夫待己以禮也已嫁之欲禮似采菜之人欲得鼈。鄭唯以在塗之時因見采鼈爲異耳毛以秋冬爲正昏不得有在塗因見之義故也。傳南山至蕨鼈。正義曰序云大夫妻能以禮自防在羔羊之致前則朝廷之妻大夫不越境迎女婦人自所見明在周也故云周南山知非名地者周揔百里雖名地亦屬周不分別采地之周名也蕨鼈釋草文舍人曰蕨一名鼈郭璞曰初生無葉可食。箋言我至采鼈。正義曰此婦人歸嫁必不自采鼈故以在塗見之因興知者以大

夫之妻待禮而嫁明及仲春采蘇之時故也 **未見君子，憂心惙惙。**惙惙憂也○惙張劣反 **亦既見止，亦既覯止，我心則說。**說服也○說音悅註同 **陟彼南山，言采其薇。**薇菜也○薇音微草也亦可食

〔疏〕傳薇菜○正義曰陸機云山菜也莖葉皆似小豆蔓生其味亦如小豆藿可作羹亦可生食今官園種之以供宗廟祭祀定本云薇草也

未見君子，我心傷悲。嫁女之家不息火三日思相離也箋云維父母思己故己亦傷悲○離力智反

〔疏〕傳嫁女至相離○正義曰解所以傷悲之意由父母思己故己悲耳曾子問曰嫁女之家三夜不息燭思相離注云親骨肉是爲思與女相離也

亦既見止，亦既覯止，我心則夷。夷平也

草蟲三章，章七句。

采蘋，大夫妻能循法度也。能循法度，則可以承先祖，共祭祀矣。女子十年不出姆教婉娩聽從執麻枲治絲繭織紝組紃學女事以共衣服觀於祭祀納酒漿籩豆菹醢禮相助奠十有五而笄二十而嫁此言能循法度者今既嫁爲大夫妻能循其爲女之時所學所觀之事以爲法度○蘋符申反韓詩云沈者曰蘋浮者曰藻共音恭本或作供注同姆莫豆反字林亡甫反云女師也鄭云婦人五十無子出不復嫁以婦道教人若今時乳母也婉怨遠反娩音晚枲絲似反繭古顯反本亦作璽紝女金反何如鴆反縉帛之屬組音祖綫也紃音旬條也漿子詳反醢音海相息亮反笄古兮反

〔疏〕采蘋三章章四句至祭祀矣○正義曰作采蘋詩者言大夫妻能循法度也謂爲女之時所學所觀之法度今既嫁爲大夫妻能循之以爲法度也言既能循法度即可以承事夫之先祖供奉夫家祭祀矣此謂已嫁爲大夫妻能循其爲女時事也經所陳在父母之家作教成之祭經序轉互相明也○箋云子至法度○正義曰從二十而嫁以上皆內則文也言女子十年不出者對男子十年出就外傅也內則注云婉謂言語也娩之言媚也媚謂容貌也則婉謂婦言娩謂婦容聽從者聽受順從於人所謂婦德也執麻枲者執治緝績之事枲麻也釋草云枲麻孫炎曰麻一名枲是也治絲繭者繭則繅之絲則絡之織紝組紃者紝也組也紃也三者皆織之服虔注左傳曰織紝治繒帛者則紝謂繒帛也內則注云紃條也組亦條之類大同小異耳學女事者謂治葛縫線之事皆學之所以供衣服是謂婦功也此已上謂女所學四德之事又觀於父母之家祭祀之事納酒漿籩豆菹醢之禮酒漿及籩豆皆遞上納文謂當薦獻之節納以進尸虞夏傳曰納以教成鄭云謂薦獻時引此納酒漿以下證之鄭知納謂薦獻者內則云納酒漿與納以教成文同菹醢以薦酒漿以獻納者進名故知薦獻之時也獻無漿而言之者所以協句也籩豆菹醢菹醢在豆籩盛脯羞皆薦所用也籩不言所盛文不備耳少牢特牲皆先薦後獻故鄭亦云薦獻時此先酒後菹醢者便文言之禮相助奠者言非直觀薦獻又觀祭祀之相佐助奠設器物也觀之皆爲婦當知之此上謂所觀之事也十五許嫁故笄未許嫁二十而笄二十而嫁歸於夫家也鄭引此者序言能循法度明先有法度今更循之故引此是先有法度之事乃言所循之時故疊序云能循法度者爲今嫁爲大夫妻能循其爲女之時所學所觀之事以爲法度也此女之四德十年以後傳姆當教至於先嫁三月又重教之此引內則論十年之後下箋引昏義論三月之前皆是爲女之時法度二注乃具也鄭知經非正祭者以昏義教成之祭言芼之以蘋藻此亦言蘋藻故知爲教成祭也定本云姆教婉娩勘禮本亦然今俗云傳姆教之誤也又十有五而笄上無女子二字有者亦非

于以采蘋？南澗之濱。于以采藻？于彼行潦。蘋大蓱也濱涯也藻聚藻也行潦流潦也箋云古者婦人先嫁三月祖廟未毀教于公宮祖廟既毀教于宗室教以婦德婦言婦容婦功教成之祭牲用魚芼用蘋藻所以成婦順也此祭女所出祖也法度莫大於四教是又祭以成之故舉以言焉蘋之言賓也藻之言澡也婦人之行尚柔順自絜清故取名以爲戒○濱音賓涯也藻音早水菜也潦音老蓱本又作萍薄經反一本作苹音平涯本亦作厓五佳反先蘇遍反芼莫報反沈音毛澡音早行下孟反清如字又音淨

于以盛之？維筐及筥。于以湘之？維錡及釜。方曰筐圓曰筥湘亨也錡釜屬有足曰錡無足曰釜箋云亨蘋藻者於魚湆之中是鉶羹之芼○盛音成筐音匡筥居呂反湘息良反錡其綺反三足釜也玉篇宜綺反釜符甫反亨本又作烹同普更反煮也湆去急反汁也鉶本或作鈃音形鄭云三足兩耳有蓋和羹之器羹音庚劉昌宗音儀禮音衡

于以奠之？宗室牖下。奠置也宗室大宗之廟也

大夫士祭於宗廟。奠於牖下箋云牖下戶牖閒之前祭不於室中者凡昏事於女禮設几筵於戶外此其義也與宗子主此祭維君使有司爲之。牖音酉下如字協韻則音戶後皆放此與音餘

誰其尸之有齊季女

尸主齊敬季少也蘋藻薄物也澗潦至質也筐筥錡釜陋器也少女微主也古之將嫁女者必先禮之於宗室牲用魚芼之以蘋藻箋云主設羹者季女則非禮也女將行父禮之而俟迎者蓋母薦之無祭事也祭事主婦設羹教成之祭更使季女者成其婦禮也季女不主魚魚俎實男子設之其粢盛蓋以黍稷。齊本亦作齋同側皆反少詩照反下同迎宜敬反俎側所反盛音資本或作粢

【疏】于以采蘋至季女。正義曰三章勢連須通解之也大夫之妻將行嫁欲爲教成之祭言往何處采此蘋菜於彼南澗之厓采之往何處采此藻菜於彼流潦之中采之南澗言濱行潦言彼互言也既得此菜往何器盛之維筐及筥盛之既盛此菜而還往何器亨煮之維錡及釜之中煮之也既煮之爲羹往何處置設之於宗子之室戶外牖下設之當設置之時使誰主之有齊莊之德少女主設之。傳蘋大至流潦。正義曰釋草云苹萍其大者蘋舍人曰苹一名萍郭璞曰今水上浮萍也江東謂之薸音瓢左傳曰蘋蘩薀藻之菜薀聚也故言藻聚藻陸機云藻水草也生水底有二種其一種葉如雞蘇莖大如箸長四五尺其一種莖大如釵股葉如蓬蒿謂之聚藻然則藻聚生故謂之聚藻也行者道也說文云潦雨水也然則行潦道路之上流行之水。箋古者至爲戒。正義曰成婦順於上皆昏義文引之者以此經陳教成之祭以昏義亦爲教成之祭故引之欲明教之早晚及其處所故先言先嫁三月祖廟未毀教於公宮祖廟既毀教於宗室既言其處又說所教之事故言教以婦德婦言婦容婦功既教之三月成則設祭故言教成之祭牲用魚芼之以蘋藻爲此祭所以成婦順也事次皆爲教成之祭故具引之必先嫁三月更教之以四德以法度之大就尊者之宫教之三月一時天氣變女德大成也教之在宮祭乃在廟也知此祭女所出祖者以其言祖廟既毀明未毀祭其廟也與天子諸侯同高祖祭高祖廟同曾祖祭曾祖廟故昏義注云祖廟女所出之祖也宗室宗子之家也然則大宗之家百世皆往宗子尊不過卿大夫立三廟二廟而已雖同曾高無廟可祭則五屬之外同告於壇故昏義注云若其祖廟已毀則爲壇而告焉是也以魚爲牲者鄭云魚爲俎實蘋藻爲羹菜祭無牲牢告事耳非正祭也又解此大夫妻能循法度獨言教成之祭者以法度莫大於四教四德既就是又祭以成之法度之大者故詩人舉以言焉又解祭不以餘菜獨以蘋藻者蘋之言賓賓服也欲使婦人柔順服從藻之言澡澡浴也欲使婦人自絜清故云婦人之行尚柔順自絜清故取名以爲戒左傳曰女贄不過榛栗棗脩以告虔言以告虔取早起戰栗脩治法度虔敬之義也則此亦取名爲戒明矣昏義注云魚蘋藻皆水物陰類者義得兩通之。傳方曰筐至曰釜。正義曰此皆爾雅無文傳以當時驗之以錡與釜連文故知釜屬說文曰江淮之間謂釜曰錡定本有足曰錡下更無傳俗本錡下又云無足曰釜。箋亨蘋至之芼。正義曰少牢禮用羊豕也經云上利執羊俎下利執一豕俎下乃云上佐食羞兩鉶取一羊鉶於房中下佐食又取一豕鉶於房中皆芼注云芼菜也羊用苦豕用薇皆有滑牲體在俎下乃設羊鉶豕鉶云皆芼煮於所亨之湆始盛之鉶器也故特牲注云鉶肉味之有菜和者今教成祭牲用魚芼之以蘋藻則魚體亦在俎蘋藻亨於魚湆之中矣故鄭云魚爲俎實蘋藻爲羹菜以準少牢之禮故知在鉶中爲鉶羹之芼知非大羹盛在鐙者以大羹不和貴其質也此有菜和不得爲大羹矣魯頌曰毛炰胾羹傳曰羹大羹鉶羹也以經單言羹故得兼二也特牲禮云設大羹湆於醢北注云大羹湆煮肉汁則湆汁也。傳宗室至牖下。正義曰傳以昏義云教於宗室是大宗之家此言牖下又非於壇故知是大宗之廟宗子有廟則亦爲大夫士矣言大夫士祭於宗室謂祖廟已毀或非君同姓故祭大宗之家也知非宗子之女自祭家廟者經言于以奠之宗室牖下若宗子之女自祭家廟何須言於宗室乎定本集注皆云大夫士祭於宗廟不作室字。箋牖下至爲之。正義曰箋知牖下戶牖閒之前者以其正祭在奧西南隅不直繼牖言之今此云牖下故爲戶牖閒之前戶西牖東去牖近故云牖下又解正祭在室此所以不於室中者以其凡昏事皆爲於女行禮設几筵於戶外取外成之義今教成之祭於戶外設奠此外成之義與是語助也昏禮云納采主人筵於戶西西上右几問名納吉納徵請期皆如初昏禮又云主人筵於戶西西上右几是其禮皆戶外設几筵也知宗子主此祭者以其就宗子家明告其神宗子所主引昏義兼言天子諸侯故又解其言唯君使有司爲之知者以教成之祭告事而已無牲牢君尊明使有司爲之。傳少女至蘋藻。正義曰季者少也以將嫁故以少言之未必伯仲處小也襄二十八年左傳濟澤之阿行潦之蘋藻寘諸宗室季蘭尸之敬也隱三年左傳曰苟有明信澗谿沼沚之毛蘋蘩薀藻之菜筐筥錡釜之器潢汙行潦之水可薦於鬼神可羞於王公風有采蘩采蘋雅有行葦泂酌昭忠信也二者皆取此篇之義以爲說故傳懋言之又言古之將嫁女

者必先礼之於宗室者毛意以礼女與教成之祭爲一事也言古之將嫁女者必先礼之於大宗之室以俟迎者其牲用魚芼之以蘋藻卽所設教成之祭也以此篇說教成之祭事終故於此揔之毛意以教成之祭與礼女爲一者蓋見昬礼記將嫁女之日父醴女而俟迎者更不見有教成之祭故謂與礼女爲一也父醴女以醴酒礼之今毛傳作礼儀之礼者司儀注云上於下曰礼故聘礼用醴酒礼賓作礼儀之礼定本礼作醴。箋主設至黍稷。正義曰自無祭事以上難毛之辭也言父礼女無祭事不得有羹今經陳采蘋藻爲羹使季女尸之主設羹者季女則非礼女也案昬礼女將行嫁父醴女而俟迎者其時蓋母薦之更無祭事不得有羹矣今經陳季女設羹正得爲教成之祭不得爲礼女傳以教成之祭與礼女爲一是毛氏之誤故非之也蓋母薦之者以士昬礼云饗婦姑薦鄭注云舅獻爵姑薦脯醢舅饗婦旣姑薦明父礼女母薦之可知故昬礼記父醴女注云父醴之於房中南面蓋母薦焉重昬礼是也以無正文故云蓋知醴之於房中者以母在房外故知父礼之在房中也正祭之礼主婦設羹此教成之祭更使季女設羹者以三月已來教之以法度今爲此祭所以教成其婦礼故使季女自設其羹也祭礼主婦設羹謂特牲云主婦人。及兩鉶鉶芼設於豆南是也少牢無

主婦設羹之事此宗子或爲大夫其妻不必設羹要非此祭不得使季女設羹因特牲有主婦設羹之義故據以言之又解不言魚者季女不主魚魚俎實男子設之故經不言焉知俎實男子設之者以特牲少牢俎皆男子主之故也又魚菜不可空祭必有其饌而食事不見故因約之其粢盛蓋以黍稷耳知者以特牲少牢止用黍稷此不得過也或不用稷故兼言之王肅以爲此篇所陳皆是大夫妻助夫氏之祭采蘋藻以爲菹設之於奥奥卽牖下又解毛傳礼之宗室謂教之以礼於宗室本之季女取微主也其毛傳所云牲用魚芼之以蘋藻亦謂教成之祭非經文之蘋藻也自云述毛非傳旨也何則傳稱古之將嫁女者必先礼之於宗室既言礼之卽云牲用魚芼之以蘋藻是魚與蘋藻爲礼之物若礼之爲以礼教之則牲用魚芼之以蘋藻何所施乎明毛以礼女與教成之祭爲一魚爲所用之牲矣而云以礼教之非傳意也又上傳云宗室大宗之廟大夫士祭於宗室若非教成之祭則大夫之妻自祭夫氏何故云大宗之廟大夫豈皆爲宗子也且大夫之妻助大夫之祭則無士矣傳何爲兼言大夫士祭於宗室乎又經典未有以奥爲牖下者矣據傳礼之宗室與大夫士祭於宗室文同芼之以蘋藻與經采蘋采藻文協是毛實以此篇所陳爲教成之祭矣孫毓以王爲長謬矣

采蘋三章章四句

甘棠美召伯也召伯之教明於南國召伯姬姓名奭食采於召作上公爲二伯後封于燕此美其爲伯之功故言伯云。甘棠草木疏云今棠黎召時照反奭音釋召康公名也燕世家云與周同姓孔安國及鄭皆云爾皇甫謐云文王之庶子案左傳富辰言文之昭十六國無燕也未知士安之言何所憑據燕烏賢反國名在周礼幽州之域今涿郡薊縣是也

【疏】正義曰甘棠三章章三句至南國爲西伯行政於南土決訟於小棠之下其教著明於南國愛結於民心故作是詩以美之經三章皆言國人愛召伯而敬其樹是爲美之也諸風雅正經皆不言美此云美召伯者二南文王之風唯不得言美文王耳召伯臣子故可言美也芣苢言后妃之美謂說后妃之美行非美后妃也皇矣言美周不斥文王也至於變詩美刺各於其時故善者言美惡者言刺豳亦變風故有美周公。箋召伯至伯云。正義曰燕世家云召伯奭與周同姓是姬姓名奭也皇甫謐以爲文王庶子未知何所據也言作上公爲二伯故云召伯典命職云上公九命爲伯然則二伯卽上公故言作上公爲二伯也食采

文王時爲伯武王時故樂記曰武王伐紂五成而分陝周公左召公右是也食采爲伯異時連言者以經召與伯并言故連解之言後封於燕者世家云武王滅紂封召公於北燕是也必歷言其官者解經唯言召伯之意不擧餘官獨稱召伯者美其爲伯之功故言伯云故鄭志張逸以行露箋云當文王與紂之時謂此甘棠之詩亦文王時事故問之云詩傳及樂記武王卽位乃分周公左召公右爲二伯文王之時不審召公何得爲伯荅曰甘棠之詩召伯自明誰云文王與紂之時乎是鄭以此篇所陳巡民決訟皆是武王伐紂之後爲伯時事鄭知然者以經云召伯卽此詩召公爲伯時作也序言召伯文與經同明所美亦是爲伯時也若文王時與周公共行王化有美卽歸之於王行露直言召伯聽訟不言美也詩人何得感文王之化而曲美召公哉武王之時召公爲王官之伯故得美之不得繫之於王因詩繫召公故錄之在召南論卷則揔歸文王指篇卽專美召伯也爲伯分陝當云西國言南者以篇在召南爲正耳

蔽芾甘棠勿翦勿伐召伯所茇蔽芾小貌甘棠杜也翦去伐擊也箋云茇草舍也召伯聽男女之訟不重煩勞百姓止舍小棠之下而聽斷焉國人被其德說其化思其人敬其樹。蔽必袂反徐方四反又方計反沈又音必芾

非貴反徐方蓋反翦子踐反韓詩作箋初簡反茇蒲曷反徐又扶蓋反說文作废去羌吕反斷丁亂反被皮寄反說音悅

【疏】蔽芾至所茇。正義曰國人見召伯止舍棠下決男女之訟今雖身去尚敬其樹言蔽芾然之小甘棠勿得翦去勿得伐擊由此樹召伯所嘗舍於其下故也。傳蔽芾至草舍。正義曰此比於大木爲小故其下可息我行其野云蔽芾其樗箋云樗之蔽芾始生謂樗葉之始生形亦小也釋木云杜甘棠郭璞曰今之杜梨又曰杜赤棠白者棠舍人曰杜赤色名赤棠白者亦名棠然則其白者爲棠其赤者爲杜杕杜傳曰杜赤棠是也茇草舍者周禮仲夏教茇舍注云舍草止也軍有草止之法然則茇者草也草中止舍故云茇舍載馳傳曰草行曰跋以其對涉是水行故以跋爲草行且跋字從足與此異也。箋召伯至其樹。正義曰定本集注於注內竝無箋云知聽男女訟者以此舍於棠下明有決斷若餘國政不必於棠下斷之故大車刺周大夫言古者大夫出聽男女之訟明王朝之官有出聽男女獄訟之理也且下行露亦召伯聽男女之訟以此類之亦男女之訟可知武王時猶未刑措寧能無男女之訟

蔽芾甘棠勿翦勿敗召伯所憩憩息也。敗必邁反又如字憩本又作愒起例反徐許罽反

蔽芾甘棠勿翦勿拜召伯所說說舍也箋云拜之言拔也。說本或作稅又作脫同始銳反舍也拔蒲八反

甘棠三章章三句

行露召伯聽訟也衰亂之俗微貞信之教興彊暴之男不能侵陵貞女也衰亂之俗微貞信之教興者此殷之末世周之盛德當文王與紂之時

【疏】行露三章一章三句二章章六句至貞女。正義曰作行露詩者言召伯聽斷男女室家之訟也由文王之時被化日久衰亂之俗已微貞信之教乃興是故彊暴之男不能侵陵貞女也男雖侵陵貞女不從是以貞女被訟而召伯聽斷之鄭志張逸問行露召伯聽訟察民之意化耳何訟乎荅曰實訟之辭也民被化久矣故能有訟問者見貞信之教興怪不當有訟故云察民之意而化之何使至於訟乎荅曰此篇實是訟之辭也由時民被化日久貞女不從男女故相與訟如是民被化日久所以得有彊暴者紂俗難革故也言彊暴者謂彊行無禮而陵暴於人經三

章下二章陳男女對訟之辭首章言所以有訟由女不從男亦是聽訟之事也。箋衰亂至之時。正義曰殷之末世故有衰亂之俗周之盛德故有貞信之教指其人當文王與紂之時也易曰易之興也當殷之末世周之盛德邪當文王與紂之事此其文也

厭浥行露豈不夙夜謂行多露興也厭浥濕意也行道也豈不言有是也箋云夙早也厭浥然濕道中始有露謂二月中嫁取時也言我豈不知當早夜成昏禮與謂道中之露大多故不行耳今彊暴之男以此多露之時禮不足而彊來不度時之可否故云然周禮仲春之月令會男女之無夫家者行事必以昏昕。厭於葉反徐於十反又於立反沈又於占反浥本又作挹同於及反又於脅反莫本又作暮同忙故反又亡博反小星詩同與音餘大音泰舊吐賀反彊其丈反下强委同沈其常反度待洛反否方九反令力政反後不音者放此昏昕許巾反至禮用昕親迎用昏

【疏】厭浥至多露。毛以爲厭浥然而濕道中有露之時行人豈不欲早夜而行也有是可以早夜而行之道所以不行者以爲道中之露多懼早夜之濡己故不行耳以興彊暴之男今來求己我豈不欲與汝爲室家乎有是欲與汝爲室家之道所以不爲者室家之禮不足懼違禮之汙身故不爲耳似行人之懼露喻貞女之畏禮。鄭以爲昏用仲春之月多露之時而來謂三月四月之中既失時而禮不足故貞女不從。傳豈不言有是。正義曰傳解詩人之言豈不欲夙夜即是有夙夜之意故云豈不言有是也。箋道中至昏昕。正義曰知始有露二月中者以二月八月春秋分陰陽中也禮九月霜始降八月仍有露也則二月始有露矣詩云蒹葭蒼蒼白露爲霜是草既成露爲霜則二月草始生霜爲露可知野有蔓草箋云仲春草始生霜爲露是也此述女之辭言汝以二月道中始有露之時以禮而來我豈不知早夜而與汝成昏禮與今我謂道中之露大多故不行從汝耳言多露者謂三月四月也汝彊暴之男不以禮來雖二月來亦不可矣女因過時假多露以拒耳知禮不足而彊來者下云室家不足明禮亦不足以女不從故以彊來也引周禮者地官媒氏職云仲春之月令會男女又曰司男女之無夫家者而會之彼無夫家與令會男女文不相連此并引之者周禮云令會男女謂初昏者也司男女之無夫家者而會之謂矜寡者也以二者不同故別其文其實初昏及矜寡皆是男女之無夫家者此及野有蔓草箋云周禮者引其事不全用其文故并無夫家者引之是男無家女無夫男女相對男得兼女稱家以男女所以成家周禮云夫家之衆寡是也此引周禮者辨

女合男以始有露之時來之意由此始有露會無夫家者故也行事必以昬昕儀禮文也彼注云用昕使者也用昬壻也絕有苦葉箋云納采至請期用昕明其女也親迎用昬明是壻也經言夙即昕也夜即昬也經所以夙夜兼言者此彊暴之男以多露之時禮不足而彊來則是先未行禮今以俱來雖則一時當使女致其禮以昕壻親迎以昬今行多露失時也禮不足而來彊暴故貞女拒之云汝若仲春以禮而來我豈不旦受爾禮夕受爾迎何故不度時之可否今始來乎既不受其禮亦不受其迎故夙夜兼言之

誰謂雀無角，何以穿我屋？誰謂女無家，何以速我獄？不思物變而推其類雀之穿屋似有角者速我獄埆也箋云女彊暴之男變異也人皆謂雀之穿屋似有角彊暴之男召我而獄似有室家之道於我也物有似而不同雀之穿屋不以角乃以咮今彊暴之男召我而獄不以室家之道於我乃以侵陵物與事有似而非者士師所當審也○穿本亦作穿音川女音汝下皆同獄音玉埆音角又戶角反盧植云相質觳爭訟者也崔云埆者埆正之義一云獄名咮本亦作噣郭張救反何都豆反鳥口也

雖速我獄，室家不足！昬禮純帛不過五兩箋云幣可備也室家不足謂媒妁之言不和六禮之來彊委之○紂帛側基反依字糸旁才後人遂以才爲屯因作純字兩音諒媒音梅謀也妁時酌反又音酌廣雅云妁酌也

【疏】誰謂至不足○正義曰此彊暴之男侵陵貞女女不肯從爲男所訟故貞女與對此陳其辭也言人誰謂雀無角乎以其雀若無角何以得穿我屋乎以雀之穿屋似有角故謂雀之有角以言人誰謂汝於我無室家乎以其汝若於我無室家何以故召我而獄也見召我而獄似有室家之道於我故謂之有室家之道然事有相似而不同雀之穿屋不以角乃以咮召我而獄不以室家之道於我乃以侵陵穿屋之物速獄之事二者皆有似而實非士師今日當審察之何者此彊暴之男雖召我來至與我埆實其情而室家之道不足已終不從之○傳不思至獄埆○正義曰不思物有變彊暴之人見屋之穿而推其類謂雀有角所以謂雀有角者見雀之穿屋似有角故也下傳曰視牆之穿而推其類可謂鼠有牙明此亦見穿屋室而推其類可謂雀有角此是不思物變之人獄埆者鄭異義駮云獄者埆也囚證於埆核之處周禮之圜土然則獄者核實道理之名皋陶造獄謂此也既囚證未定獄事未決繫之於圜土因謂圜土亦爲獄此章言獄下章言訟司寇職云兩造禁民訟兩劑禁民獄對文則獄訟異也故彼注云訟謂以財貨相告者獄謂相告以罪名是其對例也散則通也此詩亦無財罪之異重章變其文耳故序云聽訟以捴之○箋物與至當審○正義曰物謂雀穿屋事謂速我獄二者皆有似也穿屋似用角速獄似有室家也而非者穿乃用咮獄乃侵陵士師當審察之此名伯謂之士師者以其聽訟故以獄官言之士師注云士察也主審察獄訟之事者其職曰察獄訟之辭以詔司寇鄭以士師有察獄之事因言士師所當察非名伯即爲士師也大車云古者大夫出聽男女之訟則王朝之官皆得出外聽訟不必要爲士師矣且士師司寇之屬佐成司寇者也寧名伯公卿所當爲乎○傳昬禮至五兩正義曰此媒氏文也引之者解經言不足之意以禮言純帛不過五兩多不過之則少有所降耳明雖少而不爲不足不足者謂事不和同彊暴之謂故箋申傳意乘其文而爲之說云幣可備也室家不足謂媒妁之言不和六禮之來彊委之是非謂幣不足也媒氏注云純實緇字也古緇以才爲聲納幣用緇婦人陰也凡於娶禮必用其類五兩十端也必言兩者欲得其配合之名十者象五行十日相成也士大夫乃以玄纁束帛天子加以穀圭諸侯加以大璋雜記曰納幣一束束五兩兩五尋注云十箇爲束貴成數也禮尚儉兩兩合其卷是謂五兩八尺曰尋一兩五尋則每卷二丈合爲四十尺今謂之匹猶匹耦之云與則純帛亦緇也傳取媒氏以故合其字定本作紂字此五兩庶人禮也故士昬禮用玄纁束帛注云用玄纁者象陰陽備也然則庶人卑故直取陰類而已大夫用幣無文準士昬而言玉人曰穀圭天子以娉女大璋諸侯以娉女是天子諸侯加圭璋之文也○箋幣可至委之正義曰知不爲幣不足者以男速女而獄幣若不備不得訟也以訟拒之明女不肯受男子彊委其禮然後訟之言女受己之禮而不從己故知幣可備而云不足明男女賢與不肖各有其耦女所不從男子彊來故云媒妁之言不和六禮之來彊委之是其室家不足也野有死麕箋云不由媒妁知此有媒妁者以此相訟明其使媒但不和而致訟耳野有死麕以亂世民貧思麕肉爲禮明無媒可知箋云劫脅以成昬與此不同也言媒妁者說文云媒謀也謀合二姓妁酌也斟酌二姓六禮之來彊委之者謂以鴈幣女雖不受彊留委置之故左傳昭元年云徐吾犯之妹美公孫楚娉之矣公孫黑又使彊委禽焉是也此貞女不從明亦以六禮委之也六禮者納采至親迎女既不受可彊委之納采之鴈則女不告名無所卜無問名納吉之禮納徵之幣可彊委不和不得請期期不從不得親迎言六禮之來彊委者以方爲昬必行六禮故以六禮言之其實時所委者無六禮也不過鴈以納采幣以

納徵耳女爲父母所嫁媒妁和否不由於己而經皆陳女與男訟之辭者以文王之教女皆貞信非禮不動故能拒彊暴之男與之爭訟詩人假其事而爲之辭耳**誰謂鼠無牙何以穿我墉誰謂女無家何以速我訟**墉牆也視牆之穿推其類可謂鼠有牙。○墉音容訟如字徐取韻音才容反【疏】傳墉牆。○正義曰釋宮云牆謂之墉李巡曰謂垣牆也郊特牲曰君南鄉於北墉下注云社內北牆是也亦爲城王制注云小城曰墉皇矣云以伐崇墉義得兩通也**雖速我訟亦不女從**不從終不棄禮而隨此彊暴之男

行露三章一章三句二章章六句

羔羊鵲巢之功致也召南之國化文王之政在位皆節儉正直德如羔羊也鵲巢之君積行累功以致此羔羊之化在位卿大夫競相切化皆如此羔羊之人。○行下孟反【疏】羔羊三章章四句至羔羊。○正義曰作羔羊詩者言鵲巢之功所致也召南之國化文王之政故在位之卿大夫皆居身節儉爲行正直德如羔羊然大夫有德由君之功是鵲巢之功所致也定本致上無所字言南者摠謂六州也以篇在召南故連言名耳云德如羔羊者麟趾序云如麟趾之時騶虞序云仁如騶虞皆如其經則此德如羔羊亦如經中之羔羊也經陳大夫爲裘用羔羊之皮此云德如羔羊者詩人因事託意見在位者裘得其制德稱其服故說羔羊之裘以明在位之德敍達其意故云如羔羊焉不然則衣服多矣何以獨言羔羊裘宗伯注云羔取其羣而不失其類士相見注云羔取其羣而不黨公羊傳何休云羔取其贄之不鳴殺之不號乳必跪而受之死義生禮者此羔羊之德也然則今大夫亦能羣不失類行不阿黨死義生禮故皆節儉正直是德如羔羊也毛以儉素由於心服制形於外章首二句言裘得其制是節儉也無私存於情得失表於行下二句言行可蹤迹是正直也鄭以退食爲節儉自公爲正直羔裘言德能稱之委蛇者自得之貌皆亦節儉正直之事也經先言羔羊以服乃行事故先說其皮序後言羔羊舉其成功乃可以化物各自爲文勢之便也。○箋鵲巢至之人。○正義曰以篇首有鵲巢以比國君故云鵲巢之君也上言積行累功以致爵位則化及南國亦積行累功而致之故言積行累功以釋鵲巢之功所

致之意言由國君積行累功以化天下故天下化之皆如羔羊以致此羔羊之化也知在位是卿大夫者以經陳羔裘卿大夫之服故傳曰大夫羔裘以居是也言競相切化謂競相切磋以善化皆如羔羊之人謂人德如羔羊也

羔羊之皮素絲五紽小曰羔大曰羊素白也紽數也古者素絲以英裘不失其制大夫羔裘以居。○它本又作他同徒何反它數也本或作紽數所具反後不音者同英沈音映又如字**退食自公委蛇委蛇**公公門也委蛇行可從迹也箋云退食謂減膳也自從也從於公謂正直順於事也委蛇委曲自得之貌節儉而順心志定故可自得也。○委於危反蛇本又作虵同音移讀此兩句當云委虵委虵沈讀作委委虵虵韓詩作逶迤云公正貌行下孟反崔如字從迹足容反字亦作蹤迹又作跡【疏】羔裘至委蛇。○毛以爲召南大夫皆正直節儉言用羔羊之皮以爲裘縫殺得制素絲爲英飾其紽數有五既外服羔羊之裘內有羔羊之德故退朝而食從公門入私門布德施行皆委蛇然動而有法可使人蹤迹而效之言其行服相稱內外得宜此章言羔羊之皮卒章言羔羊之縫互見其用皮爲裘縫殺得制也。○鄭唯下二句爲異言大夫減退膳食順從於事心志自得委蛇然。○傳小曰羔至以居。○正義曰小羔大羊對文爲異此說大夫之裘宜直言羔而已兼言羊者以羔亦是羊故連言以協句傳以羔羊並言故以大小釋之此言紽數下言總數謂紽總之數有五非訓紽總爲數也二章傳云緎縫也釋訓云緎羔羊之縫孫炎曰緎之爲界緎然則縫合羔羊皮爲裘縫即皮之界緎因名裘縫云緎五緎既爲縫則五紽五總亦爲縫也視之見其五故皆云五焉傳於首章先言紽數者以經云五紽先解五之意故紽數有五也首章既解其數故二章解其體言緎縫也且因爾雅之文爾雅獨解緎者蓋舉中言之二章既解其體恐人以爲紽自數也緎自縫也故於卒章又言總數有五以明緎數亦五緎言縫則紽總亦縫可知傳互言也古者素絲所以得英裘者織素絲爲組紃以英飾裘之縫中清人傳曰矛有英飾閟宮傳云朱英爲飾則此英亦爲飾可知素絲爲飾維組紃耳若爲線則所以縫裘非飾也故干旄曰素絲組之傳曰總以素絲而成組也紃亦組之類則素絲可以爲組紃矣既云素絲即云五紽五緎是裘縫明矣又明素絲爲組紃而施於縫中故卜雜記注云紃施諸縫若今之條是有組紃而施於縫中之驗傳知素絲不爲線而得爲飾者若線則凡衣皆用非可美故素絲以英裘非線也言大夫羔裘以居者由大夫服之以居故詩人見而稱之也謂居於朝廷非

居於家也論語曰狐貉之厚以居注云在家所以接賓客則在家不服羔裘矣論語注又云緇衣羔裘諸侯視朝之服卿大夫朝服亦羔裘唯豹袪與君異耳明此爲朝服之裘非居家也。傳公公至從迹。正義曰傳以言退者自朝之辞故知公謂公門少儀云朝廷曰退是也行可蹤迹者謂出言立行有始有終可蹤迹倣效也。箋退食至之貌。正義曰減膳食者大夫常膳日特豚朔月少牢今爲節儉減之也王肅云自減膳食聖人有逼下之譏孫毓云自非天災無減膳之制所以得減膳食者以序云節儉明其減於常祀經言退食是減膳可知祀者苦人之奢制其中法若車服之文物祭祀之犧牲不可逼下是故此論羔裘美其得制至於奉養已食容得減退故趙盾食魚飧公孫弘脫粟之飯前史以爲美談經云自公鄭訓自爲從公爲事故云從於公謂正直順於事也委曲自得者心志既定舉無不中神氣自若事事皆然故云委蛇委曲自得之貌也定本退謂減膳更無食字

羔羊之革，素絲五緎。革猶皮也。緎縫也。緎徐音域又于域反孫炎云緎縫之界域緎縫爾雅云緎羔裘之縫也音符用反一本作緘猶縫也則當音符龍反

疏 傳革猶皮。正義曰對文則皮革異故掌皮云秋斂皮冬斂革異時斂之明其別也許氏說文曰獸皮治去其毛曰革革更也對文言之異散文則皮革通司裘曰大裘飾皮車謂革輅也去毛得稱皮明是有毛得稱革故攻皮之工有函鮑韗韋裘是皮革通言也此以爲裘明非去毛故云革猶皮也依月令孟冬始裘天子祭天則大裘而冕故司服云王祀昊天上帝則服大裘而冕祀五帝亦如之鄭注大裘黑羔裘是也其五冕之裘亦同黑羔裘知者司裘職云掌爲大裘以供王祀天之服更不別言衮冕已下之裘明六冕與爵弁同用黑羔裘若天子視朝及諸侯朝天子皆以狐白裘知者以玉藻云君衣狐白裘錦衣以裼之又秦詩曰君子至止錦衣狐裘以裘象衣色皮弁服白布衣故也其卿大夫在朝及聘問亦衣狐白裘知者玉藻云士不衣狐白故也其裼蓋用素衣知者以鄭注玉藻云非諸侯則不用素錦爲裼故也士則麛裘青豻褎以狐白之外唯麛裘素也其諸侯視朝及卿大夫等同用黑羔裘以玉藻云羔裘緇衣以裼之又鄭注論語云緇衣羔裘諸侯視朝之服是也若諸侯視朝君臣用麑裘知者鄭注論語云素衣麑裘諸侯視朝之服其臣則青豻褎絞衣爲裼若兵事既用韎韋衣則用黃衣狐裘及貍裘象衣色故也又襄四年傳云臧之狐裘敗我於狐駘又定九年傳云晳幘而衣貍製是也若天子以下田獵則羔裘緇衣以裼之知者司服云凡田冠弁服注云冠弁委貌則諸侯朝服故也其天子諸侯燕居同服玄端則亦同服羔裘矣凡裘人君則用全其臣則褎飾爲異故唐詩云羔裘豹袪鄭云卿大夫之服是也若崔靈恩等以天子諸侯朝祭之服先著明衣又加中衣又加裘裘外又加裼衣裼之上乃加朝祭之服其二劉等則以玉藻云君衣狐白裘錦衣以裼之又云以帛裏布非禮也鄭注云冕服中衣用素朝服中衣用布若皮弁服之下即次錦衣爲裼便是以帛裏布故知中衣在裼衣之上明矣又以司服職云王祀昊天上帝則服大裘而冕以下冕不復云裘司裘職云掌爲大裘以供王祀天之服亦不別言衮冕以下之裘明六冕與爵弁同用大裘之羔裘矣案玉藻云君子狐青裘豹褎玄綃衣以裼之注云君子大夫士狐青裘蓋玄衣之裘然衮冕與衣玄知不用狐青裘者以司裘職云季秋獻功裘以待頒賜注云功裘人功微麤謂狐青麛裘之屬鄭以功裘以待頒賜大夫士明非冕服之裘矣

委蛇委蛇，自公退食。箋云自公退食猶退食自公

羔羊之縫，素絲五總。縫言縫殺之大小得其制總數也。縫符龍反注同注縫殺之字又音符用反總子公反殺所界反

委蛇委蛇，退食自公。徐所例反

羔羊三章章四句

殷其靁，勸以義也。召南之大夫遠行從政，不遑寧處，其室家能閔其勤勞，勸以義也。召南大夫召伯之屬遑行謂使出邦畿。殷音隱下同靁亦作雷力回反勸以義也本或無以字下句始有遑本或作偟音黄暇也使所吏反

疏 殷其靁三章章六句至勸以義。正義曰作殷其靁詩者言大夫之妻勸夫以爲臣之義召南之大夫遠行從政施王命於天下不得遑暇而安處其室家見其如此能閔念其夫之勤勞而勸以爲臣之義言雖勞而未可得歸是勸以義之事也定本能閔其勤無勞字召南之大夫遠行從政經三章章首二句是也不遑寧處其室家閔其勤勞次二句是也詩本美其勸以義卽具陳所勸之由故先言從政勤勞室家之事爲勸以義而施經序皆得其次。箋召南至之屬。正義曰此解大夫卽是王朝之臣而謂之召南者以其是召伯之屬故言召南之大夫也文王未稱王召伯爲諸侯之臣其下不得有大夫此言召南大夫則是文王都豐召伯受采之後也言召伯之屬者召伯爲王者之卿士周禮六卿其下

皆有大夫各屬其卿故云之屬左傳曰伯輿之大夫瑕禽亦此之類也知非六州諸侯之大夫者以序云遠行從政遠行出境之辭經云殷其靁靁以喻號令則此遠出封畿行號令者也若六州大夫不得有出境行令之事知非聘問者聘問結好非殷靁之取喻有時而歸非室家所當閔念言遠行從政無期以反室家閔之明是召伯之屬從行化於南國也時未爲伯箋因行露之序從後言之耳

殷其靁在南山之陽殷靁聲也山南曰陽靁出地奮震驚百里山出雲雨以潤天下箋云靁以喻號令於南山之陽又喻其在外也召南大夫以王命施號令於四方猶靁殷殷然發聲於山之陽**何斯違斯莫敢或遑**何此君子也斯此違去遑暇也箋云何乎此君子適居此復去此轉行遠從事於王所命之方無敢或閒暇時閔其勤勞○復符福反閒音閑**振振君子歸哉歸哉**振振信厚也箋云大夫信厚之君子爲君使功未成歸哉歸哉勸以爲臣之義未得歸也○振音眞爲君于僞反使所吏反或如字

【疏】殷其至歸哉○正義曰言殷殷然靁聲在南山之陽以喻君子行號令在彼遠方之國既言君子行王政於遠方故因而閔之云何乎我此君子既行王命於彼遠方謂適居此一處今復乃去此更轉遠於餘方而無敢或閒暇之時何爲勤勞如此既閔念之又因勸之言振振然信厚之君子今爲君出使功未成可得歸哉勸以爲臣之義未得歸也○傳殷靁至天下○正義曰此靁比號令則雨靁之聲故云山出雲雨以潤天下雲漢傳曰隆隆而雷非雨靁也箋云雨靁之聲尚殷殷然是也靁出地奮豫卦象辭也彼注云奮動也靁動於地上而萬物豫也震驚百里震卦彖辭也注云震爲靁靁動物之氣也靁之發聲猶人君出政教以動國中之人故謂之震驚之言警戒也靁發聲百里古者諸侯之象諸侯之出教令警戒其國疆之內是其義也此二卦皆有靁事義相接故并引之以證靁喻號令之義也靁之發聲止聞百里文王之化非唯一國直取喻號令耳山出雲雨者公羊傳曰觸石而出膚寸而合不崇朝而雨天下者其唯泰山乎是山出雲雨之事○傳何此君子至箋復去此○正義曰傳言何此君子解何字何爲我此君子乃然此非經中之斯故傳先言何此君子乃訓斯爲此箋何乎此君子亦謂傳中何此君子亦非經中之斯言適居此經中何斯之此言我君子行於遠方適居此處今乃復去離此轉向餘國去此者經中違斯之此也集注有箋云定本於此無箋云誤也

殷其靁在南山之側亦在其陰與左右也

【疏】傳亦在至左右○正義曰上陽直云山南此云側不復爲山南三方皆是陰謂山北左謂東右謂西也

何斯違斯莫敢遑息息止也**振振君子歸哉歸哉**

殷其靁在南山之下或在其下箋云下謂山足**何斯違斯莫或遑處**處居也○處尺煮反**振振君子歸哉歸哉**

殷其靁三章章六句

附釋音毛詩注疏卷第一（一之四）

翰林院編修南昌黃中模栞

毛詩注疏校勘記（一之四）

阮元撰盧宣旬摘錄

○草蟲

還來歸宗謂被出也　閩本明監本毛本謂上衍有此之義故已所以憂歸宗十一字

蕨鱉也　相臺本鱉作鼈閩本明監本毛本同小字本作鱉案釋文鼈本又作鱉小字本依釋文又作也釋文舊或誤今正

言我也我采者　小字本相臺本同案此與雄雉箋爾女也女衆君子之屬爲一例與卷耳箋我我君也我使臣也之屬不相同因蒙上句不煩更出也考文古本作言我也我我采者也仍更出我字非箋例也其雄雉箋作爾女也女女衆君子亦非餘同此

在塗而見采鱉采者得其所欲得　閩本明監本毛本同小字本相臺本下采字作菜案菜字非也考文古本亦作菜山井鼎云屬上讀考正義標起止云言我至采鱉是正義本作采讀以采者得其所欲得七字爲一句采譌爲菜并改其讀失之矣

○采蘋

此祭女所出祖也　閩本明監本毛本同小字本相臺本重祭字考文古本同案重者是也正義云知此祭祭女所出祖者可證

無足曰釜　小字本相臺本同案正義標起止云傳方曰筐至曰釜又云定本有足曰錡下更無傳俗本錡下又有無足曰釜是正義本與俗本同也此傳錡釜屬有足曰錡互文見意不更言無足曰釜矣當以定本爲長

大夫士祭於宗廟　小字本相臺本同案正義云言大夫士祭於宗室又云定本集注大夫士祭於宗廟不作室字考下傳云必先禮之於宗室是大宗之廟但稱宗室不稱宗廟也當以正義本爲長

則非禮也　小字本相臺本同案惠棟於禮下添女字非也箋說傳必先禮之之禮不更言禮女其爲禮女自明矣正義云則非禮女也乃正義自爲文不可據以改箋凡正義自爲文其於注有足成亦有檃栝皆取詞旨通暢不必盡與注相應

祭事主婦設羹　閩本明監本毛本同小字本相臺本事作禮考文古本同案禮字是也正義可證

江東謂之薻音瓢　閩本明監本毛本同案音瓢二字當旁行細字正義於自作音者例如此也○今按音瓢二字亦是郭注郭注不特經內字爲音即自注內難識之字亦多爲音凡古本注內云音某者俗本多刪之或刪之而僅有存者詳見爾雅校勘記舊於此云正義自作音非也

主婦人及兩鉶鉶芼　閩本明監本毛本同案浦鏜云衍人字以特牲考之浦挍是也

○甘棠

今棠黎　補　黎當作棃

何所慾據　補　慾當作憩

箋云茇草舍也　小字本相臺本同閩本同明監本毛本箋云在茇草舍也下案正義標起止云傳蔽芾至草舍箋召伯至其樹明監本毛本依此所改也考文古本同亦采正義又正義云定本集注於注內並無箋云是其本自茇草舍也至敬其樹凡四十一字皆爲傳也段玉裁以定本集注爲是

召伯所憩　唐石經小字本相臺本同案惠棟云說文無憩字當作愒今考釋文云憩本又作愒小雅菀柳大雅民勞經皆作愒憩但愒之俗字耳釋文舊有誤今訂正

○行露

箋云夙早也　小字本相臺本同案釋文此箋有夜莫二字云小星箋同今考此及小星箋各本皆無夜莫二字與釋文本不同也下箋云我豈不知當早夜成昏禮與小星箋云或早或夜皆不言莫當以無者爲長我將昊天有成命箋亦但云早夜陟岵烝民箋有夜莫者皆釋文本耳盧文弨欲依蜀石經補此非也考文古本有夜莫也采釋文○按舊挍非也依說文夕者莫也莫者日且冥也夜者舍也天下休舍也古夕與莫不同義夜與莫不同義莫謂日冥夜則該日冥至將旦言之是以穀梁春秋辛卯昔恒星不見夜中星隕如雨昔即夕字此夕與夜分別

之證也然對文則别散文則莫亦爲夜鄭云夜莫也者散文之義也别之也曷爲别之嫌讀者謂此夜爲終夜也箋有夜莫二字者是

禮不足而彊來　小字本相臺本同案正義云禮不足而來彊暴是正義本此彊來及下彊委皆當與序彊暴字同讀作亘良反釋文而強來其丈反下强委同五經文字云彊强並亘良反云云又其兩反則皆用下字釋文與正義不同也考下箋强委之乃左昭元年傳文當以釋文本爲長考文古本下彊委之作强采釋文

人皆謂雀之穿屋似有角　小字本相臺本同閩本明監本毛本亦同案考文古本下有者字云宋板同誤以傳文似有角者爲箋文也

純帛不過五兩　小字本相臺本同案此正義本也正義云此媒氏文也又云媒氏注純實緇字也古緇以才爲聲又云則純帛亦緇也傳取媒氏以故合其字定本作紂字言合其字者媒氏作純傳亦作純於字爲合也考媒氏純字至鄭始正其讀是此傳舊但作純當以正義本爲長釋文紂側基反依字糸旁才後人遂以才爲屯因作純字與定本同也考文古本作純采正義釋文閩本明監本毛本作紂亦依定本改耳

天子以娉女　閩本明監本毛本娉誤聘下同

○羔羊

羔取其贄之不鳴　閩本明監本毛本同案浦鏜云執誤贄以公羊注考之浦按是也

退食謂減膳也　小字本相臺本同案正義云定本退謂減膳更無食字考文古本膳下有食字采正義

孫炎曰緎之爲界緎　閩本明監本毛本云誤爲

維組紃耳　補維當作唯閩本明監本毛本並誤

行可蹤迹者　閩本明監本毛本同案傳作從正義作蹤從蹤古今字易而說之也例見前標起止仍云至從迹可證也釋文從字亦作蹤非是義本

唯麑裘素也　閩本明監本毛本麑誤麛案山井鼎云上麛字同今本考此上依玉藻字下依論語字故不同也鄭玉藻注引論語亦作麛麛是正字麑是假借魚麗傳不麛本或作麑同

若諸侯視朝君臣用麑裘　閩本明監本毛本同案浦鏜云朔誤朝下素衣麑裘諸侯視朝之服同是也終南正義可證

然衮冕與衣元知不用狐青裘者　閩本明監本毛本同案十行本衣至青剜添者一字是知字衍也

○殷其靁

勸以義也　唐石經小字本相臺本同案釋文云本或無以字下句始有考正義本云勸夫以爲臣之義下句正義云而勸以爲臣之義是其本此句當亦有以字

故先言從政勤勞室家之事　閩本明監本毛本同案此不誤浦鏜云室家當王家誤非也勤勞句絶室家之事别爲句與下連文

非雨靁也箋云　閩本明監本毛本同案箋云二字當在非雨靁也之上不知者誤移於下耳

附釋音毛詩注疏卷第一（一之五）五

毛詩國風　鄭氏箋　孔頴達疏

摽有梅男女及時也召南之國被文王之化男女得以及時也。摽婢小反徐符表反梅木名也韓詩作楳說文楳亦梅字男女及時也本或作得以及時者從下而誤被皮寄反【疏】摽有梅三章章四句至及時。正義曰作摽有梅詩者言男女及時也名南之國被文王之化故男女皆得以及時謂紂時俗衰政亂男女喪其配耦嫁娶多不以時今被文王之化故男女皆得以及時俗本男女下有得以二字者誤也毛以卒章云三十之男二十之女爲蕃育法二章爲男年二十八九女年十八九首章謂男年二十六七女年十六七以梅落喻男女年衰則未落宜據男年二十五女年十五矣則毛以上二章陳年盛正昬之時卒章蕃育法雖在期盡亦是及時東門之楊傳云不逮秋冬則毛意以秋冬皆得成昬孫卿曰霜降逆女冰泮殺止霜降九月也冰泮正月也孫卿毛氏之師明毛亦然以九月至正月皆可爲昬也又家語曰霜降而婦功成而嫁

娶者行焉冰泮農業起昬禮殺於此又云冬合男女春班爵位邶詩曰士如歸妻迨冰未泮是其事也其周禮言仲春夏小正言二月者皆爲期盡蕃育之法禮記云二十曰弱冠又曰冠成人之道成人乃可爲人父矣喪服傳曰十九至十六爲長殤禮子不殤父明男二十爲初娶之端又禮記曰女子十五許嫁而笄以十五爲成人許嫁不爲殤明女十五爲初昬之端矣王肅述毛曰前賢有言丈夫二十不敢不有室女子十五不敢不事人譙周亦云是故男自二十以及三十女自十五以至二十皆得以嫁娶先是則速後是則晚矣凡人嫁娶或以賢淑或以方類豈但年數而已此皆取說於毛氏矣然則男自二十九。女自十五以至十九皆爲盛年其昬自季秋至於孟春惟其所用不限其月若男三十女二十爲期盡蕃育雖仲春猶可行卽此卒章是也又男女之昬爲賢淑與方類但男年二十以後女年十五以後隨任所當嘉好則成不必要以十五六女配二十一二男也雖二十女配二十之男三十之男配十五之女亦可也傳言三十之男二十之女據其並期盡者依周禮文爲正鄭據周禮仲春爲昬是其正此序云男女得以及時言及者汲汲之辭故三章皆爲蕃育之法非仲春也上二章陳及夏行嫁卒章言夏晚大衰不復得嫁待明年仲春亦是及時也以梅實喻時之盛衰不以

喻年若梅實未落十分皆在喻時未有衰卽仲春之月是也此經所不陳旣以仲春之月爲正去之彌遠則時益衰近則衰少衰少則梅落少衰多則似梅落多時不可爲昬則似梅落盡首章其實七兮謂在樹者七梅落仍少以喻衰猶少謂孟夏也以去春近仍爲善時故下句言迨其吉兮欲及其善時也二章言其實三兮謂在者唯三梅落益多謂仲夏也過此則不復可嫁故云迨其今兮今急辭恐其過此故急也又卒章頃筐塈之謂梅十分皆落梅實旣盡喻去春光遠善亦盡矣謂季夏也不可復昬待至明年仲春故下句云迨其謂之箋云女年二十而無嫁端則有勤望之憂明年仲春不待以禮會之時禮雖不備相奔不禁由季夏時盡故至明年也季春亦非正時箋不以首章當之者以四月五月與春接連猶可以嫁三月則可以嫁明矣六月則爲晚此篇三章宜一章與一月故以首章爲初夏二章爲向晚此得以及時宜舉末以言之故不以爲季春也所以於五月得爲昬至六月則不可者以四月五月去春未一時故可強嫁故季夏去春遠矣故不得爲昬知待至明年春者周禮媒氏仲春之月奔者不禁故知明年得行也鄭以仲春爲昬月故行露野有蔓草皆引周禮仲春之月令會男女之無夫家者又夏小正二月綏多女士下云有女懷春故以仲春爲昬月也此首章

箋云女年二十則依周禮書傳穀梁禮記皆言男三十而娶女二十而嫁故不從毛傳且女子十五正言許嫁不言卽嫁也越語曰女子十七不嫁丈夫二十不娶父母有罪越王謂欲報吳之故特下此令又若女年皆十五而嫁越王欲速爲昬何由乃下十七之期乎又諸經傳所以皆云三十二十都不言正嫁娶之年而皆爲期盡也孫卿家語未可據信故據周禮三十之男二十之女昬用仲春也案異義人君年幾而娶今大戴禮說男子三十而娶女子二十而嫁天子已下及庶人同禮又左傳說人君十五生子禮三十而娶庶人禮也謹案舜生三十不娶謂之鰥禮文王世子曰文王十五生武王武王有兄伯邑考故知人君早昬所以重繼嗣鄭亡不駮明知天子諸侯十二而冠冠而生子大夫以下明從庶人法也行露之篇女以多露拒男此四月五月而云猶可嫁者鄭志荅張逸云行露以正言也摽有梅以蕃育人民然則行露爲不從男故以禮拒之此爲有故不及正時許之所以蕃育人民故也綢繆首章三星在天箋云三月之末四月之中二章三星在隅箋云四月之末五月之中卒章三星在戶箋云五月之末六月之中與此三章之喻大同彼云不得其時此云及時者此文王之化有故不得以仲春者許之所以蕃育人民彼正時不行故爲違禮事同意異故美刺有殊

摽

有梅其實七兮興也。摽，落也。盛極則隋落者，梅也。尚在樹者七。箋云：興者，梅實尚餘七未落，喻始衰也。謂女二十，春盛而不嫁，至夏則衰。○隋，徒果反，又徒火反。求我庶士，迨其吉兮吉，善也。箋云：我，我當嫁者。庶，眾。迨，及也。求女之當嫁者之眾士，宜及其善時。善時謂年二十，雖夏未大衰。○迨音待，韓詩云：願也。【疏】摽有至吉兮○毛以爲隋落者，是有梅，此梅雖落，其實十分之中尚在樹者七，其三始落，是梅始衰。興女年十六七，亦女年始衰。求女之當嫁者之眾士，宜及其此善時。以爲昏比十五爲衰，對十八九故爲善。此同興男女，年舉女年，則男年可知矣。○鄭以梅落興時衰爲異。言隋落者，是有梅，此梅雖落，其實十分之中尚七未落，已三分落矣。而在者眾，以興漸衰者善時。此時雖衰，其十分之中尚七分未衰，唯三分衰耳，而善者猶多，謂孟夏之月，初承春後，仍爲善時。求我當嫁者之眾士，宜及孟夏善時以承昏事。○箋梅實至始衰○正義曰：箋知不以梅記時者，以序云男女得以及時，而經有三章，宜一章喻一月。若爲記時，則梅已有落，不久則盡，其實七兮與頃筐塈之正同一月，非本歷陳及時之意，故爲喻也。○箋我我當嫁者○正義曰：言此者，以女被文王之化，貞信之教，興必不自呼其夫令及時之取己。鄭恐有女自我之嫌，故辨之。言我者，詩人我此女之當嫁者，亦非女自我。

摽有梅，其實三兮在者三也。箋云：此夏鄉晚，梅之隋落差多，在者餘三耳。○鄉本亦作嚮，又作向，同許亮反。差，初賣反。求我庶士，迨其今兮今，急辭也。

摽有梅，頃筐塈之塈，取也。箋云：頃筐取之，謂夏已晚，頃筐取之於地。○頃音傾。塈，許器反。求我庶士，迨其謂之不待備禮也。三十之男，二十之女，禮未備則不待禮會而行之者，所以蕃育民人也。箋云：謂，勤也。女年二十而無嫁端，則有勤望之憂。不待禮會而行之者，謂明年仲春，不待以禮會之也。時禮雖不備，相奔不禁。○蕃音煩。禁，居鴆反，一音金。【疏】摽有至謂之○毛以爲隋落者，是有梅，此梅落盡，故以頃筐取之，以興女年二十，顏色甚衰，而用蕃育之禮以取之。求我當嫁者之眾士，宜及其此時而謂之，以成昏。謂者，以言謂女而取之，不待備禮。○鄭以隋落者，是梅此梅落，故頃筐取之於地，以興漸衰者善時，此善時已盡，故待至明年仲春，以時已過，不可復昏故也。求我當嫁者之眾士，宜及明年仲春女勤望之時。謂女年二十而不嫁，至明年仲春則有勤望之憂，宜及此時取之。○傳不待至民人○正義曰：傳先言不待備禮者，解謂之之意，所以得謂之而成昏者，由不待備禮故也。又解不待備禮之意，言三十之男，二十之女，禮雖未備，年期既滿，則不待禮會而行之，所以蕃育民人也，謂多得成昏，令其有子，所以蕃息生育人民，使之眾多。○箋不待至不禁○正義曰：傳意三十之男，二十之女，其年仲春即不待禮會而行之，故鄭易之，言不待禮會而行之，謂明年仲春，如不待禮會之也。又稱不待禮者，禮雖不備，相奔不禁，即周禮仲春之月，令會男女，於是時也，相奔者不禁是也。

摽有梅三章，章四句

小星，惠及下也。夫人無妬忌之行，惠及賤妾，進御於君，知其命有貴賤，能盡其心矣以色曰妬，以行曰忌。命謂禮命貴賤。○行，下孟反，注同。盡，津忍反，後放此。【疏】小星二章章五句至其心矣○正義曰：作小星詩者，言夫人以恩惠及其下賤妾也。由夫人無妬忌之行，能以恩惠及賤妾，令得進御於君，故賤妾亦自知其禮命與夫人貴賤不同，能盡其心以事夫人焉。言夫人惠及賤妾，使進御於君，經二章上二句是也。眾妾自知卑賤，故抱衾而往御，不當夕，下三句是也。既荷恩惠，故能盡心，述夫人惠下之美，於經無所當也。此賤妾對夫人而言，則揔指眾妾，媵與姪娣皆爲賤妾也。曲禮下云「公侯有妾」，謂在九女之外，若內司服「女御」注「以衣服進者」，彼暫時之事，不得次序進御，明不在此賤妾之中。○箋命謂禮命貴賤○正義曰：命謂貴賤者，夫人禮命貴與君同，故稱曰小君。眾妾則賤，故喪服注云「貴者視卿，賤者視大夫」也。妾之貴者，夫人姪娣也，即喪服所謂「貴臣賤妾」也。左氏皆言以夫人之姪娣爲繼室，明其貴也。何休云：「夫人無子立右媵之子，右媵無子立左媵之子。」以二媵爲貴，與禮不合，故韓奕箋獨言姪娣，舉其貴者，是姪娣貴於媵之義。

嘒彼小星，三五在東嘒，微貌。小星，眾無名者。三，心；五，噣。四時更見。箋云：眾無名之星，隨心、噣在天，猶諸妾隨夫人以次序進御於君也。心在東方，三月時也；噣在東方，正月時也。如是終歲列宿更見。○嘒，呼惠反。噣，張救反，又都豆反。爾雅云：噣謂之柳。更音庚，下同。見，賢遍反，下同。宿音秀。肅肅宵征，夙夜在公，寔命不同肅肅，疾貌。宵，夜。征，行。寔，是也。命不得同於列位也。箋云：夙，早也。謂諸妾肅肅然夜行，或早或夜，在於君所，以次序進御者，是其禮命之數不同也。凡妾御於君不當夕。○寔，時職反，韓詩作實，云有也。【疏】

嘒彼至不同。正義曰言嘒然微者彼小星此星雖微亦隨三星之心五星之噣以次列在天見於東方以興祇雖卑者是彼賤妾雖卑亦隨夫人以次序進御於君所由夫人不妬忌惠及故也衆妾自知已賤不敢同於夫人故肅肅然夜行或早或夜在於君所夜來早往或夜往而早來不敢當夕是祇命之數不得同於夫人故也。傳嘒彼至更見。正義曰此言小星故爲微貌雲漢傳曰嘒星貌者以宣王仰視不止小星故直言星貌兼大星皆在也嘒之爲貌不甚大明比於日月爲小故大星小星皆得爲小貌知三爲星者下章云維參與昴昴不五星則五非下章之昴也五既非昴則三亦非參列宿之大房心參伐三既非參而心亦三星故知三謂心也綢繆傳曰三星參也者以其刺昏姻不得其時舉正時以刺之冬日之昏在天在戶唯參爲然故知非心也三星在罶皆爲心心實三星而傳不明說蓋從此爲心以其心稱三爲正故此稱三以對參也箋則三皆爲心以其心實三星而列宿之尊故元命苞曰心爲天王公羊又云心爲大辰故言三星此及綢繆苕之華皆云心也知五是噣者元命苞云柳五星釋天云咮謂之柳天文志曰柳謂鳥喙則喙者柳星也以其爲鳥星之口故謂之喙心東方之宿柳南方之宿著明者故以比夫人也言四時更見者見連言在東恐其俱時在東

故云四時之中更迭見之。箋衆無至更見。正義曰經言在東箋云在天者在東據初見之方此不取所見之方爲義直取星之在天似婦人之進於夫故變言在天綢繆言三星在天傳曰見於東方者彼取記候須所在之方爲義故變言在東經取其韻注說其義故皆反其經也又心在東方三月時喙在東方正月時是不同時見也二者同在春見但異月耳云四時者如是終歲列宿更見因明二十八宿更迭而見不止於心喙也。傳命不得同於列位。正義曰雖同事於君夫人貴而妾賤祇命之數不得同於行列等位。箋諸妾至當夕。正義曰書傳曰古者后夫人將侍君前息燭後舉燭至於房中釋朝服襲燕服然後入御於君雞鳴大師奏雞鳴於階下然後夫人鳴佩玉於房中告去由此言之夫人往來舒而有儀諸妾則肅肅然夜而疾行是其異也言或早或夜在於君所者謂諸妾夜晚始往及早來也亦異於夫人也或以爲早謂夜初妾有貴賤往有早晚知不然者以其詩言夙夜者皆記昏爲夜最初爲早未有以初昏爲夙者又序云知其命有貴賤與此寔命不同一也明此亦不同於夫人非妾中自不同也言凡妾御於君不當夕者解所以夜晚乃往之意由妾御於君不當夕故也內則云妻不在妾御莫敢當夕注云避女君之御日與此不同者彼妻不在妾不往御此自往御之時不敢當夕而往文取於彼義隨所證亦斷章之義也

嘒彼小星維參與昴參伐也昴畱也箋云此言衆無名之星亦隨伐畱在天。參所林反星名也一名伐昴音卯徐又音茅一名畱二星皆西方宿也畱如字又音柳下同【疏】傳參伐昴畱。正義曰天文志云參白虎宿三星直下有三星旒曰伐其外四星左右肩股也則參實三星故綢繆傳曰三星參也以伐與參連體參爲列宿統名之若同一宿然但伐亦爲大星與參互見皆得相統故周禮熊旂六旒以象伐注云伐屬白虎宿與參連體而六星言六旒以象伐明伐得統參也是以演孔圖云參以斬伐公羊傳曰伐爲大辰皆互舉相見之文也故言參伐也見同體之義元命苞云昴六星昴之爲言畱言物成就繫畱是也彼昴畱爲一則參伐明亦爲一也

肅肅宵征抱衾與裯寔命不猶衾被也裯襌被也猶若也箋云裯牀帳也諸妾夜行抱衾與牀帳待進御之次序不若亦言尊卑異也。衾起金反裯直畱反徐云鄭音直俱反帳張仗反【疏】傳衾被裯襌被。正義曰葛生曰錦衾爛兮是衾爲卧物故知爲被也今名曰被古者曰衾論語謂之寢衣也以衾既是被裯亦宜爲卧物故爲襌被也。箋裯牀帳。正義曰鄭以衾既爲被不宜復云襌被也漢世名帳爲裯蓋因於古故

以爲牀帳鄭志張逸問此箋不知何以易傳又諸妾抱帳進御於君有常寢何其碎荅曰今人名帳爲裯雖古無名被爲裯諸妾何必人抱一帳施者因之如今漢抱帳也是鄭之改傳之意云施者因之內則注云諸侯取九女姪娣兩兩而御則三日也次兩媵則四日也次夫人連夜則五日也是五日之中一夜夫人四夜媵妾夫人御後之夜則次御者抱衾而往其後三夜御者因之不復抱也四夜既滿其來者又抱之而還以後夜夫人所專不須帳也所施帳者爲二人共侍於君有須在帳者妾往必二人俱往不然不須帳故天子九嬪以下九人一夜明九人更迭而往來矣其御望前先卑望後先尊宜二媵下姪娣畢次二媵次夫人下姪娣次夫人望後乃反之則望前最賤妾抱帳往貴者抱之還望後貴者抱之往賤者抱之還帳爲諸妾而有異於夫人也

小星二章章五句

江有汜美媵也勤而無怨嫡能悔過也文王之時江沱之閒有嫡不以其媵備數媵遇勞而無

怨嫡亦自悔也勤者以己宜媵而不得心望之。汜音祀江水名媵音孕又繩證反古者諸侯娶夫人則同姓二國媵之嫡都狄反正夫人也下同沱徒何反江水之別也篇內同【疏】江有汜三章章五句至自悔。正義曰作江有汜詩者言美媵也美其勤而不怨謂宜爲媵而不得行行心雖勤勞而不怨於嫡故嫡亦能自悔過謂悔其不與俱行也當文王之時江沱之閒有嫡不以其媵備妾御之數媵遇憂思之勞而無所怨而嫡有所思亦能自悔過也此本爲美媵之不怨因言嫡之能自悔故美媵而後兼嫡也嫡謂妻也媵謂妾也謂之媵者以其從嫡以送爲名故士昏禮注云媵送也古者女嫁必姪娣從謂之媵也士昏禮云雖無娣媵先言姪若無姪娣猶先媵是士有娣娣但不必備耳喪大記大夫撫姪娣是大夫有姪娣矣公羊傳曰諸侯一取九女二國媵之所從皆名媵獨言二國者異國主爲媵故特名之其實雖夫人姪娣亦爲媵也此言嫡媵不指其諸侯大夫及士庶雖文得兼施若夫人宜與小星同言夫人此直云有嫡似大夫以下但無文以明之媵之行否所由嫡者嫡尊專妬抑之而不得行後思之而悔也勤勞一也勤者心企望之望之而不得所以成勞故云過勞也不以其媵備數經三章次二句是也嫡亦自悔皆卒句是也首章一句爲下而設過勞不怨經無所當稱美媵之本心耳

江有汜興也決復入爲汜箋云興者喻江水大汜水小然而並流似嫡媵宜俱行。決古穴反又音穴復扶福反並白猛反又步頂反**之子歸不我以不我以其後也悔**嫡能自悔也箋云之子是子謂嫡也婦人謂嫁曰歸以猶與也【疏】江有至也悔。正義曰江水大似嫡汜水小似媵言江之有汜得並流以興嫡之有媵宜俱行言是子嫡妻往歸之時不共我以俱行由不以我俱去故其後也悔。傳決復入爲汜正義曰釋水文也此毛解汜之狀其興與鄭同知毛不以興夫人初過而後悔者以後悔之文下章自見故不解**江有渚**渚小洲也水岐成渚箋云江水流而渚留是嫡與己異心使已獨留不行。渚諸呂反韓詩云一溢一否曰渚渚小洲也本或無此注水岐如字何音其宜反又音祇**之子歸不我與不我與其後也處**處止也箋云嫡悔過自止**江有沱**沱江之別者箋云岷山道江東別爲沱。岷本又作嶓武巾反山名在蜀道徒報反本亦作導下篇注同**之子歸不我過不我過其嘯也歌**箋云嘯蹙口而出聲嫡有所思而爲之既覺自悔而歌歌者言其悔過以自解說也。過音戈下文同嘯蘇叫反沈蘇妙反蹙子六反本亦作蹴解革買反又閑買反說始拙反又音悅

江有汜三章章五句

野有死麕惡無禮也天下大亂彊暴相陵遂成淫風被文王之化雖當亂世猶惡無禮也無禮者爲不由媒妁鴈幣不至劫脅以成昏謂紂之世。麕本亦作麏又作麇俱倫反麕獸名也草木疏云麏麇也青州人謂之麏惡烏路反下同被皮寄反劫居業反脅許業反【疏】野有死麕三章二章章四句一章三句至惡無禮。正義曰作野有死麕詩者言惡無禮謂當紂之世天下大亂彊暴相陵遂成淫風之俗被文王之化雖當亂世其貞女猶惡其無禮經三章皆惡無禮之辭也。箋無禮至紂之世。正義曰經言吉士誘之女思媒氏導之故知不由媒妁也思其麕肉爲禮故知鴈幣不至也欲令舒而脫脫兮故知劫脅以成昏也箋反經爲說而先媒後幣與經倒者便文見昏禮先媒經主惡無禮故先思所持之物也或有俗本以天下大亂以下同爲鄭注者誤定本集注皆不然

野有死麕白茅包之郊外曰野包裹也凶荒則殺禮猶有以將之野有死麕羣田之獲而分其肉白茅取絜清也箋云亂世之民貧而彊暴之男多行無禮故貞女之情欲令人以白茅裹束野中田者所分麕肉爲禮而來。包逋茅反裹音果殺所戒反徐所例反清如字沈音淨令力呈反**有女懷春吉士誘之**懷思也春不暇待秋也誘道也箋云有貞女思仲春以禮與男會吉士使媒人道成之疾時無禮而言然。誘音酉【疏】野有至誘之。毛以爲皆惡無禮之辭也言凶荒則殺禮猶須禮以將之故貞女欲男於野田中有死麕之肉以白茅裹之爲禮而來也既欲其禮又欲其及時故有貞女思開春以禮與男會不欲過時也又欲令此吉士先使媒人導成之不欲無媒妁而自行也。鄭唯懷春爲異言思仲春正昏之時以禮與男會也餘與毛同言春據成昏之時吉士誘之乃於納采之先在春前矣但以昏時爲重故先言懷春也此詩所陳皆是女之所欲計有女懷春之文應最在上但昏禮主於交接春是合昏之時故以女懷配春爲句見春是所思之主其實裹束麕肉亦是女之所思故箋云貞女之情欲令以白茅裹束死

麕肉爲禮而來是也。傳凶荒至絜清。正義曰解以死麕之意昏禮五禮用鴈唯納徵用幣無麕鹿之肉言死麕者凶荒則殺禮謂減殺其禮不如豐年也禮雖殺猶須有物以將行之故欲得用麕肉也此由世亂民貧故思以麕肉當鴈幣也故有狐序曰古者凶荒則殺禮多昏司徒以荒政十有二聚萬民十曰多昏鄭司農云多昏不備禮而昏娶者多是也傳文解野中所以有死麕者由羣聚於田獵之中獲而分得其肉續人注云齊人謂麕爲獐則麕是獐也必以白茅包之者由取其絜清也易曰藉用白茅无咎傳曰爾貢包茅不入王祭不供無以縮酒以供祭祀明其絜清。傳春不暇待秋。正義曰傳以秋冬爲正昏此云春者此女年二十期已盡不暇待秋也此思春思開春欲其以禮來若仲春則不待禮會而行之無爲思麕肉矣此女惡其無禮恐其過晚故舉春而言其實往歲之秋冬亦可以爲昏矣釋詁云誘進也曲禮注進客謂導之明進導一也故以誘爲導也。箋有貞至言然。正義曰箋以仲春爲昏時故知貞女思仲春之月以禮與男會也言吉士誘之者女欲令吉士使媒人導達成昏禮也疾時無媒故言然也言懷春自思及時與男會也言誘之自吉士遣媒也非謂仲春之月始思遣媒何者女十五許嫁已遣媒以納采二十仲春始親迎故知非仲春月始思媒也吉士者善士也述女稱男之意故以善士言之士如歸妻求我庶士皆非女所稱故不言吉卷阿云用吉士謂朝廷之士有善德故稱吉士也

林有樸樕野有死鹿白茅純束樸樕小木也野有死鹿廣物也純束猶包之也箋云樸樕之中及野有死鹿皆可以白茅包裹束以爲禮廣可用之物非獨麕也純讀如屯。樸蒲木反又音僕樕音速純徒本反沈云鄭徒尊反屯舊徒本反沈徒尊反云屯聚也

有女如玉如德玉也箋云如玉者取其堅而絜白

【疏】林有至如玉。正義曰言凶荒殺禮非直麕肉可用貞女又欲男子於林中有樸樕小木之處及野之中有羣田所分死鹿之肉以白茅純束而裹之以爲禮而來也由有貞女堅而絜白德如玉然故惡此無禮欲有以將之。傳樸樕小木。正義曰釋木云樸樕心某氏曰樸樕斛樕也有心能濕江河間以作柱孫炎曰樸樕一名心是樸樕爲木名也言小木者以林有此木故言小木也林有樸樕謂林中有樸樕之木也故箋云樸樕之中及野有死鹿不言林者則林與樸樕爲一也知不別者以樸樕木名若一木不得有死鹿若木衆即是林矣不得林與樸樕竝言也且下云有死鹿言有足得蒙林林下之有不爲鹿施明是林中有樸樕之處也樸樕與林不別正月箋云林中大木之處此小木得爲林者謂林中有此小木非小木獨爲林也此宜云林中小木之處。箋純讀如屯。正義曰純讀爲屯者以純非束之義讀爲屯取肉而裹束之故傳云純束猶包之。箋如玉至絜白。正義曰此皆比白玉故言堅而絜白弁師云五采玉則非一色獨以白玉比之者比其堅而絜白不可汙以無禮小戎箋云玉有五德不云堅而絜白者以男子百行不可止貞絜故也

舒而脫脫兮舒徐也脫脫舒遲也箋云貞女欲吉士以禮來脫脫然舒也又疾時無禮彊暴之男相劫脅。脫物外反注同

無感我帨兮感動也帨佩巾也箋云奔走失節動其佩飾。感如字又胡坎反帨始銳反沈始悅反

無使尨也吠尨狗也非禮相陵則狗吠。尨美邦反吠符廢反

【疏】舒而至也吠。正義曰此貞女思以禮來惡其劫脅言吉士當以禮而來其威儀舒遲而脫脫兮無動我之佩巾兮又無令狗也吠但以禮來我則從之疾時劫脅成昏不得安舒奔走失節動其佩巾其使尨也吠己所以惡之是謂惡無禮也。傳脫脫舒遲。正義曰脫脫舒遲之貌不言貌者畧之采蘩傳曰僮僮竦敬祁祁舒遲亦畧而不言貌定本脫脫舒貌有貌字與俗本異。傳帨佩巾。正義曰內則云子事父母婦事舅姑皆云左佩紛帨注云帨拭物之巾又曰女子設帨於門右然則帨者是巾爲拭物名之曰帨紛其自佩之故曰佩巾。傳尨狗至狗吠。正義曰尨狗釋畜文李巡曰尨一名狗非禮相陵主不迎客則有狗吠此女願其禮來不用驚狗故鄭志荅張逸云正行昏禮不得有狗吠是也

野有死麕三章二章四句一章三句

何彼襛矣美王姬也雖則王姬亦下嫁於諸侯車服不繫其夫下王后一等猶執婦道以成肅雝之德也下王后一等謂車乘厭翟勒面繢總服則褕翟。襛如容反韓詩作茙茙音戎說文云衣厚貌王姬音基王姬武王女姬周姓也杜預云王姬以上爲尊雖王姬一本作雖則王姬車音居他皆放此釋名云古者曰車聲如居所以居人也今曰車音尺奢反云舍也韋昭曰古皆音尺奢反從漢以來始有居音繫本或作繼下王遐嫁反注同厭於葉反翟庭歷反厭翟王后五路之第二者也翟雉也次其羽相迫故曰厭也繢本又作繪戶妹反畫文也總作孔

反褕翟音遙翟或作狄王后六服之第二也【疏】何彼襛矣三章章四句至之德○正義曰作何彼襛矣詩者美王
姬也以其雖則王姬天子之女亦下嫁於諸侯其所乘之車
所衣之服皆不繫其夫爲尊卑下王后一等而已其尊如是
猶能執持婦道以成肅敬雝和之德不以己尊而慢人此王
姬之美即經云曷不肅雝王姬之車是也定本雖王姬無則
字此詩主美肅雝之德因言顏色之美以善道相求之事敘
者本其作意略不言耳王姬者王女而姬姓春秋築王姬之
館于外杜預云不稱字以王爲尊是也言雖則王姬亦下嫁
於諸侯者以諸侯之女嫁於諸侯是其常今雖則王姬之尊
亦下嫁於諸侯亦謂諸侯主也然上無二王王姬必當嫁於
諸侯言雖則者欲美其能執婦道故言雖則爲屈尊之辭言
下嫁於諸侯雖嫁於王者之後亦是也禮記注云周女因曾
嫁卒服之如內女天子爲之無服嫁於王者之後乃服之則
王姬嫁於王者之後似非下嫁言王姬必下嫁者必二王之
後通天三統自行正朔有與天子敵義其實列土諸侯不得
純敵天子亦爲下嫁也因姑姊妹女子有恩二王後有敵義
故服之非實敵也若二王之後嫁女於諸侯爵雖尊非下嫁
也故曾之孝惠娶於商及宋人來媵皆無異於諸侯也然得
行禮樂唯祭爲然也此王姬體王之尊故下王后一等不繫

夫之尊卑唯二王後之夫人得與王后同亦降一等不繫於
夫也此時齊侯子未爲諸侯若爲諸侯其夫人車服自當下
王后一等要本王姬車服不爲繫於夫也天子尊無二上故
其女可下王后一等若諸侯之女下嫁則各從夫之爵不得
下其母一等也何休云天子嫁女於諸侯備姪娣如諸侯禮
義不可以天子之尊絶人繼嗣之路皇甫謐云武王五男二
女元女妻胡公王姬宜爲媵今何得適齊侯之子何休事無
所出未可據信也或以尊故命同族爲媵○箋下王后至褕
翟○正義曰王后五路重翟爲上厭翟次之六服褘衣爲上
褕翟次之今言下王后一等故知車乘厭翟服則褕翟也巾
車職云王后之五路重翟錫面朱總厭翟勒面繢總安車彫
面鷖總皆有容蓋注云重翟重翟雉之羽也厭翟次其羽使
相迫也勒面謂以如玉龍勒之韋爲當面飾也彫者畫之不
龍其韋安車坐乘車凡婦人車皆坐乘鄭司農云錫馬面錫
也鷖總者青黑色以繒爲之總著馬勒直兩耳與兩鑣容謂
幨車山東謂之裳幃或曰潼容玄謂朱總繢總其施之如鷖
總車衡輨亦宜有焉繢畫文也蓋如今小車蓋也皆有容有
蓋則重翟厭翟謂蔽也重翟后從王祭祀所乘厭翟后從王
賓饗諸侯所乘安車無蔽后朝見於王所乘謂去飾也詩國
風碩人曰翟蔽以朝謂諸侯夫人始來乘翟蔽之車以朝見

於君以盛之也此翟蔽蓋厭翟也然則王后始來乘重翟矣
巾車又云翟車貝面組總有握輦車組輓有翣羽蓋注云翟
車以出桑輦車宮中所乘此王后五等車所用也其諸侯之
夫人始嫁及常乘之車則無文說者各爲其見崔靈恩以爲
二王之後夫人各乘本國先王之上車魯之夫人乘重翟知
者以魯夫人服褘衣與王后同故知車亦同也其同姓異姓
侯伯夫人皆乘厭翟子男夫人乘翟車所用助祭饗賓朝見
各依差次其初嫁之時侯伯以下夫人所乘車皆上攝一等
知者以士妻乘墨車上攝大夫之車故也崔又一解云諸侯
夫人初嫁不得上攝以其逼王后故也卿大夫之妻得上攝
一等案鄭注巾車引詩翟茀以朝謂厭翟也衛是侯爵故厭
翟崔氏後解與鄭注同既不上攝鄭注巾車云乘翟茀之車
以盛之者以乘祭祀之車故言盛也二劉以五等諸侯夫人
初嫁皆乘厭翟與鄭不合其三公之妻與子男同其孤妻夏
篆卿妻夏縵大夫墨車士乘棧車初嫁皆上攝一等始嫁其嫁
之衣皆以祭服加以纁袡約士昏禮女次純衣纁袡故也其諸
侯夫人用自祭之服卿大夫之妻用助祭之服此序以經有
王姬之車故因言車服謂嫁時之車服耳若其在國則繫於
其夫各從
其爵也

何彼襛矣唐棣之華興也襛猶戎戎也唐棣移也箋云何乎彼

戎戎者乃移之華興者喻王姬顏色之美盛○棣徒帝反字
林大內反華如字移音移一音是兮反郭璞云今白移也似
白楊江東呼夫移**曷不肅雝王姬之車**肅敬雝和箋云曷何之往也何不敬和乎
王姬往乘車也言其嫁時始乘車則已敬和○車協韻
尺奢反又音居或云古讀華爲敷與居爲韻後放此【疏】
何彼至之車○正義曰何乎彼戎戎者乃唐棣之華以興王
姬之顏色亦如此華然王姬非直顏色之美又能執持婦道
何事不敬和乎王姬往乘車時則已敬和矣以其尊而適卑
恐有傲慢今初乘車時已能敬和則每事皆敬和矣○傳襛
猶戎戎○正義曰以戎戎者華形貌故重言之猶柏舟以汎
爲汎汎之義言戎戎者毛以華狀物色言之不必有文○傳
唐棣移○正義曰釋木文舍人曰唐棣一名移郭璞曰今白
移也似白楊江東呼夫移○箋何不至敬和○正義曰詩美
王姬肅雝非云何事不敬和乎言事事皆敬和王姬始乘車
則已敬和後至齊侯之家自然敬和故樂記云肅肅敬也雝
雝和也夫敬與和何事不行也
何彼襛矣華如桃李平王之孫齊侯之子平正也武王女文王孫適齊侯之子箋云華如桃李者興王姬與齊侯之子顏色俱盛正王者德能

正天下之王。〔疏〕何彼至之子。正義曰言何乎彼戎戎者其華之色如桃李華也以興王姬顏色之盛與齊侯之子誰能有此顏色者是平王之孫與齊侯之子耳上章言唐棣之華此章不言木名直言華如桃李則唐棣之華如桃李之華也以王姬顏色如齊侯之子顏色故舉二木也箋云華如桃李者興王姬與齊侯之子顏色俱盛是以華比華然後爲興。傳平正也箋正者德能正天下之王。正義曰此文王也文者謚之正名也稱之則隨德不一故以德能正天下則稱平王鄭志張逸問箋云德能正天下之王然則不必要文王也荅曰德能平正天下則稱爲平故以號文王焉又大誥注受命曰寧王承平曰平王故君奭云割申勸寧王之德是文王也又洛誥云平來毖殷乃命寧即云予以秬鬯二卣曰明禋文王騂牛一武王騂牛一則乃命寧兼文武矣故注云周公謂文王爲寧王成王亦謂武王爲寧王此一名二人兼之武王亦受命故亦稱寧王理亦得稱平王但無文耳

其釣維何維絲伊緡齊侯之子平王之孫伊維緡綸也箋云鈞者以此有求於彼何以爲之乎以絲之爲綸則是善鈞也以言王姬與齊侯之子以善道相求。緡亡貧反綸音倫繩也〔疏〕其鈞至之孫。正義曰其鈞魚之法維何以爲乎維以絲爲繩則是善鈞以興其娶妻之法亦何以爲之乎維以禮爲之則是善娶鈞者以此有求於彼執絲綸以求魚娶者以己有求於人用善道而相呼誰能以善道相求呼者乃齊侯之子求平王之孫上章主美王姬適齊侯之子故先言平王之孫此章主說齊侯之子以善道求王姬故先言齊侯之子。傳緡綸。正義曰釋言文孫炎曰皆繩名也故采綠箋云綸釣繳抑又云言緡之絲傳曰緡被者以荏染柔木宜被之以弦故云緡被謂被絲爲弦也綸禮記云王言如絲其出如綸謂嗇夫所佩與此別

何彼襛矣三章章四句

騶虞鵲巢之應也鵲巢之化行人倫既正朝廷既治天下純被文王之化則庶類蕃殖蒐田以時仁如騶虞則王道成也應者應德自遠而至。騶側畱反周書王會草木疏竝同又云尾長於身不履生草尚書大傳云尾倍於身應應對之應注皆同朝直遙反治直吏反被皮寄反蕃音煩多也

蒐所畱反春獵爲蒐田獵也杜預云蒐索擇取不孕者也穀梁傳云四時之田春曰田夏曰苗秋曰蒐冬曰狩〔疏〕騶虞二章章三句至道成。正義曰以騶虞處末者見鵲巢之應也言鵲巢之化行則人倫夫婦既已得正朝廷既治天下純被文王之化則庶類皆蕃息而殖長故國君蒐田以時其仁恩之心不忍盡殺如騶虞然則王道成矣鵲巢之化謂國君之化行於天下也人倫既正謂夫人均一不失其職是也朝廷既治謂以禮自防聽訟決事是也天下純被文王之化謂羔羊以下也此處騶虞於末以爲鵲巢之應以故歷序鵲巢以下然後言騶虞當篇之義由文王之化被於天下也故得庶類蕃殖即豝豵是也國君蒐田以時即章首一句是也仁如騶虞下二句是也言王道成者以此篇處末故摠之言天下純被文王之化庶類又蒙其澤仁心能如騶虞則王化之道成矣所謂周南召南王化之基也。箋應者至而至。正義曰敘解德爲應之意故箋解應者應國君之德若自遠而至然非實至也

彼茁者葭茁出也葭蘆也箋云記蘆始出者著春田之早晚。茁側劣側刷二反葭音加蘆音盧草也著張慮反後不音者放此**壹發五豝**豕牝曰豝虞人翼五豝以待公之發箋云君射一發而翼五豬者戰禽獸之命必戰之者仁心之至。發如字徐音廢豝百加反牝頻忍反徐扶死反射食亦反**于嗟乎騶虞**騶虞義獸也白虎黑文不食生物有至信之德則應之箋云于嗟者美之也〔疏〕彼茁至騶虞。正義曰言彼茁茁然出而始生者葭草也國君於此草生之時出田獵壹發矢而射五豝獸五豝唯壹發者不忍盡殺仁心如是故于嗟乎歎之歎國君仁心如騶虞騶虞義獸不食生物有仁心國君亦有仁心故比之。傳茁出葭蘆。正義曰謂草生茁茁然出故云茁茁也非訓爲出葭蘆釋草文李巡曰葦初生。傳豕牝至之發。正義曰豕牝曰豝釋獸文又解君射一發而翼五豝者由虞人翼驅五豝以待公之發矢故也多士云敢翼殷命注云翼驅也則此翼亦爲驅也知有驅之者吉日云漆沮之從天子之所傳曰驅禽而至天子之所又曰悉率左右以燕天子傳曰驅禽之左右以安待天子之射又易曰王用三驅失前禽也故知田獵有使人驅禽之義知虞人驅之者以田獵則虞人之事故山虞云若大田獵則萊山田之野澤虞云若大田獵則萊澤野天子田獵使虞人則諸侯亦然故騶虞箋云奉是時牡者謂虞人田僕云設驅逆之車則僕人設車虞人乘之以驅禽也言驅逆則驅之逆之皆爲驅也。箋君射至之至。正義曰解云君止一發必翼五豝者戰禽獸之命必云戰之

者不忍盡殺令五豝止一發中則殺一而已亦不盡殺之猶如戰然故云戰禽獸之命也而必云戰之者仁心之至不忍盡殺故也。傳騶虞至應之。正義曰白虎西方毛蟲故云義獸鄭志張逸問傳曰白虎黑文又禮記曰樂官備何謂苔曰白虎黑文周史王會云備者取其一發五豝言多賢也射洋及苔志皆喻得賢多引詩斷章也言不食生物者解其仁心故序云仁如騶虞云有至信之德則應之者騶虞之爲瑞應至信之德也陸機云騶虞白虎黑文尾長於軀不食生物不履生草應信而至者也

彼茁者蓬蓬草名也。蓬蒲東反**壹發五豵**一歲曰豵箋云豕生三曰豵。豵子公反徐又在容反字又作豵同**于嗟乎騶虞**〔疏〕傳一歲曰豵。正義曰傳以七月云言私其豵獻豜於公大司馬云大獸公之小獸私之豜言私明其小故彼亦云一歲曰豵獻豜於公明其大故彼與還傳皆云三歲曰豜伐檀傳曰三歲曰特蓋異獸別名故三歲者有二名也大司馬職注云一歲爲豵二歲爲豝三歲爲特四歲爲肩五歲爲慎其說與毛或異或同不知所據。箋豕生三曰豵。正義曰箋以豵者豕生之數非大小之名故釋獸云豕生三豵二師一特郭璞曰豬生子常多故別其少者鄭志張逸問豕生三曰豵不知母豕也豚也苔曰豚也過三以往猶謂之豵以自三以上更無名也故知過三亦爲豵一解雖生數之名大小皆得名之言私其豵謂小時此國君蒐田所射未必小也釋獸麋麕鹿皆云絕有力者麉則有懸特謂豕生一名獻豜從兩肩爲麋麕鹿也絕有力者非三歲矣肩麉字雖異音實同也

騶虞二章章三句

召南之國十四篇四十章百七十七句

附釋音毛詩注疏卷第一（一之五）

黃中栻栞

毛詩注疏校勘記（一之五）

阮元撰盧宣旬摘錄

○摽有梅

男女及時也 唐石經小字本相臺本同案釋文云本或作得以及時者從下而誤正義云俗本男女下有得以二字者誤也亦謂此句非謂下句也

冰泮殺止 閩本明監本毛本同案此不誤浦鏜云內誤止非也考周禮疏載王肅引此亦作止又云韓詩傳亦曰古者霜降送女冰泮殺止是荀卿本作止楊倞所注作內而連下文十日一御爲解其說非是不當據以改正義所引也東門之楊正義引亦作止

冰泮農業起 閩本明監本毛本同案此不誤浦鏜云桑誤業非也考東門之楊正義引正作業又周禮疏載王肅引亦作業與今家語不同不當據改也

然則男自二十九 閩本明監本同毛本然則男下剜添作自二十以及二十九案所補是也此二十複出而脫耳浦鏜云至誤及是也

衰少則梅落少 閩本明監本同毛本則下有似字案所補是也

喻去春光遠 補毛本光作尤

故季夏去春遠矣 閩本明監本毛本同案浦鏜云故疑至字誤是也

二月綏多女士 閩本明監本毛本女士誤士女案山井鼎云檢夏小正宋板爲是是也士冠禮媒氏兩疏引皆作士女所見本不同耳

禮又王世子曰 閩本明監本毛本同案此不誤浦鏜云六字衍從昏義疏挍非也昏義疏引之不備耳異義所據大戴禮文王世子篇也鹵譜及大明正義皆有明文可證

興者梅實尚餘七未落喻始衰也 小字本相臺本同案螽斯正義引摽有梅云興者喻乃檃括此箋而非箋成文也考文古本者下有喻字采螽斯正義而誤

所以蕃育民人也小字本相臺本同閩本明監本毛本民人誤人民案正義標起止云至民人又云所以蕃育民人也皆可證其序下及後正義有作人民者即自爲文故不與注相應

此梅落故頃筐取之於地明監本毛本落下有盡字閩本剜入案所補是也

如不待禮(補)毛本如作始案始字是也

○小星

即喪服所謂貴臣賤妾也閩本明監本毛本同案浦鏜云貴妾誤賤妾是也

以與禮雖卑者閩本明監本毛本雖作命案所改是也

知三爲星者也閩本明監本毛本同案浦鏜云心誤星是也

前息燭後舉獨閩本明監本毛本獨作燭案所改是也

抱衾與裯小字本相臺本同唐石經初刻稠後改裯案初刻稠誤也

抱衾與牀帳閩本明監本毛本同小字本相臺本衾作被考文古本同案被字是也箋承傳衾被也之文非取經衾字

次夫人連夜(補)毛本連作專案專字是也下以後夜夫人所專可證

○江有汜

言姪若無姪娣猶先媵閩本明監本毛本同案此當作言若或無娣猶先媵用鄭士昏禮注也

然而並流小字本相臺本同考文古本同閩本明監本毛本而誤得案正義云言江之有汜得並流此正義自爲文不當據改

渚小洲也小字本相臺本同案釋文云本或無此注考關雎正義云江有汜傳曰渚小洲也是正義本有

水岐成渚小字本相臺本同案岐當作枝釋文枝如字何音其宜反又音祇考此讀如字者是也水枝謂水之分流如木之分枝耳穆天子傳所謂枝洔讀爲其宜反又音祇義亦無大異不當遂作岐字○按江賦曰因岐成渚字作岐亦同

○野有死麕

白茅包之唐石經小字本相臺本同案釋文云苞逋茆反段玉裁詩經小學云苞苴字皆從艸曲禮注云苞苴裹魚肉或以葦或以茅木瓜箋云以果實相遺者必苞苴之引書厥苞橘柚今書作包譌今考木瓜正義引此經作苞是正義本當亦是苞字與釋文本同此正義作包者南宋合併時依經注本改之也

先使媒人導成之閩本明監本毛本導誤道案注作道正義作導道導古今字易而說之也例見前釋文誘下云導也亦是改用今字非釋文本毛傳作導也考文古本傳作導采正義釋文而誤

皆可以白茅包裹束以爲禮閩本明監本毛本同小字本相臺本無包字考文古本同案無者是也

玉有五德閩本明監本毛本同案十行本玉存五剜添者一字

脫脫舒遲也小字本相臺本同案此正義本也標起止云傳脫脫舒遲是其證正義又云定本脫脫舒貌有貌字與俗本異釋文脫脫下亦云舒貌皆不與正義本同考文古本作舒遲貌也采正義釋文合而一之也又云宋板同者誤

○何彼襛矣

雝則王姬唐石經小字本相臺本同案此正義本也正義云定本雝王姬無則字釋文云雝王姬一本作雝則王姬釋文本與定本同○按雝則王姬亦下嫁於諸侯十字爲一句或以王姬句絕則語病矣

謂以如玉龍勒之韋閩本明監本毛本同案浦鏜云王誤玉以巾車注考之浦校是也

始嫁其嫁之衣閩本明監本毛本作其始嫁之衣案所改是也十行本此行剜添者一字因行末衍下嫁字故也其字錯在下亦誤

箋正者閩本明監本毛本正誤王案正下當脫王字

又洛誥云平來毖殷乃命寧[補]各本注疏及尚書平皆作伻案羣經音辨引洛誥平來以圖正作平字唐石經作伻衛包所改今本釋文作伻伻陳鄂所改集韻拼使也或作伻古作平苹尚書平秩馬融本作苹曰使也周禮春官車僕苹車故書作平十行本蓋出于善本故此猶存其古

以縣之爲綸閩本明監本毛本同小字本相臺本之爲作爲之考文古本同案爲之是也

○騶虞

虞人翼五豝小字本相臺本同案山井鼎云古本翼字後人旁記異本作驅不知據何本今考此采正義云則此翼亦爲驅也之解而爲之耳非有本也

故云茁茁也閩本明監本毛本同案下茁字浦鏜云出誤是也

多士云敢翼殷命閩本明監本毛本同案此不誤浦鏜云翼今書作弋非也考尚書馬本作翼見釋文鄭王本作翼見正義即此正義所引也

射注[補]毛本射下有義字

尾長於驅[補]毛本驅作軀案軀字是也

應信而至者也閩本明監本毛本同案此不誤浦鏜云德誤信非也陸機即用毛說謂信爲毋義爲子也應者脩而致之

獻豜從兩肩爲麢閩本明監本毛本同案麢當作麉下云肩麉字雖異音實同也可證

附釋音毛詩注疏卷第二（二之一）

邶柏舟詁訓傳第三

○陸曰鄭云邶鄘衛者殷紂畿內地名屬古冀州自紂城而北曰邶南曰鄘東曰衛衛在汲郡朝歌縣時康叔正封于衛其末子孫稍并兼彼二國混其地而名之作者各有所傷從其本國而異之故有邶鄘衛之詩王肅同從此訖豳七月十二國並變風也邶蒲對反本又作鄁字林方代反柏音百字又作栢

毛詩國風　鄭氏箋　孔穎達疏

邶鄘衛譜

邶鄘衛者商紂畿內方千里之地○正義曰地理志云河內本殷之舊都周既滅殷分其畿內爲三國詩風邶鄘衛是也如志之言故知畿內以畿內故知方千里也○其封域在禹貢冀州大行之東○正義曰案禹貢大行屬冀州地理志云大行在河內山陽縣西北以詩言楚丘桑中淇水漕浚皆在山東故皆云在大行之東大行屬河內河內即紂都而西不踰大行者蓋其都近西也○北踰衛漳○正義曰鄭注禹貢云衛漳者漳水橫流地理志云漳水在上黨沾縣大黽谷東北至安平阜城入河以漳水自上黨而過鄴城之北南距紂都百餘里耳故知踰之○東及兖州桑土之野○正義曰禹貢兖州云桑土既蠶注云其地尤宜蠶桑因以名之今濮水之上地有桑間者僖三十一年衛遷于帝丘杜預云帝丘今東郡濮陽縣也濮陽在濮水之北是有桑土明矣○周武王伐紂以其京師封紂子武庚爲殷後○正義曰此皆史記衛世家文○庶殷頑民被紂化日久未可以建諸侯乃三分其地置三監使管叔蔡叔霍叔尹而教之○正義曰地理志云邶以封紂子武庚鄘管叔尹之衛蔡叔尹之以監殷民謂之三監則三監者武庚爲其一無霍叔矣王肅服虔皆依志爲說鄭不然者以書傳曰武王殺紂立武庚繼公子祿父使管叔蔡叔監祿父祿父及三監叛言使管蔡監祿父祿父不自監也言祿父及三監叛則祿父也外更有三人爲監祿父非一監矣古文尚書蔡仲之命曰惟周公位冢宰正百工羣叔流言乃致辟管叔于商囚蔡叔于郭鄰降霍叔于庶人三年不齒則以管蔡霍三叔爲三監明矣孫毓亦云三監當有霍叔鄭義爲長然則書敘唯言伐管叔蔡叔不言霍叔者鄭云蓋赦之也王制使大夫監於方伯之國國三人謂使大夫三人監州長也此爲殷民難化且使監之武庚又非方伯不與王制同也史記云武王爲武庚未集恐其有賊心乃令弟管叔蔡叔傅相之三分其地置三監則三叔各監一國不知所監之國爲誰也地理志雖云管叔尹鄘蔡叔尹衛以武庚在三監之中未可據信則管蔡所監不足明矣故鄭不指言之監者且令監之非所封也封即管蔡霍是也○自紂城而北謂之邶南謂之鄘東謂之衛○正義曰此無文也以詩人之作自歌土風驗其水土之名知其國之所在衛曰送子涉淇至于頓丘頓丘今爲郡名在朝歌紂都之東也紂都河北而鄘曰在彼中河鄘境在南明矣都既近西明不分國故以爲邶在北三國之境地相連接故邶曰亦流于淇鄘曰送我乎淇之上矣衛曰瞻彼淇奧是以三國皆言淇也戴公東徙渡河野處漕邑則漕地在鄘也而邶曰土國城漕國人所築之城也思須與漕衛女所經之邑也河水瀰瀰宣公作臺之處也此詩人本述其事作爲自歌其土也王肅服虔以爲鄘在紂都之西孫毓云據鄘風定之方中楚丘之歌鄘在紂都之南相證自明而城以西無驗其城之西迫於西山南附洛邑檀伯之封溫原樊州皆爲列國鄘風所興不出于此鄭義爲長○武王既喪管叔及其羣弟見周公將攝政乃流言於國曰公將不利於孺子○正義曰此皆金縢之文唯見周公將攝政一句非耳彼注云管國名叔字周公兄武王弟封於管羣弟蔡叔霍叔武王崩周公免喪欲居攝小人不知天命而非之故流公將不利於孺子之言於京師孺子謂成王也知管叔周公之兄者孟子文也○周公避之居東都二年秋大熟未穫有雷電疾風之異乃後成王悅而迎之反而遂居攝○正義曰知者準的金縢之文如鄭注金縢周公初出成王年十三避居二年成王年十四秋大熟遭雷風成王迎而反之是成王年十五避居三年云二年者不數初出之年故也○三監導武庚叛○正義曰書序云武王崩三監及淮夷叛注云周公還攝政懼誅因開導淮夷與俱叛居攝一年之時繫之武王崩者其惡之初自崩始也又書傳曰使管叔蔡叔監祿父武王死成王幼管蔡疑周公而流言奄君蒲姑謂祿父曰武王既死矣成王尚幼矣周公見疑矣此百世之時也請舉事然後祿父及三監叛奄君導之祿父遂與三監叛則三監亦導之矣故左傳曰管蔡啓商惎間王室是也○成王既黜殷命殺武庚復伐三監○正義曰成王既黜殷命殺武庚書序文也彼注云黜殷命謂誅武庚是也既殺武庚復伐三監爲異時伐者以書序黜殷命伐管蔡別文言之明非一時也殺武庚伐三監皆在攝政二年故書傳曰二年克殷注云誅管蔡及祿父等也○更於此三國建諸侯以殷餘民封康叔於衛使爲之長○正義曰以未可建諸侯故置三監今既伐三監明於此建諸侯矣書序曰成王

既伐管叔蔡叔以殷餘民封康叔作康誥攝政二年伐管蔡四年建侯於衛則伐管蔡封康叔異年而書序連言之者注云言伐管蔡者爲因其國也王肅康誥注云康國名在千里之畿內既滅管蔡更封爲衛侯鄭無明說義或當然或者康謚也言爲之長者以周公建國不過五百里明不以千里之地盡封康叔故知更建諸侯也妹邦於諸國屬鄘酒誥命康叔云明大命于妹邦注云妹邦者紂都所處其民尤化紂嗜酒今祿父見誅康叔爲其連屬之監是康叔并監鄘也又季札見歌邶鄘衛言康叔武公之德如是故知爲之長。後世子孫稍并彼二國混而名之。正義曰以康叔不得二國故知後世子孫也頃公之惡邶人刺之則頃公以前已兼邶其鄘或亦然矣周自昭王以後政教陵遲諸侯或強弱相陵故得兼彼二國混一其境同名曰衛也此殷畿千里不必邶鄘之地止建二國也或多建國數漸并於衛不必一時滅之故云稍并兼也地理志云武王崩三監叛周公誅之盡以其地封弟康叔號曰孟侯遷邶鄘之民於洛邑故邶鄘衛三國之詩相與同風如志之言則康叔初即兼彼二國非子孫矣服虔依以爲說鄭不然者以周之大國不過五百里王畿千里康叔與之同反過周公非其制也。七世至頃侯當周夷王時衛國政衰變風始作。正義曰衛世家云康叔卒子康伯

立卒子孝伯立卒子嗣伯立卒子疌伯立卒子靖伯立卒子貞伯立卒子頃侯立除頃侯故七世也又曰頃侯厚賂周夷王夷王命爲衛侯故知當夷王時此鄭數君世諸國不同齊陳并數有詩之君此及曹不數頃公共公又不數及魯則并數此皆隨便而言不爲例也。故作者各有所傷從其國本而異之爲邶鄘衛之詩焉。正義曰緑衣日月終風燕燕柏舟河廣泉水竹竿述夫人衛女之事而得分屬三國者如此譜說定是三國之人所作非夫人衛女自作矣泉水竹竿俱述思歸之女而分在異國明是二國之人作矣女在他國衛人得爲作詩者蓋大夫聘問往來見其思歸之狀而爲之作歌也唯載馳一篇序云許穆夫人作也左傳曰許穆夫人賦載馳列女傳稱夫人所親作或是自作之也若許穆夫人所作而得入鄘風者蓋以於時國在鄘地故使其詩屬鄘也木瓜美齊猗嗟刺魯各從所作之風不入所述之國許穆夫人之詩得在衛國者以夫人身是衛女辭爲衛發故使其詩歸衛也宋襄之母則身已歸宋非復宋婦其詩不必親作故在衛焉并邶鄘分爲三國鄭并十邑不分之者以鄭在西都十邑之中無鄭名又皆國小土風不異不似邶鄘之地大與衛同又先有衛名故分之也雖分係邶鄘其實衛也故序每篇言衛明是衛詩猶唐實是晉故序亦每篇言晉也其秦仲陳佗

皆以字配國當諡號之稱。爲國名而施也若異國之君必以國配謚恐與其君相亂若河廣宋襄木瓜齊桓猗嗟魯莊公之輩是也三國如此次者以君世之首在前者爲先故世家頃侯卒子釐侯立四十二年卒子共伯餘立爲君共伯弟和襲攻共伯於墓上共伯自殺衛人立和爲衛侯是爲武公以頃公三國詩之最先故邶在前也鄘柏舟與淇奧雖同是武公之詩共美守義事在武公政美入相之前故鄘次之衛爲後也凡編詩以君世爲次此三國當其君之時或作或否其有詩者各於其國以君世爲次也世家曰武公即位脩康叔政百姓和集五十。年卒子莊公楊立二十三年卒太子完立是爲桓公二年弟州吁驕奢桓公黜之十六年州吁襲殺桓公而自立九月殺州吁于濮迎桓公子晉於邢而立之是爲宣公十九年卒太子朔立是爲惠公四年奔齊立公子黔牟黔牟立八年惠公復入三十二年卒子懿公赤立九年爲狄所滅立昭伯頑之子申爲戴公元年卒立弟燬是爲文公此其君次也序者或以事明主或言其謚或終始備言或與初見末義相發明要在理著而已若一君止一篇者明言號謚多則文有詳略邶柏舟云頃公之時則頃公詩也緑衣莊姜傷己妾上僭當莊公時則莊公詩也詩述莊姜而作故序不言莊公也燕燕云莊姜送歸妾也妾非夫人所當出出不

當夫人送今云送歸妾明子死乃送之是州吁詩也日月終風擊鼓序皆云州吁凱風從上明之皆州吁詩也雄雉匏有苦葉序言宣公與其始新臺二子乘舟復言宣公詳其終則谷風式微旄丘簡兮泉水北門北風靜女在其間皆宣公詩也鄘柏舟云共伯蚤死其妻守義明武公時作則武公詩也牆有茨公子頑通於君母君母則惠公母則惠公詩也鶉之奔奔云宣姜亦是惠公之母則君子偕老桑中在其間亦皆惠公詩也定之方中蝃蝀相鼠干旄序皆云文公文公詩可知載馳序云懿公爲狄人所滅露於漕邑則戴公詩也在文公下者後人不能盡得其次第爛於下耳衛淇奧云美武公則武公詩矣考槃碩人序皆云莊公則莊公詩也氓云宣公之時則宣公詩也竹竿從上言之亦宣公詩也芄蘭刺惠公則惠公詩也河廣云宋襄公母歸于衛母雖父所出而文繫於襄公明襄公即位乃作襄公以魯僖十年即位二十一年卒終始當衛文公則文公詩矣伯兮云爲王前驅有狐序云衛之男女失時皆不言謚在河廣木瓜之間則似文公詩矣但文公惠公之時無從王征伐之事惟桓五年秋蔡人衛人陳人從王伐鄭當宣公時則伯兮宣公詩也伯兮既爲宣公詩則有狐亦非文公詩也文公滅而復興詩無刺者不得有男女失時之歌則有狐亦宣公詩也與伯兮俱爛於此本

在芃蘭之上序者於氓舉國公以明下故不復言宣公耳推此則換爛在作序之後故舉上明下若本第於此則伯兮宜言謚以辨嫌不宜越芃蘭河廣而蒙氓詩之序也木瓜云齊桓公救而封之則文公詩也故鄭於左方中皆以此知之也然鄭於其君之下云某篇某作者準其時之事而言其作未必即此君之世作也何則文王之詩有在成王時作者是不必其時即作也春秋之義未踰年不成君而州吁以春弒君九月死於濮不成君而得有詩者以其已在君位百姓蒙其惡故得作詩以刺之也柏舟共姜自誓不爲共伯詩者以共伯已死其妻守義當武公之時非共伯政教之所及所以爲武公詩也諸變詩一君有數篇者大率以事之先後爲次故衛宣公先蒸於夷姜後納伋妻邶詩先匏有苦葉後次新臺是以事先後爲次也舉此而言則其餘皆以事次也牆有茨鶉之奔奔皆刺宣姜其篇不次而使桑中間之則編篇之意或以事義相類或以先後相次序注無其明說難以言之

柏舟言仁而不遇也衞頃公之時仁人不遇小人在側　不遇者君不受己之志也君近小人則賢者見侵害。柏木名頃音傾近附近之近　疏　柏舟五章章六句。不遇至侵害。正義曰箋以仁人不遇嫌其不得進仕故言不遇者君不受己之志以言亦汎其流明與小人並列也言不能奮飛是在位不忍去也穀梁傳曰遇者何志相得是不得君志亦爲不遇也二章云薄言往愬逢彼之怒是君不受己之志也四章云覯閔既多受侮不少是賢者見侵害也

汎彼柏舟亦汎其流　興也汎汎流貌柏木所以宜爲舟也亦汎汎其流不以濟度也箋云舟載渡物者今不用而與衆物汎汎然俱流水中興者喻仁人之不見用而與羣小人並列亦猶是也。汎敷劒反汎流貌本或作汎汎流貌者此從王肅注加。**耿耿不寐如有隱憂**　耿耿猶儆儆也隱痛也箋云仁人既不遇憂在見侵害。耿古幸反儆音景　**微我無酒以敖以遊**　非我無酒可以敖遊忘憂也。敖本亦作遨五羔反　疏　汎彼至以遊。正義曰言汎然而流者是彼柏木之舟此柏木之舟宜用濟渡今而不用亦汎汎然其與衆物俱流水中而已以興在列位者是彼仁德之人此仁德之人宜用輔佐今乃不用亦與衆小人並列於朝而已仁人既與小人並列恐其害於己故夜儆儆然不能寐如人有痛疾之憂言憂之甚也非我無酒可以敖遊而忘此憂但此憂之深非敖遊可釋也。汎流至濟渡。正義曰竹竿云檜楫松舟菁菁者莪云汎汎楊舟則松楊皆可爲舟言柏木所以宜爲舟者解以舟喻仁人之意言柏木所以宜爲舟猶仁人所以宜爲官非謂餘木不宜也。**我心匪鑒不可以茹**　鑒所以察形也茹度也箋云鑒之察形但知方圓白黑不能度其眞僞我心非如是鑒我於衆人之善惡外內心度知之。監本又作鑒甲暫反鏡也茹如預反徐音如庶反度待洛反下同　**亦有兄弟不可以據**　據依也箋云兄弟至親當相據依言亦有不相據依以爲是者希耳責之以兄弟之道謂同姓臣也　**薄言往愬逢彼之怒**　彼彼兄弟。愬蘇路反怒協韻乃路反。　疏　我心至之怒。正義曰仁人不遇故自稱己德宜所親用言我心非如鑒然不可以茹也我心則可以茹何者鑒之察形但能知外之方圓白黑不能度知內之善惡眞僞我心則可以度知內之善惡非徒如鑒然言能照察物者莫明於鑒今己德則踰之又與君同姓當相據依天下時亦有兄弟不可以據依者猶尙希耳庶君應不然何由亦不可以據乎我既有德又與君至親而不遇我薄往君所愬之反逢彼君之恚怒不受己志也。箋責之至姓臣。正義曰此責君而言兄弟者此仁人與君同姓故以兄弟之道責之言兄弟者正謂君與己爲兄弟也故逢彼之怒傳曰彼彼兄弟正謂逢遇君之怒以君爲兄弟也

我心匪石不可轉也我心匪席不可卷也　石雖堅尙可轉席雖平尙可卷箋云言己心志堅平過於石席。卷眷勉反注同。　**威儀棣棣不可選也**　君子望之儼然可畏禮容俯仰各有威儀耳棣棣富而閑習也物有其容不可數也箋云稱己威儀如此者言己德備而不遇所以慍也。棣本或作逮同徒帝反又音代選雪兖反選也儼魚檢反本或作嚴音同數色主反。　疏　我心至可選。正義曰仁人既不遇故又陳己德以怨於君言我心非如石然石雖堅尙可轉我心堅不可轉也我心又非如席然席雖平尙可卷我心平不可卷也非有心志堅平過於石席又有儼然之威俯仰之儀棣棣然富備其容狀不可具數內外之稱其德如此今不見用故己所以怨。傳君子至可數。正義曰此言君子望之儼然可畏解經之威也禮容俯仰各有宜耳解經之儀也論語曰君子正其衣冠尊其瞻視儼然人望而畏之左傳曰有威而可畏謂之威有儀而可象謂之儀是也言威儀棣棣然富備而閑曉貫習爲之又解不可選者物各有其容遭時制宜不可數昭

九年左傳曰服以旌禮禮以行事事有其物物有其容是也。憂心悄悄慍于羣小慍怒也悄悄憂貌箋云羣小衆小人在君側者。悄七小反慍憂運反。覯閔既多受侮不少閔病也。遘古豆反本或作覯侮音武徐又音茂。靜言思之寤辟有摽靜安也辟拊心也摽拊心貌箋云言我也。辟本又作擘避亦反摽符小反拊音撫。疏憂心至有摽。正義曰言仁人憂心悄悄然而怨此羣小人在於君側者也又小人見困病於我既多又我受小人侵侮不少故怨之也既不勝小人所侵害故我於夜中安靜而思念之則寤覺之中拊心而摽然言怨此小人之極也覯閔既多受侮不少言覯自彼加我之辭言受從已受彼之稱耳。傳摽拊心貌。正義曰辟既為拊心即云有摽故知摽拊心貌謂拊心之時其手摽然。日居月諸胡迭而微箋云日君象也月臣象也微謂虧傷也君道當常明如日而月有虧盈今君失道而任小人大臣專恣則日如月然。迭待結反韓詩作臷音同云臷常也。心之憂矣如匪澣衣如衣之不澣矣箋云衣之不澣則憒辱無照察。澣戶管反憒古對反。靜言思之不能奮飛不能如鳥奮翼而飛去箋云臣不遇於君猶不忍去厚之至也。疏日居至奮飛。正義曰日當常明月即有虧今日何為與月更迭而虧傷乎猶君何為與臣更迭而屈伸乎日實無虧傷但以日比君假以言之耳君既失道小人縱恣仁人不遇故心之憂矣如不澣之衣衣不澣憒辱無照察似己之憂煩憒無容樂仁人憂不自勝言我安靜而思君惡如是意欲逃亡但以君臣之故不能如鳥奮翼而飛去鳥能擇木故取譬焉。箋日居至月然。正義曰禮器曰大明生於東月生於西陰陽之分夫婦之位則日月喻夫婦也孝經讖曰兄日姊。日月又喻兄姊以其陰陽之象故隨尊卑為喻居諸者語助也故日月傳曰日乎月乎不言居諸也檀弓云何居我未之前聞也注云居語助也左傳曰皐陶庭堅不祀忽諸服虔云諸辭是居諸皆不為義也微謂虧傷者禮運云三五而盈三五而闕注云一盈一闕屈伸之義是也十月之交云彼月而微此日而微箋云微謂不明也以為日月之食知此微非食者以經責日云何迭而微是日不當微也若食則日月同有何責云胡迭而微故知謂虧傷也彼十月之交陳食事故微謂食與此別。箋臣不至之至。正義曰此仁人以兄弟之道責君則同姓之臣故恩厚之至不忍去也以箴膏肓云楚鬻拳同姓有不去之恩論語註云箕子比干不忍去皆是同姓之臣有親屬之恩君雖無道不忍去之也然君臣義合道終不行雖同姓有去之理故微子去之與箕子比干同稱三仁明同姓之臣有得去之道也

柏舟五章章六句

綠衣衛莊姜傷己也妾上僭夫人失位而作是詩也綠當為褖故作褖轉作綠字之誤也莊姜莊公夫人齊女姓姜氏妾上僭者謂公子州吁之母母嬖而州吁驕。綠毛如字鄭改作褖吐亂反篇內各同妾上時掌反注上僭皆同僭子念反吁況于反嬖補計反謚法云賤而得愛曰嬖嬖卑也媟也。疏綠衣四章章四句至是詩。正義曰作綠衣詩者言衛莊姜傷己也由賤妾為君所嬖而上僭夫人失位而幽微傷己不被寵遇是故而作是詩也四章皆傷辭此言而作是詩及故作是詩皆序作詩之由不必即其人自作也故清人序云危國亡師之本故作是詩非高克自作也雲漢云百姓見憂故作是詩非百姓作之也若新臺云國人惡之而作是詩碩人云國人憂之而作是詩即是國人作之各因文勢言之非一端不得為例也。箋綠當至吁驕。正義曰必知綠誤而褖是者此綠衣與內司服綠衣字同內司服掌王后之六服五服不言色唯綠衣言色明其誤也內司服注引雜記曰夫人復稅衣揄翟又喪大記曰士妻以褖衣言褖衣者甚衆字或作稅此則褖衣是正也彼綠衣宜為褖衣故此綠衣亦為褖衣也詩者詠歌宜因其所有之服而言不宜舉實無之綠衣以為喻故知當作褖也隱三年左傳曰衛莊公娶於齊東宮得臣之妹曰莊姜是齊女姓姜氏也又曰公子州吁嬖人之子是州吁之母嬖也又曰有寵而好兵石碏諫曰寵而不驕鮮矣是州吁驕也定本妾上僭者謂公子州吁之母也母嬖而州吁驕。綠兮衣兮綠衣黃裏興也綠間色黃正色箋云褖兮衣兮者言褖衣自有禮制也諸侯夫人祭服之下鞠衣為上展衣次之褖衣次之次之者衆妾亦以貴賤之等服之鞠衣黃展衣白褖衣黑皆以素紗為裏今褖衣反以黃為裏非其禮制也故以喻妾上僭。裏音里間間厠之間鞠居六反言如菊花之色也又去六反言如麴塵之色王后之服四曰鞠衣色黃也展知彥反字亦作襢音同王后之服五曰襢衣毛氏云融皆云色赤鄭云色白紗音沙心之憂矣曷維其已

憂雖欲自止何時能止也【疏】綠兮至其已。毛以間色之綠不當爲衣猶不正之妾不宜嬖寵今綠兮乃爲衣兮間色之綠今爲衣而見正色之黃反爲裏而隱以興今妾兮乃蒙寵兮不正之妾今蒙寵而顯正嫡夫人反見疏而微綠衣以邪干正猶妾以賤陵貴夫人既見疏遠故心之憂矣何時其可以止也。鄭以爲婦人之服有綠衣今見妾上僭因以綠衣失制喻嫡妾之亂言綠兮衣兮綠衣自有禮制當以素紗爲裏今綠衣反以黃爲裏非其制也以喻賤兮妾兮賤妾自有定分當以謙恭爲事今賤妾反以驕僭爲事亦非其宜妾之不可陵尊猶衣之不可亂制汝賤妾何爲上僭乎餘同。○傳綠間色黃正色。○正義曰綠蒼黃之間色黃中央之正色故云綠間色黃正色言間正者見衣正色不當用間故玉藻云衣正色裳間色王肅云夫人正嫡而幽微妾不正而尊顯是也。○箋綠兮至上僭。○正義曰綠衣黃裏爲非制明綠兮衣兮言其自有禮制也禮制者素紗爲裏是也又言諸侯夫人祭服以下至褖衣黑者解以綠衣爲喻之意由諸侯之妾有褖衣故假失制以喻僭也內司服掌王后之六服褘衣褕翟闕翟鞠衣展衣褖衣素紗注云后從王祭先王則服褘衣祀先公則服褕翟祭羣小祀則服闕翟后以三翟爲祭服夫人於其國衣服與王后同亦三翟爲祭服衆妾不得服

之故鞠衣以下衆妾以貴賤之等服之也內司服又曰辨外內命婦之服鞠衣展衣褖衣素紗注云內命婦之服鞠衣九嬪也展衣世婦也褖衣女御也鄭以經稱命婦之服王之三夫人與諸侯夫人名同則不在命婦之中矣故注云三夫人其闕翟以下乎自九嬪以下三等故爲此次也夫人於其國與王后同明鞠衣以下衆妾各以其等服之可知也此服既有三則衆妾亦分爲三等蓋夫人下姪娣鞠衣二媵展衣其餘褖衣也知鞠衣黃展衣白褖衣黑者以士冠禮陳服於房中爵弁服皮弁服褖衣以褖衣當玄端玄端黑則褖衣亦黑也故內服注以男子之褖衣黑則知婦人之褖衣亦黑也又子羔之襲褖衣纁袡用纁則衣用黑明矣褖衣既黑以四方之色逆而差之則展衣白鞠衣黃可知皆以素紗爲裏者以周禮六服之外別言素紗明皆以素紗爲裏也今褖衣反以黃爲裏非其制故以喻妾上僭也然則鞠衣展衣亦不得以黃爲裏獨舉褖衣者詩人意所偶言無義例也。○**綠兮衣兮綠衣黃裳**上曰衣下曰裳箋云婦人之服不殊衣裳上下同色今衣黑而裳黃喻亂嫡妾之禮。○嫡本亦作適同丁歷反【疏】綠衣黃裳。毛以爲間色之綠今爲衣而在上正色之黃反爲裳而處下以與不正

之妾今蒙寵而尊正嫡夫人反見疏而卑前以表裏興幽顯則此以上下喻尊卑雖嫡妾之位不易而莊公禮遇有薄厚也鄭以婦人之服不殊裳褖衣當以黑爲裳今反以黃爲裳非其制以喻賤妾當以謙恭爲事今反上僭爲事亦非其宜。○箋婦人至同色。○正義曰言不殊裳者謂衣裳連則色同故云上下同色也定本集注皆云不殊衣裳喪服云女子子在室爲父布總箭笄髽衰三年直言衰不言裳則裳與衰連故注云不言裳者婦人之服不殊裳是也知非吉凶異者士昏禮云女次純衣及禮記子羔之襲褖衣纁袡爲一稱議襲婦服皆不言裳是吉服亦不殊裳也若男子朝服則緇衣素裳喪服則斬衰素裳吉凶皆殊衣裳也**心之憂矣曷維其亡**箋云亡之言忘也。○**綠兮絲兮女所治兮**綠末也絲本也箋云女女妾上僭者先染絲後製衣皆女之所治爲也而女反亂之亦喻亂嫡妾之禮責以本末之行禮大夫以上衣織故本於絲也。○女崔云毛如字鄭音汝行下孟反下同以上時掌反衣織於既反下音志**我思古人俾無訧兮**俾使訧過也箋云古人謂制禮者我思此人定尊卑使人無過差之行心善之也。○俾卑爾反訧音尤本或作尤差初賣反又初佳反。○【疏】

綠兮至訧兮。○毛以爲言綠兮而由於絲兮此女人之所治以與使妾兮而承於嫡兮此莊公之所治由絲以爲綠即綠爲末絲爲本猶承嫡而使妾則妾爲卑而嫡爲尊公定尊卑不可亂猶女治絲本末不可易今公何爲使妾上僭而令尊卑亂乎莊姜既見公不能定尊卑使已微而妾顯故云我思古之君子妻妾有序自使其行無過差者以莊公不能然故思之。○鄭言爲綠衣兮當先染絲而後製衣是汝婦人之所爲兮汝何故亂之先製衣而後染使失制度也以興嫡在先而尊貴妾在後而卑賤是汝賤妾之所爲汝何故亂令妾在先而尊嫡在後而卑是亂嫡妾之禮失本末之行莊姜既見此妾上僭違於禮制故我思古制禮之人定尊卑使人無過差之行者禮令下不僭上故思之。○傳綠末絲本。○正義曰織絲而爲緝染之以成綠故云綠末絲本以喻妾卑嫡尊也上章言其反幽顯此章責公亂尊卑。○箋女妾至於絲。○正義曰以此詩傷妾之僭已故知汝汝妾之上僭者大夫以上衣織故知先染絲後製衣染絲製衣是婦人之事故言汝所治爲也此衣非上僭之妾所自治但衣者婦人所作假言衣之失製以喻妾之上僭耳故汝上僭之妾言汝反亂之喻亂嫡妾之禮也云亂嫡妾之禮責之以本末之行本末者以先染絲爲本後製衣爲末大意與毛同但毛以染綠爲末箋以

製衣爲末耳箋亦以本喻嫡以末喻妾故云亂嫡妾之禮責之以本末之行又解本絲之意由大夫以上衣織故本之知者玉藻云士不衣織士不得明大夫以上得也染人掌染絲帛染絲謂衣織者也**絺兮綌兮淒其以風**淒寒風也箋云絺綌所以當暑今以待寒喻其失所也○淒七西反**我思古人實獲我心**古之君子實得我之心也箋云古之聖人制禮者使夫婦有道妻妾貴賤各有次序〔疏〕絺兮至我心○毛以爲絺兮綌兮當服之以暑時今用之於淒其以風之月非其宜也以興嫡兮妾兮當節之以禮今使之鯀然以亂之亦非其宜也言絺綌不以當暑猶嫡妾不以其禮故莊姜云我思古之君子定尊卑實得我之心○鄭以爲言絺兮綌兮不當暑今以待淒然寒風失其所以興賤兮妾兮所以守職今以上僭於尊位亦失其所故思古之人制禮使妻妾貴賤有次序令妾不得上僭者實得我之心也○傳淒寒風○正義曰四月云秋日淒淒淒寒涼之名也此連云以風故云寒風也○傳古之君子○正義曰傳以章首二句皆責莊公不能定其嫡妾之禮故以爲思古之君子謂能定尊卑使妻妾次序者也○箋古之聖人制禮者○正義曰箋以上二句皆責妾之上僭故以爲思古之聖人制禮者使貴賤

有序則妾不得上僭故思之

綠衣四章章四句

燕燕衛莊姜送歸妾也莊姜無子陳女戴嬀生子名完莊姜以爲己子莊公薨完立而州吁殺之戴嬀於是大歸莊姜遠送之于野作詩見己志○燕於見反戴嬀居危反戴諡也嬀陳姓也完字又作皃俗音丸卽衞桓公也殺如字又申志反見賢遍反○〔疏〕燕燕四章章六句至歸妾○正義曰作燕燕詩者言衞莊姜送歸妾也謂戴嬀大歸莊姜送之經所陳皆訣別之後述其送之之事也○箋莊姜至己志○正義曰隱三年左傳曰衞莊公娶于齊東宮得臣之妹曰莊姜美而無子又娶于陳曰厲嬀生孝伯早死其娣戴嬀生桓公莊姜以爲己子四年春州吁殺桓公經書弑其君完是莊姜無子完立州吁殺之之事也由其子見殺故戴嬀於是大歸莊姜養其子與之相善故越禮遠送於野作此詩以見莊姜之志也知歸是戴嬀者經云先君之思則莊公薨矣桓公之時母不當輒歸雖歸非莊姜所當送歸明桓公死後其母見子之殺故歸莊姜養其子同傷桓公之死故泣涕而送之也言大歸者不反之辭

故文十八年夫人姜氏歸於齊左傳曰大歸也以歸寧者有時而反此卽歸不復來故謂之大歸也衞世家云莊公娶齊女爲夫人而無子又娶陳女爲夫人生子早死陳女女娣亦幸於莊公而生子完完母死莊公命夫人齊女子之立爲太子禮諸侯不再娶且莊姜仍在左傳唯言又娶於陳不言爲夫人世家云又娶陳女爲夫人非也左傳唯言戴嬀生桓公莊姜養之以爲己子不言其死云完母死亦非也然傳言又娶者蓋謂媵也左傳曰同姓媵之異姓則否此陳其得媵莊姜者春秋之世不能如禮**燕燕于飛差池其羽**燕燕鳦也燕之于飛必差池其羽箋云差池其羽謂張舒其尾翼與戴嬀將歸顧視其衣服○差楚佳反又楚宜反池如字鳦音乙本又作乙郭烏拔反**之子于歸遠送于野**之子去者也歸歸宗也遠送過禮于於也郊外曰野箋云婦人之禮送迎不出門今我送是子乃至于野者舒己憤盡己情○野如字協韻羊汝反沈云協句宜音時預反後放此憤符粉反**瞻望弗及泣涕如雨**瞻視也○涕他禮反徐又音弟〔疏〕燕燕至如雨○正義曰燕燕往飛之時必舒張其尾翼以興戴嬀將歸之時亦顧視其衣服旣視其衣服從此而去是此去之子往歸於國我莊姜遠送

至於郊外之野既至於野與之訣別已留而彼去稍稍更遠瞻望之不復能及故念之泣涕如雨然也上二句謂其將行次二句言己在路下二句言既訣之後○傳燕燕鳦○正義曰釋鳥鷰周燕燕鳦孫炎曰別三名舍人曰鷰周名燕燕又名鳦郭璞曰一名玄鳥齊人呼鳦此燕卽今之燕也古人重言之漢書童謠云燕燕尾涎涎是也鳦乙字異音義同郭氏一音烏拔反○箋差池至衣服○正義曰差池者往飛之之貌故云舒張其尾翼實翼也而兼言尾者以飛時尾亦舒張故也鳥有羽翼猶人有衣服故知以羽之差池喻顧視衣服既飛而有上下故以頡之頏之喻出入前却既上下而有音聲故以上下其音喻言語大小取譬連類各以其次○箋婦人送迎不出門○正義曰僖二十二年左傳文○**燕燕于飛頡之頏之**飛而上曰頡飛而下曰頏箋云頡頏興戴嬀將歸出入前却○頡戶結反頏戶郎反上時掌反篇內皆同〔疏〕傳飛而至曰頏○正義曰此及下傳上音下音皆無文以經言往飛之時頡之頏之明頡頏非一也故知上曰頡下曰頏下經言下上其音音無上下唯飛有上下耳知飛而上爲音曰上音飛而下爲音曰下音也○**之子于歸遠于將之**將行也箋云將亦送也**瞻望弗**

及佇立以泣佇立久立也○佇直呂反燕燕于飛下上其音飛而上曰上音飛而下曰下音箋云下上其音興戴嬀將歸言語感激聲有小大○激經歷反之子于歸遠送于南陳在衞南○南如字沈云協句宜乃林反今謂古人韻緩不煩改字瞻望弗及實勞我心○實是也本亦作寔仲氏任只其心塞淵仲戴嬀字也任大塞瘞淵深也箋云任者以恩相親信也周禮六行孝友睦婣任恤○任入林反沈云鄭而鴆反塞瘞於例反崔集注本作實行下孟反下篇同終温且惠淑慎其身惠順也箋云温謂顏色和也淑善也先君之思以勗寡人勗勉也箋云戴嬀思先君莊公之故故將歸猶勸勉寡人以禮義寡人莊姜自謂也○勗凶玉反徐又況目反疏仲氏至寡人○正義曰莊姜既送戴嬀而思其德行及其言語乃稱其字言仲氏有大德行也其心誠實而深遠也又終當顏色温和且能恭順善自謹慎其身內外之德既如此又於將歸之時思先君之故勸勉寡人以禮義也○鄭唯任字爲異言仲氏有任之德能以恩相親信也○傳仲戴至任大○正義曰婦人不以名行今稱仲氏明是其字禮記男女異長注云各自爲伯季故婦人稱仲氏也任大釋詁文也定本任大之下云塞瘞也俗本塞實也○箋任者至任恤○正義曰箋以此二句說戴嬀之操行故知爲任恤言其能以恩相親信也故引六行之任以證之周禮注云善於父母爲孝善於兄弟爲友睦親於九族婣親於外親任信於友道恤振於憂貧○箋戴嬀至禮義○正義曰以勸勉之故知是禮義也坊記引此詩注以爲夫人定姜之詩不同者鄭志荅炅模云爲記注時就盧君先師亦然後乃得毛公傳記古書義又且然記注已行不復改之

燕燕四章章六句

日月衞莊姜傷己也遭州吁之難傷己不見荅於先君以至困窮之詩也○難乃旦反以至困窮之詩也舊本皆爾俗本或作以至困窮而作是詩也誤疏日月四章章六句至困窮○正義曰俗本作以致困窮之詩者誤也日居月諸照臨下土日乎月乎照臨之也箋云日月喻國君與夫人也當同德齊意以治國者常道也乃如之人兮逝不古處逝逮古故也箋云之人是人也謂莊公也其所以接及我者不以故處甚違其初時○處昌慮反又昌呂反胡能有定寧不我顧胡何定止也箋云寧猶曾也君之行如是何能有所定乎曾不顧念我之言是其所以不能定完也○顧本又作顧如字徐音古此亦協韻也後放此○疏日居至我顧○正義曰言日乎以照晝月乎月以照夜故得同曜齊明而照臨下土以與國君也夫人也國君視外治夫人視內政當亦同德齊意以治理國事如此是其常道今乃如是人莊公其所接及我夫人不以古時恩意處遇之是不與之同德齊意失月配日之義也公於夫婦尚不得所於衆事亦何能有所定乎適曾不顧念我之言而已無能有所定也○傳逝逮○正義曰釋言文也又曰逮及也故箋云其所以接及我者下章傳云不及我以相好皆爲及也顧下章傳亦宜倒讀云不及我以故處也雖倒義與鄭同但鄭順經文故似與傳異耳○箋是其至定完○正義曰此本傷君不荅於己言夫婦之道尚如是於衆事何能有所定乎然則莊公是不能定事之人鄭引不能定事之驗謂莊公不能定完者隱三年左傳曰公子州吁有寵而好兵公不禁石碏諫曰將立州吁乃定之矣若猶未也階之爲禍是公有欲立州吁之意故杜預云完雖爲莊姜子然太子之位未定是完不爲太子也左傳唯言莊姜以爲己子不言爲太子而世家云命夫人齊女子之立爲太子非也○日居月諸下土是冒冒覆也箋云覆猶照臨也乃如之人兮逝不相好不及我以相好箋云其所以接及我者不以相好之恩情甚於己薄也○好呼報反注同王崔申毛如字胡能有定寧不我報盡婦道而不得報○日居月諸出自東方日始月盛皆出東方箋云自從也言夫人當盛之時與君同位乃如之人兮德音無良音聲良善也箋云無善恩意之聲語於我也○語魚據反胡能有定俾也可忘箋云俾使也君之行如此何能有所定使是無良可忘也疏日居至可忘○正義曰言日乎月乎日之始照月之盛望皆出東方言月盛之時有與日同以興國君也夫人也國君之平常夫人之隆盛皆秉其國事夫人之盛時亦當與君同如此是其常今乃如之人莊公曾無良善之德音以處語夫人是疏遠己不與之同位失月配日之義君之行如是何能有所定使是無良之行可

忘也。傳曰始至東方。正義曰日月雖分照晝夜而日恒明月則有盈有闕不常盛盛則與日皆出東方猶君與夫人雖各聽內外而君恒伸夫人有屈有伸伸則與君同居尊位故箋云夫人當盛之時與君同位。箋無善至于我。正義曰如箋所云則當倒讀云無良德音謂無善恩意之音聲處語我夫人也**日居月諸東方自出父兮母兮畜我不卒**箋云畜養卒終也父兮母兮者言己尊之如父又親之如母乃反養遇我不終也。**胡能有定報我不述**述循也箋云不循不循禮也。述本亦作術

日月四章章六句

終風衛莊姜傷己也遭州吁之暴見侮慢而不能正也正猶止也〔疏〕終風四章章四句至不能正。正義曰暴與難一也遭困窮是厄難之事故上篇言難見侮慢是暴戾之事故此篇言暴此經皆是暴戾見侮慢之事**終風且暴顧我則笑**興也終日風爲終風暴疾也笑侮之也箋云既竟日風矣而又暴疾興者喻州吁之爲不善如終風之無休止而其間又有甚惡其在莊姜之旁視莊姜則反笑之是無敬心之甚。終風韓詩云西風也。**謔浪笑敖**言戲謔不敬。謔許約反浪力葬反韓詩云起也笑本又作咲俗字也悉妙反敖五報反**中心是悼**箋云悼者傷其如是然而已不能得而止之。〔疏〕終風至是悼。正義曰言天既終日風且其間有暴疾以興州吁既不善而其間又有甚惡在我莊姜之傍顧視我則反笑之又戲謔調笑而敖慢己莊姜無如之何中心以是悼傷其不能止之。傳暴疾。正義曰釋天云日出而風爲暴孫炎曰陰雲不興而大風暴起然則爲風之暴疾故云疾也。傳言戲謔不敬。正義曰釋詁云謔浪笑敖戲謔也舍人曰謔戲謔也浪意明也笑心樂也敖意舒也戲笑邪戲也謔笑之貌也郭璞曰謂調戲也此連云笑敖故爲不敬洪奧云善戲謔兮明非不敬也。**終風且霾**霾雨土也。霾亡皆反徐又莫戒反雨于付反風而雨土爲霾**惠然肯來**言時有順心也箋云肯可也有順心然後可以來至我旁不欲見其戲謔。肯來如字古協思韻多音梨他皆放此**莫往莫來悠悠我**

思人無子道以來事己己亦不得以母道往加之箋云我思其如是心悠悠然。我思如字〔疏〕終風至我思。正義曰毛以爲天既終日風且又有暴甚雨土之時以興州吁常爲不善又有甚惡恚怒之時州吁之暴既如是又不肯數見莊姜時有順心然後肯來雖來復侮慢之與上互也州吁既然則無子道以來事己是莫來也由此己不得以母道往加之是莫往也今既莫往莫來母子思絕悠悠然我心思之言思其如是則悠悠然也。鄭唯惠然肯來爲異以上云顧我則笑是其來無順心明莊姜不欲其來且州吁之暴非有順心肯來也故以爲若有順心則可來我傍既無順心不欲見其來而戲謔也。傳霾雨土。正義曰釋天云風而雨土爲霾孫炎曰大風揚塵土從上下也。傳人無至加之。正義曰以本由子不事己己乃不得以母道往加之故先解莫來後解莫往經先言莫往者蓋取便文也。**終風且曀不日有曀**陰而風曰曀箋云有又也既竟日風且復曀不見日矣而又曀者喻州吁闇亂甚也。曀於計反復扶富反。**寤言不寐願言則嚏**嚏跲也箋云言我願思也嚏讀當爲不敢嚏咳之嚏我其憂悼而不能寐汝思我心如是我則嚏也今俗人嚏云人道我此古之遺語也。疌本又作嚏又作疐舊竹利反又丁四反又豬吏反或竹季反劫也鄭作嚏音都麗反劫也居業反本又作跲音向又渠業反孫毓同崔云毛訓疌爲劫今俗人云欠欠劫劫是也不作劫字人體倦則伸志倦則劫案音丘據反玉篇云劫欠張口也咳開愛反。〔疏〕終風至則嚏。毛以爲天既終日風且復陰而曀不見日光矣而又曀以興州吁既常不善且復怒而甚不見喜悅矣而又甚州吁既暴如是矣莊姜言我寤覺而不能寐願以母道往加之我則嚏跲而不行。鄭唯下一句爲異具在箋。傳陰而風曰曀。正義曰釋天文孫炎曰雲風曀日光。箋既竟至亂甚。正義曰此州吁暴益甚故見其漸也言且曀者且陰往曀日其陰尚薄不見日則曰曀也復云曀則陰雲益甚天氣彌闇故云喻州吁之闇亂甚也以且曀已喻其闇又曀彌益其闇故云甚也。傳嚏跲。正義曰王肅云願以母道往加之則嚏跲而不行跲與劫音義同也定本集注並同。箋嚏讀至遺語。正義曰內則云子在父母之所不敢噦噫嚏咳此讀如之也言汝思我心如是解經之願也言我則嚏解經言則嚏也稱俗人云者以俗之所傳有驗於事可以取之左傳每引諺曰詩稱人亦有言是古有用俗之驗**曀曀其陰**如常陰曀曀然**虺虺其靁**暴若震靁之聲虺虺然。**寤**

言不寐願言則懷懷傷也箋云懷安也女思我心如是我則安也○女音汝下同後可以意求之疑者更出䞪慮鬼反【疏】曀曀至則懷○毛以為天既曀曀然其常陰又䞪䞪然其震雷也以興州吁之暴如是故莊姜言我夜覺常不寐願以母道往加之我則傷心○鄭唯下句為異言汝州吁思我心如是我則安○傳如常陰曀曀然○正義曰上終風且曀且其間有曀時不常陰此重言曀曀連云其陰故云常陰也言曀復曀則陰曀之甚也爾雅云陰而風為曀則此曀亦有風但前風有不陰故曀連終風此則常陰故直云曀有風可知也○傳暴若至䞪然正義曰雨雷則殷殷然此喻州吁之暴故以為震雷奮擊之聲䞪䞪然十月之交曰爗爗震電皆此類也

終風四章章四句

擊鼓怨州吁也衛州吁用兵暴亂使公孫文仲將而平陳與宋國人怨其勇而無禮也將者將兵以伐鄭也平成也將伐鄭先告陳與宋以成其伐事春秋傳曰宋殤公之即位也公子馮出奔鄭鄭人欲納之及衛州吁立將修先君之怨於鄭而求寵於諸侯以和其民使告於宋曰君若伐鄭以除君害君為主敝邑以賦與陳蔡從則衛國之願也宋人許之於是陳蔡方睦於衛故宋公陳侯蔡人衛人伐鄭是也伐鄭在魯隱四年○將子亮反注將者同殤音傷馮本亦作憑同皮冰反蔡從才用反下陳蔡從同【疏】擊鼓五章章四句至無禮○正義曰作擊鼓詩者怨州吁也由衛州吁用兵暴亂乃使其大夫公孫文仲為將而興兵伐鄭又欲成其伐事先告陳及宋與之俱行故國人怨其勇而無禮怨與刺皆自下怨上之辭怨者情所恚恨刺者責其愆咎大同小異耳故論語注云怨謂刺上政譜云刺怨相尋是也言用兵暴亂者阻兵而安忍暴虐而禍亂也古者謂戰器為兵左傳曰鄭伯朝於楚楚子賜之金曰無以鑄兵兵者人所執因號人亦曰兵左傳曰敗鄭徒兵此箋云將者將兵是也然則此序云用兵者謂用人兵也經云踊躍用兵謂兵器也國人怨其勇而無禮經五章皆陳兵役之怨辭○箋將者至隱四年○正義曰知將兵伐鄭者州吁以隱四年春弒君至九月被殺其中唯夏秋再有伐鄭之事此言州吁用兵暴亂是伐鄭可知時無伐陳宋之事而經序云平陳與宋傳有告宋使除君害之事陳侯又從之伐鄭故訓平為成也告陳與宋成其伐事也春秋曰以下皆隱四年左傳文也引之以證州吁

有伐鄭先告陳之事也未言在魯隱四年者以州吁之立不終此年唯有此伐鄭之事上直引傳曰其年不明故又詳之也宋殤公之即位公子馮之事所以出奔鄭者殤公穆公之子公子馮則其子也穆公致位於殤公使馮避之出居於鄭也鄭人欲納之欲納於宋以為君也先君之怨服杜皆云隱二年鄭人伐衛是也譜依世家以桓公為平王三十七年即位則鄭以先君為桓公矣服虔云莊公非也言求寵於諸侯者杜預云諸侯雖篡弒而立既列於會則不得復討欲求此寵也言以除君害者服虔云公子馮將為君之害言以賦與陳蔡從者服虔云賦兵也以田賦出兵故謂之賦正謂以兵從也傳又說衛州吁欲和其民宋殤公欲除其害故二國伐鄭所以陳蔡亦從者是時陳蔡方親睦於衛故宋公陳侯蔡人衛人伐鄭春秋之例首兵者為主今伐鄭之謀則吁為首所以衛人敘於陳蔡之下者服虔云衛使宋為主使大夫將故敘衛於陳蔡下傳唯云告宋使為主此箋先言告陳與宋者以陳亦從之衛告可知但傳見使宋為主故不言告陳之事此言平陳與宋故箋兼言告陳也

擊鼓其鏜踊躍用兵鏜然擊鼓聲也使眾皆踊躍用兵也箋云此用兵謂治兵時○鏜吐當反

土國城漕我獨南行漕衛邑也箋云此言眾民皆勞苦也或役土功於國或脩理漕城而我獨見使從軍南行伐鄭是尤勞苦之甚○漕音曹【疏】擊鼓至南行○正義曰言州吁初治兵出國命士眾將行則擊此鼓其聲鏜然使士眾皆踊躍用兵也軍士將行以征伐為苦言今國人或役土功於國或修理漕城而我獨見使南行不得在國也○傳鏜然至用兵○正義曰司馬法云鼓聲不過閶字雖異音實同也左傳曰夫戰勇氣也一鼓作氣又曰金鼓以聲氣故先擊其鼓而眾皆踊躍用兵也○箋此用兵謂治兵時○正義曰以下始云從孫子仲在路之事故知此謂治兵時穀梁傳曰出曰治兵入曰振旅是也○傳漕衛邑正義曰定之方中序云野處漕邑載馳序云露於漕邑是也○箋此言至之甚○正義曰州吁虐用其民此言眾民雖勞苦猶得在國已從征役故為尤苦也禮記曰五十不從力政六十不與服戎注云力政城郭道渠之役則戎事六十始免輕於土功而言尤苦者以州吁用兵暴亂從軍出國恐有死傷故為尤苦土國城漕雖用力勞苦無死傷之患故優於兵事也若力政之役則二十受之五十免之故韓詩說二十從役王制云五十不從力政是也戎事則韓詩說曰三十受兵六十還兵王制云六十不與服戎是也蓋力政用力故取丁壯之時五十年力始衰故早捨之戎事當須閑習三

十乃始從役，未六十年力雖衰，戎事希簡，猶可以從軍，故受之。旣晚捨之，亦晚戎事，非輕於力役。從孫子仲，平陳與宋。孫子仲，謂公孫文仲也。平陳於宋。箋云：子仲，字也。平陳於宋，謂使告宋曰「君爲主，敝邑以賦與陳蔡從」。不我以歸，憂心有忡。憂心忡忡然。箋云：以，猶與也。與我南行，不與我歸期。兵，凶事，懼不得歸，豫憂之。忡，勑忠反。

疏「從孫」至「有忡」。正義曰：國人從軍之士云：我獨南行，從孫子仲伐事於陳與宋。成伐事者，先告陳，使從於宋，與之俱行也。當往之時，不於我以告歸期，不知早晚得還，故我憂心忡忡然，豫憂不得歸也。傳「孫子」至「文仲」。正義曰：經敘國人之辭，旣言從，於文不得言公孫也。箋云子仲，字。仲，長幼之稱，故知是字，則文是謚也。國人所言，時未死，不言謚，序從後言之，故以謚配字也。傳「憂心忡忡然」。正義曰：傳重言忡忡者，以忡爲憂之意，宜重言之。出車云「憂心忡忡」是也。箋「與我」至「豫憂之」。正義曰：采薇云「曰歸曰歸，歲亦莫止」，是與之歸期也。故云兵凶事，懼不得歸，豫憂之。辭言不得歸期之意也。言兵凶事者，戰有必死之志，故云凶也。

爰居爰處，爰喪其馬。有不還者，有亡其馬者。箋云：爰，於也。不還，謂死也、傷也、病也。今於何居乎？於何處乎？於何喪其馬乎？喪，息浪反，注同。于以求之，于林之下。山木曰林。箋云：于，於也。求不還者及亡其馬者，當於山林之下，軍行必依山林，求其故處，近得之。處，昌慮反。近，附近之近。

疏「爰居」至「之下」。正義曰：從軍之士懼不得歸，言我等從軍，或有死者、病者、有亡其馬者，則於何居乎？於何處乎？於何喪其馬乎？若我家人於後求我，往於何處求之？當於山林之下。以軍行必依山林，死傷病亡當在其下，故令家人於林下求之也。傳「有不」至「馬者」。正義曰：此解從軍之人所以言爰居爰處者，由恐有不還者也；言爰喪其馬者，恐有亡其馬者故也。箋「不還」至「馬乎」。正義曰：古者兵車一乘，甲士三人，步卒七十二人，則死傷及病兼步卒，亡其馬唯甲士耳。箋「軍行」至「得之」。正義曰：以軍行爲所取給易，必依險阻，故於山林也。是以肆師云「祭兵于山川」，注云「蓋軍之所依止也」。求其故處，謂求其所依止之處，近於得之。

死生契闊，與子成說。契闊，勤苦也。說，數也。箋云：從軍之士與其伍約，死也生也，相與處勤苦之中，我與子成相說愛之恩，志在相存救也。契，本亦作挈，同，苦結反。闊，苦活反。韓詩云：約束也。說，音悅。數，色主反。執子之手，與子偕老。偕，俱也。箋云：執其手，與之約誓，示信也。言俱老者，庶幾俱免於難。偕，音皆。與之約，如字，又於妙反，下同。一本作「與之約誓」。難，乃旦反。

疏「死生」至「偕老」。毛以爲從軍之士與其伍約云：我今死也生也，共處契闊勤苦之中，親莫是過，當與子危難相救，成其軍伍之數，勿得相背，使非理死亡也。於是執子之手，殷勤約誓，庶幾與子俱得保命以至於老，不在軍陳而死。王肅云：「言國人室家之志，欲相與從生死，契闊勤苦而不相離，相與成男女之數，相扶持俱老。」此似述毛，非毛旨也。卒章傳曰「不與我生活」，言與是軍伍相約之辭，則此爲軍伍相約，非室家之謂也。鄭唯成說爲異，言我與汝共受勤苦之中，皆相說愛，故當與子成此相悅愛之恩，志在相救，餘同。傳「契闊，勤苦」。正義曰：此敘士衆之辭，連云死生，明爲從軍勤苦之義，則契闊，勤苦之狀。箋「從軍」至「伍約」。正義曰：大司馬云「五人爲伍」，謂與其伍中之人約束也。軍法有兩、卒、師、旅，其約亦可相及，獨言伍者，以執手相約，必與親近，故昭二十一年左傳曰「不死伍乘，軍之大刑也」，是同伍相救，故舉以言之。

于嗟闊兮，不我活兮。不與我生活也。箋云：州吁阻兵安忍，阻兵無衆，安忍無親，衆叛親離，軍士棄其約，離散相遠，故吁嗟歎之。闊兮，女不與我相救活，傷之。遠，于萬反。于嗟洵兮，不我信兮。洵，遠。信，極也。箋云：歎其棄約，不與我相親信，亦傷之。洵，吁縣反，本或作「詢」，誤也。詢，音荀。韓詩作「夐」，夐亦遠也。信，毛音申，案信即古伸字也，鄭如字。

疏「于嗟」至「信兮」。毛以爲旣臨伐鄭，軍士棄約而乖散，故其在軍之人歎而傷之云：于嗟乎！此軍伍之人，今日與我乖闊兮，不與我相存救而生活兮。又重言之云：于嗟乎！此軍伍之人與我相疏遠兮，不與我相存救，使性命得申極兮。乖闊疏遠，及性命不得申極，與不得生活，一也。下句配成上句耳。鄭唯信兮爲異，言從軍之人與我疏遠，不復與我相親信，由不親信，故不與己相救活，義相接成也。箋「州吁」至「傷之」。正義曰：隱四年左傳曰：「夫州吁阻兵而安忍，阻兵無衆，安忍無親，衆叛親離，難以濟矣。」杜預云：「恃兵則民殘，民殘則衆叛；安忍則刑過，刑過則親離。」然則以州吁恃兵安忍，故衆叛親離，由是軍士棄其約，散而相遠，是以在軍之人傷其不相救活也。時州吁不自行，言州吁阻兵安忍者，以伐鄭之謀，州吁之由，州吁暴虐，民不得用，故衆叛親離，棄其約束，不必要州吁自行，乃致此也。案左傳伐鄭圍其東門，五日而還，則不戰矣，而軍士離散者，以其民不得用，雖未對敵，亦有離心，故有闊兮洵兮之歎也。傳「信，極」。正義曰：信，古伸字，故易曰「引而信之」。伸即終極之義，故云信，極也。

擊鼓五章章四句

附釋音毛詩注疏卷第二（二之一）

翰林院編修南昌黃中模栞

毛詩注疏校勘記（二之一）　阮元撰盧宣旬摘錄

邶鄘衛譜

在上黨沾縣大黽谷　閩本明監本毛本沾誤沽案盧文弨云在當作出是也

則祿父也外　補毛本也作已案已字是也

頓丘今爲郡名　閩本明監本毛本同案浦鏜云郡名當縣名引證唐志是也

成王尚幼矣　閩本明監本毛本同案此不誤浦鏜云成原文作今非也考段玉裁謂成王生時之稱乃今文家之說見酒誥釋文然則書傳當本是成字破斧正義引書傳成王幼亦可證

子孝伯立　閩本明監本毛本同案浦鏜云孝誤考是也

則身已歸宋　補宋當作衛

舜爲國名而施也　閩本明監本同毛本舜作非案所改是也

五十年卒　閩本明監本毛本同案十下浦鏜云脫五字是也鄘柏舟正義所引有

迎桓公子晉於邢　閩本明監本毛本同案浦鏜云弟誤子是也

惠公復入三十三年卒　閩本明監本毛本同案下三字浦鏜云一誤考史記是也

二十一年卒　閩本明監本毛本同案浦鏜云依年表當作二十三年是也

故鄭於左方中　閩本明監本毛本左誤定案山井鼎云非是左方者即譜之篇名君世也以旁行斜上而列於左方故正義謂之爲左方非鄭别有所著書以左方爲名也考正義原書備鄭譜於卷首其篇名君世在左方恐如鄭之舊故得指而言之今左方無之者南宋合併時所去耳

先蒸於夷姜　閩本同明監本同毛本蒸作烝案所改是也

○柏舟

汎汎流貌 小字本相臺本同案此當衍一汎字正義云言汎然而流者標起止云汎流是正義本不重汎字釋文云汎流貌本或作汎汎流貌者此從王肅注加各本皆誤當依正義釋文正之

今不用而與物汎汎然 閩本明監本毛本與下衍衆字小字本無十行本初刻無後剜添相臺本有衆字無而字案箋上云舟載渡物者下云今不用而與物汎汎然二物字相承不應有衆字正義云亦汎汎然其與衆物俱流水中而已乃正義自爲文不可據添岳氏沿革例云間有難曉解者以疏中字微足其義謂此類也然其所足要未有當者

各有威儀耳 小字本相臺本同案威儀二字當作宜考正義云此言君子望之儼然可畏解經之威也禮容俯仰各有宜耳解經之儀也是正義本作各有宜耳也傳以畏解威以宜解儀所謂詁訓之法不知者改宜字作威儀於是此傳旣威儀二字分解者而威字乃互見儀字解中矣毛氏以宜解儀之詁訓遂不復可見失之甚者也當依正義所述毛傳改正之○按舊按非也左傳威儀有分解處而大意不分毛傳皆有威儀正用左傳北宮文子言君臣父子兄弟內外大小皆有威儀也之文正義改作各有宜非也上文儼然可畏非專釋威說文義字下曰己之威儀也不專以儀釋義必連威言之凡有似分而合者如規矩亦不可分說文巨下云規巨也可證

慍怒也 小字本相臺本同案釋文慍下云怒也是釋文本此傳作怒也正義云言仁人憂心悄悄然而怨此羣小人在於君側者也正義本怒字當是怨字緜傳云慍恚也正義云說文慍怨也恚怒也有怨必怒之所引說文作慍怨也亦其一證

孝經讖曰兄曰姊 閩本明監本毛本同案姊下當有月字

日月又喻兄姊 明監本毛本無日字閩本剜去案此六字爲一句刪去日字改讀月字屬上誤也

○綠衣

妾上僭者謂公子州吁之母母嬖而州吁驕 小字本相臺本同案此卽定本也正義云是公子州吁之母嬖也又云是吁州驕也定本妾上僭者謂公子州吁之母也母嬖而州吁驕唯多一也字耳正義本當不重母字以嬖上屬讀爲句與定本不同考文一本有也字采正義

故內服注以男子之褖衣黑 閩本明監本毛本同案內下浦鏜云脫司字是也

不殊衣裳 小字本相臺本同案此定本集注也正義本無衣字考不殊裳鄭喪服注文此正義引以爲說然喪服注意但說裳此箋意兼說衣裳故其文不同當以定本集注爲長

先染絲後製衣 閩本明監本毛本同小字本相臺本製作制案制字是也正義云當先染絲而後製衣以下盡作製字者制製古今字正義易制爲製而說之其例見前非正義本箋作製字也當由不知者以正義改箋耳

鄭以爲言絺兮綌兮不當暑 明監本毛本不下衍以字閩本剜入案不當作本形近之譌耳補以字者非

○燕燕

陳女女娣 閩本明監本毛本同案此不誤浦鏜云弟誤娣非也正義所引世家字如此耳

箋云差池其羽 小字本相臺本同案考文古本差池其羽上有于往也三字考正義經三于字上二于爲往下一于爲於傳但在遠送過禮下著于於也一訓因之于于歸于往也桃夭已有傳而于飛所以與于歸其同爲往自可知也箋意亦如此正義上本桃夭傳而訓爲往耳非箋有于往也一訓也考文古本采正義而誤

此燕卽今之燕也 閩本明監本毛本同案此燕下浦鏜云脫一燕字是也爾雅疏卽取此正重燕字

尾涎涎是也 閩本明監本毛本同案涎當作涏形近之譌○按漢書及諸韻書皆作涏以韻言則霆電亦音之轉

往飛之之貌 明監本毛本不重之字閩本剜去案上之字乃時字之誤正義上下文可證輙刪者

非也

聲有小大 小字本相臺本同閩本明監本毛本小大作大小誤也案上正義云故以上下共音喻言語大小者以自爲文故與經下上箋小大皆倒也不當據改又雄雌箋亦作小大可證

實勞我心 相臺本下有實是也乃釋文誤遺。耳餘本皆不誤考文古本有非也

塞瘞 小字本相臺本同案正義云定本任大之下云塞瘞也俗本塞實也正義本從俗本故云其心誠實而深遠也不更說瘞字釋文云瘞崔集注本作實考定之方中塞字無傳而箋云塞充實也常武箋云自實滿本此傳也當以集注正義本爲長定本釋文本作瘞者即說文之瘱字。段玉裁云瘞者幽薶也與充實義正同非有二訓也謂即心部瘱字非是瘱者靜也義同

孝友睦婣任恤 小字本同閩本明監本同相臺本婣作姻毛本同案婣字是也此箋用漢時今字與周禮經古字不同也相臺本毛本所改皆非是

記古昔義又且然 閩本明監本毛本同案浦鏜云既誤記考南陔正義是也且當作宜南陔正義引作當

○**日月**

以至困窮之詩也 唐石經小字本相臺本同案此釋文本也正義云俗本作以致困窮之詩者誤也釋文云以至困窮之詩也舊本皆爾俗本或作以至困窮而作是詩也誤正義釋文所說相反正義本標起止云至困窮與各本不同今無可考考文古本作以至困窮之故作是詩也采釋文或作本而有誤

言日乎以照晝 閩本明監本毛本乎下有日字案所補是也

不循不循禮也 小字本相臺本同考文古本同閩本明監本毛本上循字作述案山井鼎云箋申毛傳作循似是考凡鄭箋皆箋傳而非箋經循字是矣

○**終風**

在我莊姜之傍 閩本明監本毛本同案注作旁正義作傍旁傍古今字易而說之也例見前餘同此

中心是以悄傷 閩本明監本毛本悄作悼案所改是也

浪意明也 閩本明監本毛本明誤萌案爾雅疏即取此正作明。按此當作萌爲是舍人意浪讀爲蒼筤竹之筤易正義曰竹初生之時色蒼筤取其春生之美也凡意蕊心花初生時似此故舍人曰浪意萌也作明者誤韓詩云起也正是意萌之訓謂如波之起也

願言則嚏 唐石經小字本相臺本同案釋文云疌本又作嚏又作疐舊作利反又丁四反又豬吏反或竹季反劫也鄭作嚏音都麗反段玉裁云毛作疐跲也鄭云疐讀爲不敢嚏咳之嚏此鄭改字唐石經以下經傳皆從口是用鄭廢毛嚏不得訓跲明矣今考正義本傳是跲也則其經當是疐字釋文疌即嚏之變體狼跋釋文疐本又作疌可證也與說文止部之疌字迥不相涉若經字作止部之疌鄭不得讀爲嚏釋文亦不當作竹利等反矣經義雜記云案釋文知崔靈恩集注作疌陸氏從之正義則從王肅作疐釋文云一作疐者即王本也其說非是由誤讀釋文爲從止之疌所致也

嚏跲也 小字本相臺本同案嚏當作疐又此正義本也正義云王肅云願以母道往加之則嚏劫而不行跲與劫音義同也定本集注並同釋文云劫也本又作跲孫毓同崔云毛訓疌爲欯今俗人云欠欠欯欯是也不作劫字人體倦則伸志倦則欯考此傳本與狼跋同王肅孫毓作劫崔靈恩作欯皆非是當以正義本爲長

終風且則嚏 閩本明監本毛本同案此標起止及下云我則嚏跲而不行又標起止云傳嚏跲又云嚏劫而不行凡四嚏字皆當作疐正義舊是疐字不知者以箋嚏字亂之耳

寤言不寐 小字本相臺本同唐石經初刻寐言不寤後改同今本案初刻非也

則吁爲首 閩本明監本同毛本則作州案州字是也

兵車十乘 〔補〕案下文甲士三人步卒七十二人此十乘是一乘之譌

故吁嗟歎之 小字本相臺本同閩本明監本毛本亦同案吁當作于騶虞坻兩箋皆作于是其證也止

附釋音毛詩注疏卷第二　二之二　七

毛詩國風　鄭氏箋　孔穎達疏

凱風美孝子也衛之淫風流行雖有七子之母猶不能安其室故美七子能盡其孝道以慰其母心而成其志爾不安其室欲去嫁也成其志者成言孝子自責之意○凱開在反

〔疏〕凱風四章章四句至志爾○正義曰作凱風詩者美孝子也當時衛之淫風流行雖有七子之母猶不能安其夫室而欲去嫁故美七子能自盡其孝順之道以安慰其母之心作此詩而成其孝子自責之志也此與孝子之美以惡母之欲嫁故云雖有七子之母猶不能安其室則無子者不能安室可知也此敘其自責之由經皆自責之辭將欲自責先說母之勞苦故首章二章上二句皆言母氏之養已以下自責耳俗本作以成其志以字誤也定本而成其志○箋不安至之意正義曰以序云不安其室不言已嫁則仍在室但心不安耳故知欲去嫁也此母欲有嫁之志孝子自責已無令人不得

安母之心母遂不嫁故美孝子能慰其母心也以美其能慰母心故知成其志者成言孝子自責之意也○

凱風自南吹彼棘心興也南風謂之凱風樂夏之長養者箋云興者以凱風喻寬仁之母棘猶七子也○棘居力反俗作棘樂音洛或一音岳長丁丈反下皆同

棘心夭夭母氏劬勞天夭盛貌劬勞病苦也箋云夭夭以喻七子少長母養之病苦也○夭於驕反劬其俱反少詩照反

〔疏〕凱風至劬勞○正義曰言凱樂之風從南長養之方而來吹彼棘木之心故棘心夭夭然得盛長以興寬仁之母以己慈愛之情養我七子之身故七子皆得少長然棘木之難長者凱風吹而漸大猶七子亦難養者慈母養之以成長我母氏實亦劬勞病苦也○傳南風至長養○正義曰南風謂之凱風釋天文李巡曰南風長養萬物萬物喜樂故曰凱風凱樂也傳以風性樂養萬物又從南方而來故云樂夏之長養也又言棘難長養者言母性寬仁似凱風已難長養似棘故箋云凱風喻寬仁之母棘猶七子也

凱風自南吹彼棘薪棘薪其成就者

母氏聖善我無令人聖叡也箋云叡作聖令善也母乃有叡知之善德我七子無善人能報之者故母不安我室欲去嫁也○叡悅歲反下同知音智本亦作智

〔疏〕凱風至令人○正義曰言凱風樂夏之風從南長養之方而來吹彼棘木使得成薪以興寬仁之母能以己慈愛之情養我七子皆得長成然風吹難養之棘以成就猶母長養七子以成人則我之母氏有叡智之善德但我七子無善人之行以報之故母不安而欲嫁也○傳棘薪其成就者○正義曰上章言棘心夭夭是棘之初生風長之也此不言長之狀而言棘薪則棘長已成薪矣月令注云大者可析謂之薪是薪者木成就○傳聖叡○正義曰聖者通智之名故言叡也箋申說所以得爲叡之意故引洪範以證之由叡作聖故得爲叡也洪範云思曰叡注云叡通於政事又曰叡作聖注云君思叡則臣賢智是也然則彼叡謂君也聖謂臣也所以得爲一者以彼五行各以事類相感由君叡而致臣聖則叡聖義同此母氏聖善人之齊聖皆以明智言之非必要如周孔也

爰有寒泉在浚之下浚衛邑也在浚之下言有益於浚箋云爰曰也曰有寒泉者在浚之下浸潤之使浚之民逸樂以興七子不能如也○浚音峻浸子鴆反樂音洛

有子七人母氏勞苦

〔疏〕爰有至勞苦○正義曰此孝子自責無益於母使母不安也言曰有寒泉在浚邑之下以喻七子在母之前寒泉有益於浚浸潤浚民使得逸樂以興七子無益於母不能事母使母勞苦乃寒泉之不如又自責云母無子者容可勞苦今乃有子七人而使母氏勞苦思欲去嫁是其七子之咎也母欲嫁者本爲淫風流行但七子不可斥言母淫故言母爲勞苦而思嫁也上章言母氏劬勞謂少長七子實劬勞也此言母氏勞苦謂母今日勞苦而思嫁與上不同也○傳浚衛邑○正義曰干旄云在浚之都傳曰下邑曰都是衛邑也○箋爰曰至不能如○正義曰爰曰釋詁文知不以寒泉興母之長養己而云喻七子不能如者以上棘薪爲喻則子已成長矣此及下章皆云有子七人則以寒泉黃鳥喻七子可知也

睍睆黃鳥載好其音睍睆好貌箋云睍睆以興顏色說也好其音者興其辭令順也以言七子不能如也○睍胡顯反睆華板反說音悅下篇註同

有子七人莫慰母心慰安也

〔疏〕睍睆至母心○正義曰言黃鳥有睍睆之容貌則又和好其音聲以興孝子當和其顏色順其辭令也今有子七人皆莫能慰母之心使有去嫁之志言母之欲嫁出顏色不悅辭令不順故也自責言黃鳥之不如也○箋睍睆至令順○正義曰興必以類睍睆是好貌故興顏色也音聲猶言語故興辭令也論語曰

色難注云和顏悅色是爲難也又內則云父母之所下氣怡聲是孝子常和顏色順辭令也

凱風四章章四句

雄雉刺衛宣公也淫亂不恤國事軍旅數起大夫久役男女怨曠國人患之而作是詩淫亂者荒放於妻妾烝於夷姜之等國人久處軍役之事故男多曠女多怨也男曠而苦其事女怨而望其君子。刺俗作刺同七賜反詩內多此音更不重出恤本亦作卹數色角反烝之升反疏雄雉四章章四句至是詩。正義曰男既從役於外女則在家思之故云男女怨曠上二章男曠之辭下二章女怨之辭。箋淫亂至君子。正義曰淫謂色欲過度亂謂犯悖人倫故言荒放於妻妾以解淫也烝於夷姜以解亂也大司馬職曰外內亂鳥獸行則滅之注引王霸記曰悖人倫外內無以異于禽獸然則宣公由上烝父妾悖亂人倫故謂之亂也君子偕老桑中皆云淫亂者謂宣公上烝夷姜下納宣姜公子頑通於君母故皆爲亂也南山刺襄公鳥獸之行淫於其妹不言亂者言鳥獸之行則亂可知文勢不可言亂於其妹

故言淫耳若非其匹配與疏遠私通者直謂之淫故澤陂云靈公君臣淫於其國株林云淫於夏姬不言亂是也言荒放者放恣情欲荒廢政事故雞鳴云荒淫怠慢五子之歌云內作色荒外作禽荒是也言烝者服虔云上淫曰烝則烝進也自進上而與之淫也左傳曰文姜如齊齊侯通焉服虔云傍淫曰通言傍者非其妻妾傍與之淫上下通名也牆有茨云公子頑通於君母左傳曰孔悝之母與其豎渾良夫通皆上淫也齊莊公通於崔杼之妻蔡景侯爲大子般娶於楚通焉皆下淫也以此知通者揔名故服虔又云凡淫曰通是也又宣公三年傳曰文公報鄭子之妃服虔曰鄭子文公叔父子儀也報復也淫親屬之妻曰報漢律淫季父之妻曰報則報與亂爲類亦鳥獸之行也宣公納伋之妻亦是淫亂箋於此不言者是時宣公或未納之也故匏有苦葉譏雉鳴求其牡夫人爲夷姜則此亦爲夷姜明矣由國人久處軍役之事故男多曠女多怨也序直云男女怨曠知男曠女怨者以書傳云外無曠夫內無怨女故謂男爲曠女爲怨曠空也謂空無室家故苦其事書傳曠夫謂未有室家者此男雖有室家久從軍役過時不歸與無不異猶何草不黃云何人不矜也此相對故爲男曠女怨散則通言也故采綠刺怨曠經無男子則揔謂婦人也大司徒云以陰礼教親則民不怨怨者男女俱乖是其通也此男女怨曠不違於禮故舉以刺宣公采綠婦人不但憂思而已乃欲從君子於外非礼故并刺婦人也

雄雉于飛泄泄其羽興也雄雉見雌雉飛而鼓其翼泄泄然箋云興者喻宣公整其衣服而起奮訊其形貌志在婦人而已不恤國之政事。泄移世反訊音信又音峻字又作迅同我之懷矣自詒伊阻詒遺伊維阻難也箋云懷安也伊當作緊緊猶是也君之行如是我安其朝而不去今從軍旅久役不得歸此自遺以是患難。貽本亦作詒以之反遺維季反沈羊類反難乃旦反下同緊烏兮反行下孟反下君之行同朝直遙反疏雄雉至伊阻。正義曰毛言雄雉往飛向雌雉之時則泄泄然鼓動其羽翼以興宣公往起就婦人之時則奮訊其衣服言志在婦人而已不恤國之政事也又數起軍旅使大夫久役大夫傷本見君之行如是志在婦人之時卽應去之我之安其朝而不去矣今見使從軍久不得歸自遺此患難也旣處患難自悔以怨君伊訓爲維毛爲語助也鄭唯以伊字爲異義勢同也。箋伊當至患難。正義曰箋以宣二年左傳趙宣子曰嗚呼我之懷矣自詒伊慼小明云自詒伊慼爲義既同明伊有義爲緊者故此及蒹葭東山白駒各以伊爲緊小明不易者以伊慼之文與傳正

同爲緊可知此云自詒伊阻小明云心之憂矣宣子所引並與此不同者杜預云逸詩也故文與此異

雄雉于飛下上其音箋云下上其音興宣公小大其聲怡悅婦人。上時掌反展矣君子實勞我心展誠也箋云誠矣君子愬於君子也君之行如是實使我心勞矣君若不然則我無軍役之事疏雄雉至我心。正義曰言雄雉飛之時下上其音聲以怡悅雌雉以興宣公小大其言語心怡悅婦人宣公既志在婦人不恤政事大夫憂之故以君行訴於君子言君之誠如是志在婦人矣君子聞君行如此實所以病勞我心也此大夫身既從役乃追傷君行者以君若不然則無今日之役故也

瞻彼日月悠悠我思瞻視也箋云日月之行迭往迭來今君子獨久行役而不來使我心悠悠然思之女怨之辭。女怨如字下女怨同道之云遠曷云能來箋云曷何也何時能來望之也疏瞻彼至能來。正義曰大夫久役其妻思之言我視彼日月之行迭往迭來今君子獨行役而不來故悠悠然我心思之道路之遙亦云遠矣我之君子何時可云能來使我望之也

百爾君子不知德行箋云爾女

也女衆君子我不知人之德行何如者可謂爲德行事。君或有所罰女怨故問此爲。行下孟反下注皆同不忮不求何用不臧忮害臧善也箋云我君子之行不疾害不求備於一人其行何用爲不善而君獨遠使之在外不得來歸亦女怨之辭。忮之豉反字書云很也韋昭音洎臧子郎反疏百爾至不臧。正義曰婦人念夫心不能已見大夫或有在朝者而已君子從征故問之云汝爲衆之君子我不知人何者謂爲德行若言我夫無德而從征也則我之君子不疾害人又不求備於一人其行如是何用爲不善而君獨使之在外乎

雄雉四章章四句

匏有苦葉刺衛宣公也公與夫人並爲淫亂夫人謂夷姜疏匏有苦葉四章章四句至淫亂。正義曰並爲淫亂亦應刺夫人獨言宣公者以詩者主爲規諫君故舉君言之其實亦刺夫人也故經首章三章責公不依禮以娶二章卒章責夫人犯禮求公是並刺之。箋夫人謂夷姜。正義曰知非宣姜者以宣姜本適伋子但爲公所要故有魚網離鴻之刺此責夫人云雉鳴求其牡非宣姜之所爲明是夷姜求宣公故云並爲淫亂

匏有苦葉濟有深涉興也匏謂之瓠瓠葉苦不可食也濟渡也由膝以上爲涉箋云瓠葉苦而渡處深謂八月之時陰陽交會始可以爲昏禮納采問名。匏音薄交反瓠戶故反上時掌反下皆同處昌慮反深則厲淺則揭以衣涉水爲厲謂由帶以上也揭褰衣也遭時制宜如遇水深則厲淺則揭矣男女之際安可以無禮義將無以自濟也箋云既以深淺記時因以水深淺喻男女之才性賢與不肖及長幼也各順其人之宜爲之求妃耦。厲力滯反韓詩云至心曰厲說文作砅云履石渡水也音力智反又音例揭苦例反褰衣渡水也揭揭衣並苦例反下同一云下揭字音起列反一本作揭褰衣長張丈反爲之于僞反求妃音配本亦作配下同疏匏有至則揭。毛以爲匏有苦葉不可食濟有深涉不可渡以興禮有禁不法不可越又云若過深水則厲淺水則褰衣過水隨宜期之必渡以興用禮當隨豐儉之異若時豐則禮隆時儉則禮殺遭時制宜不可無禮若其無禮將無以自濟故雖貧儉尚不可廢禮君何爲不以正禮娶夫人而與夷姜淫亂乎。鄭以爲匏葉先不苦今有苦葉濟處先不深今有深涉此匏葉苦渡處深謂當八月之中時陰陽交會之月可爲昏禮之始行納采問名之禮也行納采之法如過水深則厲淺則揭各隨深淺之宜以興男女相配男賢則娶賢女男愚則娶愚女各順長幼之序以求昏君何不八月行納采之禮取列國之女與之相配而反犯禮而烝於夷姜乎。傳匏謂至可食。正義曰陸機云匏葉少時可爲羹又可淹煑極美故詩曰幡幡瓠葉采之烹之今河南及揚州人恒食之八月中堅強不可食故云苦葉瓠匏一也故云謂之瓠言葉苦不可食似禮禁不可越也傳以二事爲一興詩有此例多矣涉言深不可渡似葉之苦不可食外傳魯語曰諸侯伐秦及涇不濟叔向見叔孫穆子穆子曰豹之業及匏有苦葉矣叔向曰苦葉不材於人供濟而已韋昭注云不材於人言不可食供濟而已佩匏可以渡水也彼云取匏供濟與此傳不同者賦詩斷章也。傳由膝以上爲涉後傳以衣涉水爲厲謂由帶以上揭褰衣。正義曰今定本如此釋水云濟有深涉深則厲淺則揭揭者褰衣也以衣涉水爲厲由膝以上爲涉由帶以上爲厲孫炎曰揭衣褰裳也衣涉濡褌也爾雅既引此詩因揭在下自人體以上釋之故先揭次涉次厲也傳依此經先後故引爾雅不次耳然傳不引爾雅由膝以下爲揭者略耳涉者渡水之名非深淺之限故易曰利涉大川謂乘舟也褰裳涉洧謂膝下也深淺者各有所對谷風云就其淺矣泳之游之言

泳則深於厲矣但對方之舟之則爲淺耳此深涉不可渡則深於厲矣厲言深者對揭之淺耳爾雅以深淺無限故引詩以由帶以上由膝以下釋之明過此不可厲深淺異於餘文也揭者褰衣止得由膝以下若以上則褰衣不得渡當須以衣涉爲厲也見水不沒人可以衣渡故言由帶以上其實以由膝以上亦爲厲因文有三等故曰由膝以上爲涉傳因爾雅成文而言之耳非解此經之深涉也鄭注論語及服注左傳皆云由膝以上爲厲者以揭衣褰衣止由膝以下明膝以上至由帶以上摠名厲也鄭以此深涉謂深於先時則隨先時深淺至八月水長深於本故云深涉涉亦非深淺之名既以深淺記時故又假水深淺以喻下深字亦不與深涉同也。箋瓠葉至問名。正義曰二至寒暑極二分溫涼中春分則陰往陽來秋分則陰來陽往故言八月之時陰陽交會也以昏禮者令會男女命其事必順其時故昏禮目録云必以昏時者取陽往陰來之義然則二月陰陽交會禮云令會男女則八月亦陰陽交會可以納采問名明矣以此月則匏葉苦渡處深爲記八月之時也故下章雝雝鳴鴈旭日始旦陳納采之禮此記其時下言其用義相接也納采者昏禮之始親迎者昏禮之終故皆用陰陽交會之月昏禮納采用鴈賓旣致命降出。賓者出請賓執鴈請問名則納采問名同日行

事矣，故此納采問名連言之也。其納吉納徵無常時月，問名以後請期以前皆可也。請期在親迎之前，亦無常月，當近親迎乃行，故下箋云「歸妻謂請期，冰未散正月中以前也」。二月可以爲昏，禮以二月當成昏，則正月中當請期，故云「迨冰未泮」，則冰之未散皆可爲之，以言及，故云正月中，非謂唯正月可行此禮。女年十五已得受納采，至二十始親迎，然則女未二十，納采之禮雖仲春亦得行之，不必要八月也。何者？仲春亦陰陽交會之月，尚得親迎，何爲不可納采乎？此云八月之時得行納采，非謂納采之禮必用八月也。○傳「遭時至自濟」。正義曰：此以貧賤責尊貴之辝，言遭所遇之時而制其所宜，隨時而用禮，如遇水之必渡也。男女之際，謂昏姻之始，故禮記大傳曰「異姓主名治際會」，注云「名謂母與婦之名，際會謂昏禮交接之會」是也。言遭時制宜，不可無禮，況昏姻人道之始，安可以無禮義乎？禮者，人所以立身，行禮乃可度世難，無禮將無以自濟，言公之無禮必遇禍患也。○箋「既以至妃耦」。正義曰：箋解上爲記時，此爲喻意。上既以深涉記時，此因以深淺爲喻，則上非喻，此非記時也。男女才性賢與不肖者，若大明云「天作之合」，傳曰「賢女妃聖人，得禮之宜」。言長幼者，禮女年十五得許嫁，男年長於女十年，則女十五，男二十五，女二十，男三十，各以長幼相敵，以才性長幼而相求，是各順其人之宜，爲之求妃耦。

有瀰濟盈，有鷕雉鳴。瀰，深水也。盈，滿也。深水，人之所難也。鷕，雌雉聲也。衛夫人有淫佚之志，授人以色，假人以辝，不顧禮義之難，至使宣公有淫昏之行。箋云：有瀰濟盈，謂過於厲，喻犯禮深也。○瀰，彌爾反。鷕，以小反，沈耀皎反，雌雉聲，或一音戶了反，說文以水反，字林于水反。難，乃旦反，下同。泆音逸。行，下孟反。

濟盈不濡軌，雉鳴求其牡。濡，漬也。由輈以上爲軌。違禮義，不由其道，猶雉鳴而求其牡矣。飛曰雌雄，走曰牝牡。箋云：渡深水者必濡其軌，言不濡者，喻夫人犯禮而不自知；雉鳴反求其牡，喻夫人所求非所求。○濡，而朱反。軌，舊龜美反，謂車轊頭也。依傳意直音犯。案說文云：軌，車轍也，從車九聲，龜美反。軓，車軾前也，從車凡聲，音犯。車轊頭所謂軹也。相亂，故具論之。牡，茂后反。輈，竹留反，車轅也。

疏「有瀰至其牡」。正義曰：言有瀰然深水者，人所畏難，今有人濟此盈滿之水，不避其難，以興有儼然禮義者，人所防閑，今夫人犯防閑之禮，不顧其難。又言夫人犯禮，猶有鷕雉鳴也。有鷕然求其妃耦之聲者，雌雉之鳴，以興有求爲淫亂之辭者，是夫人之聲，此以辭色媚悅於公，是不顧禮義之難。又言夫人犯禮既深而不自知，言濟盈者必濡其軌，今言不濡軌，是濟者不自知，以興淫亂者必違禮義，今云不違禮，是夫人不自知。夫人違禮淫亂，不由其道，猶雉鳴求其牡也。今雌雉鳴也，乃鳴求其走獸之牡，非其道，以興夷姜母也，乃媚悅爲子之公，非所求也。夫人非所當求而求之，是犯禮不自知也。○傳「瀰深至之行」。正義曰：下言雉求其牡，則非雄雉，故知鷕雌雉聲也。又小弁云「雉之朝雊，尚求其雌」，則雄雉之鳴曰雊也。言衛夫人有淫佚之志，授人以色，假人以辭，解有鷕雉鳴也。不顧禮義之難，解有瀰濟盈也。致使公有淫昏之行，解所以責夫人之意也。以經上句喻夫人不顧禮義之難，即下句言其事，故傳反而覆之也。言授人以色，假人以辝，謂以顏色言辝怡悅於人，令人啓發其心，使有淫佚之志。雌雉之鳴以假人以辝，并言授人以色者，以爲辭必怡悅顏色，故連言之。○箋「有瀰至禮深」。正義曰：前厲衣可渡，非人所難，以深不可渡而人濟之，故知過於厲，以喻犯禮深。○傳「由輈至牝牡」。正義曰：說文云：「軌，車轍也。軓，車軾前也。」然則軾前謂之軓也，非軌也。但軌聲九，軓聲凡，於文易爲誤，寫者亂之也。少儀云「祭左右軌范乃飲」，注云：「周禮大馭祭兩軹，祭軓乃飲。軌與軹於車同謂轊頭也，軓與范聲同，謂軾前也。」輈人云「軓前十尺而策半之」，鄭司農云：「軓謂軾前也，書或作軌。」玄謂軌是軌法也，謂與下三面之材，輢軾之所樹，持車正者。大馭云「祭兩軹，祭軓乃飲」，注云：「古書軹爲

軒，軓爲範。杜子春云：文當如此。又云：軒當作軹，軹謂兩轊。範當爲軓，軓車軾前。」鄭不易之，是依杜子春軓爲正也。然則諸言軾前皆謂軓也。小戎傳曰「陰，揜軓也」，箋「揜軓在軾前垂輈上」，文亦作軓，非軌也。軌自車轍耳，中庸云「車同軌」，匠人云「經途九軌」，注云「軌謂轍廣」是也。說文又云：「軹，輪小穿也。轊，車軸端也。」考功記注鄭司農云「軹，轊也」，又云「軹，小穿也」，玄謂「軹，轂末也」。然則轂末軸端共在一處，而有軹轊二名，亦非軌也。少儀注云「軌與軹於車同謂轊頭」者，以少儀與大馭之文事同而字異，以范當大馭之軓，軌當大馭之軹，故並其文而解其義，不復言其字誤耳，其實少儀軌字誤，當爲軹也。此經皆上句責夫人之犯禮，下句言犯禮之事，故傳釋之言違禮義不由其道，猶雌雉鳴求牡也。違禮義者，即濟盈也；不由其道者，猶雉鳴求其牡也。釋鳥云：「鳥之雌雄不可別者，以翼右掩左雄，左掩右雌。」是飛曰雌雄也。釋獸云：「麋，牡麔，牝麎。」是走曰牝牡也。此其定例耳，若散則通，故書曰「牝雞之晨」，傳曰「獲其雄狐」是也。鄭志荅張逸云：「雌雉求牡，非其耦，故喻宣公與夫人。」言夫人與公非其耦，故以飛雌求走牡爲喻，傳所以并解之也。

雝雝鳴鴈，旭日始旦。雝雝，鴈聲和也。納采用鴈。旭日始出，謂大昕之時。箋云：鴈者隨陽而處，似婦人從夫，故昏禮用焉。自納采至請期用昕，親

迎用昏。旭，許玉反，徐又許袁反。說文讀若好，字林呼老反。昕，許巾反。請音情，又七井反，下同。迎，魚敬反。

士如歸妻，迨冰未泮。迨，及。泮，散也。箋云：歸妻，使之來歸於己，謂請期也。冰未散，正月中以前也。二月可以昏矣。迨音殆。泮，普半反。

〔疏〕雝雝至未泮。毛以爲宣公淫亂不娶夫人，故陳正禮以責之。言此雝雝然聲和之鳴鴈，當於旭然日始旦之時以行納采之禮。既行納采之等禮成，又須及時迎之。言士如使妻來歸於己，當及冰之未散正月以前迎之。君何故不用正禮及時而娶，乃烝父妾乎。鄭唯下二句及冰未散請期爲異。傳雝雝至之時。正義曰：鴈生執之以行禮，故言鴈聲。舜典云「二生」，注云「謂羔鴈也」。言納采者，謂始相采擇，舉其始，其實六禮唯納徵用幣，餘皆用鴈也。親迎雖用鴈，非昕時，則此鴈不兼親迎。前經謂納采，下經謂親迎，揔終始，其餘可知也。旭者，明著之名，故爲爲日出。昕者，明也。日未出已名爲昕，至日出益明，故言大昕也。禮記注「大昕謂朔日」者，以言大昕之朝奉種浴於川，若非朔日，恒日出皆可，無爲特言大昕之朝，故知朔日，與此不同。箋鴈者至用昏。正義曰：此皆陰陽並言。禹貢注云：「陽鳥，鴻鴈之屬，隨陽氣南北。」不言陰者，以其彭蠡之澤近南恒暖，鴻鴈之屬避寒隨陽而往居之，故經云「陽鳥攸居」，注釋其名曰陽鳥之意，故不言陰耳。定本木。鴈隨陽，無「陰」字。又言納采至請期用昕，親迎用昏者，因此旭日用鴈，非徒納采而已，雖納徵不用鴈，亦用昕，此揔言其禮耳。下「歸妻」謂請期，則鄭於此文不兼親迎。日用昕者，君子行禮貴其始。親迎用昏，鄭云取陽往陰來之義。然男女之家或有遠近，其近者卽夜而至於夫家，遠者則宜昏受其女，明發而行，其入蓋亦以昏時也。儀禮士昏禮執燭而往婦家，其夜卽至夫氏，蓋同城郭者也。箋歸妻至昏矣。正義曰：以冰未散未二月，非親迎之時，故爲使之來歸於己，謂請期也。以正月尚有魚上負冰，故知冰未散正月中以前也。所以正月以前請期者，二月可以爲昏故也。正月冰未散，而月令孟春云「東風解凍」，出車云「雨雪載塗」，謂陸地也。其冰必二月乃散，故溱洧箋云「仲春之時，冰始散，其水渙渙然」是也。

招招舟子，人涉卬否。招招，號名之貌。舟子，舟人主濟渡者。卬，我也。箋云：舟人之子，號名當渡者，猶媒人之會男女無夫家者，使之爲妃匹，人皆從之而渡，我獨否。招，照遙反。王逸云：以手曰招，以言曰召。韓詩云：招招，聲也。卬，五郎反，我也，本或作仰，音同。號，戶羔反。

人涉卬否，卬須我友。人皆涉，我友未至，我獨待之而不涉。以言室家之道，非得所適，貞女不行；非得禮義，昏姻不成。

〔疏〕招招至我友。正義曰：言招招然號名當渡者，是舟人之子。人見號召皆從渡，而我獨否。所以人皆涉，我獨否者，由我待我友，我友未至，故不渡耳。以興招招然欲會合當嫁者，是爲媒之人。女見會合，餘皆從嫁，而我貞女獨否者，由我待我匹，我匹未得，故不嫁耳。此則非得所適，貞女不行；非得禮義，昏姻不成耳。夫人何以不由禮而與公淫乎。傳招招號名之貌。正義曰：號召必手招之，故云之貌。是以王逸云「以手曰招，以口曰召」是也。

匏有苦葉四章，章四句

谷風，刺夫婦失道也。衞人化其上，淫於新昏而棄其舊室，夫婦離絶，國俗傷敗焉。新昏者，新所與爲昏禮。谷，古木反。

〔疏〕谷風六章章八句至敗焉。正義曰：作谷風詩者，刺夫婦失其相與之道，以至於離絶。言衞人由化效其上，故淫於新昏而棄其舊室，是夫婦離絶，致令國俗傷敗焉。此指刺夫接其婦不以禮，是夫婦失道，非謂夫婦並刺也。其婦既與夫絶，乃陳夫之棄己，見遇非道，淫於新昏之事。六章皆是。

習習谷風，以陰以雨。興也。習習，和舒貌。東風謂之谷風。陰陽和而谷風至，夫婦和則室家成，室家成而繼嗣生。

黽勉同心，不宜有怒。言黽勉者，思與君子同心也。箋云：所以黽勉者，以爲見譴怒者，非夫婦之宜。黽勉，本亦作僶，莫尹反。黽勉猶勉勉也。譴，遣戰反。

采葑采菲，無以下體。葑，須也。菲，芴也。下體，根莖也。箋云：此二菜者，蔓菁與葍之類也，皆上下可食。然而其根有美時，有惡時，采之者不可以根惡時并棄其葉。喻夫婦以禮義合，顏色相親，亦不可以顏色衰，棄其相與之禮。葑，孚容反，徐音豐，字書作蘴，孚容反。草木疏云：蕪菁也。郭璞云：今菘菜也。案江南有菘，江北有蔓菁，相似而異。菘音嵩。菲，妃鬼反。芴音勿。爾雅云：菲，芴。又云：菲，息菜。郭以菲芴爲土瓜，解息菜云：似蕪菁，華紫赤色，可食。莖，可耕反。蔓音万，本又作蕪，音無。菁音精，又子零反。葍音福，本又作蕾，音富。爾雅：葍，蕾。郭云：大葉白華，根如指，色白可食。并，俾政反，又如字。

德音莫違，及爾同死。箋云：莫，無。及，與也。夫婦之言無相違者，則可與女長相與處至死。顏色斯須之有。

〔疏〕習習至同死。正義曰：習習然和舒之谷風，以陰以雨而潤澤行，百物生矣。以興夫婦和而室家成，卽繼嗣生矣。言已黽勉然勉力思與君子同心，以爲夫婦之道不宜有譴怒故也言采葑菲之菜者無以下體根莖之惡并棄其葉以興爲室家之法無以其妻顏色之衰并棄其德何者夫婦之法要道德之音無相違即可與爾君子俱至於死何必顏色斯須之有乎我之君子何故以顏色衰而棄我乎。傳東風至嗣生。正義曰東風謂之谷風釋天文也孫炎曰谷之言穀穀生也谷風者生長之風陰陽不和卽風雨無節故陰陽和乃谷風至此喻夫婦故取於生物小雅谷風以喻朋友故直云潤澤行恩愛成而已。傳葑須菲芴箋此二菜至之類。正義曰釋草云須葑蓯孫炎曰須一名葑蓯坊記注云葑蔓菁也陳宋之間謂之葑陸機云葑蕪菁幽州人或謂之芥方言云蘴蕘蕪菁也陳楚謂之蘴齊魯謂之蕘關西謂之蕪菁趙魏之部謂之大芥蘴與葑字雖異音實同卽葑也須也蕪菁也蔓菁也葑蓯也蕘也芥也七者一物也釋草又云菲芴也郭璞曰土瓜也孫炎曰葍類也釋草又云菲蒠菜郭璞曰菲草生下溼地似蕪菁華紫赤色可食陸機云菲似葍莖麤葉厚而長有毛三月中烝鬻爲茹滑美可作羹幽州人謂之芴爾雅謂之蒠菜今河內人謂之宿菜爾雅菲芴與蒠菜異釋郭注似是別草如陸機之言又是一物某氏注爾雅二處引此詩卽菲也芴也蒠菜也土瓜也宿菜也五者一物也其狀似葍而非葍故云葍類也箋云此

二菜者蔓菁與葍之類者蔓菁謂葑也葍類謂菲也。箋皆上下至之礼。正義曰坊記引此詩證君子不盡利於人故注云無以其根美則并取之與此異也

行道遲遲中心有違遲遲舒行貌違離也箋云徘徊也行於道路之人至將於別尚舒行其心徘徊然喻君子於己不能如也。違如字韓詩云違很也

不遠伊邇薄送我畿畿門內也箋云邇近也言君子與己訣別不能遠維近耳送我裁於門內無恩之甚。畿音祈訣音決本或作決裁於門內一本作裁至於門又一本作裁至於門內

誰謂荼苦其甘如薺荼苦菜也箋云荼誠苦矣而君子於己之苦毒又甚於荼比方之荼則甘如薺。荼音徒薺音齊禮反

宴爾新昏如兄如弟宴安也。宴本又作燕徐於顯反又烟見反

【疏】行道至如弟。毛以爲婦人既已被棄追怨見薄言相與行於道路之人至將離別尚遲遲舒行心中猶有乖離之志不忍卽別況已與君子猶是夫婦今棄已訣別之時送我不遠維近耳薄送我於門內而已是恩意不如行路之人也又說遇已之苦言人誰謂荼苦乎以君子遇我之苦毒比之荼卽其甘如薺君子苦已猶得新昏故又言安愛汝之新昏其恩如兄弟也以夫婦坐圖可否有兄弟之道故以兄弟言之。鄭唯有違爲異以傳訓爲離無眷戀之狀於文不足故以違爲徘徊也。傳畿門內。正義曰以言畿者期限之名故周礼九畿及王畿千里皆期限之義故楚茨傳曰畿期也經云不遠言至有限之處故知是門內

涇以渭濁湜湜其沚涇渭相入而清濁異箋云小渚曰沚涇水以有渭故見渭濁湜湜持正貌喻君子得新昏故謂己惡也己之持正守初如沚然不動搖此絕去所經見因取以自喻焉。涇音經濁水也渭音謂清水也湜音殖說文云水清見底沚音止故見渭濁舊本如此一本渭作謂後人改耳搖餘招反又餘照反

宴爾新昏不我屑以屑絜也箋云以用也言君子不復絜用我當室家。屑素節反復扶富反

毋逝我梁毋發我笱逝之也梁魚梁笱所以捕魚也箋云毋者諭禁新昏也女毋之我家取我爲室家之道。笱古口反捕魚器韓詩云發亂也捕音步

我躬不閱遑恤我後閱容也箋云躬身遑暇恤憂也我身尚不能自容何暇憂我後所生子孫也。閱音悅

【疏】涇以至我後。正義曰婦人既言君子苦己又本己見薄之由言涇水以

有渭水清故見涇水濁以興舊室以有新昏美故見舊室惡本涇水雖濁未有彰見由涇渭水相入而清濁異言已顏色雖衰未至醜惡由新舊並而善惡別新昏既駿已爲惡君子益憎惡於已已雖爲君子所惡尚湜湜然持正守初其狀如沚然不動搖可用爲室家矣君子何爲安樂汝之新昏則不復絜飾用我已不被絜用事由新昏故本而禁之言人無之我魚梁無發我魚笱以之人梁發人笱當有盜魚之罪以興禁新昏汝無之我夫家無取我婦事以之我夫家取我婦事必有盜寵之過然雖禁新昏夫卒惡已至於見出心念所生已去必困又追傷遇已之薄卽自訣言我身尚不能自容何暇憂我後所生之子孫乎母子至親當相憂念言已無暇所以自怨痛之極也。傳涇渭至濁異。正義曰禹貢云涇屬渭汭注云涇水渭水發源皆幾二千里然而涇小渭大屬於渭而入於河又引地理志云涇水出今安定涇陽西开頭山東南至京兆陵陽行千六百里入渭卽涇水入渭也此以涇濁喻舊至以渭清喻新昏取相入而清濁異似新舊相並而善惡別故云涇渭相入不言渭水入涇也。箋涇水至喻焉。正義曰此婦人以涇比已箋將述婦人之心故先述涇水之意涇水言以有渭故人見謂已濁猶婦人言以有新昏故君子見謂已惡也見渭濁言人見渭已涇之濁由與清濁相入

故也定本涇水以有渭故見其濁漢書溝洫志云涇水一碩其泥數斗潘岳西征賦云清渭濁涇是也此已絶去所經見涇渭之水因取以自喻也鄭志張逸問何言絶去荅曰衞在東河涇在西河故知絶去不復還意以涇不在衞境作詩宜歌土風故信絶去此婦人既絶至涇而自比已志郷人爲詩得言者蓋從送者言其事故詩人得述其意也祇臣無境外之交此詩所述似是庶人得越國而昏者左傳曰大夫越境逆女非禮即士以下不禁故士昏禮云若異邦則贈丈夫送者以東錦是士得外娶即庶人得越國娶明矣○傳屑絜○正義曰絜者飾也謂不絜飾而用已也○傳梁魚至捕魚○正義曰此與小弁及敝笱在梁皆云笱者捕魚之器即梁爲魚梁明矣何人斯云胡逝我梁我者已所自事之辭即亦爲魚梁也有狐云在彼淇梁傳曰石絶水曰梁候人云維鵜在梁傳曰梁水中之梁鴛鴦云鴛鴦在梁箋云石絶水之梁白華亦云有鶖在梁又云鴛鴦在梁皆鳥獸所在非人所往還之處即皆非橋梁矣故以石絶水解之此石絶水之梁亦是魚梁故王制云獺祭魚然後虞人入澤梁注云梁絶水取魚者白華箋云鶖也鶴也皆以魚爲美食者也鶖之性貪惡而今在梁表記注云鵜洿澤善居泥水之中在魚梁是梁皆魚梁明矣其制獻人掌以時獻爲梁鄭司農云梁水堰堰水

而爲關空以笱承其空然則梁者爲堰以鄣水空中央承之以笱故云笱所以捕魚也然則水不絶云絶水者謂兩邊之堰是絶水堰則以土皆云石者蓋因山石之處亦爲梁以取魚也月令孟冬謹關梁大明云造舟爲梁之類皆謂橋梁非絶水故月令注云梁横橋是也○箋毋者喻禁新昏○正義曰以毋禁辭禁人無逝我梁是喻禁新昏無乃之我家也故角弓箋云毋禁辭說文云毋從女象有姦之者禁令勿姦故毋爲禁辭○箋我身至子孫○正義曰以此婦人去夫故知憂所生之子孫也時未必有孫言之協句耳小弁云大子身被放逐明恐身死之後憂其父更受讒故文同而義異

就其深矣方之舟之就其淺矣泳之游之舟船也箋云方泭也潛行爲泳言深淺者喻君子之家事無難易吾皆爲之○泳音詠泭音孚易夷豉反下同

何有何亡黽勉求之有謂富也亡謂貧也箋云君子何所有乎何所亡乎吾其黽勉勤力爲求之有求多亡求有○爲于僞反

凡民有喪匍匐救之箋云匍匐言盡力也凡於民有凶禍之事鄰里尚盡力往救之況我於君子家之事難易乎固當黽勉以疏喻親也○匍音蒲又音扶匐蒲比反一音服

疏就其至救之○毛以爲婦人既怨君子棄已反追說已本勤勞之事如人之渡水若就其深矣則方之舟之若就其淺矣則泳之游之隨水深淺期於必渡以興已於君子之家事若值其難也則勤之勞之若值其易也即優之游之隨事難易期於必成匪直於君子之家事無難易又於君了之家財業何所富有乎何所貧無乎不問貧富吾皆勉力求之所以君子家事已皆勉力者以其凡民於有喪禍之事其鄰里尚盡力以救之鄰里之疏猶能如是況我於君子家事難易何得避之故已所以盡力也而君子棄已故怨之○鄭唯何有何亡爲小異○傳舟船○正義曰舟者古名也今名船易曰利涉大川乘木舟虛注云舟謂集板如今自空大木爲之曰虛即古又名曰虛揔名皆曰舟○傳有謂富亡謂貧○正義曰以有謂有財故云富亡謂無財故曰貧言不問貧富皆勉力求之○箋有求多亡求有○正義曰以有無謂於一物之上有此物無此物故言有求多亡求有也以求財業宜於一事爲有亡故易傳○箋匍匐言盡力○正義曰以其救恤凶禍故知宜爲盡力生民云誕實匍匐謂后稷之生爲小兒匍匐與此不同也問喪注云匍匐猶顛蹷然則匍匐者以本小兒未行之狀其盡力顛蹷似之故取名焉凡民有凶禍之事鄰里尚盡力往救之謂營護凶事若有賵贈也

不我能慉反以我爲讎慉養也箋云慉驕也君子不能以恩驕樂我反憎惡我○慉許六反毛興也說文起也樂音洛惡烏路反下皆同

既阻我德賈用不售阻難也箋云既難却我隱蔽我之善我脩婦道而事之覬其察已猶見疏外如賣物之不售○賈音古市也售市救反難乃旦反下難卻同一音如字覬音冀

昔育恐育鞫及爾顛覆育長鞫窮也箋云昔育育稚也及與也昔幼稚之時恐至長老窮匱故與女顛覆盡力於衆事難易無所辟○鞫本亦作鞠居六反覆芳服反注同長張丈反下皆同稚本亦作稺直吏反匱求位反乏也辟音避本亦作避

既生既育比予于毒箋云生謂財業也育謂長老也于於也既有財業矣又既長老矣其視我如毒螫言惡已甚也○螫失石反惡烏洛反

疏不我至于毒○毛以爲婦人云君子假不能以善道養我何故反以我爲讎乎既不被恩遇又爲善不報故言既難却我而隱蔽我之善德謂先有善德已被隱蔽矣今我更修婦道以事之覬其察已而猶見疏外似賣物之不售又追說已本勤勞以責之言我昔日幼稚之時恐至長而困窮故我與汝顛覆盡力於家事難易無所避今日既生有財業矣又既長老矣

汝何爲覗我如蟲之毒螫乎言惡己至甚不我能慉當倒之云不能慉我鄭唯不我能慉爲異○傳慉養箋慉驕至惡我○正義曰偏檢諸本皆云慉養孫毓引傳云慉興非也爾雅不訓慉爲驕由養之以至於驕故箋訓爲驕驕者至恩之辭讎者至怨之稱君子遇己至薄怨切至痛故舉至愛以駮至惡○箋昔育至所辟○正義曰以育得兩說故釋言爲稚釋詁爲長以經有二育故辨之云昔育者育稚也以下云既生謂財業又以黽勉匍匐類之故顚覆爲盡力若黍離云閔周室之顚覆抑云顚覆厥德各隨其義不與此同○箋生謂財業○正義曰以上云昔年稚恐窮以生對窮故爲財業以財由人而生之故大學曰生財有大道生之者衆食之者寡是也

我有旨蓄亦以御冬旨美御禦也箋云蓄聚美菜者以禦冬月乏無時也○蓄本亦作畜勑六反御魚據反下同禦也徐魚舉反一本下句即作禦字

宴爾新昬以我御窮箋云君子亦但以我御窮苦之時至於富貴則棄我如旨蓄

有洸有潰既詒我肄洸洸武也潰潰怒也肄勞也箋云詒遺也君子洸洸然潰潰然無溫潤之色而盡遺我以勞苦之事欲窮困我○洸音光潰戶對反韓詩云潰潰不善之皃詒音怡肄以世反徐以自反爾雅作勩以世反遺唯季反下同

不念昔者伊余來塈塈息也箋云君子忘舊不念往昔年稚我始來之時安息我○塈許器反【疏】我有至來塈○正義曰婦人怨其惡己得新昬而見棄故稱人言我有美菜蓄之亦以禦冬月乏無之時猶君子安樂汝之新昬本亦但以我禦窮苦之時而已然窮苦取我至於富貴而見棄似冬月蓄菜至於春夏則見遺也君子既欲棄己故有洸洸然威武之容有潰潰然恚怒之色於我又盡遺我以勞苦之事不復念昔者我幼稚始來之時安息我也由無恩如此所以見出故追而怨之亦以禦冬言亦者因亦己之禦窮伊辭也○箋君子至旨蓄○正義曰上經與此互相見以舊至比旨蓄新昬以比新菜此云宴爾新昬則上宜云得爾新菜上言我有旨蓄此宜云爾有舊室得新菜而棄旨蓄猶得新昬而棄己又言己爲之生有財業故云至於富貴也已言爲致富耳言貴者協句也○傳肄勞○正義曰釋詁文爾雅或作勩孫炎曰習事之勞也

谷風六章章八句

式微黎侯寓于衞其臣勸以歸也寓寄也黎侯爲狄人所逐棄其國而寄於衞衞處之以二邑因安之可以歸而不歸故其臣勸之○黎力兮反國名杜預云在上黨壺關縣寓于音遇于又作乎【疏】式微二章章四句至勸以歸○正義曰此經二章皆臣勸以歸之辭此及旄丘皆陳黎臣之辭而在邶風者蓋邶人述其意而作亦所以刺衞君也○箋黎侯至勸之○正義曰以旄丘之敘故知爲狄人所逐以經云中露泥中知處之以二邑勸之云胡不歸知可以歸而不歸此被狄所逐而云寄者若春秋出奔之君所在亦曰寄故左傳曰齊以郲寄衞侯是也喪服傳曰寄公者何失地之君也謂削地盡者與此別

式微式微胡不歸式用也箋云式微式微者微乎微者也君何不歸乎禁君留止於此之辭式發聲也

微君之故胡爲乎中露微無也中露衞邑也箋云我若無君何爲處此乎臣又極諫之辭【疏】式微至中露○毛以爲黎之臣子責君久居於衞言君用在此而益微用此而益微君何不歸乎我等若無君在此之故何爲久處於此中露鄭以式爲發聲言微乎微者言君今在此皆甚至微君何不歸乎餘同○傳式用○正義曰釋言文左傳曰榮成伯賦式微服虔云言君用中國之道微亦以式爲用此勸君歸國以爲君用中國之道微未若君用在此微爲密

也○箋式微至發聲○正義曰式微式微者微乎微者也釋訓文郭璞曰言至微也以君被逐既微又見卑賤是至微也不取式爲義故云發聲也○傳中露衞邑○正義曰以寄於衞所處之下又責其不來迎我君明非衞都故知中露泥中皆衞邑也○箋我若至之辭○正義曰主憂臣勞主辱臣死固當不憚淹恤今言我若無君何爲處此自言己勞以勸君歸是極諫之辭

式微式微胡不歸微君之躬胡爲乎泥中泥中衞邑也

式微二章章四句

旄丘責衞伯也狄人迫逐黎侯黎侯寓于衞衞不能脩方伯連率之職黎之臣子以責於衞也衞康叔之封爵稱侯今曰伯者時爲州伯也周之制使伯佐牧春秋傳曰五侯九伯侯爲牧也○旄丘音毛丘或作古北字前高後下曰旄丘字林作堥云堥丘也亡周反又音毛山部又有嵍字亦云嵍丘亡付反又音旄率所類反祇記云十

國以爲連連有率佐牧州牧之牧。**疏**旄丘四章章四句至於衞。正義曰作旄丘詩者責衞伯也所以責之者以狄人迫逐黎侯故黎侯出奔來寄於衞以衞爲州伯當脩連率之職以救於己故奔之今衞侯不能脩方伯連率之職不救於己故黎侯之臣子以此言責衞而作此詩也狄者北夷之號此不斥其國宜十五年左傳伯宗數赤狄路氏之罪云奪黎氏地三也服虔曰黎侯之國此詩之作責衞宣公宣公以魯桓二年卒至魯宣十五年百有餘歲卽此時雖爲狄所逐後更復其國至宣公之世乃赤狄奪其地耳與此不同彼奪地是赤狄此唯言狄人迫逐不必是赤狄也言方伯連率者王制云五國以爲屬屬有長十國以爲連連有帥三十國以爲卒卒有正二百一十國以爲州州有伯注云凡長皆因賢侯爲之殷之州長曰伯虞夏及周皆曰牧又曰千里之外設方伯公羊傳曰上無明天子下無賢方伯方伯皆謂州長則此方伯亦州長矣周謂之牧而云方伯者以一州之中爲長故云方伯若牧下二伯不得云方伯也連率者卽十國以爲連連有帥是也不言屬卒者舉其中也王制雖殷法周諸侯之數與殷同明亦十國爲連此詩周事有連率之文左傳曰晉侯享公公請屬鄫是周亦有連屬此宣公爲二伯非方伯又非連率而責不能脩之者以連帥屬方伯若諸侯有

被侵伐者使其連屬救之宣公爲州伯佐方伯今黎侯來奔之不使連率救己是不能脩方伯連率之職也此敘其責衞伯之由經皆責衞之辭也經言叔伯則責衞臣矣言責衞伯者以衞爲方伯故責其諸臣之廢事由君之不使亦是責衞伯也。箋衞康至爲牧。正義曰此解言衞伯之意故云衞康叔之封爵稱侯今曰伯者時爲州伯也周之制使伯佐牧牧是州牧伯佐之是州伯也知者以春秋傳曰五侯九伯是侯爲牧伯佐之也宣公爲侯爵見於春秋明矣今而本之康叔者以諸侯之爵皆因始封之君故本康叔也顧命云乃同名太保奭畢公衞侯是爵稱侯也案世家自康叔至貞伯不稱侯頃侯賂夷王始爲侯又平王命武公爲公不以康叔本言康叔之封者以康叔之後自爲時王所黜頃侯因康叔本侯故賂夷王而復之命武公爲公謂爲三公爵仍侯也此云責衞伯何以知宣公非州牧爲方伯而以爲牧下二伯者以周之州長曰牧以長一方言之得謂之方伯未有謂之州伯者此若是牧當言責衞牧今言責衞伯明非牧也故知爲二伯言周之制使伯佐牧者以左傳所論周世之事前代必不然知指言周也此方伯連率皆是諸侯之身相爲長耳王制云使大夫監於方伯之國國三人注云使佐方伯領諸侯者謂天子命人爲方伯國內大夫監之非此牧伯之類王制雖

是殷法於周亦當然故燕禮注云言諸公者容牧有三監是鄭言周之牧國亦有三監也一解云蓋牧國在先王之墟有舊法者聖王因而不改周之牧國則無三監矣太宰職云建其牧立其監注云監謂公侯伯子男各監一國又非牧下三監也所引春秋傳曰僖四年管仲對楚辭也曰昔召康公命我先君太公五侯九伯汝實征之以夾輔周室服虔云五侯公侯伯子男九伯九州之長太公爲王官之伯掌司馬職以九伐之法征討邦國故得征之鄭不然者以司馬征伐由王命乃行不得云汝實征之且夾輔者左右之辭也故因漢張逸受春秋異讀鄭云五侯侯爲州牧也九伯伯爲州伯也一州一牧二伯佐之太公爲王官之伯二人共分陝而治自陝以東當四侯半一侯不可分故言五侯九伯則九人若主五等諸侯九州之伯是天子何異乎。云夾輔之有也知侯爲牧伯者周禮上公九命作伯則東西大伯上公爲之八命作牧非上公也公下唯侯耳且傳當言五牧而云五侯明牧於外曰侯是牧本侯爵故曲禮下云九州之長入天子之國曰牧於外曰侯是牧本侯爵也侯既爲牧其佐自然伯矣此衞侯爵而爲伯者鄭志荅張逸云實當用伯而侯德適任之何嫌不可命人位以德古亦然也以此言則宣公德適任伯故爲伯下泉序云思明王賢伯經云四國有王郇伯勞之傳曰郇

伯郇侯箋云文王之子爲州伯則郇侯侯爵而有賢德亦爲伯者蓋其時多賢故郇侯亦爲伯爲伯言其正法耳亦有侯爲伯伯爲牧者故周禮八命作牧注云謂侯伯有功德者加命得專征伐謂侯與伯皆得爲牧也是以雜問志云五侯九伯選州中諸侯以爲牧以二伯爲之佐此正法也若一州之中無賢侯選伯之賢者以爲牧是也

旄丘之葛兮何誕之節兮興也前高後下曰旄丘諸侯以國相連屬憂患相及如葛之蔓延相連及也誕闊也箋云土氣緩則葛生闊節興者喻此時衞伯不恤其職故其臣於君事亦疏廢也。蔓莚以戰反又音延

叔兮伯兮何多日也日月以逝而不我憂箋云叔伯字也呼衞之諸臣叔與伯與女期迎我君而復之可來而不來女日數何其多也先叔後伯臣之命不以齒

疏。旄丘至多日也毛以爲言旄丘上之葛兮何爲闊之節兮以當蔓延相及以興方伯之國兮何爲使之連屬兮亦當憂患相及令衞伯何爲不使連屬救己而同其憂患乎又責其諸臣久不憂已言叔兮伯兮我處衞邑已久汝當早迎我而復之何故多日而不憂我哉。鄭以爲言旄丘之葛兮何由誕之節兮由旄丘之土其氣和緩故其葛之生長皆闊節以興衞伯之臣兮何由廢其事兮由

衛伯不恤其職故其臣於君事亦疏廢臣既廢事故責之云叔兮伯兮汝所期來迎我君而復之可來而不來何其多日數也。傳前高至誕闊。正義曰釋丘云前高旄丘李巡云謂前高後卑下以前高後必卑下故傳亦言後下傳以序云責衛不脩方伯連率之職故以旄丘之葛闊節延蔓相及猶諸侯之國連屬憂患相及所以爲喻也又解言誕節者誕闊也謂葛節之間長闊故得異葛延蔓而相連也。箋土氣至疏廢。正義曰箋以自此而下皆責諸臣將由疏廢而責之故以此土氣和緩生物能殖故葛生闊節以喻君政解緩不恤其職故臣亦疏廢君不恤職臣廢其事是不能脩方伯連率之職也凡興者取一邊相似耳不須以美地喻惡君爲難也。傳日月至我憂。正義曰傳以黎臣責衛稱己來之久言日月以往矣而衛之諸臣不憂我故責之云何多日而不憂我。箋叔伯至以齒。正義曰鄭以呼爲叔伯是責諸臣之辭以黎侯奔衛必至卽求復矣衛且處之二邑許將迎而復之卒違其言故責衛之諸臣汝期來迎我君而復之可來而不來汝之日數何其多也臣之爵命自有高下不以年齒長幼定尊卑也故先叔後伯

何其處也必有與也言與仁義也箋云我君何以處於此乎必以衛有仁義之道故也責衛今不行仁義

何其久也必有以也必以有功德箋云我君何以久畱於此乎必以衛有功德故也又責衛今不務功德也

【疏】何其至有以也。正義曰黎之臣子既責衛之諸臣故又本己之情而責之言我何其久處於此也必以衛有仁義之道與我何其久畱於此也必以衛有功德與我故也汝今何爲不行仁義不務功德而迎我復之乎。傳言與仁義又曰必以有功德。正義曰此言必有與下言必有以二者別設其文故分爲仁義與功德言仁義者謂迎己復國是有仁恩且爲義事已得復國由衛之功是衛之德則仁義功德一也據其心爲仁義據其事爲功德心先發而事後見故先言仁義後言功德也言與言以者互文以者自己於彼之辭與者從彼於我之稱己望彼以事與己唯仁義功德耳故傳此言與仁義不云必由與自彼來下云必以有功德是自己情故云必也

狐裘蒙戎匪車不東大夫狐蒼裘蒙戎以言亂也不東言不來東也箋云刺衛諸臣形貌蒙戎然但爲昏亂之行女非有戎車乎何不來東迎我君而復之黎國在衛西今所寓在衛東。蒙如字徐武邦反戎如字徐而容反蒙戎亂貌案徐此音是依左傳讀作尨茸而行下孟反下同

叔兮伯兮靡所與同無救患恤同也

箋云衛之諸臣行如是不與諸伯之臣同言其非之特甚【疏】狐裘至與同。毛以爲黎之臣子責衛諸臣服此狐裘其形貌蒙戎然但爲昏亂之行而不務行仁義也豈非有戎車乎何爲不來東迎我君而復之乎言實有戎車不肯迎己故又責之言叔兮伯兮爾無救患恤同之心迎我也。鄭唯下二句爲異。傳大夫至來東。正義曰以責衛諸臣不當及士故傳云大夫也玉藻云君子狐青裘豹褎玄綃衣以裼之青蒼色同與此一也大夫息民之服有黃衣狐裘又狐貉之厚以居在家之服傳以此刺其徒服其服明非蜡祭與在家之服知爲狐蒼裘也蒼裘所施禮無明文唯玉藻注云蓋玄衣之裘禮無玄衣之名鄭見玄綃衣以裼之因言蓋玄衣之裘兼無明說蓋大夫士玄端之裘也大夫士玄端裳雖異衣皆玄裘象衣色故皆用狐青是以玉藻注云君子大夫士也此傳亦云大夫當是大夫玄端之裘也以蒙戎者亂之貌故云蒙戎以言亂也左傳曰士蔿賦詩云狐裘蒙戎杜預云蒙戎亂貌以此傳爲說不東者言不來東迎我也故箋申之云黎國在衛西今所寓在衛東者杜預云黎侯國上黨壺關縣有黎亭是在衛之西也

瑣兮尾兮流離之子瑣尾少好之貌流離鳥也少好長醜始而愉樂終以微弱箋云衛之諸臣初有小善終無成功似流離也。瑣依字作瑣素果反流音畱本又作鶹離如字爾雅云鳥少美而長醜爲鶹鷅草木疏云梟也關西謂之流離大則食其母少詩照反下同長張丈反愉以朱反樂音洛

叔兮伯兮褎如充耳褎盛服也充耳盛飾也大夫褎然有尊盛之服而不能稱也箋云充耳塞耳也言衛之諸臣顏色褎然如見塞耳無聞知也人之耳聾恒多笑而已。褎本亦作裒由救反又在秀反鄭笑貌稱尺證反聾魯工反【疏】瑣兮至充耳。毛以爲黎之臣子責衛諸臣言瑣兮而少尾兮而好者乃流離之子也此流離之子少而美好長卽醜惡以興衛之諸臣始而愉樂終以微弱言無德自將不能常爲樂也故又責之言叔兮伯兮汝徒衣褎然之盛服汝有充耳之盛飾而無德以稱之也。鄭以爲衛之諸臣初許迎黎侯而復之終而不能故責之言流離之子少而美好長卽醜惡以興衛之臣子初有小善終無成功言初許迎我終不能復之故又疾而言之叔兮伯兮汝顏色褎褎然如似塞其耳無所聞知也恨其不納己故深責之。傳瑣尾至微弱。正義曰瑣者小貌尾者好貌故并言小好之貌釋訓云瑣瑣小也釋鳥云鳥少美長醜爲鶹鷅陸機云流離梟也自關西謂梟爲流離其子適長大還食其母故張奐云鶹鷅食母許愼云梟不孝鳥是也流與

鷅蓋古今之字爾雅離或作栗傳以上三章皆責衛不納己之辭故以此章爲黎之臣惡衛之諸臣言汝等今好而苟且爲樂不圖納我爾無德以治國家終必微弱也定本偷樂作愉樂

旄丘四章章四句

附釋音毛詩注疏卷第二　二之二

黃中栻栞

毛詩注疏挍勘記二之二　阮元撰盧宣旬摘錄

○凱風

而成其志爾　唐石經小字本相臺本同案正義云俗本作以成其志以字誤也定本而成其志考文古本作以采正義

樂夏之長養者　補長養下當更有棘難長養四字下正義云又言棘難長養者可證又段玉裁云棘下當有心字棘心棘之初生者故難長養下章云棘薪則其成就者矣語勢正相對也

有叡智之善德　閩本明監本毛本同案注作知正義作智知智古今字易而說之也例見前釋文知本亦作智非正義本餘同此

○雄雉

而作是詩　小字本相臺本同唐石經初刻無此四字後改有案有者是也正義標起止云至是詩可證○按據標起止爲證乃是正義所據本耳他本之有不同者不必皆正義取據也全書以此例之

我之懷矣自詒伊感　閩本明監本毛本同案伊當作繄正義引此傳之繄及小明之伊以明鄭所以易伊爲繄也作伊則與下小明無別不知者所改耳

箋云日月之行　閩本明監本毛本同小字本相臺本日上有視字案有者是也正義云言我視彼日月之行卽本箋爲說也考文古本有我視二字采正義而有誤

事君或有所留　閩本明監本毛本同小字本相臺本事作而案而字是也

忮之跂反　補釋文跂作跂通志堂本盧本跂作跂案跂字是也小字本所附是跂字○釋文挍勘記案釋文凡忮字皆云之跂反作跂亦是譌字雖𡩜韻有跂字去智切而不爲忮之反語

○匏有苦葉

由膝以上爲涉　小字本相臺本同案正義標起止同云今定本如此是舊本不如此今無可考釋文

以上時掌反下皆同謂由帶以上由軜以上也其與定本同異亦無可考

以衣涉水爲厲謂由帶以上也小字本相臺本同案正義標起止同云今定本如此是舊本不如此今無可考段玉裁云定本出於小顏恐屬肊改當作以衣涉水爲厲由帶以上爲厲爾雅不爲一訓毛並存之

賓者出請補毛本賓者作擯者案擯字是也

行禮乃可度世難無禮將無以自濟閩本鋟難無二字明監本毛本誤不行案此讀當於難字斷句無字下屬明監本毛本以意補非也

傳曰賢女妃聖人閩本明監本毛本同案浦鏜云箋誤傳是也此自正義誤以箋爲傳耳非字誤也

濟盈不濡軌小字本同相臺本軌作軌閩本明監本毛本同唐石經作軓案釋文云軌舊龜美反謂車轊頭也依傳意宜音犯案說文云軌車轍也從車九聲龜美反軓車軾前也從車凡聲音犯車轊頭所謂軹也相亂故具論之是釋文本字作軌但以爲宜作音犯字正義云說文云軌車轍也軓車軾前也然則軾前謂之軓也非軌也但軌聲九軓聲凡於文易爲誤寫者亂之也是正義本字亦作軌但以爲寫者亂之故不從軌而從軓以爲說由此考之唐石經以前經字未有直作軓者也戴震毛鄭詩考正依韻定從軌字段玉裁同詳見下相臺本依釋文小字本及此十行本皆然其作軓者即軓字非軓字乃當時俗體也釋文軹字舊誤今訂正詳後考證

由輈以上爲軓小字本同相臺本作軌見上餘同案段玉裁云古者輿之下兩輪之閒方空處謂之軌高誘注呂氏春秋云兩輪閒曰軌此以廣狹言之凡言度餘以軌謂此毛傳曰由輈以下爲軌此以高下言之凡言濡軌滅軌謂此穀梁傳曰車軌塵謂以軌之高廣節塵之高廣中庸車同軌亦謂車制高廣不差軌亦云轍轍者通也其中通也近人專以在地之迹謂之軌轍古經不可解矣不云由輿以下者水深至於輿下軸上之輈則必入輿矣故以輿下之輈爲高下之節喻禮義之不可過也自下譌爲上乃譏改軌爲軓釋文舊龜美反則唐以前本不

誤也今考釋文本已誤作上讀時掌反見前由膝句以上字音中

必濡其軌今言不濡軌閩本明監本毛本二軓字作軌案此二字皆當作軓正義從軓字以爲說故自爲文直改云軓也

今雌雉鳴也閩本明監本毛本同案浦鏜云鳴當鳥誤是也

以假人以辭閩本明監本毛本上以字作似案似是也

軓車軾前也閩本明監本毛本軓作軌案所改是也以下軓字同者不更出

祭左右軓范乃飲閩本明監本毛本軓作軌案所改非也下軓與軹又少儀注云軓與軹又軓當大馭之軹及此凡四字皆當作軓閩本以下一例改爲軌失之又下其實少儀軓字一處閩本明監本作軓是毛本作軌非

書或爲軓元謂軓是軌法也閩本明監本毛本三字皆作軓案此當作書或爲軓元謂軓是軓法也各本皆誤今周禮注下軓字亦作軓依段玉裁漢讀考訂

謂與下三面之材閩本明監本毛本同案浦鏜云與誤與以周禮注考之是也

考功記注閩本明監本毛本同案浦鏜云工誤功是也

鴈者隨陽而處小字本相臺本同案此定本也正義云定本云鴈隨陽無陰字是正義本有陰字作鴈者陰隨陽而處考箋下云似婦人之從夫正義云此皆陰陽並言謂下句並言婦人與夫上句宜並言陰隨陽也當以正義本爲長

故爲爲日出閩本同明監本毛本故誤大爲誤昕案此當作故爲日始出

日未出已名爲昕生閩本明監本毛本同案生當作矣形近之譌

定本木鴈隨陽之譌閩本明監本毛本同案木當作云形近

○谷風

趙魏之部　閩本明監本毛本同案浦鏜云郊誤部考方言是也

箋云徘徊也　閩本明監本毛本同小字本相臺本云下有違字考文古本違字亦同案有者是也

言君子與己訣別　小字本同閩本明監本毛本亦同相臺本訣作決案釋文云訣本或作決相臺本依改以爲決正訣俗也考訣字說文在新附而文選注引通俗文已有之可不煩改相臺本非也

送我裁於門內　小字本相臺本同案釋文云裁於門內一本作裁至於門又一本作裁至於門內正義本今無可考山井鼎云古本一本於上補至字不知據何本者卽采釋文

宴爾新昬　唐石經小字本相臺本同案釋文云宴爾本又作燕考文一本作燕下同采釋文又作本

湜湜其沚　唐石經小字本相臺本同案釋文云其沚者止正義本未有明文說文水部湜下引詩曰湜湜其止段玉裁云毛作止鄭作沚今考鄭箋但義從沚耳其經字不作沚也釋文唐石經及各本皆誤見下

小渚曰沚　小字本相臺本同案此鄭以經止字爲沚字之假借不云讀爲而於訓釋中直改其字以顯之也例見關睢怨耦曰仇下此實漢代注經之常例而後來往往有依注改經者此經釋文本已誤矣經義雜記云以止爲沚起於北宋又云此經誤作沚又於箋首增小渚曰沚四字於釋文加其沚音止四字其說皆非也關睢正義引此箋小渚曰沚安得以爲增乎因不得箋改字之例而誤也今訂正

故見渭濁　小字本相臺本同案釋文云舊本如此一本渭作謂後人改耳考此箋云故見謂濁下云故謂已惡也二謂字義同正義云涇水言以有渭故人見謂已濁猶婦人言以有新昬故君子見謂已惡也見謂濁言人見謂已涇之濁是正義本亦作謂當以一本爲長又云定本涇水以有渭故見其濁此定本之誤正義所不從而毛居正六經正誤反以爲是失之矣考文古本作其采正義一本作見其清濁則更誤正義見謂字凡四下二謂字譌作渭今改而正之見下

毋發我笱　唐石經小字本相臺本同案釋文以無發我笱作音考正義引角弓箋及說文毋字爲說是正義本作毋也考唐石經小弁經作無乃是經中用字不盡一當以正義本爲長○按以儀禮古文作無今文作毋例之毛詩多古文則作無是也正義本作毋未是

諭禁新昬也　小字本同閩本明監本同相臺本諭作喻毛本同案喻字是也正義云是喻禁新昬無乃之我家也上文又云以興禁新昬汝無之我家喻卽興也諭字形近之譌耳考文一本采此而改上文喻皆作諭其餘亦二字不別誤

言人無之我魚梁　閩本明監本毛本同案經作毋注同正義作無毋無古今字易而說之也例見前餘同此○按謂無毋古今字可也謂毋無古今字不可

東南至京兆陵陽　閩本明監本毛本同案浦鏜云陽陵字誤倒考漢志是也

此以涇濁喻舊至　閩本明監本同毛本至作室案室字是也六經正誤引作室

見渭濁言人見渭已涇之濁　閩本明監本毛本同案浦鏜云謂並誤渭是也六經正誤引作謂

家有姧之者禁令勿姧　明監本毛本姧誤姦閩本不誤案說文毋下作姧是也五經文字毋下作姦非奸犯也○按段玉裁云依說文厶者姦也姦者厶也毋下云从女有姦之者大禹謨正義引不誤若奸訓犯姪也與姦義有別

況我於君子家之事難易乎　小字本相臺本同閩本同明監本毛本家之作之家案所改是也考文古本作家事之一本亦作家之事

何所貧無乎　閩本明監本毛本同案經傳箋皆作亡正義作無亡無古今字易而說之也例見前

注云舟謂集板如今自　閩本明監本毛本同案自當作舩易注本如此故正義引以說今日舩也王應麟輯鄭易卽采此其誤亦同

慉養也　小字本相臺本同案正義云偏檢諸本皆云慉養孫毓引傳云慉興非也釋文云毛興也鄭驕也王肅養也說文起也據此則養也是王肅本也段玉裁云說文起卽興正義從養非

賈用不售 小字本相臺本同唐石經售字磨改案錢大昕唐石經考異云盖本作讎段玉裁云讎正字售俗字史記漢書尚多用讎今考釋文售布救反是釋文本作售石經磨改所從也

昔育恐育鞫 唐石經小字本相臺本同閩本明監本毛本亦同案詩經小學云顧寧人曰唐石經自采芑節南山蓼莪之外並作鞫今但公劉鞫卬二詩從之餘多俗作鞫段玉裁案采芑節南山蓼莪其字皆當作鞫今考經中用字例不畫一其用蹋鞫字者假借也仍以唐石經爲正又案此經蜀石經無下育字誤也以傳箋正義考之皆當有蜀石經之不可信每類此

又盡道我以勞苦之事也 〔補〕道字上箋文作遺形近之譌

以舊至比旨蓄 〔補〕至當作室此與上以涇濁喻舊至誤同

○**式微**

齊以邾寄衛侯 〔補〕案左傳邾當作郲

○**旄丘**

或作古北字 〔補〕案釋文挍勘通志堂本同盧本北作乒案六經正誤云丘或作古丠字作北誤是也集韻十八尤載丠𠀉丘𡉺四形可證盧文弨所改者誤

州牧之牧 〔補〕毛本作州牧之佐案佐字是也

宣公以魯桓二年卒 閩本明監本毛本同案二上浦鏜云脫十字是也

是天子何異乎云夾輔之有也 閩本明監本毛本同案浦鏜云乎當何字誤是也

則東西大伯 〔補〕監本毛本大伯作二伯案二字是也

如葛之蔓延相連及也 相臺本同閩本明監本毛本亦同小字本延作莚案釋文蔓莚以戰反又音延小字本依釋文也考毛葛覃野有蔓艸葛生傳延字皆不從艸此傳當同鄭葛覃箋及旱麓箋亦然釋文延字皆無音唯此有是其本此延字誤加艸也此正義有三延字皆不從艸是正義本作延延字是矣考文古本作莚采釋文又考蔓字亦當衍葛覃傳云覃延也葛生傳云葛生延而蒙楚皆單言延野有蔓草傳釋蔓云延也是蔓卽延故不重言也鄭箋有延蔓而蔓在延下芄蘭箋今本有蔓莚依釋文是後人輒加然則此傳亦後人輒加也正義三言延蔓乃自爲文凡單注言延及單言蔓者正義皆得重言延蔓而說之

以當蔓延相及 閩本明監本毛本同案此當作延蔓誤倒之耳下文二延蔓可證

讀作尨若而 〔補〕案尨若而當厖茸字之譌

狐裘蒙戎杜預云蒙戎亂貌 閩本明監本毛本同案此不誤浦鏜云傳作厖茸非也凡正義引羣籍有順經注爲文不與本書同者此類是矣當各仍其舊

上黨壺關縣有黎亭 明監本毛本壺作壼案壺字是也

始而愉樂 小字本相臺本同案此定本也正義云定本偷樂作愉樂上文云言汝等今好而苟且爲樂以苟且訓偷其正義本作偷也又上文云以與衛之諸臣始而偷樂今作愉者誤釋文愉以朱反與定本同此傳愉樂與微弱對文愉樂主言好不取苟且爲義正義本非是

本亦作裒 〔補〕案釋文挍勘裒當作褎六經正誤云亦作裒中从由或作褎从𦥑从臼誤羣經音辨衣部云褎盛服也集韻四十九宥載褎褏二形云或从由皆可證也

附釋音毛詩注疏卷第二（二之三）

毛詩國風　鄭氏箋　孔穎達疏

簡兮刺不用賢也衞之賢者仕於伶官皆可以承事王者也伶官樂官也伶氏世掌樂官而善焉故後世多號樂官爲伶官。簡居限反字從竹或作蕑是草名非也泠音零字從水亦作伶【疏】簡兮三章章六句至王者。正義曰作簡兮詩者刺不能用賢也衞之賢者仕於伶官之賤職其德皆可以承事王者堪爲王臣故刺之伶官者樂官之摠名經言公庭萬舞即此仕於伶官在舞職者也周禮掌舞之官有舞師籥師旄人韎師舞師云凡野舞則皆教之不教國子下傳曰教國子弟則非舞師也籥師掌教國子舞羽吹籥則不教萬舞經言公庭万舞則非籥師也旄人韎師皆教夷樂非萬舞又不教國子且夷狄之樂諸侯所無非賢者所得爲也唯大司樂云以樂教國子樂師云以教國子小舞其用人則大司樂中大夫二人樂師下大夫四人上士八人下士十有六人此乃天子之官也諸侯之禮云其官屬不可得而知燕禮注云樂正于天子爲樂

師也則諸侯有樂正之屬乎首章傳曰非但在四方親在宗廟公庭二章傳曰祭有畀煇胞翟閽寺者惠下之道礼記云翟者樂吏之賤者也則此賢者身在舞位在賤吏之列必非樂正也又刺衞不用賢而箋云擇人擇則君所置用又非府史也若府史則官長所自辟除非君所擇也祭統曰尸飲九以散爵獻士下言祭之末乃賜之一爵又非士也蓋爲樂正之屬祭廟教國子皆在舞位則爲舞人也若周官旄人舞者衆寡無數韎師舞者十有六人之類也周官司樂樂師其下無舞人此蓋諸侯官而有之然則此非府史而言樂吏者以賤故以吏言之故韗胞閽寺悉非府史皆以吏言之也言皆可以者見不用者非一或在其餘賤職故言皆也時周室卑微非能用賢而言可以承事王者見碩人德大堪爲王臣而衞不用非要周室所能任也仕於伶官首章是也二章言多才多藝卒章言宜爲王臣是可以承事王者之事也。箋伶官至爲伶官。正義曰左傳鍾儀對晉侯曰伶人也使與之琴操南音周語曰周景王鍾成伶人告龢魯語云伶蕭詠歌及鹿鳴之三此云仕於伶官以伶氏世掌樂官而善焉故後世多號樂官爲伶官呂氏春秋及律歷志云黃帝使伶倫氏自大夏之西崐崘之陰取竹斷兩節間而吹之爲黃鍾之宮周語景王鑄無射而問於伶州鳩是伶氏世掌樂官

簡兮簡兮方將萬舞簡大也方四方也將行也以干羽爲萬舞用之宗廟山川故言於四方。箋云簡擇將且也擇兮擇兮者爲且祭祀當萬舞也萬舞干羽也。爲于僞反**日之方中在前上處**教國子弟以日中爲期。箋云在前上處者在前列上頭也周礼大胥掌學士之版以待致諸子春入學舍采合舞。胥思徐反版音板舍音釋下篇舍軷同采音菜**碩人俁俁公庭萬舞**碩人大德也俁俁容貌大也萬舞非但在四方親在宗廟公庭。俁疑矩反韓詩作扈扈云美貌【疏】簡兮至萬舞。毛以爲言衞不用賢有大德之人兮大德之人兮祭山川之時乃使之於四方行在萬舞之位又至於日之方中教國子弟習樂之時又使之在舞位之前行而處上頭親爲舞事以教之此賢者旣有大德後容貌美大俁俁然而君又使之在宗廟公庭親爲萬舞是大失其所也。鄭以爲衞君擇人兮擇人兮爲有方且祭祀之時使之當爲萬舞又日之方中仲春之時使之在前列上頭而教國子弟習樂爲此賤事不當用賢而使大德之人容貌俁俁然者於祭祀之時親在宗廟公庭而萬舞言擇大德之人使爲樂吏是不用賢也。傳以干羽至四方。正義曰萬舞名也謂之万者何休云象

武王以萬人定天下民樂之故名之耳商頌曰萬舞有奕殷亦以武定天下蓋象湯之伐桀也何休指解周舞故以武王言之万舞之名未必始自武王也以萬者舞之摠名干戚與羽籥皆是故云以干羽爲万舞以祭山川宗廟宜干羽並有故云用之宗廟山川由山川在外故云於四方解所以言四方之意也周禮舞師教羽舞帥而舞四方之祭祀教兵舞帥而舞山川之祭祀則山川與四方別此言山川而云四方者以周礼言天子法四方爲四望故注云四方之祭祀謂四望也大司樂注云四望謂五嶽四鎭四瀆然則除此以外乃是山川也故山川與四方別舞諸侯之祭山川其在封內則祭之非其地則不祭無嶽瀆之異唯祭山川而已故以山川對宗廟在內爲四方也此傳以干羽爲萬舞宗廟山川同用而樂師注云宗廟以人山川以干皆非羽舞宗廟山川又不同此得同者天子之禮大故可爲之節文別祀別舞諸侯唯有時王之樂禮數少其舞可以同也。箋簡擇至干舞。正義曰以下云公言錫爵當祭末則公庭萬舞是祭時此方論擇人爲萬舞故爲且祭祀也傳亦以此推之故用之宗廟山川爲祭也知萬舞爲干舞不兼羽籥者以春秋云萬入去籥別文公羊傳曰籥者何籥舞萬者何干舞言干則有戚矣礼記云朱干玉戚冕而舞大武言籥則有羽矣籥師曰教國子舞

羽吹籥羽籥相配之物則羽爲籥舞不得爲万也以干戚武事故以萬言之羽籥文事故指體言籥耳是以文王世子云春夏學干戈秋冬學羽籥注云干戈萬舞象武也羽籥籥舞象文也是干羽之異也且此萬舞并兼羽籥則碩人故能籥舞也下二章論碩人之才藝無爲後言左手執籥右手秉翟也明此言干戚舞下説羽籥舞也以此知萬舞唯干無羽也孫毓亦云萬舞干戚也羽舞翟之舞也傳以干羽爲萬舞失之矣。傳教國至爲期。正義曰知教國子弟者以言在前上處在前列上頭唯教者爲然祭祀之禮且明而行事非至日之方中始在前上處也此既爲樂官明其所教者國子也國子謂諸侯大夫士之適子言弟容諸侯之庶子於適子爲弟故王制云王太子王子羣后之太子卿大夫元士之適子彼雖天子之法推此諸侯亦有庶子在國學故言國子弟也傳言日中爲期則謂一日之中非春秋日夜中也若春秋言不當爲期也故王肅云教國子弟以日中爲期欲其徧至是也。箋在前至合舞。正義曰公羊傳曰諸侯四佾則舞者爲四列使此碩人居前列上頭所以教國子諸子學舞者令法於已也周禮者皆春官大胥職文也彼注云學士謂卿大夫諸子學舞者版籍也大胥主此版籍以待當召聚學舞者卿大夫之諸子則案此籍以召之又云春入學者註云春始

以學士入學宮而學之合舞等其進退使應節奏月令仲春之月命樂正習舞入學者必釋菜以禮先師謂蘋藻之屬也此賢者非爲大胥也引此者以證此日之方中即彼春入學是矣謂二月日夜中也尚書云日中星鳥左傳曰馬日中而出皆與此同也。傳碩人至公庭。正義曰碩者美大之稱故諸言碩人者傳皆以爲大德唯白華碩人傳不訓此及考槃傳意類之則亦爲大德也故王肅云碩人謂中后此刺不用賢則箋意亦以碩人爲大德其餘則隨義而釋不與此同故白華碩人爲妖大之人謂褒姒也碩既爲大德故俁俁爲容貌大也上亦教國子此直云非但在四方不並言教國子者以在前上處文無舞故據万舞言也

有力如虎執轡如組組織組也武力比於虎可以御亂御衆有文章言能治衆動於近成於遠也箋云碩人有御亂御衆之德可任爲王臣。轡悲位反組音祖任音壬

左手執籥右手秉翟籥六孔翟翟羽也箋云碩人多才多藝又能籥舞言文武道備。籥餘若反以竹爲之長三尺執之以舞鄭注礼云三孔郭璞同云形似笛而小廣雅云七孔翟亭歷反

赫如渥赭公言錫爵赫赤貌渥厚漬也祭有畀煇胞翟閽寺者惠下之道見惠不過一散箋云碩人容色赫然如厚傳丹君徒賜其一爵而已不知其賢而進用之散受五升

疏有力至錫爵。正義曰言碩人既有武力比如虎可以能御亂矣又有文德能治民如御馬之執轡使之有文章如織組矣以御者執轡於此使馬騁於彼織組者揔紕於此而成文於彼皆動於近成於遠以興碩人能治衆施化於已而有文章在民亦動於近成於遠矣碩人既有御衆御亂之德又有多才多藝之伎能左手執管籥右手秉翟羽而舞復能爲文舞矣且其顏色赫然而赤如厚漬之丹赭德能容貌若是而君不用至於祭祀之末公唯言賜一爵而已是不用賢人也。傳組織至於遠。正義曰以義取動近成遠故知爲織組非直如組也武力比於虎故可以御亂也御治也謂有侵伐之亂武力可以治之定本作御字又言御衆有文章者御衆似執轡有文章似織組又云言能治衆動於近成於遠者又揔解御衆有文章之事也以執轡及於如組與治衆三者皆動於近成於遠也此治民似執轡執轡又似織組轉相如故經直云執轡如組以御衆有文章也大叔于田云執轡如組謂段之能御車以御車似織組知此不然者以彼說段之田獵之伎故知爲實御此碩大堪爲王臣言有力如虎是武也故知執轡如組比其文德不宜但爲御矣。傳籥六孔翟翟羽。正義曰釋樂云大籥謂之產

郭璞曰籥如笛三孔而短小廣雅云七孔鄭於周礼笙師及少儀明堂位注皆云籥如笛三孔此傳云六孔與鄭不同蓋以無正文故不復改傳翟翟羽謂翟之羽也故異義公羊說樂萬舞以鴻羽取其勁輕一舉千里詩毛說萬以翟羽韓詩說以夷狄大鳥羽謹案詩云右手秉翟爾雅說翟鳥名雉屬也知翟羽舞也。箋碩人至道備。正義曰籥雖吹器舞時與羽並執故得舞名是以賓之初筵云籥舞笙鼓公羊傳曰籥者何籥舞是也首章云公庭萬舞是能武舞今又説其籥舞是又能爲文舞也碩人有多才多藝又能爲此籥舞言文武備也言其能而已非謂碩人實爲之也何者此章主美其文德不論其在職之事。傳渥厚至一散。正義曰渥者浸潤之名故信南山曰益之以霢霂既優既渥是也故此及終南皆云渥厚漬也言漬之久厚則有光澤故以興顏色之潤是以終南箋云如厚漬之丹言赤而澤是也定本渥厚也無漬字祭有畀煇胞翟閽寺者惠下之道皆祭統文彼又云畀之爲言與也能以其餘畀於下也煇者甲吏之賤者胞者肉吏之賤者翟者樂吏之賤者閽者守門之賤者注云煇周礼作韗蓋謂韗皮革之官周禮韗人爲鼓鮑人爲甲禮記是諸侯兼官故韗爲甲吏也胞即周禮庖人故注云庖之言苞也裹肉曰苞苴其職供王之膳羞是肉吏是也其官亦於韗人

周禮韗人亡庖人中士四人下十八人閽人王宮每門四人寺人王之正內五人以庖人類之則皆非府史不在獻又非士庖人於天子爲士於諸侯故亦非士引之證此碩人亦樂吏故於祭末乃是賜也知此亦是樂吏者以經云錫爵若士則尸飲九而獻之不得既祭乃賜之故知在惠下之中經云爵傳言散者禮器云禮有以小爲貴者貴者獻以爵賤者獻以散祭統云尸飲九以散爵獻士士猶以散獻爵賤無過散故知不過一散散謂之爵爵摠名也

山有榛隰有苓榛木名下濕曰隰苓大苦箋云榛也苓也生各得其所以言碩人處非其位○榛本亦作蓁同側巾反子可食苓音零本草云甘草云誰之思西方美人箋云我誰思乎思周室之賢者以其宜薦碩人與在王位○與音預或如字彼美人兮西方之人兮乃宜在王室箋云彼美人謂碩人也

【疏】山有至人兮○正義曰山之有榛木隰之有苓草各得其所以興衛之有碩人而在賤職可謂處非其位乃榛苓之不如碩人既不寵用故令我云誰思之乎思西方周室之美人若得彼美人當薦此碩人使在王朝也彼美好之碩人兮乃宜在王朝爲西方之人兮但無人薦之耳○傳榛木名苓大苦○正義曰陸機云栗屬其子小似柿子表皮黑味如栗是也榛字或作蓁蓋一木也釋草云蘦大苦孫炎曰本草云蘦今甘草是也蔓延生葉似荷青黃其莖赤有節節有枝相當或云蘦似地黃○箋彼美人謂碩人正義曰上言西方之美人謂周室之賢人以薦此碩人故知彼美人謂碩人西方之人謂宜爲西方之人故傳曰乃宜在王位言宜在王朝之位爲王臣也

簡兮三章章六句

泉水衛女思歸也嫁於諸侯父母終思歸寧而不得故作是詩以自見也以自見者見已志也國君夫人父母在則歸寧沒則使大夫寧於兄弟衛女之思歸雖非禮思之至也○見賢遍反上同思之至一本思作思

【疏】泉水四章章六句至以自見○正義曰此時宣公之世宣父莊兄桓此言父母已終未知何君之女也言嫁於諸侯必爲夫人亦不知所適何國蓋時簡札不記故序不斥言也四章皆思歸寧之事○箋衛女至之至○正義曰以之衛女思歸雖非禮而思之至極也君子善其思故録之也定本作思字

毖彼泉水亦流于淇興也泉水始出毖然流也淇水名也箋云泉水流而入淇猶婦人出嫁於異國○毖悲位反韓詩作祕說文作䀴云直視也淇音其有懷于衛靡日不思箋云懷至靡無也以言我有所至念於衛我無日不思也所至念者謂諸姬諸姑伯姊孌彼諸姬聊與之謀孌好貌諸姬同姓之女聊願也箋云聊且略之辭諸姬者未嫁之女我且欲略與之謀婦人之禮觀其志意親親之恩也○孌力轉反下篇同

【疏】毖彼至之謀○毛以爲毖彼然而流者是泉水亦流入於淇水以興行嫁者是我婦人我婦人亦嫁於異國故我有所至念於衛無一日而不思念之也我所思念者念孌然彼諸姬未嫁之女願欲與之謀婦人之禮○鄭唯以聊爲且欲略與之謀爲異餘同○傳泉水始出毖然流○正義曰以此連云泉水知爲始出毖然流也是以衛門傳亦云泌泉水也言亦流于淇者以本敘衛女之情故言亦己也○箋懷至至伯姊○正義曰以下云靡日不思此懷不宜後爲思故以爲至念於衛以下文言之知至念者諸姬伯姊○箋聊且至之恩○正義曰言且者意不盡故言略之辭以言諸姬是未嫁之辭又𦘧衛所見宜據未嫁者傳言同姓之女亦謂未嫁也言諸姬容兄弟之女及五服之親故言同姓以廣之所以先言諸姬後姑姊者便文

互見以諸姬揔辭又卑欲與謀婦人之禮也姑姊尊故去問明亦與謀婦人之禮此衛女思歸但當思見諸姬而已思與謀婦禮觀其志意是親親之恩也

出宿于泲飲餞于禰泲地名祖而舍軷飲酒於其側曰餞重始有事於道也禰地名箋云泲禰者所嫁國適衛之道所經故思宿餞○泲子禮反餞音踐徐又才箭反送行飲酒也禰乃禮反地名韓詩作坭音同軷蒲末反道祭也女子有行遠父母兄弟箋云行道也婦人有出嫁之道遠於親親故禮緣人情使得歸寧○遠于萬反注同問我諸姑遂及伯姊父之姊妹稱姑先生曰姊箋云寧則又問姑及姊親其類也先姑後姊尊姑也

【疏】出宿至伯姊○正義曰衛女思歸言我思欲出宿於泲先飲餞於禰而出宿以嚮衛國而以父母既沒不得歸寧故言女子生而有適人之道遠於父母兄弟之親故禮緣人情使得歸寧今何爲不聽我乎我之嚮衛爲覲問諸姑遂及伯姊而已豈爲犯禮也哉而止我也○傳泲地名至禰地名○正義曰言祖而舍軷飲酒於其側者謂爲祖道之祭當釋酒脯於軷舍軷即釋軷也於時送者遂飲酒於祖側曰餞餞送也所以爲祖祭者重已方始有事於道故祭道之神也聘禮記曰出祖

釋軷祭酒脯乃飲酒於其側注云祖始也既受聘享之禮行出國門止陳車騎釋酒脯之奠於軷爲行始詩傳曰軷道祭謂祭道路之神春秋傳曰軷涉山川然則軷山行道之名也道路以阻險爲難是以委土爲山或伏牲其上使者爲軷祭酒脯祈告卿大夫處者於是餞之飲酒於其側禮畢乘車轢之而遂行舍於近郊矣其牲犬羊可也大馭掌馭玉輅及犯軷遂駆之注云封土爲山象以菩芻棘柏爲神主既祭之以車轢之而去喻無險難也以此言之軷者本山行之名以祭道路之神求無險難故取名焉知出國而爲之者以聘禮丞民韓奕皆言出祖則不在國內以祖爲行道之始則不得至郊故知在國門外也以軷者軷壤之名與中霤行神之位同知委土爲山言或伏牲其上者據天子諸侯有牲卿大夫用酒脯而已犬人云伏瘞亦如之明天子以犬伏於軷上羊人無伏祭之事則天子不用羊詩云取羝以軷謂諸侯也故云其有牲則犬羊耳謂天子以犬諸侯以羊尊卑異祀也以大馭云犯軷即云遂駆之故知禮畢乘車轢之也以聘禮上文既受聘享之禮云遂行舍於郊故知轢之而遂行舍於郊也卿大夫之聘出國則釋軷聘禮於家又釋幣於行注云告將行也行者之先其古人之名未聞天子諸侯有常祀在冬大夫三祀曰門曰行曰厲士○喪禮有毀宗躐行出于大門則行

神之位在廟門外西方今時民春秋祭祀有行神古之遺禮是在家釋幣告將行出國門用酒脯以祈告故二處不同也月令冬其祀行注依中霤之禮云行在廟門外之西爲軷壤厚二寸廣五尺輪四尺有主有尸用特牲是天子諸侯常祀在冬與軷異也軷祭則天子諸侯卿大夫皆於國外爲之大馭云犯軷詩云取羝以軷聘禮云釋軷是也又名祖聘禮及詩云出祖是也又名道曾子問云道而出是也以其爲犯軷祭道路之神爲行道之始故一祭而三名也皆先軷而飲餞乃後出宿此先言出宿者見飲餞爲出宿而設故先言以致其意韓奕云韓侯出祖出宿于屠既祖即當出宿故彼箋云祖於國外畢乃出宿者示行不留於是也欲先明祖必出宿故皆先言出宿後言飲餞也聘禮遂行舍於郊則此出宿當在郊而傳云泲地名不言郊者與下傳互也下干云所適國郊則此泲亦在郊也此泲云地名則干亦地名矣正以聘禮遂行舍於郊則此衛女思宿爲明亦在郊也干泲思宿爲傳以爲在郊則言禰思餞焉差近在國外耳計宿餞當各在一處而已而此云泲禰下云干言別地者下箋云干言猶泲禰未聞遠近同異要是衛女所嫁國適衛之道所經見所思之耳下傳或兼云干言所適國郊者一郊不得二地宿餞不得同處言衍字耳定本集注皆云干所適國郊○箋婦人至歸

寧。正義曰此與蝃蝀竹竿文同而義異者以此篇不得歸寧而自傷故爲由違親親而望歸寧蝃蝀刺其淫奔故爲禮自得嫁何爲淫奔竹竿以不見荅思而能以禮故爲出嫁爲常不可違禮詩者各本其意故爲義不同。傳父之至曰姊正義曰釋親文孫炎曰姑之言古尊老之名也然則姑姊尊長則當已嫁父母既沒當不得歸所以得問之者諸侯之女有嫁於卿大夫者去歸則見之。箋寧則至尊姑。正義曰以上章思與諸姬謀今復問姑及姊故言又也不問兄弟宗族而問姑及姊由親其類也

出宿于干，飲餞于言，干言所適國郊也箋云干言猶泲禰未聞遠近同異

載脂載舝，還車言邁，脂舝其車以還我行也箋云言還車者嫁時乘來今思乘以歸。舝胡瞎反車軸頭金也還音旋此字例同音更不重出

遄臻于衛，不瑕有害？遄疾臻至瑕遠也箋云瑕猶過也害何也我還車疾至於衛而返於行無過差有何不可而止我。遄市專反瑕音遐害毛如字鄭音曷行下孟反差初懈反又初加反卷末注同

〔疏〕出宿至有害。毛以爲我思欲出宿於干先飲餞於言而歸衛國耳則爲我脂車則爲我設舝而還迴其車我則乘之以行而欲疾至衛不得爲違禮遠義之害何故不使我歸寧乎傳以瑕爲遠王肅云言願疾至於衛不遠禮義之害是也。鄭唯不瑕有害爲異。傳脂舝至我行。正義曰古者車不駕則脫其舝故車舝云間關車之舝兮傳曰間關設舝貌是也今將行既脂其車又設其舝故云脂舝其車云還者本乘來今欲乘以還故箋云言還車者嫁時乘來今思乘以歸

我思肥泉，茲之永歎。所出同所歸異爲肥泉。箋云茲此也自衛而來所渡水故思此而長歎。肥字或作淝音同

〔疏〕傳所出同所歸異爲肥泉。正義曰釋水云歸異出同流肥。箋自衛至渡水。正義曰以下須漕是衛邑故知此肥泉是衛水也

思須與漕，我心悠悠。須漕衛邑也箋云自衛而來所經邑故又思之。漕音曹

〔疏〕傳須漕衛。正義曰鄘云以廬於漕漕是衛邑須與漕連明亦衛邑

駕言出遊，以寫我憂。寫除也箋云既不得歸寧且欲乘車出遊以除我憂

〔疏〕箋既不至我憂。正義曰以此不得歸寧而出遊不過出國故言且出遊竹竿不見荅故以出遊爲歸是以彼箋云適異國而不見荅其除此憂維有歸耳

泉水四章章六句

北門刺仕不得志也言衛之忠臣不得其志爾不得其志者君不知已志而遇困苦〔疏〕北門三章章七句至志爾。正義曰謂衛君之闇不知士有才能不與厚祿使之困苦不得其志故刺之也經三章皆不得志之事也言士者有德行之稱其仕爲官尊卑不明也

出自北門憂心殷殷興也北門背明鄉陰箋云自從也興者喻已仕於闇君猶行而出北門心爲之憂殷殷然。殷本又作慇同於巾反沈於文反又音隱爾雅云憂也背蒲對反鄉本又作嚮同許亮反爲于僞反終窶且貧莫知我艱窶者無禮也貧者困於財箋云艱難也君於已祿薄終不足以爲禮又近困於財無知已以此爲難者言君既然矣諸臣亦如之○窶其矩反無禮也爾雅云貧也案謂貧無可爲禮已焉哉天實爲之謂之何哉箋云謂勤也詩人事君無二志故自決歸之於天我勤身以事君何哉忠之至〔疏〕出自至何哉。正義曰衛之忠臣不得其志言人出自北門者背明嚮陰而行猶已仕

於亂世嚮於闇君而仕由君之闇已則爲之憂心殷殷然所以憂者以君於已祿薄使已終當窶陋無財爲禮又且貧困無資充用而衆臣又莫知我貧窶之艱難者君於已雖祿薄已又不忍去之止得守此貧困故自決云已焉哉我之困苦天實爲之使我遭此君我止當勤以事之知復奈何哉。傳北門背明嚮陰。正義曰本取人嚮陰行似已仕闇君故以出自北門爲喻傳以嚮陰者必背明耳不取背明爲義何者此人既仕闇君雖困不去非恨本不擇君故知不以背明爲喻也。傳窶者至於財。正義曰釋言云窶貧也則貧窶爲一也此經云終窶且貧爲二事之辭故爲窶與貧別窶謂無財可以爲禮故言窶者無禮貧謂無財可以自給故言貧者困於財是以箋云祿薄終不足以爲禮是終窶也又近困於財是且貧也言近者已所資給故言近對以之爲禮者爲遠也無財謂之貧此二者皆無財之事故爾雅貧窶通也終窶且貧言君於已祿薄是君既然矣莫知我艱總謂人無知已是諸臣亦如之以須祿由君故怨已貧窶祿薄不由諸臣故但恨其不知已也。箋詩人至之至。正義曰此詩人敘仕者之意故謂之詩人事君不知已而不去是無二志也已困苦應去而不去是終當貧困故言已焉哉是自決也此實由君言天實爲之是歸之於天也君臣義合道不行則去今君於已薄矣猶云勤身以事之知復何哉無去心是忠之至也

王事適我政事一埤益我適之埤厚也箋云國有王命役使之事則不以之彼必來之我有賦稅之事則減彼一而以益我言君政偏已兼其苦。埤避支反偏音篇我入自外室人交偏讁我讁責也箋云我從外而入在室之人更迭遍來責我使已去也言室人亦不知已志。偏古遍字注及下同凡偏字從行偏字從人後皆放此讁直革反玉篇知革反更音庚迭待結反〔疏〕王事至讁我。正義曰此仕者言君既昏闇非直使已貧窶又若國有王命役使之事則不以之彼必來之我使已勞於行役若有賦稅之事則減彼一而厚益我使已困於資財君既政偏已兼其苦而我入自外而歸則室家之人更迭而偏來責我言君既政偏爾何不去此忠臣不忍去而室人不知以責已外爲君所困內爲家人不知故下又自決歸天。傳埤厚。正義曰謂減彼一以厚益已使已厚出賦稅之事是也。箋國有至其苦。正義曰政事云一埤益我有可減一則爲賦稅之事政事是賦稅則王事是役使可知役使之事不之彼而之我使我勞而彼逸賦稅之事減彼一而益我使彼少而我多此王事不必天子事直以戰伐行役皆王家

之事猶鴇羽云王事靡盬於時甚亂非王命之事也。箋我從至已志。正義曰禮君臣有合離之義今遭困窮而室人責之故知使之去也此士雖困志不去君而家人使之去是不知已志上言諸臣莫知我艱故云室人亦不知已志已焉哉天實爲之謂之何哉

王事敦我政事一埤遺我敦厚遺加也箋云敦猶投擲也。敦毛如字韓詩云敦迫鄭都回反投擿也遺唯季反擿呈釋反與擲同本或作摘非〔疏〕傳敦厚箋敦猶投擲。正義曰箋以役事與之無所爲厚也且上云適我此亦宜爲之已之義故易傳以爲投擲於已也我入自外室人交偏摧我摧沮也箋云摧者刺譏之言。摧徂回反或作催音同韓詩作誰音千隹子隹二反就也沮在呂反何音阻〔疏〕傳摧沮箋摧者刺譏之言。正義曰毛以爲室人更責則乖沮已志定本集注皆云摧沮也箋以上章類之言讁已者是室人責已故以爲摧爲刺譏已也已焉哉天實爲之謂之何哉。

北門三章章七句

北風刺虐也衛國並爲威虐百姓不親莫不相攜持而去焉。攜穴圭反〔疏〕北風三章章六句至去焉。正義曰作北風詩者刺虐也言衛國君臣並爲威虐使國民百姓不親附之莫不相攜持而去之歸於有道也此主刺君虐故首章二章上二句皆獨言君政酷暴卒章上二句乃君臣並言也三章次二句皆言攜持去之下二句言去之意也

北風其涼雨雪其雱興也北風寒涼之風雱盛貌箋云寒涼之風病害萬物興者喻君政教酷暴使民散亂。涼音良雨于付反又如字下同雱普康反酷苦毒反惠而好我攜手同行惠愛行道也箋云性仁愛而又好我者與我相攜持同道而去疾時政也。好呼報反下及注同行音衡其虛其邪既亟只且虛虛也亟急也箋云邪讀如徐言今在位之人其故威儀虛徐寬仁者今皆以爲急刻之行矣所以當去以此也〔疏〕北風至只且。正義曰言天既爲北風其寒涼矣又加之雨雪其雱然而盛由涼風盛雪病害万物以興君政酷暴病害百姓也百姓既見病害莫不散亂故皆云彼有性仁愛而又好我者我與此人攜手同道而去欲以共歸有德我所以去之者非直爲君之酷虐而在位之臣雖先日其寬虛其舒徐威儀謙退者今莫不盡爲急刻之行故已所以去之既盡也只且語助也。箋寒涼至散亂。正義曰風雪並喻君虐而箋獨言涼風者以風非所害物但北風寒涼故害萬物與常風異是以興君政酷暴也而雪害物不言可知。性仁至而去。正義曰以經攜手之文承惠好之下則與此惠而好我者相攜手也。傳虛虛箋邪讀如徐。正義曰釋訓云其虛其徐威儀容止也孫炎曰虛徐威儀謙退也然則虛徐者謙虛閑徐之義故箋云威儀虛徐寬仁者也但傳質詁訓疊經文耳非訓虛爲徐此作其邪爾雅作其徐字雖異音實同故箋云邪讀如徐

北風其喈雨雪其霏喈疾貌霏甚貌。喈音皆霏芳非反惠而好我攜手同歸歸有德也其虛其邪既亟只且

莫赤匪狐莫黑匪烏狐赤烏黑莫能別也箋云赤則狐也黑則烏也猶今君臣相承爲惡如一。別彼列反〔疏〕莫赤至匪烏。正義曰衛之百性疾其時政以狐之類皆赤烏之類皆黑人莫能分別赤以爲非狐者莫能分別黑以爲非烏者由狐赤烏黑其類相似人莫能別其同異以興今君臣爲惡如一似狐烏相類人以莫能別其同異言君惡之極臣又同之已所以攜持而去之。傳狐赤至能別。正義曰狐色皆赤烏色皆黑以喻衛之君臣皆惡也人於赤狐之羣莫能別其赤而非狐者言皆是狐於黑烏之羣莫能別其黑而非烏者言皆是烏以喻於衛君臣莫能別其非惡者言皆爲惡故箋云猶今之君臣相承爲惡如一也故序云並爲威虐經云莫赤莫黑摠辭故知並刺君臣以上下皆惡故云相承也惠而好我攜手同車攜手就車其虛其邪既亟只且

北風三章章六句

靜女刺時也衛君無道夫人無德以君及夫人無道德故陳靜女遺我以彤管之法德如是可以易之爲人君之配。遺唯季反下同〔疏〕靜女三章章四句至無德。正義曰道德一也異其文耳經三章皆是陳靜女之美欲以易今夫人也庶輔贊於君使之有道也此直思得靜女以易夫人非謂陳古也故經云俟我貽我皆非陳古之辭也

靜女其姝俟我於城隅靜貞靜也女德貞靜而有法度乃可說也姝美色也俟待也城隅以言高而不可踰箋云女德貞靜然後可畜美色然後可安又能服從待禮而動自防如城隅故可愛之。姝赤朱反說文作姝云好也說音悅篇末注同愛而不見搔首踟躕言志往而行正箋云志往謂踟躕行正謂愛之而不往見。搔蘇刀反踟直知反躕直誅反〔疏〕靜女至踟躕。正義曰言有貞靜之女其美色姝然又能服從君子待禮而後動自防如城隅然高而不可踰有德如是故我愛之欲爲人君之配心既愛之而不得見故搔其首而踟躕然。傳女德至可踰。正義曰言靜女女德貞靜也俟我於城隅是有法度也女德如是乃可悅愛故下云愛而不見是也姝變皆連靜女靜既爲德故姝爲美色也東方之日傳姝者初昏之貌以彼論初昏之事亦是美色故箋云姝姝然美好之子干旄傳曰姝順貌以賢者告之善道不以色故爲順亦謂色美之順也城隅高於常處以喻女之自防深故周禮王城高七雉隅九雉是高於常處也。女德至可愛。正義曰箋解本舉女靜德與美色之意言女德貞靜然後可保畜也有美色然後可安以爲匹也故德色俱言之據女爲

說故云服從待禮謂待君子媒妁聘好之禮然後乃動不爲淫泆是其自防如城隅故可愛也**靜女其孌，貽我彤管**既有靜德又有美色又能遺我以古人之法可以配人君也古者后夫人必有女史彤管之法史不記過其罪殺之后妃羣妾以禮御於君所女史書其日月授之以環以進退之生子月辰則以金環退之當御者以銀環進之著于左手既御著于右手事無大小記以成法箋云彤管筆赤管也。貽本又作詒音怡遺也下同下句協韻亦音以志反彤徒冬反彤赤也管筆管著知略反又直略反下同**彤管有煒，說懌女美**煒赤貌彤管以赤心正人也箋云說懌當作說釋赤管煒煒然女史以之說釋妃妾之德美之。煒于鬼反說本又作悅毛王上音悅下音亦鄭說音始悅反懌作釋始亦反【疏】靜女至女美。毛以爲言有貞靜之女其色孌然而美又遺我以彤管之法不違女史所書之事成其妃妾之美我欲易之以爲人君之妃此女史彤管能成靜女之德故嘉善此彤管之狀有煒煒然而喜樂其能成女德之美因靜女能循彤管之法故又悅美彤管之能成靜女王肅云嘉彤管之煒煒然喜樂其成女美也。鄭唯說釋女美爲異以上句既言遺我彤管之法故說彤管以有法由女史執之以

筆陳說而釋此妃妾之德美有進退之法而靜女不違是遺我彤管之法也。傳既有至人君。正義曰既有靜德謂靜女也又有美色謂其孌也遺我以古人之法即貽我彤管也。傳古者至成法。正義曰傳以經云貽我彤管是女史之事故具言女史之法也周禮女史八人注云女史女奴曉書者其職云掌王后之禮職掌內治之貳以詔后治內政逆內宮書內令凡后之事以禮從夫人女史亦如之故此總云后夫人必有女史彤管之法也女史若有不記妃妾之過其罪則殺之謂殺此女史凡后妃羣妾以禮次序御於君所之時使女史書其日月使知某日某當御某日當次某也授之以環以進退之者即下句是也生子月辰謂將生子之月故內則妻將生子及月辰居側室是也此以月辰將產爲文實有娠即宜退之故生民箋云於是遂有身而肅戒不復御是也內則月辰所居側室者爲將產異其處非謂始不御也當御以銀環進之著於左手既御乃著於右手金環不言著略之此妃妾進御煩碎之事而令女史書之者事無大小記以成法也此是女史之法靜女遺我者謂遺我不違女史之法使妃妾德美也此似有成文未聞所出定本集注云女吏皆作女史。傳彤管以赤心正人。正義曰必以赤者欲使女史以赤心正人謂赤心事夫人而正妃妾之次序也。箋說懌

至美之。正義曰以女史執此赤管而書記妃妾進退日月所次序使不違失宜爲書說而陳釋之成此妃妾之德美故美之也**自牧歸荑，洵美且異**牧田官也荑茅之始生也本之於荑取其有始有終箋云洵信也茅絜白之物也自牧田歸荑其信美而異者可以供祭祀猶貞女在窈窕之處媒氏達之可以配人君。牧州牧之牧徐音目荑徒兮反洵本亦作詢音荀共音恭窈烏了反窕徒了反處昌慮反**匪女之爲美，美人之貽**非爲荑徒說美色而已美其人能遺我法則箋云遺我者遺我以賢妃也。爲于僞反注同或如字【疏】自牧至之貽。毛以爲詩人既愛靜女而不能見思有人歸之言我欲令有人自牧田之所歸我以茅荑信美好而且又異者我則供之以爲祭祀之用進之於君以與我願有人自深宮之所歸我以貞信之女信美好而又異者我則進之爲人君之妃又言我所用此女爲人君之妃者由此女之美我非徒悅其美色又美此女人之能遺我彤管之法故欲易之以配人君。鄭唯下二句爲異言若有人能遺我貞靜之女我則非此女之爲美言不美此女乃美此人之遺於我者愛而不見冀於得之故有人遺之則美其所遺之人也。傳荑茅至有終。正義曰傳以茅則可以供祭祀

之用荑者茅之始生未可供用而本之於荑者欲取興女有始有終故舉茅生之名也言始爲荑終爲茅可以供祭祀以喻始爲女能貞靜終爲婦有法則可以配人君。箋茅絜至人君。正義曰箋解以茅喻之意以茅絜白之物信美而異於衆草故可以供祭祀喻靜女有德異於衆女可以配人君故言洵美且異也言供祭祀之用者祭祀之時以茅縮酒左傳曰爾貢包茅不入王祭不供無以縮酒是也定本集注云信美而異者。箋遺我至賢妃。正義曰箋以上自牧歸荑欲人貽己以美女此言非女之爲美美人之貽則非美其女美貽己之人也故易之以爲遺我以賢妃也

靜女三章章四句

新臺刺衛宣公也納伋之妻作新臺于河上而要之國人惡之而作是詩也伋宣公之世子。新臺脩舊曰新爾雅云四方而高曰臺孔安國云之高曰臺伋音急宣公世子名要於遙反惡烏路反【疏】新臺三章章四句至是詩。正義曰此詩伋妻蓋自齊始來未至於衛而公聞其美恐不從己故使人於河上爲新臺待其至於河而因臺所以要之耳若已

至國則不須河上要之矣**新臺有泚河水瀰瀰**泚鮮明貌瀰瀰盛貌水所以絜汙穢反于河上而爲淫昬之行○泚音此徐又七禮反鮮明貌說文作玼云新色鮮也瀰莫爾反徐又莫啟反水盛也說文云水滿也汙音烏行下孟反篇註同**燕婉之求籧篨不鮮**燕安婉順也籧篨不能俯者箋云鮮善也伋之妻齊女來嫁於衛其心本求燕婉之人謂伋也反得籧篨不善謂宣公也籧篨口柔常觀人顏色而爲之辭故不能俯也○燕於典反又於見反安也婉迂阮反徐於管反籧音渠篨音儲鮮斯踐反王少也依鄭又音仙○

【疏】新臺至不鮮○毛以爲衛人惡公納伋之妻故言所要之處云公新作高臺有泚然鮮明在於河水瀰瀰之處而要齊女以爲淫昬也水者所以絜汙穢反於河上作臺而爲淫昬之行是失其所也又言齊女來嫁本燕婉之人是求欲以配伋乃今爲所要反得行籧篨佞媚之行不少者之宣公是非所求也○鄭唯不鮮爲異○傳此鮮至之行○正義曰此與下傳互也臺泚言鮮明下言高峻見臺體高峻而其狀鮮明也河瀰言盛貌下言平地見河在平地而波流盛也以公作臺要齊女故須言臺又言河水者表作臺之處也言水流之盛者言水之盛流當以絜汙穢而公反於其上爲淫

昬故惡之也○傳籧篨不能俯者○正義曰籧篨戚施本人疾之名故晉語云籧篨不可使俯戚施不可使仰是也但人口柔者必仰面觀人之顏色而爲辭似籧篨不能俯之人因名口柔者爲籧篨面柔者必低首下人媚以容色似戚施之人因名面柔者爲戚施故箋云籧篨口柔常觀人顏色而爲之辭故不能俯戚施面柔下人以色故不能仰也時宣公爲此二者故惡而比之非宣公實有二病故箋申傳意以爲口柔面柔也籧篨口柔戚施面柔釋訓文李巡曰籧篨巧言好辭以口饒人是謂口柔戚施和顏悅色以誘人是謂面柔也**新臺有洒河水浼浼**洒高峻也浼浼平地也○洒七罪反韓詩作漼音同云鮮貌浼每罪反韓詩作浘浘音尾云盛貌**燕婉之求籧篨不殄**殄絕也箋云殄當作腆腆善也殄毛徒典反鄭改作腆吐典反

【疏】傳殄絕○正義曰釋詁文言齊女反得籧篨之行而不絕者謂行之不止常然推此則首章鮮爲少傳不言耳故王肅亦爲少也○殄當作腆腆善○正義曰箋云籧篨口柔當不能俯言少與不絕非類也故以上章鮮爲善讀此殄爲腆腆與殄古今字之異故儀禮注云腆古文字作殄是也**魚網之設鴻則離之**言所得非所求也箋云設魚網者宜得魚鴻乃鳥也反離焉猶齊女以禮來求世子而得宣公**燕婉之求得此戚施**戚施不能仰者箋云戚施面柔下人以色故不能仰也○戚千歷反下遲嫁反

新臺三章章四句

二子乘舟思伋壽也衛宣公之二子爭相爲死國人傷而思之作是詩也○爲于僞反

【疏】二子乘舟二章章四句至是詩○正義曰作二子乘舟詩者思伋壽也衛宣公之二子伋與壽爭相爲死故國人哀傷而思念之而作是二子乘舟之詩也二子爭相爲死卽首章二句是也國人傷而思之下二句是也

二子乘舟汎汎其景二子伋壽也宣公爲伋取於齊女而美公奪之生壽及朔朔與其母愬伋於公公令伋之齊使賊先待於隘而殺之壽知之以告伋使去之伋曰君命也不可以逃壽竊其節而先往賊殺之伋至曰君命殺我壽有何罪賊又殺之國人傷其涉危遂往如乘舟而無所薄汎汎然迅疾而不礙也○汎芳劒反景如字或音影愬蘇路反令力征反隘於賣反駛疾所吏反本或無駛字一本作迅疾**願言思子中心養養**願每也養養然憂不知所定箋云願念也念我思此二子心爲之憂養養然

【疏】二子至養養○毛以爲二子伋壽爭相爲死赴死似歸不顧其生如乘舟之無所薄觀之汎汎然見其影之去往而不礙猶二子爭死遂往而亦不礙也故我國人傷之每有所言思此二子則中心爲之憂養養然不知所定○鄭唯以願言思子爲念我思此二子爲異○傳二子至不礙○正義曰以序云思伋壽故知二子伋壽也傳因言二子爭死之由其言與桓十六年左傳小異大同也此言愬伋於公傳言構伋子服虔云構會其過惡亦是愬之也此言先待於隘傳言使盜待諸莘服虔云莘衛東地則莘與隘一處也此言君命不可逃也壽竊其節而先往傳言壽子告之使行不可曰棄父之命惡用子矣有無父之國則可也及行飲以酒壽子載其旌以先此文不足亦當如傳飲以酒也旌節不同蓋載旌旗以爲節信也衛世家所說與左傳略同云壽盜其白旄而先言白旄者或以白旄爲旌節也言國人傷其涉危遂往者解經以乘舟爲喻之意以二子遂往不愛其死如乘舟無所薄汎汎然迅疾而不礙無所薄猶涉危也謂涉渡危難而取死下言其影以其影謂舟影觀其去而見其影義取其遂往

不還故卒章云其逝傳曰逝往謂舟汎汎然其形往影形可見故言往也 二子乘舟汎汎其逝逝往也 願言思子不瑕有害言二子之不遠害箋云瑕猶過也我思念此二子之事於行無過差有何不可而不去也。害毛如字鄭音曷何也遠于萬反 疏 二子至有害。正義曰下二句毛鄭別。箋我念至不去。正義曰此國人思念之至故追言其本何爲不去而取死深閔之之辭也

二子乘舟二章章四句

邶國十九篇七十一章三百六十三句

附釋音毛詩注疏卷第二（二之三）

翰林院編修南昌黃中模栞

毛詩注疏校勘記（二之三）　阮元撰盧宣旬摘錄

○簡兮

仕於伶官　小字本同閩本明監本毛本同唐石經伶作泠相臺本同案釋文云泠官音零字從水樂官也字亦作伶正義標起止云箋伶官至伶官其上下文伶字盡同此箋言泠氏世掌樂官正義引伶倫氏伶州鳩以爲說考左昭二十年泠州鳩釋文云泠字亦作伶漢書志泠綸及人表泠淪又呂覽同皆用從水字廣韻泠又姓此序及箋當本作泠其作伶者俗字耳正義本當是泠字或後人改之也五經文字云泠樂官或作伶訛亦其證

伶人告縣　閩本明監本毛本同案浦鏜云和誤縣考國語是也

萬舞干羽也　閩本明監本毛本同小字本相臺本羽作舞考文古本同案羽字誤也以干羽爲萬舞是毛義萬舞爲干舞籥舞爲羽舞鄭所易也正義有明文又標起止云箋簡擇至干舞亦可證不知者乃順上傳改此箋耳

可以御亂　小字本相臺本同案正義云御治也謂有侵伐爲異本當有誤也今無可考意必求之或定本御非禦

渥厚漬也　小字本相臺本同案此正義本也云定本渥厚也無漬字考釋文渥下云厚也亦無漬字故下不爲漬字作音釋文本與定本同也

祭有畀輝胞翟閽寺者　閩本明監本毛本韗誤煇案序下正義兩韗字可證依此正義本傳當作韗字釋文云煇字亦作韗者是也其引祭統乃順彼文作煇耳

其子小似柿子　閩本明監本毛本同案浦鏜云橡誤柿是也。按一本作似杼子杼即狙公賦芧字之或體非機杼也杼譌而爲柿耳芧即橡也

○泉水

思之至也　小字本相臺本同案正義云雖非禮而思之至極也君子善其思故錄之也定本作思字如其

所言非爲異本當有誤也釋文云一本思作恩或定本如此但未有明文明監本毛本作定本作恩字用釋文改耳

以之衞女思歸 補 毛本之作此

無日不思也 小字本相臺本同閩本明監本毛本無上衍我字十行本初刻無後剜添考正義云故我有所至念於衞無一日而不思念之也是箋本無我字剜添者非也

然則軷山行道之名也 閩本明監本毛本同案浦鏜云道衍字以聘禮注考之是也

士喪禮有毀宗躐行 閩本明監本毛本同案浦鏜云士衍字以聘禮記注考之是也

我還車疾於衞而返 小字本同相臺本疾下有至字閩本明監本毛本同十行本初刻無後剜添案無者是也此箋而返二字卽申傳至字之意若疾下有至字則而返二字無所施矣相臺本非也

○北門

刺仕不得志也 唐石經小字本相臺本同案正義云不知士有才能又云言士者有德行之稱其仕爲官尊卑不明也是正義本仕當作士字

出自至何出哉 補 案經文出哉出字衍

摧沮也 小字本相臺本同案正義云則乖沮己志定本集注皆云摧沮也標起止云傳摧沮如其所言非爲異本當有誤也今無可考意必求之或定本集注作摧阻也

故以爲摧爲刺譏己也 閩本明監本毛本同案浦鏜云爲摧當摧我誤是也

○北風

虛虛也 小字本相臺本同案此釋文本也釋文云虛虛也一本作虛徐也正義云但傳質詁訓疊經文耳非訓虛爲徐是正義本當是虛徐也與釋文一本同標起止云傳虛虛或合併經注正義時所改也段玉裁云經文作邪鄭始易爲徐毛意虛邪如管子之志無虛邪耳虛虛也者謂此上虛字卽空虛字也正義本非○按古之訓詁有此一例如易大傳比者比也剝者剝也蒙者蒙也說文亦云已者已也經傳不可枚數或疑毛傳內無此因舉要之襋之傳曰要襋也毛公時安得有襋字襋本作要謂此要非人要領之要乃衣裳之要也正與此虛虛也一例古者虛本訓丘虛因之訓空虛襍其義之不可定也故釋之曰此丘虛字其義則空虛也如易蒙者蒙也謂此蒙艸名之字其義則訓蒙覆也

○靜女

言志往而行正 小字本同閩本明監本毛本亦同相臺本正作止考文古本同案正字是也終風箋云正猶止也言正足包止義不必與往字對文相臺本非也

定本集注云女吏皆作女史 閩本明監本毛本同案此云字當衍

其信美而異者 小字本相臺本同案正義說箋云信美而異於衆草又云定本集注云信美而異者是正義本不與定本集注同也但未有明文今無可考考文一本美作善未見所出

非爲荑徒說美色而已 小字本相臺本荑作其閩本明監本毛本亦同案其者其經女字也唯十行本作荑是誤字

○新臺

之高曰臺 補 毛本之作上非也當是土字之譌

○二子乘舟

汎汎然迅疾而不礙也 小字本相臺本同案正義云汎汎然迅疾而不礙釋文云駛疾所吏反本或無駛字一本作迅疾正義本與一本同

見其影之去往而不礙 閩本明監本毛本同案經作景正義作影景影古今字易而說之也例見前餘同此

不瑕有害 小字本相臺本同唐石經初刻遐後改瑕案初刻非也此經瑕字毛遠也以瑕爲遐之假借鄭則如字讀之故易爲過也泉水經同其釋文可證也汝墳天保南山有臺等經用遐字卽不畫一之例 止

附釋音毛詩注疏卷第三 三之一

鄘柏舟詁訓傳第四。陸曰鄘音容鄭云紂都以南曰鄘王云王城以西曰鄘也

毛詩國風　鄭氏箋　孔穎達疏

柏舟共姜自誓也衛世子共伯蚤死其妻守義父母欲奪而嫁之誓而弗許故作是詩以絶之 共伯僖侯之世子。共音恭下同姜居羊反共姜共伯之妻也婦人從夫謚姜姓也蚤音早僖許其反史記作釐曹大家音僖

疏 柏舟二章章七句至以絶之。正義曰作柏舟詩者言其共姜自誓也所以自誓者衛世子共伯蚤死其妻共姜守義不嫁其父母欲奪其意而嫁之故與父母誓而不許更嫁故作是柏舟之詩以絶止父母奪已之意此誓云已至死無他心與鄭伯誓母云不及黃泉無相見皆豫爲來事之約卽盟之類也言衛世子者依世家共伯之死時釐侯已葬入釐侯羨自殺則未成君故繫之父在之辭言世子以別於衆子曾子問曰君薨而世子生之類也春秋公羊之說云存稱世子君薨稱子某既葬稱子左氏之義既葬稱君與此不同此詩便文說事非史策屬辭之例也言共伯者共謚伯字以未成君故不稱爵言早死者謂早死不得爲君不必年幼也世家武公和篡共伯而立五十五年卒楚語曰昔衛武公年九十有五矣猶箴儆于國則未必有死年九十五以後也則武公卽位四十一二以上共伯是其兄則又長矣其妻蓋少猶可以嫁喪服傳曰夫死妻穉子幼子無大功之親妻得與之適人是於禮得嫁但不如不嫁爲善故云守義禮記云一與之齊終身不改故夫死不嫁是夫妻之義也此敘其自誓之由也自誓卽下云至死矢靡他是也但上四句見已所以不嫁之由下二句乃追恨父母奪已之意。箋共伯僖侯之世子。正義曰史記僖字皆作釐列女傳曰曹大家云釐音僖則古今字異而音同也

汎彼柏舟在彼中河 興也中河河中 箋云舟在河中猶婦人之在夫家是其常處。汎芳劒反處昌慮反

髧彼兩髦實維我儀 髧兩髦之貌髦者髮至眉子事父母之飾儀匹也箋云兩髦之人謂共伯也實是我之匹故我不嫁也禮世子昧爽而朝亦櫛纚笄總拂髦冠緌纓。髧本又作优徒坎反髦音毛說文作髳音同禮子生三月翦髮爲鬌長大作髦以象之鬌音丁果反昧莫背反朝直遥反櫛側乙反纚色買反又色綺反總子孔反緌汝誰反

之死矢靡它 矢誓靡無之至也至已之死信無它心。它音他

母也天只不諒人只 諒信也母也天也尚不信我天謂父也。只音紙亮本亦作諒力尚反。

疏 汎彼至人只。正義曰言汎汎然者彼柏木之舟在彼中河是其常處以興婦人在夫家亦是其常處今我既在夫家矣又髧然著彼兩髦之人共伯實維是我之匹耦言其同德齊意矣其人雖死我終不嫁而父母欲奪已志故與之誓言已至死誓無變嫁之心母也父也何謂尚不信我也而欲嫁我哉。傳髦者至之飾。正義曰既夕禮云既殯主人脫髦注云兒生三月翦髮爲鬌男角女羈否則男左女右長大猶爲之飾存之謂之髦所以順父母幼小之心至此尸柩不見喪無飾可以去之髦之形象未聞內則注云髦者用髮爲之象幼時鬌其制未聞鬌至眉亦無文故鄭云其制未聞內則云子事父母總拂髦是子事父母之飾也言兩者以象幼時鬌則知鬌以挾囟故兩髦也喪大記云小斂主人脫髦注云士既殯而脫髦此云小斂蓋諸侯禮也士之既殯諸侯之小斂於死者俱三日也則脫髦諸侯小斂而脫之此共伯之死時僖侯已葬去髦久矣仍云兩髦者追本父母在之飾故箋引世子昧爽而朝明君在時事也髦者事父母之飾也若父母有先死者於死三日脫之服闋又著之若二親並沒則因去之矣玉藻云親沒不髦是也。箋兩髦至緌纓。正義曰以共伯已死不忍斥言故以兩髦言之也世子昧爽平旦而朝君初亦如是櫛髦乃櫛纚笄內則注云纚所以韜髮者也笄今之簪則著纚乃以簪約之又著總又拂髦而著之故內則注云拂髦振去塵而著之既著髦乃加冠又著緌纓然後朝君也禮世子之記曰朝夕至于寢門外朝卽昧爽也又內則云由命士以上父子皆異宮昧爽而朝世子亦是命士以上故知昧爽也文王之爲世子雞初鳴而衣服至於寢門外者鄭玄云文王之爲世子也非禮之制故不與常世子同也內則云子事父母雞初鳴端韠紳注云端玄端士服也庶人以深衣然則命士以下亦於雞鳴之時朝者命士以下當勉力從事因早起而適父母之所不主爲朝也異宮者則敬多故內則注云異宮崇敬是也但文王之爲世子加隆焉故雞初鳴而至寢門耳內則云子事父母雞初鳴咸盥漱櫛纚笄總拂髦冠緌纓端韠紳搢笏謂命士以上父子異宮昧爽而朝更不言衣服之異則纚笄以下同故云亦櫛纚笄總拂髦冠緌纓也禮記文王世子云親疾世子親齊玄冠而養蓋亦衣不端矣不并引端韠紳搢笏者以證經之兩髦故盡首服而已

士冠禮曰皮弁笄爵弁笄注云有笄者屈組爲紘無笄者纓而結其絛然則此冠言緌纓則無笄矣上言纚笄者爲纚而著笄也問喪曰親始死雞斯注云雞斯當爲笄纚是著纚必須笄也。傳天謂父。正義曰序云父母欲奪而嫁之故知天謂父也先母後天者取其韻句耳

汎彼柏舟在彼河側髧彼兩髦實維我特特匹也。特如字韓詩作直云相當值也**之死矢靡慝**慝邪也。慝他得反邪似嗟反**母也天只不諒人只**

柏舟二章章七句

牆有茨衞人刺其上也公子頑通乎君母國人疾之而不可道也宣公卒惠公幼其庶兄頑烝於惠公之母生子五人齊子戴公文公宋桓夫人許穆夫人。牆在良反茨徐資反頑五鰥反宣公庶子昭伯名也烝之升反載馳序注同〔疏〕牆有茨三章章六句至不可道。正義曰此注刺君故以宣姜繫於君謂之君母鶉之奔奔則主刺宣姜與頑亦所以惡公之不防閑詩人主意異也。箋宣公至夫人。正義曰左傳閔二年曰初惠公之即位也少齊人使昭伯烝於宣姜不可強之生齊子戴公文公宋桓夫人許穆夫人服虔云昭伯衞宣公之長庶伋之兄宣姜宣公夫人惠公之母是其事也

牆有茨不可埽也興也牆所以防非常茨蒺藜也欲埽去之反傷牆也箋云國君以禮防制一國今其宮內有淫昏之行者猶牆之生蒺藜。蒺音疾藜音梨去起呂反下同行下孟反**中冓之言不可道也**中冓內冓也箋云內冓之言謂宮中所冓成頑與夫人淫昏之語。冓本又作遘古候反韓詩云中冓中夜謂淫僻之言也**所可道也言之醜也**於君醜也。〔疏〕牆有至醜也。正義曰言人以牆防禁一家之非常今上有蒺藜之草不可埽而去之欲埽去之反傷牆而毀家以興國君以禮防制一國之非法今宮中有淫昏之行不可滅而除之欲除而滅之反違禮而害國夫人既淫昏矣宮中所冓成此頑與夫人淫昏之語其惡不可道所可道言之於君醜也君本何以不防閑其母至令有此淫昏。傳中冓內冓箋內冓至之語。正義曰媒氏云凡男女之陰訟聽之于勝國之社注云陰訟爭中冓之事以觸法者勝國亡國也亡國之社掩其上而棧其下使無所通就之以聽陰訟之情明不當宣露卽引此詩以證之是其冓合淫昏之事其惡不可道也。

牆有茨不可襄也襄除也**中冓之言不可詳也**詳審也。詳如字韓詩作揚揚猶道也**所可詳也言之長也**長惡長也**牆有茨不可束也**束而去之**中冓之言不可讀也**讀抽也箋云抽猶出也。〔疏〕傳讀抽箋抽猶出。正義曰上云不可詳則此爲讀誦於義亦通必以爲抽者以讀誦非宣露之義傳訓爲抽箋申抽爲出也**所可讀也言之辱也**辱辱君也

牆有茨三章章六句

君子偕老刺衞夫人也夫人淫亂失事君子之道故陳人君之德服飾之盛宜與君子偕老也夫人宣公夫人惠公之母也人君小君也或者小字誤作人耳。偕音皆〔疏〕君子偕老三章首章七句二章九句卒章八句至偕老。正義曰作君子偕老詩者刺衞夫人也以夫人淫亂失事君子之道也毛以爲由夫人失事君子之道故陳別有小君內有貞順之德外有服飾之盛德稱其服宜與君子偕老者刺今夫人有淫佚之行不能與君子偕老偕老者謂能守義貞絜以事君子君子雖死志行不變與君子俱至於老也經陳行步之容髮膚之貌言德美盛飾之事能與君子偕老者乃然故發首言君子偕老以爲一篇之揔目序則反之見內有其德外稱其服然後能與君子偕老各自爲勢所以倒也鄭以爲由夫人失事君子之道故陳此夫人既有舉動之德服飾之盛宜應與君子俱至於老反爲淫佚之行而不能與君子偕老故刺之此人君之德謂宣姜服飾之盛行止有儀不謂內有其德也。箋夫人至誤作人。正義曰以上篇公子頑通乎君母母是宣姜故知此亦爲宣公夫人惠公之母也以言刺夫人故知人君爲小君以夫妻一體婦人從夫之爵故同名曰人君碩人傳曰人君以朱纏鑣亦謂夫人也夫人雖理得稱人君而經傳無謂夫人爲人君者故箋疑之云或者小字誤作人耳俗本亦有無此一句者定本有之

君子偕老副笄六珈能與君子俱老乃宜居尊位服盛服也副者后夫人之首飾編髮爲之笄衡笄也珈笄飾之最盛者所以別尊卑箋

云珈之言加也副既笄而加飾如今步搖上飾古之制所有未聞○副芳富反珈音加編蒲典反或必術反別彼列反搖餘昭反 **委委佗佗如山如河** 委委者行可委曲蹤迹也佗佗者德平易也山無不容河無不潤○委於危反注同佗待何反註同韓詩云德之美貌行下孟反舊如字委曲如字易以豉反 **象服是宜** 象服尊者所以爲飾箋云象服者謂揄翟闕翟也人君之象服則舜所云予欲觀古人之象日月星辰之屬○揄音遙字又作褕狄本亦作翟王后第二服曰褕狄闕古亂反又音官○ **子之不淑云如之何** 有子若是何謂不善乎箋云子乃服飾如是而爲不善之行於禮當如之何深疾之○行下孟反又下同

〔疏〕君子至之何○毛以爲言夫人能與君子俱至於老者首服副飾而著衡笄以六珈玉爲之飾既服此服其行委委然行可委曲佗佗然其德平易如山之無不容如河之無不潤德能如是以象骨飾服而著之是爲得宜此子之德與服相稱以此可謂不善云如之何乎言其宜善也今之夫人何以不善而爲淫亂不能與君子偕老乎○鄭以爲言此夫人宜與君子偕老何者今夫人既有首服副笄而著六珈又能委委佗佗如山如河象服褕翟闕翟得其宜服飾如是宜爲善以配君子今子之反爲不善之行欲云如之何乎深疾之○傳能與至尊卑○正義曰副者祭服之首飾追師掌王后之首服爲副編次註云副之言覆所以覆首爲之飾其遺象若今之步搖矣服之以從王祭祀編編列髮爲之其遺象若今假紒矣服之以告桑也次次第髮長短所謂髲髢服之以見王是也言編若今假紒者編列他髮爲之假作紒形加於首上次者亦鬄他髮與已髮相合爲紒故云所謂髲鬄是編次所以異也以此笄連副則爲副之飾是衡笄也故追師又云追衡笄註云王后之衡笄皆以玉爲之唯祭服有衡笄垂于副之兩傍當耳其下以紞懸瑱是也編次則無衡笄言珈者以玉珈於笄爲飾后夫人首服之尤尊故云珈笄飾之最盛者此副及衡笄與珈飾唯后夫人有之卿大夫以下則無故云所以別尊卑也○箋珈之至未聞○正義曰以珈字從玉則珈爲笄飾謂之珈者珈之言加由副既笄而加此飾故謂之珈如漢之步搖之上飾也步搖副之遺象故可以相類也古今之制不必盡同故言古之制所有未聞以言六珈必飾之有六但所施不可知據此言六珈則侯伯夫人爲六王后則多少無文也○傳委委至不潤○正義曰傳以陳人君之德而駮宣姜則以爲内有德也釋訓云委委佗佗美也李巡曰寬容之美也孫炎曰委委行之美佗佗長之美郭璞曰皆佳麗美豔之貌傳意陳善以駮宣姜則以爲内實有德其言行可委曲德平易李巡與孫炎略同則委委佗佗皆行步之美以内有其德外形於貌故傳互言之委委者行可委曲佗佗者德平易也由德平易故行可委曲德平易即如山如河是也鄭以論宣姜之身則或與孫郭同爲宣姜自佳麗美豔行步有儀長大而美其舉動之貌如山如河耳無取於容潤也○傳象服至爲飾○正義曰以下傳云褕翟羽飾衣則象非畫羽也言服則非揥明以象骨飾服唯尊者爲然故云尊者所以爲飾象骨飾服經傳無文但推此傳其理當然○箋象服至之屬○正義曰箋以經言象服則非首服也以象骨飾服則書傳之所未聞下云其之翟也明此爲褕翟闕翟也翟而言象者象鳥羽而畫之故謂之象以人君之服畫日月星辰謂之象故知畫翟羽亦爲象也故引古人之象以證之皋陶謨云帝曰予欲觀古人之象日月星辰山龍華蟲作會宗彝藻火粉米黼黻絺繡是也自日月至黼黻皆爲象獨言日月星辰者取證象服而已故略之也○傳有子至不善○正義曰傳意舉善以刺惡故反其言以激之可謂不善言其善也

玼兮玼兮其之翟也 玼鮮盛貌褕翟闕翟羽飾衣也箋云侯伯夫人之服自褕翟而下如王后焉○玼音此又且禮反說文云新色鮮也字林云鮮也音同玉篇且禮反云鮮明貌沈云毛及呂忱並作玼解王肅云顏色衣服鮮明貌本或作瑳此是後文瑳兮王肅注好美衣服絜白之貌若與此同不容重出今檢王肅本後不釋不如沈所言也然舊本皆前作玼後作瑳字鮮音仙 **鬒髮如雲不屑髢也** 鬒黑髮也如雲言美長也屑絜也箋云髢髲也不絜者不用髲爲善○鬒真忍反說文云髮稠也服虔註左傳云髮美爲鬒屑蘇節反髢徒帝反髲皮寄反○ **玉之瑱也象之揥也** 瑱塞耳也揥所以摘髮也○瑱吐殿反充耳也揥勑帝反摘也摘他狄反本亦作擿音同本又作擿又作讁並非讁音丁革反擿音直戟反○ **揚且之晳也** 揚眉上廣晳白晳○且七也反徐子餘反下同晳星歷反 **胡然而天也胡然而帝也** 尊之如天審諦如帝箋云胡何也帝五帝也何由然女見尊敬如天帝乎非由衣服之盛顏色之莊與反爲淫昏之行○諦音帝莊如字本又作壯側亮反與音餘

〔疏〕玼兮至如帝○毛以爲夫人能與君子偕老者故宜服此玼兮玼兮其鮮盛之翟衣也又其鬒髮如雲言其美長不用髲而自絜美也又以玉爲之瑱也又以象骨爲之揥也又其眉上揚廣且其面之色又

白晳既服飾如此其德又稱之其見尊敬如天帝何由然見尊敬如天乎由其瑱實如天何由然見尊敬如帝乎由其審諦如帝故能與君子偕老今夫人何故淫亂而不瑱實不審諦使不可尊敬乎○鄭以指擿宣姜今爲淫亂故責之言夫人何由見尊敬如天乎何由見尊敬如帝乎非由衣服之盛顔色之莊與既由衣服顔色以見尊敬何故反爲淫昏之行乎○傳褕翟至飾衣○正義曰傳以翟雉名也今衣名曰翟故謂以羽飾衣猶右手秉翟卽執眞翟羽鄭注周禮三翟皆刻繒爲翟雉之形而彩畫之以爲飾不用眞羽孫毓云自古衣飾山龍華蟲藻火粉米及周禮六服無言以羽飾衣者羽施於旌旗蓋則可施於衣裳則否蓋附人身動則卷舒非可以羽飾故也鄭義爲長○傳鬒黑至美長○正義曰昭二十八年左傳云有仍氏生女鬒黑而甚美光可以鑒名曰玄妻服虔云髮美爲鬒詩云鬒髮如雲其言美長而黑以髮美故名玄妻是鬒爲黑髮也○箋髢髲至爲善○正義曰髢一名髲故云髢髲也說文云髲益髮也言已髮少聚他人髮益之哀十七年左傳曰衛莊公見已氏之妻髮美使髡之以爲呂姜髢是也不絜髢者言婦人髮美不用他髮爲髲而自絜美故云不用髲爲善○傳瑱塞至揥髮○正義曰既夕記云瑱塞耳充耳是也或曰充耳淇奧云充耳琇瑩是也以象骨搔

詩疏三之一　七

首因以爲飾名之揥故云所以摘髮葛屨云佩其象揥是也○傳尊之至如帝○正義曰傳互言之尊之如天明德如天也言審諦如帝則亦尊之如帝故經再云胡然也運斗樞云帝之言諦夫人審諦似帝德故云如帝則如天亦然元命包云天之言瑱則此蓋亦爲瑱取其瑱實也毛不明說天帝同別不可知也二者皆取名以見德也此章論祭服言其德當神明故尊之以比天帝卒章論事君子見賓客之服故以美女言之是以內司服注引詩國風曰玼兮玼兮其之翟也下云胡然而天也胡然而帝也言其德當神明又曰瑳兮瑳兮其之展也下云展如之人兮邦之媛也言其行配君子二者之義與禮合矣鄭雖非舉善駁惡其以類根配與傳同也○箋帝五帝至之行○正義曰天帝名雖別而一體也以此別設其文爲有帝王之嫌故云帝五帝謂五精之帝也春秋文燿鉤曰倉帝其名靈威仰赤帝其名赤熛怒黃帝其名含樞紐白帝其名白招拒黑帝其名汁光紀是也此責夫人之辭故言何由然而見尊敬如天帝乎非由衣服之盛顔色之莊與是覆上以責之此云反爲淫昏之行卒章箋云淫昏亂國者以下經云邦之媛也因有邦文故言亂國○

瑳兮瑳兮其之展也蒙彼縐絺是紲袢也禮有展衣者以丹縠爲衣蒙覆也絺之靡者爲縐是當暑袢延之服也箋云后妃六服之次展衣宜白縐絺之蹙蹙者展衣夏則裏衣縐絺○此以禮見於君及賓客之盛服也展衣字誤禮記作襢衣○瑳七我反說文云玉色鮮白展涉戰反註展衣皆同沈張輦反縐側救反靡也絺紨之反紲息列反袢符袁反縠戶木反延以戰反又如字蹙子六反衣於旣反著也下裏衣同裏如字舊音吏見賢遍反於君子一本無子字襢陟戰反**子之清揚揚且之顔也**清視清明也揚廣揚而顔角豐滿○**展如之人兮邦之媛也**展誠也美女爲媛箋云媛者邦人所依倚以爲援助也疾宣姜有此盛服而以淫昏亂國故云然○媛于眷反韓詩作援援取也倚於綺反○**疏**瑳兮至媛也○毛以爲言夫人能與君子偕老者故服此瑳兮瑳兮其鮮盛之展衣以覆彼縐絺之上縐絺是當暑紲去袢延烝熱之服也子之夫人非直服飾之盛又且視清明而眉上平廣且顔角豐滿而德以稱之誠如是德服相稱之人宜配君子故爲一國之美女兮今夫人何爲淫亂失事君子之道而不爲美女之行乎○鄭以言宣姜服飾容貌如是故一邦之人依倚以爲媛助何故反爲淫昏之行而亂國乎以傳禮有至之服○正義曰言衣服之內有名展衣者其衣以

詩疏三之一　八

丹縠爲之以文與縐絺相連嫌以絺爲之故辨其所用也絺者以葛爲之精曰絺麤曰綌其精尤細靡者縐也言細而蹙縐故箋申之云縐絺絺之蹙蹙者言是當暑袢延之服者謂縐絺是紲袢之服展衣則非是也紲袢者去熱之名故言袢延之服袢延是熱之氣也此傳言展用丹縠餘五服傳無其說丹縠亦不知所出而孫毓推之以爲褘衣赤褕翟青闕翟黑鞠衣黃展衣赤褖衣黑鞠名與麴同雖毛亦當色黃褖衣與男子之褖衣名同則亦宜黑然則六服遞依方色義或如毓所言以婦人尚華飾赤爲色之著因而右行以爲次故褘衣赤褕翟青闕翟黑次鞠衣鞠衣宜白以爲疑於凶服故越取黃而展衣同赤因西方闕其色故褖衣越青而同黑也二章傳曰褕翟闕翟羽飾衣則褘衣亦羽飾衣褘衣以翬鳥羽褕翟以搖鳥羽闕翟次褕翟則亦用搖羽矣但飾之有闕少耳○箋后妃至襢衣○正義曰箋不同傳故云后妃六服之次展衣宜白言宜者無明文周禮之註差之以爲然也內司服掌王后之六服褘衣褕翟闕翟鞠衣展衣褖衣鄭司農云展衣白鞠衣黃褖衣黑玄謂鞠衣黃桑服也色如麴塵象桑葉始生月令三月薦鞠衣于先帝告桑事也褖者實褖衣也男子之褖衣黑則是亦黑也六服備於此矣以下推次其色則闕翟赤褕翟青褘衣玄是鄭以天地四方之色差次六服

之文以士冠禮爵弁服皮弁服之下有玄端無禄衣中。喪禮爵弁服皮弁服之下有禄衣無玄端則禄衣當玄端玄端當黑則禄亦黑矣以男子之禄衣黑知婦人之禄衣亦黑禄衣上有展衣鄭司農云展衣白上又有鞠衣以色如麴塵故取名焉是鞠衣黄也三服之色以見矣是從下依行運逆而爲次唯三翟之色不明故云以下推次其色闕翟赤褕翟青禕衣玄也又解展衣之裏不恒以絺而云蒙彼縐絺者衣展衣者夏則裏之以縐絺作者因舉時事而言之故云是紲袢也定本云展衣夏則裏衣縐絺俗本多云冬衣展衣蓋誤也又解展衣所用云此以禮見於君及賓客之盛服玉藻云一命襢衣喪大記曰世婦以襢衣是禮記作襢衣也定本云禮記作襢無衣字司服注以展爲聲誤從襢爲正以衣服之字宜從衣故也。傳清視至廣揚。正義曰以目視清明因名爲清故此云清視清明也揚者眉上之美名因名眉目曰揚故猗嗟云美目揚兮傳曰好目揚眉是也既名眉爲揚目爲清明因謂眉之上眉之下皆曰揚目之上目之下皆曰清故上傳曰揚眉上廣此及猗嗟傳云揚廣是眉上爲揚野有蔓草傳曰清揚眉目之間是眉之下爲揚目之上爲清猗嗟傳又曰目下爲清是目之下亦爲清也釋訓云猗嗟名兮目上爲名郭云眉眼之間是目上又爲之名也猗嗟名兮既爲目上

故知美目清兮清爲目下。傳美女爲媛。正義曰釋訓文孫炎曰君子之援助然然則由有美可以援助君子故云美女爲媛箋以爲責非夫人之辭當取援助爲義故云邦人所依倚以爲援助因顏色依爲美女故知邦人依之爲援助是舉其外責其爲内之不稱故說各殊也

君子偕老三章一章七句一章九句一章八句

桑中刺奔也衛之公室淫亂男女相奔至于世族在位相竊妻妾期於幽遠政散民流而不可止

衛之公室淫亂謂宣惠之世男女相奔不待媒氏以禮會之也世族在位取姜氏弋氏庸氏者也竊盜也幽遠謂桑中之野。竊千節反弋羊職反【疏】桑中三章章七句至不可止。正義曰作桑中詩者刺男女淫怨而相奔也由衛之公室淫亂之所化是故又使國中男女相奔不待禮會而行之雖至於世族在位爲官者相竊其妻妾而期於幽遠之處而與之行淫時既如此即政教荒散世俗流移淫亂成風而不可止故刺之也定本云而不可止止下有然字此男女相奔謂民庶男女世族在位者謂今卿大夫世其官族而在職位者相竊妻妾謂私竊而與之淫故云期於幽遠非爲夫婦也此經三章上二句惡衛之淫亂之主下五句言相竊妻妾期我於桑中是期於幽遠此敘其淫亂之由經陳其淫亂之辭言公室淫亂國中男女相奔者見衛之淫風公室所化故經先言衛都淫亂國中男女相奔及世族相竊妻妾俱是相奔之事故序揔云刺奔經陳世族相奔明民庶相奔明矣經言孟姜之等爲世族之妻而兼言妾者以妻尚竊之況於妾乎故連言以協句耳謂之竊者蔽其夫而私相奸若竊盜人物不使其主知之然既上下淫亂有同亡國故序云政散民流而不可止是以樂記曰桑間濮上之音亡國之音也其政散其民流誣上行私而不可止是也。箋衛之至之野。正義曰此惠公之時兼云宣公者以其言由公惑淫亂至於政散民流則由化者遠矣此直言公室淫亂不指其人而宣公亦淫亂故并言之也序言相竊妻妾經陳相思之辭則孟姜之輩與世族爲妻也故知世族在位取姜氏弋氏庸氏矣

爰采唐矣沬之鄉矣

爰於也唐蒙菜名沬衛邑箋云於何采唐必沬之鄉猶言欲爲

淫亂者必之衛之都惡衛爲淫亂之主。沬音妹惡烏路反。

云誰之思美孟姜矣

姜姓也言世族在位有是惡行箋云淫亂之人誰思乎乃思美孟姜孟姜列國之長女而思與淫亂疾世族在位有是惡行也。行下孟反箋同列國之女一本作列國之長女長音丁丈反

期我乎桑中要我乎上宮送我乎淇之上矣

桑中上宮所期之地淇水名也箋云此思孟姜之愛厚已也與我期於桑中而要見我於上宮其送我則於淇水之上。要於遙反注下同淇音其衛水也。【疏】爰采至上矣。正義曰人欲采唐者於何采唐乎必之沬之鄉矣以與人欲淫亂者於何處淫亂乎必之衛之都言沬鄉唐所生衛都淫所主故也又言衛之淫亂甚矣故雖世族在位之人相竊妻妾與之期於幽遠而行淫乃云我誰思乎乃思美好之孟姜與之爲淫亂所以思孟姜者以孟姜愛厚於我與我期往於桑中之野要見我於上宮之地又送我於淇水之上愛厚於我如此故思之也世族在位猶尚如此致使淫風大行民流政散故陳其辭以刺之。傳唐蒙菜名。正義曰釋草云唐蒙女蘿女蘿菟絲舍人曰唐蒙名女蘿女蘿又名菟絲孫炎曰別三名郭璞曰別四名則唐與蒙或并或別

故三四異也以經直言唐而傳言唐蒙也頍弁傳曰女蘿菟絲松蘿也則又名松蘿矣釋草又云蒙王女孫炎曰蒙唐也一名菟絲一名王女則通松蘿王女爲六名。傳沬衞邑。正義曰酒誥註云沬邦紂之都所處也於詩國屬鄘故其風有沬之鄉則沬之北沬之東朝歌也然則沬爲紂都故言沬邦後三分殷畿則紂都屬鄘譜云自紂城而南據其大率故猶云之北之東明紂城北與東猶有屬鄘者今鄘并於衞故言衞邑紂都朝歌明朝歌即沬也。箋於何至之主。正義曰殷武傳曰鄉所也則此沬之鄉以爲沬之所矣沬邑名則采唐不於邑中但摠言於其所耳不斥其方下云之北之東則指其所在采之處矣言衞之都謂國所在也時衞之淫風流行偏於境內獨言都者淫風所行相習成俗公室所在都尤甚焉故舉都爲主國外承化淫亦可知言淫亂主者猶左傳云武王數紂之罪以告諸侯曰紂爲天下逋逃主然言淫在其都而君不禁似若爲之主然故言惡衞爲淫亂之主。箋淫亂至惡行。正義曰知孟姜列國之長女者以衞朝貴族無姓姜者故爲列國列國姜姓齊許申吕之屬不斥其國未知誰國之女也臣無境外之交得取列國女者春秋之世因聘逆妻故得取焉言孟故知長女下孟　孟弋孟庸以孟類之蓋亦列國之長女但當時列國姓庸弋者無文以言之。傳桑中至之地。正義曰經桑中言期上宮言要傳并言所期者見設期而相要一也

爰采麥矣沬之北矣云誰之思美孟弋矣弋姓也。**期我乎桑中要我乎上宮送我乎淇之上矣爰采葑矣沬之東矣**箋云葑蔓菁。○葑孚容反菁音精又子形反。**云誰之思美孟庸矣**庸姓也。**期我乎桑中要我乎上宮送我乎淇之上矣**

桑中三章章七句

詩疏三之一　十一

鶉之奔奔刺衞宣姜也衞人以爲宣姜鶉鵲之不若也刺宣姜者刺其與公子頑爲淫亂行不如禽鳥。○鶉音純鵲鵲鳥鵲鳥南反行下孟反下皆同【疏】鶉之奔奔二章章四句至不若。○正義曰二章皆上二句刺宣姜下二句責公不防閑也頑與宣姜共爲此惡而獨爲刺宣姜者以宣姜衞之小君當母儀一國而與子淫尤爲不可故作者意有所主非謂頑不當刺也今人之無良我以爲兄亦是惡頑之亂

鶉之奔奔鵲之彊彊鶉則奔奔鵲則彊彊然箋云奔奔彊彊言其居有常匹飛則相隨之貌刺宣姜與頑非匹偶。○彊音姜韓詩云奔奔彊彊乘匹之貌。**人之無良我以爲兄**良善也兄謂君之兄箋云人之行無一善者我君反以爲兄君謂惠公。○【疏】鶉之至爲兄。○正義曰言鶉則鶉自相隨奔奔然鵲則鵲自相隨彊彊然各有常匹不亂其類今宣姜爲母頑則爲子而與之淫亂失其常匹曾鶉鵲之不如矣又惡頑言人行無一善者我君反以爲兄而不禁之也惡頑而責惠公之辭。○箋奔奔至匹耦。正義曰序云鶉鵲之不若則以奔奔彊彊爲相匹之善故爲居有常匹定本集註皆云居有常匹則爲俱者誤也表記引此證君命逆則臣有逆命故註云彊彊奔奔爭鬬惡貌也

鵲之彊彊鶉之奔奔人之無良我以爲君君國小君箋云小君謂宣姜。○【疏】傳君國小君。○正義曰夫人對君稱小君以夫妻一體言之亦得曰君襄九年左傳筮穆姜曰君其出乎是也

鶉之奔奔二章章四句

定之方中美衞文公也衞爲狄所滅東徙渡河野處漕邑齊桓公攘戎狄而封之文公徙居楚丘始建城市而營宮室得其時制百姓說之國家殷富焉春秋閔公二年冬狄人入衞衞懿公及狄人戰于熒澤而敗宋桓公迎衞之遺民渡河立戴公以廬於漕戴公立一年而卒魯僖公二年齊桓公城楚丘而封衞於是文公立而建國焉。○定丁佞反下同定星名爾雅云營室謂之定孫炎云定正也衞爲狄所滅一本作狄人本或作衞懿公爲狄所滅非也漕音曹攘如羊反說音悅熒迥丁反廬力居反【疏】定之方中三章章七句至富焉。○正義曰作定之方中詩者美衞文公也衞國爲狄人所滅君爲狄人所殺城爲狄人所入其有遺餘之民東徙渡河暴露野次處於漕邑齊桓公攘去戎狄而更封之立文公焉文公乃徙居楚丘之邑始建城使民得安處始建市使民得交易而營造宮室既得其時節又得其制度百姓喜而悅之

詩疏三之一　十二

民既富饒，官亦充足，致使國家殷實而富盛焉。故百姓所以美之。言封者，衞國已滅，非謂其有，若新造之然，故云封也。言徙居楚丘，即二章升墟望楚，卜吉終臧是也。而營宫室者，而首章作于楚宫，作于楚室，是營宫室也。建成市，經無其事，因徙居而始築城立市，故連言之。毛則定之方中，揆之以日，皆爲得其制，既得其制，則得時可知。鄭則定之方中，得其時；揆之以日，爲得其制。既營室得其時，樹木爲豫備，雨止而命駕，辭說于桑田，故百姓說之。匪直也人，秉心塞淵，是悅之辭也。國家殷富，則騋牝三千是也。序先言徙居楚丘者，先言所徙之處，乃於其處而營宫室，爲事之次。而經主美宫室得其時制，乃追本將徙觀望之事，故與序倒也。國家殷富在文公末年，故左傳曰「元年革車三十乘，季年乃三百乘」，明其騋牝三千亦末年之事也。此詩蓋末年始作，或卒後爲之。○箋「春秋」至「國焉」。○正義曰：此序揔說衞事，故直云城衞，不必斥懿公。載馳見懿公死而戴公立，夫人之唁戴公時，故言懿公爲狄人所滅，實滅也。而木瓜序云「衞國有狄人之敗」者，敗、滅一也。但此見文公滅而復興，載馳見國滅而唁，見故言滅。木瓜見國敗而救之，故言敗，是文勢之便也。閔二年左傳曰：「狄人侵衞，衞懿公好鶴，鶴有乘軒者。將戰，國人受甲者皆曰：『使鶴，鶴實有禄位，余焉能戰？』公與石祈子玦，與甯莊子矢，使守，曰：『以此贊國，擇利而爲之。』與夫人繡衣，曰：『聽於二子。』渠孔御戎，子伯爲右，黄夷前驅，孔嬰齊殿。及狄人戰于熒澤，衞師敗績，遂滅衞。」是爲狄所滅之事。傳言滅，經書入者，賈逵云：「不與夷狄得志於中國。」杜預云：「君死國散，經不書滅者，狄不能赴，衞之君臣皆盡，無復文告，齊桓爲之告諸侯，言狄已去，言衞之存，故但以入爲文。」是春秋書入之意也。詩則據實而言，以時君死民散，故云滅耳。言東徙渡河，則戰在河北也。禹貢豫州「熒波既豬」，注云：「沇水溢出河爲澤，今塞爲平地，熒陽民猶謂其處爲熒澤，其在縣東。」春秋魯閔公二年，衞侯及狄人戰于熒澤，此其地也。如禹貢之注，則當在河南。時衞都河北，狄來伐而禦之，既敗而渡河，在河北明矣。故杜預云：「此熒澤當在河北。」但沇水發源河北，入于河，乃溢爲熒，則沇水所溢，被河南北，故河北亦有熒澤，但在河南多耳。故指其豬水大處，則在豫州；此戰於熒，則在其北畔，相連猶一物，故云此其地也。左傳又曰：「及敗，宋桓公逆諸河，宵濟。衞之遺民男女七百有三十人，益之以共、滕之民爲五千人，立戴公以廬於漕。」是宋桓迎衞之遺民渡河，立戴公廬於漕之事。杜預云：「廬，舍也。」言國都亡滅，且舍於此也。此渡河處漕，戴公時也。傳雅言戴公之立，不言其卒，而世家云：「戴公申元年卒，復立其弟文公。二十五年，文公卒。」案經傳二十五年衞侯燬卒，則戴公之立，其年即卒，故云一年。然則狄以十二月入衞，懿公死，其月戴公立而卒，又文公立，故閔二年傳說衞文公「衣大布之衣，大帛之冠」。服虔云：「戴公卒在於此年。」杜預云：「衞文公以此年冬立。」是也。戴公立未踰年而成君稱謚者，以衞既滅而立，不繫於先君，故臣子成其喪而爲之謚。而爲之謚者，與繫世者異也。又言僖二年齊桓城楚丘而封衞者，春秋僖二年「春王正月，城楚丘」，左傳曰「諸侯城楚丘而封衞」是也。引證齊桓公攘戎狄而封之。木瓜序云「救而封之」，與此一也。左傳無攘戎狄救衞之事，此言攘戎狄者，以衞爲狄所滅，民尚畏狄。閔二年傳曰：「齊侯使公子無虧帥車三百乘以戍漕。」至僖二年，又帥諸侯城楚丘，於是戎狄避之，不復侵衞，是亦攘救之事，不必要與狄戰。故樂緯稽耀嘉云：「狄人與衞戰，桓公不救，於其敗也，然後救之。」宋均註云：「救謂使公子無虧戍之。」公羊傳曰：「以城楚丘爲力能救之，則救之可也。」是戍漕、城楚丘並是救之之事也。滅衞者狄也，兼言戎者，戎狄同類，協句而言之。序自「攘戎狄而封之」以上，揔說衞事，不指其君。故爲狄所滅，懿公時也；野處漕邑，戴公時也；攘戎狄而封之，文公時也。自「文公徙居楚丘」以下，指說文公建國營室得其制，所以美之。故箋云「於是文公立而建國焉」。

定之方中，作于楚宫。定，營室也。方中，昏正四方。楚宫，楚丘之宫也。仲梁子曰：「初立楚宫也。」箋云：楚宫謂宗廟也。定星昏中而正，於是可以營制宫室，故謂之營室。定昏中而正，謂小雪時，其體與東壁連正四方。

揆之以日，作于楚室。揆，度也。度日出日入，以知東西；南視定，北準極，以正南北。室猶宫也。箋云：楚室，居室也。君子將營宫室，宗廟爲先，廏庫爲次，居室爲後。○揆，葵癸反。度，待洛反，下同。視，字又作眡，音同。廏，居又反。

樹之榛栗，椅桐梓漆，爰伐琴瑟。椅，梓屬。箋云：爰，曰也。樹此六木於宫者，曰其長大可伐以爲琴瑟，言豫備也。○榛，側巾反。椅，於宜反。草木疏云：梓實桐皮曰椅也。梓音子。漆音七。長，丁丈反。

【疏】「定之」至「琴瑟」。○毛以爲，言定星之昏正四方而中，取則視之以正其南，因準極以正其北，作爲楚丘之宫也。度之以日影，度日出之影與日入之影，以知東西，以作爲楚丘之室也。東西南北皆既正方，乃爲宫室。别言宫室，異其文耳。既爲宫室，乃樹之以榛、栗、椅、桐、梓、漆六木於其宫中，曰此木長大可伐之以爲琴瑟。言公非直營室得其制，又能樹木爲豫備，故美之。○鄭以爲，文公於定星之昏正四方而中之時，謂夏之十月，以此時而作爲楚丘之宫廟；又度之以日影而營表其位，正其東西南北而作。楚丘之居室，室與宫俱於定星中而爲之，同度日影而正之各於其文互舉一事耳餘同。傳楚宮至立楚宮。正義曰鄭志張逸問楚宮今何地仲梁子何時人荅曰楚丘在濟河閒疑在今東郡界今。仲梁子先師魯人當六國時在毛公前然衞本河北至懿公滅乃東徙渡河野處漕邑則在河南矣又此二章升漕墟望楚丘楚丘與漕不甚相遠亦河南明矣故疑在東郡界中杜預云楚丘濟陰成武縣西南屬濟陰郡猶在濟北故云濟河閒也但漢之郡境已不同鄭疑在東郡杜云濟陰也毛公魯人而春秋時魯有仲梁懷爲毛所引故言魯人當六國時蓋承師說而然。箋定星至四方正義曰傳雖不以方中爲記時亦以定爲營室方中爲昏正四方而箋以爲記時故因解其名定爲營室及其方中之意釋天云營室謂之定孫炎曰定正也天下作宮室者皆以營室中爲正北言定星昏中而正四方於是可以營制宮室故謂之營室是取爾雅爲說也然則毛不取記時而名營室者爲視其星而正南北以營宮室故謂之營室又云定星昏而正中謂小雪時小雪者十月之中氣十二月皆有節氣有中氣十月立冬節小雪中於此時定星昏而正中也又解中得方者由其體與東壁相成故得正四方以於列宿室與壁別星故指室云其體又壁居南則在室東故因名東壁釋天云娵觜之口營室東壁也孫炎曰娵觜之口鄭。則口開方營室

東壁四方似口故因名云是也此定之方中小雪時則在周十二月矣春秋正月城楚丘穀梁傳曰不言城衞衞未遷則諸侯先爲之城其城文公乃於其中營宮室也建城在正月則作室亦正月矣而云得時者左傳曰凡土功水昏正而裁日至而畢則冬至以前皆爲土功之時以歷校之僖二年閏餘十七則閏在正月之後正月之初未冬至故爲得時也箋言定星中小雪時舉其常期耳非謂作其楚宮即當十月也如此則小雪以後方興土功而礼記云君子既蜡不興功者謂不復興農功而非土功也月令仲秋云是月也可以築城郭建都邑者秦法與周異仲冬云命有司曰土事無作亦與左傳同然則左傳所云乃是正礼而召誥於三月之下營洛邑之事於周之三月起土功不依礼之常時者鄭志荅趙商云傳所言者謂庸時也周召之作洛邑因欲觀衆殷樂之與否則由欲觀民之意故不依常時也。傳度日至南北。正義曰此度日出日入謂度其影也故公劉傳曰考於日影是也其術則匠人云水地以縣置槷以縣視以影爲規識日出之影與日入之影晝參諸日中之影夜考之極星以正朝夕注云於四角立植而縣以水望其高下高下既定乃爲位而平地於所平之地中央樹八尺之臬以縣正之視之以其影將以正四方也日出日入之影其端則東西正也又爲規以影

識之者爲其難審也自日出而晝其影端以至日入既則爲規測影兩端之內規之規之交乃其審也度兩交之間中屈之以指臬則南北正也日中之影最短者也極星謂北辰也是揆日瞻星以正東西南北之事也如匠人注度日出日入之影不假於視定視極而東西南北皆知之此傳度日出無以知東西視定極以正南北者考工之文止言以正朝夕無正南北之語故規影之下別言考之極星是視極乃南北正矣但鄭因屈橫度之繩即可以知南北故細言之與此不爲乖也唯傳言南視定者鄭意不然何者以匠人云晝參諸日中之影不言以定星參之經傳未有以定星正南北者故上箋以定爲記時記時異於傳也傳以視定爲正南北則四句得制非記時也。傳室猶宮也。正義曰釋宮云宮謂之室室謂之宮郭璞曰皆所以通古今之異語明同實而兩名故云室猶宮也。箋楚室至爲後。正義曰釋宮以宮室爲一謂通而言之其對文則異故上箋楚宮謂廟此楚室謂居室別其文以明二者不同也故引曲礼曰君子將營宮室宗廟爲先廄庫爲次居室爲後明制有後先有別設其文也緜與斯干皆述先作宗廟後營居室也。傳椅梓屬。正義曰釋木云椅梓也舍人曰梓一名椅郭璞曰即楸也湛露曰其桐其椅桐椅既爲類而梓一名椅故以椅桐爲梓屬言梓屬則椅

梓別而釋木椅梓爲一者陸機云梓者楸之疏理白色而生子者爲梓梓實桐皮曰椅則大類同而小別也箋云樹此六木於宮中明其別也定本椅梓屬無桐字於理是也

升彼虛矣以望楚矣望楚與堂景山與京虛漕虛也楚丘有堂邑者景山大山京高丘也箋云自河以東夾於濟水文公將徙登漕之虛以望楚丘觀其旁邑及其丘山審其高下所依倚乃後建國焉慎之至也。虛起居反本或作墟夾居洽反濟節礼反倚於綺反

降觀于桑地勢宜蠶可以居民

卜云其吉終然允臧龜曰卜允信臧善也建國必卜之故建邦能命龜田能施命作器能銘使能造命升高能賦師旅能誓山川能說喪紀能誄祭祀能語君子能此九者可謂有德音可以爲大夫。使所吏反能說如字鄭志問曰山川能說何謂也荅曰兩讀或言說說者說其形勢也或曰述述者述其故事也述讀如遂事不諫之遂個本又作讄又作誄皆力水反說文云讄禱也累功德以求福也誄謚也爲卿大夫一本無卿字。

【疏】升彼至允臧。正義曰此追本欲遷之由言文公將徙先升彼漕邑之墟矣以望楚丘之地矣又望其傍堂邑及景山與京丘言其有山林之饒高丘

之阻可以居處又下漕墟而往觀於其處之桑既形勢得宜蠶桑又茂美可以居民矣人事既從乃命龜卜之云從其吉矣終然信善非直當今而已乃由地勢美而卜又吉故文公徙居楚丘而建國焉。傳虛漕至高丘。正義曰知墟漕墟者以文公自漕而徙楚丘故知升漕墟蓋地有故墟高可登之以望猶僖二十八年左傳稱晉侯登有莘之墟也升墟而并望楚堂明其相近故言楚丘有堂邑楚丘本亦邑也但今以爲都故以堂繫楚丘而言之釋詁云景大也故知景山爲大山京與山相對故爲高丘釋丘云絶高爲之京郭璞曰人力所作也又云非人爲之丘郭璞曰地自然生則丘者自然而有京者人力所爲形則相類故云京高丘也公劉箋云絶高爲之京與此一也皇矣傳曰京大阜也以與我陵我阿相接類之故爲大阜。箋自河至濟水。正義曰箋解楚丘所在故云自河以東夾於濟水言楚丘在其間禹貢云道沇水東流爲濟入于河溢爲滎又出于陶丘北又東至于菏又東北會于汶是濟自河北而南入於河又出而東楚丘在於其間西有河東有濟故云夾於濟水也。傳龜曰卜至大夫。正義曰大卜曰國大遷大師則貞龜是建國必卜之緜云爰契我龜是也大遷必卜而筮人掌九筮一曰筮更注云更謂筮遷都邑也鄭志荅趙商云此都邑比於國爲小故筮之然

則都邑則用筮國都則卜也此卜云終吉而僖三十一年又遷于帝丘而言終善者卜所以決疑衞爲狄人所滅國人分散文公徙居楚丘興復祖業國家殷富吉莫如之後自更以時事不便而遷何害終然允臧也傳因引建邦能命龜證建國必卜之遂言田能施命以下本有成文連引之耳建邦能命龜者命龜以遷取吉之意若少牢史述曰假爾大筮有常孝孫某來日丁亥用薦歲事于皇祖伯某以某妃配某氏尚饗士喪卜曰哀子某卜葬其父某甫考降無有近悔如此之類也建邦亦言某事以命龜但辭亡也田能施命者謂於田獵而能施教命以設誓若士師職云三曰禁用諸田役注云禁則軍禮曰無干車無自後射其類也大司馬職云斬牲以左右狥陳曰不用命者斬之是也田所以習戰故施命以戒衆也作器能銘者謂既作器能爲其銘若栗氏爲量其銘曰時文思索允臻其極嘉量既成以觀四國永啓厥後茲器維則是也大戴禮說武王盤盂几杖皆有銘此其存者也銘者名也所以因其器名而書以爲戒也使能造命者謂隨前事應機造其辭命以對若屈完之對齊侯國佐之對晉師君無常辭也升高能賦者謂升高有所見能爲詩賦其形狀鋪陳其事勢也師旅能誓者謂將帥能誓戒之若鐵之戰趙鞅誓軍之類山川能說者謂行過山川能說其形勢而陳述其狀也鄭志張逸問傳曰山川能說何謂荅曰兩讀或云說者說其形勢或云述者述其古事則鄭爲兩讀以義俱通故也喪紀能誄者謂於喪紀之事能累列其行爲文辭以作謚若子囊之誄楚恭之類故曾子問注云誄累也累列生時行迹以作謚是也祭祀能語者謂於祭祀能祝告鬼神而爲言語若荀偃禱河蒯聵禱祖之類是也君子由能此上九者故可爲九德乃可以列爲大夫定本集注皆云可謂有德音與俗本不同獨言可以爲大夫者以大夫事人者當賢著德盛乃得位極人臣大夫臣之最尊故責其九能天子諸侯嗣世爲君不可盡責其能此九者

靈雨既零，命彼倌人，星言夙駕，說于桑田。 零落也倌人主駕者箋云靈善也星雨止星見夙早也文公於雨下命主駕者雨止爲我晨早駕欲往爲辭說於桑田教民稼穡務農急也。倌音官徐古患反說文云小臣也星言韓詩云星精也說毛始銳反舍也鄭如字辭說見賢遍反爲于僞反。**匪直也人，** 非徒庸君 **秉心塞淵，** 秉操也箋云塞充實也淵深也。操七刀反 **騋牝三千。** 馬七尺以上曰騋騋馬與牝馬也箋云國馬之制天子十有二閑馬六種三千四百五十六匹邦國六閑馬四種千二百九十六匹衞之

先君兼邶鄘而有之而馬數過禮制今文公滅而復興徙而能富馬有三千雖非禮制國人美之。騋牝上音來馬六尺已上也下頻忍反徐扶死反上時掌反種章勇反下同過禮一本作過禮制復符富反。

疏 靈雨至三千。正義曰此章說政治之美言文公於善雨既落之時命彼倌人云汝於雨止星見當爲我早駕當乘之往辭說於桑田之野以教民之稼穡言文公既愛民務農如此則非直庸庸之人故秉操其心能誠實且復深遠是善人也既政行德實故能興國以致殷富騋馬與牝馬乃有三千可美之極也。傳倌人主駕者。正義曰以命之使駕故知主駕者諸侯之禮亡未聞倌人爲何官也。傳馬七尺至牝馬。正義曰七尺曰騋庾人文也定本云六尺恐誤也此三千言其揔數國馬供用牡牝俱有或七尺六尺舉騋牝以互見故言騋馬與牝馬也知非直牝而七尺有三千者以諸侯之牝三千已多明不得獨牝有三千輈人職注云國馬謂種馬戎馬齊馬道馬高八尺田馬七尺駑馬六尺此天子國馬有三等則諸侯國馬之制不一等明不獨七尺也乘車兵車及田車高下各有度則諸侯亦齊道高八尺田馬高七尺駑馬高六尺獨言騋馬者舉中言之。箋國馬至美之。正義曰言國馬謂君之家馬也其兵賦則左傳曰元年革車三十乘季年乃三百乘是也

天子十有二閑馬六種邦國六閑馬四種皆校人文也其天子三千四百五十六匹諸侯千二百九十六匹皆推校人而計之校人又曰凡頒良馬而養乘之乘馬一師四圉三乘爲阜阜一趣馬三阜爲繫繫一馭夫六繫爲廏廏一僕夫六廏成校校有左右駑馬三良馬之數註云二耦爲乘自乘至廏其數二百一十六匹易乾爲馬此應乾之策也至校變言成者明六馬各一廏而王馬小備也校有左右則良馬一種者四百三十二匹五種合二千一百六十匹駑馬三之則爲千二百九十六匹五良一駑凡三千四百五十六匹然後王馬大備由此言之六廏成校校有左右則爲十二廏卽是十二閑故鄭又云每廏爲一閑明廏別一處各有閑衞故又變廏言閑也以一乘四匹三乘爲阜則十二匹三阜爲繫則三十六匹六繫成廏以六乘三十六則二百一十六匹故云自乘至廏其數二百一十六匹應乾之策謂變者爲揲蓍用四四九三十六謂一爻之數純乾六爻故二百一十六也以校有左右故倍二百一十六爲四百三十二駑馬三之又三乘此四百三十二爲千二百九十六匹此天子之制雖駑馬數言三良亦以三駑之數共廏爲一閑諸侯言六閑馬四種則不種爲二閑明因駑三良之數而分爲三閑與上三種各一閑而六閑皆二百一十六匹以六乘之故諸侯千二百九十六匹也是以校人又云大夫四閑馬二種鄭因諸侯不種爲二閑亦分駑馬爲三故注云諸侯有齊馬道馬田馬大夫有田馬各一閑其駑皆分爲三是也故鄭志趙商問曰校人職天子十有二閑馬六種爲三千四百五十六匹邦國六閑馬四種爲二千五百九十二匹家四閑馬二種爲千七百二十八匹商案大夫食縣何由能供此馬司馬法論之一甸之田方八里有戎馬四匹長轂一乘今大夫采四甸一甸之稅以給王其餘三甸裁有十二匹今就校人職相覺甚矣荅曰邦國六閑馬四種其數適當千二百九十六匹家四閑馬二種又當八百六十四今子何術計之乎此馬皆國君之制非民之賦司馬法甸有戎馬四匹長轂一乘此謂民出軍賦無與於天子國馬之數是鄭計諸侯大夫之明數也趙商因校有左右謂二廏爲一閑故其數皆倍而誤鄭以十二廏卽十二閑數諸侯大夫閑數駑與良同故云于以何術計之鄭以諸侯之馬千二百九十六匹而此亦諸侯之國馬有三千過制明非始文公所從遠矣故本之先君言由衞之先君兼邶鄘而有之謂有此邶鄘之富而馬數過禮制故今文公過制也然則三千之數違禮者也而校人注引詩云騋牝三千王馬之大數者以三千與王馬數近相當故因言之其實此數非王馬之數也

詩疏三之一　十九

定之方中三章章七句

附釋音毛詩注疏卷第三（三之一）

大清嘉慶二十年重刊宋本[illegible]

詩疏三之一　二十

黃中栻栞

毛詩注疏挍勘記（三之一）

阮元撰盧宣旬摘錄

○柏舟

故作是詩以絕之　小字本相臺本同唐石經初刻之下有也字後磨去考文古本有案古本非據唐石經但其本每多也字而偶合

卽下云至死矢靡他是也　閩本明監本毛本同案經傳作它正義作他它他古今字易而說之也例見前此不誤浦鏜云之誤至非也傳之至也至己之死信無它心正義取此

蓋亦衣不澣矣　閩本明監本毛本同案浦鏜云不當元誤是也

之死矢靡慝　小字本相臺本同案盧文弨云唐石經初刻慝作匿誤後改從今本考傳慝邪也釋文慝他得反皆可證也

○牆有茨

此注刺君　閩本明監本毛本注作註案皆誤也浦鏜云註當主字誤是也

茨蒺藜也　小字本同閩本明監本毛本同相臺本藜作蔾案蔾字是也釋文蔾音棃正義今上有蒺蔾之草皆可證

君本何以不防閑其母　閩本明監本毛本本誤奈

○君子偕老

行可委曲蹤迹也　小字本相臺本同考文古本同閩本明監本毛本蹤誤縱案此傳當作從與羔羊傳字同釋文委委下云行可委曲蹤迹也乃易爲今字耳非釋文本此傳作蹤也羔羊傳釋文云從字亦作蹤可證

何謂不善乎　閩本明監本毛本同小字本相臺本何作可案可字是也正義云可謂不善云如之何乎又云可謂不善言其善也是其證

唯祭服有衡笄　閩本明監本毛本同案此不誤浦鏜云衡衍笄字非也陳啓源毛詩稽古編云衡笄本周禮天官追師文傳引其成語耳非合衡笄爲一物也衡垂於當耳笄横於頭上彼注云王后之衡笄皆以玉爲之唯祭服有衡垂於副之兩旁當耳其下以紞縣瑱笄卷髮者是衡笄本二物也孔疏引之乃云唯祭服有衡笄垂於副之兩旁云云於衡下增一笄字而不引笄卷髮者是以釋衡者釋笄矣今考陳此說是也陳又云案大雅追琢其章疏引追師注衡下無笄字安知此疏非傳寫之誤其說非也此笄字是正義增之故不備引笄卷髮者所以傳合傳文也下云編次則無衡笄亦可證不得以大雅正義例之

以玉珈於笄爲飾　閩本明監本毛本同案珈當作加下云珈之以言加者是也

李巡曰寬容之美也　閩本明監本毛本同案浦鏜云皆誤寬是也爾雅疏卽取此正作皆

玼兮玼兮　唐石經小字本相臺本同案釋文云玼音此引沈云毛及呂忱並作玼解王肅云顏色衣服鮮明貌本或作瑳此是後文瑳兮王肅注好美衣服潔白之貌若與此同不容重出今檢王肅本後不釋不如沈所言也然舊本皆前作玼後作瑳字段玉裁云玼一作瑳後人乃分別二章三章今考陸氏之意不以沈爲然但舊本皆爾故不定爲一字正義本標起止玼兮至如帝後章瑳兮至媛也與釋文本同周禮內司服釋文云玼音此劉倉我反本亦作瑳與下瑳字同倉我反此玼瑳一字之證

其之翟也　唐石經小字本相臺本同案釋文揄字又作褕狄本亦作翟狄在揄下明是傳字非經字也經字無作狄者考文古本經傳皆作狄采釋文而有誤

揚且之皙也　小字本同閩本同明監本毛本皙誤晢唐石經相臺本作晳案晳字是也五經文字云晳相承多從日非說文晳人色白也从白析聲皆在白部可證釋文當亦本作晳今誤

由其塡實如天　閩本明監本毛本塡誤瑱案塡字是也下瑱實及言瑱爲瑱凡四字並同

其以類根配　閩本明監本毛本根作相案所改是也

此以禮見於君　小字本相臺本同案釋文云於君子一本無子字正義云又解展衣所用云此以禮

見於君及賓客之盛服是正義本無子字也考鄭內司服注云展衣以禮見王及賓客之服此諸侯夫人故變文言君與葛覃傳進見於君子對朝事舅姑者不同或因經首君子字而誤衍當以一本爲長考文古本有子字采釋文

揚廣揚而顏角豐滿　小字本相臺本同案段玉裁云傳當本作揚且之顏者廣揚而顏角豐滿自引經附傳而傳之複舉經文者往往刪去故此傳割裂而不可通今考正義標起止云傳清視至廣揚是其本已如此讀以揚字逗廣揚句絕也卷首鄭氏箋下正義云未審此詩引經附傳是誰爲之可知毛爲詁訓與經別行者正義所不見也

以爲媛助也　小字本同閩本明監本毛本同相臺本媛作援考文古本同案援字是也正義引爾雅孫炎注云君子之援助然是其證也以援解媛所謂詁訓之法亦見說文媛字下

祿者賓祿衣也　閩本明監本毛本同案祿者當作綠衣者見綠衣序下正義今周禮注作祿亦誤也

中喪禮爵弁服皮弁服之下　閩本明監本毛本同案浦鏜云士誤中是也

因名眉目曰揚　閩本明監本毛本同案浦鏜云目疑衍字是也

既名眉爲揚目爲清明　閩本明監本毛本同案浦鏜云明疑衍字是也

此及猗嗟傳云揚廣　閩本明監本毛本同案廣下浦鏜云脫揚字是也

因顏色依爲美女　閩本明監本毛本同案依當作巳此說箋意謂卽使不言媛而顏色巳爲美女故媛當爲援助也

桑中

刺男女淫怨而相奔也　閩本明監本毛本同案浦鏜云亂誤怨是也

期我於桑中　閩本明監本毛本同案十行本期我於剜添者一字是我字衍也此但說期不取我字

以其言由公惑淫亂　閩本明監本毛本同案浦鏜云宣誤惑是也

釋草又云蒙王女　閩本明監本毛本又誤文王誤玉下二王女同案今爾雅作玉者亦誤

下孟口口孟弋孟庸　閩本明監本毛本作下孟弋孟庸案此十行闕二字閩本以下輙改者非

○鶉之奔奔

言其居有常匹　小字本同閩本明監本毛本同相臺本脫其字案正義云定本集注皆云居有常匹則爲俱者誤也此與定本集注同

刺宣姜與頑非匹偶　小字本相臺本同閩本明監本毛本偶作耦案所改是也正義標起止云至匹耦凡箋匹耦字皆從耒正義亦然偶字誤餘同此

○定之方中

衛爲狄所滅　唐石經小字本相臺本同案釋文云衛爲狄所滅本或作狄人一本作衛懿公爲狄所滅非也正義云是爲狄所滅之事又云故爲狄所滅懿公時也皆指序而言是正義本與釋文同其自爲文則多言狄人非其本有人字也考序於此及載馳木瓜凡三言狄人文例宜同當以有者爲長考文古本作衛懿公爲狄人所滅采釋文而合兩本爲一

戰于熒澤而敗　小字本相臺本同閩本同明監本毛本熒作滎案釋文熒迴丁反考周禮左傳與此同字皆作熒雅尚青釋文作熒滎字誤也此正義當本亦是熒字今作滎者或合併以後改之耳餘同此

建成市　〔補〕案成當作城

故直云城衛　〔補〕案城當作滅卽序衛爲狄所滅也形近之譌

其在縣東　閩本明監本毛本同案浦鏜云在其誤倒是也

宋桓公逆諸河霄濟　閩本明監本毛本同案浦鏜云宵誤霄是也考沿革例載杜昭二十

年注胥從公故字與此同皆形近之譌

作于楚宫　唐石經小字本相臺本同案正義云作爲楚丘之宫也下句同考此乃正義說經之義耳非其本經字作爲也序下正義云而首章作于楚宫作于楚室可證詩經小學云案喪大記注云爲或作于聲之誤也李善文選注引作爲楚宫作爲楚室所謂以破引之考文古本作爲采正義

其體與東壁連　相臺本同小字本壁作辟閩本明監本毛本壁誤壁案辟字是也釋文辟音壁正義云由其體與東壁相成辟壁古今字易而說之也例如此耳非正義本作壁也考壁字古作辟左傳辟司徒是其證爾雅釋文云辟本又作壁此星有人居之角象宜爲壁其說非也考文古本作壁采正義而誤閩本以下正義中壁皆誤壁○按周禮注辟宿字亦作辟古多用辟

而作楚丘之居室　閩本明監本毛本同案作下脫爲字上文可證

疑在今東郡界今　閩本明監本毛本下今字作中案所改是也

北言定星　補案北當作此形近之譌

娵觜之口鄭則口開方　閩本明監本毛本同案鄭當作歎因別體俗字鄭作郑歎作欸而譌左襄卅年正義引作娵觜之歎脫口字非也孫炎娵觜之口四字複舉經文也下云人歎則口開方營室東辟四方似人之開口故名娵觜之口

水昏正而裁　閩本明監本毛本同案裁當作栽形近之譌

終然允臧　唐石經小字本相臺本同考文古本同閩本同明監本毛本然誤焉案正義云終然信善又云何害終然允臧也皆可證明監本毛本正義中下然字亦誤焉

可謂有德音　小字本相臺本同案此定本集注也正義云君子由能此上九者故可爲九德乃可以列爲大夫定本集注皆云可謂有德音與俗本不同依此則正義本不如此也但未有明文今無可考意必求之或當是可爲九德

先升彼漕邑之墟矣　閩本明監本毛本同案經注皆作虛正義作墟虛墟古今字易而說之也例見前標起止云傳虛漕可證釋文虛本或作墟非正義本

又出於陶丘北　閩本明監本毛本又作東案所改是也曹譜正義引作東

可謂有德盲　閩本明監本毛本盲作音案所改是也

馬七尺以上曰騋　小字本相臺本同閩本明監本毛本亦同案釋文以上時掌反沿革例云諸本皆是馬七尺曰騋雅余仁仲本有以上二字以釋文考之舊有是也考正義云七尺曰騋庾人文也定本云六尺恐誤也此巢栝傳及周禮耳諸本乃誤從之刪

今就校人職相覺甚矣　閩本明監本毛本今誤令案矣當作異見周禮校人疏山井鼎云覺恐較誤非也盧文弨云覺卽較字是也詳見其鍾山札記

附釋音毛詩注疏卷第三（三之二）

毛詩國風　鄭氏箋　孔穎達疏

蝃蝀止奔也衞文公能以道化其民淫奔之恥國人不齒也不齒者不與相長稚。蝃蝀上丁計反下都動反爾雅作螮蝀音同長丁丈反【疏】蝃蝀三章章四句至不齒。○正義曰作蝃蝀詩者言能止當時之淫奔衞文公以道化其民使皆知禮法以淫奔者爲恥其有淫之恥者國人皆能惡之不與之爲齒列相長稚故人皆恥之而自止也

蝃蝀在東莫之敢指蝃蝀虹也夫婦過禮則虹氣盛君子見戒而懼諱之莫之敢指箋云虹天氣之戒尚無敢指者況淫奔之女誰敢視之。虹音洪一音絳

女子有行遠父母兄弟箋云行道也婦人生而有適人之道何憂於不嫁而爲淫奔之過乎惡之甚。遠于萬反下同惡烏路反下惡之皆同。【疏】蝃蝀至兄弟。○正義曰此惡淫奔之辭也言虹氣見於東方爲夫婦過禮之戒君子之人尚莫之敢指而視之況今淫奔之女見爲過惡

我誰敢視之也既惡淫奔之女因即就而責之言女子有適人之道當自遠其父母兄弟於理當嫁何憂於不嫁而爲淫奔之過惡乎。傳蝃蝀至敢指。○正義曰釋天云螮蝀謂之雩螮蝀虹也郭璞曰俗名爲美人音義云虹雙出色鮮盛者爲雄雄曰虹闇者爲雌雌曰蜺此與爾雅字小異音實同是爲虹也序云止奔而經云莫之敢指是虹爲淫戒故言夫婦過禮則虹氣盛也夫婦過禮謂不以道妄淫行夫婦之事也月令孟冬虹藏不見則十月以前當自有虹言由夫婦過禮者天垂象因事以見戒且由過禮而氣更盛不謂凡平無虹也以天見戒故君子見而懼諱自戒懼諱惡此由淫過所致不敢指而視之若指而視之則似慢天之戒不以淫爲懼諱然故莫之敢指也

朝隮于西崇朝其雨隮升崇終也從旦至食時爲終朝箋云朝有升氣於西方終其朝則雨氣應自然以言婦人生而有適人之道亦性自然。隮子西反徐又子細反鄭注周禮云隮虹應應對之應

女子有行遠兄弟父母【疏】朝隮至父母。○正義曰言朝有升氣於西方終朝其必有雨有隮氣必有雨者是氣應自然以興女子生則必當嫁亦性自然矣故又責之言女子生有適人之道遠其兄弟父母何憂於不嫁而爲淫奔乎。○傳從旦至終

朝。○正義曰以朝者早旦之名故爾雅山東曰朝陽今言終朝故至食時矣左傳曰子文治兵終朝而畢子玉終日而畢是終朝非竟日也。○箋朝有至自然。○正義曰視祲注云隮虹也詩云朝隮于西則隮亦虹也言升氣者以隮升也由升氣所爲故號虹爲隮鄭司農亦云隮者升氣是也上蝃蝀虹也色青赤因雲而見此言雨徵則與彼同也視祲掌十煇之法以觀妖祥注云煇謂日光氣也則隮亦日之光氣矣蝃蝀亦日光氣但日在東則虹見西方日在西方虹見東方無在日傍之時鄭注周禮見隮與此同故引以證非謂此爲妖祥也

乃如之人也懷昏姻也乃如是淫奔之人也箋云懷思也乃如是之人思昏姻之事乎言其淫奔之過惡之大

大無信也不知命也不待命也箋云淫奔之女大無貞絜之信又不知昬姻當待父母之命惡之也。○大音泰註同

蝃蝀三章章四句

相鼠刺無禮也衞文公能正其羣臣而刺在位承先君之化無禮儀也。○相息亮反篇內同【疏】相鼠三章章四句至禮儀

○正義曰作相鼠詩者刺無禮也由衞文公能正其羣臣使有禮儀故刺其在位有承先君之化無禮儀者由文公能化之使有禮而刺其無禮者所以美文公也凱風美孝子而反以刺君此刺無禮而反以美君作者之本意然也在位無禮儀文公不黜之者以其承先君之化弊風未革身無大罪不可廢之故也

相鼠有皮人而無儀相視也無禮儀者雖居尊位猶爲闇昧之行箋云儀威儀也視鼠有皮雖處高顯之處偷食苟得不知廉恥亦與人無威儀者同。○行下孟反之處昌慮反

人而無儀不死何爲箋云人以有威儀爲貴今反無之傷化敗俗不如其死無所害也【疏】相鼠至何爲。○正義曰文公能正其羣臣而在位猶有無禮者故刺之視鼠有皮猶人之無儀何則人有皮鼠亦有皮鼠猶無儀故可恥也人無禮儀何異於鼠乎人以有威儀爲貴人而無儀則傷化敗俗此人不死何爲若死則無害也。○箋視鼠至者同。○正義曰大夫雖居尊位爲闇昧之行無禮儀而可惡猶鼠處高顯之居偷食苟得不知廉恥鼠無廉恥與人無禮儀者同故喻焉以傳曰雖居尊位故箋言雖處高顯之居以對之

相鼠有齒人而無止止所止息也箋云止容止孝經曰容止可觀無

止，韓詩。止，節。無禮節也。**人而無止，不死何俟？**俟，待也。

相鼠有體，體，支體也。〔疏〕傳「體，支體」。正義曰：上云有皮有齒，已指體言之，明此言體非偏體也，故爲支體。**人而無禮。人而無禮，胡不遄死？**遄，速也。遄，市專反。

相鼠三章，章四句。

干旄，美好善也。衞文公臣子多好善，賢者樂告以善道也。賢者，時處士也。旄音毛。好，呼報反，篇内同。〔疏〕干旄三章章六句至善道。正義曰：作干旄詩者，美好善也。衞文公臣子多好善，故處士賢者樂告之以善道也。毛以爲此敘其由臣子多好善，故賢者樂告以善道。經三章皆陳賢者樂告以善道之事。鄭以三章皆上四句言文公臣子建旄乘馬，數往見賢者於浚邑，是好善，見其好善；下二句言賢者樂告之以善道也。箋「賢者，時處士」。正義曰：以臣子好善，賢者告之，則賢者非臣子，故云處士也。士者，男子之大稱。言處者，處家未仕爲官。鄉飲酒註云「賓介處士賢者，鄉大夫賓之以獻於君」，是未仕也。

孑孑干旄，在浚之郊。孑孑，干旄之貌。注旄於干首，大夫之旃也。浚，衞邑。古者臣有大功，世其官邑。郊外曰野。箋云：周禮孤卿建旃，大夫建物，首皆注旄焉。時有建此旄來至浚之郊，卿大夫好善也。○孑，居熱反，又居列反。浚，蘇俊反。旃，之然反，通帛爲旃。**素絲紕之，良馬四之。**紕，所以織組也。總紕於此，成文於彼，願以素絲紕組之法御四馬也。箋云：素絲者，以爲縷，以縫紕旌旗之旒縿，或以維持之。浚郊之賢者既識卿大夫建旄而來，又識其乘善馬，四之者，見之數也。○紕，毛符至反，鄭毗移反。組音祖。旒音留。縿，所銜反，何沈相沾反。**彼姝者子，何以畀之？**姝，順貌。畀，予也。箋云：時賢者既說此卿大夫有忠順之德，又欲以善道與之，心誠愛厚之至。○姝，赤朱反。畀，必寐反，與也，注予同。說音悅。〔疏〕孑孑至畀之。毛以爲衞之臣子好善，故賢者樂告之以善道。言建孑孑然之干旄而食邑在於浚之郊，此好善者，我願告之以素絲紕組之法，而御善馬四轡之數，以此法而治民也。織組者，總紕於此，成文於彼，猶如御者執轡於此，馬騁於彼，以喻治民立化於己，而德加於民，使之得所，有文章也。賢者願以此道告之。賢者既願告以御衆之德，又美此臣之好善，言彼姝然忠順者之子，知復更何以畀之？言雖有所告，意猶未盡也。鄭以爲浚郊處士言衞之卿大夫建此孑孑然之干旄，來在浚之郊，以素絲爲縷，縫紕此旌旗之旒縿，又以維持之，而乘善馬，乃四見於己也，故賢者有善道，樂以告之，云彼姝然忠順之子好善如是，我有何善道以予之？言心誠愛之，情無所恡。○傳孑孑至曰野。正義曰：謂之干旄者，以注旄於干首，故釋天云「注旄首曰旌」。李巡曰：「旄牛尾著干首。」孫炎曰：「析五采羽注旄上也，其下亦有旒縿。」郭璞曰：「載旄於竿頭，如今之幢，亦有旒也。」如是，則干之首有旄有羽也。故周禮序官夏采註云：「夏采，夏翟羽色。禹貢徐州貢夏翟之羽，有虞氏以爲綏，後世或無，故染鳥羽象而用之，謂之夏采。」其職注云：「綏以旄牛尾爲之，綴於幢上，所謂注旄於干首者也。」言大夫之旃者，以經言干旄，唯言干首有旄，不言旒縿，明此言干旄者，乃是大夫之旃也。周禮孤卿建旃，衞侯無孤，當是卿也。大夫者，摠名，故春秋書諸侯之卿皆曰大夫是也。天子以下建旃之者，干首皆注旄，獨以爲卿之建旃者，以臣多好善，當據貴者爲言，故知是卿旃也。大夫得言在浚之郊，則此臣子食邑於浚也。所以得食邑者，由古者臣有大功，世其官邑，故左傳曰「官有世功，則有官族，邑亦如之」，是有功之臣得世官邑也。有功世邑，則宜爲卿，故舉旃言之。三章皆言在浚，則所論是一人，皆卿也。二章言干旟，傳曰「鳥隼曰旟」，於周禮則州里之所

建。若卿而得建旟者，大司馬職曰「百官載旟」，注云：「百官，卿大夫也。載旟者，以其屬衞王也。凡旌旗有軍衆者畫異物。」然則平常建旃，出軍則建旟，是卿有建旟之時。旟亦有旄，二章互文也。言旃則有旒縿，言旟則亦有旄矣。卒章言干旌，傳曰「析羽爲旌」，於周禮則遊車之所載。卿而得建旌者，鄉射記注云「旌，摠名也」。爾雅云「注旄首曰旌」，則干旄、干旌一也。既設旒縿，有旃旟之稱；未設旒縿，空有析羽，謂之旌。卿建旌者，設旒縿而載之；遊車則空載析羽，無旒縿也。釋地云：「郊外謂之牧，牧外謂之野。」此言郊外曰野，略爾雅之文，以言在浚之郊，明所食邑在郊外也。下言在浚之都，在浚之城，言於郊爲都邑，相兼一也。○箋周禮至好善。○正義曰：「孤卿建旃，大夫建物」，司常文也。又曰「通帛爲旃，雜帛爲物」，注云：「凡九旗之帛皆用絳，則通帛大赤也。雜帛以白爲飾，絳之側也。」知首皆注旄者，以夏采「王崩以綏復」，魄綏有旄牛尾也。注云：「王祀四郊，乘玉輅，建太常，今以之復，去其旒，異於此，亦因先王有徒綏。」是太常之干有旄也。又出車云「設此旐矣，建彼旄矣」，此亦云干旄，是九旗之干皆有旄矣，故知旃物首皆注旄焉。以序言多好善，故卿大夫兼言之。○傳紕所至四馬。○正義曰：以二章言組，卒章言織，故於此摠解之。言紕所以織組也，以織組總紕於此，成文於彼，似御執轡於此，馬騁於彼，故願以素絲紕組之

法御四馬也言願以者稱賢者之意欲告文公臣子以此道故言願以也言總紕於此成文於彼者家語文也。箋素絲至之數。正義曰以前云干旄說旄旗而此云素絲紕之故知以素絲爲線縷所以縫紕旄旗之旒縿也縿謂繫於旄旗之體旒謂縿末之垂者須以縷縫之使相連釋天云纁帛縿郭璞曰衆旒所著孫炎曰爲旒于縿是也或以維持者謂旒之垂數非一故以縷相綴連之。服氏云六八維王之太常注云維之以縷王旒十二旒兩兩以縷綴連之傍三人持之禮天子旌曳地諸侯旂九旒釋天又曰練旒九維以縷孫炎曰維持以縷不欲其曳地然則諸侯以下旒數少而且短維之以否未可知也經直言紕之不言其所用故言或爲疑辭前經言干旄是浚郊之賢者識卿大夫建旄而來此又云良馬是又識其乘善馬也四之者四見之數也

孑孑干旟，在浚之都。烏隼曰旟下邑曰都箋云周禮州里建旟謂州長之屬。旟音餘隼荀尹反長張丈反。〔疏〕箋周禮至之屬。正義曰箋以爲賢者見時臣子實建旟而來此爲州長非卿大夫若卿大夫則將兵乃建旟非賢者所當見也周禮州長中大夫天子之州長也鄉射目錄云州長射於州序之禮經曰釋獲者執鹿中記云士則鹿中是諸侯之州長士也言之屬者見鄉遂官非一司

常云師都建旗州里建旟縣鄙建旐注云師都六鄉六遂大夫也州里縣鄙鄉遂之官互約言之如鄭之意則以鄉遂同建旗鄉之下有州州爲第二黨爲第三族爲第四閭爲第五比爲第六其遂之下有縣縣爲第二鄙爲第三酇爲第四里爲第五鄰爲第六今云州里建旟則六鄉內州長黨正及六遂內酇長里宰鄰長等五人同建旟也又云縣鄙建旐謂六遂內縣正鄙師及六鄉內族師閭胥比長等五人同建旐故鄭云互約言也諸侯之鄉亦大夫故鄉飲酒目錄云諸侯之鄉大夫三年賓賢能之禮是鄉爲大夫則遂亦大夫也其縣與州長班同則亦士也黨鄙在州縣之下或亦爲士酇族以下卑則皆非士矣上章朝臣言卿大夫則此各亦有大夫兼鄉遂與州縣也卿大夫以下及不命之士等職位雖卑皆問善道其可互約别圖於後

鄉旗　州旟　黨旟　族旐　閭旐　比旐

遂旗　縣旐　鄙旐　酇旟　里旟　鄰旟

素絲組之，良馬五之。總以素絲而成組也驂馬五轡箋云以素絲縷縫組於旌旗以爲之飾五之者亦爲五見之也。總子孔反驂七南反。〔疏〕傳驂馬五轡。正義曰且馬士駕二既夕禮云公賵以兩馬是也大夫以上駕四四馬則八轡矣驂馬五轡者御車之法驂馬內轡納於觖唯執其外轡耳驂馬馬執一轡服馬則二轡俱執之所謂六轡在手也此經有四之五之六之以御馬治民馬多益難御故先少而後多傳稱斷多之出爲說從內而出外上章四之謂服馬之四轡也此章加一驂馬益一轡故言五之也下章又加一驂更益一轡故六之也據上四之爲服馬此加一驂乃有五故言五轡也王肅云古者一轅之車駕三馬則五轡其大夫皆一轅車夏后氏駕兩謂之麗殷益以一騑謂之驂周人又益一騑謂之駟本從一驂而來亦謂之驂經言驂則三馬之名又孔晁云作者歷言三王之法此似述傳非毛旨也何則馬以引重左右當均一轅車以兩馬爲服傍以一馬驂之則偏而不調非人情也株林曰乘我乘駒傳曰大夫乘駒則毛以大夫亦駕四也且殷之制亦駕四故王基云商頌曰約軝錯衡八鸞鏘鏘是則殷駕四不駕三也又異義天子駕數易孟京春秋公羊說天子駕六毛詩說天子至大夫同駕四士駕二詩云四牡彭彭武王所乘龍旂承祀六轡耳耳魯僖所乘四牡騑騑周道委遲大夫所乘謹案禮王度記曰天子駕六諸侯與卿同駕四大夫駕三士駕二庶人駕一說與易春秋同。玄之聞也周禮校人掌王馬之政凡頒良馬而養乘之乘馬一師四圉四馬爲乘此一圉者養一馬而一師監之也尚書顧命諸侯入應門皆布乘黃朱言獻四黃馬朱鬣也既實周天子駕六校人則

何不以馬與圉以六爲數顧命諸侯何以不獻六馬王度記曰大夫駕三經傳無所言是自古無駕三之制也。箋以素至之飾。正義曰前云孑孑干旟言旌旗之狀此云素絲組之爲旌旗之飾可知周禮九旗皆不言組飾釋天說龍旂云飾以組而此卿大夫鄉遂之官亦有組則九旗皆以組爲飾故郭璞曰用綦組飾旒之邊是也**彼姝者子，何以予之。**

孑孑干旌，在浚之城。析羽爲旌城都城也。析星歷反**彼姝者子**

素絲祝之，良馬六之。祝織也四馬六轡箋云祝當作屬屬著也六之者亦謂六見之也。祝毛之六反鄭之蜀反著直略反沈知略反。**彼姝者子，何以告之。**

干旄三章章六句

載馳，許穆夫人作也。閔其宗國顛覆，自傷不能救也。衛懿公爲狄人所滅，國人分散，露於漕邑。許穆夫人閔衛之亡，傷許之小力不能救，思歸

唁其兄又義不得故賦是詩也滅者懿公死也君死於位曰滅露於漕邑者謂戴公也懿公死國人分散宋桓公迎衛之遺民渡河處之於漕邑而立戴公焉戴公與許穆夫人俱公子頑烝於宣姜所生也男子先生曰兄。閔一本作愍密謹反唁音彥弔失國曰唁。

疏載馳五章首章六句二章三章四句四章六句卒章八句至是詩。正義曰此載馳詩者許穆夫人所作也閔念其宗族之國見滅自傷不能救之言由衛懿公爲狄人所滅國人分散故立戴公暴露而舍於漕邑宗國敗滅君民播遷是以許穆夫人閔念衛國之亡傷己許國之小而力弱不能救故且欲歸國而唁其兄但在禮諸侯夫人父母終唯得使大夫問於兄弟有義不得歸是以許人尤之故賦是載馳之詩而見己志也定本集注皆云又義不得則爲有字者非也上云許穆夫人作又云故賦是詩作賦一也以作詩所以鋪陳其志故作詩各曰賦左傳曰許穆夫人賦載馳是也此思歸唁其兄首章是也又義不得二章以下是也此實五章故左傳叔孫豹鄭子家賦載馳之四章四猶未卒明其五也然彼賦載馳義取控引大國今控于大邦乃在卒章言賦四章者杜預云并賦四章以下賦詩雖意有所主欲爲首引之勢并上章而賦之也左傳服虔注載馳五

詩疏三之二　七

章屬鄘風許夫人閔衛滅戴公失國欲馳驅而唁之故作以自痛國小力不能救在禮婦人父母既没不得寧兄弟於是許人不嘉故賦二章以喻思不遠也許人尤之遂賦三章以卒章非許人不聽遂賦四章言我遂往無我有尤也服氏既云載馳五章下歷說唯有四章者服虔意以傳稱四章義取控於大國此卒章乃是傳之所謂四章也因以差次章數以當之首章論歸唁之事揔其所思之意下四章爲許人所尤而作之置首章於外以下别數爲四章也言許大夫不嘉故賦二章謂除首章而更有二章即此二章三章是也凡詩之作首尾接連未有除去首章更爲次弟者也服氏此言無所案據正以傳有四章之言故爲此釋不如杜氏并賦之說也○滅者至曰滅。正義曰君死於位曰滅公羊傳文也春秋之例滅有二義若國被兵寇敵人入而有之其君雖存而出奔國家多喪滅則謂之滅故左傳曰凡勝國曰滅齊滅譚譚子奔莒狄滅溫溫子奔衛之類是也若本國雖存君與敵戰而死亦謂之滅故云君死於位曰滅即昭二十三年胡子髡沈子逞滅之類是也

載馳載驅歸唁衛侯載辭也弔失國曰唁箋云載之言則也衛侯戴公也○駈字亦作驅如字協韻亦音丘。**驅馬悠悠言至于漕**悠悠遠貌漕衛東邑箋云夫人願御者驅馬悠悠乎我欲至于漕。**大夫跋涉我心則憂**草行曰跋水行曰涉箋云跋涉者衛大夫來告難於許時。跋涉蒲末反韓詩云不由蹊遂而涉曰跋涉難乃旦反

疏載馳至則憂。正義曰夫人言己欲驅馳而往歸於宗國以弔唁衛侯故願御者驅馳馬悠悠然而遠行我欲疾至於漕邑我所以思願如是者以衛大夫跋涉而告難於我我心則憂閔其亡傷不能救故且驅馳而唁之鄭唯載之言則爲異餘同。傳弔失國曰唁。正義曰昭二十五年公孫於齊次於陽州齊侯唁公於野井穀梁傳曰弔失國曰唁唁公不得入于魯是也此據失國言之若對弔死曰弔則弔生曰唁何人斯云不入唁我左傳曰齊人獲臧堅齊侯使夙沙衛唁之服虔云弔生曰唁以生見獲故唁之也。傳草行曰跋。正義曰左傳云跋涉山川則跋者山行之名也言草行者跋本行草之名故傳曰反首茇舍以行山必有草故山行亦曰跋

既不我嘉不能旋反不能旋反我思也箋云既盡嘉善也言許人盡不善我欲歸唁兄。**視爾不臧我思不遠**不能遠衛也箋云爾女女許人也臧善也視女不施善道救衛。臧子郎反遠于萬反注同協句如字

疏既不至不遠。正義曰夫人既欲歸唁而許大夫不聽故責之云汝許人盡不善我欲歸唁其兄然不能旋反我心中之思使不思歸也既不得去而又責之言我視汝許大夫不施善道以救衛由此故我思不遠於衛恒欲歸唁之爾既不能救何以止我也

詩疏三之二　八

既不我嘉不能旋濟濟止也。**視爾不臧我思不閟**閟閉也。閟悲位反徐又方冀反。**陟彼阿丘言采其蝱**偏高曰阿丘蝱貝母也升至偏高之丘采其蝱者將以療疾箋云升丘采貝母猶婦人之適異國欲得力助安宗國也。蝱音盲藥名也療力照反**女子善懷亦各有行**行道也箋云善猶多也懷思也女子之多思者有道猶升丘采其蝱也**許人尤之衆穉且狂**尤過也是乃衆幼穉且狂進取一槩之義箋云許人許大夫也過之者過夫人之欲歸唁其兄。尤本亦作訧音同穉本又作稚直吏反槩古愛反

疏陟彼至且狂。正義曰夫人既爲許人所止而不得歸故說已歸意以非之言有人升彼阿丘之上言欲采其蝱者欲得其蝱以療疾猶婦人適於異國亦欲得力助以安宗國然我言力助宗國似采蝱療疾是我女子之多思亦各有道理也既不能救思得暫歸

許人守禮尤我言此許人之尤過者是乃衆童穉無知且狂狷之人也唯守一槩之義不知我宗國今入敗滅不與常同何爲以常禮止我也。傳偏高至貝母。正義曰偏高阿丘釋丘文李巡曰謂丘邊高蝱貝母釋草文陸機疏云蝱今藥草貝母也其葉如栝樓而細小其子在根下如芋子正白四方連累相著有分解是也。箋善猶至采蝱。正義曰夫人思衛爲許所尤方宜開釋許人不宜自稱善思故許人尤之明嫌其多思故云善猶多也此多思有道自夫人之意言猶升丘采蝱者以經云亦各有行亦各不一之辭明采蝱與已俱有道理故云亦各也然則此與上互相明上言采蝱療疾猶已欲力助宗國此言已思有理則采蝱亦有理矣。傳是乃至之義。正義曰論語云狂者進取注云狂者進取仰法古例不顧時俗是進取一槩之義一槩者一端不曉變通以常禮爲防不聽歸唁是童蒙而狂也。箋許人許大夫。正義曰下云大夫君子故許人爲許大夫上章視爾不臧箋云爾汝汝許人大夫亦由此也大夫而曰人者衆辭下箋云君子國中賢者此獨云大夫者以言衆穉且狂是責大夫之辭故不及國中賢者下以已情恕而告之不必雅對國中大夫故兼言賢者焉

我行其野芃芃其麥願行衛之野麥芃芃然方盛長箋云麥芃芃者言未收刈民將困也。芃薄紅反徐又符雄反長張丈反

控于大邦誰因誰極控引極至也箋云今衛侯之欲求援引之力助於大國之諸侯亦誰因乎由誰至乎閔之故欲歸問之。控苦貢反引夷忍反又夷刃反援于眷反又音袁沇于蔿反

大夫君子無我有尤箋云君子國中賢者

無我有尤無過我也

百爾所思不如我所之不如我所思之篤厚也箋云爾女女衆大夫君子也【疏】我行至所之。正義曰夫人願得歸唁說已往意我所以歸唁。於衛者我比欲行衛之野觀其芃芃然方盛之麥時未收刈明民困苦閔其國民故欲往行之又欲問衛求援引之力助於大國之諸侯亦由誰因乎由誰至乎我之歸唁爲此而已爾許之大夫及國中君子無以我爲有過而不聽問爾之過我由不思念於衛汝百衆大夫君子縱有所思念於衛不如我所思之篤厚也由情不及已故不聽我去耳。箋欲求至誰至乎。正義曰此時宋桓公迎衛之遺民立戴公是夫人所知不須問矣又於時十二月也草木已枯野無生麥而云問所控引言欲觀麥者夫人志在唁兄思歸訪問非是全不知也又思欲嚮衛得於三月四月民飢麥盛之時出行其野不謂當今十二月也故鄭志荅趙商云狄人入衛其時明然戴公廬漕及城楚丘二者是遥後其國也許夫人傷宗國之滅又閔其民欲歸行其野視其麥是時之憂思乃引日月而不得歸責以冬夏與誰因誰極未通於許夫人之意是也。

載馳五章一章六句二章四句一章六句一章八句

鄘國十篇三十章百七十六句

衛淇奥詁訓傳第五。鄭王俱云紂都之東也

毛詩國風　鄭氏箋　孔穎達疏

淇奥美武公之德也有文章又能聽其規諫以禮自防故能入相于周美而作是詩也。淇奥上音其下音於六反一音烏報反淇水名奥隈也草木疏云奥亦水名相息亮反【疏】淇奥三章章九句至是詩。正義曰作淇

奥詩者美武公之德也既有文章又能聽臣友之規諫以禮法自防閑故能入相於周爲卿士由此故美之而作是詩也沔水箋云規者正圓之器也司諫注云以義正君曰規然則方圓者度之準禮義者德之則正圓以規使依度猶正君以禮使入德故謂之規諫諫干也于君之意而告之卒章傳曰重較卿士之車則入相爲卿士也賓之初筵云武公既入而作是詩也則武公當幽王之時已爲卿士矣又世家云武公將兵佐周平戎甚有功平王命爲公則平王之初未命爲公亦爲卿士矣此云入相于周不斥其時之王或幽或平未可知也若平王則爲公而云卿士而卿爲典事公其兼官故顧命注公兼官以六卿爲正次是也言美武公之德總敘三章之義也有文章即有斐君子是也聽其規諫以禮自防即切磋琢磨金錫圭璧是也入相於周即充耳會弁猗重較兮是也其餘皆是武公之德從可知也序先言聽諫自防乃言入相於周者以先說在國之德乃言入相經亦先言其德盛聽諫後陳卿士之車服爲事次也諸言美者美所施之政教此則論質美德盛學問自修乃言美其身之德故敘者異其文也案世家云武公以其賂賂士以襲攻共伯而殺兄篡國得爲美者美其逆取順守德流於民故美之齊桓晉文皆篡弒而立終建大功亦皆類也。**瞻彼淇奥**

緑竹猗猗。興也。奧，隈也。緑，王芻也。竹，萹竹也。猗猗，美盛貌。武公質美德盛，有康叔之餘烈。○緑竹，並如字。爾雅作菉，音同。韓詩竹作藩，音徒沃反，云：藩，萹筑也。石經同。猗，於宜反。隈，烏迴反。孫炎云：水曲中也。芻，初俱反。郭璞云：今呼白腳莎。莎音蘇禾反。一云即菉蓐草也。蓐音辱。萹竹，本亦作扁，四善反，又音篇，郭四殄反，一音布典反。竹音如字，又敕六反。韓詩作䈏，音同。郭云：似小藜，赤莖節，好生道旁，可食，又殺蟲。草木疏云：有草似竹，高五六尺，淇水側人謂之菉竹也。之烈，一本作之餘烈。有匪君子，如切如磋，如琢如磨。匪，文章貌。治骨曰切，象曰磋，玉曰琢，石曰磨，道其學而成也。聽其規諫以自脩，如玉石之見琢磨也。○匪，本又作斐，同，芳尾反，下同。韓詩作邲，美貌也。磋，七何反。琢，陟角反。磨，本又作摩，莫何反。瑟兮僩兮，赫兮咺兮。瑟，矜莊貌。僩，寬大也。赫，有明德赫赫然。咺，威儀容止宣著也。○僩，遐板反，韓詩云：美貌。說文云：武貌。赫，呼白反。咺，況晚反，韓詩作宣，宣，顯也。有匪君子，終不可諼兮。諼，忘也。○諼，音況元反，又音況遠反。

【疏】「瞻彼」至「諼兮」。○正義曰：視彼淇水隈曲之內，則有王芻與萹竹猗猗然美盛，以興視彼衛朝之上，則有武公質美德盛。然則王芻、萹竹所以美盛者，由得淇水浸潤之故；武公所以德盛者，由得康叔之餘烈故。又言此有斐然文章之君子，謂武公能學問聽諫，以禮自脩，而成其德美，如骨之見切，如象之見磋，如玉之見琢，如石之見磨，以成其寶器。而又能瑟兮顏色矜莊，僩兮容貌寬大，赫兮明德外見，咺兮威儀宣著。有斐然文章之君子，盛德之至如此，故民稱之，終不可以忘兮。○傳「奧隈」至「餘烈」。○正義曰：「奧，隈」，釋丘文。孫炎曰：「隈，水曲中也。」又云：「厓內爲隩。」李巡曰：「厓內近水爲隩」是也。陸機云：「淇、奧，二水名。」以毛云「隩，隈」爲誤，此非也。爾雅所以訓此，而云「隩，隈」，明非毛誤。釋草云：「菉，王芻。」舍人曰：「菉，一爲王芻。」某氏曰：「菉，鹿蓐也。」又曰：「竹，萹蓄。」李巡曰：「一物二名。」郭璞曰：「似小藜，赤莖節，好生道傍，可食。」此作竹篇竹，字異音同，故孫炎、某氏皆引此詩，明其同也。陸機云：「緑竹一草名，其莖葉似竹，青緑色，高數尺。今淇隩傍生此，人謂此爲緑竹。」此說亦非也。詩有「終朝采緑」，則緑與竹別草，故傳依爾雅以爲王芻與篇竹異也。二章「緑竹青青」，傳云「茂盛」；卒章「緑竹如簀」，傳云「積也」。言茂盛似如積聚，亦爲美盛也。又云「有康叔之餘烈」者，烈，業也，美武公之質美德盛，有康叔之餘業，即謂以淇水比康叔，以隩內比衞朝，以緑竹美盛比武公質美德盛也。○傳「匪文章」至「琢磨」。○正義曰：論語云「斐然成章」，序曰「有文章」，故斐爲文章貌也。釋器云：「骨謂之切，象謂之磋，玉謂之琢，石謂之磨。」孫炎曰：「治器之名。」則此謂治器加功而成之名也。故論語注云「切磋琢磨以成寶器」是也。此其對例耳。「白圭之玷，尚可磨」，則玉亦得稱磨也。故下箋云「圭璧亦琢磨」。傳既云切磋琢磨之用，乃云「道其學而成也」，指解切磋之喻也。又言「而能聽其規諫，以禮自脩飾，如玉石之見琢磨」，則唯解琢磨，無切磋矣。此經文相似，傳必知分爲別喻者，以釋訓云：「如切如磋，道學也。」郭璞曰：「骨象須切磋而爲器，人須學問以成德。」又云：「如琢如磨，自脩也。」郭璞曰：「玉石之被琢磨，猶人自脩飾也。」禮記大學文同爾雅，是其別喻可知。○傳「瑟矜莊」至「宣著」。○正義曰：此四者皆言內有其德，外見於貌，大同而小異也。瑟，矜莊，是外貌莊嚴也。僩，寬大，是內心寬裕。赫，有明德赫赫然，是內有其德故發見於外也。咺，威儀宣著，皆言外有其儀，明內有其德。故釋訓與大學皆云：「瑟兮僩兮，恂慄也。赫兮咺兮，威儀也。」以瑟僩者自矜持之事，故云恂慄也，言其嚴峻戰慄也。赫咺者容儀發揚之言，故言威儀也。其實皆是威儀之事，但其文互見，故分之。

瞻彼淇奧，緑竹青青。青青，茂盛貌。○青，子丁反，本或作菁，音同。有匪君子，充耳琇瑩，會弁如星。充耳謂之瑱。琇瑩，美石也。天子玉瑱，諸侯以石。弁，皮弁，所以會髮。箋云：會，謂弁之縫中，飾之以玉，皪皪而處，狀似星也。天子之朝服皮弁，以日視朝。○琇，音秀，沈又音誘，說文作璓，云：石之次玉者。弋久反。瑩，音榮，徐又音營，又音瑩磨之瑩。會，古外反，注同，鄭注周禮則如字，說文作䯤。弁，皮變反。瑱，天見反。縫，符用反。皪，本又作礫，音歷，又音洛。朝，直遙反，下及下篇同。

【疏】「有匪」至「如星」。○毛以爲有斐然文章之君子，謂武公，其充耳以琇瑩之石爲之，會髮之弁，文駮如星。言有其德而稱其服，故宜入王朝而爲卿相也。○鄭說在箋。○傳「天子」至「會髮」。○正義曰：案冬官玉人職云：「天子用全，上公用龍，侯用瓚，伯用將。」鄭注云：「公侯四玉一石，伯子男三玉二石。」由此言之，此傳云「諸侯以石」，謂玉石雜也。禮記云：「周弁，殷冔，夏收。」言收者所以收髮，則此言會者所以會髮可知。○箋「會謂」至「視朝」。○正義曰：弁師云：「王之皮弁，會五采玉璂。」注云：「會，縫中也。皮弁之縫中，每貫結五采玉十二以爲飾，謂之綦。詩云『會弁如星』，又曰『其弁伊綦』是也。」此云武公所服，非爵弁，是皮弁也。皮弁而言會，與弁師皮弁之會同，故云謂弁之縫中也。弁師上云「王之皮弁，會五采玉璂」，又曰：「諸侯及孤卿大夫之皮弁，各以其等爲之。」注云：「皮弁則侯伯璂飾七，子男璂飾五，玉亦三采。」武公本畿外諸侯，入相於周，自以本爵爲等，則玉用三采而璂飾七，故云「飾之以玉，皪皪而處，狀似星若非外土諸侯事王朝者則卿瑧飾六大夫瑧飾四及諸侯孤卿大夫各依命數並玉用二采其韋弁飾與皮弁同此皮弁天子視朝之服玉藻云天子皮弁以日視朝是也在朝君臣同服故言天子之朝也諸侯亦皮弁以視朝以序云入。相於周故爲在王朝之服**瑟兮僩兮赫兮咺兮有匪君子終不可諼兮瞻彼淇奧綠竹如簀**簀積也。簀音責**有匪君子如金如錫如圭如璧**金錫鍊而精圭璧性有質箋云圭璧亦琢磨四者亦道其學而成也**寬兮綽兮倚重較兮**寬能容衆綽緩也重較卿士之車箋云綽兮謂仁於施舍。綽昌若反猗於綺反依也重直恭反注同較古岳反車兩傍上出軾也施如字又詩豉反又式氏反**善戲謔兮不爲虐兮**寬緩弘大雖則戲謔不爲虐矣箋云君子之德有張有弛故不常矜莊而時戲謔。謔香略反弛本亦作施同式氏反

〔疏〕有匪至虐兮。正義曰言有匪然文章之君子謂武公器德已成練精如金錫道業既就琢磨如圭璧又性寬容兮而情綽緩兮既外脩飾而內寬弘入相爲卿士倚此重較之車兮實稱其德也又能善戲謔兮而不爲虐兮言其張弛得中也。傳金錫至有質。正義曰此與首章互文首章論其學問聽諫之時言如器未成之初須琢磨此論道德既成之時故言如圭璧已成之器傳以金錫言其質故釋之言此已鍊而精圭璧舉已成之器故本之言性有質亦互文也言金錫有其質鍊之故益精圭璧有其實琢磨乃成器故箋云圭璧亦琢磨四者亦道其學而成之。傳重較卿士之車。正義曰序云入相於周而此云猗重較兮故云卿士之車輿人注云較兩輢上出軾者則較謂車兩傍今謂之平較案大車以子男入爲大夫得乘子男車服則此重較謂侯伯之車也但周禮無重較單較之文。箋綽兮謂仁於施舍。正義曰謂有仁心於施恩惠舍勞役左傳曰喜有施舍是也俗本作人字者誤定本作仁

淇奧三章章九句

考槃刺莊公也不能繼先公之業使賢者退而窮處窮猶終也。槃薄寒反

〔疏〕考槃三章章四句至窮處。正義曰作考槃詩者刺莊公也刺其不能繼其先君武公之業脩德任賢乃使賢者退而終處於澗阿故刺之言先君者雖今君之先以逼於遠要則不承繼者皆指其父故晨風云忘穆公之業又曰棄先君之舊臣先君謂穆公也此刺不能繼先君之業謂武公也經三章皆是也○箋窮猶終。○正義曰不以澗阿爲窮處者以經皆賢者怨君之辭而言成樂在澗成其樂之所在是終處之義故以窮爲終也

考槃在澗碩人之寬考成槃樂也山夾水曰澗箋云碩大也有窮處成樂在於此澗者形貌大人而寬然有虛乏之色。澗古晏反韓詩作干云墝埆之處也樂音洛下同夾古洽反**獨寐寤言永矢弗諼**箋云寐覺永長矢誓諼忘也在澗獨寐覺而獨言長自誓以不忘君之惡志在窮處故云然○覺交孝反又如字

〔疏〕考槃至弗諼。正義曰此篇毛傳所說不明但諸言碩人者傳皆以爲大德之人卒章碩人之軸傳訓軸爲進則是大德之人進於道義也推此而言則寬邁之義皆不得與箋同矣王肅之說皆述毛傳其注云窮處山澗之間而能成其樂者以大人寬博之德故雖在山澗獨寐而覺獨言先王之道長自誓不敢忘也美君子執德弘信道篤也歌所以詠志長以道自誓不敢過差其言或得傳旨今依之以爲毛說鄭以爲成樂在於澗中而不仕者是形貌大人寬然而有虛乏之色既不爲君用飢乏之退處故獨寐而覺則言長自誓不忘君之惡莊公不用賢者反使至飢困故刺之。傳山夾水曰澗。正義曰釋山文也傳以澗爲窮處下文阿陸亦爲窮處矣故釋地云大陵曰阿而下傳曰曲陵曰阿以大雅云有卷者阿則阿有曲者於隱遯爲宜釋地又云高平曰陸大陸曰阜則陸與阜類亦可以隱居也。箋成樂至之色。正義曰此經言考槃文連在澗明碩人成樂在於此澗謂成此樂而不去所謂終處也以寬邁及軸言碩人之飢狀則碩人是其形也故云形貌大人不以寬爲寬德者以卒章言軸爲病反以類此故知爲虛乏之色也不論其有德之事者以怨君不用賢有德可知故不言也。箋在澗至云然。正義曰賢者志欲終處於此澗而不仕君朝故云然若其更有仕心則不復自誓矣

考槃在阿碩人之薖曲陵曰阿薖寬大貌箋云薖飢意○薖苦禾反韓詩作過過美貌**獨寐寤歌永矢弗過**箋云弗過者不復入君之朝也○過古禾反注同崔古臥反復符又反下同

考槃在陸碩人之軸軸進也箋云軸病也軸毛音迪鄭直六反

〔疏〕傳軸進箋軸病。正義曰傳軸爲

迪釋詁云迪進也箋以與陸爲韻宜讀爲逐釋詁云逐病逐與軸蓋古今字異**獨寐寤宿永矢弗告**無所告語也箋云不復告君以善道。語魚據反

考槃三章章四句

碩人閔莊姜也莊公惑於嬖妾使驕上僭莊姜賢而不荅終以無子國人閔而憂之嬖補惠反上時掌反僭作念反。〔疏〕碩人四章章七句至憂之。○正義曰嬖妾謂州吁之母惑者謂心所嬖愛使情迷惑故夫人雖賢不被荅偶經四章皆陳莊姜宜荅而君不親幸是爲國人閔而憂之

碩人其頎衣錦褧衣頎長貌錦文衣也夫人德盛而尊嫁則錦衣加褧襜。箋云碩大也言莊姜儀表長麗俊好頎頎然褧禪也國君夫人翟衣而嫁今衣錦者在塗之所服也尚之以禪衣爲其文之大著。頎其機反衣錦於既反注夫人衣翟今衣錦同褧苦迥反徐又孔穎反說文作檾枲屬也襜昌占反俊本又作姣古卯反下同禪音丹爲于僞反大音泰下大子同著音物賀反。

〈詩疏三之三　圭

齊侯之子衛侯之妻東宮之妹邢侯之姨譚公維私東宮齊大子也女子後生曰妹妻之姊妹曰姨姊妹之夫曰私箋云陳此者言莊姜容貌既美兄弟皆正大。邢音形姬姓國譚徒南反國名〔疏〕碩人至維私。毛以爲有大德之人其貌頎頎然長美衣此文錦之服而上加以褧襜之禪衣在塗服之以來嫁者乃是齊侯之子嫁爲衛侯之妻又是東宮太子之妹嫡夫人所生爲邢侯之姨而譚公又是其私容貌既美父母兄弟正大如此君何爲不荅之也。鄭以碩人爲形貌碩大爲異。傳頎長至褧襜。○正義曰猗嗟云頎而長兮孔世家云頎然而長故爲長貌以類下箋云敖敖猶頎頎也與此相類故亦爲長貌以類宜重言故箋云頎頎然也王制云錦文珠玉書傳云衣文錦故知錦文衣也以碩爲大德錦衣爲在塗之服故云夫人德盛而尊嫁則錦衣褧衣上衣謂衣著下衣爲衣服丰云衣錦褧衣對裳錦褧裳非著名故箋云裳用錦與此異也襜亦禪而在上故云加之以褧襜。○箋莊姜至大著。○正義曰言莊姜儀容表狀乃長大而佳麗又佼壯美好頎頎然也玉藻云禪爲絅故知褧禪衣也又解國君夫人當翟衣而嫁今言錦衣非翟衣則是在塗之所服也錦衣所以加褧著爲其文之大著也故中庸云衣錦尚絅惡其文之大著是也此夫人錦衣爲在塗之服丰云錦衣錦裳庶人之妻嫁時之服非爲在塗與夫人異也士昏禮云女次純衣纁袡士禮故不用錦衣庶人之妻得與夫人同者賤不嫌也。傳東宮至曰私。○正義曰太子居東宮因以東宮表太子故左傳曰娶於東宮得臣之妹服虔云得臣齊太子名居東宮是也繫太子言之明與同母見夫人所生之貴故箋云兄弟皆正大經無弟而言弟者協句也釋親云男子謂女子先生爲姊後生爲妹妻之姊妹同出爲姨女子謂姊妹之夫爲私孫炎曰同出俱已嫁也私無正親之言然則謂吾姨者我謂之私邢侯譚公皆莊姜姊妹之夫互言之耳春秋譚子奔莒則譚子爵言公者蓋依臣子之稱便文耳

手如柔荑如荑之新生。荑徒奚反〔疏〕傳如荑之新生。○正義曰以荑所以柔新生故也若久則不柔故知新生也

膚如凝脂如脂之凝〔疏〕傳如脂之凝。○正義曰以脂有凝有釋散文則膏脂皆揔名對例即內則注所云脂肥凝者釋者曰膏釋器云冰脂也孫炎曰膏凝曰脂是也

領如蝤蠐領頸也蝤蠐蝎蟲也。蝤似脩反徐音曹蠐本亦作蠐又作齊同音齊沈又音茨爾雅云蟦蠐螬蝤蠐蝎郭云蠐螬在糞土中蝎在木中蝎桑蠹是

〈詩疏三之三　夫

也蟦音肥分反蠹音妬蝎也音曷或音葛〔疏〕傳領頸蝤蠐蝎蟲。○正義曰領一名頸故禮記曰其頸五寸又名項士冠禮云緇布冠頍項是也釋蟲云蟦蠐螬蝤蠐蝎孫炎曰蠐螬謂之蟦蠐關東謂之蝤蠐梁益之間謂之蝎又曰蝎蛣蝠孫炎曰蝎木蟲也又曰蝎桑蠹孫炎曰即蛣蝠也然則蟦蠐也蠐螬也蝤蠐也蛣蝠也桑蠹也蝎也一蟲而六名也以在木中白而長故以比頸今定本云蝤蠐蝎也無蟲字與爾雅合。

齒如瓠犀瓠犀瓠瓣。瓠戶故反犀音西瓣補遍反又蒲莧反沈又蒲閑反。〔疏〕傳瓠犀瓠瓣。○正義曰釋草云瓠棲瓣也今定本亦然孫炎曰棲瓠中瓣也棲與犀字異音同

螓首蛾眉螓首顙廣而方箋云螓謂蜻蜻也。螓音秦蛾我波反顙蘇黨反蜻郭徐子盈反沈又慈性反方頭有文王肅云如蟬而小。〔疏〕箋螓謂蜻蜻。○正義曰釋蟲云蚻蜻蜻舍人曰小蟬也青青者某氏曰鳴蚻蚻者孫炎曰方言云有文者謂之螓郭氏曰如蟬而小有文是也此蟲額廣而且方此經手膚領齒舉全物以比之故言如螓首蛾眉則指其體之所似故不言如也

巧笑倩兮倩好口輔。倩本亦作蒨七薦反韓詩云蒼白色〔疏〕傳倩好口輔。○正義曰以言巧笑之狀故知好口輔也左傳曰輔車

相依服虔云輔上頷車也與牙相依則是牙外之皮膚頰下之別名也故易云咸其輔頰舌明輔近頰也而非頰也笑之貌美在於口輔故連言之也。**美目盼兮**盼白黑分箋云此章說莊姜容貌之美所宜親幸。盼敷莧反徐又膚諫反韓詩云黑色也字林云美目也匹間反又匹莧反**碩人敖敖說于農郊**敖敖長貌農郊近郊箋云敖敖猶頎頎也說當作禭禮春秋之禭讀皆宜同衣服曰禭今俗語然此言莊姜始來更正衣服于衞近郊。敖五刀反說本或作稅毛始銳反舍也鄭作禭音遂**四牡有驕朱幩鑣鑣翟茀以朝**驕壯貌幩飾也人君以朱纏鑣扇汗且以為飾鑣鑣盛貌翟翟車也夫人以翟羽飾車茀蔽也箋云此又言莊姜自近郊既正衣服乘是車馬以入君之朝皆用嫡夫人之正禮今而不荅。驕起橋反幩孚云反又符云反說文云馬纏鑣扇汗也鑣表驕反馬銜外鐵也一名扇汗又曰排沫爾雅云鑣謂之钀钀音魚列反沫音末茀音弗朝直遙反注皆同適丁歷反本亦作嫡。**大夫夙退無使君勞**大夫未退君聽朝於路寢夫人聽內事於正寢大夫退然後罷箋云莊姜始來時衞諸大夫朝夕者皆早退無使君之勞倦者以君夫人新為妃耦宜親親之故也。夙退韓詩退罷也案禮記云朝廷曰退妃曰配【疏】碩人至君勞。毛以為言有大德之人敖敖然其形貌長美其初來嫁則說舍於衞之近郊而整其車飾則乘四牡之馬驕驕然壯健以朱飾其鑣則鑣鑣然而盛美又以翟羽為車之蔽其車馬之飾如此乃乘之以入君之朝既入朝而諸大夫聽朝者皆為早退以君與夫人新為妃耦宜相親幸無使君之勞倦。此言莊姜容貌之美皆用嫡夫人之正禮君何為不荅之乎。鄭以為形貌大人而佼好長麗敖敖然至於國舍其在塗之服而更正衣服於近郊乃馳車馬以入國餘同。傳農郊近郊。正義曰以下云翟茀以朝明此在國近郊毛於詩皆不破字明此說為舍孫毓述毛云說之為舍常訓也。箋說當至近郊。正義曰類前章衣錦褧衣謂在塗之服明至近郊更正翟衣而入國故為禭不言聲之誤從可知士喪禮云兄弟不以禭進雜記云禭者曰寡君使某禭此禮之禭春秋文九年秦人來歸僖公成風之禭隱元年公羊傳曰衣被曰禭穀梁傳曰衣衾曰禭此春秋之遂也禭於農郊之禭與禮及春秋之禭讀皆同也禮與春秋之禭謂之衣服曰禭贈死者故何休云禭猶遺也以衣服可以遺人因謂衣服為禭雖遺吉之衣服亦謂為禭今俗語猶然以禮文施於死者故引俗語以

證之傳云衣被衣衾此云衣服者以夫人所更正而服之不必為衾也故云服服摠名也前衣錦褧衣在塗之服則此為夫人所嫁之服所嫁之服褕翟之等也以近郊服之而入國故為更正衣服於衞近郊又下言夫人車馬之飾明此為正其所著之正服也。傳幩飾至茀蔽。正義曰以言朱幩朱為飾之物故幩為飾又解朱所飾之狀故言人君以朱纏鑣扇汗且因以為馬之飾此纏鑣之鑣自解飾之所施非經中之鑣也故又云鑣鑣盛貌言既以朱飾其鑣而四牡之馬鑣鑣而盛非謂唯鑣之盛淸人云駟介麃麃傳曰盛貌與此同也車之所以有翟者夫人以翟羽飾車茀車蔽也婦人乘車不露見車之前後設障以自隱蔽謂之茀因以翟羽為之飾巾車注引詩乃云此翟茀蓋厭翟也厭翟次其羽使相迫也重翟厭翟謂蔽是也。傳大夫至然後罷。正義曰釋大夫所以早退之意而兼言夫人者以君聽外治夫人聽內職事與君皆同大夫退然後罷故連言之玉藻云君日出而視朝退適路寢聽政使人視大夫大夫退然後適小寢釋服適小寢即是罷也又昏義曰天子聽外治后聽內職夫人之於國與后同故知聽內事於正寢雞鳴箋云蟲飛薨薨所以當起者卿大夫朝者旦罷歸則似早退由君者以國之政事君與大夫之所謀若君早朝事早畢若晚朝事晚畢故云卿大夫旦罷歸是早晚由君也君出視朝事畢乃之路寢以待大夫之所諮決事之多少大夫所主故使人視大夫大夫退然後罷明非由於大夫要事畢否。大夫。**河水洋洋北流活活施罛濊濊**洋洋盛大也活活流也罛魚罟濊施之水中鱣鯉也鮪鮥也發發盛貌**鱣鮪發發葭菼揭揭庶姜孽孽庶士有朅**葭蘆菼薍也揭揭長也孽孽盛飾庶士齊大夫送女者朅武壯貌箋云庶姜謂姪娣此章言齊地廣饒士女佼好禮儀之備而君何為不荅夫人。洋音羊徐又音祥活古闊反又如字罛音孤濊呼活反馬云大魚網目大豁豁也韓詩云流貌說文云凝流也鱣陟連反大魚口在頷下長二三丈江南呼黃魚與鯉全異鮪于軌反似鱣大者名王鮪小者曰叔鮪沈云江淮間曰叔伊洛曰鮪海濱曰鮥發補末反馬云魚著罔尾發發然韓詩作鱍葭音加菼他覽反玉篇通敢反揭其謁反徐居謁反孽魚竭反徐五謁反韓詩作钀牛遏反長貌朅欺列反徐起謁反韓詩作桀云健也罛音孤罟音古鮥音洛蘆音盧薍五患反江東呼之烏蓲蓲音丘。【疏】傳罛魚罟至送女者。正義曰釋器云魚罟謂之罛李巡曰魚罟捕魚具也鱣鯉鮪鮥謂魚有二名釋魚有鯉鱣舍人曰鯉一

名鱣郭璞曰鱣今赤鯉魚也鱣大魚似鱏而短鼻口在頷下體有邪行甲無鱗肉黄大者長二三丈今江東呼爲黄魚郎是也釋魚又有鮥鮎孫炎曰鱣一名鮎郭璞曰鮥今鱣額白魚鮎别名鮵江東通呼鮎爲鮧舍人以鱣鯉爲一魚孫以鱣鮎爲一魚郭璞以四者各爲一魚陸機云鱣鮪出江海三月中從河下頭來上鱣身形似龍鋭頭口在頷下背上腹下皆有甲縱廣四五尺今於盟津東石磧上釣取之大者千餘斤可烝爲臛又可爲鮓魚子可爲醬鮪魚形似鱣而青黑頭小而尖似鐵兜鍪口亦在頷下其甲可以摩薑大者不過七八尺益州人謂之鱣鮪大者爲王鮪小者爲鮇鮪一名鮥肉色白味不如鱣也今東萊遼東人謂之尉魚或謂之仲明仲明者樂浪尉也溺死海中化爲此魚如陸之言又以今語驗之則鯉鮪鱣鮥皆異魚也故郭璞曰先儒及毛詩訓傳皆謂此魚有兩名今此魚種類形狀有殊無緣强合之爲一物是郭謂毛傳爲誤也葭蘆菼薍釋草文李巡曰分别葦類之異名郭璞曰蘆葦也薍似葦而小如李巡云蘆薍共爲一草如郭云則蘆薍别草大車傳曰菼鵻也蘆之初生則毛意以葭菼爲一草也陸機云薍或謂之荻至秋堅成則謂之萑其初生三月中其心挺出其下本大如箸上鋭而細揚州人謂之馬尾以今語驗之則蘆薍别草也桓三年左傳曰凡公女嫁於敵國公子則下卿送之於時齊衛敵國莊姜齊侯之子則送者下卿也大夫卿之揔名士者男子之大稱故云庶士齊大夫送女者。箋庶姜至廣饒。正義曰此爲莊姜不見荅而言則非曰國中之女故爲姪娣二者非一故稱衆也齊所以得有河者左傳曰賜我先君之履西至於河是河在齊西北流也衛境亦有河知此是齊地者以庶姜庶士類之知不據衛之河也

碩人四章章七句

附釋音毛詩注疏卷第三（三之二）

黄中模栞

毛詩注疏挍勘記（三之二）

阮元撰盧宣旬摘錄

○相鼠

而刺在位承先君之化 小字本相臺本同唐石經承上有不字案唐石經誤也正義云故刺其在位有承先君之化無禮儀又云以其承先君之化弊風未革不當有不字

孝經曰容止可觀 閩本明監本毛本此下有注小字本相臺本無考文古本同案山井鼎云此亦釋文混入於注者也考十行本下脱圓圍山井鼎所云宋版上下相連者即此故閩本以下致誤也

韓詩止節 補 毛本作則雖居尊

○干旄

有虞氏以爲綏 閩本明監本毛本同案綏當作緌又綏以旄牛尾爲之同下文皆不誤可證

天子以下建旃之者 閩本同明監本毛本之誤旃案此之字當在建字上誤錯於此下又獨以爲卿之建旃者可證

去其旒異於此 閩本明監本毛本此作生案所改是也

服氏云六人維王之大常 閩本明監本毛本同案服上浦鏜云脱節字是也

則此名亦有大夫 閩本明監本毛本同案名當作各形近之譌

亦爲五見之也 小字本同相臺本爲作謂閩本明監本毛本同案謂字是也考文一本爲謂複出者誤

互之閒也 閩本明監本毛本同案浦鏜云元誤互是也

○載馳

又義不得 唐石經小字本相臺本同案正義云定本集注皆云又義不得則爲有字者非也上文云有義不得歸正義本當是有字也下文云又義不得二章以下者旣從定本集注即改而說之也

爾女女許人也 小字本相臺本同案考文古本作爾汝也汝汝許人也考此與草蟲雄雉等箋同例不當增加其字詳見上又注女字正義作汝乃易古字爲今字之例不當并注而改爲汝是其采正義之誤也以後盡同

猶升丘采其蝱也 閩本明監本毛本同小字本相臺本無其字案無者是也

今人敗滅 閩本明監本毛本同案人當作之形近之譌

二章四句 唐石經小字本相臺本作二章章四句案重者是也閩本明監本毛本亦誤不重

鄘國十篇三十章百七十六句 閩本明監本毛本此下別起爲卷題毛詩注疏卷第三云云誤也案山井鼎云宋板不分卷是也

○淇奧

司諫注云以義正君曰規 閩本明監本毛本同案規當作諫上引沔水箋已說規引此說諫也

而云卿士而也 」本明監本毛本下而字作者案所改是

竹篇竹也 閩本明監本毛本同小字本相臺本篇作萹案萹字是也正義不誤釋文綠竹下云竹萹竹也又萹竹本又作篇考爾雅說文及其餘字書無作篇者閩本以下正義中盡誤篇釋文亦有誤者今訂正

如切如磋 唐石經同小字本相臺本磋作瑳案此正義中字皆作磋釋文磋七何反爾雅釋文同考五經文字磋治也在石部瑳玉色鮮在玉部是唐人有以此字從石與瑳兮瑳兮字別者說文有瑳無磋磋本瑳之俗字耳此經及傳并小雅谷風大雅卷阿桑柔箋皆當本是瑳字周禮禮記二釋文亦作瑳

又言此有斐然文章之君子 閩本明監本毛本同案經傳作匪正義作斐匪斐古今字易而說之也例見前釋文匪本又作斐同非正義本也標起止云傳匪文章可證

陸機云淇奧二水名 閩本明監本毛本奧作隩案隩字非也陸機不與傳意同無取爾雅隩字釋文云草木疏云奧亦水名可證也正義又引今淇奧傍生此亦當作奧誤作隩耳

會弁如星 唐石經小字本相臺本同案釋文云會古外反注同鄭注周禮則如字說文作䯤案說文䯤下引詩䯤弁如星許君稱詩當是毛氏而今毛詩不作䯤者鄭箋之本不與許同也凡說文與鄭箋本異者多矣見於釋文者如虺說文作瘣我姑說文作夃所茇說文作废姝說文作姣之屬皆與此同例悉不更出

弁皮弁所以會髮 小字本相臺本同段玉裁周禮漢讀考云疑有錯誤釋弁不當先於會一疑也據正義鄭箋乃有皮弁字毛不言皮弁二疑也云皮弁可以會髮以經釋文會弁似涉皮傳三疑也當云䯤所以會髮無弁皮弁三字爲許叔重所本今考段說是也但釋文正義皆不作䯤鄭箋本毛詩或亦用會字傳云所以會髮是毛以爲骨擿之可會髮者與說文所解合而會爲䯤之假借鄭則仍如字讀之而以弁之縫中易傳也然則此傳作會所以會髮義可通

若非外土諸侯事王朝者 閩本明監本毛本同案浦鏜云事當仕字誤也

又相於周 〔補〕又當作入形近之譌

金錫練而精 小字本相臺本同閩本明監本毛本同案練字是也此借練爲鍊正義亦皆作練可證其不易爲鍊而說之者即以練爲正字不以練鍊爲古今字也考文古本作練采正義閩本以下正義中練字盡改爲鍊誤也

倚重較兮 唐石經小字本相臺本倚作猗閩本明監本毛本同案猗字是也釋文猗於綺反正義云而此云猗重較兮序下正義云猗重較兮是也皆其證此經猗倚假借在作傳箋時人共通曉故不更說車攻兩驂不猗同節南山有實其猗傳猗滿也箋猗倚也因易傳故說之亦是謂猗倚假借也其此正義云倚此重較之車兮者易猗字爲倚字而說之正義於古今字例如此與上下文直引經文者不同例也考文古本作倚采正義而誤經義雜記引曲禮正義荀子楊注文選李注皆作倚疑從犬者譌其記非也又據釋文正義石經說文繫傳羣經音辨以爲唐人雖多引作人旁未若從犬者尤爲信而可徵得之矣凡昔人引書或改或不改非有成例用之資證則可若以爲典要則其失多矣

○考槃

使賢者退而窮處小字本相臺本同唐石經處下有也字考文古本有亦偶合

邁飢意小字本相臺本同閩本同明監本毛本飢誤饑案五經文字云饑飢上穀不熟下餓也經典或借用下字依此則飢餓字從未有借爲饑者明監本毛本誤甚餘同此

○碩人

國人閔而憂之小字本相臺本同案盧文弨云唐石經下有故作是詩也五字刓缺猶可辨今考正義標起止云至憂之是正義本當無此五字

不被荅偶閩本明監本毛本偶誤遇案此荅偶二字出白華箋彼文偶作耦耦偶字同偶者人意相存偶也見儀禮禮記注卽匪風箋之人偶還箋之揖耦不知者改爲遇誤甚

碩人其頎唐石經小字本相臺本同案經義雜記云玉篇頁部引作碩人頎頎據鄭箋知詩頎字本重文六朝時猶未誤其說非也考經文一字傳箋疊字者多矣如明星有爛箋云明星尚爛爛然等是也玉篇乃依箋疊字耳非六朝時經有作碩人頎頎之本也釋文云其頎其機反正義云有大德之人其貌頎頎然長美皆經文作其字之證

國君夫人翟衣而嫁今衣錦者小字本相臺本同閩本明監本毛本同案翟衣當作衣翟釋文經衣錦下云注夫人衣翟今衣錦同是釋文本作衣翟也正義云當翟衣而嫁今言錦衣非翟衣乃正義自爲文但說注意耳不取與注相應也其箋當亦是衣翟不知者用正義文改注文考文古本夫人下衣錦下共有衣字采正義釋文又誤合之也

孔世家云閩本明監本毛本同案孔下浦鏜云脫子字是也

女次紂衣纁袡閩本明監本毛本同案紂當作純因改純帛字遂并此而誤

蝤蠐蝎蟲也小字本相臺本同案此正義本也標起止云蝤蠐蝎蟲又云今定本云蝤蠐蝎也無蟲字與爾雅合釋文蝎也音曷當以定本釋文本爲長

故禮記云其頸五寸閩本明監本毛本同案浦鏜云依投壺文當七寸誤是也

瓠犀瓠瓣小字本相臺本同案正義云釋草云瓠棲瓣也今定本亦然謂無下瓠字也釋文瓠瓣補遍反亦有當以定本爲長

舍人曰小蟬也青青者閩本明監本毛本同案此不誤浦鏜云蜻蜻誤青青非也以青青釋蜻蜻所謂詁訓之法

美目盼兮小字本相臺本同閩本明監本同唐石經盼作盼毛本同案盼字是也

朱幩鑣鑣唐石經小字本相臺本同案釋文鑣鑣表驕反馬銜外鐵也一名扇汗又曰排沫爾雅云鑣謂之钀考傳云幩飾也人君以朱纏鑣扇汗且以爲飾鑣鑣盛貌正義云此纏鑣之鑣自解飾之所施非經中之鑣也故又云鑣鑣盛貌釋文誤以傳鑣解係鑣鑣下段玉裁云玉篇引詩朱幩儦儦載驅作儦儦考廣雅云鑣鑣盛也說文引詩朱幩鑣鑣然則此經假借鑣爲儦也

麃麃傳曰盛貌與此同也閩本明監本毛本同案浦鏜云盛傳作武是也與此同者謂淸人之麃麃與此鑣鑣字同非謂傳同訓盛也不知者改之耳

且罷歸也閩本明監本毛本同案浦鏜云且誤旦下同是也

要事畢否大夫閩本明監本毛本大夫上有在字案所補是也

鱣鮪發發小字本相臺本同唐石經初刻撥後改發案初刻非也考釋文云發發補末反盛貌馬云魚著罔尾發發然是初刻依馬義而改用撥字也舊唐書譏石經字體乖師法此類是也

則非曰國中之女閩本明監本毛本同案浦鏜云曰當目字誤是也

附釋音毛詩注疏卷第三　三之三

毛詩國風　鄭氏箋　孔穎達疏

氓刺時也宣公之時禮義消亡淫風大行男女無別遂相奔誘華落色衰復相棄背或乃困而自悔喪其妃耦故序其事以風焉美反正刺淫泆也○氓莫耕反民也韓詩云美貌別彼列反華戶花反或音花復扶又反背音佩喪息浪反妃音配風福鳳反泆音逸【疏】氓六章章十句至淫泆○正義曰言男女無別者若外言不入於閫內言不出於閫是有別也今交見往來是無別也奔誘者謂男子誘之婦人奔之也華落色衰一也言顏色之衰如華之落也或乃困而自悔者言當時皆相誘色衰乃相棄其中或有困而自悔棄喪其妃耦者故敘此自悔之事以風刺其時焉美者美此婦人反正自悔所以刺當時之淫泆也復相棄背以上揔言當時一國之事或乃困而自悔以下敘此經所陳者是困而自悔之辭也上二

章說女初奔男之事下四章言困而自悔也言既遂矣至於暴矣是其困也躬自悼矣盡亦已焉哉是自悔也

氓之蚩蚩抱布貿絲氓民也蚩蚩者敦厚之貌布幣也箋云幣者所以貿買物也季春始蠶孟夏賣絲○蚩尺之反貿莫豆反匪來貿絲來即我謀箋云匪非即就也此民非來買絲但來就我欲與我謀為室家也○送子涉淇至于頓丘丘一成為頓丘箋云子者男子之通稱言民誘己己乃送之涉淇水至此頓丘定室家之謀且為會期○頓都寸反稱尺證反匪我愆期子無良媒愆過也箋云良善也非我以欲過子之期子無善媒來告期時○愆起虔反字又作諐○將子無怒秋以為期將願也箋云將請也民欲為近期故語之曰請子無怒秋以與子為期○將七羊反語魚據反【疏】氓之至為期○毛以為此婦人言己本見誘之時有一民之善蚩蚩然顏色敦厚抱布而來云當買絲此民於時本心非為來買絲但來就我欲謀為室家之道以買絲為辭以來誘己我時為男子所誘即送此子涉淇水至於頓丘之地與之定謀且為會期男子欲即於夏中以為期已即謂之非我欲得過子之期但子無善媒來告其期時近恐難可會故願子無怒於我與子秋以為期○鄭唯以將為請為異其以時對面與之言宜為請○傳氓民至布幣○正義曰氓民之一名對文則異故遂人注云變民言甿異內外也甿猶懵懵無知貌是其別也其實通故下箋云言民誘己是也論語及靈臺注皆云民者冥也此婦人見棄乃追本男子誘己之時己所未識故以悠悠天下之民言之不取於冥與無知既求謀己與之相識故以男子之通稱言之送子涉淇將子無怒是也既因有廉恥之心以君子所近而託號之以望復關是也以婦人號夫為君子是其常稱故傳曰復關君子之所近又因男子告己云爾卜爾筮已亦荅之云以爾車來也三章言士女者時賢者所言非男女相謂也士者亦男子之大號因賢者所言故四章言士貳其行也以蚩蚩言民之狀故云敦厚貌謂顏色敦厚己所以悅之外府注云布泉也其藏曰泉其行曰布取名於水泉其流行無不徧檀弓註云古者謂錢為泉布所以通布貨財泉亦為布也知此布非泉而言幣者以言抱之則宜為幣泉則不宜抱之也載師鄭司農云里布者布參印書廣二寸長二尺以為幣貿易物引詩云抱布貿絲抱此布也司農之言事無所出故鄭易之云罰以一里二十五家之泉也此布幣謂絲麻布帛之布幣者布帛之名故鹿鳴云實幣帛

筐篚是也○箋季春至賣絲○正義曰月令季春云后妃齊戒以勸蠶事是季春始蠶孟夏云蠶事既畢分繭稱絲是孟夏有絲賣之也欲明此婦人見誘之時節故言賣絲之早晚以男子既欲為近期女子請之至秋明近期不過夏末則賣絲是孟夏也○傳丘一成為頓丘○正義曰釋丘云丘一成為敦丘再成為陶丘三成為崑崙丘孫炎曰形如覆敦敦器似盂郭璞曰成猶重也周禮曰為壇三成又云如覆敦者敦丘孫炎曰丘一成之形象也郭璞曰敦孟也音頓與此字異音同○箋子者至會期○正義曰子者有德之名此男子非能有德直以子者男子之通稱故謂之為子也上云來即我謀謀男就女來與之謀也今此送之故知至此頓丘定室家之謀又下云匪我愆期則男子於此與之設期也故知且為會期言且者兼二事也

乘彼垝垣以望復關垝毀也復關君子所近也箋云前既與民以秋為期期至故登毀垣鄉其所近而望之猶有廉恥之心故因復關以託號民云此時始秋也○垝俱毀反垣音袁所近附近之近鄉許亮反本又作嚮○【疏】傳復關君子所近○正義曰復關者非人之名號而婦人望之故知君子所近之地箋又申之猶有廉恥之心故因其近復關以託號此民故下云不見復關既見復關皆號此民為復關又知此

時始秋者上云秋以爲期下四章桑之落矣爲季秋三章桑之未落爲仲秋故知此時始秋也不見復關泣涕漣漣言其有一心乎君子故能自悔箋云用心專者怨必深。漣音連泣貌。既見復關載笑載言箋云則笑則言喜之甚。爾卜爾筮體無咎言龜曰卜蓍曰筮體兆卦之體箋云爾女也復關既見此婦人告之曰我卜女筮女宜爲室家矣兆卦之繇無凶咎之辭言其皆吉又誘定之。筮市制反體如字卦兆之體也韓詩作履履幸也咎其九反蓍音尸繇直又反卦兆之辭也。【疏】傳體兆卦之體。箋兆卦至定之。正義曰傳以經卜筮並言故𥞒云兆卦之體謂龜兆筮卦也左傳云其繇曰一薰一蕕十年尚猶有臭是龜之繇易曰困于石據于蒺藜是卦之繇也二者皆有繇辭此男子實不卜筮而言皆吉無凶咎者又誘以定之前因貿絲以誘之今復言卜筮以誘之故言又也。以爾車來以我賄遷賄財遷徙也箋云女女復關也信其卜筮皆吉故荅之曰徑以女車來迎我我以所有財遷徙就女也。賄呼罪反徑經定反桑之未落其葉沃若于嗟鳩兮無食

桑葚于嗟女兮無與士耽桑女功之所起沃若猶沃沃然鳩鶻鳩也食桑葚過則醉而傷其性耽樂也女與士耽則傷禮義箋云桑之未落謂其時仲秋也於是時國之賢者刺此婦人見誘故于嗟而戒之鳩以非時食葚猶女子嫁不以禮耽非禮之樂。沃如字徐於縛反葚本又作椹音甚桑實也耽都南反鶻音骨樂音洛下同士之耽兮猶可說也女之耽兮不可說也箋云說解也士有百行可以功過相除至於婦人無外事維以貞信爲節。行下孟反。【疏】桑之至不可說。毛以爲桑之未落之時其葉則沃沃然盛以興己色未衰之時其貌亦灼灼然美君子則好樂於己己與之耽樂時賢者見己爲夫所寵非禮耽樂故吁嗟而戒己言吁嗟鳩兮無食桑椹猶吁嗟女兮無與士耽然鳩食桑椹過時則醉而傷其性女與士耽過度則淫而傷禮義然耽雖士女所同而女思於男故言士之耽兮尚可解說女之耽兮則不可解說己時爲夫所寵不聽其言今見棄背乃思而自悔。鄭以爲男子既秋來見己己使之取車男子既去當桑之未落其葉沃若仲秋之時國之賢者刺己見誘故言吁嗟鳩兮無得非時食椹吁嗟女兮無得非禮與士耽士之耽兮尚可解說女之耽兮

則不可解說己時不用其言至季秋乘車而從之故今思而自悔。傳桑女至禮義。正義曰言桑者女功之所起故此女取桑落與未落以興己色之盛衰毛氏之說詩未有爲記時者明此以爲興也言鳩鶻鳩者釋鳥云鶌鳩鶻鵃某氏曰春秋云鶌鳩氏司事春來冬去孫炎曰一名鳴鳩月令云鳴鳩拂其羽郭璞曰似山鵲而小短尾青黑色多聲宛彼鳴鳩亦此鳩也陸機云班鳩也爾雅鳩類非一知此是鶻鳩者以鶻鳩冬始去今秋見之以爲喻故知非餘鳩也鳩食椹過時者謂食之過多故醉而傷其性經直言無食桑椹而云過時者以與士耽相對耽者過禮之樂則如食桑椹過時矣女與士耽以過禮故爲傷禮義則時賢者戒女之過禮謂己爲君子所寵過度不謂非禮之嫁爲耽也。箋桑之至之樂。正義曰以上章初秋云以爾車來始令男子取車下章季秋云漸車帷裳謂始適夫家則桑之未落爲仲秋明矣言士女則非自相謂之辭故知國之賢者刺其見誘而戒之其時仲秋則無椹賢者禁鳩食之由當時無也假有而食之爲非時以非時之食椹以興非禮之行嫁故云耽非禮之樂鄭志張逸問箋云耽非禮之樂小雅云和樂且耽何謂也荅曰禮樂者五聲八音之謂也小雅亦言過禮之盛和樂過禮之言也燕樂嘉賓過厚賢也不以禮耽者非禮之名故此禁女爲之小

雅論燕樂言作樂過禮以見厚意故亦言耽而文連和樂也。箋士有至爲節。正義曰士有大功則掩小過故云可以功過相除齊桓晉文皆殺親戚篡國而立終能建立高勳於周世是以功除過也。桑之落矣其黃而隕自我徂爾三歲食貧淇水湯湯漸車帷裳隕墮也湯湯水盛貌帷裳婦人之車也箋云桑之落矣謂其時季秋也復關以此時車來迎己徂往也我自是往之女家女家乏穀食已三歲貧矣言此者明己之悔不以女今貧故也幃裳童容也我乃渡深水至漸車童容猶冒此難而往又明己專心於女。隕韻謹反湯音傷漸子廉反註同漬也濕也帷位悲反隋字又作墮唐果反冒音墨難乃旦反。女也不爽士貳其行爽差也箋云我心於女故無差貳而復關之行有二意。行下孟反註同士也罔極二三其德極中也。【疏】桑之至其德。毛以爲桑之落矣之時其葉黃而隕墜以興婦人年之老矣之時其色衰而彫落時君子則棄己使無自以託故追說見薄之漸言自我往爾男子之家三歲之後貧於衣食而見困苦己不得其志悔己本爲所誘涉湯湯之淇水而漸車之帷裳而往今

乃見棄，所以自悔也。既追悔本之見誘，而又怨之。言我心於汝男子也，不爲差貳，而士何謂二三其行於已也？士也行無中正，故二三其德，及年老而棄已，所以怨也。鄭以爲婦人言已本桑之落矣，其黄而隕之時，當季秋之月，我往之爾家，自我往汝家時，已聞汝家三歲以來乏於穀食，已貧矣。我不以汝貧之故，猶涉此湯湯之淇水，漸車之帷裳，冒難而來，言已專心於汝如是，今而見棄，所以悔也。餘同。傳「帷裳婦人之車」。正義曰：傳以大夫之車立乘，有蓋無幃裳，此言帷裳者，婦人之車故也。傳於上章以桑爲女功所起爲興，此桑落黄隕亦興也。其黄而隕既興顏色之衰，則食貧在已衰之後，言自我徂爾，三歲食貧，謂至夫家三歲之後，始貧乏於衣食，漸不得志，乃追悔本冒漸車之難而來也。故王肅曰：「言其色黄而隕墜也。婦人不慎其行，至於色衰，無以自託。我往之汝家，從華落色衰以來，三歲食貧矣。貧者乏食，飢而不充，喻不得志也。」箋「桑之」至「於女」。正義曰：月令「季秋，草木黄落」，故知桑之落矣，其黄而隕，其時季秋也。上使以爾車來，不見其迎之事，此言漸車涉水，是始往夫家，故知復關以此時車來迎已也。此始嚮夫家，已言自我徂爾，三歲食貧，故以爲自我往之汝家之時，汝家乏穀食已三歲貧矣，我猶渡水而來。此婦人但當悔其來耳，而言穀食先貧者，於時君子家貧，恩意之情，遇已漸薄，已遭困苦，所以悔，言已先知此貧而來，明已之悔，不以汝今貧之故，直以二三其德，恩意疏薄故耳。幃裳一名童容，故巾車云「重翟、厭翟、安車皆有容蓋」，鄭司農云：「容謂襜車，山東謂之裳幃，或曰童容。」以幃障車之傍，如裳以爲容飾，故或謂之幃裳，或謂之童容。其上有蓋，四傍垂而下，謂之襜，故雜記曰「其輤有裧」，注云「裧謂鼈甲邊緣」是也。然則童容與襜别，司農云謂襜車者，以有童容，上必有襜，故謂之爲襜車也。此唯婦人之車飾爲然，故士昏禮云「婦車亦如之，有襜」是也。幃裳在傍，渡水則濕，言已雖知汝貧，猶尚冒此深水漸車之難而來，明已專心於汝，故責復關有二意也。

三歲爲婦，靡室勞矣。箋云：靡，無也。無居室之勞，言不以婦事見困苦。有舅姑曰婦。**夙興夜寐，靡有朝矣。**箋云：無有朝者，常早起夜臥，非一朝然。言已亦不解惰。解音懈。**言既遂矣，至于暴矣。**箋云：言，我也。遂，猶久也。我既久矣，謂三歲之後，見遇浸薄，乃至見酷暴。浸，子鴆反。**兄弟不知，咥其笑矣。**咥咥然笑。箋云：兄弟在家，不知我之見酷暴，若其知之，則咥咥然笑我。咥，許意反，又音熙，笑也。又一音許四反。說文云：大笑也。虛記反，又大結反。**靜言思之，躬自悼矣。**悼，傷也。箋云：靜，安。躬，身也。我安思君子之遇已無終，則身自哀傷。

【疏】「三歲」至「悼矣」。正義曰：婦人追說已初至夫家，三歲爲婦之時，顏色未衰，爲夫所愛，無室家之勞，謂夫不以室家婦事以勞於已。時夫雖如此，已猶不恃寵自安，常自早起夜臥，無有一朝一夕而自解惰。我已三歲之後，在夫家久矣，漸見疏薄，乃至於酷暴矣。我兄弟不知我之見遇如此，若其知之，則咥咥然其笑我矣。我既本爲夫所誘，遇已不終，安靜而思之，身自哀傷矣。箋「有舅姑曰婦」。正義曰：公羊傳曰：「稱婦，有姑之辭。」傳以國君無父，故云有姑，其實婦亦對舅，故士昏禮云「贊見婦於舅姑」是也。

及爾偕老，老使我怨。箋云：及，與也。我欲與女俱至於老，老乎汝反薄我，使我怨也。**淇則有岸，隰則有泮。**泮，坡也。箋云：泮讀爲畔。畔，涯也。言淇與隰皆有厓岸以自拱持，今君子放恣心意，曾無所拘制。泮音判。坡，本亦作陂，北皮反。澤陂詩傳云：障也。呂忱北髮反，云：陂阪也。亦所以爲隰之限域也。本或作破字，未詳。觀王述意，似作破。拱，俱勇反，本又作共，音同。**總角之宴，言笑晏晏。信誓旦旦，**總角，結髮也。晏晏，和柔也。信誓旦旦然。箋云：我爲童女未笄結髮宴然之時，女與我言笑晏晏然而和柔，我其以信相誓旦旦耳。言其懇惻款誠。宴如字，本或作丱者，非。旦，說文作悬。懇，起很反。惻，本亦作惻，楚力反。**不思其反。**箋云：反，復也。今老而使我怨，曾不念復其前言。**反是不思，亦已焉哉！**箋云：已焉哉，謂此不可奈何，死生自決之辭。

【疏】「及爾」至「已焉哉」。正義曰：言男子本謂已云與汝爲夫婦，俱至於老，不相棄背，何謂今我既老，反薄我，使我怨？何不念其前言也。然淇則有岸，隰則有泮，以自拱持，今君子反薄而棄已，放恣心意，曾無所拘制，言淇隰之不如。本我總角之宴然幼穉之時，君子與已言笑晏晏然和柔而相親，與已爲信誓，許偕至於老者，旦旦然懇惻款誠如是，及今老而使我怨，是曾不思念復其前言，而棄薄我。我反復是君子不思前言之事，則我而已焉哉，無可奈何。箋「我欲」至「我怨」。正義曰：以下云不思其反，責其不念前言，則男子之初與婦人有期約矣，則此及爾偕老，男子之辭，故箋述之云「我欲與汝俱至於老，老乎汝反薄我，使我怨也」。言反薄我，明及爾偕老男子之言也。老者，以華落色衰爲老，未必大老也。傳「泮，坡」。箋「泮讀」至「拘制」。正義曰：以隰者下濕，猶如澤，故以泮爲陂。澤陂傳云「陂，澤障」是也。箋以泮不訓爲陂，故讀爲畔，以申傳也。但毛氏於詩無易字者故箋易之其義猶不異於傳也畔者水厓之名以經云有岸有泮明君子之無也故云今君子放恣心意曾無所拘制則非君子。傳總角至旦旦然。正義曰甫田云總角丱兮未幾見兮突而弁兮是男子總角未冠則婦人總角未笄也故箋云我爲童女未笄內則亦云男女未冠笄者總角衿纓以無笄直結其髮聚之爲兩角故內則注云故髮結之甫田傳云總角聚兩髦也釋訓云晏晏柔也故此云晏晏和柔又曰晏晏旦旦悔爽忒也謂此婦人恨夫差貳其心變本言。信故言此晏晏旦旦而自悔解言此之意非訓此字也定本云旦旦猶怛怛。箋我爲至欵誠。正義曰箋言結髮宴然之時解經總角之宴經有作丱者因甫田總角丱兮而誤也定本作宴傳直云信誓旦旦然不解旦旦之義故箋申之言旦旦者言懇惻爲信誓以盡己欵誠也。箋曾不復念其前言。正義曰今定本云曾不念復其前言俗本多誤復其前言者謂前要誓之言守而不忘使可反復今乃違棄是不思念復其前言也

氓六章章十句

竹竿衛女思歸也適異國而不見荅思而能以禮者也。

籊籊竹竿以釣于淇興也籊籊長而殺也釣以得魚如婦人待禮以成爲室家。籊他歷反釣音弔殺色界反豈不爾思遠莫致之箋云我豈不思與君子爲室家乎君子疏遠已已無由致此道。遠如字又于萬反注同【疏】籊籊至致之。正義曰籊籊然長而殺之竹竿以釣於淇必得魚乃成爲善釣以興婦人嫁於夫必得禮乃成爲室家今君子不以禮荅己已豈不思與爾君子爲室家乎但君子疏遠於己已無由致此室家之道耳

泉源在左淇水在右泉源小水之源淇水大水也箋云小水有流入大水之道猶婦人有嫁於君子之禮今水相與爲左右而已亦以喻已不見荅【疏】傳泉源至大水。正義曰泉源者泉水初出故云小水之源淇則衛地之川故知大水箋申說之言小水有流入大水合爲二之道猶婦人於君子有相親幸之禮今淇水與泉源左右而已不相入猶君子與己異處不相親故以喻己之不見荅。女子有行遠兄弟父母箋云行道也女子有道當嫁耳不以不荅而違婦禮。遠于萬反

淇水在右泉源在左巧笑之瑳佩玉之儺瑳巧笑貌儺行有節度箋云己雖不見荅猶不惡君子美其容貌與禮儀也。瑳七可反沈又七何反儺乃可反說文云行有節也惡烏路反淇水滺滺檜楫松舟滺滺流貌檜柏葉松身楫所以櫂舟也舟楫相配得水而行男女相配得禮而備箋云此傷己今不得夫婦之禮。滺本亦作滺音由檜古活反又古會反木名楫本又作檝子葉反徐音集方言云楫謂之橈或謂之櫂釋名云楫捷也撥水舟行捷疾也橈音饒櫂直教反。【疏】傳檜柏葉至而備。正義曰釋木云檜柏葉松身書作栝字禹貢云杶榦栝柏注云柏葉松身曰栝與此一也言楫所以櫂舟以喻女所以配男此不荅之詩以舟楫喻男女故反而爲興言舟楫相配得水而行男女相配得禮而備駕言出遊以寫我憂出遊思鄉衛之道箋云適異國而不見荅其除此憂維有歸耳。鄉本又作嚮同許亮反【疏】傳出遊思鄉衛之道。正義曰今定本思作斯或誤

竹竿四章章四句

芄蘭刺惠公也驕而無禮大夫刺之惠公以幼童卽位自謂有才能而驕慢於大臣但習威儀不知爲政以禮。芄音丸本亦作丸芄蘭草名【疏】芄蘭二章章六句至刺之。正義曰毛以爲君子當柔潤溫良自謂無知今而不然是爲驕慢故二章章首一句及第四句是也下二句言有威儀是無禮也次二句言佩觿佩韘明雖幼而行成人之事不當驕慢鄭以爲幼而行成人之事當任用大臣不當驕慢上四句是也無之亦下二句是也。箋惠公至以禮。正義曰經言童子則惠公時仍幼童童者未成人之稱年十九以下皆是也閔二年左傳曰初惠公之卽位也少杜預云蓋年十五六杜氏以傳言初衛宣公烝於夷姜生伋子爲之娶於齊而美公娶之生壽及朔言爲之娶於齊則宣公已卽位也宣公以隱四年冬立假令五年卽娶齊女至桓十二年見經凡十九年而朔尚有兄壽則宣公卽位三四年始生惠公也故疑爲十五六也且此自謂有才能則非身幼也經云能不我知是自謂有才能刺之而言容璲之美故知但習威儀不知爲政以禮

芄蘭之支興也芄蘭草也君子之德當柔潤溫良箋云芄蘭柔弱恒蔓延於地有所依緣則起興者喻幼穉之君任用大臣乃能成其政。恒蔓於地蔓音萬本或作蔓延於地者後人輒加耳。童子佩觿觿所以解結成人之佩也人君治成人之事雖童子

猶佩觿早成其德。○佩蒲對反，依字從人，或玉傍作者非。觿許規反，解結之器。

雖則佩觿，能不我知。不自謂無知以驕慢人也。箋云：此幼稚之君，雖佩觿與，其才能實不如我衆臣之所知爲也。惠公自謂有才能而驕慢，所以見刺。○與音餘，下「佩韘與」同。

容兮遂兮，垂帶悸兮。容儀可觀，佩玉遂遂然，垂其紳帶悸悸然，有節度。箋云：容，容刀也。遂，瑞也。言惠公佩容刀與瑞及垂紳帶三尺，則悸悸然行止有節度，然其德不稱服。○悸其季反，韓詩作萃，垂貌。紳音身。稱尺證反。

疏「芄蘭」至「悸兮」。○毛以爲言芄蘭之支性柔弱，阿儺以興君子之德當柔潤温良。今君之德何以不温柔而爲驕慢？以君今雖童子而佩成人之觿，則當治成人之事，當須温柔，何爲今雖則佩觿，而才能不自謂我無知以驕慢人也。君非直驕慢，又不知爲政當以禮，而徒善其外飾，使容儀可觀兮，佩玉遂遂兮，垂其紳帶悸悸兮，而内德不稱，無禮以行之。○鄭以爲言芄蘭之支以柔弱恒延蔓於地，有所依緣則起，以興幼稚之君以幼時恒闇昧於政，有所任用，乃能成其德教。君今幼弱，何以不任用大臣？君雖童子，佩成人之觿，則當治成人之事。君雖則佩觿，欲治成人之事，其才能實不如我衆臣之所知，何故不任大臣而爲驕慢矣？不知爲政以禮，徒善其威儀，佩容刀與瑞玉，及垂紳帶，使行止有節度悸悸兮，而内無德以稱之。○傳「芄蘭」至「温良」。○正義曰：釋草云：「雚，芄蘭。」郭璞曰：「蔓生，斷之有白汁，可啖。」陸機疏云：「一名蘿摩，幽州人謂之雀瓢。」以此草支葉柔弱，序刺君驕慢，故以喻君子之德當柔潤温良。○箋「芄蘭」至「其政」。○正義曰：以此大夫刺之，而下云「能不我知」，則刺其驕慢自專，故易傳，取其有所依緣，以興幼稚當須任用大臣也。○傳「觿所以」至「其德」。○正義曰：内則云：「子事父母，左佩小觿，右佩大觿。」下别云：「男女未冠笄者。」故知成人之佩。内則注云：「觿貌如錐，以象骨爲之。」是可以解結也。又解童子而得佩成人之佩者，由人君治成人之事，故使得佩，以早成其德故也。尚書注云：「人君十二而冠。」佩爲成人，則似十二以上，要人君雖未十二，亦治成人之事，不必至冠也。此解觿以成人自當佩之，不必國君爲父母在乃服也。下章韘亦佩時有之，舉以言焉，不必國君常佩。○傳「不自謂無知」。○正義曰：傳以此直責君驕慢，言君於才能不肯自謂我無知。○箋「此幼」至「見刺」。○正義曰：箋以此大夫刺之，云「能不我知」，則大夫自我也。以君才能不如我所知，因解其見刺之意，由自謂有才能而驕慢大臣，故刺之。○傳「容儀」至「節度」。○正義曰：傳以此三者皆言兮，故各爲其狀。孝經曰：「容止可觀。」大東云：「鞙鞙佩璲。」璲本所佩之物，因爲其貌，故言佩玉璲璲然。帶之垂者唯有紳耳，故知垂其紳帶也。悸悸然有節度，揔三者之辭。○箋「容刀」至「不稱服」。○正義曰：箋以容及璲與帶相類，則皆指體言也，故爲容刀與瑞。知紳帶垂三尺者，禮記玉藻云「紳長制三尺」是也。行止有節度，亦揔三者之辭也。定本云：「然其德不稱服。」

芄蘭之葉，箋云：葉猶支也。**童子佩韘。**韘，玦也。能射御則佩韘。箋云：韘之言沓，所以彄沓手指。○韘夫涉反。玦本又作決，音同。沓徒荅反。彄苦侯反。○

疏傳「韘玦」。○箋「韘之言沓」。○正義曰：傳云「玦」者，以禮及詩言抉拾。車攻傳曰：「決，鉤弦也。」繕人注云：「玦，挾矢時所以持弦飾也，著右手巨指。」引士喪禮曰：「玦用正玉棘，若擇棘。」則天子用象骨爲之，著右臂大指以鉤弦闓體。大射、士喪注皆然。以士用棘，故推以上用骨。大射注：「諸侯亦用象骨。」以大夫用骨，不必用象。彼注云鉤弦與車攻傳同，則一也。拾一名遂，以韋爲之，著於左臂，所以遂弦，與玦别。鄭以禮無以韘爲玦者，故易之爲沓。士喪禮曰：「纊極二。」注云：「極猶放弦也，以沓指放弦，令不挈也。生者以朱韋爲之而三，死用纊又二。」明不用也。知生用朱韋而三者，大射云：「朱極三。」注云：「以朱韋爲之，食指、將指、無名指，小指短，不用。」此是彄沓手指也。車攻云：「決拾既佽。」箋云：「手指相比次。」亦謂巨指既著玦，左臂加拾，右手指又著沓，而相比次也。

雖則佩韘，能不我甲。甲，狎也。箋云：此君雖佩韘與，其才能實不如我衆臣之所狎習。○甲如字，爾雅同，徐胡甲反，韓詩作狎，狎戸甲反。○**容兮遂兮，垂帶悸兮。**

芄蘭二章，章六句

河廣，宋襄公母歸于衛，思而不止，故作是詩也。宋桓公夫人，衛文公之妹，生襄公而出。襄公卽位，夫人思宋，義不可往，故作詩以自止。○

疏「河廣」二章，章四句至「是詩」。○正義曰：作河廣詩者，宋襄公母本爲夫所出而歸於衛，及襄公卽位，思欲嚮宋而不能止，以義不可往，故作河廣之詩以自止也。序言所思之意，經二章皆言義不得往之事。○箋「宋桓」至「自止」。○正義曰：左傳云：「公子頑烝於宣姜，生文公及宋桓夫人。」故知文公之妹。襄公，桓公之子，故知襄公之母。今定本無「襄公之母」四字。然子無出母之道，故知當桓公之時生襄公而出。今繫之襄公，言母歸者，明思而不止當襄公時，故云襄公卽位，夫人思宋也。所以義不得往者，以夫人爲先君所出，其子承父之重，與祖爲一體，母出與廟絶，不可以私反，故義不得也。大戴禮及家語皆云：「婦有七出：不順父母出爲逆無子出爲絶人世淫佚出爲其亂家有惡疾出爲其不可供粢盛多口出爲其離親盜竊出爲其反義有三不去有所取無所歸不去更三年喪不去前貧°後富貴不去於今令犯七出雖在三不去之中若不順父母與淫無子亦出雖古亦應然以其終不可絶嗣與勃德故也諸侯之夫人雖無子不出以嬪妾既多不爲絶嗣故易同人注云天子諸侯后夫人不出是也知者以春秋魯夫人無子多矣皆不出若犯餘六出則夫故雜記有出夫人禮又春秋杞伯姬來歸及此宋桓夫人皆是也王后犯出則廢之而已皆不出非徒無子故易鼎卦注云嫁於天子雖失禮無出道遠之而已以天子天下爲家其后無所出故也。

誰謂河廣一葦杭之 杭渡也。箋云誰謂河水廣與一葦加之則可以渡之喻狹也今我之不渡直自不往耳非爲其廣。葦韋鬼反杭戶郞反與音餘下遠與同狹音洽爲于僞反 疏 箋一葦至喻狹。正義曰言一葦者謂一束也可以浮之水上而渡若桴栰然非一根葦也此假有渡者之辭非喻夫人之嚮宋渡河也。何者此文公之時衞已在河南自衞適宋不渡河。

誰謂宋遠跂予望之 箋云予我也誰謂宋國遠與我跂足則可以望見之亦喻近也今我之不往直以義不往耳非爲其遠。跂丘豉反 疏 箋誰謂至亦喻近。正義曰宋去衞甚遠故杜預云宋今梁國睢陽縣也言跂足可見是喻近也言亦者以喻宋近猶喻河狹故俱言亦定本無亦字義亦通

誰謂河廣曾不容刀 箋云不容刀亦喻狹小船曰刀。刀如字字書作舠說文作䑽並音刀。疏 箋小舩曰刀。正義曰上言一葦桴栰之小此刀宜爲舟舩之小故云小舩曰刀說文作舠舠小舩也字異音同劉熙釋名云二百斛以上曰艇三百斛曰刀江南所謂短而廣安不傾危者也。

誰謂宋遠曾不崇朝 箋云崇終也行不終朝亦喻近

河廣二章章四句

伯兮刺時也言君子行役爲王前驅過時而不反焉 衞宣公之時蔡人衞人陳人從王伐鄭伯也爲王前驅久故家人思之。爲于僞反又如字注下爲王並同從王伐鄭讀者或連下伯也爲句者非 疏 伯兮四章章四句至不反。正義曰此言過時者謂三月一時穀梁傳伐不踰時故何草不黄箋云古者師出不踰時所以厚民之性是也此敘婦人所思之由經陳所思之辭皆由行役過時之所致敘言爲王前驅雖辭出於經揔敘四章非指一句也。箋衞宣至思之。正義曰蔡人衞人陳人從王伐鄭春秋桓五年經也時當宣公故云衞宣公之時服虔云言人者時陳亂無君則三國皆大夫也故稱人公羊傳曰其言從王伐鄭何從王正也鄭荅臨碩引公羊之文言諸侯不得專征伐有從天子及伯者之禮然則宣公從王爲得其正以兵屬王節度不由於衞君而以過時刺宣公者諸侯從王雖正其時天子微弱不能使衞侯從已而宣公自使從之據其君子過時不反責宣公之由故主責之宣公而云刺時者也。

伯兮朅兮邦之桀兮 伯州伯也朅武貌桀特立也。箋云伯君子字也桀英桀言賢也。朅丘列反桀其列反。疏 傳伯州伯至特立。正義曰言爲王前驅則非賤者今言伯兮故知爲州伯謂州里之伯若牧下州伯則諸侯也非衞人所得爲諸侯之州長也謂之伯者伯長也內則云州史獻諸州伯州伯命藏諸州府彼州伯對閭史閭府亦謂州里之伯桀者俊秀之名人莫能及故云特立。箋伯君子字。正義曰伯仲叔季長幼之字而婦人所稱云伯也宜呼其字不當言其官也此在前驅而執兵則有勇力爲車右當亦有官但不必州長爲之朅爲武貌則桀爲有德故云英桀桀亦特立與傳一也

伯也執殳爲王前驅 殳長丈二而無刃。箋云兵車六等軫也戈也人也殳也車戟也酋矛也皆以四尺爲差。殳市朱反長如字又直亮反軫本亦作輣之忍反酋在由反發聲矛音謀 疏 傳殳長丈二而無刃。正義曰考工記云殳長尋有四尺尋八尺又加四尺是丈二也治氏爲戈戟之刃不言殳刃是無刃也。箋兵車至爲差。正義曰因殳是兵車之所有故歷言六等之差考工記曰兵車六等之數車軫四尺謂之一等戈柲六尺有六寸既建而迆崇於軫四尺謂之二等人長八尺崇於戈四尺謂之三等殳長尋有四尺崇於人四尺謂之四等車戟常崇於殳四尺謂之五等酋矛常有四尺崇於戟四尺謂之六等是也彼注云戈殳戟矛皆插車輢此云執之者在車當插用則執之此據用以言也又廬人先言戈殳車戟酋矛夷矛之長短乃云攻國之兵又云六建既備車不反覆注云六建五兵與人也則六建於六等不數軫而數夷矛不引之者因六等自軫歷數人殳以上爲差之備故引之六等者自地以上數之其等差有六故注云法易之三才六畫非六建也建者建於車上非車上所建也凡兵車皆有六建故廬人先言戈殳車戟酋

矛夷矛乃云攻國之兵又云六建既備六建在車明矣但記者因酋矛夷矛同爲矛稱故自軫至矛爲六等象三材之六畫故不數夷矛其實六建與六等一也若自戈以上數爲六等則人於六建不處其中故鄭云車有天地之象人在其中焉明爲由此故自軫數之以戈軫爲地材人殳爲人材矛戟爲天材人處地上故在殳下如此則得其象矣或以爲凡兵車則六建前驅則六等知不然者以考工記兵車六等之數鄭云此所謂兵車也明兵車皆然非獨前驅也前驅在車之右其當有勇力以用五兵不得無夷矛也司兵云掌五兵鄭司農云五兵者戈殳戟酋矛夷矛又曰軍事建車之五兵註云車之五兵司農所云者是也步卒之五兵則無夷矛而有弓矢則前驅非步卒必有夷矛明矣知步卒五兵與在車不同者司右云凡國之勇力之士能用五兵者屬焉注云勇力之士屬焉者選右當於中司馬法云弓矢殳矛戈戟相助凡五兵長以衛短短以救長以司兵云建車之五兵則步卒五兵與車兵異矣夷矛長非步卒所宜用故以司馬法五兵弓矢殳矛戈戟當之車之五兵云建與六建文同故以司農所云戈殳戟酋矛夷矛當之勇力之士屬司右選右當於中則仍是步卒未爲右也故以步卒五兵解之步卒無夷矛數弓矢爲五兵在車則六建除人即五兵以弓矢不在建中故不

數也其實兵車皆有弓矢故司弓矢云唐大利車戰野戰枉矢絜矢用諸守城車戰又檀弓注云射者在左又左傳曰前驅歜犬射而殺之是皆有弓矢也。

自伯之東【疏】自伯之東。正義曰此時從王伐鄭鄭在衛之西南而言東者時蔡衛陳三國從王伐鄭則兵至京師乃東行伐鄭也上云爲王前驅即云自伯之東明從王爲前驅而東行故據以言之非謂鄭在衛東。**首如飛蓬**婦人夫不在無容飾**豈無膏沐**

誰適爲容適主也。適都歷反註同爲于僞反或如字。**其雨其雨杲杲出日**杲杲然日復出矣箋云人言其雨其雨而杲杲然日復出猶我言伯且來伯且來則復不來。杲古老反出如字沈推類反復扶又反下同。**願言思伯甘心首疾**甘厭也箋云願念也我念思伯心不能已如人心嗜欲所貪口味不能絕也我憂思以生首疾。厭於豔反下同嗜市志反憂思息嗣反【疏】願言思伯甘心首疾。毛於二子乘舟傳曰願每也則此願亦爲每言我每有所言則思念於伯思之厭足於心由此故生首疾。傳甘厭。正義曰謂思之不已乃厭足於心用是生首疾也凡人欲食口甘遂至於厭足故云甘厭也。箋如人至不能絕。正義曰箋以甘心者思之不能已如口味之甘故左傳云請受而甘心焉始欲取以甘心則甘心未得爲厭故云我念思伯心不能已如人心嗜欲甘口不能絕甘與子同夢義亦然。**焉得諼草言樹之背**諼草令人忘憂背北堂也箋云憂以生疾恐將危身欲忘之。焉於虔反諼本又作萱況爰反說文作藼云令人忘憂也或作蘐背音佩沈又如字令力呈反忘亡向反又如字。**願言思伯使我心痗**痗病也。痗音每又音悔【疏】焉得至心痗。毛以爲君子既過時不反已思之至甚既生首疾恐以危身故言我憂如此何處得一忘憂之草我樹之於北堂之上冀觀之以忘憂伯也既久而不來每有所言思此伯也使我心病。鄭以願爲念爲異。傳諼草至北堂。正義曰諼訓爲忘非草名故傳本其意言焉得諼草謂欲得令人善忘憂之草不謂諼爲草名故釋訓云諼忘也孫氏引詩云焉得諼草是諼非草名也背者鄉北之義故知在北婦人欲樹草於堂上冀數見之明非遠地也婦人所常處者堂也故知北堂士昏禮云婦洗在北堂有司徹云致爵于主婦主婦北堂注皆云北堂房半以北爲北堂堂者房室所居之地總謂之堂房半以北爲北堂房半以南爲南堂也昏禮注云洗南北直

室東西。東西直房戶與隅間謂在房室之內也此欲樹草蓋在房室之北堂者總名房外內背。名爲堂也

伯兮四章章四句

有狐刺時也衞之男女失時喪其妃耦焉古者國有凶荒則殺禮而多昏會男女之無夫家者所以育人民也。育生長也。狐音胡喪息浪反下注同妃音配下注同殺所戒反又所例反所以育人民也本或作蕃育者非長張丈反【疏】有狐三章章四句至人民。正義曰作有狐詩者刺時也以時君不教民隨時殺禮爲昏至使衞之男女失年盛之時爲昏而喪失其妃耦不得早爲室家故刺之以古者國有凶荒則減殺其禮隨時而多昏會男女之無夫家者使爲夫婦所以蕃育人民刺今不然男女失時謂失男女年盛之時不得早爲室家至今人而無匹是喪其妃耦非先爲妃而相棄也與氓序文同而義異大司徒曰以荒政十有二聚萬民十曰多昏注云荒凶年也多昏不備禮而娶昏者多也是凶荒多昏之禮也序意言古者有此禮故刺衞不爲之而使男女失時非謂

以此詩爲陳古也故經皆陳喪其妃耦不得匹行思爲夫婦之辭。**有狐綏綏在彼淇梁**興也綏綏匹行貌石絕水曰梁。綏音雖**心之憂矣之子無裳**之子無室家者在下曰裳所以配衣也箋云之子是子也時婦人喪其妃耦寡而憂是子無裳無爲作裳者欲與爲室家。無爲于僞反【疏】有狐至無裳。正義曰有狐綏綏然匹行在彼淇水之梁而得其所以興今衛之男女皆喪妃耦不得匹行乃狐之不如故婦人言心之憂矣是子無室家已思欲與之爲室家裳之配衣猶女之配男故假言之子無裳已欲與爲作裳以喻已欲與之爲室家。傳綏綏匹行貌。正義曰序云喪其妃耦而言故知綏綏是匹行之貌。傳之子至配衣。正義曰以此稱婦人之辭言之子無裳則謂男子爲之子也故言之子無室家者直指言無裳則因事見義以喻已當配夫故云裳所以配衣二章傳曰帶所以申束衣則傳皆以衣喻夫以裳帶喻妻宜配之也故箋云是子無裳欲與爲室家之道申說傳裳所以配衣之義**有狐綏綏在彼淇厲**厲深可厲之者。厲力滯反。**心之憂矣之子無帶**帶所以申束衣**有狐綏綏在彼淇側心之憂矣之子無服**言無室家若人無衣服。

有狐三章章四句

木瓜美齊桓公也衛國有狄人之敗出處于漕齊桓公救而封之遺之車馬器服焉衛人思之欲厚報之而作是詩也。瓜古花反遺唯季反下注同【疏】木瓜三章章四句至是詩。正義曰有狄之敗懿公時也至戴公爲宋桓公迎而立之出處於漕後即爲齊公子無虧所救戴公卒文公立齊桓公又城楚丘以封之則戴也文也皆爲齊所救而封之也下總言遺之車馬器服則二公皆爲齊所遺左傳齊侯使公子無虧帥車三百乘以戍漕歸公乘馬祭服五稱牛羊豕雞狗皆三百與門材歸夫人魚軒重錦三十兩是遺戴公也。外傳齊語曰衛人出廬於漕桓公城楚丘以封之其畜散而死。三月齊桓公與之繫馬三百是遺文公也繫馬繫於廄之馬言遺其善者也器服謂門材與祭服傳不言車文不備此不言羊豕雞狗舉其重者言欲厚報之則時實不能報也

心所欲耳經三章皆欲報之辭**投我以木瓜報之以瓊琚**木瓜楙木也可食之木瓊玉之美者琚佩玉名。瓊求營反說文云赤玉也琚音居徐又音渠楙音茂字亦作茂爾雅云楙木瓜也**匪報也永以爲好也**箋云匪非也我非敢以瓊琚爲報木瓜之惠欲令齊長以爲玩好結已國之恩也。爲好呼報反篇內同【疏】投我至爲好。正義曰以衛人得齊桓之大功思厚報之而不能乃假小事以言設使齊投我以木瓜我則報之以瓊琚報齊之木瓜欲令齊長以爲玩好結我以恩情而已今國家敗滅出處於漕齊桓救而封我如此大功知何以報之。傳木瓜至玉名。正義曰釋木云楙木瓜以下木桃木李皆可食之木則此木瓜亦美木可食故郭璞云實如小瓜酸可食是也以言瓊琚琚是玉名則瓊非玉名故云瓊玉之美者言瓊是玉之美名非玉名也聘義注云瑜玉之美者亦謂玉中有美處謂之瑜瑜非玉名也有女同車云佩玉瓊琚故知琚佩玉名此言琚佩玉名下傳云瓊瑤美石瓊玖玉名。三者互也琚言佩玉名瑤玖亦佩玉名瑤言美石玖言玉名明此三者皆玉石雜也故丘中有麻傳云玖石次玉是玖非全玉也。**投我以木桃報之以瓊瑤**瓊瑤美玉。瑤音遙說文云美石。**匪報也永以爲好也投我以木李報之以瓊玖**瓊玖玉名。玖音久書云玉黑色。**匪報也永以爲好也**孔子曰吾於木瓜見苞苴之禮行箋云以果實相遺者必苞苴之尚書曰厥苞橘柚。苴子餘反橘均栗反柚餘救反。【疏】傳孔子至禮行。正義曰孔叢云孔子讀詩自二南至於小雅喟然嘆曰吾於二南見周道之所成於柏舟見匹夫執志之不易於淇奧見學之可以爲君子於考槃見遯世之士而无悶於世於木瓜見苞苴之禮行於緇衣見好賢之至是也傳於篇末乃言之者以孔叢所言總論一篇之事故篇終言之小弁之引孟子亦然。箋以果至橘柚。正義曰箋解於木瓜所以得見苞苴之禮者凡以果實相遺者必苞苴之此投人以木瓜木李必苞苴而往故見苞苴之禮行知果實必苞之者尚書曰厥苞橘柚橘柚在苞明果實皆苞之曲禮注云苞苴裹魚肉不言苞果實者注舉重而略之此苞之所通曲禮註云或以葦或以茅故既夕禮云葦苞二野有死麕白茅苞之是或葦或茅也

木瓜三章章四句

衛國十篇三十四章二百四句。

附釋音毛詩注疏卷第三（三之三）

黄中栻栞

毛詩注疏挍勘記　阮元撰盧宣旬摘錄

○氓

氓刺時也　小字本相臺本同閩本明監本毛本亦同唐石經氓作甿案釋文云氓莫耕反民也正義云氓六章唐石經作甿者避民字諱而改之耳猶避世字諱改泄作洩也傳氓民也說文氓下同是毛詩此經作氓之證甿字取諸周禮遂人耳周禮釋文致甿亡耕反又五經文字田部甿莫鄧反又音盲者亦周禮字○按周禮亦本作氓唐人改甿

刺淫泆也　唐石經小字本相臺本同閩本明監本毛本亦同案釋文泆音逸正義標起止云至淫泆是釋文本正義本皆作佚唐石經改作泆者非也閩本以下正義中亦皆誤泆餘同此

蚩蚩者敦厚之貌　閩本明監本毛本同小字本相臺本無者字案有者衍也

非我以欲過子之期　閩本明監本毛本同小字本相臺本以作心案以字誤也考文古本以心複出亦誤

變民言也　閩本明監本毛本同案也當作甿載芟正義引作甿可證

甿猶懵　閩本明監本毛本甿誤氓案正義引羣籍可依其本書之字不順經注者此類是也或於下言字異音義同或不言者省耳皆不可據經注及正義上下文改之○按白帖引周禮作氓凡詩禮作甿者唐時最俗本耳孔沖遠所據周禮故作氓也

郭璞云敦盂也音頓　閩本明監本毛本同案音頓二字當旁行細字正義於自作音者例如此○按音頓二字亦景純語今俗本爾雅删之

我以所有財遷徙就女也　閩本明監本毛本同小字本相臺本遷作賄案賄字是也

無食桑葚　唐石經小字本相臺本同案此釋文本也釋文云葚本又作椹音甚考正義本是椹字見下五經文字云椹詩或體以爲桑葚字亦其證泮水經作黮卽用字不畫一之例

言吁嗟鳩兮無食桑椹　明監本毛本椹誤葚案正義椹字凡八見十行本皆從木閩本

亦然是正義本作椹也此借椹爲葚而正義不易爲葚而說之者卽以椹爲正字不以椹葚爲古今字也考文及補遺皆不載亦如郭忠恕佩觿謂桑葚字不當用鈇椹字耳凡山井鼎物觀以爲誤者則不載其例如是

而女思於男 閩本明監本毛本同案浦鏜云思當異字誤是也

隕惰也 小字本相臺本惰作隋閩本明監本毛本亦同案惰是誤字考文古本隋作墜采正義其葉黃而隕墜而誤也黃而隕墜正義取王肅述毛語爲說耳非傳作墜

幃裳童容也 小字本同閩本明監本毛本同相臺本幃作帷考文古本同案帷字是也經傳皆是帷字箋當同小字本傳亦足幃皆誤正義於箋引周禮注而說之則用幃字順彼文耳不當據改其說經傳自作帷標起止云傳帷裳

泮坡也 相臺本同閩本明監本毛本同小字本坡作陂案釋文云坡本亦作陂考正義云故以泮爲陂澤陂傳云陂澤障是也箋以泮不訓爲陂是其本作陂標起止云傳泮陂當誤也

詩疏三之三校勘記　十九

總角之宴 唐石經小字本相臺本同案釋文云之宴如字本或作丱者非正義云經有作丱者因甫田總角丱兮而誤也定本作宴考羔裘傳宴鮮盛貌此義當與彼同釋文正義皆不從或本是也○按鄭羔裘作晏鮮盛貌非宴字也宴不得訓鮮盛

信誓旦旦然 小字本相臺本同案正義標起止云至旦旦然又云定本云旦旦猶怛怛考釋文云旦旦說文作𢙈𢙈說文心部怛下重文云𢙈或从心在旦下詩曰信誓𢙈𢙈是許本毛詩經字作𢙈也鄭箋之本字與許異經字作旦傳同而旦卽𢙈之假借故箋云言其懇惻款誠字爲旦義仍爲𢙈實與許未嘗不合也定本改𢙈用怛又以爲傳始有此字乃去傳然字而以猶怛怛附益之皆誤之甚者也考文古本作信誓旦旦然猶怛怛也一本作旦旦猶怛怛然無信誓二字皆采正義而又皆誤

我其以信相誓旦旦耳 小字本相臺本同案段玉裁云耳當作爾其說是也傳云旦旦然箋云旦旦爾然爾一也考文古本作爾因二字不別而偶合

曾不念復其前言 相臺本同小字本念復作復念案正義標起止箋曾不復念其前言云今定本曾不念復其前言俗本多誤

則我而已焉哉 閩本明監本毛本而作亦案所改是也

注云故髮結之也 閩本明監本同毛本故作收案收字是

變本言信 閩本明監本毛本同案言當作忘形近之譌

○竹竿

遠兄弟父母 唐石經小字本同閩本明監本同相臺本作遠父母兄弟毛本初刻遠兄弟父母後改從相臺本案相臺本誤也釋文以遠兄二字作音可證段玉裁云從唐石經今本誤則非韻見六書音均表

○芄蘭

合爲二之道 （補）毛本二作一案一字是也

詩疏三之三校勘記　二十

無之亦下二句是也 閩本明監本毛本同案浦鏜云之當禮誤非也此無字是刺之誤

刺之而言容璲之美 閩本明監本毛本同案經作遂傳箋同正義作璲遂璲古今字易而說之也例見前

君子之德 閩本明監本毛本同小字本相臺本之作以案以字非也正義云以與君子之德當柔潤溫良今君之德何以不溫柔又云故以喻君子之德當柔潤溫良皆其證

芄蘭柔弱恒蔓延於地 小字本相臺本同案此延字衍也釋文云恒蔓於地本或作恒蔓莚於地者後人輒加耳考正義云恒延蔓於地乃自爲文以延蔓說蔓非其本箋有延字也延在蔓上亦其證矣各本皆誤當正之

然其德不稱服 小字本相臺本同案此定本也正義云定本云然其德不稱服正義說傳云而內德不稱說箋云而內無德以稱之是與定本不同也但未有明文今無可考意必求之或當是而內德不稱考文古本

服作副下有也字未見所出

玦用正玉棘若擇棘　閩本明監本毛本同案浦鏜云玉誤玉棘誤擇以儀禮考之浦挍是也

○河廣

前貧後富貴　閩本明監本毛本同案貧下浦鏜云脫賤字以大戴禮及家語考之浦校是也

杞伯姬來婦　補婦當作歸

亦喻近也　小字本相臺本同案此正義本也正義云定本無亦字義亦通考下箋云行不終朝亦喻近乃亦此箋非此箋亦上喻狹當以定本爲長

○伯兮

至不反　閩本明監本毛本同案反下當有焉字唐石經以下各本皆有此字也

則傑爲有德故云英傑　閩本明監本毛本同案經作桀注同正義作傑桀傑古今字易而說之也例見前

殳祕六尺有六寸　閩本明監本毛本同案浦鏜云秘誤祕是也

諼草令人忘憂　小字本相臺本同案此當作諼草令人善忘故箋云憂以生疾恐將危身欲忘之傳不言憂箋以憂申之也若傳已云忘憂則生疾危身人所共曉何煩更箋乎釋文云令人力呈反善忘亡向反又如字爾雅釋文引詩云焉得萲草毛傳云萲草令人善忘是釋文本不誤也正義說傳云諼訓爲忘非草名故傳本其意言焉得諼草謂欲得令人善忘憂之草此正義本忘上有善字之證其仍云忘憂者以鄭說爲毛說凡正義以爲毛鄭不異者其自爲文每如此非傳有憂字也正義本當亦不誤釋文諼下云說文作藼云令人忘憂也皆所以著其異耳不知者反據之并取正義自爲文者以改此傳失之甚矣各本皆誤當正之考文古本作善忘憂采釋文正義仍誤存憂字

洗南北直室東西　閩本明監本毛本同案浦鏜云隅誤西以士昏禮記注考之是也

背名爲堂也　閩本明監本毛本背作皆案所改是也

○有狐

所以育人民也　唐石經小字本相臺本同案正義標起止云至人民又云所以蕃育人民釋文云所以育民人也本或作蕃育者非正義云所以蕃育人民其本當有蕃字但未有明文耳人民以作民人爲是出其東門序云民人思保其室家焉蓼蕭序云民人勞苦摽有梅傳亦作民人此序當同釋文有誤作人民者今正詳後考證考文古本作民人采摽有梅傳

厲深可厲之者　小字本相臺本者作旁閩本明監本毛本亦同案旁字是也者是誤字考文一本作傍此誤采他正義所易之今字耳

○木瓜

其畜散而死三月　閩本明監本毛本死作無案今齊語作其畜散而無育浦鏜云育誤分爲三月二字是也

瓊玉之美者琚佩玉名　小字本相臺本同案釋文琚下云佩玉名正義云琚是玉名又云有女同車云佩玉瓊琚故知琚佩玉名段玉裁云此傳石誤爲名久矣佩玉石者佩玉納閒之石也雜佩謂之佩玉有琚瑀以納閒琚瑀皆美石也鄭風正義釋文皆引說文琚佩玉名名亦石之誤瓊爲玉之美者故引伸凡石之美者皆謂之瓊

結己國之恩也　小字本相臺本同案釋文云結己國以爲恩也一本作結己國之恩也正義本無可考考文古本作以爲采釋文

酸可食是也　閩本明監本毛本酸誤酢案此依今爾雅注改耳

下傳云瓊瑤美石瓊玖玉名三者互也　閩本明監本毛本同案名當作

石考正義下文云琚言佩玉名瑤玖亦佩玉名瑤言美石玖言玉石明此三者皆玉石雜也故上中有麻傳云玖石次玉則玖非全玉也據此則正義本唯琚佩玉名作名其瓊瑤美石瓊玖玉石皆作石故云三者互也互謂玉名美石玉石相互也若是瓊玖玉名則與瓊琚佩玉名同與瓊瑤美石别而三者不復互矣亦不當引傳玖石次玉而說之也今正義瓊瑤美石不誤而瓊玖玉石及玖言玉石二石字皆誤爲名所當正也

瓊瑤美玉　小字本相臺本同案釋文瑤下云美玉也說文云美石正義作美石見上段玉裁云正義是也說文琨珉瑤皆石之美者玉爵瑤爵爲等差在周禮禮記

瓊玖玉名　小字本相臺本同案釋文玖下云玉名字書云玉黑色段玉裁云此玉石之誤王風傳玖石次玉者說文玖石次玉黑色者玉石見楊雄蜀都賦漢書西域傳師古曰玉石石之似玉者也今考正義本作玉石見上

二百四句　小字本同閩本明監本毛本同唐石經相臺本四作三案四字誤

附釋音毛詩注疏卷第四（四之一）

王黍離詁訓傳第六

○陸曰：王國者，周室東都王城畿内之地，在豫州，今之洛陽是也。幽王滅，平王東遷，政遂微弱，詩不能復雅，下列稱風。以王當國，猶春秋稱王人。

毛詩國風　鄭氏箋　孔穎達疏

王城譜

王城者，周東都王城畿内方六百里之地。○正義曰：車攻序云復會諸侯於東都，謂王城也。周以鎬京爲西都，故謂王城爲東都。王城即洛邑。漢書地理志云：初洛邑與宗周通封畿，東西長，南北短，短長相覆千里。韋昭云：通在二封之地，共千里也。臣瓚按：西周方八百里，八八六十四，爲方百里者六十四；東周方六百里，六六三十六，爲方百里者三十六。二都方百里者百，方千里也。秦譜云：横有西周畿内八百里之地。是鄭以西都爲八百，東都爲六百，其言與瓚同也。鄭志趙商問：定四年左傳曰曹爲伯甸，言爵爲伯，服在甸。案曹國寶今定陶，去王城六七百里，甸服在二服，去王城一千五百里，亦復不合，敢問其故？答曰：東都之畿方六百里，半之三百里，定陶去王城八百里有餘，豈六七百也？除畿内三百里，又侯五百里，定陶在外，何謂之不合？以子魚言爲伯甸，本其始封而在甸服，明東都六百，初則然矣。西都初則亦八百，相通可知。周禮每言王畿千里者，制禮設法，據方圓而言，其實地形不可如圖也。蓋以西都先王所居，東都貢賦所均，不可並爲二畿，故通數之，共爲千里。○其封域在禹貢豫州太華、外方之間。○正義曰：禹貢云荆河惟豫州。注云：州界自荆山而至于河。而王城在河南洛北，是屬豫州也。太華即華山也，外方即嵩高也。地理志華山在京兆華陰縣南，外方在潁川嵩高縣，則東都之域西距太華，東至於外方，故云之間。○北得河陽，漸冀州之南。○正義曰：僖二十五年左傳稱襄王賜晉文公陽樊、溫、原之田，晉於是始啓南陽。杜預云：在晉山南河北，故曰南陽。是未賜晉時爲周之畿内，故知北得河陽。夏官職方氏云河内曰冀州，知河北之地漸冀南境也。○始武王作邑於鎬京，謂之宗周，是爲西都。○正義曰：文王有聲云宅是鎬京，武王成之，是武王作邑於鎬京也。正月云赫赫宗周，謂鎬京也。後平王居洛邑，亦謂洛邑爲宗周。祭統云即宮于宗周，謂洛邑也。以洛邑爲東都，故謂鎬京爲西都。○周公攝政五年，成王在豐，欲宅洛邑，使召公先相宅。既成，謂之王城，是爲東都，今河南是也。○正義曰：洛誥云周公曰：予惟乙卯朝至于洛師，我乃卜㵎水東、瀍水西，惟洛食；我又卜瀍水東，亦惟洛食。注云：我以乙卯日至於洛邑之衆，觀召公所卜之處，皆可長久居民，使服田相食。瀍水東既成，名曰成周，今洛陽縣是也。召公所卜處名曰王城，今河南縣是也。則成周、洛邑同年營矣。書傳云：周公攝政五年營成周。則知此二邑皆五年營之也。成王在豐，欲宅洛邑，使召公先相宅，書序文。彼注云：欲擇土中建王國，使召公在前視所居者，王與周公將自後往也。武王已都鎬京，成王尚云在豐者，豐有文王廟，將行就告之，故召誥云王朝步自周，則至于豐。注云：於此從鎬京行，至於豐，就告文王廟是也。此王城於漢時爲河南縣也。○召公既相宅，周公往營成周，今洛陽是也。○正義曰：召公既相宅，周公往營成周，亦書序文也。地理志河南郡有洛陽縣，周公遷殷頑民，是爲成周是也。○成王居洛邑，遷殷頑民於成周，復還歸處西都。○正義曰：洛誥云戊辰王在新邑烝，是成王居洛邑也。書序云：成周既成，遷殷頑民。注云：此皆士也。周謂之頑民，民無知之稱。是殷頑民於成周也。周本紀云：太史公曰：學者皆稱周伐紂居洛邑，其實不然。武王營之，成王使召公卜居之，遷九鼎焉，而周復都豐、鎬。是成王復還歸西都。○至於夷、厲，政教尤衰。十一世幽王嬖褒姒，生伯服，廢申后，太子宜咎奔申。○正義曰：周本紀云懿王立，王室遂衰。郊特牲曰：覲禮不下堂而見諸侯。下堂而見諸侯，自夷王始。昭二十六年左傳曰：至於厲王，王心戾虐，萬民弗忍，居王於彘。是王室之衰始於懿王，至於夷、厲，政教尤衰也。十一世者，以言武王作邑，因據武王數之。周本紀云：武王崩，子成王誦立；崩，子康王釗立；崩，子昭王瑕立；崩，子穆王滿立；崩，子共王繄扈立；崩，子懿王囏立；崩，共王弟孝王辟方立；崩，子夷王燮立；崩，子厲王胡立；崩，子宣王靜立；崩，子幽王宫皇立。自武王至幽王凡十二王，除孝王辟方，是十一世也。本紀又云：幽王三年嬖褒姒，生伯服。幽王欲廢太子，太子母申侯女而爲后，幽王得褒姒，愛之，欲廢申后，并去太子，用褒姒爲后，以其子伯服爲太子。鄭語云：王嬖褒姒，使至於爲后而生伯服。王欲殺太子以成伯服，必求之申。是申后見廢，太子奔申，王欲於申求之，故韋昭云太子時奔申也。○申侯與犬戎攻宗周，殺幽王於戲。○正義曰：周本紀云：幽王之廢后去太子也，申侯怒，乃與繒、西夷犬戎共攻幽王。幽王舉烽火徵兵，兵莫至，遂殺幽王麗山下，虜褒姒，盡取周賂而去。魯語里革對成公云幽王滅於戲。孔晁曰：戲，西周地名。史記云麗山，國語言於戲，則是麗山之下有地名戲。皇甫謐云：今京兆新豐東二十里戲亭是也。潘岳西征賦述幽王之亂滅云：軍敗戲水之上，身死麗山之北。則戲亦水名。韋昭云戲山名，非也。○晉文侯、鄭武公迎宜咎于申而立之，是爲平王。以亂故徙居東都王城。正義曰鄭語云晉文侯於是乎定天子隱六年左傳稱周桓公言於王曰我周之東遷晉鄭焉依地理志幽王敗桓公死其子武公與平王東遷周本紀云於是諸侯乃即申侯而共立故幽王太子宜咎是爲平王地理志云幽王淫褒姒滅宗周子平王東居洛邑鄭所據之文也。於是王室之尊與諸侯無異其詩不能復雅故貶之謂之王國之變風。正義曰於時王室雖衰天命未改春秋王人之微猶尊矣言與諸侯無異者以其王爵雖在政教纔行於畿內化之所及與諸侯相似故言無異也詩者緣政而作風雅繫政廣狹故王爵雖尊猶以政狹入風此風雅之作本自有體猶而云貶之謂之風者言作爲雅頌貶之而作風非謂採得其詩乃貶之也鄭志張逸問平王微弱其詩不能復雅厲王流於彘幽王滅於戲在雅何荅曰幽厲無道酷虐於民以强暴至於流滅豈如平王微弱政在諸侯威令不加於百姓乎其意言幽厲以酷虐之政被於諸侯故爲雅平桓則政教不及畿外故爲風也言王國變風者謂以王當國故服虔云尊之猶稱王猶春秋之王人稱王而列於諸侯之上在風則卑矣已此列國當言周而言王則尊之故題王以當國而敘以實應故每言閔周也周本紀云平王即位五十一年崩太子泄父早死立其子林是爲桓王二十三年崩子莊王佗立十五年崩維此三王有詩耳黍離序云閔周室之顛覆言鎬京毀滅則平王時也君子行役及揚之水葛藟皆序云平王是平王詩矣君子陽陽中谷有蓷居中從可知兎爰序云桓王則本在葛藟之下但簡札換處失其次耳兎爰既言桓王擧上以明下明采葛大車從可知矣采葛箋云桓王之時政事不明明大車亦桓王詩也丘中有麻序云莊王不明即莊王詩明矣故鄭於左方中以此而知皇甫謐云平王時王室微弱詩人怨而爲刺今王風自黍離至中谷有蓷五篇是也桓王失信禮義陵遲男女淫奔讒僞並作九族不親故詩人刺之今王風自兎爰至大車四篇是也如謐此言以葛藟爲桓王之詩今葛藟序云平王則謐言非也定本葛藟序云刺桓王誤也王詩次在鄭上譜退鄭下者欲近雅頌與王世相次故也

黍離閔宗周也周大夫行役至于宗周過故宗廟宮室盡爲禾黍閔周室之顛覆彷徨不忍去而作是詩也 宗周鎬京也謂之西周周王城也謂之東周幽王之亂而宗周滅平王東遷政遂微弱下列於諸侯其詩不能復雅而同於國風焉。離如字說文作穲過古卧反又古禾反覆芳服反彷蒲皇反徨音皇鎬胡老

反復扶又反而同於國風焉崔集注本此下更有猶尊之故稱王也今詩本皆無 **疏** 黍離三章章十句至是詩。正義曰作黍離詩者言閔宗周也周之大夫行從征役至於宗周鎬京過歷故時宗廟宮室其地民皆墾耕盡爲禾黍以先王宮室忽爲平田於是大夫閔傷周室之顛墜覆敗彷徨省視不忍速去而作黍離之詩以閔之也言過故宗廟則是有所適因過舊墟非故詣宗周也周室顛覆正謂幽王之亂王室覆滅致使東遷洛邑喪其舊都雖作在平王之時而志恨幽王之敗但主傷宮室生黍稷非是追刺幽王故爲平王詩耳又宗周喪滅非平王之咎故不刺平王也彷徨不忍去敘其作詩之意未必即在宗周而作也言宗周宮室盡爲禾黍章首上二句是也閔周顛覆彷徨不忍去三章下八句是也言周大夫行役至於宗周敘其所傷之由於經無所當也。箋宗周至風焉。正義曰鄭先爲箋而復作譜故此箋與譜大同周語云幽王三年西周三川皆震是鎬京謂之西周也即知王城謂之東周也論語孔子曰如有用我者吾其爲東周乎注云據時東周則謂成周爲東周者以敬王去王城而遷於成周自是以役謂王城爲西周成周爲東周故昭二十二年王子猛入于王城公羊傳曰王城者何西周也二十六年天王入于成周公羊傳曰成周者何東周也孔子設言之時在敬王居成周之後且意取周公之教頑民故知其爲東周據時成周也此在敬王之前王城與鎬京相對故言王城謂之東周也周本紀云平王東徙洛邑避戎寇平王之時周室微弱諸侯以強并弱齊楚秦晉始大政由方伯是平王東遷政遂微弱論語註云平王東遷政始微弱者始者從下本上之辭遂者從上鄕下之稱彼言十世希不失矣據末而本初故言始也此言大子當爲雅從是作風據盛以及衰故言遂也下列於諸侯謂化之所及纔行境內政教不加於諸侯與諸侯齊其列位故其詩不能復更作大雅小雅而與諸侯同爲國風焉。

彼黍離離彼稷之苗 彼彼宗廟宮室箋云宗廟宮室毀壞而其地盡爲禾黍我以黍離離時至稷則尚苗 **行邁靡靡中心搖搖** 邁行也靡靡猶遲遲也搖搖憂無所愬箋云行道也道行猶行道也。搖音遙愬蘇路反 **知我者謂我心憂** 箋云知我者知我之情。**不知我者謂我何求** 箋云謂我何求怪我久留不去 **悠悠蒼天此何人哉** 悠悠遠意蒼天以體言之尊而君之則稱皇天元氣廣大則稱昊天仁覆閔下則稱旻天自上降鑒則稱上天據遠視之蒼蒼然則稱蒼天箋云遠

乎蒼天仰愬欲其察己言也此亡國之君何等人哉疾之甚。蒼天本亦作倉采郎反爾雅云春爲蒼天莊子云天之蒼蒼其正色邪昊胡老反夏爲昊天旻密巾反閔也秋爲旻天。〔疏〕彼黍至人哉。正義曰鎬京宮室毀壞其地盡爲禾黍大夫行役見而傷之言彼宗廟宮室之地有黍離離而秀彼宗廟宮室之地又有稷之苗矣大夫見之在道而行不忍速去遲遲然而安舒中心憂思搖搖然而無所告訴大夫乃言人有知我之情者則謂我爲心憂不知我之情者乃謂我之何求乎見我久留不去謂我有何所求索知我者希無所告語乃訴之於天悠悠而遠者彼蒼蒼之上天此亡國之君是何等人哉而使宗廟丘墟至此也疾之太甚故云此何人哉。傳彼彼宗廟宮室。正義曰序云宗廟宮室盡爲禾黍故知彼黍彼稷是宗廟宮室之地黍與稷也作者言彼黍彼稷正謂黍稷爲彼耳傳言彼宗廟宮室者言彼宗廟宮室之地有此黍稷也。箋宗廟至尚苗。正義曰言毀壞者以傳文質畧嫌宗廟尚存階庭生禾黍故辨之湛露傳曰離離垂然則黍離離亦謂秀而垂也黍言離離稷言苗則是黍秀稷未秀故云我以黍離離時至稷則尚苗苗謂禾未秀出車云黍稷方華則二物大時相類但以稷比黍黍差爲稙故黍秀而稷苗也詩人以黍秀時至稷則尚苗六月時也未得

詩疏四之一　五

還歸遂至於稷之穗七月時也又至於稷之實八月時也是故三章歷道其所更見稷則穗實改易黍則常云離離欲記其初至故不變黍文大夫役當有期而反但事尚未周了故也。傳邁行至所愬。正義曰邁行釋言文靡靡行舒之意故言猶遲遲也釋訓云遲遲徐也戰國策云楚威王謂蘇秦曰寡人心搖搖然如懸旌而無所薄然則搖搖是心憂無所附著之意故爲憂思無所愬也。箋行道也道行猶行道。正義曰今定本文當如此傳訓經之邁以爲行箋又訓經之行以爲道嫌相涉故又釋之云道行猶行道也。傳悠悠至蒼天。正義曰釋詁云悠遠也故知悠悠遠意釋天云穹蒼蒼天李巡曰古詩人質仰視天形穹隆而高其色蒼蒼故曰穹蒼是蒼天以體言之也皇君也故尊而君之則稱皇天昊大貌故言其混元之氣昊昊廣大則稱昊天旻閔也言其以仁慈之恩覆閔在下則稱旻天從上而下視萬物則稱上天據人遠而視之其色蒼蒼然則稱蒼天然以經傳言天其號不一故因蒼天而總釋之當有成文不知出何書釋天云春爲蒼天夏爲昊天秋爲旻天冬爲上天李巡曰春萬物始生其色蒼蒼故曰蒼天夏萬物盛壯其氣昊大故曰昊天秋萬物成熟皆有文章故曰旻天冬陰氣在上萬物伏藏故曰上天郭璞曰旻猶愍也愍萬物凋落冬時無事在上臨下而已

如爾雅釋天以四時異名此傳言天各用所宜爲稱鄭君和合二說故異義天號今尚書歐陽說春曰昊天夏曰蒼天秋曰旻天冬曰上天爾雅亦云古尚書說與毛同謹案尚書堯典羲和以昊天總勑以四時故知昊天不獨春也左傳夏四月孔丘卒稱曰旻天不弔非秋也玄之聞也爾雅者孔子門人所作以釋六藝之言蓋不誤也春氣博施故以廣大言之夏氣高明故以遠言之秋氣或生或殺故以閔下言之冬氣閉藏而清察故以監下言之皇天者至尊之號也六藝之中諸稱天者以情所求之耳非必於其時稱之浩浩昊天求天之博施蒼天蒼天求天之高明旻天不弔求天之生殺當得其宜上天同雲求天之所爲當順其時也此之求天猶人之說事各從其主耳若察於是則堯命羲和欽若昊天孔丘卒旻天不弔無可怪耳是鄭君和合二說之事也爾雅春爲蒼天夏爲昊天歐陽說春爲昊天夏爲蒼天鄭既言爾雅不誤當從爾雅而又從歐陽之說以春昊夏蒼者鄭爾雅與孫郭本異故許愼既載今尚書說即言爾雅亦云明見爾雅與歐陽說同雖蒼昊有春夏之殊則未知孰是要二物理相符合故鄭和而釋之。箋此亡國至之甚。正義曰正月云赫赫宗周褒姒滅之亡國之君者幽王也史記宋世家云箕子朝周過殷故墟城壞生黍箕子傷之乃作麥秀之詩以歌之

詩疏四之一　六

其詩曰麥秀漸漸兮禾黍油油兮彼狡童兮不我好兮所謂狡童者紂也過殷墟而傷紂明此亦傷幽王但不是主刺幽王故不爲雅耳何等人猶言何物人大夫非爲不知而言何物人疾之甚也。

彼黍離離彼稷之穗穗秀也詩人自黍離離見稷之穗故歷道其所更見。穗音遂更音庚。行邁靡靡中心如醉醉於憂也知我者謂我心憂不知我者謂我何求悠悠蒼天此何人哉彼黍離離彼稷之實自黍離離見稷之實行邁靡靡中心如噎噎憂不能息也知我者謂我心憂不知我者謂我何求悠悠蒼天此何人哉〔疏〕傳噎憂不能息。正義曰噎者咽喉蔽塞之名而言中心如噎故知憂深不能喘息如噎之然

黍離三章章十句

君子于役刺平王也君子行役無期度大夫思

其危難以風焉。難乃旦反下注同風福鳳反【疏】君子于役二章章八句至風焉。正義曰大夫思其危難謂在家之大夫思君子僚友在外之危難君子行役無期度二章上六句是也思其危難下二句是也

君子于役不知其期曷至哉箋云曷何也君子于往行役我不知其反期何時當來至哉思之甚。曷音寒末反雞棲于塒日之夕矣羊牛下來鑿牆而棲曰塒箋云雞之將棲日則夕矣羊牛從下牧地而來言畜産出入尚使有期節至於行役者乃反不也。棲音西時如字本亦作塒音同爾雅同玉篇時理反鑿牆以棲雞鑿在各反畜許又反君子于役如之何勿思箋云行役多危難我誠思之。【疏】傳鑿牆而棲曰塒。正義曰釋宮文也又云雞棲於杙爲桀李巡曰别鷄所棲之名寒鄉鑿牆爲雞作棲曰塒

君子于役不日不月曷其有佸佸會也箋云行役反無日月何時而有來會期。佸戶括反說文口活反韓詩至也雞棲于桀日之夕矣羊牛下括。雞棲于杙爲桀括至也括古活反弋本亦作杙羊職反或音羊特反。君子于役苟無飢渴箋云苟且也且得無飢渴憂其飢渴也。

君子于役二章章八句

君子陽陽閔周也君子遭亂相招爲祿仕全身遠害而已祿仕者苟得祿而已不求道行。遠于萬反【疏】君子陽陽二章章四句至而已。正義曰作君子陽陽之詩者閔周也君子之人遭此亂世皆畏懼罪辜招呼爲祿仕冀安全己身遠離禍害已不復更求道行故作詩以閔傷之此敘其招呼之由二章皆言其相呼之事。箋祿仕至道行。正義曰君子仕於朝廷欲求行己之道非爲祿食而仕今言祿仕則是止爲求祿故知是苟得祿而已不求道行也

君子陽陽左執簧右招我由房陽陽無所用其心也簧笙也由用也國君有房中之樂箋云由從也君子祿仕在樂官左手持笙右手招我欲使我從之於房中俱在樂官也我者君子之友自謂也時在位有官職也。簧音皇其樂只且箋云君子遭亂道不行其且樂此而已。樂音洛注且樂和樂及下章同且子徐反又作且七也反【疏】君子至只且。毛以爲君子祿仕賤職招呼其友此君子之友陳其呼已之事言有君子之人陽陽然無所用心在於樂官之位左手執其笙簧右手招我用此房中樂官之位言時世衰亂道教不行其且相與樂此而已。鄭唯以由爲從爲異餘同。傳陽陽至之樂。正義曰言無所用心者史記稱晏子御擁大蓋策四馬意氣陽陽甚自得則陽陽是得志之貌賢者在賤職而亦意氣陽陽是其無所用心故不憂下傳云陶陶和樂亦是無所用心故和樂也簧者笙管之中金薄鍱也春官笙師注鄭司農云笙十三簧笙必有簧故以簧表笙傳以笙簧一器故云簧笙也月令仲夏調竽笙竾簧則簧似别器者彼於竽笙竾三器之下而别言簧者欲見三器皆有簧簧非别器也若然三器皆有簧何知此非竽竾而必以爲笙者以笙師備言樂器有笙簧鹿鳴云吹笙鼓簧言吹笙則鼓簧是簧之所用本施於笙言笙可以見簧言簧可以見笙故知簧即笙非竽竾也此執笙招友欲令在房則其人作樂在房內矣故知國君有房中之樂此實天子而言國君者以諸侯亦有此樂舉國君以明天子譜云路寢之常樂風之正經天子以周南諸侯以名南是天子諸侯皆有房中之樂也。箋由從至官職。正義曰釋詁云由從自也俱訓爲自是由得爲從以招人必欲其從已故易傳也此君

子之友說君子招己故言我君子之友自謂也此人於時在位有官職故君子得招之鄭志張逸問何知在位有官職又男子焉得在房荅曰房中而招人豈遠乎故知可招者當在位也招之者樂官有祿而無言責苟免時耳路寢房中可用男子是說男子得在房招友之事也斯干箋云宗廟及路寢制如明堂則天子路寢有五室無左右房矣言路寢房中可用男子者此路寢之樂謂路寢之下小寢之內作之非於正寢作樂也何則玉藻云君日出而視朝退適路寢聽政使人視大夫大夫退然後適小寢釋服是路寢以聽政小寢以燕息路寢非燕息之所也下箋云欲使從之於燕舞之位以燕言之明不在路寢也樂實不在路寢而譜云路寢之樂者云路寢房中者以小寢是路寢之下室繫路寢言之天官宮人掌六寢之脩注云六寢者路寢一小寢五是小寢繫於路寢之事也天子小寢如諸侯之路寢故得有左右房

君子陶陶左執翿右招我由敖陶陶和樂貌翿纛也翳也箋云陶陶猶陽陽也翳舞者所持謂羽舞也君子左手持羽右手招我欲使我從之於燕舞之位亦俱在樂官也。陶音遙翿徒刀反敖五刀反遊也纛徒報反沈徒老反俗作纛翳於計反燕本又作宴於見反其樂只且【疏】傳翿

纛也騶也。正義曰釋言云翿纛也李巡曰翿舞者所持纛也孫炎曰纛舞者所持羽也又云纛翳也郭璞云所持以自蔽翳也然則翿訓爲纛纛所以爲翳故傳并引之

君子陽陽二章章四句

揚之水刺平王也不撫其民而遠屯戍于母家周人怨思焉怨平王恩澤不行於民而久令屯戍不得歸思其鄉里之處者言周人者時諸侯亦有使人戍焉平王母家申國在陳鄭之南迫近彊楚王室微弱而數見侵伐王是以戍之。揚如字或作楊木之字非屯徒門反戍東遇反守也韓詩云舍思如字沈息嗣反令力呈反近附近之近或如字數音朔。疏揚之水三章章六句至思焉。正義曰不撫其民三章章首二句是也屯戍母家次二句是也思者下二句是也此三者皆是所怨之思俱出民心故以怨配思而揔之。箋怨平王至戍之。正義曰此刺平王不嫌非是周人而特言周人者時諸侯亦有使人戍焉故言周人以別之諸侯之戍亦由於王諸侯之人所以不怨者時王政不加於諸侯諸侯自使戍耳假有所怨自怨其君故周人獨怨王也車牽白華之序亦云周人但其詩在雅天下爲一此則下同列國故須辨之杜預云申今南陽宛縣是也在陳鄭之南後竟爲楚所滅故知迫近彊楚數見侵伐是以戍之。

揚之水不流束薪興也揚激揚也箋云激揚之水至湍迅而不能流移束薪興者喻平王政教煩急而恩澤之令不行于下民。薪音新激經歷反湍吐端反迅音信又蘇俊反彼其之子不與我戍申戍守也申姜姓之國平王之舅箋云之子是子也彼其是子獨處鄉里不與我來守申是思之言也其或作記或作己讀聲相似。其音記詩內皆放此或作已亦同。懷哉懷哉曷月予還歸哉箋云懷安也思鄉里處者故曰今亦安不哉安不哉何月我得歸還見之哉思之甚疏揚之水至歸哉。毛以爲激揚之水豈不能流移一束之薪乎言能流移之以興王者之尊豈不能施行恩澤於下民乎言其能施行之今平王不撫下民自不爲耳非不能也王既不撫下民又復政教煩僻彼其之子在家不與我共戍申國使我獨行偏當勞苦自我之來日月已久此在家者今日安否哉安否哉何月得還歸見之哉羡其得在家思願早歸見之久不得歸所以爲怨鄭唯上二句爲異餘同。傳興也揚激揚。正義曰激揚謂水急激而飛揚波流疾之意也此傳不言興意而鄭風亦云揚之水不流束楚文與此同傳曰激揚之水可謂不能流漂束楚乎則此亦不與鄭同明別爲興。箋懷安至之甚。正義曰釋詁云懷安止也俱訓爲止是懷得爲安此承不與我戍申之下故知思鄉里處者之安否也役人所思當思其家但既怨王政不均羡其在家處者雖託辭於處者願早歸而見之其實所思之甚在於父母妻子耳

揚之水不流束楚楚木也。彼其之子不與我戍甫甫諸姜也懷哉懷哉曷月予還歸哉疏傳甫諸姜。正義曰尚書有呂刑之篇禮記引之皆作甫刑孔安國云呂侯後爲甫侯周語云祚四岳爲侯伯賜姓曰姜氏曰有呂又曰申呂雖衰齊許猶在是申與甫許同爲姜姓故傳言甫諸姜許諸姜皆爲姓與申同也平王母家申國所戍唯應戍申不戍甫許也言甫許者以其同出四岳俱爲姜姓既重章以變文因借甫許以言申其實不戍甫許也六國時秦趙皆伯益之後同爲嬴姓史記漢書多謂秦爲趙亦此類也。

揚之水不流束蒲蒲草也箋云蒲蒲柳。蒲如字孫毓云蒲草之聲不與戍許相協箋義爲長今則二蒲之音未詳其異耳彼其之子不與我戍許許諸姜也懷哉懷哉曷月予還歸哉疏箋蒲蒲柳。正義曰以首章言薪下言蒲楚則蒲楚是薪之木名不宜爲草故易傳以蒲爲柳陸機疏云蒲柳有兩種皮正青者曰小楊其一種皮紅者曰大楊其葉皆長廣於柳葉皆可以爲箭幹故春秋傳曰董澤之蒲可勝既乎今又以爲箕鑵之楊也

揚之水三章章六句

中谷有蓷閔周也夫婦日以衰薄凶年饑饉室家相棄爾。蓷吐雷反韓詩云茺蔚也廣雅又名益母飢本或作饑居疑反穀不熟饉音覲蔬不熟疏中谷有蓷三章章六句至棄爾。正義曰作中谷有蓷詩者言閔周也平王之時民人夫婦之恩日日益以衰薄雖薄未至棄絶遭遇凶年饑饉遂室家相離棄耳夫婦之重逢遇凶年薄而相棄是其風俗衰敗故作此詩以閔之夫婦日以衰薄三章章首二句是也凶年饑饉室家相棄下四句是也夫婦衰薄以凶年相棄假陸草遇水而傷以喻夫恩

薄厚○蓷之傷於水始則濕中則脩久而乾猶夫之於婦初已衰稍而薄久而甚甚乃至於相棄婦既見棄先舉其重然後倒本其初故章首二句先言乾次言脩後言濕見夫之遇己用凶年深淺爲薄厚也下四句言婦既被棄怨恨以漸而甚初而嘆次而歗後而泣既嘆而後乃歗艱難亦輕於不淑何嗟及矣是決絕之語故以爲篇終雖或逆或順各有次也○

中谷有蓷暵其乾矣 興也蓷鵻也暵菸貌陸草生於谷中傷於水箋云興者喻人居平安之世猶鵻之生於陸自然也遇衰亂凶年猶鵻之生谷中得水則病將死○暵呼但反徐音漢說文云水濡而乾也字作灘又作𤅩皆他安反鵻音隹爾雅又作萑音同菸於據反何音於說文云鬱也廣雅云臭也 **有女仳離嘅其嘆矣** 仳别也箋云有女遇凶年而見棄與其君子別離嘅然而嘆傷己見棄其恩薄○仳匹指反徐符鄙反又敷姊反字林父几扶罪二反嘅口愛反嘆本亦作歎吐丹反協韻也 **嘅其嘆矣遇人之艱難矣** 艱亦難也箋云所以嘅然而嘆者自傷遇君子之窮厄○

【疏】中谷至難矣○正義曰言谷中之有蓷草爲水浸之暵然其乾燥矣以喻凶年之有婦人其夫遇之恩情甚衰薄矣蓷草宜生高陸

之地今乃生於谷中爲谷水浸之故乾燥而將死喻婦人宜居平安之世今乃居於凶年爲其夫薄之故情疏而將絕恩既疏薄果至分離矣有女與夫別離嘅然其長嘆矣所以長嘆者自傷逢遇人之艱難於己矣人者斥其夫艱難謂無恩情而困苦之○傳蓷鵻至於水○正義曰釋草云萑蓷李巡曰臭穢草也郭璞曰今茺蔚也葉似萑方莖白華華注節間又名益母陸機疏云舊說及魏博士濟陰周元明皆云庵䕡是也韓詩及三蒼說悉云益母故曾子見益母而感案本草云益母茺蔚也一名益母故劉歆曰蓷臭穢臭穢即茺蔚也說文云暵燥也易曰燥萬物者莫熯乎火說文云菸矮也然則由菸死而至於乾燥以暵爲菸也釋水云水注川曰谿注谿曰谷谷是水之所注蓷處其中而乾故知以陸草傷水爲喻○傳仳別○正義曰以仳與離共文故知當爲別義也

中谷有蓷暵其脩矣 脩且乾也○脩如字本或作蓨音同 **有女仳離條其歗矣** 條條然歗也○歗籀文嘯字本又作嘯 **條其歗矣遇人之不淑矣** 箋云淑善也君子於己不善也 **中谷有蓷暵其濕矣** 鵻遇水則濕箋云鵻之傷於水始則濕中而脩久而乾有似君子於己之恩徒用凶年深淺爲厚薄○徒如字徒空也沈云當作從 **有女仳離啜其泣矣** 啜泣貌○啜張劣反 **啜其泣矣何嗟及矣** 箋云及與也泣者傷其君子棄己嗟乎將復何與爲室家乎此其有餘厚於君子也○復扶又反

【疏】箋離之薄厚○正義曰以水之浸草當先濕後乾今詩立文先乾後濕故知喻君子於己有薄厚從其甚而本之也但君子於己自薄因遭凶年益甚故云徒用凶年深淺爲薄厚徒空也言其意自薄己空假凶年爲辭也○箋及與至君子○正義曰及與釋詁文嗟乎復何與爲室家乎其意言舍此君子則無所與此其有餘厚於君子定本作餘俗本作殊非也

中谷有蓷三章章六句

兔爰閔周也桓王失信諸侯背叛構怨連禍王師傷敗君子不樂其生焉 不樂其生者寐不欲覺之謂也○背音佩樂沈音岳又音洛注同覺古孝反又如字下同

【疏】兔爰三章章七句至生焉○正義曰作兔爰詩者閔周也桓王失信於諸

侯諸侯背叛之王與諸侯交構怨惡連結殃禍乃興師出伐諸侯諸侯禦之與之交戰於是王師傷敗國危役賦不息使君子之人皆不樂其生焉故作此詩以閔傷之也隱三年左傳曰鄭武公莊公爲平王卿士王貳於虢鄭伯怨王王曰無之故周鄭交質王子狐爲質於鄭鄭公子忽爲質於周及平王崩周人將畀虢公政四月鄭祭足帥師取溫之麥秋又取成周之粟周鄭交惡君子曰信不由中質無益也是桓王失信之事也桓五年左傳曰王奪鄭伯政鄭伯不朝是諸侯背也傳又曰秋王以諸侯伐鄭王爲中軍虢公林父將右軍蔡人衛人屬焉周公黑肩將左軍陳人屬焉鄭伯禦之曼伯爲右拒祭仲足爲左拒原繁高渠彌以中軍奉公爲魚麗之陳戰於繻葛蔡衛陳皆奔王卒亂鄭師合以攻之王卒大敗祝聃射王中肩是王師傷敗之事也傳稱射王中肩自是矢傷王身此言師敗正謂軍敗耳據邶谷風序云國俗傷敗止言俗敗則知此云傷敗亦止言師敗非謂王身傷也序云君子不樂其生之由二章下五句皆言不樂其生之事章首二句言王政有緩有急君子亦爲此而不樂序不言略之也

有兔爰爰雉離于羅 興也爰爰緩意鳥網爲羅言爲政有緩有急用心之不均箋云有緩者有所聽縱也有急者有所躁蹙也○躁七刀反本亦作

懆沈七感反今作躁與定本異與箋義合蹙子六反本亦作戚七歷反我生之初尚無爲尚無成人爲也箋云尚庶幾也言我幼稚之時庶幾於無所爲謂軍役之事也我生之後逢此百罹尚寐無吪罹憂吪動也箋云我長大之後乃遇此軍役之多憂今但庶幾於寐不欲見動無所樂生之甚○罹本又作離力知反吪本亦作訛五戈反長張丈反大音代賀反【疏】有兔至無吪正義曰言有兔無所拘制爰爰然而緩有雉離於羅網之中而急此二者緩急之不均以喻王之爲政有所聽縱者則緩有所躁蹙者則急此言王爲政用心之不均也故君子本而傷之言我生初幼稚之時庶幾無此成人之所爲言其冀無征役之事也今我生之後年已長大乃逢此軍役之百憂既不能殺身庶幾服寐而無動耳言不樂其生也○傳爰爰至不均○正義曰釋訓云爰爰緩也釋器云鳥罟謂之羅李巡曰鳥飛張網以羅之此經兔言緩則雉爲急矣雉言在羅則兔無拘制矣舉一緩一急之物故知喻政有緩急用心之不均也箋有所躁蹙者定本作操義並得通○箋尚庶幾至之事○正義曰釋言云庶幾尚也是尚得爲庶幾也易云庶幸也幾覬也是庶幾者幸覬之意也以傳云尚無成人者爲成人之所爲正

謂軍役之事申述傳意○傳罹憂吪動○正義曰皆釋詁文有兔爰爰雉離于罦罦覆車也○罦音俘郭云今之翻車大網也覆芳服反車赤奢反我生之初尚無造造僞也我生之後逢此百憂尚寐無覺【疏】傳罦覆車正義曰下傳罬罿與此一也釋器云繴謂之罿罿罬也罬謂之罦罦覆車也孫炎曰覆車網可以掩兔者也一物五名方言異也郭璞曰今之翻車也有兩轅中施罥以捕鳥展轉相解廣異語也有兔爰爰雉離于罿罿罬也○罿昌鍾反韓詩云施羅於車上曰罿字林上凶反罬張劣反郭徐姜雪姜穴反爾雅云罬謂之罦罦覆車也○我生之初尚無庸庸用也箋云庸勞也我生之後逢此百凶尚寐無聰聰聞也箋云百凶者王構怨連禍之凶

兔爰三章章七句

葛藟王族刺平王也周室道衰棄其九族焉九族者據己上至高祖下及玄孫之親○藟力軌反藟似葛廣雅云藟藤也刺桓王本亦作刺平王按詩譜是平王詩皇甫士安以爲桓王之詩崔集注本亦作桓王○【疏】葛藟三章章六句至族焉○正義曰棄其九族者不復以族食族燕之禮敘而親睦之故王之族人作此詩以刺王也此敘其刺王之由經皆陳族人怨王之辭定本云刺桓王義雖通不合鄭譜○箋九族至之親○正義曰此古尚書說鄭取用之異義九族今戴禮尚書歐陽說云九族乃異姓有親屬者父族四五屬之內爲一族父女昆弟適人者與其子爲一族己女昆弟適人者與其子爲一族己之子適人者與其子爲一族母族三母之父姓爲一族母之母姓爲一族母女昆弟適人者爲一族妻族二妻之父姓爲一族妻之母姓爲一族古尚書說九族者上從高祖下至玄孫凡九皆爲同姓謹案禮緦麻三月以上恩之所及禮爲妻父母有服明在九族不得但施於同姓玄之聞也婦人歸宗女子雖適人字猶繫姓明不與父兄爲異族其子則然昏禮請期辭曰惟是三族之不虞欲及今三族未有不億度之事而迎婦也如此所云則三族當有異姓異姓其服皆緦麻緦麻之服不禁嫁女娶妻是爲異姓不在族中明矣周禮小宗伯掌三族之別喪服小記說族之義曰親親以三爲五以五爲九以此言之知高祖至玄

孫昭然察矣是鄭以古說長宜從之事也古尚書說直云高祖至玄孫凡九不言之親此言之親欲見同出高祖者當皆親之此言棄其九族正謂棄其同出高祖者非棄高祖之身緜緜葛藟在河之滸興也緜緜長不絕之貌水厓曰滸箋云葛也藟也生於河之厓得其潤澤以長大而不絕興者喻王之同姓得王之恩施以生長其子孫○滸呼五反長張丈反下同涯本亦作厓魚佳反施始豉反下同終遠兄弟謂他人父兄弟之道已相遠矣箋云兄弟猶言族親也王寡於恩施今已遠棄族親矣是我謂他人爲己父族人尚親親之辭○遠于萬反又如字注下皆同謂他人父亦莫我顧箋云謂他人爲己父無恩於我亦無顧眷我之意○【疏】緜緜至我顧○正義曰緜緜然枝葉長而不絕者乃是葛藟之草所以得然者由其在河之滸得河之潤故也以興子孫長而昌盛者乃是王族之人所以得然者由其與王同姓得王之恩故也王族宜得王之恩施猶葛藟宜得河之潤澤王何故棄遺我宗族之人乎王終是遠於兄弟無復恩施於我是我謂他人爲己父也謂他人爲己父則無恩於我亦無肯於我有顧戀之意言王無恩於己與他人爲父同責王無父之恩也○傳

水厓曰漘。正義曰釋水云漘水厓李巡曰漘水邊地名厓也。**緜緜葛藟在河之涘**涘厓也。涘音俟涯也。**終遠兄弟謂他人母。**王又無母恩。**謂他人母。亦莫我有**箋云有識有也〔疏〕傳涘厓。正義曰釋丘云涘爲厓李巡曰涘一名厓郭璞曰謂水邊也。箋王又無母恩。正義曰又者亞前之辭上言謂他人父責王無父恩也此言謂他人母責王又無母恩也然則下章謂他人昆責王無兄恩也定本及諸本又作后義亦通。**緜緜葛藟在河之漘**漘水隒也。漘順春反爾雅云夷上洒下水漘旁從水郭云涯上平坦而下水深爲漘不發聲也隒魚檢反何音檢爾雅云重甗隒郭云形似累兩重甑上大下小李巡云隒阪也詩本又作水旁兼者字書音呂恬理染二反廣雅云漘滿也與此義乖。**終遠兄弟謂他人昆**昆兄也**謂他人昆亦莫我聞**箋云不與我相聞命也〔疏〕傳漘水隒。正義曰釋丘云夷上洒下不漘李巡曰夷上平上洒下陗下故名漘孫炎曰平上陗下故名曰漘不行者蓋衍字郭璞曰厓上平坦而下水深者爲漘不發聲也此在河之漘即彼漘也釋山云重甗隒孫炎曰山基有重岸也隒是山岸漘是水岸故云水隒。傳昆兄。正義曰釋親文。

葛藟三章章六句

采葛懼讒也桓王之時政事不明臣無大小使出者則爲讒人所毁故懼之。使所吏反下竝同〔疏〕采葛三章章三句至讒也。正義曰三章如此次者既以葛蕭艾爲喻因以月秋歲爲韻積日成月積月成時積時成歲欲先少而後多故以月秋歲爲次也臣之懼讒於小事大事其憂等耳未必小事之憂則如月急事之憂則如歲設文各從其韻不由事大憂深也年有四時時皆三月三秋謂九月也設言三春三夏其義亦同作者取其韻耳**彼采葛兮一日不見如三月兮**興也葛所以爲絺綌也事雖小一日不見於君憂懼於讒矣箋云興者以采葛喻臣以小事使出。〔疏〕彼采至月兮。正義曰彼采葛草以爲絺綌兮以興臣有使出而爲小事兮其事雖小憂懼於讒一日不得見君如三月不見君兮日久情疏爲懼益甚故以多時況少時也。傳葛所至讒矣。正義曰言所以爲絺綌者以其所采疑作當暑之服比於祭祀療疾乃緩而且小故以喻小事使出也大事容或多過小事當無愆咎但桓王信讒之故其事唯小一日不見於君已憂懼於讒矣**彼采蕭兮一日不見如三秋兮**蕭所以共祭祀箋云彼采蕭者喻臣以大事使出。共音恭。〔疏〕傳蕭所以共祭祀。正義曰釋草云蕭荻李巡曰荻一名蕭陸機云今人所謂荻蒿者是也或云牛尾蒿似白蒿白葉莖麤科生多者數十莖可作燭有香氣故祭祀以脂爇之爲香許慎以爲艾蒿非也郊特牲云既奠然後爇蕭合馨香王氏云取蕭祭脂是蕭所以供祭祀也成十三年左傳曰國之大事在祀與戎故以祭祀所須者喻大事使出**彼采艾兮一日不見如三歲兮**艾所以療疾箋云彼采艾者喻臣以急事使出。艾五蓋反

采葛三章章三句

大車刺周大夫也禮義陵遲男女淫奔故陳古以刺今大夫不能聽男女之訟焉〔疏〕大車三章章四句至訟焉。正義曰經三章皆陳古者大夫善於聽訟之事也陵遲猶陂陁言禮義廢壞之意也男女淫奔謂男淫而女奔之也檀弓曰合葬非古也自周公以來未之有改然則周法始合葬也經稱死則同穴則所陳古者陳周公以來賢大夫。**大車檻檻毳衣如菼**大車大夫之車檻檻車行聲也毳衣大夫之服菼鵻也蘆之初生者也天子大夫四命其出封五命如子男之服乘其大車檻檻然服毳冕以決訟箋云菼薍也古者天子大夫服毳冕以巡行邦國而決男女之訟則是子男入爲大夫者毳衣之屬衣繢而裳繡皆有五色焉其青者如鵻。檻胡覽反毳尺銳反冕名菼吐敢反鵻本亦作萑音隹蘆力吳反薍五患反行下孟反繢胡妹反。**豈不爾思畏子不敢**畏子大夫之政終不敢箋云此二句者古之欲淫奔者之辭我豈不思與女以爲無禮與畏子大夫來聽訟將罪我故不敢也子者稱所尊敬之辭。禮與音餘。〔疏〕大車至不敢。正義曰言古者大夫乘大車而行其聲檻檻然身服毳冕之衣其有青色者如菼草之色。然乘大車服毳冕巡行邦國決男女之訟於時男女莫不畏之有女欲奔者謂男子云我豈不於汝思爲無禮之交與畏子大夫之政必將罪我故不敢也古之大夫使民畏之若此

今之大夫不能然故陳古以刺之也。傳大車至決訟。正義曰以序云陳古大夫故知大車是大夫之車春官巾車職云革路以封四衞四衞四方諸侯守衞者謂蠻服以内又云大夫乘墨車然則王朝大夫於禮當乘墨車以大夫出封如子男之服則車亦得乘諸侯之車此大車蓋革路也檻檻聲之狀故爲車行聲陳古大夫而云毳衣故知毳衣大夫之服也菼鵻釋言文郭璞曰菼草色如鵻在青白之間傳以經云如菼以衣冠比菼色故先解菼色又解草言菼是蘆之初生釋草云葭蘆菼薍孫炎郭璞皆以蘆薍爲二草李巡舍人樊光以蘆薍爲一草此傳菼爲蘆之初生則意同李巡之輩以蘆菼爲一也春官司服曰子男之服自毳冕而下卿大夫之服自玄冕而下則大夫不服毳冕傳又解其得服之意天子大夫四命其出封五命如子男之服故得服毳冕也春官典命職曰王之三公八命其卿六命其大夫四命及其出封皆加一等鄭解周禮出封謂出於畿内封爲諸侯加一等襃有德也謂大夫爲子男卿爲侯伯其命加於王朝一等耳非謂使出封畿外卽加命也今傳言大夫四命出封五命則毛意以周禮出封謂出於封畿非封爲諸侯也尊王命而重其使出於封畿卽得加命反於朝廷還服其本此陳古者大夫出封聽訟故得如子男之衣服乘其大車檻檻然服毳冕以決

訟也此時王政纔行境内而已周人刺其大夫不能聽境内之訟無復出封之事但作者陳出封之事以刺之耳。箋菼薍至如鵻。正義曰菼薍釋草文以傳解菼色未辨草名故取爾雅以定之鄭以周禮出封謂爲諸侯乃加一等出封行使則不得然此詩陳古天子大夫服毳冕以決訟則是其人於禮自得服之緣此服之貴賤準其官之尊卑解得服之所由故云則是子男入爲大夫者也王朝之卿大夫出封於畿外襃有德加一等使卿爲侯伯大夫爲子男其諸侯入於王朝爲卿大夫者以其本爵乃存直以入仕爲榮耳不復更加其命數故侯伯入爲卿子男入爲大夫諸侯之數眾王朝之官少或亦侯伯爲大夫非唯子男耳隱十一年左傳曰滕侯曰我周之卜正顧命孔安國注云齊侯呂伋爲天子虎賁氏是侯伯入爲大夫者也以其本爵先尊服其於國之服故鄭志荅趙商云諸侯入爲卿大夫與在朝仕者異各依本國如其命數是由尊諸侯使之以其命此陳子男爲大夫仍得服毳冕也又解毳衣之色所以得如菼者以毳衣之屬衣則畫繢爲之裳則刺繡爲文由皆有五色其青色者則如鵻故得如菼色言毳衣之屬者自毳以上當有袞冕鷩冕與毳冕之服其衣皆用繢也若絺冕則衣刺粉米唯用繡玄冕則衣無文不復用繡明毳衣之屬正謂袞鷩耳知衣繢裳繡者考工

記言畫繢之事則繢謂畫之也皐陶謨云予欲觀古人之象日月星辰山龍華蟲作會宗彝藻火粉米黼黻絺繡於華蟲以上言作繢明畫爲繢文宗彝以下言絺繡明是絺爲繡文但王者相變禮制不同周法火與宗彝亦畫而爲衣不復在裳故鄭於司服引尚書以校之周禮考之而立說云古者天子冕服十二章至周而以日月星辰畫於旌旗而冕服九章登龍於山登火於宗彝九章初一曰龍次二曰山次三曰華蟲次四曰火次五曰宗彝皆畫以爲繢次六曰藻次七曰粉米次八曰黼次九曰黻皆絺以爲繡則袞之衣五章裳四章凡九也鷩畫以雉謂華蟲也其衣三章裳四章凡七也毳畫虎蜼謂宗彝也其衣三章裳二章凡五也絺刺粉米無畫也其衣一章裳二章凡三也玄者衣無文裳刺黻而已是以謂之玄焉如鄭此言是毳以上則衣用繢絺冕則衣亦繡也知繡皆有五色者考工記曰畫繢之事雜五色又曰五色備謂之繡是繢繡皆五色其青者如鵻其赤者如璊故二章各舉其一耳傳以菼爲鵻箋以菼爲薍似如易傳又言其青者如鵻復似從傳張逸疑而問之鄭荅云鵻鳥青非草名薍亦青故其青者如鵻。

大車哼哼毳衣如璊　哼哼重遲之貌璊赬也。哼他敦反徐又徒孫反璊音門說文作璊云以毳爲罽也解此璊云玉赬色也

禾之赤苗謂之虋玉色如之赬勑貞反赤也。

豈不爾思畏子不奔（疏）傳哼哼至璊赬。正義曰哼哼行之貌故爲重遲上言行之聲此言行之貌互相見也釋器云一染謂之縓再染謂之赬郭璞云淺赤也說文云璊玉赤色故以璊爲赬

穀則異室死則同穴謂予不信有如皦日　穀生皦白也生在於室則外内異死則神合同爲一也箋云穴謂塚壙中也此章言古之大夫聽訟之政非但不敢淫奔乃使夫婦之禮有別今之大夫不能然反謂我言不信我言之信如白日也刺其闇於古禮。皦本又作皎古了反壙苦晃反別彼列反（疏）穀則至皦日。正義曰言古之大夫聽政也非徒不敢淫奔又令室家有禮使夫之與婦生則異室而居死則同穴而葬男女之別如此汝今時大夫若謂我此言爲不信乎我言之信有如皦然之白日言其明而可信也刺今大夫闇於古禮而不信此言也。傳穀生至爲一。正義曰穀生釋言文皦者明白之貌故爲白也内則曰禮始於謹夫婦宮室辨外内男不入女不出是禮也生在於室則内外異死所以得同穴者死則神合同而爲一故得同穴也祭統曰鋪筵設同几春官司几筵注云周禮雖今葬及同時在殯皆異几體實不同祭於廟

中同几精氣合也是既葬之後神合爲一神合故可以同穴也

大車三章章四句

丘中有麻，思賢也。莊王不明，賢人放逐，國人思之而作是詩也。思之者，思其來，已得見之。【疏】丘中有麻三章章四句至是詩。○正義曰：毛以爲放逐者本在位有功，今去而思之。鄭以爲去治賤事所在有功，故思之。意雖小異，三章俱是思賢之事。○箋思之至見之。○正義曰：箋以爲施施爲見已之貌，來食謂已得食之，故以思之爲思其來，已得見之。毛以來食爲子國復來我乃得食，則思其更來在朝，非徒思見而已。其意與鄭小異。子國是子嗟之父，俱是賢人，不應同時見逐。若同時見逐，當先思子國，不應先思其子。今首章先言子嗟，二章乃言子國，然則賢人放逐，止謂子嗟耳。但作者既思子嗟，又美其弈世有德，遂言及子國耳。故首章傳曰「麻、麥、草木，乃彼子嗟之所治」，是言麥亦子嗟所治，非子國之功也。二章箋言「子國使丘中有麥，著其世賢」，言著其世賢，則是引父以顯子，其意非思子國也。卒章言「彼畱之子」，亦謂子嗟耳。○

丘中有麻，彼畱子嗟。畱，大夫氏。子嗟，字也。丘中墝埆之處，盡有麻、麥、草、木，乃彼子嗟之所治。箋云：子嗟放逐於朝，去治卑賤之職，而有功所在則治理，所以爲賢。○墝，本亦作墽，苦交反。埆，苦角反，又音學，本或作遠，此從孫義而誤耳。**彼畱子嗟，將其來施施。**施施，難進之意。箋云：施施，舒行伺閒獨來見已之貌。○將，王申毛如字，鄭七良反，下同。施如字。伺音司。閒音閑，又如字。○【疏】丘中至來施施。○毛以爲子嗟在朝有功，今而放逐在外，國人親其業而思之。言丘中墝埆之處所以得有麻者，乃畱氏子嗟之所治也。由子嗟教民農業，使得有之。今放逐於外，國人思之，乃遙述其行：彼畱氏之子嗟，其將來之時，施施然甚難進而易退，其肯來乎？言不肯復來，所以思之特甚。○鄭以爲子嗟放逐於朝，去治卑賤之職。言丘中墝埆之處今日所以有麻者，彼畱氏之子嗟往治之耳。故云所在則治理，信是賢人。國人之意，願得彼畱氏之子嗟其將欲來，舒行施施然，伺候閒暇，獨來見已。閔其放逐，愛其德義，冀來見已，與之盡懽。○傳畱大至所治。○正義曰：賢人放逐，明爲大夫而去。下云「彼畱之子」，與易稱「顔氏之子」，其文相類，故知劉氏大夫氏也。子者，有德之稱，古人以子爲字，與嗟連文，故知字也。釋丘云：「非人力爲之丘。」丘是地之高者，在丘之中，故云墝埆之處。墝埆，謂地之瘠薄者也。傳探下章而解之，故言麻、麥、草、木也。木即下章李也。兼言草以足句。乃彼子嗟之所治，謂子嗟未去之日教民治之也。定本云「丘中墝埆遠盡有麻、麥、草、木」，與俗本不同也。○箋子嗟至爲賢。○正義曰：箋以有麻之下即云「彼畱子嗟」，則是子嗟今日所居有麻麥也。且丘中是隱遁之處，故易傳以爲去治卑賤之職而有功。孝經云：「居家理，故治可移於官。」子嗟在朝則能助教行政，隱遁則能使墝埆生物，所在則治理，是其所以爲賢也。○傳施施難進之意。○正義曰：傳亦以施施爲舒行，由賢者難進，故來則舒行，言其本性爲然。恐將不復更來，故思之也。○箋施施至之貌。○正義曰：箋以思之欲使更來，不宜言其難進，且言其將者，是冀其復來，故易傳以爲伺候閒暇獨來見已之貌。此章欲其獨來見已，下章冀得設食以待之，亦事之次也。○

丘中有麥，彼畱子國。子國，子嗟父。箋云：言子國使丘中有麥，著其世賢。○**彼畱子國，將其來食。**子國復來，我乃得食。箋云：言其將來食，庶其親已，已得厚待之。○食如字，一云鄭音嗣。復，扶又反。○【疏】傳子國子嗟父。○正義曰：毛時書籍猶多，或有所據，未詳毛氏何以知之。○箋言子至世賢。○正義曰：箋以丘中有麻是子嗟去往治之，而此章言子國亦能使丘中有麥，是顯著其世賢，言其父亦是治理之人耳，非子國實使丘中有麥也。○傳子國至得食。○正義曰：傳言以子國教民稼穡，能使年歲豐穰，及其放逐，下民思之，乏於飲食，故言子國其將來我乃得有食耳。○箋言其至待之。○正義曰：準上章思者欲令子國見已，言其獨來就我飲食，庶其親已，來至已家，已得厚禮以待之，思賢之至，欲飲食之也。○

丘中有李，彼畱之子。箋云：丘中而有李，又畱氏之子所治。**彼畱之子，貽我佩玖。**玖，石次玉者。言能遺我美寶。箋云：畱氏之子，於思者則朋友之子，庶其敬己而遺己也。○貽音怡。玖音久，說文紀又反，云「石之次玉黑色者」。遺，唯季反，下同。○【疏】傳玖石至美寶。○正義曰：玖是佩玉之名，故以美寶言之。美寶猶美道。傳言以爲作者思而不能見，乃陳其昔日之功，言彼畱氏之子有能遺我以美道，謂在朝所施之政教。○箋畱氏至遺已。○正義曰：箋亦以佩玖喻美道，所異者，正謂今日冀望其來敬已而遺已耳，非是昔日所遺。上章欲其見已，已得食之，言已之待畱氏；此章畱氏之子遺我以美道，欲畱氏之子教已，是思者與畱氏情親，故云畱氏之子於思者則朋友之子，正謂朋友之身，非與其父爲朋友。孔子謂子路「賊夫人之子」，亦此類也。

丘中有麻三章章四句

王國十篇二十八章百六十二句

附釋音毛詩注疏卷第四（四之一）

東鄉盧氏宣旬校字

皇清嘉慶二十年重刊宋本用文選樓藏本校

翰林院編脩南昌黃中模栞

毛詩注疏挍勘記（四之一）　阮元撰盧宣旬摘錄

王城譜

是殷頑民於成周也　明監本毛本是下有遷字閩本剜入案所補是也

至於夷厲　補至上當有圏

遂殺幽王厲山下　閩本明監本毛本同案此不誤浦鏜云驪誤麗非也考漢書匈奴傳攻殺幽王于麗山之下亦作麗正義所引周本紀當如此大小雅譜正義引同采菽正義引作驪當是後改

而其立故幽王太子宜咎　補毛本其作共

此風雅之作本自有體猶　閩本明監本毛本同案體字上屬句絕猶字當在貶之而作風上卽由字也浦鏜挍移猶字入而云句中改作獨非也又山井鼎考文云宋板此作也屬上其實不然當是剜也凡十行本脩改非一考文所載不誤者俱從之唯誤者出焉

言作爲雅頌貶之而作風　閩本明監本毛本同案此當作言當爲作雅猶貶之而作風譜所謂其詩不能復雅也黍離箋同又正義云此言天子當爲雅從是作風云云亦其證與頌全不相涉衍也猶字錯在上皆當正之

○黍離

而同於國風焉　各本此下更無注案釋文云崔集注此下更有猶尊之故稱王也今詩本皆無正義標起止云至風焉是正義本亦無詩譜謂之王城譜則王字謂東周之國崔集注妄譣九字非鄭意

故爲憂思無所愬也　閩本明監本毛本同案愬當作訴正義作訴上文可證傳作愬標起止可證愬訴古今字正義所易也此一字不知者改耳餘同此

古詩人質　閩本明監本毛本同案詩當作時桑柔正義引作時可證今爾雅疏亦誤爲詩

○君子于役

君子于往行役 閩本明監本毛本同小字本相臺本無于字考文古本同案有者衍

羊牛從下牧地而來 閩本相臺本同明監本毛本同小字本羊牛倒案倒者誤也二章經文別本亦或倒但唐石經以下至毛本皆不誤故不更出凡各本皆不誤唯別本乃誤者如何彼禯矣不可畏也求爾新特家伯維宰如彼泉流爰其適歸以篤于周祜降予卿士及此羊牛下括并胡然厲矣假樂君子天降滔德彼徂矣既右饗之等皆不更出因經注本及注疏本固未嘗誤不煩正也

○君子陽陽

翿纛也翳也 小字本相臺本同閩本明監本毛本亦同案正義標起止如此考文古本翳上有纛字考正義引爾雅翿纛也又引纛翳也然後說之云故傳并引之正說傳用爾雅而去其一纛字之意考文古本反用添傳失之甚矣○按纛从毎正字也纛从毒俗字也說見五經文字爾雅釋文

○中谷有蓷

葉似萑 閩本明監本毛本同案浦鏜云茬誤萑考爾雅注是也

華注節間 〔補〕注當作生

皆云菴藺是也 明監本毛本藺誤閭案菴藺見司馬相如賦漢書作菴閭史記作菴藺

說文云菸綏也 閩本明監本同毛本綏作蕤案皆誤也浦鏜云婑是也

徒用凶年深淺爲厚薄 小字本同閩本明監本毛本同相臺本厚薄作薄厚案薄厚是也正義中薄厚字凡四見又標起止云至薄厚皆其證閩本以下并標起止亦改而倒之誤甚

箋雛之薄厚 〔補〕雛之下當有至字

○兔爰

國危役賦不息 閩本明監本毛本同案危當作內以六字爲一句

秋又取成周之粟 閩本明監本毛本同粟傳作禾

是諸侯背也 明監本毛本同背下有叛字閩本剜入案所補是也

序云君子不樂其生之由 閩本明監本毛本同案云當作言形近之譌

有急者有所躁蹙也 小字本相臺本同案此正義本也正義云箋有所躁蹙者定本作操義並得通釋文云操七刀反本亦作懆沈七感反蹙子六反本亦作戚七歷反此箋取莊三十年公羊傳文今彼文作操蹙鄭考工記注云齊人有名疾爲戚者春秋傳曰蓋操之爲已戚矣此箋當亦本是操戚其或作躁蹙者即操戚之別體皆上讀七刀反下讀子六反正義所謂義並得通也若本又作懆讀爲七感反下讀爲七歷反則誤作慘慽二字之音失之矣沈重非也又見江漢箋

庶幾服寐而無動耳 〔補〕毛本服作於

易云庶幸也幾覬也 閩本明監本毛本同案云當作注形近之譌

造僞也 閩本明監本毛本同小字本相臺本僞作爲考文古本同案爲字是也○按古爲僞通用如人之爲言亦作人之僞言左傳爲多訓僞

○葛藟

王族刺平王也 唐石經小字本相臺本同案正義云定本云刺桓王義雖通不合鄭譜釋文云刺桓王本亦作刺平王案詩譜是平王詩皇甫士安以爲桓王之詩崔集注本亦作桓王譜下正義云今葛藟序云平王則謚言非也定本葛藟序云刺桓王誤也考此是集注定本釋文本皆誤以皇甫謚所改入毛鄭詩

亦無顧眷我之意 相臺本同閩本明監本毛本同小字本顧眷作眷顧案眷顧是也又見碩鼠箋

王又無母恩 小字本相臺本同案釋文云王又無母恩也一本作王后正義云定本及諸本又作后義亦通考此文當屬箋今脫去句首箋云二字遂屬之傳非也正義標起止云箋王又無母恩是其證且又者繫前之辭所以又上箋無恩於我也傳未有無恩之文安得云又哉各本皆誤當依正義正之定本及諸本作王后者尤誤此但刺王不刺后若分首章父爲王二章母爲后則三章昆之所指不應不見於傳箋也正義云義亦通非是

滑水溓也　小字本相臺本溓作㵪閩本明監本毛本亦同案此非釋文所云詩本又作水旁兼者也乃釋文溓清也誤涉耳正義標起止以下及各本皆作㵪可證

不行者蓋衍字　閩本明監本毛本同案浦鏜云行衍字是也爾雅疏卽取此正無行字

○采葛

釋草云蕭荻　閩本明監本毛本同案浦鏜云萩誤荻下同考爾雅釋文浦挍是也餘同此

王氏云取蕭祭脂　閩本明監本毛本同案王氏當作生民形近之譌蓼蕭正義可證

○大車

菼騅也蘆之初生者也　小字本相臺本同案釋文蘆力吳反正義云此傳菼爲蘆之初生則意同李巡之輩以蘆亂爲一也戴震云蘆字訛當爲萑菼蘆乃萑葦二物未秀之名溷爲一者非說文菼萑之初生可證毛傳轉寫之失見毛鄭詩考正

如菼草之色○然　閩本明監本毛本同案○當行

毳畫虎雉　閩本明監本毛本同案浦鏜云雉誤雉是也

周禮雖今葬　補毛本今作合案合字是也

○丘中有麻

丘中墝埆之處盡有麻麥草木　小字本相臺本同案此正義本也正義云定本云丘中墝埆遠盡有麻麥草木與俗本不同也釋文云埆本或作遠此從孫義而誤耳是定本遠字亦從孫義但又埆遠複出無之處爲異

將其來施施　唐石經小字本相臺本同案釋文云施施如字正義標起止云丘中至施施考顏氏家訓引傳及箋云韓詩亦重爲施施河北毛詩皆云施施江南舊本悉單爲施俗遂是之恐有少誤然則今毛詩釋文正義及各本皆作施施者或由顏說定之也經義雜記以爲經文一字傳箋重文引邶谷風有洸有潰傳洸洸武也潰潰怒也箋君子洸洸然潰潰然無溫潤之色等證之其說是也

附釋音毛詩注疏卷第四

鄭緇衣詁訓傳第七

。陸曰鄭者國名周宣王母弟桓公友所封也其地詩譜云宗周圻內咸林之地今京兆鄭縣是其都也漢書地理志云京兆鄭縣周宣王弟鄭桓公邑是也至桓公之子武公滑突隨平王東遷遂滅虢鄶而居之卽史伯所云十邑之地右洛左濟前華後河食溱洧焉今河南新鄭是也在滎陽宛陵縣西南。

毛詩國風　鄭氏箋　孔穎達疏

鄭譜

初宣王封母弟友於宗周畿內咸林之地是爲鄭桓公今京兆鄭縣是其都也。正義曰漢書地理志云本周宣王母弟友爲周司徒食采於宗周畿內是爲鄭桓公鄭據此爲說也春秋之例母弟稱弟繫兄爲尊以異於其餘公子僖二十四年左傳曰鄭有厲宣之親以厲王之子而兼云宣王明是其母弟也服虔杜預皆云母弟鄭世家云宣王庶弟皇甫謐亦云庶弟又史記年表云鄭桓公友宣王母弟世家年表同出馬遷而自乖異是無明文可據也地理志云京兆鄭縣周宣王母弟鄭桓公邑是桓公封京兆鄭縣故云京兆鄭縣是其都也其地一曰咸林故曰咸林之地不先言

鄭國所在而本宣王封母弟者以鄭因虢鄶之地而國之而鄶亦有詩旣譜鄶事然後譜鄭故先言有鄭之由而後說得鄶之事。又云爲幽王大司徒甚得周衆與東土之人問於史伯曰王室多故余懼及焉其何所可以逃死。正義曰自此以下盡可以少固皆鄭語文謂得西周之衆與東土河洛之人心也多故謂多難懼禍難及已。也史伯曰其濟洛河潁之間乎是其子男之國虢鄶爲大虢叔恃勢鄶仲恃險皆有驕侈怠慢之心加之以貪冒君若以周難之故寄帑與賄不敢不許是驕而貪必將背君君以成周之衆奉辭罰罪無不克矣。正義曰謂濟西洛東河南潁北是四水之間其子男之國有十惟虢鄶爲大叔仲皆當時二國之君字也勢謂地勢阻固險謂境多阨塞。若克二邑鄔蔽補丹依疇歷華君之土也脩典刑以守之惟是可以少固。正義曰八國皆在四水之間與虢鄶爲鄰若克虢鄶二邑則其餘八邑自然可滅爲君之土也脩典法以守之惟有是處可以少固餘方不可入也虢鄶實國而言邑者以國邑相對爲異散則國亦爲邑殷武云商邑翼翼左傳每言弊邑者皆公侯之國而稱邑也。桓公從之言然之後三年幽王爲犬戎所殺桓公死之其子武公與晉文侯定平王於東都王城。正義曰鄭語又云公悅乃東寄帑與賄虢鄶受之是桓公從之也鄭語云幽王八年桓公爲司徒鄭世家云桓公爲司徒一歲問太史伯曰王室多故余安逃死是爲司徒一年乃問也問史伯在九年至十一年而幽王被殺是言然之後三年也世家又云犬戎殺幽王并殺桓公鄭人立其子掘突是爲武公地理志云幽王敗桓公死其子武公與平王東遷是其事也。卒取史伯所云十邑之地右洛左濟前華後河食溱洧焉今河南新鄭是也正義曰此謂武公卒取之知者以史伯之言皆信而有徵隱元年左傳曰制巖邑也虢叔死焉桓十一年公羊傳曰先鄭伯有善於鄶公者通乎夫人以取其國鄭見虢鄶之地明是武公滅虢鄶則其餘八邑亦武公取之可知故云卒取十邑之地案鄭世家史伯云虢鄶之君貪而好利百姓不附今公爲司徒民皆愛公公誠請居之虢鄶之君見公方用事輕分公地公誠居虢鄶民皆公之民也桓公臣。善於是卒言於王東其民於洛東而虢鄶果獻十邑竟國之如世家則桓公皆自取十邑而云死後武公取者馬遷見國語有史伯爲桓公謀取十邑之文不知桓身未得故傳會爲此說耳外傳云皆子男之國虢鄶爲大則八邑各爲其國非虢鄶之地無由得獻之桓公也明馬遷之說謬耳桓公雖未得虢鄶旣寄帑賄臣民亦從而寄焉故昭十六年左傳子產曰昔我先君桓公與商人皆出自周庸次比耦以艾殺此地斬之蓬蒿藜藋

而共處之是桓公寄帑之時商人亦從而寄至武公遂取而與居之也史伯言子男之國虢鄶爲大設令十邑皆方百里開方除之尚三百有餘鄭當侯爵而爲伯者周禮五等封疆言大法耳其土地不可一如其制度春秋之敍鄭伯在邢侯之上曹伯在許男之下是不可以爵之尊卑計其地之大小也右洛左濟前華後河食溱洧焉亦鄭語文也韋昭云華華國也食謂居其土而食其水也鄶譜云居溱洧之地此云食溱洧焉則鄭都在鄶地故服虔云鄭東鄭古鄶國之地是鄭雖處其地不居其都僖三十三年左傳稱文夫人葬公子瑕於鄶城之下服虔云鄶城故鄶國之墟杜預云鄶國在滎陽密縣東北新鄭在滎陽宛陵縣西南是鄭非鄶都故別有鄶城也若然昭十七年左傳曰鄭祝融之墟鄶譜亦云則鄶鄭同地而云鄭非鄶都者正以鄭國別有鄶城決知鄭國之都非鄶也但二城不甚相遠故於鄶言祝融之墟見鄭因國其地言其境界所及非謂鄭居鄶都也鄶在東周畿外之國隱元年穀梁傳曰寰內諸侯不正其外交然則畿內之國非正南面之君敢教稟於天子善惡歸於其上無假風諫不當有詩鄶國見有變風不在畿內明矣鄭因虢鄶之國自然亦爲畿外鄭發墨守云桓公國在宗周畿內武公遷居東周畿內者以鄭於西周本在畿內西都之地盡以賜秦明武公初遷亦

在東周畿內故歷言之也及并十邑彊成大國盟會列於諸侯灼然在畿外故緇衣傳曰諸侯入爲天子卿士是畿外之君稱入也鄭雖非畿內不過侯服昭十三年左傳曰鄭伯男也賈逵以爲鄭伯爵在男畿鄭距王城三百餘里而得在男畿者鄭志荅趙商云此鄭伯男者非男畿乃謂子男也先鄭之於王城爲在畿內之諸侯雖爵爲侯伯周之舊俗皆食子男之地故云鄭伯男也是鄭意與賈說異。武公又作卿士國人宜之鄭之變風又作。○正義曰緇衣序云父子並爲周司徒則桓公之死武公卽代爲司徒故得輔平王以東遷是先爲卿士後并十邑但鄭先說得國之由故云又作卿士其實作卿士在并十邑之前也序又云善於其職國人宜之故美其德是國人宜之而作變風也對上鄶風已作故云又作案左傳及鄭世家武公生莊公莊公娶鄧曼生太子忽是爲昭公又娶宋雍氏女生公子突是爲厲公又生公子亹公子儀春秋桓十一年夏五月莊公卒而昭公立其年九月昭公奔衞而厲公立桓十五年夏厲公奔蔡六月昭公入桓十七年高渠彌弒昭公而立子亹十八年齊人殺子亹鄭人立公子儀莊十四年傳瑕殺子儀而納厲公厲公前立四年而出奔至此而復入至莊二十一年卒前後再在位凡十一年厲公卒子文公踐立四十五年卒此其君世之次也詩緇衣序云

美武公則武公詩也將仲子叔于田大叔于田序皆云刺莊公而淸人之下有羔裘遵大路女曰雞鳴遵大路序云莊公失道則此三篇通上將仲子等六篇皆莊公詩也有女同車山有扶蘇蘀兮狡童及揚之水皆云刺忽則褰裳丰東門之墠風雨子衿在其閒皆爲昭公詩也忽於桓十一年以太子而承正統雖未踰年要君於其國有女同車序云至於見逐則爲被逐而作是忽前立時事也山有扶蘇蘀兮狡童刺忽所美非賢權臣擅命忽之前立時月旣淺則此三篇盡後立時事也褰裳思見正言突篡國之事是突前篡之箋。國人欲以鄭國正之春秋之義君雖篡弒而立已列於會則成爲君案突以桓十一年篡十二年公會鄭伯盟於武父自是以後頻列於會則成爲鄭君國人不應思大國之見正褰裳宜是初田事也丰東門之墠風雨子衿直云刺亂世耳不指君事或當突篡之時或當忽入之後其時雖知要是忽爲其主雖當突前篡時亦宜繫忽故序於揚之水又言忽以明之揚之水言無忠臣良士終以死亡經云終鮮兄弟則兄弟已爭是後立之事出其東門序云公子五爭野有蔓草序云民窮於兵革溱洧序云兵革不息三篇相類皆三公子旣爭之後事也公子五爭突最在後得之則此三篇厲公詩也淸人刺文公文公詩也鄭於左方中皆以此而知文公厲公之子淸人

當處卷末由爛脫失次厠於莊公詩內所以得錯亂者鄭荅趙商云詩本無文字後人不能盡得其弟錄者直錄其義而已如志之言則作序乃始雜亂故羔裘之序從上大叔于田爲莊公之詩也

緇衣美武公也父子並爲周司徒善於其職國人宜之故美其德以明有國善善之功焉父謂武公父桓公也司徒之職掌十二教善善者治之有功也鄭國之人皆謂桓公武公居司徒之官正得其宜。緇側基反疏緇衣三章章四句至功焉。○正義曰作緇衣詩者美武公也武公之與桓公父子皆爲周司徒之卿而善於其卿之職鄭國之人咸宜之謂武公爲卿正得其宜諸侯有德乃能入仕王朝武公旣爲鄭國之君又復入作司徒已是其善又能善其職此乃有國者善中之善故作此詩美其武公之德以明有邦國者善善之功焉經三章皆是國人宜之美其德之辭也以明有國善善之功焉敍其作詩之意於經無所當也。○箋父謂至其宜。○正義曰以桓公已作司徒武公又復爲之子能繼父是其美德故兼言父子所以盛美武公周禮大司徒職曰因民常而施十有二教焉一曰以祀禮教敬則民不

苟二曰以陽禮教讓則民不爭三曰以陰禮教親則民不怨四曰以樂教和則民不乖五曰以儀辨等則民不越六曰以俗教安則民不愉七曰以刑教中則民不暴八曰以誓教恤則民不怠九曰以度教節則民知足十曰以世事教能則民不失職十有一曰以賢制爵則民愼德十有二曰以庸制祿則民興功是司徒職掌十二教也祀禮謂祭祀之禮教之恭敬則民不苟且陽禮謂鄉射飲酒之禮教之謙讓則民不爭關陰禮謂男女昏姻之禮教之相親則民不怨曠樂謂五聲八音之樂教之和睦則民不乖戾儀謂君南面臣北面父坐子伏之屬辨其等級則民不踰越俗謂土地所生習教之安存則民不愉惰刑謂刑罰教之中正則民不殘暴誓謂戒勑教之相憂則民不懈怠度謂宮室衣服之制教之節制則民知止足世事謂士農工商之事教之各能其事則民不失業以賢之大小制其爵之尊卑則民皆謹愼其德相勸爲善以功之多少制其祿之數量則民皆興立功效自求多福司徒之職所掌多矣此十二事是教民之大者故舉以言焉此與淇奧國人美君有德能仕王朝是其一國之事故爲風蘇公之刺暴公吉甫之美申伯同寮之相刺美乃所以刺美時王故爲雅作者主意有異故所繫不同**緇衣之宜兮敝予又改爲兮**緇黑

色卿士聽朝之正服也。改，更也。有德君子宜世居卿士之位焉。箋云：緇衣者，居私朝之服也。天子之朝服，皮弁服也。○敝，本又作弊，符世反。朝，直遥反，下同。○**適子之館兮，還予授子之粲兮。**適，之。館，舍。粲，餐也。諸侯入爲天子卿士，受采祿。箋云：卿士所之之館，在天子宫，如今之諸廬也。自館還，在采地之都，我則設餐以授之，愛之欲飲食之。○館，古歡反。粲，七旦反，飧也。飧，蘇尊反。盧，力於反。飲，於鴆反。食，音嗣。○〔疏〕緇衣至粲兮○毛以爲武公作卿士，服緇衣，國人美之，言武公於此緇衣之宜服之兮，言其德稱其服也。此衣若敝，我願王家又復改而爲之兮，願其常居其位，常服此服也。卿士於王宫有館舍，於畿内有采祿。言武公去鄭國，入王朝之適子卿士之館舍兮，自朝而還，我願王家授子武公以采祿兮，欲使常朝於王，常食采祿也。采祿，王之所授；衣服，王之所賜。而言予爲予授者，其意願王爲然，非民所能改受之也。○鄭以爲國人愛美武公，緇衣若弊，我願爲君改作兮；自館而還，我願授君以飲食兮。愛之，願得作衣服與之，飲食也。鄭以授之以食爲民授之，則改作衣服亦民爲之也。○傳緇黑至之位○正義曰：考工記言染法：三入爲纁，五入爲緅，七入爲緇。注云：染纁者三入而成，又再染以黑，乃成緇。是緇爲黑色。此緇衣，卿士冠禮所云主人玄冠朝服緇帶素韠是也。諸侯與其臣服之以日視朝，故禮通謂此服爲朝服。美武公善爲司徒，而經云緇衣，周緇衣卿士所服也。而天子與其臣皮弁以日視朝，則卿士旦朝於王，服皮弁，不服緇衣，故知是卿士聽朝之正服，謂既朝於王，退適治事之館，釋皮弁而服，以聽其所朝之政也。言緇衣之宜，謂德稱其服，宜衣此衣。敝則更願王爲之，令常衣此服。以武公繼世爲卿，並皆宜之，故言有德君子宜世居卿士之位焉。○箋緇衣至弁服○正義曰：退適治事之處爲私也，對在天子之庭爲公。此私朝在天子宫内，即下句適子之館兮是也。舜典云闢四門者，注云卿士之職，使爲己出政教於天下，言四門者，亦因卿士之私朝在國門。魯有東門襄仲，宋有桐門右師，是後之取法於前也。彼言私朝者在國門，謂卿大夫夕治家事私家之朝耳，與此不同。何則？玉藻說視朝之禮曰：君既視朝，退適路寢，使人視大夫，大夫退，然後適小寢釋服。君使人視其事盡，然後休息，則知國之政教事在君所斷之，不得歸適國門私朝，明國門私朝非君朝矣。論語冉子退朝，注云朝於季氏之私朝，亦謂私家之朝，與此異也。玉藻云天子皮弁以日視朝，是天子之朝服皮弁，故退適諸曹服緇衣也。定本云天子之朝朝服皮弁服。○傳適之至采祿○正義曰：釋詁云：之、適，往也。故適得爲之。館者，人所止舍，故爲

舍也。粲餐，釋言文。郭璞曰：今河北人呼食爲粲，謂餐食也。諸侯入爲天子卿士，受采祿，解其授粲之意。采謂田邑，采取賦稅；祿謂賜之以穀。二者皆天子與之，以供飲食，故謂之授子粲也。○箋卿士至飲食○正義曰：考工記說王宫之制，内有九室，九嬪居之；外有九室，九卿朝焉。注云：内，路寢之裏；外，路寢之表。九室，如今朝堂諸曹治事之處也。六卿三孤爲九卿。彼言諸曹治事處，此言諸廬，正謂天子宫内卿士各立曹司，有廬舍以治事也。言適子之館，則有所從而適也；言還授子粲，則還有所至也。既爲天子卿士，不可還歸鄭國，明是從采邑而適公館，從公館而反采邑，故云還在采地之都，我則設餐以授之。傳言受采祿者，以采祿解粲義也。箋言還在采地之都者，自謂適還所至，國人授粲之處，其意與傳不同。雖在采地之都，願授之食，其授之者，謂鄭國之人，非采地之人。何則？此詩是鄭人美君，非采地之人美之，且食采之主非邑民常君，善惡繫於天子，不得曲美鄭國君也。鄭國之人所以能遠就采地授之食者，言愛之，願飲食之耳，非卽實與之食也。易傳者，以言予者，鄭人自授之食，非言天子與之祿也。飲食雖云小事，聖人以之爲禮。伐柯言王迎周公，言我覯之子，籩豆有踐。奉迎聖人，猶願以飲食，故小民愛君，願飲食之。○**緇衣之好兮，敝予又改造兮。**好，猶宜也。箋云：造，爲也。○〔疏〕箋造爲○正義曰：釋言文。**適子之館兮，還予授子之粲兮。緇衣之蓆兮，敝予又改作兮。**蓆，大也。箋云：作，爲也。○蓆，音席。韓詩云：儲也。說文云：廣多。〔疏〕傳蓆大○正義曰：釋詁文。言服緇衣大得其宜也。○**適子之館兮，還予授子之粲兮。**

緇衣三章，章四句。

將仲子，刺莊公也。不勝其母以害其弟，弟叔失道而公弗制，祭仲諫而公弗聽，小不忍以致大亂焉。莊公之母謂武姜，生莊公及弟叔段。段好勇而無禮，公不早爲之所，而使驕慢。○將，七羊反，下及注皆同。勝，音升。祭，側界反，後放此。聽，吐丁反。好，呼報反。〔疏〕將仲三章章八句至大亂焉○正義曰：作將仲子詩者，刺莊公也。公有弟名段，字叔，其母愛之，令莊公處之大都。莊公不能勝止其母，遂處段於大都，至使驕而作亂，終以害其親弟，是

公之過也此叔於未亂之前失爲弟之道而公不禁制令之奢僭有臣祭仲者諫公令早爲之所而公不聽用於事之小不忍治之以致大亂國焉故刺之經三章皆陳拒諫之辭豈敢愛之畏我父母是小不忍也後乃興師伐之是致大亂大也。箋莊公至驕慢。正義曰此事見於左傳隱元年傳曰鄭武公娶於申曰武姜生莊公及共叔段莊公寤生驚姜氏故名曰寤生遂惡之愛共叔段欲立之亟請於武公公不許及莊公即位爲之請制公曰制巖邑也虢叔死焉他邑唯命請京使居之謂之京城大叔祭仲曰都城過百雉國之害也今京不度非制也君將不堪公曰姜氏欲之焉辟害對曰姜氏何厭之有不如早爲之所無使滋蔓蔓難圖也蔓草猶不可除況君之寵弟乎公曰多行不義必自斃子姑待之既而大叔命西鄙北鄙貳於己公子呂曰國不堪二君將若之何欲與大叔臣請事之若不與則請除之公曰無庸將自及大叔又收貳以爲己邑至於廩延子封曰可矣厚將得衆公曰不義不暱厚將崩大叔完聚繕甲兵具卒乘將襲鄭夫人將啓之公聞其期曰可矣命子封帥車二百乘以伐京京叛大叔段段入於鄢公伐諸鄢大叔出奔共是謂共城大叔是段驕慢作亂之事也大叔于田序曰叔多才而好勇是段勇而無禮也

將仲子兮無踰我里無折我樹杞將請也仲子祭仲也踰越里居也二十五家爲里杞木名也折言傷害也箋云祭仲驟諫莊公不能用其言故言請固距之無踰我里踰言無干我親戚也無折我樹杞喻言無傷害我兄弟也仲初諫曰君將與之臣請事之君若不與臣請除之。折之舌反下同杞音起驟仕救反服虔曰數也君若與之一本若作將。**豈敢愛之畏我父母**箋云段將爲害我豈敢愛之而不誅與以父母之故故不爲也。段將此一將字如字與音餘**仲可懷也父母之言亦可畏也**箋云懷私曰懷言仲子之言可私懷也我迫於父母有言不得從也。疏　將仲子至可畏。正義曰祭仲數諫莊公莊公不能用之反請於仲子兮汝當無踰越我居之里垣無損折我所樹之杞木以喻無干犯我之親戚無傷害我之兄弟段將爲害我豈敢愛之而不誅與但畏我父母也以父母愛之若誅之恐傷父母之心故不忍也仲子之言可私懷也雖然父母之言亦可畏也言莊公以小不忍至於大亂故陳其拒諫之辭以刺之傳里居至木名。正義曰里者民之所居故爲居也地官遂人云五家爲鄰五鄰爲里是二十五家爲里也無踰我里謂無踰越我里居之垣牆但里者人所居之名故以所居

表牆耳四牡傳云杞枸繼此直云木名則與彼别也陸機疏云杞柳屬也生水傍樹如柳葉麤而白色理微赤故今人以爲車轂今共北淇水傍魯國泰山汶水邊純杞也。箋祭仲至除之。正義曰哀二十年左傳云吳公子慶忌驟諫吳王服虔云驟數也箋言驟諫出於彼文序不言驟而箋言驟者若非數諫不應固請故知驟諫也以里垣之内始有樹木故以里喻親戚樹喻兄弟既言驟諫以爲其諫非一故言初諫曰以爲數諫之意案左傳此言乃是公子呂辭今箋以爲祭仲諫者詩陳請祭仲不請公子呂矣則祭仲之諫多於公子呂矣而公子呂請除大叔爲諫之切莫切於此祭仲正可數諫耳其辭亦不是過仲當亦有此言故引之以爲祭仲諫。箋懷私至得從。正義曰晉語稱公子重耳安於齊姜氏勸之行云懷與安實敗名。病大事鄭詩云仲可懷也引此爲懷私之義故以懷爲私以父母愛段不用害之故畏迫父母有言不得從也於時其父雖亡遺言尚存與母連言之也

將仲子兮無踰我牆無折我樹桑牆垣也桑木之衆也。垣音袁**豈敢愛之畏我諸兄**諸兄公族**仲可懷也諸兄之言亦可畏也**

將仲子兮無踰我園無折我樹檀園所以樹木也檀彊韌之木。檀徒丹反木名彊其良反一音居良反忍本亦作刃同而慎反依字木旁作刃今此假借也沈云系旁作刃爲是案系旁刃音女巾反離騷云紉秋蘭以爲佩是也。疏　傳園所至之木。正義曰大宰職云園圃毓草木園者圃之蕃故其內可以種木也檀材可以爲車故云彊韌之木陸機疏云檀木皮正青滑澤與檕迷相似又似駁馬駁馬梓楡故里語曰斫檀不諦得檕迷檕迷尚可得駁馬檕迷一名挈橀故齊人諺曰上山斫檀挈橀先殫。**豈敢愛之畏人之多言仲可懷也人之多言亦可畏也**

將仲子三章章八句

叔于田刺莊公也叔處于京繕甲治兵以出于田國人說而歸之繕之言善也甲鎧也。繕市戰反善也說音悅鎧苦愛反

疏　叔于田三章章五句至歸之。箋繕之至甲鎧。正義曰世本云杼作甲宋仲子云少康子名杼也經典皆謂之甲後世乃名

爲鎧。箋以今曉古。**叔于田，巷無居人。**叔，大叔段也。田，取禽也。巷，里塗也。箋云：叔往田，國人注心于叔，似如無人處。○巷，學絳反。大音泰，後「大叔」皆放此。**豈無居人？不如叔也。洵美且仁。**洵，信也。箋云：言叔信美好而又仁。○洵，蘇遵反。疏「叔于」至「且仁」。○正義曰：此皆悅叔之辭。時人言叔之往田獵也，里巷之內全似無復居人。豈可實無居人乎？有居人矣，但不如叔也，信美好而且有仁德。國人注心於叔，悅之若此，而公不知禁，故刺之。○傳「叔大」至「里塗」。○正義曰：左傳及下篇皆謂之大叔，故傳辨之，以明叔與大叔一人，其字曰叔，以寵私過度，時呼爲大叔，左傳謂之京城大叔是由寵而異其號也。此言叔于田，下言大叔于田，作者意殊，無他義也。田者，獵之別名，以取禽於田，因名曰田，故云田取禽也。丰曰「俟我乎巷」，謂待我於門外，知巷是里內之途道也。○箋「洵信」至「又仁」。○正義曰：洵，信，釋詁文。仁是行之美名，叔乃作亂之賊，謂之信美好而又仁者，言國人悅之辭，非實仁也。

叔于狩，巷無飲酒。冬獵曰狩。箋云：飲酒，謂燕飲也。○狩，手又反。獵，力輒反。**豈無飲酒？不如叔也。洵美且好。**疏傳「冬獵曰狩」。○正義曰：釋天文。李巡曰：「圍守取之，無所擇也。」

叔適野，巷無服馬。箋云：適，之也。郊外曰野。服馬，猶乘馬也。○**豈無服馬？不如叔也。洵美且武。**箋云：武，有武節。疏箋「郊外」至「乘馬」。○正義曰：釋地云：「郊外謂之牧，牧外謂之野。」是野在郊外也。易稱「服牛乘馬」，俱是駕用之義，故云服馬猶乘馬。夾轅兩馬謂之服馬。何知此非夾轅之馬，而云猶乘馬者？以上章言無居人、無飲酒，皆是人事，而言此不宜獨言無馬，知正謂叔既往田，巷無乘馬之人耳。○箋「武有武節」。○正義曰：文武者，人之伎能。今言美且武，悅其爲武，則合武之要，故云有武節，言其不妄爲武。

叔于田三章，章五句

大叔于田，刺莊公也。叔多才而好勇，不義而得衆也。而勇，本或作「而好勇」，「好」衍字。疏「大叔于田」三章，章十句，至「得衆」。○正義曰：叔負才恃衆，必爲亂階，而公不知禁，故刺之。經陳其善射御之等，是多才也；襢裼暴虎，是好勇也；火烈具舉，是得衆也。

大叔于田，乘乘馬。叔之從公田也。○叔于田，本或作「大叔于田」者，誤。乘乘，上如字，下繩證反，後句例爾。**執轡如組，兩驂如舞。**驂之與服，和諧中節。箋云：如組者，如織組之爲也。在旁曰驂。○組音祖。中，竹仲反。**叔在藪，火烈具舉。**藪，澤，禽之府也。烈，列。具，俱也。箋云：列人持火俱舉，言衆同心。○藪，素口反。韓詩云：「禽獸居之曰藪。」**襢裼暴虎，獻于公所。**襢裼，肉袒也。暴虎，空手以搏之。箋云：獻于公所，進於君也。○襢，本又作袒，音但。裼，素歷反。搏音博。**將叔無狃，戒其傷女。**狃，習也。箋云：狃，復也。請叔無復者，愛也。○將，七羊反，請也。毋音無，本亦作無。狃，女九反。復，符又反，下同。疏「大叔」至「傷女」。○毛以爲大叔往田獵之時，乘駕一乘之馬。叔馬既良，叔之御人又善，執持馬轡如織組。織組者，揔紕於此，成文於彼；御者執轡於手，馬騁於道，如織組之爲。其兩驂之馬與兩服馬和諧，如人舞者之中於樂節也。大叔乘馬從公田獵，叔之在於藪澤也，火有行列，俱時舉之，言得衆之心，故同時舉火。叔於是襢去裼衣，空手搏虎，執之而獻於公之處所。公見其如是，恐其更然，謂之曰：請叔無習此事，戒愼之，若復爲之，其必傷汝矣。言大叔得衆之心，好勇如此，必將爲亂，而公不禁，故刺之。○鄭唯以狃爲復，餘同。○傳「叔之從公田」。○正義曰：下云「襢裼暴虎，獻于公所」，明公亦與之俱田，故知從公田也。○傳「驂之」至「中節」。○正義曰：此經止云兩驂，不言兩服，知驂與服和諧中節者，以下二章於此二句皆說兩服兩驂，則知此經所云亦揔驂服，但馬之中節亦由御善，以其篇之首先云御者之良，既言執轡如組，不可更言兩服，理則有之，故知如舞之言兼言服亦中節也。此二句言叔之所乘馬良御善耳，非大叔親自御之，下言「又良御忌」，乃云叔身善御。○傳「藪澤」至「具俱」。○正義曰：地官序澤虞云：「每大澤大藪，小澤小藪。」注云：「澤，水所鍾。水希曰藪。」然則藪非一，而此云藪澤者，以藪澤俱是曠野之地，但有水無水異其名耳。地官藪澤共立澤虞掌之，夏官職方氏每州云「其澤藪曰某」，明某是一也。釋地說十藪云「鄭有圃田」，此言在藪，蓋在圃田也。此言府者，貨之所藏謂之府，藪澤亦禽獸之所藏，故云禽之府。爛熟謂之烈，火烈嫌爲火猛，此無取爛義，故轉烈爲列，言火有行列也。火有行列，由布列人使持之，故箋申之云「列人持火」。此爲宵田，故持火炤之。具備卽偕俱之義，故爲俱也。○傳「襢裼」至「搏之」。○正義曰：「襢裼，肉袒」，釋訓文。李巡曰：「襢裼，脫衣見體曰肉袒。」孫炎曰：「袒去裼衣。」釋訓又云：「暴虎，徒搏也。」舍人曰：「無兵，空手搏之。」○傳「狃習」。○正義曰：釋言云：「狃，復也。」孫炎曰：「狃伏前事復爲也復亦貫習之意故傳以狃爲習也箋以爾雅正訓故以爲復**叔于田乘乘黃**四馬皆黃**兩服上襄兩驂鴈行**箋云兩服中央夾轅者襄駕也上駕者言爲衆馬之最良也鴈行者言與中服相次序。上襄竝如字行戶郎反夾古洽反。**叔在藪火烈具揚**揚揚光也**叔善射忌又良御忌**忌辭也箋云良亦善也忌讀如彼已之子之已。忌注作已同音記下皆同。**抑磬控忌抑縱送忌**騁馬曰磬止馬曰控發矢曰縱從禽曰送。磬苦定反控口貢反騁敕領反。疏叔于至送忌。正義曰言叔之往田也乘一乘之黃馬在內兩服者馬之上駕也在外兩驂與服馬如鴈之行相次序也叔乘此四馬從公田獵叔之在於藪澤也火有行列俱時揚之叔有多才既善射矣又善御矣抑者此叔能磬騁馬矣又能控止馬矣言欲疾則走欲止則往抑者此叔能縱矢以射禽矣又能縱送以逐禽矣言發則能中逐則能及是叔之善御善射也叔既得衆多才如是必將爲亂而公不禁故刺之。箋兩服至次序。正義曰小戎云騏駵是中騧驪是驂驂中對文則驂在外外者爲驂則知內者爲服故言兩服中央夾轅者也襄駕釋言文馬之上者謂之上駕故知上駕者言衆馬之最上也曲禮注云鴈行者與之並差退此四馬同駕其兩服則齊首兩驂與服馬鴈行其首不齊故左傳云如驂之有靳。傳揚揚光。正義曰言舉火而揚其光耳非訓揚爲光也。傳騁馬至曰送。正義曰此無正文以文承射御之下申說射御之事馬之進退唯騁止而已故知騁馬曰磬止馬曰控今止馬猶謂之控是古遺語也縱謂放縱故知發矢送謂逐後故知從禽。**叔于田乘乘鴇**驪白雜毛曰鴇。鴇音保依字作鴇驪力馳反**兩服齊首**馬首齊也**兩驂如手**進止如御者之手箋云如人左右手之相佐助也。**叔在藪火烈具阜**阜盛也**叔馬慢忌叔發罕忌**慢遲罕希也箋云田事且畢則其馬行遲發矢希。嫚本又作慢莫晏反**抑釋掤忌抑鬯弓忌**掤所以覆矢鬯弓弢弓箋云射者蓋矢弢弓言田事畢。掤音氷所以覆矢也馬云櫝丸蓋也杜預云櫝丸箭筩也鬯敕亮反弢吐刀反疏叔于至弓忌。毛以爲叔往田獵之時乘一乘之鴇馬其內兩服則齊其頭首其外兩驂進止如御者之手乘此車馬從公田獵叔之在於藪也火有行列其

光俱盛及田之將罷叔之馬既遲矣叔發矢又希矣及其田畢抑者叔釋掤以覆矢矣抑者叔執鬯以弢弓矣既美叔之多才遂終說其田之事。鄭唯如手如人手相助爲異餘同以如者比諸外物故易傳。傳驪白雜毛曰鴇。正義曰釋畜文郭璞曰今呼之爲烏驄。傳慢遲罕希。正義曰以惰慢者必遲緩故慢爲遲也釋詁云希罕也是罕爲希也。傳掤所至弢弓。正義曰昭二十五年左傳云公徒執氷而踞字雖異音義同服虔云氷櫝丸蓋杜預云或說櫝丸是箭筩其蓋可以取飮先儒相傳掤爲覆矢之物且下句言鬯弓明上句言覆矢可知矣故云掤所以覆矢鬯者盛弓之器鬯弓謂弢弓而納之鬯中故云鬯弓弢弓謂藏之也

大叔于田三章章十句

清人刺文公也高克好利而不顧其君文公惡而欲遠之不能使高克將兵而禦狄于竟陳其師旅翺翔河上久而不召衆散而歸高克奔陳公子素惡高克進之不以禮文公退之不以道危國亡師之本故作是詩也好利不顧其君注心於利也禦狄于竟時狄侵衛。克一本作尅好呼報反注同惡烏路反下同遠于萬反將子亮反御魚呂反注同翺五羔反。疏清人三章章四句至是詩。正義曰作清人詩者刺文公也文公之時臣有高克者志好財利見利則爲而不顧其君文公惡其如是而欲遠離之而君弱臣强又不能以理廢退適値有狄侵衛鄭與衛鄰國恐其來侵文公乃使高克將兵禦狄於竟狄人雖去高克未還乃陳其師旅翺翔於河上日月經久而文公不召軍衆自散而歸高克懼而奔陳文公有臣鄭之公子名素者惡此高克進之事君不以禮也又惡此文公退之逐臣不以道高克若擁兵作亂則是危國若將衆出奔則是亡師公子素謂文公爲此乃是危國亡師之本故作是清人之詩以刺之經三章唯言陳其師旅翺翔河上之事耳序則具說翺翔所由作詩之意二句以外皆於經無所當也。箋好利至侵衛。正義曰春秋閔公二年冬十二月狄入衛鄭棄其師左傳曰鄭人惡高克使帥師次於河上久而不召師潰而歸高克奔陳鄭人爲之賦清人是於時有狄侵衛也衛在

河北鄭在河南恐其渡河侵鄭故使高克將兵於河上禦之春秋經書入衛而箋言侵者狄人初實侵衛衛人與戰而敗後遂入之此據其初侵故言侵也案襄十九年晉侯使士匄侵齊聞齊侯卒乃還左傳稱爲禮也公羊傳亦云大夫以君命出進退在大夫然則高克禮當自還不須待名而文公不名久留河上者其戰伐進退自由將帥若罷兵還國必須君命故不名不得歸也傳善士匄不伐喪耳其得反國亦當晉侯有命故善之。**清人在彭駟介旁旁**清邑也彭衛之河上鄭之郊也介甲也箋云清者高克所帥衆之邑也駟四馬也。介音界旁補彭反王云彊也駟四馬也一本駟介四馬也**二矛重英河上乎翺翔**重英矛有英飾也箋云二矛酋矛夷矛也各有畫飾。矛莫侯反方言云矛吳揚江淮南楚五湖之間謂之鍦鍦音蛇或謂之鋋鋋音蟬或謂之鏦鏦音錯江反其柄謂之矜矜郭音巨巾反重直龍反注下同英如字沈於耕反酋在由反〔疏〕清人至翺翔。正義曰言高克所率清邑之人今在於彭地狄人以去無所防禦高克乃使四馬被馳驅敖遊旁旁然不息其車之上建二種之矛重有英飾河水之上於是翺翔言其不復有事可名之使還而文公不名故刺之。傳清邑至介甲。正義曰序言高克將兵則清人是所將之人故知清是鄭邑言禦狄于竟明在鄭衛境上言翺翔河上是營軍近河而衛境亦至河南故云衛之河上鄭之郊也郊謂二國郊境非近郊遠郊也碩鼠云適彼樂郊亦揔謂境爲郊也下言消軸傳皆以爲河上之地蓋久不得歸師有遷移三地亦應不甚相遠故俱於河上介是甲之別名故云介甲也北山傳云旁旁然不得已則此言旁旁亦爲不得已之義與下麃麃爲武貌陶陶爲驅馳之貌互相見也。傳重英矛有英飾。正義曰重英與二矛共文明是矛飾魯頌說矛之飾謂之朱英則以朱染爲英飾二矛長短不同其飾重累故謂之重英也。箋二矛至畫飾。正義曰考工記云酋矛常有四尺夷矛三尋注云八尺曰尋倍尋曰常酋夷長短名也酋近夷長也是矛有二等也記又云攻國之兵用短守國之兵用長此禦狄于境是守國之兵長宜有夷矛故知二矛爲酋矛夷矛魯頌以矛與重弓共文弓無二等直是一弓而重之則知二矛亦一矛而有二故彼箋云二矛重弓備折壞直是酋矛有二無夷矛也經言重英嫌一矛有重飾故云各有畫飾言其各自有飾並建而重累**清人在消駟介麃麃**消河上地也麃麃武貌。麃表驕反**二矛重喬河上乎逍遥**重喬累荷

也箋云喬矛矜近上及室題所以縣毛羽。喬毛音橋鄭居橋反雉名韓詩作鷮逍本又作消遥本又作搖荷舊音何謂刻矛頭爲荷葉相重累也沈胡可反謂兩矛之飾相負荷也矜字又作[illegible]同巨巾反沈又居陵反近附近之近題音啼題頭也室劒削名也方言云劒削自河而北燕趙之間謂之室此言室謂矛頭受刃處也削音笑縣音玄。〔疏〕傳重喬累荷。正義曰釋詁云喬高也重喬猶如重英以矛建於車上五兵之最高者也而二矛同高其高復有等級故謂之重高傳解稱高之意故言累荷候人傳曰荷揭也謂此二矛刃有高下重累而相負揭。箋喬矛至毛羽。正義曰矜謂矛柄也室謂矛之銎孔襄十年左傳云舞師題以旌夏杜預云題識也以大旌表識其行列然題者表識之言箋申說累荷之意言喬者矛之柄近於上頭及矛之銎室之下當有物以題識之其題識者所以縣毛羽也二矛於其上頭皆縣毛羽以題識之似如重累相負荷然故謂之累荷也經傳不言矛有毛羽鄭以時事言之猶今之鵰毛稍也**清人在軸駟介陶陶**軸河上地也陶陶驅馳之貌。軸音逐地名陶徒報反。**左旋右抽中軍作好**左旋講兵右抽抽矢以射居軍中爲容好箋云左左人謂御者右車右也中軍爲將也高克之爲將久不得歸日使其御者習旋車車右抽刃自居中央爲軍之容好而已兵車之法將居鼓下故御者在左。抽敕由反說文作搯他牢反云抽刃以習擊刺也好呼報反注同將子亮反下同〔疏〕左旋右抽中軍作好。毛以爲高克閑暇無爲逍遥河上乃左迴旋其師右手抽矢以射高克居軍之中以爲一軍之容好言可名而不名故刺之。鄭以高克使御人在車左者習迴旋其車勇士在右者習抽刃擊刺高克自居中央爲軍之容好指謂一車之上事也。傳左旋至容好。正義曰毛以爲左右中揔謂一軍之事左旋以講習兵事在軍之人皆右手抽矢而射高克爲將在軍中以此左旋右抽矢爲軍之容好言其無事故逍遥也必左旋者少儀云軍尚左注云右陽也陽主生將軍有廟勝之策左將軍爲上貴不敗績然則此亦以左爲陽故爲左旋。箋左人至在左。正義曰箋以左右爲相敵之言傳以左爲軍之左旋右爲人之右手於事不類故易傳以爲一車之事左謂御者在車左右謂勇力之士在車右中謂將居車中也車是御之所主也故習旋迴之事右主持兵故抽刃擊刺之亦是習之也高克自居車中以此一車所爲之事爲軍之容好成二年左傳說晉之伐齊云郤克將中軍解張御鄭丘緩爲右郤克傷於矢流血及屨未絶鼓音曰余病矣張侯曰

自始合而矢貫余手及肘余折以御左輪朱殷豈敢言病張侯郤解張也郤克傷矢言未絕鼓音是郤克爲將在鼓下也張侯傷手而血染左輪是御者在左也此謂將之所乘車耳若士卒兵車則閟宮箋所云兵車之法左人持弓右人持矛中人御御車不在左也此二箋皆言兵車之法則平常乘車不然矣曲禮曰乘君之乘車不敢曠左注云君存惡空其位則人君平常皆在車左御者在中央故月令說耕籍之義云天子親載耒耜措之於參保介之御閒保介謂車右也置耒耜於車右御者之閒御者在中與兵車異也將居鼓下雖人君親將其禮亦然夏官大僕職云凡軍旅田役贊王鼓注云王通鼓佐擊其餘面是天子親鼓也成二年左傳云齊侯伐我北鄙圍龍齊侯親鼓之是爲將乃然故云將居鼓下

清人三章章四句

附釋音毛詩注疏卷第四（四之二）

毛詩注疏挍勘記（四之二）　阮元撰盧宣旬摘錄

鄭譜

又云爲幽王大司徒　閩本明監本毛本同案此不誤浦鏜云衍云字非也譜以上說京兆鄭縣以下說河南新鄭故以又云爲更端之辭山井鼎考文載永懷堂板又云作桓公出於臆改其板自是俗書無足論者盧文弨亦取改此文失之矣

桓公臣善　閩本明監本毛本同案山井鼎云史記臣作曰是也

斬之蓬蒿藜翟　閩本明監本毛本同案浦鏜云藋誤翟是也

子文公踶立　閩本明監本毛本同案此不誤浦鏜云踶傳作提是也此據世家

是突前篡之箋　閩本明監本毛本箋作初案皆非也當作事上下文可證

宜是初田事也　閩本明監本同毛本田作年案皆非也田當作日形近之譌

○緇衣

粲餐也　小字本相臺本同案釋文云飧蘇尊反在粲字後諸盧字前是釋文本餐作飧正義云粲餐釋言文考爾雅與此傳意同皆謂粲爲餐假借釋文本誤

在天子宮　小字本相臺本宮上有之字明監本毛本同閩本剜入考文一本同案有者是也

而言予爲子授者　閩本明監本毛本同案浦鏜云予譌子是也

非民所能改受之也　閩本明監本毛本同案浦鏜云授譌受是也

又再染以黑乃成緇　閩本明監本毛本同案乃上浦鏜云脫則爲緅又復再染以黑九字考周禮注是也此以緅複出而脫去

此緇衣卿士冠禮所云　閩本明監本毛本同案浦鏜云即誤卿是也

周緇衣卿士所服也　閩本明監本毛本周作則案所改非也周當作朋形近之譌

○將仲子

是致大亂大也 補 毛本下大字作國案國字是也

君將與之 小字本相臺本同案釋文云君若與之一本若作將正義本今無可考

四牡傳云杞枸繼 閩本明監本毛本同案考彼傳及爾雅皆是檵字此繼字當誤

矣則祭仲之諫 閩本明監本毛本同案浦鏜云矣或然字之誤屬下是也

實敗名病大事 閩本明監本毛本同案敗名二字當衍此引晉語實病大事或記左傳敗名於傍遂誤入皇皇者華正義引實病大事不誤

園所以樹木也 小字本相臺本同閩本明監本同毛本樹誤種案正義云故其內可以種木也是自爲文不當據以改傳

檀彊韌之木 閩本明監本毛本同小字本相臺本韌作忍案釋文云忍本亦作刃同而愼反依字韋旁作刃此今假借也考采薇箋堅忍白華抑箋柔忍皇皇者華傳調忍字皆作忍周禮土訓考工記二釋文亦可證是此傳本作忍字因正義自用韌字不知者乃取以改也又考文古本作紉采釋文所載沈重說及采薇改作紉白華采所易今字作韌皆非也舊釋文韋字誤今正見後考證

木旁作刃 補 木當作韋

故云彊韌之木 閩本明監本毛本同案傳作忍正義作韌忍韌古今字易而說之也例見前餘同此

駁馬梓楡 閩本明監本毛本楡作榆案榆字是也晨風正義引作榆

○大叔于田

叔多才而好勇 唐石經小字本相臺本同案此正義本也釋文云本或作而好勇好衍字正義云襢裼暴虎是好勇也下文云好勇如此是與或作本同

大叔于田 唐石經小字本相臺本同案此正義本也釋文云叔于田本或作大叔于田者誤正義標起止云大叔至傷女下文云毛以爲大叔往田獵之時又上篇正義云此言叔于田下言大叔于田作者意殊是與或作本同此詩三章共十言叔不應一句獨言大叔或名篇自異詩文則同如唐風杕杜有杕之杜二篇之比其首句有大字者援序入經耳當以釋文本爲長

將叔無狃 唐石經小字本相臺本同案釋文云毋本亦作無正義本今無可考

然則藪非一 閩本明監本毛本同案則當作澤上下文可證

孫炎曰狃伏前事 閩本明監本毛本同案浦鏜云忕誤伏是也

欲止則往 閩本明監本毛本同案浦鏜云住誤往是也

乘一乘之鴇馬 閩本明監本毛本上乘字誤秉鴇誤鳵案經傳皆作鴇正義作鳵鴇古今字易而說之也例見前標起止

○清人

禦狄于竟 閩本明監本毛本竟作境下言禦狄于境同案所改是也序作竟正義作境下文皆可證竟境古今字易而說之也考文古本序亦作境誤采正義所易之今字

駟四馬也 小字本相臺本同案釋文云一本駟介四馬也考文古本有介字采釋文一本此箋但說駟耳其介甲也已在傳矣一本誤○按毛傳文茵虎皮也謂文茵之文乃是虎皮也荷華扶渠也謂荷華之荷乃是扶渠也傳之例本如此後人有删改遂至不畫一

使四馬被馳駈敖遊 明監本毛本被下有甲字閩本剜入案所補是也

中軍爲將也 閩本明監本毛本同小字本相臺本爲作謂考文古本同案謂字是也釋文以謂將作音可證

注云右陽也 閩本明監本毛本同案浦鏜云左誤右是也止

附釋音毛詩注疏卷第四（四之三）

羔裘，刺朝也。言古之君子，以風其朝焉。言猶道也。鄭自莊公而賢者陵遲，朝無忠正之臣，故刺之。裘字或作求。朝，直遥反，下及注同。風，福鳳反。【疏】羔裘三章章四句至朝焉。○正義曰：作羔裘詩者，刺朝也。以莊公之朝無正直之臣，故作此詩，道古之在朝君子有德有力，故以風刺其今朝廷之人焉。經之所陳，皆古之君子之事也。此主刺朝廷之臣，朝無賢臣，是君之不明，亦所以刺君也。箋言猶至刺之。正義曰：言謂口道說，諸序之言字，義多爲道，就此一釋，餘皆從之。下篇之序猶言莊公，則此莊公詩也。故言莊公以明之，以桓武之世朝多賢者，陵遲自莊公爲始，故言自也。

羔裘如濡，洵直且侯。如濡，潤澤也。洵，均。侯，君也。箋云：緇衣羔裘，諸侯之朝服也。言古朝廷之臣，皆忠直且君也。君者，言正其衣冠，尊其瞻視，儼然人望而畏之。○濡音儒。洵，徐音荀，又音旬。侯，韓詩云：侯，美也。

彼其之子，舍命不渝。渝，變也。箋云：舍猶處也。之子，是子也。是子處命不變，謂守死善道，見危授命之等。○舍音赦，王云：受也。沈書者反。渝，以朱反。

【疏】羔裘至不渝。○正義曰：言古之君子在朝廷之上，服羔皮爲裘，其色潤澤，如濡濕之然，身服此服，德能稱之，其性行均直，且有人君之度也。彼服羔裘之是子，其自處性命，躬行善道，至死不變。刺今朝廷無此人。傳如濡至侯君。正義曰：如似濡濕，故言潤澤，謂皮毛光色潤澤也。洵，均，釋言文。侯，君，釋詁文。定本濡潤澤也，無如字。箋緇衣至畏之。正義曰：經云羔裘，知緇衣者，玉藻云：羔裘緇衣以裼之。論語云：緇衣羔裘。是羔裘必緇衣也。士冠禮云：主人玄冠朝服，緇帶素韠。注云：衣不言色者，衣與冠同也。是緇衣爲朝服也。玉藻云：諸侯朝服以日視朝。故知緇衣羔裘是諸侯之朝服也。以臣在朝廷服此羔裘，故舉以言。是皆均直且君，言其有人君之度。孔子稱雍也可使南面，亦美其堪爲人君，與此同也。正其衣冠以下，論語文。傳渝變。正義曰：釋言文。箋舍猶至之等。○正義曰：舍息是安處之義，故知舍猶處也。之子，是子也，釋訓文。

羔裘豹飾，孔武有力。豹飾，緣以豹皮也。孔，甚也。○緣，悅絹反。

彼其之子，邦之司直。司，主也。

【疏】羔裘至司直。○正義曰：言古之君子服羔皮爲裘，以豹皮爲袖飾者，其人甚武勇，且有力，可禦亂也。彼服羔裘之是子，一邦之人主以爲直。刺今無此人。傳豹飾至孔甚。正義曰：唐風云：羔裘豹袪，羔裘豹褏。然則緣以豹皮，謂之爲袪。袪，袖也。禮，君用純物，臣下之，故袖飾異皮。孔，甚，釋言文。

羔裘晏兮，三英粲兮。晏，鮮盛貌。三英，三德也。箋云：三德，剛克、柔克、正直也。粲，衆意。○晏，於諫反。粲，采諫反。

彼其之子，邦之彥兮。彥，士之美稱。○稱，尺證反。

【疏】羔裘至彥兮。○正義曰：言古之君子服羔皮爲裘，其色晏然而鮮盛兮，其人有三種英俊之德，粲然而衆多兮。彼服羔裘之是子，一邦之人以爲彥士兮。刺今無此人。箋三德至衆意。正義曰：英俊秀之名，言有三種之英，故傳以爲三德。洪範云：三德，一曰正直，二曰剛克，三曰柔克。注云：正直，中平之人。克，能也。剛柔能，謂寬猛相濟，以成治立功。剛則彊，柔則弱，此陷於滅亡之道，非能也。然則正直者，謂不剛不柔，每事得中也。剛克者，雖剛而能以柔濟之；柔克者，雖柔而能以剛濟之。故三者各爲一德。洪範先言正直，此引之而與彼倒者，以經有正直，无剛柔，故先言剛柔，意明剛能柔、柔能亦爲德故也。洪範之言，謂人性不同，各有一德；此言三英粲兮，亦謂朝夕賢臣具此三德，非一人而備有三德也。地官師氏以三德教國子：至德、敏德、孝德。彼乃德之大者，教國子使知之耳，非朝廷之人所能有，故知此三德是洪範之三德。周語稱三女爲粲，粲是粲爲衆意。傳彥士之美稱。正義曰：釋訓云：美士爲彥。舍人曰：國有美士，爲人所言道。

羔裘三章，章四句

遵大路，思君子也。莊公失道，君子去之，國人思望焉。

遵大路兮，摻執子之袪兮。遵，循。路，道。摻，擥。袪，袂也。箋云：思望君子於道中見之，則欲擥持其袂而留之。○摻，所覽反，徐所斬反。袪，起居反，又起據反，袂也。擥音覽。袂，面世反。

無我惡兮，不寁故也。寁，速也。箋云：子無惡我擥持子之袂，我乃以莊公不速於先君之道使我然。○惡，烏路反，注同。寁，市坎反。故也，一本作故兮。後好也亦爾。

【疏】遵大至故也。○正義曰：國人思望君子，假說得見之狀，言己循彼大路之上兮，若見此君子之人，我則擥執君子之衣袪兮。君子若忿我留之，我則謂之云：無得於我之處怨惡我留兮，我乃以莊公不速於先君之道故也。言莊公之意不速於先君之道，不愛君子，令子去之，我以此固留子。○傳遵循至袪袂。正義曰：遵，循，釋詁文。地官遂人云：澮上有道，川上有路。對文則有廣狹之異，散則道路通也。以摻字從手又與執共文故爲攬也說文摻字山音反聲訓爲斂也操字喿此遙反聲訓爲奉也二者義皆小異喪服云袂屬幅袪尺二寸則袂是袪之本袪爲袂之末唐羔裘傳云袪袂末則袂袪不同此云袪袂者以袪袂俱是衣袖本末別耳故舉類以曉人唐風取本末爲義故言袂末。傳寁速。正義曰釋詁文舍人曰寁意之速。

遵大路兮摻執子之手兮箋云言執手者思望之甚**無我魗兮不寁好也**魗棄也箋云魗亦惡也好猶善也子無惡我我乃以莊公不速於善道使我然。魗本亦作歡又作㲉市由反或云鄭音爲醜好如字鄭云善也或呼報反。〔疏〕傳魗棄。正義曰魗與醜古今字醜惡可棄之物故傳以爲棄言子無得棄遺我箋準上章故云魗亦惡意小異耳

遵大路二章章四句

女曰雞鳴刺不說德也陳古義以刺今不說德而好色也。德謂士大夫賓客有德者。說音悅下同好呼報反〔疏〕女曰雞鳴三章章六句至好色。正義曰作女曰雞鳴詩者刺不說德也以莊公之時朝廷之士不悅有德之君子故作此詩陳古之賢士好德不好色之義以刺今之朝廷之人有不悅賓客有德而愛好美色者也經之所陳皆是古士之義好德不好色之事以時人好色不好德故首章先言古人不好美色下章乃言愛好有德但主爲不悅有德而作故序指言刺不悅德也定本云古義無士字理亦通。箋德謂至德也。正義曰經陳愛好賓客思贈問之故知德謂士大夫賓客有德者士大夫君子之摠辭未必爵爲大夫士也下箋云士大夫以君命出使者義亦然月出指刺好色經無好德之事此則經陳好德文異於彼故於此箋辨其德之所在也

女曰雞鳴士曰昧旦箋云此夫婦相警覺以夙興言不畱色也。昧音妹警音景。**子興視夜明星有爛**言小星已不見也箋云明星尚爛爛然早於別色時。爛力旦反見賢遍反又如字蚤音早本亦作早別色彼列反**將翺將翔弋鳧與鴈**閒於政事則翺翔習射箋云弋繳射也言無事則往弋射鳧鴈以待賓客爲燕具。弋羊職反鳧音符閒音閑繳音灼本亦作繳。〔疏〕女曰至與鴈。正義曰言古之賢士不畱於色夫妻同寢相戒夙興其女曰雞鳴矣而妻起士曰已昧旦矣而夫起夫起即于與也此子於是同與而覘夜之早晚明星尚有爛然早於別色之時早朝於君君事又早終閒暇無事將翺翔以學習射事弋射鳧之與鴈以待賓客爲飲酒之羞古士好德不好色如此而今人不好有德唯悅美色故刺之。箋此夫至畱色。正義曰士女相對與語故以夫妻釋之士者男子之大號下傳言閒於政事習射待賓客則所陳古士是謂古朝廷大夫士也雞鳴女起之常節昧旦士自起之常節皆是自言起節非相告語而云相警覺者見賢思齊君子恒性彼既以時而起此亦不敢淹畱即是相警之義也各以時起是不爲色而畱也。箋明星至色時。正義曰玉藻說朝之禮云羣臣別色始入以別色之時當入公門故起又早於別色時。箋弋繳至燕具。正義曰夏官司弓矢矰矢茀矢用諸弋射注云結繳於矢謂之矰矰高也茀矢象焉茀之言刜也二者皆可以弋飛鳥刜羅之也然則繳射謂以繩繫矢而射也說文云繳謂生絲爲繩也下云宜言飲酒故知以待賓客爲燕飲之具。

弋言加之與子宜之宜肴也箋云言我也子謂賓客也所弋之鳧鴈我以爲加豆之實與君子共肴也。殽音爻本亦作肴。**宜言飲酒與子偕老**箋云宜乎我燕樂賓客而飲酒與之俱至老親愛之言也。偕音皆樂音洛下同。**琴瑟在御莫不靜好**君子無故不徹琴瑟賓主和樂無不安好〔疏〕弋言至靜好。正義曰此又申上弋射之事弋取鳧鴈我欲爲加豆之實而用之與子賓客作肴羞之饌共食之宜乎我以燕樂賓客而飲酒與子賓客俱至於老言相親之極沒身不衰也於飲酒之時琴瑟之樂在於侍御有肴有酒又以琴瑟樂之則賓主和樂又莫不安好者古之賢士親愛有德之賓客如是刺今不然。傳宜肴。正義曰釋言文李巡曰宜飲酒之肴。箋言我至共肴也。正義曰言我釋詁文與之飲酒相親故知子謂賓客故以所射之鳧鴈爲加豆之實與君子共肴之若然曲禮云凡進食之禮左肴右胾食居人之左羹居人之右膾炙處外醯醬處內葱渫處末酒漿處右注云此大夫士與賓客燕食之禮其禮食則宜倣公食大夫禮云又案公食大夫禮皆無用鳧鴈之文此得用鳧鴈者公食大夫自是食禮此則飲酒彼以正禮而食此以相好私燕其饌不得同也曲禮所陳燕食之饌與禮食已自不同明知燕飲之肴又當異於食法故用鴈爲加豆也牲牢之外別有此肴故謂之加也。箋宜乎者謂閒暇無事宜與賓客燕與上宜肴別也。傳君子至安好。正義曰解其在御之意由無故不徹故飲則有之曲禮云大夫無故不徹懸士無

故不徵琴瑟注云故謂災患喪病傳意出於彼文此古士兼有大夫當云不徹懸而唯言琴瑟者證經之琴瑟有樂懸者亦有琴瑟故也

知子之來之雜佩以贈之

雜佩者珩璜琚瑀衝牙之類箋云贈送也我若知子之必來我則豫儲雜佩去則以送子也與異國賓客燕時雖無此物猶言之以致其厚意其若有之固將行之士大夫以君命出使主國之臣必以燕禮樂之助君之歡○珩音衡佩上玉也璜音黃半璧曰璜琚音居佩玉名瑀音禹石次玉也衝昌容反狀如牙儲直居反使所吏反○

知子之順之雜佩以問之

問遺也箋云順謂與已和順○遺尹季反

知子之好之雜佩以報之

箋云好謂與己同好○好呼報反注同○

【疏】知子至報之○正義曰古者之賢士與異國賓客燕飲相親設辭以愧謝之我若知子之今日必來之我當豫儲雜佩去則以贈送之若知子之與我和順之當豫儲雜佩去則以問遺之若知子之與我和好之當豫儲雜佩去則以報荅之正爲不知子之來愧無此物親愛有德之甚言此以致厚意刺今不然○傳雜佩至之類○正義曰說文云珩佩上玉也璜半璧也琚佩玉名也瑀玖石次玉也玉藻云佩玉有衝牙注云居中央以前後觸也則衝牙亦玉爲之其狀如牙以衝突前後也玉藻說佩有黝珩列女傳稱阿谷之女佩璜而辭下云佩玉瓊琚丘中有麻云貽我佩玖則琚玖與瑀皆是石次玉玖是佩則瑀亦佩也故云雜佩珩璜琚瑀衝牙之類玉藻又云天子佩白玉諸侯佩山玄玉大夫佩水蒼玉世子佩瑜玉士佩瓀玟玉則佩玉之名未盡於此故言之類以包之天官玉府云共王之服玉佩玉珠玉注引詩傳曰佩玉上有蔥珩下有雙璜衝牙蠙珠以納其間下傳亦云佩有琚玖所以納間謂納衆玉與珩上下之間○箋贈送至之歡○正義曰上章與賓客飲酒箋不言異國於此言異國者上章燕卿是此客俱辭不言來客非異國至此章言來送之與別故以異國稱之燕禮者諸侯燕聘問之賓與己之羣臣其禮同此朝廷之士與賓客燕樂同國異國其義亦同此篇所陳非古士獨說外來賓客但上章不言外來賓客有國內賓客此章非是異國耳又稱臣無境外之交所以得與異國賓客燕者士大夫以君命出使他國主國之臣必以燕禮樂之助主君之歡心故得與之燕也聘禮云公於賓一食再饗大夫於賓一饗一食不言燕者以燕非大禮故不言之饗食猶尚有之明當燕樂之矣○傳問遺○正義曰曲禮云凡以苞苴簞笥問人者哀二十六年左傳云衛侯使以弓問子貢皆遺人物謂之問故云問遺也問之者即出己之意施遺前人報之者彼能好我報其恩惠贈之者以物與之送之與別其實一也所從言之異耳

女曰雞鳴三章章六句

有女同車刺忽也鄭人刺忽之不昏于齊太子忽嘗有功于齊齊侯請妻之齊女賢而不取卒以無大國之助至於見逐故國人刺之

忽鄭莊公世子祭仲逐之而立突○太子音泰妻七計反以女適人曰妻取如字又促句反下注同

【疏】有女同車二章章六句至刺之○正義曰作有女同車詩者刺忽也鄭人刺忽之不婚於齊對齊爲文故言鄭人既揔敘經意又申說之此太子忽嘗有功於齊齊侯喜得其功請以女妻之此齊女賢而忽不娶由其不與齊爲婚卒以無大國之助至於見逐棄國出奔故國人刺之忽宜娶齊女與之同車而忽不娶故經二章皆假言鄭忽實娶齊女與之同車之事以刺之桓六年傳曰北戎侵齊齊侯使乞師於鄭鄭太子忽帥師救齊六月大敗戎師獲其二帥大良少良甲首三百以獻於齊是太子忽嘗有功於齊也傳又云公之未婚於齊也齊侯欲以文姜妻鄭太子忽太子忽辭人問其故太子曰人各有耦齊大非吾耦也詩云自求多福在我而已大國何爲君子曰善自爲謀及其敗戎師也齊侯又請妻之固辭人問其故太子曰無事於齊吾猶不敢今以君命奔齊之急而受室以歸是以師婚也人其謂我何遂辭諸鄭伯如左傳文齊侯前欲以文姜妻忽後復欲以他女妻忽再請之此言齊女賢而忽不娶不娶謂復請妻者非文姜也鄭志張逸問曰此序云齊女賢經云德音不忘文姜內淫適人殺夫幾亡魯國故齊有雄狐之刺魯有敝笱之賦何德音之有乎荅曰當時佳耳後乃有過或者早嫁不至於此作者據時而言故序達經意如鄭此荅則以爲此詩刺忽不娶文姜案此序言忽有功於齊齊侯請妻之則請妻在有功之後齊女賢而忽不娶其文又在其下明是在後妻者也安得以爲文姜乎又桓十一年左傳曰鄭昭公之敗北戎也齊人將妻之昭公辭祭仲曰必娶之君多內寵子無大援將不立弗從夏鄭莊公卒秋昭公出奔衛傳亦以出奔之年追說不婚於齊與詩刺其意同也張逸以文姜爲問鄭隨時荅之此箋不言文姜鄭志未爲定解也若然前欲以文姜妻之後欲以他女妻之他女必幼於文姜而經謂之孟姜者詩人以忽不娶言其身有賢行大國長女刺忽應娶不娶何必實賢實長也

桑中刺奔相竊妻妾言孟姜孟庸孟弋責其大國長女爲此姦淫其行可恥惡耳何必三姓之女皆處長也此忽實不同車假言同車以刺之足明齊女未必實賢實長假言其賢長以美之不可執文以害意也此陳同車之禮欲忽娶爲正妻也案隱八年左傳云鄭公子忽如陳逆婦嬀則是已娶正妻矣齊侯所以得請妻之者春秋之世不必如禮或者陳嬀已死忽將改娶二者無文以明之此請妻之時在莊公之世不爲莊公詩者不娶齊女出自忽意及其在位無援國人乃追刺之序言嘗有功於齊明是忽爲君後追刺前事非莊公之時故不爲莊公詩也傳稱忽不娶文姜君子謂之善自爲謀則是善忽矣此詩刺之者傳言善自爲謀言其謀不及國故再發傳以言忽之無援非善之也○箋忽鄭至立突○正義曰經書鄭世子忽是爲莊公子也桓十一年左傳曰祭仲有寵於莊公爲公娶鄧曼生昭公故祭仲立之宋雍氏女於鄭莊公曰雍姞生厲公雍氏宗有寵於宋莊公故誘祭仲而執之曰不立突將死亦執厲公而求賂焉祭仲與宋人盟以厲公歸而立之九月丁亥昭公奔衛已亥厲公立是祭仲逐之而立突也○

有女同車顏如舜華親迎同車也舜木槿也箋云鄭人刺忽不取齊女親迎與之同車故稱同車之禮齊女之美○同車讀與何彼襛矣詩同舜尸順反華讀亦與召南同下篇放此迎魚敬反下同槿音謹

將翱將翔佩玉瓊琚佩有琚瑀所以納閒

彼美孟姜洵美且都孟姜齊之長女都閑也箋云洵信也言孟姜信美好且閑習婦禮○洵恤句反〔疏〕有女至且都○正義曰鄭人刺忽不娶齊女假言忽實娶之與之同車言有女與鄭忽同車此女之美其顏色如舜木之華然其將翱將翔之時所佩之玉是瓊琚之玉言其玉聲和諧行步中節也又歎美之言彼美好之孟姜信美好而又且閑習於婦禮如此之美而忽不娶使無大國之助故刺之○傳親迎至木槿○正義曰士昏禮云壻揖婦出門乃云壻御婦車授綏是親迎之禮與婦同車也釋草云椴木槿櫬木槿樊光曰別二名也其樹如李其華朝生暮落與草同氣故在草中陸機疏云舜一名木槿一名櫬一名曰椴齊魯之間謂之王蒸今朝生暮落者是也五月始華故月令仲夏木槿榮○傳都閑○正義曰都者美好閑習之言故爲閑也司馬相如上林賦云妖冶閑都亦以都爲閑也

有女同行顏如舜英行行道也英猶華也箋云女始乘車壻御輪三周御者代壻○壻音細字書作婿○

將翱將翔佩玉將將將將鳴玉而後行○將將七羊反玉佩聲

彼美孟姜德音不忘箋云不忘者後世傳其道德也○傳直專反〔疏〕箋女始至代壻○正義曰昏義文也御者代壻卽先道而行故引之以證同道之義○傳將將鳴玉而後行○正義曰此解鏘鏘之意將動而玉已鳴故於將翱將翔之時已言佩玉鏘鏘也上章言玉名此章言玉聲互相足○

有女同車二章章六句

山有扶蘇刺忽也所美非美然言忽所美之人實非美人○蘇如字徐又音疏〔疏〕山有扶蘇二章章四句至美然○正義曰毛以二章皆言用臣不得其宜鄭以上章言用之失所下章言養之失所箋傳意雖小異皆是所美非美人之事定本云所美非美然與俗本不同

山有扶蘇隰有荷華與也扶蘇扶胥小木也荷華扶渠也其華菡萏言高下大小各得其宜也箋云興者扶胥之木生于山喻忽置不正之人于上位也荷華生于隰喻忽置有美德者于下位此言其用臣顛倒失其所也○胥音疏又相如反菡本作欿又作莟戶感反萏本又作欿又作萏度感反菡萏荷華也未開曰菡萏已發曰芙蕖傎本亦作顛都田反倒都老反

不見子都乃見狂且子都世之美好者也狂狂人也且辭也箋云人之好美色不往觀子都乃反往觀狂醜之人以興忽好善不任用賢者反任用小人其意同○狂求匡反且子餘反注同好美色呼報反下同睹都杜反本亦作覩〔疏〕山有至狂且○毛以爲山上有扶蘇之木隰中有荷華之草木生於山草生於隰高下各得其宜以喻君子在上小人在下亦是其宜今忽置小人於上位置君子於下位是山隰之不如也忽之所愛皆是小人我適忽之朝上觀其君臣不見有美好之子閑習禮法者乃唯見狂醜之昭公耳言臣無賢者君又狂醜故以刺之鄭以高山喻上位下隰喻下位言山上有扶蘇之小木隰中有荷華之茂草小木之處高山茂草之生下隰喻忽置不正之人於上位置美德之人於下位言忽用臣顛倒失其所也忽之所以然者由不識善惡之故有人自言愛好美色不往見子都之美好閑習者乃往見狂醜之人喻忽之好善不任用賢者反任用小人所美非矣故刺之○傳扶蘇至其宜○正義曰毛以下章山有喬松是木則扶蘇是木可知而釋木無文傳言扶胥小木者毛當有以知之未詳其所出也荷扶蕖其其華菡萏釋草文又云其實蓮其根藕其中的的中薏李巡曰皆分別蓮華實莖葉之名的蓮實薏中心苦者也扶胥山

木宜生於高山，荷華水草宜生於下隰，言高下大小各得其宜。反以喻不宜，言忽使小人在上，君子在下，亦爲不宜也。○箋興者至其所○正義曰：箋以扶蘇是木之小者，荷華是草之茂者，今舉山有小木，隰有茂草爲喻，則以山喻上位，隰喻下位，小木喻小人，茂草喻美德，故易傳喻忽置不正之人於上位，置美德於下位。○傳子都至且辭○正義曰：都謂美好而閑習於禮法，故云子都世之美好者也。狂者狂愚之人。下傳以狡童爲昭公，則此亦謂昭公也。狡童皆以爲義，嫌且亦爲義，故云且辭。○醜人之至意同○正義曰：箋以子都謂美麗閑習者也，都是美好，則狂是醜惡，舉其見好醜爲言，則是假外事爲喻，非朝廷之上有好醜也。故知此以人之好美色不往覩美乃往覩惡，與忽之好善不任賢者反用小人，其意與好色者同。○

山有喬松，隰有游龍。 松，木也。龍，紅草也。箋云：山上喻忽無恩澤於大臣也。紅草放縱枝葉於隰中，喻忽聽恣小臣。此又言養臣顛倒，失其所也。○橋本亦作喬，毛作橋，其驕反，王云高也。鄭作槁，苦老反，枯槁也。

不見子充，乃見狡童。 子充，良人也。狡童，昭公也。箋云：人之好忠良之人，不往覩子充，乃反往覩狡童，狡童有貌而無實。○狡，古卯反。

【疏】○山有至狡童○毛以爲山上有喬高之松木，隰中有放縱之龍草，木生於山，草生於隰，高下得其宜，以喻君子在上，小人在下，亦是其宜。今忽置小人於上位，置君子於下位，是山隰之不如也。忽之所愛，皆是小人。我適忽之朝，上觀其君臣，不見有美好之子充實忠良者，乃唯見此壯狡童昏之昭公。言臣無忠良，君又昏愚，故刺之。鄭以爲山上有枯槁之松木，隰中有放縱之龍草，松木雖生高山而柯條枯槁，龍草雖生於下隰而枝葉放縱，喻忽之養臣，君子在於上位則不加恩澤，小人在於下位則祿賜豐厚，言忽養臣顛倒，失其所也。忽之所以然者，由不識善惡之故。有人自言愛好忠良，不往見子之充實之善人，乃往見狡好之童穉有貌無實者，以喻忽之好善，不任用賢者，反任用小人，故刺之。○傳松木至紅草○正義曰：傳以喬松共文，嫌爲一木，故云松木，以明喬非木也。釋草云：「紅，蘢古。其大者蘬。」舍人曰：「紅名蘢古，其大者名蘬。」是蘢紅一草而列名，故云龍紅草也。陸機疏云：「一名馬蓼，葉大而赤白色，生水澤中，高丈餘。」據上章之傳，正取高下得宜爲喻，不取喬游爲義。○箋游龍至其所○正義曰：此章直名龍耳，而言游龍，知謂枝葉放縱也。箋以作者若取山木隰草爲喻，則當指言松龍而已，不應言橋游也。今松言橋而龍云游，明取橋游爲義。山上之木言枯槁，隰中之草言放縱，明橋松喻無恩於大臣，游龍喻聽恣於小臣，言養臣顛倒失其所也。孫毓難鄭云：「箋言用臣顛倒，置不正於上位，上位，大臣也；置有美德於下位，下位，小臣也。則其養之又無恩於所寵而聽恣於所薄乎？以箋爲自相違戾，斯不然矣。」忽之羣臣非二人而已，用臣則不正者在上，有美德者在下，養臣則薄於大臣，厚於小臣，此二者俱爲不可，故二章各舉以刺忽。○傳子充至昭公○正義曰：充者，實也。言其性行充塞，良善之人，故爲良人。下篇刺昭公而言彼狡童兮，是斥昭公，故以狡童爲昭公也。○箋人之至無實○正義曰：充是誠實，故以忠良言之。充爲性行誠實，則知狡童是有貌無實者也。狡童謂狡好之童，非有指斥定名也。下篇刺昭公之身，此篇刺昭公之所美非美，養臣失宜，不以狡童爲昭公，故易傳以爲人之好忠良，不覩子充而覩狡童，以喻昭公之好善，不愛賢人而愛小人也。孫毓云：「此狡，狡好之狡，謂有貌無實者也。云刺昭公而謂狡童爲昭公，於義雖通，下篇言昭公有狂狡之志，未可用也。箋義爲長。」

山有扶蘇二章，章四句

蘀兮，刺忽也。君弱臣強，不倡而和也。 不倡而和，君臣各失其禮，不相倡和。○蘀，他洛反。倡，昌亮反，本又作唱，注下同。和，胡卧反，注下同。

蘀兮蘀兮，風其吹女。 興也。蘀，槁也。人臣待君倡而後和。箋云：槁謂木葉也。木葉槁，待風乃落。興者，風喻號令也，喻君有政教，臣乃行之，言此者，刺今不然。○槁，苦老反。

叔兮伯兮，倡予和女。 叔伯，言羣臣長幼也。君倡臣和也。箋云：叔伯，羣臣相謂也。羣臣無其君而行，自以強弱相服，女倡矣，我則將和之。言此者，刺其自專也。叔伯，兄弟之稱。○長，張丈反。稱，尺證反。

【疏】此蘀兮至和女○毛以爲落葉謂之蘀，詩人謂蘀兮蘀兮，汝雖將墜於地，必待風其吹女，然後乃落，以興謂此臣兮臣兮，汝雖職當行政，必待君言倡發，然後乃和。汝鄭之諸臣，何故不待君倡而後和？又以君意責羣臣：汝等叔兮伯兮，羣臣長幼之等，倡者當是我君，和者當汝臣，汝何不待我君倡而和乎？○鄭下二句與毛異，其在箋。○傳蘀槁至後和○正義曰：七月云「十月隕蘀」，傳云：「蘀，落也。」然則落葉謂之蘀。此云蘀槁者，謂枯槁乃落，故箋云槁謂木葉是也。木葉雖槁，待風吹而後落，故以喻人臣待君倡而後和也。○傳叔伯至臣和○正義曰：士冠禮爲冠者作字云「伯某甫，仲、叔、季，唯其所當」，則叔伯是長幼之異字，故云叔伯言羣臣長幼也，謂揔呼羣臣爲叔伯也。言君倡臣和，解經倡予和汝言倡者當是我君和者當是汝臣。○箋叔伯至之稱。○正義曰：箋以叔伯長幼之稱，予汝相對之語，故以爲叔伯羣臣相謂也。桓二年左傳稱宋督有無君之心，言有君不以爲君，雖有若無。忽之諸臣亦然，故云無其君而行，自以强弱相服，故弱者謂强者，汝倡矣我則和之，刺其專恣而不和君也。箋又自明己意，以叔伯兄弟相謂之稱，則知此經爲羣臣相謂之辭，故易傳也。

蘀兮蘀兮，風其漂女。漂猶吹也。○漂，匹遥反，本亦作飄。

叔兮伯兮，倡予要女。要，成也。○要，於遥反，注同。

蘀兮二章章四句

狡童，刺忽也。不能與賢人圖事，權臣擅命也。權臣擅命，祭仲專也。○擅，善戰反。【疏】狡童二章章四句。○箋權臣至仲專。○正義曰：權者，稱也，所以銓量輕重。大臣專國之政，輕重由之，是之謂權臣也。擅命謂專擅國之教命，有所號令，自以己意行之，不復諮白於君。鄭忽之臣有如此者，唯祭仲耳。桓十一年左傳稱祭仲爲公娶鄧曼，生昭公，故祭仲立之。是忽之前立，祭仲專政也。其年宋人誘祭仲而執之，使立突。

祭仲逐忽立突，又專突之政。故十五年傳稱祭仲專，鄭伯患之，使其壻雍糾殺之。祭仲殺雍糾，厲公奔蔡，祭仲又迎昭公而復立。是忽之復立，祭仲又專。此當是忽復立時事也。

彼狡童兮，不與我言兮。昭公有壯狡之志。箋云：不與我言者，賢者欲與忽圖國之政事，而忽不能受之，故云然。

維子之故，使我不能餐兮。憂懼不遑餐也。○餐，七丹反。遑音皇，暇也。【疏】彼狡至餐兮。○正義曰：賢人欲與忽圖國事，而忽不能受。忽雖年長而有壯狡之志，童心未改，故謂之爲狡童。言彼狡好之幼童兮，不與我賢人言説國事兮。維子昭公不與我言之故，至令權臣擅命，國將危亡，使我憂之不能餐食兮。憂懼不服餐，言己憂之甚也。○傳昭公至之志。○正義曰：解呼昭公爲狡童之意，以昭公雖則年長，而有幼壯狡好作童子之時之志，故謂之狡童。襄三十一年左傳稱魯昭公年十九矣，猶有童心，亦此類也。

彼狡童兮，不與我食兮。不與賢人共食禄。

維子之故，使我不能息兮。憂不能息也。

狡童二章章四句

褰裳，思見正也。狂童恣行，國人思大國之正己也。狂童恣行，謂突與忽爭國，更出更入，而無大國正之。○褰，起連反，本或作蹇，非。説文云：褰，袴也。恣，資利反。行，下孟反，注下同。更音庚。【疏】褰裳二章章五句至正己。○正義曰：作褰裳詩者，言思見正也。所以思見正者，見者自彼加己之辭，以國内有狂悖幼童之人，恣極惡行，身是庶子，而與正適爭國，禍亂不已，無可奈何，是故鄭國之人思得大國之正己，欲大國以兵征鄭，正其爭者之是非，欲令去突而定忽也。經二章皆上四句思大國正己，下句言狂童恣行。序以由狂童恣行，故思大國正己。經先述思大國之言，乃陳所思之意，故復言狂童之狂，所以經序倒也。○箋狂童至正之。○正義曰：忽是莊公世子，於禮宜立，非詩人所當疾，故知狂童恣行謂突也。忽以桓十一年繼世而立，其年九月經書突歸於鄭，鄭忽出奔衛，是突入而忽出也。桓十五年經書鄭伯突出奔蔡，鄭世子忽復思於鄭，是忽入而突出也，故云與忽更出更入。於時諸侯信其爭競，而無大國之正者，故思之也。此箋言更出更入而無大國正之，則是忽復立之時思大國也。忽之復立，突已出奔，仍思大國正己者，突以桓十五年奔蔡，其年九月鄭伯突入於櫟。櫟是鄭之大都，突入據之，與忽爭國。忽以微

弱不能誅逐去突，諸侯又無助忽者，故國人思大國之正己也。

子惠思我，褰裳涉溱。惠，愛也。溱，水名也。箋云：子者，斥大國之正卿。子若愛而思我，我國有突篡國之事，而可征而正之，我則揭衣渡溱水往告難也。○溱，側巾反。篡，初患反。揭，欺例反，又起列反。難，乃旦反。

子不我思，豈無他人。箋云：言他人者，先鄉齊、晉、宋、衛，後之荊楚。○鄉，香亮反，本亦作向。

狂童之狂也且。狂行童昏所化也。箋云：狂童之人日爲狂行，故使我言此也。○且，子餘反，下同。【疏】子惠至也且。○正義曰：鄭人以突篡國，無若之何，思得大國正之，乃設言以語大國正卿曰：子大國之卿，若愛而思我，知我國有突篡國之事，有心欲征而正之，我則褰衣裳涉溱水往告難於子矣。若子大國之卿不於我鄭國有所思念，我豈無他國疏遠之人可告之乎？又言所以告急之意：我國有狂悖幼童之人，日日益爲此狂行也，是爲狂不止，故所思大國正之。○傳惠愛至水名。○正義曰：惠，愛，釋詁文。溱、洧，鄭國之水，自鄭而適他國，當涉之也。○箋子者至告難。○正義曰：序言思大國之正己，則意欲告者，將告大國之正卿，謂卿之長者，執一國之政，出師征伐，事必由之，故知子者斥大國之正卿也。宛丘云「子之湯兮」，山有樞云「子有衣裳」，子

皆斥君。可知此子不斥大國之君者，鄭國之君爵位尊重，鄭人所告，不宜徑告於君，國之政教，正卿所主。且云子惠思我，平等相告之辭，故知子者必是大國正卿。又下云子不我思，豈無他人，則他人與此子者正可有親疏之異，而尊卑同也。謂他國者，爲人爲士，非斥國君，則知子者亦非國君矣。他人他士是他國之卿，明知子者亦大國之卿也。若然，論語及左傳說陳恒弑其君，孔子告於哀公，請討之。公曰：告夫三子。孔子曰：以吾從大夫之後，不敢不告。公曰告夫三子，彼述孔子之意，以爲君使之告臣，非禮也，此所以不告其君而告臣者，彼孔子是國內之人，勸君行義，不可則止，哀公不能自專其事，反令孔子告臣，故孔子以爲不可。此則鄭國之人欲告他國，不敢徑告其君，故當告其大臣，使之致達於君，與彼不同。溱洧大水，未必褰裳可渡，示以告難之疾意耳。○箋言他至荆楚。○正義曰：言子不我思，乃告他人，是先告近，鄭後告遠。國齊、晉、宋是諸夏大國，與鄭境接連，楚則遠在荆州，是南夷大國，故箋舉以爲言，見子與他人之異，有其實，大國非獨齊晉，他人非獨荆楚也。定本云先嚮齊晉宋衛，後之荆楚也，義亦通。若然，案春秋突以桓十五年入于鄭之櫟邑，其年冬，經書公會宋公、衛侯、陳侯于袲，伐鄭。十六年四月，公會宋公、衛侯、陳侯、蔡侯伐鄭，左傳稱謀納厲公也，則是其諸侯皆助突

矣。而云告齊晉宋衛者，此述鄭人告難之意耳，非言諸侯皆助忽，故言子不我思，豈無他人，是爲諸國不思正已，故有違告他人之志。若當時大國皆不助突，自然征而正之，鄭人無所可思，由宋衛蔡魯助突爲篡，故思大國正已耳。○傳狂行童昏所化。○正義曰：此狂童斥突也。狂童謂狂頑之童，稚狂童之狂也。且言其日益爲狂，故傳解其益狂之意，言突以狂行童昏，其所風化於人，人又從之，徒衆漸多，所以益爲狂行，作亂不已，故鄭人思欲告急也。狂行謂篡其國，是疏狂之行。童昏謂年在幼童，昏闇無知。鄭突時年實長，以其志似童幼，故以童名之。

子惠思我，褰裳涉洧。洧，水名也。○洧，于軌反。**子不我思，豈無他士。**士，事也。箋云：他士猶他人也。大國之卿當天子之上士。○**狂童之狂也且。**

【疏】箋他士至上士。○正義曰：傳言士事也，以其堪任於事，謂之爲士，故箋之云他士猶他人，正謂遠國之卿也。所以謂爲士者，大國之卿當天子之上士，故呼卿爲士也。春官典命云：王之三公八命，其卿六命，其大夫四命，以大夫既四命，則上士當三命也，故注云王之上士三命，中士再命，下士一命。又云公之孤四命，其卿三命，侯伯之卿亦如之，是大國之卿亦三命，當天子之上士也。曲禮曰：列國之大夫入天子之國曰某士。襄二十六年左傳曰：晉韓宣子聘于周，王使請事，對曰：晉士起將歸時事於宰旅，是由命與王之士同，故稱士也。

褰裳二章，章五句

附釋音毛詩注疏卷第四　四之三

黃中模栞

毛詩注疏挍勘記（四之三）　阮元撰盧宣旬摘錄

附釋音毛詩注疏卷第四 [補]下行當題毛詩國風鄭氏箋孔穎達疏此卷誤脫

○羔裘

如濡潤澤也 小字本相臺本同案此正義本也正義云定本濡潤澤也無如字釋文以如濡作音亦有如字此傳潤澤正謂裘之潤澤所以得如濡非訓濡爲潤澤也正義所說是矣定本失之也皇皇者華箋云如濡鮮澤也亦其證。按裘不得云潤乃如潤耳潤澤正是濡訓定本是也

亦謂朝夕賢臣 [補]夕當作多

○遵大路

不寁故也 唐石經小字本相臺本同案釋文云故也一本作故兮後好也亦爾考正義云我乃以莊公不速於先君之道故也標起止云遵大至故也是正義本作也

寁市坎反 [補]案釋文挍勘市當作市

說文摻字山音反聲 閩本明監本毛本字下有參字案所補是也山音反三字當雙行細書即爲參字作音也閩本明監本毛本山誤此

操字喿此遙反聲 閩本明監本毛本同案此遙反三字當雙行細書即爲喿字作音也此喿聲與上參聲皆二字連文

○女曰雞鳴

陳古意以刺今 唐石經小字本相臺本同案正義云陳古之賢士好德不好色之義又云定本云古義無士字是正義本有士字也

箋德謂至德也 閩本明監本毛本也作者案所改是也

璜圭璧也 [補]說文圭作半案半字是也

佩玉有衡牙 [補]禮記衡作衝

諸侯佩山元玉 明監本毛本同閩本諸作公案此公字用禮記文改也

此章非是異國耳 閩本明監本毛本非作必案所改非也非當作自

○有女同車

而忽不娶 閩本明監本毛本同案序作取正義作娶取娶古今字易而說之也例見前考文古本序作娶誤采此也下箋鄭人刺忽不取齊女小字本相臺本十行本皆不誤閩本以下亦誤爲娶餘同此

曰雍始 閩本明監本毛本同案浦鏜云姑誤始考左傳是也

佩有琚瑀所以納閒 小字本相臺本同案女曰雞鳴正義引此傳瑀作玖見上考女曰雞鳴傳云雜佩珩璜琚瑀衝牙之類正義說之於字皆引說文而證其爲佩則衡牙及珩引玉藻璜引列女傳琚引此經唯瑀獨無所證故先引說文瑀玖石次玉後引丘中有麻云貽我佩玖而云然則琚玖與瑀皆是石次玉玖是佩則琚亦佩也若此傳作瑀則傳自有明證不當舍之而借玖爲譬況矣作玖者是也

字書作壻 [補]釋文挍勘壻作壻壻是壻之別體小字本作壻乃字有壞而改之

後世傳其道德也 小字本相臺本其道作道其考文古本同案道字在其上者是也釋文以傳道作音可證閩本明監本毛本亦誤在下又脫也字

此解鏘鏘之意 閩本明監本毛本同案傳及經皆作將將正義作鏘鏘易古字爲今字而說之也例見前庭燎正義作將將當是不知者依經注改之耳

○山有扶蘇

所美非美然 唐石經小字本相臺本同案正義云皆是所美非美人之事定本所美非美然與俗本不同是正義然字當是人字標起止云至美然後改也

扶蘇扶胥小木也 小字本相臺本同案釋文山有扶蘇下云扶蘇扶胥木也今考正義本亦然無小字也正義云毛以爲山上有扶蘇之木又云毛以下章云山有喬松是木則扶蘇是木可知又云扶胥山木宜生於高山皆不言小木至說鄭乃始云小木又云箋以扶蘇是木之小者較然有別可證唯云傳言扶胥小木者毛當有以知之有一小字乃後人用經注本之有小字者誤添之耳段玉裁云毛云高下大小各得其宜高下謂山隰大小謂扶蘇松小謂荷龍正言以刺忽與鄭異鄭乃互易其大小耳呂覽及漢書司馬相如劉向揚雄傳枚乘七發許氏說文皆謂扶疏爲大木許氏扶作枎古疏胥蘇通用

荷華扶渠也其華菡萏 小字本相臺本同案荷下華字衍也傳分說經荷華二字用爾雅文不應華字又錯見荷字解中正義云荷扶渠其華菡萏釋草文正無荷下華字是其本不誤○按非誤衍也說見鄭風清人

萏本又作欲又作萏 補釋文挍勘云盧本欲作歆下萏字作萏云歆舊作欲據澤陂音義改萏舊作萏據爾雅音義改案所改是也集韻四十八感載菡萏窞歆四形可證

所美非矣 閩本明監本毛本矣作美案所改是也下文云此篇刺昭公之所美非美養臣失宜是其證

扶蘇其其華菡萏 補衍一其字

醜人之至意同 補毛本醜作箋案箋字是也

山有喬松 唐石經小字本相臺本喬作橋閩本明監本毛本亦同案橋字是也釋文橋本亦作喬毛作橋其驕反王云高也鄭作槁苦老反枯槁也考正義本是橋字此經毛作橋以爲喬之假借鄭亦作橋與毛字同但以爲槁之假借是其異耳釋文云毛作某鄭作某所謂某者指傳箋之義不以指經字之形經字之形毛鄭不容有異也箋云槁松在山上以爲假借不云讀爲直於訓釋中改其字也箋例每如此其釋文本亦作喬者乃依毛義改爲正字耳非毛鄭詩舊文也考文古本作喬采釋文亦作本

傳以喬松共文 閩本明監本毛本喬作橋下以明喬非木也不取喬游爲義同案喬字是也凡正義說傳者例用喬十行本皆未誤此用毛義易字非正義本經作喬也

此章直名龍耳 閩本明監本毛本同案浦鏜云草誤章是也

不應言橋游也今松言橋 閩本明監本同毛本槁作橋下明橋松喻無恩於大臣明監本毛本皆作橋案槁字是也凡正義說箋者例用槁十行本多未誤唯不應言槁游也一字誤作橋耳

下篇言昭公有狂狡之志 閩本明監本毛本同案狂當作壯形近之譌

○蘀兮

和者當汝臣 閩本明監本毛本當下有是字案所補是也

○褰裳

復思於鄭 補思當作歸

先鄉齊晉宋衛後之荊楚 小字本相臺本同案此定本也正義云齊晉本是諸夏大國與鄭境接連楚則遠在荊州是南夷大國下文云其實大國非獨齊晉他人非獨荊楚也定本云先嚮齊晉宋衛後之荊楚也義亦通是正義本當無宋衛二字今正義作齊晉宋衛諸夏大國者誤下文又云而云告齊晉宋衛者此承定本之下因引春秋經有宋公衛侯遂并說義亦通耳與上文不同

可知此子不斥大國之君 閩本明監本毛本同案浦鏜云可當何字誤是也

齊晉宋是諸夏大國 閩本明監本毛本是作衛案此非也宋當作本詳見上

見子與他人之異有 補毛本有作耳

附釋音毛詩注疏卷第四（四之四）

（十五）

毛詩國風　鄭氏箋　孔穎達疏

丰刺亂也婚姻之道缺陽倡而陰不和男行而女不隨婚姻之道謂嫁取之禮。○丰芳凶反面貌豐滿也方言作妦缺丘悅反倡昌亮反和胡卧反。【疏】丰四章二章章三句二章章四句至不隨。○正義曰陽倡陰和男行女隨一事耳以夫婦之道是陰陽之義故相配言之經陳女悔之辭上二章悔已前不送男下二章欲其更來迎已皆是男行女不隨之事也。○箋婚姻至之禮。○正義曰男以昏時迎女女因男而來嫁謂女適夫家娶謂男往娶女論其男女之身謂之嫁娶指其好合之際謂之婚姻嫁娶婚姻其事是一故云婚姻之道謂嫁娶之禮也若指男女之身則男以昏時取婦婦因男而來婚姻之名本生於此若以婦黨壻黨相對爲稱則釋親所云壻之父爲姻婦之父爲婚婦之黨爲婚兄弟。壻之黨爲姻兄弟是婦黨稱婚壻黨稱姻也對文則有異散則可以通我行其野箋云新特謂外婚謂婦爲婚也隱元年左傳說葬之月數云士踰月外姻至非獨謂壻家也。

子之丰兮俟我乎巷兮丰豐滿也巷門外也箋云子謂親迎者我我將嫁者有親迎我者面貌丰丰然豐滿善人也出門而待我於巷中。○迎魚敬反下親迎同悔予不送兮時有違而不至者箋云悔乎我不送是子而去也時不送則爲異人之色後不得耦而思之。○爲于僞反【疏】子之至送兮。○正義曰鄭國衰亂婚姻礼廢有男親迎而女不從後乃追悔此陳其辭也言往日有男子之顏色丰然豐滿是善人兮來迎我出門而待我於巷中兮子當時別爲他人不肯共去今日悔恨我本不送是子兮所爲留者亦不得爲耦由此故悔也。○傳丰豐至門外。○正義曰丰者面色丰然故爲豐滿也叔于田傳云巷里塗此言門外者以迎婦自門而出故繫門言之其實巷是門外之道與里塗一也。

子之昌兮俟我乎堂兮昌盛壯貌箋云堂當爲棖棖門梱上木近邊者。○堂並如字門堂也鄭改作棖直庚反梱本作閫苦本反近附近之近。○悔予不將兮將行也箋云將亦送也。【疏】子之至將兮。○毛以爲女悔前事言有男子之容貌昌然盛壯兮來就迎我待我於堂上兮我別爲他人不肯共去今日悔我本不共是子行去兮。○鄭以堂爲棖將爲送爲異餘

同。○傳昌盛壯貌。○正義曰此傳不解堂之義王肅云升于堂以俟孫毓云礼門側之堂謂之塾謂出俟於塾前詩人此句故言堂耳毛無易字之理必知其不與鄭同案此篇所陳庶人之事人君之礼尊故於門設塾庶人不必有塾不得待之於門堂也著云俟我於堂文與著庭爲類是待之堂室非門之堂也士昏禮主人揖賓入于廟主人升堂西面賓升堂北面奠鴈再拜稽首降出婦從從降自西階是則士礼受女於廟堂庶雖無廟亦當受女於於寢堂故以王爲毛說。○箋堂當至邊。○正義曰箋以以篇篇言堂文在著庭之下可得爲廟之堂篇上言於巷此言於於堂巷之與堂相去懸遠非爲文次故堂爲棖棖是門梱上上豎木近門之兩邊者也釋宫云栱謂閾棖謂之楔孫炎曰曰栱門限也李巡曰棖謂梱上兩傍木言待於門外此言待之於門之次故易爲棖也。○

衣錦褧衣裳錦褧裳衣錦褧嫁者之服箋云褧禪禪也蓋以禪縠爲之中衣裳用錦而上加禪縠焉爲其文之大著也庶人之妻嫁服也士妻紂衣纁衻。○衣錦如字或一音於記反下章放此褧衣苦迥反下如字禪音丹縠戶木反爲其于僞反大音泰舊勑賀反紂側基反本或作純又作緇並同纁許云反衻如鹽反。○叔兮伯兮駕予與行叔伯迎己者箋云言此者以前之悔今則叔也伯也來迎己者從之志又易也。○易以豉反。○【疏】衣錦至與行。○正義曰此女失其配耦悔前不行自說衣服之備望夫更來迎己言己衣則用錦爲之其上復有禪衣矣裳亦用錦爲之其上復有禪裳矣言己衣裳備足可以行嫁乃呼彼迎者之字云叔兮伯兮若復駕車而來我則與之行矣悔前不送故來則從之。○傳衣錦至之服。○正義曰知者以此詩是婦人追悔願得從男陳行嫁之事云已有此服故知是嫁者之服也而人之服不殊裳而經衣裳異文者以其衣裳別名詩須韻句故別言之耳其實婦人之服衣裳連俱用錦皆有褧下章倒其文故傳衣錦褧裳互言之。○箋褧禪至纁衻。○正義曰玉藻云禪爲絅絅與褧音義同是褧爲禪衣裳所用書傳無文而婦人之服尚輕細且欲露錦文必不用厚繒矣故云蓋以禪縠爲之禪衣在外而錦衣在中故言中衣裳用錦而上加禪縠焉中庸引此詩乃云爲其文之大著也故箋依用之傳直言嫁者之服故又申之云庶人之妻嫁服若士妻則紂衣纁衻士昏礼云女次紂衣纁衻立於房中南面注云次首飾也紂衣絲衣女從者畢袗玄則此亦玄矣衻亦緣也衻之言任也以纁緣其衣象陰氣上任也凡婦人之服不常施衻之衣盛昏禮爲此服耳是士妻嫁時服紂衣纁衻也。○傳叔伯迎已

者。正義曰欲其駕車而來故斥迎己者也迎己者一人而已叔伯並言之者此作者設爲女悔之辭非知此女之夫實字叔伯託而言之耳箋言志又易者以不得配耦志又變易於前故叔伯來則從之也。

裳錦褧裳衣錦褧衣叔兮伯兮駕予與歸

丰四章二章章三句二章章四句

東門之墠刺亂也男女有不待禮而相奔者也。

墠音善依字當作墠此序舊無注而崔集注本有鄭注云時亂故不得待禮而行【疏】東門之墠二章章四句至奔者也。正義曰經二章皆女奔男之事也上篇以禮親迎女尚違而不至此復得有不待禮而相奔者私自姦通則越禮相就志留他色則依禮不行二者俱是淫風故名曰爲刺也。

東門之墠茹藘在阪

東門城東門也墠除地町町者茹藘茅蒐也男女之際近而易則如東門之墠遠而難則茹藘在阪箋云城東門之外有墠墠邊有阪茅蒐生焉茅蒐之爲難淺矣易越而出此女欲奔男之辭○茹音如後篇同藘力於反茹藘茅蒐蒨草也後篇阪音反反又符板反町吐鼎反又徒冷反茅貌交反。

其室則邇其人甚遠

邇近也得禮則近不得禮則遠箋云其室則近謂所欲奔男之家望其來迎己而不來則爲遠【疏】東門至甚遠。毛以爲東門之壇除地町町其踐履則易茹藘在阪則爲礙阻其登陟則難言人之行者踐東門之壇則易登茹藘在阪則難越以興爲婚姻者得禮則易不得禮則難婚姻之際非禮不可若得禮其室則近人得相從易可爲婚姻若不得禮則室雖相近其人甚遠不可爲婚矣是男女之交不可無禮今鄭國之女有不待禮而奔男者故舉之以刺當時之淫亂也。鄭以爲女欲奔男之辭東門之外有壇壇之邊有阪茹藘之草生於阪上女言東門之外有壇茹藘在於阪上其爲禁難淺矣言其易越而出與己是未嫁之女父兄之禁難亦淺矣言其易可以奔男止自男不來迎己耳又言己所欲奔之男其室去此則近爲不來迎己雖近難見其人甚遠不可得從也欲使此男迎己己則從之是不待禮而相奔故刺之。傳東門至在阪。正義曰出其東門有女如雲是國門之外見女也東門之池可以漚麻是國門之外有池也則知諸言東門皆爲城門故云東門城東門也襄二十八年左傳云子產相鄭伯以如楚舍不爲壇外僕言曰昔先大夫相先君適四國未嘗不爲壇今子草舍無乃不可乎上言舍不爲壇下言今子草舍明知壇者除地去草矣故云壇除地町町者也徧檢諸本字皆作壇左傳亦作壇其禮記尚書言壇墠者皆封土者謂之壇除地者謂之墠壇墠字異而作此壇字讀音曰墠蓋古字得通用也今定本作墠茹藘茅蒐釋草文李巡曰茅蒐一名茜可以染絳陸機疏云一名地血齊人謂之茜徐州人謂之牛蔓然則今之蒨草是也男女之際者謂婚姻之禮是男女交際之事禮記大傳云異姓主名治際會亦謂婚禮交際之會也以壇阪者各自爲喻壇是平地又除治阪是高阜又草生焉人欲踐之則有難易以喻婚姻之道有禮無礼之難易故云男女之際近而易則如東門之壇遠而難則如茹藘在阪也阪云遠而難則壇當云近而易不言而易可知而省文也壇阪可以喻難耳無遠近之象而云近遠者以壇繫東門言之則在東門外阪不言所在則遠於東門矣且下句言則邇甚遠故傳顧下經以遠近解之下傳云得禮則近不得禮則遠還與此傳文相成爲始終之說。箋城東至之辭。正義曰箋以下章栗與有踐家室連文以此章壇與茹藘在阪連文則是同在一處不宜分之爲二故易傳以爲壇邊有阪栗在室內得作一興共爲女辭阪是難登之物茅蒐延蔓之草生於阪上行者之所以小難但爲難淺矣易越而出以自喻己家禁難亦淺矣易以奔男是女欲奔男令迎己之辭也若然阪有茹藘可爲小難壇乃除地非爲阻難而亦言之者物以高下相形欲見阪之難登故先言壇之易踐以形見阪爲難耳不取易爲義也。傳邇近至則遠。正義曰邇近釋詁文室與人相對則室謂宅人居室內而云室近人遠此刺女不待禮故知以禮爲遠近

東門之栗有踐家室

栗行上栗也踐淺也箋云栗而在淺家室之內言易竊取栗人所啗食而甘耆故女以自喻也。行上並如字行道也左傳云斬行栗啗徒覽反本又作啖亦作噉並同耆常志反

豈不爾思子不我即

即就也箋云我豈不思望女乎女不就迎我而俱去耳。【疏】東門至我即。毛以爲東門之外有栗樹生於路上無人守護其欲取之則爲易有物在淺室家之內雖在淺室有主守之其欲取之則難以興爲婚者得礼則易不得禮則難婚姻之際不可無禮故貞女謂男子云我豈不於汝思爲室家乎但子不以禮就我我無由從子貞女之行非禮不動今鄭國之女何以不待禮而奔乎故刺之。鄭以爲女乎男迎己之辭言東門之外栗樹有淺陋家室之內生之栗在淺家易可竊取喻己在父母之家亦易竊取正以栗爲興者栗有美味人所啗食而甘之言己有美色亦男

所親愛而悅之故女以自喻女又謂男曰我豈可不於汝思望之乎誠思汝矣但子不於我來就迎之故我無由得往耳女當待禮從男今欲男就迎卽去故刺之。正義曰傳以栗在東門之外不處園圃之間則是表道樹也故云栗行上栗行謂道也襄九年左傳云趙武魏絳斬行栗杜預云行栗表道樹踐淺釋言文此經傳無明解準上章亦宜以難易爲喻故同上爲說也。

東門之墠二章章四句

風雨思君子也亂世則思君子不改其度焉。風雨淒淒雞鳴喈喈興也風且雨淒淒然雞猶守時而鳴喈喈然箋云興者喻君子雖居亂世不變改其節度。淒七西反喈音皆既見君子云胡不夷胡何夷說也箋云思而見之云何而心不說。說音悅下同。疏風雨至不夷。正義曰言風雨且雨寒涼淒淒然雞以守時而鳴音聲喈喈然此雞雖逢風雨不變其鳴喻君子雖居亂世不改其節今日時世無復有此人若旣得見此不改其度之君子云何而得不悅言其必大悅也。傳風且至喈喈然。正義曰四月云秋日淒淒寒涼之意言雨氣寒也二章瀟瀟謂雨下急疾瀟瀟然與淒淒意異故下傳云瀟瀟暴疾喈喈膠膠則俱是鳴辭故云猶喈喈也。傳胡何夷說。正義曰胡之爲何書傳通訓夷悅釋言文定本無胡何二字風雨瀟瀟雞鳴膠膠瀟瀟暴疾也膠膠猶喈喈也。瀟音蕭膠音交既見君子云胡不瘳瘳愈也。瘳敕留反風雨如晦雞鳴不已晦昏也箋云已止也雞不爲如晦而止不鳴。不爲于僞反。既見君子云胡不喜

風雨三章章四句

子衿刺學校廢也亂世則學校不脩焉鄭國謂學爲校言可以校正道藝。衿音金本亦作襟徐音琴世亂本或以世字在下者誤校力孝反注及下注同注傳云鄭人遊於鄉校是也公孫弘云夏曰校沈音教。疏子衿三章章四句至不脩焉。正義曰鄭國衰亂不脩。校學者分散或去或留

故陳其留者恨責去者之辭以刺學校之廢也經三章皆陳留者責去者之辭也定本云刺學廢也無校字。箋鄭國至道藝。正義曰襄三十一年左傳云鄭人游於鄉校然明謂子產毀鄉校是鄭國謂學爲校校是學之別名故序連言之又稱其名校之意言於其中可以校正道藝故曰校也此序非鄭人言之箋見左傳有鄭人稱校之言故引以爲證耳非謂鄭國獨稱校也漢書公孫弘奏云三代之道鄉里有教夏曰校殷曰庠周曰序是古亦名學爲校也禮人君立大學小學言學校廢者謂鄭國之人廢於學問耳非謂廢毀學宮也。青青子衿悠悠我心青衿青領也學子之所服箋云學子而俱在學校之中已留彼去故隨而思之耳禮父母在衣純以青。青如字學子以青爲衣領緣衿也或作襟音同純章允反又之閏反縱我不往子寧不嗣音嗣習也古者教以詩樂誦之歌之絃之舞之箋云嗣續也女曾不傳聲問我以恩責其忘已。嗣如字韓詩作詒詒寄也曾不寄問也傳聲直專反疏青青至嗣音。毛以爲鄭國學校不脩學人散去其留者思之言青青之色者是彼學子之衣衿也此青衿之子棄學而去悠悠乎我心思而不見又從而責之縱使我不往彼見子子寧得不來學習音樂乎責其廢業去學也。鄭唯下句爲異言汝何曾不嗣續音聲傳問於我責其遺忘己也。傳青衿青領。正義曰釋器云衣皆謂之襟李巡曰衣皆衣領之襟孫炎曰襟交領也衿與襟音義同衿是領之別名故云青衿青領也衿領一物色雖一青而重言青青者古人之復言也下言青青子佩正謂青組綬耳都人士狐裘黃黃謂裘色黃耳非有二事而重文也箋云父母在衣純以青是由所思之人父母在故言青衿若無父母則素衿深衣云具父母衣純以青孤子衣純以素是無父母者用素。傳嗣習至舞之。正義曰所以責其不習者古者教學子以詩樂誦之謂背文闇誦之歌之謂引聲長詠之絃之謂以琴瑟播之舞之謂以手足舞之學樂學詩皆是音聲之事故責其不來習音王制云樂正崇四術立四教春秋教以禮樂冬夏教以詩書文王世子云春誦夏絃太師詔之注云誦謂歌樂也絃謂以絲播詩是學詩學樂皆絃誦歌舞之。箋嗣續至忘己。正義曰箋以下章云子寧不來責其不來見己不言來者有所學則此云不嗣音不宜爲習樂故易傳言留者責去者子曾不傳續音聲存問我以恩責其忘己言與彼有恩故責其斷絕。青青子佩悠悠我思佩佩玉也士佩瓀珉而青組綬。碝本又作瓀如兗反珉亡巾反組音祖綬音受。

縱我不往，子寧不來？不來者，言不一來也。【疏】傳「佩佩玉」至「組綬」。〇正義曰：玉藻云：「古之君子必佩玉。」「君子於玉比德焉。」故知子佩爲佩玉也。禮不佩青玉，而云「青青子佩」者，佩玉以組綬帶之，士佩瓀珉而青組綬，故云「青青」謂組綬也。案玉藻「士佩瓀玟而緼組綬」，此云青組綬者，蓋毛讀禮記作「青」字，其本與鄭異也。學子非士，而傳以士言之，以學子得依士禮故也。〇傳「不來者，言不一來」。〇正義曰：準上傳則毛意以爲責其不一來習業。鄭雖無箋，當謂不來見己耳。

挑兮達兮，在城闕兮。挑達，往來相見貌。乘城而見闕。箋云：國亂，人廢學業，但好登高見於城闕，以候望爲樂。〇挑，他羔反，又勑彫反，說文作「叏」。達，他末反，說文云：「達，不相遇也。」好，呼報反。樂音洛。

一日不見，如三月兮！言禮樂不可一日而廢。箋云：君子之學，以文會友，以友輔仁。獨學而無友，則孤陋而寡聞，故思之甚。【疏】「挑兮」至「月兮」。〇毛以爲，學人廢業，候望爲樂，故留者責之云：汝何故棄學而去，挑兮達兮，乍往乍來，在於城之闕兮？禮樂之道，不學則廢，一日不見此禮樂，則如三月不見兮，何爲廢學而遊觀？〇鄭以下二句爲異，言一日不與汝相見，如三月不見兮，言己思之甚也。〇傳「挑達」至「見闕」。〇正義曰：城闕雖非居止之處，明其乍往乍來，故知挑達爲往來貌。釋宫云：「觀謂之闕。」孫炎曰：「宫門雙闕，舊章懸焉，使民觀之，因謂之觀。」如爾雅之文，則闕是人君宫門，非城之所有，且宫門觀闕不宜乘之候望。此言在城闕兮，謂城之上别有高闕，非宫闕也。乘城見於闕者，乘猶登也，故箋申之「登高見於城闕，以候望爲樂」。〇箋「君子」至「之甚」。〇正義曰：「君子以文會友，以友輔仁」，論語文。「獨學而無友，則孤陋而寡聞」，學記文。由其須友以如此，故思之甚。

子衿三章，章四句。

揚之水，閔無臣也。君子閔忽之無忠臣良士，終以死亡，而作是詩也。【疏】「揚之水」二章，章六句，至「是詩」。〇正義曰：經二章皆閔忽無臣之辭。忠臣良士，一也。言其事君則爲忠臣，指其德行則爲良士，所從言之異耳。終以死亡，謂忽爲其臣高渠彌所弒也。作詩之時，忽實未死，序以由無忠臣，意以此死，故閔之。有女同車序云「卒以無大國之助，至於見逐」，意亦與此同。

揚之水，不流束楚。揚，激揚也。激揚之水，可謂不能流漂束楚乎？箋云：激揚之水，喻忽政教亂促，不流束楚，言其政不行於臣下。〇漂，匹妙反。

終鮮兄弟，維予與女。箋云：鮮，寡也。忽兄弟爭國，親戚相疑，後竟寡於兄弟之恩，獨我與女有耳。作此詩者，同姓臣也。〇鮮，息淺反，注下同。

無信人之言，人實迋女。迋，誑也。〇迋，求往反，徐又居望反。誑，九況反。〇【疏】「揚之水」至「迋女」。〇毛以爲，激揚之水，可謂不能流漂一束之楚乎？言能流漂之。以興忠臣良士豈不能誅除逆亂之臣乎？言能誅除之。今忽既不能誅除逆亂，又復兄弟爭國，親戚相疑，終竟寡於兄弟之恩，唯我與汝二人而已。忽既無賢臣，多被欺誑，故又誡之：汝無信他人之言，被他人之言實欺誑於汝，臣皆誑之，將至亡滅，故閔之。鄭唯上二句別，義具箋。〇箋「激揚」至「臣下」。〇正義曰：箋言激揚之水，是水之迅疾，言不流束楚，實不能流，故以喻忽政教亂促，不行臣下。由政令不行於臣下，故無忠臣良士與之同心，與下勢相連接，同爲閔無臣之事。毛興雖不明，以王及唐揚之水皆興，故爲此解。

揚之水，不流束薪。終鮮兄弟，維予二人。二人同心也。箋云：二人者，我身與女忽。〇

無信人之言，人實不信。

揚之水二章，章六句。

出其東門，閔亂也。公子五爭，兵革不息，男女相棄，民人思保其室家焉。公子五爭者，謂突再也，忽、子亹、子儀各一也。〇爭，爭鬬之爭，注同。亹，亡匪反，又音尾，莊公子。〇【疏】「出其東門」二章，章六句，至「室家焉」。〇正義曰：作出其東門詩者，閔亂也。以忽立之後，公子五度爭國，兵革不得休息，下民窮困，男女相棄，民人迫於兵革，室家相離，思得保其室家也。兵謂弓矢干戈之屬，革謂甲冑之屬，以皮革爲之。保者，安守之義。男以女爲室，女以男爲家，若散則通。民人分散乖離，故思得保有室家，正謂保有其妻，以妻爲室家。經二章皆陳男思保妻之辭，是思保室家也。其公子五爭，兵革不息，敘其相棄之由，於經無所當也。俗本云「五公子爭」，誤也。〇箋「公子」至「各一」。〇正義曰：桓十一年左傳云：「祭仲爲公娶鄧曼，生昭公，故祭仲立之。宋雍氏女於鄭莊公，生厲公，故宋人誘祭仲而執之，曰：『不立突，將死。』祭仲與宋人盟，以厲公歸而立之。」「秋九月，昭公奔衛。己亥，厲公立。」是一爭也。十五年傳曰：「祭仲專，鄭伯患之，使其壻雍糾殺之。雍姬知之，以告祭仲。祭仲殺雍糾，厲公出奔蔡。」「六月乙亥

鄭世子忽復歸于鄭是二爭也十七年傳曰初鄭伯將以高渠彌爲卿昭公惡之固諫不聽昭公立懼其殺己也弒昭公而立公子亹是三爭也十八年傳曰齊侯師于首止子亹會之高渠彌相七月齊人殺子亹而轘高渠彌祭仲逆鄭子于陳而立之服虔云鄭子昭公弟子儀也是四爭也莊十四年傳曰鄭厲公自櫟侵鄭及大陵獲傅瑕傅瑕曰苟舍我吾請納君與之盟而舍之六月傅瑕殺鄭子而納厲公是五爭也忽亦再爲鄭君前以太子嗣立不爲爭篡故唯數後爲五爭也○

出其東門有女如雲如雲衆多也箋云有女謂諸見棄者也如雲者如其從風東西南北心無有定**雖則如雲匪我思存**思不存乎相救急箋云匪非也此如雲者皆非我思所存也○思如字注及下皆同沈息嗣反毛音如字鄭息嗣反**縞衣綦巾聊樂我員**縞衣白色男服也綦巾蒼艾色女服也願室家得相樂也箋云縞衣綦巾所爲作者之妻服也時亦棄之迫兵革之難不能相畜心不忍絕故言且留樂我員此思保其室家窮困不得有其妻而以衣巾言之恩不忍斥之綦綦文也○縞古老反又古報反綦巨基反樂音洛注並同一音岳或云箋留樂又音岳員音云本亦作云韓詩作魂魂神也爲于僞反難乃旦反

【疏】出其至我員○毛以爲鄭國民人不能保其室家男女相棄故詩人閔之言我出其鄭城東門之外有女被棄者衆多如雲然女既被棄莫不困苦詩人閔之無可奈何言雖則衆多如雲非我思慮所能存救以其衆多不可救拯唯願使昔日夫妻更自相得故言彼服縞衣之男子服綦巾之女人是舊時夫妻願其還自配合則可以樂我心云耳詩人閔其相棄故願其相得則樂云員古今字助句辭也○鄭以爲國人迫於兵革男女相棄心不忍絕眷戀不已詩人述其意而陳其辭也言鄭國之人有棄其妻自言出其東門之外見有女被棄者如雲之從風東西無定此女被棄心亦無定如雲然此女雖則如雲非我思慮之所存在以其非己之妻故心不存焉彼被棄衆女之中有着縞素之衣綦色之巾者是我之妻今亦絕去且得少時留住則以喜樂我云民人思保室家情又若此迫於兵革不能相畜故所以閔之○傳思不存乎相救急○正義曰言其見棄既多困急者衆非己一人所以救恤故其思不得存乎相救急○傳縞衣至相樂○正義曰廣雅云縞細繒也戰國策云彊弩之餘不能穿魯縞然則縞是薄繒不染故色白也顧命云四人綦弁注云青黑曰綦說文云綦蒼艾色也然則綦者青色之小別顧命爲弁色故以爲青黑此爲衣巾故爲蒼艾色蒼即青也艾謂青而微白爲艾草之色也知縞衣男服綦巾女服者以作者既言非我思存故願其自相配合故知一衣一巾有男有女先男後女文之次也傳以聊爲願故云願室家得相樂室家即縞衣綦巾之男女也○箋縞衣至綦文○正義曰箋以序稱民人思保其室家言夫思保妻也經稱有女如雲是男言有女也經序皆據男爲文則縞衣綦巾是男之所言不得分爲男女二服衣巾既共爲女服則此章所言皆是夫自言妻非他人言之故首尾皆易傳則詩人爲詩雖舉一國之事但其辭有爲而發故言縞衣綦巾所爲作者之妻服也已謂詩人自己既相棄又願且留是心不忍絕也訓聊爲且故言且留可以樂我云也箋亦以綦爲青色但綦是文章之色非染繒之色故云綦綦文謂巾上爲此蒼文非全用蒼色爲巾也

出其闉闍有女如荼闉曲城也闍城臺也荼英荼也言皆喪服也箋云闍讀當如彼都人士之都謂國外曲城之中市里也荼茅秀物之輕者飛行無常○闉音因闍鄭郭音都孫炎云積土如水渚所以望氣祥也徐止奢反又音蛇荼音徒秀本或作莠音同劉昌宗周禮音莠音酉○**雖則如荼匪我思且**箋云匪我思且猶非我思存也○且音徂爾雅云存也舊子徐反○**縞衣茹藘聊可與娛**茹藘茅蒐之染女服也娛樂也箋云茅蒐染巾也聊可與娛且可留與我爲樂心欲留之言也○娛本亦作虞

【疏】出其至與娛○毛以爲詩人言我出其鄭國曲城門臺之外見有女被棄者衆多皆着喪服色白如荼然雖則衆多如荼非我思所存救以其衆多不可救恤惟願昔日夫妻更自相得彼服縞衣之男子服茹藘之女人是其舊夫妻也願其還得配合可令相與娛樂閔其相棄故願其相樂○鄭以爲國人有棄其妻者自言出其曲城都邑市里之外見有女被棄者如荼飛揚無所常定此女被棄心亦無定如荼然此女雖則如荼非是我之所思以非己妻故不思之其中有着縞素之衣茹藘染巾者是我之妻今亦絕去且得少時留住可與之娛樂也情深如此而不能相畜故閔之○傳闉曲至喪服○正義曰上言出其東門此文亦言出其闉闍字皆從門則知亦是人所從出之處釋宮云闍謂之臺是闍爲臺也出謂出城則闍是城上之臺謂當門臺也闍既是城之門臺則知闉是門外之城即今之門外曲城是也故云闉曲城闍城臺說文云闉闍城曲重門謂闉爲曲城釋草有荼苦菜又有荼委葉邶風誰謂荼苦即苦菜也周頌以薅荼蓼即委葉也鄭於地官掌荼注及既夕注與此箋皆云荼茅秀然則此言如荼乃是茅草秀出之穗非彼

二種荼草也言荼英荼者六月云白旆英英是白貌茅之秀者其穗色白言女皆喪服色如荼然吳語說吳王夫差於黄池之會陳兵以脅晉萬人爲方陳皆白常白旗素甲白羽之矰望之如荼韋昭云荼茅秀亦以白色爲如荼與此傳意同女見棄所以喪服者王肅云見棄又遭兵革之禍故皆喪服也。箋闍讀至無常。正義曰以爾雅謂臺爲闍不在城門之上此言出其不得爲出臺之中故轉爲彼都人士之都都者人所聚會之處故知謂國外曲城中之市里也以詩說女服言綦巾茹藘則非盡喪服不得爲其色如荼故易傳以荼飛行無常與上章相類爲義也。

出其東門二章章六句

野有蔓草思遇時也君之澤不下流民窮於兵革男女失時思不期而會焉不期而會謂不相與期而自俱會。蔓音萬。

【疏】野有蔓草二章章六句至會焉。正義曰作野有蔓草詩者言思得逢遇男女合會之時由君之恩德潤澤不流及於下又征伐不休國內之民皆窮困於兵革之事男女失其時節不得早相配耦思得不與期約而相會遇焉是下民窮困之至故述其事以刺時也男女失時謂失年盛之時非謂婚之時月也毛以爲君之潤澤不下流下章首二句是也思不期而會下四句是也鄭以經皆是思不期而會之辭言君之潤澤不流下敘男女失時之意於經無所當也

野有蔓草零露漙兮興也野四郊之外蔓延也漙漙然盛多也箋云零落也蔓草而有露謂仲春之時草始生霜爲露也周禮仲春之月令會男女之無夫家者。漙本亦作團徒端反有美一人清揚婉兮邂逅相遇適我願兮清揚眉目之間婉然美也邂逅不期而會適其時願。婉於阮反邂戸懈反遘本亦作逅胡豆反。

【疏】野有至願兮。毛以爲郊外野中有蔓延之草草之所以能延蔓者由天有隕落之露漙漙然露潤之兮以興民所以得蕃息者由君有恩澤之化養育之兮今君之恩澤不流於下男女失時不得婚娶故於時之民乃思得有美好之一人其清揚眉目之間婉然而美兮不設期約邂逅得與相遇適我心之所願兮由不得早婚故思相逢遇是君政使然故陳以刺君。鄭以蔓草零露記時爲異餘同。傳野四至盛多。正義曰釋地云郊外謂之牧牧外謂之野是野在四郊之外此唯解文不言興意王肅云草之所以能延蔓被盛露也民之所以能蕃息蒙君澤也。箋零落至夫家。正義曰靈作零字故爲落也仲春仲秋俱是晝夜等溫涼中九月霜始降仲秋仍有露則知正月猶有霜二月始有露故云蔓草生而有露謂仲春時也所引周禮地官媒氏有其事取其意不全取文與彼小異鄭以仲春爲媒月故引以證此爲記時言民思此時而會者爲此時是婚月故也

野有蔓草零露瀼瀼瀼瀼盛貌。瀼如羊反徐又乃剛反有美一人婉如清揚邂逅相遇與子皆臧臧善也

野有蔓草二章章六句

溱洧刺亂也兵革不息男女相棄淫風大行莫之能救焉救猶止也亂者士與合會溱洧之上。溱洧側巾反下于軌反說文溱作潧云潧水出鄭溱水出桂陽也

溱與洧方渙渙兮溱洧鄭兩水名渙渙春水盛也箋云仲春之時冰以釋水則渙渙然。渙呼亂反韓詩作洹洹音丸說文作汎汎音父弓反。士與女方秉蕳兮蕳蘭也箋云男女相棄各無四偶感春氣並出託采芬香之草而爲淫泆之行。蕳古顏反字從艸韓詩云蓮也若作竹下是簡策之字耳泆音逸行下孟反女曰觀乎士曰既且箋云女曰觀乎欲與士觀於寬閒之處既已也士曰已觀矣未從之也。且音徂往也徐子胥反下章放此閒音閑處昌慮反且往觀乎洧之外洵訏且樂訏大也箋云洵信也女情急故勸男使往觀於洧之外言其土地信寬大又樂也於是男則往也。洵息旬反韓詩作恂訏況于反韓詩作盱云恂盱樂貌也樂音洛注下同維士與女伊其相謔贈之以勺藥勺藥香草箋云伊因也士與女往觀因相與戲謔行夫婦之事其別則送女以勺藥結恩情也

【疏】溱與洧至勺藥。正義曰鄭國淫風大行述其爲淫泆之事言溱水與洧水春冰既泮方欲渙渙然流盛兮於此之時有士與女方適野田執芳香之蘭草兮既感春氣託采香草期於田野共爲淫泆士既與女相見女謂士曰觀於寬閒之處乎意願與男俱行士曰已觀乎止其欲觀之事未從女言女情急又勸男云且復更往觀乎我聞洧水之外信寬大而且樂可相與觀之士於是從之維士與女因即其相與戲謔行夫婦之事及其別也士愛此女

贈送之以勺藥之草結其恩情以爲信約男女當以禮相配今淫泆如是故陳之以刺亂○傳蕑蘭○正義曰陸機疏云蕑卽蘭香草也春秋傳曰刈蘭而卒楚辭云紉秋蘭孔子曰蘭當爲王者香草皆是也其莖葉似藥草澤蘭廣而長節節中赤高四五尺漢諸池苑及許昌宮中皆種之可著粉中藏衣著書中辟白魚○傳訏大○正義曰釋詁文○箋洵信至則往○正義曰洵信釋詁文以士曰既且是男荅女也且往觀乎與上女曰觀乎文勢相副故以女勸男辭言其寬且樂於是男則往也下句是男往之事○傳勺藥香草○正義曰陸機疏云今藥草勺藥無香氣非是也未審今何草○箋伊因○正義曰因觀寬閒遂爲戲謔故以伊爲因也○溱與洧瀏其清矣瀏深貌○瀏音留說文流清也力尤反○士與女殷其盈矣殷衆也○女曰觀乎士曰既且且往觀乎洧之外洵訏且樂維士與女伊其將謔贈之以勺藥箋云將大也○

溱洧二章章十二句

鄭國二十一篇五十三章二百八十三句

附釋音毛詩注疏卷第四（四之四）

翰林院編修南昌黄中模栞

毛詩注疏挍勘記（四之四）　阮元撰盧宣旬摘錄

○丰

謂之婚姻閩本明監本毛本婚誤昏下同案此正義十行本唯昏時士昏禮昏字不從女是也其序注標起止皆作婚則婚者正義所易字

之黨爲姻兄弟閩本明監本毛本之上有壻字案所補是也

悔予不將兮小字本相臺本同案予字唐石經磨改其初刻字不可知矣

士妻紨衣纁袡小字本相臺本同案此釋文本也釋文云紨側基反本或作純又作緇考士昏禮釋文本誤也唯本或作純不誤經云女次純衣注云純衣絲衣是純如字讀訓爲絲鄭未嘗破爲紨也儀禮緇字甚多皆作緇無作紨者經爲純字更審矣紨字在周禮媒氏注非此經之字也正義引士昏禮并注是其本當不誤今亦盡作紨用釋文改注又云注改正義也考文古本作緇采釋文又作本

○東門之墠

而相奔者也各本此序無注釋文云此序舊無注崔集注本有鄭注云時亂故不得待禮而行考正義當亦無此注實非鄭注也集注誤耳

故名曰爲刺也閩本明監本毛本同案名曰當作各自形近之譌

東門之墠唐石經小字本相臺本同案此定本也正義云徧檢諸本字皆作壇又云讀音曰墠蓋古字得通用也今定本作墠釋文云壇音善依字當作墠考此是釋文正義經字皆作壇注同唐石經以下依定本作墠

男女之際近而易小字本相臺本同閩本明監本毛本同案正義云阪云遠而難則壇當云近而易不言而易可知而省文也是傳本無而易二字釋文於下易越始云以豉反下同當是亦無此二字也各本皆衍

則茹藘在阪閩本明監本毛本同相臺本則下有如字考文古本同小字本作以案有如字者是也

壇坂可以喻難耳閩本明監本毛本難下有易字案所補是也

故知以禮爲送近補毛本送作遠案遠字是也

女乎男迎己之辭補乎當作呼

○風雨

胡何衷說也小字本相臺本同案正義云定本無胡何二字考文古本無采正義

言風雨且雨補毛本老作風而且雨

○子衿

言可以校正道藝小字本相臺本同案釋文上云學校戶孝反下云以校正音教是學校字當從木挍正字當從才五經文字手部云挍經典及釋文或以爲比挍字案字書無文此挍字卽張參所云也各本挍正字從木誤毛本學校字亦從才更誤正義中字同此釋文有誤挍作校者今正詳後考證

鄭國衰亂不脩校閩本明監本毛本校上有學字案所補是也

衣眥謂之襟李巡曰衣眥閩本明監本毛本同案浦鏜云眥誤皆考爾雅是也段玉裁云作眥不誤眥猶交也衣眥謂衣領衣之交處也此當是李巡本獨得之他本作皆不可解乃字之誤耳

士佩瓀珉小字本相臺本同案釋文作碝云本又作瓀如兗反考玉藻釋文云瓀而兗反徐又作瑌同說文五經文字碝字皆在石部其作瑌者後變而從玉耳凡耎聲之字多誤從需聲見廣韻廿八獮輭字下故又作本如此

○揚之水

被他人之言閩本明監本毛本被作彼案所改是也

○出其東門

而轘高渠彌閩本明監本毛本同案浦鏜云轘誤轘是也

如其從風閩本明監本毛本同小字本相臺本其作雲案雲字是也

聊樂我員唐石經小字本相臺本同案釋文云我員音云本亦作云正義云則可以樂我心云耳下文云云員古今字助句辭也是正義本作員以員爲古字云爲今字故易員爲云而說之自著其例如此也凡易字者依是求之而例可得矣又商頌景員維河箋員古文云亦可證

縞衣綦巾所爲作者之妻服也小字本相臺本同案此所字上當有已字正義當本云故言縞衣綦巾已所爲作者之妻服也已謂詩人自已今正義脫去所上已字耳不然此箋更無已字其已謂詩人自已者安所指乎考文古本有已字采正義而得之者也

有棄其妻閩本明監本妻下有者字案所補是也

荼茅秀小字本同岳本秀作莠釋文云秀或作莠音同劉昌宗周禮音莠音酉考正義本是秀字鴟鴞正義引此箋作秀既夕釋文用荼下云茅莠地官釋文茅莠下云毛詩注作秀是字本不與二禮注同或作本正依二禮改耳考文古本作莠采釋文。按段玉裁云莠者魏晉以下俗字也謂依二禮改是非

說文云闉闍城曲重門閩本明監本毛本同案此不誤浦鏜云曲說文作內非也說文本作曲今說文誤耳九經字樣云闉城曲重門也可證

卽委菜也閩本明監本毛本菜作葉案所改是也

出其東門二章小字本相臺本同唐石經初刻無其字後改同今本案初刻誤也序有可證

○野有蔓草

下章首二句是也閩本明監本毛本同案浦鏜云二誤下是也

零露漙兮唐石經小字本相臺本同案正義云零作靈字故爲落也詩經小學云案此則經本作靈露箋作靈落也假靈爲零字依說文則是假靈爲霝考文古本漙作團采釋文也釋文云漙本亦作團徒端反團團然盛多也匡謬正俗所云詩古文有作水旁專者亦有單作專者後人輒改之爲團字讀爲團圓之團者卽謂此

清揚眉目之閒婉然美也小字本相臺本同案經義雜記云此傳當云清揚婉兮眉目之

閒婉然美也下八字作一句讀以清爲目之美以揚爲眉上之美以婉兮爲清揚之美婉娩然今傳中無婉兮字是嫌於訓清揚爲眉目之閒矣此以經合傳時所删

有蔓延之草閩本明監本毛本同案蔓延當倒下文可證

露潤之兮〔補〕毛本露作霑

鄭以仲春爲媒月閩本明監本毛本同案浦鏜云婚誤媒是也

野有蔓草三章唐石經小字本相臺本三作二案二字是也閩本明監本毛本亦誤作三今正

○溱洧

士與合會溱洧之上小字本相臺本與下有女字明監本毛本同閩本剜入案此脱也

士曰已觀乎閩本明監本毛本同案浦鏜云乎當矣字誤是也

鄭國二十一篇小字本相臺本同唐石經磨改廿一篇其初刻上爲二十其下不能知矣

附釋音毛詩注疏卷第五（五之一）

齊雞鳴詁訓傳第八

陸曰：齊者，太師呂望所封之國也。其地少昊爽鳩氏之墟，在禹貢青州岱嶺之陰，濰淄之野，都營丘之側。禮記云太公封於營丘是也。

毛詩國風　鄭氏箋　孔穎達疏

齊譜

齊者，古少皞之世爽鳩氏之墟。○正義曰：昭二十年左傳云齊侯飲酒樂，公曰古而無死，其樂如何？晏子對曰：昔爽鳩氏始居此地，季萴因之，有逢伯陵因之，薄姑氏因之，而後太公因之。古若無死，爽鳩氏之樂，非君之所願也。以爽鳩始居齊地，故云爽鳩氏之墟，舉其始居者，略季萴、薄姑之時不言之也。又昭十七年左傳郯子曰：我高祖少皞摯之立也，鳳鳥適至，故紀於鳥，爲鳥師而鳥名。祝鳩氏，司徒也。爽鳩氏，司寇也。杜預云：爽鳩，鷹也。鷙，故爲司寇，主盜賊。以此知爽鳩氏當少皞之世。少皞以鳥名官，其言爽鳩，猶周之司寇，故爽鳩是其官耳，其人之名氏則未聞也。○周武王伐紂，封太師呂望於齊，是謂齊太公，地方百里，都營丘。○正義曰：齊世家云太公望呂尚者，東海上人也。其先祖世爲四岳，佐禹平水土甚有功，於虞夏之際封於呂，或封於申，姓姜氏。尚其後苗裔也，從其封姓，故曰呂尚。西伯獵，遇太公於渭之陽，與語大悅，曰：自吾先君太公曰當有聖人適周，周興。子眞是邪？吾太公望子久矣。故號之曰太公望，載與俱歸，而立爲大師。文王崩，武王伐紂，師尚父堪君多難，於是武王平商而王天下，封師尚父於齊都營丘，是武王封太公都營丘之事也。太公封地方百里者，鄭約而知之。以王制云公侯方百里，伯七十里，子男五十里，有五等之爵，則非殷制；其言千七百七十三國，又非夏制，是武王時也。故注云周武王初定天下，更立五等之爵，增以子男，而猶因殷之地，是武王之時大國百里。太公以元勳，明知太公封齊爲大國百里可知也。水所營繞，故曰營丘。釋丘云：水出其左，營丘。孫炎曰：今齊之營丘，淄水過其南及東是也。以丘臨水，謂之臨淄，與營丘一地也。故漢書地理志云：齊郡臨淄縣，師尚父所封也。應劭曰：齊獻公自營丘徙此。臣瓚按：臨淄卽營丘也，今齊之城內有丘，卽營丘也。如瓚之言，臨淄、營丘卽是一地。應劭言獻公自營丘徙臨淄，是劭之謬也，當云自薄姑徙臨淄耳。齊世家云哀公之弟胡公始徙都薄姑，而周夷王之時，哀公之同母少弟山殺胡公而立，是爲獻公，因徙薄姑，都治臨淄。據此，則齊唯胡公一世居薄姑耳，以後復都臨淄也。烝民云仲山甫徂齊，傳曰：

古者諸侯逼隘，則王者遷其邑而定其居，蓋去薄姑遷於臨淄，以爲宣王之時始遷臨淄，與世家異者，史記之文，事多疏略。夷王之時，哀公弟山殺胡公而自立，後九年而卒，自武公九年厲王之奔山，自胡公之所殺，爲十八年，而本紀云厲王三十七年出奔，計十九年，不及夷王之末，則遷說自違也。如此，則所言獻公之遷臨淄，未可信也。毛公在馬遷之前，其言當有準據，故不與馬遷同也。○周公致太平，敷定九畿，復夏禹之舊制。○正義曰：皐陶謨云弼成五服，至于五千。禹貢五百里甸服：百里賦納總，二百里納銍，三百里納秸服，四百里納粟，五百里米。五百里侯服：百里采，二百里男邦，三百里諸侯。五百里綏服：三百里揆文教，二百里奮武衛。五百里要服：三百里夷，二百里蔡。五百里荒服：三百里蠻，二百里流分。此五服者，堯之舊制也。五服距面至二千五百里，四面相距而其方五千里。禹既敷土，廣而弼之，故爲殘數居其間，今以弼成而至於五千里，四面相距乃萬里焉。大司馬職曰：乃以九畿之籍施邦國之政職。方千里曰國畿，其外方五百里曰侯畿，又其外方五百里曰甸畿，又其外方五百里曰男畿，又其外方五百里曰采畿，又其外方五百里曰衛畿，又其外方五百里曰蠻畿，又其外方五百里曰夷畿，又其外方五百里曰鎭畿，又其外方五百里曰蕃畿。注云：畿猶限也。自王城以外五千里爲疆，有分限者九，則四面相距，其方萬里，此周公致太平制禮所定，故云敷土，言其復夏禹之舊制。弼成五服，實是堯時，以夏禹所定，故云禹制也。王者相因，禮有損益，雖名前後變易，而疆域則同。故禹貢注云：甸服，此周爲王畿，其弼當侯服，在千里之內；侯服於周爲甸服，其弼當男服，在二千里之內；綏服於周爲采服，其弼當衛服，在三千里之內；要服於周爲蠻服，其弼當夷服，在四千里之內；荒服於周爲鎭服，其弼當蕃服，在五千里之內。○王者禮法相變，周服禹制，故鄭解禹事而已，周禮擬之。成王周公封東至海，南至穆陵，齊雖侯爵，以大功同上公封也。且齊武王時地方百里，未得薄姑，至周公成王時，薄姑氏與四國作亂，成王滅之，以封師尚父，是齊於成王之世乃得薄姑之地。若然，臨淄、薄姑非一邑也。齊之所封在於臨淄，而晏子云薄姑因之者，以齊之封疆幷得薄姑之地，舉其國境所及，明共處齊地。○薄姑者，是諸侯之號，其人居齊地，因號其所居之地爲薄姑。氏後與四國作亂，謂管、蔡、商、奄，則奄外更有薄姑，非奄君之名。而尚書傳云奄君薄姑，故注云或疑爲薄姑齊地，非奄君名也。○成王用周公之法制，廣大邦國之境，而齊受上公之地，更方五百里，其封域東至于海，西至于河，南至于穆陵，北至于無棣。○正義曰：按大司徒職，制諸侯之封疆，公五百里，齊雖侯爵，以大功而作太師當與上公地等故知取上公地也其東至於海以下僖四年左傳管仲之言也在禹貢青州岱山之陰濰淄之野○正義曰禹貢云海岱惟青州注云州界自海西至岱又曰濰淄其道注云濰淄兩水名地理志云濰水出今琅邪箕屋山淄水出泰山萊蕪縣源山然則青州在海岱之間濰淄即青州之水也又地理志云臨淄海岱之間一都會也桓十六年公羊傳曰衛朔越在岱陰齊居山之陰也都臨淄禹貢濰淄共文明其相近故云濰淄之野○其子丁公嗣位於王官○正義曰昭十二年左傳楚靈王曰昔我先王熊繹與呂伋王孫牟燮父禽父並事康王又顧命云命仲桓南宮毛俾爰齊侯呂伋以二干戈虎賁百人逆子釗于南門之外成王之崩職掌虎賁又事康王明爲王官也但未知何官耳以太公爲王官之伯丁公又在王朝故云嗣位謂嗣王官之位耳不必嗣爲太師也孔安國顧命注云伋爲天子虎賁氏謂當時爲之耳亦未終於此官也○後五世哀公政衰荒淫怠慢紀侯譖之於周懿王使烹焉齊人變風始作○正義曰齊世家云太公卒子丁公伋立卒子乙公得立卒子癸公慈母立卒子哀公不辰立是爲五世至哀公也莊四年公羊傳齊哀公亨於周紀侯譖之世家亦云紀侯譖之周烹哀公二文皆言周烹之耳不言懿王也徐廣以爲周夷王烹之鄭知是懿王者

以世家既言烹哀公乃云而立其弟靜是爲胡公當周夷王時哀公之同母少弟山殺胡公而自立是爲獻公言夷王之時山殺胡公則胡公之立在夷王前矣受譖烹人則是衰闇之主夷王上有孝王書傳之文不言孝王者有大罪去國周本紀云懿王立王室遂衰自懿王爲始明懿王受譖烹矣且本紀稱懿王之時詩人作刺得不以懿王之時雞鳴詩作而言懿王時乎是以知烹之者懿王也然則胡公以懿王時立歷孝王至夷王之時而被殺以王世不長而齊君壽考故得一君當三王也謚法曰保民耆艾曰胡則知胡公爲君歷年久矣以此益明非是夷王烹哀公也世家又云獻公子卒子武公壽立卒子厲公無忌立卒子文公赤立卒子成公說立卒子莊公購立卒子釐公祿父立卒太子諸兒立是爲襄公此其君世之次也詩雞鳴序云刺哀公荒淫怠慢還序云刺哀公好田獵則皆哀公詩也著東方之日東方未明三篇皆云刺而不舉號謚則舉上明下亦爲哀公詩矣南山甫田盧令載驅四篇皆云刺襄公則襄公詩也弊笱刺文姜猗嗟刺魯莊公皆由襄公淫妹而作亦襄公詩也故鄭於左方中皆以此而知也自哀公至於襄公其間有八世皆無詩孫毓以爲哀公荒淫留色怠慢朝政晏起內朝羣臣所患故作雞鳴之歌蟲飛月光之辭安能侵夜失節之漏而當早興乎如此何怠慢之有也何憎之戒也自哀至襄其間八世未審此詩指刺何公耳斯不然矣子夏親承聖旨齊之君世號謚未亡若有別責餘君作敘無容不悉何得闕其所刺不斥言乎夫人留色雞鳴作歌刺哀公怠慢非性然也人心之動物使之然夫人不能警戒切以月光之歌摯壺氏廢其所掌責以顛倒之詠各隨所失作詩刺之故曰不能晨夜不夙則莫昭晢若此復何所疑且衡門誘僖公愿而無立志則愨愿之人未必耽淫於色而東門之池刺其君之淫昏斯非一人而行反者乎況此前後不同所失各異何獨怪之耳案襄二十九年左傳魯爲季札歌齊曰美哉此詩皆云刺彼云美哉者以雞鳴有思賢妃之事東方未明雖刺無節尚能促遽自警詩人懷其舊俗故有箴規故季札美其聲非謂詩內皆是美事○

雞鳴思賢妃也哀公荒淫怠慢故陳賢妃貞女夙夜警戒相成之道焉

○妃芳非反慢武諫反警居領反本又作敬音同○【疏】雞鳴三章章四句至道焉○正義曰作雞鳴詩者思賢妃也所以思之者以哀公荒淫女色怠慢朝政此由內無賢妃以相警戒故也君子見其如此故作此詩陳古之賢妃貞女夙夜警戒於夫以相成益之道焉二章章首上二句陳夫婦可起之

禮下二句述諸侯夫人之言卒章皆陳夫人之辭以哀公荒淫故夫人與戒君子使不留色怠慢故陳人君早朝戒君子使不惰於政事皆陳與夫相警相成之事也云荒淫者謂廢其政事淫於女色由淫而荒故言荒淫也賢妃即貞女也論其配夫則爲賢妃指其行事則爲貞女所從言之異耳相成者以夫妻爲耦義在交益妻能成夫則妻亦成矣故以相成言之車舝思得賢女乃思得其人以配王此思賢妃直思其相成之道不言思得其人作者之意異也○

雞既鳴矣朝既盈矣

雞鳴而夫人作朝盈而君作箋云雞鳴朝盈夫人也君也可以起之常禮○朝直遙反注下皆同○

匪雞則鳴蒼蠅之聲

蒼蠅之聲有似遠雞之鳴箋云夫人以蠅聲爲雞鳴則起早於常禮敬也○蠅餘仍反○【疏】雞鳴思賢妃也至蒼蠅之聲○正義曰以哀公荒淫怠慢無賢妃之助故陳賢妃貞女警戒其夫之辭言古之夫人與君寢宿至於將旦之時乃言曰雞既爲鳴聲矣朝上既以盈滿矣言雞鳴道己可起之節言朝盈道君可起之節己以雞鳴而起欲令君以朝盈而起也作者又言夫人言雞既鳴矣之時非是雞實則鳴乃是蒼蠅之聲耳夫人以蠅聲爲雞鳴聞其聲而即起是早於常禮恭敬過度而哀公好色淹留夫人

不戒令起，故刺之。○傳「雞鳴」至「君作」。○正義曰：解夫人言此二句之意，以雞鳴而夫人可起，朝盈而君可起，二者是夫人與君可以起之常禮，故言之以戒君也。若然，雞鳴而夫人已起於朝，盈之時夫人不在君所，而得言朝盈以戒君者，以雞鳴之後未幾而朝盈，朝盈與雞鳴時節相將，以雞既鳴，知朝將盈，故夫人於雞鳴之時并云朝盈耳，非是知朝盈之後復來告君也。朝盈謂羣臣辨色始入，滿於朝上。○箋「夫人」至「禮敬」。○正義曰：常禮以雞實鳴而起，今夫人之在君所，心常驚懼，恒恐傷晚，故以蠅聲爲雞鳴，則起早於常禮，是夫人之敬也。書傳說夫人御於君所之禮云：太師奏雞鳴於階下，夫人鳴玉佩於房中，告去，則雞鳴以告，當待太師告之。然此夫人自聽雞鳴者，彼言告御之正法，有司當以時告君，此說夫人相警戒，不必待告，方起，故自聽之也。上句雞鳴、朝盈并言之，此經不重述朝盈者，欲見夫人之敬，止須述謬聽雞鳴耳，不須重述朝盈也。何則？夫人以雞鳴而知朝盈，朝盈非謬聽，不假言之。

東方明矣，朝既昌矣。東方明，則夫人纚笄而朝；朝已昌盛，則君聽朝。箋云：東方明，朝既昌，亦夫人也，君也，可以朝之常禮。君日出而視朝。○纚，色蟹反，何霜綺反。

匪東方則明，月出之光。見月出之光，以爲東方明。箋云：夫人以月光爲東方明，則朝亦敬也。

【疏】「東方」至「之光」。○正義曰：上言夫人早起，此又言其早朝。夫人言東方既已明矣，朝上既已盛矣。言東方已明，道已可朝之節；言朝既昌矣，道君可朝之節。已以東方明而朝，欲令君以朝昌盛而朝也。作者又言：夫人言東方明矣之時，非是東方則實已明，乃是月出之光耳。夫人以月出之光爲東方明，見其明而即朝，是早於常禮，恭敬過度。今哀公怠慢晚朝，而夫人不戒，故刺之。○傳「東方」至「聽朝」。○正義曰：此經二句亦陳夫人之辭。東方明，故夫人朝君；朝既昌，君可聽朝。上章夫人因己以雞鳴而起，即言朝盈以戒君；此夫人因己以東方明時朝君，即言朝既昌以戒君，故亦并言此二句也。士昏禮注：纚，縚髮，纚廣充幅，長六尺。笄，今時簪。傳言夫人纚笄而朝，首服纚笄以朝君。案禮特牲饋食及士昏禮皆云纚笄綃衣，注云：綃，綺屬，此衣染之以黑，其繒本名曰綃。則首服纚笄，必以綃衣配之，此以纚笄朝君，則當身服綃衣也。天官內司服鄭注差次服之所用：鞠衣，黃桑之所服；展衣，以禮見王及賓客之服；褖衣，御於王之服。又追師掌王后之首服，爲副、編、次，注云：副所以覆首，服之以從王祭祀；編，編列髮爲之，服之以告桑；次，次第髮長短爲之，服之以見王。王后之燕居亦纚笄總而已。凡諸侯夫人於其國衣服與王后同。如鄭此言，則夫人以禮見君當服展衣，御於君當服褖衣，皆首服次，燕居乃服纚笄耳。此傳言纚笄而朝者，展衣以見君，褖衣以御君，鄭以周禮六服差次所用爲此說耳，非有經典明文。列女傳魯師氏之母齊姜戒其女云：平旦纚笄而朝，則有君臣之嚴。莊二十四年公羊傳何休注其言與列女傳亦同。然則古之書傳有言夫人纚笄而朝君者，毛當有所依據而言，未必與鄭同也。或以爲夫人纚笄而朝謂聽治內政，案列女傳稱纚笄而朝則有君臣之嚴，謂朝於夫，非自聽朝也。此傳亦云纚笄而朝，文與彼同，安得聽內政乎？宮內之政蓋應寡耳，君於外政尚日出而朝，夫人何當先君之朝而聽內政？且東方始明，君時初起，衆妾皆當朝君，夫人有何可治，而以東方既明便即聽之？傳又言朝已昌盛則君聽朝，於君言聽朝，夫人言而朝，足知纚笄而朝君矣。上章言朝既盈矣，謂朝已有人，君可以起；此言朝既昌矣，謂盛於盈時，羣臣畢集，故君可以聽朝。朝昌謂日出時也，故箋云：君日出而視朝。玉藻文。

蟲飛薨薨，甘與子同夢。古之夫人配其君子，亦不忘其敬。箋云：蟲飛薨薨，東方且明之時，我猶樂與子臥而同夢，言親愛之無已。○薨，呼弘反。妃音配，本亦作配。樂音岳，又五教反。

○會且歸矣，無庶予子憎。會，會於朝也。卿大夫朝會於君朝聽政，夕歸治其家事。無庶予子憎，無見惡於夫人。箋云：庶，衆也。蟲飛薨薨，所以當起者，卿大夫朝者且罷歸故也。無使衆臣以我故憎惡於子，戒之也。○且，七也反，沈子餘反。朝會此一朝如字，音張遙反。惡，烏路反，下同。於夫，音符，或依字讀者非。

【疏】「蟲飛」至「子憎」。○正義曰：上言欲君早起，此又述其欲早起之意。夫人告君云：東方欲明，蟲飛薨薨之時，我甘樂與君臥而同夢，心非願欲早起也，所以必欲令君早起朝者，以卿大夫會聚我君之朝，且欲得早罷歸矣，無使衆臣以我之故，於子之身加憎惡也。子謂君也。君若與我同臥，不早聽朝，則事不速訖，朝必晚罷，衆臣憎君，是由我故，故欲令君早起，無使見惡於夫人。刺今不能然。今定本作「與子憎」，據鄭云我，我是予之訓，則作與者非也。○傳「古之」至「其敬」。○正義曰：以恭敬之事施於疏遠，其於至親可以無敬。夫人樂與同夢，相親之甚，猶尚早起，早朝雖親不敢忘敬，故云古之夫人配其君子，情雖至親而猶不忘敬。刺今夫人得與君子相配，則忘敬晚興也。以親而猶敬，故言亦，亦疏遠也。○箋「蟲飛」至「無已」。○正義曰：大戴禮：羽蟲三百六十，鳳凰爲之長。則鳥亦稱蟲，此蟲飛薨薨，未必唯小蟲也，以將曉而飛，是東方且欲明之時，即上雞鳴時也。○傳「會會」至「夫人」。○正義曰：言會言歸，則是會於朝，歸於家，故知謂卿大夫於朝旦之時會於君朝，聽政於夕晚之時歸治其家事成十二年左傳曰世之治也百官承事朝而不夕是於夕而不治公事故歸治家事也云無見惡於夫人夫人謂卿大夫卿大夫欲早罷歸不得早罷則憎惡君是見惡於卿大夫也○箋云庶衆○正義曰釋詁文

雞鳴三章章四句

還刺荒也哀公好田獵從禽獸而無厭國人化之遂成風俗習於田獵謂之賢閑於馳逐謂之好焉荒謂政事廢亂○還音旋韓詩作嫙嫙好貌好呼報反厭於豔反又於占反本或作饜音同止也好蒿縞反○【疏】還三章章四句至好焉○正義曰作還詩者刺荒也所以刺之者以哀公好田獵從逐禽獸而無厭是在上既好下亦化之遂成其國之風俗其有慣習於田獵之事者則謂之爲賢閑於馳逐之事者則謂之爲好君上以善田獵爲賢好則下民皆慕之政事荒廢化之使然故作此詩以刺之經三章皆士大夫相荅之辭是遂成風俗謂之賢好之事○

子之還兮遭我乎峱之閒兮還便捷之貌峱山名箋云子也我也皆士大夫也俱出田獵而相遭也○峱乃刀反說文云峱山在齊崔集注本作嶩便捷本亦作便旋**並驅從兩肩兮揖我謂我儇兮**從逐也獸三歲曰肩儇利也箋云並併也子也我也併驅而逐禽獸子則揖耦我謂我儇譽之也譽之者以報前言還也○驅本又作駈曲具反注下同肩如字說文云三歲豕肩相及者本亦作豜音同又音牽揖一入反儇許全反韓詩作嫙音權好貌併步頂反下文同譽音餘下同【疏】子之至儇兮○正義曰國人以君好田獵相化成俗士大夫在田相逢歸說其事此陳其辭也我本在田語子曰子之便捷還然兮當爾之時遭值我於峱山之閒兮於是子即與我並行驅馬逐兩肩獸兮子又揖耦我謂我甚儇利兮聚說田事以爲戲樂而荒廢政事故刺之○傳還便至山名○正義曰此還與下茂昌盛皆是相譽之辭以其善於田獵故知還是輕便捷速之貌也獵之所在非山則澤下言之陽則是山之南山則故知峱山名○箋子也至相遭○正義曰以報荅相譽則尊卑平等非國君也然馳車逐獸又非庶人故知子也我也皆士大夫出田相遭也○傳從逐至儇利○正義曰大司馬云大獸公之小禽私之七月云言私其豵獻豜于公則肩是大獸故言三歲曰肩儇利言其便利馳逐○**子之茂兮遭我乎峱之道兮**茂美也○**並驅從兩牡兮揖我謂我好兮**箋云譽之言好者以報前言茂也○牡茂后反**子之昌兮遭我乎峱之陽兮**昌盛也箋云昌佼好貌○佼古卯反本又作姣**並驅從兩狼兮揖我謂我臧兮**狼獸名臧善也【疏】傳狼獸名臧善○正義曰釋獸云狼牡獾牝狼其子獥絕有力迅舍人曰狼牡名獾牝狼其子名獥絕有力者名迅孫炎曰迅疾也陸機疏云其鳴能小能大善爲小兒啼聲以誘人去數十步其猛捷者雖善用兵者不能免也其膏可煎和其皮可爲裘故禮記狼臅膏又曰君之右虎裘厥左狼裘是也臧善釋詁文

還三章章四句

著刺時也時不親迎也時不親迎故陳親迎之禮以刺之○著直居反又直據反又音於詩內協句宜音直據反迎魚敬反注同【疏】著三章章三句至親迎○正義曰作著詩者刺時也所以刺之者以時不親迎故陳親迎之禮以刺之也毛以爲首章言士親迎二章言卿大夫親迎卒章言人君親迎俱是愛女於堂出而至庭至著各舉其一以相互見鄭以爲三章共述人臣親迎之禮雖所據有異俱是陳親迎之禮以刺今之不親迎也

俟我於著乎而充耳以素乎而俟待也門屏之閒曰著素象瑱箋云我嫁者自謂也待我於著謂從君子而出至於著君子揖之時也我視君子則以素爲充耳謂所以懸瑱者或名爲紞織之人君五色臣則三色而已此言素者目所先見而云○**尚之以瓊華乎而**瓊華美石士之服也箋云尚猶飾也飾之以瓊華者謂懸紞之末所謂瑱也人君以玉爲瓊華石色似瓊也○【疏】俟我至乎而○毛以爲士親迎夫既受婦於堂導之而出妻見其夫衣冠之飾此陳其辭也妻言君子待我於門內之著乎而我見君子塞耳之瑱以素象爲之乎而又見其身之所佩飾之以瓊華之石乎而言士親迎妻見其服飾今不親迎故舉以刺之也○鄭以爲總言人臣親迎其妻見其冠飾君子待我於著之時我見君子充耳以素絲爲之其末飾之以瓊華之石言用素絲爲紞以懸瓊華之石爲瑱也○傳俟待至象瑱○正義曰俟待釋詁文釋宮云門屏之閒謂之宁李巡曰門屏之閒

謂正門內兩塾閒名宁孫炎曰門內屏外人君視朝所宁立處也著與宁音義同楚語稱曰○公子張驟諫靈王王病之曰子復語不穀雖不能用吾置之於耳對曰賴君之用也故言不然巴浦之犀犛兕象其可盡乎其又以規爲瑱韋昭云瑱所以塞耳言四獸之牙角可以爲瑱是象可以爲瑱此言充耳以素可以充耳而色素者唯象骨耳故知素是象瑱毛以此章陳士蓋士以象爲瑱也○箋我嫁至而云○正義曰此說親迎之事而言待我則是夫之待妻故知我是嫁者自謂也士婚禮壻親迎至於女嫁主人揖入賓執鴈從至於廟門揖入三揖至於階三讓主人升西面賓升北面奠鴈再拜稽首降出婦從降自西階主人不降送是受女於堂導之以出故此婦從君子而出至著君子揖之下箋亦云揖我於庭不言揖我於堂者婚禮女立于房中南面壻於堂上待之拜受卽降禮於堂上無揖故不言之婚禮止言以從不言在庭著揖之箋知揖之者言待我明其住待之也下婚禮婦至夫家主人揖婦以入及寢門揖入至夫家引入之時每門而揖明女家引出之時亦每而揖故知至著君子揖之之時也我視君子則以素爲充耳所謂懸瑱言懸瑱之繩用素非爲瑱耳桓二年左傳云衡紞紘綖是懸瑱之繩故云或名爲紞魯語敬姜云王后親織玄紞織線爲之卽今之絛繩必用雜綵線

爲之故言織之人君五色臣則三色宜言人君與臣不辨尊卑之異蓋天子諸侯皆五色卿大夫士皆三色其色無文正以人君位尊備物當具五色臣則下之宜降以兩且此詩刺不親迎宜陳人臣親迎之事經有素青黃三色故爲臣則三色又解三色而獨言素者以其素色分明目所先見故先言之壻受女於堂從堂而後至庭至著目所先見當在堂見素而以素配著爲章者取其韻故耳或庭先見青堂先見黃以爲章次玉藻云王后織玄紞天子之玄紞一玄而已何云具五色乎王基理之云紞今之絛豈有一色之絛色不雜不成爲絛王后織玄紞者舉夫色尊者言之耳義或當然○傳瓊華至之服○正義曰瓊是玉之美名華謂色有光華此石似瓊玉之色故云美石士之服者蓋謂衣服之飾謂爲佩也玉藻云士佩瓀玟玉此云石者以石色似玉故禮通貴賤皆以玉言之毛以士賤直言美石故下章乃言似玉王肅云以美石飾象瑱案瑱之所用其物小耳不應以石飾象其爲一物王氏之說未必得傳旨也瓊華瓊瑩瓊英其文相類傳以此章爲士服二章爲卿大夫之服卒章爲人君之服者以序言時不親迎則於貴賤皆不親迎此宜歷陳尊卑不親迎之事故以每章爲一人耳非以瓊華瓊瑩瓊英之文而知其異人也但陳尊卑不親迎之事以大夫居位尊於士其石當美於士服故言似玉耳其實三者皆美石也○箋尚猶至似瓊也○正義曰尚謂尊尚此物所爲飾也上言充耳以素謂紞用素也此言飾之瓊華是就紞而加飾故言謂懸紞之末所謂瑱也君子偕老說夫人之服而云玉之瑱兮故知人君以玉爲瑱君乃用玉臣則不可而瓊是玉名嫌臣亦用玉故辨之云瓊華美石色似瓊者也非用瓊爲瑱也箋既言人君以玉卽云瓊華美石二章箋云石色似瓊似瑩皆以爲似則鄭意三章同說人臣親迎非人君也上箋唯言臣則三色不辨臣之尊卑蓋三章揔言卿大夫士也以其言於著於庭於堂正是待有先後不宜分爲異人故爲揔述人臣親迎之法孫毓云案禮之名充耳是塞耳卽所謂瑱懸當耳故謂之塞耳懸之者別謂之紞不得謂之充耳猶瑱不得名之爲紞也故曰玉之瑱兮夫設纓以爲冠不得謂冠是纓之飾結組以懸佩不可謂佩所以飾組今獨以瑱爲紞之飾謬於名而失於實非作者之意以毛王爲長斯不然矣言充耳者固當謂瑱爲充耳非謂紞也但經言充耳以素素絲懸之非卽以素爲充耳也既言充耳以素未言充耳之體又言飾之以瓊華正謂以瓊華作充耳人臣服之以爲飾非言以瓊華飾紞何當引冠纓組佩以爲難乎經言飾之必有所飾若云不得以瓊華飾紞則瓊華又何所飾哉卽如王肅之言以美石飾象瑱象

骨賤於美石謂之飾象何也下傳以青爲青玉黃爲黃玉又當以石飾玉乎以經之文勢既言充耳以素卽云飾之以瓊華明以瓊華爲充耳懸之以素絲故易傳以素絲爲紞瓊華爲瑱也

俟我於庭乎而充耳以青乎而

青青玉箋云待我於庭謂揖我於庭時青紞之青○

尚之以瓊瑩乎而

瓊瑩石似玉卿大夫之服也箋云石色似瓊似瑩也【疏】傳青青玉○正義曰傳意充耳以青謂以青玉爲瑱故云青謂青玉此章說卿大夫之事下章說人君之事考工記玉人云天子用全則公侯以下皆玉石雜言青玉黃玉亦謂玉石雜也○

俟我於堂乎而充耳以黃乎而

黃黃玉箋云黃紞之黃○

尚之以瓊英乎而

瓊英美石似玉者人君之服也箋云瓊英猶瓊華也【疏】箋瓊英猶瓊華○正義曰釋草云木謂之華草謂之榮榮而不實者謂之英然則英是華之別名故言瓊英猶瓊華二章瓊瑩俱玉石名也故云似瓊似瑩英華是玉光色故不言似英似華耳今定本云瓊英猶瓊華瓊瑩兼言瓊瑩者蓋衍字也○

著三章章三句

東方之日刺衰也君臣失道男女淫奔不能以禮化也。刺衰色追反本或作刺襄公非也南山已下始是襄公之詩【疏】東方之日二章章五句至禮化○正義曰作東方之日詩者刺衰也哀公君臣失道至使男女淫奔謂男女不待以禮配合君臣皆失其道不能以禮化之是其時政之衰故刺之也毛以爲陳君臣盛明化民以禮之事以刺當時之衰鄭則指陳當時君臣不能化民以禮雖屬意異皆以章首一句東方之日爲君失道東方之月爲臣失道下四句爲男女淫奔不能以禮化之之事。

東方之日兮彼姝者子在我室兮興也日出東方人君明盛無不照察也姝者初昏之貌箋云言東方之日者愬之乎耳有姝姝美好之子來在我室欲與我爲室家我無如之何也日在東方其明未融興者喻君不明。姝赤朱反。在我室兮履我卽兮履禮也箋云卽就也在我室者以禮來我則就之與之去也言今者之子不以禮來也。【疏】東方至卽兮。毛以爲東方之日兮猶言明盛之君兮日出東方無不鑒照喻君德明盛無不察理此明德之君能以禮化民民皆依禮嫁娶故其時之女言彼姝然美好之子來在我之室兮此子在我室兮由其以禮而來故我往就之兮言古人君之明盛刺今之昏闇言婚姻之正禮以刺今之淫奔也。○鄭以爲當時男女淫奔假爲女拒男之辭以刺時之衰亂有女以男逼已乃訴之言東方之日兮以喻告不明之君兮由君不明致此强暴今有彼姝然美好之子來在我之室兮欲與我爲室家我無奈之何又言已不從之意此子在我室兮若以禮而來我則欲就之兮今不以禮來故不得從之不能以禮化民至使男淫女訴故刺之。○傳日出至之貌。○正義曰日出東方漸以明盛照臨下土故以喻人君明盛無不照察謂明照下民察理其事使之不敢淫奔彼姝者女言其就女親迎之事故以姝爲初婚之貌與箋云美好亦同王肅云言人君之明盛刺今之昏闇。○箋東方至不明○正義曰箋以序言君臣失道不言陳善刺惡則是當時實事也不宜爲明盛之君故易傳以東方之日者比君於日以情訴之也日之明盛在於正南又解不以南方之卜爲興者以日在東方其明未融故舉東方之日以喻君之不明也昭五年左傳云日上其中明而未融其當旦乎服虔云融高也衆旣醉昭明有融傳云融長也謂日高其光照長遠日之旦明未高故以喻君不明也若然男女淫奔男倡女和何以得有拒男之女而訴於君者詩人假言女之拒男以見男之强暴明其無所告訴終亦共爲非禮以此見國人之淫奔耳未必有女終能守禮訴男者也。傳履禮。○正義曰釋言文上喻人君明盛此必不與鄭同王肅云言古婚姻之正禮刺今之淫奔

東方之月兮彼姝者子在我闥兮月盛於東方君明於上若日也臣察於下若月也闥門內也箋云月以興臣月在東方亦言不明。闥他達反。韓詩云門屏之間曰闥。【疏】傳月盛至門。○正義曰以序言君臣失道則君臣並責故知以月盛東方喻臣明察也云闥門內者以上章在我室兮謂來入其家又闥字從門故知門內也在我闥兮履我發兮發行也箋云以禮來則我行而與之去。【疏】傳發行。○正義曰以行必發足而去故以發爲行也

東方之日二章章五句

東方未明刺無節也朝廷興居無節號令不時挈壺氏不能掌其職焉。號令猶召呼也挈壺氏掌漏刻者朝直遙反注皆同挈苦結反又音結壺音胡挈壺氏掌漏刻之官。【疏】東方未明三章章四句至職焉。○正義曰作東方未明詩者刺無節也所以刺之者哀公之時朝廷起居或早或晚而無常節度號令召呼不以其時人君置挈壺氏之官使主掌漏刻以昏明告君今朝廷無節由挈壺氏不能掌其職事焉故刺君之無節且言置挈壺氏之官不得其人也朝廷是君臣之總辭此則非斥言其君也興起也居安坐也言君之坐起無時節也由起居無節故號令不時卽經上二章是也挈壺氏不能掌其職卒章是也。○箋號令至刻者。○正義曰以經言自公召之故云號令猶召呼也挈壺氏於天子爲司馬之屬其官士也故夏官序云挈壺氏下士六人注云挈讀如挈髮之挈壺盛水器也世主挈壺水以爲漏然則挈壺者懸繫之名刻謂置箭壺內刻以爲節而浮之水上令水漏而刻下以記晝夜昏明之度數也以序言不能掌其職焉故舉其所掌之事也。○

東方未明顚倒衣裳上曰衣下曰裳箋云挈壺氏失漏刻之節東方未明而以爲明故羣臣促遽顚倒衣裳羣臣之朝別色始入。○倒都老反遽其慮反別彼列反顚之倒之自公召之箋云自從也羣臣顚倒衣裳而朝人又從君所來而召之漏刻失節君又早興【疏】東方至召之。○

正義曰：言朝廷起居無節度，於東方未明之時，羣臣皆顛倒衣裳而著之，方始倒之顛之，著衣未往，已有使者從君而來召之。起之早晚，禮有常法，而今漏刻失節，促遽若此，故刺之。○傳「上曰衣，下曰裳」。○正義曰：此其相對定稱，散則通名曰衣。曲禮曰「兩手摳衣，去齊尺」，注云「齊謂裳下緝也」，是裳亦稱衣也。傳言此，解其顛倒之意，以裳爲衣，令上者在下，是爲顛倒也。○箋「挈壺」至「始入」。○正義曰：解時實未明而顛倒衣裳之意，以挈壺氏失漏刻之節，每於東方未明而爲已明告君，使之早起，羣臣當以失晚，復恐後期，故於東方未明之時，急促惶遽，不暇整理衣服，故顛倒著衣裳而朝君，此則失於侵早，故言朝之正法，羣臣別色始入。東方未明，當起也。別色始入，玉藻文。○箋「羣臣」至「早興」。○正義曰：羣臣顛倒衣裳，方欲朝君，人已從君所來召之，是君已先起矣，故言君又早興，臣起已太早，君興又早於臣也。

東方未晞，顛倒裳衣。晞，明之始升。○【疏】傳「晞，明之始升」。○正義曰：晞是日之光氣。湛露云「匪陽不晞」，謂見日之光而物乾，故以晞爲乾。蒹葭云「白露未晞」，言露在，朝旦未見日氣，故亦爲乾義。此言東方未明，無取於乾，故言明之始升，謂將旦之時，日之光氣始升，與上未明爲一事也。倒之顛之，自公令之。令，告也。○

折柳樊圃，狂夫瞿瞿。柳，柔脆之木。樊，藩也。圃，菜園也。折柳以爲藩園，無益於禁矣。瞿瞿，無守之貌。古者有挈壺氏以水火分日夜，以告時於朝。箋云：柳木之不可以爲藩，猶是狂夫不任挈壺氏之事。○折，之舌反。圃音布，又音補，樹菜蔬曰圃。瞿，俱具反。脆，七歲反。藩，方元反。○不能辰夜，不夙則莫。辰，時。夙，早。莫，晚也。箋云：此言不任其事者，恒失節數也。○莫音暮。○【疏】「折柳」至「則莫」。○正義曰：此言折柳木以爲藩菜果之圃，則柳木柔脆，無益於圃之禁，以喻用狂夫以爲挈壺之官，則狂夫瞿瞿然不任於官之職，由不任其事，恒失節度，不能時節此夜之漏刻，不太早則太晚，常失其宜，故令起居無節，以君任非其人，故刺之。○傳「柳柔」至「於朝」。○正義曰：言柳柔脆之木者，欲取無益於禁，故以柔脆解之。樊，藩也，釋言文。孫炎曰：「樊，圃之藩也。」郭璞曰：「謂藩籬也。」種菜之地謂之圃，其外藩籬謂之園，故云「圃，菜園也」。太宰九職，「二曰園圃，毓草木」，注云「樹果蓏曰圃，園其藩也」。是圃內可以種菜，又可以樹果蓏，其外列藩籬以爲樊。柳是柔脆之物，以手折而爲藩，無益於禁，以喻狂夫不任挈壺之職也。蟋蟀云「良士瞿瞿」，瞿瞿爲良士貌，故傳云「瞿瞿然顧禮義」。此言狂夫瞿瞿，謂狂愚之夫，故言瞿瞿無守之貌，爲精神不立，志無所守，故不任居官也。序云挈壺氏不能掌其職，則狂夫爲挈壺氏矣，故又解其瞿瞿之意。古者有挈壺氏以水火分日夜，謂以水爲漏，夜則以火照之，冬則冰凍不下，又當置火於傍，故用水用火。準晝夜共爲百刻，分其數以爲日夜，以告時節於朝，職掌如此。而今此狂夫瞿瞿然志無所守，分日夜則參差不齊，告時節則早晚失度，故責之也。挈壺氏職曰：「凡喪，縣壺以代哭，皆以水火守之，分以日夜。及冬，則以火爨鼎水而沸之，而沃之。」注云：「代，更也。禮未大斂，代哭。以水守壺者，爲沃漏也。以火守壺者，夜則視刻數也。分以日夜者，異晝夜漏也。漏之箭，晝夜共百刻，冬夏之閒則有長短焉。太史立成法，有四十八箭。」是其分日夜之事。言冬夏之閒有長短者，案乾象歷及諸歷法，與今大史所候，皆云冬至則晝四十五，夜五十五；夏至則晝六十五，夜三十五；春秋分則晝五十五半，夜四十四半。從春分至於夏至，晝漸長，增九刻半；從夏至至於秋分，所減亦如之。從秋分至於冬至，晝漸短，減十刻半；從冬至至於春分，所加亦如之。又於每氣之間，加減刻數，有多有少，其事在於歷術。以其筭數有多有少，不可通而爲率，故太史之官立爲法，定作四十八箭，以一年有二十四氣，每一氣之間又分爲二，通率七日強半而易一箭，故周年而用箭四十八也。歷言晝夜者，以昏明爲限。馬融、王肅注尚書，以爲日永則晝漏六十刻，夜漏四

十刻；日短則晝漏四十刻，夜漏六十刻；日中宵中則晝夜各五十刻者，以尚書有日出日入之語，遂以日見爲限。尚書緯謂刻爲商，鄭作士昏禮目錄云「日入三商爲昏」，舉全數以言耳，其實日見之前、日入之後，距昏明各有二刻半，減晝五刻以裨夜，故於歷法皆多校五刻也。鄭於堯典注云：「日中宵中者，日見之漏與不見者齊也。日永者，日見之漏五十五刻，日不見之漏四十五刻。」又與馬、王不同者，鄭言日中宵中者，其漏齊則可矣，其言日永日短之數，則與歷甚錯。馬融言晝漏六十，夜漏四十，減晝以裨夜矣。鄭意謂其未減，又減晝五刻以增之，是鄭之妄說耳。漏刻之數見在史官，古今歷者莫不符合，鄭君獨有此異，不可強爲之辭。案挈壺之職，唯言分以日夜，不言告時於朝。春官雞人云「凡國事爲期，則告之時」，注云「象雞知時」。然則告時於朝，乃是雞人。此言挈壺告時者，以序云興居無節，挈壺氏不能掌其職，明是挈壺告之失時，故令朝廷無節也。蓋天子備官，挈壺掌漏，雞人告時；諸侯兼官，不立雞人，故挈壺告也。庭燎箋云「王有雞人之官」，是鄭意以爲唯王者有雞人，諸侯則無也。○傳「辰，時。夙，早。莫，晚」。○正義曰：釋訓云「不辰，不時也」，是辰爲時也。夙，早，釋詁文。莫與早對，故爲晚。○

東方未明三章，章四句。

卷終

毛詩注疏挍勘記（五之二）

阮元撰　盧宣旬摘錄

齊譜

季蒯因之　閩本明監本毛本同案山井鼎云蒯當作蒯物觀云宋板下季蒯作季蒯是也

其先祖世爲四岳　閩本明監本毛本同案浦鏜云當誤世是也崧高正義引作嘗是其證

師尚父堪君多難　閩本毛本同明監本堪作甚案皆誤也考文王正義引作謀計居多此當與彼同

止自胡公之所殺　閩本明監本毛本同案盧文弨云止自當作上距是也

故云敷土　閩本明監本毛本同案土當作定此說譜敷定九畿

甸服此周爲王畿　閩本明監本毛本同案此當作比形近之譌

成王周公封東至海　閩本明監本毛本同案浦鏜云至非奄君名也疑在下成王節疏內錯誤在此是也當以此成王起接管仲之言也下凡移百九十三字

在禹貢青州　閩本明監本毛本同案山井鼎云在禹上當有圖是也

與呂伋王孫牟　閩本明監本毛本伋作汲案此誤改也十行本此字作伋以下引顧命齊世家則作汲各順其文耳

不言孝王者有大罪去國　閩本明監本毛本同案此當作不言孝王身有大罪于國皆形近之譌譜序正義無身字于國作惡彼文多不與此同也

詩人作到　閩本明監本毛本同案山井鼎云到當作刺是也

昭晢若此　閩本明監本毛本同案山井鼎云晢恐晳誤

○雞鳴

故夫人與戒君子　閩本明監本毛本同案故當作無

故陳人君早朝　閩本明監本毛本同案人君當作夫人見第二章正義

皆陳與夫相警相成之事也　閩本明監本毛本同案陳當作是以上正義各本譌舛不可讀今訂正

當復褖衣　（補）毛本復作服

○還

併驅而逐僞獸　閩本明監本毛本同小字本相臺本僞作二案二字是也僞字誤

則是山之南山則　（補）毛本下則字作側

牡名驩牝狼也　閩本明監本毛本牝下有名字案所補是

○著

謂所以懸瑱者　閩本明監本毛本同小字本相臺本懸作縣案縣字是也釋文云以縣音元下文正義本當亦是縣字其自爲文乃用懸字縣懸古今易字而說之也不知者乃以正義所易改箋

人君以玉爲之　閩本明監本毛本同小字本相臺本爲下有之字考文古本同案有者是也

楚語稱曰公子張　閩本明監本毛本同案曰當作白形近之譌

其又以繩爲瑱　閩本明監本毛本同案此不誤浦鏜云規誤繩非也繩當訓爲戒今韋昭注作規不與正義所引本同也

士婚禮壻親迎　閩本明監本毛本婚作昏案所改是也餘同此

至於女嫁　（補）毛本嫁作家

而云玉之瑱兮　閩本明監本毛本同案此不誤下孫毓引同浦鏜云也誤兮非也說文瑱下引玉之瑱兮可證案段玉裁云古尚書周易無也字毛詩周官始見各書所用也字本兮字之假借是也

天子用金　閩本明監本毛本同案浦鏜云全誤金是也

○東方之日

有姝姝美好之子　小字本同相臺本亦同考文古本亦同閩本明監本毛本姝姝作姝然案此當是有姝姝然美好之子靜女正義所引可證也今此正義兩言姝然其毛以爲下一姝然不誤以傳本不重此字也其鄭以爲下本是與箋文同作姝姝然因上有姝然遂誤脱之也閩本以下用以改箋非也各本亦脱去然字

傳月盛至門　閩本明監本毛本同案門下當有內字

○東方未明

東方未明三章　閩本明監本毛本脱未明二字

挈讀如挈髮之挈　閩本明監本毛本同案下二挈字浦鏜云絜誤挈考周禮注是也

東方未明當起也　閩本明監本毛本同案當上脱去一未字

不能辰夜　各本皆同案考文古本辰作晨誤也考此可見古本之多誤

瞿爲良士貌　閩本明監本毛本同案瞿當作因

夙早釋注文　閩本明監本毛本同案山井鼎云注當作詁是也

附釋音毛詩注疏卷第五　五之二　十七

毛詩國風　鄭氏箋　孔穎達疏

南山刺襄公也鳥獸之行淫乎其妹大夫遇是惡作詩而去之襄公之妹魯桓公夫人文姜也襄公素與淫通及嫁公謫之公與夫人如齊夫人愬之襄公襄公使公子彭生乘公而搤殺之夫人久留於齊莊公即位後乃來猶復會齊侯于禚于祝丘又如齊師齊大夫見襄公行惡如是作詩以刺之又非魯桓公不能禁制夫人而去之。之行下孟反謫直革反責也又張革反乘繩證反一本作彭生乘公乘則依字讀搤於革反說文云捉也公羊傳云拉公幹而殺之沈又烏詣反拉音郎荅反復扶又反下皆同禚音灼地名行惡下孟反下之行皆同。

疏 南山四章章六句至去之。正義曰作南山詩者刺襄公也以襄公爲鳥獸之行鳥獸淫不避親襄公行如之乃淫於已之親妹人行之惡莫甚於此齊國大夫逢遇君有如是之惡故作詩以刺君其人恥事無道之主既作此詩遂棄而去之此妹既嫁於魯襄公猶尚淫之亦猶魯桓不禁使之至齊故作者既刺襄公又非魯桓經上二章刺襄公淫乎其妹下章責魯桓縱恣文姜序以主刺襄公故不言魯桓大夫遇是惡作詩而去之言作詩之意以見君惡之甚於經無所當也。箋襄公至去之。正義曰以敝笱猗嗟之序知襄公所淫之妹文姜是也桓十八年左傳云公與夫人姜氏如齊齊侯通焉公謫之以告夏四月丙子享公使公子彭生乘公公薨於車莊元年公羊傳云夫人譖公於齊侯公曰同非吾子齊侯之子也齊侯怒與之飲酒於其出焉使公子彭生送之於其乘焉拉幹而殺之是公謫文姜彭生搤殺公之事也春秋經桓三年秋公子翬如齊逆女九月夫人姜氏至自齊是文姜以桓三年歸魯也左傳於桓十八年如齊之下始云齊侯通焉箋知素與淫通者以姦淫之事生於聚居不宜既嫁始然故知未嫁之前素與淫通也且桓六年九月經書丁卯子同生即莊公也猗嗟序稱人以莊公爲齊侯之子公羊傳稱桓公云同非吾子明非如齊之後始與齊侯通也但左傳爲公諱張本故於如齊之下始言齊侯通耳公羊拉幹而殺之史記稱使公子彭生抱魯桓公上車摺其脅公死於車摺與拉音義同彼皆言拉殺此言搤殺者說文云搤捉也何休云幹脅拉折聲正謂手捉其脅而折拉然爲聲此指言殺狀故言搤也夫人以桓十八年與公如齊經書公之喪至自齊傳不言文姜來歸莊元年傳云不書即位文姜出故也莊公即位之時猶在齊未來故言夫人久留於齊莊公即位後乃來也其來年月三傳無文莊元年經書三月夫人遜于齊公羊傳云夫人固在齊矣其言遜何念母也正月以存君念母以首事何休及賈逵服虔皆以爲桓公之薨至是年三月朞而小祥公憂思少殺念及於母以其罪重不可以反之故書遜于齊耳其實先在於齊本未歸也至二年夫人會齊侯於禚是從魯往之則於會之前已反魯矣服虔云蓋魯桓公之喪從齊來以文姜爲二年始來杜預以莊元年歲首即位之時文姜來公以母出之故不忍即位文姜於時感公意而來既至爲魯人所尤故三月又遜於齊謂文姜來而復去非先在齊二者說雖不同皆是莊公即位之後乃來也杜預創爲其說前儒盡不然也鄭於喪服小記之注引公羊正月存親之事則亦同於賈服至二年乃歸也春秋經莊二年夫人姜氏會齊侯於禚四年夫人姜氏享齊侯於祝丘五年夫人姜氏如齊師是夫人復會齊侯如齊師也以言齊侯淫於其妹經說其淫之事若然按經莊七年春夫人姜氏會齊侯於防冬夫人姜氏會齊侯於穀亦是淫事此不言者略舉其先三會以包其後二會也以左傳於會禚之下書姦也於會防之正言齊志也杜預以爲意出於夫人則云書姦意出於齊侯則云齊志傳舉二端其餘皆從之則祝丘與如齊師姦由從夫人防穀姦發於齊侯鄭意或亦當然今此箋又以經有非魯桓之事而序不言之據夫人發文故申其意言大夫見襄公行惡如是作詩以刺之又非魯桓公不能禁制文姜言詩經有此二意也而云去之者疊序去之文謂棄齊而去

南山崔崔雄狐綏綏興也南山齊南山也崔崔高大也國君尊嚴如南山崔崔然雄狐相隨綏綏然無別失陰陽之匹箋云雄狐行求匹耦於南山之上形貌綏綏然興者喻襄公居人君之尊而爲淫泆之行其威儀可恥惡如狐。崔子雖反又音佳別彼列反泆音逸下同惡烏路反又如字。**魯道有蕩齊子由歸**蕩平易也齊子文姜也箋云婦人謂嫁曰歸言文姜既以禮從此道嫁于魯侯也。蕩徒黨反徐勑黨反易以豉反**既曰歸止曷又懷止**懷思也箋云懷來也言文姜既曰嫁于魯侯矣何復來爲乎非其來也。

疏 南山至懷止。毛以爲南山雄狐各自爲喻言南山高大崔崔然以喻國君之位尊高如山也雄狐相隨綏綏然雄當配雌理亦當然也今二雄無別失陰陽之匹以喻夫當配妻今襄公兄與妹淫亦失陰陽之匹以襄公居尊位而失匹配故舉淫事以責之言魯之道路有蕩然平易

齊侯之子女文姜用此道而歸嫁於魯既曰歸於魯止自有夫矣襄公何爲復思之止而與之會爲此淫乎○鄭以爲狐在山上爲喻言南山高大崔崔然有雄狐在此山上以求配耦形貌綏綏然其狀可恥惡也喻說在箋既言公淫可惡又責文姜會公言魯之道路有蕩然而平易齊子文姜從此道而歸於魯既曰歸於魯止當專意事夫何爲又復來止責文姜之來會襄公也○傳南山至之匹○正義曰詩人自歌土風山川不出其境故云南山齊南山舉南山形貌高大崔崔然故知喻國君之位尊嚴言其高大如南山也綏綏是匹行之貌今言雄狐相隨綏綏然明是二雄狐相匹故云雄狐綏綏然是二狐俱雄無有別異失陰陽之匹以喻兄與妹淫亦失陰陽之匹也今定本云失陰陽之正義亦通也檢此傳文無狐在山上之意則各自爲喻異於鄭也對文則飛曰雌雄走曰牝牡散則可以相通牧誓曰牝雞之晨飛得稱牝明走得稱雄僖十五年左傳稱秦伯伐晉筮之遇蠱其繇曰獲其雄狐亦謂牡爲雄與此同也○箋雄狐至如狐○正義曰箋以南山雄狐文勢相連則是狐在山上不宜別以爲喻又狐必雄雌相從無二雄相隨之理故以爲狐求四耦於南山之上喻襄公淫泆於人君之位其可恥惡如狐貌以狐比之有狐之傳以綏綏匹行之貌則此言綏綏亦匹行之貌言求匹耦者正謂無雌相隨是求匹耦也在高顯之處使人見之是謂可惡也○傳蕩平至文姜○正義曰以其說道路之貌故以蕩爲平易言地平而易無險難也文姜齊女故謂之齊子傳於詩由多訓爲用此當言用此道以歸魯也○傳懷思○正義曰釋詁文王肅云文姜既嫁於魯適人矣何爲復思與之會而淫乎○箋懷來至其來○正義曰懷來釋言文以歸止謂文姜歸則懷止亦謂文姜懷不宜謂襄公思故易傳以爲非責文姜之來也

葛屨五兩冠緌雙止葛屨服之賤者冠緌服之尊者箋云葛屨五兩喻文姜與姪娣及傳姆同處冠緌喻襄公也五人爲奇而襄公往從而雙之冠屨不宜同處猶襄公文姜不宜爲夫婦之道○屨九具反兩王肅如字沈音亮緌如誰反傳姆上音付下音茂處昌慮反下同奇居宜反**魯道有蕩齊子庸止**庸用也**既曰庸止曷又從止**箋云此言文姜既用此道嫁於魯侯襄公何復送而從之爲淫泆之行○

【疏】葛屨至從止○正義曰屨以兩隻爲具五爲數之奇言葛屨服之賤雖有五兩其數雖奇以冠緌往配而雙止則非其宜以喻文姜是襄公之妹雖與姪娣傳姆有五人矣其數雖奇以襄公往配而雙之亦非其宜襄公兄也文姜妹也兄妹相配是非其宜既云不宜相配又責非理爲淫魯之道路有蕩然平易齊子文姜用此道以歸魯止既曰用此道以歸魯止彼自有夫襄公何爲復從雙止責其復從文姜爲淫泆之行○傳葛屨至尊者○正義曰賤宜對貴尊當對卑在身之服上尊下卑葛屨服之於足葛又物之賤者故以賤言之冠緌服之於首是服之最尊所用之物貴故以尊言之亦令其貴賤尊卑互相見也○箋葛屨至之道○正義曰屨必兩隻相配故以一兩爲一物緌必屬之於冠故冠緌共爲一同葛屨言五冠緌言雙由是五爲奇故欲雙之使耦也奇天○數矣獨舉五而言明五必有象故以喻文姜與姪娣傳姆五人俱是婦人不宜以襄公往雙之云其數奇以經有五兩故以五人解之莊十九年公羊傳曰諸侯一娶九女二國往媵之皆有姪娣從姪者何兄之子娣者何女弟也是諸侯夫人有姪有娣也襄三十年公羊傳曰宋災伯姬存焉有司請出伯姬曰吾聞之婦人夜出不見傅姆不下堂傅至姆未至逮火而死是諸侯夫人有傅姆也士昏禮云姆在其右注云姆婦人年五十無子出而不復嫁能以婦道教人者若今時乳母矣士妻之姆如此則諸侯夫人其姆亦當然也內則云女子十年不出傅姆教之執麻枲治絲繭則傅是姆類亦當以婦人老者爲之矣何休云選老大夫爲傅大夫妻爲姆以男子爲傅昔傅未有云焉且大夫之妻當自處家無由從女而嫁使夫人動輒待之何休之言非禮意也冠屨貴賤不宜同處由襄公與文姜兄之與妹不宜爲夫婦之道又襄公止復文姜耳傳不言淫其姪娣又傳姆老人非襄公儔類而云襄公雙之者正以姪娣傳姆與文姜同是婦人聚居一處襄公乃以男子廁入其中不宜與妹相耦作者指言其不宜雙文姜耳非謂襄公於五人皆淫之○箋此言至之行○正義曰上言曷又懷止箋謂責文姜之來此言曷又從止以爲責襄公從之者以懷止與歸止文連歸是文姜歸魯故知懷是文姜來齊此與庸止文連庸是用道而往則從是逐後從之故知責襄公從之言以意從送與之爲淫耳非謂從之至魯也

蓺麻如之何衡從其畝蓺樹也衡獵之從獵之種之然後得麻箋云樹麻者必先耕治其田然後樹之以言人君取妻必先議於父母○蓺魚世反本或作藝技藝字耳衡音橫注同亦作橫字又一音如字衡即訓爲橫韓詩云東西耕曰橫從足容反注同韓詩作由云南北耕曰由**取妻如之何必告父母**必告父母廟箋云取妻之禮議於生者卜於死者此之謂告○取七喻反注下皆同**既曰告止曷又鞠止**鞠窮也箋云鞠盈也魯侯

女既告父母而取何後盈從令至于齊乎疏「蓺麻」至「鞠止」
又非魯桓。鞠，居六反。令，力呈反，下同。○毛以爲種
麻之法如之何乎？必横縱獵其田畝，種之然後得麻。以興娶
妻之法如之何乎？必告廟啓其父母，娶之然後得妻。魯桓既
曰告廟而娶得之，止宜以婦道禁之，何爲又使窮極邪意而
至齊乎？止責魯桓不禁制文姜。鄭唯以鞠爲盈爲異，餘同。○
傳「蓺樹」至「得麻」。○正義曰：此云「蓺麻」，后稷生民云「蓺之荏菽」，
大司徒云「教稼穡樹蓺」，則樹蓺皆種之别名，故云「蓺猶樹也」。
在田逐禽謂之獵，則獵是行步踐履之名。衡，古横字也。衡獵
之，縱獵之，謂既耕而東西踐躡槃摩之也。古者推耒耜而耕，
不宜縱横耕田，且書傳未有謂耕爲獵者，故知是摩獵之也。
今定本云「重之然後得麻」，義雖得通，不如爲種字也。○箋「取
妻」至「謂告」。○正義曰：傳以經云「必告父母」，嫌其唯告生者，故
云「必告父母之廟」。箋又嫌其唯告於廟，故云「議於生者，卜於
死者」以足之。婚有納吉之禮，卜而得吉，使告女家，是娶妻必
卜之。士冠禮云「筮於廟門」，明卜亦在廟也。曲禮云「男女非有
行媒，不相知名，故齊戒以告鬼神」。昭元年左傳説楚公子圍
將娶妻於鄭，其辭云「圍布几筵，告於莊、恭之廟而來」，是娶妻
自有告廟之法。而箋必以爲卜者，以納吉爲六禮之一，故舉
卜言之。案婚禮受納采之禮云「主人筵於戶西」，注云：「主人，女

父也。筵，爲神布席也。將以先祖之遺體許人，故受其禮於廟
也。」其後諸禮皆轉以相似，則禮法皆告廟矣。女家尚爾，事告
廟，則夫家將行六禮，皆告於廟，非徒一卜而已。明以卜爲大
事，故特言之。○傳「鞠，窮」。○正義曰：釋言文。傳意當謂魯桓縱
恣文姜，使窮極邪意也。○箋「鞠盈」至「魯桓」。○正義曰：釋詁文。
箋以此責魯桓之辭，不宜唯言文姜之窮極邪意，故易傳以
爲盈，責魯桓之盈
縱文姜，不禁制之。

析薪如之何？匪斧不克。克，能也。箋云：此言析薪必待斧乃能也。○析，星歷反。

取妻如之何？匪媒不得。箋云：此言取妻必待媒乃得也。

既曰得止，曷又極止？極，至也。箋云：女既以媒得之矣，何不禁制而恣極其邪意，令至齊乎？又非魯桓。疏「析薪」至「極止」。○正義曰：言析薪之法如之
何乎？非用斧不能斫之。以興娶妻之法如
之何乎？非使媒不能得之。魯桓既曰使媒得之，止宜以婦道
禁之，何爲窮極邪意而至齊？止又責魯桓不禁制文姜也。○
傳「極，至」。○正義曰：釋詁文。箋言「恣極邪意，令至齊」
者，中流極爲至之義，恣解義之言，非經中極也。

南山四章，章六句。

甫田，大夫刺襄公也。無禮義而求大功，不脩德而求諸侯，志大心勞，所以求者非其道也。疏
甫田三章，章四句，至「其道」。○正義曰：作甫田詩者，齊之大夫所
作，以刺襄公也。所以刺之者，以襄公身無禮義，而求已有大
功；不能自脩其德，而求諸侯從已。有義而後功立，惟德可以
來人。今襄公無禮義、無德，諸侯必不從之，其志望大，徒使心
勞，而公之所求者非其道也。大夫以公求非其道，故作詩以
刺之。求大功與求諸侯，一也。若諸侯從之，則大功克立，所從
言之異耳。求大功者，欲求爲霸主也。天子衰，諸侯興，故曰霸。
中候霸免注云：「霸猶把也，把天子之事。」於時王室微弱，諸侯
無主，齊是大國，故欲求之。鄭以國語云「齊莊、僖於是乎小伯」，
韋昭曰：「小伯主諸侯盟會。」襄即莊孫、僖子，以父祖已作盟會
之長，可以爲霸業之基，又自以國大民衆，負恃强力，故欲求
爲霸也。至其弟桓公，即求而得之，是齊國可以爲霸，但襄公
無德而不可求耳。上二章刺其求大功，卒章刺其不能
脩德，皆言其所求非道之事。勞心忉忉，是志大心勞。

無田甫田，維莠驕驕。興也。甫，大也。大田過度而無人功，終不能獲。箋云：興者，喻人君欲立功致

治，必勤身脩德，積小以成高大。○莠，
羊九反。無田，音佃，下同。治，直吏反。

無思遠人，勞心忉忉。忉忉，憂勞也。箋云：言無德而求諸侯，徒勞其心忉忉耳。○忉，音刀。疏「無田」至「忉忉」。○正
義曰：上田謂墾耕，
下田謂土地。以襄公所求非道，故設辭以戒之。言人治田，無
得田此大田，若大田過度，力不充給，田必蕪穢，維有莠草驕
驕然。以喻公無霸德，思念遠人，若思彼遠人，德不致物，人必
不至，維勞其心忉忉然。言人之欲種田求穀，必準功治田，穀
乃可獲；喻人君欲立功致治，必勤身脩德，功乃可立。無德而
求諸侯，徒勞其心也。責襄公之妄求諸侯也。○傳「甫田」至「能
獲」。○正義曰：甫，大，釋詁文。言「無田甫田」，猶多方云「宅爾宅，田
爾田」。今人謂佃食，古之遺語也。禁人言無田甫田，猶下句云
無思遠人。無田與無思相對爲喻。周禮授民田，上地家百畝，
中地家二百畝，下地家三百畝，謂其人力堪治，故禮以此爲
度。過度謂過此數而廣治田也。○傳「忉忉，憂勞」。○
正義曰：釋訓云：「忉忉，憂也。」以言勞心，故云憂勞也。

無田甫田，維莠桀桀。桀桀猶驕驕也。○桀，居竭反，徐又居謁反。

無思遠人，勞心怛怛。怛怛猶忉忉也。○怛，旦末反。

婉兮孌兮，總角丱兮。未幾見

兮突而弁兮婉孌少好貌總角聚兩髦也丱幼稺也弁冠也箋云人君內善其身外修其德居無幾何可以立功猶是婉孌之童子少自脩飾丱然而稚見之無幾何突耳加冠為成人也○婉於阮反孌力轉反總本又作揔子孔反丱古患反幾居豈反注同見兮一本作見之突吐活反注同方言云凡卒相見謂之突吐訥反弁皮眷反髦音毛少詩照反【疏】婉兮至弁兮○正義曰言有童子婉然而少孌然而好兮總聚其髮以為兩角丱然兮幼稚如此與別未經幾時而更見之突然已加冠弁為成人兮言童子少自脩飾未幾時而即得成人以喻人君能善身修德未幾時而可以立功今君不修其德欲求有功故刺之○傳婉孌至弁冠○正義曰候人傳曰婉少貌孌好貌此并訓之故言少好貌內則云男女未冠笄者總角衿纓冠所以覆髮未冠則總角故知總角聚兩髦言總聚其髦以為兩角也丱兮與總角共文故為幼稚周禮掌冠冕者其職謂之弁師則弁者冠之大號故為弁冠也士冠禮及冠義記士之冠云始加緇布冠次加皮弁次加爵弁三加而後字之成人之道也然則士有三加冠此言突若弁兮指言童子成人加冠而已不主斥其一冠也若猶耳也故箋言突耳加冠為成人猶嗟頎若言若者皆然耳之義古人語之異耳定本云突而弁兮不作者字

甫田三章章四句

盧令刺荒也襄公好田獵畢弋而不脩民事百姓苦之故陳古以風焉畢噣也弋繳射也○令音零下同好呼報反風福鳳反噣直角反本亦作濁畢星名何音犢繳音灼【疏】盧令三章章二句至風焉○正義曰作盧令詩者刺荒也所以刺之者以襄公性好田獵用畢以掩兔用弋以射鴈好此遊田逐禽而不脩治民之事國內百姓皆患苦之故作是詩陳古者田獵之事以風刺襄公焉經三章皆言有德之君順時田獵與百姓共樂之事○箋畢噣弋繳射○正義曰釋天云噣謂之畢李巡曰噣陰氣獨起陽氣必止故曰畢畢止也孫炎曰掩兔之畢或謂之噣因名星云郭璞曰掩兔之畢或呼為噣因星形以名之月令注云網小而柄長謂之畢然則此器形似畢星孫謂以網名畢郭謂以畢名網郭說是也出繩繫矢而射鳥謂之繳射也

盧令令其人美且仁盧田犬令令纓環聲言人君能有美德盡其仁愛百姓欣而奉之愛而樂之順時遊田與百姓共其樂同其獲故百姓聞而說之其聲令令然○纓於盈反又於政反樂音洛下同說音悅【疏】盧令至且仁○正義曰言古者有德之君順時田獵與百姓共樂同獲百姓聞而悅之言吾君之盧犬其環鈴鈴然為聲又美其君言吾君其為人也美好且有仁恩古者賢君田獵百姓愛之刺今君田獵則百姓苦之○傳盧田至令令然○正義曰犬有田犬守犬戰國策云韓國盧天下之駿犬也東郭逡海內之狡兔韓盧逐東郭逡環山三越岡五兔極於前犬廢於後俱為田父之所獲是盧為田犬也此言鈴鈴下言環鋂鈴即是環鋂聲之狀環在犬之頷下如人之冠纓然故云纓環聲也言人君有美德以下言百姓所以悅君之意孟子謂梁惠王曰今王田獵於此百姓聞王車馬之音見羽旄之美舉疾首蹙頞而相告曰吾王好田獵夫何使我至於此極也父子不相見兄弟妻子離散此無他不與民同樂也今王田獵於此百姓聞王車馬之音見羽旄之美舉欣欣然有喜色而相告曰吾王庶幾無疾病與何能田獵也此無他與民同樂也則百姓悅之也今定本云喻人君能有美德喻字誤也

盧重環重環子母環也○重直龍反下同其人美且鬈鬈好貌箋云鬈讀當為權權勇壯也

鬈音權說文云髮好貌【疏】箋鬈讀至勇壯○正義曰箋以諸言且者皆辭兼二事若鬈是好貌則與美是一也且仁且偲既美而復有仁才則且鬈不得為好貌故易之巧言云無拳無勇其文相連是鬈為勇壯也以君能盡其仁愛與百姓同樂故美其且仁以君身有勇壯能捕取猛獸故美其且鬈以君善於射御多有才能故美其且偲皆是獵時之事故歷言之大叔于田敘云叔多才而好勇亦謂獵時有才勇也

盧重鋂鋂一環貫二也○鋂音梅其人美且偲偲才也箋云才多才也○偲七才反說文云強也【疏】傳鋂一環貫二○正義曰上言重環謂環相重故知謂子母環謂大環貫一小環也重鋂與重環別則與子母之環文當異故知一環貫二謂一大環貫二小環也說文亦云鋂環也一環貫二

盧令三章章二句

敝笱刺文姜也齊人惡魯桓公微弱不能防閑文姜使至淫亂為二國患焉○敝笱婢世反徐符滅反本又作弊敗也笱音

古口反取魚器也惡烏路反【疏】敝笱三章章四句至患焉○正義曰作敝笱詩者刺文姜也所以刺之者文姜是魯桓夫人齊人惡魯桓公爲夫微弱不能防閑文姜使至於齊與兄淫亂爲二國之患焉故刺之也文姜淫亂由魯桓微弱使然經三章皆是惡魯桓以刺文姜之辭夏官虎賁氏云舍則守王閑注云舍王出所止宿處也閑梐枑也天官掌舍掌王之會同之舍設梐枑再重杜子春云梐枑謂行馬玄謂行馬再重者以周衞有外內列周衞防守之物名之曰閑則閑亦防禁之名故此及猗嗟之序皆防閑並言之也齊則襄公通妹魯則夫人外淫桓公見殺於齊襄公惡名不滅是爲二國患也文姜既嫁於魯齊人不當刺之由其兄與妹淫齊人惡君而復惡文姜亦所以刺君故編之爲襄公詩也

敝笱在梁其魚魴鰥興也鰥大魚箋云鰥魚子也魴也鰥也魚之易制者然而敝敗之笱不能制興者喻魯桓微弱不能防閑文姜終其初時之婉順○魴音房鰥毛古頑反鄭古魂反易夷豉反**齊子歸止其從如雲**如雲言盛也箋云其從姪娣之屬言文姜初嫁于魯桓之時其從者之心意如雲然雲之行順風耳後知魯桓微弱文姜遂淫恣從者亦隨之爲惡○從才用反注下皆同【疏】敝笱至如雲○毛以爲笱者捕魚之器弊敗之笱在於魚梁其魚乃是魴鰥之大魚非弊敗之笱所能制以喻微弱之君爲其夫婿其妻乃是強盛之齊女非微弱之夫所能制刺魯桓之微弱不能制文姜也又言文姜難制之意齊子文姜初歸於魯國止其從者庶姜庶士其數衆多如雲然以此強盛故魯桓不能禁也○鄭以爲弊敗之笱在於魚梁其魚乃是魴鰥之小魚魴鰥自是魚之易制者但笱以弊敗不能制以喻文姜是婦人之易制者但由魯桓以微弱不能制由其不制文姜故令從者亦惡齊子文姜初歸於魯國止其從者之心如雲然雲行順風東西從者隨嫡善惡由文姜淫泆故從者亦淫○傳鰥大魚○正義曰孔叢子云衞人釣於河得鰥魚焉其大盈車子思問曰如何得之對曰吾下釣垂一魴之餌鰥過而不視又以豚之半鰥則吞矣子思歎曰魚貪餌以死士貪祿以亡是鰥爲大魚也傳以鰥爲大魚則以大爲喻王肅言魯桓之不能制文姜若弊笱之不能制大魚也○箋鰥魚至婉順○正義曰鰥魚子釋魚文李巡曰凡魚之子捴名鯤也鯤鰥字異蓋古字通用或鄭本作鯤也魯語云宣公夏濫於泗淵里革斷其罟而弃之曰魚禁鯤鮞鳥翼鷇卵蕃庶物也是亦以鯤爲魚子也毛以鯤爲大魚鄭以鯤爲魚子而與魴相配則魴之爲魚中魚也故可以爲大亦可以爲小陸機疏云

魴今伊洛濟潁魴魚也廣而薄肥恬而少力細鱗魚之美者遼東梁水魴特肥而厚尤美於中國魴故其鄉語曰居就粮梁水魴是也箋以一鰥若大魚則強笱亦不能制不當以弊敗爲喻且魴鯤非極大之魚與鰥不類故易傳以爲小魚易制喻文姜易制但魯桓微弱不能防閑文姜使終其初時之婉順文姜素與兄淫而云初時婉順者在齊雖則先淫至魯必將改矣但知桓公微弱後復更爲淫耳○傳如雲言盛○正義曰傳以如雲言盛謂其從者多強盛而難制孫毓云齊爲大國初嫁寵妹庶姜庶士盛如雲雨故妹來自由桓公不能禁制言從者之盛傳意當然文姜歸魯之日襄公未爲君言寵妹則非也○箋其從至爲惡○正義曰姪娣之外更當有侍御賤妾故云其從姪娣之屬箋以作詩者主刺文姜之惡而言其從如雲明以文姜惡甚疾其敗損族類故易傳以爲從者亦隨文姜爲惡

敝笱在梁其魚魴鱮魴鱮大魚箋云鱮似魴而弱鱗○鱮象呂反廣雅云鰱也音連【疏】箋鱮似魴而弱鱗○正義曰陸機疏云鱮似魴厚而頭大魚之不美者故里語曰網魚得鱮不如啗茹其頭尤大而肥者徐州人謂之鰱或謂之鱅幽州人謂之鴞鴞或謂之胡鱅**齊子歸止其從如雨**如雨言多也箋云如雨言無常天下之則下天不下則止以言姪娣之善惡亦文姜所使止【疏】箋如雨至使止○正義曰姪娣之善惡亦文姜所使今定本云所使出於義是也

敝笱在梁其魚唯唯唯唯出入不制箋云唯唯行相隨順之貌【疏】傳唯唯出入不制○正義曰上二章言魚名此章言魚貌令其上下相充也唯唯正是魚行相隨之貌耳傳以弊笱不能制大魚故云出入不制箋以爲小魚故行相隨順之貌各從其義故爲辭異耳其於唯唯義亦同也○唯唯維癸反沈養水反韓詩作遺遺言不能制也**齊子歸止其從如水**水喻衆也箋云水之性可停可行亦言姪娣之善惡在文姜也

敝笱三章章四句

載驅齊人刺襄公也無禮義故盛其車服疾驅於通道大都與文姜淫播其惡於萬民焉故猶端也○驅欺具反又如字下皆同本亦作駈播波佐反【疏】載驅四章章四句至民焉○正義曰載驅詩者齊人所作

以刺襄公也刺之者襄公身無禮義之故乃盛飾其所乘之車與所衣之服疾行驅馳於通達之道廣大之都與其妹文姜淫通播揚其惡於萬民焉使萬民盡知情無慙恥故刺之也國人刺君乃是常事諸序未有舉國之名言其民刺君此獨云齊人刺襄公者以文姜魯之夫人襄公往入魯境以其齊魯交錯須言齊以辨嫌無禮義盛其車服者首章次句與次章上二句是也疾驅首章上句是也於通道大都下二章上二句是也經因駈車而言車飾故先言載驅序以美其車服然後驅之且欲見其驅車所往之處故令疾驅與通道大都爲句而後言之經有車馬之飾而已無盛服之事既美其車明亦美其服故協句言之四章下二句皆言文姜來會齊侯是與文姜淫之事大都通道人皆見之是播其惡於萬民也。箋故猶端。正義曰諸言故者多是因上文以生下事此故乃與上爲句非生下之辭是以箋特釋之無禮義故猶言無禮義端端謂頭緒也論語叩其兩端謂動發本末兩頭也摽有梅箋云女年二十而無嫁端爲無嫁之頭緒此亦謂無禮義之頭緒也故盛服而與妹淫通也

載驅薄薄簟茀朱鞹薄薄疾驅聲也簟方文蓆也車之蔽曰茀諸侯之路車有朱革之質而羽飾箋云此車襄公乃乘焉而來與文姜會。薄普各反徐扶各反茀音弗鞹苦郭反革也

魯道有蕩齊子發夕發夕自夕發至旦箋云襄公既無禮義乃疾驅其乘車以入魯竟魯之道路平易文姜發夕由之往會焉曾無慙恥之色。發韓詩云發旦也其乘繩證反或音繩竟音境本亦作境易以豉反下樂易同

疏　載驅至發夕。正義曰言襄公將與妹淫則驅馳其馬使之疾行其車之聲薄薄然用方文竹簟以爲車蔽又有朱色之革爲車之飾公乘此車馬往就文姜魯之道路有蕩然平易齊子文姜乃由此道發夕至旦來與公會公與妹淫曾無慙色故刺之。傳薄薄至羽飾。正義曰薄薄車聲狀序言疾驅故云疾驅駈與驅音義同皆謂駈馬疾行也斯干說鋪席燕樂之事云下莞上簟簟字從竹用竹爲席其文必方故云方文蓆也車之蔽曰茀謂車之後戶也說文云鞹革也獸皮治去毛曰革鞹是革之別名此說齊君之車而云朱鞹故云諸侯之路車有朱革之質而羽飾謂以皮革爲本質其上又以翟羽爲之飾也釋器云輿革前謂之鞎後謂之茀李巡曰輿革前謂輿前以革爲車飾曰鞎茀車後戶名也郭璞曰鞎以韋靶車軾也茀以韋靶後戶也又云竹前謂之禦後謂之蔽李巡曰竹前謂編竹當車前以擁蔽名之曰禦禦止也孫炎曰禦以簟爲車飾也郭璞曰蔽以簟衣後戶也如爾雅之文車前後之飾皆有革有簟故此說車飾云簟茀朱鞹也彼文革飾後戶謂之蔽則茀蔽異矣此言車之蔽曰茀茀蔽爲一者彼因革與竹別而異其文耳其實革竹同飾後戶俱爲車之蔽塞故此傳茀蔽通言之春官巾車掌王后之車輅有重翟厭翟碩人說衛侯夫人云翟茀以朝是婦人之車有翟羽飾矣經傳不言諸侯路車有翟飾者今傳言羽飾必當有所案據不知出何書也。傳發夕至至旦。正義曰此言發夕謂夕時發行故爲發夕至旦小宛云明發不寐謂此至明之開發未嘗寢寐故爲發夕至明所以立文不同皆爲夕發至旦。箋襄公至之色。正義曰知入魯境者以下言汶水湯湯則會在汶側齊在魯北水北曰陽僖元年左傳稱公賜季友汶陽之田當齊襄公之時汶水之北尚是魯地故知襄公乘車入魯境也於魯道之下即言發夕是則夜行在道言其疾趨齊侯之意故言文姜發夕而往會焉兄則盛飾而往妹則疾行會之是其無慙恥之色

四驪濟濟垂轡濔濔四驪言物色盛也濟濟美貌垂轡轡之垂者濔濔衆也箋云此又刺襄公乘是四驪而來徒爲淫亂之行。驪力馳反濟子禮反注同濔爾本亦作濔同乃禮反徒一本作從兩通行下孟反

魯道有蕩齊子豈弟言文姜於是樂易然箋云此豈弟猶言發夕也豈讀當爲闓弟古文尚書以弟爲圛圛明也。豈開改反樂也弟如字或音待易反樂音洛闓音開圛音亦

疏　四驪至豈弟。毛以爲襄公將與妹淫乘其一駟之馬皆是鐵驪之色其馬濟濟然而美又四馬垂其六轡濔濔然而衆爲此盛飾往就文姜魯之道路有蕩然平易齊子文姜於是樂易然來與兄會曾無慙色故刺之。鄭唯愷悌爲異言文姜開明而往會之餘同。傳四驪言物色盛也。正義曰夏官校人云凡軍事物馬而頒之注云物馬齊其力言四驪道其物色俱盛也。箋此豈至明也。正義曰箋以爲齊子愷悌文在魯道之下則愷悌爲在道之事若是其心樂易非獨在道爲然且上云發夕此當爲發夕之類故云此愷悌猶發夕言與其餘愷悌不同也愷悌之義與發夕不類故讀愷爲闓易稱闓物成務說文云闓開也古文尚書即今鄭注尚書是也無以悌爲圛之字唯洪範稽疑論卜兆有五曰圛注云圛者色澤光明蓋古文作悌今文作圛賈逵以今文校之定以爲圛故鄭依賈氏所奏從定爲圛於古文則爲悌故云古文尚書以悌爲圛圛明也上言發夕謂初夜即行此言闓明謂侵明而行與上古文相通也釋言云愷悌發也舍人李巡孫炎郭璞皆云闓明發行郭璞又引此詩云齊子愷悌是闓亦爲行之義也今定本云此愷悌發也猶言發

夕。又云怫古文尚書以爲圛，更無怫字，義並得通。

汶水湯湯，行人彭彭。湯湯大貌。彭彭多貌。箋云：汶水之上蓋有都焉，襄公與文姜時所會。○汶音問，水名。湯失章反。彭必旁反。疏箋汶水至所會○正義曰：序言疾驅於通道大都，行人彭彭，是爲通道。汶水湯湯，傍有大都可知。若其不然，不應輒言汶水，故云汶水之上蓋有都焉，襄公與文姜時所會處也。此襄公入於魯境，往會文姜，若是魯桓尚存，不應公然如此，此篇所陳，蓋是莊公時事，亦不知大都爲何邑，故箋不言之。

魯道有蕩，齊子翱翔。翱翔猶彷徉也。○彷音旁，徉音羊。

汶水滔滔，行人儦儦。滔滔流貌。儦儦衆貌。○滔吐刀反。儦表驕反，說文云：行貌。

魯道有蕩，齊子遊敖。

載驅四章，章四句。

猗嗟，刺魯莊公也。齊人傷魯莊公有威儀技藝，然而不能以禮防閑其母，失子之道，人以爲齊侯之子焉。○猗於宜反，字或作欵。技其綺反。疏猗嗟三章章六句至子焉○正義曰：見其母與齊淫，謂爲齊侯種胤，是其可恥之甚，故齊人作此詩以刺之也。禮，婦人夫死從子，子當防母姦淫，莊公不能防禁，是失爲人子之道。經言猗嗟，是歎傷之言也。言其形貌之長，面目之美，善於趨步，是有威儀也。言其善舞善射，是有技藝也。言展我甥兮，拒時人以爲齊侯之子也。以其齊人所作，故繫之於齊。襄公淫之故，爲襄公之詩也。

猗嗟昌兮，頎而長兮。猗嗟，歎辭。昌，盛也。頎，長貌。箋云：昌，佼好貌。○頎音祈。佼古卯反，本又作姣。抑若揚兮。抑，美色。揚，廣揚。○抑於力反。美目揚兮。好目揚眉。巧趨蹌兮，射則臧兮。蹌，巧趨貌。箋云：臧，善也。○趨本又作趍，七須反，又七遇反。蹌七羊反。疏猗嗟至臧兮○正義曰：齊人傷魯莊公。猗嗟，此莊公之貌甚昌盛兮，其形狀頎然而長好兮。然而美者，其額上揚廣兮，又有美目揚眉兮，巧爲趨步，其舉動蹌然兮，射則大善兮。威儀技藝，其美如此，而不能防閑其母，使之淫亂，是其可嗟傷也。○傳猗嗟至長貌○正義曰：猗是心內不平，嗟是口之喑咀，皆傷歎之聲，故爲歎辭。若，猶然也。此言頎若長兮，史記孔子世家稱孔子說文王之狀云「黯然而黑，頎然而長」，是之爲長貌也。今定本云「頎而長兮」，而與若義並通也。○箋昌佼好貌○正義曰：傳昌爲盛，不言爲其貌，故申足之云佼好貌。○傳抑美色揚廣揚○正義曰：揚是額之別名，抑爲揚之貌，故知抑爲美色。顏貴闊，故言揚廣揚。○傳好目揚眉○正義曰：美目揚兮，目揚俱美，傳欲辨揚是眉，故省其文，言好目揚眉。既言目揚皆好，又傳解揚爲眉，蓋以眉毛揚起，故名眉爲揚。○傳蹌巧趨貌○正義曰：曲禮云「士蹌蹌」，今與趨連文，故知蹌巧趨貌。曲禮注又云：行而張足曰趨。趨，今之走步，則趨疾行也。禮有徐趨疾趨，爲之有巧有拙，故美其巧趨蹌兮。

猗嗟名兮，美目清兮。目上爲名。目下爲清。儀既成兮，終日射侯，不出正兮，展我甥兮。二尺曰正。外孫曰甥。箋云：成猶備也。正，所以射於侯中者。天子五正，諸侯三正，大夫二正，士一正，外皆居其侯中參分之一焉。展，誠也。姊妹之子曰甥。容貌技藝如此，誠我齊之甥，言誠者，拒時人言齊侯之子。○射食亦反，注「所射」每射同。正音征，注同。畫五采曰正。參七南反，又音三。疏猗嗟至甥兮○正義曰：齊人傷魯莊公。猗嗟，此莊公目上之名甚平博兮，又有美目及目下之清亦美兮，威儀容貌既備足兮，又善於爲射，終日射侯，其矢不出正之內兮，此又誠是我齊之外甥兮。威儀技藝如此，又實是齊之外甥，不能使母不淫，令人以爲齊侯之子，是其可嗟傷也。○傳目上至曰甥○正義曰：釋訓云：「猗嗟名兮，目上爲名。」孫炎云：目上平博。郭璞曰：眉眼之閒。爾雅既釋如此，清又與目共文，名既目上，則清爲目下。○傳二尺至曰甥○正義曰：正者，侯中所射之處。經典雖多言正鵠，其正之廣狹則無文。鄭於周禮考之，以爲大射則張皮侯而設鵠，賓射則張布侯而畫正，正大如鵠，三分侯廣而正居一焉。侯身長一丈八尺者，正方六尺；侯身一丈四尺者，正方四尺六寸大半寸；侯身一丈者，正方三尺三寸少半寸。正以綵畫爲之，其外之廣雖則不同，其內皆方二尺。尾於正鵠之事，唯此言二尺曰正耳，既無明說，可以同之。鄭焉鄭言正之內方二尺者，亦更無明文，蓋應顧此傳耳。姊妹之子名之曰甥，傳言外孫曰甥者，王肅云：據外祖以言也。謂不指襄公之身，總據齊國爲信。外孫得稱甥者，案左傳云「以肥之得備彌甥」。孫毓云：姊妹之子曰甥，謂吾舅者吾謂之甥，此爾雅之明義，未學者之所及，豈毛公之博物、王氏之通識，而當亂於此哉？抑者以襄公雖舅，而鳥獸其行，犯親亂類，使時人皆以爲齊侯之子，故絕其相名之倫，更本於外祖以言也。凡異族之親皆稱甥，然此是毛傳之言，不應代詩人爲絕其相名之倫，孫毓之言非也。

○箋正所至之子。正義曰：夏官射人「以射法治射義○王以六耦射三侯，樂以騶虞九節，五正；諸侯以四耦射二侯，樂以貍首七節，三正；孤卿大夫以三耦射一侯，樂以采蘋五節，二正；士以三耦射豻侯，樂以采蘩五節，二正」。是天子以下所射之正數也。彼文大夫士同射二正，今定本云「大夫二正，士一正」，誤耳。外皆居其侯中三分之一者，其外畔準侯廣狹，各居其侯三分之一，其內皆方二尺。故彼注云：「九節、七節、五節者，奏樂以爲射節之差。三侯者，五正、三正、二正之侯也。二侯者，三正、二正之侯也。一侯者，二正而已。畫五正之侯者，中朱，次白，次蒼，次黃，玄居外。三正者損玄黃，二正者去白蒼而畫以朱綠。其外之廣，皆居侯中三分之一。」鄭言「中二尺」，是中央之采方二尺，以外準其采之多少，正之廣狹均布之，以至於外畔也。言「居侯三分之一」，侯之廣狹則有三等不同，五正之侯則方一丈八尺，三正之侯方一丈四尺，二正之侯則方一丈。知者，以大射之鵠、賓射之正，雖其侯正鵠不同，侯道遠近一也。儀禮大射禮者，諸侯射禮，經曰：「司馬命量人量侯道，以貍步，大侯九十，糝七十，豻五十。」鄉射記記射之侯云：「侯道五十弓。」則大射所云九十、七十、五十，皆謂弓也。諸侯大射三侯之道既有九十、七十、五十，則王射亦張三侯，其道之數亦當然。故射人注云：「量侯道者，以弓爲度。九節者九十弓，七節者七十弓，五節者五十弓。弓之下制長六尺。」是侯道遠近有三等不同也。鄉射記又云：「弓二寸以爲侯中。」侯中謂侯身也。鄉射之侯既弓取二寸，則餘侯亦當然。天官司裘注說大射之侯，引鄉射記曰「弓二寸以爲侯中」，則九十弓者侯中廣丈八尺，七十弓者侯中廣一丈四尺，五十弓者侯中廣一丈。大射既然，則賓射亦爾。考工記云：「梓人爲侯，廣與崇方，三分其廣而鵠居一焉。」司衣○掌大射之禮云「設其鵠」，射人治賓射之儀則云「五正、三正、二正」。有正者無鵠，有鵠者無正，則正與鵠大小同矣。故射人注云：「鵠乃用皮，其大如正。」鵠居侯中三分之一，則知正亦在侯三分之一，各準其侯之廣狹而畫之耳。謂之正者，射人注云：「正之言正也。射者內志正則能中。」大射注云：「正者，正也，亦鳥名。齊魯之閒名題肩爲正。正、鳥之捷黠者，射之難中，以中爲儁，故射取名焉。」六射射鵠，賓射射正。此言「不出正兮」，據賓射爲文也。「展，誠」，釋詁文。「姊妹之子爲甥」，釋親文。上說容貌技藝，下言展我甥兮，縱令無技藝，亦是其甥。但作者既美其身業技藝，又言實是其甥，傷不防閑其母，而令人以爲齊侯之子，故言誠我齊之外甥，爲齊之甥信不虛矣。而云誠實是者，拒時人言是齊侯之子耳。

猗嗟孌兮，孌，壯好貌。**清揚婉兮，**婉，好眉目也。**舞則選兮，射則貫兮，**選，齊。貫，中也。箋云：選者，謂於倫等最上。貫，習也。○選，雪戀反。貫，毛古亂反，鄭古患反。中，張仲反。**四矢反兮，以禦亂兮。**四矢，乘矢。箋云：反，復也。禮射三而止，每射四矢，皆得其故處，此之謂復。射必四矢者，象其能禦四方之亂也。○反，如字，韓詩作變，變，易。禦，魚呂反。乘，繩證反。處，昌慮反。

【疏】猗嗟至亂兮○毛以爲齊人傷魯莊公：猗嗟，此莊公容貌孌然而好兮，其清揚眉目之閒婉然而美兮，其舞則齊於樂節兮，其射則中於正鵠兮。非徒能中而已，每番重射，四矢皆反復其故處兮。善射如此，足以捍禦四方之亂兮。威儀技藝如此，而不能防閑其母，故刺之。○鄭唯「舞則選兮」二句爲異，言舞則倫等之中上選兮，其射卽貫習爲之兮。餘同。○傳選齊貫中○正義曰：傳「選」之爲「齊」，其訓未聞，當謂其善舞齊於樂節也。貫，謂穿侯，故爲中也。○箋選者至貫習○正義曰：箋以美其善舞，當謂舞能勝人，故易傳以爲倫等之中上選也。「貫，習」，釋詁文。○傳四矢乘矢○正義曰：乘車必駕四馬，因卽謂四馬爲乘。大射、鄉射皆以四矢爲乘矢，故傳依用之。○箋禮射至之亂○正義曰：大射皆三番射，訖止而不復射，是禮射三而止也。必三而止者，案儀禮大射，初使三耦射之而未釋獲，射訖取矢，以復君與卿大夫等射，釋獲，飲不中者。訖，君與卿大夫等又射，取中於樂節。注云：「君子之於事也，始取苟能中，課有功，終用成法，教化之漸也。」然則初射惟三耦，其後兩番，君始與卿大夫等射。此言禮射三而止，通三耦等爲言。射法三而止，而云終日射侯者，美其久射而常中，非禮射終一日也。每射四矢，皆復故處，言常中正鵠也。又解射禮必用四矢者，象其能禦四方之亂，故詩人以莊公四矢皆中，卽云以禦亂兮，美莊公善射，言其堪禦亂也。內則云：「男子生，以桑弧蓬矢六，射天地四方。」注云：「天地四方，男子所有事。」彼於初生之時，以上下四方男子皆當有事，故用六矢以示意。射禮則象能禦亂，上下無亂，不復須象之故也。

猗嗟三章，章六句。

齊國十一篇，二十四章，百四十三句。

附釋音毛詩注疏卷第五（五之二）

黄中模栞

毛詩注疏挍勘記（五之二）

阮元撰盧宣旬摘録

○南山

公謫之　閩本明監本毛本同小字本謫作適相臺本作適案適字是也釋文云適直革反是箋字作適也左傳作謫正義引同順彼文耳十行本因改餘字皆作謫誤也相臺本作適更誤適是古假借字非箋所用五經文字云謫經典或從適又借適字爲之乃包舉左傳詩北門禮記昏義等而言之者也○按漢人不必不用假借字讀兩漢書及漢人所著可證舊挍非也

襄公使公子彭生乘公　小字本相臺本同案釋文云彭生乘公乘繩證反一本作彭生乘公乘則依字讀正義本今無可考段玉裁云左傳古本當是使公子彭生乘爲句公薨於車爲句俗本增一公字耳乘謂同車也

下章青魯桓　明監本毛本章上有二字閩本剜入案所補是也

以姧淫之事　閩本明監本毛本姧作姦下同案五經文字云姦俗作姧訛正義多有之當是傳寫作俗體耳

於會防之正也　閩本明監本毛本同案浦鏜云下誤正是也

五人爲奇　小字本相臺本同案釋文云人奇居宜反是其本無爲字也正義本今無可考但無者是也正義本當亦無其各本是淺人誤添耳

奇天數矣獨舉五而言　閩本明監本毛本同案天當作大形近之譌也奇大數矣者謂奇之數不止於五也

不宜以襄公往雙之云其數奇　閩本明監本毛本同案云當作六形近之譌也六其數奇者謂從五人而六之則五人失其數奇也此正義各本譌舛不可讀今訂正○按此必有脱誤或作耦其奇數

又襄公止復文姜耳　閩本明監本毛本同案浦鏜云從誤復是也

又非魯桓　小字本相臺本同閩本明監本毛本同案此又字衍也下章箋始云又非魯桓又者又此箋也正義於此章云責魯桓於下章云又責魯桓一無一有極爲明晰

〇甫田

言無德而求諸侯　閩本明監本毛本同小字本相臺本言上有箋云考文古本有亦同案有者是也

總角丱兮　小字本相臺本同閩本明監本毛本同唐石經丱作卝案各本皆誤唐石經是也見五經文字卝部

未幾見兮　唐石經小字本相臺本同案釋文云見兮一本作見之考釋文一本是誤本也詩之大體韻在辭上者其韻下助句之字必同此章四句句末悉是兮字不得此句獨爲之字也所以致誤之由當以箋云見之無幾何故耳其實此箋之字不出於經也正義云未經幾時而更見之未亦當有兮字見之字取於箋兮字順經文正義每如此今脫

去耳未可即謂正義本作之字也韻下助字之同由漢廣思字推之則作正義者必知之矣不容誤也凡正義引作兮考文古本作之采釋文

突而弁兮　唐石經小字本相臺本同案正義云此言突若弁兮又云若猶耳也故箋言突耳加冠爲成人猗嗟頎若言若者皆然耳之義古人語之異耳定本云突而弁兮不作若字考釋文以突而作音與定本同猗嗟正義云義並通故此正義引作而依定本也○按箋作突爾猶突然也俗本作耳乃大誤凡云爾者猶言如此也

〇盧令

孟子謂梁惠王曰　閩本明監本毛本同案謂字當衍

忺忺然有喜色　閩本明監本毛本忺忺作欣欣案所改非也當是本作忺忺不與今孟子同故誤如此

鬈讀當爲權權勇壯也　小字本相臺本同案詩經小學云五經文字權字注云從手作權古拳握字可知鄭箋從手不從木與說文引國語捲勇小雅拳勇字同今字書佚此字僅存於張參之書吳都賦覽將帥之權勇善曰毛詩無拳無勇拳與權同俗刻文選譌誤不可讀

〇敝笱

弊敗之笱　閩本明監本毛本同案經注作敝正義作弊敝弊古今字易而說之也例見前考此知緇衣正義敝字亦皆本是弊字今但存緇衣若弊一弊字餘字作敝後人依經注改之而未盡也

鰥魚子釋魚文　閩本明監本毛本同案鰥當作鯤下引李巡注可證又下云鯤鰥字異亦可證

或鄭本作鯤也　閩本明監本毛本同案鯤當作鰥謂或鄭之爾雅作鰥字也此與上鯤魚子鯤鰥互易而誤如此

魚禁鯤鱬　閩本明監本毛本同案鱬當作鮞即鮞之別體字今國語作鮞此從重而者亦如陑作隭輀作轜也

亦文姜所使止　小字本相臺本同案正義云亦文姜所使令定本云所使出於義是也標起止云至使止此箋當是定本有止字正義本無耳出是止字之譌標起止當是後改也

今其上下相充也　閩本明監本毛本同案浦鏜云今當令字誤是也

義亦同也　閩本明監本毛本此下尚有十九字同案山井鼎云釋文混在疏中當改正也是也

〇載驅

疾驅於通道大都　唐石經小字本相臺本同案下正義云序言疾驅故云疾驅駈與驅音義同考釋文云載驅本亦作駈薄薄下云疾驅聲也又鄘載馳釋文云駈字亦作驅如字協韻亦音丘是唐時凡經序驅字皆有作駈之本而正義本此一字作駈故特說之也五經文字云驅作駈訛依字書言之正義自爲文亦用驅十行本閩或作駈乃寫書人以爲別體取其省非正義所用

簟茀朱鞹　唐石經小字本相臺本同案五經文字云鞹此說文字論語及釋文並作鞟今此釋文正作鞟正義

引說文或其本作鞹而唐石經以下所從出也韓奕釋文亦作鞹

簟茀文蓆也　閩本明監本毛本同小字本相臺本蓆作席案席字是也蓆大也在緇衣非此之用但俗體有加草者耳

輿革前謂之艱　閩本明監本毛本同案浦鏜云鞎誤艱下同是也

彼文革飾後戶謂之蔽　閩本明監本毛本同案盧文弨云當云革飾後戶謂之茀竹飾後戶謂之蔽脫七字是也上文可證複出而誤耳

與上古文相通也　閩本明監本毛本同案古當作句形近之譌

○猗嗟

頎而長兮　唐石經小字本相臺本同案正義云若猶然也此言頎若長兮又定本云頎而長兮而與若義並通也釋文以頎而作音與定本同

然而美者其額上揚廣兮　閩本明監本毛本同案然上浦鏜云脫抑字是也

嗟是口之唶咀　閩本明監本毛本同案咀當作啞形近之譌唶啞見史記淮陰侯列傳索隱亦作噁見集解

趨今之吏步　閩本明監本毛本吏作捷是也

尾於正鵠之事　〔補〕毛本尾作毛

未學者之所及　閩本明監本毛本同案浦鏜云未當末字誤也

以射法治射義　閩本明監本毛本同案浦鏜云儀誤義是也

司衣掌大射之禮云　閩本明監本毛本同案浦鏜云裘誤衣是也

有正者無鵠者無正　閩本明監本毛本同案浦鏜云無鵠下當脫有鵠二字是也

附釋音毛詩注疏卷第五（五之三）

魏葛屨詁訓傳第九

陸曰案魏世家及左氏傳云姬姓國也詩譜云周以封同姓其地虞舜夏禹所都之域地在古冀州雷首之北析城之西南枕河曲北涉汾水

毛詩國風　鄭氏箋　孔穎達疏

魏譜

魏者虞舜夏禹所都之地。正義曰地理志云河東郡有河北縣詩魏國也晉獻公滅之封大夫畢萬皇甫謐云舜所營都或云蒲坂即河東縣是也禹受禪都平陽或安邑皆屬河東五子之歌怨太康失邦其歌云惟彼陶唐有此冀方今失厥道乃底滅亡左傳引其文服虔云堯居冀州虞夏因之不遷居不易民其陶唐虞夏之都大率相近不出河東之界故書責太康亡失然則魏都河北蒲坂故安邑皆偏近之故云魏者舜禹所都之地謂境內有其都耳魏不居其墟也。在禹貢冀州雷首之北析城之西。正義曰禹貢云壺口雷首至于太岳厎柱析城至于王屋地理志云雷首在蒲坂南析城在濩澤西南皆在河東界內是其屬冀州也。周以封同姓焉。正義曰襄二十九年左傳曰虞虢焦滑霍楊韓魏皆姬姓是與周同姓也魏世家絕不知所封爲誰故言周以封同姓乎。其封域南枕河曲北涉汾水。正義曰地理志云魏國姬姓也在晉之南河曲故其詩曰彼汾一曲寘諸河之干兮是南枕河曲也汾沮洳曰彼汾沮洳言采其莫刺君采其菜於汾明其境踰汾矣故知北涉汾水。昔舜耕於歷山陶於河濱。正義曰尚書傳文也彼注云歷山在河東是舜耕之處在魏境也言陶於河濱則在河北之濱蓋以歷山相近同爲魏地故連言之皇甫謐云言陶於河濱即禹貢所謂陶丘今濟陰定陶之西南陶丘亭是也言河濱明近河不宜在濟陰謐之言謬耳。禹菲飲食而致孝乎鬼神惡衣服而致美乎黻冕卑宮室而盡力乎溝洫此一帝一王儉約之化於時猶存及今魏君嗇且褊急不務廣脩德於民教以義方。正義曰教以義方隱三年左傳石碏辭也感舜禹之化則應皆儉約而碩鼠伐檀又以刺君貪鄙者雖遺風尚在人性不同不能使貪者皆儉因葛屨等刺儉者多又其詩在先故言儉約之化耳晉有唐之遺風詩稱唐國此有舜禹舊化其詩不稱虞夏者晉初唐叔封爲唐侯又能憂深思遠有堯之遺風故謂之唐魏初無虞夏之名虞夏又非諸侯之國徒感儉約之化嗇且褊急故譜本於舜禹耳無義言虞夏也堯舜道同而感有深淺者時君政異故也。其與秦晉鄰國日見侵削國人憂之。正義曰魏國西接於秦北鄰於晉桓四年左傳曰秦師圍魏是秦數伐之終爲晉所滅明晉亦侵之。當周平桓之世魏之變風始作。正義曰周自幽王以上諸侯未敢專征平桓之後以強凌弱今云日見侵削明是諸侯專恣故以爲平桓之時變風始作。至春秋魯閔公元年晉獻公竟滅之以其地賜大夫畢萬自爾而後晉有魏氏。正義曰鄭言此者見閔公已前魏國尚存故平桓之世得作詩也魏無世家而鄭於左方中云葛屨至十畝之間爲一君伐檀碩鼠爲一君知者以上五篇刺儉下二篇刺貪其事相反故分爲異君或父祖或子孫不可知也。案襄二十九年左傳魯爲季札歌魏曰美哉大而婉儉而易行以德輔此則爲明主也。此詩並刺君而季札美之者美其有儉約之餘風而無德以將之失於太儉故詩人刺之

葛屨刺褊也魏地陿隘其民機巧趨利其君儉嗇褊急而無德以將之　儉嗇而無德是其所以見侵削。屨俱具反褊必淺反陿音洽本或作狹依字應作陜隘於懈反巧如字徐若孝反趨七須反徐七踰反嗇音色。

【疏】葛屨二章上章六句下章五句至將之。正義曰作葛屨詩者刺褊也所以刺之者魏之土地既以陿隘故其民機心巧僞以趨於利其君又儉嗇且褊急而無德教以將撫之令魏俗彌趨於利故刺之也言魏地陿隘者若地廣民稀則情不趨利地陿民稠耕稼無所衣食不給機巧易生人君不知其非反覆儉嗇褊急德教不加於民所以日見侵削故舉其民俗君情以刺之機巧趨利者章上四句是也儉嗇言愛物褊急言性躁二者大同故直云刺褊卒章下二句是也上章下二句下章上三句皆申說未三月之婦不可縫裳亦是趨利之士也。箋儉嗇至侵削。正義曰以下園有桃及陟岵序皆云國小而迫日以侵削故箋探下章而言其刺之意。

糾糾葛屨可以履霜　糾糾猶繚繚也夏葛屨冬皮屨葛屨非所以履霜箋云葛屨賤皮屨貴魏俗至冬猶謂葛屨可以履霜利其賤也。糾吉黝反沈居酉反繚音了沈音遼。**摻摻女手可以縫裳**　摻摻猶纖纖也婦人三月廟見然後執婦功箋云言女手者未三月未成爲婦裳男子之下服賤又未可使縫魏俗使未三月婦縫裳者利其事也。摻所銜反又所感反徐又息廉反纖息廉反說文作攕山廉反云好手貌纖息廉反見賢遍反。**要之襋之好人服之**　要褄也襋領也

好人，好女手之人。箋云：服，整也。䙘也，領也，在上，好人尙可使整治之，謂屬著之。○要，於遙反。襋，紀力反。屬音燭。著，直略反。

疏 糾糾至服之。○正義曰：魏俗趨利，言糾糾然夏日所服之葛屨，魏俗利其賤，至冬日猶謂之可以履寒霜；摻摻然未成婦之女手，魏俗利其士，新來嫁猶謂之可以縫衣裳。又深譏魏俗言䙘之也，領之也，在上之衣，尊，好人可使整治之裳，乃服之。襋者亦使女手縫之，是其趨利之甚。○傳糾糾至履霜。○正義曰：糾糾爲葛屨之狀，當爲稀疏之貌，故云猶繚繚也。士冠禮云：屨，夏用葛，冬皮屨可也。士喪禮云：夏葛屨，冬白屨。注云：冬皮屨變言白者，明夏時用葛亦白也。是衣服之宜，當夏葛屨，冬皮屨也。月令季秋霜始降，則履霜自秋始。言冬者，以履霜爲寒而言，冬爲寒甚，故傳據儀禮而舉冬以言之也。凡屨，冬皮夏葛，則無用絲之時，而少儀云國家靡敝，君子不履絲屨者，謂皮屨以絲爲飾也。天官屨人說屨舄之飾有絇、繶、純，是屨用絲爲飾。夏日之有葛屨，猶絺綌所以當暑，特爲便於時耳，非行禮之服。若行禮之服，雖夏猶當用皮。鄭於周禮注及志言朝祭屨舄各從其裳之色，明其不用葛也。○傳摻摻至婦功。○正義曰：摻摻爲女手之狀，則爲纖細之貌，故云猶纖纖。說文云：纖，好手。古詩云：纖纖出素手，是也。下云宛然左辟，是已入夫家。既入夫家，仍云女手，明是未成婦也。曾子問云：三月而廟見，稱來婦。又云：女未廟見而死，歸葬於女氏之黨，示未成婦也。則知既廟見者爲成婦矣。既成爲婦，則當家士，盡爲此譏，使之縫裳，明是未可縫裳，故云三月廟見，然後執婦功。三月廟見，謂無舅姑者，婦入三月乃見於舅姑之廟。若有舅姑，則士昏禮所云質明贊見婦於舅姑，不待三月也。雖於昏之明旦即見舅姑，也亦三月乃助祭行，故易歸妹注及鄭箴膏肓皆引士昏禮云：婦入三月而後祭行。然則雖見舅姑，猶未祭行，亦未成婦也。成婦雖待三月，其婚則當夕成矣。士昏禮云：其夕衽席於奧，良席在東，皆有枕，北趾。主人入，親脫婦纓，燭出。注云：婚禮畢，將臥息。又駁異義云：昏禮之暮，枕席相連。是其當夕成昏也。○箋言女至其事。○正義曰：以婦人之服不殊裳，故知所言裳者，指男子之下服也。曲禮曰：諸母不漱裳。唯舉裳不漱，則衣可漱，明裳爲賤。○傳要䙘至之人。○正義曰：士喪禮云：襚者左執領，右執要。又曰：襚者以褶，必有裳，執衣如初。注云：帛爲褶，無絮，雖複與禪同，有裳乃成稱。然則襚服有衣有裳，而左右執之，則左執衣領，右執裳要。此要謂裳要，字宜從衣，故云要䙘也。要是裳䙘，則襋爲衣領。說文亦云：襋，衣領也。二者於衣於裳各在其上，且又功少，故好人可使整治屬著之。上云女手，此云好人，故云好人女手之人。今定本云好人好女手之人者，義亦通。

好人提提，宛然左辟，佩其象揥。提提，安諦也。宛，辟貌。婦至門，夫揖而入，不敢當尊，宛然而左辟。象揥，所以爲飾。箋云：婦新至，慎於威儀，如是，使之非禮。○提，徒兮反。宛，於阮反。辟音避，注同。一音婢亦反。揥，勑帝反。諦音帝。

維是褊心，是以爲刺。箋云：魏俗所以然者，是君心褊急，無德教使之耳，我是以刺之。

疏 好人至爲刺。○正義曰：言好人初至，容貌安詳審諦，提提然至門之時，其夫揖之，不敢當夫之揖，宛然而左辟之，又佩其象骨之揥以爲飾，敬慎威儀如是，何故使之縫裳？魏俗所以然者，維是魏君褊心，無德教使然，我是以爲此刺也。○傳提提至爲飾。○正義曰：釋訓云：提提，安也。孫炎曰：提提，行步之安也。言安諦，謂行步安舒審諦也。士昏禮云：婦至，主人揖婦以入，及寢門，揖入。是婦至門，夫揖而入也。此好人不敢當夫之尊，故宛然而左還辟之，不敢當主，故就客位。○箋魏俗至刺之。○正義曰：如此箋，則魏俗之趨利，由君也。序云：魏地陿隘，其民機巧趨利，則似魏俗先然，與此反者，魏俗趨利，實由地陿使然，人君當知其不可，而以政反之。今君乃儉嗇且褊急，而無德教，至使民俗益復趨利，故刺之。

葛屨二章，一章六句，一章五句。

汾沮洳，刺儉也。其君儉以能勤，刺不得禮也。○汾沮洳，汾音扶云反。沮，音子預反。洳，音如預反。其君子，一本無子字。

疏 汾沮洳三章，章六句。至得禮。○正義曰：作汾沮洳詩者，刺儉也。其君好儉而能勤，躬自采菜，刺其不得禮也。○

彼汾沮洳，言采其莫。汾，水也。沮洳，其漸洳者。莫，菜也。箋云：言，我也。於彼汾水漸洳之中，我采其莫以爲菜，是儉以能勤。○莫音暮。漸，如字，又接廉反。

彼其之子，美無度。箋云：之子，是子也。是子之德美無有度，言不可尺寸。

美無度，殊異乎公路。路，車也。箋云：是子之德美信無度矣，雖然，其采莫之士，則非公路之禮也。公路，主君之軞車，庶子爲之，晉趙盾爲軞車之族是也。○軞，本作旄，音毛。盾，徒本反。

疏 彼汾至公路。○正義曰：由魏君儉以能勤，於彼汾水漸洳之中，我魏君親往采其莫以爲菜，是儉而能勤也。彼其采莫之子，能勤儉如是，其美信無限度矣，非尺寸可量也。美雖無度，其采莫之士，殊異於公路賤官，尚不爲之，君何故親采莫乎？刺其不得禮也。

○傳汾水至莫菜。正義曰汾是水名沮洳潤澤之處故爲漸洳莫菜者陸機疏云莫莖大如箸赤節節一葉似柳葉厚而長有毛刺今人繅以取繭緒其味酢而滑始生可以爲羹又可生食五方通謂之酸迷冀州人謂之乾絳河汾之間謂之莫案王肅孫毓皆以爲大夫采菜其集注序云君子儉以能勤案今定本及諸本序直云其君義亦得通。箋之子至尺寸。正義曰之子是子釋訓文宛丘云游蕩無度實之初筵云飲酒無度皆謂無節度也此不得爲美無節度故爲無復度限言不可以尺寸量也。箋是子至是也。正義曰公路與公行一也以其主君路車謂之公路主兵車之行列者則謂之公行正是一官也宣二年左傳云晉成公立乃宦卿之適以爲公族又宦其餘子亦爲餘子其庶子爲公行趙盾請以括爲公族公許之冬趙盾爲旄車之族是其事也趙盾自以爲庶子讓公族而爲公行言爲旄車之族明公行掌旄車服虔云旄車戎車之倅杜預云公行之官是也其公族則適子爲之掌君宗族成十八年左傳曰晉荀會欒黶韓無忌爲公族大夫使訓卿之子弟恭儉孝悌是公族主君之同姓故下箋云公族主君同姓昭穆是也傳有公族餘子公行此有公路公行公族知公路非餘子者餘子自掌餘子之政不掌公車不得謂之公路明公路即公行變文以韻句耳此公

族公行諸侯之官故魏晉有之天子則巾車掌王之五路車僕掌戎車之倅周禮六官皆無公族公行之官是天子諸侯異禮也。**彼汾一方言采其桑**箋云采桑親蠶事也**彼其之子美如英**萬人爲英**美如英殊異乎公行**公行從公之行也箋云從公之行者主君兵車之行列。行戶郎反注同〔疏〕傳萬人爲英。正義曰禮運注云英俊選之尤者則英是賢才絕異之稱此傳及尹文子皆萬人爲英大戴禮辨名記云千人爲英異人之說殊也**彼汾一曲言采其藚**藚水舃也。藚音續一名牛脣說文音其或反舃音昔。〔疏〕傳藚水舃。正義曰釋草云藚牛脣李巡曰別二名郭璞引毛詩傳曰水蕮也如續斷寸寸有節拔之可復陸機疏云今澤蕮也其葉如車前草大其味亦相似徐州廣陵人食之**彼其之子美如玉美如玉殊異乎公族**公族公屬箋云公族主君同姓昭穆也。昭紹遙反說文作佋

汾沮洳三章章六句

園有桃刺時也大夫憂其君國小而迫而儉以嗇不能用其民而無德教日以侵削故作是詩也〔疏〕園有桃二章章十二句至是詩。正義曰儉嗇不用其民章首二句是也大夫憂之下十句是也由無德教數被攻伐故連言國小而迫日以侵削於經無所當也**園有桃其實之殽**興也園有桃其實之殽國有民得其力。箋云魏君薄公稅省國用不取於民食園桃而已不施德教民無以戰其侵削之由由是也。殽本又作肴音交省色領反。**心之憂矣我歌且謠**曲合樂曰歌徒歌曰謠。箋云我心憂君之行如此故歌謠以寫我憂矣。謠音遙行下孟反下文行國同。**不我知者謂我士也驕**箋云士事也不知我所爲歌謠之意者反謂我於君事驕逸故。所爲于僞反下所爲皆同。**彼人是哉子曰何其**夫人謂我欲何爲乎。箋云彼人謂君也曰於也不知我所爲憂者既非責我又曰君儉而嗇所行是其道哉子於此憂之何乎。何其音基下章同夫人音符何爲如字。**心之憂**

矣其誰知之箋云知是則衆臣無知我憂所爲也**其誰知之蓋亦勿思**箋云無知我憂所爲者則宜無復思念之以自止也衆不信我或時謂我謗君使我得罪也。〔疏〕園有至勿思。毛以爲園有桃得其實爲之殽以與國有民得其力爲君用今魏君不用民力又不施德教使國日以侵削故大夫憂之言己心之憂矣我遂歌而且謠以寫中心之憂不知我者見我無故歌謠謂我於君事也驕逸然故彼人又言云君之行是哉子之歌謠欲何其爲乎彼人既不知我而責我矣而我心之憂矣其誰能知之既無知我者或謗我使我得罪其有誰能知之我蓋欲亦自止勿復思念之彼人正謂不知我者曰其亟爲辭。鄭以爲園有桃魏君取其實爲之殽不與爲異又以彼人爲君曰爲於言不知我者謂我於君事驕逸又言從君之行儉而嗇是其道哉子於此憂之何餘同。箋魏君至由是。正義曰魏君薄於公稅乃是人君美事而刺之者公家稅民有常不得過度故孟子曰欲輕之於堯舜大貉小貉欲重之於堯舜大桀小桀十一而稅下富上尊是稅三。不得薄也鄭志荅張逸亦云稅法有常不得薄今魏君不取於民唯食園桃而已非徒薄於十故刺之中庸云時使薄斂左傳稱晉悼公薄賦斂所以復霸皆薄爲美以當時

莫不厚稅故美其薄賦斂耳魯哀公曰二吾猶不足是當時皆重斂也易傳者以云其實之殽明食桃爲殽卽是儉嗇之事。傳曲合至曰謠。正義曰釋樂云徒歌謂之謠孫炎曰聲消搖也此文歌謠相對謠旣徒歌則歌不徒矣故云曲合樂曰歌樂卽琴瑟行葦傳曰歌者合於琴瑟也歌謠對文如此散則歌爲揔名論語云子與人歌檀弓稱孔子歌曰泰山其頽乎之類未必合樂也。傳夫人謂我欲何爲乎。正義曰夫人卽經之彼人也今定本云彼人不云夫人義亦通也何爲卽經之何其也彼人謂我何爲者言彼不知我者之人謂我歌謠無所爲也箋以上已云不知我者此無爲更斥彼人故以爲彼人斥君也曰於釋詁文

園有棘其實之食 棘棗也。棘紀力反從兩朿俗作棘同。 **心之憂矣聊以行國** 箋云聊且畧之辭也聊出行於國中觀民事以寫憂 **不我知者謂我士也罔極** 極中也箋云見我聊出行於國中謂我於君事无中正。 **彼人是哉子曰何其心之憂矣其誰知之其誰知之蓋亦勿思**

園有桃二章章十二句

陟岵孝子行役思念父母也國迫而數侵削役乎大國父母兄弟離散而作是詩也 役乎大國者爲大國所徵發。岵音戶此傳及解屺共爾雅不同王肅依爾雅數音朔侵削本或作國小而迫數見侵削者誤 疏 陟岵三章章六句至是詩。正義曰首章望父二章望母卒章望兄敘言其思念之由經陳思念之事經无弟而序言之者經以父母與兄己所尊敬故思其戒其實弟亦離散故序言之以協句今定本云國迫而數侵削義亦通也。箋云役乎至徵發。正義曰箋以文承數見侵削嫌爲從役以拒大國故辨之云爲大國所徵發也知者以言役乎大國則爲大國所役猶司寇亡役諸司空則爲司空所役明是大國徵發之 **陟彼岵兮瞻望父兮** 山无草木曰岵箋云孝子行役思其父之戒乃登彼岵山以遙瞻望其父所在之處。處昌慮反。 **父曰嗟予子行役夙夜無已** 箋云予我夙早夜莫也无已無解倦。莫音暮解音介。 **上慎旃哉猶來無止** 旃之猶可也父尚義箋云止者謂在軍事作部列時。旃之然反。 疏 陟彼至无止。正義曰孝子在役之時以親戚離散而思念之言己登彼岵山之上兮瞻望我父所在之處兮我本欲行之時而父教戒我曰嗟汝我子也汝從軍行役在道之時當早起夜寐无得已止又言若至軍中在部列之上當慎之哉可來乃來無止軍事而來若止軍事當有刑誅故深戒之。傳山无草木曰岵。正義曰釋山云多草木岵無草木屺傳言无草木曰岵下云有草木曰屺與爾雅正反當是轉寫誤也定本亦然。傳旃之至尚義。正義曰此旃與采苓舍旃旃皆爲足句故訓爲之猶可釋言文父尚義者解孝子所以稱父戒己之意由父之於子尚義故戒之二章傳曰母尚恩卒章傳曰兄尚親皆於章末言之與明見戒之意以其恩義親故也文十八年左傳曰舜舉八元使布五教於四方父義母慈兄友弟恭子孝恩卽慈也親則友也。箋上者至列時。正義曰上言行役是在道之辭也此變言上又云可來乃來明在軍上爲部分行列時也曲禮曰左右有局各司其局注云局部分也謂軍中各有所部部爲行列之分與此一也。**陟彼屺兮瞻望母兮** 山有草木曰屺箋云此又思母之戒而登屺山而望之也。屺音起。 **母曰嗟予季行役夙夜無寐** 季少子也無寐无耆寐也。少詩照反耆常志反。 **上慎旃哉猶來無棄** 母尚恩也 **陟彼岡兮瞻望兄兮兄曰嗟予弟行役夙夜必偕** 偕俱也。 **上慎旃哉猶來無死** 兄尚親也

陟岵三章章六句

十畝之間刺時也言其國削小民無所居焉。畝莫后反古作畮俗作畝皆同。 疏 十畝之間二章章三句至居焉。正義曰經二章皆言十畝一夫之分不能百畝是爲削小無所居謂土田陿隘不足耕墾以居生非謂無居宅也 **十畝之間兮桑者閑閑兮** 閑閑然男女無別往來之貌箋云古者一夫百畝今十畝之間往來者閑閑然削小之甚。閑音閑本亦作閑別彼列反。 **行與子還兮** 或行來者或來還者。還本亦作旋 疏 十畝至還兮。正義

曰魏地陿隘一夫不能百畝今纔在十畝之間采桑者閑閑然或男或女共在其間往來無別也又敘其往者之辭乃相謂曰行與子俱廻還兮雖則異家得往來俱行是其削小之甚也。傳閑閑至之貌。正義曰此言之間則一家之人共采桑於其間地陿隘無所相避故言男女無別閑閑然爲往來之貌此章既言之間故下章言之外地傍徑路行非一家故言泄泄爲多人之貌。箋古者至之甚。正義曰王制云制農田百畝地官遂人云夫一廛田百畝司馬法曰畝百爲夫是一夫百畝也此言其正法耳周禮上地家百畝中地家二百畝下地家三百畝又云遂上地有萊五十畝其廢易相通皆二百畝也孟子曰五畝之宅樹之以桑則野田不樹桑漢書食貨志云田中不得有樹用妨五穀此十畝之中言有桑者孟子及漢志言其大法耳民之所便雖田亦樹桑故上云彼汾一方言采其桑古者侵其地而虜其民此得地陿民稠者以民有畏寇而內入故地陿也一夫百畝今此十畝相率十倍魏雖削小未必即然舉十畝以喻其陿隘耳。傳或行來者或來還者。正義曰云還兮相呼而共歸下云逝兮相呼而共往傳探下章之意故云或行來者或來還者見往來相須故摠解之。

十畝之外兮桑者泄泄兮 泄泄多人之皃。泄以世反。

行與子逝兮 箋云逝逮也。逮徒賚反又徒帝反

十畝之間二章章三句

伐檀刺貪也在位貪鄙無功而受祿君子不得進仕爾 。檀徒丹反木名。疏 伐檀三章章九句至仕爾。正義曰在位貪鄙者經三章皆次四句是也君子不得進仕者首章三句是也經序倒者序見由在位貪鄙令君子不得仕如其次以述之經先言君子不仕乃責在位之貪鄙故章卒二句皆言君子不素飧以責小人之貪是終始相結也此言在位則刺臣明是君貪而臣効之雖責臣亦所以刺君也

坎坎伐檀兮寘之河之干兮河水清且漣猗 坎坎伐檀聲寘置也干厓也風行水成文曰漣伐檀以俟世用若俟河水清且漣箋云是謂君子之人不得進仕也。坎苦感反寘之豉反漣力纏反猗於宜反本亦作漪同

不稼不穡胡取禾三百廛兮不狩不獵胡瞻爾庭有縣貆兮 種之曰稼斂之曰穡一夫之居曰廛貆獸名箋云是謂在位貪鄙無功而受祿也冬獵曰狩宵田曰獵胡何也貉子曰貆。廛本亦作壥又作厘直連反古者一夫田百畝別受都邑五畝之宅是也縣音玄下皆同貆本亦作狟音桓徐郭音暄貉子也宵音消夜也貉戶各反依字作貈

彼君子兮不素餐兮 素空也箋云彼君子者斥伐檀之人仕有功乃肯受祿。餐七丹反說文作餐云或從水字林云呑食也飧音孫。疏 坎坎至餐兮。正義曰言君子之人不得進仕坎坎然身自斬伐檀木置之於河之厓欲以爲輪輻之用此伐檀之人既不見用必待明君乃仕若待河水澄清且有波漣猗然也君子不進由在位貪鄙故責在位之人云汝不親稼種不親斂穡何爲取禾三百夫之田穀兮汝不自冬狩不自夜獵何爲視汝之庭則有所懸者是貆獸兮汝何爲無功而妄受此也彼伐檀之君子終不肯而空餐兮汝何爲無功而受祿使賢者不進也。傳坎坎至且漣。正義曰以下云漘側則是厓畔之處故云干厓也易漸卦鴻漸於干注云干謂大水之傍故停水處與此同也風行水而成文章者曰漣此云漣猗下云直猗淪猗漣直淪論水波之異猗皆辭也釋水云河水清且瀾猗大波爲瀾小波爲淪直波爲徑李巡云分別水大小曲直之名郭璞曰瀾言渙瀾也淪言蘊淪也徑言徑涎也漣瀾雖異而義同此詩漣淪舉波名直波不言徑而言直者取韻故也下二章言伐輻伐輪則此伐檀爲車之輪輻并待河水之清方始用之而經於河干之下即言河水清故解其意此人不得進仕伐檀隱居以待可仕之世若待河水清且漣猗然也河水性濁清則難待猶似闇主常多明君稀出既云置檀河厓因即以河爲喻襄八年左傳云俟河之清人壽幾何易緯云王者太平嘉瑞之將出則河水先清是河水稀清故以喻明君稀出也。傳種之至獸名。正義曰以稼穡相對皆先稼後穡故知種之曰稼斂之曰穡若散則相通大田云曾孫之稼非唯種之也湯誓曰舍我穡事非唯斂之也一夫之居曰廛謂一夫之田百畝也地官遂人云夫一廛田百畝司農云廛居也揚子云有田一廛謂百畝之居與此傳同也地官載師云市廛之征鄭司農云廛市中空地未有肆城中空地未有宅者也玄謂廛者若今云邑居里矣廛民居之區域也里居也以廛里任國中而遂人授民田夫一廛田百畝是廛不謂民之邑居在都城者與則鄭謂廛爲民之邑居不爲一夫之田者以廛者民居之名夫田與居宅同名爲廛但周礼言夫一廛復言田百畝百畝既是夫田故以廛爲居宅即孟子云五畝之宅是也以載師連市言之故準遂人以廛爲

邑居此言胡取禾三百廛取禾宜於田中故從傳一夫之居不易之釋獸云貈子貆郭璞曰其雌者名豱豱乃刀反今江東通呼貉爲貆貆。箋是謂至曰貆。正義曰釋天云冬獵爲狩宵田爲獠李巡曰冬圍守而取禽故郭璞曰獠猶燎也今之夜獵載鑪照者也江東亦呼獵爲獠管子曰獠獵畢弋是獠爲獵之別名經云不狩不獵則狩與獵別故以獵爲宵田此對文耳散卽獵通於晝夜狩兼於四時若周禮云大田獵王制云佐車止則百姓田獵不必皆宵田也中候云秦伯出狩騶驖云從公于狩未必皆冬獵也釋天又云火田爲狩孫炎曰放火燒草守其下風是狩非獨冬獵之名也。

坎坎伐輻兮寘之河之側兮河水清且直猗 輻檀輻也側猶厓也直直波也。輻音福 **不稼不穡胡取禾三百億兮不狩不獵胡瞻爾庭有縣特兮** 萬萬曰億獸三歲曰特箋云十萬曰億三百億禾秉之數 **彼君子兮不素食兮**【疏】傳萬萬至曰特。正義曰萬萬曰億今數然也傳以時事言之故今九章筭術皆以萬萬爲億獸三歲曰特毛氏當有所據不知出何書。箋十萬至之數。正義曰箋以詩書古人之言故今古數言之知古億十萬者以田方百里於今數爲九百萬畝而王制云方百里爲田九十億畝是億爲十萬也故彼注云億今十萬是以今曉古也楚語云百姓千品萬官億醜皆以數相十是億十萬也詩內諸言億者毛鄭各從其家故楚茨箋傳與此同三百億與三百廛三百囷相類若爲釜斛之數則大多不類故爲禾秉之數秉把也謂刈禾之把數聘禮注云秉謂刈禾盈把是也

坎坎伐輪兮寘之河之漘兮河水清且淪猗 檀可以爲輪漘厓也小風水成文轉如輪也。輪音淪漘順倫反本亦作脣淪音倫韓詩云順流而風曰淪淪文貌 **不稼不穡胡取禾三百囷兮不狩不獵胡瞻爾庭有縣鶉兮** 圓者爲囷鶉鳥也。囷丘倫反圓倉鶉音純。【疏】傳圓者爲囷鶉鳥。正義曰月令修囷倉方者爲倉故圓者爲囷考工記匠人注云囷圓倉是也釋鳥云鶉鶉其雄鶛牝庳李巡曰別雄雌異方之言鶉一名鶉郭璞曰鶉鵪之屬也。**彼君子兮不素飧兮** 熟食曰飧箋云飧讀如魚飧之飧。飧素門反字林云水澆飯也。【疏】傳熟食曰飧。正義曰傳意以飧爲飧饔

之飧客始至之大禮其食熟致之故云熟食曰飧秋官掌客云公飧五牢侯伯飧四牢子男飧三牢卿飧二牢大夫飧一牢士飧少牢注云公侯伯子男飧皆飪一牢則卿大夫亦有飪故曰爲熟食也。箋飧讀如魚飧之飧。正義曰宣六年公羊傳曰晉靈公使勇士將殺趙盾入其門則無人焉上其堂則無人焉俯而窺之方食魚飧是其事也鄭以爲魚食飧則非傳所云熟食也說文云飧水澆飯也從夕食言人旦則食飯飯不可停故夕則食飧是飧爲飯之別名易傳者鄭志荅張逸云禮飧饔大多非可素不得與不素飧相配故易之也

伐檀三章章九句

碩鼠刺重斂也國人刺其君重斂蠶食於民不脩其政貪而畏人若大鼠也。碩音石斂呂驗反下同【疏】碩鼠三章章八句至大鼠。正義曰蠶食者蠶之食桑漸漸以食使桑盡也猶君重斂漸漸以稅使民困也言貪而畏人若大鼠然解本以碩鼠爲喻之意取其貪且畏人故序因倒述其事經三章皆上二句言重斂次二句言不脩其政由君重斂不脩其政故下四句言將棄君而去也。

碩鼠碩鼠無食我黍三歲貫女莫我肯顧 貫事也箋云碩大也大鼠大鼠者斥其君也女無復食我黍疾其稅斂之多也我事女三歲矣曾無教令恩德來顧眷我又疾其不修政也古者三年大比民或於是徙。貫古亂反徐音官復扶又反稅始銳反比毗志反 **逝將去女適彼樂土** 箋云逝往也往矣將去女與之訣別之辭樂土有德之國。樂音洛注下同土如字他古反沈徒古反訣古穴反。**樂土樂土爰得我所** 箋云爰曰也。【疏】碩鼠至得我所。正義曰國人疾其君重斂畏人比之碩鼠言碩鼠碩鼠無食我黍猶言國君國君無重斂我財君非直重斂於我又不脩其政我三歲以來事汝矣曾無於我之處肯以教令恩德眷顧我也君既如是與之訣別言往矣將去汝之彼樂土有德之國我所以之彼樂土者以此樂土若往則曰得我所宜故也言往將去汝者謂我往之他國將去汝國也。傳貫事。正義曰釋詁文。箋碩大至是徙。正義曰碩大釋詁文釋獸於鼠屬有鼫鼠孫炎曰五技鼠郭璞曰大鼠頭似兔尾有毛青黃色好在田中食粟豆關西呼鼩音雀鼠舍人樊光同引此詩以碩鼠爲彼五技之鼠也許慎云碩

鼠五技能飛不能上屋能游不能渡谷能緣不能窮木能走不能先人能穴不能覆身此之謂五技陸機疏云今河東有大鼠能人立交前兩脚於頸上跳舞善鳴食人禾苗人逐則走入樹空中亦有五技或謂之雀鼠其形大故序云大鼠也魏國今河北縣是也言其方物宜謂此鼠非鼫鼠也按此經作碩鼠訓之爲大不作鼫鼠之字其義或如陸言也序云貪而畏人若大鼠然故知大鼠爲斥君亦是興喻之義也箋又以此民居魏蓋應久矣正言三歲貫汝者以古者三歲大比民或於是遷徙故以三歲言之地官小司徒及鄉大夫職皆云三年則大比言比者謂大校比其民之數而定其版籍明於此時民或得徙地官比長職曰徙於國中及郊則從而授之注云徙謂不便其居也或國中之民出徙郊或郊民入徙國中皆從而付所處之吏是大比之際民得徙矣。**碩鼠碩鼠，無食我麥。三歲貫女，莫我肯德。**箋云不肯施德於我**逝將去女，適彼樂國。樂國樂國，爰得我直。**直得其直道箋云直猶正也。**碩鼠碩鼠，無食我苗。**苗嘉穀也〔疏〕傳苗嘉穀○正義曰黍麥指穀實言之是鼠之所食苗之莖葉以非鼠能食之

故云嘉穀謂穀實也穀生於苗故言苗以韻句**三歲貫女，莫我肯勞。**箋云不肯勞來我○勞如字又力報反注同徠本亦作來同力代反**逝將去女，適彼樂郊。**箋云郭外曰郊**樂郊樂郊，誰之永號。**號呼也箋云之往也永歌也樂郊之地誰獨當往而歌號者言皆喜說無憂苦○咏本亦作永同音詠號戶毛反注同呼火故反說音悅〔疏〕誰之永號○正義曰言彼有德之樂郊誰往而獨長歌號呼言往釋皆歌號喜樂得所故我欲往也箋之往永歌○正義曰之往釋詁文永是長之訓也以永號共文傳云號呼是歌之呼樂記及關雎矣皆云永歌之舜典云聲依永故以永爲歌歌必長言之故也

碩鼠三章章八句

附釋音毛詩注疏卷第五（五之三）

刑部員外南昌黃中棫栞

毛詩注疏挍勘記（五之三）　阮元撰盧宣旬摘錄

魏譜

故言周以封同姓子　閩本明監本毛本同案子當作云形近之譌

其封域（補）案其上當○

寘諸河之干兮　閩本明監本毛本同案此不與今地理志同

昔舜陶於河濱（補）案昔上當○

不可知凡　閩本明監本毛本同案浦鏜云凡當作也字誤是也

止此詩並刺君　閩本明監本毛本止作也案皆誤也止當作但字之壞耳

○葛屨

而無德以將之　小字本相臺本同唐石經初刻之下有也字後磨去

反覆儉嗇褊急　閩本明監本毛本同案浦鏜云覆當復字誤是也

機巧趨利者章上四句是也　閩本明監本毛本同案者當作首形近之譌

亦是趨利之士也　閩本明監本毛本士作事案所改是也篇內同

故箋採下章　閩本明監本毛本同案浦鏜云採當探字誤是也

要褸也　段玉裁云古本當作要要也謂此要字即衣之要也衣之要見於喪服士喪禮玉藻深衣諸篇字無作褸者以本字爲訓此易傳蒙者蒙也比者比也剝者剝也說文巳巳也北風傳虛虛也之例淺人不能通故北風與此二傳皆妄改

襋領也　小字本相臺本同案領上當有衣字釋文襋下云襋衣領也考此可見釋文正義二本此傳皆有衣字正義云要是裳褸則襋爲衣領說文亦云襋衣領也說文襋下引詩此句是正用傳文傳上云亦者即亦傳也以上經已見裳字故不復言裳褸也此傳云襋衣領也以經更無衣字故須言衣以顯之也各本脫衣字失傳旨矣當正之○案褸領皆統於衣不得分褸屬裳領屬衣正義云褸爲裳褸此語陋甚是未考儀禮禮記衣服之制

國家靡幣　閩本明監本毛本同案幣當作弊形近之譌

雖復與禪同　閩本明監本毛本同案浦鏜云複誤復考儀禮釋文浦挍是也

則襯爲衣領　閩本明監本毛本同案襯當作襋

○汾沮洳

雖然其采莫之士　小字本相臺本士作事閩本明監本毛本同案事字是也士乃誤字其誤與葛屨正義內同當時寫書人往往以士代事此絕不可通閩本以下仍之亦誤

○園有桃

興也園有桃其實之殽　閩本明監本毛本同小字本相臺本殽作食案食字是也此傳以食解殽非複舉經文正義說箋云明食桃爲殽正用傳

不我知者　唐石經小字本同相臺本作不知我者閩本明監本毛本同案相臺本非也箋倒經作不知我者正義依之耳不可據以改經下章同

箋云知是　閩本明監本毛本同小字本相臺本知作如考文古本同案如字是也

以自止也　小字本相臺本同考文古本同閩本明監本毛本止誤正十行本初刻止後剜改作正案止字是也正義云蓋欲亦自止勿復思念之可證

又言從君之行儉而嗇　閩本明監本毛本同案浦鏜云從當彼字誤是也

是稅三不得薄也　閩本明監本毛本同案三當作一

非徒薄於十　閩本明監本毛本同案十當作一

○陟岵

國迫而數侵削唐石經小字本相臺本同案此定本也正義云今定本云國迫而數侵削義亦通也下云箋以文承數見侵削是正義本數下有見字考釋文云國迫而數侵削本或作國小而迫數見侵削者誤正義本當即或作本也葛屨序正義云以下國有桃及陟岵序皆云國小而迫日以侵削乃引此就國有桃序耳考文古本作國小迫而數見侵削采釋文但誤倒而迫二字

猶司寇亡役諸司空閩本明監本毛本同案亡當作云形近之譌

比者謂在軍事作部列時小字本相臺本同閩本同明監本毛本比作上案上字是也正義云若至軍中在部列之上又說箋云此變言上又云明在軍上爲部分行列時也標起止云箋上者皆可證山井鼎云按疏作上爲是

〇十畝之閒

桑者閑閑兮唐石經小字本相臺本同案釋文云閑閑音閑本亦作閑正義標起止云傳閑閑正義本與釋

文亦作本同

又云遂上地有萊五十畝閩本明監本毛本同案浦鏜云萊譌菜是也

〇伐檀

徑言徑涎也閩本明監本毛本同案涎當作侹形近之譌爾雅釋文可證

揚子云有田一㕓閩本明監本毛本同案浦鏜云雲誤云非也此語出揚子自序

其雌者名獥獥乃刀反毛本獥誤𤡮閩本明監本不誤案爾雅釋文云獥字又作𤡮同是作𤡮者誤

今江東通呼貉爲𤞴𤞴閩本明監本毛本同案浦鏜云獩獀誤𤞴𤞴引證爾雅釋文獩烏郎反獀山吏反是也

歎三歲曰特小字本相臺本同案正義云歎三歲曰特毛氏當有所據不知出何書盧文弨云齊傳曰三歲曰肩豳傳曰三歲曰豜矣則此傳三當作四廣雅之所本也段玉裁云鄭司農注周禮云三歲爲特四歲爲肩與毛互異肩豜同字耳今考騶虞正義引此傳亦作三歲云蓋異獸別名故三歲者有二名也

故今古數言之閩本明監本毛本同案今當作合形近之譌

入其門則無人焉閩本明監本毛本同案此公羊本作則無人焉門者何休注可證正義所引亦然不知者誤去下門者二字耳今公羊焉字誤在門字下更非

鄭以爲魚食飧閩本明監本毛本同案食當作飧之二字

不得與不素飧相配閩本明監本毛本同案浦鏜云飧當餐字誤是也

〇碩鼠

曾無教令恩德來顧眷我小字本相臺本同案依正義當作眷顧各本皆誤倒也

關西呼鼩音瞿鼠閩本明監本毛本同案呼至瞿十行本剜添者一字必音瞿二字初刻旁

行細書而兩字相並後改入正文故如此耳山井鼎云鼩音求于反此同沈也〇按音瞿二字郭語也非疏家語

及卿大夫職也閩本明監本毛本同案浦鏜云鄉誤卿是

誰之永號唐石經小字本相臺本同案釋文云咏本亦作永永爲咏不改其字者以爲假借也正義本是永字此箋云永歌也乃讀當是因箋并改經字考文古本作詠采釋文耳

言往釋皆歌號閩本明監本毛本同十行本釋字剜案此誤也釋當作矣首章正義云言往矣將去汝往矣二字本箋此亦同物觀考文補遺所載作者就彼所見本而言也

樂記及關雎矣閩本明監本毛本同十行本矣字剜案此誤也矣當作序十行本欲剜上文往矣之矣誤入於此山井鼎云宋板磨滅就彼所見本而言也

魏國七篇十八章百二十八句十行本脫此一行各本皆有也

附釋音毛詩注疏卷第六（六之一）

唐蟋蟀詁訓傳第十

陸曰唐者周成王之母弟叔虞所封也其地帝堯夏禹所都之墟漢曰太原郡在古冀州太行恒山之西太原太岳之野其南有晉水叔虞之子燮父因改爲晉侯至六世孫僖侯名司徒習堯儉約遺化而不能以禮節之今詩本其風俗故云唐也

毛詩國風　鄭氏箋　孔穎達疏

唐譜

唐者帝堯舊都之地今曰太原晉陽是堯始居此後乃遷河東平陽。正義曰以序云有堯之遺風則堯都之也漢書地理志云太原晉陽縣故詩唐國晉水所出東入汾是漢時爲太原晉陽也史記晉世家云唐在河汾之東方百里言百里則堯爲諸侯所居故云堯始居此地理志河東郡平陽縣應劭云堯都也則是堯爲天子乃都平陽故云後遷河東平陽也皇甫謐云堯爲天子都平陽禹受舜禪都平陽或於安邑或於晉陽則夏都亦在晉境故定四年左傳云命以唐誥而封於夏墟是也此不言有夏都者因序云有堯之遺風故指述堯事而已論語注云未知六百里者晉與衞與則晉初六百里矣而世家云百里者言古唐國之大耳非謂晉初唯方百里也。成王封母弟叔虞於堯之故墟曰唐侯南有晉水至子燮改爲晉侯。正義曰昭十五年左傳稱周景王謂晉籍談曰叔父唐叔成王之母弟也晉世家云成王與叔虞戲削桐葉爲珪以與叔虞曰以此封君史佚因言請擇日立叔虞成王曰吾與之戲耳史佚曰天子無戲言言則史書之於是封叔虞於唐是成王封母弟於堯之故墟也地名晉陽是也。南有晉水地理志云唐有晉水叔虞子燮爲晉侯是燮以晉水改爲晉侯蓋時王命使改之也皇甫謐云堯始封於唐今中山唐縣是也後徙晉陽及爲天子都平陽於詩爲唐國則唐國爲平陽也漢書音義臣瓚案唐今河東永安是也去晉四百里又云堯居唐東於彘十里應劭曰順帝改彘曰永安則瓚以唐國爲永安此二說詩之唐國不在晉陽燮何須改爲晉侯明唐正晉陽是也。其封域在禹貢冀州太行恒山之西太原太岳之野。正義曰地理志云太行在河內山陽縣西北恒山在故縣上曲陽西北以太行恒山皆在河北故屬冀州晉之東境迫此二山故云之西禹貢云既修太原至于岳陽鄭注云岳陽縣太岳之南於地理志太原今以爲郡名太岳在河東故縣彘東名霍太山河東太原皆晉境所及故云太原太岳之野。至曾孫成侯南徙居曲沃近平陽焉。正義曰案晉世家云唐叔生晉侯燮燮生武侯寧族族生成侯服人地理志云河東郡聞喜縣故曲沃也晉成侯自晉陽徙此是鄭所據之文也。昔堯之末洪水九年下民其咨萬國不粒於時殺禮以救艱厄其流乃被於今。正義曰堯典云帝曰咨四岳湯湯洪水方害下民其咨又稱使鯀治水九載績用弗成皐陶謨云禹曰洪水滔天予乘四載隨山刊木曁稷播奏庶艱食鮮食烝民乃粒以禹既治水萬國乃粒是未治水之時萬國不粒也禮稱凶荒殺禮明堯於九年之內殺禮以救艱厄故儉嗇其流乃被於今謂作詩時也。當周公召公共和之時成侯曾孫僖侯甚嗇愛物儉不中禮國人閔之唐之變風始作。正義曰案晉世家云成侯生厲侯福福生靖侯宜臼宜臼生僖侯司徒是僖侯乃成侯曾孫也世家又云靖侯十七年厲王出奔于彘大臣行政故云共和十八年靖侯卒則僖侯元年當共和二年也故知當共和之時。其孫穆侯又徙於絳云。正義曰案晉世家云僖侯生獻侯籍籍生穆侯費王是也知徙於絳者以成侯徙居曲沃則曲沃爲晉都矣至昭公之時分曲沃以封桓叔則正都不在曲沃明昭公已前已徙絳矣知穆侯徙者蓋相傳爲然地理志云河東絳縣晉武公自曲沃徙此者以桓叔別封曲沃武公既并晉國徙就晉都故云自曲沃徙此耳非謂武公始都絳也然則穆侯以後晉恒都絳而隱五年左傳云曲沃莊伯伐翼翼侯奔隨又謂之爲翼者杜預云翼晉舊都在平陽絳邑縣東穆侯徙絳昭侯以下又徙於翼及武公并晉又都絳也莊二十六年左傳稱晉獻公命士蔿城絳以深其宮明是武公徙絳也晉世家云獻公使士蔿盡殺諸公子而城聚都之命曰絳案左傳云晉士蔿使羣公子盡殺游氏之族乃城聚而處之冬晉侯圍聚盡殺羣公子則城聚以處羣公子非晉都也世家言命聚曰絳非也世家又云穆侯卒弟殤叔立四年爲穆侯太子仇所殺仇立是爲文侯三十五年卒昭侯立元年封其叔父成師于曲沃七年爲大臣潘父所殺子孝侯立十五年爲曲沃莊伯所殺子鄂侯郤立六年當魯隱五年卒子哀侯光立九年爲曲沃武公所虜子小子侯立四年爲曲沃武公誘而殺之哀侯弟緡立爲晉侯二十八年曲沃武公伐晉侯緡滅之周僖王命曲沃武公爲晉君武公已即位三十七年矣又二年卒子獻公詭諸立二十六年卒此其君次也案隱五年左傳曲沃莊伯伐翼翼侯奔隨秋王命虢公伐曲沃而立哀侯于翼六年傳曰翼九宗五正頃父之子嘉父逆晉侯于隨納諸鄂晉人謂之鄂侯則哀侯之立鄂侯未卒世家言卒非也其詩則蟋蟀刺僖公爲僖公詩也山有樞揚之水椒聊鴇羽序言昭公則昭公詩也綢繆杕杜羔裘在其間從可知也無衣有杕之杜則皆刺武公則武公詩也葛生采苓刺獻公則獻公詩也鄭於左方中皆以此而知案鄭詩出其東門序云公子五爭五公子爭突最處後知出其東門爲厲公之詩鴇羽序云昭公之後大亂五世小子侯處五世之末鴇羽不爲小子侯詩者以昭公肇爲亂階五世不息君子從役昭公所爲雖復後世始作而主刺昭公故序云昭公之後明其刺昭公也出其東門由兵革不息而男女相棄民人思保其室家乃是當時之事故爲厲公之詩但序本爲亂之由故言公子五爭耳此實晉也而題之曰唐故序每篇言晉鴇羽杕杜既言刺時於文不可言晉從上明之可知也

蟋蟀刺晉僖公也儉不中禮故作是詩以閔之欲其及時以禮自虞樂也此晉也而謂之唐本其風俗憂深思遠儉而用禮乃有堯之遺風焉憂深思遠謂宛其死矣百歲之後之類也。蟋蟀上音悉下所律反說文蟀作䘃僖公許其反史記作釐侯中丁仲反樂音洛下皆同思息嗣反注同。【疏】蟋蟀三章章八句至風焉。正義曰作蟋蟀詩者刺晉僖公也由僖公太儉偪下不中禮度故作是蟋蟀之詩以閔傷之欲其及歲暮閑暇之時以禮自娛樂也以其太儉故欲其自樂樂失於盈又恐過禮欲令節之以禮故云以禮自娛樂也欲其及時者三章上四句是也以禮自娛樂者下四句是也既序一篇之義又序名晉爲唐之意此實晉也而謂之唐者太師察其詩之音旨本其國之風俗見其所憂之事深所思之事遠儉約而能用禮有唐堯之遺風故名之曰唐也故季札見歌唐曰思深哉其有陶唐氏之遺風乎不然何其憂之遠也是憂思深遠之事情見於詩詩爲樂章樂音之中有堯之風俗也。箋憂深至之類。正義曰此二文計及死後之事是其憂念深思慮遠也言之類者憂深思遠之事非獨在此二文以其二事顯見故引當之耳其實諸篇皆有深遠之志羔裘箋云民之厚如此亦唐之遺風亦以其事顯見故言之耳

蟋蟀在堂歲聿其莫今我不樂日月其除蟋蟀蛬也九月在堂聿遂除去也箋云我我僖公也蛬在堂歲時之候是時農功畢君可以自樂矣今不自樂日月且過去不復暇爲之謂十二月當復命農計耦耕事。聿允橘反莫音暮除直慮反注同蛬俱勇反沈又九共反趨織也一名蜻蛚復扶又反**無已大康職思其居**已甚康樂職主也箋云君雖當自樂亦無甚大樂欲其用禮爲節也又當主思於所居之事謂國中政令。大音泰徐勑佐反下同居義如字協韻音據**好樂無荒良士瞿瞿**荒大也瞿瞿然顧禮義也箋云荒廢亂也良善也君之好義不當至於廢亂政事當如善士瞿瞿然顧禮義也。好呼報反下同瞿俱具反【疏】蟋蟀至瞿瞿。毛以爲僖公儉不中禮詩人戒之欲令及時自樂言九月之時蟋蟀之蟲在於室堂之上矣是歲晚之候歲遂其將欲晚矣此時農功已畢人君可以自樂今我君僖公不於此時自樂日月其將過去農事又起不得閑暇而爲之君何不及時自樂乎既勸君自樂又恐其過禮君今雖當自樂又須用禮爲節君若自樂無甚太樂當主思其所居之事當以禮樂自居無得忽忘之也又戒僖公君若好樂無得太好之當如善士瞿瞿然顧於禮義勿使踰越於禮也。鄭唯其居謂國中政令荒謂廢亂政事爲異餘同。傳蟋蟀至除去。正義曰蟋蟀蛬釋蟲文李巡曰蛬一名蟋蟀蟋蟀蜻蛚也郭璞曰今趨織也陸機疏云蟋蟀似蝗而小正黑有光澤如漆有角翅一名蛬一名蜻蛚楚人謂之王孫幽州人謂之趨織里語曰趨織

鳴嬾婦驚是也七月之篇說蟋蟀之事云九月在戶傳云九月在堂堂者室之基也戶內戶外摠名爲堂禮運曰醴醆在戶粢醍在堂對文言之則堂與戶別散則近戶之地亦名堂也故禮言升堂者皆謂從階至戶也此言在堂謂在室戶之外與戶相近是九月可知時當九月則歲未爲暮而言歲聿其暮者言其過此月後則歲遂將暮耳謂十月以後爲歲暮也此月未爲暮也采薇云曰歸曰歸歲亦暮止其下章云曰歸曰歸歲亦陽止十月爲陽明暮止亦十月也小明云歲聿云暮采蕭穫菽采穫是九月之事也云歲聿云暮其意與此同也歲實未暮而云聿暮故知聿爲遂遂者從始嚮末之言也除者棄去之名故爲去也。箋我我至耕事。正義曰勸君使之自樂故知我我僖公也七月箋云言此者著將寒有漸蟋蟀記將寒之候此言歲時之候者七月下文論備寒之事故爲寒來之候此云歲聿其暮故云歲時之候月令季冬云告民出五穀命農計耦耕脩耒耜具田器注云大寒氣過農事將起是十二月以後不暇復爲樂也禮國君無故不徹懸必須農功之隙乃作樂者場功未畢勸誡農桑雖不徹鍾鼓有時擊奏未得大設燕飲適意娛樂也七月云九月肅霜十月滌場朋酒斯饗言幽君閑於政事乃饗羣臣是十月爲自樂之時也。傳已甚康樂職主。正義曰已訓止也物甚

則止故已爲甚也康樂職主皆釋詁文傳不解其居之義二章其外傳以外爲禮樂之外則其居謂以禮樂自居則職思其外謂常思禮樂無使越於礼樂之外也職思其憂傳曰憂可憂謂踰越禮樂至於荒淫則可憂也故王肅云其居主思以禮樂自居也其外言思無越於礼樂也其憂言荒則憂也○箋君雖至政令○正義曰以序言欲其以禮自娛樂故知欲其用礼爲節也樂記曰礼主其減樂主其盈礼減而進以進爲文樂盈而反以反爲文注云禮主其減人所倦樂主其盈人所歡進謂自勉强反謂自抑止是礼須勤力行之惟恐倦怠樂者令人歡樂惟恐耆放詩人既勸自樂又恐過度故戒之使用礼也箋以上句言無已大康已是礼樂自居復云職思其居不宜更處礼樂居謂居處也二章言外謂居處之外則其居謂所居之處故易傳以爲主思所居之事謂國中政令也其居既是國中則知其外謂國外至四境也四境之外則有鄰國故其憂爲鄰國侵伐之憂詩人戒君所思思其自近及遠故從内而外也○傳荒大至礼義○正義曰荒爲廣遠之言故爲大也釋訓云瞿瞿休休儉也李巡曰皆良士顧礼節之儉也此傳云顧礼義下傳云休休樂道之心皆謂治身儉約故能樂道顧礼也○箋荒廢至礼義○正義曰宛丘序云淫荒昏亂遊及盧令序云刺荒也荒者皆謂廢亂政事故易傳以荒爲廢亂也良善釋詁文○

蟋蟀在堂，歲聿其逝。今我不樂，日月其邁。邁行也○無已大康，職思其外。外禮樂之外箋云外謂國外至四境○禮樂此一樂字音岳好樂無荒，良士蹶蹶。蹶蹶動而敏於事○蹶俱衛反【疏】傳蹶蹶至於事○正義曰釋詁云蹶動也釋訓云蹶蹶敏也○蟋蟀在堂，役車其休。箋云庶人乘役車役車休農功畢無事也【疏】箋庶人至無事○正義曰庶人乘役車春官巾車文也彼注云役車方箱可載任器以供役然則收納禾稼亦用此車故役車休息是農功畢無事也酒誥云肇牽車牛遠服賈用孝養厥父母則庶人之車冬月亦行而云休者據其農功既終載運事畢故言休耳不言冬月不行也○今我不樂，日月其慆。慆過也○慆吐刀反無已大康，職思其憂。憂可憂也箋云憂者謂鄰國侵伐之憂○好樂無荒，良士休休。休休樂道之心

蟋蟀三章，章八句

山有樞，刺晉昭公也。不能脩道以正其國，有財不能用，有鍾鼓不能以自樂，有朝廷不能洒埽，政荒民散，將以危亡，四鄰謀取其國家而不知，國人作詩以刺之也。○樞本或作蓲烏侯反昭公左傳及史記作昭侯樂音洛下及注同朝直遥反廷徒佞反洒所懈反沈所寄反下同埽蘇報反本又作埽下同【疏】山有樞三章章八句至刺之○正義曰有財不能用者二章章首二句是也此二句揔言昭公不能用財耳其經之所陳言昭公有衣裳車馬鍾鼓酒食不用之是分別說其不能用財之事也有鍾鼓不能以自樂者二章云子有鍾鼓弗擊弗考是也有朝廷不能洒埽者二章云子有廷内弗洒弗埽是也經先言廷内序先言鍾鼓者廷内人君治政之處其事大鍾鼓者娛樂已身其事小經責昭公先重後輕故先言廷内序既言有財不能用鍾鼓亦貨財之事故因即先言之衣裳車馬亦是有財序獨言鍾鼓者據娛樂之大者言之也經先言衣裳後車馬者衣裳附於身車馬則差遠故先言衣裳也四鄰謀取其國家者三章下二句是也四鄰即桓叔謀伐晉是也故下篇刺昭公皆言沃所并沃雖一國即四鄰之一故以四鄰言之○

山有樞，隰有榆。興也樞荎也國君有財貨而不能用如山隰不能自用其財○榆以朱反荎田節反沈又直黎反○子有衣裳，弗曳弗婁。子有車馬，弗馳弗驅。婁亦曳也○曳以世反婁力俱反馬云牽也○宛其死矣，他人是愉。宛死貌愉樂也箋云愉讀曰偷偷取也○宛於阮反本亦作苑愉毛以朱反鄭作偷他侯反○【疏】山有至是愉○毛以愉爲樂○鄭以愉爲取言他人將取之餘同○傳樞荎○正義曰釋木文郭璞曰今之刺榆也○傳婁亦曳○正義曰曳者衣裳在身行必曳之婁與曳連則同爲一事走馬謂之馳策馬謂之驅驅馳俱是乘車之事則曳婁俱是著衣之事故云婁亦曳也○傳愉樂○正義曰釋詁文○箋愉讀至偷取○正義曰以下云是保謂得而居之入室謂居而有之故易傳以愉爲偷偷言偷盜取之

山有栲，隰有杻。栲山樗杻檍也○栲音考杻女九反樗勑書反又他胡反檍於力反【疏】傳栲山樗杻檍○正義曰皆釋木文舍人曰栲名山樗杻名檍郭璞曰栲似樗色小而白生山中因名云亦類漆樹俗語

曰櫄栲栲漆相似如一陸機疏云山樗與下田樗略無異葉似差狹耳吳人以其葉爲茗方俗無名此爲栲者似誤也今所云爲栲者葉如櫟木皮厚數寸可爲車輻或謂之栲櫟許愼正以栲讀爲糗今人言栲失其聲耳杻檍也葉似杏而尖白色皮正赤爲木多曲少直枝葉茂好二月中葉疏華如練而細蘂正白蓋樹今官園種之正名曰萬歲既取名於億万其葉又好故種之共汲山下人或謂之牛筋或謂之檍材可爲弓弩幹也

子有廷内弗洒弗埽子有鍾鼓弗鼓弗考 洒灑也考擊也。廷音庭又徒佞反鼓如字本或作擊非灑色蟹反又所綺反

宛其死矣他人是保 保安也箋云保居也

[疏]傳洒灑考擊。正義曰洒謂以水濕地而埽之故轉爲灑灑是散水之名也今定本云弗鼓弗考注云考擊也無亦字義並通也。傳保安箋保居。正義曰二者皆爾雅無文傳箋各以義言之上云他人是愉謂得已樂以爲樂此云他人是保謂得已之安以爲安故傳訓保爲安也箋以下云他人入室則是居而有之故易傳以保爲居

山有漆隰有栗子有酒食何不日鼓瑟 君子無故琴瑟不離於側。漆音七木名離力智反

且以喜樂且以永日 永引也

宛其死矣他人入室

[疏]子有至永日。正義曰責昭公言子既有酒食矣何不日日鼓瑟有飲食之且得以喜樂己身且可以永長此日何故弗爲乎言永日者人而無事則長日難度若飲食作樂則忘憂愁可以永長此日白駒云以永今朝意亦與此同也。傳君子至於側。正義曰曲禮下云君無故玉不去身大夫無故不徹懸士無故不徹琴瑟注云憂樂不相干也故謂災患喪病彼量其所有節級立文此言君子揔謂大夫士以上也以經云日鼓瑟則是日日用之故言不離於其側定本云君子琴瑟不離於側少無故二字恐非也

山有樞三章章八句

揚之水刺晉昭公也昭公分國以封沃沃盛彊。昭公微弱國人將叛而歸沃焉 封沃者封叔父桓叔于沃也沃曲沃晉之邑也。沃烏毒反

[疏]揚之水三章二章章六句一章四句至沃焉。正義曰作揚之水詩者刺晉昭公也昭公分其國地以封沃國謂封叔父桓叔於曲沃之邑也桓叔有德沃是大都沃國日以盛彊。昭公國既削小身又無德其國日以微弱故晉國之人皆將叛而歸於沃國焉昭公分國封沃已爲不可國人將叛又不能撫之也故刺之此刺昭公經皆陳桓叔之德者由昭公無德而微弱桓叔有德而盛彊。國人叛從桓叔昭公之國危矣而昭公不知故陳桓叔有德民樂從之所以刺昭公也。箋封沃至之邑。正義曰封沃者使專有之別爲沃國不復屬晉故云以封沃也桓二年左傳云初晉穆侯之夫人姜氏以條之役生太子命之曰仇其弟以千畝之戰生命曰成師師服曰異哉君之名子也嘉耦曰妃怨耦曰仇古之命也今君命太子曰仇弟曰成師始兆亂矣兄其替乎惠之二十四年晉始亂故封桓叔於曲沃師服曰吾聞國家之立也本大而末小是以能固故天子建國諸侯立家今晉甸侯也而建國本既弱矣其能久乎惠之三十年晉潘父弒昭侯而納桓叔不克是封桓叔於沃之事也此邑本名曲沃亭單言沃則既封之後謂之沃國故云沃曲沃也地理志云河東聞喜縣故曲沃也武帝元鼎六年行過更名應劭曰武帝於此聞南越破改曰聞喜

揚之水白石鑿鑿 興也鑿鑿然鮮明貌箋云激揚之水激流湍疾洗去垢濁使白石鑿鑿然興者喻桓叔盛彊除民所惡民得以有禮義也。鑿子洛反激經歷反湍吐端反洗蘇禮反又蘇典反去羌呂反垢古口反惡烏路反

素衣朱襮從子于沃 襮領也諸侯繡黼丹朱中衣沃曲沃也箋云繡當爲綃綃黼丹朱中衣中衣以綃黼爲領丹朱爲純也國人欲進此服去從桓叔。襮音博字林方沃反繡音秀衆家中毛並依字下文同鄭改爲宵黼音甫宵音消本作綃純眞允反又眞順反

既見君子云何不樂 箋云君子謂桓叔。樂音洛

[疏]揚之水至不樂。正義曰言激揚之水波流湍疾行於石上洗去石之垢穢使白石鑿鑿然而鮮明以興桓叔之德政教寬明行於民上除去民之疾惡使沃國之民皆得有禮義也桓叔既有善政其國日以盛彊晉國之民皆欲叛而從之以素爲衣丹朱爲緣綃黼爲領此諸侯之中衣也國人欲得造制此素衣朱襮之服進之以從子桓叔于沃國也國人惟欲歸于沃惟恐不見桓叔皆云我既得見此君子桓叔則云何乎而得不樂言其實樂也桓叔之得民心如是民將叛而從之而昭公不知故刺之。傳襮領至曲沃。正義曰釋器云黼領謂之襮孫炎曰繡刺黼文以褗領是襮爲領也郊特牲云繡黼丹朱中衣大夫之僭禮也大夫服之則爲僭知諸侯當服之也中衣者

朝服祭服之裏衣也其制如深衣故禮記深衣目錄云深衣連衣裳而純之以采者有表則謂之中衣大夫以上祭服中衣用素詩云素衣朱襮玉藻云以帛裹布非禮也士祭以朝服中衣以布明矣是言中衣之制與深衣同也其異者中衣之袖小長耳玉藻云中衣繼揜尺注云中衣繼袂揜一尺深衣緣而已是中衣之袖長也言大夫祭服中衣用素者謂自祭耳其助祭則士服爵弁之服以絲爲衣則士以上助祭之服中衣皆用素也少牢饋食之禮是大夫自祭家廟其服用朝服朝服以布爲之則中衣亦用布矣而深衣目錄云大夫祭服中衣用素者謂大國之孤也雜記云大夫冕而祭于公弁而祭于己注云弁而祭於己唯孤耳弁謂爵弁爵弁是絲衣明中衣亦用素用素則同不必以繡黼爲領繡黼唯諸侯乃得服之耳晉封桓叔於沃別爲諸侯之國故晉人欲以諸侯之服往從之桓叔雖受封於晉正是晉自封之非天子之命天子不賜以爵晉是諸侯不得以爵賜諸侯桓叔莊伯皆以字配謚蓋雖君其國未有爵命左傳每云曲沃伯或可自稱伯也傳不注序故於此解沃爲曲沃也。箋繡當至桓叔○正義曰傳之所言郊特牲文彼注云繡黼丹朱以爲中衣領緣也繡讀爲綃綃繒名引詩云素衣朱綃彼注此箋皆破繡爲綃者以其黼之與繡共作中衣之領案考工記云白與黑謂之黼五色備謂之繡若五色聚居則白黑共爲繡文不得別爲黼稱繡黼不得同處明知非繡字也故破繡爲綃綃是繒名士昏禮注引詩云素衣朱綃魯詩以綃爲綺屬然則綃是繒綺別名於此綃上刺爲繡文故謂之綃黼也綃上刺黼以爲衣領然後名之爲襮故爾雅黼領謂之襮襮爲領之別名也案此下章作素衣朱繡而郊特牲及士昏禮二注引詩皆作素衣朱綃者箋破此傳繡當爲綃下章繡字亦破爲綃箋不言者從此而略之耳此已破爲綃禮記注從破引之猶月令云鮮羔開冰注云鮮當爲獻七月引之徑作獻羔開冰與此同也此則鄭之說耳案下章傳曰繡黼也則是以繡爲義未必如鄭爲綃也如傳意繡得爲黼者繢是畫繡是刺之雖五色備具乃成爲繡初刺一色即是作繡之法故繡爲刺名傳言繡黼者謂於繒之上繡刺以爲黼非訓繡爲黼也孫炎注爾雅云繡刺黼文以褗領是取毛繡黼爲義其意不與箋同不破繡字義亦通也箋以素衣朱襮之下即云從子于沃故言晉國之人欲進此服去從桓叔言民愛之欲以衣往耳國君之衣、非民爲之也

揚之水白石皓皓。皓皓潔白也。皓胡老反 **素衣朱繡從子于鵠**繡黼也鵠曲沃邑也。鵠戶毒反 疏傳鵠曲沃邑。正義曰晉封桓叔於曲沃非獨一邑而已其都在曲沃其傍更有邑故云鵠曲沃邑也 **既見君子云何其憂**言無憂也 **揚之水白石粼粼**粼粼清澈也。粼利新反本又作磷同澈直列反或作徹誤 **我聞有命不敢以告人**聞曲沃有善政命不敢以告人箋云不敢以告人而去者畏昭公謂已動民心

揚之水三章二章章六句一章四句

椒聊刺晉昭公也君子見沃之盛彊能脩其政知其蕃衍盛大子孫將有晉國焉。椒聊椒木名聊辭也蕃音煩衍延善反 疏椒聊二章章六句至國焉。正義曰作椒聊詩者刺晉昭公也君子之人見沃國之盛彊桓叔能脩其政教知其後世稍復蕃衍盛大子孫將并有晉國焉昭公不知故刺之此序序其見刺之由經二章皆陳桓叔有美德子孫蕃衍之事

椒聊之實蕃衍盈升興也椒聊椒也箋云椒之性芬香而少實今一捄之實蕃衍滿升非其常也興者喻桓叔晉君之支別耳今其子孫衆多將日以盛也。捄音求又其菊反何音掬沈居局反 **彼其之子碩大無朋**朋比也箋云之子是子也謂桓叔也碩謂壯貌佼好也大謂德美廣博也無朋平均不朋黨。比王肅孫毓申毛必履反謂無比例也一音必二反申毛作毗至反佼古卯反 **椒聊且遠條且**條長也箋云椒之氣日益遠長似桓叔之德彌廣博。且子餘反下同。 疏椒聊至條且。正義曰椒之性芬香而少實今椒聊一捄之實乃蕃衍滿於一升甚多非其常以興桓叔晉君之支別今子孫衆多亦非其常也桓叔子孫既多又有美德彼已是子謂桓叔其人形貌盛壯得美廣大無朋黨同比之惡行也椒之香氣日益長遠以興桓叔之德彌益廣博桓叔子孫既多德益廣博必將并有晉國而昭公不知故刺之聊且皆助語也。傳椒聊椒。正義曰釋木云檓大椒郭璞曰今椒樹叢生實大者名爲檓陸機疏曰椒聊聊語助也椒樹似茱萸有針刺葉堅而滑澤蜀人作茶吳人作茗皆合煑其葉以爲香今成皋諸山間有椒謂之竹葉椒其樹亦如蜀椒少毒熱不中合藥也可著飲食中又用烝雞豚最佳香東海諸島亦有椒樹枝葉皆相似子長而不圓甚香其味似橘皮島上獐鹿食此椒葉

其肉自然作椒橘香。箋椒之性至以盛。正義曰言性芬香喻美德故下句椒之氣日益長遠喻桓叔德彌廣博是取香氣爲喻也言一捄之實者捄謂椒之房裹實者也釋木云椒椴醜菉李巡曰椴茱萸也椒茱萸皆有房故曰捄捄實也郭璞曰菉萸子聚生成房是椒之房裹名爲捄也知蕃衍滿升謂一捄之實者若論一樹則不啻一升纔據一實又不足滿升且詩取蕃多爲喻不言一實之大故知謂一捄之實也驗今椒實一裹之內唯有一實時有二實者少耳今言一捄滿升假多爲喻非實事也王肅云種一實蕃衍滿一升若種一實則成一樹非徒一升而已不得以種一實爲喻也。傳朋比。正義曰朋黨也比謂阿比朋亦比之義故以朋爲比也。箋之子至朋黨。正義曰以碩下有大不宜復訓爲大故以碩爲壯佼貌大謂大德無朋者無朋比之行故知謂平均無其朋黨也孫毓云桓叔阻邑不臣以孽傾宗與潘父比至殺昭公而求入焉能均平而不朋黨乎斯不然矣此言桓叔能修國政撫民平均望桓叔之美刺昭公之惡耳不得以傾宗阻邑爲桓叔罪也即如毓言桓叔罪多矣詩人何得稱其碩大且篤能修其政乎自桓叔別封於沃自是鄰國相陵安得責其不臣。傳條長。正義曰尚書稱厥木惟條謂木枝長故以條爲長也

椒聊之實蕃衍盈匊 兩手曰匊。匊本又作掬九六反 彼其之子碩大且篤 篤厚也

〔疏〕傳篤厚。正義曰釋詁文 椒聊且遠條且 言聲之遠聞也

椒聊二章章六句

附釋音毛詩注疏卷第六（六之一）

黃中模栞

毛詩注疏校勘記（六之一）

阮元撰盧宣旬摘錄

唐譜

以此封君 閩本明監本毛本同案浦鏜云若誤君是也

是也南有晉水 閩本明監本毛本同案也當作地壞去土傍耳

恒山在故縣上曲陽西北 閩本明監本毛本同案縣當作郡

湯湯洪水方害 閩本明監本毛本同案此不誤浦鏜云割誤害非也此不與今尚書同耳古害割同字思文正義引作割或後人改之。按此以詁訓字代其本字非所見尚書有異本也

旣稷播奏庶艱食鮮食 閩本明監本毛本同案浦鏜云暨誤旣是也

王命虢父伐曲沃 閩本明監本毛本同案盧文弨云左氏父作公是也鴇羽正義引正作公此誤

項父之子嘉父 閩本明監本毛本項誤須

○蟋蟀

以禮自娛樂也 閩本明監本毛本同案序作虞正義作娛虞娛古今字易而說之也例見前考文古本於出其東門經改娛爲虞采此

君之好義 閩本明監本毛本同小字本相臺本義作樂考文古本同案樂字是也

黑語曰 〔補〕毛本黑作里案里字是也

○山有樞

山有樞 唐石經小字本相臺本同案釋文云樞本或作蓲烏侯反茎也爾雅釋木藲茎釋文藲烏侯反詩云山有樞是也本或作蓲同考漢石經魯詩殘碑作蓲說文艸部蓲下云草也不以爲藲茎字是毛氏詩作樞也爾雅加艸於首所以別戶樞字耳漢書地理志山樞亦然其實毛詩不作蓲釋文或作本非也亦不作藲故說文艸部木部皆無藲字也

華如練而細　閩本明監本毛本同案此不誤浦鏜云楝誤練非也練卽楝字耳○按疏家不用假借字作楝是

蘤正白蓋樹　閩本明監本毛本同案此不誤浦鏜云蓋下脫此字非也蓋樹二字爲一句言華之盛多掩蓋其樹也

弗洒弗埽　唐石經小字本相臺本同閩本同明監本毛本埽作掃案埽字是也

弗鼓弗考　唐石經小字本相臺本同案正義云今定本云弗鼓弗考注云考擊也無亦字義並通也釋文云弗鼓如字本或作擊非正義本與或作本同

考擊也　小字本相臺本同案此定本也正義本考下有亦字亦者亦經弗擊也見上標起止云傳洒灑考擊當脫亦字或後人誤去之也

何不日日鼓瑟有飲食之　閩本明監本毛本有作而案所改非也有當作自形近之譌

○揚之水

沃盛强　閩本明監本毛本同唐石經小字本相臺本强作彊案彊字是也彊雖可通用强而正義本用彊字今正義中閒有强字者寫書人省而亂之耳餘同此

激流湍疾　小字本同閩本明監本毛本同相臺本激作波考文古本同案波字是也正義云激揚之水波流湍疾是其證

於此綃上刺爲繡文　閩本明監本毛本同案繡當作黼

白石皓皓　小字本相臺本同唐石經初刻同後磨改作晧案晧字是也說文白部無皓字是晧字本從日也廣韻三十二晧亦無皓字釋文當本作晧今誤見後考證

白石粼粼　唐石經小字本相臺本同閩本明監本毛本粼誤鄰案今釋文亦有誤者詳後考證

○椒聊

碩謂壯貌佼好也　小字本相臺本同閩本明監本毛本同案段玉裁云正義云故以碩爲壯佼貌是正義本作壯佼貌壯佼二字疑鄭本用月令文而後人亂之壯佼又見長楚箋

條長也　小字本相臺本同案正義云尚書稱厥木惟條謂木枝長故以條爲長也其說非也此傳以長訓條乃謂條爲脩之假借古字條脩相通如漢書脩侯之比考箋云椒之氣日益遠長是此經遠條二字皆以氣言之不以枝言之也下章同考文古本改經二條字皆作脩乃依長也之訓而爲之耳非有所本此經自正義及唐石經以下各本皆作條也

彼已是子謂桓叔　閩本明監本毛本已誤其案此正義以已說其耳故與經字不同考文古本經其作已采此而誤又謂衍字也彼已是子桓叔六字爲一句正義文例如此猶日月正義云今乃如是人莊公之類

得美廣大　閩本同明監本毛本得作德案所改是也

郭璞曰莍萸子　閩本明監本毛本莍誤茱案浦鏜云萸誤蓃從爾雅音義校蓃所留反是也

碩大且篤　唐石經小字本相臺本同閩本明監本毛本碩誤實

言聲之遠聞也　小字本相臺本同案段玉裁云聲當作馨此欲以馨訓條也今考此章條與上章同皆訓長爲脩字之假借非有異也不宜更爲之訓此傳言聲之遠聞也乃篇末揔發一篇之傳謂此椒聊詩乃言桓叔聲之遠聞也篇末揔發傳毛氏每有此例如采蘋木瓜之屬是矣此傳毛當有所案據自作正義時已無文以言之後遂專繫諸第二章遠條且一句而疑其有所不可通也○按說文云馨香之遠聞也正與此合葢上章作脩此章作條後人亂之耳條取芬芳條暢之義

附釋音毛詩注疏卷第六 六之二

毛詩國風　鄭氏箋　孔穎達疏

綢繆，刺晉亂也。國亂則婚姻不得其時焉。不得其時，謂不及仲春之月。綢繆，上直留反，下亡侯反。【疏】綢繆三章章六句至時焉。正義曰：毛以爲不得初冬、冬末、開春之時，故陳婚姻之正時以刺之。鄭以爲不得仲春之正時，四月五月乃成婚，故直舉失時之事以刺之。毛以爲婚之月，自季秋盡於孟春，皆可以成婚。三十之男，二十之女，乃得以仲春行嫁。自是以外，餘月皆不得爲婚也。今此晉國之亂，婚姻失於正時，三章皆舉婚姻正時以刺之。三星者，參也。首章言在天，謂始見東方，十月之時，故王肅述毛云「三星在天，謂十月也」。在天既據十月，二章在隅，謂在東南隅，又在十月之後也，謂十一月、十二月也。卒章在戶，言參星正中直戶，謂正月中也。故月令「孟春之月，昏參中」，是參星直戶在正月中也。此三章者，皆婚姻之正時。晉國婚姻失此三者之時，故三章各舉一時以刺之。毛以季秋之月亦是爲婚之時，今此篇不陳季秋之月者，以不得其時，謂失於過晚，作者據其失晚，追陳正時，故近舉十月已來，不復遠言季秋也。鄭以爲婚姻之禮，必在仲春，過涉後月，則爲不可。今晉國之亂，婚姻皆後於仲春之月，賢者見其失時，指天候以責娶者。三星者，心也，一名火星。凡嫁娶者，以二月之昏火星未見之時爲之。首章言在天，謂昏而火星始見東方，三月之末，四月之中也。二章言在隅，又晚於在天，謂四月之末，五月之中也。卒章言在戶，又晚於在隅，謂五月之末，六月之中。故月令「季夏之日，昏火中」，是六月之中心星直戶也。此三者皆晚矣，失仲春之月。三章歷言其失以刺之。

綢繆束薪，三星在天。興也。綢繆，猶纏綿也。三星，參也。在天，謂始見東方也。男女待禮而成，若薪芻待人事而後束也。三星在天，可以嫁娶矣。箋云：三星，謂心星也。心有尊卑、夫婦、父子之象，又爲二月之合宿，故嫁娶者以爲候焉。昏而火星不見，嫁娶之時也。今我束薪於野，乃見其在天，則三月之末，四月之中，見於東方矣，故云不得其時。參，所金反。見，賢遍反，下「不見」、「見於東」同。芻，楚俱反，說文云「芻，刈草也，象苞束草之形」。宿音秀。**今夕何夕，見此良人。**良人，美室也。箋云：今夕何夕者，言此夕何月之夕乎？而女以見良人，言非其時。【疏】綢繆至良人。毛以爲綢繆猶纏綿束薪之貌，言薪在田野之中，必纏綿束之，乃得成爲家用，以興女在父母之家，必以禮娶之，乃得成爲室家。薪芻待人事而束，猶室家待禮而成也。室家既須以禮，當及善時爲婚。三星在天，始見東方，於禮可以婚矣。以時晉國大亂，婚姻失時，故無妻之男思詠嫁娶之夕，而欲見此美室，言今此三星在天之夕，是何月之夕，而得見此良人？美其時之善，思得其時也。思而不得，乃自咨嗟，言子兮子兮，當如此良人何？如何，猶奈何。言三星在天之月，不得見此良人，當奈之何乎？言不可奈何矣。○鄭以爲嫁娶者當用仲春之月，心星未見之時。今晉國大亂，婚姻皆不得其月，賢者見而責之。賢者言已纏綿束薪於野，及夜而歸，見三星見於東方，已在天矣。至家而見初爲婚者，因責之云：今夕是何月之夕，而汝見此良人？言晚矣，失其時，不可以爲婚也。子兮子兮，汝當如此良人何？言娶者後陰陽交會之月，失婚姻爲禮之時，是損良人之善，當如之何乎？言其損良人，不可奈何也。由晉國之亂，令失正時，故舉其事而刺之。○傳綢繆至嫁娶矣。正義曰：以綢繆自束薪之狀，故云猶纏綿也。參有三星，故言三星，參也。漢書天文志云「參，白虎宿，三星」是也。二章在隅，卒章在戶，是從始見爲說，逆而推之，故知在天謂始見東方也。詩言婚姻之事，先舉束薪之狀，故知以人事喻待禮也。毛以秋冬爲婚時，故云三星在天，可以嫁娶。王肅云「謂十月也」。○箋三星至其時。正義曰：孝經援神契云「心三星中獨明」，是心亦三星也。天文志云「心爲明堂也，大星天王，前後星子屬」。然則心之三星，星有大小，大者爲天王，小者爲子屬，則大者尊，小者卑，大者象夫父，小者象子婦，故云心有尊卑、夫婦、父子之象也。二月日體在戌，而斗柄建卯，初昏之時，心星在於卯上。二月之昏，合於本位，故稱合宿。心星又是二月之合宿，故嫁娶者以爲候焉，謂候其將出之時，行此嫁娶之禮也。昏而火星不見，嫁娶之時，謂仲春之月，嫁娶之正時也。箋以下經四句是賢者責人之辭，故知綢繆束薪爲賢者自束其薪，不爲興也。今我束薪於野，乃見其在天，謂負薪至家之時見在天，未必束薪之時已在天也，因以束薪而歸，故言之也。昭十七年左傳曰「火出，於夏爲三月，於商爲四月，於周爲五月」。小星箋云「心在東方，三月時」，則心星始見在三月矣。此箋云三月之末、四月之中者，正以三月至於六月，則有四月。此詩唯有三章，而卒章言在戶，謂正中直戶，必是六月昏也。逆而差之，則二章當五月，首章當四月。四月火見已久，不得謂之始見，以詩人始作，總舉天象，不必章舉一月，鄭差次之，使四月共當三章，故每章之箋皆舉兩月也。成婚之時，當以火星未見，今已見在天，是不得其時也。凡取星辰爲候，多取昏旦中爲義，此獨取心星未出爲辰者，以火者天之大辰，星有夫婦之象，此星若見，則爲失時故取將見爲候夏官司爟云季春出火民咸從之季秋納火民亦如之鄭司農云三月昬時心星見於辰上使民出火九月黄昬心星伏於戌上使民納火又哀十二年左傳云火伏而後蟄者畢此取將見爲候彼取已伏爲候其意同也此篇三章與摽有梅三章箋據時節其理大同彼文王之化有故不以仲春者至夏尚使行嫁所以蕃育人民故歌而美之此則晉國之亂不能及時至使晚於常月故陳而刺之本意不同美刺有異也○傳良人美室○正義曰小戎云厭厭良人妻謂夫爲良人知此美室者以下云見此粲者是三女故知良人爲美室良訓爲善故稱美也傳以三星在天爲昬之正時則此二句是國人不得及時思詠善時得見良人之辭也王肅云婚姻不得其時故思詠嫁娶之夕而欲見此美室也○箋今夕至其時○正義曰箋以仲春爲婚月三星在天後於仲春故以此二句爲責娶者之辭也說苑稱鄂君與越人同舟越人擁檝而歌曰今夕何夕兮得與搴舟水流今日何日兮得與王子同舟如彼歌意則嘉美此夕與箋意異者彼意或出於此但引詩斷章不必如本也

子兮子兮，如此良人何！子兮者嗟茲也箋云子兮子兮者斥嫁取者子取後陰陽交會之月當如此良人何○後戶豆反○【疏】傳子兮者嗟茲也○正義曰傳意以上句爲思詠嫁娶之夕欲得見良人則此句嗟歎已身不得見良人也子兮子兮自嗟歎也茲此也嗟歎此身不得見良人言己無奈此良人何○箋子兮至人何○正義曰箋以此句亦是責娶者之辭故云子兮子兮爲斥娶者以其良人爲妻當以良時迎之今子之娶後於陰陽交會之月則損良人之善故云當如此良人何責其損良人也

綢繆束芻，三星在隅。隅東南隅也箋云心星在隅謂四月之末五月之中**今夕何夕，見此邂逅。**邂逅解說之貌○邂本亦作解戶懈反一音戶佳反覯本又作逅同胡豆反一音戶冓反邂覯解說也韓詩云邂覯不固之貌解音蟹說音悅**子兮子兮，如此邂逅何！**

綢繆束楚，三星在戶。參星正月中直戶也箋云心星在戶謂之五月之末六月之中○直音值又如字○**今夕何夕，見此粲者。**三女爲粲大夫一妻二妾○粲采旦反字林作㛑○【疏】傳三女至二妾○正義曰周語云密康公遊於涇有三女奔之其母曰必致之王女三爲粲粲美物也汝則小醜何以堪之然粲者衆女之美稱也曲禮下云大夫不名姪娣大夫有妻有妾有一妻二妾也此刺婚姻失時當是民之婚姻而以大夫之法爲辭者此時貴者亦婚姻失時故王肅云言在位者亦不能及禮也**子兮子兮，如此粲者何！**

綢繆三章，章六句。

杕杜，刺時也。君不能親其宗族，骨肉離散，獨居而無兄弟，將爲沃所并爾。○杕杜徒細反本或作夷狄字非也下篇同并必政反【疏】杕杜二章章九句至并爾○正義曰不親宗族者章首二句是也獨居而無兄弟者次三句是也下四句戒異姓之人令輔君爲治亦是不親宗族之言故序略之

有杕之杜，其葉湑湑。興也杕特皃杜赤棠也湑湑枝葉不相比也○湑私敘反比毗志反下文及注同○**獨行踽踽，豈無他人？不如我同父。**踽踽無所親也箋云他人謂異姓也言昭公遠其宗族獨行於國中踽踽然此豈無異姓之臣乎顧恩不如同姓親親也○踽俱乎反遠于萬反○**嗟行之人，胡不比焉？**箋云君所與行之人謂異姓卿大夫也比輔也此人女何不輔君爲政令**人無兄弟，胡不佽焉？**佽助也箋云異姓卿大夫女見君無兄弟之親親者何不相推佽而助之○佽七利反○【疏】有杕至佽焉○正義曰言有杕然特生之杜其葉湑湑然而盛但柯條稀疏不相比次以興晉君疏其宗族不與相親猶似杜之枝葉不相比次然也君既不與兄弟相親至使骨肉離散君乃獨行於國內踽踽然無所親暱者也豈無他人異姓之臣乎顧其恩親不如我同父之人耳君既不親同姓之人與之爲治則異姓之臣又不肯盡忠輔君將爲沃國所并故又戒之云嗟乎汝君所與共行之人謂異姓卿大夫之等汝何不輔君爲政令焉又謂異姓之臣汝既見人無兄弟之親何不推佽而助之焉同姓之臣既已見疏不得輔君猶冀他人輔之得使不滅故戒異姓之人使助君也○傳杕特至相比○正義曰釋木云杜赤棠白者棠樊光云赤者爲杜白者爲棠陸機疏云赤棠與白棠同耳但子有赤白美惡子白色爲白棠甘棠也少酢滑美赤棠子澀而酢無味俗語云澀如杜是也赤棠木理韌亦可以作弓幹是也裳裳者華亦云其葉湑兮則湑湑與菁菁皆茂盛之貌傳於此云湑湑枝葉不相比下章言菁菁葉盛互相明耳言葉雖茂盛而枝條稀

疏以喻宗族雖强不相親暱也箋以此刺不親宗族不宜以盛爲喻故下章易傳以菁菁爲稀少之貌此章直取不相比次爲喻不取葉盛爲喻菁菁實是茂盛而得爲稀少貌者以葉密則同爲一色由稀少故見其枝以菁菁者莪菁菁爲莪之茂貌則知鄭意亦以菁菁滑滑爲茂貌但不取葉爲興耳○箋君所至政令○正義曰言嗟行之人是嗟歎此所行之人也君既疏其宗族宗族不與君行故知君所與行之人謂異姓卿大夫也比輔釋詁文彼輔作俌亦是輔之義也○傳佽助○正義曰佽古次字欲使相推以次第助之耳非訓佽爲助也

有杕之杜其葉菁菁菁菁葉盛也箋云菁菁希少之貌○菁本又作青同子零反○**獨行睘睘豈無他人不如我同姓**睘睘無所依也同姓同祖也○睘本亦作煢又作惸求營反○【疏】傳睘睘至同祖○正義曰睘睘踽踽皆與獨行共文故知是無所依無所親暱之貌上言親此言依義亦同變其文耳以上云同父故知同姓爲同祖也

嗟行之人胡不比焉人無兄弟胡不佽焉

杕杜二章章九句

羔裘刺時也晉人刺其在位不恤其民也恤憂也○卹本亦作恤荀律反【疏】羔裘二章章四句至其民○正義曰刺其在位不恤其民者謂刺朝廷卿大夫也以在位之臣輔君爲政當助君憂民而懷惡於民不憂其民不與相親比故刺之經二章皆刺在位懷惡不恤下民之辭俗本或其下有君衍字定本無君字是也○

羔裘豹祛自我人居居祛袂也本末不同在位與民異心自用也居居懷惡不相親比之貌箋云羔裘豹祛在位卿大夫之服也其役使我之民人其意居居然有悖惡之心不恤我之困苦○祛起居反又丘據反袂末也居如字又音據比毗志反悖補對反○**豈無他人維子之故**箋云此民卿大夫采邑之民也故云豈無他人可歸往者乎我不去者乃念子故舊之人【疏】羔裘至之故○正義曰在位之臣服羔裘豹祛晉人因其服舉以爲喻言以羔皮爲裘豹皮爲祛裘祛異皮本末不同以興民欲在上憂己在上疾惡其民是上下之意亦不同也在位之心既與民異其用使我之衆人居居然有悖惡之色不與我民相親不憂我之困苦也卿大夫於民如此民見君子無憂民今欲去之言我豈無他人賢者可歸往之乎維子之故舊恩好不忍去耳作者是卿大夫采邑之民故言己與在位故舊恩好○傳祛袪至之貌○正義曰玉藻說深衣之制云袂可以回肘注云二尺二寸之節又曰袂尺二寸注云袂口也然則袂與祛別此以祛袂爲一者袂是袖之大名祛是袖頭之小稱其通皆爲袂以深衣云袂之長短反屈之及肘是通祛皆爲袂故以爲祛袂也以裘身爲本裘袂爲末其皮既異是本末不同喻在位與民異心也直以裘之本末喻在位與民耳不以在位與民爲本末也此解直云祛袂定本云祛袂末與礼合釋詁云由用也自由也展轉相訓是自爲用也釋訓云居居究究惡也李巡曰居居不狎習之惡孫炎曰究究窮極人之惡此言懷惡而不與民相親是不狎習也用民力而不憂其困是窮極人也○箋羔裘至困苦○正義曰鄭風羔裘言古之君子以風其朝焉經稱羔裘豹飾孔武有力是知在位之臣服此豹袖之羔裘也傳亦解興喻之義箋又解所以用裘興意以在位身服此裘故取其裘爲興召南羔裘亦以大夫身服此羔裘即言其人有羔羊之德與此同也有悖惡之色不恤我之困苦申明傳懷惡不比之意○箋此民至之人○正義曰箋以民與大夫尊卑縣隔不應得有故舊恩好而此云維子之好故解之是此卿大夫采邑之民以卿大夫世食采邑在位者幼少未仕之時與此民相親相愛故稱好也作詩者雖是采邑之民所恨乃是一國之事何則采邑之民與故舊尚不存恤其餘非其故舊不恤明矣序云在位不恤其民謂在位之臣莫不盡然非獨食采邑之主偏苦其邑豈無他人可歸往者指謂他國可往非欲去此采邑適彼采邑也故王肅云我豈無他國可歸乎維念子與我有故舊也與鄭同○

羔裘豹褎自我人究究褎猶祛也究究猶居居也○褎徐究反本又作褏同究九又反爾雅云居居究究惡也**豈無他人維子之好**箋云我不去而歸往他人者乃念子而愛好之也民之厚如此亦唐之遺風○好呼報反注同【疏】箋我不至遺風○正義曰北風刺虐則云攜手同行碩鼠刺貪則云適彼樂國皆欲奮飛而去無顧戀之心此則念其恩好不忍歸他人之國其情篤厚如此亦是唐之遺風言猶有帝堯遺化故風俗淳也

羔裘二章章四句

鴇羽刺時也昭公之後大亂五世君子下從征役不得養其父母而作是詩也大亂五世者昭公孝侯鄂侯哀侯小

子侯。鴇音保，似鴈而大，無後指。政役音征，篇內注同。養，羊亮反。鄂，五各反。疏「鴇羽」二章，章七句，至「是詩」。○正義曰：言下從征役者，君子之人，當居平安之處，不有征役之勞，今乃退與無知之人共從征役，故言下也。定本作「下從征役」。經三章，皆上二句言君子從征役之苦，下五句恨不得供養父母之辭。○箋「大亂」至「子侯」。○正義曰：案左傳桓二年稱魯惠公三十年，晉潘父弑昭侯而納桓叔，不克，晉人立孝侯。惠之四十五年，曲沃莊伯伐翼，弑孝侯，翼人立其弟鄂侯。鄂侯五年傳稱曲沃莊伯伐翼，翼侯奔隨。秋，王命虢公伐曲沃，而立哀侯于翼。隱六年傳稱翼人逆晉侯于隨，納諸鄂，晉人謂之鄂侯。桓二年傳：「鄂侯生哀侯，哀侯侵陘庭之田，陘庭南鄙啓曲沃伐翼。」桓三年，曲沃武公伐翼，逐翼侯于汾隰，夜獲之。桓七年傳：「冬，曲沃伯誘晉小子侯殺之。」八年春，滅翼。是大亂五世之事。案桓八年傳云：「冬，王命虢仲立晉哀侯之弟緡于晉」，則小子侯之後復有緡為晉君，此大亂五世不數緡者，以此言昭公之後，則是昭公之詩，自昭公數之，至小子而滿五，故數不及緡也。此言大亂五世，則亂後始作，但亂從昭起，追刺昭公，故為昭公詩也。

肅肅鴇羽，集于苞栩。興也。肅肅，鴇羽聲也。集，止。苞，稹。栩，杼也。鴇之性不樹止。箋云：興者，喻君子當居安平之處，今下從征役，其為危苦，如鴇之樹止然。稹者，根相迫迮梱致也。○苞，補交反。栩，況羽反。稹本又作「縝」，之忍反，何之人反，沈音田，又音振。廣雅云：「概也。」杼，食汝反，徐治與反。處，昌慮反。迮，側百反。梱，口本反。致，直置反，下同。**王事靡盬，不能蓺稷黍，父母何怙？**盬，不攻緻也。怙，恃也。箋云：蓺，樹也。我迫王事，無不攻致，故盡力焉。既則罷倦，不能播種五穀，今我父母將何怙乎？○盬音古。蓺，魚世反。怙音戶。罷音皮。**悠悠蒼天，曷其有所？**箋云：曷，何也。何時我得其所哉？

疏「肅肅」至「有所」。○正義曰：言肅肅之為聲者，是鴇鳥之羽飛而集于苞栩之上。以興君子之人乃下從於征役之事。然鴇之性不樹止，今乃集于苞栩之上，極為危苦，喻君子之人當居平安之處，今乃下從征役，亦甚為危苦。君子之人既從王事，此王家之事無不攻緻，故盡力為之。既則罷倦，雖得還家，不復能種蓺黍稷。既無黍稷，我之父母當為何所依怙乎？乃告於天云：悠悠乎遠者蒼蒼之上天，何時乎使我得其所，免此征役，復平常人乎？人窮則反本，困則告天，此時征役未止，故訴天告怨也。○傳「肅肅」至「樹止」。○正義曰：苞稹，釋言文。孫炎曰：「物叢生曰苞，齊人名曰稹。」郭璞曰：「今人呼物叢緻者為稹。」箋云稹者根相迫迮梱緻，貌亦謂叢生也。栩杼，釋木文。郭璞曰：「柞樹也。」陸機疏云：「今柞櫟也。徐州人謂櫟為杼，或謂之為栩。其子為皁，或言皁斗，其殼為汁，可以染皁。今京洛及河內多言杼汁，謂櫟為杼。五方通語也。」鴇鳥連蹄，性不樹止，樹止則為苦，故以喻君子從征役為危苦也。○傳「盬不」至「怙恃」。○正義曰：「盬」與「蠱」字異義同。昭元年左傳云：「於文，皿蟲為蠱，穀之飛亦為蠱。」杜預云：「皿器受蟲害者為蠱，穀久積則變為飛蟲，名曰蠱。」然則蟲害器敗穀者皆謂之蠱，是盬為不攻牢不堅緻之意也。此云「盬，不攻緻」，四牡傳云「盬，不堅固」，其義同也。定本緻皆作致。蓼莪云：「無父何怙？無母何恃？」怙恃義同，言父母當何恃食，故下言「何食」，「何嘗」，與此相接成也。○箋「蓺樹」至「怙乎」。○正義曰：何知不為身在役所，不得營農，而云王事盡力，雖歸既則罷倦不能播種者，以經不云不得，而云不能，明是筋力疲極，雖歸而不能也。

肅肅鴇翼，集于苞棘。王事靡盬，不能蓺黍稷，父母何食？悠悠蒼天，曷其有極？箋云：極，已也。

肅肅鴇行，集于苞桑。行，翮也。○行，戶郎反，注同。翮，戶草反。爾雅云：「羽本謂之翮。」疏 傳「行翮」。○正義曰：以上言羽翼，明行亦翮也。以鳥翮之毛有行列，故稱行也。**王事靡盬，不能蓺稻粱，父母何嘗？悠悠蒼天，曷其有常？**

鴇羽三章，章七句

無衣，刺晉武公也。武公始并晉國，其大夫為之請命乎天子之使，而作是詩也。天子之使，是時使來者。○并，卑政反，下注同。為，于偽反。使，所吏反，注同。

疏「無衣」二章，章三句，至「是詩」。○正義曰：作無衣詩者，美晉武公也。所以美之者，晉昭公封叔父成師於曲沃，號為桓叔。桓叔生莊伯，莊伯生武公，繼世為曲沃之君，常與晉之正適戰爭不息。及今武公始滅晉而有之，其大夫為之請王賜命於天子之使，而作是無衣之詩以美之。其大夫者，武公之下大夫也。曲沃之大夫美其能并晉國，故為之請命。此序其請命之事，經二章皆請命之辭。○箋「天子至來者」。○正義曰：不言請命於天子而云請命於天子之使，故云是時使來。使以他事適晉，大夫就使求之，欲得此使告王，令王賜以命服也。案左傳桓八年王使立緡於晉，至莊十六年乃云王使虢公命曲沃伯為晉侯，不言滅晉之事。晉世家云：哀侯二年，曲沃莊伯卒。晉侯緡立二十八年曲沃武公伐晉侯緡滅之盡以其寶器賂周僖王僖王命曲沃武公爲晉君列爲諸侯於是盡并晉地而有之曲沃武公已卽位三十七年矣計緡以桓八年立至莊十六年乃得二十八年然則虢公命晉侯之年始并晉也虢公未命晉之前有使適晉晉大夫就之請命其使名號書傳無文也或以爲使卽虢公當來賜命之時大夫就之請命斯不然矣傳稱王使虢公命曲沃伯爲晉侯則虢公適晉之時齎命服來賜大夫不假請之豈虢。奉使適晉藏其命服待請而與之哉若虢公於賜命之前別來適晉則非所知耳若當時以命賜之卽命晉之時不須請也故箋直言使來不知何使

豈曰無衣七兮 侯伯之禮七命冕服七章箋云我豈無是七章之衣乎晉舊有之非新命之服

不如子之衣安且吉兮 諸侯不命於天子則不成爲君箋云武公初并晉國心未自安故以得命服爲安。

疏 豈曰至吉兮。正義曰此皆請命之辭晉大夫美武公能并晉國而未得命服故爲之請於天子之使曰我晉國之中豈曰無此衣之七章兮晉舊有之矣但不如天子之衣我若得之則心安而且又吉兮天子命諸侯必賜之以服故請其衣就天子之使請天子之衣故云子之衣也諸侯不命於天子則不成爲國君武公并晉心不自

安故得王命服則安且吉兮。傳侯伯至七章。正義曰此解指言七兮之意晉唐叔之封爵稱侯侯伯之禮冕服七章故請七章之衣春官典命云侯伯七命其國家宮室車旗衣服禮儀皆以七爲節秋官大行人云諸侯之禮執信圭七寸冕服七章是七命七章之衣案春官巾車云金路鉤樊纓九就建大旂以賓同姓以封注云同姓以封謂王子母弟率以功德出封雖爲侯伯其衣服猶如上公若魯衞之屬然則唐叔是王之母弟車服猶如上公上公之服九章此大夫不請九章之服而請七章者王子母弟車服得如上公無正文正以周之建國唯二王之後稱公其餘雖大皆侯伯也彼云同姓以封必是封爲侯伯侯伯以七爲節而金路樊纓九就則知王子母弟初出封者車服猶如上公故得以九爲節如上公者唯王子母弟一身若唐叔耳其後世子孫自依爵命之數故請七章之衣也。傳諸侯至爲君。正義曰此解得衣乃安之意諸侯者天子之所建不受命於天子則不成爲君故不得衣則不安也必請衣者文元年天王使毛伯來錫公命公羊傳曰錫者何賜也命者何加我服也是王命諸侯必皆以衣賜之故請衣也案大宗伯云王命諸侯則儐莊元年穀梁傳云禮有受命無來錫命錫命非正也然則諸侯當往就天子受命此在國請之者天子賜諸侯之命其禮亡案春

秋之世魯文公成公晉惠公齊靈公皆是天子遣使賜命左傳不譏之則王賜諸侯之命有召而賜之者有遣使賜之者穀梁之言非禮意也此武公以篡奪宗故心不自安得命乃安也及世家稱武公厚賂周僖王僖王乃賜之命是於法武公不當賜之美之者其臣之意美之耳。

豈曰無衣六兮 天子之卿六命車旗衣服以六爲節箋云變七言六者謙也不敢必當侯伯得受六命之服列於天子之卿猶愈乎不。

疏 傳天至爲節。正義曰典命云王之三公八命其卿六命其國家宮室車旗衣服禮儀亦如之是毛所據之文也云車旗者蓋謂卿從車六乘旌旗六旒衣服者指謂冠弁也飾則六玉冠則六辟積夏官射人云三公執璧與子男同也則其服亦毳冕矣三公既毳冕則孤卿服絺冕大夫服玄冕則司服注云絺冕衣一章裳二章玄冕衣無文裳刺黻而已然則絺冕之服止有三章而此云六爲節不得爲卿六章之衣故毛鄭並不云章或者司服之注自說天子之服隆殺之差其臣自當依命數也。箋變七至愈乎不。正義曰傳正解六兮爲天子之卿服不解晉人請六章之服意故箋申之今晉實侯爵之國非天子之卿所以請六章衣者謙不敢必當侯伯之禮故求得受六命之服次列於天子之卿猶愈乎不愈猶勝也言已若得六章之衣猶勝

不也上箋解七章之衣言晉舊有之此不言晉舊有之者晉國舊無此衣不得言舊有也檢晉之先君見經傳者燮父事康王文侯輔平王有爲天子卿者但侯伯入爲卿士依其本國之命不服六章之衣故鄭荅趙商云諸侯入爲卿大夫與在朝仕者異各依本國如其命數是其不降本國不服六章也鄭知然者以大車陳古之天子大夫行決男女之訟經云毳衣如菼則是子男入爲大夫得服毳冕故知入仕王朝者各依本國之命晉之先世不得有六章之衣實無六章之衣而云豈曰無衣六者從上章之文飾辭以請命耳非實有也。

不如子之衣安且燠兮 燠煖也。奥本又作燠於六反煖奴緩反

疏 傳燠煖也。正義曰釋言文

無衣二章章三句

有杕之杜刺晉武也武公寡特兼其宗族而不求賢以自輔焉。宗族本亦作宗矣

疏 有杕之杜二章章六句至輔焉。正義曰言寡特者言武公專任己身不與賢人圖事孤寡特立也兼其宗族者昭侯以下爲君於晉國者是武公之宗族武公兼有之

也武公初兼宗國宜須求賢而不求賢者故刺之經二章皆責君不求賢人之事也有杕之杜生于道左興也道左之陽人所宜休息也箋云道左道東也日之熱恒在日中之後道東之杜人所宜休息也今人不休息者以其特生陰寡也興者喻武公初兼其宗族不求賢者與之在位君子不歸似乎特生之杜然。陰於鴆反又如字本亦作蔭同。彼君子兮噬肯適我噬逮也箋云肯可適之也彼君子之人至於此國皆可求之我君所君子之人義之與比其不來者君不求之。噬市世反韓詩作逝逝及也比毗志反中心好之曷飲食之箋云曷何也言中心誠好之何但飲食之當盡禮極歡以待之。好呼報反下同飲於鴆反下文同食音嗣下同。疏有杕至食之。正義曰言有杕然特生之杜生於道路之左人所宜休息今日所以人不休息者由其孤特獨生陰涼寡薄故也以與武公一國之君人所宜往仕今日所以人不往仕者由其孤特為君不求賢者故也因教武公求賢之法彼君子之人今但能來逮於我國者皆可使之適我君之所何則君子之人義之與比故求則得之今不求者由君之不求之耳君欲求之當如之何君當忠心誠實好之何但飲食而已當盡禮極歡以待之則賢者自至矣。箋道左至杜然。正義曰王制云道路男子由右婦人由左言左右據南鄉西鄉為正在陰為右在陽為左故傳言道左之陽箋以為道東也物積而後始極既極而後方衰從旦積煖故日中之後乃極熱從昏積涼故半夜之後始極寒計一歲之日分乃為陰陽當以仲冬極寒仲夏極暑而六月始大暑季冬乃大寒亦此意。傳噬逮。正義曰釋言文逮又別訓為至故箋云君子之人至於此國訓此逮為至也。箋肯可適之。正義曰肯可釋言文釋詁云之適往也故適得為之有杕之杜生于道周周曲也。周韓詩作右疏傳周曲。正義曰言道周遶之故為曲也彼君子兮噬肯來遊遊觀也。觀古亂反中心好之曷飲食之

有杕之杜二章章六句

葛生刺晉獻公也好攻戰則國人多喪矣喪棄亡也夫從征役棄亡不反則其妻居家而怨思。好呼報反攻音貢又如字喪息浪反注同又如字思息嗣反或如字。疏

葛生五章章四句至喪矣。正義曰數攻他國數與敵戰其國人或死行陳或見囚虜是以國人多喪其妻獨處於室故陳妻怨之辭以刺君也經五章皆妻怨之辭獻公以莊十八年立僖九年卒案左傳莊二十八年傳稱晉伐驪戎驪戎男女以驪姬閔元年傳曰晉侯作二軍以滅耿滅霍滅魏二年傳云晉侯使太子申生伐東山皋落氏僖二年晉師滅下陽五年傳曰八月晉侯圍上陽冬滅虢又執虞公八年傳稱晉里克敗狄于采桑見於傳者已如此是其好攻戰也。葛生蒙楚蘞蔓于野興也葛生延而蒙楚蘞生蔓於野喻婦人外成於他家。蘞音廉又力恬反又力儉反徐又力劍反草木疏云似栝樓葉盛而細子正黑如燕薁不可食予美亡此誰與獨處箋云予我亡無也言我所美之人無於此謂其君子也吾誰與居乎獨處家耳從軍未還未知死生其今無於此。疏葛生至獨處。正義曰此二句互文而同與葛言生則蘞亦生蘞言蔓則葛亦蔓葛言蒙則蘞亦蒙蘞言于野則葛亦當言于野言葛生於此延蔓而蒙於楚木蘞亦生於此延蔓而蒙於野中以興婦人生於父母當外成於夫家既外成于夫家則當與夫偕老今我所美之人身無於此我誰與居乎獨處家耳由獻公好戰令其夫亡故婦人怨之也。傳葛生至他家。正義曰此二者皆是蔓草發此蒙彼故以喻婦人外成他家也陸機疏云蘞似栝樓葉盛而細其子正黑如燕薁不可食也幽州人謂之烏服其莖葉煑以哺牛除熱葛生蒙棘蘞蔓于域域營域也予美亡此誰與獨息息止也。角枕粲兮錦衾爛兮齊則角枕錦衾禮夫不在斂枕篋衾席韣而藏之箋云夫雖不在不失其祭也攝主主婦猶自齊而行事。齊側皆反本亦作齊下同篋口牒反韣本亦作獨又作韇徒木反予美亡此誰與獨旦箋云旦明也我君子無於此吾誰與齊乎獨自潔明疏角枕至獨旦。正義曰婦人夫既不在獨齊而行祭當齊之時出夫之衾枕覩物思夫言此角枕粲然而鮮明兮錦衾爛然而色美兮雖有枕衾無人服用故怨言我所美之人身無於此當與誰齊乎獨自取潔明耳。傳齊則至藏之。正義曰傳以婦人怨夫不在而言角枕錦衾則是夫之衾枕也夫之衾枕非妻得服用且若得服用則終常見之又不得見其衾枕始恨獨旦知此衾枕是有故乃設非常服也家人之大事不過祭祀故知枕衾齊乃用之故云齊則角枕錦衾夫在之時用此以齊今夫既不在妻將攝祭其

身既齊，因出夫之齊服，故覩之而思夫也。傳又自明己意以祇夫不在斂枕篋衾席韣而藏之，此無故不出夫衾枕，明是齊時所用，是以齊則出角枕錦衾也。內則云「夫不在，斂枕篋簟席韣而藏之」，此傳引彼，變簟爲衾，順經衾文。○箋「夫雖至行事」。○正義曰：祭統云「夫祭也者，必夫婦親之」，是祭祀之禮必夫妻共奉其事。箋嫌夫不在則妻不祭，故辨之云夫雖不在，其祭也使人攝代爲主，雖他人代夫爲主，主婦猶自齊而行事，是故因己之齊，出夫之衾枕，非用夫衾枕以自齊也。故王肅云「見夫齊物，感以增思」是也。○**夏之日，冬之夜**，言長也。箋云：思者於晝夜之長時尤甚，故極之以盡情。○**百歲之後，歸于其居**。箋云：居，墳墓也。言此者，婦人專一，義之至，情之盡。○墳，扶云反。**冬之夜，夏之日。百歲之後，歸于其室**。室猶居也。箋云：室猶冢壙。○壙音曠。

葛生五章，章四句

采苓，刺晉獻公也。獻公好聽讒焉。○苓，力丁反，即甘草，葉似地黃。好，呼報反。〔疏〕「采苓三章，章八句」至「讒焉」。○正義曰：以獻公好聽用讒之言，或見貶退賢者，或進用惡人，故刺之。經三章皆上二句刺君用讒，下六句教君止讒，皆是好聽讒之事。

采苓采苓，首陽之巔。興也。苓，大苦也。首陽，山名也。采苓，細事也。首陽，幽辟也。細事喻小行也，幽辟喻無徵也。箋云：采苓采苓者，言采苓之人衆多非一也，皆云采此苓於首陽山之上。首陽山之上信有苓矣，然而今之采者未必於此山，然而人必信之。興者，喻事有似而非。○辟，匹亦反，下同。行，下孟反。**人之爲言，苟亦無信。舍旃舍旃，苟亦無然**。苟，誠也。箋云：苟，且也。爲言，謂爲人爲善言以稱薦之，欲使見進用也。旃之言焉也。舍之焉舍之焉，謂謗訕人，欲使見貶退也。此二者且無信受之，且無荅然。○爲言，于僞反，或如字，下文皆同，本或作僞字，非。舍音捨，下同。旃，之然反。爲言謂爲人，並于僞反，若經文依字讀，則此上爲字亦依字。訕，所諫反。**人之爲言，胡得焉**。箋云：人以此言來，不信受之，不荅然之，從後察之，或時見罪，何所得。〔疏〕「采苓」至「得焉」。○毛以爲，言人采苓采苓，於何處采之？於首陽之巔采之。以興獻公問細小之行，於何處求之？於小人之身求之。采苓者，細小之事，以喻君求細小之行也。首陽者，幽辟之山，喻小人是無徵驗之人也。言獻公多問小行於小人言語無徵之人，故所以讒言興也。因教君止讒之法：人之詐僞之言，有妄相稱薦，欲令君進用之者，君誠亦勿得信之；若有言人罪過，令君舍之舍之者，誠亦無得荅然。君但能如此，不受僞言，則人之僞言者復何所得焉？既無所得，自然讒止也。「人之僞言」與「舍旃舍旃」文互相見，上云「人之僞言」，則「舍旃舍旃」者亦是人之僞言也。舍旃者謂謗訕人欲使見貶退，則人之僞言謂稱薦人欲使見進用，是互相明。王肅諸本皆作「爲言」，定本作「僞言」。○鄭以「采苓采苓」者，皆言我采此苓於首陽之巔，然首陽之巔信有苓矣，然而今人采之者未必於首陽，而人必信之，以其事有似也。事雖似而實非，以興天下之事亦有似之而實非者，君何得聞人之讒而輒信之乎？下六句唯以苟爲且，餘同。○傳「苓大」至「無徵」。○正義曰：「苓，大苦」，釋草文。首陽之山在河東蒲坂縣南。采苓者，取草而已，故爲細事。首陽在河曲之內，故爲幽辟。細事喻小行，謂小小之事。幽辟喻無徵，謂言無徵驗。幽隱辟側，非顯見之處，故以喻小人言無徵驗也。讒言之起，由君暱近小人，故責君數問小事於小人，所以致讒言也。箋易之者，鄭荅張逸云：「篇義云好聽讒，當似是而非者，故易之。」○

采苦采苦，首陽之下。苦，苦茶也。〔疏〕傳「苦，苦茶」。○正義曰：此茶也。陸機云：「苦菜生山田及澤中，得霜恬脆而美，所謂『菫茶如飴』。內則云『濡豚包苦』，用苦菜是也。」**人之爲言，苟亦無與。舍旃舍旃，苟亦無然**。無與，勿用也。**人之爲言，胡得焉**。

采葑采葑，首陽之東。葑，菜名也。○葑，孚容反。**人之爲言，苟亦無從。舍旃舍旃，苟亦無然。人之爲言，胡得焉**。

采苓三章，章八句

唐國十二篇，三十三章，二百三句

翰林院編脩南昌黃中模栞

附釋音毛詩注疏卷第六（六之二）

詩疏六之二　十五

毛詩注疏挍勘記（六之二）　阮元撰盧宣旬摘錄

○綢繆

季夏之日 補 日當作月

若薪芻待人事 小字本相臺本芻作芻閩本明監本毛本亦同案芻字是也釋文正義皆可證唯十行本作芻乃沿經注本俗體字耳

斥嫁取者 小字本相臺本同案嫁衍字也此但刺取者不刺嫁者故下文云子取後陰陽交會之月也正義亦可證

謂之五月之末 閩本明監本毛本同小字本相臺本謂下無之字考文古本同案無者是也

○杕杜

有杕之杜 唐石經小字本相臺本同案釋文云杕本或作夷狄字非也考此六朝時河北本也其江南本木傍施大不誤見顏氏家訓

杕特貌 閩本明監本毛本同小字本相臺本特下有生字案此十行本無者是也釋文杕杜注云特貌顏氏家訓引江南本傳亦無生字正義云言有杕然特生之杜者是自爲文取下有杕之杜篇箋文爲說耳非此傳有生字也考彼箋乃本彼經生于道左而言之則此傳不應有明矣考文古本有采正義○按說文杕木特貌正本毛傳

湑湑枝葉不相比也 小字本相臺本同閩本明監本毛本亦同案此下當有次字此傳比次卽取經胡不比焉胡不佽焉之文也釋文湑湑下云不相比次也是其本有次字正義云傳於此云湑湑枝葉不相比標起止云至相比或因經注本無次字而誤去之耳其餘仍多言比次也考文古本次字采釋文

以菁菁爲稀少之貌 閩本明監本毛本同案下箋作希此正義作稀希稀古今字易而說之也例見前

○羔裘

詩疏六之二挍勘記　十六

祛袂也小字本相臺本同案釋文祛下云袂末也正義云此解直云祛袂定本云祛袂末與禮合釋文本與定本同下傳云本末不同正義云以褏身爲本褏袂爲末是也無取於袂爲本祛爲袂末當以正義本爲長見段玉裁毛詩詁訓傳注

又曰袂尺二寸閩本明監本毛本同案浦鏜云祛誤袂是也又下袂口也不誤浦并改之則非

傳亦解輿喻之義〔補〕案亦當作已

不應得有故亂舊恩好閩本明監本毛本同案浦鏜云亂疑衍字是也上文兩言故舊恩好可證

○鴇羽

君子下從征役唐石經小字本相臺本同案正義云言下從征役者又云定本作下從征役如其所言不爲有異當有異也釋文云政役音征篇內注同或定本作政字也考周禮小宰聽政役以比居注云政謂賦也凡其字或

作正或作征以多言宜從征如孟子交征利云此序字與彼同考文古本作政采釋文

稹者根相迫迮梱致也小字本同閩本明監本毛本同相臺本梱作捆案捆字非也梱者稛字之借又釋文云致直置反下同正義云定本緻皆作致是正義本此箋及下傳箋攻致皆作緻也考說文糸部本無緻字徐氏新附字有之鄭考工記注云稹致也亦不從糸當以釋文定本爲長下傳攻致閩本以下作緻依正義改耳以役致字同此

其穀爲汁閩本明監本毛本同案浦鏜云斗誤汁是也下多言杼汁誤同

曷其有常唐石經以下各本同唯相臺原刻各有其誤

○無衣

刺晉武公也閩本明監本毛本同唐石經小字本相臺本刺作美考文古本同案正義云美晉武公也所以美之者又云而作是無衣之詩以美之又云美其能并晉國作美者是也上文譜正義云無衣有杕之杜則皆刺武公者誤

豈號奉使適晉閩本明監本毛本號下有公字案所補是也

心未自安小字本相臺本同閩本明監本同考文古本同毛本未作不案心未自安者承上箋謂七章之衣晉舊有之矣但未自安耳正義云心不自安乃自爲之不當依以改箋

安且燠兮唐石經小字本相臺本同案釋文云奧本又作燠正義標起止云傳燠煖也是正義本作燠小明經作奧經中用字不畫一之例考文古本作奧采釋文

○有杕之杜

皆可求之我君所閩本明監本毛本同小字本相臺本求作來案來字是也正義云皆可使之適我君之所此來之之義也

君當忠心誠實好之閩本明監本毛本忠作中案所改是也

○葛生

域營域也閩本明監本毛本同小字本相臺本營作塋案此十行本營字是也營即塋之借字耳

故極之以盡情小字本相臺本極下有言字閩本明監本無毛本同考文古本無極字案此十行本無言字者是也小大雅譜云要於極賢聖之情是其證

○采苓

人之爲言唐石經小字本相臺本同案此釋文本也正義云人之詐僞之言又下文盡作僞言是其證又云王肅諸本作爲言定本作僞言此引定本以證其同也釋文云爲言于僞反或如字下文皆同本或作僞字非考沔水民之訛言箋云訛僞也言時不令小人好詐僞爲交易之言正月人之訛言箋云訛僞也人以僞言相陷入其訛言即此經之人言也古爲僞訛三字皆聲類所近用作假借用作詁訓其理一也作爲則當讀作僞耳箋不云讀作者其於假借例有如此者也正義本定本乃依正字釋文讀于僞反及如字又云本或作僞字非其說皆未諦考文古本作僞下文注同皆

采正義。按鄭箋云謂爲人爲善言上爲字去聲下爲字平聲讀之然則經文爲字不當作僞爲者作也造也王風傳云造爲也

爲言謂爲人爲善言 小字本相臺本同案釋文云爲言謂爲人並于僞反若經文依字讀則此上爲字亦依字正義本經作僞言此箋當亦作僞言下二爲字雖無明文但以經推之當是作爲人僞善言其爲人讀于僞反僞善言卽複舉經字也

附釋音毛詩注疏卷第六 六之一

秦車鄰詁訓傳第十一

陸曰秦者隴西谷名也在雍州鳥鼠山之東北昔臯陶之子伯翳佐禹治水有功舜命作虞賜姓曰嬴其末孫非子爲周孝王養馬於汧渭之間封爲附庸邑于秦谷及非子之曾孫秦仲周宣王又命爲大夫仲之孫襄公討西戎救周周室東遷以岐豐之地賜之始列爲諸侯春秋時稱秦伯崔云秦在虞夏商爲諸侯至周爲附庸

毛詩國風　鄭氏箋　孔穎達疏

秦譜

秦者隴西谷名於禹貢近雍州鳥鼠之山。正義曰漢書地理志云秦今隴西秦亭秦谷是也於禹貢鳥鼠之山在雍州也鳥鼠與秦今俱在隴西故云近鳥鼠之山也爾雅云鳥鼠同穴其鳥爲鵌其鼠爲鼵是鳥鼠共處一山以爲名既有鳥鼠之山又別有同穴之山禹貢王肅注云鳥鼠同穴皆山名是也。堯時有伯翳者實臯陶之子佐禹治水水土既平舜命作虞官掌上下草木鳥獸賜姓曰嬴。正義曰鄭語云嬴伯翳之後地理志云嬴伯益之後則伯翳伯益聲轉字異猶一人也地理志又云秦之先曰伯益助禹治水爲舜虞官養草木鳥獸賜姓嬴氏秦本紀云秦之先帝顓頊之苗裔孫曰女脩女脩織玄鳥隕卵女脩吞之生子大業大業娶少典之子曰女華女華生大費大費與禹平水土又佐舜調馴鳥獸鳥獸多馴服是爲伯翳舜賜姓嬴氏是治水賜姓之事也如本紀之言則益又名大費大費之父名大業列女傳曰臯子生五歲而佐禹曹大家注云臯子臯陶之子伯益也然則臯陶大業一人也且秦是伯益之後而中候苗興云臯陶之苗爲秦秦出伯益明是臯陶之子也先言伯翳然後上本臯陶者以舜賜伯翳爲嬴姓不賜臯陶秦爲嬴姓始自伯翳故以伯翳爲首也虞書稱舜曰疇若予上下草木鳥獸僉曰益哉帝曰俞咨益汝作朕虞是舜命作虞官也歷夏商興衰亦世有人焉。正義曰本紀又云太費生子二人一曰太廉實鳥谷氏二曰若木實費氏其玄孫曰費昌當夏桀之時去夏歸商爲湯御以敗桀太廉玄孫曰孟戲中衍帝大戊使爲御而妻之自大戊以下中衍之後遂世有功以佐殷國故嬴姓多顯遂爲諸侯其玄孫曰中潏在西戎保西垂生蜚廉蜚廉生惡來惡來有力蜚廉善走父子俱以材力事紂是世有人焉。周孝王使其末孫非子養馬於汧渭之間孝王爲伯翳能知禽獸之言子孫不絶故封非子爲附庸邑之於秦谷。正義曰本紀又云惡來有子曰女防女防生旁臯旁臯生大几大几生大駱大駱生非子非子居犬丘好馬及畜善養息之犬丘人言之周孝王孝王召使主馬于汧渭之閒馬大蕃息孝王欲以爲大駱適嗣申侯之女爲大駱之妻生子成爲適於是孝王曰昔伯翳爲舜主畜畜多息故有土今其後世亦爲朕息馬朕其分土爲附庸邑之秦使復續嬴氏祀號曰秦嬴亦不廢申侯之女子爲大駱適者是孝王使養馬封之事也言將以非子爲大駱之嗣則從中潏以來世保西垂常有國土非子分其國地別爲附庸也本紀直云伯翳爲舜主畜不云能知禽獸之言地理志稱孝王云昔伯益知禽獸是知其言語也僖二十九年左傳說介葛盧聞牛鳴而知其音賈逵云伯益曉是術蔡雍云伯翳綜聲於語鳥葛盧辯音於鳴牛是伯翳知禽獸之言也。至曾孫秦仲宣王又命作大夫始有車馬禮樂侍御之好國人美之翳之變風始作。正義曰本紀又云秦嬴生秦侯立十年卒生公伯立三年卒生秦仲是仲爲非子曾孫也又云秦仲立三年周厲王無道西戎滅犬丘大駱之族周宣王即位乃以秦仲爲大夫誅西戎是宣王又命作大夫也王制云子男五十里不能五十里者附於諸侯曰附庸周禮男國百里則附庸又無百里矣邾滕紀莒之等以其國小蔑而不錄其詩而錄秦仲附庸之風者鄭語云桓公問於史伯曰姜嬴其孰興對曰國大而有德者近興秦仲齊侯姜嬴之儁也且大其將興乎言秦仲國大將興是其土地廣寬雖未得爵命而大於邾莒詩者緣政而作故附庸而得有詩也且秦於襄公之後國大而錄其詩因秦仲先已有詩故并錄之耳案年表秦仲以宣王六年卒計桓公問史伯之時乃在幽王九年所以仍言秦仲者秦仲之後遂爲大國以秦仲有德故繫而言之秦仲以字配國者附庸未得爵命無謚可稱春秋附庸君例稱名襃之則書字秦仲又作宣王大夫史策之文正當書字故稱字體國以美之也。秦仲之孫襄公平王之初興兵討西戎以救周平王東遷王城乃以岐豐之地賜之始列爲諸侯。正義曰本紀稱秦仲生莊公莊公生襄公又云犬戎殺幽王襄公將兵救周戰甚有功周避戎難東徙洛邑襄公以兵送周平王平王詔襄公爲諸侯賜之岐山以西之地封爵之襄公於是始國與諸侯通使聘享之禮是平王之初救周賜地之事也襄公始爲諸侯莊公已稱公者蓋追謚之也。遂橫有周西都宗周畿內八百里之地。正義曰地理志初洛邑與宗周通封畿東西長而南北短短長相覆爲千里則周之二都相接爲畿其地東西橫長西都方八百里也本紀云賜襄公岐以西之地襄公生文公於是文公遂收周餘民有之地至岐岐以東獻之周如本紀之言則襄公所得自岐以西如以鄭言横有西都八百里之地則是全得西畿言與本紀異者案終南之山在岐之東南大夫之戒襄公已引終南爲喻則襄公亦得岐東非唯自岐以西也卽如本紀之言文公收周餘民又獻岐東於周則秦之東境終不過岐而春秋之時秦境東至於河襄公已後更無功德之君復是何世得之也明襄公救周卽得之矣本紀之言不可信也。其封域東至迆山在荆岐終南惇物之野。正義曰迆謂靡迆境界廣被之意於禹貢無迆山鄭據時山之名案秦境所及而言之禹貢雍州云荆岐既旅終南惇物則此山皆屬雍州秦居其傍故云之野也不言西至獨言東至者以秦居隴西東拓土境上已云近鳥鼠之山不須便言其西故直言東至而已鄭既云變風作而又言此者以襄公之時又能取周地與秦仲時異故復說其得地之由境界所在。至玄孫德公又徙於雍云。正義曰案本紀襄公生文公文公生竫公竫公生寧公寧公生武公武公卒立其弟德公是德公爲襄公玄孫也本紀又言秦仲自中潏已後世保西垂至大雒生非子非子别居於犬丘厲王時西戎滅大雒之族秦仲之子莊公伐西戎破之并得大雒之地爲西垂大夫文公元年居西垂宫三年冬獵至汧渭之會曰昔周邑我先

秦嬴於此後卒爲諸侯乃卜居之占曰吉卽營邑之寧公二年徙居平陽德公元年初居雍城徐廣云犬丘今槐里縣也平陽今郿縣平陽亭是也雍今扶風雍縣也如本紀之言則大雒之族世居西垂非子封爲附庸别居槐里及莊公伐戎并得大雒之地卽就大雒舊居西垂也至文公還居非子舊墟在汧渭之閒卽槐里是也寧公徙平陽至德公乃徙雍鄭獨言德公徙雍者以德公之後常居雍故特言之僖十三年左傳云秦輸粟于晉自雍及絳昭元年左傳云秦后子享晉侯自雍及絳是秦自德公已後常雍也本或作穆公徙雍者誤耳何則穆公者德公之子於襄公爲玄孫之子非玄孫也又中候覬期注秦木在隴西襄公玄孫德公始徙雍是鄭依本紀以爲德公徙雍非穆公也本紀又云德公立二年卒子宣公立十二年卒弟成公立四年卒弟穆公任好立三十九年卒子罃代立是爲康公此其君次也其詩則車鄰美秦仲爲秦仲詩也駟鐵小戎蒹葭終南序皆云襄公是襄公詩也黄鳥刺繆公是繆公詩也晨風渭陽權輿序皆云康公是康公詩也無衣在其中明亦康公詩矣故鄭於左方中皆以此而知也襄二十九年左傳季札見歌秦曰美哉此之謂夏聲服虔云秦仲始有車馬禮樂之好侍御之臣戎車四牡田狩之事其孫襄公列爲秦伯故蒹葭蒼蒼之歌終南之詩追録先人車鄰駟驖。小戎之歌與諸夏同風故曰夏聲如服之意以駟驖小戎爲秦仲之詩與序正違其言非也言夏聲者杜預云秦本在西戎汧隴之西秦仲始有車馬禮樂去戎狄之音而有諸夏之聲故謂之夏聲耳不由在諸夏追録故稱夏也

車鄰美秦仲也秦仲始大有車馬禮樂侍御之好焉。鄰本亦作隣又作轔栗人反始大絶句或連下句非。〔疏〕車鄰三章一章四句二章章六句至好焉。正義曰作車鄰詩者美秦仲也秦仲之國始大又有車馬禮樂侍御之好焉故美之也言秦仲始大者秦自非子以來世爲附庸其國仍小至今秦仲而國土大矣由國始大而得有此車馬禮樂故言始大以冠之有車馬者首章上二句是也侍御者下二句是也二章卒章言鼓瑟鼓簧竝論樂事用樂必有禮是禮樂也經先寺人後鼓瑟序先禮樂後侍御者經以車馬行於道路國人最先見之故先言車馬欲見秦仲先令寺人故次言寺人既見秦仲始見其禮樂故後言鼓瑟二章傳曰又見其禮樂是從外而入以次見之序以車馬附於身經又在先故先陳之禮樂又重於侍御故先禮樂而後侍御此三者皆是君之容好故云之好焉必知斷始大爲句者以駟驖序云始命謂始命爲諸侯也卽知此始大謂

國土始大也若連下爲文卽車馬禮樂多少有度不得言大有也王肅云秦爲附庸世處西戎秦仲脩德爲宣王大夫遂誅西戎是以始大鄭語云秦仲齊侯姜嬴之儁且大其將興乎韋昭注引詩序曰秦仲始大是先儒斷始大爲句

有車鄰鄰有馬白顚鄰鄰衆車聲也白顚的顙也。顚都田反的丁歷反顙桑黨反**未見君子寺人之令**寺人內小臣也箋云欲見國君者必先令寺人使傳告之時秦仲又始有此臣。寺如字又音侍本亦作侍字寺人奄人令力呈反注同又力政反泠力丁反韓詩作伶云使伶傳直專反〔疏〕有車至之令。正義曰此美秦仲初有車馬侍御之好言秦仲有車衆多其聲鄰鄰然有馬衆多其中有白顚之馬車馬既多又有侍御之臣未見君子秦仲之時若欲見之必先有寺人之官令請之使寺人傳告秦仲然後人得見之。傳鄰鄰至的顙。正義曰車有副貳明非一車故以鄰鄰爲衆車之聲車既衆多則馬亦多矣故於馬見其毛色而已不復言衆多也釋畜云馬的顙白顚舍人曰的白也顙額也額有白毛今之戴星馬也。傳寺人內小臣。正義曰天官序官云內小臣奄上士四人寺人王之正內五人則天子之官內小臣與寺人别官也燕禮諸侯之禮也經云獻左右正與內小臣

是諸侯之官有內小臣也左傳齊有寺人貂晉有寺人披是諸侯之官有寺人也然則寺人與內小臣別官矣此云寺人內小臣者解寺人官之尊卑及所掌之意言寺人是在內細小之臣非謂寺人即是內小臣之官也內小臣之官與寺人之官猶自別矣若然巷伯箋云巷伯內小臣奄官上士四人與寺人之官相近彼言巷伯內小臣巷伯即是內小臣之官此傳言寺人內小臣而知寺人非內小臣之官者毛鄭異人言非一概正以天子諸侯之官內小臣與寺人皆別明傳意不以寺人爲內小臣之官也巷伯所以知即是內小臣者以寺人作詩而篇名巷伯明巷伯非寺人序言巷伯奄官則巷伯與寺人之官同掌內事相近明矣巷者官中道名也伯者長也主宮巷之官最長者唯有內小臣耳故知巷伯即是內小臣之官也。箋欲見至此臣。正義曰附庸雖未爵命自君其國猶若諸侯故言欲見國君使寺人傳告之擧寺人以美秦仲者明仲又始有此臣也案夏官小臣掌王之命天官寺人掌王之內人及女宮之戒令然則天子之官自有小臣主王命寺人主內令不主王命矣燕禮云小臣戒與者則諸侯之官有小臣亦應小臣傳君命此說國君之禮使寺人傳命者天子備官故外內異職諸侯兼官外內共掌之也僖五年左傳說晉獻公使寺人披伐公子重耳於蒲昭十年傳說宋平公之喪侍寺人柳熾炭于位則諸侯寺人傳達君命是禮之常也。

阪有漆，隰有栗。興也。陂者曰阪，下濕曰隰。箋云：興者，喻秦仲之君臣所有各得其宜。○阪音反，又扶板反。陂，彼寄反，又普羅反，又彼皮反。**既見君子，並坐鼓瑟。**又見其禮樂焉。箋云：既見，既見秦仲也。並坐鼓瑟，君臣以閑暇燕飲相安樂也。○閒音閑。樂音洛，下文並同。**今者不樂，逝者其耋。**耋，老也。八十曰耋。箋云：今者不於此君之朝自樂，謂仕焉，而去仕他國，其徒自使老，言將後寵祿也。○耋，田結反，一音天節反。朝，直遙反。後，胡豆反，又如字。

【疏】阪有至其耋。正義曰：言阪上有漆木，隰中有栗木，各得其宜，以興秦仲之朝，上有賢君，下有賢臣，上下各得其宜。既見此君子秦仲，其君臣閑暇無爲，燕飲相樂，並坐而鼓瑟也。既見其善政，則願仕焉。我今者不於此君之朝仕而自樂，若更之他國者，其徒自使老，言將後於寵祿，無有得樂之時。美秦仲之賢，故人皆欲願仕也。○傳陂者至曰隰。正義曰：釋地云「下濕曰隰」，李巡曰「下濕謂土地窊下常沮洳，名爲隰也」。又云「陂者曰阪，下者曰隰」，李巡曰「陂者謂高峯山陂，下者謂下濕之地」。隰，濕也。○箋既見至安樂。正義曰：由其君明臣賢，政清事簡，故皆並坐而觀鼓瑟作樂。必飲酒，故云燕飲相安樂。檀弓稱工尹商陽止其御曰「朝不坐，燕不與」，注云「朝燕於寢，大夫坐於上，士立於下」，彼言正法耳。秦仲君臣安樂，或士亦與焉，故作者羨之而願仕也。○傳耋老也八十曰耋。正義曰：「耋，老」，釋言文。孫炎曰：「耋者，色如生鐵。」易離卦云「大耋之嗟」，注云「年踰七十」。僖九年左傳曰「伯舅耋老」，服虔云「七十曰耋」。此言八十曰耋者，耋有七十、八十，無正文也。以仕者七十致事，仕者慮已之耋，欲得早致事，故以爲八十也。○箋今者至寵祿。正義曰：作者羨其閒暇，欲得自樂，故知樂者謂仕焉。逝訓爲往，故知逝者謂去仕他國。今得明君之朝，不仕而去，是其徒自使老，言將後寵祿，謂年歲晚莫，不堪仕進，在寵祿之後也。

阪有桑，隰有楊。既見君子，並坐鼓簧。簧，笙也。○簧音黃。**今者不樂，逝者其亡。**亡，喪棄也。

車鄰三章，一章四句，二章章六句。

駟驖。

美襄公也。始命有田狩之事，園囿之樂焉。始命，命爲諸侯也。秦始附庸也。○驖，田結反，又吐結反，驖驪馬也。始命絕句。囿音又，沈又尤菊反。樂音洛。

【疏】駟驖三章章四句至樂焉。正義曰：作駟驖詩者，美襄公也。秦自非子以來，世爲附庸，未得王命。今襄公始受王命爲諸侯，有遊田狩獵之事、園囿之樂焉，故美之也。諸侯之君，乃得順時遊田，治兵習武，取禽祭廟。附庸未成諸侯，其禮則闕。故今襄公始命爲諸侯，乃得有此田狩之事，故云始命也。田狩之事，三章皆是也。言園囿之樂者，還是田狩之事，於園於囿皆有此樂，故云園囿之樂焉。獵則就於囿中，上二章囿中事也。調習則在園中，下章園中事也。有蕃曰園，有牆曰囿，園囿大同，蕃牆異耳。囿者，域養禽獸之處，其制諸侯四十里，處在於郊。靈臺云「王在靈囿」，鄭駁異義引之云「三靈辟廱在郊」，明矣。孟子對齊宣王云「臣聞郊關之內有囿焉，方四十里」，是在郊也。園者，種菜殖果之處，因在其內調習車馬，言遊於北園，蓋近在國北。地官載師云「以場圃任園地」，明其去國近也。○箋始命至附庸。正義曰：本紀云平王封襄公爲諸侯，賜之岐西之地，然則始命之爲諸侯，謂平王之世。又解言始命之意，秦始爲附庸，謂非子至於襄公、莊公，常爲附庸，今始得命，故言始也。本或秦下有「仲」，衍字。定本直云「秦始附庸也」。

駟驖孔阜，六轡在手。驖，驪。阜，大也。箋云：四馬六轡。六轡在手，言馬之良也。○阜，符有反。驪，力知反。**公之媚子，從公于狩。**

能以道媚於上下者冬獵曰狩箋云媚於上下謂使君臣和合也此人從公往狩言襄公親賢也。媚眉冀反【疏】駟驖至于狩。正義曰言襄公乘一乘駟驖色之馬甚肥大也馬既肥大而又良善御人執其六轡在手而已不須控制之也公乘此良馬與賢人共獵公之臣有能媚於上下之子從公而往田狩公又能親賢如是故國人美之。傳驖驪至大。正義曰檀弓云夏后氏尚黑戎事乘驪則驪是黑色驖者言其色黑如驖故爲驪也說馬之壯大而云孔阜故知阜爲大也。箋四馬至之良。正義曰每馬有二轡四馬當八轡矣諸文皆言六轡者以驂馬內轡納之於觖故在手者唯六轡耳聘禮云賓覿總乘馬注云總八轡牽之贊者謂步牽馬故八轡皆在手也大叔于田言六轡如手謂馬之進退如御者之手故爲御之良此言六轡在手謂在手而已不假控制故爲馬之良也。傳能以至曰狩。正義曰媚訓愛也能使君愛臣令上媚下又使臣愛君令下媚上能以已道愛於上下故箋申之云謂使君臣上下和合言此一人之身能使他人上下和合也卷阿云媚于天子媚于庶人謂吉士之身媚上媚下知此亦不是已身能上媚下媚者以其特言公之媚子從公于狩明是大賢之人能和合他人使之相愛非徒已身能愛人而已文王四友予曰有疏附能使疏者親附是其

和合他人則其爲賢也謂之媚子者王肅云卿大夫稱子冬獵曰狩釋言文

奉時辰牡辰牡孔碩時是辰時也冬獻狼夏獻麋春秋獻鹿豕羣獸箋云奉是時牡者謂虞人也時牡甚肥大言禽獸得其所。麌亡悲反。**公曰左之舍拔則獲**拔矢末也箋云左之者從禽之左射之也拔括也舍拔則獲言公善射。舍音捨拔蒲末反射食亦反括苦活反善射音社【疏】奉時至則獲。正義曰言襄公田獵之時虞人奉是時節之牡獸謂驅以待公射之此時節之牡獸甚肥大矣公戒御者曰從左而逐之公乃親自射之舍放矢括則獲得其獸言公之善射。傳時是至羣獸。正義曰時是釋詁文釋訓云不辰不時也是辰爲時也冬獻狼以下皆天官獸人文所異者彼言獸物此言羣獸耳彼注云狼膏聚麋膏散聚則溫散則涼以救時之苦也獸物凡獸皆可獻及狐貍也然則獸之供食各有時節故謂之時牡。箋奉是至其所。正義曰地官山虞云若大田獵則萊山田之野及弊田植虞旗于中以致禽然則田獵是虞人所掌必是虞人驅禽故知奉是時牡謂虞人也案獸人所獻之獸以供膳傳引獸人所獻以證虞人奉之者以下句言舍拔則獲此是獵時之事故知是虞人奉之也獸人獻時節之獸以供膳故虞人亦驅時節之獸以待射虞人無奉獸之文故引獸人之文以解時牡耳。傳拔矢末。正義曰言舍拔則獲是放矢得獸故以拔爲矢末以鏃爲首故拔爲末。箋左之至善射。正義曰王制云佐車止則百姓田獵注云佐車驅逆之車得不以從左驅禽謂之佐車者彼驅逆之車依周禮田僕所設非君所乘此公曰左之是公命御者從禽之左逐之欲從禽之左而射之也此是君所乘田車非彼驅逆之車也逐禽由左禮之常法必言公曰左之者公見獸乃命逐之故言公曰傳以拔爲矢末不辯爲拔之處故申之云拔括也家語孔子與子路論矢之事云括而羽之鏃而礪之其入之不益深乎是謂矢末爲括也既言公曰則是公自舍之故云公善射也

遊于北園四馬既閑閑習也箋云公所以田則克獲者乃遊于北園之時則已習其四種之馬。種章勇反**輶車鸞鑣載獫歇驕**輶輕也獫歇驕田犬也長喙曰獫短喙曰歇驕箋云輕車驅逆之車也置鸞於鑣異於乘車也載始也始田犬者謂達其搏噬始成之也此皆遊於北園時所爲也。輶由九反又音由鸞盧端反鑣彼驕反獫力驗反說文音力劍反歇本又作猲許謁反說文音火遏反驕本又作獢同許喬反輕遣政反又如字下同喙況廢反驅丘遇反或丘于反乘繩證反搏音博舊音付【疏】遊于至歇驕。正義曰此則倒本未獵之前調習車馬之事言公遊于北園之時四種之馬既已閑習之矣於是之時調試輕車置鸞於鑣以試之既調和矣又始試習獫與歇驕之犬皆曉達搏噬之事遊于北園已試調習故今狩於囿中多所獲得也。傳閑習。正義曰釋詁文。箋公所至之馬。正義曰夏官校人辨六馬之屬種馬戎馬齊馬道馬田馬駑馬天子馬六種諸侯四種鄭以隆殺差之諸侯之馬無種戎也此說獵事止應調習田馬而已而云四種之馬皆調之者以其田獵所以教戰諸馬皆須調習故作者因田馬調和廣言四種皆習也。傳輶輕至歇驕。正義曰輶輕釋言文此說獵事故知獫與歇驕皆田犬非守犬也故辨之長喙獫短喙歇驕釋畜文李巡曰分別犬喙長短之名。箋輕車至所爲。正義曰夏官田僕掌設驅逆之車注云驅驅禽使前趨獲逆御還之使不出圍然則田僕掌田而設驅逆之車故知輕車卽驅逆之車也若君所乘者則謂之田車不宜以輶輕爲名且下句說犬明是車驅之而犬獲之故知是驅逆之車非君車也冬官考工記云乘車之輪崇六尺有六寸注云乘車玉路金路象路也言置鸞於鑣異於乘車謂異於彼玉金象也夏官大馭及玉藻經解之注皆云鸞在衡和在軾謂乘車之鸞也此云鸞

鑣則鸞在於鑣故異於乘車也鸞和所在經無正文經解注引韓詩内傳曰鸞在衡和在軾又大戴禮保傅篇文與韓詩說同故鄭依用之蓼蕭傳曰在軾曰和在鑣曰鸞箋不易之異義戴禮戴毛氏二說謹案云經無明文且殷周或異故鄭亦不駁商頌烈祖箋云鸞在鑣以無明文且殷周或異故鄭爲兩解釋詁云哉始也哉載義同故亦爲始釋訓云暴虎徒搏也則搏者殺獸之名哀十二年左傳曰國狗之瘈無不噬也則噬謂齧也此小犬初成始解搏噬故云始成之也章首云遊于北園知此遊北園時習也

駟驖三章章四句

小戎美襄公也備其兵甲以討西戎西戎方彊而征伐不休國人則矜其車甲婦人能閔其君子焉矜夸大也國人夸大其車甲之盛有樂之意也婦人閔其君子恩義之至也作者敘外內之志所以美君政教之功○小戎王云駕兩馬者矜居澄反夸苦花反樂音洛又音岳○【疏】小戎三章章十句至君子○正義曰作小戎詩者美襄公也襄公能備具其兵甲以征討西方之戎於是之時西戎方漸強盛而襄公征伐不休國人應苦其勞婦人應多怨曠襄公能說以使之國人忘其軍旅之苦則矜夸其車甲之盛婦人無怨曠之志則能閔念其君子皆襄公使之得所故序外內之情以美之三章皆上六句是矜其車甲下四句是閔其君子○箋矜夸大○正義曰僖九年公羊傳曰葵丘之會桓公震而矜之叛者九國矜者何猶曰莫若我也班固云矜夸宮室是矜爲夸大之義也○

小戎俴收五楘梁輈小戎兵車也俴淺收軫也五五束也楘歷錄也梁輈輈上句衡也一輈五束束有歷錄箋云此羣臣之兵車故曰小戎○俴錢淺反收如字楘音木本又作鞪○革歷錄也曲轅上束也輈陟留反軫之忍反歷錄一本作歷祿句古侯反**游環脅驅陰靷鋈續**游環靷環也游在背上所以禦出也脅驅慎駕具所以止入也陰揜軏也靷所以引也鋈白金也續續靷也箋云游環在背上無常處貫驂之外轡以禁其出脅驅者著服馬之外脅以止驂之入揜軏在軾前垂輈上鋈續白金飾續靷之環○驅本亦作駈起俱反靷音胤鋈音沃舊音惡續義如字徐辭屨反靳環居覲反本又作靷沈云舊本皆作靳靳者言無常處游在驂馬背上以驂馬外轡貫之以止驂之出左傳云如驂之有靳居覲反無耿於靷也禦魚呂反慎或作順義亦兩通揜於檢反處昌慮反著直略反又丁略反軾音式本亦作式**文茵暢轂駕我騏馵**文茵虎皮也暢轂長轂也騏騏文也左足白曰馵箋云此上六句者國人所矜○茵音因文茵以虎皮爲茵茵車席也暢勑亮反轂音谷騏音其馵之樹反○**言念君子溫其如玉**箋云言我也念君子之性溫然如玉玉有五德**在其板屋亂我心曲**西戎板屋箋云心曲心之委曲也憂則心亂也此上四句者婦人所用閔其君子○【疏】小戎至心曲○正義曰國人夸兵車之善云我襄公羣臣卑小之戎車既淺短其軫矣又五飾束縛歷錄此梁輈使有文章矣貫驂馬之外轡則有游環以止驂馬之外出自衡至軫當服馬之外脅則有脅驅以止驂馬之內入陰板之前又有皮靷以白金飾其相續之處車上又有虎皮文章之茵蓐其車又是長轂之戎車又駕我之騏馬與馵馬車馬備具如是以此伐戎何有不克者乎又言婦人閔其君子云我念君子之德行其心性溫然其如玉無有瑕惡之處也今乃遠在其西戎板屋之中終我思而不得見之亂我心中委曲之事也○傳小戎至歷錄○正義曰兵車兵戎之車小大應同而謂之小戎者六月云元戎十乘以先啓行元大也先啓行之車謂之大戎從後行者謂之小戎故箋申之云此羣臣之兵車故曰小戎言羣臣在元戎之後故也俴淺釋言文收軫者相傳爲然無正訓也軫者上之前後兩端之橫木也蓋以爲此軫者所以收斂所載故名收焉輈者轅也言五楘梁輈五楘是轅上之飾故以五爲五束言以皮革五處束之楘歷錄者謂所束之處因以爲文章歷錄然歷錄蓋文章之貌也梁輈上曲句衡衡者輈也輈從軫以前稍曲而上至衡則居衡之上而鄉下句之衡則橫居輈下如屋之梁然故謂之梁輈也考工記云國馬之輈深四尺有七寸注云馬高八尺兵車乘車軹崇三尺有三寸加軫與轐七寸又并此輈深衡高八尺七寸也除馬之高則餘七寸爲衡頸之間也是輈在衡上故頸間七寸也又解五是五道束之楘則歷錄之稱而謂之五楘者以一輈之上有五束每束皆有文章歷錄故謂之五楘也此言俴收下言暢轂皆謂兵車也兵車言淺軫長轂者對大車平地載任之車爲淺爲長也考工記云兵車之輪崇六尺有六寸椁其漆內而中詘之以爲之轂長注云六尺六寸之輪漆內六尺四寸是爲轂長三尺二寸鄭司農云椁者度兩漆之內相距之尺寸是兵車之轂長三尺三寸也考工記又說車人爲車柯長三尺轂長半柯是

大車之轂長尺半也兵車之轂比之爲長故謂之長轂考工記又云輿人爲車輪崇車廣衡長參如一參分車廣去一以爲隧注云兵車之隧四尺四寸鄭司農云隧謂車輿深也則兵車當輿之内從前軫至後軫唯深四尺四寸也車人云大車牝服二柯有參分柯之二注云大車平地載任之車牝服長八尺謂較也則大車之用内前軫至後軫其深八尺兵車之軫比之爲淺故謂之淺軫也人之升車也自後登之入於車内故以深淺言之名之曰隧隧者深也鄭司農云隧謂車輿深玄謂讀如邃宇之邃是軫有深淺之義故此言淺軫也○傳游環至續靷○正義曰游環者以環貫靷游在背上故謂之靷環也貫兩驂馬之外轡引轡爲環所束驂馬欲出此環牽之故所以禦出也定本作靷環脅驅者以一條皮上繫於衡後繫於軫當服馬之脅愛慎乘駕之具也驂馬欲入則此皮約之所以止入也陰揜軓者謂輿下三面材以板木横側車前所以陰映此軓故云揜軓也靷者以皮爲之繫於陰板之上令驂馬之引何則此車衡之長唯六尺六寸止容二服而已驂馬頸不當衡別爲二靷以引車故云所以引也大叔于田云兩服齊首兩驂鴈行明驂馬之首不與服馬齊也襄十四年左傳稱庾公差追衛獻公射兩軥而還服虔云軥車軛也兩軛叉馬頸者是一衡之下唯有服馬二頸也哀二

年左傳稱郵無恤說已之御云兩靷將絕吾能止之駕而乘材兩靷皆絕是横軓之前別有驂馬二靷也釋器云白金謂之銀其美者謂之鐐然則白金不名鋈言鋈白金者鋈非白金之名謂銷此白金以沃灌靷環非訓鋈爲白金也金銀銅鐵揔名爲金此說兵車之飾或是白銅白鐵未必皆白銀也劉熙釋名云游環在服馬背上驂馬之外轡貫之游移前卻無定處也脅驅當服馬脅也陰蔭也横側車前所以蔭荃也靷所以引車也鋈沃也治白金以沃灌靷環也續續靷端也○箋游環至之環○正義曰此經所陳皆爲驂馬設之故箋申明毛禦出止入之意言所以禁止驂馬也輈在軓前横木映軓故知垂輈上謂陰板垂輈上也靷言鋈續則是作環相接故云白金飾續靷之環○傳文茵至曰馵○正義曰茵者車上之褥用皮爲之言文茵則皮有文采故知虎皮也劉熙釋名云文茵車中所坐也用虎皮有文采是也暢訓爲長故爲長轂言長於大車之轂也色之青黑者名爲綦馬名爲騏知其色作綦文釋畜云馬後右足白驤左白馵樊光云後右足白曰驤左足白曰馵然則左足白者謂後左足也釋畜又云膝上皆白惟馵郭璞曰馬膝上皆白爲惟馵後左脚白者直名馵意亦同也○箋言我至五德○正義曰言我釋詁文聘義云君子比德於玉焉溫潤而澤仁也縝密以栗知也廉而

不劌義也垂之如墜禮也孚尹旁達信也卽引詩云言念君子溫其如玉有五德也沈文又云叩之其聲清越以長其終詘然樂也瑕不揜瑜瑜不揜瑕忠也氣如白虹天也精神見于山川地也圭璋特達德也凡十德唯言五德者以仁義禮智信五者人之常故舉五常之德言之耳○傳西戎板屋○正義曰地理志云天水隴西山多林木民以板爲屋故秦詩云在其板屋然則秦之西垂民亦板屋言西戎板屋者此言亂我心曲則是君子伐戎其妻在家思之故知板屋謂西戎板屋念想君子伐得而居之也

四牡孔阜六轡在手騏駵是中騧驪是驂黃馬黑喙曰騧箋云赤身黑鬣曰駵中中服也驂兩騑也○駵音留騧古花反鬣本又作鬣力輒反騑芳非反**龍盾之合鋈以觼軜**龍盾畫龍其盾也合合而載之軜驂內轡也箋云鋈以觼軜軜之觼以白金爲飾也軜繫於軾前○盾順允反徐又音允觼古穴反軜音納內也**言念君子溫其在邑**在敵邑也**方何爲期胡然我念之**箋云方今以何時爲還期乎何以然了不來言望之也○

【疏】四牡至念之○正義曰此國人夸馬之善云我君之兵車所駕四牡之馬

甚肥大也馬既肥大而又良善御人執其六轡在手而已不假控制之也此四牡之馬何等毛色騏馬駵馬是其中謂爲中服也騧馬驪馬是其驂謂爲外驂也其車上所載攻戰之其則有龍盾之合畫龍於盾合而載之以蔽車也其驂馬內轡之末鋈金以爲觼軜之於軾前車馬備具如是以此伐戎豈有不克者乎又云婦人閔其君子云我念君子其體性溫然其在敵人之邑方欲以何時爲還期乎何爲了然不來而使我念之也○傳黃馬黑喙曰騧○正義曰釋畜云馬黑喙騧不言身黃傳以爲黃馬者蓋相傳爲然故郭璞云今之淺黃色者爲騧馬○箋赤身至兩騑○正義曰爾雅有駵白駁駵馬白腹騵則駵是色名說者皆以駵爲赤色若身鬣俱赤則爲騂馬故爲赤身黑鬣今人猶謂此爲駵馬也車駕四馬在內兩馬謂之服在外兩馬謂之騑故云中中服也驂兩騑也春秋時鄭有公子騑字子駟是有騑乃成駟也○傳龍盾至內轡○正義曰盾以木爲之而謂之龍盾明是畫龍於盾也此說車馬之事盾則載於車上故云合而載之王肅云合而載之以爲車蔽也言鋈以觼軜謂白金飾皮爲觼以納物也四馬八轡而經傳皆言六轡明有二轡當繫之馬之有轡者所以制馬之左右令之隨逐人意驂馬欲入則偪於脅驅內轡不須牽挽故知納者納驂內轡繫於軾前其繫之處以白

金爲飾也

俴駟孔羣，厹矛鋈錞，蒙伐有苑。俴駟四介馬也。孔甚也。厹三隅矛也。錞鐏也。蒙討羽也。伐中干也。苑文貌。箋云：俴淺也，謂以薄金爲介之札。介甲也。甚羣者，言和調也。蒙厖也，討雜也，畫雜羽之文於伐，故曰厖伐。○俴駟，韓詩云：駟馬不著甲曰俴駟。厹音求。錞徒對反，舊徒猥反，一音敦，說文云：矛戟下銅鐏。伐如字，本或作瞂，音同，中干也。介音界，甲也。鐏徂寸反，又子遜反。札側八反。厖莫江反。

虎韔鏤膺，交韔二弓，竹閉緄縢。虎虎皮也。韔弓室也。膺馬帶也。交韔，交二弓於韔中也。閉紲。緄縄。縢約也。箋云：鏤膺，有刻金飾也。○韔勑亮反，下同，本亦作暢。鏤魯豆反。膺於凝反。閉悲位反，鄭注周禮云：弓檠曰柲，弛則縛於弓裏，備損傷也，以竹爲之。柲音悲位反，徐邊惠反，一音必結反。緄古本反。縢直登反。紲息列反。○

言念君子，載寢載興。厭厭良人，秩秩德音。厭厭安靜也。秩秩有知也。箋云：此既閔其君子寢起之勞，又思其性與德。○厭於鹽反。秩陳乙反。知音智，本亦作智。

【疏】俴駟至德音。○正義曰：此國人夸兵甲之善，言我有淺薄金甲以被四馬，甚調和矣。三隅之厹矛，以白金爲其錞矣。繪畫雜羽所飾之盾，其文章有苑然而美矣。其弓則有虎皮之韔，其馬則有金鏤之膺。其未用之時，備其折壞，交韔二弓於韔之中，以竹爲閉，置於弓隈，然後以縄約之。然則兵甲矛盾備具如是，以此伐戎，豈有不克者乎？又言婦人閔其君子，云：我念我之君子，則有寢則有興之勞。我此君子，體性厭厭然安靜之善人，秩秩然有哲知，其德音遠聞，如此善人，今乃又供軍役，故閔念之。○傳俴駟至文貌。○正義曰：俴訓爲淺，駟是四馬，是用淺薄之金以爲駟馬之甲，故知淺駟四介馬也。成二年左傳說齊侯與晉戰云：不介馬而馳之。是戰馬皆披甲也。孔甚，釋言文。厹矛三隅矛，刃有三角，蓋相傳爲然也。曲禮曰：進戈者前其鐏，後其刃；進矛戟者前其鐓。是矛之下端當有鐓也。彼注云：銳底曰鐏，取其鐏地；平底曰鐓，取其鐓地。則鐓鐏異物，言鐓鐏者，取類相明，非訓爲鐏也。上言龍盾，是畫龍於盾，則知蒙伐是畫物於伐，故以蒙爲討羽，謂畫雜鳥之羽以爲盾飾也。夏官司兵掌五盾，各辨其等，以待軍事。注云：五盾，干櫓之屬，其名未盡聞也。言辨其等，則盾有大小。襄十年左傳說狄虒彌建大車之輪而蒙之以甲，以爲櫓。櫓是大盾，故以伐爲中干。干伐皆盾之別名也。蒙爲雜色，知苑是文貌。○箋俴淺至厖伐。○正義曰：箋申明俴駟爲四介馬之意，以馬無深淺之量，而謂之俴駟，正謂以淺薄之金爲甲之札。金厚則重，知其薄也。金甲堅剛則苦其不和，故美其能甚羣，言和調也。物不和則不得羣聚，故以和爲羣也。左傳及旄丘言狐裘蒙茸，皆厖蒙同音。周禮用牲用玉言厖者，皆謂雜色，故轉蒙爲厖，明厖是雜羽，畫雜羽之文於伐，故曰厖伐。傳以蒙爲討，箋轉討爲厖，皆以義言之，無正訓也。○傳虎虎至縢約。○正義曰：下句云交韔二弓，則虎韔是盛弓之物，故知虎是虎皮，韔爲弓室也。弟子職曰：執箕膺擖。則膺是胷也。鏤膺謂膺上有鏤，明是以金飾帶，故知膺是馬帶，若今之婁胷也。春官巾車說五路之飾皆有樊纓，注云：樊讀如盤帶之鞶，謂今馬大帶也。彼謂在腹之帶，與膺異也。交二弓於韔中，謂顛倒安置之。既夕記說明器之弓云：有柲。注云：柲，弓檠也，弛則縛之於弓裏，備損傷也，以竹爲之。引詩云：竹閉緄縢。然則竹閉一名柲也。言閉紲者，說文云：紲，繫也。謂置弓柲裏，以繩紲之，因名柲爲紲。考工記弓人注云：紲，弓柲也。角長則送矢不疾，若見紲於柲矣。是紲爲繫名也。所紲之事，則緄縢是也，故云緄繩，縢約，謂以繩約弓，然後內之韔中也。○箋鏤膺有刻金飾。○正義曰：釋器說治器之名云：金謂之鏤。故知鏤膺有刻金之飾。巾車云：金路樊纓九就，同姓以封。則其車尊矣。此謂兵車之飾，得有金飾膺者，周禮玉路、金路者，以金玉飾車，故以金玉爲名，不出膺以金玉飾也。故彼注云：玉路、金路、象路，其樊及纓皆以五采罽飾之；革路樊纓以條絲飾之。不言馬帶用金玉象爲飾也。此兵車馬帶用力九多，故用金爲膺飾，取其堅牢。金者，銅鐵皆是，不必要黃金也。且詩言金路皆云鉤膺，不作鏤膺，知此鏤膺非金路也。○傳厭厭至有知。○正義曰：釋訓云：厭厭，安也。秩秩，知也。

小戎三章，章十句。

附釋音毛詩注疏卷第六（六之三）

刑部員外南昌黃中栻栞

毛詩注疏校勘記六之三

阮元撰盧宣旬摘錄

秦譜

僉曰益哉　毛本僉誤禽閩本明監本不誤段玉裁云僉乃禹之誤古文尚書作禹詳見尚書撰異

實鳥谷氏　閩本明監本毛本同案此不誤浦鏜云俗誤谷非也當是正義所見秦本紀如此

有子曰女妨　閩本明監本毛本同案此不誤浦鏜云防誤妨非也漢書人表作女妨當是正義所見秦本紀亦如此

大几生大雒　閩本明監本毛本同案此不誤浦鏜云駱誤雒非也人表作大雒當是正義所見秦本紀亦如此

騶之變風始作　閩本明監本毛本同案此不誤浦鏜云秦誤騶非也案譜於其餘每稱國於此易秦言騶者以其言秦則嫌似秦之政衰而變風始作也衛譜云衛國政衰變風始作餘國從上而同可知也唯鄭首緇衣亦不易其文者對上檜而言又作故耳

平王討襄公爲諸侯　補　毛本討作封案封字是也

不須便言其西　閩本明監本毛本便作復案皆非也此更字之誤

車鄰駟驖小戎之歌　閩本明監本毛本驖作鐵案鐵字是也餘同此詳本篇山井鼎云上文駟鐵同今本非也者誤

○車鄰

此美秦初有車馬侍御之好　閩本明監本毛本秦下有仲字案所補是也

○駟驖

駟驖美襄公也　小字本相臺本同唐石經初刻鐵後改驖經駟驖孔阜同案釋文云駟驖田結反又吐結反驖驪馬也考說文驖馬赤黑色从馬戴聲詩曰四驖孔阜是毛氏詩作驖釋文本與許合也正義本當是鐵字鐵爲驖之借如鴇爲駂之借而石經初刻依之上譜正義及騶虞車攻吉日等正義多引作鐵是其證此篇經注正義十行本盡作驖必合併時人以經注改正義字故即正義所云鐵者言其色黑如鐵者亦盡改爲驖而不可通矣閩本明監本與十行本同毛本依譜正義改爲鐵

秦始附庸也　小字本相臺本同案正義云本或秦下有仲衍字定本直云秦始附庸也考文一本作秦仲始爲附庸也采正義而又有誤

於囿於圃皆有此樂　毛本二於字誤于閩本明監本不誤案凡正義所有于字或順經注及引他書而順彼文也其自爲文則例用於字互相錯亂者皆非餘同此

冬獵曰狩釋言文　閩本明監本毛本同案浦鏜云天誤言是也

異義戴禮戴毛氏二說　閩本明監本毛本同案浦鏜云上戴字當載字之誤是也

國狗之猘　閩本明監本毛本同案浦鏜云瘈誤猘是也

○小戎

本又作䋵革　補　釋文校勘通志堂本盧本鞪作鞪小字本所附同是鞪當作鞪䋵革二字又鞪字之譌

游環靷環也　小字本相臺本同案此正義本也正義云游環者以皮貫靷游在背上故謂之靷環也釋文云靳環居覲反本又作靷沈云舊本皆作靳靳者言無常處游在驂馬背上以驂馬外轡貫之以止驂之出左傳云如驂之有靳居覲反無取於靷也臧琳段玉裁皆以釋文本爲長正義本誤與下箋靷之環字相亂非也又云定本作靷環如其所言不爲有異當是定本作靳環

陰揜軓也　小字本同相臺本軓作軌閩本明監本毛本作軓案軓字是也

騏騏文也　小字本相臺本同案當作騏綦文也正義云色之青黑者名爲綦馬名爲騏知其色作綦文考此則正義本作騏綦文也以綦解騏詁訓之法也釋文云騏馬騏文也以曹鳴鳩釋文訂之當亦綦之誤○段玉裁云騏騏文也尸鳩傳同駉傳亦曰蒼騏曰騏此皆以騏釋騏下騏即綦字綦者蒼艾色見出其東門傳箋說文所本

也而此等字皆不作綦者毛時習用騏字謂蒼艾色爲綦色故尚書騏弁曹風其弁伊騏皆謂蒼艾色也此等傳以騏釋騏正如北風傳以虛釋虛葛屨傳以要釋要正是一例謂此馬名騏者以其騏文也詁訓之學必於古今字求之縞衣綦巾周人古字騏文騏弁漢人今字鄭風作綦曹風作騏字不必畫一也

五楘是轅上之飾　閩本明監本毛本同案十行本上之飾剜添者一字是誤衍之字也

今驂馬之引　閩本明監本毛本同案當作令驂馬引之此正義以列說靷也

兩軜又馬頸者　閩本明監本毛本同案浦鏜云邊叉誤軜又以左傳釋文正義所引考之浦挍是也

所以蔭苓也　閩本明監本毛本同案浦鏜云笭誤苓以釋名考之浦挍是也

鋈沃也治白金也　閩本明監本同毛本治作冶案所改是

左足白曰馵　閩本明監本毛本左誤右案十行本足白曰剜添者一字是誤衍足字也

沈文又云　閩本明監本毛本同案沈當作彼形近之譌

何以然了不來　小字本相臺本同考文古本同閩本明監本同毛本然了二字倒案倒者非也讀當於何以然斷句正義云何爲了然不來乃誤耳明監本毛本又依之改也段玉裁云明馬應龍刊經注本亦作然了

騂馬白腹騵　閩本明監本毛本騵上衍曰字案此無曰字亦與爾雅合也而山井鼎未載

蒙尨也　小字本同閩本明監本毛本同相臺本尨作尨案尨字誤改也正義標起止云至尨伐釋文尨伐莫江反○按依說文則尨者正字尨者假借字相臺本不誤

取其鐏地　閩本明監本毛本同案此不誤下取其鐓地同浦鏜云也字並誤地非也正義所引曲禮注自如此今本作也誤耳山井鼎禮記考文可證

弟子職曰執箕膺揭　明監本毛本箕誤其閩本不誤案山井鼎云揭恐𢶍誤當與曲禮疏併考是也今考管子作㩗鄭注曲禮引此文正義本作𢶍釋文本作葉又少儀云執箕膺𢶍士冠禮面葉注古文葉爲𢶍士昏禮同是㩗葉𢶍三字古通用也揭字誤𢶍儀禮注亦有誤作揭者○按段玉裁云揭乃𢶍之誤𢶍乃攕之誤攕乃櫼之誤凡箕之底柶之盛物者皆曰葉或作楪譌作㩗葉亦謂之櫼古字鼠聲與葛聲相互亦鬣或作鬛臘或作臈之類也

讀如盤帶之鞶　補案盤當作鞶

附釋音毛詩注疏卷第六 六之四

毛詩國風　　鄭氏箋　　孔穎達疏

蒹葭刺襄公也未能用周禮將無以固其國焉 秦處周之舊土其人被周之德教日久矣今襄公新爲諸侯未習周之禮法故國人未服焉○蒹葭上古恬反下音加被皮寄反

【疏】蒹葭三章章八句至國焉○正義曰作蒹葭詩者刺襄公也襄公新得周地其民被周之德教日久今襄公未能用周禮以教之禮者爲國之本未能用周禮將無以固其國焉故刺之也經三章皆言治國須禮之事

蒹葭蒼蒼白露爲霜 興也蒹薕葭蘆也蒼蒼盛也白露凝戾爲霜然後歲事成國家待禮然後興箋云蒹葭在衆草之中蒼蒼然彊盛至白露凝戾爲霜則成而黃興者喻衆民之不從襄公政令者得周禮以敎之則服○蒹廉

所謂伊人在水一方 伊維也一方難至矣箋云伊當作繄繄猶是也所謂是知周禮之賢人乃在大水之一邊假喻以言遠○繄於奚反

遡洄從之道阻且長 逆流而上曰遡洄逆禮則莫能以至也箋云此言不以敬順往求之則不能得見○遡蘇路反洄音回上時掌反

遡游從之宛在水中央 順流而涉曰遡游順禮求濟道來迎之箋云宛坐見貌以敬順求之則近耳易得見也○宛紆阮反本亦作苑易以豉反

【疏】蒹葭至中央○毛以爲蒹葭之草蒼蒼然雖盛未堪家用必待白露凝戾爲霜然後堅實中用歲事得成以興秦國之民雖衆而未順德敎必待周禮以敎之然後服從上命國乃得興今襄公未能用周禮其國未得興也由未能用周禮故未得人服也所謂維是得人之道乃遠在大水一邊大水喻禮樂言得人之道乃在禮樂之一邊旣以水喻禮樂禮樂之傍有得人之道因從水內求之若逆流遡洄而往從之則道險阻且長遠不可得至言逆禮以治國則無得人道終不可至若順流遡游而往從之則宛然在於水之中央言順禮治國則得人之道自來迎己正近在禮樂之內然則非禮必不得人得人必能固國君何以不求用周禮乎○鄭以爲蒹葭在衆草之中蒼蒼然彊盛雖似不可雕傷至白露凝戾爲霜則成而爲黃矣以興衆民之彊者不從襄公敎令雖似不可屈服若得周禮以敎則衆民自然服矣欲求周禮當得知周禮之人所謂是知周禮之人在於何處在大水之一邊假喻以言遠旣言此人在水一邊因以水行爲喻若遡洄逆流而從之則道阻且長終不可見言不以敬順往求之則此人不可得之若遡游順流而從之則此人宛然在水中央易得見言以敬順求之則此人易得何則賢者難進而易退故不以敬順求之則不可得欲令襄公敬順求知禮之賢人以敎其國也○傳蒹葭至後興○正義曰蒹薕葭蘆釋草文郭璞曰蒹似萑而細高數尺蘆葦也陸機疏云蒹水草也堅實牛食之令牛肥彊青徐州人謂之薕兗州遼東通語也祭義說養蠶之法云風戾以食之注云使露氣燥乃食蠶然則戾爲燥之義下章未晞謂露未乾爲霜然則露凝爲霜亦如乾燥然故云凝戾爲霜探下章之意以爲說也八月白露節秋分八月中九月寒露節霜降九月中白霜凝戾爲霜然後歲事成謂八月九月葭成葦可以爲曲簿充歲事也七月云八月萑葦則八月葦已成此云白露爲霜然後歲事成者以其霜降草乃成舉霜爲言耳其實白露初降已任用矣此以霜降物成喻得禮則國興下章未晞未已言其未爲霜則物不成喻未得禮則國不興此詩主刺未能用周禮故先言得禮則興後言無禮不興所以倒也○箋蒹葭至則服○正義曰箋以序云未能用周禮將無以固其國當謂民未服從國未能固故易傳用周禮敎民則服○傳伊維至難至○正義曰伊維釋詁文傳以詩刺未能用周禮則未得人心則所謂維是得人之道也下傳以遡洄喻逆禮遡游喻順禮言水內有得人之道在大水一方喻其遠而難至言得人之道在禮樂之傍須用禮樂以求之故下句言從水內以求所求之物喻用禮以求得人之道故王肅云維得人之道乃在水之一方一方難至矣水以喻禮樂能用禮則至於道也○箋伊當至言遠○正義曰箋以上句言用周禮敎民則民服此經當是勸君求賢人使之周禮故易傳以所謂伊人所謂是知周禮之賢人在大水一邊假喻以言遠故下句逆流順流喻敬順皆述求賢之事一邊水傍下云在湄在涘是其居水傍也○傳逆流至以至○正義曰釋水云逆流而上曰遡洄順流而下曰遡游孫炎曰逆渡者逆流也順渡者順流也然則逆順流皆謂渡水有逆順故下傳曰順流而涉見其是人渡水也此謂得人之道在於水邊逆流則道阻且長言其不可得至故喻逆禮則莫能以至言不得人之道不可至上言得人之道在水一方下句言水中央則是行未渡水禮自來水內故言順禮未濟道來迎之未濟謂未渡水也以其用水爲喻故以未濟言之箋以伊人爲知禮之人故易傳以爲求賢之事○傳順禮未濟道來迎之○正義曰定本未濟作求濟義亦通也

蒹葭萋萋白露未晞

蒹葭猶蒼蒼也晞乾也箋云未晞未爲霜○湊本亦作萋七奚反晞音希〔疏〕傳晞乾○正義曰湛露云匪陽不晞言見日則乾故知晞爲乾也彼言露晞謂露盡乾此篇上章言白露爲霜則此言未晞謂未乾爲霜與彼異故箋云未晞未爲霜也**所謂伊人在水之湄**湄水隒也○湄音眉隒魚檢反又音檢〔疏〕傳湄水隒○正義曰釋水云水草交爲湄謂水草交際之處水之岸也釋山云重甗隒隒是山岸湄是水岸故云水隒**遡洄從之道阻且躋**躋升也箋云升者言其難至如升阪○躋本又作隮子西反**遡游從之宛在水中坻**坻小渚也○坻直尸反〔疏〕傳坻小渚○正義曰釋水云小洲曰渚小渚曰沚小沚曰坻然則坻是小沚言小渚者渚沚皆水中之地小大異也以渚易知故繫渚言之**蒹葭采采白露未已**采采猶萋萋也未已猶未止也**所謂伊人在水之涘**涘厓也○涘音俟**遡洄從之道阻且右**右出其右也箋云右者言其迂迴也○迂音于〔疏〕傳右出其右○正義曰此說道路艱難而云且右故知右謂出其右也若正與相當行則易到今乃出其右廂是難至也箋云右言其迂迴出其左亦迂迴言右取其與涘沚爲韻**遡游從之宛在水中沚**小渚曰沚○沚音止

蒹葭三章章八句

終南戒襄公也能取周地始爲諸侯受顯服大夫美之故作是詩以戒勸之〔疏〕終南二章章六句至勸之○正義曰美之者美以功德受顯服戒勸之者戒令脩德無倦勸其務立功業也既見受得顯服恐其惰於爲政故戒之而美之戒勸之者章首二句是也美之者下四句是也常武美宣王有常德因以爲戒彼先美後戒此先戒後美者常武美宣王因以爲戒此主戒襄公因戒言其美主意不同故序異也**終南何有有條有梅**興也終南周之名山中南也條槄梅柟也宜以戒不宜也箋云問何有者意以爲名山高大宜有茂木也興者喻人君有盛德乃宜有顯服猶山之木有大小也此之謂戒勸○條本又作樤音同槄吐刀反山榎也柟如鹽反沈云孫炎稱荊州曰柟○揚州曰梅○重實揚州人不聞名柟**君子至止錦衣狐裘**錦衣采色也狐裘朝廷之服箋云至止者受命服於天子而來也諸侯狐裘錦衣以裼之○朝直遥反裼星歷反**顏如渥丹其君也哉**箋云渥厚漬也顏色如厚漬之丹言赤而澤也其君也哉儀貌尊嚴也○渥於角反淳漬丹如字韓詩作沰音撻各反沰赭也淳之純反又如字本亦作厚字漬辭賜反〔疏〕終南至也哉○正義曰彼終南大山之上何所有乎乃有條有梅之木以興彼盛德人君之身何所有乎乃宜有榮顯之服然山以高大之故宜有茂木人君以盛德之故有顯服若無盛德則不宜矣君當務崇明德無使不宜言其宜以戒其不宜也既戒令脩德又陳其美之勸誘之君子襄公自王朝至止之時何所得乎受得錦衣狐裘而來既受得顯服德亦稱之其顏色容貌赫然如厚漬之丹其儀貌尊嚴如是其得人君之度也哉○傳終南至不宜也○正義曰地理志稱扶風武功縣東有大山古文以爲終南其山高大是爲周地之名山也昭四年左傳曰荊山中南九州之險是此一名中南也釋木云槄山榎李巡曰山榎一名槄也孫炎曰詩云有條有梅條槄也郭璞曰今之山楸也梅柟釋木云孫炎曰荊州曰梅揚州曰柟郭璞曰似杏實酢陸機疏云槄今山楸也亦如下田楸耳皮葉白色亦白材理好宜爲車板能濕又可爲棺木宜陽共北山多有之梅樹皮葉似豫樟豫樟葉大如牛耳一頭尖赤心華赤黃子青不可食柟葉大可三四葉一藂木理細緻於豫樟子赤者材堅子白者材脆江南及新城上庸蜀皆多樟柟終南山與上庸新城通故亦有柟也○傳錦衣至之服○正義曰錦者雜采爲文故云采衣也狐裘朝廷之服謂狐白裘也白狐皮爲裘其上加錦衣以爲裼其上又加皮弁服也玉藻云君衣狐白裘錦衣以裼之注云君衣狐白毛之裘則以素錦爲衣覆之使可裼也袒而有衣曰裼必覆之者裘褻也詩云衣錦褧衣裳錦褧裳然則錦衣復有上衣明矣天子狐白之上衣皮弁服與凡裼衣象裘色也是鄭以錦衣之上有皮弁服也正以錦文太著上有衣衣象裘裘是狐白則上服亦白皮弁服以白布爲之衣之白者唯皮弁服耳故言天子狐白之上衣皮弁服與明諸侯狐白亦皮弁服以無正文故言與爲疑之辭也玉藻又云錦衣狐裘諸侯之服也此箋云諸侯狐裘錦衣以裼之引玉藻爲說以明爲裘之裼衣非裼上之正服也若然鄭於坊記注云在朝君臣同服士冠禮注云諸侯與其臣皮弁以視朔朝服以日視朝論語云素衣麑裘云素衣諸侯視朔之服聘禮云公側授宰玉裼降立注引論語曰素衣麑裘

皮弁時或素衣其裘同可知也然則諸侯在國視朔及受鄰國之聘其皮弁服皆服麑裘不服狐白此言狐裘爲朝廷之服者謂諸侯在天子之朝廷服此服耳其歸在國則不服之曾子問云孔子曰天子賜諸侯冕弁服於太廟歸設奠服賜服然則諸侯受天子之賜歸則服之以告廟而已於後不復服之知視朔受聘服麑裘此美其受賜而歸故言錦衣狐裘耳

終南何有有紀有堂　紀基也堂畢道平如堂也箋云畢也堂也亦高大之山所宜有也畢終南山之道名邊如堂之牆然。紀如字本亦作屺沈音起

〔疏〕傳紀基至如堂。正義曰案集注本作屺定本作紀以下文有堂故以爲基謂山基也釋丘云畢堂牆李巡曰堂牆名崖似堂牆曰畢郭璞曰今終南山道名畢其邊若堂之牆以終南之山見有此堂知是畢道之側其崖如堂也定本又云畢道平如堂據經文有基有堂便是二物今箋唯云畢也堂也止釋經之有堂一事者以基亦是堂因解傳畢道如堂遂不復云基

君子至止黻衣繡裳　黑與青謂之黻五色備謂之繡。黻音弗

〔疏〕傳黑與至之繡。正義曰考工記繢人文也鄭於周禮之注差次章色黻皆在裳言黻衣者衣大名與繡裳異其文耳

佩玉將將壽考不亡。將七羊反

終南二章章六句

黃鳥哀三良也國人刺穆公以人從死而作是詩也　三良三善臣也謂奄息仲行鍼虎也從死自殺以從死。行戶郎反下皆同鍼其廉反徐又音針從死上才容反。

〔疏〕黃鳥三章章十二句。箋三良至從死。正義曰文六年左傳云秦伯任好卒以子車氏之三子奄息仲行鍼虎爲殉皆秦之良也國人哀之爲之賦黃鳥服虔云子車秦大夫氏也殺人以葬璇環其左右曰殉又秦本紀云穆公卒葬於雍從死者百七十人然則死者多矣主傷善人故言哀三良也殺人以殉葬當是後有爲之此不刺康公而刺穆公者是穆公命從已死此臣自殺從之非後主之過故箋辯之云從死自殺以從死

交交黃鳥止于棘　興也交交小貌黃鳥以時往來得其所人以壽命終亦得其所箋云黃鳥止于棘以求安已也此棘若不安則移興者喻臣之事君亦然今穆公使臣從死刺其不得黃鳥止于棘之本意

誰從穆公子車奄息　子車氏奄息名箋云言誰從穆公者傷之

維此奄息百夫之特　乃特百夫之德箋云百夫之中最雄俊也

臨其穴惴惴其慄　慄慄懼也箋云穴謂塚壙中也秦人哀傷此奄息之死臨視其壙皆爲之悼慄。惴之瑞反慄音栗壙苦晃反

彼蒼者天殲我良人　殲盡良善也箋云言彼蒼者天愬之。殲子廉反徐又息廉反愬蘇路反

如可贖兮人百其身　箋云如此奄息之死可以他人贖之者人皆百其身謂一身百死猶爲之惜善人之甚。贖食燭反又音樹

〔疏〕交交至其身。毛以爲交交然而小者是黃鳥也黃鳥飛而往來止於棘木之上得其所以興人以壽命終亦得其所今穆公使良臣從死是不得其所也有誰從穆公死乎有子車氏名奄息者從穆公死也此奄息何等人哉乃是百夫之中特立雄俊者也今從穆公而死秦人悉哀傷之臨其壙穴之上皆惴惴然恐懼而其心悼慄乃愬之於天彼蒼蒼者是在上之天今穆公盡殺我善人也如使此人可以他人贖代之兮我國人皆百死其身以贖之愛惜良臣寧一人百死代之。鄭以爲交交然之黃鳥止於棘木以求安棘若不安則移去以興臣仕於君以求行道若不行則移去言臣有去留之道不得生死從君今穆公以臣從死失仕於君之本意餘同。傳交交至其所。正義曰黃鳥小鳥也故以交交爲小貌桑扈箋云交交猶佼佼飛而往來貌則此亦當然故云往來得其所是交交爲往來狀也以此哀三良不得其所故以鳥止得所喻人命終得所。箋黃鳥至本意。正義曰箋以鳥之集木似臣之仕君故易傳也以鳥止木喻臣仕君故言不得黃鳥止於棘之本意也言其若得鳥止之意知有去留之道則不當使之從死。傳子車氏奄息名。正義曰左傳作子輿輿車字異義同傳以奄息爲名仲行亦爲名箋以仲行爲字者以伯仲叔季爲字之常故知仲行是字也然則鍼虎亦名矣或名或字取其韻耳。傳乃特百夫之德。正義曰言百夫之德莫及此人此人在百夫之中乃孤特秀立故箋申之云百夫之中最雄俊也。傳惴惴懼。正義曰釋訓文

交交黃鳥止于桑誰從穆公子車仲行　箋云仲行字也

維此仲行百夫之防　防比也箋云防猶當也言此一人當百夫。防徐云毛音方鄭音房

臨其穴惴惴其慄彼蒼者天殲我良人如可贖兮

八百其身交交黃鳥止于楚誰從穆公子車鍼虎維此鍼虎百夫之禦禦當也。禦魚呂反注同臨其穴惴惴其慄彼蒼者天殲我良人如可贖兮人百其身

黃鳥三章章十二句

晨風刺康公也忘穆公之業始棄其賢臣焉〇

鴥彼晨風鬱彼北林興也鴥疾飛貌晨風鸇也鬱積也北林林名也先君招賢人賢人往之駛疾如晨風之飛入北林箋云先君謂穆公。鴥說文作鴥尹橘反疾飛貌字林于叔反鸇字又作鸇之然反草木疏云似鷂青色說文止仙反字林尸先反駛所吏反未見君子憂心欽欽思望之心中欽欽然箋云言穆公始未見賢者之時思望而憂之如何如何忘我實多今則忘之矣箋云此以穆公之意責康公如何如何乎女忘我之事實多

疏鴥疾至實多。正義曰鴥然而疾飛者彼晨風之鳥也鬱積而茂盛者彼北林之木也北林由鬱茂之故故晨風飛疾而入之以興疾歸於秦朝者是彼賢人能招者是彼穆公穆公由能招賢之故故賢者疾往而歸之本穆公招賢人之時如何乎穆公未見君子之時思望之其憂在心欽欽然唯恐不見故賢者樂往今康公乃棄其賢臣故以穆公之意責之云汝康公如何乎忘我之功業實大多也〇傳鴥疾至北林〇正義曰鴥者鳥飛之狀故爲疾貌晨風鸇釋鳥文舍人曰晨風一名鸇鸇摯鳥也郭璞曰鷂屬陸機疏云鸇似鷂青黃色燕頷勾喙嚮風搖翅乃因風飛急疾擊鳩鴿燕雀食之鬱者林木積聚之貌故云鬱積也北林者據作者所見有此林也以下句說思賢之狀故此喻賢人從穆公也

山有苞櫟隰有六駮櫟木也駮如馬倨牙食虎豹箋云山之櫟隰之駮皆其所宜有也以言賢者亦國家所宜有之〇櫟盧狄反駮邦角反獸名草木疏云駮馬木名梓榆也倨音據疏傳櫟木至虎豹〇正義曰釋木云櫟其實梂孫炎曰櫟實橡也有梂彚自裹也陸機疏云秦人謂柞櫟爲櫟河內人謂木蓼爲櫟椒椒之屬也其子房生爲梂木蓼子亦房生故說者或曰柞櫟或曰木蓼機以爲此秦詩也宜從其方土之言柞櫟是也釋畜云駮如馬倨牙食虎豹郭璞引山海經云有獸名駮如白馬黑尾倨牙音如鼓食虎豹然則此獸名駮而已言六駮者王肅云言六據所見而言也倨牙者盎謂其牙倨曲也言山有木隰有獸喻國君宜有賢也陸機疏云駮馬梓榆也其樹皮青白駮犖遙視似駮馬故謂之駮馬下章云山有苞棣隰有樹檖皆山隰之木相配不宜云獸此言非無理也但箋傳不然未見君子憂心靡樂如何如何忘我實多〇樂音洛

山有苞棣隰有樹檖棣唐棣也檖赤羅也〇棣音悌檖音遂或作遂疏傳棣唐至赤羅〇正義曰釋木有唐棣常棣傳必以爲唐棣未詳聞也釋木云檖赤羅郭璞云今楊檖也實似梨而小酢可食陸機疏云檖一名赤羅一名山梨今人謂之楊檖實如梨但小耳一名鹿梨一名鼠梨今人亦種之極有脆美者亦如梨之美者未見君子憂心如醉如何如何忘我實多

晨風三章章六句

無衣刺用兵也秦人刺其君好攻戰亟用兵而

不與民同欲焉〇好呼報反下注同攻古弄反又如字下注同亟欺冀反疏無衣三章章五句至欲焉〇正義曰康公以文七年立十八年卒案春秋文七年晉人秦人戰于令狐十年秦伯伐晉十二年晉人秦人戰于河曲十六年楚人秦人滅庸見於經傳者已如是是其好攻戰也葛生刺好攻戰序云刺獻公此亦刺好攻戰不云刺康公而云刺用兵者葛生以君好戰故國人多喪指刺獻公然後追本其事此指刺用兵序順經意故云刺用兵也不與民同欲章首二句是也好攻戰者下三句是也經序倒者經刺君不與民同欲與民同怨故先言不同欲而後言好攻戰序本其怨之所由由好攻戰而不與民同欲故民怨各自爲次所以倒也

豈曰無衣與子同袍興也袍襺也上與百姓同欲則百姓樂致其死箋云此責康公之言也君豈嘗曰女無衣我與女共袍乎言不與民同欲〇袍抱毛反襺古顯反本亦作繭王于興師脩我戈矛與子同仇戈長六尺六寸矛長二丈天下有道則禮樂征伐自天子出仇匹也箋云于於也怨耦曰仇君不與我同欲而於王興師則云脩我戈矛與子同仇往伐之刺其好攻戰〇仇音求長直亮反又如字下同疏豈曰

至同仇。毛以爲古之朋友相謂云我豈曰子無衣乎我冀欲與子同袍朋友同欲如是故朋友成其恩好以興明君能與百姓樂致其死至於王家於是興師之時百姓皆自相謂脩我戈矛與子同爲仇匹而往征之由上與百姓同欲故百姓樂從征伐今康公不與百姓同欲非王興師而自好攻戰故百姓怨也。鄭以爲康公平常之時豈肯言曰汝百姓無衣乎吾與子同袍終不肯言此也及於王法於是興師之時則曰脩治我之戈矛與子百姓同往伐此怨耦之仇敵不與百姓同欲而唯同怨故刺之。傳袍襺至其死。正義曰袍襺釋言文玉藻云纊爲襺緼爲袍注云衣有著之異名也緼謂今纊及舊絮也然則純著新緜名爲襺雜用舊絮名爲袍雖著有異名其制度是一故云袍襺也傳既以此爲興又言上與百姓同欲則百姓樂致其死則此經所言朋友相與同袍以與上與百姓同欲故王肅云豈謂子無衣乎樂有是袍與子爲朋友同共弊之以興上與百姓同欲則百姓樂致其死如朋友樂同衣袍也。箋此責至同欲。正義曰易傳者以此刺康公不與民同欲而經言子我是述康公之意謂民自稱爲我然則士卒衆矣人君不可皆與同衣而責君不與已共袍者以仁者在上恤民飢寒知其有無救其困乏故假同袍以爲辭耳非百姓皆欲望君與之共袍也。傳戈長至仇匹。正義曰戈長六尺六寸考工記廬人文也記又云酋矛常有四尺注云八尺曰尋倍尋曰常常有四尺是矛長二丈也矛長二丈謂酋矛也夷矛則三尋長二丈四尺矣記又云攻國之兵用短守國之兵用長此言興師以伐人國知用二丈之矛非夷矛也又解稱王于興師之意天下有道禮樂征伐自天子出諸侯不得專輒用兵疾君不由王命自好攻戰故言王也王肅云疾其好攻戰不由王命故思王興師是也仇匹釋詁文。箋于於至攻戰。正義曰于於釋詁文怨耦曰仇桓二年左傳文易傳者以上二句假爲康公之言則此亦康公之言陳其號令之辭刺其好攻戰也案此時當周頃王王臣王天子之命不行於諸侯檢左傳於時天子未嘗出又不見康公從王征伐且從王出征乃是爲臣之義而刺其好攻戰者箋言王於興師謂於王法興師今是康公自興之王不興師也以出師征伐是王者之法故以王爲言耳猶北門言王事敦我鴇羽云王事靡盬皆非天子之事亦稱王事

豈曰無衣與子同澤 澤潤澤也箋云襗褻衣近污垢。澤如字說文作襗云袴也褻仙列反近附近之近污音烏又汙穢之汙垢古口反 疏 傳澤潤澤。正義曰衣服之煖於身猶甘雨之潤於物故言與子同澤正謂同袍裳是共潤澤也箋以上袍下裳則此亦衣名故易傳爲襗說文云襗袴也是其褻衣近汙垢也襗是袍類故論語注云褻衣袍襗也

王于興師脩我矛戟與子偕作 作起也箋云戟車戟常也 疏 箋戟車戟常。正義曰車戟常考工記廬人文常長丈六

豈曰無衣與子同裳王于興師脩我甲兵與子偕行 行往也

無衣三章章五句

渭陽康公念母也康公之母晉獻公之女文公遭麗姬之難未反而秦姬卒穆公納文公康公時爲大子贈送文公于渭之陽念母之不見也我見舅氏如母存焉及其即位思而作是詩也

。渭陽音謂水名水北曰陽麗本又作驪同力馳反難乃旦反大音泰 疏 渭陽二章章四句至是詩。正義曰作渭陽詩者言康公念母也康公思其母自作此詩秦康公之母是晉獻公之女文公者獻公之子康公之舅獻公嬖麗姬譖文公獻公欲殺之文公遭此麗姬之難奔未得反國而康公母秦姬已卒及穆公納文公爲晉君於是康公爲太子贈送文公至于渭水之陽思念母之不見舅歸也康公見其舅氏如似母之存焉於是之時思慕深極及其即位爲君思本送舅時事而作是渭陽之詩述已送舅念母之事也案左傳莊二十八年傳晉獻公烝於齊姜生秦穆夫人及太子申生又娶二女於戎大戎狐姬生重耳小戎子生夷吾是康公之母爲文公異母姊也僖四年傳稱麗姬譖申生申生自殺又譖二公子曰皆知之重耳奔蒲夷吾奔屈僖五年傳稱晉侯使寺人披伐蒲重耳奔翟是文公遭麗姬之難也僖十五年秦穆公獲晉侯以歸尚有夫人爲之請至二十四年穆公納文公然則秦姬之卒在僖十五年之後二十四年以前未知何年卒也以秦國夫人而其姓爲姬故謂之秦姬案齊姜麗姬皆以姓繫所生之國此秦姬以姓繫於所嫁之國者外國者婦人不以名行以姓爲字故或繫於父或繫於夫事得兩施也秦姬生存之時欲使文公反國康公見舅得反憶母宿心故念母之不見見舅如母存也謂舅爲氏者以舅之與甥氏姓必異故書傳通謂爲舅氏秦康公以文七年即位文

公時亦卒矣追念送時之事作此詩耳經二章皆陳贈送舅氏之事悠悠我思念母也因送舅氏而念母爲念母而作詩故序主言念母也

我送舅氏曰至渭陽 母之昆弟曰舅箋云渭水名也秦是時都雝至渭陽者蓋東行送舅氏於咸陽之地○雝於用反縣名今屬扶風

何以贈之路車乘黃 贈送也乘黃四馬也○乘繩證反注同

【疏】傳母之昆弟曰舅○正義曰釋親文孫炎曰舅之言舊尊長之稱○箋渭水至之地○正義曰雝在渭南水北曰陽晉在秦東行必渡渭今言至於渭陽故云蓋東行送舅氏於咸陽之地地理志云右扶風渭城縣故咸陽也其地在渭水之北

我送舅氏悠悠我思何以贈之瓊瑰玉佩 瓊瑰石而次玉○思息嗣反瑰古回反

【疏】傳瓊瑰至次玉○正義曰瓊者玉之美名非玉名也瑰是美石之名也以佩玉之制唯天子用純諸侯以下則玉石雜用此贈晉侯故知瓊瑰是美石次玉成十七年左傳稱聲伯夢涉洹或與己瓊瑰食之泣而爲瓊瑰盈其懷懼不敢占後三年而言之至莫而卒服虔云聲伯惡瓊瑰贈死之物故畏而不言然則瓊瑰是贈死之玉康公以贈舅者玉之所用無生死之異喪禮飯含用玉聲伯惡見食之故惡之耳

渭陽二章章四句

權輿刺康公也忘先君之舊臣與賢者有始而無終也 權輿始也○權輿音餘

【疏】權輿二章章五句至無終○正義曰作權輿詩者刺康公也康公遺忘其先君穆公之舊臣不加禮餼與賢者交接有始而無終初時殷勤後則疏薄故刺之經二章皆言禮待賢者有始無終

於我乎夏屋渠渠 夏大也箋云屋具也渠渠猶勤勤也言君始於我厚設禮食大具以食我其意勤勤然○夏胡雅反屋如字具也食我音嗣注篇內同

今也每食無餘 箋云此言君今遇我薄其食我纔足耳

于嗟乎不承權輿 承繼也權輿始也

【疏】權輿○正義曰此述賢人之意責康公之辭言康公始者於我賢人乎重設饌食禮物大具其意勤勤然於我甚厚也至於今日也禮意疏薄設饌校少使我每食纔足無復盈餘也于嗟乎此君之行不能承繼其始以其行無終始故于嗟歎之○傳夏大○正義曰釋詁文○箋屋具至勤勤然○正義曰屋具釋言文渠渠猶勤勤言設食既具意又勤勤也案崔駰七依說宮室之美云夏屋渠渠王肅云屋則立之於先君食則受之於今君故居大屋而食無餘義似可通鄭不然者詩刺有始無終上言於我乎謂始時也下言今也謂其終時也始則大具今終則無餘猶下章始則四簋今則不飽皆說飲食之事不得言屋宅也若先君爲立大屋今君每食無餘則康公本自無始何責其無終也且爾雅屋具正訓以此故知謂禮物大具○傳承繼也權輿始○正義曰承其後是繼嗣故以承爲繼權輿始釋詁文

於我乎每食四簋 四簋黍稷稻粱○簋音軌內方外圓曰簋以盛黍稷外方內圓曰簠用貯稻粱皆容一斗二升

【疏】傳四簋至稻粱○正義曰考工記云旊人爲簋其實一瓦器容斗二升也易損卦二簋可用享注云離爲日日體圓巽爲木木器圓簋象則簋亦以木爲之也地官舍人注云方曰簠圓曰簋則簠簋之制其形異也案公食大夫禮云宰夫設黍稷六簋又云宰夫授公粱公設之宰夫膳稻于粱西注云膳猶進也進稻粱者以簠秋官掌客注云簠稻粱器也簋黍稷器也然則稻粱當在簠而云四簋黍稷稻粱者以詩言每食四簋稱君禮物大具則宜每器一物不應以黍稷二物分爲四簋以公食大夫禮有稻有粱知此四簋之內兼有稻粱公食大夫之禮是主國之君與聘客禮食備設器物故稻粱在簠此言每食則是平常燕食器物不具故稻粱在簋公食大夫黍稷六簋猶有稻粱此唯四簋者亦燕食差於禮食也

今也每食不飽于嗟乎不承權輿

權輿二章章五句

秦國十篇二十七章百八十一句

附釋音毛詩注疏卷第六（六之四）

刑部員外南昌黃中栻栞

毛詩注疏校勘記六之四　阮元撰盧宣旬摘錄

〇蒹葭

順禮求濟　小字本相臺本同案此定本也正義云定本未濟作求濟義亦通也標起止云傳順禮未濟又上文皆可證

可以爲曲簿　毛本同閩本明監本簿作薄案薄字是也簿見廣韻宋時或用此字其說文方言廣雅等皆用薄字今廣雅亦誤簿此當與同

使之周禮　明監本毛本之誤知閩本不誤案周當作用形近之譌

故下句逆流順流喻敬順　明監本毛本順下更有不敬順三字閩本剜入案所補非也此隙栝箋意故略去不敬順耳不必加三字以分配逆流也

蒹葭萋萋　閩本明監本毛本同唐石經小字本相臺本萋萋作淒凄案釋文云萋萋本亦作淒正義本今無可

考

未已猶未止也　小字本相臺本同案段玉裁云此猶字衍

〇終南

以戒勸之　小字本相臺本同唐石經初刻之下有也字後磨去閩本明監本毛本亦無

錦衣采色也　小字本相臺本同案正義云錦者雜采爲文故云采衣也是正義本色當作衣考文古本作衣乃采正義耳

渥厚漬也　小字本相臺本同案此正義本也正義云赫然如厚漬之丹釋文渥丹下云淳漬也又云淳之純反又如字本或作厚是正義本與或作同考文古本作淳采釋文

孫炎稱荆州曰栟揚州曰梅　〔補〕釋文校勘云影宋本鈌通志堂本盧本如此案段玉裁云疏引孫炎曰荆州曰梅揚州曰栟當依之乙是也爾雅疏亦可證

人君以盛德之故有顯服　閩本明監本毛本故下有宜字案所補是也

又陳其美之　〔補〕毛本之作以案所改是也

有大山古文以爲終南　閩本明監本毛本同案大下浦鏜云脫壹字是也

梅枏釋木云　閩本明監本毛本同案浦鏜云文誤云是也

梅樹皮葉似豫樟豫樟葉大如牛耳　閩本明監本毛本同案盧文弨云豫樟不應複爾雅疏無其說誤也陸疏自此下皆說豫樟因毛詩更無豫樟故就梅下說之至枏葉大可三四葉一藂以下乃更說梅也爾雅疏誤

鄭於方記注云　閩本明監本毛本同案浦鏜云坊誤方是也

有紀有堂　唐石經缺小字本相臺本同案釋文紀字云本亦作屺正義云集注本作屺定本作紀標起止云傳紀基是正義本與定本同屺是山有草木字集注當誤

堂畢道平如堂也　小字本相臺本同案此定本也正義云定本又云畢道平如堂下文云因解傳畢道如堂是正義本此傳當無平字段玉裁云定本非也此自兩崖言之故爾雅云畢堂牆若平如堂則自道言之矣

箋云畢也堂也　小字本相臺本同案段玉裁云畢也當作基也考正義云今箋唯云畢也堂也止釋經之有堂一事者云云是正義本已誤遂爲之遷就其說也

〇黃鳥

當是後有爲之　閩本同明監本毛本有作主案所改非也有當作君形近之譌

慄慄懼也　閩本明監本毛本同小字本相臺本慄慄作惴惴考文古本同案惴惴是也

以求行道若不行也　閩本明監本毛本重道字案所補是也

〇晨風

鴥彼晨風閩本明監本毛本同小字本相臺本鴥作鴪唐石經作鴥案鴥字是也釋文尹橘反采芑經同沔水經不誤

鴥疾如晨風之飛入北林閩本明監本毛本同相臺本鴥作駛小字本作駃案駛字是也考此字說文在新附中而廣雅已有之皆作駛玉篇廣韻皆作駛釋文此及二子乘舟同乃失去一畫耳

○無衣

我與女共袍乎閩本明監本毛本同小字本相臺本共作同考文古本同案同字是也

以興明君能與百姓樂致其死閩本明監本毛本百姓下更有同欲故百姓五字案所補是也

襗褻衣近汙垢相臺本同閩本明監本毛本同小字本襗作澤案澤字是也釋文云澤如字毛澤潤澤也鄭褻衣也說文作襗云袴也可作毛鄭義異而經字則同之證正義云故易傳爲襗乃依鄭義易字以曉人非謂經傳字作澤箋字作襗也相臺本依之改箋者誤

○渭陽

外國者婦人不以名行閩本明監本毛本同案浦鏜云外國者三字疑衍是也

聲伯惡見食之補毛本惡作㝛

附釋音毛詩注疏卷第七

陳宛丘詁訓傳第十二

陸曰陳者胡公嬀滿之所封也其先虞舜之胄有虞遏父者爲周陶正武王賴其器用與其神明之後故妻以元女其子滿乃封於陳以備三恪其地宓犧之墟在古豫州之界宛丘之側

毛詩國風　鄭氏箋　孔穎達疏

陳譜

陳者大皞虙戲氏之墟。正義曰昭十七年左傳梓愼曰陳者大皞之墟也漢書地理志云淮陽古陳國舜後胡公所封也大皞又號虙戲故連言之虙戲卽伏犧字異音義同也。帝舜之胄有虞閼父者爲周武王陶正武王賴其利器用與其神明之後封其子嬀滿於陳都於宛丘之側是曰陳胡公以備三恪妻以元女太姬。正義曰襄二十五年左傳稱子產曰昔虞閼父爲周陶正以服事我先王我先王賴其利器用與其神明之後庸以元女大姬配胡公而封諸陳以備三恪是鄭所據之文也傳言爲周陶正知武王者樂記云武王克殷未及下車封帝舜之後於陳則胡公是武王封之大姬又武王之女故知是武王也世家云陳胡公滿者虞舜之後也昔舜爲庶人居於嬀汭其後因姓嬀氏舜既傳禹天下舜子商均爲封國夏后氏之時或失或續至周武王克殷乃復求舜後得嬀滿封之於陳以奉舜祀是爲胡公是胡公姓嬀名滿也昭八年左傳史趙云胡公不淫故周賜之姓使祀虞帝則胡公姓嬀武王所賜陳世家以爲胡公之前已姓嬀者非也哀元年左傳稱夏后氏少康逃奔有虞虞思於是妻之以二姚虞思在胡公之前仍爲姚姓明是胡公始姓嬀耳何知胡公非閼父之身而知是其子者以傳言虞閼父以虞爲號不爲陳也以元女大姬配胡公不言配閼父明胡公非閼父也故杜預亦云胡公閼父之子不封閼父而封其子者蓋當時閼父已喪故也恪者敬也王者敬先代封其後鄭駮異義云三恪尊於諸侯卑於二王之後則杞宋以外別有三恪謂黃帝堯舜之後也唯杜預云周封夏殷二王後又封舜後謂之恪并二王之後爲三國其禮轉降示敬而已故三恪以爲陳與杞宋共爲三案樂記云武王未及下車封黃帝之後於薊封帝堯之後於祝封帝舜之後於陳下車乃封夏后氏之後於杞投殷之後於宋明陳與薊祝共爲三恪杞宋別爲二王之後矣。其封域在禹貢豫州之東其地廣平無名山大澤西望外方東不及明音孟豬。正義曰禹貢豫州云導菏澤被盟豬又曰熊耳外方至于陪尾注云屬豫州然則外方明豬皆豫州之地案地理志外方卽嵩高山也明豬在梁國睢陽縣東北檢鄭居檜地在外方屬鄭宋都睢陽在明豬西南明豬屬宋也故檜譜云在豫州外方之北商譜稱宋西及豫州明豬之野是陳境不及外方明豬故無名山大澤明豬猶屬豫州陳在明豬之西則是豫州境內明豬尙書作盟豬卽左傳稱孟諸之麋爾雅云宋有孟諸是也但聲訛字變耳。大姬無子好巫覡禱祈鬼神歌舞之樂民俗化而爲之。正義曰地理志云周武王封嬀滿于陳是爲胡公妻以元女大姬婦人尊貴好祭祀用巫故其俗好巫鬼者也詩稱擊鼓於宛丘之上婆娑於枌栩之下是有大姬歌舞之遺風也志又云婦人尊貴好祭祀不言無子鄭知無子者以其好巫好祭明爲無子禱求故言無子若大姬無子而左傳子產云我周之自出杜預曰陳周之出者蓋大姬於後生子以禱而得子故彌信巫覡也楚語云在女曰巫在男曰覡巫是總名故漢書唯言好巫。五世至幽公當厲王時政衰大夫淫荒所爲無度國人傷而刺之陳之變風作矣。正義曰世家云胡公卒子申公犀侯立卒弟相公皋羊立卒中公子突立是爲孝公卒子愼公圉戎立卒子幽公寧立除相公一及餘父子相生爲五世也世家又云幽公十二年周厲王奔于彘是當周厲王時也宛丘刺幽公淫荒昏亂是政衰也東門之枌云子仲之子婆娑其下傳曰子仲陳大夫氏是大夫淫荒也此二篇皆刺幽公故云國人傷而刺之也世家又云幽公卒子僖公孝立卒子武公靈立卒子夷公說立卒弟平公燮立卒子文公圉立卒長子桓公鮑立三十八年卒弟佗其母蔡女故蔡人爲佗殺五父及桓公大子免而立佗是爲厲公厲公娶蔡女數如蔡淫七年大子免之三弟長者名躍中曰林少曰杵臼共令蔡人誘厲公以好女與蔡人共殺厲公而立躍是爲利公利公者桓公子也利公立五月卒立中弟林是爲莊公七年卒立少弟杵臼是爲宣公四十五年卒子款立是爲穆公十六年卒子共公朔立十八年卒子靈公平國立此世家所言君次也案春秋桓五年春正月甲戌己丑陳侯鮑卒左傳曰再赴也於是陳亂文公子佗殺大子免而代之則是佗自殺免非蔡人爲佗殺免也桓六年經云蔡人殺陳佗莊二十二年傳曰陳厲公蔡出也故蔡人殺五父而立之經云蔡人殺陳佗傳言蔡人殺五父則五父與佗一人不得云爲佗殺五父也六年殺佗十二年陳侯躍卒則厲公卽是躍躍既爲厲公則無復利公矣馬遷既誤以佗爲厲公又妄稱躍爲利公檢春秋世次不得有利公也遷蓋見公羊傳云陳佗淫於蔡蔡人殺之因傅會爲說云誘以好女而殺之案蔡人殺佗在桓六年世家言佗死而躍立五月而卒然則躍亦以桓六年卒矣而春秋之經躍卒在桓十二年此佗之死非徒五月皆史記之謬也其詩宛丘東門之枌序云幽公爲幽公詩矣衡門云誘僖公東門之池東門之楊從上明之亦僖公詩也墓門刺陳佗陳佗詩也防有鵲巢云宣公月出亦從上明之亦爲宣公詩也株林澤陂序云靈公爲靈公詩也鄭於左方中皆以此而知也

宛丘刺幽公也淫荒昏亂游蕩無度焉。宛丘怨阮反爾雅云宛中宛丘。郭云中央隆高。疏宛丘三章章四句至無度焉。正義曰淫荒謂耽於女色昏亂謂廢其政事游蕩無度謂出入不時聲樂不倦游戲放蕩無復節度也游蕩自是翺翔戲樂非獨淫於婦人但好聲好色俱是荒廢故以淫荒揔之毛以此序所言是幽公之惡經之所陳是大夫之事由君身爲此惡化之使然故舉大夫之惡以刺君鄭以經之所陳卽是幽公之惡經序相符也首章言其信有淫情威儀無法是淫荒也下二章言其擊鼓持羽冬夏不息是無度無度者謂無復時節度量賓之初筵序云飲酒無度與此同。

子之湯兮宛丘之上兮子大夫也湯蕩也四方高中央下曰宛丘箋云子者斥幽公也游蕩無所不爲。湯他郎反舊他浪反洵有情兮而無望兮洵信也箋云此君信有淫荒之情其威儀無可觀望而則傚。洵音荀傚戶教反疏子之至望兮。毛以爲子大夫之游蕩兮在於彼宛丘之上兮此人信有淫荒之情兮其威儀無可觀望兮大夫當朝夕恪勤助君治國而游蕩高丘荒廢政事此由幽公化之使然故舉之以刺幽公也。鄭以爲子者斥幽公爲異其義則同。傳子大至宛丘。正義曰傳以下篇說大夫淫亂此與相類則亦是大夫但大夫稱子是其常稱故以子爲大夫序云游蕩經言湯兮故知湯爲蕩也釋丘云宛中宛丘言其中央宛宛然是爲四方高中央下也郭璞曰宛丘謂中央隆峻狀如一丘矣爲丘之宛中中央高峻與此傳正反案爾雅上文備說丘形有左高右高前高後高若此宛丘中央隆峻言中央高矣何以變言宛中明毛傳是也故李巡孫炎皆云中央下取此傳爲說。箋子者至不爲。正義曰箋以下篇刺大夫淫荒序云疾亂此序主刺幽公則經之所陳皆幽公之事不宜以爲大夫隱四年公羊傳公子翬謂隱公曰百姓安子諸侯說子則諸侯之臣亦呼君曰子山有樞云子有衣裳子有車馬子者斥昭公明此子止斥幽公故易傳也云無所不爲言其戲樂之事幽公事事皆爲也。傳洵信。正義曰釋詁文

坎其擊鼓宛丘之下。坎坎擊鼓聲坎苦感反無冬無夏值其鷺羽值持也鷺鳥之羽可以爲翳箋云翳舞者所持以指麾。疏坎其至鷺羽。毛以爲坎坎然爲聲者其是大夫擊鼓之聲在於宛丘之下無問冬無問夏常持其鷺鳥羽翳身而舞也鼓舞戲樂當有時節今幽公化之大夫游蕩無復節度故舉以刺公也。鄭以刺幽公爲異其文義同。傳值持至爲翳。正義曰鷺羽執持之物故以值爲持鷺鳥之羽可以爲舞者之翳故持之也釋鳥云鷺舂鉏郭璞曰白鷺也頭翅背上皆有長翰毛今江東人取以爲睫攡名之曰白鷺縗陸機云鷺水鳥也好而潔白故謂之白鳥齊魯之間謂之舂鉏遼東樂浪吳楊人皆謂之白鷺青腳高尺七八寸尾如鷹尾喙長三寸頭上有毛十數枚長尺餘毿毿然與衆毛異好欲取魚時則弭之今吳人亦養焉楚威王時有朱鷺合沓飛翔而來舞則復有赤者舊鼓吹朱鷺曲是也然則鳥名白鷺赤者少耳此舞所持持其白羽也

坎其擊缶宛丘之道盎謂之缶。缶方有反盎本亦作㼜烏浪反疏傳盎謂之缶。正義曰釋器文孫炎曰缶

瓦器郭璞曰盎盆也此云擊缶則缶是樂器易離卦九三不鼓缶而歌則大耋之嗟注云艮爻也位近丑丑上值弁星弁星似缶詩云坎其擊缶則樂器亦有缶又史記藺相如使秦王鼓缶是樂器爲缶也案坎卦六四樽酒簋貳用缶注云爻辰在丑丑上值斗可以斟之象斗上有建星建星之形似簋貳副也建星上有弁星弁星之形又如缶天子大臣以王命出會諸侯主國尊於簋副設玄酒以缶則缶又是酒器也比卦初六爻有孚盈缶注云爻辰在未上值東井井之水人所汲用缶缶汲器襄九年宋災左傳曰具綆缶備水器則缶是汲水之器然則缶是瓦器可以節樂若今擊甌又可以盛水盛酒卽今之瓦盆也無冬無夏值其鷺翿翿翳也。翿音導又音陶疏傳翿翳。正義曰釋言文郭璞曰舞者所以自蔽翳彼翿作纛音義同

宛丘三章章四句

東門之枌疾亂也幽公淫荒風化之所行男女棄其舊業亟會於道路歌舞於市井爾。枌符云反亟

斯冀反○〔疏〕東門之枌三章章四句至井爾○正義曰男棄其業子仲之子是也女棄其業不績其麻是也會於道路者首章上二句是也歌舞於市井者婆娑是也經先言歌舞之處然後責其棄業序以棄業而後敖游故先言棄業所以經序倒也此實歌舞於市而謂之市井者白虎通云因井爲市故曰市井應劭通俗云市恃也養贍老少恃以不匱也俗說市井謂至市者當於井上洗濯其物香潔及自嚴飾乃到市也謹案古者二十畝爲一井因爲市交易故稱市井然則由本井田之中交易爲市故國都之市亦因名市井案禮制九夫爲井應劭二十畝爲井者劭依漢書食貨志一井八家家有私田百畝公田十畝餘二十畝以爲井竈廬舍據其交易之處在廬舍故言二十畝耳因井爲市或如劭言三章皆述淫亂之事首章獨言男婆娑於枌栩之下下二章上二句言女子候善明之日從男子於會處下二句陳男女相說之辭明歌舞之處皆男女相從故男女互見之○

東門之枌宛丘之栩

枌白榆也栩杼也國之交會男女之所聚○栩況浦反杼常與反說文丈與反〔疏〕傳枌白至所聚○正義曰釋木云榆白枌孫炎曰榆白者名枌郭璞曰枌榆先生葉卻著莢皮色白是枌爲白榆也栩杼釋木文序云亟會於道路知此二木是國之道路交會男女所聚之處也

子仲之子婆娑其下

子仲陳大夫氏婆娑舞也箋云之子男子也○婆步波反說文作嫛音同娑桑何反〔疏〕傳子仲至舞也○正義曰知子仲是陳大夫氏者以其風俗之敗自上行之今此所刺宜刺在位之人若是庶人不足顯其名氏此云子仲之子猶云彼留之子舉氏姓言之明子仲是大夫之氏姓也禮孫以王父字爲氏此人上祖必有字子仲者故氏子仲也云婆娑舞也釋訓文李巡曰婆娑盤辟舞也孫炎曰舞者之容婆娑然○箋之子男子○正義曰序云男子棄業則經之所陳有男有女下云績麻是女知此之子是男子也定本云之子是子也

穀旦于差南方之原

穀善也原大夫氏箋云旦明于曰差擇也朝日善明曰相擇矣以南方原氏之女可以爲上處○旦鄭音旦本亦作且王七也反苟且也徐子餘反差鄭初佳反王音嗟韓詩作嗟徐七何反沈云毛意不作嗟案毛無改字宜從鄭讀曰相音越下曰徃徃矣同

不績其麻市也婆娑

箋云績麻者婦人之事也疾其今不爲○〔疏〕穀旦至婆娑○正義曰言陳國男女棄其事業候良辰美景而歌舞淫泆見朝日善明無陰雲風雨則曰可以相擇而行樂矣彼南方之原氏有美女國中之最上處可以從之也男既如是彼原氏之女卽不復績麻於市也與男子聚會婆娑而舞是其可疾之甚○傳穀善也原大夫氏○正義曰穀善釋詁文也○春秋莊二十七年季友如陳葬原仲是陳有大夫姓原氏也○箋旦明至上處○正義曰旦謂早朝故爲明也釋詁云于曰於也故于得爲曰差擇釋詁文佚游戲樂不宜風昏故見朝日善明乃云相擇剌其以美景廢業故舉之也發意相擇則是男子擇女故知南方原氏之女可以爲上處上處者言是一國最上之處也

穀旦于逝越以鬷邁

逝往鬷數邁行也箋云越於鬷揔也朝旦善明曰往矣謂之所會處也於是以揔行欲男女合行○鬷子公反處昌慮反

視爾如荍貽我握椒

荍芘芣也椒芬香也箋云男女交會而相說曰我視女之顏色美如芘芣之華然女乃遺我一握之椒交情好也此本淫亂之所由○荍祁饒反郭云荊葵也芘音毗又芳耳反茮音浮又芳九反說音悅遺唯季反好呼報反○〔疏〕穀旦至握椒○毛以爲陳之女人見美景而說曰朝日善明曰可以往之所會之處矣女人卽棄其事業假有績者於是以麻總而行至於會所要見男子男子乃陳往日相好之事語女人云我往者語汝云我視汝顏色之美如荍之華然見我說汝則遺我以一握之椒棄其事業作如此淫荒故疾之也○鄭唯以鬷爲揔言於是男女揔集合行爲此淫亂餘同○傳逝往至邁行○正義曰逝往釋詁文邁行釋言文鬷謂麻縷每數一升兩用繩紀之故鬷爲數王肅云鬷數績麻之縷也○箋越於至合行○正義曰越於釋詁文商頌稱鬷假無言爲揔集之意則此亦當然故以鬷爲揔謂男女揔集而合行也上章于差謂男言擇女此言于逝謂女往從男故云曰往矣謂之所會之處謂女適與男期會之處也○傳荍芘芣椒芬香○正義曰荍芘芣釋草文舍人曰荍一名蚍衃郭璞曰今荊葵也似葵紫色謝氏云小草多華少葉葉又翹起陸機疏云芘芣一名荊葵似蕪菁華紫綠色可食微苦是也椒之實芬香故以相遺也定本云椒芳物○箋男女至所由○正義曰言相說者男說女而言其色美女說男而遺之以椒交相說愛故言相也知此二句皆是男辭者言我視爾顏色之美如芘芣之華若是女辭不得言男子色美如華也思其往日相愛今復會爲淫亂詩人言此者本其淫亂化之所由耳

東門之枌三章章四句

衡門誘僖公也愿而無立志故作是詩以誘掖

其君也 誘進也掖扶持也○衡門如字衡横也沈云此古文横字誘音酉愿音願謹也掖音亦〔疏〕衡門三章章四句至其君○正義曰作衡門詩者誘僖公也以僖公愨愿而無自立之志故國人作是衡門之詩以誘導扶持其君誘使自强行道令與國致理也經三章皆誘之辭○箋誘進也掖扶持○正義曰誘進釋詁文云掖臂也僖二十五年左傳云二礼從國子巡城掖以赴外殺之謂持其臂而投之城外也此言誘掖者誘謂在前導之掖謂在傍扶之故以掖爲扶持也定本作扶持

衡門之下可以棲遲 衡門横木爲門言淺陋也棲遲遊息也箋云賢者不以衡門之淺陋則不遊息於其下以喻人君不可以國小則不興治致政化

泌之洋洋可以樂飢 泌泉水也洋洋廣大也樂飢可以樂道忘飢箋云飢者不足於食也泌水之流洋洋然飢者見之可飲以㾂飢以喻人君愨愿任用賢臣則政教成亦猶是也○泌悲位反洋音羊樂本又作㾂毛音洛鄭力召反沈云舊皆作樂字晚詩本有作疒下樂以形聲言之殊非其義㾂字當從疒下作尞案說文云㾂治也療或㾂字也則毛止作樂鄭本作㾂下注放此愨苦角反〔疏〕衡門至樂飢○毛以爲雖淺陋衡門之下猶可以棲遲游息以興雖地狹

小國之中猶可以興治致政然賢者不以衡門之淺陋則不游息於其下以喻人君不可以國小則不興治致政君何以不興治致政乎觀泌水之流洋洋廣大君可以樂道忘飢何則泌者泉水涓流不已乃至廣大況人君寧不進德積小成大樂道忘飢乎此是誘掖之辭○鄭以下二句言泌水之流廣大洋洋然飢者可飲之以㾂飢以興有大德賢者人君可任之以成德教誘君以任賢臣餘同○傳衡門至遊息○正義曰考工記玉人注云衡古文横假借字也然則衡横義同故知衡門横木爲門門之深者有阿塾堂宇此唯横木爲之言其淺也釋詁云棲遲息也舍人曰棲遲行步之息也○傳泌泉至忘飢○正義曰邶國有毖彼泉水知泌爲泉水王肅云洋洋泌水可以樂道忘飢巍巍南面可以樂治忘亂孫毓難肅云既巍巍矣又安得亂此言臨水歎逝可以樂道忘飢是感激立志慷慨之喻猶孔子曰發憤忘食不知老之將至云爾案此傳云泌者泉水又云洋洋廣大則不可以逝川喻年老故今爲别解案今定本作樂飢觀此傳亦作樂則毛讀與鄭異○箋飢者至猶是○正義曰箋以經言泌之洋洋可以㾂飢則是以水治飢不宜視水爲義且下章勸君用賢故易傳以爲喻任用賢臣則政教成也飲水可以㾂渴耳而云㾂飢者飢久則爲渴得水則亦小㾂故言飢以爲韻○**豈**

其食魚必河之魴豈其取妻必齊之姜 箋云此言何必河之魴然後可食取其口美而已何必大國之女然後可妻亦取貞順而已以喻君任臣何必聖人亦取忠孝而已齊姜姓○魴音房取音娶下文同

豈其食魚必河之鯉豈其取妻必宋之子 箋云宋子姓○〔疏〕箋齊姜姓宋子姓○正義曰齊者伯夷之後伯夷主四岳之職周語作四岳賜姓曰姜宋者殷之苗裔契之後也殷本紀云舜封契於商賜姓曰子是齊姜姓宋子姓也

衡門三章章四句

東門之池刺時也疾其君之淫昏而思賢女以配君子也 ○孔安國云停水曰池○〔疏〕東門之池三章章四句至君子○正義曰此實刺君而云刺時者由君所化使時世皆淫故言刺時以廣之欲以配君而謂之君子者妻謂夫爲君子上下通稱據賢女爲文故稱以配君子經三章皆思得賢女之事疾其君之淫昏序其思賢女之意耳於經無所當也

東門之池可以漚麻 興也池城池也漚柔也箋云於池中柔麻使可緝績作衣服興者喻賢女能柔順君子成其德教○漚烏豆反緝七立反西州人謂績爲緝○

彼美淑姬可與晤歌 晤遇也箋云晤猶對也言淑姬賢女君子宜與對歌相切化也○叔音淑本亦作淑善也晤五故反〔疏〕東門至晤歌○正義曰東門之外有池水此水可以漚柔麻草使可緝績以作衣服以興貞賢之善女此女可以柔順君子使可脩政以成德教既已思得賢女又述彼之賢女言彼美善之賢姬實可與君對偶而歌也以君淫昏故思得賢女配之與之對偶而歌冀其切化使君爲善○傳池城池漚柔○正義曰以池繫門言之則此池近在門外諸詩言東門皆是城門故以池爲城池考工記㡛氏以涚水漚其絲注云漚漸也楚人曰漚齊人曰涹烏禾反然則漚是漸漬之名此云漚柔者謂漸漬使之柔韌也○傳晤遇○正義曰釋言云晤遇也然則傳以晤爲遇亦爲對偶之義故王肅云可以與相遇歌樂室家之事意亦與鄭同○箋晤猶至切化○正義曰所以欲使對歌者以歌詩陳善惡之事以感戒人君君子得此賢女宜與之對歌相感切相風化以爲善故思之美女而謂之姬者以黄帝姓姬炎帝姓姜二姓之後子孫昌盛其家之女美者尤多遂以姬姜

爲婦人之美稱成九年左傳引逸詩云雖有姬姜無棄憔悴是以姬姜爲婦人美稱也。

東門之池，可以漚紵。彼美淑姬，可與晤語。 紵直呂反。字又作苧。〔疏〕漚紵。○正義曰陸機疏云紵亦麻也科生數十莖宿根在地中至春自生不歲種也荊楊之間一歲三收今官園種之歲再刈刈便生剥之以鐵若竹挾之表厚皮自脱但得其裏韌如筋者謂之徽紵今南越紵布皆用此麻。

東門之池，可以漚菅。彼美淑姬，可與晤言。 言道也。○菅古顏反茅已漚爲菅。〔疏〕漚菅。○正義曰釋草云白華野菅郭璞曰茅屬白華箋云人刈白華於野已漚之名之爲菅然則菅者已漚之名未漚則但名爲茅也陸機疏云菅似茅而滑澤無毛根下五寸中有白粉者柔韌宜爲索漚乃尤善矣

東門之池三章，章四句

東門之楊，刺時也。昏姻失時，男女多違，親迎女猶有不至者也。 ○迎魚敬反下注同〔疏〕東門之楊二章章四句至至者。○正義曰毛以昏姻失時者失秋冬之時鄭以爲失仲春之時言親迎女猶不至明不親迎者相違衆矣故舉不至者以刺當時之淫亂也言相違者正謂女違男使昏姻之禮不成是男女之意相違耳非謂男亦違女也經二章皆上二句言昏姻失時下二句言親迎而女不至也。

東門之楊，其葉牂牂。 興也。牂牂然盛貌。言男女失時不逮秋冬。箋云楊葉牂牂三月中也興者喻時晚也失仲春之月。○牂子桑反**昏以爲期，明星煌煌。** 期而不至也。箋云親迎之禮以昏時女留他色不肯時行乃至大星煌煌然。○煌音皇。〔疏〕東門至煌煌。○毛以爲作者以楊葉初生興昏之正時楊葉長大興晚於正時故言東門之楊其葉已牂牂然而大矣楊葉已大不復見其初生之時以興歲之時月已至於春夏矣時節已晚不復及其秋冬之時又復淫風大行女留他色不從男子親迎者用昏時以爲期今女不肯時行至於明星煌煌然而夜已極深而竟不至禮當及時配合女當隨夫而行至使昏姻失時男女相違如是故舉以刺時也。○鄭以失時謂在仲春之後爲異其義則同。○傳牂牂至秋冬。○正義曰此刺昏姻失時而舉楊葉爲喻則是以楊葉初生喻正時楊葉已盛喻過時毛以秋冬爲昏之正時故云男女失時不逮秋冬也秋冬爲昏無正文也邶風云士如歸妻迨冰未泮知迎妻之禮當在冰泮之前荀卿書云霜降逆女冰泮殺止霜降九月也冰泮二月也然則荀卿之意自九月至於正月於禮皆可爲昏荀在焚書之前必當有所憑據毛公親事荀卿故亦以爲秋冬家語云羣生閉藏爲陰而爲化育之始故聖人以合男女窮天數也霜降而婦功成嫁娶者行焉冰泮而農業起昏禮殺於此又云冬合男女春頒爵位家語出自孔家毛氏或見其事故依用焉地官媒氏云仲春之月令會男女於是時也奔者不禁唯謂三十之男二十之女所以蕃育人民特令以仲春會耳其男未三十女未二十者皆用秋冬不得用仲春也。○箋楊葉至之月。○正義曰箋亦以楊葉之盛興晚失正時也鄭言楊葉牂牂三月中者自言葉盛之月不以楊葉爲記時也董仲舒曰聖人以男女陰陽其道同類歎天道嚮秋冬而陰氣來嚮春夏而陰氣去故古人霜降始逆女冰泮而殺止與陰俱近而陽遠也鄭以昏姻之月唯在仲春故以喻晚失仲春之月鄭不見家語不信荀卿以周禮指言仲春之月令會男女故以仲春爲昏月其邶風所云自謂及冰泮行請期禮耳非以冰之未泮已親迎也毛鄭別自憑據以爲定解詩內諸言昏月皆各從其家。○傳期而不至。○正義曰序言親迎而女猶有不至者則是終竟不至非夜深乃至也言明星煌煌者男子待女至此時不至然後始罷故作者舉其待女不得之時非謂此時至也傳嫌此時女至故辨之云期而不至言期以昏時至此時猶不至也。○箋親迎至煌煌然。○正義曰士昏禮執燭前馬是親迎之禮以昏也用昏者取陽往陰來之義女不從夫必爲異人之色故云女留他色不肯時行乃至大星煌煌然亦言至此時不至。

東門之楊，其葉肺肺。 肺肺猶牂牂也。○肺普貝反又蒲貝反。**昏以爲期，明星晢晢。** 晢晢猶煌煌也。○晢之世反

東門之楊二章，章四句

墓門，刺陳佗也。陳佗無良師傅，以至於不義，惡加於萬民焉。 不義者謂弑君而自立。○它本亦作佗同徒多反五父也史記以爲厲公殺音試本又作弑同〔疏〕墓門二章章六句至民焉。○正義曰陳佗身行不義惡加萬民定本直云民無萬字由其師傅不良故至於此既立爲君此師傅猶在陳佗乃用其言必將至誅絕故作此詩以刺佗欲其去惡傳而就良師也經二章皆是

戒佗令去其惡師之辟。箋不義至自立。正義曰不義之大莫大弒君也春秋桓五年正月甲戌己丑陳侯鮑卒左傳云再赴也於是陳亂文公子佗殺大子免而代之公疾病而亂作國人分散故再赴是陳佗弒君自立之事也如傳文則陳佗所殺大子免而謂之弒君者以免爲大子其父卒免當代父爲君陳佗殺之而取國故以弒君言之序言無良師傅以至於不義則佗於弒君之前先有此惡師也經云夫也不良國人知之知而不已誰昔然矣欲令佗退惡師則弒君之後惡師仍在何則詩者民之歌詠必惡加於民民始怨刺陳佗未立爲君則身爲公子爵止大夫雖則惡師非民所恨今作詩刺之明是自立之後也。戒之令去惡師明是惡師未去也。

墓門有棘斧以斯之 興也墓門墓道之門斯析也幽閒希行用生此棘薪維斧可以開析之箋云興者喻陳佗由不覩賢師良傅之訓道至陷於誅絕之罪。斯所宜反又如字又音梳鄭注尚書云斯析也爾雅云斯侈離也孫炎云斯析之離讀者如字析星歷反閒音閑睹都魯反又作覩

夫也不良國人知之 夫傅相也箋云良善也陳佗之師傅不善羣臣皆知之言其罪惡著也。相息亮反

知而不已誰昔然矣 昔久也箋云已

猶去也誰昔昔也國人皆知其有罪惡而不誅退終致禍難自古昔之時常然。去羌呂反難乃旦反。疏 墓門至然矣。正義曰言墓道之門幽閒由希覩人行之跡故有此棘此棘既生必得斧乃可以開析而去之以興陳佗之身不明由希覩良師之敎故有此惡此惡既成必得明師乃可以訓道而善之非得明師惡終不改必至誅絕故又戒之云汝之師傅不善國內之人皆知之矣何以不退去之乎欲其退惡傳就良師也。傳墓門至析之。正義曰春官墓大夫職注云墓冢塋之地孝子所思慕之處然則塋域謂之墓墓入有門故云墓門墓道之門釋言云斯離也孫炎曰斯析之離是斯爲析義也。箋興者至之罪。正義曰箋以傳釋經文不解興意故述興意以申傳也弒君之賊於法當誅其身絕其祀故云陷於誅絕之罪。傳夫傅相。正義曰序云無良師傅故知夫也不良正謂師傅不良也郊特牲云夫也者以知帥人者也注云夫之言丈夫也夫或爲傳言或爲傳者正謂此訓夫爲傅也師傅當以輔相人君故云傳相。傳昔久。正義曰傳稱古曰在昔昔是久遠之事故爲久也。箋已猶至常然。正義曰誰昔昔也釋訓文郭璞曰誰發語辭與傳昔久同也今定本爲誰昔昔也合爾雅俗爲誰疑辭也。

墓門有梅有鴞萃止 梅柟也鴞惡聲之鳥也萃集也箋云梅之樹善惡自有徒以鴞集其上而鳴人則惡之性因惡矣以喻陳佗之性本未必惡師傅惡而陳佗從之而惡。鴞戶驕反萃徂醉反柟冉鹽反則惡鳥路反

夫也不良歌以訊之 訊告也箋云歌謂作此詩也既作又使工歌之是謂之告。訊又作誶音信徐息悴反告也韓詩訊諫也

訊予不顧顛倒思予 箋云予我也歌以告之汝不顧念我言至於破滅顛倒之急乃思我之言言其晚也

疏 墓門至思予。正義曰言墓道之門有此梅樹此梅善惡自耳本未必惡徒有鴞鳥來集於其上而鳴此鴞聲惡梅亦從而惡矣以興陳佗之身有此體性此性善惡自然本未必惡正由有惡師來敎之此師既惡陳佗亦從而惡也佗師既惡而不能退去故又戒之汝之師傅也不善故我歌是詩以告之我既告汝汝得我言而不顧念之至於顛倒之急然後則乃思我之言耳至急乃思則無及於事今何以不用我言乎。傳梅柟至萃集。正義曰梅柟釋木文鴞惡聲之鳥一名鵩與梟一名鴟瞻卬云爲梟爲鴟是也俗說以爲鴞即土梟非也陸機疏云鴞大如班鳩綠色惡聲之鳥也入人家凶賈誼所賦鵩鳥是也其肉甚美可爲羹臛又可爲炙漢供御物各隨其時唯鴞冬夏尚施之以其

美故也。傳訊告也。正義曰釋詁文箋以歌告之有口告之嫌故辨之云歌謂作此詩使工歌之以告君是謂之告。

墓門二章章六句

防有鵲巢憂讒賊也宣公多信讒君子憂懼焉

疏 防有鵲巢二章章四句至懼焉。正義曰憂讒賊者謂作者憂讒人謂爲讒以賊害於人也經二章皆上二句言宣公致讒之由下二句言已憂讒之事

防有鵲巢卭有旨苕 興也防邑也卭丘也苕草也箋云防之有鵲巢卭之有美苕處勢自然興者喻宣公信多言之人故致此讒人。卭其恭反苕徒彫反。

誰侜予美心焉忉忉 侜張誑也箋云誰誰讒人也女衆讒人誰侜張誑欺我所美之人乎使我心忉忉然所美謂宣公也。侜陟留反說文云有廱蔽也予美韓詩作娓音尾娓美也忉都勞反憂也誑九況反

疏 防有至忉忉。正義曰言防邑之中有鵲鳥之巢卭丘之上有美苕之草處勢自然以興宣公之朝有讒言之人亦處勢自然何則防多樹木故鵲鳥往巢焉卭丘地美故旨苕生焉以言宣公信讒故讒人集焉公既信此讒言君子懼已得罪

告語衆讒人輩汝等是誰誑欺我所美之人宜公乎而使我心忉忉然而憂之。傳防邑卬丘苕草。正義曰以鵲之爲鳥畏人而近人非邑有樹木則鵲不應巢焉故知防是邑也土之高處草生尤美故卬爲丘邶風稱旄丘有葛鄘風稱阿丘有蝱是美草多生於高丘也苕之華傳云苕陵苕此直云苕草彼陵苕之草好生下溼此則生於高丘與彼異也陸機疏云苕苕饒也幽州人謂之翹饒蔓生莖如勞豆而細葉似蒺藜而青其莖葉綠色可生食如小豆藿也。傳侜張誑。正義曰釋訓文郭璞曰幻惑欺誑人者。箋誰誑至宣公。正義曰言誰侜予美者是就衆讒人之內告問是誰爲之故云誰誰讒人也臣之事君欲君美好不欲使讒人誑之故謂君爲所美之人。

中唐有甓，邛有旨鷊。中中庭也唐堂塗也甓瓴甋也鷊綬草也。甓薄歷反鷊五歷反介音零字書作瓴適都歷反字書作甋綬音受。〔疏〕傳中中至綬草。正義曰以唐是門內之路故知中是中庭釋宮云廟中路謂之唐堂塗謂之陳李巡曰唐廟中路名孫炎引詩云中唐有甓堂塗堂下至門之徑也然則唐之與陳廟庭之異名耳其實一也故云唐堂塗也釋宮又云瓴甋謂之甓李巡曰瓴甋一名甓郭璞曰甂甎也今江東呼爲瓴甓鷊綬釋草文郭璞曰小草有雜色似綬

也陸機疏云鷊五色作綬文故曰綬草。**誰侜予美，心焉惕惕。**惕惕猶忉忉也

防有鵲巢二章章四句

月出，刺好色也。在位不好德而說美色焉。好呼報反序同說音悅澤陂詩同〔疏〕月出三章章四句至色焉。正義曰人於德色不得竝時好之心既好色則不復好德故經之所陳唯言好色而已序言不好德者以見作詩之意耳於經無所當也經三章皆言在位好色之事

月出皎兮，興也皎月光也箋云興者喻婦人有美色之白皙。皦古了反本又作皎皙星歷反**佼人僚兮。舒窈糾兮，**僚好貌舒遲也窈糾舒之姿也。佼字又作姣古卯反方言云自關而東河濟之間凡好謂之姣僚本亦作嫽同音了窈烏了反又于表反糾其趙反又其小反一音其了反說文音已小反又居酉反**勞心悄兮。**悄憂也箋云思而不見則憂。悄七小反〔疏〕月出至悄兮。正義曰言月之初出其光皎然而白兮以興婦人白皙其色亦皎然而白兮非徒面色白皙又是佼好之人其形貌僚然而好兮行止舒遲姿容又

窈糾然而美兮思之既甚而不能見之勤勞我心悄然而憂悶兮在位如是故陳其事以刺之。傳皎月光。正義曰大車云有如皦日則皦亦日光言月光者皦是日光之名耳以其與月出共文故爲月光。傳僚好至之姿。正義曰皎兮喻面色皎然謂其形貌僚爲好貌謂其形貌好言色美身復美也舒者遲緩之言婦人行步貴在舒緩言舒時窈糾兮故知窈糾是舒遲之姿容。傳悄憂。正義曰釋訓云悄悄慍也故爲憂

月出皓兮，佼人懰兮。舒懮受兮，勞心慅兮。月出照兮，佼人燎兮。舒夭紹兮，勞心慘兮。皓胡老反懰本又作劉力久反好貌埤蒼作嬼嬼妖也懮於久反舒貌慅七老反憂也燎力召反又力弔反夭於表反慘七感反憂也

月出三章章四句

株林，刺靈公也。淫乎夏姬，驅馳而往，朝夕不休息焉。夏姬陳大夫妻夏徵舒之母鄭女也徵舒字子南夫字御叔。株林陟朱反株林夏氏邑也夏戶雅反注

下同御魚呂反又如字。〔疏〕株林二章章四句至息焉。正義曰作株林詩者刺靈公也以靈公淫於夏氏之母姬姓之女疾驅其車馬馳走而往或早朝而至或嚮夕而至不見其休息之時故刺之也經二章皆言靈公往淫夏姬朝夕不息之事說于株野是夕至也朝食于株是朝至也。箋夏姬至御叔。正義曰宣九年左傳稱陳靈公與孔寧儀行父通於夏姬十年經云陳夏徵舒弒其君平國傳曰陳靈公與孔寧儀行父飲酒於夏氏公謂行父曰徵舒似汝對曰亦似君徵舒病之公出自其廄射而殺之昭二十八年左傳叔向之母論夏姬云是鄭穆公少妃姚子之子子貉之妹也子貉早死而天鍾美於是楚語云昔陳公子夏爲御叔娶於鄭穆公女生子南子南之母亂陳而亡之是言夏姬所出及夫子名字

胡爲乎株林？從夏南。株林夏氏邑也夏南夏徵舒也箋云陳人責靈公君何爲之株林從夏氏子南之母爲淫泆之行。泆音逸行下孟反。**匪適株林，從夏南。**箋云匪非也言我非之株林從夏氏子南之母爲淫泆之行自之他耳觝拒之辭。觝都禮反〔疏〕胡爲至夏南。正義曰株林者夏氏之邑靈公數往彼邑淫於夏姬國人責之云君何爲於彼株林之邑從夏氏子南之母爲淫泆兮靈公爲

人所責觝拒之云我非是適彼株林之邑從夏氏子南之母兮我別自適之他處耳一國之君如此淫泆故刺之定本無兮字。傳株林至徵舒。正義曰靈公適彼株林從夏南故知株林是夏氏之邑邑在國外夏姬在邑故適邑而從夏姬也徵舒祖字子夏故爲夏氏徵舒字子南以氏配字謂之夏南楚殺徵舒左傳謂之戮夏南是知夏南卽徵舒也實從夏南之母言從夏南者婦人夫死從子夏南爲其家主故以夏南言之。箋匪非至之辭。正義曰以文辭反覆若似對荅前人故假爲觝拒之辭非是面爭王肅云言非欲適株林從夏南之母反覆言之疾之也孫毓以王爲長

駕我乘馬說于株野乘我乘駒朝食于株大夫乘駒箋云我國人我君也君親乘君乘馬乘君乘駒變易車乘以至株林或說舍焉或朝食焉又責之也馬六尺以下曰駒。疏駕我至于株。正義曰此又責君數往株邑言君何爲駕我君之一乘之馬嚮夕而說舍於株林之野何故得乘我君之一乘之駒早朝而食於株林之邑乎言公朝夕往來淫泆不息可惡之甚故刺之也。傳大夫乘駒。正義曰皇皇者華說大夫出使經云我馬維駒是大夫之制禮當乘駒也此傳質略王肅云陳大夫孔寧儀行父與君淫於夏氏然則王意以爲乘我駒者謂孔儀從君適株故作者幷舉以惡君也傳意或當然。

株林二章章四句

澤陂刺時也言靈公君臣淫於其國男女相說憂思感傷焉君臣淫於國謂與孔寧儀行父也感傷謂涕泗滂沱。陂彼皮反思息嗣反父音甫涕他弟反自目曰涕泗音四自鼻曰泗滂普光反沱徒何反下文同疏澤陂三章章六句至傷焉。正義曰作澤陂詩者刺時也由靈公與孔寧儀行父等君臣竝淫於其國之內共通夏姬國人效之男女遞相悅愛爲此淫泆毛以爲男女相悅爲此無禮故君子惡之憂思感傷焉憂思時世之淫亂感傷女人之無禮也男女相悅者章首上二句是也感傷者次二句是也憂思者下二句是也言靈公君臣淫於其國者本其男女相悅之由由化效君上故言之耳於經無所當也經先感傷序先憂思者經以章首二句既言男女之美好因傷女而爲惡行傷而不已故至於憂思事之次也序以感傷憂思爲事旣同取其語便故先言憂思也鄭以爲由靈公君臣淫於其國故國人淫泆男女相悅聚會則共相悅愛

別離則憂思感傷言其相思之極也男女相悅者章首上二句是也憂思者次二句是也感傷者下二句是也毛於傷如之何下傳曰傷無禮則是君子傷此有美一人之無禮也傷如之何旣傷有美一人之無禮寤寐無爲二句又在其下是爲憂思感傷時世之淫亂也此君子所傷傷此有美一人而有美一人又承蒲荷之下則蒲荷二物共喻一女上二句皆是男悅女之辭也經文止舉其男悅女明女亦悅男不然則不得共爲淫矣故序言男女相悅以明之三章大意皆同首章言荷指芙蕖之莖卒章言菡萏指芙蕖之華二者皆取華之美以喻女色但變文以取韻耳二章言蕑者蕑是芬香之草喻女有善聞此淫泆之女必無善聲聞但悅者之意言其善耳鄭以爲首章上二句同姓之中有男悅女女悅男是其男女相悅也次二句言離別之後不能相見念之而爲憂思也旣憂不能相見故下二句感傷而淚下首章言荷喻女之容體二章言蓮喻女之言信卒章言菡萏以喻女之色美

彼澤之陂有蒲與荷興也陂澤障也荷芙蕖也箋云蒲柔滑之物芙蕖之莖曰荷生而佼大興者蒲以喻所說男之性荷以喻所說女之容體也正以陂中二物興者喻淫風由同姓生。荷音荷障章亮反夫音符本亦作芙下同渠其居反本亦作蕖莖幸耕反佼古卯反。

有美一人傷如之何傷無禮也箋云傷思也我思此美人當如之何而得見之

寤寐無爲涕泗滂沱自目曰涕自鼻曰泗。箋云寤覺也。覺音教。疏彼澤至滂沱。毛以爲彼澤之陂障之中有蒲與荷之二草蒲之爲草甚柔弱荷之爲葉極美好以興陳國之中有男悅女云汝體之柔弱如蒲然顏色之美如荷然男女淫泆相悅如此君子見其淫亂乃感傷之彼男所悅者有美好之一人美好如是不能自防以禮不以禮可傷乎知可如之何旣不可奈何乃憂思時世之淫亂寤寐之中更無所爲念此風俗傷敗目涕鼻泗一時俱下滂沱然也鄭以爲彼澤之陂障之中有蒲與荷之二草以喻同姓之中有男與女之二人蒲之草甚柔滑荷之莖極佼好女悅男云汝之體性滑利如蒲然男悅女云汝之形容佼大如荷然聚會之時相悅如是及其分離則憂思相憶男憶女云有美好之一人我思之而不能見當如之何乎旣不能見益復感傷覺寢之中更無所爲念此美女涕泗滂沱然淫風如此故舉以刺時也。傳陂澤障荷芙蕖。正義曰澤障謂澤畔障水之岸以陂內有此二物故舉陂畔言之二物非生於陂上也釋草云荷芙蕖其莖茄其葉蕸其本蔤其華菡萏其實蓮其根藕其中的的中薏李巡曰

皆分別蓮莖葉華實之名菡萏蓮華也的蓮實也薏中心也
郭璞曰蔤莖下白蒻在泥中者今江東人呼荷華爲芙蓉北
方人便以藕爲荷亦以蓮爲荷蜀人以藕爲茄或用其母爲
華名或用根子爲母葉號此皆名相錯習俗傳誤失其正體
者也陸機疏云蓮青皮裏白子爲的的中有青爲薏味甚苦
故里語云苦如薏是也傳正解荷爲芙蕖不言與意以下傳
云傷無禮者傷有美一人則此有蒲與荷共喻美人之貌蒲
草柔滑荷有紅華喻必以象當以蒲喻女之容體以華喻女
之顏色當如下章言菡萏而此云荷者以荷是此草大名故
取荷爲韻。箋蒲柔至姓生。正義曰如爾雅則芙蕖之莖
曰茄此言荷者意欲取莖爲喻亦以荷爲大名故言荷耳樊
光注爾雅引詩有蒲與茄然則詩本有作茄字者也箋以序
云男女相悅則經中當有相悅之言以蒲喻所悅男之性女
悅男言男之心性和柔似蒲也荷以喻所悅女之容體男悅
女之形體佼大如荷也正以陂中二物興者淫風由同姓生
二物共在一陂猶男女同在一姓。箋傷思至見之。正義
曰傷思釋言文以溱洧桑中亦刺淫泆舉其事而惡自見其
文皆無哀傷之言此何獨傷其無禮至於涕泗滂沱輾轉伏
枕也故易傳以爲思美人不得見之而憂傷也孫毓以箋義
爲長。正義曰經傳言隕涕出涕皆謂淚出於目泗既非涕

亦涕之類明其泗出於鼻也。**彼澤之陂有蒲與蕑**蕑蘭也箋云蕑當作蓮蓮芙蕖實也蓮以喻女之言信。蕑毛古顏反鄭改作蓮練田反

［疏］傳蕑蘭。正義曰以溱洧秉蕑爲執蘭則知此蕑亦爲蘭也蘭是芬香之草蓋喻女有聲聞。箋蕑當至言信。正義曰以上下皆言蒲荷則此章亦當爲荷不宜別據他草且蘭是陸草非澤中之物故知蘭當作蓮蓮是荷實故喻女言信實

有美一人碩大且卷卷好貌。卷本又作婘其員反。**寤寐無爲中心悁悁**悁悁猶悒悒也。悁烏玄反

［疏］傳悁悁猶悒悒。正義曰俗本多無之。

彼澤之陂有蒲菡萏菡萏荷華也箋云華以喻女之顏色。菡本又作莟又作欿戶感反萏本又作萏大感反**有美一人碩大且儼**儼矜莊貌**寤寐無爲輾轉伏枕**。輾張輦反本又作展

澤陂三章章六句

陳國十篇二十六章百二十四句

附釋音毛詩注疏卷第七（七之一）

黃中模栞

毛詩注疏校勘記七之一

阮元撰盧宣旬摘錄

陳譜

東不及明音孟豬閩本明監本毛本同案此正義自爲音旁行細書之未誤入正文者以此推之而例可知矣○按未可以一例百且在句中者容或有此例如此音孟及遵大路之山音反是也在句末者則文理可讀亦不盡同此例

在外方屬鄭閩本明監本毛本同案此當作在外方之北外方屬鄭因外方複出而脫去四字下引檜譜云在豫州外方之北其證也

卒子武公靈立卒子夷公說立閩本明監本毛本同案十行本上卒至下公剜添者二字

弟平公燮立閩本明監本毛本同案此不誤浦鏜云燮誤鯨非也正義所引世家自如此

○宛丘

中英隆高補毛本英作央案央字是也

狀如一丘矣閩本明監本毛本同案依爾雅注一上當有負字

今江東人取以爲睫攡閩本明監本毛本同案此不誤浦鏜云攡誤攡非也爾雅注本作攡今釋文誤爲攡耳廣韻十一暮鷺字下引亦作睫攡可證又五支接䍦白帽接䍦卽睫攡

注云艮爻也位近丑閩本明監本毛本同案此不誤浦鏜改位近丑作爻辰在丑非也王伯厚輯鄭易卽采此正同

主國尊於簋閩本明監本毛本同案此不誤浦鏜云樧誤於從玉海校非也禮器正義引亦作於玉海作樧者當是誤涉禮器下文

○東門之枌

應劭通俗云閩本明監本毛本同案通俗浦鏜云當作風俗通是也

序云男子棄業閩本明監本毛本同案浦鏜云女誤子是也

下曰往往矣同補案往字不當重

釋詁文也○春秋莊二十七年補案○當衍

朝旦善明曰往矣閩本明監本毛本同小字本相臺本旦作日考文一本同案日字是也上章箋及正義中皆可證

貽我握椒明監本握誤楃各本皆不誤

交情好也相臺本同閩本明監本毛本同小字本情作博案小字本誤也釋文以情好作音可證○按交博好猶云互相討好博字必古本之𨙶遺者舊挍非

○衡門

掖扶持也小字本相臺本同案正義標起止云掖扶持下云故以夜爲扶持也定本作扶持如其所言不爲異本當有誤今無可考釋文掖下云扶持也與正義本同

云掖臂也閩本明監本毛本同案云上浦鏜云脫說文又掖下浦鏜云脫持是也

持以赴外殺之閩本明監本毛本同案浦鏜云掖誤持考左傳是也

可以樂飢小字本相臺本同唐石經初刻同後加疒作㾾案唐石經考異云用鄭義也考釋文云樂本又作㾾毛音洛鄭力召反沈云舊皆作樂字晚詩本有作疒下樂以形聲言之殊非其義療字當從疒下尞案說文云㾾治也療或㾾字也則毛本止作樂鄭本作㾾注放此正義云案今定本作樂飢觀此傳亦作樂則毛讀與鄭異是正義本卽作㾾也標起止云至樂飢或後改沈云舊皆作樂字是也陸意不從沈而不云檢舊本不如沈言則作樂審矣釋文又作本正義唐石經後刻作㾾皆沈所謂晚本也沈但當如正義所云觀此傳亦作樂以證毛氏詩是樂字不當誤論形聲以致陸駮然陸云毛本作樂鄭本作㾾斯不然矣鄭非於毛外別有本但可易傳義耳不容經字先已異也鄭本亦必作樂陸欲

調停晚本失之考文古本作瘵采正義釋文也釋文晚字或誤今正

可飲以瘵飢閩本明監本毛本同小字本相臺本瘵作療此箋不云樂讀爲瘵者以樂爲瘵之假借而於訓釋中改其字以顯之也晚本乃因此改經耳唯傳中樂道字不容改近盧文弨遂以樂飢可以樂道忘飢一句屬之王肅而議刪之矣其誤實由於晚本或之且不得鄭箋改字之例故也

取其口美而已小字本同閩本明監本毛本同相臺本口美倒案美口是也

周語作四岳也閩本明監本毛本同案浦鏜云祚誤作是也

○東門之池

以配君子也閩本明監本毛本下有注小字本相臺本無考文古本無案山井鼎云此亦釋文混入注也是也

彼美淑姬唐石經小字本相臺本同案釋文云叔姬音叔本亦作淑善也正義云言彼美善之賢姬是正義本作淑釋文音叔或誤今正

考工記慌氏閩本明監本毛本慌誤慌案山井鼎云作慌爲是是也凡巾傍之字寫者多以小旁亂之

齊人曰湊烏禾反閩本明監本毛本同案烏禾反三字當傍行細書正義於自爲音者例如此也○按不然

可以漚菅小字本相臺本同唐石經初刻與後改以案初刻誤也

○東門之楊

羣生閉藏爲陰閩本明監本毛本同案浦鏜云乎誤爲考家語浦校是也

歎天道嚮秋冬而陰氣來閩本明監本毛本同案歎當作觀形近之譌浦鏜云歎字

衍文見繁露循天之道篇非也爲校繁露者所去耳

與陰俱近而陽遠也閩本明監本毛本同案此不誤浦鏜云原文作内與陰居近而陽遠也非也居卽俱字誤上文云冰泮而殺止故傍記内字爲止字之異耳後遂誤入正文也當依此正之

○墓門

陳佗乃用其言閩本明監本毛本乃作仍案所改是也

昔久也小字本相臺本同案正義云昔是久遠之事故爲久也段玉裁云夕誤作久誰夕猶今人言不記是何日也記云疇昔之夜疇誰正同

誰昔昔也小字本相臺本同案正義云釋訓文又云今定本爲誰昔昔也合爾雅俗爲誰疑辭也正義本定本同是也俗誤

善惡自有閩本明監本毛本同小字本相臺本有作耳案有字誤也正義云此梅善惡自耳可證但與下此性善惡自然爲對文依義當作爾考文古本作爾一本作耳二字混也

性因惡矣閩本明監本毛本同小字本相臺本性作樹考文古本同案樹字是也正義云梅亦從而惡矣可證

歌以訊之唐石經小字本相臺本同案正義標起止云傳訊告也釋文云訊本又作誶音信徐息悴反告也詩經小學云誶訊義別誶多譌作訊如爾雅誶告也釋文云本作訊音信說文引國語誶申胥今國語作訊詩歌以誶止誶予不顧傳誶告也莫肯用誶箋誶告也正用釋詁文而釋文誤作訊以音信爲正王逸楚詞注引誶予不顧廣韻六至誶下引歌以誶止可正其誤毛鄭詩考正云止譌作之

訊諫也【補】釋文校勘記通志堂本盧本同案六經正誤云訊諫也作諫誤說文諫數諫也从言从朿七賜反諫促也从言从約束之朿音速依此是宋監本釋文作訊諫也从言从朿中有一小畫卽朿字唐人例如此毛居正以爲朿字非是小字本所附作諫誤多一畫當由不識諫者誤改耳

與梟一名鴟閩本明監本毛本同案此當作與梟異梟一名鴟因複出梟字而脫也爾雅梟鴟疏卽取此誤改爲一名梟一名鴟當是所見本已脫而未察此正義之旨也

唯鴟冬夏尙施之閩本明監本毛本同案浦鏜云常誤尙考爾雅疏是也

○防有鵲巢

箋譙譊至宣公閩本明監本毛本同案譊當作譙

甓瓴甋也相臺本同閩本明監本毛本同小字本瓴甋作令適案小字本是也釋文云令字書作瓴適字書作甋又甓下云令適也爾雅釋文云詩傳作令適是其證也正義本當亦作令適引爾雅乃順彼文作瓴甋耳相臺本及此依以改傳者誤

○月出

月出皓兮小字本相臺本同唐石經皓作晧案晧字是也

勞心慘兮唐石經小字本相臺本同案釋文慘七感反此無正義其本未有明文以白華例之當亦作慘毛鄭詩考正云蓋懆字轉寫譌爲慘耳毛晃陳第顧炎武諸人論之詳矣

埤蒼作嬼嬼妖也(補)釋文挍勘通志堂本盧本同小字本所附亦是嬼字考原本作嫺嫺妖二字連文相如賦所謂妖冶嫺都也

○株林

公謂行父曰閩本明監本毛本同案十行本行父曰剜添者一字是本無曰字後依左傳加而衍也

從夏南小字本相臺本同唐石經南下有旁添姬字下句同案惠棟云南與林協韻不容闌入姬字依疏當云從夏南兮今考正義云定本無兮字

乘我乘駒唐石經小字本相臺本同案此正義本也正義云何故得乘我君之一乘之駒又標起止云傳大夫乘駒釋文云乘驕音駒沈云或作駒字是後人改之皇皇者華篇內同考汝墳傳云五尺以上曰駒正義云五尺以上卽六尺以下故株林箋云六尺以下曰駒也毛於此及皇皇者華皆更不爲驕字作傳當皆是駒字未必後人改之說文驕下引我馬爲驕凡說文所引不同多不可強合。挍沈重說是也其詳見段玉裁說文解字注

○澤陂

男悅女之形體閩本明監本毛本悅下有女言二字案所補是也

傷思釋言文也閩本明監本毛本同案浦鏜云詁誤言是也

孫毓以箋義爲長○正義曰閩本明監本毛本同案。下浦鏜云當脫傳自目至曰泗六字及。是也

卷本又作睠(補)釋文挍勘通志堂本盧本睠作婘小字本所附亦是睠字考睠字非也博雅云婘好也本此詩

附釋音毛詩注疏卷第七（七之二）

檜羔裘詁訓傳第十三

○陸曰檜本又作鄶古外反檜者高辛氏之火正祝融之後妘姓之國也其封域在古豫州外方之北滎波之南居溱洧之間祝融之故墟是子男之國後爲鄭武所并焉王云周武王封之於濟洛河潁之間爲檜子

毛詩國風　鄭氏箋　孔穎達疏

檜譜

檜者古高辛氏火正祝融之墟○正義曰昭十七年左傳梓慎云鄭祝融之墟也鄭滅檜而處之故知檜是祝融之墟楚世家云高陽生稱稱生卷章卷章生重黎爲高辛氏火正能光融天下帝嚳命曰祝融爲高辛氏火正也若然楚語稱顓頊命南正重司天以屬神命火正黎司地以屬民則黎爲火正高陽時也言高辛者以重黎是顓頊命之歷及高辛仍爲此職故二文不同也黎實祝融重爲南正而楚世家同以重黎爲祝融馬遷謬也尚書鄭志荅趙商云火當爲北則黎爲北正也韋昭亦以火當爲北北陰位以五行官有火正祝融則火官之號若天地之官據陰陽之位對

南正爲文則爲北正是黎一人居二官也鄭順外傳之文故云火正耳○檜國在禹貢豫州外方之北滎波之南居溱洧之間○正義曰禹貢云熊耳外方注云屬豫州檜即鄭地外方在鄭之南界故檜居其北也禹貢豫州云滎波既豬注云沇水溢出所爲澤也今塞爲平地滎陽民猶謂其處爲滎澤在汴縣東滎澤滎波一澤名也滎澤近在河側檜國遠在河南杜預云檜城在滎陽密縣東北是在滎陽之南也鄭處檜地而國有溱洧是檜居溱洧之間○祝融氏名黎其後八姓唯妘姓檜者處其地焉○正義曰鄭語云祝融其後八姓己姓昆吾蘇顧溫董也董姓鬷夷豢龍也彭姓彭祖豕韋諸稽也秃姓舟人也妘姓鄔檜路偪陽也曹姓鄒莒也斟姓無後也通楚爲芈姓是八姓也姓雖同出祝融皆不處其墟唯妘姓檜者處其地焉以姓妘之中又有鄔路偪陽故指檜以別之楚世家云共工氏作亂帝嚳使重黎誅之而不盡帝乃以庚寅日誅重黎而以其弟吳回爲重黎後復居火正爲祝融吳回生陸終陸終生子六人四曰會人案世本會人即檜之祖也故韋昭服虔皆云檜是陸終第四子求言後然則八姓乃是黎弟吳回之後鄭語云以八姓爲黎後者以吳回繫黎之後復居黎職故本之黎也且黎有大功後世當興故伯據黎言耳楚世家言以吳回爲重黎似是官號而云名黎者昭二十九年左傳云少皞氏有子曰重顓頊氏有子曰黎重黎皆是其名而史記以重黎爲一人又言以吳回爲重黎皆是謬耳鄭以檜是祝融之後復居祝融之墟故具言出其後處其地之事○周夷王厲王之時檜公不務政事而好絜衣服大夫去之於是檜之變風始作○正義曰案鄭語史伯於幽王之世爲桓公謀滅虢檜至平王之初武公滅之則幽王以前檜國仍在史伯云檜仲恃險則仲是檜君之字檜之世家既絶作序者不言檜仲則羔裘之作在檜仲之前不知其幾世也幽王上有宣王宣王任賢使能周室中興不得有周道滅而令匪風思周道也故知檜風之作非宣王之時也宣王之前有夷厲二王是衰亂之王考其時事理得相當故爲周王夷厲之時檜無世家詩止四篇事頗相類或在一君時作故鄭於左方中不復分之襄二十九年左傳魯爲季札歌詩云自檜以下無譏焉言季札聞此二國之歌不復譏論以其國小故也季札不譏風俗無以言焉故鄭不言檜之風俗○其國北鄰於虢○正義曰地理志河南滎陽縣應劭云故虢國也然則虢在滎陽檜在密縣北是其國北鄰於虢也地理志河南有成皋縣故虎牢也一曰制隱元年左傳曰制岩邑也虢叔死焉然則虢國當在成皋而又以滎陽爲虢國者傳言虢叔恃制與滎陽相近在虢之境內故恃之耳不言其都在

制也譜於諸國皆不言比鄰此獨言比鄰於虢者以鄭滅虢檜而處之先譜檜而接說鄭故特著此句爲史伯之言張本也此與檜鄰者謂東虢耳猶自別於西虢杜預云西虢在弘農陝縣東南東虢今滎陽其東虢鄭武公滅之西虢則晉獻公滅之○

羔裘大夫以道去其君也國小而迫君不用道好絜其衣服逍遙遊燕而不能自強於政治故作是詩也○以道去其君者三諫不從待放於郊得玦乃去○好呼報反下注同治直吏反下注同玦古穴反○【疏】羔裘三章章四句至是詩○正義曰作羔裘詩者言大夫以道去其君也謂檜之大夫見君有不可之行乃盡忠以諫諫而不從卽待放於郊得玦乃去此是以道理去君也由檜既小而迫於大國君不能用人君之道以理其國家而徒好絜其衣服逍遙遊戲而燕樂而不能用心自強於政治之事大夫見其如是故諫之而不從故去之臣之將去待放於郊當待放之時思君之惡而作是羔裘之詩言已去君之意也序言以道去其君既已舍君而去經云豈不

汝思其意猶尚思君明已棄君而去待放未絕之時作此詩也大夫去君必是諫而不從詩之所陳卽諫君之意首章二章上二句言君變易衣服以翱翔逍遥卒章上二句言其裘色之美是其好絜遊宴不強政治也三章下二句皆言思君失道爲之憂悼是以道去君之事也以詩爲去君而作故序先言以道去君也。箋以道至乃去。正義曰言以道去君則大夫正法有去君之道春秋莊二十四年戎侵曹曹羈出奔陳公羊傳曰曹無大夫何以書賢也何賢乎曹羈戎將侵曹曹羈諫曰戎衆而無義請君勿自敵也曹伯曰不可三諫不從遂去之故君子以爲得君臣之義也曲禮下云爲人臣之禮不顯諫三諫不聽於禮得去也喪服齊衰三月章曰爲舊君傳曰大夫以道去君而猶未絕春秋宣元年晉放其大夫胥甲父于衞公羊傳曰近正也其爲近正柰何古者大夫已去三年待放君放之非也大夫待放正也是三諫不從有待放之禮宣二年穀梁傳稱趙盾諫靈公公不聽出亡至於郊趙盾諫之出至郊而舍明大夫待放在於郊也得玦乃去者謂君與之決別任其去然後去也荀卿書云聘士以圭復士以璧召人以瑗絕人以玦反絕以環范甯穀梁注君賜之環則還賜之玦則往用荀卿之言以爲說則君與之決別之時或當賜之以玦也曲禮云大夫去國踰境爲壇位鄉國而

哭三月而復服此箋云待放於郊禮記言踰境公羊傳言待放三年禮記言三月者禮記所言謂既得玦之後行此禮而後去非待放時也首章言狐裘以朝謂視朝之朝也二章云狐裘在堂謂在路寢之堂也視朝路門外之朝路寢不更易服玉藻云君朝服以日視朝於內朝退適路寢聽政聽政服視朝之服是在朝在堂同服羔裘今檜君變易衣服用狐裘在朝因用狐裘在堂故首章言在朝二章言在堂上二章雖言變易常禮未言好絜之事故卒章言羔裘之美如脂膏之色羔裘既美則狐裘亦美可知故不復說狐裘之美。

羔裘逍遥，狐裘以朝。羔裘以遊燕狐裘以適朝箋云諸侯之朝服緇衣羔裘大蜡而息民則有黃衣狐裘今以朝服燕祭服朝是其好絜衣服也先言燕後言朝見君之志不能自強於政治。朝直遥反注同下篇注亦同蜡仕詐反祭名也見賢遍反。

豈不爾思？勞心忉忉。國無政令使我心勞箋云爾女也三諫不從待放而去思君如是心忉忉然。忉音刀。

【疏】羔裘至忉忉。正義曰言檜君好絜衣服不脩政事羔裘是適朝之常服今服之以逍遥狐裘是息民之祭服今服之以在朝言其志好鮮絜變易常服也好絜如是大夫諫而不聽待放於郊思君之惡言我豈不於爾思乎我誠思之君之惡如是使我心忉忉然而憂也逍遥遊燕之事輕視朝聽政之事重今先言燕後言朝者見君不能自強於政治唯好逍遥忽於聽政故後言朝也。箋諸侯至政治。正義曰玉藻云諸侯朝服以日視朝於內朝是諸侯視朝之服名曰朝服也士冠禮云主人玄冠朝服緇帶素韠注云玄冠委貌朝服者十五升布衣而素裳不言色者衣與冠同色是朝服衣色玄玄卽緇色之小別論語說孔子之服云緇衣羔裘玉藻亦云羔裘緇衣以裼之是羔裘裼用緇衣明其上正服亦緇色也論語又曰羔裘玄冠不以弔是羔裘所用配玄冠羔裘之上必用緇布衣爲裼裼衣之上正服亦是緇色又與玄冠相配明是朝服可知故云諸侯之朝服緇衣羔裘也人君以歲事成孰搜索羣神而報祭之謂之大蜡又臘祭先祖五祀因令民得大飲農事休息謂之息民於大蜡之後作息民之祭其時則有黃衣狐裘也大蜡之祭與息民異也息民用黃衣狐裘大蜡則皮弁素服二者不同矣以其大蜡之後始作息民之祭息民大蜡同月其事相次故連言之耳知者郊特牲云蜡也者索也歲十二月合聚萬物而索饗之也皮弁素服而祭素服以送終也葛帶榛杖喪殺也是大蜡之祭用素服也郊特牲既說蜡祭其下又云黃衣黃冠而祭息田夫也注云祭謂既蜡臘先祖五祀也於是勞

農以休息之是息民之祭用黃衣也論語說孔子之服云黃衣狐裘玉藻云狐裘黃衣以裼之以此知大蜡息民則有黃衣狐裘也案玉藻云君衣狐白裘錦衣以裼之又曰錦衣狐裘諸侯之服然則諸侯有狐白裘矣又曰君子狐青裘豹褎玄綃衣以裼之則禮又有狐青裘矣此經直云狐裘何知非狐白狐青而必知是黃衣狐裘者以諸侯之服狐白裘唯在天子之朝耳在國視朝之服則素衣麑裘無狐白裘矣若檜君用狐白以朝則違禮僭上非徒好絜而已序不應直云好絜以此知非狐白也玉藻言君子狐青裘者注云君子大夫士也天官司裘云季秋獻功裘以待頒賜注云功裘人功微麤謂狐青麑裘之屬然則狐青乃是人功麤惡之裘檜君好絜必不服之矣孔子仕魯朝論語說孔子之服緇衣羔裘與黃衣狐裘其文相對明此羔裘狐裘亦是緇衣黃衣之裘故知羔裘是視朝之服狐裘是息民祭服也檜君志在遊燕祭服尊於朝服既用祭服以朝又用朝服以燕是其好絜衣服也逍遥翱翔是遊戲燕樂故言燕耳非謂行燕禮與羣臣燕也禮記云燕朝服於寢若依法設燕則服羔裘可矣今用以遊燕故大夫刺之遊燕之服於禮無文不過用玄端深衣而已必不得用朝服故刺其服羔裘也事有大小今朝事重燕事輕作者先言燕後言朝見君之志不能自強於政治故也

○箋爾女至忉忉然○正義曰：序云以道去其君，則此臣已棄君去，若其已得玦之後，則於君臣義絶，不應復思，故知此是三諫不從待放而去之時，思君而心勞也。○

羔裘翱翔，狐裘在堂。堂，公堂也。箋云：翱翔猶逍遥也。

豈不爾思？我心憂傷。

〔疏〕傳堂公堂○正義曰：七月云「躋彼公堂」，謂飲酒於學，故傳以公堂爲學校。此云公堂，與彼異也。何則？此刺不能自強於政治，則在朝在堂皆是政治之事。上言以朝，謂日出視朝；此云在堂，謂正寢之堂。人君日出視朝，乃退適路寢以聽大夫所治之政，二者於禮同服羔裘。今檜君皆用狐裘，故二章各舉其一。○

羔裘如膏，日出有曜。日出照曜，然後見其如膏。○膏，古報反。曜，羊照反。○

豈不爾思？中心是悼。悼，動也。箋云：悼猶哀傷也。

〔疏〕羔裘至是悼○正義曰：上言變易衣裘，此言裘色鮮美。檜君所服羔裘，衣色潤澤如脂膏然，日出有光照曜之時，觀其裘色如脂膏也。君既好絜如是，大夫諫而不用，將欲去之，乃言豈不於爾思乎？我誠思之，思君之惡如是，中心於是悼傷之。○傳悼動○正義曰：哀悼者，心神震動也，與箋哀傷同。

羔裘三章，章四句

素冠，刺不能三年也。喪禮：子爲父，父卒爲母，皆三年。時人恩薄禮廢，不能行也。○爲，于僞反，下同。○

〔疏〕素冠三章章三句○箋喪禮至能行○正義曰：喪服：子爲父斬衰三年，父卒爲母齊衰三年。此言不能三年，不言齊斬之異，故兩舉以充之。喪禮：諸侯爲天子，父爲長子，妻爲夫，妾爲君，皆三年。此箋獨言父母者，以詩人所責，當責其尊親至極而不能從禮耳，故知主爲父母。父母尚不能三年，其餘亦不能三年可知矣。首章傳曰：「素冠，練冠。」禮，三年之喪，十三月而練，則此練冠是十三月而練服也。二章傳曰：「素冠，故素衣。」則素衣與冠同時，亦既練之衣，是上二章同思既練之人。卒章庶見素韠，案喪服斬衰有衰裳絰帶而已，不言其韠。檀弓說既練之服云：「練衣黃裏，縓緣，要絰，繩屨，角瑱，鹿裘。」亦不言有韠，則喪服始終皆無韠矣。禮，大祥祭服朝服縞冠。朝服之制，緇衣素裳。禮，韠從裳色，素韠是大祥祭服之韠。然則毛意亦以卒章思大祥之人也。作者以時人皆不能行三年之喪，故從初嚮末而思之，有不到大祥者，故上二章思既練之人，皆不能三年，故卒章思祥祭之人，事之次也。鄭以首章思見既祥之後素縞之冠，下二章思見祥祭之服素冠於韠。以時人不能行三年之喪，先思長遠之服，故先思祥後，卻思祥時也。

庶見素冠兮，棘人欒欒兮，庶，幸也。素冠，練冠也。棘，急也。欒欒，瘠貌。箋云：喪禮，既祥祭而縞冠素紕，時人皆解緩，無三年之恩於其父母，而廢其喪禮，故覬幸一見素冠，急於哀慼之人形貌欒欒然膄瘠也。○欒，力端反。瘠，情昔反。縞，古老反。紕，婢移反。解，佳賣反。覬音冀。膄，本亦作瘦，所救反。

勞心慱慱兮。慱慱，憂勞也。箋云：勞心者，憂不得見。○慱，徒端反。

〔疏〕庶見至慱慱兮○毛以爲時人不能行三年之喪，亦有練後即除服者，故君子言己幸望得見服既練之素冠兮，用情急於哀慼之人，其形貌欒欒然膄瘠者兮，今無此人可見，使我勤勞其心，慱慱然而憂之兮。○鄭以素冠爲既祥素紕之冠，思見既祥之人，其文義則同。○傳庶幸至瘠貌○正義曰：「庶，幸」，釋言文。傳以刺不行喪禮而思見素冠，則素冠是喪服之冠也。若練前已無此冠，則是本不爲服，不得云不能三年；若在大祥之後，則三年已終，於禮自除，非所當刺。今作者思見素冠，則知此素冠者是既練之後、大祥之前冠也。素，白也。此冠練使熟，其色益白，是以謂之素焉。實是祥前之冠，而謂之練冠者，以喪禮至朞而練，至祥乃除，練後常服此冠，故爲練冠也。「棘，急」，釋言文。

彼棘作悈，音義同。身服喪服，情急哀慼者，其人必膄，故以欒欒爲膄瘠之貌。定本毛無「膄」字。○箋喪禮至膄瘠○正義曰：鄭以練冠者練布爲之，而經傳之言素者，皆謂白絹，未有以布爲素者，則知素冠非練也。且時人不行三年之喪，當先思長遠之服，何得先思其近，乃思其遠？又不能三年者，當謂三年將終，少月日耳。若全不見練冠，便是朞即釋服，三年之喪纔行其半，違禮甚矣，何止刺於不能行三年也？故易傳以素冠爲既祥之冠。玉藻曰：「縞冠素紕，既祥之冠也。」注云：「紕，緣邊也。既祥祭而服之也。」是喪禮既祥而縞冠素紕也。閒傳注云：「黑經白緯曰縞。」其冠用縞，以素爲紕，故謂之素冠也。時人皆解情舒緩，廢於喪禮，故作者覬幸見此素冠哀慼之人形貌膄瘠。王肅亦以素冠爲大祥之冠，孫毓以箋說爲長。○傳慱慱憂勞○正義曰：釋訓文。

庶見素衣兮，素冠，故素衣也。箋云：除成喪者，其祭也朝服縞冠。朝服緇衣素裳。然則此言素衣者，謂素裳也。

我心傷悲兮，聊與子同歸兮。願見有禮之人，與之同歸。箋云：聊猶且也。且與子同歸，欲之其家，觀其居處。

〔疏〕庶見至歸兮○毛以爲作者言己幸得見既練之素衣兮，今無可見，使我心傷悲兮。若得見之，願與子同歸於家兮，言欲與共歸己家。○鄭以爲幸得見祥祭之素衣兮今無可見使我心傷悲兮若得見之且欲與子同歸於子之家兮以其身既能得禮則居處亦應有法故欲與歸彼家而觀其居處。傳素冠故素衣。正義曰以冠衣當上下相稱冠既練則衣亦練故云素冠故素衣謂既練之後服此白布喪服。箋除成至素裳。正義曰箋亦以素非布故以易傳也除成喪者其祭也朝服縞冠喪服小記文彼注云成成人也縞冠未純吉是祥祭當服朝服士冠禮云主人玄冠朝服緇帶素韠韠從裳色故大祥之祭其服以素爲裳此言素衣者謂素裳也裳而言衣衣是大名曲禮云兩手摳衣謂摳裳緝也是裳得稱衣故取衣爲韻喪服小記唯據諸侯若天子除喪則無文亦當服皮弁服。傳願見至同歸。正義曰傳訓聊爲願同歸謂同歸己家然則下章言與子如一欲與之爲行如一亦與鄭異。箋聊猶至居處。正義曰箋以庶見其人則是欲觀彼行不宜共歸己家故易傳以爲同歸彼人之家觀其居處

庶見素韠兮箋云祥祭朝服素韠者韠從裳色。韠音畢**我心蘊結兮聊與子如一兮**子夏三年之喪畢見於夫子援琴而絃衎衎而樂作而曰先王制禮不敢不及夫子曰君子也閔子騫三年之喪畢見於夫子援琴而絃切切而哀作而曰先王制禮不敢過也夫

子曰君子也子路曰敢問何謂也夫子曰子夏哀已盡能引而致之於禮故曰君子也閔子騫哀未盡能自割以禮故曰君子也夫三年之喪賢者之所輕不肖者之所勉。箋云聊與子如一且欲與之居處觀其行也。蘊紆粉反夏戶雅反下同見賢遍反下同援音袁下同衎苦旦反樂音洛夫三音符其行下孟反【疏】庶見至一兮。毛以爲作者言己幸望見祥祭之素韠兮今無可見使我心憂愁如蘊結兮若有此人我則願與子行如一兮愛其人欲同其行也。鄭唯下一句言且與子共處如一兮欲與之聚居而觀其所行餘同。傳子夏至所勉。正義曰傳以此篇既終總三章之義舉此二人之行者言三年之喪是聖人中制使賢與不肖共爲此行時不能三年故刺之肖似也不有所似謂愚人也檀弓云子夏既除喪而見夫子予之琴和之而不和彈之而不成聲作而曰哀未忘也先王制禮而弗敢過彼說子夏之行與此正反一人不得並爲此行二者必有一誤或當父母異時鄭以毛公當有所憑據故不正其是非。箋聊與至其行。正義曰箋以作詩之人莫非賢者不須羨彼有禮願與如一故以爲且欲與之居處如一觀其行也

素冠三章章三句

隰有萇楚疾恣也國人疾其君之淫恣而思無情慾者也恣謂狡狤淫戲不以禮也。萇楚丈羊反萇楚銚弋也本草云一名羊腸一名羊桃恣姿利反狡古卯反狤古快反本亦作獪古外反【疏】隰有萇楚三章章四句至慾者。正義曰作隰有萇楚詩者主疾恣也檜國之人疾其君之淫邪恣極其情意而不爲君人之度故思樂見無情慾者定本直云疾其君之恣無淫字經三章皆是思其無情慾之事

隰有萇楚猗儺其枝興也萇楚銚弋也猗儺柔順也。箋云銚弋之性始生正直及其長大則其枝猗儺而柔順不妄尋蔓草木興者喻人少而端慤則長大無情慾。猗於可反儺乃可反銚音遙長張丈反下同蔓音萬少詩照反下同**夭之沃沃樂子之無知**夭少也沃沃壯佼也。箋云知匹也疾君之恣故於人年少沃沃之時樂其無妃匹之意。夭於驕反沃烏毒反樂音洛注下皆同妃音配【疏】隰有至無知。正義曰此國人疾君淫恣情慾思得無情慾之人言隰中有萇楚之草始生正直及其長大其猗儺然枝條柔弱不妄尋蔓草木以興人於少小之時能正直端慤雖長大亦不妄淫恣情慾故我今日於人

夭夭然少壯沃沃壯佼之時樂得今是子之無配匹之意若少小無配匹之意則長大不恣其情慾疾君淫恣故思此人。傳萇楚銚弋。正義曰釋草文舍人曰萇楚一名銚弋本草云銚弋名羊桃郭璞曰今羊桃也或曰鬼桃葉似桃華白子如小麥亦似桃陸機疏云今羊桃是也葉長而狹華紫赤色其枝莖弱過一尺引蔓于草上今人以爲汲灌重而善沒不如楊柳也近下根刀切其皮著熱灰中脫之可韜筆管。箋銚弋至情慾。正義曰妄者謂非理相加蔓在傍之草木是爲妄也不妄者謂不尋蔓之也言銚弋從小至長不妄尋蔓草木少而端慤則長大無情慾者此謂十五六之時也已有所知性頗可識無情慾者則猶端正謹慤則雖至長大亦無情慾知此少而端慤非初生時者幼小之時則凡人皆無情慾論語云人之生也直注云始生之性皆正直謂初生幼小之時悉皆正直人性皆同無可羨樂以此故知年少者謂十五六時也。傳夭少沃沃壯佼。正義曰桃之夭夭謂桃之少則知此夭謂人之少故云夭少也言其少壯而佼好也。箋知匹至之意。正義曰知匹釋詁文下云無家無室故知此宜爲匹也

隰有萇楚猗儺其華夭之沃沃樂子之無家箋云無家謂無夫婦室家之道【疏】箋無

家至之道○正義曰桓十八年左傳曰男有室女有家謂男處妻之室女安夫之家夫婦二人共爲家室故謂夫婦家室之道爲室家也

隰有萇楚猗儺其實夭之沃沃樂子之無室

隰有萇楚三章章四句

匪風思周道也國小政亂憂及禍難而思周道焉

疏　匪風三章章四句至道焉○正義曰作匪風詩者言思周道也以其檜國既小政教又亂君子之人憂其將及禍難而思周道焉若使周道明盛必無喪亡之憂故思之上二章言周道之滅念之而怛傷下章思得賢人輔周興道皆是思周道之事

匪風發兮匪車偈兮發發飄風非有道之風偈偈疾驅非有道之車○偈起竭反疾也驅丘遇反又如字

顧瞻周道中心怛兮怛傷也下國之亂周道滅也箋云周道周之政令也迴首曰顧○怛兮都達反慘怛也

疏　匪風至怛兮○正義曰此詩周道既滅風爲之變俗爲之改言今日之風非有道之風發發兮大暴疾今日之車非有道之車偈偈然大輕慓由周道廢滅故風車失常此周道在於前世既已往過今迴顧視此周道見其廢滅使我心中怛然而傷之兮此風車失常非獨檜國但檜人傷之而作此詩耳○傳發發至之車○正義曰蓼莪云飄風發發下云匪風飄兮知發發爲飄風偈偈輕舉之貌故爲疾驅傷周道之滅而云匪風匪車故知非有道之風非有道之車車者人所乘駕也旹世無道人無節度可得隨時改易風乃天地之氣亦爲無道變者尚書洪範咎徵言政教之失能感動上天十月之交爗爗震電爲不善之徵是世無道則風雷變易○傳怛傷至道滅○正義曰怛者驚痛之言故爲傷也言顧瞻周道則周道已過迴首顧之故知於時下國之亂而周道滅下國謂諸侯對天子爲下國周道周之政令棄而不行是廢滅也定本無怛傷之訓

匪風飄兮匪車嘌兮迴風爲飄嘌嘌無節度也○飄符遙反又必遙反嘌本又作票匹遙反

顧瞻周道中心弔兮弔傷也

疏　傳迴風至節度○正義曰迴風爲飄釋天文李巡曰迴風旋風也一曰飄風別二名此章言風名上章言發發謂飄風行疾是一風也上章言疾車此言無節度車之遲速當有鸞和之節由疾故無節亦與上同

誰能亨魚溉之釜鬵溉滌也鬵釜屬亨魚煩則碎治民煩則散知亨魚則知治民矣箋云誰能者言人偶能割亨者○亨普耕反注同煮也溉本又作摡古愛反釜符甫反鬵音尋又音岑說文云大釜也一曰鼎大上小下若甑曰鬵音才今反滌徒歷反

誰將西歸懷之好音周道在乎西懷歸也箋云誰將者亦言人偶能輔周道治民者也檜在周之東故言西歸有能西仕於周者我則懷之以好音謂周之舊政令

疏　誰能至好音○正義曰此見周道既滅思得有人輔之言誰能亨魚者乎有能亨魚者我則溉滌而與之釜鬵以興誰能西歸輔周治民者乎有能輔周治民者我則歸之以周舊政令之好音恨當時之人無輔周者亨魚煩則碎治民煩則散亨魚類於治民故以亨魚爲喻溉者滌器之名溉之釜鬵欲歸與亨者之意歸之好音欲備具好音之意釜鬵言溉亦歸與之而好音言歸亦備具之而互相曉○傳溉滌至治民○正義曰大宗伯云祀大神則視滌濯少牢禮祭之日雍人溉鼎廩人溉甑是溉滌皆洗器之名故云溉滌也釋器云䰙謂之鬵鬵鉹也孫炎曰關東謂甑爲鬵涼州謂甑爲鉹郭璞引詩云溉之釜鬵然則鬵是甑非釜類亨魚用釜不用甑雙舉者以其俱是食器故連言耳亨魚治民俱不欲煩知亨魚之道則知治民之道言治民貴安靜○箋誰能至亨者○正義曰人偶者謂以人意尊偶之也論語注人偶同位人偶之辭禮注云人偶相與爲禮儀皆同也亨魚小伎誰或不能而云誰能者人偶此能割亨者尊貴之若言人皆不能故云誰能也○傳周道至懷歸○正義曰此詩謂思周道欲得有人西歸則是將歸於周解其言西之意於時檜在滎陽周都豐鎬周在於西故言西也釋言云懷來也來亦歸之義故得爲歸也○箋誰將至政令○正義曰上以亨魚爲喻故知西歸者欲令人之輔周治民也若能仕周則當自知政令詩人欲歸之以好音者愛其人欲贈之耳非謂彼不知也

匪風三章章四句

檜國四篇十二章四十五句

附釋音毛詩注疏卷第七（七之二）

詩疏七之二　十二

毛詩注疏校勘記七之二

阮元撰盧宣旬摘錄

檜譜

檜國在禹貢豫州　閩本明監本毛本同案此不誤浦鏜云檜衍字非也嫌國是祝融國故復舉檜而言之○補案檜上當有○

在汴縣東　閩本明監本毛本同案浦鏜云其誤汴是也

昆吾蘇顧溫莒也　閩本明監本毛本同案依國語莒作董

妘姓鄢　閩本明監本毛本同案此不誤浦鏜云鄢國語作鄔非也今國語誤耳潛夫論亦作鄢可證

地理志　毛本理誤里閩本明監本不誤下同

皆不言北鄰　閩本明監本毛本同案北當作其形近之譌

○羔裘

三諫不聽於禮得去也　閩本明監本毛本同案不聽下浦鏜云當有則去之是三諫不聽是也此不聽複出而脫

復士以璧　閩本明監本毛本同案此不誤浦鏜云問誤復見荀子大略篇非也此不與楊倞注本同耳

在國視朝之服則素衣麑裘　閩本明監本毛本同案朝當作朔

○素冠

素冠於韠　閩本明監本毛本同案浦鏜云冠於疑裳與誤是也

形貌欒欒然腴瘠也　相臺本同閩本明監本毛本同小字本腴瘠作瘠瘦案小字本誤倒也釋文腴本亦作瘦正義作腴

此冠練在使熟　閩本明監本毛本同案浦鏜云布誤在是也

我心蘊結兮小字本相臺本同唐石經初刻薀後改蘊案說文薀積也从艸温聲正義釋文作蘊者卽薀之俗字耳

○隰有萇楚

國人疾其君之淫恣唐石經缺小字本相臺本同案此正義本也定本無淫字唐石經計其字亦當有

於人夭夭然少壯沃沃壯佼之時閩本明監本毛本同案上壯字衍沃沃下脫然字此讀於少字略逗

隰有萇楚三章小字本相臺本同唐石經無隰有二字案有者是也序可證

○匪風

怛傷也小字本相臺本同案此正義本也正義云定本無怛傷之訓考釋文怛兮下云慘怛也是釋文本亦無此傳

偈偈然大輕嘌閩本明監本毛本同案然當作兮上文發發兮大暴疾與此對文皆經中兮字也

亦歸與之而閩本明監本毛本同案此不誤下亦備具之而同浦鏜云兩而字當衍文非也讀以而字斷句而詞也浦誤於之字斷句耳

謂以人思尊偶之也閩本明監本毛本同案思當作意聘禮疏以人意相存偶也尊偶存偶與中庸正義之相親偶表記正義之相變偶碩人正義之荅偶皆一也下文云尊貴之

附釋音毛詩注疏卷第七（七之三）

曹蜉蝣詁訓傳第十四。陸曰曹者武王之弟叔振鐸所封之國也爵爲伯其封域在兖州陶丘之北菏澤之野今濟陰定陶是也

毛詩國風　鄭氏箋　孔穎達疏

曹譜

曹者禹貢兖州陶丘之北地名。正義曰禹貢云濟河惟兖州王肅云東南據濟西北距河不言距濟而云據者則州境東南踰濟水也禹貢又云導沇水東流爲濟入于河溢爲滎東出于陶丘北漢書地理志云濟陰定陶縣故曹國周武王弟叔振鐸所封禹貢陶丘在西南陶丘亭是也言丘在曹之西南則曹在丘之東北止言北者舉其大望所在耳雖在濟南猶屬兖州故言兖州地名也。周武王既定天下封弟叔振鐸於曹今曰濟陰定陶是也。正義曰曹世家云曹叔振鐸者周武王母弟也武王克殷封叔振鐸於曹地理志云濟陰定陶詩風曹國是鄭所引之文也曹都雖在濟陰其地則踰濟北春秋僖三十一年取濟西田左傳曰濟西田分曹地也案禹貢濟自陶丘之北又東至于菏又東北會于汶曹在汶南濟東據魯而言是濟西是曹地在濟北也。其封域在雷夏菏澤之野。正義曰禹貢兖州云雷夏既澤又云導菏澤被孟猪案地理志雷夏澤在濟陰成陽縣西北菏澤在濟陰定陶縣東二澤同屬濟陰濟陰曹都所在是曹之封域在二澤。昔堯嘗遊成陽死而葬焉舜漁於雷澤民俗始化其遺風重厚多君子務稼穡薄衣食以致畜積。正義曰此皆地理志文志又云濟陰成陽縣有堯冢既有堯冢是死而葬焉由堯舜二帝嘗經遊處故民俗化而效之其遺風多君子也將言後世驕侈故先云其民俗畜積也。夾於魯衞之間又寡於患難末時富而無教乃更驕侈。正義曰魯在其東南衞在其西北魯衞雖大於曹非如齊秦晉楚自專征伐畏懼霸主不敢侵曹由此所以寡於患難又言其改變堯舜之化而驕侈無復重厚之風也蜉蝣序云刺奢也昭公無法以自守好奢而任小人是富而無教驕侈之事也言末時者正謂周王惠襄之間作詩之時鄰國非獨魯衞而已舉魯衞以協句略餘國而不言也曹之後世雖爲宋所滅宋亦不數伐曹故得寡於患難。十一世當周惠王時政衰昭公好奢而任小人曹之變風始作。正義曰曹世家云叔振鐸卒子太伯脾立卒子仲君平立卒子宫伯侯立卒子孝伯雲立卒子夷伯喜立卒弟幽伯強立九年弟蘇殺幽伯代立是爲戴伯三十年卒子惠伯兕立三十六年卒子碩甫立其弟武攻之代立是爲繆公三年卒子桓公終生立五十五年卒子莊公射姑立三十一年卒子釐公夷立九年卒子昭公班立九年卒子共公襄立此其君次也自叔振鐸至昭公凡十五君以碩甫不成爲君幽伯戴伯二人又不數叔振鐸始封之君故十一世昭公以魯閔公元年即位僖七年卒周惠王以莊十八年即位僖八年崩是當周惠王時也其詩蜉蝣序云昭公昭公詩也候人下泉序云共公鳲鳩在其間亦共公詩也鄭於左方中皆以此而知

蜉蝣刺奢也昭公國小而迫無法以自守好奢而任小人將無所依焉。蜉蝣上音浮下音由渠畧也國小一本作昭公國小而迫案鄭譜云昭公好奢而任小人曹之變風始作此詩箋云喻昭公之朝是蜉蝣爲昭公詩也譜又云蜉蝣至下泉四篇共公時作今諸本此序多無昭公字崔集注本有未詳其正也（疏）蜉蝣三章章四句至依焉。正義曰作蜉蝣詩者刺奢也昭公之國既小而迫脅於大國之間又無治國之法以自保守好爲奢侈而任用小人國家危亡無日君將無所依焉故君子憂而刺之也好奢而任小人者三章上二句是也將無所依下二句是也三章皆刺好奢又互相見首章言衣裳楚楚見其鮮明二章言采采見其衆多卒章言麻衣見其衣體卒章麻衣是諸侯夕時所服則首章是朝時所服及其餘衣服也二章言衆多見其上下之服皆衆多也首章言蜉蝣之羽二章言之翼言有羽翼而已不言其美卒章乃言其色美亦互以爲興也

蜉蝣之羽衣裳楚楚 興也蜉蝣渠略也朝生夕死猶有羽翼以自脩飾楚楚鮮明貌。箋云興者喻昭公之朝其羣臣皆小人也徒整飾其衣裳不知國之將迫脅君臣死亡無日如渠略然。楚楚如字說文作䵄䵄云會五綵鮮色也渠本或作蟝音同其居反略本或作蛒音同沈云二字並不施虫是也朝直遙反下皆同一讀下朝夕字張遙反。

心之憂矣於我歸處 箋云歸依歸君當於何依歸乎言有危亡之難將無所就往。難乃旦反（疏）蜉蝣至歸處。正義曰言蜉蝣之蟲有此羽翼以興昭公君臣有此衣裳楚楚也蜉蝣之小蟲朝生夕死不知己之性命死亡在近有此羽翼以自脩飾以興昭公之朝廷皆小人不知國將迫脅死亡無日猶整飾此衣裳以自修絜君任小人又奢如是故將滅亡詩人之言我心緒爲之憂矣此

國若亡於我君之身當何所歸處乎。傳蜉蝣至明貌。正義曰釋蟲云蜉蝣渠略舍人曰蜉蝣一名渠略南陽以東曰蜉蝣梁宋之間曰渠略孫炎曰夏小正云蜉蝣渠略也朝生而暮死郭璞曰似蛣蜣身狹而長有角黃黑色藂生糞土中朝生暮死猪好噉之陸機疏云蜉蝣方土語也通謂之渠略似甲蟲有角大如指長三四寸甲下有翅能飛夏月陰雨時地中出今人燒炙噉之美如蟬也樊光謂之糞中蝎蟲隨陰雨時爲之朝生而夕死定本亦云渠畧俗本作渠螻者誤也。箋興者至渠略。正義曰以序云任小人故云其羣臣皆小人耳其實此言衣裳楚楚亦刺昭公之身非獨刺小人也何則卒章麻衣謂諸侯之身夕服深衣則知此章衣裳亦有君之衣裳以蜉蝣朝生夕死故知喻國將迫脅死亡無日。

蜉蝣之翼，采采衣服。采采衆多也。【疏】傳采采衆多。正義曰以卷耳芣苢言采采者衆多非一之辭知此采采亦爲衆多楚楚於衣裳之下是爲衣裳之貌今采采在衣服之上故知言多有衣服非衣裳之貌也

心之憂矣，於我歸息。息止也。

蜉蝣掘閱，麻衣如雪。掘閱容閱也如雪言鮮絜箋云掘閱掘地解。謂其始生時也以解閱喻君臣朝夕變易衣服也麻衣深衣諸侯之朝朝服朝夕則深衣也。掘求勿反閱音悅解音蟹下同

心之憂矣，於我歸說。箋云說猶舍息也。說音稅協韻如字。【疏】蜉蝣至歸說。正義曰蜉蝣之蟲初掘地而出皆鮮閱以興昭公羣臣皆麻衣鮮絜如雪也蜉蝣之蟲朝生夕死掘地而出甚鮮閱後又生其羽翼爲此脩飾以興昭公君臣不知死亡無日亦朝夕變易衣服而爲脩飾也君既任小人又好奢如是故君子憂之言我心爲之憂矣此國若亡於我君之身當何所歸依而說舍乎言小人不足依恃也。傳掘閱至鮮絜。正義曰此蟲土裏化生閱者悅懌之意掘閱者言其掘地而出形容鮮閱也麻衣者白布衣如雪言甚鮮絜也。箋掘地至深衣。正義曰定本云掘地解閱謂開解而容閱義亦通也上言羽翼謂其成蟲之後此掘閱舉其始生之時蟲以朝夕容貌不同故知喻君臣朝夕變易衣服也言麻衣則此衣純用布也衣裳卽布而色白如雪者謂深衣爲然故知麻衣是深衣也鄭又自明已意所以知麻是布深衣者以諸侯之朝夕則深衣故也玉藻說諸侯之祀云夕深衣祭牢肉是諸侯之服夕深衣也深衣布衣升數無文也雜記云朝服十五升然則深衣之布亦十五升矣故間傳云大祥素縞麻衣注云麻衣十五升布深衣也純用布無采飾是鄭以深衣之布爲十五升也彼是大祥之服故云無采飾耳而祀記深衣之篇說深衣之制云孤子衣純以素非孤子者皆不用素純此諸侯夕服當用十五升布深衣而純以采也以其衣用布故稱麻耳案喪服記公子爲其母麻衣縓緣注云麻衣者小功布深衣引詩云麻衣如雪若深衣用十五升布爲而彼注以麻衣爲小功布者以大功章云公之庶昆弟爲其母言公之昆弟則父卒矣父卒爲母大功父在之時雖不在五服之例其縷麤細宜降大功一等用小功布深衣引此者證麻衣是布深衣耳不謂此言麻衣其縷亦如小功布也

蜉蝣三章章四句

候人，刺近小人也。共公遠君子而好近小人焉。○候人官名近附近之近下同共音恭下篇同遠于万反下注同好呼報反。【疏】候人四章章四句至人焉。正義曰首章上二句言其遠君子以下皆近小人也此詩主刺君近小人以君子宜用而被遠小人應疏而卻近故經先言遠君子也

彼候人兮，何戈與祋。候人道路送賓客者何揭祋殳也言賢者之官不過候人箋云是謂遠君子也。何何可反又音何祋都外反又都律反揭音竭又其謁反殳市朱反。

彼其之子，三百赤芾。彼彼曹朝也芾韠也一命緼芾黝珩再命赤芾黝珩三命赤芾葱珩大夫以上赤芾乘軒箋云之子是子也佩赤芾者三百人。其音記下皆同芾音弗祭服謂之芾沈又甫味反朝直遙反下在朝同緼音溫何烏本反赤黃之色黝於糾反黑色珩音衡以上時掌反。【疏】彼候至赤芾。正義曰言共公疏遠君子曹之君子正爲彼候迎賓客之人兮荷揭戈與祋在於道路之上言賢者之官不過候人是遠君子也又親近小人彼曹朝上之子三百人皆服赤芾是其近小人也諸侯之制大夫五人今有三百赤芾愛小人過度也。傳候人至候人。正義曰夏官序云候人上士六人下士十有二人史六人徒百有二十人注云候人迎賓客之來者彼天子之官候人是上士下士則諸侯之候人亦應是士此說賢者爲候人乃身荷戈祋謂作候人之徒屬非候人之官長也天子候人之徒百二十人諸侯候人之徒數必少於天子賢者之身充此徒中之一員耳其職云候人各掌其方之道治與其禁令以設候人注云禁令備姦寇也以設候人者選士卒以爲之引此詩云彼候人兮何戈與祋言以設候人是其徒亦名爲候人也鄭言選士卒爲之卽引此詩明知此詩所陳是彼候人之士卒者若居候人之職則是官爲上士不宜身荷戈祋不得刺遠君子以此知

賢者所爲非候人之官長也其職又云若有方治則帥而致于朝及歸送之于境注云方治其方來治國事者也春秋傳曰晉欒盈過周王使候人出諸轘轅是其送之也官以候迎爲名有四方來者則致之於朝歸則送之於境以是知候人是道路送迎賓客者案秋官環人掌送迎邦國之賓客以路節達諸四方又掌訝掌待賓客有賓客至逆於境爲前驅而入及歸送亦如之若候人主送迎賓客而環人掌訝又掌送迎賓客者環人掌執節導引使門關無禁掌訝以禮送迎諸賓進止候人則荷戈兵防衞奸寇雖復同是送迎而職掌不同故異官也戈祋祋須人擔揭故以荷爲揭也考工記廬人云戈柲六尺有六寸殳長尋有四尺戈殳俱是短兵相類故也且祋字從殳故知祋爲殳也說文云祋殳也不刺遠君子而舉候人是作者之意言賢者之官不過候人也賢者所作候人乃是候人之士卒言官者以賢人宜爲大官今在官任使雖爲候人故以官言之。傳彼彼至乘軒。正義曰桓二年左傳云衮冕黻珽則芾是配冕之服易困卦九五困于赤芾知用享祀則芾服祭祀所用也士冠禮陳服皮弁素韠玄端爵韠則韠之所用不施於祭服矣玉藻說韠之制云下廣二尺上廣一尺長三尺其頸五寸肩革帶博二寸書傳更不見芾之別制明芾之形制亦同於韠但尊祭服異其名耳言芾

韠者以其形制大同故舉類以曉人其禮別言之則祭服謂之芾他服謂之韠二者不同也一命緼芾黝珩再命赤芾黝珩三命赤芾葱珩皆玉藻文彼注云玄冕爵弁服之韠尊祭服異其名耳韍之言蔽也緼赤黃之間色所謂韎也珩佩玉之珩也黑謂之黝青謂之葱周禮公侯伯之卿三命下大夫再命上士一命然則曹爲伯爵大夫再命是大夫以上皆服赤芾於法又得乘軒故連言之定十三年左傳云齊侯斂諸大夫之軒哀十五年傳稱衞太子謂渾良夫曰苟使我入國服冕乘軒是大夫乘軒也閔二年傳稱齊桓公遺衞夫人以魚軒以夫人乘軒則諸侯亦乘軒故云大夫以上也傳因赤芾遂言乘軒者僖二十八年左傳稱晉文公入曹數之以其不用僖負羈而乘軒者三百人也且曰獻狀杜預云軒大夫之車也言其無德而居位者多故責其功狀彼正當共公之時與此三百文同故傳因言乘軒以爲共公近小人之狀

維鵜在梁，不濡其翼。鵜洿澤鳥也梁水中之梁鵜在梁可謂不濡其翼乎箋云鵜在梁當濡其翼而不濡者非其常也以喻小人在朝亦非其常。鵜徒低反洿音烏一音火故反

彼其之子，不稱其服。箋云不稱者言德薄而服尊。稱尺證反注同

【疏】維鵜至其服。毛以爲維鵜鳥在梁可謂不濡其翼乎言必濡其翼以與小人之在朝可謂不亂其政乎言必亂其政彼其曹朝之子謂卿大夫等其人無德不能稱其尊服言其終必亂國也鄭上二句別義具箋。傳鵜洿至翼乎。正義曰鵜洿澤釋鳥文舍人曰鵜一名洿澤郭朴曰今之鵜鶘也好羣飛入水食魚故名洿澤俗呼之爲淘河陸機疏云鵜水鳥形如鶚而極大喙長尺餘直而廣口中正赤頷下胡大如數升囊若小澤中有魚便羣共抒水滿其胡而棄之令水竭盡魚陸地乃共食之故曰淘河以鵜是食魚之鳥故知梁是水中之梁謂魚梁也。箋鵜在至其常。正義曰箋以經言不濡其翼是怪其不濡故知言非其常以喻小人在朝亦非其常

維鵜在梁，不濡其咮。咮喙也。咮陟救反徐又都豆反喙虛穢反又尺税反又陟角反鳥口也

彼其之子，不遂其媾。媾厚也箋云遂猶久也不久其厚言終將薄於君也。媾古豆反。

【疏】傳媾厚。正義曰重昏媾者以情必深厚故媾爲厚也。

薈兮蔚兮，南山朝隮。薈蔚雲興貌南山曹南山也隮升雲也箋云薈蔚之小雲朝升於南山不能爲大雨以喻小人雖見任於君終不能成其德教

婉兮孌兮，季女斯飢。婉少貌孌好貌季人之少子也女民之弱者。箋云天無大雨則歲不熟而幼弱者飢猶國之無政令則下民困病矣。

【疏】薈兮至斯飢。正義曰薈兮蔚兮之小雲在南山而朝升不能興爲大雨以興小人在上位而見任不能成其德教此接勢爲喻天者無大雨則歲穀不熟婉兮而少孌兮而好季子少女幼弱者斯必飢矣以喻德教不成國無政令則其民將困病矣刺君近小人而病下民也。傳薈蔚至升雲。正義曰言南山朝隮則有物從山上升也必是雲矣故知薈兮蔚兮皆是雲興之貌詩人之作自歌土風故云南山曹南山也隮升釋詁文定本及集注皆云隮升雲也。箋薈蔚至德教。正義曰以經唯言雲興不言雨降故知薈蔚雲興若是小雲之興也。傳婉少至弱者。正義曰以季女謂少女幼子故以婉爲少貌孌爲好貌齊甫田亦云婉兮孌兮而下句云總角丱兮丱是幼稚故傳以婉孌並爲少好貌野有蔓草云清揚婉兮思以爲妻則非復幼稚故以婉爲美貌采蘋云有齊季女謂大夫之妻車舝云思孌季女逝兮欲取以配王皆不得有男在其間故以季女爲少女此言斯飢當謂幼者並飢非獨少女而已故以季女爲人之少子女子皆觀經爲訓故不同也伯仲叔季則季處其少女比於男則男強女弱不堪久飢故詩言少女耳定本云季人之少子女民之弱者。箋天無至困病。正義曰

箋以此經輒言斯飢文無致飢之狀而上句取不雨爲喻是因不雨爲興故知此言歲穀不熟則幼弱者飢國無政令則民困病今定本直云歲不熟無穀字

候人四章章四句

鳲鳩刺不壹也在位無君子用心之不壹也。鳲音尸本亦作尸〔疏〕鳲鳩四章章六句至不壹。正義曰經云正是四國正是國人皆謂諸侯之身能爲人長則知此云在位無君子者正謂在人君之位無君子之人也在位之人既用心不壹故經四章皆美用心均壹之人舉善以駁時惡首章其子七兮言生子之數下章云在梅在棘言其所在之樹見鳲鳩均壹養之得長大而處他木也鳲鳩常言在桑其子每章異木言子自飛去母常不移也。

鳲鳩在桑其子七兮興也鳲鳩秸鞠也鳲鳩之養其子朝從上下莫從下上平均如一箋云興者喻人君之德當均一於下也以刺今在位之人不如鳲鳩。秸居八反又音吉鞠居六反莫音暮下上時掌反。**淑人君子其儀一兮**箋云淑善儀義也善人君子其執義當如一也**其儀一兮心如結兮**言執義一則用心固〔疏〕鳲鳩至結兮。正義曰言有鳲鳩之鳥在於桑木之上爲巢而其子有七兮鳲鳩養之能平均用心如壹以興人君之德養其國人亦當平均如壹彼善人君子在民上其執義均平用心如壹既如壹兮其心堅固不變如裹結之兮言善人君子能如此均壹刺曹君用心不均也。傳鳲鳩至如一。正義曰鳲鳩秸鞠釋鳥文鳲鳩之養七子也旦從上而下莫從下而上其於子也平均如壹蓋相傳爲然無正文。箋淑善至如一。正義曰淑善釋詁文此美其用心均壹均壹在心不在威儀以儀義理通故轉儀爲義言善人君子執公義之心均平如壹。傳言執義一則用心固。正義曰如結者謂如不以散如物之裹結故言執義壹則用心固也素冠云我心蘊結兮爲憂愁不散如裹結與此同。

鳲鳩在桑其子在梅飛在梅也**淑人君子其帶伊絲其帶伊絲其弁伊騏**騏騏文也弁皮弁也箋云其帶伊絲謂大帶也大帶用素絲有雜色飾焉騏當作璂以玉爲之言此帶弁者刺不稱其服。弁皮彥反騏音其綦文也說文作璂云弁飾也往往置玉也或亦作璂音其稱尺證反〔疏〕

鳲鳩至伊騏。毛以爲言鳲鳩之鳥在桑其子飛去在梅以其平均養之故得長大而飛去以興人君之德亦能均壹養民養民得成就而安樂彼善人君子執義如壹者其帶維是絲爲之其弁維作騏之文也舉其帶弁言德稱其服故民愛之刺曹君不稱其服使民惡之。鄭唯其弁伊騏言皮爲之璂以玉爲之餘同。傳騏騏文弁皮弁。正義曰馬之青黑色者謂之騏此字從馬則謂弁色如騏馬之文也春官司服凡兵事韋弁服視朝皮弁服凡田冠弁服凡弔事弁經服則弁類多矣知此是皮弁者以其韋弁以即戎冠弁以從禽弁經又是弔凶之事非諸侯常服也且不得與絲帶相配唯皮弁是諸侯視朝之常服又朝天子亦服之作者美其德能養民舉其常服知是皮弁。箋其帶至其服。正義曰玉藻說大帶之制云天子素帶朱裏終辟諸侯素帶終辟大夫素帶辟垂士練帶率下辟是大夫以上大帶用素故知其帶伊絲謂大帶用素絲故言絲也玉藻又云雜帶君朱綠大夫玄華士緇辟是其有雜色飾焉夏官弁師云王之皮弁會五采玉璂注云會縫中也璂結也皮弁之縫中每貫結五采玉以爲飾謂之綦引此詩云其弁伊綦又云諸侯及孤卿大夫之皮弁各以其等爲之注云皮弁侯伯綦飾七子男綦飾五玉用朱如彼周禮之文諸侯皮弁有綦玉之飾此云其弁伊騏知騏當作璂以玉爲之以此故易傳也孫毓云皮弁之飾有玉璂而無綦文綦文非所以飾弁箋義爲長若然顧命云四人騏弁執戈注云青黑曰騏不破騏字爲玉綦者以顧命之文於四人騏弁之下每云一人冕身服則是大夫也於四人之騏弁之上云二人爵弁執惠身服爵弁則是士也於爵弁之下次云騏弁明亦是士弁師之文上云孤卿大夫之皮弁各以其等爲之不言士之皮弁則士之皮弁無璂飾矣故弁師注云士之皮弁之會無結飾以士之皮弁無玉綦飾故知顧命士之騏弁正是弁作青黑色非綦玉之皮弁矣禮無騏色之弁而顧命有之者以新王即位特設此服使士服此騏弁執兵衛王。綦常服也此言諸侯常服故知騏當作綦說善人君子而言此帶弁者以善人能稱其服刺今不稱其服也。

鳲鳩在桑其子在棘淑人君子其儀不忒忒疑也。忒他得反〔疏〕傳忒疑。正義曰釋言文執義如一無疑貳之心。**其儀不忒正是四國**正是也箋云執義不疑則可爲四國之長言任爲侯伯。長張丈反下同任音壬。〔疏〕箋執義至侯伯。正義曰傳言正長釋詁文非爲州牧不得爲四國之長故任爲侯伯也僖元年左傳曰凡侯伯救患分災其非禮也是諸侯之長侯伯也。鳲鳩在桑，其子在榛。淑人君子，正是國人。正是國人，胡不萬年。箋云正長也能長人則人欲其壽考。榛側巾反木名也又仕巾反字林云木叢生也字林榛木之字從辛木云似梓實如小栗音壯巾反。

鳲鳩四章章六句

下泉思治也曹人疾共公侵刻下民不得其所憂而思明王賢伯也。思治直吏反刻音克。疏下泉四章章四句至賢伯。○正義曰此謂思上世明王賢伯治平之時若有明王賢伯則能督察諸侯共公不敢暴虐故思之也上三章皆上二句疾共公侵刻下民下二句言思古明王卒章思古賢伯上三章說共公侵刻而思古明王能紀理諸侯使之不得侵刻卒章言賢伯勞來諸侯則明王亦能勞來諸侯互相見。

洌彼下泉，浸彼苞稂。興也洌寒也下泉泉下流也苞本也稂童梁。非溉草得水而病也箋云興者喻共公之施政教徒困病其民稂當作涼涼草蕭蓍之屬。洌音列浸本作浸子鴆反稂音郎徐又音良溉古愛反蓍音尸

愾我寤嘆，念彼周京。箋云愾嘆息之意寤覺也念周京者思其先王之明者。愾苦愛反嘆息也說文云大息也音火既反覺音教疏洌彼至周京。○正義曰洌然而寒者彼下流之泉浸彼苞稂之草稂非灌溉之草得水則病以喻共公之政教甚酷虐於民下民不堪侵刻遭之亦困病民既困病思古明王愾然我寢之中覺而嘆息念彼周室京師之明王言時有明王則無此困病也。鄭唯稂草有異其文義則同。傳洌寒至而病。正義曰七月云二之日栗冽字從冰是遇寒之意故為寒也釋水云沃泉縣出縣出下出也李巡曰水泉從上溜下出此言下泉謂泉下流是爾雅之沃泉也易稱繫於苞桑謂桑本也泉之所浸必浸其稂木故以苞為本稂童梁釋草文舍人曰稂一名童梁郭朴曰莠類也陸機疏云禾秀為穗而不成崱嶷然謂之童梁今人謂之宿田翁或謂宿田也甫田云不稂不莠外傳曰馬不過稂莠皆是也此稂是禾之秀而不實者故非灌溉之草得水而病。○箋興者至之屬。○正義曰以序云侵刻下民故喻困病下民也箋以苞稂則是童梁為禾中別物作者當言浸禾不應獨舉浸稂且下章蕭蓍皆是野草此不宜獨為禾中之草故易傳以為稂當作涼涼草蕭蓍之屬釋草不見草名涼者未知鄭何所據。○箋愾嘆至明者。○正義曰祭義說祭之事云周旋出戶愾然而聞乎嘆息之聲是愾為嘆息之意也序云思明王故知念周京是思先王之明者周京與京師一也因異章而變文耳周京者周室所居之京師也京周者京師所治之周室也桓九年公羊傳云京師者何天子之居也京者何大也師者何衆也天子之居必以大衆言之是說天子之都名為京師也。

洌彼下泉，浸彼苞蕭。蕭蒿也。蒿好刀反愾我寤嘆，念彼京周。

洌彼下泉，浸彼苞蓍。蓍草也。愾我寤嘆，念彼京師。

芃芃黍苗，陰雨膏之。芃芃美貌。芃薄工反又薄雄反膏古報反。四國有王，郇伯勞之。郇伯郇侯也諸侯有事二伯述職箋云有王謂朝聘於天子也郇侯文王之子為州伯有治諸侯之功。疏芃芃至勞之。○正義曰言芃芃然盛者黍之苗也此苗所以得盛者由上天以陰雨膏澤之故也以興四方之國有從王之事所以得治者由有郇國之侯為伯以恩德勞來之故也今無賢伯致曹國之不治故思之。○鄭唯說伯有異其文義則同。○傳郇伯至述職。○正義曰以經言郇伯嫌是伯爵故言郇伯郇侯也知郇為侯爵者定四年左傳祝鮀說文王之子雖言曹為伯明自曹以外其爵皆尊於伯故知爵為侯也諸侯有事二伯述職謂東西大伯分主一方各自述省其所職之諸侯者昭五年左傳云小有述職大有巡功服虔云諸侯適天子曰述職謂六年一會王官之伯命事考績述職之事也。○箋有王至之功。○正義曰莊二十三年左傳曰諸侯有王王有巡守巡守是天子巡省諸侯則知有王是諸侯朝聘天子思古明王賢伯也言諸侯朝聘天子者若上有明王下有賢伯則諸侯以時朝聘善惡則有黜陟之義大司馬掌九伐之法正邦國賊賢害民則伐之爾時諸侯必不敢暴虐今由無明王賢伯不復朝聘共公侵刻下民無所畏憚故思治世有朝聘之時也僖二十四年左傳說富辰稱畢原酆郇文之昭也知郇伯是文王之子也時為州伯有治諸侯之功謂為牧下二伯治其當州諸侯也易傳者以經傳考之武王成王之時東西大伯唯有周公召公大公畢公為之無郇侯者知為牧下二伯也

下泉四章章四句

曹國四篇十五章六十八句

附釋音毛詩注疏卷第七（七之三）

詩疏七之三　十一

[illegible]宣旬校正

皇清嘉慶二十年重刊宋本[illegible]藏本栞

翰林院編修南昌黃中模栞

毛詩注疏挍勘記　七之三　阮元撰盧宣旬摘錄

曹譜

被孟豬　閩本明監本毛本同案孟當作盟陳譜作明豬正義云明豬尙書作盟豬即左傳稱孟諸之麋爾雅云宋有孟諸是也但聲訛字變耳是正義所引尙書作盟之證

曹之後世　閩本明監本毛本曹上誤衍一○案毛鄭詩考正亦誤以此下共卄一字爲鄭君語

十一世當周惠王時　閩本明監本毛本同案浦鏜云上脫○是也

子官伯侯立也　閩本明監本毛本同案浦鏜云宮誤官是

幽伯藏伯二人又不數　閩本明監本毛本同案盧文弨云前陳譜疏云除相公一及此人字亦當作及父子曰世兄弟曰及是也考邶鄘衞譜正義云又不數及商頌譜正義云除二及皆可證

○蜉蝣

詩疏七之三校勘記　十二

昭公國小而迫　唐石經小字本相臺本同案釋文云國小而迫迫一本作昭公國小而迫案鄭譜云昭公好奢而任小人曹之變風始作此詩箋云喻昭公之朝是蜉蝣爲昭公詩也譜又云蜉蝣至下泉四篇共公時作今諸本此序多無昭公字崔集注本有未詳其正也今考集注是也譜正義云蜉蝣序云昭公昭公詩也候人下泉序云共公鳴鳩在其閒亦共公詩也鄭於左方中皆以此而知是正義所見鄭譜左方中不云蜉蝣至下泉四篇共公時作釋文所見乃誤本因是而去此序昭公字耳

掘閱　掘地解　小字本相臺本解下有閱字閩本明監本毛本亦有案十行本脫也又此定本也正義云初掘地而出皆解閱又云定本云掘地解閱釋文解閱音蟹下同與定本同也

掘地而出皆鮮閱　補毛本同案鮮當作解下鮮閱並同

蜉蝣三章章四句　補各本皆另提一行此誤在疏下

○候人

而好近小人焉小字本相臺本同唐石經初刻無好字後改有案釋文以而好作音是其本有好字正義云以下皆近小人也此詩主刺君近小人當是其本無好字初刻出於此

候人道路送賓客者小字本相臺本同考文一本同閩本明監本毛本送下有迎字案正義云以是知候人是道路送迎賓客者依正義當有此字

荷揭戈與祋閩本明監本毛本同案經注作何正義作荷何荷古今字易而說之也例見前考文古本經作荷誤采所易之今字釋文何戈何可反又音河

不刺遠君子而舉候人閩本明監本毛本同案不當作本形近之譌

知用享祀閩本明監本毛本同案此不誤浦鏜云利誤知祭誤享非也正義所引易自如此祭祀本或作享祀見易釋文

所謂韍也閩本明監本毛本同案浦鏜云韎誤韍以玉藻注考之浦挍是也

下大夫再命上士一命閩本明監本毛本同案此不誤浦鏜云二其字一譌下一譌上非也盧文弨云不必拘本文是也

遣衞夫人以魚軒閩本明監本毛本同案浦鏜云遣誤遺是也

僖十八年左傳閩本明監本毛本同案十上浦鏜云脫二字是也

形如鶚而極大閩本明監本毛本鶚誤鴞案此因十行本別體俗字作鴞而然

季人之少子也女民之弱者小字本相臺本同案正義云定本云季人之少子女民之弱者其正義本未有明文今無可考正義云伯仲叔季則季處其少女比於男則男彊女弱又標起止云至弱者其自爲文者不可據意必求之當云季少子女弱者又季少子見陟岵傳也

則下民困病矣閩本明監本毛本同小字本相臺本無矣字案無者是也標起止云至困病可證

天者無大雨閩本明監本毛本同案者當作若因剜改而與下互譌也

故知薈蔚雲興若閩本明監本毛本同案若當作者亦剜改而與上互譌

○鳲鳩

其儀一兮唐石經小字本相臺本同案此一字是壹之假借騶虞經壹發五豝又以壹字爲一之假借此序中不壹字凡二見唐石經以下各本同用正字也序用字不與經同如采薇之昆雲漢之烖皆可見傳箋亦作一標起止可證正義易而說之乃皆用壹字

言執義一則用心固小字本相臺本同案段玉裁云上箋儀義也善人君子其執義當如一也下箋執義不疑此言執義一文句相承上當脫箋云二字今考標起止作傳是正義本已誤

用心如壹既如壹兮其心堅固不變閩本明監本毛本同案十行本用心至其心剜添者三字此當作用心既如壹兮其堅固不變剜添如壹及心字皆誤

刺曹君用心不均也閩本明監本毛本刺誤既知二字案此十行本始剜者譌一字爲二字山井鼎云宋板作刺最是彼所見刺字重剜而又正之也十行本屢經剜改者如此

謂如不以散閩本明監本毛本同案當作謂固不可散

騏騏文也小字本相臺本同案當作騏綦文也釋文伊騏下云騏綦文也正義云馬之青黑色者謂之騏此字從馬則謂弁色如騏馬之文也此與小戎正義詳略互見耳如者如騏馬之綦文也又正義下引孫毓云皮弁之飾有玉璂而無綦文綦文非所以飾弁箋義爲長是此傳釋文正義孫毓評皆是騏綦文也今各本皆誤標起止傳騏騏文亦當是後改釋文綦字舊或誤纂今正詳後考證○按說詳小戎

騏當作璂小字本相臺本同案釋文云作璂音其是釋文本字如此段玉裁云周禮作璂鄭易爲綦鄭箋詩孔疏詩皆依綦字今考正義本箋亦是璂字見下與釋文本同當是用此字以別於傳綦文也其引周禮而說之用彼注作綦

言皮爲之璂閩本明監本毛本同案爲當作弁

會逢中也 閩本明監本毛本同案浦鏜云縫誤逢下同是也

玉用采也 閩本明監本毛本同案用下浦鏜云脱三字是也

綦常服也 閩本明監本毛本同案綦上當有玉字因上句末王字形近而脱去也

故知騏當作綦 閩本明監本毛本同案綦當作璂上文云鄭唯其帶伊騏言皮弁之璂又云知騏當作璂此二璂字據箋言之可證也

正是也 閩本明監本毛本同小字本相臺本是作長考文古本同案長字是也釋文正義皆可證

傳言正長釋訓文 閩本明監本毛本同案訓當作詁

其非禮也 閩本明監本毛本同案浦鏜云討罪誤其非是也鴻鴈正義引作討罪魯頌譜正義引同

○下泉

洌彼下泉 唐石經小字本同相臺本洌作冽閩本明監本毛本同案釋文洌音列寒也唐石經本此正義云字從冰相臺本所據改也東京賦李善注引此作冽詩經小學云字從仌列聲又見大東

稂童粱 小字本相臺本粱作梁閩本明監本毛本同案粱字誤也爾雅作粱此釋文及大田亦或誤見六經正誤

洌彼至周京也 閩本明監本毛本洌作冽下同案所改是

浸彼苞稂之草 明監本毛本草下衍也字閩本剜入

字從水 閩本明監本毛本水作冰案所改是也大東正義可證

必浸其根本 閩本明監本毛本同案稂當作根形近之譌

甫田云不稂不莠 閩本明監本毛本同案浦鏜云大誤甫是也爾雅正義卽取此正作大

附釋音毛詩注疏卷第八（八之一）

豳七月詁訓傳第十五

陸曰豳者戎狄之地名也夏道衰后稷之曾孫公劉自邰而出居焉其封域在雍州岐山之北原隰之野於漢屬右扶風郇邑周公遭流言之難居東都思公劉大王爲豳公憂勞民事以此敘己志而作七月鴟鴞之詩成王悟而迎之以致太平故大師述其詩爲豳國之風焉

毛詩國風　鄭氏箋　孔穎達疏

豳譜

豳者后稷之曾孫也。公劉者自邰而出所徙戎狄之地名今屬右扶風栒邑。正義曰周本紀云后稷卒子不窋立卒子鞠陶立卒子公劉立是公劉爲后稷之曾孫也生民云即有邰家室本紀云舜封后稷于邰公劉因封不改故知公劉自邰而出也公劉之篇說公劉爲狄迫逐而徙居經云度其夕陽豳居允荒本紀稱公劉在戎狄閒知豳是戎狄之地名也漢書地理志云右扶風郇邑縣有豳鄉詩公劉所邑是漢時屬扶風郇邑也言自邰而出者杜預云豳在新平漆縣東北邰今始平武功縣所治釐城是也邰近而豳遠從內出外故言出。公劉以夏后大康時失其官守竄於此地猶修后稷之業勤恤愛民民咸歸之而國成焉。正義曰國語云昔我先世后稷以服事虞夏及夏之衰弃稷弗務我先王不窋用失其官而自竄於戎狄之閒韋昭云豳西近戎北近狄周本紀亦云不窋奔戎狄之閒此云公劉竄於此地者案此公劉之篇說公劉遷豳事皆詳悉自邰徙豳必從公劉始矣蓋不窋之時已竄豳地尚往來邰國至公劉而盡以邰民遷之也本紀云公劉卒子慶節立國於豳是也定國於豳自公劉始也韋昭注國語以爲不窋當大康之時公劉乃不窋之孫不應亦當大康之世而此云公劉以大康時失官守者周語止云夏之衰也不言始衰之主書序云大康失邦則夏后之衰自大康爲始故繫大康言之其實公劉適豳不當大康之世鄭據外傳之文取不窋之事以爲說耳本紀云公劉雖在戎狄閒復修后稷之業民賴其慶百姓懷之周道之興自此始也又公劉之篇具述公劉居豳愛民之事是民歸之而成國也。其封域在禹貢雍州岐山之北原隰之野○正義曰禹貢雍州云荊岐既旅原隰厎績是岐山原隰屬雍州也大王始入居岐之陽明豳在岐山之北公劉之篇說公劉居豳度其原隰以治田是豳居原隰之野。至商之末世大王又避戎狄之難而入處於岐陽民又歸之。正義曰詩緜傳及書傳略說皆有其事。公劉之出大王之入雖有其異由有事難之故皆能守后稷之教不失其德。正義曰本紀云公劉復修后稷之業古公復修后稷公劉之業是皆能守后稷之教不失其德也旱麓序云周之先祖世修后稷公劉之業而鄭獨言公劉大王者以周公之作七月主意於此二人故特言之。成王之時周公避流言之難出居東都二年。正義曰金縢云武王既喪管叔及其羣弟流言於國曰公將不利於孺子周公乃告二公曰我之弗辟無以告我先王周公居東二年則罪人斯得是周公避流言之難出居東都二年也金縢直云居東不言東都周公避居固當不出畿內自然在東都於時實未爲都而云都據後營洛而言之耳周公在東實出入三年言二年順金縢之成文。思公劉大王居豳之職憂念民事至苦之功以比序己志。正義曰此釋作七月之意也以公劉遭夏人之亂大王有戎狄之難或出或入其居豳之時教民以蠶農爲務使衣食充足憂念民事有至苦之功由其積德勤民子孫卒成王業周公既出居東都恐王業毀壞亦憂念民事庶成周道其意與公劉大王之志同不得自言已身憂國之心矣無以發明已志故作七月之詩仰陳公劉大王以比已身序已志知周公之作七月其意必如此者以序云周公遭變故陳先公風化之所由致王業之艱難言遭變是遭流言乃作也襄二十九年左傳季札見歌豳曰美哉樂而不淫其周公之東乎明在東都作之也七月之詩非刺成王非美成王無故說先公之風化陳王業之艱難則是思念先公用以比序已志也本詩周公所作大師題之曰豳明其然矣而先公在豳凡經十世知唯念公劉大王者以公劉初居豳之主大王終去豳之君俱是先公之後皆有事難之故周公身遭事難追念處豳先君明是念其後者故知周公所念念此二人若然大王既遭事難能守后稷之教乃在居岐之後周公思居豳之事知其亦念大王者緜篇說大王之德云民之初生自土沮漆言居豳之時得民之意民戀其德故與俱遷明知思念豳事其意亦及大王也鄭於上句言周公居東二年此句說其作詩之意欲明七月之作在此二年之中因尚書有二年之文故言之耳非謂居東二年始作七月也何則序云周公遭變即作不應坐度二年方始爲詩七月之作當是初出之年也。後成王迎之反之攝政致大平其出入也一德不回純似於公劉太王之所爲大師大述其志主意於豳公之事故別其詩以爲豳國變風焉。正義曰金縢云惟朕小子其新逆是成王迎而反之代成王治國政而致大平其出居東都也其入攝王政也常守專一之德不有回邪純似公劉大王之所爲也周公作詩之時有自比二人之意及其終得攝王政其事又純似之此詩用於樂官當立題目太師於是大述周公之志以此七月詩主意於豳公之事故别其詩不合在周之風雅而以爲豳國之變風焉此乃遠論豳公爲諸侯之政周公陳之欲以比序已志不美王業之本不得入周名之正風也又非刺美成王不得入成王之正雅周公王朝卿士不得專名一國進退既無所繫因其上陳豳公故爲豳之變風若所陳本非豳事無由得繫於豳周公事若不似於理亦不可繫此詩追述豳公事又相似故繫之爲宜也春官籥章云吹籥以歌豳詩則周制之前已繫豳矣謂之變者以其變風變雅各述時之善惡七月陳豳公之政東山以下主述周公之德正是變詩美者故亦謂之變風公劉亦陳豳事不繫豳者召康公陳公劉以戒成王猶召穆公陳文王以傷大壞主者意爲雅不得列爲風也鴟鴞以下不陳豳事亦繫豳者以七月是周公之事既爲豳風鴟鴞以下亦是周公之事尊周公使專一國故并爲豳風故鄭志張逸問豳七月專詠周公之德宜在雅今在風何答曰以周公專爲一國上冠先公之業亦爲優矣所以在風下次於雅前在於雅分周公不得專之逸言詠周公之德者據鴟鴞以下發問也鄭言上冠先公之業謂以七月冠諸篇也以先公之業冠周公之詩故周公之德繫先公之業於是周公爲優矣次之風後雅前者言周公德高於諸侯

事同於王政處諸國之後不與諸國爲倫次之小雅之前言其近堪爲雅使周公事有此善也此豳詩七篇七月鴟鴞是出居時作其餘多在入攝政後鄭以爲周公避居之初是武王崩後三年成王年十三也居東二年罪人斯得成王年十四也迎周公反而居攝成王年十五也七年致政成王年二十一也故金縢注云文王十五生武王九十七而終終時武王八十三矣於文王受命爲七年後六年伐紂後二年有疾疾瘳後二年崩崩時年九十三矣周公以武王崩後三年出五年秋反而居攝四年作康誥五年作召誥七年作洛誥伐紂至此十六年也作康誥時成王年十八洛誥時年二十一也即政時年二十二也然則成王以文王終明年生也是鄭辨武王崩及周公出入之事知然者案大戴禮文王世子篇云文王十三生伯邑考十五生武王則武王之年少於文王十四歲文王世子云文王九十七而終武王九十三而終武王既少文王十四歲文王九十七而崩知武王於時年八十三也書傳云文王受命七年而崩是文王崩時受命七年尚書序云十有一年武王伐殷作泰誓案經泰誓上篇說武王觀兵時事是受命十一年泰誓下篇云還歸二年而後伐紂是伐紂之時受命十三年也文王崩至十三年始伐紂是崩後六年也金縢云武王既克商二年王有疾弗豫是伐紂後

二年有疾從文王之崩至武王有疾積八年矣文王崩時武王已八十三矣至此則九十一也武王九十三而崩故知瘳後二年崩也知周公以武王崩後三年出者禮君薨百官總已而聽政於冢宰三年定四年左氏云周公爲太宰以右王室周公既爲太宰武王初崩總攝王政自是常事管蔡不應流言成王不應致疑明是三年喪畢周公不授王政故流言耳按周書武王以十二月崩則崩後一年十二月朞而練二年十二月祥而祭除崩後三年管蔡乃流言也金縢云管叔及其羣弟乃流言於國周公乃告二公曰我之不辟無以告我先王是周公於流言之年避位而出是武王崩後三年也金縢又云周公居東二年罪人斯得注云罪人周公之屬與知攝者周公出皆奔二年盡爲成王所得言三年者并數出年是崩後四年也又曰於後公乃爲詩注云於二年後也上既言二年又别言於後明是二年之後也又曰秋大熟未穫注云秋謂周公出二年之後明年秋也此秋文承於後之下於後既是二年之後明此秋是二年之後謂居東二年武王崩後五年也金縢云於大熟未穫之下即云惟朕小子其新逆是周公即以其年反也周公將攝出避流言今成王自新迎之明其反即居攝武王崩後五年即是攝政之元年書傳稱周公攝政四年建侯衛五年營成周七年致政成王言建

侯衛是封衛侯康誥論封衛之事是四年作康誥也召誥論營洛邑成周之事是五年作召誥也洛誥論致政成王之事是七年作洛誥也鄭言作康誥時成王年十八作洛誥時二十一然則成王以文王終明年生所以知者書傳略說云天子太子年十八曰孟侯孟侯者於四方諸侯來朝迎於郊注云孟迎也按康誥經云王若曰孟侯則封康叔之時成王年十八書傳言周公攝政四年建侯衛據孟侯之文知攝政四年成王年十八又攝政七年成王年二十一也逆而推之則知成王於攝政元年年十五周公出年年十三武王崩年年十歲計文王崩後十年武王始崩自然文王崩之明年生成王也由此而驗之故知成王年十三之時周公初出居東二年十四之時罪人斯得十五年之時反而居攝也此譜言居東二年思公劉太王以比序已志則七月之作在出居二年之中不知其作之在何年當在鴟鴞之前鴟鴞之作則在居東三年金縢云居東二年罪人斯得于後公乃爲詩以貽王名之曰鴟鴞既言二年别言於後既與罪人斯得别年則上文居東二年并初出之年爲二年作詩之時爲三年是周公居東三年成王十五年之時作鴟鴞也伐柯序云刺朝廷之不知言刺朝廷則是刺羣臣不刺成王宜在雷雨大風之後啓金縢之前知者若在雷風之前則王與羣臣悉皆未悟不得

猶刺羣臣若啓金縢之後則羣臣亦悟無所復刺故伐柯箋云成王既得雷雨大風之變故迎周公而朝廷羣臣猶惑於管蔡之言不知周公之聖德疑於成王迎之是以刺之是鄭以伐柯爲既得雷雨之後金縢之前作也九罭序與伐柯序同刺朝廷之不知首章言王欲迎周公二章以下說迎之事當是周公既反而作也書傳稱周公居攝一年救亂二年克殷三年踐奄多方云惟五月丁亥王來自奄注云奄國在淮夷之傍周公居攝之時亦叛王與周公征之三年滅之自此而來歸然則周公之歸在攝政三年東山勞歸士之時經云自我不見于今三年明周公以秋反而居攝其年則東征三年而後歸既歸乃大夫美之作東山也若然周公以秋反而卽東征必是秋冬遣兵而東山經云倉庚于飛熠燿其羽箋云倉庚仲春而鳴嫁娶之候也歸士始行之時新合昏禮秋冬行而云新合昏者周公悅勞歸士言其新昏也非是六軍之事皆新昏設令發兵之前一二年爲昏猶是新昏不必以起兵之月始爲昏也破斧經稱東征則是征時之事其作必是東山之前未知定是何年狼跋序云美周公也美不失其聖經云公孫碩膚言周公遜遁去位避成功也案書序云召公爲保周公爲師相成王爲左右周公致政之後留爲大師是狼跋之作在致政之後也計此七篇之作七月在先鴟鴞次之今鴟鴞次於七月得其序矣伐柯九罭與鴟鴞同年東山之作在破斧之後當於鴟鴞之下次伐柯九罭破斧東山然後終以狼跋今皆顛倒不次者張融以爲簡札誤編或者次詩不以作之先後鄭所不說未可明言毛氏之意傳訓不明唯鴟鴞傳曰寧亡二子不可毀我周室二子謂管蔡以爲鴟鴞之詩爲管蔡而作然則毛解金縢之文其意皆異於鄭金縢云武王既喪管叔及其羣弟流言於國周公乃告二公曰我之不辟無以告我先王周公居東二年罪人斯得于後公乃爲詩以貽王名之曰鴟鴞毛以鴟鴞爲管蔡而作則罪人斯得爲得管蔡周公居東爲東征也居東二年既爲征伐則我之不辟當訓辟爲法謂以法誅之如是則毛氏之說周公無避居之事矣但不知毛意以周公攝政爲是喪中卽攝爲在除喪之後此不明耳王肅之說祖述毛氏傳意或如肅言王肅金縢注云文王十五而生武王九十七而終時受命九年武王八十三矣十三年伐紂明年有疾時年八十八矣九十三而崩以冬十二月其明年稱元年周公攝政遭流言作大誥而東征二年克殷殺管蔡三年而歸制禮作樂出入四年至六年而成七年營洛邑作康誥召誥洛誥致政成王然則文王崩之年成王已三歲武王八十而後有成王武王崩時成王已十三周公攝政七年致政成王年二十肅意所

以然者以家語武王崩時成王年十三古文尚書武成篇云我文考文王克成厥勳誕膺天命以撫方夏惟九年大統未集孔安國據此文以爲文王受命九年而崩其後劉歆班固賈逵皆亦同之肅雖不見古文以其先儒之言必有所出本從先儒以爲文王受命九年而崩依大戴禮武王之年少文王十四歲故亦同鄭爲文王崩時武王年八十三也受命九年武王八十三故至十三年伐紂武王八十七也金縢云武王既克殷二年有疾者幷數伐紂之年與疾年共爲二年故云伐紂明年有疾時武王八十八也禮記云武王九十三而終是爲伐紂後六年而崩也金縢云武王既喪鄭云管蔡流言周公居東則是武王崩之後管蔡卽流言周公卽東征也又書序云武王崩三監及淮夷叛周公相成王將黜殷命作大誥言武王崩三監叛明武王崩後卽叛周公卽征可知故以爲武王崩之明年稱元年周公攝政遭流言作大誥而東征也金縢云居東二年罪人斯得故知二年而克殷殺管叔也東山序云周公東征三年而歸明堂位稱周公踐天子之位六年制禮作樂故知三年歸制禮作樂至六年而成也東征實三年金縢言二年者王肅於彼注云或曰詩序三年而歸此言居東二年其錯何也曰書言其罪人斯得之年詩言其歸之年也知營洛邑作康誥名誥皆在七年者以名誥說營洛邑之事洛誥說致政成王治於新邑之事明此二篇同是致政之年作也康誥經云惟三月哉生魄周公初基作新大邑於東國洛亦言洛邑之事明與名誥同時故知三篇皆七年作也肅又云然則文王崩之年成王已三歲致政時年二十所以知者以周公居攝七年而致政明是二十成人故致之耳致政之時成王年二十逆而推之攝政元年年十四武王崩年年十三文王先武王十年而崩是文王崩之年成王已三歲也由此而驗之則武王崩之明年成王年十四其年周公攝政管蔡流言周公東征之作七月也所以作七月者王肅之意以爲周公以公劉太王能憂念民事成此王業今管蔡流言將絕王室故陳豳公之德言己攝政之意必是攝政元年作此七月左傳季札見歌豳曰其周公之東乎則至東居乃作也居東二年既得管蔡乃作鴟鴞三年而歸大夫美之而作東山也大夫既美周公來歸喜見天下平定又追惡四國之破毀禮義追刺成王之不迎周公而作破斧伐柯九罭也伐柯序云刺朝廷之不知王肅云朝廷斥成王也肅又云或曰東山既歸之詩而朝廷不知猶在下何曰同時之作破斧惡四國而其辭曰周公東征四國是皇猶追而刺之所以極美周公是肅意以破斧伐柯九罭作在東山之後故編東山於前也狼跋美周公遠則四國流言近則成王

不知進退有難而不失其聖當是三年歸後天下太平然後美其不失其聖耳最在後作故以爲終此則王肅義耳未知傳意必然以否其讖緯史傳言文王受命七年而崩又言周公攝政四年建侯衞五年營成周及大子十八稱孟侯此等皆肅所不信

七月陳王業也周公遭變故陳后稷先公風化之所由致王業之艱難也周公遭變者管蔡流言辟居東都○王業于況反又如字下同

【疏】七月八章章十一句至艱難○正義曰作七月詩者陳先公之風化是王家之基業也毛以爲周公遭管蔡流言之變舉兵而東伐之憂此王業之將壞故陳后稷及居豳地之先公其風化之所由緣致此王業之艱難之事先公遭難乃能勤行風化己今遭難亦欲勤修德教所以陳此先公之事將以比序己志經八章皆陳先公風化之事此詩主意於豳之事則所陳者處豳地之先公公劉大王之等耳不陳后稷之教今輒言后稷者以先公脩行后稷之教故以后稷冠之艱亦難也但古人之語字重耳無逸亦云不知稼穡之艱難與此同也鄭以爲周公遭流言之變避居東

都非征伐耳其文義則同○箋周公至東都○正義曰變者改常之名周公欲攝管蔡毀之是於攝事變改也金縢云管叔及其羣弟流言於國曰公將不利於孺子周公乃告二公曰我之不辟我無以告我先王鄭云居東二年是其避流言居東都也流謂水流造作虛語使人傳之如水之流然故謂之流言彼注云管國名叔字封於管羣弟蔡叔霍叔武王崩周公免喪服意欲攝政小人不知天命而非之故流公將不利於孺子之言於京師孺子成王也我今不避孺子而去我先王以謙謙爲德我反有欲位之謗無怨於我先王言愧無辭也居東者出處東國待罪以須君之察己是說避居之意也周公避居東都史傳更無其事古者避辟扶亦反譬辟皆同作辟字而借聲爲義鄭讀辟爲避故爲此說案鴟鴞之傳言寧亡二子則毛無避居之義故毛讀辟爲辟此八章皆是周公陳先公在豳教民周備使衣食充足寒暑及時民奉上教知其早晚各自勸勉以勤事業故同我婦子饁彼南畝及嗟我婦子曰爲改歲此述民人之志非序先公號令之辭首章陳人以衣食爲急餘章廣而成之言民之所用食急於衣宜先陳耕田之事但耕種收斂終年始畢每事及時然後能穫則禦一年之飢非時日之用衣則不然唯是寒月所須又當及時營作故蠶月條桑八月載績若此月不作則寒時無

衣事之濟否在此一月偏急於衣故首章上六句先陳人以衣爲急三之日以下五句陳人以穀食爲急故陳人耕饁之事人之爲衣絲帛爲先故二章言女功之始養蠶之事一章之中而再言春日者此章先言執筐養蠶因論女心傷悲感物但傷悲在蠶生之初陳之於求桑之下顛倒不順故更本春日采蘩記傷悲之節所以再言春日也衣之所用非絲即麻春既養蠶秋當緝績絲帛染爲玄黃乃堪衣用故三章又陳女功自始至成也三章既言絲麻衣服女功之正故四章陳女功助取皮爲裘以助布帛冬月衣裳雖具又當入室避寒故五章言將寒有漸閉塞宮室女功衣服之事既終矣乃說男女飲食之事黍稷麻麥男功之正故六章先陳男功之助七章言男功之正首章已言耕田之事故此章唯說收斂之事所以成首章也衣食已具卒章乃言備暑藏冰飲酒相樂皆是先公憂民之風教周公陳之以比序己志言己之憂民憂國心亦然也民之大命在溫與飽八章所陳皆論衣服飲食首章爲其揔要餘章廣而成之首章上六句言寒當須衣故二章三章說養蠶緝績衣服之事以充之首章下五句言耕稼飲食之始故七章說治場納穀稼穡終事以充之論衣則舉須衣之時論食不言須食之時者衣必寒時所須故可舉寒爲戒食則無一日而不須不可言須食之時諸衣

言裳避寒之事則引物記候言飲食耕田之事則不記時候皆此意也卒章說饗飲之祀獨言九月肅霜者饗飲之祀必農隙乃爲故言肅霜滌場以見農功之畢若其餘飲食則不得記時故六章七章無記時之事絲麻布帛衣服之常故蠶績爲女功之正皮裘則其助四章箋云時寒宜助女功言取皮爲裘助女絲麻之功也黍稷菽麥飲食之常故禾稼爲男功之正菜果則其助六章箋以鬱薁及葵棗助男功又云瓜瓠之畜助養農夫言取瓜瓠葵棗助男稼穡之功也女功之助在四章男功之助在六章者二章三章是女功之正故四章爲女功之助七章是男功之正故六章爲男功之助欲令男女之功正助各自相近者也女功之正及秋而止其助在成一冬之月事在正後故在正後也男功之正冬初乃止男功之助在於夏秋事在正前故在正前也又養蠶時節易過恐失其時殷勤言之故二章三章皆言養蠶之事耕稼者一年之事非時月之功民必趨時不假深戒首章已言其始七章略言其終不復說其芟耨芸耕之事故男功之正少女功之正多也絲麻之外唯有皮裘可衣者少黍稷以外果瓜之屬可食者多故男功之助多女功之助少也女功助在正後故五章女功助下言女功畢男功正在助後故七章男功正下言男功畢男功正後猶有茅索之事女功正後不言有事

孟子稱冬至之後女子相從夜績，則冬亦有績麻，但言不備耳。先公之教急於衣食，四章之末說田獵習戎，卒章之初說藏冰禦暑，非衣食之事而言之者，廣述先公禮教具備也。閑於政事，然後饗燕，卒章說飲酒之事，得其次也。毛、鄭注雖小有異文，意則同。

七月流火，九月授衣。火，大火也。流，下也。九月霜始降，婦功成，可以授冬衣矣。箋云：大火者，寒暑之候也。火星中而寒暑退，故將言寒，先著火所在。**一之日觱發，二之日栗烈，無衣無褐，何以卒歲？**一之日，十之餘也。一之日，周正月也。觱發，風寒也。二之日，殷正月也。栗烈，寒氣也。箋云：褐，毛布也。卒，終也。此二正之月，人之貴者無衣，賤者無褐，將何以終歲乎？是故八月則當績也。○觱音必，說文作畢發。音如字。栗烈並如字，說文作颲颲。褐音曷。**三之日于耜，四之日舉趾，同我婦子，饁彼南畝，田畯至喜。**三之日，夏正月也。豳土晚寒，于耜，始脩耒耜也。四之日，周四月也，民無不舉足而耕矣。饁，饋也。田畯，田大夫也。箋云：同，猶俱也。喜讀爲饎。饎，酒食也。耕者之婦子俱以饟來，至於南畝之中，其見田大夫，又爲設酒食焉，言勸其事，又愛其吏也。此章陳人以衣食爲急，餘章廣而成之。○耜音似。饁，炎輒反，野饋也，字林于劫反。畯音俊。喜，王申毛如字，鄭作饎，尺志反，下同。夏，戶雅反，下「染夏」、「夏小正」同。晚寒如字，謂晚節而氣寒也。饋，其愧反。饟，式亮反，又爲，于僞反。

【疏】「七月」至「至喜」。○毛以爲周公云：先公教民周備，民奉上命，於七月之中，有西流者，是火之星也，知是將寒之漸，至九月之中，云可以相授以冬衣矣。九月之中，若不授冬衣，則一之日有觱發之寒風，二之日有栗烈之寒氣，此二日者，大寒之時，人之貴者無衣，賤者無褐，何以終其歲乎？故至八月則當績也。又豳人從君之教，三之日於是始脩耒耜，四之日悉皆舉足而耕，俱時我耕者之婦子，奉饋食餉彼南畝之中耕作者，田畯來至，見其勤農事，則歡喜也。豳公憂念民事，教之若此，周公言己憂民亦與之同，故陳之也。○鄭唯「田畯至喜」言田畯來至，農夫爲設酒食爲異。餘同。○傳「火大火」至「冬衣矣」。○正義曰：春秋昭十七年「有星孛於大辰」，公羊傳曰：「大辰者何？大火也。」哀十一年左傳曰：「火伏而後蟄者畢。今火猶西流，司歷過也。」謂火下爲流，故云「流，下」。言六月昏見而中，則流下也。「可以授冬衣」者，謂衣成而授之。○箋「大火」至「所在」。○正義曰：昭三年左傳張趯曰：「火星中而寒暑退。」服虔云：「火，大火，心也。季冬十二月平旦正中在南方，大寒。季夏六月黄昏火星中，大暑退。」是火爲寒暑之候事也。知此兩月昏旦火星中者，月令「季夏昏火星中」，六月既昏中，以衡反之，故十二月旦而中也。若然，六月之昏火星始中，堯典云「日永星火，以正仲夏」，注云「司馬之職，治南岳之事，得則夏氣和」，夏至之氣，昏火星中。所以五月得火星中者，吳志孫皓問：「月令季夏火星中，前受東方之體。畫以爲火星季夏中心也，不知夏至中星名？」答曰：「日永星火，此謂大火也。大火，次名，東方之次有壽星、大火、析木三者，大火爲中，故尚書云舉中以言焉。又每三十度有奇，非特一宿者也。季夏中火，猶謂指心火也。如此言中，則日永星火，謂大火之次，非心星也。」堯典四時言中星者，春夏交舉其次，言星鳥、星火；秋冬舉其宿，言星虛、星昴。故注云：「星鳥，鶉火之方。星火，大火之屬。虛，玄武中虛宿也。昴，白虎中宿也。」其東方、南方皆三次，鶉火、大火居其中；西方、北方俱七宿，虛星、昴星居其中。每時總舉一方，故指中宿與次而互言之耳。其實仲夏之月，大火之次亦未中也。是鄭以日永星火之日二次與此火之心星別。○傳「一之」至「寒氣」。○正義曰：一之日、二之日，猶言一月之日、二月之日，故傳辨之。言一之日者，乃是十分之餘，謂數從一起而終於十，更有餘月，還以一二紀之也。既解一二之意，又復指斥其一之日周之正月，謂建子之月也；二之日者，殷之正月，謂建丑之月也。下傳曰「三之日，夏之正月」，謂建寅之月也。正朔三而改之，既言三正，事終更復從周爲說，故言「四之日，周之四月」，即是夏之二月建卯之月也。此篇說文自立一體，從夏之十一月至夏之二月，皆以數配日而言之；從夏之四月至於十月，皆以數配月而稱之。唯夏之三月特異常例，下云「春日遲遲」、「蠶月條桑」，皆是建辰之月，而或日或月，不以數配，參差不同者，蓋以日月相對，日陽月陰，陽則生物，陰則成物。建子之月，純陰已過，陽氣初動，物以牙蘖將生，故以日稱之；建巳之月，純陽用事，陰氣已萌，物有秀實成者，故以月稱之。夏之三月，當陰陽之中，處生成之際，物生已極，不可以同前，不得言五之日；物既未成，不可以類後，不得稱三月。故日月並言，而不以數配，見其異於上下。四章箋云「物成自秀葽始」，明以物成故稱月也。稱月者由其物成，知稱日由其物生也。若然，一之日、二之日言十之餘則可矣，而三之日、四之日者，乃是正月、二月，十數之初，不以爲一二而謂之三四者，作者理有不通，辭無所寄，若云一月、二月，則羣生物未成；更言一之、二之，則與前無別。以其俱是陽月，物皆未成，故因乘上數，謂之三四，明其氣相類也。春秋元命包曰：「周人以十一月爲正，殷人以十二月爲正，夏人以十三月爲正。」建寅之月，乃是十月之初，亦乘上以爲十三，與此同也。四月云「冬日烈烈，飄風發發」，以發是風，故知烈是氣故以膚發爲寒風栗烈爲寒氣仲冬之月無風亦寒故異其文。箋褐毛至當績。正義曰毛布用毛爲布今夷狄作褐皆織毛爲之賤者所服卒終釋詁文言此二正之月大寒之時無衣無褐不可終歲是故八月則當績衣。絲麻爲重箋不云麻月則當麻而言八月則當績者以此章先言流火則是已見火流於時麻事已過唯績可以當之且下章麻事別言流火故不以麻事屬此。傳三之日至大夫。正義曰于訓於三之日於是始脩耒耜月令季冬命農計耦耕事脩耒耜具田器孟春天子躬耕帝籍然則脩治耒耜當季冬之月舉足而耕當以孟春之月者今言豳人以正月脩耒耜二月始耕故云豳土晚寒鄭志荅張逸云晚溫亦晚寒是寒晚溫亦晚故脩耒耜始耕皆校中國一月也易鼎卦注云無事曰趾陳設曰足對文則爲小異散則趾足通名訓趾爲足耕以足推故云無不舉足而耕無不者言其人人皆然也饁饋釋詁文孫炎曰饁野之餉釋言云畯農夫也孫炎曰農夫田官也郭璞曰今之嗇夫是也然則此官選俊人主田謂之田畯典農之大夫謂之農夫以王者尤重農事知其爵爲大夫也案鄭注周禮載師云六遂餘地自三百以外天子使大夫治之或於田農之時特命之主其田農之事以周禮無田畯正職故直云田畯。大夫春官籥章掌擊土鼓

以樂田畯鄭司農云田畯古之先教田之官者但彼說祈年之祭知其祭先教者傳不解至喜之義但毛無破字之理不得以爲酒食當謂田畯來至見勤勞故喜樂耳。箋喜讀至成之。正義曰箋以田畯至喜文承饁彼之下若是喜樂其事便是喜其餉食非復悅其勤勞何當於饁彼之下而說田畯喜乎饁既是食明喜亦是食故知喜讀爲饎饎酒食釋訓文李巡曰得酒食則喜歡也孫毓云小民耕農妻子相饁雖有菽缺如賓之敬大夫儼然銜命巡司何爲辱身就耕民公媼饎饁草間共飲食乎鄙亦甚矣而改易經字殆非作者之本旨斯不然矣飲食之事祀之所重大夫之勸迎周公籩豆有踐鄭人之愛國君欲授之以飧何獨田畯之尊不可爲之設食也說其爲設酒食言民愛其吏耳何必大夫皆仰田間食乎

七月流火，九月授衣。箋云將言女功之始故又本作此

春日載陽，有鳴倉庚。女執懿筐，遵彼微行，爰求柔桑。倉庚離黃也懿筐深筐也微行牆下徑也五畝之宅樹之以桑箋云載之言則也陽溫也溫而倉庚又鳴可蠶之候也柔桑穉桑也蠶始生宜穉桑。離本又作鵹作鸝同力知反穉直吏反本亦作稚

春日遲遲，采蘩祁祁。女心傷悲，殆及公子同歸。遲遲舒緩也蘩白蒿也所以生蠶祁祁衆多也傷悲感事苦也春女悲秋士悲感其物化也殆始及與也豳公子躬率其民同時出同時歸也箋云春女感陽氣而思男秋士感陰氣而思女是其物化所以悲也悲則始有與公子同歸之志欲嫁焉女感事苦而生此志是謂豳風。祁巨之反一音上之反殆音待

【疏】七月至同歸。毛以爲七月之中有流下者火星也民知將寒之候九月之中則可以授冬衣矣又本其趍時養蠶春日則以溫矣又有鳴者是倉庚之鳥也於此之時女人執持深筐循彼微細之徑道於是求柔穉之桑以養新生之蠶因言養蠶之時女有傷悲之志更本之言春日遲遲然而舒緩采蘩以生蠶者祁祁然而衆多於是之時女子之心感蠶事之勞苦又感時物之變化皆傷悲思男有欲嫁之志時豳公之子躬率其民共適田野此女人等始與此公子同時而來歸於家。鄭唯下句異言始與豳公之子同有歸嫁之志餘同。傳倉庚至以桑。正義曰倉庚一名離黃即葛覃黃鳥是也懿者深邃之言故知懿筐深筐行訓爲道也步道謂之徑微行爲牆下徑五畝之宅樹之以桑孟子文引之者自明牆下之意。傳遲遲至時歸。正義曰遲遲者日長而暄之意故爲舒緩計春秋漏刻多少

正等而秋言淒淒春言遲遲者陰陽之氣感人不同張衡西京賦云人在陽則舒在陰則慘然則人遇春暄則四體舒泰春覺晝景之稍長謂日行遲緩故以遲遲言之及遇秋景四體褊躁不見日行急促唯覺寒氣襲人故以淒淒言之淒淒是涼遲遲非暄二者觀文似同本意實異也釋草云蘩皤蒿孫炎曰白蒿也傳於采蘩云皤蒿也此云白蒿變文以曉人也今定本云皤蒿也白蒿所以生蠶今人猶用之傷悲感事苦感養蠶之事苦既感事苦又感陽氣故傳明其二感之意春則女悲秋則士悲感其萬物之化故所以悲也因有女悲遂解男悲言男女之志同而傷悲之節異也釋詁云胎始也說者皆以爲生始然則胎殆義同故爲始也及與釋詁文諸侯之子稱公子言與公子同歸則公子時亦適野故豳公之子身率其民也王肅云豳君既脩其政又親使公子躬率其民同時歸也。箋春女至豳風。正義曰箋又申傳傷悲之意女是陰也男是陽也秋冬爲陰春物得陽而生女則有陰而無陽春女感陽氣而思男春夏爲陽秋物得陰而成男則有陽而無陰故秋士感陰氣而思女是由其萬物變化故所以思見之而悲也婦人謂嫁爲歸經於傷悲之下即言與公子同歸是說女之思嫁不得爲公子率民故易傳以言悲則始有與公子同歸之志欲得嫁焉雖貴賤有異感氣則同故

與公子同有歸嫁之意雖感陽氣使然亦是感蠶事之苦而生此志申傳感二事之意也莊元年公羊傳說築王姬之館云於羣公子之舍則以卑矣是諸侯之女稱公子也此章所言是謂豳國之風詩也此言是豳風六章云是謂豳雅卒章云是謂豳頌者春官籥章云仲春晝擊土鼓吹豳詩以迎暑仲秋夜迎寒亦如之凡國祈年於田祖吹豳雅擊土鼓以樂田畯國祭蜡則吹豳頌以息老物以周禮用爲樂章詩中必有其事此詩題曰豳風明此篇之中當具有風雅頌也别言豳雅豳頌則豳詩者是豳風可知故籥章注云此風也而言詩詩揔名也是有豳風也且七月爲國風之詩自然豳詩是風矣既知此篇兼有雅頌則當以類辨之風者諸侯之政教凡繫水土之風氣故謂之風此章女心傷悲乃是民之風俗故知是謂豳風也雅者正也王者設教以正民作酒養老是人君之美政故知穫稻爲酒是豳雅也頌者美盛德之形容成功之事男女之功俱畢無復飢寒之憂置酒稱慶是功成之事故知朋酒斯饗萬壽無疆是謂豳頌也籥章之注與此小殊彼注云豳詩謂七月也七月言寒暑之事迎氣歌之歌其類言寒暑之事則首章流火觱發之類是也又云豳雅者亦七月也七月又有于耜舉趾饁彼南畝之事是亦歌其類也則亦以首章爲豳雅也又云豳頌者亦七月也七月又有穫稻釀酒躋彼公堂稱彼兕觥萬壽無疆之事是亦歌其類也兼以穫稻釀酒亦爲豳頌皆與此異者彼又觀籥章之文而爲說也以其歌豳詩以迎寒迎暑故取寒暑之事以當之吹豳雅以樂田畯故取耕田之事以當之吹豳頌以息老物故取養老之事以當之就彼爲說故作兩解也諸詩未有一篇之內備有風雅頌而此篇獨有三體者周召陳王化之基未有雅頌成功故爲風也鹿鳴陳燕勞伐事之事文王陳祀考天命之美雖是天子之政未得功成道洽故爲雅天下太平成功告神然後謂之爲頌然則始爲風中爲雅成爲頌言其自始至成别故爲三體周公陳豳公之教亦自始至成述其政教之始則爲豳風述其政教之中則爲豳雅述其政教之成則爲豳頌故今一篇之內備有風雅頌也言此豳公之教能使王業成功故也

七月流火八月萑葦

薍爲萑葭爲葦豫畜萑葦可以爲曲也箋云將言女功自始至成故亦又本於此○萑戶官反葦韋鬼反薍五患反葭音加畜本又作蓄同勑六反下同

蠶月條桑取彼斧斨以伐遠揚猗彼女桑

斨方銎也遠枝遠也揚條揚也角而束之曰猗女桑荑桑也箋云條桑枝落采其葉也女桑少枝長條不枝落者束而采之○條徒彫反注條桑同又如字沈暢遙反斨七羊反猗於綺反徐於寓反銎曲容反說文云斧空也荑徒兮反

七月鳴鵙八月載績載玄載黃我朱孔陽爲公子裳

鵙伯勞也載績絲事畢而麻事起矣玄黑而有赤也朱深纁也陽明也祭服玄衣纁裳箋云伯勞鳴將寒之候也五月則鳴豳地晚寒鳥物之候從其氣焉凡染者春暴練夏纁玄秋染夏爲公子裳厚於其所貴者說也○鵙圭覓反字林工役反纁許云反暴蒲卜反染如琰反

【疏】七月至子裳○正義曰言七月流下者火星也民知將寒之候八月萑葦既成豫畜之以擬蠶用於養蠶之月條其桑而采之謂斬條於地就地采之也猗束彼女桑而采之謂柔穉之桑不枝落者以繩猗束而采之也言民受先公之教能勤蠶事也蠶事既畢又須績麻七月中有鳴者是鵙之鳥也是將寒之候八月之中民始績麻民又染繒則染爲玄則染爲黃云我朱之色甚明好矣以此朱爲公子之裳也績麻爲布民自衣之玄黃之色施於祭服朱則爲公子裳皆是衣服之事雜互言之也○傳薍爲至爲曲○正義曰釋草云菼薍樊光云菼初生葸息理反騂色海濱曰薍郭璞曰似葦而小又云葭華舍人曰葭一名華樊光引詩云彼茁者葭郭璞曰即今蘆也又云葭蘆郭璞曰葦也然則此二草初生者爲菼長大爲薍成則名爲萑初生爲葭長大爲蘆成則名爲葦小大之異名故云薍爲萑葭爲葦此對文耳散則通矣蒹葭云白露爲霜之時猶名葭行葦云敦彼行葦夏時已名葦也月令季春說養蠶之事云具曲植籧筐注云曲薄也植槌也薄用萑葦爲之下句言蠶事則萑葦爲蠶之用故云豫畜萑葦可以爲曲也○箋將言蠶至於此○正義曰養蠶女功之始衣服女功之成上章止言蠶生之事故箋云女功之始此章并說爲裳故云自始至成也○傳斨方至荑桑○正義曰破斧傳云隋銎曰斧方銎曰斨然則斨即斧也唯銎孔異耳故云斨方銎也此蓋相傳爲然無正文也劉熙釋名曰斨戕也所伐皆戕毀也言遠枝遠者謂長枝去人遠也揚條揚者也謂長條揚起者皆手所不及故枝落之而采取其葉襄十四年左傳云譬如捕鹿晉人角之諸戎掎之然掎角皆遮截束縛之名也故云角而束之曰猗女是人之弱者故知女桑柔桑言柔弱之桑其條雖長不假枝落故束縛而采也集注及定本皆云女桑荑桑○周易枯楊生荑之義荑是葉之新生者○傳鵙伯至纁裳○正義曰鵙伯勞釋鳥文李巡曰伯勞一名鶪樊光曰春秋云少皞氏以鳥名官伯趙氏司至伯趙鵙也以夏至來冬至去郭璞曰似鶷鶡而大陳思王惡鳥論云伯勞以五月鳴應陰

氣之動陽氣爲仁養陰爲殺殘賊伯勞蓋賊害之鳥也其聲鶪鶪故以其音名云陳風云不績其麻績緝麻之名八月絲事畢而麻事起故始績也玄黑而有赤謂色有赤黑雜者考工記鍾氏說染法云三入爲纁五入爲緅七入爲緇注云染纁者三入而成又再染以黑則爲緅緅今禮記作爵言如爵弁色也又復再染以黑乃成緇矣凡玄色者在緅緇之間其六入者與染法互人數禮無明文故鄭約之以爲六入謂三人赤三入黑是黑而有赤也士冠禮云爵弁服纁裳注云凡染絳一入謂之縓再入謂之赬三入謂之纁朱則四入矣以上染朱人數書傳無文故約之以爲四入也三則爲纁四入乃成朱色深於纁故云朱深纁也陰陽相對則陰闇而陽明矣朱色無陰陽之義故以陽爲明謂朱爲光明也易下繫云黄帝堯舜垂衣裳蓋取諸乾坤注云乾爲天坤爲地天色玄地色黄故玄以爲衣黄以爲裳象天在上地在下土記位於南方南方故云用纁是祭服用玄衣纁裳之義染色多矣而特舉玄黄故傳解其意由祭服尊故也○箋伯勞至者說○正義曰五月陰氣動而伯勞鳴是將寒之候也月令仲夏鶪始鳴是中國正氣五月則鳴今豳地晚寒鳥初鳴之候從其鄉土之氣焉故至七月鳴始鳴也此篇箋傳三云晚寒上言于耜舉趾下云載纘武功唯校中國一月此獨校兩月者豳處西北遠於諸華寒氣之來大率晚耳未必皆與中國常校一月何則蠶月條桑八月其穫七月食瓜八月剝棗九月肅霜十月滌場如此之類皆與中國同也旣云同於中國不得齊校一月自然有大晚者得校兩月也王肅云蟬及鶪皆以五月始鳴今云七月其義不通也古五字如七肅之此說理亦可通但不知經文實誤不耳豳地大率晚寒箋傳略舉三事又以月令校之豳地之寒晚於中國者非徒此三事而已月令仲春之月倉庚鳴此云蠶月始鳴月令季秋草木黄落此云十月隕蘀月令季秋令民云寒氣摠至其皆入室此云曰爲改歲人此室處月令季秋天子嘗稻此云十月穫稻月令仲秋云天子嘗麻此云九月叔苴月令季冬命取冰此云三之日納于凌陰皆是晚寒所致箋傳不說者已舉三事其餘後○可知也上云三之日于耜言晚寒者猶寒氣晚至故耕田晚也七月鳴鶪言晚寒者謂温氣晚則鶪鳴晚也上傳言晚寒則此箋當言晚温而亦言晚寒者鄭荅張逸云晚寒亦晚温其意言寒來旣晚故順上傳舉晚寒以明晚温耳孫毓以爲寒鄉率早寒北方是也熱鄉乃晚寒南方是也毛傳言晚寒者豳土寒多雖晚猶寒非謂寒來晚也毓之此言似欲有理但案經上下言九月肅霜與中國氣同穫稻乃晚於中國非是寒來早也明是寒來晚故温亦晚也凡染春暴練夏纁玄秋染夏天官染人文彼注云暴練練其素而暴之纁玄者可以染此色玄纁者天地之色以爲祭服石染當及盛暑熱潤湛研之三月而後可用考工記鍾氏則染纁術也染玄則史傳闕矣染夏者染五色謂之夏者其色以夏翟爲飾夏翟毛羽五色皆備成章染者擬以爲深淺之度是以放而取名引此者證經載玄載黄謂以夏日染之四月染也實在夏而文承八月之下者以養蠶績麻是造衣之始故先言之染色作裳是爲衣之終故後言之言蠶績所得民亦自衣而特言公子裳厚重於其貴者故特說之以下于貉不言爲民之裘而狐貍云爲公子裘亦是厚於貴者與此同

四月秀葽五月鳴蜩八月其穫十月隕蘀不榮而實曰秀葽葽草也蜩螗也穫禾可穫也隕墜蘀落也箋云夏小正四月王萯秀葽其是乎秀葽也鳴蜩也穫禾也隕蘀也四者皆物成而將寒之候物成自秀葽始○葽於遙反蜩徒彫反穫戶郭反下同隕于敏反蘀音託螗音唐墜直類反萯音婦

一之日于貉取彼狐貍爲公子裘于貉謂取狐貍皮也狐貉之厚以居孟冬天子始裘箋云于貉往搏貉以自爲裘也狐貍以共尊者言此者時寒宜助女功○貉戶各反獸名貍力之反獸名搏音博舊音付自爲于僞反

二之日其同載纘武功言私其豵獻豜于公纘繼功事也豕一歲曰豵三歲曰豜大獸公之小獸私之箋云其同者君臣及民因習兵俱出田也不用仲冬亦豳地晚寒也豕生三曰豵○纘子管反豵子公反豜古牽反又音牽

疏○四月至于公○正義曰四月秀者葽之草也五月鳴者蜩之蟲也八月其禾可穫刈也十月木葉皆隕落也此四物漸而成終落則將寒之候時旣漸寒至大寒之月當取皮爲裘以助女功一之日往捕貉取皮庶人自以爲裘又取狐與貍之皮爲公子之裘絲麻不足以禦寒故爲皮裘以助之旣言捕貉取狐因說田獵之事至二之日之時君臣及其民俱出田獵則繼續武事年常習之使不忘戰也我在軍之士私取小豵獻大豜於公戰鬬不可以不習四時而習之兵事不可以空設田獵蒐狩以閑之故因習兵而俱出田獵也美先公禮教備矣○傳不榮至蘀落○正義曰釋草云華榮也木謂之華草謂之榮不榮而實者謂之秀榮而不實者謂之英李巡曰分別異名以曉人則彼以英秀對文故以英爲不實秀爲不榮出車云黍稷方華生民說黍稷云實發實秀是黍稷有華亦稱秀也言其秀實知葽是草也釋蟲云蜩蜋蜩螗蜩舍人云皆蟬方言曰楚謂蟬

爲蜩宋衛謂之螗蜩陳鄭謂之蜋蜩秦晉謂之蟬是蜩蟬一物方俗異名耳釋蟲又云蜺寒蜩郭璞曰寒螿也似蟬而小青赤引月令云寒蟬鳴與此鳴蜩不同者夏小正云五月螗蜩鳴七月寒蟬鳴是其異也八月其穫者唯有禾耳故知其穫謂禾可穫也隕墜釋詁文。箋小正至萯始。正義曰夏小正者大戴禮之篇名也萯之爲草書傳無文四月已秀物之鮮矣故疑王萯與萯爲一言萯其是乎爲疑之辭也月令孟夏王瓜生注云今曰王萯生夏小正云王萯秀未聞孰是鄭以四月生者自是王瓜今月令與夏小正皆作王萯而生秀字異必有誤者故云未知孰是本草云萯生田中葉青刺人有實七月采陰乾云七月采之又非四月已秀是萯以否未能審之物之成熟莫先萯草故云物成自秀萯始微見言月之意由有物成故也。傳于貉至始裘。正義曰于謂往也于貉言往不言取狐貍言取不言往皆是往捕之而取其皮故傳言于貉謂取狐貍皮并明取之意也狐貉之厚以居論語文言其毛厚服之居於家也孟冬天子始裘月令文言自此之後民亦服裘也引二文者證取皮爲裘之義孟冬已裘而仲冬始捕獸者爲來年用之天官掌皮秋斂皮冬斂革春獻之注云皮革踰歲乾冬乃可用獻之以入司裘是其事也孟冬始裘而司裘仲秋獻良裘季秋獻功裘者豫獻之以待王時服用頒賜故也。箋于貉至女功。正義曰以經狐貍以下爲公子裘耳明于貉是民自用爲裘也禮無貉裘之文唯孔子服狐貉裘以居明貉裘賤故也定九年左傳稱齊大夫東郭書衣貍製服虔云貍製貍裘也禮言狐裘多矣知狐貍以供尊者言此時寒宜助女功以布帛爲正女功皮裘爲助女功非謂男助女也。傳纘繼至私之。正義曰纘繼功事皆釋詁文豵人私豜人公則纘繼至私之其一歲三歲蓋相傳爲然無正文也大獸公之小獸私之大司馬職文彼云小禽私之禽獸得通因經言獸故言獸也。箋其同至曰豵。正義曰大司馬云仲春教振旅遂以蒐田仲夏教茇舍遂以苗田仲秋教治兵遂以獮田仲冬教大閱遂以狩田是皆因習兵而田獵也祀云仲冬此言二之日卽是季冬也不用仲冬者豳地晚寒故習兵晚也四時皆習兵而獨說冬獵者以取皮在冬且大閱祀備故也豕生三曰豵釋獸文箋既易傳不以豵爲一歲之名則豜亦非三歲之稱釋獸釋鹿與麕皆云絕有力麉箋意蓋以豜爲鹿麕有力者也

五月斯螽動股六月莎雞振羽七月在野八月在宇九月在戶十月蟋蟀入我牀下

斯螽蚣蝑也莎雞羽成而振訊之。箋云自七月在野至十月入我牀下皆謂蟋蟀也言此三物之如此著將寒有漸非卒來也。螽音終莎音沙徐又素和反沈云舊多作莎今作沙音素何反宇屋四垂爲宇韓詩云宇屋霤也蟋音悉蟀所律反蚣相容反又相工反蝑相魚反又相呂反訊音信本又作迅同卒寸忽反

穹窒熏鼠塞向墐戶

穹窮窒塞也向北出牖也墐塗也庶人蓽戶。箋云爲此四者以備寒。穹起弓反窒珍悉反徐得悉反熏許云反塞向如字北出牖也韓詩云北向窗也墐音覲牖音酉蓽音必

嗟我婦子曰爲改歲入此室處

箋云曰爲改歲者歲終而一之日觱發二之日栗烈當避寒氣而入所穹窒墐戶之室而居之至此而女功止。曰爲上音越下音于僞反一讀上而實反下如字漢書作聿爲

〔疏〕五月至室處。正義曰言五月之時斯螽之蟲搖動其股六月之中莎雞之蟲振訊其羽蟋蟀之蟲六月居壁中至七月則在野田之中八月在堂宇之下九月則在室戶之內至於十月則蟋蟀之蟲入於我之牀下此皆將寒漸故三蟲應節而變蟲既近人大寒將至故穹塞其室之孔穴熏鼠令出其窟塞北出之牖墐塗荆竹所織之戶使令室無隙孔寒氣不入爾人又告妻子言已穹室墐戶之意嗟乎我之婦與子我所以爲此者曰爲改歲之後觱發栗烈大寒之時當入此室而居處以避寒故爲此也。傳斯螽至訊之。正義曰斯螽蚣蝑釋蟲文又云螒天雞樊光曰謂小蟲黑身赤頭一名莎雞一名酸雞郭璞曰一名莎雞又曰樗雞陸機疏云莎雞如蝗而班色毛翅數重其翅正赤或謂之天雞六月中飛而振羽索索作聲幽州人謂之蒲錯是也。箋七月至卒來。正義曰以入我牀下是自外而入在野在宇在戶從遠而至於近故知皆謂蟋蟀也退蟋蟀之文在十月之下者以人之牀下非蟲所當入故以蟲名附十月之下所以婉其文也戶宇言在牀下言入者以牀在其上故變稱入也月令季夏云蟋蟀居壁是從壁內出在野。傳穹窮至蓽戶。正義曰窒塞釋言文以窒是塞故穹爲窮言窮盡塞其窟穴也士虞禮云祝啓牖鄉注云鄉牖一名也明堂位注云鄉牖屬此爲寒之備不塞南窗故云北出牖也備寒而云墐戶明是用泥塗之故以墐爲塗也所以須塗者庶人蓽戶儒行注云蓽戶以荆竹織門以其荆竹通風故泥之也。箋曰爲至功止。正義曰月令孟冬命有司閉塞而成冬此經穹窒墐戶文在十月之下亦當以十月塞塗之矣云曰爲改歲者以仲冬陽氣始萌可以爲年之始故改正朔者以建子爲正歲亦莫止謂十月爲莫是過十月則改歲乃大寒故言改

歲之後方始入室若揔言一歲之事則寒暑一周乃爲終歲寒氣未過是爲未終故上言無衣無褐不得終歲謂度寒至春二者意小異也言入室者夏秋以來亦在此室欲言避寒之意故云入此室耳非是別有室也從養蠶而至此時一歲之女功止故告婦子令之入室避寒也

六月食鬱及薁七月亨葵及菽八月剝棗十月穫稻爲此春酒以介眉壽鬱棣屬薁蘡薁也剝擊也春酒凍醪也眉壽豪眉也箋云介助也既以鬱下及棗助男功又穫稻而釀酒以助其養老之具是謂豳雅。薁於六反亨普庚反菽音叔本亦作叔藿也剝普卜反注同介音界棣大計反蘡於盈反或於耕反凍丁貢反醪老刀反釀女亮反**七月食瓜八月斷壺九月叔苴采荼薪樗食我農夫**壺瓠也叔拾也苴麻子也樗惡木也箋云瓜瓠之畜麻實之糝乾荼之菜惡木之薪亦所以助男養農夫之具。瓜古花反字或加艸非苴七餘反荼音徒樗勑書反又他胡反食音嗣瓠戶故反拾音十糝素感反

【疏】六月至農夫。正義曰此鬱薁言食則葵菽及棗皆食之也但鬱薁生可食故以食言之葵菽當亨煮仍

食棗當剝擊取之各從所宜而言之其實皆是食也穫稻作酒云以介眉壽主爲助養老人則農夫不得飲之其鬱薁葵棗瓜瓠農夫老人皆得食之其荼樗云食我農夫則老人不食之矣。傳鬱棣至豪眉。正義曰鬱棣屬者是唐棣之類屬也劉稹毛詩義問云其樹高五六尺其實大如李正赤食之甜本草云鬱一名雀李一名車下李一名棣生高山川谷或平田中五月時實言一名棣則與棣相類故云棣屬薁蘡者亦是鬱類而小別耳晉宮閣銘云華林園中有車下李三百一十四株薁李一株車下李即鬱薁李即薁二者相類而同時熟故言鬱薁也棗須樹擊之所以剝爲擊也春酒凍醪者醪是酒之別名此酒凍時釀之故稱凍醪天官酒正辨三酒之物云一曰事酒二曰昔酒三曰清酒注云事酒今之醳酒也昔酒今之酋久白酒所謂舊醳者也清酒今之中山冬釀接夏而成者然則春酒即彼三酒之中清酒也人年老者必有豪毛秀出者故知眉謂豪眉也。箋介助至豳雅。正義曰釋詁云介右也右助也展轉相訓是介爲助也鬱下及棗揔助男功穫稻爲酒雅助養老故辨之以黍稷菽麥爲正男功果實菜茹爲助男功非是女助男也。箋壺瓠至惡木。正義曰以壺與食瓜連文則是可食之物故知壺爲瓠謂甘瓠可食就蔓斷取而食之說文云叔拾也亦爲叔伯之字

喪服注云苴麻之有實者然則叔苴謂拾取麻實以供食也樗唯堪爲薪故云惡木此經食瓜則斷瓠拾麻亦食之也荼以爲菜樗以爲薪各從所宜而立文耳下章納穀有麻在男功之正此說男功之助言叔苴者以麻九月初熟拾取以供羹菜其在田收穫者猶納倉以供常食也

九月築場圃春夏爲圃秋冬爲場箋云場圃同地自物生之時耕治之以種菜茹至物盡成熟築堅以爲場。場直羊反下同本又作場場依字失陽反今亦宜直羊反圃布古反一音布茹如豫反**十月納禾稼黍稷重穋禾麻菽麥**後熟曰重先熟曰穋箋云納內也治於場而內之囷倉也。重直容反注同先種後熟曰重又作種音同說文云禾邊作重是重穋之字禾邊作童是種蓺之字今人亂之已久穋音六本又作稑音同說文云稑或從翏後種先熟曰稑囷丘倫反**嗟我農夫我稼既同上入執宮功**入爲上出爲下箋云既同言已聚也可以上入都邑之宅治宮中之事矣於是時男之野功畢。上時掌反汁同**晝爾于茅宵爾索綯**宵夜綯絞也箋云爾女也女當晝日往取茅歸夜作絞索以待時用。索素落反綯徒刀反絞古卯反

亟其乘屋其始播百穀乘升也箋云亟急乘治也七月定星將中急當治野廬之屋其始播百穀謂祈來年百穀于公社。亟紀力反定都佞反

【疏】九月至百穀。毛以爲此章說農夫作事之終故言九月之時築場於圃之中以治穀也十月之中納禾稼之所收穫者黍稷重穋禾麻菽麥之等納之於囷倉之中粟既納倉則農事畢了民嗟乎我農夫之等我之稼穡既已積聚矣野中無事可以上入都邑之宅執治於宮中之事宮中所治當是何事即相謂云晝日爾當往取茅草夜中爾當作索綯以待明年蠶用也汝又當急其升上野廬之屋而脩治之以待耘耔之時所以止息繇公又其始爲民播種百穀之故而祈祭社稷田事不久故豫脩廬舍美農人趍時也。鄭唯以乘爲治謂急治野屋爲異餘同。傳春夏至爲場。正義曰地官載師云場圃在園地注云圃樹果蓏之屬季秋於中爲場樊圃謂之園然則園者外畔藩籬之名其內之地種樹菜果則謂之圃蹂踐禾稼則謂之場故春夏爲圃秋冬爲場東山云町畽鹿場是謂蹂踐之名箋云種菜茹者烝民云柔亦不茹茹者咀嚼之名以爲菜之別稱故書傳謂菜爲茹。傳後熟至曰穋。正義曰後熟者先種之先熟者後種之故天官內宰鄭司農云先種後熟謂之重後種先熟謂之穋

相傳爲然無正文也。箋納內至囷倉。正義曰宅在都田在野上言場此言納故知納是治於場而內於倉也苗生既秀謂之禾種殖諸穀名爲稼禾稼者苗幹之名此言納禾稼謂納於場但既言治於場遂內於倉下句雖言既同不見納倉之事故箋連言之耳禾稼禾麻再言禾者以禾是大名也徒黍稷重穋四種而已其餘稻秫苽粱之輩皆名爲禾麻與菽麥則無禾稱故於麻麥之上更言禾字以總諸禾也此文所不見者明其皆納之也。箋既同至功畢。正義曰既納囷倉已是聚矣言治宮中之事則是訓功爲事經當云執於宮公本或公在宮上誤耳今定本云執宮功不爲公字於是男之野功畢宮內之事則未畢故入之執於宮功。傳綯絞。正義曰釋言文李巡曰綯繩之絞也。傳乘升。正義曰乘車是升其上其乘屋亦升其上故爲升也。箋亟急至公社。正義曰亟急釋言文以民治屋不應直言升上而已故易傳以乘爲治下句言其始播百穀則乘屋亦爲田事且上云塞向墐戶是都邑之屋故知此所治屋者民治野廬之屋也播種百穀乃是明年之事今於十月之中則是預有所營與播種者爲始與穀爲始不過祈祭社稷故知其始播百穀祈來年百穀於公社治屋者民自治之祭社者則公爲之祭非。祭也所以二句得相成者以民所以治屋者見公家祭社爲祈來年播種百穀故民亦治屋爲來年鋤耘而止舍月令孟冬天子乃祈來年於天宗大割牲祀于公社及門閭臘先祖五祀注云此周禮所謂蜡也天宗謂日月星辰大割大殺羣牲割之臘謂以田獵所得禽祭五祀門戶中霤竈行或言祈年或言大割牲或言臘互文是十月之時爲民祈來年百穀也月令天子之事故云祈於天宗此陳豳公之政指言公社以諸侯之事不得祭天故也

二之日鑿冰沖沖三之日納于凌陰四之日其蚤獻羔祭韭冰盛水腹則命取冰於山林沖沖鑿冰之意凌陰冰室也箋云古者日在北陸而藏冰西陸朝覿而出之祭司寒而藏之獻羔而啓之其出之也朝之祿位賓食喪祭於是乎用之月令仲春天子乃獻羔開冰先薦寢廟周禮凌人之職夏頒冰掌事秋刷上章備寒故此章備暑后稷先公禮教備也。鑿在洛反沖直弓反聲也蔆力證反又音陵說文作縢音凌蚤音早韭音九字或加艸非覆音福覿徒歷反祭司寒本或作祭寒朝之直遙反刷所劣反爾雅云清也三蒼云埽也

九月肅霜十月滌場朋酒斯饗曰殺羔羊肅縮也霜降而收縮萬物滌。場功畢入也兩樽曰朋饗者。鄉人以狗大夫加以羔羊箋云十月民事男女俱畢無飢寒之憂國君閑於政事而饗羣臣。滌直歷反埽也曰音越或人實反非縮所六反間音閑

躋彼公堂稱彼兕觥萬壽無疆公堂學校也觥所以誓衆也疆竟也箋云於饗而正齒位故因時而誓焉飲酒既樂欲大壽無竟是謂豳頌。躋子兮反升也兕徐履反本或作兕觥虢彭反本亦作觵疆居良反或音注爲境非校戶教反樂音洛

【疏】二之日至無疆。毛以爲豳公教民二之日之時使人鑿冰沖沖然三之日之時納于凌陰之中四之日其早朝獻黑羔於神祭用韭菜而開之所以禦暑言先公之教寒暑有備也又九月之時收縮萬物者是露爲霜也十月之中埽其場上粟麥盡皆畢矣於是設兩樽之朋酒斯爲飲酒之饗禮其牲用犬若有大夫來至則相命曰當殺羔羊尊大夫故特爲殺羊乃升彼公堂序學之上舉彼兕觥之爵以誓告衆人使無違於禮於是民慶豳公使得萬年之壽無有疆境之時美先公禮教周備爲民所慶賀也鄭以爲朋酒斯饗民事畢國君閑暇設朋輩之尊酒斯饗勞羣臣作大飲之禮曰殺羔羊以爲殽羞羣臣皆升彼公堂之上有司乃舉彼兕觥以誓羣臣使無犯禮者羣臣於是慶君使君萬壽無疆餘同。傳冰盛至冰室。正義曰月令季冬冰方盛水澤腹堅命取而藏之注云腹堅厚也此月日在北陸冰堅厚之時昭四年左傳說藏冰之事云深山窮谷於是乎取之是於冰厚之時命取冰也左傳言取冰於山耳此兼言林者以山木曰林故連言之沖沖非貌非聲故云鑿冰之意納於凌陰是藏冰之處故知爲冰室也案天官凌人云正歲十有二月令斬冰三其凌注云凌冰室也三之者爲消釋度也杜子春云三其凌者三倍其冰此言凌陰始得爲凌室彼直言凌此亦得爲凌室者凌冰一物既云斬冰而又云三其凌則是斬冰三倍多於凌室之所容故知三其凌者謂凌室不然單言凌者止得爲冰體不得爲冰室也凌人十二月斬冰即以其月納之此言三之日納于凌陰四之日即出之藏之既晚出之又早者鄭荅孫皓云豳土晚寒故可夏正月納冰夏二月仲春大蔟用事陽氣出始溫故禮應開冰先薦寢廟言由寒晚得晚納冰依禮須早開故也月令孟春律中大蔟二月律中夾鍾言二月大蔟用事者以大蔟爲律夾鍾爲呂呂者助律宣氣律統其功故雖至二月猶云大蔟用事。箋古者至教備。正義曰自於是乎用之以上皆昭四年左傳文彼說藏冰之事其末云七月之卒章藏冰之道與此同故具引之釋天云北陸虛也西陸昴也孫炎曰陸中也北方之宿虛爲中也西方之宿昴爲中然則日在北陸謂日體在

北方之中宿是建丑之月夏之十二月也劉歆三統歷術十二月小寒節日在女八度大寒中日在危一度是大寒前一日日猶在虛於此之時可藏冰也西陸朝覿而出之謂日行已過於昴星在日之後早朝出現也三統術四月立夏節日在畢十二度星去日半次然後見是立夏之日日去昴星之界已十二度昴星得朝見也於此之時可出冰也祭司寒而藏之還謂建丑之月祭主寒之神而藏此冰也獻羔而啓之謂建卯之月獻羔以祭主寒之神開此冰也二月開冰公始用之未賜臣也至於夏初其出之也朝之祿位賓食喪祭於是乎普用之乃是頒賜臣下也服虔云祿位謂大夫以上賓客食喪有祭祭祀是其普用之事也服虔以西陸朝覿而出之謂二月日在婁四度春分之中奎始晨見東方蟄蟲出矣故以是時出之給賓客喪祭之用服說如此知鄭不與同者以鄭荅孫皓云西陸朝覿謂四月立夏之時周禮曰夏班冰是也是鄭以西陸朝覿謂四月與服異也鄭意所以然者以西陸爲昴爾雅正文西陸朝覿當爲昴星朝見不得爲奎星見也故知出之爲四月賜非二月初開也傳下句別言祭司寒而藏之獻羔而啓之乃謂十二月始藏之二月初開之耳傳言祭寒而藏之不言司寒箋引彼文加司字者彼文上句云以享司寒下句重述其事略其司字箋以經有藏冰獻羔

二事故略引下句以當之不引上句故取上句之意加司字以足之服虔云司寒司陰之神玄冥也將藏冰致寒氣故祀其神鄭意或亦然也箋又引其出之以下者解此藏冰之意言爲此頒冰故藏之也傳文其出之也在司寒之上此引之到者以其不證經文故退令在下月令仲春天子乃獻羔開冰先薦寢廟月令文也彼作鮮羔注云鮮當爲獻此已破引之證經獻羔之事在二月也祭韭者蓋以時韭新出故用之王制云庶人春薦韭亦以新物故薦之也周禮凌人之職夏班冰掌事秋刷天官凌人文彼注云暑氣盛王以冰頒賜則主爲之刷清也秋涼冰不用可以清除其室也案傳以啓之下云火出而畢賦又云火出於夏爲三月則是三月頒冰周禮言夏頒冰者凡言時事總舉天象不可必以其月也以三月火始見四月則立夏時相接連冰以暑乃賜之故當在於四月是火出之後故傳以火出言之上章蠶績裳裘是備寒之事故此章又說藏冰是備暑之事言后稷先公禮教備也以序言后稷故兼言也○傳肅縮至羔羊○正義曰肅音近縮故肅爲縮也霜降收縮萬物言物乾而縮聚也月令季春行冬令則草木皆肅注云肅謂枝葉縮栗亦謂縮聚乾燥之意也洗器謂之滌則是淨義故爲埽也在場之功畢已入倉故滌埽其場朋者輩類之言此言朋酒則酒有兩樽故言兩

樽曰朋埽場是農人之事則斯饗是民自飲酒故言饗禮者鄉人飲酒以狗爲牲大夫與爲則加以羔羊言曰殺羔羊是鄉人見大夫而始發此言故稱曰也鄉人飲酒而謂之饗者鄉飲酒禮尊事重故以饗言之譜說用樂之事云饗賓或上取鄉飲酒注云鄉飲酒升歌小雅禮盛者進取是鄉飲酒之禮得稱饗也此鄉人用狗殺羊謂黨正飲酒地官黨正職曰國索鬼神而祭祀以禮屬民而飲酒於序以正齒位一命齒於鄉里再命齒於父族三命不齒注云正齒位者爲民三時務農將闕於禮至此農隙而教之尊長養老見孝悌之道也鄉人雖爲鄉大夫必來觀禮是鄉人飲酒有大夫與之也鄉飲酒禮自是三年賓賢能之禮而黨正飲酒之禮亦與之同鄉飲酒經云尊兩壺於房戶之間有玄酒是用兩樽也記云其牲狗注云狗取擇人是鄉人以狗也王制云大夫無故不殺羊是行禮飲酒有故得用羊故云大夫加以羔羊也此實黨正飲酒正有一黨之人傳言鄉人者以黨正飲酒亦名鄉飲酒故也鄉飲酒義注云黨正飲酒而謂之鄉者州黨鄉之屬或則鄉之所居州黨鄉大夫親爲主人是解黨正飲酒得稱鄉人之意也○箋十月至羣臣○正義曰箋以下云躋彼公堂是升君之堂萬壽無疆是處君之辭又鄉飲酒之禮用狗不用羊故易傳以爲斯饗謂國君間於政事而饗羣臣也

月令孟冬云是月也大飲烝注云十月農功畢天子諸侯與羣臣飲酒於大學以正齒位謂之大飲別之於燕其禮亡烝謂特牲體謂爲俎引此詩十月滌場以下云是豳頌大飲之詩是鄭以天子諸侯自有大饗羣臣之禮故不爲鄉飲酒也言別於燕禮小於大飲燕禮上設六樽此言朋酒者設尊之法每兩尊並設故云朋耳非謂國君大飲唯兩尊也燕禮云司宮尊於東楹之西兩方壺公尊瓦大夫尊兩圜壺是尊皆兩兩對設之也案燕禮記云其牲狗此大飲大於燕禮故用羊也○傳公堂至疆竟○正義曰傳以朋酒斯饗爲黨正飲酒之禮案黨正屬民而飲酒于序則公堂學校謂黨之序學也謂之公堂者以公法爲學故稱公耳天官酒正云凡爲公酒者注云謂鄉射飲酒以公事作酒者是鄉人之事得稱公也兕觥者罰爵此無過可罰而云稱彼故知舉之以誓戒衆人使之不違禮疆是境之別名言年壽長遠無疆畔也定本竟作境○箋於饗至豳頌○正義曰箋以斯饗爲國君大飲之禮以正齒位故因是時而誓焉使羣臣知長幼之序令之不犯禮也月令注云天子諸侯與羣臣飲酒於大學以正齒位謂之大飲則此公堂謂之大學也知在大學亦正齒位者以國君大飲與黨正飲酒皆農隙而爲俱教孝悌之道黨之於序學知國君於大學黨正飲酒爲正齒位知國君飲酒亦

正齒位也

七月八章章十一句

附釋音毛詩注疏卷第八 八之一

黄中栻栞

毛詩注疏校勘記 八之一

阮元撰盧宣旬摘錄

豳譜

以此敘己志 補案此當作比正義以比序己志又以比己身序己志皆可證

后稷之曾孫也公劉者 閩本明監本毛本同案浦鏜云曰誤也是也

由其積德勤民 閩本明監本勤誤愛毛本作亶誤山井鼎云乃改之互換其處是也

俱是先公之後 閩本明監本毛本後誤後下明是念其俊者同閩本監本毛本俱改則

後成王迎之反之 閩本明監本毛本同案上之字浦鏜云而誤是也正義云是成王迎而反之可證

主意於豳公之事 毛本主誤王閩本明監本不誤案山井鼎云王當作主物觀補遺不載據宋板皆失之

主意於豳公之事 閩本明監本毛本同案十行本損以字計之應少一字改刻補損而誤也

十有一年武王伐殷 閩本明監本毛本一作三案文王正義作一可證此改刻補損而誤

於四方諸來朝 明監本毛本諸下有侯字閩本無案有者是也采菽正義引有

故迎周公 閩本明監本毛本同案浦鏜云欲誤故是也

非是六軍之事 補毛本事作士按士字是也

必然以否 明監本毛本以誤與閩本不誤案以否正義中常語而不知乃改之

○七月

無怨於我先王 補閩本明監本毛本同案怨於當作以告

古者避辟扶亦反譬僻 閩本明監本毛本同案扶亦反三字當旁行細書正義自爲音例如此考此正義所言知采苓正義必當易辟爲僻今盡作辟者後人依注改也此類多矣○按自爲音未必

雙行小字

故毛讀辟爲辟　明監本毛本下辟字誤避閩本不誤案此即上扶亦反字

諸衣言裳避寒之事〔補〕案衣言二字當倒

其助在戌一冬之月　閩本明監本毛本同案此當作其助在戌冬一之日冬一字誤倒日誤月

二之日栗烈　唐石經小字本相臺本同案此釋文本也釋文云栗烈並如字下泉大東正義皆引作二之日栗冽云字從冰此正義云有栗冽之寒氣以下皆作烈猶引白旆英英而本詩作央央也又五經文字仌部有凓字是栗亦有從仌者今考毛氏詩多假借字當以釋文云如字者爲長四月箋云烈烈猶栗烈也亦其證○按詩經小學全書考栗烈當爲凓冽其說甚詳今坊閒所行乃刪本耳

觱發風寒也　小字本相臺本同案正義云有觱發之寒風又云故以觱發爲寒風考說文云滭風寒也用此傳正義下云仲冬之月待風乃寒則作風寒者是也有觱發之寒風自爲文而倒之也其故以觱發爲風寒不當倒乃後來所改也釋文觱發下云寒也有誤詳後考證考文古本作寒風采正義而誤

正中在南方大寒　明監本毛本寒下有退字閩本剜入案所補是也

吳志孫晧問　閩本明監本毛本同案吳當作鄭因學紀聞當正其誤是當時本已作吳矣

前受東方之體　閩本明監本毛本同案體當作禮形近之譌禮即謂月令也

又復指斥其一之日　閩本明監本毛本日下有者字案所補是也

此篇說文是也　閩本明監本毛本同案浦鏜云說當設字誤

衣絲蠶爲重〔補〕閩本明監本毛本衣下有事字案十行本損今以字計之應少一字改刻補損而誤也

當季冬之月　閩本明監本毛本當下有以字閩本剜入案所補是也

當以孟春之月者　閩本明監本毛本同案浦鏜云者當衍字是也

自三百以外　閩本明監本毛本百下有里字毛本三作二案所補所改皆是也

故箋云田畯大夫　閩本明監本毛本畯下有田字案所補是也釋文畯下云田大夫也

故又本作此　閩本明監本毛本同小字本相臺本作作於考文古本於字亦同案於字是也

鹿鳴陳燕勞伐事之事　閩本明監本毛本伐事作羣臣案此誤改也伐事當作戍士伐戍形近之譌十行本士事不別也通鹿鳴以下言之不專指鹿鳴一篇下文王亦然

八月萑葦　小字本相臺本同唐石經初刻藿後改萑案萑字是也五經文字云萑戶官反從卄下萑今經典或相承隸省草作萑正謂此也釋文萑戶官反○按說文有萑有萑萑者葦之類也从艸萑聲萑者鳥名从卄从隹今人萑葦字蓋用萑雀字爲段借非用萑艸字也萑艸字从艸隹聲音追

猗彼女桑　唐石經小字本相臺本同案釋文云猗彼於綺反徐於宜反正義云襄十四年左傳云譬如捕鹿晉人角之諸戎掎之然掎角皆遮截束縛之名也故云角而束之曰掎考此是說傳角字之義又以爲猗之言掎也故并說之非正義本經傳皆作掎也未曰掎仍當作曰猗乃不知者改之耳或因正義中字譌遂并疑此經當作掎者非也正義上文云猗束彼女桑而采之又云以繩猗束而采之也皆作猗不作掎掎字在小弁經正義不引亦其證

條桑枝落采其葉也　閩本明監本同毛本落下剜添之字小字本相臺本有考文古本同案有者是也釋文條下云枝落也不備取耳與葛覃濩煑也正同

七月鳴鵙　小字本相臺本同明監本毛本同唐石經鵙作鶪案唐石經是也五經文字云鶪伯勞也與說文合可證也

又云葭華舍人曰葭一名華　閩本明監本毛本同案二華字皆當作葦今爾雅自石經以下各本皆作華者字之誤也此正義所引本不誤故下文云成則名爲葦也不知者乃改之文選注引亦不誤

白露爲霜之時猶名葭閩本明監本毛本同案盧文弨云白露爲霜當重非也讀以霜字斷句之時二字下屬之時者是時也

具曲植筐筥閩本明監本毛本同案浦鏜云筥筐字誤倒是也

傳斯方至荑桑閩本明監本毛本同案荑當作柔

集注及定本皆云女桑柔桑閩本明監本毛本同案柔當作荑

言如爵弁色也閩本明監本毛本同案弁當作頭

土記位於南方閩本明監本記作寄毛本剜改記案皆誤也當作託周禮染人疏可證

其餘後可知也閩本明監本毛本同案浦鏜云後當從字誤是也

當及盛暑熟潤閩本明監本毛本同案浦鏜云熱誤熟是也

四八月染也（補）案四當作非

十月隕蘀小字本相臺本同唐石經初刻殞後改隕案初刻誤也

于貉往搏貉小字本相臺本同案此釋文本也釋文云搏音博舊音付車攻篇公劉釋文同又無羊釋文云搏音博亦作捕音步考正義云一之日往捕貉取皮又云皆是往捕之而取其皮是正義本作捕字都人士正義引于貉往捕貉亦其證如周禮小司徒注伺捕小司寇注司搏也○按搏捕古今字此正箋作搏正義易字而說之也

釋蟲又云蜆寒蝠閩本明監本蝠作蜩毛本誤作蟬案山井鼎云爾雅作蜩是也

皮革踰歲乾冬乃可用閩本明監本毛本同案浦鏜云久誤冬考掌皮注浦挍是也

箋七月至卒來閩本明監本毛本箋下有自字案所補是也

既以鬱下及棗小字本相臺本同考文古本同閩本明監本毛本下作薁案下者謂薁葵菽也改作薁者誤正義云鬱下及棗揔助男功可證

劉稹毛詩義問云閩本明監本毛本同案惠棟云劉公幹毛詩義問十卷稹當作楨

晉宮閣銘云華林篽中閩本明監本毛本篽作圃案所改非也篽即圃字當是正義依彼文引之也不得以字書不載而改去

棗須樹擊之閩本明監本毛本樹上有就字案此誤補也樹當作捯捯即擣字見集韻又列女傳手自捯即漢書之手自擣也今本亦有誤爲樹者皆因不識此字○按此殊附會剝棗即今之撲棗也剝讀爲撲觀釋文自明撲者扑之俗扑者攴之變正義樹字當是撲之誤

必有豪毛秀出者毛本豪誤毫閩本明監本不誤案考文古本因此并改箋作毫失之甚矣

場圃同地自物生之時小字本同閩本明監本毛本同相臺本自作耳考文古本同案耳字是也上屬斷

上入執宮功小字本相臺本同唐石經執下有傍添於字案旁添誤也又此定本也正義云經當云執於宮

公本或公在宮上誤耳今定本云執宮功不爲公字考此傳箋皆無公字之訓箋云執宮中之事與上載纘武功傳功事也相承當以定本爲長正義於字是自爲文傍添者誤取之

七月定星將中閩本明監本毛本同小字本相臺本七作十考文古本同案十字是也

場圃在園地也閩本明監本毛本同案浦鏜云任誤在是也

東山云町畽鹿場明監本毛本畽誤疃閩本不誤案彼經唐石經以下皆作畽

則是訓功爲事閩本明監本毛本同案功當作公下故入之執於宮功同

祭非祭也閩本明監本毛本非下有民字案皆誤也當作非民祭也十行本衍上祭字脫民字閩本以下補仍衍上祭字

冰盛水腹相臺本同閩本明監本毛本同小字本腹作複案釋文云複音福正義云月令季冬冰方盛水澤腹堅腹厚也爾雅文鄭彼注用之正義本當是腹字月令釋文云腹本又作複此釋文或作腹詳後考證考文一

本作複采自月令釋文耳

祭司寒而藏之　小字本相臺本同案釋文云祭司寒本或作祭寒正義云加司字以足之其所說最得左傳及此箋之意或作本誤依傳刪失之矣

滌場功畢入也　閩本明監本毛本同小字本相臺本滌下有埽也二字考文古本同案有者是也釋文正義皆可證

饗者鄉人以狗　小字本相臺本同案盧文弨云饗者下脫鄉人飲酒正義有說文同今考正義中所云飲酒皆推傳意如此非正義本傳中有鄉人飲酒四字而今脫去也正義云傳以朋酒斯饗爲黨正飲酒之禮又云箋以斯饗爲國君大飲之禮二者皆推其意傳之無飲酒猶箋之無大飲其明證矣說文自解饗字從鄉之義非取此傳成文也不當補○按段玉裁云細讀正義知本作饗者鄉人飲酒也鄉人以狗大夫加以羔羊因兩鄉人複而奪落數字古書類然且如上文傳埽也既依正義補入矣何此正義確可據者獨不可依乎若云箋中無大飲字豈正義文不得略有參差乎段云是也

疆竟也　小字本相臺本同案釋文疆下云竟也或音注爲境非正義云疆是境之別名卽釋文所云音竟爲境者故上文易爲境字而說之云無有疆境之時也又云定本竟作境考楚茨及甫田箋意當以正義音境爲長考文古本作境采正義

此亦得爲凌室者　閩本明監本毛本同案此當作而

賓客食喪有祭祀　閩本明監本毛本同案此當作賓客食享喪浴祭祀每二字爲一句所以解賓食喪祭四事也

給賓客喪祭之用　閩本明監本毛本同案客當作食此字之誤耳考文古本因此改箋食亦作客失之矣

此引之到者　閩本明監本毛本到作倒案所改是也正義俱用倒字此壞耳

鄉人雖爲鄉大夫　閩本明監本毛本同案盧文弨云鄉當作卿是也

其禮云　閩本明監本毛本同案云字當作卞形近之譌也今月令注不誤山井鼎依彼文是也

烝謂特牲體謂爲俎　閩本明監本毛本同案此當作烝謂折牲體升爲俎折字升字譌而不可讀今月令注烝作燕特作有無體下謂亦皆誤耳山井鼎依彼文非也又云宋板特作有其實不烝當是剜也

言別於燕禮小於大飲　閩本明監本毛本同案盧文弨云燕禮當重是也

公尊瓦大夫尊兩圜壺　閩本明監本毛本同案浦鏜云士誤夫以儀禮考之是也大字斷句

附釋音毛詩注疏卷第八（八之二）

毛詩國風　鄭氏箋　孔穎達疏

鴟鴞，周公救亂也。成王未知周公之志，公乃爲詩以遺王，名之曰鴟鴞焉。未知周公之志者，未知其欲攝政之意。○鴟鴞，上尺之反，下吁驕反，鴟鴞，鳥也。遺，唯季反，本亦作貽，此從尚書本也。

〔疏〕鴟鴞四章章五句至鴟鴞焉。○正義曰：此鴟鴞詩者，周公所以救亂也。毛以爲武王既崩，周公攝政，管蔡流言以毀周公，又導武庚與淮夷叛而作亂，將危周室。周公東征而滅之，以救周室之亂也。於是之時，成王仍惑管蔡之言，未知周公之志，疑其將篡，心益不悅。故公乃作詩，言不得不誅管蔡之意，以貽遺成王，名之曰鴟鴞焉。經四章皆言不得不誅管蔡之意。鄭以爲武王崩後三年，周公將欲攝政，管蔡流言，周公乃避之，出居於東都。周公之屬黨與知將攝政者，見公之出，亦皆奔亡，至明年乃爲成王所得。此臣無罪而成王罪之，罰殺無辜，是爲國之亂政，故周公作詩救止成王之亂。於時成王未知周公有攝政成周道之志，多罪其屬黨，故公乃爲詩，言諸臣先祖有功，不宜誅絕之意，以怡悅王心，名之曰鴟鴞焉。四章皆言不宜誅殺屬臣之意。定本貽作遺字，則不得爲怡悅也。○箋未知至之意。○正義曰：金縢云：「武王既喪，管叔及其羣弟乃流言於國曰：公將不利於孺子。周公乃告二公曰：我之弗辟，無以告我先王。周公居東二年，罪人斯得。於後，公乃爲詩以貽王，名之曰鴟鴞。」注云：「罪人，周公之屬黨與知居攝者。周公出，皆奔。今二年，盡爲成王所得。怡，悅也。周公傷其屬黨無罪將死，恐其刑濫，又破其家，而不取正言，故作鴟鴞之詩以貽王。今豳風鴟鴞也。」鄭讀辟爲避，以居東爲避居。於時周公未攝，故以未知周公之志者，謂未知其欲攝政之意。訓怡爲悅，言周公作此詩，欲以救諸臣，悅王意也。毛雖不注此序，不解尚書，而首章傳云「寧亡二子，不可毀我周室」，則此詩爲誅管蔡而作之。此詩爲誅管蔡，則罪人斯得，謂得管蔡也。周公居東，爲出征。我之不辟，欲以法誅管蔡。既誅管蔡，然後作詩，不得復名爲貽悅王心，當訓貽爲遺，謂作此詩遺成王也。公劉序云「而獻是詩」，此云遺者，獻者臣奉於尊之辭，遺者流傳致達之稱。彼名公作詩奉以戒成王，此周公自述己意，欲使遺傳至王，非奉獻之，故與彼異也。

鴟鴞鴟鴞，既取我子，無毀我室。興也。鴟鴞，鸋鴂也。無能毀我室者，攻堅之故也。寧亡二子，不可以毀我周室。箋云：重言鴟鴞者，將述其意之所欲言，丁寧之也。室猶巢也。鴟鴞言：已取我子者，幸無毀我巢。我巢積日累功，作之甚苦，故愛惜之也。時周公竟武王之喪，欲攝政成周道，致大平之功。管叔、蔡叔等流言云：公將不利於孺子。成王不知其意，而多罪其屬黨。興者，喻此諸臣乃世臣之子孫，其父祖以勤勞有此官位土地，今若誅殺之，無絕其位，奪其土地。王意欲誚公，此之由然。○鸋，乃丁反，郭音甯。鴂音決。鸋鴂似黃雀而小，俗呼之巧婦。重，直用反。大平音泰。孺，本又作孺，如注反。誚，在笑反。

恩斯勤斯，鬻子之閔斯。恩，愛。鬻，稚。閔，病也。稚子，成王也。箋云：鴟鴞之意，殷勤於此稚子，當哀閔之。此取鴟鴞子者，言稚子也，以喻諸臣之先臣，亦殷勤於此成王，亦宜哀閔之。○鬻，由六反，徐居六反，一云賣也。

〔疏〕鴟鴞至閔斯。○毛以爲周公既誅管蔡，王意不悅，故作詩以遺王，假言人取鴟鴞子者，言鴟鴞鴟鴞，其意如何乎？其言人已取我子，我意寧亡此子，無能留此子以毀我巢室，以其巢室積日累功，作之攻堅故也。以興周公之意如何乎？其意言寧亡管蔡，無能留管蔡以毀我周室，以其周室自后稷以來，世脩德教，有此王基，篤厚堅固故也。又言管蔡罪重，不得不誅之意。周公言己甚愛此、甚惜此二子，但爲我稚子成王之病，以此之故，不得不誅之也。鄭以爲成王將誅周公之屬臣，周公爲之詩，言鴟鴞之意如何乎？言人既取我子，幸無毀我室，以其積日累功，作之甚苦，故愛惜之，不欲見其毀損。以喻成王若誅此諸臣，幸無絕其官位，奪其土地，以其父祖勤勞乃得有此，故愛惜之，不欲見其絕奪。又言當此幼稚之子來取我子之時，其鴟鴞之意殷勤於此稚子，當哀閔之，不欲毀其巢。以喻言屬臣之先臣亦殷勤於此成王，成王亦宜哀閔之，不欲絕其官位土地。此周公之意，實請屬臣之身，但不敢正言其事，故以官位土地爲辭耳。閔下斯字，箋傳皆爲辭耳。○傳鴟鴞至周室。○正義曰：「鴟鴞，鸋鴂」，釋鳥文。舍人曰：「鴟鴞一名鸋鴂也。」方言云：「自關而東謂桑飛曰鸋鴂。」陸機疏云：「鴟鴞似黃雀而小，其喙尖如錐，取茅莠爲窠，以麻紩之，如刺襪然，縣著樹枝，或一房，或二房。幽州人謂之鸋鴂，或曰巧婦，或曰女匠。關東謂之工雀，或謂之過羸。關西謂之桑飛，或謂之襪雀，或曰巧女。」無能毀我室者，謂鴟鴞之意，唯能亡此子，無能留此子以毀我室。此鴟鴞非不愛子，正謂重其巢室也。傳以此詩爲管蔡而作，故云寧亡二子，不可以毀我周室。於時殺管叔而放蔡叔，故言寧亡二子。○箋重言至由然。○正義曰：人居謂之室，鳥居謂之巢，故云室猶巢也。周公竟武王之喪，謂崩後三年除喪服也。成王不知其意，多罪其屬黨，卽金縢云罪人斯得是也此實無罪謂之罪人者金縢注云謂之罪人史書成王意也罪其屬黨言將罪之箋又言若誅殺之明時實未加罪也以興爲取象鴟鴞之子宜喻屬臣之身故以室喻官位土地也金縢於名之曰鴟鴞之下云王亦未敢誚公是有誚公之意但未敢言耳故云王意欲誚公此之由然其言由此詩也金縢注云成王非周公意未解今又爲罪人言欲讓之推其恩親故未敢欲誚公之意作此詩欲以怡悅王心致使王意欲誚公乃是更益王忿而言以怡王者成王謂公將篡故罪其屬臣公若實有篡心不敢爲臣諮請今作詩與王言其屬臣無罪則知公不爲害事亦可明未悟故欲誚公既悟自當喜悅冀王之悟故作此詩是公意欲以怡悅王也王肅云案經傳内外周公之黨其存成王無所誅殺橫造此言其非一也設有所誅不救其無罪之死而請其官位土地緩其大而急其細其非二也設已有誅不得云無罪其非三也馬昭云公黨已誅請之無及故但言請子孫土地斯不然矣案鄭注金縢云傷於屬臣無罪將死箋云若誅殺之則鄭意以屬臣雖爲王得罪猶未加刑馬昭之言非鄭旨也公以王怒猶盛未敢正言假以官位土地爲辭實欲冀存其人非是緩大急細棄人求土鄭之此意亦何過也。傳恩愛至成王。正義曰有恩必相愛故以恩爲愛釋言云鬻

稚也郭璞曰鞠一作毓是鬻爲稚也閔病釋詁文言鬻子之病則謂管蔡作亂病此鬻子故知鬻子成王也王肅云勤惜也周公非不愛惜此二子以其病此成王則傳意亦當以勤爲惜。箋鴟鴞至閔之。正義曰箋亦以此經爲興恩之言殷也以鴟鴞之意殷勤於稚子喻諸臣之先臣亦殷勤於成王假言鴟鴞之意愛惜巢室亦假言諸臣之先臣愛惜土地皆假爲之辭非實有言也箋云言取鴟鴞子者指稚子也則稚子謂巢下之民金縢注云鬻子斥成王斥者經解喻尊猶言昊天斥王也

迨天之未陰雨徹彼桑土綢繆牖戶

迨及徹剝也桑土桑根也箋云綢繆猶纏綿也此鴟鴞自說作巢至苦如是以喻諸臣之先臣亦及文武未定天下積日累功以固定此官位與土地。迨音待徐又勑改反土音杜注同小雅同韓詩作杜義同方言云東齊謂根曰杜字林作柀桑皮也音同綢繆上直留反下莫侯反

今女下民或敢侮予

箋云我至苦矣今女我巢下之民寧有敢侮慢欲毀之者乎意欲恚怒之以喻諸臣之先臣固定此官位土地亦不欲見其絕奪。恚於季反

〔疏〕迨天至侮予。毛以爲自說作巢至苦言已及天之未陰雨之時剝彼桑根以纏綿其牖戶乃得成此室巢以喻先公先王亦世脩其德積其勤勞乃得成其王業致此王功甚難若是今汝下民管蔡之屬何由或敢侮慢我周室而作亂乎故不得不誅之。鄭以爲鴟鴞及天之未陰雨之時剝彼桑根以纏綿其牖戶乃得有此室巢以喻諸臣之先臣及文武未定天下之時亦積日累功乃得定此官位土地鴟鴞以勤勞之故惜此室巢今巢下之民寧或敢侮慢我欲毀我巢室乎不欲見其毀損意欲恚怒之以喻諸臣之先臣甚惜此官位土地汝成王意何得絕我官位奪我土地乎不欲見其絕奪意欲怨恨之言鴟鴞之惜室巢猶先臣之惜官位土地鴟鴞欲恚怒巢下之人喻先臣亦有恨於成王王勿得誅絕之也。傳迨及至桑根。正義曰迨及釋言文徹即剝脫之義故爲剝也取彼桑土用爲鳥巢明是桑根在土剝取其皮故知桑土即桑根也王肅云鴟鴞及天之未陰雨剝取彼桑根以纏綿其戶牖以興周室積累之艱苦也下經無傳但毛以此詩爲管蔡而作必不得同鄭爲興王肅下經注云今者今周公時言先王致此大功至艱難而其下民敢侵侮我周道謂管蔡之屬不可不遏絕以全周室傳意或然。箋我至絕奪。正義曰箋以此爲諸臣設請故亦爲興巢下之民將毀其室故竟。欲恚怒之此是臣請於君而欲恚怒者鴟鴞之恚怒喻先臣之怨恨耳非恚怒王也

予手拮据

予所捋荼予所蓄租。予口卒瘏

拮据撠挶也荼萑苕也租爲瘏病也手病口病故能免乎大鳥之難箋云此言作之至苦故能攻堅人不得取其子。拮音吉又音結据音居韓詩云口足爲事曰拮据捋力活反荼音徒蓄勑六反本亦作蓄租子胡反又作祖如字韓詩云積也瘏本又作𤸊音徒撠京劇反本亦作戟挶俱局反說文云持也萑音丸苕音條難乃旦反

曰予未有室家

謂我未有室家箋云我作之至苦如是者曰我未有室家之故

〔疏〕予手至室家。毛以爲鴟鴞言已作巢之苦予手撠挶其草予所捋者是荼之草也其室巢所用者皆是予之所蓄爲予手口盡病乃得成此室巢用免大鳥之難喻周之先王亦勤勞經營乃得成此王業用免侵毀之患我先王爲此室家勤苦若是管蔡之輩無道之人輕侮稚子弱寡王室乃爲言曰我此稚子未有室家欲侵毀之故不可不誅殺也。鄭以爲鴟鴞手口盡病以勤勞之故攻堅之故人不得取其子假有取其子仍不得毀其室巢以喻諸臣之先臣以勤勞之故經營之故王不得殺其子孫假使殺其子孫仍不得奪其官位土地鴟鴞又言已所以勤勞爲此室巢者曰予未有室家故勞力爲此是以今甚惜之喻屬臣之先臣所以勤勞爲此功業者亦

由未有官位土地，故勤力得此，是以今甚惜之。王若殺此諸臣，不得奪其官位土地也。○傳「拮據」至「之難」。○正義曰：說文云：「撠持，撠挶。」謂以手爪挶持草也。七月傳云「薍爲萑」，此爲萑苕，謂薍之秀穗也。出其東門箋云「荼，茅秀」，然則茅、薍之秀，其物相類，故皆名荼也。租訓始也。物之初始，必有爲之，故云租爲也。瘏，病，釋詁文。經言「予口卒瘏」，是口病而已，而傳兼言手病者，以經「予手拮据」，言手，「予所捋荼」，不言手，則是用口也。「予所蓄租」，文承二者之下，則手口並兼之。上既言手，而口文未見，故又言「予口卒瘏」，言口病，明手亦病也。且卒瘏謂盡病，若唯口病，不得言盡，故知手口俱病。鴟鴞小鳥，爲巢以自防，故知求免大鳥之難也。○傳「謂我未有室家」。○正義曰：傳以曰者稱它人言，曰則此句說彼作亂之意。曰「予未有室家」，管蔡意謂我稚子未有室家之道，故輕侮之。上章疾其輕侮，故此章言其輕侮之意也。曰者，陳其管蔡之言；予者，還周公自我也。王肅云：我爲室家之道至勤苦，而無道之人弱我稚子，易我王室，謂我未有室家之道。

予羽譙譙，予尾翛翛，譙譙，殺也。翛翛，敝也。箋云：手口既病，羽尾又殺敝，言已勞苦甚。○譙，本或作燋，同，在消反。翛，素彫反，注同。殺，色界反，又所例反，下同。**予室翹翹，風雨所漂搖，予維音嘵嘵。**翹翹，危也。嘵嘵，懼也。箋云：巢之翹翹而危，以其所託枝條弱也。以喻今我子孫不肖，故使我家道危也。風雨喻成王也。音嘵嘵然，恐懼告愬之意。○翹，祁消反。漂，匹遙反。嘵，呼堯反。愬，音素。【疏】「予羽」至「嘵嘵」。○毛以爲鴟鴞言作巢之苦，予羽譙譙然而殺，予尾消消而敝，手口既病，羽尾殺敝，乃有此室巢，以喻先王勤脩德業，勞神竭力，得成此王業。鴟鴞又言室巢雖成，以所託枝條弱，故予室今翹翹然而危，又爲風雨之所漂搖，此巢將毀，予是以維音之嘵嘵然而恐懼，以喻王業雖成，今成王幼弱，而爲凶人所振蕩，周室將毀，故周公言已亦嘵嘵然而危懼，由管蔡作亂，使憂懼若此，故不得不誅之意也。○鄭殺勢盡同，但所喻者別。又喻屬臣勤勞，有此官位土地，今子孫不肖，使我家道危也。又爲成王所漂搖，將誅絕之，我先臣是以恐懼而告急也。予維音嘵嘵，喻告訴之意也。○傳「譙譙殺，消消敝」。○正義曰：此無正文也，以此言鳥之羽尾疲勞之狀，故知爲殺敝也。定本「消消」作「翛翛」也。○傳「翹翹危，嘵嘵懼」。○正義曰：皆釋訓文。王肅云：言盡力勞病，以成攻堅之巢，而爲風雨所漂搖，則鳴音嘵嘵然而懼。以言我周累世積德，以成篤固之國，而爲凶人所振蕩，則已亦嘵嘵而懼。

鴟鴞四章，章五句。

東山，周公東征也。周公東征，三年而歸，勞歸士，大夫美之，故作是詩也。一章言其完也，二章言其思也，三章言其室家之望女也，四章樂男女之得及時也。君子之於人，序其情而閔其勞，所以說也。說以使民，民忘其死，其唯東山乎？成王既得金縢之書，親迎周公。周公歸攝政，三監及淮夷叛，周公乃東伐之，三年而後歸耳。分別章意者，周公於是志伸，美而詳之。○歸勞，力報反。思，息嗣反。女音汝。樂音洛。說音悅，下同。縢，徒登反。別，彼列反。伸音身。【疏】「東山四章章十二句」至「東山乎」。○正義曰：作東山詩者，言周公東征也。周公攝政元年，東征三監、淮夷之等，於三年而歸，勞此征歸之士，莫不喜悅。大夫美之，而作是東山之詩。經四章雖皆是勞辭，而每章分別意異，又歷序之。一章言其完也，謂歸士不與敵戰，身體完全。經云「勿士行枚」，言無戰陳之事，是其完也。二章言其思也，謂歸士在外，妻思之也。經說果蠃等，乃令人憂思，是其思也。三章言其室家之望汝也，謂歸士未反，室家思望，經說洒埽穹窒以待征人，是室家之望汝也。四章樂男女得以及時也，謂歸士將行，新合昏禮，經言「倉庚于飛」，說其成婦之事，是得其及時也。周公之勞歸士，所以殷勤如此者，君子之於人，謂役使人民，序其民之情意，而閔其勞，所以喜悅此民也。民皆喜悅，民有勞苦，唯恐民上不知，今序其情，閔其勤勞，則民喜悅之，忘其勞苦。古人所謂悅以使民，民忘其死，其唯此東山之詩乎？言唯此東山之詩可以當忘其死之言也。三年而歸，雖出於經此三年之文，而不揔序於一章，非獨序彼一句也。序所歷言，不序經章首四句，皆同而不得序於一章。說之序其情而閔其勞，其意足以兼之矣。歸士者，從軍士卒。周公親征，其與將率同其苦勞，以士卒微賤，勞意尤深，故意主美勞歸士，不言勞將率也。悅以使民，民忘其死，是周易兌卦彖辭文，古之舊語，此東山堪當之，故云其唯東山乎。○箋「成王」至「詳之」。○正義曰：金縢云：「天大雷電以風，王與大夫盡弁，以啟金縢之書。」王執書以泣，曰：「今天動威，以彰周公之德，惟朕小子其新迎。」注云：「新迎，改先時之心，更自新以迎周公於東，與之歸，尊任之。」言自新而迎，明是成王親迎之。書序云：「武王崩，三監及淮夷叛，周公相成王將黜殷命作大誥注云三監管叔蔡叔霍叔三人爲武庚監於殷國者也前流言於國公將不利於成王周公還攝政懼誅因遂其惡開道淮夷與之俱叛此以居攝二年之時繫之武王崩者其惡之初自崩始也是三監淮夷叛周公東伐之事也攝政元年卽東征至三年而歸耳書序注云其攝二年時者謂叛時在二年非三年始東征也時實周公獨行言相成王者彼注云誅之者周公意也而言相成王者自迎周公而來蔽已解矣意以成王蔽解故言相成王耳非與成王俱來也破斧云周公東征四國是皇傳曰四國管蔡商奄也此言商奄者據書序之成文耳此序獨分別章意者周公於是志意伸本勞歸士之情丁寧委曲子夏美之而詳其事故分別章意而序之也

我徂東山慆慆不歸我來自東零雨其濛 慆慆言久也濛雨貌箋云此四句者序歸士之情也我往之東山既久勞矣歸又道遇雨濛濛然是尤苦也。慆徒刀反又吐刀反濛莫紅反 我東曰歸我心西悲 公族有辟公親素服不舉樂爲之變如其倫之喪箋云我在東山常曰歸也我心則念西而悲。 制彼裳衣勿士行枚 士事枚微也箋云勿猶無也女制彼裳衣而來謂兵服也亦初無行陳銜枚之事言前定也春秋傳曰善用兵者不陳。爲于僞反士行毛音衡鄭音銜王戶剛反枚莫杯反鄭注周禮云枚如著橫銜之於口爲繣絜。於項中無行戶剛反陳直震反又下同 蜎蜎者蠋烝在桑野 蜎蜎蠋貌。桑蟲也烝寘也箋云蠋蜎蜎然特行久處桑野有似勞苦者古者聲寘塡塵同也。蜎烏玄反蠋音蜀烝之承反寘音田又音珍一音陳字書云塞也大千反從穴下眞寘塡塵依字皆是田音又音珍亦音塵鄭云古聲同案陳完奔齊以國爲氏而史記謂之田氏是古田陳聲同 敦彼獨宿亦在車下 箋云敦敦然獨宿於車下此誠有勞苦之心。敦都回反注同

【疏】我徂至車下。毛以爲周公言我往之東山征伐四國慆慆然久不得歸既得歸矣我來自東方之時道上乃遇零落之雨其濛濛然汝在軍之士久不得歸歸又遇雨落勞苦之甚周公既序歸士之情又復自言己意我在東方言曰歸之時我心則念西而悲何則管蔡有罪不得不誅誅殺兄弟慙見父母之廟故心念西而益悲傷又言歸士久勞在外幸得完全汝雖制彼兵服裳衣而來得無事而歸久勞在軍無事於行陳銜枚言敵皆前定未嘗銜枚與戰也又言雖無戰陳實甚勞苦蜎蜎然者桑中之蠋蟲常久在桑野之中似有勞苦以興敦敦然彼獨宿之軍士亦常在車下而宿甚爲勞苦述其勤勞閔念之定本云勿士行枚無銜字箋云初無行陳銜枚之事定本是也。鄭唯我東曰歸二句言我軍士在東久不得歸常言曰歸而不得歸我心則念西而悲言歸士思家而悲餘同。箋此四至尤苦。正義曰此篇皆言序歸士之情而獨云此四句者以此四句意皆同故特言之卒章之箋又云凡先著此四句皆爲序歸士之情者以序分別章意嫌此四句意不同故言凡先著此四句明四章意皆同也。傳公族至之喪。正義曰幾法也謂以法得死罪文王世子云公族有死罪則磬於甸人公素服不舉樂爲之變如其倫之喪無服親哭之注云不於市朝者隱之也甸人掌田野之官縣而縊殺之曰磬素服於凶事爲吉於吉事爲凶非喪服也倫謂親疏之比也不往弔爲位哭之而已是其事也傳言此者解周公西悲之意以公族雖有死罪猶是骨肉之親非徒已心自悲先神亦將悲之是將欲言歸則念西而悲也。箋我在至而悲。正義曰箋以此爲勞歸士之辭不宜言己意故易傳以爲此二句亦序歸士之情我軍士在東山常曰歸言三年之內常思歸也軍士家室在西故知念西而悲孫毓云殺管叔在二年臨刑之時素服不舉至於歸時踰年已久無緣西行而後始悲箋說爲長。傳枚微。正義曰枚微者其物微細也大司馬陳大閱之禮教戰法云遂鼓銜枚而進注云枚如箸銜之有繣結項中軍法止語爲相疑惑是枚爲細物也。箋勿猶至不陳。正義曰此言東征之事故知制彼裳衣謂兵服也初無猶本無言雖是征伐本無行陳銜枚之事言豫前自定不假戰鬬而服之也若前敵自定當應速耳而三年始歸者以其叛國既多須圍守以服之故引春秋傳者莊八年穀梁傳曰善爲國者不師善師者不陳善陳者不戰善戰者不死此箋言善用兵者不陳常武箋云善戰者不陳皆與彼異蓋鄭以義言之。傳蜎蜎至烝寘。正義曰釋蟲云蚅烏蠋樊光引此詩郭璞曰大蟲如指似蠶韓子云蚰似蠋言在桑野知是桑蟲烝寘釋言文彼作塵。箋蠋至塵同。正義曰蠋在桑野是其常處寘非勞苦故云似有勞苦軍士獨宿車下則實有勞苦故下箋云誠有勞苦以不寘喻實者取其在桑野在車下其事相類故也傳訓烝寘也故轉寘爲久而釋詁云塵久也乃作塵字故箋辨之古者寘塡塵三字音同可假借而用之故也

我徂東山慆慆不歸我來自東零雨其濛果臝之實亦施于宇伊威在室蠨蛸在戶町畽鹿場熠

燿宵行果蠃栝樓也伊威委黍也蠨蛸長踦也町畽鹿迹
也熠燿燐也燐螢火也箋云此五物者家無人則
然令人感思○蠃力果反施羊豉反伊威並如字或傍加虫
者後人增耳室本或作堂誤也蠨音蕭說文作蟰音夙蛸所
交反郭音蕭町他典反或他頂反字又作圢音同畽本又作
疃他短反字又作墥熠以執反燿以照反括古活反沈委音
於爲反委黍鼠婦也本或並作虫邊踦起宜反今詩義長踦
長腳蜘蛛又巨綺反又其宜反居綺反燐良刃反字又作蟒
呈螢惠丁反令力呈反思息嗣反**不可畏也伊可懷也**箋云伊當作繄繄
猶是也懷思也室
中久無人故有此五物是不足可畏
乃可爲憂思○畏於僞反又作繄【疏】傳果蠃至螢火○正義曰釋草云果
蠃之實栝樓李巡曰栝樓子名也孫炎曰齊人謂之天瓜本
草云栝樓如瓜葉形兩兩相值蔓延青黑色六月華七月實
如瓜瓣是也伊威委黍蠨蛸長踦釋蟲文舍人曰伊威名委
黍蠨蛸名長踦郭璞曰舊說伊威鼠婦之別名長踦小蜘蛛
長腳者俗呼爲喜子說文云委黍鼠婦也陸機疏云伊威一
名委黍一名鼠婦在壁根下甕底土中生似白魚者是也蠨
蛸長踦一名長腳荊州河內人謂之喜母此蟲來著人衣當
有親客至有喜也幽州人謂之親客亦如蜘蛛爲羅網居之

是也鹿場者場是踐地之處故知町畽是鹿之跡也熠燿者
螢火之蟲飛而有光之貌故云熠燿燐也又解燐體云燐螢
火也釋蟲云螢火即炤舍人云螢火即夜飛有火蟲也本草
螢火一名夜光一名熠燿案諸文皆不言螢火爲燐淮南子
云久血爲燐許愼云謂兵死之血爲鬼火然則燐者鬼火之
名非螢火也陳思王螢火論曰詩云熠燿宵行章句以爲鬼
火或謂之燐未爲得也天陰沈數雨在於秋日螢火夜飛之
時也故云宵行然腐草木得溼而光亦有明驗衆說並爲螢
火近得實矣然則毛
以螢火爲燐非也**我徂東山慆慆不歸我來自**
東零雨其濛鸛鳴于垤婦歎于室洒埽穹窒我
征聿至垤螘塚也將陰雨則穴處先知之矣鸛好水長鳴
而喜也箋云鸛水鳥也將陰雨則鳴行者於陰雨
尤苦婦念之則歎於室也穹窮窒塞洒灑埽拚也穹窒鼠穴
也而我君子行役述其日月今且至矣言婦望也○鸛本又
作雚古玩反垤田節反洒所懈反沈所寄反埽素報**有敦**
反螘本亦作蟻又作蛾魚綺反好呼報反拚甫問反
瓜苦烝在栗薪敦猶專專也烝衆也言我心苦事又苦
也箋云此又言婦人思其君子之居處

專專如瓜之繫綴焉瓜之辨有苦者以喻其心苦也烝塵栗
析也言君子又久見使析薪於事尤苦也古者聲栗裂同也
○敦徒丹反注同栗毛如字鄭音列韓詩作蓼力菊反衆新
也專徒端反下同綴張衛反辨盧遍反又白莧反說文云瓜
中實也沈
蒲閑反**自我不見于今三年**【疏】鸛鳴至三年○毛
以爲士四句說歸
士之情次四句說其妻思望之也思而不至閔其勞苦言有
專專然繫綴於蔓者瓜也而其辨甚苦既繫苦於蔓似如勞
苦而其辨又苦以喻君子繫屬於軍是事苦也又憂軍事是
心又苦也其苦如何衆軍士皆在析薪之役是其苦也君子
既有此苦已久不得見之自我不見君子以來於今三年矣
所以思之甚也鄭以烝爲久言君子久在析薪之役餘同○
傳垤螘至而喜○正義曰釋蟲云蚍蜉大螘小者螘舍人曰
蚍蜉即大螘也小者即名螘也然則螘是小蚍蜉也此蟲穴
處輦土爲塚以避溼鸛鳥鳴於其上故知垤是螘塚也將欲
陰雨水泉上潤故穴處者先知之是螘避溼而上塚鸛是好
水之鳥知天將雨故長鳴而喜也陸機疏云鸛鸛雀也似鴻
而大長頸赤喙白身黑尾翅樹上作巢大如車輪卵如三升
杯望見人按其子令伏徑舍去一名負釜一名黑尻一名背
竈一名阜裙又泥其巢一傍爲池含水滿之取魚置池中稍
稍以食其雛若殺其子則一村致旱災○傳敦猶至又苦○

正義曰敦是瓜之繫蔓之貌故轉爲專言瓜繫於蔓專專然
也烝衆釋詁文以瓜之苦喻君子心內苦繫於蔓又似苦以
喻君子繫於軍是事苦故言心苦事又苦即析薪是也○箋
此又至裂同○正義曰此申傳心苦事又苦之意也以軍之
苦在久不在衆故易傳以烝爲塵訓之爲久析薪是分裂之
義不應作栗故辨之云古者聲栗裂同
故得借栗爲裂不是字誤故不云誤也**我徂東山慆慆**
不歸我來自東零雨其濛箋云凡先著此四句者皆
爲序歸士之情○爲于僞
反**倉庚于飛熠燿其羽**箋云倉庚仲春而鳴嫁取之候
也熠燿其羽羽鮮明也歸士始
行之時新合昏禮今還故極序
其情以樂之○樂音洛下同**之子于歸皇駁其馬**黃白
曰皇駵白曰駁箋云之子于歸謂始嫁
時也皇駁其馬車服盛也○駁邦角反**親結其縭九十**
其儀縭婦人之褘也母戒女施衿結帨九十其儀言多儀
也箋云女嫁父母既戒之庶母又申之九十其儀喻
丁寧之多○褘許韋反衿
繫佩帶其鴆反帨始銳反**其新孔嘉其舊如之何**言久
長之

道也箋云嘉善也其新來時甚善至今則久矣不知其如何也又極序其情樂而戲之【疏】倉庚至之何。毛以爲歸士始行之時新合昏禮序其男女及時以戲樂之言倉庚之鳥往飛之時熠燿其羽甚鮮明也以興歸士之妻初昏之時其衣服甚鮮明也是子往歸嫁之時所乘者皇其馬駁其馬言其車服盛也其母親自結其衣之縭九種十種其威儀多也言其嫁既及時而又威儀具足本其新來時則甚善矣但不知其久時復如之何言本時甚好不知在後當然以否所以戲樂歸士之情也。鄭以倉庚爲記時言歸士之妻於倉庚于飛熠燿其羽之時而是子往歸嫁其新孔嘉謂本初日其新來之時則甚善不見已三年今其久矣不知今日如之何序其自東來歸未到家之時言以戲樂之餘同。箋倉庚至樂之。正義曰鄭以仲春爲昏月月令仲春倉庚鳴序云樂男女得以及時故知作者以倉庚鳴爲嫁娶之候以士始行之時以仲春新合昏禮也毛以秋冬爲昏此義必異於鄭宜以倉庚爲興王肅云倉庚羽翼鮮明以兪嫁者之盛飾是也然則不言及時者舉其嫁之得禮明亦及時可知也。傳黄白至曰駁。正義曰釋畜文舍人曰騂赤色名曰駁也黄白色名曰皇也孫炎引此詩餘皆不解騂白之義案黄白曰皇謂馬色有黄處有白處則騂白曰駁謂馬色有騂處

有白處舍人言騂馬名白馬非也孫炎曰騂赤色也。傳縭婦至多儀。正義曰釋器云婦人之褘謂之縭縭緌也孫炎曰褘帨巾也郭璞曰即今之香纓也褘邪交絡帶繫於體因名爲褘緌繫也此女子既嫁之所著示繫屬於人義見禮記詩云親結其縭謂母送女重結其所繫著以申解之說者以褘爲帨巾失之也母戒女而施衿結帨士昏禮文彼注云帨佩巾也不解衿之形象內則云婦事舅姑衿纓綦屨注云衿猶結也婦人有衿纓示有繫屬也然則衿謂纓也衿先不在身故言施帨則先以佩訖故結之而已傳引結帨證此結縭則如孫炎之說亦以縭爲帨巾其意異於郭也內則云男女未冠笄者總角衿纓皆佩容臭郭以縭爲香纓云義見禮記謂此也案昏禮言結帨此言結縭則縭當是帨非香纓也且未冠笄者佩容臭又不是示繫屬也郭言非矣數從一而至於十則數之小成舉九與十言其多威儀也。箋女嫁至之多。正義曰士昏禮云父送女命之曰戒之敬之夙夜無違命母施衿結帨曰勉之敬之夙夜無違宮事庶母及門內申之以父母之命命之曰敬恭聽宗爾父母之言夙夜無愆是戒之申之之事也引此者解母必親結之意言九又言十者喻其威儀丁寧之多也斯干傳曰婦人質無威儀此言多威儀者婦人無男子之禮揖讓周旋之儀耳其舉動威儀則多威

也。傳言久長之道。正義曰舊訓爲久也言久長之道理未知善惡所以戲之。箋嘉善至戲之。正義曰箋以此序歸士之情當樂以當時之事不宜言久長之道故易傳以爲新來時甚善至今則久矣不知其如何以戲樂此歸士也

東山四章章十二句

附釋音毛詩注疏卷第八　八之二

刑部員外南昌黄中栻栞

毛詩注疏挍勘記八之二　阮元撰盧宣旬摘録

○鴟鴞

公乃爲詩以遺王　唐石經小字本相臺本同案釋文云遺唯季反本亦作貽此從尚書本也正義云定本貽作遺字則不得爲怡悅也考正義引金縢注怡悅也是鄭讀尚書貽爲怡也此序注義既與彼同則貽字亦不爲有異當以正義本爲長

而不取正言　閩本明監本毛本取作敢案所改是也首章正義云但不敢正言其事可證

不得復名爲貽悅王心　閩本明監本毛本同案貽當作怡上文可證

無絶其位　小字本相臺本同考文古本同閩本明監本毛本位上有官字案無者是也當是蒙上而省

此取鴟鴞子者言稚子也　小字本同閩本明監本毛本同相臺本言作指案指字是也

或謂之過羸　閩本明監本毛本同案盧文弨改羸爲鸁依方言廣雅耳非也羸卽鸁字爾雅疏卽取此正作羸

欲諧公之意作此詩　明監本毛本欲上有是字閩本剜入案此誤補也欲諧當作鄭謂

罪猶未加刑　閩本明監本毛本同案罪當作實

釋言云鬻稚也　閩本明監本毛本同案浦鏜云鞠誤鬻是也

箋云言取鴟鴞子者　閩本明監本毛本同案言當作此

惜稚子也　閩本明監本毛本同案惜當作指

汝成王意何得絶我官位　閩本明監本毛本同案意當作竟與下互誤也

故竟欲恚怒之也　毛本竟誤以閩本明監本作意案意是也此作竟乃與上互誤也

予所蓄租　唐石經小字本相臺本同案釋文云租子胡反本又作祖如字爲也正義云祖訓始也物之初始必有爲之故云祖爲也段玉裁云正義正同又作本也今釋文正義祖皆譌租當正釋文見後考證

予尾翛翛　小字本相臺本同唐石經翛翛作脩脩案釋文翛翛素彫反注同考此經相傳有作脩脩作翛翛二本也沿革例云監蜀越本皆作脩脩以疏爲據與國本及建寧諸本皆作翛翛以釋文爲據也又引疏云定本作脩脩今正義誤見下又正義云予尾消消而敝乃正義所易之字如易令令爲鈴鈴易遂遂爲璲璲非其本經傳作消消也以定本作脩脩推之正義本當作翛翛矣標起止當是後改段玉裁云集韻光堯石經作脩脩

鄭殺弊盡　閩本明監本毛本弊作敝案此誤改也正義是弊字與緇衣敝笱正同此唯一字尚存其舊而上下多作敝矣閩本以下又并改之凡正義所易之字往往改去今有不可追而正之者

作翛翛也　閩本明監本毛本同案翛翛當作脩脩見沿革例

○東山

説其成婦之事　閩本明監本毛本婦作昏案婦當作婚

惟朕小子其新迎注云新迎　毛本上新字誤親閩本明監本不誤案二迎字皆當作逆譜正義引作逆可證

爲武夷監於殷國者也　(補)案夷當作庚形近之譌

此言商奄者　明監本毛本此下有不字閩本剜入案所補非也言當作無耳

勿士行枚　唐石經小字本相臺本同案釋文云勿士行枚毛音銜鄭音銜王戶剛反正義云定本云勿士行枚無銜字箋云初無行陳銜枚之事定本是也考釋文云鄭音銜者謂箋之銜枚卽經之行枚鄭以行爲銜之假借不云讀爲直於訓釋中改其字以顯之箋例每如此釋文得之其箋之行陳是說銜枚所用非經中之行如殷其靁傳箋之此非經中之斯菁菁者莪傳箋之載非經中之載其此也故釋文云無行戶剛反明非經中之行也正義定本讀經讀箋皆爾絶無異說正義所云定本勿士行枚無銜字者必當時或本經於勿士行枚之閒更有銜字故也若但爲行銜二字互異止得云不作銜字不得云無銜字箋云以下乃正義自引箋以證謂箋中銜枚卽經中行枚其閒更無銜字如雞鳴正義在定本下自引箋以證予字也非箋云以下載定本之箋經義雜記欲改此經作銜及去箋行陳字皆於釋文正義未得其

理又釋文云云王戸剛反乃難箋銜字於箋行陳則迥不相涉也太平御覽引作銜以破引之也○按舊校本殊誤鄭箋行陣銜枚之事以釋經之行枚猶傳以樂道忘飢釋經之忘飢也此何容疑惑而必云鄭讀行爲銜乎行古音如杭銜从行金聲絕不在古人讀如讀若讀爲讀曰之例蓋必古音相近而後得有讀如讀若讀爲讀曰也此釋文云鄭音銜者自是陸氏之誤

枚如箸補案周禮箸作箸此箸字誤也明監本毛本不誤

爲繣絜於項中補明監本毛本絜作結按周禮亦是結字絜字誤也

蜎蜎蠋貌桑蟲也閩本明監本毛本同小字本相臺本桑上有蠋字考文古本同案有者是也

烝寘也相臺本同閩本同考文一本同小字本寘作眞明監本毛本同案眞字是也釋文云從穴下眞餘同此

道上乃遇零落之雨閩本明監本毛本同案物觀云宋板乃作又其實不然當是誤舉下一行字也

〈毛詩注疏八之二校勘記〉　十五

正義曰幾法也閩本明監本毛本同案山井鼎云幾恐譏字是也

韓子云虫似蠋閩本明監本毛本虫作蟲案虫當作蠶因別體俗字蠶作蚕蟲作虫而轉輾致誤也

果臝栝樓也相臺本同閩本明監本毛本同小字本栝作括案括字是也釋文果臝下云括樓又括樓古活反十行本正義中皆作括樓可證閩本以下正義中亦誤爾雅作栝樓說文作菩蔞皆不與此同考文古本作括摟采說文而幷改樓從手非

熠燿螢火也小字本相臺本同案釋文螢火惠丁反正義云爲燐燐也段玉裁云螢火與列子天瑞淮南氾論說林二訓說文博物志皆合謂鬼火熒熒然者也淺人誤以釋蟲之熒火卽炤當之又改其字從虫其誤蓋始於陳思王也思王引韓詩章句鬼火或謂之燐然則毛韓無異其說是也陳思王螢火論載正義此不更具錄

故知町疃是鹿之跡也閩本明監本毛本疃作畽案畽字是也見上

瓜之辦有苦者小字本相臺本辦作辧閩本明監本毛本同案辧字是也釋文辧下引說文云瓜中實也可證十行本正義中亦作辧明監本毛本作辦所改是也

又尼其巢一傍爲池閩本明監本毛本同案尼當作穴形近之譌山井鼎云尼宋板作泥其實不然當是剜也○按巢中何得作穴作泥是也

月令仲春倉庚鳴閩本明監本毛本同案庚下浦鏜云脫鳴字是也

駵赤色名曰駁也閩本明監本毛本同案曰當作白舍人讀爾雅以駵字斷句也

舍人言駵馬名白馬非也閩本明監本毛本同案白馬當作白駁舍人讀爾雅白駁二字爲一句也此正義譌舛不可讀今訂正

〈毛詩注疏八之二校勘記〉　十六

以申解之閩本明監本毛本同案浦鏜云戒誤解以爾雅疏考之浦按是也

且未冠笄者佩容臭明監本毛本者下衍未冠笄者四字閩本不誤案此上脫下衍乃寫書人自覺其誤而未及改正者山井鼎物觀不載失之矣

附釋音毛詩注疏卷第八（八之三）

毛詩國風　鄭氏箋　孔穎達疏

破斧美周公也周大夫以惡四國焉惡四國者惡其流言毀周公也。惡烏路反注同【疏】破斧三章章六句至國焉。正義曰三章上二句惡四國下四句美周公經序倒者經以由四國之惡而周公征之故先言四國之惡後言周公之德序以此詩之作主美周公故先言美周公也。箋惡四至周公。正義曰案金縢流言者管叔及其羣弟耳今并言惡四國流言毀周公者書傳曰武王殺紂繼公子祿父及管蔡流言奄君薄姑謂祿父曰武王已死成王幼周公見疑矣此百世之時也請舉事然後祿父及三監叛管蔡流言商奄則叛是同毀周公故并言之地理志云成王時薄姑氏與四國作亂則薄姑非奄君之名而云奄君薄姑者彼注云玄疑薄姑齊地名非奄君名是鄭不從也

既破我斧又缺我斨隋銎曰斧斧斨民之用也禮義國家之用也箋云四國流言既破毀我周公又損傷我成王以此二者爲大罪。斨七羊反說文云方銎斧也隋徒禾反何湯果反孔形狄而長也銎曲容反

周公東征四國是皇四國管蔡商奄也皇匡也箋云周公既反攝政東伐此四國誅其君罪正其民人而已

哀我人斯亦孔之將將大也箋云此言周公之哀我民人其德亦甚大也【疏】既破至之將。毛以爲斧斨者生民之所用以喻禮義者亦國家之所用有人既破我家之斧又缺我家之斨損其斧斨是廢其家用其人是爲大罪以喻四國之君廢其禮義壞其國用其君是爲大罪不得不誅故周公於是東征之周公所以東征者是止誅其四國之君正是四國之民主爲四國之民被誘作亂周公不以爲罪而正之此周公哀矜於我之民人其德亦甚大故美之。鄭以爲有人既破我之斧又缺我之斨此二者是爲大罪以興四國流言既破毀我周公之道又損傷我成王此二者亦是爲大罪故周公東征之餘同。傳隋銎之用。正義曰如傳此言則以破缺斧斨喻四國破毀禮義故王肅云今四國乃盡破其用故孫毓云猶甘誓說言毀壞其三正耳然則經言我斧我斨乃是家之斧斨爲他所破此四國自破禮義與他破斧斨不類而云我者此禮義天子所制此四國破天子禮義故云我孫毓云王者立制其諸侯受制於天子故言我傳意或然也。箋四國至大罪。

正義曰箋以此詩美周公惡四國則是惡毀周公耳不宜遠言其人破毀禮義故易傳以爲破毀周公損傷成王孫毓云周公不失其聖成王本爲賢君四國叛逆安能破周公損成王乎斯不然矣當管蔡流言之後商奄叛逆之初王與周公莫之相信於時周室迫近危亡其爲毀損莫此之大何謂不能毀損若不能毀損自可不須征之誅此四國復何爲也且詩人疾其惡心故言缺破豈待殺害王身然後爲損傷也。傳四國至皇匡。正義曰書序云成王既黜殷命成王既伐淮夷遂踐奄皆東征時事故四國是管蔡商奄知不數淮夷者以淮夷是淮水之上東方之夷耳此言四國謂諸夏之國故知不數之也書序皆云成王伐之此言周公東征者鄭以書序注凡此伐諸叛國皆周公謀之成王臨事乃往事畢則歸後至時復行然鄭意以爲伐時成王在焉故稱成王鄭以爲周公避居東都成王迎而反之攝政然後東征於時成王已信周公故可每事一往毛無避居之義則東征之時成王猶有疑心不親詣周公而書序言成王者以周公攝政耳成王則爲主君統臣功故言成王此則專美周公據論實事故言周公東征也釋言云皇匡正也傳以皇爲匡箋又轉爲正。箋周公至而已。正義曰此四國之君據書傳祿父管叔皆見殺蔡叔以車七乘徒七十人。言徒之多少不知放之何處書序云成王既踐奄將遷其君於薄姑注云踐讀曰翦翦滅也奄既滅矣其君佞人不可復故欲徙之於齊地使服於大國是奄君遷於齊也書傳云遂踐奄踐之者籍之也籍之謂殺其身執其家瀦其宮如此則言奄君見殺與序不同書傳非也

既破我斧又缺我錡鑿屬曰錡。錡巨宜反字或作奇音同鑿屬也韓詩云木屬

周公東征四國是吪吪化也。訛五戈反又作吪

哀我人斯亦孔之嘉箋云嘉善也【疏】傳鑿屬曰錡。正義曰此與下傳云木屬曰銶皆未見其文亦不審其狀也。傳吪化也。正義曰釋言文

既破我斧又缺我銶木屬曰銶。銶音求徐又音虯韓詩云鑿屬也一解云今之獨頭斧

周公東征四國是遒遒固也箋云遒斂也。遒在羞反徐又在幽反

哀我人斯亦孔之休休美也。休虛虯反【疏】傳遒固。正義曰遒訓爲聚亦堅固之義故爲固也言使四國之民心堅固也箋以爲之不安故易之釋詁云遒斂聚也彼遒作揫音義同是遒得爲斂言四國之民於是斂聚不流散也

破斧三章章六句

伐柯美周公也周大夫刺朝廷之不知也成王既得雷雨大風之變欲迎周公而朝廷羣臣猶惑於管蔡之言不知周公之聖德疑於王迎之禮是以刺之○柯古何反朝直遙反注及下篇同

〔疏〕伐柯二章章四句至不知○正義曰作伐柯詩者美周公也毛以爲周公攝政東征四國既定仍在東土已作鴟鴞之後未得雷風之前羣臣皆知周公有成就周道之志而成王猶未知之故周大夫作詩美周公以刺朝廷之不知即經二章皆刺成王不知周公之辭鄭以爲周公避居東都三年之秋得雷風之後啟金縢之前王意稍悟欲迎周公而朝廷大夫猶有不知周公之志故周大夫作此詩以美周公刺彼朝廷大夫之不知也經二章皆言王當以禮迎周公刺彼羣臣不知之也○箋成王至刺之○正義曰箋知此篇之作在得雷風之後者若在雷風之前則王亦未悟若有所刺當刺於王何以獨刺朝廷若啟金縢之後則羣臣盡悟無所可刺故知是既得雷雨大風之變欲迎周公而朝廷猶有疑志所以刺之也論語云其在朝廷祭義言孝悌達於朝廷皆斥君朝謂之朝廷則知此言朝廷亦是成王之朝所刺必有其人故知刺朝廷羣臣之中有不知周公之聖者也毛氏雖不注序推鴟鴞之傳必無避居之事周

公初即攝政羣臣無有不知必不得同鄭刺羣臣也羣臣皆信周公唯有成王疑耳狼跋序云近則王不知此刺朝廷不知當亦刺成王不知王肅云朝廷斥成王孫毓云疑周公者成王也明周公者羣臣也書曰史與百執事對曰信噫公命我勿敢言二公下至百執事皆明周公如此復誰刺乎且夫朝廷人君所專未有稱羣臣爲朝廷者漢魏稱人主或云國家或言朝廷古今同也易以不言刺成王刺成王當在雅此詩主美周公故在豳風是以略言刺朝廷傳意或然雖刺成王與箋意異其所刺者亦在作鴟鴞之後得雷風之前何則作鴟鴞之時周公親自喻王王猶不悟大夫故應刺之若得雷風之後王意已漸開悟大夫不當刺王明所刺亦在雷風之前王肅以爲既作東山又追作此詩以刺王不知毛意然否

伐柯如何匪斧不克柯斧柄也禮義者亦治國之柄箋云克能也伐柯之道唯斧乃能之此以類求其類也以喻成王欲迎周公當使賢者先往○柄彼病反**取妻如何匪媒不得**媒所以用禮也治國不能用禮則不安箋云媒者能通二姓之言定人室家之道以喻王欲迎周公當先使曉王與周公之意者又先往○取七喻反本亦作娶

〔疏〕伐柯至不得○毛以爲柯者爲家之器用禮者治國之所用言欲伐柯以爲家用當如何乎非斧則不能以與欲取禮以治國者當如之何乎非周公則不能言斧能伐柯得柯以爲家用喻周公能行禮得禮以治國能執治國之禮者唯周公耳又言取妻如之何非媒則不得以與治國如之何非禮則不安以媒氏能用禮故使媒則得妻以喻周公能用禮故任周公則國治刺王不知周公而不任之也○鄭以爲伐柯之道非斧則不能唯斧乃能之言以類求其類喻王欲迎周公非賢不可往當使賢者先往亦以類求其類取妻如之何非媒不得以媒能通二姓之言定人室家之道故使媒則得之以喻王欲迎周公當使曉王與周公之意者先往以其能通二人之意故宜先使之言王當迎周公以刺朝廷之不知也○傳柯斧至之柄○正義曰考工記車人云柯長三尺博三寸厚一寸有半五分其長以其一爲之首注云首六寸謂闕頭斧也柯其柄也是斧柄大小之度斧喻周公柄喻禮義斧能伐得柯喻周公能得禮柯所以供家用猶禮可以供國用故云禮義者治國之柄是以柯喻禮則知斧喻周公雖以斧喻周公斧不能自伐得柯必人執之是人與斧共喻周公也人執斧能伐柯既伐得柯人又執柯以營家用喻周公能得禮既能得禮周公又能執禮以治國以此美周公也王肅云能執治國家之斧柄其唯周公乎是喻周公能執禮也○

箋克能至先往○正義曰克能釋言文箋以下云我覯之子謂得見周公則二章皆勸迎周公之事故易傳言以類求其類喻使賢者先往也○傳媒所至不安○正義曰傳以下文籩豆有踐籩豆禮器則此亦禮事故傳以上經與此皆喻禮也正以媒爲與者媒所以用禮喻周公能用禮取妻不以媒則不能得妻喻治國不用禮則不能安國言周公能用禮以安而王不知故刺之○箋媒者至先往○正義曰箋以媒者通傳二姓之言勸迎周公而以媒爲喻故易傳言當使曉王與周公之意者先往孫毓云周公之思歸患成王之未悟耳王出郊而天雨反風禾則盡起精誠感天而況於人乎何須賢者之先往也周公至聖見能未形非如讎敵尚相阻疑何須問人重相曉喻乎鄭爲此說者以爲此詩之作在雷風之後王實未迎周公致使朝臣尚惑假言迎意刺彼未知言王以周公之聖欲其速反尚使賢者先行令人傳通其意說周公宜還見疑者可刺耳非謂周公有疑須相曉喻也

伐柯伐柯其則不遠以其所願乎上交乎下以其所願乎下事乎上不遠求也箋云則法也伐柯者必用柯其大小長短近取法於柯所謂不遠求也王欲迎周公使還其道亦不遠人心足以知之**我覯之子籩豆有踐**踐行列貌箋云

覯見也之子是子也斥周公也王欲迎周公當以饗燕之饌行至則歡樂以說之。覯古豆反踐賤淺反行户郎反饌士戀反樂音洛說音悅〔疏〕伐柯至有踐。毛以爲伐柯之法其則不遠喻治國之法其道亦不遠何者執柯以伐柯比而視之舊柯短則如其短舊柯長則如其長其法不在遠也以喻交接之法願於上交於下願於下事於上其道亦不遠也言有禮君子恕以治國近取諸已不須遠求能如是者唯周公耳我若得見是子周公觀其以禮治國則復籩禮器有踐然行列而次序矣禮事弘多不可偏舉言其籩豆有列見禮法大行也。鄭以爲伐柯伐柯者其法則不遠舊柯足以法之以喻王欲迎周公使還其道亦不遠人心足以知之言衆人之心皆知公須還也我王欲見是子周公當以饗燕之饌籩豆有踐然行列以待之言王宜厚待周公刺彼不知者也。傳以其至遠求。正義曰此伐柯之不遠求還近取法於柯以喻交人之道不遠求還近取法於已故解不遠求之義以其所願於上接已則以所願之事交於在已下者以其所願於下之事已則以所願之事事於已之上者此皆近取諸已所謂不遠求詩意言此者以有禮君子能以身恕物言周公能爲此也王肅云言有禮君子恕施而行所以治人則不遠。箋柯至知之。正義曰箋以爲勸迎周公之辭故易傳言不遠者人心足以知之中庸引此二句乃云執柯以伐柯睨而視之猶以爲遠詩言其則不遠彼言猶以爲遠者以作者言其不遠明有嫌遠之意故言猶以爲遠。傳踐行列貌。正義曰以籩豆之器必行列陳之故以踐爲行列貌毛以爲此詩刺王不知周公皆不言王迎之事必不得如鄭以籩豆之饌迎周公也上句說恕以行禮則此當爲任用有禮之人則得禮事陳設籩豆是行禮之器言籩豆有踐謂見其行禮也故王肅云我所見之子能以禮治國踐行列之貌籩豆行禮之物也傳意或然。箋覯見至說之。正義曰覯見釋詁文飲食之事聖人以之爲禮今勸迎周公而言陳列籩豆是令王以此籩豆與周公饗燕

伐柯二章章四句

九罭美周公也周大夫刺朝廷之不知也。罭本亦作罭于逼反〔疏〕九罭四章首章四句下三章章三句至不知。正義曰作九罭詩者美周公也周大夫以刺朝廷之不知也此序與伐柯盡同則毛亦以爲刺成王也周公既攝政而東征至三年罪人盡得但成王惑於流言不悅周公所爲周公且止東方以待成王之召成王未悟不欲迎之故周大夫作此詩以刺王經四章皆言周公不宜在東是刺王之事鄭以爲周公避居東都三年成王既得雷雨大風之變欲迎周公而朝廷羣臣猶有惑於管蔡之言不知周公之志者及啟金縢之書成王親迎周公反而居攝周大夫乃作此詩美周公追刺往前朝廷羣臣之不知也此詩當作在歸攝政之後首章言周公不宜居東王當以衮衣禮迎之所陳是未迎時事也二章三章陳往迎周公之時告曉東人之辭卒章陳東都之人欲留周公是公反後之事既反之後朝廷無容不知序云美周公者則四章皆是也其言刺朝廷之不知者唯首章耳

九罭之魚鱒魴興也九罭緵罟小魚之網也鱒魴大魚也箋云設九罭之罟乃後得鱒魴之魚言取物各有器也興者喻王欲迎周公之來當有其禮。鱒才損反魴音房緵子弄反又子公反字又作總罟音古今江南呼緵罟爲百囊網也我覯之子衮衣繡裳所以見周公也衮衣卷龍也箋云王迎周公當以上公之服往見之。衮古本反六冕之第二者也畫爲九章天子畫升龍於衣上公但畫降龍字或作卷音同卷卷冕反〔疏〕九罭至繡裳。毛以爲九罭之中魚乃是鱒也魴也鱒魴是大魚處九罭之小網非其宜以興周公是聖人處東方之小邑亦非其宜王何以不早迎之乎我成王若見是子周公當以衮衣繡裳往見之刺王不知欲使王重禮見之鄭以爲設九罭之網得鱒魴之魚言取物各有其器以喻用尊重之大禮迎周公之大人是儗人各有其倫尊重之禮正謂上公之服王若見是子周公當以衮衣繡裳往迎之。傳九罭至大魚。正義曰釋器云緵罟謂之九罭九罭魚網也孫炎曰九罭謂魚之所入有九囊也郭朴曰緵今之百囊網也釋魚有鱒魴樊光引此詩郭朴曰鱒似鯶子赤眼者江東人呼魴魚爲鯿陸機注云鱒似鯶而鱗細於鯶赤眼然則百囊之網非小網而言得小魚之罟者以其緵促網目能得小魚不謂網身小也驗今鱒魴非是大魚言大魚者以其雖非九罭密網此魚亦將不漏故言大耳非大於餘魚也傳以爲大者欲取大小爲喻王肅云以與下土小國不宜久留聖人傳意或然。箋設九至其禮。正義曰箋解網之與魚大小不異於傳但不取大小爲喻耳以下句衮衣繡裳是禮之上服知此句當喻以禮往迎故易傳以取物各有其器喻迎周公當有禮。傳所以至卷龍。正義曰傳解詩言衮衣繡裳者是所以見公之服也畫龍於衣謂之衮故云衮衣卷龍

鴻飛遵渚鴻不宜循渚也箋云鴻大鳥也不宜與鳧鷖之屬飛

而循渚以喻周公今與凡人處東都之邑失其所也。鳧音符鷖烏兮反又作翳

公歸無所於女信處周公未得禮也再宿曰信箋云信誠也時東都之人欲周公留不去故曉之云公西歸而無所居則可就女誠處是東都也今公當歸復其位不得留也

疏鴻飛至信處。毛以鴻者大鳥飛而循渚非其宜以喻周公聖人久留東方亦非其宜王何以不迎之乎又告東方之人云我周公未得王迎之禮歸則無其住所故於汝東方信宿而處耳終不久留於此告東方之人云公不久留刺王不早迎。鄭以爲鴻者大鳥不宜與鳧鷖之屬飛而循渚以喻周公聖人不宜與凡人之輩共處東都及成王既悟親迎周公而東都之人欲周公卽留於此故曉之曰公西歸若無所居則可於汝之所誠處耳今公歸則復位汝不得留之美周公所在見愛知東人願留之。傳鴻不宜循渚。正義曰言不宜循渚者喻周公不宜處東毛無避居之義則是東征四國之後留住於東方不知其住所也王肅云以其周公大聖有定命之功不宜久處下土而不見禮迎箋爲喻亦同但以爲辟居處東故云與凡人耳。傳周公至曰信。正義曰言周公未得王迎之禮也再宿曰信莊三年左傳文公未有所歸之時故於汝信處處汝下國周公居東歷年而曰信者言

聖人不宜失其所也再宿於外猶以爲久故以近辭言之也。箋信誠至得留。正義曰釋詁云誠信也是信得爲誠也以卒章言無以公西歸是東人留之辭故知此是告曉之辭既以告曉東人公既西歸不得遙信故易傳以信爲誠言公西歸而無所居則誠處是東都也此章已陳告曉東人之辭卒章始陳東人留公之辭此詩美周公不宜處東既言不宜處東因論告曉東人之事既言告曉東人須見東人之意故卒章乃陳東人之辭

鴻飛遵陸陸非鴻所宜止

公歸不復於女信宿宿猶處也

疏公歸不復。正義曰箋以爲避居則不復當謂不得復位毛以此章東征則周公攝位久矣不得以不復位爲言也當訓復爲反王肅云未得所以反之道傳意或然

是以有衮衣兮無以我公歸兮無與公歸之道也箋云是東都也東都之人欲周公留之爲君故云是以有衮衣謂成王所齎來衮衣願其封周公於此以衮衣命留之無以公西歸

無使我心悲兮箋云周公西歸而東都之人心悲恩德之愛至深也

疏是以至心悲兮。毛以爲首章言王見周公當以衮衣見之此章言王有衮衣而不迎周公故大夫刺之言王是以有此衮衣兮但無以我公歸之道兮王意不悟故云無以歸道又言王當早迎周公無使我羣臣念周公而心悲兮。鄭以爲此是東都之人欲留周公之辭言王是以有此衮衣兮王令齎來願卽封周公於此無以我公西歸兮若以公歸我則思之王無使我思公而心悲兮。傳無與公歸之道。正義曰周公在東必待王迎乃歸成王未肯迎之故無與我公歸之道謂成王不與歸也。箋是東至西歸。正義曰箋以爲王欲迎周公而羣臣或有不知周公之志者故刺之雖臣不知而王必迎公不得言無與公歸之道故易傳以爲東都之人欲留周公之辭首章云迎周公當以上公之服往見之於時成王實以上公服往故東都之人卽願以此衣封周公也。箋周公至至深。正義曰東都之人言已將悲故知是心悲念公也傳以爲刺王不知則心悲謂羣臣悲故王肅云公久不歸則我心悲是大夫作者言已悲也此經直言心悲本或心下有西衍字與東山相涉而誤耳定本無西字

九罭四章一章四句三章章三句

狼跋美周公也周公攝政遠則四國流言近則王不知周大夫美其不失其聖也不失其聖者聞流言不惑王不知不怨終立其志成周之王功致大平復成王之位又爲之大師終始無愆聖德著焉。狼音郎獸名也跋音卜末反又蒲末反字或作拔同王功于況反大平音泰下大平大師大平同愆起然反

疏狼跋二章章四句至其聖。正義曰作狼跋詩者美周公也毛以爲周公攝政之時其遠則四國流言誹毀周公言將不利於孺子其近則成王不知其心謂周公實欲篡奪己位周公進退有難如此卒誅除四國成就周道使天下大平而聖著明故周大夫作此詩美進退有難而能不失其聖也經二章皆言進退有難之事美其不失聖者本其美周公之意耳於經無所當也鄭以周公將攝政時遠則四國流言而周公不惑不息攝政之心近則成王不知而周公不怨不生忿懟之意卒得遂其心志成就周道是進有難也及致政成王之後欲老而自退成王又留爲大師令輔弼左右是退有難也如此進退有難而聖德著明終無愆過故周大夫美其不失其聖也經二章皆云進退有難之事德音不瑕是不失聖也序稱流言與王不知唯說進有難也不言退有難者不失其聖之中可以兼之矣。箋不失至著焉。正義曰序言不失其聖是揔美周公之言故箋具述周

公進退有難能使聖德著明之意以允之箋以流言與王不知是一時之事不宜分爲進退經云公孫碩膚則是遜位之後故以流言與王不知爲進有難也既遜而留爲大師是退有難也以此二者皆違周公之志是故俱名爲難進退有難爲終始無怨所以美其不失其聖也毛不注序必知異於鄭者傳以公孫爲成王則此經所陳無周公遜位之事不得以留爲大師當退有難也傳言進退有難須兩事充之明四國流言爲進有難王不知爲退有難能誅除四國攝政成功正是不失聖也

狼跋其胡載疐其尾興也跋躐疐跲也老狼有胡進則躐其胡退則跲其尾進退有難然而不失其猛箋云興者喻周公進則躐其胡猶始欲攝政四國流言辟之而居東都也退則跲其尾謂後復成王之位而老成王又留之其如是聖德無玷缺○疐本又作疌丁四反又陟值反躐力輒反跲其劫反又居業反難乃旦反玷丁簟反

公孫碩膚赤舄几几公孫成王也豳公之孫也碩大膚美也赤舄人君之盛屨也几几約貌箋云公周公也孫讀當如公孫于齊之孫孫之言孫遁也周公攝政七年致大平復成王之位孫遁辟此成公之大美欲老成王又留之以爲大師履赤舄几几然○孫毛如字鄭音遜舄音昔屨俱具反約其俱反遁徒遜反

【疏】狼跋至几几○毛以爲狼之老者則頷下垂胡狼進前則躐其胡卻退則跲其尾是進退有難然猶不失其猛能殺傷禽獸以喻周公攝政之時遠則四國流言近則王不知其志進退有難然猶不失其聖能成就周道所以進退有難而攝此政者欲待公孫成王長大有大美之德能履赤舄几几然盛服以行禮然後授之故也○鄭以爲老狼進則躐其胡退則跲其尾進退有難不失其猛喻周公將欲攝政遭四國流言歸政成王王復留爲大師進退有難能不失其聖又美周公不失其聖之事言周公既致大平乃遜遁避此成功之大美復留在王朝爲大師之官履其赤舄其舄之飾几几然美其聖德故說其衣服也○傳跋躐至其猛○正義曰跋躐疐跲釋言文李巡曰跋前行曰躐跲卻頓曰疐也說文云跋蹎丁千反跲躓竹二反躓即疐也然則跋與疐皆是顛倒之類以跋爲躐者謂跋其胡而倒躓耳老狼有胡謂頷垂胡進則躐其胡謂躐胡而前倒也退則跲其尾謂卻頓而倒於尾上也跋胡言狼疐尾亦是狼也文不可重故以疐代之下章倒其文明跋上宜有載所以互相見也序言周公遠近有難不失聖德故知此經說狼進退有難而不失猛○箋興者至玷缺○正義曰箋下言公孫則遜位之後故以進則躐胡喻將欲攝政退則跲尾喻成王留之耳周公人臣以臣攝爲進致政爲退取象爲安故易傳也○傳公孫至約貌○正義曰傳以雅稱曾孫皆是成王以其是豳公之孫也碩大釋詁文膚美小雅廣訓文天官屨人掌王之服屨爲赤舄黑舄注云王吉服有九舄有三等赤舄爲上冕服之舄下有白舄黑舄然則赤舄是舄之最上故云人君之盛屨也屨人注云服屨者著服各有屨也複下曰舄單下曰屨古之人言屨以通於複今世言屨以通於單俗易語反然則屨舄對文有異散則相通故傳以屨言之士冠禮云玄端黑屨青絇繶純爵弁纁屨黑絇繶純純博寸注云絇之言拘以爲行戒狀如刃衣鼻在屨頭繶縫中紃也屨順裳色爵弁之屨以黑爲飾爵弁尊其屨飾以繢次云几几絇貌謂舄頭飾之貌以爵弁祭服之尊飾之如繢次屨色纁而絇用黑則冕服之舄必如繢次舄色赤則絇赤黑也王肅云言周公所以進退有難者以俟王之長大有大美之德能服盛服以行禮也○箋周公至几几然○正義曰箋以上言公歸皆謂周公故以此公爲周公古之遜字借孫爲之春秋昭二十五年經言公孫於齊春秋之例內諱奔謂之遜言昭公遜遁而去位此周公亦遜遁去位故讀如彼文遜遁釋言文孫炎曰遁逃去也周公攝政七年遜遁避成功之大美尚書洛誥有其事書序云召公爲保周公爲師相成王爲左右召公不悅周公作君

奭是成王留之爲大師也上公九命得服袞冕故履赤舄孫毓云詩書名例未有稱天子爲公孫者成王之去豳公又已遠矣又此篇美周公不美成王何言成王之大美乎公宜爲周公箋義爲長

狼疐其尾載跋其胡公孫碩膚德音不瑕瑕過也箋云不瑕言不可疵瑕也○疵才斯反

【疏】傳瑕過○正義曰瑕者玉之病玉之有瑕猶人之有過故以瑕爲過箋言無可疵瑕者亦是玉病言周公終始皆善爲無疵瑕也

狼跋二章章四句

豳國七篇二十七章二百三句

附釋音毛詩注疏卷第八　八之三

黃中柭栞

毛詩注疏挍勘記八之三　阮元撰盧宣旬摘錄

○破斧

隋銎曰斧　小字本相臺本同案考文古本下有方銎曰斨四字非也此與七月傳斨方銎也互文見義七月正義云破斧傳云隋銎曰斧方銎曰斨然則斨即斧也各本皆同其實誤也當作然則方銎曰斨斨即斧也因方銎曰斨與所引破斧傳云隋銎曰斧有似對文乃誤屬然則二字於斨即斧也之首耳此經又缺我斨釋文斨下云說文云方銎斧也浦鏜校彼正義以爲觀音義則傳本無此四字非脫也其說當矣特未悟彼正義亦本不引此傳方銎曰斨也考文古本正采彼正義而致誤

傳吪化也正義曰　閩本明監本毛本正上有○案所補非也也當作○耳

箋以爲之不安　閩本明監本毛本同案浦鏜云之疑衍是也

○伐柯

當先使曉王與周公之意者又先往　小字本相臺本同案正義云當使曉王與周公之意者先往乃檃栝箋文非箋又者又上箋先往也如此明刻單注別本有改又爲以者誤甚

見能未形　閩本明監本毛本同案浦鏜云見能字當誤倒是也

何須問人　閩本明監本毛本同案問當作用形近之譌

則復籩禮器作籩豆　閩本明監本毛本籩下有豆字案復籩當以其所願於上接巳　補案下文接巳上當有之字

箋柯至知之　補柯上當有伐字

○九罭

鱒魴大魚也　小字本相臺本同案釋文鱒下云大魚也正義云傳以爲大者欲取大小爲喻王肅云以興下土小國不宜久留聖人傳意或然今考此傳當本無大字或加之以駁鄭與㪚𤰞同魴亦衍字也釋文獨於鱒

下云大魚也是其本無魴字

六冕之第二者也【補】釋文挍勘盧本者作章案云今改正所改是也

釋魚有鱒魴閩本明監本毛本同案鱒魴盧文弨云當作魾鱒是也

陸機注云閩本明監本毛本同案浦鏜云疏誤注是也

欲周公留之爲君閩本明監本毛本同小字本相臺本之爲作爲之考文一本同案爲之是也

無使我心悲兮唐石經小字本相臺本同案正義云本或心下有西衍字與東山相涉而誤耳定本無西字考文一本有采正義

箋是東至西歸閩本同明監本毛本東作以案皆誤也當作是

九罭四章明監本毛本章誤句唐石經以下各本不誤

○狼跋

乃遜遁避此成功之大美閩本明監本毛本同案經注作孫正義作遜孫遜古今字易而說之也例見前正義云古之遜字借孫爲之則固自言其例矣考文古本箋作遜誤采正義也避亦易字見汝墳

說文云跋蹎丁千反跲躓竹二反閩本明監本毛本同案丁千反竹二反六字當旁行細書正義於自爲音者例如此○按卽自爲音不定有此例況丁千反竹二反乃引說文音隱乎唐人所引說文反語皆本音隱

故以壼代之【補】案壼當作韔下文明跋上宜有韔可證

爵弁纁黑絇繶純閩本明監本毛本同案纁下浦鏜云脫屨字考士冠禮浦挍是也

狀如刃衣閩本明監本毛本同案浦鏜云刀誤刃考士冠禮注浦挍是也

則絇赤黑也閩本明監本毛本同案盧文弨云赤當作亦是也

故屨赤舄閩本明監本毛本同案浦鏜云履誤屨是也

附釋音毛詩注疏卷第九（九之一）

鹿鳴之什詁訓傳第十六○陸曰什音十什者若五等之君有詩各繫其國舉周南卽題關雎至於王者施教統有四海歌詠之作非止一人篇數既多故以十篇編爲一卷名之爲什

毛詩小雅○陸曰從鹿鳴至菁菁者莪凡二十二篇皆正小雅六篇亡今唯十六篇從此至魚麗十篇是文武之小雅先其文王以治內後其武王以治外宴勞嘉賓親睦九族事非隆重故爲小雅皆聖人之迹故謂之正

鄭氏箋　孔穎達疏

小大雅譜

小雅大雅者周室居西都豐鎬之時詩也○正義曰以此二雅正有文武成變有厲宣幽六王皆居在鎬豐之地故曰豐鎬之時詩也知者文王有聲云作邑於豐是文王居豐也又曰考卜維王宅是鎬京維龜正之武王成之是武王居鎬也太史公曰成王卜居洛邑定九鼎焉而周復都豐鎬外傳曰杜伯射宣王於鎬魚藻序云王居鎬京是幽王以上皆居鎬也世本云懿王徙於犬丘地里志云京兆槐里縣周曰犬丘懿王都之京兆郡故長安縣也皇甫謐云鎬在長安南二十里然則犬丘與鎬相近有離宮在焉懿王蹔居之非遷都也鄭必須言周室居豐鎬者以國風皆題諸國之名知其國土所在雅亦須顯其號幷知天子所居之處也采薇出車以天子之命命將率則文王時未稱王也則二雅各有未稱王時作者未稱王時則在岐周矣而繫之豐者以其爲雅詩者卽述天子之政文王居豐乃稱王縱使在岐周時作亦繫之於豐也厲王流于彘王爵仍存鎬京尚在故亦揔云豐鎬焉雅題不曰周者以雅與國風絕殊又無異代相涉故不言周也○始祖后稷由神氣而生有播種之功於民公劉至于大王王季歷及千載越異代而別世載其功業爲天下所歸○正義曰案周本紀云公劉后稷之曾孫大王公劉九世之孫后稷在唐虞之時公劉當夏大康之時此至大王王季歷夏商之世漢書律歷志云夏凡四百四十年殷凡六百二十九年則餘一千矣故曰歷千載越異代也言后稷至於大王則公劉在其間矣而別言公劉者以周之先公皆能修后稷之業公劉大王其中賢俊者故歷言之所以追說后稷公劉大王者言周德積基所由也○文王受命武王遂定天下盛德之隆大雅之初起自文王至于文王有聲據盛隆而推原天命上述祖考之美○正義曰自文王至文王有聲凡十篇文王大明緜棫樸思齊皇矣靈臺七篇序皆云文王旱麓一篇居中從可知凡八篇文王大雅也下武文王有聲二篇序皆言武王則武王大雅也以文武道同故鄭連言之雅有小大二體而體亦由事而定故文王以受命爲盛大雅以盛爲王故其篇先盛隆文王言受命作周大明言天復命武王是盛隆之事故以文王爲首大明次之也文王所以得受天命由祖考之業故又次緜也言文王之興本由大王也文王既因祖業得四臣之力卽是能官其人故次棫樸也既言任臣之力又述受祖之美故次旱麓也旱麓直論樂易於民施化而已非盛事故在棫樸之下既言受祖之業又述其母之賢而得成爲聖故次思齊也文王既聖世脩其德天使之代殷故次皇矣既聖能代德及鳥獸故次靈臺繇與旱麓皇矣皆述大王王季之德是上述祖考者鄭以文王據受命盛隆逆而本之於祖父取編篇之意故其餘不盡論也其武王之詩下武序云繼文也明以上文王事下武則武王繼之既能繼其伐功故次文王有聲序云繼伐也言文王伐崇武王繼之以伐紂也案大明文王之詩而經陳武王之事文王有聲武王之詩而經陳文王之事其勢正同而詩主相反者由作者之意殊也文王經云王之藎臣無念爾祖以戒成王也大明云篤生武王言武王之謚則二篇成王時作也緜云文王蹶厥生思齊云文王之母皇矣云帝謂文王三篇皆言文王之謚則皆文王崩後作之棫樸云濟濟辟王靈臺云王在靈沼皆言王則稱王之後作也唯旱麓不言謚又不言王或未稱王之前作也但經無謚者或當其生存之時或在其崩後不可定也下武不言武王之謚成王時作文王有聲云武王烝哉言其謚則其崩後作也○小雅自鹿鳴至於魚麗先其文所以治內後其武所以治外○正義曰此又解小雅比篇之意采薇云文王之時西有昆夷之患北有玁狁之難以天子之命命將率歌采薇以遣之出車以勞還杕杜以勤歸則采薇等篇皆文王之詩天保以上自然是文王詩也魚麗序文武並言則魚麗武王詩也鹿鳴至天保六篇言燕勞羣臣朋友是文事也采薇三篇言命將出征皆是武事故魚麗序曰文武以天保以上治內采薇以下治外既以治內爲先君爲元首臣爲股肱君能懇誠以樂下臣能盡忠以事上此爲政之尤急故以鹿鳴燕羣臣嘉賓之事爲首也羣臣在國則燕之使還則勞之故次四牡勞使臣之來也使臣還則君勞之去當遣之故次皇皇者華言遣使臣也使臣之聘出卽遣之反乃勞之則遣先勞後矣此所以先勞後遣者人之勞役苦於上所不知則已勞而怨有勞而見知則雖勞而不怨其事重故先之也且使臣往反固非其一四牡所勞不必是皇皇者華所遣之使二篇之作又不必

之八故以輕重爲先後也君臣既洽鄰國又睦乃可以和燕宗族故次常棣燕兄弟也兄弟既和又及朋友故次伐木燕朋友故舊也君既能燕勞臣下臣亦歸美以報之故次天保言下報上也内事既治則當命將征伐以禦夷狄之患故次采薇遣戍役遣則欲其同心還則别其貴賤先出車以勞將率後杕杜以勞還役也文王之詩既終可王之事繼之以文王治内外有成功故武王因之得萬物盛多所以次魚麗也萬物既多人得養其父母故次南陔孝子相戒以養也孝子非徒能養其親身又清潔故次白華言孝子之潔白也萬物盛多人民忠孝則致時和年豐故次華黍歲豐宜黍稷也思齊說文王之教先兄弟後家邦此詩之次先羣臣後兄弟者彼說施法之事先齊其家後化於外自近及遠之義此即爲國之政固當先國事後族人故使燕羣臣在先也又鹿鳴等三篇皆燕勞臣子爲政之大務後世常歌之故鄉飲酒燕禮皆歌此三篇四牡傳曰文王率諸侯撫叛國而朝聘於紂故歌文王之道爲後世法是其事重可法故樂常歌之推此則樂歌周南召南及大雅皆歌其首三篇書傳多云升歌清廟是事重爲常歌故以爲諸篇之首也此文王小雅其事多在稱王之前案書傳文王受命四年伐昆夷采薇爲伐昆夷而作事在受命四年也出車杕杜役反而勞之出車經曰春日遲遲薄言還歸在受命五年而反也則采薇三篇事在稱王前矣鹿鳴燕羣臣嘉賓嘉賓之文容有鄰國之聘客也明亦未稱王也四牡云周道倭遲傳曰岐周之道尚在岐周未還亦是未稱王也皇皇者華君遣使臣是聘問鄰國也若稱王之後與諸侯禮異不得爲鄰國相聘之法則亦未稱王也此三篇之事或在采薇之前其作之時節次弟不可得而知也稱王之前作亦可矣伐木云陳饋八簋爲天子制天保云禴祠烝嘗于公先王追王改祭之禮定是稱王之後無文王之謚或當時即作或崩後爲之未可定也檢文武大雅經每言文武之謚多在武王成王時作也小雅唯有稱王後事曾無言其謚者又所論多稱王以前之事知不先作爲小雅後作爲大雅者以六詩之作各有其體詠由歌政而與體亦因政而異王政有巨細詩有大小不在其作之先後也此篇尚不以作之先後爲次況小大反以作之先後爲異乎且就檢其事亦不然矣緜有伐昆夷之事而在大雅采薇亦伐昆夷之事而在小雅緜云虞芮質厥成事在稱王之初天保云禴祠烝嘗事在稱王之後天保在小雅緜在大雅明不以作之先後分屬二雅可知也但作者各有所擬述大政爲大雅之體述小政爲小雅之體體以政異名以體定體既不同雅有大小大師審其所述察其異體然後分而别之自王澤竭而詩

息綦秦起而樂亡去聖久遠無所傳授雖彆蘄其大校不可以言宜也詩次先小雅此鄭先論大雅者詩見事漸故先小後大鄭以大雅述盛隆之事故先言焉○此二雅逆順之次要於極賢聖之情著天道之助如此而已矣○正義曰由祖考積基之美致令受命而王今大雅先陳受命後述祖考從下而上是逆也爲政之法當以近及遠今小雅先内後外是順也二雅逆順雖異其致一也皆要在於極盡先祖賢聖之情著明天道符命之助而已矣公劉大王王季是賢也即緜與旱麓等詩是也文王武王聖也即述文武詩是也天道助者即周雖舊邦其命維新之屬是也又大雅生民及卷阿小雅南有嘉魚下及菁菁者莪周公成王之時詩也○正義曰知大雅自生民者以生民序云文武之功起於后稷故推以配天焉明是文武後人見文武功之所起故推以配天也文武後人唯周公成王耳孝經云昔者周公郊祀后稷以配天故知生民爲周公成王之詩生民既然至卷阿皆是可知知小雅自南有嘉魚者以六月序廣陳小雅之廢自華黍以上皆言缺由庚以下不言缺明其詩異主也魚麗之序云文武華黍言與上同明以上武王詩由庚以下周公成王詩也南有嘉魚云太平蓼蕭云澤及四海語其時事爲周公成王明矣序者蓋亦以其事著明故不言其號謚焉由庚既爲周公成王之詩則南有嘉魚至菁菁者莪從可知也故云下及菁菁者莪皆周公成王之時詩也以周公攝王事政統於成王故並舉之也由庚在嘉魚前矣不云自由庚者據見在而言之鄭所以不數亡者以毛公下由庚以就崇丘若言自由庚則不包南有嘉魚故不得言也既不得以由庚爲成王詩首則華黍不得爲武王詩末故上說文武之詩不言至華黍也其比篇如此次者大雅之次以后稷祖考之先文武功之所起人本於祖故生民爲先言尊祖也既后稷有功世篤忠厚故次行葦言忠厚也既能忠厚化以及物令天下醉飽故次既醉言太平也既得太平又能久持不失故次鳧鷖言能持盈守成也鳧鷖止言祭神無持盈之事而序以承太平之後因言太平之君子能持盈守成則神祇祖考安樂之矣是傳會其事以爲篇次之意也推此明其餘皆有次比之義既能持盈不失事可嘉美故次假樂嘉成王也既嘉之又恐其息漫故公劉泂酌卷阿戒成王也召公以成王初涖政恐不留意於治民之事故先言公劉厚於民以戒之既戒以民事欲其忠信故次泂酌也既有忠信須求賢自輔故次卷阿也詩人之作自有次第故其卒章曰矢詩不多維以遂歌是也小雅之次以承文武政平之後繼體之君調陰陽育萬物由庚萬物得由其道南有嘉魚樂與賢也崇丘萬物得極其高大

也南山有臺樂得賢者由儀萬物之所生各得其宜此五篇樂與。萬物得所更相互見明得賢所以養物也既萬物得宜又能周及海外故次蓼蕭也言萬物得所四海蒙澤天下無事可以飲燕諸侯襃賜有功故次湛露彤弓也既見因饗燕而賜之故先燕後賜也既有功蒙賞唯才是用爲天下之所歌樂故次菁菁者莪也其次如此其作之時節則難明也生民云推后稷配天是周公制禮之時則攝政六年後作也行葦云曾孫維主周公攝政之時成王爲孺子養老之事周公所爲行葦言成王爲主則在卽政之後也既醉告太平鳧鷖守成周公攝政三年則致太平既已太平則有成功可守作必在攝政三年之後不可定指其時也假樂嘉成王有顯顯令德官人安民則亦卽政之後矣公劉泂酌卷阿同是召公之戒公劉云成王將涖政則歌在行葦假樂之前也既醉鳧鷖指論太平守成亦不廢在生民之前也大雅之作既有先後則小雅亦當然也小雅之中皆無成王之言又無卽政之事其作多在攝政之時不可定其年月也襄二十九年左傳爲吳季札歌小雅服虔云自鹿鳴至菁菁者莪道文武脩小政定大亂致太平樂且有儀是爲正小雅皇甫謐亦云詩人歌武王之德今小雅自魚麗至菁菁者莪七篇是也則服虔與皇甫謐以小雅無成王之詩也左傳又曰爲之歌大雅服

虔云陳文王之德武王之功自文王以下至鳧鷖是爲正大雅則服虔又以生民行葦既醉鳧鷖爲武王詩也案武王伐紂未幾而崩不得有天下太平澤及四海之事蓼蕭既醉之輩皆言太平之事安得爲武王詩乎卽小雅皆武王之詩六月之序何當廢缺異文也生民推后稷配天行葦曾孫維主書傳配天皆謂周公之詩曾孫皆斥成王不得爲武王詩矣華黍由庚本相連比毛氏分序致其篇端使華黍就上由庚退下則毛意亦以由庚以下爲成王之詩也不然亡詩六篇自可聚在一處何須分之也服虔之説違詩之文失毛之旨故鄭所以不然也○傳曰文王基之武王鑿之周公内之謂其道同終始相成比而合之故大雅十八篇小雅十六爲正經○正義曰此傳以作室爲喻也言周國之興譬如爲室文王始造其基武王鑿其榱棟周公内而架之乃成爲室猶言文王受命武王因之得伐紂定天下周公致太平制禮作樂以成之故中候曰昌受命發行誅旦弘道是其終始相成故比合其詩大雅十八篇小雅十六篇爲正經凡書非正經者謂之傳未知此傳在何書也○其用於樂國君以小雅天子以大雅然而饗賓或上取燕或下就○正義曰以詩者樂章既説二雅爲之正經因言用樂之事變者雖亦播於樂或無筭之節所用或隨事類而歌又在制禮之後樂不常用故鄭

於變雅下不言所用焉知國君以小雅天子以大雅者以鄉飲酒云乃合樂關雎鵲巢則不言鄉樂燕禮云遂歌鄉樂周南關雎召南鵲巢燕諸侯之禮謂周南召南爲鄉樂鄉飲酒大夫之禮直云合樂大夫稱鄉得不以用之鄉飲酒是鄉可知故不云鄉也由此言之則知風爲鄉樂矣左傳晉爲穆叔文王鹿鳴別歌之大雅爲一等小雅爲一等風既定爲鄉樂差次之而上明小雅爲諸侯之樂大雅爲天子之樂矣且鄉飲酒鄉大夫賓賢能之禮也言賓用敵禮是平等之事合已樂而上歌小雅爲用諸侯樂然則諸侯以小雅爲已樂而穆叔云文王兩君相見之樂歌則兩君亦敵明歌大雅爲用天子樂故知諸侯以小雅天子以大雅矣鄉射之禮云乃合樂周南召南等注云不歌不笙不閒志在射略於樂不略合樂者風鄉樂也不可略其正大射諸侯之禮所歌者明亦諸侯之正樂也其經曰乃歌鹿鳴三終乃下管新宮三終亦不笙不閒又不言合明亦略樂不略其正是小雅爲諸侯之樂於是明矣自然大雅爲天子之樂可知若然小雅之爲天子之政所以諸侯得用之者以詩本緣政而作臣無慶賞威刑之政故不得有詩而詩爲樂章善惡所以爲勸戒尤美者可以爲典法故雖無詩者今得進而用之所以風化天下故曰用之鄉人焉用之邦國焉因其節文使之有等風爲夫婦之道

生民之本王政所重欲天下徧化之故風爲鄉樂風本諸侯之詩鄉人所用故諸侯進用小雅諸侯既用小雅自然天子用大雅矣故鄉飲酒燕禮注云鄉樂者風也小雅爲諸侯之樂大雅頌爲天子之樂是也彼注頌亦爲天子之樂此不言頌者此因風與二雅爲尊卑等級以見其差降故其言不及頌耳國君以小雅天子以大雅舉其正所當用者然而至於饗賓或上取燕或下就天子不純以大雅諸侯不純以小雅故下鄭分別説之。何者天子饗元侯歌肆夏合文王諸侯歌文王合鹿鳴諸侯於鄰國之君與天子於諸侯同○正義曰鄭既言有上取下就之義因自問而釋之故云何者以發端也知歌合如此者左傳曰穆叔如晉晉侯饗之金奏肆夏之三不拜工歌文王之三又不拜歌鹿鳴之三三拜韓獻子使行人子員問之對曰肆夏天子所以饗元侯也使臣弗敢與聞文王兩君相見之樂也使臣不敢及鹿鳴君所以嘉寡君也敢不拜嘉又魯語曰金奏肆夏繁遏渠天子所以饗元侯也工歌文王大明緜則兩君相見之樂也臣以爲肆業及之故不敢拜今伶簫詠歌及鹿鳴之三君之所以貺使臣敢不拜貺由此二傳論之天子食。元侯歌肆夏也則非元侯者不得歌之肆夏頌之族類頌下唯有大雅故知於諸侯歌文王已。傳文又言文王兩君相見之樂是諸侯於鄰國之君亦歌

文王與天子於諸侯同也鄉飲酒燕禮合樂皆降於升歌歌鹿鳴合鄉樂則知歌文王者當合鹿鳴歌肆夏者當合文王也故鄭於此差約而知之傳言金奏肆夏此云歌者凡樂之初作皆擊金奏之春官鐘師以鐘鼓奏九夏論語云始作翕如也鄭云始作謂金奏晉爲穆叔發初歌肆夏故云金奏也言金奏者始作未必先擊鐘以奏之左傳曰歌鐘二肆是歌必以金奏之言金奏肆夏亦歌之文王鹿鳴因上有金奏之文不須復云金奏故直云歌其實文王鹿鳴亦金奏肆夏亦工歌互言之故知歌肆夏也此歌在堂上故郊特牲曰歌者在上貴人聲也其合樂則在堂下故儀禮注云合樂謂歌樂與衆聲俱作明在堂下衆聲也由在堂下輕故降升歌一等元侯者元長也謂諸侯之長杜預云元侯牧伯也牧伯與上公則爲大國故儀禮注云天子與大國之君燕升歌頌合大雅以肆夏頌之族類故以頌言之牧伯爲元侯則其餘侯伯爲次國子男爲小國非元侯也故揔謂之諸侯故用樂與兩君相見之樂同儀禮注云兩君相見歌大雅合小雅天子與次國小國之君燕亦如之於次國與小國與此諸侯同也此先陳天子於諸侯以諸侯於鄰國亦如之彼據傳之正文先言兩君相見以天子於次國小國亦如之故與此倒也天子於諸侯揔次國小國爲一等諸侯相於與天子於諸侯文同則亦揔次國小國爲一等則次國相於小國於次國於小國皆是諸侯於鄰國之君同歌文王合鹿鳴也仲尼燕居云大饗有四焉兩君相見升歌清廟下管象彼兩君元侯相於法也天子於元侯與諸侯不同則元侯相於與諸侯亦異也諸侯相於與天子於諸侯同則元侯相見亦與天子於元侯同不歌四夏避天子也以此明之則言諸侯於鄰國之君無元侯可知也其元侯於次國小國亦當與諸侯於鄰國同也天子以大雅而饗元侯歌四夏國君以小雅於鄰國歌文王是饗賓或上取也○天子諸侯燕羣臣乃聘問之賓皆歌鹿鳴合鄉樂○正義曰燕禮者諸侯燕其羣臣及聘問之賓之禮也經曰若與四方之賓燕言若以辨異則以燕已羣臣爲文而兼四方之賓也其禮歌鹿鳴合鄉樂也諸侯以小雅取燕羣臣及聘問之賓而合鄉樂天子以大雅取燕羣臣及聘問之賓歌小雅合鄉樂是皆爲下就也推此則天子於諸侯合鹿鳴亦在下就之中矣若然前云饗賓或上取既言天子饗元侯歌四夏於元侯雖則下之諸侯於鄰國之君與天子於諸侯同歌文王者皆謂饗矣饗賓當上取而言有下就者以饗賓之中天子於元侯歌四夏諸侯相於歌文王皆爲上取據多言之故鄭屬上取於饗其實饗中以兼下就合鹿鳴是也言或上取者天子於元侯合文王於諸侯歌文王諸侯

於鄰國合鹿鳴皆是已樂非上取故言或見其不盡上取也言燕或下就者諸侯燕羣臣及聘問之賓歌鹿鳴是已樂非下就故亦言或案儀禮注云頌爲天子之樂則天子自當用頌矣而謂饗元侯爲天子上取者詩爲樂王者盡用之但鄭從風爲鄉樂以上差之使大雅爲天子之樂耳故不得不以四夏爲上取也此鄭直以差等爲說耳不可以已所得用則爲已樂也何者元侯相饗歌頌與天子於元侯同諸侯相於與天子於諸侯同諸侯燕羣臣及聘問之賓交與天子燕羣臣及聘問之賓同則風雅頌皆爲諸侯所用矣豈得皆謂之爲諸侯之樂乎明鄭以等差言之可知矣既以等差定之使天子定用大雅諸侯定用小雅非此者皆謂之上取下就儀禮之注盡論詩爲樂章之意既以風爲鄉樂小雅爲諸侯之樂而大雅之後仍有頌在故因言大雅頌爲天子之樂欲明雅頌盡爲樂章所以與此異也必知天子亦有上取者以此諸文先定言國君天子之用樂即云有上取下就之事明上取下就亦宜同矣燕禮注云合鄉樂者禮輕者逮下諸侯燕臣子合鄉樂爲下就明天子於諸侯合鹿鳴者亦是下就也諸侯於鄰國之君歌大雅爲上取則知天子於元侯歌四夏亦上取也若然天子諸侯皆有上取下就自由尊用之差而云饗或上取燕或下就似上取下就以饗燕爲別者以穆叔曰肆夏天子所以饗元侯禮記曰大饗有四焉兩君相見之禮儀禮燕禮是諸侯燕羣臣賓客之禮因此成文故天子諸侯於國君皆云饗於臣皆云燕所以見尊卑之禮異臣與國君別其等使上取以饗爲文其實國君與臣饗燕皆有何者周禮掌客職曰上公三饗三燕是天子於諸侯饗燕俱有也鹿鳴天子小雅而序曰燕羣臣嘉賓也既飲食之箋云飲之而有幣酬即饗所用是天子於羣臣饗燕皆有也左傳曰晉侯使士會平王室定王饗之又曰晉士文伯如周王與文伯燕是天子於聘問之賓饗燕俱有也秋官司儀職曰凡諸公相爲賓致饗食左傳曰公與晉侯燕於河上是諸侯相於饗燕俱有也左傳曰穆叔如晉晉侯饗之聘禮曰公於賓再饗一燕是諸侯於聘問之賓饗燕俱有也左傳曰季文子如宋致女復命公饗之燕禮燕已之臣子是諸侯自於羣臣饗燕俱有也國君與臣並有饗燕而鄭異其文見尊卑之禮殊爲上取下就之例耳此因尊卑異其文則其用樂也由尊卑爲差不由饗燕爲異此饗燕之文互見耳則饗燕用樂同也且燕禮燕鄰國聘問之賓歌鹿鳴晉侯饗穆叔歌鹿鳴之三三拜是其用樂同文也故儀禮注引穆叔之辭乃云然則諸侯相與燕升歌大雅合小雅天子與次國小國之君燕亦如之與大國之君燕升歌頌合大雅所言用樂與此饗同是天子

諸侯於國君饗燕同樂之事也若然用樂自以尊卑爲差等不由事有輕重而升降鄉飲酒燕禮鉉注云鄉飲酒升歌小雅禮盛者可以進取燕合鄉樂禮者可以逮下似爲禮有輕重故上取下就與此不同者彼以燕禮諸侯之禮鄉飲酒大夫之禮工歌鹿鳴合鄉樂故鄭解其尊卑不同用樂得同之意因言由禮盛可以進取禮輕可以逮下所以用樂得同彼言解燕禮與鄉飲酒禮異樂同之意其實不由饗燕有輕重也此用樂之差謂升歌合樂爲例其舞則燕禮云若舞則酌是諸侯於臣得用頌與此異也又郊特牲曰大夫之奏肆夏自趙文子始注云僭諸侯明諸侯得奏肆夏故郊特牲又曰賓入門而奏肆夏示易以敬注云賓朝聘者也又大射燕禮納賓皆云及庭奏肆夏及周禮注杜子春云賓來奏納夏之等皆謂賓始入及庭未行禮之時與升歌合樂別也。此其著略大校見在書籍禮樂崩壞不可得詳○正義曰饗燕用樂皆推禮傳而知事不詳悉是其著明質略其大校見在於書籍也其餘笙間管舞之詩無以言焉由禮樂崩壞不可得詳審也故儀禮注天子約諸侯於國君燕用樂之下云其笙間之篇未詳聞是也案鄉飲酒及燕禮升歌小雅其笙間之篇亦小雅則此笙間之篇宜與所用升歌同而云未詳聞者以其雖知同在小雅大雅仍不知是何篇故曰笙間之篇未得詳

聞也。大雅民勞小雅六月之後皆謂之變雅美惡各以其時亦顯善懲過正之次也○正義曰民勞六月之後其詩皆王道衰乃作非制禮所用故謂之變雅也其詩兼有美刺皆當其時善者美之惡者刺之故云美惡各以其時也又以正詩錄善事所以垂法後代變既美惡不純亦兼采之者爲善則顯之令自強不息爲惡則刺之使懲惡而不爲亦足以勸戒是正經之次故錄之也大雅言民勞小雅言六月之後則大雅盡召旻小雅盡何草不黃皆爲變也其中則有厲宣幽三王之詩皆當王號諡自顯唯厲王小雅諡號不明故鄭於下別論之如是則大雅民勞至桑柔五篇序皆云厲王通小雅十月之交雨無正小旻小宛四篇皆厲王時詩也又大雅雲漢至常武六篇小雅自六月盡無羊十四篇序皆言宣王則宣王詩也又大雅瞻卬召旻二篇序言幽王小雅自節南山下盡何草不黃去十月之交等四篇餘四十篇唯何人斯大東無將大車小明都人士緜蠻六篇不言幽王在幽王詩中皆幽王詩也本紀曰厲王即位三十年好利近榮夷公大夫芮良夫諫厲王不聽卒以榮公爲卿士使用事爲王行暴虐國人謗王召公諫曰民不堪命王怒得衛巫使監謗者以告則殺之三十四年王益嚴虐國人不敢言道路以目王告召公曰吾能弭謗矣召公又諫不聽於是國人不敢出言三年

乃相與叛襲厲王厲王出奔于彘周召二相行政號曰共和十四年厲王崩於彘如遷此言厲王積惡有漸三十年而甚三十四年益虐又三年而出奔三十七年乃流彘也板曰善人載尸箋云厲王虐而弭謗蕩箋云厲王弭謗穆公不敢斥言王之惡則流彘前事也桑柔芮良夫所作云貪人敗類則與所諫云榮夷公專利事同三十年後事雨無正云周宗既滅靡所止戾則是流彘之後此其可驗者也楚語云衛武公九十五矣作懿以自儆。韋昭云懿今抑詩則作在平王之時然檢抑詩經皆指刺王荒耽仍未失政又言哲人之愚亦維斯戾則其事在流彘之前弭謗時也韋昭之言未必可信也民勞召穆公諫王令息京師之民十月之交言后黨專權有權可專有民可役則事在流彘前也小旻戒王無淪胥以敗小宛誨王無忝爾所生皆敎王爲善以導民其事亦在流彘前矣則厲王小雅雨無正一篇事在大雅之後其餘不可詳矣厲王大雅事類大同所次之意蓋以王者所以收民令反勞苦故先民勞民之所以勞者由王政反常綱紀廢次故次板蕩王惡甚焉而抑刺王之荒耽桑柔責貪人敗善皆爲惡之次故又次焉小雅十月之交以讒自上天小人專恣惡莫甚焉故以爲先由惡之甚致覆滅宗周無所安定故次雨無正也小旻刺王謀之不臧小宛傷天命之將去論怨嗟小故

爲次焉小旻箋云所刺列於十月之交雨無正爲小故曰小旻此鄭解篇次之意也前檢小宛謂事在雨無正之先今而處流彘之後者以詩之大體雖事有在先或作在後故大雅文武之詩多在成王時作論功頌德之詩可列於後追述其美則刺過譏失之篇亦後世尙刺其惡本紀又曰宣王即位二相輔之脩政法文武成康之遺風諸侯復歸宗周三十九年戰于千畝王師敗績於姜氏之戎四十六年宣王崩如遷此言則宣王自三十九年以前無他過惡唯敗於千畝爲始衰耳而小雅有箴規誨刺其事有漸矣則王衰亦有漸矣皇甫謐云三十年伐魯諸侯從此而不睦蓋周衰自此而漸也大局宣王之美詩多是三十年前事箴規之篇當在三十年之後王德漸衰亦容美刺竝作不可以限斷也其大雅六篇小雅自六月至鴻鴈及斯干無羊七篇皆宣王德盛時作其事多在初年以王承衰亂之弊百事草創任賢使能征伐安集初則當然亦不可定其年月也自庭燎盡我行其野是王德衰乃作多在三十九年之後而三十九年以前諸侯不睦各不朝宗沔水之等或亦作也而三十九年之後則王政大衰刺詩爲常故宜多也祈父傳曰宣王之末司馬職廢羌戎爲敗推此則其餘亦多敗後事也其詩之次大雅以宣王承亂遇災而懼憂民之本故先雲漢也王既憂百姓天下復平

五嶽生佐故次嵩高也神生賢哲王能任用又錫命之故次烝民韓弈也既能錫命賢哲任用其力可以征討不服以立武事故次江漢常武也此則先憂百姓次用臣以征伐爲後而小雅與之反以蠻荆玁狁南北交侵急須出兵以匡中國故先六月采芑也雖俱征伐以六月見侵之急又先采芑以夷狄既平當脩車甲大會諸侯因蒐狩故次車攻吉日以田獵征伐之類故使次焉以田獵選車徒會諸侯又盛於從禽接下故又使車攻先吉日也是以車攻序曰宣王能内脩政事外攘夷狄復文武之境土脩車馬備器械復會諸侯於東都言非徒外攘夷狄又復會諸侯於東都是序此篇之意也既言征伐事終外無兵寇可以安集萬民故次鴻鴈也然宣王承衰亂之後民先逃散豈得不早安集而待田獵之暇也明初即安集之得其力用乃平四方耳詩不以事之先後爲次也宣王中興賢君末而德衰衰有其漸故次庭燎美其能勤因以箴之箴之不改則規正之規而不變則教誨之誨而不從則刺責之故次沔水鶴鳴祈父也以爲王惡漸大故責正稍深此沔水鶴鳴其作不必在祈父之前但次之以見其漸耳王既廢其官則賢人逃去故次白駒也賢人既去則知禮教不行則室家相棄故次黄鳥我行其野也宣王中興之君不能終始皆善録者雖兼惡以示戒勸亦貴成人之美故

終以斯干考室無羊考牧若言終始之善見仁者之過亦不甚也斯干説造立宫室寢廟生男女明其始時之事無羊類之當爲同時可知今反在箴刺之下見宣王終始之善明矣本紀又曰幽王三年嬖褒姒生子伯服竟廢后及子而以褒姒爲后伯服爲太子國人皆怨故申侯與繒西夷犬戎共攻幽王殺王驪山之下遷止言竟廢后去太子不言廢去之年月皇甫謐云三年褒人以褒姒自贖時即與虢石父比而譖申后太子尹氏及祭公導王爲非八年竟以石父之譖廢申后逐太子九年王廢高明而近讒慝使虢公專任於外褒姒固寵於内王室始騷謡言與遷事相終始則幽王之惡自三年之後爲漸八年九年則其極故鄭語云九年王室始騷十一年而被殺也幽王大雅瞻卬曰哲婦傾城褒姒亂政之事也召旻云蹙國百里王道衰弱之極也序皆云大壞當在八年之後也正月云赫赫宗周褒姒滅之車舝序云褒姒嫉妒小弁言太子之放逐白華言申后之廢黜魚藻箋云幽王惑於褒姒萬物失其性此五篇經注皆有惑褒姒黜申后之事則多在八年之後也其餘則無文可明大局是惡盛之時八年之後者蓋多矣大雅之次先瞻卬後召旻者武王數紂之罪云牝雞之晨惟家之索而瞻卬疾婦有長舌維厲之階故處先也王婦言是用政事荒亂致朝無賢臣土境日蹙故召

旻以閔天下無如召公之臣也其小雅節南山以下至何草不黄其次篇之義蓋以類相聚故楚茨信南山甫田大田皆陳古以刺今其餘大義既無明文不可臆説此三王變雅善者不純爲大雅惡者不純爲小雅則雅詩自有體之大小不在於善惡多少也關雎序曰雅者正也政有小大故有小雅焉有大雅焉此爲隨政善惡爲美刺之形容以正物也所正之形容有小大所以爲二雅矣故上以盛隆爲大雅政治爲小雅是其形容各有區域而善者之體大略既殊惡者之中非無别矣詳觀其歎美審察其譏刺大雅則宏遠而疏朗弘大體以明責小雅則躁急而局促多憂傷而怨誹司馬遷以良史之才所坐非罪及其刊述墳典辭多慷慨班固曰遷其所以自傷悼小雅巷伯之倫也夫唯大雅既明且哲以保其身難矣哉又淮南子曰國風好色而不淫小雅怨誹而不亂是古之道又以二雅爲異區也幽王小雅四十四而大雅惟二自大體者少也厲王大雅有五而小雅惟四自小體者少是小大不相由也推此而論則二雅擬諸其形容象其物宜作者之初自定其體作既有體唯達者識之則容得有小雅無大雅有大雅無小雅者矣諸儒以厲王無小雅準此故也但文武成王正經也厲宣幽王變雅也小大之體時俱有作故采者並存以示二體本自小大異區非徒以意中分也或

説變雅美詩則政大入大雅政小入小雅刺詩則惡大入小雅惡小入大雅考之經文殊無其驗何則小旻小宛正責厲王謀猶回遹不用善道其惡固小於板云下民卒癉善人載尸蕩云斂怨以爲德綱紀之大壞也瞻卬云亂生婦人罪罟不收召旻云實靖夷我邦日蹙國百里其惡固當大於鼓鍾作樂不與德比采綠婦人思夫怨曠也又宣王安集天下之民征禦四夷之寇其功豈徒比於封一元舅之申伯賜一朝覲之韓侯哉此類多矣略舉一二足明不以善惡之大小矣○問者曰常棣閔管蔡之失道何故列於文王之詩曰閔之閔之者閔其失兄弟相承順之道至於被誅若在成王周公之詩則是彰其罪非閔之故爲隱推而上之因文王有親兄弟之義○正義曰此鄭自問而釋之也周公雖内傷管蔡之不睦而作親兄弟之詩外若自然須親不欲顯管蔡之有罪緣周公此志有隱忍之情若在成王詩中則學者之知由管蔡而作是彰明其罪非爲閔之由此故爲隱推進而上之文王之詩因以見文王有親兄弟之義也若云文王能親兄弟與之燕飲而作此詩似本不由於管蔡然也周公聖人大義滅親言爲隱者亦因此以示聖人之法何者以管蔡之罪不得不誅偪於大義而誅之耳以同氣之親實懷閔傷由此而爲之隱也而序云閔管蔡之失道者以其周公之情欲爲之

隱故編次者進而上之是以隱其事序者敘其作之所由不得不言也武王之詩又無論燕之事若常棣間之則上下非類而文王之詩上有鹿鳴燕羣臣下有伐木燕朋友故舊廁於其間與之爲類因以爲文王燕兄弟之詩言文王有親兄弟之義以爲樂歌非謂文王獨能親兄弟其餘聖人不能也如此譜說則鄭定以常棣之作在武王既崩爲周公成王時作王肅亦以爲然故魚麗序下王傳曰常棣之作在武王既崩周公誅管蔡之後而在文武治內之篇何也夫刑于寡妻至于兄弟以御于家邦此文王之行也閔管蔡之失道陳兄弟之恩義故內之於文武之正雅以成燕羣臣燕兄弟燕朋友之樂歌焉是與鄭同也鄭志之說則異於此者荅趙商云於文武時兄弟失道有不和協之意故作詩以感切之至成王之時二叔流言作亂罪乃當誅悔將何及未可定此篇爲成王時作趙商據魚麗之序而發問則於時鄭未爲譜故說不定也言未可定此篇爲成王時則意欲從之而未決後爲此譜則決定其說爲成王時也○又問曰小雅之臣何也獨無刺厲王曰有爲十月之交雨無正小旻小宛之詩是也漢興之初師移其第耳○正義曰詩皆臣下所作故云小雅之臣也知漢興始移者若孔子所移當顯而示義不應改厲爲幽此既厲王之詩錄而序焉而處不依次明爲序之後乃移之故云漢興之初也十月之交箋云詁訓傳時移其篇第因改之耳則所云師者即毛公也自孔子以至漢興傳詩者衆矣獨言毛公移之者以其毛公之前未有篇句詁訓無緣輒得移改也毛既作詁訓刊定先後事必由之故獨云毛公也師所以然者六月之詩自說多陳小雅正經廢缺之事而下句言小雅盡廢則四夷交侵中國微矣則謂六月者宣王北伐之詩當承菁菁者莪後故下此四篇使次正月之詩也亂甚焉既移文改其目義順上下刺幽王亦過矣○正義曰言亂甚者謂正月幽王之時禍亂甚極其四篇詩亦厲王亂惡故次正月之下以惡相從也言刺幽王亦過矣者謂寄四篇於幽王詩中又改厲爲幽有言幽王亦有厲王過惡故也六月之序所以多陳正經廢缺者以聖賢垂法因事寄意厲王暴虐傾覆宗周廢先王之典刑致四夷之侵削今先王起衰亂討四夷序者意其然所以詳其事若云厲王廢小雅之道以致交侵宣王修小雅之道以興中國見用舍存於政興廢於人也若然序者示法其意深矣毛公必移之者以宣王征伐四夷興復小雅而不繼小雅正經之後頗爲不次故移之見小雅廢而更興中國衰而復盛亦大儒所以示法也據此六月之序若其上本無厲王四篇之詩則六月自承正經之美無爲陳其廢缺矣明於其中歸衰亂之王故也是以鄭於

十月之交箋檢而屬焉○鹿鳴之什○正義曰周禮小司徒職云五人爲伍五人謂之伍則十人謂之什也故左傳曰以什共車必克然則什伍者部別聚居之名風及商魯頌以當國爲別詩少可以同卷而雅頌篇數既多不可混併故分其積篇每十爲卷即以卷首之篇爲什長卷中之篇皆統焉言鹿鳴至魚麗凡十篇其摠名之是鹿鳴之什者宛辞言四牡之篇等皆鹿鳴之什中也故樂師注云徹者歌雍雍在周頌臣工之什言雍篇在臣工之什中是卷首之篇爲什長以統餘篇之目也南陔下箋云毛公推改什首遂通耳此下非孔子之舊則什首之目孔子所定也以孔子論詩雅頌各得其所明於時有所刊定篇卷之目是孔子可知故鄭云以下非孔子之舊則以上是孔子舊矣知以非者以南陔等六篇子夏爲序當孔子之時未亡宜次在什中今亡詩之下乃云有其義而亡其辞置之什外不在數中明非孔子之舊矣本十月之交等四篇在六月之上則孔子什首南陔復爲第二彤弓爲第三鴻鴈爲第四節南山爲第五北山爲第六桑扈爲第七都人士爲第八以下適十篇通及大雅與頌皆其舊也蕩及閔予小子皆十一篇者以本取十篇爲卷一篇不足爲別首故附於下卷之末亦歸餘於終之義毛公推改什首魚藻十四篇亦同爲卷取法於大雅與頌也若然則鴻鴈之什乃仍孔子之舊言非者以毛公闕其亡者以見在爲數志在推改而鴻鴈偶與舊合非毛意故存之也必知今之什首毛公推改者以毛公前世大儒自作詁訓篇端之序毛所分置十月之交毛所移第故知什首亦毛所推改也言以下非孔子之舊則似之什始自孔子所爲然孔子以前詩篇之數更多於今咎者無紙皆用簡札必不可數十之篇共爲一卷明亦分別可知既分爲卷固當以十爲別已有之什也但孔子論詩省去煩重更以在者爲什故云孔子之舊不必孔子以前無之什也爲此之什者以其篇數積多故分每十爲卷則不滿十者無之什矣今魯頌四篇商頌五篇皆不滿十無之什也或有者承此雅頌之什之後而誤耳何者商魯非周詩猶國風之類以國爲別假令過十以上亦不合分況不滿十篇明無所用於之什也

附釋音毛詩注疏卷第九（九之一）

黃中模栞

毛詩注疏挍勘記 九之一

阮元撰盧宣旬摘錄

小大雅譜

而別世載其功業　閩本明監本毛本同案別當作列形近之譌

大雅以盛爲王　閩本明監本毛本同案浦鏜云王疑主字誤是也

不言武王之謚成王時作　閩本明監本毛本同案成當作武形近之譌

此又解小雅比篇之意　閩本明監本毛本比誤此下比篇尚不以作之先後爲次同

可王之事繼之　閩本明監本毛本同案浦鏜云可當武字誤是也

又大雅生民及卷阿　閩本明監本同毛本及上剜添下字案所補是也

此五篇樂與萬物得所　閩本明監本毛本同案樂與下當脫賢與二字

小雅十六爲正經　閩本明監本毛本六下有篇字案所補非也

譬如爲室〔補〕毛本譬作譬

天子食元侯　閩本明監本毛本同案浦鏜云食當饗字譌是也

言金奏者始作未　閩本明監本毛本同案浦鏜云未當樂字譌是也

小國於次國於小國　閩本明監本毛本同案盧文弨讀小國上屬其下改小國相於次國及小國之於小非也此當八字一句謂小國之於次國也小國在次國下故不得言相於若倒小國相於在上則無以說次國矣

則元侯相見　閩本明監本毛本同案見當作於上下文可證

燕羣臣乃聘問之賓　閩本明監本毛本同案山井鼎云乃恐及誤是也

於元侯雝句　閩本明監本毛本同案雝當作饗讀四字一句

文與天子燕羣臣　閩本明監本毛本同案浦鏜云又誤文是也

自由尊用之差　閩本明監本毛本同案浦鏜云卑誤用是也

箋云飲之而有幣酬卽饗所用　閩本明監本毛本同案此不誤酬下浦鏜依彼箋添十二字非也饗專係飲彼正義有明文不得兼引食

禮者可以逮下　閩本明監本毛本禮下有輕字案所補是也

鄉飲酒大夫之禮　閩本明監本毛本同案十行本鄉至大剜添者一字

作懿以自晢　閩本明監本毛本晢作警案山井鼎云國語作儆作晢爲非是也抑正義引作儆

事在大雅之後　閩本明監本毛本同案大雅當作流彘上下文可證

綱紀廢欠〔補〕毛本欠作缺按缺字是也形近之譌

論怨嗟小　閩本明監本毛本同案浦鏜云怨嗟當惡差之誤是也

王師敗績於羌氏之戎　閩本明監本毛本羌作姜案所改是也下羌戎爲敗亦當作姜

是序此篇之意也　閩本明監本毛本同案此當作比形近之譌

何也獨無刺厲王　閩本明監本毛本同案浦鏜云以誤也是也

今先王起衰亂　閩本明監本毛本同案先當作宜下文可證

興廢於人也　閩本明監本毛本廢下有存字案所補是也

沓者無紙　閩本明監本毛本同案山井鼎云沓恐昔字非也沓當作古出車正義云古者無紙可證

皆用簡札　閩本明監本毛本札誤禮案因十行本以札爲禮之別體而誤改也

附釋音毛詩注疏卷第九　九之二　三十

毛詩小雅　鄭氏箋　孔穎達疏

鹿鳴燕羣臣嘉賓也既飲食之又實幣帛筐篚以將其厚意然後忠臣嘉賓得盡其心矣飲之而有幣酬幣也食之而有幣侑幣也。飲於鴆反注同食音嗣注同筐丘房反篚音匪侑音又

［疏］鹿鳴三章章八句至心矣。○正義曰作鹿鳴詩者燕羣臣嘉賓也言人君之於羣臣嘉賓既設饗以飲之陳饌以食之又實幣帛於筐篚而酬侑之以行其厚意然後忠臣嘉賓佩荷恩德皆得盡其忠誠之心以事上焉明上隆下報君臣盡誠所以爲政之美也言羣臣嘉賓者羣臣君所饗燕則謂之賓序發首云燕羣臣則此詩爲燕羣臣而作經無羣臣之文然則序之羣臣則經之嘉賓一矣故羣臣嘉賓並言之明羣臣亦爲嘉賓也案燕禮云大夫爲賓則賓唯一人而已而云羣臣皆爲嘉賓者燕禮於客之內立一人爲賓使宰夫爲主與之對行禮耳其實君設酒殽羣臣皆在君爲之主羣臣摠爲賓也燕禮云若與四方之賓燕則迎之于大門內四方之賓唯迎之爲異其燕皆與臣同則此嘉賓之中容四方之賓矣故鄉飲酒燕禮注云鹿鳴者君與臣下及四方之賓燕講道脩德之樂歌是也知序之嘉賓不唯指四方之賓者以此詩爲燕羣臣而作經序同云嘉賓不得不爲羣臣則序之嘉賓亦爲羣臣明矣且序云盡心傳曰竭力是已之臣子可知燕禮者使反有功與羣臣樂之之禮文王之與臣也本自隆恩不必由使出有功乃燕之也言既飲食之則饗食並有獨言燕羣臣者以食禮無酒樂饗以訓恭儉非於臣子忻樂之義經言式燕以敖和樂且耽此詩主於忻樂故敘以燕因之而後兼言饗食也既飲食之章首二句是也實幣帛筐篚以將其厚意承筐是將是也忠臣嘉賓得盡其心者序者因言君有恩惠可以得臣之心摠美燕樂之事於經無所當也序上言羣臣後言忠臣者見臣蒙燕賜乃能盡忠故變文以見義。○箋飲之至侑幣。○正義曰此解飲食而有幣帛之意言飲有酬賓送酒之幣食有侑賓勸飽之幣故皆有幣也飲食必酬侑之者案公食大夫禮賓三飯之後云公受宰夫束帛以侑注云束帛十端帛也侑猶勸也主國君以爲食賓殷勤之意未至復發幣以勸之欲其深安賓也是禮食用幣之意也饗禮云舉此亦爲安賓而酬之焉案聘禮云若不親食使大夫朝服致之以侑幣

《詩疏九之二》　一　古芸書屋

注云君不親食謂有疾病及他故必致之者不廢其禮又曰致饗以酬幣亦如之是親食有侑幣不親食則以侑幣致之然則不親饗以酬幣致之明親饗有酬幣矣故知飲之而有幣謂酬幣也鄭必知飲爲饗者以飲食連文若飲食爲一則食禮不主於飲若飲爲燕禮不宜文在食上且饗食相對之物有食不宜無饗郊特牲云飲養陽氣故饗禘有樂是饗有飲故知此飲謂饗也彤弓箋云大飲賓曰饗大行人注云饗謂設盛禮以飲賓聘禮注云饗謂亨大牢以飲賓皆以飲爲饗禮也其幣所用公食大夫用束帛以侑其酬幣則無文故聘禮注云酬幣饗禮酬賓勸酒之幣所用未聞也禮幣用束帛乘馬亦不是過是饗所用幣無正文也禮幣用束帛乘馬謂聘享之幣聘享止用束帛乘馬而已侑幣又用束帛故云亦不是過言諸侯於大夫酬幣不過是也其天子酬諸侯及諸侯自相酬仍不必用束帛乘馬故聘禮注又引禮器曰琥璜爵蓋天子酬諸侯也必疑琥璜爲天子酬諸侯之幣者以琥璜非爵名而云爵明以送爵也食禮無爵可送則琥璜饗酬所用也謂饗時酬賓以琥璜將幣耳小行人合六幣琥以繡璜以黼則天子酬諸侯以黼繡而琥璜將之既天子饗諸侯之酬幣與諸侯異則食禮天子侑諸侯其幣不必束帛無文以言之此唯言饗食之幣不言燕幣燕禮亦當有焉但今燕禮唯有好貨無幣故文不顯言之

呦呦鹿鳴食野之苹興也苹蓱也鹿得蓱呦呦然鳴而相呼懇誠發乎中以興嘉樂賓客當有懇誠相招呼以成禮也箋云苹藾蕭。○呦音幽苹音平蓱本又作萍薄丁反江東謂之薸薸音瓢扶遙反懇苦很反樂音岳又音洛藾音賴。**我有嘉賓鼓瑟吹笙吹笙鼓簧承筐是將**簧笙也吹笙而鼓簧矣筐篚屬所以行幣帛也箋云承猶奉也書曰篚厥玄黃。○簧音黃**人之好我示我周行**周至行道也箋云示當作寘寘置也周行周之列位也好猶善也人有以德善我者我則置之於周之列位言已維賢是用。○好呼報反注同示毛如字鄭作寘之豉反行毛如字鄭胡郎反

［疏］呦呦至周行。○毛以爲呦呦然爲聲者乃是鹿鳴所以爲此聲者鳴而相呼食野中之苹草言鹿既得苹草有懇篤誠實之心發於中相呼而共食以興文王既有酒食亦有懇篤誠實之心發於中召其臣下而共行饗燕之禮以致之王既有懇誠以召臣下臣下被名莫不皆來我有嘉善之賓則爲之鼓其瑟而吹其笙吹笙之時鼓其笙中之簧以樂之又奉筐篚盛幣帛於是而行與之由此燕食以享之瑟琴。以樂之幣帛以將之故嘉賓皆愛

《詩疏九之二》　二　古芸書屋

好我以徵賓如是乃愉誠矣示我以先王至美之道也鄭唯下二句爲異言已所以名臣燕食琴瑟笙幣帛愛厚之者由已臣下之賢所宜燕饗所以然者以本已用官之法要須人之以德善我者我則置之於我周之列位非善不用維賢是與故臣下皆賢己由是當享食之。傳鹿得至成禮也。正義曰懇誠發乎中者以鹿無外貌矯飾之情得草相呼出自中心是其懇誠也必取懇誠爲興者人君富有一國位絶羣下禮有饗燕之道公法不得不設忠誠嘉樂實爲至少故取懇誠以爲喻言嘉樂賓客當有懇誠相招呼以成禮言人君嘉善愛樂其賓客而爲設酒食亦當如鹿有懇誠自相招呼其臣子以成饗食燕飲之禮焉以鹿呼同類猶君呼臣子也定本成禮作盛禮也或以爲兩鹿相呼喻兩臣相招謂羣臣相呼以成君禮斯不然矣此詩主美君懇誠於臣非美臣相於懇誠也若君有酒食臣自相呼財非己費何懇誠之有故鄭駁異義解此詩之意云君有酒食欲與羣臣嘉賓燕樂之如鹿得苹草以爲美食呦呦然鳴相呼以欵誠之意盡於此耳據此是君名臣明矣。箋苹藾蕭。正義曰釋草文郭璞曰今藾蒿也初生亦可食陸機疏云葉青白色莖似箸而輕脆始生香可生食又可烝食是也易傳者爾雅云苹蓱其大者爲蘋是水中之草名南采蘋云于以采蘋南澗之濱者也

非鹿所食故不從之。傳筐篚至幣帛。正義曰序云以將其厚意則將爲行厚意此云行幣帛與賓郎主人行厚意於賓之義也。箋書曰厥篚玄黄。正義曰箋以筐篚得盛幣帛之意也今禹貢止有厥篚玄纁之文而鄭禹貢注引胤征曰篚厥玄黄則此所引亦爲胤征文鄭誤也當在古文武成篇矣鄭不見古文而引張霸尚書故不同耳。傳周至行道。正義曰王肅述毛云謂羣臣嘉賓也夫飲食以享之琴笙以樂之幣帛以將之則能好愛我好愛我則示我以至美之道矣。箋示當至是用。正義曰中庸云治國其如示諸掌注云示讀如寘之河干之寘寘置也是示寘聲相近故誤爲示也言以德善我者謂賢人有德以德能輔君使之遷善是以德施善於我我則置之於周之列位言己維賢是用不間其親疏朝無不賢之臣故所饗燕而樂之也易傳者以其上下皆曰嘉賓此獨言人明有異也又大東卷耳並有周行之文皆爲周之列位此不得異且下云視民不恌乃作視字此則爲示明其不同古者寘示同讀故改從寘也且此篇聖君賢臣講道之樂觀其垂法道教弘深非直燕日詁言而已明是據今嘉賓本其賢德由其先有善德置之於官緑此皆賢所以燕饗此章本其賢二章言其法上下相副於義爲長故易傳也

呦呦鹿鳴食野之蒿蒿菣也。蒿呼毛反菣去刃反字又作藍同本或作牡菣牡衍字耳**我有嘉賓德音孔昭視民不恌君子是則是傚**恌愉也是則是傚言可法傚也箋云德音先王道德之教也孔甚昭明也視古示字也飲酒之禮於旅也語嘉賓之語先王德教甚明可以示天下之民使之不愉於禮義是乃君子所法傚言其賢也。視音示恌他彫反傚胡教反愉他侯反又音踰**我有旨酒嘉賓式燕以敖**敖遊也

疏　我有至以敖。正義曰言文王有酒殽以名臣下臣下既來我有嘉賓既共燕樂至於旅酬之時語先王道德之音甚明以此嘉賓所語示民民皆象之不愉薄於禮義又此賓之德音不但可示民而已是乃君子於是法則之於是倣傚之嘉賓之賢如是故我有旨美之酒與此嘉賓用之燕飲以敖遊也。傳蒿菣。正義曰釋草文孫炎曰荆楚之間謂蒿爲菣郭璞曰今人呼爲青蒿香中炙啖者爲菣陸機云蒿青蒿也荆豫之間汝南汝陰皆云菣也本或云牡菣者牡衍字牡菣乃是蔚非蒿也與蓼莪傳相涉而誤耳。箋視古至甚明。正義曰古之字以目示物以物示人同作視字後世而作字異目視物與示傍見示人物作單示字由是經傳之中視與示

字多相雜亂此云視民不恌謂以先王之德音示下民當作小示字而作視字是其與古今字異義殊故鄭辨之視古示字也言古作示字正作此視辨古字之異於今也禮記云幼子常視無誑注云視今之示字也言古視字之義正與今之示字同言今之字異於古也士昏禮曰視諸衿鞶注云示之以衿鞶者皆託戒使識之也視乃正字今文作示俗誤行之言示之以衿鞶亦宜作示而古文儀禮作視字於今文視作示字鄭以見示字合於今世示人物之字恐人以爲示是視非故辨之云視乃正字而今文作示者俗所誤行俗以見今正示人物爲此示字因改視爲示而非古之正文故云誤也飲酒之禮於旅也語語者鄉射記曰古者於旅也語注云禮成樂備乃可以言語先王禮樂之道疾今人慢於禮樂之盛言語無節是飲酒之禮至旅酬之禮而語先王之道也言嘉賓於旅之節語先王之德教甚明可以示天下之民使不愉薄禮義愉音臾說文愉爲薄也昭十年左傳引此詩服虔亦云示民不愉薄是也定本作愉者然鄉飲酒禮注皆云嘉賓既來示我以善道又樂嘉賓有孔昭之明德可則傚也以德音自賓之明德非先王之德教及示我善道不與上箋同者以注禮時未爲詩箋故同舊說以周行爲至道至注詩後更爲別解其德音孔昭據此論燕宜爲旅時語古也故爲先

王道德之音其賓能語先王之德音卽是賓有孔昭之明德何者非孔昭之明德者不能語先王德教使之甚明也

呦呦鹿鳴食野之芩芩草也。芩其今反說文云蒿也又其炎反。**我有嘉賓鼓瑟鼓琴鼓瑟鼓琴和樂且湛**湛樂之久。和樂音洛注下皆同湛都南反字又作耽。**我有旨酒以燕樂嘉賓之心**燕安也。夫不能致其樂則不能得其志不能得其志則嘉賓不能竭其力。夫不音符。疏傳芩草。正義曰陸機云莖如釵股葉如竹蔓生澤中下地鹹處爲草貞實牛馬亦喜食之

鹿鳴三章章八句

四牡勞使臣之來也有功而見知則說矣文王爲西伯之時三分天下有其二以服事殷使臣以王事往來於其職於其來也陳其功苦以歌樂之。四牡茂后反勞力報反篇末注同使所吏反注皆同說音悅樂音洛。疏四牡三章章五句至說矣。正義曰作四牡詩者謂文王爲西

伯之時令其臣以王事出使於其所職之國事畢來歸而王勞來之也言凡臣之出使唯恐其君不知己功耳今臣使反有功而爲王所見知則其臣忻悅矣故文王所述其功苦以勞之而悅其心焉此經五章皆勞辞也其有功見知則悅矣揔述勞意於經無所當也

四牡騑騑周道倭遲騑騑行不止之貌周道岐周之道也倭遲歷遠之貌文王率諸侯撫叛國而朝聘乎紂故周公作樂以歌文王之道爲後世法。騑芳非反倭本又作委於危反遲韓詩作倭夷朝直遲反。**豈不懷歸王事靡盬我心傷悲**盬不堅固也思歸者私恩也靡盬者公義也傷悲者情思也。箋云無私恩非孝子也無公義非忠臣也君子不以私害公不以家事辞王事。盬音古思息嗣反。疏四牡至傷悲。正義曰此使臣既還文王勞之言汝使臣本乘四牡之馬騑騑然行而不止在於岐周之道倭遲然歷此長遠之路甚疲勞矣使臣當爾之時其言曰我豈不思歸乎以王家之事無不堅固我當從役以堅固之故義不得廢我心念思父母而傷悲言我知汝之如是也。傳騑騑至世法。正義曰以此勞使臣之辞明愍其勞苦故以騑騑爲行不止之貌少儀曰車馬之容騑騑翼翼雖行不止不廢其容騑騑也又二章傳曰嘽嘽喘息之貌卒章傳曰駸駸驟貌皆稱其疲苦以勞之故傳曰馬勞則喘息是也知周道爲岐周之道者以時未稱王仍在於岐故也又解文王所以使臣者文王率諸侯撫叛國而使之朝聘於紂是故使臣於諸侯也言使臣於諸侯者正所以率撫之也左傳曰文王率殷之叛國以事紂是率諸侯使朝聘之事也文王率諸侯使朝聘耳非謂令此使臣自聘紂或以經云王事謂此使臣聘紂而反知不然者以此經序無聘紂之事傳言率諸侯朝聘於紂不言自遣人聘也若其自遣人聘安得連朝言之豈勞使臣之聘而言身自朝也又序下箋云使臣以王事往來於其職是使臣行於所職之國非適天子之都也言王事者以行役使出是王者常事卽非適王畿也故鴇羽杕杜皆言王事靡盬非聘天子之事不得以王事之文便謂天子矣言周公作樂歌文王之道爲後世法者謂今鄉飲酒燕禮皆歌鹿鳴四牡皇皇者華此禮是周公所制法後世常歌是爲歌文王之道爲後世法定本云作樂以文王之道無周公歌三字然鹿鳴皇皇者華皆歌之獨於此言者擧中以明上下。傳思歸至王事。正義曰傳以靡盬爲公義故以思歸爲私恩以我心傷悲出自其情故曰情思情思卽私恩主謂念憶父母下章云不遑啓處將父母是也箋以傳言未備故贊之云無私恩非孝子無公義非忠臣故

鄭鄉飲酒燕禮注皆云采其勤苦王事念將父母懷歸傷悲忠孝之至是也思歸而不歸者以君子不以私害公故又引公羊傳不以家事辞王事以證之焉集注及定本皆無箋云兩字又定本思恩作私恩。

四牡騑騑嘽嘽駱馬嘽嘽喘息之貌馬勞則喘息白馬黑鬣曰駱。嘽他丹反駱音洛喘川兖反鬣本又作鬛力輙反本又作髦音毛。**豈不懷歸王事靡盬不遑啓處**遑暇啓跪處居也臣受命舍幣于禰乃行。跪求毀反郭巨几反沈堪彼反舍音釋禰乃禮反。疏傳臣受至乃行。正義曰案聘禮云命使者使者辞君不許乃退厥明賓朝服釋幣于禰注云告爲君使也又曰釋幣于行遂受命遂行注引曲禮曰凡爲君使已受命君言不宿於家是臣出使舍幣乃行之事也如聘禮既釋幣於禰於行乃云遂受命在釋幣之後此云臣受命舍幣於禰似受命在釋幣前者此云受命謂聘禮命使者使者辞君不許受此被遣將使之命其事在釋幣前也聘禮又云遂受命者謂受君言語聘彼之意與此臣受命者別也引此者證不遑啓處言臣受命卽行是不遑啓處也

翩翩者鵻載飛載下集于苞栩鵻夫不也箋云夫不鳥之慤謹者人皆愛

之可以不勞猶則飛則下止於栩木喻人雖無事其可獲安乎感厲之。鵻音隹本又作隹栩况甫反夫方于反字又作鳺同不方浮反又如字字又作鴀同草木疏云夫不一名浮鳩慤起角反。**王事靡盬不遑將父**將養也。養以尚反下注同一音如字。疏翩翩至將父。正義曰文王以使臣勞苦因勸厲之言翩翩然者鵻之鳥也此鳥其性慤謹人皆愛之可以不勞猶則飛而後則下始得集於苞栩之木言先飛而後獲所集以喻人亦當先勞而後得所安汝使臣雖則勞苦得奉使成功名揚身達亦先勞而後得息寧可辭乎汝從勞役其言曰王家之事無不堅固我堅固王事所以不暇在家以養父母。傳鵻夫不。正義曰釋鳥云鵻其夫不舍人曰鵻名其夫不。李巡曰夫不一名鵻今楚鳩也某氏引春秋云祝鳩氏司徒祝鳩鵻夫不者故爲司徒郭璞曰今鵓鳩也。箋夫不至栩木。正義曰言慤謹者即宜不勞是也故人愛之言可以不勞者以惡鳥勞苦固是其常慤謹之鳥宜不爲勞尚則飛而乃有所集是無不勞而安者故曰人雖無事其可獲安乎鳥飛自然之性言勞者喻取一邊耳**翩翩者鵻載飛載止集于苞杞**杞枸檵也。杞音起枸音苟本亦作苟同檵音計。**王**

事靡盬不遑將母駕彼四駱載驟駸駸駸駸驟貌。驟助救反又仕救反駸楚金反字林云馬行疾也七林反**豈不懷歸是用作歌將母來諗**諗念也父兼尊親之道母至親而尊不至。箋云諗告也君勞使臣述時其情女曰我豈不思歸乎誠思歸也故作此詩之歌以養父母之志來告於君也人之思恒思親者再言將母亦其情也。來諗音審。疏豈不至來諗。毛以爲汝使臣在塗之時其情皆曰我豈不思歸乎我由汝誠有思歸是用作此詩之歌以勞汝以養母之志而來念猶言念來養母故王述曰是用作歌以勞汝乃來念養母也。鄭以箋備。傳諗念至不至。正義曰諗念釋言文孝經曰資於事父以事母而愛同兼之者父也敬爲尊愛爲親是父兼尊親之道又曰母取其愛表記曰母親而不尊是母至親而尊不至也稱此者解再言將母意以父雖至親猶兼至尊則恩不至故表記曰父尊而不親是以尊少則恩意偏多故再言之。箋諗告至其情。正義曰左傳辛伯諗周桓公是以言告周桓公故知諗爲告也言故作此詩之歌以養母之志來告於君者言使臣勞苦思親謂君不知欲陳此言來告君使知也實欲陳

言云是用作此詩之歌者以此實意所欲言君勞而述之後遂爲歌據今詩歌以本之故謂其所欲言爲作歌也凡詩述序人言以爲歌詩本其言皆曰歌下云歌采薇以遣之此序箋云陳其功苦以歌樂之皆當時直言非歌也後爲詩人歌故云歌耳又申傳尊親之意言人之思恒思親者母之慈恩實親多於父文王述使臣之意再言將母亦其臣情之所欲故再言之也易傳者首章云豈不懷歸王事靡盬我心傷悲文連我心是述使臣之辭矣類此而推則是用作歌將母來諗亦序使臣之意既序使臣之意明是用作歌爲使臣作此詩之歌其來諗不得不爲告也猶君子作歌維以告哀是作歌所以來告不得爲念也然臣有勞苦患上不知今君勞使臣言汝曰豈不思歸作歌來告是明已知其功探情以勞之所以爲悅序曰有功而見知則悅矣此之謂也

四牡五章章五句

皇皇者華君遣使臣也送之以禮樂言遠而有光華也言臣出使能揚君之美延其譽於四方則爲不辱命也。使所吏反注下並同不辱命一本作不辱

君命疏皇皇者華五章章四句至光華。正義曰作皇皇者華詩者言君遣使臣也君遣使臣之時送之以禮樂教以若將不及驅馳而行於忠信之人咨訪於五善言臣出使當揚君之美使遠而有光華焉送之以禮樂即首章下二句盡卒章是也此謙虛訪善直爲禮耳而并言樂者以禮樂相將既能有禮敏達則能心和樂易故兼言焉言遠而有光華即首章上二句是也經序倒者經以君遣使臣主勑使有光華所以得光華者當驅馳諮善故爲此次也序以君本送之以禮樂欲使之遠有光華爲文之勢故與經不同也知遠而有光華亦是君所戒辭者以首曰皇皇者華而云君遣使臣則知此辭亦君所勑遣也且一篇之詩獨二句非君遣之辭於文不體也文王之臣非不能奉命有光華但此聖君之詩垂示典法君能戒遣使臣所以臣無辱命王美君遣明是君之所勑非說臣之自能矣**皇皇者華于彼原隰**皇皇猶煌煌也高平曰原下濕曰隰忠臣奉使能光君命無遠無近如華不以高下易其色。箋云無遠無近維所之則然。煌音皇又音晃。**駪駪征夫每懷靡及**駪駪衆多之貌征夫行人也每雖懷和也。箋云春秋外傳曰懷私爲每懷也和當爲私衆行夫既受君命當速行每人懷其私相稽

留則於事將無所及○駪所巾反○【疏】皇皇至靡及○正義曰此述文王勑使臣之辭言煌煌然而光明者是草木之華於彼原之與隰皆煌煌而光明不以高下而易其色也以言臣之出使當光顯其君常不辱命於彼遐之與邇皆使光揚不以遠近而易其志也汝駪駪衆多之行夫受命當速行每人懷其私以相稽留則於事無所及矣既不稽留恐無所及故當速行驅馳訪善也○傳皇皇猶煌煌○正義曰東門之楊曰明星煌煌此猶彼也以華色煌煌爲宜故猶之○傳每雖懷和○正義曰本皆如此此既以每爲雖懷爲和而章傳云雖有中和當自謂無所及王肅以爲下傳所言覆說此也故述毛云使臣之行必有上介衆介雖多內懷中和之道猶自以無所及是以驅馳而咨諏之○箋春秋至所及○正義曰鄭之此說亦述毛也但其意與王肅異耳案魯語穆叔云皇皇者華君教使臣曰每懷靡及臣聞之曰懷私爲每懷是外傳以爲懷私故鄭引其文因正其誤云和當爲私爲和誤也鄭必當爲私者晉語姜氏勸重耳之辭曰駪駪征夫每懷靡及夙夜征行不遑啓處猶懼不及況其縱欲懷安將何及乎西方之書有之云懷與安實病大事鄭詩曰仲可懷也鄭詩之旨吾從之矣觀此晉語之文及鄭詩之意皆以懷爲私懷之義明魯語所亦當爲懷私不得爲和也鄭所以

詩疏九之二　九

引外傳而破之者以毛傳云懷和是用外傳爲義故引而破之言毛氏亦爲私也如鄭此意則傳本無每雖二字若每爲雖縱使變和爲私亦不得與毛同也此既改傳和當爲私下復解傳中和爲忠信爲之終始立說明其不異毛也蓋鄭所據者本無每雖後人以下傳有雖有中和之言下篇每有良朋之下有每雖之訓因而加之也定本亦有每雖又傳以駪駪爲衆多征夫爲行人故箋申之言衆行夫既受命當須速行若每人各懷其私意以相稽留則於事將無所及言其將廢失君命後於事機也此實使臣謂之行夫者猶春秋以使者爲行人也君遣使一人而已而云衆行夫者使與上介衆介揔戒勑之非一故言衆也案聘禮謂使者受命於君唯上介立於其左接聞命衆介則不與此得揔勑之者彼受命者所聘之意或國之密事唯使與上介受之故衆介不與聞命至君遣使臣臨塗戒勑雖衆介亦在也如是則烝民亦云征夫捷捷每懷靡及箋爲仲山甫戒之與此不同者彼非君遣使臣之歌述美仲山甫之德觀其文勢故與此異耳　**我馬維駒六轡如濡**　箋云如濡言鮮澤也○駒音俱本亦作驕濡如朱反　**載馳載驅周爰咨諏**　忠信爲周訪問於善爲咨咨事爲諏箋云爰於也大夫出使馳驅而行見忠信之賢人則於是訪問求善道也○咨本亦作諮諏子須反爾雅云謀也說文云聚謀也○【疏】我馬至咨諏○正義曰此文王教使臣曰我使臣出使所乘之馬維是駒矣所御六轡如汗物之被洗濯濡澤甚鮮澤矣汝當乘是車飾自謂無及則驅馳速行求忠信之賢人咨訪其諏事焉○傳忠信至爲諏○正義曰三章傳云咨事之難易爲謀四章傳曰咨禮義所宜爲度卒章傳曰親戚之謀爲詢此皆出於外傳也左傳曰訪問於善爲咨咨材預曰問善道也咨親爲詢杜預曰問戚之義也咨禮爲度杜預曰問禮宜也咨事爲諏杜預曰問政事也咨難爲謀杜預曰問患難也唯難一事爲杜患難毛爲難易不同然患難之事亦須訪其難易理亦不異餘皆與傳同毛據彼傳因以義增而明之其忠信爲周一句魯語文也魯語無訪問於善一句又云咨才爲諏咨事爲謀與左傳異韋昭以爲字誤改從左傳曰才當爲事又曰事當爲難是也餘與左傳同此四者諏謀度詢俱訪於周而必爲此次者以咨是訪名所訪者事故先咨諏事有難易故次咨謀既有難易當訪禮法所宜故次咨度所宜之內當有親疏故次咨詢因此附會其文爲先後耳　**我馬維騏六轡如絲**　言調忍也○騏音其忍音刃　**載馳載驅周爰咨謀**

詩疏九之二　十

咨事之難易爲謀○易以豉反　**我馬維駱六轡沃若載馳載驅周爰咨度**　咨禮義所宜爲度○沃烏毒反沈又於縛反度待洛反注同　**我馬維駰六轡既均**　陰白雜毛曰駰均調也○駰音因○　**載馳載驅周爰咨詢**　親戚之謀爲詢兼此五者雖有中和當自謂無所及成於六德也箋云中和謂忠信也五者咨也諏也謀也度也詢也雖得此於忠信之賢人猶當云己將無所及於事則成六德言慎其事○詢音荀諮親爲詢【疏】傳兼此至六德○正義曰左傳云臣獲五善是也魯語曰重之以六德是傳之所據○箋中和至其事○正義曰此箋以毛傳不明贊成其說經云周傳言中和中和周之訓也諏謀度皆咨周而得之則周之中和爲己之有故言雖有中和當自謂無所及者即上每懷靡及是也以君勑使臣云若每人懷私則於事無所及故當自謂無所及也以此篇終故傳於是結之然而外傳云忠信爲周不言中和故鄭申言之傳云中和正謂忠信也然則毛傳不言忠信而云中和者中庸曰喜怒哀樂之未發謂之中發而皆中節謂之和則中和者秉心塞淵出言允當之謂也然於文中心爲忠人言爲信是忠信中和事理相類故毛以

忠信爲中和鄭據成文傳之爲忠信也知五者咨也諏也謀也度也詢也者以左傳穆叔先解此五事乃曰臣獲五善故知此爲五者也言雖得此於忠信之人者皆於周咨焉故云得之咨出於己非出於彼同云得者由遇彼賢所以得訪故亦爲得之於忠信也雖得此五者猶當云已無所及於事則成六德言愼其事也韋昭云六德謂諏也謀也度也詢也咨也周也案周者彼賢之質不當以周備數也傳云自謂無所及成於六德箋申傳說言猶當云已將無所及於事則成六德然則箋傳之意以自謂無所及於事是謙虛謹愼以之爲一通彼五者爲六德不與韋昭同也鄭之此說贊成毛義故鄭志張逸問此箋云中和謂忠信每懷靡及箋云懷私爲每懷和當爲私而此言忠信愚意似乖也荅曰非也此周之忠信也已有五德復問忠信之賢人問意以傳言雖有中和自謂無所及謂出於每懷靡及而來箋以破和爲私則無復有中和之事今又言中和故怪而問之鄭荅曰非也謂此中和非上每懷也此自是周忠信也言中和者義出於周不出於每懷也由此言之則張逸亦不知箋轉和以申毛意謂鄭破和而非傳故有此問鄭荅曰非是鄭不易毛也但毛傳質略事之久遠未知鄭之此說上當毛意以否要以觀其荅意及箋意必當然也王肅以毛傳云雖有中和者卽上每雖懷和

是也孫毓亦以爲然故其評曰按此篇毛傳上下說自相申成下章傳云雖有中和當自謂無所及卽是上章謂每懷靡及每雖懷和之義也箋既易之於前爲說於下云中和謂忠信自是周之訓也何得以釋中和乎上下錯戾不可得通傳義爲長偏檢書傳不見訓懷爲和假使訓懷爲和中字猶無所出外傳言懷者上下文勢皆作私懷之義則鄭氏之言實有所據而今詩本皆有每雖則王肅之說又非無理鄭王並是大儒俱云述傳未知誰得其旨故兼載申說之焉

皇皇者華五章章四句

常棣燕兄弟也閔管蔡之失道故作常棣焉周公弔二叔之不咸而使兄弟之恩疏召公爲作此詩而歌之以親之。常棣大計反字林大內反召上照反爲作于僞反。

【疏】常棣八章章四句至棣焉。正義曰作常棣詩者言燕兄弟也謂王者以兄弟至親宜加恩惠以時燕而樂之周公述其事而作此詩焉兄弟者共父之親推而廣之同姓宗族皆是也故經云兄弟既具和樂且孺則遠及九族宗親非獨燕同懷兄弟也序又說所以作此燕兄弟之詩者周公閔傷管叔蔡叔失兄弟相承順之道不能和睦以亂王室至於被誅使己兄弟之恩疏恐天下見在上既然皆疏兄弟故作此常棣之詩言兄弟不可不親以敦天下之俗焉此序其由管蔡而作詩意直言兄弟至親須加燕飲以示王者之法不論管蔡之事以管蔡已誅不須論之且所以爲隱也此經八章上四句。言兄弟光顯急難相須五章言安寧之日始求朋友以明兄弟之重至此上論兄弟由親所以燕之六章始說燕飲卽充此云燕兄弟也燕飲禮異飫以非常事燕主歡心故言燕以兼飫卒章言室家相宜由於燕好取其首尾相成也。箋周公至親之。正義曰此解所以作常棣之意咸和也言周公閔傷此管蔡二叔之不和睦而流言作亂用兵誅之致令兄弟之恩疏恐其天下見其如此亦疏兄弟故作此詩以燕兄弟取其相親也此常棣是取兄弟相親之詩至厲王之時棄其宗族又使兄弟之恩疏召穆公爲是之故又重述此詩而歌以親之外傳云周文公之詩曰兄弟鬩於牆外禦其侮則此詩自是成王之時周公所作以親兄弟也但召穆公見厲王之時兄弟恩疏重歌此周公所作之詩以親之耳故鄭荅趙商云凡賦詩者或造篇或誦古所云誦古指此召穆公所作誦古之篇非造之也此自周公之事鄭輒言召穆公事因左氏所論而引之也左傳曰王怒將以狄伐鄭富辰諫曰不可臣聞大上以德撫民其次親親以相及也

昔周公弔二叔之不咸故封建親戚以蕃屏周召穆公思周德之不類故糾合宗族於成周而作詩曰常棣之華鄂不韡韡凡今之人莫如兄弟周之有懿德如是猶曰莫如兄弟故封建之其懷柔天下也猶懼有外侮扞禦侮者莫如親親故以親屏周召穆公亦云是周公弔二叔之不咸召公作詩之事也檢左傳止言周公弔二叔之不咸而封建親戚不言爲恩疏作常棣下云召穆公思周德之不類糾合宗族於成周而作常棣則周公本作常棣亦爲糾合宗族可知但傳文欲詳之於後故於封建之下不言周公作常棣耳未言召穆公亦云明本常棣是周公之辭故杜預云周公作詩召公歌之故言亦云是也此序言閔管蔡之失道左傳言弔二叔之不咸言雖異其意同弔傷也二叔卽管蔡也不咸卽失道也實是一事故鄭引之先儒說左傳者鄭衆賈逵以二叔爲管蔡馬融以爲夏殷之叔世故鄭志張逸問此箋云周仲文以左氏論之三辟之興皆在叔世謂三代之末卽二叔宜爲夏殷末也荅曰此注左氏者亦云管蔡耳又此序子夏所爲親受聖人足自明矣問者以昭六年左傳曰夏有亂政而作禹刑商有亂政而作湯刑周有亂政而作九刑三辟之興皆叔世也彼叔世者謂三代之末世也則言二叔者亦宜爲夏殷之末世故言有周仲文蓋漢世儒者也以爲二叔宜爲夏。之末不

得爲管蔡故問之鄭荅注左氏者亦云管蔡謂鄭貫之說也又左傳論周公弔二叔之不咸而作常棣此序言閔管蔡之失道故作常棣之意則此云管蔡即傳言云二叔可知故云此序子夏所作親受聖人自足明矣○**常棣之華鄂不韡韡**興也常棣棣也鄂猶鄂鄂然言外發也韡韡光明也箋云承華者曰鄂不當作拊拊鄂足也鄂足得華之光明則韡韡然盛興者喻弟以敬事兄兄以榮覆弟恩義之顯亦韡韡然古聲不拊同○鄂五各反不毛如字鄭改作拊方于反韡韋鬼反常棣棣也本或作常棣移音以支反又是兮反按爾雅云唐棣移常棣棣作移者非不拊不音如字又芳浮反二聲相近也拊亦作跗前注同一云不亦方于反**凡今之人莫如兄弟**聞常棣之言爲今也箋云聞常棣之言始聞常棣華鄂之說也如此則人之恩親無如兄弟之最厚

〖疏〗常棣至兄弟○毛以爲常棣之木華鄂鄂然外發之時豈不韡韡而光明乎以衆華俱發實韡韡而光明以興兄弟衆多而相和睦豈不強盛而有光暉乎言兄弟和睦實強盛而有光暉也兄弟和睦則強盛如是然則凡今時天下之人欲致此韡韡之盛莫如兄弟之相親言兄弟相親則致榮顯也○鄭以爲華下有鄂鄂下有拊言常棣之華與鄂拊漸韡然甚

光明也由華以覆鄂鄂以承華華鄂相承覆故得韡韡然而光明也華鄂相覆而光明猶兄弟相順而榮顯然則凡今時之人恩親無如兄弟之最厚也○傳常棣至光明○正義曰常棣棣釋木文也舍人曰常棣一名棣郭璞曰今關西有棣樹子如櫻桃可食是也與此唐棣異木故爾雅別釋鄂猶鄂鄂者以華之狀宜言鄂鄂故重言之言外發也謂華聚而發於外也韡韡華之貌華非一色故云光明靜女云彤管有煒文與形連故云煒亦貌王述之曰不韡韡言韡韡也以與兄弟能內睦外禦則強盛而有光耀若常棣之華發也○箋承華至拊同○正義曰以鄂文承華下故爲承華曰鄂也又古聲不拊同不在鄂下宜爲鄂足故知當作拊拊爲鄂足也以鄂足比於弟華比於兄鄂既承華又與拊連則鄂拊同比弟也言鄂足得華之光明是弟得兄榮也又曰恩義之顯亦韡韡然則兄亦得弟之助兄弟之相佐猶華鄂之相承覆也易傳者以華之外發取衆多爲義未若取相承覆爲喻尤切近故不從毛也○傳聞常棣之言爲今○正義曰傳以凡今者多對古之稱故辨之既聞常棣之說則知兄弟宜相親故以聞常棣之言爲今謂從今以去宜相親也王述之曰管蔡之事以次而爲常棣之歌爲來今是也

死喪之威兄弟孔懷威畏懷思也箋云死喪可畏怖之事維兄弟之親甚相思念○怖普布反**原隰裒矣兄弟求矣**裒聚也求矣言求兄弟也箋云原也隰也以相與聚居之故故能定高下之名猶兄弟相求故能立榮顯之名○裒薄侯反

〖疏〗死喪至求矣○正義曰言兄弟人恩至厚有死喪可畏怖之事維兄弟之親甚相思念餘人則不能也兄弟相念如是則當求以相耽不得疏也原與隰同聚矣猶兄弟相求矣原隰以聚居之故故能定高下之名兄弟以相求之故故能立榮顯之譽所以相半矣

脊令在原兄弟急難脊令雝渠也飛則鳴行則搖不能自舍耳急難言兄弟之相救於急難箋云雝渠水鳥而今在原失其常處則飛則鳴求其類天性也猶兄弟之於急難○脊井益反亦作即又作鶺皆同令音零本亦作鴒同難如字又乃旦反注同搖音遙又餘照反處昌慮反○**每有良朋況也永歎**況茲永長也箋云每有雖也良善也當急難之時雖有善同門來茲對之長歎而已○況或作兄非也歎吐丹反又吐旦反以協上韻○

〖疏〗脊令至永歎○正義曰脊令者水鳥當居於水今乃在於高原之上失其常處以喻人當居平安之世今在於急難之中亦失其常處也然脊令既失其常處飛則鳴行則搖不能自舍

此則天之性以喻兄弟既在急難而相救亦不能自舍亦天之性於此急難之時雖有善同門來茲對也唯長歎而已不能相救言朋友之情甚而不如兄弟是宜相親也○傳脊令至急難○正義曰脊令雝渠釋鳥文也郭璞曰雀屬也陸機云大如鷃雀長脚長尾尖喙背上青灰色腹下白頸下黑如連錢故杜陽人謂之連錢是也小宛篇曰題彼脊令載飛載鳴是脊令飛則鳴也脊令既失其常處飛則鳴行則搖動其身不能自舍以喻兄弟相救於急難亦不能自舍然而此經直云在原與急難何知不正以在原喻在急難而已而必知急難謂救於急難者正以上章孔懷下章禦侮是相助之事以此類之故知爲相救於急難也但脊令不能自舍之貌猶可言故云飛則鳴行則搖兄弟相救之貌不可言故直云相救耳

兄弟鬩于牆外禦其務鬩很也箋云禦禁務侮也兄弟雖內鬩而外禦侮也○鬩許歷反牆本或作廧在良反禦魚呂反務如字爾雅云侮也讀者又音侮此從左傳及外傳之文很戶懇反○**每有良朋烝也無戎**烝塡戎相也箋云當急難之時雖有善同門來久也猶無相助己者古聲塡寘塵同○烝之承反塡依字音田與寘同又依古聲音塵塵久也故箋申之云古聲塡寘塵同相如字又息亮反下同

〔疏〕兄弟至無戎○正義曰：兄弟之親，不能相遠，言兄弟或有自不相得，可鬩很於牆內，若有他人來侵侮之，則同心合意，外禦他人之侵侮。於此他人侵侮之時，雖有善同門來見之，雖久也，終無相助之事，唯兄弟相助耳。言兄弟之恩過於朋友也。云良朋者，以大名言之，其實同志之友，故下章曰不如友也。論語云「有朋自遠方來」，亦其朋者也。散文朋友通也。定本經御作禦，訓爲禁，集注亦然。俗本以傳禦爲御，爾雅無訓，疑俗本誤也。○傳鬩很○正義曰：很者，忿爭之名，故曲禮曰「很毋求勝」是也。○**喪亂既平，既安且寧。雖有兄弟，不如友生。**兄弟尚恩，怡怡然；朋友以義，切切然。箋云：平，猶正也。安寧之時，以禮義相琢磨，則友生急。○切切然，定本作切切偲偲然。琢，陟角反。〔疏〕傳兄弟至切切然○正義曰：室家安寧，身無急難，則當與朋友交，切磋琢磨，學問脩飾，以立身成名。兄弟之多，則尚恩，其聚集則熙熙然，不能相勵以道。朋友之交，則以義，其聚集切切節節然，相勸競以道德，相勉勵以立身，使其日有所得，故兄弟不如友生也。切切節節者，相切磋勉勵之貌。論語云「朋友切切偲偲，兄弟怡怡」，注云「切切，勸競貌。怡怡，謙順貌」。此熙熙當彼怡怡，節節當彼偲偲也。定本熙熙作怡怡，節節作偲偲，依論語，則俗本誤。

儐爾籩豆，飲酒之飫。儐，陳。飫，私也。不脫屨升堂謂之飫。箋云：私者，圖非常之事，若議大疑於堂，則有飫禮焉。聽朝爲公。○儐，賓胤反。飫，於慮反。朝，直遙反。**兄弟既具，和樂且孺。**九族會曰和。孺，屬也。王與親戚燕則尚毛。箋云：九族，從已上至高祖，下及玄孫之親也。屬者，以昭穆相次序。○樂音洛，下皆同。孺，本亦作儒，如具反。〔疏〕儐爾至且孺○正義曰：上章已來，說兄弟宜相親，故此章言王者親宗族也。王有大疑非常之事，與宗族私議而圖之，其時則陳列爾王之籩豆，爲飲酒之飫禮，以聚兄弟宗族爲好焉。爲此飫及燕禮之時，兄弟既已具集矣，九族會聚和而甚忻樂，且復骨肉相親屬也。言由王親宗族，故宗族亦自相親也。○傳飫私至之飫○正義曰：飫，私，釋言文。孫炎曰：「飫，非公朝私飲酒也。」周語有「王公立飫」，又曰「立成禮烝而已」。飫既爲私，不在公朝，在露門內也。酒肉所陳，不宜在庭，則在堂矣。燕禮云「皆脫屨乃升堂」，少儀云「堂上無跣，燕則有之」，是燕由坐而脫屨，明飫立則不脫矣，故云不脫屨升堂謂之飫。○箋私者至爲公○正義曰：此解飫爲私之意也。以私在露寢堂上，故謂之私。若聽朝則爲公事，對公，故言私也。知飫禮爲圖非常議大疑者，以周語云「王公之有飫禮，將以講事成禮，建大德，昭大物」。言講事昭物，是有所謀矣，明圖非常議大疑而爲飫禮也。周語曰「王公立飫則有房烝，親戚燕饗則有殽烝」，又曰「飫以顯物，燕以合好」，則飫燕禮異。序曰燕兄弟，此陳飫者，圖非常議大疑，乃有飫禮，則飫大於燕。燕亦是王於族親之禮，故陳之，示親親也。飫禮議其大疑，則婦人不與，立以成禮，則不必和樂。下章云妻子合好，此傳曰王與族人燕則尚毛，以此詩飫燕雜陳，故下箋云「王與族人燕，則宗婦內宗之屬亦從后於房中」，是此章之中兼燕禮矣。上二句爲飫，下二句爲燕。飫陳籩豆，燕言兄弟，互以相兼也。○傳孺屬至尚毛○正義曰：孺，屬，釋言文。李巡曰：「孺，骨肉相親屬也。」中庸曰「燕毛以所序齒」，文王世子曰「公與族人燕則以齒，而孝悌之道達矣」。王與宗族之人燕，以毛髮年齒爲次第也。司儀曰「王燕則諸侯毛」，亦謂同姓諸侯也，故彼注云「謂以髮鬢爲坐。朝事尊尊尚爵，燕則親親尚齒」。云親親，是燕同姓明矣。**妻子好合，如鼓瑟琴。**箋云：好合，志意合也。合者，如鼓瑟琴之聲相應和也。王與族人燕，則宗婦內宗之屬亦從后於房中。○好，呼報反。應，應對之應。和，胡臥反。○**兄弟既翕，和樂且湛。**翕，合也。○翕，許急反。湛，荅南反，又作耽。韓詩云：樂之甚也。〔疏〕妻子至且湛○正義曰：上章並陳飫燕之禮，此又論內外之歡也。王與族人燕於堂上，則后與宗婦燕於房中。王之族人見王燕其宗族，知王親之，皆傚王親親，與其妻子自相和好，志意合和，如鼓瑟琴相應和。於時兄弟既會聚矣，其族人非直內和妻子，又九族和好，忻樂而且湛，又以盡歡也。○箋王與至房中○正義曰：此解天子自燕宗族兄弟，所以得致妻子好合之意，以其王與族人燕，則宗婦內宗之屬亦從后於房中而燕，故有妻子也。宗婦者，謂同宗卿大夫之妻也。內宗者，同宗之女嫁於卿大夫者。春秋莊二十四年「夫人姜氏入，大夫宗婦覿用幣」，謂之宗婦，明是宗族之婦也，故賈、杜皆云「宗婦，同姓大夫之婦」。襄二年傳曰「葬齊姜，齊侯使諸姜宗婦來會葬」，諸姜謂齊同姓之女，宗婦謂齊同姓之婦，是同姓大夫之婦名爲宗婦也。周禮春官序官云「內宗，凡內女之有爵者」，注云「內女，王同姓之女，謂之內宗，有爵，其嫁於大夫及士者」，是王同姓之女名爲內宗也。天子燕宗族之禮亡，所以知王與族人燕則宗婦內宗從后者，湛露曰「厭厭夜飲，不醉無歸」，傳曰「夜飲，私燕也。宗子將有事，族人者入侍。不醉而出，是不親也；醉而不出，是渫宗也」。箋云「天子燕諸侯之禮亡，此假宗子與族人燕爲說耳」。然則天子燕同姓諸侯之禮，猶宗子燕族人，則天子燕宗族兄弟爲朝廷臣者，如宗子於族人可知。案特牲饋食禮祭末乃曰「徹庶羞，設於西序下」，注云「爲將餕去之。庶羞主爲尸

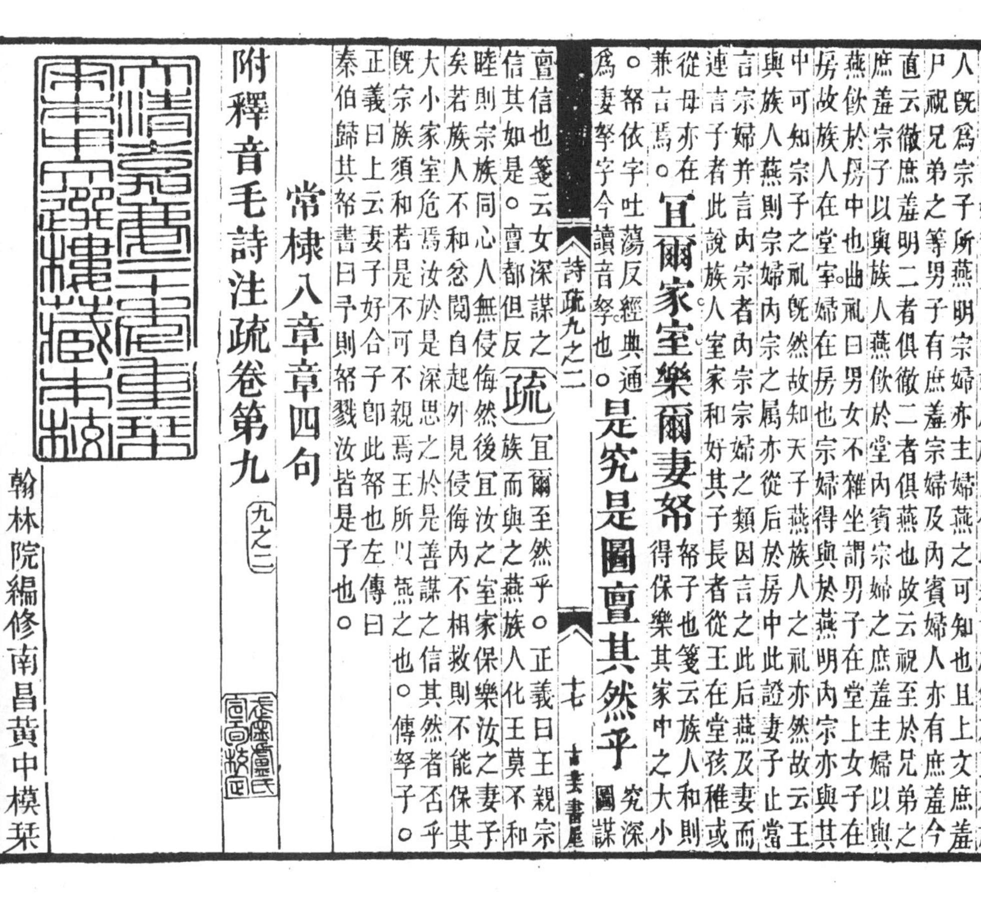

非神餟也尚書傳曰宗室有事族人皆侍終日大宗已侍於賓奠然後燕私燕私者何也已而與族人飲也此徹庶羞置西序下者爲將以燕飲與然則自尸祝至於兄弟之庶羞宗子與族人燕飲於堂內賓宗婦之庶羞主婦以燕飲於房也鄭以彼特牲是宗子之祭祀族人及族婦皆助故經云宗婦執兩籩宗婦贊豆是宗婦及族人俱助宗子之祭及至末族人既爲宗子所燕明宗婦亦主婦燕之可知也且上文庶羞尸祝兄弟之等男子有庶羞宗婦及內賓婦人亦有庶羞今直云徹庶羞明二者俱徹二者俱燕也故云祝至於兄弟之庶羞宗子以與族人燕飲於堂內賓宗婦之庶羞主婦以與燕飲於房中也曲禮曰男女不雜坐謂男子在堂上女子在房故族人在堂室婦在房也宗婦得與於燕明內宗亦與其中可知宗子之祀既然故知天子燕族人之祀亦然故云王與族人燕則宗婦內宗之屬亦從后於房中此證妻子止嘗言宗婦并言內宗者內宗宗婦之類因言之此后燕及妻而連言子者此說族人室家和好其子長者從王在堂孩稚或從母亦在兼言焉。**宜爾家室樂爾妻帑**帑子也箋云族人和則得保樂其家中之大小○帑依字吐蕩反經典通爲妻孥字今讀音孥也○**是究是圖亶其然乎**究深圖謀亶信也箋云女深謀之信其如是○亶都但反

【疏】宜爾至然乎○正義曰王親宗族而與之燕族人化王莫不和睦則宗族同心人無侵侮然後宜汝之室家保樂汝之妻子矣若族人不和忿鬩自起外見侵侮內不相救則不能保其大小家室危焉汝於是深思之於是善謀之信其然者否乎既宗族須和若是不可不親焉王所以燕之也○傳孥子○正義曰上云妻子好合子即此帑也左傳曰秦伯歸其帑書曰予則帑戮汝皆是子也○

常棣八章章四句

附釋音毛詩注疏卷第九（九之二）

翰林院編修南昌黃中模栞

詩疏九之二　十七

毛詩注疏挍勘記　九之二

阮元撰盧宣旬摘錄

○鹿鳴

講道脩德之樂歌是也　閩本明監本毛本同案浦鏜云政誤德以儀禮注考之是也

故敘以燕因之　閩本明監本毛本同案盧文弨云因疑目是也

饗謂享大牢以飲賓　閩本明監本毛本同案浦鏜云亨誤享考儀禮注是也伐木正義引作亨

吹笙而鼓簧矣　小字本相臺本同案段玉裁云宋書樂志引吹笙則簧鼓矣君子陽陽疏言吹笙則鼓簧今考此引者以意言之耳傳本是而字考文古本無而字誤

書曰篚厥元黃　小字本相臺本同案篚厥二字當倒毛居正六經正誤云篚厥元黃作厥篚元黃誤興國及建本皆作篚厥其說非也正義標起止云箋書曰厥篚元黃是正義本如此也故下文云今禹貢止有厥篚元纁之文而鄭禹貢注引允征曰篚厥元黃則此所引亦爲允征文正因此箋作厥篚與禹貢相涉故言今止有以明黃字之非彼文也若作篚厥但當引彼注不煩言此矣

示當作寘　小字本相臺本寘作窴閩本明監本毛本同案釋文示下云鄭作寘六經正誤所載作寘十行本正義中皆作寘考此寘字從宀者在說文新附卷耳伐檀經各本皆作寘段玉裁曰卽窴之譌文是也而自唐時卽有分別從宀者訓置從穴者爲東山常棣箋字訓久者矣

瑟琴以樂之　閩本明監本毛本琴作笙案所改是也此正義用王肅述毛也見下

琴瑟笙脩帛愛厚之者　閩本明監本毛本無琴字案所刪是也

琴笙以樂之　閩本明監本毛本琴作瑟案所改是也

恌愉也　小字本相臺本同案釋文云愉他侯反又音踰正義云愉音臾說文訓爲薄也又云定本作愉如其所言不爲有異應是定本作偷依爾雅改耳當以釋文正義本爲長

詩疏九之二挍勘記　十八

今人呼爲青蒿香中炙啖者爲菣　閩本明監本毛本同案呼下爲字衍也今爾雅注無此讀以上十二字爲一句

目視物與示傍見　閩本明監本毛本同案與當作爲因別體俗字與作与而致譌也

說文酬爲薄也　閩本明監本毛本同案浦鏜云訓誤酬是也

定本作愉者然　閩本明監本毛本同案愉當作偷見上者當作若屬然字別爲句

○四牡

箋云無私恩　小字本相臺本同案正義云集注及定本皆無箋云兩字是自此盡辭王事並屬傳也段玉裁云是也

又定本恩恩作私恩　閩本明監本毛本同案此當云又定本私恩作恩恩誤互易其字也正義本作私恩上文可證

字又作鳺　補　毛本鳺作鴂

鵻名其夫不　閩本明監本毛本同案山井鼎云爾雅疏無其字今考彼疏引云鵻一名夫不

祝鳩鵻夫不者故爲司徒　閩本明監本毛本同案者當作孝爾雅疏即采此正作孝而今本亦誤爲者

今鵓鳩也　閩本明監本毛本同案浦鏜云鵓誤鵻是也釋文引草木疏云夫不一名浮鳩浮即鵓字也

述時其情　小字本相臺本時作序閩本明監本毛本作敘案序字是也

後爲詩人歌故云歌耳　閩本明監本毛本同案人當作入形近之譌

○皇皇者華

每雖懷和也　小字本相臺本同案正義云本皆如此又云如鄭此意則傳本無每雖二字又云蓋鄭所據者本無每雖後人以下傳有雖有中和之言下篇每有良朋之下有每雖之訓因而加之也定本亦有每雖又云而今詩本皆有每雖則王肅之說又非無理云云經義雜記以爲王肅私加是也○按脊挍非也毛於此云每雖懷和也末章傳曰雖有中和當自謂無所及即蒙此傳而言以釋經文每懷靡及也傳自作和箋乃易和爲私字未可牵合句云每雖二字爲後人所加非也鄭云中和謂忠信也是鄭謂中和即經之川絲非已意毛以用也咨也諏也謀也度也詢也爲六德皆在雖有中和之外

懷私爲每懷也　小字本相臺本同案此引國語私當如彼文作和韋昭云後鄭司農云和當爲私即據下箋也正義云故鄭引其文因正其誤云和當爲私爲和誤也考此則正其誤在下此當仍作和矣正義中臣聞之曰懷私爲每懷是外傳以爲懷私末章正義中箋云懷私爲每懷皆和字之誤亦見經義雜記

明魯語所亦當爲懷私　閩本明監本毛本所下有云字案所補是也

我馬維駒　唐石經小字本相臺本同案釋文云駒音俱本亦作驕正義云維是駒矣是其本作駒與株林同已見彼下

則於是訪問　閩本明監本毛本同小字本相臺本是作之案之字是也

箋以破和爲私　閩本明監本毛本同案浦鏜云以疑已字誤是也

○常棣

上四句言兄弟光顯　閩本明監本毛本同案浦鏜云章誤句是也

以爲二叔宜爲夏之末　明監本毛本之上有殷字閩本剜入案所補是也

即傳言云二叔可知　閩本明監本毛本同案言字當衍

鄂不韡韡　唐石經小字本相臺本同案釋文云鄂五各反詩經小學云鄂字從卩今考唐石經以下各本及釋文皆從卩作地名之鄂疑此經乃假聲託事也說文卩部無鄂韡下引此詩作萼出後人所改艸部亦無萼字李善長笛賦注引字林鄂直言也鄂字當始於漢而周禮禮記注用之○按古或有从卩之鄂說文或有遺漏之字

不當作拊 小字本相臺本同閩本明監本毛本亦同案釋文不下云鄭改作附又不拊同下云拊本亦作跗前注同考說文木部云柎闌足也山海經員葉而白柎集韻十虞亦作柎皆從木而羣經音辨載此字在手部則當時釋文字已從手也

與此唐棣異木 閩本明監本毛本同案浦鏜云與此當誤倒是也

管蔡之事以亥 毛本同閩本明監本亥誤是案皆非也以亥當作已缺以巳多相亂者亥缺形近之譌序下正義云以管蔡已缺卽用此箋毛語也當據彼正之

言兄弟人恩至厚 閩本明監本毛本人作之案所改非也人恩見鄭表記注

則當求以相耽 閩本明監本毛本同案耽當作助形近之譌

況也永歎 閩本明監本毛本同小字本相臺本歎作嘆唐石經亦作嘆案釋文作歎十行本依之改也又唐石經況字後改案釋文云況也或作兄非也段玉裁云此桑柔召旻及今文尙書毋兄曰則兄曰正同作兄是作況非

每有雖也 小字本同閩本明監本毛本同相臺本無有字案相臺本誤也每有雖也箋用釋訓文皇皇者華正義云下篇每有良朋之下有每雖之訓乃檃栝此箋不當據之刪也下箋云雖有善同門來雖卽每有也雖下之有非經中之有亦殷其靁傳箋此字之比考文古本作每有雖有也更誤○按舊校非也無有字爲是箋正用皇皇者華傳

茲對也唯長嘆而已 閩本明監本毛本同案此不誤浦鏜云之誤也非也凡正義於說經必順其文此順經云況也耳下經烝也正義云雖久也亦順經可證○按對字非經中所有則舊說亦非浦云也當作之爲是正義用箋語耳

外禦其務 唐石經小字本相臺本同案此定本也釋文外禦魚呂反與定本同正義云定本經御作禦訓爲禁集注亦然是正義本經作御字

箋云禦禁 小字本相臺本同案禦禁定本也見上正義云俗本以傳禦爲御爾雅無訓疑俗本誤也此正義當有誤詳下段玉裁云此傳御禦務侮也兄弟雖內鬩而外禦侮也本國語爾雅各本誤衍箋云非也定本改御禦爲禦禁不知御禦見於谷風傳矣正義疑爾雅有禦禁而無御禦不知爾雅御禦禁三字互訓

亦有朋者也 閩本明監本毛本同案朋者當作同志形近之譌耳

俗本以傳禦爲御 閩本明監本毛本同案此當作俗本以傳爲御禦誤倒禦字於爲字上也

兄弟尙恩怡怡然 小字本相臺本同案此定本也正義云兄弟之多則尙恩其聚集則熙熙然正義本作熙熙也詳下

朋友以義切切然 小字本相臺本同案此釋文本也釋文云切切然定本作切切偲偲然正義云朋友之交則以義其聚集切切節節然又云論語云朋友切切偲偲兄弟怡怡注云切切勸競貌怡怡謙順貌此熙熙當彼怡怡節節當彼偲偲定本熙熙作怡怡節節作偲偲依論語則俗本誤考此當是毛所據論語自作熙熙節節耳定本乃改之以合於其時行世之論語非也切切節節然又見伐木正義

飫非公朝私飫飲酒也 閩本明監本毛本同案浦鏜云下飫字衍從爾雅疏校是也此誤衍耳見下

周語有王公立飫 閩本明監本毛本同案十行本語至立剜添者一字考此當是因上可衍飫而脫去一字後就而補之仍未去其衍字也

至意合也 閩本明監本毛本同小字本相臺本至作志案志字是也

族人者入侍 閩本明監本毛本同案者當作皆形近之譌

族人皆侍終日 閩本明監本毛本同案浦鏜云日誤曰以特牲注考之是也

燕私者何也已而與族人飲也 閩本明監本毛本同案此不誤已上浦鏜云脫祭字又云衍下也字從儀禮經傳通解校非也通解多以意增刪不可據也

故族人在堂室婦在房也 閩本明監本毛本同案浦鏜云宗誤室是也

宜爾家室　小字本相臺本同考文古本同唐石經家室作室家閩本明監本毛本同案作室家者是也禮記引同以家帑圖乎爲韻唐石經可據也正義云然後宜汝之室家亦其證

今讀音孥也　(補)釋文校勘記云通志堂本盧本奴子二字并作孥云孥字舊誤分爲奴子兩字今改正案所改謬甚音奴者對上吐蕩反而言也子也者載傳也奴字句絶子也別爲句今注疏本并作孥尤誤小字本相臺本所附皆但云帑音奴二本之例傳箋文不複出然則其讀釋文尚未失句逗也

附釋音毛詩注疏卷第九（九之三）

毛詩小雅　鄭氏箋　孔穎達疏

伐木燕朋友故舊也自天子至于庶人未有不須友以成者親親以睦友賢不棄不遺故舊則民德歸厚矣〔疏〕伐木六章章六句至厚矣○正義曰作伐木詩者燕朋友故舊也又言所燕之由自天子至於庶人未有不須友以成者王者既能內親其親以使和睦又能外友其賢而不棄不遺忘久故之恩舊而燕樂之以此化民於上民則效之於下則民德皆歸於惇厚不澆薄矣朋是同門之稱友爲同志之名故舊即昔之朋友也然則朋友新故通名故舊唯施久遠此云朋友可以兼故舊而並言之者此說文王新故皆燕故異其文友賢不棄燕朋友也不遺故舊是燕故舊也舊則不可更釋新交則非賢不友故變朋友云友賢也燕故舊即二章卒章上二句是也燕朋友即二章諸父諸舅卒章兄弟無遠是也經序倒者經以主美文王不遺故舊爲重故先言之而後言父舅。先兄弟見父舅亦有故舊也序以經雖主燕故舊而故舊亦朋友故先言朋友以見揔名而又別言故舊以明其爲二事天子至于庶人未有不須友以成者即序首章之事因文王求友而廣言貴賤也經以由須朋友而燕之故先論求友之由序則以詩本主燕所以倒也二章卒章所陳皆爲燕食說王不得不名父舅又於兄弟陳王之恩皆是燕朋友故舊也經兼陳食祀而序不言亦舉其歡心足以兼之其親親以下因說王者立法目明次篇之義親親以睦指上常棣燕兄弟也友賢不棄不遺故舊即此篇是也常棣雖周公作既內之於治內之篇故爲此次以示法是此篇皆有義意

伐木丁丁鳥鳴嚶嚶興也丁丁伐木聲也嚶嚶驚懼也箋云丁丁嚶嚶相切直也言昔日未居位在農之時與友生於山巖伐木爲勤苦之事猶以道德相切正也嚶嚶兩鳥聲也其鳴之志似於有友道然故連言之○丁丁陟耕反嚶於耕反出自幽谷遷于喬木幽深喬高也箋云遷徙也謂鄉時之鳥出從深谷今移處高木○喬其驕反鄉本又作嚮同許亮反嚶其鳴矣求其友聲君子雖遷於高位不可以忘其朋友箋云嚶其鳴矣遷處高木者求其友聲求其尚在深谷者其相得則復鳴嚶嚶然○復扶又反相彼鳥矣猶求友聲矧伊人矣不求友生矧況也箋云相視也鳥尚知居高木呼其友況是人乎可不求之○相息亮反矧尸忍反神之聽之終和且平箋云以可否相增減曰和平齊等也此言心誠求之神若聽之使得如志則友終相與和而齊功也〔疏〕伐木至且平○毛以爲有人伐木於山阪之中丁丁然爲聲鳥聞之嚶嚶然而驚懼以興朋友二人相切磋設言辭以規其友切切節節然其友聞之亦自勉勵猶鳥聞伐木之聲然也鳥既驚懼乃飛出從深谷之中遷於高木之上以喻朋友既自勉勵乃得遷升於高位之上鳥既遷高木之上又嚶嚶然其爲鳴矣作求其友之聲以喻君子雖遷高位而亦求其故友所以求之者視彼鳥之無知猶尚作求其友之聲況人之有知矣焉得不求其友生乎君子爲此而求友也既居高位而不忘故友若神明之所聽祐之則朋友終久必志意和且功業平鄭以爲此章遠本文王幼少之時結友之事言文王昔日未居位之時與友生伐木於山阪丁丁然爲聲也於時雖處勤勞猶以道德相切直時有兩鳥在傍嚶嚶然而鳴此鳥之鳴似朋友之相切故連言之此鳥乃出從深谷之中遷於高木之上又復嚶嚶然爲其鳴矣作求其友之聲然視彼鳥矣猶作其求友之聲況是人何得不求其友生乎故文王所以求友生也大意與毛同唯不與爲異耳○傳丁丁至驚懼○正義曰此丁丁文連伐木故知伐木聲下云出自幽谷遷于喬木則木是其鳥驚懼而飛遷矣故知嚶嚶然驚懼言此鳥爲驚懼而鳴耳嚶嚶非驚懼之聲也故下云嚶其鳴矣不復驚懼鳴亦嚶是也然釋訓云丁丁嚶嚶相切直也傳意以此伐木鳥鳴喻相切直之事今傳解詩經之文耳爾雅從訓興喻之義釋訓云顒顒卬卬君之德也藹藹萋萋臣盡力也皆從釋其義不釋詩文王肅亦云鳥聞伐本驚而相命嚶嚶然故曰丁丁嚶嚶相切直以興朋友切切節節其言得傳旨也言相切直者謂切磋相正直也○箋丁丁至連言之○正義曰箋全引釋訓之文與解丁丁嚶嚶之義與傳同也故下即云嚶嚶兩鳥聲丁丁亦是伐木聲也故郭璞曰丁丁斫木聲嚶嚶兩鳥鳴但正伐木鳥鳴時有此相切直之義故揔言丁丁嚶嚶爲相切直言未居位謂未居諸侯之位在於農畝時山巖者以下云伐木于阪故知山傍巖崖之處故云山巖也箋必以爲文王身與友生伐木者以爾雅云丁丁嚶嚶相切直自此以下陳鳥鳴求友無相切直之義則伐木之時相切直也而下二章釃酒文連伐木是酒爲伐木而設即伐木之人是朋友矣朋友既親伐木明文王

與之俱行，故知親在農。禮記注：「士之子食祿不免農，則大夫以上子免農矣。」時文王爲諸侯世子而在農者，案史記周本紀：「大王曰：我世當有興者，其在昌乎。」則文王在太王之時年已長大，是諸侯世子之子耳。太王初遷於岐，民稀國小，地又隘險而多樹木，或當親自伐木，所以勸率下民，不可以祇論也。言嚶嚶兩鳥者，以相切直，若一鳥不得有相切，故郭璞曰：「嚶嚶，兩鳥鳴。」以喻朋友切磋相正，是以義勢便爲兩鳥，其實一鳥之鳴亦嚶嚶也，故知嚶其鳴矣是一鳥也。又解鳥鳴與伐木文連之意，以文王相切直之時，此兩鳥共鳴，亦似朋友之相切磋；及其遷處高木，嚶鳴相求，又似朋友之相求，故下觀之以爲喻。此鳴之志，似於有朋友之道，故連言之。薦草因以黃鳥爲與，亦此類也。

伐木許許，釃酒有藇，許許，柹貌。以筐曰釃，以藪曰湑。藇，美貌。箋云：此言許者伐木許許之人，今則有酒而釃之，本其故也。○許，沈呼古反。釃，徐所宜反，又所綺反，葛洪所寄反，謂以筐盝酒。盝音鹿。藇音敘，又羊汝反。柹，孚廢反，又側几反。藪，素口反。曰湑，思敘反。**既有肥羜，以速諸父**。羜，未成羊也。天子謂同姓諸侯，諸侯謂同姓大夫皆曰父，異姓則稱舅。國君友其賢臣，大夫士友其宗族之仁者。箋云：速，召也。有酒有羜，今以召族人飲酒。○羜，直呂反。**寧適不來，微我弗顧**。微，無也。箋云：寧召之，適自不來，無使言我不顧念也。**於粲洒埽，陳饋八簋**。粲，鮮明貌。圓曰簋。天子八簋。箋云：粲然已灑攮矣，陳其黍稷矣，謂爲食禮。○於，如字，舊音烏。粲，采旦反。洒，所懈反，徐所寄反。埽，素報反。饋，其位反。簋，居偉反。灑，所解反，又所懈反。攮，本又作拚，甫問反。食音嗣。**既有肥牡，以速諸舅。寧適不來，微我有咎**。咎，過也。

［疏］「伐木」至「有咎」。○毛以爲，伐木其柹許許然，故鳥驚而飛去，以喻朋友之相勵，故德進而業脩也。此所與切磋之故，得今以筐釃其酒有藇然而美，與之燕飲。爲王非直燕其故舊，又既有肥羜之羊，以召朋友諸父而燕之，俱有羊酒，各舉其一也。王意又殷勤，諸父兄弟必盡召之。王言曰：寧召之，適自不來則已，無得不召之，使言我不顧念之而悵怨也。於是粲然洒埽其室庭，陳飲食之饋，黍稷之等有八簋也。既有肥羜之牡，以召諸舅而食之，寧召之，適自不來則止，無使悵怨令我有咎過焉。言王厚其朋友故舊，爲設燕食兼有焉。○鄭以爲時與文王伐木許許之人，文王有酒而飲之，本其昔日之事也。餘同。○傳「許許」至「曰湑」。○正義曰：以許許非聲之狀，故爲柹貌。上言丁丁之聲，下言於阪之處，互以相通，明在阪伐之爲聲而有柹也。「以筐曰釃，以藪曰湑」者，筐，竹器也；藪，草也。漉酒者或用筐，或用草，於今猶然。毛氏蓋相傳爲說，因釃言湑，逆解下文。用草者，用茅也。僖四年左傳曰「爾貢苞茅不入，王祭不供，無以縮酒」是也。○傳「羜未」至「仁者」。○正義曰：釋畜云：「未成羊曰羜。」郭璞曰：「今俗呼五月羔爲羜。」是也。傳以經稱諸父舅，序云燕朋友故舊，則此父舅是文王之朋友也。禮，天子謂同姓諸侯，諸侯謂同姓大夫皆曰父，異姓則稱舅，故曰諸父諸舅也。禮記注云：「稱之以父與舅，親親之辭也。」覲禮說天子呼諸侯之義曰：「同姓大國則曰伯父，其異姓則曰伯舅。同姓小國則曰叔父，異姓則曰叔舅。」是天子稱諸侯也。左傳隱公謂臧僖伯曰「叔父有憾於寡人」，鄭厲公謂原繁曰「願與伯父圖之」，禮記衛孔悝之鼎銘云「公曰叔舅」，是諸侯稱大夫父舅之文也。諸侯則國有大小之殊，大夫唯以長幼爲異，故服虔左傳注云：「諸侯稱同姓大夫，長曰伯父，少曰叔父。」是也。然則諸侯謂異姓大夫長者，亦當爲伯舅，但經傳無其事耳。公羊傳曰：「王者之後稱公，大國稱侯，皆千乘；小國稱伯子男。」左傳曰：「在禮，卿不會公侯，會伯子男可也。」分五等爲二節，皆以公侯爲上等，伯子男爲下等，明大邦謂公侯，小邦謂伯子男。其稱牧伯則異。曲禮曰：「五官之長曰伯，是職方。天子同姓謂之伯父，異姓謂之伯舅。」東西二伯。又曰：「九州之長入天子之國曰牧。天子同姓謂之叔父，異姓謂之叔舅。」禮記注云：「牧尊於大國之君，而謂之叔父，避二伯也。亦以此爲尊，禮或損之而益，謂此類也。」言由避二伯，故稱叔，因以別異大邦之君，亦以損其稱而更益其尊，故云損之而益也。齊太公爲王官之伯，左傳云王使劉定公賜齊侯命曰「昔伯舅太公佐我先王」，是稱太公爲伯舅也。及齊桓公與霸功，王又以二伯之禮命之，僖九年傳曰「王使宰孔賜齊侯胙，曰：使孔賜伯舅胙」是也。周公亦是分陝之伯，而魯頌云「王曰叔父」者，以其實成王叔父，以本親言之也。其晉文公亦有霸功，而王策命辭云「王曰叔父」者，齊桓、晉文雖俱有霸功，天子賜命皆本其祖。太公受二伯命，故還以二伯之禮賜桓公；唐叔本受州牧之命，故還以州牧之禮命文公，故唐叔、文公俱稱叔父。左傳周景王謂籍談曰「叔父唐叔」，是唐叔亦受州牧之禮而稱叔父也。僖二十四年傳王出適鄭，使來告難曰「敢告叔父」，謂魯爲叔父。成二年傳王告鞏朔曰「今叔父克遂，有功于齊」，謂晉爲叔父也。昭七年王使追命衛襄公曰「叔父陟恪，在我先王之左右」，是謂衛爲叔父也。是晉與魯、衛，王皆呼之爲叔父。昭九年王使詹桓伯辭於晉曰「伯父惠公歸自秦」，又謂晉侯爲伯父。由此觀之，魯、衛爲大國而稱叔父，晉國之中伯叔俱稱不同者，以魯雖周公之後，周公位冢宰，爲東伯，而周公

之國故繫。繫伯禽左傳曰燮父禽父王孫牟並事康王三國俱以令德作王卿明兼州牧矣燮父康叔之子王孫牟康叔之子康叔稱叔父是爲兼州牧尚書酒誥命康叔之辭曰明大命於妹邦鄭云康叔爲連屬之監則康叔後或爲州牧燮父王孫牟或各繼其父爲州牧也伯禽作費誓專征徐戎爲方伯可知三國並爲大國王室之親又皆二伯之後尊而異之既以皆稱叔父焉晉又稱伯父者以蕃既大國世作盟主故燮稱伯父耳尚書文侯之命王曰父義和平王得文侯夾輔周之動九親之而直稱父也天子稱朝廷公卿則無文蓋有爵者自依諸侯之例無爵者亦應以此長幼稱伯父叔父大夫以下位卑其稱父舅以否無文以明之此傳以及下經父舅兼有解天子所呼父舅之文以諸侯於大夫猶天子於諸侯同有父舅之名故連釋之焉既此篇燕朋友而呼父舅是父舅爲天子朋友事自明矣因天子有交友之義已釋諸侯之亦有父舅故亦因解國君友其賢臣并及大夫友其宗族之仁者云仁賢者明尊卑之交非賢不友故也定本無宗字。箋有酒至飲酒。正義曰此有酒有羜以名族入飲之蓋是燕禮非饗也何者聘禮注云饗謂亨大牢以飲賓也今此唯肥羜而已是非饗禮明矣今燕禮者是諸侯燕其羣臣及賓客之禮禮記云其牲狗不用羊豕此云有肥羜者天子之禮異

於諸侯也宣十六年左傳曰王饗有體薦燕有折俎公當饗卿當燕王室之禮是天子燕饗之禮異於諸侯牲亦不同也。箋陳其至食禮。正義曰儀禮特牲少牢聘禮公食之等皆以簋盛黍稷則八簋是黍稷之器也故云陳其黍稷謂爲食禮案周官掌客職五等諸侯簋皆十二又公食大夫禮上大夫六簋此天子云八簋者據待族人設食之禮其掌客所云謂饔餼之大禮公食大夫是諸侯食大夫之禮若曰食大特牲者二簋少牢者四簋故玉藻云少牢五俎四簋然則大牢者六簋上肥羜釃酒爲燕禮此是食禮互陳之也知是食禮者燕禮主於飲酒無飯食則此簋盛黍稷是食禮可知周禮地官舂人云凡饗食供食米則饗禮有黍稷矣但饗主於飲不主於食此經不言酒殽獨陳八簋假令與上釃酒并爲一事亦不得爲饗禮何者饗亨太牢以飲賓不得用未成羊羜也但於肥羜之下既言以速諸父又別言於粲酒埽以速諸舅明二者又爲一禮上句爲燕下句爲食燕言諸父食言諸舅互文以相通也推此明以兼有饗矣但文不見饗耳

伐木于阪，釃酒有衍。衍美貌箋云此言伐木于阪亦本之也。籩豆有踐，兄弟無遠。箋云踐陳列貌兄弟父之黨母之黨民之失德，乾餱以愆。餱食也箋云失德謂見謗訕也民尚以乾餱之食獲愆過於人況天子之饌反可以恨兄弟乎故不當遠之。餱音侯爾雅云餥餱食也愆起虔反訕於諫反饌士戀反遠于萬反亦如字。有酒湑我，無酒酤我。湑茜之也酤一宿酒也箋云酤買也此族人陳王之恩也王有酒則湑茜之王無酒酤買之要欲厚於族人。湑本又作醑思敘反酤毛音戶說文同鄭音顧又音沽茜所六反與左傳縮酒同義謂以茅泲之而去其糟也字從艸泲子禮反。坎坎鼓我，蹲蹲舞我。蹲蹲舞貌箋云爲我擊鼓坎坎然爲我興舞蹲蹲然謂以樂樂已。坎如字說文作竷音同云舞曲也蹲七旬反本或作壿同爾雅云喜也說文云士舞也從士尊爲于僞反下同樂樂上音岳下音洛迨我暇矣，飲此湑矣。箋云迨及也此又述王意也王曰及我今之閒暇共飲此湑酒欲其無不醉之意。迨音待閒音閑

疏　伐木至湑矣。毛以爲伐木於阪以驚鳥喻朋友切磋以成道也由朋友相成如此故今以筐釃其酒行然而美以燕之既有酒矣又籩豆有踐然行列而陳之矣兄弟親戚無有疏遠皆使名之而與之燕也王又自言已不可不名族人之意下民之失德見謗訕者以何故乎正由乾餱之食不分於

人以獲愆過乾餱之食尚以獲愆況天子之饌可不名親戚令之恨乎故盡名而燕之族人陳王之恩言王有酒則湑泲之以飲我王無酒則卒造一宿之酤酒以與我於時坎坎然擊鼓以娛我蹲蹲然興舞以樂我是王恩甚厚矣王又謂族人曰汝族人今日正及我閒暇矣共汝飲此湑酒矣言已卒有閒暇而爲此飲其意欲令族人以不醉是王之恩厚也。鄭以伐木於阪亦本之酤買爲異餘同。箋兄弟父至母之黨。正義曰以上言諸父爲父黨則諸舅爲母黨此言兄弟父舅二文故知父黨母黨也禮有同姓異姓庶姓同姓揔上王之同宗是父之黨也異姓王舅之親庶姓與王無親者天子於諸侯非同姓皆曰舅不由有親無親則舅文又以兼庶姓矣其中容有舅甥之親故通言母之黨也父黨母黨得同曰兄弟者兄弟是相親之辭因推而廣之異姓亦得言之故釋親云父之黨爲宗族母與妻之黨爲兄弟是母黨爲兄弟之文也此不言妻黨者以舅是母黨之稱故特言母耳其實妻黨亦曰兄弟釋親又曰妻之父爲婚兄弟壻之父爲姻兄弟是也兄弟必兼言母黨者以甥舅之親與同姓等故頍弁諸公刺王不能燕樂同姓而經曰豈伊異人兄弟甥舅是也若然兄弟揔辭而下箋獨言族人陳王之恩者以兄弟雖父黨兼言母黨而父黨爲正故下特云族人也此燕朋友故舊

非燕族人據族人爲朋友者互說耳舉族可以兼異姓及庶姓矣。箋反可以恨兄弟乎。正義曰定本作恨恐非也。傳酤一宿酒。正義曰毛以爲言無酒明是卒爲之故云一宿酒蓋於時有之箋以經傳無名一宿酒爲酤者飲有一宿之酒不得謂之無酒論語云酤酒市脯不食是古買酒爲酤酒故易之爲酤買也。箋爲我至樂已。正義曰兄弟陳王之厚已使人爲之擊鼓舞言爲我者以樂由已而故作也禮記天子食三老五更於大學冕而摠干親在舞位知此非王自舞者食三老五更重禮示敬故王親舞之此與故舊燕樂不當王親舞也若言王身親舞豈亦親擊鼓乎以此知使人爲之

伐木六章章六句

天保下報上也君能下下以成其政臣能歸美以報其上焉下下謂鹿鳴至伐木皆君所以下臣也臣亦宜歸美於王以崇君之尊而福祿之以荅其歌。下下俱戶嫁反注下及下臣同【疏】天保六章章六句至上焉。正義曰作天保詩者言下報上也謂臣下作詩歌君之美言天保神祐福祿所鍾君雖實然由臣所詠是臣下歸美以報其上序又申之言君能下其臣下燕饗

遺勞謂鹿鳴至伐木之歌以成其國之政教故臣亦宜歸美於君作天保之歌以報荅其上焉然詩者志也各自吟詠六篇之作非是一人而已此爲荅上篇之歌者但聖人示法義取相成此鹿鳴至伐木於前此篇繼之於後以著義非此故荅上篇也何則上五篇非一人所作又作彼者不與此計議何相報之有鄭云亦宜者示法耳非故報也此篇六章皆言王受多福是歸美之事。天保定爾亦孔之固固堅也箋云保安爾女也女王也天之安定女亦甚堅固俾爾單厚何福不除俾使單信也或曰單厚也除開也箋云單盡也天使女盡厚天下之民何福而不開皆開出以予之。俾必以反單毛都但反鄭音丹除治慮反注同。俾爾多益以莫不庶庶衆也箋云莫無也使女每物益多以是故無不衆也。【疏】天保至不庶。毛於單字自作兩解以爲作者見時人物得所生業日隆歌而稱之以告王言天之安定汝王位亦甚堅固矣何者天使汝誠信愛厚天下臣民即知何等福不開出與之天又使汝天下每物皆多有所益以是之故物無不衆多也每物衆多是安定汝王位甚堅固也毛又云單厚者天使汝以厚德厚天下耳。鄭以爲盡厚天下爲異餘同言亦孔之固亦

語辭猶不亦宜乎。箋云使至予之。正義曰此章言福謂王得福也下章乃言臣民受天祿耳王能愛厚下民德當天意然後天降之福但王能布德亦天爲之故云天使汝盡厚天下之民何福而不開言何廣辭故云皆開出予之言開者若有閉藏畜積今開出之然此云開出予之據天授與王下言受天百祿據臣受天祿亦相通也。天保定爾俾爾戩穀罄無不宜受天百祿戩福穀祿罄盡也箋云天使女所福祿之人謂羣臣也其舉事盡得其宜受天之多祿。戩子淺反降爾遐福維日不足箋云遐遠也天又下予女以廣遠之福使天下溥蒙之汲汲然如日且不足也。汲已及反。【疏】天保至不足。正義曰言天安定汝之王位故使汝所福祿之人朝廷羣臣等盡無有不宜其舉事皆得其所而受天百祿羣臣之外天又下與汝廣遠之福及天下之民汲汲而欲下之維恐日日不足言天之使汝臣民俱受天福是安定汝也羣臣受王爵位故謂羣臣爲汝所授福祿之人。天保定爾以莫不興箋云興盛也無不盛者使萬物皆盛草木暢茂禽獸碩大如山如阜如岡如陵言廣厚也高平曰陸大陵曰阜大阜曰陵

箋云此言其福祿委積高大也如川之方至以莫不增箋云川之方至謂其水縱長之時也萬物之收皆增多也。縱足用反長張丈反。【疏】傳高平至曰陵。正義曰釋地文李巡曰高平謂土地豐正名爲陸土地獨高大名曰阜最大名爲陵。箋此言至高大。正義曰言所委聚所累積而高大也地官遺人注云少曰委多曰積積者以遺人當米粟者有限言三十里有委五十里有積對例故爲少多耳此則無例也。吉蠲爲饎是用孝享吉善蠲絜也饎酒食也享獻也箋云謂將祭祀也。蠲古玄反舊音堅饎尺志反享許丈反。禴祠烝嘗于公先王春曰祠夏曰禴秋曰嘗冬曰烝公事也箋云公先公謂后稷至諸盩。禴本又作礿餘若反祠嗣絲反烝之丞反盩直留反周大王父名君曰卜爾萬壽無疆君先君也尸所以象神卜予也箋云君曰卜爾者尸嘏主人傳神辭也。疆居良反嘏古雅反傳直專反【疏】吉蠲至無疆。毛以王既爲天安定民事已成乃善絜爲酒食之饌是用致孝敬之心而獻之所獻者將以爲禴祠烝嘗之祭往事其先王由王齊敬絜誠神歆降福先君之尸嘏予主人曰予爾萬年之壽無有疆畔境界言民神相

悅所以能受多福也○鄭以公爲先公言爲此禴祠烝嘗之祭於先公先王之廟也餘同○箋謂將祭祀○正義曰以下文始云禴祠烝嘗故知將祭祀致其意○傳春曰至曰烝○正義曰釋天文孫炎曰祠之言食礿新菜可汋嘗嘗新穀烝進品物也若以四時當云祠禴嘗烝詩以便文故不依先後此皆周禮文自殷以上則禴禘嘗烝王制文也至周公則去夏禘之名以春禴當之更名春曰祠故禘祫志云王制記先王之法度宗廟之祭春曰禴夏曰禘秋曰嘗冬曰烝祫爲大祭於夏於秋於冬周公制禮乃改夏爲禴禘又爲大祭祭義注云周以禘爲殷祭更名春曰祠是祠禴嘗烝之名周公制禮之所改也若然文王之詩所以已得有制禮所改之名者然王者因革與世而遷事雖制禮大定要以所改有漸易曰不如西鄰之禴祭鄭注爲夏祭之名則文王時已改言周公者據制禮大定言之耳公事釋詁文○箋公先至諸盩○正義曰毛以上雖言獻之未是祭時故以公爲事舉先王公從可知也鄭以孝事以致其意文王之祭實及先公故以爲先公也經於公上不言先者以先王在公後王尚言先則公爲先可知故省文以宛句也先公謂后稷至諸盩俗本皆然定本云諸盩至不窋疑定本誤中庸注云先公祖紺以上至后稷也司服注云先公不窋至諸盩天作箋云諸盩至不窋所

以同是先公而注異者以周之所追太王以下其太王之前皆爲先公而后稷周之始祖其爲先公書傳分明故或通數之或不數之此箋后稷至諸盩中庸注組紺以上至后稷也組紺即諸盩太王父也一上一下同數后稷也司服注不窋至諸盩天作箋諸盩至不窋亦一上一下不數后稷皆取便通無義例也何者以此及天作俱爲祭詩同有先王先公義同而注異無例明矣此歌文王之事又別時祭之名文王時祭所及先公不過組紺亞圉后稷而已言后稷至諸盩者傳以公爲事箋易之爲先公因廣舉先公之數以明易傳之意不謂時祭盡及先公也○傳先君至象神○正義曰以經陳祭事故君爲先君也言曰卜爾是語辭故知尸也而稱君者尸所以象神由象先君之神傳先君之意以致福故箋申之云君曰卜爾者尸嘏主人傳神辭也即少牢云皇尸命工祝承致多福無疆于汝孝孫之等是傳神辭嘏主人也尸象郊特牲文

神之弔矣詒爾多福 弔至詒遺也箋云神至者宗廟致敬鬼神著矣此之謂也○弔都歷反詒以之反遺唯季反○

民之質矣日用飲食 質成也箋云成平也民事平以禮飲食相燕樂而已○燕樂音洛○

羣黎百姓徧爲爾德 百姓百官族姓也箋云黎衆也羣衆百姓徧爲女之德言則而象之○徧音遍 疏 神之至爾德○正義曰此承上厚人事神之後反而本之言王已致神之來至矣遺汝王以多福又使民之事平矣日用相與飲食爲樂其羣衆百姓之臣徧皆爲汝之德言法效之汝既人定事治羣下樂德是爲天安定王業使君聖臣賢上下皆善也

如月之恒如日之升 恒弦升出也言俱進也箋云月上弦而就盈日始出而就明○恒本亦作緪同古鄧反沈古恒反○

如南山之壽不騫不崩 騫虧也○騫起虔反

如松柏之茂無不爾或承 箋云或之言有也如松柏之枝葉常茂盛青青相承無衰落也 疏 如月至或承○正義曰上章天安王位此章說堅固之狀言王德位日隆有進無退如日月之上弦稍就盈滿如日之出稍益明盛王既德位如是天定其基業長久且又堅固如南山之壽不騫虧不崩壞故常得隆盛如松柏之木枝葉恒茂無不於爾有承如松柏之葉新故相承代常無彫落猶王子孫世嗣相承恒無衰也○箋月上至就明○正義曰弦有上下知上弦者以對如日之升是益進之義故知上弦矣日月在朔交會俱右行於天日遲月疾從朔而分至三日月去日已當二次始死魄而出漸漸遠日而月光稍長八日九日大率月體正半昏而中似弓之張而弦直謂上弦也後漸進至十五十六日月體滿與日正相當謂之望云體滿而相望也從此後漸虧至二十三日二十四日亦正半在謂之下弦於後亦漸虧至晦而盡也以取漸進之義故言上弦不云望集本定本經字作恒

天保六章章六句

采薇遣戍役也文王之時西有昆夷之患北有玁狁之難以天子之命命將率遣戍役以守衛中國故歌采薇以遣之出車以勞還杕杜以勤歸也 文王爲西伯服事殷之時也昆夷西戎也天子殷王也戍守也西伯以殷王之命命其屬爲將率將戍役禦西戎及北狄之難歌采薇以遣之杕杜勤歸者以其勤勞之故於其歸歌杕杜以休息之○薇音微昆本又作混古門反玁本或作獫音險狁音允本亦作允難乃旦反注皆同將率子亮反下所類反本亦作帥同注及後篇將率皆同勞力

報反後篇勞還皆同杕大計反

【疏】采薇六章章六句至勤歸。正義曰：作采薇詩者，遣戍役也。戍，守也。謂遣守衛中國之役人。文王之時，西方有昆夷之患，北方有玁狁之難，來侵犯中國。文王乃以天子殷王之命，命其屬爲將率，遣屯戍之役人，北禦玁狁，西伐西戎，以防守扞衛中國，故歌此采薇以遣之。及其還也，歌出車以勞將帥之還，歌杕杜以勤戍役之歸。是故作此三篇之詩也。昆夷言患，玁狁言難，患難一也，變其文耳。患難者，謂與中國爲難，非獨周也。故郤變云守衛中國，明中國皆被其患，不獨守衛周國而已。此與出車，五言玁狁，唯一云西戎，序先言昆夷者，以昆夷侵周爲患之切，故先言之。玁狁大於西戎，出師主伐玁狁，故戒勑戍役以玁狁爲主，而略於西戎也。言命將帥遣戍役者，將無常人，臨事命卿上爲之，故云命也。其戍役則名民而遣之，不待加命，故云遣也。命將帥所以率戍役，而序言遣戍役者，以將帥者與君共同憂務，其戍役則身處卑賤，非有憂國之情，不免君命而行耳。文王爲愧之情深，殷勤於戍役，簡略將帥，故此篇之作，遣戍役爲主。上三章遣戍役之辭，四章、五章以論將帥之行，爲率領戍役而言也。卒章摠序往反，六章皆爲遣戍役也。以主遣戍役，故經先戍役，後言將帥。其實將帥尊，故序先言命將帥，後言遣戍役。言歌采薇以遣之者，正謂述其所遣之

辭以作詩，後人歌，因謂本所遣之辭爲歌也。出車以勞還，杕杜以勤歸，不言歌者，蒙上歌文也。勤、勞一也。勞者陳其功勞，勤者陳其勤苦，但變文耳。還與歸一也，還謂自役而反，歸據嚮家之辭，但所從言之異耳。出車序云勞還帥，杕杜序云勞還役，俱言還，並云勞，明還歸義同，勤勞不異也。此序并言出車、杕杜者，以三篇同是一事，共相首尾，故因其遣而言其歸，所以省文也。○箋"文王"至"患之"。○正義曰：西方曰戎，夷是摠名。此序云昆夷之患，出車云薄伐西戎，明其一也，故知昆夷西戎也。文王於時事殷王也，若非其屬，無由命之，故知以文王之命命其屬爲將帥。其屬謂南仲，出車經稱"赫赫南仲，玁狁于襄"，又曰"赫赫南仲，薄伐西戎"，則南仲一出，并禦西戎及北狄之難也。皇甫謐帝王世紀曰：文王受命四年，周正月丙子愬，昆夷氏侵周，一日三至周之東門，文王閉門脩德而不與戰。昆夷進來不與戰，明退卽伐之也。尚書傳四年伐犬夷，注云：犬夷，昆夷也。四年伐之，南仲一行并平二寇。下箋云玁狁大，故以爲始，以爲終。以書傳不言四年伐玁狁而言伐犬夷，作者之意偶言耳。以天子之命命將帥，則伐犬夷者，紂命之矣。書序云"殷始咎周"，注云：紂聞文王斷虞芮之訟，又三伐皆勝，始畏惡之，拘於羑里。紂命之使伐，勝而惡之者，紂以戎狄交侵，須加防禦，文王請伐，便卽命之，但往克敵，功德益高，入

望將移，故畏惡之耳。上三章同遣戍役，以微爲行期而言。作止、柔止、剛止三者不同，則行非一輩，故首章箋云"先輩可以行"。言先對後之辭，則二章爲中輩，三章爲後輩矣。二章傳曰"柔，始生也"，兵若一輩而遣，則不得剛柔別章；若異輩而行，不應以三章爲二輩，則毛意柔亦中輩。言始生者，對剛爲生之久，柔謂初生耳。若對作止之柔，在作後矣，與鄭脆脆同也。此二十九年左傳曰"凡馬日中而出"，謂春分也。出車曰"我出我車，于彼牧矣"，出車就馬於牧地，則是春分後也。中氣所在雖無常定，大抵在月中旬也。中旬之後始出車就馬，則首章二月下旬遣，二章三月上旬遣，三章三月中旬遣矣。故卒章言"昔我往矣，楊柳依依"，是爲二月之末、三月之中事也。

采薇采薇，薇亦作止。薇，菜。作，生也。箋云：西伯將遣戍役，先與之期，以采薇之時。今薇生矣，先輩可以行也。重言采薇者，丁寧行期也。○重，直用反，下重敘同。

曰歸曰歸，歲亦莫止。箋云：莫，晚也。曰女何時歸乎？亦歲晚之時乃得歸也。又丁寧歸期，定其心也。○莫音暮，本或作暮，協韻武博反。

靡室靡家，玁狁之故。不遑啓居，玁狁之故。玁狁，北狄也。箋云：北狄，今匈奴也。靡，無。遑，暇。啓，跪也。古者師出不踰時，今薇菜生而

行，歲晚乃得歸，使女無室家夫婦之道，不暇跪居者，有玁狁之難故，曉之也。

【疏】"采薇"至"之故"。○正義曰：文王將以出伐，豫戒戍役云：采薇之時，兵當出也。王至期時乃遣戍役，而告之曰：我本期以采薇之時，今薇亦生止，是本期已至，汝先輩可以行矣。既遣其行，告之歸期，曰何時歸？曰何時歸必至歲亦莫止之時乃得歸。言歸必將晚，所以使汝無室無家，不得夫婦之道聚居止者，正由玁狁之故；又不得閑暇而跪處者，亦由玁狁之故。序其中情告之，是故使之懷恩而忘寇也。○箋"西伯"至"行期"。○正義曰：知先與之期者，以此辭遣時之言也，以薇亦作止報采薇采薇，是先有此言也，故知先與之期。重言采薇者，是丁寧行期也。必先言期者，以道遠敵強，還歸必晚，故豫告行期，令之裝束也。月令云仲春之月無作大事，孟秋乃命將帥，不待孟秋而仲春遣兵者，以患難既偪，不暇待秋故也。○箋"莫晚"至"其心"。○正義曰：集本、定本暮作莫，古字通用也。必告以歲晚之時乃得歸者，緣行者欲知之。且古者師出不踰時，今從仲春涉冬，若不豫告，恐一時望還，故丁寧歸期，定其心也。既師出不踰時，而文王過之者，聖人觀敵強弱，臨事制宜，撫巡以道，雖久不困。高宗之伐鬼方，周公之征四國，皆三年乃歸。文王之於此行，歲暮始反，人無怨言，故載以爲法。然若出車曰"春日遲遲，薄言旋歸"，則此

戍役以明年之春始得歸矣則云歲暮暮實未歸文王若實不知則無以爲聖知而不告則無以爲信且將帥受命而行不容違犯法度安得棄君之戒致令淹久者玁狁昆夷二方大敵將使一勞久逸暫費永寧文王知事未卒平役不早反故致此遠期息彼近望歲暮言歸已期久矣焉可更延期約復至後年但寇既未平不可守茲小諒將帥亦當請命而留非是故違期限聖人者窮理盡神顯仁藏用若使將來之事豫以告人則日者卜祝之流安得謂之聖也。采薇采薇薇亦柔止柔始生也箋云柔謂脆脆之時。脆七歲反脆音問或作早晚字非也。曰歸曰歸心亦憂止箋云憂止者憂其歸期將晚憂心烈烈載飢載渴箋云烈烈憂貌則飢則渴言其苦也我戍未定靡使歸聘聘問也箋云定止也我方守於北狄未得止息無所使歸問言所以憂。靡使如字本又作靡所。【疏】采薇至歸聘。正義曰王遣戍役戒之云我本期以采薇之時遣汝今薇亦始生采脆矣汝中晝可以行矣曰歸曰歸汝所歸期會至歲暮汝心亦憂其晚矣然始得歸汝所以憂心烈烈然者以道路之中則有飢則有渴勞苦甚矣汝又言我方戍於北狄未得止

定無人使歸問家安否所以憂也序其憂勞亦知其意也。箋柔謂至脆脆之時。正義曰定本作脆脆之時。傳聘問。正義曰聘問俱是謂問安否之義散則通對則別故綿箋云小聘。問以鄉大夫殊其文故爲大小耳。采薇采薇薇亦剛止少而剛也箋云剛謂少堅忍時曰歸曰歸歲亦陽止陽歷陽月也箋云十月爲陽時坤用事嫌於無陽故以名此月爲陽。坤本亦作巛困魂反。王事靡盬不遑啓處箋云盬不堅固也處猶居也。憂心孔疚我行不來疚病來至也箋云我戍役自我也來猶反也據家曰來。疚久又反【疏】傳陽歷陽月。正義曰毛以陽爲十月解名爲陽月之意以十一月爲始陰消陽息復卦用事至四月純乾用事五月受之以姤陽消陰息至九月而剝仍一陽在至十月而陽盡爲坤則從十一月至九月凡十有一月已經歷此有陽之月而至坤爲十月故云歷陽月以類上暮止則不得歷過十月明義爲然。箋十月至爲陽。正義曰鄭以傳言涉歷陽月不據十月故從爾雅釋天云十月爲陽本所以名十月爲陽者時純坤用事而嫌於無陽故名此月爲陽也定本無爲陽二字直云故以名此月焉知爲嫌

者君子愛陽而惡陰故以陽名之實陰陽而得陽名者以分陰分陽迭用柔剛十二月之消息見其用事耳其實陰陽恆有詩緯曰陽生酉仲陰生戌仲是十月中兼有陰陽也四月秀葽靡草死豈無陰乎明陰陽常兼有也易文言曰陰疑於陽必戰爲其嫌於無陽故稱陽焉鄭云嫌讀如羣公溓之溓古書篆作立心與水相近讀者失之故作溓溓雜也陰謂此上六也陽謂今消息用事乾也上六爲蛇得乾氣雜似龍知此不與彼說同者彼說坤卦自以上六爻辰在巳爲義已至四月故消息爲乾非十月也且文言慊於無陽爲心邊兼鄭從水邊兼初無嫌字知與此異孫炎即是鄭玄之徒其注爾雅與郭璞皆云嫌於無陽故名之爲陽是也。彼爾維何維常之華爾華盛貌常常棣也箋云此言彼爾者乃常棣之華以興將率車馬服飾之盛。爾乃禮反注同說文作薾。彼路斯何君子之車箋云斯此也君子謂將率戎車既駕四牡業業業業然壯也。業如字又魚及反或五盍反豈敢定居一月三捷捷勝也箋云定止也將率之志往至所征之地不敢止而居處自安也往則庶乎一月之中三有勝功謂侵也伐也戰也。三息暫反又如字【疏】

彼爾至三捷。正義曰戍役之行隨從將帥故將帥之車言彼爾然而盛者何木之華乎維常棣之華以喻彼路車者亦何人之車乎維君子之車常棣之華色美以喻君子車飾盛也爾是華貌路是車名貌不可言故以車名爲華貌也君子既有此美盛之戎車駕之以行戎車既駕矣四牡之馬業業然而壯健將帥乘此以行至於所征之地豈敢安定其居乎庶幾於一月之中三有勝功是其所以勞也。箋君子謂將率。正義曰以其乘路車而稱君子故知謂將帥將帥則命卿南仲雖爲元帥時未稱王無三公亦不過命卿也卿車得稱路者左傳鄭子蟜卒赴于晉晉請王追賜之以大路以行祀也又叔孫豹聘于王王賜之大路是卿車得稱路也故鄭箴膏肓云鄭以上所乘車皆曰大路詩云彼路斯何君子之車此大夫之車稱路也王制卿爲大夫是鄭以此詩將帥爲文王之命大夫故引王制以明之。箋三有至戰也。正義曰此侵伐戰三傳之說皆異左傳有鍾鼓曰伐無曰侵皆陳曰戰穀梁拘人民驅牛馬曰侵斬樹木壞宮室曰伐公羊稱觕者侵精者伐是也周禮大司馬職曰賊賢害仁則伐之負固不服則侵之注引春秋傳曰精者曰伐又曰有鍾鼓曰伐則伐者兵入其境鳴鍾鼓以往所以聲其罪侵者兵加其境而已用兵淺者然則鄭參用三傳之文也周禮九伐相對故

侵爲用兵淺者其實侵名但無鍾鼓耳雖深入亦謂之侵故僖四年諸侯侵蔡蔡潰遂伐楚是深入名侵也伐名施於重人境雖淺亦名伐故經云昔人伐我東鄙及齊侯伐我北鄙纔伐界上是淺亦稱伐也侵伐則主國之師未起直入境而行之若主國出而禦之則曰戰故左傳皆陳曰戰此言庶乎一月之中三有勝功者謂侵伐戰於三事之內望有勝功非謂三者之中唯有一勝功耳此侵伐戰。用師之大名故略舉之非如春秋用兵之例三者之外仍有故取襲克圍滅入之名

駕彼四牡四牡騤騤君子所依小人所腓　騤騤彊也腓辟也箋云腓當作芘此言戎車者將率之所依乘戍役之所芘倚。騤求龜反腓符非反鄭必寐反倚其綺反舊於蟻反。

四牡翼翼象弭魚服　翼翼閑也象弭弓反末也所以解紒也魚服魚皮也箋云弭弓反末彆者以象骨爲之以助御者解轡紒宜滑也服矢服也。弭彌氏反紒音計又音結本又作紛芳云反彆說文方血反又邊之入聲埤蒼云弓末反屎也

豈不日戒玁狁孔棘　箋云戒警勑軍事也孔甚棘急也言君子小人豈不日相警戒乎誠曰相警戒也玁狁之難甚急豫述其苦以勸之。日戒音越又人栗反警音景

〔疏〕駕彼至孔棘。毛以爲王遣戍役言其所從將帥駕彼四牡之馬以行其四牡之馬騤騤然甚壯健故將帥君子之所依乘戍役小人之所避患言小人倚此將帥戰車以避前敵來戰之患也往至所征之地則又習戰備其兵車所駕四牡之馬翼翼然閑習其弓則以象骨爲之弭其矢則以魚皮爲服軍既閑習器械又備於時君子小人豈不日相警戒乎誠相警戒以玁狁之難甚急是故汝等勞苦豫述以勸之。鄭唯以戎車戍役之所庇倚爲異餘同。傳腓辟。正義曰傳文質畧王述之云所以避患也鄭以君子所依依戎車也小人所腓亦當腓戎車安得更有避患義故易之爲庇言戍役之所庇倚謂依廕也文七年左傳云公室。者公室之所庇廕是也。傳象弭至魚皮。正義曰釋器云弓有緣者謂之弓孫炎曰緣謂繁束而漆之又曰無緣者謂之弭孫炎曰不以繁束骨飾兩頭者也然則弭者弓稍之名以象骨爲之是弓之末弭弛之則反曲故云象弭爲弓反末也繩索有結用以解之故曰所以解紒也紒與結義同魚服以魚皮爲矢服故云魚服魚皮左傳曰歸夫人魚軒服虔云魚獸名則魚皮又可以飾車也陸機疏曰魚服魚獸之皮也魚獸似猪東海有之其皮背上班文腹下純青今以爲可。弓鞬步叉者也其皮雖乾燥以爲弓鞬矢服經年海水潮及天將雨其毛皆起水潮還及天晴其毛復如故雖在數千里外可以知海水之潮自相感也。箋弭弓至矢服。正義曰此申說傳義也說文云彆力結反云弓戾也言象弭謂弓反末彆戾之處以象骨爲之也傳云解紒不知解何繩之紒故申之助御者解轡紒也兵車三人同載左人持弓中人御車各專其事尚書左不攻於左汝不能恭命御非其馬之正汝不恭命是職司別矣而言助御解轡紒者御人自當佩角不專待射者解結弭之用骨自是弓之所宜亦不爲解轡而設但巧者作器因物取用以弓必須骨。故用滑。象若轡或有紒可以助解之耳非專爲代御者解紒設此象弭也夏官司弓人。職曰仲秋獻矢服注云服盛矢器也以獸皮爲之是矢器謂之服也。

昔我往矣楊柳依依今我來思雨雪霏霏　楊柳蒲柳也霏霏甚也箋云我來戍止而謂始反時也上三章言戍役次二章言將率之行故此章重序其往反之時極言其苦以說之。昔韓詩云昔始也雨于付反霏芳非反說音悅。

行道遲遲載渴載飢　遲遲長遠也箋云行反在於道路猶飢渴言至苦也

我心傷悲莫知我哀　君子能盡人之情故人忘其死

〔疏〕昔我至我哀。正義曰此遣戍役豫敘得還之日揔述往反之辭汝戍守役等至歲暮還反之時當云昔出家往矣之時楊柳依依然今我來思事得還返又遇雨雪霏霏然既許歲晚而歸故豫言來將遇雨雪也於時行在長遠之道遲遲然則渴則有飢得不云我心甚傷悲矣莫有知我之哀者述其勞苦言已知其情所以悅之使民忘其勞也。箋我來戍役止而謂始反時。正義曰定本無役字其理是也

采薇六章章八句

附釋音毛詩注疏卷第九〔九之三〕

黄中栻栞

毛詩注疏挍勘記（九之三）　　阮元撰盧宣旬摘錄

〇伐木

而後言父舅先兄弟　闔本明監本毛本先誤及案此當重父舅二字別以父舅先兄弟五字爲一句

是此篇皆有義意　闔本明監本毛本同案此當作比形近之譌

傳意以此伐木鳥鳴　闔本明監本毛本同案傳當作彼彼者彼爾雅也

具解丁丁嚶嚶之義　闔本明監本毛本同案具當作其形近之譌

伐木許許　小字本相臺本同唐石經初刻滸滸後去水旁案正義云其柿許許然下文同釋文云許許呼古反是其本皆作許不從水後漢書朱穆傳顏氏家訓書證引作滸滸即沈所云呼古反是也讀許爲滸遂破爲滸而引之凡羣書引詩文多不同者往往類此非毛氏詩別有作滸之本唐石經初刻誤所謂字體乖師法也

許許柹貌　闔本明監本毛本同小字本相臺本柹作柿案柿字是也五經文字云柿芳吠反見詩注謂此也說文桃削木札樸也從木朩聲十行本正義中皆作柿不誤闔本以下皆誤爲柹釋文云柹孚廢反又側几反上一音是也下一音即宜從朿非也因又并誤大字爲柹詳後考證

此言許者伐木許許之人　小字本同闔本明監本毛本同相臺本言下許字作前考文古本同案前字是也正義云鄭以嚮時與文王伐木許許之人以嚮時解前者也

今以召族之飲酒　闔本明監本毛本同小字本相臺本之作人考文一本同案人字是也

以許許非聲之狀　闔本明監本毛本同案之當作非七月正義云沖沖非貌非聲是其比也

東西二伯　闔本明監本毛本同案此不誤浦鏜云非記文疑衍非也正義說以上記文是東西二伯以下記文乃州牧之伯所以曉人也但伯下當脫是也二字因此脫而下文乃衍禮記二字矣

禮記注云牧尊於大國之君　闔本明監本毛本同案浦鏜云禮記二字當衍是也

昔伯舅大公佐我先王　闔本明監本毛本同案佐當作佑左傳作右

而周公之國故擊繫伯禽　闔本明監本毛本同案之上當脫不字擊衍字也凡一脫一衍多是寫書人自覺其誤而如此後遂忘更正耳山井鼎云擊作事當是剜也

王曰父義和也　闔本明監本毛本同案浦鏜云義誤義是也

上大夫六簋也　闔本明監本毛本同案浦鏜云八誤六是也

欲令族人以不醉　闔本明監本毛本同案浦鏜云以當無字誤是也

此言兄弟父舅二文　闔本明監本毛本同案浦鏜云兄弟下當脫摠上二字是也

同姓摠上王之同宗　闔本明監本毛本同案浦鏜云摠上二字當衍文是也

正義曰定恨作限字　闔本明監本毛本同案定下當有本字

伐木六章章六句　唐石經小字本相臺本同闔本明監本毛本同案序下標起止云伐木六章章六句正義又云燕故舊即二章卒章上二句是也燕朋友即二章諸父諸舅卒章兄弟無遠是也與標起止不合當是正義本自作三章章十二句經注本作六章章六句者其誤始於唐石經也合併經注正義時又誤改標起止耳

〇天保

此鹿鳴至伐木於前　闔本明監本毛本同案此當作比

生業曰隆　闔本明監本毛本生誤王

即知何等福不開出與之　闔本明監本毛本同案箋作予正義作與予與古今字易而說之也例見前正義又云故云皆開出予之此云開出予之仍作予複舉箋而順其文不同此例考文古本改箋亦作與誤采此所易之今字

大陵曰阜　小字本相臺本陵作陸闔本明監本毛本同案陸字是也

多曰積積者　闔本明監本毛本同案下積字當作異謂此箋以委積皆爲多似與彼注分委積爲

多少者異盧文弨云其上當有脫文浦鏜云積及下當粟米者有限凡七字疑衍皆非

先君之尸嘏予主人曰閩本明監本毛本予誤于

要以所改有漸閩本明監本毛本同案浦鏜云亦誤以是也盧文弨云爾雅䟽作亦

故省文以宛句也閩本明監本毛本同案宛當作婉

言法效之也餘同此閩本明監本毛本效誤効案効卽效訛俗字

如月之恒唐石經小字本相臺本同案正義云集注定本緪作恒是正義本作緪字也釋文云恒本亦作緪恒緪字同考工記恆角而短注鄭司農云恒讀爲㮁緪之緪緪縆亦同見廣韻考此經字說文二部引詩曰如月之恒當以集注定本爲長

如日月之上弦閩本明監本毛本同案浦鏜云日當衍字是也

如日之出閩本明監本毛本同案出上當有始字因上文衍日而此脫也

月去日已當二次閩本明監本毛本同案二當作一三十度十六分度之七爲一次月去日日十二度十九分度之七計三日去合朔二日月去日二十四度十四分近一次故曰己當一次

集本定本閩本明監本毛本同案浦鏜云集本當集注之誤後並同是也

○采薇

章六句閩本明監本毛本同案浦鏜云入誤六是也

歌出車以勞將帥之還閩本明監本毛本同案序作率正義作帥率帥古今字易而說之也例見前餘同此釋文云率本亦作帥非正義本也正義上文複舉序云命其屬爲將率仍作率是其證○案舊挍非也

文王爲愧之情深也閩本明監本毛本愧作恤案所改是

後人歌因謂本所遣之辭爲歌也閩本明監本毛本同案人當作入

故知以文王之命閩本同明監本毛本之命誤倒案十行本知以文剜添者一字是文字衍也序云以天子之命可證言王者順上云事殷王也

周正月丙子愬閩本明監本毛本同案浦鏜云愬當朔字誤是也緜正義引無此字

歲亦莫止唐石經小字本相臺本同案正義云集注定本暮作莫古字通用也釋文云莫本或作暮依此或東方未明蟋蟀小明雲漢經諸莫字正義本皆作暮但未有明文不可意必求之也

今薇菜生而行閩本明監本毛本同小字本相臺本無菜字考文古本同案無者是也

歲亦莫止之時閩本明監本毛本同案莫當作暮下標起止箋莫晚同

然若出車曰閩本明監本毛本同案然若二字當倒

蹔費永久寧閩本明監本毛本同案浦鏜云久字當衍是也

謂脆脕之時毛本脕誤晚明監本以上皆不誤案釋文云脕音問或作早晚字非也毛本偶合其誤五經文字肉部云脆脕見詩注謂此也內則注作娩又作免皆同正義云定本作脆腆之時當以正義釋文本爲長

靡使歸聘唐石經小字本相臺本同案釋文云本又作靡所考正義云無人使歸問家安否是正義本作使字又作本因箋無所使歸問而誤耳

然始得歸汝所以憂心烈烈然者閩本明監本毛本脫始得歸三字

故綿箋云小聘問閩本明監本毛本綿誤歸案問上浦鏜云當脫曰字是也

故以名此月爲陽小字本相臺本同案此正義本也正義云定本無爲陽二字直云故以名此月焉當以定本爲長

實陰陽而得陽名者閩本明監本毛本同案上陽字當作月

爲其嫌於無陽閩本明監本毛本同案嫌當作慊下正義云且文言慊於無陽爲心邊兼可證又無字當衍

故稱陽焉閩本明監本同案陽當作龍

鄭云嫌讀如羣公慊之慊閩本明監本毛本同案嫌當作慊二慊字皆當作溓下正義云鄭從水邊兼初無嫌字可證○按羣公溓卽今公羊傳之羣公廩也作廩者非古本

讀者失之故作溓閩本明監本毛本同案溓當作慊

且文言慊於無陽閩本明監本毛本同案無字當衍

故將帥之車言閩本明監本毛本同案言字當在將字上錯在車下

賊賢害仁則伐之閩本明監本毛本同案浦鏜云民誤仁是也祈父正義引作民

仍有故取襲克圍滅入之名閩本同明監本毛本入誤人案山井鼎云故恐攻誤是也

腓辟也小字本相臺本同案正義作避釋文腓下云毛云避也皆易字之例

所以解紒也小字本相臺本同案正義云紒與結義同釋文云紒音計又音結本又作紛芳云反段玉裁云說文弁下作紒以紒爲長

宜滑也小字本相臺本同考文古本同閩本明監本毛本滑作骨十行本初刻滑剜改骨案滑字是也

豈不日戒小字本相臺本同閩本明監本毛本同唐石經初刻曰後改日案釋文云曰音越又人栗反上一音是也下一音字卽宜作日非也箋意是曰字

豈不日相警戒乎小字本相臺本同閩本明監本毛本同案日當作曰正義中同

左傳云公室者閩本明監本毛本同案山井鼎云室作族爲是是也

今以爲可弓鞬步乂者也閩本明監本毛本同案浦鏜云可衍字是也

說文云彆方結反云弓戾也閩本明監本毛本同案十行本反云弓剜添者一字是云字衍也方結反三字旁行細書正義自爲音例如此不知者以之入正文乃誤加云字○按此引說文音隱語非自爲音

以弓必須骨故用滑象閩本明監本毛本同案此當作以弓必須滑故用象骨誤倒錯之也

夏官司弓人職曰閩本明監本毛本同案浦鏜云矢誤人是也

戍止而謂始反時也小字本相臺本同案正義標起止作戍役止云定本無役字於理是也

事得還返閩本明監本毛本同案注作反此正義作返亦是易而說之以反返爲古今字也上正義多作反當是爲後人依注改耳

則渴則有飢也閩本明監本毛本渴上有有字案所補是也

附釋音毛詩注疏卷第九（九之四）〔三〕

毛詩小雅　鄭氏箋　孔穎達疏

出車勞還率也遣將率及戍役，同歌同時，欲其同心也。反而勞之，異歌異日，殊尊卑也。禮記曰：賜君子小人不同日。此其義也。○出車六章，章八句。車如字，沈尺遂反。勞，力報反。還音旋。〔疏〕○正義曰：作出車詩。勞還帥也。謂文王所遣伐玁狁西戎之將帥，以四年春行，五年春反，於其反也，述其行事之苦以慰勞之。六章皆勞辭也。○箋遣將至其義。○正義曰：箋解遣唯一篇而勞有二篇之意，故曰遣將帥及戍役同歌同時，欲其同心也。同歌謂其共歌采薇也。同時謂將帥與戍役俱行，雖三章三章別行，每行將帥同發也。三辭各有將，此獨言南仲者，以元帥故歸功焉。反而勞之，異歌謂出車與杕杜之歌不一時，是異歌異日也。必異日者，殊尊卑故也。玉藻云：賜君子與小人不同日。與此協，故曰此其義也。此將帥有功而還，本其初出以勞之。首章言四年春將欲遣軍，出車就馬，命之爲將，仍在國未行也。二章言就馬於牧地，設旐旟，既已受命，臨事而懼，是二月三月之事也。從是而行，先伐玁狁。三章言往朔方營築壘壁，既以春末而行，當以夏初到朔方也。既至朔方，將設經畧，五月猶尚停息，六月乃始出壘。四章言黍稷方華，出伐玁狁。玁狁既服，因伐西戎，至春凍始釋，又從西戎而反於朔方，慮有驚急，復且停住也。以六月出伐玁狁，當至秋末始平，乃移兵西戎。五章言晚秋之時，西方諸侯嚮望南仲也。至於五年之春，二方大定，乃始還帥。卒章言其迴歸，其事次也。唯四章因言自壘而出，卽說自西而反；五章乃更述在西方之事，爲小到耳。

我出我車，于彼牧矣。出車就馬於牧地。箋云：上我，我殷王也。下我，將率自謂也。西伯以天子之命出我戎車於所牧之地，將使我出征伐。○牧音目。**自天子所，謂我來矣。**箋云：自，從也。有人從王所來，謂我來矣，謂以王命名已，將使爲將率也。先出戎車，乃召將率，將率尊也。**名彼僕夫，謂之載矣。王事多難，維其棘矣。**僕夫，御夫也。箋云：棘，急也。王命名已，已卽名御夫，使裝載物而往。王之事多難，其名我必急，欲疾趍之。此序其忠敬也。○難，乃旦反，注及下皆同。裝，側良反，本又作莊。〔疏〕我出至棘矣。○正義曰：文王述將帥之辭，言汝將帥云：王今既以我天子之命出我將帥之戎車于彼郊牧之地而就馬矣，乃從天子之所以王命名已，謂我來爲將帥矣。我得王命，卽自名彼僕御之夫，謂之今使裝載而往矣。所以不待受命卽使裝載者，以王家之士多危難，其名我必急矣，不可緩以待命，欲疾趨之也。以王命不辭，卽名僕夫，忠也；知自急難，欲疾趨之，敬也。序其忠敬以慰勞之。○傳出車至牧地。○正義曰：以言于彼牧矣，故知出車就之。下章云于彼郊矣，則牧地在郊，故地官載師職曰：牧田任遠郊之地，是也。馬已在牧，而得出車就之者，雖大數在牧，仍有在廄供用者，故月令季春乃合累牛騰馬遊牝於牧，注云：累、繫在廄者，是也。廄有馬，可令引車以就牧，不卽以在廄之馬駕戎車者，以戎車自有戎馬，齊力尚強，在廄不必征馬，故不用焉。○箋上我至自謂。○正義曰：此本將帥之辭以勞之，則我車馬爲將帥之所乘，故知下我將帥自謂也。以天子之命名已，故知出車者亦天子之命，故上我，我殷王也。時出車未命將帥，云我車者，以出車本爲將帥，出車纔訖，王卽命已爲將，則將帥之車爲已所乘，復從後本之，故云我車也。○傳僕夫御夫也。○正義曰：周禮戎僕掌御戎車，注云：師出，王乘以自將也。御夫掌御弍車從車，注云：弍車，象路之副；從車，戎路之副。是僕夫與御夫別矣。而言僕夫御夫者，以此云維其棘矣，言裝載物，是從車之事，故爲御夫。其實此僕夫亦有戎僕，何者？在牧戎車，將帥所乘，豈更有異人御之哉？則戎

僕也。故下章僕夫況瘁，箋云憂其馬之不正，是正御亦在焉。以戎車及副各自有御，不得一人兼之，則文當並有，或鄉兼官，其長者爲戎僕，小者爲御夫矣。○**我出我車，于彼郊矣。設此旐矣，建彼旄矣。**龜蛇曰旐。旄，干旄。箋云：設旐者，屬之於干旄而建之戎車。將帥既受命，行乃乘馬，牧地在遠郊。○旐音兆。旄音毛。屬音燭，致也。**彼旟旐斯，胡不旆旆。**鳥隼曰旟。旆旆，旒垂貌。○旟音餘。旆，滿貝反。隼，息允反。旒音留。**憂心悄悄，僕夫況瘁。**箋云：況，茲也。將率既受命行而憂，臨事而懼也。御夫則茲益憔悴，憂其馬之不正。○悄，七小反。瘁，似醉反，本亦作萃，依注作悴，音同。憔，慈遙反。憂其馬之不正，一本作之不正也，一本作馬之政。〔疏〕我出至況瘁。○正義曰：王勞將帥，本其所言云：王本以我天子之命出我將帥之戎車於彼郊牧就馬矣。既命我爲將帥，我受命當行，卽就於郊牧之車設此旐，而屬之於旄之上干矣。以屬旐於旄，乃建立彼旄於戎車之上矣。旄在地已屬之於干旄，言建旐則亦同建之也。既建而後行，在道之時，彼旟旐斯隨車而行，何有不旆旆者乎？言皆旆旆然垂也。時既受命行，汝將帥則憂心悄悄然，臨事而懼；僕夫憂馬不正，亦然滋

爲憔悴矣言其勞苦示知其情也言此旐彼旄者凡兩事者一言彼一言此便文耳于彼新田于此菑畝皆此類也○傳龜蛇曰旐○正義曰此及下傳云鳥隼曰旟交龍爲旂皆周禮司常文也雜互陳之則軍之諸帥有建之者矣大司馬序云凡制軍萬二千五百人爲軍軍將皆命卿二千五百人爲師師帥皆中大夫五百人爲旅旅帥皆下大夫百人爲卒卒長皆上士二十五人爲兩兩司馬皆中士五人爲伍伍皆有長此言勞還帥自伍長以上皆在焉鄭於大司馬職注云凡旌旗有軍衆者畫異物無者帛而已則伍長以上皆軍衆所建畫異物矣其職曰王載大常諸侯載旂軍吏載旗郊野載旐百官載旟注云軍吏諸軍帥也郊謂鄉遂之州長縣正以下野謂公邑大夫建旐者以其將羨卒百官卿大夫以其屬衛王彼據因田教戰王親在焉今南仲爲將專行若以文王承殷王之命則南仲比軍吏而已不過載熊虎之旗但時未王制禮文王以諸侯而有王者之化此錄入雅當爲天子法則南仲一人或建旂下云旂旐央央旂蓋南仲所建也以下或載旟或載旐故此經所陳唯旂旐旟三物而已軍吏載旗則此行必有載旗者經所不陳文不具耳○傳旆旆旒垂貌○正義曰定本云旆旆○旒垂貌多一旆字又箋云憂其馬之不正定本正作政又無不字義並通

王命南仲往城于方出車彭彭旂旐央央王殷王也南仲文王之屬方朔方近玁狁之國也彭彭四馬貌交龍爲旂央央鮮明也箋云王使南仲爲將率往築城于朔方爲軍壘以禦北狄之難○央本亦作英同於京反又於良反近附近之近下近西戎同壘力軌反○**天子命我城彼朔方**朔方北方也赫赫盛貌襄除也箋云此我我戍役也戍役築壘而美**赫赫南仲玁狁于襄**其將率自此出征也○襄如字本或作攘如羊反○〔疏〕王命至于襄○正義曰此又本而勞之言文王命以殷王之命命南仲往城築於彼朔方故南仲所以在朔方而築於也其往築之時出駕其車四馬彭彭然其所建於旂旐鮮明央央然而至於朔方也南仲爲將帥得人歡心故稱戍役當築壘之時云天子命我城築軍壘於朔方之地欲令赫赫顯盛之南仲從此征玁狁於是而平除之能爲戍役所美所以可嘉也○傳朔方近玁狁之國○正義曰下云城彼朔方故知方是北方近玁狁之國朔方地名云國者以國表地非國名但北方大名皆言朔方堯典云宅朔方爾雅云朔北方也皆其廣號此直云方即朔方也○箋云往築至軍壘○正義曰知爲築壘者以軍之所處而城之唯有壘耳曲禮云四郊多

壘注云壘軍壁也言城是築之別名春秋築都邑皆謂之城左傳曰邑曰築都曰城是也春秋別大小之例故城築異文散則城築通故此築軍壘亦謂之城也○**昔我往矣黍稷方華今我來思雨雪載塗王事多難不遑啓居**塗凍釋也箋云黍稷方華朔方之地六月時也以此時始出壘征伐玁狁因伐西戎至春凍始釋而來反其間非有休息○雨雪于付反又如字**豈不懷歸畏此簡書**簡書戒命也鄰國有急以簡書相告則奔命救之○〔疏〕昔我至簡書○正義曰此因築壘從壘敘將帥之辭言將帥云正月已還至壘乃云昔我從此壘出征伐玁狁矣時黍稷方欲生華六月之中也今我自西戎還到此壘時天降雨雪則爲塗泥正月之中也從六月以去至於今而來以王家之事多危難其間不得閒暇跪處也雖則到此尚不得還我豈不思歸乎誠思歸也所以不得歸者畏此簡書奔命相救故不得還耳汝既如此誠爲勞苦○箋黍稷至休息○正義曰月令孟秋云農乃登穀則中國黍稷亦六月華矣言黍稷方華朔方之地六月時者明此爲朔方之地發言耳非謂中國不然也知以此時出壘征伐玁狁者上云城彼朔方玁狁于襄此即云

昔我往矣是出壘辭故知始出壘伐玁狁也既伐玁狁而下章言薄伐西戎故知因伐西戎也言雨雪載塗雪落而釋爲塗泥是春凍始釋也卒章倉庚鳴卉木茂方始還歸則此時未歸而云今我來思故知來反朔方之壘也且云畏此簡書明是未歸之辭言不遑啓居故知其間非有休息也○傳簡書至救之○正義曰古者無紙有事書之於簡謂之簡書以相戒命之救急故云戒命知鄰國有難以簡書相告者閔元年左傳引此詩乃云簡書同惡相恤之謂也言同惡於彼共相憂念故奔命相救得彼告則奔赴其命救之成七年左傳曰予重奔命是也**喓喓草蟲趯趯阜螽**箋云草蟲鳴阜螽躍而從之天性也喻近西戎之諸侯聞南仲既征玁狁將伐西戎之命則跳躍而鄉望之如阜螽之聞草蟲鳴焉草蟲鳴晚秋之時也此以其時所見而興之○喓於遙反趯吐歷反螽音終躍音藥鄉許亮反或作嚮音同興許膺反○**未見君子憂心忡忡既見君子我心則降**箋云君子斥南仲也降下也○忡勑中反降戶江反又如字注下皆同○**赫赫南仲薄伐西戎**〔疏〕喓喓至西戎○正義曰南仲以平玁狁將移伐西戎是晚秋之時也其近西戎之諸

侯閒南仲之伐皆喜時有草蟲鳴故因興之焉言喓喓然爲聲而鳴者草蟲也聞此草蟲之鳴趯趯然跳躍而從之者阜螽也以喻赫赫然有德而盛者南仲也聞其南仲之將往嚮望而美之者近西戎之諸侯也言阜螽之從草蟲天性然也西方諸侯之美南仲事勢然也故諸侯未見君子南仲之時憂心忡忡然以西戎爲患恐王師不至故憂也旣見君子南仲我心之憂則下矣因即美之此赫赫顯盛之南仲遂薄往伐西戎而平之。箋草蟲鳴晚秋之時。正義曰知者以凍釋而反朔方則以冬日平西戎也此南仲往之時爲諸侯嚮望明在冬前矣黍稷方華始伐玁狁明以秋月平之旣平玁狁方始伐西戎故知以晚秋之時因有草蟲而爲興耳冬則蟲死不得過於晚秋也

春日遲遲卉木萋萋倉庚喈喈采蘩祁祁執訊獲醜薄言還歸卉草也訊辭也箋云訊言醜衆也伐西戎以凍釋時反朔方之壘息戎役至此時而歸京師稱美時物以及其事喜而詳之也執其可言問所獲之衆以歸者當獻之也。卉許貴反萋七西反喈音皆蘩音煩祁巨移反訊音信**赫赫南仲玁狁于夷**夷平也箋云平者平之於王也此時亦伐西戎獨言平玁狁者玁狁大故

以爲始以爲終〔疏〕春日至于夷。正義曰此序其歸來之事陳戍役之辭言季春之日遲遲然陽氣舒緩之時草之與木已萋萋然茂美倉庚喈喈然和鳴其在野已有采蘩采之人祁祁然衆多我將帥正以此時生執戎狄之囚可言問者及所獲之衆以此而來我薄言還歸於京師以獻之也說其事終又美其功大言赫赫顯盛之南仲伐玁狁而平之於王是將帥成功故勞之也。傳訊辭箋訊言至詳之。正義曰訊言釋言文傳云訊辭者謂其有所知識可與之爲言辭與箋同也但箋正取爾雅之文非易傳也上雨雪載塗到朔方之壘息戎役此言還歸自朔方而歸故至此時而歸京師時未稱王而言京師者以在雅天子之事故也言稱美時物及事喜而詳之者春日時也卉木倉庚物也采蘩事也并以囚者記時是戍役喜其得歸詳之時物也故言喜而詳之又云赫赫南仲則非將帥自言也薄言還歸則是序行者之辭非文王出意故此章陳戍役之辭也七月之篇言春日者檢上下爲三月采蘩爲蘩生所用則此時物及事皆三月也

出車六章章八句

杕杜勞還役也役戍役也

有杕之杜有睆其實興也睆實貌杕杜猶得其時蕃滋役夫勞苦不得盡其天性**王事靡盬繼嗣我日**箋云嗣續也王事無不堅固我行役續嗣其日言常勞苦無休息**日月陽止女心傷止征夫遑止**箋云十月爲陽遑暇也婦人思望其君子陽月之時已憂傷矣征夫如今已閒暇且歸也而尚不得歸故序其男女之情以說之陽月而思望之者以初時云歲亦莫止。閒音閑說音悅莫音暮本亦作暮〔疏〕有杕至遑止。正義曰文王勞還役言汝等在外妻皆思汝言有杕然特生之杜猶得其時有睆然其實蕃滋得所我君子獨行役勞苦不得安於室家以盡天性而生子孫乃杕杜之不如所以然者由王之事理皆當無不攻緻使我君子行役繼續我所行之日朝行明去不得休息至於此日月陽止十月之時爾室家婦人之心憂傷矣以爲征夫而今已閒暇且應歸矣而尚不歸所以憂傷

有杕之杜其葉萋萋王事靡盬我心傷悲箋云傷悲者念其君子於今勞苦**卉木萋止女心悲止征夫歸止**室家踰時則思。思息嗣反又如字〔疏〕傳室家踰時則思。正義曰傳以卉木萋止則時未黃落猶憂

慼也前期云歲亦莫止未至歸期而女心悲者以室家之情踰時則思也

陟彼北山言采其杞王事靡盬憂我父母箋云杞非常菜也而升北山采之託有事以望君子。杞音起**檀車幝幝四牡痯痯征夫不遠**檀車役車也幝幝敝貌痯痯罷貌箋云不遠者言其來喻路近。檀徒丹反幝尺善反又勑丹反說文云車敝也從巾單聲韓詩作緣音同痯古緩反敝婢世反罷音皮〔疏〕陟彼至不遠。正義曰言汝戍役之妻思爾而不得故升彼北山之上我采其杞木之菜杞木本非食菜而升北山以采之者是託有事以望汝也以汝勞苦故言王事無不堅固以君子勞苦堅故之由是使我憂之父母實夫也謂之父母也。已尊之又親之也又言我君子所乘檀木之役車今幝幝然弊所乘四牡之馬今痯痯然疲征夫之來不遠當應至也如何許時不至使已念之。箋杞非至君子。正義曰此類上下皆陳婦人思夫之事故爲託采以望君子不與北山同也以下章期逝不至上章我心傷悲類則憂我父母謂夫爲父母也日月云父兮母兮畜我不卒莊姜稱莊公爲父母與此同也。傳檀車役車。正義曰此戍役之妻說君子所乘役車也以檀木爲車伐檀曰坎坎伐檀兮

又曰伐輪伐輻是檀可爲車之輪輻又大明云檀車煌煌武王之戎車是檀之所施於車廣矣則役夫以從征之故其甲士三人所乘之車而備四馬故曰四牡非庶人尋常得乘四馬也○**匪載匪來憂心孔疚**箋云匪非疚病也君子至期不裝載意不爲來我念之憂心甚病○疚居又反**期逝不至而多爲恤**逝往恤憂也遠行不必如期室家之情以期望之○**卜筮偕止會言近止征夫邇止**卜之筮之會人占之邇近也箋云偕俱會合也或卜之或筮之俱占之合言於繇爲近征夫如今近耳○繇直又反

【疏】匪載至邇止○毛以爲文王勞戍役言汝之室家云我君子歸期已至今非裝載乎其意非爲來乎何爲使我念之憂心以至於甚病所以然者汝室家言本與我期已往過矣於今由不來至由是而使我念之多爲憂以致病矣汝室家既憂或卜之或筮之其卜筮俱會聚人占之其言近止既占云近則征夫如今且近止應到不遠矣汝室家念汝如是也○鄭唯卜之筮之俱占之合言於繇爲異餘同○傳會人占之○正義曰傳以會之言是會聚人占之義卽與士冠禮筮曰士喪禮筮宅旅占同故爲會人占之箋以上句言偕止者俱占之若不爲占則文皆空設偕旣爲占則會當爲合故易之爲合言於繇謂合言於兆卦之繇也

杕杜四章章七句

魚麗美萬物盛多能備禮也文武以天保以上治內采薇以下治外始於憂勤終於逸樂故美萬物盛多可以告於神明矣內謂諸夏也外謂夷狄也告於神明者於祭祀而歌之○麗力馳反下同上時掌反逸本或作佚樂音洛夏戶雅反

【疏】魚麗六章上三章章四句下三章章二句至神明矣○正義曰作魚麗詩者美當時萬物盛多能備禮也謂武王之時天下萬物草木盛多鳥獸五穀魚鱉皆得所盛大而衆多故能備禮也禮以財爲用須則有之是能備禮也又說所以得萬物盛多者文王武王以天保以上六篇燕樂之事以治內之諸夏以采薇以下三篇征伐之事治外之夷狄文王以此九篇治其內外是始於憂勤也今武王承於文王治平之後內外無事是終於逸樂由其逸樂萬物滋生故此篇承上九篇美萬物盛多可以告於神明也文武並有者以此篇武王詩之始而武王因文王之業欲見文治內外而憂勤武承其後而逸樂由是萬物盛多能備禮也可以告於神明極美之言可致頌之意於經無所當也○箋內謂至歌之○正義曰以采薇等三篇征伐是治夷狄故云內謂諸夏外謂夷狄僖二十五年左傳云德以柔中國刑以威四夷詩亦見此法也言於祭祀歌之者言時已太平可以作頌者告神明之歌云可以告其成功之狀陳於祭祀之事歌作其詩以告神明也時雖太平猶非政洽頌聲未興未可以告神明但美而欲許之故云可以

魚麗于罶鱨鯊麗歷也罶曲梁也寡婦之笱也鱨楊也鯊鮀也太平而後微物衆多取之有時用之有道則物莫不多矣古者不風不暴不行火草木不折不操斧斤不入山林豺祭獸然後殺獺祭魚然後漁鷹隼擊然後罻羅設是以天子不合圍諸侯不掩羣大夫不麛不卵士不隱塞庶人不數罟罟必四寸然後入澤梁故山不童澤不竭鳥獸魚鼈皆得其所然○罶音柳鱨音常草木疏云今江東呼黃鱨魚尾微黃大者長尺七八寸許鯊音沙亦作魦今吹沙小魚也體圓而有黑點文舍人云鯊石鮀也鮀待何反大平音泰暴蒲卜反不操草刀反一本作不折不芟定本芟作操豺仕皆反獺勑鎋反又佗木反漁音魚一本作𩻞同取魚也罻音畏麛亡兮反本

或作麑同卵魯短反隱如字本又作偃亦如字塞蘇代反又新勒反數七欲反又所角反陳氏云數細也罟音古○**君子有酒旨且多**箋云酒美而此魚又多也○有酒旨絕句且多此二字爲句後章放此異此讀則非

【疏】魚麗至且多○正義曰言武王之時萬物殷盛時捕魚者施笱於水中則魚麗歷於罶者是鱨鯊之大魚非直有此大魚又君子有酒矣其魚酒如何酒既旨美且魚復衆多魚酒多矣如是是萬物盛多能備禮也○傳麗歷至所然○正義曰釋訓云凡曲者爲罶罶是曲梁也釋器曰嫠婦之笱謂之罶是寡婦之笱也釋訓注郭璞引詩傳曰罶曲梁也凡以簿取魚者名爲罶也釋器注孫炎曰罶曲梁其功易故謂之寡婦之笱然則曲簿也以簿爲魚笱其功易故號之寡婦笱耳非寡婦所作也鱨楊者魚有二名釋魚無文陸機疏云鱨一名黃頰魚是也似燕頭魚身形厚而長大頰骨正黃魚之大而有力解飛者徐州人謂之楊黃頰通語也鯊鮀釋魚文郭璞曰今吹沙也陸機疏云魚狹而小常張口吹沙故曰吹沙此寡婦笱而得鱨鯊之大魚是衆多也魚所以衆多傳因推而廣之云大平而後微物衆多見此詩舉魚多明此義也微物尚衆多見其著者微物所以衆多由取之以時用之有道不妄夭殺使得生養則物莫不多矣古者不風

不暴不行火，言風暴然後行火也。風暴者，謂氣寒其風疾，其風疾卽北風，謂之涼風。北風，箋云「寒涼之風，病害萬物」是也。北風，冬風之揔名，自十月始，則暴風謂十月也。故王制云「昆蟲未蟄，不以火田」。羅氏云「蜡則作羅襦」，鄭云「謂建亥之月，今俗放火張羅，其遺教」是十月也。草木不折不芟，斤斧不入山林，言草木折芟，斤斧乃入山林也。草木折芟，謂寒霜之勁，暴風又甚，草木枝折葉隕，謂之折芟。月令季秋「草木黃落」，則十月風暴當折芟矣。言芟者，蓋葉落而盡似芟之。定本芟作操，又云斧斤入山林，無不誤字。也然則十月而斤斧入山林。月令季秋「伐薪爲炭」者，以時用所伐者少耳，故未芟折可伐之也。豺祭獸然後殺者，言豺殺獸聚而祭其先，然後可用獵取獸也。月令季秋「豺祭獸而戮禽」，雖九月始，十月猶祭也。故夏小正云「十月豺祭獸」，援神契云「獸蟄伏，豺食禽」，皆據十月。是以羅氏注云「建亥之月，豺既祭獸，可施羅網圍取禽獸」是也。獺祭魚然後漁，亦謂獺聚其魚以祭先，然後可捕魚耳。援神契曰「獸蟄伏，獺祭魚」，亦十月也。王制曰「獺祭魚，然後虞人入澤梁」，與此一也。月令孟春「獺祭魚」，則獺亦有二時祭魚，此類上文爲孟冬矣。鷹隼擊然後罻羅設，鷹及隼行威擊殺衆鳥，然後設羅以田也。案夏小正「五月鳩化爲鷹」，月令季夏「鷹乃學習」，孟秋「鷹乃祭鳥」，則一鷹也。仲春化爲鳩，其變從五月始，至八月當全爲鷹，與仲春相對。故司裘云「仲秋，王乃行羽物」，注云「此羽物，小鳥鶉雀之屬，鷹所擊者。仲秋鳩化爲鷹，順其始殺，而大班賜羽物」。王制亦云「鳩化爲鷹，而罻羅設」，故據此似八月也。但鳩化爲鷹，得在八月，言罻羅設，則非八月之事。鄭云「順其始殺」，則鷹八月始擊，十月乃甚，又文與隼連，共豺獺相對，爲十月事也。言罻羅設者，說文云「罻，捕鳥網」，則是羅之別名，蓋其細密者也。自此以上，是取之以時也。既言取之以時，又說取之節度。天子不合圍，言天子雖田獵，不得圍之使通，恐盡物也。大司馬云「仲春蒐，遂圍禁」，則四時皆圍，但不通耳。諸侯言不掩羣，大夫言不麛不卵，各舉其力之所能以禁之耳，其實通皆不得。故魯語云「獸長麛夭。鳥翼鷇卵」，王制直言「不麛不卵，不殺胎，不殀夭」，示人禁取麛卵，是尊卑皆禁也。但急於春夏，殺於秋冬，差可爲恐盡物，以長養之故也。若時有所須，如春薦韭卵，秋膳犢麛之屬，得取而用，正不得故田獵以取之。下曲禮云「國君春田不圍澤，大夫不掩羣，士不麛不卵」，與此異者，此自天子而下，彼自諸侯而下，各爲等級，所以不同。亦推此知各禁其所能耳。國君直言春田不圍澤，不言夏者，以夏長養之時，彌不得從可知也。雖秋冬得圍之，自然不得通也。士不隱塞者，爲梁止可爲防於兩邊，不得當中皆隱塞，亦爲盡物也。庶人不揔罟，謂罟目不得揔之使小，言使小魚不得過也。集本揔作緵，依爾雅，定本作數，義俱通也。罟目必四寸，然後始得入澤梁耳。由其如此，故山不童，澤不竭。童者，若童子未冠者也。山無草木，若童子未冠然。草木之屬不妄斬伐，則山不童也。萑蒲之類取之以道，則澤不竭也。如是則鳥獸魚鼈各得其所然也。是微物衆多然者，語助，此皆似有成文，但典籍散亡，不知其出耳。○箋「酒美」至「又多」。○正義曰：言且多文承有酒之下，三章則似酒多也，而以爲魚多者，以此篇下三章還覆上三章也。首章言旨且多，四章云「物其多矣」；二章云多且旨，五章云「物其旨矣」；三章言旨且有，卒章云「物其有矣」。下章皆疊上章句末之字，謂之爲物。若酒則人之所爲，非自然之物，以此知且多、且旨、且有，皆是魚也。

魚麗于罶，魴鱧。鱧，鮦也。○鱧音禮。鮦，直冢反。

君子有酒，多且旨。箋云：酒多而此魚又美也。

【疏】傳「鱧，鮦」。○正義曰：釋魚云「鱧，鯇」。舍人曰：「鱧名鯇。」郭璞曰：「鱧，鮦。」偏檢諸本，或作「鱧，鯶」，或作「鱧，鯇」。若作鮦，似與郭璞正同；若作鯇，又與舍人不異。或有本作「鱧，鰈」者。定本「鱧，鮦」，鮦與鯶音同。

魚麗于罶，鰋鯉。鰋，鮎也。○鰋音偃。郭云：今偃額白魚。鮎，乃兼反。江東呼鮎爲鮧，鮧音啼，又在私反。毛及前儒皆以鮎釋鰋，鱧爲鯇，鱧爲鯉，唯郭注爾雅是六魚之名。今目驗毛解與世不協，或恐古今名異，逐世移耳。

君子有酒，旨且有。箋云：酒美而此魚又有。

【疏】傳「鰋，鮎」。○正義曰：釋魚有鰋、鮎，郭璞曰：「鰋，今鰋額白魚也。鮎，別名鯷。」孫炎以爲鰋鮎一魚，鱧鯇一魚。郭璞以爲鰋、鮎、鱧、鯇四者各爲一魚。傳文質略，未知從誰。

物其多矣，維其嘉矣。箋云：魚既多又善。

物其旨矣，維其偕矣。箋云：魚既美又齊等。

物其有矣，維其時矣。箋云：魚既有又得其時。

魚麗六章，三章章四句，三章章二句。

南陔，孝子相戒以養也。○陔，古哀反。養，餘尚反。

白華，孝子之絜白也。華黍，時和歲豐，宜黍稷也。

【疏】「南陔」至「黍稷」。○正義曰：此三篇既亡其辭，其名曰南陔、白華、華黍之由，必是詩有此字，不可以意言也。

有其義而亡其辭。

此三篇者，鄉飲酒、燕禮用焉，曰「笙入立于縣中，奏南陔、白華、華黍」是也。孔子論詩，雅頌各得其所，時俱在耳篇第當在於此遭戰國及秦之世而亡之其義則與衆篇之義合編故存至毛公爲詁訓傳乃分衆篇之義各置於其篇端云又闕其亡者以見在爲數故推改什首遂通耳而下非孔子之舊○此三篇蓋武王之時周公制禮用爲樂章吹笙以播其曲孔子刪定在三百一十一篇内遭戰國及秦而亡子夏序詩篇義合編故詩雖亡而義猶在也毛氏訓傳各引序冠其篇首故序存而詩亡縣音玄編必先反見賢遍反○【疏】有其義而亡其辭○正義曰此二句毛氏著之也言有其詩篇之義而亡其詩辭故置其篇義於本次後别著此語記之爲■箋云三篇至之舊○正義曰鄭見三篇亡其詩辭乃迹其所用亡之早晚此三篇者鄉飲酒及燕禮二處皆用焉何者是用之也曰笙入立于縣中奏南陔白華華黍是用之也此雖燕言鄉飲酒燕禮用焉其言笙入立于縣中直燕禮文耳鄉飲酒則云笙入堂下磬南北面歌南陔白華華黍是文不同也鄭據一而言之耳孔子歸魯論其詩令雅頌各得其所此三篇時俱在耳篇之次第當在於此知者以子夏得爲立序則時未亡以六月序知次在此處也孔子之時尚在漢氏之初已亡故知戰國及秦之世而亡之也戰國謂六國韓魏燕趙齊楚用兵力戰故號戰國六國之滅皆秦并之始皇三十四年而燔詩書故以爲遭此而亡之又解爲亡而義得存者其義則以衆篇之義合編故得存也至毛公爲詁訓傳乃分别衆篇之義各置於其篇亡此三篇之序無詩可屬故連聚置於此也既言毛公分之則此詩未亡之時什當通數焉今在什外者毛公又闕其亡者以見在爲數推改什篇之首遂通盡小雅云耳是以亡者不在數中從此而下非孔子之舊矣言以下非則止鹿鳴一篇是也此云有其義而鄉飲酒之禮注皆云今亡其義未聞鄭志荅炅模云爲記注時就盧君耳先師亦然後乃得毛公傳既古書義又當然記注已行不復改之是注禮之時未見此序故云義未聞也彼注又云後世衰微幽厲尤甚禮樂之書稍廢棄以爲孔子之前六篇已亡亦爲不見此序故也案儀禮鄭注解關雎鵲巢鹿鳴四牡之等皆取詩序爲義而云未見毛傳者注述大事更須研精得毛傳之後大誤者追而正之可知者不復改定故也據六月之序由庚本第在華黍之下其義不備論於此而與崇丘同處者以其是成王之詩故下從其類

鹿鳴之什十篇五十五章三百一十五句

附釋音毛詩注疏卷第九（九之四）

毛詩注疏校勘記（九之四）　阮元撰盧宣旬摘録

○出車

作出車詩　閩本明監本毛本同案詩下浦鏜云脱者字是也

乃始還師　閩本明監本毛本同案帥當作師形近之譌

爲小到耳　閩本同明監本毛本到作别案當作倒正義例用倒也

戎僕掌御戎車　閩本明監本毛本同案戎當作貳因别體字貳作弍形近而譌也

以此云維其載矣　閩本明監本毛本同案浦鏜云謂之誤維其是也

或卿兼官　閩本明監本毛本同案卿當作郎形近之譌

將帥既受命行乃乘馬　閩本明監本毛本同小字本相臺本帥作率馬作焉案率字焉字是也

旆旆旐垂貌　小字本相臺本同案此正義本也標起止云傳旆旆旐垂貌是其證正義下云定本旆旆旐垂貌如其所言不爲有異當作定本云旆旆旆旐垂貌上旆旆經文也下旆旐垂貌謂繼旐曰旆者也故下云多一旆字也釋文以旐垂作音或與正義本同與定本不同各本正義皆誤

僕夫況瘁　唐石經小字本相臺本同案正義標起止云至況瘁釋文云況瘁本亦作萃依注作悴考此當是經本作萃故於訓釋中竟改其字箋之例也釋文云依注作悴似乎未晰也四月釋文盡瘁本又作萃下篇同亦其證

憂其馬之不正　小字本相臺本同案正義云憂其馬之不正定本正作政又無不字釋文云憂其馬之不正一本作之不正也一本作馬之政考憂其馬之政謂憂非其馬之政也段玉裁云用甘誓文是也當以定本爲長

滋益憔悴矣　閩本明監本毛本同案箋作茲正義作滋茲滋古今字易而說之也例見前

傳龜蛇曰旐○　明監本毛本脱○閩本缺

故南仲所以在朔方而築於也　閩本明監本毛本於誤城案此築於者經之城于

其所建於旐也　閩本明監本毛本同案浦鏜云旐誤於是

欲今赫赫　補毛本今作令案令字是也

○杕杜

有睆其實　唐石經相臺本同小字本睆作皖案釋文云字從日或作目邊又見大東經睆彼牽牛字同

女心傷止　唐石經小字本相臺本同閩本明監本女誤汝毛本初刻同後改女

有睍然其實　閩本明監本毛本睍作睆案所改是也

謂之父母也已尊之　閩本明監本毛本同案也當作由讀下屬

○魚麗

終於逸樂　唐石經小字本相臺本同案正義云是終於逸樂釋文云逸本或作佚考文古本作佚采釋文

文武並有者　補閩本明監本毛本同案有當言字之譌

鱨楊也　小字本同相臺本楊作揚閩本明監本毛本同案小字本十行本是也正義中同釋文鱨下云楊也

草木不折不操斧斤不入山林　小字本相臺本同案各本皆誤正義云草木不折不芟斤斧不入山林下云定本芟作操又云斧斤入山林無不字釋文云一本作草木不折不芟定本芟作操考此則今誤合兩本爲一當是經注本始依定本作不操斧斤斤下無不字後不知者以正義本不字竄入遂不可通定本以不操下屬正義本以不芟上屬相臺本每四字爲一句亦非此當從正義本正義以定本爲誤者最得之也

士不隱塞　小字本相臺本同案釋文云不隱如字本又作偃亦如字正義云士不隱塞者爲梁止可爲防於兩邊不得當中皆隱塞是正義本作隱其本又作偃者即今之堰字周禮䱷人注永偃谷風正義引作水堰

庶人不數罟　小字本相臺本同案此定本也正義云庶人不揔罟者謂罟目不得揔之使小又云集注揔作緵依爾雅定本作數義俱通也釋文以不數作音與定本同考九罭傳作緵罟釋文云字又作總是緵總同字揔又總之別體當以正義本爲長

然則曲簿也以簿爲魚笱　閩本明監本毛本二簿字皆作薄案上引爾雅注作薄薄字是也

無不誤字也　閩本明監本毛本同案浦鏜云誤字二字當倒是也

然則十月而斤斧入山林　閩本明監本毛本斤斧誤倒案正義本傳作斤斧十行本不誤不知者以定本改之非也

不得圍之使迊　閩本作迊俗字也明監本毛本作匝正字也

但不麛耳　補閩本明監本毛本同案麛當作匝

獸長麛夭　閩本明監本毛本夭誤䴠案夭卽䴠字之假借不知者以今國語改之○按改䴠是也

鳥翼殼卵　閩本明監本毛本殼誤鷇案殼當是鷇之假借

三章則似酒多也　閩本明監本毛本似下衍酒美二字案三章二字亦衍涉下文而誤也

鱧鯛也　小字本相臺本同案釋文云鯛直冢反鱧下云鯛也正義云偏檢諸本或作鱧鱺或作鱧鯇又云或有本作鱧鰥者定本鱧鯛鯛與鱧音同考此正義引舍人曰鯉名鯇下正義引孫炎鱧鯇一魚釋文鮎下云毛及前儒鱧爲鯇是傳正取爾雅爲解注爾雅者舊無異說作鯇爲是作鯛者乃依郭注爾雅所改謂鱧鯇各爲一魚也作鰥者依說文鰥鱧也所改皆非傳意

又與舍人不異　閩本明監本毛本不誤有案爾雅疏卽取此正作不

郭璞以爲鰋鮎鱧鯛四者　閩本明監本毛本同案鯛當作鯇

○南陔白華華黍

鼓南北面　閩本明監本毛本同案浦鏜云磬誤鼓考鄉飲酒禮是也

又解爲亡而義得存者　閩本明監本毛本同案爲當作篇形近之譌

各置於其篇亡　閩本明監本毛本同案亡當作端即複舉注文也

則止鹿鳴一篇是也　閩本明監本毛本同案篇當作什

而鄉飲酒之禮注　閩本明監本毛本同案浦鏜云之當燕字誤是也

禮樂之書稍廢棄　閩本明監本毛本同案稍下浦鏜云脫一稍字以鄉飲酒燕禮二注考之浦挍是也

附釋音毛詩注疏卷第十（十之一）

南有嘉魚之什詁訓傳第十七 陸曰自此至菁菁者莪六篇并亡篇

三是成王周公之小雅成王有雅名公有雅德二人協佐以致太平故亦並爲正也

毛詩小雅　鄭氏箋　孔穎達疏

南有嘉魚樂與賢也太平君子至誠樂與賢者共之也樂得賢者與共立於朝相燕樂也。樂與音洛又音樂徐五教反序文同太平音泰後太平皆同朝直遥反下註同燕樂音洛下註皆同【疏】南有嘉魚四章章四句至共之。正義曰作南有嘉魚之詩者言樂與賢也當周公成王太平之時君子之人已在位有職祿皆有至誠篤實之心樂與在野有賢德者共立於朝而有之願俱得祿位共相燕樂是樂與賢也經四章皆是樂與賢者之事

南有嘉魚烝然罩罩江漢之間魚所產也罩罩篧也箋云烝塵也塵然猶言久如也言南方水中有善魚人將久如而俱罩之遲之也喻天下有賢

者在位之人將久如而竝求致之於朝亦遲之也遲之者謂至誠也。烝之丞反王衆也罩張教反徐又都學反字林竹卓反云捕魚器也篧助角反郭云捕魚籠也沈音稷又音護說其形非罩也遲直冀反下同。君子有酒嘉賓式燕以樂箋云君子斥時在位者也式用也用酒與賢者燕飲而樂也。樂音洛協句五教反得賢致酒歡情怡暢故樂【疏】南有至樂。正義曰言南方江漢之間有善魚人將久如俱往罩而罩此善魚者人之所欲已自將罩以求之則思遲此魚皆欲得之矣以與在野天下之處有賢者時在朝君子久如竝各樂而求之有至誠之心思遲此賢者欲置之於朝猶罩者之願魚也君子既至誠如此遂得賢者共立於朝君子之家有酒矣在野賢者嘉善之賓既至用此酒與之燕飲以復歡樂耳心遲其來至即嘉樂是至誠樂與賢也。傳江漢至篧也。正義曰言南知江漢間者以言善魚南方魚之善者莫善於江漢之間且言善魚者謂大而衆多多大之魚必在大水南方大水唯江漢耳必取善魚者以喻賢者之有善德也此實興不云興也傳文略三章一云興也舉中明此上下足知魚雖皆興也釋器云篧謂之罩李巡曰篧編細竹以爲罩捕魚也孫炎曰今楚篧也郭璞曰今魚罩然則罩以竹爲之無竹則以荆故謂之楚篧重云罩罩者非一也。箋烝塵至至誠。正義曰烝塵釋言文釋詁云塵久也鄭欲烝爲久故言烝塵也又云塵然猶言久。然爲如也不言烝爲衆者以此罩魚喻求賢久如欲往罩之是欲魚之甚以興君子久如欲求賢爲思遲之極若以爲衆止見求魚之多無關思遲之義則於至誠之事不顯故云遲之謂至誠也重言罩罩衆自明矣不假復言衆也故云人將俱往是衆可知喻天下有賢在位之人久如並求之斯即在朝之君子衆皆求賢其並與俱皆出經重罩而求也。箋君子斥時在位者。正義曰鳧鷖與此序皆云太平之君子彼注云君子謂成王與此不同者以彼序云能持盈守成則神祇祖考安樂之矣經陳祭天地宗廟是太平之君子爲百神之主非王不然故知君子謂成王此序云樂與賢者共之言與言共是等夷之稱非人君之辭故知斥在位者也且人君求賢至誠不足以爲美矣人臣事君多在專利以文仲之賢尚稱竊位知賢不妬自古所稀假有舉薦或事不獲已至誠者寡今太平君子至誠樂賢故所以爲美耳下章箋曰君子下其臣故賢者歸往之似斥成王者此言君子博關朝廷公卿孝經唯士言爭友大夫以上則有爭臣是公卿之於下民有臣之道且人之進賢唯善所在公叔文子升家臣以公所樂之賢或是已之私屬故箋言臣以通之王肅孫毓亦以爲在位朝廷之求賢則毛亦不斥成王明矣

南有嘉魚烝然汕汕汕汕樔也箋云樔者今之撩罟也。汕所諫反樔也說文云魚遊水貌樔側交反字或作罺同撩力弔反又力條反沈旋力到反。【疏】傳汕汕樔。正義曰釋器云樔謂之汕李巡曰汕以薄魚也孫炎曰今之撩罟皆以今曉古

君子有酒嘉賓式燕以衎衎樂也。衎苦旦反

南有樛木甘瓠纍之興也纍蔓也箋云君子下其臣故賢者歸往也。樛居虯反瓠音護纍力追反本亦作藟同下遐嫁反。君子有酒嘉賓式燕綏之箋云綏安也與嘉賓燕飲而安之鄉飲酒曰賓以我安。【疏】南有至綏之。正義曰言南方有樛然下垂之木甘瓠之草得上而纍蔓之以興在位有下下之君子故在野賢者得往而歸就之言君子之下下猶樛木之下垂賢者所以往矣又在位君子之家有酒矣在野賢者嘉善之賓既來則用此酒燕飲而安之。箋鄉飲酒曰賓以我安。正義曰案鄉飲酒燕飲而安之無以我安之文燕禮司正洗觶南面奠于中庭升東楹之東受命西階上北面命卿大夫君曰以我安卿大夫皆對曰諾敢不安則此文在燕

禮矣。言鄉飲酒者，誤也。定本亦誤。以南陔與由庚之箋皆鄉飲酒燕禮連言之，故學者加鄉飲酒於上。後人知其不合兩引，故略去燕禮焉。今本猶有言燕禮者。

翩翩者鵻，烝然來思。鵻，壹宿之鳥。箋云：壹宿者，壹意於其所宿之木也。喻賢者有專壹之意於我，我將久如而來，遲之也。○翩音篇。鵻音隹，本亦作隹。君子有酒，嘉賓式燕又思。箋云：又，復也。以其壹意，欲復與燕，加厚之。○復，扶又反，下同。

【疏】翩翩至又思。○正義曰：上章云君子思遲賢人，此章言賢者願往。翩翩而飛者，是鵻鳥也。此鳥由壹意於其所宿之木，故久如欲來，所以翩翩而飛，來集於木也。以喻在野之賢者有專壹之意。我君子亦久如願來，今來在於我君子之朝，言君子求之至，故賢者意能專壹也。在位君子之家有酒矣，與此在野賢者嘉善之賓既來，用此酒與之燕，又燕也。思皆爲辭。燕又燕，頻與之燕，言親之甚也。○箋云壹宿至遲之。○正義曰：毛言壹宿義微，故申之云壹宿者，一意於其所宿之木也。夫擇木之鳥，慤謹，故將宿於木，專壹其心，故特以鵻鳥爲喻。以鳥之擇木，喻賢者有專壹之意於我。此我謂君子也。將久如而來，遲之者，賢者遲君子，物類相感，所以相思遲之也。定本「式燕又思」下有箋云「又，復也。以其壹意，欲復與燕，加厚之也」。俗本多無此語。

南有嘉魚四章，章四句。

南山有臺，樂得賢也。得賢則能爲邦家立太平之基矣。人君得賢，則其德廣大堅固，如南山之有基趾。○爲，如字，又于僞反。

南山有臺，北山有萊。興也。臺，夫須也。萊，草也。箋云：興者，山之有草木以自覆蓋，成其高大，喻人君有賢臣以自尊顯。○萊音來。夫音符。樂只君子，邦家之基。樂只君子，萬壽無期。基，本也。箋云：只之言是也。人君既得賢者，置之於位，又尊敬以禮樂樂之，則能爲國家之本，得壽考之福。○樂樂，上音岳，下音洛。

【疏】南山至無期。○正義曰：言南山所以得高峻者，以南山之上有臺，北山之上有萊，以有草木而自覆蓋，故能成其高大。以喻人君所以能令天下太平，以人君所任之官有德，所治之職有能，以有賢臣各治其事，故能致太平。言山以草木高大，君以賢臣尊顯，賢德之人光益若是，故我人君以禮樂樂是有德之君子，置之於位而尊用之，令人君得爲邦家太平之基，以禮樂樂之有德君子，又使我國家得万壽之福，無有期竟，所以樂之也。○傳臺夫須萊草。○正義曰：「臺，夫須」，釋草文。舍人曰：「臺，一名夫須。」陸機疏云：「舊說夫須，莎草也，可爲蓑笠。」都人士云「臺笠緇撮」，傳云「臺所以禦雨」是也。十月之交曰「田卒汙萊」，又周禮云「萊五十畝」，萊爲草之總名，非有別草名之爲萊。陸機疏云：「萊，草名，其葉可食，今兗州人烝以爲茹，謂之萊烝。」以上下類之，皆指草木之名，其義或當然矣。此山有草木，成其高大，而車舝箋云「析其柞薪，爲蔽岡之高者」，以興喻者各有所取，若欲覩其山形，草木便爲蔽障之物；若欲顯其高大，草木則是裨益之，言不一端矣。

南山有桑，北山有楊。樂只君子，邦家之光。樂只君子，萬壽無疆。箋云：光，明也。政教明，有榮曜。○疆，居良反。

南山有杞，北山有李。樂只君子，民之父母。樂只君子，德音不已。箋云：已，止也。不止者，言長見稱頌也。○杞音起。草木疏云：其樹如樗，一名狗骨。

南山有栲，北山有杻。栲，山樗。杻，檍也。○栲音考。杻，女九反。樗，勑居反。檍音憶。

樂只君子，遐不眉壽。樂只君子，德音是茂。眉壽，秀眉也。箋云：遐，遠也。遠不眉壽者，言其近眉壽也。茂，盛也。

南山有枸，北山有楰。枸，枳枸。楰，鼠梓。○枸，俱甫反。楰音庾，楸屬。枳，諸氏反。

【疏】傳枸枳至鼠梓。○正義曰：枸，釋木無文。宋玉賦曰「枳枸來巢」，則枸木多枝而曲，所以來巢也。陸機疏云：「枸樹高大似白楊，有子著枝端，大如指，長數寸，噉之甘美如飴，八月熟，今官園種之，謂之木蜜。」「楰，鼠梓」，釋木文。李巡曰：「鼠梓，一名楰。」郭璞曰：「楸屬也。」陸機疏曰：「其樹葉木理如楸，山楸之異者，今人謂之苦楸是也。」

樂只君子，遐不黃耇。樂只君子，保艾爾後。黃，黃髮也。耇，老。艾，養。保，安也。○耇音苟。艾，五蓋反，沈音刈。

【疏】傳黃黃髮耇老。○正義曰：釋詁云：「黃髮、耇、老，壽也。」舍人曰：「黃髮，老人髮白復黃也。」孫炎曰：「耇，面凍梨色，如浮垢。」

南山有臺五章，章六句。

由庚，萬物得由其道也。崇丘，萬物得極其高大

也由儀萬物之生各得其宜也有其義而亡其
辭此三篇者鄉飲酒燕禮亦用焉曰乃間歌魚麗笙由庚歌南有嘉魚笙崇丘歌南山有臺笙由儀亦遭世亂而
亡之燕禮又有升歌鹿鳴下管新宮新宮亦詩篇名也辭義
皆亡無以知其篇第之處。此三篇義與南陔等同依六月
序由庚在南有嘉魚前崇丘在南山有臺前由庚萬物
今同在此者以其俱亡使相從耳閒古莧反〔疏〕至其辭。
正義曰有其義而亡其辭亦毛氏所著於後行別記之。箋
此三篇至之處。正義曰此鄭亦本其所用所亡之事也此
三篇鄉飲酒燕禮亦用爲亦者亦南陔等也即言其事之用
曰乃間歌魚麗笙由庚歌南有嘉魚笙崇丘歌南山有臺笙
由儀鄉飲酒燕禮二篇俱有此辭也言間歌者堂上與堂下
遞歌不比篇而間取之笙者在笙中吹之所以亡者亦遭亂
而亡亦如南陔等遭戰國及秦之亂而失之也因此亡詩事
終更述燕禮又有升歌鹿鳴下管新宮亦詩篇名也以對鹿
鳴而入管用故知詩篇名也辭義皆亡今無以知其篇第所
在之意也篇第所在皆當言處云之意者以無意義可推尋
而知故云意也案魚麗武王詩也而與嘉魚間歌南陔等三
篇亦武王詩也乃在堂下笙歌之是武王之詩得下管用之

也新宮制禮所用必在禮前而作不知武王詩也成王詩也
此箋因亡詩事終而言之耳不謂當在成王詩中故曰無以
知其篇第之意也案禮射義諸侯以貍首爲節以彼類之當
在召南但召南無亡詩之比故鄭於譜言辭義皆亡者對六
篇有義無辭新宮并義亦無故言皆亡不謂已爲作序與經
俱亡若子夏爲之作序何由辭及目篇并六月連序並無存
者以此知孔子錄而不得子夏不爲之序也左傳昭二十五
年宋公享昭子賦新宮計孔子時年三十餘矣所以錄不得
者詩之逸亡必有積漸當孔子之時道衰樂廢自宋公賦新
宮至孔子定詩三十餘年其間足得亡之也聖人雖無所不
知不得以
意錄之也

蓼蕭澤及四海也九夷八狄七戎六蠻謂之四海國在九州之外雖有大者爵不過子虞書
曰州十有二師外薄四海咸建五長。蓼音六薄音博諸本
作外敷注音芳夫反四海海者晦也地險言其去中國險遠
稟政教昏昧
也長張丈反〔疏〕蓼蕭四章章六句至四海。正義曰作蓼
蕭詩者謂時王者恩澤被及四海之國也
使四海無侵伐之憂得風雨之節書傳稱越常氏之譯曰吾
受命吾國黃老曰久矣天之無烈風淫雨意中國有聖人遠

往朝之是澤及四海之事經四章皆上二句是澤及四海由
其澤及故其君來朝王燕樂之亦是澤及之事故序揔其目
爲經所陳是四海君蒙其澤而序漫言四海者作者以四海
諸侯朝王而得燕慶故本其在國蒙澤說其朝見光寵序以
王者恩及其君不可遺其臣見其通及上下故直言四海以
廣之。箋九夷至五長。正義曰九夷八狄七戎六蠻謂之
四海釋地文李巡曰九夷在東方八狄在北方七戎在西方
六蠻在南方孫炎曰海之言晦晦闇於禮儀也雜師謀我應
注皆與此同職方氏及布憲注亦引爾雅云九夷八蠻六戎
五狄謂之四海數既不同而俱云爾雅則爾雅本有兩文今
李巡所注謂之四海之下更三句云八蠻在南方六戎在西
方五狄在北方此三句唯李巡有之孫炎郭璞諸本皆無也
李巡與鄭同時鄭讀爾雅蓋與巡同故或取上文或取下文
也爾雅本有二文者由王所服國數不同故異文耳亦不知
九夷八狄七戎六蠻正據何時也此及中候直言四海不列
其數故引上文解之職方列其國數唯五戎六狄與爾雅六
戎五狄上下不同餘則相似故據下文也布憲則秋官承夏
官之下故同於職方爲周禮注據爾雅下文八蠻六戎五狄
當四海者以明堂位陳周公朝於明堂之時其數與之等是
周時之驗故據之爲明堂位與職方不同者鄭志荅趙商云

戎狄之數或五或六兩文異耳爾雅雖有與周皆兩數耳無
別國之名不甚明故不定之也是鄭疑兩文必有一誤但無
國數可明故不敢定之耳四海之於王者世一見耳此經說
四海來朝應是攝政六年時事當與明堂位同直以漫言四
海故取爾雅上句謂之四海之文充之其實此當八蠻六戎
五狄也國在九州之外者明四海不屬九州其州長所不領
故周禮曰九州之外謂之蕃國世一見是也若然下文蠻荆
謂荆州之蠻堯典曰流共工于幽州注云幽州北裔則四海
亦有在九州之內者矣言外者以大凡化內非州牧所領則
謂之四海之國其境所居不妨在九州之內禹貢萬里大界
盡以九州目之故得有荆州之蠻及幽州爲北裔也曲禮曰
其在東夷北狄西戎南蠻雖大曰子是雖有大者爵不過子
也大者曰子小者曰男而已左傳曰驪戎男是也若殷爵三
等無子男則四夷之君爲伯爵也而書序曰武王勝殷巢伯
來朝注云巢伯南方諸侯世一見者以武王即位來朝是九
州外爲伯又虞書曰州有十二師外薄四海咸建五長明四
海是九州之外也何者既言州十有二師是九州之內立師
也又曰外薄四海咸建五長是四海在九州之外矣所引者
皋陶謨文也檢鄭所注尚書經作外薄今定本作外敷恐非
也彼注云九州州立十二人爲諸侯之師以佐其牧外則五

國立長使各守其職此建五長卽下曲禮所謂子故彼注云子謂九州之外長也天子亦選其諸侯之賢者以爲之子子猶牧是也案彼上云弼成五服至于五千鄭以爲禹治水輔成五服土方萬里以七千里內爲九州七七四十九千里者之方四十九以其一爲畿內餘四十八八州分之各得方千里者六計一州方百里之國二百七十里之國四百五十里之國八百計一州有一千四百國以二百國爲名山大川不封之地餘有一千二百國以百國立一師故州有十二師鄭又云八州九千六百國又四百國在畿內以子男備其數是鄭計充禹會諸侯于塗山執玉帛者萬國之文

蓼彼蕭斯零露湑兮興也蓼長大貌蕭蒿也湑湑然蕭上露貌箋云興者蕭香物之微者喻四海之諸侯亦國君之賤者露者天所以潤萬物喻王者恩澤不爲遠國則不及也○湑息敘反長如字又張丈反爲于僞反既見君子我心寫兮輸寫其心也箋云既見君子者遠國之君朝見於天子也我心寫者舒其情意無留恨也燕笑語兮是以有譽處兮箋云天子與之燕而笑語則遠國之君各得其所是以稱揚德美使聲譽常處天子

疏蓼彼至處兮○正義曰言蓼然長大者彼蕭斯

也此蕭所以得長大者由天以善露潤之使其上露湑湑然盛兮以故得其長大耳以興所得者彼四夷之君此四夷之君所以得所者由王以恩澤及之使其恩澤豐多故令其得所耳然此蕭是香物之微者天不以其微而不潤也喻四海諸侯乃國君之賤者王不以其賤而不及也遠國既蒙王澤乃來朝見自言已既得朝見君子之王者我心則舒寫盡兮無復留恨在國恐不得見今來得見則意盡也朝之後王又與之燕飲而笑語兮感王之恩皆稱揚王之德美是以使王得有聲譽又常處天子之位兮言爲天子所保不憂危亡也○傳蕭蒿至露貌○正義曰釋草云蕭萩也李巡曰萩一名蕭郭璞曰卽蒿也下章瀼瀼泥泥皆重言故此以爲湑湑也湑湑露在物之狀故爲蕭上露貌○箋蕭香至賤者○正義曰生民曰取蕭祭脂郊特牲曰焫蕭合馨香是蕭爲香物也雖香而是物之微者以喻四海諸侯亦是國君之賤者

蓼彼蕭斯零露瀼瀼瀼瀼露蕃貌○瀼如羊反徐又乃剛反蕃音煩既見君子爲龍爲光龍寵也箋云爲寵爲光言天子恩澤光耀被及己也○被皮寄反其德不爽壽考不忘爽差也

疏既見至不忘○正義曰言遠國之君蒙王恩澤今皆來朝既得見君子之王者爲君所寵遇爲君所光榮得其恩意又燕見笑語使四海稱頌之不忘也

蓼彼蕭斯零露泥泥泥泥霑濡也○泥乃禮反既見君子孔燕豈弟豈樂弟易也箋云孔甚燕安也○豈開在反本亦作愷下同後豈弟放此弟如字本亦作悌音同後皆放此樂音洛下篇同易夷豉反宜兄宜弟令德壽豈爲兄亦宜爲弟亦宜

疏既見至壽豈○正義曰遠國之君既朝見君子爲君子所接遇故皆甚安而情又喜樂以怡易也君子既接遠國得所而又燕見以盡其歡是君子爲人之能宜爲人兄宜爲人弟隨其所爲皆得其宜故能有善德之譽壽凱樂之福也

蓼彼蕭斯零露濃濃濃濃厚貌○濃奴同反又女龍反既見君子鞗革忡忡。和鸞雝雝萬福攸同鞗轡也革轡首也忡忡垂飾貌在軾曰和在鑣曰鸞箋云此說天子之車飾者諸侯燕見天子天子必乘車迎于門是以云然攸所也○鞗徒彫反忡直弓反徐音同又音敕弓反軾音式鑣彼苗反○

疏既見至攸同○正義曰言遠國之君既見君子之王者又蒙垂意燕見於己說其燕見之車飾君子所乘燕見

之車鞗皮以爲轡首之革垂之沖沖然其在軾之和鈴與衡鑣之八鸞其聲雝雝然乘是車服屈己之尊降接卑賤恩遇若是是王爲主得所故宜爲萬福之所同皆得歸聚之○傳鞗轡也至曰鸞○正義曰釋器云轡首謂之革郭璞曰轡靶也然則馬轡所靶之外有餘而垂者謂之革鞗皮爲之故云鞗革轡首垂也鞗革卽言沖沖故知垂飾貌在軾曰和和亦鈴也以其與鸞相應和故載見曰和鈴央央是也在鑣曰鸞謂鸞鈴置於馬之鑣郭璞曰鑣馬勒傍鐵也言置鈴於馬口之兩傍此無文也故鄭不從之禮記注云鸞在衡驂鐵箋云置鸞於鑣異於乘車是鄭以乘車之鸞不在鑣知此天子所乘以迎賓則亦乘車也鸞不當在鑣矣此箋不易之者以驂鐵已明之此從可知也○箋此說至然○正義曰既見君子卽言鞗革沖沖和鸞雝雝是見君子車上有此飾故知說天子之車飾也解所以得見天子車飾者以諸侯燕見天子必以車迎於門是以云然此既見天子之言爲朝見之後則燕見之皆是見君子之事故蒙上既見之文也知燕見迎諸侯者以王唯覲禮不下堂而見諸侯耳其朝宗當迎之故秋官大行人說車迎之法賓主步數彼六服諸侯尚有車迎則四夷之君車迎可知燕主歡心不可不接既然迎接不得無車故燕禮云若四方之賓公迎之于大門內是燕有迎法也以

雖首章言燕笑語兮是燕時事故知此見車飾亦是燕時事案大行人上公九命貳車九乘介九人禮九牢朝位賓主之間九十步立當車軹擯者五人侯伯以七爲節立當前侯擯者四人子男以五爲節立當車衡擯者三人注云王立當軫又鄭注下曲禮以春夏受贄於朝受享於廟以生氣文也秋冬一受之於廟殺氣質也鄭又以覲禮不出迎諸侯則冬遇亦不迎然則秋冬燕見亦無出迎之法也

蓼蕭四章章六句

湛露天子燕諸侯也燕謂與之燕飲酒也諸侯朝覲會同天子與之燕所以示慈惠○湛直減反

【疏】湛露至諸侯○正義曰作湛露詩者天子燕諸侯也諸侯來朝天子與之燕飲美其事而歌之經雖分別同姓庶姓二王之後皆是天子燕諸侯之事也蓼蕭序云天子此及彤弓獨言天子者此及彤弓燕賜諸侯之身既言諸侯不得不言天子以對之蓼蕭序不言諸侯文無所對故不言天子也四章雖皆說天子燕諸侯之事而皆首章見天子於諸侯之義下三章見諸侯於天子之事首章言王燕諸侯雖至於夜留與飲燕無問同姓異姓皆不醉不歸是天子恩厚之義也下三章乃分別說之二章言同姓則成夜飲之禮非同姓讓之則止三章言庶姓卒章言二王之後不得成其夜飲故云善德善儀言其不至於醉也首章直言湛湛露斯不指所在之物總下章云草木也故下章各言草木以充之以同姓一類故廣舉豐草庶姓非一族之人喻以異類之木二王之後同爲天子所尊譬之同類之木各取其所象也豐草杞棘言露在桐椅不言露在承上露在可知天子燕諸侯之義備於此矣不言異姓與三恪者兄弟甥舅禮不同要夜飲之義非宗不可則異姓從庶姓禮也三恪卑於二代其亦在異姓中

湛湛露斯匪陽不晞興也湛湛露茂盛貌陽日也晞乾也露雖湛湛然見陽則乾箋云興者露之在物湛湛然使物柯葉低垂喻諸侯受燕爵其義有似醉之貌諸侯旅酬之則猶然唯天子賜爵則貌變肅敬承命有似露見日而晞也○晞音希○

厭厭夜飲不醉無歸厭厭安也夜飲私燕也宗子將有事則族人皆侍不醉而出是不親也醉而不出是渫宗也箋云天子燕諸侯之禮亡此假宗子與族人燕爲說爾族人猶羣臣也其醉不出不醉出猶諸侯之儀也飲酒至夜猶云不醉無歸此天子於諸侯之儀燕飲之禮宵則兩階及庭門皆設大燭焉○厭於鹽反韓詩作愔愔和悅之貌渫息列反

【疏】湛湛至無歸○正義曰湛湛然在物上者露斯也此物得露而湛湛然柯葉低垂非見日之陽則不得乾而舒放也以興諸侯受王燕飲而嵬峩然威儀縱弛非天子之賜爵則不承命而嚴肅也是王燕諸侯恩厚至於厭厭安閑之夜尚與燕飲其意殷勤以留賓客言不至於醉不得歸也○傳湛湛至陽日○正義曰此在物而湛湛是盛也與王隆厚於諸侯故以盛爲喻以陽爲乾物故知日也○箋露之至而晞○正義曰露之所霑必在草木此言所在以揔下文故箋亦順經直言在物正謂下章豐草杞棘也柯謂枝也露在於葉則令柯亦低故言柯葉低垂草木通然非木柯而草葉也此燕諸侯之詩露比王燕諸侯物得露而低猶諸侯得酒而醉故喻諸侯受燕爵其威儀有似醉之貌也其醉必在燕末諸侯旅酬則然以舉行旅酬燕末之事故以露見日而乾喻諸侯有承命之事燕之天子有命雖賜爵耳故言雖天子賜爵則貌變肅敬承命有似露見日而乾也○傳夜飲至渫宗○正義曰楚茨云備言燕私傳曰燕而盡其私恩明夜飲者亦君留而盡私恩之義故言燕私也解夜飲之意言宗子將有事族人皆入侍宗子或與之圖事則當飲之酒若宗子不飲之酒使不醉而出是不親族人也若族人飲宗子酒至醉仍不出是渫慢宗子也言此者明宗子之義族人雖醉尚留之飲族人之義雖不至醉亦當辭出不得盡宗子之意是主法自當留賓賓則可以辭主去天子於諸侯義亦當然書傳曰既侍其宗然後得燕燕私者何○而與族人飲飲而不醉是不親醉而不出是不敬與此傳同毛伏俱大儒當各有所據而言也○箋天子至大燭爲○正義曰申毛之意言傳所稱宗子飲族人之事者以天子燕諸侯之禮亡此假宗子與族人燕爲說耳以天子比宗子族人比羣臣是假託之也族人至醉而有出有不出之二塗猶諸侯至醉亦當辭出若不辭出是渫慢王也是以諸侯皆當辭出但王得其辭異姓則聽之出同姓則留之飲也又解燕飲當以晝所以淫飲至夜猶云不醉不歸者此天子於諸侯之義言天子與諸侯爲主雖終日而未盡歡故留之夜飲使至於必醉也燕飲之禮宵則兩階及庭門皆設大燭是燕必至夜故欲留之夜飲也燕禮曰宵則庶子執燭於阼階上甸人執大燭於庭閽人爲燭於門外是兩階門庭皆有燭也彼兩階與門言執燭唯庭言大燭此云皆設大燭者因彼有大燭揔而言之

湛湛露斯在彼豐草厭厭夜飲在宗載考豐茂也夜飲必於宗室箋云豐草喻同姓諸侯也載之言則也考成也夜飲之禮在宗室同姓諸侯則成之於庶姓其讓

之則止昔者陳敬仲飲桓公酒而樂桓公命以火繼之敬仲曰臣卜其晝未卜其夜於是乃止此之謂不成也。飲桓於鴆反

疏 湛湛至載考。正義曰湛湛然者彼露斯也此露在彼豐草之上豐草得露則湛湛然柯葉低垂以興王之燕飲於彼同姓諸侯此同姓諸侯得王燕飲則威儀寬縱也王與歡酣至於厭厭安閑之夜留之私飲雖則辭讓以其宗室之故則留之而成飲不許其讓以崇親厚焉。箋夜飲至不成。正義曰鄭以經言載考言則成對有不成者既天子欲留之而有不成者明是賓讓之也故言夜飲之禮在宗室同姓諸侯則成之於庶姓讓之則止也獨言庶姓除同姓皆耳故以庶姓摠之昔者陳敬仲飲桓公酒至於是止莊二十二年左傳有其事引之以證異姓不得成夜飲之義故云此之謂不成也飲桓公酒者桓公至敬仲之家而敬仲飲之酒也故鄭志荅張逸云時桓公館敬仲若哀公館孔子之類杜預亦云桓公賢敬仲之故幸賢人之家是也言卜晝不卜夜者服虔云臣享君必卜示敬慎也此燕諸侯王爲之主彼桓公飲酒敬仲爲主而得證此者君適其臣君爲主人其進退在君所裁敬仲之辭與諸侯之讓同故得爲證也

湛湛露斯在彼杞棘顯允君子莫不令德 箋云杞也棘也異類喻庶姓諸侯也令善也無不善其德言飲酒不至於醉

疏 湛湛至令德。正義曰湛湛然者露斯此露在此杞棘之木此杞棘之木得露則湛湛然柯葉低垂以興王之燕飲在彼庶姓之諸侯此庶姓諸侯得王燕飲皆威儀寬縱也此庶姓明信之君子雖得王之燕禮飲酒不至於醉莫不皆善其德使之無過差

其桐其椅其實離離豈弟君子莫不令儀 離離垂也箋云桐也椅也同類而異名喻二王之後也其實離離喻其薦俎禮物多於諸侯也飲酒不至於醉徒善其威儀而已謂陔節也。椅於宜反木名也陔節古哀反字亦作祴音同戒也

疏 其桐至令儀。正義曰其桐也其椅也言二樹當秋成之時其子實離離然垂而蓄多以興其杞也其宋也二君於王燕之時其薦俎衆多而於王爲客加其厚恩故也此二王之後樂易之君子雖得王之燕禮飲酒不至於醉莫不善其威儀令可觀望也。箋其實至陔節。正義曰以此變言在其實當燕之時唯酒與薦俎酒則樽不屬賓賓所專者唯薦俎耳昭二十五年宋樂大心曰我於周爲客是二王之後其尊與諸侯殊絶故知薦俎禮物多於諸侯也此美天子之燕諸侯無不醉之理故燕飲賓醉乃出是燕末必醉也此與上章善威儀箋皆云不至醉者言其蘊藉自持不至醉亂內實困酒空善外儀故云徒善其威儀而已又言善儀早晚謂陔節當奏陔夏之節猶善威儀以其美人必舉其終故知當陔之節也燕禮賓醉北面坐取其薦脯以降奏陔夏取所執脯以賜鍾人於門內霤遂出是也天子燕諸侯之禮亡故據燕禮以況之二王之後燕罷而出不必奏陔夏

湛露四章章四句

彤弓天子錫有功諸侯也 諸侯敵王所愾而獻其功王饗禮之於是賜彤弓一彤矢百玈弓矢千凡諸侯賜弓矢然後專征伐。彤徒冬反彤弓赤弓也愾苦愛反很也杜預云很怒也說文作鎎火既反云怒戰也玈音盧黑弓也本或作旅字訛

疏 彤弓三章章六句至諸侯。正義曰作彤弓詩者天子賜有功諸侯諸侯有征伐之功王以弓矢賜之也經三章上二句言諸侯受王彤弓是賜之事下四句言王設樂饗醻而行饗亦是賜之事故云錫以兼之。箋諸侯至征伐。正義曰自諸侯敵王所愾盡玈弓矢千除饗禮一句以外皆文四年左傳甯武子辭也諸侯賜弓矢然後專征伐禮記王制文也引左傳者解有功賜之由王賜諸侯非唯弓矢而已獨言彤弓者以弓矢爲重故又引王制以明之言敵王所愾者敵者當也愾恨也謂夷狄戎蠻不用王命王心恨之命諸侯有德者使征之諸侯於是以王命興師以討王之所恨者爲讎敵而伐之既勝而獻其所獲之功於王王親受之又設饗禮禮之於是賜之弓矢也獻功者伐四夷而勝則獻之其伐中國雖勝不獻故莊三十一年左傳曰凡諸侯有四夷之功則獻於王以警於夷中國則否是中國之功不獻捷也其獻唯四夷之功乃獻之其賜有功則賜之不須要四夷之功始賜之也晉文侯夾輔周室平王東遷洛邑無伐四夷之功王亦賜之弓矢尚書文侯之命是其事也經先言受功後說享。鄭先言享禮之乃言賜弓矢者襄二十六年左傳曰將賞則加膳加膳則飫賜將欲賞人尚加飫膳況弓矢之賜賞之大者爲得無其禮也爲賜以設饗而賜之故鄭先言饗也其饗之日先受弓矢之賜後受獻醻之禮也且王以賜弓爲重故經先言賜弓後言饗之事也若僖二十八年左傳說晉文公敗楚於城濮獻功於王王饗醴命晉侯宥下乃言策命晉侯爲侯伯賜之以弓矢似先饗後賜者彼饗醴命宥別行饗禮非賜日之饗也故丁未獻俘己酉設享是先饗禮以勞其功乞日乃賜之弓矢更加策命其賜之日別行饗禮則此經所云是與彼饗別也莊十八年虢公晉侯朝王王饗醴命之宥僖二十五

年晉侯朝王，王饗醴命之宥。於時不賜，特行饗醴，以此知城濮之言饗禮者，非賜日之饗，賜之日實行饗禮。而左傳甯武子云「以覺報宴」者，杜預云：「歌彤弓者，以明報功宴樂，非謂賜時設饗禮。」甯武子所言及晉文侯、文公所受，皆并有玈弓，此詩獨言彤弓者，以二文皆先彤後玈，彤少玈多，舉重可以包輕，故直言彤弓也。有弓則有矢，言弓則矢可知，故亦不言矢也。傳文直云「玈弓矢千」，定本亦然，故服虔云：「矢千則弓十。」是本無「十玈」二字矣，俗本有者誤也。首章爲捴目，下二章分而述之以相成也。毛以藏之者，爲藏之於其家以示子孫，先櫜之乃載以歸，後始藏於其家。以藏爲重，先言之；藏於家，受後之事，致其意而言之，非受時也。好之、喜之，由悅樂而賜之，故貺之爲捴也。饗之是大禮之名，右之、醻之是饗時之事，亦饗爲捴也。鄭亦首章爲捴，但藏載於車，即是受時之事爲異耳。○

彤弓弨兮，受言藏之。彤弓，朱弓也，以講德習射。弨，弛貌。言，我也。箋云：言者，謂王策命也。王賜朱弓，必策其功以命之。受出藏之，乃反入也。○弨，尺昭反。說文云：弓反也。字林：充小反。弛，式氏反。**我有嘉賓，中心貺之。**貺，賜也。箋云：貺者，欲加恩惠也。王意殷勤於賓，故歌序之。**鐘鼓既設，一朝饗之。**箋云：大飲賓曰饗。一朝，猶早朝。○飲，於鴆反。

【疏】「彤弓」至「饗之」。○毛以爲諸侯受天子所賜彤赤之弓，弨然而弛。既天子以此賜我，我則於王受之矣。既受之，我當於家藏之，以示子孫不忘大功也。於時王既賜諸侯以弓，又饗禮禮之。我有嘉善之賓，中心至誠而貺賜之，以鐘鼓既爲之設，一旦早朝大設禮而饗之。鄭以敘王之意，言我彤赤之弓弨然兮，以賜諸侯，則受策命之言，與此賜之弓出而藏之，乃反之入也。餘同。○傳「彤弓」至「言我」。○正義曰：彤，赤，故言朱弓。周禮無彤弓之名，言講德習射，則彤弓周禮當唐弓、大弓也。夏官司弓矢「有六弓，王弧、夾庾、唐大」，鄭云：「六者，弓異體之名也。往體寡，來體多，曰王弧；往體多，來體寡，曰夾庾；往體來體若一，曰唐大。」經曰「唐弓以授學射者、使者、勞者」，鄭云：「學射者弓用中，後習強弱則易也。使者、勞者弓亦用中，遠近可也。勞者，勤勞王事，若晉文侯、文公受王弓矢之賜也。」如是，則鄭以此彤弓及玈弓於周禮爲唐大，故言勞者受得之後，則以學射，故云以講德習射也。但唐大者是其體強弱之名，此彤玈者爲弓色之異稱。爲弓者皆漆之以禦後霜露，漆之爲色赤之而已。彤既是赤，則知玈者爲黑也。色以赤者，周之所尚，故賜弓赤一而黑十，以赤爲重耳。爲其體同異未聞。正以有功者受彤弓，彤弓之賜，周禮唐弓、大弓以授勞者。此傳言彤弓以講德習射，周禮唐弓、大弓以授學射者，此彤弓必當唐大二者之中有之耳。其必當唐大，亦未能審。玈弓與彤弓俱賜勞者，蓋亦當唐大乎？服虔云：「玈弓以射甲革椹質。」則以玈弓當周禮之弧，安得賜玈弓多，彤弓少，則體不得過之，而以彤爲學射當唐大，合七成規；玈弓爲王弧，合九成規。準之周禮，非其差也。周禮又有八矢，弓弩各四，其弓之矢有枉、殺、矰、恒，而恒矢云「用諸散射」，鄭云：「散射，謂禮射及習射。」與此講德習射事同，則彤矢、玈矢當周禮恒矢也。弨，弛貌，說文云：「弨，弓反。」謂弛之而體反也。此言弨弛貌，則受弓矢者皆定體之弓，弛而賜之。至於凡平敵體，自出臨時之宜，故曲禮有「張弓尚筋，弛弓尚角」，弓定體未定體之事，不與此同。傳訓言爲我，不解藏義，王肅云：「我藏之以示子孫也。」○箋「言者」至「反入」。○正義曰：鄭以此歌本敘王意，故云有嘉賓，既敘王意，不得諸侯言我受藏之也。晉文公受弓矢之賜，傳稱王命尹氏及王子虎、內史叔興父策命晉侯爲侯伯，此與彼同，宜有策命，故知言者謂王命策也。王賜朱弓，必策其功以命之，左傳策命晉侯之文是其事也。此直言藏之，則受出藏之乃反入者，以傳說晉文公既從命云「受策以出，出入三覲」，是知之。○箋「王意」至「序之」。○正義曰：箋以言王中心以貺之，是中心誠實，非飾貌矯情，是殷勤於賓也。由王如此，故復作詩歌而敘之，解此彤弓之意，以王中心之實故歌之，以示法耳。

○箋「大飲」至「早朝」。○正義曰：饗者，烹大牢以飲賓，是禮之大者，故曰大飲賓曰饗，謂以大禮飲賓，獻如命數，設牲俎豆，盛於食燕。周語曰：「王饗有體薦，燕有折俎。公當享，卿當燕。」是其禮盛也。言一朝者，言王殷勤於賓，早朝而即行禮，故云一朝猶早朝，以燕如至夜，饗則如其獻數禮成而罷，故以朝言之。昭元年左傳云：「鄭饗趙孟，禮終乃燕。」是享不終日也。○

彤弓弨兮，受言載之。載以歸也。箋云：出載之車也。○**我有嘉賓，中心喜之。**喜，樂也。○樂音洛。○**鐘鼓既設，一朝右之。**右，勸也。箋云：右之者，主人獻之，賓受爵，奠于薦右，既祭俎，乃席末坐卒爵之謂也。○右，毛音又，鄭如字，薦右也。卒，遵律反。本或作啐者，誤也。啐音七內反。

【疏】傳「右，勸」。○正義曰：下章言醻，醻賓之前止有獻賓，初獻未得名爲勸，則勸者非以酒勸賓，謂設享禮勸其功也。故成二年左傳曰「王親受而勞之，所以懲不敬，勸有功」是也。此勸既非勸酒，故卒章醻亦不得醻酒，傳醻報言爲享以報其功，故左傳曰「以覺報宴」是也。○箋「右之」至「之謂」。○正義曰：案燕禮云：「主人筵前獻賓，賓西階上拜，筵前受爵，反位。膳宰薦脯醢，賓升筵，膳宰設折俎。賓坐，左執爵，右祭脯醢，奠爵於薦右，興，取肺，坐絕祭，嚌之，興，加於俎，坐挩手，執爵，遂祭酒，於席末坐啐酒此鄭畧其事故言之謂右之者卽此燕禮所言奠於薦右之謂也彼啐酒卽此卒爵爵卽酒也鄭以下言醻之爲醻賓故此右之爲當獻賓既獻賓賓受而奠之於薦右是言。之可以明主之獻賓故作者舉以表之

彤弓弨兮受言櫜之 櫜韜也。櫜古刀反韜本又作弢吐刀反弓衣也 我有嘉賓中心好之 好説也。好呼報反説音悦 鐘鼓既設一朝醻之 醻報也箋云飲酒之禮主人獻賓賓酢主人主人又飲而酌賓謂之醻醻猶厚也勸也。醻本又作酬市由反酢才洛反 疏 箋飲酒至厚勸。正義曰案燕禮賓既受獻西階上北面坐卒爵賓以虛爵降賓坐取觚奠於篚下盥洗卒盥揖升酌以酢主人於西階上主人北面拜受又曰遂卒爵是主人獻賓賓酢主人也又曰主人盥洗升媵觚於賓酌散西階上坐奠爵拜賓降筵北面荅拜主人坐祭遂飲又曰主人酌膳賓西階上拜受爵於筵前反位主人拜送爵賓升席坐祭酒遂奠於薦東是主人又飲而酌賓曰醻也其鄉飲酒亦然彼注醻勸酒與此厚勸一也瓠葉傳曰醻導飲主人又飲以導賓而醻之此傳訓醻爲報是傳意醻之不施於飲酒明矣故王肅云醻報功也

詩疏十之一　十五

彤弓三章章六句

菁菁者莪樂育材也君子能長育人材則天下喜樂之矣 樂育材者歌樂人君教學國人秀士選士俊士造士進士養之以漸至於官之。菁者莪上子丁反下五何反長張丈反下注並同樂音洛下並注同選雪戀反。 疏 菁菁者莪四章章四句至樂之矣。正義曰作菁菁者莪詩者樂育材也言君子之爲人君能教學而長育其國人使有材而成秀進之士至於官爵之君能如此則爲天下喜樂矣故作詩以美之經四章言長養成就賜之官爵皆是育材之事也南有嘉魚言樂與賢也南山有臺云樂得賢者彼謂在位及人君於時樂求賢者本在上之心非下人所樂此則下人所樂樂君之能育材與彼别又經言喜樂者謂被人君所育者以被育有材得官爵而喜又序言喜樂之者他人見之如是而喜樂之非獨被育者也作者述天下之情而作歌耳。箋樂育至官之。正義曰箋解樂育材者樂養之以至於材故言教學之漸至於官爵也王制云與立小學大學乃言若有循教者鄉人子弟鄉大夫餘子皆入學九年大成名曰秀士又曰命鄉論秀士升之司徒曰選官司徒論選士之秀者升之於大學曰俊士升於司徒者不征於鄉升於大學者不征於司徒曰造士又曰大樂正論造士之秀者以告於王而升諸司馬曰進士注云進士可進受爵祿又曰司馬辨論官材論進士之賢者以告於王而定其論論定然後官之任官然後爵之如是從鄉人中教之爲秀士是教學之從秀士漸至於進士是養之以漸也進士論材任官而又爵之是至於官爵之也其養成爲此五士是長育人材也進士是材之太成故官爵以進上爲主但人材有限官有尊卑其進士以下學已大成超踰倫輩亦可隨材任之不必要至進士始官之也卒章箋云文亦用武亦用於人之材無所廢是秀士以上皆可爲官也定本無進士二字誤也

菁菁者莪在彼中阿 興也菁菁盛貌莪蘿蒿也中阿阿中也大陵曰阿君子能長育人材如阿之長莪菁菁然箋云長育之者既教學之又不征役也。既見君子樂且有儀 箋云既見君子者官爵之而得見也見則心既喜樂又以禮儀見接 疏 菁菁至有儀。正義曰言菁菁然茂盛者蘿蒿也此蘿蒿也此蘿蒿所以得茂盛者由生在阿中得阿之長養故茂盛以興德盛者是學士也此學士所以致德盛者由升在彼學中得君之長育故使德盛人君既能長育人材

詩疏十之一　十六

教學之又能官而用之故此學士既見君子則心喜樂且又有禮儀見接也又君子能養材與官又接之以禮故下所以歌之也言此養莪者以沚則有水之潤阿陵有所居之勢草得於中而長遂故言長也。傳莪蘿蒿。正義曰釋草云莪蘿蒿也舍人曰莪一名蘿郭璞曰今莪蒿也陸機疏云莪蒿也一名蘿蒿也生澤田漸洳之處葉似邪蒿而細科生三月中莖可生食又可蒸香美味頗似蔞蒿是也。箋官爵至見接。正義曰以下云賜我百朋得祿之事故此樂者爲得官而樂也既樂爲官爵之又云且有儀。且兼事之辭故爲君子以禮儀接己也。

菁菁者莪在彼中沚 中沚沚中也沚音止。 既見君子我心則喜 喜樂也

菁菁者莪在彼中陵 中陵陵中也。 既見君子錫我百朋 箋云古者貨貝五貝爲朋賜我百朋得祿多言得意也 疏 箋古者至得意。正義曰言賜我是入已之辭故爲得祿也言古者貨貝言古者寶此貝爲貨也五貝者漢書食貨志以爲大貝壯貝么貝小貝不成貝爲五也言爲朋者爲小貝以上四種各二貝爲一朋而不成者不爲朋鄭因經廣解之言有五種之貝貝中以相與爲朋非總五貝爲一朋也故志曰大

貝四寸八分以上直錢二百一十文二貝爲朋壯貝三寸六分以上直錢五十文二貝爲朋么貝二寸四分以上直錢三十文二貝爲朋小貝一寸二分以上直錢一十文二貝爲朋不成貝寸二分漏度不得爲朋率枚直錢三文是也以志所言王莽時事王莽多舉古事而行五貝故知古者貨貝焉

汎汎楊舟載沈載浮楊木爲舟載沈亦沈載浮亦浮箋云舟者沈物亦載浮物亦載喻人君用士文亦用武亦用於人之材無所廢。汎汎方劒反**既見君子我心則休。**箋云休者休休然。休虛虬反美也

疏汎汎至則休。正義曰言汎汎然楊木之舟則載其沈物則載其浮物俱浮水上以興當時君子用其文者又用其武者俱致在朝言君子於人雅才是用故既見君子而得官爵我心則休休然而美載飛載止及載震載育之類箋傳皆以載爲則然則此載亦爲則言則載沈物則載浮物也傳言載沈亦浮箋云沈物亦載則以載解義非經中之載也

菁菁者莪四章章四句

附釋音毛詩注疏卷第十（十之一）

黃中模栞

毛詩注疏挍勘記（十之一）　阮元撰盧宣旬摘錄

〇南有嘉魚

大平君子 閩本明監本毛本同唐石經小字本相臺本平下有之字考文古本同案有者是也下正義云皃驟與此序皆云大平之君子可證

欲置之於朝 閩本明監本毛本置作致案所改是也

又云塵然猶言久然爲如也 閩本明監本毛本同案久下當脫如塵爲久凡四字以久字複出而誤也

上見求魚之多 閩本明監本毛本上作止案所改是也

彼注云君子謂成王 閩本明監本毛本同案浦鏜云斥誤謂是也正義下云則毛亦不斥成王明矣是本引此作斥也

升家臣以公 閩本明監本毛本以作於案所改非也正義所引自如此

李巡曰汕以薄魚也 閩本明監本毛本魚也作汕魚案爾雅疏引作汕以薄汕魚也此當汕也並有各脫其一

鄉飲酒曰賓以我安 小字本相臺本同案正義云則此文當在燕禮矣言鄉飲酒者誤也定本亦誤以南陔與由庚之箋皆鄉飲酒燕禮連言之故學者加鄉飲酒於上後人知其不合兩引故略去燕禮焉今本猶有言燕禮者此正義據當時或本猶有鄉飲酒燕禮連言者而定其誤如此也今無其本矣

案鄉飲酒燕飲而安之 閩本明監本毛本同案浦鏜云下五字當衍文是也此寫者涉上文而誤

有專壹之意我君子 閩本明監本毛本同案我上當有於字

夫擇木之鳥慤謹 閩本明監本毛本同案此當作鵻夫不之鳥慤謹用四牡傳箋之文也

〇南山有臺

保艾爾後　唐石經小字本相臺本同案段玉裁云依傳艾養保安也似經文當作艾保今考釋文以保艾作音是釋文本與唐石經以下正同正義本未有明文今無可考

〇由庚崇丘由儀

各得其宜也　唐石經小字本相臺本同案九經古義云宜束晳補亡詩引作儀李善注云毛萇詩傳儀宜也此當作儀非也此序以宜說儀與由庚序以道說庚崇丘序以高說崇以大說丘爲例正同束晳改作儀失序意矣不當反據之也凡他書援引之異不可信者覼諸此毛不注序無此傳明甚李善取烝民我義圖之之傳破而引之耳

無以知其篇第之處　小字本相臺本同案正義云篇第所在皆當言處云之意者以無意義可推尋而知故云意也各本作處者皆誤段玉裁云正義作意是也

故鄭於譜言　閩本明監本毛本同案譜當作此

〇蓼蕭

外薄四海　小字本相臺本同案釋文云外薄音博諸本作外敷注音芳夫反正義云檢鄭所注尚書經作外薄今定本作外敷恐非也

書傳稱越常氏之譯曰　閩本明監本毛本常作裳案所改非也周頌譜及臣工二正義引皆作當依說文常是裳之正字

雒師謀我應注　閩本明監本毛本雒誤維案文王正義引皆作雒

州有十二師　閩本明監本毛本同案有十當作十有正義下云既言州十有二師可證下引注云州立十二人又云故州有十二師者皆非經成文也山井鼎云宋板作十有誤衆下行耳

舒其情意　小字本相臺本同考文古本同閩本明監本毛本舒誤輸

彼四夷之君此四夷之君所以得所者　閩本明監本毛本同案之至四

十行本剜添者一字

我心則舒寫盡兮　閩本明監本毛本舒作輸案所改非也此用箋

言爲天子所保　閩本明監本毛本同案浦鏜云子疑下字誤是也

雖香而是物之微者　閩本明監本毛本同案而至微十行本剜添者一字

豈樂弟易也　小字本相臺本同案釋文以樂也作音當是其本較今各本皆每多也字考文古本有采釋文

鞗革忡忡　相臺本同唐石經小字本作沖沖閩本明監本毛本同案沖沖是也十行本正義中字仍作沖沖釋文同皆可證

鞗轡也革轡首也　小字本相臺本同案段玉裁云傳鞗轡首飾也革轡首也此謂革卽勒字古文省攸革古金石文字皆作攸勒或作鋚勒說文鋚轡首銅也然則鋚以飾轡首傳云垂飾貌正謂鋚也韓奕鞹以爲鞃淺以爲幦鋚以飾勒金以飾軛四事一例載見云攸革有鶬鶬謂金飾釆芑箋云攸革轡首垂也皆可證各本作轡也係淺人删首飾二字攸作鞗亦淺人爲之又詳詩經小學今考正義云鞗皮以爲轡標起止云傳鞗轡也釋文鞗下云轡也五經文字革部云鞗轡也見詩是唐時本已與今各本同

立當前侯　閩本明監本毛本同案此不誤浦鏜云疾誤侯非也周禮本是侯字唐石經以下皆譌爲疾唯此及論語鄉黨疏所引不誤詳見禮說九經古義周禮漢讀考

〇湛露

蓼蕭序云天子　閩本明監本毛本同案序下浦鏜云脫不字是也

其義有似醉之貌　閩本明監本毛本同小字本相臺本義作儀案儀字是也正義云其威儀有似醉之貌也可證

夜飲私燕也　小字本相臺本同案正義云故言燕私也引楚茨尚書大傳燕私以說之是此誤倒常棣

正義引此亦誤

猶諸侯之儀也　小字本相臺本同案儀當作義卽正義所云族人之義也下箋此天子於諸侯之儀亦當作義卽正義所謂宗子之義也皆無取於威儀又正義屢云天子於諸侯之義亦可證

燕私者何而與族人飲　閩本明監本毛本同案而上當有己字常棣正義引有

於是乃止　小字本相臺本同案正義云於是止是其本無乃字

以此變言在其實　閩本明監本毛本同案言在二字盧文弨云當乙是也

○彤弓

自諸侯敵王所愾　毛本愾誤鎎閩本明監本不誤○按鎎或鎎之誤說文引左傳作鎎

後說享　閩本明監本毛本享作饗案所改是也下同

正以有功者受彤弓彤弓之賜　閩本明監本毛本正誤王案下彤字當作玈

安得賜玈弓多彤弓少　閩本明監本毛本同案安得當作案傳形近之譌

坐絕祭齊之也　閩本明監本毛本同案浦鏜云齊誤齊是

是言之可以明主之獻賓　閩本明監本毛本同案浦鏜云言當右字誤是也

○菁菁者莪

外之司徒曰選官　閩本明監本毛本同案山井鼎云官當作士是也物觀補遺云宋板官作士當是剜也

蘿蒿也此蘿蒿也此蘿蒿　閩本明監本毛本不重也此蘿蒿四字案所改是也此複衍

莪似邪蒿而細　閩本明監本毛本似誤以毛本莪作莪案莪字是也

不成貝寸二分　閩本明監本毛本同案貝下當依漢志補不盈二字

載沈亦沈　小字本相臺本同案下沈字當作浮正義云則載其沈物則載其浮物俱浮水上又云傳言載沈亦浮皆可證也考文古本作浮采正義

附釋音毛詩注疏卷第十 十之二

毛詩小雅　鄭氏箋　孔穎達疏

六月，宣王北伐也。從此至無羊十四篇，是宣王之變小雅。鹿鳴廢則和樂缺矣，樂音洛，篇末注同。缺，苦悅反。四牡廢則君臣缺矣，皇皇者華廢則忠信缺矣，常棣廢則兄弟缺矣，伐木廢則朋友缺矣，天保廢則福祿缺矣，采薇廢則征伐缺矣，出車廢則功力缺矣，杕杜廢則師衆缺矣，魚麗廢則法度缺矣，南陔廢則孝友缺矣，白華廢則廉恥缺矣，華黍廢則蓄積缺矣，蓄，勑六反。由庚廢則陰陽失其道理矣，南有嘉魚廢則賢者不安、下不得其所矣，崇丘廢則萬物不遂矣，南山有臺廢則爲國之基隊矣，隊，直類反。由儀廢則萬物失其道理矣，蓼蕭廢則恩澤乖矣，湛露廢則萬國離矣，形弓廢則諸夏衰矣，夏，戶雅反。菁菁者莪廢則無禮儀矣，小雅盡廢則四夷交侵，中國微矣。六月言周室微而復興，美宣王之北伐也。

【疏】「六月」六章，章八句，盡「中國微矣」。○正義曰：此經六章皆在北伐之事，序又廣之，言宣王所以北伐者，由於前厲王小雅盡廢，致令四夷交侵，以故汎敘所廢之事焉。鹿鳴言和樂且耽，故廢則和樂缺矣。以下廢缺其義易明，不復須釋。由庚以下不言缺者，敘者因文起義，明與上詩別主。見缺者爲剛，君父之義；不言缺者爲柔，臣子之義。以文武道同，故俱言缺。周公、成王則臣子也，故變文焉。由儀言萬物之生各得其宜，故廢則萬物失其道理矣。此與由庚全同，由庚言陰陽，此言萬物者，由庚言由陰陽得理，萬物得其道；由儀則指其萬物生得其宜，本之於陰陽，所以異也。此二十二篇小雅之正經，王者行之，所以養中國而威四夷。今盡廢，事不行，則王政衰壞，中國不守，四方夷狄來侵之，中夏之國微弱矣。言北狄所以來侵者，爲廢小雅故也。厲王廢之而微弱，宣王能禦之而復興，故博而詳之，而因明小雅不可不崇，以示法也。此篇北伐，下篇南征，蠻狄之侵則有之矣，其戎夷則小雅無其事。厲王之末，天下大壞，明其四夷俱侵也。江漢命召公平淮夷，明是厲王之時淮夷亦侵也。雖無戎侵之事，蓋作者所以不言耳。假使無戎侵，亦得言四夷矣。定本此序注云「言周室微而復興，美宣王之北伐也」，案集本及諸本並無此注。首章傳曰：「日月爲常。」周禮「王建太常」。二章傳曰：「出征以佐其爲天子。」是自於己之辭。觀此則毛意此篇王自征也。卒章傳曰：「使文武之臣征伐，與孝友之臣處內。」言與，似共留不去之辭。王肅云：「宣王親伐玁狁，出鎬京而還，使吉甫追伐，逐乃至於太原。」如肅意，宣王先歸於京師，吉甫還時，王已處內，故言與孝友之臣處內也。肅以鎬爲鎬京，未必是毛之意。其言宣王先歸，或得傳旨，不然，不得載常簡閱，遣將獨行也。則毛意上四章說王自親行，下二章說王還之後，遣吉甫行也。故三章再言薄伐，上謂王伐之，下謂吉甫伐之也。鄭以爲獨遣吉甫，王不自行。王基，鄭之徒也，云：「六月使吉甫，采芑命方叔，江漢命召公，唯常武宣王親自征耳。」孔晁云：「王親自征耳。」孔晁，王肅之徒也，言六月王親行，常武王不親行，故常武曰「王命卿士，南仲太祖，太師皇父」，非王親征也。又曰「王奮厥武，王旅嘽嘽」，皆統於王師也。又「王曰還歸」，將士稱王命而歸耳，非親征也。案出車，文王不親而經專美南仲，此篇亦專美吉甫，若將帥之從王而行，則君統臣功，安得言不及王而專歸美於下？若王自親征，飲至大賞，則從軍之士莫不在焉，何由吉甫一人獨多受祉？故鄭以此篇爲王不親行也。常武言王旅，容可統之於王，經云「赫赫業業，有嚴天子」，說天子之容，何統乎？又遣將誓師，可稱王意。經言「王曰還歸」，事在既克之後，事平理自當還。在軍將所專制，何當假稱王命始還師也？以此知常武親征爲得其實，孫毓亦以此篇王不自行，鄭說爲長。

六月棲棲，戎車既飭。四牡騤騤，載是常服。棲棲，簡閱貌。飭，正也。日月爲常。服，戎服也。箋云：記六月者，盛夏出兵，明其急也。戎車，革輅之等也，其等有五。戎車之常服，韋弁服也。○棲音西。飭音勑，依字從力，飭飾之字從巾，不同也。今人食邊作力，以爲脩飾之字，借作勑音，非。騤，求龜反。閱音悅。玁狁孔熾，我是用急。熾，盛也。箋云：此序吉甫之意也。北狄來侵甚熾，故王以是急遣我。○熾，尺志反。玁

王于出征，以匡王國。箋云：于，曰。匡，正也。王曰：今女出征玁狁，以正王國之封畿。

〔疏〕「六月」至「王國」。毛以爲正當盛夏六月之時，王以北狄侵急，乃自征而禦之。簡選閱擇其中車馬士衆，棲棲然，其所簡練戎車既皆飭正矣，戎車所駕之四牡又騤騤然強盛，王乃載是日月之常，建之於車，及兵戎之服，以此而伐玁狁也。王所以六月簡閱出兵者，由玁狁之寇來侵甚熾，我王是用之故，須急行也。王於是出行征伐，以匡正王之國也。鄭以爲吉甫受命六月北征，即閱士衆，棲棲然所簡戎車既齊正矣，所乘四馬皆強壯騤騤然，乃載是常，從戎韋弁之服以出征也。吉甫意云：所以六月行者，以北狄來侵甚盛，我王是用遣我之急也。王曰：今女出征玁狁，以正王國之封畿，我故盛夏而行也。○傳「棲棲」至「戎服」。○正義曰：以棲棲非六月之狀，故爲簡閱貌也。日月爲常，春官司常文。謂之王旌，畫日月也。服，戎服也，即以韋弁服也。但分爲二事，故與鄭異。○箋「六月」至「服」。○正義曰：以征伐之詩多矣，未有顯言月者，此獨言之，故云記六月者，盛夏出兵，明其急也。春官巾車掌王之五路，革路以即戎，故知戎車，革路之等也。春官車僕掌戎路之倅，廣車之倅，闕車之倅，屏車之倅，輕車之倅。注云：此五者皆兵車，所謂五戎也。戎路，王在軍所乘，廣車，橫陳之車，闕車，所用補闕之車也。屏車，所用對敵自蔽隱之車也。輕車，所用馳敵致師之車也。是其等有五也。吉甫用所乘兵車，亦革路，在軍所乘，與王同，但不知備五戎以否。鄭因事解之，不必備五也。言戎車之常服韋弁服者，以上言戎車既飭，即載是常服，是則戎車載之，故云戎車之常服也。言載之者，以戎服當戰陳之時乃服之，在道未服之。司服云「凡兵事，韋弁服」，注云：韋弁以韎韋爲弁，又以爲衣。春秋晉郤至衣韎韋之跗注是也。周禮云韋弁皮弁服皆素裳白舃。又雜問志云：韎韋之不注，不讀如幅注屬也。幅有屬者，以淺赤韋爲弁，又以爲衣而素裳白舃也。知淺赤者，以詩言韎韐有奭，以韎韐茅蒐染之，而奭爲赤貌，若不淺則絳，故知淺赤也。聘禮：君使卿韋弁歸饔餼，注云：韋弁，韎韐之弁，其服蓋韎布以爲衣而素裳，不韎皮爲衣者，以卿之歸饔餼，當用皮弁，以權事之宜，而用韋弁，故彼注云：兵服也，而服之者，皮韋同類，取相近耳。以皮弁衣，故彼韋弁衣用赤布也。以皮韋同類，故孝經注曰：田獵戰伐冠皮弁，援神契云：皮弁素積，軍旅也，皆以皮弁統韋弁言之，若分別言之，戰伐用韋，不用皮也。此所載者，據將帥服耳。其餘軍士之服，下章言「既成我服」是也。通皆韋皮，故坊記注云：雖在軍，同服耳。知者，僖五年左傳曰「均服振振，取虢之旂」，是同也。禮，在朝及齊祭，君臣有同服多矣。鄭獨言在軍者，爲僕右無也，以君各以時服，僕右恒朝服，至在軍則同，故言雖耳，不謂通於他事。○箋「于曰」至「封畿」。○正義曰：鄭以王不自親征，吉甫述王之辭，故言其曰。毛氏於詩言于者，多爲於，爲往，所以爲王自征耳。言王國者，以率土之濱，莫非王臣，要服之內，是王國之封畿也。

比物四驪，閑之維則。物，毛物也。則，法也。言先教戰然後用師。○比，毗志反。齊同也。○

維此六月，既成我服。我服既成，于三十里。師行三十里。箋云：王既成我戎服，將遣之，戒之曰：日行三十里，可以舍息。

王于出征，以佐天子。出征以佐其爲天子也。箋云：王曰：令女出征伐，以佐助我天子之事，禦北狄也。

〔疏〕「比物」至「天子」。○毛以爲宣王之征，所簡車馬者，乃比同力之物，四驪之馬，此四驪之馬，先以閑習之維有法則矣，所以今用之。維此六月之時，既成我軍士之戎服，我軍士戎服既成，於是師行，日三十里，王於是出行征伐玁狁，成已爲天子之大功也。○鄭唯以吉甫獨行，王于爲曰爲異，餘同。○傳「物毛」至「用師」。○正義曰：夏官校人云：凡大事祭祀、朝覲、會同，毛馬而頒之。凡軍事，物馬而頒之。注云：毛馬齊其色，物馬齊其力，是毛物之文也。傳以直言物則難解，故連言毛物以曉人也。然則比物者，比同力之物，戎車齊力尚強，不取同色，而言四驪者，雖以齊力爲主，亦不厭其同色也。故曰駟騵彭彭，又曰乘其四騏，田獵齊足而曰四黃既駕，是皆同色也。無同色者，乃取異毛耳，騏騵是中，騧驪是驂是也。以言閑之，是以先閑習，故知先教戰而後用師也。書傳曰：征伐必因蒐狩以閑之，閑之者，何貫之，貫之何？習之是也。○傳「師行三十里」。○正義曰：此述宣王之征，是師行之事，美事明得禮，故諸軍法皆以三十里爲限。漢書律歷志計武王之行亦準此也。

四牡脩廣，其大有顒。脩，長。廣，大也。顒，大貌。○顒，玉容反，說文云：大頭也。

薄伐玁狁，以奏膚公。奏，爲。膚，大。公，功也。

有嚴有翼，共武之服。嚴，威嚴也。翼，敬也。箋云：服，事也。言今師之羣帥有威嚴者，有恭敬者，而共典是兵事，言文武之人備。○嚴如字。共，鄭如字，注下同。王徐音恭。帥，所類反，下將帥同。後篇放此。

共武之服，以定王國。箋云：定，安也。

〔疏〕「四牡」至「王國」。○毛以爲王所將戎車所駕之四牡，形容脩長而又廣大，其大之貌則有顒然。以此之強，薄伐玁狁之國，以爲天子之大功也。非直車馬之強，又有威嚴之將，恭敬之臣，而共典掌是兵武之事，其嚴者威敵厲衆，敬者撫和上下，既有此文武之臣，共掌兵事，以此而往

故當克勝而安定王國也鄭唯據吉甫爲異

玁狁匪茹，整居焦穫，侵鎬及方，至于涇陽。焦穫周地接于玁狁者箋云匪非茹度也鎬也方也皆北方地名言玁狁之來侵非其所當度爲也乃自整齊而處周之焦穫來侵至涇水之北言其大恣也○茹如豫反徐音如穫音護爾雅十藪周有焦護鎬胡老反王云京師度徒洛反下同

織文鳥章，白旆央央。鳥章錯革鳥爲章也白旆繼旐者也央央鮮明貌箋云織徽織也鳥章鳥隼之文章將帥以下衣皆著焉○織音志又尺志反注同白茷本又作旆蒲貝反繼旐曰茷左傳云蒨茷是也一曰旆與茷古今字殊央音英或於良反下篇同徽音輝將子亮反下大將同後篇將帥放此著知畧反

元戎十乘，以先啓行。元大也夏后氏曰鉤車先正也殷曰寅車先疾也周曰元戎先良也箋云鉤鞶行曲直有正也寅進也二者及元戎皆可以先前啓突敵陳之前行其制之同異未聞○乘繩證反行戶郎反注前行同夏戶雅反鉤古侯反股音古今經注作鞶無股字以先蘇薦反陳直覲反

【疏】玁狁至啓行○毛以爲王師已行數狄之罪故陳其放恣言玁狁之所侵者非其意所當度乃整齊而處我周之焦穫之地又侵鎬及北方之地至於涇水之北侵及近地石爲大甚故以當合征之而將帥以下皆有徽織之象其文有鳥隼之章以帛爲行旆央央然鮮明皆有致死之備以行也又有戎車十乘以在軍先欲以啓突敵陳之前行尙玁狁之恣而用伐之鄭唯據吉甫爲異○傳焦至玁狁○正義曰釋地云周有焦穫郭璞曰今扶風池陽縣瓠中是也其澤藪在瓠中而藪外猶焦穫所以接于玁狁也孫炎曰周岐周也以焦穫繼岐周言之則於鎬京爲西北矣以北狄言之故爲北方耳○箋匪非至大恣○正義曰以北狄所侵故知鎬也方也皆北方地名也整齊而處之者言其居周之地無所畏憚也鎬方雖在焦穫之下不必先焦穫乃侵鎬方據在北方在焦穫之東北若在焦穫之內不得爲長遠也水北曰陽故言涇水之北涇去京師爲近故言大恣毛不解鎬方之文而出車傳曰朔方近玁狁之國鎬方文連則傳意鎬亦北方地也王肅以爲鎬京故王基駮曰據下章云來歸自鎬我行永久言吉甫自鎬來歸猶春秋公至自晉公至自楚亦從晉楚歸來也故知鎬耶千里之鎬猶以爲遠鎬去京師千里長安洛陽代爲帝都而濟陰有長安鄉漢有洛陽縣此皆與京師同名者也孫毓亦以箋義爲長○傳鳥章至旐者○正義曰釋天云錯革鳥曰旟孫炎曰錯置也革急也畫急疾之鳥於縿也鄭志荅張

逸亦云畫急疾之鳥隼是也故箋云鳥隼之文章正知隼者以司常云鳥隼爲旟釋天云繼旐曰旆故云白茷繼旐者也茷與旆古今字也故定四年左傳曰蒨茷旃旌亦旆也以其繼旐垂之因以爲狀故曰胡不旆旆此旟而言旐者散則通名○箋織徽至著焉○正義曰言徽織者以其在軍爲徽號之織史記漢書謂之旗幟幟與織字雖異音實同也傳云革鳥爲章解不明故云鳥隼之文章將帥以下衣皆著焉謂此文鳥章白茷央央也以絳爲縿畫爲鳥隼又絳爲旐書名於末以爲徽織知者司常掌九旗之物名各有屬注云物名者所畫異物則異名也屬謂徽織也大傳謂之徽號今城門僕射所被及亭長著絳衣皆其舊象也又曰皆畫其象焉官府各象其事州里各象其名家各象其號注云事名號織所以題別衆臣樹之於位朝者各就焉覲禮曰公侯伯子男皆就其旂而立此其類也或謂之事或謂之名或謂之號異外內也三者旌旗之細士喪禮曰爲銘各以其物亡則以緇長半幅赬末長終幅廣三寸書名於末此蓋其制也徽織之書則云某某之事某某之名某某之號今大閱禮象而爲之兵凶事若有死事者亦當以相別也由此言之則徽織者其制亦如所建旌旗而畫之其象但小耳故鄭云旌旗之細以皆著於衣理不宜長以無長短之制故引士喪長半幅以證之士喪注云牢幅一尺絳幅二尺除去絳直是銘長三尺也故士喪禮竹杠長三尺置于宇西階上鄭云此蓋其制以死之銘旌卽生之徽織鄭引士喪禮以證自王以下旌旗雖有等差其徽織疑同長三尺以同著於衣不宜差降則此徽織亦縿長一尺畫鳥隼旐長二尺書名於末九旗之物皆用絳則此亦絳也言白旆者謂絳帛猶通帛爲旃亦是絳也言各畫其象者以其徽雖短之令小皆本之建旗故司常云大喪供銘旌注云王則太常也又引士喪禮爲銘各以其物是自王以下徽織皆畫其所當建也此獨言鳥章者周禮軍行百官建旟舉百官者所以統其餘也言將帥以下者大司馬曰仲夏教茇舍辨號名之用帥以門名注云號名者徽織所以相別也在國以表朝位在軍又象其制而爲之被之以備死事帥謂軍將至五長是將帥以下自五長以上不見士卒其有無不明蓋亦各有之矣司常云官府各象其事謂百官以職從王者象其所建旌旐畫之謂之爲事州里各象其名者謂州長至比長象其所建之旌旐謂之爲名家各象其號者謂卿大夫采地之臣象其所建之旌旐謂之爲號此雖有三案大司馬仲夏辨號名之用帥以門名縣鄙各以其名家以號名卿以州名野以邑名百官各象其事雖有六與司常事名號三者不殊但司馬細別言之耳帥以門名者帥謂六軍之將

皆命卿營所治國門以在門所建之旌旂爲徽織之此帥從伍長以上但以卿統名焉。事則司常官府各象其事是也縣鄙各以其名者謂六遂縣正以下至鄰長卿以州名者謂州長至比長野以邑名者謂六遂以外公邑大夫此三者卽司常所云州里各象其名也家以號名者卽司常云家象其號也百官各象其事者卽司常云官府各象其事也。傳夏后至先良。正義曰夏后氏曰鉤車殷曰寅車周曰元戎司馬法文也先疾先良傳因名以解之。箋鉤鉤鞶至未聞。正義曰箋以毛因而增解遂解其名以明義春官巾車職曰金路鉤樊纓注云鉤讀如婁頷之鉤樊讀如鞶帶之鞶謂今馬大帶是也鉤鞶之文。定本鉤鞶作鉤般此實在馬駕乃設之巾車以爲車飾故得車取名焉鄭兼言鞶者并舉其類以曉人猶上傳云物毛物也周禮革路無鉤此特設鉤故以名車也此車備設鉤鞶其行曲直有正故云先正也或卽鄭云曲直有正蓋謂此車行鉤曲般旋曲直有正不必爲馬飾也寅進也此車能進取遠道故云先疾也其元戎者傳已訓元爲大故鄭不復解之言大車之善者故云先良也無文論其形故云同異未聞**戎車既安如輊如軒四牡既佶既佶且閑**輊摯佶正也箋云戎車之安從後視之如摯從前視之如軒然後適調也佶壯健之貌。輊竹二反佶其乙反又其吉反摯音至**薄伐玁狁至于大原**言逐出之而已。大音泰**文武吉甫萬邦爲憲**吉甫尹吉甫也有文有武憲法也箋云吉甫此時大將也【疏】戎車至爲憲。毛以爲王征玁狁既出鎬方玁狁退王身還反而使吉甫逐之故此章更敘車馬之盛言兵戎之車既安正矣從後視之如輊從前視之如軒是適調矣其所駕四牡之馬既正大矣且須復閑習吉甫以此薄伐玁狁敵不敢當遂追奔逐北至于大原之地王師所以得勝者以有文德武功之臣尹吉甫其才畧可爲萬國之法受命逐狄王委任焉故北狄遠去也。鄭以爲元來吉甫獨行以佶爲壯健爲異餘同。傳言逐出之而已。正義曰不言與戰經云至于大原是宣王德盛兵强玁狁奔走不敢與戰吉甫直逐出之而已采芑出車皆言執訊獲醜此無其事明其不戰也莊三十年齊人伐山戎公羊傳曰此蓋戰也何以不言戰春秋敵者言戰桓公之與戎狄驅之耳何休曰時齊桓公力但可驅逐之而已義與此同**吉甫燕喜既多受祉**祉福也箋云吉甫既伐玁狁而歸天子以燕禮樂之則歡喜矣又多受賞賜也**來歸自鎬我行永久**

飲御諸友炰鼈膾鯉御進也箋云御侍也王以吉甫遠從鎬地來又日月長久今飲之酒使其諸友恩舊者侍之又加其珍美之饌所以極勸也。飲於鴆反注同鼈卑滅反膾古外反鯉音里**侯誰在矣張仲孝友**侯維也張仲賢臣也善父母爲孝善兄弟爲友使文武之臣征伐與孝友之臣處內箋云張仲吉甫之友其性孝友【疏】吉甫至孝友。毛以爲吉甫逐出玁狁遠出中國有功而歸王以燕禮樂之則歡喜既多受賞賜之福也王所以燕賜之者以其來歸自鎬其處迥遠我吉甫之行日月長久矣故今王飲之酒進其宿在家諸同志之友與俱飲以盡其歡又加之以炰鼈膾鯉珍美之饌燕賜厚矣其所進諸友之中維復誰在其中間矣有張仲其性孝友在焉言吉甫之賢有此善友因顯所任得人外則使文武之臣征伐內則與孝友之臣處內亦所以爲美也。鄭唯吉甫元帥專征又以御爲侍言飲酒則有侍者諸友舊恩之人以此爲異餘同。箋御侍至勸之。正義曰鄭以諸友侍之爲尊崇之意其義勝進故易傳也言加珍美之饌者以燕禮其牲狗天子之燕不過有牢牲魚鼈非常膳故云加之。箋張仲至孝友。正義曰箋以侯誰在矣是問吉甫諸友之辭故知張仲吉甫之友也爾雅李巡注云張姓仲字其人孝故稱孝友

六月六章章八句

采芑宣王南征也芑音起徐又求己反【疏】采芑四章章十二句至南征。正義曰謂宣王命方叔南征蠻荊之國上言伐此云征便辭耳無義例也言伐者以彼有罪伐而討之猶執斧以伐木言征者已伐而正其罪故或并言征伐其義一也

薄言采芑于彼新田于此菑畝興也芑菜也田一歲曰菑二歲曰新田三歲曰畬宣王能新美天下之士然後用之箋云興者新美之喻和治其家養育其身也士軍士也。菑側其反郭云反草曰菑畬音餘**方叔涖止其車三千師干之試**方叔卿士也受命而爲將也涖臨師衆干扞試用也箋云方叔臨視此戎車三千乘其士卒皆有佐師扞敵之用爾司馬法兵車一乘甲士三人步卒七十二人宣王承亂羨卒盡起。莅本又作涖音利又音類沈力二反扞胡旦反乘繩證反下一乘同卒子忽反下皆同羨延面反餘也又徐薦反**方叔率止乘其四**

駟四騏翼翼箋云：率者率此戎車士卒而行也。翼翼，壯健貌。路車有奭簟茀魚服鉤膺鞗革奭，赤貌。鉤膺，樊纓也。箋云：茀之言蔽也，車之蔽飾，象席文也。魚服，矢服也。鞗革，轡首垂也。○奭，許力反。茀音弗。鞗音條。樊，步干反，馬大帶也。

疏「薄言」至「鞗革」。○正義言人須芑爲菜，我薄采此芑於何處乎？當於彼新田，於此菑畝之中。以新田菑畝謂已和耕其田，生長其芑，必肥美可食，故於此采之也。以興須人爲軍士，我薄取人於何處乎？當於彼蒙教，於此被育之家。以蒙教被育，已和治其家，養育其身，士必勇武可用，故於之彼取之也。既於新美被養處召得軍士，而大將方叔臨視之，於其車衆之多，中有三千乘矣，其士皆有佐師扞敵之用，是取之得人也。大將方叔率之以行，乃自乘其四騏之馬，此四騏之馬翼翼然甚壯健矣。又此所駕路車有奭然而赤，其車以方文竹簟之席爲之蔽飾，其上所載有魚皮爲矢服之器，其馬婁頷有鉤，在膺有樊纓之飾，又以鞗皮爲轡首之革而垂之。方叔既率士衆乘是車馬往征之。○傳「采芑」至「用之」。○正義曰：陸機疏云：「芑菜似苦菜也，莖青白色，摘其葉，白汁出，肥可生食，亦可烝爲茹。青州人謂之芑。西河、鴈門芑尤美，胡人戀之不出塞。」是也。「一歲曰菑，二歲曰新田，三歲曰畬」，釋地文。

詩疏十之二　　九　　古香書屋

菑者，災也。畬，和柔之意。故孫炎曰：「菑，始災殺其草木也。新田，新成柔田也。畬，和也，田舒緩也。」郭璞曰：「今江東呼初耕地反草爲菑。」是也。臣工傳及易注皆與此同。唯坊記注云「二歲曰畬，三歲曰新田」，坊記引易之文，其注理不異，當是轉寫誤也。田耕二歲，新成柔田，采必於新田者，新美其菜，然後采之，故以喻宣王新美天下之士，然後用之也。箋解菜之新田，耕其田土，所以得其新美者，正謂和治其家，救其飢乏，養育其身，不妄征役也。二歲曰新田，可言美；菑始一歲，亦言於此菑畝者，菑對未耕亦爲新也。且菑殺草之名，雖二歲之後，耕而殺草，亦名爲菑也。鄭謂菑南畝爲一耕田，是柔田之耕亦爲菑也。于此菑畝，文在新田之下，未必一歲之田也。○箋「宣王」至「盡起」。○正義曰：天子六軍，千乘。今三千乘，則十八軍矣。所以然者，宣王承厲王之亂，荆蠻內侵，衆少則不足以敵之，故盡卒盡起，而有此三千也。地官小司徒職曰：「上地家七人，可任者家三人；中地家六人，可任者二家五人；下地家五人，可任者家二人。以其餘爲羨，唯田與追寇竭作。」起軍之法，家出一人，故鄉爲一軍，唯田獵與追寇皆盡行耳。今以敵強與追寇無異，故羨卒盡起。羨，餘也。以一人爲正卒，其餘爲羨卒也。若然，彼三等之家通而率之，家有二人半耳，縱令盡起，唯二千五百乘，所以得有三千者，蓋出六遂以足之也。且言家二人、三人者，舉其大率言耳。人有死生，數有改易，六鄉之內不必常有千乘，況羨卒豈能正滿二千五百也？當是於時出軍之數有三千耳，或出於公邑，不必皆鄉遂也。○傳「奭赤」至「樊纓」。○正義曰：瞻彼洛矣云「靺韐有奭」，彼茅蒐染爲奭，故知赤貌也。言鉤膺樊纓者，以此言鉤，是金路，故引金路之事以說之。在膺之飾唯有樊纓，故云鉤樊纓也。巾車注云：「鉤，婁頷之鉤也。金路無鍚有鉤，亦以金爲之。」是鉤用金在頷之飾也。彼注又曰：「樊讀如鞶帶之鞶，謂今馬大帶。纓，今馬鞅。金路其樊及纓以五采罽飾之而九成。」是帶鞅在膺，故言膺以表之也。巾車金路同姓以封也，今方叔所乘者，或方叔爲同姓也。又下云「方叔元老」，則方叔五官之長，是上公也。上公雖非同姓，或亦得乘金路矣。不乘革路者，以革路臨戰所乘，此時受命率車，未至戰時故也。不言戎車也。

薄言采芑于彼新田于此中鄉鄉，所也。箋云：中鄉，美地名。

方叔涖止其車三千旂旐央央箋云：交龍爲旂，龜蛇爲旐。此言軍衆將帥之車皆備。

方叔率止約軝錯衡八鸞瑲瑲軝，長轂之軝也。朱而約之。錯衡，文衡也。瑲瑲，聲也。○軝，祁支反，廣雅云：轂篆。錯，如字，沈七故反。瑲，本亦作鎗，七羊反，徐七羡反。服其

詩疏十之三　　十　　古香書屋

命服朱芾斯皇有瑲葱珩朱芾，黃朱芾也。皇猶煌煌也。瑲，珩聲也。葱，蒼也。三命葱珩。言周室之強，車服之美也。言其強美，斯劣矣。箋云：命服者，命爲將受王命之服也。天子之服，韋弁服，朱衣裳也。○芾，本又作茀，或作紱，皆音弗。下篇「赤芾」同。創本又作瑲，亦作鎗，同，皆七羊反。珩音衡。煌音皇，又音晃。朱衣裳，本或作朱衣纁裳，纁衍也。

疏「方叔」至「葱珩」。○正義曰：言方叔爲將，既率戎車，將率而行，乃乘金車，以朱纏約其轂之軝，錯置文於車之上衡，車行動，其四馬八鸞之聲瑲瑲然。其身則服其受王命之服，黃朱之芾於此煌煌然鮮美，又有瑲瑲然之聲所佩蒼玉之珩。以此車服之美而往征伐也。○傳「軝長」至「文衡」。○正義曰：說文云：「軝，長轂也。」則轂謂之軝。考工記說兵車、乘車，其轂長於田車，是爲長轂也。言朱而約之，謂以朱色纏束車轂以爲飾。輪人云：「容轂必直，陳篆必正。」注云：「容者，治轂爲之形容也。篆，轂約也。」蓋以皮纏之，而上加以朱漆也。知約以朱者，以上言鉤膺，是陳金路之事也。金路以金爲飾，轂色宜與金同，且上言路車有奭，奭是赤貌，故知約必用朱也。知錯衡必爲文衡者，錯者，雜也，雜物在衡，是有文飾。其飾之物，注無云焉，不知何所用也。○傳「朱芾」至「斯劣矣」。○正義曰：以言斯皇，故知黃朱也。斯干傳曰：「天子純朱，諸侯黃朱。」皆朱

芾據天子之服言之也於諸侯之服則謂之朱芾耳玉藻云一命緼韍黝珩再命赤韍黝珩三命赤韍葱珩是據諸侯而言也彼云又累一命至三命而止而云葱珩則三命以上皆葱珩也故云三命葱珩明至九命皆葱珩非謂方叔唯三命也此上三章皆云其車三千言周室之强路車朱芾言車服之美也必言其强美者斯劣弱矣老子曰國家昏亂有忠臣六親不和有孝慈明名生於不足詩人所以盛矜於强美者斯爲宣王承亂劣弱矣而言之也。箋命服至衣裳。正義曰鄭解服其命服之節言此命服者今方叔爲受王命之服也言受王命之時王以此服命之故方叔服之而受命也知者春官司服云凡兵事韋弁注云韋弁以韎韋爲弁又以爲衣裳。是朱之淺者故得以朱表之周禮志云韋韋弁素裳此連言朱裳者以經云朱芾芾從裳色故知裳亦朱也不用戎服素裳者以其命將非在軍不可純如之也亦變爲美故雜以祭服之飾爲此本或云天子之服韋弁服朱衣纁裳者誤定本亦無纁字

鴥彼飛隼其飛戾天亦集爰止戾至也箋云隼急疾之鳥也飛乃至天喻士卒勁勇能深攻入敵也爰於也亦集於其所止喻士卒須命乃行也。鴥惟必反**方叔涖止其車三千師干之試**箋云三稱此者重師也**方叔率止鉦人伐鼓陳師鞠旅**伐擊也鉦以靜之鼓以動之鞠告也箋云鉦也鼓也各有人爲言鉦人伐鼓互言爾二千五百人爲師五百人爲旅此言將戰之日陳列其師旅誓告之也陳師告旅亦互言之。鉦音征說文云鐃也又云鐲也鞠居六反將戰此如字餘並子匠反

顯允方叔伐鼓淵淵振旅闐闐淵淵鼓聲也入曰振旅復長幼也箋云伐鼓淵淵謂戰時進士衆也至戰止將歸又振旅伐鼓闐闐然振猶止也旅衆也春秋傳曰出曰治兵入曰振旅其禮一也

【疏】鴥彼至闐闐。正義曰鴥然而疾者彼飛隼之鳥也其飛乃高至天雖能高飛亦集其所止之處不妄飛以興彼勇武之衆其勇能深入於敵雖則勇勁亦稟於將帥之命不妄動也以此勁勇之征伐故方叔臨視之行其車之衆有三千乘皆有佐師扞敵之用方叔既臨視乃率之以行也未戰之前則陳閱軍士則有鉦人擊鉦以靜之鼓人伐鼓以動之至於臨陳欲戰乃陳師陳旅誓而告之以賞罰使之用命明信之方叔既誓師衆當戰之時身自伐鼓率衆以作其氣淵淵然爲衆用力遂敗蠻荆及至戰止將歸又斂陳振旅伐鼓闐闐然由將能如此所以克勝也。箋隼急疾之鳥。正義曰釋鳥云鷹隼醜其飛也翬舍人曰謂隼鷂之屬翬翬其飛疾羽聲也郭璞云鼓翅翬翬然疾是急疾之鳥也說文曰隼鷙鳥也陸機疏云隼鷂屬也齊人謂之擊征或謂之題肩或謂之雀鷹春化爲布穀者是也定本士卒勁勇作至勇。傳鉦以至動之。正義曰周禮有錞鐲鐃鐸無鉦也說文云鉦鐃也似鈴柄中上下通然則鉦即鐃也鼓人云以金鐃止鼓大司馬云鳴鐃且卻聞鉦而止是鉦以靜之大司馬又曰鼓人三鼓車徒皆作聞鼓而起是鼓以動之也說文又曰鐲鉦也鐃也則鐲鐃相類俱得以鉦名之故鼓人注云鐲鉦也形如小鐘是鐲亦名鉦也鐲似小鈴鐃似鈴是有大小之異耳俱得名鉦但鐲以節鼓非靜之義故知鉦以靜之指謂鐃也凡軍進退皆鼓動鉦止非臨陳獨然依文在陳師鞠旅之上是未戰時事也。箋春秋至一禮。正義曰古者春教振旅秋教治兵以戎是大事又三年一教隱五年左傳曰三年而治兵入而振旅是也征伐之時出軍至對陳用治兵禮戰止至還歸入用振旅法名異而禮同也以此出當用之故以循治兵事爲名入則休息故以整衆爲名其治兵振旅之名周禮左傳穀梁爾雅皆同唯公羊以治兵爲祠兵其禮治兵則幼賤在前振旅則尊老在前釋天云出爲治兵尚威武也入爲振旅反尊卑也孫炎曰出則幼賤在前貴勇力也入則尊老在前復常法也故此傳云入曰振旅復長幼是反爲尊卑也此引春秋傳者莊八年公羊文也公羊爲祠兵此言出曰治兵者諸文皆作治兵明彼爲誤故經改其文而引之必引此文者取其禮一也以淵淵闐闐俱是鼓聲淵淵謂戰時衆進闐闐謂戰止將歸而伐鼓之上不言治兵振旅之下不言伐鼓是二句自相互也所以得互相發見正由其禮一也故引此傳以證之長幼出入先後不同而云禮一者謂擊鼓動衆坐作進退如一也

蠢爾蠻荆大邦爲讎蠢動也蠻荆州之蠻也箋云大邦列國之大也。蠢尺允反爾雅不遜也**方叔元老克壯其猶**元大也五官之長出於諸侯曰天子之老壯大猶道也箋云猶謀也謀兵謀也**方叔率止執訊獲醜**箋云方叔率其士衆執將可言問所獲敵人之衆以還歸也。訊音信**戎車嘽嘽嘽嘽焞焞如霆如雷**嘽嘽衆也焞焞盛也箋云言戎車既衆盛其威又如雷霆言雖久在外無罷勞也。嘽吐丹反徐音也焞吐雷反又他屯反本又作啍同霆音廷徐音挺又音定罷音皮**顯允方叔征伐玁狁蠻荆來威**箋云方叔先與吉甫征伐玁狁

今特往伐蠻荆皆使來服於宣王之威美其功之多也【疏】蠢爾至來威。正義曰上章未言所伐之國故於此本之言我所伐者乃蠢蠢爾不遜之蠻荆不遜王命侵伐鄰國動爲冠害與大邦爲讎怨列國之大尙到讎怨其傍小國侵害多矣故我方叔天子之大老能光大其軍謀之道以討之既得克勝方叔乃率其士衆執其可言問所獲敵人之衆以還歸也方叔士衆所乘戎車嘽嘽然衆焞焞然盛如霆之發如雷之聲可畏言方叔善於用衆雖久不勞也如此明信之方叔其功大矣昔日共吉甫已征玁狁之國今又特往征伐蠻荆皆使之來服於宣王之威言其每有大功也毛爲猶道鄭以爲猶謀也軍之道亦謀也。傳蠢動。正義曰釋詁文也釋訓云蠢不遜也郭璞曰蠢動爲惡不謙遜也。傳五官至之老。正義曰曲禮下文也引之者以證其稱老之意然則是時方叔爲五官之伯故稱上傳云方叔卿士元老皆兼官也以軍將皆命卿故言卿士爲元帥故以上公兼之

采芑四章章十二句

附釋音毛詩注疏卷第十（十之二）

黃中模栞

毛詩注疏挍勘記十之二　阮元撰盧宣旬摘錄

○六月

宣王北伐也　閩本明監本毛本此下有注小字本相臺本無考文古本同案山井鼎云釋文混入注者是也

則爲國之基隊矣　小字本相臺本同閩本明監本毛本亦同唐石經隊作墜案釋文云隊直類反小字本以下之所出也考文古本作墜偶與唐石經合○按說文有隊無墜墜者隊之俗字也

六月言周室微而復興美宣王之北伐也　小字本相臺本同案此定本也正義本無又正義云案集注及諸本並無此注是當以正義本爲長各本皆沿定本之誤

盡中國微矣　閩本明監本盡誤王

皆在北伐之事　閩本明監本毛本在誤是

明與上詩別王　補　閩本明監本同案王當作主

此與由夷全同　閩本明監本毛本夷作儀案夷當作庚形近之譌

若將師之從王而行　閩本明監本毛本同案浦鏜云帥誤師是也

我是用急　唐石經小字本相臺本同案毛鄭詩考正云急字於韻不合段玉裁云鹽鐵論引急作戒謝靈運撰征賦用作棘皆協今作急者後人用其義改其字耳詳詩經小學

所設五戎也　閩本明監本毛本同案浦鏜云謂誤設以車僕注考之浦挍是也

又以爲衣　閩本明監本毛本同案此不誤衣下浦鏜云脫裳字非也兵事素裳下文引鄭志可證今周禮注衍裳字耳采芑正義引亦衍

周禮云韋弁皮弁服　閩本明監本毛本同案云當作志采芑正義引周禮志云韋韋弁素裳是其證又引見周禮屨人疏

注云韋弁韎韐之弁　閩本明監本毛本同案浦鏜云韋誤韐考聘禮注是也

爲僕右無也　閩本明監本毛本同案無當作服

于三十里　小字本相臺本同唐石經三十作卅案傳箋正義皆云三十詩經小學云唐石經卅維物終卅里皆同蓋唐人仍讀爲三十是也凡唐石經章句中廿字卅字皆同此

織文鳥章　唐石經小字本相臺本同案釋文以徽織作音正義標起止云箋織徽下皆同詩經小學云毛無傳蓋讀與禹貢厥篚織文同鄭易爲徽識則當作識文今考此鄭以織爲識之假借仍用經字但於訓詁中顯之者也故亦不言讀爲例見前怨耦曰仇下周禮司常疏兩引作識所謂以破引之也

白旆央央　唐石經小字本相臺本同案此釋文又作本也釋文本作白茷正義本作帛茷周禮司常疏及出其東門正義引作白與釋文本同也公羊宣十二年疏載孫炎爾雅注引作帛則正義本之所同也詩經小學云作帛爲善又央央孫炎注及出其東門正義皆引作英英考正義云央央然鮮明釋文云央央音英當是字作央讀從英也

織徽織也　小字本相臺本同閩本同明監本毛本徽作微案徽字是也釋文正義皆作徽考左傳揚徽禮

記徽號鄭司常注及此箋皆用徽字者假借也說文作微者正字也明監本毛本所改非是正義中字同

箋云鉤鞶　閩本明監本毛本同小字本相臺本重鉤字考文古本同案重者是也正義標起止云箋鉤鉤鞶可證釋文本鞶作股云音古正義云定本鉤鞶作鉤般又云蓋謂此車行鉤曲般旋考箋云行曲直有正也乃取曲鉤直股爲義般與股形相近也爾雅釋文載李巡注鉤股云水曲如鉤折如人股孫炎郭璞本作般注云盤桓者誤當以釋文本爲長

石爲大甚　閩本明監本毛本石作實案所改非也石當作恣

以帛爲行旆　閩本明監本毛本同案經注作茷正義作旆易而說之也正義下文云古今字也例見前下同

故知鄉日千里之鎬　閩本明監本毛本同案知鄉日盧文弨云劉向曰是也此在漢書陳湯傳

漢有洛陽縣　閩本明監本毛本同案惠棟云漢下當有中字陽字衍是也

牢幅一尺絳幅二尺　閩本明監本毛本同案浦鏜云半誤牢終誤絳是也

除去絳直是銘長三尺也　閩本同明監本毛本絳作降案皆誤也當作縿

帥謂軍將至五長下同（補）　閩本明監本毛本同案五當作伍

此唯有王（補）　閩本明監本毛本同案王當作三

但以卿統名焉事　閩本明監本毛本同案焉當作爲形近之譌

箋鉤鉤鞶至未聞　閩本明監本毛本不重鉤字案此誤刪也

鉤讀如婁頷之鉤　閩本明監本毛本同案浦鏜云讀如二字衍是也釆芑韓奕正義引無

是也鉤鞶之文　閩本明監本毛本同案當作是鉤鞶之文也誤倒

故云同異未制聞　閩本明監本毛本未制作制未案所改是也

所以極勸也　閩本明監本毛本同小字本相臺本勸下有之字案有者是也

○釆芑

謂已和耕其用（補）　毛本同閩本明監本用作田案田字是也

箋解菜之新田　閩本明監本毛本同案浦鏜云釆誤菜是也

約軝錯衡　閩本明監本毛本同唐石經小字本相臺本軧作軝案軝字是也釋文五經文字可證餘同此○按軝說文从車氏聲凡氏聲與氐聲古分別最嚴

有瑲葱珩　唐石經小字本相臺本同案釋文云有創本又作瑲亦作鎗同正義本是瑲字考文古本作創釆釋文

錯置文王於車之上衡　閩本明監本毛本文王誤其文案山井鼎云宋板王作彩當是剡也彩字是韓奕正義作釆

彼云又累一命閩本明監本毛本同案彼云又當作又彼文

又以爲衣裳閩本明監本毛本同案裳字衍也六月正義引無閩本監本以誤似

則陳閱軍士閩本明監本毛本則作而案所改是也

故經改其文而引之閩本明監本毛本同案經當作徑形近之譌

蠢爾蠻荆唐石經小字本相臺本同案段玉裁云漢書韋賢傳引荆蠻來威案毛云荆州之蠻也然則毛詩固作荆蠻傳寫倒之也晉語後漢書李膺傳文選王仲宣誄皆可證見詩經小學今考正義云宣王承厲王之亂荆蠻內侵是正義本作荆蠻下文皆作蠻荆後人依經注本倒之而有未盡也

執將可言問小字本相臺本同考文古本同閩本明監本毛本將作其案將字是也出車箋作其此不必與彼同正義亦作其乃自爲文不盡與注相應也

元老皆兼官也閩本明監本毛本同案皆當作者形近之譌

附釋音毛詩注疏卷第十　十之三

毛詩小雅　鄭氏箋　孔穎達疏

車攻宣王復古也宣王能內脩政事外攘夷狄復文武之境土脩車馬備器械復會諸侯於東都因田獵而選車徒焉東都王城也。攘如羊反除也郤也竟音境械戶戒反三蒼云械揔名也說文云無所盛曰械復音扶又反選宣兗反數也沈思戀反下同〔疏〕車攻八章章四句至車徒焉。正義曰以詩次有義故序者每乘上篇而詳之言內脩政事外攘夷狄者由內事脩治故能外平強寇卽上二篇南征北伐是也不言蠻言夷者揔名也旣攘去夷狄卽是復竟土是爲復古也案王制注云以爲武王因殷之地中國三千海隅五千至周公成王斥大九州之界方中國七千海隅萬里彼注者據文而言耳其實武王與成王之時土境不甚相遠也何則武王崩後王室流言四國皆叛不暇外討三監旣定卽爲大平制禮便云大界以此知其境土廣狹不得相懸也王制據其初伐紂言耳武王之末境應稍大言復文武之境土以文武周之先王舉以言之此當復成康之時也何則文王未得天下其境與武王不同而配武言之明爲先王而言也成初武末土境界同故舉文武而言大界王制之法據禮爲正耳不然豈周公數年攝政能使三倍大於武王宣王攘去夷狄仍小成王三倍且宣王中興明君美其復古比諸成康纔四分之一則展也大成徒虛言耳若宣王復古始廣三千則厲王之末當城壞壓境以文逆意理在不然故知復古復成康之時以文武先生舉而言之耳言脩車馬卽首章二章上二句是也言備器械攻戰之具三章建旐設旄之類是也復會諸侯於東都四章是也言復者對上篇爲復猶卷耳言又也因田獵卽六章七章是也而選車徒卽三章上二句是也經先言選徒序先言田獵者選徒然後東行故經先言之序以選徒本爲田獵故言因田獵選車徒也言因者以會爲主因會而獵也王者能使諸侯朝會是事之美者故以會諸侯爲主爲上三章先致其意首章致會同之意二章三章致田獵之意故云駕言搏獸皆致意之辭未實行也四章言既至東都諸侯來會五章言田罷之後射餘獲之禽六章七章言田獵之事卒章揔歎美之也班餘獲射在田獵之後而先田言之者以射是諸侯羣臣之事因上章諸侯來會而卽說之令臣事自相次也

我車旣攻我馬旣同攻堅同齊也宗廟齊毫尚純也戎事齊力尚強也田獵齊足尚疾也。豪戶刀反依字作毫也

四牡龐龐駕言徂東龐龐充實也東洛邑也。龐鹿同反徐扶公反〔疏〕我車至徂東。正義曰宣王言我會同之戎車旣堅緻矣我戎馬旣齊力矣四牡之馬龐龐然充實矣當爲我駕我當乘之以往東都與諸侯行會同也。傳宗廟至尚疾。正義曰宗廟齊毫戎事齊力田獵齊足釋畜文也尚純尚強尚疾是毛以義增解之也齊其毫毛尚純色齊其馬力尚強壯齊其馬足尚迅疾也引之者證經旣同爲齊力之義因連引宗廟田獵之全文李巡曰祭於宗廟當加謹敬取其同色也某氏曰戎事謂兵革戰伐之事當齊其力以載干戈之屬舍人曰田獵取牲於苑囿之中追飛逐走取其疾而已

田車旣好四牡孔阜東有甫草駕言行狩甫大也田者大芟草以爲防或舍其中褐纏旃以爲門裘纏質以爲槸間容握驅而入擊則不得入左者之左右者之右然後焚而射焉天子發然後諸侯發諸侯發然後大夫士發天子發抗大綏諸侯發抗小綏獻禽於其下故戰不出頃田不出防不逐奔走古之道也箋云甫草者甫田之草也鄭有甫田。甫毛如字大也鄭音補謂圃田鄭藪也芟魚廢反褐音曷槸魚列反何魚子反門中闑聲音訐劉兆注穀梁云槸也本又作槷音同或古歷反之左者之左一本無上之字下句亦然射食亦反抗苦浪反舉也綏本亦作緌而隹反下同頃苦穎反甫田舊音補十藪鄭有圃田下同毛依字甫大也〔疏〕田車至行狩毛以爲宣王言我田獵之車旣善好四牡之馬又甚盛大東都之界有廣大之草可以就而田獵爲當爲我駕此車馬我將乘之而往狩獵於彼言旣會諸侯又與田也鄭唯以東有甫草爲圃田之草爲異耳。傳甫大至之道。正義曰以田法芟草爲防是廣大之處故訓甫爲大也謂寬大之地有草可芟故言甫草也因而廣言田獵之法次在大草之意田獵者必大芟殺野草以爲防限作田獵之場擬殺圍之處或復止舍其中謂未田之前誓士戒衆故教示戰法當在其間止舍也其防之廣狹無文旣爲防院當設周衞而立門焉乃以織毛褐布纏通帛旃之竿以爲門之兩傍其門蓋南開並爲二門用四旃四褐也又以裘纏椹質以爲門中之闑闑車軌之裏兩邊約車輪者其門之廣狹兩軸頭去旃竿之間各容一握握人四指爲四寸是門廣於軸八寸也入此門當驅走而入不得徐也以教戰試其能否故令驅爲若驅之其軸頭擊著門傍旃竿

則不得入也所以罰不一也以天子六軍分爲左右雖同舍防内令三軍各在一方取左右相應其屬左者之左門屬右者之右門不得越離部位以此故有二門也此屬夏苗之田也周禮仲夏教茇舍鄭云茇舍草止也軍有草止之法此苗田即草止明茇草止其中爲或舍其中也以教戰即軍禮同故言軍有草止之法仲夏舉草舍之法田禮皆當然也故仲冬教大閱云前期羣吏戒衆庶脩戰法虞人萊所田之野爲表百步則一爲三表又五十步爲一表田之日司馬建旗于後表之中羣吏以旗物鼓鐸鐲鐃各帥其民而致質明弊旗誅後至者乃陳車徒如戰之陳注云萊芟除可陳之處表所以識正行列也四表積二百五十步左右之廣當容三軍步數未聞鄭云芟除可陳之處是芟草爲教戰之所傳言田者大芟草以爲防則芟草爲田獵之處明先獵以教戰合圍又在閒焉二者同處也鄭以最南一表以北百步爲二表又北百步爲三表又北五十步爲四表謂之後表是四表二百五十步也以下有以旌爲左右和之門故言左右之廣當容三軍但步數未聞耳彼又曰以旌爲左右和之門羣吏各帥其車徒以敍和出左右注云軍門曰和今謂之壘門立兩旌以爲之敍和出用次第出和門也彼旌即此旆也彼言敍和出此言驅而入不同者此據質明時初入和門既入同在後表

之中將以教戰也既誓從後表前至第二表一弊其旗車徒皆坐又從第二表至前第三又然又從前第三至最前退卻教振旅至後表禮畢當從是以出田故敍和出左右與此終始各舉其一故不同也計立旌爲門當在教戰之前周禮以旌爲左右和之門文在教戰下者以教戰之時直言建旌後表之中不說入門之事故不言立門教畢以敍和出因其將出而言立門故文在下其實戰之前門已先設也教戰既畢士卒出和乃分地爲屯既陳車驅車卒奔驅禽内之於防然後焚燒此防草在其中而射之天子先發然後諸侯發然後大夫士發發謂發矢射之也其天子發則先抗舉其大綏諸侯發則舉其小綏必舉此綏爲表天子諸侯殺之時因獻其禽於其下也故戰不出所期之頃田不出所茇之防不逐奔走謂出於頃防者不逐之古之道也抗綏謂既射舉之因置虞旗於其中受而致禽焉受禽獵止則弊之故王制曰天子殺則下大綏諸侯殺則下小綏注云下謂弊之是殺禽已訖田止而弊綏也各舉終始之一故與此不同也此等似有成文未知其事所出昭八年穀梁傳曰芟蘭以爲防以葛覆質爲槷與此不同鄭志荅張逸云戰有頃數不能盡其多少猶今戰場者不出其頃界田者不出其防也王制云昆蟲未蟄不以火田則用火田獵唯在冬耳此言焚而射之自焚所芟之草非放火田獵四時皆焚之也故地官山虞澤虞皆云大田萊山田之野言大田則天子四時之田皆然矣既萊其地明悉焚之此時王仍未至本都非正田之時毛因大草廣言獵法不謂此時即然也○箋甫草至甫田○正義曰以下云搏獸于敖敖地名則甫草亦是地名不宜爲大故易之爲圃田之草且東都之地自有圃田故引爾雅以證之鄭有圃田釋地文也郭璞曰今滎陽中牟縣西圃田澤是也職方曰河南曰豫州其澤藪曰圃田宣王之時未有鄭國圃田在東都畿内故宣王得往田焉

之子于苗，選徒囂囂。之子，有司也。夏獵曰苗。囂囂，聲也。維數車徒者爲有聲也。箋云：于，曰也。○囂，五刀反，或許驕反。數，所主反。**建旐設旄，搏獸于敖。**敖，地名。箋云：獸，田獵搏獸也。敖，鄭地，今近滎陽。○搏音博，舊音付。近，附近之近。

【疏】之子至于敖。○毛言宣王欲衞東都之時，其是子羣吏之有司，於是爲將夏田之苗，選數車徒，不爲讙嘩，唯數者有聲囂囂然，言時官人皆能其事也。既選車徒，王言當建立旐於車，而設旄牛尾於旐之首，與旐同建，我當乘之往搏取禽獸於敖地也。○鄭以于爲曰，則之子斥宣王爲異耳。○傳之子至有聲。○正義曰：大司馬仲夏教茇舍，如振旅之陳，羣吏選車徒，謂數擇之也。此時事與彼同，則有司謂

羣吏有事者，大司馬之屬矣。傳以此子爲有司，下文之子亦非王身，當謂凡從王者，非獨司馬官屬也。夏獵曰苗，則此時宣王爲夏田也。上云蒐言行狩者，是獵之總名，但冬獵大於三時，故狩爲冬獵名耳，非宣王發意衞東許歷冬夏也。下云有聞無聲，則在軍不得讙譁，而云囂囂之聲，故知唯數者爲有聲。○箋于曰。○正義曰：傳之訓于爲於爲往，無爲曰者，箋以爲曰，則與傳不同，言之子曰，曰則是命事之辭，之子當斥宣王，不得爲有司也。下云之子于征，亦謂宣王行也。但不訓于字，則于征當爲往征矣。

駕彼四牡，四牡奕奕。言諸侯來會也。**赤芾金舃，會同有繹。**諸侯赤芾金舃。舃，達屨也。時見曰會，殷見曰同。繹，陳也。箋云：金舃，黃朱色也。○舃音昔。繹音亦。見，賢遍反，下同。

【疏】駕彼至有繹。○正義曰：言宣王之至東都，四方諸侯駕彼四牡之馬而來，其四牡之馬則奕奕然閑習，既朝見於王，而服赤芾金舃之飾，與王行會同之禮者，有陳于會同之位，言各以爵之尊卑陳列於其位次者。○傳諸侯至曰同。○正義曰：言諸侯赤芾，對天子當朱芾也。言金舃達屨者，天官屨人注云：舃有三等，赤舃爲上，冕服之舃，下有白舃、黑舃。此云金舃者，即禮之赤舃也。故箋云金舃黃朱色，加金爲飾，故謂之金舃者，白舃、黑舃猶有在其上者爲尊

未達其赤舄則所尊莫是過故云達屨言是屨之最上達者
也此舄也而曰屨屨通名也時見曰會殷見曰同大宗伯文也
兼掌屨舄是屨爲通名以舄是祭服尊卑異之耳故屨人
定本云殷頫曰同誤也注云時見者無常期諸侯有不服者
王將有征伐之事則既朝覲王爲壇於國外合諸侯而命事
焉殷衆也十二歲王如不巡狩則六服盡朝朝禮既畢王爲
壇合諸侯以命政焉如是則會同其禮各別不得並行之矣
但此時王與諸侯會東都非十二年之事言同者以會同對
文則別散則義通會者交會同者同
聚理既是一故論語及此連言之 **決拾既佽弓矢**
既調 決鉤弦也拾遂也佽利也箋云佽謂手指相佽比也
調謂弓強弱與矢輕重相得。夬本又作決或作抉
同古亢反佽音次說文子利反云便利也比毗志反 **射夫既同助我舉柴** 柴積也箋云既
同已射同復將射之位也雖不中必助中者舉積禽也。柴
子智反又才寄反說文作祡士賣反中丁仲反下中者同
疏 決拾至舉柴○正義曰此章言諸侯從王田罷賜射餘
而和利矣弓之與矢既強弱相得而調適矣既田畢王以餘
獲之禽賜之則以此射而取之此射夫皆已射一番若中得

禽者既同復將射之位欲更射以求禽也若以射之而不中
者則又助我中者舉積禽此文承諸侯之下射夫即諸侯也
其大夫亦在獲射之中則此可以兼焉諸侯而謂之射夫者
夫男子之摠名○箋佽謂至相得○正義曰鄭以佽爲利其
義不明故申而成之決着於右手大指所以鉤弦開體遂著
於左臂所以遂弦手指相比次而後射得和利故毛云佽利
謂相次然後射利非訓佽爲利也言調謂弓強弱與矢輕重
相得者弓體有強弱各其力之所便又弓矢之各有安危調
之使相得○箋既同至積禽○正義曰田無射禮唯既田乃
有班餘獲射在於澤宮言同復將射之位在澤宮之位也以
言助我舉積是不得利者助他人也故射雖不中必助中者
舉積禽矣鄉射禮云禮射不主皮不勝者降即此是也此謂
士大夫以上有禮射者庶人則以主皮當禮
射故鄉大夫以五物詢衆三曰主皮是也 **四黃既駕兩**
驂不猗 言御者之良也。猗於寄反又於綺反 **不失其馳舍矢如破**
言習於射御法也箋云御者之良得舒疾之中射者
之工矢發則中如椎破物也○舍音捨椎直追反 疏 四黃
至如破○正義曰王既會諸侯乃與之田言王乘四黃之馬
既駕矣兩驂之馬不相依猗御者節御此馬令不失其馳騁

之法故令射者舍放其矢則如椎破物能中而駃也言御良
射善所以美之○箋言御者之良○正義曰駟鐵云六轡在
手箋云言馬之良此云御良者雖馬御相須而設文有意彼
云在手主說馬良不用御者之力故言在手而已此云驂不
相猗乃御者使之然故云
御良各觀其文而爲說也 **蕭蕭馬鳴悠悠旆旌** 言不
讙譁
也○讙音歡又
音喧譁音花 **徒御不驚大庖不盈** 徒輦也御御馬也
不驚驚也不盈盈
也一曰乾豆二曰賓客三曰充君之庖故自左膘而射之達
于右腢爲上殺射右耳本次之射左髀達于右骬爲下殺面
傷不獻踐毛不獻不成禽不獻禽雖多擇取三十焉其餘以
與大夫士以習射於澤宮田雖得禽射不中不得取禽田雖
不得禽射中則得取禽古者以辭讓取不以勇力取箋云不
驚驚也不盈盈也反其言美之也射右耳本射當爲達三十
者每禽三十也○庖蒲茅反膘頻小反又扶了反三蒼云小
腹兩邊肉也說文云脅後髀前肉也本亦作髀蒲禮反或又
作骬射食亦反下射左髀同腢本亦作髃音愚又五厚反謂
肩前也說文同郭音偶謂肩前兩間骨何依注公羊自左膘
射之達於右腢中心死疾鮮潔也又五回五公二反射右耳
食亦反髀本又作髀方爾反又薄禮反謂股外骬餘繞反又

胡了反謂水膁也字書無此字一本作骼音羊紹
反又羊招反呂忱于小反本或作膘踐子淺反 疏 蕭蕭至不
盈○正義曰言王之田獵非直射良御善又軍旅齊肅唯聞
蕭蕭然馬鳴之聲見悠悠然旆旌之狀無敢有讙譁者徒行
輓輦者與車上御馬者豈不警戒乎言以相警戒也君之大
庖所獲之禽不充滿乎言充滿也○傳徒輦至力取○正義
曰諸徒皆爲徒行此獨以爲輦者釋訓云徒御不驚輦者也
爾雅特釋此文故依而爲說地官鄉師云大軍旅會同治其
輦注云輦人輓行所以載任器也止以爲蕃營司馬法輦有
一斧一斤一鑿一梩周輦加二板二築夏后氏二十人而輦
殷十八人而輦周十五人而輦是會田獵人輓輦以徒行也
徒既爲輦者故御爲御馬者也以此美宣王之歌故知不驚
不盈聲而疊之故箋反其言美之此爲美之深者也鄭於此
申毛者反鄂不韡韡不從毛說以上未有此比故於是言之明
以後此類皆然矣傳又因經大庖不盈廣言殺獸充庖之事
一曰乾豆謂第一上殺者乾足以爲豆實供宗廟也二曰賓
客謂第二殺者別之以待賓客也三曰充君之庖謂第三下
殺者取之以充實君之庖廚也君尊宗廟敬賓客故先人而
後已取其下也又分別殺之三等故自左膘而射之達過於
右肩腢爲上殺以其貫心死疾肉最絜美故以爲乾豆也射

右耳本箋云射當爲達亦自左射之達右耳本而死者爲次殺以其遠心死稍遲肉已微惡故以爲賓客也不言自左者蒙上文可知射左股髀而達過於右脅髂爲下殺以其中脅死最遲肉又益惡充君之庖也凡射獸皆逐後從左廂而射之達於右髂言射左髀則上殺達於右腢當自左脅也次殺右耳本當自左肩腢也不言自左舉下殺之射左髀可推而知也王制及公羊穀梁皆云充君之庖無厨字鄭云庖今之厨則傳本亦無厨字厨衍字也定本亦無厨字箋知射當爲達者以射必自左不得從右而射且與上下不類故知當爲達也面傷不獻者謂當面射之翦毛不獻謂在傍而逆射之二者皆爲逆射不獻者嫌誅降之義不成禽不獻者惡其害幼少此不能使獵者無之自君所不取以示教法耳禽雖多擇取三十焉鄭云三十者每禽三十以君之獵不宜諸種止取三十故以爲每禽焉則宗廟賓客君庖各十也其餘每禽三十之外以與卿大夫士習射澤宮所以班餘獲射也不言諸侯諸侯不常在卿大夫尚得與射諸侯在射可知也以大獸公之非復己物君賜使射故非中不取言嚮者田獵所取用勇力今射者祇樂所取用辭讓也此當有成文書傳穀梁傳與此畧同

之子于征有聞無聲有善聞而無諠譁之聲箋云晉人伐鄭陳成子救之舍於柳舒之上去穀七里穀人不知可謂有聞無聲。聞音問注同本亦作問

允矣君子展也大成箋云允信展誠也大成謂致太平也〔疏〕之子至大成。毛以爲是率其所部無諠譁之聲王能使所從若是信矣君子宣王誠實也其功大成言太平也。鄭以之子斥宣王爲異耳。箋晉人至無聲。正義曰事在哀二十七年左傳曰晉荀瑤伐鄭次于桐曰鄭駟弘請救于齊陳成子救鄭及留舒違穀七里穀人不知是其事也留柳不同蓋所據書異穀本齊邑而引之者證無聲也

車攻八章章四句

吉日美宣王田也能愼微接下無不自盡以奉其上焉〔疏〕吉日四章章六句至其上焉。正義曰作吉日詩者美宣王田獵也以宣王能愼於微事又以恩意接及羣下王之田獵能如是則羣下無不自盡誠心以奉事其君上焉由王如此故美之也愼微即首章上二句是也接下卒章下二句是也四章皆論田獵言田足以總之時述此愼微接下二事者以天子之務一日萬機尚留意於馬祖之神爲之祈禱能謹愼於微細也人君遊田或意在適樂今王求禽獸唯以給賓是恩隆於羣下也二者人君之美事故時言之也下無不自盡以奉其上述宣王接下之義於經無所當也

吉日維戊既伯既禱維戊順類乘牡也伯馬祖也重物愼微將用馬力必先爲之禱其祖禱獲也箋云戊剛日也故乘牡爲順類也。禱丁老反馬祭也說文作禂爲之于僞反

田車既好四牡孔阜升彼大阜從其羣醜箋云醜衆也田而升大阜從禽獸之羣衆也〔疏〕吉日至羣醜。正義曰言王於先以吉善之日維戊也於馬祖之伯既祭之求禱矣以田獵當用馬力故爲之禱祖求其馬之強健也田獵之車既善好四牡之馬甚盛大王乃乘之升彼大陵阜之上從逐其羣衆之禽獸言車牢馬健故得歷險從禽是由禱之故也。傳維戊至禱獲。正義曰馬國之大用王者重之故夏官校人春祭馬祖夏祭先牧秋祭馬社冬祭馬步注云馬祖天駟先牧始養馬者馬社始乘馬者馬步神爲災害馬者既四時各有所爲祭之馬祖祭之在春其常也而將用馬力則又用彼禮以禱之祭必用戊者日有剛柔猶馬有牝牡將乘牡馬故禱用剛日故云維戊順其剛之類而乘牡馬知伯馬祖者釋天云既伯既禱馬祭也爲馬而祭故知馬祖謂之伯伯者長也馬祖始是長也鄭云馬祖天駟釋天云天駟房也孫炎曰龍爲天馬故房四星謂之天駟鄭亦引孝經說曰房爲龍馬是也言重物愼微者重其馬之爲物愼其祭之微者將用馬力必先爲之禱其祖是謹愼其微細也言禱獲者爲田而禱馬祖求馬強健則能馳逐獸而獲之

吉日庚午既差我馬外事以剛日差擇也

獸之所同麀鹿麌麌鹿牝曰麀麌麌衆多也箋云同猶聚也麕牝曰麌麌復麌言多也。麀音憂麌愚甫反說文作噳云麌鹿羣口相聚也麕本又作麏俱倫反復扶又反

漆沮之從天子之所漆沮之水麀鹿所生也從漆沮驅禽而致天子之所。沮七徐反〔疏〕吉日至之所。毛以爲王以吉善之日庚午日也既禱擇我田獵之馬擇取強者王乘以田也至於田所而又有禽獸其獸之所同聚者則麀之與鹿麌麌然衆多遂以驅逆之車驅之於漆沮之傍從彼以至天子之所以獵有期處故驅禽從之也上言乘車升大阜下言獸在中原此云驅之漆沮皆見獸之所在驅逐之事以相發明也鄭唯以麌爲獸名爲異耳。傳外事至差擇。正義曰外事以剛日曲禮文也言此者上章順剛之類故言維戊擇

馬不取順類亦用庚爲剛日故解之由擇馬是外事故也莊二十九年左傳曰凡馬日中而出日中而入則秋分以至春分馬在廄矣擇馬不必在廄得爲外事者馬雖在廄擇則調試善惡必在國外故也禮記注外事內事皆謂祭事此擇馬非祭而得引此文者彼雖主祭事其非祭事亦以內外而用剛柔故斷章引之也庚則用外必用午日者蓋於辰午爲馬故也差擇釋詁文。傳鹿牝至衆多。正義曰釋獸云鹿牡麚牝麀。是鹿牝曰麀也麌衆多與韓奕同則傳本作麌字麌。箋麕牝至言多。正義曰釋獸云麕牡麌牝麜是麕牡曰麌也郭璞引詩曰麀鹿麌麌鄭康成解即謂此也但重言耳音義曰麕或作麏或作麇是爲麕牡曰麌也由麌之相類又承鹿牝之下本或作麜牝者誤也釋獸又云麜牡麔牝麎下箋云祁當作麎麎麜牝是也必易傳者以言獸之所同明獸類非一故知其所言者皆獸名下其祁孔有傳訓祁爲大直云其大甚有不言獸名不知大者何物且釋獸有麎之名故易傳而從爾雅也注爾雅者某氏亦引詩云瞻彼中原其麎孔有與鄭同下箋云祁當作麎此麌不破字則鄭本亦作麌也

瞻彼中原其祁孔有祁大也箋云祁當作麎麎麜牝也中原之野甚有之。祁毛巨私反又止之反鄭改作麎音辰郭音脤何止尸反沈市尸反麜亡悲反

儦儦俟俟或羣或友趨則儦儦行則俟俟獸三曰羣二曰友。儦本作麃又作爊表嬌反趨也廣雅云行也俟音士行也徐音矣

悉率左右以燕天子驅禽之左右以安待天子箋云率循也悉驅禽順其左右之宜以安待王之射也。射食亦反

【疏】瞻彼至天子。毛以爲視彼中原之野其諸禽獸大而甚有謂形大而多也故儦儦然有趨者俟俟然有行者其趨行或三三爲羣或二二爲友是其甚有也既而趨逆之車驅而至於彼防虞人乃悉驅之循其左右之宜以安待天子之射也。鄭以爲視彼中原之野其麎牝之獸甚有之言中原甚有麎餘同。傳趨則至二曰友。正義曰上言多有諸獸此宜說其行容獸行多疾當先言其趨故以趨則儦儦行則俟俟周語曰獸三爲羣故二曰友友親於羣其數宜少易損卦六三云一人行則得其友獸亦當然故二曰友三曰羣謂自三以上皆稱羣不必要三也。傳驅禽至天子。正義曰此言安待天子謂已入防中乃虞人驅之故騶虞傳曰虞人翼五豝以待公之發騶鐵箋云奉是時牡謂虞人與此待同也言驅禽之左右者以禽必在左射之或令左驅令右皆使天子得其左廂之便以其未明故箋又申之云循其左右之宜以安待王之射

既張我弓既挾我矢發彼小豝殪此大兕殪壹發而死言能中微而制大也箋云豕牡曰豝。挾子洽反又子協反又戶頰反豝音巴殪於計反兕徐履反本又作光中張仲反

以御賓客且以酌醴饗醴天子之飲酒也箋云御賓客者給賓客之御也賓客謂諸侯也酌醴酌而飲羣臣以爲俎實也

【疏】既張至酌醴。正義曰虞人既驅禽待天子故言既已張我天子所射之弓既挾我天子所射發之矢發而中彼小豝亦又殪此大兕也既殺得羣獸以給御諸侯之賓客且以酌醴與羣臣飲時爲俎實也。傳殪壹至制大。正義曰釋詁云殪死也發矢射之即殪是壹發而死也又解小豝大兕俱是發矢殺之但小者射中必死苦於不能射中大者射則易中雖不能即死小豝云發言發則中之大兕言殪言射着即死異其文者言中微而制大。傳饗醴至飲酒。正義曰醴不可專飲天子之於羣臣不徒設醴而已此言酌醴者左傳天子饗諸侯每云饗醴命之宥是饗有醴者天子飲酒之故舉醴言之也。箋御賓至俎賓。正義曰御者給與充用之辭故知御賓客者給賓客之御也知賓客謂諸侯者天子之所賓客者雖諸侯耳故周禮六服之內其君爲大賓其臣爲大客是也彼對文則君爲大賓故臣爲大客若散則賓亦客也故此賓客并言之此箋舉尊言耳其臣來及從君則王亦以此給之也言酌而醴羣臣以爲俎實者以言且以酌醴是當時且用之辭則得禽即與羣臣飲酒故知以爲俎實也若乾之爲脯漬之爲醢則在籩豆矣不得言俎實也

吉日四章章六句

南有嘉魚之什十篇四十六章二百七十二句

附釋音毛詩注疏卷第十（十之三）

黃中栻栞

毛詩注疏挍勘記十之三　阮元撰盧宣旬摘錄

〇車攻

案王制注云 閩本明監本毛本同案浦鏜云云當衍字是也

宗廟齊毫 小字本相臺本同考文古本同閩本明監本毛本毫作豪案釋文云依字作毫也考說文無毫卽豪字之俗耳正義作毫乃易字而說之當以釋文本作豪爲長

東有甫草 小字本相臺本同唐石經甫字上磨去案唐石經考異云甫先作莆後改是也考釋文正義皆作甫傳云甫大也此亦字體乖師法之一經義雜記以爲原刻作圃改從鄭箋者誤也又水經注王逸楚詞注引作圃乃韓詩後漢書注文選注皆云韓詩也

大芟草以爲防 閩本明監本毛本同小字本相臺本芟作艾案釋文本作艾音魚廢反正義本作芟考正義引大司馬注芟除穀梁傳芟蘭而說之芟字是也今穀梁亦作艾者誤

擊則不得入 小字本相臺本同考文古本同閩本明監本毛本擊作繫案釋文云繫音計本又作擊音同或古歷反正義本與釋文又作本同當是讀爲古歷反也

左者左右者之右 小字本相臺本作左者之左閩本明監本毛本同案有之字是也釋文云之左者之左一本無上之字下句亦然正義云其屬左者之左門屬右者之右門與一本同

鄭有甫田 小字本相臺本同閩本同明監本毛本甫作圃案釋文云甫草毛如字大也鄭音補謂圃田鄭藪也又甫田舊音補十藪鄭有圃田下同下同者卽此甫田字正義云爲甫田之草乃易字而說之耳不當改箋明監本毛本誤大徐本說文藪下豫州甫田今誤依小徐改爲圃田

既爲防院 閩本明監本毛本院作限案所改是也

以爲門之兩傍其門 閩本明監本毛本同案十行本門至門剜添者一字

閑車軓之裏 閩本明監本毛本軓作軌案皆誤也當作軓謂兩輪閒也

又北百步爲一表 閩本明監本毛本同案一當作三

又從前第三至最前退卻 閩本明監本毛本同案十行本第至卻剜添者一字

旣陳車驅車卒奔 閩本明監本毛本同案浦鏜云驅下誤衍車字是也

非故火田獵之謂 〔補〕閩本明監本毛本同案故當作放形近

箋甫草至甫田 閩本明監本毛本下甫字誤圃案箋作甫正義作圃者以甫圃爲古今字易而說之也例見前此標起止不當易山井鼎云宋板作莆因宋板磨滅而足之者誤加艸耳

河南曰豫州其澤藪曰圃田 閩本明監本毛本同案十行本豫至田剜添者一字

維數車徒 小字本相臺本同閩本明監本毛本同案釋文以唯數作音是其本維作唯

搏獸于敖 唐石經小字本相臺本同案九經古義云水經注引云薄狩于敖東京賦同段玉裁云薄狩後漢書安帝紀注及初學記所引皆可證薄辭也箋釋狩以搏獸者上文言苗毛謂夏獵則不當復舉冬獵之名且上章之行狩

疏謂是獵之揔名則此狩字當爲實事以別於上章亦見詩經小學

獸田獵搏獸也 小字本相臺本同案惠棟云上獸字亦當爲狩考文古本作狩因覺其不詞而改之耳

今近滎陽 小字本相臺本同閩本明監本毛本同案滎當作熒六經正誤云作滎誤其說非也後人多依之改熒爲滎詳見沿革例中

殷見曰同 小字本相臺本同案正義云定本云殷頫曰同誤也釋文時見下云賢遍反下同其本與正義本同也

赤舃爲上 閩本明監本毛本赤誤金

不相依猗 閩本明監本毛本猗誤倚下騎不相猗毛本不誤

蕭蕭馬鳴 唐石經小字本相臺本同案經義雜記以爲經本作肅云唐石經原刻作肅肅馬鳴後卽於肅肅上

改爲蕭蕭非也石經竝非改刻其所云經本作蕭者全未有據誤之甚者也

徒御不驚唐石經小字本相臺本同案段玉裁云經文作警傳箋正義皆甚明考文古本作警采正義○按李善文選注引

三日充君之庖小字本相臺本同案此定本也正義本庖下有廚字正義云衍字也是也

自左膘而射之小字本相臺本同案釋文云本亦作髀又云或又作髃者皆誤

達于右腢小字本相臺本同案段玉裁云五經文字作腢是也釋文正義皆作腢乃轉寫之譌釋文云一本作髃髃即是腢字耳又云本或作膘考髃腢二字皆文所不載釋文亦云字書無腢字此傳當以本或作膘者爲長何休公羊桓四年注乃用腢字其義本不與此傳同也

鄭於此申毛者反鄂不韡韡閩本明監本毛本同案十行本者至不剜添者一字

翦毛不獻閩本明監本毛本同案傳作踐釋文踐子淺反正義作翦踐翦古今字易而說之也例見

前

○吉日

時述此慎微接下二事者閩本明監本毛本同案浦鏜云時當特字誤是也○〔補〕案下故時言之也時亦當作特

麀牝曰麌小字本相臺本牝作牡閩本明監本毛本同案牡字是也釋文云麀牡下音茂正義云是麀牡曰麌也又云是爲麌牡曰麌也又云本或作麌牝者誤也皆可證經義雜記據玉篇廣韻麌下誤作牝而以爲鄭箋所用爾雅與郭不同其說非也又引羣經音辨亦誤字耳考文古本作牡采正義

而致天子之所小字本同閩本明監本毛本同相臺本致作至案作至字是也正義云從彼以致天子之所騶虞正義引亦作至皆可證

麌麌衆多〔補〕毛本麌作麌案傳箋作麌誤也

箋麀牝至言多閩本明監本毛本牝作牡案牡字是也

麀牡麌牝麋毛本同閩本明監本麋作麌案麋字是也

郭璞引詩曰麀鹿麌麌毛本同閩本明監本麌作麌案皆誤也浦鏜云麌字誤是也

又承鹿牡之下閩本明監本毛本同案牡當作牝

且釋獸有麌之名閩本明監本毛本同案浦鏜云麌誤麌是也

既挾我矢小字本相臺本同唐石經初刻又後改既案初刻誤也正義可證

天子飲酒之閩本明監本毛本同案酒之二字當倒

三百七十二句小字本相臺本同唐石經磨改其初刻不能知矣

鴻鴈之什詁訓傳第十八

毛詩小雅　鄭氏箋　孔穎達疏

鴻鴈美宣王也萬民離散不安其居而能勞來還定安集之至于矜寡無不得其所焉宣王承厲王衰亂之敝而起興復先王之道以安集衆民爲始也書曰天將有立父母民之有政有居宣王之爲是務。勞力報反來力代反矜本又作鰥同古頑反徐又棘冰反篇內矜寡同老無妻曰矜老無夫曰寡

疏鴻鴈三章章六句至其所焉。正義曰作鴻鴈詩者美宣王也由厲王衰亂萬民分離逃散皆不安止其居處今宣王始立能遣侯伯卿士之使皆就而勞來今還歸本宅安止安慰而集聚之使復其居業爲築宮室又至於矜寡孤獨皆蒙賙贍無不得其所者由是故美之也勞來者來勤也義與勞同皆謂設辭以閔之言萬民離散不安其居卒章上二句是也而能勞來首章次二句是也止於矜寡无不得其所者首章下二句是也其餘皆說安集之事序揔言焉經序參差者敘述其次第當然經主說安集爲始先陳王殷勤於民然後本其未集各爲節文之勢故不同也。箋宣王至是務。正義曰由宣王承厲王衰亂之弊故民有離散以承此亂而起興復先王之道以安集衆民爲始也衣物破壞謂之弊厲王壞亂天下使萬民離散猶衣之弊然雲漢云承厲王之烈者彼美宣王遇災而懼災非厲王所致故不言弊此離散由厲王故言弊也烝民序曰周室中興是興復先王之道知以安集衆民爲始者以宣王據亂而起明其王先據散民不得民未安居先行餘政故知以安集爲始也書曰天將有立父母民之有政有居今泰誓文言天將有立聖德者爲天下父母民之得有善政有安居彼武王將欲伐紂民喜其將有安居是民之所欲安居爲重也宣王之爲是務言宣王之所爲安集萬民是以民之父母爲務意同武王所以爲美

鴻鴈于飛肅肅其羽興也大曰鴻小曰鴈肅肅羽聲也箋云鴻鴈知辟陰陽寒暑興者喻民知去無道就有道。肅所六反本或作翻同之子于征劬勞于野之子侯伯卿士也劬勞病苦也箋云侯伯卿士謂諸侯之伯與天子卿士也是時民既離散邦國有壞滅者侯伯久不述職王使廢於存省諸侯於是始復之故美焉。劬其俱反注及下文同韓詩云數也使所吏反爰及矜人哀此鰥寡矜憐也老無妻曰鰥偏喪曰寡箋云爰曰也王之意不徒使此爲諸侯之事與安集萬民而已王曰當及此可憐之人謂貧窮者欲令賙餼之鰥寡則哀之其孤獨者收斂之使有所依附。矜棘冰反喪息浪反令力呈反賙音周救也餼許氣反

疏鴻鴈至鰥寡。正義曰言鴻鴈避所惡就所欲往飛之時肅肅其羽爲聲也以興萬民去所惡就有道而歸往之時其心喜樂也此萬民所以有可就者以時王遣使是子侯伯卿士於是巡行其邦國勞來天下之民病苦於外野故萬民得歸之此侯伯卿士既安集萬民又稱王命已曰不但安民而已亦當及此可憐之人貧窮者令賙餼焉又哀此無妻之鰥夫偏喪之寡婦當收斂之使有所依附也王命已已當行焉。傳大曰鴻至寒暑。正義曰鴻鴈俱是水鳥故連言之其形鴻大而鴈小嫌其同鳥雌雄之異故傳辨之云大曰鴻小曰鴈也知避陰陽寒暑者春則避陽暑而北秋則避陰寒而南故並言之此以所避與民避惡既有所避自然歸善故箋云喻民知去無道就有道離散不得所是無道明君安集之是有道也言去無道之離散就有道之安集所與一事耳不謂以厲王無道去之宣王有道就之何則民離散者豈能逃出中國遠避厲王也。箋侯伯至美焉。正義曰傳既以之子爲侯伯卿士故箋又解傳言侯伯卿士謂諸侯之伯與天子之卿士也毛知之子爲侯伯卿士者以此勞來之詩也王使勞來於天下唯侯伯與卿士耳故僖元年左傳曰凡侯伯救患分災討罪禮也是侯伯自於州內有罪者則征討之災患則分救之此安集萬民亦救患之義且州之內侯伯所主明王當遣焉故知有侯伯也又周禮王之所以撫邦國諸侯者歲偏存三歲偏覜五歲偏省注云歲者巡守之明歲以爲始自五歲之後遂間歲偏省此天子於諸侯所命卿士也春秋之時天子每使卿聘魯故知有卿士也諸侯之伯伯者長也諸侯之長謂之侯伯卽州牧是也故左傳杜注云侯伯州長也列職於王卽曰牧於諸侯則謂之侯伯一官而有三名也傳以之子是王所使之人舉侯伯卿士而言耳其實王官之伯亦有時述職天子之大夫亦使於諸侯故下泉傳曰諸侯有事則二伯述職春秋之世每有大夫聘魯是皆得爲王使也是時民既離散邦國壞滅知者以百堵皆作非直民居邦國城邑亦築作之故言邦國壞滅也所以離散壞滅者侯伯久不述職王使廢於存省諸侯故合然也今宣王於是始遣侯伯述職卿士存省復先王之法故美之言述職者述修其所掌之

職事上下通名故譜曰武王巡狩述職昭五年左傳曰小有述職謂諸侯於天子也又烝民曰仲山甫出祖傳曰言述職也仲山甫卿士也亦言述職是其通矣卿士言王使者以在王朝故以王使言之其實侯伯亦王所遣摠名皆王使但存省不使侯伯耳○箋可憐之人至有所依附○正義曰以下則言鰥寡明此可憐之人是貧窮也以貧窮無財宜賙餼之賙謂與之財餼謂賜之食也知可憐之人非孤獨者以孤獨與鰥寡爲類同在哀此之中故言鰥寡則哀之其孤獨者收斂之使有所依附也男鰥女寡皆身孤獨故言其孤獨以此無父之孤無子之獨亦宜哀焉王制云四者天民之窮而無告者也皆有常餼是四者同也言有常餼則鰥寡亦賙餼之言收斂之者對貧窮自有親眷不須收斂鰥寡則旣收斂之又賙餼之但哀其無所告故箋別言之

鴻鴈于飛集于中澤中澤澤中也箋云鴻鴈之性安居澤中今飛又集于澤中猶民去其居而離散今見還定安集**之子于垣百堵皆作**一丈爲版五版爲堵箋云侯伯卿士又於壞滅之國徵民起屋舍築牆壁百堵同時而起言趨事也春秋傳曰五版爲堵五堵爲雉雉長三丈則版六尺○垣音袁堵丁古反**雖則劬勞其究安宅**究窮也箋云此勸萬民之辭女今雖病勞終有安居○究居又反

〈疏〉鴻鴈至安宅○正義曰言鴻鴈性好居澤今往飛而集於澤中得其志也以興萬民亦情樂處家今還歸而止於家中亦得其欲也萬民得以安處者其是子侯伯卿士又於壞滅之國徵民起築垣墻令百堵俱起由是得還定也又言侯伯卿士勸已萬民曰築作興造雖則今劬勞其於久得安居欲使不憚勞也民喜王使之勸已故陳辭而美之○傳一丈至爲堵○正義曰板堵之數經無其事毛氏以義言耳五板爲堵自是公羊傳文公羊在毛氏之後非其所據五板爲堵謂累五板也板廣二尺故周禮說一堵之墻長丈高一丈是板廣二尺也○箋春秋至六尺○正義曰傳以一丈爲板鄭欲易之故引傳文而證板之長短春秋傳曰五板爲堵五堵爲雉定十二年公羊傳文也公羊雖非正典其言傳諸先達故鄭據之以破毛也言五堵爲雉謂接五堵成一雉旣引其文約出其義故云雉長三丈則板六尺也雉長三丈經亦無文古周禮說雉高一丈長三丈韓詩說八尺爲板五板爲堵五堵爲雉何休注云公羊取韓詩傳云堵四十尺雉二百尺以板長八尺接五板而爲堵接五堵而爲雉也二說不同故鄭駮異義辨之云左氏傳說鄭莊公弟段居京城祭仲曰都城過百雉國之害也先王之制大都不過三國之一中五之一小九之一今京不度非制也古之雉制書傳各不得其詳今以左氏說鄭伯之城方五里積千五百步也大都三國之一則五百步也五百步爲百雉則知雉五步五步於度長三丈則雉長三丈也雉之度量於是定可知矣是鄭計雉所據之文也王愆期注公羊云諸儒皆以爲雉長三丈堵長一丈疑五誤當爲三如是大通諸儒唯與鄭板六尺不合耳

鴻鴈于飛哀鳴嗸嗸未得所安集則嗸嗸然箋云此之子所未至者○嗸本又作嗷五刀反聲也**維此哲人謂我劬勞**箋云此哲人謂知王之意及之子之事者我之子自我也**維彼愚人謂我宣驕**宣示也箋云謂我役作衆民爲驕奢

鴻鴈三章章六句

庭燎美宣王也因以箴之諸侯將朝宣王以夜未央之時問夜早晚美者美其能自勤以政事因以箴者王有雞人之官凡國事爲期則告之以時王不正其官而問夜早晚○燎力照反徐又力燒反鄭云在地曰燎執之曰燭又云樹之門外曰大燭於內曰庭燎皆是照衆爲明箴之金反諫誨之辭朝直遙反下皆同

〈疏〉庭燎三章章五句至箴之○正義曰因以箴之者言王雖可美猶有所失此失須治若病之須箴三章皆美其勤於政事譏其不正其官是美而因箴之事也宣王旣在變詩此言美而箴之以下規誨爲衰失之漸而首則六月采芑末則斯干無羊並不言美者敘以示法見宣王中興置斯干無羊於末見終善以隱之詩承刺後不可復言其美故去美以示意旣末不言美故首亦去美令始終相準且見宣王君其詩可以次正故終始不言美其間則各從其實也以此王勤政事而不正其官美大過小得中有失故美而因箴之汾沮洳則惡大善小失中有得故刺而因美焉所以相反也○傳諸侯至早晚○正義曰王有雞人之官凡國事爲期則雞人告有司以其朝之時節有司當以告王不須問今王問之由王不正其官而問夜早晚非度之宜所以箴之也凡國事爲期則告之以時周禮雞人職文也注云象雞知時告其有司主事者也鄭知一言之內兼有箴美者以其篇更無箴刺之文夜如何其是問夜之辭天子備官任使而親問時節非王者之法故知此卽箴也卒章是朝之正時知不得時而美失時而箴者三章同云夜如何其是王之失得一也不得以時而爲美矣且依時而朝未足爲美明美者美其勤於親問問之則非禮故知此卽爲箴也**夜如何其**

箋云：此宣王以諸侯將朝，夜起曰：夜如何其？問早晚之辭。○其音基，辭也。**夜未央，庭燎之光。君子至止，鸞聲將將。**央，旦也。庭燎，大燭。君子謂諸侯也。將將，鸞鑣聲也。箋云：夜未央，猶言夜未渠央也。而於庭設大燭，使諸侯早來朝，聞鸞聲將將然。○央，於良反，說文云：久也，已也。王逸注楚辭云：央，盡也。將，七羊反，本或作鏘，注同。且，七也反，又子徐反，又音旦。經本作旦。鑣，表驕反，又必苗反。渠，其據反。

【疏】夜如至將將。○正義曰：宣王以諸侯將朝，遂夜起，問左右曰：夜如何其？其，語辭。言夜今早晚如何乎？王問之時，夜猶未渠央矣，而已見庭燎之光，言於時卽是庭設大燭，以待諸侯。其君子諸侯以庭燎已設，皆來至止，人聞其鸞聲將將然。王勤政事，誠可美矣，而不正其官，失人君之道，故箴之。○傳「央旦」至「大燭」。○正義曰：未央者，未到之辭，故箋云「夜未央，猶言夜未渠央也」。故漢有未央宮，詩有「樂未央」。傳言「央，旦」者，旦是夜屈之限，言夜未央者，謂夜未至旦，非訓央爲旦，故王肅云「央，且未旦，夜半」是也。二章「夜未艾」，艾，久也，毛意艾取名於耆艾，耆是年之久，從幼至艾爲年久，似從昏至旦爲夜久，昏似幼，旦似艾，言夜未於久，亦是未至於旦，未艾與未央，其意同也。但下章言晨，則三章設文有漸，未央先於未艾也。此夜未旦者，作者言王問夜之時節耳，非對王之辭也。若對王未央，王應更寢，何當設燭以迎賓？以此知非對辭也。庭燎者，樹之於庭，燎之爲明，是燭之大者，故云「庭燎，大燭」也。秋官司烜云：「邦之大事，供蕡燭庭燎。」注云：「樹於門外曰大燭，門內曰庭燎。」不同者，以彼燭燎別文，則設非一處，庭燎以庭名之，明在門內，故以大燭爲門外，以文對故異之耳，其散則通也。郊特牲曰：「庭燎之百，由齊桓公始也。」注云：「僭天子也。庭燎之差，公蓋五十，侯伯子男皆三十。」是天子庭燎用百，古制未得而聞，要以物百枚并而纏束之，今則用松葦竹灌以脂膏也。

夜如何其？夜未艾，庭燎晣晣。君子至止，鸞聲噦噦。艾，久也。晣晣，明也。噦噦，徐行有節也。箋云：芟末曰艾，以言夜先雞鳴時。○艾，毛五蓋反，鄭音刈。晣，本又作晢，之世反。噦，呼會反，徐又呼惠反。芟，所銜反。先，蘇薦反。

【疏】箋芟末至雞鳴時。○正義曰：箋以傳云艾取老之義，其理不安，故易之。何者？以一夜始譬一世，從昏至旦，猶從生至死耳，不得以老爲旦也。若以夜未久，則是初昏之辭，時已雞鳴，左右不得謂之未久也。故易之以芟艾爲喻，一物之全，是猶一夜也。以刀初芟，猶初昏也；芟竟，猶旦也。是艾者以昏初爲本，以過爲末，所以成艾之名。言未成艾，猶初未至於旦，故言先雞鳴時也。朝禮羣臣別色始入，在雞鳴之後，此未至朝節，故知先雞鳴時也。未艾先於雞鳴，則未央又在其前，故王肅以爲夜半，雖鄭亦當然矣。

夜如何其？夜鄉晨，庭燎有煇。君子至止，言觀其旂。煇，光也。箋云：晨，明也。上二章聞鸞聲爾，今夜鄉明，我見其旂，是朝之時也。朝禮，別色始入。○鄉，許亮反，字又作嚮。煇音暉。別，彼列反。旂音祈。

庭燎三章，章五句

沔水，規宣王也。規者，正圓之器也。規主仁恩也。以恩親正君曰規。春秋傳曰：「近臣盡規。」○沔，緜善反，徐莫顯反。

【疏】沔水三章，二章章八句，一章六句。○正義曰：作沔水詩者，規宣王也。圓者周迊之物，以比人行周備，物有不圓迊者，規之使成圓，人行有不周者，規之使周備，是匡諫之名。刺者，責其爲惡言。宣王政教多善，小有不備，今欲規之使備，故言規之，不言刺也。經云諸侯不朝天子，妄相侵伐，又讒言將起，王不禁之，欲王治諸侯，察譖佞，皆規王使爲善也。○箋「規者」至「盡規」。○正義曰：正物之器不獨規也，規以正圓，矩以正方，繩正曲直，權正輕重，皆可以比諫。君獨言規者，以主仁恩，以恩親正君曰規，規之使圓，則外無廉隅，猶人之爲恩，貌不嚴肅，故五行規主東方，是主仁恩也。案援神契云：「春執規，夏持衡，秋執矩，冬持權。」所引春秋傳者，外傳周語文也。言君之近臣當盡誠以規君，亦取恩親之義。

沔彼流水，朝宗于海。興也。沔，水流滿也。水猶有所朝宗。箋云：興者，水流而入海，小就大也。喻諸侯朝天子亦猶是也。諸侯春見天子曰朝，夏見曰宗。○朝，直遥反，注皆同。見，賢遍反，下文同。**鴥彼飛隼，載飛載止。**箋云：載之言則也。言隼欲飛則飛，欲止則止，喻諸侯之自驕恣，欲朝不朝，自由無所在心也。○鴥，惟必反。隼，息尹反。**嗟我兄弟，邦人諸友，莫肯念亂，誰無父母？**邦人諸友，謂諸侯也。兄弟，同姓臣也。京師者，諸侯之父母也。箋云：我，我王也。莫，無也。我同姓異姓之諸侯，女自恣聽，不朝，無肯念此於禮法爲亂者，女誰無父母乎？言皆生於父母也。臣之道，資於事父以事君。

【疏】沔彼至父母。○正義曰：沔然而滿者，彼流水也。此水之流，當朝宗而入於海，小就大也。以喻強盛者，是彼諸侯也。此諸侯亦當朝宗天子，臣事君也。何爲今更不然？鴥然而疾者，彼飛隼，其意欲飛則飛，欲止則止，自由無所畏也。以喻彼諸侯欲朝則朝，欲否則否自恣無所懼也故責之嗟乎我王兄弟同姓之國及爲邦君之人異姓諸侯此同姓異姓汝皆我王之諸友何爲自恣不朝無肯念此於禮法爲亂者若然則誰無父母乎何者人皆生於父母臣之道貪於事父以事君故京師者諸侯之父母何爲不以事父母之道事京師也諸侯自恣如是王不能禁所以規王也。傳水猶有所朝宗。正義曰云猶者以水無情猶義有朝宗況人而可無朝宗乎朝宗者本諸侯於天子之禮故箋引大宗伯云春見天子曰朝夏見曰宗臣之朝君猶水之趨海故以水流入海爲朝宗也禹貢亦云江漢朝宗於海彼注云以著人臣之禮見江漢吳楚有道後服無道先強故以著義以水入海多矣獨於江漢言朝宗故云著義也大宗伯注云朝朝也欲其來之早宗尊也欲其尊王皆以人事名之水無此情故云著義也。傳邦人至父母。正義曰尚書云我友邦冢君是天子謂諸侯爲友也邦人有國之辭故知諸友謂諸侯也此經嗟我下通兄弟邦人並責之諸友之文足以容同姓但以同姓爲親故先責兄弟兄弟是同姓則邦人諸友爲異姓故箋云我同姓異姓諸侯揔責之也言京師者諸侯之父母以責不朝於京師故以京師爲父母也箋申解名京師爲父母之意言皆生於父母臣之道貪於事父以事君本其恩親以責之故名京師爲父母箋云

自恣不朝集注及定本恣下有聽字

沔彼流水其流湯湯言放縱無所入也箋云湯湯波流盛貌喻諸侯奢僭既不朝天子復不事侯伯。湯失羊反復扶又反**鴥彼飛隼載飛載揚**言無所定止也箋云則飛則揚喻諸侯出兵妄相侵伐**念彼不蹟載起載行心之憂矣不可弭忘**不蹟不循道也弭止也箋云彼彼諸侯也諸侯不循法度妄興師出兵我念之憂不能忘也。蹟井亦反弭忘彌氏反下同

［疏］沔彼至弭忘。正義曰沔然而滿者彼流水也此水之流湯湯然波流漫溢無所入既不注於海復不入大川以與強盛者彼諸侯也此諸侯奢僭故恣無所事既不朝天子又不事侯伯鴥然而疾飛者彼飛隼則已飛而不息則又加之遊揚妄相擊害以與彼自恣之諸侯則已不朝天子則又加以出兵妄相侵伐故我念彼不循道之諸侯爲此則起則行妄出兵之事者心爲之憂矣不可止而忘之。傳言放縱無所入。正義曰言水放散縱長無所入猶諸侯奢泰放恣無所臣事也無所者是廣辭非徒不入於海又不注大川以喻諸侯亦然故箋申之云既不朝天子復不事侯伯以傳無所入之言知有侯伯之義故下箋亦云王與侯伯不當察之緣此有侯伯故也定本云放衍無所入集注云放恣

鴥彼飛隼率彼中陵箋云率循也隼之性待鳥雀而食飛循陵阜者是其常也喻諸侯之守職順法度者亦是其常也**民之訛言寧莫之懲**懲止也箋云訛僞也言時不令小人好詐僞爲交易之言使見怨咎安然無禁止。好呼報反**我友敬矣讒言其興**疾王不能察讒也箋云我我天子也友謂諸侯也言諸侯有敬其職順法度者讒人猶興其言以毀惡之王與侯伯不當察之。惡烏路反

［疏］鴥彼至其興。正義曰鴥然彼自往之飛隼當循彼中陵是其常以興自恣之諸侯亦當守職慎法是其常言諸侯之不可起行妄伐猶飛隼之不可飛揚妄作也諸侯之不守法非直由其自恣然亦由當時不令之小人爲詐僞之言使人見怨咎者安然莫之肯禁止之者故致讒言我諸侯之友有恭敬其職事者矣讒人之言其又興起以毀惡之而王與諸侯何以不當察之乎以此令諸侯益不守法也此篇主責諸侯之自恣因疾王之不察讒者先責下而後刺上欲規王令禁察之。箋好詐至怨咎。正義曰詐僞交易之言者謂以善言爲惡以惡言爲善交而換易其辭鬭亂二家使相怨咎也

沔水三章二章章八句一章六句

鶴鳴誨宣王也誨教也教宣王求賢人之未仕者。鶴鳴草木疏云鶴鳴聞八九里

［疏］鶴鳴二章章九句。正義曰上言規此言誨者規謂正其已失誨謂教所未知彼諸侯專恣是已然之事故謂之規此求賢者未是已失直以意教故謂之誨敘者觀經而異文

鶴鳴于九皋聲聞于野興也皋澤也言身隱而名著也箋云皋澤中水溢出所爲坎自外數至九喻深遠也鶴在中鳴焉而野聞其鳴聲興者喻賢者雖隱居人咸知之。九皋音羔韓詩云九皋九折之澤聞音問下同數色主反**魚潛在淵或在于渚**良魚在淵小魚在渚箋云此言魚之性寒則逃於淵溫則見於渚喻賢者世亂則隱治平則出在時君也。見賢遍反治直吏反**樂彼之園爰有樹檀其下維蘀**何樂於彼園之觀乎蘀落也尚有樹檀而下其蘀箋云之往爰曰也言所以之彼園而觀者人日有樹檀檀下有蘀此猶朝廷之尚賢者而下小人是以往也。樂音洛沈又五孝反注及下同爰音袁檀音壇蘀音託觀古亂反下同朝直遙反**它**

山之石可以爲錯錯石也可以琢玉舉賢用滯則可以治國箋云它山喻異國○錯七落反說文作厝云厲石也字林同千故反琢涉角反【疏】鶴鳴至爲錯○毛以爲言鶴鳴野鶴處九皋人皆聞之以興賢者隱於幽遠之處其名聞於朝之間賢者雖隱人咸知之王何以不求而置之於朝廷乎所以必求此隱者以魚有能潛在淵者或在於渚者小魚不能入淵而在渚良魚則能逃處於深淵以興人有能深隱者或出於世者小人不能自隱而處世君子則能逃遯而隱居逃遯之人多是賢者故令王求之王若置賢人於朝則人言云我何以樂彼之園而欲往觀之乎曰以上有善樹之檀而其下維有惡木之蘀我所以觀焉以興何以樂彼之朝而欲往觀之乎以上有德善之人而其下維有不賢之人我所以往也王得賢則爲人樂觀其朝如此何以不求之非但在朝爲人所親又它山遠國之石取而得之可以爲錯物之用興異國沈滯之賢任而官之可以爲理國之政國家得賢臣輔以成治猶寶玉得石錯琢以成器故須求之也王者雖以天下爲家畿外亦得爲異國也○鄭唯次二句爲異餘同○箋皋澤至鳴聲○正義曰鄭以一鳥不鳴九澤而云九皋者然則明深九坎也澤者水之所鍾故知澤中水溢出所爲坎自外數至九於時澤有然者故作者舉之以喻深遠也鶴者善鳴之鳥故在澤焉而野聞其鳴聲陸機疏云鶴形狀大如鵝長脚青翼高三尺喙長四寸餘多純白或有蒼色者今人謂之赤頰當夜半鳴故淮南子云雞知將旦鶴知夜半其鳴高亮聞八九里雌者聲差下今吳人園囿中及士大夫家皆養之○傳良魚至在渚○正義曰毛以潛淵喻隱者不云大魚而云良魚者以其喻善人故變文稱良也○箋此言至則出○正義曰此文止有一魚復云或在是魚在二處以魚之出沒喻賢者之進退於理爲密且教王求賢止須言賢之來否不當橫陳小人故易傳也

鶴鳴于九皋聲聞于天箋云天高遠也魚在于渚或潛在淵箋云時寒則魚去渚逃於淵樂彼之園爰有樹檀其下維穀穀惡木也○穀工木反說文云楮也從木穀聲非從禾也以上章上檀下蘀類之取其上善下惡故知穀惡木也【疏】傳穀惡木○正義曰以上檀蘀類之取其上善下惡故知穀惡木也陸機疏云幽州人謂之穀桑荊楊人謂之穀中州人謂之楮殷中宗時桑穀共生是也今江南人績其皮以爲布又擣以爲帋謂之穀皮帋絜白光澤其裏甚好其葉初生可以爲茹

它山

之石可以攻玉攻錯也

鶴鳴二章章九句

祈父刺宣王也刺其用祈父不得其人也官非其人則職廢祈父之職掌六軍之事有九伐之法祈圻畿同○祈勤衣反父音甫下同【疏】祈父三章章四句○正義曰經二章皆勇力之士責祈父之辭舉此以刺王也○箋祈父至畿同○正義曰下傳以祈父爲司馬故言其所掌之事大司馬序云王六軍是掌六軍之事也其職曰掌九伐之法正邦國注云諸侯之於國如樹木之有根本是以言伐云憑弱犯寡則眚之猶人眚瘦四面削其地賊賢害民則伐之有鐘鼓曰伐暴內陵外則壇之壇讀如墠置之空墠出其君更立其次賢者野荒民散則削之田不治民不附削其地負固不服則侵之賊殺其親則正之執而治其正殺之放弒其君則殘之殘滅其爲惡犯令陵政則杜之杜塞使不得與隣國交通內外亂鳥獸行則滅之悖人倫誅滅去之是有九伐之法也由其軍行征伐事有苦樂爲爪牙所怨故言其所掌也此職掌封畿兵甲當作畿字今作圻故解之古者祈圻畿同字得通用故此作祈尚書作圻

祈父祈父司馬也職掌封圻之兵甲箋云此司馬也時人以其職號之故曰祈父書曰若疇圻父謂司馬司馬掌祿士故司士屬焉又有司右主勇力之士○疇此古疇字本或作壽按孔注尚書直留反馬鄭音受予王之爪牙

胡轉予于恤靡所止居恤憂也宣王之末司馬職廢羌戎爲敗箋云予我轉移也此勇力之士責司馬之辭也我乃王之爪牙爪牙之士當爲王閑守之衞女何移我於憂使我無所止居乎謂見使從軍與羌戎戰於千畝而敗之時也六軍之士出自六鄉法不取於王之爪牙之士○爲王于僞反下母爲父同【疏】祈父至止居○正義曰時爪牙之士呼司馬之官曰祈父我乃王之爪牙之士所職有常不應遷易汝何爲移我於所憂之地使我無所止居乎由宣王不明使人不稱故陳之以刺王○箋此司馬至之士○正義曰以傳未明更申其說此司馬職其掌封畿時人以其職號之故曰祈父書曰若疇圻父謂司馬也言古亦謂司馬爲圻父非獨詩也若疇圻父酒誥文也彼注云順壽萬民之圻父圻父謂司馬主封畿之事與此同意也定本作若疇與鄭義不合誤也又解祈父爲爪牙所責之意司馬掌祿士故司士之官屬焉是爵祿黜陟由司馬也其屬又有司右之官主勇力之士故爪牙屬司馬也司

馬主爪牙之士其職得爵人今轉爪牙之士於可憂之地故所以怨之也司士職曰以德詔爵以功詔祿注引王制曰司馬辨論官材論進士之賢者以告於王而定其論論定然後官之任官然後爵之位定然後祿之是司士所掌以告司馬司馬告於王而進退之處人憂樂皆司馬之所爲故恨其轉予于恤也因言司馬所掌逆申下恨之意司右主勇力之士者司右職曰凡國之勇力之士能用五兵者屬焉注云勇力之士屬焉選右當於其中五兵者弓矢殳矛戈戟也此王之爪牙卽彼勇力之士故引之也○傳宣王至爲敗○正義曰周語云宣王三十九年戰於千畝王師敗績於姜氏之戎史記周本紀云宣王卽位四十六年而崩是未有姜戎爲敗也毛知此當姜戎之敗者以宣王之征所往皆克此言轉予于恤有危敗之憂宣王之敗唯姜戎耳故言姜戎爲敗以當之自爲姜戎所敗而言司馬職廢者以征伐司馬所典故也常武美宣王命程伯休父爲大司馬則休父賢者也言職廢者蓋休父卒後他人代之其人不賢故廢職也○箋我乃至之士○正義曰鳥用爪獸用牙以防衞己身此人自謂王之爪牙以鳥獸爲喻也當爲王閑守之衞者謂防閑守禦之衞也知者以其言爪牙是勇力者也言胡轉予于恤是不應轉而轉之也有勇力而不當轉於憂唯守衞者耳故知當爲王閑

守之衞也司右止言勇力屬焉不言使之守衞夏官虎賁氏下大夫二人其屬者虎士八百人其職云虎賁氏掌先後王而遂以卒伍軍旅會同亦如之舍則守王閑王在國則守王官國有大故則守王門注云舍王出所止宿處閑梐枑也然然則爲王閑守乃是虎賁之屬非司右勇力士也此言當爲王守衞者周禮司右虎賁連官耳虎賁掌虎士司右主勇士虎賁之徒既爲宿衞則司右之徒亦爲宿衞矣司士正朝儀之位虎士在路門之右大右在路門之左大右則司右也虎士言其徒不言其官大右言其官不言其屬明司右與虎賁氏俱卒其屬以衞王互文以相明也不然豈空屬司右無任役乎以此知爪牙之士當爲王閑守之衞也比勇力之士選右當於中若車右出征則是其常職今恨移我於憂謂見使從軍則不爲車右蓋使之爲步卒故恨也傳言姜戎敗不言敗處故申之云戰於千畝而敗也杜預云西河介休縣南有地名千畝則王師與姜戎在晉地而戰也國語云宣王不籍千畝虢文公諫而不聽三十九年戰于千畝孔晁云宣王不耕籍田神怒民困爲戎所伐戰於近郊則晁意天子籍田千畝還在籍田而戰則千畝在王之近郊非是晉地義或然也又解此爪牙之士所以不應從征者以六軍之士出自六鄉法不取王之爪牙之士也小司徒職曰乃頒比法於六鄉之大夫使各登其鄉之衆寡乃會萬民之卒伍而用之五人爲伍五伍爲兩四兩爲卒五卒爲旅五旅爲師五師爲軍以起軍旅又曰凡起徒役無過家一人是出自六鄉也

祈父予王之爪士士事也**胡轉予于恤靡所厎止**厎至也○厎瓜履反**祈父亶不聰**亶誠也○亶都旦反**胡轉予于恤有母之尸饔**尸陳也熟食曰饔箋云己從軍而母爲父陳饌飲食之具自傷不得供養也○供九用反養羊亮反〔疏〕祈父至尸饔○正義曰上恨身無所居此恨不得供養責之曰祈父汝誠是不聰慧之人汝若聰慧何爲移我於憂危之地令我不得居家供養使我所有尊母令之陳熟食以奉父乎○傳熟食曰饔○正義曰對例則飪爲熟散則通此云尸是陳之辭明熟食故可陳也○箋己從至供養○正義曰千畝之戰王之郊內勝負不至多時而恨其不得代母爲父陳食者時王室既衰戰則恐敗恨其轉己故舉此以刺不得爲多歷時日而恨也許氏異義引此詩曰有母之尸饔謂陳饔以祭志養不及親彼爲論饔餼生死不爭此文故不駁之其義當如此箋非爲祭也

祈父三章章四句

白駒大夫刺宣王也刺其不能留賢也○白駒馬五尺以上曰駒

皎皎白駒食我場苗縶之維之以永今朝宣王之末不能用賢賢者有乘白駒而去者縶絆維繫也箋云永久也願此去者乘其白駒而來使食我場中之苗我則絆之繫之以永今朝愛之欲留之○皎古了反絜白也場直良反縶陟立反徐丁立反絆音半縶足曰絆**所謂伊人於焉逍遙**箋云伊當作繄繄猶是也所謂是乘白駒而去之賢人今於何遊息乎思之甚也○焉於虔反又如字下同繄烏今反〔疏〕白駒四章章四句皎皎至逍遙○正義曰宣王之末不能用賢有賢人乘皎皎然白駒而去者我願其乘此白駒而來食我場中之苗我則縶絆之維持之謂絆繫其馬留其人以久今日之朝既思而不來又述而言曰所謂是乘白駒而去之賢人今於何處逍遙遊息乎不知所適言思見之甚也以久今朝者得賢人與之言話則今日可長久猶山有樞云且以永日也○傳宣王至縶絆○正義曰以宣王之行初善後惡烝民序云任賢使能周室中興明是

初時事此刺不能留賢故知宣王之末也僖二十八年左傳曰縶靷鞅靽杜預云在後曰靽則縶之謂絆其足維之謂繫靷也。箋食我場中之苖。正義曰言食苖藿則夏時矣七月注云春夏爲圃秋冬爲場場人注云場築地爲墠季秋除圃中爲之此宜云圃而言場者以場圃同地耳對則四時異名散則總其本地雖夏亦名場也

皎皎白駒食我場藿縶之維之以永今夕藿猶苖也夕猶朝也。藿火郭反所謂伊人於焉嘉客皎皎白駒賁然來思賁飾也箋云願其來而得見之易卦曰山下有火賁賁黄白色也。賁彼義反徐音奔毛鄭全用易爲釋爾公爾侯逸豫無期爾公爾侯邪何爲逸樂無期以反也。樂音洛愼爾優游勉爾遁思愼誠也箋云誠女優游使待時也勉女遁思度已終不得見自訣之辭。遯字又作遂徒遜反徐徒損反度已待洛反下音紀訣音決

〔疏〕皎皎至遁思。正義曰言有賢人乘皎皎然白駒而去者其服賁然而有盛飾已願其來思而得見之也既願而來即責之公侯之尊可得逸豫若非公侯無逸豫之理爾豈是公也爾豈是侯也何爲亦逸豫無期以反乎思而不來設言與之訣汝誠在外優遊之事勉力行汝遁思之志勿使不終也極而與之自訣之辭也此來思遁思二思皆語助不爲義也。傳賁飾箋易卦至白色。正義曰賁飾易序卦文山下有火賁易象文也賁卦離下艮上艮爲山離爲火故言山下有火以火照山之石故黄白色也其卦名曰賁者鄭云離爲日日天文也艮爲石地文也天文在下地文在上天地之文交相而成賁賁然是也此賁賁必爲賢者之貌箋傳不言貌此思賢者當以車服表之皎皎爲馬之貌賁不宜爲人之貌蓋謂其衣服之飾也

皎皎白駒在彼空谷空大也生芻一束其人如玉箋云此戒之也女行所舍主人之餼雖薄要就賢人其德如玉然。芻楚俱反毋金玉爾音而有遐心箋云毋愛女聲音而有遠我之心以恩責之也。毋音無本亦作無毋字與父母之字不同宜詳之他皆倣此

〔疏〕皎皎至遐心。正義曰言有乘皎皎然白駒而去之賢人今在彼大谷之中矣思而不見設言形之汝於彼所至主人禮餼待汝雖薄止有其生芻一束耳當得其人如玉者而就之不可以貪餼而棄賢也又言我思汝甚矣汝雖不來當傳書信毋得金玉汝之音聲於我謂自愛音聲貴如金玉不以遺問我而有疏遠我之心已與之有恩恐遂疏已故以恩責之。冀音信不絕。傳空大。正義曰以谷中容人隱焉其空必大故云空大非訓空爲大桑柔云有空大谷是空谷大也此云在彼空谷則知其所適上云於焉逍遙及於焉嘉客爲不知所適之辭者以思之不得故言不知所在此以賢者隱居必當潛處山谷故舉以爲言空谷非一猶未是知其所在也。箋毋愛女聲音。正義曰定本集注皆然

白駒四章章六句

黃鳥刺宣王也刺其以陰禮教親而不至聯兄弟之不固。聯音連

〔疏〕黃鳥三章章七句。箋刺其至不固。正義曰箋解婦人自爲夫所出而以刺王之由刺其以陰禮教男女之親而不至篤聯結其兄弟夫婦之道不能堅固令使夫婦相棄是王之失教故舉以刺之也大司徒十有二教其三曰以陰禮教親則民不怨又曰以本俗六安萬民其三曰聯兄弟是鄭所引之文也言不至不固鄭以義增之彼注云陰禮謂男女之禮昏姻以時男不曠女不怨是也謂之陰者以男女夫婦寢席之上陰私之事故謂之陰禮秋官士師云凡男女之陰訟聽之於勝國之社是謂男女之事爲陰也彼注又云聯猶合也兄弟謂昏姻嫁娶是謂夫婦爲兄弟也夫婦而謂之兄弟者列。傳曰執禮而行兄弟之道何休亦云圖安危可否兄弟之義故比之也

黃鳥黃鳥無集于穀無啄我粟興也黃鳥宜集木啄粟者。喻天下室家不以其道而相去是失其性。啄陟角反此邦之人不我肯穀穀善也箋云不肯以善道與我言旋言歸復我邦族宣王之末天下室家離散妃匹相去有不以禮者箋云言我復反也。妃音配

〔疏〕黃鳥至邦族。正義曰言人有禁語云黃鳥黃鳥無集於我之穀木無啄於我之粟然黃鳥宜集本啄粟今而禁之是失其性喻婦人述男子禁已云婦人婦人無居我之室無得噉我之食然婦人之在夫家宜居室噉食今夫禁已是失其夫婦之所宜也婦人見其如此知必棄已即與之訣別而去之曰此邦國之人已於我若此則不我肯以善相與是不肯以善道與我也故我今迴旋我今還歸復反我邦國宗族矣言此邦之人復我邦族者言夫與已不善居異所耳不必即他邦也

黃鳥黃鳥無集于桑無啄我粱此邦之人不可與明

不可與明夫婦之道箋云明當爲盟盟信也言旋言歸復我諸兄婦人有歸宗之義箋云宗謂宗子也[疏]不可至諸兄。毛以爲婦人既被夫棄已言此邦國之人不可與明夫婦之道今我迴旋我還歸復反我宗族之兄家也。鄭唯不可與盟爲異。傳不可至之道。正義曰夫婦之道以義居者也當同居共食今而禁之闇昧於三綱之道苟欲出之不知婦人非七出不得去是不可與明夫婦之道也。箋明當爲盟盟信。正義曰易傳者以下云不可與處言其夫不可共處也此云不可與明亦當云其夫不可與共盟也若是明夫婦之道其明與否夫獨爲之非婦所當共故知字誤當作盟也曲禮下曰約信曰誓涖牲曰盟盟是信誓之事故云盟信也禮諸侯有相背違者盟以信之而不信之人既盟復背此婦爲夫所薄意欲盟而固之以其無信終必棄己故云不可與盟也。傳婦人有歸宗之義。正義曰傳於此言歸宗者以婦人之所尊者其兄也因此諸兄之文故言歸宗喪服爲昆弟之爲父後者傳曰何以朞也婦人雖在外必有歸宗曰小宗故服朞也此以諸兄爲宗之文也彼所言歸宗唯謂大夫以下其妻父母沒有歸寧於宗要被出還家亦爲歸宗故準彼而言也箋恐謂宗是大宗故云謂宗子亦謂宗兄也

黃鳥黃鳥無集于栩無啄我黍此邦之人不可與處處居也。栩況甫反言旋言歸復我諸父諸父猶諸兄也

黃鳥三章章七句

附釋音毛詩注疏卷第十一　十一之二

黃中栻栞

毛詩注疏挍勘記十一之一　阮元撰盧宣旬摘錄

○鴻鴈

鴻鴈美宣王也　毛本鴈誤雁明監本以上不誤餘同此

今還歸本宅安止　閩本明監本毛本同案安當作定

明其王先撫散民止　閩本明監本毛本其誤宣案王當作止形近之譌

箋云鴻鴈知避陰陽寒暑　小字本相臺本同案正義云故傳辨之云大曰鴻小曰鴈也知避陰陽寒暑者云云故箋云喻民知去無道就有道標起止云傳大曰鴻至寒暑是正義本鴻鴈知避陰陽寒暑八字在傳箋云二字在其下也

明君安集之　閩本明監本毛本同案十行本明君安剜添者一字

傳既以之子爲侯伯卿士　閩本明監本毛本同案十行本既至爲剜添者一字

何休注云公羊　閩本明監本毛本同案浦鏜云誤衍云字

○庭燎

美宣王也因以箴之　小字本相臺本同唐石經初刻作美宣王因以箴也後改同今本案正義標起止云至箴之釋文以箴之作音初刻誤也

央且也　小字本相臺本同案此正義本也標起止云傳央且釋文云且七也反又子徐反又音旦段玉裁云且薦也凡物薦之則有二層未旦猶言未漸進也與未艾向晨爲次第若作旦字與向晨不別矣釋文旦字或誤且今正詳後考證

供蕡燭庭燎　閩本明監本蕡誤墳毛本不誤

○沔水

以一夜始嘗一世　閩本明監本毛本始誤加

規主仁恩也　小字本相臺本同考文古本同閩本明監本毛本主誤王

無所在心也　小字本相臺本同考文古本在字亦同閩本明監本毛本在作懼案在字是也正義云無所懼也乃正義自爲文不當依以改箋

女自恣聽不朝　小字本相臺本同案正義云箋云自恣不朝集注及定本恣下有聽字此正義本是也有者衍

言放縱無所入也　小字本相臺本同案正義云定本云放衍無所入集注云放恣標起止云傳言放縱無所入考文古本縱作恣采正義

此篇主責諸侯之自恣　毛本主誤王閩本明監本不誤

二章章八句　小字本相臺本同唐石經二章字磨改其初刻不可知也

○鶴鳴

尚有樹檀而下其萚　小字本同閩本明監本毛本同相臺本有作其案有字是也此卽經爰有之有也正義云曰以上有善樹之檀亦其證

它山之石　唐石經小字本相臺本同考文古本同閩本明監本毛本它誤他下章同案釋文云它古他字考此字與鄘柏舟漸漸之石經同餘經或作他用字不畫一之例也正義應易爲他十行本正義中作它乃以經字改之耳

其名聞於朝之閒　明監本毛本朝下有廷字閩本剜入案所補是也

以與人有能深隱者　閩本明監本毛本深下衍於字案十行本入至深剜添者一字是深字亦衍也

非但在朝爲人所親　閩本明監本毛本同案浦鏜云親當覲字誤是也

其下維穀　唐石經相臺本同小字本穀作榖閩本同明監本毛本榖誤穀餘同此

幽州人爲之穀桑也　閩本明監本毛本爲作謂案所改是也

○祈父

正義曰經二章　閩本明監本毛本同案浦鏜云三誤二是也

執而治其正殺之　閩本明監本毛本其下有罪字案所補非也正當作罪

犯令陵政則之杜塞杜塞　閩本明監本毛本作則杜之杜塞案十行本令至下塞字剜添者三字當是但有則杜之耳十行本塞杜塞三字衍杜之誤倒閩本以下亦衍杜塞二字

則滅之□□□誅滅去之　閩本明監本毛本之下誤不空案依大司馬注考之空處當是悖人倫三字也○補今依挍補正

書曰若疇圻父　小字本相臺本同案此定本也正義云酒誥文也彼注云順壽萬民之圻父又云定本作若疇與鄭義不合誤也釋文云若疇此古疇字本又作壽按孔注尚書直留反馬鄭音受考此箋是鄭自用其讀而引之正義本爲長

羌戎爲敗　小字本相臺本同閩本明監本毛本亦同案正義引周語云王師敗績於姜氏之戎考韋注以爲西方之種四嶽後是羌字當作姜周本紀文同集解亦引韋注皆可證

若疇圻父　閩本明監本毛本同案疇當作壽下若疇圻父同

是末有姜戎之敗也　閩本明監本毛本末誤未

然然則爲王閑守　〔補〕案然然誤重宜衍一字

靡所厎止　唐石經小字本相臺本同閩本明監本毛本厎作底案釋文厎之履反至也

○白駒

大夫刺宣王也　小字本相臺本同唐石經初刻幽後改宣案初刻誤也

以永今朝　閩本明監本毛本同小字本相臺本永作久考文古本同案久字是也正義云以久今朝者可證

白駒四章章四句　閩本明監本毛本同。案浦鏜云「六」誤「四」，是也。

所謂是乘白駒而去之賢人今於何處　閩本明監本毛本同。案十行本「人」至「何」剜添者一字。

散則縶其本地　閩本明監本毛本同。案「縶」當作「縶」。

艮爲石地文也　閩本明監本毛本誤重「石」字。

此賁賁必爲賢者之貌　閩本明監本毛本誤脱一「賁」字。

毋愛女聲音　小字本相臺本同。案正義云「定本集注皆然」，是當時本或不如此也。但未有明文，今無可考。考文古本「女」下有「之」字，以正義自爲文者添耳。

猶未是知其所在也　閩本明監本毛本脱「是」字。

〇黄鳥

列傳曰執禮而行兄弟之道　閩本明監本毛本同。案「列」下浦鏜云脱「女」字，是也。在《母儀·魯師氏母傳》中，今本失此篇。《雞鳴》正義亦引此傳，是其證。

喻天下室家不以其道而相去是失其性　小字本相臺本同。案此傳十六字是箋，喻上當有「箋云」，興者四字，因「者」字複出而誤脱也。章末傳云「宣王之末，室家離散，妃匹相去，有不以禮者」，不應上已有此傳。又箋例言「喻」，見《螽斯》正義。各本皆誤，今正之。

附釋音毛詩注疏卷第十一（十一之二）　三七

毛詩小雅　鄭氏箋　孔穎達疏

我行其野刺宣王也刺其不正嫁取之數而有荒政多淫昏之俗疏我行其野三章章六句○箋刺其至之俗○正義曰凡嫁娶之禮天子諸侯一娶不改其大夫以下其妻或死或出容得更娶非此亦不得更娶此爲嫁娶之數謂禮數也昭三年左傳子大叔謂梁丙張趯說朝聘之禮張趯曰善哉吾得聞此數是謂禮爲數也今宣王之末妻无犯七出之罪无故棄之更婚王不能禁是不能正其嫁娶之數大司徒曰以荒政十有二聚萬民十曰多昏注曰荒凶年也鄭司農云多昏不備禮而娶昏者多也彼謂國家凶荒民貧不能備禮乃寬之使不備禮物而民多得昏今宣王之時非是凶年亦不備禮多昏豐年而有此俗故刺王也經云求爾新特言其不以禮來不肯媵是當時不備禮而昏也詩所述者一人而已但作者揔一國之事而爲辭故知此不以禮昏成風俗也

我行其野蔽芾其樗昏姻之故言就爾居樗惡木也箋云樗之蔽芾始生謂仲春之時嫁取之月婦之父壻之父相謂昏姻言我也我乃以此二父之命故我就女居我豈其无禮來乎責之也○蔽必制反徐又方四反芾方味反樗勑書反

爾不我畜復我邦家畜養也箋云宣王之末男女失道以求外昏棄其舊姻而相怨疏我行至邦家○毛以爲有人言我行適於野采可食之菜唯得蔽芾然樗之惡木以興婦人言我嫁他族以求夫唯得无行不信之惡夫既得惡夫遇已不善乃責之言我以我父之昏爾父之姻二父勑命之故我就爾而居處爲室家耳我豈无禮而來乎而惡我也爾既不我畜養今當復反我之邦家矣與之自訣之辭鄭唯上二句記時爲異餘同○傳樗惡木○正義曰七月云采荼薪樗唯取薪薪惡木也毛以秋冬爲昏不得有記時之事王肅云行遇惡木言已適人遇惡夫也○箋樗之至責之○正義曰樗是木也言蔽芾始生謂葉在枝條始生非木根始生於地也仲春草木可采故言仲春之時嫁娶之月矣婦之父壻之父相謂爲昏姻釋親文也此及二章並言昏姻故言二父之命卒章止有姻唯據壻之父耳故言汝不思汝老父之命

我行其野言采其蓫昏姻之故言就爾宿蓫惡菜也箋云蓫牛蘈也亦仲春時生可采也○蓫勑六反本又作蓄蘈本又作藬徒雷反

爾不我畜言歸斯復復反也疏箋蓫牛蘈○正義曰此釋草無文陸機疏云今人謂之羊蹄定本作牛蘈

我行其野言采其葍不思舊姻求爾新特葍惡菜也新特外昏也箋云葍也亦仲春時生可采也壻之父曰姻我采葍之時以禮來嫁女女不思女老父之命而棄我而求女新外昏特來之女責之也不以禮嫁必無肯媵之○葍音福葍音富女並音汝媵音孕又繩證反

成不以富亦祇以異祇適也箋云女不以禮爲室家成事不足以得富也女亦適以此自異於人道言可惡也○祇音支惡烏路反疏不思至以異○正義曰取妻者受父之命故今引以責之言父本命汝以我爲妻汝何不思憶舊時老父之命而棄我而求汝新外昏特來之女也汝如是不以禮爲室家誠不以是而得富亦適可以此異於人耳人悉偕老汝獨相棄是異於人也○傳葍惡菜新特外昏○正義曰陸機疏云葍一名葍幽州人謂之燕葍其根正白可著熱灰中溫噉之飢荒之歲可蒸以禦飢昏姻對文則男婚女姻散則通故外來之婦爲外昏也○箋不以至媵之○正義曰此解新特之義特謂獨來夫家由不以禮嫁必無人肯媵送之故獨來也禮大夫乃一妻二妾是有姪娣爲媵士庶人則不能備矣此詩所述下及庶人本自無媵而云無肯媵者釋言云媵送也妾送嫡而行故謂妾爲媵媵之名不專施妾凡送女適人者男女皆謂之媵僖五年左傳晉人滅虞執其大夫井伯以媵秦穆姬史傳稱伊尹有莘氏之媵臣是送女者雖男亦名媵也此不以禮嫁其父母之家男子婦女皆無肯媵之故獨來耳非謂當有姪娣媵也

〈詩疏十一之二〉　二

我行其野三章章六句

斯干宣王考室也考成也德行國富人民殷衆而皆佼好骨肉和親宣王於是築宮廟羣寢既成而釁之歌斯干之詩以落之此之謂成室宗廟成則又祭祀先祖○佼古卯反釁許靳反落如字始也或作樂非疏斯干九章首章七句二章三章四章五章章五句六章七句七章五句八章卒章章七句○正義曰作斯干詩者宣王考室也考成也宣王既德行民富天下和親乃築廟寢成而與羣臣安燕而樂之此之謂成室也人之所居曰室宮寢稱室是其正也但君子將營宮室宗廟爲先故鄭以爲亦脩宗廟室是揔稱言室足以兼之毛傳不言廟王肅云宣

王脩先祖宫室儉而得禮孫毓云此宣王考室之詩無作宗廟之言孫王並云述毛則毛意此篇不言廟也築室必先脩廟但作者言不及耳經雖皆是考室之事正指其文則乃安斯寢是也故箋云寢既成乃鋪席與羣臣安燕爲歡以樂之是考室之事也宣王中興賢君其所以作者非欲崇飾奢侈妨害民務國富民豐乃造之耳故首章言天下親富二章乃作之三章言作之攻堅四章言得其形制五章言庭室寬明六章乃言考之也既考之後居而寢宿下至九章言其夢得吉祥生育男女貴爲王公慶流後裔因考室而得然故考室可以兼之也○箋考成至先祖○正義曰考成釋詁文德行者即秩秩斯干是也國富者幽幽南山是也人民殷衆而皆佼好次二句是也骨肉和親即下三句是也宣王承亂離之後先務富民民富情親乃使之築宫廟羣寢築作既成其廟則神將休焉則而以祀釁塗之其寢則王將居焉設盛食燕羣臣歌斯干之詩以歡樂之此之謂成室也言成者非直築成而已通謂國富民和樂共作力以成其事廟則既爲釁祀使神得安焉室則既爲歡燕使人得處焉人神各有攸處然後謂之爲成故言此之謂成室以結之說文云釁血祭也賈逵云殺而以血塗鼓謂之釁鼓則釁者以血塗之名雜記下曰成廟則釁之其禮雍人拭羊舉羊升屋自中屋南面刲羊

血流於前乃降是釁廟祀也昭四年左傳叔孫爲孟丙作鐘饗大夫以落之服虔云釁以豭豚爲落則又一名落蓋謂以血澆之也雜記云路寢成則考之而不釁注云設盛食以落之即引檀弓晉獻文子成室諸大夫發焉是樂之事下箋亦云安燕爲歡以樂之是也據經乃安斯寢是考室之事而於經無釁廟之云鄭云而釁之者鄭以似續妣祖爲築宫廟廟成必當釁室尚燕樂明廟釁可知也雜記之文廟成則釁寢成則考此序言考室箋得兼云釁廟者此考之名取義甚廣乃國富民殷居室安樂皆是考義猶無羊云考牧非獨據一燕食而已故知考室之言可以通釁廟也言歌斯干之詩以樂之者歌謂作此詩也宣王成室之時與羣臣燕樂詩人述其事以作歌謂作此詩斯干所歌皆是當時樂事故云歌斯干之詩以樂之非謂當樂之時已有斯干可歌也本或作樂以釁又名落定本集注皆作落未知孰是云宗廟成則又祭先祖叙君子攸躋之言箋以躋謂升廟祭祀故又言此以叙之

秩秩斯干幽幽南山興也秩秩流行也干澗也幽幽深遠也箋云興者喻宣王之德如澗水之源秩秩流出無極已也國以饒富民取足焉如於深山○秩直乙反澗音諫**如竹苞矣如松茂矣**苞本也箋云言時民殷衆如竹之本生矣其佼好又如松柏之暢茂矣**兄及弟矣式相好矣無相猶矣**猶道也箋云猶當作瘉瘉病也言時人骨肉用是相愛好無相詬病也○好呼報反猶毛如字鄭改作瘉羊主反詬呼豆反

【疏】秩秩至猶矣○毛以爲秩秩然出無極已者此澗水之流也以興施無有窮者此宣王之德也言王德之無窮猶澗水流之不竭幽幽然深遠材物豐積者南山也以興貨殖盈足者王國也王貨物豐殖民用饒足亦似深山之有材也民既豐富得以生長故其民衆多如竹之叢生根本之衆矣其長大又佼好如松木之葉常冬夏暢茂無衰落矣其兄與弟矣用能相好樂矣無相責以道矣○鄭唯無相詬病爲異餘同○傳干澗○正義曰釋山云夾水曰澗不訓干爲澗正以秩秩爲流貌斯干共秩秩連文與南山相對故知干爲澗也漸卦鄭注云干謂大水之傍故停水處者彼以鴻之所居故爲舊停水處與此異也○箋國以至深山○正義曰言宣王國富民又饒足取則有之如於山之取材故以喻焉言國富者國以民爲體正謂民間饒足非聚財於官民取官材也○箋言時民至茂矣○正義曰以竹言苞而松言茂明各取一喻以竹筍叢生而本稹松葉隆冬而不彫故以爲喻其實竹葉亦冬青禮器曰如竹箭之有筠如松柏之有心故

貫四時而不改柯易葉是也○傳猶道○正義曰釋詁文○箋猶當至詬病○正義曰箋以相猶與相好對文言無相猶矣當謂無相惡之事若相責以道未是傷義賊恩雖無此事未足多善不當舉以爲詠也角弓曰不令兄弟交相爲瘉則相病是兄弟之惡事猶瘉聲相近故知字誤也言詬罵相病害也

似續妣祖似嗣也箋云似讀如巳午之巳巳續妣祖者謂巳成其宫廟也妣先妣姜嫄也祖先祖也○似毛如字妣必履反嫄本或作原音同**築室百堵西南其戶**西鄉戶南鄉戶也箋云此築室者謂築燕寢也百堵百堵一時起也天子之寢有左右房西其戶者異於一房者之室戶也又云南其戶者宗廟及路寢制如明堂每室四戶是室一南戶爾○鄉本又作嚮同許亮反下同**爰居爰處爰笑爰語**箋云爰於也於是居於是處於是笑於是語言諸寢之中皆可安樂○樂音洛

【疏】似續至爰語○毛以爲言王既能使國富和親則又嗣續先祖先妣之功故築其居室百堵皆起或西其戶或南其戶言路寢羣室皆作之也作之既成乃於是居於是處於是笑於是語焉先妣後祖者取會韻也又以下有男女安寢之事故兼云先妣○鄭以爲宣王既以於國門之左在巳之地繼續立先妣姜嫄先祖

后稷以下之廟然後乃宫内築燕寢之室百堵同時起之比一房之室爲西其戸比宗廟路寢是室爲南其戸於是燕寢之中居處笑語焉燕寢言築及百堵之戸則宗廟與明堂路寢亦築而同時有戸制可知宗廟言所立之地則燕寢亦有其處各舉義韻以言耳。箋似讀至先祖。正義曰箋以似續同義不須重文故似讀爲巳午之巳巳與午比辰故連言之直讀爲巳不云字誤則古者似巳字同於穆不巳師徒異讀是字同之驗也周禮左宗廟在雉門外之左門當午地則廟當巳地也謂既在巳地而續立其妣祖之廟然後營宫室故云謂巳成其宫廟也君子將營宫室宗廟爲先故知巳成其宫廟乃築室也知妣是先妣姜嫄者以特牲少牢祭祀之禮皆以其妃配夫而食無特立妣之廟者春官大司樂職大護以享先妣舞大武以享先祖妣先於祖用樂別祭則周之先妣有不繫於夫而特立廟矣閟宫生民說姜嫄生后稷以配天爲周之王業則周之先妣特立廟者唯姜嫄耳此妣文亦在祖上故知是姜嫄也祖先祖不斥號謚則后稷文武兼親廟亦在其中司樂七廟同用樂言先祖以揔之明先祖之文兼遍諸廟也。傳西至鄉戸。正義曰傳不言此爲路寢之制則此據天子之宫其室非一在北者南戸在東者西戸耳推此有東鄉戸北鄉戸故孫毓云猶南東其畝。箋此至戸耳

正義曰以上爲立廟故此爲居室然似續妣祖之言文中不容路寢則築室百堵路寢亦宜在焉獨言此築室謂築燕寢者路寢作與燕寢同時而制與宗廟相類此西南其戸非路寢之制故特言燕寢其路寢文雖不載亦作之可知言天子之寢有左右房者以天子之燕寢即諸侯之路寢禮諸侯之制也有夾室又士喪禮小斂婦人髽於室而喪大記諸侯之禮云小斂婦人髽帶麻於房中以士喪男子括髮在房婦人髽於室无西房故也士喪禮婦人髽於室在男子之西則諸侯之禮婦人髽於房亦在男子之西是有西房矣有西房自然有東房是諸侯路寢有左右房也天子路寢既制如明堂自然燕寢之制當如諸侯路寢故知天子之燕寢有左右房也既有左右則室當在中故西其戸者異於一房之室戸也大夫以下無西房唯有一東房故室戸偏東與房相近此戸正中比之爲西其戸矣知大夫以下止一房者以鄉飲酒義云尊於房戸之間賓主共之由無西房故以房與室戸之間爲中也但大夫禮直言房不言東西明是房無所對故也若然特牲云豆籩鉶在東房者鄭注云謂房中之東當夾北非對西戸也鄉飲酒記云薦出自左房鄉射記云出自東房者以記人以房居東在左因言之記非經無義例也又解南其戸者宗廟及路寢制如明堂每室四戸是燕寢之室獨一南戸耳故言西其戸也知宗廟及路寢制如明堂者明堂位曰太廟天子明堂又月令説明堂而季夏云天子居明堂太廟以明堂制與廟同故以太廟同名其中室是宗廟制如明堂也又宗廟象生時之居室是似路寢矣故路寢亦制如明堂也又匠人云夏后氏世室殷人重屋周人明堂注云世室宗廟也重屋者王宫正室若大寢也明堂者明政教之堂也此三者不同而三代各舉其一是欲互以相通故鄭云此三者或舉宗廟或舉王寢或舉明堂互言之以明其同制是宗廟及路寢制如明堂也彼三者並陳此言如明堂者以周舉明堂爲文故以宗廟及路寢制如之也彼文説世室曰五室四傍兩夾窻注云窻助戸爲明也每室四戸八窻以言四傍是四方傍開又云兩夾窻是一戸兩窻夾之戸以此知每室四戸也宣王都在鎬京此考室當是西都宫室顧命説成王崩陳器物於路寢云肩之舞衣大貝鼖鼓在西房兑之戈和之弓垂之竹矢在東房若路寢制如明堂則五室皆在四角與中央而得左右房者鄭志荅趙商云成王崩之時在西都文王遷豐作靈臺辟廱而已其餘猶諸侯制度故喪禮設衣物之處寢者夾室與東西房也周公攝政致太平制禮作樂乃立明堂於王城如鄭此言則西都宗廟路寢依先王制不似明堂此言如明堂者鄭志荅張逸云周公制禮土中洛誥王

入太室祼是也顧命成王崩於鎬京承先王宫室耳宣王承亂未必如周公之制以此二荅言之則鄭意以文王未作明堂其廟寢如諸侯制度乃周公制禮建國土中以洛邑爲正都其明堂廟寢天子制度皆在王城爲之其鎬京則別都耳先王之宫室尚新周公不復改作故成王之崩有二房之位由承先王之室故耳及厲王之亂宫室毀壞先王作者無復可因宣王別更脩造自然依天子之法不復作諸侯之制故知宣王雖在西都其宗廟路寢皆制如明堂不復如諸侯也若然明堂周公所制武王時未有也樂記説武王祀乎明堂者彼注云文王之廟爲明堂制知者以武王既伐紂爲天子文王又已稱王武王不得以諸侯之制爲父廟故知爲明堂制也。箋於是至安樂。正義曰居處義同以寢非一散言之耳此文雖承燕寢之下理亦兼有路寢周禮注云王路寢一小寢五下及后六宫此文亦可兼之故云諸寢之中皆可安樂

約之閣閣椓之橐橐約束也閣閣猶歷歷也橐橐用力也箋云約謂縮板也椓謂㨨土也。閣音各椓陟角反橐音託本或作柝縮所六反㨨呂忱丈牛反沈呂莉反說文音勑周反引也從手留聲。

風雨攸除鳥鼠攸去君子攸芋芋大也箋云芋當作幠幠覆也寢廟

既成其牆屋弘殺則風雨之所除也其堅致則鳥鼠之所去也其堂室相稱則君子之所覆蓋○除直慮反去也芋毛香于反鄭火吳反或作吁殺所界反致直置反本亦作緻同稱尺證反

〔疏〕約之至攸芋○毛以爲王本作羣寢之時以繩約縮之繩在板上歷歷然均謂繩均板直則牆端正也既投土於板以杵椓築之皆橐橐然用力勤力而築則牆牢固也至若王寢既成其牆屋弘殺則風雨之所除其築作堅緻則鳥鼠之所去君子於是居中所以自光大也○鄭以爲總宮廟羣寢下句君子之所覆蓋爲異○箋約謂至土○正義曰緜云縮板以載是鄭所據也縮約皆謂以繩纏束之若今之牆袒也此椓之橐橐猶緜云築之登登故傳皆以爲用力如椓杙之椓正謂以杵築之也言椓謂搯土者取壤土投之板中搯使平均然後椓之也搯者以手平物之名故字從手○傳芋大○正義曰孫毓云宮室既成君子處之所以爲自光大○箋芋當至覆蓋○正義曰芋當作幠讀如亂如此幠以聲相近故誤耳幠覆也鄭以義言之爾雅無此訓也以下攸躋爲君子所升攸寧爲君子所安則知此爲君子所覆故云其堂堂相稱則君子之所覆蓋故反以類上去鳥鼠除風雨文勢同也

如跂斯翼如人之跂竦翼爾○跂音企竦粟勇反如矢斯棘如鳥斯革棘稜廉也革翼也箋云棘戟也如人挾弓矢戟其肘如鳥夏暑希革張其翼時○棘居力反韓詩作朸朸隅也旅郎反革如字韓詩作䩕云翅也稜力登反挾子洽反又子協反又音協肘張九反如翬斯飛君子攸躋躋升也箋云伊洛而南素質五色皆備成章曰翬此章四如者皆謂廉隅之正形貌之顯也翬者鳥之奇異者也故以成之焉此章主於宗廟君子所升祭祀之時○翬音輝雉名說文云大飛也躋子西反

〔疏〕如跂至攸躋○毛以爲言宮室之制如人跂足竦此臂翼然如矢之鏃有此稜廉然如鳥之舒此革翼然如翬之此奮飛然宮室如此之美君子所以升處也矢鳥翬指形言之如跂不言人者義取於跂言跂則人可知也又人手似鳥翼以爲韻言跂翼則如人弭手直立以喻屋壁之上下正直也言如矢稜廉以喻四隅廉正也其斯革斯飛言簷阿之勢似鳥飛也翼言其體飛象其勢各取喻也○鄭以此章論宗廟如矢斯棘如人挾弓矢戟其肘亦喻之稜廉君子攸躋言升祭爲異耳○傳棘稜廉○正義曰言稜廉則指矢鏃之角爲棘焉蓋古有此名○箋棘戟至翼時○正義曰古語謂棘爲戟故明堂位曰越棘大弓隱十一年左傳曰子都拔棘皆戟也言如人挾弓矢戟其肘者謂射者左手粥弓而右手彎之則戟其肘謂右手之肘亦喻室之外廉隅也如鳥夏暑希革張其翼者堯典曰仲夏鳥獸希革注云夏時鳥獸毛疏皮見則言革者謂夏暑毛希皮革露見於此之時必舒其羽翼故不言翼而言革解其言革之本意○傳躋升○正義曰釋詁文孫毓云君子之所升處○箋伊洛至之時○正義曰伊洛而南素質五色皆備成章曰翬釋鳥文李巡曰素質五采備具文章鮮明雉白質五色爲文鳥如此色者希故云鳥之奇異者故以成之解比象既多最後言翬意也下云君子攸寧是寢息其中此言攸躋則是君子升下登上之辭王所尊者唯宗廟耳故知此章主宗廟言祭祀之時下章主寢室言燕息之時

殖殖其庭有覺其楹殖殖言平正也有覺言高大也箋云覺直也○殖市力反噲噲其正噦噦其冥正長也冥幼也箋云噲噲猶快快也正晝也噦噦猶煟煟也冥夜也言居之晝日則快快然夜則煟煟然皆寬明之貌○噲音快正音政噦呼會反冥毛莫形反鄭莫定反長王丁丈反崔直良反幼王如字本或作窈崔音杳煟音謂呂忱云火光貌君子攸寧箋云此章主於寢君子所安燕息之時○

〔疏〕殖殖至攸寧○毛以爲殖殖然平正者其宮寢之前庭也有覺然高大者其宮寢之楹柱也言宮寢庭既平正楹又高大宣王之所與翔列聚集於此者皆是讓德有禮之士噲噲然寬博其羣臣之長者噦噦然閑習其羣臣之幼者長幼有禮君子所以安也○鄭以爲言寢室殖殖然其庭平正有調直者其楹柱庭平柱直處所寬明快快然其晝日居之也煟煟然其夜冥居之也院寬室明晝夜俱快君子之所安息也○傳有覺言高大○箋覺直○正義曰覺之爲訓爲大爲直故禮記注云覺大也直也傳以屋之爲美在於高大箋以柱之爲善貴於調直故異訓也○傳正長冥幼○正義曰正長釋詁文冥幼釋言文王肅云宣王之臣長者寬博噲噲然少者閑習噦噦然夫其所與翔於平正之庭列於高大之楹皆少長讓德有禮之士所以安也傳意或然而本或作冥幼者爾雅亦或作窈孫炎曰冥深闇之窈也某氏曰詩云噦噦其冥爲冥窈於義實安但於正長之義不允故據王注爲毛說冥所以得爲幼者郭璞曰幼穉者冥昧也○箋噲噲至之貌○正義曰箋以此說宮室之形狀庭楹之平直不得有長幼之義故以正爲晝冥爲夜快快煟煟爲室宮寬明之貌

下莞上簟乃安斯寢箋云莞小蒲之席也竹葦曰簟寢既成乃鋪席與羣臣安燕爲歡以落之○莞音官徐又九完反草叢生水中莖圓江南以爲席形似小蒲而實非也鋪普吳反又音敷樂音洛本

亦作落。**乃寢乃興，乃占我夢。**言善之應人也。箋云：興，夙興也。有善夢則占之。○應，應對之應。**吉夢維何？維熊維羆，維虺維蛇。**箋云：熊羆之獸，虺蛇之蟲，此四者夢之吉祥也。○熊，回弓反。羆，彼宜反。虺，許鬼反。蛇，市奢反。

〔疏〕「下莞」至「維蛇」。正義曰：宣王命人下鋪莞蒲，上施簟席，乃與羣臣安燕爲歡樂於此寢室之中。歡樂已訖，乃於其中寢寐焉，至晨乃興起焉。於寐時有夢，乃占我所夢之事。與吉夢維何事乎？維夢見熊羆與虺蛇耳。言乃占我夢者，王自言已夢，命人占之。下云大人占之，乃是他人爲王占夢也。言吉夢者，當時未有吉凶，據後占之爲吉，故探言焉。此乃安斯寢之下，無傳，毛氏爲燕以否，未可明也。○箋「莞小蒲」至「落之」。○正義曰：釋草云：「莞，苻蘺。」某氏曰：「本草云：白蒲一名苻蘺，楚謂之莞蒲。」郭璞曰：「今西方人呼蒲爲莞蒲，今江東謂之苻蘺，西方亦名蒲，用爲席。」言小蒲者，以莞蒲一草之名，而司几筵有莞筵、蒲筵，則有大小爲席，精麤故得爲兩種席也。知莞用小蒲者，以司几筵設席，皆麤者在下，美者在上。其職云諸侯祭祀之席，蒲筵繢純，加莞席紛純，以莞加蒲，明莞細而用小蒲，故知莞小蒲之席也。竹葦曰簟者，以常鋪在上，宜用堅物，故知竹簟也。且詩每云簟茀，用爲車蔽，是竹簟可知。以

此考室之詩，室之初成，當有燕樂，故爲寢室既成，鋪席與羣臣安燕爲歡以樂之也。定本作「落」。此下莞上簟，雖是與羣臣燕樂之席，其室內寢臥衽席亦當然也。士喪禮者，士禮也，云「下莞上簟，衽如初」，則平常皆莞簟也。其寢臥之席，自天子以下宜莞簟同。○傳「言善之應人」。○正義曰：夢者，應人之物，善惡皆然。此據下文言吉夢，故云善之應人也。故占夢云「獻吉夢於王」，又曰「乃舍萌于四方，以贈惡夢」，是夢有善惡也。○箋「熊羆」至「吉祥」。○正義曰：以熊羆四足而毛，謂之獸；虺蛇無足之物，故謂之蟲也。生男女之徵，故四者夢之吉祥。釋獸云：「羆如熊，黃白文。」舍人曰：「羆如熊，色黃白也。」郭璞曰：「似熊而長頭高腳，猛憨多力，能拔樹木，關西呼曰豭羆。」釋魚云：「蝮虺，博三寸，首大如擘。」舍人曰：「蝮一名虺，江淮以南曰蝮，江淮以北曰虺。」孫炎曰：「江淮以南謂虺爲蝮，廣三寸，頭如拇指，有牙，最毒。」郭璞曰：「此自一種蛇，人自名爲蝮虺。今蛇細頸大頭，色如文綬，文交間有毛，似豬鬣，鼻上有鍼，大者長七八尺，一名反鼻，如虺類。」足以明此自一種蛇。如郭意，此蛇人自名蝮虺，非南北之異。蛇實是蟲，以有鱗，故在釋魚，且魚亦蟲之屬也。**大人占之：維熊維羆，男子之祥；維虺維蛇，女子之祥。**箋云：大人占之，謂以聖人占夢之法占之也。熊羆在山，陽之祥也，故爲生男。虺蛇穴處，陰之祥也，故爲生女。○大音泰，後大人同。

〔疏〕箋「大人」至「生女」。○正義曰：以占夢之官，中士耳，而言大人占之，明其法天人所爲，故云聖人占夢之法占之。聖人有法，解則占之，故左傳文公之夢，子犯占之；簡子之夢，問諸史墨，不必要占夢之官乃得占也。此及無羊皆云大人占之，則占夢者聖人之法。正月云「召彼故老，訊之占夢」，譏之者，以王不尙道德，專信徵祥，侮慢故老，故刺之，不謂夢不當占也。熊羆大較是山獸，亦居澤在穴，故韓奕云「川澤訏訏，有熊有羆」。秋官穴氏注云：「熊羆之屬，冬藏者也。燒其所食之物於穴外以誘出之」是也。**乃生男子，載寢之牀。載衣之裳，載弄之璋。**半珪曰璋。裳，下之飾也。璋，臣之職也。箋云：男子生而臥於牀，尊之也。裳，晝日衣也。衣以裳者，明當主於外事也。玩以璋者，欲其比德焉。正以璋者，明成之有漸。○衣，於旣反，注「衣以裳」下「衣之褐」同。璋音章。**其泣喤喤，朱芾斯皇，室家君王。**箋云：皇猶煌煌也。芾者，天子純朱，諸侯黃朱。室家，一家之內。宣王將生之子，或且爲諸侯，或且爲天子，皆將佩朱芾煌煌然。○喤音橫，華彭反，沈又呼彭反，聲也。芾音弗。煌音皇。

〔疏〕「乃生」至「君王」。○毛以

爲王前夢熊羆，果有効驗，乃生男子矣。生訖，則寢臥之於牀，尊之；又則衣著之以裳，玩弄之以璋也。裳明習爲卑下，璋見効奉臣職。時已其泣聲大煌煌然，至其長大，皆佩朱芾，於此煌煌然，由王家室之內，或爲諸侯之君，或爲天子之王，故皆佩朱芾也。○鄭唯裳爲主外事，璋比德之有漸，餘同。○傳「半圭」至「之職」。○正義曰：知璋半圭者，典瑞云：「四圭有邸以祀天，兩圭有邸以祀地，圭璧以祀日月，璋邸射以祀山川。」從上而下，遞減其半，故知半圭曰璋。裳下之飾，易文言文也。裳爲下飾，以璋配裳，故知見臣之職也。宣王子孫當爲君，而言臣下者，王肅云：「言无生而貴之也，明欲爲君父，當先知爲臣子也。」璋而得爲臣職者，王肅云：「羣臣之從王行祀者奉璋。」又棫樸曰「奉璋峨峨，髦士攸宜」是也。○箋「男子」至「有漸」。○正義曰：箋以下章與此相對，以下女子寢之地，明男子生而臥之床，尊之也。以下載衣之褐，褐是夜臥之衣，故云裳，晝日衣也。一晝一夜，明取內外爲義，故知男子衣以裳，明當主外事；女子衣以褐，明當主內事也。女子弄之瓦，瓦，紡塼也，以女子之所有事，明玩以璋者，亦男子之所有事。君子於玉比德焉，故知以璋欲其比德也。玉不用圭而以璋者，明成人之有漸，璋是圭之半，故言漸也。下句乃言其泣喤喤，則此所陳皆在孩幼。禮記鄭注云：「人始生在地。」男子已寢之牀，又非始生也。蓋聖人

因事記義子之初生暫行此禮不知生經幾日而爲之也何則女子不可恒寢於地竟無裳男子亦不容無褓且甫言其泣則未能自弄璋明暫時示男女之別耳○箋芾者至黃朱○正義曰箋以經言室家君王則有諸侯與天子而同言朱芾故云天子純朱諸侯黃朱也芾從裳色祭時服纁裳故芾用朱赤但芾所以明尊卑雖同色而有差降乾鑿度以爲天子之朝朱芾諸侯之朝赤芾朱深於赤故困卦注云朱深云赤是矣此論諸侯則王子或封畿內或以功德外封皆爲諸侯也而文同朱芾明對文則朱赤深淺有異散之則皆謂之朱故天子純朱明其深也諸侯黃朱明其淺也舉其大色皆得爲朱芾也○

乃生女子載寢之地載衣之裼載弄之瓦裼褓也瓦紡塼也箋云臥於地卑之也褓夜衣也明當主於內事紡塼習其一有所事也○裼他計反韓詩作禘音同褓音保齊人名小兒被爲禘紡芳罔反塼音專本又作專○**無非無儀唯酒食是議無父母詒罹**婦人質無威儀也罹憂也箋云儀善也婦人無所專於家事有非非婦人也有善亦非婦人也婦人之事惟議酒食爾無遺父母之憂○詒本又作貽以之反遺也罹本又作離力馳反遺唯季反

〔疏〕乃生女至詒罹○毛以爲前夢虺蛇今乃生女子矣生訖則寢臥之於地以卑之則又衣著之以褓衣則玩弄之以紡塼習其所有事也此女子至其長大爲行謹慎無所非法質少文飾又無威儀唯酒事於是乃謀議之無於父母而遺之以憂也若婦禮不謹爲夫所出是遺父母以憂言能恭謹不遺父母憂也○鄭唯以儀爲善爲異餘同○傳裼褓也瓦紡塼○正義曰書傳說成王之幼云在襁褓褓縛兒被也故箋以爲夜衣以璋是全器則瓦非瓦礫而已故云瓦紡塼婦人所用瓦唯紡塼而已故知也毛以裳爲下飾則褓不必主內事侯苞云示之方也明褓制方令女子方正事人之義○傳婦人質無威儀○正義曰以婦人少所交接故云質無威儀謂無如丈夫折旋揖讓棣棣之多其婦容之儀則有之矣故東山曰九十其儀言多儀也○箋儀善至非婦人○正義曰儀善釋詁文也言有非有善皆非婦人之事者婦人從人者也家事統於尊善惡非婦人之所有耳不謂婦人之行無善惡也

斯干九章四章章七句五章章五句

無羊宣王考牧也厲王之時牧人之職廢宣王始興而復之至此而成謂復先王牛羊之數

〔疏〕無羊四章章八句○正義曰作無羊詩者言宣王考牧也謂宣王之時牧人稱職牛羊復先王之數牧事有成故言考牧也經四章言牛羊得所牧人善牧又以吉夢獻王國家將有休慶皆考牧之事也○箋厲王至之數○正義曰此美其新成則往前嘗廢故本厲王之時今宣王始興而復之選牧官得人牛羊蕃息至此而牧事成功故謂之考牧又解成者正謂復先王牛羊之數也言至此而成者初立牧官數未即復至此作詩之時而成也王者牛羊之數經典無文亦應有其大數今言考牧故知復之也周禮有牧人下士六人府一人史二人徒六十人又有牛人羊人犬人雞人唯無豕人鄭以爲豕屬司空冬官亡故不見夏官又有牧師主養馬此宣王所考則應六畜皆備此獨言牧人者牧人注云牧人養牲於野田者其職曰掌牧六牲而阜蕃其物則六畜皆牧人主養其餘牛人羊人之徒各掌其事以供官之所須則取於牧人非放牧者也羊人職曰若牧人無牲則受布於司馬買牲而供之是取於牧人之事也唯馬是國之大用特立牧師圉人使別掌之則蓋擬駕用者屬牧師令生息者屬牧人故牧人有六牲鄭云六牲謂牛馬羊豕犬雞是牧人亦養馬也此詩主美放牧之事經有牧人乃夢故唯言牧人也牧人六畜皆牧此詩唯言牛羊者經稱爾牲則具主以祭祀爲

重馬則祭之所用者少豕犬雞則此牛羊爲卑故特舉牛羊以爲美也○

誰謂爾無羊三百維羣誰謂爾無牛九十其犉黃牛黑脣曰犉箋云爾女也女宣王也宣王復古之牧法汲汲於其數故歌此詩以解之也誰謂女無羊今乃三百頭爲一羣誰謂女無牛今乃犉者九十頭言其多矣足如古也○犉本又作犉而純反○**爾羊來思其角濈濈**聚其角而息濈濈然箋云言此者美畜產得其所○濈本又作濈亦作戢莊立反畜許又反○**爾牛來思其耳濕濕**呞而動其耳濕濕然○濕始立反又尸立反又處立反呞本又作齝亦作齝丑之反一音初之反郭注爾雅云食已復出嚼之也今江東呼齝爲齥音漏洩也

〔疏〕傳黃牛黑脣曰犉○正義曰釋畜云黑脣曰犉傳言黃牛者以言黑脣明不與深色同而牛之黃者衆故知是黃牛也某氏亦曰黃牛黑脣曰犉○箋女宣王至如古○正義曰以誰謂是發問之辭三百維羣九十其犉是報荅之語故知宣王汲汲於其數詩人歌此以解之也羊三百頭爲羣故一羣有三百不知其羣之有多少也犉者九十頭直知犉者有九十亦不知其不犉者之數也以一羣三百直犉者九十則羊多牛衆故云足

如古之法也。或降于阿或飲于池或寢或訛訛動也箋云言此者美其無所驚畏也。訛五戈反又五何反韓詩作譌譌覺也。爾牧來思何蓑何笠或負其餱何揭也蓑所以備雨笠所以禦暑箋云言此者美牧人寒暑飲食有備。何何可反又音河下及注同蓑素戈反草衣也笠音立餱音侯揭音竭又其謁反。三十維物爾牲則具黑毛色者三十也箋云牛羊之色異者三十則女之祭祀索則有之。索色白反。〔疏〕傳蓑所以至禦暑。正義曰蓑唯備雨之物笠則元以禦暑兼可禦雨故良耜傳曰笠所以禦暑雨也既夕禮亦有蓑笠注俱以爲禦雨而不以笠禦暑者以彼蓑笠同槀車所載槀車潦車也爲雨而設故不同也。傳異毛色者三十。正義曰經言三十維物則每色之物皆有三十謂青赤黃白黑毛色別異者各三十也祭祀之牲當用五方之色故箋云汝之祭祀索則有之。爾牧來思以薪以蒸以雌以雄箋云此言牧人有餘力則取薪蒸搏禽獸以來歸也麤曰薪細曰蒸。蒸之烝反搏音博下同亦作捕音步。爾羊來思矜矜兢

兢不騫不崩矜矜兢兢以言堅彊也騫虧也崩羣疾也。兢其冰反騫起虔反。麾之以肱畢來既升肱臂也升升入牢也箋云此言擾馴從人意也。麾毀皮反肱古弘反馴音巡又常遵反〔疏〕傳騫虧。正義曰定本亦然集注虧作曜牧人乃夢衆維魚矣旐維旟矣箋云牧人乃夢見人衆相與捕魚又夢見旐與旟占夢之官得而獻之於宣王將以占國事也。旐音兆旟音餘。大人占之衆維魚矣實維豐年陰陽和則魚衆多矣箋云魚者庶人之所以養也今人衆相與捕魚則是歲熟相供養之祥也易中孚卦曰豚魚吉。養羊亮反下同供九用反。旐維旟矣室家溱溱溱溱衆也旐旟所以聚衆也箋云溱溱子孫衆多也。溱側巾反。〔疏〕牧人至溱溱。正義曰牧人所牧既服乃復爲王興夢夢見衆人維相與捕魚矣又夢見旐維旟矣牧人既爲此夢以告占夢之官占夢之官又獻之於王王乃令以大夫占夢之法占之夢見衆維魚矣者實維豐年是歲熟相供養之祥夢見旐維旟矣者室家溱溱是男女衆多之象歲熟民滋是國之休慶也。箋牧人至國事。正義

曰知者以下云大人占之是王使占之明有所由得達於王夢事夢官所掌明本牧人既作此夢不知吉凶以問占夢之官占夢知其爲國之祥故獻之也占夢職曰歲終獻吉夢於王王拜受之彼所獻者謂天下臣民有爲國夢者其官得而獻之非占夢之官身自夢也故知此以占夢之官得而獻之所夢是年豐歲熟民衆之祥故知以占國事。傳陰陽至衆夢。正義曰以魚麗之義言之太平而萬物盛多故知陰陽和經言衆維魚矣乃謂捕魚者多傳云魚多者言由魚多故捕者衆解人共捕之意。箋魚者至豚魚吉。正義曰魚者庶民之所以養者以庶民不得殺犬豕維捕魚以食之是所以養也歲穀不熟則無以相養會衆人相與捕魚則是歲熟相供養之祥引易中孚卦曰豚魚吉者孟子曰七十者可以食雞豚豚魚俱是養老之物故引之以證魚可供養也彼注云三辰在亥亥爲豕爻失正故變而從小名言豚耳四辰在丑丑爲鱉蟹鱉蟹魚之微者爻得正故變而從大名言魚耳三體兌兌爲澤四上值天淵二五皆坎爻坎爲水二侵澤則豚利五亦以水灌淵則魚利豚魚以喻小民也而爲明君賢臣恩意所供養故吉如彼注意以豚魚喻小民與此乖者以彖云豚魚吉信及豚魚喻則澤及民觀彖爲說此則斷章取義故不同也。

無羊四章章八句

鴻鴈之什十篇三十二章二百三十句

附釋音毛詩注疏卷第十一（十一之二）

黃中模栞

毛詩注疏挍勘記十一之二　阮元撰盧宣旬摘錄

〇我行其野

以荒政十有二娶萬民　閩本明監本毛本同案浦鏜云聚誤娶是也

言采其蓫　唐石經小字本相臺本同案釋文云蓫本又作蓄正義本是蓫字

蓫牛蘈也　小字本相臺本同案正義標起止云蓫牛蘈又云定本作牛蘈釋文云藬本又作蘈考今爾雅云藬牛蘈故正義云此釋草無文其實藬蘈一字耳蘈藬爲古今字亦一也鄭所據爾雅當是蓫牛蘈今爾雅有誤

我采葍之時　小字本相臺本同閩本明監本毛本葍誤蕾

成不以富　唐石經小字本相臺本同閩本明監本毛本亦同考文古本成作誠案誠字非也乃依論語改之耳山井鼎云宋板同者誤

亦祇以異　小字本相臺本同閩本明監本毛本同唐石經祇作祗案六經正誤云作祗誤段玉裁云祇適也凡此訓唐人皆從衣从氏作祇見五經文字唐石經廣韻集韻宋以後俗本多作祗非古也至各體从氐則九繆極矣

誠不以是而得富　閩本明監本毛本同案誠當作成事二字正義卽用箋文也

可著熱灰中溫敢之　補　毛本敢作噉案噉字是也

有莘氏之媵氏之媵臣　閩本明監本毛本無下氏之媵三字案所刪是也

〇斯干

歌斯干之詩以落之　小字本相臺本同案釋文云落之如字始也或作樂非正義云歌斯干之詩以歡樂之又云本或作落以釁又名落定本集注皆作落未知孰是下箋爲歡以落之釋文云以樂音洛本又作落正義云定本作落考正義本皆作樂皆釋爲歡樂定本皆作落則皆釋爲釁也釋文本上作落下作樂是以此落爲始下樂仍爲歡樂也

則又祭祀先祖　閩本明監本毛本同小字本相臺本無祀字考文古本同案無者是也正義可證

則而以禮釁塗之也　閩本明監本毛本無而字案所刪是

而於經無釁廟之云　補　案云當作文

本或作樂　閩本明監本毛本同案樂當作落

似讀如巳午之巳　小字本相臺本同案正義云故讀爲巳午之巳又云直讀爲巳是正義本如字作爲

比宗廟路寢是室爲南其戶　補　毛本是作之案上文比一房之室爲西其戶上云之室則此是字誤也

傳西至鄉戶〇正義曰　閩本明監本毛本同案十行本西至曰剜添者二字當是至及〇也

箋此至戶正義曰　閩本同毛本此下有築字戶下有爾字及〇明監本所剜入也

禮諸侯之制也有夾室　閩本明監本毛本同案也當作聘字誤是也

故言西其戶也　閩本明監本毛本同案浦鏜云西當南字誤是也

寢者夾室與東西房也　閩本明監本毛本同案浦鏜云者當有字誤是也

周公制禮土中　閩本明監本同毛本禮下剜入建國二字案所補非也

下又后六宮　閩本明監本毛本同案又當作云

其堅致　閩本明監本毛本同小字本相臺本致作緻案正義本作緻定本作致見鴇羽又釋文云致本亦作緻同考文古本作緻采正義釋文

所以自光天也　補　案天當作大下正義云所以爲自光大可證毛本正作大

鄭以爲揔宮廟羣寢　毛本脫揔字宮下衍宗字閩本明監本不誤

箋約謂擂土　補　毛本謂下有至字案所補是也

故云其堂堂相稱　閩本明監本毛本不重堂字案下堂字乃室字之誤輒刪者非也

如鳥夏暑又布革張其翼者　閩本明監本毛本布作希案所改非也又布當作希誤分為二字耳

韓詩作鞘　(補)釋文挍勘通志堂本鞘作勤盧本作鞘案鞘字是也小字本所附正作鞘段玉裁云王氏詩考作鞘廣雅鞘翼也本此

冥幼也　小字本相臺本同案釋文云幼王如字本或作窈崔音杳正義云冥幼釋言文又云而本或作冥窈者爾雅亦或作窈又云為冥窈於義實安但於正義之義不允考上傳云正長也正義云釋詁文釋文云王丁丈反崔直良反是依崔讀卽無不允當以或作本為長

處所寬明快快然　閩本明監本毛本無一快字案上快字乃矣字之誤輒刪者非也

而本或作冥幼者　閩本明監本毛本同案浦鏜云幼當窈字誤是也

為室宮寬明之貌　(補)毛本室宮作宮室案所易是也

與羣臣安燕為歡以落之　小字本相臺本同閩本明監本同考文古本亦同毛本落作樂案毛本依釋文改也

徐又九完反　(補)釋文挍勘通志堂本盧本完作還案小字本所附亦是完字盧文弨云還似宋人避桓嫌名改是也

毛氏為燕以否　閩本明監本毛本以誤與

籩莞小蒲至落之　閩本明監本毛本同案落當作樂下文云定本作落可證此合併以後依經注本所改耳

如莞席紛純也　閩本明監本毛本同案浦鏜云加誤如是

色如文綬文文閒有毛　閩本明監本毛本誤不重文字案綬上文字當作艾爾雅疏卽取此皆不誤

鼻上有鈄　(補)毛本鈄作針

明其法天人所為　閩本明監本毛本同案浦鏜云大誤天是也

正以璋者　(補)毛本同案正當作玉下正義玉不用珪而以璋可證

時已其泣聲太煌煌然　(補)毛本太煌煌作大喤喤案所改是也

故困封注云　閩本明監本毛本困誤內案山井鼎云封恐卦誤是也

朱深云赤是矣　閩本明監本毛本同段玉裁云云當作于形近之譌王伯厚鄭易考所引不誤

載衣之裼　毛本裼誤褐明監本以上皆不誤

瓦紡塼也　相臺本同小字本塼作搏案正義標起止云瓦紡塼釋文云塼本又作專考說文土部無塼字當以又作本為長小字本作搏乃形近之譌古專摶雖通用但非此之證

習其一有所事也　小字本同閩本明監本毛本同相臺本作習其所有事也考文古本同案正義云習其所有事也相臺本考文古本皆依之改耳段玉裁云當作一所有事一同壹一所有事謂壹於所有事也以壹訓專此詁訓之法

無父母詒罹　唐石經小字本相臺本同案釋文云詒本又作貽罹本又作離正義標起止云至詒罹考文古本作貽采釋文離罹古今字也

○無羊

今乃犉者九十頭　毛本十誤千明監本以上皆不誤

明不與深色同　閩本明監本毛本同案深當作身良耜正義作身是其證

黑毛色者三十也　閩本明監本毛本同小字本相臺本黑作異考文古本案異字是也

索則有之　小字本相臺本同閩本同考文古本同明監本毛本索誤素

搏禽獸以來歸也小字本相臺本同案釋文云搏禽音博下同亦作捕音步下箋相與捕魚正義云維相與捕魚矣是正義本此亦當作捕釋文本下箋亦作搏今各本此依釋文下依正義非是考文古本作捕采正義及釋文亦作本也

騫虧也小字本相臺本同案正義云定本亦然集注虧作曜段玉裁云曜考工記作燿讀爲哨頃小也毛釋此別於天保言山

牧人所牧既服閩本明監本毛本服誤服

王乃令以大夫占夢之法占之補毛本夫作人案人字是也

故知此以占夢之官得而獻之閩本明監本毛本無以字案十行本此以占剜添者一字是以字衍也

附釋音毛詩注疏卷第十二　十二之一

節南山之什詁訓傳第十九　陸曰：從此至何草不黃，凡四十四篇，前儒申毛，皆以爲幽王之變小雅。鄭以十月之交以下四篇是厲王之變小雅，漢興之初，師移其篇次，毛爲詁訓，因改其第焉。

（四四八）

毛詩小雅　鄭氏箋　孔穎達疏

節南山，家父刺幽王也。家父，字，周大夫也。○節在切反，又如字，又音截，下及注同。高峻貌。韓詩云：視也。父音甫，注及下同。

【疏】「節南山」十章，上六章章八句，下四章章四句，至「幽王」。○正義曰：家父、吉甫之詩，辭自有名字。其餘有名者，他書傳記有之。左傳引桑柔謂之周芮良夫之詩是也，故敍得據之而言。其不言者，皆不知也。或云大夫者，止知是大夫所作，不得姓名，故不言也。頌及風、頌、正經，唯公劉等三篇言召康公，以外皆不言作者姓名。外傳謂棠棣爲周文公之詩，思文爲周文公之頌，則二篇周公作也。外傳尚得言之，敍者不容不知，蓋以正詩天下同心歌詠，故例不言耳。公劉三篇言戒成王，戒須有主，不得天下共戒，故特見召康公耳。又諸言姓名爵謚者，皆是王朝公卿大夫。縣蠻謂士爲微臣，不言姓名，蓋以士位卑微，名不足錄也。推此，則太子之傅及寺人、譚大夫不言姓名，亦爲微也。又變風唯七月、鴟鴞言周公所作，其餘皆無作者姓名，亦以諸侯之大夫位比天子之士，官位亦微，故皆無見姓名者也。唯魯人作頌，非常特詳其事，言行父請周史克作頌耳。不然，豈變風十有二國，其詩百有餘篇，作者不知一人也。○箋「家父字周大夫」。○正義曰：卒章傳已云「家父，周大夫」，但不言家父是字，此辨其字，因言其官，所以國傳重也。知字是大夫者，以春秋之例，天子大夫則稱字。桓七年「天王使家父來求車」，以字見經，文與此同，故知此字亦是大夫也。桓十五年上距幽王之卒七十五歲，此詩不知作之早晚，若幽王之初，則八十五年矣。韋昭以爲平王時作。此言不廢作在平、桓之世，而上刺幽王。但古人以父爲字，或累世同之。宋大夫有孔父者，其父正考父，其子木金父。此家氏或父子同字，父未必是一人也。雲漢序云「仍叔」，箋引桓五年「仍叔之子來聘」。春秋時趙氏世稱孟，智氏世稱伯，仍氏或亦世字叔也。自桓五年上距宣王之卒七十六歲，若當初年，則百二十年矣。引之以證仍叔是周大夫耳，未必是一人也。瞻仰箋亦引隱七年「天王使凡伯來聘」，自隱七年上距幽王之卒五十六歲。凡國伯爵，爲君皆然，亦不知其人之同異也。但知板與瞻仰俱是凡伯所作，二者必是別人。何則？板已言「老夫灌灌，匪我言耄」，則不得下及幽王時矣。瞻仰之箋引春秋，亦證凡伯爲天子大夫耳。此三文皆年月長遠，並應別人，故箋不言是也。其意不以爲一人矣，故板不引春秋，至瞻仰而引之，及此不引春秋，皆注有詳略，無義例也。

節彼南山，維石巖巖。興也。節，高峻貌。巖巖，積石貌。箋云：興者，喻三公之位，人所尊嚴。○巖如字，本或作嚴，音同。

赫赫師尹，民具爾瞻。憂心如惔，不敢戲談。赫赫，顯盛貌。師，大師，周之三公也。尹，尹氏，爲大師。具，俱。瞻，視。惔，燔也。箋云：此言尹氏女居三公之位，天下之民俱視女之所爲，皆憂心如火灼爛之矣。又畏女之威，不敢相戲而言語。疾其貪暴，脅下以刑辟也。○赫，許百反。惔，徒藍反，又音炎，韓詩作炎，字書作焱，說文作炎，字才廉反，小熱也。大音泰，下皆同。燔音煩。脅，許業反，本又作脇。

國既卒斬，何用不監。卒，盡。斬，斷。監，視也。箋云：天下之諸侯日相侵伐，其國已盡絕滅，女何用爲職不監察之？○卒，子律反。監，古銜反，注同。韓詩云：領也。斷，都緩反。

【疏】「節彼」至「不監」。○正義曰：節然高峻者，彼南山也。山既高峻，維石巖巖然，故四方皆遠望而見之。以興赫赫然顯盛者，彼太師之尹氏也。尹氏爲太師，既顯盛處位尊貴，故下民俱仰汝而瞻之。汝既爲天下所瞻，宜當行德以副之。今天下見汝之所爲，皆憂心如被火之燔灼然，畏汝之威，不敢相戲而談語，是失於具瞻矣。又天下諸侯之國日相侵伐，其國已盡絕滅矣，汝何用爲職而不監察之？國見絕滅，罪汝之由也。然節與巖一也，言節先舉形之高大，乃言維石巖巖，見其視之貌狀。言民具爾瞻，雖與維石巖巖相對，而巖巖無視汝之文，具瞻少尊嚴之狀，互相發見，故箋云喻三公之位，人所尊嚴，則巖巖然有瞻之狀，因赫赫已有尊之義，而具瞻爲下視所以便而互。集注及定本皆作「高巖」。○傳「師太師」。○正義曰：尚書周官云「太師、太傅、太保，茲惟三公」，故知太師，周之三公也。下云「尹氏太師」，是尹氏爲太師也。孝經注以爲冢宰之屬者，以此刺其專恣，是三公用事者，明兼冢宰以統羣職。○箋「此言」至「刑辟」。○正義曰：此「民具爾瞻」一句，上與「維石巖巖」相對爲輿，又與「憂心如惔」爲發端，由瞻見其惡，所以憂心，故知視汝之所爲，皆憂心也。如惔之字，說文作炎，訓爲小熱也。灼，炙燒也。爛，火熱也。皆火燒之事，故云如火灼爛之矣。不敢者，畏辭，既憂復畏，故言又畏汝之威，不敢相戲而談語也。疾其貪暴，脅下以刑辟者，言其有二事也。疾其貪暴，所以憂心；脅下以刑辟，故不敢戲談。所以不敢者，畏其威耳，故知不敢明是脅下以刑辟之罪也。不敢戲，爲刑罪明所憂者刑罰之成。貪暴可知。箋天下至察之。正義曰國者諸侯之辭卒斬盡滅之稱故云天下諸侯日相侵伐其國已盡絕滅矣汝何用爲職者責之言汝爲三公更何所主惟諸侯耳何以不監察之而令相伐也如是則尹氏又爲王官之伯分主東西得專征專殺故言何用爲職也雨無正云斬伐四國箋云天下諸侯於是更相侵伐謂厲王時也沔水箋云諸侯出兵妄相侵伐謂宣王時也則諸侯征伐久矣而論語注以爲平王東遷諸侯始專征伐者幽厲雖殘虐無道尚能治諸侯但明不燭下致使擅相伐滅故詩人舉以爲刺至於平王微弱不能禁制諸侯專行征伐無所顧忌故論語之注以征伐自諸侯出從平王爲始也言卒斬者甚言之耳若實盡滅則誰滅之乎

節彼南山有實其猗實滿猗長也箋云猗倚也言南山既能高峻又以草木平滿其旁倚之畎谷使之齊均也。猗於宜反倚於綺反下同畎本亦作甽古犬反**赫赫師尹不平謂何**箋云責三公之不均乎不如山之爲也謂何猶云何也**天方薦瘥喪亂弘多**薦重瘥病弘大也箋云天氣方今又重以疫病長幼相亂而死喪甚大多也。薦徂殿反注及下篇注同瘥才何反重直用反下同疫音役本又作疢勑

覲反長張丈反**民言無嘉憯莫懲嗟**憯曾也箋云懲止也天下之民皆以災害相弔唁無一嘉慶之言曾無以恩德止之者嗟乎柰何。憯本或作慘七感反唁音彥服虔云弔生曰唁

【疏】節彼至懲嗟。毛以爲節然而高峻者彼南山也既高峻矣而又滿之使平均者以其草木之長茂也以興赫赫然而盛者彼太師之官也太師既尊盛矣而有益之使平均者以用衆士之智能也刺尹氏專己不肯用人以至於不平故又責師尹汝居位爲政不平欲云何乎以汝不平天應以災下民非直畏汝刑辟天氣方今又重下以疫病使民之死喪禍亂甚大多也由此喪凶下民之言無一嘉慶者皆是相弔之辭汝尹氏及時在位曾無以恩德止此喪亂者嗟乎可柰何既無止之禍災未欲故嗟而閔之赫赫師尹一句上與節彼南山相對爲興又與下不平謂何爲發端言山之能均平反刺尹氏之不平。鄭雖有實其猗爲異言山既高峻有以草木平滿其傍猗之畎谷使之齊均以興尹氏既爲尊顯亦當以政教養育其天下民庶使之齊均當如山之所爲爲異餘同。傳猗長。正義曰以萇竹猗猗是草木長茂之貌故爲長也王肅云南山高峻而有實之使平均者以其草木之長茂也師尹尊顯而有益之使平均者以用衆士之智能刺今專己不肯用

人以至於不平也傳意或然。箋猗倚至齊均。正義曰箋以言有實其猗是猗爲山之所實之處故以爲猗言山傍而倚近山者也山傍近山唯畎谷耳能實畎唯草木也故知以草木平滿其傍之畎谷使之齊均也山高以出三公畎谷以比下民言山能以草本實畎谷反猶三公不能以政教均下民也草木之生而云山者山出雲雨能生草木故也言平滿者謂山傍以雨露潤之均平而生皆徧滿其中故言齊均也匠人注云壟中曰畎說文云畎小流也言水小不能自通須人畎引之則畎是壟中小水之名因此而山谷通水之處亦名爲畎禹貢曰羽畎夏翟鄭注云羽山之谷是也定本云又以草土平滿其傍倚之山以木爲土恐非。傳薦重瘥病。正義曰薦與荐文異義同釋言云荐再也再是重之義也瘥病釋詁文。箋天氣至大多。正義曰此喪亂連文喪者死亡之名云亂則爲未死是疫病也故云天氣方今又重以疫病長幼相亂言長之與幼皆得疫病相交亂不少因此以致死故云死喪甚大多也喪與亂相將由亂以致喪故鄭分解之言重者尹氏既脅下以刑辟上天又加之災禍是重也。箋天下至柰何。正義曰文承死喪之下而云無嘉故知以災害相弔唁無一嘉慶之言弔謂弔死唁謂唁生故服虔云弔生曰唁皆是相痛傷之名也死而相弔自是其常而以刺

尹氏者以災害死喪皆政教所致焉以政失而致則政善亦消但在位之臣無行善者故責之。曾無恩德止之者曾無者廣辭言在位皆然非獨尹氏也嗟乎者歎辭民皆死亡非徒嗟歎故爲作者嗟之無可柰何

尹氏大師維周之氐秉國之均四方是維天子是毗俾民不迷氐本均平毗厚也箋云氐當作桎鎋之桎毗輔也言尹氏作大師之官爲周之桎鎋持國政之平維制四方上輔天子下教化天下使民無迷惑之憂言任至重。氐丁禮反徐云鄭音都履反毗婢尸反王作埤埤厚也卑本又作裨同必爾反後皆放此桎之實反又丁履反鎋也本有作手旁至者誤也鎋字又作轄胡瞎反**不弔昊天不宜空我師**弔至空窮也箋云至猶善也不善乎昊天愬之也不宜使此人居尊官困窮我之衆民也。弔如字又丁歷反下同昊胡老反空苦貢反注同愬蘇路反本亦作訴下同

【疏】尹氏至我師。毛以爲見天災及民故歸咎執政責之云尹氏汝今爲太師之官維是周之根本之臣秉持國之正平居權衡之任四方之事是汝之所維制天子之身是汝之所崇厚言汝職維持四方尊崇天子其尊重如此施行教化當使下民無迷惑之憂何

爲專行虐政以督下也尹氏政既不善訴之於天言尹氏爲政實不善乎昊天不宜使此人居位以窮困我天下之衆民○鄭唯氏爲桎鎋毗爲輔爲異餘同○傳氏本至毗厚○正義曰毛讀從邸若四圭爲邸故爲本言是根本之臣也以毗爲毗益故爲厚亦由輔弼使之厚義與鄭同但言輔天子於辭爲便故易之○箋氏當至之桎○正義曰孝經鉤命決云孝道者萬世之桎鎋說文云桎車鎋也則桎是鎋之別名耳以鎋能制車輸大臣能制國故以大師之官爲周之桎鎋也易傳者以天子爲周之本謂臣爲本則於義不允故易之**弗躬弗親庶民弗信弗問弗仕勿罔君子**庶民之言不可信勿罔上而行也箋云仕察也勿當作末此言王之政不躬而親之則恩澤不信於衆民矣不問而察之則下民末罔其上矣○勿毛如字鄭音末**式夷式已無小人殆**式用夷平也用平則已無以小人之言至於危殆也箋云殆近也爲政當用平正之人用能紀理其事也○無小人近○已毛音以鄭音紀近附近之近又如字下同**瑣瑣姻亞則無膴仕**瑣瑣小貌兩壻相謂曰亞膴厚也箋云壻之父曰姻瑣瑣昬姻妻黨之小人無厚任用之置之大位重其祿也○瑣素火反本或作璅非也璅音早亞於嫁反膴音武**疏**弗躬至膴仕○毛以爲尹氏不可任欲令王親爲政故責王言王爲政由不躬爲之不親行之故天下庶民之言不可信也又責下民言王爲政雖不監問之不察理之必天下之民勿得欺罔其上之君子也又教王息此民之欺罔言王但用平正之人爲官則下民欺罔之心自消止矣王必須用賢人無用小人之言以至於危殆言小人不可任用也又戒之云非但疏外小人不可用雖瑣瑣然昬姻親亞之小人則當無得厚任以事置之大位重其祿食言親而不賢亦不可任也疾時親黨亂政故戒之躬與親一也問與察一也但累文以丁寧之言躬親明有施爲言問察明亦躬親直以彼不可信由於不親雖不察問不得欺罔各隨事而爲文耳○鄭以爲尹氏既不可委任王若政教不躬不親行之則庶民不信於王之恩澤以尹氏之虐謂王所爲故不信也若民俗不問不察觀之則民皆末罔其上之君子王非直親須問察又當用平正之人用已身親理政事之人無得用小人而親問之餘同○傳庶民至而行○正義曰君民之所以相信者由君親行政民親受教故得相信也今王不親爲政委任小人施政於民不以實告故庶民之言亦不可信也勿者禁人之辭既言民不可信因責民之欺罔故云勿得罔上而行上卽經之君子

也○箋勿當至上矣○正義曰箋以此篇主刺仕上非責民之辭故知勿當爲末也知躬親爲恩澤者以王身所爲而行於衆民唯恩澤耳且上章疾尹氏貪暴以致災故知躬親爲恩澤也易傳者以疾尹氏使王親之明欲令王施政教以及下不宜言其不可信也且言庶民不信於王其文自明不當橫加不可故易之言末罔其上者謂若不問察則明不燭下下之善惡上所不知下民知上不知則末畧欺罔其上而不畏之言躬親施其恩澤問察亦須躬親互相明也○箋殆近至人近○正義曰易傳者以上文欲王躬親爲政則宜爲己身之已不宜爲已止也下文戒王勿厚任親戚欲令用賢去惡宜爲勿近小人不當遠言小人之行終至危殆故易之也無小人之近猶言無近小人○傳瑣瑣至曰亞○正義曰釋訓云瑣瑣小也舍人曰瑣瑣計謀褊淺之貌是小親也兩壻相謂爲亞釋親文劉熙釋名云兩壻相謂曰亞者言每一人取姊一人取妹相亞次也又並來女氏則姊夫在前妹夫在後亦相亞也○箋壻之至其祿○正義曰女子子之夫爲壻壻之父爲姻釋親文幽王前取申后而黜之未必用其親戚褒姒褒人所獻未必爲親戚可任幽王耽淫女色寵之者蓋多女寵必私多謁請小人則婦言是用姻亞者或其餘嬪妾之家不必專是二后之親也但據夫而言妻爲正稱故鄭揔言妻黨之小人其中亦容妾黨也言無厚任之卽置之大位重其祿是也如此則幽王厚於昬姻矣而角弓云兄弟昬姻無胥遠矣者以王者志不及遠唯同類相愛昬姻詔佞者進用故此戒之賢德者疏遠故彼刺之詩者志也各有以發**昊天不傭降此鞠訩昊天不惠降此大戾**傭均鞠盈訩訟也箋云盈猶多也戾乖也昊天乎師氏爲政不均乃下此多訟之俗又爲不和順之行乃下此乖爭之化病時民傚爲之愬之於天○傭勑龍反韓詩作庸庸易也鞠九六反訩音凶戾音麗行下孟反爭爭鬭之爭下皆同傚下教反**君子如屆俾民心闋君子如夷惡怒是違**屆極闋息夷易違去也箋云屆至也君子斥在位者如行至誠之道則民鞠訩之心息如行平易之政則民乖爭之情去言民之失由於上可反復也○屆音戒闋苦穴反易以豉反下同復音服本又作覆芳服反**疏**昊天至是違○正義曰此又本尹氏之惡訴之云昊天乎卽由尹氏爲政不均乃下此多訟之俗昊天乎尹氏之行又不和順乃下此大乖爭之化無民之所不爲皆化於上也民既化上上爲惡亦當效上爲惡亦當化上爲善汝在位君子如行至誠之道使民多訟之心息汝在

位君子如行平易之政使民惡怒之情去言易可反復何不行化以反之○傳傭均鞫盈箋盈猶至於天○正義曰傭均訩訟釋言文鞫盈釋詁文盈者必多故箋轉之云盈猶多也由不惠而降戾乖故知非疾也在上不均故下亦不均至於多獄訟也在上不順故下亦不和至於乖爭也此皆民效爲之自上而下故言降也獄訟至於公乖爭出於私二者亦相類訟則貴無訟偏惡其多爭則小猶可恕雖恨其大故經言鞫訩大戾○箋屆至至反覆○正義曰釋詁云屆極至也俱得爲至故箋并訓之不言極猶至也此詩雖主疾尹氏爲惡而在位亦然既言尹氏傷化敗俗明其欲令在位者反之故知君子斥在位者知鞫訩心息者以文承上經事相充配下云惡怒是乖爭故知心息是鞫訩也言民心不言鞫訩言惡怒不言民心互相明也爲惡乖則巳成可息而去之是可反復也

不弔昊天亂靡有定式月斯生俾民不寧憂心如酲誰秉國成病酒曰酲成平也箋云弔至也至猶善也定止式用也不善乎昊天天下之亂無肯止之者用月此生言月益甚也使民不得安我今憂之如病酒之酲矣觀此君臣誰能持國之平乎言無有也○酲音呈

不自爲政卒勞百姓箋云卒終也昊天不自出政教則終窮苦百姓欲使昊天出圖書有所授命民乃得安

【疏】不弔至百姓○正義曰此章箋具而下二句毛氏無傳則不必如鄭欲天出圖書授命也蓋言王身不自爲政教終勞苦我百姓王肅云言政不由王出也○傳病酒曰酲○正義曰說文云酲病酒也醉而覺言既醉得覺而以酒爲病故云病酒也○箋昊天至得安○正義曰知責昊天而不自出政教者四章五章以君臣之惡訴之天也又曰亂靡有定言君臣不能定亂也又曰誰秉國成言君臣不能持國平也君臣巳言並不能乃云不自爲政是今昊天之辭且此章發首云不弔昊天末言不自爲政明是欲使天自下爲政也故云欲使昊天出圖書有所授命也以王者將興天必命之若湯武也圖書者卽中候說堯舜及周公所授河圖洛書是也彼所授者非既受乃王皆先王乃受之與此不同者此所受若湯得黑鳥文王得丹書之類皆先有名錄故舉圖書以言之王肅以爲祇人臣不顯諫諫猶不顯況欲使天更授命詩皆獻之於君以爲箴規包藏禍心臣子大罪況公言之乎王基理之曰臣子不顯諫者謂君父失德尚微先將順風喩若乃暴亂將至危殆當拔露下情伏死而諫焉待風議而巳哉是以西伯戡黎祖伊奔告於王曰天巳訖我殷命古之賢者切諫如此幽

王無道將滅京周百姓怨王欲天有授命此文陳下民疾怨之言曲以感寤此正與祖伊諫皆同義忠臣殷勤之何謂非人臣宜言哉肅不識尚書祖伊之言而怪家父邪

駕彼四牡四牡項領項大也箋云四牡者人君所乘駕今但養大其領不肯爲用喻大臣自恣王不能使也○爲于僞反又如字

我瞻四方蹙蹙靡所騁騁極也箋云蹙蹙縮小之貌我視四方土地日見侵削於夷狄蹙蹙然雖欲馳騁無所之也○蹙子六反王七歷反騁勑領反日而乙反縮所六反

【疏】駕彼至所騁○正義曰言當所乘駕者彼四牡也今四牡但養大其領不肯爲用以與王所任使者彼大臣也今大臣專己自恣不爲王使也臣既自恣莫肯憂國故夷狄侵削日更益甚云我視四方土地蹙蹙然至狹令我無所馳騁之地以臣不任職致土地侵削故責之也○傳項大箋養大至能使○正義曰以領巳是項文不宜重故以項爲大箋以爲養大其領申傳說也馬雖大項由人駕馭言不肯爲用者以馬當用之今養而不駕是爲自恣也○傳騁極箋馳騁無所之○正義曰箋言馳騁無所極至是與傳同但傳文畧耳

方茂爾惡相爾矛矣茂勉也箋云相視也方爭訟自勉於惡之時則視女矛矣言欲戰鬭相殺傷矣○相息亮反注同矛亡侯反戈矛也

既夷既懌如相醻矣懌服也箋云夷說也言大臣之乖爭本無大讎其巳相和順而說懌則如賓主飲酒相醻酢也○懌音亦醻市由反又作醻說音悅下同巳音以酢音昨

【疏】方茂至醻矣○正義曰此說大臣無常言大臣方爭訟勉力成汝相與爲惡之時則各自視汝之戈矛欲用此矛矣以相殺傷也既巳和悅既以懌服則如賓主之飲酒者相酬酢矣言相惡既深和解又疾皆是無常小人故使政教亂也箋本無大讎集本云大讎是爭義亦得通也

昊天不平我王不寧不懲其心覆怨其正正長也箋云昊天乎師尹爲政不平使我王不得安寧女不懲止女之邪心而反怨憎其正也○覆芳服反長張丈反邪似嗟反

【疏】昊天至其正毛以爲尹氏爲惡訴之於天言昊天乎師尹爲政不平致使我王不得安寧汝師尹不懲止其心乃反邪僻妄行故下民皆怨其君長由師尹行惡而致民怨也○鄭唯下句爲異餘同○傳正長○正義曰釋詁文此傳甚略王肅述之曰覆猶背也師尹不定其心邪僻妄行故下民皆怨其長今據爲毛說

家父作誦以究王訩家父大夫

也。箋云究窮也大夫家父作此詩而爲王誦也以窮極王之政所以致多訟之本意。○爲于僞反父音甫式訛爾心以畜萬邦訛化畜養也。○箋云訛化畜養也。○訛五戈反畜許六反【疏】○家父至萬邦。○正義曰作詩刺王而自稱字者詩人之情其道不一或微加諷諭或指斥愆咎或隱匿姓名或自顯官字期於申寫下情冀上改悔而已此家父盡忠竭誠不憚誅罰故自載字爲寺人孟子亦此類也

節南山十章六章章八句四章章四句

正月大夫刺幽王也。正音政正月繁霜我心憂傷正月夏之四月繁多也箋云夏之四月建巳之月純陽用事而霜多急恆寒若之異傷害萬物故心爲之憂傷○繁扶袁反夏胡雅反下同巳音似爲于僞反民之訛言亦孔之將將大也箋云訛僞也人以僞言相陷入使王行酷暴之刑致此災異故言亦甚大也○酷苦毒反念我獨兮憂心京京哀我小心癙憂以痒京京憂不去也癙痒皆病也箋云念我獨兮者言我獨憂此政也。○癙音鼠字林癙音恕痒音羊【疏】正月十三章上八章章八句下五章章六句○正月至以痒○正義曰時大夫賢者覩天災以傷政教故言正陽之月而有繁多之霜是由王急酷之異以致傷害萬物故我心爲之憂傷也有霜由於王急王急由於訛言則此民之訛言爲害亦甚大矣害既如此念我獨憂此政令憂在於心京京然不能去哀憐我之小心所遇癙憂此事以至於身病也憂之者以王信訛言百姓遭害故所以憂也○傳正月夏之四月○正義曰以大夫所憂則非常霜之月若建寅正月則固有霜矣不足憂也昭十七年夏七月甲戌朔日有食之左傳曰祝史請所用幣平子禦之曰止也唯正月朔慝未作日有食之於是乎有伐鼓用幣其餘則否太史曰在此月也經書六月傳言正月太史謂之在此月是周之六月爲正月也周六月是夏之四月故知正月夏之四月也謂之正月者以乾用事正純陽之月傳稱慝未作謂未有陰氣故此箋云純陽用事也若然稽覽圖云正陽者從二月至四月陽氣用事時也獨以爲四月者彼以卦之六爻至二月大壯用事陽爻過半故謂之正陽與此異也○箋憂之至憂傷○正義曰急恆寒若洪範咎徵文也彼注云急促也若順也五事不得則咎氣而順之言由君急促太酷致常寒之氣來順之故多霜也反常謂之異

〈詩疏十二之一〉　九

時不當有霜而有霜是異也四月之時草木已大故言傷害萬物也鄭駮異義與洪範五行傳皆云非常曰異害物曰災則此傷害萬物宜爲災而云異者災異對則別散則通故莊二十五年左傳曰凡天災有幣無牲彼爲日食之異而言災也此以非時而降謂之異據其害物又謂之災下箋云致此災異是義通故言之異○箋人以至甚大○正義曰此承繁霜之下故知甚大謂以訛言致霜爲大也小人以訛言相陷王不能察其真僞因發大怒而行此酷暴之刑由此急酷故天順以寒氣而使盛夏多霜是霜由訛言所致也父母生我胡俾我瘉不自我先不自我後父母謂文武也我我天下瘉病也箋云自從也天使父母生我何故不長遂我而使我遭此暴虐之政而病此何不出我之前居我之後窮苦之情苟欲免身○瘉音庾長張丈反下正長伯長長者皆同好言自口莠言自口莠醜也箋云自從也此疾訛言之人善言從女口出惡言亦從女口出女口一爾善也惡也同出其中謂其可賤○莠餘九反憂心愈愈是以有侮愈愈憂懼也箋云我心憂政如是是與訛言者殊塗故用是見侵侮也【疏】父母至有侮○毛以爲文武爲民之父母而令天生我天下之民今何爲不令天長育我而使我遭此暴虐之政以致病也又此病我之先不從我之後而今適當我身乎訴之文武也此暴虐之政由訛言所致故疾此訛言之人云有美好之言從汝口出有醜惡之言亦從汝口出汝口一耳而善惡同出其口甚可憎賤也大夫既見王政酷暴憂心愈愈然與此訛言者殊塗爲訛言者所疾是以此見侵侮於已也○鄭唯以爲訴天使父母生我我謂大夫作詩者爲異餘同○傳父母至天下○正義曰以文武受命爲明王作萬民父母故尚書曰天將有立民父母謂天子作民父母民窮則宜告之又以父母爲文武也文武爲天下父母故我我天下作者舉天下之心爲之怨刺不專爲已故謂天下爲我也○箋天使至免身○正義曰上言念我獨兮因此而告天是先訴已身未及論天下也文王雖受命之王年世已久遇今時之虐政訴上世之哲王非人情也故知訴天使父母生我也上章言王急酷故此病遭暴之政而病也以所願不宜願免之而已乃云不自我先不自我後忠恕者已所不欲勿施於人況以虐政推於先後非父祖則子孫是窮苦之情苟欲免身憂心惸惸念我無祿惸惸憂意也箋云無祿者言不得天祿自傷值今生也○惸本又作煢其營反一云獨也篇末同民

〈詩疏十二之一〉　十

之無辜并其臣僕。古者有罪不入於刑則役之圜土以爲臣僕。箋云：辜，罪也。人之尊卑有十等，僕第九，臺第十。言王既刑殺無罪，并及其家之賤者，不止於所罪而已。書曰：越茲麗刑并制。○并，必正反，注并制同。圜土，音圓。圜土，獄也。哀我人斯，于何從祿。箋云：斯，此。于，於也。哀乎今我民人見遇如此，當於何從得天祿，免於是難。○難，乃旦反，下之難同。瞻烏爰止，于誰之屋。富人之屋，烏所集也。箋云：視烏集於富人之室，以言今民亦當求明君而歸之。

【疏】「憂心」至「之屋」。○毛以爲詩人言我憂在於心惸惸然，我所以憂者，念我天下之人無天祿，謂不得明君，遭此虐政也。又言無祿之事，民之無罪辜者亦并罪之，以其身爲臣僕，言動掛網羅，民不聊生也。哀乎，可哀憐者，今我民人見過如此，於何所從而得天祿乎？是無祿世。此視烏於所止，當止於誰之屋乎？以興視我民人所歸，亦當歸於誰之君乎？烏集於富人之屋以求食，喻民當歸於明德之君以求天祿也。言民無所歸，以見惡之甚也。○鄭以爲作者言憂心惸惸然，念我身之無天祿，自傷值今生也。又言無祿之事，民之無辜罪者，身既得罪，并其家之臣僕亦罪之。哀乎今我天下之民見遇於此，於何從而得天祿乎？餘同。上章毛以我爲天下

下，則皆爲天下怨辭也；鄭以我爲已身，念我無祿，自念無祿也，於何從祿，乃言天下皆無祿耳。祿名本出於居官食廩，得祿者是福慶之事，故謂福祐爲祿。雖民無福，亦謂之無祿也。○傳「古者」至「臣僕」。○正義曰：此解名罪人爲臣僕之意也。古者，據時而道前代之言，正謂作詩時也。古有肉刑，而罪有等級，重者入於肉刑，輕者役於圜土，謂晝則役之，夜是入圜土，以圜土表罪之輕者也。非在圜土而役，當役之時，爲臣僕之事，故號之爲臣僕，以表其罪名，非謂恒名臣僕也。此有罪者當然，今無罪亦令與有罪同役，故言并也。王肅云：今之王者好陷入人罪，無辜下至於臣僕，言用刑濫重。傳意當然也。役之圜土，周禮有其事。大司寇職曰：以圜土聚教罷民。凡害人者，置之圜土而施職事焉，以明刑恥之。其能改者，反於中國，不齒三年。司圜職曰：凡害人者，弗使冠飾，而加明刑焉，任之以事而收教之。能改者，上罪三年而舍，中罪二年而舍，下罪一年而舍。其不能改而出圜土者，殺。雖出，三年不齒。是不入於刑，役圜土之事也。雖不入於刑，而罪有輕重，周禮分爲二等。其已害人者則如此，未害人者則役諸司空，重罪唯一朞而已，其坐作之數具在司寇。此圜土罪人，罪未定之時，縛於外朝而與公卿議之，議定乃從其罪。故易坎卦上六「係用徽纆，寘于叢棘，三歲不得，凶」，鄭云：上乘陽，有邪惡之罪，故縛以徽纆，寘於叢棘，而使公卿以下議之，是也。○箋「人之」至「并制」。○正義曰：箋以言并其臣僕，是身既得罪，復罪及臣僕，故云并也。言人之尊卑有十等者，昭七年左傳曰：人有十等，故王臣公，公臣大夫，大夫臣士，士臣皁，皁臣輿，輿臣隸，隸臣僚，僚臣僕，僕臣臺。是十等，僕第九，臺第十。連言臺者，以顯僕爲賤也。臣亦賤稱。僖十七年左傳：晉惠公卜，男爲人臣，女爲人妾。孝經曰：不敢失於臣妾。妾是賤者之定名，臣則事人之稱，無定名也。故十等以相次，臣謂得役使者爲臣也。并其臣僕，謂其私家之臣，故云王既刑殺無罪，乃并及其家之賤者，不止於所罪而已。無罪知彼刑殺者，尚及其家之賤者，明以重罪加之，故知刑殺也。引書曰，呂刑文也。彼注云：越，於也。茲，此也。麗，施也。於此施刑，并制其無罪者，則彼苗民淫虐，殺戮無辜，不但刑有罪，亦并制無罪，與此并義同，故引之以爲證也。易傳者，以臣僕非罪人之名，經言并其臣僕，不言以爲臣僕，其幽王暴虐，乃殺戮無辜，豈但不至於罪以爲臣僕而已，故易之。

瞻彼中林，侯薪侯蒸。中林，林中也。薪蒸，言似而非。箋云：侯，維也。林中大木之處，而維有薪蒸爾。喻朝廷宜有賢者，而但聚小人。○蒸，之丞反。處，昌慮反，下之處同。朝，直遙反，下皆同。民今方殆，視天夢夢。王者爲亂夢夢然。箋云：方，且也。

民今且危亡，視王者所爲，反夢夢然而亂，無統理安人之意。○夢，莫紅反，亂也。沈莫滕反。韓詩云：惡貌也。既克有定，靡人弗勝。勝，乘也。箋云：王既能有所定，尚復事之小者爾，無人而不勝。言凡人所定皆勝王也。○勝，毛音升，鄭尸證反。復，扶又反，篇末同。有皇上帝，伊誰云憎。皇，君也。箋云：伊讀當爲繄，繄猶是也。有君上帝者，以情告天也。使王暴虐如是，是憎惡誰乎？欲天指害其所憎而已。○繄，烏兮反。惡，烏路反。

【疏】「瞻彼」至「云憎」。○毛以爲視彼林中，謂其當有大木，而維有薪，維有蒸，在林則似大木而非大木也。以興視彼朝上，謂其當有賢者，而唯有小人，此小人之在朝，則似賢人而非賢也。由朝聚小人，而無善政令，方且危亡矣。民將危亡，王當安撫之。今視王之所爲，反夢夢然而昏亂，無統理安民之意也。王非徒昏亂，又志在殘虐，既謂能有所定者，無事於人而不欲乘陵之，言所定者皆是陵人之事，爲殘虐也。王暴如此，以情訴天云：有君上帝，使王暴虐如此，維誰憎惡乎？欲天指害之。○鄭以上二句小別，具說在箋。又以雖人不勝，謂人皆勝王，又以伊爲是爲異，餘同。○傳「薪蒸言似而非」。○正義曰：無羊云「爾牧來思，以薪以蒸」，則薪蒸柴木之名。言視林中生長之木，而言侯薪侯蒸者，言於中有爲薪蒸之木，見

其小也林者大木所處今小木在焉似大木而非喻小人在朝似賢人而非故云言似而非也○傳王者至蔓然○正義曰釋訓云蔓蔓亂也上天無昏亂之事故知天斥王也○傳勝乘○正義曰此傳甚略王述之云王既有所定皆乘陵人之事言殘虐也今據爲毛說孫毓云小人好爲小善矜能自臧以爲大功其所成就細碎小事凡人所勝而過者反以驕人是詩所刺幽王也若乘陵殘虐之事動則有惡豈得名之爲克有定乎箋義爲長

謂山蓋卑爲岡爲陵在位非君子乃小人也箋云此喻爲君子賢者之道人尚謂之卑況爲凡庸小人之行○卑本又作痺同音婢又必支反行下孟反

民之訛言寧莫之懲箋云小人在位曾無欲止衆民之爲僞言相陷害也

召彼故老訊之占夢故老元老訊問也箋云君臣在朝侮慢元老召之不問政事但問占夢不尚道德而信徵祥之甚○訊本又作誶音信

具曰予聖誰知烏之雌雄君臣俱自謂聖也箋云時君臣賢愚適同如烏雌雄相似誰能別異之乎○別彼列反

【疏】謂山至雌雄○正義曰謂之爲山者人意蓋猶以爲卑況爲岡爲陵乎今所見非高山乃岡陵也以興行君子之道者人

意尚謂之爲淺況爲小人之行乎今在位非君子乃小人也王既任小人今民之訛僞之言相陷害者在位之臣曾無欲以德止之者既不能施德以止訛言而愛好鄙碎而共信徵祥召彼無老宿舊有德者但問之占夢之事言其不尚道德侮慢長老也又君臣並不自知俱曰我身大聖唯各自矜而賢愚無別譬之於烏誰能知其雌雄者

謂天蓋高不敢不局謂地蓋厚不敢不蹐維號斯言有倫有脊局曲也蹐累足也倫道脊理也箋云局蹐者天高而有雷霆地厚而有陷淪也此民疾苦王政上下皆可畏怖之言也維民號呼而發此言皆有道理所以至然者非徒苟妄爲誣辭○局本又作跼其欲反脊井亦反徐音積說文小步也維號音豪注同霆音庭又音挺淪音倫又倫峻反怖普故反號呼好路反誣音無

哀今之人胡爲虺蜴蜴螈也箋云虺蜴之性見人則走哀哉今之人何爲如是傷時政也○虺暉鬼反蜴星歷反字又作蜥螈音元

【疏】謂天至虺蜴○正義曰時人疾苦王政歌詠其事作者以其有理故取而善之時有人言謂此上天蓋實高矣而有雷霆擊人不敢不曲其脊以敬之以喻已恐觸王之忌諱也謂此下地蓋實厚矣而有陷溺殺人不敢不累其足以畏之以喻已恐陷在位之羅網也言上下可畏如天地然此人心疾王政不敢指斥假天地以比之作者善其言故云維我號呼而發此言實有道理言王政實可畏此辭非虛也既上下可畏民皆避之故言哀哉今之人何故而爲虺蜴也虺蜴之性見人則走民聞王政莫不逃避故言爲虺蜴也○傳局曲蹐累足○正義曰天在上身戴天而曲者曲身也足所以履地故知蹐累足說文云蹐小步也王述之曰言天高已不敢不曲身危行恐上觸忌諱也地厚已不敢不累足懼陷於在位之羅網也○箋局蹐至陷淪○正義曰箋以不敢者畏辭明有可畏故言天高而有雷霆地厚而有陷淪也淪沒也謂地震則有陷沒者○傳蜴螈○正義曰釋魚云蠑螈蜥蜴蜥蜴蝘蜓蝘蜓守宮也李巡曰蠑螈一名蜥蜴蜥蜴名蝘蜓蝘蜓名守宮孫炎曰別四名也陸機疏云虺蜴一名蠑螈蜴也或謂之蛇醫如蜥蜴青綠色大如指形狀可惡如陸意蜥蜴與螈形狀相類水陸異名耳

瞻彼阪田有菀其特言朝廷曾無桀臣箋云阪田崎嶇墝埆之處而有菀然茂特之苗喻賢者在閒辟隱居之時○阪音反又扶版反菀音鬱徐又於阮反崎起宜反嶇丘俱反墝苦交反埆戶角反又苦角反又音角閒音閑辟婢亦反

天之扤我如不

我克扤動也箋云我我特苗也天以風雨動搖我如將不勝我謂其迅疾也○扤五忽反徐又音月迅音峻○不

彼求我則如不我得箋云彼彼王也王之始徵求我如恐不得我言其禮命之繁多

執我仇仇亦不我力仇仇猶謷謷也箋云王既得我執留我其禮待我謷謷然亦不問我在位之功力言其有貪賢之名無用賢之實○謷本又作嗷五報反沈五刀反

【疏】瞻彼至我力○正義曰王政所以爲民疾苦由不能用賢視彼阪田墝埆之地有菀然其茂特之苗以興視彼空谷阨陋之處有傑然其秀異之賢然天之以風雨動搖我特苗如將不我特苗之能勝言風雨之迅疾也以喻彼王之以禮命以徵召我賢者如恐不我賢者之能得言禮命之繁多也及其得我則空執留我其禮待我謷謷然亦不問我在位之功力言小人貴名賤實不能用賢故政教所以亂也○傳言朝至桀臣○正義曰毛以詩意取菀苗此賢者不舉原隰之苗而言阪田者反明朝廷曾無英傑之臣○傳仇仇猶謷謷○正義曰以釋訓云仇仇敖敖傲也義同故猶之郭璞曰皆傲慢賢者定本無猶字

心之憂矣如或結之今茲之正胡然厲矣厲惡也箋云茲此正長也

心憂如有結之者，憂今此之君臣何一然爲惡如是。**燎之方揚，寧或滅之**？滅之以水也。箋云：火田爲燎。燎之方盛之時，炎熾熛怒，寧有能滅息之者？言無有也。以無有，喻有之者爲甚也。○燎，力詔反，徐力燒反。熾，尺志反。熛，必遥反。**赫赫宗周，褒姒威之**。宗周，鎬京也。褒，國也。姒，姓也。威，滅也。有褒國之女，幽王惑焉，而以爲后，詩人知其必滅周也。○褒，補毛反。姒音似。鄭云字也。威，呼說反，齊人語也。字林武劣反。說文云：從火戌聲，火死於戌，陽氣至戌而盡。本或作滅。鎬，胡老反。【疏】心之至威之○正義曰：詩人見朝無賢者，言我心之憂矣，如有結之者，言憂不離心，如物之纏結也。所以憂者，今此之君臣爲人之長，何一然爲惡如是矣。言君臣俱惡，無所差別也。君臣爲惡，極國將滅亡。言燎火方盛揚之時，炎熾熛怒，寧有能滅息之者，以喻宗周方隆盛之時，王業深固，寧有能滅亡之者。言此二者皆盛，不可滅亡也。然此燎雖熾盛，而水能滅之，則水爲甚矣。以興周國雖盛，終將褒姒滅之，則褒姒惡甚矣。此二文互相發明，見難之而能，所以爲甚也。故傳曰滅之者以水，以反之。於時宗周未滅，詩人明得失之迹，見微知著，以褒姒淫妬，知其必滅周也。**終其永懷，又窘陰雨**。窘，困也。箋云：窘，仍也。終王之所行，其長可憂傷矣，又將仍憂於陰雨。陰雨喻君有泥陷之難。○窘，求殞反，字林巨畏反。泥，乃計反。○**其車既載，乃棄爾輔**。大車重載，又棄其輔。箋云：以車之載物，喻王之任國事也。棄輔，喻遠賢也。○遠，于萬反。**載輸爾載，將伯助予**。將，請。伯，長也。箋云：輸，墮也。棄女車輔，則墮女之載，乃請長者見助，以言國危而求賢者，已晚矣。○爾載，才再反，注及下同。將，七羊反，注皆同。墮，許規反，本又作墮，待果反。【疏】終其永至助予○毛以爲此及下章皆以商人之載大車展轉爲喻。言王之爲惡無心變改，若終王之所行，其長可哀傷矣。王行既可哀傷，又將至於傾危，猶商人涉路既有疲勞，又將困於陰雨。商人之遇陰雨，則有泥陷之難；王行之至傾危，必有滅亡之憂。故以譬之。商人慮有陰雨，宜用輔以佐車，今其車既載重矣，乃棄爾之車輔，反令車載溺也。以喻王政慮有傾危，宜用賢以治國，今其既有大政矣，乃棄汝之賢人，反令國政亂也。車既棄輔，又遇陰雨，則隳敗汝之車載，既隳敗，然後請長者助我，則晚矣。以喻國既棄賢，又遇傾危，則滅亡汝之國，國家既滅矣，然後求賢人佐已，則亦晚矣。王何不及其未敗，用賢自輔乎？○鄭唯以窘爲仍憂於陰雨爲異，餘同。○傳大車至其輔○正義曰：考工記車人爲

車有大車，鄭以爲平地載任之車，駕牛車也。尚書云「肇牽車牛遠服賈用」，是大車駕牛車也。此以商事爲喻，而云既載，故知是大車也。又爲車不言作輔，此云乃棄爾輔，則輔是可解脫之物，蓋如今人縛杖於輻，以防輔事也。○箋輸墮○正義曰：隱六年「鄭人來輸平」，公羊傳曰：「輸平猶隳成。何言隳成？敗其成。」昭四年左傳曰「寡君將隳幣焉」，服虔云：「隳，輸也。」是訓輸爲隳壞之義。「子路將隳三都」是也。定本隳作墮。**無棄爾輔，員于爾輻**。員，益也。○員音云。輻，方六反。**屢顧爾僕，不輸爾載**。箋云：屢，數也。僕，將車者也。顧，猶視也，念也。○屢，力注反，又作屢。數音朔，下同。**終踰絶險，曾是不意**。箋云：女不棄車之輔，數顧女僕，終是用踰度陷絶之險，女不曾以是爲意乎？以商事喻治國也。【疏】無棄至不意○正義曰：此連上章以商事爲喻，但反之教王求賢耳。言此商人載大車，當無棄爾之車輔，益於爾之輪轉，以喻王之治天下，當無棄爾之賢佐，益於爾之國事也。商人既不棄輔，又數顧念爾將車之僕，汝能若是，則輔、車輻、僕能勤御，則得不隳敗爾之車載。以喻王既不棄賢，又善禮遇爾執政之相，王能如此用賢，益於國家，相能幹職，則得不傾覆爾之王業。商人留輔顧僕之故，終用踰度陷絶之險，汝商人何得曾不以是輔僕爲意乎？喻王用賢禮相之，故終用是得濟免禍害之難，汝何得曾不以是賢相爲意乎？教王之用賢敬臣也。箋雖不言以僕喻相，但輔益輻以賢益國，則僕將車自然似相執政也。終踰絶險，報上又窘陰雨，以陰雨爲終久及難之事，故鄭以窘爲仍。**魚在于沼，亦匪克樂。潛雖伏矣，亦孔之炤**。沼，池也。箋云：池，魚之所樂而非能樂，其潛伏於淵，又不足以逃，甚炤炤易見。以喻時賢者在朝廷，道不行，無所樂，退而窮處，又無所止也。○沼，之紹反。樂音洛，注同。炤音灼，之若反。易見，夷豉反，下如字，又賢遍反。**憂心慘慘，念國之爲虐**。慘慘猶戚戚也。○慘，七感反。戚，千歷反。【疏】魚在至爲虐○正義曰：上章教王求賢，而王不能用，故此章言賢者不得其所。魚在於沼池之中，爲人所驚駭，不得逸遊，亦非能有樂，退而潛處，雖伏於深淵之下，亦甚於炤炤然易見，不足以避網罟之害，莫知所逃也。以興賢者在於朝廷之上，爲時所陷害，不得行道，意非能有樂，退而隱居，雖遁於山林之中，又其姓名聞徹，不足以遁苛虐之政，莫知所於已爲之憂，而心中慘慘然念國之爲虐也。言王政暴虐，賢人困厄，已所以憂也。**彼有旨酒，又有嘉殽**

言祀物備也箋云彼彼尹氏大師也○肴本又作殽戶交反○**洽比其鄰昏姻孔云**洽合鄰近云旋也是言王者不能親親以及遠箋云云猶友也言尹氏富與兄弟相親友爲朋黨也○比毗志反云本又作員音同**念我獨兮憂心慇慇**慇慇然痛也箋云此賢者孤特自傷也○慇音殷又於謹反○**疏**彼有至慇慇○毛以爲言幽王彼有旨酒矣又有嘉善之殽矣祀物甚備足矣唯知以此祀物協和親比其鄰近之左右與妻黨之昏姻甚相與周旋而已不能及遠人也王既不能及遠人國家將有危亡故念我獨憂王此政兮憂心慇慇然痛也○鄭以爲時權臣貪餡親戚相黨故言彼尹氏有旨酒又有嘉殽會比其鄰近兄弟及昏姻甚相與親友爲朋黨也彼小人如此念我無祿而孤獨兮憂心慇慇然孤特自傷耳○箋彼彼尹氏大師○正義曰此與上篇非一人所作而以彼爲尹氏者以尹氏官爲大師上篇刺其專政則幽王之臣貪富朋黨者唯尹氏耳故知彼彼尹氏也○傳言王至及遠○正義曰傳解昏姻相親乃是美事而以爲刺者言幽王唯知親比鄰近昏姻而已不能以此親親之情而及於遠人故王肅云言王但以和比其鄰近左右與昏姻其親友而已不能親親以及遠**佌佌彼有**

屋蔌蔌方有穀佌佌小也蔌蔌陋也箋云穀祿也此言小人富而窶陋將貴也○佌音此說文作㑢音徙蔌音速方穀本或作方有穀非也窶其矩反一音慮**民今之無祿天夭是椓**君天之在位椓之箋云民於今而無祿者天以薦瘥夭殺之是王者之政又復椓破之言遇害甚也○夭於兆反又於遙反災也椓陟角反○**哿矣富人哀此惸獨**哿可獨單也箋云此言王政如是富人已可惸獨將困也○哿哥我反○**疏**佌佌至惸獨○毛以爲佌佌然之小人彼已有室屋之富矣其蔌蔌窶陋者方有爵祿之貴矣王者厚斂重賦寵貴小人故使得如此也哀此下民今日之无天祿而王天害之在位又椓譖之是其困之甚也王政如此雖天下普遭其害可矣富人猶有財貨以供之哀哉此單獨之民窮而無告爲上天椓將困病故甚可哀也○鄭唯天夭是椓爲異餘同○傳君天之在位椓之○正義曰毛以天夭斥王者故爲君天之天既爲君故椓爲在位也○箋民以至害甚○正義曰箋以夭是蒙殺之辭宜天之所爲故云天以薦瘥夭殺之夭既爲天則椓爲王者故云王者又椓破之謂農時而役厚斂其財人以財盡猶椓使破壞然椓如椓杙之椓謂打之也○

正月十三章八章章八句五章章六句

附釋音毛詩注疏卷第十二（十二之一）

黃中栻栞

毛詩注疏挍勘記十二之一　阮元撰盧宣旬摘錄

○節南山

頌及風頌正經 閩本明監本毛本同案下頌字浦鏜云當雅誤是也

爲周文公之頌則二篇 閩本明監本毛本同案十行本公至篇剜添者一字

所以國傳重也 閩本明監本毛本同案當作箋

桓七年天王使家父來求車 閩本明監本毛本同案浦鏜云十五誤七是也正義下文可證

此言不廢作在平桓之世 閩本明監本毛本同案言當作詩

維石巖巖 唐石經小字本相臺本同案釋文云巖巖如字本或作嚴嚴音同正義本是巖字考巖字是也傳云巖巖積石貌箋云喻三公之位人所尊嚴箋以嚴說巖者詁訓之法也經義雜記以爲經本作嚴不得箋意又以爲正義本釋文本皆作嚴亦失其實又引羣經音辨不知賈昌朝所載即釋文或作本耳

憂心如惔 唐石經小字本相臺本同案正義云如惔之字說文作炎釋文云惔徒藍反又音炎燔也韓詩作炎字書作焱說文作炎字五經文字心部云惔見小雅考釋文云字書作炎故轉寫而爲惔詩經小學云毛詩本作如炎或同韓詩作如炎不知何人始作如惔惔憂也豈憂心如憂乎又於說文惔下妄加詩曰憂心如惔今考說文惔下當是引詩曰憂心如炎以解惔字從炎之意不知者誤改爲惔耳

不敢相戲而言語 小字本相臺本同閩本明監本毛本亦同案正義云不敢相戲而談語又云故言又提汝之威不敢相戲而談語也是言當作談考文古本作談采諸正義也

斬斷監視也 小字本相臺本同案釋文以斷也作音是其本斷下有也字考文古本有

小熱也 補釋文挍勘記通志堂本同盧本熱作爇云爇舊作熱據說文改案所改是也

具瞻少曾嚴之狀 補毛本曾作尊案尊字是也

訓爲小熟也 閩本明監本毛本同案浦鏜云爇誤熟是也

明所憂者刑罰之成 閩本明監本毛本同案浦鏜云成疑威字譌是也

又以草木平滿其旁倚之畎谷 小字本相臺本同案此正義本也正義云有以草木平滿其傍倚之甽谷又云故知以草木平滿其傍之甽谷正義中餘甽字同甽畎一字也釋文云山畎本亦作甽是甽谷釋文本作山畎也正義又云定本云又以草土平滿其傍倚之山以木爲土恐非考定本山下當是亦有畎字與釋文本同正義不備引耳

薦重瘥病 小字本相臺本同案釋文以重也作音是其本重下有也字考文古本有

節彼事懲嗟 補毛本事作至案所改是也

能實甽唯草木也 閩本明監本毛本同案浦堂云甽下當脫谷字是也

故責之曾無恩德止之者 閩本明監本毛本同案責下之字當作云

俾民不迷 唐石經小字本相臺本同案釋文云卑本又作俾同後皆放此正義本今無可考

氏當作桎鎋之桎 小字本相臺本同案釋文云桎之實反又丁履反礙也本或手旁至者誤也段玉裁云當是抵字誤桎是也別體字抵作拞與桎字形近

秉持國之正平 閩本明監本毛本之正誤政之

若四圭爲邸也 閩本明監本毛本同案浦鏜云有誤爲是

說文云桎車鎋也 閩本明監本毛本同案浦鏜云今說文無是也考正義所引說文如第綱摻滄等字皆與說文不合當是正義自誤以他書爲說文耳非字有譌也

勿當作末 小字本相臺本同考文古本同閩本明監本毛本末作未下及正義中同案末字是也此箋末罔即漢書谷永傳之末殺正義云末略歎罔也

式夷式已 唐石經小字本相臺本同案釋文云式已毛音以鄭音紀正義云易傳者以上文欲王躬親爲政則

宜爲已身之已不宜爲已止也段玉裁云傳云用不則已無以小人之言至於危殆也作一句讀未必毛音以也

用能紀理其事也閩本明監本毛本同小字本相臺本也作者考文古本同案者字是也考此箋以紀說已乃詁訓之法考文古本改紀爲已者不得箋意盧文弨從之非也

瑣瑣姻亞唐石經小字本相臺本同案釋文云瑣瑣素火反小也本或作璅非也璅音早考文古本作璅采釋文而誤也旄丘釋文云璅兮依字作瑣亦其證

必天下之民〔補〕閩本明監本毛本同案必當作汝形近之譌

夷易違去也小字本相臺本同案釋文以易也作音是其本易下有也字考文古本有

無民之所不爲皆化於上也閩本明監本毛本無字在之下案皆誤也當云民之所爲無不皆化於上也

民既化上上爲惡亦當效上爲惡亦當化上爲善閩本明監本毛本下亦字上有上爲善三字案所補非也此當云民既化上上爲惡亦當化上上爲善複衍上爲惡亦當效上七字寫者之誤也

是今昊天之辭也閩本明監本同毛本今作令案所改是

此正與祖伊諫皆同義忠臣殷勤之閩本明監本毛本作此正與祖伊諫皆同忠臣殷勤之義案皆同當作同皆

戚戚然至俠閩本明監本毛本俠作狹案所改是也

集本云大辯是爭閩本明監本毛本同案浦鏜云大辯下疑脫辯字是也本當作注見前

箕上改悞而已閩本明監本毛本悞作悟案所改是也

○正月

是由王急酷之異閩本明監本毛本異誤刑

則非常霜之月閩本明監本毛本常誤當

夏七月甲戌朔是也閩本明監本毛本同案浦鏜云六誤七

正純陽之月傳稱歷未作閩本明監本毛本同案十行本之至稱剜添者一字

致常寒之氣來順之閩本明監本毛本常誤恆

女口一爾小字本相臺本同閩本明監本毛本亦同案爾當作耳正義云女口一耳是其證

憂心愈愈毛本心誤憂明監本以上皆不誤

又此病我之先閩本明監本毛本病下有不從二字案所補是也

文王雖受命之王閩本明監本毛本同案文下王字當作武與下互換

訴上世之哲氏閩本明監本毛本氏作民案皆誤也民當作王與上武字互換而又有譌也

故此病遭暴之政而病也閩木明監本毛本暴下有虐字案所補是也上病字衍

則役之圜土小字本相臺本同閩本明監本毛本亦同案六經正誤云作圜誤與國建本皆作圜周禮作圓是也釋文云圜音圓

視烏集於富人之室閩本明監本毛本同小字本相臺本室作屋考文古本同案室字誤也

是無祿世閩本明監本毛本世作由案所改非也世當作也形近之譌

輕者役於圜土閩本明監本毛本圜作圓下同案所改非也注作圜正義作圓圜圓古今字易而說之也例見前

弗受冠飾閩本明監本毛本同案浦鏜云使誤受以周禮注考之浦挍是也

無罪知彼刑殺者閩本明監本毛本同案浦鏜云彼疑被字譌是也

伊讀當爲緊小字本相臺本同案釋文以作緊作音是其本爲字作作也正義本今無可考

王迷之云王既有所定閩本明監本毛本脫王字迷之作述之案述字是也

故老召之　闔本明監本毛本同小字本相臺本召之作元老考文古本同案召之誤也

人意盍猶以爲卑　補毛本盍作蓋

召彼無老宿舊有德者　闔本明監本毛本無作故案皆誤也無當作元因别體字無作无而譌也

不敢不局　唐石經小字本相臺本同案釋文云局本又作跼考文古本作跼采釋文正義標起止云傳局曲又云箋局蹐是其本作局

胡爲虺蜴　唐石經小字本相臺本同案釋文云蜴星歷反字又作蜥段玉裁云説文無蜴字蓋蜴即蜴之或體也詳詩經小學

故言今之人可故而爲虺蜴也　補毛本可作何案何字是也

一名蠑螈蜴也　闔本明監本毛本同案盧文弨於蜴上補水字是也下文云水陸異名耳可證

以喻被王之以禮命　補毛本被作彼

毛以詩意取菀苗此賢者　闔本明監本毛本同案浦鏜云此誤此是也

褒姒威之　唐石經小字本相臺本同案釋文云威本或作滅考傳云威滅也説文威下同引此詩是字本作威或作本非也他書多引作滅非毛氏詩正字

終是用踰度陷絶之險　小字本同闔本明監本毛本同相臺本是用作用是考文古本同案相臺本是也此誤倒

女不曾以是爲意乎　闔本明監本毛本同小字本相臺本不曾作曾不案曾不是也

汝能若是則輔車輻　闔本明監本毛本同案車當作益

但輔益輻以賢益國　闔本明監本毛本同案以當作似

莫知所於上於朝廷於山林而言　闔本明監本毛本於作逃案於字是也此承

言尹氏富與兄弟相親友　闔本明監本毛本同小字本相臺本與上有獨字考文引古本亦同案有者是也

會比其隣近兄弟及昏姻　毛本同闔本明監本會誤合

蔌蔌方有穀　唐石經小字本相臺本同案釋文云方穀本或作方有穀非也正義云方有爵祿之貴矣是其本與或作同戴震毛鄭詩考正云當從釋文爲正

天夭是椓　唐石經小字本相臺本同案後漢書蔡邕傳夭夭作天天是譌字獨石經亦誤天爲夭見詩經小學中

富人已可　小字本相臺本同考文古本同闔本明監本毛本已誤猶

箋民以至害甚　闔本明監本毛本以作於案所改是也

附釋音毛詩注疏卷第十二

毛詩小雅　鄭氏箋　孔穎達疏

十月之交大夫刺幽王也當爲刺厲王作詁訓傳時移其篇第因改之耳節刺師尹不平亂靡有定此篇譏皇父擅恣日月告凶正月惡褒姒滅周此篇疾豔妻煽方處又幽王時司徒乃鄭桓公友非此篇之所云番也是以知然。刺幽王毛如字鄭改爲刺厲王從此至小宛四篇皆然節在結反父音甫後皇父皆同惡烏路反番方袁反徐甫言反本或作潘音同韓詩作繁下同。疏十月八章章八句。正義曰毛以爲刺幽王鄭以爲刺厲王經八章皆刺王之辭此下及小宛序皆刺幽王鄭以爲本刺厲王毛氏移之事既久遠不審實然以否縱其實然毛既移其篇第改厲爲幽即以爲幽王說之故下傳曰豔妻褒姒是爲幽王之事則四篇皆如之今各從其家而爲之義不復強爲與奪。箋當爲刺厲王至是以知然。正義曰鄭以此篇本六月之上爲刺厲王詩毛氏移之於此改厲爲幽今本其舊而爲之說故云當爲刺厲王也作詁訓傳者毛公也毛公漢初時人故譜云漢興之初師移其第作詁訓

傳時是漢初也其改之意已具於譜鄭既言當爲厲王又自檢其證節刺師尹不平亂靡有定此篇譏曰皇父擅恣日月告凶事。國家之權任天下之責不得並時而有二人彼是幽王知此非幽王也正月惡褒姒滅周此篇疾豔妻煽方處敵夫曰妻王無二后褒姒是幽王所嬖豔妻非幽王之后鄭語云幽王八年桓公爲司徒此篇云番維司徒一官不得二人爲之故又云幽王時司徒乃鄭桓公友爲之非此篇之所云番是以知之言由此知幽當爲厲也毛以豔妻爲褒姒美色曰豔則褒姒豔妻爲一鄭必爲別人者以詩論天子之后非如曲說邪淫不當以色名之中候曰剡者配姬以放賢剡豔古今字耳以剡對姬剡爲其姓以此知非褒姒也鄭桓公幽王八年始爲司徒知非代番爲之者以番爲司徒在豔妻方盛之時則豔既爲后番始爲司徒也鄭語說桓公既爲司徒方問史伯史伯乃說褒姒之事其末云竟以爲后則桓公初爲司徒褒姒仍未爲后以此知桓公不得與番相代也凡例別嫌明疑以本文爲主故鄭先以詩上下校之後乃言鄭桓公也中候擿雒貳曰昌受符厲倡孽期十之世權在相又曰剡者配姬以放賢山崩水潰納小人家伯罔主異載震既言昌受符爲王命之始即云期十之世自文數之至厲王除文王爲十世也剡與家伯與此篇事同山崩水潰即此篇百川沸騰山冢崒崩是也如此中候之文亦可以明此爲厲王但緯候之書人或不信故鄭不引之鄭檢此篇爲厲王其理欲明而知下三篇亦當爲刺厲王者以序皆言大夫其文大體相類十月之交雨無正卒章說已留彼去念友之意全同小旻小菀卒章說怖畏罪辜恐懼之心如一似一人之作故以爲當刺厲王也王肅皇甫謐以爲四篇正刺幽王孫毓疑而不能決其評曰毛公大儒明於詁訓篇義誠自刺厲王無緣横移其第改爲幽王鄭君之言亦不虛耳是以惑疑無以斷焉竊以褒姒龍齡之妖所生褒人養而獻之無有私黨皇父以下七子之親而令在位若此之盛也又尚書緯說豔妻謂厲王之婦不斥褒姒又雨無正有周宗既滅靡所止戾之言若是幽王既爲犬戎所殺則無所刺若王尚存不得謂之既滅下句言正大夫離居莫之我勩莫肯夙夜莫肯朝夕庶曰式臧覆出爲惡之言鄭箋皆謂厲王流于彘之後於義爲安是其言雖不能決而其意謂鄭爲長也若如鄭言毛詩爲毛公所移四篇容可在此今韓詩亦在此者詩體本是歌誦口相傳授遭秦滅學之後衆儒不知其次齊韓之徒以詩經而爲章句與毛異耳非有壁中舊本可得憑據或見毛次於此故同之焉不然韓詩次第不知誰爲之。

十月之交朔月辛卯日有食之亦孔之醜之交日月之交會醜惡也箋云周之十月夏之八月也八月朔日日月交會而日食陰侵陽臣侵君之象日辰之義日爲君辰爲臣辛金也卯木也又以卯侵辛故甚惡也。夏戶雅反彼月而微此日而微月臣道日君道箋云微謂不明也彼月則有微今此日反微非其常爲異尤大也。今此下民亦孔之哀箋云君臣失道災害將起故下民亦甚可哀。疏十月至之哀。毛以爲幽王之時正在周之十月夏之八月日月之交會朔月辛卯之日以此時而日有食之此其爲異亦甚之惡也何則日食者月掩之也月食日爲陰侵陽臣侵君之象其日又是辛卯辛是金卯是木金常勝木今木反侵金亦臣侵君之象臣侵君逆之大者一食而有二象故爲亦甚惡也所以爲甚惡者日君道也月臣道也君當制臣似月應食臣不當侵君似日不應食故言彼月而容有被食不明今此日而反被食不明以日被月食似君被臣侵非其常事故爲異尤大也異既如此災害將生災害一起天下蒙毒故今此下民亦甚可哀傷矣。鄭唯厲王時爲異。傳之交日月之交會。正義曰交者日月行相逮及交而會聚故云交會也日月交會謂朔日也此言十月之交即云朔月辛卯朔月即是之交爲事也

古歷緯及周髀皆言周天三百六十五度四分度之一日月皆右行於天日日行一度月日行十三度十九分度之七是月行疾日行遲二十九日有餘而月行天一周追及於日而與之會是會之交也每月皆交會而月或在日道表或在日道裏故不食其食要於交會又月與日同道乃食也○箋周之至甚惡○正義曰詩之言月皆據夏時而知此周十月夏八月者推度災曰十月之交氣之相交周十月夏之八月緯雖不可盡信其言主以釋此故據之以爲周十月爲日月交會而日食陰侵陽臣侵君之象以日食者月食之也故何休曰不言月食之者其形不可得而覩故疑言日有食之月食日是陰侵陽也下傳曰月臣道日君道是臣侵君之象日辰之義者月令其日甲乙是從甲至癸爲日也左傳曰辰在子卯又曰辰在申是從子至亥爲辰也雖十日甲剛乙柔其中有五剛五柔要十日皆爲幹故日爲君也而十二辰亦子陽丑陰其中有六陽六陰以對十日皆爲支故辰爲臣言此者解詩本言辛卯日食之意日食陰侵陽而以辛卯日卯比臣辛比君是爲卯侵辛也辛日以辰侵日而日爲金辰爲木金應勝木反侵金是五行相逆猶君臣顛倒故言亦甚惡也案此朔月辛卯自是所食之月知取金木爲義者推度災曰及其食也君弱臣强故天垂象以見徵辛者正秋之王氣卯者正

春之臣位日爲君辰爲臣八月之日交卯食辛矣辛之爲君幼弱而不明卯之爲臣秉權而爲政故辛之言新陰氣盛而陽微生其君幼弱而任卯臣也以此緯文故知取卯侵辛爲義如緯之意以辛王在秋八月用事卯位在春秋當休廢思臣以休廢之時能侵當王之君是陰盛陽微之象緯意又取剛柔爲義以辛是柔日又辛之言新言微陽新用事也卯位正春强臣之象故云君幼弱臣秉權以權臣陵弱君故爲醜也此箋直言卯侵辛不言君弱臣强者陰陽之事容有多塗故舉金木爲正餘畧之也昭二十一年秋七月壬午朔日有食之以午食壬以卯侵辛傳言不爲災者彼爲夏之五月午當用事壬應休廢又壬爲剛日非是弱君故與此不同也若然此八月即秋分之時也左傳曰二至二分日有食之不爲災日月之行分同道也至相過也其他月即爲災此亦分月而云孔醜者然日者太陽之精至尊之物不宜有所侵侵之則爲異但聖賢因事設教以爲等級耳左傳曰唯正月朔慝未作日有食之於是乎有用幣於社伐鼓於朝其餘則否是以日食之中分爲差降也以正月爲夏之四月純陽用事而日又爲陽於時最盛尤不宜爲陰所侵故爲最重而特用鼓幣也其他月則非正陽故爲差輕也至於二至二分固有分至之名宜若同道相過有可食之理故爲尤輕也計古今之

天度數一也日月之食本無常時故厤象爲日月交會之術大率以百七十三日有奇爲限而日月行天各自有道雖至朔相逢而道有表裏若月先在裏依限而食者多若月先在表雖依限而食者少杜預見其參差乃云日月動物雖行度有大量不能不少有盈縮故有雖交會而不食者或有頻交而食者唯正陽之月君子忌之是日月食無常時非分至之月必相食也正以二分晝夜等有頻同道二至長短極似若相過因名示義非實然也以日體一也食之輕重假理示義其實日食皆爲異矣故鄭駁異義引此詩云彼月而食則維其常此日而食于何不臧則非常爲異明謂此爲非常明春秋爲示義也若人君改過修善雖正陽之月禍亦可消若長惡遂非雖分至之月亦將有咎安得二至二分獨不爲災也昭七年四月甲辰朔日有食之是春分之月傳稱魯衛惡之衛大魯小云衛地如魯地於是有災魯實受之大咎其衛君乎魯將上卿其年八月衛侯惡卒十一月季孫宿卒此分月日食有災之驗也且日之有食象臣之侵君若云日有可食之時則君有可殺之節理豈然乎以此知雖在分至非無災咎故此食在夏之八月云爲異尤大也然日月之食於筭可推而知則是雖數自當然而云爲異者人君者位貴居尊恐其志移心易聖人假之靈神作爲鑒戒耳夫以昭昭大明照

臨下土忽爾殲亡俾晝作夜其爲怪異莫斯之甚故有伐鼓用幣之儀貶膳去樂之數皆所以重天變警人君者也而天道深遠有時而驗或亦人之禍釁偶與相逢故聖人得因其變常假爲勸戒使智達之士識先聖之深情中下之主信妖祥以自懼但神道可以助教而不可以爲教神之則惑衆去之則害宜故其言若有若無其事若信若不信期於大通而已矣經典之文不明言咎惡而公家董仲舒何休及劉歆等以爲發無不應是知言徵祥之義未悟勸沮之方杜預論之當矣日月之食大率可推步而知亦有不依交限而食者襄二十四年秋七月甲子朔日有食之既八月癸巳朔月有食之於法筭前月之日食既則後月不得食而春秋有之又此經云日月告凶不用其行箋云行道度也不用之者謂相干犯則此依交限以否未可知也古之厤書亡矣今世有周歷魯厤者蓋漢初爲之其交無遲疾盈縮考日食之法而其上年月已往參差是以漢世通儒未有以歷考此辛卯日食者而王基獨云以厤考此辛卯日食者而王基獨云以厤校之自共和以來當幽王世無周十月夏八月辛卯交會欲以此會爲其和之前其在共和之前則信矣而校之則無術說者或據世以定義矣○箋微謂至其常○正義曰下章云彼月而食此日而食與此故同則不明謂日月被食而不明也謂

之微者取君微弱之義下云彼月而食則維其常月食爲常則日食爲非常故云此日反微非其常也周禮春官大司樂云日月食令去樂秋官庭氏有救日月之弓矢昏義云陰事不修請見於天月爲之食漢書天文志曰凡日食修德月食脩刑如此則月食相類而云常者義取君可無理殺臣臣不有以犯君故以日食爲重耳不謂月食非異也。日月告凶不用其行四國無政不用其良箋云告凶告天下以凶亡之徵也行道度也不用之者謂相干犯也四方之國無政治者由天子不用善人也。治直吏反。彼月而食則維其常此日而食于何不臧箋云臧善也。〔疏〕日月至不臧。毛以爲幽王時所以日有食之者日月告天下以王有凶亡之徵故不用其常道度所以横相干犯也又所以有凶亡之徵者以今四方之國無政者由天子不用其善人故也由王不用善凶亡將至故告之也又言日食爲大惡之事彼月而食雖象非理殺臣猶則是其常道今此日而反食於何不善乎猶言一一何不善爲不善之大是凶亡之徵也昭七年左傳晉侯問於士文伯曰詩所謂此日而食于何不臧何也對曰不善政之謂也國無政不用善則自取謫於日月之災

故政不可不慎是也。鄭唯厲王時爲異。爗爗震電不寧不令爗爗震電貌震雷也箋云雷電過常天下不安政教不善之徵。爗于輒反。百川沸騰山冢崒崩沸出騰乘也山頂曰冢箋云崒者崔嵬百川沸出相乘陵者由貴小人也山頂崔嵬者崩君道壞也。沸甫味反崒舊子恤反徐子綏反宜依爾雅音徂恤反本亦作卒頂丁冷反崔徂回反爾雅作厜才規反嵬五回反爾雅作㕒五規反高岸爲谷深谷爲陵言易位也箋云易位者君子居下小人處上之謂也。處昌呂反。哀今之人胡憯莫懲箋云憯曾懲止也變異如此禍亂方至哀哉今在位之人何曾無以道德止之。憯七感反亦作慘〔疏〕爗爗至莫懲。毛以爲幽王時不但日食又爗爗然有震雷之電其聲駮駛過常令使天下不安止由王政教不善之徵所致也又當時天下有百川之水皆溢出而相乘水流趨下小人之象今溢出由貴小人在上也又時山之冢頂高峯之上崒然崔嵬者皆崩落山高在上君之象今崩落是君道壞也於時又高大之岸陷爲深谷谷岸應處上今陷而在下由君子居下故也又深下之谷進出爲陵谷應處下今進而上由小人處上故也變異如

此禍亂方至哀哉今在位之人何曾無肯行道德消止此異者但尚德省刑退不肖進君子則此異止矣此所陳皆當時實事震電既言不寧不令由所致有象在下致皆有象矣故箋皆以象解之推度災曰百川沸騰衆陰進山冢崒崩人無仰高岸爲谷賢者退深谷爲陵小臨卽是也。鄭唯厲王時爲異。傳山頂曰冢至崒乘陵。正義曰釋山云山頂冢孫炎曰謂山巔也又云崒者厜子規反㕒語規反郭璞曰謂山峯頭巉岩者意或作嵳峩此經作崒箋作崔嵬者雖子則爾雅小異義實同也徐邈以崒子恤反則當訓爲盡於時雖大變異不應天下山頂盡皆崩也故鄭依爾雅爲說百川沸出相乘陵者謂衆陰盛也水泉溢時衆川多然故舉百成數也周語曰幽王三年西周三川皆震伯陽父曰周將亡矣昔伊洛竭而夏亡河竭而商亡今周若二代之季其川源必塞必竭夫國必依山川山崩川竭亡國之徵是歲三川竭此言百川沸騰與彼三川震不同也何者此有沸出相乘水盛漫溢而已非震之類也彼幽王之時云若二代之季若厲王時已百川皆震不當遠比二代之末以此知沸騰非震也彼云三川震此云百川沸又知此詩非幽王時也鄭以爲當刺厲王於義實安

皇父卿士番維司徒家伯維宰仲允膳夫聚

子內史蹶維趣馬楀維師氏豔妻煽方處豔妻褒姒美色曰豔煽熾也箋云皇父家伯仲允皆字番聚蹶楀皆氏厲王淫於色七子皆用后嬖寵方熾之時並處位言妻黨盛女謁行之甚也敵夫曰妻司徒之職掌天下土地之圖人民之數冢宰掌建邦之六典皆卿也膳夫上士也掌王之飲食膳羞內史中大夫也掌爵祿廢置殺生予奪之法趣馬中士也掌王馬之政師氏亦中大夫也掌司朝得失之事六人之中雖官有尊卑權寵相連朋黨於朝是以疾焉皇父則爲之端首兼擅羣職故但目以卿士云。聚側留反蹷俱衞反趣七走反注同趣馬官名楀音矩弓禹反豔餘贍反鄭云豔妻厲王后煽音扇說文作偏云熾盛也處一本作熾熾尺志反盛也嬖必計反朝直遥反下同擅市戰反〔疏〕皇父至方處。毛以爲當刺幽王時皇父爲卿士之官謂卿之有事兼擅羣職也其番氏維爲司徒之卿家伯維爲冢宰之卿仲允爲膳夫聚氏之子爲內史蹶氏維爲趣馬楀氏維爲師氏之官此七人於豔妻有寵熾盛方甚之時並處於位由褒姒有寵私請於王使此七人朋黨於朝言王政所以亂也褒姒有親黨者以褒國所養以爲本親故有此族黨又此文不言是其婚戚或可謟佞於事爲之朋黨不必盡是甥舅之親。

鄭以爲厲王時豔爲后爲異。箋皇父至士云。正義曰皇父及伯仲是字之義故知皇父家伯仲允皆字蓋與后同姓剌也其番聚蹶楀單言八聚子以子配之若曾子閔子然故知皆氏蓋后氏之外親也春秋緯說湯遭大旱以六事謝過其一云女謁行與謁請也謂婦人有寵謂用親戚而使其言得行今七人並處大位言妻黨强盛女謁行之甚也曲禮云天子之妻曰后此不言后而言妻以其敵夫故言妻也妻之言齊齊於夫也雖天子之尊其妻亦與夫敵也自司徒之職至得失之事其言皆出於周禮知是卿大夫士者皆序官之文所掌皆在其職之文因此以寵相連故詳其官之尊卑及所掌之事焉序官大司徒卿一人冢宰卿一人故云皆卿也六典者謂治典教典禮典政典刑典事典也序官趣馬下士一人此言中士者誤也定本亦誤彼言掌贊正良馬卽正馬之政也師氏云掌國中失之事雖中爲中禮亦是得義故杜子春云中當爲得以義引之故爲得也司朝卽是國也此云家伯維宰周禮有太宰卿小宰卿大夫宰夫下大夫鄭司農宰夫注云詩人曰家伯維宰謂此宰夫也王肅以此宰爲小宰鄭以爲冢宰者以宰夫等經傳之中未有單稱宰處冢宰之單稱宰猶宰猶司徒以下不稱大故序官云太宰小宰不言冢是冢者大處以對小故天官注云百官揔焉謂之冢列

職於王則稱大以小司徒小宗伯不得單稱司徒宗伯要以小配之是小宰亦不得單稱宰也今此宰夫旣是其佐對司徒內史等六官是列職之事五者皆是一官之長宰不當獨爲太宰之佐以此知家伯維宰是冢宰也趣馬下士膳夫上士耳得與司徒冢宰同列於詩者鄭解其意六人之中雖官有尊卑而此六人權寵相連共朋黨於朝是以疾焉然官高者勢大勢大者黨甚放此大率以官高爲先而有不次者便文以取韻也又解發首先言皇父不言官名之意皇父則爲此六子之端首兼擅曰宰職故但以卿士云言兼擅者於六卿之外更爲之都官揔統六官之事兼雜爲名故謂之卿士

抑此皇父豈曰不時胡爲我作不卽我謀徹我牆屋田卒汙萊時是也下則汙高則萊箋云抑之言噫噫是皇父疾而呼之女豈曰我所爲不是乎言其不自知惡也女何爲役作我不先就與我謀使我得遷徙乃反徹毀我牆屋令我不得趨農田卒爲汙萊乎此皇父所築邑人之怨辭。抑如字辭也徐音噫韓詩云意也汙音烏注同萊音來噫於其反下同令力呈反趣七住反本又作趨七俱反**曰予不戕禮則然矣**箋云戕殘也言皇父旣不自知不是反云我不殘敗女田業禮下供上役其道當然言文過也。戕在良反王作臧臧善也孫毓評以鄭爲改字共音恭本亦作供【疏】抑此至然矣。毛以爲小人自矜謂舉無不當皇父以親寵封於畿內既封卽築都邑令邑人居之先毀牆屋而後令遷邑人廢其家業故述其情以責之言噫是皇父汝所舉事豈肯曰我所爲不是乎言其不自知皆謂已爲是也汝何爲使我役作築邑之日不先就與我謀告我遷期使豫治田事徑卽徹毀我牆屋令我築邑廢我農業使我田之高下知爲汙萊乎而皇父非但不自知耳反曰我不殘敗汝田業也今汝徹牆廢田供事我者於禮則當然矣言禮法下供上役故也皇父奢殘自恣反云禮法當然歌而惡之鄭以厲王時爲異。傳下則汙高則萊。正義曰汙者池停水之名故禮記曰汙其宮而豬焉是也萊者草穢之名楚茨云田萊多荒是也下田可以種稻無稻則爲池高田可以種禾無禾則生草故下則汙高則萊

皇父孔聖作都于向擇三有事亶侯多藏皇父甚自謂聖向邑也擇三有事有司國之三卿信維貪淫多藏之人也箋云專權足已自比聖人作都立三卿皆取聚斂之臣言不知厭也禮畿內諸侯二卿。向式亮反注同下及注同亶都但反信也藏才浪反注同厭於鹽反**不憖**

遺一老俾守我王箋云憖者心不欲自彊之辭也言盡將舊在位之人與之皆去無留衞王。憖魚覲反爾雅云願也強也且也韓詩云闇也強其丈反**擇有車馬以居徂向**箋云又擇民之富有車馬者以往居于向也。【疏】皇父至徂向。毛以爲皇父非徒困苦邑人又矜貪無厭言皇父不自知甚自謂已聖而作都于向之時則擇立三有事之卿信維是貪淫多藏之人擇此貪人爲卿欲使聚斂歸已其發向邑之時盡將舊在位之人與之俱去不肯憖然強欲遺留一老使之守衞我王又擇民之富有車馬者令往居向邑上章言其築邑此章言其往時。鄭唯厲王時爲異。箋專權至二卿。正義曰箋解自謂聖意以由專權而爲知足於已自以高官厚祿謂已智能得之以爲天下莫若已自比聖人是自謂聖人也以三有事文承作都故爲立三卿多藏者言其多藏財貨故言皆取聚斂之臣用使之聚斂是不知厭也禮畿內諸侯二卿者太宰云乃施則於都鄙而建其長立其兩設其伍注云兩謂兩卿伍謂伍大夫言都鄙是畿內故王制注云見畿內之國二卿是也其伍大夫與畿外同言此者明皇父當二卿今立三有事是自同畿外增一卿以比列國也又取多藏者是不知厭也則不知厭亦兼解三卿意也

知皇父卿不在畿外者以刺之云擇三有事明其不應三而三故知是畿內也左傳說桓王與鄭十二邑向在其中杜預云河內軹縣西有地名向上則向在東都之畿內也○箋慭者至衛王○正義曰說文云慭肯從心也言初時心所不欲後始勉強而肯從故云心不欲自強之辭一老是舊在位故言盡將舊在位之人與去皇父所屬之臣自然當從言舊在位蓋王官列職皇父欲矜刑埶盡將往向故言無留衛王其至向亦當反但去時盡將之耳定本及集本云慭者心不欲強之辭也○箋又擇至于向○正義曰知擇民者以朝臣不遺一老則盡行矣且朝臣皆有車馬無所可擇。民之富有者以往居於向民有定屬何得擇而往者皇父擅恣強偪將之所以刺其貪也○

黽勉從事不敢告勞箋云詩人賢者見時如是自勉以從王事雖勞不敢自謂勞畏刑罰也○黽民允反本又作僶同○

無罪無辜讒口囂囂箋云囂囂衆多貌時人非有辜罪其被讒口見椓譖囂囂然○囂五刀反韓詩作嗸嗸○

下民之孽匪降自天噂沓背憎職競由人噂猶噂噂沓猶沓沓職主也箋云孽妖孽謂相爲災害也下民有此言非從天墮也噂噂沓沓相對談語背則相憎逐爲此者由主人也○孽魚列反噂子損反說文作僔云聚也沓本又作沓同徒荅反背蒲妹反注同憎徒火反○[疏]黽勉至由人○毛以爲幽王之臣擅恣若此故詩人言黽勉然自勉以從王事雖勞不敢告勞苦於上也所以然者以時無罪無辜尚彼讒口所譖囂囂然已畏刑罰故不敢告也在上既信讒言下民競相讒譖言使下民之有妖孽相與爲災害者非降從天墮也今下民皆噂噂沓沓相對談語背去則相憎疾衆人皆主意競逐爲此行者主由人耳由在位信讒故民皆競爲此以相災害非從天墮也○鄭以厲王時爲異○箋孽妖至由人○正義曰妖孽者上天降災之名天以讒佞相害亦如天之妖災謂民之災害爲妖孽故云孽謂相爲災害也尚書云天作孽猶可違自作孽不可逭亦謂人自害爲孽與此同也天孽從天而來此則人自爲之故云下民有此言非從天墮也憎言背者則噂沓爲未背時故云噂噂沓沓相對談語也則背憎爲相椓譖矣逐者猶人走相追逐唯恐不先言其競爲之甚也○

悠悠我里亦孔之痗悠悠憂也里居也痗病也箋云里居也悠悠乎我居今之世亦甚困病○里如字本或作𤻮後人改也痗莫背反又音悔本又作悔

四方有羨我獨居憂羨餘也箋云四方之人盡有饒餘我獨居此而憂○羨徐箭反

民莫不逸我獨不敢休箋云逸逸豫也

天命不徹我不敢傚我友自逸徹道也親屬之臣心不能已箋云不道者言王不循天之政教○傚戶教反○[疏]悠悠至自逸○毛以爲詩人見王政之惡如此故言悠悠乎可憂也爲此而病亦甚困病矣今四方之民盡有饒餘我獨居此而憂又民莫不得優遊自逸我獨不敢休息以王之教命不循昊天之道臣有離散去者我不敢傚我友自放逸而去也其友與王無親故舍王而去已則王之親屬故不敢傚之○鄭以爲厲王時言悠悠乎我居今之世亦甚困病爲異餘同

十月八章章八句

雨無正大夫刺幽王也雨自上下者也衆多如雨而非所以爲政也亦當爲刺厲王王之所下教令甚多而無正也○正音政[疏]雨無正七章上二章章十句次二章章八句下三章章六句至爲政○正義曰經無此雨無正之字作者爲之立名敘又說名篇及所刺之意雨是自上下者也雨從上而下於地猶教令從王而下於民而王之教令衆多如雨然事皆苛虐情不恤民而非所以爲政教之道故作此詩以刺之既成而名之曰雨無正也經七章皆刺王之辭鄭以爲刺厲王爲異

浩浩昊天不駿其德降喪饑饉斬伐四國駿長也穀不熟曰饑蔬不熟曰饉箋云此言王不能繼長昊天之德至使昊天下此死喪饑饉之災而天下諸侯於是更相侵伐○浩古老反又胡老反昊胡老反駿音峻饉其靳反更古衡反○

昊天疾威弗慮弗圖箋云慮圖皆謀也王既不駿昊天之德今昊天又疾其政以刑罰威恐天下而不慮不圖○旻密巾反本有作昊天者非也恐起勇反○

舍彼有罪既伏其辜若此無罪淪胥以鋪舍除淪率也箋云胥相鋪徧也言王使此無罪者見牽率相引而徧得罪也○舍音赦一音捨淪胥上音倫下息魚反鋪普烏反徧也王云痡也徧音遍下同[疏]浩浩至以鋪○毛以爲詩人告幽王言浩浩然廣大之昊天以王不能繼長其德承順行之故下死喪饑饉之災由此致斬伐絕滅四方之國也王既不能繼長昊天之德而昊天又疾王以刑罰之政

威恐天下其災又將重於死喪饑饉欲害及王身王不慮謀之弗曾圖計之若圖謀之當正刑罰以禦天變反舍彼有罪既伏其辜者而不戮若此無罪之人王枉濫之使牽率相引而徧得罪由王酷暴天所以疾王何以不改之乎。鄭唯刺厲王爲異。傳穀不至曰饉。正義曰釋天文李巡曰五穀不熟曰饑可食之菜皆不熟爲饉郭璞曰凡草木可食者通名爲蔬。三十四年穀梁傳曰一穀不升謂之嗛二穀不升謂之饑三穀不升謂之饉四穀不升謂之康五穀不升謂之大饑又謂之大侵彼以五穀熟之多少立差等之名其實五者皆是饑也三穀不升於民之困蓋與蔬不熟同故俱名爲饉也。箋此言至侵伐。正義曰王者繼天理物當奉天施化是長天德也政不順天殘害下民是不能繼長昊天之德尙書稱政之動天有如影響王既不能繼長天德故昊天震怒下此死喪饑饉之災謂害萬民也饑饉既至則人懷苟且故天下諸侯於是更相侵伐由災而使然故云於是。箋慮圖至不圖。正義曰再言不謀者丁寧欲王深思之也上有昊天明此亦昊天定本皆作昊天俗本作旻天誤也。傳舍除。正義曰欲故舍其人卽除其罪過故以舍爲除也。

周宗既滅靡所止戾戾定也箋云周宗鎬京也是時諸侯不朝王民不堪命王流于彘無所安定也。彘直例反。**正大夫離居莫知我勩**勩勞也箋云正長也長官之大夫於王流于彘而皆散處無復知我民之見罷勞也。勩夷世反又音曳長張丈反下同復符富反罷音皮。**三事大夫莫肯夙夜邦君諸侯莫肯朝夕**箋云王流在外三公及諸侯隨王而行者皆無君臣之禮不肯晨夜朝暮省王也。朝直遙反暮張遙反**庶曰式臧覆出爲惡**覆反也箋云人見王之失所庶幾其自改悔而用善人反出教令復爲惡也。覆芳服反

【疏】周宗至爲惡。毛以爲周室爲天下所宗今可宗之道謂先王之法既以滅亡矣其道既滅國亦將亡無所止而安定也以此無法故我之賢友長官大夫奔散而去與我離居我雖勞無知我之勞者又三事大夫無肯早起夜卧以勤國事者國君之諸侯無肯朝夕在公而敬事王者法度既滅君臣解體以將滅亡我庶幾曰王今國危如此當改用善人而王反出爲惡政以害天下言其惡所以當亡也。鄭以爲厲王既爲昊天所疾故今宗周鎬京既已破滅王出京師無所止而安定也餘箋備。傳戾定。正義曰此傳質略王述之曰周室爲天下所宗其道已滅將無所止定毛以刺幽王理必異於鄭當如王說。箋周宗至于彘。正義曰周宗宗周也皆言周爲天下所宗文雖異而義同故言周宗鎬京也本紀稱暴虐國人謗王召公諫曰民不堪命王怒殺謗者諸侯不朝於是國人莫敢出言三十七年乃相與叛襲厲王王出奔彘是王流于彘之事也本紀又云召公周公二相行政號曰共和則鎬京滅者以王不在焉故韋昭云彘地漢時爲縣屬河東今永安是也杜預云平陽永安縣東北有彘城晉時郡分而縣移故安。漢時不同。傳勩勞。正義曰。詁文王述之曰長官大夫我之賢友奔走竄伏與我離居我勞病莫之知也故下章思之欲遷還於王都。箋長官至罷勞。正義曰大夫而言長官者大夫是公卿之總名皆佐王治民者也王既奔亡臣亦散處無復知民人之勞者王流之後二公行政民有勞苦不由於王而以刺厲王者此言大夫離居及莫肯夙夜是王卽奔時民有勞苦皆是王之過故刺王也。箋王流至省王。正義曰鄭言三公者以經三事大夫爲三公也卿則當有六人孤則無主事故知三事大夫唯三公耳公雖無職而地官云二卿則公一人鄭亦云外與六卿之事職所不說三皆有事故云三事也謂之大夫者大夫丈夫之成名可以上通公卿春秋傳曰王命委於三吏謂三公也三公倘謂之吏況大夫乎王肅以三事爲三公大夫謂其屬案上文正大夫爲一人三事大夫不得分爲二也且其文對邦君諸侯若三公下私屬大夫則不得特通於王不宜責其莫肯夙夜也其意亦謂此爲三公也。

如何昊天辟言不信如彼行邁則靡所臻辟法也箋云如何乎昊天痛而愬之也爲陳法度之言不信之也我之言不見信如行而無所至也。**凡百君子各敬爾身胡不相畏不畏于天**箋云凡百君子謂衆在位者各敬愼女之身正君臣之禮何爲上下不相畏乎上下不相畏是不畏于天

【疏】箋上下至于天。正義曰天道殽教以卑承尊若下不事上是不畏天道。

戎成不退飢成不遂曾我暬御憯憯日瘁戎兵遂安也暬御侍御也瘁病也箋云兵成而不退謂王見流于彘無御止之者飢成而不安謂王在彘乏於飲食之蓄無輸粟歸餼者此二者曾但侍御左右小臣憯憯憂之大臣無念之者。退徐音退本又作退暬思列反憯千感反瘁徂醉反餼許氣反曾在登反蓄勑六反**凡百君子莫肯用訊。聽言則荅譖言則退**以言進退人也箋云訊告也衆在位者無肯用此相告語言不憂王之事

也荅猶距也有可聽用之言則共以辭距而違之有譖毁之言則共爲排退之羣臣並爲不忠惡直醜正○訊音信徐息悴反又音碎排步背反惡烏路反【疏】戎成至則退○毛以爲幽王政亂朝危將致兵寇言兵寇已成而不能禦而退之天下之衆飢困已成而不能禦而退之天下之衆飢困已成而不能恤而安之曾我待御之小臣知天下之危殆憯憯然日以憂病其凡衆在位之君子雖知其危無肯用此事以告王者而王又好信淺近受用讒佞若有道聽非法之言聞則應荅而受之若有譖毁之言云此人不可任則用其言而罪退之言以讒言進退人也王政如是所以將危亡也○鄭以厲王在鎬民叛襲王兵害已成而不肯爲王禦止而敗退之者故令王流於彘矣王既在彘乏於飲食之蓄飢困已成而天下無肯輸粟歸王而安飽之者故令王困於食矣此二者曾我侍御左右之小臣憯憯然憂之而日瘁耳王困於兵戎乏於飲食此乃臣所急憂而汝凡衆在位之君子無背用此以相告語者唯共聚爲不忠惡直醜正有可聽用之言則以爲非各進來共以辭距而違之令其言不得用也若小人有爲譖毁之言則以爲是各相共排退而去不荅難之令小人得進譖於王王既暴虐臣又不忠所以至於危亡爲此也○箋兵成至歸餼○正義曰以王在彘之後不復有兵

詩疏十二之二　十三

知兵成是在鎬時事故云謂見流於彘無禦止之者卽本紀云民叛襲王是也王若在鎬理無乏食知飢成是在彘時事故云王在彘乏於飲食之蓄無輸粟歸餼者蓄謂蓄積不必朝夕之食故言之蓄輸粟歸餼皆左傳有此言餼謂牲牢也○箋有可至醜正○正義曰聽言對譖言故爲有可聽用也桑柔對誦言故爲道聽之淺者荅猶對也受之與距皆是以言荅之但此是刺詩可聽之言必不荅受故知荅猶距也共以辭距而違之使不見聽用也則荅者是以辭距之明退者是不荅也故云共爲排退言其徒侶自排而退無距難之者令使譖言得用也見善則距逆見惡則贊成是羣臣並爲不忠惡忠直而醜貞正也惡直醜正昭二十八年左傳文○**哀哉不能言匪舌是出**維躬是瘁哀賢人不得言不得出是舌也箋云瘁病也不能言言之拙也言非可出於舌其身旋見困病○出尺遂反音毳○**哿矣能言巧言如流俾躬處休**哿可矣可矣世所謂能言也巧言從俗如水轉流箋云巧猶善也謂以事類風切剴微之言如水之流忽然而過故不悖逆使身居安休休然亂世之言順說爲上○休虛虯反注同風福鳳反剴古愛反又古哀反一音祈悖補對反遻五故反本亦作逆說音悅○

【疏】哀哉至處休○毛以爲幽王信讒賢者不能從俗不敢發言故云可哀傷哉不能言之賢者意雖欲言言則悖物其欲言者當今非我此舌是所可出若出是舌維其身是病言小人惡直將共害之可矣若世之所謂能言者以巧善爲言從順於俗如水之轉流理正辭順無所悖逆小人之所不忌使身得居安休休然言世雖讒勝賢有巧拙亦有能免之者見亂世欲其順說○鄭以厲王時爲異○箋不能至困病○正義曰以下能言者云巧言如流明不能言者爲拙矣言之悖人其禍必速言出則禍入故云旋見困病○箋巧猶至剴微○正義曰人雖正直性有巧拙表記云辭欲巧是正言亦欲巧但人有不能耳知非佞巧者若邪佞之巧則自得志非徒所可矣傳云從俗如轉流言從俗明亦謂賢人與鄭同也剴微之者書傳注云剴切說文云剴摩也謂摩切其傍不斥言**維曰于仕孔棘且殆云不可使得罪于天子亦云可使怨及朋友**于往也箋云棘急也不可使者不正不從也可使者雖不正從也居今衰亂之世云往仕乎甚急迮且危急迮且危以此二者也○笮本又作迮側格反【疏】維曰至朋友○毛以爲幽王之時賢者在朝進退多難我今所言維曰往仕乎往仕

詩疏十二之二　十四

自是其理但居今之世往仕則甚急迮且危殆矣何者仕在君朝則當從君命王既邪淫動皆不可我若執正守義不從上命則天子云我不可使我將得罪於天子我若阿諛順旨亦既天子云此人可使我則怨及於朋友朋友之道相切以善今從君爲惡故朋友怨之以此二事可使與不可使進退不可故往仕則急危也○鄭唯厲王時爲異○箋不可至二者也○正義曰以可使與不可使皆君論臣之辭謂稱已意爲可使不稱已意爲不可使也箋解賢人之意正使者君有不正我從之君則以我爲不可使也可使者君雖不正我亦從之如是則君以我爲可使也○**謂爾遷于王都曰予未有室家**賢者不肯遷于王都也箋云王流于彘正大夫離居同姓之臣從王思其友而呼之謂曰女今可遷居王都謂彘也其友辭之云我未有室家於王都可居也**鼠思泣血無言不疾**無聲曰泣血無所言而不見疾也箋云鼠憂也既辭之以無室家爲其意恨又患不能距止之故云我憂思泣血欲遷王都見女今我無一言而不道疾者言已方困於病故未能也○思息嗣反注憂思同爲于僞反距本又作蚷音巨○**昔爾出居誰從作爾室**遭亂世義不得去思其友而不肯反者也

箋云往始離居之時誰隨爲女作室女猶自作之爾今反以無室家距我視之辭【疏】謂爾至爾室○毛以爲幽王驕亂大夫有去離朝廷者其友在朝思而呼之謂曰爾可還居于王都欲見其還朝也去者不肯曰予于王都未有室家心疾王政託以無室家爲辭也其友以其距已又責之云我所以憂恐泣血欲汝還者以孤特在朝無所出言而不爲小人所見怡疾故思汝耳何爲拒我云無室家乎昔爾從王都出居於郊外之時誰復從汝作汝室也本汝自作之耳汝今若還王都亦可自作室家何當以無室爲辭也○鄭以爲厲王已流於彘卽謂彘爲王都同姓大夫從王其友不從故呼之謂之曰爾可遷居王都其友辭曰予未有室既辭又恐其恨故云我試憂思泣血欲遷王都見汝所以不得往者今我無一言而不道已疾由已有疾逢人則言方困於病故未能遷耳大夫知其慮又責之云昔爾出居誰從作爾室也上下四句據文與毛同但屬意別耳○傳無聲至見疾○正義曰說文云哭哀聲也泣無聲出淚也則無聲謂之泣矣連言血者以淚出於目猶血出於體故以淚比血禮記曰子臯執親之喪泣血三年注云無聲而血出是也無所言而不見疾見者自彼加已之辭是詩人言已爲人所疾也知非其友言在朝疾已者若爲在朝疾已不須以無室爲辭又未仕而逆慮人疾非順荅也故以詩人自言也

雨無正七章二章章十句二章章八句三章章六句

小旻大夫刺幽王也所刺列於十月之交雨無正爲小故曰小旻亦當爲刺厲王○旻武巾反下同【疏】小旻六章上三章章八句下三章章七句○箋所刺至小旻○正義曰經言旻天天無小義今謂之小旻明有所對也故言所刺者此列於十月之交雨無正則此篇之事爲小故曰小旻也十月之交言日月告凶權臣亂政雨無正言宗周壞滅君臣散離皆是事之大者此篇唯刺謀事邪僻不任賢者是其事小於上篇與上別篇所以得相比者此四篇文體相類是一人之作故得自相比校爲之立名也毛氏雖幽厲不同其名篇之意或亦然之○

旻天疾威敷于下土敷布也箋云旻天之德疾王者以刑罰威恐萬民其政教乃布於下土言天下徧知○敷撫扶反徧音遍謀猶回遹何日斯沮回邪遹辟沮壞也箋云猶道沮止也令王謀爲政之道回辟不循旻天之德已甚矣心猶不悛何日此惡將止○遹音聿韓詩作鴥義同沮在呂反邪似嗟反辟匹亦反下同悛七全反改也沈又七旬反謀臧不從不臧覆用我視謀猶亦孔之卬卬病也箋云臧善也謀之善者不從其不善者反用之我視王謀爲政之道亦甚病天下○覆芳服反卬其凶反○【疏】旻天至之卬○毛以爲旻天之德今疾王以刑罰威恐萬民政乃布於天下徧知之王既爲天所疾政教當順天爲之今王謀爲政之道又多邪僻不循旻天之德已甚矣何日王之此惡可散壞乎言王無悛心惡未可壞故有謀之善者王不從之其不善者王反用之是惡不壞也王惡如是我視王謀爲政之道是亦甚病我天下之民矣○鄭爲厲王言何日王之此惡將止止亦壞義無多異正以行惡宜爲休止故易傳也說文云悛止也潝潝訿訿亦孔之哀潝潝然患其上訿訿然思不稱乎上箋云臣不事君亂之階也甚可哀也○潝許急反訿音紫爾雅云潝潝訿訿莫供職也韓詩云不善之貌稱其尺證反一本作稱乎謀之其臧則具是違謀之不臧則具是依我視謀猶伊于

胡底箋云于往底至也謀之善者俱背違之其不善者依就之我視今君臣之謀道往行之將何所至乎言必至於亂○底之履反背音佩【疏】潝潝至胡底○毛以爲幽王時小人在位皆潝潝然自作威福患苦其上又訿訿然競營私利不思稱於上臣行如此亦甚可哀傷也王不用善臣又棄職事君臣並皆昏亂故云謀之其有不善者則君臣俱於是共背違之謀之其有不善者則君臣俱於是共就依之我視今君臣所謀之道唯如往行之人將何所至乎行無所至猶謀無所成是言必至於亂也○鄭以厲王時爲異○傳潝潝至乎上○正義曰釋訓云潝潝訿訿莫供職也李巡曰君闇蔽臣子莫親其職郭璞曰賢者陵替姦黨熾盛背公恤私曠職事也皆言其大旨耳彼不解潝潝訿訿之文潝潝爲小人之勢是作威福也訿訿者自營之狀是求私利也自作威福競營私利是不供君職也此傳亦唯爾雅文徑解其意患其上者專權爭勢與上爲患不思稱上者背公營私不思欲稱上之意亦是不供職之事我龜既厭不我告猶猶道也箋云猶圖也卜筮數而瀆龜龜靈厭之不復告其所圖之吉凶言雖得兆占繇不中○厭於豔反注同數音朔復扶又反繇音胄中丁仲反謀夫孔多是用不集集就也箋

云謀事者衆而非賢者是非相奪莫適可從故所爲不成。適音的 **發言盈庭誰敢執其咎** 謀人之國國危則死之古之道也箋云謀事者衆訩訩滿庭而無敢決當是非事若不成誰云已當其咎責者言小人爭知而讓過。訩音凶當丁浪反 **如匪行邁謀是用不得于道** 箋云匪非也君臣之謀事如此與不行而坐圖遠近是於道路無進於跬步何以異乎。跬缺氏反舉足曰跬 【疏】我龜至于道。毛以爲言小人不尚德而好灼龜求吉請問過度褻瀆神靈我龜既厭繁數不肯於我告其吉凶之道也又王之朝上謀夫甚多而非賢者是非不決是用爲謀者不得成也發言則訩訩滿庭而無肯決當是非事若不成誰敢執其咎責乎以初無決當敗則相推故謀無所成也其君臣之謀事如此似欲行之人非於道止而但坐謀遠近是用不得於道里何以異乎謀而不行則於道不進言而無決則於事不成之。鄭爲刺厲王言問龜龜不告所圖之吉凶以本問龜爲有所圖謀故不從吉凶之道也。箋卜筮至不中。正義曰禮龜曰卜蓍曰筮而此龜并言筮者以卜筮相將之物故并言以協句易曰初筮告再三瀆瀆則不告彼論弟子問師以筮言之是數問則慢瀆故至筮龜靈也此言數者謂小人

〈詩疏十二之二〉　七

好卜數問不是一事而至三四也龜靈厭之不復告其所圖之吉凶雖得兆及占之於繇則其言皆不中言吉不必吉凶不必凶是不告也定本云雖得兆無吉字俗本有吉字衍也兆者龜之豐坼繇者卜之文辭古有其書左傳每云其繇曰者是也。傳謀人至之道。正義曰解所以有咎之意小人取不若人爭爲己智故謀則發言盈庭若要之決則國危當死彼智不知及慮有死責故不能決正無敢執咎以歸己者左傳說楚伐鄭鄭六卿三欲從楚三欲待晉子駟曰請從楚騑也受其咎是敢執之也。箋無進於跬步。正義曰鄉射注云矢幹長三尺與跬相應則半步也爾雅亦云一舉足謂之跬 **哀哉爲猶匪先民是程匪大猶是經維邇言是聽維邇言是爭** 古曰在昔昔曰先民程法經常猶道邇近也爭爲近言箋云哀哉今之君臣謀事不用古人之法不猶大道之常而徒聽順近言之同者爭言之異者言見動軔則泥陷不至於遠也。軔音刃礙車木也字林如戰反泥乃麗反 **如彼築室于道謀是用不潰于成** 潰遂也箋云如當路築室得人而與之謀所爲路人之意不同故不得遂成也。潰戶對反 【疏】哀哉至于成。毛以爲可哀哉今幽王君用爲政教之道非用古人是爲法非用大道是爲常徒維淺近之言而同者於是聽用之言而異者於是爭辨之言發意鄙近無期遠大也如彼築室於道者得人而與之謀其所爲而路人之意不同是用此室不得遂於是而成也言淺近之人不可謀道猶路人不可謀室故比之。鄭以刺厲王哀哉今君臣之爲謀事也餘同。傳古曰在昔昔曰先民。正義曰國語文也據今人而道古人謂之在昔據昔而又道其先民民者人之大名其實是賢聖者也。箋不用古至於遠。正義曰先民斥人故知古人之法也古人之法是先王成事已行者也大道之常謂禮樂典法古今所通者也同是今言而云是聽是爭故知聽其同者爭其異者楚辭云朝發軔於蒼梧王逸曰軔支輪木也說文云軔礙車木也動軔者謂去木動輪而發行也論語云致遠恐泥鄭云則泥意出於彼也 **國雖靡止或聖或否民雖靡膴或哲或謀或肅或艾** 靡止言小也人有通聖者有不能者亦有明哲者有聰謀者艾治也有恭肅者有治理者箋云靡無止禮膴法也言天下諸侯今雖無禮其心性猶有通聖者有賢者民雖無法其心性猶有知者有謀者有肅者有艾者王何不擇焉置之於位而任之爲治乎

〈詩疏十二之二〉　六

書曰睿作聖明作哲聰作謀恭作肅從作乂詩人之意欲王敬用五事以明天道故云然。否方九反徐音鄙膴王火吳反大也徐云鄭音謨又音武沈音無韓詩作靡腜猶無幾何艾音乂治直吏反下皆同有知音智 **如彼泉流無淪胥以敗** 箋云淪率也王之爲政者如原泉之流行則淸無相牽率爲惡以自濁敗 【疏】國雖至以敗。毛以爲告幽王今日民下之國雖爲狹小其民或有通聖者或有不能者民雖無法其性亦或有明哲者或有聰謀者或有恭肅者或有理治者王何不用爲致之於位而何用小人乎所以令王用此聖哲者以王爲政當如彼泉之流行則淸擁則濁也無相牽率爲惡以自濁敗若任小人則王政敗故欲王用賢哲也。鄭以告厲王令天下國家之諸侯雖無禮其心性有通聖有賢者餘同。傳靡止至理者。正義曰以靡止猶言狹小無所居止故爲小也言小者見雖小尚有之義以爲勸戒經言或聖傳兼言人有通聖者通者通知衆事故稱聖人然通事有多少則聖中有等級此勸王用聖則當時有之直是通知事者未必卽是大聖故兼言通以辨嫌也有不能者止謂不能爲聖耳猶是賢也故箋云有賢者卽此傳言不能一也以勸王用之不應言全無所知或否爲不聖而賢也亦有明哲者其上特言亦者以其文

闕民雖靡膴與或否違故言亦也傳以自聖及乂皆是民有故於聖上哲上言亦明其通謂民也定本及集本聖上無人字靡止言國靡膴言民爲文勢互相通耳別無義也鄭訓膴音摸爲法王肅讀爲膴喜吳反膴大也無大有人言少也國雖小民雖少猶有此六事未審毛意如何令同之鄭說○箋止禮至云然○正義曰以相鼠云人而無止孝經曰容止可視是止爲禮也又以民國相對王之用臣不止於民故知國謂諸侯上舉諸侯下言庶民於中唯賢則任也於國言聖賢於民言哲謀肅乂以聖賢此四事爲優故屬之諸侯耳其實互相明也國言禮民言法一也言雖無禮法者禮法大行之日則比屋可封賢人衆多今雖無禮法於中猶有此五事也以五事人性行之能故皆言其心性焉既陳此言明教王擇人任之爲治也毛五事皆準尚書爲說故箋引書曰以證之所引從作乂以上皆洪範文也彼注云皆謂政所致君思叡則臣賢智也君視明則臣昭哲也君聽聰則臣進謀也君貌恭則臣禮肅也君言從則臣職乂是也彼先言恭次從明聰睿與此不次者彼五事貌言視聽思爲次注云此數本諸昭明人相見之次也以人先須貌嚴而後出言從而後視明及聽聰思睿是人之明見在前故如彼次此則用優劣爲差等故聖哲爲先乃謀次之謀慮出必肅恭在貌故肅次謀也乂者治理之名乃是人之伎能貴行賤能故最在下順此詩經故倒彼書文也然叡明聰恭從是君德也聖哲謀肅乂是臣事也所以得相將者鄭云政所致是以類相應故雖君臣之事可以相通也敬用五事亦洪範文也五事者即彼云貌曰恭言曰從視曰明聽曰聰思曰叡是也此五事本諸天道而來舉此五者教王擇爲是欲令王敬用五事以明天道故云然也此并或否爲六言五事者賢是聖中之別與聖爲一故也○箋王之至濁敗○正義曰此云無淪胥以敗明行則爲清不至濁敗也抑文全與此同不言清者以彼承皇天弗尚之下取虛竭將亡爲義故不須言清濁

不敢暴虎不敢馮河人知其一莫知其他馮陵也徒涉曰馮河徒搏曰暴虎一非也他不敬小人之危殆也箋云人皆知暴虎馮河立至之害而無知當畏愼小人能危亡也○馮符冰反搏音博

【疏】傳馮陵至危殆○正義曰釋訓云馮河徒涉也李巡曰無舟而渡水曰徒涉則空涉水陵波而渡故訓馮爲陵也一非也者言唯知此暴虎馮河一事非而不知其他事也以下說恐懼之事故知他者不敬小人之危殆也小人惡直醜正故不敬則危

戰戰兢兢戰戰恐也兢兢戒也**如臨深淵**恐隊也**如履薄冰**恐陷也

小旻六章三章章八句三章章七句

附釋音毛詩注疏卷第十二（十二之二）

黃中棫栞

毛詩注疏校勘記十二之二　　阮元撰盧宣旬摘錄

○十月之交

·節刺師尹不平　相臺本同考文古本同小字本節下有南山二字閩本明監本毛本節下有彼字案皆衍也釋文以節刺作音正義亦云節刺師尹不平

此篇譏皇父擅恣　閩本明監本毛本同案曰當作由形近之譌

事國家之權　閩本明監本毛本事作專案所改是也

中候擿雒貳曰　閩本明監本毛本同案貳當作戒形近之譌周頌譜正義引擿雒戒可證

昌受符厲倡孽　閩本明監本毛本孽誤孼案孼卽孽字之別體

其理欲明　閩本明監本毛本同案欲當作故形近之譌

小旻小菀卒章　閩本明監本毛本菀作宛案所改非也考小苑釋文本作菀通志堂改作宛

朔月辛卯　毛本月誤日明監本以上皆不誤

朔月卽是之交爲事也　閩本明監本毛本同案事當作會

推度災曰　閩本明監本毛本同案浦鏜云曰誤日下同是也

金應勝木反侵金　閩本明監本毛本同案浦鏜云勝木下當脫木字是也

自是所食之月　閩本明監本毛本同案浦鏜云日誤月是也

生其君幼弱而任卯臣也　閩本明監本毛本同案生當作主

秋正月壬午朔　閩本明監本毛本同案山井鼎云正當作七是也

云衞地如魯地　閩本明監本毛本同案山井鼎云云恐去誤是也

而公家董仲舒何休　閩本明監本毛本同案此不誤浦鏜云公家侯考非也公家謂公羊家耳

八月癸巳朔月有食之　補　案朔無月食考春秋經月作日是月字誤也

而王基獨云以厤考此辛卯日食者而王基獨云以厤校之　閩本明監本毛本作而王基獨云以厤校之中更無考此辛卯日食者而王基獨云以厤十四字案此十行本複衍

說者或據世以定義矣　閩本明監本毛本矣上有謬字案此十行本因上文衍十四字而義字下有脫耳輒補非也

臣不有以犯君　閩本明監本毛本有作可案所改是也

山冢崒崩　唐石經小字本相臺本同案此釋文本也釋文云崒舊子恤反徐子綏反鄭云崔嵬也宜依爾雅音徂恤反本亦作卒考正義本是卒字正義云崒者厜㕒又云此經作卒箋作崔嵬者雖字與爾雅小異義實同也徐邈以卒子恤反則當訓爲盡於時雖大變異不應天下山頂盡皆崩也故鄭依爾雅爲說今正義中卒皆譌作崒而不可通矣卒崒古字同用箋云卒者崔嵬訓卒爲崒而不改其字也漸漸之石傳箋正義可證當以正義本爲長漢書劉向作卒是魯詩亦作卒也

胡憯莫懲　唐石經小字本相臺本同案釋文云憯亦作慘考此與節南山憯莫懲嗟二憯字皆卽爾雅之朁字亦作本誤

皆淊出而相椉　補　毛本椉作乘案所改是也

深谷爲陵小臨卽是也　閩本明監本毛本臨下有大字案所補非也卽當作節耳

雖子則爾雅小異　補　案子當作字則字不誤毛本竝改則爲與非是

楀維師氏　小字本相臺本同閩本明監本毛本亦同唐石經初刻搞後改楀案五經文字本部云楀氏也見詩小雅楀字是也從木從才字多相亂顏師古漢書人表注云萬讀曰楀集韻九麌亦作搞皆與唐石經初刻同

豔妻煽方處　唐石經小字本相臺本同案釋文云處一本作熾考傳箋一本誤也又此以處與馬爲韻

謂用親戚　閩本明監本毛本同案謂當作謁

小宰卿大夫　閩本明監本毛本同案山井鼎云卿恐中誤是也

冢宰之單稱宰　閩本明監本毛本同案之當作乃

兼擅曰宰職　閩本明監本毛本同案山井鼎云曰宰恐羣字誤非也此唯宰爲羣字誤耳其曰字當作目乃下句錯入此者也

故但以卿士云　閩本明監本毛本同案但下浦鏜云脫目字是也錯在上句又誤作曰

曰予不戕　唐石經小字本相臺本同案釋文云戕在良反殘也王本作臧臧善也孫毓評以鄭爲改字惠棟云王肅改字反譏康成是也

慭者心不欲自彊之辭也　小字本相臺本同案正義云定本及集注云慭者心不欲强之辭也較正義本少自字釋文云强之其丈反考勉强字唐人例用强作彊者後人亂之耳

無所可擇民之富有者　閩本明監本毛本同案浦鏜云擇下當脫故知擇三字是也此擇字複出而致誤

噂沓背憎　小字本相臺本同唐石經初刻蹲後改噂案初刻誤也又此正義本也釋文云嗒本又作沓考文古本作嗒采釋文

下民有此言　小字本相臺本同閩本明監本毛本亦同案段玉裁云言當作害是也

非從天墮也　閩本明監本毛本同小字本相臺本墮作隋案隋字是也釋文云隋徒火反正義中字作墮者隋墮古今字易而說之耳

由主人也　小字本同閩本明監本毛本同相臺本由主作主由考文古本主由亦同案主由是也

下民競相譖匿　閩本明監本毛本同案浦鏜云匿疑慝字誤是也

天以讒佞相害　閩本明監本毛本同案天當作人

天孽從天而來　閩本明監本毛本同案山井鼎云宋板上天作天當是剜也

里居也痗病也　相臺本同閩本明監本毛本同小字本居作病案小字本是也釋文我里下云如字毛病也鄭居也本或作悝後人改也正義云爲此而病亦甚困病矣上病說里下病說痗也考文古本作里痗皆病也采正義釋文而爲之

十月八章　唐石經同閩本明監本毛本同小字本相臺本十月下有之交二字案有者是也序有可證

〇雨無正

旻天疾威　小字本同閩本明監本毛本同唐石經相臺本旻作昊案此釋文本也釋文云旻天疾威密巾反本有作昊天者非也正義云上有昊天明此亦昊天定本皆作昊天作旻天誤也沿革例云俗本皆作旻天今從疏及諸善本考此箋云王既不駿昊天之德今昊天又疾其政以刑罰威恐天下是鄭自作昊此詩凡三言昊天浩浩昊天昊天疾威如何昊天是也不應其一作旻乃涉小旻而誤耳毛鄭詩考正云孔說爲得是矣經義雜記云此當從釋文作旻者誤

三十四年穀梁傳曰　閩本明監本毛本同案浦鏜云二誤三上脫穀字是也

故安漢時不同　閩本明監本毛本同案安當作校形近之譌

正義曰詁文　明監本毛本詁上有釋字閩本剜入案所補是也

二卿則公一人　閩本明監本毛本同案浦鏜云鄉誤卿是也下外與六鄉之事同

王見以三事爲三公　閩本明監本毛本同案見當作肅

曾我暬御　小字本相臺本同閩本明監本毛本同唐石經暬作暬案唐石經是也此字從埶聲五經文字云暬與褻同見詩小雅說文云暬日狎習相慢也皆誤從執

憯憯曰瘁　小字本相臺本同唐石經憯憯作慘慘案釋文云憯憯千感反正義云憯憯然日以憂病是釋文正義本皆作憯憯不知唐石經出何本也

莫肯用訊　唐石經小字本相臺本同案毛鄭詩考正云訊乃誶字轉寫之譌誶告訊問聲義不相通借是也

無肯用此相告語　閩本明監本毛本同小字本相臺本語下有者字考文古本同案有者是也

飢困已成而不能禦而退之天下之衆飢困已成而不能恤而安之　閩本明監本毛本作飢困已成而不能恤而安之無禦而退之天下之衆飢困已成而不能十五字案此十行本複衍

胥可矣　閩本明監本毛本同小字本相臺本矣作也考文古本同案矣字誤也

故不悖逆　小字本同閩本明監本毛本同相臺本逆作還案釋文云還五故反本亦作逆正義云無所悖逆考此悖還即韓非所謂拂悟字異義同當以釋文本爲長考文古本作還采釋文

使身居安休休然　小字本相臺本同考文古本同閩本明監本毛本居作舌十行本初刻居後改舌案舌字誤也正義云使身得居安休休然可證

將其害之　閩本明監本毛本同案浦鏜云其當共字誤是也

非徒所可矣　閩本明監本毛本所誤聽案山井鼎云所恐所誤俗字不可從非也所可矣指傳所云可矣即經之胥矣也

維曰予仕　閩本明監本毛本同唐石經小字本相臺本予作于考文古本同案予字誤也

正使者君有不正我從之　閩本明監本毛本上正作不可二字我下有不字案所改是也

本又作蚷　〔補〕釋文挍勘通志堂本盧本作岠非也案乃蚷字之譌

女猶自作之爾　小字本相臺本同閩本明監本毛本亦同案爾當作耳正義云本汝自作之耳是其證考文古本作耳爾采正義而誤山井鼎云爾字屬下讀不知經言爾箋必言女無仍言爾者也

故云我試憂思泣血　閩本明監本毛本同案浦鏜云試疑誠字誤是也

○小旻

此篇唯刺謀事邪僻　閩本明監本毛本僻作辟下同案此誤改也下傳云回邪遹辟釋文作僻乃轉寫之誤辟僻古今字正義易而說之也例見前

訿訿然思不稱乎上　小字本相臺本同考文古本同閩本明監本毛本乎作其案釋文云稱其一本作稱乎正義標起止云至乎上是正義本作乎考文古本作乎其上采釋文而誤十行本標起止不誤明監本毛本亦改爲其非也正義云不思稱於上又云不思稱上者背公營私不思欲稱上之意段玉裁云正義誤倒思不二字

伊于胡底　唐石經相臺本同小字本底作厎閩本明監本毛本同

故云謀之其有不善者　閩本明監本毛本無不字案所刪是也

此傳亦唯爾雅文　閩本明監本毛本同案唯當作準形近之譌

占繇不中　小字本同閩本明監本毛本同相臺本繇作繇案六經正誤云占繇不中作繇誤考說文玉篇卜部皆無繇字釋文亦但作繇左傳同廣韻云繇卦兆辭也郭忠恕佩觿乃分繇繇爲二字毛居正取其說反以繇爲誤非也氓箋卜兆之繇杕杜箋合言於繇爲近皆同

非於道止　閩本明監本毛本同案浦鏜云止疑上字誤是也

是用不得於道里　毛本里誤理閩本明監本不誤

故至筮龜靈也　閩本明監本毛本同案浦鏜云至筮疑云瀆誤是也

小人取不若人　閩本明監本毛本同案浦鏜云取當恥字誤是也

爾雅亦云　閩本明監本毛本同案爾當作小

爭言之異者　閩本明監本毛本同小字本相臺本爭下有近字考文古本同案有者是也

可哀哉今幽王君用　閩本明監本毛本同案用當作臣

從作乂　小字本相臺本同閩本明監本亦同毛本乂作艾案艾字非也經作艾鄭引尚書乂而說之以艾爲

又之假借也依經改爲艾失箋意矣

王之爲政者如原泉之流閩本明監本毛本同小字本相臺本者作當考文古本同案山井鼎云屬下讀是也

今日民下之國閩本明監本毛本同案民當作天

故於聖上哲上言亦閩本明監本毛本同案聖上二字當衍

聖上無人字閩本明監本毛本同案聖字上當脫有通二字者因上衍而下脫也此正義譌舛今正之

王肅讀爲膴喜吳反膴大也閩本明監本毛本膴作憮案所改是也喜吳反三字當旁行細字○按舊挍非引王肅語則愈知不然

孝經曰容止可視補毛本視作觀案孝經本是觀字視字誤也

以聖賢此四事爲優閩本明監本毛本同案此當作比

君視明則臣昭哲毛本明誤民閩本明監本不誤案哲當作晳形近之譌

徒愽曰暴虎閩本明監本毛本同小字本相臺本愽作搏考文古本同案愽字誤也

惡直國正閩本明監本毛本同案浦鏜云醜誤國是也

恐隊也相臺本同小字本隊作墜閩本明監本毛本同案釋文云隊本又作墜下篇同

附釋音毛詩注疏卷第十二（十二之三）四十

毛詩小雅　鄭氏箋　孔穎達疏

小宛，大夫刺宣王也。亦當爲刺厲王。○宛，於阮反。【疏】小宛六章，章六句。○正義曰：毛以作小宛詩者，大夫刺幽王也。政教爲小，故曰小宛。小宛是小貌，刺宣王政教狹小宛然。經云「宛彼鳴鳩」，不言名曰小宛者，王才智卑小，似小鳥然，傳曰小鳥是也。○鄭刺厲王爲異。

宛彼鳴鳩，翰飛戾天。與也。宛，小貌。鳴鳩，鶻鵰。翰，高。戾，至也。行小人之道，責高明之功，終不可得。○翰，胡旦反。鶻音骨。鵰，陟交反，何音彫，字林作鵃，云骨鵃，小種鳩也。草木疏云：鳴鳩，班鳩也。我心憂傷，念昔先人。先人，文武也。明發不寐，有懷二人。明發，發夕至明。【疏】宛彼至二人。○毛以爲言宛然翅小者，是彼鳴鳩之鳥也，而欲使之高飛至天，必不可得也。與才智小者幽王身也，而欲使之行化致治，亦不可得也。王既才智褊小，將顛覆祖業，故我心爲之憂傷，追念在昔之先人文王、武王也。以文武創業垂統，有此天下，今將亡滅，故憂之也。又言憂念之狀，我從夕至明開發以來，不能寢寐，有所思者，唯此文武二人，將喪其業，故思念之甚。○鄭唯刺厲王爲異。○傳宛小至可得。○正義曰：以鳩是小鳥，又篇名小宛，故知宛爲小。定本及集本皆云鳴鳩鶻鵰也。○傳先人文武。○正義曰：知者，以王無德而念其先人，又云有懷二人，則所念二人而已。周之先世二人有聖德定天位者，唯文武爲然，明以文武有天下，今慮其亡滅，故念之也。○傳明發發夕至明。○正義曰：夜地而闇，至旦而明，明地開發，故謂之明發也。人之道，夜則當寐，言明發以來不寐，以此故知從夕至旦常不寐也。

人之齊聖，飲酒溫克。齊，正。克，勝也。箋云：中正通知之人，飲酒雖醉，猶能溫藉自持以勝。○溫，王如字，柔也；鄭於運反，蘊藉也。藉，在夜反，又慈夜反。彼昏不知，壹醉日富。醉而日富矣。箋云：童昏無知之人，飲酒一醉，自謂日益富，夸淫自恣，以財驕人。各敬爾儀，天命不又。又，復也。箋云：今女君臣各敬慎威儀，天命所去，不復來也。○復，扶又反，下同。【疏】箋中正至以勝。○正義曰：中正謂齊，通智謂聖。聖者，通也。大司徒注云「聖，通而先識」是也。此經與下相對，齊爲中正，則童昏者邪僻而不正；以聖對不知，是聖者通智也。蘊藉者，定本及箋作溫字。舒瑗云：苞裹曰蘊。謂

蘊藉自持，含容之義。經中作溫者，蓋古字通用。內則說子事父母云「柔色以溫之」，鄭亦以溫爲藉義。

中原有菽，庶民采之。中原，原中也。菽，藿也。力采者則得之。箋云：藿生原中，非有主也，以喻王位無常家也，勤於德者則得之。○菽音叔。藿，火郭反。○螟蛉有子，蜾蠃負之。螟蛉，桑蟲也。蜾蠃，蒲盧也。負，持也。箋云：蒲盧取桑蟲之子，負持而去，煦嫗養之，以成其子。喻有萬民不能治，則能治者將得之。○螟，亡丁反。蛉音零，俗謂之桑蟃，一名戎女。蟃音萬。蜾音果。蠃，力果反，即細腰蜂，俗呼蠮螉是也。蠮，於髻反。螉音翁。煦，況甫反，又況具反。嫗，紆甫反，又紆具反。鄭注禮記云：以氣曰煦，以體曰嫗。○教誨爾子，式穀似之。箋云：式，用。穀，善也。今有教誨女之萬民用善道者，亦似蒲盧言將得而子也。○【疏】中原至似之。○毛以爲既言天命將去，故告幽王以王位無常，言原田之中有菽藿，衆民能力采之者則得食之，以與域中之有王位，有德能勤治之者則得處之。藿生原中，非有主；位在域中，非有常也。所以爲無常者，桑蟲自有子，而蒲盧負而養之，以成己子，若有聖德者能教誨爾之萬民用善道，則似之矣。言此蒲盧養取桑蟲之子以爲己子，似有德者教取王民以爲己民，是王位無常也。王何不修德以固位乎？實教誨萬民而言子者，王肅云：王者作民父母，故以民爲子。○鄭唯刺厲王爲異。○傳菽藿。○正義曰：菽者，大豆，故禮記稱「啜菽飲水」。菽葉謂之藿，公食禮云「鉶芼，牛用藿」是也。此經言有菽，箋傳皆以爲藿者，以言采之，明采其葉，故言藿也。○箋王位無常家。○正義曰：集注、定本皆作家，俗本作處，誤。○傳螟蛉至蒲盧。○正義曰：皆釋蟲文。郭璞曰：蒲盧即細腰蜂也，俗呼爲蠮螉。桑蟲俗謂之桑蟃，亦呼爲戎女。鄭中庸注以蒲盧爲土蜂。陸機云：螟蛉者，桑上小青蟲也，似步屈，其色青而細小，或在草萊上。蜾蠃，土蜂也，似蜂而小腰，取桑蟲負之於木空中，七日而化爲其子。○箋蒲盧至其子。○正義曰：中庸云「政也者，蒲盧」，即此是也。樂記注云：以體曰嫗，以氣曰煦。謂負而以體煖之，以氣煦之，而令變爲己子也。此螟蛉非不能養子，而喻王有萬民不能治者，喻取一邊耳。

題彼脊令，載飛載鳴。題，視也。脊令不能自舍，君子有取節爾。箋云：題之爲言視睇也。載之言則也。則飛則鳴，翼也、口也，不有止息。○題，大計反。令音零，本亦作鴒，注同。舍音捨。睇，大計反。我日斯邁，而月斯征。箋云：我，我王也。邁、征皆行也。王日此行，謂日視朝也；而月此行，謂月視朝也。先王制此禮，使君與羣臣議政事，日有所決，月有所行，亦無時止息。○日而

乙反下同朝直遙反**夙興夜寐，毋忝爾所生。**忝辱也。毋忝上音無下他簟反字林他念反〔疏〕題彼至所生。毛以爲既王位無常須自勸於政故告幽王言視彼脊令之鳥尚則飛則鳴既飛以翼又鳴以口翼也口也無有止息之時況人之處世其可自舍視此脊令以爲喻節故我王當日此行行視朝之禮又而月此行行視朔之政與羣臣議政事日有所決月有所行亦如脊令。無肯止息時也故當早起夜卧行之無辱汝所生之父祖已。鄭唯刺厲王爲異。箋題之至止息。正義曰傳已訓題爲視此又言視睇者以取之爲節當取傍視爲義曲禮注淫視睇盼也說文云睇小邪視也鳥皆飛鳴而此及常棣獨云雝渠者此鳥自有不能止舍之性故取爲喻也正以飛鳴無止息爲興者亦欲取飛以喻其行事鳴以喻其議也故云口也翼也無肯止息時也。箋我我至止息。正義曰以此上承不能自舍而云日月此行故爲我王王於政事所行唯有日視朝月視朔耳又解令王視朝及視朔意以先王制此禮欲使言與羣臣行之以議政事日有所決斷月有所施行亦無止息時先王制禮意如此所以令欲令我王有所成決也。**交交桑扈，率場啄粟。**交交小貌桑扈竊脂也言上爲亂政而求下之治終

不可得也。箋云竊脂肉食今無肉而循場啄粟失其天性不能以自活。扈音戸場大良反啄陟角反竊音切治直吏反**哀我填寡，宜岸宜獄。握粟出卜，自何能穀。**填盡岸訟也箋云仍得曰宜自從穀生也可哀哉我窮盡寡財之人仍有獄訟之事無可以自救但持粟行卜求其勝負從何能得生。填徒典反韓詩作疹疹苦也岸如字韋昭注漢書同韓詩作犴音同云鄉亭之繫曰犴朝廷曰獄握於角反。〔疏〕交交至能穀。毛以爲交交然小者是桑扈之鳥也鳥自求生活當應肉食今既無肉循場啄粟而食之失其天性以此求活將必不能以興王者欲求治國當行善教今無善教施布亂政以治之失其常法以此求治終不可得政既亂可哀哉我窮盡寡財之人濫被繫禁在上謂之宜有此訟宜有此獄在位不矜愍在身無以自救但手握其粟出卜其勝負貧困如此竟從何而能生活乎是尤可哀也。鄭唯刺厲王爲異。傳桑扈至可得。正義曰桑扈竊脂釋鳥文郭璞曰俗呼青雀觜曲食肉喜盜脂膏食之因以名云陸機云青雀也好竊人脯肉脂及膏故曰竊脂也桑扈食肉之鳥而啄粟求活不可得以喻上爲亂政而求下治亦不可得也。箋仍得至得生。正義曰時政苛虐民多枉濫此人數遭之在上以爲此實有罪宜其當然由其仍得故曰宜也箋以寡財者以衰亂之世政以賄成史記曰百金之子不死於市是貧者無財自救但持粟以求卜者問得勝負世。必無從得活故可哀也**溫溫恭人，**溫溫和柔貌**如集于木。**恐隊也。**惴惴小心，如臨于谷。**恐隕也。惴之瑞反恐隕上丘勇反下于敏反**戰戰兢兢，如履薄冰。**箋云衰亂之世賢人君子雖無罪猶恐懼

小宛六章，章六句。

小弁，刺幽王也。大子之傅作焉。〔疏〕小弁八章章八句至作焉。正義曰太子謂宜咎也幽王信褒姒之讒放逐宜咎其傅親訓太子知其無罪閔其見逐故作此詩以刺王經八章皆所刺之事諸序皆篇名之下言作人此獨末言大子之傅作焉者以此述太子之言太子不可作詩以刺父自傳意述而刺之故變文以云義也經言弁彼鸒斯不言小鳥而曰小弁者弁樂也鸒斯卑居小鳥而樂故曰小弁

弁彼鸒斯，歸飛提提。興也弁樂也鸒卑居卑居雅烏也提提羣貌箋云樂乎彼雅烏出食在野甚飽

羣飛而歸提提然興者喻凡人之父子兄弟出入宮庭相與飲食亦提提然樂傷今大子獨不。鸒斯音豫爾雅云小而腹下白不反哺者謂之雅烏說文云雅楚烏也一名鸒一名鵯居秦謂之雅一云斯語辭提是移反樂音洛下同卑本亦作鵯同音匹又必移反。**民莫不穀，我獨于罹。**幽王取申女生大子宜咎又說褒姒生子伯服立以爲后而放宜咎將殺之。箋云穀養于曰罹憂也天下之人無不父子相養者我大子獨不然日以憂也。罹力知反取七住反大音泰說音悅**何辜于天？我罪伊何？**舜之怨慕日號泣于旻天于父母。日號上而乙反下戸刀反旻亡巾反**心之憂矣，云如之何。**〔疏〕弁彼至之何。正義曰言樂乎彼鸒斯之鳥鸒斯之鳥出食於野飽而則歸同飛提提然聚居歡樂也以興樂者彼天下之民此民父子出入宮庭相與飲食亦提提然聚居歡樂也今天下民莫不父子相養我太子獨被放而不得其然是比民烏之不如太子言曰我憂之也太子言曰我憂之也太子既放棄而憂故號泣而訴云我有何罪乎上天致此窮枉問天云我罪維如何乎欲天辯其罪之所由太子既憂如此其傅言我心爲之憂矣知王如之何乎。傳鸒卑居至羣貌。正義曰鸒

卑居釋鳥文也卑居又名雅烏郭璞曰雅烏小而多羣腹下白江東呼爲鵯烏是也此烏名鸒而云斯者語辭猶蓼彼蕭斯菀彼柳斯傳或有斯者衍字定本無斯字以劉孝標之博學而類苑烏部立鸒斯之目是不精也此烏性好羣聚故云提提羣貌羣下或有飛亦衍字本集本並無飛字○箋彼雅至獨不○正義曰以經言歸飛是有出時故言出食在野以喻人父子出入宫庭也以鸒求食喻人相與飲食也以烏喻凡人當文爲興言傷今太子獨失所知者以下云我獨故探之以明興意集本定本皆無然字俗本不下有然衍字○傳幽王至殺之○正義曰史記周本紀曰幽王三年嬖愛褒姒生子伯服太子之母申侯女爲后欲廢后并去太子用褒姒爲后以其子伯服爲太子又鄭語曰王欲殺太子以成伯服必求之申申人弗畀必伐之是放而欲殺之事也○傳舜之至父母○正義曰毛意嫌子不當怨父以訴天故引舜事以明之言舜之怨慕父母之時日往于田號泣訴於旻天乎我之父母也言爲我父母而不愛我故怨之孟子云萬章問曰舜往于田號泣於旻天何爲然矣孟子曰怨慕也長息問於公明高曰舜往于田則吾既得聞命矣號泣於旻天於父母則吾不知之矣公明高曰非爾知也我竭力耕田供爲子職而已父母不我愛於我何哉大孝終身慕父母五十而慕者予於大舜見之矣引此者言大舜爲怨故太子亦可然也

踧踧周道鞫爲茂草踧踧平易也周道周室之通道鞫窮也箋云此喻幽王信褒姒之讒亂其德政使不通於四方○踧徒歷反鞫九六反易夷豉反○我心憂傷惄焉如擣假寐永歎維憂用老心之憂矣疢如疾首惄思也擣心疾也箋云不脫冠衣而寐曰假寐疢猶病也○惄乃歷反擣丁老反本或作𢣷同韓詩作疛除又反義同疢勑覲反又作疹同脫本又作稅吐活反一音始銳反疏踧踧至疾首○正義曰太子放逐由王信讒所致言踧踧然平易者周室之通道也今曰窮盡爲茂草矣茂草生於道則荒道路以喻通達者天子之德政也今曰王政窮盡爲褒姒矣褒姒干王政則敗王德今王盡信褒姒之讒太子所以放逐王行如此故我心爲之憂傷惄焉悲悶如有物之擣心也又假寐之中長歎此事維是憂而用致於老矣其我心之憂矣以成疢病如人之疾首者疾首謂頭痛也○箋此喻至四方○正義曰此舉周道有茂草之荒鄣礙行路使行者不達於四方以喻幽王信褒姒之讒敗亂德政不通於四方時王雖無道非路絕行人實生茂草且取茂草之蔽道路猶褒姒之亂王政假以爲喻耳○傳惄思擣心疾○正義曰惄思釋詁文擣心疾所思在心復云如擣則似物擣心故云心疾也說文云擣手椎一曰築也○箋不脫至假寐○正義曰宣二年左傳說趙盾盛服將朝尚早坐而假寐是也○維桑與梓必恭敬止父之所樹已尚不敢不恭敬○梓音子木名○靡瞻匪父靡依匪母不屬于毛不罹于裏毛在外陽以言父裏在內陰以言母箋云此言人無不瞻仰其父取法則者無不依恃其母以長大者今我獨不得父皮膚之氣乎獨不處母之胞胎乎何曾無恩於我○屬音燭徐音蜀裏音里長丁丈反胞音包胎他來反○天之生我我辰安在辰時也箋云此言我生所值之辰安所在乎謂六物之吉凶○疏維桑至安在○毛以爲言凡人父之所樹者維桑與梓見之必加恭敬之止況父身乎固當恭敬之矣既恭孝如此以至不容故言人無不瞻仰其父取法則者無不依怙其母以長大者今我獨不連屬於父乎不離歷於母乎何由如此不得父母之恩也若此則本天之生我我所遇值之時安所在乎豈皆值凶時而生使我獨遭此也毛指謂父也裏指謂母也○鄭唯毛裏爲異餘同○傳父之所樹○正義曰此

假之於凡人非謂幽王所樹桑梓○傳毛在至言母○正義曰人體皆毛生於表而裏在其內毛在外陽裏其內陰以父陽母陰故假表裏言父母也屬者父子天性相連屬離者謂所離歷言稟父之氣歷母而生也傳於屬離之義當然其言小與鄭異其意則大同也孫毓謂傳爲長而云母斥褒姒乃是太子之讎寧復望其依恃之恩又太子豈離歷褒姒而生也而言不離哉毓之所言非傳旨也○箋不處母之胞胎乎○正義曰此太子爲父所放耳非母放之而并言母也以人皆得父母之恩故連言之其意不怨申后也○箋此言至吉凶○正義曰言我生所值之辰安所在乎則本初生之辰有所值故知謂六物也昭七年左傳晉侯謂伯瑕曰何謂六物對曰歲時日月星辰是謂也服虔以爲歲星之神也左行於地十二歲而一周時四時也日十日也月十二月也星二十八宿也辰十二辰也是爲六物也菀彼柳斯鳴蜩嘒嘒有漼者淵萑葦淠淠蜩蟬也嘒嘒聲也漼深貌淠淠衆也箋云柳木茂盛則多蟬淵深而旁生萑葦言大者之旁無所不容○菀音鬱蜩音條嘒呼惠反淠徐孚計反又匹計反○譬彼舟流不知所屆箋云屆至也言今大子不爲王及后所容而見放逐

狀如舟之流行無制之者不知終所至也。譬本亦作辟匹致反下同屆音戒心之憂矣不遑假寐箋云遑暇也。疏菀彼至假寐。正義曰言有菀然而茂者彼柳木也此柳由茂故上有鳴蜩其聲嘒嘒然有漼然而深者彼淵水也此淵由深故傍萑葦其衆淠淠然柳木茂而多蜩淵水深而生葦是大者之傍無所不容猶王揔四海之富據天下之廣宜容太子而不能容之至使放逐譬彼舟之流行而無維制之者不知終當所至以此故我心之憂矣不得間暇而假寐言憂之深也。箋大者至不容。正義曰定本無旁所二字。箋言今至所至。正義曰於時申后廢黜非復能容太子言不爲王及后所容者因上聽父依母之文連言之耳太子奔申則是有所至矣言無所至者棄儲君之重而逃竄舅家非太子所當至故也。鹿斯之奔維足伎伎雉之朝雊尚求其雌伎伎舒貌謂鹿之奔走其足伎伎然舒也箋云雊雉鳴也尚猶也鹿之奔走其勢宜疾而足伎伎然舒留其群也雉之鳴猶知求其雌今大子之放棄其妃匹不得與之去又鳥獸之不如。伎本亦作跂其宜反雊古豆反妃音配。譬彼壞木疾用無枝壞瘣也謂傷病也箋云大

子放逐而不得生子猶內傷病之木內有疾故無枝也。壞胡罪反又如字說文作瘣云病也一曰腫旁出也又音回瘣胡罪反木瘤腫也爾雅云瘣木符婁郭云虺傴瘻腫無枝條也。心之憂矣寧莫之知箋云寧猶曾也。疏鹿斯至之知。正義曰此鹿斯與鸒斯柳斯皆辭也言鹿之奔走其勢宜疾今乃維足伎伎然安舒而稽留以待其牝鹿而俱走也雄雉之於朝旦雊然而鳴猶爲求其雌雉而並飛也鹿雉猶得偶以俱遊今太子之見放逐棄其妃匹不得俱去是鳥獸之不如譬彼內傷病之木以內疾之故是用無枝也猶太子無匹之故不得生子故我心之憂矣曾無知之者。箋雊雉至不如。正義曰高宗彤日雉升鼎耳而雊說文云雊雄雉鳴也雉鳴而句其頸故字從隹句此雉言雌鹿不言牝鹿言足遲爲待之之勢獸走故以遲相待鳥飛疾故以鳴相呼皆互見也言又鳥獸之不如者前不如蜩葦今不如鳥獸故言又也。傳壞瘣謂傷病。正義曰釋木云瘣木符婁某氏曰詩云譬彼瘣木疾用無枝符婁尫傴內疾瘣磊故疾用無枝郭璞曰謂木病尫傴瘻腫無枝條者舍人曰符婁屬下句獨爲異也。相彼投兔尚或先之行有死人尚或墐之墐路冢也箋云相視

投掩行道也視彼人將掩兔尚有先驅走之者道中有死人尚有覆掩之成其墐者言此所不知其心不忍。相息亮反兔他故反先蘇薦反墐音覲說文作殣云道中死人人所覆也毆起俱反又作驅同君子秉心維其忍之箋云君子斥幽王也秉執也言王之執心不如彼二人。心之憂矣涕既隕之隕隊也。涕音替隕音殞隊直類反疏傳墐路冢至箋不忍。正義曰墐者埋藏之名耳此言行有死人是於路傍故曰路冢左傳曰道墐相望是也言此不知者謂不與走獸死人有相知其心不忍耳君子信讒如或醻之箋云醻旅醻也如醻之者謂受而行之。醻市由反君子不惠不舒究之箋云惠愛究謀也王不愛太子故聞讒言則放之不舒謀也。伐木掎矣析薪扡矣伐木者掎其巔析薪者隨其理箋云掎其巔者不欲妄踣之扡謂觀其理也必隨其理者不欲妄挫折之以言今王之遇大子不如伐木析薪也。掎寄彼反扡勑氏反又宅買反徐又直是反踣蒲北反挫子卧反。舍彼有罪予之佗矣佗加也箋云予我也舍褒姒讒言之罪而妄加我大

子。舍音捨注同又音赦佗吐賀反注同疏君子至佗矣。正義曰言君子幽王信褒姒之讒曾不思審得即用之如有人以酒相醻得即飲之此王所以然者君子幽王心不愛太子之故由此聞讒即逐不肯安舒而謀慮之伐木尚掎其木之巔矣不欲妄踣之析薪尚扡其薪之理矣不欲妄析之彼人尚不欲妄損析薪木今王非理而害太子其意乃不如彼伐木析薪之人舍彼有罪之褒姒於我太子之加罪矣言太子無罪王妄加之。箋醻旅醻。正義曰酬酢皆作醻此作醻者古字得通用也酬有二等既酢而酬賓者賓奠之不舉謂之奠酬至三爵之後乃舉嚮者所奠之爵以行之於後交錯相酬名曰旅酬謂衆相酬也此喻得讒即受而行之故知是旅酬非奠酬也。傳伐木至其理。正義曰伐木而言掎是畏木倒而掎之明掎其巔矣掎者倚也謂以物倚其巔峯也析薪而言扡明隨其理扡者施也言觀其裂而漸相施及故箋云觀其理是也。傳佗加。正義曰此佗謂佗人也言舍有罪而以罪與佗人是從此而往加也故曰佗加也。莫高匪山莫浚匪泉浚深也箋云山高矣人登其巔泉深矣人入其淵以言人無所不至雖逃避之猶有黙存者焉。浚蘇俊反黙本亦作嘿亡北反。君子無易由言耳

屬于垣箋云由用也王無輕用讒人之言人將有屬耳於壁而聽之者知王有所受之知王心不正也○易夷豉反屬音燭注同垣音袁**無逝我梁無發我笱**箋云逝之也之人梁發人笱此必有盜魚之罪以言褒姒淫色來嬖於王盜我大子母子之寵○笱音苟**我躬不閱遑恤我後**念父孝也高子曰小弁小人之詩也孟子曰何以言之曰怨乎孟子曰固哉夫高叟之為詩也有越人於此關弓而射之我則談笑而道之無他疏之也兄弟關弓而射我我則垂涕泣而道之無他戚之也然則小弁之怨親親也親親仁也固哉夫高叟之為詩曰凱風何以不怨曰凱風親之過小者也小弁親之過大者也親之過大而不怨是愈疏也親之過小而怨是不可磯也愈疏不孝也不可磯亦不孝也孔子曰舜其至孝矣五十而慕箋云念父孝也大子念王將受讒言不止我死之後懼復有被讒者無如之何故自決云我身尚不能自容何暇乃憂我死之後也○閱音悅容也叟素口反關烏環反下同本亦作彎射食亦反下同夫音符磯居依反又古愛反一音祈復扶又反○疏莫高至我後○正義曰王既信讒而加罪於大子仍有殺太子之心謂人不知故告之言莫有極高者非是山也言山最極高莫有極深者非是泉也言泉最極深然山雖高矣人能登其巔泉雖深矣人能入其淵是亦無所不至也人既無所不至難以匿其情矣王今實有殺太子之心而謂人不覺人猶有然而存於心知王之欲殺太子也如此則君子幽王無輕易用讒人之言將有耳屬而聽之於垣壁者知王受人之讒言也王之所愛褒姒也故禁之言人無得逝之我魚梁無得發開我魚笱若之我梁發我笱是欲盜我所捕之魚此必有盜魚之罪以言褒姒亦無得輒之我王宮無得求取我王愛若之王宮取王愛為盜我毋子之寵必有盜寵之愆也褒姒既盜寵行讒太子於先念已既已被讒恐死之後懼更有被讒者無如之何旋即自決云我身尚不能自容何暇憂我死之以後乎○箋山高至者焉○正義曰箋顧下云無易由言是禁王受讒畏人知之辭故為窮高極深人所升入無所不至以喻知王之隱情也王雖避逃受讒之名猶有黙心存念知王之情但不言耳然天高於山稱深於泉而不言者據人所可覆踐之處而言也○傳念父至而慕○正義曰言無暇憂恤是先有其志念固而不暇耳先有志者即念父也念者恐其將受讒今無如之何故自決也高子曰以下皆孟子文也而怨父危疑之理先達已有是非之論以此篇終故引之以明義也按彼公孫丑稱高子之言以問孟子非高子自與孟子對

言也趙岐曰高子齊人也怨者怨親之過故謂之小人也固哉言其固陋也高子年老於孟子故謂之高叟重言固哉高叟之為詩傷其不達詩意之甚也凱風親之過小者以言莫慰母心母心不悅故親之過小也小弁則王欲殺太子是親之過大也愈益也而過大矣而孝子不怨以越人遇其親是益疏也故曰不孝磯激也過小耳而孝子感激諷怨其親亦不孝也孔子曰以舜年五十而思慕其親不殆稱曰孝之至孝之不可以已也孔子之言舜如高子譏小弁為不達詩之意也皆孟子與其弟子公孫丑相荅問不言公孫丑者取其意而畧之也

小弁八章章八句

巧言刺幽王也大夫傷於讒故作是詩也○悠悠昊天曰父母且無罪無辜亂如此幠幠大也箋云悠悠思也幠敖也我憂思乎昊天愬王也始者言其且為民之父母今乃刑殺無罪無辜之人為亂如此甚敖慢無法度也○且徐七餘反恊句應爾觀箋意宜七也反幠火吳反下同思息嗣反下同傲五報反下同本又作敖愬音素**昊天已威予慎無罪昊天大幠予慎無辜**威畏慎誠也箋云已泰皆言甚也昊天乎王甚可畏王甚敖慢我誠無罪而罪我○大音泰本或作泰徐勑佐反○疏悠悠至無辜○毛以為大夫傷讒而本之故言悠悠然我心憂思乎昊天訴之也王之始者言曰我當且為民之父母也自許欲行善政今乃刑殺其無罪無辜者之衆人王政之亂如此甚大也昊天乎王甚可畏我誠無罪而罪我是可畏也昊天乎王甚虐大我誠無辜而辜我是虐大也○鄭唯言王為亂如此甚傲慢無法度乃昊天乎王甚傲慢為畏耳皆以且為辭○傳幠大○正義曰釋詁文禮肉縟亦謂之幠○箋幠敖至法度○正義曰幠敖釋言文傳者以下言已威為甚可畏而泰幠言甚大非類故為傲慢下既為傲此亦為傲也幽王之惡始終一也始者言其身且為民之父母者無道之君皆自謂所為者是道非知其不可而為之也放其初即位皆許為善但行不副言故蕩人述其初辭以責之**亂之初生僭始既涵**僭數涵容也箋云僭不信也既盡涵同也王之初生亂萌羣臣之言不信與信盡同之不別也○僭毛側蔭反鄭子念反涵毛音含鄭音咸韓詩作減減少也數音朔下同不別彼列反**亂之又生君**

子信讒箋云君子斥在位者也在位者信讒人之言是復亂之所生○君子如怒亂庶遄沮遄疾沮止也箋云君子見讒人如怒責之則此亂庶幾可疾止也○遄市專反沮辭呂反君子如祉亂庶遄已祉福也箋云福者福賢者謂爵祿之也如此則亂亦庶幾可疾止也○祉音恥已音以○【疏】亂之至遄已○毛以爲上既言王之亂又本亂之所由言亂之初所以生者讒人數緣事始自入盡得容受其言知王不察真僞遂以漸進讒也亂之又復所生益大者在位朝臣君子信讒言也王既不察故讒言得自容入臣又信之故讒言遂興所以枉殺無辜致此大亂也又言政令雖亂可反覆君子在位之人見讒人之言如怒責之則此亂庶幾可疾止君子在位之人見有德賢者如福祿之則此亂亦庶幾可疾止君子何不怒讒而福賢以止亂乎○鄭唯以僣爲不信涵爲同言信與不信同之不別故讒言遂生餘同○傳僣數涵容○正義曰王肅云言亂之初生讒人數緣事始自入盡得容其讒言有漸也○箋僣不信至不別○正義曰此亂之初生是本其所由故言初生亂萌以人之行讒當有所因君能明察是非則僞辭不入讒言無由進也正由明不燭下於羣臣之言信與不信盡同之不別讒人

得自是生心以進讒害賢遂使王殺戮無辜是生亂也以信與不信混同不別於致讒爲宜故易傳也○箋君子至所生○正義曰何知君子非幽王而以爲在位者以上言初生已本王矣君子若還斥王不宜言又以此知非王也讒人之能害善乃是王者信之而責在位信讒者以讒人能使王刑殺無罪必朝有黨援若在位骨鯁之臣固執不信則讒者之言亦不行矣王之罪人必詢諸朝廷王既容之在位又信之所以成此亂在位謂大臣也下又言令怒讒言福賢人令其行立威福明是臣之貴者洪範稱臣不得作福作威言令怒讒福賢者欲令之告王行之不令其專制君子屢盟亂是用長凡國有疑會同則用盟而相要也箋云屢數也盟之所以數者由世衰亂多相背違時見曰會殷見曰同非此時而盟謂之數○屢本又作婁力住反長丁丈反又直良反要於遙反數音朔背音佩見賢遍反下同○君子信盜亂是用暴盜逃也箋云盜謂小人也春秋傳曰賤者窮諸盜○盜言孔甘亂是用餤餤進也○餤沈旋音談徐音鹽匪其止共維王之卬箋云卬病也小人好爲讒佞既不共其職事又爲王作病○共音恭本又作恭卬其恭反好呼報反共音

恭本亦作供又爲于僞反【疏】君子至之卬○正義曰上既言亂之生此又言亂之長言在位君子之人數數相與要盟其亂是用之故而滋長也在位君子之人又信是凶盜讒人之言其亂是用之故而暴甚也所以益甚者此險盜之人其言甚甘使人信之而不已其亂用是之故而日益進也此小人好爲讒佞者非於其職廢此供奉而已又維與王之爲病害也食之甘者使人嗜之而不厭言之美者使人聽之而不倦故以美言爲甘也○傳凡國至相要○正義曰言此者解屢意非此時而盟即爲屢也言凡國有疑謂於諸侯羣臣有疑不相協則在會同之上用盟亂告盟而相要束司盟職曰凡邦國有疑會同則掌其盟約之載及其禮儀北面詔明神是也定本及集本皆云用盟而不相要謂若會同則用盟若無疑事則不會同而不相要用盟屬上爲句義亦通也○傳盜逃○正義曰文十八年左傳曰竊賄爲盜盜者竊物之名毛解名曰盜意也風俗通亦云盜逃也言其晝伏夜奔逃避人也○箋盜謂至諸盜○正義曰箋以詩刺讒非刺盜賊解其言盜之意以爲盜竊者必小人讒者亦小人因以盜名之故云盜謂小人引春秋傳以證之所引者公羊傳文弒君者曷爲或稱名氏或不稱名氏大夫弒君稱名氏賤者窮諸人何休曰賤謂士也士正自當稱人又曰大夫自相殺稱

人賤者窮諸盜何休曰降大夫稱人降士使稱盜者所以別死刑輕重也傳言窮者盡也弒君則盡於稱人殺大夫則盡於稱盜言盡此以下更無稱也小人賤者盡於盜知盜是惡名故引以證盜爲小人也公羊傳立等級者言其正例耳其餘文異者皆有褒貶事具於傳也○奕奕寢廟君子作之秩秩大猷聖人莫之他人有心予忖度之躍躍毚兔遇犬獲之奕奕大貌秩秩進知也莫謀也毚兔狡兔也箋云此四事者言各有所能也因已能忖度讒人之心故列道之爾猷道也大道治國之禮法遇犬犬之馴者謂田犬也○奕音亦秩音帙莫如字又作漠同一本作謨按爾雅漠漠同訓謀莫協韻爲勝忖本又作寸同七損反度待洛反注皆同躍他歷反毚士咸反遇犬如字世讀作愚非也知音智狡古卯反馴音旬又音脣○【疏】奕奕至獲之○正義曰讒人爲讒自謂深密此言已能知之言奕奕然高大之寢廟君子之人所能制作之秩秩然者進智之大道聖德之人能謀立之彼他人而有讒佞之心義能忖度而知之躍躍然者跳疾之狡兔遇值犬則能獲得之○傳讒兔至狡兔○正義曰蒼頡解詁云毚大兔也大兔必狡猾又謂之狡兔戰國策曰東

郭璞者海內之狡兎是也。箋此四事至田犬。正義曰此四事以尊卑爲先後大猷雖是常法不如宗廟爲尊故寢廟在大猷之先兎乃走獸故在他人之後連言寢廟者周禮注云前曰廟後曰寢則廟寢一物先寢後廟便文耳此自工匠所造而言君子者閟宫曰新廟奕奕奚斯所作彼奚斯君子也以教護課程必君子監之乃得依法制也大道治國禮法聖人謀之若周公之制禮樂也遇犬者言兎逢遇犬則彼獲耳遇非犬名故王肅云言其雖騰躍逃隱其迹或適與犬遇而見獲是也以能獲兎知是犬之馴擾者謂田犬也犬有守犬田犬故辨之。

荏染柔木君子樹之往來行言心焉數之荏染柔意也柔木椅桐梓漆也箋云此言君子樹善木如人心思數善言而出之善言者往亦可行來亦可行於彼亦可於已亦可是之謂行也。荏而甚反染音冉數所主反注同椅於宜反梓漆上音子下音七。**蛇蛇碩言出自口矣**蛇蛇淺意也箋云碩大也大言者言不顧其行徒從口出非由心也。蛇以支反行下孟反。**巧言如簧顏之厚矣**箋云顏之厚者出言虛偽而不知慙於人。簧音黃

〔疏〕荏染至厚矣。正義曰言荏染柔忍之木君子之人所樹之也言君子樹木必身簡擇取善木然後樹之喻往來可行之言亦君子口所出之也言君子出言必心爲思數知善而後出之小人則不然蛇蛇然淺意之大言徒出自口矣都不由於心得言即言必不思數也巧爲言語結構虛辭速相待合如笙中之簧聲相應和見人不知慙愧其顏面之容甚厚矣君子樹之不言擇木心爲數之不言出口雖相對而文互也。傳柔木椅桐梓漆。正義曰定之方中云樹之榛栗椅桐梓漆言文公所樹是君子樹之故引彼文以解柔木也不言榛栗從可知

彼何人斯居河之麋水草交謂之麋箋云何人者斥讒人也賤而惡之故曰何人。麋本又作湄音眉惡烏路反。**無拳無勇職爲亂階**拳力也箋云言無力勇者謂易誅除也職主也此人主爲亂作階言亂由之來也。拳音權徐已袁反易以豉反。**既微且尰爾勇伊何**骭瘍爲微腫足爲尰箋云此人居下濕之地故生微尰之疾人憎惡之故言女勇伊何何所能也。尰市勇反骭戶諫反腳脛也瘍音羊本亦作傷音同創也腫諸勇反**爲猶將多爾居徒幾何**箋云猶謀將大也女作讒佞之謀大多女所與居之衆幾何人素能然乎。幾居豈反注同大音泰又如字傃音素

〔疏〕彼何人至幾何。正義曰疾讒佞之人謂之何人言彼何人斯居在於河之麋際既無拳力又無勁勇亦易誅除耳而敢主爲此亂之階梯也此人既腳骭有微之疾而足跗且有尰之疾爾假有勇伊何能爲況復無之而汝敢爲此惡汝作爲讒佞之謀大多汝所與聚居之徒衆幾何許人而能爲此怪其言多且巧疑其衆教之也。傳水草交謂之麋。正義曰釋水文。箋何人至曰何人。正義曰言何人者不識而問之辭此既讒已不是不識而曰何人者賤而惡之作不識之辭故曰何人下篇疾暴公之侶謂之何人斥其姓名爲大切亦作不識之辭以疾之。傳骭瘍至爲尰。正義曰皆釋訓文也彼引此既微且尰然後爲此辭以釋之孫炎曰皆水濕之疾也郭璞曰骭腳脛也瘍瘡也然則膝脛之下有瘡腫是涉水所爲故箋亦云此人居下濕之地故生微尰之疾居河之麋是居下濕也。

巧言六章章八句

何人斯蘇公刺暴公也暴公爲卿士而譖蘇公焉故蘇公作是詩以絕之。暴也蘇也皆畿內國名。

〔疏〕何人斯八章章六句至絕之。正義曰何人斯者蘇公所作以刺暴公也暴公爲王卿士而於王所讒譖蘇公令使獲譴焉故蘇公作是詩以絕之言暴公不復與交也按此經無絕暴公之事唯首章下二句云伊誰云從誰。暴之云亦非絕之言但解何人之意言已以爲暴公之所言是暴公譖已事彰無所致疑此句是絕之辭也經八章皆言暴公之侶疑其讒已而未察故作詩以窮之不欲與之相絕疑者未絕則不疑者絕可知疑暴公之侶窮極其情欲與之絕明暴公絕矣故序專云刺暴公而絕之也刺暴公而得爲王詩者以王信暴公之讒而罪已刺暴公亦所以刺王也。箋暴也至名。正義曰蘇忿生之後成十一年左傳曰昔周克商使諸侯撫封蘇忿生以溫爲司寇則蘇國在溫杜預曰今河內溫縣是蘇在東都之畿內也春秋之世爲公者多是畿內諸侯徧檢書傳未聞畿外有暴國今暴公爲卿士明畿內故曰皆畿內國名春秋時蘇稱子此云公者蓋子爵而爲三公也暴公爲卿士而亦稱公當卿士兼公官也又暴公爲卿士而譖蘇公則蘇公爲卿士以否未可知但何人爲暴公之侶云二人從行則亦卿士也故王肅云二人俱爲王卿相隨而行下云及爾如貫鄭云俱爲王臣蘇公亦爲卿士矣

彼何人斯其心孔艱胡逝我梁不

入我門箋云孔甚艱難逝之也梁魚梁也在蘇國之門外彼何人乎謂與暴公俱見於王者也其持心甚難知言其性堅固似不妄也暴公譖己之時女與之乎今過我國何故近之我梁而不入見我乎疑其與之而未察斥其姓名爲大切故言何人。○女與音豫下疑其與之女與於譖皆同大音泰。**伊誰云從誰暴之云**云言也箋云譖我者是言從誰生乎乃暴公之所言也由已情而本之以解何人意。○已音紀〔疏〕彼何人至之云。○正義曰言彼何人乎與暴公俱見王之人此其持心甚難知也迹同譖已貌似不妄故難知也又言已疑之狀暴公譖我之時汝應與之汝若不與今過我國何故之我梁而不入我門以見我乎得不由譖我意慙而不得來也猶冀其不然欲與和好乃開解之曰令譖我者維誰之所云從而出乎維乃暴公之所云耳言爾應不與當與我和親也伊字毛皆爲維鄭皆爲是則此亦當以此爲異。○箋梁魚至不妄。○正義曰以之梁而不入門故知其梁近在國門之外也下云維暴之云則何人非暴公矣刺暴公而責何人謂與暴公俱見王者也若不與暴公俱見王蘇公不當疑之也疑之而云其心難知故著其心性堅固似非虛妄之人若非此人性自虛妄貌又可疑則譖已必矣非難知也。○箋由已情至何人

詩疏十二之三　十五

意。○正義曰心疑何人譖已猶尚冀其不然故既設疑言復開解之初疑何人與暴同譖旋卽復言維暴獨云一疑一舍非他人教示皆出已之情耳故云由已情而本之開解何人之意若何人實不共譖欲使不復猜已還與和親。**二人從行誰爲此禍胡逝我梁不入唁我**箋云二人者謂暴公與其侶也女相隨而行見王誰作我是禍乎時蘇公以得譴讓也女卽不爲何故近之我梁而不入弔唁我乎。○唁音彥見賢遍反譴遣戰反女音汝下注同**始者不如今云不我可**箋云女始者於我甚厚不如今日也今日云我所行有何不可者乎何更於己薄也。○日而乙反已音紀〔疏〕二人至我可。○正義曰言暴公與其侶二人相從而行以見王誰作我此禍而令王譴讓我乎汝從暴公行者若不與暴公譖我何故近之我魚梁而不入門弔唁我也汝始者能於我甚厚不如今日汝今云何不以我爲可言我有何行不可於汝而更於我薄而不弔唁乎。知已被譴而不唁疑其讒已而內慙。○箋二人至唁我乎。○正義曰以上言維暴之云則暴是其一明二之者謂暴與其侶侶卽何人也疑其與蘇同情故并而誰之以見意耳禮弔生曰唁旣言爲禍而責人不唁知蘇公已得譴讓也謂以咎譴而責讓之也今蘇公被罪之後而在國見何人之其梁陳是不奪其國明是譴責而已未加刑殺也言唁者雖不奪國以被罪當弔之弔生曰唁不必失國也。**彼何人斯胡逝我陳我聞其聲不見其身**陳堂塗也箋云堂塗者公館之堂塗也女卽不爲何故近之我館庭使我得聞女之音聲不得覩女之身乎。○覩丁古反本又作覩**不愧于人不畏于天**箋云女今不入唁我何所愧畏乎皆疑之未察之辭。○媿九位反或作愧〔疏〕彼何至于天。○正義曰又研窮何人言彼何人乎汝若不譖我何故近之我館舍之庭使我得聞其音聲不得覩見其身乎得不譖我乎意慙而不來見我也汝不來見我而不弔唁我是不慙愧於人又不畏懼於天也天有尊卑之道人有往來之節使吉有賀慶凶有弔唁所以敬天道示慙愧故不相弔唁爲不愧人不畏天也。○傳陳堂塗。○正義曰釋宮云堂塗謂之陳孫炎曰堂下至門之徑。○箋堂塗者公館之堂塗。○正義曰禮有公館私館公館者公家築爲別館以舍客也上云不入我門則不得入所居之宮故知逝陳者至公館之塗也以館者所以舍客故雖不見主得至其陳。**彼何人斯其爲飄風胡不自北**

詩疏十二之三　十六

胡不自南胡逝我梁祇攪我心飄風暴起之風攪亂也箋云祇適也何人乎女行來而去疾如飄風不欲入見我何不乃從我國之南不則乃從我國之北何近之我梁適亂我之心使我疑女。○飄避遙反疾風也沱又方消反祇音支攪交卯反。〔疏〕疾如飄風。○正義曰以其徑來而徑去知爲疾也非在道急速故下章言其安行。**爾之安行亦不遑舍爾之亟行遑脂爾車壹者之來云何其盱**箋云遑暇亟疾盱病也女可安行乎則何不暇舍息乎女當疾行乎則又何暇脂女車乎極其情求其意終不得一者之來見我於女亦何病乎。○亟紀力反脂音支盱況于反。〔疏〕爾之至其盱。○毛於下章以祇爲病言使我病是使蘇公之病則此盱亦爲蘇公之病也既數過其國而不入故又極其情以疑之我止欲言汝安舒而行乎亦不見汝間暇而舍息止欲言汝之急疾而行乎汝又間暇而脂汝之車汝往而不入見我所以疑也且若不譖我則一者之來見王以後云何使我有罪譴之病乎亦以我得病在汝見王之後所以尤疑也毛以此云何其盱與下俾我祇也互文皆言云何而使我有罪病也。○鄭以盱爲何人病爲異餘同。

箋一者至何病。○正義曰：箋以上章責其不來見，已下章言入與不入，則一者之來，當爲來見蘇公，不得爲見王也。且蘇公之所疑者，以不見何人故，言一者之來見我，於汝亦何病也，是欲見以解疑之辭，此本之於何人爲不病下，反之已爲得安，是章次相成也。

爾還而入，我心易也。還而不入，否難知也。壹者之來，俾我祇也。易，說。祇，病也。箋云：還，行反也。否，不通也。祇，安也。女行反入見我，我則解說也。反又不入見我，則我與女情不通，女與於譖我與否，復難知也。一者之來見我，我則知之，是使我心安也。○易，夷豉反，注同。韓詩作施，施，善也。否，方九反，一云鄭符鄙反。俾，必爾反。祇，祈支反，一云鄭止支反。說音悅，下同。解音蟹。與音豫。復，扶又反，下章同。○

伯氏吹壎，仲氏吹篪。土曰壎，竹曰篪。箋云：伯仲喻兄弟也。我與女恩如兄弟，其相應和如壎篪，以言俱爲王臣，宜相親愛。○壎，況袁反。篪音池。應，應對之應。和，胡臥反。○

及爾如貫，諒不我知，出此三物，以詛爾斯。三物，豕犬雞也。民不相信則盟詛之。君以豕，臣以犬，民以雞。箋云：及，與。諒，信也。我與女俱爲王臣，其相比次，如物之在繩索之貫也。今女心誠信而我不知，且共出此三物，以詛女之此事，爲其情之難知，已又不欲長怨，故設之以此言。○貫，古亂反。諒音亮。詛，側助反。以禍福之言相要曰詛。比，毗志反。索，素洛反。爲，其于僞反。長，如字，又張丈反。

【疏】伯氏至爾斯。○正義曰：既窮之而不得其情，已不欲長怨，欲與之詛而和諧，故言有伯氏之兄吹壎，又仲氏之弟吹篪，以和之，其情相親，其聲相應和矣。言我與汝何人，其恩亦當如伯仲之爲兄弟，其情志亦當如壎篪之相應和，不當有怨惡也。何者？我與汝俱爲王臣，其相比次如物之在繩索之貫，宜應和相親。何由汝之誠信而不相使我知，而令我疑也？若實不譖者，則當共出豕犬雞之三物，以詛盟爾之此事，使譴否有淒，令我不疑，當還與汝相親，不欲長怨故也。○傳「土曰壎，竹曰篪」。○正義曰：土曰壎，漢書律歷志文也。周禮小師職作塤，古今字異耳。注云：塤，燒土爲之，大如鴈卵。鄭司農云：塤六孔。釋樂云：大塤謂之嘂。音叫。孫炎曰：音大如叫呼也。郭璞曰：塤，燒土爲之，大如鵝子，鋭上平底，形似稱錘，六孔，小者如雞子。釋樂文。云：大篪謂之沂。李巡曰：大篪其聲非一也。郭璞曰：篪以竹爲之，長尺四寸，圍三寸，一孔上出，徑三分，横吹之，小者尺二寸。郭引廣雅云：八孔。小師注鄭司農云：篪七孔。蓋不數其上出者，故七也。世本云：暴辛公作塤，蘇成公作篪。譙周古史考云：古有塤篪，尚矣，周幽王時暴辛公善塤，蘇成公善篪，記者因以爲作，謬矣。世本之謬信如周言。其云蘇公、暴公所善，亦未知所出。蘇、暴並公卿，不當自言於樂之小器以相親也。又此窮極何人，何人非暴公也，故鄭以爲喻。王肅亦云：我與汝同寮，長幼之官，如篪壎之相和，與鄭同也。○傳「三物」至「以雞」。○正義曰：隱十一年左傳曰：鄭伯使卒出豭，行出犬雞，以詛射潁考叔者。豭即豕也，並言詛，而俱用三，故知此三物豕犬雞也。又解所以有詛者，民不相信則盟詛之。言古者有此禮，故欲與之詛也。司盟曰：盟萬民之犯命者，明其不信者。是不相信有盟詛之法也。彼不信自在詛下，而兼言盟者，以詛是盟之細，故連言之也。定本民不相信則詛之，無盟字。犯命者，盟之；不信者，詛之，是盟大而詛小也。盟詛雖大小爲異，皆殺牲歃血，告誓明神，後若背違，令神加其禍，使民畏而不敢犯，故民不相信，爲此禮以信之。此傳言民者，據周禮之文耳。其實人君亦有詛法，襄十一年左傳言季武子將作三軍，盟諸僖閎，詛諸五父之衢；定六年既逐陽虎，及三桓盟於周社，盟國人於亳社，詛諸五父之衢。是人君與羣臣有詛法也。此何人與蘇公同爲王臣，蘇公與之詛，則諸相疑亦應有詛法，但春秋之世無其事耳。詛之所用一牲而已，非三物並用，而言出此三物，以三物皆是詛之所用，揔而言之，故傳辨其等級，云君以豕，臣以犬，民以雞。則鄭伯使卒出豭，行出犬雞，所得三物並用者，時考叔爲子都所射，鄭伯不誅子都，而使諸軍詛之，百人爲卒，出一豭詛之，二十五人爲行，或出犬，或出雞，以詛之，每處亦止用一牲，非一處而用三物也。如此傳，君乃得用豕，彼百人即得用豭者，於時鄭伯使之詛，故得用君牲也，以行之人數少於卒，自爲等級耳。此豕犬雞詛所用也。若盟皆用牛。哀十五年左傳說衛太子蒯聵與伯姬輿豭以盟孔悝者，時太子未立，不敢從人君之禮，故鄭駁異義云：詩說及鄭伯使卒及行所出，皆謂詛耳，小於盟也。周禮戎右職云：若盟，則以玉敦辟盟，遂役之，贊牛耳，桃茢。哀十七年左傳曰：孟武伯問於高柴曰：諸侯盟，誰執牛耳？然盟者人君用牛，伯姬盟孔悝以豭，下人君牲，是盟用牛也。此謂大事正禮所當用者耳。若臨時假用其禮者，不必有牲，故左傳孟任割臂以盟莊公，華元入楚師，登子反之牀，子反懼而與之盟，皆無牲也。

爲鬼爲蜮，則不可得。有靦面目，視人罔極。蜮，短狐也。靦，姡也。箋云：使女爲鬼爲蜮也，則女誠不可得見也。姡然有面目，女乃人也。人相視無有極時，終必與女相見。○蜮音或，沈又音域，狀如鼈，三足。一名射工，俗呼之水弩，在水中含沙射人。一云射人影。○靦，土典反。姡，戶刮反，面醜也。

作此好歌，以極

反側反側不正直也箋云好猶善也反側輾轉也作八章之歌求女之情女之情反側極於是也。目音以古以字本作以。【疏】爲鬼至反側。正義曰研窮而不得其情於是怒而責之言汝若爲鬼也爲蜮也則誠不可得而見不須與我爲詛令汝有靦面目乃是人也瞻視於人無有極已之時我必將與汝相見汝寧不披寫汝情不與我盟詛乎以疑我譖我之故我作此八章之善歌窮極反側之情冀得其實也。傳蜮短狐靦姡。正義曰洪範五行傳云蜮如鼈三足生於南越南越婦人多淫故其地多蜮淫女或亂之氣所生也陸機疏云一名射影江淮水皆有之人在岸上影見水中投人影則殺之故曰射影南人將入水先以瓦石投水中令水濁然後入或曰含沙射人皮肌其瘡如疥是也靦姡釋言文孫炎曰靦人面姡然說文云靦面見人姡面靦也然則靦與姡皆面見人之貌也。傳反側不正直。正義曰洪範云無反無側王道正直則知。側是不正直也反側者翻覆之義故箋以爲輾轉申傳不正直之義其意與傳同

何人斯八章章六句

巷伯刺幽王也寺人傷於讒故作是詩也巷伯奄官寺人內小臣也奄官上士四人掌王后之命於宮中爲近故謂之巷伯與寺人之官相近讒人譖寺人寺人又傷其將及巷伯故以名篇。巷伯官名也寺如字又音侍奄於檢反宮本或將此注爲序文者近附近之近下近嫌同。【疏】巷伯七章上四章章四句次章五句次章八句卒章六句至奄官。○正義曰此經無巷伯之字而名篇曰巷伯故序解之云巷伯奄官言奄人爲此官也官下有兮衍字定本無巷伯奄官四字於理是也以俗本多有故解之。箋巷伯至名篇。正義曰巷伯是內官也其官用奄上士四人爲之其職掌王后之命天官序官云小臣奄上士四人注云奄稱士異其賢其職云掌王后之命是也又解內小臣而謂之巷伯者以其此官於宮中爲近故謂之巷伯也釋宮云宮中巷謂之壼孫炎曰巷舍間道也王肅曰今後宮稱永巷是宮內道名也伯長也主宮內道官之長人主於羣臣貴者親近賤者疏遠主宮內者皆奄人奄人之中此官最近人主故謂之巷伯也巷伯是內小臣者以周禮無巷伯之官奄雖小臣爲長主巷之伯唯內小臣耳故知是也蓋其官名內小臣時人以其職號之稱爲巷伯也與寺人官相近者寺人亦奄人其職曰掌王之內人及女宮之戒令同掌宮內是相近也寺人自傷讒作詩輒名篇爲巷伯以其官與巷伯相近讒人譖寺人寺人

又傷其將及巷伯故以巷伯名篇以所掌既同故恐相連及也**萋兮斐兮成是貝錦**興也萋斐文章相錯也貝錦錦文也箋云錦文者文如餘泉餘蚳之貝文也興者喻讒人集作己過以成於罪猶女工之集采色以成錦文。萋七西反斐孚匪反本或作菲餘蚳直基反貝黃白文曰餘蚳**彼譖人者亦已大甚**箋云大甚者謂使已得重罪也。大音泰注同徐勑佐反【疏】萋兮至大甚。正義曰女工集彼衆采而織之使萋然兮斐然兮令文章相錯以成是貝文以爲其錦也以興讒人集已諸過而構之令過惡相積故成是愆狀以爲已罪也實無罪而讒之使得重刑故傷之云彼讒譖人者亦已復爲大甚言非徒譖讒小辜乃至極刑重罪是爲太甚。傳萋斐至錦文。正義曰論語云斐然成章是斐爲文章之貌萋與斐同類而云成錦故爲文章相錯也錦而連貝故知爲貝之文。箋錦文至貝文。正義曰解錦文稱貝者其文如餘泉餘蚳之貝文也釋魚說貝文狀云餘蚳黃白文餘泉白黃文舍人曰水中蟲也李巡曰餘蚳貝甲黃爲質白爲文彩餘泉貝甲以白爲質黃爲文彩陸機疏云貝水介蟲也龜鼈之屬其文彩之異大小之殊甚衆古者貨貝是也餘蚳黃爲質以白爲文餘泉白爲質黃爲文又有紫貝其白質如玉紫點爲文皆可列相當其貝大者當有徑至一尺六七寸者今九眞交趾以爲杯盤寶物也**哆兮侈兮成是南箕**哆大貌南箕箕星也侈之言是必有因也斯人自謂辟嫌之不審也昔者顏叔子獨處于室鄰之釐婦又獨處于室夜暴風雨至而室壞婦人趨而至顏叔子納之而使執燭放乎旦而蒸盡縮屋而繼之自以爲辟嫌之不審矣若其審者宜若魯人然魯人有男子獨處于室鄰之釐婦又獨處于室夜暴風雨至而室壞婦人趨而託之男子閉戶而不納婦人自牖與之言曰子何爲不納我乎男子曰吾聞之也男子不六十不閒居今子幼吾亦幼不可以納子婦人曰子何不若柳下惠然嫗不逮門之女國人不稱其亂男子曰柳下惠固可吾固不可吾將以吾不可學柳下惠之可孔子曰欲學柳下惠者未有似於是也。箋云箕星哆然踵狹而舌廣今讒人之因寺人之近嫌而成言其罪猶因箕星之哆而侈大之。哆昌者反說文云張口也玉篇尺紙反又昌可反侈尺是反又式是反辟音避下同釐力之反寡婦也依字作嫠放甫往反蒸之升反縮所六反又作樎同閒閒廁之閒又音閑嫗紆甫反又紆具反本或作煦況甫反踵章勇反足根也狹音洽**彼譖人者誰適與謀**箋云適往也誰往就女謀乎怪其言

多且巧。適如字。王、徐皆都歷反，下同。〔疏〕哆兮至與謀。正義曰訖。言讒人集成己罪，又言罪有所因。言有星初本相去哆然寬大為踵，兮其又侈之更益而大為舌，兮乃成是南箕之星。言箕之所成，以由踵已哆，又侈之而為舌，故也。以興讒人因寺人初有小嫌疑為始，兮其又構之更增而其為終，兮乃成其刑罪之禍。言禍之所以成者，亦因始有嫌又構之而為終故也。言己避嫌不審，使人因之，亦己之所以悔也。因有小嫌，陷己如此，彼讒譖人者，誰往與謀乎？何多而能巧也。傳哆大至於是。正義曰：哆者，言其寬大哆哆然，故為大貌。二十八宿有箕星，無南箕，故云南箕即箕星也。箕四星，二為踵，二為舌。若使踵本太狹，言雖小寬，不足以為箕。由踵之二星已哆然而大，舌又益大，故所以成為箕也。箕言踵狹而舌廣者，踵對舌為狹耳，其實踵之二星已寬大，故為哆兮也。侈者，因物而大之之名。禮於衣袂半而益一謂之侈袂，星因物益大而名之為侈也。侈之言必有因者，由踵已大，故舌得侈之而為箕，暗作詩之人自謂避嫌之不審，由事有嫌疑，故讒者得因之而為罪也。言顏叔子及魯人避嫌審與不審之事以比之。顏叔子納鄰之釐婦，雖執燭繼薪，入不可以家到戶說，姧否難明，是不審也。放乎旦，猶至於旦也。蒸是薪之細者。摍，謂抽也。言燭，又言薪，則初執燭，次然薪，薪盡乃抽

取屋草以繼之也。先言放乎旦，已之為燃，目言其然火以至旦，乃更覆說薪盡抽屋之事，其實蒸盡摍屋是未旦時也。吾聞男女不六十不間居者，謂禮男女年不滿六十，則男子在堂，女子在房，不得間雜在一處而居。若六十則間居也。此六十據婦人言耳，男子則七十。內則唯及七十同藏無間是也。必男子七十，女六十同居者，以陰陽道衰，故無嫌也。言今子幼，吾亦幼者，止謂未老耳，非稚也。柳下惠固可者，言柳下惠貞絜之名素已彰著，固當如是，可於吾身為此則不可也。汝婦人之意，將以吾之不可，使學柳下惠可者，言己不得學也。孔子曰：欲學柳下惠可者，未有能似於是者。言魯人如此為行，取高與柳下惠相似。此言當有成文，不知所出。家語略有其事，其言與此小異，又無顏叔子之事，非所引也。傳言此者，證避嫌之事耳。此寺人奄者也，非能身有姧淫，其所嫌者不必即是男女是非之事。箋踵狹而舌廣。正義曰：定本作踵，義俱通。

緝緝翩翩，謀欲譖人。緝緝，口舌聲。翩翩，往來貌。○緝，七立反。說文作咠，云聶語也。又子立反。翩音篇，字又作偏。慎爾言也，謂爾不信。箋云：慎，誠也。女誠心而後言，王將謂女不信而不受。欲其誠者，惡其不誠也。○惡，烏路反。〔疏〕緝緝至不信。正義曰：上言謀多而巧，此言為

謀之狀。言口舌緝緝然往來翩翩然相與謀，欲為讒譖之言以害人，自相討議，唯恐不成，相教當誠汝之心而後言也。若言不誠實，則所言不巧，王將謂汝言為不信而不受也，故須誠實言之。

捷捷幡幡，謀欲譖言。捷捷猶緝緝也，幡幡猶翩翩也。○捷如字，又音妾。幡，芳煩反。豈不爾受？既其女遷。遷，去也。箋云：遷之言訕也。王倉卒豈將不受女言乎？已則亦將復訕誹女。○訕，所諫反，又所姧反。卒，寸忽反。誹，方味反。〔疏〕捷捷至汝遷。毛以為讒人相戒言：汝若不誠汝之心而言之，王於倉卒之間，豈不為汝受之？但已受之後，知汝言不誠實，王心或將舍汝而更遷去也。鄭以遷為訕，言王將訕謗汝，以遷去為理否女，故易之。

驕人好好，勞人草草。好好，喜也。草草，勞心也。箋云：好好者，喜讒言之人也。草草者，憂將妄得罪也。蒼天蒼天，視彼驕人，矜此勞人。〔疏〕驕人至勞人。正義曰：言讒人謀能功密，為干信用，彼戎則驕逸也；得罪則憂勞。彼驕人好好然而喜，我勞人草草然而憂，故仰告蒼天：蒼天何不視察彼人之虛妄，而矜哀此勞人。

彼譖人者，誰適與謀？取彼譖人，投畀豺虎。投，棄也。○畀，必二反，下同。豺，士皆反，字或作犲。豺虎不食，投畀有北。北方寒涼而不毛。有北不受，投畀有昊。昊，昊天也。箋云：付與昊天，制其罪也。〔疏〕彼譖至有昊。正義曰：豺虎若不肯食，當擲予有北太陰之鄉，使凍殺之。若有北不肯受，則當擲予昊天，自制其罪。以物皆天之所生，天無推避之理，故止於昊天也。豺虎之食人，寒鄉之凍物，非有所擇。言不食不受者，惡之甚也。故禮記緇衣曰：惡惡如巷伯。言欲其死亡之甚。傳北方至不毛。正義曰：以北方太陰之氣，寒涼而無土毛，不生草木，寒凍不可居處，故棄於彼，欲凍殺之。昭七年左傳曰：食土之毛。地官載師曰：宅不毛。皆謂草木也。

楊園之道，猗于畝丘。楊園，園名。猗，加也。畝丘，丘名。箋云：欲之楊園之道，當先歷畝丘。以言此讒人欲譖大臣，故從近小者始。○猗，於綺反，徐於宜反。寺人孟子，作為此詩。凡百君子，敬而聽之。寺人而曰孟子者，罪已定矣，而將踐刑，作此詩也。箋云：寺人，王之正內五人。作，起也。孟子起而為此詩，欲使眾在位者慎而知之。既言寺人，復自著孟子者，自傷將去此官也。○作為此詩，一本云作為作詩。〔疏〕楊園至聽

之。正義曰寺人以身既得罪恐更濫及善人故戒時在位令使自慎言人欲往之楊園之道當先加歷於畝丘而乃後於楊園也以興讒人欲行譖大臣之法亦當毀害於小臣而訖乃後至於大臣也讒人立意如此故我寺人之中字曰孟子者起發爲小人之更讒而作巷伯之詩使凡百汝衆在位之君子者當敬慎而聽察之知我之無罪而被讒讒人不已而敬慎也此言凡百則恐徧及在位而獨以巷伯名篇者以職與巷伯相近巷伯是其官長故特憂之當云作賦詩定本云作爲此詩又定本箋有作起也作爲也二訓自與經相乖非也。傳楊園至丘名。正義曰釋丘云如畝畝丘李巡曰謂丘如田畝曰畝丘也孫炎曰方百步也以畝丘丘名故知楊園亦園名也於時王都之側蓋有此園丘詩人見之而爲辭也。傳寺人至此。正義曰毛解言已定之意也知罪已定者若不定則不應疾讒人如此之甚也以罪定故知將踐刑也由踐刑而作此詩知自言孟子以殊於餘寺人不被讒者也。箋寺人至此官。正義曰寺人王之正內五人天官序官文也彼注云寺人之言侍也正內路寢也則五人當在路寢侍王之側也箋言此者明寺人非一也毛解自云孟子之意箋又解自言寺人之意由自傷將去此官故舉官言之。

巷伯七章四章章四句一章五句一章
八句一章六句

節南山之什十篇七十九章五百五十二句

附釋音毛詩注疏卷第十二（十二之三）

黃中模栞

毛詩注疏挍勘記十二之三　阮元撰盧宣旬摘錄

○小宛

大夫刺宣王也　閩本明監本毛本同唐石經小字本相臺本宣作幽考文古本同案宣字誤也正義中同

鳴鳩鶻鵰　小字本相臺本同案正義云定本及集注皆云鳴鳩鶻鵰也如其所言不爲有異正義本未有明文今無可考意必求之或當鵰作鳩也釋文云鵰字林作鳩

行小人之道　閩本明監本毛本人下有之字小字本相臺本無十行本初刻無後剜添案初刻是也

猶能溫藉自持以勝　小字本相臺本同案此定本也正義云蘊藉者定本及箋作溫字釋文以溫藉作音與定本同溫克下云鄭蘊藉也乃改用今字耳

醉而日富矣　閩本明監本毛本同小字本相臺本而日作日而案日而是也段玉裁云謂當日醉之日頓自富矣與箋小別

蜾蠃負之　唐石經小字本同閩本明監本毛本亦同相臺本蠃作羸案羸乃誤字

或在草萊上　閩本明監本毛本同案此不誤浦鏜云菜誤萊非也爾雅疏卽取此正作萊

不有止息　小字本同閩本明監本毛本同相臺本有作肯案有字是也正義云無有止息之時可證下文云無肯息時也乃自爲文耳相臺本依之改者非

謂月視朝也　閩本明監本毛本同小字本相臺本朝作朔考文古本同案朝字誤也

毋忝爾所生　小字本同閩本明監本毛本同唐石經相臺本毋作無案釋文云毋音無正義本無明文今無可考白駒釋文云毋金音無本亦作無他皆放此

欲使言與羣臣行之　閩本明監本毛本同案浦鏜云言疑王字誤是也

世必無從得活　閩本明監本毛本同案世當作此

○小弁

故變文以云義也　閩本明監本毛本同案山井鼎云宋板云作示示字是也但其實不然當是剜也

鸒卑居　小字本相臺本同案正義云鸒卑居釋鳥文也又云傳或有斯者衍字定本無斯字標起止云傳鸒卑居釋文鸒斯下云鸒斯卑居也又云一云斯語辭是其本傳當有斯字考文古本有采正義釋文

提提羣貌　小字本相臺本同案正義云羣下或有飛亦衍字定本集注並無飛字標起止云至羣貌釋文提提下云羣飛貌是其本傳有飛字考文古本有采正義釋文

我大子獨不然　小字本相臺本同案然字衍也上箋云今大子獨不正義云集注定本皆無然字俗本不下有然衍字此當與彼同

日以憂也　相臺本同小字本日作曰閩本明監本毛本同案曰字是也

大子言曰我憂之也大子言曰我憂之也　閩本明監本毛本不重大子言曰我憂之也案所刪是也此八字複衍

而類菀鳥部　閩本明監本毛本菀作苑案所改非也菀即苑字

本集本並無飛字　閩本明監本同毛本本上剜添定字案所補是也

當文爲與　閩本明監本毛本文誤又

乎我之父母也　閩本明監本毛本同案浦鏜云乎當作于是也

鞫爲茂草　唐石經小字本相臺本同考文古本同閩本明監本毛本鞫誤鞠案釋文鞫通志堂亦誤鞠影宋本不誤

不罹于裏　小字本相臺本同閩本明監本毛本亦同唐石經罹作離案正義云不離歷於母乎又云離者謂所離歷考小明漸漸之石皆經言離則正義言離歷即魚麗正義所云麗歷傳云麗歷也是也麗離古字同用聲類至近也罹字即非此義各本皆誤當依唐石經正之

裹其內陰　各本其皆作在案傳本是在字其誤也

萑葦淠淠　小字本相臺本同唐石經萑初刻萑案初刻誤與七月同

析薪扡矣　小字本相臺本同閩本明監本毛本亦同唐石經扡作杝案惠棟云玉篇在木部是也五經文字木部云杝又音褫見詩小雅即謂此字也釋文杝與唐石經同或誤扡今正詳後考證十行本正義中字不誤

不欲妄挫析之　毛本同小字本相臺本析作折閩本明監本同案折字是也釋文以挫折作音可證

關弓而射之　閩本明監本毛本同小字本相臺本之作我案我字是也下作我角弓正義引孟子同

人猶有然而存諸心　補案下猶有默心存念知王之情此然字當默字之譌

念固而不暇耳　閩本明監本毛本同案浦鏜云念固疑今因之誤是也

孔子曰以舜年五十　閩本明監本毛本同案浦鏜云曰字衍是也

如高子譏小弁　閩本明監本毛本同案如當作知

○巧言

亂如此憮　唐石經小字本相臺本同閩本明監本毛本憮作幠下經及傳及正義皆同案幠字誤也詳詩經小學釋文憮與唐石經同或誤幠今正見後考證

昊天大憮　相臺本同閩本明監本毛本同唐石經小字本大作泰案釋文云大音泰本或作泰正義云而泰憮言甚大是其本作泰字沿革例云蜀本越本與國本皆作泰余仁仲及建大字本作大此以釋文爲據也今亦從釋文不知兩本之各有所據

甚傲慢無法度　閩本明監本傲誤敖案箋作敖正義作傲敖傲古今字易而說之也例見前標起止仍云箋憮敖可證也釋文憮傲本又作敖與正義本不同考文古本箋作傲采釋文

乃昊天乎王甚傲慢　閩本明監本毛本同案乃當作及形近之譌

傳者以下言已威　閩本明監本毛本同案傳上當脫易字

而寿幠言其大【補】閩本明監本毛本同案其字當作甚形近之譌

放其初卽位 閩本明監本毛本放作故案所改非也放卽昉字

僭始旣涵 唐石經小字本相臺本同案詩經小學云傳僭數也蓋以爲譖字是也

若無疑事則不會同 閩本明監本毛本同案十行本若至不剜添者一字

義能忖度而知之【補】毛本義作我案我字是也上箋云已能忖度讒人之心可證

傳讒兔至狡兔 閩本明監本毛本同案讒當作毚至當衍字

則彼獲耳 閩本明監本毛本同案浦鏜云彼當被字誤是也

骭瘍爲微 小字本相臺本同案釋文云瘍本亦作傷正義本是瘍字

素能然乎 小字本相臺本素作傃考文古本同閩本明監本毛本作素十行本初刻傃後改素案素字誤也釋文云傃音素可證

故箋亦云此人 閩本明監本毛本云下有○案山井鼎云宋板云此相接有圈非也

○何人斯

以絕之 小字本相臺本同閩本明監本毛本亦同唐石經作而絕之也考正義云故序專云刺暴公而絕之也唐石經是也

誰暴之云 閩本明監本毛本同唐石經小字本相臺本誰作雒考文古本同案誰字誤也序下正義同

云何其盱 小字本相臺本同唐石經無其字旁添之案正義標起止云至其盱又云毛以此云何其盱釋文以其盱作音是正義本釋文本皆有其字唐石經未知出何本也

一者之來見我 閩本明監本毛本同小字本相臺本一作壹下箋小字本作一案正義中皆作一則作一是也作壹者依經改耳山井鼎云宋板一作壹疏及下注同其實不然皆其誤也

於女亦何病乎 閩本明監本毛本同小字本相臺本乎作也小字本無亦字案無者是也有者用正義自爲文添耳

與下俾我祇也元文 閩本明監本毛本同案浦鏜云互誤元是也

俾我祇也 唐石經小字本相臺本同閩本明監本毛本祇誤衹案唐石經此與祇適也字別釋文云祇祈支反毛病也鄭安也一云鄭上支反段玉裁云傳病也者謂祇卽疧之假借說文疧病不啻也箋安也者謂祇卽禔之假借說文禔安也

易說祇病也 小字本相臺本同案釋文以說也作音是其本說下有也字考文古本有

女與於譖我與否 小字本相臺本同閩本明監本毛本亦同案段玉裁云此否字當作不與經文否字無干是也

大塤謂之嘂音叫 閩本明監本毛本同案音叫二字當旁行細書正義自爲音者例如此也

銳上平氐 閩本明監本毛本氐作底所改是也

釋樂文云 閩本明監本毛本同案浦鏜云又誤文是也

明其不信者也 閩本明監本毛本同案浦鏜云詛誤明是也

然盟者人君用牛 閩本明監本毛本同案此不誤浦鏜云然下疑脫則字非也古言然卽今言然則也正義文本如此十月之交正義云然日者太陽之精等可證也

蜮短狐也 小字本相臺本同案段玉裁云弧作狐誤是也釋文蜮下云短狐也正義云蜮短狐今說文本蜮下皆誤漢書五行志注作弧不誤

淫女或亂之氣所生也 閩本明監本毛本同案此不誤浦鏜云惑誤或非也古或惑同用當是五行傳本用或字

姡面靦也 閩本明監本毛本同案此不誤浦鏜云醜誤靦非也爾雅疏卽取此正作靦是正義自如此下文云然則靦與姡皆面見人之貌也可證

則知側是不正直也　閩本明監本毛本同案側上浦鏜云脫反字是也

○巷伯

巷伯奄官　小字本相臺本同案此釋文本也釋文云巷伯奄官本或將此注爲序文正義標起止云至奄官又云故序解之云巷伯奄官又云官下有兮衍字定本無巷伯奄字四字於理是也以俗本多有故解之是正義本此四字爲序文也車隣正義云序言巷伯奄官亦其證考鄭此注云巷伯內小臣也奄官上士四人掌王后之命正據此序之文而釋之也是鄭自有正義以定本爲是者誤當以正義本爲長段玉裁云周禮序官疏引甚明兮也古書通用周禮疏引作也是也唐石經序中無此四字依釋文定本

寺人內小臣也奄官上士四人　小字本相臺本同案正義標起止云箋巷伯至名篇考車隣正義云巷伯箋云巷伯內小臣奄官上士四人是正義本作巷伯內小臣也作寺人者非寺人與內小臣異官說詳彼正義此序正義本有巷伯奄官釋文本以爲注正在此文之上未知其此文較正義本仍同與否今無所考段玉裁云官字衍

餘泉文　閩本明監本毛本同案泉下浦鏜云脫白黃二字是也

黃爲文又有紫貝　閩本明監本又誤文毛本文又誤又文柴作紫案紫字是也

皆可列相當　閩本明監本同毛本可作行案行字是也

當有至至一尺六七寸者　閩本明監本同毛本當作常上至字作徑案所改是也

哆兮侈兮　唐石經小字本相臺本同案此經釋文本正義本皆如此說文誃下有一曰詩云侈兮哆兮見段玉裁說文訂今考說文或別有誤經義雜記欲依之以倒此經者非也其謂王伯厚詩考所載崔靈恩集注爲作侈不可據誠然

縮屋而繼之　小字本同閩本明監本毛本亦同相臺本縮作摍案正義云摍謂抽也正義云縮又作摍同摍是摍之譌字摍字見於說文廣雅皆從手訓引也武梁左石室畫像載此事字作摍摍縮字同韋昭周語注亦訓縮爲引考文古本作摍采釋文而誤

男子不六十不閒居　小字本相臺本同案正義云吾聞男女不六十不閒居者是其本子作女考文古本作女采正義

嫗不逮門之女　小字本相臺本同案釋文云嫗本或作煦正義本未有明文今無可考小宛箋有煦嫗正義引樂記注以體曰嫗以氣曰煦此傳意亦謂以體煖之作嫗者是不逮門者段玉裁云不及入門門如城門之類荀卿云與後門者同衣也

記言讒人集成已罪　閩本明監本毛本同案浦鏜云記當既字誤是也

言雖小寬　閩本明監本毛本同案浦鏜云言當舌字誤是也

星因物益大　閩本明監本毛本同案浦鏜云星當是字誤是也

暗作詩之人　閩本明監本毛本同案暗當作斯此說傳斯人也

素已彰者　閩本明監本毛本同案浦鏜云者當著字誤是也

定本蹝作踵　閩本明監本毛本同定本踵作蹝案依此則正義本是蹝字今正義字皆作踵後改也釋文作蹝與定本同

爲理否女　閩本明監本同毛本女作安案否女當作不安

彼戎則驕逸也得罪則憂勞　閩本明監本毛本戎作誠也下有我字案戎即我字之誤又錯在上句耳

作爲此詩　唐石經小字本相臺本同案此釋文本也釋文云作爲此詩一本云作爲作詩考正義本是作爲作詩與一本同正義云起發爲小人之更讒而作巷伯之詩順經文作爲作詩四字次敘而說之極爲明晰此二本之異在第三字正義是作釋文是此不同耳故正義本箋並有作起也作爲也二訓以經有二作字而各釋之也正義又云定本云作爲此詩又定本箋有作起也作爲也二訓自與經相乖非也所謂乖者經字既是此矣不復有二作而箋訓有之是

其乖也正義之意譏其箋有二訓證其經止一作之失耳不謂不當有二訓也今各本皆但有作起也一訓必是因其經與注相乖不可通而去之合併者不知檢照又令正義與經注相乖而不可通是其轉輾之失也考文古本作起也下有為作也三字采正義而不得其解乃誤倒之

當云作賦詩閩本明監本毛本同案賦字當衍正義云當云作詩謂其本經是作詩也寫之以訂下定本經此詩之非

自與經相乖閩本明監本毛本同案十行本經至乖剜添者一字

傳寺人至此〔補〕毛本同案此下當有詩字

詩疏十二之三校勘記

附釋音毛詩注疏卷第十三（十三之一）　四

谷風之什詁訓傳第二十

毛詩小雅　鄭氏箋　孔穎達疏

谷風刺幽王也天下俗薄朋友道絕焉（疏）谷風三章章六句至道絕焉。正義曰作谷風詩者刺幽王也以人雖父生師教須朋友以成然則朋友之交乃是人行之大者幽王之時風俗澆薄窮達相棄無復恩情使朋友之道絕焉言天下無復有朋友之道也此由王政使然故以刺之經三章皆言朋友相棄之事漢書地理志云凡民稟五常之性而有剛柔緩急音聲不同繫水土之風氣故謂之風好惡取捨動靜無常隨君上之情欲故謂之俗是解風俗之事也風與俗對則小別散則義通蟋蟀云堯之遺風乃是民感君政其實亦是俗也此俗由君政所爲故言舊俗言舊俗者亦謂之政定四年左傳曰啓以夏政商政謂夏商舊俗也言風俗者謂中國民情禮法可與民變化者也孝經云移風易俗關雎序云移風俗皆變惡爲善邶谷風序云國俗傷敗爲此云天下俗薄皆謂變善爲惡是得與民變革也若其夷夏異宜山川殊制民之器物言語及所行禮法各是其身所欲亦謂之俗也如此者則聖王因其所宜不強變革王制曰廣谷大川異制民生其間者異俗又曰脩其教不易其俗地官土均云禮俗喪紀皆以地美惡爲輕重之法而行之誦訓掌道方慝以知地俗皆是不改之此言其大法耳乃箕子之處朝鮮大伯之在勾吳皆能教之禮儀使同中國是有可改者也但有不可改者不強改之耳。

習習谷風維風及雨興也風雨相感朋友相須箋云習習和調之貌東風謂之谷風興者風而有雨則潤澤行喻朋友同志則恩愛成。谷音穀

將恐將懼維予與女箋云將且也恐懼喻遭厄難勤苦之事也當此之時獨我與女爾謂同其憂務。恐丘勇反注下同女音汝厄本又作阨於革反難乃旦反。

將安將樂女轉棄予言朋友趨利窮達相棄箋云朋友無大故則不相遺棄今女以志達而安樂棄恩忘舊薄之甚。○樂音洛注下皆同（疏）習習至棄予。正義曰言習習然和調生長之谷風也維此生長之谷風能及於膏潤澤陰雨以行其潤澤由風雨相感故潤澤德行以興良朋相親於善友以成其恩愛由朋友相須故恩得成朋友恩愛相須若是事有窮達不可相棄何爲且恐且懼當遭苦厄之時維我與汝獨愛此難纔得且安且樂志達之時汝何更棄我乎不念恩愛之時也。箋東風至潤澤行。正義曰東風謂之谷風釋天文風類多矣正取谷風爲喻者谷風生長之風取其朋友相長益故也此據風爲文故云風而有雨則潤澤行潤澤是雨之事但雨得風乃行則潤澤亦由風故易曰潤之以風雨是風雨共爲潤澤。傳言朋友至相棄。正義曰言彼朋友志趨於利不顧終始葛屨序曰其民機巧趨利是也已窮彼達是窮達相棄也。箋朋友至之甚。正義曰朋友無大故不相棄論語文也引之者證朋友得相怨之意大故謂惡逆之事苟無大故義不相棄今彼已得志申達居處安樂而棄往日之恩忘昔時之故舊是風俗薄之甚也以序言俗薄故於此明之。

習習谷風維風及頽頽風之焚輪者也風薄相扶而上喻朋友相須而成。頽徒雷反上時掌反

將恐將懼寘予于懷箋云寘置也置我於懷言至親已也。寘之豉反

將安將樂棄予如遺箋云如遺者如人行道遺忘物忽然不省存也（疏）習習至如遺。正義曰言習習然和調者生長之谷風也維生長之谷風能及於焚輪謂之頽使之旋轉而升是風薄相扶而上也以興良朋能佐於善友使之道德益進是朋友相率而成也德既由友而成則窮達不可相棄故言何爲汝本且恐且懼苦厄之時則置我於懷至相親愛矣今汝得且安且樂志達之後反更棄我如人遺忘於物忽然不省無心念我也。傳頽風至而成。正義曰釋天云焚輪謂頽扶搖謂之猋。李巡曰焚輪暴風從上來降謂之頽頽下也扶搖暴風從下升上故曰猋猋上也孫炎曰迴風從上下曰頽迴風從下上曰猋然則頽者風從上而下之名迴風從上而下力薄不能更升谷風與相遇二風幷力乃相扶而上以喻朋友二人同心乃相率而成也彼迴風從上下谷風未與相扶謂之爲頽若谷風既與相扶而上則於爾雅爲猋不復爲頽也詩言頽據其未與相扶之名耳

習習谷風維山崔嵬無草不死無木不萎崔嵬山巔也雖盛夏萬物茂壯草木無有不死葉萎枝者箋云此言東風生長之風也山巔之上草木猶及之然而盛夏養萬物之時草木枝葉猶有萎槁者以喻朋友雖以恩相養亦安能不時有小訟乎。崔徂回反嵬五回反又作嵔萎於危反長張丈反下同槁苦老反

忘我大德思我小怨箋云大德切磋以道相成之謂也。磋七河反（疏）習習至小

怨。○正義曰：言習習然和調者，生長之谷風也。谷風猶善能生長。○故維山崔嵬之上，草木皆能生長之，以興良朋山善能切磋之，故其友身之道德亦能成就之。道德相由而成，窮達不宜相棄。然草木之生長，雖至於盛夏之月，萬物茂壯，無能使草不有死者，無能使木不有萎者，以時不齊，實小有萎死者也。以興道德之進益，雖至於成就之功，百事通曉，無能使色不有忿者，無能使辭不有訟者，以大義不虧，實小而有忿訟也。然小萎無虧於夏長，小怨無損於交好，汝何爲忘我切磋之大德，反思我言訟之小怨而棄我乎？○傳「雖盛夏」至「萎枝者」。○正義曰：以四時春生夏長，物之盛莫過夏時，故云雖盛夏萬物茂壯也。以其大時不齊，不能無死者，故月令仲夏靡草死，故曰死生分，是草木無能不有枝葉萎槁者。定本及集注本云「草木無有不死葉萎枝者」。○箋「此言」至「小訟乎」。○正義曰：維山崔嵬之文，上承谷風之下，而下與草木相連，明是風吹山巔之上，使生草木也。平地沃衍之土，宜生草木，以山巔之上則非草木所宜，風尙吹之使生，故云猶及之也。以難長而風及，喻朋友相養之深也。然而盛夏養萬物之時，草木枝葉猶萎槁者，以爲平地之草木，非止山巔也。養則言其難者，故云山巔猶及之；萎死則言其茂者，故言盛夏以暢之。云猶有萎槁者，爲不宜萎槁，是不據山巔明矣。若然，東風爲

谷風，實取生長之義，要風以四方爲名，非以四時立稱，則夏之東風猶爲谷風也。春則草木初生，未及暢茂，其有萎死，則雖其常，詩人不應舉以爲喻，故知言草木萎槁，謂夏時也。木大，或一枝枯，故言萎也。草小，或連根死，故言死也。

谷風三章，章六句。

蓼莪，刺幽王也。民人勞苦，孝子不得終養爾。不得終養者，二親病亡之時，時在役所，不得見也。○蓼莪，上音六，下五河反。養，餘亮反，注除「鞠，養也」「穀，養也」二字，餘並同。

【疏】「蓼莪」六章，上下各二章，章四句；中二章，章八句。至「終養爾」。○正義曰：民人勞苦，致令孝子不得於父母終亡之時而侍養之。民人勞苦，五章卒章上二句是也。不得終養，卒章卒章是也。其餘皆是孝子怨不得終養之辭。○箋「不得」至「得見」。○正義曰：經言「銜恤靡至」，是親沒之辭。序言不得終養，繼於勞苦之下，是勞苦不見父母也。故言不得終養者，二親病亡之時，時在役所，不得見之也。終是亡之稱，亡連言病者，以亡必用病言，終可以兼之。親病將亡，不得扶侍左右，孝子之恨最在此時，故連言之。

蓼蓼者莪，匪莪伊蒿。興也。蓼蓼，長大貌。箋云：莪已蓼蓼長大，貌視之以爲非莪，故謂之蒿。興者，喻憂思雖在役中，心不精識其事。○蒿，呼毛反。長，張丈反，下皆同。思，息嗣反。○哀哀父母，生我劬勞。箋云：哀哀者，恨不得終養父母，報其生長己之苦。

【疏】「蓼蓼」至「劬勞」。○正義曰：言蓼蓼然長大者，正是莪也，而不精審視之，以爲非莪，反謂之維蒿。以興有形器方可識者，正是此物也，而我不精識，視之以爲非此物，反謂之是彼物也。以己二親今且病亡，身在役中，不得侍養，精神昏亂，故視物不察也。既不得終養，又追而爲恨，言可哀之又可哀，我父母也。其生長我也，其病勞矣，今不見其亡，所以深恨。○箋「莪已」至「其事」。○正義曰：視莪以爲非莪，亦是作者身視，故云我視之，是作者自我也。但作者憂思之深，每事皆不精識，故舉視莪爲蒿，以喻衆事皆然，故喻憂思雖在役中，心不精識其事，謂衆事不精識，非獨莪也。

蓼蓼者莪，匪莪伊蔚。蔚，牡菣也。○蔚，音尉。菣，去刃反。哀哀父母，生我勞瘁。箋云：瘁，病也。○瘁，似醉反。

【疏】傳「蔚，牡菣」。○正義曰：釋草文。舍人曰：「蔚一名牡菣。」某氏曰：「江河間曰菣。」陸機疏云：「牡蒿也。三月始生，七月華，華似胡麻華而紫赤，八月爲角，角似小豆，角銳而長，一名馬薪蒿。」

缾之罄矣，維罍之恥。缾小而罄，大罄盡也。箋云：缾小而盡，罍大而盈，言爲罍恥者，刺王不使富分貧、衆恤寡。○缾，蒲丁反。罄，苦定反。罍，音雷。

鮮民之生，不如死之久矣。鮮，寡也。箋云：此言供養日寡矣，而我尙不得終養，恨之言也。○鮮，息淺反。供，九用反。無父何怙？無母何恃？出則銜恤，入則靡至。箋云：恤，憂。靡，無也。孝子之心，怙恃父母，依依然以爲不可斯須無也。出門則思之而憂，旋入門又不見，如入無所至。○怙，音戶。韓詩云：怙，賴也。恃恃，負也。

【疏】「缾之」至「靡至」。○正義曰：罍器大，缾器小，酌酒者當多酌罍，少酌缾，不使小缾先竭。今缾之既盡矣，而罍尙盈滿，是爲酌罍者之恥也。以興民有富而多丁，貧而寡弱，治民者當多役富，少役貧，不使貧者先困。今貧者既困矣，而富者尙饒裕，是王之恥也。今王不以爲恥，偏困貧民，我不得供養，故因此以恨言。寡矣，民之生也，言生而得養，其日尙寡，況我尙不得終養，是可恨之甚。如此，我不如死之久矣，言己雖生，不如死之已久也。所以然者，以無父何所依怙，無母何所倚恃。已無父母，出門則以中心銜憂，旋來入門則堂宇空曠，不復覩見，如行田野無所有至，是其所以悲恨也。○箋「缾小」至「恤寡」。○正義曰：釋器云：「小罍謂之坎。」孫炎曰：「酒罇也。」郭璞曰：「罍形似壺

大者受一斛是罍大如缾也言缾盡矣對罍盈言爲罍恥者是爲主罍者之恥卽酌者也以罍大似富衆缾小似貧寡然罍缾並列俱以酌之則當多酌罍而少酌缾以至於俱盡少是均也猶上之賦役以富貧並對俱以役之則當多役富而少役貧以至於俱堪亦爲均也今缾盡而罍盈者滿也是全不酌之辭猶偏役貧寡而富衆不行故言恥者刺王不使富分貧衆恤寡也謂不使富者分貧者之役衆者憂寡者之勞而共之也言缾罄則罍盈矣罍既無情之物終不以自盈爲恥故知是爲罍者恥以喻王恥也。箋孝子至所至。正義曰作詩之日已反於家故言出入之事入門無見又似非殯是已卒哭之後也入門上堂不見慨焉廓爲時實爲甚三年之外孝子之情亦然但此以三年內耳

父兮生我母兮鞠我拊我畜我長我育我顧我復我出入腹我鞠養腹厚也箋云父兮生我者本其氣也畜起也育覆育也顧旋視也復反覆也腹懷抱也。拊音撫畜喜郁反顧音故覆芳福反欲報之德昊天罔極箋云之猶是也欲報父母是德昊天乎我心無極【疏】父兮至罔極。毛以爲此言父母生養之恩已思報之言父兮本流氣以生我母兮以懷任以

養我又拊循我起止我長遂我覆育我顧視我反覆我其出入門戶之時常愛厚我是生我劬勞也我今欲報父母是勞苦之德昊天乎心無已也常所憶念無有已時故言已痛切之情以告於天。鄭以腹爲懷抱爲異。傳腹厚。正義曰釋詁文。箋父兮至懷抱。正義曰上章揔言父母此分父母而說之故云父兮生我者本其氣也以鞠已爲養畜我承拊我之後明起止而畜愛之故爲起也言覆育者謂其寒暑或身體嫗之覆近而愛育焉旋視謂去之而反顧也復反也故爲反覆謂小者就所養之處迴轉反覆之也腹我謂置之於腹故爲懷抱以父母厚已非獨出入之時故易傳也

南山烈烈飄風發發烈烈然至難也發發疾貌箋云民人自苦見役視南山則烈烈然飄風發發然寒且疾也。飄避遙反後篇同本又作票民莫不穀我獨何害箋云穀養也言民皆得養其父母我獨何故覩此寒苦之害【疏】南山至何害。正義曰孝子言已在役之苦我本從役苦於南山値時寒甚視南山則烈烈然愴其至役之勞苦而情以爲至難也又遇飄風發發然寒而且暴疾也於時天下之民豈不皆得養其父母者我獨何故覩此寒苦之害而不得養父母乎此何害與下不卒互也。箋言民至之害。正義曰何害者皆以已刺彼故言他得孝養已獨寒苦此則怨者之常辭且虐君者役賦不平非無閑豫之人故作者言已偏苦得稱民莫不穀也

南山律律飄風弗弗律律猶烈烈也弗弗猶發發也民莫不穀我獨不卒箋云卒終也我獨不得終養父母重自哀傷也。卒子恤反重直用反

蓼莪六章四章章四句二章章八句

大東刺亂也東國困於役而傷於財譚大夫作是詩以告病焉譚國在東故其大夫尤苦征役之事也魯莊公十年齊師滅譚。譚徒南反國名【疏】大東七章章八句至告病焉。正義曰作大東之詩者刺亂也時東方之國偏於賦役而損傷於民財此譚之大夫作是大東之詩告於王言已國之病困爲民財役以至於病是爲亂也言亂者政役失理之謂揔七章之言皆是也言困於役者對則貨財謂之賦功力謂之役案此經文及傳箋皆刺賦斂重薄無怨力役之事故哀我憚人箋云哀其民人之勞苦亦不欲使周之賦斂則亦可息也是欲息其賦斂非力役也但王數徵賦須轉餫輸之勞卽是役也

四章云職勞不來下箋云東人勞苦而不見謂勤言送轉輸而不蒙勞來是困於役之事也經則主怨財盡故唯言賦重斂則兼言民勞故云困役由送衰財以致役故先言之從首章以盡三章皆是困役財之事四章以下言周衰政偏衆官廢職由此已國所以賦重故言之以刺周亂也言病者雖七章皆是若指事而言則哀我憚人亦可息也是所苦之辭也言東國者譚大夫以譚國在東而見偏役故經云小東大東敘亦順之而言東國爲不指譚而言東者譚大夫雖自爲已怨而王政大經偏東非譚獨然故言東以廣之譚大夫者以別於王朝也普天之下莫非王臣必別之者以此主陳譚國之偏苦勞役西之人優逸是有彼此之辭故須辨之明爲譚而作故也若汎論世事則不須分別小明大夫悔仕於亂彼牧伯大夫不言其國是也。箋譚國至滅譚。正義曰解譚大夫而序言東國之意也莊十年齊師滅譚是春秋經也傳曰齊侯之出也過譚譚不禮焉及其入也諸侯皆賀譚又不至是以齊師滅之引此者證其在京師之事也。

有饛簋飧有捄棘匕興也饛滿簋貌飧熟食謂黍稷也捄長貌匕所以載鼎實棘赤心也箋云飧者客始至主人所致之禮也凡飧饔餼以其爵等爲之牢禮之數陳興者喻古者天子施予之恩於天下厚。饛音蒙

簋音軌，飧音孫，捄音虯，又其牛反，下章同。匕必履反。饔於恭反。施始豉反。**周道如砥，其直如矢。**如砥貢賦平均也，如矢賞罰不偏也。砥之履反。**君子所履，小人所視。**箋云：此言古者天子之恩厚也，君子皆法效而履行之，其如砥矢之平，小人又皆視之，共之無怨。共音恭，本又作恭。**睠言顧之，潸焉出涕。**睠，反顧也。潸，涕下貌。箋云：言，我也。此二事者，在乎前世，過而去矣，我從今顧視之，爲之出涕，傷今不如古。睠音卷，本又作眷。潸，所姦反，說文作潸，云涕流貌，山晏反。出如字，徐尺遂反。涕音體。爲，于僞反。〔疏〕「有饛」至「出涕」。正義曰：言有饛然滿者，簋中黍稷之飧也；有捄然長者，棘木載肉之匕也。客始至，主人以簋盛飧，以匕載肉而待之，是主人供承之惠於賓客厚也。以興古者天子施予之恩於天下厚也。非直與恩厚，又法制齊均。周之貢賦之道，其均如砥石然；周之賞罰之制，其直如箭矢然。是所行之政皆平而不曲也。以天子崇其施予之厚，故其時君子皆共法傚，所以履而行之；以周道布其砥矢之平，直時小人皆共承奉，所以視而供之。既君子履其厚，小人視其平，是上下相和，舉世安樂。今此二者於前世已過而去，睠然迴反，我從今世徒反顧而視之，終不可值，

由此潸焉爲之出涕，傷今不如古，所以見偏役也。傳「饛滿」至「赤心」。正義曰：簋以盛飧，饛爲其狀，故知饛滿簋貌也。主人供賓客，有禾有米，此以盛於簋，故知熟食也。又禮之通例，皆簠盛稻粱，簋盛黍稷，故知謂黍稷也。捄爲匕之狀，故知長貌。雜記云「匕用桑，長三尺」是也。鼎實煑肉也，煑肉必實之於鼎，必載之者，以古之祭祀享食，必體解其肉之胖，既大，故須以匕載之。載謂出之於鼎，升之於俎也。雜記注亦言「匕所以載牲體」，牲體即鼎實也。言棘赤心者，以棘木赤心，言於祭祀賓客皆赤心盡誠也。吉禮用棘，雜記言用桑者，謂喪祭也。待賓客之匕，禮當用棘，傳言赤心，解本用棘之意，未必取赤心爲喻。箋「飧者」至「天下厚」。正義曰：箋飧之所用，故言客始至主人所致之禮也。知者，聘禮賓初至，大夫帥至於館，宰夫朝服設飧是也。必先設之者，以其初至，權致小禮。彼注云「食不備禮曰飧」，對饔餼之大爲不備。司儀注云「小禮曰飧，大禮曰饔餼」是也。言凡飧饔餼以其爵等爲之牢禮之數陳者，掌客文也。案大行人及掌客云：上公飧五牢，饔餼九牢；侯伯飧四牢，饔餼七牢；子男飧三牢，饔餼五牢。諸侯之朝，必以臣從，彼爲凡介行人宰史設文，故注云「凡，大行人宰使衆臣從賓者也。行人主禮，宰主具，史主書，皆有饔餼，尊其君以及其臣」。以其爵等爲之牢禮之數陳者，爵卿也則飧二牢，饔餼五牢；爵大夫也則飧大牢，饔餼三牢；爵士也則飧少牢，饔餼大牢。此降小禮豐大禮也。以命數則參差難等，略於臣，用爵而已。是爵等爲之牢禮之數陳也。陳者，依此數陳列以與之。言此，證飧之所用是供客之禮也。知喻古者天子施予之恩於天下厚者，以下云「周道如砥」，言周平安之世，「睠言顧之」，傷其不見往古，故知此以主人待客之隆，喻古者施予之厚也。以東國困役而刺王，則與天下同怨，故知喻天下。古之天子，正謂周之聖王，下言周道，明所思不出於周也。傳「如砥」至「不偏」。正義曰：砥謂礪之石，禹貢曰「礪砥砮丹」，以砥石能磨物使平，故比貢賦均也。矢則幹必直，故比賞罰不偏也。砥言周道，則其直亦周道也；如矢言其直，則如砥言其平，互相通也。知砥比貢賦、矢比賞罰者，以王道所行，唯此事耳。此爲貢賦之偏以發言，故先以砥比貢賦，取均平之義。貢賦之外，唯賞罰耳，故以矢比之。傳因有二文而分之耳，其實貢賦賞罰皆平皆直，理亦兼通。故下箋云「砥矢之道，獨爲貢賦」，而砥矢並言，是得兼通故也。此篇怨政偏斂重，無言賞罰之事，傳言之者，以言周道爲事廣，所可平直者，即貢賦賞罰耳，故因而盡言以暢之。且「粲粲衣服」、「鞙鞙佩璲」，是濫賞所及，亦是賞罰不平也。箋「此言」至「無怨」。正義曰：此言君子小人，在位與民庶相對。君子則行其道，小人則供其役。此上四句，有二事明君子

履其恩厚而法傚之，小人視其平直而供承之，以履視不同，先上二事，故箋分以當之也。言君子所履者，明已今賦斂之偏，亦由時在位貪亂，不履先王之道，不能佐君以致於偏，故五章以下刺其空官廢職，與此相首尾。**小東大東，杼柚其空。**空，盡也。箋云：小也，大也，謂賦斂之多少也。小亦於東，大亦於東，言其政偏，失砥矢之道也。譚無他貨，維絲麻爾，今盡杼柚不作也。杼，直呂反。說文云：盛緯器。柚音逐，本又作軸。斂，力豔反，後同。**糾糾葛屨，可以履霜。佻佻公子，行彼周行。**佻佻，獨行貌。公子，譚公子也。箋云：葛屨，夏屨也。周行，周之列位也。言時財貨盡，雖公子衣屨不能順時，乃夏之葛屨，今以履霜。送轉餫，因見使行周之列位者而發幣焉，言雖困乏，猶不得止。糾，居黝反。屨，九具反。佻，徒彫反，徐又徒了反，沈又徒高反，韓詩作嬥嬥，往來貌，並音挑，本或作窕，非也。周行，戶郎反，注「周行」下「載施之行」并注同。餫音運。**既往既來，使我心疚。**箋云：既，盡。疚，病也。言譚人自虛竭餫送而往，周人則空盡受之，曾無反幣復禮之惠，是使我心傷病也。疚音救。〔疏〕「小東」至「心疚」。正義曰：譚大夫既思古無及，乃言今幽王政偏，重斂於己，小亦於東，大亦於東，

前所賦斂者唯出杼柚今既輸送杼柚從其上之物皆已盡爲由此財盡衣屨不備糾糾然夏日之葛屨公子以貧乏故謂其可以屨冬日之霜寒也佻佻然獨行者我譚國之公子也因送轉餫又見使行而彼周之列位而發幣爲餞則困之猶不止也公子之困如此又我譚人自盡空竭送餫而往周人則空盡受之虛空而來曾無反幣復禮之惠由是所以使我心傷病焉。箋小也至不作。正義曰知譚無他貨唯有絲麻者以杼柚之有維絲麻耳說文云杼持緯者也。箋雖公子至不得止。正義曰上言杼柚其空是譚國財盡履霜之下即云公子是公子服此葛屨而履霜也下云既往既來仍是轉輸之事故知公子獨行爲送轉餫至京師又因見使之行周列位而發幣爲謂適有司而納其轉餫之幣列位則是有司也隱七年左傳曰初戎朝於周發幣於公卿杜預云朝而發幣於公卿如今計獻詣公府卿寺彼因朝而有貢獻之物發幣於公卿與此公子發幣同但此轉餫不因行聘也以葛屨爲屨霜仍彼行役言困乏猶不得止也。箋曾無反幣復禮之惠是使我心傷悲焉。正義曰聘禮云無行則重賄反幣謂以幣反報來者故此以反幣言之知責王無反幣者以怨其盡受明當有報也中庸曰厚往而薄來所以懷諸侯也是有報矣天子報諸侯之禮雖亾春秋之世諸侯之事

霸主與天子同也齊桓公知諸侯之歸已也故使輕其幣而重其禮諸侯之使垂橐而入稛載而歸言其空而來重而歸也則天子亦當有報故此其所以怨之也

有冽氿泉無浸穫薪契契寤歎哀我憚人冽寒意也側出曰氿泉穫艾也契契憂苦也憚勞也箋云穫落木名也既伐而析之以爲薪不欲使氿泉浸之浸之則將濕腐不中用也今譚大夫契契憂苦而寤歎哀其民人之勞苦者亦不欲使周之賦斂小東大東極盡之極盡之則將困病亦猶是也。冽音列氿音軌字又作晷寖子鴆反漬也字又作浸穫戶郭反毛刈也鄭落木名也字則宜作木傍契苦計反徐苦結反憚丁佐反徐又音但下同字亦作癉腐音輔朽也

薪是穫薪尚可載也哀我憚人亦可息也載載乎意也箋云薪是穫薪者析是穫薪也尚庶幾也庶幾析是穫薪可載而歸蓄之以爲家用哀我勞人亦可休息養之以待國事。蓄勑六反

疏有冽至可息。毛以爲有冽然寒氣之氿泉無得浸漬我所穫之樵薪也以興暴虐者周室之幽王無得稅斂我譚國之民人也刈薪者惜其樵薪不欲使氿泉妄浸之以妄浸之則濕腐不中用故也以興今譚大夫契契憂苦而寤寐之中嗟哀憐我譚國勞苦之民人不欲使周人極斂之極斂之則困病不堪其事也又言薪畜是穫刈之薪者尚以爲可存載於意當餫而掌之以爲家用故不欲氿泉之所浸也況譚大夫哀於我勞苦之人寧不亦可念之在情當休息而養之以待國事故不欲周王之所斂也此以氿泉比周王刈薪之人惜已薪猶譚大夫之愛譚人意雖相對而文有詳略言氿泉之浸穫薪不言周王之斂譚人譚大夫有憂民之容刈薪者無惜薪之狀皆互見也。鄭唯穫爲木名尚爲庶幾又尚可載以對亦可息是薪可載歸猶人可休息而文比事於義爲通故不從毛餘同。傳冽寒至憚勞。正義曰七月云二之日栗冽是冽爲寒氣也說文冽寒貌故字從冫釋水云氿泉穴出穴出仄出也李巡曰水泉從傍出名曰氿氿側出是側出曰氿泉也穫讀如穫稻之穫故爲刈也薪當析之即云刈者蓋木之細者以荆楚之類故曰言刈其楚是小者刈之也以有哀歎故知契契憂苦也憚勞釋詁文。箋穫落至爲薪。正義曰穫落釋木文在釋木故爲木名某氏曰可作杯圈皮韌繞物不解郭璞曰穫音穫可爲杯器素也陸機疏云今柳楡也其葉如楡其皮堅韌剝之長數尺可爲絙索又可爲甑帶其材可爲杯器是也易傳者以諸言薪者皆謂木也而言刈於理不安故易之

東人之子職勞

不來西人之子粲粲衣服東人譚人也來勤也西人京師人也粲粲鮮盛貌箋云職主也東人勞苦而不見謂勤京師人衣服鮮絜而逸豫言王政偏甚也自此章以下言周道衰其不言政偏則言衆官廢職如是而已

舟人之子熊羆是裘舟人舟楫之人熊羆是裘言富也箋云舟當作周裘當作求聲相近故也周人之子謂周世臣之子孫退在賤官使搏熊羆在冥氏穴氏之職。羆彼皮反檝音接字又作楫近附近之近下同搏音博冥莫歷反

私人之子百僚是試私人私家人也是試用於百官也箋云此言周衰羣小得志。僚力彫反字又作寮同。

疏東人至是試。毛以爲言王政之偏東國譚人之子主爲勞苦盡財以供王賦而曾不見謂以爲勤言王意以譚人空竭爲常不愧之也其西人京師之子則有粲粲然鮮盛之衣服言王意縱西人使令驕溢不賦之也王既政偏如是又上下無制致舟楫之人之子以熊羆之皮是爲衣裘言賤人踰制而奢富也其私家之人之子則百僚之官於是登用之小人得志驕貴也此周道之衰已所以偏苦。鄭以舟人之子二句爲異其在箋。傳東人至鮮盛。正義曰東以對西則西人是京師之人京師是王

織之大號決其不賦稅非在朝之人也來勤釋詁文以不被
勞來爲不見勤故采薇序曰杕杜以勤歸卽是勞來也。箋
東人至而已。正義曰東人言王勞苦則知西人爲逸豫。西
人言其衣服鮮明則東人衣服弊惡互相見也上章言公子
衣屨不能順時況國人乎此詩譚大夫所以告巳國之病首
章至此言譚人之困而從此以下非復譚事故解之自此章
以下言周道衰也所言道衰雖有二事其所不言王政偏則
言衆官廢職雖如是而巳此章以下并此章亦是從此盡不
以其漿言政偏鞙鞙佩璲以下言衆官廢職也其文雖多意
雖此二事故揔解之。箋舟當至之職。正義曰箋以此章
八句辭皆相反舉鮮盛而對職勞以是裘而對是試則周人
私人猶東人西人也既東西勞逸不同則裘周私所主爲異又
知舟當作周裘當作求周世臣之子孫者謂在周有功德世
爲臣其子孫賢者也裳裳者華序曰棄賢者之類絕功臣之
世是有退在賤官者也以熊羆是裘明遺賤人求捕熊羆故
知在冥氏穴氏之職秋官冥氏下士二人穴氏下士一人冥
氏掌設弧張爲阱擭以攻猛獸以靈鼓敺之穴氏掌攻蟄獸
各以其物火之注云蟄獸熊羆之屬冬藏者也而熊羆卽亦
猛獸故知在此二職也若然上云西人之子粲粲衣服西人

卽周人也上句刺其鮮盛下句復傷其退求熊羆者以無道
之世莫不變愛羣小斥逐賢哲故讒佞之徒多有逸樂功成
之輩退在賤官雖同是周人賢愚不等作者刺彼驕奢哀此
貶黜辭各有爲不相害也。傳私人私家人。正義曰此云
私人則賤者謂本無官職卑賤之屬私居家之小人也崧高
云遷其私人以申伯爲王卿士稱其家臣爲私人故傳曰私
人家臣也有司徹云獻私人玉藻云大夫私事使私人擯以臣仕於私家謂之私人非此類也**或以其酒**

不以其漿或醉於酒或不得漿**鞙鞙佩璲不以其長**鞙鞙玉貌璲瑞也箋
云佩璲者以瑞玉爲佩佩之鞙鞙然居其官職非其才之所
長也徒美其佩而無其德刺其素餐。鞙胡犬反字或作琄
璲音遂**維天有漢監亦有光**漢天河也有光而無所明箋云監視也喻王闓置官
司而無督察之實。監古暫反。**跂彼織女終日七襄**跂隅貌襄反也
箋云襄駕也駕謂更其肆也從旦莫七辰一移因謂之七
襄。跂說文作岐丘豉反徐又丘婢反更音庚歷也【疏】
或以至七襄。毛以爲言王政之偏或用之爲官令其醉酒
者或不見任用不得其漿者言王政旣偏其所用之人皆鞙

鞙然佩其璲玉居其官職不以其才之所長徒美其佩而無
其德也維天之有漢仰監視之亦有精氣之光是徒有光而
無明今佩璲之人亦徒有名而無實也跂然三隅之形者彼
織女也終一日歷七辰至夜而迴反徒見其如是何曾有織
乎言王之官司徒具列於朝耳何曾有用乎。鄭唯言佩璲
云是玉也故鞙鞙爲玉貌璲瑞釋器文郭璞曰玉瑞也禮以
玉爲瑞信其官謂之典瑞此瑞正謂所佩之玉故箋云佩璲
者以瑞玉爲佩玉藻云古之君子必佩玉是也釋訓云皋皋
鞙鞙刺素餐也某氏云鞙鞙無德而佩故刺素餐也。傳漢
天至所明。正義曰河圖括地象云河精上爲天漢揚泉物
理論云星者元氣之英也漢水之精也氣發而著精華浮上
宛轉隨流名曰天河一曰雲漢大雅云倬彼雲漢是也此天
河雖則有光不能照物故有光而無所明也自下諸星皆取
有名無用以爲義天漢此知不以無水用爲義者以言監亦
有光是嫌其光之小也故知取無明爲喻其女牛箕斗各自
言其無所用知其不取無明也星皆在天獨漢言維天者以
其初言天象故云維天以揔之使下諸星皆蒙維天之文也
天畢又言天者以其餘皆二字爲星名箕斗又有南北相配
維畢單名故言天以配之也此諸星者牛女言其貌箕斗言
其用七襄再述其辭長庚一無所說參差不同者皆作者還

言置辭使成文理潤色而已無義例也。傳跂隅貌襄反。
正義曰說文云跂頃也字從匕孫毓云織女三星跂然如隅
然則三星鼎足而成三角望之跂然故云隅貌襄反者謂從
旦至暮七辰而復反於夜也。箋襄駕至七辰。正義曰襄
駕釋言文言更其肆者周禮有市鄽之肆謂止舍處也而天
有十二次日月所止舍也舍卽肆矣在天爲次在地爲辰每
辰爲肆是歷其肆舍有七也星之行天無有舍息亦不駕車
以人事言之耳晝夜雖各六辰數者舉其終始故七卽自卯
至酉也言終日是晝也晝不見而言七移者據其理當然矣**雖則七襄不成報章**不能
反報成章也箋云織女有織名爾駕則有西無東不如人織相反報成文章。**睆彼牽牛不以**
服箱睆明星貌河鼓謂之牽牛服牝服也箱大車之箱也箋云以用也牽牛不可用於牝服之箱。睆華板反
箱息羊反河鼓何可反牝頻忍反**東有啓明西有長庚**日旦出謂明星
爲啓明日既入謂明星爲長庚庚續也箋云啓明長庚皆有助日之名而無實光也**有捄天畢載**
施之行捄畢貌畢所以掩兔也何嘗見其可用乎箋云祭器有畢者所以助載鼎實今天畢則施於行列而

已○【疏】雖則至之行○正義曰言雖則終日歷七辰有西而無東不成織法報反之文章也言織之用緯一來一去是報反成章今織女之星駕則有西而無東不見倒反是有名無成也又睆然而明者彼牽牛之星雖則有牽牛之名而不曾見其牽牛以用於牝服大車之箱也又東方有啓導日明之星西方有增長續日之星此亦何曾能有啓續乎又有捄然而長者在天之畢也徒則施之於二十八宿之行列而已亦何曾見其掩兔載肉之用乎是皆有名無實亦興王之官司虛列而無所成也○傳何鼓至之箱○正義曰河鼓謂之牽牛釋天文也李巡曰河鼓牽牛皆二十八宿名也孫炎曰河鼓之旗十二星在牽牛之北也或名爲河鼓亦名爲牽牛如爾雅之文則牽牛河鼓一星也如李巡孫炎之意則二星今不知其同異也知服牝服者以連箱言之爲牛所用故牝服也車人言大車牝服二柯又三分柯之二注云大車平地載任之車牝服長八尺謂較也今俗爲平較兩較之內謂之箱甫田曰乃求萬斯箱書傳曰長幾充箱是謂車內容物之處爲箱言大車者以經有牽牛之文故知大車箱也○傳日旦至庚續○正義曰言日旦出者旦猶明也明出謂嚮晨時也啓開也言開導日之明故謂明星爲啓明庚續釋詁文日既入之後有明星言其長能續日之明故謂明星爲長庚

也釋天云明星謂之啓明孫炎曰明星太白也出東方高三舍今曰明星昏出西方高三舍今曰太白然則啓明是太白矣長庚不知是何星也或一星出在東西而異名或二者別星未能審也○傳捄畢至掩兔○正義曰上言捄長貌此云畢貌亦言畢之長也鴛鴦曰畢之羅之月令禁羅網畢翳無出國門是田器有畢也此畢象畢星爲之而施網焉故言所以掩兔也○箋祭器至鼎實○正義曰特牲饋食禮曰宗人執畢是祭器有畢也彼注云畢狀如叉蓋爲其似畢星取名焉主人親舉宗人則執畢導之是所以助載鼎實也掩兔祭器之畢俱象畢星爲之必易傳者孫毓云祭器之畢狀如畢星名象所出也畢弋之畢又取象焉而因施網於其上雖可兩通箋義爲長○

維南有箕不可以簸揚維北有斗不可以挹酒漿挹㪺也○簸波我反徐又府佐反斗都口反沈作主挹音揖㪺矩于反廣雅云酌也本又作㪺**維南有箕載翕其舌維北有斗西柄之揭**翕如也箋云翕猶引也引舌者謂上星相近○翕許急反柄彼病反揭居竭反徐起謁反【疏】維南至之揭○正義曰言維此天上其南則有箕星不可以簸揚米粟維此天上其北則有斗星不可以挹㪺其酒漿所以不可以簸揚挹者維南有箕則徒翕置其舌而已維北有斗亦徒西其柄之揭然耳何嘗而有可用乎亦猶王之官司虛列而無所用也此挹下言酒漿則簸揚下宜言米粟作者取文便而不言之耳又西柄之揭與載翕其舌文不類者以箕斗之形成於柄舌又簸之須舌猶挹之須柄各隨其義故不同也言南箕北斗者案二十八宿連四方爲名者唯箕斗井壁四星而已壁者室之外院箕在南則壁在室東故稱東壁鄭稱參傍有玉井則井星在參東故稱東井推此則箕斗並在南方之時箕在南而斗在北故言南箕北斗也以箕斗是人之用器故令相對爲名其名之定雖單亦通故巷伯謂箕爲南箕爲此也○傳翕合○正義曰言合者以天星衆也此獨爲箕者由此星合聚相接其舌也○箋翕猶引至相近○正義曰鄭以爲箕星踵狹而舌廣而言合於天文不便故言翕猶引也引其舌者謂上星近也言箕之上星相去近故爲踵因引之使相遠而爲舌也

大東七章章八句

四月大夫刺幽王也在位貪殘下國構禍怨亂並興焉【疏】四月八章章四句至興焉○正義曰四月詩者大夫所作以刺幽王也以幽王之時在位之臣皆貪暴而殘虐下國之諸侯又構成其禍亂結怨於天下由此致怨恨禍亂並興起焉是幽王惡化之所致故刺之也經云廢爲殘賊是在位貪殘也我日構禍是下國構禍也民莫不穀是怨亂也亂離瘼矣是亂事也言怨亂並興者王政殘虐諸侯構禍是亂也亂既未弭則民怨不息政亂民怨同時而起故云並興也經八章皆民怨刺王之辭此篇毛傳其義不明王肅之說自云述毛於六月徂暑之下注云詩人以夏四月行役至六月暑往未得反已闕一時之祭後當復闕二時也先祖匪人之下又云征役過時曠廢其祭祀我先祖獨非人乎王者何爲忍不憂恤我使我不得脩子道案此經序無論大夫行役祭祀之事據檢毛傳又無此意縱如所說理亦不通故孫毓難之曰凡從役踰年乃怨雖文王之師猶采薇而行歲暮乃歸小雅美之不以爲譏又行役之人固不得親祭攝者脩之未爲有闕豈有四月從役六月未歸數月之間未過古者出師之期而以刺幽王亡國之君乎非徒如毓此言首章始廢一祭已恨王者忍已復闕二時彌應多怨何由秋日冬日之下更無先祖之言豈廢闕多時反不恨也以此王氏之言非得毛意孫以爲如適之徂皆訓爲往今

言往暑猶言適暑耳雖四月爲夏六月乃之適盛暑非言往而退也詩人之興言治少亂多皆積而後盛盛而後衰衰而後亂周自太王王季王業始起猶維夏也及成康之世而後致太平猶徂暑也暑往則寒來故秋日繼之冬日又繼之善惡之喻各從其義箋自云述毛此言亦非毛旨何則傳云暑盛而往矣是既盛而後往也箋言方往之暑不得與毛同矣箋之所說義亦不通案經及序無陳古之事太王成康之語其意何以知然又以四月爲周基六月爲尤盛則秋日爲當誰也直云秋日繼之冬日又繼之不辨其世之所當何哉若言成康之後幽王之前則其間雖有衰者未足皆爲殘虐何故以凉風喻其病害百卉乎若言亦比幽王則已歷積世嘗陳其漸何故幽王頓此二時中間獨闕闕絶也又箋言以爲有漸則幽王既比於冬不得更同秋日不宜爲幽王何傷先世之亂離哉如是則王孫之言皆不可據爲毛義也今使附之鄭說雖一徂字異耳計秋日之寒未知冬時反言百卉具腓以譬萬民困病其喻有甚於冬則三者別喻不相積累以四時之中尤可慘酷者莫過於冬日故以比王身自言上之所行不論病民之狀以冬時草木收藏而無可比下故獨言王惡也二章以凉風之害百草喻王政之病下民首章言王惡之有漸嚴寒毒暑皆是可患各自爲興不相因也其興之日月先後爲章次耳

四月維夏六月徂暑徂往也六月火星中暑盛而往矣箋云徂猶始也四月立夏矣至六月乃始盛暑興人爲惡亦有漸非一朝一夕○構古候反**先祖匪人胡寧忍予**箋云匪非也寧猶曾也我先祖非人乎人則當知患難何爲曾使我當此難世乎○難乃旦反

疏四月至忍予○毛以爲言四月維始立夏矣未甚暑至六月乃極暑矣既極然後往過其暑矣以往表其極言四月已漸暑至六月乃暑極以興王初即位雖爲惡政矣未甚酷至于今乃極酷也自即位以漸酷至今乃酷甚也四惡如此故大夫仰而訴之我先祖非人乎先祖若人當知患難何曾施恩於我當此亂世乎以王惡之甚故訴其先祖也○鄭以徂爲始六月始暑喻王乃始酷餘同○傳徂往至往矣○正義曰徂往釋詁文也月令季夏六月昏大火中是六月火星中也火星中而暑退暑盛而往矣是取暑盛爲義喻王惡盛也由盛故有往是以往表其盛無取於往義也傳言暑盛而往矣其意出於左傳昭三年傳曰譬如火焉火中寒暑乃退此其極也能無退乎彼以極退故此以理反之故言往而明極也故知不取往爲義也○箋云徂猶至一夕○正義曰鄭以大夫已遭王惡倒本其漸王惡無已退之時不似寒暑之更代故以始言之徂訓爲往今言徂始者義出於往也言往者因此往彼之辭往到即是其始暑自四月往至於六月爲始也以毛言徂往涉於過義故更以義言訓之爲始東山云我徂東山下言我來自東則我徂東山爲到東山是徂爲始義也漢書律厤志云四月立夏節小滿中故言四月立夏矣至六月乃始盛暑也以興人爲惡有漸非一朝一夕是暑以喻其惡之極也不與下秋冬相繼也○箋云我先至亂世○正義曰人困則反本窮則告親故言我先祖非人出悖慢之言明怨恨之甚猶正月之篇怨父母生己不自先後也○

秋日淒淒百卉具腓淒淒凉風也卉草也腓病也箋云具猶皆也凉風用事而衆草皆病興貪殘之政行而萬民困病○淒本亦作棲七西反卉許貴反腓房非反韓詩云變也**亂離瘼矣爰其適歸**離憂瘼病適之也箋云爰曰也今政亂國將有憂病者矣曰此禍其所之歸乎言憂病之禍必自之歸爲亂○瘼音莫○

疏秋日至適歸○正義曰言嚴秋之日淒淒然有寒凉之風風由此寒凉之風用事於時故使百草皆被凋殘以致傷病以興幽王之惡有貪殘之政由此貪殘之政行於天下故萬民皆見殘害以遭困病此是王政之亂王政既亂則國將有憂病矣曰此憂病之禍其何所

歸乎言此憂病之禍必歸於國家滅亂也○箋今政至爲亂○正義曰經中亂字承上經之事是政亂也亂憂病三者連文明非共爲一事故分之也政亂已損害於民則民不堪命將以危國故言國將有憂病者也謂可憂之病滅亡之事也又言憂病之禍必自之歸於亂者謂之於滅亡之亂流藏滅戲之類非疊上文也宣十二年左傳引此詩乃云歸於怙亂者也是之歸於亂也

冬日烈烈飄風發發箋云烈烈猶栗烈也發發疾貌言王爲酷虐慘毒之政如冬日之烈烈矣其亟急行於天下如飄風之疾也○亟紀力反**民莫不穀我獨何害**箋云穀養也民莫不得養其父母者我獨何故覩此寒苦之害○養其餘亮反

疏箋我獨至之害○正義曰上以寒風喻王行慘毒之政則言禍害者正謂毒政之害也言寒苦之害者遭虐政之苦猶遇風寒之苦因上文以寒喻故言寒也

山有嘉卉侯栗侯梅箋云嘉善侯維也山有美善之草生於梅栗之下人取其實蹂踐而害之令不得蕃茂喻上多賦斂富人財盡而弱民與受困窮○蹂如久反廣雅云履也令力呈反蕃音煩與音預**廢爲殘賊莫知其尤**廢伏也箋云尤過也言在位者貪殘爲民之害

無自知其行之過者言大於惡○廢如字一音發忕時世反下同又一本作廢大也此是王肅義行下孟反下之行同○【疏】山有至其尤○正義曰言山有此美善之草卉其生也維在栗維在梅之下人往取其梅栗之實則蹂踐害此美草使不得蕃茂以興國中有此貧弱之民矣其居也維在富人之傍上多富斂富人財盡則又并賦此貧民使之不得生育俱受困窮由此在位之人慣習爲此殘賊之行以害於民莫有自知其所行爲過惡者故令民皆病○傳廢忕○正義曰說文云忕習也恒爲惡行是慣習之義定本廢訓爲大與鄭不同○**相彼泉水載清載濁**箋云相視也我視彼泉水之流一則清一則濁刺諸侯並爲惡曾無一善○相息亮反注同○**我日構禍曷云能穀**構成曷逮也箋云構猶合集也曷之言何也穀善也言諸侯日作禍亂之行何者可謂能善○曷舊何葛反一云毛安葛反○【疏】相彼至能穀○毛以爲我視彼泉水之流尚有一泉則清一泉則濁我視彼諸侯之行何爲一皆爲惡曾無爲善乃泉水之不如也所以然者我此諸侯日日構成其禍亂之行逮何時能爲善言其日益禍亂不能逮於善時○鄭以下二句爲異言我諸侯日日合集其惡作爲禍亂之行何者可謂其善言其皆無所善不如泉水有清者

滔滔江漢南國之紀滔滔大水貌其神足以綱紀一方箋云江也漢也南國之大水紀理衆川使不雝滯喻吳楚之君能長理旁側小國使得其所也○傳曷逮○正義曰釋言文○滔吐刀反長張丈反○**盡瘁以仕寧莫我有**箋云瘁病仕事也今王盡病其封畿之內以兵役之事使羣臣有土地曾無自保有者皆懼於危亡也吳楚舊名貪殘今周之政乃反不如○瘁本又作萃似醉反下篇同○【疏】傳滔滔至一方○正義曰滔滔大水貌與吳楚強盛言神者以國主山川所在之國當祀其神魯語曰禹會羣神於會稽以諸侯主祭其神故言神也則此言其神足以綱紀一方是明所事其神之國將有綱紀其意亦喻江漢之傍國故言一方也○箋江漢至其所○正義曰紀理衆川使不壅滯者謂衆川有所注入江漢能統引之不使其水壅遏滯塞常時通流也知喻吳楚之君者以舉江漢爲喻而彼南國之紀則以喻江漢所在之國能相紀理故喻吳是矣吳楚之意出於經之南國也若然上章言諸侯並惡曾無一善今稱吳楚能理小國又幽王時吳楚微弱未爲盟主所以能長理傍國爲之綱紀者上言諸侯並惡謂中國諸侯耳漸漸之石序曰戎狄叛之荊舒不至是幽王之時荊已叛矣亦既有背叛王命固當自相君長是大能字小紀理傍國明矣南方險遠世有強國商頌云撻彼殷武奮伐荊楚是殷之中年楚已嘗叛鄭語史伯謂桓公曰姜嬴荊芊實與諸姬相干也南有荊蠻不可以入是幽王之時楚已强矣於時未必有吳以吳亦夷之強者與楚相配言耳公羊傳曰吳楚之君不書葬是吳楚相近故連言之○箋今王至不如○正義曰封畿之內謂中國所及之境故六月箋云今汝出征以正王國之封畿彼謂逐玁狁正中國也此疾王之惡而言盡病故爲盡病封畿之內以兵役之事謂以兵甲之事勞役之使不得安寧故羣臣諸侯有土地者無敢自保有之皆懼於危亡也以禹貢唐虞之時已云江漢朝宗于海言朝宗以示臣義故注以爲荊楚之域國無道則先強有道則後服也殷王武丁已伐荊楚是舊貪殘也**匪鶉匪鳶翰飛戾天匪鱣匪鮪潛逃于淵**鶉鵰也鵰鳶貪殘之鳥也大魚能逃處淵箋云翰高戾至鱣鮪也言鵰鳶之高飛鯉鮪之處淵性自然也非鵰鳶能高飛非鯉鮪能處淵皆驚駭辟害爾喻民性安土重遷今而逃走亦畏亂政故○鶉徒丸反字或作鷻鳶以專反鳶也鱣張連反鮪于軌反鵰音彫【疏】匪鶉至于淵○毛以爲鵰也鳶也貪殘之鳥乃高飛至天今在位非

鵰非鳶也何故貪殘驕暴如鳥之高飛至天也鱣也鮪也長大之魚乃潛逃於淵今賢者非鱣非鮪也何爲隱遁避亂如魚之潛逃於淵也是貪殘居位不可得而治大德潛遁不可得而用所以大亂而不振也○鄭以爲王政亂虐下民逃散言若鶉若鳶可能高飛至天非鱣鮪之小魚亦潛逃於淵性非能然爲驚駭避害故也以興民不欲逃走而逃者性非能然而然者爲驚擾畏亂政故也○傳鶉鵰至處淵○正義曰說文云鶉鵰也從敦而爲聲字異於鶉也鵰之大者又名鶚孟康漢書音義曰鶚大鵰也說文又云鳶鷙鳥也鶉鳥皆殺害小鳥故云貪殘之鳥以喻在位貪殘也大魚能逃於淵喻賢者隱遁也故王肅云以言在位非鵰鳶也何則貪殘驕暴高飛至天時賢非鱣鮪也何爲潛逃以避亂孫毓云貪殘之人而居高位不可得而治賢人大德而處潛遁不可得而用上下皆失其所是以大亂而不振皆述毛說也○箋喻民至政故○正義曰箋以上章王政之亂病害下民下章言民不得所不如草木則此亦宜言民之困病故以爲喻民逃走畏亂政也○**山有蕨薇隰有杞桋**杞枸檵也桋赤楝也箋云此言草木尚各得其所人反不得其所傷之也○蕨居月反桋本亦作荑音夷枸音苟檵音計楝所革反郭霜狄反**君子作歌維**

以告哀箋云告哀言勞病而愬之疏山有至告哀。正義曰言山之有蕨薇之菜隰之有杞桋之木是菜生於山木生於隰所生皆得其所以興人生處於安樂以得其所今我天下之民遇此殘亂驚擾失性草木之不如也由此君子作此八章之歌詩以告訴於王及在位言天下之民可哀憫之也作者自言君子以非君子不能作詩故也。傳桋赤棟。正義曰釋木文又曰白者棟舍人曰桋名赤棟也某氏曰白色為棟其色雖異為名同江河間棟可作轂郭璞曰赤棟樹葉細而岐銳也皮理錯戾好叢生山中中為車輞白棟葉員而岐為木大也

四月八章章四句

北山大夫刺幽王也役使不均已勞於從事而不得養其父母焉。使如字已音紀下注喻已同養餘亮反疏北山六章三章章六句三章章四句至父母焉。正義曰經六章皆怨役使不均之辭若指文則大夫不均我從事獨賢是役使不均也朝夕從事是已勞於從事也憂我父母是由不得養其父母所以憂之也經序倒者作者恨勞而不得供養故言憂我父母序以由不均而致此怨故先言役使不均也

陟彼北山言采其杞箋云言我也登山而采杞非可食之物喻已行役不得其事。杞音起。偕偕士子朝夕從事偕偕強壯貌士子有王事者也。箋云朝夕從事言不得休止。偕音皆徐音諧說文云強也。王事靡盬憂我父母箋云靡無也盬不堅固也王事無不堅固故我當盡力勤勞於役久不得歸父母思已而憂。盬音古。疏陟彼至父母。正義曰言有人登彼北山之上者云我采其杞菜之葉也此杞葉非可食之物而登山以采之非宜矣以興大夫循彼長遠之路者云我從其勞苦之役也此勞役非賢者之職而循路以從之非其事矣所以行役不得其事者時王之意以已為偕偕然而強壯今為王事之子以朝繼夕從於王役之事常不得休止王家之事無不堅固使已勞以堅固之今使憂及於我父母由久不得歸故父母思已而憂也

溥天之下莫非王土率土之濱莫非王臣溥大率循濱涯也箋云此言王之土地廣矣王之臣又眾矣何求而不得何使而不行。溥音普濱音賓涯魚佳反字又作崖大夫不均我從事獨賢賢勞也箋云王不均大夫之使而專以我有賢才之故獨使我從事於役自苦之辭疏傳溥大也濱涯。正義曰溥大釋詁文釋水云滸水涯孫炎曰涯水邊說文云浦水濱廣雅云浦涯然則滸濱涯浦皆水畔之地同物而異名也詩意言民之所居民居不盡近水而以濱為言者古先聖人謂中國為九州者以水中可居曰洲言民居之外皆有水也鄒子曰中國名赤縣赤縣內自有九州禹之序九州是也其外有瀛海環之是地之四畔皆至水也濱是四畔近水之處言率土之濱舉其四方所至之內見其廣也作者言王道之衰傷境界之削則云蹙國百里蹙蹙靡所騁恨其有人眾而不使即以廣大言之所怨情異故設辭不同王不均大夫之使不過朝廷而普及天下者明其眾也。傳賢勞。正義曰以此大夫怨已勞於事故以賢為勞箋以賢字自道故易傳言王專以我有賢才之故乎何故獨使我也王肅難云王以已有賢才之故而自苦自怨非大臣之節斯不然矣此大夫怨王偏役於己非王實知其賢也王若實知其賢則當任以尊官不應勞以苦役此從事獨賢猶下云嘉我未老鮮我方將恨而問王之辭非王實知其賢也。

四牡彭彭王事傍傍彭彭然不得息傍傍然不得已。傍布彭反得已音以。嘉我未老鮮我方將將壯也箋云嘉鮮皆善也王善我年未老乎善我方壯乎何獨久使我也。鮮息淺反沈云鄭音仙旅力方剛經營四方旅眾也箋云王謂此事眾之氣力方盛乎何乃勞苦使之經營四方

或燕燕居息燕燕安息貌或盡瘁事國盡力勞病以從國事或息偃在牀或不已于行箋云不已猶不止也或不知叫號或慘慘劬勞叫呼號召也。叫本又作嘂古弔反號戶報反協韻戶刀反慘七感反字又作懆。或棲遲偃仰或王事鞅掌鞅掌失容也箋云鞅猶何也掌謂捧之也負何捧持以趨走言促遽也。棲音西仰音仰本又作仰鞅於兩反何戶可反又音何捧芳勇反或湛樂飲酒或慘慘畏咎箋云咎猶罪過也。湛都南反樂音洛咎其九反。或出入風議或靡事不為箋云風猶放也。風音諷議如字協句音宜。疏或燕燕至不為。正義曰三章勢接須通解之皆具說在注或不知叫號者居家川逸不知上有徵發呼召者或出入風議謂閒暇無事出入

放恣議量時政者或勤者無事不爲者定本集注並作議俗本作儀者誤也。鄭唯鞅掌爲異餘同。箋鞅猶至促遽。正義曰傳以鞅掌爲煩勞之狀故云失容言事煩鞅掌然不暇爲容儀也今俗語以職煩爲鞅掌其言出於此傳也故鄭以鞅掌爲事煩之實故言鞅猶荷也鞅讀如馬鞅之鞅以負荷物則須鞅持之故以鞅表負荷也以手而掌執物是捧持之負荷捧持以趨走也促遽亦是失容但本意與傳異耳

北山六章三章章六句三章章四句

無將大車大夫悔將小人也周大夫悔將小人幽王之時小人衆多賢者與之從事反見譖害。自悔與小人並。【疏】無將大車三章章四句至小人。正義曰作無將大車詩者謂時大夫將進小人使有職位不堪其任愆負及已故悔之也以將進小人後致病累可爲鑒戒以示將來足明時政昏昧朝多小人亦所以刺王也若然此大夫作詩則賢者也自當擇交既進而悔者知人則哲堯尚難之孔子以聖人之雋尚改觀於宰我子文以諸侯之良猶未知於子玉況大夫非聖能無悔乎經三章皆悔辭也

無將大車，祇自塵兮。大車小人之所將也箋云將猶扶進也祇適也鄙事者賤者之所爲也君子爲之不堪其勞以喻大夫而進舉小人適自作憂累故悔之。祇音支累劣僞反篇末同本或作辱無思百憂，祇自疧兮。疧病也箋云百憂者衆小事之憂也進舉小人使得居位不任其職愆負及已故以衆小事爲憂適自病也。疧都禮反任音壬愆起連反【疏】無將至疧兮。正義曰言君子之人無得自將此大車若將此大車適自塵蔽於已以興後之君子無得扶進此小人適自憂累於已小人居職百事不幹已之所舉必助憂之故又戒後人言無思百衆小事之憂若思此憂適自病害於已。傳大車小人之所將也。正義曰冬官車人爲車有大車鄭云大車平地載任之車則此是也其車駕牛故酒誥曰肇牽車牛遠服賈用是小人之所將也。箋將猶扶進。正義曰言將猶扶進者以大車須人傍而將之是爲扶車而進導也大車比小人言無扶進比小人也。無將大車，維塵冥冥。箋云冥冥者蔽人目明令無所見也猶進舉小人蔽傷已之功德也。冥莫庭反又莫逈反令力呈反。無思百憂，不出于熲。熲光也箋云思衆小事以爲憂使人蔽闇不得出於光明之道。熲古逷反洸又古頴反無將大車，維塵雝兮。箋云雝猶蔽也。雝於勇反字又作壅又於用反無思百憂，祇自重兮。箋云重猶累也。重直龍反又直用反

無將大車三章章四句

小明大夫悔仕於亂世也名篇曰小明者言幽王日小其明損其政事以至於亂。【疏】小明五章上三章章十二句下二章章六句至亂世。正義曰小明詩者牧伯大夫所作自悔仕於亂世謂大夫仕於亂世使於遠方令已勞苦故悔也首章箋云詩人牧伯之大夫使述其四方之事然則牧伯大夫使述其四方之事是常令而悔仕者以牧伯大夫雖行使是常而均其勞逸有期而反今幽王之亂役則偏苦行則過時也故我事孔庶箋云王政不均臣事不同是偏苦也歲聿云莫箋云乃至歲晚尚不得歸是過時也偏當勞役歷日長久故所以悔也經五章皆悔仕之辭雖揔爲悔仕而發但所悔有意故首章言載離寒暑以日月長久是悔仕箋因其篇初故言遭亂世勞苦而悔仕三章言其自詒伊戚是憂根之語故箋云悔仕之辭其實皆悔辭也

明明上天，照臨下土。箋云明明上天喻王者當光明如日之中也照臨下土喻王者當察理天下之事也據時幽王不能然故舉以刺之。我征徂西，至于艽野。二月初吉，載離寒暑。艽野遠荒之地初吉朔日也箋云征行徂往也我行往之西方至於遠荒之地乃以二月朔日始行至今則更夏暑冬寒矣尚未得歸詩人牧伯之大夫使述其方之事遭亂世勞苦而悔仕。艽音求更音庚。心之憂矣，其毒大苦。箋云憂之甚心中如有藥毒也。大音泰念彼共人，涕零如雨。箋云共人靖共爾位以待賢者之君。共音恭注下皆同豈不懷歸？畏此罪罟。罟網也箋云懷思也我誠思歸畏此刑罪羅網我故不敢歸爾。罟音古【疏】明明至罪罟。正義曰言明明之上天日中之時能以其光照臨下土之國使無幽不燭品物咸亨也以喻上者處尊之極當以其明察理於天下之事然無屈不伸勞逸得所也今幽王不能然闇於照察勞逸不均令已獨遠使言我行往之西方至于艽野遠荒之地其路之長遠矣以二月初朔之吉日始行至于今則離歷其冬寒夏暑矣尚不得歸其淹久如此故我心中之爲憂愁矣其憂之甚則如毒藥

之大苦然由仕於亂世以致如此此故困苦而悔之念彼明德供具賢者爵位之人君欲往仕之而不見涕淚零落如雨然雖時無此人恨本不隱處以待之也又言己勞苦之狀我豈不思歸乎我誠思歸但畏此王以刑罪羅網我我恐觸其羅網而得罪故不敢歸耳。箋明明至以刺之。正義曰言照臨故知有日月之明察雖中乃然故云王者光明當如日中之照也昭五年左傳曰日上其中易豐卦彖曰王宜日中以王明之光照臨天下如日中之時是也必責王令明如天日者以王者繼天理物當與日同故易曰大人與日月合其明是也。傳艽野至朔日。正義曰野是遠稱艽蓋地名言其懸日長久明當至於遠處故言遠荒之地爾雅四海之外遠地謂之四荒言在四方荒昏之國也此言荒者因彼荒是遠地故言荒爲遠辭非卽彼之四荒也何則牧伯之大夫行其所部而已不得越四海而至四荒也言荒者若微子云吾家耄遜于荒謂在外野而已此言二月朔而始行下章鄭以四月而至假令還以朔到尙六十日也以日行五十準之則三千里矣州之遠境容有三千但述職之行有所過歷不知定日幾里也以言初而又吉故知朔日也君子舉事尙早故以朔爲吉周禮正月之吉亦朔日也。箋詩人牧伯之大夫。正義曰知者以言我征徂西至于艽野是遠行巡歷之辭又曰我事孔庶是行而有事非征役之言是述事明矣述事者雖牧伯耳故知是牧伯之下大夫也若然王之存省諸侯亦使大夫行也知此非天子存省諸侯使大夫者以王使之存省上承王命適諸侯奉使有主至則當還不應云我事孔庶歲莫不歸故不以爲王之大夫也牧伯部領一州大率二百一十國其事繁多可以言孔庶也前事未了後又委之可以言政事愈蹙也如此則爲牧伯之大夫於事爲宜故也且牧伯之大夫不在王之朝廷今而爲王所苦所以於悔切耳然則牧伯大夫自仕於牧非王所用而言悔仕者此之勞役由王所爲故曰幽王不能徵是者王而使已多勞故怨王而悔仕也言牧伯者以牧一州之方伯謂之牧伯然單言之直牧耳此言述職之大夫則容牧下二伯之大夫不必專侯牧之伯一人而已。箋共人至之君。正義曰下云靖共爾位與此共人文同此大夫悔仕於亂世則思不亂而明德者仕之故爲以待賢者之君也若然此大夫所恨恨幽王之惡偏被天下土無二王不得更有天子然則靖共爾位之君當世之所無矣而云念之者此大夫自悔本應坐待明君不當事於朝廷今仕而遇亂追念昔時言我本應待彼共人無故冒此亂世而涕零耳非謂當時有賢君可念也下章靖共爾位正直是與勸友使聽天任命不汲汲求仕於時亦無明君可令友往仕之正勸往之耳此所念者亦念其當待之非當時有可念也

昔我往矣日月方除曷云其還歲聿云莫除除陳生新也箋云四月爲除昔我往至於艽野以四月自謂其時將卽歸何言其還乃至歲晚尙不得歸。除直慮反如字若依爾雅則宜餘舒二音莫音暮注及下同**念我獨兮我事孔庶心之憂矣憚我不暇**憚勞也箋云孔甚庶衆也我事獨甚衆勞我不暇皆言王政不均臣事不同也。憚丁佐反徐又音怛亦作癉同**念彼共人睠睠懷顧**箋云睠睠有往仕之志也。睠音眷**豈不懷歸畏此譴怒**

【疏】昔我至譴怒。毛以爲大夫言昔我初往向艽野之時矣日月方欲除陳生新二月之中也於我初發卽云何時云其得旋歸乎望得早歸也今乃歲月遂云已暮矣而尙不得歸其時朝廷大夫多得閑逸念我獨憂衆事兮我事甚繁衆也由此心之憂愁矣以事多勞我不得有閑暇之時憂苦如此悔仕於亂故念彼靖共爾位之人睠睠然情懷反顧欲往仕之恨不隱以待而遭此勞也既遭此苦豈不思歸乎我誠思歸畏此譴怒而不敢歸耳。鄭唯方除爲異言往至於艽野之時四月中也於時而望旋反餘同。傳除除陳生新。正義曰上云二月初吉謂始行之時故言除陳生新二月也下章云日月方奧傳曰煖卽春溫亦謂二月。箋四月至不得歸。正義曰四月爲除釋天文今爾雅除作余李巡曰四月萬物皆生枝葉故曰余余舒也孫炎曰物之枝葉敷舒然則鄭引爾雅當同李巡等除余字雖異音實同也方除之下卽云曷云其還是至卽望歸故云至于艽野以四月自謂其時將卽歸也言歲聿云莫是未歸之辭若歲莫得歸不須發此言矣故云乃至歲晚尙不歸也凡言往矣似是始行之辭此得爲往到者往者從此適彼之辭在此言之爲始行據彼言之爲往到自歲聿云莫以下皆是在彼之辭故謂初到彼地爲往矣易傳者以行之思歸當至所往之處乃可還不應發始已望歸也又下章云四月方奧文與此同洪範庶徵曰燠曰寒寒爲冬則燠爲夏矣若毛以方燠爲二月之初則接於正月之末時尙有霜不可云燠且爾雅稱四月爲除故據以易傳也

昔我往矣日月方奧奧煖也。譴棄戰反。怒乃路反。奧於六反煖音暄又奴緩反。**曷云其還政事愈蹙歲聿云莫采蕭穫菽**蹙促也箋云愈猶益也何言其還乃

至於政事更益促急歲晚乃至采蕭穫菽尙不得歸。蹙子六反穫戶郭反菽音叔**心之憂矣自詒伊戚**戚憂也箋云詒遺也我冒亂世而仕自遺此憂悔仕之辭。遺唯季反下同冒莫報反又亡北反。**念彼共人興言出宿**箋云興起也夜臥起宿於外憂不能宿於內也**豈不懷歸畏此反覆**箋云反覆謂不以正罪見罪。覆芳福反注同**嗟爾君子無恒安處**箋云恒常也嗟女君子謂其友未仕者也人之居無常安之處謂當安安而能遷孔子曰鳥則擇木。處昌慮反。**靖共爾位正直是與神之聽之式穀以女**靖謀也正直爲正能正人之曲曰直箋云共具式用穀善也有明君謀具女之爵位其志在於與正直之人爲治神明若祐而聽之其用善人則必用女是使聽天乎命不汲汲求仕之辭言女位者位無常主賢人則是。治直吏反祐音又本或作右又作佑並同

【疏】嗟爾至以女。正義曰大夫既自悔仕亂又戒朋友恐其仕不擇時還同已悔故嗟嘆而深戒之嗟乎汝有德未仕之君子人之居無常安樂之處謂不要以仕官爲安汝但安以待命勿汲汲求仕當自有明君謀具汝之爵位其志在於正直之人於是與之爲治者此明君能得如是爲神明之所聽祐之其用善人必當用汝矣勿以今亂世而仕也言神之聽之者明君志與正直故爲神明聽祐而用善人用其善則國治之是神明祐之。箋嗟女至擇木。正義曰以此大夫悔而戒之下言式穀以汝是知未仕者無常安之處謂隱之與仕所安無常也安安而能遷者無明君當安此潛遁之安居若有明君而能遷往仕之是出處須時無常安也必待時而遷者孔子曰鳥則擇木猶臣之擇君遷也故須安此之安擇君遷也。安安而能遷曲禮文也孔子曰鳥則擇木哀十一年左傳文。傳靖謀至曲曰直。正義曰靖謀釋詁文也襄七年左傳公族穆子引此詩乃云正直爲正正曲爲直此傳解正直取彼文也彼杜預注云正直爲正正巳之心正曲爲直正人之曲也此爲說論語曰舉直錯諸枉能使枉者直是直者能正人之曲也。箋是使至則是。正義曰人之窮達在於上天貴賤生死命皆先定故子夏云死生有命富貴在天是上天之命定於冥兆非可以智力求非可以進取得易稱君子樂天知命爲此也大夫身遭困厄悔於進仕勸友脩德以待賢君此詩是令其友聽天之處分任命之窮達不汲汲求仕之辭也又爵位是君所設官非其友之物而此詩謂之爾位故又解言汝位者以位無常主賢人則是也其友賢者有此位分故謂之汝位也。**嗟爾君子無恒安息**息猶處也**靖共爾位好是正直神之聽之介爾景福**介景皆大也箋云好猶與也介助也神明聽之則將助女以大福謂遭是明君道施行也

小明五章三章章十二句二章章六句

附釋音毛詩注疏卷第十三（十三之一）

黄中模栞

毛詩注疏校勘記(十三之一)　阮元撰盧宣旬摘錄

○谷風

能及於胷潤澤陰雨 閩本明監本毛本同案澤當作之

故潤澤德行(補) 閩本明監本毛本德作得案得字是也

扶搖謂之焱 閩本明監本毛本同案浦鏜云猋誤焱下同是也

草木無有不死葉萎枝者 小字本相臺本同案此定本集注本也正義云定本及集注本云草木無有不死葉萎枝者其正義本未有明文今無可考正義釋經云無能使草不有死者無能使木不有萎者釋傳云是草木無能不有枝葉萎槁者意必求之或當無有不作無能不有也考文古本作不有采正義

大德切瑳 小字本相臺本同閩本明監本毛本瑳誤磋案正義作磋瑳磋古今字易而說之之例也不當依以改箋

○蓼莪

貌視之以爲非莪 小字本同閩本明監本毛本同相臺本貌作我考文古本我字亦同案我字是也正義云故云我視之是作者自我也可證

故謂之蒿 小字本同閩本明監本毛本同相臺本故作反案反字是也正義云反謂之爲蒿又云反謂之是彼物也是其證

民之一生也言生而得養 閩本明監本毛本同案十行本之至生剜添者一字

是罍大如餅也 閩本明監本毛本同案浦鏜云如當於字誤是也

拊我畜我 唐石經小字本相臺本同案詩經小學云戴震云畜當爲慉說文慉起也此箋慉起也明是易畜爲慉今考釋文云畜喜郁反正義云畜我承拊我之後明起止而畜愛之是釋文正義二本經皆是畜字箋畜起也仍用經字以畜爲慉之假借而於訓釋中顯之者也例見前

憯其至役之勞苦 閩本明監本毛本同案至當作亦形近之譌

○大東

斂則兼言民勞 閩本明監本毛本同案浦鏜云斂當歛字誤是也

由送衰財以致役 閩本明監本毛本同案送衰當作哀送

證其在京師之事也 閩本明監本毛本同案事當作東

君子皆法效而履行之 相臺本同閩本明監本毛本同小字本效作傚案正義云皆共法傚又云而法傚之是其本作傚字

雜記法(補) 閩本明監本毛本同案法當作注形近之譌

言凡飱餼 閩本明監本毛本同案飱下當有饔字

故注云凡大行人宰使 閩本明監本毛本使作史案所改是也浦鏜云介誤大

杼柚其空 唐石經小字本相臺本同案釋文云柚本又作軸考柚即軸之假借方言云木作謂之柚五經文字木部云柚橘柚也又杼柚字見詩

維絲麻爾 小字本相臺本同案爾當作耳正義云維絲麻耳考文古本作耳采正義

糾糾葛屨 毛本屨誤履明監本以上皆不誤

是使我心傷悲焉 閩本同明監本毛本悲作病焉作也案所改病字是也字非正義上文云由是所以使我心傷病焉可證正義本是焉字今各本作也字與正義本不同

正義曰聘礼云無行則重○賄反幣(補)案○衍也

垂櫜而入 閩本明監本毛本同案此不誤浦鏜云櫜誤橐非也今國語作橐乃誤字耳韋昭注云櫜囊也囊櫜散文則通昭元年有垂櫜而入櫜非此之用也相涉而致誤

有洌氿泉 唐石經小字本相臺本同閩本明監本毛本洌作冽案釋文洌音列寒意也正義云故字從冰明

監本毛本依之改也詩經小學云字從夊列聲

無浸穫薪唐石經小字本相臺本同案釋文云穫戶郭反毛刈也鄭落木名也字則宜作木旁正義云云穫落釋木文文在釋木故爲木名考此經毛如字鄭以穫爲檴之假借仍用經字而但於訓釋中顯之者也例與遂瑞也价申也之屬同詳見前爾雅釋文檴下引詩云無浸檴薪是依鄭義破其字而引之非此經有作檴之本也

既伐而折之以爲薪閩本明監本毛本同小字本相臺本折作析案析字是也

今譚大夫契憂苦而寤歎閩本明監本毛本同小字本相臺本重契字考文古本同案重者是也

蓄之以爲家用小字本相臺本同案正義云又言薪畜是穫刈之薪者釋文云畜勅六反畜蓄二字以鳴鶵甫田等釋文考之經注中皆有錯互者當各依其舊

有洌至可息也閩本明監本毛本洌作冽下同案所改是也

《詩疏十三之一挍勘記　十九

以荆楚之類閩本明監本毛本同案以當作似

穫落釋木文閩本明監本毛本同案穫當作檴正義引爾雅本是檴字不云字異義同者省耳

郭璞曰穫音穫閩本明監本毛本同案上穫當作檴下音穫二字當旁行細字正義自爲音例如此○案舊挍非也此郭樸自爲音耳

舟人舟楫之人小字本相臺本同閩本明監本毛本亦同案釋文云檝字又作楫正義本未有晰文正義云致舟檝之人之子者當亦是以楫檝爲古今字而易之未必與釋文本同也

使搏熊羆小字本相臺本同案此釋文本也釋文云搏音博正義云明遣賤人求捕熊羆是其本搏作捕

快其不賦稅閩本明監本毛本同案山井鼎云宋板快作決其實不然當是剜也

杕杜以勤歸毛本歸誤婦閩本明監本不誤山井鼎考文所載勤作動譌字也

東人言主勞苦閩本明監本毛本同案浦鏜云主誤王是也

剌其素餐相臺本同閩本同小字本餐作飧明監本毛本同案正義云釋訓云皐皐鞫鞫剌素餐也某氏曰鞫鞫無德而佩故剌素餐也考爾雅是食字食字與上下文爲韻鄭據彼文及正義所引亦當作食今作餐者轉寫之誤耳召旻正義引釋訓作食引某氏曰無德而空食祿也亦可證

從旦莫七辰一移閩本明監本毛本同小字本相臺本旦下有至字重辰字考文古本同案有至字辰字者是也

跂說文作歧〔補〕釋文挍勘記通志堂本同盧本歧改攱云攱舊譌跂今改正案攱字是也

更音東〔補〕案東當作庚形近之譌小明釋文更音庚可證毛本所附不誤

天漢此知不以無水用爲義者閩本明監本毛本同案浦鏜云天漢此知當知此天漢誤是也

睆彼牽牛唐石經相臺本同小字本睆作晥案釋文云睆華板反考杕杜釋文云字從白或作目邊是小字本晥當皖之誤也廣韻皖明星皃此經字

《詩疏十三之一挍勘記　二十

河鼓謂之牽牛小字本相臺本同考文古本同閩本明監本毛本河作何案釋文云何胡可反又音河是釋文本作何也正義引爾雅及李巡孫炎注字盡作河是正義本作河也其郭璞注爾雅字作何讀爲荷正義不引以其字不合也唐石經爾雅初刻何後磨刻作河此正義十行本唯標起止一字剜爲何彼此互改皆誤也

今曰明星閩本明監本毛本同案史記天官書索隱今作命下今日太白同命字是也

彼注云畢狀如叉閩本明監本毛本同案浦鏜云叉誤叉是也

翕如也閩本明監本毛本同小字本相臺本如作合考文古本同案如字誤也

○四月

是怨亂也閩本明監本毛本同案浦鏜云亂當辭字譌是也

何故幽王頓此二時閩本明監本毛本同案浦鏜云七當比字誤是也

未知冬時 閩本明監本毛本同案浦鏜云如當如字誤是也

何爲曾使我當此難世乎 小字本同閩本明監本毛本同相臺本難作亂考文古本同案亂字是也正義云當此亂世乎可證

四惡如此 閩本同明監本毛本四作曰案山井鼎云曰恐王誤非也浦鏜云疑肆字誤是也寫者以四爲肆之別體字而致誤耳大小雅譜肆夏作四夏是其證也

何曾施恩於我 閩本明監本毛本同案山井鼎云左傳疏恩作恐見於文公十三年傳是也此卽經之恐字

百卉具腓 唐石經小字本相臺本同案李善注謝靈運戲馬臺詩引毛詩作痱考釋文云腓房非反病也韓詩云變也不言其字有異是毛詩經亦作腓但傳訓爲病以爲痱之假借字

必自之歸爲亂 小字本相臺本同閩本明監本毛本亦同案正義云必之歸於國家滅亂也又云是之歸於亂也是爲當作於

其何所歸之乎 閩本明監本毛本同案歸之當作之歸下必歸之於國家滅亂也同

廢爲殘賊 小字本相臺本同唐石經初刻殘後磨改廢

廢忕也 小字本相臺本同案釋文忕時世反下文一本作廢大也此是王肅義正義云定本廢訓爲大與鄭不同標起止云傳廢忕定本當是依王肅申毛也

言大於惡 閩本明監本毛本同小字本相臺本大作忕考文古本同案忕字是也列女傳引詩云廢爲殘賊言忕於惡可證六經正誤云釋文忕作忕誤

上多冨斂 補 毛本冨作賦案賦字是也

定本廢訓爲太 閩本明監本毛本同案太當作大

伐視彼泉水之流 補 案伐當我字之譌毛本正作我

匪鶉匪鳶 唐石經小字本相臺本同案釋文云鶉徒丸反鵰也字或作鷻正義云說文云鷻鵰也從敦而爲聲字異於鶉也標起止云匪鶉又云傳鶉鵰考此是正義釋文二字皆作鶉字鶉卽鷻字之省耳

言若鶉若鳶 閩本明監本毛本同案此不誤言下浦鏜云脫非字非也主說他鳥箋所謂非鵰鳶者也

非鱣鮪之小魚 閩本明監本毛本同案此不誤浦鏜云大誤小非也主說他魚箋所謂非鱣鮪者也此經中四匪字箋以爲魚鳥之非鵰鳶鱣鮪者與傳以爲人非鵰鳶鱣鮪不同故正義文如此浦所改失箋及正義之意也

說文云鶉鵰也 閩本明監本毛本同案浦鏜云說文作鷻是也正義下文可證

說文又云鳶鷙鳥也 閩本明監本毛本同案浦鏜云鳶說文作鳶是也

鶉鳥皆殺害小鳥 閩本明監本毛本同案上鳥字浦鏜云鳶誤是也

尚各得其所 閩本明監本毛本同小字本相臺本尚作生案生字是也

葉細而岐說也 補 案說當銳字之譌爾雅注正作銳毛本銳字不誤依爾雅注删也字非

中爲車網 補 案網當作輞爾雅注作輞毛本不誤

○北山

其有瀛海環之 閩本明監本毛本同案其下浦鏜云脫外字是也

鞅猶可也 相臺本同閩本明監本毛本同小字本無也字案無者脫也

或勸者無事不爲者 閩本明監本毛本同案山井鼎云宋板者作若其實不然當是剜也

○無將大車

賢者與之從事反見譖害自悔與小人並 小字本相臺本同案此十六字非鄭注也考下箋云不任其職愆負及已此正義亦云不堪其任愆負及已絶無反見譖害之事使有此注正義自

不容不爲之解其當無此注明甚且此正義云此大夫作詩則賢者也若有此注則鄭已明言賢者正義不待推作詩而後定其賢者矣是正義本決無此注也今各本皆誤

祇自疷兮　小字本相臺本同唐石經疷作疧案釋文云疧兮都禮反白華釋文云疧徐都禮反又祈支反是此依徐讀也考疧字見於爾雅說文玉篇廣韻五經文字皆從氏不從氐則徐讀非也段玉裁六書音韻表云一作疷無此字宋劉彝臆改疷以韻塵亦無此字考唐石經正作疧與白華疧字皆甚明晝顧炎武從劉說謂石經乃從諱民減畫之例非也詳見詩經小學釋文疧通志堂本亦誤爲疷今正詳後考證

言無扶進比小人也　補　毛本同案比當作此

維塵雝兮　唐石經小字本同閩本明監本毛本同相臺本雝作雍案雍字是也九經字樣云爾雅作雝是其證石經考異云經中雝字皆放此釋文云雍字又作雝考文古本作雝采釋文而誤

○小明

令而悔仕者　閩本明監本毛本同案浦鏜云令當今字誤是也

喻王者當察理天下之事　閩本明監本毛本事下衍也字小字本相臺本無十行本初刻無後剜添

以喻上者　補　毛本同案上當作王

月之明察　閩本明監本毛本同案浦鏜云日誤月是也

又下章云四月方奧　閩本明監本毛本同案浦鏜云日誤四是也

奧煖也　小字本相臺本同閩本明監本毛本奧誤燠案此經釋文唐石經皆作奧與無衣經用字不同上正義兩云下章日月方奧可證其正義自爲文則用燠字者以奧燠爲古今字而易之也考文古本經作燠采正義而誤耳

譴棄戰反怒乃路反下　補　毛本同案此八字當附上節經文

是使聽天乎命　閩本明監本毛本同小字本相臺本乎作任考文古本同案任字是也

遷也故須安此之安擇君遷也　閩本明監本毛本同案上遷也二字當衍擇君下當有而能二字

小明五章三章章十二句二章章六句　唐石經小字本相臺本同閩本同明監本脫毛本小明至二章脫

附釋音毛詩注疏卷之十三（十三之二）（四三）

毛詩小雅　鄭氏箋　孔穎達疏

鼓鍾，刺幽王也。疏「鼓鍾」四章，章五句，至「幽王」。○正義曰：毛以刺鼓其淫樂以示諸侯，鄭以爲作先王正樂於淮水之上。毛、鄭雖其意不同，俱是失所，故刺之。經四章，毛、鄭皆上三章是失禮之事，卒章陳正禮責之。此刺幽王，明矣。鄭於中候握河注云「昭王時鼓鍾之詩所爲作」者，鄭時未見毛詩，依三家爲說也。

鼓鍾將將，淮水湯湯，憂心且傷。幽王用樂，不與德比，會諸侯于淮上，鼓其淫樂以示諸侯。賢者爲之憂傷。箋云：爲之憂傷者，嘉樂不野合，犧象不出門，今乃於淮水之上作先王之樂，失禮尤甚。○將，七羊反。湯音傷。比，毗志反。爲，于僞反，下同。犧，素何反。皆鑄名。王音義。淑人君子，懷允不忘。箋云：淑，善。懷，至也。古者善人君子，其用禮樂各得其宜，至信不可忘。疏「鼓鍾」至「不忘」。○毛以爲，言幽王會諸侯於淮水之上，鼓其淫樂以示之。鼓擊其鍾而聲將將然，其傍淮水之流湯湯然。於淮上作樂以示諸侯，而其樂不與德比，故賢者爲之憂，結於心，且復悲傷。傷其失所也。故相念古人，言古之善人君子，其用禮樂得宜者，至實信然，不忘也。至信，俱言其實然耳。鄭雖以爲正樂爲異，其文義則同。○傳「幽王」至「憂傷」。○正義曰：王者象功成以作樂，其意與道德和比。今幽王用樂，不與德比者，正謂鼓其淫樂是也。毛直言淫樂，不知以何爲淫樂。王基曰：所謂淫樂者，謂鄭衛桑間濮上之音，師延所作新聲之屬。王肅云：凡作樂而非所，則謂之淫。淫，過也。幽王既用樂不與德比，又鼓之於淮上，所謂過也。桑間濮上，亡國之音，非徒過而已。未知二者誰當毛旨也。言會諸侯淮上者，以淮遠於京師，非王常行之處，不應遠適淮上，獨自作樂，明其有會聚而作之，故知會諸侯也。○箋「爲之」至「尤甚」。○正義曰：犧象不出門，嘉樂不野合，定十年左傳孔子辭也。服虔云：犧象，饗禮犧尊象尊也。嘉樂，鍾鼓之樂也。引此者，以野尚不可，今乃於淮水之上作先王之樂，失禮尤甚大也。與彼文列者，以證樂事，故先言樂也。傳言淫樂，箋易之爲先王之樂者，以卒章所陳是先王正樂之事，樂得正以責王，明是王作之失所耳，非有他樂也。故孫毓云：此篇四章之義，明皆正聲之和。欽欽，人樂進之善；同音四縣，克諧；以雅以南，既以其小且廣所及；以籥不僭，又爲和而不僭差。皆無淫樂在其間也。則未知幽王曷爲作先王之樂於淮水之上耳。二者之說，箋義爲長。如毓此言，不信毛爲會諸侯也。箋於上下皆不言諸侯，或亦以如毓，不知何爲如此作，故不言也。

鼓鍾喈喈，淮水湝湝，憂心且悲。喈喈，猶將將。湝湝，猶湯湯。悲，猶傷也。○喈音皆。湝，戶皆反。淑人君子，其德不回。回，邪也。○邪，似嗟反。

鼓鍾伐鼛，淮有三洲，憂心且妯。鼛，大鼓也。三洲，淮上地。妯，動也。箋云：妯之言悼也。○鼛，古毛反，長丈二尺。妯，勑留反，徐又直留反，郭音胄，爾雅盧叔反，又音迪。淑人君子，其德不猶。猶，若也。箋云：猶當作瘉。瘉，病也。○猶，如字，鄭改作瘉，羊主反。疏「鼓鍾」至「不猶」。○毛以爲幽王會諸侯而示之淫樂，鼓擊其鍾，伐擊其鼛於淮水，有三洲之地，由此失所，賢者爲之憂，結於心，且爲之變動容貌也。念古之善人君子，其用禮樂當得其宜，其德不肯若今之幽王失所也。鄭以爲幽王作先王正樂，擊鍾伐鼛於淮上，賢者爲憂心且悼傷，思古之善人君子，其德不於祇法爲病者。類上不忘不回，故以猶爲瘉。瘉是病名，與上相類。角弓云「不令兄弟，交相爲瘉」，斯干云「兄及弟矣，無相猶矣」，以彼二文知猶、瘉相近而誤。○傳「鼛大」至「上地」。○正義曰：鼛即皐也，古今字異耳。韗人云：皐鼓尋有四尺，長丈二，是大鼓也。三洲繫淮言之，水中可居曰洲，故知淮上之地。○箋「妯之言悼」。○正義曰：以類上「傷」「悲」，故爲悼也。

鼓鍾欽欽，鼓瑟鼓琴，笙磬同音。欽欽，言使人樂進也。笙磬，東方之樂也。同音，四縣皆同也。箋云：同音者，謂堂上堂下八音克諧。○樂音岳。縣音玄。以雅以南，以籥不僭。爲雅爲南也。舞四夷之樂，大德廣所及也。東夷之樂曰昧，南夷之樂曰南，西夷之樂曰朱離，北夷之樂曰禁。以爲籥舞，若是爲和而不僭矣。箋云：雅，萬舞也。萬也，南也，籥也，三舞不僭，言進退之旅也。周樂尚武，故謂万舞爲雅。雅，正也。籥舞，文樂也。○籥以灼反。樂器。僭，七心反，沈又子念反，又楚林反。韎，本又作昧，音昧，又莫戒反。禁，居蔭反。疏「鼓鍾」至「不僭」。○毛以爲幽王既作淫樂失所，故言其正者。言善人君子皆鼓擊其鍾，則其聲欽欽然，人聞而樂進其善；又鼓其瑟與琴，又擊其堂下東方之笙磬於是。四縣之樂皆得和同其音矣。琴瑟堂上也，笙磬堂下也。是上下之樂得所以爲王者之雅樂，以爲四方之南樂，又以爲羽舞之籥樂，如是音聲舒合，節奏得所，爲和而不參差。此正樂之作也。王何爲不如此作之，乃鼓其淫樂於淮水之上以示諸侯乎？鄭以爲上三章言幽王作正樂於淮水之上，失其處，故此言其正樂。鼓其鍾，欽欽然；又鼓其瑟與琴，吹匏竹之笙與玉石之磬，於是堂上之琴瑟與堂下之磬鍾皆同其聲音不相奪倫又以爲雅樂之萬舞以爲南樂之夷舞以爲羽籥之翟舞此三者皆不僭差又作不失處故可爲美王今何故於淮水而作之乎。傳欽欽至皆同。正義曰此欽欽亦鍾聲也云使人樂進者以陳先王之正樂正聲之美使人樂心於善樂記說樂之和感動人之善心而已是聞樂而進於善也以鍾在前故先言其狀云欽欽明下琴瑟等亦得所也以鼓瑟鼓琴類之故鼓鍾爲擊鍾也樂器多矣必以鍾爲首而先言之者以作樂必擊鍾左傳謂之金奏是先擊金以奏諸樂也言笙磬東方樂者以東方物生之位故謂其聲爲笙磬也大射樂人宿縣阼階東笙磬西面其南笙鍾其南鑮皆南陳注云笙猶生也東爲陽中萬物以生是東方爲笙磬之磬則鍾鑮可知矣以笙磬之下即言同音故知四縣皆同也小胥云王宮縣鄭司農云宮縣四面縣是也以東爲始舉笙磬則四方可知故也。箋同音至克諧。正義曰以上言鍾及琴瑟是琴瑟爲堂上鍾爲堂下故爲笙與磬俱在堂下以配鍾而同音堂下既同則堂上亦同故云八音克諧八音克諧尚書文言其能相諧和也八音者春官大師云以八音金石土革絲木匏竹注云金鍾也石磬也土塤也革鼓也絲琴瑟也木柷敔也匏笙也竹管也此經言云鍾琴笙磬是金石絲匏四者矣舉此明土革竹木亦和同可知。

傳爲雅至僭矣。正義曰以三者舞名故與上異其文詩言其志歌詠其聲舞動其容故舞在後也傳言爲雅爲南者明以爲此舞以籥屬下句故别言之云以爲籥舞明其上皆爲矣若是和者若如也謂此三舞與上琴瑟笙磬節奏齊同如是乃爲和也此三者雖是舞包上琴瑟謂之樂箋周樂尚武故謂萬舞爲雅是以先言雅也南先籥者進之以韻句以上下類之則知南亦舞也以四夷之樂所取者不盡取其樂器唯取舞耳故言舞四夷之樂美大王者德廣能所及故舞之也白虎通云王者制夷狄樂不制夷狄禮何以爲均中國也即爲夷禮恐夷人不宜隨中國禮也四夷之樂雖爲舞以使中國之人是夷樂唯舞也明堂位曰昧東夷之樂也任南蠻之樂也納夷蠻之樂於大廟言廣魯於天下也是廣所及也魯下天子因在東南用二方耳旄人云舞四夷之樂故此傳廣言四方以明之經獨舉南可以兼也孝經鉤命決云東夷之樂曰昧南夷之樂曰任西夷之樂曰株離北夷之樂曰禁東方之舞助時生也南方助時養也西方助時殺也北方助時藏也然則言昧者物生根也南者物懷任也秋物成而離其根株冬物藏而禁閉於下故以爲名焉以南訓任故或名任此爲南其實一也定本作朱離其義不合於此言南而得揔四夷者以周之德先致南方故秋官立象胥之職以通譯四夷是言南可以兼四夷也然則舞不立南師而立昧師者以象胥曲以示法昧四夷之始故從其常而先立之也若然虞傳云東岳陽伯之樂舞株離注云株離舞曲名言象物生株離也彼雖中國之舞四岳所獻非四夷之舞要名與此東西反者以物生與成皆有離其根株之義故兩有其言也以爲籥舞謂吹籥而舞也簡兮曰左手執籥右手秉翟以翟或謂之羽舞也若是爲和而不僭差結上三舞之辭。箋雅萬至文樂。正義曰以干戚而言萬者舉本用兵人衆之大數爲舞以象之故言萬舞也萬即武舞故云周樂尚武故謂萬舞爲雅以對籥爲文樂也言進退之旅者謂此三舞進退皆旅衆齊一鄭意直據三種之舞進退齊一不包上經琴瑟與毛意異必異毛者以不僭謂行列不有參差故特謂爲舞也故樂記云古樂之發進旅退旅注云言其齊一是爲不僭也。

鼓鍾四章章五句

楚茨刺幽王也政煩賦重田萊多荒饑饉降喪民卒流亡祭祀不饗故君子思古焉

田萊多荒茨棘不除也饑饉倉庾不盈也降喪神不與福助也

【疏】楚茨六章章十二句至思古焉。正義曰作楚茨詩者刺幽王也以幽王政教既煩賦斂又重下民供上廢闕營農故使田萊多荒而民皆饑饉天又降喪病之疫民盡皆流散流散而逃亡祭祀又不爲神所歆饗不與之福故當時君子思古之明王而作此詩意言古之明王能政簡斂輕田疇墾闢年有豐穰時無災厲下民則安土樂業祭祀則鬼神歆饗以明今不然故刺之田廢生草謂之萊自然多荒而并言之者周禮以田易者爲萊若使時無苛政則所廢年滿亦當墾之今乃與不易之田並不藝種故言多荒也既言降喪而又言流亡者明死者爲天災所殺在者又棄業而逃也降喪流亡由祭祀不饗所致而後言祭祀不饗者欲明喪亡亦由飢饉以見人神相將也經六章皆陳古之善以反明今之惡故箋每事屬之言田萊多荒茨棘不除則首章上四句是也飢饉倉庾不盈首章次四句是也降喪神不與福助首章下四句盡於卒章言古之享祀神錫爾福反明今之不饗神不祐助也政煩賦重則於經無所當而下篇有其事耳此及信南山甫田大田四篇之詩事皆陳古文指出類故序有詳略以相發明此序反經以言今信南山序據今以本古甫田直言思古而不陳所由大田言矜寡不能自存又畧而不言思古皆文互見大旨曰曾孫是若言成王止力役以順民是政不煩也甫田云歲取十千言稅有常法是賦不重明幽王政煩賦重也信南山經云信彼南山維禹甸之畇畇原隰曾孫田之而序云不能脩成王之業以奉禹功是曾孫爲成王矣而甫田大田皆言曾孫則所陳古皆爲成王時也此經無曾孫之言而周之盛王致太平者莫過成王則此思古者思成王也此篇思古明王先成其民而後致力於神故首章言民除草以種黍稷收之而盈倉庾王者得爲酒食獻之宗廟揔言祭祀之事其享妥侑皆主人身之所行也二章言助祭者各供其職爰及執爨有俯仰之容君婦有淸濁之德俎豆肥美獻酬得法以事鬼神鬼神安之報以多福四章言孝子恭敬無愆尸嘏以福五章祭事既畢告尸利成卒章言於祭之末與同族燕飲六章共述祭事而其文皆次唯三章獻酬笑語事在祭末當處嘏辭工祝致告之下文在先者以獻酬是賓客之事因說羣臣助祭而言之耳三章傳曰繹而賓尸及賓客或以爲三章則別陳繹祭之事知不然者以此篇所陳上下有次首章言酒食二章言牛羊三章言俎豆燔炙四章言神嗜飲食共論一祭首尾接連不得輒有繹祭厠之也案三章傳曰燔取膟膋也禮燔燎報陽乃是朝事之節繹祭事尸而已無求陽燔燎之事若傳以三章爲繹祭安得以燔爲膟膋也三章傳又

曰豆謂内羞庶羞案有司徹陳羞豆之下注云此皆朝事之豆籩大夫無朝事而用之賓尸然則天子有朝事則此豆當朝事用之矣作者何得捨正祭而不述越言之繹祭之末禮乎又繹祭主於事尸而事神禮簡三章言神保報福與二章正同豈禮簡之謂以此知三章所陳非繹祭矣然則傳言繹而賓尸及賓客者正以經言孔庶其豆既衆則所用必廣故因分之以爲賓謂繹曰徵尸爲客謂正祭所薦見用豆處廣之意其文不主繹也箋易傳以庶爲胗自然無繹祭之事矣

楚楚者茨言抽其棘自昔何爲我蓺黍稷楚楚茨棘貌抽除也箋云茨蒺藜也伐除蒺藜與棘自古之人何乃勤苦爲此事乎我將得黍稷焉言古者先生之政以農爲本茨言楚楚棘言抽互辭也○抽勑留反徐直留反蓺魚世反蒺音疾藜音梨一音梨**我黍與與我稷翼翼我倉既盈我庾維億**露積曰庾萬萬曰億箋云黍與與稷翼翼蕃廡貌陰陽和風雨時則萬物成萬物成則倉庾充滿矣倉言盈庾言億亦互辭喻多也十萬曰億○與音餘注同積如字又子賜反蕃音煩廡音無又音武**以爲酒食以享以祀以妥以侑以介景福**妥安坐也侑勸也箋云享獻介助景大也以黍稷爲酒食獻之以祀先祖既又迎尸使處神坐而食之爲其嫌不飽祝以主人之辭勸之所以助孝子受大福也○妥湯果反侑音又坐才卧反爲其于僞反

【疏】楚楚至景福○毛以爲彼明王之時有楚楚然者茨棘也我明王之時民皆除去其茨棘爲自古昔之人何爲乃勤苦爲此事乎言我蓺黍與稷也既種而値陰陽和風雨時萬物蕃盛何所種之黍與與然我所種之稷翼翼然蕃茂盛大皆得成就及秋收而治之我倉之内既得滿矣我庾之大維積一億也明王乃以黍稷爲酒之與食以獻祀其先祖也謂鬱鬯之酒以灌朝踐酳醴饋熟酳盎以獻比至於尸酳以酢諸臣皆爲用酒也當饋獻又迎尸於室以拜安之乃設食以進爲尸嫌不飽祝以主人之辭侑勸之由祭祀以禮神所歆享故以得大大之福也今王不能然故舉以刺之○鄭唯以介爲助餘同○傳楚楚至除也○正義曰經言楚楚者茨幷言棘者以茨言楚楚棘言抽明楚楚故箋云互辭也○箋茨蒺至互辭○正義曰茨蒺藜釋草文也郭璞曰布地蔓生細葉子有三角刺是也其古者先王之政以農爲本太宰九職一曰三農生九穀洪範八政一曰食是也○傳露積曰庾○正義曰甫田言曾孫之稼如茨如梁此聚稼也又曰曾

孫之庾如坻如京是積粟也下言乃求千斯倉乃求萬斯箱欲以萬箱載稼千倉納庾是庾未入倉矣故曰露積言露地積聚之九章筭術平地委粟是也周語云野有庾積韋昭引唐尙書云十六斗曰庾昭謂此庾露積穀也引詩云曾孫之庾如坻如京是取此傳爲說也且言野有則非倉之類亦露積之驗也○箋黍與與至喻多○正義曰與與翼翼黍稷之狀故言蕃廡貌釋詁云廡茂豐也謂黍稷之苗蕃殖而茂盛也既言露積爲庾則庾在於空非有可滿之期言互辭者庾舉億爲多以至億爲滿也倉無一億者假令一億十萬斛依九章筭術古粟斛方一尺長二尺七寸是一億之積方一尺而長二十七萬尺也立方開之幾六十五尺雖則高大之倉未有能容此者知其不相通也明在地則一億入倉則盈倉宜以庾至於億倉至於滿爲相互耳箋言喻多明非實然也若然豐年曰亦有高廩萬億及秭廩亦倉之類而得萬億及秭者彼論天下之粟非據一廩所容故得及億秭也○傳妥安坐也侑勸也○正義曰妥安坐也釋詁文又云侑報也傳以爲勸者已飲食而後勸之亦是重報之義○箋享獻至大福○正義曰酒是大名其鬱鬯五齊三酒揔名皆爲酒也月令命大酋爲酒云秫稻必齊則爲酒非直黍也又天子之祭其祭當用黍稷稻粱然則爲酒食者非獨黍稷而已以黍稷

爲國之主，故舉黍稷以摠衆穀，順上我黍稷之文。上言黍稷乃是天下民田稅以充倉庾耳，以爲酒食，文承其下，則以稅得之衆爲酒食矣。案祭義君親耕以供粢盛，則當用籍田黍稷，而此文勢得用稅物者，親耕示其孝敬之心以勸民耳，必祭祀所用皆所親爲。信南山云「曾孫之穡，以爲酒食，畀我尸賓」，是用稅物之明文也。言獻之祀先祖者，此摠辭也。絡祭皆是祀事，因獻之於神以成祭祀，故並言享祀以便句也。言先祖者，以經云先祖是皇，故據而言也。下章云以往烝嘗，則時祭也。時祭當自禰以上，而言先祖者，據遠可以兼近。言既又迎尸使處神坐者，解妥侑之意。文承享祀之下，而享祀雖摠於祭，因在其前，則爲灌及朝踐矣。妥侑當饋食之節，故云又迎尸使處神坐而食，於時拜以安之，是妥也。爲其嫌不飽，祝以主人之辭勸之，是侑也。又者，亞前灌獻之辭。初尸入，祝延之入廟奧而行灌禮，至朝踐，祭統注云「天子諸侯之祭，延尸於戶外」，郊特牲注云「朝事延尸於戶西南面」，注又云「至薦孰乃更延主於室之奧，尸來升席，自北方升坐於主北焉」。郊特牲曰「舉斝角，詔妥尸」，注云「妥，安坐也。尸始入，舉奠斝若奠角，將祭之，祝則詔主人拜安尸，使之坐。尸即至尊之坐，或時不自安，則以拜安之」，是又迎尸使處神坐也。言以天子使公卿爲尸，尸爲天子所尊，已有爲臣之嫌，故言嫌不飽，祝以主人之辭勸之。知祝者，以今少牢、特牲之祝主人及尸之言，皆祝之所傳故也。鳧鷖云「公尸來燕來寧」，注云「尸來燕也，其心安，不以已實臣之故自嫌」，則尸意安而不嫌。云嫌者，此據正祭，彼論繹祭，故尸安也。○

濟濟蹌蹌，濟濟蹌蹌言有

絜爾牛羊，以往烝嘗。或剝或亨，或肆或將。容也。亨，飪之也。肆，陳。將，齊也。或陳于牙，或齊于肉。箋云：有容言威儀敬慎也。冬祭曰烝，秋祭曰嘗。祭祀之禮，各有其事：有解剝其皮者，有煑熟之者，有肆其骨體於俎者，或奉持而進之者。○濟，子禮反，大夫之容也。蹌，七羊反，士之容也。亨，普庚反，注同。肆音四。飪本又作腍，而甚反。齊，才細反，下「或齊」同。解剝，上佳買反，下邦角反。有肆，他歷反。解肆也。奉，芳勇反，又如字。○

祝祭于祊，祀事孔明。祊，門內也。箋云：孔，甚也。明，猶備也，絜也。孝子不知神之所在，故使祝博求之平生門內之旁，待賓客之處，祀禮於是甚明。○祊，補彭反，說文作鬃，云門內祭先祖所彷徨也。處，昌慮反。○

先祖是皇，神保是饗。皇，大。保，安也。箋云：皇，暀也。先祖以孝子祀禮甚明之故，精氣歸暀之，其鬼神又安而享其祭祀。○暀，于況反，下篇同。

孝孫有慶，報以介福，萬壽

詩疏十三之二　七

無疆。箋云：慶，賜也。疆，竟界也。○竟音境。○

【疏】「濟濟」至「無疆」。○毛以爲占之明王，其助祭之臣大夫士，其義濟濟然，蹌蹌然，甚皆敬慎，乃鮮絜爾王者所祀之牛羊，以往爲冬烝秋嘗之祭也。於周禮祭祀之聯事，司徒奉牛司馬奉羊，六牲各有司也。既絜此牲，其理治之亦各有職，或解剝之者，或亨煑之者，或陳其肉於牙之上者，或分齊其肉所當用者。於是之時，祝則博求先祖之神，祭於門內之祊。既舉臣恪勤，各司其職，祭祀之事於是甚絜明矣。以此知先祖之精靈於是美大之，其神安而於是歆饗之。既爲所饗，故令孝孫有慶賜之事，報之以大夫之福，使孝孫得萬年之壽，無有疆境也。由臣助得祀，令王受介福。今幽王之時，非徒王不敬神，臣又廢職，故神所不歆，降之喪禍，故刺焉。○鄭唯「或肆或將」及「是皇」爲異。既或亨而煑之，匕載而出，或有肆其骨體於俎者，或有奉持而進之者，爲事之次。又先祖之神以孝子祀事孔明，故於是精氣歸暀之。餘同。○傳「濟濟」至「其肉」。○正義曰：曲禮下曰「大夫濟濟，士蹌蹌」，是有容也。祭祀之禮，主人自慤而趨，其賓客則有容儀，故濟濟蹌蹌也。亨謂煑之使熟，故云亨飪之也。行葦云「肆筵設席」，肆是設之言，故爲陳也。將，齊，釋言文。郭朴曰：「謂分齊也。」地官牛人云「凡祭祀共其牛牲之牙」，注云「牙若今屠家縣肉架」，則肆謂既殺乃陳之於牙上也。齊其肉者，王肅云「分齊其肉所當用」，則是既陳於牙，就牙上而齊之也。或肆或將，其事俱在或亨之前，以一者事類相將，故進或亨於上以配或剝耳。○箋「冬祭」至「進之者」。○正義曰：據四時則嘗先於烝，經先烝後嘗，便文耳。不言祠礿者，王肅云「舉盛言也」。然則以此二禮備於春夏，故特言之耳。祭祀各有其事者，解其每事言或，由各有所司故也。禮運曰「腥其俎，熟其殽」，注云「腥謂豚解而腥之，熟謂體解而爓之」。豚解腥之，是解剝其肉也。定本集注皆云解剝其皮。體解爓之，是煑熟之者。禮運又曰「然後退而合亨，體其犬豕牛羊」，注云「請分別骨體之貴賤，以爲衆俎也」，是肆其骨體於俎也。特牲、少牢之禮每云佐食奉俎肉，是奉持而進之。定本持作將。此說天子之祭，羣臣各有所司，於周禮則內饔云「凡宗廟之祭祀，掌割亨之事」，則解剝其肉是內饔也。亨人云「掌供鼎鑊以給水火之齊，職外內饔之爨亨煑」，則煑熟之者是亨人也。外饔「掌外祭祀之割亨，供其脯脩刑膴，陳其鼎俎，實之牲體」，則肆其骨體於俎是外饔也。大司徒云「祀五帝，奉牛牲，羞其肆。亨先王亦如之」，注云「肆，進所解骨體」。又小子職云「掌祭祀羞羊肆、羊殽、肉豆」，則奉持進之是司徒、小子之類也。然羣臣助祭，各有所掌，故稱奔走在廟，奉持進之，非獨此二職而已。易傳者，以祭雖有樂，不施於既亨之後，非文次也。孫毓云：此章祭時之事

詩疏十三之二　八

始於絜牛羊成於神保享各以次第也既解剥則當亨煑之於鑊既煑熟當陳其骨體於俎然後奉持而進之爲尸羞不待既亨熟乃分齊所當用也箋義爲長。傳祊門内。正義曰釋宫云閍謂之門李巡曰閍廟門名孫炎曰詩云祝祭于祊祊謂廟門也彼直言門知門内者以正祭之禮不宜出廟門也而郊特牲云直祭祝於主注云直正也謂薦熟時也祭以熟爲正又曰索祭祝於祊注云廟門外曰祊又注祊之禮宜於廟門外之西室與此不同者以彼祊對正祭是明日之名又彼記文稱祊之於東方爲失明在西方與繹俱在門外故禮器曰爲祊於外祭統曰而出於祊對設祭於堂爲正是以明日之繹故皆在門外與此不同以廟門謂之祊知内外皆有祊稱也。箋明猶至甚明。正義曰以此祀事孔明之言摠濟濟蹌蹌以下故言明猶備也絜也博求其神是備也絜爾牛羊是絜也所以於此而祝祭于祊者以孝子不知神之所在故使祝博求之平生門内之傍待賓客之處也每處求之是祀禮於是甚明也明此祊廟門之名其内得有待賓客之處者聘禮公食大夫皆行事於廟其待之迎於大門之内則天子之禮爲其迎諸侯之臣或於廟門内也繹祭之祊在廟門外之西此正祭之祊或在廟門内之西天子迎賓在門東此祭當在門西大宰繫之門内爲待賓客之處耳。箋皇暀至祭祀。正義曰信南山箋云皇之言暀也泮水箋云皇當作暀暀猶往也不同者注意趨在義通不爲例也先祖與神一也本其生存謂之祖言其精氣謂之神作者因是皇是享異事變其文耳箋易傳以皇爲暀者以論祭事宜爲歸暀孫毓云孝經稱宗廟致敬鬼神著矣禮曰聖人爲能享帝孝子爲能享親故此章云神保是享下章稱神保是格皆取之往安來爲義箋說爲長

執爨踖踖爲俎孔碩或燔或炙爨饔爨廩爨也踖踖言爨竈有容也燔取膟膋炙炙肉也箋云燔燔肉也炙肝炙也皆從獻之俎也其爲之於爨必取肉也肝也肥碩美者。爨七亂反注雝言爨竈一字七端反餘並同踖七夕反又七略反燔音煩廩力甚反膟音律膋音遼脂膏肝炙之赦反。

君婦莫莫爲豆孔庶爲賓爲客莫莫言清靜而敬至也豆謂肉羞庶羞也繹而賓尸及賓客箋云君婦謂后也凡適妻稱君婦事舅姑之稱也庶胗也祭祀之禮后夫人主共籩豆必取肉物肥胗美者也。莫音麥内羞如字内羞房中之羞或作肉羞非也適音的稱尺證反胗字又作侈昌紙反何沈都可反共亦作供音恭

獻醻交錯禮儀卒度笑語卒獲東西爲交邪行爲錯度法度也獲得時也箋云始主人酌賓爲獻賓既酌主人主人又自飲酌賓曰醻至旅而爵交錯以徧卒盡也古者於旅也語。醻市由反又作酬度如字沈徒洛反邪似嗟反徧音遍下同

神保是格報以介福萬壽攸酢格來酢報也。

疏執爨至攸酢。毛以爲當古明王祭祀之時其常執爨竈之人皆踖踖然敬慎於事而有容儀矣其爲俎之牲體甚博大言肥腯而得禮也或燔燒膟膋以報陽者或炕炙其肉以薦獻者君婦之后又復莫莫然清淨而敬慎以至其爲薦豆甚眾多非直以之薦神又爲繹而賓敬其尸及令爲賓客所用是其衆多也既有此豆以薦賓客故令賓客於祭日飲酒行獻酬之禮旅而交錯以至於徧也其賓客禮儀盡依法度其爲笑語盡得其時是得萬國之歡心恭敬事其先王故神安而於是來歸之報以大大之福以万年之壽所用報孝子也今王君臣不能然故舉以刺也。鄭以爲俎孔碩謂爲從獻之俎必取肉及肝甚肥大而美者或加火燔燒之謂燔肉也或炕火貫炙之謂炙肝也以從於獻酒之用也爲豆孔庶謂於先爲豆實之時必取肉物肥胗美者既以朝獻爲賓客以爲薦故賓客用而獻酬餘同。傳爨饔至炙肉。正義曰以祭祀之禮饔爨以煑肉廩爨以炊米此言臣各有司故兼二爨也少牢云雍人摡鼎匕俎于雍爨雍爨在門東南北上廩人摡甑甗匕與敦于廩爨廩爨在雍爨之北故知有二焉踖踖爨竈有容者謂執爨之有容儀也燔取膟膋王肅云取膟膋燔燎報陽也案祭義曰君牽牲既入廟門麗于碑卿大夫執鸞刀以封之取膟膋注云膟膋血與腸間脂也郊特牲曰取膟膋燔燎升首報陽也禮器曰君親制祭注云親制祭謂朝事進血膋時也如是則當朝事之時取牲膟膋燎於爐炭是燔膟膋也既以燔爲膟膋故以炙爲炙肉爲傳以炙爲炙肉則是薦俎非從獻也從獻之俎炙用肝。箋燔燔肉至美者。正義曰鄭以上或肆爲陳其骨體於俎則此非尸賓常俎故爲從獻之俎既以爲從獻之俎明燔炙是從獻之物故爲燔肉炙肝也言從獻者既獻酒即以此燔肉從之而置之在俎也於此言之者以其爲之於爨故就爨文言之以其俎之常者隨體所值此特言孔碩故云必取肉也肝也肥而碩美者也知燔肉炙肝者特牲主人獻尸賓長以肝從主婦獻尸兄弟以燔從彼燔與此燔同則彼肝與此炙同故云炙肝炙也炙既用肝明燔用肉矣故行葦箋亦云燔用肉炙用肝也特牲先言肝此後言炙者便文耳夏官量人云凡祭祀制其從獻脯燔之數量是從獻之文也然燔者火燒之名炙者遠火之稱以難熟者近火易熟者遠之故肝炙而肉燔也

生民傳曰傅火曰燔瓠葉傳曰加火曰燔對遥炙者爲近火故云傅火加之留其實亦炙非炮燒之也故量人注云燔從於獻酒之肉特牲云燔炙肉是燔亦炙也且燔亦炙爲鬻而貫之以炙于火如今炙肉矣故量人制其數量注云數多少長短若非鬻而炙之何有多少長短之數量乎故知燔亦鬻而貫炙之易傳者以燔燎報陽祭初之事君親爲之此文承爲俎之下言執爨有容則序助祭之人非君親之也且特牲燎之於爐此燔炙爲之於爨禮有燔肉炙肝從獻所用以此知非報陽燎薦之事故易之也此爲豆孔庶若正祭則先薦豆然後獻繹祭則先獻後薦知者少牢正祭云主婦薦韭菹醓醢主人乃獻尸案有司徹大夫賓尸禮云主人獻尸乃始云主婦薦韭菹是以鄭注祭義云君獻尸夫人薦豆謂繹日也。傳莫莫至賓客。正義曰毛以孔庶爲甚衆故云莫莫清静而敬至出后能清静恭敬又至篤故能爲豆甚多若簡躁不恭則不能也此豆實則菹醢也周禮醢人注云凡醢者必先膊乾其肉乃莝之雜以粱麴及鹽漬以美酒塗置甀中百日則成矣然則爲豆先祭而豫作此本而言之非當祭時也豆內羞庶羞者以言孔庶則非一故爲兼二羞也有司徹云宰夫羞房中之羞于尸侑主人主婦皆右之司士羞庶羞于尸侑主人主婦皆左之注云二羞所以盡歡心房中之羞其籩則糗餌粉餈其豆則酏食糝食庶羞羊臐豕膮皆有胾醢房中之羞內羞也內羞在右陰也庶羞在左陽也是有二羞之事也彼大夫賓尸尚有二羞明天子之正祭有二羞矣天子庶羞百有二十品則內羞亦多矣毛又以豆言甚衆爲過常之辭而云爲賓爲客則所爲有二事也然則非但正祭所用至繹又用之故云繹而賓尸及賓客也言於繹祭可以此賓敬於尸而薦之解爲賓也又今正祭賓用之爲薦是爲客也繹雖在後而尸尊於賓客故先言爲賓也。箋君婦至胗美。正義曰凡適妻稱君婦故妾稱之爲女君也婦有舅姑之稱公羊穀梁傳文也庶胗也釋言文舍人曰庶衆也胗多也孫炎曰庶豐多也云胗然則豐胗亦肥多之義爾雅既有此釋且以爲俎孔碩類之宜爲肉甚肥胗故易傳也天官九嬪職曰贊后薦徹豆籩是后夫人主供籩豆此論天子之事言后足矣兼云夫人者以諸侯夫人於其國與王后同故連言之由后主供籩豆故爲豆實必命有司令取肉物肥胗美者言物者籩豆有非肉者也若棗栗及菹與糗粉之屬不用肉故言肉物也后夫人所主籩豆唯有朝事饋食之籩豆后薦之耳於周禮加籩則內宗薦之內羞庶羞則世婦薦之而此言君婦爲豆爲賓爲客者以后夫人摠主之故也。箋始主人至旅也語。正義曰此特牲少牢咸有其事獻酬據其初故依彼節而言也交錯言其末故云至於旅而爵交錯以徧也古者於旅也語鄉射記文引之者證笑語得時

我孔熯矣式禮莫愆工祝致告徂賚孝孫熯，敬也。善其事曰工。賚，予也。箋云：我，我孝孫也。式，法。莫，無。愆，過。徂，往也。孝孫甚敬矣，於禮法無過者，祝以此故致神意告主人使受嘏，既而以嘏之物往予主人。○熯，而善反，又呼但反。賚，如字，徐音來。嘏，古嘏反。

苾芬孝祀神嗜飲食卜爾百福如幾如式幾，期。式，法也。箋云：卜，予也。苾苾芬芬有馨香矣，女之以孝敬享祀也，神乃歆嗜女之飲食，今予女之百福，其來如有期矣，多少如有法矣。此皆嘏辭之意。○苾，蒲蔑反，一音蒲必反，下篇同。芬，孚云反。嗜，市志反，徐云又巨之反，下章同。幾音機。予，羊汝反，下同。歆，喜今反。女音汝，下同。

既齊既稷既匡既勑永錫爾極時萬時億稷，疾。勑，固也。箋云：齊，減取也。稷之言即也。永，長。極，中也。嘏之禮，祝徧取黍稷牢肉魚，擩于醢，以授尸，孝孫前就尸受之，天子使宰夫受之以筐。祝則釋嘏辭以勑之，又曰：長賜女以中和之福，是万是億，言多無數。○齊，王申毛如字，鄭音資，一音才細反，謂分之齊也。筐，本亦作匡，丘方反。擩，而專反，又音茹，又而純反，何耳誰反。醢音海。

【疏】我孔至時億。○毛以爲上三章既言孝子助祭之人皆得其禮爲神饗報故此承而結之言我孝子甚能恭敬矣其於祭祀之法與禮儀無過差者孝子既能如此工善之祝以此之故於是致神之意以告主人令之受嘏既而因以所嘏之物往與主人孝孫也神本所以與孝孫嘏福者能苾苾芬芬有馨香乃汝以孝敬享祀故鬼神忻說乃歆嗜汝之飲食今所以與汝百種之福其來早晚如有期節矣其福多少如有法度矣我孝子既能整齊矣既能極疾矣既能誠正矣既能慎固矣於祀之禮無所失是知神永賜汝中和之福於是得萬於是得億言多無數此即報以介福之事也今王不能然故以刺之鄭唯既齊既稷既筐既勑二句爲異以徂賚孝孫言以嘏之物往予主人也次四句乃本所以嘏之意既齊以下陳爲嘏之禮祭有黍稷牢肉魚祝就中齊減取其物以擩于醢以受尸矣孝子既就尸而受之矣既得乃使宰夫受之以筐矣既得尸命祝釋嘏辭以勑之永錫爾極即嘏辭之畧也。傳熯敬至賚予。正義曰熯敬釋詁文以工者巧於所能論語曰工欲善其事故云善其事曰工賚予也釋詁文。箋我我孝至主人。正義曰以上章說臣事既然此摠結之故知我我孝孫也特牲少牢薦獻

禮終，尸皆命祝以嘏於主人，故知工祝致告，是致神意告主人使受嘏也。告之下即云徂賚孝孫，故知以嘏之物往與主人。其嘏之物，即下箋云黍稷牢肉是也。此及下章再言工祝致告，箋以此章祝以神意告主人使受嘏，下章祝以主人之意告尸以利成。知者，此致告之下即云徂賚孝孫，以物予主人，明是告之使受嘏也。下章乃云工祝致告，訖即云皇尸載起，明致孝子之意以告尸也。又特牲、少牢皆受嘏在前，告利成在後，以此知之。二者皆祝傳其辭，故並稱工祝致告。○箋「苾苾至之意」。○正義曰：以其馨香宜重言，故云苾苾芬芬有馨香矣。汝以孝敬祭祀，曰孝子能盡其誠信，致其孝敬，故馨香也。由飲食馨香，故神歆嗜之，而予之百福，其來如有期矣，言須而即來，不遲晚也。多少如有法矣，謂來必豐足，不乏少也。嘏辭予主人以福，此說得福之事，故云皆嘏辭之意。言嘏辭之意耳，此非嘏辭。○傳「稷疾」也，「勑固」。○正義曰：王肅云：執事已整齊，已極疾，已誠正，已固慎也。傳意或然。○箋「齊減取至勑之」。○正義曰：齊與資古今字異，資訓取，齊為減取，非訓齊為減取也。以上言嘏之意，此言嘏之事，參之以特牲、少牢而事有似，故說為嘏之禮也。其不同者，天子與大夫尊卑飯殊，故祀數有異耳。少牢禮曰：「二佐食各取黍于一敦，上佐食兼受摶之，以授尸，尸執以命祝。卒命祝，祝受以東，北面于戶西，以嘏予主人，曰」既稱嘏辭，「主人坐奠爵，興，受黍，坐振祭，嚌之，詩懷之，實于左袂，挂于季指，執爵以興，出，宰夫以籩受嗇黍，主人嘗之，納諸內」，是大夫受嘏之禮也。特牲禮曰：「佐食摶黍授祝，祝授尸，尸受以菹豆，執以親嘏主人，主人左執角，再拜稽首受，復位，詩懷之，實于左袂，挂于季指，卒角，拜，尸答拜。主人出，寫嗇于房，祝以籩受」，是士受嘏之禮。二禮皆取黍而已。特牲注云：「獨用黍者，食之主也。」又云：「變黍直言嗇者，因事託戒，欲其重稼嗇。」此言偏取黍稷牢肉魚者，以齊者是減取諸物，故知偏減取也。知祝取之者，嘏，祝所主。又特牲言佐食摶黍授祝，祝授尸準此，故為祝也。知摶于醢者，以醢亦宜在籩取之中，而少牢祝云「尸取韭菹，辯擩于三豆」，有擩醢之事。此既偏取以嘏天子，天子當嘗之，故知擩于醢以授尸也。既以授尸，故孝子前就尸受之。特牲尸親嘏，少牢命祝嘏，此言既即是孝子自就取，則亦尸親嘏，不嫌與士同也。言天子使宰夫受之以筐者，以少牢宰夫受之，故知此亦宰夫。特牲、少牢皆受以籩，此經云既筐，故知受之以筐也。以少牢主人受之出以授宰夫，此初即宰夫受之，不至於出，故言天子使宰夫以為別異之文也。定本注「天子宰夫受之」，無「使」、「夫」兩字。祝則釋嘏辭以勑之，少牢嘏辭云：「皇尸命工祝，承致多福無疆于汝孝孫。來汝孝孫，使汝受祿于天，宜稼于田，眉壽萬年，勿替引之。」是一大夫之嘏辭也。天子嘏辭無以言之，此永錫爾極，時萬時億，是其辭之略。以少牢嘏辭準之，知天子嘏辭必多於是。彼先設嘏辭，乃嘏以黍，此先以嘏予之，乃釋辭者，亦天子之禮大，節文之數與大夫異也。易傳者，以徂賚孝孫是嘏之事也，永錫爾極是嘏之辭也，則此章雖說受嘏之禮耳，不得有執事於其間。若不指執事，則極疾固慎，文無所主，故易之以為受嘏之禮。

禮儀既備，鍾鼓既戒。孝孫徂位，工祝致告。致告，告利成也。箋云：鍾鼓既戒，戒諸在廟中者以祭禮畢。孝孫往位堂下西面位也。祝於是致孝孫之意，告尸以利成。○祭禮畢，禮或作祀。神具醉止，皇尸載起。鼓鍾送尸，神保聿歸。皇，大也。箋云：具，皆也。皇，君也。載之言則也。尸，節神者也。神醉而尸謖，送尸而神歸。尸出入奏肆夏。尸稱君，尊之也。神安歸者，歸於天也。○謖，所六反，起也。夏，戶雅反。諸宰君婦，廢徹不遲。箋云：廢，去也。尸出而可徹。諸宰徹去諸饌，君婦籩豆而已。不遲，以疾為敬也。○廢，方吠反。徹，直列反。去，起呂反，下同。諸父兄弟，備言燕私。燕而盡其私恩。箋云：祭祀畢，歸賓客之俎，同姓則留與之燕，所以尊賓客，親骨肉也。

【疏】禮儀至燕私。○正義曰：此受嘏之後，言祭畢之事，故云祭祀之禮儀既畢備矣，鍾鼓之音聲既告戒矣，謂擊鍾鼓以告戒廟中之人，言祭畢也。主人孝孫於此之時，則往於堂下西面之位。工善之祝則從西堂下致孝孫之意，告尸言利養之成也。於時神皆醉飽矣，故皇尸則起而出也。尸以節神，尸畢而神醉，故神醉而尸起也。乃鳴鍾鼓以送尸，謂奏肆夏也。神安而遂歸於天也。尸已出矣，而諸宰及君婦肅敬於事，其徹去俎豆皆不遲矣。於是之時，賓客歸之俎，其諸父兄弟留之，使皆備具，我當與之燕，而盡其私恩也。今王不能然，故舉以刺之。○箋「鍾鼓至利成」。○正義曰：以禮儀既畢而擊鍾鼓以戒，知戒諸在廟中者，告以祭禮畢也。祭禮畢即禮儀既備是也。孝孫往位堂下西面位，知者，以言往而自此適彼之辭，而特牲告利成之位云「主人出立于戶外，西面」，少牢告利成之位云「主人出立于阼階上，西面」，是尊者出稍遠也。此云徂位，明遠於大夫，故知至堂下也。特牲、少牢皆西面，故知天子之位亦西面也。既言徂位，即云致告，故云於是致孝子之意，告尸以利成也。少牢主人立于阼階，祝立于西階上告利成，此孝孫在堂下西面，則祝當以西階下告利成也。若然，特牲告利成，即云「尸謖，祝前，主人降」；少牢祝告利成，即云「祝入，尸謖，主人降」。此二者皆祝告主人以利成，是致尸意也此言致孝子之意告尸者以孝子之事尸有尊親及賓客之義命當由尊者出讓當從賓客來祝畢義由於尸非主人所當先發故知彼二禮皆言祝告主人以利成也則天子彌尊備儀盡飾盡有節文準彼二禮祝告主人則此以祝先致尸意告主人乃更致主人之意以告尸故云告尸以利成也此云皇尸載起卽彼尸謖也但此舉主人之報告則得尸告而可知矣必知然者以彼大夫與士尊卑而俱告主人明亦有告主人矣其告主人則同主人報告則有差彼士祝告主人利成尸卽謖大夫則祝入乃尸謖明天子則祝人又報以利成然後尸乃起準彼爲差故知然也言利成者少牢注云利猶養也成畢也孝子之養祝畢。傳皇大也。正義曰箋依釋詁以皇爲君稱君尊之少牢亦云皇尸命工祝傳皇爲大言尊大之尸亦君義。箋具皆至於天。正義曰言皆醉者所祭羣廟非止一神故也又解神尸相將之意故云尸節神者也郊特牲云尸神象也此尸所陳言神醉而尸謖送尸而神歸是尸與神爲節度也神無形故尸象焉特牲少牢注皆依釋言云謖起也又解以鼓鍾送尸由尸出入奏肆夏故也尸出入奏肆夏春官大司樂職文也祭義云樂以迎來哀以送往此鼓鍾送尸者以哀其享否不可知自孝子之心耳其送尸猶自作樂也神者魂魄之氣郊特牲云魂氣歸於天

故言神安歸於天也。箋尸出至爲敬。正義曰案特牲少牢祝尸出之後乃餕乃陽厭尋亦徹之故此繫于尸起也而諸宰徹去諸饌君婦籩豆而已者以周禮九嬪云凡祭祀贊后薦徹豆籩知君婦籩豆而已餘饌諸宰徹之也周禮宰夫無徹饌之文膳夫云凡王祭祀賓客則徹王之胙俎注云膳夫親徹胙俎胙俎最尊也其餘則其屬徹之然則徹饌者膳夫也言諸宰者以膳夫是宰之屬官宰膳皆食官之名故繫之宰言諸者序官膳夫上士二人中士四人下士八人故言諸也祭末嫌其惰慢故言以疾爲敬。箋祭祀至骨肉。正義曰祭統曰貴者取貴骨賤者取賤骨論語曰祭於公不宿肉特牲少牢皆曰祝執其俎以出是祭祀畢賓客歸之俎也其同姓則皆留之與燕而盡其私恩也特牲云祝命徹胙俎豆籩設于東序下注云胙俎主人之俎設于東序下亦將私燕也是祭末而燕私之事歸之俎所以尊賓客留之燕所以親骨肉也大宗伯云以脤膰之禮親兄弟之國注云脤膰社稷宗廟之肉以賜同姓之國同福祿也春秋定十四年天王使石尚來歸脤同姓得肉者彼謂不助祭者不得與燕故歸之也。**樂具入奏以綏後祿**綏安也安然後受福祿也**爾殽既將莫怨具慶**將行也箋云燕而祭時之樂復皆入奏以

安後日之福祿骨肉歡而君之福祿安女之殽羞已行同姓之臣無有怨者而皆慶君是其歡也。復扶又反**既醉既飽小大稽首神嗜飲食使君壽考**箋云小大猶長幼也同姓之臣燕已醉飽皆再拜稽首曰神乃歆嗜君之飲食使君壽且考此其慶辭。長張丈反**孔惠孔時維其盡之子子孫孫勿替引之**替廢引長也箋云惠順也甚順於禮甚得其時維君德能盡之願子孫勿廢而長行之。替天帝反〔疏〕樂具至引之。正義曰以上章云備言燕私故此卽陳燕私之事以祭時在廟燕當在寢故言祭時之樂皆復來入於寢而奏之以安其從今以後之福祿言骨肉歡樂然後君之福祿安也其燕之時非直以鼓鍾樂之又爾之殽羞既行之長幼皆徧故同姓之臣莫有嗟怨而皆慶君是其骨肉歡矣於是之時既醉於酒矣既飽於食矣其同姓小大長幼皆再拜稽首而其慶君曰由君明德馨香神乃嗜君飲食使君得壽考之福也祭甚順於禮甚得其時唯君德其能盡此順時之美願君之子孫世世勿廢而長行之欲使長行此禮常得福祿此卽所謂具慶也今王不能然故舉以刺之。箋燕而至其歡。正義曰案前文而言入奏故知祭之樂復皆

入也燕祭不得同樂而云皆入者歌詠雖異樂器則同故皆入也後日從今以後之日也宗族不親則公室傾危故骨肉歡而君之福祿安同姓無怨而皆慶是其歡矣神嗜飲食以下是慶辭也。傳替廢引長。正義曰替廢釋言文引長釋詁文釋詁云子子孫孫引無極也舍人曰子孫長行美道引無極也郭璞曰世世昌盛長無窮是勿廢長行之

楚茨六章章十二句

信南山刺幽王也不能脩成王之業疆理天下以奉禹功故君子思古焉〔疏〕信南山六章章六句至思古焉。正義曰作信南山詩者刺幽王也刺其不能脩成王之事業疆界分理天下之田畝使之勤稼以奉行大禹之功故其時君子思古成王焉所以刺之經六章皆陳古而反以刺今言成王能疆理天下以奉禹功而幽王不能脩之經先云禹功乃言曾孫見成王能遠奉禹功今幽王不能述脩成王之業非責幽王令奉禹功也故箋云言成王乃遠脩禹之功今王反不脩其業乎是思古之內直思成王耳而成王又有所奉故經言禹焉首章言我疆我理是疆理天下也維禹甸之是禹功也

以下言雲雨生穀乃稅以祭祀鬼神降福皆由疆理使然故序者略之也信彼南山維禹甸之畇畇原隰曾孫田之甸治也畇畇墾辟貌曾孫成王也箋云信乎彼南山之野禹治而丘甸之今原隰墾辟則又成王之所佃言成王乃遠脩禹之功今王反不脩其業乎六十四井為甸甸方八里居一成之中成方十里出兵車一乘以為賦法○甸毛田見反鄭繩證反畇音勻又作眴蘇遵反又音旬墾辟上苦很反下婢亦反佃音田本亦作田乘繩證反○我疆我理疆畫經界也理分地理也南東其畝或南或東

疏信彼至其畝○毛以為信乎彼南山之傍田野得成平田可種殖者維本禹所治之又此地今畇畇然成其墾辟之原隰者由曾孫成王所田之又正我天下經界之疆又分我天下土宜之理而隨事之便使南東其畝成王能疆理天下奉禹之功而幽王不能脩之故以刺焉○鄭唯甸之為丘甸之為異餘同○傳甸治至成王○正義曰此及韓奕之傳皆言甸治則訓甸為治不為丘甸之異於鄭也墾辟貌者謂墾耕其地辟除草萊以成柔田也釋訓云畇畇田也注引此畇畇原隰與勻音同也知曾孫是成王者序言成王奉禹之功此言曾孫田禹之地故知曾孫與序成王一人也

詩疏十三之二　十七

成王而謂之曾孫者以古者祖有德而宗有功因為之號文武為受命伐紂定天下之基以為祖宗祭法云祖文王而宗武王是也成王繼文武之後為太平之主特異其號故詩經通稱成王為曾孫也不繼於文王不直言孫者蓋周雖文王受命而大王亦有王迹所起見其王業之遠故繼而稱曾孫不言玄孫者玄孫對高祖為定名世數更多則不得稱玄孫矣曾者重也自曾祖以至無窮皆得稱曾孫故維天之命箋云自孫之子而下事先祖皆稱曾孫是為遠辭明周德之隆久故繼大王而不稱玄也毛以此及維天之命言曾孫篤之亦為成王鄭以禮非一人所行雖彼不從之耳○箋信乎至賦法○正義曰言信乎者文通於下言禹治南山成王田之皆信然矣上云南山下云原隰皆南山之傍見禹之所甸成王所脩為一處互其文以相曉也箋云彼南山之野禹治而丘甸之即云今原隰墾辟則又成王之所田言成王乃遠脩禹之功今王反不脩其業乎言脩禹功而文相因明南山原隰二者為一處成王之脩禹功實天下盡然而獨言南山者作者指一處以表之其意通及天下也故序言疆理天下下注言上天同雲是非獨南山之傍脩禹功也獨舉原隰以為言者鄭駁異義引此詩以盡三章此詩之意以原隰生百穀原隰之功於人尤大故獨言也甸之為字既訓為治音又

為乘以治其地使平成甸則訓為治以方十里出兵車一乘故又音為乘也韓奕箋云禹甸之者謂除其災使成平田定貢賦於天子是亦以治為義也地官小司徒云四丘為甸注云甸之言乘也讀如中甸之甸稍人云掌令丘乘之政令注云丘乘四丘為甸甸讀與維禹敶之敶同其訓曰乘由是改云郊特牲云丘乘共粢盛注云甸或謂之乘以其於車賦出長轂一乘是以乘為義也知六十四井為甸者小司徒云四井為邑四邑為丘四丘為甸如數計之丘十六井甸六十四井也知方八里者以孟子云方里而井計之則邑方二里丘方四里甸方八里也又解方八里名為甸之意其居一成之中成方十里出兵車一乘以為賦法故謂之甸以甸乘也十里為成成即冬官匠人文也知甸居一成之中者以人既云十里為成故彼注云成間廣八尺深八尺謂之洫在其中傍一里以治洫故彼注云方十里為成中容一甸甸方八里出田稅緣邊一里治洫是也論語注引司馬法云井十為通通十為成成出革車一乘是據成方十里出一乘也成元年左傳服注引司馬法云四邑為丘丘有戎馬一匹牛三頭是曰匹馬丘牛四丘為甸甸六十四井出長轂一乘馬四匹牛十二頭甲士三人步卒七十二人戈楯具備謂之乘馬是據甸方八里出車一乘也二者事得相通故各據一

詩疏十三之二　十八

為若然成出兵車一乘為七十五人耳而哀元年左傳說夏少康有田一成有眾一旅為十里有五百人者計成方十里其地有九百夫之田也授民田有不易一易再易通率二而當一有四百五十人矣其中上地差多則一得容五百人也其出兵夫則眾不盡行故與一車士卒七十五人異也傳說少康言有眾一旅盡舉大眾故與出賦異也箋以此維禹甸之為丘甸為孫毓云禹平治水土以除洪水之災當此之時未及以丘甸之田也且井邑丘甸出於周法虞夏之制未有聞焉今以周之法為虞夏之論又謂禹治水土皆丘甸之者非其義也然則鄭為禹亦丘甸之者禮運說大道既隱而曰以立田里是則三王之初而有井甸之法也論語說禹盡力乎溝洫與匠人井間有洫同也皐陶謨云濬畎澮距川與匠人同有遂於川同也是則丘甸之法禹之所為也左傳說少康之在虞思有田一成有眾一旅於是則十里為成非周之法也故禹治水既平乃任土作貢於有何不暇而云未及丘甸之也故鄭以為禹治而丘甸之○傳疆畫至地理○正義曰孟子曰夫仁政必自經界始經界不正井田不均趙岐注云經亦界也然則經界者地畔之名也疆謂正其封疆故云疆畫經界襄四年左傳曰茫茫禹跡畫為九州九州尚畫其界是田之經界須畫之也分地理者分別地所宜之理若孝經注云高田宜黍

稷下田宜稻麥是也。○傳或南或東。○正義曰：成二年左傳曰「先王疆理天下物土之宜」，故詩曰「我疆我理，南東其畝」，是於土之宜須縱須橫，故或南或東也。

上天同雲，雨雪雰雰。雰雰，雪貌。豐年之冬必有積雪。○雨，于傳反，崔如字。雰，芳云反。**益之以霢霂，既優既渥。**小雨曰霢霂。箋云：成王之時，陰陽和，風雨時，冬有積雪，春而益之以小雨，潤澤則饒洽。○霢，土革反。霂音木。優，說文作瀀，音憂。渥，烏學反。**既霑既足，生我百穀。**

疏「上天」至「百穀」。○正義曰：言成王時，在上天同起其雲，正於冬月雨下此雪，雰雰然多而積也。至於春日，又益之以小雨霢霂然，以接冬澤。既已優洽，既已饒渥，既已沾潤，既已豐足，是以故得生我之衆穀也。今王不能然，故舉以刺之。言上天同雲，明澤之徧也。以雲在於天，上雨從上下，故云上天，非有義例。○傳「豐年」至「積雪」。○正義曰：謂明年將豐，今冬積雪，爲宿澤也。然則積雪是年之前冬，而言豐年之冬必有積雪者，以此章言穀之生，下章言其成熟，舉一年之生成以爲首尾之次，非復言歲初歲末，限以同年。傳達經意，故言豐年冬耳。○傳「小雨霢霂」。○正義曰：釋天文也。李巡曰：「水雪俱下。」案彼文上有暴雨，下云久雨，於閒無雪事，而李巡云俱下，妄矣。此傳有云小雪者，誤。今定本云小雨。

疆埸翼翼，黍稷彧彧。埸，畔也。翼翼，讓畔也。彧彧，茂盛貌。○埸音亦，下同。彧，於六反。**曾孫之穡，以爲酒食。畀我尸賓，壽考萬年。**箋云：斂稅曰穡。畀，予也。成王以黍稷之稅爲酒食，至祭祀齊戒則以賜尸與賓。尊尸與賓，所以敬神也。敬神則得壽考萬年。○畀，必寐反，注同。齊，側皆反。

疏「疆埸」至「萬年」。○正義曰：上既言百穀以生成，故此云稅取供祭也。言所生百穀之處，其農人理之，使疆埸之上翼翼然閑整讓畔。今黍稷之苗彧彧然茂盛而成長，至秋收刈，則曾孫成王之所稅斂而以爲酒之與食也。既爲酒食，於祭前齊戒之時，乃賜我尸之與賓，以尊養之。尸賓未至祭時而豫賜之酒食，爲敬神故也。神既爲王所敬，故令王得壽考萬年之福也。今王不能然，故舉以刺之。○傳「埸畔」至「盛貌」。○正義曰：以田之疆畔至此而易主，名之爲埸。翼翼是閒暇之名，故舉讓畔之敬，以明其田事之理也。○上言生我百穀，此獨言黍稷者，黍稷爲穀之長，故特言之也。○箋「斂」至「萬年」。○正義曰：上言黍稷，或是天下民田也。曾孫之穡，文承其下，故知稅斂曰穡也。賓之與尸，祭時所有。經云畀我尸賓，何知不指謂祭時予之，而箋以爲齊戒則以賜尸賓者？以此詩陳事而有次序，五章卒章始言祭時之事，清酒騂牡享于祖考，則此未祭而言畀我尸賓，明祭前矣。又不言享祀而云畀我，是賜下之辭，故爲祭祀齊戒以賜尸賓也。祭義云：「祭前十日，散齊七日，致齊三日。」周禮所謂「前期十日」是也。於齊之時，官當與之酒食，而箋云賜者，以其未祭，則尸猶臣道，故言賜也。經言敬事於賓，而令神降福者，以其尊尸與賓，即所敬神也。由能敬神則壽考萬年也。神與壽考，祭時嘏辭，與卒章「萬壽無疆」明其同時也。以宿敬於神，以及尸賓，於後得福，故此致其意而逆言之耳。

中田有廬，疆埸有瓜。是剝是菹，剝瓜爲菹也。箋云：中田，田中也。農人作廬焉，以便其田事。於畔上種瓜，瓜成，又入其稅。天子剝削淹漬以爲菹，貴四時之異物。○廬，力居反。剝，邦角反。菹，側居反。便，毗戰反。削，思約反。淹，英鉗反。漬，子賜反，淹也。○**獻之皇祖。曾孫壽考，受天之祜。**箋云：皇，君。祜，福也。獻瓜菹於先祖者，順孝子之心也。孝子則獲福。○祜音戶。○

疏箋「中田」至「異物」。○正義曰：古者宅在都邑，田於外野，農時則出而就田，須有廬舍，故言中田，謂農人於田中作廬，以便其田事。於田中種穀，於畔上種瓜，亦所以便地也。於畔上種瓜，廣謂天下民田瓜成，又入其稅。民以瓜新熟，獻於天子，天子得之，乃剝

削淹漬以爲菹，欲以供祭祀，貴四時之異物故也。彌檢書傳，未見天子稅民瓜以供祭祀者。故地官場人「掌國之場圃，而樹之果蓏珍異之物，以時斂而藏之。凡祭祀，共其果蓏」。瓜瓠之屬，郊特牲曰「天子樹瓜華，不斂藏之種」，是則天子之瓜自令有司供之，不稅於民。此言瓜成入其稅於天子者，周禮言其正法，瓜不稅民。此述成王之時，民盡力於農業，故畔上種瓜，獻諸天子。天子得爲菹以祭，欲見天子孝於親而下民愛其主矣，以刺今幽王也。箋以對前曾孫之穡爲正稅，故云又入其稅耳，非謂正法所當稅也。○箋「獻瓜」至「獲福」。○正義曰：周禮場人「祭祀供其果蓏」，是祭必有瓜菹矣。醢人豆實無瓜菹者，主說正豆之實，故文不具耳。○

祭以清酒，從以騂牡，享于祖考。周尙赤也。箋云：清謂玄酒也。酒，鬱鬯、五齊、三酒也。祭之禮，先以鬱鬯降神，然後迎牲。享于祖考，納亨時。○騂，息營反，字林許營反。亨，許兩反，徐許亮反，注及下同。鬱，紆勿反。齊，才細反。亨，普庚反。○**執其鸞刀，以啓其毛，取其血膋。**鸞刀，刀有鸞者，言割中節也。箋云：毛以告純也。膋，脂膏也。血以告殺，膋以升臭，合之黍稷，實之於蕭，合馨香也。○膋音聊。中，丁仲反。臭，昌救反。

疏「祭以」至「血膋」。○正義曰：此章陳正祭之事。古者成王爲祭之時，祭神

以清與酒清謂玄酒也酒謂鬱鬯與五齊三酒也先以鬱鬯
祼而降神乃隨從於後以騂牡之牲迎而入于廟門以獻于
祖考之神既納以告神乃介卿大夫執持其鸞鈴之刀以此
刀開其牲之皮毛取牲血與脂膋之𦟌膋而退毛以告純血
以告殺膋以升臭合馨香以薦神各有其人皆肅其事今王
不能然故刺之。傳周尚赤也。正義曰地官牧人云陽祀
用騂牲毛之注以陽祀爲宗廟似由陽祀故用騂此云尚赤
者牧人以周尚赤故郊廟用騂爲陽以相對其實山所尚故
曰白牡騂公牲三代祭其廟各用其所尚之毛色也。箋清
謂至亨時。正義曰禮運說祭之禮云玄酒在室是祭祀有
玄酒也春官鬱人掌祼器凡祭祀之祼事和鬱鬯以實彝而
陳之彝尊彝四時之祭皆祼用彝是祀祼用鬱鬯也天官酒
正云辨五齊之名一曰泛齊二曰醴齊三曰盎齊四曰緹齊
五曰沈齊辨三酒之物一曰事酒二曰昔酒三曰清酒酒人
掌爲五齊三酒祭祀則供奉之是祭祀有五齊三酒也酒正
鄭注云泛者成而滓浮泛泛然如今宜成醪矣醴猶體也成
而汁滓相將如今恬酒矣盎猶翁也成而翁翁然蔥白色如
今酇白矣緹者成而紅赤如今下酒矣沈者成而滓沈如今
造清酒矣齊者每有祭祀以度量節作之也又云事酒酌有
事者之酒其酒則今時醳酒也昔酒今之酋久白酒所謂舊
醳者也清酒今之中山冬釀接夏而成者是也鄭解五齊三
酒之事也此言祭以清酒廣言祭用酒事則文當揔攝諸酒
故箋分而屬之清謂玄酒也酒謂鬱與五齊三酒也玄酒水
也故以當清五齊三酒則釀而爲之故以當酒然鬱人注云
鬱金香草也則鬱非酒矣亦以爲酒者祭之用鬱煑之以和
鬯郊特牲所謂臭鬱合鬯是也鬯人注鬯釀秬爲酒芬香條
暢於上下者也然則祼之有鬱和秬鬯而用之故鬱亦爲酒
也此言清酒箋既辨之旱麓云清酒既載騂牡既備箋直言
祭祀先爲清酒其次擇牲不復曲辨清酒之名者此下有鸞
刀謂殺牲祭時則騂牡在其上據迎牲時清酒又在其上明
據灌時今經直云清酒恐不兼鬱鬯故箋備解之彼旱麓汎
說求是祭時故注與此不同烈祖云既載清酤箋云既載清
酒於尊中酌以祼獻以周禮言之祼獻所用則鬱鬯與醴齊
也清酤之言亦揔諸酒與此同也案三酒之名三曰清酒何
知清酒非三酒之清酒者以言祭以清酒則以清酒祭神也
三酒卑於五齊非祼獻所用故司尊彝凡六尊之酌鬱齊獻
酌醴齊縮酌盎齊涗酌凡酒脩酌鄭注差次之云凡祭酒三
酒也四者祼用鬱齊朝用醴齊饋用盎齊諸臣自酢用凡酒
然則三酒乃是諸臣之所酢不用之以獻神故知詩之清酒
非三酒之清酒也司尊彝又注云唯大事于太廟備五齊三

酒此不必大事言五齊三酒者以獻饋必醴盎在五齊之中
諸臣所酢必當用酒故因言五齊耳不必此祭備三五也箋
又以經先言祭以清酒乃云從以騂牡言從是相亞之辭郊
特牲曰既灌然後迎牲是先用酒後用牲故云祭之禮先以
鬱鬯降神然後迎牲郊特又曰灌用鬯臭鬱合鬯臭陰達於
淵泉是以鬱降神也又言享于祖考謂納享時者大宰云及
納享贊王牲事注云納牲將告殺謂向祭之晨既殺以授亨
人然則納享者謂牽牲入廟將殺授亨人故謂之納亨也亨
于祖考知是納亨時者祭義云君牽牲入廟門麗于碑卿大
夫袒而毛牛尚耳鸞刀以封之此下文乃言執其鸞刀故知
是納亨時也納亨而謂之獻於祖考者地官充人云碩牲則
贊注云贊助也助君牽牲入告肥是獻之也。傳鸞刀至中
節。正義曰鸞鈴也謂刀環有鈴其聲中節故郊特牲曰
割刀之用而鸞刀之貴貴其義也聲和而後斷是申節也祭
義曰卿大夫袒鸞刀以封之取膟膋則此亦卿大夫也。箋毛
以至馨香。正義曰經言以啓其毛取其血膋據文言之直
開毛取血不似取毛箋言毛以告純者以祭禮用毛不言啓
皮而云啓毛明是取毛毛用之郊特牲曰毛血告幽全之物貴
純之道也楚語觀射父云毛以示物韋昭曰物色是毛以告
純膋者腸間脂也脂釋者曰膏故云膋脂膏也血以告殺亦
楚語文也若不殺則無血故以血告殺也韋昭曰明不因故
是也膋以升臭謂燒其脂膏升其臭氣使神聞之又申明升
臭之事以此脂膏合之黍稷置之蕭乃以火燒之合其馨香
之氣是升臭也知者郊特牲曰取膟膋燔燎升首報陽也又
曰蕭合黍稷臭陽達於牆屋故既奠然後焫蕭合馨香注云
蕭香蒿染以脂合黍稷燒之是合馨香之事也定本及集注
皆以此注爲毛傳無箋云兩字**是烝是享，苾苾芬芬，祀事孔明。**烝進也箋
云既有牲物而進獻之苾苾芬芬然香祀禮於是則甚明也。**先祖是皇，報以介福，萬
壽無疆。**箋云皇之言暀也先祖之靈歸暀是孝孫而報之以福。疆居良反【疏】是烝至無疆。皇介
二字別毛以先祖之精魂於是美大之報以大夫之福鄭以
先祖之神靈於是歸往之報之所以助受大福祿餘同。箋
既有牲物。正義曰上章騂牡是牲也酒及血膋是物也
以承上文而言是烝是享故云既有牲物而進獻之也

信南山六章章六句

谷風之什十篇五十四章三百五十六句卷終

毛詩注疏挍勘記（十三之二）　阮元撰盧宣旬摘錄

○鼓鍾

鼓其淫樂以示之之 補 案下之字衍

以云諸侯 補 毛本云作示案示字是也

與彼文到者 補 案到當作倒

傳鼛大淮上地 閩本明監本毛本同案十行本大至地剜添者一字淮當作至

東夷之樂曰昧 小字本相臺本同閩本明監本毛本同案釋文云韎本又作昧正義云然則言昧者物生根也是正義本與釋文又作本同

南夷之樂曰南 小字本相臺本同考文古本同閩本同明監本毛本南作任案南字是也正義云以南訓任故或名任此爲南其實一也可證

西夷之樂曰朱離 小字本相臺本同閩本同明監本毛本朱作株案正義云秋物成而離其根株又云定本作朱離其義不合是作株字者改之以合正義也

如是音磬舒合 補 案磬當作聲形近之譌毛本正作聲

此經言云鍾琴笙磬 閩本明監本毛本同案云字當衍琴上當有瑟字

四夷之樂雖爲舞 閩本明監本毛本同案雖當作唯

○楚茨

民盡皆流散流散而逃亡 閩本明監本毛本同案上流散二字當作棄業

田疇懇闢 閩本明監本毛本懇作墾案所改是也毛本闢誤闕

文指田類 閩本明監本毛本同案田當作相大田序正義可證

君婦有清濁之德也 閩本明監本毛本濁作淨案所改是也

我蓺黍稷 唐石經小字本相臺本同閩本明監本毛本蓺作藝案藝字非也釋文云我蓺魚世反南山釋文云蓺樹也本或作藝技藝字耳猗嗟釋文云藝技其綺反

我將得黍稷焉 閩本明監本毛本同小字本相臺本得作樹案樹字是也

萬萬曰億 毛本萬誤十明監本以上皆不誤案毛以萬萬爲億伐檀正義有明文

何所種之黍與與然 補 毛本何作我案我字是也

依九音草術 補 案音草當作章筭形近之譌

以黍稷爲國之主 閩本明監本毛本同案浦鏜云國當穀字誤是也

則當用積田黍稷 補 案積當作藉形近之譌毛本作籍

必祭祀所用 閩本明監本毛本同案必上浦鏜云疑脫非字是也

或陳于牙 小字本相臺本同閩本明監本毛本亦同案牙當作㸦㸦即互之别體碑刻中每見之周禮釋文云互徐音㸦正義中字同

或齊于肉 小字本同閩本明監本毛本同相臺本于作其案其字是也正義標起止云至其肉又云齊其肉者王肅云分齊其肉所當用可證

有解剝其皮者 小字本相臺本同案正義云豚解腥之是解剝其肉也定本集注皆云解剝其皮是正義本作肉字

而享其祭祀 閩本明監本毛本同小字本相臺本享作饗考文古本同案饗字是也

其義濟濟然 補 案義當作儀毛本作儀是也

司徒奉司牛馬奉羊 補 案司牛二字當倒

報之以大夫之福 補 案夫當作大形近之譌毛本正作大

由名有所司故也 閩本明監本毛本同案浦鏜云名當各字誤是也

體其犬豕生羊（補）案生當作牛毛本不誤

供其脯脩刑撫　閩本明監本毛本同案浦鏜云膴誤撫考周禮是也

每處求之是祀禮於是甚明也　閩本明監本毛本同案十行本求之是剜添者一字

豆謂肉羞庶羞也　小字本相臺本同閩本明監本毛本肉作內案釋文云內羞如字內羞房中之羞或作肉羞非也正義云豆內羞庶羞者是其本作內不誤也

必取肉物肥腯美者也　閩本明監本毛本同小字本相臺本無者字案正義標起止云箋君婦至腯美是其本無者字段玉裁云有者是

故云傅火加之　閩本明監本毛本同案之當作火

留其實亦炙　閩本明監本毛本留作燔案此當作其實燔亦炙

燔從於獻酒之肉　閩本明監本毛本同案肉下浦鏜云脫炙字考周禮注是也

特牲云燔炙肉　閩本明監本毛本同案云上浦鏜云脫注字是也

數多少長短　閩本明監本毛本同案長上浦鏜云脫量字考周禮注是也

孫炎曰庶豐多也云腯　閩本明監本毛本同案多也二字當倒

加籩則內宗薦之　閩本明監本毛本同案籩上浦鏜云脫豆字以周禮考之是也

造主人使受嘏　閩本明監本毛本同小字本相臺本造作告考文古本同案告字是也

嘏古嘏反（補）毛本同案下嘏字乃假字之譌釋文挍勘通志堂本作假盧本作雅云舊譌今改正案雅字是也小字本所附是雅字

既匡既勑　唐石經小字本相臺本同案釋文云筐本亦作匡考此經毛無傳但以稷疾勑固例之必不與鄭義同正義依王述毛以說傳云既能誠正矣是其本經字作匡與釋文亦作本同毛氏詩經字自如此也鄭箋本經字亦作匡其云受之以筐者以匡爲筐之假借不云讀爲而於訓釋中竟改其字以顯之也釋文本經字作筐乃依箋所改當以正義本爲長正義云既匡既勑二句爲異又云此經云既筐皆易字之例耳○按說文筐即匡之或字即知毛訓正鄭訓器而無異字也

天子使宰夫受之以匡　小字本相臺本匡作筐閩本明監本毛本同考文古本同案筐字是也

又音苪（補）釋文挍勘通志堂本盧本苪作芮案芮字是也小字本所附是芮字

以擩于醢以受尸矣　閩本明監本毛本同案受當作授

曰孝子能盡其誠信　閩本明監本毛本同案浦鏜云曰當由字誤是也

率命祝祝受以東　閩本明監本毛本同案山井鼎云率恐卒誤是也

特于季指（補）特當作拄形近之譌

故孝子前就凡受之　閩本明監本毛本同案浦鏜云尸誤凡是也

定本注天子宰又受之　閩本明監本毛本同案浦鏜云定本下當脫集字又字當衍文是也

眉壽百年（補）閩本明監本毛本同案百當作万形近之譌儀禮少牢嘏辭眉壽萬年万萬古今字耳

勿替以之　閩本明監本毛本以作引案山井鼎云以恐非是也

是一大夫之嘏辭也（補）毛本一作亦案所改是也

鼓鍾送尸　唐石經小字本相臺本同案宋書樂志兩引此作鍾鼓送尸考箋云尸出入奏肆夏此經言鼓鍾猶春秋內外傳之言金奏肆夏也變上經鍾鼓既戒亦使不相蒙也當以作鼓鍾者爲是正義云乃鳴鍾鼓以送尸謂奏肆夏也鍾鼓當倒耳○按舊挍非宋書自可據也

神安歸者歸於天也　小字本相臺本同案宋書樂志引歸於天地也考正義云神安而歸於天

也又云郊特牲云魂氣歸於天故言神安歸於天也標起止云至於天是有地字者誤也

歸賓客豆俎閩本明監本毛本同小字本相臺本豆作之案豆字誤也正義云於是之時賓客歸之俎又云是祭祀畢賓客歸之俎也又云歸之俎所以尊賓客是正義當作賓客歸之俎考文古本客下有之字仍衍豆字

此尸所陳閩本明監本毛本同案浦鏜云詩誤尸是也

釋詁云子子孫孫也閩本明監本毛本詁作訓案所改是

○信南山

畇畇原隰唐石經小字本相臺本同案釋文云畇畇音匀又作畛蘇遵反又音旬正義云釋訓云畇畇田也注引此畇畇原隰與匀音同也是正義本作畇字

則又成王之所佃小字本相臺本同閩本明監本毛本亦同案釋文云佃本亦作田正義云由曾孫成王所田之又云成王田之皆信然矣又云今原隰墾辟則又成王之所田是其本作田與亦作本同佃非其義乃俗本耳

下注言上天同雲閩本明監本毛本同案注當作經

讀如中甸之甸閩本明監本毛本同案此不誤浦鏜云衷誤中非也正義所引自如此今周禮注作衷甸左傳同說文人部引作中佃

丘乘其粢盛也閩本明監本毛本同案浦鏜云共誤其是

出馬四匹長轂一乘閩本明監本毛本出下不空案此所空當是馬四匹三字也郊特牲注本無此三字正義以義增之耳依彼注刪非也

皆丘甸之閩本明監本毛本皆誤比十行本亦比字

與匠人井間有洫同也閩本明監本毛本同案浦鏜云成誤井是也

疆場翼翼毛本場誤埸明監本以上皆不誤下同

周禮所諸前期十日閩本明監本毛本同案浦鏜云謂誤諸是也

受天之祜唐石經小字本相臺本同考文古本同閩本明監本毛本祜誤祐

箋云毛以告純也小字本相臺本同案此正義本也正義標起止云箋毛以至馨香又云定本及集注皆以此注為毛傳無箋云兩字是自此至合馨香也二十八字皆在傳是也

故曰白牡騂公牲明監本毛本牡誤牲公誤剛閩本牡字不誤案騂當作周魯頌傳云白牡周公牲正義引彼文也不知者轉輒改之而不可通矣

彝尊彝四時之祭閩本明監本毛本同案上彝字當作司

郊特又曰閩本明監本毛本同案特下浦鏜云脫牲字是也

亨于祖考閩本明監本毛本同案浦鏜云享誤亨是也

報以大夫之福〔補〕案夫當作大毛本不誤

附釋音毛詩注疏卷之十四　十四之一　四三

甫田之什詁訓傳第二十一　孔穎達疏

甫田刺幽王也君子傷今而思古焉刺者刺其倉廩空虛政煩賦重農人失職[疏]甫田四章章十句○箋刺者至失職○正義曰經言成王庾稼于倉萬箱是倉廩實反明幽王之時倉廩虛也言適彼南畝耘耔黍稷是農人得職反明幽王之時農人失職也政煩賦重楚茨序文次四篇文勢大同此及下篇箋皆引之言由政煩賦重故農人失其常職也若然賦重則倉應實倉虛則賦應輕而同刺之者以王貪而無藝故賦重用而無節故倉虛由倉虛而賦更重以賦重而民逃散農人失職由政煩賦重所致其倉虛則別有費散不由賦重故箋先言倉廩虛則言政煩賦重也

倬彼甫田歲取十千倬明貌甫田謂天下田也十千言多也箋云甫之言丈夫也明乎彼大古之時以丈夫稅田也歲取十千於井田之法則一成之數也九夫爲井井稅一夫其田百畝井十爲通通稅十夫其田千畝通十爲成成方十里成稅百夫其田萬畝欲見其數從井通起故言十千上地穀畝一鍾○倬陟角反韓詩作菿音同云菿卓也甫之言丈夫也直兩反依義丈夫是也本又作大夫一本甫之言夫也又一本甫之言大也大古音泰見賢遍反○我取其陳食我農人自古有年尊者食新農夫食陳箋云倉廩有餘民得賒貰取食之所以紓官之蓄滯亦使民愛存新穀自古者豐年之法如此○食音嗣賒音奢貰音世又食夜反說文云貸也紓音舒何常汝反蓄勑六反今適南畝或耘或耔黍稷薿薿耘除草也耔雝本也箋云今者今成王之法也使農人之南畝治其禾稼功至力盡則薿薿然而茂盛於古言稅法今言治田互辭○耘音芸沈又音運本又作芸音同耔音子沈音兹壅禾根也薿魚起反徐又魚力反○攸介攸止烝我髦士烝進髦俊也治田得穀俊士以進箋云介舍也祇使民鋤作耘耔閒暇則於廬舍及所止息之處以道藝相講肄以進其爲俊士之行○介音界王大也烝之承反髦音毛鋤本或作助同仕魚反閒音閑處昌慮反肄以四反字亦作肄同行下孟反[疏]倬彼至髦士○毛以爲倬然明大者彼古太平之時天下之大田也一歲之收乃取十千以其天下皆豐故不繫之於夫井不限之於斗斛要

言多取田畝之收舉十千多數而已以其大熟如此故詩人云我取其陳者以食農人使一家之內尊老得食其新粟卑穉食其陳粟是爲老壯之别等養之義也自古太平有豐年其時如此故今成王之時亦奉而脩之其萬民適彼南畝之內或耘除草木或擁其根本功至力盡故令黍稷得薿薿然而茂盛收穫既多國用充足所以成大功所以自安止又得進我民人成爲髦俊之士由倉廩實知禮節故豐年多穫髦士所以得進也而幽王不脩之故舉以刺焉鄭唯今適南畝三句同其首尾皆異言倬然明著者彼太古之時於丈夫之所稅田一歲之中於一成之地取十千畝也言賦斂不重倉廩盈實故於時之民見官有餘遂云我從官取其倉廩之陳者而食我農夫之民所以紓官之畜滯亦使民愛存新穀故令國以足用下無困乏自古豐有之年其法如此故今成王之時奉而脩之其萬民適彼南畝之中或耘或耔黍稷薿薿然茂盛其農人所居廬舍及所止息之處閒暇則以道藝相講肄故得進我農人成其爲俊士之行是農人盡力而治田上依古法而稅斂政省賦輕倉廩以實今王不能然故反以刺之○傳倬明至言多○正義曰以雲漢云倬彼雲漢是明貌也言明者疾今不能言古之明信故云明也齊甫田傳曰甫大也以言大田故謂爲天下田也十千者數之大成舉其成數故云十千言多也王肅云太平之時天下皆豐故不繫之於夫井不限之於斗斛要言多取田畝之收而已孫毓曰凡詩賦之作皆總舉衆義從多大之辭非如記事立制必詳度量之數甫田猶下篇言大田耳言歲取十千亦猶頌云萬億及秭舉大數且以協句言所在有大田皆有十千之收推而廣之以見天下皆豐此皆申述毛說也○箋甫之至畝一鍾○正義曰以此意言自古有年又云今適南畝一章之內而有古今相對今適南畝言民之治田則歲取十千宜爲官之稅法稅法而言十千爲有限之數則不據天下不可言大不得與齊之甫田同訓故云甫之言丈夫也穀梁傳曰夫猶傳也男子之美稱士冠禮注亦云甫丈夫之美稱甫或作父是爲丈夫也易曰師貞丈人吉言以禮法長於人可倚丈也是夫者有傳相之德而可倚丈謂之丈夫通天下男子之辭喪服曰丈夫婦人是也言明乎彼太古之時者以此詩據幽王之時而思古謂思成王也成王既古矣而云今適南畝以成王之時爲今則古又古於成王是爲太古也案禮記郊特牲與士冠禮皆曰太古冠布齊則緇之下即云牟追夏后氏之道章甫殷道委貌周道然則太古冠布在三代之前故注云唐虞以上曰太古然世代推移後之仰先皆爲古矣古有遠近其言無常故易以文王爲中古禮記以神農爲中古各

有所對爲古不同則太古之名亦無定限此言太古古於成王則可未必要唐虞以上也孟子曰欲重之於堯舜大桀小桀輕之於堯舜大貉小貉則什一而稅堯舜已然此論稅法而言太古亦以太古爲唐虞於理雖通但什一而稅三代皆然據今成王所脩不必要本堯舜信南山言成王奉禹之功則此太古蓋亦禹也言丈夫稅田謂於丈夫而稅其田以治田者男子故言於丈夫也歲取十千於井田之法則一成之數者司馬法計之而然也司馬法曰夫三爲屋屋三爲井是九夫爲井也井十爲通通十爲成亦司馬法文孟子云請野九一而助謂九夫之內與公助一夫田有百畝故知井稅一夫其田百畝從此而累計之故知通稅千畝成稅萬畝也又解不言萬畝而稱十千意欲見其數從井通起故言十千明從井稅一夫爲百畝千是通之稅故云十千以見之而不言萬畝也鄭以爲稅法者亦以此十千故耳知此爲田畝者以十千之文連甫田之下明取十千之田故知田畝非釜斛也又解田之所收數言上地穀畝一鍾明時和而收多故稅輕而用足也史記河渠書曰韓使水工鄭國間說秦鑿涇水爲渠並於山東注洛三百餘里渠成而用溉瀉鹵之地四萬餘頃收皆畝一鍾彼瀉鹵之地灌溉之功畝收一鍾明太平陰陽和風雨時上地畝亦收一鍾也昭三年左傳曰齊舊四量

豆區釜鍾四升爲豆各自其四以登於釜釜十則鍾是鍾容六斛四斗也漢書食貨志曰一夫治田百畝歲收畝一碩半爲粟百五十碩歲有上中下上孰其收自四中孰自三下孰自倍張晏曰平歲百畝收百五十碩今大孰四倍收六百碩自三百五十碩自倍三百碩彼謂中平之地上孰畝六碩故本太平之上孰上地準關中爲畝一鍾也孟子曰言三代稅法其實皆什一若井稅一夫是九稅一矣此詩之意刺幽王賦重當陳古稅之輕而言成稅萬畝反得重於什一者孟子言什一據通率而言耳周制有貢有助助者九夫而稅一夫之田貢者什一而貢一夫之穀通之二十夫而稅二夫是爲什中稅一也故冬官匠人注廣引經傳而論之云周制畿內用夏之貢法稅夫無公田邦國用殷之助法制公田不稅夫貢者自治其所受田貢其稅穀助者借民之力以治公田又使收斂焉諸侯謂之徹者通其率以什一爲正孟子云野九夫而稅一國中什一是邦國亦異外內之法耳是鄭解通率爲什一之事也又孟子云滕文公使畢戰問井田孟子對曰請野九一而助國中什一使自賦是鄭所引異外內之事也孟子又云方里而井九百畝其中爲公田八家皆私百畝同養公田公事畢然後治私事所以別野人也是說助法井別一夫以入公也言別野人者別野人之法使與國中不同也

爾雅云郊外曰野則野人爲郊外也野人爲郊外則國中謂郊內也郊內謂之國中者以近國故繫國言之亦可地在郊內居在國中故也助法既言百畝爲公田則使自賦者明是自治其田貢其稅穀也助則九而助一貢則什一而貢一通率爲什一也若然九一而助者爲九中一知什一自賦非什中一者以言九一即云而助明九中一助也國中言什一乃云使自賦是什一之中使自賦之明非什中一爲賦也故鄭云通其率以什一爲正若什一自賦爲什中賦一則不得與九一通率爲什一也且鄭引孟子云野九夫而稅一國中什一不言國中什而稅一明是國中什一而貢一故得通率爲什一也如鄭之言邦國亦異外內則諸侯郊內貢郊外助矣而鄭正言畿內用貢法邦國用助法以爲諸侯皆助者以諸侯郊內之地少郊外助者多故以邦國爲助對畿內之貢爲異外內也案王制云千里之內曰甸其外曰采注云取其美物以當穀稅又尚書鄭志說貢篚之義云凡所貢篚之物皆以稅物市之隨時物價以當邦賦然畿外諸侯不以穀入天子此若成稅萬畝是畿外助法則詩說天子之事得云歲取十千者以天子天下爲家故美其收入之多則廣舉天下之田若貢之天子自可隨其所須變爲貨物皆是稅穀市之亦得爲天子所取也史傳說助貢之法唯孟子爲明鄭據其言

以什一而徹爲通外內之率理則然矣而食貨志云井方一里是九夫八家共之各受私田百畝公田十畝是爲八百八十畝餘二十畝爲廬舍其言取孟子爲說而失其本旨班固旣有此言由是羣儒遂謬何休之注公羊范甯之解穀梁趙岐之注孟子宋均之說樂緯咸以爲然皆義異於鄭理不可通何則言井九百畝其中爲公田則中央百畝共爲公田不得家取十畝也又言八家皆私百畝則百畝皆屬公矣何得復以二十畝爲廬舍也言同養公田是八家共理公事何得家分十畝自治之也若家取十畝各自治之安得謂之同養也若二十畝爲廬舍則家別二畝半亦入私矣則家別私有百二畝半何得爲八家皆私百畝也此皆諸儒之謬鄭於匠人注云野九夫而稅一此箋云井稅一夫其田百畝是鄭意無家別公田十畝及二畝半爲廬舍之事俗以鄭說同於諸儒是又失鄭旨矣此井稅一夫是爲定法而禹貢注上上出九夫稅下下出一夫稅通率九州一井稅五夫者以禹貢九州之賦法凡有九等鄭欲品其多少無所比況遂以九井擬之以示稅之多少耳非其實稅之也何則九州之地不至九倍若第一之州爲三等豈第九州之上者一家受田九百畝中者千八百畝下者二千七百畝斯不然矣若亦以百畝二百畝三百畝爲三等給之以地有薄厚差降其稅不可下州

九家而共積一夫之稅此乃不近人情也明是以九等井稅擬之耳箋必易毛者以此詩之作刺幽王政煩賦重廢民農業而此章下言治田則此爲稅法互言其事以相發明耳且取者自此取彼之辭耳歲取旣爲稅斂之言十千卽是期限之數若子孫千億萬億及秭文無指定可爲多大之辭其此文與十千維耦百室盈止周公之東征四國成湯之式於九圍皆是數有限量不得爲摠舉大辭也又參之於司馬之書校之於一成之稅其數正允其若合符故不從毛氏也而孫毓難云一成之收裁是十里之豐謂箋之說不足以該天下然毓以所在天下大田皆有十千之收可推而廣之則每於十里皆取十千何獨不可推而廣也鄭氏之說亦足通矣。傳尊者至食陳。正義曰言食我農人是辭有所別七月云采荼薪樗食我農夫以對爲此春酒以介眉壽是農夫別於眉壽彼農夫與此農人一也言農夫食陳明對眉壽爲尊者食新矣孫毓云一家之中尊長食新農夫食陳老壯之別孝養之義也。箋倉廩至如此。正義曰上言古之稅法一成而歲取十千故知此言我取取於官是倉廩有餘賒貸取而食之也以官有畜積恐其久而腐敗所以紓出官粟之畜積久滯者待秋收然後取民新穀以納官也於官則積而不腐亦是使民愛重存留此新穀也定本及集注貸皆作貰義或

然也地官旅師云凡用粟春頒而秋斂之注云因時施之饒時收之此卽義取其陳也此又特言農人不對眉壽則老壯摠爲農人不與七月同也若然王制云古者三年耕必有一年之食則太平豐年當家自有積而得有貸官粟者然古今時運人亦一也作制者美古之辭據多以言不能使皆有畜積猶今之豐年而民有貧而無食者稅斂有義用之以道以倉粟則陳陳相因民貧則貸取以食所以上下交濟海内又安豈言皆無畜積人盡取之也。傳耘除草耔雝本。正義曰食貨志云后稷始畎田以二耜爲耦廣尺深尺曰畎長終畝一畝三畎一夫三百畎而播種於畎中苗葉以上稍耨壠草因壝其土以附苗根比成壠盡而根深能風與旱故薿薿而盛也是說耘耔之事附根卽此雝本也。箋今者至治田互辭。正義曰以上言自古有年此言今以別之而下言曾孫來止故知今者成王之時也言不奪農時故得使農人之其南畝也。傳治田至以進。正義曰管子云倉廩實知禮節衣食足知榮辱明人成俊士由田之得穀故云治田得穀俊士以進也攸介攸止毛雖不訓準生民之傳則不爲舍而止息王肅云是君子治道所大功所定止傳意當然言太平年豐爲功成治定故俊士以進以由得穀故耳。箋介舍至之行。正義曰以此田農之事介止相對止是止息故介爲

舍也信南山云中田有廬舍則必歸於廬止則隨其所惓而息故介止分爲二事也禮使民鋤作耘耔其有閒暇則於廬舍及所止息之處相講論而肄習其業言禮者以其禮法當然非有禮文也漢書藝文志曰古之學者且耕且養三年而通一藝用日少而畜德多三十而五經立卽此烝我髦士是也以文承或耔之下以止舍講習以成俊士於理爲切故易傳。

以我齊明與我犧羊以社以方器實曰齊在器曰盛社后土也方迎四方氣於郊也箋云以絜齊豐盛與我純色之羊秋祭社與四方爲五穀成熟報其功也。齊本又作齍又作粢同音資注同犧許宜反爲于僞反下爲農親爲爲之皆同。**我田旣臧農夫之慶**箋云臧善也我田事已善則慶賜農夫謂大蜡之時勞農以休息之也年不順成則八蜡不通。蜡仕詐反勞力報反篇末勞賜同**琴瑟擊鼓以御田祖以祈甘雨以介我稷黍以穀我士女**田祖先嗇也穀善也箋云御迎介助穀養也設樂以迎祭先嗇謂郊後始耕也以求甘雨佑助我禾稼我當以養士女也周禮曰凡國祈年于田祖吹豳雅擊土鼓以樂田畯。御牙嫁反注同豳彼貧反本亦作邠以

樂音洛。【疏】以我至士女。毛以爲士絜黍稷茂盛故今至秋以用我器實之齊豐而明報及與我犧而純色之羊用此齊牲以祭社稷以祀四方以老其能成五穀之功也五穀成熟則我田事已善矣於孟冬之月其農夫之人受慶賜謂息田夫而饗勞之也至前孟春月以琴瑟及擊其土鼓以迎田祖先嗇之神而祭之所以求甘澍之雨以大得我稷之與黍其成熟則人皆脩飾以善我士之與女今王不能然故刺之鄭唯以佑助我禾稼之黍稷及其成熟當以養我士之與女爲異餘同。傳器實至於郊。正義曰經傳多齊盛連文故傳因齊解盛春官肆師祭之日表齍盛告絜注云粢六穀也則六穀摠爲齊天官甸師注云粢稷也唯以稷爲粢者以稷是穀之長爲諸穀之摠名六穀皆爲器之實故曰器實曰齊指穀體也在器曰盛據已盛於器也故桓六年左傳曰絜粢豐盛言爲穀則絜清在器則豐滿是指器實爲粢在器爲盛也毛氏解社其言不明惟此言社后土其義當與鄭同鄭駮異義以爲社者五土之神能生萬物者以古之有大功者配之祭法曰共工氏之霸九州也其子曰后土能平九州故祀以爲社昭二十九年傳曰共工氏有子曰句龍爲后土又曰后土則社鄭志荅趙商云后土爲社謂輔作社神趙商問郊特牲社祭土而主陰氣大宗伯職曰王大封則先告后土注云后

土土神也若此之義后土則社社則后土二者未知云何敢問后土祭誰社祭誰乎荅曰句龍本后土後遷之爲社大封先告后土玄注云后土土神不云后土社也田瓊問周禮大封先告后土注云后土社也前荅趙商曰當言后土土神言社非也檀弓曰國亡大縣邑或曰君舉而哭於后土注云后土社也月令仲春命民社注云社后土中庸云郊社之禮所以事上帝也注云社祭也神不言后土省文此三者皆當定之否荅曰后土土官之名也死以爲社社而祭之故曰句龍爲后土後轉爲社故世人謂社爲后土無可怪也欲定者定之亦可不須由此言后土者地之大名也傳十五年左傳曰履后土而戴皇天指謂地爲后土也句龍職主上地故謂其官爲后土此人爲后土之官後轉以配社又謂社爲后土且社亦土地之神是后土之言參差不一故弟子疑而發問也宗伯大封告后土者以其大封是上地之事宜告土神不告句龍故云定爲后土土神檀弓曰以國亡大縣邑哭於后土以諸侯守社稷失地哭於社故云后土社也此文與月令皆謂祭祀后土則配社之神故云社后土也中庸云郊社相對郊是天則社是地故云社祭土神以宗伯與左傳皆謂地爲后土則土神宜稱后土而中庸言社不言后土故云省文以理皆可通故云欲定定之亦可不須言也言迎四方之神於

詩疏十四之二　七

郊者下曲禮云天子祭四方歲徧注云祭四方謂祭五官之神於四郊也句芒在東祝融后土在南蓐收在西玄冥在北是也實五官而云四郊者火土俱在南其火土俱祀黎故鄭志荅趙商云后土轉爲社無復代者故先師之說黎兼之亦因火土位在南又大宗伯注云五祀者五官之神在四郊四時迎五行之氣於郊而祭五德之帝亦食此神焉少昊氏之子曰重爲句芒食於木該爲蓐收食於金脩及熙爲玄冥食於水顓頊氏之子曰黎爲祝融后土食於火土是黎兼二祀也曲禮言歲徧此祀在秋而并言四方蓋常祀歲徧此秋成報功則摠祭故并言四方也○箋以絜至其功○正義曰楚茨箋云明猶潔也齊言明謂絜清羊言犧謂純色故云以絜齊豐盛與純色之羊經言齊明箋云絜齊文倒者各從其便而言耳郊特牲云社稷太牢則四方之神亦太牢此獨言羊以會句言犧以見純明非特羊而已社爲陰祀其犧用純黑色也其方祀則各以其方之色也知比社與四方皆爲秋祭報功者以上言黍稷之盛而此言齊羊之祭明是物成而祭也下言農夫之慶當孟冬休息以御田祖是來春祈穀故知此祭在秋爲時次也故大司馬仲秋云遂以獮田羅弊致禽以祀祊注云祊當爲方聲之誤也獮田主祭四方報成萬物郞引此詩云以社以方是報祭四方在仲秋也良耜序云秋

報社稷鄭駁異義引大司徒五地之物云此五土地者土生萬物養鳥獸草木之類皆爲民利有貢稅之法王者秋祭之以報其功是祭社亦在秋也○箋我田至不通○正義曰農夫之得慶賜唯勞賜之耳歲事不成則無此勞息故言我田事既善則慶賜農夫也謂大蜡之時勞農以休息之者王者以歲事成熟搜索羣神而報祭之而謂之大蜡又爲臘先祖五祀因令黨正屬民飲酒于序以正齒位而勞賜農夫令得極歡大飲是謂休息之知如此者郊特牲曰天子大蜡八蜡也蜡者索也歲十有二月合聚萬物索饗之也是說大蜡之祭也月令孟冬云是月也臘門閭及先祖五祀勞農以休息之是說休息之事也郊特牲蜡祭之下又曰黃衣黃冠而祭息田夫也注云既蜡臘先祖五祀於是勞農以休息之是臘卽次蜡之後與蜡異也郊特牲止云息田夫不謂之臘必知月令之臘祭與特牲息田夫爲一者郊特牲說蜡祭之服云皮弁素服以送終葛帶榛杖喪殺也其下別云黃衣黃冠而祭明非蜡也又曰既蜡而收民息已既蜡乃云息民明知息民非蜡息民與月令休息文同故知黃冠而祭爲臘祭也是以注云息民與蜡異則黃衣黃冠而祭爲臘必也以此知臘在既蜡之後也地官黨正職曰國索鬼神而祭祀則以禮屬民而飲酒于序以正齒位以此知黨正飲酒亦此時也下雜

詩疏十四之二　八

記云子貢觀於蜡曰一國之人皆若狂是恣民大飲也酒誥周公戒康叔禁民飲食民無故不飲酒歡樂今以歲穀豐熟場功畢入而特聽之故謂之慶賜勞息漢世每有國慶而賜民大酺亦此義也臘與息民蜡後爲之以其與蜡同月若不爲蜡則此事亦廢事皆相將故繫之蜡焉年不順成八蜡不通郊特牲文引此者解言我田既臧乃云農夫之慶之意也彼注數八蜡云先嗇一也司嗇二也農三也郵表畷四也猫虎五也坊六也水庸七也昆蟲八也此八蜡爲其主耳所祭不止於此四方百物皆祭之春官大司樂云凡六樂者一變而致羽物及川澤之示再變而致贏物及山林之示三變而致鱗物及丘陵之示四變而致毛物及墳衍之示五變而致介物及土示六變而致象物及天神注云此謂大蜡索鬼神而致百物六奏樂而禮畢又大宗伯云疈辜祭四方百物注云謂磔攘及蜡祭是蜡祭四方百物皆祭之○傳田祖至穀善○正義曰郊特牲注云先嗇若神農春官籥章注云田祖始耕田者謂神農是一也以祖者始也始教造田謂之田祖先爲稼穡謂之先嗇神其農業謂之神農名殊而實同也以神農始造田謂之田祖而后稷亦有田功又有事於尊可以及早則祭田祖之時后稷亦食焉后土則五穀所生本云句龍能平之則句龍亦在祭中而籥章云以樂田畯尚及典田

之大夫明兼后土稷矣故大司徒注云田主田神后土及田正之神所依也詩人謂之田祖則田祖以句龍爲后土后稷爲田正而言詩人謂之田祖則田祖之文雖主於神農而祭尊可以兼卑其祭田祖之時后土田正皆在焉故鄭總言詩人謂之田祖也言此田祖其文得兼有后土后稷而司徒言田主則其文不得兼神農何則彼云設其社稷之壝而樹之田主則田主唯社稷不得有神農故鄭唯云后土田正其言不及神農是其意也穀善釋詁文王肅云大得我稷黍以善我男女言倉廩實而知禮節也○箋設樂至田畯○正義曰言設樂者總琴瑟擊鼓言擊明琴瑟亦擊可知籥章云吹豳雅則有籥吹之此不云籥彼籥章不言琴瑟皆文不備耳知迎先嗇謂郊後始耕者月令孟春天子乃以元日祈穀于上帝注云謂以上辛郊祭天也引襄七年左傳曰夫郊祀后稷以祈農事也是故啟蟄而郊郊而後耕又曰乃擇元辰天子親載耒耜躬耕帝籍注云元辰蓋郊後吉亥也是郊後始耕也謂於郊後時而祭之也知者以先嗇人神不宜先天而祭故當郊後也祈雨又宜早不可以至二月而田祖是始教田者故知是始耕時祭之也云甘雨者以長物則爲甘害物則爲苦昭四年左傳曰秋無苦雨服虔曰害物之雨民所苦是也雨以甘故故得祐助我禾稼當以養士女也以此事在孟春則事最在後時次於上故以此結章見後當恒然反明此年之春已有此事以與嗣歲亦此義也引周禮者籥章文也彼注云祈年求豐年也豳雅七月也七月有于耜舉趾饁彼南畝之事歌其類也謂之雅者以其言男女之正鄭司農云田畯古之先教田者爾雅曰畯農夫也以此言之云吹豳雅謂籥吹之故其職掌土鼓豳籥杜子春云土鼓以瓦爲匡以革爲兩面可擊也鄭司農云豳籥豳國之地竹豳人吹籥之聲章是也祭田祖而并祭田畯者以神農始造田法典田大夫以其法教民亦是先教田其祭并及之先言祈年于田祖是此祭主祭田祖末言以樂田畯見其次及之故異其文也○

曾孫來止以其婦子饁彼南畝田畯至喜攘其左右嘗其旨否箋云曾孫謂成王也攘讀當爲饟饁饋也田畯司嗇今之嗇夫也喜讀爲饎饎酒食也成王來止謂出觀農事也親與后世子行使知稼穡之艱難也爲農人之在南畝者設饋以勸之司嗇至則又加之以酒食饟其左右從行者成王親爲嘗其饋之美否示親之也○饁于輒反畯子峻反本又作畯後篇同喜毛如字鄭爲饎尺志反下篇同攘如羊反鄭讀爲饟式尚反王如字饋巨愧反從才用反○**禾易長畝終善**

且有易治也長畝竟畝也○易以豉反徐以赤反○**曾孫不怒農夫克敏**敏疾也箋云禾治而竟畝成王則無所責怒謂此農夫能自敏也○【疏】曾孫至克敏○毛以爲成王之時非直爲民報祭祈年又曾孫成王亦自來止親循畎畝以勸稼穡也君既勸之於上民又勤之於下農夫務事遂以其婦之與子並來饁饋於彼南畝之中家盡歡樂矣其田畯之官典田大夫既至見其勤勞則喜樂其事矣即教農夫以閒暇之時攘除田之左右辟其草萊嘗其氣旨土地和美與否也故使不生易而治理長而次列徧竟畝中終至成善且收而大有曾孫成王見其如此不有恚怒乃謂此農夫其田事既有功能且敏疾故不怒之以是致黍稷茂盛而年豐矣今王不能然故刺之○鄭以爲曾孫成王之來止也則以其已之婦與子謂后與世子出觀農事使知稼穡之艱難也又以飲食而行饁餉彼在南畝之農人設食以勸之使其樂事也田畯之官至又加之以酒食之饋以慰其典田之勤也又饟其左右從已之行者以賞其行途之勞令喜於巡勸不厭也又親爲嘗其饋之美否示親而愛之故上下用命農畯勸樂餘同○箋曾孫至親之○正義曰以信南山準之故知曾孫成王也上言饁下言嘗皆飲食之事故攘讀當爲饟也釋詁云饁饋也舍人曰饟自家之野也此攘字在饁喜之下而先言之者以詩中未有其事故先明之田畯田家在田司主稼穡故謂司嗇漢世亦有此官謂之嗇夫故言今之嗇夫也郊特牲曰蜡之祭也主先嗇而祭司嗇也注云先嗇若神農司嗇若后稷以神農始造其田后稷教民播種此二人有田事之大功者也蜡者爲田報祭故知謂此二人稷爲人臣教稼亦是田官故謂之司嗇此言田畯乃是當時主稼之人故以司嗇言之與郊特牲名同而實異也饁彼南畝田畯至喜此及大田文與七月正同故亦讀喜爲饎饎酒食也此爲田事而言曾孫之來故知成王來止謂出觀農事曾孫來止即言以其婦子明曾孫自以已之婦子故知親與后世子行也王之婦必是后知子唯世子者以將欲傳之國祚明其教戒尤深故知非餘子也稼穡之艱難尚書無逸周公戒成王之辭也此經曾孫之下而公以其明以下皆曾孫之事故云爲農人之在南畝者設饋以勸之謂成王爲之設也言司嗇至則又加之以酒食則農人之饋無酒故云加之也其左右之行雖各有粮食王欲其勸農忘苦從行不厭故饟之也王之從者必有公卿大臣親爲嘗其饋之美否亦所以親之也此經毛不爲傳但毛氏於詩無破字者與鄭不得同王肅云曾孫來止親循畎畝勸稼穡也農夫務事使其婦子並饁饋也田畯之至

喜樂其事，教農以問暇擴田之左右，除其草萊，嘗其氣旨土和美與否也。傳意當然。王肅又云：婦人無閫外之事，又帝王乃躬自食農人，周則力不供，不偏則爲惠不普，玄說非也。孫毓云：古者婦人無外事，送兄弟不踰閾，唯王后親桑以勸蠶事，又不隨天子而行。成王出勸農事，何得將婦兒自隨，而云使知稼穡之艱難？王后寧復與稼穡事者乎？此與豳風同我婦子饁彼南畝田畯至喜之義，皆同農人遠於其事，婦子俱饟也。田畯見其勤脩，喜樂其事。又王者從官自有常餼，非獨於南畝之中乃饟左右而親爲之嘗，又非人君待下之義，皆以鄭說爲短。斯不然矣。此刺今思古之詩，言古人之所難行，以傷今之廢業也。首章言輕其稅斂，二章爲之祈報，此章言恩澤深厚，卒章言收穫弘多，歷觀其次，絫然有敘，寧當於此甫說農人之家行饁之事？又大田卒章上言曾孫，下言禋祀，並是成王之事，不當以農人婦子厠其間也。且言曾孫來止，卽言以其婦子，則是曾孫以之也。上無農人之文，何得爲農人婦子乎？既言曾孫以其婦子，則后之從行，於文自見，復何所言而云無事也？若王后必無外事，不當蠶於北郊。王基以親蠶決之，非無理矣。衣食人之所資，田蠶並爲急務，蠶則后之所事，故后當獨行；田則王之所勸，后從行耳。此乃外內之別，職司之義，而孫毓反言親桑不隨王，非其難矣。王者憂

詩疏十四之二　十一

深思遠，以丗子者生於深宮之內，長於婦人之手，故與之俱行，知稼穡之艱難，欲其重國用而愛黎民，保王業而全宗祀也。以子所親莫過於母，使之俱觀辛勤，內相規諫，此聖賢明訓，可與日月俱懸。豳風同我婦子，事連於舉趾；此云以其婦子，文繫於曾孫，辭既不同，義固當異，又安得皆爲農人婦子也？田畯所喜，當喜農人之勤事，文在饁彼之下，是則喜其饟食，非復說其勤勞，何有國史吟詠立文若是哉？王者從官，非無常餼，直以同循稼穡，共食甘與，夫秦風所謂與子同袍，亦復何異？而云非待下之義乎？此饁南畝之農人，賜田畯以酒食者，天子所省，固無周偏，値其所幸，便卽賜之，使天下知我王之愛農也，則莫不盡力；農人之見饟也，則人各用心，賞一勸百，可使海內從風，何必每地皆往，農人盡賚，而云力不供，惠不普也？王基因於不偏之言，而引周語以此爲藉田之事，謬矣。然此詩止說豐年之義，無刺廢藉之文，箋之上下，言不及藉。下篇刺矜寡不能自存，其文亦同於此，豈令矜寡之人就藉田捃拾也？又下章庾稼共此接連，箋稱古之稅法，非爲藉田明矣。○曾孫之稼，如茨如梁。曾孫之庾，如坻如京。茨，積也。梁，車梁也。京，高丘也。箋云：稼，禾也，謂有䆉者也。茨，屋蓋也。上古之稅法，近者納總，遠者納粟米。庾，露積穀也。坻，水

中之高地也。○茨，徐私反。庾，羊主反。坻，直基反。積，如字，又子賜反，下皆同。槀，古老反。稯，作孔反。乃求千斯倉，乃求萬斯箱。箋云：成王見禾穀之稅委積之多，於是求千倉以處之，萬車以載之，是言年豐收入踰前也。○委積，如字，又於僞反。年收，手又反，又如字。黍稷稻粱，農夫之慶。報以介福，萬壽無疆。箋云：慶，賜也。年豐則勞賜農夫益厚，既有黍稷，加以稻粱。報者，爲之求福助於八蜡之神。萬壽無疆，竟也。○疆，居良反。竟，如字。［疏］曾孫至無疆。○毛以爲上言曾孫之親循畎畝，此言稅穫之多。曾孫成王所稅得禾穀之稼，其積聚高大如屋茨，如車梁也；曾孫成王所稅得米粟之庾，其唯高大如渚坻，如丘京也。成王既見禾稼之積，粟庾之多，於是乃求千倉以處其庾也，乃求萬箱以載其稼也。以其收入踰前，故求倉箱以載置之。喜其收穫之廣，愍念農夫之勤，故以黍稷稻粱爲農夫之慶，謂黨正飲酒，加其饌食以稻粱也。非直勞而息之，又爲之求福於八蜡之神，而報我農夫以大大之福，使之得萬年之壽，無有疆境。今幽王不能然，故刺之也。二斯皆爲語助。○鄭唯以介爲助，餘同。○傳茨積至高丘。○正義曰：墨子稱茅茨不剪，謂以茅覆屋，故箋以茨爲屋蓋。傳言茨積，非訓茨

詩疏十四之二　十二

爲積也，言其積聚高大，如屋茨耳，其意與箋同也。孟子十二月車梁成。梁謂水上橫橋，橋有廣狹，得容車渡，則高廣者也，故以比禾積。釋丘云：絕高爲之京。是京高丘也。○箋稼禾至高地。○正義曰：庾是平地委粟，而與稼相對，則知稼有藁草矣，故云稼，禾。稼謂有藁者也。此言曾孫所有，則是稅而得之，而有庾稼二種，明是稅有兩法，故言古之稅法，近者納總，謂并禾稼納之；遠者納粟米，謂路遠者唯納粟，又遠者唯納米，以運輸爲難，故輕之也。此文稼庾相對，而下言千倉萬箱，是箱以載稼，倉以納庾，故知庾，露地積穀也。釋水云：水中可居者曰洲，小洲曰渚，小渚曰沚，小沚曰坻。是水中之高地也。此言禾庾，當在畿內，畿外則采取美物以當邦賦，不入穀矣。畿內雖用貢法，亦校其歲以爲率，依稅法近郊十一，遠郊二十而三，甸稍縣都無過十二，以禾及米貢入於王。掌客有芻薪倍禾之言，是明周法有禾稼之稅矣。禹貢有納銍納秸，周之有無，無以言也。依禹貢云：五百里甸服，百里賦納總，二百里納銍，三百里秸服，四百里粟，五百里米。注云：甸服者，堯制賦其田，使入穀，禹弼其外百里者，賦入總，謂入刈禾也。二百里銍，銍斷去藁也。三百里秸，秸又去穎也。四百里入粟，五百里入米者，遠彌輕也。甸服之制，本自納總，禹爲之差，使百里者從之耳。以此言之，有輕遠之法，故爲近者納總，遠者粟米

既無銍秸之文，不知遠近以何爲差也。若然，後世之役宜繁於上代，周止千里納穀，唐虞則弼其外五百里，爲方二千里，是方千里者四，納穀多於周者，唐虞萬國，諸侯歲朝，其用或費於後代，故納穀多也。又鄭志荅趙商云：「畿內四百國。」則周郊內亦封諸侯矣。於周法十國而入其一於天子，然則雖千里者四，其稅猶少於周，故使方二千里入粟米。世代不同，故異法也。○箋「年豐」至「疆竟」。正義曰：特牲、少牢之祭皆無稻粱，此特言黍稷稻粱，故知勞賜農夫，加以稻粱也。報者，自神之辭，明求神而得報，爲農夫之求神，唯蜡祭耳，故云爲之求助於八蜡之神。以祭有尸祝，故云萬壽無疆竟，爲得福之辭，與三章互相成也。蜡在息農夫前，而後言之者，以祭者雖在前，而福慶是將來之事，故後言之以結篇也。定本疆境字作竟。

甫田四章，章十句。

大田，刺幽王也。言矜寡不能自存焉。幽王之時，政煩賦重，而不務農事，蟲災害穀，風雨不時，萬民飢饉，矜寡無所取活，故時臣思古以刺之。○矜，古頑反，注皆同，字或作鰥。

疏「大田」四章，上二章章八句，下二章章九句。至「自存焉」。正義曰：四章皆陳古善，反以刺王之辭。經唯言寡婦，序并言矜者，以無妻爲矜，無夫爲寡，皆天民之窮，故連言之。由此而言，孤獨老疾亦矜寡之類，其文可以兼之矣。○箋「幽王」至「刺之」。正義曰：箋亦以序省畧，反取經意以明之。經從首章盡二章上三句，言成王教民治田，百穀茂盛，止役順時，秀實成好，反明幽王之時政煩賦重，而不務農事也。二章下五句，言時無蟲災，反明幽王之時蟲災害穀也。三章上四句，言雲雨安舒，反明幽王之時風雨不時也。三章下五句，言收刈有餘，寡婦獲利，是下民豐盈，矜寡得濟，反明幽王之時萬民饑饉，矜寡無所取活也。詩皆公卿國史所作，故云時臣思古以刺之。序不言思古者，楚茨至此，文指相類，承上篇而畧之也。

大田多稼，既種既戒，既備乃事。箋云：大田，謂地肥美，可墾耕，多爲稼，可以授民者也。將稼者，必先相地之宜而擇其種。季冬命民出五種，計耦耕事，脩耒耜，具田器，此之謂戒，是既備矣。至孟春，土長冒橛，陳根可拔，而事之。○種，章勇反，此注及下注擇種並同。墾，苦很反。相，息亮反。長，張丈反。冒，莫報反。橛，其月反。

以我覃耜，俶載南畝。覃，利也。箋云：俶讀爲熾，載讀爲菑栗之菑。時至，民以其利耜熾菑，發所受之地，趨農急也。田一歲曰菑。○覃，以冉反，徐以廉反。俶載，毛家並如字，俶音尺叔反，始也；載，事也。鄭讀爲熾菑，熾音尺志反，菑音緇。栗音列，鄭注周禮云讀如裂繻之裂。

播厥百穀，既庭且碩，曾孫是若。庭，直也。箋云：碩，大。若，順也。民既熾菑，則種其衆穀。衆穀生，盡條直茂大。成王於是則止力役，以順民事，不奪其時。

疏「大田」至「是若」。毛以爲古者成王之時，有大肥美之田可墾耕矣，又多爲稼而以授民也。民已受地，相地求種，既已擇其種矣。時王者又號令下民豫其田器，既已戒勑之矣。此受地擇種，戒勑具器，既已周備矣。至孟春之月，乃耕而事之矣。用我覃然之利耜，始設事於南畝而耕之，以種其百種之衆穀。其穀之生，盡條直且又長而茂大。民既勤力，已專其務，曾孫成王於是止力役以順民，不奪其時，令民得盡力於田。今王不能然，故刺之。○鄭唯用利耜熾菑，耕發其南畝所受之田爲異，餘同。○箋「大田」至「事之」。正義曰：知大田非天下田者，以文連多稼，又云既種既戒，皆謂田中之事，不得爲天下之田，故以爲肥美之大田可墾耕者也。舉肥美以與民，則自然爲天下田矣。地自山陵林麓、川澤溝瀆、城郭宮室塗巷，其外皆可墾耕作者。舉其年豐，明田多，故云大田地之肥美者，謂可墾耕者皆肥美也。言多爲稼可授民者，以此方陳擇種豫戒，是本之於初所授受之辭，其實此地先在民矣。言多爲稼者，地官司稼注云：「種穀曰稼，如嫁女有所生。」草人掌土化之法，稻人掌稼下地，秋官薙氏掌殺草，月令云燒薙行水，皆是爲稼也。爲稼謂多爲此等之稼，以糞美其地，故云多稼。若其不然，鄭則不宜言多也。此當在授民之後，民自稼之，言多爲稼乃授民者，疾今之田萊多荒，而本之初授不廢，授民而稼之。或種公家，令民稼者，而後授，故薙氏掌之也。又云將稼者，謂將稼種之，與多爲稼者別也。以別起此文，明多爲稼者，故非稼種矣。以下經始說耕事，則此未得下種，故知既種爲相地之宜而擇其種也。月令云：「善相丘陵土地所宜，五穀所殖。」司稼云：「掌巡邦野之稼，而辨其穜稑之種，與其所宜。」注云：「知種所宜之地。」草人云：「物地相其宜而爲之種。」即分地之利是也。以既知地所宜種，故引月令并云出五穀爲之種也。計耦事者，以耕必二耜相對，共發一尺之地，故計而耦之也。耒耜之具，別言田器，則耘耨所用，故彼注云「鐵寘之屬」。命民即是戒之，故云此之謂戒也。既備者，辭總上事，故云是故備矣。此在往年，至春始用。云乃者，緩辭也。孟春土長冒橛，陳根可拔，月令注引此，言農書曰，則此出於農書也。漢書藝文志農書有七家，不知出誰書也。以冬土定，故稼橛於地，與地平；孟春土氣升長而冒橛，於橛則舊陳之根可拔，於是乃耕，故云而事之。○傳「覃，利也」。正義曰：良耜云「畟畟」，載芟云「有畧」，與此覃皆連耜言之，明爲耜之利意，故云覃利也傳不解叚載之文以毛不破字必不與鄭同王肅以叚爲始載爲事言用我之利耜始發事於南畝。箋叚讀至曰菑。正義曰此及載芟良耜皆於耜之下言叚載南畝是叚載者用耜於地之事故知當爲熾菑謂耜之熾而入地以菑殺其草故方言入地曰熾反草曰菑也連言菑栗之菑者弓人云凡鋸幹之道菑栗不迆則弓不發注云玄謂栗讀如裂繻之裂彼鋸弓幹以鋸菑而裂之猶耕者以耜菑而發之義理既同故讀從其文以見之也上云乃事是豫以待時之言故云時至以爲相連文次也田一歲曰菑釋地文郭璞曰今江東呼初耕地反草爲菑則是入地殺草之名故引爲證也。箋民既至其時。正義曰論語云長沮桀溺耦而耕即云耰而不輟注云耰覆種也是古者未解牛耕人耕即下種故云民既熾菑則種其衆穀此既庭及下章既方之等皆論天下之田宜爲普徧之辭故皆以既爲盡言穀生盡條直茂大也月令云毋聚大衆毋作大事以妨農事是止力役以順民事不奪其時。

既方既皁，既堅既好，不稂不莠。實未堅者曰皁稂童粱也莠似苗也箋云方房也謂孚甲始生而未合時也盡生房矣盡成實矣盡堅熟矣盡齊好矣而無稂莠擇種之善民力之專時氣之和所致之。皁才老反稂音郎又音粱童粱草也說文作蓈云稂或字也禾粟之莠生而不成者謂之童蓈也莠餘久反

去其螟螣，及其蟊賊，無害我田穉。食心曰螟食葉曰螣食根曰蟊食節曰賊箋云此四蟲者恒害我田中之穉禾故明君以正己而去之。去起呂反注同螟莫庭反螣字亦作蟘徒得反說文作蟘蟊本又作蛑莫侯反爾雅云蟘所食爲名郭云皆蝗類也穉音稚下同。

田祖有神，秉畀炎火。炎火盛陽也箋云螟螣之屬盛陽氣嬴則生之今明君爲政田祖之神不受此害持之付與炎火使自消亡。秉如字執持也韓詩作卜卜報也畀必二反與也炎于沾反沈于凡反嬴音盈

【疏】既方至炎火。正義曰上言穀生茂大此言秀實之好云衆穀既秀穗上已有孚甲盡生房矣稍復結粒盡成實矣粒又稍成盡堅熟矣並無死傷盡齊好矣不有童粱之稂不有似苗之莠是其五穀大成也所以得然者由其明王能自正己去其食心葉之螟螣及食根節之蟊賊無害我田中之穉禾者由此而皆得大成也明所以能去四蟲者以其明君爲政德當靈祇故云田祖有神不受此等之害持予炎火使自消亡今王不能然故刺之。傳實未至似苗。正義曰以此章承上菑長之後皆論秀實之事皁音爲造訓爲成也文在堅上皁成而未堅故云實未堅曰皁也稂童粱。釋草文舍人曰稂一名童粱郭璞曰似粟莠是也仲虺之誥曰若苗之有莠若粟之有秕秕似粟莠似苗也。箋方房至致之。正義曰皁是未堅方文又在皁上初秀始欲結實之時故云方房也謂孚甲始生而未合時也謂米外之房者言其孚甲米生於中若人之房舍然也孚者米外粟皮故秠者一孚二米言一皮之內有兩米也甲者以在米外若鎧甲之在人表其種於地則開甲始生故月令孟春云其日甲乙注云物之孚甲始生謂開此孚甲生出也禾既有穗即生孚甲故云盡生房矣房生既成則有米實故云盡成實矣既已有實稍向熟成故云盡堅熟矣衆穗皆熟故云盡齊好矣稂莠苗既似禾實亦類粟若擇種去其細粒鋤禾除其非類則無復稂莠亦由時氣之和使然。傳食心至曰賊。正義曰皆釋蟲文李巡云食禾心爲螟言其姦冥冥難知也食禾葉者言假貸無厭故曰蟘也食禾節言貪很故曰賊也食禾根者言其稅取萬民財貨故云蟊也孫炎曰皆政貪所致因以爲名也郭璞曰分別蟲啖禾所在之名耳蟘與螣蟊與蛑古今字耳郭璞直以蟲食所在爲名而李巡孫炎並因託惡政則災由政起雖食所在爲名而所在之名緣政所致理爲兼通也陸機疏云螟似子方而頭不赤螣蝗也賊似桃李中蠹蟲赤頭身長而細耳或說

云蟊螻蛄也食苗根爲人患許慎云吏犯法則生螟乞貸則生螣舊說螟螣蟊賊一種蟲也如言寇賊姦宄內外言之耳故犍爲文學曰此四種蟲皆蝗也實不同故分別釋之。箋此四至去之。正義曰以特言田穉故云恒害我田中之穉禾蟲災之盛穉者亦食以穉者偏甚故舉以言之以其由政而然故云明君正己而去之。傳炎火盛陽。正義曰以言炎火恐其是火之實故云盛陽也陽而稱火者以南方爲火炎爲甚之故云盛陽也知非實火者以四者所謂昆蟲得陰而藏得陽而生故箋云盛陽氣嬴則生之義無取於火之實故爲盛陽也。箋螟螣至消亡。正義曰解本言炎火之意以螟螣之屬四者盛陽氣嬴則生之以得陽而生故陽盛而爲害月令仲夏行春令百螣時起是陽行而生陽盛則蟲起消之則付於所生之本今明君爲政田祖之神不受此害故持之付予炎火使自消亡也田祖所以受者以害由政起今明君爲政害無由作故云田祖不受四蟲之害若政能消之則本無可受而云田祖不受者以田祖主田之神託而言耳

有渰萋萋。興雨祁祁。雨我公田，遂及我私。渰雲興貌萋萋雲行貌祁祁徐也箋云古者陰陽和風雨時其來祁祁然而不暴疾其民之心先公後私令天主雨於公田因及私田爾

此言民怙君德蒙其餘惠。渰本又作弇，於檢反，漢書作黤。萋七西反。興雨如字，本或作興雲，非也。祁巨移反。雨我于付反，注內主雨同。一本主作注，雨如字。

彼有不穫穉，此有不斂穧；彼有遺秉，此有滯穗，伊寡婦之利。秉，把也。箋云：成王之時，百穀既多，種同齊孰，收刈促遽，力皆不足，而有不穫不斂遺秉滯穗，故聽矜寡取之以爲利。○穫戶郭反。斂穧，上力檢反，下才計反，又子計反，穧穫也。穗音遂。把，巴馬反。矜音鰥。

【疏】「有渰」至「之利」。○正義曰：言太平之時，有渰然既起萋萋然行者，雨之雲也。此雲既行，乃起其雨澤祁祁然安徐而落，不暴疾也。民見雲行雨降，歸之於君，云此雨本主爲雨我公田耳，因遂及我之私田。雖作者廣見太平之時，民心先公之義，要雨無不遍，天澤以時，故得五穀大成。由此民所收刈，力皆不足，而令彼處有不穫刈之穉禾，此處有不收斂之穧束，又彼處有遺餘之秉把，此處有滯漏之禾穗。此皆主不暇取，維是寡婦之所利，言捃拾取之以自利。今王不能然，使矜寡無所資，故刺之。定本、集注穧作積。○傳「渰雲興貌」。○正義曰：定本、集注云「渰，陰雲貌」。既言有渰，即云興雨，雨出於雲，故知渰雲興貌。雲既興而後行，萋萋在渰之下，故知雲行貌。雲行然後雨落，故萋萋之下言興雨也。祁祁，徐貌，謂徐緩而降，故箋云不暴疾也。經典雨或作興雲，誤也。定本作「興雨」。○箋「成王」至「爲利」。○正義曰：穧者，禾之鋪而未束者。秉，刈禾之把也。聘禮曰「四秉曰筥」，注云：「此秉謂刈禾盈手之秉。筥，穧名也。若今萊易之間刈稻聚把有名爲筥者。」即引此詩云「彼有遺秉，此有不斂穧」是也。彼注言此秉者，以對米秉爲異，故掌客注云：「米禾之秉筥，字同數異。禾之秉，手把耳；筥謂一穧。」然則禾之秉一把耳，米之秉十六斛；禾之筥四把耳，米之筥則五斛。是有對，故言此以別之。王制及書傳皆云矜寡孤獨，天民之窮而無告者，皆有常餼。地官遺人門關之委積，以養老孤，則官自有餼，而須捃拾者，以豐年矜寡捃拾，足能自活，王者恐其不濟，或力不堪事，乃餼之。

曾孫來止，以其婦子，饁彼南畝，田畯至喜。箋云：喜讀爲饎。饎，酒食也。成王出觀農事，饋食耕者，以勸之也。司嗇至，則又加之以酒食，勞倦之爾。○饋食音嗣。勞，力報反。

來方禋祀，以其騂黑，與其黍稷，以享以祀，以介景福。騂，牛也。黑，羊豕也。箋云：成王之來，則又禋祀四方之神，祈報焉。陽祀用騂牲，陰祀用黝牲。○禋音因。享，許兩反，徐又許亮反。黝，伊糾反，黑也。

【疏】「曾孫」至「景福」。○毛以爲曾孫成王之身自來止，親循畎畝，以觀稼穡也。時耕者皆以其婦之與子同饁彼農人於南畝之中，田畯之官至喜，樂其事以勸慕能勤，故得成稼。故成王之來，乃於四方之神，則禋其敬而絜祀爲其之也，以其騂赤之牛、黑之羊豕，與其黍稷之粢盛，用此以獻，以祀四方之神，爲神歆饗而報以大大之福，所以常得年豐。今王不能然，故刺之。○鄭以爲曾孫來止，則以其婦之與子出共觀之，又設食饎彼南畝之農人，以勸之。其田畯又加之以酒食勞之，故上下樂業，穀得以成也。曾孫之來，則又於四方之神而往禋祀焉。所祀者以其牲或赤或黑，與其黍稷之粢盛，以獻以祀四方之神，神饗之而報以祐助與大福。○傳「騂牛」至「黑羊豕」。○正義曰：此亦毛以諸言騂者皆牛，故云騂赤牛也。定本、集注騂下無赤字，是也。上篇云以社以方，社連牛文，則方與社稷同用大牢，故以黑爲羊豕，通以牛爲三牲。目上章言犧羊，是方有羊，明不特牛，故爲太牢[illegible]者，毛意蓋以此方四方既非望祀，又非五方之帝[illegible]以無方色之別。○箋「成王」至「黝牲」。○正義曰[illegible]成王出觀民事，因即祭祀，故云成王之來，則又禋祀四方之神，祈報，爲對出觀爲文也。此出觀之祭，則祭當在秋，所報並言者，言其報以成而祈後年也。陽祀用騂牲，陰祀用黝牲，地官牧人文也。彼注云：「陽祀，南郊及宗廟。陰祀，北郊及社稷。」非四方之神，而引以解此者，以毛分騂黑爲三牲耳，非謂四方二色，故引牧人騂黝以明騂黑爲別。[illegible]祭在陽祀陰祀之中也。知方祀各以其方色牲者，大宗伯云：「青圭禮東方，赤璋禮南方，白琥禮西方，玄璜禮北方。」皆有牲幣，各放其器之色。注云：「以爲禮五天帝、人帝，而句芒等食焉，是五官之神，其牲各從其方色，則宜五色，獨言騂黑者，略舉二方以韻句耳。」故易傳、大宗伯職祀天乃稱禋，五祀在血祭之中，而言禋者，此五官之神有配天之時，五祀在血祭之中則雜不配天，以其嘗爲禋祀，故亦以禋言之，則禋祀此祭，雖則用太牢矣。故上篇云「與我犧羊，以社以方」，是方祭有羊。孫毓以爲方用特牲，非禮意也。

大田四章，二章章八句，二章章九句。

附釋音毛詩注疏卷之十四　十四之一

毛詩注疏挍勘記（十四之二）　阮元撰盧宣旬摘錄

○甫田

甫之言丈夫也小字本相臺本同案此正義本也正義云故云甫之言丈夫也釋文云依義丈夫是也本又作大夫一本甫之言夫也又一本甫之言大也考文一本作大夫采釋文古本作夫丈誤

上地穀畝一鍾小字本相臺本同閩本同明監本毛本鍾作鍾案鍾字是也正義標起止同正義下文作鍾者自爲文而易字耳閩本皆作鍾非

民得賒貰取食之小字本相臺本同案正義云賒貸取而食之也又云定本及集注貸皆作貰義或然也釋文云貰音世

今言治田元辭閩本明監本毛本同小字本相臺本元作互考文古本同案互字是也正義標起止不誤

禮使民鋤作耘耔小字本相臺本同案釋文云鋤本或作助同仕魚反正義本是鋤字○按周禮耡訓助牀倨切作鋤仕魚切非也

以道藝相講肄小字本相臺本同案釋文云肄以四反字亦作肄同正義本是肄字

等養之義也閩本明監本毛本等作孝案此用孫毓評也下文引是孝字

或擁其根本閩本明監本毛本擁作壅案壅字非也正義引食貨志之附根故易雍爲擁而說之

故令黍稷得薿薿然而茂盛閩本明監本毛本令誤今

所以紓官之畜滯閩本明監本毛本畜作蓄後畜積同案畜字是也以大東證之正義用畜爲今字

夫猶傳也毛本同閩本明監本傳作傅案傳字誤也

可倚丈也閩本明監本毛本丈作仗案仗乃俗字耳古祇用杖用丈

上孰其收自四閩本明監本毛本孰誤熟下同

自三百五十頃閩本明監本毛本同案三下浦鏜云脫四字是也自三者以三乘百五十頃也當得四百五十頃

孟子曰言三代稅法閩本明監本毛本同案浦鏜云曰當衍字是也

方里而井九百畝也閩本明監本毛本重井字案所補是

故鄭元通其率閩本明監本毛本同案元當作互

其若合符閩本明監本毛本同案其當作共

言農夫食陳閩本明監本毛本夫作人案所改是也

注云因時施之閩本明監本毛本同案浦鏜云困誤因是也

此卽義取其陳也閩本明監本毛本同案浦鏜云我誤義是也

因隤其土閩本明監本毛本隤誤墤

比成壠盡而根深閩本明監本毛本同案此不誤浦鏜云盛著二字誤成非也當是正義所引自如此

用日少而畜德多閩本明監本毛本畜誤蓄案浦鏜云漢志作畜是也

以之其能成五穀之功也閩本明監本毛本上之字作報案所改是也

於孟冬又月補又當作之

至前孟春其以琴瑟補其當作月

共工氏有子曰句龍爲后土又曰后土則社閩本明監本毛本同案十行本共至下后字剜添者四字當是衍又曰后土四字也則者今之卽字下引越商問后土則社社則后土可證

后土爲社謂輔作社神閩本明監本毛本同案十行本社至社剜添者一字當是衍謂字也輔當作轉下云後轉爲社又云後轉以配社又云后土轉爲社皆其證也

注云社祭也閩本明監本毛本同案山井鼎云也當作地是也

社而祭之故曰閩本明監本毛本同案曰下浦鏜云脫后土社三字從周禮大宗伯疏挍是也

亦可不須由此言閩本明監本毛本同案此不誤須下浦鏜云脫言也二字非也此讀當於言字絕乃七字爲一句

檀弓曰以國亡大縣邑哭於后土閩本明監本毛本同案以字當衍土下當有者字

蜡也蜡者索也閩本明監本毛本同案浦鏜云蜡也下衍一蜡字

禁民飲食閩本明監本毛本同案浦鏜云酒誤食是也

彼云設其社稷之壝閩本明監本毛本同案浦鏜云壝誤壝是也

祁雨又宜早閩本明監本毛本同案祁當作祈

成王則無所責怒小字本相臺本同考文古本同閩本明監本毛本責作恚案正義云不有恚怒不知正義本字作恚或自爲文也輒依以改者非

田畯田家閩本明監本毛本同案家當作官

而公以其閩本明監本毛本同案浦鏜云公當云字誤是也

近者納稯小字本相臺本同考文古本同閩本明監本毛本稯作總案釋文云稯作孔反考此正義總字凡五見應是其本作總與釋文本不同

是言年豐收入踰前也小字本相臺本同案釋文云年收手又反又如字考此箋當本云是言年收踰前也年下豐字收下入字皆衍年收卽歲取也正義云以其收入踰前乃自爲文耳或因此改箋又并添豐字考文古本倒作豐年但欲使年收連文以爲合於釋文耳

秸又云穎也閩本明監本毛本同案浦鏜云去誤云是也

定本疆境字作竟閩本明監本毛本同案境竟二字當互易七月正義可證

○大田

是既備矣小字本相臺本同案正義云故云是故備矣當是其本作故字

至孟春土長冒橛小字本相臺本同閩本明監本毛本同小字本橛作撅案橛字是也撅者陳稼之根橛在地中者也月令及此釋文皆作撅正義中字同皆可證○按禮記疏云以木橜置地上候之氣至則土冒橜上此云以冬土定故稼橜於地與地平稼字必誤當同月令疏作置并稼橜卽下文陳根也舊挍殊誤今復正之

農書有七家閩本明監本毛本同案浦鏜云九誤七以漢志考之是也

根童粱也小字本相臺本同閩本同明監本毛本粱作梁案粱字是也見下泉

無害我田穉閩本明監本毛本同小字本相臺本穉作稺唐石經初刻穉後磨改稺案稺字是也釋文云田稺音稚下同五經文字云稺穉幼禾也上說文下字林亦爲長稺字載馳衆穉且狂唐石經同作穉者非谷風等箋長稚則多用稚又稺之今字也正義自爲文長稚字亦當用之

盛陽氣贏則生之小字本同閩本明監本毛本同相臺本贏作嬴案六經正誤云作嬴誤興國本作嬴相臺本依之改非也釋文云贏音盈古盈縮字作贏見於書傳多矣毛居正失考耳

故曰蟘也閩本蟘誤螟明監本毛本蟘作螣案正義下文以蟘與螣爲古今字說此也作螣者誤

蟊與蠿古今字耳閩本明監本毛本同案蠿當作蠽集韻所載如此可證也依此上所引李巡爾雅注是蟊字今作蠽者誤○按蟊今說文蟲部徐鉉曰上象其形非从矛書者多誤徐所云多誤者謂俗多上从矛耳

一穗蟲也閩本明監本同毛本穗作種案所改是也

故持之付于炎火閩本明監本毛本同案于當作與因寫者以子爲與之別體字而又譌爲于也付與是箋所以說經畀字者也正義上文云持于炎火誤同

有渰萋萋唐石經小字本相臺本同案釋文云萋萋七西反正義云萋萋然行者段玉裁云當從說文玉篇廣韻作淒淒又呂氏春秋務本漢書食貨志後漢左雄傳皆作淒淒見經義雜記考文古本作淒采他書也

興雨祈祈小字本同閩本明監本毛本同唐石經相臺本作祁祁考文古本同案祈祈誤也正義中字同釋文云興雨如字本或作興雲非也正義云經興雨或作興雲誤也定本作興雨考此經本作興雲顏氏家訓始以爲當作興雨釋文正義唐石經皆從其說也段玉裁云說文淒雨雲起也渰雨雲貌雨雲謂欲雨之雲凡大雨之來黑雲起而風生風生而雲行所謂有渰淒淒也已而風定白雲彌天雨隨之下所謂興雲祁祁雨公及私也作興雨於物理經訓皆失之詩經小學說同又呂氏春秋食貨志隸釋無極山碑韓詩外傳皆作興雲見經義雜記又鹽鐵論後漢書左雄傳作興雨當亦是後人以顏說改之耳

渰雲興貌小字本相臺本同案釋文渰下云雲興貌正義云傳渰興雲貌定本集注云渰陰雲貌顏氏家訓引毛傳云渰陰雲貌段玉裁從家訓定本集注考文一本作渰陰雲興貌采正義而誤并二本爲一也

祁祁徐也小字本相臺本同案釋文祁祁下云徐也正義云祁祁徐貌謂徐緩而降段玉裁云家訓有貌考文一本作祈祈徐徐行貌也采正義而有誤

此有不斂穧唐石經小字本相臺本同案正義云定本集注穧作積以釋文正義考之積字非也或積當作穧以齊資得通用而借積爲穧也

騂牛也小字本相臺本同案正義云故云騂赤牛也定本集注騂下無赤字是也是其本有赤字標起止無當是後改考文古本有采正義

以觀稼穡也閩本明監本毛本同案浦鏜云勸誤觀是也甫田正義可證

目上章言犧羊閩本明監本毛本目誤且案章當作篇

附釋音毛詩注疏卷第十四（十四之二）四四

毛詩小雅　鄭氏箋　孔穎達疏

瞻彼洛矣刺幽王也思古明王能爵命諸侯賞善罰惡焉【疏】瞻彼洛矣三章章六句至罰惡焉○正義曰作瞻彼洛矣詩者刺幽王也以幽王不能爵命賞罰故思古之明王能爵命諸侯賞善罰惡焉以刺今之不能也爵命即賞善之事但爵命之外猶別有賞賜故敘分之經三章皆言爵命賞善之事既能有賞必當有罰故連言罰惡耳於經無所當也此及裳裳者華桑扈鴛鴦亦是思古以刺今但與上四篇文勢不類故敘於起發不同耳上篇每言曾孫則所思爲成王此等不言曾孫不知思何時也故宜云古明王不指斥之

瞻彼洛矣維水泱泱興也洛宗周溉浸水也泱泱深廣貌箋云瞻視也我視彼洛水灌溉以時其澤浸潤以成嘉穀興者喻古明王恩澤加於天下爵命賞賜以成賢者○泱於良反溉古愛反浸子鴆反灌古亂反

君子至止福祿如茨箋云君子至止者謂來受爵命者也爵命爲福賞賜爲祿茨屋蓋也如屋蓋喻多也

韎韐有奭以作六師韎韐者茅蒐染草也○一曰韎韐所以代韠也天子六軍箋云此諸侯世子也除三年之喪服士服而來未遇爵命之時時有征伐之事天子以其賢任爲軍將使代卿士將六軍而出韎韐者茅蒐染也茅蒐韎韐聲也韎韐祭服之韠合韋爲之其服爵弁服紂衣纁裳也○韎音昧又王界反韐音閤又古洽反奭許力反赤貌茅如字蒐所留反韠音畢任音壬將子匠反下同紂音緇纁許云反○【疏】瞻彼至六師○正義曰言我視彼宗周之洛水矣維此洛水則泱泱然深而廣大能灌溉以時浸潤以成嘉穀以喻我視彼古昔之明王矣維此明王則仁而寬愛能爵賞以理賜命以成賢者是王恩之深厚也故君子諸侯之至止來見於王則王爵命之以福又賞賜之以祿其聚積多大如屋蓋之茨也又言諸侯世子初除父喪服士服來至京師正值有征伐之事王以其賢命代卿士之任服韎韐之韍有奭然而赤以作六師之將其賢如是故得福祿也今王不能爵賞諸侯之賢者故舉以刺之○傳洛宗周溉浸水○正義曰宗周鎬京也夏官職方氏河西曰雍州其浸渭洛是洛爲宗周之浸水也禹貢云漆沮既從孔安國云漆沮一名洛水洛水則漆沮是也與東都伊洛別矣○箋君子王喻

多○正義曰上以水喻明王故知至止爲來至則王之所受爵命也凡言福者大慶之辭祿者吉祉之謂善事皆是不必一定以此所思者止思爵命賞賜耳故言爵命爲福賞賜爲祿於此經對文爲然於他書散則通矣福祿非聚積之物而云如茨故云如屋蓋以喻多也○傳韎韐至六軍○正義曰韎韐者衣服之名奭者赤貌傳解言奭之由以其用茅蒐之草染之其草色赤故也一曰韎韐所以代韠者案爾雅云一染謂之縓再染謂之赬三染謂之纁此曰韎韐即一入曰韎韐是縓也定本云一入曰韎韐是以他服謂之韠祭服則謂之韎韐以此韎韐代他服之韠大夫以上祭服謂之韍士無韍名謂之韎韐士言韎韐亦猶大夫以上之言韍也若然王藻云一命縕韍黝珩注云侯伯之士一命則士亦名韍矣言韎韐者彼注亦云子男大夫一命則一命縕韍以子男大夫爲文故言韍耳其實士正名韎韐士冠禮爵弁服韎韐不言韍是也天子六軍夏官序文○箋此諸侯至纁裳○正義曰以序言爵命諸侯故知此謂諸侯世子也若在三年喪中則凶服不得有韎韐耳若已爵命則當服諸侯之赤韍不得服士服故知除三年之喪服士服而來也王制云諸侯之世子未賜爵視天子之元士以君其國此又言韎韐故知諸侯世子未賜爵命服士服也若然春官典命云凡諸侯之適子誓於天子攝其君則下其君之禮一等未誓則以皮帛繼子男此以代父君國反服士服者周禮之文謂父在代父行禮故有執圭璧皮帛之禮未誓尚比卿今此雖已除父喪非代父行禮不得復繼於父又不敢自成爲君故服士服也世子雖服士服待之同於正君雜記云君薨太子號稱子待猶君也彼注謂未踰年者尚然況除服後乎待之同如成君何但下一等而已此詩大意皆言諸侯世子受王爵命今服士服故知是未遇爵命又云作六師故知有征伐之事天子以其賢任爲軍將使代卿士將六軍而出也以軍將命卿故知代卿士也天子六軍一卿將一軍言將六軍而出者舉六軍見天子之法其實六軍之中將一軍耳將軍之時猶未得命由是仍服韎韐也春秋之義諸侯踰年即位天子賜之以命圭則天子遣使就國賜之矣文元年天王使毛伯來錫公命是其事也此言除三年之喪自來受賜命者天子命諸侯之禮亡亦無明文春秋之義言踰年賜命者說者致之非傳辭也春秋之世魯文公晉惠公即位而賜之魯成公八年乃賜之齊靈公天子將昏於齊始賜之衛襄魯桓則既薨乃賜之是賜命時節無定限也由此而言蓋踰年賜命是其正其不得命則除喪自見天子此是踰年未得命者故自來也傳言韎韐茅蒐染故解之云茅蒐韎韐聲也言古人之道茅蒐其聲如

韎韐，故名此衣爲韎韐也。士冠禮注云：「韎韐者，緼韍而幽珩，合韋爲之。士染以茅蒐，因以名焉。今齊人名蒨爲韎韐。」又駁異義云：「韎，草名。齊魯之間言韎韐，聲如茅蒐，字當作韎。陳留人謂之蒨。」是古人謂蒨爲茅蒐，讀茅蒐，其聲爲韎韐，故云茅蒐韎韐聲也。又解代韠之意。士朝服謂之韠，祭服謂之韎韐。駮異義云「有韎韐無韠，有韠無韎韐」，是韎韐必代韠也。其韎合韋爲之，此韎韐是蔽膝之衣耳。士冠禮陳服于房中，云「爵弁服，纁裳，緇衣，緇帶，韎韐」，是韎韐配爵弁服也。彼注云：「爵弁者，冕之次也。其色赤而微黑，如雀頭然。其布三十升。纁裳，淺絳裳也。材衣，絲衣。朝服皆用布，唯冕與爵弁服用絲耳。先裳後衣，欲令下近緇，明衣與帶同色。」此引之以衣在裳上，故先云材衣耳。○

瞻彼洛矣，維水泱泱。君子至止，鞞琫有珌。鞞，容刀鞞也。琫，上飾。珌，下飾。珌，下飾也。天子玉琫而珧珌，諸侯璗琫而璆珌，大夫鐐琫而鏐珌，士珕琫而珕珌。箋云：此人，世子之賢者也。既受爵命賞賜，而加賜容刀有飾，顯其能制斷。○鞞，字或作琕，補頂反。說文云：「刀室也。」琫，字又作鞛，必孔反，佩刀削上飾。珌，字又作琿，賓一反，佩刀下飾。珧音遙，以蜃者謂之珧。璗，徒黨反，字又作瑒，音同。爾雅云：「黃金謂之璗。」璆音虯，又巨虯反，又舊周反，玉也。洮，舉彪反，又與彪反，又張疇反。鐐音遼，爾雅云：「白金謂之銀，其美者謂之鐐。」徐何盧到反，又力弔反，本又作璙，亦音遼，又力小反，說文云：「玉也。」字書力召反。鏐，力幽反，又力幼反。洮又力虯反，黃金之美者，郭云紫磨金。珕，力計反，說文云：「蜃屬。」斷，丁亂反。○君子萬年，保其家室。箋云：德如是，則能長安其家室。親家室，親安之。九難安則無篡殺之禍也。○篡，初患反。殺，本亦作弒，同，音試。○

【疏】「君子」至「家室」。○正義曰：言明王既有恩澤，能爵命諸侯，故君子諸侯至止於王之所，王既爵命之，又加賜以容飾之刀，有鞞以盛之。其鞞則有琫，及其珌之飾。賜之以顯其能制斷也。君子諸侯爲王所賜之以其德如是，則能萬年而長安其家室，無危亡之禍矣。今王不能爵賞諸侯，故刺之。○傳「鞞」至「珕珌」。○正義曰：古之言鞞，猶今之言鞘。內則注「遺刀鞞」是也。以公劉云「鞞琫容刀」，故知鞞，容刀鞞也。又容者，容飾。此琫有珌，即容飾也。琫上飾，於鞞之形，飾有上下耳。其名爲琫珌之義，則未聞。公劉傳曰「琫上飾，鞞下飾」者，以彼无珌文，因琫爲在上之飾，下則指鞞之體，故言鞞下飾也。傳因琫珌歷道尊卑所用，似有成文，未知出何書也。天子、諸侯琫珌異物，大夫、士則同，言尊卑之差也。天子玉琫，玉是物之至貴者也。釋器說弓之飾曰：「以蜃者謂之珧。」郭璞曰：「珧，似蜯。」說文云：「珧，蜃甲，所以飾物也。」釋器又

云：「黃金謂之璗，其美者謂之鏐。白金謂之銀，其美者謂之鐐。」郭璞曰：「此皆道金銀之別名及其美者也。鏐即紫磨金也。」說文云公珕蜃而不及於蜃，故天子用蜃，士用珕也。定本及集注皆以諸侯珧璆，字從玉，又以大夫鏐珌，恐非也。○瞻彼洛矣，維水泱泱。君子至止，福祿既同。箋云：此人世子之能繼世位者也。其爵命賞賜，盡與其先君受命者同而已，無所加也。○君子萬年，保其家邦。

瞻彼洛矣三章，章六句。

裳裳者華，刺幽王也。古之仕者世祿，小人在位，則讒諂並進，棄賢者之類，絕功臣之世焉。古者，古昔明王時也。小人，斥今幽王也。諂，勑檢反。

【疏】裳裳者華四章，章六句，至「之世焉」。○正義曰：作裳裳者華詩者，刺幽王也。以其古之仕於朝者，皆得世襲其祿，今用小人。幽王在於天子之位，則有讒佞諂諛之人並進於朝，既爲佞以蔽之王，又進讒以害賢，而王信受之，棄去賢者之族類，絕滅功臣之世嗣，故時臣思古以刺之也。此言古之仕者世祿，及文王曰「凡周之士，不顯亦世」，皆謂仕宦於朝者。朝者，在官之總名，公卿大夫皆是也。經言「乘其四駱」，則仕者得乘四馬矣。禮士乘兩馬，則此詩所言不及士也。古者有世祿，復有世位。世祿者，直食其先人之祿而不居其位，不賢尚當然。子若復賢，則君父位矣。三章箋云「守我先人之祿位」，共位言之，見此意也。類謂種類，世謂繼世。棄賢者之類，絕功臣之世，其理一也。由其賢而得有功，以舉類而當嗣世，義不異矣。但指人身而稱賢者，據祿位而言功臣耳。經四章皆言思見明王，以免讒諂並進，令已棄絕之事也。○箋「古者」至「幽王」。○正義曰：諸言在位者，多謂臣在於位。此小人在位，文對古者明王，則在謂幽王在也。

裳裳者華，其葉湑兮。興也。裳裳，猶堂堂也。湑，盛貌。箋云：興者，華堂堂於上，喻君也；葉湑然於下，喻臣也。明王賢臣，以德相承而治道興，則讒諂遠矣。○湑，思敘反。治，直吏反。遠，于萬反，又如字。我覯之子，我心寫兮。我心寫兮，是以有譽處兮。箋云：覯，見也。之子，是子也，謂古之明王也。言我得見古之明王，則我心所憂寫而去矣。我心所憂既寫，是則君臣相與聲譽常處也。憂者，憂讒諂並進。○覯，古豆反。

【疏】「裳裳」至「處兮」。○正義曰：詩人遇讒絕世，傷今思古，言彼堂堂然光明者華

也在於上又葉湑然而茂盛兮在於下華葉相與共成榮茂以興顯著者君也在於上美德者臣也佐於下君臣相承共興國治古之明王政治如此我得見古之是子之明王則我心所憂讒諂之事寫除而去兮我心之憂既已寫兮則任於彼朝君臣相得是以有聲譽之美而處之兮言常處此聲譽之美兮已由讒見絶故憂而思之以刺今也。傳裳裳至盛貌。正義曰以華狀顯見故言猶堂堂也此葉與臣德盛故湑爲盛貌有杕之杜刺不親宗族故傳以湑爲枝葉不相比也。箋興者至遠矣。正義曰讒諂並進由君受之三章皆言華故以華喻君也華既喻君而復有葉故以喻臣言君之須臣爲輔猶華之須葉以盛故下章無葉以喻無臣也華葉之在於枝高下同耳言華上葉下者因文之上下以喻君臣上下耳。

裳裳者華芸其黄矣 芸黄盛也箋云華芸然而黄興明王德之盛也不言葉微見無賢臣也。芸音云徐音運見賢遍反 **我覯之子維其有章矣維其有章矣是以有慶矣** 箋云章禮文也言我得見古之明王雖無賢臣猶能使其政有礼文法度政有禮文法度是則我有慶賜之榮也。疏 裳裳至有慶矣。正義曰既思君臣並賢而不得又思君明而無賢臣者言彼堂堂然光明者華也此華乃芸然而其色黄而盛矣以興顯著者君也此君其德彰而明矣華盛而不言其葉見君明而其臣不賢我得見是子明王雖無賢臣猶能使其政有禮文法度之章也維其政有禮文法度之章則能進用有德是以於我有慶賜之榮矣我所以欲得見之也。傳芸黄盛。正義曰芸是黄盛之狀故箋云華芸然而黄也此華亦以黄爲盛謂草木之有黄華者也苕之華紫赤而繁黄則衰矣與此不同也。箋華芸至賢臣。正義曰類上章有葉而此無故云而不言葉者微見無賢臣也微謂不明言而理見是其微也

裳裳者華或黄或白 箋云華或有黄者或有白者興明王之德時有駁而不純。駁邦角反 **我覯之子乘其四駱乘其四駱六轡沃若** 言世禄也箋云我得見明王德之駁者雖無慶譽猶能免於讒諂之害守我先人之禄位乘其四駱之馬六轡沃若然。駱音洛沃若如字徐於縛反。疏 箋華或至不純。正義曰喻取其象既以黄色與明王德純故以異色喻其不純或有黄者或有白者華自有雜色與純者。二章各舉以喻非此華本黄而變白又非白即衰也華一時而黄白雜色以興明王亦一時而善惡不純非先盛而後

衰爲不純也故言時有駁而不純者言時有善多而惡少非善惡半也若惡與善等則是闇君不得爲明王矣 **左之左之君子宜之右之右之君子有之** 左陽道朝祀之事右陰道喪戎之事箋云君子斥其先人也多才多藝有礼於朝有功於國。朝直遥反下及下篇同。**維其有之是以似之** 似嗣也箋云維我先人有是二德故先王使之世禄子孫嗣之今遇讒諂並進而見絶也

疏 左之至似之。正義曰詩人既思明王又陳己所以宜嗣之意也言左之左之陽道朝祀之事我先人君子則宜而行之右之右之陰道喪戎之事我先人君子則能有而曉之此二德者我先人維其並能有之是以先王使其子孫嗣之今遇讒見絶故思古明王也左陽道嘉慶之事故言宜之右陰道爲憂凶之事不得言宜故變言有之二者皆君子之所能故下經總言有之明二者皆有也。傳左陽至之事。正義曰以天下之事多矣大揔不過吉凶故舉左右以目之左陽道謂嘉慶之事朝者人所樂祀者吉之大故爲陽也右陰道謂憂凶之事喪者人所哀戎者有所殺故爲陰也以能事弘多故皆重言以見衆也

裳裳者華四章章六句

桑扈刺幽王也君臣上下動無禮文焉 動無禮文舉事而不用先王禮法威儀也。桑扈音戸桑扈竊脂鳥也說文扈作雇 疏 桑扈四章章四句至礼文焉。正義曰以其時君臣上下升降舉動皆無先王礼法威儀之文焉故陳當有礼文以刺之即上二章上二句是也三章言其君爲百辟所法而受福卒章言臣能燕飲得禮而不傲慢皆是君臣礼文之事故揔之此與賓之初筵序皆言君臣上下以君臣即有上下之礼故并言以見義

交交桑扈有鶯其羽 興也鶯然有文章箋云交交猶佼佼飛往來貌桑扈竊脂也興者竊脂飛而往來有文章人觀視而愛之喻君臣以礼法威儀升降於朝廷則天下亦觀視而仰樂之。鶯於耕反佼交卯反 **君子樂胥受天之祜** 胥皆也箋云胥有才知之名也祜福也王者樂臣下有才知文章則賢人在位庶官不曠政和而民安天予之以福禄。胥毛如字鄭徐思敘反祜音戸知音智下同。疏 交交至之祜。毛以爲佼佼然飛而往來者桑扈之鳥也有鶯然其羽之文章故人皆觀

視而念愛之以興動而升降者王與羣臣也當有威儀禮法則天下亦觀視而樂仰之君子既有禮文爲下所愛盡得其所故能樂與天下所共是與天下皆樂而得受天之祜福也○鄭唯樂胥爲異具在箋說○箋交交至樂之○正義曰黄鳥小宛傳曰交交小貌此云猶佼佼飛而往來者作者各有所取佼佼實飛而往來之貌也此喻升降舉動故取往來爲義○傳胥皆○正義曰釋詁文孫毓曰與天下皆樂樂之大者天子四海之內無違命則天子樂矣諸侯四封之內無違命外內無故則諸侯樂矣大夫官府之內無違命者諸謀行於上則大夫樂矣士進以禮退以義則士樂矣庶人耕稼樹藝以養父母刑罰不加於身則庶人樂矣是述毛之義也○箋胥皆至福祿○正義曰周禮每官之下皆有胥徒胥一人則徒十人是胥以才智之故而爲十徒之長又有大胥小胥之官故知胥有才智之名易歸妹以須注亦云須有才智之稱天文有須女屈原之姊名女須鄭志荅冷剛云須才智之稱故屈原之姊以爲名是胥爲才智之士胥須古今字耳

交交桑扈有鶯其領領頸也○君子樂胥萬邦之屏屏蔽也箋云王者之德樂賢知在位則能爲天下蔽捍四表患難矣蔽捍之者謂蠻夷率服不侵畔○屏畢郢反爲于僞

反捍音汗難乃旦反下患難同〔疏〕君子樂胥萬邦之屏○毛以爲言君子王者既有禮文又能樂與天下皆共之能與天下皆樂則爲萬邦之蔽捍天下皆得其樂無復侵伐之憂是爲之蔽捍矣○鄭義具箋○箋王者至不侵畔○正義曰萬邦是中國之辭與中國爲屏蔽明捍四夷可知也故云蠻夷率服不敢內侵外畔是蔽捍也○

之屏之翰百辟爲憲翰幹憲法也○箋云辟君也王者之德外能捍蔽四表之患難內能立功立事爲之楨幹則百辟卿士莫不修職而法象之○不戢不難受福不那戢聚也不戢戢也不難難也那多也不多多也箋云王者位至尊天所子也然而不自斂以先王之法不自難以亡國之戒則其受福祿亦不多也○戢莊立反○〔疏〕之屏至不那○毛以爲言王者之德外能蔽捍四表之患難內能立功立事爲之楨幹則百辟卿士莫不修職而法象之王能如此則天下之民不戢聚而歸之乎言戢聚而歸之也不畏難而順之乎言畏難而順之也民皆順之則爲天所祐其受福豈不多乎言受福多也今王不能然故刺之○鄭以上二句與毛同下二句具在箋○傳翰幹憲法○正義曰釋詁云楨幹也舍人曰楨正也築牆所立兩木也幹所以當牆兩邊障土者也然則言楨幹者皆以築牆爲喻幹是牆之主善政亦民之主也憲法釋詁文○箋辟君至法象之○正義曰辟君釋詁文之屏因上文而轉故亦爲蔽捍四表之患難人君之所施爲唯功事而已故知立功立事爲之楨幹也百辟知卿士者以烈文百辟其刑之對四方其訓之故知爲卿士尊比諸侯故曰君也○箋王者至不多○正義曰言王位至尊天所子愛解其當自斂難之意斂者收攝之名故言斂以先王之法難者戒懼之辭故知難以亡國之戒不自斂以先王之法即動無禮文也故序箋云動無禮文者舉事而不用先王禮法威儀是先王之法爲禮文也不自難以亡國之戒者即不用賢也故首章箋云王者樂臣下有才智文章則賢人在位而庶官不曠政和而民安言用賢則民安是棄賢則亡國矣又彼文連言受天之祜彼由樂有賢智則受天之祜此不難以亡國之戒則受福不多是相配成也易傳者以順文理切不假反言故也○

兕觥其觩旨酒思柔箋云兕觥罰爵也古之王者與羣臣燕飲上下無失禮者其罰爵徒觩然陳設而已其飲美酒思得柔順中和與共其樂言不憮敖自淫恣也○兕徐履反獸名觥古橫反以兕角爲之觩音虯本或作斛樂音洛憮火吳反敖五報反下文同○彼交匪敖萬福來求箋云彼彼賢者

也賢者居處恭執事敬與人交必以禮則萬福之祿就而求之謂登用爵命加以慶賜○〔疏〕箋彼賢至慶賜○正義曰以承上經而云彼是指思柔之人故云彼賢者也言交非敖則常恭敬故引論語居處恭執事敬爲不傲慢矣故明王招聘用之故云登用爵命加以慶賜也

桑扈四章章四句

鴛鴦刺幽王也思古明王交於萬物有道自奉養有節焉交於萬物有道謂順其性取之以時不暴夭也○鴛鴦於袁反沈又音溫下於崗反又於良反〔疏〕鴛鴦四章章四句至有節焉○正義曰作鴛鴦詩者刺幽王也以幽王殘害萬物奉養過度是以思古明王交接於天下之萬物鳥獸蟲魚皆有道不暴夭也其自奉養有節度不奢侈也今不能然故刺之交於萬物有道即上二章上二句是也自奉養有節即下二章上二句是也見明王急於萬物而緩於己故先言交萬物而後言自奉養也○箋交於至暴夭○正義曰天子以天下爲家萬物皆天子立制節其生殺與之交接故言交於萬物也有道者謂順其生

長之性使之得相長養取之以時不殘暴夭絕其孩幼者是有道也不暴夭王制文

鴛鴦于飛，畢之羅之。興也。鴛鴦，匹鳥。太平之時，交於萬物有道，取之以時，於其飛乃畢掩而羅之。箋云：匹鳥，言其止則相耦，飛則爲雙，性馴耦也。此交萬物之實也，而言興者，廣其義也。獺祭魚而後漁，豺祭獸而後田，此亦皆其將縱散時也。○大音泰。揜，於檢反。馴音巡，又音脣。獺，勑轄反，又他末反。○

君子萬年，福祿宜之。箋云：君子謂明王也。交於萬物其德如是，則宜壽考受福祿也。【疏】鴛鴦至宜之○正義曰：古太平之時，交於萬物有道，欲取鴛鴦之鳥，必待其長大，於其能飛，乃畢掩之而羅取之，不於幼小而暴夭也。非但於鳥獨然，以興於萬物皆耳。至獺祭魚然後取魚，豺祭獸然後捕獸，皆待其成而取之也。君子明王交於萬物之德如是，則萬年之壽及福祿並皆宜歸之也。今王不能然，故舉以刺之。○傳興也至羅之○正義曰：以交於萬物，則非止一鳥，故云興也，言舉一物以興其餘也。又解正舉鴛鴦者，以鴛鴦匹鳥也，相匹耦而優馴，則易得也。易得尚以。明萬物皆然，故言太平之時，交於萬物有道，取之以時也。又言於其飛乃畢掩而羅之，此即取之以時之事也。謂小者未能飛，待其能飛而後取之。釋器云「鳥罟謂之羅」，月令云

「羅網畢翳」，注云「罔小而柄長謂之畢」。以畢、羅異器，故各言之。大東傳曰：「畢所以掩兔。」彼雖以兔爲文，其實亦可取鳥，故此鴛鴦言畢之也。羅則張以待鳥，畢則執以掩物，故言畢掩。○箋匹鳥至散時○正義曰：申說匹鳥之意。止則耦，飛則雙，性馴善而相耦，則取之易得，故詩特舉之。鴛鴦即是萬物之一，而傳以爲興，故又解之：此交於萬物之實，而言興者，欲廣其義故也。箋又止言魚獸二事者，以天之生物，飛走而已。經已言鳥，又舉魚獸，則可以兼諸水陸矣。且因王制詩傳之成文也。此豺獺祭時，魚獸成就，皆是魚獸放縱分散之時，故於是可取之。

鴛鴦在梁，戢其左翼。言休息也。箋云：梁，石絕水之梁。戢，斂也。鴛鴦休息於梁，明王之時，人不驚駭，斂其左翼，以右翼掩之，自若無恐懼。○戢，側立反，韓詩云：捷也，捷其噣於左也。恐，丘勇反。○

君子萬年，宜其遐福。箋云：遐，遠也。遠猶久也。○

乘馬在廄，摧之秣之。摧，莝也。秣，粟也。箋云：摧，今莝字也。古者明王所乘之馬繫於廄，無事則委之以莝，有事乃予之穀，言愛國用也。以興於其身亦猶然，齊而後三舉設盛饌，恒日則減焉，此之謂有節也。○乘馬，王徐繩證反，四馬也；鄭如字，下同。廄音救。摧，采卧反，芻也。秣音末，穀馬也。芻，楚俱反。莝，采卧反。韓詩云：委也。委，紆僞反，猶食也。與音豫。齋，側皆反，本亦作齋。饌，仕戀反。減，古攬反。○【疏】箋鴛鴦至恐懼○正義曰：言斂其左翼，以右翼掩之，舉雄者而言耳。此舉鳥不恐懼，亦廣興其義。禮運曰：「龍以爲畜，故魚鮪不淰；鳳以爲畜，故鳥不獝；麟以爲畜，故獸不狘。」是水陸飛走皆可擾馴也。白華文與此同，但彼言申后見黜，故以陰陽相下爲義，此與取自安，故與此異也。○箋摧今至有節○正義曰：傳云「摧，莝」，轉古爲今，而其言不明，故辯之云：此摧乃今之莝字也。言古者明王所乘之馬繫之於廄者，以王馬多矣，而此言在廄，明是王所乘馬。天子之馬而不常與粟，言愛國用也。序言自奉養，非王身。上章爲興，知此亦興，故言以興於其身亦猶然也。齋而後三舉設盛饌，三舉餘是設盛饌也。恒日則減焉，唯一舉也。齋爲有事，故三舉；恒日無事而一。此之謂有節。天官膳夫云：「王日一舉。」注云：「殺牲盛饌曰舉。」又曰：「王齋則三舉。」是恒日則減焉。因奉養先盛而倒言耳。此不言朔月，而玉藻云「天子之食，日少牢，朔月太牢」，明朔必加於恒日，不知爲同齋三太牢，爲降二太牢也。玉藻曰少牢，與周禮日一舉不同者，鄭志荅趙商云：「禮記，後人所定，或以諸侯同天子，或以天子與諸侯等，所施不同，故難據也。王制之法與周異者多，當以經爲正。」然則爲記有參差，故不同也。○

君子萬年，福祿艾之。艾，養也。箋云：明王愛國用，自奉養之節如此，故宜久爲福祿所養也。○艾，魚蓋反，徐又音刈。○

乘馬在廄，秣之摧之。君子萬年，福祿綏之。箋云：綏，安也。○綏，士果反，又如字。○

鴛鴦四章，章四句。

頍弁，諸公刺幽王也。暴戾無親，不能宴樂同姓，親睦九族，孤危將亡，故作是詩也。戾，虐也。暴虐，謂其政教如雨雪也。○頍弁，缺婢反，著弁貌，說文云：舉頭貌。燕樂，音洛，卒章同。燕，又作宴。雨，于付反，卒章同。【疏】頍弁三章章十二句至是詩○正義曰：作頍弁詩者，諸公刺幽王也。以王之政教酷暴而戾虐，又無所親，不能燕樂同姓，親睦其九族，孤特傾危，將至喪亡，故同姓諸公作是頍弁之詩以刺之。爲不能燕樂同姓，明諸公是同姓諸公也。作詩者一人而已，言諸公者，以作者在諸公之中，稱諸公意以刺之也。九族亦同姓，見諸公非一，容九族之外，故言同姓以廣之。不能燕樂，即亦不能親睦，親睦由於燕樂，以經責王不燕樂，令不親睦，故分而言之耳。暴戾無親，即如彼雨雪，先集維霰是也。不能燕

樂同姓親睦九族，三章皆上六句是也；孤危將亡，卒章四句是也。其首章、二章上六句懼王危亡，庶幾諫正，亦是將亡之事也。經、序倒者，序述論其事，由暴虐無親故不能燕樂爲事之次；經則主爲不能燕樂，故先言之。○**有頍者弁，實維伊何？**興也。頍，弁貌。弁，皮弁也。箋云：實猶是也。言幽王服是皮弁之冠，是維何爲乎？言其宜以宴而弗爲也。禮，天子諸侯朝服以宴，天子之朝皮弁以日視朝。○朝服直遙反，下皆同。**爾酒既旨，爾殽既嘉。**箋云：旨、嘉皆美也。女酒已美矣，女殽已美矣，何以不用與族人宴也？言其知具其禮而弗爲也。**豈伊異人？兄弟匪他。**箋云：此言王當所與宴者，豈有異人疏遠者乎？皆兄弟與王無他，言至親。又刺其弗爲也。**蔦與女蘿，施于松柏。**蔦，寄生也。女蘿，菟絲，松蘿也。喻諸公非自有尊，託王之尊。箋云：託王之尊者，王明則榮，王衰則微，刺王不親九族，孤特自恃，不知己之將危亡也。○蔦音鳥，說文音弔，寄生草也。爾雅云：「寓木，宛童。」是也。女蘿力多反，在草曰兔絲，在木曰松蘿，又唐蒙。施以豉反，下同。**未見君子，憂心弈弈。既見君子，庶幾說懌。**弈弈然無所薄也。箋云：君子斥幽王也。幽王久不與諸公宴，諸公未得見幽王之時，懼其將危亡，已無所依怙，故憂而心弈弈然。故言我若已得見幽王，諫正之，則庶幾其變改意解懌也。○弈音亦。說音悅。懌音亦，本又作釋。怙音戶。解音蟹。○

〔疏〕「有頍」至「說懌」。毛以爲有頍然者之皮弁，實維伊何乎？宜在於首，以爲表飾也。以興有尊貴者之天王，維如何乎？宜君於上，以正綱紀也。爾王之酒既旨美矣，爾王之殽既嘉善矣，足能具禮，何以不用與族人燕乎？王所當與燕者，豈伊更有異人疏遠者乎？皆王宗族兄弟，非有他人，何不燕而親之，令爲輔助我？所以欲王之親燕者，以蔦與女蘿施于松栢之上，非自有根，依於松栢之根，故松栢存而茂，松栢殞而亡，是存亡在松栢。以興同姓與九族附於王者之側，非自有尊，託王之尊，故王政明而榮，王政衰而微，是與衰由于王政，所以欲王之明也。下四句義具在箋。○鄭以爲王服是有頍然者皮弁之冠，是維伊欲何爲乎？宜當服之以燕，而王何以不爲？餘同。○傳「頍弁」至「皮弁」。○正義曰：以頍文連弁，故爲弁貌。弁者，冠之大名，稱弁者多矣。但爵弁則士之祭服，韋弁則服以即戎，冠弁則服以從禽，非常服也。唯皮弁上下通服之，故知皮弁也。傳興理不明。王肅云：「言無常也，興有德者則戴頍然之弁矣。」下章肅又云：「言冕其在人之無期也。」其意以傷王无德，將不戴弁。孫毓以皮弁非唯王者所服，雖陪臣卿大夫皆得服之，不足以爲王者廢興之喻，以王說爲非。案昭九年左傳，王使詹桓伯辭於晉曰：「我在伯父，猶衣服之有冠冕。」僖八年穀梁傳曰：「弁冕雖舊，必加於首；周室雖衰，必先諸侯。」然則王者之在上位，猶皮弁之在人首，故以爲喻也。○箋「實猶」至「視朝」。○正義曰：釋詁云：「寔，是也。」實、寔義同，故實亦爲是也。言是維伊何，問其所用之辭，則此皮爲燕之服。天子皮弁以日視朝，玉藻文。燕禮者，諸侯燕臣子之禮，經云「燕，朝服」。諸侯用朝服燕，則知天子亦自以朝服燕也。且此詩責王不燕而舉皮弁，是天子燕用皮弁明矣。若然，王制云：「周人冕而祭，玄衣而養老。」注云：「凡養老之服，皆其時與羣臣燕之服。周人循而兼用之，玄衣素裳，其冠委貌。諸侯以天子之燕服爲朝服。」如彼注，則天子之燕用玄衣。此言皮弁者，蓋天子燕服有二：燕羣臣用玄冠，親燕同姓用皮弁也。賓之初筵三章箋云：「此祭末，王與族人燕。」而經云「側弁之俄」，是燕同姓用皮弁之事也。○傳「蔦寄」至「松蘿」。○正義曰：蔦，釋草無文，寄生者，毛以時事言之耳。陸機疏云：「蔦，一名寄生，葉似當盧，子如覆盆子，赤黑恬美。」釋草云：「唐蒙，女蘿。女蘿，菟絲。」毛意以菟絲爲松蘿，故言松蘿也。陸機疏云：「今菟絲蔓連草上生，黃赤如金，今合藥菟絲子是也，非松蘿。松蘿自蔓松上生，枝正青，與菟絲殊異。」事或當然。○傳「弈弈然無所薄」。○正義曰：弈弈，憂之狀。憂則心遊不定，故爲無所薄也。下章傳曰：「怲怲，憂盛滿。」言憂之多。○箋「君子」至「解懌」。○正義曰：以王不燕樂而欲見之，故知君子爲幽王也。此悅懌文與下章「有臧」相値，有臧冀王之善，則此亦冀王意悅懌，故云庶幾其變改意解懌，言當開解而悅懌也。

有頍者弁，實維何期？箋云：何期猶伊何也。期，辭也。○期本亦作其，音基。王如字。**爾酒既旨，爾殽既時。**時，善也。○**豈伊異人？兄弟具來。**箋云：具猶來也。**蔦與女蘿，施于松上。未見君子，憂心怲怲。既見君子，庶幾有臧。**怲怲，憂盛滿也。臧，善也。○怲，兵命反。**有頍者弁，實維在首。爾酒既旨，爾殽既阜。豈伊異人？兄弟甥舅。**箋云：阜猶多也。謂吾舅者，吾謂之甥。

〔疏〕箋「謂吾舅者，吾謂之甥」。○正義曰：釋親文也。此諸公而及甥舅，以甥舅，王之外親，皆是緣王與衰，故亦欲從王燕之也。○**如彼雨雪，先集維霰。**霰，暴雪也。箋云：將大雨雪，始必微溫，雪自上下，遇溫氣而摶，謂之霰，久而寒勝則大雪矣。喻幽王之不親九族亦有漸自微至甚如先霰後大雪○霰蘇薦反消雪也字亦作霓搏徒端反○**死喪無日無幾相見樂酒今夕君子維宴**箋云王政既衰我無所依怙死亡無有日數能復幾何與王相見也且今夕喜樂此酒此乃王之宴禮也刺幽王將喪亡哀之也○喪息浪反幾居豈反注同樂音洛復扶又反○〔疏〕如彼至維宴○正義曰言王政教暴虐如彼天之雨下大雪其雪必先集聚而搏維為小霰而後成為大雪是雪有漸也以興幽王之為惡亦初為小惡而成為大惡亦惡有漸也王漸益惡今則大甚王若霰減則已亦喪亡我等死與喪亡無有日數復無幾何與王相見永不得王之燕禮矣且自相與善樂此酒於今之夕以王必不燕已故自已酒維當王之燕禮○傳霰暴雪○正義曰以此幽王漸致暴虐且初為霰者久必暴雪故言暴雪耳非謂霰即暴雪也○箋將大至大雪○正義曰先集者謂雪集聚也解雪當散下而言集意天將大雨雪其始必微温暖雪自上下遂遇温氣消釋集聚而搏謂之霰積久而雪之寒氣勝此温氣則大雪散下是雪有漸故喻王惡自微至甚如先霰後雪大戴禮曾子云陽之專氣為霰陰之專氣為雹盛陽氣之在雨水則温暖為陰氣薄而脅之不相入則搏為雹也盛陰之氣在

雨水則凝滯而為雪陽氣薄而脅之不相入則消散而下因水而為霰是霰由陽氣所薄而為之故言遇温氣而搏也○

頍弁三章章十二句

車舝大夫刺幽王也襃姒嫉妒無道並進讒巧敗國德澤不加於民周人思得賢女以配君子故作是詩也舝胡瞎反車軸頭鐵也嫉音疾又音自妒丁故反敗必邁反又如字下注同〔疏〕車舝五章章六句至是詩○正義曰作車舝詩者周大夫所作以刺幽王也以當時襃姒在王后之位情性嫉妒由物類相感而小人道長故使無道之輩並進於朝讒佞巧言傾敗國家令王之德澤不加於民使致下民離散周人見其如此乃思得賢女以配君子幽王欲令代去襃姒教王修德教故作是車舝之詩以刺之上言大夫下言周人見大夫所作述衆人之意故也此經五章皆以襃姒嫉妒思得賢女代之言思變季女是襃姒嫉妒也德音來括是民已離散者也令德來教欲王之改修德教是德澤不加於民也故皆反經而序之所以相發明也**間關車之舝兮思變季女逝兮**興也間關設舝也變美貌季女謂有齊季女也箋云逝往也大夫嫉襃姒之為惡故嚴車設其舝思得變然美好之少女有齊莊之德者往迎之。配幽王代襃姒也既幼而美又齊莊庶其當王意○變力兗反齊側皆反下同少詩照反本亦作季女**匪飢匪渴德音來括**括會也箋云時讒巧敗國下民離散故大夫汲汲欲迎季女行道雖飢不飢雖渴不渴覬得之而來使我王更脩德教合會離散之人○括本又作佸音活徐古闊反覬音冀**雖無好友式燕且喜**箋云式用也我得德音而來雖無同好之賢友我猶用是燕飲相慶且喜○好呼報反注下並同○〔疏〕間關至且喜○正義曰周人惡襃姒嫉妒讒佞在朝欲得賢女以代之故言已欲間關然以設車之舝兮思得變然美好齊莊之少女往迎之兮若有此女可得往迎其於行道雖飢非以為飢雖渴非以為渴所以然者覬望此女以令德善音來發教誨於王使施行德澤會合離散之人凡人之喜樂須賢友共之我若迎得此女雖無同好之賢友猶用是得賢女之故燕飲酒相慶而且喜樂疾襃姒之甚思賢女之幼雖無朋友亦將獨喜也○傳間關至有齊季女○正義曰以連言舝兮故知間關設舝貌舝無事則脫

行乃設之故言設舝也有齊季女者采蘋經文也以其當為王后欲代嫉妒明其非直幼少而已是以箋述之云既美好而少又有齊莊之德庶其當王意也**依彼平林有集維鷮辰彼碩女令德來教**依茂木貌平林林木之在平地者也鷮雉也辰時也箋云平林之木茂則耿介之鳥往集焉喻王若有茂美之德則其時賢女來配之與相訓告改脩德教○鷮音驕○**式燕且譽好爾無射**箋云爾女女王也射厭也我於碩女來教則用是燕飲酒且稱王之聲譽我愛好王無有厭也○射音亦下同厭於豔反下同〔疏〕依彼至無射○正義曰既思賢女欲以配王又欲王有美德致此賢女故言依然而茂盛者彼平林之木有往集之者維為鷮雉也此鷮雉乃耿介之鳥由平林之木茂故往集焉唯有茂美之德者君子之身有來配之者維為碩女也此碩女有齊莊之德由君子之身美則來配焉是美德能致碩女也如此則王若有茂美之德則其時彼有美大之賢女以令善之德來配於王與王相訓令王改脩德教我用是之故則燕而飲酒且稱王之聲譽又愛好汝王無有厭倦也○傳依茂至辰時○正義曰依為林之狀以茂而致雉故知依為茂木貌也周禮有山林林麓不在平地此云平林

故爲林木之在平地也。鷮雉，釋鳥文。以說文云「鷮，長尾雉，走鳴，乘輿尾爲防釳，著馬頭上」。陸機疏云「鷮微小於翟也，走而且鳴曰鷮鷮，其尾長，肉甚美，故林麓山下人語曰：四足之美有麃，兩足之美有鷮。麃者似鹿而小」是也。此鷮是雉中之別名，雉性耿介，故箋謂之耿介之鳥。士相見注云「贄用雉者，取其耿介，交有時，別有倫」，雉必用死，爲其不可生服，是耿介也。以雉有耿介之性，喻碩女有貞專之德。碩，大也，言美大之女。○**雖無旨酒，式飲庶幾。雖無嘉殽，式食庶幾。雖無德與女，式歌且舞。**箋云：諸大夫覲得賢女以配王，於是酒雖不美猶用之，此燕飲殽雖不美猶食之，必皆庶幾於王之變改得輔佐之。雖無其德，我與女用是歌舞相樂，喜之至也。○樂音洛。【疏】箋諸大至之至○正義曰：以言與汝，是相於非一之辭，故言諸大夫也。人之飲食必樂其旨嘉，今喜而用之，故不待旨嘉。經再言庶幾，其意則同，故箋於食之下摠云皆庶幾於王之變改，已得輔佐之也。說燕樂之事而言無德者，以人燕樂欲與賢德者同之，若非賢德則燕不樂矣。上云雖無好友，以己爲主，引人從己，自他而言，故云已無賢友。此言無德與汝，以彼爲主，持己就人，自己而言，故云己身無德，爲謙辭耳。○**陟彼高岡，析其柞薪。析其柞薪，其葉湑兮。**箋云：陟，登也。登高岡者必析其木以爲薪。析其木以爲薪者，爲其葉茂盛，蔽岡之高也。此喻賢女得在王后之位，則必辟除嫉妬之女，亦爲其蔽君之明。○析，星歷反。柞，子洛反。湑，思敘反，茂盛也。爲，于僞反，下「亦爲」同。辟，婢亦反，又音壁。○**鮮我覯爾，我心寫兮。**箋云：鮮，善。覯，見也。善乎我得見女如是，則我心中之憂除去也。○鮮，息淺反，徐音仙。覯，古候反。女音汝。行如是，下孟反，一本無「行」字。【疏】陟彼至寫兮○正義曰：言有人登彼高岡之上，當必析伐其柞木以爲薪。析伐其柞木以爲薪者，以此柞木其葉湑湑然茂盛兮，爲其蔽岡之高，故我伐而去之。以興有賢女居彼王后之位，則必辟除褒姒以爲賤。辟除褒姒以爲賤者，以此褒姒其惡衆多，爲其蔽王之明，故除而去之。善乎我得見汝之新昏賢女辟除褒姒，如是則我心中之憂寫除而去兮，喜之至也。○箋登高至之明○正義曰：以析者是除去之辭，又言湑兮爲茂盛，故喻其蔽岡之高以喻，取一象，欲見其體而不得見之，則爲蔽也。言爲薪，是廢棄不用之辭，故辟除嫉妬亦廢棄之也。○**高山仰止，景行行止。四牡騑騑，六轡如琴。**景，大也。箋云：景，明也。諸大夫以爲賢女既進，則王亦庶幾古人有高德者則慕仰之，有明行者則而行之。其御羣臣使之有禮，如御四馬騑騑然。持其教令使之調均，亦如六轡緩急有和也。○仰止，本或作「仰之」。景行，下孟反，注「有明行」同。牡，茂口反。騑，孚非反。調音條。和，胡卧反。○**覯爾新昏，以慰我心。**慰，安也。箋云：我得見女之新昏如是，則以慰除我心之憂也。新昏謂季女也。○慰，怨也，於願反。王申爲怨恨之義。韓詩作「以慍我心」，慍，恚也。本或作「慰，安也」，是馬融義。馬昭、張融論之詳矣。○【疏】高山至我心○毛以爲若得賢女在王后之位，則諫王使之爲善，庶幾於古人有高顯之德如山者則慕而仰之，有遠大之行者則法而行之。既慕德行善，則調御有法，如善御者使四牡之馬騑騑行而不息，進止有度，執其六轡，緩急調和，如琴瑟之相應也。喻王法仰高大，善御羣臣，使有禮法，成其文章，如六轡之御四馬也。得賢女則令王如是，我所以願見之也。我若得見爾之新昏，使王改脩也，如是則以安慰我心，除其憂矣。○鄭唯以景爲明爲異，餘同。○箋景明至有和○正義曰：傳云「景，大」，釋詁文。箋必易之爲明者，以行須行之，故以爲明，見其明白可法，明亦大也。言高山者，以山之高比人德之高，故云古人有高德者則慕仰之也。且仰是心慕之辭，故爲高德。德者在內，未見之言；行者

已見施行之語。德則慕仰，多行則法行，故仰之、行之，異其文也。六轡以御四馬，故以喻王御羣臣。六轡如琴，猶言執轡如組，轉相比竝，以發明其意也。四牡傳曰「騑騑，行不止」，此亦然也。○傳慰安○正義曰：傳以慰爲安，箋言慰除，以憂除則心安，非是異於傳也。孫毓載毛傳云「慰，怨也」，王肅云「新昏謂褒姒也。大夫不遇賢女，而後徒見褒姒讒巧嫉妬，故其心怨恨」。徧檢今本皆爲「慰，安」。凱風爲安，此當與之同矣。此詩五章皆思賢女，無緣末句獨見褒姒爲恨，肅之所言非傳旨矣。定本「慰，安也」。○

車舝五章，章六句。

附釋音毛詩注疏卷之十四（十四之二）

黄中棫栞

毛詩注疏挍勘記十四之二

阮元撰盧宣旬摘錄

○瞻彼洛矣

此及裳裳者華　閩監本毛本及誤乃閩本不誤

故宜云古明王　閩本明監本毛本同案浦鏜云宜當直字誤是也

韎韐者茅蒐染草也　小字本相臺本同案草當作韋見下

一曰韎　小字本相臺本同案一下當有入字見下正義云定本云一入曰韎韐此讀當以韎字斷句韐字逗正義讀韎韐二字爲連文者非亦見下

韎韐者茅蒐染也茅蒐韎韐聲也　小字本相臺本同案二韐字當衍見下韋昭晉語注引無二韐字左成十六年正義引亦無正義有二韐字當是其本誤

韎韐祭服之韠合韋爲之也　小字本相臺本同案韎字當衍段玉裁曰韎者韐之色也茅蒐染韋一入曰韎亦見說文及五經文字卽一染謂之縓也韠韍也士無韍有韐故云韐所以代韠箋申之云韎者茅蒐染也茅蒐韎聲也韐祭服之韠合韋爲之皆分析韎韐二字别義各本譌舛不可讀茅蒐韎聲者駁異義所云齊魯之閒言韎聲如茅蒐也

紂衣纁裳也　小字本相臺本同案此釋文本也釋文云紂音緇考士冠禮纁裳純衣緇帶注云純衣絲衣也鄭不破爲紂正義引此經及注是其本當不誤今正義中字皆作紂者後人改之也又鄭彼注云先裳後衣者欲令下近緇明衣與帶同色亦經不讀爲紂之明證儀禮釋文此無音不誤也

河西曰雍州也　閩本明監本毛本同案浦鏜云正誤河是

此又言韎韐　閩本明監本毛本同案又當作文

琫上飾珌下飾珌下飾也　閩本同明監本毛本也誤者小字本相臺本不重珌下飾三字考文古本同案有者復衍也段玉裁云鞞刀室也卽刀削削音肖削之上刀把其飾曰琫削末之飾曰珌有讀爲又言有鞞有琫又有珌也公劉傳下曰鞞上曰琫略舉上下之體而已釋名與毛所說各異臧震改此傳云琫上飾鞞下飾珌飾貌非也鞞不可言飾臧說見毛鄭詩考正據釋名也又陳啟源毛詩稽古編說與段玉裁合

諸侯璗琫而璆珌大夫鐐琫而鏐珌　小字本相臺本同案正義云天子諸侯琫珌異物大夫士則同尊卑之差也又云定本及集注皆以諸侯珌璆字從玉又以大夫鏐珌恐非也是正義本當作諸侯璗琫而鏐珌大夫鐐琫而鐐珌釋文本與定本集注同段玉裁云此從正義本考說文琫珌天子皆以玉則諸侯皆以金大夫皆以銀士皆以蜃爲有條理說文又云天子玉琫而珧珌

顯其能制斷　小字本相臺本同案釋文以能斷作音無制字正義云以顯其能制斷也不知正義本有制字或自爲文也制斷字在兔罝傳當以有者爲是

說文云公瑒蜃而不及於蜃故天子用蜃　閩本同明監本毛本及誤别案十行本瑒至末蜃剜添者三字公瑒蜃山井鼎云作瑒蜃屬爲似是是也

○裳裳者華

兮已由讒見絕　閩本明監本毛本同案浦鏜云兮疑以字誤屬下爲句是也

此華亦以黄爲盛　閩本明監本毛本同案赤當作亦形近之譌

故言時有駁而不純者　閩本明監本毛本同案駁當作駮

而見絕也　閩本明監本毛本同小字本相臺本見下有棄字無也字考文古本棄字亦同案有者是也

○桑扈

箋胥皆至福祿　閩本明監本毛本同案山井鼎云皆作有爲是是也

屈原之妹名女須　閩本明監本毛本同案姊誤妹下同是也

榦榦　小字本相臺本榦作幹閩本明監本毛本同考文古本作榦案榦字是也此箋云爲之楨榦韓奕榦不庭方江漢召公維翰箋皆云楨榦可證此傳本是榦字也幹字說文所無文王文王有聲板崧高傳箋皆當同其正義

云爲之楨幹者以榦幹爲古今字易而詭之也餘同此釋文翰下云榦也亦是易爲今字耳崧高韓奕以楨榦作音則不用幹字矣爾雅楨翰儀榦也釋文云本又作幹五經文字木部云榦楨榦字○按幹乃俗字之尤者未必作正義者用之直轉寫之譌耳舊挍非是

爲之楨榦也　閩本明監本毛本榦作幹案所改是也此當易爲幹上標起止當作榦今誤

言不憮敖自淫恣也　小字本同閩本明監本毛本同相臺本憮作𢡺案憮字是也

爲不傲慢矣　閩本明監本毛本傲誤敖案敖傲古今字此正義易而詭之也

○鴛鴦

以興於萬物皆耳　閩本明監本毛本同案浦鏜云耳字當作爾是也

易得尚以　閩本明監本毛本同案浦鏜云下當脫時取二字是也

月令云羅網畢翳　閩本明監本毛本同案十行本月令云剜添者一字

摧莝也　小字本相臺本同案此正義本也正義云傳云摧莝轉古爲今釋文摧下云芻也又芻也楚俱反是其本莝作芻與正義本不同也考此傳當本云摧芻也與下傳秣粟也相對故箋云摧今莝字所以申摧得訓爲芻之意非傳先已轉古爲今而箋又辨之如正義所云也當以釋文本爲長○按詩經小學言之詳矣傳本作摧挫也箋本作挫今莝字也毛用古字鄭恐人不解故申之後人轉寫譌誤耳莝乃是斬芻芻未斬者不可以飼馬且摧挫音義皆相近

挫今莝字也　小字本同閩本同相臺本挫作摧明監本毛本同案摧字是也釋文云摧采卧反讀依此箋也正義標起止云箋摧今○按小字本閩本是也

有事乃予之穀　小字本相臺本同案此正義本也正義云而不常與粟易予爲與也釋文云與於音豫是其本予之作與於與正義本不同考文一本予作與采正義釋文而不知其異

箋鴛鴦至恐懼　閩本明監本毛本同案浦鏜云至故與此異也百五字當在二章下是也此合

併時分屬之如此耳

故與此異也　閩本明監本毛本同案浦鏜云此當彼誤是也

序言自奉養非王身　閩本明監本毛本同案非當作謂

亦猶然也齊而後三舉設盛饌三舉節是設盛饌也恒日則減焉唯一舉也　閩本明監本毛本同案十行本首也至末也剜添者七字浦鏜云節當卽字是也

玉藻曰少牢　閩本明監本毛本同案浦鏜云日誤曰是也

○頍弁

不能宴樂同姓　唐石經小字本相臺本同案釋文云燕又作宴以鹿鳴等訂之序字當作燕又作宴者依經君子維宴字改也考文古本作燕采釋文

今不親睦　閩本明監本毛本同案浦鏜云今疑令字誤是也

則此皮爲燕之服　閩本明監本毛本同案浦鏜云皮下當脫弁字是也

周人循而兼用之　閩本明監本毛本同案今禮記循作脩

親同姓用皮弁也　閩本明監本毛本同案浦鏜云親疑燕字誤是也

赤黑恬美　閩本明監本毛本同案此不誤浦鏜云甜誤恬非也采苦正義引陸機云恬脃而美可證也恬卽甜字周禮注云如今恬酒矣

言當開解而懌悅也　閩本明監本毛本懌悅倒案所改是也

實維何期　唐石經小字本相臺本同案釋文云本亦作其音基辭也王如字考此箋云期辭也是以期其爲同字也毛氏詩當是經字本作期故王肅得如字讀之以異於鄭亦作本非也考文古本作斯誤甚

具猶來也　閩本明監本毛本同小字本相臺本來作皆考文古本同案來字誤也

吾謂之甥 相臺本同閩本明監本毛本同小字本甥下有也字

君子維宴 小字本相臺本同考文古本同唐石經初刻燕後改宴案初刻非也正義標起止云至維宴當是其本字作宴上下文云燕者亦易字之例也

且今夕喜樂此酒 小字本相臺本同案六經正誤云喜作善誤建本作喜考正義作喜者誤字耳毛居正非考文古本作善采正義

陽之專氣爲霰陰之專氣爲雹 閩本明監本毛本同案山井鼎云大戴禮上作霓下作霰是也此轉寫誤倒耳○按正義文不誤且以釋箋遇溫气而摶謂之霓正相合不當以今之大戴禮相繩也疑今大戴正文誤

盛陽氣之在雨水 閩本明監本毛本同案山井鼎云以下文類之氣之當作之氣是也

○車舝

作車舝詩者 閩本明監本毛本同案浦鏜云作字當衍文是也

往迎之配幽王 閩本明監本毛本同小字本相臺本配上有以字考文古本同案有者是也

合會離散之人 小字本相臺本同閩本明監本毛本亦同案正義云會合離散之人當是轉寫倒之耳考文古本作會合采正義而誤

思賢女之幼 閩本明監本毛本同案幼當作切其誤因形近而涉上文也

辰彼碩女 小字本相臺本同唐石經初刻季後改碩案初刻誤也正義可證

故林麓山下人語曰 閩本明監本毛本同案浦鏜云鹿誤麓是也

猶用之燕飲 閩本明監本毛本之下衍此字小字本相臺本無考文古本無十行本初刻無後剜添

必皆庶幾於王之變改 閩本明監本毛本同小字本相臺本必作人案人字是也

善乎我得見女如是 小字本相臺本同案此正義本也正義云善乎我得見汝之新昏賢女辭除褒姒之惡如是釋文云行如是一本無行字考文古本有采釋文

高山仰止 唐石經小字本相臺本同案釋文云仰止本或作仰之考正義云則仰而慕之下景行行止正義云則法而行之又云故仰之行之異其文也是正義本二止字皆作之○按正義本當是一作之一作止故云異其文舊校非也

慰安也 小字本相臺本同案此傳正義本作慰安也釋文本作慰怨也正義云孫毓載毛傳慰怨也又云徧檢今本皆爲慰安又云定本慰安也釋文云本或作慰安也是馬融義馬昭張融論之詳矣昭融所論今不傳釋文以王申爲怨恨之辭爲據正義則申鄭以難王當以正義本爲長

附釋音毛詩注疏卷第十四 十四之三

毛詩小雅　鄭氏箋　孔穎達疏

青蠅大夫刺幽王也蠅餘仍反營營青蠅止于樊興也營營往來貌樊藩也箋云興者蠅之爲蟲汙白使黑汙黑使白喻佞人變亂善惡也言止于藩欲外之令遠物也○營如字說文作營云小聲也樊音煩藩方元反一本甫煩反汙汙辱之汙烏路反令力成反遠于萬反豈弟君子無信讒言豈弟樂易也○豈開在反弟音悌樂音洛易以豉反

疏營營至讒言○正義曰言彼營營然往來者青蠅之蟲也此蟲汙白使黑汙黑使白乃變亂白黑不可近之當去止於藩籬之上無令在宮室之內也以興彼往來者讒佞之人也詩人喻善使惡喻惡使善以變亂善惡不可親之當棄於荒野之外無令在朝廷之上也讒人爲害如此故樂易之君子謂當今之王者無得信受此讒人之言也○傳樊藩○正義曰釋言文也孫炎曰樊圃之藩然則園圃藩籬是遠人之物欲令蠅止之故箋云外之令遠物令使遠於近人之物又藩以細木爲之下章棘榛卽是爲藩之物故下傳曰榛所以爲藩明棘亦然也此章言藩下章言所用之木互相足也

營營青蠅止于棘讒人罔極交亂四國箋云極猶已也營營青蠅止于榛榛所以爲藩也○榛士巾反又側巾反讒人罔極構我二人箋云構合也合猶交亂也

疏箋構合猶交亂○正義曰構者構合兩端令二人彼此相嫌交更惑亂與上章義同故云猶交亂也上言四國此云二人者二人謂人君與見讒之人也讒者每人譖之常構二人構之不已至交亂四國先多而後少故先四國也

青蠅三章章四句

賓之初筵衛武公刺時也幽王荒廢媟近小人飲酒無度天下化之君臣上下沈湎淫液武公既入而作是詩也淫液者飲酒時情態也武公入者入爲王卿士○筵音延媟息列反近附近之近沈如字直林反字或作耽都南反湎莫衍反飲酒齊其色曰湎徐又莫顯反液音亦態他代反

疏賓之初筵五章章十四句至是詩○正義曰賓之初筵詩者衛武公所作以刺時也以幽王政教荒亂而情廢乃媟慢親近小人與之飲酒無有節度令使天下化而效之致天下諸侯君臣上下亦效而行之沈酗於酒湎齊顏色淫液不止遂成風俗衛武公既入爲王之卿士見其如此而作是詩以刺之也定本集注並云飲酒無度俗本作飲食誤也刺時者卽幽王之時也以幽王之文見於下故言刺時以目之案著云刺時也時不親迎鄭以爲直刺君身則言時者目其時之君由可以兼見於當時矣此君臣上下文在天下化之之下則是天下諸國之君臣也沈湎淫液卽飲酒無度之事舉化者尚沈湎淫液則王朝亦沈湎淫液可知矣言武公既入者言作詩之早晚耳雅者言天下之事形於四方之風謂大夫尚得作詩以刺王則在國亦得作不要待入王朝也沈湎者尚書微子曰用沈酗于酒亂敗厥德于下湯曰天不湎爾以酒箋云天不同爾顏色以酒酒誥注云齊色曰湎然則沈湎者飲酒過久若沈没然使湎然俱醉顏色齊同也此經五章毛以上二章陳古燕射之禮次二章言今王燕之失鄭以上二章陳古大射行祭之事次二章言今王祭末之燕俱以上二章陳

古以駁今次二章刺當時之荒廢卒章乃言天下化之三章四章言賓屢舞號呶是媟近小人飲酒無度也卒章言凡此飲酒爲天下之辭是天下化也卒章無君臣淫泆之事者此天下化之效上所爲效者尚然君臣可知故經舉天下之民以明其君臣也不醉反恥是使齊醉也其設戒童羖之言出與不出之語並爲沈湎之事也或以爲君臣上下沈湎淫泆倒本幽王之君臣則天下化之宜居於下非文之勢理在不然○箋淫泆至情態○正義曰樂記說樂之遲云咏嘆之淫泆之則淫泆遲久之意也小人未醉身有惡態強自收掩及其醉酒則舊時情態皆出莊子說察人之法曰醉之以酒以觀其態是久飲酒則情態出也下箋云至於旅酬小人之態出亦謂久飲態出故舞不知止也定本集注態下皆無出字毛於首章傳曰有燕射之禮二章傳曰主人請射於賓則毛以上二章皆陳古者先行燕禮後爲燕射無祭祀之事也燕禮於旅酬之後云若射則大射正爲司射如鄉射之禮是燕射之法先行燕禮而後射也首章舉酬逸逸以上八句皆說燕事舉酬卽旅酬也燕禮旅後乃射故舉酬之下說大侯既抗以下六句爲射事也燕必有樂故二章又重說燕事籥舞笙鼓是燕時之樂若燕樂之義得先祖之神悅故因論樂事遂引而致之言樂既和而奏之可以進樂先祖每事得禮則

神降之福至子孫其湛以來六句說燕樂得宜可使明神降福之意燕樂得所則神明福之是不可不以禮燕射故下四句復說射事言賓主相耦入次取弓矢而又射也此兩章皆初論燕後論射而首章言籩豆二章言笙鼓者燕以飲食爲主作樂助其勸耳故先言酒殽而後言聲樂三章四章言今王燕飲初雖重慎後則失儀至於音聲號呶舞不休息卒章言下民化之亦荒於酒皆刺當時沈湎之事鄭以將祭而射謂之大射大射之初先行燕禮首章上八句言射初飲燕之事下六句言大射之事二章言作樂以盡章皆說祭時之事三章四章言今王祭末與族人私燕小人爲賓威儀昏亂唯卒章與毛同耳

賓之初筵，左右秩秩，秩秩然肅敬也箋云筵席也左右謂折旋揖讓也秩秩知也先王將祭必射以擇士大射之禮賓初入門登堂卽席其趨翔威儀甚審知言不失禮也射禮有三有大射有賓射有燕射○秩直乙反鄭智也折之舌反知音智下同**籩豆有楚，殽核維旅。**楚列貌殽豆實也核加籩也旅陳也箋云豆實菹醢也籩實有桃梅之屬凡非穀而食之曰殽○肴核上戶交反下戶革反菹側俱反**酒既和旨，飲酒孔偕。**箋云和旨酒調美也孔甚也王之酒已調美衆

賓之飲酒又威儀齊一言主人敬其事而衆賓肅愼○偕音皆**鍾鼓既設，舉醻逸逸。**逸逸往來次序也箋云鍾鼓於是言既設者將射故縣也○醻市由反縣音玄**大侯既抗，弓矢斯張。**大侯君侯也抗舉也有燕射之禮箋云舉者舉鵠而棲之於侯也周禮梓人張皮侯而棲鵠天子諸侯之射皆張三侯故君侯謂之大侯大侯張而弓矢亦張節也將祭而射謂之大射下章言烝衎烈祖其非祭與○抗若浪反斯張如字鵠戶沃反鵠也說文云卽鵠也小而難中又云鵠者覺也直也射者直已志棲音西著也梓音子衎苦旦反祭與音餘本作乎又作也並非**射夫既同，獻爾發功。**箋云射夫衆射者也獻猶奏也既比衆耦乃誘射射者乃登射各奏其發矢中的之功○發如字餘音廢比毗志反中丁仲反**發彼有的，以祈爾爵。**的質也祈求也箋云發發矢也射者與其耦拾發發矢之時各心競云我以此求爵女爵射爵也射之禮勝者飲不勝所以養病也故論語曰下而飲其爭也君子○勺音的本亦作的同祈音其拾其劫反更也飲於鴆反下同爭爭鬭之爭

【疏】賓之至爾爵○毛以爲古之將行燕射先爲燕禮燕禮之時其賓之初入門以至於升筵其折旋揖讓隨其左右趨翔威儀甚肅敬而秩秩然而不失禮也其升筵之時則王之籩豆有楚然而陳列之矣又菹醢之殽與有核桃梅維旅而陳之於籩豆之上矣其王之酒既又和調旨美時衆賓之飲酒者威儀甚偕言其齊一而順禮也及其將射鍾鼓既已改設舉相醻之爵逸逸然往來而有次序也既旅之後止飲而行射事君之所射大侯既舉而張之其衆射之弓矢於斯舉侯之時又亦張之矣弓矢既張衆射之夫既同登於堂而在射位遂各呈奏爾之射者發矢中的之功此射者發矢射彼有射與其耦拾發之時則各心競云我發必使中以求不飲汝養病之爵今不能然故舉以刺之○鄭唯行燕至安賓之後而行大射爲異其文義則同○傳秩秩然肅敬○正義曰箋依釋訓云秩秩智也傳言肅敬者以序刺媟慢由有智而能肅敬理亦通也○箋筵席至燕射○正義曰春官司几筵注云筵亦席也鋪陳曰筵藉之曰席然其言之筵席通也左右謂折旋揖讓者以賓與主人爲禮隨其左右之宜其行或方折或迴旋相揖而辭讓也今大射禮諸侯與其臣行禮使宰夫爲主人案其經擯者納賓及庭公降一等揖之公外席賓列自西階主人從之賓右北面再拜賓荅拜主人降洗賓降主人辭降主人取觚洗賓辭洗主人卒洗賓揖升筵前獻賓賓拜受爵於筵前然後賓升筵是賓

初入門至卽筵以來每折旋揖讓之事也折旋揖讓則或左或右故知左右謂折旋揖讓也射義曰古者諸侯之射也必先行燕禮故此言升筵薦酒行燕禮也射義又曰天子將祭必先習射於澤宮澤者所以擇士也已射於澤宮然後於射宮射中者得與於祭不中者不得與於祭是先王將祭必射以擇士也先於澤宮後於射宮是將祭再爲射禮澤宮言習射則未是正射○射於射宮乃行大射云公入驁注云此公出而言入者大射於郊鄉射記曰於郊則閭中注云於郊謂大射於學則射宮者西郊之學也澤宮之所在則無明文言賓之初筵左右秩秩則從爲賓以至於卽筵皆秩秩也以其言廣故云大射之禮賓初入門登堂卽席其趨翔威儀甚審智言其不失禮也審智言其安審而有智與毛肅敬同也毛以此篇爲燕射鄭則爲大射因辨禮射之數言已不同之意也故云射禮有三有大射有賓射有燕射大射者將祭擇士於射官賓射者謂諸侯來朝與之射於朝燕射者因燕賓客卽與射於寢此三者其處不同其侯亦別冬官梓人云張皮侯而棲鵠則春以功張五采之侯則遠國屬張獸侯則王以息燕三者別文皮侯卽大射也五采之侯賓射也獸侯燕射也不言鄉射者鄉射是州長與其民射於州序之禮天子諸侯無之故不言也○傳楚列至旅陳○正義曰此言籩豆之設故知楚

爲陳列貌也此經二句自相充配殽核即籩豆所盛殽則實之於豆核則加之於籩故言殽豆實核加籩也先殽後核不依籩豆次者便其文耳祭祀有加豆籩傳言加籩豆知非加豆籩者以此非祭無取加豆之義而又天官籩人加籩之實蔆芡栗脯非核物且以殽豆實類之知加之於籩非爲籩加之也旅陳釋詁文楚是陳列之貌旅又爲陳者謂陳殽核於籩豆之上也○箋豆實至曰殽○正義曰天官醢人掌四豆之實非葅醢醢之等皆實之於豆。實謂葅醢籩人云饋食之籩其實棗栗桃乾䕩注云䕩乾梅也內則有桃諸梅諸是其乾者也桃梅有核之物申傳說加籩之義故云籩實有桃梅之屬故稱核也言之屬者以燕之物多非止桃梅故稱屬也既以豆實爲葅醢恐殽名唯施於此故云凡非穀實而食之曰殽明殽是揔名以此文殽核與籩豆相對故分之耳其實核亦爲殽魏風曰園有桃其實之殽是在籩之物亦爲殽也醢人云羞豆之實酏食糝食酏糝皆以稻米爲之則豆實之殽亦有穀實矣言非穀實者穀實謂爲飯食者也今變爲雜用不同穀實之限○箋主人至肅愼○正義曰偕者俱也言其俱相類故言衆賓之飲酒又威儀齊一也言主人敬其事而衆賓肅愼明賓主皆得其宜所以爲美也○傳逸逸往來次序○正義曰燕禮旅酬之後乃云若射此將射而言舉酬

行旅也旅者以長幼次序之言故知逸逸往來有次序也燕禮初則云樂人宿縣注云縣鐘磬也國君無故不徹縣言縣者爲燕新之然則於此言鐘鼓既設者亦爲將射改縣也以天子宮縣階間妨射位故改縣以避射也鄉射禮將射乃云樂正命弟子贊工遷樂于下注云當避射位彼琴瑟之樂尚遷之明鐘鼓之縣改之矣○箋鐘鼓至改縣○正義曰大射諸侯之禮云樂人宿縣厥明乃射明天子亦然今至於舉酬始言鐘鼓既設故知將射改縣也大射不言改縣者國君與臣行禮略三面而已不具軒縣東西縣在兩階之外兩階之間有二建鼓耳東近東階西近西階又無鐘鼓不足以妨射不須改也大射注云國君於其羣臣備三面耳無鐘磬有鼓而已其爲諸侯則軒縣是由階間無縣故不改也鄭言諸侯爲諸侯則軒縣明天子於其臣備宮縣將射而改之故於此言既設也○傳大侯至之禮○正義曰傳唯言大侯君侯不言侯之所用梓人云張獸侯則王以息燕是燕射射獸侯則毛意亦當然矣燕射之禮自天子至士皆一侯上下共射之無三侯二侯故鄉射記云天子熊侯白質諸侯麋侯赤質大夫布侯畫以虎豹士布侯畫以鹿豕注云此所謂獸侯也燕射則張之鄉射及賓射當張采侯二正而記此者天子諸侯之燕射各以其鄉射之禮而張此侯是以云焉白質赤質者

皆謂采其地不采者曰布也熊麋虎豹鹿豕皆正面畫其頭象於正鵠之處君畫一臣畫二陽奇陰耦之數也燕射射熊虎豹不忘上下相犯射麋鹿豕志在君臣相養也其畫之者皆毛物也又曰凡畫者丹質注云賓射之侯燕射之侯皆畫雲氣於側以爲飾必先以丹采其地丹淺於赤又曰鄉侯中十尺侯道五十弓弓二寸以爲侯中如此則天子燕射唯射一侯耳侯身一丈其中三分居一以白地畫熊於外則丹地畫以雲氣唯此一侯君臣共射而云大侯君侯者以君所射故謂之大傳解言大之意故以君侯釋之非謂與君臣別侯也大射禮云大侯九十弓彼張三侯其九十弓者最高大故云名大侯亦以君之所射故也言有燕射之禮者以上文謂燕此下說射故言禮有燕射之禮故此詩得言之若然燕禮言若射如鄉射之禮案鄉射初則張侯此舉酬之下始言大侯既抗者鄉射之初雖言張侯而以事未至經云不繫左下綱中掩束之至於將射以司正爲司馬乃云司馬命張侯弟子脫束遂繫左下綱是將射始張之故於此言既抗也○箋舉者至祭與○正義曰案大射前射三日司馬命量人巾車張三侯夏官射人云若王大射則以貍步張三侯則天子亦前射三日其侯射人張之矣此將射而言大侯既抗明非始張侯體言舉鵠而棲之於侯中也知者鄭既云周禮梓人張皮

侯而棲鵠是鵠在侯復別棲之棲即舉也彼注云皮侯以皮所飾之侯也其上文云梓人爲侯廣與崇方三分其廣而鵠居一焉注云高廣等謂侯中天子射禮以九爲節侯道九十弓弓二寸以爲侯中高廣等則天子侯中一丈八尺諸侯於其國亦然鵠所射也以皮爲之各如其侯也居侯中三分之一則此鵠方六尺唯大射以皮飾侯故言張皮侯而棲鵠也天官司裘注亦云以虎熊豹麋之皮飾其側又方制之爲質謂之鵠著於侯中所謂皮侯也又解名曰大侯之意天子諸侯之射皆張三侯故云君侯謂之大侯鄭以此爲大射故云張三侯若燕射則張一侯而已無三侯也射人云王大射張三侯司裘王大射供虎侯熊侯豹侯設鵠天子之射張三侯也大射巾車張三侯是諸侯之射張三侯也司裘又曰諸侯供熊侯豹侯不三侯者注云諸侯謂三公及王子弟封於畿內者是畿內諸侯屈於天子故二侯也謂之侯與鵠者司裘注云謂之侯者天子中之則能服諸侯諸侯以下中之則得爲諸侯謂之鵠者取名鳱鵠也鳱鵠小鳥而難中是以中之爲俊也亦取名鵠之言較較者直也射所以直已志也大射注云或曰鵠鳥名也淮南子曰鳱鵠知來然則所云正者正也亦鳥名也齊魯之間名題肩爲正正鵠皆鳥之捷黠者也此因大射之鵠而又解賓射之正故言然也射人注云正之言正

也。射者內志正則能中焉，是取鳥爲名，又取正爲義，亦猶鵠也。既已棲鵠，便即射之，故云侯張而弓矢亦張節也。解抗侯之下言張弓之意。弓可言張，而并言矢者，矢配弓之物，連言之耳。既言大射之禮，而毛以此爲燕射，故破之云將祭而射謂之大射。下章言烝衎烈祖，其非祭乎？既烝衎烈祖是爲祭事，則此時祭爲大射明矣，故難之也。鄭異於毛多矣，唯采蘋及此難之者，出於當時之意耳。王肅述毛云：幽王飲酒無度，故言燕祀之義。其奏云言燕樂之義得，則能進樂其先祖，猶孝經說大夫士之行曰然後能守其宗廟而保其祭祀，非唯祭之日，然後能保而行之。以此故言烝衎，非實祭也。孫毓以爲燕禮輕，祭事重，幽王無度，無不慢也，舉重可以明輕，輕不足以明重。又錫爾純嘏，子孫其湛，非燕飲之文所得及也。一篇之旨，箋義爲長。○箋「射夫至之功」。○正義曰：大射所以擇士當助祭者，莫不在焉。既同非一之辭，故知射夫衆射者也。獻奏皆奉上之言，以發矢能中，是呈奏己功，故以獻爲奏也。大射祇選羣臣爲三耦，若大夫不足，以士充之。三耦之外，其餘衆士與射者各自取匹，謂之衆耦。射人說賓射之禮云「王以六耦」，則天子大射亦六耦也。故周禮夏官大司馬職云「若大射則合諸侯之六耦」，此其義也。射人云「諸侯四耦」，大射唯三耦者，賓射對鄰國之君，尊，故四耦；大射與己之臣子，卑，故

降之。天子尊無與敵，其與射者皆是諸侯來朝及在朝公卿，無所差降明矣。大射、賓射但六耦之外，亦當有衆耦矣。言既比衆耦乃誘射者，衆耦正謂王之六耦之外衆耦也。何者？大射於司射皆射之下云「遂比三耦」，司射命三耦取弓於次，司射升堂誘射，既誘射然後三耦登堂而射，三耦既射乃云「遂比衆耦」，是比衆耦在誘射之後。今此箋云既比衆耦乃誘射，射者乃登堂而射，各奏其發矢中的之功，言比衆耦文在誘射之上，誘射之下始云登堂而射，故知衆耦非如大射之衆耦也。必知然者，射以正耦爲主，故祇定其尊卑之數，其餘衆耦纔厠末而已，鄭何當舍其正耦而言及衆乎？正以六耦非一，故稱衆也。言誘射者，大射注云「誘，教也」。夫子循循然善誘人。○傳「的，質也」。○正義曰：毛氏於射侯之事，正鵠不明，唯猗嗟傳云「二尺曰正」，亦不言正之所施。周禮鄭衆、馬融注皆云「十尺曰侯，四尺曰鵠，二尺曰正，四寸曰質」，則以爲侯皆一丈，鵠及正、質於一侯之中爲此等級，則亦以此質爲四寸也。王肅亦云「二尺曰正，四寸曰質」，又引爾雅云「射張皮謂之侯，侯中者謂之鵠，鵠中者謂之正，正方二尺，正中謂之槷，槷方六寸也。槷則質也。舊云方四寸，今云方六寸，爾雅說之，明宜從之」。此肅意雅改質爲六寸，其餘同鄭、馬也。賈逵周禮注云「四尺曰正，正五重，鵠居其內而方二尺」，以爲正大於鵠，鵠在正

內。雖內外不同，亦共在一侯。鄭於周禮上下檢之，以爲大射之侯，其中制皮爲鵠；賓射之侯，其中采畫爲正，大如鵠，皆居侯中三分之一；其燕射則射獸侯，侯中畫爲獸形，卽鄉射記所謂熊侯白質之類矣。三射之侯皆不同也。射人注說畫正之法云：其外之廣居侯中三分之一，中二尺，與毛傳「二尺曰正」同也。射義云：孔子曰：「循聲而發，發而不失正鵠者，其唯賢者乎！詩云：『發彼有的，以祈爾爵。』」既言正鵠，卽引此的，則詩人之意以的爲正鵠之謂也。司裘注說侯之狀云：以虎熊豹麋之皮飾其側，又方制之以爲質，謂之鵠。是鄭意以侯中所射之處爲質也。此傳唯言「的，質也」，不言質之大小，不必同於諸儒四寸、六寸也。且的者明白之言，若廣纔四寸，不足以爲明矣。蓋亦爲所射處，與鄭同也。毛以此爲燕射，則的者謂熊侯白質者也。○箋「發發至君子」。○正義曰：言射事以故知發爲發矢。大射禮曰：「上射既發，挾矢，而後下射射，拾發以將乘矢。」是射者與其耦拾發也。彼注云：「拾，更也。將，行也。」然則四矢謂之乘，言射者更代發以行此四矢，使四矢偏射也。上言獻爾發功，謂其行射時；此又本其發時之心，故云發矢之時各心競云我以此求汝爵，謂求不飲也。射義引此詩，卽云：「祈，求也。求中以辭爵也。酒者所以養老，所以養病。求中以辭養也。」注云：「欲求中之者，以求不飲汝爵。」是矣。故此云射之祇

勝者飲不勝者，所以養病，是辭養也。大射禮曰：「司射命設豐，司宮士奉豐由西階升，坐設於西楹西。勝者之弟子洗觶升酌散，南面坐奠于豐上。司射命三耦及衆射者，勝者皆袒決遂，執張弓；不勝者皆襲，脫決拾，郤左手，右加弛弓於其上，遂執弣。勝者先升堂，不勝者進北面坐取豐上之觶，興，少退立卒觶，坐奠於豐下。三耦卒飲，衆皆繼飲射爵如三耦。」是飲射爵之禮。故論語曰：「下而飲，其爭也君子。」引此者，明祈爾爵爲心中之爭也。此飲於西階上，言下而飲者，謂飲射爵時揖讓而升下，意取而飲與爭，故引彼文不盡耳。射義又曰：「射者，仁之道也。射者求正諸己，己正而後發，發而不中，則不怨勝己者，反求諸己而已矣。」是各心爭之事也。

籥舞笙鼓，樂既和奏。烝衎烈祖，以洽百禮。秉籥而舞，與笙鼓相應。箋云：籥，管也。殷人先求諸陽，故祭祀先奏樂，滌蕩其聲也。烝，進。衎，樂。烈，美。洽，合也。奏樂和，必進樂其先祖，於是又合見天下諸侯所獻之禮。○籥，余若反。衎，若旦反。洽，戶夾反。應，應對之應。滌，徒歷反。樂音洛，下「樂其湛」，樂喜樂，下文曰樂並同。

百禮既至，有壬有林。壬，大。林，君也。箋云：壬，任也。謂卿大夫也。諸侯所獻之禮既陳於庭，有卿大夫，又有國君，言天下徧至，得萬國之歡心。○徧音遍。

錫爾

純嘏子孫其湛嘏大也箋云純大也嘏謂尸與主人以福也湛樂也王受神之福於尸則王之子孫皆喜樂也○錫音析嘏古雅反湛荅南反其湛曰樂各奏爾能賓載手仇室人入又手取也室人主人也主人請射於賓賓許諾自取其匹而射主人亦入于次又射以耦賓也箋云子孫各奏爾能者謂既湛之後各酌獻尸尸酢而卒爵也士之祭禮上嗣舉奠因而酌尸天子則有子孫獻尸之禮文王世子曰其登餕獻受爵則以上嗣是也仇讀也鄭室人有室中之事者謂佐食也又復也賓手挹酒室人復酌為加爵○能如字徐奴代反又奴來反仇毛音求匹也鄭讀為㪺音俱謂挹取酒餕子峻反復扶又反下皆同挹一入反酌彼康爵以奏爾時酒所以安體也時中者也箋云康虛也時謂心所尊者也加爵之間賓與兄弟交錯相醻卒爵者酌之以其所尊亦交錯而已又無次也○中張仲反人無次也一本人作又

【疏】籥舞至爾時○毛以為古之行燕禮也作樂以助歡心使人秉籥而舞與吹笙擊鼓音節相應樂既和奏之音聲甚得其所既賓主有禮八音和樂如是則德當神明可以進樂其先有功烈之祖以合其酒食百衆之禮以獻之也祭有酒食聲

樂可歆神因言合獻衆禮以是俱是事神之物即乘而言之此酒食百衆之禮既獻而至於祖時則有祭祀之大禮有孝子之人君可以當於神明為神所歆祐賜汝孝子以大大之福令子孫其皆耽樂而歡喜也燕樂之和可使神明降福子孫耽樂其此耽者乃曰由燕飲之樂是燕之不可以已也故燕末將射賓則自取其匹耦以其發而居室之主人亦入於次故取弓矢又射以耦賓也賓主射畢而有勝否乃酌彼安體之養爵以奏進於汝之射中者令以飲其不中而行罰也此皆燕射之正禮疾今不行○鄭以為既大射擇士與祭故於此言其祭事為祭之初先秉籥而舞吹笙擊鼓聲音滌蕩節度相應其樂既和而俱奏詔告天地之間進樂功烈之祖以合百國所獻之禮而薦之宗廟百國所獻之禮既至陳於庭又有卿大夫矣有諸侯君矣是天下之偏至得萬國之歡心所以事其先祖也先祖於是饗而祐之錫爾王大嘏之福令得保其家邦則王之子孫蒙神之福皆耽而喜樂矣子孫所以其耽者曰由喜樂於神之福是子孫亦當敬事神明於嘏之後乃各奏見爾子孫奉進之能酌酒而獻尸以事神也子孫既獻於是賓則手自㪺挹其酒室中佐食之人又入而酌為加爵以獻尸也既加爵之後欲使神惠偏行而賓之弟子及已弟子酌彼空虛之爵以進汝之此時心中所尊敬

者此皆先王祭祀之禮疾今幽王不能然至於洗酒而無度故舉以刺之○傳秉籥至相應○正義曰簡兮云左手執籥右手秉翟是執籥以舞也舞在笙鼓之上明其與之相應樂器多矣燕之所用不止於此作者舉鼓舞而言耳此皆燕時樂也或以此為節射之樂案射禮主於射略於樂大射云司射命曰不鼓不釋言射之不與鼓節相應不釋筭也樂正命大師曰請奏貍首間若一言調其跡數以節射也然則射之樂者擊鼓作歌與射者為節而已不必大作諸樂此云鼓舞相應并射樂矣且傳意以此樂和奏可以進樂先祖安得捨燕初之盛作而指節射之略者乎以此知不然矣○箋殷人至之禮○正義曰殷人先求諸陽郊特牲文以人死也體魄則降智氣在上祭義曰氣也者神之盛也魄也者鬼之盛也合鬼與神教之至也衆生必死死必歸土此之謂鬼其氣發揚于上神之著也又曰二端既立報以二禮注云二端既立謂氣也魄也由人死有二者故作樂揚其聲音之號使詔告天地之間令魂氣聞而以降此求諸陽之義陽謂魂氣分散者也又臭鬱合鬯以灌令體聞而以出是求諸陰之義陰謂體魄存在者也祭者皆為此二者但行之有先後耳故郊特牲曰殷人尚聲臭味未成滌蕩其聲樂三闋然後出迎牲聲音之號所以詔告於天地之間周人尚臭灌用鬯臭鬱合鬯臭

陰達於淵泉灌以圭璋用玉氣也既灌然後迎牲致陰氣也凡祭慎諸此魂氣歸於天形魄歸于地故祭求諸陰陽之義也殷人先求諸陽周人先求諸陰注云此其所以先後異也由此言之殷周先後雖異皆行二禮殷人之臭味未成滌蕩其聲則成臭味而作樂臭味成而行祼其相去亦幾也宗廟當九闋殷於樂闋迎牲周既灌迎牲則殷之為灌不可在迎牲之後當亦三闋之前矣以氣魄不甚相遠求之亦先後耳故知作樂與灌不得相懸也昭七年左傳稱人生始化曰魄既生魄陽曰魂則魂魄小異耳祀記注云復招魂復魄是魂魄相將之物也然人死精氣有遺而留者有發而升者相對故留者為魄發者為魂聖人制作二祀以求之此詩說祭祀之祀不言酒食唯言樂故解之由殷人先求諸陽故祭祀之祀先奏樂滌蕩其聲以是之故此詩主言鼓舞而已此武公周之子孫而言殷禮者鄭志荅趙商云衛殷之畿內君子行祀不求變俗祭祀之祀居喪之服哭泣之位皆如其國之法故衛稱殷祀是解武公言殷祀之事也鄭之此荅出下曲禮文案彼注云重本也謂去先祖之國居他國則是不變本國之俗而荅志以為不變民之俗者以禮記說大夫士去國之去故知不變父祖之俗至於人君則與民為政故順民之俗以不變事同故取祀記為言耳必知人君當不變民俗者以

秦襄公居周之故地故蒹葭刺襄公未能用周禮將無以固其國定四年左傳命伯禽以商奄之民命康叔封諸殷墟皆啓以商政皆言因其故也行其舊俗故知武公行殷之禮故舉殷法而言也此因詩文唯言奏樂故辭武公之意也其實詩人之作出於本情不必殷人皆言樂周人皆言祼也烈祖言既載清酤玄鳥云大糦是殷人之作言酒食也執競說武王之祭言鼓鐘管磬是周人之作言聲樂也以此知作者各言其志立文不常箋知以洽百禮合見天下諸侯所獻之禮者以下經云百禮既至是自外而至故知諸侯所獻之禮也○傳王大林君○正義曰釋詁文毛不解百禮之義載芟文與此同傳曰百禮言多則是君所進祭祀之禮多非諸國之所獻百禮宜爲所薦之酒食餚羞之百種也毛以此詩正論燕樂之和其言遂及先祖皆非實祭之事則百禮既至不得爲諸侯非百國之禮自外至也然則有壬有林皆與於鄭當謂有祭祀之大禮有孝子之人君耳○箋任至心○正義曰鄭以此爲實祭既云至外來之辭則君爲諸侯之君君爲國君則任是君所任者故爲卿大夫也以百禮既至則禮從外來故云所獻之禮既陳於庭謂九州諸侯採其美物以當邦賦各獻國之所有而陳之王庭也禮器曰大饗其王事與三牲魚腊四海九州之美味也籩豆之薦四時之和氣也注云此饌諸侯

所獻則王者之祭致遠物以助之故知陳天下諸侯獻之禮陳於庭其禮物之外又有卿大夫又有國君也國君之來臣必從焉亦有君物不來朝使臣聘者故任林並言先任後林便其文耳必陳此物及卿大夫與國君者見天下徧至得萬國之歡心孝經曰故得萬國之歡心以事其先王是其事也經言百禮而箋云萬國者皆舉大數箋因成文耳○箋嘏謂至喜樂也○正義曰嘏言既與少牢特牲受嘏文同少牢之嘏有辭是皆尸假神意與主人故言尸與主人以福王受神之福於尸也以王之受嘏其辭有勿替引之是福及子孫故喜樂也○傳手取至耦賓○正義曰毛以此爲行燕射之禮故以手爲取言室人以對賓故云室人主人以主自居於室故謂之室人也大射云司射請於公鄉射云司射請射於賓則射法立司射以請之非主人自請此云主人請射於賓賓許諾者以詩之所陳畧舉大綱非如記注禮儀曲言節數此摠陳賓主之黨不獨陳主與正賓二人也禮從主人而起故主人請而賓許諾也又射禮耦者有司所比不是賓自取之云賓自取匹者雖配之由於有司其技藝敵與不敵亦強弱素定自相牽引而爲耦也大射司射及三耦等皆云取弓矢於次此云主人亦入於次謂取弓矢也言又射以耦賓者賓爲上射主爲下射故言又射以耦賓也次者大射注云次若今更

衣帳張席爲之○箋子孫至加爵○正義曰以此論祭事而云子孫各奏爾能故知謂既耽之後各酌獻尸也尸尊神之象子孫敢獻之是其能也禮獻必有酢故知尸酢而卒爵也以天子祭禮亾約士之祭禮有嗣子舉奠因酌尸天子則有子孫獻尸之禮特牲禮云上嗣舉奠入北面再拜稽首注云上嗣主人將爲後者舉猶飲也使嗣子飲奠者將傳重累之也又曰尸執奠進受復位祭酒啐酒尸舉肝進受肝復位坐食肝卒觶是士之祭禮嗣子舉奠也又曰舉奠洗爵入尸拜受舉奠拜尸祭酒啐酒奠之舉奠出復位是因酌尸也言奠者謂迎尸之前親酌奠於鉶南嗣子於此乃舉而飲之故言舉奠自是以後因號嗣子爲舉奠也不引少牢禮者少牢無嗣子舉奠之事特牲注云大夫之嗣子無舉奠辟諸侯然則士卑故不嫌也特牲酌尸不卒爵又無酢直啐而奠之與此不同引之者以有洗酌入事其節相當故引之又引文王世子者與此相當故云其登引餕獻受爵則以上嗣彼據世子之禮正當此事故言是也不直引文王世子而先引士之禮者以文王世子記文無行事之次約士禮準之而後明故并引之彼注云上嗣君之適長子以特牲少牢饋食禮言之受爵謂嗣子舉奠也獻謂舉奠洗爵入也餕謂宗人遣舉奠盥祝命之餕也言登以三者皆登堂行之文逆者便文曰令受爵文

承上嗣明受之者嗣子也鄭以特牲禮文有次故順而辭之與經反也天子有奠斝諸侯有奠角在於饋獻之前至祭末世子乃舉奠也郊特牲云舉斝角詔妥尸彼謂陰厭之時設饌於奥奠斝鉶南迎尸主而入即席東面尸舉所奠之斝祭之至九獻之後嗣子舉所奠之斝飲而卒爵所謂受爵也既稱爲獻固當有酢而卒爵所以爲異故此云天子則有子孫獻尸之禮以明士禮無也以祭無取於匹故曰仇讀曰㪺謂㪺挹取酒也室人有室中之事謂佐食者特牲注云佐食賓佐尸食者也謂於賓客之中取人令佐主人爲尸設饌食之人其名之曰佐食特牲佐食一人少牢佐食二人未知天子諸侯當幾人也特牲三獻之後長兄弟洗觚爲加爵又曰衆賓長爲加爵注云大夫士三獻而禮成多之者爲加是賓手挹酒室人復酌爲加爵也特牲止有賓長爲加爵不及佐食此言賓與室人俱爲加爵者天子之禮大故佐食亦爲加也案特牲加爵在嗣子舉奠前此賓與室人文在各奏爾能之下者此因子孫其耽先言子孫之事令與上連故賓與室人在其後耳不以酌獻先後爲次也○傳酒至中○正義曰言酒所以安體者射義曰酒所以養病所以養老是由安體故可以養也上章言以祈汝爵慮其耦與已爵也言以奏爾中謂勝者之黨酌以進中者令以飲彼不中者也各從其所而言之

故王肅云奏中者以飲不中者是也大射禮云勝者之弟子洗觶升酌散南面坐奠於豐上是豐上之觶勝者所酌又言養是自勝者往養不勝者之辭故知以奏爾中欲令飲不中者或以投壺云正爵既行請爲勝者立馬三馬既立請慶多馬謂此以奏爾中爲慶勝之爵知不然者大射鄉射皆射訖即行飲酒之禮以至於終無慶勝之事故也○箋康至次正義曰康虛釋詁文時者謂時而存在乎意故云心所尊者箋又辯酌虛爵奏所尊之節故云加爵之間賓與兄弟交錯相酬卒爵言自此以前爵未虛也特牲禮加爵之間賓與兄弟加爵之後長兄弟酬賓是加爵之間賓與兄弟交錯其酬也酬賓之下云卒爵者實觶於篚是卒爵也於是以後爵乃虛矣又曰賓弟子及兄弟弟子各酌於其樽中庭北面舉觶於其長是奏所尊之事也故云酌以獻其所尊交錯而已無次序以旅末故知無次序也言交錯而已者謂弟子舉觶之交錯升上交錯其酬也特牲注云弟子後生者也

賓之初筵溫溫其恭箋云此復言初筵者既祭王與族人燕之筵也王與族人燕以異姓爲賓溫溫柔和也**其未醉止威儀反反曰既醉止威儀幡幡舍其坐遷屢舞僊僊**反反言重慎也幡幡失威儀也遷徙屢數也僊僊然箋云此言賓初即筵之時能自勑戒以禮至於旅酬而小人之態出言王既不得君子以爲賓又不得有恒之人所以敗亂天下率如此也○反如字韓詩作昄音蒲板反善貌曰既音越下是曰皆同下章放此幡芳袁反舍音捨坐如字徐才臥反屢力具反注及下同本作婁僊音仙屢數音朔態他代反率音類又所律反**其未醉止威儀抑抑曰既醉止威儀怭怭是曰既醉不知其秩**抑抑慎密也怭怭媟嫚也秩常也○抑於力反怭毗必反又符筆反說文作佖媟嫚也媟嫚息列反下音慢

〔疏〕賓之至其秩○毛以爲幽王既不能如古之禮故陳其燕之失禮言幽王所與燕賓失禮之事其賓之初入門及登堂升筵矣於時尚溫溫然其貌和柔而恭敬也至飲酒旅前其未醉止之時威儀猶能反反然重慎也至於旅酬之後曰既醉止之時威儀幡幡然失其所矣又舍其本坐遷徙他處數數起舞僊僊然失所也此賓爲王所敬其失如此故武公疾之又重言之云此本旅前其未醉止尚守威儀抑抑然慎密至旅後曰已醉止乃威儀怭怭然而媟嫚至於旅末是曰既醉不自知其常禮言其昏亂禮無次也由此故民皆化之敗亂天下可疾之甚○鄭唯王祭末與族人燕爲異其文義則同○箋此復至和柔○正義曰此與上章雖古今不同而相承爲首尾再言賓之初筵故解之云此復言初筵者既祭王與族人燕之筵也即楚茨所謂諸父兄弟備言燕私是也以文王世子云若公與族人燕則異姓爲賓明王亦然彼注云同宗無相賓客之道以是賓必異姓○傳反反至僊僊然○正義曰此言自重而謹慎與下抑抑慎密一也謂慎禮而密靜即爲美之義故假樂傳曰抑抑美也幡幡失威儀亦由媟慢故下傳曰怭怭媟慢也僊僊舞貌也傳直云僊僊者是貌狀之辭下傲傞傞俱是貌狀亦宜然矣○箋此言至如此○正義曰鄭以章句相接故因上經言初即筵之時能自勑戒以禮未醉之前謂獻酢酬之時也既醉謂至於旅酬而小人態出故失威儀也下章無筭爵時故音聲號呶又甚於舍坐是爲文次也論語云聖人吾不得而見之得見君子者斯可矣又曰善人吾不得而見之得見有恒者斯可矣故言王既不得君子以爲賓又不得有恒之人卒章云凡此飲酒爲天下所化是由此賓之失而然故言所以敗亂天下率如此言率者非一之辭

賓既醉止載號載呶亂我籩豆屢舞傲傲是曰既醉不知其郵側弁之俄屢舞傞傞號呶號呼讙呶也傲傲舞不能自正也傞傞不止也箋云郵過側傾也俄傾貌此更言賓既醉而異章者著爲無筭爵以後也○號胡毛反注同呶女交反傲起其反字本正或作止按下傞傞是舞不止此宜爲正說文云醉舞也郵音尤俄五何反廣雅云哀傞素多反一音倉柯反呼火故反讙呼端反**既醉而出並受其福醉而不出是謂伐德飲酒孔嘉維其令儀**箋云出猶去也孔甚令善也賓醉則出與主人俱有美譽醉至若此是誅伐其德也飲酒而誠得嘉賓則於禮有善威儀武公見王之失禮故以此言箴之○箴之林反

〔疏〕賓既至令儀○正義曰前章言燕初及旅酬之事此述無筭爵之後言爵行無筭賓既醉於酒止於是則號呼則讙呶而唱叫也錯亂我籩豆之行列數起舞傲傲然不能自正也又疾而重言之是此言賓曰既已醉則不自知其過失傾其弁使之俄然數起舞傞傞然又不能止以此荒醉敗亂天下故武公爲言陳作賓之禮若既醉而出則賓與主人並受其得禮之福賓則身爲知禮主則用得其人是並受其福也若至於醉而不出是謂誅伐其德醉前無失爲有德既醉爲愆以喪之是伐其德也戒王若飲酒而誠能得嘉善人之賓與之

燕則雖其於亂有善儀也王何不擇而賓之乎上言曰既醉止與此是曰既醉曰者斷絕更生事之辭言醉而復盆醉也上言僊僊是舞之形貌猶能自正歟歟則不能自正傞傞則非徒不正又不能止爲差降也

凡此飲酒或醉或否既立之監或佐之史彼醉不臧不醉反恥立酒之監佐酒之史箋云凡此者凡此時天下之人也飲酒於有醉者有不醉者則立監使視之又助以史使督酒欲令皆醉也彼醉則已不善人所非惡反復取未醉者恥罰之言此者疾之也。令力呈反惡烏路反

式勿從謂無俾大怠匪言勿言匪由勿語箋云式讀曰慝勿猶無也俾使由從也武公見時人多說醉者之狀或以取怨致讎故爲設禁醉者有過惡女无就而謂之也當防護之無使顛仆至於怠慢也其所陳說非所當說無爲人說之也亦無從而行之也亦無以語人也皆爲其聞之將恚怒也。式徐云毛如字又云用也鄭讀作慝他得反惡也大音泰徐勑佐反語魚據反又如字故爲于僞反下同顛都田反本作傎仆何音赴一音蒲北反說文云頓也語魚據反恚一瑞反怒也

由醉之言俾出童羖羖羊不童也箋云女從行醉者之言使女出無角之羖羊脅以無然之物使戒深也羖羊之牲牝牡有角。出如字徐尺遂反羖音古脅許業反

三爵不識矧敢多又箋云矧況又復也當言我於此醉者飲三爵之不知況能知其多復飲乎三爵者獻也酬也酢也。矧失忍反

【疏】凡此至多又。毛以爲言王燕失所故天下化之凡此天下之人聚共飲酒初時或有醉者或有不醉者復設法以通之既立酒之監或復佐之爲史令催不醉之人亦使醉也彼醉者則已不善爲人所非惡不醉者此監與史反恥而罰之是使小大盡醉舉坐皆猶狂也俗既然矣武公無如之何故禁戒時人無令相說言用此醉時勿得從而謂之以言其醉狀又當防護醉者無使顛仆大至怠慢汝之所陳說者非所當言勿爲人言而又當自善非得見彼皆然遂從而行之亦勿以彼惡行而語他人以人好譁短聞將恚怒故教之言教之猶恐不從故又脅以重禁汝若從醉者之後言其過失我則使汝出童首無角之羖羊脅其無然之物欲使息也既禁其勿言恐人問之不已又教之云人若問汝彼醉之狀汝當云我於此醉者三爵之時已自不識知況敢能知其多而復飲乎但以此荅彼問自息將愼其已然而爲之立大法也。鄭唯以式爲慝謂見醉者之過惡無就而謂之餘同。傳立酒之監佐酒之史。正義曰毛以經直云立監佐史不知是何監何史贊其不足故言酒也立監是衆所推舉佐史是彼自佐之故立文不同此刺其立酒之監燕禮鄉射並立司正鄉射注云解倦失禮者立司正以監之察儀法也卽引詩云既立之監或佐之史則亂法自當立監此刺者彼則監其失禮此乃督之使醉名同而實異以其俱是監察故鄭於鄉射引此耳。箋式讀曰慝。正義曰以上文未有醉惡之事而云勿從謂之故以式爲慝訓之爲惡毛不爲傳但毛無改字之理必不與鄭同王肅云用其醉時勿從而謂之傳意當然也。箋當言至酢酬。正義曰何知非已自飲之而云彼醉者飲三爵者以問彼之狀宜以彼飮荅之且言矧敢多又是不敢知他之辭故知三爵者亦他飲也禮有獻酢與旅酬及無筭爵旅與無筭不止三爵而已故知三爵是獻也酢也酬也若然禮主人獻賓賓飲而又酢主人主人飲而又酌以酬賓賓則奠之而不舉則賓主皆不飲三爵矣而指獻酢酬爲三爵者言於飲三爵禮之時非謂人飲三爵也

賓之初筵五章章十四句

甫田之什十篇三十九章二百九十六句

附釋音毛詩注疏卷之十四（十四之三）

黃中棫栞

毛詩注疏挍勘記十四之三　阮元撰盧宣旬摘錄

○青蠅

詩人喻善使惡　閩本明監本毛本詩作譏案所改是也

○賓之初筵

飲酒時情態也　小字本相臺本同案釋文滛液下云飲酒時情態也正義云定本集注態下皆無出字標起止云至情態當是合併時不知正義本有出而删之耳考二章箋云至於旅酬而小人之態出當以有者爲長

卒章無君臣滛泆之事者　閩本明監本毛本泆作液案所改是也以下皆當作液

和旨酒調美也　小字本同閩本明監本毛本同相臺本酒作猶考文古本同案猶字是也

下章言烝衎烈祖　小字本相臺本同閩本同明監本毛本烈誤列

其非祭與　小字本相臺本同案釋文云其非祭與音餘本作乎又作也並非考正義云故破之云云其非祭乎是其本作乎標起止云至祭與當是後改

我以此求爵女　小字本相臺本同閩本明監本毛本同案正義云故云發矢之時各心競云我以此求汝爵是其本作女爵考文古本有女字采正義但又以此句末女字別屬下爵讀非也

公外席賓列自西階　閩本明監本毛本同案外字列字皆升字之誤山井鼎引儀禮元文公升下有即字乃正義引不備耳

是將祭再爲射禮澤宮言習射則未是正射射於射宮乃行　閩本明監本毛本同案十行本上射至下宮剜添者二字此當云正射於射宮乃行句首仍脫一正字

傳言加籩豆　閩本明監本毛本同案豆字當衍

蔆茨栗脯　閩本明監本毛本同案浦鏜云茨誤芡是也

皆實之於豆實謂葅醢　閩本明監本毛本同案實上浦鏜云當脫故云豆三字是也

不忘上下相犯　閩本明監本毛本同案山井鼎云鄉射記註下作不誤也不是今本儀禮譌字耳

正鵠皆鳥之捷黠者也　閩本明監本毛本捷誤棲案山井鼎云黠恐黠誤是也今大射注作黠不誤

衆耦正謂王之六耦之外衆耦也　閩本明監本毛本同案浦鏜云六耦下當脫非謂六耦四字是也

又引爾雅云　閩本明監本毛本同案爾當作小此在孔叢小雅廣物

司射命設封　閩本明監本毛本同案山井鼎云大射禮封作豐浦鏜云豐誤封是也正義下文皆作豐

卒爵者酌之以其所尊　小字本相臺本同案當作酌以之其所尊酌者誤正義云故云酌之獻其所尊以義言之耳考文古本其上有獻字采正義而爲之

又無次也　小字本相臺本同案釋文云人無次也一本人作又正義云以旅末故并無次序也當是其本作又而以并釋之也

郊特牲文以人死也　閩本明監本毛本同案也字當在文字下

其相去亦幾也　閩本明監本毛本同案亦當作無

有孝子之人君耳○箋任至心○　閩本明監本毛本同案十行本有至下。剜添者二字此當云箋壬任至歡心仍脫二字

採其美物　閩本明監本同毛本採作采案采字是也

故知陳天下諸侯獻之禮陳於庭閩本明監本毛本同案浦鏜云侯下脫所字是也知下陳字衍

次若今更衣帳張席爲之閩本明監本毛本同案山井鼎云彼注作次若今時更衣處帳張席爲之非也正義無時字處字引不備耳又今大射注帳張席作張幃席

又曰舉奠洗爵入閩本明監本毛本同案浦鏜云酌誤爵以特牲考之浦校是也

少牢無嗣子舉奠之事特牲注云大夫之嗣子無舉首奠閩本明監本毛本同案十行本上嗣至下子剜添者二字山井鼎云特牲注無作不無首字浦鏜云首衍字是也

故云其登引餕獻受爵閩本明監本毛本同案山井鼎云引字應刪是也

不直引文王世子閩本明監本毛本同案十行本引文王剜添者一字此因初刻引字錯入上文而然也但上仍未刪耳

以特牲少牢饋食禮言之閩本明監本毛本同案浦鏜云少牢二字衍是也

注云大夫三獻而禮成閩本明監本毛本同案夫下浦鏜云脫士字是也

還從屢數也小字本同閩本明監本毛本同相臺本無也字案無者誤也

僛僛舞不能自正小字本相臺本同案釋文云注本正或作止又云此宜爲正正義本是正字考文古本作止采釋文

彼醉則已不善小字本相臺本同案六經正誤云彼醉則已不善作己誤此毛居正誤改也箋意已字與下復字相對無取於己之義

匪由勿語唐石經小字本相臺本同案段玉裁云觀箋亦無從而行之也鄭時經文作勿由勿語詳見詩經小學今考正義云非得見彼皆然遂從而行之是正義本已如此唐石經所自出也

鄭唯以式爲惡閩本明監本毛本同案浦鏜云愿誤惡是也

附釋音毛詩注疏卷之十五 十五之一

魚藻之什詁訓傳第二十二

毛詩小雅　鄭氏箋　孔穎達疏

魚藻刺幽王也言萬物失其性王居鎬京將不能以自樂故君子思古之武王焉萬物失其性者王政教衰陰陽不和羣生不得其所也將不能以自樂言必自是有危亡之禍。藻音早鎬胡老反樂音洛篇內唯注八音之樂一字音岳餘並同[疏]魚藻三章章四句至武王焉。正義曰作魚藻詩者刺幽王也言時王政既衰致令天下萬物失其生育之性而不得其所由此王居鎬京將有危亡之禍將不能以自燕樂故詩人君子覩微知著思古之武王焉以武王之時萬物得所能以自樂今萬物失性禍亂將起不以爲憂亦安而自樂故作此魚藻之詩陳武王之樂反以刺之幽王之詩思古多矣皆不陳武王此獨言之者此言將喪鎬京其居鎬京武王爲始刺王將喪其業故特陳武王也既言思古故反

經以序之萬物失其性經三章上二句是也王居鎬京將不能以自樂三章下二句是也。箋萬物至之禍。正義曰言萬物所以失其性者由王政既衰以致陰陽不和水旱蟲災死喪疫病害加草木殀及飛走羣衆生長之物悉皆不得其所是萬物失其性也羣生不得其所易乾鑿度文將者未至之辭故云言必自是有危亡之禍謂從是得禍不復更能興也

魚在在藻有頒其首頒大首貌魚以依蒲藻爲得其性箋云藻水草也魚之依水草猶人之依明王也明王之時魚何所處乎處於藻既得其性則肥充其首頒然此時人物皆得其所正言魚者以潛逃之類信其著見。頒符云反說文同韓詩云眾貌見賢遍反王在在鎬豈樂飲酒箋云豈亦樂也天下平安萬物得其性武王何所處乎處於鎬京樂八音之樂與羣臣飲酒而已今幽王惑於褒姒萬物失其性方有危亡之禍而亦豈樂飲酒於鎬京而無憂心故以此刺焉。豈本亦作愷同苦在反樂也下同悛七全反改也沈又七句反[疏]魚在至飲酒。正義曰言明王之時魚何所在乎在於藻也然藻者是水中之草乃是魚之常處既得其性故能肥充有頒然其大首也魚之潛逃尚得其性則水陸之物莫不盡然是萬物皆得其所矣既萬物得所天下無事爾時武王何所在乎在於鎬京樂此八音之樂與羣臣飲酒而已今幽王方有危亡之禍將以喪滅鎬京反亦愷樂飲酒故刺之。傳頒大至其性。正義曰釋詁云墳大也頒與墳字雖異音義同以序言萬物失其性則在藻依蒲爲得性也故探下章而揔之云魚以依蒲藻爲得其性。箋魚之至著見。正義曰物之潛隱莫過魚顯見者莫過人經舉潛逃箋舉著見則萬物盡該之矣故以人類之魚之依水草猶人之依明王變武王言明王者見人之所依取其明也又言人物者物卽魚也

魚在在藻有莘其尾莘長貌。莘所巾反王在在鎬飲酒樂豈

魚在在藻依于其蒲王在在鎬有那其居箋云那安貌天下平安王無四方之虞故其居處那然安也。那乃多反王多也[疏]箋那安至然安。正義曰那然爲安之狀故那安貌也無四方之虞昭四年左傳文

魚藻三章章四句

采菽刺幽王也侮慢諸侯諸侯來朝不能錫命

以禮數徵會之而無信義君子見微而思古焉幽王徵會諸侯爲合義兵征討有罪既往而無之是於義事不信也君子見其如此知其後必見攻伐將無救也。菽本亦作叔侮亡甫反朝直遥反篇內皆同數色角反音朔爲于僞反[疏]采菽五章章八句至思古焉。正義曰作采菽詩者刺幽王也以幽王侮慢諸侯來朝不能錫命以禮數徵召而會聚之而無誠信之義事無故召之而無信義後若實有義事將召而不來詩人見其微知其著而思古昔明王焉故作采菽之詩言古之明王能敬待諸侯錫命以禮反以刺幽王也序皆反經爲義侮慢諸侯首章上二句是也不能錫命以禮首章下四句是也其餘皆是錫命之事序揔而略之君子見微而思古敘其作詩之意於經無所當也。箋幽王至無救。正義曰天子之會諸侯必爲四方有不順服者將征討之乃會以爲謀焉不然不會之也今幽王徵會諸侯若爲合會義兵以征討有罪者故諸侯聞其召而皆會既而無此征討之義事是於義事不信故言無信義也以寇徵之而實無寇後實有寇徵將不來君子見其如此其後必見攻伐將無救之事未然而已知之是見微也易曰幾者動之微君子見幾而作是君子皆見微也周本紀曰褒姒不好笑

幽王欲其笑萬方故不笑幽王爲烽燧大鼓有寇至則舉烽火諸侯悉至至而無寇褒姒乃大笑幽王欲悅之數舉烽火其後不信益不至幽王之廢申后去大子申侯怒乃與繒西夷犬戎共攻幽王幽王舉烽火徵兵兵莫至遂殺幽王驪山下盡取周賂而去是義事不信賂伐無救之事

采菽采菽筐之筥之興也菽所以芼大牢而待君子也羊則苦豕則薇箋云菽大豆也采之者采其葉以爲藿三牲牛羊豕芼以藿王饗賓客有牛俎乃用鉶羹故使采之○筐音匡筥音舉芼亡報反薇音微藿火郭反鉶音刑羹古衡反**君子來朝何錫予之雖無予之路車乘馬**君子謂諸侯也箋云賜諸侯以車馬言雖無予之尙以爲薄○乘繩證反下注車乘駟乘皆同**又何予之玄衮及黼**玄衮卷龍也白與黑謂之黼箋云及與也玄衮玄衣而畫以卷龍也黼黼黻謂絺衣也諸公之服自衮冕而下侯伯自鷩冕而下子男自毳冕而下王之賜雖用有文章者○衮古本反玄衮冕服黼音斧徐又音補卷眷勉反下同本又作衮黻音弗絺知里反本又作絺同雉知反鷩必滅反毳也毳尺銳反

【疏】采菽至及黼○毛以爲言古之明王待諸侯使人采此菽藿得菽藿則筐盛之筥盛之以爲牛汁之芼筐筥所以受所采之菜以興牢禮所以待來朝諸侯故於此君子諸侯之來朝也乃云有何物而當錫予之乎於時雖爲無可予之尙與之路車及所乘之駟馬其車馬之外又以何物予之又以玄衣而畫以衮龍下及絺冕之黼裳言無予之尙得車馬衮黼今王何以反侮慢之曾無錫命之禮予故刺之○鄭唯以不與爲異其文義則同○傳興也至則薇○正義曰傳既言羊則苦豕則薇則菽不搃芼三牲而言菽所以芼太牢者舉牛之芼則羊豕之苦薇從之可知故云太牢所以搃之公食禮云鉶芼牛藿羊苦豕薇皆有滑注云藿豆葉也苦苦荼也滑堇荁之屬是也王述毛云筐筥受所采之菜牢禮所以待來朝諸侯○箋菽大豆至采之○正義曰以菽各指大豆之體而言采故云采其葉以爲藿言三牲牛羊豕者傳解言大牢之意明舉菽以見三牲牛不獨爲太牢也定本三牲之下無牛羊豕字王饗賓客則有牛俎謂以鼎煮牛取其骨體置之於俎其汁則芼之以藿調以鹽醯乃盛之於鉶謂之鉶羹故言乃用鉶羹也郎公食記鉶芼是也以草菜地之毛故謂之芼地官牛人云凡賓客之事共其牢禮積膳之牛又云饗食賓射共其膳羞之牛注引燕禮膳宰設折俎王之膳羞亦猶此知王饗賓客則有牛俎也彼食亦供牛獨云饗者以饗爲尊且舉饗而食可知矣○箋賜諸侯至爲薄○正義曰諸侯來朝而得車馬之賜是於禮事足矣而言雖無予之是古者明王其意猶以爲薄箋深駁今王薄亦不爲也其雖無予之言通及玄衮及黼爲文但以車服之別故分言之耳覲禮曰天子賜諸侯氏以車服注云賜車者同姓以金路異姓以象路服則衮也鷩也毳也是服同賜之矣○傳玄衮至之黼○正義曰玉藻云龍卷以祭卽卷龍也白與黑謂之黼冬官繢人文○箋玄衮至章者○正義曰傳雖云玄衮卷龍而義未明故申之玄衮者玄衣而畫以衮龍玉藻注云龍衮畫龍於衣卷字或作衮然則以龍首卷然謂之衮龍衮是龍之狀也黼黼黻者引類以明之非黼黻爲一也謂絺衣絺謂刺之言此黼黻絺刺之於衣衮黼之在衣也衮則畫之黼則刺之故言謂絺衣以對衮畫衣故也絺在裳言衣者衣總名也諸公之服自衮冕而下侯伯自鷩冕而下子男自毳冕而下皆春官司服職文引之者明衮黼非一衣君子摠諸侯也故彼注云九章初一曰龍次二曰山次三曰華蟲次四曰火次五曰宗彝皆畫以爲繢次六曰藻次七曰粉米次八曰黼次九曰黻皆絺以爲繡則衮之衣五章裳四章凡九也鷩畫以雉謂華蟲也其衣三章裳四章凡七也毳畫虎蜼謂宗彝也其衣三章裳二章凡五也絺衣粉米無畫也其衣一章裳二章凡三也玄冕者衣無

文裳刺黻而已是以謂之玄焉凡冕服皆玄衣纁裳由此言毳冕絺冕其裳皆以黼爲首唯玄冕無文耳言子男自毳冕而下則通及絺冕此黼宜絺冕之裳矣箋言謂絺衣者自取絺繡之義非謂冕名但差失偶同耳裁以爲衣舉衮裳舉黼正是衮冕之一服知不然者以經言及則非一之辭又君子來朝非獨上公一人何得獨言衮龍之衣乎故知黼文下及絺冕之裳也賜法下不得兼上而上得兼下則五等所賜下皆及於絺冕矣所以獨言衮黼不及玄冕者鄭卽解之云王之賜服唯用有文章故也案終南美秦襄公之受顯服云黻衣繡裳是得玄冕也又曰錦衣狐裘是得皮弁服也然則天子之賜諸侯無文亦賜之言王賜唯用有文章者解詩人特舉衮黼之意諸侯之得王賜以有文章者爲榮故詩人言王之賜服唯用有文章者言之故其辭不及玄冕此解作者之意耳非謂玄冕以下王不賜之且作者黼亦取與莒馬爲韻也

觱沸檻泉言采其芹觱沸泉出貌檻泉正出也箋云言我也芹菜也可以爲菹亦所用待君子也我使采其水中芹者尙絜淸也周禮芹菹鴈醢○觱音必沸音弗檻泉銜覽反徐下斬反爾雅云正出涌出也芹巨斤反菹側魚反淸如字一音才性反○**君子來朝言觀其旂其旂淠**

淠鸞聲嘒嘒載驂載駟君子所屆淠淠動也嘒嘒中節也箋云屆

極也諸侯來朝王使人迎之因觀其衣服車乘之威儀所以爲敬且省禍福也諸侯將朝于王則驂乘乘四馬而往此之服飾君子法制之極也言其尊而王今不尊也○旂巨機反淠匹弊反徐孚蓋反又芳計反嘒呼惠反驂七南反騑馬曰驂駟音四屆音界中丁仲反諸侯將朝于王一本無于字皆以王字絕句一讀諸侯將朝絕句以王字下屬乘乘上音承證反下音繩○【疏】觱沸至所屆○毛以爲觱沸然者是正出之檻泉我明王使人於此水中采其芹菜以爲菹以待諸侯以興富有者是王家之府藏我明王使人於此府中取其財貨以爲車服以賜諸侯其君子諸侯至來朝之時我明王又使人迎之因觀其車服旌旂其此君子車服旌旂則淠淠然動得宜其車馬鸞鈴之聲又嘒嘒然鳴中節至於將朝王於是親自驂騑則乘四馬而往迎之未來則采菽爲菹以待之既來則乃使人在塗迎之既朝王則驂駟而見之是故以明王於諸侯其所尊敬法制之極今王何以不尊予○鄭雅以不與爲異○傳觱沸至正出○正義曰以觱沸連檻泉言之故知泉出貌釋水云檻泉正出正出涌出也李巡曰水泉從下上出曰涌泉此章毛傳與事不明正以上章類之知此必爲興王肅云泉水有芹而人得采焉王者有道而諸侯法焉觀此上下止言王者之待諸侯不美王者與諸侯作法肅椒言之恐非毛旨必欲爲興不知以興車服賞賜故別爲毛說焉○箋芹菜至鴈醢○正義曰上章菽芼美則此芹亦食之故知芹菜可以爲菹亦所以待君子也以菽爲牛之芼言菽見其有牛俎泉是芹所出言泉見其芹絜清不謂非泉卽不絜也周禮芹菹鴈醢者醢人云加豆之實芹菹兔醢菹鴈醢是也彼鴈醢與芹菹別而連引之者因其尚絜清芹鴈俱是水物故連言之○箋諸侯至不尊○正義曰上言采其芹爲我明王則此言觀其旂亦爲我明王故云王使迎之也此陳王尊諸侯既使人迎之又自親迎因見諸侯車服之得禮故言其旂鸞之事與下章相首引是一文而有二意故云因觀其衣服車乘之威儀也此直有車乘而兼云衣服者逆探下章是相互之意明皆因迎而觀之耳言觀則人迎可知案覲禮云至于郊王使人皮弁用璧勞注云郊謂近郊去王城五十里小行人職曰凡諸侯入王則逆勞于畿則郊勞者大行人也書傳畧曰天子太子十八曰孟侯孟侯者於四方諸侯來朝迎於郊則小行人迎於畿大行人迎於郊此直云迎理兼於此也又解所以必使迎而觀其威儀者迎之所以爲敬觀之且以省察其禍福也成十四年左傳曰古之

爲享食也以觀威儀省禍福也彼雖云饗理可相通故箋據而言之以諸侯至當行朝禮故言將朝於是王則驂乘駟馬而往迎之知驂駟非諸侯之物者以上云言采其芹又曰言觀其旂皆王於諸侯之事既言旂鸞乃云載驂載駟故知非諸侯所乘明王所乘以往也夏官齊僕云朝覲宗遇饗食皆乘金路各以其等爲車送逆之節注云謂王乘車迎賓客上公九十步侯伯七十步子男五十步是也又言此服飾君子法制之極者謂古者明王待君子諸侯法制所爲之至極言其可尊而今王不尊故刺之○

赤芾在股邪幅在下彼交匪紓天子所予諸侯赤芾邪幅幅偪也所以自偪束也紓緩也箋云芾大古蔽膝之象也冕服謂之芾其他服謂之韠以韋爲之其制上廣一尺下廣二尺長三尺其頸五寸肩革帶博二寸脛本曰股邪幅如今行縢也偪束其脛自足至膝故曰在下彼與人交接自偪束如此則非有解怠紓緩之心天子以是故賜予之○芾音弗股音古邪似嗟反注同幅音福紓音舒予音與偪彼力反大音泰韠音必廣光曠反下同長直亮反脛胡定反縢徒登反解古賣反

樂只君子天子命之樂只君子福祿申之申重也箋云只之言是也古者天子

賜諸侯也以禮樂樂之乃後命予之也天子賜之神則以福祿申重之所謂人謀鬼謀也刺今王不然○樂只上音洛下音止重直用反下同樂樂上音岳下音洛【疏】赤芾至申之○正義曰言古之諸侯非直鸞旂有禮又服赤芾在於股又著邪幅在於股之下而當膝彼古之諸侯與人交接服故芾著幅自偪束如此則非有解怠紓緩之心天子由是之故所以賜予之車馬衣服也以諸侯偪束如此故又以禮樂樂是君子諸侯天子乃命予之以禮樂是君子諸侯則神又以福祿申重之古之王者命賜諸侯如此今王不能然故刺之○傳諸侯至偪束○正義曰以赤芾對朱芾爲異故云諸侯赤芾也桓二年左傳曰帶裳幅舄則亦單云偪則此服名偪而已杜鄭皆云今之行縢然則邪纏於足謂之邪幅故傳辨之云邪幅正是偪也名曰偪者所以自偪束也○箋芾太古至予之○正義曰箋本其有芾之由故言太古蔽膝之象易乾鑿度注云古者田漁而食因衣其皮先知蔽前後知蔽後後王易之以布帛而猶存其蔽前者重古道不忘本是亦說芾之元由也繫辭云包犧氏之王天下作結繩而爲網罟以佃以漁則佃漁而食伏犧時也禮運曰飲其血茹其毛衣其羽皮是因衣其皮也以人情而論在前爲形體之褻宜所先蔽故先知蔽前後知蔽後且服芾於前明是重其先蔽而

存之也禮運又曰後聖有作治其絲麻以爲布帛繫辭又云黃帝堯舜垂衣裳而天下治則易之以布帛自黃帝以後推此則太古蔽膝伏犧時也後王爲芾象太古之蔽膝故云芾太古蔽膝之象垂衣裳服布帛必始於黃帝其存此象未知起自何代也明堂位曰有虞氏服韍注云舜始作之以尊祭服言始尊祭服異其名未必此時始存象也知冕服謂之芾其他服謂之韠者以士之有爵弁猶大夫以上有冕也士有韎韐猶大夫以上有芾也士冠禮陳服於房中爵弁韎韐皮弁素韠玄端爵韠雜記云士弁而祭於公即爵弁也士服爵弁以韎韐配之則服冕者以芾配之故知冕服謂之芾士服皮弁玄端皆服韠是他服謂之韠以冕爲主非冕謂之他也韍韠俱是蔽膝之象其制則同俱尊祭服異其名耳古者衣皮此存其象故知以韋爲之故禮記玉藻韠君朱大夫素士爵韋上云韠下摠以韋結之故知以韋上廣一尺下廣二尺長三尺其頸五寸有革帶博二寸此玉藻文也彼論韠此言韍而引之者明此二者色異而制同也又言脛本曰股者明邪幅在下在股之下古今名異欲以今曉人故云邪幅如今行縢說文云縢緘也名行縢者言行而緘束之故云偪其脛也又解在下之義故云自足至膝故曰在下因在下之文從下而上言之故云自足足即脚蹠也彼交匪舒文在邪幅之

下明非舒之義出於邪幅之下故云彼與人交接自偪束如此則非有解怠舒緩之心天子以其如此故賜予之言上章所得車服由諸侯非有舒緩故也此芾幅諸侯服之而來非天子賜以芾幅也天子所賜之服亦必有芾幅隨之要此據諸侯自服爲文非天子所賜故云自偪束如此芾幅之服禮之所制縱使心實解惰亦將服之而以其服幅即云自偪束者作者欲美其事因其衣服而美之能依禮不失亦是自偪束矣○箋古者至不然○正義曰古者天子之賜諸侯必設饗禮則以禮作樂故云以禮樂樂之乃後命予之即上車服是也天子既已賜之神則以福祿申重之謂使之君臣同心人安國治此則由神所祐是神申重之以福祿是神祐之辭故知申之者神也以天子賜之即人謀神又重之即鬼謀故言所謂繫辭也祭統曰古者明君爵有德而祿有功必賜爵祿於太廟示不敢專也則賜或在廟故神得福之言古能如是以刺今王不然

維柞之枝，其葉蓬蓬。蓬蓬盛貌箋云此興也柞之幹猶先祖也枝猶子孫也其葉蓬蓬喻賢才也正以柞爲興者柞之葉新將生故乃落於地以喻繼世以德相承者明也○柞子洛反又音昨木名蓬步公反注同○**樂只君子，殿天子之邦。樂只君子，萬福攸同。**殿鎮也○殿多見反注同鎮陟慎反又音珍本作塡**平平左右，亦是率從。**平平辯治也箋云率循也諸侯之有賢才之德能辯治其連屬之國使得其所則連屬之國亦循順之○平婢延反韓詩作便便云閑雅之貌

【疏】維柞至率從○正義曰言維此柞木幹上之有枝條其生葉蓬蓬然茂盛新將生故乃落之於地以葉相承無衰落以興維此諸侯先祖之有子孫其有才智亦茂盛繼世以德相承無乏絕由其諸侯世賢如此是以古之明王以禮樂樂是君子則鎮撫天子之邦萬福所同聚而歸之由古者明王尊重之如此故諸侯之有賢才者乃平平然辯治其連屬左右之國使之得所此連屬之國亦如是相與循順而從之故天下所以安定今諸侯亦有繼世賢才者王不命賜從之辯治相從以安天子之國也故刺之○傳蓬蓬盛貌○正義曰述柞葉而言蓬蓬故知是盛貌毛於此章無異鄭之傳故爲同也○箋此興至者明○正義曰箋以下云樂只君子是上列君子之美下所樂之故知此宜陳君子諸侯之事枝生於幹猶子孫生於先祖故云柞之幹猶先祖枝猶子孫也以陳諸侯可樂之美故以其葉蓬蓬喻賢才木枝莫不生葉正以柞爲興者由柞葉新將生故乃落於地其枝常有葉似前君賢者死後君賢者

生落君常有賢也以詩人舉柞葉相代爲興知其意喻繼世以德相承者明也又天保云如松柏之茂無不爾或承彼取葉相承爲義故取柞爲興亦然也○傳殿鎮○正義曰軍行在後曰殿取其鎮重之義故云殿鎮也天子以天下爲家諸侯爲天子守土故樂是諸侯則得鎮安天子之國也○傳平平辯治○正義曰堯典云平章百姓書傳作辯章則平辯義通而古今之異耳故云平平辯治服虔云平平辯治不絕之貌則平平是貌狀也○箋諸侯至循順之○正義曰箋以上云賢才相承故此云諸侯之有賢才之德能辯治連屬之國使得其所也諸侯來朝其連屬者亦至焉至則亦當賞之不唯連屬之長上獨言其賢才者賞以得賢爲貴故特舉賢而言不謂連屬小國至而不賞也襄十一年左傳說晉悼公受魏絳之謀先和戎狄霸功既成以賜魏絳之樂即引詩云樂只君子殿天子之邦樂只君子萬福攸同便蕃左右亦是率從雖引詩斷章彼以晉悼爲霸長連屬之國與此同也○

汎汎楊舟，紼纚維之。紼繂也纚緌也明王能維持諸侯也箋云楊木之舟浮於水上汎汎然東西無所定舟人以紼繫其緌以制行之猶諸侯之治民御之以禮法○汎芳劍反紼音弗爾雅云紼繂也繂音律纚力馳反韓詩云筰也筰音才各反緌如誰反○**樂只**

君子天子葵之樂只君子福祿膍之葵揆也膍厚也。葵其維反膍頻尸反韓詩作肶莊同優哉游哉亦是戾矣戾至也箋云戾止也諸侯有盛德者亦優游自安止於是言思不出其位

疏汎汎至戾矣。毛以爲汎汎然浮於水上者楊木之舟舟人以紼縲繫而維持之使不得東西也以與居於民上者諸侯之君也明王以礼法約而制禦之使不得違叛也諸侯既不得違叛供職順命故於來朝明王以禮樂樂是君子諸侯天子於是揆度其功德之多少而命賜之以礼樂樂是君子諸侯又以福祿厚賜之明王既以賜祿諸侯優饒之哉遊縱之哉明王之德能如此亦如是至美矣古之命賜諸侯所以爲美今王不能然故刺之。鄭云汎汎然浮之於水上者楊木之舟而舟人以紼繫而維持之使有所屬以興國中者諸侯之人而諸侯以礼教制禦之使有所法中四句與毛同下二句言諸侯既得賜祿故優柔哉遊息哉亦是於自安止矣而思不出其位無復擾叛今王何以不樂賜賢侯令之治人自安反侮慢不信而令之違叛乎故刺之。傳紼繂至諸侯。正義曰釋水云紼縭維之紼繂也縭綏也孫炎曰繂大索也李巡曰繂竹爲索所以維持舟者郭璞曰綏繫也孫炎曰舟止繫之於樹木戾竹爲大索然則紼訓爲繂繂是大組縭訓爲綏綏又爲繫正謂舟之止息以組繫而維持之以喻明王能維持諸侯定本及集注以毛云紼茀也與爾雅不同。箋楊木至礼法。正義曰箋亦以下樂只君子明此言諸侯可樂故以舟喻人舟人喻諸侯以紼喻礼法也舟人以紼繫舟而制行之喻人亦得依礼法而行不以舟止爲喻。傳葵揆。正義曰釋言文揆者以天子於諸侯命賜有多少或以恩或以功當須揆度多少而與之。箋戾止至其位。正義曰以承上言諸侯能治人以礼法是有盛德者也自安止是思不出其位故引論語以足之襄二十一年左傳叔向引詩云優哉游哉聊以卒歲下句與此不同則所引逸亡此非也鄭亦約彼優游爲居止自安之義故與毛不同

采菽五章章八句

角弓父兄刺幽王也不親九族而好讒佞骨肉相怨故作是詩也好呼報反

疏角弓八章章四句至是詩○正義曰角弓詩者王之宗族父兄所作以刺幽王也以王不親九族之骨肉而好讒佞之人令骨肉之内自相憎怨使人傚之故父兄作此角弓

之詩以刺之也此經八章上二章言王當親九族是爲不親而發言也既不親九族則疏遠賢者自然而好讒佞事勢所宜言於文無所當也骨肉相怨卽三章四章是也由其相怨故五章本其王慢族親宜燕食之事卽亦不親九族之經矣既相怨不親是上教之失故下三章言其可教而反之無使爲驕如蠻如髦也

騂騂角弓翩其反矣興也騂騂調利也不善紲檠巧用則翩然而反箋云興者喻王與九族不以恩禮御待之則使之多怨也。騂息營反沈又許營反說文作觲音火全反翩匹然反紲息列反弓鞑也檠音景弓匣也說文云榜也謂輔也兄弟昏姻無胥遠矣箋云胥相也骨肉之親當相親信無相疏遠相疏遠則以親親之望易以。

疏騂騂至遠矣。正義曰以王不親九族故先述御待之難言騂騂然調利者角弓此角弓雖則調利當善用之若不善置紲檠而巧用之則翩然而其體反房矣是用角弓之難也以興和順者宗族也此宗族雖則和順當善待之若不善設食燕而恩御之則亦憤然而其心怨恨矣是待宗族之難也下二句義具在箋。傳騂騂至而反。正義曰騂騂文連角弓卽是角弓之狀也故云調利也既已調利復云翩其反矣不善用之可知故言不善紲檠巧用翩然而則反矣冬官弓人以六材爲弓謂幹角筋膠絲漆也又曰角之中恒當弓之隈杜子春云隈謂弓之淵角之中央與淵相當如彼文弓有用角之處不得卽名角弓此言角弓蓋別有角弓如今北狄所用者於古亦應有之但弓人所不載耳今北狄角弓弛則體反若不紲檠則不復任用也檠者藏弓定體之器謂未成弓時內於檠中此弓已調利而言檠者蓋用訖內於竹閉之中恐損其體亦謂之檠紲卽緄縢也傳言巧用明是既已成弓非未定體也故知檠義爲然不以恩禮御待定本待作侍。箋骨肉至成怨。正義曰骨肉謂族親也以其父祖上世同稟血氣而生如骨肉之相附閉謂之骨肉然則骨肉唯謂同姓耳此經兼言昏姻箋通言骨肉者以昏姻之親與宗族同頍弁云兄弟甥舅連言之是其同也孟子云兄弟關弓而射我我則涕泣而道之無他戚之也其親親之也是親親之望易以成怨。

爾之遠矣民胥然矣爾之教矣民胥傚矣箋云爾女女幽王也胥皆也言王女不親骨肉則天下之人皆如之見女之教令無善無惡所尚者天下之人皆學之言上之化下不可不慎。傚戶教反

疏箋爾女至胥皆。正義曰以言人傚之故知汝幽王也上章胥爲相此章胥爲皆者胥相皆並釋詁文也上以王於族親

故爲相於之辭此言天下之人非一故爲皆觀文之勢而爲訓也。**此令兄弟綽綽有裕**

不令兄弟交相爲瘉綽綽寬也裕饒瘉病也箋云令善也。綽處若反寬大也裕羊樹反瘉羊主反〔疏〕此令至爲瘉。正義曰上言人隨上化此又申言須化之由以人性有善惡其不善者須化之故言天下若此令善之人於兄弟恩義相與綽綽然有饒裕也其不善之人於兄弟則無恩義唯交更相詬病而已是天下善人少惡人多惡人相病須上化之故欲令王教之。**民之無良相怨一方**箋云良善也民之意不獲當反責之於身思彼所以然者而怨之無善心之人則徙居一處怨恚之。處昌慮反恚一瑞反。**受爵不讓至于已斯亡**爵祿不以相讓故怨禍及之比周而黨愈少鄙爭而名愈辱求安而身愈危箋云斯此也。比毗志反鄙爭爭鬬之爭。〔疏〕民之至斯亡。正義曰上既言惡人兄弟相病此又申而成之言天下之人無善心也不但於兄弟相病又不能反之於己以情相恕徒然相怨於一方彼非可怨而怨之是小人之愚惑也此言無良之人不但遙則相怨又對面則受其官爵不以相讓由此爲彼所怨至於己身以此而致滅亡是不

教之大禍也王何不親宗族以化之乎章首先言人之無良乃云相怨一方并受爵不讓皆是無良之行末言至於己斯亡以此二事而至亡也以人初不善兄弟又於外遙則相怨爵則不讓由此以亡。箋民之至怨恚。正義曰欲解無良之意先言良事以反之言人之善者其意有所不得於彼心則當反而求之於己身思彼所以於我而然者而以情恕之不即相怨也其無善心之人有不獲於彼則徙居一方而相怨恚徒空也彼不可怨而怨之是空也。傳爵祿至愈危。正義曰由爵不讓彼而爲彼所怨是以禍及於己王制云使以德爵以功則己有功德當自受之而必須讓者以凡稟血氣皆有爭心在上者可量功授能受之者當先人後己故禮設辭讓之法禮記曰爵祿可辭又曰爵位相先文王之朝士讓爲大夫大夫讓爲卿舜命羣官禹讓稷契之類皆先聖典謨有相讓之法也論語注云士辭位不辭祿言爵祿可辭者以辭爵則祿亦辭之可知故并言之傳又因述不可讓之意爲阿黨比周而望黨援者而其黨愈少也以入與正不與枉故曲比者黨少也爲鄙恥之爭而望榮名者而其名愈益辱也以鄙爭可恥故名辱也苟望求安於己而危他人者而其身愈益危也人各求安則彼以危己故身危也然則求黨求名在於不爭求安在於不安是猶求爵在於讓爵故言此

以類之。**老馬反爲駒不顧其後**已老矣而孩童慢之箋云此喻幽王見老人反侮慢之遇之如幼稚不自顧念後至年老人之遇己亦將然。駒音拘孩本作咳戶才反許慎云小兒笑也稺音稚**如食宜饇如酌孔取**饇飽也箋云王如食老者則宜令之飽如飲老者則當孔取孔取謂度其所勝多少凡器之孔其量大小不同老者氣力弱故取義焉王有族食族燕之禮。食音嗣注同宜如字本作儀注同韓詩云儀我也饇於據反徐又於具反取如字沈又音娶令力呈反飫於鳩反度待洛反勝音升量音亮。〔疏〕老馬至孔取。正義曰此又言王之不恕言老馬反爲駒而用之猶王於老人反爲童而遇之王慢老如是則爲不復自顧其後已至年老人之遇己亦將然是猶王之不恕故天下傚之皆無良相怨也因教王尊老之宜言王如食老者之食則宜令之飽而已如酌老者之酒則當如孔之有取孔者器中之所受也器之所受有大小滿則止猶老者所勝有多少亦足則停是王於老者當節敬如是今王何以不然而反慢之。傳已老至慢之。正義曰此經舉馬以喻人故言已老矣而孩童慢之說文云咳小兒笑也內則云子生三月父咳而名之謂指其頤下令之笑而爲之名此言咳童慢之亦當然也

此詩刺王不親九族所以偏言老者以老是王者所宜貴故祭義曰虞夏殷周天下之盛王也未有遺其年者況其宗族之老人乎故九族不宜慢之。箋王如至之禮。正義曰王如食老者食則令之飽謂有嘉味勸助之也經言酌當酒以與人是飲之酒也食則苦其不飽酒則唯恐過度故食言宜饇酒言孔取孔取謂器中空虛受物之處老子所謂埏埴以爲器當其無有器之用也以比於老人所勝氣力多少是如孔之取也言王有族食族燕之禮者解經所以有食酌之事食則族食酌即族燕矣以食禮無飲燕法無食故如二事也王於宗族大事亦有饗但經所不言食燕可以兼之也大宗伯以飲食之禮親宗族兄弟文王世子曰若公與族人燕則以異姓爲賓膳宰爲主人族食世降一等大傳云綴之以食而弗殊是王有族食族燕之禮也鄭知孔非物所由出者凡器之孔者以物所由出之孔於人飲酒容受之喻不宜又若一禮不可以喻多少故爲凡器之孔老子云孔德之容唯道是從亦謂器之受實爲孔也。**毋教猱升木如塗塗附**猱猨屬塗泥附著也箋云毋禁辭猱之性善登木若教使其爲之必也附木桴也塗之性善者若以塗附其著亦必也以喻人之心皆有仁義教之則進**君子有徽猷小人與屬**

徽美也箋云徽道也君子有美道以得聲譽則小人亦樂與之而自連屬焉今無良之人相怨王不教之【疏】毋教至與屬○毛以爲上言小人傚上之化無良相怨此又言可反之使善王宜教之言王之不教小人如人之禁彼云無得教猱之升不若教之升木則如以塗塗物必附著也何者猱之性善登木今教之使登必能登木矣又喻塗之性善附著以之塗物必著矣以興王自不教小人以仁義者若教小人以仁義則必從矣何者以人性皆有仁義因其性而道之故教之必從也又言小人所以易教者以君子之人有美道以得聲譽小人則慕樂之美其榮名欲得與之而自連屬也是天下之人皆樂善而棄惡但無人啓教耳王何不教之乎鄭唯以附爲木桴言以塗泥塗木桴則易著餘同○傳猱猨至附著○正義曰猱則猨之輩屬非猨也陸機疏云猱彌猴也楚人謂之沐猴老者爲玃長臂者爲猨猨之白腰者爲獑胡獑胡猨駿捷於彌猴然則猱猨其類大同故樂記注云獶彌猴也是其類故也傳言附著也是訓附爲著故王肅云教猱升木必也如以塗塗之必著○箋毋禁至則進○正義曰說文云毋止之也從女象有好之者言止其好而稱毋故毋爲禁辭以猱升木類之則附爲有形之物不得爲著故易傳以塗之易著必是物之踊者故爲木桴桴謂木表之麤皮也以

猱之性善登木泥之性善著物因其所善而教用之故言必也以顧下小人與屬故知喻人心皆有仁義教之則進此章先言人心易教王不教之下章乃言其樂善故言毋爲禁止之意言小人之易教故反辭以體之非禁王不聽教小人孫毓難鄭云若喻人心皆有仁義教之則進何爲禁之而云毋乎是未得立言之意耳

雨雪瀌瀌見晛曰消 晛日氣也箋云雨雪之盛瀌瀌然至日將出其氣始見人則皆稱曰雪今消釋矣喻小人雖多王若欲興善政則天下聞之莫不曰小人今誅滅矣其所以然者人心皆樂善王不啓教之○雨于付反注及下同瀌符嬌反徐符彪反又方苗反雪盛貌見如字下文同韓詩作曣音於見反云曣見日出也晛乃見反曰音越下同韓詩作聿劉向同始見賢遍反又如字

莫肯下遺式居婁驕 箋云莫無也遺讀曰隨式用也婁斂也今王不以善政啓小人之心則無肯謙虛以禮相卑下先人而後己用此自居處斂其驕慢之過者○下遐嫁反注卑下同又如字遺王申毛如字鄭讀曰隨婁王力住反數也徐云鄭音樓斂也爾雅云裒鳩樓聚也沈力俱反【疏】雨雪至婁驕○毛以爲上言人心易進此言易化之事言天之雨下此雪雖瀌瀌然而盛至於見天晛然之日氣人皆稱之曰此雪今消釋矣以興小人雖皆行此惡之甚至於見王之善政人皆言之曰小人今誅滅矣人惡小人而欲滅之是其心皆好善矣王何不教之乎必須教之者以此小人皆爲惡行莫肯自卑下而遺去其惡心者用此之故其與人居處數爲驕慢之行故須化之鄭唯以下二句爲異言小人不爲王所啓教故莫肯自謙虛以禮相卑下隨從於人者又無用此卑下隨從行自居處婁斂其驕慢之過者由王不教使然欲曰王教之也此莫肯之文并統下句爲義○傳晛日氣○正義曰說文云晛日見也此詩之意言雪見之而消消雪者日也序又從日故知晛是日氣也○箋雨雪至教之○正義曰以曰者人言之辭若日出則雪消不復須言矣明言者於日未出而言之故知至日將出其氣始見人則皆稱之曰雪今消釋矣以瀌瀌雪之盛貌故知喻小人之多也以日將出以比王政則王未有政故言王若興善政則天下聞之莫不皆曰小人今誅滅矣以雪比小人日能消雪故喻王誅小人也論語曰子爲政焉用殺而言誅小人者以王與政則天下有賞有罰天下喜王爲善而言小人誅滅見疾惡之情深有樂善之意耳非即盡誅滅之也此上成猱升木之事欲王之教人故言人心皆樂善王何不啓教之乎○箋遺讀至過者○正義曰箋以遺棄之義不與謙下相類故讀曰隨隨從於人

先人後已以相卑下之義也釋詁云婁斂聚也俱訓爲聚則義得通故云婁斂也言用此者用此下隨之行自居處收斂其驕慢之過爲散順謙恭也此二句毛不爲傳但毛無改字之理又婁之爲數乃常訓也故別爲毛說焉

雨雪浮浮見晛曰流 浮浮猶瀌瀌也流流而去也

如蠻如髦我是用憂 蠻南蠻也髦夷髦也箋云今小人之行如夷狄而王不能變化之我用是爲大憂也髦西夷別名武王伐紂其等有八國從焉○髦舊音毛尋毛鄭之意當與尚書同音莫侯反行下孟反【疏】如蠻至用憂○正義曰言由王不以善政啓小人之心令如南國之荆蠻如西方之我髦行如夷狄王不能變我是用爲大憂之欲令王興善政而不能由此以刺之也○傳蠻南蠻髦夷髦○正義曰爾雅八蠻在南故爲南蠻髦對而言之不在中國故爲夷髦髦雖在西夷揔名也○箋今小至從焉○正義曰言如以比之是小人之行比如夷狄也傳言夷髦不辨其方之所在故云西夷之別名知者正以武王伐紂其等有八國從之其中有髳故知在西方也牧誓曰及庸蜀羌髳微盧彭濮人又曰逖矣西土之人是西方也彼髳此髦音義同也

角弓八章章四句

菀柳刺幽王也暴虐無親而刑罰不中諸侯皆不欲朝言王者之不可朝事也菀音鬱徐於阮反中丁仲反下注不中同朝直遙反篇內同〔疏〕菀柳三章章六句至朝事○正義曰經三章毛鄭雖有小異皆以上二章次二句爲暴虐下二句及卒章下二句爲刑罰不中其上二章上二句及卒章上四句言王無美德心無所至言王者不可朝事之意摠三章之義也

有菀者柳不尙息焉興也菀茂木也箋云尙庶幾也有菀然枝葉茂盛之柳行路之人豈有不庶幾欲就之止息乎興者喻王有盛德則天下皆庶幾願往朝焉憂今不然上帝甚蹈無自暱焉蹈動暱近也箋云蹈讀曰悼上帝乎者愬之也今幽王暴虐不可以朝事甚使我心中悼病是以不從而近之釋已所以不朝之意○蹈音悼鄭作悼病也暱女栗反又女筆反徐又乃吉反俾予靖之後予極焉靖治極至也箋云靖謀俾使極誅也假使我朝王王留我使我謀政事王信讒不察功考績後反誅放我是言王刑罰不中不可朝事也○俾必爾反本作畀後皆同極毛如字鄭音棘〔疏〕有菀至極焉○毛以爲有菀然者枝葉茂盛之柳行路之人見之豈不庶幾就之而息止焉誠欲就之而止息以興有道德茂美之王諸侯見之豈不庶幾往之而朝事今諸侯不往朝王由無美德故也諸侯既不朝王又相戒曰上帝之王甚變動而其心不恒刑罰妄作故諸侯無得自往親近之若自往親近之必將得罪又恨王者不任已以事言王之有事若使我治之於後則使我更至焉今有事不使我治之動輒加我以罪我所以不欲朝王也○鄭以上二句與毛同言我不欲朝者以王暴逆故訴之于天言上帝乎今幽王行其暴虐不可朝事甚使人心中悼傷我是以無得從而近之由王爲惡故已不欲朝也非直暴虐如是刑罰不中假我朝王王留我有政事使我謀之王信讒不察功考績我雖無罪於後必罪我而誅放焉由此我所以不往朝事之也○箋尙庶至不然○正義曰釋言云庶幾尙也以心所念尙卽是庶幾義相反覆也以行人之欲息於茂蔭似諸侯之願朝於有德故以茂喻盛德而願往焉反陳古義以刺今故言憂今不然○傳蹈動暱近○正義曰蹈者踐履之名可以蹈善亦可以蹈惡故爲動言王心無恒數變動也故王肅孫毓述毛皆以上帝爲斥王矣暱近釋詁文毛於下章瘵焉病也言王者躁動無常行多逆理無得自往近之則爲王所病與此互相接也○箋蹈讀至之意○正義曰以上言庶幾朝之下句言無自暱焉是其蹈爲惡之狀故讀爲悼言使人心中悼病若蹈履則非惡之狀故易傳也言王無美德下訴其不可朝事於理爲切故以上帝爲天而訴之也序言王者不可朝事故云釋已所以不朝之意○傳靖治極至○正義曰並釋詁文此言王不可朝而云使我治之後我至焉則毛意以爲恨王不使已治事故後不至也此恨王不任已事則居以凶危是又恨王使已皆由王之無常有事不任之讒任卽加罪是不可朝事○箋靖謀至朝事○正義曰靖謀俾使皆釋詁文極誅釋言文以序云刑罰不中卒章云居以凶矜反以類此則極邁皆罪事故言假使我朝王王留我使謀政事王信讒反誅放我也以凶矜之文與此相類故易傳也

有菀者柳不尙愒焉愒息也○愒欺例反徐丘麗反上帝甚蹈無自瘵焉瘵病也箋云瘵接也○瘵側界反鄭音際俾予靖之後予邁焉箋云邁行也行亦放也春秋傳曰予將行之〔疏〕箋瘵接○正義曰毛依釋詁云瘵病也鄭以上暱類之讀爲交際之際故言接也○箋邁行至行之○正義曰邁行釋言文以罪而使之行於外故言行亦放也引傳曰予將行之者昭元年左傳文時鄭之大夫游楚有罪子產將放之子大叔者游楚之宗傳曰將行子南子產咨於大叔大叔曰吉不能亢身焉能亢宗吉若獲戾子將行之何有於諸游是行爲放之義故引證之也吉大叔之名子南游楚之子

有鳥高飛亦傅于天彼人之心于何其臻箋云傅臻皆至也彼人斥幽王也鳥之高飛極至於天耳幽王之心於何所至乎言其轉側無常人不知其所屆○傅音附曷予靖之居以凶矜曷害矜危也箋云王何爲使我謀之隨而罪我居我以凶危之地謂四裔也○裔延世反〔疏〕有鳥至凶矜○毛以爲鳥飛無定之物人心有定之主今鳥有所至人心反無至故以喻之言有鳥高飛謂其終無所至亦至于天而止也今彼人幽王之心于何其所至乎言其心轉側無常人不知其所止乃鳥之不如由此不可朝事也我若朝王王使我治事旋卽罪我故恨王云何由使我治之尋復居處我以凶危之地也使卽罪之是刑罰不中不可朝事也○鄭唯以靖謀爲異餘同○傳曷害○正義曰傳雖曷爲害亦訓爲何故害辭害否皆爲何也○箋王何至四裔○正義曰以誅放類之故

知凶危是凶危之地謂四方荒裔遠處即九州之外也文十八年左傳曰投諸四裔以禦螭魅是四裔之文即羽山東裔崇山南裔三危西裔幽州北裔是也九州之外而言幽州者以州界甚遠六服之外仍有地屬之故繫而言焉

菀柳三章章六句

附釋音毛詩注疏卷之十五（十五之二）

黃中模栞

毛詩注疏挍勘記（十五之一）　阮元撰盧宣旬摘錄

〇魚藻

有那其居　小字本相臺本同唐石經那字磨改其初刻不可辨或與商頌同見彼下

〇采菽

數徵會之辨　小字本相臺本同唐石經數字磨改其初刻不可辨

采其葉以爲藿　小字本相臺本同案正義云故云采其葉以爲藿釋文以爲藿作音段玉裁云藿當是芼

王饗賓客有生俎　閩本明監本毛本同小字本相臺本生作牛考文古本同案生字誤也正義可證

傳解言大牢之意　閩本明監本毛本同案浦鏜云傳解二字當誤倒是也

天子賜諸侯氏以車服　閩本明監本毛本同案浦鏜云諸衍字是也

是服同賜之矣　閩本明監本毛本同案是下當有車字

絺衣粉米　閩本明監本毛本同案浦鏜云刺誤衣是也

裁以爲衣舉衮　閩本明監本毛本同案浦鏜云裁當或字誤是也

諸侯將朝于王　小字本相臺本同案釋文云一本無于字皆以王字絕句一讀諸侯將朝絕句以王字下屬考正義云以諸侯至當行朝禮故言將朝於是王則驂乘四馬而往迎之是正義本無于字讀朝字絕句與一讀同也

不知以與車服賞賜　閩本明監本毛本同案浦鏜云知當如字誤是也

上章菽芼美也　閩本明監本毛本同案浦鏜云羹誤美是

箈菹鴈醢　明監本毛本箈誤落閩本不誤〇按康成以前正作落菹

邪幅幅偪也所以自偪束也小字本相臺本同案正義云故傳辨之云邪幅正是偪也名曰偪者所以自偪束也是其本作邪幅偪也偪所以自偪束也各本皆誤

俱尊祭服閩本明監本毛本同案浦鏜云俱當但字誤是也

此則由神祈祐閩本明監本毛本同案浦鏜云祈疑所字譌是也

落君常有賢也〔補〕毛本落作其案其字是也

優哉游哉明監本優誤優各本皆不誤

李巡曰綷竹爲索閩本明監本毛本綷誤繂案依此正義引爾雅并注皆當作綷今作繂者乃依此傳改耳

○角弓

騂騂調利也小字本相臺本同考文古本同閩本明監本毛本利誤和正義中字同釋文騂騂下云調利也本亦或誤今正詳後考證

則以親親之望易以小字本相臺本閩本明監本毛本皆以下有成怨二字案此十行本誤脫

則翩然而其體反房矣閩本明監本毛本同案浦鏜云戾誤房是也

翩然而則反矣閩本明監本毛本同案則字當在翩字上浦鏜云譌在下是也

閉謂之骨肉閩本明監本毛本同案閉當作因形近之譌

綽綽有裕毛本裕誤裕明監本以上皆不誤餘同此

至于巳斯亡小字本相臺本同閩本明監本毛本同唐石經巳作己案己字是也音紀正義云至於己身以此而致滅亡可證坊記引此詩鄭彼注云以至亡己是鄭義自作己也己誤作巳經注正義中所在多有考六經正誤則宋時固然唐石經二字無誤者餘同此

此又申而成之〔補〕案成當戒字之譌毛本正作戒

傳又因述不可讓之意閩本明監本毛本同案不可下浦鏜云疑脫不字是也

而孩童慢之小字本相臺本同案釋文云孩本作咳戶才反考正義云此言咳童慢之是其本作咳也

如食宜饇唐石經小字本相臺本同案釋文云宜如字本作儀注同正義本是宜字

老子所謂埏埴以爲器閩本明監本毛本同案浦鏜云挻誤埏是也

又若一禮閩本明監本毛本同案浦鏜云禮當孔字誤是也因禮作礼而致譌耳

若教使其爲之必也小字本同閩本明監本毛本同相臺本無之字必下有能字案相臺本誤也沿革例云依疏增一能字考此正義云必能登木矣乃自爲文非其本注有能字也下箋云其注亦必也二必字義同正義引王肅云教猱升木必也又云因其所善而教用之故云必也皆可證沿革例讀正義誤耳

無得教猱之升不若教之升木〔補〕案不當作木屬上句讀毛本不誤

猱彌猴也〔補〕考陸疏彌作獼毛本亦作獼彌字省譌也

故樂記注云猨獼猴也閩本明監本毛本同案猨當作蝯正義引經籍有用其本書之字而不復言其字異義同者於所易知例如此也今每有爲人因經注不見其字而改去者此其比矣

必是物之躍者〔補〕閩本明監本毛本同案躍當作濯誤脫水旁

序又從日閩本明監本毛本同案浦鏜云序當字字誤是也

此上成猱升木之事〔補〕毛本成作戒案戒字是也

如西方我髦〔補〕案我當是夷之譌傳髦夷髦也可證

○菀柳

菀茂木也小字本相臺本同案釋文菀柳下云木茂也是其本作木茂正義本今無可考

似諸侯之顯朝於有德閩本明監本同毛本顯作願案所改是也

箋云瘵接也小字本同閩本明監本毛本同相臺本無瘵字案無者誤也○按箋即際之假借也不言

讀爲際者省文也

春秋傳曰孑將行之 閩本明監本毛本同小字本相臺本孑作子案孑字誤也○〔補〕案正義孑將行之者同

子南游楚之子 〔補〕案子當作字毛本同誤

附釋音毛詩注疏卷之十五（十五之二）

毛詩小雅　鄭氏箋　孔穎達疏

都人士周人刺衣服無常也古者長民衣服不貳從容有常以齊其民則民德歸壹傷今不復見古人也服謂冠弁衣常也古者明王時也長民謂凡在民上倡率者也變易無常謂之貳從容謂休燕也休燕猶有常則朝夕明矣壹者專也同也。長張丈反注同貳音二從七容反復扶又反下注同倡率色類反朝夕直遙反

疏都人士五章章六句至古人。正義曰都人士詩者周人所作刺其時人所著之服無常也以古者在上長率其民所衣之服不變貳雖從容休燕之處其容貌亦有常不但公朝朝夕而已身自行此以齊正其人則下民皆爲一德謂其德如一與上齊同亦衣服不貳從容有常也傷今不復見古之人故作詩反以刺之周人者謂京師畿內之人此及白華獨言周人者蓋敘者知畿內之人所作其人或微不足錄故言周人以便文無義例也不言刺幽王者此凡在人上服皆無常故下民亦不齊一此刺當時之服無常非指刺王身故序不言刺王然風俗不齊亦王者之過卽亦刺王也服謂在體之衣德謂身之所行德服非一在上衣服有常能使下民一德正謂服有常也抑抑威儀維德之隅由德行有常故服不變旣觀其服之不貳知其德之齊一不然則德在於心不可知其一否也經五章皆陳古者有德之人衣服不貳不言長民者敘言人德齊一之由故說長民不貳於經無所當也唯傷今不復見古之人是揔敘五章之義民者兼男女故經有士女二事。傳服謂至同也。正義曰冠弁在首衣裳在身皆是體之所服直云衣服刺無常明其兼之也弁者古冠之大號也冠弁揔謂在首者冕弁之類皆在其中也春官司服云凡田冠弁服謂委貌玄冠爲冠弁對其餘弁冕而立名非揔諸冠與此不同也以傷今而思之故知古者明王時也言長民則與民爲長者皆是故謂凡在人上倡率者謂爲官倡導帥領之人卽邑宰鄉遂之官言凡語廣雖上及天子諸侯皆是也衣服衆矣當各以其事服之今云衣服不貳明各於其事不得差貳故云變易無常謂之貳也此從容承衣服不貳之下以對之矣明爲私處舉動故知謂休燕閒暇之處宜自放縱猶尙有常則朝夕舉動亦有常明矣此休燕有常直謂進退舉動不失常耳卽經所云其容不改之類非據衣服故箋直云猶有常不言服明其非服也壹者齊一之義故爲專也同也言專爲一行服色齊同也。

彼都人士狐裘黃黃其容不改出言有章彼彼明王也箋云城郭之域曰都古明王時都人之有士行者冬則衣狐裘黃黃然取溫裕而已其動作容貌旣有常吐口言語又有法度文章疾今奢淫不自責以過差。出如字士行下孟反下文行歸注操行同衣於旣反差初賣反又如字。

行歸于周萬民所望周忠信也箋云于於也都人之士所行要歸於忠信其餘萬民寡識者咸瞻望而法傚之又疾今不然。望如字協韻音亡。

疏箋城郭至過差。正義曰都者聚居之處故知城郭之域也定本城作域正舉都邑者以都邑之士近政化有道先被其德無道先化其淫此時奢淫巧僞都邑尤甚故舉古之都邑以駮今之都邑也士者男子行成之大稱敘言則民一德是所陳者人也人而言士故知都人之有士行者非爵爲士也月令孟冬天子始裘故知冬則衣狐裘也以古之衣裘其上必有裼衣故知取其溫裕而已礼記緇衣引此詩彼注云黃衣則狐裘大蜡之服也詩人見而說焉以爲大蜡之裘則是有衣裼矣言取溫裕者以注記之時未詳此詩之意以狐裘黃者實大蜡時息民所服服則黃衣故以言焉至此觀經爲解故不與彼同也若然息民之祭服此狐裘則是尊貴之服矣庶人而得服之者彼狐之黃者多黃狐之衣非貴服也息人臘祭服之者於是草木黃落象其時物之色故服之耳郊特牲云野夫黃冠黃冠草服也注云言祭以息民服象其時物之色季秋草木黃落是順時而服非同於常祭其實爲輕又不衣裼故庶人所得衣也若然玉藻云犬羊之裘不裼注云質畧亦庶人無文飾則庶人止服犬羊此衣狐裘者以禮不下庶人其制不可得曲而盡此言狐裘則庶人得衣狐裘明矣礼云犬羊舉一以言之七月云一之日于貉箋云于貉往搏貉以自爲裘是庶人又以貉裘而礼無明文礼之所記不能盡也七月又云取彼狐狸爲公子裘則非公子不得衣狐裘言庶人狐裘者以狐色不等若狐白非君不服狐青及小而美者則可以供公子而庶人避其文故言于貉若黃狐及麤惡者不廢庶人亦服之且孔子云狐貉之厚以居狐連貉言之貉旣庶人所服狐亦服之明矣以庶人服犬羊不裼故此狐裘亦不裼取其溫裕而已或以書傳云古者必有命民得乘飾車駢馬衣文錦彼都人士爲命民故異於其餘庶民知不然者此則思古之服則古之都邑之士則當皆然也下言緇撮不異庶人則狐裘黃黃是庶人所常服矣此思

古人之善以刺今人之惡，故箋揔之云疾今奢淫不自責以過差也。以君子既有其服則常其容，以出於言而後爲行，故經以此爲文次也。○箋「都人士」至「今不然」。○正義曰：以經言万民所望，明都人爲人所法傚也。知寡識者，以明王之時賞不遺才，若探識當爲時所用，今取法於都人，故知寡識者。以因前經，故言又疾今不然。襄十四年左傳引此二句，服虔曰逸詩也。都人士首章有之，禮記注亦言毛氏有之，三家則亡。今韓詩實無此首章，時三家列於學官，毛詩不得立，故服以爲逸。

彼都人士，臺笠緇撮。臺所以禦暑，笠所以禦雨也。緇撮，緇布冠也。箋云：臺，夫須也。都人之士以臺皮爲笠，緇布爲冠，古明王之時儉且節也。○臺如字，爾雅作薹，草名。笠音立。緇，側其反。撮，七活反。夫音符，本亦作扶。

彼君子女，綢直如髮。密直如髮也。箋云：彼君子女者，謂都人之家女也。其情性密緻，操行正直，如髮之本末無隆殺也。○綢，直留反。密也。致，直置反，本亦作緻。隆，俗本作降。殺，所界反，又所側反。

我不見兮，我心不說。箋云：疾時皆奢淫，我不復見今士女之然者，心思之而憂也。○我不見，第二章作不見，後三章作弗見，一本四章同作不字。說音悅。

【疏】「彼都」至「不說」。○正義曰：言彼明王之時，都邑之人有士行者，以臺草爲笠，緇布爲冠，以撮持其髮，是儉而且節。此都人之行如是，則爲君子之人矣。彼都人君子之家女，其情性密緻，操行正直，如人之頭髮然，其本末無隆殺，言其性行終始不變也。今既不然，士女淫慾，我今不復得見古之都人士女德行如是兮，由此我心不歡說而憂心思古也。○傳「臺所」至「布冠」。○正義曰：臺草名，可爲笠，則一也。而傳分之者，笠本禦暑，故良耜曰「其笠伊糾」，因可以禦雨，故傳分之以充二事焉。以緇撮爲一，知臺笠不二矣。○箋「以臺」至「且節」。○正義曰：禹貢有「島夷卉服」，彼卉者是草之揔名，但島夷居下濕而常服之，此臺草之一名，亦卉也。郊特牲曰：「大羅氏，天子之掌鳥獸者，諸侯貢屬焉。草笠而至，尊野服也。」則草笠野人之服，是賤者也。前裘則冬所衣，此笠則夏所用，各舉其一而言之。以臺皮爲笠，緇布爲冠，不用美物，故云儉。言撮是小撮持其髻而已，是且節也。鄭知取此義者，以上言狐裘，即述其容貌言行，此下不述言行，故舉其冠笠以表節儉也。案郊特牲云：「大古冠布，齊則緇之。」「冠而敝之可也。」注云：「此重古而冠之耳。三代改制，齊冠不復用布。」玉藻云：「始冠緇布冠，自諸侯下達，冠而敝之可也。」則此應始冠而敝之，今都人以爲常服者，士以上冠而敝之，庶人則雖得服委貌，因而冠之，而儉者服緇布，故詩人舉而美焉。故論語「今也純儉」，注云：「純當爲緇。」則緇亦得爲紂帛，何知非紂帛爲玄冠而言緇布者？以緇雖古布帛兩名，但字從才者爲帛，從甾者爲布，此言緇，故知非帛。且若是帛爲玄冠，則有制度，不得言撮。故士冠禮云：「緇布冠缺項。」注云：「緇布冠無笄者，著頍，圍髮際，結項中，隅爲四綴以固冠也。項中有緇，亦由固頍爲之耳。今未冠笄者著卷幘，頍象之所生也。」是緇布冠制小，故言撮，以此益明非玄冠者。然緇布冠制自當小，言明王之時儉且節者，解不著玄冠而著緇布之意，故雖禮制之小，亦由儉節而著之。○傳「密直如髮」。○正義曰：傳變綢言密，則以綢爲密也。綢者綢緻之言，故爲密也。○箋「彼君子」至「隆殺」。○正義曰：文承於上，故以彼君子女謂都人之家女也。以密在於心，故言情性；直見於外，故言操行，謂所操持之行跡也。能始終不虧，故言本末無隆殺。定本隆作降。

彼都人士，充耳琇實。琇，美石也。箋云：言以美石爲瑱。瑱，塞耳。○琇音秀，徐又音誘。瑱，他見反。

彼君子女，謂之尹吉。尹，正也。箋云：吉讀爲姞。尹氏、姞氏，周室昏姻之舊姓也。人見都人之家女，咸謂之尹氏、姞氏之女，言有禮法。○吉，毛如字，鄭讀爲姞，其吉反，又其乙反。

我不見兮，我心苑結。箋云：苑猶屈也，積也。○苑，於粉反，徐音鬱，又於阮反。

【疏】「彼都」至「菀結」。○毛以爲，言彼明王之時，都人之有士行者，充耳以琇之美石實其耳，是其有節制也。彼都人有君子之德，其家之女謂之正直而嘉善矣。我今不見古之士女德服如是，我心爲之菀然蘊屈，如繩索之爲結矣。○鄭唯尹姞爲異，餘同。○傳「琇美石」。○正義曰：淇奧傳曰：「琇瑩，美石。」說文云：「琇，美石次玉也。」然琇是美石之名耳。而此傳俗本云「琇實，美石」者，誤也。今定本毛無實字。說文直云「琇石次玉」，則實非玉名，故王肅云：「以美石爲瑱，塞實其耳。」義當然也。淇奧說武公之服，以琇爲充耳，此都邑庶人亦用琇者，禮天子以純玉，諸侯以下則玉石雜。衛風自舉石言之，其實玉多而石少，非全用石也。此則庶人無玉，用石而已。其用之石則與諸侯之同名，故俱言琇也。○傳「尹，正」。○正義曰：釋言文。王肅云：「正而吉也。」易繫辭云：「吉人之辭寡。」○箋「吉讀」至「禮法」。○正義曰：言謂之者，是指成事而謂之，故易傳也。尹既是姓，則吉亦姓也，故讀爲姞。美其人而謂之尹姞者，以尹氏、姞氏周室昏姻之舊姓也。知者，節南山云「尹氏大師」，常武經曰「王謂尹氏」，昭二十三年「尹氏立王子朝」，是其世爲公卿，明與周室爲昏姻也。韓奕云「爲韓姞相攸」，言「汾王之甥」，是姞與周室爲昏姻也。又宣三年左傳云，鄭石癸曰：「吾聞姬姞耦，其子孫必蕃。姞，吉人也，后稷之元妃也。」言姬姞耦，明爲舊姓，以此知尹亦有昏姻矣。既世貴舊姓，昏連於王室，家風不替是有禮法矣，故見都人之女有禮法者謂之尹姞也。孫毓云：尹氏、姞氏，衰世舊姓，豈必能賢？案篇義思古之人，則所言皆斥明王之時，不得以衰世爲難矣。**彼都人士，垂帶而厲。彼君子女，卷髮如蠆。**厲，帶之垂者。箋云：而亦如也。而厲，如鞶厲也。鞶必垂厲以爲飾。厲字當作裂。蠆，螫蟲也，尾末揵然，似婦人髮末曲上卷然。○帶音帶，本亦作帶。厲，毛如字，鄭當作裂，音列。卷音權，注及下同。蠆，勑邁反，又勑界反。螫蟲也，通俗文云：長尾爲蠆，短尾爲蠍。蠍音虛伐反。鞶，薄寒反。螫音釋，本又作蠚，呼莫反。揵，其言反，又音虔，漢書音義云舉也，又渠偃反，一音其蹇反。上，時掌反。**我不見兮，言從之邁。**箋云：言，亦我也。邁，行也。我今不見士女此飾，心思之，欲從之行，言已憂悶，欲自殺求從古人。○

【疏】「彼都」至「之邁」。○毛以爲，言彼明王之時，都人之有士行者，垂其帶之飾而有厲然，言其服飾有常也。彼都人君子之家女，乃曲卷其髮末如蠆之尾，言其容儀有法也。今之士女皆奢淫不然，我今不見古之士女如是儀飾，以是故心中思之，我欲從之，其當自殺以行而求古人，言已憂悶不能自勝也。鄭唯以垂帶如鞶裂爲異，餘同。○傳「厲帶之垂者」。○正義曰：毛以言垂帶而厲爲絕句之辭，則厲是垂帶之貌，故以厲爲帶之垂者。○箋「而亦」至「卷然」。○正義曰：以言如蠆，將外物以比髮曲，則而厲亦將外物以比帶垂，故云而亦如也。以蠆已言如，故言亦如也。如厲如鞶厲者，謂如桓二年左傳云「鞶厲游纓」也。彼服虔以鞶爲大帶也，鄭意則不然。內則云「男鞶革，女鞶絲」，注云：「鞶，小囊，盛帨巾者。男用韋，女用繒，有飾緣之。」則是鞶裂與詩云「垂帶如厲」，紀子帛名裂繻，字雖今異，意實同也。以鄭彼注言之，則鞶是囊之名，但有飾緣之垂而下，名之爲裂。鞶必垂裂以爲飾，言帶之垂似之也。以紀子帛名裂繻，故言厲字當作裂也。昭四年左傳曰「其父死於路，已爲蠆尾」，言蠆尾有毒也，故以爲螫蟲。其末尾揵然，似婦人髮末曲上卷然也。禮斂髮無髢，而有曲者，以長者盡皆斂之，不使有餘，而短者若鬢傍不可斂，則因曲以爲飾，故不同也。定本及集本揵下皆無「然」字。○箋「我今」至「古人」。○正義曰：上言帶髮，故言士女此飾也。以上章有「我心」，此言「從之邁」，故知心思之。彼人已死而欲從之行，故知憂悶欲自殺求從古人。○**匪伊垂之，帶則有餘。匪伊卷之，髮則有旟。**旟，揚也。箋云：伊，辭也。此言士非故垂此帶也，帶於禮自當有餘也。女非故卷此髮也，髮於禮自當有旟也。旟，枝旟揚起也。○旟音餘，揚也。**我不見兮，云何盱矣。**箋云：盱，病也。思之甚，云何乎我今已病也。○盱，香俱反。

【疏】「匪伊」至「盱矣」。○正義曰：此承上章之文，故「匪伊」之上闕帶髮之文，見於下句。以法所當然，是於禮有之也。禮大帶垂三尺，是矣。此下二句，初直不悅，後更慕結，故欲自殺而未能，所以爲病，爲事之次也。

都人士五章，章六句。

采綠，刺怨曠也。幽王之時，多怨曠者也。怨曠者，君子行役過時之所由也。而刺之者，譏其不但憂思而已，欲從君子於外，非禮也。○思，息嗣反，下皆同。

【疏】「采綠」四章章四句至「曠者」。○正義曰：謂婦人見夫行役過時不來，怨己空曠而無偶也。婦人之怨曠，非王政，而錄之於雅者，以怨曠者爲行役過時，是王政之失，故錄之以刺王也。經上二章言其憂思，下二章恨本不從君子，皆是怨曠之事。欲從外則非禮，故刺之。○箋「怨曠」至「非禮」。○正義曰：婦人思夫，情義之重，禮所不責，故知譏其不但憂思而已，欲從君子於外，非禮也。禮，婦人送迎不出門，況從夫行役乎？雖憂思之情可閔，而欲從之語爲非，故作者陳其事而是非自見也。

終朝采綠，不盈一匊。興也。自旦及食時爲終朝。兩手曰匊。箋云：綠，王芻也，易得之菜也。終朝采之而不滿手，怨曠之深，憂思不專於事。○匊，弓六反，注本或一手曰匊。芻，楚俱反，草也。易，以豉反。**予髮曲局，薄言歸沐。**局，卷也。婦人夫不在，則不容飾。箋云：言，我也。禮，婦人在夫家笄象笄。今曲卷其髮，憂思之甚也。有云君子將歸者，我則沐以待之。○局，其玉反。卷音權，下同，又眷勉反，沈其言反。

【疏】「終朝」至「歸沐」。○毛以爲，言人有終朝采此綠葉而不能滿其一匊，此采者由此一人志在於他故也。以興此婦人終日爲此家務，而不能成其一事者，此婦人由志念於夫故也。故言我之憂思，不暇容飾，今不洗沐，其髮徒曲卷而已，是憂思之甚也。薄知我君子之將歸，我則沐其髮以待之。今之不沐，由無君子故也。○鄭唯婦人身自采綠不興爲異，餘同。○傳「興也」至「曰匊」。○正義曰：毛以婦人不當在外，故以爲興。終朝者，是終竟於朝，故至食時也。匊物必用兩手，故曰兩手曰匊。○箋「綠」至「於事」。○正義曰：綠若難得，不盈是常。今言其不盈，故爲易得而不滿，是其憂思不專也。以田漁之婦，則庶人之妻可自親采，故不從毛興也。○箋「禮婦」至「待之」。○正義曰：解所以曲卷者，禮，婦人在夫家當笄，此象骨之笄。今曲卷其法，則去其笄而不用，是婦人憂思深也。此訓言爲我，我君子也，我則沐以待之，此我義勢所加，非經言也。**終朝采藍，不盈一襜。**衣蔽前謂

之襜。箋云藍染草也○藍盧談反沈力甘反襜尺占反郭璞云今之蔽膝

五日爲期，六日不詹。詹至也婦人五日一御箋云婦人過於時乃怨曠五日六日者五月之日六月之日也期至五月而歸今六月猶不至是以憂思○詹音占○

【疏】終朝至不詹○毛以上二句與前同下二句言婦人五日一進御於夫言常時以五日爲御之期而望之至六日而不至尚以爲恨今日月長遠能無思乎舉近以喻遠也鄭以上二句爲賦也自與前同下二句言婦人本與夫以五月之日爲還期今六月之日而不至是爲行役過時所以怨曠憂思○傳衣蔽前謂之襜○正義曰釋器文也李巡曰衣蔽前衣蔽膝也○箋藍染草○正義曰以藍可以染青故淮南子云青出於藍月令仲夏無刈藍是可以染之草○傳婦人五日一御○正義曰內則云妾雖年未滿五十必與五日之御是傳之所據也傳以彼文不辨尊卑則通及庶人王肅云五日一御大夫以下之制傳意或然也其天子諸侯御之日數則傳無文焉婦人之思夫必過時乃怨曠毛雖云五日一御不必夫行六日便即怨也當是假御之期日以喻過時耳孔晁曰傳因以行役過時刺怨曠也故先序家人之情而以行役者六日不至爲過期之喻非止六日毛意當然也鄭五日之御則不然故內則注

云五日一御諸侯制也諸侯取九女姪娣兩兩而御則三日次兩媵則四日次夫人專夜則五日也是鄭以五日爲諸侯制非大夫以下御婦人之日限也其天子則天官九嬪掌婦學之法以教九御注云自九嬪以下九九而御於王凡羣妃御見之法月與后妃其象也卑者宜先尊者宜後女御八十一人當九夕世婦二十七人當三夕九嬪九人當一夕三夫人當一夕后當一夕亦十五日而徧云自望後反之孔子云日者天之明月者地之理陰契制故月上屬爲天使婦從夫故月紀是鄭差後宮之數爲天子御日之文也以御女八十一人而言九御知當九夕以數準之故九嬪以下皆九人當一夕也夫人自然三人當一夕是十五日一徧與望數相當故云然亦者亦望之日數以其相當故因引孔子之言以證之后皆取其盛者故知卑者宜先謂月初也望後則月光盛故知反之是以內則之注亦先始娣從卑者起由準此也諸侯夫人則亦望前先卑望後先尊至望而夫人三進望後亦如之以此推之則大夫一妻二妾二日一御士有妾二日一御庶人多無妾其妻每夜而進之此所以與毛異也○箋婦人至憂思○正義曰箋解婦人所以怨曠之意由過時故也則此過時之言故不爲日數也雖言以日爲喻五日一御非庶人之禮又其喻懸而不愜故易傳云五日六日者五月之日六月之日是期至五月而歸今六月猶不至是過時所以爲憂思也○

之子于狩，言韔其弓。之子于釣，言綸之繩。箋云之子是子也謂其君子也于往也綸釣繳也君子往狩與我當從之爲之韔弓其往釣與我當從之爲之繩繳今怨曠自恨初行時不然○狩尺救反韔勑亮反弢也沈治亮反本亦作鬯釣音弔綸音倫繳音灼亦作故同與音餘下同爲于僞反下同○

【疏】之子至之繩○正義曰婦人既思夫不見悔本不隨之共行云我本應與之俱去若是子之夫往狩與我當與之韔其弓謂射訖與之弛弓納于韔中也是子之夫往釣與我當與之綸之繩謂釣竿之上須繩則已與之作繩今不見而思故悔本不然○箋綸釣繳○正義曰釋言云緍綸也則綸是繩名弋是繫繩於矢而射謂之繳射則釣繳者謂繫於釣竿也經云言綸之繩謂與之作繩此猶今人接綎謂之繩綎也說文云繳生絲縷也則釣與弋射其繩皆生絲爲之○

其釣維何？維魴及鱮。維魴及鱮，薄言觀者。箋云觀多也此美其君子之有技藝也釣必得魴鱮魴鱮是云其多者耳其衆雜魚乃衆多矣○魴音防鱮音敘觀古玩反注同韓詩作覩技其綺反○

【疏】其釣至觀者○正義曰既恨不從君子狩釣故此又說其釣之技上兼有狩此偏言釣者因上釣文在下接而申之耳此不從之行而知其獲多者言本在家之釣非謂役中時也俗本作觀覩誤也定本集注並作多

采綠四章，章四句

黍苗，刺幽王也。不能膏潤天下，卿士不能行召伯之職焉。陳宣王之德召伯之功以刺幽王及其羣臣廢此恩澤事業也○膏古報反下同召上照反注及下同○

【疏】黍苗五章章四句至之職焉○正義曰作黍苗詩者刺幽王也以幽王不能如陰雨膏澤潤及天下其下卿士又不能行召伯之職以勞來士衆臣之廢職由君失所任故陳召伯之事以刺之也膏潤者以君之恩惠及下似雨澤之潤於物然水之潤物又似脂膏故言膏潤也此敘君臣互文以相見言卿士不能行召伯之職則王不能膏潤天下謂不能如宣王也以經言召伯不言宣王故敘因而互文以見義也此皆反經而敘之首章上二句是宣王之能膏潤也下二句以盡卒章皆召伯之職也言卿士不能行則召伯時爲卿士矣故國語韋昭注云召公康公之後卿士也左

傳服虔注云召穆公王卿士是也經言召伯亦作上公爲二伯以兼卿士耳○箋陳宣至事業○正義曰召伯之爲卿士宣王時也故知陳宣王之德召伯之功以刺幽王及其羣臣廢此恩澤事業也膏潤是恩澤召伯之職是事業故並言焉

芃芃黍苗陰雨膏之興也芃芃長大貌箋云興者喻天下之民如黍苗然宣王能以恩澤育養之亦如天之有陰雨之潤○芃蒲東反一音扶雄反長張丈反**悠悠南行召伯勞之**悠悠行貌箋云宣王之時使召伯營謝邑以定申伯之國將徒南行衆多悠悠然召伯則能勞來勸說以先之○勞力報反注及下篇注同營謝一本作營謝邑將徒役一本作將師旅來音賚說音悅又始說反〔疏〕芃芃至勞之○正義曰言芃芃長大者是黍苗也此黍苗所以得長大者天以陰雨之澤膏潤之故也以與宣王之時悅樂者是衆人也此衆人所以得悅樂者由王以恩惠之澤養育之故也以黍苗之仰膏雨猶衆人之仰恩惠是宣王能膏潤天下今王不能然故舉以刺之又其時之人在國則蒙君之恩澤其行又得臣之勞來故言悠悠衆多而南行者是營謝邑之人召伯則又能勞來勸悅以先之言知人之勞苦也今幽王之時人苦而臣不知又刺之○箋宣王至先之○正義曰以嵩

高言王命召伯定申伯之宅又曰因是謝人與四章肅肅謝功相當故知此南行謂宣王之時使召伯營謝邑以定申伯之國將徒役南行也此言南行是舉其始去而勞之故言召伯則能勞來勸悅以先之謂閔其勤勞身先其苦也我行既集蓋云歸哉謂事訖而勞之○

我任我輦我車我牛我行既集蓋云歸哉任者輦者車者牛者箋云集猶成也蓋猶皆也營謝轉餫之役有負任者有輓輦者有將車者有牽傍牛者其所爲南行之事既成召伯則皆告之云可歸哉刺今王使民行役曾無休止時○任音壬注同輦力展反沈連典反餫音運輓音晚傍薄浪反爲于僞反〔疏〕我任至歸哉○正義曰上言南行爲摠此言行中之別從召伯之南行其轉運謂有我負任者我輓輦者我將車者我牽傍牛者我召伯所爲南行之事既成謂營謝畢召伯則皆告之云可歸哉言宣王之時功役有期臣司其職今王役無休止臣廢其事故刺之○傳任者至牛者○正義曰傳言此四者明任輦車牛則各有其人故事別應言之○箋蓋猶至止時○正義曰蓋者疑辭亦爲發端孝經諸言蓋者皆示不敢專決祇記禮器云蓋道求而未之得也檀弓云蓋有受我而厚之是發端也此詩人指事而述非有可疑事在末句不爲發端而

其上歷陳四事故爲皆也下章美召伯營謝之功任輦車牛是轉運所用故營謝邑轉運之役也有負任者謂器物人所負持生民云是任是負文別爲二故箋以任爲抱此一者以相對則任在前負在背此任謂人所提荷隨其所在摠之皆爲任也輦車人輓以行故云輓輦者有將車者此轉運載任則是大車以駕牛者也有牽傍牛者秋官罪隸職云凡封國若家牛助爲牽傍鄭司農云凡封國若家謂建諸侯立大夫家也玄謂牛助國以牛助轉徙也罪隸牽傍之在前曰牽在旁曰傍此營謝即封國也宜使罪隸牽其牛也既云將車者車中有牛而將之而別云牽傍牛者此牛在轅之外不在轅中故別牽傍之地官牛人云凡軍旅行役共其兵車之牛與其牽傍以載公任器注云牽傍在轅外輓牛也人御之彼雖非封國要牽傍亦在轅外以此知不與將車同也箋以召伯所勞當是勞人故歷言其事以表其名自別人又以罪隸之方參之知牛爲牽傍與車不同也此舉其歸反以刺今使人行役曾無休止之時下章從此可知故略焉○

我徒我御我師我旅我行既集蓋云歸處徒行者御車者師者旅者箋云步行曰徒召伯營謝邑以兵衆行其士卒有步行者有御兵車者五百人爲旅五旅爲師春秋傳曰諸侯之制

君行師從卿行旅從○士卒尊忽反一本作士衆從才用反下同○〔疏〕傳徒行至旅者○正義曰傳亦見四事○別而分以言之旅屬於師徒行御車還是師旅之人而經別之者以其所司各異故亦歷言以類上章也釋訓云徒御不驚以徒爲輦者也此上我輦異章故知徒行也○箋召伯至旅御○正義曰此言師旅故云以兵衆行其士卒有徒行者有御車者五百人爲旅五旅爲師夏官序文春秋傳曰君行師從卿行旅從定四年左傳文彼文無諸侯之制一句鄭亦以義言之明天子之卿與諸侯同故有師也彼傳君行師從謂嘉好之事服虔云謂會同杜預云謂朝會此雖作役非征伐故同嘉好之事也○

肅肅謝功召伯營之烈烈征師召伯成之謝邑也箋云肅肅嚴正之貌營治也烈烈威武貌征行也美召伯治謝邑則使之嚴正將師旅行則有威武也

原隰既平泉流既清召伯有成王心則寧土治曰平水治曰清箋云召伯營謝邑相其原隰之宜通其水泉之利此功既成宣王之心則安也又刺今王臣無成功而亦心安○治直吏反下同○相息亮反○〔疏〕傳土治至曰清○正義曰此下傳亦然五土有十等獨言原隰者以其最利於人故

特言之

黍苗五章章四句

隰桑刺幽王也小人在位君子在野思見君子盡心以事之［疏］隰桑四章章四句至事之○正義曰君子在野經上三章上二句是也言小人在位無德於民是亦小人在位之事也思見君子盡心以事之者即上三章下二句及卒章是也

隰桑有阿其葉有難 興也阿然美貌難然盛貌有以利人也箋云隰中之桑枝條阿阿然長美其葉又茂盛可以庇廕人興者喻時賢人君子不用而野處有覆養之德也正以隰桑興者反求此義則原上之桑枝葉不能然以刺時小人在位無德於民○難乃多反庇必利反又彼備反廕於鴆反 既見君子其樂如何 箋云思在野之君子而得見其在位喜樂無度○樂音洛注下皆同

［疏］隰桑至如何○正義曰言隰中之桑枝條其阿然而長美其葉則其難然而茂盛其下可以庇廕人往息者得其涼也以興野中君子其身有美德可以覆養人事之者蒙其利也既隰中之桑盛如此則原上之桑不能然是不可以庇蔭也猶野中君子德如是則在位小人不能然爲不能覆養也由小人在位而無德故令思見在野君子而尊事之若既得見在野之君子置之於位我則其爲喜樂知復如何乎言其樂之甚也○傳阿然至利人○正義曰阿那是枝葉條垂之狀故爲美貌難爲葉之茂沃言葉之柔幽是葉之色言桑葉茂盛而柔軟則其色純黑故三章各言其一也由葉茂而蔭厚所以庇蔭人息者得其涼之利故言難然有以利人言有此蔭涼以利人以喻君子之亦有德澤以利人也○箋隰中至於民○正義曰以有阿之下別言其葉則阿非葉狀故枝條長美菀柳云不尚息焉則知舉此茂美亦取庇蔭爲喻故與在野君子有覆養之德也知反求此義者以序言小人在位君子在野爲相對今舉隰而無原故知有反求之義以比小人無德於民矣詩中單言隰者多矣若隰有萇楚不必反以對原雅義所在故不同故夏書傳曰下濕曰隰隰桑非能水之木而言隰桑美者以桑不宜在停水之地宜在隰潤之所隰之近畔或無水而宜桑以今驗之實然者也

隰桑有阿其葉有沃 沃柔也○沃烏酷反 既見君子云何不樂 隰桑有阿其葉有幽 幽黑色也○幽於糾反 既見君子德音孔膠 膠固也箋云君子在位民附仰之其教令之行甚堅固也○膠音交 心乎愛矣遐不謂矣中心藏之何日忘之 箋云遐遠謂勤藏善也我心愛此君子君子雖遠在野豈能不勤思之乎宜思之也我心善此君子又誠不能忘也孔子曰愛之能勿勞乎忠焉能勿誨乎○臧鄭子郎反王才郎反［疏］箋孔子至誨乎○正義曰引論語者彼以中心善之不能無誨此則中心善之故心不能忘其義略同故引以爲驗

隰桑四章章四句

白華周人刺幽后也幽王取申女以爲后又得褒姒而黜申后故下國化之以妾爲妻以孽代宗而王弗能治周人爲之作是詩也 申姜姓之國也褒姒褒人所入之女姒其字也是謂幽后孽支庶也宗適子也王不能治己不正故也○華音花取七喻反孽魚列反爲于僞反適音的

［疏］白華八章章四句至是詩○正義曰白華詩者周人所作以刺幽王之后也幽王之后褒姒也以幽王初取申女以爲后後得褒姒而黜退申后褒姒妾也王黜申后而立之由此故下國諸侯化而傚之皆以妾爲妻以支庶之孽代本適之宗而幽王弗能治而正之使天下敗亂皆幽后所致故周人爲之而作白華之詩以刺之也申后之黜幽王所爲而刺褒姒者言刺褒姒則幽王之惡可知以褒姒媚惑以至使申后見黜故詩人陳申后之被疏遠以主刺后姒也帝王世紀云幽王三年納褒姒八年立以爲后則得在三年而黜申后在八年此詩之作在見黜之後經八章皆言王遠申后是得褒姒而黜申后之事也下國化之即五章鼓鐘于宮聲聞于外是也此詩主刺王之遠申后但王爲此行則爲下國所化故經略文以見意序具述其事以明之○箋申姜至正故○正義曰欲明申爲國名故云姜姓之國褒姒褒人所入之女國語史記有其事褒國姒姓言姒其字者婦人因姓爲字也以申褒皆爲王后故辨之云是謂幽后以其被刺明褒姒矣孽者蘖也樹木斬而復生謂之蘖以適子比根幹庶子比支孽故孽支庶也中候曰無易樹子注云樹子適子玉藻云公子曰臣孽注云孽當爲枿文王曰本支百世是適子比樹本庶子比支孽也宗適子者以適子當爲庶子之所

宗故稱宗也王以褒姒代申后下國化之正以妾爲妻耳於言以孽代宗者既以妾爲妻母愛者子伯服則妾之所生代適子故連言之鄭語云而變是女使至於爲后而生伯服又曰王欲殺太子必求之申是幽王亦以伯服代太子故爲下國所化也天子執生殺之柄所以不能治下國者以己不正故也昭四年左傳椒舉云無瑕者可以戮人是己不正不可以治人也

白華菅兮白茅束兮 興也白華野菅也已漚爲菅箋云白華於野已漚名之爲菅菅柔忍中用矣而更取白茅收束之茅比於白華爲脆興者喻王取於申申后禮儀備任妃后之事而更納褒姒褒姒爲孽將至滅國○菅音姦漚烏候反柔也忍音刃脆七歲反又音毳任如后音壬一本作任王后

之子之遠俾我獨兮 箋云之子斥幽王也俾使也王之遠外我不復荅耦我意欲使我獨也老而無子曰獨後褒姒譖申后之子宜咎奔申○遠于願反下注遠善同又如字注及下皆同俾必爾反復扶又反譖側鴆反咎音樞

【疏】白華至獨兮○毛以爲言人刈白華已漚以爲菅又取白茅纏束之兮是二者以絜白相束而成用興婦人有德已納以爲妻兮又用禮道申束之兮是二者以恩禮相與而成嘉禮者即端成絜白之謂令之子幽王遠外我申后不復荅耦我意欲使我獨老而無子兮是不以絜白恩禮相申束使已菅茅之不如也○鄭以爲言人既刈白華已漚爲菅柔韌中用兮何爲更取白茅收束之兮以白茅代白華則脆而不堪用也以興王既聘申女已立爲后禮儀充備兮何爲更納褒姒變寵之兮以褒姒代申后則妬而將滅國也寵褒姒以黜申后似取白茅而弃韌菅故以爲喻餘同○傳白華至爲菅○正義曰白華野菅釋草云芏菅白華一名野菅郭璞曰茅屬也此白華亦是茅之類也漚之柔韌異其名謂之爲菅因謂在野未漚者爲野菅也王肅云白茅束白華以興夫婦之道宜以端成絜白相申束然後成室家也傳意或然○箋白華至滅國○正義曰箋以序言得褒姒而黜申后明以菅茅相比故以韌脆爲喻以菅漚之明韌也茅不漚故脆也言取白茅收束之言收束以擬用非以束白華也茅雖比菅爲脆其實茅亦不可用七月云晝爾于茅宵爾索綯是茅可以爲索興者以善惡相比爲喻耳○箋之子至弃申○正義曰遠是遠申后故之子斥幽王以遠即連言獨故以不復荅耦解之也老而無子曰獨王制文也其後褒姒譖申后之子宜咎宜咎奔申解其獨之意以申后雖有子王用褒姒之讒使之奔申是王欲殺之而使申后無子採王此意故雖有子亦名爲獨也

英英白雲露彼菅茅 英英白雲貌露亦有雲言天地之氣無微不著無不覆養箋云白雲下露養彼可以爲菅之茅使與白華之菅相亂易猶天下妖氣生褒姒使申后見黜○英如字韓詩作泱泱同

天步艱難之子不猶 步行猶可也箋云猶圖也天行此艱難之妖久矣王不圖其變之所由爾昔夏之衰有二龍之妖卜藏其漦周厲王發而觀之化爲玄黿童女遇之當宣王時而生女懼而棄之後褒人有獄而入之幽王幽王嬖之是謂褒姒○夏戶雅反漦士其反沫也又尸醫反爾雅云漦盝也盝音鹿黿音元嬖補悌反又必計反

【疏】英英至不猶○毛以爲上既言王不以禮已失菅茅申束之義故因言菅茅之蔞養英英然者是鮮潤之白雲下露潤彼菅之與茅使之得長是天地之氣無微不著無不覆養然天不遺物尚養彼菅茅天何爲獨行艱難於我申后令之子幽王不可於我而見黜退不得覆養是菅茅之不如也○鄭以爲英英之白雲降露潤養彼可以爲菅之白茅使與白華之菅相亂易猶蒼天下妖氣生彼可以爲后之褒姒令與申后相換代也天生褒姒以惑周若雲之養茅以亂用則爲天下之妖然其妖本自夏世以至於周時是天行此艱難之妖久矣之子幽王何故不圖其變之所由來而寵之以代后將至於滅國乎○傳英英至覆養○正義曰以英英連白雲故爲白雲貌言露亦有雲者以雨必有雲言亦亦雨也以今觀之有雲則無露無雲乃有露言露亦有雲者露雲氣微不映日月不得如雨之雲耳非無雲也若露濃霧合則晴旦爲昏亦是露之雲也霜露所霑是天地之氣故言天地之氣無微不著謂養萌芽以成大無不覆養巨細皆潤之故菅茅悉蒙養也○箋白雲至見黜○正義曰箋以上章言取茅而棄菅喻寵褒姒而黜申后故此章又申之言天養彼可以爲菅之茅使茅與白華相亂易猶天下妖氣生褒姒使申后見黜退以此喻爲切故易傳也○傳步行猶可○正義曰舉足謂之步故爲行也猶可釋言文王肅云天行艱難使下國化之以倡爲不可故也侯苞云天行艱難於我身不我可也如肅之言與上章不類今以侯爲毛說○箋天行至褒姒○正義曰上既以露雲養茅喻天生褒姒從來爲遠故言天行艱難以結之言天行艱難之妖久矣責王不圖其變之所由也若然天故行妖以滅周則非所能拒而令王圖之者以天時人事理亦相符若人能改脩德行則可妖變爲祥太戊桑穀即其事也且王興滅實有天期要忠臣烈士不可委之上天默然不諫龍逢比干皆伏死以爭故詩人諷詠亦勸王之謀也昔夏之衰以下之事皆出外傳鄭語曰宣王之時童謠曰檿弧箕服實亡周國於

是宣王聞之有夫婦鬻是器王使執而戮之府之小妾生女而非王子也懼而弃之此人也收以奔褒褒人有獄而以為入天之命此久矣其何為乎訓語有之曰夏之衰也褒人之神化為二龍以同于王庭而言曰余褒之二君也夏后卜殺之與去之與止之莫吉卜請其漦而藏之吉乃布幣焉而策告之龍亡而漦在櫝而藏之及殷周莫之發也厲王之末發而觀之漦流於庭不可除王使婦人不幃而譟之化為玄黿以入于王府府之童妾未既齔而遭之既笄而孕當宣王而生不夫而育故懼而弃之為弧服者方戮在路夫婦哀其夜號也而取之以逸逃于褒褒人有獄而以為入于王而變是女使至於為后而生伯服此其文也彼韋昭注曰褒人褒君其處曰同二君二先君也漦龍所沫龍之精氣也厲王之末流彘之歲也褒正幅曰幃譟讙呼也黿或為蚖蚖蜥蜴也毀齒曰齔未既齔毀未畢也女七歲而毀齒孕妊身也女十五而笄也由此言之昭以黿非陸地之物故云或為蚖蜥蜴也以其言未故為流彘之歲若流彘之後則越去王都不得復觀之矣帝王世紀以為幽王三年嬖褒姒褒姒年十四若然則宣王立四十六年崩是先幽王之立十一年而生其生在宣王三十六年也厲王流彘之歲為共和十四年而後宣王立自宣王三十六年上距流彘之歲為五十年流彘時童妾七

詩疏十五之二　十五

歲則生女時母年五十六凡在母腹五十年其母共和九年而笄年十五而孕自孕後尚四十二年而生作為妖異故不與人道同**滮池北流浸彼稻田**滮流貌箋云池水之澤浸潤稻田使之生殖喻王無恩意於申后滮池之不如也豐鎬之間水北流○滮符彪皮休二反浸子鴆反字亦作寖殖市力反鎬戶老反**嘯歌傷懷念彼碩人**箋云碩大也妖大之人謂褒姒也申后見黜褒姒之所為故憂傷而念之○歗音嘯本亦作嘯妖古卯反本又作妖一音於驕反○

疏箋池水至北流○正義曰以浸者濛潤之言稻又能水之物此刺申后見黜而以此喻之故知池水之澤浸潤稻田使之生殖喻王無恩於申后滮池之水不如也言其北流是目所覩見此詩周人所作則此池是周地之水故云豐鎬之間水北流文王有聲箋云豐在豐水西鎬在豐水東然則豐水之間唯豐水耳而謂之池者家語云今池水之大誰知非泉焉召旻曰池之竭矣不云自頻則池者下田畜水之處且言浸者不得在豐水之中則此池在豐水之左右其池汙下引豐以溉灌故言浸彼稻田也池水當得停而亦言北流者以池上引豐水亦北流浸灌既訖又決而入豐亦為北流鄭直云水北流不指言豐明池水亦北流也○箋碩大至念之○正

義曰以此嘯傷而思之是念其不當然也又言彼以外之故知謂褒姒褒姒而言大人故言為妖大之人王肅云碩人謂申后也孫毓云申后廢黜失所故嘯歌傷懷念之而勞心毛既不為之傳意當與鄭同○**樵彼桑薪卬烘于煁**卬我烘燎也煁烓竈也桑薪宜以養人者也箋云人之樵取彼桑薪宜以炊饔饎之爨以養食人桑薪薪之善者也我反以燎於烓竈用炤事物而已喻王始以禮取申后禮儀備今反黜之使為卑賤之事亦猶是○樵但焦反卬五綱反烘火東反徐又音洪說文巨凶甘凶二反孫炎音恭煁市林反燎音了又力弔力召二反烓音恚又上珥反郭云三隅竈也說文云行竈也呂沈同音口潁反何康瑩反顧野王口井烏攜二反炊昌垂反注同饔於恭反饎尺志反爨七亂反食音嗣炤音照卑如字下又卑兮反幷注同**維彼碩人實勞我心**

疏樵彼至我心○正義曰有人樵取於彼桑木之薪不以炊爨云我用之燎於煁竈炤物而已桑薪薪之善者宜以炊爨而養人今不以炊爨反燎于煁竈失其所也以興幽王娉納彼申國之女不以為后反黜之使為卑賤之事而已申女之有德宜居王后之位而母養天下今不以當尊反黜為卑賤非其宜矣申后之見黜褒姒之由故惡褒姒言彼妖

詩疏十五之二　十六

大之人褒姒由此而廢申后實勞病我之心○傳烘燎至養人○正義曰烘燎釋言文舍人曰烘以火燎也釋言又云煁烓也舍人曰煁烓竈也郭璞曰今之三隅竈也然則烓者無釜之竈其上燃火謂之烘本為此竈上亦燃火照物若今之火爐也以桑薪為善比之申后言宜以養人猶申后宜以母養天下也○箋人之樵取至亦猶是○正義曰少儀云抱樵注云未燃則樵者薪之一名但諸事皆反其名以名其事此樵彼桑薪猶薪是穫薪也此以燎煁為不宜明其宜炊爨也故知宜饔饎之爨饔以亨肉饎以炊飯變言之也亨肉亦言炊者以炊燃火之名故可以通焉以為美食故可以養人申毛義也以桑薪之善故喻申后之禮儀也申后為后得以養人為喻者以后正位於內則化行於外天下蒙澤而得其利是母而養之故為喻也○**鼓鐘于宮聲聞于外**有諸宮中必形見於外箋云王失禮於外而下國聞知而化之王弗能治如鳴鼓鐘於宮中而欲外人不聞亦不可止○聞音問見賢遍反○**念子懆懆視我邁邁**邁邁不說也箋云此言申后之忠於王也念之懆懆然欲諫正之王反不說於其所言○懆七感反說文七倒反云愁不申也亦作慘慘邁如字韓詩及說文並作怖怖孚吠反又孚葛反又匹代反韓詩云

意不説好也許云很怒也説音悅下同。【疏】鼓鍾至邁邁。正義曰言有人鼓擊其鍾于宮內其聲必聞于外擊鍾而欲外之不聞不可得也以興王既廢黜其后于宮內其化必流于天下廢后而使天下之不做王亦不可得也言王之失德將化流天下何以廢申后乎又言申后之忠於王申后念子幽王之惡慘慘然欲諫正之是其可愍何爲王反視我申后邁邁然不悅其所言乎。箋此言至所言。正義曰邁邁是不悅之狀爲王所不悅者雖申后耳故以我爲申后反以相對故以子爲幽王慘慘非説順之辭故知欲諫正王惡是其忠也因諫而邁邁是不悅其所言也

有鶖在梁有鶴在林鶖禿鶖也箋云鶖也鶴也皆以魚爲美食者也鶖之性貪惡而今在梁鶴絜白而反在林興王養褒姒而餧申后近惡而遠善。鶖音秋鳥名鶴呼各反禿吐木反絜音結餧奴罪反近附近之近**維彼碩人實勞我心**【疏】有鶖至我心。正義曰有禿鶖之鳥在於魚梁之上有鳴鶴之鳥在於林木之中然鶖也鶴也皆以魚爲美食鶖之性貪惡而今在梁以食魚鶴之鳥絜白而反在林中以飢困以其有褒姒之身在於寵位有申后之身反在卑微然褒也申也皆以后爲尊貴褒姒性邪佞今在位而得寵申后備禮儀反卑

賤而飢餧言王近惡而遠善非其宜也以此維彼妖大之人實勞亂我之心曲矣。箋鶖也至遠善。正義曰此舉二鳥明喻二人易稱鳴鶴在陰是善鳥也故喻申后鶖實惡鳥以興褒姒今鶖言梁鶴言林是舉鶖在梁得魚對鶴在林無魚故知皆以魚爲美食爲喻也既以食爲喻故知喻所養言王養褒姒而餧申后是近惡而遠善近者養之遠則餧之故又以近遠言之猶梁林非一處者也。

鴛鴦在梁戢其左翼箋云戢斂也斂左翼者謂右掩左也鳥之雌雄不可別者以翼右掩左雄左掩右雌陰陽相下之義也夫婦之道亦以禮義相下以成家道。別彼列反下遐嫁反下同**之子無良二三其德**箋云良善也王無荅耦已之善意而變移其心志令我怨曠。○令力成反【疏】鴛鴦至其德。正義曰以王非義黜后故以義責之言有鴛鴦之雄鳥在於魚梁尚斂其左翼是左翼斂在右翼之下爲雄下雌之義故恩情相好以成匹耦以興夫妻聚居男當有屈下於女爲陽下陰之義故能禮義相與以成家道今幽王何爲不卑下申后以成夫婦乎之子幽王反無荅耦我申后之善意秉心不一而二三其行以爲於德變易其心志今我申后怨曠失鴛鴦斂翼相下之義也。箋斂左至家道。正義曰言斂其左翼是左翼在下故知謂右掩左也鳥之雌雄不可別者以翼知之右掩左雄左掩右雌皆釋鳥文也以陰陽相下故似夫婦之道亦以禮義相下以成家道也此經戢其左翼據雄者而言喻幽王當下申后耳故其言不及雌但鄭因右掩左而欲辨其雌雄故并引爾雅而解之見夫婦皆當相下也男有下女之禮者即就而親迎之類是也周易艮下兌上咸爲夫婦之卦其彖曰止而説男下女也

有扁斯石履之卑兮扁扁乘石貌王乘車履石箋云王后出入之禮與王同其行登車以履石申后始時亦然今也黜而卑賤。扁邊顯反又必淺反。**之子之遠俾我疧兮**疧病也箋云王之遠外我欲使我困病。疧徐都禮反又祁支反。【疏】有扁至疧兮。正義曰作者以王黜申后故覩其昔日所乘之石而傷之言有扁扁然升之以乘車者此石也申后當履之今忽然見黜而卑不復得履之是其所以可傷也之子幽王之遠外我申后欲使我申后困病兮故傷之。傳扁扁至履石。正義曰有扁斯石文連履之故知扁乘石貌乘車之時履此石而上故謂此石爲乘石上車履石之貌扁扁然也又言王乘車履石者言乘車之得履石雖王爲然今申后履之是其貴時與王同故繫王言之夏官隸僕云王行則洗乘石鄭司農云乘

石所登上車之石也即此詩有扁斯石履之卑兮謂上車所登石是也

白華八章章四句

附釋音毛詩注疏卷之十五（十五之二）

黄中栻栞

毛詩注疏挍勘記（十五之二）　阮元撰盧宣旬摘錄

○都人士

無隆殺也　小字本相臺本同案正義云定本隆作降釋文云俗本作降

士女涽慫　閩本明監本毛本同案慫當作悆

則草莽野□人之服　閩本明監本毛本不空案此當有脫字

琇美石也　小字本相臺本同案正義云俗本琇實美石者誤也今定本毛無實字考文古本有采正義

我不見兮　唐石經小字本相臺本同案釋文云第二章作不見後三章作弗見一本四章同作不字考文古本作弗采釋文但在我心苑結下未明屬何章也

我心苑結　唐石經小字本相臺本同閩本明監本毛本同案釋文云菀於粉反羣經音辨菀積也詩我心菀結正義云我心爲之菀然盤屈如繩索之爲結矣又云後更菀結標起止云至菀結是其本亦作菀十行本正義中作菀不誤菀結卽素冠之蘊結以菀字爲是考文古本作菀采釋文正義

則與諸侯之同名　閩本明監本毛本同案同名當作名同誤倒也

○采綠

妾雖年未滿五十　明監本毛本年下衍老字閩本剜入案此正義不備引也

九嬪九人當一夕三夫人當一夕　閩本明監本毛本同案十行本上九至下八剜添者二字此當云女御八十一當九夕世婦二十七當三夕九嬪當一夕三夫人當一夕正義引鄭注如此所剜添者皆非

婦從夫故月紀　明監本毛本同案山井鼎云故恐放誤是也

謂繫於釣竿也　閩本明監本毛本繫下有緡字案所補是也

○黍苗

將徒南行　補小字本相臺本徒下並有役字案釋文云一本作將師旅正義本當是徒役

營謝轉餫之役　小字本相臺本同案釋文云餫音運本又作運正義云任輦車牛是轉運所用故營謝邑轉運之役也是其本作運依此大東箋有轉餫其本與此當同正義中亦是運字今本後人改也考文古本作運采釋文正義

以表其名自別人　閩本明監本毛本同案浦鏜云名當各字誤是也下以其所司各異十行本誤與此同

又以罪隸之方參之　補方各本皆作文案文字是也

故故略爲　閩本明監本毛本不重故字案下故字當作箋輒删者非

○隰桑

盡心以事之　小字本相臺本同唐石經初刻之下有也字後磨去考文古本有偶合也

言小人在位無德於民　閩本明監本毛本位下有雖經無所當而首章箋反求此義則原上之桑不能然以刺時小人在位案山井鼎云宋板脫此廿八字非也此不當有

枝條其阿然而長美　閩本明監本毛本同案其當作甚形近之譌下則甚難然十行本誤同

阿那是枝葉條垂之狀　閩本明監本毛本同案葉當作長下文可證

中心藏之　小字本相臺本同唐石經初刻同後磨改藏作臧案釋文云臧之鄭子郎反善也王才郎反是唐石經依鄭義磨改也羣經音辨艸部云藏善也鄭康成讀宋時釋文舊本新本不同賈所見本字或作藏故云然考鄭訓善自當不從艸而藏字在說文新附卽王義亦未必不仍爲臧有艸者非也考文古本作臧采釋文

○白華

庶子比支孽　閩本明監本毛本同案浦鏜云孽當作櫱下支孽同是也

母愛者子伯服　閩本明監本毛本同案伯服當作抱矣二字此未論伯服也伯服在下不知者所誤改也

任姒后之事　小字本相臺本同案釋文云任姒后一本作任王后正義本無可考考文古本作姒后倒誤也

白華野菅釋草云　閩本明監本毛本同案浦鏜云文誤云是也

亦是菅之類也　閩本明監本毛本之作菅案菅字誤也爾雅疏卽取此正作之

其實菅亦不可用　閩本明監本毛本同案亦當作非形近之譌

後褒人有獻　小字本同閩本明監本毛本同相臺本獻作獄考文古本同案獄字是也正義可證

漦龍所沫　閩本明監本毛本所下有吐字案所補是也

妖大之人　小字本相臺本同案此正義本也妖於驕反正義云褒姒而言大人故言爲妖大之人簡兮正義所引亦可證釋文本是姣大之人姣古卯反云本又作妖今各本釋文皆互誤毛居正易之是也此箋文承上箋故言其妖大無取姣義當以正義本爲長

始以禮取申后禮儀備　閩本明監本毛本同小字本相臺本重申后二字考文古本同案有者是也

注云未燃則樵者　閩本明監本毛本燃下有曰樵二字案所補非也此正義不備引

故知宜饔饎之爨　閩本明監本毛本宜下有炊字案所補非也

念子懆懆　唐石經缺小字本相臺本同案釋文云懆懆七感反說文七倒反云愁不申也亦作慘慘正義云慘慘然欲諫正之是正義本作慘慘也考釋文於正月北山抑皆云慘慘七感反北山又云字亦作懆月出云慘七感反所以與此詳略互見也五經文字云懆千到反見詩乃依此釋文而定其字當用懆也月出正月抑三篇皆作懆乃得韻考文古本作慘采正義釋文

以其有褒姒之身　閩本明監本毛本同案其當作典形近之譌

鳥之雌雄不可別者　小字本相臺本者誤也案釋文以不別作音是其本無可字正義本未有明文今無可考

以翼知之　閩本明監本毛本同案此不誤浦鏜云知之二字衍非也二字爾雅本無正義所添耳考文古本依以改箋則更誤

其行登車以履石　小字本同相臺本以作亦閩本明監本毛本同案亦字是也

今也黜而卑賤　小字本同閩本明監本毛本同相臺本也作見考文古本同案見字是也

俾我疧兮　小字本相臺本同唐石經疧作疷案疷字是也兒無將大車

卽此詩有扁斯石　閩本明監本毛本同案卽當作引形近之譌

附釋音毛詩注疏卷第十五（十五之三）

毛詩小雅　鄭氏箋　孔穎達疏

緜蠻微臣刺亂也大臣不用仁心遺忘微賤不肯飲食教載之故作是詩也微臣謂士也古者卿大夫出行士爲末介士之祿薄或困乏於資財則當賙贍之幽王之時國亂禮廢恩薄大不念小尊不恤賤故本其亂而刺之。緜蠻面延反下如字飲食上於鴆反下音嗣篇內皆同注如字介音界賙音周贍市豔反。〔疏〕緜蠻三章八句至是詩。正義曰緜蠻詩者周之微賤之臣所作以刺當時之亂也以時大臣卿大夫等皆不用仁愛之心而多遺棄忽忘微賤之臣至於共行不肯飲食教載之謂在道困乏之渴則不與之飲飢則不與之食不教之以事不載之以車大不念小尊不恤賤是國政昏亂所致故作是緜蠻之詩以刺之也言刺亂者不爲已困而私以責人是王法爲失故言亂也大臣不用仁心遺忘微賤敍其爲亂之意於經爲摠指而言之經三章上四句是也不肯飲食教載之爲三章下四句是也由其不然故經所以反而責之不言誨之者以教誨相對則爲二散則相兼故略之以便文。箋微臣至刺之。正義曰以微臣臣之微賤者唯士爲然府史則官長辟除不在臣例大夫則爵尊祿重是爲大臣故知臣謂士也士之作詩亦應多矣此篇獨言微臣者以爲此大臣遺忘微賤而刺之義取於微故言之也又解所以怨大臣遺忘之者以古者卿大夫出行士爲末介以士之祿薄或困乏資財則當賙贍之以不賙餼爲遺忘也知士爲末介者以爲賓而作介猶爲主而作擯以聘禮及聘義皆言士爲紹擯繼於卿大夫之末爲末擯故知出行作末介也王制說班祿之法下士食九人中士十八人上士三十六人公私雜費有不足故云士之祿薄或困乏於資財也言或容有不困者也大臣不用仁心非王身之過列於王雅而言刺亂故解其所由自幽王之時國亂禮廢以下是也

緜蠻黃鳥止於丘阿興也緜蠻小鳥貌丘阿曲阿也鳥止於阿人止於仁箋云止謂飛行所止託也興者小鳥知止於丘之曲阿靜安之處而託息焉喻小臣擇卿大夫有仁厚之德者而依屬焉。處昌慮反。道之云遠我勞如何飲之食之教之誨之命之彼後車謂之載之箋云在國依屬於卿大夫之仁者至於爲末介從而行道路遠矣我罷勞則卿大夫之恩宜如何乎渴則予之飲飢則予之食事未至則豫教之臨事則誨之車敗則命後車載之後車倅車也。罷音皮下同倅七對反副車。〔疏〕緜蠻至載之。正義曰言緜蠻然而小者是黃鳥也此黃鳥飛行則止于丘阜之曲阿安靜之處者而自託息焉以興微賤者小臣也我小臣之動止亦當擇大臣有仁厚愛養之德者而自依屬焉既擇大臣之仁者依屬焉至於大臣聘使則爲末介從之而行其道路之上亦云遠矣我罷勞矣則卿大夫之恩宜如何乎渴則當飲之飢則當食之事未至則教之臨事則誨之車敗則命彼在後之倅車謂之使載之大臣之於小臣其義當然今大臣何爲遺忘己而不肯飲食教載之。傳緜蠻至於仁。正義曰緜蠻文連黃鳥黃鳥小鳥故知緜蠻小貌釋丘云非人爲之丘李巡曰謂非人力所爲自然生爲丘也釋地云大陵曰阿則丘之與阿爲二物矣而以丘阿爲曲阿者以下丘側丘隅類之則丘阿非二物也卷阿云有卷者阿知丘阿是丘之曲中也此爲大臣無仁心而作故知鳥止於阿似人止于仁。箋止謂至屬焉。正義曰鳥必飛而後止故知止謂飛行所止託也以鳥是有畏之物故知取安靜之處而託息焉大學注云鳥知擇岑蔚安閒而止處之與此同也此黃鳥刺大臣不用仁心故知喻小臣當擇卿大夫有仁厚之德者而依屬焉小臣而得擇大臣依之者以臣雖君之所賢而貴賤不等小臣當依屬大臣論語云事其大夫之賢者友其士之仁者是以得以己情擇而依之也然則此微臣自擇不得人而責之者己本親之冀其恤己但當時國亂禮廢臣皆不仁已雖擇之猶不免困所以刺上也。箋在國至倅車。正義曰此微臣隨大臣而行言道之云遠是必聘使諸國故爲介從也聘問之介當是君所命遣而得自以己意在國依屬出則從行者或使主所自引或君知其依屬而遣之也言飲之食之教之誨之載之四者語便之當故隨文爲次教誨雖於人無費而無仁心亦不肯也故論語曰愛之能勿勞乎忠焉能勿誨乎是不愛則不誨也教誨一也別言之事有至與未至故箋因其文之先後而分以充之云事未至則豫教之臨事則誨之從行遠道不應初即無車故言車敗則載之以士無倅車故也後車倅車者則後爲副也夏官戎僕掌倅車之政道僕掌貳車之政田僕掌佐車之政是朝祀之副曰貳兵戎之副曰倅田獵之副曰佐此是聘問之事宜與朝祀同名當言貳車言倅者周禮以相對而異名其實貳倅皆副也散則義通故以倅言之

緜蠻黃鳥止于丘隅箋云丘隅丘角也豈敢憚行

畏不能趨箋云憚難也我罷勞事又敢豈敢難徒行乎畏不能及時疾至也。憚徒旦反下同難乃旦反下同飲之食之教之誨之命彼後車謂之載之

緜蠻黃鳥止于丘側箋云丘側丘旁也。豈敢憚行畏不能極箋云極至也。極如字。飲之食之教之誨之命彼後車謂之載之

緜蠻三章章八句

瓠葉大夫刺幽王也上棄禮而不能行雖有牲牢饔餼不肯用也故思古之人不以微薄廢禮焉牛羊豕爲牲繫養者曰牢熟曰饔腥曰餼生曰牽不肯用者自養厚而薄於賓客。瓠戶故反牢老刀反雍於恭反字又作饔餼許氣反腥音星。疏瓠葉四章章四句至廢禮焉。正義曰瓠葉詩者周大夫所作以刺幽王也以在上位者棄其養賓之禮而不能行雖有牲牢饔餼之物而不肯用之以行禮故作詩者思古之人不以菹羞微薄而廢其禮焉言古之人賤者尚不以微薄廢禮則當時貴者行之可知由上行其禮以化下反駮今上棄其禮而不行也今在上者尚棄禮不行卑賤者廢之明矣舉輕以見重是作者之深意也經四章皆上二句言菹羞之薄下二句言行禮之事是古之人不以微薄廢禮也。箋云牛羊豕至賓客。正義曰孝經云三牲之養則牲兼三畜故牛羊豕曰牲也公劉曰執豕于牢地官充人掌繫祭祀之牲牷祀五帝則繫於牢芻之三月牢者牲所居之處故繫養者爲牢也天官內外饔皆掌割亨之事亨人掌外內饔之爨亨煑肉之名故熟曰饔。既爲熟則餼非熟矣僖三十三年左傳曰餼牽竭矣餼與牽相對是牲可牽行則餼是已殺殺又非熟故知腥曰餼謂生肉未煑者也既有饔餼遂因解牽使肉之别名皆盡於此此與牽饔相對故餼爲腥其實餼亦生哀二十四年左傳云晉師乃還餼臧石牛是以生牛賜之也論語及聘禮注云牲生曰餼而不與牽饔相對故爲生也凡言禮者皆與人行事經陳獻酢與賓客爲禮故知不肯用者自養厚而薄於賓客

幡幡瓠葉采之亨之君子有酒酌言嘗之幡幡瓠葉貌庶人之菜也箋云亨熟也熟瓠葉者以爲飲酒之菹也此君子謂庶人之有賢行者也其農功畢乃爲酒漿以合朋友習禮講道藝也酒既成先與父兄室人亨瓠葉而飲之所以急和親親也飲食而曰嘗者以其爲之主於賓客賓客則加之以羞易兌象曰君子以朋友講習。幡孚煩反亨普庚反注同菹莊魚反行下孟反兌徒外反易卦名也訓悅。疏幡幡至嘗之。正義曰幡幡然者是瓠之葉也我君子令人采取之既得而又亨煑之釀以爲飲酒之菹也庶人農功畢君子賢者有酒令人酌此酒我當與父兄室人嘗而飲之所以相親愛也言古者不以微薄而廢禮尚亨瓠葉而用之今乃有牲牢饔餼而不肯用故以刺之也。傳幡幡至之菜。正義曰士禮有特牲豚豕此止言瓠葉與兔首明非有位人故言庶人之菜七月云八月斷壺卽言食我農夫彼瓠體與此爲類明亦農夫之菜故箋申之云庶人有賢行者。箋亨熟至講習。正義曰序云不以微薄廢禮下連君子有酒故知亨熟瓠葉者以爲飲酒之菹知爲菹者以禮飲酒有菹醢故也此美君子行禮而亨庶人之菜故知君子是庶人有賢行者也庶人而能爲酒以行禮者以其農功畢則閑而無事於此之時乃爲酒漿以合會朋友習行禮事講其道藝故也以民在田畝必無容暇故知農功畢而爲之以三時務農將闕於禮故爲酒會朋友以講習之此酒爲朋友而釀先言嘗之則未與朋友賓客飲也故知酒既成先與父兄室人亨瓠葉而飲之酒爲朋友所作而與父兄先飲是所以急和親親亦是爲行禮也又解飲酒而曰嘗者以其爲之主於賓客故也以此嘗之言故知爲酒將以會朋友也作酒本爲行禮和親亦是禮事欲見敬重賓客故言嘗以美之以此在獻前又無殺羞明與下章事别故知與父兄室人者卽家內之小大皆是也賓客則加之以羞者明重得兼輕此父兄直有菹賓客亦有菹又有兔爲之羞鄉飲酒及燕禮是爲大禮雖有牲殺尚有菹醢明賓雖有羞亦有菹故云加之也引易兌象曰君子以朋友講習者以此與賓客卽朋友也所會朋友必爲講習以易有此言以著義故知此合朋友爲習禮講藝故引以證之講習必非農時故知農功畢意亦出於此此文也。

有兔斯首炮之燔之君子有酒酌言獻之毛曰炮加火曰燔獻奏也箋云斯白也今俗語斯白之字作鮮齊魯之間聲近斯有兔白首者兔之小者也炮之燔之者將以爲飲酒之羞也飲酒之禮既奏酒於賓乃薦羞每酌言言者禮不下庶人庶人依士禮立賓主爲酌名。兔他故反下同斯首毛如字此也鄭作鮮音仙白首也炮本作炰白交反

燔音煩近附近之近下迟嫁反〔疏〕有兔至獻之。毛以爲古人行禮有兔之斯首謂唯有一兔雖微耳尚并毛而炮之加火而燔之以爲飲酒之羞君子之賢者有酒令酌之我當以此酒奏獻之於賓以行禮也古之人不以微薄廢禮今乃有牲牢而不用故刺之。鄭唯斯首謂白頭爲異餘同。傳毛曰至獻奏。正義曰地官封人云毛炮之豚注云爓去其毛而炮之唯肉炮肉則炮取豚若將編萑以苴之故去毛炮之此述庶人之禮傳直言毛曰炮當是合毛而炮之未必能如八珍之食去毛炮之也毛無改字之理斯字當訓爲此王肅孫毓述毛云唯有一兔頭耳然案經有炮之燔之臣有炙之則非唯一兔首而已既能有兔不應空用其頭若頭既待賓其肉安在以事量理不近人情蓋詩人之作以首表兔唯有一兔即是不以微薄廢禮也爲肉至薄明是并毛炮之不可爓矣箋言鮮者毛炮之亦當然也加置於火上是燔燒之故言加火曰燔以獻酒者必奏進於賓故言獻奏也。箋斯白至酌名。正義曰鄭以斯首者以見兔小與毛爲異斯爲兔首之色故言斯白也又解斯得爲白之意今俗斯白之字當作鮮以鮮明是絜白之義故也鮮而變爲斯者齊魯之間其語鮮斯聲相近故變而作斯耳宣二年左傳曰于思于思服虔云白頭貌字雖異蓋亦以思聲近鮮故爲白頭也畜獸

小則毛炮長則色重故言有兔白首兔之小者明其微薄也炮之燔之者將以爲飲酒之羞羞進也謂既飲酒而進此兔肉於賓也飲酒之禮既奏酒於賓乃薦羞者因此酒羞並有言先後之宜且辨經雖先爲羞進則在後也今禮鄉飲酒燕禮大射皆先進酒乃薦脯醢乃羞庶羞故知然也經言不以微薄廢禮故先述薄羞酒無厚薄之異故後言之四章皆云酌言言我也其意云酌酒我當用之若是禮合當然不應每事言我今每言我則是行用他法故解之言每酌言者以祀既不下及庶人而爲之制庶人依準士禮立賓主爲酌名以行之故每酌道我與賓相亢爲禮以行獻酢酬之名也不於上章解之者以前直言嘗之無獻酢之名此有獻之故就而言焉然則嘗之亦云酌言者以酒爲賓作嘗亦行禮故亦云酌言也禮不下庶人不制篇卷耳其庶人執鶩庶人見國君走亦往往見於禮焉

有兔斯首燔之炙之君子有酒酌言酢之炕火曰炙酢報也箋云報者賓既卒爵洗而酌主人也凡治兔之宜鮮者毛炮之柔者炙之乾者燔之。炙音隻酢才洛反炕苦浪反何沈又苦郎反。〔疏〕傳炕火曰炙。正義曰炕舉也謂以物貫之而舉於火上以炙之。箋報者至燔之。正義曰申傳酢報之義故言報者賓既卒爵洗而酌與主人是得主人之獻酌而報之也於一兔之上而經有三種故辨之言凡治兔之所宜若鮮明而新殺者合毛炮之若割截而柔者則鬱貫而炙之若今炙肉也乾者謂脯腊則加之火上炙之若今燒乾脾也柔謂殺已多日而未乾也。

有兔斯首燔之炮之君子有酒酌言醻之醻道飲也箋云主人既卒酢爵又酌自飲卒爵復酌進賓猶今俗之勸酒。醻市周反道徒報反本亦作導同復扶又反俗之一本作俗人。〔疏〕傳醻道飲。正義曰以醻者欲以醻賓而先自飲以導之此舉醻之初其實飲訖進酒於賓乃謂之醻也。箋主人至勸酒。正義曰傳以醻爲導飲嫌其謂主人自飲爲醻故辨之主人既卒酢爵又酌自飲卒爵復酌以進賓如此乃謂之醻猶今俗人勸酒者俗人亦先自飲而後勸人故云醻之箋皆準鄉飲酒燕禮而爲說也。

瓠葉四章章四句

漸漸之石下國刺幽王也戎狄叛之荆舒不至乃命將率東征役久病於外故作是詩也荆謂楚也

舒舒鳩舒鄝舒庸之屬役謂士卒也。漸漸士銜反沈時銜反亦作慚慚下同翟徒歷反本或作狄叛音畔將率上子亮反下所類反注及後篇將率放此役久病於外一本作役人久病人衍字鄝音了本又作蓼士卒尊忽反下篇士卒同。〔疏〕漸漸之石三章章六句至是詩。正義曰漸漸之石詩者下國所作以刺幽王也以幽王無道西戎北狄共違叛之荆楚之羣舒又不來至乃命將率東行征伐之其役人士卒已久而疲病勞苦于外故作是漸漸之石詩以刺之下國諸侯之言對天子爲上故稱下國也言下國者此詩下國之人所作未必即諸侯之身作之幽王之役人自病而下國作詩刺之者王師出征亦使諸侯從已諸侯之人亦病故刺之也定本集本役下無人字其箋注亦無人字俗本有者誤也毛以戎狄叛之經三章上四句是也荆舒不至下二句是也乃命將率東征役人久病于外副上戎狄叛之荆舒不至之言爲六句之摠三方皆有征伐而久病獨言東征者以經有東征之文因言以廣之其實戎狄亦伐之也鄭以戎狄叛之經上二章上二句是也荆舒不至上二章次二句及卒章上四句是也乃命將率東征役人久病於外三章皆下二句是也以詩言命將東征無伐戎狄之事則不伐戎狄也言不至與叛之則明由叛而不至其義一也下篇言四夷交侵師

旅竝起用兵不息則戎狄亦當伐之但自此篇不言之耳。箋荆謂至士卒。正義曰以楚居荆州故或以州言之春秋經賈氏訓詁云秦始皇父諱楚而改爲荆州亦以其居荆州故因諱而改之亦有本自作荆者非爲諱也春秋公羊穀梁皆言州不若國賤楚故以荆言之彼自春秋之例其外書傳或州或國自從時便非褒貶也殷武曰維汝荆楚已幷言之是楚之稱荆亦已久矣魯頌亦曰荆舒是懲是隨時之名不定也以傳有舒鳩舒鄝舒庸又有舒龍謂之羣舒此直言舒不指一國箋又引舒國不盡故言之屬既言將率別云役人故知謂士卒也

漸漸之石，維其高矣。山川悠遠，維其勞矣。漸漸山石高峻箋云山石漸漸然高峻不可登而上喻戎狄衆彊而無禮義不可得而伐也山川者荆舒之國所處也其道里長遠邦域又勞勞廣闊言不可卒服○勞如字

武人東征，不皇朝矣。箋云武人謂將率也皇王也將率受王命東行而征伐役人罷病必不能正荆舒使之朝於王

〔疏〕漸漸至朝矣○毛以爲此時戎狄已叛將率征之與其士卒伐而不息言戎狄之地有漸漸然險峻之山石維其高大矣又山之與川其間悠悠然路復長遠我等登此高山涉此遠路維其勞苦矣不

但伐戎狄而已又其武人將率以役人東征征伐荆國之國疲於軍役而病不暇脩禮而相朝矣○鄭以漸漸爲漸漸然險峻之山石維其高大不可登而上矣以興戎狄衆彊不可得而伐矣其荆舒所在之國山川其道路悠悠然長遠維其邦域廣闊又勞勞然矣雖往征之難可卒服○武人將率雖受命東征役人罷病必不能正之使朝於王矣○傳漸漸山石高峻○正義曰以漸漸文連之石爲山石之狀又言維其高矣故知爲高峻貌此傳無異鄭之文正以漸漸乃是上句而於此釋之明以四句爲一事鄭以勞爲遼遠言廣闊之意毛無改字之理必不與鄭同勞矣當爲勞苦故王肅云言遠征戎狄戍役不息乃更漸漸之高石長遠之山川維其勞苦也孫毓云篇義言役人久病於外故經曰山川悠遠維其勞病矣此皆以上四句竝爲征戎狄而言俱是述毛爲說傳意或當然也下篇苕之華序曰西戎東夷交侵中國師旅竝起何草不黃序曰四夷交侵用兵不息此序言戎狄叛之明其亦伐戎狄傳又揔而注之則王孫之言非無理矣故據爲毛說若然卒章上四句毛則分之者以豕之與月天地不同故分之則此山川事類故幷之○箋山石至卒服○正義曰以漸漸高不可上故喻戎狄彊不可伐也知非戎狄之國高山者以序唯言戎狄叛之不言征伐戎狄則不得歷其國之高山

又荆舒之地山川悠遠而尚伐之不得言戎狄山高不可伐故以喻其衆彊也維其高矣還是漸漸之石高也則知維其勞矣是山川悠遠之勞勞也故曰山川者荆舒之國所處其道里長遠邦域又勞勞廣闊說此者言其不可卒服故下句言不能正之也廣闊遼遠之字當從遼遠之遼而作勞字者以古之字少多相假借詩又口之詠歌不專以竹帛相授音旣相近故遂用之此字義自得通故不言當作遼也毛幷注四句則是以爲一事箋分爲二者以下云武人東征不皇朝矣必上有難征之事乃可言不能正之不得不言荆舒故知山川悠遠是荆舒之地爲不事發端也不幷以四句爲一事之端者以序云戎狄叛之經亦當有其事不得全無所陳故以土二句充之也卒章不分之者以序云命將率東征則荆舒之惡爲甚是詩所主言而下章文勢接連上言涉波下言滂沱俱是水事明其共爲一喻故皆以爲荆舒焉○箋武人至於王○正義曰以序云命將率東征故知武人謂將率也皇王釋言文朝者諸侯見王之辭序云役久病於外明其所將之人罷病不能正之使朝故言將率受王命東行而征伐役人罷病必不能正荆舒使朝於王王肅云武人王之武臣征役者言皆勞病東行征伐東國以困病不暇脩禮而相朝此自王肅之說毛意無以見其爲然正以詩中諸言不皇多

爲不暇故存其說代毛耳凡諸侯邦交有相朝之法此將率當是王之公卿不得有相朝之禮且受命出征務服前敵無暇相朝自其常事不當以此爲怨而列於詠歌王氏之義不爲長矣

漸漸之石，維其卒矣。山川悠遠，曷其沒矣。卒竟沒盡也箋云卒者崔嵬也謂山巔之末也曷何也廣闊之處何時其可盡服○卒毛子卹反鄭在律反崔罪回反嵬五回反本作峞處昌慮反下同

武人東征，不皇出矣。箋云不能正之令出使聘問於王○

〔疏〕漸漸至出矣○毛以爲時遠征戎狄戍役罷勞言戎狄之地有漸漸然險峻之山石我等登之維其終竟言當偏歷此石也又山之與川其間悠悠然路復長遠我所登歷何時其可盡偏矣由行不可偏故久病勞苦也不但伐戎狄而已又其武人將率以役人東征疲於軍役而辛苦不暇出而相與爲禮也○鄭以爲漸漸然險峻之山石維其崔嵬然不可登而上矣以興戎狄衆彊不可得而伐矣其荆舒所在之國山川其道里悠悠然而長遠雖往伐之其處廣闊何時其可盡服之矣由此故武人東征之不能正之使出聘問於王矣○傳卒竟沒盡○正義曰釋詁云卒終也終亦竟之義故云卒竟也釋詁又云泯盡也李巡云泯沒之盡泯沒義

同故沒爲盡也此經卒沒之義略同而維其文異者維其言已行當竟之易其憂行不可盡勢相接也○箋卒者至盡服○正義曰箋以上高矣類之則卒亦石之形也故讀爲卒釋山云崒者厜㕒郭璞曰謂山峯頭巉巖者箋云崒者崔嵬謂山巔之末雖音字小異是取爾雅爲說也上章言勞勞廣闊此言不可盡服亦勢相接故上箋云言其不可卒服意取於此○

有豕白蹢烝涉波矣

豕豬也蹢蹄也將久雨則豕進涉水波箋云烝衆也豕之性能水又唐突難禁制四蹄皆白曰駭則白蹄其尤躁疾者今離其繒牧之處與衆豕涉入水之波漣矣喻荆舒之人勇悍捷敏其君猶白蹄之豕也乃率民去禮義之安而居亂亡之危賤故比方於豕○蹢音的都歷反烝之丞反將久雨一本作天將雨能奴代反本又作耐駭戶楷反爾雅說文皆作豥古哀反躁子到反離力智反繒在陵反爾雅豕所寢曰繒方言作槽從木音同漣音連一本作瀾力安反悍下旦反○

月離于畢俾滂沱矣

畢噣也月離陰星則雨箋云將有大雨徵氣先見於天以言荆舒之叛萌漸亦由王出也豕既涉波今又雨使之滂沱疾王甚也○滂普郎反沱徒何反注同噣直角反又音晝本又作濁見賢遍反○

武人東征不皇

他矣

箋云不能正之令其守職不干王命○他音他

【疏】有豕至他矣○毛以爲此時征伐戎狄役人勞苦而有豕豬之白蹄進而涉入水之波漣之處矣是在地爲將雨之徵也又直月更離歷于畢之陰星在天爲將雨之候以此徵候果致大雨使其水滂沱而盛矣已等役人之將以疲病不但久勞又逢大雨爲甚苦之辭也又王之武人率以役人東征伐荆舒之國皆以勞病不暇更有他事矣故不得相朝爲禮也○鄭以爲荆舒之人似衆豕其君猶白蹄者豕之性能水又唐突難禁制以荆舒之人性好亂又勇悍難制服言有豕之白蹄者領其衆豕離其繒牧之處涉入於水波漣矣以興荆舒之君率其衆民去其禮義之安居於亂亡之危矣豕性本自能水月復離歷於畢星天又雨之使滂沱矣羣豕既得此水彌唐突而難制以喻荆舒本自好亂王又爲不善之政以加陵之矣荆舒既被此政彌彊梁而難服武人雖則東征不能正之使不爲他矣干犯王命是爲他事言不能正之使不干王命○傳豕豬至水波○正義曰豕豬釋獸文釋詁云烝進也言進涉是訓烝爲進也毛以下經月離於畢爲雨徵之則此亦雨徵也故云天將大雨則豕進涉波水矣幷以二經爲雨徵言役人遇雨之勞苦也○箋烝衆至於豕○正義曰烝衆釋詁文豕之性能水言其自好涉波非雨徵也以唐突難禁制喻荆舒之難制服也釋獸釋豕云四蹄皆白豥然則白蹢不云豥則蹢蹄也傳已訓蹢爲蹄故箋卽以蹄言之經直云白蹢不云豥則白蹢亦不知幾蹄白而箋引此者以爾雅主爲釋詩詩中言豕白蹢唯此而已故知本以訓此也馬驚謂之駭則駭者躁疾之言白蹢名之爲駭是躁疾於豕故云則白蹄其尤躁疾者也駭與豥字異義同釋獸於豕之下所寢檜舍人曰豕所寢草名爲檜某氏曰晞淮之謂野豬所寢爲檜李巡曰豬臥處名檜是所居之處牧是所食之地故云離其檜牧之處與衆豕涉入水之波漣矣繒與檜音義亦同荆舒之人勇悍捷敏者謂上俗民人勇而剽悍其舉動便捷敏速以其性輕悍故好叛難禁制也其君猶白蹄之豕言其民猶衆豕也乃率其臣民去禮義之安而居亂亡之危正謂叛也諸侯之朝天子上下相敬是禮義也叛違王命以致征討是亂亡也豕者言獸之尤穢今以荆舒比之故賤之比方於豕以其餘與喻立文猶隱此云有豕正是指斥辭有憎疾之旨故知有賤之意○傳月離至則雨○正義曰以畢爲月所離而雨是陰雨之星故謂之陰星月離于畢卽言俾滂沱矣故知月離陰星則雨也洪範曰星有好風星有好雨者卽此畢是也春秋緯說云月離于箕風揚沙則好風者箕也所以箕好風畢好雨者鄭洪範注云箕風土也爲

木妃雨木也爲金妃故星好焉推此而往南宮好陽北宮好燠中宮四季好寒也是由已所克而得其妃從其妃之所好故也鄭知然者以庶徵曰雨曰陽曰燠曰寒曰風而休徵肅時雨若乂時陽若晢時燠若謀時寒若聖時風若此肅乂晢謀聖本之五事則肅由貌也爲木乂由言也爲金晢由視也爲火謀由聽也爲水聖由思也爲土故五行傳以爲貌屬木言屬金視屬火聽屬水思屬土庶徵亦依此貌言視聽思爲次鄭由此故云雨木氣也春而施生故木氣爲雨也陽金氣也秋物成而堅故金氣爲陽也燠火氣也寒水氣也風土氣也凡氣非風不行猶金木水火非土不處故知土氣爲風以此知風土雨木皆從妃所好言好是好樂他辭非已性也此庶徵寒燠卽晦明也加之以陰則爲六氣故五行傳陰屬皇極故曰皇之不極厥罰常陰是也而賈逵服虔因此及春秋緯之文卽以風東方雨西方又云陰中央晦北方明南方唯天陽不變唯晦明所屬爲當餘甚謬矣失之於書傳也○箋將有至王甚○正義曰此與上經相接爲喻言豕性本自能水又加以滂沱之雨是豕彌得性益難禁制以喻荆舒本自好叛加以王之不善是彼彌得志益難威服本言滂沱之喻唯此而已但詩人言大雨更生一意言月離于畢然後天爲大雨是滂沱之雨萌漸由離畢也言王爲不善然後荆舒背

叛是叛之萌漸亦由王出也萌者事之初猶物之萌牙漸而成大也豕既涉波今又雨之使滂沱是疾此雨之甚言荆舒自好叛王又使之叛是疾王之甚鄭知然者正以言俾不然言雨足矣何須言使也○箋不能至王命○正義曰他者謂職分之外横爲餘事棄其所守干犯王命是爲他矣故知不能正之令其守職不干王命即干王命是他也

漸漸之石三章章六句

苕之華大夫閔時也幽王之時西戎東夷交侵中國師旅竝起因之以饑饉君子閔周室之將亡傷已逢之故作是詩也師旅竝起者諸侯或出師或出旅以助王距戎與夷也大夫將師出見戎夷之侵周而閔之今當其難自傷近危亡○苕音條徐音韶草名華音花距音巨難乃旦反下之難同近附近之近

【疏】苕之華三章章四句至是詩○正義曰言西戎東夷交侵中國不言南蠻北狄者下篇序曰四夷交侵中國則蠻狄亦侵序於上下相互以明耳言西戎東夷交侵中國師旅竝起即序首章上二句之事因之以饑饉卒章下二句是也閔周室之將亡卒章上二句是也傷已逢之即首章下二句是也經序倒者序以由師旅饑饉致周室之亡所以傷之經則因文以弘義逢師旅而已傷乃覆言可傷之事故言因以饑饉於下明其禍是可傷各自爲義次也○箋師旅竝至危亡○正義曰以四夷在中國之外從外內侵則緣邊諸侯被侵矣又言師旅竝起者非一之辭明其非獨王室故知諸侯或出師或出旅以助王距戎與夷也周禮制諸侯從王之法云大國三軍次國二軍小國一軍今俱出師旅者周亂言其極耳行則隨時多少不必盡然且於時諸侯衰弱或不能備軍故纔出師旅也知大夫將師出見戎狄之侵周者以序云傷已逢之經云知我如此不如無生若非身自當之不應如此深恨故知身自將師而出見戎狄交侵而發憤閔傷也且上下皆言下國明此亦下國大夫自將其國之師故二章箋云諸侯微弱而王之臣當出見也是於時王臣未出不得逢之也逢之是身見之難故云今當其難自傷近危亡也

苕之華芸其黃矣興也苕陵苕也將落則黃箋云陵苕之華紫赤而繁興者陵苕之幹喻如京師也其華猶諸夏也故或謂諸夏爲諸華華衰則黃猶諸侯之師旅罷病將敗則京師孤弱○芸音云沈音運夏戶雅反下同罷音皮心之憂矣維其傷矣箋云傷者謂國日見侵削

【疏】苕之華至傷矣○正義曰陵苕之英華本紫赤而繁多至今亦芸然其色黃而衰矣以興周室之諸夏本兵彊國盛今其師病而微矣陵華衰則將落落則苕幹特立矣諸侯師病則將敗敗則京師孤弱矣以周室之盛忽見如此之衰故我心爲之憂愁矣維其傷病矣傷其見侵削也○傳苕陵至則黃○正義曰釋草云苕陵苕黃華蔈白華茇舍人曰苕陵苕也黃華名蔈白華名茇別華色之名也某氏曰本草云陵苕一名陵苕陸機疏云一名鼠尾生下濕水中七八月中華紫似今紫草華可染皁煮以沐髮即黑如釋草之文則苕華本自有黃有白傳言將落則黃是初不黃矣箋云陵苕之華紫赤而繁陸機疏亦言其華紫色蓋就紫色之中有黃紫白紫耳及其將落則全變爲黃以裳裳者華言之則芸爲極黃之貌故將落乃然○箋陵苕至孤弱○正義曰紫赤而繁華衰則黃皆以時事驗知苕之幹喻京師華猶諸夏者以序云交侵中國即九州之諸夏也師旅竝起是諸侯之師起而助王也華之衞幹如諸夏之衞京師故知幹如京師其華猶諸夏也又解不以葉喻之意以其諸夏本亦名諸華襄四年左傳魏絳諫晉侯曰諸華必叛昭三十年左傳子西諫楚王曰吳周之會裔也今而始大比於諸華是或謂諸夏爲諸華也謂之夏者夏大也以其中國有禮義之華可嘉大也論語曰不如諸夏之亡是也華黃落則苕幹衰故喻諸夏之師旅罷病將敗則京師孤弱也

苕之華其葉青青華落葉青青然箋云京師以諸夏爲障蔽今陵苕之華衰而葉見青青然喻諸侯微弱而王之臣當出見也○青青子零反注同鄭章亮反見賢遍反下同○知我如此不如無生箋云我我王也知王之爲政如此則已之生不如不生也自傷逢今世之難憂閔之甚○

【疏】苕之至無生○毛以爲上言華將落故於此言已落言陵苕之上黃華今已殞落矣唯有葉青青然獨在耳以興王室之外諸夏今已喪敗矣唯有其臣當出見耳是戎夷之彊侵敗諸夏諸夏既弱周室將亡大夫傷已逢之故言知我王政之如此不能撫和戎夷使諸夏喪敗不如已之本無生也自傷生逢今世○鄭唯以華衰爲異言陵苕之上黃華其色既已衰矣唯其葉見青青然以興周室之外諸夏其師既已罷矣獨王臣當出見華已衰而葉未殞猶諸夏已病而王臣未發則障蔽既衰出亦敗矣餘同○傳華落葉青青○正義曰事必有漸物無兩盛上言將落則此已落矣又言其葉明唯葉在耳故言華落葉青青然則毛意以華喻所出之師上章以華喻師病此落喻已敗諸侯既敗則王

臣當出天下諸侯衆矣尚不能禦之王兵若出亦當敗矣故上章爲諸侯未敗此爲已敗下所以言亡爲事之漸也宣王之伐蠻狄皆出王室之兵此先諸夏後京師者王者彊盛則命將征討諸侯從之衰弱則諸侯先自禦寇王師大急乃出此則理之常也且此時戎狄從外而侵將內及王室詩人先云諸侯之敗見其危之漸耳。箋京師至出見。正義曰既言苕之華又言其葉華之映葉猶諸夏之蔽京師故言京師以諸夏爲郭蔽華衰而葉見故喻諸侯微弱王臣當出也易傳者以經仍云苕之華則華猶未落且華喻諸夏時諸夏未爲皆亡不可以落喻故爲衰耳。箋我我至之甚。正義曰知我非詩人自我而以我爲我王者以逢時多難非已所爲詩人不當自責故知我爲王之政人莫不好生而云已不用生生非已所裁而以生爲恨故知已自傷逢今世也

牂羊墳首三星在罶牂羊牝羊也墳大也罶曲梁也寡婦之笱也牂羊墳首言無是道也三星在罶言不可久也箋云無是道者喻周已衰求其復興不可得也不可久者喻周將亡如心星之光耀見於魚笱之中其去須臾也。牂子桑反墳扶云反罶音柳本又作霤牝頻忍反笱音苟復扶又反

人可以食鮮可以飽治日少而亂日多箋云今者士卒人人於晏早皆可以食矣時饑饉軍興乏少無可以飽之者。鮮息淺反治直吏反

【疏】牂羊至以飽○毛以爲諸侯既敗周室將亡今牂羊而責其大首終無是道也以興周衰而求其大興亦無此理也周不復興其亡亦速三星之光耀在於魚罶之中其去斯須不可久也以喻周室之亡期將至欲望其存亦不可久也人於亂世之食而飢人於治世豐食而飽今亂日多故人可粗得食而治日少故少可以飽。鄭下二句爲異言時師旅既起因之以饑饉故言此士卒之人於晏早可以與之食但時乏少無可以飽之是所以可傷也。傳牂羊至可久。正義曰釋畜云羊牡羒牝牂故知牂羊牝羊也墳大釋詁文牝小羊也首必稱身小羊而責大首必無是道理也星隨天運晝夜一周魚笱之間蹔見心星之光曜須臾卽過故言不可久也。箋無是至須臾。正義曰以此詩主論周衰故知喻求其復興不可得也序言閔周室之將亡故知不可久者喻周將亡其去須臾也。箋今者至飽之者。正義曰鄭以幽王時恒多禍亂曾無治時何得云治日少乎所以易毛

苕之華三章章四句

何草不黃下國刺幽王也四夷交侵中國背叛用兵不息視民如禽獸君子憂之故作是詩也○背音佩

【疏】何草不黃四章章四句至是詩。正義曰上言下國後云君子則作者下國君子也君子無尊卑之限國君以下有德者皆是也言四夷交侵中國背叛序其用兵之意於經無所當也用兵不息上二章是也視民如禽獸下二章是也經言虎兕及狐止有獸耳言禽以足句且散則獸亦名禽也

何草不黃何日不行箋云用兵不息軍旅自歲始草生而出至歲晚矣何草而不黃乎言草皆黃也於是之間將率何日不行乎言常行勞苦之甚

何人不將經營四方言萬民無不從役

【疏】何草至四方。正義曰言天下之人於草生正月之時從役去時草始生耳今至十月何草而不黃乎言草皆黃矣去草生至於草黃於是之間將率何日而不行乎言常行是勞苦之甚也又言萬民何人而不爲將率所將之以經營四方乎言皆爲將之以經營也是非直將率爲勞萬民又甚苦焉。箋用兵至之甚。正義曰言用兵不息是用之過久何草不黃是見黃而怨若草大始去或欲黃乃行不應見草之黃嗟怨若此明草有生死之期行者覩物而思故云軍旅自歲始草生而出謂正月二月之中也至歲晚矣何草而不黃乎草皆黃矣是九月十月之中也氣則時經寒熱物則草變死生日月長久征行不息是其所以怨也故云於是之間將率何日不行乎是其勞苦之甚也知此句謂將率者以言何日不行明行者有人下云何人不將爲人所將則是士卒也下句既爲士卒知此爲將率也

何草不玄何人不矜箋云玄赤黑色始春之時草牙孽者將生必玄於此時也兵猶復行無妻曰矜從役者皆過時不得歸故謂之矜。矜古頑反注同孽魚列反復扶又反

哀我征夫獨爲匪民箋云征夫從役者也古者師出不踰時所以厚民之性也今則草玄至於黃黃至於玄此豈非民乎

【疏】何草至匪民。正義曰將率以草黃之時既不得歸又至明年之春言今何草不玄言衆草將生而皆玄之也於此之時何人而不爲矜耳言皆矜也久而不歸失夫婦之道而皆爲矜夫也既久役如此哀我征行之夫豈獨爲非民乎若亦是民當休息何爲使之從役久而不得歸也。箋玄赤至之矜。正義曰鄭於冬官鍾氏注差約之云玄色在緅緇之間其六入者與三入赤三入黑故云

玄赤黑色春秋元命苞稽耀嘉皆云夏以十三月爲正物生色黑故知始春之時草牙蘖者將生必玄也釋天云九月爲玄孫炎曰物衰而色玄也詩曰何草不玄與此始春之言不同者爾雅所言月名皆不以草色李巡曰九月萬物畢盡陰氣侵寒其色皆黑是陰而氣寒之黑不由草玄色孫炎之言謬矣無妻曰矜書傳及王制文彼言老宜爲六十之外禮六十不與服戎自六十以下不必皆老但行役過時久不得歸與無妻者同故謂之矜也舜年三十以無室家之端書亦謂之有鰥在下矜與鰥古今字○箋古者至民乎○正義曰隱五年穀梁傳曰古者征伐不踰時是古者師出不踰時也所以厚愛民之性命恐勞苦故也今草玄至於黃黃又至於玄朞年不歸是爲非民言其不厚之也

匪兕匪虎率彼曠野兕虎野獸也曠空也箋云兕虎比戰士也○兕徐履反**哀我征夫朝夕不暇**疏匪兕至不暇○正義曰言我此役人若是野獸可常在外今非是兕非是虎何爲久不得歸常循彼空野之中與兕虎禽獸無異乎時既視民如禽獸故哀我此征行之夫朝夕常行而不得閑暇○傳兕虎野獸○正義曰傳言野獸者解本舉此之意以役人不宜在野故言視民如禽獸也許慎云兕野牛其皮堅厚可爲鎧釋獸云兕似牛某氏曰兕牛千斤郭景純云一角青色重千斤是也○箋兕虎比戰士○正義曰序云視民如禽獸則直取在野以比之而下章以狐比有棧之車則比中各自取象故云兕虎比戰士取其猛也

有芃者狐芃小獸貌棧車役**率彼幽草有棧之車行彼周道**車也箋云狐草行草止故以比棧車輦者○芃薄紅反沈又扶東反棧士板反輦者一本作輦車疏有芃至周道○正義曰有芃芃然而小者當狐也此狐本是草中之獸故可循彼幽草今我有棧之輦車人輓以行此人本非禽獸何爲行彼周道之上常在外野與狐在幽草同乎故傷之也○傳芃小至役車○正義曰以芃是狐之狀非大獸故言芃小獸貌也此言用兵不息明此車士卒供役之車故云棧車役車○箋狐草至輦者○正義曰以上言率彼曠野而此又云幽草明義取於草以狐草行草止故比輦者亦道行道止故以幽草與周道相對也故周官鄉師云大軍旅會同正治其徒役與其輦輦注云輦人輓行所以載任器止以爲蕃營是行止常依於道似狐之依於草也以循草比人故知比輦者也鄉師注引司馬法曰夏后氏謂輦曰余車殷曰胡奴車周曰輜輦輦一斧一斤一鑿一梩一鋤周輦加三板二築又曰夏后氏二十人而輦殷十八人而輦周十五人而輦是軍行必有輦皆人輓以行也春官巾車王后五路有輦雖載任與此不同亦人輓以行故謂之輦也若然巾之言服車五乘有士乘棧車庶人乘役車注云服車者服事者之車棧車不革輓而漆之役車方箱可載任器以供役以此言之則彼自有棧車何知此非彼者以彼棧車士之所乘以服事非此軍旅徒役所當有以此知非巾車之棧車也若然傳云棧車役車則與彼庶人役車同又知非彼役車者以役車庶人之所乘但庶人賤以供役爲名耳非輦者也即唐蟋蟀言役車其休是矣彼不以人輓故知不與此同此謂從軍供役之輦車耳有棧是車狀非士所乘之棧名也

何草不黃四章章四句

魚藻之什十四篇六十二章三百二句

附釋音毛詩注疏卷第十五（十五之三）

黃中栻栞

毛詩注疏挍勘記（十五之三）　阮元撰盧宣旬摘錄

○緜蠻

止於丘阿　閩本明監本毛本同唐石經小字本相臺本於作于案于字是也下二章皆作于可證此因傳作於而改經也靜女著權輿經皆有於字者用字不畫一之例

○瓠葉

掌外內饔之爨亨煮肉之名　閩本同明監本毛本外內誤倒案肉上浦鏜云當脫饔是煮三字是也

故熟曰饔既爲熟　閩本明監本毛本同案浦鏜云饔下當脫一饔字是也

飲食而曰嘗者　閩本明監本毛本同小字本相臺本食作酒考文古本同案酒字是也正義可證

而亨庶人之葉　閩本明監本毛本同案葉當作菜形近之譌

故去毛炮之　閩本明監本同毛本去作云案所改是也

臣有炙之　閩本明監本毛本同案臣當作且形近之譌

猶今俗之勸酒　閩本明監本毛本同小字本相臺本之作人案釋文云俗之一本作俗人正義云猶今俗人勸酒者是其本作人字考文古本俗下有人字采正義釋文而誤合之也

其賓飲訖　閩本明監本毛本同案浦鏜云賓當實字誤

○漸漸之石

役久病於外　唐石經小字本相臺本同考文古本同閩本明監本毛本於誤在案釋文云一本作役人久病人衍字正義本有正義云定本集注役下無人字其箋注亦無人字俗本有者誤也考文一本作役人人病於外更誤

皇王也　相臺本同閩本明監本毛本同小字本王作正考文古本同案正字是也正義云皇正釋言文亦正字之誤

故經曰山川悠遠維其勞病矣　閩本明監本毛本同案病字當衍也因衍此而下有脫故剜添之餘亦多此類

不皇出矣　唐石經以下同考文古本皇作遑案鄭訓皇爲正則經字自作皇王肅以不暇說不皇亦是就皇字而異其義耳不知者乃改經爲遑誤之甚者也

戍役罷勞　毛本同閩本明監本戍作戎案戎字是也

不暇出而相與爲禮也　閩本同明監本毛本也作矣案所改是也

將久雨　小字本相臺本同案此釋文本也釋文云將久雨一本作天將雨考正義但云將雨不云久雨是其本作天將雨與一本同也

四蹢皆白曰駭　按釋文作駭正義則作豥二家之本不同甚明

今離其繒牧之處　小字本相臺本同案釋文繒下云爾雅作檜云繒與檜音義同是鄭箋無從木之本也說文木部無檜字爾雅釋文云舊本多作繒帛字是鄭讀爾雅自從糸後乃依方言改從木耳考文古本作檜采釋文正義中之字而未之考也

則白豥亦不知幾蹢白　閩本明監本毛本同案浦鏜云白蹢誤豥是也

白蹢名之爲駭　閩本明監本毛本駭誤豥○按此作豥不誤觀上文引釋獸四蹢皆白豥下文駭與豥字異義同可見

某氏曰臨淮之　閩本明監本毛本同案山井鼎云爾雅疏之作人是也

然從天爲大雨　閩本明監本毛本同案浦鏜云從當後字誤是也

○苕之華

下篇序曰西夷　閩本明監本毛本同案浦鏜云四誤西是也

則若幹特立矣閩本明監本同毛本初刻幹後改榦下同案所改非也幹卽正義今字

以諸夏爲障𠪚小字本相臺本同案釋文云鄣章亮反正義中字同考此字當用鄣見五經文字

三星在罶唐石經小字本相臺本同案釋文云本又作霤誤字耳考文古本采之非也

○何草不黃

言萬民無不從役小字本相臺本同案釋文不矜上以數起作音云所角反當在此上各本注皆無之未知其本何屬也於正義無文當是其本無此不與釋文同矣

始春之時草牙孽者小字本同閩本同相臺本孽作櫱明監本同毛本牙誤芽正義中字同案釋文云牙櫱魚列反孽卽櫱字耳

九月萬物草盡字誤是也閩本明監本毛本同案浦鏜云草疑畢

故以比棧車輂者小字本相臺本同案釋文云輂者一本作輂車以正義考之其本作者者字是也一本誤考文古本采而倒之一本采之而去棧車二字皆非也

與其輂輂閩本明監本毛本同案山井鼎云上輂當輂字音九玉反是也

一梩一鍤閩本明監本毛本梩誤種

巾之言服車五乘閩本明監本毛本同案山井鼎云之當作車是也

附釋音毛詩注疏卷第十六（十六之一）

文王之什詁訓傳第二十三

毛詩大雅 陸曰自此以下至卷阿十八篇是文王武王成王周公之正大雅據盛隆之時而推序天命上述祖考之美皆國之大事故爲正大雅焉文王至靈臺八篇是文王之大雅下武至文王有聲二篇是武王之大雅

鄭氏箋　孔穎達疏

文王文王受命作周也 受命受天命而王天下制立周邦。而王于況反

疏 文王七章章八句。文王至作周。正義曰作文王詩者言文王能受天之命而造立周邦故作此文王之詩以歌述其事也上文王篇名之目下文王指而說其事經五章以上皆是受命作周之事也六章以下爲因戒成王言以殷亡爲鑒用文王爲法言文王之能伐殷其法可則於後亦是受命之事故序言受命作周以摠之。傳受命至周邦。正義曰言受命作周是創初改制非天命則不能然故云受命受天命也周雖舊邦其命維新是立周邦也無遂曰文王受命惟中身厥亭國五十年注云中身謂中年受命謂受殷王嗣立之命彼謂文王爲諸侯受天子命也此述文王爲天子故爲受天命也按春秋說題辭云河以通乾出天苞雒以流坤吐地符又易坤靈圖云法地之瑞黃龍中流見於雒注云法地之瑞者洛書也然則河圖由天洛書自地讖緯注說皆言文王受洛書而言天命者以河洛所出當天地之位故託之天地以示法耳其實皆是天命故六藝論云河圖洛書皆天神言語所以教告王者也是圖書皆天所命故文王雖受洛書亦天命也帝王革易天使之然故後世創基之王雖無河洛符瑞皆亦謂之受命以其得有天下是命與之故此亦云受天命而王天下也文王雖未得九州以其稱王故以天下言之文王受命毛無明說鴟鴞之傳謂管蔡爲二子則毛意周公紙除喪攝政避居東都罪其屬黨之事其受命之年必不得與鄭同也尚書武成篇曰我文考文王克成厥勳誕膺天命惟九年大統未集孔安國云言諸侯歸之九年而卒故大業未就劉歆作三統歷考上世帝王以爲文王受命九年而崩班固作漢書律歷志載其說於是賈逵馬融王肅韋昭皇甫謐皆悉同之則毛意或當然矣文王九十七而終終時受命九年受命之元年年八十九年其即諸侯之位已四十二年矣故帝王世紀云文王即位四十二年歲在鶉火文王於是更爲受命之元年始稱王矣乃引周書稱文王受命九年惟暮之春在鎬召太子發作文傳九年猶召太子明其七年未崩故諸儒皆以爲九年而崩其伏生司馬遷以爲文王受命七年而崩故尚書周傳云文王受命一年斷虞芮之訟二年伐邘三年伐密須四年伐犬夷五年伐耆六年伐崇七年而崩史記周本紀云西伯陰行善諸侯皆來決平虞芮既讓諸侯聞之曰西伯蓋受命之君也此是受命一年之事又曰明年伐犬夷明年伐密須明年敗耆國明年伐邘明年伐崇侯虎而作豐邑明年西伯崩此雖伐犬夷與伐耆伐邘其年與書傳不次要亦七年崩也鄭不見古文尚書又周書遺失之文難可據信依書傳史記爲說故洛誥注云文王得赤雀武王俯取白魚皆七年是鄭以文王受命爲七年之事中候我應云季秋之月甲子赤雀銜丹書入豐止於昌戶再拜稽首受尚書運期授引河圖曰倉帝之治八百二十歲立戊午蔀注云周文王以戊午蔀二十九年受命易類謀云文王比隆興始霸伐崇作靈臺受赤雀丹書稱王制命示王意注云入戊午蔀二十九年時赤雀銜丹書而命之是鄭意以入戊午蔀二十九年季秋之月甲子赤雀銜丹書而命之也鄭知然者易乾鑿度云入戊午蔀二十九年伐崇作靈臺改正朔布王號於天下受籙應河圖注云受命後五年乃爲此改。猶如也如前聖王所得河圖之書由此而論既云入戊午蔀二十九年雖述以伐崇改正之事云受籙應河圖則二十九年之文爲受籙而發受籙者即謂受丹書王命之籙也以此知入戊午蔀二十九年即是赤雀所命之年也先言伐崇作靈臺改正朔布王號於天下然後始言受籙者以文王之時所爲大事唯此而已此由天命而然故既言受命之年即言所爲之事下乃繼以受籙應河圖此等之事皆由受籙而爲之故受籙之言與二十九年文不連耳是類謀亦先言伐崇然後言受赤雀丹書亦以伐崇作靈臺是文王大事由受命而然故在赤雀之上先言之也且乾鑿度云亡殷者紂黑期火戊倉精授汝位正昌注云火戊戊午蔀也午爲火必言火戊者木精將王火爲之相戊土也又爲火子又火使其子爲已塞水是明倉精絕殷之象也是言文王受命在戊午蔀之意既言入戊午蔀二十九年受籙復說在戊午之意明以二十九年爲受命年也受命之月已是季秋至明年乃改元故書序云惟十有一年武王伐殷注云十有一年本文王受命而數之是年入戊午蔀四十歲矣是鄭以受命元年爲入戊午蔀三十年故改至十年而四十也又以歷校之入戊午蔀二十九年歲在戊午其年殷九月二十五日得甲子明年乃改元則元年歲在己未至十二年在辛未其年正月六日得甲子譜

云以歷校之文王受命十三年辛未之歲殷正月六日殺紂，是得赤雀之命後年改元之驗也。又中候雒師謀云「唯王既誅崇侯虎，文王在豐，豐人一朝扶老至者八十萬戶」，是受命六年而伐崇居豐也。即云「至磻谿之水，呂尚釣崖，王下趍拜曰：望公七年矣」。所以言七年者，以本丹書命云「雒授金鈐師名呂」，故得命即望之。今受命六年而言望公七年，通得命之年數之，故七。是得命之後明年改元，鄭所參校於茲明矣。若然，鄭於金縢之末注云「文王年十五生武王，又九十七而終。終時武王年八十三矣」。若文王受命七年，武王八十三，至十一年觀兵得魚之時，武王八十七矣，至九十三而終，則通數取魚之年乃得爲七年。鄭云文王得赤鳥，武王俯取魚，皆七年，文王以明年數，武王以其年數者，文王改元須得歲首爲之，武王未及改元，唯須正名號耳。我應說文王之戒武王曰：「我終之後，恆稱太子，河洛復告，遵朕稱王。」故太誓說武王升冊稱皇太子，得魚即云俯取，是得告之即須改稱，故不與文王同也。如上所說，受赤雀之命必是歲在戊午蔀二十九年矣。案乾鑿度云：「歷元名握先紀，日甲子，歲甲寅。」又曰：「今入天元二百七十五萬九千二百八十歲，昌以西伯受命。」注云：「受洛書之命爲天子。」以歷法其年則入戊午蔀二十四年矣，歲在癸丑，是前校五歲，與上不相當者，其實當云二百八十五

歲，以其篇已有入戊午蔀二十九年受籙之言，足以可明，故略其殘數，整言二百八十，而不言五也。知必加五年當戊午蔀二十九年者，依三統歷，七十六歲爲一蔀，二十蔀爲一紀，積一千五百二十歲。凡紀首者皆歲甲寅，日甲子，即以甲子之日爲初蔀，名甲子蔀，一也。滿七十六歲，其後年初日次癸卯，即以癸卯爲蔀首，二也。從此以後，壬午爲蔀三也，辛酉蔀四也，庚子蔀五也，己卯蔀六也，戊午蔀七也，丁酉蔀八也，丙子蔀九也，乙卯蔀十也，甲午蔀十一也，癸酉蔀十二也，壬子蔀十三也，辛卯蔀十四也，庚午蔀十五也，己酉蔀十六也，戊子蔀十七也，丁卯蔀十八也，丙午蔀十九也，乙酉蔀二十也。是一紀之數，終而復始，紀還然。今乾鑿度入天元二百七十五萬九千二百八十歲，以一紀之法一千五百二十歲除之，得一千八百一十五紀，餘有四百八十歲，即是入後紀之年。其初年還歲甲寅，日甲子，以甲子、癸卯、壬午、辛酉、庚子、己卯等六蔀除之，餘有二十四年，即是入戊午蔀二十四年，更加五年爲二十九年受赤雀之命。若推太歲，即以六十除積年，其受命之年太歲在戊午。若欲知日之所在，乘積年爲積日，以日行一帀六十除之，得日之所在。又案三統之術，魯隱公元年歲在己未，其年前惠公之末年歲在戊午。計文王受命是戊午之年，下至惠公末年六復戊午，當三百六十年矣。而

雒師謀注云「數文王受命至魯公末年三百六十五歲」，又餘五年者，本唯云三百六十耳，學者多聞周天三百六十五度，因誤而加。徧校諸本，則無五字也。或以爲文王再受天命，入戊午蔀二十四年受洛書，二十九年受丹書，若如此說，於易緯之文上下符合，於中候之注年數又同，必知不然者，以讖緯所言文王之事最爲詳悉，若赤鳥之外別有洛命，則應有文言之，今未有聞焉，明其無也。所論圖書莫過中候，而我應及雒師謀皆說文王之事，只言赤雀丹書，不言更有所命。詳撿諸緯，其辭亦然。易通卦驗曰：「有人侯牙，倉姬演步，有鳥將顧。」其意言文王得赤鳥而演易也。是類謀曰「受赤雀丹書」，春秋元命苞曰「鳳皇銜丹書於文王之都」，皆言丹書鳥雀而已，曾無斥言別有他命。鄭言洛書即丹書是也。不然，鄭何處得洛書之言乎？說者雖云再命，既言七年而崩，則亦赤雀命後始改元矣。若二十四年已後受洛書，所以不即改元而待後命何也？且鄭云受洛書之命爲天子，若前命已爲天子，後命更何所作？既天已使爲天子，猶尚不肯改元，便是傲慢神明，違拒天命，聖人有作，決不然也。又鄭於六藝論極言瑞命之事，云：「太平嘉瑞，圖書之出，必龜龍銜負焉。黃帝、堯、舜、周公是其正也。若禹觀河見長人，皐陶於洛見黑公，湯登堯臺見黑鳥，至武王渡河白魚躍，文王赤雀止於戶，秦穆公白雀集於

事，是其變也。」文王唯言赤雀，何得更有洛書？且洛書龜負而出，乃是太平正法，於文王之世，安得有之？此其所以大蔽也。然則文王所受實赤鳥銜書，非洛而出，謂之洛書者，以其河龍圖發，洛龜書感，此爲正也。故圖者，雖不從河，謂之河圖；書者，雖非洛出，謂之洛書，所以統名焉。故元命苞云：「鳳皇銜圖置帝前，黃帝再拜受。」「堯坐中舟，與太尉舜臨觀，鳳皇負圖授。」是不從河者也。坤靈圖云：「黃龍中流見於洛。」注云：「謂洛書。」不必皆龜負也。言河圖龜書，見其正耳。所命文王銜丹書者，我應、是類謀謂之赤雀，元命苞謂之鳳皇，通卦驗謂之爲鳥。鳥者，羽蟲之大名，赤雀，鳳皇之雛，神而大之，亦得稱鳳，文雖不同，其實一也。受命六年乃始伐崇，既伐於崇，乃作邑於豐，則受命之時未都豐矣。而我應云「赤雀銜丹書入豐，止於昌戶」，元命苞云「鳳皇銜丹書遊於文王之都」者，鄭作我應序云「文王如豐，將伐崇，受赤鳥」，是當時行往豐地，未都豐也。所居有屋，故稱昌戶，從後言之，謂之文王之都。太誓云「至於王屋」，譜云「周公避居東都」，亦此類也。文王世子稱武王謂文王曰「西方有九國焉，君王其終無諸」，文王生稱王也。其稱王也，必在受命之後。元命苞云「西伯既得丹書，於是稱王，改正朔，誅崇侯虎」，稱王之文在誅崇之上。是類謀云「稱王制命，示王意」，乾鑿度云「改正朔，布王號於天下」，二文皆承伐崇作靈臺之

下伐崇在六年則亦六年始稱王也但彼文以伐崇之等皆是文王大事故歷言之其言不必依先後爲次未可即以爲定書傳稱二年伐邘三年伐密須四年伐犬夷書序云殷始咎周注云咎惡也紂聞文王斷虞芮之訟後又三伐皆勝而始畏惡之拘於羑里又曰周人乘黎注云乘勝也紂得散宜生等所獻寶而釋文王文王釋而伐黎明年伐崇案殷傳云西伯得四友獻寶免於虎口而克耆大傳曰得三子獻寶紂釋文王而出伐黎其言既同則黎耆一物是文王伐犬夷之後乃被囚得釋乃伐耆也出車說文王之勞還帥云春日遲遲是四年遣役五年始反乃勞之當勞訖被囚其年得釋即以歲暮伐耆故稱五年伐耆也天無二日土無二王若五年以前既已稱王改正則反形已露紂當與之爲敵非直咎惡而已若已稱王顯然背叛雖紂之愚非寶能釋也又書序周人乘黎之下云祖伊恐奔告於受作西伯戡黎若已稱王則愚者亦知其叛不待祖伊之明始識之也且其篇仍云西伯明時未爲王是六年稱王爲得其實故乾鑿度布王號之下注云受命後五年乃爲改此是鄭意以爲六年始王也但文王自於國內建元久矣無故更復改元是有稱王之意雖則未布行之亦是稱王之迹故周本紀云詩人道西伯蓋受命之年稱王皇甫謐亦云受命元年始稱王矣正以改稱元年

故疑其年稱王斯言非無理矣但考其行事必不得元年稱王耳然則六年稱王七年則崩是稱王甚晚禮記大傳注云文王稱王早矣者以殷紂尚存雖於年爲晚而時未可稱故爲早也時未可稱而必稱之者我應云我稱非早一人固下注云我稱王非爲早欲以一人心固臣下是早稱之意也然則伐崇之時未稱王矣皇矣說伐崇之事而云是類是禡王制云天子將出征類乎上帝禡於所征之地然則類者祭天之名未稱王而得祭天者文王於伐崇之後尋即稱王於時天期已至崇又大敵雖未稱王已行王事故類禡也文王雖稱王改正統得行其統內六州而已禮記大傳曰牧之野武王之大事改正朔易服色謂克紂之後又復頒布使天下徧知之猶未制禮未是大定故召誥云惟二月三月注云當爲一月二月不云正月者蓋待治定制禮乃正言正月故也然則從是以後始大定矣文王之得太公無經典正文言其得之年月雖師謀注云文王既誅崇侯乃得呂尚於磻谿之崖是伐崇之年得呂尚也書傳云散宜生南宮括閎夭三子相與學訟於太公四子遂見西伯於羑里是文王被囚之年得太公也史記齊世家云西伯政平及斷虞芮之訟伐崇密須犬夷大作豐邑天下三分其二歸周者太公之謀計居多則是斷虞芮之前得太公也皇甫謐以爲未受命時已得太公則羣言不同莫能齊一案左傳稱呂伋爲王舅則武王之后大公女也文王受命六年武王以八十二矣不應此時方取正室且文王爲今年得之明年即崩以人情準之未應便爲武王取其女也又書傳之美太公言其翼佐文武身有殊勳爲世祚太公以表東海以其有大功故也若伐崇之後方始得之則文王於時基宇已就太公無所宜其力亦何功業之有乎若武王承父舊基太公因人成事牧野一戰賢聖多矣杖鉞之勞不足稱述而使經傳之文褒揚若此六年始得深可惑矣齊世家云呂尚蓋嘗窮困年老矣以魚釣于周西伯出獵得之或曰太公嘗事紂紂無道去之游說諸侯無所遇而卒西歸周西伯或曰呂尚隱海濱周西伯拘羑里散宜生等知而招尚曰吾聞西伯善養老盍往歸焉言呂尚所以事周雖異然要之爲文武師司馬遷馳騁古今良亦勤矣尚不能知其事周所由安能知得之年月今雖考校未能正之尚書帝命驗曰自三皇以下天命未去饗善使一姓不再命然則文王已受赤雀武王又得白魚者一姓不再命謂子孫既衰之後天不復重命使興耳非謂創業之君也文王雖天意與之而仍未克紂復命武王使之統一故再受命焉。

文王在上於昭于天在上在民上也於歎辭昭見也箋云文王初爲西伯有功於民其德著見

於天故天命之以爲王使君天下也崩謚曰文。於音烏注及下於緝幷注皆同見賢遍反下著見同著珍慮反謚音示愼也悉也生存之行終始悉錄之以爲謚也。**周雖舊邦其命維新**乃新在文王也箋云大王聿來胥宇而國於周王迹起矣而未有天命至文王而受命言新者美之也。大音泰後大王皆同。**有周不顯帝命不時**有周周也不顯顯也顯光也不時時也時是也箋云周之德不光明乎光明矣天命之不是乎又是矣。**文王陟降在帝左右**言文王升接天下接人也箋云在察也文王能觀知天意順其所爲從而行之。

【疏】文王至左右。正義曰言文王初爲西伯在於民上也於呼可歎美哉其時已施行美道有功於民其德昭明著見於天言治民光大天所加美以此故爲天所命周自大王已來居此地周雖是舊國其得天命維爲新國矣以明德而受天命變諸侯而作天子是其改新也天既命文王我有周之德豈不光明乎由有美德能受天命則有周之德爲光明矣天之命我文王豈爲不是乎皇天無親惟德是與當時天下莫若文王則天之所命爲是矣又美文王云文王升則以道接事于天下則以德接治于人常觀察天帝之意隨其左右之宜順其所爲從而行之。傳在上至歎辭。正義曰此言於昭于天是說文王治民有功而明見上天故知在上在於民上也書傳引於穆清廟乃云於者歎之是於爲歎辭也尚書注云於者鳴聲則於鳴古今字耳。箋文王至曰文。正義曰下言其命維新則此未受命時事故鄭本而言文王初爲西伯未受命之時已有功於民其德著見於天故爲天所命也言初爲西伯以對後爲王摠受命之前爲初非謂爲西伯之初耳以言在上著見于天明治民之功見也故知有功於民其德著見于天言著見者爲天所加美而知之故天命之爲王使爲君於天下至崩而謚之曰文曲礼下曰君天下曰天子檀弓上曰死謚周道也。箋大王至美之。正義曰言大王自豳來相其可居之處而爲國於周大王已來居此地是周雖舊邦也閟宮云實始翦商是王迹起爲國語言周之興也鸑鷟鳴於岐山雖爲周興之兆而未有書文授之王位是未有天命至文王而受天命以諸侯國名變而爲天子國名是其改新之也言新者美文王能使之新也。傳有周周也時是也。正義曰以周文單故言有以助之烝民曰天監有周時邁曰明昭有周皆同也猶左傳謂濟爲有濟傳疊而解之有周正周也時是釋詁文。箋周之德至是矣。正義曰此言文王德著爲天所命故反其辭以結

之言又是者言周德既明天命復是對上句故言又也王肅云天命之是也言時天下莫若文王。傳言文至接人。正義曰人君在人之上在天之下其升降惟天人耳故知言文王升接天下接人謂與之交接天則恭敬承事以接之人則恩礼撫養以接之。箋在察至行之。正義曰此言文王之接天人而云在帝左右明是察天動作而效之言文王觀知天意解在帝也順其所爲從而行之解左右也易稱聖人與天地合其德故順其所爲而效之

亹亹文王，令聞不已。陳錫哉周，侯文王孫子。文王孫子，本支百世。亹亹勉也哉載侯維也本本宗也支支子也箋云令善哉始侯君也勉勉乎不倦文王之勤用明德也其善聲聞日見稱歌無止時也乃由能敷恩惠之施以受命造始周國故天下君之其子孫適爲天子庶爲諸侯皆百世。亹音尾聞音問注同哉如字毛載也鄭始也左傳作載本又作載同敷音孚施始豉反適音的字或作嫡**凡周之士，不顯亦世。**不世顯德乎也者世祿也箋云凡周之士謂其臣有光明之德者亦得世世在位重其功也。〔疏〕亹亹至亦世。毛以爲亹亹乎勉力勤用明德不倦之文王以勤行之故有善聲譽爲人

所聞日見稱歌不復已止文王能布陳大利以賜子孫於是文載行周道致有天下以此德澤流於後世維文王孫之與子皆受而行之維文王孫之與子不問本宗之子皆得百澤相繼言由文王功德深厚故福慶延長也文王之德不但德及子孫而已凡於周爲臣之士豈不有顯德乎言其皆有顯德而亦得繼世食祿言文王德人及朝臣所以常見稱識行復已止也。鄭唯以哉爲始侯爲君爲異言文王能敷陳恩惠之施令德著于天遂受天命而造始周國由此故爲天下之人君其文王孫之與子其本適爲天子支庶爲諸侯皆得百世餘同。傳亹亹至支子。正義曰亹亹勉也釋詁文哉與載古字通用中庸言栽者培之注引上天之載是其通也以其通用故云哉載也釋詁哉維侯也郭璞曰互相訓是侯得爲維也適譬本幹庶譬其枝故言本本宗支支子也王肅云文王能布陳大利以錫予人故能載行周道致有天下維文王孫子受而行之美其及支子孫言文王之功德其大宗與支子相承百世之道。箋云始至百世。正義曰哉始侯君釋詁文也以文王受命創爲天子宜爲造始周國君其子孫故易傳也受天之命本由明德其用明德即陳錫是也不能敷陳恩惠之施故得受命造周令長世稱誦是用明德而致令聞不已也昭十年左傳曰陳錫載周能施也夫故知去

恩惠之賜以施予也宣十五年左傳亦引此詩乃云文王所以造周不是過也是造始周國也既造周國當子孫嗣之故天下之民君其子孫爲天子庶爲諸侯皆百世也。傳不。至世祿。正義曰傳以經言不顯則爲顯顯也由顯而得世故并及之不世顯德乎其世顯德也謂臣有顯德令子孫世之仕者世祿欲舉輕以明重若子孫復有顯德爵位亦世之仕者世祿孟子文。箋凡周至其功。正義曰以士者男子成名之大號下至諸侯及王朝公卿大夫揔稱亦可以兼士也凡爲揔辭顯爲光明故言謂其臣有光明之德者亦得世世在位以重其功勞故也傳言世祿箋言在位者以言亦世皆亦前本支百世也百世謂繼世在位知此亦世世在位也以此知毛言世祿舉輕包重耳不謂不得世世也文王之時則其功未定不得定之長在卿大夫之位若武王以後則大封羣臣或爲列士諸侯或爲王朝卿佐維爲王朝之臣其大功亦得世之故直言世世在位而不辨其內外也郊特牲及士冠礼云繼世以立諸侯象賢則封爲國君固當世矣其卿大夫有大功乃得世也王制言天子之縣內諸侯祿也注云選賢置之於位其國之祿如諸侯不得世又曰大夫不世爵注云謂縣內及列國諸侯爲天子大夫者不世爵而世祿辟賢也又曰諸侯之大夫不世爵祿也公羊傳曰世卿非礼則卿大夫

正法不得世也異義卿得世又公羊穀梁說卿大夫世則權并一姓妨塞賢路專政犯君故經譏尹氏齊氏崔氏也左氏說卿大夫得世祿不得世位父爲大夫死子得食其故采而有賢才則復升父故位故傳曰官有世功則有官族謹案易爻位三爲三公二爲卿大夫曰食舊德食舊德謂食父故祿也尚書古我先王暨乃祖乃父胥及逸勤予不敢動用非罰世選爾勞予不絕爾善論語曰興滅國繼絕世國謂諸侯世謂卿大夫詩云凡周之士不顯亦世孟子曰文王之治岐也仕者世祿知周制世祿也此許氏亦以卿大夫世祿爲常雖以世祿爲常而有大功德亦得世位故裳裳者華刺幽王棄賢者之類絕功臣之世鄭駁膏肓云公卿之世立大功德先王之命有所不絕者是大功特命則得世位也白虎通曰諸侯繼世者南面之君體陽而行陽道不絕大夫人臣北面體陰而行陰道有絕故也此託之陰陽之義其實諸侯以大功而封故也卿大夫本以佐君欲令非賢不可所以不世也其得世者又違常法以大功而許之耳

世之不顯，厥猶翼翼。思皇多士，生此王國。王國克生，維周之楨。翼翼恭敬思辭也皇天楨幹也箋云猶謀思願也周之臣既世世光明其爲君之謀事忠敬翼翼然

又願天多生賢人於此邦此邦能生之則是我周之幹事之臣。楨音貞爲于僞反下天爲此同

濟濟多士，文王以寧。濟濟多威儀也。濟子禮反後濟濟皆同

疏世之至以寧。毛以爲因上不顯亦世文反而詳之言此世祿之臣豈不光明其德乎言其世世有光明之德故也以有光明之德其爲君之謀事則能翼翼然忠誠而恭敬也所以得有此臣者天以周德至盛欲使羣賢佐之故皇天命多眾之士生之于我周王之國我周王之國能生此賢人收而用之則維是我周家幹事之臣臣能幹事則國以乂安故歎美之此濟濟然多威儀之眾士文王以安寧言文王得賴此臣之力思語辭不爲義鄭以思爲願言此世顯之臣非直謀事恭敬又推誠恕物所及弘廣乃思願皇天令其多眾之士生此我王之國得與我周家爲幹事之臣此世顯之人謀則忠敬心則誠信故歎美之云濟濟多士文王以寧濟濟多士還謂世顯之人與思皇多士不同也。傳翼翼至皇天。正義曰釋訓云翼翼恭也敬是恭之類故連言之以此覆述世顯之人不宜更有所思故以思爲辭皇與多士連文能生多士維天乃然皇者天號故皇爲天也王肅云言天思周德至盛故爲生眾士於此周國王國能生此眾美之士維周以之爲楨幹也。箋猶謀至之臣。正義曰猶謀釋詁文以思之爲辭止在句末今句首言之不宜爲辭故易傳以意之所思必情之所願故以思爲願朝廷之士多妒忌賢能故嘉魚美太平之君子樂與賢者共之朝臣之願多賢實爲美事明此思皇多士是世顯之人復思使皇天更生多賢也下濟濟多士卽世顯之人與此多士不同也何者此思皇多士乃是世顯之人思天生之尚未知思得以否假令得之猶是後世之事文王未得賴之以寧也以此知濟濟多士還是世顯之人傳以翼翼爲恭敬而論語曰爲人謀而不忠乎謀者主忠故言忠敬翼翼然也言此邦能生則是生而用之故云則是我周家幹事之臣幹事是已用之語明克生爲用之矣。傳濟濟多威儀。正義曰此多士是上世顯之人則諸侯及公卿大夫此文皆兼之釋訓云濟濟容止也孫炎曰濟濟多士之容止也然則濟濟摠爲在朝之儀故云威儀也曲禮下云大夫濟濟謂行容之貌與此別少儀云朝廷之儀濟濟翔翔與此同矣。

穆穆文王，於緝熙敬止。假哉天命，有商孫子。穆穆美也緝熙光明也假固也箋云穆穆乎文王有天子之容於美乎又能敬其光明之德堅固哉天爲此命之使臣有商之殷之子孫。緝七入反熙許其反假古雅反固也。

商之孫子，其麗不億。上帝既命，侯于周服。麗數也盛德不可爲眾也箋云于於也商之孫子其數不徒億多言之也至天已命文王之後乃爲君於周之九服之中言眾之不如德也。麗力計反沈又力知反。

疏穆穆至周服。毛以爲穆穆然而美者文王也既有天子之容矣於呼美哉又能於有光明之德者而敬之其敬光明之德者而甚堅固哉言尊賢愛士心能堅固故天命之使臣有商之孫子而代殷也商之孫子其數至多不徒止於一億而已言其數過億也雖有過億之數以紂爲惡之故至於上帝既命文王之後維歸於周而臣服之明文王德盛之至也。鄭唯以侯爲君言商之孫子爲君於周之九服之中爲異餘同。傳穆穆至假固。正義曰穆穆美釋詁文又云緝熙光也敬之云學有緝熙于光明故傳連言之假雖有別訓以言敬事有德而爲天所命宜爲堅固故爲固也。箋穆穆至子孫。正義曰於爲歎美之辭故言於美乎言又能敬其光明之德以文王身有聖德復能敬人故言又也直言光明之德不言止則止爲辭也大學引此詩注云敬其所以自處止緇衣亦引此注云敬其容止者彼各有所證故與此不同也此言緝熙敬止明有緝熙之德者敬之故言敬其光明之德假哉文鄭下屬而

理結於上故云堅固哉天爲此命之言能敬德堅固故能受天命使臣有商之子孫謂使之爲臣以爲已有卽下云侯服于周是也○傳麗數至爲衆○正義曰以億是數名故知麗爲數也德之小者猶可以衆敵之盛德不可爲衆言德盛則難爲衆故雖多而服周深美文王言非衆所敵王肅云商之孫子有過億之數天既命文王則維服于周盛德不可爲衆毛於上章訓侯爲維則其意如肅言也○箋商之至如德○正義曰以擧多而服文王故知不徒億也文王所得六州而已殷之同姓未必有歸之者況其子孫乎而云不億者此作在成王之時從後見其歸周本而美之耳非實事也言天既命文王之後乃爲君於周之九服之中言其貴者耳其數既多亦有不爲君者也九服者大司馬大行人千里之畿外每云又其外五百里卽侯甸男采衞要夷鎭蕃是也此亦據在後言之天命文王之時服名未定也其服名自古而有故禹貢有甸侯綏要荒五服皐陶謨所謂弼成五服是也但不知夏殷服名耳**侯服于周天命靡常**則見天命之無常也箋云無常者善則就之惡則去之○**殷士膚敏祼將于京厥作祼將常服黼冔**殷士殷侯也膚美敏疾也祼灌鬯也周人尚臭將行京大也黼白與黑也冔殷冠也夏后氏曰收周曰冕箋云殷之臣壯美而敏來助周祭其助祭自服殷之服明文王以德不以彊○祼古亂反黼音甫冔況甫反字林作綼又火于反鬯敕亮反夏戶雅反○**王之藎臣無念爾祖**藎進也無念念也箋云今王之進用臣當念女祖爲之法王斥成王○藎才刃反爲之法一本作爲之法度

疏侯服至爾祖○毛以爲商之子孫既衆多今維乃服臣于周以商之族類變爲周臣如是則見天命之無常去惡就善是無常也命既無常故殷之諸臣多士皆有壯美之德見時之疾於周祭宗廟則助其灌鬯之禮而行之於京師言其知命服周之無貳心也因其服周之事而言文王之寬此殷士其爲祼獻行禮之時常服其殷所服黼衣而冔冠也文王若以彊服之則當改其衣冠令之從已今仍服殷冠明其自來歸從文王以德服之不以彊也以既陳文王之盛德因擧以戒成王言之進用臣法可無念汝祖文王乎言當念汝祖文王之法脩德服衆爲天下所歸是進用臣之道○鄭唯上一句言爲君列在九服于周家是天命無常餘同○傳則見至無常○正義曰天之所爲不可得見以紂之惡文王之善致使商之孫子臣服于周如是觀之則見天命之無常也太學引康誥曰惟命不于常道善則得之不善則失之矣箋亦引彼文是無常之事也○傳殷士至曰冔○正義曰此殷士卽前商之孫子服周者故知殷侯也膚美小雅廣訓文敏疾釋詁文王肅云殷士有美德言其見時之疾如早來服周也祼者以鬯酒灌尸故言灌鬯也擧祼言之故取郊特牲文云周人尚臭尚臭者一代之禮文王之時未必已然亦可據後而言也以祼是祭禮當須行之故言將行也天官小宰云凡祭祀贊祼將之事注以將爲送則此言祼將亦宜爲送但祼時送爵亦是行之其言雖異義亦同也京大釋詁文桓九年公羊傳曰京師者何天子之居也京者何大也師者何衆也天子之居必以衆大之辭言之此京亦謂京師故訓爲大也冬官繢人云白與黑謂之黼周冕無繢繡之飾則殷冔亦不以黼爲飾黼自衣服之所有也禮器云冕諸侯九旒注云似夏殷制則殷之諸侯祭服亦九章而下不止於黼而已擧一章而表之耳郊特牲及士冠禮皆云周弁殷冔夏收故知冔殷冠也既以冔爲殷冠更取二代以明之故言夏后氏曰收周曰冕也彼云周弁此云冕者以周自大夫以上祭服皆用冕服故傳以冕言之實冕而謂之弁者周禮弁師注云弁古冠之大號官名弁師職掌五冕故知弁是大名也○箋殷之至以彊○正義曰殷臣壯敏來助周祭祼將是也王肅亦云殷士自殷以其美德來歸周助祭行灌鬯之禮也然宗廟之祭以祼爲主於禮王正祼而后亞祼則祼將主人之事矣而云助行灌者天官小宰凡祭祀贊祼將之事注云又從太宰助王祼謂贊王酌鬱鬯以獻尸言太宰贊王小宰贊太宰是祼將之事有臣助之矣此周人尚臭擧祼將以表祭事見殷士助祭耳不必專助行祼也以祭言已代而服擧其本故云自服殷之服明文王以德不以彊本以德服之而來不以殷彊使至何者若爲畏威當改從其周服今服其故服是慕德而來故也武成云大邦畏其力此言不以彊者彼美文王有威可畏耳其實文王化以德故言不以彊也此文王之時故殷士仍得服殷之服若制禮之後皆從時王之法唯二王之後服其故服可也○傳藎進無念念也○正義曰藎進釋詁文無念是反而言之故云念也○箋今王至成王○正義曰以承上文王進臣之道而言念之文王實成王之祖故曰斥成王也此美文王之詩當以時王之意稱述先祖之美不應篇末更戒成王而以戒成王者以下章云殷之未喪師宜鑒于殷是時已滅擧以爲鑒若文王之時則紂實未亡不得爲戒又卒章云儀刑文王萬邦作孚是欲使後世法文王也下言文王之道可以與後世爲法此云無念爾祖明是上念文王以文王爲祖非成王而誰也戒後世使法文王卽是述文王之美故美文王可以戒成王也傳雖不明意當

同鄭無念爾祖聿脩厥德永言配命自求多福聿述永長言我也我長配天命而行爾庶國亦當自求多福箋云長猶常也王既述脩祖德常言當配天命而行則福祿自來。聿于必反。殷之未喪師克配上帝帝乙已上也箋云師衆也殷自紂父之前未喪天下之時皆能配天而行故不忘也。喪息浪反注同已上時掌反本作以紂直久反。宜鑒于殷駿命不易駿大也箋云宜以殷王賢愚爲鏡天之大命不可改易。駿音峻又音俊易毛以豉反不易言甚難也鄭音亦言不可改易也下文及後不易維王同。

疏無念至不易。毛以爲作者戒成王既無不念汝祖文王進臣之法當述而脩行其德王當云長我當爲之者我所配天命而行也又當告庶國云爾庶國亦當自求多福言勤脩德教福自歸之又陳所以我當長配天命而行之者殷自紂父以前未喪失衆心之時其德皆能配上天之命而行由紂不能配天命令臣民叛而歸我我宜鑒鏡于殷觀其王之賢愚以爲已戒何則天之大命不可改易。鄭唯求言配命二句爲異以爲王常言當配天命而行則自求而歸之者多衆之福也。傳聿述至多福。正義曰聿述言

我永長皆釋詁文也直言配命知是長配天命者以下云克配上帝故知配配天命也言爾。國亦當自求多福者以上章說殷侯助祭還是殷侯念祖自求多福是戒人之辭故知還戒此殷侯衆多故謂之庶國也。箋長猶至自來。正義曰長雖異理通不若常爲便故猶爲以戒成王宜以多福與配天相成故不爲庶國也又言字不訓爲我。傳帝乙已上。正義曰以失衆而卒亡天下者紂也經云未喪故知帝乙以前其間雖行有善惡不喪衆心故能配天以王者爲配在位不失則能配之故酒誥云自成湯至於帝乙罔不成王畏相舉未亡以駿亡者耳其實以前非無惡者故無逸說殷之三宗之後云自時厥後立王生則逸不知稼穡之艱難是有惡者矣。傳駿大。正義曰釋詁文。箋宜以至改易。正義曰鑒鏡也鏡照物知善惡故以殷爲鏡知存亡言天下之大命不可改易者謂天意善者與之惡者去之此命一定終不變改也。

命之不易無遏爾躬宣昭義問有虞殷自天遏止義善虞度也箋云宣偏有又也天之大命已不可改易矣當使子孫長行之無終女身則止偏明以禮義問老成人又度殷所以順天之事而施行之。遏於葛反或作謁音同韓詩遏病也義毛音儀鄭如字度待洛反下同偏音遍下同上天之載無聲無臭儀刑文王萬邦作孚載事刑法孚信也箋云天之道難知也耳不聞聲音鼻不聞香臭儀法文王之事則天下咸信而順之。

疏命之至作孚。毛以爲戒成王言天之大命既不可改易故常須戒懼此事當垂之後世無令止於汝王之身而已欲令後世長行之長行之者常布明其善聲聞於天下又度殷之所以順天言殷王行不順天爲天所去當度此事終當順天也既言行當順天因說天難倣倣上天所爲之事無聲音無臭味人耳不聞其音聲鼻不聞其香臭其事冥寞欲倣無由王欲順之但近法文王之道則與天下萬國作信言王用文王之道則皆信而順之矣。鄭唯宜昭義問爲異以爲汝當偏明以禮義問老而有成德之人餘同。傳遏止義善虞度也。正義曰遏止義善釋詁文虞度釋言文。箋有又至行之。正義曰以上已有所行之事下復言之故知宜爲又也蕩曰雖無老成人謂老人而有成德者也殷王之能順天者謂成湯與三宗耳前文以賢愚爲戒而不言脩其道以不亡爲配天非皆順天與此意異也此又度其殷王之中賢聖能順天者而行之故可福流於後與其宜鑒不同也此經云自天自從也從又爲順故言順天之事。傳載事刑法孚信也

。正義曰以其說天之事故載爲事也刑法孚信釋詁文。箋天之至香臭。正義曰以其令法文王故知爲難知而言也凡言聞者謂耳所知也香臭非聲云鼻不聞其香臭者但以知其氣故借聞名之中庸注云無知其臭氣者聞卽知也

文王七章章八句

附釋音毛詩注疏卷第十六（十六之一）

黃中模栞

毛詩注疏挍勘記十六之一　阮元撰盧宣旬摘錄

○文王

言文王之能伐殷也閩本明監本毛本伐作代案所改是

年八十九年其即諸侯之位閩本明監本毛本同案浦鏜云下年字當衍文是也讀九字斷句

二年伐邪閩本明監本毛本同案邪當作邘下二邘字十行本不誤

易類謀云毛本同閩本明監本易作是案皆誤也當作易是類謀曰

乃爲此改猶如也閩本明監本毛本同案猶上當有應字讀以改字斷句

得魚即云俯取閩本明監本毛本同案云下浦鏜云脫王字是也

終而復始紀還然閩本明監本毛本同案此當重紀字紀紀還然者每紀還甲子等二十部

比前爲然也浦鏜云紀還然三字疑衍誤甚矣

有人侯乎閩本明監本毛本同案浦鏜云乎當乎字誤與下步顧相叶是也

湯登堯臺見黑烏閩本明監本毛本同案此不誤浦鏜云烏誤鳥非也節南山正義云若湯得黑烏是其證

故圖者謂閩本明監本毛本同案此當云故得圖者錯誤耳

其命維新小字本相臺本同唐石經初刻惟後改維案初刻誤

也者世祿也閩本明監本毛本同小字本相臺本上也字作士案士字是也正義云仕者世祿易士爲仕而說之耳考文一本采之非也

不問本宗之子皆得百澤相繼閩本明監本毛本同案浦鏜云支誤之澤當世字誤是也

言文王德人及朝臣閩本明監本毛本同案人當作又形近之譌

所以常見稱譏閩本明監本毛本同案譏當作譎正義下云令長見稱譎是其證也

行復已止也閩本明監本毛本行作不案所改是也此互易而誤見下

釋詁哉維侯也閩本明監本毛本哉作文案皆誤也此當作云與下云互易

美其及支子孫閩本明監本毛本及作本案所改是也

箋云始至百世閩本明監本毛本云始作令善案所改誤也此云當作哉與上哉互易

不能敷陳恩惠之施閩本明監本毛本不作以案所改非也此不字當與上行字互易山井鼎云朱板作亦當是剜也

舉輕苞重耳閩本明監本毛本苞作包案所改是也

故經譏尹氏齊氏崔氏也閩本明監本毛本同案齊下當衍氏字齊崔氏在春秋經

宣十年也王制正義無引不備耳

予不敢動用非罰世選爾勞予不絕爾善閩本明監本毛本同案此不誤浦鏜云上不字衍掩誤絕皆非也正義引自如此

則是我周之幹事之臣小字本相臺本同考文古本同閩本明監本毛本之作家案正義云則維是我周家幹事之臣又云故云則是我周家幹事之臣未知其本作家或自爲文也無改者非

祼將于京唐石經小字本相臺本同閩本同明監本毛本祼誤裸下同

言之進用臣法閩本明監本毛本同案言當作王

如早來服周也閩本明監本毛本如作知案所改是也

故不忘也閩本明監本毛本同小字本相臺本忘作亡考文古本同案亡字是也

言爾國亦當自求多福者閩本明監本毛本同案爾下當有庶字

舉未亡以駮亡者耳　閩本明監本毛本同案浦鏜云駮疑駿字誤是也

附釋音毛詩注疏卷第十六　十六之二　（五十）

毛詩大雅　鄭氏箋　孔穎達疏

大明文王有明德故天復命武王也二聖相承其明德日以廣大故曰大明○復扶又反【疏】大明八章首章二章四章七章皆六句三章五章六章卒章皆八句至武王○正義曰作大明詩者言文王有明德由其德當上天故天復命武王焉言復更命武王以對前命文王言文王有明德則武王亦有明德互相見也此經八章毛以爲從六章上五句長子維行以上說文王有德能受天命故云有命自天命此文王是文王有明德天命之事也篤生武王以下說武王有明德天復命之故云保祐命爾燮伐大商是武王有明德復受天命之事也但說文王之德則追本其母述武王之功則兼言其佐文王則天生賢配武王則帝所降臨皆是欲崇其美故辭所汎及鄭唯以首章并言文王武王俱有明德故能伐殷與下爲摠目餘同○箋二聖至大明○正義曰以經有明無大故解之也聖人之德終始實同但道加於民化有廣狹文王則纔及六州武王徧被天下論其積漸之功故云日以廣大以其益大故曰大明○

明明在下赫赫在上明明察也文王之德明明於下故赫赫然著見於天箋云明明者文王武王施明德于天下其徵應炤晳見於天謂三辰效驗○赫呼伯反恐也應應對之應炤章遙反本或作灼晳之設反見賢遍反**天難忱斯不易維王天位殷適使不挾四方**忱信也紂居天位而殷之正適也挾達也箋云天之意難信矣不可改易者天子也今紂居天位而又殷之正適以其爲惡乃棄絕之使教令不行於四方四方共叛之是天命無常維德是予耳言此者厚美周也○忱市林反適音的注同挾子燮反一作子協反【疏】明明至四方○毛以爲文王施行此明明然光顯之德在於下地其徵應赫赫然著見之驗在於上天由此爲天所祐棄紂命之故反而美之云若是則天之意難信斯不可改易者維王位耳以其身爲天子謂天必歸之更無異意何則紂居天之大位而又殷之正適以其爲惡之故天乃絕而棄之使其教令不通達於四方爲四方所共叛而天命歸文王是爲天命難信也以天之難信而文王能得天之意言此所以厚美周也○鄭於文義大同以此章以下摠爲明明赫赫辭兼武王言二聖皆能然餘同○傳明明至於天○正義

曰明明察也釋訓文以此文上下相對謂施德於下能感上天○箋明明至效驗○正義曰以下言紂之政教不達四方爲天下所棄是武王時乃然則此章爲摠目其辭兼文武矣故曰文王武王施明德於天下也以其理當兼之故并言武耳不以兩明赫赫之文分之使有所屬也謂三辰有效驗者周禮春官神仕職曰掌三辰之法注云日月星辰其著位也桓二年左傳曰三辰旂旗昭其明也服虔云三辰日月星也謂之辰者辰時也日以照晝月以照夜星則運行於天民得取其時節故謂之辰也有效驗者謂日月揚光星辰順軌風雨以時寒暑應節乃知君德能動上天民皆見其徵應所以言赫赫在上也○傳忱信至挾達○正義曰忱信釋詁文微子之命及左傳皆謂微子爲帝乙之元子而紂得爲正適者鄭注書序云微子啓紂同母庶兄紂之母本帝乙之妾生啓及衍後立爲后生受德然則以爲后乃生受故爲正適也挾者周匝之義故爲達周禮所謂浹日浹郎今之匝義同也○箋天之至美周○正義曰自古已來無不易之代云不可易者以諸侯以下廢立由人是其可改易也至於天子之位則非人力之所能變改言不可改易所以見其難難而能改所以美周德也紂爲天子而復言使明是天之使也教令不行自由紂惡而云天使之者天將令殷滅故生茲愚主亦天使之也故云天使見天人相將之義○

摯仲氏任自彼殷商來嫁于周曰嬪于京乃及王季維德之行摯國任姓之中女也嬪婦京大也王季大王之子文王之父也箋云京周國之地小別名也及與也摯國中女曰大任從殷商之畿內嫁爲婦於周之京配王季而與之共行仁義之德同志意也○摯音至仲字任音壬注同下大任皆放此嬪毗申反中丁仲反下同大任音泰後大任大姒大姜皆同【疏】摯仲至之行○毛以爲既言文王明德爲天所與故本其所由言有摯國之中女其氏姓曰任從彼殷商之畿內來嫁于周邦既配王季爲妻曰能盡婦道於大國乃與王季維於仁義之德共之而行所以同志意○鄭唯爲婦於周京之地爲異餘同○傳摯國至之父○正義曰以文勢累之任姓仲字故知摯爲國也以下言大任婦人稱姓故知任爲姓仲者中也故言之中女此言仲任下言大任者此本其未嫁故詳言其國及姓字下言已嫁以常稱言之禮婦人從夫之謚故頌稱大姒爲文母大任非謚也以其尊加于婦尊而稱之故謂之大姜大任大姒皆稱大明皆尊而稱之唯武王之妻左傳謂之邑姜不稱大蓋避大姜故也嬪婦釋親文下曲禮云生曰妻死曰嬪此生而言嬪者

周禮立九嬪之官婦人有德之稱妻死其夫以美號名之故稱嬪也若非夫於妻傍稱女婦有德雖生亦曰嬪故書曰嬪于虞亦是生稱之也京大釋詁文王肅云雖盡其婦道於大國耳述毛爲說也○箋京周至志意○正義曰箋易傳者以言於京是於其處所不得漫言於大王肅以爲大國近不辭矣上篇述文王受命之事而云祼將于京可得以爲京師此王季時爲諸侯之子孫耳追崇其號得謂之王不得即以其居爲京師也孫毓以爲京師又不通矣思齊曰思媚周姜京室之婦此云來嫁于周曰嬪于京下章云命此文王于周于京皆周京並言明俱是地矣周是大名明京是其中小别也當時殷商爲天下大號而言自彼爲有所從來之辭以商對周故知自其畿內也乃及者相與之辭德者揔稱所行者仁義也故言配王季而與行仁義之德同其志意見婦人佐夫故言同耳周本紀云大王曰我世當有興者其在昌乎則王季未爲世子而生昌矣此則從後而言主於王季故其辭若王季爲君之時言也

大任有身生此文王大任仲任也身重也箋云重謂懷孕也○重直勇反又直龍反廣雅云有娠也下同孕以證反

維此文王小心翼翼昭事上帝聿懷多福厥德不回以受方國回違也箋云小心翼翼恭慎貌昭明聿述懷思也方國四方來附者此言文王之有德亦由父母也

【疏】大任至方國○正義曰大任既嫁於周今有身而懷孕矣至終月而生文王維此文王既生長之後小心而恭慎翼翼然明事上天之道既維恭慎而明事上天述行此道思得多福其德不有所違以此之故受得四方之國來歸附之言文王有德亦由於父母○傳身重○正義曰以身中復有一身故言重箋申之云謂懷孕也易曰婦孕不育是也○箋小心至由父母○正義曰釋訓云翼翼恭也故知恭慎貌人度量欲其心之大謹慎欲其心之小見其終常戒懼出於性然表記引此詩乃云有君民之大德有事君之小心是也言受方國故知四方之國來附之此篇主美文王有明德而上述大任之配王季故解之云此言文王有德亦由父母也

天監在下有命既集文王初載天作之合在洽之陽在渭之涘集就載識合配也洽水也渭水也涘厓也箋云天監視善惡於下其命將有所依就則豫福助之於文王生適有所識則爲之生配於氣勢之處使必有賢才謂生大姒○洽戶夾反一音庚合反案馮翊有郃陽縣應劭云在郃水之陽郃戶荅反渭音謂涘音士妃音配字亦作配下皆同爲于僞反下天爲亦爲同處昌慮反○

【疏】傳集就至涘厓○正義曰鳥止謂之集是集爲依就之義故以集爲就也文王初載謂其幼小始有識知故以載爲識也釋詁云妃匹合也妃合對也轉以相訓是合爲妃義也洽與渭連文又水北曰陽渭是水名則洽亦水也釋丘云涘爲厓郭璞曰謂水邊也○箋天監至大姒○正義曰於文王有所識則不過二三歲也大戴禮稱文王十三生伯邑考十五生武王發明大姒之小於文王纔一二歲耳若然文王初生已有天命之意皇矣乃眷西顧明是紂惡之後天始視文王與此乖者帝王之命定於冥兆唐堯之受河圖昌名已在其録明天歸文王在於久矣但作詩之人意各有主皇矣辭爲沮勸作興奪之勢故言見紂之惡乃歸文王此則美文王之聖有賢妃之助故言天將有命爲生大姒所述意異故言天命有早晚耳氣勢之處正謂洽陽渭涘是也名山大川皆有靈氣嵩高曰維嶽降神生甫及申水亦靈物氣與山同詩人述其所居明是美其氣勢故云爲生賢妃於氣勢之處使之必有賢才也思齊云大姒嗣徽音則文王之妻爲大姒也此云天作之合下言文王親迎故知謂生大姒所言居河之湄雅言有微尰之疾者小人不得其氣勢雅居下濕故生疾耳辭各有意不得同也

文王嘉止大邦有子嘉美也箋云文王聞大姒之賢則美之曰大邦有子女可以爲妃乃求昏

大邦有子俔天之妹俔磬也箋云既使問名還則卜之又知大姒之賢尊之如天之有女弟○俔牽遍反磬也徐又下顯反文云譬磬也韓詩作磬磬譬也

文定厥祥言大姒之有文德也祥善也箋云問名之後卜而得吉則文王以禮定其吉祥謂使納幣也

親迎于渭言賢聖之配也箋云賢美配聖人得其宜故備禮也○迎魚敬反

造舟爲梁不顯其光言受命之宜王基乃始於是也天子造舟諸侯維舟大夫方舟士特舟造舟然後可以顯其光輝箋云迎大姒而更爲梁者欲其昭著示後世敬昏禮也不明乎其禮之有光輝美之也天子造舟周制也殷時未有等制○造七報反又七道反毛云天子造舟方言云浮梁也廣雅作船音同說文船古造字一音才早反輝音暉

【疏】文王至其光○毛以爲此篇主美文王雖王季尚存皆以文王爲主上既言天爲生配此言成昏之禮故言文王既聞大姒之賢則嘉美之曰大邦有子女可求以爲昏姻媒以行納采也既納采問名將加卜之又益知大姒之賢言大邦之有子女言尊敬之譬作是天之妹然言尊重之甚

也卜而得吉行納吉之後言大姒之有文德文王則以禮定其卜吉之善祥謂使人納幣則禮成昏定也既納幣於請期之後文王親往迎之於渭水之傍造其舟以爲橋梁敬重若此豈不明其禮之有光輝乎言其明也○鄭唯文定厥祥文一字爲異餘同○箋文王至求昏○正義曰上既言大姒之生此言文王嘉止則文王美大姒矣大邦有子文在嘉止之下是文王美之辭明矣既美其賢謂之可以爲妃故知乃求昏也下箋云既使問名則此求昏謂納采時也案士昏禮納采問名同日行事是其禮相因遣納采即問名也○傳俔磬○正義曰此俔字韓詩作磬則俔磬義同也說文云俔諭也詩云俔天之妹謂之譬喻即引此詩箋云尊之如天之有女弟與譬喻之言合蓋如今俗語譬喻物云磬作然也○箋既使至女弟○正義曰以此既主文王之事下言親迎于渭是指文王身之親迎則文王嘉止文定厥祥皆謂文王身自美之身自定之也始於關而美之終以造舟親迎則此章文有倫次揔述昏禮故箋準行六禮之事而結之以嘉止有子承上在渭之涘故爲聞而美之既美其賢自然求昏行納采也下言文定厥祥祥者徵祥之美即卜吉之謂上言納采下言卜吉明此是問名之後還卜得吉兆僉尊美之故言文王既使問名還則卜之又知大姒之賢尊之如天之有女弟也

釋親云男子謂女子先生爲姊後生爲妹妹即女弟天者無形之物非如人有親族言天妹者繫之於天見尊之耳初嫁必幼故以妹言之易有歸妹之卦亦此意也○傳祥善○正義曰釋詁文○箋問名至納幣○正義曰祥者吉祥之事而言定之是問名之後卜而得吉以納幣爲定定此吉祥唯納幣耳故知文王以禮定其吉祥謂納幣也幣由卜吉行之故昏禮謂之納徵注云徵成也是亦爲卜吉而言與此意協也春秋莊二十二年冬公如齊納幣不言納徵者禮以著義而爲之立名故謂之納徵春秋君及大夫之行當指其所爲之事故言納幣何休因此言春秋質也此箋上有問名卜而得吉即納吉也定其吉祥爲納幣也下有親迎是四禮見矣無納采與請期者詩人之作舉其大綱非如記注能備言其事上箋云求昏者即是納采也唯請期之文不見耳既親迎明請之可知也六禮納采納吉納徵三禮言納餘不言納者以問名請期親迎皆須復名而後可言其名既復不須以納配之采也吉也徵也三者皆單是夫氏於女之禮故加納見行之於彼也箋以此章言取大姒之事皆文王身爲主孫毓云昏禮不稱主人母在則命之此時文王纔十三四穉子耳王季尚在豈得制定求昏之事如毓之言非無理矣鄭必以文王之娶時實幼少但聖人之有作動爲模範此詩歌之大雅

以爲正法主於文王之身不復繫之父母耳非謂其時不是父母制之也下所言親迎造舟皆出文王之意故得後世遵之以爲王者之禮若王季使之然則是王季行王法無所美於文王也親迎造舟既文王所專則嘉止定祥亦是文王身矣復何所嫌而云文王不可哉○傳言賢聖之配○正義曰此解本之親迎意以賢聖宜相配故備禮而親迎之是言親迎亦明大姒之有德故箋申之言賢女配聖人得其宜故備禮也六禮唯親迎爲重迎尚身自親之餘禮行之可知故言備也文王雖人子時事在雅則天子法天子當親迎故異義公羊說天子至庶人娶皆當親迎左氏說王者尊無體敵之義故不親迎鄭駮之云大姒之家在洽之陽在渭之涘文王親迎于渭即天子親迎明矣天子雖至尊其於后猶夫婦也夫婦判合禮同一體所謂無敵豈施於此哉禮記哀公問曰寡人願有言然冕而親迎不已重乎孔子愀然作色而對曰合二姓之好以繼先聖之後以爲天地宗廟社稷之主君何謂已重乎此言親迎繼先聖之後爲天地宗廟主非天子則誰乎是鄭意以此爲天子之法故引之以明天子當親迎也○傳言受至光輝○正義曰昏禮人倫之本禮始於正夫婦然則周有天下王業之基皆始迎於大姒矣故云文王受命之宜及周家王業之基乃初始於是不可不敬重之故造舟

也因解舟尊卑之制天子造舟至特舟皆釋水文李巡曰比其舟而渡曰造舟中央左右相維持曰維舟并兩船曰方舟一舟曰特舟孫炎曰造舟比舟爲梁也維舟連四舟也然則造舟者比船於水加板於上即今之浮橋故杜預云造舟爲梁則河橋之謂也維舟以下則水上浮而行之但船有多少爲等差耳禮天子乃得造舟文王欲盛其昏事必極物盡禮用天子之制然後爲梁故云造舟然後顯其光輝解本用造舟之意王肅云造舟爲梁然後可以顯著其光輝明文王之聖德於是可以王也○箋迎大姒至等制○正義曰此美大其事而造舟若禮先有之不應特述明是文王所創制也云迎大姒更爲梁者欲其昭著示後世敬昏禮也不明乎其禮之有光輝言其實明禮之有光輝反其言所以美之也以傳歷言舟之等級故申之云天子造舟周制也殷時未有等制知者若先有等制則下不僭上文王雖欲重昏禮豈得僭天子乎若僭天子爲罪則大於時人主誰肯聽之以此知殷時未有等制文王敬重昏事始作而用之後世以文王所用故制爲天子法耳故王基云自殷以前質略未有造維方特之差周公制禮因文王敬大姒重初昏行造舟遂即制之以爲天子禮著尊卑之差記以爲後世法是也

有命自天命此文王于周于

京纘女維莘，長子維行，纘，繼也。莘，大姒國也。長子，長女也。維行大任之德焉。箋云：天爲將命文王君天下於周京之地，故亦爲作合，使繼大任之女事於莘國。莘國之長女大姒則配文王，維德之行。○纘，子管反。莘，所巾反。長，張丈反，注同。○**篤生武王，保右命爾，燮伐大商。**篤，厚。右，助。燮，和也。箋云：天降氣于大姒，厚生聖子武王，安而助之，又遂命之，爾使協和伐殷之事。協和伐殷之事，謂合位三五也。○右音祐，字亦作佑，注同。燮，蘇接反。協，戶頰反。○

疏　有命至大商。○毛以爲既言迎得大姒，此又言其能與文王行德，生聖子以克殷也。言教命乃從天而來，歸將命此文王于彼周國，于其京師也，則爲生善美之匹，使繼先姑大任之女事，維在於莘國，是莘國處長之子女，則以配文王與之。維德之行，共行仁義於周京，以此夫妻聖賢，其行德義之故，爲天降氣於大姒，遂厚生聖子武王。言武王得美氣之厚，天既降氣生之，亦安保而佑助，又遂命之，汝武王使汝協和其伐大商之事，當竦以待時，天道協會而後伐之，言其伐又爲天助也。○鄭唯於彼周京之地爲異，餘同。○傳「纘繼」至「德焉」。○正義曰：「纘，繼」，釋詁文。此莘猶上摯也，婦人所繫國姓而已，姒是其姓，則莘是其國，故云「莘，大姒國也」。纘女者，言能繼行女事，故知長子長女。喪服注云：「言子兼男女」是也。婦之所繼，唯繼姑耳。繼姑而言維行，故知能行大任之德也。上章述大任之事，云「乃及王季，維德之行」，今大姒言大任之德，則亦與文王維行矣，故箋申之云「配文王，維德之行」，是取上章爲說也。○箋「天爲」至「之行」。○正義曰：經言「有命自天」，向知不時已受命，而言天爲將命文王者，以此申結上章之事。「有命自天」，猶「有命既集」也。「纘女維莘」，猶「在渭之涘」也。下乃言「篤生武王」，是述新娶之事，不得爲受命之後，故言將命文王也。以大姒之德自在於性，故本之維莘，言在父母之國已能繼大任之德。經之「維莘」爲纘女所在，而言與長子別句，而理則下通，故又言莘國之長女以明之。○傳「篤厚」、「右助」、「燮和」也。○正義曰：「篤，厚」、「燮，和」，皆釋詁文。釋詁又云：「左、右，助也。」「介，尚右也。」轉而相訓，是右爲助也。○箋「天降」至「三五」。○正義曰：厚生，謂聖性感氣之厚，故言天降氣於大姒也。聖人雖則有父，而生聖受之於天，故言天降氣也。「保右命爾」，文承「厚生」之下，則安之助之皆是天也，故箋於「天降氣」之下，即連言之安而助之者，使之身體康彊，國家無虞，是安之也。多生賢輔，年壽九齡，是助之也。文王之受丹書，已云「降德滅殷」，發誅紂，及渡盟津，白魚入舟，是又遂命之也。「燮伐大商」之文，在「命爾」之下，則協和伐商之事，天命使然，故云「使和伐殷之事」，言天所使也。又解和伐

殷之事，正謂合位於三五是也，言正合會天道於五位三所而用之。歲、月、日、辰、星五者各有位，謂之五位。星、日、辰在北，歲在南，月在東，居三處，故言三所。此事在於外傳。周語：伶州鳩曰：「昔武王伐殷，歲在鶉火，月在天駟，日在析木之津，辰在斗柄，星在天黿。星與日辰之位，皆在北維。顓頊之所建也，帝嚳受之。我姬氏出自天黿，及析木者，有建星及牽牛焉，則我皇妣太姜之姪伯陵之後逢公之所憑神也。歲之所在，則我有周之分野也。月之所在，辰馬農祥也，我太祖后稷之所經緯也。王欲合是五位三所而用之。」韋昭云：「五位，歲、月、日、辰、星也。三所，逢公所憑神也，周分野所在也，后稷所經緯也。」案其交云「星與日辰之位，皆在北維」，歲之所在，月之所在，言五位三所，謂五物在三處，當以此五在爲三所，不得以所宇充之。若必以所字充之，則周之分野不言所也。又正合五位，則五物皆助。若三所唯數逢公，則日之與辰不助周矣。韋昭之言非也。周語唯有此言，而古歷廢滅，劉歆作三統歷以考之，頗有其文，故韋昭、王肅等皆據而言焉。漢書律歷志曰：「三統上元至伐紂之歲，十四萬二千一百一十九歲，歲在鶉火張十三度。故傳曰『歲在鶉火』。師初發，以殷十一月戊子，日在析木箕七度，故傳曰『日在析木』。是夕也，月在房五度，房爲天駟，故傳曰『月在天駟』。後三日，得周正月辛卯朔，合辰在斗前一度，斗柄也，故傳曰『辰在斗柄』。明日壬辰，辰星始見。癸巳，武王始發。丙午，逮師。戊午，渡于盟津。盟津去周九百里，師行三十里，故三十一日而渡。明日己未冬至，辰星與婺女伏，歷建星及牽牛，至於婺女天黿之首，故傳曰『星在天黿』。」是劉歆所考之事也。此天之五位所以得助周者，以辰星在須女八度，日在箕七度，日月合辰斗前一度，謂在箕十度也。此三者皆在東北維。此北水木交際，又辰星所歷建星及牽牛，皆水宿。顓頊水德而王，帝嚳以木受之，今周亦木德，當受殷水。星與日辰在其位，當如帝嚳之代顓頊，是一助也。又天黿一名玄枵，齊之分野。大姜之祖有逢伯陵者，殷之諸侯，封之齊地。逢公之死，其神憑焉。我周出於姜姓，爲外祖所佐，是二助也。歲星在張十三度，鶉火之次，周之分野，歲星所在，利以伐人，是三助也。月在房五度，房心爲大辰，大辰農正，而農事起，謂之農祥。后稷播殖百穀，月在農祥之星，則月亦佑周，是四助也。以於伐紂之時，有此五物助周，武王能上應天意，合而用之，故謂協和也。此五位所在，星宿度數，自非用筭，無以推之。又鄭注尚書，爲文王受命、武王伐紂時日，皆用殷歷。劉向五紀論載殷歷之法，唯有氣朔而已，其推星在天黿，則無術焉。○**殷商之旅，其會如林。矢于牧野，維予侯興。**旅，衆也。如林，言衆而不爲

用也矢陳興起也言天下之望周也箋云殷盛合其兵衆陳於商郊之牧野而天乃予諸侯有德者當起爲天子言天去紂周師勝也○**上帝臨女無貳爾心**言無敢懷貳心也箋云臨視也女女武王也天護視女伐紂必克無有疑心【疏】殷商至爾心○毛以爲上既言佑命武王協和伐殷故言伐殷爲天所佑之事殷商之兵衆其會聚之時如林木之盛也此衆雖盛列於牧地之野維欲叛殷而歸我維欲起我而滅殷言皆無爲紂用盡望周勝也非直敵人之意嚮周如此又上天之帝既臨視汝矣其所將之衆皆無敢有懷貳心於汝之心言皆一心樂戰故周所以勝也○鄭唯下三句爲異言殷衆盛天命有歸天乃維予其爲諸侯而有德者當起爲天子言天去紂而興周也天意既欲興周其從武王之人莫不勸樂戒武王言上天之帝護視於汝矣伐紂必克無有疑貳於汝伐紂之心當知其必克無貳心伐之是人又樂戰也伐殷者武王之所欲衆人應難之今衆人不以巳勞唯恐武王不戰是勸樂之甚天予人勸所以能克也○傳旅衆至望周○正義曰旅衆釋詁文木聚謂之林林如林言其衆多而不爲紂用武成曰甲子昧爽受率其旅若林周本紀云紂聞武王來亦發兵七十萬人拒武王武王使師尚父以大卒馳紂師紂師雖衆皆無戰

之心欲武王之亟入紂師皆倒戈以戰以開武王武王馳之紂兵皆崩是衆而不爲用也矢陳釋詁文興起釋言文毛氏於詩予皆爲我無作取予之義上篇侯皆爲維言天下之望周解維予侯興之意王肅云其衆維叛殷我興起而滅殷傳意當然也○箋殷盛至師勝○正義曰牧誓云至于商郊牧野乃誓書序注云牧野紂南郊地名禮記及時作坶野古字耳今本又不同此陳師交戰予宜爲授予之義武王於紂乃是諸侯有德者當起爲天子明爲王而行惡者當廢黜是言天意去紂而予周故師勝也土無二王對紂名武王爲諸侯也史記伯夷叔齊諫武王曰以臣弑君可謂仁乎伯夷謂武王爲臣詩人稱之爲侯亦可矣○傳言無敢懷貳心○正義曰言無敢則是軍衆之人不敢也泰誓上曰予有臣三千惟一心故傳以無貳爾心爲衆人無敢懷貳心即左傳所謂同心同德是也○箋臨視也女女武王也至伐紂必克無有疑心○正義曰臨視釋詁文閟宮云致天之届于牧之野無貳無虞上帝臨汝彼無貳之文在臨汝之上是戒武王使無貳心此文與彼大同明亦戒武王言伐紂必克無有疑心也伐紂之事本出武王之心詩人反言衆人之勸武王見其勸戰之甚太誓曰師乃鼓譟前歌後舞格於上天下地咸曰孜孜無怠是樂勸武王之事

牧野洋洋檀車煌煌駟騵彭彭洋洋廣也煌煌明也騵馬白腹曰騵言上周下殷也箋云言其戰地寬廣明不用權詐也兵車鮮明馬又強則暇且整○洋音羊檀徒丹反煌音皇騵音原駵音留**維師尚父時維鷹揚涼彼武王**師大師也尚父可尚可父鷹揚如鷹之飛揚也涼佐也箋云尚父呂望也尊稱焉鷹鷙鳥也佐武王者爲之上將○涼本亦作諒同力尚反韓詩作亮云相也大音泰鷙之利反將子匠反○**肆伐大商會朝清明**肆疾也會甲也不崇朝而天下清明箋云肆故今也會合也以天期已至兵甲之強師率之武故今伐殷合兵以清明書牧誓曰時甲子昧爽武王朝至于商郊牧野乃誓○肆音四師所類反亦作率坶音牧本又作牧昧音妹【疏】牧野至清明○毛以爲上言將戰爲天人所歸此又述戰時之事言所戰之處牧地之野洋洋然甚寬而廣大於此廣大之處陳檀木之兵車煌煌然皆鮮明又駕駟騵之壯馬彭彭然皆強盛維有師尚父者是維勇略如鷹之飛揚身爲大將時佐彼武王車馬鮮強將帥勇武以此而疾往伐彼大商會值甲子之朝不終此一朝而伐殺虐紂天下乃大清明無復濁亂之政○鄭唯下二句爲異言天期巳至兵甲之

強將師之武故今往伐此大商會合兵衆以朝旦昧爽清明之時伐之也○傳洋洋至下殷○正義曰洋洋文連牧野述戰地之貌故宜爲廣大煌煌言車之鮮故爲明也騵馬白腹曰騵釋畜文郭璞曰駵赤色黑鬣也檀弓說三代乘馬各從正色而周不純赤明其有義故知白腹爲上周下殷戰爲此二代革易故見此義檀弓亦言戎事乘騵明非戎事不然因武王所乘遂爲一代常法夏殷不下其先代之色時王之意異○箋言其至且整○正義曰詩辭所發理不徒然言戰地寬廣必當有意故知明當時不用權詐也少儀曰軍旅思險隱情以虞是設權必依險阻故寬廣之地不用權詐車鮮明馬之強盛車固馬肥不慮不克則心不忽遠以閑暇於事且齊整也成十六年左傳欒鍼說晉國之勇云好以衆整又曰好以暇牧誓注云好整好暇用兵之術是兵法貴閑整也此說武王之師尚父爲佐則牧野之戰不用權詐矣而維師謀說太公受兵鈐之法云踐爾兵革審權矩應詐縱謀出無孔注云踐行也矩法也當親行汝兵革審其權謀之法孔道也應敵之變詐縱己之謀所出無常道善太公知權變者兵法須知彼已當預爲之備所以貴權謀故善太公能審之但武王之伐紂以至聖攻至惡敵無戰心不假權詐以不用權詐故爲美耳若前人德與己同力又相敵當設權以取勝何則

與其自敗，寧我敗人。故僖二十二年宋公及楚人戰于泓，左氏以其不用子魚之計，至於軍敗身傷，所以責襄公也。而公羊善之，云雖文王之戰亦不是過。鄭箴膏肓云：「刺襄公不度德不量力。」引考異郵云：「襄公大辱，師敗於泓，徒信不知權譎之謀，不足以交鄰國定遠疆也。」此是譏師敗也。公羊不譏，違考異郵矣。是德均力同，當權以取勝也。其在軍之士，則不聽將之命，不得縱舍前敵，曲爲小仁。宣二年宋鄭戰于大棘，左傳曰：「狂狡輅鄭人，鄭人入于井，倒戟而出之，獲狂狡。君子曰：失禮違命，宜其爲禽也。戎昭果毅以聽之之謂禮，殺敵爲果，致果爲毅，易之，戮也。」何休以爲狂狡近於古道。鄭箴膏肓云：「狂狡臨敵，拘於小仁，忘在軍之禮，譏之，義合於讖。」是軍士當從上命也。雖成湯伐桀，尚書云：「爾不從誓言，予則孥戮汝。」明軍士雖爲至德之師，不可違命縱敵也。○傳「師大師」至「涼佐」。○正義曰：史記齊世家云：「大公望呂尚者，東海上人。西伯出獵得之，曰：『吾太公望子久矣。』故號之曰太公望，載與俱歸，立爲大師。」劉向別錄曰：「師之、尚之、父之，故曰師尚父。」父亦男子之美號。太誓注云：「師尚父，文王於磻谿所得聖人呂尚，立以爲太師，號曰尚父，尊之。」其言皆可與尚父義同，尊之爲作此號。故維師謀云「號曰師尚父」是也。如世家之文，則尚本是名，號之曰望。而維師謀云「呂尚釣厓」，注云：「尚，名也。」又曰「望公七年尚立變名」，注云：「變名爲望。」蓋因所呼之號，遂以爲名，以其道可尊尚，又取本名爲號也。孫子兵法曰：「周之興也，呂牙在殷。」則牙又是其名字也。釋詁云：「亮、介、尚，右也。」左右，亮也。轉以相訓，是亮爲佐也。亮、諒義同。○箋「佐武王爲之上將」。○正義曰：太誓「司馬在前」，王肅曰：「司馬，太公也。」司馬非上卿而云上將者，周司馬主軍旅之戒命，故上將爲司馬也。○傳「肆疾」至「清明」。○正義曰：釋言云：「寃，肆也。」郭璞曰：「輕寃者好放肆。」左傳云：「輕者肆焉。」是肆爲疾之義，故以肆爲疾。言伐者見清明之速，又解會朝清明爲速疾之意，言武王陳師會甲日之朝，不終一朝而爲天下清明，是其疾也。王肅云：「以甲子昧爽與紂戰，不崇朝而殺紂，天下乃大清明，無復濁亂之政。」傳云會甲，肅言甲子昧爽以述之，則傳言會甲，長讀爲義，謂甲子日之朝，非訓會爲甲。孫毓云：「經傳詁訓，未有以會爲甲者。」失毛旨而妄難說耳。定本云「會甲兵」，則與會甲子義異。○箋「肆故」至「乃誓」。○正義曰：「肆，故今也。」釋詁文。天期已至，即上「變伐大商」，協和五位，翦滅有期也。兵甲之彊，即上「檀車」、「四騵」，擧車馬則兵甲可知也。師率之武，即「尚父鷹揚」是也。故今伐殷，其合兵以朝且清明之時，言於時殺紂也。引牧誓證清明之時是昧爽之義。牧誓注亦引此詩，交相爲證，以明其事同也。昧爽者，爽，明也，言其昧之而初明。晚則塵昏，日則清，故謂朝旦爲清明。古詩曰「清晨登隴首」，是清亦古今之通語也。易傳曰：「以會者，遇值之辭。」言會朝清明，正是會清明之朝耳。詩無甲子之文，不當橫爲會甲且清明與昧爽文協，故易之。

大明八章，四章章六句，四章章八句。

緜，文王之興，本由大王也。緜，彌延反。由，一本無「由」字。太王也，序舊無注，本或有注者，非。○

【疏】「緜九章，章六句」至「太王」。○正義曰：作緜詩者，言文王之興，本之於太王也。太王作王業之本，文王得因之以興。今見文王之興，本其上世之事，所以美太王也。經九章，上七章言太王得人心，生王業，乃避狄居岐，作寢廟門社，是本太王；下二章乃言文王興之事。叙以詩爲文王而作，故先言文王之興，而又追而本之，各自爲勢，故文倒也。○

緜緜瓜瓞，民之初生，自土沮漆。興也。緜緜，不絕貌。瓜，紹也。瓞，瓝也。民，周民也。自，用。土，居也。沮水、漆水也。箋云：瓜之本實，繼先歲之瓜必小，狀似瓝，故謂之瓞。緜緜然若將無長大時。興者，喻后稷乃帝嚳之冑，封於邰，其後公劉失職，遷于豳，居沮漆之地，歷世亦緜緜然，至大王而德益盛，得其民心而生王業，故本周之興云於沮漆也。○瓜，古華反。瓞，田節反，韓詩：「瓞，小瓜也。」沮，七余反。漆音七。瓝，蒲剝反。長，張丈反。嚳，苦毒反，高辛氏帝也。冑，直又反。邰，他來反。王，于況反，亦如字，後「王業」同。

古公亶父，陶復陶穴，未有家室。古公，豳公也。古言久也。亶父，字，或殷以名言，質也。古公處豳，狄人侵之，事之以皮幣，不得免焉；事之以犬馬，不得免焉；事之以珠玉，不得免焉。乃屬其耆老而告之曰：「狄人之所欲，吾土地。吾聞之，君子不以其所養人而害人。二三子何患無君？」去之，踰梁山，邑乎岐山之下。豳人曰：「仁人之君，不可失也。」從之如歸市。陶其土而復之，陶其壤而穴之。室內曰家。未有寢廟，亦未敢有家室。箋云：古公據文王本其祖也。諸侯之臣稱君曰公。復者，復於土上。鑿地曰穴。皆如陶然。本其在豳時也。傳自「古公處豳」而下，爲二章發。○亶，都但反。父音甫，本亦作甫。陶音桃。復音福，注同。累土於地上也，說文作覆。或殷以名言絕句。翟音狄。屬音燭。岐，其宜反。壤，而丈反。鑿，在洛反。爲，二于僞反。

【疏】「緜緜」至「家室」。○正義曰：緜緜然不絕者，是瓜紹之瓞。瓜之本實，繼先歲之瓜，歲歲相繼，恒小於本，若將無復長大之時也。以喻后稷乃帝嚳天子之冑，封於諸侯，後更遷於豳國，世世漸微，若將無復興盛之時也。至於大王，其德漸盛，得其民心，而初始生此王業，乃不復爲微此事在何時乎乃用居於沮漆二水之傍已則然矣居沮漆者復是何人乎乃是我文王之先祖久古之公號爲亶父者於漆沮之傍其爲宅舍纔作陶復陶穴而居之所以然者以其國土未大人衆不多未敢有其家室故且穴復而居之。傳緜緜至漆水。正義曰緜緜微細之辭故云不絶貌也釋草云瓞瓝其紹瓞舍人曰瓞名瓝小瓜也紹繼謂瓞子漢中小瓜曰瓞孫炎曰瓞小瓜子如瓝其本子小紹先歲之瓜曰瓞然則瓜之族類本有二種大者曰瓜小者曰瓞此則其種別也而瓜蔓近本之瓜必小於先歲之大瓜以其小如瓝故謂之瓞瓞是瓝之別名故云瓞瓝也此時在豳言民周民者此民自豳居周復以周爲代號此述周國之興故以周言之釋訓云由從自也此由訓爲用故自得爲用也土地人之所居故云土居也言沮水漆水者以水非可居之處見居在沮漆之傍舉水以表土耳禹貢雍州云漆沮既從是漆沮俱爲水也或言漆沮爲二水名漢書地理志云右扶風有漆縣云漆水在其縣西則漆是一水名與沮別矣孔安國云漆沮一名洛水漆沮爲一蓋沮一名洛洛水孔連言之。箋瓜之至沮漆。正義曰瓜之本實謂瓜蔓近本之實繼先歲之瓜必小其形狀似瓝故謂之瓞其實瓜之與瓞猶種不同也必言本實小者以其言紹近本之實繼先歲之瓜猶長子之繼父故言

繼也瓜實近本則小今驗信然近本小雖繼先歲之瓜不能大如先歲之瓜猶若后稷封爲諸侯雖繼帝嚳之後不能如嚳爲天子瓜之相繼者歲歲益小若將無長大之時猶后稷之後世世益微若將無興盛之時瓜以年年相承猶人以世世相繼故取喻爲瓜實無長大之時后稷之後則至大王而盛欲言大王之興故言若將無長大之時其實瓜雖益小終亦不能長大也后稷乃帝嚳之胄是嚳爲瓜而稷爲瓞自稷以下祖紺以前皆爲瓞言緜緜不絶則非徒一世故箋歷陳之云封邰遷豳居沮漆之地歷世亦緜緜然是在邰在豳皆緜緜故云歷世也箋言至大王而德益盛舉大王以約之明以前皆是也鄭於生民之箋以姜嫄爲高辛氏之世妃而生后稷經云即有邰家室周本紀云舜封棄於邰號曰后稷是稷爲帝嚳之胄封於邰也公劉云篤公劉于豳斯館是公劉失職遷於豳也失職者謂失稷官之職不復得在王官也周語云昔我先世后稷以服事虞夏及夏之衰也棄稷不務我先生不窋用失其官而自竄于戎狄之閒韋昭云不窋失官去夏而遷於豳豳西近戎北近狄周本紀亦云不窋末年夏氏政亂去稷不務不窋以失其官而奔戎狄之間然則失職遷豳自不窋始矣言公劉遷豳者案公劉之篇說公劉避亂適豳其言甚詳不可得而改而外傳史記皆言不窋奔於戎

狄蓋不窋之時已嘗失官逃竄豳地猶尚往來邰國未即定居於豳公劉者不窋之孫至公劉而盡以邰民遂往居焉故本紀又云公劉雖在戎狄間復修后稷之業務耕種相地宜百姓從而歸保焉公劉卒子慶節立國於豳是定國於豳自公劉始也豳有漆沮之水故言居沮漆之地公劉以下常居沮漆正斷以太王而德益盛者以下言古公亶父故知得民心生王業自太王爲始周之追王上至太王而止亦以初基王業故也太王之基王業在於岐周始盛故閟宮云居岐之陽實始翦商但在岐始盛由未遷已得民心故云生王業也生者初始之辭故云本周之興自於沮漆也此沮漆謂在豳地但二水東流亦過周地故下傳曰周原沮漆之間是周地亦有漆沮也。傳古公至家室。正義曰以在豳爲公故曰豳公謂之古公言其年世久古後世稱前世曰古公猶云先王先公也太王追號爲王不稱王而稱公者此本其生時之事故言生存之稱也士冠禮爲冠者制字云伯某甫亶亦稱甫故知字也以周制論之甫必是字但時當殷代質文不同故又爲異說或殷以亶甫爲名名終當諱而得言之者以其時質故也中候稷起法云亶甫以字爲號則鄭意定以爲字不從或說也自古公處豳至如歸市皆孟子對滕文公之辭也雖彼云太王居豳此因古公之下即云處豳爲異耳莊子

與呂氏春秋皆云太王亶甫居豳狄人攻之與之珠玉而不肯狄人之求者土地也大王亶甫曰與人之兄居而殺其弟與人之父居而殺其子吾不忍也請免吾乎爲吾臣與狄人臣奚以異也吾聞之不以所養害所養杖策而去人相連而從之遂成國於岐山之下書傳略說云狄人將攻大王亶父召耆老而問焉曰狄人何欲耆老對曰欲得菽粟財貨大王亶甫曰與之每與狄人至不止大王亶甫屬耆老而問焉曰狄人又何欲乎耆老對曰又欲土地大王亶甫曰與之耆老曰吾不爲社稷乎大王亶甫曰社稷所以爲民也不可以所爲民亡民也耆老對曰君縱不爲社稷不爲宗廟乎大王亶甫曰宗廟吾私也不可以私害民遂杖策而去過梁山邑岐山周人東修奔而從之者三千乘一止而成三千戶之邑與此大意皆同此言不得免焉略說云每與之不止呂氏春秋言不受異人別說故不同耳此言犬馬略說言菽粟明國之所有莫不與之故鄭於稷起及易注皆云事之以牛羊明當時亦與之韓奕箋云梁山在馮翊夏陽縣西北鄭於書傳注云岐山在梁山西南然則梁山橫長其東當夏陽縣西北其西當岐山東北自豳適周當踰之也曲禮下曰國君死社稷公羊傳曰國滅君死之正也則諸侯爲人侵伐當以死守之而公劉大王皆避難遷徙者禮之所言謂國正法公劉大

王則權時之宜論語曰可與適道未可與權公羊傳曰權者反經合義權者稱也稱其輕重度其利害而爲之公劉遭夏人之亂而被迫逐若顧戀疆宇或至滅亡所以避諸夏而入戎狄也大王爲狄人所攻必求土地不得其地攻將不止戰以求勝則人多殺傷故又棄戎狄而適岐陽所以成三分之業建七百之基雖於禮爲非而其義則是此乃賢者達節不可以常禮格之王制稱古者量地以制邑度地以居民地邑民居必參相得故曰無曠土無遊民而公劉大王得擇地而遷又無天子之命諸侯得舉國擅徙者王制所云平世大法法不恒定世有盛衰王政既亂威不肅下迫逐良善無所控告戎狄內侵莫之抗禦故不待天子之命可以權宜避之以其政亂故有空土公劉大王得擇地而遷焉且古者有附庸閑田或可先是閑處也既往遷之人居成國後有明主因而聽之也冬官考工記曰有虞氏上陶說文云陶瓦器竈也蓋以陶去其土而爲之故謂之陶也說文云穴土室也覆地室也則覆之與穴俱土室耳故箋辨之云覆者於地上鑿地曰穴皆如陶然大司徒注云壤亦土也變言耳以萬物自生焉則言土土猶吐也以人所耕而種藝則言壤壤和緩之貌然則土與壤其體雖同壤言和緩則土堅而壤濡九章筭術云穿地四爲壤五爲堅三壤是息土之名覆者地上爲之取土

於地復築而堅之故以土言之穴者鑿地爲之土無所用直去其息土而已故以壤言之釋宮云宮謂之室室謂之宮其內謂之家李巡曰謂門以內也郭璞曰今人稱家義出於此是室內曰家也君子將營宮室宗廟爲先古公在豳之時迫於戎狄國小民少未有寢廟故未敢有宮室以是故覆穴而居也公劉始遷於豳比至古公將歷十世公劉云於豳斯館則豳有宮館也略說稱耆老謂大王曰不爲宗廟乎是豳地有寢廟也而此言未有寢廟室家者此以文王在岐而興上本大王初來之事歎美在岐新立故言在豳未有下云作廟翼翼故此言未有寢廟下云俾立室家故此言未有室家以爲立文之勢耳其實在豳之時亦有宮室也七月云入此室處即豳事也不然豈十世之內常穴居乎但豳近西戎處在山谷其俗多復穴而居故詩人舉而言耳○箋復者至章發○正義曰以此復穴別文大車云死則同穴穴在地下則知復在地上俱稱爲陶故知皆如陶然下乃言至於岐下故知此本其在豳時也本其在豳則是未遷傳自古公處豳而下說大王遷岐之事者爲下第二章發此傳也然則傳不待二章而豫發之者以此言在豳未有室家爲下居岐作室以開原也大王所以走馬至岐乃爲狄人所逐故遂爲之傳以通暢作者之意焉○

古公亶父來朝走馬率西水滸至于岐下爰及姜女聿來胥宇

率循也滸水厓也姜女大姜也胥相宇居也箋云來朝走馬言其辟惡早且疾也循西水厓沮漆水側也爰於及與聿自也於是與其妃大姜自來相可居者著大姜之賢知也○朝直遙反滸呼五反辟音避亦作避後放此相息亮反知音智

【疏】古公至胥宇○正義曰文王之先久古之公曰亶父者避狄之難其來以早朝之時疾走其馬循西方水厓漆沮之側東行而至於岐山之下於是與其妃姜姓之女曰大姜者自來相土地之可居者言大王既得民心避惡早而且疾又有賢妃之助故能克成王業○傳率循至宇居○正義曰率循胥相皆釋詁文滸水厓釋水文此說古公而及姜女則姜女太王之妃周本紀云大姜生季歷故知姜女是大姜也宇者屋宇所以居人故爲居也○箋來朝至賢知○正義曰大王與眾避狄不應早而疾驅假使清朝走馬未是善事詩人言之必有其意故知美其避惡早且疾也上言漆沮此言循滸明是循此漆沮之側也爰於及與聿自皆釋詁文遷都自是人君之事輒言爰及姜女明其著大姜之賢智也○

周原膴膴堇荼如飴爰始爰謀爰契我龜

周原沮漆

之閒也膴膴美也堇菜也荼苦菜也契開也箋云廣平曰原周之原地在岐山之南膴膴然肥美其所生菜雖有性苦者甘如飴也此地將可居故於是始與豳人之從已者謀謀從又於是契灼其龜而卜之卜之則又從矣○膴音武韓詩同堇音謹案廣雅云堇藋也今三輔之言猶然藋音徒弔反荼音徒飴音移契苦計反本又作挈音苦結反灼之略反

曰止曰時築室于茲

箋云時是茲此也卜從則曰可止居於是可作室家於此定民心也

【疏】周原至于茲○正義曰上言來相可居又述所相之處言岐山之南周之原地膴膴然其土地皆肥美也其地所生堇荼之菜雖性本苦今盡甘如飴味然大王見其如此知其可居於是始欲居之於是與豳人從已者謀之人謀既從於是契灼我龜而卜之龜卜又吉大王乃告從已者曰可止居於是可築室於此言所以定民之心令止而不復去也○傳周原至契開○正義曰周原在漆沮之閒以時驗而知之述地之良而云膴膴故爲美也荼苦菜釋草文樊光曰苦菜可食也內則曰菫荁粉榆則菫是美菜非苦荼之類釋草又云芨堇草郭璞曰即烏頭也江東人呼爲堇晉語驪姬將譖申生寘鴆於酒寘堇於肉賈逵曰堇烏頭也然則堇者其烏頭乎箋云性苦者皆甘如飴若是堇荁之堇雖非

周原亦自甘矣明堇是烏頭也契開者言契龜而開出其兆非訓契爲開也春官菙氏掌共燋契以待卜事注云士喪禮曰楚焞置于燋在龜東楚焞卽契所用灼龜也燋謂炬其存火也士喪禮注云楚荆也然則卜用龜者以楚焞之木燒之於燋炬之火既然執之以灼龜故箋云契灼其龜而卜之既契乃開出其兆故春官卜師掌開龜之四兆注云開謂出其占書也是既契乃開之但傳文質略直言契開耳。箋廣平至從矣。正義曰廣平曰原釋地文閟宫云居岐之陽山南曰陽故知周之原地在岐山之南也上言胥宇是相地之辭今言地之美貌故曰大王以此可居於是始與豳人從己者謀也經云爰始爰謀當有二於如箋之言則始下一爰無所用矣王肅云於是始居之於是先盡人事謀之於衆然則箋云始與豳人從己者謀亦謂於是始欲居於是與之謀但箋文少略耳人謀既從大王於是契其龜而卜又得吉則是人神皆從矣洪範曰汝則有大疑謀及乃心謀及卿士謀及庶人謀及卜筮汝則從龜從筮從卿士從庶人從是之謂大同檢此上下大王自相之知此地將可居是謀及乃心也與從已者謀是謀及卿士庶人也契龜而卜是謀及卜也雅無筮事耳禮將卜先筮之言卜則筮可知故云皆從也。箋卜從至於是。正義曰以文承龜下故云卜從則曰可止居於是

如箋之言則上曰爲辭下曰爲於也迺慰迺止迺左迺右迺疆迺理迺宣迺畝自西徂東周爰執事慰安爰於也箋云時耕曰宣徂往也民心定乃安隱其居乃左右而處之乃疆理其經界乃時耕其田畝於是從西方而往東之人皆於周執事競出力也豳與周原不能爲西東據至時從水滸言也。強本亦作壃同居良反注及後放此。〔疏〕迺慰至執事。正義曰上告民令止民心既定乃安隱其居乃止定其處乃處之於左乃處之於右言或左或右開地置邑以居民也乃爲之疆場乃分其地理乃教之時耕乃治其田畝從西方往東之人皆在周原於是執事而競出力言築室耕田無不勸樂也。箋時耕至滸言。正義曰以宣在疆理之下乃畝之上疆理既定乃宣於田畝時耕曰宣宣訓爲徧也發也天時已至令民徧發土地故謂之宣慰止左右文在築室之下明其皆是作邑之事乃左右而處之據公宫在中民居左右故王肅云乃左右開地置邑以居其民與鄭同也疆理是一宣畝亦同但作者以乃間之而足句耳故箋通解之云乃疆理其經界乃時耕其田畝也民性安土重遷離居或有所悔言從西方往東之人皆於周執事競出力明其勸樂於是皆無悔心也豳在周

原西北而經言自西便是從其正西而來故辨之云豳與周原不能爲東西據至周之時從水滸而言也鄭志張逸問豳與周原不能爲東西何謂荅曰豳地今爲栒邑縣在廣山北沮水西有浮水從此西南行正東乃得周故言東西云岐山在長安西北四百里豳又有岐山西北四百里如志此言發豳西南而行從沮水之南然後東行以適周也時耕曰宣無他文也鄭以義言之耳。乃召司空乃召司徒俾立室家箋云俾使也司空司徒卿官也司空掌營國邑司徒掌徒役之事故召之使立室家之位處。處昌慮反其繩則直縮版以載作廟翼翼言不失繩直也乘謂之縮君子將營宮室宗廟爲先廄庫爲次居室爲後箋云繩者營其廣輪方制之正也既正則以索縮其築版上下相承而起廟成則嚴顯翼翼然乘聲之誤當爲繩也。縮如字本或作乘案經作繩傳作乘箋云傳破之乘字後人遂誤改經文縮色六反廄音救廣光浪反索桑洛反〔疏〕乃召至翼翼。正義曰民既得安止乃立國家宮室於是乃召司空之卿令之營度廣輪乃召司徒之卿令之興聚徒役使之立公卿之室家之位處也營度位處以繩正之其繩則方正而直矣依此繩直之處起而築之以繩縮束

其板板滿築訖則升下於上以相承載作此宗廟翼翼然而嚴正言能依就準繩牆屋方正也。箋司空至之處。正義曰司空之屬有匠人其職有營國廣狹之度廟社朝市之位是司空掌營國邑也司徒之屬有小司徒其職云凡用衆庶則掌其政教是司徒掌徒役之事也以此二卿各有所掌故召之使立室家之位處也位處者卽匠人所謂左祖右社面朝後市之類是也后稷封邰爲上公孟子稱文王以百里而王則大王之時以殷之大國當立三卿其一蓋司馬乎時不召者司馬於營國之事無所掌故也。傳言不至爲後。正義曰傳以繩無不直而云其繩則直者言大王所作宮室不失繩之直也釋器云繩謂之縮孫炎曰繩束築板謂之縮郭璞曰縮者縛束之也然則縮者束物之名用繩束板故謂之縮爾雅復言縮之明縮用繩束之也。君子將營宮室以下曲禮文也引之者證先言作廟之意。箋繩者至爲繩。正義曰傳言不失繩直故言用繩之意繩者營其廣輪方制之正言營制之時當用繩也上下相承而起解載義言其相載傳言繩謂之縮出於釋器釋器作繩而傳作乘故爲聲之誤毛公後人寫之誤耳。捄之陾陾度之薨薨築之登登削屢馮馮捄虆也陾陾衆也度居也言百姓之勸勉也登

登用力也削牆鍛屨之聲馮馮然箋云捄捊也度猶投也築牆者捊聚壤土盛之以虆而投諸版中○捄音俱吕沈同徐又音鳩陾耳升反又如之反說文云築牆聲也音而度待洛反注同韓詩云塡也薨呼弘反沈呼萌反爾雅云衆也王云亟疾也屢力注反又力朱反注同馮扶冰反注同虆力追反沈力戈反字或作樏或作蔂音同劉熙云盛土籠也鍛丁亂反捊薄侯反爾雅云聚也說文云引取土盛音成○**百堵皆興鼛鼓弗勝**皆俱也鼛大鼓也長一丈二尺或鼛或鼓言勸事樂功也箋云五版爲堵興起也百堵同時起鼛鼓不能止之使休息也凡大鼓之側有小鼓謂之應鼙朔鼙周禮曰以鼛鼓鼓役事○堵丁古反鼛音羔勝音升謂之應應對之應小鼓也鼙薄卑反○

【疏】捄之至弗勝○毛以爲掘土實之於虆謂之捄者衆多陾陾然既取得土送至牆上牆上之人受取而居於板中居之亟疾其聲薨薨然築之者用力登登然牆成削之以牆堅緻土從上下打鍛削之人屢其聲馮馮然其作此牆之時百堵皆同時而起其間欲令之食息擊鼛鼓不能勝而止之民皆勸事樂功競欲出力言大王之得人心也○鄭唯以度爲投語異意同○傳捄虆至馮馮然○正義曰說文云捄盛土於器也捄字從手謂以手取土虆者盛土之器言捄虆者謂捄土於虆也取土必多故陾陾爲衆王者度地以居民故度爲居也陾陾薨薨皆是衆多之義舉其衆多言百姓相勸勉者築者用力爲多故云用力登登然上言削下言屢馮馮是聲故知削牆下土打鍛是屢之聲馮馮然也禮謂脯爲鍛脩亦言其椎打之○箋捄捊至板中○正義曰以傳文略故足成之說文云捊引取也故以捄爲捊言捊取壤土盛之以虆仍存虆字與傳不異也薨薨是投土之聲者若以爲居於薨義不強故云度猶投也○傳鼛大至樂功○正義曰冬官韗人爲皐鼓長尋有四尺八尺曰尋是一丈二尺以其長一大故云大鼓也鼓是揔名鼛是鼓之別名今鼛鼓並言則非一物故云或鼛或鼓又解不勝之義言其勸其事樂其功民欲疾作故云欲令出二者交競鼓不能勝止人使休是其勸樂之甚也○箋五板至役事○正義曰五板爲堵定十二年公羊傳文鼛鼓不能止之使休息申說不勝之義傳以鼛鼓爲二鼓解有二鼓之意凡大鼓之側有小鼓謂之應鼙朔鼙此經鼛是大鼓也鼓謂鼙也禮法當有二鼓故鼛鼓並言之此言勸樂之甚故知鼛鼓爲二餘文則不然若韗人爲鼛鼓正謂壹鼓耳大射云一建鼓在阼階西應鼙在其東一建鼓在西階之西朔鼙在其北是大鼓之傍有小鼓也箋謂鼙爲小鼓明其不異於傳引周禮者地官鼓人文彼云鼓役事此

詩疏十六之二　九

或云止役事以上有止之文而因設耳定本云鼓役事○**迺立皐門皐門有伉迺立應門應門將將**王之郭門曰皐門伉高貌王之正門曰應門將將嚴正也美大王作郭門以致皐門作正門以致應門焉箋云諸侯之宮外門曰皐門朝門曰應門內有路門天子之宮加以庫雉○皐音羔伉本又作亢苦浪反韓詩作閌云盛貌將七羊反注同朝直遙反下同○**迺立冢土戎醜攸行**冢大戎大醜衆也冢土大社也起大事動大衆必先有事乎社而後出謂之宜美大王之社遂爲大社也箋云大社者出大衆將所告而行也春秋傳曰蜃宜社之肉○

【疏】迺立至攸行○毛以爲大王於是之時乃立其宮之郭門後遂爲天子之皐門此皐門有伉然而高大也乃立其宮之正門後遂爲天子之應門此應門將將然而嚴正也乃立其國諸侯之社後遂爲王之大社立此社者爲動大衆所以告之而行也大王遂得人心制度之美及文王興用之爲天子之法也鄭唯以皐門應門大社自是諸侯正法爲異其文義則同○傳王之至應門○正義曰下傳云冢土大社美大王之社遂爲大社則毛意以大社者天子社名諸侯不得稱大社也冢土非諸侯之社則皐應非諸侯之門故云王之郭門曰皐門王之正門曰應門是諸侯之郭門不得名皐門諸侯之正門不得名應門也大王實非天子而以皐應言之者美大王作郭門以致皐門作正門以致應門言大王本作郭門正門耳在後文王之興以爲皐門應門雖遷都於豐用岐周舊制故云致得爲之也此言以致皐門下云遂爲大社致者自小至大之辭遂者從本鄉末之稱皆言大王所作遂爲文王之法也此時大王實爲諸侯其作門社固爲諸侯之制諸侯之法異於天子文王爲天子之法不得同於大王而云致門遂社者大王門社必不得同於天子但以殷代尚質未必曲有等級文王因其制度增而長之以爲天子之制故云致耳毛所以爲此說者蓋以明堂位云庫門天子皐門雉門天子應門魯以諸侯而作庫雉則諸侯無皐應故以皐應爲王門之名也郭門者宮之外郭之門以應門不言宮明與郭門皆爲宮門也正門謂之應門釋宮文孫炎曰謂朝門也毛以諸侯之門不名皐應與鄭別耳而郭門爲宮之外門正門爲朝門亦與鄭不異也伉者極之義故爲高貌將將敞顯而嚴正亦互明之皆高而嚴正耳○箋諸侯至庫雉○正義曰鄭以檀弓云魯莊公之喪既葬而絰不入庫門春秋定二年雉門及兩觀災是魯有庫門雉門也明堂位云庫門天子皐門雉門天子應門是則名之曰庫雉制之如皐應魯以周公之故成

詩疏十六之二　十

王特褒之使之制二兼四則其餘諸侯不然矣襄十七年傳宋人稱皋門之晳諸侯有皋門也諸侯法有皋應大王自爲諸侯之制非作天子之門矣故云諸侯之宮外曰皋門朝門曰應門文王世子云至於寢門是內有寢門也明堂位云天子皋門天子應門顧命云二伯率諸侯入應門是天子亦有皋應故爲天子之宮加之以庫雉也家語云衛莊公易朝市孔子曰繹之於庫門之內失之矣則衛有庫門魯以周公立庫而衛亦有庫門者家語言多不經未可據信或以康叔賢亦蒙褒賞故也謂應門爲朝門內爲寢門一曰路門以朝位在應門之內路寢在路門之內故繫而名之諸侯三朝皋門之內雖有外朝議大疑詢衆庶乃往不常在焉故不得朝名其君日出所視與羣臣決事之朝在應門之內故以應門爲朝門也○傳冢大至大社○正義曰冢大戎大醜衆皆釋詁文郊特牲云社所以神地之道也禮運云命降於社之謂殽地是社爲土之神也冢既爲大土爲社主故知冢土大社也起大事動大衆至謂之宜皆釋天文爾雅先引此詩二句然後爲此辭以釋之故傳依用焉孫炎曰大事兵也有事祭也宜求見使祐也此文本解戎醜攸行之意言國家起發軍旅之大事以興動其大衆必先有祭事於此社而後出行其祭之名謂之爲宜以行必須宜祭以告社故言戎醜攸行也成十三年左傳曰國之大事在祀與戎故兵爲大事也春秋昭十五年有事於武宮雜記云有事於上帝皆是祭事故謂祭爲有事以兵凶戰危慮有負敗祭之以求其福宜故謂之宜王制云天子將出宜乎社是也傳以大社者天子社名大王時實諸侯而云乃立冢土以天子之名言之者美此大王之社而遂爲大社言大王立此社文王後取其制以爲天子之社故以冢土言之毛所以爲此說者蓋以祭法云王爲羣姓立社曰大社郊特牲云天子大社必受霜露風雨之氣也以爲大社之名唯施於天子其諸侯不得名大社故也○箋大社至之肉○正義曰鄭以冢土者訓爲大社之義未即名爲大社諸侯雖不可名大社可以言冢土矣以爲乃立冢土正是諸侯之法大社者出大衆將所告而行以出大衆而告之故謂之大社所告而後行故言攸行也春秋傳曰宜社之肉言此者證宜爲祭社之名三傳皆無此文而言傳曰衍字也閔二年左傳曰帥師者受命於廟受蜃於社成十三年左傳曰成子受蜃於社不敬案地官掌蜃祭祀共蜃器之蜃注云蜃大蛤也飾祭器之屬鄭司農云蜃可以白器令色白然則器以蜃飾之故謂之蜃言受蜃於社非受空器而已明器內有肉是以祭社之肉盛之蜃器而賜之故說者皆以蜃爲宜祭於社之肉箋但取其意言左傳所云蜃者是宜社之肉

無曰字也

肆不殄厥慍亦不隕厥問柞棫拔矣行道兌矣肆故今也慍恚隕墜也兌成蹊也箋云小聘曰問柞櫟也棫白桵也文王見太王立冢土有用大衆之義故不絕去其恚惡惡人之心亦不廢其聘問鄰國之禮今以柞棫生柯葉之時使大夫將師旅出聘問其行道士衆兌然不有征伐之意○殄田典反慍紆問反隕韻謹反柞子洛反後同棫音域後同三蒼云棫即柞也字林于目反拔蒲貝反又蒲蓋反下同兌吐外反又徒外反恚一遂反隊直類反蹊音兮櫟音歷桵如誰反後同去羌呂反惡惡上烏路反下如字脫通外反本亦作兌○**混夷駾矣維其喙矣**駾突喙困也箋云混夷夷狄國也見文王之使者將士衆過己國則惶怖驚走奔突入此柞棫之中而逃甚困劇也是之謂一年伐混夷太王辟狄文王伐混夷成道興國其志一也○混音昆駾徒對反喙許穢反徐又音尺鋭反使所吏反惶怖上音皇下普故反

【疏】肆不至喙矣○正義曰以大王立社有用衆之義故今文王不絕其怨恚惡人之心欲征伐無道也亦不墜其聘問之禮欲親人善鄰也言其威德兼行不忝前業不廢其聘問之使於柞棫之木拔然生柯葉矣以此之時將其師旅行於道路兌然矣言無征伐之心也但所聘之國路近混夷混夷謂將伐己乃驚走而奔突矣混夷逃怖如是維其困劇矣大王則遷居避狄文王則威懼混夷其跡雖殊而興國則一故連而美之也○傳肆故至成蹊○正義曰肆故今隕墜皆釋詁文說文云慍怨也恚怒也有怨者必怒之故以慍爲恚說文云蹊徑也宣十一年左傳曰牽牛以蹊人之田則蹊者先無行道初爲徑路之名兌是成蹊之貌然文王大夫將師旅而出師行當依大道且其衆既多非徒成蹊而已傳言成蹊者以混夷之地野曠人稀雖有舊道當有荒穢故因士衆之過得成蹊徑以無征伐之事故行得相隨成徑與鄭同也帝王世紀云文王受命四年周正丙子混夷伐周一日三至周之東門文王閉門脩德而不與戰王肅同其說以申毛義以爲柞棫生柯葉拔然時混夷伐周然則周之正月柞棫未生以爲毛說恐非其旨驗毛傳上下與鄭不殊○箋小聘至之意○正義曰小聘曰問聘禮文也王制注云小聘使大夫大聘使卿彼對文耳散則聘問通此說文王之美其聘將師而行明據大聘言之當是卿非大夫也釋木云櫟其實梂不言櫟是柞陸機疏云周秦人謂柞爲櫟蓋據時人所名而言之棫白桵釋木文郭璞曰桵小木也叢生有刺實如耳璫紫赤可食陸機疏云三蒼說棫即柞也其材理全白無赤心者爲白桵直理

易破可爲櫝。韋又可爲矛戟矜。今人謂之白梂或曰白柘此二說不同未知孰是釋詁云肆故今也故者因上之辭是以知接上冢土爲義大王立冢土有用衆之義用衆欲以伐人故文王不絕去恚惡惡人之心言將伐之也既有所惡當有所好故亦不廢聘問之禮是言叛者伐之服者柔之定四年左傳云嘉好之事君行師從卿行旅從則臣之出聘止應將旅而已而云師者以其下說混夷畏之則非徒一旅之衆混夷是周之敵讎文王使臣過其傍而聘問遠國明其不敢輕行故師旅並言之○傳駾突至喙困○正義曰說文云駾馬疾行貌引詩云混夷駾矣然則馬之疾行即有奔突之義故云突也喙之爲困則未詳○箋混夷至志一○正義曰采薇云西有混夷之患故知混夷夷狄之國也上文行道兌矣是聘者士衆行於道今言混夷奔突故知見文王之使者將士衆過已國則惶怖驚走而奔突也奔突有所歸入之辭上言柞棫之中而逃亡國甚困劇也文王之聘當與鄰國往來而得使混夷怖懼者殷之末世戎狄內侵所聘之道近於混夷夷狄部落散居素不屯集忽見兵衆謂其伐己故奔入柞棫以逃避之士衆主爲聘行實無征伐之意但大衆聚行亦有武備故曰烈烈征師召伯成之明行有威武故混夷見之而驚也是之謂一年伐混夷者謂書傳之文書傳之注亦引此云混夷駾矣交相引證明其同也書傳云四年伐犬夷此云一年者書傳說文王受命七年之內其一年伐犬夷非謂受命元年也案采薇出車說文王之伐西戎出則命將遣役歸則執訊獲醜非爲一聘問之使懼之而已而得以此爲伐混夷者混夷與周相近數來犯周文王不絕恚惡惡人之心有征伐之志混夷見聘而怖終不臣伏故至受命四年而伐之此因混夷之驚遂言其伐之事不謂此即伐也此文在虞芮質成之上或在受命之前非彼四年之事此詩二章說太王避狄難此章言文王伐混夷故箋申其意云成道興國其志一也大王以國小狄彊戰則民死爲害其民寧棄其地故遷而避之文王所服已廣民衆兵彊足得平彼濁夷遏其寇亂故伐而定之皆量時制宜其跡雖異至成周道興邦定國是其志一也故作者伐避俱美此章言混夷畏文王而已未是伐事而言文王伐者以因此而在後伐之故言伐耳○**虞芮質厥成文王蹶厥生**質成也成平也蹶動也虞芮之君相與爭田久而不平乃相謂曰西伯仁人也盍往質焉乃相與朝周入其竟則耕者讓畔行者讓路入其邑男女異路斑白不提挈入其朝士讓爲大夫大夫讓爲卿二國之君感而相謂曰我等小人不可以履君子之庭乃相讓以其所爭田爲閒田而退天下聞之而歸者四十餘國箋云虞芮之質平而文王動其緜緜民初生之道謂廣其德而王業大○芮如銳反蹶俱衛反盍胡臘反竟音景挈苦結反閒音閑○**予曰有疏附予曰有先後予曰有奔奏予曰有禦侮**率下親上曰疏附相道前後曰先後喻德宣譽曰奔奏武臣折衝曰禦侮箋云予我也詩人自我也文王之德所以至然者我念之曰此亦由有疏附先後奔奏禦侮之臣力也疏附使疏者親也奔奏使人歸趨之○先蘇薦反注同後胡豆反注先後同本音奔本亦作奔注同奏如字本亦作走音同注同禦魚呂反本又作禦音同侮亡甫反相息亮反道音導本亦作導折之設反衝昌容反○疏○虞芮至禦侮○正義曰言文王遵大王之道行善消惡之故而虞芮二國之君有爭訟事來詣文王而得成其和平也虞芮既平歸周益衆文王於是動其大王初生之道言大王始生王業文王增而長之使王業益大也又言文王之德所以至如此者詩人云我思念之曰亦由有疏附之臣我念之曰亦由有先後之臣我念之曰亦由有奔走之臣我念之曰亦由有禦侮之臣也言上承大王之基下得賢臣之助故能克成王業卒有天下○傳質成至餘國○正義曰釋詁云質平成也則三字義同故以質爲成以成爲平言由文王而得成其和平也蹶動釋詁文自虞芮之君以下當有成文不知出何書也蓋往歸爲家語作盍盍訓何不也此相勸之辭宜爲盍也入其邑謂入城中也男女異路謂如王制云道路男子由右婦人由左注云以爲地道尊右故也斑白謂年老其髮白黑雜也以其年老不自提挈其挈有少者代之也士讓爲大夫大夫讓爲卿爲遷大夫爲卿則各以尊爵相讓也家語書傳並有其事與毛傳小異大同由異人別說故也○箋虞芮至業大○正義曰此文王本太王之詩故首尾相屬首章言太王於緜緜之後始得人心而初生王業今言文王動其生故知動彼初生之道令之使大故云廣其德而王業日益大謂大於大王之時也此直增動大王民之初生耳而連言緜緜者明大王於緜緜之中而初生王業今文王又動之見文王所動大於緜緜後之初生故連言之○傳率下至禦侮○正義曰此以臣有四行故解其名之義疏附者此能率其臣下先與君疏者令之親於君上能使親附故曰疏附也先後者此臣能相導禮儀使依典法在君前後故曰先後也奔走者此臣能曉喻天下之人以王德宣揚王之聲譽使人知令天下皆奔走而歸趨之故曰奔走也禦侮者有武力之臣能折止敵人之衝突者是能扞禦侵侮故曰禦侮也以此四行偏該羣臣雖有賢聖不過此矣直揔言臣有四行而已不指其臣云某爲疏附某爲禦侮故君奭云惟文王尚克脩和我有夏亦惟有若虢叔有若閎夭有若散宜生有若泰顛有若南宮括注云詩傳說有疏附奔走先後禦侮之人而曰文王有四臣以受命此之謂引此四行以證五臣明非一臣有一行也彼注云不及呂望太師也教文王以大德謙不以自比焉周公謙不自比詩人不當代謙明周召之輩亦在其中所言四行無定人矣書傳說宜生南宮括閎夭三子學訟於太公遂與三子見文王於羑里獻寶以免文王乃云孔子曰文王得四臣吾亦得四友自吾得回也門人加親是非疏附與自吾得賜也遠方之士至是非奔走與自吾得師也前有輝後有光是非先後與自吾得由也惡言不至於門是非禦侮與文王有四臣以免虎口丘亦有四友以禦侮如此言則四人人有一行與前說乖者書傳因有四人爲之說耳孔子以已弟子四人擬彼四行其於文王之臣亦不言人爲一行縱彼四人各爲一行此詩所言不獨指彼四人也○箋予我至趨之○正義曰予我釋詁文箋於此獨言詩人自我者此美文王之德而云我所我之事不明故辯之言文王之德所以至然者是也所以得使虞芮感化至於是者我念之由有此四臣之力故也疏附奔走傳甚未明故特申說之

緜九章章六句

附釋音毛詩注疏卷第十六（十六之二）

黃中栻栞

毛詩注疏挍勘記（十六之二）　阮元撰盧宣旬摘錄

○大明

故云保祐命爾　閩本明監本毛本祐作佑案祐字是也經注作右正義易作祐右祐古今字下同

其徵應炤晢見於天　小字本相臺本同案釋文云炤本或作灼考炤晢卽昭晢灼字非也

不以兩明赫赫之文　閩本明監本毛本上赫作兩案所改是也

周迊之義　閩本明監本毛本迊誤匝下同○按迊匝皆俗字

摯國任姓之中女也　閩本明監本毛本同小字本相臺本中之作仲案之字是也正義云仲者中也故言之中女釋文以之中作音是正義釋文本皆作之段玉裁云此當八字爲一句是也此揔摯仲氏任一句而發傳以中解經之仲以女解經之氏故錯綜而出之也不得其讀者於國字姓字誤斷句乃改中爲仲以附合於經不知傳若專釋仲卽不得在任下也考文古本無中字亦誤

所言居河之湄　閩本明監本毛本同案所當作巧

俔磬也　相臺本同閩本明監本毛本同小字本磬作譬考文古本同案磬字是也釋文俔下云磬也正義標起止云傳俔磬作譬者誤

文云譬譽也　補通志堂本盧本文上並有說字案此十行本所附誤脫也六經正誤云今考說文譬喻也作譽誤釋文挍勘云譽是喻非說文譬者諭也則不必累言譬譽也者譬而譽之者稱美也

賢美配聖人　補案美當作女正義可證

至其光○毛以爲　閩本明監本毛本○下有正義曰三字案所補非也

說文云俔諭也　閩本明監本毛本同案諭上浦鏜云脫譬字是也○按說文言部譬者諭也諭者告也則此俔下云諭也已足作正義者所見乃眞古本不當妄補也

維行大任之德焉　閩本明監本毛本同小字本相臺本維作能考文一本同案能字是也正義云故知能行大任之德也是其證

右音祐〔補〕釋文挍勘記通志堂本盧本祐誤佑案小字本相臺本十行本所附皆作祐不誤六經正誤所載亦是祐字○按右正佑祐皆俗然祐字說文已有

則我皇妣大姜之姪　閩本明監本毛本同案浦鏜云妣誤妣是也

辰星始見於也　閩本明監本毛本同案浦鏜云於字衍是也

此北水木交際是也　閩本明監本毛本同案浦鏜云東誤此是也

禮記及時作㑋野　閩本明監本毛本同案山井鼎云時恐詩誤是也

箋臨視也女女武王也至伐紂必克無有疑心　閩本明監本毛本作箋臨視至疑心案所改是也

大誓曰師乃鼓譟　閩本明監本毛本同案鼓下當有鼓字見鄭大司馬注引

會甲也　小字本相臺本同案正義云定本云會甲兵則與甲子義異九經古義云甲者一也古皆以一爲甲毛公以意說詩故訓會朝爲甲朝又云不崇朝而天下淸明崇朝終朝也或以甲爲甲子或爲甲兵皆非毛意考文古本會下有兵字采正義而倒之耳○按詳段玉裁故訓傳三十卷注中

隱精以虞　閩本明監本毛本同案浦鏜云情誤精是也

鄭箴膏育云下同　閩本明監本同毛本育作肓案肓字是也

不足以交鄰國定遠彊也　閩本明監本交誤郊毛本不誤案浦鏜云彊當作疆是也

其言皆可與尚父義同　閩本明監本毛本同案可與二字當倒可尚父者謂傳之可尚可父也

則傳言會甲長讀爲義　閩本明監本毛本讀誤續案浦鏜云下四字疑衍非也長讀民

勞正義可證

其合兵以朝且淸明之時　閩本明監本毛本同案浦鏜云旦誤且是也

言其昧之而初明晚則塵昏旦則淸　閩本明監本毛本同案十行本其至晚剜添者一字當是衍下塵字而上有脫故補之也

易傳曰　閩本明監本毛本同案浦鏜云曰當者字誤是也

○緜

本由大王也　唐石經小字本相臺本同案釋文云一本無由字正義云本之於大王也又云本其上世之事又云是本大王又云而又追而本之是其本無由字譜及旱麓正義皆有本由大王者以義言之耳釋文云序舊無注本或有注者非今各本皆無

自土沮漆　唐石經小字本相臺本同案此釋文本也釋文云沮七余反漆音七毛云沮漆二水名正義云於漆沮之旁又云豳有漆沮之水又云是周地亦有漆沮也又下章云循西方水厓漆沮之側又云上言漆沮此言循滸明是循此漆沮之側也又下章云周原在漆沮之閒以時驗而知之是正義本作漆沮餘亦有作沮漆者後人改之耳六書音均表云從漢書水經注作漆沮

瓜紹也瓞瓝也　小字本相臺本同案段玉裁云傳瓜瓞逗瓜紹也句瓞逗瓝也句此傳之難讀由淺人誤刪瓜瓞二字而以瓜逗紹也句耳

封於邰　小字本相臺本同案釋文以封邰作音是其本無於字也正義云是稷爲帝嚳之胄封於邰也與釋文本不同

古公亶父　唐石經小字本相臺本同案釋文云父本亦作甫正義云號爲亶父者是正義本與釋文同以下多作甫字者以父甫爲古今字易而說之也

狄人之所欲吾土地　閩本明監本毛本同小字本相臺本欲下有者字地下有也字考文古本

同案有者是也

君子不以其所養人而害人 相臺本同閩本明監本毛本同小字本而作者案者字是也

何患無君 閩本明監本毛本同小字本相臺本患下有乎字案有者是也

邑乎岐山之下 相臺本同閩本明監本毛本同小字本乎作于案于字是也

稱君曰公 小字本同閩本明監本毛本同相臺本稱下有其字案有者是也

說文作覆 補釋文挍勘記通志堂本同盧本覆作復云舊譌覆今從本書正案所改是也

釋訓云 閩本明監本毛本同案浦鏜云詁誤訓是也

我先生不窋 閩本明監本毛本生作王案所改是也

卽云處幽爲異耳 閩本明監本毛本同案處幽當作古公因讀者記處幽於側因誤改正文也

請免吾乎 閩本明監本毛本同案吾當作居浦鏜云莊子作勉居呂氏春秋作勉處是也免卽勉字

吾不爲社稷乎 閩本明監本毛本同案浦鏜云君誤吾是也

而公〇劉大王 閩本明監本毛本不空案所改是也

若顧戀彊宇 補案彊當作疆毛本不誤

說文云陶瓦器竈也 閩本明監本毛本同案陶當作匋

說文云穴土屋也 閩本明監本毛本同案室誤屋是也

覆地室也 閩本明監本毛本地室誤於地案覆當作復下同

故箋辨之云覆者 閩本明監本毛本同案覆當作復

爲堅三 明監本毛本三誤土閩本不誤案引九章在商功術謂堅率三也山井鼎考文所載誤以三字

厲下讀

沮漆水側也 小字本相臺本同案詩經小學云晉紀摠論李善注引鄭曰漆沮側也今考此章正義漆沮字凡三見是正義本自作漆沮也考文古本作漆沮采正義

至胥宇〇正義曰 補十行本曰字原作言閩本明監本同毛本言作曰案曰字是也今改正

明其著大姜之賢智也 閩本明監本毛本智誤知案智是正義所易今字也

甘如飴也 閩本明監本毛本同小字本相臺本甘上有皆字考文古本同案有者是也

膴音武韓詩同 補釋文挍勘記通志堂本盧本同案段玉裁云韓詩作腜腜此當有誤腜腜引見魏都賦注

堇苴粉榆 閩本明監本苴作直毛本初刻同後改苴案所改是也下同浦鏜云枌誤粉是也

廼疆廼理 唐石經小字本相臺本同閩本明監本毛本疆誤彊十行本正義中字作彊亦誤徐同此

乃爲之疆場 閩本明監本同毛本疆誤壃下同案場當作埸

廼又有岐山西北 閩本明監本毛本同案浦鏜云在譌有是也

乃召司空 小字本相臺本同唐石經乃作廼考文古本同案廼字是也下乃召司徒同標起止云乃召當是後改又見公劉

其繩則直 唐石經小字本相臺本同案釋文云繩本或作乘後人誤改經文是也

箋云傳破之乘字 補釋文挍勘記通志堂本同盧本之作爲案爲字誤改也此傳破二字誤倒耳當作破傳陸意謂箋之所云乃破傳之乘字也傳未嘗破經爲乘箋又無此云盧文弨全誤

捄捊也 小字本相臺本同閩本明監本毛本捊誤桴下及正義同考文古本下作捊〇按說文捊引堅也今本堅作取誤〇補案十行本分作取土二字尤誤又捄音俱呂沈同沈當作忱

以上有止之文而因設耳 閩本明監本毛本同案浦鏜云設當誤字之誤是也

無曰字也　閩本明監本毛本同案山井鼎云恐有脫誤非也此申上文曰衍字也之意

其行道士衆兊然　小字本相臺本同案釋文脫然通外反本亦作兊正義云行於道路兊然矣是其本作兊此箋意以兊爲脫之假借直於訓釋中改用脫字以顯之其不云讀爲者省文之例每如此也當以釋文本爲長

欲親人善鄰也　閩本明監本毛本同案此不誤浦鏜云人當仁誤非也正義所用傳文自如此

王暬說棫卽柞也　閩本明監本毛本同案王當作三

可爲櫝車　閩本明監本毛本同案浦鏜云櫝誤櫝是也爾雅疏卽取此車下有輻字此脫

上言柞棫之中而逃亡　閩本明監本毛本同案柞棫下盧文弨云脫拔明入柞棫是也此因柞棫複出而有誤

盍往質焉　小字本相臺本同案此釋文本也釋文云盍胡臘反正義本是蓋字云家語作盍盍訓何不也此相勸之辭宜爲盍也考蓋盍古同用字耳

斑白不提挈　相臺本同小字本斑作班閩本明監本毛本同案班字是也古多以班爲斑字

予曰有奔奏　唐石經小字本相臺本同案釋文云本音奔本亦作奔注同奏如字本又作走音同注同正義云我念之曰亦由有奔走之臣又云奔走者云云令天下皆奔走而歸趍之故曰奔走也又云書傳說有疏附奔走又云是非奔走與又云疏附奔走是正義本作奔走也依此唐石經以下各本乃上字合正義下字合釋文當卽釋文所云亦作本耳

奏奔禦侮　閩本明監本毛本同小字本相臺本奏奔倒案奔奏是也

蓋往歸焉　閩本明監本毛本同案浦鏜云質誤歸是也

學頌於大公　閩本明監本毛本同案此不誤浦鏜云訟誤頌非也頌讀當爲容卽漢書所云善爲頌者是也字或作訟音同故文王正義引作訟浦意讀訟爲如字誤之甚矣

傳甚未明　閩本明監本毛本同案甚當作意

附釋音毛詩注疏卷第十六（十六之三）　五一

毛詩大雅　鄭氏箋　孔穎達疏

棫樸文王能官人也棫雨逼反樸音卜沈又符卜反芃芃棫樸薪之槱之興也芃芃木盛貌棫白桵也樸枹木也槱積也山木茂盛萬民得而薪之賢人衆多國家得用蕃興箋云白桵相樸屬而生者枝條芃芃然豫斫以爲薪至祭皇天上帝及三辰則聚積以燎之○芃薄紅反栖音酉字亦作槱弋九反云積木燒也枹音茅反蕃音煩屬之欲反斫一本作斫燎力召反濟濟辟王左右趣之趣趨也箋云辟君也君王謂文王也文王臨祭祀其容濟濟然敬左右之諸臣皆促疾於事謂相助積薪○辟音壁注及下同趣七喻反【疏】芃芃至趣之○毛以爲芃芃然枝葉茂盛者是彼棫木之樸屬而叢生也我農人得析而薪之又載而積之於家使農人得以濟用興德行俊秀者乃彼賢人之業集而衆多也我國家得徵而取之又引而置之於朝使國得以蕃興既得賢人置之於位故濟濟然多容儀之君王其舉行政此賢臣皆左右輔助而疾趨之言賢人在官各司其職是其能官人也○鄭以爲芃芃然枝葉茂盛之棫相樸屬而叢生也故使人豫斫而薪之及祭皇天上帝則又聚積而燎之濟濟然其臨祭祀容貌肅敬之君王薪燎以祭之時左右諸臣趨疾而助之言皆助王積薪以供事上帝是其能官人也○傳芃芃至蕃興○正義曰芃芃是棫樸之狀故爲盛貌釋木云樸枹者孫炎曰樸屬叢生謂之枹以此故云樸枹木也伐木析之謂之薪既以爲薪則當積聚槱在薪下故知槱爲積也此詩美其能官人則以木茂喻賢人德盛樸屬喻賢人多薪之似聘取賢人積之似聚置於朝故云山木茂盛萬人得而薪之賢人衆多國家得用蕃興然蕃是在朝之士當以薪濟家用爲喻而文不類是互相足也蕃興者謂蕃殖興盛言國家昌大之意也○箋白桵至燎之○正義曰言樸屬而生者冬官考工記云凡察車之道欲其樸屬而微至注云樸屬猶附著堅固貌也此言樸者亦謂根枝迫迮相附著之貌故以樸屬言之欲取爲薪故言其枝葉茂盛芃芃然薪必乾乃用之故云豫斫月令季冬乃命收秩薪柴以供郊廟及百祀之薪燎則一歲所須槱燎炊爨之薪皆於季冬收之以擬明年之用是豫斫也至祭皇天上帝及三辰則聚積燎之解槱之意也知此爲祭天者以下云奉璋峨峨是祭時之事則此亦祭事槱之與大宗伯槱燎文

同故知爲祭天也大宗伯以禋祀祀昊天上帝以實柴祀日月星辰以槱燎祀司中司命風師雨師彼槱燎之文雖施用於司中司命此祭皇天上帝亦言槱之者彼云禋祀實柴槱燎三者皆祭天神之祀俱是燎柴升煙但神有尊卑異其文耳故注云禋之言煙周人尚臭煙氣之臭聞者也三祀皆積柴實牲體焉或有玉帛燔燎而升煙所以報陽也是其禮皆同故得爲槱之也皇天上帝月令文彼注以皇天爲北辰耀魄寶上帝爲五帝則此亦宜然宗伯注昊天上帝冬至於圜丘所祀天皇大帝也昊天上帝猶皇天上帝周祀以爲一而月令分之者以周禮文自相顧司服云王祀昊天上帝則服大裘而冕祀五帝亦如之別言五帝則昊天上帝之中無五帝矣故以爲一月令文無所對宜廣及天帝故分之爲二此亦廣文當同之也春官神仕之職桓二年左傳皆有三辰之文即宗伯所云日月星辰是也此章言祭天之事祭天則大報天而主日配以月可兼及日月而揔言三辰以爲兼及星辰者以其俱在天神皆用柴祭槱文可以兼之故通舉焉此及宗伯月在柴燎之限則月爲天神當以煙祭覲禮云祭天燔柴祭地瘞注云燔柴祭天謂祭日也則祭地瘞者謂祭月也日月而云天地靈之也又以月爲地神而從瘞埋之祭者彼注又云月者大陰之精上爲天使然以天使從天以陰精又從地故以祭月有二禮月之從埋唯此會同告神一事而已其餘皆從實柴故宗伯定之以爲天神也文王受命稱王必當祭天其祭天之事唯羣禋與是類見於詩其外又中候合符后云文立稷配注云文王受命祭天立稷以配之諸儒皆以爲郊與圓丘異名而實同鄭以圓丘與郊別文王未定天下不宜已祭圓丘所以言稷配蓋郊也何則周公祭禮始禘嚳而郊稷祖文而宗武若文王已具其祀當使誰配之以此知文王之時未具祭天之禮而分皇天上帝爲二者亦以槱文可盡兼天神廣言之耳未必文王已祭天皇大帝也此箋異於傳孫毓云此篇美文王之能官人非稱周地之多賢才也國事莫大於祀神莫大於天必擇俊士與共其禮故舉祭天之事以明官人之義又薪之槱之是燎祭積薪之名非謂萬民皆當槱燎箋義爲長○傳趣趨○正義曰此趣嚮之趣義無所取故轉爲疾趨○箋辟君至積薪○正義曰辟君釋詁文以時紂存嫌不祭天故辨之云君王謂文王也文承上槱之之下故知相助積薪也濟濟辟王左右奉璋半圭曰璋箋云璋璋瓚也祭祀之禮王祼以圭瓚諸臣助之亞祼以璋瓚○璋音章瓚在但反字或作贊祼古亂反奉璋峨峨髦士攸宜峨峨盛壯也髦俊也箋云士卿士也奉璋之儀

峨峨然，故今俊士之所宜○峨本又作俄五歌反髦音毛○

【疏】濟濟至攸宜○毛以爲文王能任賢爲官○助之行禮濟濟然多容儀之君王其行禮之事則左右之臣奉璋而助行之此臣奉璋之時其容儀峨峨然甚盛壯矣乃是俊士所宜爲臣奉璋是其能官人也○鄭以此章說宗廟之祭賢臣取之言濟濟然其臨祭祀敬美之君王其祭之時親執圭瓚以祼其左右之臣奉璋瓚助之而亞祼奉璋亞祼之時容儀峨峨然甚得其禮此奉璋之事俊士之所宜行也宜以助祭是官得其人也○傳半圭曰璋○正義曰傳唯解璋而不言瓚則不以此爲祭矣斯干傳曰璋臣之職則謂臣之行禮當執璋也王肅云羣臣從王行禮之所奉顧命曰太保秉璋以酢肅以臣之執璋於禮無文故引顧命爲證○箋璋璋至璋瓚○正義曰鄭以臣行禮亦執圭璧無專以璋者禮圭以進君璋以進夫人則圭當統名不得言璋論語說孔子執圭是其事也冬官玉人云大璋中璋邊璋皆是璋瓚也以璋言之故知璋是璋瓚王肅云○本有圭瓚者以圭爲柄謂之圭瓚未有名璋瓚爲璋者王基駮云郊特牲曰灌以圭璋與此云奉璋峨峨皆有明文故知璋爲璋瓚矣祭之用瓚唯祼爲然故云祭祀之禮王祼以圭瓚諸臣助之亞祼以璋瓚即祭統云君執圭瓚祼尸大宗伯執璋瓚亞祼是也天官內宰職云

大祭祀后祼獻則贊然則亞祼者當是后夫人矣此及祭統言大宗者彼注云容夫人有故攝焉攝代王后一人而已言諸臣者舉一人之事以見諸臣之美耳又天官小宰云凡祭祀贊祼將之事注云文從太宰助王然則大宰助王祼小宰又助之是助行祼事非獨一人故言諸臣小宰注云唯人道宗廟有祼天地大神至尊不祼莫稱焉則此言祼事祭宗廟也箋直言祭祀之禮不言廟以言祼則廟可知祭義說宗廟之祭云孝子慤而趨齎容則濟濟此言濟濟辟王者以孝子當祭志心念親不事儀飾故言慤而趨見其儀少耳其實祭是大事非無儀也清廟箋云周公之祭清廟其禮儀敬且和是有儀矣○傳峨峨至髦俊○正義曰以峨峨是容儀之貌故言盛壯釋訓云峨峨祭也舍人曰峨峨奉璋之祭鄭以此璋爲祭合於爾雅毛不爲祭蓋以行禮貌同於祭髦俊釋言文○箋士卿士○正義曰士者男子之大號以奉璋亞祼是宗伯之卿故言卿士也○

淠彼涇舟，烝徒楫之。淠淠舟行貌楫櫂也箋云烝衆也淠淠然涇水中之舟順流而行者乃衆徒船人以楫櫂之故也興衆臣之賢者行君政令○淠匹世反沈孚計反涇音經烝之承反楫音接徐音集方言云楫謂之橈或謂之櫂郭注云楫橈頭索也所以縣櫂謂之楫說文云楫舟棹也釋名云在傍撥水曰櫂又謂之楫櫂直教反

周王于邁，六師及之。天子六軍箋云于往邁行及與也周王往行謂出兵征伐也二千五百人爲師今王興師行者殷末之制未有周禮周禮五師爲軍軍萬二千五百人○

【疏】淠彼至及之○正義曰文王既能官人行其政令言淠淠然順流而行者是涇水之舟船此舟船所以得順流而行者乃由衆徒船人以楫櫂之故也以興隨民而化者是文王之政令也此政令所以得隨民而化者乃由諸臣賢者以力行之故也既有賢臣爲王布政故可以征討有罪周王往行征伐則六師與之而俱進也○傳淠舟行貌楫櫂○正義曰定本及集注皆云舟行則與鄭不異或云舟止者誤也方言楫或謂之櫂則毛以時事名之○箋烝衆至政令○正義曰烝衆釋詁文淠淠爲動之貌故云順流而行以承上章說賢臣之事故爲衆臣之賢者行君政令○傳天子六軍○正義曰瞻彼洛矣云以作六師常武云整我六師皆謂六軍爲六師明此六師亦六軍也○箋周王至百人○正義曰師之所行必是征伐故知周王往行謂出兵征伐也二千五百人爲師夏官序文禮天子六軍諸侯大國三軍今周王不以軍而興師行者殷末之制未有周禮故也若如周禮夏官序云五師爲軍軍万二千五百人也詩爲大雅莫非王法造舟

爲梁祼將于京皆是天子之禮而此必爲殷末之制者以詩人之作或以後事言之或論當時之實若是當時實事文王未必已備六軍因言師不言軍故爲此解耳鄭之此言未是定說鄭志趙商問此箋引常武整我六師宣王之時又出征伐之事不稱六軍而稱六師不達其意荅曰師者衆之通名故人多云焉欲著其大數則乃言軍耳此正荅常武六師而不申此箋之意是其自持疑也又臨碩并引詩三處六師之文以難周禮鄭釋之云春秋之兵雖累萬之衆皆稱師詩之六師謂六軍之師揔言三文六師皆云六軍是亦以此爲六軍之意也又易師卦注云多以軍爲名次以師爲名少以旅爲名師者舉中之言然則軍之言師乃是常稱不當於此獨設異端又甘誓云乃召六卿注云六卿者六軍之將公劉箋云邰后稷上公之封大國三軍大誓注云六軍之兵東行皆在周禮之前鄭自言有六軍三軍之法何故於此獨言殷末當是所注者廣未及改之耳○

倬彼雲漢，爲章于天。倬大也雲漢天河也箋云雲漢之在天其爲文章譬猶天子爲法度于天下○倬陟角反

周王壽考，遐不作人。遐遠也遠不作人也箋云周王文王也文王是時九十餘矣故云壽考遠不作人者其政變化紂之惡俗近如新作人也

【疏】箋周王至作人。○正義曰：上已有周王，何嫌非文王，而言之也？受命之時已九十矣，六年乃稱王，此雖稱王後，言不妨述受命時事，故云九十餘矣。作人者，變舊造新之辭，故云變化紂之惡俗，近如新作人也。

追琢其章，金玉其相。追，彫也。金曰彫，玉曰琢。相，質也。箋云：周禮追師掌追衡笄，則追亦治玉也。相，視也，猶觀視也。追琢玉使成文章，喻文王爲政先以心研精合於禮義，然後施之万民，視而觀之，其好而樂之，如覩金玉然，言其政可樂也。○追，對回反，注同。琢，陟角反，注同。彫，都挑反。相，如字，一云鄭息亮反。研，倪延反。好，呼報反。樂音洛，下同。○**勉勉我王，綱紀四方。**箋云：我王謂文王也。以罔罟喻爲政，張之爲綱，理之爲紀。○罟音古。

【疏】追琢至四方。○毛以爲上言文王之表章，此又說其有文章之事。言治寶物爲器，所以可彫琢其體以爲文章者，以金玉本有其質性故也。以喻文王所以可修飾其道以爲聖教者，由本心性有睿聖故也。心性有睿聖，故修飾以成美。言文王之有聖德，其文如彫琢，其質如金玉，以此文章教化天下，故歎美之言：勉勉然勤行善道不倦之我王，以此聖德綱紀我四方之民，善其能在民上治理天下。鄭以爲申上政教可美之意，言工人追琢此金玉，使其成文章而後用之，以興文王研精此政教，合於禮義，其出民皆貴而愛之，好而樂之，如金玉之寶，其皆視而觀之，言其政得其宜，民愛之甚。餘同。○傳追彫至相質。○正義曰：毛以此經上下相成，所追琢者卽此金玉，故以追爲彫。釋器說治器之名云「玉謂之琢」，是玉曰琢也。釋器上文云「金謂之彫」，「金謂之鏤」，刻金不爲彫，言金曰彫者，以彼對文爲別，散可以相通。論語曰：「朽木不可彫。」木尚稱彫，明金亦可爲彫也。以此二句相對，章是成文，則相是本質，故相爲質也。王肅云：「以興文王聖德，其文如彫琢矣，其質如金玉矣。」○箋周禮至可樂。○正義曰：周禮「追師掌追衡笄」，天官追師職文。彼注：「追猶治也。王后之衡笄皆以玉爲之。唯祭服有衡，垂于副之兩傍，當耳。」是衡笄但首服也，以玉爲之，而職曰追師，故知追爲治玉之名。彼注亦引此詩，交相爲證也。相，視，釋詁文。視者以目覩物，從目生名；觀者見物看之，據彼生稱。今言万民之看王政教，故又轉爲觀也。上言政教之美能變化惡俗，故知此述政教可美之事。金玉，物之貴者，故云其好樂之如覩金玉然，言政之甚可樂也。易傳者，以上言作人，下言綱紀，皆是政教之事，則此亦述政教矣。聖人體自生知，性與道合，不當於此輒譽文王美質，故易之。○箋我王至爲紀。○正義曰：以我王之文異於上辟王、周王，故詳之，言謂文王也。說文云：「綱，網紘也。紀，別絲也。」然則綱者網之大繩，故盤庚云「若網在綱，有條而不紊」，是其事也。以舉綱能張網之目，故張之爲綱也。紀者別理絲縷，故理之爲紀。以喻爲政有舉大綱赦小過者，有理微細窮根源者。

棫樸五章，章四句。

旱麓，受祖也。周之先祖世脩后稷、公劉之業，大王、王季申以百福干祿焉。旱，戶但反。麓音鹿，本亦作鹿。○

【疏】旱麓六章，章四句，至干祿焉。○正義曰：作旱麓詩言文王受其祖之功業也。又言其祖功業所以有可受者，以此周之先祖能世脩后稷、公劉之功業，謂大王以前先公皆脩此二君之業，以至於大王、王季，重以得天之百福，所求之祿焉。文王得受其基業，增而廣之，以王有天下，故作此詩，歌大王、王季得祿之事也。受祖者，謂受大王、王季巳前也。王季者，文王之父，而并言祖者，以卑統於尊，故繫之大王也。不言文王受祖者，此祖功業，後世亦蒙之，不言文王，見其流及後世。周之先祖，揔謂文王以前世脩后稷、公劉之業者。后稷，上世賢君，功業布於天下；公劉能脩后稷之業，又是先公之中賢俊者，故特顯其名。公劉之前先公脩后稷之業，公劉以后之君并脩公劉之業，故連言之。言周之先祖，則大王、王季在其中矣，而別言大王、王季，以大王、王季道德高於先君，獲福多於前世，故別起其文，見其盛於往前，且以結受祖之文，明受祖者受大王、王季也。申者，重也。今大王福祿益多，故言重也。以大王言重，明前已得周祿，是敘者要約之旨也。福祿一也，而言百福干祿焉，福言百，明祿亦其數多也；祿言干，明福亦求得之。以經有干祿，故因取而互之。經六章皆言大王、王季脩行善道以求神祐，是申以百福干祿之事也。緜言文王之興本由大王，而經有文王之事；此言受祖，而經皆說祖之得福，其言不及文王者，詩者志也，各言其志，故辭不可同。生民，周公、成王之雅也；維清、執競、時邁、思文，周公、成王之頌也，其文皆無周公、成王之事，以其光揚祖業，足爲子孫之美，故其辭不復及焉。

瞻彼旱麓，榛楛濟濟。旱，山名也。麓，山足也。濟濟，衆多也。箋云：旱山之足，林木茂盛者，得山雲雨之潤澤也。喻周邦之民獨豐樂者，被其君德教。○榛，側巾反，字林云木叢，又仕人反。楛音戶，草木疏云：「楛木莖似荊而赤，其葉如著，上黨人篾以爲筥箱，又屈以爲釵也。」樂音洛，下同。被，皮僞反。○**豈弟君子，干祿豈弟。**干，求也。言陰陽和，山藪殖，故君子得以干祿樂易。箋云：君子謂大王、王季，以有樂易之德施於民，故其求祿亦得樂易。○豈弟，本亦作愷，又作凱，苦亥反。弟，亦作悌，徒礼反，一音待。豈，樂也；弟，易也。後豈弟皆同。易，以豉反，下同。○

【疏】瞻彼至豈弟○毛以爲視彼周國旱山之麓，其上則有榛楛之木，濟濟然茂盛而衆多，是由陰陽和以致山藪殖也。陰陽調和，是君之所感，木猶尚然，明民亦得其性，故樂易然之君子，謂大王、王季，以此人物得所而求福祿，其心樂易然，喜民之得所也。○鄭說在箋。○傳旱山至衆多○正義曰：以旱文連麓，麓爲山足，故知旱爲山名。知麓是山足者，以周礼地官有大林麓、中林麓、小林麓，立林衡之官以掌之，與山虞連職，若斬木林則受法於山虞，長木之處在山，知爲山足也。濟濟文連榛楛，爲木之貌，故爲衆多。周語韋昭注云：榛似栗而大。楛，木名。陸機云：楛其形似荆而赤，莖似蓍，上黨人織以爲牛筥箱器，又屈以爲釵，故上黨人調曰：問婦人欲買赭，不謂竈下自有黃土；問買釵，不謂山中自有楛。○箋旱山名至被其君德教○正義曰：以下云豈弟君子，明是德能養民，故爲樂易，故以此爲喻民得豐樂，被君子德教也。○傳干求至樂易○正義曰：干，求，釋言文。周語引此一章○，乃云：夫旱麓之榛楛殖，故君子得以樂易干祿焉。若夫山林匱竭，林麓散亡，藪澤肆逸，民力周盡，田疇荒蕪，資用乏匱，君子將險哀之不暇，而何樂易之有焉？毛依此文以爲義。彼韋昭注云：王者之德被及榛楛，陰陽調，草木盛，故君子以求祿，其心樂易矣。用此傳爲說。然則此外傳正文而箋易之者，以陰陽和，山藪殖，自然民豐樂矣。立君所以牧民，美人君之德，當以養民爲主，不應捨民弗言而唯論草木，是必以木既茂盛，民亦豐樂。外傳引其本經，遺其興意，毛傳理雖不謬，於作意未盡，故箋申而備之。○箋君子至樂易○正義曰：以序言受祖，祖文未見，故辯之云：君子謂大王、王季也。上言民被其德教，是有樂易之德施於民也。君子行善，善亦應之，既施樂易於民，故求福亦得樂易。樂易謂求則得之，其心喜樂簡易也。○

瑟彼玉瓚，黃流在中。玉瓚，圭瓚也。黃金所以飾流鬯也。九命然後錫以秬鬯圭瓚。箋云：瑟，絜鮮貌。黃流，秬鬯也。圭瓚之狀，以圭爲柄，黃金爲勺，青金爲外，朱中央矣。殷王帝乙之時，王季爲西伯，以功德受此賜。○瑟，所乙反，又作璱。黃金所以流鬯也，一本作黃金所以爲飾流鬯也，是後人所加。秬音巨，黑黍也。鬯，敕亮反，以黑黍米擣鬱金草取汁而煑之，和釀其酒，其氣芬香調暢，故謂之秬鬯。勺，上灼反，字或作杓。○

豈弟君子，福祿攸降。箋云：攸，所；降，下也。○降，如字，又戶江反，注同。○

【疏】瑟彼至攸降○毛以爲上言大王、王季有德於民，此又言有功受賜。言王季爲西伯，以有功德之故，殷王帝乙賜之以瑟然而絜鮮者，乃彼圭玉之瓚，而以黃金爲之勺，令得流而前注。其秬鬯之酒爲金所照，又色黃而流在於其中也。此有樂易之德之君子，以有德之故，是福祿所以降下而與之。天子賜之圭瓚，即是福祿下也。○鄭以黃流謂鬯酒爲異，餘同。○傳玉瓚至圭瓚○正義曰：瓚者，器名，以圭爲柄，圭以玉爲之，指其體謂之玉瓚，據成器謂之圭瓚，故云玉瓚，圭瓚也。瓚者，盛鬯酒之器，以黃金爲勺而有鼻口，鬯酒從中流出，故云黃金所以流鬯，以器是黃金，照酒亦黃，故謂之黃流也。定本及集注皆云黃金所以飾流鬯也。若有飾字，於義易曉，則俗本無飾字者誤也。九命然後賜以秬鬯圭瓚，其意以爲王季九命受此賜也。孔叢羊容問子思曰：古之帝王中分天下而二公治之，謂之二伯。周自后稷封爲王者之後，至大王、王季、文王，此爲諸侯矣，奚得爲西伯乎？子思曰：吾聞諸子夏曰：殷王帝乙之時，王季以九命作伯於西，受圭瓚秬鬯之賜，故文王因之得專征伐。此諸侯爲伯，猶周、召分陝，亦以周、召之君爲伯乎？毛意當如孔叢之言，以王季爲東西大伯，故以九命言之也。○箋瑟絜至此賜○正義曰：以瑟爲玉之狀，故云絜鮮貌。說文云：瑟者，玉英華相帶如瑟絃。或當然。江漢曰：釐爾圭瓚，秬鬯一卣。是賜圭瓚必以秬鬯隨之，故知黃流即秬鬯也。傳以黃流爲黃金流鬯，箋直以秬鬯爲黃流者，秬，黑黍，一秠二米者也。秬鬯者，釀秬爲酒，以鬱金之草和之，使之芬香條鬯，故謂之秬鬯。草名鬱金，則黃如金色，酒在器流動，故謂之黃流。易傳者，以言黃流在中，當謂在瓚之中，不謂流出之時，而瓚中赤而不黃，故知非黃金也。以此故具言圭瓚之狀，以圭爲柄，黃金爲勺，青金爲外，以朱爲中央矣，明酒不得黃也。知瓚之形如此者，以冬官玉人云：大璋、中璋九寸，邊璋七寸，射四寸，黃金勺，青金外，朱中央，鼻寸，衡四寸。注云：射，琰出者也。鼻，勺流也，凡流皆爲龍口也。衡，橫字，謂勺徑也。三璋之勺，形如圭瓚，故說瓚之狀，以璋狀言之。知三璋如玉瓚者，以彼上文云：祼圭尺有二寸，有瓚，以祀宗廟。更不說瓚形，明於三璋之制見之，故知同也。又春官典瑞注引漢礼：瓚槃大五升，口徑八寸，下有槃，口徑一尺。則瓚如勺，爲槃以承之也。天子之瓚，其柄之圭長尺有二寸，其賜諸侯蓋九寸以下。此述大王、王季之事，故云殷王帝乙之時，王季爲西伯，以功德受此賜。鄭不見孔叢之書，其言帝乙之時，或當別有所據，故譜亦然。尚書西伯戡黎注云：文王爲雍州之伯，在西，故謂之西伯。則以文王爲州牧，故楚辞天問云：伯昌號衰，秉鞭作牧。王逸云：文王爲雍州牧。此王季爲西伯，亦當爲雍州牧也。大宗伯云：八命作牧。則王季唯八命，不從毛爲九命也入命所以亦得圭瓚之賜者宗伯注云侯伯有功德加命得專征伐於諸侯然則以專征當州之內亦當賜之如上公故王季爲西伯得受圭瓚也鄭駮異義引王制云三公一命衮若有功則加賜衮衣之謂與一曰衣服是也鄭之意以九命之外別加九賜案禮緯含文嘉上列九賜之差下云四方所瞻侯子所望宋均注云九賜者乃四方所共見公侯伯子男所希望由此言之七命皆得賜不在九命者彼謂隨命得賜與九命外頓加九賜別九賜者含文嘉云一曰車馬二曰衣服三曰樂則四曰朱戶五曰納陛六曰虎賁七曰斧鉞八曰弓矢九曰秬鬯宋均注云進退有節行步有度賜之車馬以代其步言成文章行成法則賜以衣服以表其德動作有禮賜之納陛以安其體長於教訓內懷至仁賜以樂則以化其民居處脩理房內不泄賜以朱戶以明其別勇猛勁疾執義堅彊賜以虎賁以備非常亢揚威武志在宿衛賜以斧鉞使得專殺內懷仁德執義不傾賜以弓矢使得專征孝慈父母賜以秬鬯以祀先祖是其九賜之事也。**鳶飛戾天魚躍于淵**言上下察也箋云鳶鴟之類鳥之貪惡者也飛而至天喻惡人遠去不爲民害也魚跳躍于淵中喻民喜得所。鳶悅宣反鴟尺尸反。**豈弟君子遐不作**

人箋云遐遠也言大王王季之德近於變化使如新作人。疏鳶飛至作人。毛以爲大王王季德教明察著於上下其上則鳶鳥得飛至於天以遊翔其下則魚皆跳躍於淵中而喜樂是道被飛潛萬物得所化之明察故也能化及上下故歎美之言樂易之君子大王王季其變化惡俗遠此不新作人言其近新作人也。鄭上二句別具箋。傳言上下察。正義曰中庸引此二句乃云言上下察故傳依用之言能化及飛潛令上下得所使之明察也。箋鳶鴟至得所。正義曰箸頡解詁以爲鳶即鴟也名既不同其當小別故云鴟之類也說文云鳶鷙鳥擊小鳥故爲貪殘以貪殘高飛故以喻惡人遠去淵者魚之所處跳躍是得性之事故以喻民喜樂得其所易傳者言鳥之得所當如鸞鷟在梁以不鷙爲義不應以高飛爲義且下云遐不作人是人變惡爲善於喻民爲宜禮記引詩斷章不必如本故易之。**清酒既載騂牡既備**言年豐畜碩也箋云既載謂已在尊中也祭祀之事先爲清酒其次擇牲故舉二者。騂息營反字林火營反畜香又反**以享以祀以介景福**言祀所以得福也箋云介助景大也。享許丈反徐許亮反介音界後同疏清酒至景福。毛以爲大王王季既成民事乃以神事有清絜之酒既載而置之於尊中其赤牡之牲既擇而養之以充備有此牲酒以獻之於宗廟以祭祀其先祖以得大大之福祿。鄭以介爲助爲異餘同。傳言年豐畜碩。正義曰言酒見其年豐言牲見其畜碩桓六年左傳曰聖王先成於民而後致力於神故奉牲以告曰博碩肥腯謂其畜之碩大蕃滋也奉酒醴以告曰嘉栗旨酒謂其三時不害而民和年豐也此傳取彼意也。箋既載至二者。正義曰既載載之於器故知已在尊中也此既載既備謂將用之時故即云以享以祀也又解祭祀之用羞物多矣獨舉酒牲者祭祀之事先爲清酒其次擇牲故舉是二者也信南山箋解清酒揔諸鬱鬯玄酒與五齊三酒此清酒與彼不同者觀經立義所以各別前已具解清酒者冬釀接夏而成其餘不盡然要清酒皆豫作有在三月前者故云先爲清酒也地官充人云掌繫祭祀之牲牷祀五帝則繫於牢芻之三月享先王亦如之又祭義云君召牛納而視之擇其毛而卜之吉而後養之是擇牲在祭前三月次爲酒之後也文十三年公羊傳云周公用白牡魯公用騂犅羣公不毛然則大王王季爲殷之諸侯其牲亦應不毛而云騂牲者不毛者不定用一毛而已其牲皆用純色故此祭用純騂也祭義云擇其毛是諸侯用純色也或者此是作者於後據周所尚而言之。傳言祀

所以得福。正義曰詩文諸云介福者毛皆以介爲大此亦謂之得大我之福**瑟彼柞棫民所燎矣**瑟衆貌箋云柞棫之所以茂盛者乃人熂燎除其旁草養治之使無害也。燎力召反又力弔反說文作尞一云此祭天也又云燎放火也字林同尞力召反燎音力小反熂許氣反芟草燒之曰熂何沈虛刈反**豈弟君子神所勞矣**箋云勞勞來猶言佑助。勞力報反注同來力代反本亦作倈同佑音又。疏瑟彼至勞矣。正義曰上言祭以助福此言得福之事言瑟然衆多而茂盛者是彼柞棫之木也此柞棫所以得茂者正以爲民所熂燎而除其傍草矣傍無穢草故木得茂盛以與得福者乃彼樂易君子也此君子所以得福者王以爲神所勞來去其患害矣既無患害故多獲福言神之勞來君子猶民之燎柞棫也。**莫莫葛藟施于條枚**莫莫施貌箋云葛也藟也延蔓於木之枚本而茂盛喻子孫依緣先人之功而起。藟力軌反字又作虆同施以豉反注同枚芒回反蔓音萬**豈弟君子求福不回**箋云不回者不違先祖之道。疏莫莫至不回。正義曰上言蒙先祖之福此言脩先祖之德言莫莫然而延蔓者是葛也

藟也乃施於木之條枚之上而長也以興依緣者此大王王季也乃依緣已之先祖之功業而起也大王王季既依緣先祖則述脩其業是此樂易之君子其求福祿不違先祖之正道言其脩先祖之正道以致之是謂之申以百福干祿焉○箋葛也而至起○正義曰序言世脩后稷公劉之業此又以葛藟延蔓爲喻故知喻子孫依緣先人之功而起也此經既言依緣先故知下言不回者是不違先祖之道

旱麓六章章四句

思齊文王所以聖也 言非但天性德有所由成○齊側皆反本作齋齋莊也下同○

〔疏〕思齊四章章六句至以聖○正義曰作思齊詩者言文王所以得聖由其賢母所生文王自天性當聖聖亦由母大賢故歌詠其母言文王之聖有所以而然也經四章首章言大任德行純備故能生此文王是其所以聖也二章以下言文王德當神明施化家國下民變惡爲善小大皆有所成是其聖之事也○箋言非至由成○正義曰論語云天生知之者上也則聖人稟性自天不由於母以大姒之賢亦生管蔡而云德有所由成歸德於母者以其母實賢遂致歌詠見其歎美之深録之以爲後法耳○

思齊大任文王之母思媚周姜京室之婦 齊莊媚愛也周姜大姜也京室王室也箋云常思莊敬者大任也乃爲文王之母又常思愛大姜之配大王之禮故能爲京室之婦言其德行純備故生聖子也大姜言周大任言京見其謙恭自卑小也○媚美記反後同洮音眉行下孟反見賢遍反

大姒嗣徽音則百斯男 大姒文王之妃也大姒十子衆妾則宜百子也箋云徽美也嗣大任之美音謂續行其善教令○徽許韋反

〔疏〕思齊至斯男○毛以爲常思齊敬之德不惰慢者大任也此大任乃以此德爲文王之母言其德堪與文王爲母也此大任又常能思愛周之大姜配大王之禮而勤行之故能爲京師王室之婦大任以有德之故爲大姒所慕而嗣續行其美教之德音思賢不妬進敘衆妾則能生百數之此男得爲周藩屏之衞也言大任能上慕先姑之所行下爲子婦之所續是其德行純備故生聖子是文王所以聖也○鄭唯以京室爲地名爲異餘同○傳齊莊至王室○正義曰齊莊釋言文宣三年左傳曰蘭有國香人服媚之如是言服蘭則人愛之媚是愛義也周姜爲大任思愛則是婦之念姑知是大姜也京者京師故言京室王室王季未爲天子而言京者以其追號爲王故以京師言之○箋京師周至卑小○正義曰以周京相對故知是地名言思愛大姜明是愛慕其德思其所爲故知思其配大王之禮也能爲京室之婦言盡其婦道於京地無愆過也既能爲婦是德行純備故能生聖子以子聖母賢故知歎美之周京俱是地名而分配有異故大姜言周大任言京見大任謙恭自卑小以明其本志也春秋僖二十八年冬公會晉侯齊侯於溫天王狩於河陽穀梁傳曰會於溫言小諸侯也以河陽言之大天子也亦此類也○傳大姒至百子○正義曰定六年左傳大姒之子唯周公康叔爲相睦也大姒爲周公康叔之母是文王之妃也又解大姒一人而有百男之意以大姒一人有十子不妬忌而進衆妾則宜有百子能有多男爲國之屏翰是婦人之美事故言爲大姒之德也定四年左傳曰武王之母弟八人是通武王與伯邑考爲十子也其名則左傳文云周公爲太宰康叔爲司寇聃季爲司空通武王伯邑考爲五人又曰五叔無官則其餘五者皆字叔又曰曹爲伯甸非尚年也則曹叔振鐸是康叔聃季之兄也又管蔡霍爲三監蔡與衞爭長明其皆母弟也郕於富辰之言在蔡霍之間五叔者其曹與管蔡郕霍乎史記管蔡世家云武王同母兄弟十人母曰大姒文王正妃也其長子曰伯邑

考次曰武王發次曰管叔鮮次曰周公旦次曰蔡叔度次曰曹叔振鐸次曰郕叔武次曰霍叔處次曰康叔封次曰聃叔季載其次不必如此其十子之名當然也皇甫謐云文王取大姒生伯邑考武王發次管叔鮮次蔡叔度次郕叔武次霍叔處次周公旦次曹叔振鐸次康叔封次聃叔季載其名與史記皆同其次則異不知謐何所據而別於馬遷也左傳富辰之言曹在衞聃之下不以長幼爲次則其弟無明文以正之

惠于宗公神罔時怨神罔時恫 宗公宗神也恫痛也箋云惠順也宗公大臣也文王爲政咨於大臣順而行之故能當於神明神明無是怨恚其所行者無是痛傷其將無有凶禍○恫音通恟音凶本又作凶○

刑于寡妻至于兄弟以御于家邦 刑法也寡妻適妻也御迎也箋云寡妻寡有之妻言賢也御治也文王以禮法接待其妻至于宗族以此又能爲政治于家邦也書曰乃寡兄勗又曰越乃御事○刑韓詩云刑正也御毛牙嫁反鄭魚據反適丁歷反勗許玉反下同

〔疏〕惠于至家邦○毛以爲文王以賢母賢身聖能協和神人言文王之德乃能上順於先祖宗廟羣公以安寧百神故神無有是怨恚文王者神無有是痛傷文王者明文王能敬事明神蒙

其祐助之又能施禮法於寡少之適妻內正人倫以爲化本復行此化至於兄弟親族之內言族親亦化之又以爲法迎治於天下之家國亦令其先正人倫乃和親族其化自內及外徧被天下是文王聖也○鄭以爲文王雖聖能屈己從衆心不自專乃能順於其尊貴之羣公言其諮訪大臣順而行之以此舉事允當於神明故神明無是怨恚其文王所行者神明無是痛傷其文王所爲者言甚蒙神之福無禍災也文王以順從之政而行之先施法於寡有之賢妻言接待其妻以禮法也以此又至於兄弟之宗族亦令接待其妻以爲政教之本以此之故又能爲政治於天下之家邦是其聖之事也○傳宗公至恫痛○正義曰書序云班宗彝中庸云陳其宗器皆謂宗廟爲宗又下頻言神罔則宗公是宗廟先公故云宗神也恫痛釋言文王肅云文王之德能上順祖宗安寧百神無失其道無所怨痛○箋惠順至凶禍○正義曰惠順釋言文宗者尊也尊而爲公故知大臣言順之故知諮於大臣順而行之論語云無使大臣怨乎不以是人君當順大臣也神者聰明正直依人而行人能行善則神明忻悅文王用臣得人任而順之故能當於神明神明無是怨痛則知其後將無凶禍也易傳曰以左傳稱國將興聽於民將亡聽於神聖王先成於民而後致力於神此言文王之聖不應先以順神爲本又於時宗廟有大王王季若論宗廟當以王統之不當言公且經傳未有以宗廟之神爲宗公者也晉語云文王於是乎用四方之賢良其卽位也詢於八虞度於閎夭而謀於南宮諏於蔡原而訪於辛尹重之以周召畢榮億寧百神而柔和万民故詩曰惠于宗公神罔時恫彼正論文王之事先言諮訪後言安神乃引此詩以證之則惠于宗公是順臣可知故易之彼注賈逵唐固皆云八虞周八士皆在虞官辛甲尹佚蔡公原公也案論語有八士鄭以爲周公相成王時所生則不得爲文王所詢如鄭意則別有八士賢人在虞官矣○傳刑法至御迎○正義曰刑法釋詁文無夫曰寡妻今有夫施法於之明寡非無夫之稱故以爲少適妻唯一故言寡也釋詁云迓迎也但書傳諸御字亦得爲迓故毛讀爲迓訓之爲迎王肅云以迎治天下之國家○箋寡妻至御事○正義曰以上言大姒之賢今言寡妻當是賢之意故以爲寡有之妻言其賢也鄭讀御爲馭以御者制治之名故爲治也易傳者言迎於家邦則於義不通若如王肅之言則是橫益治字故鄭讀爲馭訓爲治也以禮法接待其妻明化自近始是正己身以及天下之身正己妻以及天下之妻正己之兄弟以及天下之兄弟天下皆然則無所不治從妻而言至於兄弟爲首尾之次焉以此待妻及兄弟之法又能爲政治於家

邦使之皆如己也言家者謂天下之衆家邦者盡境界之所極也引書乃寡兄勗康誥文周公戒康叔謂武王爲寡有之兄也越乃御事大誥文時周公將東征誥於治事之臣也引此二事證寡爲少有御宜爲治也

雝雝在宮雝雝和也肅肅敬也箋云宮謂辟廱宮也羣**肅肅在廟**臣助文王養老則尚和助祭於廟則尚敬言得禮之宜○辟必亦反下同廱於容反○**不顯亦臨無射亦保**以顯臨之保安無厭也箋云臨視也保猶居也文王之在辟廱也有賢才之質而不明者亦得觀於禮於六藝無射才者亦得居於位言養善使之積小致高大○射毛音亦厭也鄭食夜反射藝猒於艷反下同一本作保安也射猒也非**肆戎疾不殄烈假不瑕**肆故今也戎大也故今大疾害人者不絶之而自絶也烈業假大也箋云厲假皆病也瑕已也文王於辟廱德如此故大疾害人者不絶之而自絶爲厲假之行者不已之而自已言化之深也○烈毛如字鄭作厲力世反又音賴假古雅反瑕音遐遠也鄭古雅反行下孟反下皆同○

疏雝雝至不瑕○毛以爲文王之德行雝雝然甚能和順在於室家之宮其容肅肅然能恭敬在於先祖之廟言文王治家以和事神以敬其德如是豈爲不顯乎言其顯也亦以此顯德而臨之於民上文王既以顯德臨民美其所爲無有厭其德者亦皆安而行之言民安文王之德無厭倦也由人安之如此故今大爲疾害人之行者豈不止絶乎言其止絶也王之功業廣大豈不長遠乎言長遠也以惡人皆消故王業遠大是其聖也○鄭以爲此與下章連上二句先言在宮在廟卒二句又摠結此二事言文王布行善政羣臣化之皆善其羣臣雝雝然尚和順者乃助養老而在辟廱宮也肅肅然尚恭敬者乃助祭在王宗廟也文王之臣養老則和祭祀則敬是得禮之宜矣又言文王之臣所以助養老而和以文王養進之故也文王之在辟廱其羣臣有賢才之質而不明達者亦得臨而觀其禮有德藝之美而無射才者亦得助而居於位是樂人之善養之使成故助養老者皆尚和也文王之在辟廱其德如此天下樂其德而民自化故今大爲疾害於人者不絶之而自絶爲厲惡病害人之行者不已之而自已言感化之深是文王之聖也○箋宮謂至之宜○正義曰鄭以此章次二句皆有二亦其文如一此二文之下言肆肆訓爲故今是緣上事之辭則此再言亦者行此化之事也而別文陳之是行化有二處矣下言行化有二處則此在宮在廟爲下事之摠目廟是祭祀則宮是養老何者祭祀養老是相對之事故樂記云祀乎明堂

以教諸侯之孝食三老五更於太學以教諸侯之悌也注云文王之廟爲明堂制是相對之事也樂記云養老於太學王制說太學天子曰辟廱則辟廱是養老之宮矣故宮謂辟廱宮也又以下言所化之事明此有所化之人故知爲羣臣助者不是文王之身也養老申慈愛之意故尚和祭祀展肅敬之心故尚敬所施各稱其事故言得禮之宜也此詩美文王之聖而言及羣臣者以臣下感化上能敬和則文王之身敬和可知故舉輕以明重也○傳以顯至無厭○正義曰言以顯臨之反其言以不顯爲顯則是文王之身以顯道臨民也言安無猒也是民安君德無猒倦也上句言君臨下而下句言民化上自相成也定本云保安射猒也○箋臨視至高大○正義曰臨視釋詁文以自保守者是安居之義故云保猶居也箋以此及下章有二肆之文分爲二事是則然矣而必知此爲在宮下爲在廟者以上文在宮在廟先行禮養老輕於祭祀禮射不中者不得與於祭養老則可容之而此言無射亦保故知在辟廱時也以聖人行禮必擇賢而與之不得有愚劣之人故知不顯是有賢才之質而不明者也人性不同固容多品或內敏而外訥或貌懦志強故有賢才之質而不明者亦得觀於禮於六藝之伎射爲其一人之所有不可皆善於六藝無射才者亦得居於位此人行未周備所以令居位觀禮者文王志在養善使之積小以成高大故也行葦亦養老之詩而曰序賓以賢而以射中多少爲次弟此無射才而得居位蓋其位又在少中者之下也且此美文王之養善或當特通許之不必常法觀禮居位一也因人之別而異其文耳此言養善以成高大下云使人器之不求備者因此是養老之事故云養之使成祭非長養之名故言使之如器皆是捨短而取長遺惡而收善義亦一也積小致高大易升卦象辭○傳肆故至假大○正義曰肆故今戎大烈業假大皆釋詁文言大疾害人者不絕之而自絕則亦反其言也○箋厲假至之深○正義曰鄭讀烈假爲厲瘕故云皆病也說文云厲惡疾也或作癘瘕病也是厲瘕皆爲病之義也定本及集注皆云厲疫病也不訓瘕字義不得通瑕已釋詁文以厲瘕不瑕與肆戎疾不殄相配故知厲瘕亦是病人之事殄既爲絕則瑕當爲已不然則二文不類且傳以烈假不瑕爲業大不遠文辭不次故易之也以文王在辟廱行禮羣臣和睦雖在外遠人亦隨流而化故病害人者不絕之而自絕爲厲瘕之行者不已之而自已言化之深也此謂在野遠人改惡爲善非謂助行禮者改惡行也何則文王之朝豈有病害人者輒得入之而待行禮乃變也○

不聞亦式不諫亦入 言性與天合也箋云式用也文王之祀於宗廟有仁義之行而不聞達者亦用之助祭有孝悌之行而不能諫爭者亦得入言其使人器之不求備也○弟音悌亦作悌諫爭爭鬬之爭也○

肆成人有德小子有造 造爲也箋云成人謂大夫士也小子其弟子也文王在於宗廟德如此故大夫士皆有德子弟皆有所造成○

古之人無斁譽髦斯士 古之人無猒於有名譽之俊士箋云古之人謂聖王明君也口無擇言身無擇行以身化其臣下故令此士皆有名譽於天下成其俊乂之美也○斁毛音亦猒也鄭作擇髦俊也一本此下更有古之人無猒於有譽之俊士也此王肅語令力成反乂音刈○

【疏】不聞至斯士○毛以爲言文王之聖德自生知無假學習不聞人之道說亦自合於法不待臣之諫諍亦自入於道言其動應規矩性與天合以此聖德教化下民故令周國之成人者皆有成德其小子未成人者皆有所造爲言長者道德已成幼者有業學習也此成人小子所以得然者以古昔之聖人有德之君王皆無猒於有名譽髦俊之此士今文王性與古合亦好之無猒故成人小子皆學爲髦俊也○鄭以爲文王之在宗廟其羣臣有仁義之行而不聞達者亦得用之以助祭有孝悌之行而不能諫諍者亦得使之以入廟是其使人不求備樂成長也文王之祭宗廟取人如此故聞其化者莫不自勵故今已長而成人者謂其大夫士等皆已有成德矣小子未成人者謂大夫之子弟亦皆勸慕而終必有所成矣言成人小子俱得就也所以得然者古昔之人聖君明王身無所擇謂口無擇言身無擇行也以身化其臣下故能令之有名譽而爲髦俊之士此言文王同於古聖以身化人故成人小子皆有成德也○傳言性與天合○正義曰傳言性與天合則是說文王之身式訓爲法也王肅云不聞道而自合於法無諫者而自入於道也然則唯聖德乃然故云性與天合若賢智者則須學習不能無過聞人之諫乃合道也○箋式用至求備○正義曰式用釋言文此不聞而得以助祭明有不聞之短而有所行之長故知有仁義之行而不聞達者亦用之也仁義之行行之美者尚能知其仁義所以得不聞達者仁義行之於心聞達習之於學有人能篤行而學問不長論語子夏說人有四行雖曰未學吾必謂之學矣是有不學而能行仁義也有孝悌之行而不能諫諍者亦孝悌爲長不諫爲短也論語云孝悌而好犯上者鮮矣既不好諫明有不能者矣亦得入廟言使人當如器之各施於一不求備具焉上言賢才之賢此言仁義之行者質是身內之性行則施仁之稱事在外內故質行異文此言文王志在長人以善

不責其備言其意通容此人使助行祀耳不謂朝士皆此人也而孫毓云文王選士擇賢但當取不明之人無射才者及不能諫諍令之居位助祭其意謂文王之朝皆是此輩非其難矣毓謂人行不備不得在朝是欲使文王爲小人使人必求備也○傳造爲○正義曰釋言文有爲者謂所習有業不虛廢也王肅云文王性與道合故周之成人皆有成德小子未成皆有所造爲進於善也○箋成人至造成○正義曰箋以此爲助祭所化則成人者助祭之人故爲大夫士也小子是後生未成之名故以爲子弟謂大夫之家子弟也以其因祭而化故爲皆有厚德子弟有造成言其終有所成不謂此時已成也○傳古之至俊士○正義曰此美文王而言古之人則皆謂前世聖君非文王也但文王與之同耳故王肅云言文王性與古合○箋古之至之美○正義曰箋言謂聖君則亦謂古昔之人非文王之身也口無擇言身無擇行孝經文也箋不言字誤則此經本有作擇者也故不破之以身無可擇化其臣下亦使之然臣下亦使之然臣下亦能無擇行擇言自然有名譽成俊士矣

思齊四章章六句故言五章章六句

三章章四句

附釋音毛詩注疏卷第十六（十六之三）

黃中栻栞

毛詩注疏校勘記（十六之三）　阮元撰盧宣旬摘錄

○棫樸

樸枹木也　小字本相臺本同案釋文云抱木必茅反正義云釋木云樸枹者孫炎曰樸屬叢生謂之枹以此故云樸枹木也是正義本作枹釋文本作抱或毛公讀爾雅字從手當以釋文本爲長也於經中爲苞字釋言所謂苞稹○按抱者枹之譌文枹者苞之或體其實當作包言包裹然舊按非

豫斫以爲薪　相臺本同閩本明監本毛本同小字本斫作斬案釋文云斬一本作斫正義云故云豫斫又云是豫斫也是其本作斫

乃命取秩薪柴（補）閩本明監本毛本同案取當作收

奉璋峨峨　唐石經小字本相臺本同閩本明監本毛本峨峨作峩峩注及正義中字同案峨峨是也釋文說文爾雅皆可證

王肅云○本有圭瓚者　閩本明監本毛本○誤一案此有皺文耳

大宗伯執璋瓚亞祼是也　閩本明監本毛本同案伯衍字也當在下錯入於此浦鏜云記文無伯字是也

此及祭統言大宗者　閩本明監本毛本宗下有伯字案有者是也十行本錯在上文

舍人曰峨峨奉璋之祭　閩本明監本毛本祭誤貌

淠彼涇舟　唐石經小字本相臺本同毛本同閩本明監本淠誤渒注及正義中字同

未有周禮周禮五師爲軍　小字本相臺本同考文古本亦同閩本明監本毛本誤不重周禮二字

又出征伐之事（補）毛本出作此

追彫也　閩本明監本毛本同小字本相臺本彫作雕下同案釋文雕都挑反正義標起止云追彫是二本不

同也彫雕古同用字

以罔罟喻爲政　小字本相臺本同考文古本同閩本明監本毛本罔誤網

○旱麓

作旱麓詩　閩本明監本毛本同案浦鏜云詩下當脫者字是也

明前已得周祿　閩本明監本毛本同案周字當在明字下

若斬木林　閩本明監本毛本同案浦鏜云材誤林是也

榛以栗而大　閩本明監本毛本同案浦鏜云似誤以大當小字誤以國語注考之是也

織以爲牛筥箱器　閩本明監本同毛本牛作斗按所改是也

箋旱山名　閩本明監本毛本同案名當作之

周語引此一章○乃云　閩本明監本毛本不空案所改非也○當作下

藪澤肆逸民力周盡　閩本明監本毛本同案浦鏜云既誤逸彫誤周考國語浦挍是也

黃金所以飾流鬯也　小字本相臺本同案釋文云黃金所以流鬯也一本作黃金所以飾流鬯也是後人所加正義云定本及集注皆云黃金所以飾流鬯也若有飾字於義易曉則俗本無飾字者誤也段玉裁亦以有者爲長

說文云瑟者　閩本明監本毛本同案此不誤浦鏜云說文作璱無者字非也考說文引詩止作瑟以證璱字從玉瑟正義所見本不誤故但取其如瑟弦之義而云瑟者者字爲下起文殊無取於璱字也釋文瑟下云字又作璱不云說文作璱是矣○按此說甚誤明明引說文玉部璱字下之語安得云瑟者非璱者之誤耶又云說文引詩止作瑟彼亦未見古本有如此者

秬黑黍一秠二米者也　閩本明監本毛本同案此不誤浦鏜云稃誤秠非也此見鄭周禮鬯人注及荅張逸生民正義有明文浦失考之

行步有度　閩本明監本毛本同案浦鏜云止誤步是也

鄭上二句別具箋　閩本明監本毛本白箋字案山井鼎云非是也餘同此見前

一云此祭天也　補通志堂本盧本此作柴各本所附同案柴字是也釋文挍勘山井鼎云一字可刪考今說文及小字本所附正無一字

而除其傍草矣　閩本明監本毛本傍誤旁案傍者正義所易之今字餘多同此

延蔓於木之枚本而茂盛　小字本相臺本枚作枝閩本明監本毛本本誤木案枝本是也枝條也本枚也考文古本本字不誤

此經既言依緣先　閩本明監本毛本先下有祖字案所補是也

○思齊

爲相時也　閩本明監本毛本同案山井鼎云時恐睦誤也

無是痛傷　小字本同閩本毛本同相臺本傷下有其所爲者四字案有者是也沿革例云諸本皆無其所爲者四字唯建大字本有之此相臺本所出也考正義云無是痛傷其文王所爲者與上句正義云無是怨恚其文王所行者正同是正義本自有此四字諸本於其字複出而脫之耳

其將無有凶禍　小字本相臺本同考文古本同閩本毛本凶作殉案釋文云殉本又作凶正義標起止云至凶禍十行本不誤是正義本作凶也毛本改之以合於釋文非

易傳曰　閩本毛本同案浦鏜云曰當者字誤是也

意寧百神　閩本毛本同案浦鏜云億誤意是也

辛男尹佚　閩本毛本同案男當作甲佚當作佚皆形近之譌韋昭云辛辛甲尹尹佚卽本此賈唐注可證也

宮謂辟廱宮也　相臺本同閩本明監本毛本同小字本廱作雝案廱字是也釋文可證

保安無猒也 小字本相臺本猒作厭閩本明監本毛本同案猒字是也釋文云保安無猒也一本作保安也射猒也非正義云言安無猒也云云又云定本云保安射猒也是正義本作安無猒也無上保字考此揔爲經無射亦保一句發傳若分訓射保卽不得保在射上當以正義本爲長考文古本作射猒也采正義釋文釋文非字舊脫今補見後考證

箋云厲假皆病也 小字本相臺本同案此正義本也正義云鄭讀烈假爲厲瘕故云皆病也又云定本及集注皆云厲疫病也不訓瘕字義不得通釋文云烈毛如字業也鄭作厲力世反又音賴病也假古雅反大也於假字下不云毛大也鄭病也是釋文本不訓瘕字與定本集注同也考此箋當云烈假皆病也下箋爲厲假之行者當作爲厲瘕之行者上仍用經字以爲訓下則竟改其字以顯烈假是厲瘕之假借如噫嘻既昭假爾之箋上仍用經字云假至也下則竟改其字云格于上下也是其例矣隸釋唐公房碑用作厲蠱錢大昕潛研堂金石文跋尾云蠱假聲相近是也此所謂以破引之○按訓病則字當作癘經書癘字多譌厲不可勝正

行此化之事也 閩本明監本毛本同案行此當作亦所

上能敬和 閩本明監本毛本上作尙案所改是也

言安無猒也 閩本明監本毛本同案此不誤浦鏜云也當者字誤非也以正義上云言以顯臨之例之可見矣

以上文在宮在廟先行禮 閩本明監本毛本同案先下當有言字

說文云厲惡疾也 閩本明監本毛本惡誤疫○按今說文疒部癘惡疾也可知上下文皆當作癘矣

小子其弟子也 小字本相臺本同案正義云謂大夫之子弟以下子弟字凡四見是作弟子者倒也考文古本作謂其子弟采正義而弃添謂字非也古句中增多之字往往取於正義此不悉出

古之人無斁 唐石經小字本相臺本同案此箋云口無擇言身無擇行正義云箋不言字誤則此經本有作擇者也故不破之釋文云無斁毛音亦猒也鄭作擇考此經字自作斁箋以斁爲擇之假借直於訓釋中竟改其字以顯之其例與可以樂飢箋中竟改爲療既匡既勑箋中竟改爲筐之屬同也釋文所說是矣正義不得其例呂氏讀詩記引董氏曰韓詩作擇經義雜記云此竊取鄭箋是也其讀正義有誤見下

古之人無猒於有名譽之俊士 小字本相臺本同案此正義本也正義標起止云傳古之至俊士其以下云云皆解此文也釋文云斁毛音亦猒也髦俊也一本此下更有古之人無猒於有譽之俊士也此王肅語二本不同觀釋文此下更有之語則其本當有斁猒也髦俊也之傳以古之人以下爲王肅申毛如此當有所據也經義雜記不得其理乃以釋文別爲毛作音爲過又以爲正義釋傳亦無此文未詳今本所出皆非也○按髦俊也見上棫樸傳斁猒也卽見本篇三章傳未必此又出傳傳例簡嚴複者甚少陸氏用王氏之述毛者爲之訓耳其云此下者謂此經文之下舊挍非也

上言賢才之賢 閩本明監本毛本同案下賢字浦鏜云質誤是也

行則施仁之稱 閩本明監本毛本同案仁當作行形近之譌

化其臣下亦使之然臣下亦使之然臣下亦能無擇行擇言 閩本明監本毛本不重臣下亦使之然六字案此十行本複衍

故言五章章六句 閩本明監本毛本同唐石經小字本相臺本章六句上有二章二字考文古本同案有者是也

附釋音毛詩注疏卷第十六（十六之四）

毛詩大雅　鄭氏箋　孔穎達疏

皇矣美周也天監代殷莫若周周世世脩德莫若文王監視也天視四方可以代殷王天下者維有周爾世世脩行道德維有文王盛爾○皇矣一本無矣字天監代殷莫若周絕句周世世脩德一讀莫若周世絕句周世世脩德為一句一本無下一世字義並通崔集注莫若周也世世脩德王天下往況反下追王當王同

【疏】皇矣八章章十二句至文王○正義曰作皇矣詩者美周也以天監視善惡於下就諸國之內求可以代殷為天子者莫若於周言周最可以代殷也周所以善者以天下諸國世世脩德莫有若文王者也故作此詩以美之也定本皇下無矣字莫若周又無於字詩之正經未有言美而此云美者以正詩不嫌不美故不言所美之君此則廣言周國故云美周也此實文王之詩而言美周者周雖至文王而德盛但其君積世行善不獨文王以經有大伯王季之事故言周以廣之也經八章上二章言天去惡與善歸就於周是莫若文王也三章四章言大伯王季有德福流子孫是世世脩德也五章以下皆說文王之事首尾皆述文王於中乃言父祖文不次者本意主美文王代殷故先言之欲見世脩其德故上本父祖於下復言文王所以申成上意故不次耳○箋天視至盛耳○正義曰世世脩行道德周自后稷以來莫不脩德祖紺以上公劉最賢公劉以下則不及公劉至大王王季德又益盛今據文王而言世世脩德則近指文王所因不是遠論上世其世世之言唯大王王季耳論語注云周自大王王季文王武王賢聖相承四世是相承不絕唯大王以下大王王季大賢至文王貴聖賢聖相承莫之能及故云唯有文王最盛也湯以孤聖獨興禹則父無令問文王之德不劣禹湯而以藉父祖始當天意者但周以積世賢聖乃有成功欲見尊祖之心美其世世脩德不必實由之也若然此序言世世脩德莫若文王則是文王既聖之後始當天意經云憎其式廓乃眷西顧又是紂惡之後始就文王昔堯受河圖已有昌名在錄嚳卜四妃豫知稷有天下則周之代殷兆彰上世而此詩所述唯此文王何也帝王神器實有大期殷之存亡非無定筭但興在聖君滅由愚主應使周興故誕茲睿聖應使殷滅故生此愚主斯則受之於自然定之於冥運天非既生之後方始簡擇比校善惡乃欲迴心但詩人抑揚因事發詠假言天

意去惡與善歸美文王以為世教耳

皇矣上帝臨下有赫監觀四方求民之莫皇大莫定也箋云臨視也大矣天之視天下赫然甚明殷紂之暴亂乃監察天下之衆國求民之定謂所歸就也**維此二國其政不獲維彼四國爰究爰度**二國殷夏也彼彼有道也四國四方也究謀度居也箋云二國謂今殷紂及崇侯也正長獲得也四國謂密也阮也徂也共也度亦謀也殷崇之君其行暴亂不得於天心密阮徂共之君於是又助之謀言同於惡也○政如字政政教也鄭作正正長也究九又反度待洛反篇內皆同夏戶雅反下文長夏并注同長張丈反篇內皆同共音恭下同行下孟反**上帝耆之憎其式廓乃眷西顧此維與宅**耆老也廓大也憎其用大位行大政顧西土也宅居也箋云耆老也天須假此二國養之至老猶不變改憎其所用為惡者浸大也乃眷然運視西顧見文王之德而與之居言天意常在文正所○耆巨夷反郭苦霍反又如字本又作廓眷本又作睠又作劵並音卷同假戶嫁反本又作暇浸子鴆反

【疏】皇矣至此維與宅○毛以為美大矣此在上之天能照臨於下無幽不燭有赫然而善惡分明也見在下之事知殷紂之虐以民不得定務欲安之乃監視而觀察天下四方之衆國欲擇善而從以求民之所安定也言欲以聖人為主使安定下民維此夏桀殷紂之二國其政不得於民心言使民不得安定也此桀紂二君政雖不得民心身實居天子之位維四方有道之衆國以天命未改之故於是從之謀於是從之居言皆從紂之惡與之謀為非道也以此之故在上之天於是疾惡比桀紂之不得民心也又憎其用大位行大政得肆其淫虐殘害下民乃從殷都眷然迴首西顧於岐周之地而見文王天意遂歸於此文王維與之居言天常居文王之所使之為主以定民也此詩之意主於紂耳以紂惡同桀故配而言之○鄭上四句與毛同言天之視下見此殷紂崇侯二國之君其為下民之長所行暴亂不得天心維彼密阮徂共之四國於是亦助之謀慮於是亦助之計度言其同惡相黨共行虐政也此殷崇二國政雖不得天心天猶冀其變改故在上之天養而老之二國遂不知變天乃憎其所用為惡者漸更浸大乃眷然迴首西顧見此文王之德維與之居處也○傳皇大莫定○正義曰釋詁云皇君也君亦大之義故為大也莫定釋詁文○箋大矣至歸就○正義曰深美其事故云大矣為美歎之辭監察天下衆國之中選明

君以爲天下之主。主明則民定，觀其能定民者，欲歸就之。傳二國至度居。正義曰：敍言天監代殷，則二國當論紂事。一紂而言二國，則是取類而言，故以二國爲殷紂、夏桀也。紂既喪殷，桀亦亡夏，其惡既等，故配而言之，猶嵩高之美申伯而及甫侯也。二國言此，四國言彼，此既爲惡，則彼當爲善，故言彼，彼有道也。桀紂身爲天子，明所從者非法。四國故爲四方有道之國也。究謀，釋詁文。以王者度地居民，故以度爲居也。桀紂身爲天子，制天下之命，雖是有道之國，民皆服而從之，與之謀爲非道，故王肅云：彼四方之國，乃往從之謀，往從之居其秦亡。家語引此詩，乃云紂政失其道，而執万乘之勢，四方諸侯固猶從之，謀度於非道，天所惡焉。傳意當然也。文王三分天下有其二，所以得有四方之國從紂謀居者，此說紂之初惡，文王未興也。下云憎其用大位行大政，由其諸侯從之，故言政位大耳。若天下怨叛之後，無復大位大政，天意何以憎之？以此知毛氏之意，從之謀謂未叛時也。孫毓云：天觀衆國之政，求可以代殷之人，先察王者之後，故言商而及夏。夏者，夏禹之世，時爲二王之後者，不得追斥桀也。桀亡國六百餘年，何求於將代殷而惡之乎？或以毓言爲毛義，斯不然矣。天求代殷之人，當觀可代之國，一姓不再興，亡國不再王，先察王者之後，欲何爲哉？武王伐紂，封夏后氏之後於杞，則

殷之末年，夏後絕矣，天安得而觀之？周封夏後於杞，殷後於宋，國名異於代號，然處殷世，夏後不必稱夏。若毛意必爲夏後，則何所案據而謂之夏也？此以桀配紂，其言指以惡紂，不惡桀，何須校計年世，責其追惡桀也？若年世久遠不得復言，則甫侯穆王時人，何當言以配申也。箋二國至於惡。正義曰：箋以此詩陳上下相成，七章云以伐崇墉，不言崇罪，則罪狀於此見之，即不獲是也。敍云代殷，下言伐崇，故知二國謂今紂與崇侯虎也。正，長，釋詁文。謂二國之君爲民之長也。定九年左傳云：得用焉曰獲。是獲爲得也。五章云密人不恭，侵阮徂共也，說文王之伐四國，謂密、阮、徂、共四國違義見伐，則是與紂同謀，故知四國謂密、阮、徂、共也。度，謀，釋詁文。殷崇之君，其行不得於天心，四國又助之與謀，言其同惡，故下章而伐之。崇侯乃是人臣，而得與紂稱爲二國者，紂乃亡國之主，可以同之崇侯也。何則？大誓曰：獨夫紂。謂紂爲獨夫，非復爲天子也。書敍云：繼公子祿父。以祿父爲公子，則同紂於國君也。平王天命未改，黍離列於國風；春秋周鄭交質，君子謂之二國。是紂與崇侯可稱二國也。二國、四國彼此異文者，猶彼有遺秉，此有滯穗，作者便文，无他義也。下云密人不恭，箋以爲拒義兵而得罪，不言與紂同謀，此言四國皆助之謀者，正以文王舉義，密人敢拒，亦既拒義不從，明其與紂同惡，故助之謀焉。傳耆惡至宅居。正義曰：耆者，老也。人皆惡已之老，故耆爲惡也。王肅云：惡桀紂之不德也。肅於此仍連桀紂言，以桀紂行同，自此以上，其文皆可兼桀，雖文可兼之，意不惡桀也。廓，大，釋詁文。憎其用大位行大政，以四方從之謀居，是爲大也。以西顧而西，故知西土謂從殷都而望岐周也。天氣淸虛，本無首目，而云西顧者，作者假爲與奪之勢，託而言之耳。宅，居，釋言文。箋耆老至王所。正義曰：以憎已是惡，故耆不爲惡。禮稱六十曰耆，是耆爲老也。須，待也。天以二國雖惡，猶待其改悔，而閒暇優緩，未即憎惡，至老猶不變改，上天始憎惡之。其所用爲惡者，正謂暴虐之政也。淩大者，其惡漸更益甚也。天无形可居，假稱意耳，故云言天意常在文王所也。言須暇者，多方云：天維五年須夏之子孫。注云：夏之言暇。天覬紂能改，故待暇其終，至五年，欲使復傳子孫。五年者，文王八年至十三年也。彼言須暇，謂武王時須暇紂而未殺，此則須暇而未惡之，其意既同，故引以爲說。多方及此箋以爲天須暇之，我應云作靈臺，緩優暇紂，以爲文王須暇之者，文王知天未喪殷，故不伐紂，據人事而爲說，亦是文王須暇之也。文王之時，紂實未滅，言其須暇可矣。崇侯尋即見伐，二國並言須暇者，亦雀命云崇孽首，則爲惡久矣。受命六年始滅，亦是天須暇之。此須暇者，亦設敎之言，因其未滅，假以言之耳。

作之屏之，其菑其翳。脩之平之，其灌其栵。啓之辟之，其檉其椐。攘之剔之，其檿其柘。木立死曰菑，自斃爲翳。灌，叢生也。栵，栭也。檉，河柳也。檿，山桑也。箋云：天既顧文王，四方之民則大歸往之。岐周之地險隘，多樹木，乃競刊除而自居處，言樂就有德之甚。○屏，必領反，除也。菑本又作甾，側吏反，又音緇，韓詩云：反草也。翳，於計反，爾雅云：木自斃，神蔽者爲翳。郭云：相覆蔽。韓詩作殪，云：因也，因高塡下也。神音申。灌，古亂反。栵音例，又音列。辟，婢亦反，沈必亦反。檉，勑丁反。椐，羌居反，字林紀庶反，又音舉。攘，如羊反。剔，他歷反，或作鬄，又作[illegible]，同。檿，烏簟反。斃，婢世反，本或作蔽，必世反。栭音而，舍人注爾雅云：江淮之間呼小栗爲栭栗。樻，去愧反，又去軌反，何音匱，草木疏云：節中腫，以扶老，即今靈壽是也，今人以爲馬鞭及杖。險，於懈反。刊，苦干反。

帝遷明德，串夷載路。徙就文王之德也。串，習。夷，常。路，大也。箋云：串夷即混夷，西戎國名也。路，應也。天意去殷之惡，就周之德，文王則侵伐混夷以應之。○串，古患反，一本作患，或云鄭音患。混音昆。瘠，在昔反，詩本皆作瘠，孫毓評作應，後之解者僉以瘠爲誤。應，應對之應，下應和同。

天立厥配，受命既固。配，媲也。箋云：天既顧文王，又爲之生賢妃，謂大姒也。其受命之道已堅固也。〔疏〕作之至既固。○毛以爲天顧文王而與之居，於是四方之民大歸往之。周地險阻，樹木尤多，競共刊除以爲田宅。其攻作之屏除之者，其爲菑木，其爲翳木之所也。修理之平治之者，其爲灌木，其爲栵木之處也。啟拓之開闢之者，其爲檉木，其爲椐木之地也。攘去之剔翦之者，其爲檿木，其爲柘木之材也。各各刊除材木以自居處，是樂就有德之甚也。帝所以徙就文王之明德而顧之者，以其世世習於常道，則得居是大位也。天既顧而就之，又爲生賢女，立之以爲妃，命當佐助之。內有賢妃之助，其受命之道既堅固也。言天助自遠，非始於今也。此作之屏之四等，而爲此八文者，以其險隘多樹，故頻舉木名，因此用功之事配之，使其義得相通。以用功作爲殺木屏去，故先言作之屏之。殺木之處有其坑坎，須修埋平治，故言修之平之。平治其地，必開拓使廣，故言啟之闢之。畔上更有材木，須攘除翦剔，故言攘之剔之。設文雖別，意以相通。鄭唯串夷載路爲異，以天意徙就周之明德，是天去惡與善。文王以天之去惡如是，其患中國之混夷，文王則侵伐之，以應天意。以天去惡，故已亦伐惡以應之。餘同。○傳木立至山桑。○正義曰：釋木云：「立死菑，斃者翳。」李巡曰：「以當死害生曰菑。斃，死也。」郭璞曰：「翳，樹蔭翳覆地者也。」然則以立死之木妨他木生長，爲木之害，故曰菑也。自斃者，生不自倒，枝葉覆地爲蔭翳，故曰翳也。爾雅直云斃者，傳以其非人斃之，故曰自斃。釋木又云：「灌木，叢木。」李巡曰：「木叢生曰灌木。」是灌，叢生。栵，而；檉，河柳；椐，樻；檿，山桑，皆釋木文。郭璞曰：「栭樹似槲樕而痺小，子如細栗，今江東呼爲栭栗。」陸機疏云：「葉如榆也，木理堅韌而赤，可爲車轅。」某氏云：「河柳，謂河傍赤莖小楊也。」陸機疏云：「河傍皮正赤如絳，一名雨師，枝葉似松。」孫炎曰：「樻，腫節，可以作杖。」陸機疏云：「節中腫，似扶老，今人以爲馬鞭及杖。弘農共北山甚有之。」郭璞曰：「檿桑，柘屬，材中爲弓。」冬官考工記云：「弓人取幹，柘爲上，檿桑次之。」○傳徙就至路大。○正義曰：毛讀患爲串。串，習；夷，常；路，大，皆釋詁文。王肅曰：「天於周家善於治國，徙就文王明德，以其由世習於常道，故得居是大位也。」○箋串夷至應之。○正義曰：鄭以詩本爲患，故不從毛。采薇序曰「西有混夷之患」，是患夷者，患中國之夷，故患夷則混夷也。出車云「薄伐西戎」，是混夷爲西戎國名也。書傳作畎夷，蓋畎混聲相近，後世而作字異耳。或作犬夷，犬即畎字之省也。路之爲應，更無正訓，鄭以義言之耳。正以天就文王明德，文王則伐混夷，是伐混夷者，所以應天意，故以路爲應也。本或誤作瘠，孫毓載箋爲應，是本

作應也。定本亦作應。天既去殷之惡，文王亦當去惡，故伐混夷以應之，順帝之則，此之謂也。此伐混夷，則書傳云「四年伐畎夷」是也。文王之伐多矣，獨言混夷者，作者意所欲言，无他義也。○傳配媲。○正義曰：妃字音亦爲配。釋詁云：「妃，媲也。」某氏曰：「詩云『天立厥妃』。」是毛讀配如妃，故爲媲也。是爲妻之配夫，意與鄭合。○箋天既至堅固。○正義曰：此天立厥配，與大明「天作之合」其文相類，故知立其配者，爲生賢妃，謂大姒也。天爲生妃，卒得其助，妻賢夫聖，當於天心，則上天之命不復移動，故受命之道已堅固也。

帝省其山，柞棫斯拔，松柏斯兌。兌，易直也。箋云：省，善也。天既顧文王，乃和其國之風雨，使其山樹木茂盛，言非徒養其民人而已。○省，昔并反。拔，蒲貝反。兌，徒外反。易，以豉反，下施易同。

帝作邦作對，自大伯王季。對，配也。從大伯之見王季也。箋云：作，爲也。天爲邦，謂興周國也。作配，謂爲生明君也。是乃自大伯王季時則然矣。大伯讓於王季而文王起。○大音泰，注大伯皆同。

維此王季，因心則友。則友其兄，則篤其慶，載錫之光。因，親也。善兄弟曰友。慶，善。光，大也。箋云：篤，厚。載，始也。王季之心，親親而又善於宗族，又尤善於

兄大伯，乃厚明其功美，始使之顯著也。大伯以讓爲功美，王季乃能厚明之，使傳世稱之，亦其德也。○著，珍慮反。傳，直專反。○

受祿無喪，奄有四方。喪，亡。奄，大也。箋云：王季以有因心則友之德，故世世受福祿，至於覆有天下。○〔疏〕帝省至四方。○毛以爲言天顧文王之深，乃和其國之風雨，善其國內之山，使山之所生之木，柞棫拔然而枝葉茂盛，松柏之樹兌然而材幹易直，言天之恩澤乃及其草木，非徒養其民人而已。既人物蒙養，天又爲之興作周邦，又爲之生明君以作其配。是乃自大伯王季之時已則然矣。既上本大伯王季，因說王季之德。維此王季，有因親之心，則復有善兄弟之友行，言其有親親之心，復廣及宗族也。則以此友兄弟之行，尤友善其兄大伯，謂善爲周君，稱其讓意，是善大伯也。由其稱兄之故，則天厚與其善，則光錫之大○位，使其子文王王有天下。此文王之有天下，由王季受此福祿，无所喪亡，故至其子孫而大有天下之四方也。鄭唯下四句爲異，言王季尤善於大伯，始厚明其大伯之功美，始使之讓事顯著，言其善於爲君，福流後葉，令大伯讓功徧得彰顯也。以王季有此德之故，故能受天福祿，无復有喪亡之時，至於子孫而覆有天下四方也。○傳兌易直。○正義曰：易直者，謂少節目，滑易而調直，亦言其茂盛也。○箋省

善。正義曰釋詁文。傳對配至王季。正義曰傳以言周世世脩德須論王季而已今并言大伯故解其意從大伯之見王季謂見其生聖子而讓之故王季得爲君而修德是以本之於大伯也王肅曰大伯見王季之生文王知其天命之必在王季故去而適吳大王沒而不返而後國傳於王季周道大興故本從大伯讓與王季是解見王季之意也釋詁云妃對也則對是相配之義故爲配也。箋作爲至王起。正義曰作爲釋言文興周國謂使之爲天子之邦生明君謂生文王也國當以君治之故言作配此事乃在大伯王季之時已則然矣實至文王乃與而云大伯時者由大伯讓於王季而文王得起是興國生君在大伯之時也。傳因親至光大。正義曰周禮六行其四曰姻注云姻親於外親是因得爲親也善兄弟曰友釋訓文福慶是善事故爲善光是明大故爲大王肅云王季能友稱大伯之讓意則天厚與之善錫文王之大位也。箋篤厚至其德。正義曰篤厚釋詁文又哉始也哉載義同故亦爲始友者善兄弟之名而言善於宗族者以下言則友其兄是友其親兄明上則友之文可以遠及宗族見王季孝友之心廣也言厚明其功美始使之顯著大伯以王季爲賢故讓之若王季不賢則讓功不顯由王季能稱大伯之心見大伯爲知人達命名傳後世由王季德然故

言厚明其功美始使之顯著也如箋之言錫爲與義與之即是使與之故云使也大伯以讓爲功美王季能厚明之使傳之後世共稱誦之此亦其王季之德故說王季之美言其能明大伯也論語稱大伯三以天下讓民无得而稱焉注云王讓之美皆蔽隱不著此言傳世稱之者孔子欲深賢大伯恨世人不知非是舉世皆不知也易傳者以上言大伯此言友兄下即言此二句明還是其兄之事故易之。傳奄大。正義曰釋言云荒奄也孫炎曰荒大之奄是荒奄俱爲大義故云奄大也奄亦是覆蓋之義故箋以爲覆有天下。**維此王季帝度其心貊其德音其德克明克明克類克長克君**心能制義曰度貊靜也。箋云德正應和曰貊照臨四方曰明類善也勤施无私曰類教誨不倦曰長賞慶刑威曰君。貊本作貊武伯反左傳作莫音同韓詩同云莫定也施始豉反。**王此大邦克順克比**慈和偏服曰順擇善而從曰比箋云王君也王季稱王追王也。王如字徐于況反比必里反偏音遍。**比于文王其德靡悔**經緯天地曰文箋云靡无也王季之德比于文王无有所悔也必比于文王者德以聖人爲匹**既**

受帝祉施于孫子箋云帝天也祉福也施猶易也延也。祉音恥【疏】維此至孫子。毛以爲既言王季明大伯之功故又言王季之德言維此王季之身爲天帝所祐天帝開度其心令之有揆度之惠也又安靜其德教之善音施之於人則皆應和其德又能有監照之明又能有勤施无私之善又能教誨不倦有爲人師長之德又能賞善刑惡有爲人君上之度既有君人之德故爲君王於此周之大邦其施教令能使國人徧服而順之既爲國人順服則功德有成能擇人之善者從而比之言其德可以比上人也以此王季之德比於經緯天地文德之周王其德无爲人所悔恨者言文王之德不爲人恨而王季可以比之王季賢德之大能比聖人以此之故既受天之祉福延於後之子孫福及於後故文王得受之而起。鄭唯其德靡悔爲異言以王季之德比於文德之王其此王季之德人无有悔以爲不應比之者言王季可與聖人爲匹也餘同此章文次如此者以德皆天之所授先言帝度其心明以下皆蒙帝文也德由心起故先言心能度物心既能度然後能施爲政教故次貊其德音言其政教清靜也爲君所以施政教故先言政能清靜乃論身內之德故後言能明能善其明與善還是德音之事施之於人有照臨之明勤施之善耳心能施

而无私可以爲人君長故次克長克君長即師也學記曰能爲師然後能爲長能爲長然後能爲君故先長後君也既言堪爲人君即說爲君之事故言王此大邦也既爲大邦之君能使國民順服故次克順也民順功成可以比方上人故次克比也可以比善即比之文王其德可比文王其澤流及子孫故言帝祉以結之帝祉即此授以九德令誕生聖人是也重言克明者疊之以足句猶下我陵我泉耳。傳心能至貊靜。正義曰此傳箋及下傳九言曰者皆昭二十八年左傳文彼引一章然後爲此九言以釋之故傳依用焉毛引不盡箋又取以足之此云維此王季彼言唯此文王者經涉亂離師有異讀後人因即存之不敢追改今王肅注及韓詩亦作文王是異讀之驗心能制義者服虔云心能制事使得其宜言善揆度事也左傳樂記韓詩貊皆作莫釋詁云貊莫定也郭璞曰皆靜定也義俱爲定聲又相近讀非一師故字異也定是靜義故云貊靜杜預云莫然清靜取此傳爲說也。箋德正至曰君。正義曰德正即德音政教是音聲號令也服虔云在己爲德施行爲音發號施令天下皆應和之言皆莫然而定无讙譁也照臨四方者服虔云豫見安危也類善釋詁文勤施无私者杜預云施而无私物得其所无失類也教誨不倦者服虔云教誨人以善不解倦言善長人以道德也

賞慶刑威者以賞慶人以刑威物杜預云作福作威君之道也○傳慈和至曰比○正義曰慈和偏服者服虔云上愛下曰慈和中和也爲上而愛下行之以中和天下偏服從而順之擇善而從之者服虔云比方損益古今之宜而從之杜預曰比方善事使相從二說皆不得以解此何者彼唯說文王不言比方他人故服杜觀傳爲說此以王季比文王當謂擇善而從以比方之也○箋王君至追王○正義曰王君釋詁文王字多矣獨解此者以王季未得稱王其實君其國耳故辨之云王季稱王追王以其追號爲王故作者以王言之○傳經緯天地曰文○正義曰服虔云德能經緯順從天地之道故曰文杜預云經緯相錯故織成文然則言德能順從天地如織者錯經緯以成文故謂之文也左傳說此九事乃云九德不愆作事無悔言其動合衆心不爲人所恨公劉傳曰民無長歎猶文王之無悔也則毛取左傳之意謂文王之德不爲人恨不得與鄭同也○箋王季至爲匹○正義曰箋以上陳王季之德而以此於文王卽云其德靡悔明是王季之德堪比文王若以比之時人無所悔者必比王季於文王者美王季言其德以聖人爲匹也○

帝謂文王無然畔援無然歆羨誕先登于岸無是畔道无是援取无是貪羨

岸高位也箋云畔援猶拔扈也誕大登成岸訟也天語文王曰女无如是拔扈者妄出兵也无如是貪羨者侵人土地也欲廣大德美者當先平獄訟正曲直也○援音袁又于願反鄭胡喚反韓詩云畔援武強也歆許金反羨錢面反誕但旦反拔蒲末反下同扈音戶字或作跋扈音戶

密人不恭敢距大邦侵阮徂共國有密須氏侵阮遂往侵共箋云阮也徂也共也三國犯周而文王伐之密須之人乃敢距其義兵違正道是不直也○阮魚宛反共音恭注同毛云徂往也共國名鄭云徂共皆國名

王赫斯怒爰整其旅以按徂旅以篤于周祜以對于天下旅師按止也旅地名也對遂也箋云赫怒意斯盡也五百人爲旅對荅也文王赫然與其羣臣盡怒曰整其軍旅而出以却止徂國之兵衆以厚周當王之福以荅天下鄉周之望○赫虎格反斯毛如字此也鄭音賜按安旦反本又作遏安葛反此二字俱訓止也祜音戶鄉本又作嚮許亮反下同○【疏】帝謂至天下○毛以爲旣言文王受福流及子孫故自此以下復說文王之事言天帝告謂文王无是叛道而援取人之國邑无是貪求以羨樂人之土地以是之故能大先天下升於高位因此遂說文王之不安貪求有密國之人乃不恭其職敢拒逆我大國乃侵我周之阮地遂復往侵於共邑抗拒大國侵其邑境是不恭也密人旣不恭如此故文王與其羣臣赫然而盡怒於是整齊其師旅以止此密人往旅地之寇密人侵共復往侵旅故興兵以止其寇也所以必伐密者以厚於周之祜福以遂於天下之心天意福周使興而密人侵之故伐密者所以厚周福也民心皆欲伐密而文王從之是整旅所以遂天下心也言文王上應天意下順民心非爲貪羨妄伐密也○鄭以爲天告語文王曰汝无如是拔扈者妄出兵以征伐汝无如是歆羨者苟貪人之土地汝旣不可爲此欲廣大汝之德美者當先平於所欲征者之獄訟獄訟者知彼曲汝直然後伐之文王以此不敢妄出征伐而密須之人乃不恭其職敢拒我大國之徵發其所徵者是侵阮徂共三國之義兵也文王欲侵此三國徵兵於密密人拒而不從是故文王於是赫然與其羣臣怒曰當整其軍旅而出以却止徂國之師旅以此厚於我周家當王之福以此而應荅天下鄉周之望因密人不恭怒而出兵先往伐徂尋亦伐密○傳無是至高位○正義曰一无然之文而傳分爲二无是者以叛是違道援是引取義異故分之爲二鬼神食氣謂之歆故注讀歆爲貪下論征伐則援取貪羨是國邑土地之事也釋丘云重厓曰岸岸是高

地故以喻高位○箋叛援至曲直○正義曰以下用兵征伐此則爲下發端當用兵之事不得爲文王之升位也故言叛援猶拔扈也拔扈凶横自恣之貌漢質帝謂梁冀爲拔扈將軍是古今之通語也誕大登成釋詁文小宛云宜岸宜獄相對是岸爲訟也拔扈是凌人之狀故以妄出兵言之歆羨貪欲之言故以侵土地言之凡征伐者當反已之德慮彼之罪觀彼之曲直猶人爭財賄之獄訟君子不伐有辭故欲廣大其德美者當先平獄訟正曲直知彼實曲然後伐之宜十二年左傳曰師直爲壯曲爲老是師行伐人必正曲直也王肅孫毓皆以帝謂文王者詩人言天謂文王有此德非天教語文王以此事也若天爲此辭誰所傳道然則鄭必以爲天語文王者以下云帝謂文王予懷明德是天之自我也帝謂文王詢爾仇方是教人詢謀也爾我對談之辭故知是天之告語若爲天意謂然則文不類也以文王舉必順天故作者致天之意言天謂文王耳豈須有人傳言之哉若是天謂文王有此德復誰告詩人以天意而得知之也帝謂文王必責誰所傳道則上云監觀四方乃眷西顧豈復有人見其舉目迴首之時毛無別解明與鄭同○傳國有至侵共○正義曰以經直云密人故辨之云國有密須氏定四年左傳曰密須之鼓是也○毛以徂爲往故云侵阮遂往侵共以阮共爲周地爲

密須所侵故王肅云密須氏姞姓之國也乃不恭其職敢與兵相逆大國侵周地。箋阮也至不直。正義曰箋以上言四國於此宜爲國名下云徂旅則是徂國師衆故以阮徂共三者皆爲國名與密須而四也四國從紂謀度則竝非文王之黨而言侵阮徂共不是彼自相侵明爲犯周而文王侵之也拒大邦之下卽言侵阮徂共則侵阮徂共卽是密須拒周之狀故知文王侵此三國徵兵於密密人拒其義兵也密須紂黨所以文王得徵兵者杜預云密須今安定密縣則在文其統內書傳云文王受命三年伐密須則阮徂共又在伐密之前四年伐混夷仍以天子之命命將率則文王伐此三國之時叛殷之形未著密須在其統內故得徵兵也密須之君雖不達天命亦是民之先覺者也疑周將叛殷故拒其徵發皇甫謐云文王問太公吾用兵孰可太公曰密須氏疑於我我可先伐之管叔曰不可其君天下之明君伐之不義太公曰臣聞先王之伐也伐逆不伐順伐險不伐易文王曰善遂侵阮徂共而伐密須密須之人自縛其君而歸文王謐雖採摭舊文傳會爲說要言疑於伐者未爲顯叛文王得徵兵而不從叛始彰耳三國犯周而文王伐之是義兵也密須敢拒義兵違其正道是不直也上言天使文王先平曲直密須不直故文王伐三國而亦伐密須也王肅云無阮徂共三國孔晁云周有阮徂共三國見於何書孫毓云案書傳文王七年五伐有伐密須犬夷黎邘崇未聞有阮徂共三國助紂犯周文王伐之之事皆以爲無此三國故訓徂爲往鄭必以爲皆國名者正以下言徂旅徂有師旅明徂是國故知三國與密須充上四國之文事在此詩卽成文也於時書史散亡安可更責所見張融云晁豈能具數此時諸侯而責徂共非國也魯詩之義以阮徂共皆爲國名是則出於舊說非鄭之創造書傳七年年說一事故其言不及阮徂共耳書傳亦無玁狁采薇稱玁狁之難復文王不伐之乎鄭之所言非無深趣皇甫謐勤於考校亦據而用之。傳旅師至對遂。正義曰釋詁云旅師俱爲衆也對則爲少多之異散則可以相通故云旅師嫌其止出一旅之人故明之也按止釋詁文彼作按定本及集注俱作按於義是也旅地名則毛意以旅爲周地而言徂者上言侵阮遂往侵共蓋自共復往侵旅以文上不見故於此言之言整師以止密人之往旅地則亦止其往阮共互相見也對遂釋言文王肅云密人之來侵也侵阮遂往侵共遂往侵旅故王赫斯怒於是整其師以止徂旅之寇侵阮徂共文次不便不得復說旅故於此而見焉上曰徂共此曰徂旅又爲周王之所禦其密人亦可知也省煩之義詩人之微意也傳意或然。箋赫怒至之望。正義曰斯盡釋言文

以軍出稱師爲通名今指言旅則唯用一旅之人故云五百人爲旅下箋云小出兵明以德不以衆是鄭意出一旅之人也以對爲荅者以天下心皆嚮已舉兵所以荅之謂荅天下嚮周之望於理爲切故不從遂也

依其在京侵自阮疆陟我高岡無矢我陵我陵我阿無飲我泉我泉我池京大阜也矢陳也箋云京周地名陟登也矢猶當也大陵曰阿文王但發其依居京地之衆以往侵阮國之疆登其山脊而望阮之兵兵無敢當其陵及阿者又無敢飲食於其泉及池水者小出兵而令驚怖如此此以德攻不以衆也陵泉重言者美之也每言我者據後得而有之而言。疆居良反注同脊井亦反令力成反重直用反

度其鮮原居岐之陽在渭之將萬邦之方下民之王小山別大山曰鮮將側也方則也箋云度謀鮮善也方猶鄉也文王見侵阮而兵不見敵知已德盛而威行可以遷居定天下之心乃始謀居善原廣平之地亦在岐山之南居渭水之側爲万國之所鄉作下民之君後竟徙都於豐。鮮息淺反又音仙別彼列反

〔疏〕依其至之王。毛以爲上旣言與師伐密遂天下之心此又本密人不義來侵周人怒。無之意言密人之來也依止其在我周之京乇大阜之傍其侵自阮地之疆爲始乃升我阮地之高岡周人見其如此莫不怒之曰汝密須之人無得陳兵於我周地之陵此乃我文王之陵我文王之阿無得飲食我周地之泉此乃我文王之泉我文王之池言皆非汝之有不得犯之民疾密須如是故文王遂往伐之征密旣勝文王於是謀度其鮮山之傍平泉之地此地居岐山之南在渭水之側背山跨水營建國都乃爲万邦之所法則下民之所歸往言其怒以天下爲心其伐與百姓同欲別起都邑爲万民之王。鄭以爲上言怒而出兵此言征伐之事言文王之所徵發不用多兵但取依居其在京地之衆爲一旅之人以此而往侵自阮國之疆爲始旣至阮國乃登我所伐得者阮國之高岡以望之阮國之兵衆纔始望之未嘗交戰而此國之兵莫不驚走無敢當我陵無敢當我阿者無敢飲我泉無敢飲我池者因此而往伐徂共密須皆克之矣旣兵不見敵者知已德盛威行可以遷徙都邑安定民心乃始謀居於其善原廣平之地居岐山之南在渭水之側爲万國之所嚮作下民之君王。傳京大阜矢陳。正義曰以密人依之而侵周故爲大阜也釋地云大陸曰阜大阜曰陵李巡曰土地獨高大名阜阜最大爲陵然則大阜爲陵不爲京矣言京大阜者釋

上曰絶高爲之京李巡曰上高大者爲京然則京亦土之高者與大阜同密人之來則云依京周人怒之則云我陵明京陵一物故以大阜言之也矢陳釋詁文王肅云密人乃依阻其京陵來侵自文王阮邑之疆密人升我高岡周人皆怒曰汝无陳於我陵是乃我文王之陵阿也泉池非汝之有勿敢飲食之○箋京周至而言○正義曰以言依其在京卽云侵自阮疆明以依京之人侵阮故知京周地名陟登釋詁文矢實陳義欲言威武之盛敵不敢當以其當侵而陳故言矢猶當也大陵曰阿釋地文周地廣矣獨言依京故知文王但發其依居京地之衆箋以京爲周地小别名則京是周之所都之邑以其兵少故唯發近民也上言徵兵於密須乃似盡國不足今言少發而足所以前徵兵者蓋以密人疑之故徵兵以當之非爲密須兵也始侵其境而卽登岡故知是望其兵衆始見登高而望卽不敢當陵飲泉而驚散走也文王之所伐者混夷歷年始服崇則再駕乃降於此獨得易者敵有强弱故難易不同○傳小山至方則○正義曰釋山云小山别大山鮮孫炎曰别不相連也澗是水也居必在傍故以將爲側論語云且知方也謂知禮法此則亦法也故以方爲則也○箋度謀至於豐○正義曰度謀鮮善皆釋詁文以其已繫岐陽不應復言餘山故以鮮爲善也諸言方者皆謂居在他

所人嚮望之故云方猶嚮也必知己德盛威行乃遷居者以威若不行則民情未樂遠方不奏則隨宜而可令威德旣行歸從益衆非處廣平之地无以容待四方故知民旣復從乃遷居要所也大王初遷已在岐山故言亦在岐山之陽是去舊都不遠也周書稱文王在程作程寤程典皇甫謐云文王徙宅於程蓋謂此也箋嫌此卽是豐故云後竟徙都於豐知此非豐者以此居岐之陽豐則岐之東南三百里耳

帝謂文王予懷明德不大聲以色不長夏以革不識不知順帝之則懷歸也不大聲見於色革更也不以長大有所更箋云夏諸夏也天之言云我歸人君有光明之德而不虚廣言語以外作容貌不長諸夏以變更王法者其爲人不識古不知今順天之法而行之者此言天之道尚誠實貴性自然○見賢遍反○

帝謂文王詢爾仇方同爾兄弟以爾鉤援與爾臨衝以伐崇墉仇匹也鉤鉤梯也所以鉤引上城者臨臨車也衝衝車也墉城也箋云詢謀也怨耦曰仇仇方謂旁國諸侯爲暴亂大惡者女當謀征討之以和協女兄弟之國率與之往親親則方志齊心一也當此之時崇侯虎倡紂爲无道罪尤大也○詢音荀鉤古侯反又古侯反援音爰臨如字韓詩作隆衝昌容反説文作轒轒陣車也墉音容梯他兮反○

【疏】帝謂至崇墉○毛以爲天帝告語此文王曰我當歸於明德以文王有明德故天歸之因説文王明德之事不大其音聲以見於顔色而加人不以年長大以有變革於幼時言其天性自然少長若一不待問而自識不由學而自知其所動作常順天之法則以此故天歸之而使伐崇天帝告語此文王曰其伐崇也當詢謀於女匹己之臣以問其伐人之方和同汝之兄弟君臣旣合親戚和同乃以汝鉤援之梯與汝臨衝之車以往伐彼崇城言天意歸就文王故文王於是伐崇也○鄭以爲天帝告語文王曰我之所歸歸於人君而有光明之德而不虚廣其言語之音聲以外作容貌之色又不自以長諸夏之國以變更於王法其爲人不記識古事不學知今事常順天之法而行之如此者我當歸之言文王德實能然爲天所歸崇侯反於此道天使文王伐之天帝告語文王曰當詢謀汝怨偶之傍國觀其爲暴亂大惡者而征討之也當和同汝兄弟之國相率與之而往餘同○傳不大至所更○正義曰此傳質略孫毓云不大聲色以加人○毛以言不以長大有所更則以夏爲大王肅云非以幼弱未定長大有所改更言幼而有天性

長幼一行也○箋夏諸至自然○正義曰箋以大爲音聲以作色忿人長大淫恣而改其本性此則中人以上皆免之矣不足以美文王下言伐崇討崇之反道則此經當陳人君之正道不得以夏爲大故以夏爲諸夏虚廣言語以外作容貌謂色取人而行違虚名而不實也不長諸夏以變更王法者謂爲諸侯之長自以身居尊位无所畏憚變亂正法也崇侯與文王俱爲紂之上公是長諸侯也詩意言又无此行則崇侯有之矣故天命文王使伐人之道貴其識古知今此行不識古不知今爲美者言其意在篤誠動順天法不待知今識古比校乃行耳不謂人不須知古今也言天之道尚誠實貴性自然者明此經所陳皆是誠實自然之事也變更王法者若虢石父導王爲非崇侯虎倡紂爲无道變亂典刑者也而孫毓以創業改制爲難非其難也○傳仇匹至墉城○正義曰仇匹釋詁文鉤援一物正謂梯也以梯倚城相鉤引而上援卽引也箋云鉤鉤梯所以鉤引上城者墨子稱公輸般作雲梯以攻宋蓋此之謂也臨者在上臨下之名衝者從傍衝突之稱故知二車不同兵書有作臨車衝車之法墨子有備衝之篇知臨衝俱是車也説文云城所以盛民也墉城垣也彼細辨其名耳散則墉亦城也○箋怨偶至尤大○正義曰怨偶曰仇左傳云方者居一方之辭故爲傍國之諸侯以當伐

之故皆爲暴亂大惡者紂黨多矣所以獨伐崇者當此之時崇侯虎導紂爲無道之事其罪惡尢大故伐之倡紂爲無道我應文注云倡導也

臨衝閑閑崇墉言言執訊連連攸馘安安是類是禡是致是附四方以無侮閑閑動搖也言言高大也連連徐也攸所也馘獲也不服者殺而獻其左耳曰馘於內曰類於野曰禡致致其社稷羣臣附附其先祖爲之立後尊其尊而親其親箋云言言猶孽孽將壞貌訊言也執所生得者而言問之及獻所馘皆徐徐以禮爲之不尙促速也類也禡也師祭也無侮者文王伐崇而無復敢侮慢周者○訊音信字又作訙又作誶竝同馘古獲反字又作聝字林截耳則作耳傍獻首則作首傍類如字本或依說文作䫈禡馬嫁反搖如字一音羊照反羣神本或作羣臣孽魚列反又五葛反

臨衝茀茀崇墉仡仡是伐是肆是絕是忽四方以無拂茀茀彊盛也仡仡猶言言也肆疾也忽滅也箋云伐謂擊刺之肆犯突也春秋傳曰使勇而無剛者肆之拂猶佹也言無復佹戾文王者○茀音弗仡魚乞反韓詩云搖也說文作忔肆音四拂符弗反王違也刺七亦反佹九委反戾也復扶又反

【疏】臨衝至無拂○毛以爲文王之伐崇也兵至則服無所用武其臨衝之車閑閑然動搖而已不用之以攻敵崇城言言然高大如無所毀壞既伐崇服之則執其可言問者連連然舒徐盡其情而不逼迫也所以當馘左耳者安安然不暴疾也文王之於此行非直弔民伐罪又能敬事明神初出兵之時於是爲類祭至所征之地於是爲禡祭既克崇國於是運致其社稷羣神而來更存祭之於是依附其先祖宗廟於是國爲之立後文王伐得其罪行得其法四方服其德畏其威是以無敢侮慢文王者也深美其伐重詳其事言文王臨車衝車茀茀然彊盛崇城仡仡然高大於是用師伐之於是合兵疾往於是殄絕之於是討滅之文王德足撫民威足除惡四方服德畏威無敢違拂文王之志者此天所以爲文武伐殷也○鄭唯以臨衝攻城言言仡仡爲將壞之貌伐爲擊刺肆爲犯突爲異餘同○傳閑閑至其親○正義曰以閑閑是臨衝之狀車皆駕之而往故爲動搖言言是城之狀故爲高大傳唯云言言高大不說其高大之意王肅云高大言其無所壞傳意或然若城無所壞則是不戰而得有訊馘者美文王以德服崇不至於破國壞城耳於時非無拒者故得有訊馘馘獲釋詁文攸所釋言文玉藻云聽鄉任左故不服者殺而獻其左耳曰馘罪其不聽命服罪故取其耳以計功也釋天云是類是禡師祭也王制云天子將出類乎上帝禡於所征之地言類乎上帝則類祭祭天也祭天而謂之類者尚書夏侯歐陽說以事類祭之在南方就南郊祭之春官肆師注云類禮依郊祀而爲之是用尙書說爲義也禡之所祭其神不明肆師注云禡師祭也祭造軍法者其神蓋蚩尤或曰黃帝是鄭以無明文故疑之而爲二說也如鄭所說類祭在郊此傳言於內曰類者以禡於所征之地則是國境之外類之雖在郊猶是境內以二祭對文故云於內曰類於外曰禡謂境之外內內非城內也致附承類禡之下則亦是敬神之事故知致者致其社稷羣神附者附其先祖爲之立後社稷是崇國之所尊先祖是崇國之所親今使神有所享不絕其祀是文王爲之尊其尊而親其親也致者運轉之辭附者依倚之義以社稷於人無親故以致言之先祖則依其子孫故以附言之崇侯有罪當滅其國所以復得致其羣臣爲之立後者蓋以崇侯虎身有罪耳其先祖嘗有大功不當絕祀擇其親賢更爲立後使得奉其宗廟存其社稷也言致則文王致之自近非復舊國當小於舊耳○箋言言至周者○正義曰箋以詩美文王以德服崇若臨衝本所不用則不應言之今詩言衝則是用以攻城故知言言仡仡皆是將壞之貌碩人言庶姜孽孽是卑我之容故猶孽孽也徐徐以禮爲之不尚促速明有餘力不急急爲之也僖十九年左傳曰文王聞崇亂而伐之軍三旬不降退修教而復伐之因壘而降則似兵合不戰此云壞城執訊者凡所褒美多過其實此言訊馘必當戰矣蓋知戰不敵然後乃降彼左傳子魚欲勸宋公脩德故隱其戰事而言其降耳傳不言類禡是祭故辨之云師祭名也崇是大敵伐即克之故無復敢侮慢周者竟文王之世不復伐國是由無侮故也○傳茀茀至忽滅○正義曰此茀茀亦宜猶上閑閑而云彊盛者以茀茀閑閑文不相類則上言車之動此言車之形故不同也肆與大明肆伐大商文同故以肆爲疾既爲疾伐亦不得與鄭同也王肅云至疾乃威有罪則肅意謂伐之疾傳亦或然忽滅者言忽然而滅非訓忽爲滅也○箋伐謂至文王者○正義曰以是伐之文在崇墉之下故伐謂擊之刺之牧誓曰不愆于四伐五伐乃止齊焉是謂擊刺爲伐也肆謂犯突言犯師而衝突之故引春秋傳爲證也案左傳隱九年云使勇而無剛者嘗寇而速去之文十二年左傳云若使輕者肆焉其可其言皆不與此同鄭以輕者與勇而無剛義同故引之而遂謬也

皇矣八章章十二句

十六之四卷終

毛詩注疏挍勘記（十六之四）　阮元撰盧宣旬摘錄

〇皇矣

皇矣美周也天監代殷莫若周周世世脩德莫若文王 唐石經小字本相臺本同案此釋文本也釋文云皇矣一本無矣字莫若周絕句又云一讀莫若周世絕句周世脩德爲一句一本無下一世字義並通崔集注莫若周也世世脩德正義云定本皇下無矣字莫若周又無於字是正義本較多一於字

維有文王盛爾 小字本相臺本同閩本明監本毛本亦同案爾當作耳正義標起止云至盛耳是其證上維有周爾當亦同考文古本皆作耳采正義

殷紂之暴亂 閩本明監本毛本同小字本相臺本殷上有以字考文古本同案有者是也

其政不獲 小字本相臺本同唐石經政作正案釋文云其政如字政教也鄭作正正長也正義云其政不得於民心是其本亦作政考此箋云正長也乃以政爲正之假借直於訓釋中改其字以顯之而不言讀爲也例詳前唐石經依改經文未是經義雜記云唐石經原刻作正依鄭本也後改爲政依肅本也今考石經但小損耳未嘗改爲政又於此經之傳多所刪改皆非也此傳本全與鄭異義非由王肅之難其度居也則已見緜傳矣乃云毛公無此訓亦知者之一失

二國殷夏也 小字本相臺本同閩本明監本毛本亦同案釋文以謂夏作音是其本當作謂夏殷也正義云故以二國爲殷紂夏桀也不與釋文本同

耆老也廓大也 閩本明監本毛本同小字本相臺本老作惡考文古本同案惡字是也釋文正義皆可證涉箋文而譌耳

明所從者非法四國 閩本明監本毛本同案法當作徒形近之譌

其秦亡家語引此詩 閩本明監本同毛本秦作泰案皆誤也當作其奏云謂王肅奏也正義凡四引此及賓之初筵生民卷阿是也經義雜記云此三字當爲衍文者失考耳

也說文王之伐四國 閩本明監本毛本同案浦鏜云也當此字之誤屬下讀是也

檉河柳也 小字本相臺本閩本明監本毛本皆下有梠櫝也十行本無按此脫耳

以扶老 補 釋文挍勘通志堂本同盧本以作似云舊譌以案似字是也扶老木名可以爲杖亦竹名似扶老謂似扶老之木也橫與扶老木又有不同處故言似陸機疏正作似扶老

串夷載路 唐石經小字本相臺本同案此釋文本也釋文云串夷古患反毛云習也鄭云串夷混夷也一本作患或云鄭音患正義云毛讀患爲串又云鄭以詩本爲患故不從毛采薇序曰西有混夷之患是患夷者患中國之夷故患夷則混夷也是正義本經作患字與釋文所云一本者正同也

路應也 小字本相臺本同案此正義本也釋文云路瘠在昔反詩本皆作瘠孫毓評作應後之解者僉以瘠爲誤正義云路之爲應更無正訓鄭以義言之耳又云本或誤作瘠孫毓載箋爲應是本作應也定本亦作應今考路露古同字如露寢爲路寢華露爲華路之類孟子是率天下而路也音義云丁張並云路與露同凡物之瘠者多露見故箋云路瘠也謂靑削混夷使之瘠也下箋文王則侵伐混夷以應之云應者總說串夷載路之應乎帝遷明德也非以應專釋路字孫毓乃涉之而誤後之解者反僉以瘠爲誤失之矣

天立厥配 唐石經小字本相臺本同案傳云配媲也正義云妃字音亦爲配釋詁云妃媲也某氏曰詩云天立厥妃是毛讀配如妃故爲媲也是爲妻之配夫意與鄭合考正義之說是也箋云又爲之生賢妃謂大姒也此申毛以配是妃之假借字直於訓釋中改其字以顯之也釋文云厥配本亦作妃音同注同其亦作本非也乃依箋字改經耳某氏爾雅注當卽所謂以破引之如引其虞孔有之比段玉裁云古多用妃少用配妃是正字配是假借字也配者酒色也今人云配合周秦人云妃合嘉耦曰妃非專謂男女也經文本作妃毛以配合解之鄭以后妃解之改妃爲配自是後人所爲〇按段說是毛用釋詁妃媲也非讀配爲妃也

栵而檉河柳 閩本明監本毛本同案山井鼎云而恐柳誤是也

一名雨師 閩本明監本毛本同案浦鏜云雨誤兩是也

則光錫之大位閩本明監本毛本光作兄案皆誤也當作天

維此王季唐石經小字本相臺本同案正義引昭廿八年左傳而云此云維此王季彼云維此文王者經涉亂離師有異讀後人因即存之不敢追改今王肅注及韓詩亦作文王是異讀之驗又左傳正義同段玉裁云樂記注云言文王之德皆能如此所見詩亦是維此文王然禮注言文王詩箋言王季說自不同詳詩經小學考毛氏詩自是王季王肅申毛作文王者非經義雜記辨之是矣○按鄭注禮記多用韓詩不用毛詩左傳作文王與韓詩合是可以證三家詩之皆有所受之也

貊靜也箋云小字本相臺本同案正義云此傳箋及下傳九言曰者皆昭廿八年左傳文彼引一章然後爲此九言以釋之故傳依用焉毛引不盡箋又取以足之段玉裁云此章詁訓本左氏係箋自舛誤今正衍箋云二字

慈和徧服曰順小字本相臺本同案釋文以徧復作音是其本服作復以左傳考之復字非也

教誨人以善不解倦閩本明監本毛本解誤懈案此依服注文而引之也正義自爲文用懈字

畔援猶拔扈也小字本同相臺本拔作跋閩本明監本毛本同下及正義中字同案釋文云拔字或作跋考拔跋古字通用但釋文不云本或作跋則此箋自用拔字十行本正義中皆作拔是也閩本以下乃誤改耳

按止也小字本相臺本同案正義云按止釋詁文彼作按定本及集注俱作按於義是也加其所言非爲異本當有誤也今無可考意必求之或正義本字作按釋文云以按本又作遏知正義本必不作遏者以釋詁按遏兩有若作遏即不得云彼作按也

毛以爲既言文王受福閩本明監本毛本同案浦鏜云文王當王季誤是也

箋叛援至曲直閩本明監本毛本叛作畔案所改是也此標起止仍不易字下故云叛援猶拔扈所改非也

是也○毛以徂爲往閩本明監本毛本同案浦鏜云衍○是也

敢興兵相逆大國閩本明監本毛本同案浦鏜云相當拒字誤是也

要言疑於伐者閩本明監本毛本同案浦鏜云我誤伐是也上文可證

有伐密須犬夷黎邦崇明監本毛本邦誤邦閩本不誤○按作邦作邦皆誤當作邦从邑丰聲音況于切今本尚書大傳此字亦誤作邦

爲萬國之所鄉小字本相臺本同閩本明監本毛本鄉誤嚮案嚮乃正義所易之今字釋文鄉周下云本又作嚮下同當非正義本也考文古本悉改作嚮未是

非爲密須兵也閩本明監本毛本同案密須當作須密此須者用也非密須之須不知者誤倒之

而驚散走也閩本明監本毛本同案浦鏜云驚下當脫怖字是也

遠方不奏閩本明監本同毛本奏作湊案所改是也

我歸人君有光明之德小字本相臺本同考文古本同閩本明監本毛本歸作謂案我歸者予懷也謂字誤

同爾兄弟唐石經小字本相臺本同案六書音均表云後漢書伏湛傳作同爾弟兄入韻顧炎武說同考正義云和同汝之兄弟又云當和同汝兄弟之國是其本作兄弟或毛氏詩與伏湛傳所引自不同也

親親則方志齊心一也毛本同閩本明監本方誤萬小字本相臺本方作多一作壹考文古本同案多字壹字是也

當詢謀汝怨偶之傍國閩本明監本毛本同案偶當作耦下同

以加人○閩本明監本毛本同案浦鏜云○行是也

謂色取人而行違也閩本明監本毛本人作仁案所改非也正義引論語自如此○按舊挍非

馬融注可按

詩意言又無此行明監本毛本又作文王二字閩本剜入案所補是也意字當衍

故天命文王使伐人之道貴其識古知今閩本明監本毛本人之二字互易案所改是也

箋云鉤鉤梯閩本明監本毛本同案箋當作故

執訊連連唐石經小字本相臺本同案詩經小學云釋文字又作誶者誤爾雅訊言也說文訊問也正月出車傳采芑及此箋以言辭問訓訊字與誶訓告義別

於野曰禡小字本相臺本同案正義云故云於內曰類於外曰禡謂境之外內非城內也此正義專釋傳內字耳於外曰禡當仍是於野曰禡考文古本采之以改傳作外非也

致致其社稷羣臣小字本相臺本臣作神閩本明監本毛本同案釋文云本或作羣臣正義本是神字作臣者非也羣神多誤作羣臣如魯語鄭大宗伯注皆然

尊其尊而親其親相臺本同閩本明監本毛本同小字本無而字案有者是也

說文作忔〔補〕通志堂本同盧本忔作圪云舊譌忔今改正釋文挍勘云案圪字所改未是也圪是隸省字見九經字樣土部陸但如此作小字本所附作圪圪忔皆形近之譌

此天所以用文武代殷也閩本明監本毛本同案武當作王此詩無武王也

故不服者殺而獻其左耳耳曰馘閩本明監本毛本不重耳字案所改是也故下當補云字

所以復得致其羣臣閩本明監本毛本臣作神案所改是也

碩人言庶姜孽孽是舉我之容閩本明監本毛本同案是上當有缺文因孽孽字有複出者而脫去也舉我當爲壞城之誤

附釋音毛詩注疏卷第十六（十六之五）

毛詩大雅　鄭氏箋　孔穎達疏

靈臺民始附也文王受命而民樂其有靈德以及鳥獸昆蟲焉民者冥也其見仁道遲故於是乃附也天子有靈臺者所以觀祲象察氣之妖祥也文王受命而作邑于豐立靈臺春秋傳曰公既視朔遂登觀臺以望而書雲物爲備故也○靈臺杜預注左傳云靈臺在始平鄠縣今屬京兆府所管昆古門反鄭注禮記云明也蟲直弓反本或作虫非冥亡丁反冥冥無知貌字林云幽也又亡定反祲子鴆反陰陽氣相侵漸成祥觀古亂反下觀臺節觀同〔疏〕靈臺五章章四句至昆蟲焉○正義曰作靈臺詩者言民始附也文王受天之所命而民樂有其神靈之德以及鳥獸昆蟲焉以文王德及昆蟲民歸附之故作此詩以歌其事也經說作臺序言始附則是作臺之時民始附也文王嗣爲西伯三分天下而有其二則爲民所從事應久矣而於作臺之時始言民附者三分有二諸侯之君從文王耳其民從君而來其心未見靈德至於作臺之日民心

始知故言始附謂心附之也往前則貌附之耳此言作臺而民始附則其附在受命六年而序追言受命者以民心之附事亦有漸初受命已附至作臺而齊心故繫之受命見附之所由也言民始附首章及二章上二句是也樂其有靈德以及鳥獸昆蟲者二章下二句及三章是也臺囿沼皆言靈是明文王有靈德之義麀鹿獸也白鳥鳥也昆蟲者王制注云昆明也明蟲者得陽而生得陰而藏陰陽即寒温也故祭統注云昆蟲温生寒死之蟲然則諸蟄蟲皆是也此經無昆蟲之事而三章言魚魚亦蟲之別名舉潛物以見陸產故言昆蟲以揔之三經先言獸序先言鳥者作囿主以養獸故先言之序則從其言便故不同也四章卒章言政教得所合樂詳之亦是靈德之事故序略之也○箋民者至備故○正義曰民者冥也孝經援神契文以其冥冥無知其見仁道遲故於是始附解其晚附之意也又解臺之所用天子有靈臺所以觀祲象察氣之妖祥故也四方而高曰臺以天象在上須登臺望之故作臺以觀天也春官臺祲掌十煇之法以觀妖祥辨吉凶一曰祲二曰象三曰鑴四曰監五曰闇六曰瞢七曰彌八曰敘九曰隮十曰想注云妖祥善惡之徵鄭司農云煇謂日光氣也祲陰陽氣相侵也象者如赤鳥也闇日月食也瞢謂日月瞢瞢無光也敘者雲有次敘如山在日上也玄謂鑴謂日旁氣刺日也監冠珥也彌氣貫日也隮虹也想雜氣有似可形想也此十者皆舉天之異氣視祲之官當在靈臺之上視之故箋取以爲說十煇而唯言祲象者舉其初二事餘從可知也馮相氏保章氏亦云觀天下之妖祥則在臺觀之獨引視祲之事者以視祲爲官名則是仰觀之主故特取之其實馮相保章之所觀者亦在靈臺也又解文王作臺之處故言文王受命而作邑於豐立靈臺明此靈臺在豐邑之都也含神務曰作邑於豐起靈臺易乾鑿度亦云伐崇作靈臺是靈臺在豐邑之都文也所引春秋傳曰者僖五年左傳文引之證臺是觀氣所用彼云以望而書禮也凡分至啓閉必書雲物爲備故此略引之故與彼小異此靈臺所處在國之西郊諸儒以無正文故其說多異義公羊說天子三諸侯二天子有靈臺以觀天文有時臺以觀四時施化有囿臺觀鳥獸魚鼈諸侯當有時臺囿臺諸侯卑不得觀天文無靈臺皆在國之東南二十五里東南少陽用事萬物著見用二十五里者吉行五十里朝行暮反也韓詩說辟廱者天子之學圓如璧壅之以水示圓言辟取辟有德不言辟水言辟水言辟廱者取其廱和也所以教天下春射秋饗尊事三老五更在南方七里之內立明堂於中五經之文所藏處蓋以茅草取其絜清也左氏說天子靈臺在太廟之中壅之靈沼謂之辟

廱諸侯有觀臺亦在廟中皆以望嘉祥也毛詩說靈臺不足以監視靈者精也神之精明稱靈故稱臺曰靈臺稱囿曰靈囿稱沼曰靈沼謹案公羊傳左氏說皆無明文說各有以無以正之玄之聞也禮記王制天子命之教然後爲學小學在公宮之左大學在郊天子曰辟廱諸侯曰泮宮天子將出征受命於祖受成於學出征執有罪反釋奠於學以訊馘告然則太學即辟廱也詩頌泮水云既作泮宮淮夷攸服矯矯虎臣在泮獻馘淑問如皐陶在泮獻囚此復與辟廱同義之證也大雅靈臺一篇之詩有靈臺有靈囿有靈沼有辟廱其如是也則辟廱及三靈皆同處在郊矣囿也沼也同言靈於臺下爲囿爲沼可知小學在公宮之左大學在西郊王者相變之宜衆家之說各不昭晳雖然於郊差近之耳在廟則遠矣王制與詩其言察察亦足以明之矣如鄭此說靈臺與辟廱同處辟廱即天子大學也王制言大學在郊乃是殷制其周制則太學在國太學雖在國而辟廱仍在郊何則圓沼魚鳥所萃終不可在國中也辟廱與太學爲一所以得太學移而廱不移者以辟廱是學之名耳王制以殷之辟廱與大學爲一故因而說之不必常以太學爲辟廱小學亦可矣周立三代之學虞庠在國之西郊則周以虞庠爲辟廱矣若然魯是周之諸侯於郊不當有學泮宮亦應在國而禮器注云頖宮

郊之學也。詩所謂泮宮也，字或爲郊宮。不在國者，以其詩言魯侯戾止，是行往適之，故知在郊。蓋魯以周公之故，尊之使用殷禮，故學在其郊也。鄭以靈臺辟廱在西郊，則與明堂宗廟皆異處矣。案大戴禮盛德篇云：明堂者，所以明諸侯尊卑也。外水名曰辟廱。政穆篇云：大學，明堂之東序也。如此文則辟廱明堂同處矣，故諸儒多用之。盧植禮記注云：明堂卽大廟也。天子太廟，上可以望氣，故謂之靈臺；中可以序昭穆，故謂之太廟；圓之以水似辟，故謂之辟廱。古法皆同一處，近世殊異，分爲三耳。蔡邕月令論云：取其宗廟之清貌，則曰清廟；取其正室之貌，則曰太廟；取其堂，則曰明堂；取其四門之學，則曰太學；取其周水圓如璧，則曰辟廱。異名而同耳，其實一也。穎子容春秋釋例云：太廟有八名，其體一也。肅然清靜謂之清廟，行禘祫序昭穆謂之太廟，告朔行政謂之明堂，行饗射養國老謂之辟廱，占雲物望氣祥謂之靈臺，其四門之學謂之太學，其中室謂之太室，總謂之宮。賈逵、服虔注左傳亦云：靈臺在太廟明堂之中。此等諸儒皆以廟學明堂靈臺爲一。鄭必知皆異處者，袁準正論云：明堂、宗廟、太學，禮之大物也，事義不同，各有所爲，而世之論者合以爲一體，取詩書放逸之文、經典相似之語而致之，不復考之人情，驗之道理，失之遠矣。夫宗廟之中，人所致敬，幽隱清靜，鬼神所居，而使衆學

處焉，饗射其中，人鬼慢黷，死生交錯，囚俘截耳，瘡痍流血，以干犯鬼神，非其理矣。且夫茅茨采椽，至質之物，建日月，乘玉輅，以處其中，象箸玉杯而食於土簋，非其類也。如禮記先儒之言明堂之制，四面東西八丈，南北六丈。禮，天子七廟，左昭右穆，又有祖宗不在數中，以明堂之制言之，昭穆安在？若又區別非一體也。夫宗廟鬼神之居，祭天而於人鬼之室，非其處也。夫明堂，法天之宮，非鬼神常處，故可以祭天，而以其祖配之，配其父於天位可也。事天而就人鬼，則非義也。自古帝王必立大小之學，以教天下。有虞氏謂之上庠、下庠，夏后氏謂之東序、西序，殷謂之右學、左學，周謂之東膠、虞庠，皆以養老乞言。明堂位曰：瞽宗，殷學也。周置師保之官，居虎門之側。然則學官非一處也。文王世子：春夏學干戈，秋冬學羽籥，皆於東序。又曰：秋學禮，冬學書，禮在瞽宗，書在上庠。此周立三代之學也。可謂立其學，不可謂立其廟，然則太學非宗廟也。又曰：世子齒於學，國人觀之。宗廟之中，非百姓所觀也。王制曰：周人養國老於東膠。不曰辟廱。養國老於右學，養庶老於左學，宗廟之尊，不應與小學爲左右也。辟廱之制，圓之以水，圓象天，取生長也；水潤下，取其惠澤也；水必有魚鱉，取其所以養也。是故明堂者，大朝諸侯講禮之處；宗廟，享鬼神歲覲之宮；辟廱，大射養孤之處；大學，衆學之居；靈臺，望氣之觀；清廟

訓儉之室，各有所爲，非一體也。古有王居明堂之禮，月令則其事也。天子居其中，學士處其內，君臣同處，死生參並，非其義也。大射之禮，天子張三侯，大侯九十步，其次七十步，其次五十步，辟廱處其中。今未知辟廱廣狹之數，但二九十八，加之辟廱，則徑三百步也。凡有公卿大夫諸侯之賓、百官侍從之衆，殆非宗廟中所能容也。禮，天子立五門，又非一門之間所能受也。明堂以祭鬼神，故亦謂之廟。明堂太廟者，明堂之內太室，非宗廟之太廟也。於辟廱獻捷者，謂鬼神惡之也。或謂之學者，天下之所學也。總謂之宮，大同之名也。生人不謂之廟，此其所以別也。先儒曰：春秋人君將行，告宗廟，反獻於廟。王制：釋奠於學，以訊馘告。則太學亦廟也。其上句曰：小學在公宮之左，太學在郊。明太學非廟，非所以爲證也。周人養庶老於虞庠，虞庠在國之西郊。今王制亦小學近而太學遠，其言乖錯，非以爲正也。穎氏云：公既視朔，遂登觀臺。以其言遂，故謂之同處。夫遂者，遂事之名，不必同處也。馬融云：明堂在南郊，就陽位，而宗廟在國外，非孝子之情也。古文稱明堂陰陽者，所以法天道，順時政，非宗廟之謂也。融云：告朔行政謂之明堂。夫告朔行政，上下同也，未聞諸侯有明堂之稱也。順時行政，有國皆然，未聞諸侯有居明堂者也。齊宣王問孟子：人皆謂我毀明堂，毀諸？已乎？孟子曰：夫明堂者，王者之堂

也。王欲行王政，則勿毀之矣。夫宗廟之毀，非獨王者也。若明堂卽宗廟，不得曰夫明堂王者之宗廟也。且說諸侯而教毀宗廟，爲人君而疑於可毀與否，雖復淺丈夫，未有是也。孟子，古之賢大夫，而皆子思弟子，去聖不遠，此其一證也。尸子曰：昔武王崩，成王少，周公踐東宮，祀明堂，假爲天子。明堂在左，故謂之東宮。王者而後有明堂，故曰祀明堂，假爲天子。此又其證也。竊以準之，此論可以申明鄭意。大戴禮遺逸之書，文多假託，不立學官，世無傳者。其盛德篇云明堂外水名曰辟廱，政穆篇稱太學明堂之東序，皆後人所增，失於事實，故先儒雖立異端，亦不據爲說。然則明堂非廟，而月令云天子居明堂太廟者，以明堂是祭神之所，故謂之明堂太廟者，正謂明堂之太室，非宗廟之太廟也。明堂位云：太廟，天子明堂。自謂制如明堂，非太廟名明堂也。廟與明堂不同，則靈臺又宜別處，故靈臺辟廱皆在郊也。

經始靈臺，神之精明者稱靈，四方而高曰臺。**經之營之，庶民攻之，不日成之。**經，度之也。攻，作也。不日有成也。箋云：文王應天命，度始靈臺之基趾，營表其位，衆民則築作，不設期日而成之。言說文王之德，勸其事，忘己勞也。觀臺而曰靈者，文王化行，似神之精明，故以名焉。○度，待洛反，下同。應，應對之應。說音悅。

【疏】經始

至成之○正義曰言文王有德民心附之既徙於豐乃經理而量度初始爲靈臺之基趾也既度其處乃經理之營表之其位既定於是天下衆庶之民則競攻而築作之不設期日而已成之民悅其德自勸其事是民心附之也○傳神之至成○正義曰靈是神之別名對則有精粗之異故辨之云神之精明者稱靈則靈之爲稱就神中精者而名也四方而高曰臺釋宮文經度之謂經理而量度之攻作謂庶民築作之不日有成謂不設期日已成功言民心樂爲之也○箋文王至以名焉○正義曰非天子不得作靈臺故本之云文王應天命以始度靈臺之基趾也營表其位謂以繩度立表以定其位處也傳唯解靈之名不解名臺爲靈之意故申之此實觀氣祥處也而名曰靈者以文王之化行似神之精明故以名焉以此言文王之臺故因言文王之化行耳其實天子之臺皆名曰靈臺服虔左傳注云天子曰靈臺諸侯曰觀臺是也若然書傳說武王渡河言觀臺亞者彼謂在臺觀之人不得謂其人爲臺故指實言觀也僖十五年左傳云秦伯獲晉侯以歸乃舍諸靈臺是諸侯而得有靈臺者杜預云在京兆鄠縣周之故臺也哀二十五年左傳曰衞侯爲靈臺於藉圃言爲則是新造其時借名之也

經始勿亟庶民子來箋云亟急也度始靈臺之基趾非有急成之意衆民各以子成父事而來攻之○亟居力反

王在靈囿麀鹿攸伏囿所以域養禽獸也天子百里諸侯四十里靈囿言靈道行於囿也麀牝也箋云攸所也文王親至靈囿視牝鹿所遊伏之處言愛物也○囿音又徐于目反麀音憂麀牝牝頻忍反處昌慮反【疏】傳囿所以至於囿○正義曰春秋成十八年築鹿囿昭九年築郎囿則囿者築牆爲界域而禽獸在其中故云囿所以域養禽獸也天子百里諸侯四十里解正禮耳其文王之囿則七十里故孟子云齊宣王問於孟子曰文王之囿方七十里有諸孟子曰於傳有之曰若是其大乎民猶以爲小也曰寡人之囿方四十里民猶以爲大何也是宣王自以爲諸侯而問故云諸侯四十里以宣王不舉天子而問及文王之七十里則以爲文王非天子之制明天子不止七十里故宜爲百里也又解囿稱靈意言靈道行於囿也鄭駁異義云同言靈者於臺下爲囿沼則似因臺爲名其實亦因相近靈道偏行故皆稱靈也釋獸云鹿牡麚牝麀是爲鹿牝也

麀鹿濯濯白鳥翯翯濯濯娛遊也翯翯肥澤也箋云鳥獸肥盛喜樂言得其所○濯直角反翯戶角反字林云鳥白肥澤曰翯下沃反樂音洛下文於樂注喜樂皆同【疏】傳濯濯至肥澤○正義曰娛樂遊戲亦由肥澤故也二者互相足

王在靈沼於牣魚躍沼池也靈沼言靈道行於沼也牣滿也箋云靈沼之水魚盈滿其中皆跳躍亦言得其所○沼之紹反牣音刃躍羊略反跳徒彫反

虡業維樅賁鼓維鏞於論鼓鍾於樂辟廱植者曰虡橫者曰栒業大版也樅崇牙也賁大鼓也鏞大鍾也論思也水旋丘如璧曰辟廱以節觀者箋云論之言倫也虡也栒也所以懸鍾鼓也設大版於上刻畫以爲飾文王立靈臺而知民之歸附作靈囿靈沼而知鳥獸之得其所以爲音聲之道與政通故合樂以詳之於得其倫理乎鼓與鍾也於喜樂乎諸在辟廱中者言感於中和之至○虡音巨樅徐七凶反又音衝崇牙也沈又音子容反賁符云反字亦作鼖鏞音容於音烏鄭如字下於樂於論皆同論盧門反一云鄭音倫下同辟音壁注同植時職反栒荀尹反縣音玄【疏】虡業至辟廱○毛以爲文王既立靈臺而知民心歸附作沼囿而知鳥獸得所以爲音聲之道與政通故作樂以詳之觀已之德行審否故使人設植者之虡橫者之栒上加大版而捷業然又有崇牙其飾維樅然於此虡業之上懸賁之大鼓及維鏞之大鍾然後使人擊之觀其和否於是思念鼓鍾使之

和諧於是作樂在此辟廱宮中是王之靈道行於人物之驗○鄭唯下二句別義具在箋○傳植者至節觀者○正義曰釋器云木謂之虡孫炎曰虡栒之植所以懸鍾磬也郭璞曰懸鍾磬之木植者名爲虡然則懸鍾磬者兩端有植木其上有橫木謂直立者爲虡謂橫牽者爲栒栒上加之大版爲之飾釋器云大版謂之業孫炎曰業所以飾栒刻板捷業如鋸齒也其懸鍾磬之處又以彩色爲大牙其狀隆然謂之崇牙言崇牙之狀樅樅然有瞽曰設業設虡崇牙樹羽此樅亦承虡業之下故知樅即崇牙之貌樅樅然也賁大也故謂大鼓爲賁鼓冬官韗人云鼓長八尺鼓四尺中圍加三之一謂鼖鼓註亦云大鼓謂之鼖是也釋樂云大鍾謂之鏞李巡曰大鍾音聲大鏞大也郭璞曰亦名鑮也水旋丘如璧者璧體圓而內有孔此水亦圓而內有地猶如璧然土之高者曰丘此水內之地未必高於水外正謂水下而地高故以丘言之以水繞丘所以節約觀者令在外而觀也定本及集注鏞大鍾之下云論思也則其義不得同鄭也○箋論之至之至○正義曰以倫理之字宜爲倫故曰論之言倫傳唯言栒虡植橫不言所用故申明之言所以懸鍾鼓也以經有鍾鼓故特言之其磬鏞亦有栒虡也又解上言臺沼此言作樂之意文王知民心歸附鳥獸得所以爲音聲之道與政通故大合諸

樂以詳之言欲詳審已德觀其實允人物之心以否也此在辟廱合樂必行養老之礼但主言樂之得理不美養老之事故言不及焉治世之音安以樂故在辟廱之內與聞之者莫不喜樂是其和之至也**於論鼓鍾於樂辟廱鼉鼓逢逢矇瞍奏公**鼉魚屬逢逢和也有眸子而无見曰矇無眸子曰瞍公事也箋云凡聲使瞽矇爲之○鼉徒何反沈又音檀草木疏云形似蜥蜴四足長丈餘甲如鎧皮堅厚宜冒鼓逢薄紅反埤蒼云鼓聲也字作韸徐音豐矇音蒙瞍依字作叟蘇口反亦作瞍說文云無目也字林先幺反云目有眸無珠子也眸莫侯反〔疏〕傳鼉魚至公事○正義曰月令季夏命漁師伐蛟取鼉漁師取魚之官故知鼉是魚之類屬也書傳注云鼉如蜥蜴長六七尺陸機疏云鼉形似水蜥蜴四足長丈餘生卵大如鵞卵甲如鎧甲今合樂鼉魚甲是也其皮堅可以冒鼓月令注亦云鼉皮可以冒鼓也美鼓之得理而云逢逢故知爲和也矇瞍皆無目之名就無目之中以爲等級矇者言其矇矇然無所見故知有眸子而無見曰矇即今之青盲者也矇有眸子則瞍當無故云無眸子曰瞍其瞽亦有眸子矇之小別也故春官瞽矇注鄭司農云無目眹謂之瞽有目眹而無見謂之矇有目而無眸子謂之瞍亦與此傳同也此則對而爲名其揔則皆謂之瞽尚書謂舜爲瞽子外傳云吾非瞽史周頌有有瞽之篇周禮有瞽矇之職是瞽爲揔也周禮瞽矇二字已是爲官名故文不及瞍此言瞍不言瞽各從文之所便外傳稱矇誦瞽賦亦此類也周禮上瞽中瞽下瞽以智之高下爲等級不以目爲次第矣公事釋詁文

靈臺五章章四句

下武繼文也武王有聖德復受天命能昭先人之功焉繼文者繼文王之王業而成之昭明也○復扶又反王業于況反〔疏〕下武六章章四句至功焉○正義曰經六章皆言武王益有明智配先人之道成其孝思繼嗣祖考之迹皆是繼文能昭先人之功焉經云三后在天王配於京則武王所繼自大王王季皆是矣而序獨云繼文者作者以周道積基故本之於三后言世有哲王見積德之深遠其實美武王能繼唯在文王也大王王季雖脩德創業爲後世所因而未有天命非開基之主不足使武王聖人繼之又此篇在文王詩後故詩言繼文著其功也大且見篇之次也文王已受天命故言復受爲亞前之辞武王之受天命白魚入舟是也**下武維周世有哲王**武繼也箋云下猶後也哲知也後人能繼先祖者維有周家最大世世益有明知之王謂大王王季文王稍就盛也○哲張列反本又作悊又作喆皆同知音智下同〔疏〕傳武繼○正義曰釋詁文○箋下猶至就盛○正義曰居下世卽是在後故云下猶後也哲智釋言文言後人能繼祖者維周家最大謂大王王季文王稍稍就盛者也王季爲西伯文王又受命是稍盛也不通數武王者此言哲王卽是下文三后王配之文別在於下故知世有之中不兼武王也**三后在天王配于京**三后大王王季文王也王武王也箋云此三后既沒登遐精氣在天矣武王又能配行其道於京謂鎬京也○假音遐已也本或作遐〔疏〕箋此三后至鎬京○正義曰曲礼下云天子崩告喪曰天王登遐註云登上也遐已也上已者若僊去云耳以三后皆號爲王故以天王子之礼言之武王居鎬故知配行其道於京謂鎬京也**王配于京世德作求**箋云作爲求終也武王配行三后之道於鎬京者以其世世積德庶爲終成其大功〔疏〕箋作爲至大功○正義曰作爲釋言文求終釋詁文世積厚德是當王天下文王未及誅紂卽是王事未終武王乃終之故云終成其大功**永言配命成王之孚**箋云永長言我也命猶教令也孚信也此爲武王言也今長我之配行三后之教令者欲成我周家王道之信也王德之道成於信論語曰民无信不立○成王如字又于況反此爲如字〔疏〕箋命猶至不立○正義曰此承王配于京是配三后不配天故以命爲教令此篇是武王之詩於此獨云此爲武王言者餘文是作者以已之心論武王之事此則稱武王口自所言故辨之也又解欲成王道所爲多矣獨以信爲言者由王德之道成於信欲使民信王道然後天下順從必伐紂功成然始得耳以民無信不立故引論語以證之**成王之孚下土之式**式法也箋云王道尚信則天下以爲法勤行之**永言孝思孝思維則**則其先人也箋云長我孝心之所思所思者其維則三后之所行子孫以順祖考爲孝**媚茲一人應侯順德**一人天子也應當侯維也箋云媚愛茲此也可愛乎武王能當此順德謂能成其祖考之功也易曰君子以順德積小以高大**永言孝思昭哉嗣服**箋云服事也明哉武王之嗣行祖考之事謂伐紂定天下〔疏〕媚茲王嗣

服。正義曰既言武王能法則三后之道故於此歎而美之可愛乎此一人之武王所以可愛者以其能當此維順之德祖考欲定天下武王能順而定之是能當順德又述武王所言而歎美之武王自言長我孝心之所思者此事顯明哉武王實能嗣行祖考之事伐紂定天下是能嗣祖考也。傳一人至侯維。正義曰曲禮下云天子自稱曰予一人言其天下之貴唯一人而已謂天子爲一人應當釋詁文又云維侯也是侯得爲維也。箋可愛至高大。正義曰序言繼文此云順德故知是順其先人之心成其祖考之德所引易者升卦象辭升卦巽下坤上故言木生地中木漸而順長以成樹猶人順德以成功彼謂一人之身漸積以成此則順父祖而成事亦相類故引以爲證定本作愼德準約此詩上下及易宜爲順字又集註亦作順疑定本誤。箋服事至天下。正曰。服事釋詁文禮記大傳曰牧之野武王之大事故知嗣行祖考之事唯謂伐紂定天下也上言永言配命永言孝思其下句云成王之孚孝思維則亦是武王自言此云昭哉嗣服是作者美武王之辭所以亦與孝思相連者上云永言孝思是武王自言此又述武王之言歎而美之并此孝思之句亦非武王自言得與嗣服相連也

昭茲來許，繩其祖武，許進繩戒武迹也箋云茲此來勤也武王能明此勤行進於善道戒愼其祖考所履踐之迹美其終成之。來王如字鄭音賚下篇來孝同

於萬斯年，受天之祜。箋云祜福也天下樂仰武王之德欲其壽考之言也。祜音戶下同

疏昭茲至之祜。正義曰既言武王能嗣行祖事又美其爲民所樂仰言武王能明此勤行進於善道戒愼其祖考所行之迹而踐行之猶行善不倦故爲天下樂仰皆欲令武王得於萬年之壽且又多受天之福祿言武王行善之故爲民愛之如此。傳許進至武迹。正義曰以禮法既許而後得進故以許爲進繩戒武迹皆釋訓文。箋茲此至成之。正義曰茲此來勤皆釋詁文戒愼祖考踐履之迹謂謹愼奉行故美其終成之。箋祜福至之言。正義曰祜福釋詁文以萬年受福是祝慶之辭故知武王爲天下所樂仰此是欲其得福之言也

受天之祜，四方來賀。於萬斯年，不遐有佐。遠夷來佐也箋云武王受此萬年之壽不遠有佐言其輔佐之臣亦宜蒙其餘福也書曰公其以予萬億年亦君臣同福祿也

疏受天至有佐。毛以爲民欲王受福卽實言其受福之事武王既受得天之祜福故四方諸侯之國皆貢獻慶之又得於此萬年之壽豈不遠有佐助之乎言有遠方夷狄來佐助之也此乘上章之文故先言所受天之祜因則爲遠近之次故先言四方後言遠夷四方謂中國諸侯也。鄭唯以下句爲異言武王得於此萬年之壽不遠其有輔佐之臣言王親近其臣與之同福。傳遠夷來佐。正義曰言不遠有佐是遠有佐遠人佐天子唯夷狄耳故知遠夷來佐之書敘言武王既勝殷西旅獻獒巢伯來朝魯語曰武王克商遂通道於九夷八蠻肅愼來賀是遠夷來佐之事不遐有佐爲遠夷則四方來賀爲諸夏民勞傳曰四方諸夏是也。箋武王至福祿。正義曰箋以不遐有佐順文自通不當反其言故易之武王既有萬年之壽不遠有輔佐之臣共蒙其福其封爲諸侯則與周升降其仕於王朝則繼世在位是其不與遠之引書曰公其以予萬億年者洛誥云。成王告周公言公與我身皆得萬億之年既引其文乃申其意言彼亦君臣同福祿故知此亦武王君臣同受福矣

下武六章章四句

文王有聲，繼伐也。武王能廣文王之聲，卒其伐功也。繼伐者文王伐崇而武王伐紂

疏文王有聲八章章五句至伐功。正義曰經八章上四章言文王之事下四章言武王繼之是繼伐首章言文王有聲武王則道廣於文王是能廣文王令聞之聲二章言文王伐崇武王則伐紂以定天下是卒其伐功經雖無武王廣聲卒伐之事於理則有故序言亦以轉互相明也上四章言文王有令聞之聲成名之德作豐邑以追孝心同四方而正法度所爲不止於伐崇也下四章言武王君天下服四方定鎬京而成卜兆傳善謀以安後世所爲不止於伐紂唯以繼伐言之者以其所施之事皆伐之功故言繼伐以揔之此篇八章其末俱言烝哉而四章言武王之謚四章言王后皇王作者變其文見其事有異上四章雖同是文王之事而首章二章言文王令聞成民受命伐罪是文王事之盛者故舉其義謚而稱文王三章言築城大小之事述其所徙之言四章言作豐以王四方施化而爲法度比之前事爲不盛故不舉其謚而變言王后下四章雖同是武王之事五章六章言武王伐紂作邑定居四方歸服於武王之事爲不盛故不舉義謚比文王之事則益大故變言皇王七章言考卜而後居鎬京伐紂以成其占八章言重功業以爲大事傳順謀以安孫子除虐去殘詒訓後世是武王之事盛者故文舉其義謚而言武王文王之事則盛者居前不盛次之武王之事則不盛在先者見武王不盛之事盛於文王之盛者作者比其事之大小而爲

之章次也**文王有聲遹駿有聲遹求遹寧遹觀厥成**箋云遹述駿大求終觀多也文王有令聞之聲者乃述行有令聞之聲之道所致也所述者謂大王王季也又述行終其安民之道又述行多其成民之德言周德之世益盛○遹尹橘反又音述駿音峻觀古亂反註同聞音問本亦作問**文王烝哉**烝君也箋云君哉者言其誠得人君之道○烝之烝反韓詩云美也【疏】文王至烝哉○正義曰此文王乃有令聞之善聲所以有之者以文王從後仰而述行廣大其大王王季所有令聞之善聲所廣大者謂文王又述行終其大王王季安民之道又述行多其大王王季成民之德以此益盛而大有聲也此文王之德信得人君之道哉○箋遹述至益盛○正義曰遹述釋言文駿大求終觀多釋詁文孔子閒居曰三代之王必先其令聞言有善事可以聞於外是爲有聲矣故爲有聲是令聞之聲言述行者是述先聞之辭故知謂述大王王季也聲聞則長之使大令爲已有故云遹駿有聲其安民成民則大王王季有此行但其事未終未多今文王則終之多之皆述行其道而增廣之耳○傳烝君○正義曰釋詁文**文王受命有此武功既伐于**

崇作邑于豐箋云武功謂伐四國及崇之功也作邑者徙都于豐以應天命○應應對之應**文王烝哉**【疏】箋武功至天命○正義曰經別言既伐於崇則武功之言非獨伐崇而已受命之後所伐邘者密須混夷之屬皆是也故云武功謂伐四國及崇之功也武功之中既兼伐崇而別言既伐於崇者以其功最大其伐最後故特言之爲作邑張本言功成乃作都也言應天命者天既命爲天子當立天子之居故言徙都於豐以應天命或以爲於豐得命故從豐應之然則武王於盟津得命不可從都入河乃遷都於鎬非得命之地矣**築城伊淢作豐伊匹匪棘其欲遹追來孝**淢成溝也匹配也箋云方十里曰成淢其溝也廣深各八尺棘急來勤也文王受命而猶不自足築豐邑之城大小適與成偶大於諸侯小於天子之制此非以急成從己之欲欲廣都邑乃述追王季勤孝之行進其業也○淢況域反成間有淢字又作洫韓詩云洫深池亟居力反下亟同或作棘慾音欲本亦作欲廣古曠反深尸鴆反行下孟反**王后烝哉**后君也箋云變諡言王后者非其盛事不以義諡【疏】築城至烝哉○正義曰上言作邑于豐此述作豐之制言文王興築豐邑之城

維如一成之淢淢內之地其方十里文王作此豐邑維與相匹言大小正與成淢相配偶是大於諸侯小於天子之制所以纔得伐崇即作此邑者非以急從己之欲而廣此都邑乃述追王季勤孝之行思進其業故耳此王之爲人后也誠得人君之道哉○傳淢成溝○正義曰冬官匠人云井間有溝成間有淢溝是揔名故云淢成溝謂十里成間所有溝淢洫音同○箋方十里至其業○正義曰申傳淢爲溝之義故云方十里曰成淢其溝也言每方十里之地其外有此溝謂之爲淢此淢廣八尺深八尺匠人云方十里爲成成間廣八尺深八尺謂之洫是其事也棘急釋言文禮記引此詩作匪革其猶革亦急也文王既已受命當爲天子其意以紂尚在猶不敢自足故築此豐邑之城大小適與賦法十里之成相匹偶是大於諸侯小於天子之制不以急從己之欲欲得廣此都邑乃述追王季勤孝之行以王季勤孝欲早成周道故已早建都邑以進其功業文王所述述大王以來此止言王季者以大王始有王迹勤行其道大王以前未有王迹不得言大王勤孝欲成父功故所追勤孝唯王季也春官典命云上公九命侯伯七命子男五命其國家宮室皆以命數爲節註云國家之所居謂城方也公之城蓋方九里侯伯之城蓋方七里子男之城蓋方五里坊記註云子男之城方五里此二

註皆以公城方九里爲差則天子之城十二里矣故此十里爲小於天子也異義駁云鄭伯之城方五里又以侯伯爲五里者鄭兩解故書傳云古者百里之國九里之城七十里之國五里之城五十里之國三里之城註云玄或疑焉周禮匠人營國方九里謂天子之城今大國九里則與之同然則大國七里之城次國五里之城小國三里之城爲近耳或者天子實十二里之城諸侯大國九里次國七里小國五里是鄭兩解之事也以匠人典命俱是正文故不敢執定典命註每言蓋匠人註云立王國若邦國者皆爲疑辭以見二塗之意也○傳后君○正義曰釋詁文箋以作文有體章類宜同今半諡半否故知變之有義以相比校無諡之章其事皆劣故言非其盛事不以義諡謂不以義理而言其諡也諡者行之成名揔一身之美故事盛者稱之不盛者變名耳**王公伊濯維豐之垣四方攸同王后維翰**濯大翰幹也箋云公事也文王述行大王王季之王業其事益大作邑於豐城之既成又垣之立宮室乃爲天下所同心而歸之王后爲之幹者正其政教定其法度○濯直角反韓詩云美也垣音袁翰戶旦反徐音寒**王后烝哉**【疏】王公至烝哉○正義曰既言築作豐城欲又本之前世言此王

述先王之業其事維益大矣卽言大之狀維在豐城之內更築而垣牆之以立宮室而居焉乃爲天下四方之民所共同心而歸之其王君文王維乃爲之楨幹謂爲施法度以行之是王后誠得人君之道哉○傳濯大翰幹○正義曰皆釋詁文○箋文王至法度○正義曰言王事伊大則從小至大非文王之事自爲大也上言遹追來孝此承其下故知是述大王王季之業其事益大上言築城作豐此言維豐之垣則是豐城之內別起垣也故云作邑於豐城之既成又垣之立宮室謂立天子之宮室宮室既定萬姓知有所歸故爲天下所同心而歸之幹者築牆所立之木幹與牆爲法故爲之幹者正其政教定其法度**豐水東注維禹之績四方攸同皇王維辟**績業皇大也箋云績功辟君也昔堯時洪水而豐水亦汎濫爲害禹治之使入渭東注于河禹之功也文王武王今得作邑於其旁地爲天下所同心而歸大王爲之君乃由禹之功故引美之豐邑在豐水之西鎬京在豐水之東○辟音壁詁及下皆同又音婢亦反法也汜芳劒反字亦作汎濫力暫反大王此及下言大者並如字**皇王烝哉**箋云變王后言大王者武王之事又益大疏豐水至烝哉○正義曰上既言文王之事故武王繼之今豐水之得東流注渭入河者是禹之功業言禹決治之其傍得成平地也今文王得作邑於傍武王既成鎬京故爲天下四方所共同心歸之文王武王維於是爲之君而施化焉此大王誠得人君之道哉○傳績業皇大○正義曰績業釋詁文又云皇君君亦大之義故爲大○箋績功至之東○正義曰績功辟君亦釋詁文也功業大同耳據其力之所成則謂之功言其澤及於後則謂之業昭元年左傳劉定公見雒汭之水曰美哉禹之功也此亦見豐水而思禹故易傳以績爲功堯典曰湯湯洪水是堯時洪水此言豐水東注由禹之功故知豐水亦汎濫爲害禹治之也汎濫謂汎長濫決平地有水也禹貢曰導渭自鳥鼠同穴東會于豐入于河是豐水入渭東注於河此章武王之事而并言文王作邑於其傍者以二邑皆在豐傍舉豐而言可以兼及文王故連言之帝王世紀云豐鎬皆在長安之西南言豐邑在豐水之西鎬京在豐水之東以時驗而知之○箋變王至益大○正義曰此與下章俱言皇王而下有鎬京之事知此皇王爲武王也同不言謚而王后與皇王異文既人異而辭變故知爲武王之事又益大也此與上章皆言四方攸同而言益大者以文王亦武王故亦以四方言之其實同歸之者少於武王也**鎬京辟廱自西自東自南**

自北無思不服武王作邑於鎬京箋云自由也武王於鎬京行辟廱之禮自四方來觀者皆感化其德心無不歸服者**皇王烝哉**疏箋自由至服者○正義曰釋詁云由自也故自得爲由也既言辟廱卽云四方皆服明由在辟廱行禮見其行禮感其德化故無不歸服也辟廱之禮謂養老以教孝悌也**考卜維王宅是鎬京維龜正之武王成之**箋云考猶稽也宅居也稽疑之法必契灼龜而卜之武王卜居是鎬京之地龜則正之謂得吉兆武王遂居之脩三后之德以伐紂定天下成龜兆之占功莫大於此○挈苦計反本又作契或苦結反**武王烝哉**疏考卜至烝哉○正義曰言稽考其疑灼龜而卜之者維武王所疑而卜者其宅居於是鎬京之地維此所契之龜則出其吉兆以正定之言居此必吉故得天下武王則能成之伐紂以定天下成此龜兆之占是功之大美者此武王誠得人君之道哉○箋考猶至於此○正義曰以洪範有稽疑之言故云考猶稽也宅居釋言文以稽疑之法必契灼其龜而卜之正謂得吉兆龜正定其吉云此地可居卜兆言吉居之而得天下是成龜兆之占伐去虐紂身卽王位功無大於此者伐紂爲成龜兆之吉定本集注皆云功莫大是也義亦得通禮記引此詩彼註云武王築而成之與此異者引詩斷章多異於本此顧上下之文言武王烝哉是武王之盛事不宜直言其築作而已故以伐紂爲成之**豐水有芑武王豈不仕詒厥孫謀以燕翼子**芑草也仕事燕安翼敬也箋云詒猶傳也孫順也豐水猶以其潤澤生草武王豈不以其功業爲事乎以之爲事故傳其所以順天下之謀以安其敬事之子孫謂使行之也書曰厥考翼其肯曰我有後弗弃基○芑音起詒以之反孫王申毛如字鄭音遜傳直專反下同**武王烝哉**上言皇王而變言武王者皇大也始大其業至武王伐紂成之故言武王也疏豐水至烝哉○正義曰言豐水之傍有芑菜豐水是無情之物猶以潤澤而生菜爲已事況武王豈不以功業爲事乎言實以功業爲事思得澤及後人故遺傳其所以順天下之謀以安敬事之子孫言武王能得順天下功被來世後人敬其事者則得行之乃安是武王之道令得長世武王誠得爲人君之道哉○傳燕安翼敬○正義曰燕禮所以安賓故燕爲安也翼敬釋詁文○箋詒猶至弃基○正義曰詒訓遺卽流傳之義故詒猶傳也傳其順天下之謀者謂聖人所謀之事行之則必順天下之

心安其敬事之子孫言子孫敬事能迪用其道則得安也必言敬事者若子孫不敬則不能行之不能行則不得安故安敬並言之引書曰者大誥文彼上文以堂屋耕播爲喻言父爲之於前子不循於後其父則嫌責之此假言其父之辭彼注云其父敬職之人其肯曰我有後子孫不廢弃我基業乎引此明後人須因前基故云傳謀以安彼後證翼爲敬彼言父敬此言子孫明敬事者乃能不弃基故引而反以相明

文王有聲八章章五句

文王之什十篇六十六章四百一十四句

附釋音毛詩注疏卷第十六（十六之五）

黃中枎栞

毛詩注疏挍勘記（十六之五）　阮元撰盧宣旬摘錄

〇靈臺

而民樂有其神靈之德　閩本明監本毛本同案有其當倒

故其說多異義公羊說　閩本明監本毛本同案義上浦鏜云當脫一異字是也

取辟有德　閩本明監本毛本同案辟當作璧

不言辟水言辟水言辟廱者　閩本明監本毛本不重言辟三字案所删是也此十行本複衍

說各有以無以正之　閩本明監本毛本脫有以二字案說各有以句絶

圓之以水似辟　閩本明監本毛本辟作璧案所改是也

袁準正論云　毛本準誤淮閩本明監本不誤〇按舊書準多作淮

所以法大道順時政　閩本明監本毛本大作天案所改是也

度始靈臺之基阯　相臺本同閩本明監本毛本同小字本阯作止下同案止字是也止阯古今字正義中字作趾乃易而說之之例不當依以改箋也基止又見抑箋

始度靈臺之基阯也　閩本明監本毛本同案始度當倒

論思也　小字本相臺本同案正義云定本及集注鏞大鐘之下云論思也則其義不得同鄭也釋文云論音盧門反思也一云鄭音倫下同是釋文本亦有段玉裁云論者侖之假借字也說文亼部曰侖思也龠部曰侖理也

義俱在箋　閩本明監本毛本同案浦鏜云具誤俱是也

目有眸〔補〕釋文挍勘記通志本同盧本眸作眹云今從浦挍案考周禮釋文則浦挍是也

月令季夏　閩本明監本毛本同案十行本有釋文八字錯入季字下誤今改正

漁師取漁之官也　閩本同明監本毛本漁作魚案所改是

今合樂鼉魚甲是也 閩本明監本毛本同案樂當作藥可作陸疏有合藥語之證 頖弁正義引今合藥兔絲子是也

無目眹謂之瞽 明監本眹誤眵閩本毛本不誤下同按正義眹作眹 ○

外傳稱矇誦瞽賦 閩本明監本毛本同案浦鏜云瞍誤瞽以周語考之浦挍是也

○下武

著其功也大 閩本明監本毛本也作之案所改是也

此三后既没登遐 小字本相臺本同考文古本同閩本明監本毛本遐作假案釋文云假音遐本或作遐正義本是遐字故引禮記亦順經文作遐也作假者依釋文改耳

昭茲來許 唐石經小字本相臺本同案九經古義依東觀漢記引許作御疑作許是傳寫之誤詩經小學云廣雅許進也本此傳則毛詩本作許作御者蓋三家詩

戒慎其祖考所履踐之迹 相臺本同閩本明監本毛本同小字本履踐作踐履案踐履是也正義云戒慎祖考踐履之迹可證

洛誥云 閩本明監本毛本同案浦鏜云文誤云是也

同受福矣 閩本明監本毛本無受字福下有祿字案此當作同受福祿矣

○文王有聲

而四章言武王之謚 閩本明監本毛本同案浦鏜云武王當文武誤是也

文王烝哉 小字本相臺本同唐石經初刻文誤武後改正

邦者密須混夷之屬 明監本毛本邦誤邦閩本不誤 ○

匪棘其欲 唐石經小字本相臺本同案釋文云匪亟或作棘正義云棘急釋言文是其本作棘

申傳減爲溝之義 明監本毛本爲下有成字閩本剜入案所補非也爲當作成字耳

欲又本之前世 閩本明監本毛本同案欲當作故

而豐水亦汎濫爲害 閩本明監本毛本同小字本相臺本汎作氾考文古本同案釋文云氾字亦作汎考說文汎浮貌氾濫也當作氾者爲是也正義中字作汎與亦作本同

故知豐水亦汎濫爲之害 閩本明監本毛本同案浦鏜云害誤之是也

可以兼及文王欲連言之 閩本明監本毛本兼誤并案欲當作故

謂養老以教孝悌也 閩本明監本毛本悌誤弟案悌是正義所用今字

上言皇王 小字本相臺本同閩本首有傳字明監本毛本首有箋字案此當脫箋云二字也上箋變謚而言王后者變王后而言大王者與此箋上言皇王而變言武王者相承而下屬之傳者誤也

言武王能得順天下 閩本明監本毛本同案得當作傳

故云傳謀以安彼後 閩本明監本毛本同案彼當作敬

附釋音毛詩注疏卷第十七 十七之一

生民之什詁訓傳第二十四 陸曰自生民至卷阿八篇成王周公之正大雅

毛詩大雅　鄭氏箋　孔穎達疏

生民，尊祖也。后稷生於姜嫄，文武之功起於后稷，故推以配天焉。嫄音原。姜姓，嫄名，有邰氏之女，帝嚳元妃，后稷母也。【疏】生民八章，首章十句，二章、三章八句，四章、五章十句，六章八句，七章十句，卒章八句。至配天焉。○正義曰：作生民詩者，言尊祖也。序又言尊祖之意，以后稷生於姜嫄而來，其文王受命，武王除亂以定天下之功，其兆本起由於后稷，及周公成王致大平制禮，以王功起於后稷，故推舉之以配天，謂配夏正郊天焉。祭天而以祖配祭者，天無形象，推人道以事之，當得人爲之主。禮記稱萬物本於天，人本於祖，俱爲其本，可以相配，是故王者皆以祖配天，是同祖於天，故爲尊也。祖之定名，父之父耳。但祖者，始也，己所從始也，自父之父以上皆得稱焉。此后稷之於成王，乃十七世祖也。不言姜嫄生后稷者，經稱厥初生民時維姜嫄，是據后稷本之姜嫄，故序亦順經而爲文也。言文武之功起於后稷者，周語云后稷勤周，十五世而興，是后稷勤行功業，爲周室開基也。中候稷起註云：堯受河圖洛書，后稷有名錄，苗裔當王，是后稷子孫當王，名見圖書也。文既因之，武亦因之，故并言文武之功起於后稷也。經八章，上三章言后稷生之所由顯異之事，是后稷生於姜嫄也。下五章言后稷長而有功，見其得以配天之意。其言推以配天，結上尊祖之言，於經無所當也。

厥初生民，時維姜嫄。生民本后稷也。姜，姓也。后稷之母配高辛氏帝焉。箋云：厥，其。初，始。時，是也。言周之始祖，其生之者是姜嫄也。姜姓者，炎帝之後，有女名嫄，當堯之時爲高辛氏之世妃，本后稷之初生，故謂之生民。**生民如何？克禋克祀，以弗無子。**禋，敬。弗，去也。去無子，求有子。古者必立郊禖焉，玄鳥至之日，以大牢祠于郊禖，天子親往，后妃率九嬪御，乃禮天子所御，帶以弓韣，授以弓矢于郊禖之前。箋云：克，能也。弗之言祓也。姜嫄之生后稷如何乎？乃禋祀上帝於郊禖，以祓除其無子之疾而得其福也。能者，言齊肅當神明意也。二王之後得用天子之禮。禋音因。嬪，婢人反。韣音獨，弓衣。祓音拂，又音廢，下同。齊，側皆反，本亦作齋，篇末齊敬同。**履帝武敏歆，攸介攸止，載震載夙，載生載育，時維后稷。**履，踐也。帝，高辛氏之帝也。武，迹。敏，疾也。從於帝而見于天，將事齊敏也。歆，饗。介，大也。止，福祿所止也。震，動。夙，早。育，長也。后稷播百穀以利民。箋云：帝，上帝也。敏，拇也。介，左右也。夙之言肅也。祀郊禖之時，時則有大神之迹，姜嫄履之，足不能滿，履其拇指之處，心體歆歆然，其左右所止住，如有人道感己者也，於是遂有身，而肅戒不復御，後則生子而養長，名之曰弃。舜臣堯而舉之，是爲后稷。敏，密謹反。歆，許金反。介音戒。震，真慎反。見，賢遍反。齊，側皆反，又如字。

【疏】厥初至后稷。○毛以爲本其初生此民者誰生之乎？是維姜嫄。言有女姓姜名嫄，生此民也。既言姜嫄生民，又問民生之狀，言姜嫄之生此民如之何以得生之乎？乃由姜嫄能禋敬，能恭祀於郊禖之神，以除去無子之疾，故生之也。禋祀郊禖之時，其夫高辛氏帝率與俱行，姜嫄隨帝之後，踐履帝迹，行事敬而敏疾，故爲神歆饗。神既饗其祭，則愛而祐之，於是爲天神所美大，爲福祿所依止，即得懷任，則震動而有身。祭則蒙祐獲福之夙早，終人道則生之，既生之則長養之，及成人有德，爲舜所舉用，播種百穀以利益下民，維爲后稷矣。本其初生，故謂之生民。民則人所不識，后稷是顯見之號，故言是維后稷以結之。○鄭唯履帝以下三句爲異，其首尾則同。言當祀郊禖之時，有上帝大神之迹，姜嫄因祭見之，遂履此帝迹拇指之處，而足不能滿，時即心體歆歆，如有物所在身之左右所止住，於身中如有人道精氣之感己者也，於是則震動而有身，則肅戒不復御。餘同。○傳生民至帝焉。○正義曰：此章首言生民，即后稷也。后稷而謂之民者，本其初生而未有貴位，生與民同，以民言之，故云生民本后稷也。晉語云：黃帝以姬水成，炎帝以姜水成，成而異德，故黃帝爲姬，炎帝爲姜。是姜者炎帝之姓，故云姜，姓也。言后稷之母配高辛氏帝，謂爲帝嚳之妃，與嚳相配而生此后稷，以后稷爲嚳之子也。張晏曰：高辛所興地名，嚳以字爲號，上古質故也。大戴禮帝繫篇：帝嚳卜其四妃之子皆有天下，上妃有邰氏之女曰姜嫄，而生后稷；次妃有娀氏之女曰簡狄，而生契；次妃陳鋒氏之女曰慶都，生帝堯；下妃娵訾之女曰常儀，生摯。以堯與契俱爲嚳子，家語、世本其文亦然，故毛爲此傳及玄鳥之傳，司馬遷爲五帝本紀，皆依用焉。其後劉歆、班固、賈逵、馬融、服虔、王肅、皇甫謐等皆以爲然。然則堯爲聖君，契爲賢弟，在位七十載而不能用，必待舜乃舉之者，聖人顯仁藏用，匿迹隱端，雖則自知，故不委任，待衆舉而後用，見取人之大法耳。若稷、契，堯之親弟，當生在堯立之前，比至堯崩百餘歲矣。堯崩之後仍爲舜所勑用者以其並是上智壽或過人不可以凡人促齡而怪彼永命也若稷契即是嚳子則未嘗隔世左傳之說八元云世濟其美者正以能承父業即稱爲世不要歷數世也其緯候之書及春秋命歷序言五帝傳世之事爲毛說者皆所不信。箋厥其至生民。正義曰厥其釋言文初始釋詁文周始祖后稷也周以后稷爲始祖文王爲太祖雍禘太祖謂文王也后稷以初始感生謂之始祖又以祖之尊大亦謂之太祖周語曰我太祖后稷之所經緯是也若文王以受命之大唯得稱太祖不得言始祖也箋必名此經之民爲始祖者以人之爲人皆有始生之時如此詩言初生欲明自此已前未有周家種類周之上元始生於此故言周之始祖解其言厥初之意也以炎帝姓姜故知姜嫄是炎帝之後姓姜而以嫄配之故知有女名嫄婦人不以名行此嫄或當是字但五帝時質未必有名字之別故以名言之鄭信讖緯以命歷序云少昊傳八世顓頊傳九世帝嚳傳十世則堯非嚳子稷年又小於堯則姜嫄不得爲帝嚳之妃故云當堯之時爲高辛氏之世妃謂爲其後世子孫之妃也人世短長無定於是時書又散亡未知其爲幾世故直以世言之其大戴禮史記諸書皆鄭所不信張融云稷契年稚於堯堯不與嚳並處帝位則稷契焉得爲嚳子乎若使稷契必嚳子如史記是

堯之兄弟也堯有賢弟七十不用須舜嚳之此不然明矣詩之雅頌姜嫄履迹而生爲周始祖有娀以玄鳥生商而契爲玄王即如毛傳史記之說嚳爲稷契之父帝嚳聖夫姜嫄正妃配合生子人之常道則詩何故但歎其母不美其父而云赫赫姜嫄其德不回上帝是依是生后稷周魯何殊特立姜嫄之廟乎融之此言蓋得鄭旨但以姜嫄爲世妃則於左傳世濟之文復協故易傳不以爲高辛之妃也。傳禋敬至之前。正義曰釋詁云禋祭也則禋是祭之名又云禋敬也義得相通且祭必致敬故以禋爲敬也大宗伯云禋祀昊天上帝註云禋之言煙周人尚臭煙氣之臭聞者也則鄭以禋者唯祭天之名故書稱禋于六宗鄭皆以爲天神經傳之中亦非祭天而稱禋祀者諸儒遂以禋爲祭之通名王肅云外傳曰精意以享曰禋禋非燔燎之謂也袁準曰禋者煙氣煙熅也天之體遠不可得就聖人思盡其心而不知所由故因煙氣之上以致其誠故外傳曰精意以享禋此之謂也準又稱難者曰禋于文王何也曰夫名有轉相因者周禮云禋祀上帝辨其本言煙熅之祀也書曰禋于文武者取其辨精意以享也先儒云凡絜祀曰禋若絜祀爲禋不宜別六宗與山川也凡祭祀無不絜而不可謂皆精然則精意以享宜施燔燎精誠以假煙氣之升以達其誠故也切以準言爲然鄭於尚

書以文武於明堂配五帝故亦以稱禋是禋名雖施於祭天也傳於此下即說郊禖之祀郊必祭天則毛亦以此禋爲祭天其餘書傳言禋者則未知毛意與誰同也弗訓爲去必所不欲即當去之故以弗去謂去無子以求有子也經言禋祀未知所祀之神故云古者必立郊禖焉言此祀祀郊禖也知者以婦人無外事不因求子之祭無有出國之理又禋祀以求子唯禖爲然故知禋祀是祀禖也既言所祀之神因言其祭之祀自玄鳥至之日以下皆月令文所異者唯彼郊作高耳玄鳥燕也燕至在春分二月之中燕以此時感陽氣來集人堂宇其來主爲産乳蕃滋故王者重其初至之日用牛羊豕之太牢祀於郊禖之神蓋祭天而以先禖者配之變禖言禖者神之也其祭之時天子親自身往敬其事故親祭之於時后妃率九嬪從之而往侍御於祭焉天子內官有后也夫人也嬪也世婦也女御也而獨言九嬪者以后是內官之主須后妃率之五等則九嬪居中舉中而言明百二十人皆往也未有孕而往者求其早有孕也內官百二十人周之制也高辛之時未有此數因祀之成文而引之耳於祀之時乃以醴酒祀天子所御謂已被幸有娠者也使太祝酌酒飲之於郊禖之庭以神之惠光顯之也既飲之酒又帶以弓之韣衣授以弓矢使執之於郊禖之前弓矢者男子之事使之帶弓

衣執弓矢冀其所生爲男也鄭於月令之註其意則然唯高禖異耳故鄭註云高辛氏之世玄鳥遺鳦卵簡狄吞之而生契後王以爲禖官嘉祥而立其祀焉以爲由高辛有嘉祥故稱高禖蔡邕月令章句云高禖祀名高猶尊也禖猶媒也吉事先見之象謂之人先毛於此及玄鳥傳皆依作郊禖則讀高爲郊下傳云從於帝而見於天則此祭爲祭天不祭人先也於郊故謂之郊不由高辛亦不以高爲尊也郊天用特牲而此祭天用太牢者以兼祭先禖之神異於常郊故也鄭於此箋亦云禋祀上帝於郊禖則后稷未生之前已有郊禖之祀矣而月令註以爲簡狄吞鳦卵生契後王以爲嘉祥而立其祀又以契之後王始立此祀二義不同者鄭記王權有此問焦喬荅云先契之時必自有禖氏被除之祀位在南郊蓋以玄鳥至之日祀之矣然得禋祀乃於上帝也娀簡吞鳦有子之後後王以爲媒官嘉祥祀之以配帝謂之高媒毛傳亦云郊禖者以古自有於郊克禋之義又據祀之成文耳祀天而以先禖配之義如后土祀以爲社此是鄭沖弟子爲說以申鄭義其意言高辛已前祭天於郊亦以先禖配之謂之郊禖至高辛之世以有吞鳦之事以爲禖之嘉祥又以高辛之世禖配此祭故改之而爲高禖故此箋從傳爲郊祀禖解其高義後王以爲媒官嘉祥而立其祀謂立禖以配郊非謂立

郊求子始於後王鄭意或當然也如此爲說可得合詩祀二
註耳然祀註爲高辛之世者謂高辛之後世子孫猶號高辛
其時簡狄吞鳦卵生契如此得與稷同時爲堯臣耳○箋克
能至之祀○正義曰克能釋言文釋詁云祓福也孫炎曰祓
除之福周語云祓除其心女巫云祓除釁浴左傳祓社釁鼓
檀弓云巫先祓柩皆祓除凶惡義取祓去故云弗之言祓也
禋祀上帝於郊禖祓除其無子之疾以得其福雖解弗字爲
異與傳去無子之意亦同也非天子不得祭天此姜嫄是爲
高辛氏後世之妃則其夫不爲天子所以得祈郊禖祭天神
故辭之云二王之後得用天子之祀故也王者存先代所以
通天三統使得行其正朔用天子之禮故禮運曰杞之郊也
禹宋之郊也契也是二王之後得祭天也下言后稷功成乃封
之於邰則此時必有國矣未知其國之名所在之地耳○傳
履踐至利民○正義曰諸書傳言姜嫄履大迹生稷簡狄吞
鳦卵生契者皆毛所不信故以帝爲高辛氏帝蓋以二章卒
章皆言上帝此獨言帝不言上故以爲高辛氏帝也釋訓云
履帝武敏武迹也敏拇也傳既依爾雅以武爲迹而不以敏
爲拇者毛意蓋謂爾雅不可盡從故也心識速疾謂之敏故
訓敏爲疾又解姜嫄得踐帝迹所由以高辛之帝親行禋祀
姜嫄從於帝而往見於天故行在後而踐帝之迹從帝見天

卽上傳所云后妃率九嬪御是也踐迹者直謂隨後行耳非
必以足躡其踐地之處也將事齊敏者將行也謂行祀天之
事齊敬而速疾也鬼神食氣謂之歆故以歆爲饗謂祭而神
饗之也介大釋詁文福祿所止謂止於姜嫄使之早有子也
震動夙早育長皆釋詁文動謂懷任而身動也昭元年左傳
曰邑姜方震大叔哀元年左傳曰后緡方震皆謂有身爲震
也早者言其得福之早得福乃有身早文應在震上今在下
者見有身而始知得福故先震後夙且以爲韻故姜嫄之配
高辛亦應久矣未必生稷之歲始來配之若前已禋祀此年
始震則是得福晩矣而言早者作者因事而言以祈卽有子
故繼所爲早耳又解此人其名曰棄所以謂之后稷者以其
身爲稷官能種百穀以利民故以后稷稱之周本紀云堯舉
棄爲農師天下得其利堯典云帝曰棄黎民阻飢汝后稷播
時百穀是其利民之事也○箋帝上帝至后稷○正義曰鄭
以此及玄鳥是說稷以迹生契以卵生之經文也河圖曰姜
嫄履大人迹生后稷中候稷起云蒼耀稷生感迹昌契握云
玄鳥翔水遺卵流娀簡吞之生契封商苗興云契之卵生稷
之迹乳史記周本紀云姜嫄出野見巨人迹心忻然悅欲踐
之踐之而身動如孕者及朞而生棄殷本紀云簡狄行浴見
玄鳥墮其卵簡狄取吞之因孕生契是稷以迹生契以卵生

之說也又閟宮云赫赫姜嫄其德不回上帝是依言上帝依
姜嫄以生后稷故以帝爲上帝且鄭以姜嫄非高辛之妃自
然不得以帝爲高辛帝矣此上帝卽蒼帝靈威仰也長發箋
云帝黑帝此不言蒼帝者彼以下有玄王故言黑帝此下有
上帝故言上帝各隨經勢而爲文也爾雅引此釋之而以敏
爲拇指故依用之云敏拇也孫炎曰拇迹大指處釋詁文○介
右也郭璞曰相佑助也孫炎曰介者相助之義如人之左右
手故以介爲左右也傳以夙爲早震後言早於事不次故轉
之云夙之言肅自肅戒也以緯候及史記諸文故知祀郊禖
之時則有大神之迹姜嫄履之也履神之迹直言武足矣而
復言拇是先履其跟之迹又移足以就拇既言大迹明不能
滿故云足不能滿履其拇指之處履拇之下而卽言歆故知
心體歆歆然意動之狀也左右所止住如有人道感己者謂
如人夫妻交接之道檀弓曰寡婦不夜哭注云嫌思人道亦
謂此也於是遂有身肅戒不復御解載震載夙也大明曰大
任有身是爲震爲有身靜女傳曰生子月辰以金環退之婦
人有娠則祀當不御故所以自肅戒也後則生子而長養之
解載生載育也周本紀云棄之隘巷寒氷後收養之初欲棄
之因名曰棄堯典云帝曰弃是名之曰棄文十八年左傳曰
高辛氏有才子八人堯不能舉舜臣堯而舉之使布五教於

四方堯典注云舉八元使布五教契在八元中稷亦高辛氏
之後自然在八元中矣故知舜臣堯而舉之堯典注又云堯
初天官爲稷舜登用之年舉棄爲之故云是爲后稷鄭志趙
商問此箋云帝上帝又云當堯之時姜嫄爲高辛氏世妃意
以爲非帝嚳之妃史記嚳以姜嫄爲妃是生后稷明文皎然
又毛亦云高辛氏帝苟信先籍未覺其偏隱是以敢問易毛
之義荅曰卽姜嫄誠帝嚳之妃履大人之迹而歆歆然是非
眞意矣乃有神氣故意歆歆然天下之事以前驗後其不合
者何可悉信是故悉信亦非不信亦非稷稚於堯堯見
爲天子高辛與堯並在天子位乎是箋易傳之意也○**誕**

彌厥月先生如達誕大彌終達生也姜嫄之子先生者也箋云達羊子也大矣后稷之
在其母終人道十月而生生如達之生言易也○彌面支反
達他末反註同說文云小羊也沈云毛如字易以豉反下同

不拆不副無菑無害言易也凡人在母母則病生則拆副菑害其母橫逆人道○拆
勑宅反副孚逼反說文云分也字
林云判也匹亦反菑音災註同○

以赫厥靈上帝不寧

不康禋祀居然生子赫顯也不寧寧也不康康也箋云康寧皆安也姜嫄以赫然顯

著之徵，其有神靈審矣。此乃天帝之氣也，心猶不安之，又不安徒以禋祀而無人道，居默然自生子，懼時人不信也。

疏 誕彌至生子○毛以爲上言得福有子，此言其生之易，言可美大矣。姜嫄之孕后稷，終其孕之月而生之。婦人之生首子，其産多難，此后稷雖是最先生者，其生之易如達羊之生然。羊子以生之易，故此之也。其生之時，不拆割，不副裂，其母故其母無災殃，無患害。以此故可美大也。天既祐令有身，又使之生易，是天意以此顯明其有神靈也。上天之意，豈不降福而安之乎？言上天誠降福而安之，使母之無病苦，子得易生，是天安之也。姜嫄之身，豈不見安於禋祀乎？言姜嫄實見安於禋祀，祈則有子，生之又易，是爲禋祀所安也。由爲禋祀所安，故得居處怡然，無病而生子也。○鄭唯下四句爲異，言姜嫄履迹有身，其生又易，以此赫然顯著之徵，其有神靈審也。此乃上帝精氣，姜嫄心不自安，以天人道隔而人生天肖，故心不自安也。非徒生天之肖心不自安，又不安其徒禋祀神明，無人道交接，居處默然而生此子，以無夫而生，又懼時人不信，當棄而異之，使人知其異，故下所以棄之也。○傳誕大至生者○正義曰：誕，大，釋詁文。彌，終，釋言文。達生者，言其生易如達羊之生，但傳文略耳，非訓達爲生也。又解言先生之意，以人之産子，先生者多難，此后稷是姜嫄之子最

先生者，應難而今易，故言先生以美之。此主言后稷是姜嫄首子而已，后稷有同母弟妹以否，書亦無文焉。○箋達羊至言易○正義曰：說文云：「達，小羊也。從羊大聲。」薛琮荅韋昭曰：「羊子初生達，小名羔，未成羊曰羜，大曰羊，長幼之異名。」以羊子初生之易，故以比后稷生之易也。大戴禮及春秋元命包皆云「人十月而生」。周本紀云：「姜嫄踐巨人迹，身動如孕者，及朞而生子。」則終一年矣。此言終月，必終人之常月，馬遷之言未可信也。○傳言易至人道○正義曰：經之所言，皆說其生之易，故云言易也，以摠解一經。又解易生所以爲美者，以凡常之人在母腹則病，其生則又拆堛災害其母，以横逆人道。今后稷之生，能無拆堛災害，故美之也。晉語云：「文王在母不憂。」是謂未生爲在母。拆堛皆裂也。禮記曰：「爲天子削瓜者堛之。」是堛爲裂也。拆堛災害其母，皆謂當産之時。閟宫云「無災無害，彌月不遲」，亦謂生時無災害，故彼箋引此解之，明其同也。然則此經止言生易，不言在母病，傳言「凡人在母，母則病」者，因其生之易，從在母而本之，見凡人之生不如后稷，所以爲美耳。横逆人道，謂不由人所生之道也。史記楚世家云：「陸終娶於鬼方氏，曰女潰，孕三年不乳，乃剖其左脇，獲三人焉；剖其右脇，獲三人焉。」帝王世紀云：「簡狄剖背生契。」如此之類，是横逆人道也。若然，契亦大賢，剖背而出，則拆堛災害，不爲

惡矣。此乃美其無災害者，人之賢愚，不由母生之難易，要人情皆欲其易，不欲其難，因見稷之生由，言之以爲美耳。晉語曰：「大任震文王，不變，少溲於豕牢而得文王，不加病焉。」亦美文王生易，與此同矣。此言横逆人道，謂人所生之道。上箋云「終人道」者，謂人在母腹之道；「如有人道感已」者，謂人交接之道。人道之言雖同，三者皆小別耳。○傳赫顯至康也○正義曰：以赫是明貌，故爲顯也。天實降福以安后稷，美姜嫄實爲因禋祀所安，而經乃言不寧不康，故皆反其言也。王肅云：「天以是顯著后稷之神靈，降福而安之，言姜嫄可謂禋祀所安，無疾而生子。」○箋康寧至不信○正義曰：康、寧皆安，釋詁文。箋以此章上四章言后稷之生，下章言其弃之，此經四句文在既生之後、弃之上，則是說其弃子之意，爲下章張本，故易傳也。履大迹而有身，不由夫而生子，是有顯著之徵也。既見如此徵驗，知其實有神靈，故云姜嫄以赫然顯著之徵，其有神靈審矣，言美嫄自知此子審是神靈所生也。又解上帝不寧之意，祀天而見大人迹，履之如有感已，感之者乃是天帝之氣。人不當共天交接，今乃與天生子，子雖生訖，其心猶不安之也。上帝不寧者，爲生天之肖，故不安。不康禋祀者，懼時人不信，故不安也。以此故再言不安，徒禋祀而無人道，空其祀神明而無人道交接，故居位默然而得生子，懼時人不信其然，或

得疑其犯禮奸淫而有此肖。以此又復不安。姜嫄既有此事不安，欲望衆言，故棄之以顯其異，使衆人知之也。異義：「詩齊、魯、韓、春秋公羊說，聖人皆無父，感天而生。左氏說聖人皆有父。謹案：堯典『以親九族』，即堯母慶都感赤龍而生堯，堯安得九族而親之？禮讖云『唐五廟』，知不感天而生。」玄之聞也，諸言感生得無父，有父則不感生，此皆偏見之說也。商頌曰：「天命玄鳥，降而生商。」謂娀簡吞鳦子生契，是聖人感見於經之明文。劉媪是漢太上皇之妻，感赤龍而生高祖，是非有父感神而生者也。且夫蒲盧之氣，嫗煦桑蟲，成爲已子，況乎天氣因人之精，就而神之，反不使子賢聖乎？是則然矣，又何多怪？如鄭此言，天氣因人之精，使之賢聖，則天氣不獨生人。此姜嫄得無人道而生子者，言非一端也。彼以古今異説，言感生則不得有父，有父則不得感生，偏執一見，理未弘通，故鄭引蒲盧爲喻，以證有父得感生耳，必由父也。所引吞鳦生契，即是不由父矣，又何怪於后稷也？稷、契等雖感天氣，母實有夫，則亦爲有父，繼父爲親，故稱嚳之胄、唐堯之親九族、立五廟，亦猶此也。稷、契俱是感生，契稷不棄契者，人之意異耳。或者簡狄雖則吞鳦，仍御於夫，其心自安，故不棄之耳。馬融之說此詩則異於是矣，故云仍御於夫。王肅引馬融曰：「帝嚳有四妃，上妃姜嫄生后稷，次妃簡狄生契，次妃陳鋒生帝堯，次妃娵

嚳生帝摯摯最長次堯次契下妃三人皆已生子上妃姜嫄未有子故禋祀求子上帝大安其祭祀而與之子任身之月帝嚳崩摯即位而崩帝堯即位帝嚳崩後十月而后稷生蓋遺腹子也雖爲天所安然寡居而生子爲衆所疑不可申說姜嫄知后稷之神奇必不可害故欲棄之以著其神因以自明堯亦知其然故聽姜嫄棄之肅以融言爲然又其奏云稷契之興自以積德累功於民事不以大迹與燕卵也且不夫而育乃載籍之所以爲妖宗周之所喪滅其意不信履大迹之事而又不能申棄之意故以爲遺腹子姜嫄避嫌而棄之王基駁之曰凡人有遺體猶不以爲嫌況於帝嚳聖主姜嫄賢妃反當嫌於遺喪之月便犯禮哉人情不然一也就如融言審是帝嚳之子凡聖主賢妃生子未必皆賢聖能爲神明所祐堯有丹朱舜有商均文王有管蔡姜嫄御於帝嚳而有身何以知其特有神奇而置之於寒冰乎假令鳥不覆翼終疑逾甚則后稷爲無父之子嚳有淫昬之妃姜嫄有汚辱之毁當何以自明哉本欲避嫌嫌又甚焉不然二也又世本云帝嚳卜其四妃之子皆有天下若如融言任身之月而帝嚳崩姜嫄尚未知有身帝嚳焉得知而卜之苟非其理前郤繁礙義不得通不然三也不夫而育載籍之所以爲妖宗周之所以喪滅誠如肅言神靈尚能令二龍生妖女以滅幽王天

帝反當不能以精氣育聖子以興帝王也此適所以明有感生之事非所以爲難肅信二龍實生褒姒不信天帝能生后稷是謂上帝但能作妖不能爲嘉祥長於爲惡短於爲善肅之乖戾此尤甚焉馬昭曰稷奇見於既棄之後未棄之前用何知焉孫毓云天道微祥古今有之皆依人道而有靈助劉媪之任高祖著有雲龍之怪褒姒之生由於玄黿之妖巨迹之感何獨不然而謂自履其夫帝嚳之迹何足異而神之乃敢棄隘巷寒冰有覆翼之應乎而王傳云知其神奇不可得害以何爲徵也且匹夫凡民遺腹生子古今有之嚳崩之月而當疑爲奸非夫有識者之所能言也鄭說爲長羣賢以鄭爲長長則信矣所言王短短猶未悉何則馬王立說自云述毛其言遺腹寡居必謂得毛深旨案下傳曰天生后稷異之於人欲以顯其靈帝不順天是不明也故承天意而異之於天下是言天異后稷於人帝又承天之意所以棄而異之明示天下安有遺腹寡居之事乎即由天異而棄之何須要在寡居若以寡居爲嫌何以必知其異若使無異可棄竟當何以自明又上傳云帝高辛氏下傳云帝不順天則帝亦高辛之帝安得謂之堯也五章傳云堯見天因邰而生后稷因之曰堯不名高辛蓋知此帝不爲堯也何以堯知其然聽姜嫄棄之且馬王之說姜嫄爲辛之正妃其於帝堯則君母也此

之後世則太后也以太后之尊欲棄己子足以自專不假堯命何云聽棄之也又堯爲人兄聽母棄弟縱其安忍之心廢其聖父之胤不慈不孝亦不是過豈有欽明之后用心若此哉若以堯知其神故爲顯異則堯之知稷甚矣初生以知其神緩長應授之以位何當七十餘載莫之收采自有聖弟不欲明揚虞舜登庸方始舉任雖帝難之豈其若此故知王氏之說進退多尤所言遺腹非毛旨矣其解文義傳意或然故采其釋經之辭遺其寡居之說

誕寘之隘巷牛羊腓字之誕大寘置腓辟字愛也天生后稷異之於人欲以顯其靈也帝不順天是不明也故承天意而異之於天下箋云天異之故姜嫄置后稷於牛羊之徑亦所以異之○寘之豉反下同隘於懈反巷戶降反腓符非反避也○**誕寘之平林會伐平林**牛羊而辟人者理也置之平林又爲人所收取之○**誕寘之寒冰鳥覆翼之**大鳥來一翼覆之一翼藉之人而收取之又其理也故置之於寒冰○藉在夜反○**鳥乃去矣后稷呱矣**於是知有天異往取之矣后稷呱呱然而泣○呱音孤泣聲也尚書云啓呱呱而泣是也

【疏】誕寘至呱矣○正義曰上言后稷之生此

言棄稷之事言可美大矣棄此后稷置之於狹隘巷中牛羊其避而憐愛之嬰兒未有所知當爲牛羊所踐今乃避而愛之故可美大矣以牛羊避人理之常也又置之平林可美大矣又棄此后稷置之平地林木之中會值有人往伐平林伐木之人見而收取之嬰兒之在林野當爲鳥獸所害乃值人收取是可美大矣又以人之取人乃是常理復置之寒冰可美大矣復棄后稷朝旦於寒冰之上有鳥以翼覆以翼藉之鳥非人類而覆藉人是可美大矣既知有神人往收取鳥乃飛去矣后稷遂呱呱然而泣矣此其有神靈之驗也○傳字愛至天下○正義曰易屯卦云女子貞不字十年乃字是字爲愛之義也知天生后稷異之於人者若其不異不應棄之異之於人謂有奇表異相若孔子之河目海口文王之四乳龍顔之類但書傳不言后稷異狀無得而知之耳言帝嚳若不順天意以顯之則是爲不明則棄之者帝意也以此傳觀之則后稷之生嚳尚存矣不得爲遺腹矣○箋天異至異之○正義曰箋以履迹而得后稷雖與傳禋祀得之不同其於異而顯之意亦一也故乘傳而釋之也天降精氣以生后稷本欲異之故姜嫄置后稷於牛羊之徑亦以異之亦者亦天也○鄭以姜嫄非帝嚳之妃其棄后稷出姜嫄之意故言姜嫄也步道曰徑以經稱隘巷故以徑言之此詩之意欲顯其

異而棄之周本紀以爲不祥故棄之謬矣○傳大鳥至藉之○正義曰以翼能覆藉嬰兒故知大鳥也以經翼在覆下則上覆下翼明非一翼耳人體忌寒近冰尤甚既奇而覆之明亦愛而藉之故知一翼覆之一翼藉之經因鳥有二翼互其文以見此意耳姜嫄以玄鳥至月而禋祀在母十月而生稷其生正當冰月故得棄之冰也○實覃實訏

厥聲載路誕實匍匐克岐克嶷以就口食覃長訏大路大也岐知意也嶷識也箋云實之言適也覃謂始能坐也訏謂張口嗚呼也是時聲音則已大矣能匍匐則岐岐然意有所知也其貌嶷嶷然有所識別也以此至于能就衆人口自食謂六七歲時○覃徒南反本或作譚訏況于反匍音蒲又音符本亦作扶匐蒲北反又音服本亦作服岐其宜反嶷魚極反說文作嶷云小兒有知長張丈反或如字別彼列反

蓺之荏菽荏菽旆旆禾役穟穟麻麥幪幪瓜瓞唪唪荏菽戎菽也旆旆然長也役列也穟穟苗好美也幪幪然茂盛也唪唪然多實也箋云蓺樹也戎菽大豆也就口食之時則有種殖之志言天性也○蓺魚世反荏而甚反菽或作菽音同郭璞云今胡豆是旆蒲具反穟音遂幪莫孔反瓞田節反唪布孔反徐又薄孔反長如字又張丈反○

疏實覃至唪唪○毛以爲上既言收取后稷此說其長養之事言后稷實以漸大言差大於呱呱之時也於是之時其口出音聲則已大矣不復如呱呱時而已又歎之言后稷可美大矣實始能匍匐之時已能意有所知岐岐然又貌有所識嶷嶷然以漸有智慧能就人之口取食而喫之又能始能食即有種殖之志所種蓺之者是荏菽也此荏菽乃旆旆然長大種禾則使有行列其苗則穟穟然美好所種之麻麥則幪幪然茂盛所種之瓜瓞其實則唪唪然衆多是其本有天性種則美好於後果爲稷官而天下蒙賴於匍匐之上言誕者爲岐嶷發文美大於匍匐之時能岐嶷也○鄭唯實覃實訏爲異言適始能坐而覃然適始張口而訏然餘同○傳覃長至嶷識○正義曰釋言云覃延也延引是漸長之義故爲長也訏大路大釋詁文以岐嶷言克克是其性智之能故以岐爲有智之意嶷爲有識之貌內有所知乃外能識物故先岐後嶷○箋實之至歲時○正義曰實覃實訏爲厥聲載路而言誕實匍匐爲克岐克嶷而設敗實之爲義不指覃訏匍匐之體故云實之言適也適覃訏而聲已大適匍匐而已能岐嶷爲早慧之勢也定本爲實之言是案集註並爲適又以上言呱矣謂其泣之聲下言匍匐指其小之體覃訏之文在其間則亦指小時之實狀故云覃謂始能坐訏謂張口嗚呼儀禮註云禫之言澹澹然安意也則覃亦安意故爲坐也訏音呼字又從言故爲張口嗚呼是時聲音則已大矣謂大於呱呱之時因言張口嗚呼即說音聲之大且嬰兒既坐而後弄口破坐而後匍匐則智識漸生故於匍匐之下言岐嶷皆爲事之次也所知在於心神故云岐岐然意有所智識別發於耳目故云其貌嶷嶷然有所識別見內外之異也岐嶷皆是其貌故重言之此岐嶷在匍匐之時則其生亦未一年矣就口食之時則已稍大故云以至於能就衆人口自食謂六七歲時也言至於者後此至彼見其間懸遠之意也后稷以上智之資必當早慧六七歲時不應猶就人食鄭言六七歲者以凡人之事準之耳或以爲就口食者謂爲稷官以成就衆人口食案下箋云就口食之時已有種殖之志言天性也若爲稷官之時始有種殖之志不足言其天性且種殖之志非始官居之日指斥居官不得云口食以此知以就口食正謂就衆人之口自取食矣○傳荏菽至多實○正義曰釋草云戎菽謂之荏菽孫炎曰大豆也此箋亦以爲大豆樊光舍人李巡郭璞皆云今以爲胡豆璞又云春秋齊侯來獻戎捷穀梁傳曰戎菽也管子亦云北伐山戎出冬蔥及戎菽布之天下今之胡豆是也案爾雅戎菽皆爲大豆註穀梁者亦以爲大豆也郭璞等以戎胡俱是夷名故以戎菽爲胡豆也后稷種穀不應捨中國之種而種戎國之豆郎如郭言齊桓之伐山戎始布其豆種則后稷之所種者何時絕其種乎而齊桓復布之禮有戎車不可謂之胡車明戎菽正大豆是也此荏菽重言者以蓺之之文爲下總目於荏菽配之爲句又分別說其茂之狀故重言之人供役者在於行列禾無在役之義故知役爲列也言其行相當因禾文單故以役配之其旆旆穟穟幪幪皆言生長茂盛之貌因其文異故以長好茂散而承之其實互相通瓜瓞與五穀異苗以其蔓長故不爲葉茂而以唪唪爲多實也定本唪唪多實之上云瓜瓞昀也案集註等並無此四字○箋蓺樹至天性○正義曰樹者種木之名可爲種殖通稱故云蓺樹也上言以就口食此經接於其下故此所陳即是就食時事就口食之時已有此種殖之志言其天性也言其天性善於種殖於後果爲稷官周本紀曰棄爲兒時其遊戲好種殖麻麥美即此是也又曰及爲成人遂好耕農相地之宜宜五穀者稼穡之民皆法之堯聞之舉棄爲農師天下宜其利下章是也○

誕后稷之穡有相之道相助也箋云大矣后稷之掌稼穡有見助之道謂若神助之力也○相息亮反註同

茀厥豐草種之黃

茂實方實苞實種實褎實發實秀實堅實好實穎實栗卽有邰家室

弗治也黃嘉穀也茂美也方極畝也苞本也種雜種也褎長也發盡發也不榮而實曰秀穎垂穎也栗其實栗栗然邰姜嫄之國也堯見天因邰而生后稷故國后稷於邰命使事天以顯神順天命耳箋云豐苞亦茂也方齊等也種生不雜也褎枝葉長也發發管時也栗成就也后稷教民除治茂草使種黍稷黍稷生則茂好孰則大成以此成功堯改封於邰就其成國之家室無變更也○弗音拂韓詩作拂拂弗也種支勇反注種雜種種生不雜下嘉種并注並同褎余秀反穎營并反穗也尙書云唐叔得禾異畝同穎是也邰他來反后稷所封國也今在京兆武功縣○

【疏】誕后稷至家室○毛以爲既言后稷爲兒時好種田此後言其爲稷官時事也可美大矣后稷之教民稼穡若有神明相助之道言種之必好似有神助故可大也又說其若有神助之狀言后稷之教民種殖乃除治而去其茂盛之草既去其草於此地種之以黃色而茂盛者謂黍稷之穀也於是此穀既生實方正而極於壟畝無空缺之地實根本而盡皆均調無稀稠之處謂春生之時也其苗實雍種而肥大實褎褎然而生長謂夏末時也稍至秋初禾又出穗實盡發於管實生粒皆秀更復少時其粒實皆堅成實又齊好實穗重而垂穎實成就而栗栗然以此故收入弘多堯善其功而賜之土宇封之於邰就有邰國之家室焉○鄭以方謂苗生齊等苞謂苗之茂盛種謂田種不雜成功而改封於邰非始有國土唯此爲異其文勢則同○箋大矣至之力○正義曰下言有邰家室言功成之時則此章說爲官時事故云后稷之掌稼穡也助人者唯神耳故知有見助之道謂若神助之力○傳弗治至天命○正義曰弗治釋詁文此說后稷教彼而言種黃則黃色是穀也穀之黃色者唯黍稷耳黍稷穀之善者故云黃嘉穀也以黍稷是民食之主故舉以爲言其實諸種之穀皆種之閟宮言稙穉菽麥尙書稱播殖百穀是所種非獨黃也茂盛則人所美愛故以茂爲美此種之黃茂爲下摠目自此以下皆說嘉穀茂盛故先言黃盛以摠之方者正方之義謂極盡壟畝種無不生地皆方正有苗故以方爲極畝易稱繫于苞桑謂繫之桑本故以苞爲本莊子說木之肥大云雍腫無用故以種爲雍腫謂苗之肥盛也褎者禾長之貌故言長也發者穗生於苗初發苗生也以上言苗之極畝平均則發者非獨一莖發耳故言盡發則褎亦盡長秀穎好栗皆亦盡然舉一以明上下也釋草云華荂榮也木謂之華草謂之榮不榮而實謂之秀榮而不實謂之英是不榮而實曰秀也李巡曰分別異名以曉人然則彼是英秀對文以英爲不實故以秀爲不榮其實黍稷皆先榮後實出車云黍稷方華是嘉穀之秀必有榮也此傳因彼成文而引之耳說文云穎禾末也禹貢定賦遠近之差二百里納銍三百里納秸註云銍斷去稾也秸又云穎則穎是禾穗之挺書序云唐叔得禾異畝同穎謂挺上合也美其禾之成就不當言其有穎而已故云穎垂穎言其穗重而穎垂也要是穀穗成就之穎故云其實栗栗然桓六年左傳云奉酒醴以告曰嘉栗旨酒服虔云穀之初熟爲栗是栗爲穀熟貌世本云有邰氏女曰姜嫄故知邰是姜嫄之國也傳以此言封之於邰下言祭天之事故解其意云堯見天因邰而生后稷謂使邰國之女生后稷也故國后稷於邰謂封爲邰國之君又特命之使得事天所以顯后稷之神順上天之命故也言國后稷於邰猶文王箋云而國於周居稷以前未有國於此始封之也此邰爲后稷之母家其國當自有君所以得封后稷者或時君絕滅或遷之他所也○箋豐至變更○正義曰釋詁云苞茂豐也故知豐苞皆爲茂也以經已有茂故言亦也經每實之下皆當字成義直言實本則不知何本且爾雅以苞爲茂故易傳也方是方正故言齊等與傳極畝亦同但齊等據苗均極畝據地滿耳以傳言雍種是肥充之貌禾生雖肥不能至雍種種者繫本初種之稱卽大田既種是也故以種爲生不雜謂不稂不莠也傳以褎爲長故申之爲枝葉長也傳以發爲盡發不解發意故云發管時苗之將秀心如竹管穗發中而出故言發管也傳言其實栗栗止言栗栗是實貌不言所以得然故言成就以足之案集註云栗成意也定本以意爲急恐非也就其成國之室家無所變更者謂邰國先有宮室后稷就而有之所以美后稷也○鄭以姜嫄之大先爲二王之後是先有國故言改封其封早晚亦無明文中候握河紀云堯卽政七十年受河圖其末云斯封稷契皐陶賜姓號注云或云七十二年斯此封三臣止言封號不道其時卽封此言成功蓋治水畢後地平天成之時也稷之功成實在堯世其封於邰必是堯之封矣故此箋及傳皆以爲堯周本紀云禹封棄於邰號曰后稷以后稷之號亦起舜時其言不可信也杜預云邰始平武功縣所治釐城是也

誕降嘉種維秬維秠維穈維芑

天降嘉種秬黑黍也秠一稃二米也穈赤苗也芑白苗也箋云天應堯之顯后稷故爲之下嘉種○秬音巨秠孚鄙反亦黑黍也又孚卑反郭芳婢反穈音門爾雅作虋同郭亡偉反赤粱粟也芑音起徐又巨巳反郭云白粱粟也稃芳于反字書云䊪穅也應應對

之應爲于僞反下天爲已同。恒之秬秠是穫是畝恒之穈芑是任是負以歸肇祀恒徧肇始也始歸郊祀也箋云任猶抱也肇郊之神位也后稷以天爲已下此四穀之故則徧種之成熟則穫而畝計之抱負以歸於郊祀天得祀天者二王之後也。恒古鄧反本又作亘穫戸郭反任音壬注同肇音兆徧音遍下同。

疏「誕降至肇祀」。毛以爲上既言后稷功成受國堯又命使事天此言其祭天之事可美大矣此后稷善能於稼穡上天乃下善穀之種與之使得種以此祭祀天與之穀是可大也其言善種者維是黑黍之秬維是黑黍二米之秠維是赤苗之穈維是白苗之芑后稷既得此善種乃徧種之以秬以秠至熟則於是穫刈之於是畝計之徧種之以穈以芑至熟則於是任抱之於是負檐之以此秬秠穈芑之穀而歸始郊祀於上天也。鄭以后稷先事天以歸郊兆之處而祀天爲異餘同。傳天降至白苗。正義曰降者從上之辭故知降嘉種者是天降嘉種也秬黑黍以下皆釋草文唯彼穈作虋音同耳李巡曰黑黍一名秬郭璞曰秠亦黑黍但中米異耳漢和帝時任城生黑黍或三四實實二米得黍三斛八斗則秬是黑黍之大名秠是黑黍之中有二米者別名之爲秠故此經異

其文而爾雅釋之若然秬秠皆黑黍矣而春官鬯人注云釀秬爲酒秬如黑黍一秠二米言如者以黑黍一米者多秬爲正稱二米則秬中之異故言如以明秬有二等也秬有二等則一米亦可爲酒鬯人之注必言二米者以宗廟之祭唯裸爲重二米嘉異之物鬯酒宜當用之故以二米解鬯其實秬是大名故云釀秬爲酒爾雅云秠一稃二米鬯人注云一秠二米文不同者鄭志荅張逸云秠即皮其稃亦皮也爾雅重言以曉人然則秠稃古今語之異故鄭引爾雅得以稃爲秠也赤苗白苗者郭璞曰虋今之赤粱粟芑今之白粱粟皆好穀也。箋天應至嘉種。正義曰如此言則功成受封之後始天與之種唯四穀而已而閟宫云是生后稷降之百穀黍稷重穋稙穉菽麥所降多矣非徒四穀又彼下文乃言奄有下國俾民稼穡則是爲稷官之日已得此種與此二文不同者天降種者美大后稷以稷之必獲歸功於天非天實下之也作者意異故先後不同此言祭之所用故指陳黍稷閟宫廣言民食故穀多於此孔叢云魏王問子順曰往者中山之地無故有穀乃云天雨以亡國何也曰自古及今未聞天下穀與人詩美后稷能大教民種穀以利天下若中山之穀妖怪之事非所謂天降祥也以此而言明非實降之也案集注及定本於此並無箋云。傳恒徧至郊祀。正義曰以言種之廣多故以恒爲徧定本作恒集注皆作亘字肇始釋詁文上言封之於邰是初爲諸侯故云始歸郊祀下云上帝居歆知此祀爲郊也。箋任猶至之後。正義曰以任負異文負在背故任爲抱。鄭以后稷二王之後先得祭天非爲始祭故云肇郊之神位言神位之兆肇宜作兆春官小宗伯云兆五帝於四郊是也商頌箋讀肇爲兆此從略之又云得祀天者二王之後申明肇不爲始之意也

誕我祀如何或舂或揄或簸或蹂釋之叟叟烝之浮浮揄抒臼也或簸糠者或蹂黍者釋淅米也叟叟聲也浮浮氣也箋云蹂之言潤也大矣我后稷之祀天如何乎美而將說其事也舂而抒出之簸之又潤濕之將復舂之趣於鑿也釋之烝之以爲酒及簠簋之實。舂傷容反揄音由又以朱反說文作舀弋紹反簸波我反蹂音柔叟所留反字又作溲濤米聲也爾雅作溞音同郭音騷烝之丞反浮如字爾雅說文並作烰云烝也抒食汝反蒼頡篇云取出也糠音康字亦作康俗米旁作康非淅星歷反說文云汰也汰音太復扶又反鑿子洛反精米也字林作毇云糲米一斛舂爲八斗也子沃反簠音甫簋音軌

載謀載惟取蕭祭脂取羝以軷載燔載烈嘗之日涖卜來歲之芟獮之日涖卜來歲之戒社之日涖卜來歲之稼所以興來而繼往也穀熟而謀陳祭而卜矣取蕭合黍稷臭達牆屋先奠而後爇蕭合馨香也羝羊牡羊也軷道祭也傳火曰燔貫之加于火曰烈箋云惟思也烈之言爛也后稷既爲郊祀之酒及其米則諏謀其日思念其禮至其時取蕭草與祭牲之脂爇之於行神之位馨香既聞取羝羊之體以祭神又燔烈其肉爲尸羞焉自此而往郊。羝都禮反字亦作羝軷蒲末反說文云出必告道神爲壇而祭爲軷字林同父末反燔音煩後皆同涖音利又音類芟所銜反獮息淺反奠徒練反爇如悅反馨呼丁反傳音附貫古亂反。諏足須反。以興嗣歲興來歲繼往歲也箋云嗣歲今新歲也以先歲之物齊敬犯軷而祀天者將求新歲之豐年也孟春之月令曰乃擇元日祈穀于上帝。

疏「誕我至嗣歲」。毛以爲上言得穀祭天此言將祭之事可美大矣我后稷之祀天其祀如何先以所得秬秠穈芑之粟或使人在碓而舂之或使人就臼而抒之或使人簸揚其糠或使人蹂踐其黍言其各有司存並皆敏疾也既蹂舂得米乃浸之於盆淅而釋之其聲溲溲然言趍疾又炊之於甑爨而烝之其氣浮浮然言升盛也既烝熟乃以爲酒食又於先穀熟之時則已謀度所謂穀熟而謀則已思惟

其所祭之禮謂陳祭而卜以秋物之成賴郊祀之福故穀熟則謀更郊所以豫備酒食也至祭之日乃取蕭之香蒿與祭牲之脂膏而爇燒之於行神之位使其馨香遠聞又取羝羊之祀。以爲犯軷之祭其祭軷也取所祭之肉則傅火而燔之則加火而烈之以爲尸之羞既祭神道乃自此而往於郊以祭天也所以用先歲之物齊敬犯軷而祀天者欲以興起來歲使之繼嗣往歲而恒得豐年故也。而鄭以春揄簸蹂爲事之次蹂之言潤既簸去穅或復以水潤濕之將更春以趨於鑿。載謀載惟謂將祭諏謀其日思念其禮非穀熟已謀以此爲思。又以興嗣歲爲與起新歲餘同。傳揄抒至浮氣。正義曰以揄文在春下簸上既春而未簸故知揄爲抒臼謂抒米以出臼也出臼則簸之故或有簸穅者或蹂黍者謂蹂踐其黍然後春之然則文當在春揄之上今在下者以蹂亦爲春而爲之揄簸俱是春進令與春相近且退蹂以爲韻也上有糜芑是穀而獨云蹂黍者以祭用黍以爲主故舉黍以言傳每言或者明各有其人俱趨於事不相兼也釋之既在簸之下烝之上故知爲淅米也說文云淅汰米也孟子曰孔子去齊接淅而行謂洮米未炊漉之而去言其疾也釋訓云溞溞淅也烰烰氣也樊光引此詩孫炎曰溞溞淅米聲烰烰炊之氣溞浮與此不同古今字耳傳以洮米則有聲故言溲溲

詩疏十七之一　十七

聲烝飯則有氣故言烰烰氣取爾雅之意爲說也。箋蹂之至之實。正義曰以蹂文在或簸之下不應方言蹂黍以水潤米必當蹂之使濕故云蹂之言潤如何乎者問人之辭故云美而將說其事意欲說之故設辭自問上生民如何亦如此也於此乃注彼從可知春揄之下始云或蹂故知是既春而採出之又潤濕之將復春以趨於鑿也召旻箋云米之率糲十粺九鑿八侍御七九章筭術粟一石爲糲米六斗春糲一斗爲粺九升又去。爲鑿則八升又春爲侍御則七升言趨於鑿者此承四穀之後一春之一簸始爲糲米又一濕一春猶未至於鑿故言趨於爲漸到之意也米之細者乃窮於御止言趨於鑿者以經傳說祭祀之饌無言用御米者桓二年左傳云粢食不鑿昭其儉也則不儉者有用鑿之處郊天尊於宗廟其祭或當用之故上言於鑿也桓十四年穀梁傳說宗廟之事夫人親春楚語云天子禘郊之事王后必自春其粢諸侯宗廟之事夫人必自春其盛韋昭云粢盛互文也言春不過如天子躬耕三推而已故傳言或不斥后夫人也楚語又云天子親春禘之盛韋昭云率后春之亦天子親春也酒與食用此米爲之故云釋之烝之以爲酒及簠簋之實孫毓云詩之敘事率以其次既簸糠矣而甫以蹂爲蹂黍當先蹂乃得春不得先春而後蹂也既蹂即釋之烝之是其次箋義

爲長集注等皆爲蹂黍定本爲蹂米者誤也。傳嘗之至曰烈。正義曰傳自嘗之日至來歲之稼皆春官肆師職文也言於秋嘗祭宗廟之日則肆師臨卜問其來歲之芟除草木以種田宜之以否於秋獮當獮之日肆師臨卜問其來歲之所戒備得無兵寇以否於祭社之日則肆師臨卜問其來歲之所稼種宜之以否以嘗者嘗新穀古之始耕田者芟草以種穀今得新穀芟草之功故於嘗日問芟獮主習兵以戒不虞故獮日問戒社者祭土主稼穡故於社日問稼鄭於彼注其意爲然芟稼俱是田事而異日異問者以嘗新穀而本穀初初莫先於芟草故問芟稼種善否土地之事故祭土之日而問稼也社文在嘗獮之下謂秋獮祭社也嘗在孟秋獮社俱在仲秋取禽而後祭社故先獮後社也嘗社是祭神之事耳因而問卜獮乃秋獵不接神明亦言卜來歲者卜者自問吉凶於龜不由嘗社所祭之神但因用其日而問之耳獮爲習兵故因兵事所以引此三文者欲見今秋穀熟之時即謀來年郊祭之事似今秋祭社之日豫卜來歲之稼若然必以今秋豫卜來歲者欲令來歲還似今秋是興來繼往之義不云卜郊而言陳祭而卜者以來年郊祭本爲祈穀今社日卜來歲之稼即是卜郊之義也陳祭而卜謂陳列嘗社祭之日豫卜來年善否若然此載謀載惟於穀熟已謀則其事在於

詩疏十七之一　十八

酒食之前當與上四穀相連不可以他事間之謀惟是思念祭事故下之令與祭事相比也又云蕭合黍稷臭達牆屋既奠而後爇蕭合馨香皆郊特牲文彼唯馨作薌注云薌當作馨字之誤也蓋毛時未誤故讀彼從此彼言臭陽達於牆屋此無陽於二字引之略耳彼言宗廟之祭此是將郊爲軷道之祭事不同而引之者證此用蕭之意蕭香蒿也爇燒也言宗廟之祭以香蒿合黍稷欲使臭氣通達於牆屋故記酌於尸已奠之而後燒此香蒿以合其馨香之氣使神歆饗之故此亦用蕭取其馨香也此言祭脂彼不言脂彼言黍稷此不言黍稷皆文不具耳羝羊牡羊者以祭不用牝故知是牡也釋畜云羊牡粉牝牂郭璞曰粉謂吳羊白羝者也是亦以牡爲羝也軷道祭謂祭道神之祭傳火曰燔謂加火燒之商頌曰如火烈烈則烈是火猛之意不可近燒故云貫之加於火上曰烈即今之炙肉也。箋惟思至往郊。正義曰惟思釋詁文又申明遠火爲烈之意說文云烈火猛也爛火熟也俱是火熟之意故云烈之言爛也以酒則豫釀而成食則臨祭乃作故云后稷既爲郊祀之酒及其米於此仍言其米則上爲烝之釋之正爲酒耳而箋兼言簠簋之實者以彼文有春簸之事其爲米者非獨爲酒而已故兼言簠簋之實簠簋之實必就郊兆作之故此言其米也祀大夫以上將祭必諏謀

其日定乃卜之特牲祀云不諏日明大夫以上諏之矣故云諏謀其日彼注云諏謀也載謀是謀其日則載惟是思其祀故云思念其祀正以特牲有諏之文故易傳不以謀爲穀熟而謀取蕭草與祭祀之脂還是羝之脂也以牲爲軷祭而設羝宜與軷同文脂則祀之蕭而用故先言之爇之於行神之位正謂祭軷之位以軷之所祭即是七祀行神故言行神之位馨香既聞取羝羊之體以祭神者謂取牲體以祭伏於軷上秋官犬人云凡祭祀供犬牲伏瘞亦如之鄭司農云伏謂伏犬以王車轢之明此祀供犬牲伏體軷上故言體也犬人伏用犬牲此用羝者蓋天子諸侯異祀彼天子用犬此諸侯用羊祀相變也又燔烈其肉爲尸羞言又者亦用此羝之肉爲之也以七祀之祭皆有尸明軷祭亦有尸其燔炙者事尸之羞故云爲尸羞也此后稷爲諸侯得有尸則天子軷祭亦有尸依聘禮卿大夫軷祭用酒脯則無尸矣○郊之兆位在國外故云自此而往郊也○傳興來歲繼往歲○正義曰此一句非祭所用故分而注之以興者是有所起發之意嗣者繼續之言故知爲此祭者欲以追起來歲以繼續往歲使之歲穀恒熟常穫豐年也來歲者據今祭時以未至爲來已過爲往耳非要別年也何則堯命后稷郊天未至定用何月要在歲首爲之所言來歲正謂此年之秋耳○箋嗣歲至上帝○正

義曰箋意定以正月爲郊何則正朔三而改自夏而上推之高辛氏當以建寅之月爲正故堯典云三帛注云高辛氏之後用黑繒是也王者之後自行其祖正朔后稷高辛氏之胄郊必正月既以正月爲郊則嗣歲郊之歲也故云嗣歲今新歲新歲而謂之嗣者使之繼嗣往年猶嗣子之繼父其意微與毛異大理亦同也孟春以下皆月令文也定本云孟春之令曰無月字元日謂善日上辛也祈穀郊天也引此以證郊祭而云嗣歲之意內郊天主爲祈穀故也祀器曰祭祀不祈言祈穀者不可私爲己祈而穀者所以養民故言祈也

卬盛于豆于豆于登○其香始升上帝居歆胡臭亶時 卬我也木曰豆瓦曰登豆薦葅醢也登大羮也箋云胡之言何也亶誠也我后稷盛葅醢之屬當于豆者于登者其馨香始上行上帝則安而歆享之何芳臭之誠得其時乎美之也祀天用瓦豆陶器質也○卬五郎反盛音成注同其香一本作馨亶都但反葅莊居反醢音海上時掌反

后稷肇祀庶無罪悔以迄于今 迄至也箋云庶衆也后稷肇祀上帝於郊而天下衆民咸得其所無有罪過也子孫蒙其福以至於今故推以配天焉○迄許乞反〔疏〕卬盛至于今○毛以爲上言將往祭天此言正祭之事我后稷葅醢大羮之屬盛之於豆又盛之於登以此而往薦祭此豆登所盛之物其馨香之氣始上行上帝則安居而歆饗之既爲上帝所歆故反言以美之何有芳臭之誠得其時若此者乎言無有若此之最善也帝既饗其祭祀降其福祿又述而美之言后稷受堯之命始爲郊祀其福乃流於天下之衆民令皆得其所無有罪過而令人悔恨者子孫蒙其餘福以至於今而賴之今文王得由之而起今既致太平故推之以配天焉○鄭唯以肇祀爲郊兆之祀爲異餘同○傳卬我至大羮○正義曰卬我釋詁文釋器云木豆謂之豆瓦豆謂之登是木曰豆瓦曰登對文則瓦木異名散則皆名豆故云瓦豆謂之登冬官瓬人掌爲瓦器而云豆中縣鄭云縣繩正豆之柄瓦亦名豆也再言於豆者疊之以足句耳經唯言盛於豆傳辨其所盛之物天官醢人掌四豆之實皆有葅醢是豆爲薦羞葅醢也公食大夫禮云大羮湆不和實於登是登爲大羮湆者肉汁大古之羮也不調以鹽菜以質故以瓦器盛之箋亶誠至器質○正義曰亶誠釋詁文言盛葅醢之屬者以略不言羮故言之屬以包之祀天而用瓦豆者以陶器質故也郊特牲曰埽地而祭於其質也器用陶瓠是也定本集注皆云其馨香始上行俗本作上聞者誤也○傳迄至○正義曰釋詁

文上傳肇爲始此亦當然○箋庶衆至天焉○正義曰庶衆釋詁文抑云庶無罪悔箋以庶爲幸以彼是警戒之辭故爲冀幸之義此既爲上帝所歆不是始冀無罪故以庶爲衆后稷爲二王之後一國言耳縱使祭天得所不過福及一國而言天下衆民咸得其所無罪者以祭天而得豐年可以廣及天下且以后稷之教田農天下皆得其利故天下言之

生民八章四章章十句四章章八句

附釋音毛詩注疏卷第十七　十七之一

黃中模栞

毛詩注疏校勘記（十七之二）　　阮元撰盧宣旬摘錄

〇生民

介大也止福祿所止也　小字本相臺本同閩本明監本毛本也作攸案段玉裁云也攸二字皆當有是也

後則生子而養長名之曰棄　閩本明監本毛本同小字本相臺本名之作之名案之名是也讀之字斷句名字下屬正義可證

變祿言祿者　閩本同明監本毛本上祿字作祀案山井鼎云諸本皆非作媒似是是也

吉爭先見之象　閩本明監本毛本同案爭盧文弨改爲事是也

鄭記王權有此問　閩本明監本毛本同案此不誤浦鏜云記疑志字誤非也考鄭記與鄭志非一書鄭記六卷康成弟子撰鄭志十一卷鄭小同撰並見於隋書經籍志浦失考

弃黎民阻飢　閩本明監本毛本弃誤棄下帝曰棄同飢誤饑按引尚書作弃依彼文也〇按唐人多以棄中有世字乃悉改爲弃此不畫一者轉寫所致也

釋詁文介右也　閩本明監本毛本同案文當作云

是爲震爲有身　閩本明監本毛本同案山井鼎云上爲恐謂字誤是也

達生也姜嫄之子先生者也　小字本相臺本同案釋文云達毛云生也沈云毛如字正義云達生者言其生易如達羊之生但傳云略耳非訓達爲生也又解言先生之意以人之產子先生者多難此后稷是姜嫄之子最先生者應難而今易故言先生以美之段玉裁云蓋是達達生也先生姜嫄之子先生者也達之言沓言重沓而生此與車攻傳曰達屨皆假達爲沓姜嫄之子首生者乃如重沓而生之易然先釋達而後釋先生如白華傳先釋卬烘而後釋桑薪又見詩經小學

不坼不副　小字本同閩本明監本毛本同唐石經相臺本折作坼案坼字是也釋文可證又說文土部坼下引此詩作拆者形近之譌正義中十行本尚閒作坼明監本毛本盡改爲拆誤甚

說文云達小羊也從羊大聲　閩本明監本毛本同案達當作羍此引羍而不云字異音義同者省耳不知者乃改之

則又坼堛災害其母　閩本明監本毛本同案經注作副正義作堛副堛古今字易而說之也例見前〇按舊按非堛不與副爲古今字此乃蒙上文坼人土而轉寫誤耳

因見稷之生由　明監本毛本由誤易閩本不誤上文云謂不由人所生之道也生由謂此

少溲於家牢也　閩本明監本毛本同案浦鏜云豕誤家是

此章上四章　閩本明監本毛本同案下章字當作句

欲望衆言　閩本明監本毛本同案浦鏜云信誤言是也

是聖人感見於經之明文　閩本明監本毛本同案浦鏜云感下當脫生字是也

以證有父得感生耳必由父也　閩本明監本毛本同案浦鏜云耳疑非字誤是也

契稷不棄契者　閩本明監本同毛本上契字作棄案所改是也

因之曰堯不名高辛　閩本明監本毛本同案此當云自之曰堯不名爲帝皆形近之譌也

姜嫄爲辛之正妃　閩本明監本毛本辛上有高字案所改非也爲當作高耳

雖帝難之　閩本明監本毛本同案此不誤浦鏜云雖疑惟字誤非也雖字正義自爲耳據尚書者但帝難之三字耳

實之言適也　小字本相臺本同案此正義本也正義云故云實之言適也又云定本爲實之言是按集注並爲適考此箋當依定本頍弁正義云釋詁云實是也實寔義同故實亦爲是也又韓奕箋云實當爲寔此楚茨正義所謂注意趨在義通不爲例者也凡餘經實訓是者視諸此

訏謂張口嗚呼也　小字本相臺本同案沿革例云諸善本皆作嗚余仁仲本作嗚最爲非是今從疏及諸善本作嗚釋文訏下云鄭張口嗚呼也亦淺人改之耳嗚呼古書多作烏呼說文云烏孝烏也引孔子烏盱呼也取其助气故以爲烏呼

荏菽戎也　閩本明監本同小字本相臺本戎下有菽字考文古本同毛本誤剜入事字案有菽字者是也

穟穟苗好美也　小字本相臺本同閩本明監本毛本同按正義云其苗則穟穟然美好釋文穟穟下云苗美好也是好美當誤倒

幪幪然茂盛也　小字本相臺本同考文古本同閩本明監本毛本茂盛誤倒

敗實之爲義　閩本明監本毛本敗作取案皆誤也當作則形近之譌山井鼎云恐以字誤亦非

訏音呼字又從言　閩本明監本毛本同案音呼二字當旁行細書正義自爲音例如此○按非也

相地之宜宜五穀者　閩本明監本毛本不重宜字案山井鼎云本紀與宋板同

種雜種也　小字本相臺本同案釋文實種下云種雜種正義云莊子說木之肥大云雍腫無用故以種爲雍腫又云傳言雍種是肥充之貌禾生雖肥不能至雍種山井鼎云據疏雜作雍爲是是也釋文涉箋而字譌耳各本依之非也○按釋文本作穠種正義本作雍腫此二本之不同也而陸本爲長穠集也集種者集其善種也猶集義集大成之集舊挍非也

栗成就也　小字本相臺本同案此正義本也正義云故言成就以足之按集注云栗成意也定本以意爲急恐非也考文古本作急采正義

尙書稱播殖百穀　閩本明監本毛本同案浦鏜云時誤殖是也

秸又云穎　閩本明監本毛本同案云當作去形近之譌甫田正義同

就其成國之室家　閩本明監本毛本同案浦鏜云家室字譌倒是也

禹封棄於部也　閩本明監本毛本同案浦鏜云舜誤禹是

箋云天應堯之顯后稷　小字本相臺本同案此正義本也正義云按集注及定本於此並無箋云考此鄭申毛天降嘉種傳也當以正義本爲長

恒之秬秠　唐石經同小字本相臺本同案釋文云恒本又作亘正義云定本作恒集注皆作亘字考恒亘是一字

以歸肇祀　小字本相臺本同閩本明監本毛本同唐石經肈作肇下同案釋文以肈字作音詩經小學云玉篇攴部云肇俗肈字五經文字戈部云肈作肇訛廣韻有肈無肇說文攴部有肇字唐後人妄增入無疑凡古書肈字皆當改作肈今考六經正誤云作肇誤是舊本從戈毛居正始誤改之耳

於是負檐之　閩本明監本毛本同案此不誤浦鏜云擔誤檐非也檐字見商頌注

降之百穀　閩本明監本毛本同案浦鏜云福誤穀考閟宮浦挍是也

故任爲抱○　閩本明監本毛本同案○當作也

釋之叟叟　唐石經小字本相臺本同案六經正誤云作釋誤說文釋从米从睪漬米也云云今考其說非也毛鄭詩作釋乃古字假借故釋文不以釋字作音正義亦不解釋字說文釋下亦不引此詩毛居正依旁字部改變經文不可承用也

或蹂黍者　小字本相臺本同案正義云集注等皆爲蹂黍定本爲蹂米者誤也考此傳以米與上穅爲對文當以定本爲長

先奠而後爇蕭　閩本明監本毛本同小字本相臺本先作既考文古本同案既字是也

羝羊牡羊也　小字本相臺本同閩本明監本毛本亦同案上羊字衍文也正義云羝羊牡羊者乃自爲文取以添注者誤

貫之加于火曰烈　閩本明監本毛本同小字本相臺本于作於下注當于豆者于登者相臺本作

於案於字是也

后稷既爲郊祀之酒小字本相臺本同閩本同明監本毛本旣誤卽

齊敬犯軷而祀天者小字本同考文古本同相臺本犯作祀閩本明監本毛本同案犯字是也正義中十行本皆作犯不誤

孟春之月令曰小字本相臺本同案正義云定本云孟春之令曰無月字當以無者爲長

又取羝羊之禮閩本明監本毛本同案禮當作體下文不誤

以此爲思閩本明監本毛本同案思當作異

烰烰氣也閩本明監本毛本同案浦鏜云烝誤氣是也

烝浮與此不同閩本明監本毛本同案浮當作烰此與下互易

故言烰浮氣閩本明監本毛本烰作浮案所改是也此與上互易

又去爲鐅閩本明監本毛本同案浦鏜云舂誤去是也

故上言於鐅也閩本明監本毛本同案上當作止

故因兵事閩本明監本毛本同案因當作問形近之譌

取蕭草與祭祀之脂閩本明監本毛本同案山井鼎云箋祀作牲浦鏜云牲誤祀是也

未至定用何月閩本明監本毛本同案浦鏜云至當知字誤是也

故云嗣歲今新歲新歲而謂之嗣者閩本明監本毛本誤不重新歲二字

內郊天主爲祈穀故也閩本明監本毛本同案浦鏜云內當由字誤是也

于豆于登唐石經小字本同閩本明監本毛本同相臺本登作豋案六經正誤云作登誤登升之字从癶豆豋之字从肉从又云云今考登字此經及爾雅作登儀禮作鐙說文有豋字登卽鐙豋之古字也釋文不以登字作音正義中字亦皆作登其明證矣豋字或作豋甄見集韻皆不載於說文毛鄭詩固未嘗用此字毛居正特臆說耳○按舊挍本所引劉台拱說

其香始升唐石經小字本相臺本同案釋文云香一本作馨正義本未有明文今無可考

上帝則安而歆享之小字本相臺本同考文古本同閩本明監本毛本享作饗案饗字是也正義云上帝則安居而歆饗之可證凡歆饗字皆當作饗享祀字皆當作享二字截然有別宋時寫書乃以享爲饗別體字而亂之

不調以鹽菜閩本明監本同毛本菜作菜案所改是也

抑云庶無罪悔閩本明監本毛本同案浦鏜云大誤罪是也

附釋音毛詩注疏卷第十七（十七之二）

毛詩大雅　鄭氏箋　孔穎達疏

行葦忠厚也周家忠厚仁及草木故能内睦九族外尊事黄耇養老乞言以成其福祿焉九族自已上至高祖下至玄孫之親也黄黄髮也耇凍梨也乞言從求善言可以爲政者敦史受之○行葦和鬼反行道也葦草也耇音苟爾雅云壽也梨利知反不利方反方言云凍梨老也敦如字本又作惇同【疏】行葦八章章四句至福祿焉○正義曰作行葦詩者言忠誠而篤厚也言周家積世能爲忠誠篤厚之行其仁恩及於草木以草木之微尚加愛惜况在於人愛之必甚以此仁愛之深故能内則親睦九族之親外則尊事其黄髮之耇以禮恭敬養此老人就乞善言所以爲政以成其周之王室之福祿焉此是成王之時則美成王之忠厚矣不言成王者欲見先世皆然非獨成王故卽言周家以廣之九族是王近親黄耇則及他姓故言内外以别之經八章仁及草木首章是也内睦九族二章盡四章是也尊事黄耇五章盡卒章上二句皆是也以成其福祿卒章下二句是也三王養老必就乞言故序因而及之於經無所當也首章言葦唯有草耳舉草則木可知故序言以足句耳○箋九族至受之○正義曰親睦九族非直其父祖子孫而已故言上至高祖下及玄孫之親見同出高祖五服之内皆親之文王世子云族食世降一等則天子所燕及者非獨五服之内此唯言九族者言其親親以及遠舉九族以見同姓皆親之黄耇皆是老名故云黄黄髮耇凍梨釋詁云黄髮耇老壽也舍人曰黄髮老人髮白復黄也孫炎曰黄髮髮落更生耇面凍梨色以浮垢也方言云燕代北鄙謂耇爲梨郭璞注梨面色似梨也内則云凡養老五帝憲三王又乞言皆有惇史言五帝直養其氣體而法效之三王亦養而法效之又乞善言皆有惇史故知得善言則惇史受之禮有内外小史大史無惇史正以待接老人擇史之惇厚者掌之惇非官名也故彼注云惇史史之孝厚者也

敦彼行葦牛羊勿踐履方苞方體維葉泥泥敦聚貌行道也葉初生泥泥箋云苞茂也體成形也敦敦然道傍之葦牧牛羊者毋使躐履折傷之草物方茂盛以其終將爲人用故周之先王爲此愛之況於人乎○敦徒端反注同泥乃禮反注同張揖作苨苨云草盛也爲此于僞反注内爲設同【疏】敦彼至泥泥○正義曰言周之先王忠厚之至見敦敦然道傍之葦乃禁牧者爾所牧牛羊勿得踐履折傷之何則此葦方欲茂盛方欲成體維其葉泥泥然少而美好以其將爲人用故愛惜之言其葉少美是愛之意周之先王尚愛及草木况於人乎是其忠厚之極也○傳敦聚至泥泥○正義曰周禮以葦好叢生而謂之叢物故言敦聚貌禁其勿踐則生必近路故以行爲道也猶慮牛羊所食故知是葉之初生泥泥然○箋體成至人乎○正義曰成形者謂至秋乃成爲葦此時未成故言方以方爲未至之辭葦之初生其名爲葭稍大爲蘆長成乃名爲葦八月萑葦是其事也此禁牛羊勿踐則是春夏時事而言葦者此先王愛其爲人之所用在於成葦作者體其意故經以成形名之葦之初生正是牛羊所食而禁之者以牛羊當有牧處且見先王之意愛之耳

戚戚兄弟莫遠具爾或肆之筵或授之几戚戚内相親也肆陳也或陳言進者或授几者箋云莫無也具猶俱也爾謂進之也王與族人燕兄弟之親無遠無近俱揖而進之年稚者爲設筵而已老者加之以几○筵以然反席也鋪陳曰筵藉之曰席稱直吏反【疏】戚戚至之几○正義曰言先王有仁恩之故能誠心親戚其親戚之兄弟無遠無近王俱爾而揖進之與之燕樂於時王心實悅鋪設促遽或有陳之筵席者或有授之以几者是王能親其所親也○傳戚戚至几者○正義曰戚戚猶親親然親其所親起於心内故言内相親也相者兩相之辭族人固當親王但若王不親族人則族人亦不親王耳今王能降心則族人必親矣故以相言之肆陳釋詁文○箋莫無至以几○正義曰邇是近義謂揖而進之令自近也燕禮曰公降立於阼階之東南南嚮邇卿面南北上邇大夫北面少進注云邇近也揖而移之近之是也經直言莫遠而箋言無遠無近者以作者句有所局不得遠近並言舉遠則近可知矣几者所以安身少不當憑几而經筵几别文故知老者加之以几也

肆筵設席授几有緝御設席重席也緝御踧踖之容也箋云緝猶續也御侍也兄弟之老者既爲設重席授几又有相續代而侍者謂敦史也○緝七習反重直龍反下同踧子六反踖子亦反

或獻或酢洗爵奠斝斝爵也夏曰醆殷曰斝周曰爵箋云進酒於客曰獻客荅之曰酢主人又洗爵醻客客受而奠之不舉也用殷爵者尊兄弟也○酢才洛反斝古雅反又音嫁夏戸雅反醆則簡反字或作琖同【疏】○肆筵至奠斝毛以爲乘

上肆筵授几之文更申其事言王於族人既爲肆之筵上又設重席其授几之人尊敬老者則有致敬踧踖之容既設筵几族人升堂受燕或乃主人進酒而獻之於賓賓既受卒爵或乃酌而酢荅主人主人卒飲又洗爵酢以酬賓賓受而奠此斝不復舉之王與族燕以異姓爲賓使宰夫爲主人行此獻酢之禮也○鄭以上二句特爲老者設文既爲老者肆筵又重設席授之以几復有惇史相續代而侍之餘同○傳設席至之容○正義曰既言肆筵上又設席故知重席也不過下筦上簟而已春官司几筵注云筵亦席也鋪陳曰筵藉之曰席然則言之筵席通矣彼以在下爲鋪陳在上人所踐藉故在下者稱筵在上者稱席此當與之同也以授几以供老人故以緝御爲致敬踧踖之容傳以授几之時有踧踖之容則肆筵之文不主於老人當是乘述上文與鄭異耳○箋緝猶至敦史○正義曰緝續者連續之故緝猶續也凡御者皆侍其側故御爲侍也上章已云肆筵授几今肆筵之上復設席則是主於老者異於上章少者或單席矣惇史主侍老人故知續代而侍者謂惇史○傳斝爵至曰爵○正義曰禮主人洗以酬賓賓得而奠之所洗所奠猶一物也而云洗爵奠斝似是異器故辨之云斝爵也爵酒器之大名故儀禮飲解者亦云卒爵是爵爲揔稱作者因洗奠之別更變其文耳夏曰醆以下皆明堂位文引之者明斝非周器謂之斝者彼注謂畫禾稼也○箋進酒至兄弟○正義曰此獻酢之法儀禮行事之次爲然知用殷斝爲尊者公羊傳曰周公白牡魯公騂剛禮運云醆斝及尸君非禮也以大夫用之爲僭明先代之物爲尊也此言先王之事或在制禮之前自當正用殷爵而知必有異意者此詩成王之時作縱使追述先代當以周制言之不當舉殷之爵故知於時實用之也燕禮諸侯燕其臣子宰夫爲主人則天子亦當然文王世子云公與族人燕則異姓爲賓則賓主皆非兄弟言尊兄弟者賓主爲兄弟行禮而有之其器之設主爲兄弟故也

醓醢以薦或燔或炙嘉殽脾臄或歌或咢以肉曰醓醢臄函也歌者比於琴瑟也徒擊鼓曰咢○箋云薦之禮韭葅則醓醢也燔用肉炙用肝以脾函爲加故謂之嘉○醓他感反肉醬也鄭注儀禮云醓汁也醢呼改反脾婢支反臄渠略反字或作醵咢五洛反毛云徒歌曰咢爾雅云徒擊鼓謂之咢徒歌謂之謠函胡南反何又戶感反本又作𦢳同說文云函舌也又云口吹肉也通俗文云口上曰臄口下曰函比毗志反炙者夜反

【疏】醓醢至或咢○正義曰言王燕族人於獻酒之時則用醓醢并韭葅以薦進之也又復或燔其肉或炙其肝以爲羞其正饌以外所加善殽則脾之與臄酒殽既備又作樂助歡於是時或比於琴瑟而歌或徒擊鼓而咢以此燕樂族人是王能內睦之也定本集注經皆作嘉箋以脾臄爲加故謂之嘉是爲嘉美之加也○傳以肉至鼓曰咢○正義曰釋器云肉謂之醢李巡曰以肉作醬曰醢天官醢人注云醢肉汁也蓋用肉爲醢特有多汁故以醢爲名其無汁者自以所用之肉魚鴈之屬爲之名也以臄爲函蓋相傳爲然服虔通俗文云口上曰臄口下曰函或當然也經傳諸言歌者皆以弦和之故云歌者比於琴瑟徒擊鼓曰咢釋樂文孫炎曰聲驚咢也王肅述毛作徒擊鼓今定本集注作徒歌者與閫有桃傳相涉惧耳○箋薦之至之嘉○正義曰醢所以擩葅禮籩豆偶有醢必有葅故云韭葅則醓醢醢人云朝事之豆韭葅醓醢是也燔炙是正饌以脾函爲加助故謂之嘉

敦弓既堅四鍭既鈞舍矢既均敦弓畫弓也天子敦弓鍭矢參亭已均中蓺箋云舍之言釋也蓺質也周之先王將養老先與羣臣行射禮以擇其可與者以爲賓○敦音彫注及下同徐又都雷反鍭音侯又音候矢名鈞規旬反舍音捨注同參七南反中丁仲反下皆同可與音預下與爲同一本直云可者無與字

序賓以賢言賓客次第皆賢孔子射於矍

相之圃觀者如堵牆射至於司馬使子路執弓矢出延射曰奔軍之將亡國之大夫與爲人後者不入其餘皆入蓋去者半入者半又使公罔之裘序點揚觶而語曰幼壯孝弟耆耋好禮不從流俗脩身以俟死者不在此位蓋去者半處者半序點又揚觶而語曰好學不倦好禮不變耄勤稱道不亂者不在此位也蓋僅有存焉箋云序賓以賢謂以射中多少爲次第○矍俱縛反相息亮反圃布古反又音布觀古亂反又音官堵丁古反奔音奮賁敗也將子匠反點都簟反觶之豉反爵名容三升語魚據反弟音悌耋徒節反好呼報反下皆同者不弗武反下同耄莫報反字或作旄同八十曰耄勤音其百年曰期頤僅其靳反

【疏】敦弓至以賢○毛以爲自此以下皆說養老之禮周之先王將欲養老親自射以擇士其天子所射之畫弓既堅勁矣具四鍭之矢既鈞停矣其舍放此既均同而中矣王既射以擇賓莫非賢者賓次序而爲賓客者以此擇之故而皆是賢人也○鄭唯下句爲異謂次序羣臣爲賓以射之賢者爲次言以射中多少爲差等餘同○傳敦弓至中蓺○正義曰敦與彫古今之異彫是畫飾之義故云敦弓畫弓也冬官弓人爲弓唯言用漆不言畫則漆上又畫之彼不言畫文不具耳此述天子擇士宜是天子之弓故言天子敦弓此擇士之射與羣臣共之作者主言天子

之弓而已其諸侯公卿宜與射者自當各有其弓不必盡矣其等級無文以明之也定四年公羊傳何休注云天子彫弓諸侯彤弓大夫嬰弓士盧弓事不經見未必然也又解四鍭之義言鍭是矢參亭者也參亭謂三分矢一在前二在後輕重鈞亭四矢皆然故言四鍭既鈞冬官矢人爲鍭矢參分一在前二在後注云三訂之而平者前有鐵重也矢而謂之鍭者釋器云金鏃翦羽謂之鍭孫炎曰金鏑斷羽使前重也方言云關西曰箭江淮謂之鍭則鍭者鐵鏃之矢名也又解舍矢既均之義言已均中蓺謂所射之質四矢皆均中也案周禮司弓矢鍭矢殺矢用諸近射田獵恒矢痺矢用諸散射鄭注云散射謂禮樂之射此養老卽是禮射而用鍭矢者此與賓客私宴不與常射同或云先王用先代法不用周禮。箋舍之至爲賓。正義曰舍釋俱是放義故舍之言釋謂既射放矢也傳言中蓺故又解之云蓺是質卽所射之物正鵠之揔名但此說大射當謂鵠也以下章言養老之事而此論射則知射爲養老故云周之先王將養老先與羣臣行射禮以擇其可與者以爲賓禮稱將祭而射謂之大射養老與祭相類而亦射以擇賓則亦爲大射何則禮射有三賓射在朝而射以娛賓燕射因燕而射以爲樂皆無擇士之義樂記云祀於明堂以教諸侯之孝食三老五更於太學以教諸侯之

悌是祭與養老爲相類之事故知此射必大射也王肅以此爲養老燕射案燕射於燕旅酬之後乃爲之不當設文於曾孫維主之上豈先爲燕射而後酌酒也以此知爲毛射之意亦爲大射也。傳言賓至存焉。正義曰言序賓以賢者謂次序爲賓以此擇之而皆賢也然則非賢不得爲賓故言賓客次序皆賢也自孔子射於矍相之圃以下皆射義文彼於圃下云蓋觀者如堵此引之略也矍相地名樹菜蔬曰圃於矍相之地有此圃孔子射於中以聖人行禮故觀射者衆如垣堵之牆焉將射先行飲酒之禮其禮立一人爲司正使主飲酒之事至於將射則變司正爲司馬故言射至於司馬立司馬是將射之始也於此之時使子路執弓矢出圃外以延進射者令欲射也子路延射則子路爲司射矣執弓矢者明其爲射之事也告觀者曰若嘗爲奔敗軍衆之將謂與人爲將撫御無方致使已軍喪敗或嘗爲亡國之大夫謂與人爲臣不能匡輔令使其國滅亡及與爲人後謂他人已自有後復往奇而後之則是貪財之人若有此行者不得入其餘無此行者皆入子路言此之後蓋去者半入者半子路所陳三事皆是人之惡行者觀者終不半爲此行但見其言畏其義故去者半耳既已半入於圃又使公罔之裘及序點二人揚觶爵而爲語公罔裘先語於衆曰今射之所取之者唯十年

而幼三十而壯於時能行孝悌之行及六十之耆七十之耋尙能好禮不從流失之俗脩飾己身以待其死而不變者可留於此若無此行者不得在此射位此說既訖所入之人於中蓋又去者半而處留者亦半也序點又揚舉此觶以語說於衆曰今射所取唯是好學不厭倦好禮不變悳至八十九十之耄而能勤行稱舉其道不爲亂者若無此行不得在此射位於是皆去蓋僅有存焉鄭於彼注其意爲然傳言此者見在射位如此爲難故先射擇之則賓客皆賢知子路爲司射者以鄉射云司射袒決遂取弓矢於西階乃告請射事今子路執弓矢延射故知爲司射也司射與司馬別而先自言之明子路延射之節立司馬時也主射一人而已故子路獨出延射語說必須二人故罔裘序點相對而言也必揚觶者將以令衆故執爵以自表也二人語意相類而子路之言全與別者子路出圃外延入令衆人皆入就大衆之內簡去惡者故言惡者不入爲威肅之辭其已入圃則是賓客將欲與之同射故使裘點就衆人之中簡取好者是故二人之言皆陳善事前言好禮而已後令好之不變前言者耋好之後言耄亦不亂是先易後難使彌簡彌精故再言之後蓋僅有存焉蓋者謂語辭也子路言惡事其末當云有此行者不入裘點言善事其末當云無此行者不在此位以意在可知故不

設此言是作文之常勢也孔子此射蓋爲大夫時也大夫射禮有五大射賓射燕射鄉射主皮之射此射先行飲酒之禮則孔子用鄉射禮何則大射自擇其臣非外人得入賓射則與賓爲之無詢衆之義燕射與所燕者射不得有外人觀之且燕在於寢不當處矍相之圃主皮之射則求中而已不在於禮而此射行禮又非主皮射明孔子此射用鄉射禮矣射義上又云古者天子諸侯將射必行燕禮鄉大夫之射必行鄉飲酒之禮其下則說孔子射事明孔子射前飲酒者是鄉飲酒之禮射者卽是鄉射也故地官鄉大夫職云三年則興賢者能者以禮賓之厥明獻賢能之書於王退而以鄉射之禮詢衆庶注引孔子射於矍相之圃使序點揚觶而語衆庶之義引證鄉射明孔子用鄉射之禮也。箋序賓至次第。正義曰投壺數筭云某黨賢於某若干純謂中多者爲賢此射擇之爲賓而云賢明以射中多少爲次故易傳也

敦弓既句，既挾四鍭。 天子之弓合九而成規箋云射禮搢三挾一个言已挾四鍭則已徧釋之○句古豆反說文作彀云張弓曰彀挾子協反又子合反个古賀反亦作介徧音遍

四鍭如樹， 言皆中也

序賓以不侮。 言其皆有賢才也箋云不侮者敬也其人敬於禮則射多中

〔疏〕敦弓至不

侮。毛以爲又説擇士爲射之事言王之敦畫之弓既挽其弦而句然既挾此四鍭之矢偏釋之矣其四鍭皆中於質如手就樹之然王既爲此善射以擇賢者爲賓故其次序爲賓者以此擇之故皆不有侮慢者也言爲賓者皆是恭敬之賢人。鄭唯下句爲異言其次序賓以不侮慢多少爲次第餘同。○傳天子至成規。○正義曰皆冬官弓人文也又云往體寡來體多謂之王弧注云王弓合九而成規弧弓亦然則此敦弓即彼王弧也傳言此者明既句是引滿之時也以合九成規此弓體直今言既句明是挽之説文云彀張弓也二京賦曰彫弓既彀彀與句字雖異音義同。○箋射禮至釋之。○正義曰射禮搢三挾一个大射禮然也搢者插也挾謂手挾之射用四矢故插三於帶間挾一以扣絃而射也射禮每挾一个今言挾四鍭故知已偏釋之也案大射禮搢三挾一个謂卿大夫若其君則使人屬矢不親挾也

曾孫維主酒醴維醹酌以大斗以祈黃耇曾孫成王也醹厚也大斗長三尺也祈報也箋云祈告也今我成王承先王之法度爲主人亦既序賓矣有醹厚之酒醴以大斗酌而嘗之而美故以告黃耇之人徵而養之也飲酒之禮曰告於先生君子可也。○醹如主反説文厚酒也字林同音女父反斗字又作枓都口反徐又音主三尺謂大斗之柄也醇音淳

疏曾孫至黃耇。○毛以爲賓射既中可以助行養老曾孫成王於是承先王之法度維爲主人矣其爲主人酒醴維醹厚矣故今酌之以大斗而獻之以報養黃耇之老人。○鄭以此章始告老人下章乃言其養成王養老爲主人酒醴維醹厚酌以大斗而嘗之以告黃耇將養之也。○傳曾孫至祈福。○正義曰以信南山經序準之知曾孫爲成王也醹厚謂酒之醇者説文云醹厚酒也大斗長三尺謂其柄也漢禮器制度注勺五升徑六寸長二尺是也此蓋從大器挹之以樽用此勺耳其在樽中不當用如此之長勺也祈訓爲求但從求善言而報養之故以祈爲報也。○箋祈告至君子。○正義曰祈告釋詁文序言周家忠厚則此篇所陳周之先王與今王皆能親親而敬老也四章以上言親睦九族之事故箋於首章言先王五章以下言養老之事故箋又言先王以明周之先王盡能然也至於此章指言曾孫則是主言成王故云今成王承先王之法度爲主人明先王亦然矣此先王指文王武王以其行天子禮故也若太王王季追王耳未能用天子法上言先王射以擇賓則成王亦然故知即以文王之事接之云亦既序賓矣酌文在祈黃耇之上未告黃耇故知酌者酌而嘗之也飲酒之禮曰告於先生君子可也是鄉飲酒之禮賓賢能明日之事也彼注云先生大夫之致仕者不以筋力爲禮於是可以來君子國中有盛德者可召雖所欲引此者證祈爲告義言養老之禮亦當豫告老人矣

黃耇台背以引以翼台背大老也引長翼敬也箋云台之言鮐也大老則背有鮐文既告老人及其來也以禮引之以禮翼之在前曰引在旁曰翼。○台湯來反徐又音臺爾雅云壽也鮐湯來反魚名一音夷。○

壽考維祺以介景福祺吉也箋云介助也養老人而得吉所以助大福也。○祺音其介音戒毛大也後皆放此

疏黃耇至景福。○毛以爲成王之養老人也非止一時而已言此黃耇鮐背之老人成王以立長養事之以此常恭敬之由其尊者老之人故得壽考維有吉慶以受大大之福。○鄭以上言告老人此言養之事黃耇鮐背之老人既告之而來成王乃使人以禮在前導引之以禮在傍贊翼之以此故得壽考維吉以助其受大福。○傳台背至翼敬。○正義曰釋詁云鮐背耇老壽也舍人曰老人氣衰皮膚消瘠背若鮐魚也爾雅作鮐以其似鮐魚而此經作台故箋申之云台之言鮐也大老則背有鮐文是依爾雅爲説也劉熙釋名云九十曰鮐背背有鮐文或當然也引長翼敬釋詁文。○箋在前至曰翼。○正義曰引者牽引之義故云在前曰引謂在前相導之翼者如鳥之翼在身之兩傍故云在傍曰翼謂在傍扶持之以此引翼是導引扶持之義則老人於是始求故易傳以上章爲始告此章爲正養。○傳祺吉。○正義曰釋言文

行葦八章章四句故言七章二章章六句

五章章四句

既醉大平也醉酒飽德人有士君子之行焉成王祭宗廟旅酬下徧羣臣至于無筭爵故云醉焉乃見十倫之義在意云滿是謂之飽德。○大平音泰後大平皆放此行下孟反第四章以下注皆同徧音遍下同見賢遍反

疏既醉八章章四句至行焉。○正義曰作既醉詩者言太平也謂四方寧靜而無事此則平之大者故謂太平也成王之祭宗廟羣臣助之至於祭末莫不醉足於酒厭飽其德既荷德澤莫不自脩人皆有士君子之行焉能使一朝之臣盡爲君子以此教民大安樂故作此詩以歌其事也士者事也言其才可以理庶事人行之成名公卿以下揔稱之濟濟多士文王以寧其文兼公卿也君子者言其德可以君上位子下民

雖天子亦稱之，易乾卦九三君子終日乾乾謂天子是也，公卿以下有德者亦稱之，言人有德者謂人人皆有德以顯太平之驗。經八章首章上二句是醉酒飽德也，四章下二句言相攝以威儀，五章言君子有孝行，是有士君子之行。此二事是太平之實，故序特言之。但醉酒飽德本因祭祀蒙福，則遠被子孫，故作者因言祭而得福祿澤及後世之事，非詩所主意，故序者略之。本或云告太平者，此與維天之命敘文相涉，故遂誤耳。今定本無告字。○箋成王至飽德。○正義曰：以經言祭事，故云成王祭宗廟，至於旅酬乃以酒次序相酬，不遺微賤，下徧於羣臣，至於無筭爵，爵行無數，以此故云醉焉。酌酒始於旅酬，爵行終於無筭，以醉必在祭末，故先以無筭結之。又從祭初至於祭末，乃見十等倫理，於是志意充滿，如食飽足，是以謂之飽德也。祭統云：「夫祭有十倫焉：見事鬼神之道焉，見君臣之義焉，見父子之倫焉，見貴賤之等焉，見親疏之殺焉，見爵賞之施焉，見夫婦之別焉，見政事之均焉，見長幼之序焉，見上下之際焉。此之謂十倫也。」彼陳目於上，又歷說其事於下，文多不可盡載，略舉其意。以為筵几依神，詔室出於祊，為交神明，一也。君迎牲而不迎尸，為尸在廟門外疑於臣，別嫌而迎，是明君臣之義，二也。孫為王父尸，尸已北面事子，則為父尸之故，此父子之倫，三也。尸飲五，獻卿；尸飲七，獻大夫；尸飲九，獻士與有司，是明貴賤，四也。羣昭羣穆咸在，別遠近親疏之序，是親疏之殺，五也。賜爵祿於太廟，此施爵賞於六也。君在阼，夫人在房，不相授受，酢必易爵，此別夫婦為七也。祭末歸俎，貴者不重，賤者不虛，是政事之均，八也。賜爵昭穆及有司，皆以齒，是長幼有序，九也。有畀煇胞狄閽寺，君在上而惠下，是上下之際，十也。此十義祭必有之，唯爵賞之施或有或無，舉其有者而為十耳。若然，此十義祭則有之，獨言成王之時為太平事者，人有士君子之行，自由王化之深，實非祭末始然，但作者因事見義，以祭有飽德之事而臣有士君子之行，以為政由於神化，從神感，是故因祭祀而美其人有德行，以示世之太平耳。

既醉以酒，既飽以德，既者，盡其禮，終其事。箋云：禮謂旅醻之屬，事謂惠施先後及歸俎之類。○施，式豉反。**君子萬年，介爾景福。**箋云：君子斥成王也。介，助。景，大也。成王女有万年之壽，天又助女以大福，謂五福也。

疏「既醉」至「景福」。○毛以為成王之祭宗廟，羣臣助之，至旅醻而酌酒，終無筭爵而皆醉，言成王既醉之以酒矣，又於祭末見惠施先後、歸俎之事，差次二者之德，志意充滿，又是既飽以德矣。君子成王德能如此，當有万年之壽，天又大與汝大福也。○鄭唯以介為助，餘同。○傳「既有」至「其事」。○正義曰：春秋日食盡者謂之既，故解之云：既者，盡其禮，終其事，其義一也。以經有二事，故分之耳。○箋「禮謂」至「之類」。○正義曰：以傳解為二，故亦分而申之。傳以禮解酒，故云禮，旅酬之屬，言之屬，謂下及無筭爵也。傳以事解德，故云事謂惠施先後，謂尸飲五獻卿，尸飲七獻大夫，以貴賤為先後也。及歸俎者，貴者得貴骨，賤者得賤骨，貴者先而賤者後，言之類，見理兼十倫，故箋略舉以包通之。○箋「君子」至「五福」。○正義曰：何知君子非上醉酒飽德之人而以為成王者，以與万年連文，六章、七章万年之下以祚胤景命接之，故知君子万年宜斥成王也。六章万年之下云永錫祚胤，卽承之云天被爾祿，明永錫者是天錫之也。此介爾景福亦在万年之下，其文與彼相值，明亦大也，故云天助汝以大福也。此祭宗廟而言天助者，以人死魂歸於天，雖人鬼所助者，皆歸之於天焉。少牢嘏辭亦云使汝受祿於天是也。福謂五福者，洪範云：「五福：一曰壽，二曰富，三曰康寧，四曰攸好德，五曰考終命。」注云：「康寧，人平安也。攸好德，人皆好有德也。考終命，考，成也，終性命，謂皆生佼好以至老也。」此五者皆是善事，自天受之，故謂之福。福者，備也；備者，大順之揔名。詩言景福多矣，以此篇福事數備於五，故就此以明之，見諸言景福義皆然也。此篇言君子万年，是為壽也；天被爾祿，是富也；室家之壼，是康寧也；昭明有融，是攸好德也；高朗令終、景命有僕，卽考終命也。為下具此五者，故箋於是言之，明此篇景福之言為下揔目也。

既醉以酒，爾殽既將。將，行也。箋云：爾，女也。殽謂牲體也。成王之為羣臣俎實，以尊卑差次行之。**君子萬年，介爾昭明。**箋云：昭，光也。

疏「既醉」至「昭明」。○毛以為成王之祭宗廟，羣臣助之，終於無筭爵而皆醉，言成王既醉之以酒矣，爾王之殽羞牲體既差次而行之，禮事終備，女君子成王當有万年之壽，天又光大汝成王，與之以昭明之道，謂使之政教常善，永作明君也。○鄭唯以介為助，餘同。○箋「殽謂」至「行之」。○正義曰：歸俎者以牲體實之於俎，故又謂俎實。以尊卑差次行之者，謂貴者得貴骨，賤者得賤骨是也。

昭明有融，高朗令終。融，長。朗，明也。始於饗燕，終於享祀。箋云：有，又。令，善也。天既其女以光明之道，又使之長有高明之譽，而以善名終，是其長也。○**令終有俶，公尸嘉告。**俶，終也。公尸，天子以卿，言諸侯也。箋云：俶猶厚也。既始有善，令終又厚之。公尸以善言告之，謂嘏辭也。諸侯有功德者入為天子卿大夫，故云公尸。公，君也。○俶，尺叔反。報，古雅反。

疏「昭明」至「嘉告」。○毛以為天既光大汝成王以昭明之道甚有長也言與之明道未有極已之時以是之故王德高明而有善終祀莫重於祭饗燕是祀之始祭祀是祀之終言王能善於祭也王之善終又有始言王於饗燕之祀亦善爲之由其終始皆善故於祭之時有諸侯之公與王爲先祖之尸始以善告王使受福也由此祭而使羣臣飽德故因述王之祭祀焉○鄭以爲天既助汝王以光明之道不但一時而已又使之長遠也所以爲長者使王有高明之譽而以善名終是其長也既以善名而終又使之篤厚是故公尸以善言告王也○傳融長至享祀○正義曰融長釋詁文釋言文明朗也反覆相訓故朗爲明也此言令終下云有俶則是始終相對下云公尸此論祭事祭統曰祀有五經莫重於祭是以祭祀爲重祀終於是故謂之終以事神之祀爲終則與人交接者爲始故以饗燕爲始享祀爲終王者先成民而後致力於神故始於饗燕終於享祀○箋有又至其長○正義曰以詠一人之事宜爲相亞故以有爲又令善釋詁文天既助汝以光明之道令其無有窮已是又使之長也光明之道自在己身行之於人則有名譽此高朗令終還述有融之言故云有高明之譽而以善名終是其長也易傳者此昭明還乘上文而申之未有祭事在其間故易之也○傳俶始至諸侯○正義曰俶始釋詁文天子以卿謂以卿爲尸也卿

而謂之公者言此卿之尊比下土諸侯也諸侯稱公故亦謂卿爲公也白虎通引曾子曰王者宗廟以卿爲尸射以公爲耦不以公爲尸避嫌三公尊近天子親稽首拜尸故不以公爲尸然則當時傳記有此說故知宗廟之尸必以卿也卿六命出封則爲侯伯故得以公言之此傳據卿非諸侯者爲說耳若諸侯入爲卿則稱公是常矣○箋俶猶至公君○正義曰箋以此文從介爾昭明以來轉相乘述則是終有俶亦是介爾之事俱爲神祐受之於天非言王之祭燕行事始終故不從俶爲始以令終已是善名故以俶爲厚釋詁文俶作也作事所以厚生故云俶猶厚也言天祐成王既始使以善名終又使厚之見天意殷勤之至也尸告主人唯嘏辭耳故知公尸嘉告謂嘏辭也傳言以卿爲非諸侯者故又言諸侯入爲卿大夫以申足傳說也諸侯有功德者入爲天子之卿大夫謂侯伯爲卿子男爲大夫五等在國臣皆稱之曰公故言公尸也公君釋詁文明國君而稱公非必公爵也此宗廟宜以卿爲尸但因解公而連言大夫耳祭統云夫祭之道孫爲王父尸所使爲尸者於祭者子行也父北面而事之彼說天子諸侯之法則天子諸侯宗廟之祭其尸用同姓也於同姓之中用其適者故祭統注云必取同姓之適知者士虞記云男男尸女女尸必使異姓不使賤者注云異姓婦也尸配尊

者必使適也雖虞時男女別尸既祔則夫婦共尸唯此爲異其用適則同也曲禮曰爲人子者不爲尸注云然則尸必卜筮無父者然則尸又用適而無父者也非其宗廟之祭則其尸不必同姓石渠論云周公祭天用太公爲尸是用異姓也白虎通又云周公祭太山用召公爲尸蓋天地山川得用公也

其告維何籩豆靜嘉

恒豆之菹水草之和也其醢陸產之物也加豆陸產也其醢水物也籩豆之薦水土之品也不敢用常褻味而貴多品所以交於神明者言道之徧至也箋云公尸所以善言告之是何故乎乃用籩豆之物絜清而美政平氣和所致故也○褻息列反清如字又才性反

朋友攸攝攝以威儀

言相攝佐者以威儀也箋云朋友謂羣臣同志好者也言成王之臣皆有仁孝士君子之行其所以相攝佐威儀之事○好呼報反

疏 其告至威儀○正義曰案乘上公尸嘉告又問而說之言其此公尸以善言告者維何所爲乎乃由主之所祭籩豆之物絜清而美又其時王之羣臣同志好之朋友皆有士君子之行所以相攝斂而佐助之其所以相攝佐者以威儀之事也由祭饌則絜清而美助者又善於威儀當神之意故公尸以善言告王也○傳恒豆至徧至○正義曰自交於神明以上皆郊特牲文所異者

唯彼和下有氣此略之耳既引其文又云言道之徧至以解其間用水土之意豆謂恒常正祭之豆菹用水草之和氣所生者而爲之若昌本與㲋葵也其醢則用陸地所產之物若麋麛之等也朝事爲正故謂之恒其加豆菹用陸產之物若葵菹與豚拍也其醢則別用水物若蠃與魚謂饋食之豆以其亞朝事故謂之加此籩豆之薦用水土所生之品者以不敢用尋常褻美之味而貴其多品數故加相及所以交接於神明者言道之徧而至於水土故也彼注云此謂諸侯也天子朝事之豆有昌本麋臡茆菹麇臡饋食之豆有葵菹蠃醢豚拍魚醢其餘則有雜錯云也記言恒豆加豆鄭引朝事饋食則以朝事爲恒饋食爲加取其水陸相配與記同者而證之以恒加相亞宜爲朝事與饋食故不爲饋外之加焉其餘錯雜者於天官醢人云朝事之豆有韭菹青菹非水草也饋食之豆有蜃蚳醢蜃非陸產蚳非水物故言雜錯也此皆言豆而并言籩者籩與豆相配故連言之也此皆天子之禮而引諸侯法者取水土之品是靜加之義故引之其雜錯猶自不同也○箋公尸至致故○正義曰維何者問之辭靜嘉者荅之意言政平氣和因解水陸之物得美之意此經意言其告維何由籩豆靜嘉下云其類維何室家之壼其胤維何天被爾祿更自申說類胤之事文勢雖與此異俱問而自說故同

言維何也○箋朋友至之事○正義曰言朋友則非一人論祭事而言攸攝則是羣臣相攝以助之友者同志之名故云朋友謂羣臣同志好者攝者收斂之言各自收斂以相助佐爲威儀之事則祭義所謂濟濟漆漆是也

威儀孔時君子有孝子

箋云孔甚也言成王之臣威儀甚得其宜皆君子之人有孝子之行

孝子不匱永錫爾類

匱竭類善也箋云永長也孝子之行非有竭極之時長以與女之族類謂廣之以教道天下也春秋傳曰穎考叔純孝也施及莊公○匱求位反道音導施以豉反

疏 威儀至爾類○毛以爲成王之臣既相攝佐以威儀威儀甚得其適時之中皆爲君子之人皆有孝子之行既有孝子之行又不有竭極之時能以孝道轉相教化則天長賜汝王以善道矣○鄭唯長與汝之族類爲異餘同○箋孔甚至其宜○正義曰孔甚釋言文時謂時節前事而量度之使已舉措合宜故云威儀甚得其宜賓之初筵箋以時爲心所尊敬意亦類於此也○傳匱竭類善○正義曰匱竭俱是盡之義故以匱爲竭類善釋詁文○箋永長至莊公○正義曰永長釋詁文祭義云大孝不匱言博施備物當謂天子諸侯行孝不匱也此孝子不匱乘上朋友之文亦謂羣臣行孝與彼異也以言羣臣之孝則知永錫爾類爲長與爾之族類謂轉相教導也各欲其類則可以徧及天下故云謂廣之教導天下近從朝廷而至於天下是其無竭極之時也所引春秋傳者隱元年左傳文彼言穎考叔之孝延及莊公亦使孝以證有孝行者能轉相教導也純孝者杜預云純猶篤也謂孝之篤厚也○

其類維何室家之壼

壼廣也箋云壼之言梱也其與女之族類云何乎室家先以相梱致已乃及於天下○壼苦本反鄭梱致也梱苦本反致直置反

君子萬年永錫祚胤

胤嗣也箋云永長也成王女有万年之壽天又長予女福祚至于子孫○

疏 其類至祚胤○毛以爲乘上錫王善道故又問而說之天與王以善道者維是云何乎正謂以此善道施於室家之內以此室家之善廣及於天下此所謂長與之也能使善道之廣如此則君子成王當有万年之壽天又長與汝之福祚至於胤嗣之子孫言天深祚之使福及後世也○鄭亦乘上問而說之言羣臣以孝行與其族類者維云何乎使至室家之內皆自先相緻恩親乃後及於天下使皆室家相親是謂與族類也餘同○傳壼廣○正義曰釋宮云宮中巷謂之壼以宮中巷路之廣故以壼爲廣王肅云其善道施於室家而廣及天下周語單靖公之老送叔向叔向告其老而美單子引此章乃云壼也者廣裕民人之謂也王肅據彼文以述毛傳彼言壼者廣裕民人故以壼爲廣也○箋壼之至天下○正義曰箋以言室家之壼則壼是室家之事若言室家之廣則於文不類故易之云壼之言梱以孝行與族類者室家先以相梱逼而密緻言其相親然後以此相親之道與其族類亦使之室家相親故言乃及於天下也毛據外傳爲說外傳正解此文而箋必易之者箋之此意不違外傳也室家梱緻則可以化天下則是廣裕民人也孝昭皆取此箋以解外傳是其不違矣但不訓壼爲廣與毛異耳

其胤維何天被爾祿

祿福也箋云天予女福祚至于子孫云何乎天覆被女以祿位使祿臨天下○

君子萬年景命有僕

僕附也箋云成王女既有万年之壽天之大命又附著於女謂使爲政教也○著直略反下同

疏 其胤至有僕○毛以爲乘上問而說之其言祚及從胤至者維是云何乎正謂天覆被汝以福祿之長保王位錄臨天下言既得福祿如此君子成王常有万年之壽天之大命有所附著言常歸於汝傳之子孫也○鄭唯以有爲又餘同○傳僕附○正義曰以僕御必附近於人故以僕爲附傳不訓有爲又故知不與鄭同

其僕維何釐爾女士

釐予也箋云天之大命附著於女云何乎予女以女而有士行者謂生淑媛使爲之妃○釐力之反媛于眷反妃音配又芳非反

釐爾女士從以孫子

從隨也箋云天既予女以女而有士行者又使生賢知之子孫以隨之謂傳世也○知音智傳直專反

疏 其僕至孫子○正義曰乘上景命有僕問而說之言其大命所附之事維云何乎乃與汝以女而有士行者使與汝爲配耦既與汝而有士行者又隨之以生賢智之子孫使之傳世是得天之大命附著也○傳釐予○正義曰釋詁云釐予賜也俱訓爲賜故釐得爲予○箋天之至之妃○正義曰自六章至此其文有次因孝子之臣化族類以固王室故先言永錫祚胤其遠之辭但乘其句末而轉之故云其胤維何不言其祚耳實七章所言天被爾祿景命有僕即祚也此章云釐爾女予從以孫子是胤也六章舉其目因而分說之鄭以七章言祚故箋云天覆被汝以祿位天之大命又附著於汝指王身是解祚也以此章言胤故下箋云使生賢智之子孫以隨之謂傳世指其子孫是解胤也但以理得相因故言其胤維何而以祚答之見其生賢胤乃可以保國祚故其言相起發也下言釐爾女士從以孫子則孫子是此士女所生故知女

士謂女而有士行者文母爲十亂之一是女而有士行者也成王之妃書傳無文其子則康王也昭二十六年左傳曰成王靖四方康王息民則康王亦明玉也

既醉八章章四句

鳧鷖守成也大平之君子能持盈守成神祇祖考安樂之也君子斥成王也言君子者大平之時則皆然非獨成王也。鳧音符鷖於雞反蒼頡解詁云鷖鷗也一名水鶚祇祁支反樂音洛篇末注同。【疏】鳧鷖五章章六句至樂之。正義曰作鳧鷖詩者言保守成功不使失墜也致大平之君子成王能執持其盈滿守掌其成功則神祇祖考皆安寧而愛樂之矣故作此詩以歌其事也上篇言太平此篇言守成即守此太平之成功也太師次篇見有此義敘者述其次意故言太平之君子亦乘上篇而爲勢也王者之馭天下太平是功之所極物極則反或將喪之成之既難守亦不易故所以美其能守之也執而不釋謂之持主而不失謂之守持是手執之守是身護之盈者如器實滿故言持成者如物積聚故言守持守之義亦相

詩疏十七之三　十五

通也故易注云持一不惑曰守是守亦持也神祇以人爲主故能守成則神祇祖考安樂之矣神者天神祇者地神祖者則人神也經五章毛以爲皆祭宗廟則是祖考耳而兼言神祇者以推心事神其致一也能事宗廟則亦能事天地因祖考而廣言神祇明其皆安樂之也安者神意自安即來燕來寧來宜來處來宗是也樂者謂愛樂主人饗其祭祀降之福祿即來成來爲來下來崇無有後艱是也其持盈守成言神祇所以得安之意於經無所當也鄭於神祇祖考經皆有之三章祭天地是神祇也卒章七祀亦神之別也二章四方百物四章祭社稷山川於周禮皆地祇也首章宗廟即祖考也不言鬼而言祖考復其文以足句經序倒者序以天地人爲尊卑之次以統其小者經以鳥至爲次故不同也毛於首章傳曰太平則万物衆多則不以鳧鷖所在爲處也二章傳曰厚爲孝子則是於祖考也卒章傳曰不敢多祈則是進孝子之情非尸有尊卑也然則毛以五章皆爲宗廟矣鄭以首章祭宗廟二章祭四方百物三章祭天地四章祭社稷山川卒章祭七祀皆以首章一句言正祭次句以下言燕尸宗廟燕尸以祭之明日其餘皆同日也如此爲章次者以鳧鷖水鳥居水是常故先言在涇既以水爲主然後從下而漸至於高鳥不常處或出水傍故次在沙而水中高地鳥亦往焉故次在渚水外高地鳥又時往故次在深山之絕水鳥往最稀故以爲末因以鳥之所在取其象類爲喻故不依尊卑之次焉

鳧鷖在涇公尸來燕來寧鳧水鳥也鷖鳧屬太平則万物衆多箋云涇水名也水鳥而居水中猶人爲公尸之在宗廟也故以喻焉祭祀既畢明日又設禮而與尸燕成王之時尸來燕也其心安不以己實臣之故自謙言此者美成王事尸之禮備**爾酒既清爾殽既馨公尸燕飲福祿來成**馨香之遠聞也箋云爾者女成王也女酒殽清美以與公尸燕樂飲酒之故祖考以福祿來成女。聞音問或如字【疏】鳧鷖至來成。毛以爲成王之時天下太平万物衆多莫不得所其鳧鷖之鳥在於涇水之中得其處也既天下太平成王祭宗廟之神以其明日繹而燕尸此時公尸之來與王燕也其來心則安寧不以己實臣之故而不安由王誠心敬之故也其燕之時爾王酒既清絜矣爾王之殽既馨香矣乃用之以公尸燕樂而飲之則爲神所悅以此致福祿而來成汝孝子是爲神所安樂之也。鄭唯上句爲異言鳧鷖在涇水之中以與公尸在宗廟之內餘同。傳鳧水至衆多。正義曰釋鳥鸍沈鳧某氏曰詩云弋鳧與鴈郭璞曰似鴨而小長尾背上有文

詩疏十七之三　十六

今江東亦呼爲鸍陸機疏云大小如鴨青色卑脚短喙水鳥之謹愿者也鷖與鳧俱在涇故知鳧屬蒼頡解詁云鷖鷗也一名水鶚太平則取之以時不妄大殺故万物衆多万物多而獨言鳧鷖者舉鳥之得所則餘者皆然可知。箋涇水至禮備。正義曰欲言水鳥居中故云涇水名也以凡喻皆取其象故以水鳥之居水中猶人爲公尸之在宗廟故以喻焉此謂正祭故云在宗廟若繹祭之禮則郊特牲注云祊當於廟門之外西室繹又於其堂不專在廟門明在廟爲正祭也言公尸來燕則是祭後燕尸非祭時也燕尸之禮大夫謂之賓尸即用其祭之日今有司徹是其事也天子諸侯則謂之繹以祭之明日春秋宣八年言辛巳有事於太廟壬午猶繹是謂在明日也此公尸來燕是繹祭之事故云祭祀既畢明日又設禮而與公尸燕也其尸以卿大夫爲之於王實爲其臣但孝子以父象事之故其心安不以己實臣之故自嫌由王事之盡敬故不嫌也若人遇己薄則不敢自安今言尸之安明王禮之備也

鳧鷖在沙公尸來燕來宜沙水旁也宜宜其事也箋云水鳥以居水中爲常今出在水旁喻祭四方百物之尸也其來燕也心自以爲宜亦不以己實臣自嫌也。**爾酒既多爾殽既嘉**言酒品齊多而

殽備美。齊才細反。**公尸燕飲，福祿來爲。**厚爲孝子也。箋云：爲猶助也，助成王也。○爲，于僞反，注同。協句如字。

【疏】「鳧鷖」至「來爲」。○毛以爲時既太平，鳧鷖之鳥在於水傍之沙，而得其所。於此之時，成王祭其祖考，而明日燕尸。公尸之來燕也，自以其來爲宜其事，不以臣故而自嫌。言王事尸之禮備也。其燕之時，爾王之酒既多矣，爾王之殽既善矣，王用之以與公尸燕樂而飲之，故致福祿來而厚爲孝子也。○鄭以鳧鷖在沙喻祭四方百物，卽以其日燕尸，福祿來助成王，以此爲異，餘同。○傳「沙水」至「其事」。○正義曰：上言在涇，此云在沙，則在涇水之傍沙也，故云「沙，水傍」。易需卦九二「需于沙」，注云「沙接水者」，亦是水傍矣。說文云：「沙，水中散石也。水少則沙見，故字從水少。」耳因以爲宜，故知宜其事也。○箋「水鳥」至「自嫌」。○正義曰：箋以序言神祇祖考，其言偏說諸神，則經之所陳盡有之矣，非獨祭宗廟而已，故以每章各爲一祭，而詩之取喻皆以爲象。廟中之有神，猶涇水之有鳥，故以在涇爲喻宗廟。今鳥出在水傍，猶似神居國外。國外之祭，惟是四方百物之神矣，故云水鳥而居水中爲常，今出在水傍，喻祭四方百物之尸。由四方百物祭在國外，故以出水爲喻也。大宗伯「疈辜祭四方百物」，言四方則其祭在國之外者，各祭其方也；言百物則徧祭百種之

詩疏十七之三　七

神也。○祭在四方，其神百種，惟蜡祭耳。故注云：「疈，疈牲胷也。辜，磔也。疈而磔之，謂磔禳及蜡祭也。」卽引郊特牲曰「八蜡以記四方，年不順成，則八蜡不通，以謹民財也」，又曰「蜡之祭也，主先嗇而祭司嗇也。祭百種以報嗇也」。是八蜡之祭在四方，祭百種也。言祭百種者，舉成數耳。郊特牲曰：「蜡也者，索也。歲十二月，合聚万物而索饗之。」注云：「万物有功加於民者，神使爲之，故祭以報焉。」既言百種，又言万物，是其徧祭天下羣神也。而謂之八蜡者，以蜡者主於爲田報祭，其八者於田功尤多，故以爲主耳。其祭非徒八神而已，其神雖衆，捴而祭之。郊特牲又曰：「伊耆氏始爲蜡。」注又云：「造者配之。」蓋諸神共立一尸，而以伊耆氏配也。曾子問云：「嘗禘郊社，尊無二上。」注云：「神雖多，猶一一而祭之。」此得捴祭羣臣者，彼據常法，故一一祭之。蜡之與祫，皆有以而然，故爲捴祭。然蜡以先嗇爲主，祫以后稷爲主，亦尊無二上也。郊特牲說蜡之辭曰：「土反其宅，水歸其壑，昆蟲無作，草木歸其澤。」注云：「此蜡祭祝辭也。」若辭同則同處，可知是諸神捴祭之事也。郊特牲又曰：「順成之方，其蜡乃通。」則四方爲一祭，故謂之四方也。此箋言祭四方百物之尸，謂正祭時也；「來燕宜」者，謂祭末燕尸也。上箋宗廟之祭言明日又設祀而與公尸燕，此及下章皆不言明日，有事祭義曰：「周人祭日，以朝及闇。」既言終日有事，明其卽燕尸矣。春官神士職曰：「以冬日至致天神人鬼，以夏日至致地祇物魅。」注云：「蓋用祭天地之明日。」既別有事，明其不復燕尸，故知燕尸卽以其祭之日也。天地尙以其日，明其餘諸神亦以其日也。故箋於此及下章皆不言明日也。其心自以爲宜，爲宜與來寧意同，故云亦不以己實臣之故自嫌也。○傳「言酒」至「備美」。○正義曰：鄭於周禮差之，惟大事於太廟備五齊三酒。毛於此義雖爲宗廟之祭，其大事與時祭不明，但言品齊多耳，未必五齊三酒皆俱也。殽稱既嘉，可言美而已矣，而傳兼言備者，見苟可薦者莫不咸在之義。箋以此章爲蜡祭，則言多者，以其神多故也。○傳「厚爲孝子」。○正義曰：言此福祿之來，厚爲孝子，而其意亦與箋同，以爲助之也。但不以爲宗廟之祭，不得言孝子，故變言成王也。

鳧鷖在渚，公尸來燕來處。渚，沚也。處，止也。箋云：水中之有渚，猶平地之有丘也。喻祭天地之尸也。以配至尊之故，其來燕似若止得其處。○渚之與反。沚音止。**爾酒既湑，爾殽伊脯。公尸燕飲，福祿來下。**箋云：湑，酒之泲者也。天地之尸尊，事尊不以褻味，泲酒脯而已。○湑，息汝反。泲，子禮反，字又作濟，同。

【疏】「鳧鷖」至「來下」。○毛以爲時既大平，鳧鷖之鳥來在水中之渚，得其常處。於此之時，成王祭

詩疏十七之三　八

其宗廟，而明日燕尸。公尸之來燕也，其來似若止得其處。其燕之時，爾王之酒既湑然而泲之，爾王之殽維是脯矣。王用此酒脯與尸燕樂而飲之，爲神所饗，福祿來下而與之。○鄭以鳧鷖在渚喻祭天地之神於丘，卽以其日燕尸爲異，餘同。○箋「水中」至「其處」。○正義曰：喻取其象。水中高地謂之渚，渚之高於水，猶丘之高於地，故云水中之有渚，猶平地之有丘，喻祭天地之尸也。春官大司樂曰：「冬日至，於地上之圜丘奏樂六變，則天神皆降；夏日至，於澤中之方丘奏樂八變，則地祇皆出。」是祭天地之神皆在丘也。天地之祭雖二至在丘耳，其夏正郊天與迎氣四郊及北郊祭地，爲壇而祭，不於丘也。此以渚爲喻，雖喻二至之祭，其文不及郊也。尸爲神象，故公尸配至尊。上云來寧、來宜，此言來處，義亦同也。上言其來心安，心安宜據尸意爲說；此云似若止得其處，謂外人觀之。彼言其心，此據其貌爲異耳。定本云「以若止其處」，集注云「似若止得其處集處」，是也。○箋「湑酒」至「而已」。○正義曰：箋以上言酒多殽美，今酒言湑，變殽言脯，明其因文立義，故知天地之尸尊，事尊者不敢以褻美之味，直以所泲之酒及乾脯而已。因此示義，舉酒脯爲言，其實天地之祭更有殽饌也。

鳧鷖在潨，公尸來燕來宗。潨，水會也。宗，尊也。箋云：潨，水外之高者也，有瘞埋之

象喻祭社稷山川之尸其來燕也有尊主人之意○深在公反說文云小水入大水也徐云鄭音在容反水外之高者也瘞於例反埋亡皆反字亦作薶同

既燕于宗福祿攸降公尸燕飲福祿來崇崇重也箋云既盡也宗社宗也羣臣下及民盡有祭社之禮而燕飲焉爲福祿所下也今王祭社又以尸燕福祿之來乃重厚也天子以下其社神同故云然○降戶江反重直龍反下同○【疏】鳧鷖至來崇○毛以爲時既太平鳧鷖之鳥在於深水之會得其常處於此之時成王祭宗廟明日而與尸燕公尸之來燕也其來有尊敬孝子之心既來與王燕於宗廟則福祿從此尸所而下與王也於時王與公尸燕樂飲酒故致福祿而來重與王也○鄭以爲鳧鷖之鳥在水外之深喻公尸之居在瘞埋之祭謂祭社稷山川之神至其祭畢而燕尸公尸之來燕也其來有尊主人之意於此天子祭社稷之時羣臣下及衆民盡至而燕飲於其社宗爲福祿所下而與之此時天子用酒殽而與公尸燕樂而飲之故致福祿之來乃重而厚也自天子至於庶人同得社之福祿故言重也○傳深水會宗尊○正義曰深音如叢則叢是聚義且字從水衆知是水之會聚之處說文云深小水入於大水也廟以尊重稱宗廟故宗爲尊也王

肅云言尊敬孝子也○箋深水至之意○正義曰箋以水會亦在水中與在涇無異不宜別文其義既別則深非水矣此詩之次從水而次沙次渚則是漸嚮高地此承渚下則亦是地矣渚既是水中高地深當是水外之高地深者地高之貌水外之地深然而高蓋涯涘之中復有偏高之處以爲瘞埋之象喻祭社稷山川釋天云祭地曰瘞埋李巡曰祭地以玉埋地中曰瘞埋孫炎曰瘞者翳也既祭翳藏地中然則瘞埋牲者其上以土覆之微高於平地故以深爲喻也爾雅以祭地爲瘞埋祭法云瘞埋於泰折祭地也春官司巫凡祭事掌守瘞注云瘞謂若祭地祇有埋牲玉者守之然則瘞埋者唯謂祭地耳此以瘞埋爲祭社稷山川者上以渚喻上其文可以兼天地則此非地之大祇當是地之別神耳大宗伯社稷山川皆在地神之條則其祭亦埋與祭地同也若無大宗伯云以血祭祭社稷五嶽以埋沈祭山林川澤注云不言祭地此皆地祇祭地可知也陰祀自血起貴氣臭也祭山林曰埋川澤曰沈順其性之含藏如彼之注唯山用埋爾社稷與川似不用埋而此言社稷山川皆瘞埋者鄭志張逸問曰以血祭祭五嶽以埋沈祭山川不審五嶽亦當埋否荅曰五嶽尊祭之從血腥始何嫌不埋如鄭此言祭五嶽有埋明社稷亦埋矣然則川澤曰沈蓋亦沈而復埋何者釋天云祭山曰庪

縣不言埋張逸亦引以問而鄭荅曰爾雅之文雜非一家之注不可盡據以難周禮雖不可盡據而於校人玉人之注有庪沈之言是鄭意亦以祭山有庪縣之法鄭雖不解庪縣之義要庪縣似非埋也祭山得庪縣而復埋明祭川亦得沈而復埋故以社稷山川皆言埋也李巡以埋爲埋玉而禮運云瘞繒帛注云埋牲曰瘞則牲玉幣帛皆埋之也孫炎曰既祭埋之鄭於司巫注云守瘞者以祭禮未畢若有事然祭禮畢則去之矣即是初即埋之非祭畢始埋也社稷山川其神不畢於四方百物云有尊主人之意者尸以主人盡禮故尊重之而以己畢之故尊主人也毛意正以爲宗廟之祭亦言尊敬孝子○傳崇重○正義曰釋詁文○箋既盡至云然○正義曰以下文云公尸燕飲則此未爲燕訖故以既爲盡上箋云社稷山川則此章所祭非獨社耳稱以宗爲社宗者以下言公尸燕飲謂王與尸燕則既燕于宗則非王燕尸矣此非王燕而言盡燕者周悉之辭故知既燕于宗謂羣臣下及民庶因祭而燕也此在社稷山川之章則羣臣所祭之神亦此等神耳但諸侯之於山川在其地則祭之非其地則不祭國君尚然則羣臣民庶必不得祭山川矣臣民得與天子同祭者唯社稷耳故知既燕于宗唯指社宗以社是尊神耳故言社宗猶廟稱宗廟也月令仲春命民社祭法云大夫以下成

羣立社郊特牲曰唯爲社事單出里是羣臣下及民庶盡有祭社之禮而燕飲焉臣民所祭不必有尸所云燕飲因祭而與其祭之人自燕飲耳郊特牲曰社者神地之道也又曰社祭土而主陰氣天子諸侯下及庶民雖廣狹不等俱土神因言天子祭社其辭遂及於民故文辭重疊異於餘章箋又言天子以下其神社同故云然是解詩人置辭被及民庶之意也公尸燕飲文在臣民之下以民得福君又得福故云來重以民之獲福亦君之福也故於君爲重

鳧鷖在亹公尸來止熏熏亹山絕水也熏熏和說也箋云亹之言門也燕七祀之尸於門戶之外故以喻其來也不敢當王之燕禮故變言來止熏熏坐不安之意○亹音門熏許云反說文作醺云醉也說音悅

旨酒欣欣燔炙芬芬公尸燕飲無有後艱欣欣然樂也芬芬香也無有後艱言不敢多祈也箋云艱難也小神之尸卑用美酒有燔炙可用褻味也又不能致福祿但令王自今無有後艱而已○令力呈反【疏】鳧鷖至後艱○毛以爲時既大平鳧鷖之鳥在山絕水之亹得其常處於此之時成王祭其宗廟以明日燕尸公尸之來止燕坐熏熏然其又和說而得其宜於是行旨美之酒欣欣然歡樂薦燔炙之羞芬芬然馨香王

用之以與公尸燕而飲之致其無復有後日之艱難孝子之意不敢多祈故變文不言福祿以見之○鄭以鳧鷖之鳥在於絶水之亹喻公尸之居在於王宗廟之門謂祭七祀之神燕其尸於廟門之外也公尸之來止處自以神卑之故熏熏然坐而不安於是有旨酒欣欣然美燔炙芬芬然香用之以與公尸燕樂而飲之致其無復有在後之艱厄神卑不敢致福止令無艱而已○傳亹山至和説○正義曰傳以潨者水中地是土當水之流潨者水會之處是土障水令聚令變文言亹非復土也故以爲山絶水謂山當水路令水勢絶也所云石絶水曰梁亦此之類蓋石是小石此則大山爲異耳以宗廟之尸尊者自得故爲熏熏和説也○箋亹之至之意○正義曰箋以上四章隨類取喻已有天地宗廟社稷山川四方百物諸神略欲盡矣其所未見唯七祀耳而上言鳧鷖所在於祭皆有所類唯此山絶水之亹於七祀之祭事無其象則是假取其名以爲其義故云亹之言門燕七祀之尸於門戸之外故取此門名以爲喻焉祭法曰王爲羣姓立七祀曰司命曰中霤曰國門曰國行曰大厲曰戸曰竈是七祀之名也諸侯以下則有降差此言天子之事故云七也案中霤禮唯祭五祀皆先爲於奥祀戸則設主於戸內祀中霤則設主於牖下此二者在戸內也祀門則設主於門左樞在門內也

祀竈則設主於陘祀行則設主於軷上竈在廟門外之東行在廟門外之西此二者在門外也尸主當相依附五祀正祭之時戸與中霤在戸之內門在門之內竈行在門之外司命大厲雖無文亦不過廟門之外內也宗廟正祭在奥繹在門況七祀之祭有本在門外者也明其燕尸皆在門之外矣故云於門戸之外也上四章皆以發首一句喻正祭則此鳧鷖在門亦當喻正祭矣各以尸在門故取亹名爲喻則首句經喻燕事與上不類者以七祀之祭祭非一處而正祭有在門者燕尸又皆在於門故言門亦可以見正祭也七祀之神神之卑者而來止熏熏文異於上故知其來不敢當王之燕禮故變言來止熏熏是坐不安之意○傳欣欣至多祈幾○正義曰飲美酒而言欣欣故爲樂謂尸之樂也芬芬是香之氣故爲香謂燔炙香也二事不類者以人飲酒而後知味食炙而後知香指體而言雖爲小異自人而發意亦同也無有後艱守成而已非神加之福見孝子之意不敢多祈也禮稱祭祀不祈則皆亦不祈言不敢多者此非孝子口所自祈言神纔令如此見孝子不敢多祈耳不敢更復望福是所謂能持盈也○箋小神至而已○正義曰七祀神之小者故云小神祭法注云小神祭法注云小神居人間伺察小過作譴告者是也月令孟冬臘先祖五祀聚祭之則周之七祀雖四時別

祭於臘亦聚祭之義也此詩所云未必七神並祭作者於後揔言之耳因其神卑而變其文用美酒有燔炙以其神卑可用褻美之味神又自以爲卑不敢致福主人但令王自今以去無有後難而已

鳧鷖五章章六句

附釋音毛詩注疏卷第十七　十七之三

黃中棫栞

毛詩注疏挍勘記（十七之二）

阮元撰盧宣旬摘錄

〇行葦

敦史受之 小字本相臺本同案釋文云敦本又作惇同正義本是惇字

不利方反 補通志堂本盧本不作又方作今案不字方字誤也

燕伐北鄙 閩本明監本毛本同案山井鼎云爾雅疏伐作岱皆非也浦鏜云代誤伐是也

敦敦然道傍之葦 閩本明監本毛本同小字本相臺本傍作旁案旁字是也傍乃正義所易今字

故經以成形名之 閩本明監本毛本同案浦鏜云經疑徑字誤是也

或陳言筵者 閩本明監本毛本同小字本相臺本言作設考文古本同案設字是也

王俱爾而揖進之 閩本明監本毛本同案爾當作邇下文皆作邇可證也經注作爾正義作邇爾邇古今字易而說之也例見前

邇卿面南北上 閩本明監本毛本同案浦鏜云西面誤面南是也

邇大夫北面少進 閩本明監本毛本同案北面當作皆分爲二字而誤也山井鼎云儀禮元文作大夫皆少進正義引略大夫者不備耳

客受而奠之不舉也 相臺本同閩本明監本毛本同小字本無也字

嘉殽脾臄 唐石經小字本相臺本同案正義云定本集注經皆作嘉箋以脾臄爲加故謂之嘉是爲嘉美之加也依此是正義經當作加字考此箋之意以嘉殽之文與脾臄相連明爲一事不與他經單言嘉殽者同故用加殽爲說以加訓嘉者詁訓之法也若經字作加則箋無庸云故謂之嘉矣當以定本集注爲長

徒擊鼓曰咢 小字本相臺本同案釋文云毛云徒歌曰咢正義云王肅述毛作徒擊鼓今定本集注作徒歌者與園有桃傳相涉誤耳考歌字當爲鼓之誤王肅有擊字與今爾雅文同或毛讀爾雅無

鄭注儀禮云醓汁也 補通志堂本同盧本醓汁作醢汁云醢舊作醓考六經正誤云醓海也海字誤譚建本皆作汁興國本作醢案儀禮第八聘禮云其南醓醢屈鄭注云醓醢汁也是解醓乃醢之汁也監本誤合醢汁二字爲海字諸本亦各漏一字故不可曉也今考此當作醢汁也爲是小字本所附亦誤作醓汁

又云口吹肉也 補通志堂本盧本吹作裏小字本所附同案今注疏所附裏作次吹當次字形近之譌段玉裁云次是說文谷口上阿也从口上象其理然則非口裏可知口次猶口邊也

是爲嘉美之加也 閩本明監本毛本同案加當作嘉與下互換而誤

服虔通俗文云 閩本明監本毛本同案山井鼎云又恐文誤是也

故謂之嘉 閩本明監本毛本同案嘉當作加與上互換

以擇其可與者 小字本相臺本同案釋文云一本直云可者無與字正義本有

言賓客次第皆賢 閩本明監本毛本同小字本相臺本第作序考文古本同案序字是也

觀者如堵牆 小字本相臺本同案此釋文本也正義云皆射義文彼於圃下云蓋觀者如堵此引之略

也是正義本無此一句釋文云觀者古亂反如堵丁古反是釋文本有也此亦合併之未檢照者故經注正義舛互

又使公罔之裘序點揚觶而語曰 小字本相臺本同案此傳曰字上當有公罔之裘揚觶而語八字因複出而脫去也正義云又使公罔之裘及序點二人揚觶而爲語公罔裘先語於衆曰是其證各本皆誤

耄勤稱道不亂 小字本相臺本同案釋文云勤音其正義云而能勤行稱舉其道是正義如字讀考鄭射義注云旄期或爲旄勤此乃本之異者勤字不得讀爲期釋文所音非也

勤音其 補釋文挍勘記通志堂本盧本同案六經正誤載此云期音其是宋監本勤字作期也今考此傳正義本是勤字如字讀之釋文本亦是勤字但讀勤爲期故云音其也集韻七之其紐下有勤字卽本於此其實鄭射義注所云旄期或爲旄勤者期勤各如其字讀之此正義長於釋文也宋監本改勤爲期亦由謂勤不得音其耳但非陸意〇按陸本必是本作期音其此與往近王肅本作王近同

又解四鍭之義　閩本明監本毛本鍭誤鏃案山井鼎云下除金鏃鏃外皆同是也

孫炎曰金鏑　閩本明監本金作者毛本倒之案山井鼎云兩誤是也

以此知爲毛之意亦爲大射也　閩本明監本毛本同案十行本此至之剜刪者一字誤也當作以此知爲大射毛意亦爲大射也

蓋觀者如堵　閩本明監本毛本同案堵下浦鏜云牆字脱是也

而先自言之　閩本明監本毛本同案浦鏜云自疑目字誤是也

鄉大夫之射也　閩本明監本毛本同案浦鏜云卿誤鄉是也

說文作彀　補通志堂本盧本彀作㲉案㲉字是也

二京賦曰彤弓既彀　閩本明監本毛本同案浦鏜云斯誤既是也又云二當作東非也李善文選注引楊泉物理論曰平子二京是通稱二京矣

先生大夫之致位者　閩本明監本毛本同案浦鏜云仕譌位是也

故得壽耇　補案耇當作考形近之譌毛本正作考

以受大夫之福　補閩本夫作大案大字是也明監本毛本誤人

釋詁文鮐背耇老壽人也　補閩本明監本毛本文作云案云字是也浦鏜云人衍字以爾雅考之浦挍不誤

皮膚涓瘠　閩本明監本毛本同案浦鏜云消誤涓是也爾雅疏引卽取此正作消

則老人於是始求　閩本明監本毛本同案求當作來形近之譌

○既醉

大平也　小字本相臺本同唐石經大上有告字案正義云本或云告大平者此與維天之命敘文相涉故遂誤耳今定本無告字釋文以既醉大平作音是正義本釋文本皆無告字考維天之命在頌故序云告謂以其成功告於神明此既醉在雅序本不云告或作本誤請正義引既醉告大平卽出於或作本也

在意云滿　閩本明監本同小字本相臺本在作志云作充毛本同案在字云字誤也

既醉八章章四句　補案當衍一章字毛本不誤

此施爵賞於六也　閩本明監本毛本於作爲案所改是也

事謂惠施先後　小字本相臺本同閩本明監本毛本惠施倒案倒者誤也釋文正義皆可證

天既其女以光明之道　小字本相臺本其作助考文古本同閩本明監本毛本其作與案助字是也正義云鄭以爲天既助汝王以光明之道可證

俶終也　閩本同小字本相臺本終作始明監本毛本同案始字是也釋文正義皆可證

祭祀是禮之終是也　閩本明監本毛本同案浦鏜云享誤祭

釋言文明朗也　補案文當作云毛本不誤

釋詁文俶作也　閩本明監本毛本同案浦鏜云文當云字誤是也

恒豆之菹　小字本相臺本同考文古本同閩本明監本毛本菹作俎十行本初刻作菹後剜作俎案剜者誤

乃由主之所祭　閩本明監本毛本主作王案所改是也

恒豆謂恒常正祭之豆　閩本明監本毛本同案十行本正至豆剜添者一字

若蠃與魚是也　閩本明監本毛本同案浦鏜云蠃誤蠃下同

故加相及所以交接於神明者　閩本明監本毛本同案浦鏜云相及當作恒豆

有韭菹青菹也　閩本明監本毛本同案浦鏜云菁誤青是也

是靜加之義　補案加當作嘉毛本不誤

春秋傳曰潁考叔純孝也　小字本同閩本同相臺本潁作穎明監本毛本同案穎字是也

廣韻云穎又姓左傳有穎考叔穎卽穎之別體俗字

各欲其類閩本明監本毛本同案欲當作欲

壺之言梱也小字本相臺本同考文古本同閩本明監本毛本梱作捆案梱字是也正義中字十行本皆作梱致同又見鴟羽

使至室家之內閩本明監本毛本同案至當作在

孝昭皆取此箋閩本明監本毛本同案浦鏜云韋誤孝是也

使祿臨天下小字本同相臺本祿作錄閩本明監本毛本臨誤福案錄字是也以錄解祿是爲訓詁孝經援神契云祿者錄也引見樛木正義錄臨者今文尚書所謂大錄考文古本作莅臨不得其解而臆改之耳

謂使爲政教也閩本明監本毛本同小字本相臺本無也字

此章云釐爾女子補案子當士字之譌毛本正作士

○鳧鷖

神祇祖考明監本毛本祇誤祗閩本以上皆不誤

祖者則人神也閩本明監本毛本同案浦鏜云考誤者是也

經序例者閩本明監本毛本同案山井鼎云例恐倒誤是也

涇水名也小字本相臺本同案段玉裁云此篇涇沙渚潀亹一例涇水中也誤作水名也下云水鳥而居水中又云水鳥以居水中爲常承上爲言爾雅直波爲徑釋名作涇涇徑字同謂大水中流徑直孤往之波故云涇水中也詳詩經小學今考正義云欲言水鳥居中故云涇水名也此名字或是後改正義本當未誤

不以已實臣之故自謙毛本同小字本相臺本謙作嫌閩本明監本同案嫌字是也下箋亦不以已實臣自嫌也不誤

爾者女成王者閩本明監本毛本同小字本相臺本下者作也考文古本也字同案者字誤

大宗伯畐辜閩本明監本同毛本畐作疈案所改是也當與下疈而磔之互易見下

故注云疈畐牲胷也閩本明監本同毛本畐作疈案所改非也畐當作副經作疈古文也注轉爲副而說之所以曉人今周禮注盡作疈者不知者所改也此正義所引自不誤但副壞爲畐又互易其一處遂不可讀今正之

疈而磔之閩本明監本毛本同案此疈當與上大宗伯畐辜互易副之壞字也見上

謂桀禳及蜡祭也閩本明監本毛本同案浦鏜云磔誤桀是也

此得揔祭羣臣者閩本明監本毛本同案浦鏜云神誤臣是也

此蜡祭祀辭也閩本明監本毛本同案浦鏜云祝誤祀是也

未必五齊三酒皆俱也閩本明監本毛本同案俱當作供形近之譌

但不以爲宗廟之祭閩本明監本毛本同案但下當有箋字

集處是也閩本明監本毛本同案浦鏜云處當注字誤是也

有瘞堙之象補案堙當作埋形近之譌釋文可證

故以潀爲喻也閩本明監本毛本潀誤衆下章正義衆者水會之處亦潀之誤也

若無大宗伯云閩本明監本毛本同案浦鏜云無當然字譌是也

唯山用埋爾閩本明監本毛本用誤而案爾當作耳

褊以宗爲社宗者閩本明監本同毛本褊作偏案所改是也

其神社同故云然閩本明監本毛本同案浦鏜云社神字誤倒是也

故以喻閩本明監本毛本同小字本相臺本喻下有焉字考文古本同案有者是也

但令王自今無有後艱而已小字本同閩本同相臺本艱作難明監本毛本今誤安案難字是也正義云但令王自今以去無有後難而已可證

傳欣欣至多祈幾閩本明監本毛本幾作也案所改非也此衍字

祭法注云小神祭法注云小神閩本同明監本毛本無下祭至神六字案所删是也此複衍

於臘亦聚祭之義也閩本明監本毛本同案浦鏜云義當衍字是也

附釋音毛詩注疏卷第十七（十七之三）

毛詩大雅　鄭氏箋　孔穎達疏

假樂，嘉成王也。假音暇。【疏】假樂四章，章六句。○正義曰：作假樂詩者，所以嘉美成王也。經之所云，皆是嘉也。正詩例不言美，以見爲經之正。因訓假爲嘉，故轉經以見義，且乘上篇爲次，以其能守成功，故於此嘉美之也。

假樂君子，顯顯令德。宜民宜人，受祿于天。假，嘉也。宜民宜人，宜安民，宜官人也。箋云：顯，光也。天嘉樂成王有光光之善德，安民官人皆得其宜，以受福祿於天。

保右命之，自天申之。申，重也。箋云：成王之官人也，羣臣保右而舉之，乃後命用之，又用天意申勑之，如舜之勑伯禹、伯夷之屬。○右音又，助也，注同。重，直用反。【疏】「假樂」至「申之」。○正義曰：言上天嘉美而愛樂此君子成王也，以其有光光然明察之善德，宜於民而能安之，宜於人而能官之，以此能受其福祿於天，是天嘉樂之也。官人之事，王政尤重，故又更申說之。言王所以能官人者，待羣臣相保安，素相委知，乃自佑助而共舉之，成王乃後命用之。既用之爲官，又用天意申重戒勑之，此其所以官人得其宜也。○傳「假嘉」至「官人」。○正義曰：「假，嘉」，釋詁文。民人散雖義通，對宜有別。皐陶謨云「能安民」「能官人」，安民則惠，黎民懷之，其文與此相類，故知宜民宜人是宜安民、宜官人也。○箋「顯光」至「於天」。○正義曰：「顯，光」，釋詁文。下言受祿于天，則嘉樂者是天嘉樂之，故云天嘉樂成王有光光之善德。光光雖爲揔辭，安民官人即亦善德之事也。天不能自治，下民立君以治民，治民得宜，則天降之福，故云皆得其宜，以受福祿於天。○傳「申，重」。○正義曰：釋詁文也。○箋「成王」至「之屬」。○正義曰：官人之事，王政尤重，上文既言宜人，故云成王之官人，羣臣保佑而舉之。保，安也。佑，助也。謂能相委知，乃相助薦舉，成王得其所舉，乃命用之，又用天意申勑之。堯典云：舜曰：「咨四岳，有能奮庸熙帝之載，使宅百揆？」僉曰：「伯禹作司空。」帝曰：「兪，汝往哉。」帝曰：「咨四岳，有能典朕三禮？」僉曰：「伯夷。」帝曰：「兪，咨伯，汝作秩宗。」既命羣官，其下揔云：帝曰：「咨汝二十有二人，欽哉，惟時亮天功。」是舜勑伯禹、伯夷之事也。僉曰是保佑也，兪往是命之也，亮天功是用天意申勑之也。其事與此相類，故云如舜之勑伯禹、伯夷之屬。彼所命者，猶有垂、益、夔、龍之等，引之不盡，故言之屬以包之。

干祿百福，子孫千億。穆穆皇皇，宜君宜王。宜君王天下也。箋云：干，求也。十萬曰億。天子穆穆，諸侯皇皇。成王行顯顯之令德，求祿得百福，其子孫亦勤行而求之，得祿千億，故或爲諸侯，或爲天子，言皆相勗以道。○且君且王，一本且竝作宜字。勗，香玉反。

不愆不忘，率由舊章。箋云：愆，過。率，循也。成王之令德，不過誤，不遺失，循用舊典之文章，謂周公之禮法。○愆，起連反。【疏】「干祿」至「舊章」。○正義曰：言成王能行光光之善德，宜安民官人，以此求天之祿，則得百種之福。子孫亦勤行善德以求天祿，則得千億，言其多無數也。子孫以勤行得祿之故，所以穆穆然、皇皇然，宜爲諸侯之君，宜爲天子之王。言其相勉以德，上天福之，常作人主，保其邦國也。又言成王所以蒙大之德澤及子孫者，以其有光光善德，勤行之不過誤，不遺忘，志唯循用舊典之文章，言能遵用周公禮法，故得福流子孫。○傳「宜君王天下」。○正義曰：君、王別文，傳并言之者，以其俱有宜文，故揔而釋之。言宜君者，宜君天下；宜王者，宜王天下。君則諸侯也，亦以天下言之者，以其與此天下之民爲君，其國亦在天下之中，故同言之。○箋「干求」至「以道」。○正義曰：「干，求」，釋言文。十万曰億，古數然也。「天子穆穆，諸侯皇皇」，下曲禮文也。求祿者必行善求之，以文承上章，故知成王行顯顯令德，求祿得百福也。知非子孫之數有千億者，以此美成王能行善德，不美其子孫衆多。上言百福，是福之衆多，故知千億亦福之多數也。宜君宜王，文承千億之下，故箋以勢援之，言得祿故或爲諸侯，或爲天子，明得爲天子諸侯，即是千億之祿也。又解得祿之由，言皆相助勉力行道，故福祿降之。○箋「愆過」至「禮法」。○正義曰：「愆，過」，釋言文。「率，循」，釋詁文。以不愆不忘即是令德之事，故本於上章言成王之令德也。循用舊典之文章，是用之以治天下也。上章言宜民宜人，則是王已涖政，而遵用舊章，事在制禮之後，故知是周公之禮法也。以其一代大典，雖則新制，未爲舊章也。周禮六官所存者五，天、地、夏、秋四官皆以正月之吉縣其所掌之法於象魏，使萬民觀之。哀三年左傳曰：魯災，季桓子至，御公立于象魏之外，命藏象魏，曰：「舊章不可忘。」是謂周公之制六典之法爲舊章也。

威儀抑抑，德音秩秩。無怨無惡，率由羣匹。抑抑，美也。秩秩，有常也。箋云：抑抑，密也。秩秩，淸也。成王立朝之威儀致密，無所失；教令又淸明，天下皆樂仰之，無有怨惡。循用羣臣之賢者，其行能匹耦已之心。○惡，烏路反，又如字，注同。朝，直遙反。緻，直致反，本或作致。行，下孟反。

受福無疆，四方之綱。疆，居良反，下篇同。【疏】「威儀」至「之綱。毛以爲言成王立朝之威儀抑抑然而美也其道德教令之音秩秩然而有常也以此之故爲天下愛樂無有咎怨之者無有憎惡之者又能循用羣臣之匹耦已志者謂臣有賢行能與已爲匹則取其謀慮而依用之以此之故受天之福祿無有疆境常爲天下四方之綱言常爲君王統領天下○鄭以爲正立朝之威儀抑抑然密緻無遺失其教令之德音秩秩然清明無所壅滯故爲天下樂仰餘同。傳抑抑至有常。正義曰抑傳亦抑抑爲密則是密審故所以爲美也釋詁文秩常也故以秩秩爲有常。箋抑抑至之心。正義曰抑抑密秩秩清皆釋訓文以此詩美成王之德下云四方之綱則是爲政之事故知謂立朝之威儀也緻密無失謂舉止詳悉事無非禮教令清明謂下民寧靜無幽不燭有儀可愛有德可慕故天下皆樂仰之其行能匹耦已心者謂舉事允當與已志合也

之綱之紀燕及朋友朋友羣臣也箋云成王能爲天下之綱紀謂立法度以理治之也其燕飲常與羣臣非徒樂族人而已。樂音洛【疏】傳朋友羣臣。正義曰此美王能官人又言天子燕及故知朋友是羣臣尚書武王曰我友邦冢君亦是稱臣爲朋友也。箋成王至而已。正義曰綱紀者以結綱喻爲政故知謂立法度以理治之言燕及則時復及之非常燕也禮有族食族燕則王燕族人爲常臣則有功乃燕是燕臣爲非常今美王恩之隆而云燕及朋友則是以族人之恩及之故云燕飲常與羣臣非徒族人而已

百辟卿士媚于天子不解于位民之攸塈塈息也箋云百辟畿內諸侯也卿士卿之有事也媚愛也成王以恩意及羣臣羣臣故皆愛之不解於其職位民之所以休息由此也。辟音壁注同媚眉備反注同解佳賣反注同塈許器反【疏】傳塈息○正義曰釋詁云呬息也某氏曰詩云民之攸塈郭璞曰今東齊呼息爲呬則塈與呬古今字也。箋百辟至有事○正義曰烈文云百辟其刑之對四方其訓之則百辟非四方故爲畿內諸侯以此百辟卿士文相對故分之爲二烈文唯有百辟無卿士之文則百辟兼卿士矣故彼箋以卿士解百辟明百辟之中可以兼之也月令仲夏雩祀百辟卿士云百辟卿士古者上公以下若句龍后稷之類亦以其文具足故言以下明古之王朝之臣有功於民者皆可以祀之非獨上公意亦與此同也

假樂四章章六句

公劉召康公戒成王也成王將涖政戒以民事美公劉之厚於民而獻是詩也公劉者后稷之曾孫也夏之始衰見迫逐遷於豳而有居民之道成王始幼少周公居攝政反歸之成王將涖政召公與周公相成王爲左右召公懼成王尚幼稚不留意於治民之事故作詩美公劉以深戒之也。公劉王云公號劉名也尚書傳云公爵劉名也王基云公劉字也名本亦作卲上照反後皆同涖音利又音類力泊反夏戶雅反下夏人同少時照反相息亮反【疏】公劉六章章十句至是詩。正義曰作公劉詩者召康公所作以戒成王武王既崩成王幼弱周公攝政七年而反歸之今成王將欲涖臨其政召公以王年尚幼恐其不能留意於民故戒之以治民之事美往昔公劉之愛厚於民欲王亦如公劉而獻是公劉之詩以戒成王此與泂酌卷阿俱是召公所作而爲此次者厚民之事人君之急務故先作公劉非有道德則不能愛民故又作泂酌言皇天親有德饗有道欲王之脩德行道也君雖有德不能獨治又作卷阿戒王使求賢用士也案卷阿末句云矢詩不多維以遂歌自言作意是揔結之辭則三篇次第元是召公作之先後編者如其意而次之敍亦以其一時之事故於此詳之言成王將涖政而獻是詩明下兩篇亦是將涖政之時俱獻之也獻者卑奏於尊之辭召公臣也故言獻國語曰使公卿至於烈士獻詩是也鴟鴞序云以貽王者周公自達己意欲使遺傳至王非己情所獻見故文與此異也公劉之厚於民經六章皆是也言成王將涖政戒以民事序其作者之意於經無所當。箋公劉至戒之。正義曰周本紀云后稷生不窋不窋生鞠陶鞠陶生公劉是后稷之曾孫也后稷本封於邰非有所迫不應去國適豳公劉有道之君天子不應見逐故知以夏之衰始見迫逐而遷於豳也譜云公劉以夏后太康時失其官守竄於此地則夏之始衰謂太康時也去中國而適戎其則是不爲天子所助下箋以爲夏人迫逐蓋是王朝之人以時衰政亂疾惡有道故逐之也案譜以公劉當太康之時韋昭之注國語以不窋當太康之時不窋乃公劉之祖不應共當一世夏氏之衰太康爲始太康禹之孫不窋之子計不窋宜當太康公劉應在其後豳譜欲言遷豳之由遠本失官之世不窋以太康之時失稷官至公劉而竄豳其遷豳之時不必當太康也又外傳稱后稷勤周十五世而興周本紀亦以稷至文王爲十五世計虞及夏殷周有千二百歲每世在位皆八十許年乃可充其數耳命之短長古今一也而使十五世君在位皆八十許載子必

將老始生不近人情之甚以理而推實。據信若使此言必非虛誕則不窋之與公劉爾是不共世太康之後有羿浞之亂比至少康之立幾將百年盖太康始衰之時不窋失官少康未立之前而公劉見逐也而有居民之道經之所陳皆是也成王始幼少周公居攝政者鄭以金縢之注差約之以爲武王之崩成王年十歲除喪年十三是其幼少也攝政元年成王年十五及。歸之成王年二十一成王將涖政其年二十有二召公與周公相成王爲左右謂作上公爲二伯分陝而治周公。右書序云周公爲師召公爲保召公不悅作君奭與此同時也鄭不辨公劉是名是字王肅云公號也劉名也王基云周人以諱事神王者祫百世召公太賢出自姬姓稱揚先祖盛德之君而舉其名不亦遠於禮乎其意以爲公劉必是字也計虞夏之時世代尚質名字之別難得而知世本史記不應皆沒其名而盡書其字以之爲名未必非矣鄭以姜嫄爲名詩人亦得稱之何獨公劉不可言其名也周人自以諱事神於時未有諱法祫祭之及羣公未能重於先妣何當許姜嫄而怪公劉王基雖述鄭未必然也王肅以公爲號猶可焉何則后稷至於大王十有餘世唯三人稱公何故三君特以公號豈餘君不爲公也若爲名單而以公配則古公祖紺者復二名而加公矣

篤公劉匪居匪康迺埸迺疆迺積迺倉迺裹餱糧于橐于囊思輯用光。篤厚也公劉居於邰而遭夏人亂迫逐公劉公劉乃辟中國之難遂平西戎而遷其民邑於豳焉迺埸迺疆言脩其疆埸也迺積迺倉言民事時和國有積倉也小曰橐大曰囊思輯用光言民相與和睦以顯於時也箋云厚乎公劉之爲君也不以所居爲居不以所安爲安邰國乃有疆埸也乃有積委及倉也安安而能遷積而能散爲夏人迫逐己之故不忍鬬其民乃裹糧食於橐囊之中棄其餘而去思在和其民人用光大其道爲今子孫之基。埸音亦裹音果餱音侯食也字或作糇糧本亦作粮音良糇也橐他洛反囊乃郎反說文云無底曰橐有底曰囊輯音集又七立反難乃旦反積子智反委於僞反爲夏于僞反又如字弓矢斯張干戈戚揚爰方啟行戚斧也揚鉞也張其弓矢秉其干戈戚揚以方開道路去之豳蓋諸侯之從者十有八國焉箋云干盾也戈句孑戟也爰曰也公劉之去邰整其師旅設其兵器告其士卒曰爲女方開道而行明己之遷非爲迫逐之故乃欲全民也。戚七歷反鉞音越從才用反又如字盾字又作楯順允反又音允句音鉤卒尊忽反下餘卒士卒皆同爲于僞反下非爲爲公劉皆同

【疏】篤公劉至啟行。毛以爲厚於民事乎此公劉也乃能匪以所居爲居匪以所安爲安言不顧已之安居唯以利民爲意又言其不顧安居之事公劉之在邰國乃有畛埸乃有疆界言其有田疇之業乃有委積乃有囷倉言其有穀食之資有田有食深可安居乃以不忍鬬其民人之故遂棄此疆埸積倉乃裹此糧食於此橐囊之中委其餘而去是其不以安居爲安居也公劉所以必爲此事者思使民人相與輯睦不欲戰鬬以殺傷之用此以光顯己德於其時故爲民而不愛物也其發邰國之時弓矢於此張之又秉其干戈戚揚之兵器整其師旅而出乃告其士卒曰我爲汝方開道路而行其民以此之故而從之至豳是其愛厚於民也王今當念此公劉厚民之事而留意治之。鄭唯以用光爲光大其道爲子孫之基大意亦與毛同。傳篤厚至於時。正義曰篤厚釋詁文后稷封於邰至公劉而始遷故云公劉居於邰也夏人亂迫逐公劉當太康之後少康之前未能定其年世也以其時當夏世而被逐去國明因王政之亂而有人逐之不知逐者是何人也言公劉乃避中國之難遂平西戎而遷其民邑之於豳者言其遷之所由也豳地雖亦與狄鄰而近戎爲多故云遂平西戎平之者謂與之交好得自安居耳公劉不忍鬬民而去不與戎戰爭而平之也豳於漢屬右扶風爲栒邑縣則是中國之地言西戎者雍之西境與戎接連爲夏爲戎隨時變易公劉未居之前則爲戎大王既來之後復爲狄良由地居疆埸故一彼一此也乃埸乃疆謂民各有地言脩其疆埸謂民脩之乃積乃倉謂官之積倉也此倉積所有出於疆埸而來故云言民事時和國有積倉謂稅民而得之也地必民所耕故舉民之疆埸欲見公劉不協故舉官之積倉官倉出於民田故先言疆埸也橐囊俱用裹糧而異其文明有小大之別故云小曰橐大曰囊宣二年左傳稱趙盾見靈輒餓食之又爲之簞食與肉寘諸橐以與之橐唯盛食而已是其小也哀六年公羊傳稱陳乞欲立公子陽生盛之巨囊而內可以容人是其大也釋詁云輯和也是思和其民不鬬其民卽是相與和睦民能和睦則時人顯知君德故云於時也。箋厚乎至之基。正義曰此篇言篤猶生民之言誕以公劉君厚愛其民歎其能厚故每章言篤以冠公劉之上綴云厚乎公劉之爲君摠釋諸章皆云篤公劉之意也居之與安所以爲異者居謂田宅是人之所處止卽疆埸是也安謂資財是人所利用積倉是也正言邰國乃有委積及倉者美其已聚之物而能散之故其言不及疆埸也安安而能遷積而能散曲禮文也言安此之安以愛民故而能遷往他所以自有積聚散而棄之以其

意與彼同故引以爲說又申說遷散之意正爲夏人迫逐已之故不忍鬬其民愛重民命故棄其安居也既有積倉裹糧食故知棄其餘而去也以名公追而美之以戒成王不述他姓之人唯陳已之父祖以此知應輯用光之言意在感今追昔故易傳以爲光大其道爲今子孫之基。傳戚斧至八國焉。正義曰廣雅云鉞戚斧也則戚揚皆斧鉞之別名傳以戚爲斧以揚爲鉞鉞大而斧小太公六韜云大阿斧重八斤一名天鉞是鉞大於斧也牧誓云武王左杖黃鉞孔安國云黃鉞以黃金飾斧也以其特言黃鉞故云以金飾然則不言黃者未必皆金飾也以弓矢言張是人張之故知干戈戚揚爲人秉之也夏人迫逐則是有兵圍繞爲之阻難故云方開道路而去之豳也蓋諸侯之從者十有八國當是亦爲夏人政亂爲鄰國所侵以公劉賢君爲可師長故與之俱遷也毛自言蓋爲疑辭不知出何文也。箋爰曰至全民。正義曰爰曰釋詁文言爲汝開道而行示其無所畏難明已之遷非爲迫逐之故力不能拒乃欲保全其民無令損害故也告之以此使民知遷意也

篤公劉于胥斯原既庶既繁既順迺宣而無永歎胥相宣徧也民無長歎猶文王之無悔也。箋云于於也廣平曰原厚乎公劉之於相此原地以居民民既衆矣既多矣既順其事矣又乃使之時耕民皆安今之居而無長歎思其舊時也。歎他安反字或作嘆徧音遍相息亮反下相此皆同

陟則在巘復降在原何以舟之維玉及瑤鞞琫容刀巘小山別於大山也舟帶也瑤言有美德也下曰鞞上曰琫言德有度數也容刀言有武事也箋云陟升降下也公劉之相此原地也由原而升巘復下在原言反覆之重居民也民亦愛公劉之如是故進玉瑤容刀之佩。巘本又作巘魚輦反又音言又音魚偃反又音彥毛云小山別於大山也與爾雅異復降音服又扶又反注復下同瑤音遙鞞必頂反琫必孔反別彼列反反復本亦作覆同方福反

疏篤公劉至容刀。正義曰公劉既至豳國先相地居民厚乎公劉之爲君也於是相此原地以居其民既衆矣既多矣既順其事矣又乃使之徧而時耕其田於是民皆樂業安今之居而無悔恨長歎思其舊時者也又覆說相原之事公劉升則在巘山之上觀其形勢復下而在原察其處所用心反覆重民若是以此之故亦爲民愛其時之民皆云我今有何物而可與公劉帶之維有美玉及瑤并有鞞琫容飾之刀可以爲之佩耳言居民相愛其情若此故能保全家國澤及子孫王豈得不念之而留意治民乎。傳胥相至無悔。正義曰胥相釋詁文宣徧釋言文乃宣之文在既順之下順謂順事則宣謂徧耕意亦與鄭同王肅云徧謂廬井毛意未必然也民無長歎是喜其來遷不恨公劉故云猶文王之無悔言文王之德不爲人恨與此同以此傳知彼不與鄭同。箋于於至舊時。正義曰于於釋詁文廣平曰原釋地文李巡曰廣平謂土地寬博而平正也衆多一也丁寧言之耳順其事矣謂順爲生之事築室之類皆是也乃宣之文與緜乃宣乃畝同故亦以爲時耕也。傳巘小至武事。正義曰小山別於大山者釋山云重甗隒郭璞曰謂山形如累兩甗甗甑山狀似之上大下小因以爲名西京賦曰陵重甗是也與皇矣小山曰鮮義別彼謂大山之傍別有小山也言何以舟之卽說玉瑤容刀刀玉是所佩之物故知舟是帶也傳解下之所以進上多矣雖言玉瑤容刀者君子所以比德令進之瑤言公劉有美德也。瑤是玉之別名舉瑤可以兼玉故不言玉也鞞者刀鞘之名琫者鞘之上飾下不言其飾指鞞之體故云下曰鞞上則有飾可名故云上曰琫桓二年左傳曰袞冕黻珽帶裳幅舄昭其度也藻率鞞琫鞶厲游纓昭其數也夫德儉而有度登降有數此鞞琫在昭數之中以表人之有數故云言有度數意取左傳故并度言之刀所以斷割故云言有武事

篤公劉逝彼百泉瞻彼溥原迺陟南岡乃覯于京溥大覯見也箋云逝往瞻視溥廣也山脊曰岡絕高爲之京厚乎公劉之相此原地也往之彼百泉之間視其廣原可居之處乃升其南山之脊乃見其可居者於京謂可營立都邑之處。京師之野于時處處于時廬旅于時言言于時語語是京乃大衆所宜居之也廬寄也直言曰言論難曰語箋云于於時是也京地乃衆民所宜居之野也於是處其所當處者廬舍其賓旅言其所當言語其所當語謂安民館客施教令也。廬力居反論難魯困反下乃旦反館客一本作館舍

疏篤公劉至語語。正義曰上既相地居民此又說相立都邑言厚乎公劉之爲君也乃往之彼百泉之間就下地而仰望彼廣大之原覯見可居之處也乃又升彼南山岡脊之上乃見其可居而爲都邑者於京之地也此京地乃是大衆所宜居之野故於是處其所當處者於是又爲館舍以寄其賓旅既立都邑乃宜布號令公劉於是言其所當言語其所當語謂施政教於民也公劉厚民如此王亦當留意治民也。傳溥大覯見。正義曰皆釋詁文王肅云往之彼百泉之地乃視彼大原乃見是京而

居之可以避水禦亂也。箋逝往至之處。正義曰：逝往瞻視皆釋詁文。以原是廣平之地，故以溥爲廣，其義亦與傳大同也。山脊曰岡，釋山文。絶高爲之京，釋丘文。彼下即云非人爲之丘，京與丘相對，且言爲之丘，則是人爲之矣。孫炎、郭璞皆云人力所作，而此詩說公劉依京築宫，王肅言可以禦亂，則京是大丘，非人爲矣。李巡曰：丘之高大者曰京。是京有二等，若戰勝取尸築爲京觀者，則人爲之。此言京者，則是丘之高大，非人爲也。相原地而往之百泉之間者，上已升巘觀之，是登高以臨下，此往百泉之間，自下而望高，且慮下濕，故往之泉處。前既升巘，今復陟岡，反覆審觀之。下言于京斯依，故知京是可營立都邑之處。傳是京至曰語。正義曰：春秋言京師者，謂天子所居。公劉非天子，不得謂所居爲京師。此文連上乃覯于京，則此京還是上京也。師者，衆也，故云是京乃大衆所宜居之野。以衆必大，故言大衆，非是京之訓也。地官遺人治國野之道，以待賓客，云十里有廬，廬有飲食，則廬是居舍之名，賓客寄舍其中，故云廬，寄也。衞戴公廬於曹，亦謂寄在曹地也。直言曰言，謂一人自言；荅難曰語，謂二人相對。對文故别耳，散則言語通也。定本、集註皆云論難曰語。

篤公劉，于京斯依。蹌蹌濟濟，俾筵俾几。箋云：蹌蹌濟濟，士大夫之威儀也。俾，使也。厚乎公劉之居於此京，依而築宫室，其既成也，與羣臣士大夫飲酒以樂之。羣臣則相使爲公劉設几筵，使之升坐。○蹌，七羊反。

既登乃依，乃造其曹。執豕于牢，酌之用匏。賓已登席坐矣，乃依几矣。曹，羣也。執豕于牢，新國則殺禮也。酌之用匏，儉以質也。箋云：公劉既登堂負扆而立，羣臣適其牧，羣搏豕於牢中，以爲飲酒之殽。酌酒以匏爲爵，言忠敬也。○依，毛如字，鄭於豈反，箋云或扆字。造，七報反。匏，步交反。殺，所戒反。搏音博，沈又音付。

食之飲之，君之宗之。爲之君，爲之大宗也。箋云：宗，尊也。公劉雖去邰國來遷，羣臣從而君之尊之，猶在邰也。

〔疏〕篤公劉至宗之。○毛以爲上既言處止於京，此又言宫室既就，饗燕羣臣焉。厚乎公劉之爲君也，既爲邑於京地，於此依之而築宫室。宫室既成，則饗燕羣臣。其威儀蹌蹌之士及濟濟之大夫將來君所，公劉則使人爲之設筵，使人爲之設几。賓來就燕，既登席矣，乃依几矣。公劉乃使人造適其羣牧，執其豕於牢中，以爲飲酒之殽。其飲此酒，酌之用匏，匏以酌之，言其新爲邦國，儉而禮合也。又說公劉其於羣臣設饌以食之，設酒以飲之，已身與之爲君，與之爲大宗也。言公劉之厚於羣臣如此，欲成王之法效之。○鄭上二句與毛同，言公劉築室既成，與羣臣飲食以樂之。其爲如此蹌蹌濟濟之威儀者，謂公劉之朝士大夫者，則相使爲公劉設筵，相使爲公劉設几，欲使公劉升扆而坐也。公劉既登堂矣，乃負扆而立，其羣臣乃造其羣牧，執豕於牢，以爲飲酒之殽。得殽乃飲，遂酌之用匏，以進於公劉。於此之時，羣臣之於公劉也，獻酒以飲之，進食以食之，從而君敬之，從而尊重之。言雖去舊國，見尊如本國，由愛厚其民，故下不失敬，欲成王之厚於民以見敬。○箋蹌蹌至升坐。正義曰：曲禮下云：凡行容，大夫濟濟，士蹌蹌。是蹌蹌濟濟，大夫士之威儀也。俾，使，釋詁文。上京師之野，于時處處，謂衆民處處。此言于京斯依，則是公家之事，故云公劉之居此京，依而築宫室。以宫室新成，則有落之之禮，下執豕用匏，是飲酒之事，故知既成，與羣臣士大夫飲酒以落之也。落室之禮，則是公家所爲，筵几酒豕，當是公家之物，而云羣臣相使爲公劉設几筵使之升坐者，爲禮之物，實出於公，但使掌供辦羣臣之職。若使心不愛君，則苟從而已，雖有所掌，不必促遽。今言羣臣相使，見其愛君之意耳。○傳賓已至以質。正義曰：以上言筵几，此言登依，則是登筵依几，故云賓已登席矣，乃依几矣。以傳此言，則知上筵几者，毛意以公劉爲羣臣設之。饗燕之禮，立一人爲賓，對主以行禮，揔而言之，則非主者皆曰賓。

此賓卽上蹌蹌濟濟之人，宜爲揔矣。左傳之說饗禮云設几而不倚，此言依几者，此文揔言於臣之禮，不辨饗燕之異。下云飲之食之，或亦兼食燕矣，故得依几也。行葦說燕宗族之禮，箋云老者加之以几，則羣臣之中當有無几者，據有者言之耳。周語曰：民所曹好。漢書每云吾曹，曹者，輩類之言，故爲羣也。饗禮當亨大牢以飲賓，此唯用豕者，秋官掌客曰：凡禮賓客，國新殺禮。公劉新至豳地，殺禮也。匏是自然之物，故云儉且質也。定本云儉以質也。燕禮羹定乃納賓，此賓升乃執豕者，其實執豕在登席之前，欲使賓事與殽酒各自相近故也。○箋公劉至忠敬。正義曰：釋宫云：牖戶之間謂之扆。明堂位云：天子負斧依，南鄉而立。此云既登乃依，事與彼同，故知是公劉既登堂負扆而立也。明堂位注云：負之言背也。斧依，爲斧文屛風於戶牖之間。然則斧者是屛風之名，扆則戶牖之間地耳。郭璞云：扆，牎東戶西也。禮有斧扆，形如屛風，畫爲斧文，置於扆地，因名爲斧扆是也。言天子負斧扆，則諸侯之扆有斧以否，無明文也。此公劉負扆而立，謂在朝之時，其飲則坐於席，故上箋云使之升坐，謂設几筵擬飲時，非負扆時也。適其羣牧，謂牧豕之羣處也。晉語曰：大任溲於豕牢。卽牢是養豕之處，故云搏豕於牢中。言忠敬者，揔解執豕用匏之事，備其殽酒，酌以進君，道公劉之臣忠而且敬也。○傳爲之君爲之大宗。正義曰傳以君之宗之其意爲一也板傳曰王者天下之大宗然則此以諸侯爲一國之所尊故云爲之大宗也。箋公劉至在邰。正義曰夷險易情人之恒事國君不能得其社稷乃逃竄遠夷於此之時臣多解體而能見尊如此所以可尚易傳者孫毓云此篇主稱公劉之厚於民列其始遷於豳此章言羣臣之愛敬上下之有禮無饗燕尊賓之事且饗之禮設几而不倚何有賓已登席依几之義又國君不統宗故有大宗小宗安得爲之君復爲之大宗乎箋說爲長

篤公劉既溥既長既景迺岡相其陰陽觀其流泉既景乃岡考於日景參之高岡箋云厚乎公劉之居豳也既廣其地之東西又長其南北既以日景定其經界於山之脊觀相其陰陽寒煖所宜流泉浸潤所及皆爲利民富國。相息亮反注同煖況袁反又乃管反浸子鴆反

其軍三單度其隰原徹田爲糧三單相襲也徹治也箋云邰后稷上公之封大國之制三軍以其餘卒爲羨今公劉遷於豳民始從之丁夫適滿三軍之數單者無羨卒也度其隰與原田之多少徹之使出稅以爲國用什一而稅謂之徹魯哀公曰二吾猶不足如之何其徹也。單音丹度待洛反注及下同羨音賤又音衍下同

度其夕陽豳居允荒山西曰夕陽荒大也箋云允信也夕陽者豳之所處也度其廣輪豳之所處信寬大也。廣古曠反

【疏】篤公劉至允荒。毛以爲厚乎公劉之爲君初至於豳既廣其土地之東西既長其境界之南北既以日影定其經界乃復登彼山脊之岡而視其陰陽寒煖所宜又觀其流泉浸潤所及知天氣宜其禾黍地利足以生物乃居處其民焉又其從邰往豳未得安定之時其爲單也分老弱婦女爲三等之陳而單營之初來未有宅舍且居其隰原之地治其豳國之田以爲久住之糧然後始得營室安居乃居其山西夕陽之地此豳國之居信寬大矣美其居民得所闢境廣大欲王法效之也。鄭唯下五句爲異言公劉初至於豳丁夫寡少其軍有三唯單而已無羨卒也量度其陽與原田之多少徹稅其田之所收以爲國之糧。庶其豳之所處夕陽之地觀其廣輪則豳之所居信寬大矣。傳既景至高岡。正義曰以此句同事別故特解之考於日影即上既溥既長以日影考之也參之高岡即下相其陰陽是登岡視之先影後岡故稱及也定本影皆爲景字。箋既廣至富國。正義曰既廣既長謂正定疆界故以土地言之公劉自邰往遷豳之時尺土皆非已物故美公劉能廣長之也夏殷之世大國百里雖云廣長亦不是過也日影定其經界者民居田畝或南或東皆須正其方面故以日影定之居山之脊觀其陰陽則觀其山之南北也大名則山南爲陽山北爲陰但廣谷大川有寒有暖寒暖不同所宜則異故相之也流泉所以溉灌故知觀其浸潤所及相寒煖視浸潤欲民擇所宜而種之逐浸潤而耕之皆所以利民富國故公劉殷勤審之也。傳三單相襲徹治。正義曰重衣謂之襲三單相襲者謂三行皆單而相重爲軍也此謂發邰在道及初至之時以未得安居慮有寇鈔故三重爲軍使強壯在外所以備禦之也嵩高及此傳皆云徹治則訓徹爲治非稅法之通名也言治田爲糧謂既至豳地以爲久住之糧非在道之糧也何則發邰之日尚委棄積倉不假言治田爲道路之糧矣王肅云三單相襲止居則婦女在內老弱次之強壯在外言自有備也徹治也居其民衆於隰與原治其田疇以爲糧是也。箋邰后至其徹。正義曰知后稷上公之封者公羊傳曰王者之後稱公后稷本是二王之後以有大功而改封於邰明爲大國公爵公劉是其曾孫耳故知仍爲大國當作三軍地官小司徒云凡起徒役無過家一人以其餘爲羨羨謂家之副丁也今言其軍三單則是單而無副故知公劉遷豳民始從之其衆未多丁夫適滿三軍之數無復羨卒故稱單也以周禮言之三

軍三万七千五百人然則從公劉之遷其家不滿此數故通取羨卒始滿三軍也言度其隰原是度量土地使民耕之也下即云徹田爲糧明是徹取此隰原所收之粟以爲軍國之糧也且徹與孟子百畝而徹文同故知徹之使出稅以爲國用孟子說三代稅法其實皆什一故云什一而稅謂之徹引論語曰明徹是稅法其諡爲什一也如孟子之言夏曰貢周曰徹徹乃周之稅法公劉夏時諸侯而言徹者名公以周之世上論公劉遂以周法言之以其俱是什一其名可以相通故也大國三軍亦是周制而謂公劉之時已作三軍者以三代損益事多相因甘誓云大戰于甘乃召六卿王曰嗟六事之人是夏時天子六軍之將亦命卿其法與周同也於時大國亦立三卿則知亦作三軍而周制因之耳夏殷大國百里周則大國五百里大小懸絕而軍數得同者周之軍賦皆出於鄉家出一人故鄉爲一軍諸侯三軍出其三鄉而已其餘公邑采地不以爲軍若夏殷之世則通一國之人以爲軍數故此言丁夫適滿三軍是通一國之人摠計之大國百里爲方一里者万爲田九万夫田有不易一易再易通率二而當一半之得四万五千家以三万七千五百家爲三軍尚餘七千五百舉大數故得爲三軍也次國七十里爲方一里者四千九百爲田四万四千一百夫半之得二万二千五十家

二軍當用二萬五百人，少二千九百五十人，以羨卒充之，舉大數亦得爲二軍也。以小國五十里爲方一里者二千五百，爲田二万二千五百夫，半之得一萬一千二百五十家，以万二千五百人爲軍，少一千二百五十人，不滿一軍，舉大數亦得爲一軍也。如此計之，夏殷國地雖狹，亦得爲三軍矣。易傳者，此詩主美公劉之遷，首章言去邰，二章已言至豳，無宜此文方說在道。去夏入戎，則戎地無寇，至豳之日無所用兵，三軍相襲，復何禦哉？且上言棄其積倉，裹糧而行，至豳無糧，必須稅斂，徵是稅名，糧從田出，徵田爲糧，稅事明矣。故知三單是三軍之無副，徵用是徵民而取糧，所以不從傳也。○傳山西至荒大○正義曰：山西曰夕陽，釋山文。孫炎曰：夕乃見日，然則陽即日也，夕始得陽，故名夕陽。釋言云：荒，奄也。孫炎曰：荒大之奄也。則荒奄俱是大義，故爲大也。皇矣傳以度爲居，此章二度，傳意皆應爲居。王肅云：居其夕陽之地，豳國之居信廣大也。○箋夕陽至寬大○正義曰：夕陽者，揔言豳人一國之所處也。其界在山之西，不知是何山也。譜云：豳在岐山之北。書傳說太王去豳，踰梁山。注云：梁山在岐山東北。然則豳國之東有大山者，其唯梁山乎。大司徒注云：輪，從也。馬融云：東西爲廣，南北爲輪。量度其東西南北之所處，信寬大矣。豳譜所云原隰之野，謂此。○

篤公劉，于豳

斯館。涉渭爲亂，取厲取鍛。館，舍也。正絶流曰亂。鍛，石也。箋云：鍛石，所以爲鍛質也。厚乎公劉，於豳地作此宮室，乃使人渡渭水，爲舟絶流而南，取鍛厲斧斤之石，可以利器用，伐取材木，給築事也。○厲本又作礪。鍛本又作碬，丁亂反。說文云：碬，厲石。字林大喚反。材木，一本作林木。○

止基迺理，爰衆

爰有。夾其皇澗，遡其過澗。皇，澗名也。遡，鄉也。過，澗名也。箋云：爰，曰也。止基作宮室之功止，而後疆理其田野，校其夫家人數，日益多矣，器物有足矣，皆布居澗水之旁。○夾，古洽反，又古協反。澗，古晏反。遡音素。過，古禾反，注同。鄉本又作嚮，許亮反，文與卷阿篇注同。校音教。○

止旅乃密，芮鞫之

即。密，安也。芮，水厓也。鞫，究也。箋云：芮之言内也。水之内曰隩，水之外曰鞫。公劉居豳既安，軍旅之役止，士卒乃安，亦就澗水之内外而居，脩田事也。○芮本又作汭，如銳反。鞫，居六反。涯，五佳反，亦作厓。隩，於六反，又於報反，字或作奧。○

［疏］篤公劉至之即○正義曰：上言量度國境，此言安置民居。厚乎公劉之爲君也，於此豳地，令民作此館舍。將作之時，先使人涉渡於渭，乘舟絶水爲亂而過，取其礪石，取其鍛具，所以鍛礪斧斤，利其器用，伐取材木，乃爲宮室。言其勸導有法，豫事省功也。宮室既備，民得居處，公劉止此宮室之基，乃疆理民之田畝，言其先營民居，次理民田。又校數夫家人數，見其人物衆多，公劉乃言曰：人民衆多矣，器物有足矣。又徧觀民宅，見其有夾其皇澗而處者，謂在澗兩邊也；見有遡其過澗而處者，謂開門嚮澗也。公劉見其布在水傍，各服田畝，又止其軍旅之役，乃安息其士卒，令此士卒於彼芮鞫之就也。芮，水内也；鞫，水外也。謂止其在官之役，使就水營田也。言公劉之愛民如是，王豈得不法效之乎？○傳館舍至鍛石○正義曰：禮有公館私館，館者宮室之名，爲館所以止舍其中，故云舍也。正絶流曰亂，釋水文。孫炎曰：直橫渡也。然則水以流爲順，橫度則絶其流，故爲亂，俱是渡。謂取礪，礪既是石，則知鍛亦石也。○箋鍛石至築事○正義曰：鍛者，冶鐵之名，非石也。傳言鍛石，嫌鍛是石名，故明之，云石所以爲鍛質者。質，椹也。言鍛金之時，須山石爲椹質，故取之也。礪者，磨刀劒之名，亦非石名也。言取礪者，亦取其爲礪之石耳。公劉之君民豳地，作宮室，謂作民宮室，非公宮也。公宮則上云于京斯依者是也。鍛礪所由施於斧斤，故知取鍛礪斧斤之石，所以利器用也。材木由器而取，築作用所，故云取材木給築事也。○傳皇澗至澗名○正義曰：以皇過與澗共文，故知皆澗名也。夾者在其兩傍，故知遡者嚮也，謂開門嚮之。大率民以南門爲正，此蓋皇澗縱在兩傍而夾之，過澗橫故在北而嚮之。王肅云：或夾或嚮，所以利民也。○箋爰曰至之傍○正義曰：爰曰者，公劉之言也。公劉疆理田疇，巡行廬井，見民多器足而發此言，故云曰也。作宮室之功止，謂民之宮也。上云既順乃宣，謂初至先及時耕田，既耕乃營宮室也。上既言耕，則民已得地，於此復疆之者，前來急於趨時，未善部分，且有後來之衆皆須得田，故止宮室之功，乃疆理之。亦既疆理其田，自然須校人數。周禮稱夫家者，謂男女也。校比其國内男女之數而授之田，公劉歎其衆，故曰益多矣。有之爲言，與多不類，上言礪鍛是民之器物，故知有者器物有足矣。經陳二澗，故云皆布於澗水之傍。○傳密安至鞫究○正義曰：釋詁文。密，康，靜也；康，安也。轉以相訓，是密得爲安。芮是水厓之内，故云水厓也。釋言云：鞫，究，窮也。俱訓爲窮，故轉鞫爲究。此鞫是水厓之名，言其曲水窮盡之處也，故傳解其名鞫之意。○箋芮之至田事○正義曰：芮鞫皆是水厓之名，鞫是其外，則芮是其内，故云芮之言内，謂厓内隩隈之處，故即引爾雅以釋之。釋丘云：隩，隈也。厓内爲隩，外爲鞫。李巡曰：厓内近水爲隩，其外爲鞫。孫炎曰：内，曲裏也；外，曲表也。是水之内曰隩，水之外曰鞫也。經言芮不言隈，則經爲互也。内則芮以明鞫爲外，外有鞫名，則内亦有汭名，以此見其芮爲隩也。公劉[illegible]

至之時居處未安須有防衞今言止旅則是宮室已安可以自固乃止之故云公劉居豳既安軍旅之役止士卒乃安上言夾澗溯澗此芮鞫爲水之内外故知就澗水之内外在居民居主於治田故云脩田事也此以水内爲芮則是旣名非水名也夏官職方氏雍州其川涇汭注云汭在豳地詩大雅公劉曰芮鞫之卽以此芮爲水名者葢注禮之時未詳詩義故爲別解。

公劉六章章十句

洞酌召康公戒成王也言皇天親有德饗有道也 洞音迥。〔疏〕洞酌三章章五句至有道。○正義曰尊者莫過上天猶以道德降靈親饗是王不可以無德故戒王使脩行之天言皇天者以尊稱名之重其事也道德相對則在身爲德施行爲道故中候云皇道帝德爲内外優劣散則通也親饗者謂親愛其人饗其祭祀亦爲相接成也經三章皆上三句言薄物可以薦神是親饗之也下三句言與民爲父母是有道德也

洞酌彼行潦挹彼注茲可以餴饎 洞遠也行潦流潦也餴餾也饎酒食也箋云流潦水之薄者也遠酌取之投大器之中又挹之注之於此小器而可以沃酒食之餴者以有忠信之德齊絜之誠以薦之故也春秋傳曰人不易物惟德繄物。○潦音老挹音揖又音邑餴甫云反又作饙字書云一蒸米也饎尺志反字林充之反餾力又反又音留爾雅饙餾餁也孫炎云蒸之曰饙均之曰餾郭云餴熟爲餾齊側皆反本又作齋繄於兮反

豈弟君子民之父母 樂以強教之易以說安之民皆有父之尊有母之親。○樂音洛易羊豉反說音悅〔疏〕洞酌至父母。○正義曰言使人遠往酌取彼道上流潦之水置之於大器而來待其清澄又可挹彼大器之水注之此小器之中以灌沃米餴以爲饎之酒食以此祭祀則天饗之此薄陋之物皇天所以饗之者以此設祭者是樂易之君子能有道德爲民之父母上天愛其誠信故歆饗之然則爲人君者安可以不行道德而作民父母故言此以戒王。○傳洞遠至酒食。○正義曰洞遠釋詁文行者道也潦者雨水也行道上雨水流聚故云流潦也釋言云饙餾稔也孫炎曰蒸之曰饙均之曰餾郭璞曰今呼餈音脩飯爲饙饙均熟爲餾說文云饙一蒸米也餾飯氣流也然則蒸米謂之饙饙必餾而熟之故言饙餾非訓饙爲餾饎酒食釋訓文。○箋流潦至繄物。○正義曰隱三年左傳曰潢汙行潦之水可薦於鬼神可羞於王公雅有行葦洞酌昭忠信也其意以行潦爲薄物由忠信之故而可以祭神箋取彼意爲說故言流潦水之薄者也言投之大器者以言挹彼注茲是從器挹之而注於此器故知遠酌取置之大器挹來乃注於小器葢以潦水泥濁置之大器以澄之挹小器而用之所以轉經二器也沃酒食之饙謂爲饙之時以此水沃潤之也引春秋傳者僖五年左傳文也服虔注云繄發聲也言黍稷牲王不易無德薦之則不見饗有德則言饗言物爲有德用也。○傳樂以至之親○正義曰皆孔子閒居之文也彼引此詩以爲此言以釋之故傳依用焉樂者人之所愛當自彊以教之易謂性之和悅當以安民故云悅安之一人之云父母故云有父之尊有母之親

洞酌彼行潦挹彼注茲可以濯罍 濯滌也罍祭器。○罍音雷滌徒厤反

豈弟君子民之攸歸 〔疏〕傳濯滌罍祭器。○正義曰說文云滌洗也濯溉也則濯滌俱是洗溉之名故云濯滌也特牲注云濯溉也則溉亦是洗名下傳云溉清也謂洗之使清絜皆是洗器之名也春官司尊彝云四時之祭皆有罍是罍爲祭器也卷耳云我姑酌彼金罍則饗燕亦有罍以此論祭事故言祭耳

洞酌彼行潦挹彼注茲可以濯溉 溉清也。○溉古愛反清才性反又如字

豈弟君子民之攸塈 箋云塈息也

洞酌三章章五句

附釋音毛詩注疏卷第十七（十七之三）

黃中栻栞

毛詩注疏挍勘記（十七之三）　阮元撰盧宣旬摘錄

○假樂

宜君宜王　唐石經小字本相臺本同案釋文云且君且王一本且作宜字正義云君王別文傳并言之者以其俱有宜文故揔而釋之言宜君者宜君天下宜王者宜王天下是正義本作宜字與一本同段玉裁云作宜爲俗本也詳詩經小學

曰舊章不可忘　閩本明監本毛本同案浦鏜云亡誤忘是也

不解于位　唐石經小字本相臺本同案釋文以匪解作音或其本不作匪今通志堂仍作不詳後考證正義本未有明文今無可考考文古本作匪當是依公劉箋中不字經中匪字而爲之耳

詩云民之攸塈　閩本明監本毛本同案塈當作呬見詩經小學。按此古假借字

○公劉

反歸之　閩本明監本毛本同小字本相臺本反作及案反字是也正義云而反歸之可證

以深戒之也　閩本明監本毛本同小字本相臺本無也字

作公劉詩者　閩本明監本毛本同案浦鏜云作字當衍是也

欲使遺傳至王非己情所獻見　閩本明監本毛本同案十行本遺至王剜添者一字此情所當作所奏句末衍見字下衍上脫補而未去者也

去中國而適戎其　閩本明監本毛本同案浦鏜云其當狄字誤是也

不窋之子　閩本明監本毛本不上有公劉二字案此誤補也當云不窋稷子稷字誤作之耳

以理而推實據信　閩本明監本毛本實下有難字案所補是也

及歸之成王年二十一　閩本明監本毛本同案浦鏜云反誤及是也

分陝而治周公右　閩本明監本毛本右誤古案此用樂記文也當作周公左召公右因公字復出而脫去三字

迺埸迺疆　小字本相臺本同閩本明監本同唐石經埸作場毛本同案唐石經誤也釋文云埸音亦可證注及正義中字十行本盡作場亦誤

戈句矛戟也　小字本同閩本明監本毛本同相臺本矛作孑考文古本矛字亦同案矛字誤也釋文以句孑作音可證鄭考工記注廣雅皆作孑方言作釨孑釨字一耳

欲見公劉不忲　閩本明監本毛本同案浦鏜云忕誤忲是也

囊唯盛食而已　閩本明監本毛本同案浦鏜云橐誤囊是也

以自有積聚散而棄之以其意與彼同　閩本明監本毛本同案十行本而至其剜添者一字當衍自上以字也

以此知應輯用光之言　閩本明監本毛本同案應當作思

而無永嘆　唐石經小字本相臺本同案釋文云歎字或作嘆正義中字皆作歎是其本與釋文同考文古本作歎采正義釋文

猶文王之無悔也　相臺本同小字本悔作侮案正義云故云猶文王之無悔言文王之德不爲人恨與此同是其本作悔字段玉裁云謂皇矣末章四方以無侮也譌作無悔非是且其德靡悔毛詩言王季非言文王見詩經小學

陟則在巘　唐石經小字本相臺本同案釋文云甗本又作巘毛云小山別於大山也與爾雅異正義云小山別於大山者釋山云重甗隒郭璞曰謂山形如累兩甗甗甑山狀似之上大下小因以爲名西京賦曰陵重甗是也與皇矣小山曰鮮義別彼謂大山之傍別有小山也依此是正義本亦作甗字與釋文本同故引重甗以釋之也今正義中巘字及標起止云傳巘小當是合併以後改之釋文云與爾雅異者謂爾雅作鮮爲異不以此當重甗隒也其實鮮巘字異義同經中用字例不畫一如逝噬卣報墳汾訛尤鄄之屬是其比矣唐石經以下作巘出於又作本

言居民相愛 閩本明監本毛本愛誤土案浦鏜云居疑君之誤是也

雖言玉瑤容刀者 閩本明監本毛本雖誤惟案此當作唯

瑤言公劉有美德也 閩本明監本毛本同案也下脫者字

乃覯于京 小字本相臺本同唐石經乃作廼案此經廼場廼疆廼積廼倉廼裹廼宣廼陟乃覯乃依乃造廼岡廼理乃密凡十三見十行本四字作乃九字作廼小字本相臺本乃密作廼爲異餘同唐石經盡作廼考釋文以廼場廼裹廼覯乃依乃造作音凡五見而三廼二乃則二文錯亂久矣傳中亦廼乃互有箋有乃無廼當是經本作廼傳箋轉爲乃而說之故正義中亦悉用乃字也或遂以注改經耳當從唐石經也山井鼎云古本廼乃二字參差不同是因其錯亂又從而互易之

論難曰語 小字本相臺本同案正義云荅難曰語又云定本集注皆云論難曰語釋文云論難魯困反下乃旦反是其本作論字

謂安民館客 小字本相臺本同案釋文云館客一本作舍正義本未有明文今無可考

且言爲之上也 閩本明監本毛本同案浦鏜云京誤上是也

飲酒以樂之 閩本明監本毛本同小字本相臺本樂作落考文古本同案正義云則有落之之禮又云落室之禮是其本作落字釋文不爲樂字作音其本或與正義本同合併時所取經注本字作樂與斯于注同不合於此正義也

儉以質也 小字本相臺本同案此定本也正義云故云儉且質也定本云儉以質也是其本作且字

公劉既登堂負扆而立 小字本相臺本同案此箋易傳以訓釋中改其字以顯之也釋文云鄭於豈反箋云或扆字者言箋意耳非載箋文也○按徑云箋云或扆字似陸所據有此語

羣臣適其牧羣 閩本明監本毛本同小字本相臺本臣下有乃字考文古本乃字同案有者是也

飲食以樂之 閩本明監本毛本樂作落案所改是也食當作酒

但使掌供辨羣臣之職 閩本明監本毛本辨作辦案所改是也然古辨辦無二字俗人分別耳

天子負斧衣南嚮而立 明監本毛本同閩本嚮誤饗案浦鏜云依誤衣是也

適其羣牧 閩本明監本毛本同案浦鏜云牧羣二字誤倒是也

故云搏豕於牢中 閩本明監本毛本同案搏當作捕以七月無羊例之當釋文本作搏正義本作捕也

國君不能得其社稷 閩本明監本毛本同案得當作保形近之譌

既景乃岡考於日景 小字本相臺本同案此定本也正義云定本影皆爲景字是其本二字皆作影考影爲景之俗字論詳顏氏家訓傳不應用之當以定本爲長

量度其陽與原田之多少 閩本同明監本毛本陽作隰案所改是也

其證爲什一也 閩本明監本毛本同案其當作且形近之譌

出其三卿而已 閩本明監本毛本卿作鄉案所改是也

當用二萬五百人 明監本毛本同閩本人作千案百當作千閩本誤改下字餘文多不誤浦鏜所改皆非

取厲取鍛 小字本同閩本同唐石經鍛作鍛相臺本毛本同案鍛字是也釋文云鍛本云作碫丁亂反說文云碫厲石也字林大喚反詩經小學云今本說文誤作碫乎加反此誤與彼同也又說文云厲本又作礪正義本是礪字考文古本作取礪取碫采正義釋文

鍛石也 小字本相臺本同案釋文鍛下云鍛石也段玉裁云傳鍛鍛石也鄭申之云鍛石所以爲鍛質也今本傳中脫鍛字考正義云則知鍛亦石也又云傳言鍛石嫌鍛是石名是其本已無下鍛字

伐取材木　相臺本同，閩本、明監本、毛本同。小字本「材」作「林」。考文古本同。案「材」字是也。正義可證。釋文云一本作材末。

材木一本作林末　補通志本「林末」作「材末」，盧本作「林木」。云舊譌「材末」，今改正。足利本作「林木」。案所改是也。此十行本所附作「林末」，「末」乃「木」字之譌。小字本所附作「林木」，一本作「材木」，順正文而易之耳。山井鼎所云古本「材」作「林」者，采諸此。

校其夫家人數　小字本、相臺本同。案「校」當作「挍」。釋文云挍其音教，詳青衿。

俱是渡謂取礪　閩本、明監本、毛本同。案浦鏜云「渭」誤「謂」。取礪疑而取之誤是也。

公劉之君民幽地作宮室　閩本、明監本、毛本同。案「君」當作「居」。衍「民」字。作下脫「此」字。

築作用所　閩本、明監本、毛本同。案浦鏜云用所字當誤倒是也。

大率民民以南門爲正　閩本、明監本、毛本不重「民」字。案所刪非也。下「民」字當作「居」耳。

則內亦有汭名　閩本、明監本「汭」作「內」。案此當作「芮」。

上言夾澗鄉　閩本、明監本、毛本同。案「澗鄉」二字當倒。

故知就澗水之內外在居　閩本、明監本、毛本同。案「在」當作「布」。形近之譌。此正義自爲文，注作「而」。

未詳詩義故爲別解　閩本、明監本、毛本「爲別解」三字誤作「也」字。

〇洞酌

下三句　閩本、明監本、毛本同。案浦鏜云「二」誤「三」，是也。

樂以強教之　小字本同，閩本、明監本、毛本同，相臺本「強」作「彊」。案「彊」字是也。當讀平聲。正義云當自彊以教之，是其證也。表記釋文云強其良反，徐其兩反，依上一音字亦當作「彊」。徐音字乃作「強」，與正義本此傳不同也。

民皆有父之尊有母之親　閩本、明監本、毛本同。小字本同，相臺本「母」上有「有」字。十行本初刻無，剜改有。案無者是也。此傳本禮記而略去下「有」字者，以意自足也。正義仍依禮記文而說之耳。相臺本有，乃沿革例所謂以疏中字徵足其義者也。當從小字本及十行本初刻也。

今呼餐音脩飯爲饙　閩本、明監本、毛本「音」誤「者」。案山井鼎云宋板「音脩」二字白書是也。此正義自爲音，不入正文也。〇按此則文義難讀，必須分別者。

饙均熟爲餾　閩本、明監本、毛本同。案山井鼎云「均」字衍文，非也。今爾雅注脫耳。

以爲此言以釋之　閩本、明監本、毛本同。案上「以」字當作「而」。

附釋音毛詩注疏卷第十七（十七之四）　五七

毛詩大雅　鄭氏箋　孔穎達疏

卷阿召康公戒成王也言求賢用吉士也吉猶善也○卷音權曲也篇內同阿大陵曰阿【疏】卷阿十章上六章章五句下四章章六句至吉士○正義曰說文云賢堅也以其人能堅正然後可以爲人臣故字從臣吉者善也吉士亦是賢人但序者别其文以足句亦因經有吉士之文故也經十章皆言求賢用吉士之事○

有卷者阿飄風自南興也卷曲也飄風迴風也惡人被德化而消猶飄風之入曲阿也箋云大陵曰阿有大陵卷然而曲迴風從長養之方來入之興者喻王當屈體以待賢者賢者則猥來就之如飄風之入曲阿然其來也爲長養民○票避遥反本亦作飄被皮寄反長張丈反下同猥烏罪反爲于僞反

豈弟君子來游來歌以矢其音矢陳也箋云王能待賢者如是則樂易之君子來就王游而歌以陳出其聲音言其將以樂王也感王之善心也○樂易音洛下樂王同易音以豉反後樂易皆放此○【疏】有卷至其音○毛以爲有卷然而曲者是大陵之阿也此阿以曲之故使迴旋之飄風從南而入之無不消散以興有美者是大德之化此化以美之故使凶悖之惡人隨政而順之皆得其息止也惡人既消則賢者樂進故此樂易之君子於是來而就王游來而就王歌以陳出其音聲言其將以樂王感王之善○鄭以爲有卷然而曲者之阿則飄風從南長養之方來入之以興王有降屈之意則賢者懷其撫養之德來就之阿以岸曲而來風猶王以體屈而致賢也下三句與毛同○傳卷曲至曲阿○正義曰檀弓稱原壤歌曰執女手之卷然則卷是曲貌也釋天云迴風爲飄李巡曰迴風旋風也風必有道然後得去阿之曲者風無去路故入阿則消善政消惡亦復如此○箋大陵至養民○正義曰大陵曰阿釋地文以此詩勸王求賢求之必當降意下言君子之來此當言王待之狀且舜舉皋陶不仁者遠矣是得賢然後消惡非惡消然後賢來故易傳以由阿喻王之體屈也屈體者謂降尊就卑接以恩意使賢者感恩而樂來也以飄者風之狀故言猥來以對之猥者多而疾來之意飄風之來非有定所而以自南言之明其取南爲義故知以南是長養之方喻賢者有長養之德故云其來爲長養民也檜風云匪風飄兮何人斯篇云其爲飄風彼皆不言自南故以爲惡此言從長養之方故爲喻善與取一象不得皆同此言賢人疾來故以疾風爲喻○傳矢陳○正義曰釋詁文○箋王能至善心○正義曰以言歌復言音則音爲歌之音聲故云陳出其聲音言其將以樂王也王能爲賢存所樂是感王之善心也以此知上經喻王之屈體矣若其不然止致賢人之來何能使之歌樂乎

伴奐爾游矣優游爾休矣伴奐廣大有文章也箋云伴奐自縱弛之意也賢者既來王以才官秩之各任其職女則得伴奐而優自休息也孔子曰無爲而治者其舜也與恭己正南面而已言任賢故逸也○伴音判徐音畔奐音喚徐音換施本又作弛同書氏反任音壬或如鴆反治直吏反下爲治同與音餘共音恭本亦作恭○

豈弟君子俾爾彌爾性似先公酋矣彌終也似嗣也酋終也箋云俾使也樂易之君子來在位乃使女終女之性命無困病之憂嗣先君之功而終成之○酋在由反又子由反又在幽反【疏】伴奐至酋矣○毛以爲言王若能用周道伴然而德廣大奐然而有文章可使賢者於汝王所來游矣則此賢人皆來就王優游然於汝王所休息矣王欲廣大有文章以來致賢人又言賢人益王之意此樂易之君子者若得來在爵位以輔佐王則使汝王得終汝王之性命無困病之憂又嗣其先君之功汝王能終之矣言得賢人則可以保全已之性命又終成先君之功戒王不可不求之也○鄭以上二句言勸王求賢之意若得賢爲官任之以事則伴奐然汝王得自游縱矣又優游矣汝王得休息矣是任賢則逸不可不求餘同○傳伴奐廣大有文章○正義曰傳以伴奐爲廣大文章則是勸王使爲此也來游者謂王能如此則賢人來游故王肅云周道廣大而有文章故君子得以樂易而來游優游而休息傳之此言以二字分而爲義蓋伴爲廣大奐爲文章故孔晁引孔子曰奐乎其有文章伴乎其無涯際是分之也則毛當讀爲伴奐不得如徐音自爲鄭讀也○箋伴奐至故逸○正義曰伴奐之言與優游相類故爲自縱弛之意人情莫不惡勞而好逸迫於不得已耳任賢可以優游故以此辭勸之求逸在於能官在於任職則君得優游故云賢者既來王以才官秩之各任其職汝則伴奐而優游自休息也才官秩之謂論才然後官之居官然後秩之也引孔子之言又解其意言任賢故逸以明名公言此之意亦勸王欲使如舜也王肅奏云周公著書名曰無逸而云自縱弛也不亦違理哉孫毓云忠臣戒君而發章令自縱弛非直方之義斯皆未達勸戒之要旨也何則周公之言無逸者心也名

公之言優游者事也心常戰兢無時可逸事若無爲自然逸矣子之燕居申申如也是縱弛之狀無爲而治其舜也與是自逸之事書傳稱成湯之間刑措不用雖欲不逸何所爲乎召公教其求逸勸使任賢此則達者之格言萬世所不易何以爲違理之談非直方之義也周公之戒成王云君子所其無逸即云知稼穡之艱難乃逸亦是教王使求自逸其爲勸戒與此正同孔晁又云一人戒無逸一人勸使縱弛事相反戾乃天之與地何其疏實而妄爭訟也○傳彌終似嗣酋終○正義曰彌終釋言文似先公是繼嗣先君故似爲嗣遒終釋詁文彼遒作酋音義同也○箋樂易至成之○正義曰礼運云政也者君之所以藏身之固也然則賢人在位即行善政可以保全性命無他患禍故云使汝終汝之性命無困病之憂也若使臣無可任每事勞心則是傷年夭命不得終矣成主之所繼嗣者先王也而云先公公是君之別名故云嗣先君之功而終成之謂守其王位成就先君之功也

爾土宇昄章亦孔之厚矣 昄大也箋云土宇謂居民以土地屋宅也孔甚也女得賢者與之爲治使居宅民大得其法則王恩惠亦甚厚矣勸之使然○昄徐符版反孫炎郭璞方滿反字林方但反又方旦反

豈弟君子俾爾彌爾性百

神爾主矣 箋云使女爲百神主謂羣神受饗而佐之〔疏〕爾土至主矣○正義曰勸王若得賢者與之爲治使之教民則汝之土地居宅之民大得其礼法文章矣下民蒙其德澤皆荷王者之恩則爲王之恩惠亦甚之厚矣王何以不求之乎此樂易之君子既來在王位以德助汝使汝得終汝之性命百神皆以汝爲主矣言其愛而饗祐之○傳昄大○正義曰釋詁文○箋土宇至使然○正義曰賢者所以養民故以土宇謂居民。土地屋宅也以教之故民有所法則王而下得其恩故云王恩惠亦甚厚言甚者王恩已厚臣又益之○箋使女至佐之○正義曰祭法云有天下者祭百神則爲天子者固自爲百神主矣今言百神爾主謂神意以之爲主不欲使他人主之故謂之羣神受饗而祐助之○

爾受命長矣茀祿爾康矣 茀小也箋云茀福康安也女得賢者與之承順天地則受久長之命福祿又安女○茀沈云毛音弗徐云鄭音廢一云毛方味反鄭芳沸反○

豈弟君子俾爾彌爾性純嘏爾常矣 嘏大也箋云純大也予福曰嘏使女大受神之福以爲常〔疏〕爾受至常矣○毛以爲王得賢者與之承順天地則所受天之性命得久長矣非徒大福佑助王身其細小之福祿亦於汝而安之矣此樂易之君子既來在王位以德助汝終汝之性命德大天之福於汝爲常矣言能任賢者則福常助之○鄭唯以茀爲福嘏爲嘏辭爲異餘同○傳茀小○正義曰福之大者莫過永年命長已是大福則茀福宜爲小福故以茀爲小福故以茀爲小言小尚安之則大者可知○箋茀福至安女○正義曰茀之爲福爲小皆無正訓以其與祿共文宜爲福爾上言百神爲主命則天地所授天無悔怒壽命則長故云得賢者與之承順天地則受久長之命既得長命又爲福祿所安謂使之四方無虞常主天下也○傳嘏大○正義曰釋詁文○箋純大至爲常○正義曰純大釋詁文詩之有嘏字者皆是祭祀之事少牢特牲之礼尸嘏主人皆予之以福故云予福曰嘏受福以爲常言其終常得之未嘗闕失也

有馮有翼有孝有德以引以翼 有馮有翼道可馮依以爲輔翼也引長翼敬也箋云馮馮几也翼助也有孝斥成王也有德謂羣臣也王之祭祀擇賢者以爲尸尊之豫撰几擇佐食廟中有孝子有羣臣尸之入也使祝贊道之扶翼之尸至設几佐食入助之尸者神象故事之如祖考○馮符冰反注同本又作憑饌士戀反又士轉反具也本亦作撰道徒報反本亦作導○

豈弟君子四

方爲則 箋云則法也王之臣有是樂易之君子則天下莫不放傚以爲法○放方往反〔疏〕有馮至爲則○毛以爲上章勸王求賢以自益此則指賢人之行以戒王言有善行可以爲憑依者有藝能可以爲輔翼者有至孝可以爲感化者有大德可以爲軌訓者王當以此長尊之以此恒敬之若王得此四等是樂易之君子若來在王位可與四方爲法則矣以此故不可不求之○鄭以爲王所得爲百神之主受大嘏之福者由敬神所致故祭祀則宜擇賢爲尸而尊事之當有豫設所憑之几有擇佐食之人而宿戒之及也其在廟中當有孝子之主人有德行之羣臣共行祭祀及尸之來至而以祝使祝導引之以礼使祝扶翼之既至神坐共尊而事之以致神福故不可不求賢也餘同○傳有馮至翼敬○正義曰傳以此求賢不言祭故皆以爲賢人之德憑翼是施用之名孝德是成行之稱摠而爲名皆是道也以憑翼義隱故特釋之言道可依憑以爲輔翼則孝之與德亦爲道也憑者可以委杖翼者可以輔助憑重於翼故先憑後翼孝者德之本故亦先孝後德俱是賢人之行分之異名耳引長翼敬皆釋詁文○箋馮馮几至祖考○正義曰顧命云成王憑玉几又曰皇后憑玉几道揚末命是憑施於几故以憑爲憑几皐陶謨曰庶明勵翼又曰予欲左右有民汝翼是翼

謂佐助故以翼爲助曲禮下曰内事曰孝王某主人稱孝故知有孝斥成王有孝既是主人則有德宜謂助祭故以有德謂羣臣不解以引以翼從行葦而略之上言百神爾主純嘏爾常皆言神福主人神福由祭祀而來此詩爲求賢而作故知此章説王之祭祀擇賢者以爲尸以尊之故豫撰几擇佐食撰几解有憑擇佐食解有翼以下句乃言以引以翼謂來至導引之則有憑有翼末是尸之來至故爲豫也撰謂供置之與擇相類但几則取而置之故言撰佐食則衆中簡之故言擇耳此本或云豫饌食者誤耳孫毓載箋唯言撰几擇佐食是也定本亦作譔字非也少牢尸未入之前云司宫筵于奥祝設几于筵上特牲尸未入之前云祝筵几於室中東面是豫撰几也少牢云佐食升牢佐食遷昕俎特特牲云宗人遣佐食盥出皆其下始言迎尸是擇佐食亦在尸未至之前故俱言豫也知翼爲佐食者以翼者助也祭祀之有助名者唯佐食耳特牲注云佐食賓佐尸食者佐助也故知翼爲佐食言廟中有孝子有羣臣謂祭時也然則几與佐食亦在廟中用之别言廟中有孝子者几與佐食祭時自在廟中其撰擇之時則在廟外以孝子不迎尸故以廟中爲主設孝德之文於引翼之上見尸未入之前已有祭事故也言尸之入使祝贊導之扶翼之者行葦箋云在前曰引在傍曰翼此與彼

同故以引爲贊導也少牢云祝出迎尸于廟門之外主人降立于阼階東西面祝先入門右尸入門左是祝在前導之也導謂在前則贊謂在後少牢又云祝延尸尸升自西階入祝從注云由後詔相之曰延延進也特牲亦云至於階祝延尸尸入升祝先主人從是在後贊之也故此兼言贊焉特牲少牢亦無在尸傍之時而言扶翼之者已有在其前後亦當或在其傍特牲注引禮器詔侑無方是前後左右無常也又言尸至設几佐食助之明上豫設至此用之又解所以令王尊尸如此者尸神象故當事之如祖考

顒顒卬卬如圭如璋令聞令望顒顒温貌卬卬盛貌箋云令善也王有賢臣與之以禮義相切瑳體貌則顒顒然敬順志氣則卬卬然高朗如玉之圭璋也人聞之則有善聲譽人望之則有善威儀德行相副○顒魚恭反卬五剛反問音問本亦作問望如字叶韻音亡瑳七何反或作磋論魯困反行下孟反

豈弟君子四方爲綱箋云綱者能張衆目

〔疏〕顒顒至爲綱○正義曰上既勸王敬賢又言敬賢之盡意言王者若得賢人與之以禮義相切瑳則能令王體貌顒顒然温和而敬順其志氣卬卬然充滿而高朗以玉之成器如圭然如璋然有善聲譽爲人所聞知有善威儀爲人所觀望非徒有益於王此樂易之君子能與天下四方爲綱紀王何得不求之乎○傳顒顒至盛貌○正義曰傳亦以顒顒爲體貌故爲温卬卬爲志氣故爲盛其意與箋同○箋令善至相副○正義曰令善釋詁文以圭璋是玉之成器切瑳是治玉之名故云王有賢臣與之以禮義相切瑳也顒顒是觀其形狀故以爲體貌敬順卽温和也卬卬是見其過逸故以爲志氣高朗高朗卽盛壯也既體貌敬順志氣高朗則可以比玉故如玉之圭璋高朗則行聞於遠故有善聲譽敬順則貌無惰容故有善威儀貌善名彰是德行相副也釋訓云顒顒卬卬君之德也孫炎曰顒顒體貌温順也卬卬志氣高遠也取此箋傳爲説

鳳皇于飛翽翽其羽亦集爰止鳳皇靈鳥仁瑞也雄曰鳳雌曰皇翽翽衆多也箋云翽翽羽聲也亦與衆鳥也爰于也鳳皇往飛翽翽然亦與衆鳥集於所止衆鳥慕鳳皇而來喻賢者所在羣士皆慕而往仕也因時鳳皇至因以喻焉○翽呼會反說文云羽聲也字林云飛聲也口外反瑞垂僞反

藹藹王多吉士維君子使媚于天子藹藹猶濟濟也箋云媚愛也王之朝多善士藹藹然君子在上位者率化之使之親愛天子奉職盡力○藹於害反爾雅云臣盡力

也說文作譪譪云臣盡力之美也朝直遥反

〔疏〕鳳皇至天子○毛以爲成王之時有鳳皇之瑞召公以爲用賢所致故陳之以戒王言鳳皇之往飛翽翽然者是其羽翼之聲亦集止於其所宜止之處今所以致此瑞者以其藹藹然王朝之上多善士也此善士等維君子大賢之所命使率化之使媚愛於天子矣令皆奉職盡力○鄭以爲鳳皇往飛之時翽翽然其羽爲聲亦與衆鳥集於所止鳳皇所在衆鳥慕而從之故鳳皇亦與之同止於與賢者來仕之時亦與衆羣士集於君朝賢者所在羣士慕而就之故賢者亦與之同朝得大賢而致羣士猶鳳皇飛而來衆鳥王安得不求之乎其餘同毛○傳鳳皇至衆多○正義曰禮運云麟鳳龜龍謂之四靈鳳皇亦鳳類故俱云靈鳥言此鳥有神靈也言仁瑞者五行傳及左氏說皆云貌恭體仁則鳳皇翔言行仁德而致此瑞毛此意用臣之仁以致南方鳳昭二十九年左傳云水官廢矣故龍不生彼言臣脩水職致東方龍則毛意與左氏說同以用臣所致者皆脩母致子應也釋鳥云鶠鳳其雌皇是雄曰鳳雌曰皇也說文云鳳神鳥也天老曰鳳象麟前鹿後蛇頸魚尾龍文龜背燕頷喙五色備舉出於東方君子之國翺翔四海之外過崑崙飲砥柱濯羽弱水暮宿風穴見則天下大安寧字從鳥凡聲鳳飛則羣鳥從以萬數故鳳古作朋

字山海經曰丹穴之山有鳥焉其狀如鶴五采而文名曰鳳首文曰德翼文曰順背文曰義膺文曰仁腹文曰信是鳥也飲食自歌自舞見則天下大安寧京房易傳曰鳳皇高丈二漢時鳳皇數至漢書云高五六尺郭璞云小之形未詳翽翽與其羽連文則是羽聲也言衆多者以鳳鳥多故羽聲大皐陶謨云鳳皇來儀注云儀匹言其相乘匹中候握河紀云鳳皇巢阿閣讙樹言讙讙在樹是鳳必羣飛白虎通云黃帝之時鳳皇蔽日而至是來必衆多也毛意不言衆鳥則唯是鳳事而言亦者以鳳事自相亦也故王肅云鳳皇雖亦高飛傳天而亦集於所宜止故集止以亦傳天亦集止今能致靈鳥之瑞者以多士也欲其常以求賢用吉士爲務也○箋翽翽至喻焉○正義曰以傳言衆多解爲聲之意故又明之云翽翽羽聲也以此與求賢求賢當此鳳而言亦集則意取於亦故云亦集衆鳥也鳳與衆鳥俱集所止猶賢與羣士俱在王朝衆鳥慕鳳以羣士慕賢故以爲喻明王之朝無人不賢而云慕者以賢有等級言小善之慕大善耳君奭云者造德不降我則鳴鳥不聞又太平必致四靈故知因時鳳皇至故以喻焉○傳藹藹猶濟濟○正義曰釋訓云藹藹濟濟止也俱爲容止故猶之釋訓又云藹藹萋萋臣盡力也則此爲美容又盡力矣○箋王之至盡力○正義曰以左傳言維命者皆

謂愛其節度聽其進止此經既云多吉士即云維君子使則吉士愛此君子之命使也媚于天子文承其下明是君子使此吉士愛天子矣故云君子在上位者率化之謂若公卿之率化大夫士也臣之愛君唯當盡心力奉職事故云奉職盡力意取爾雅爲說也

鳳皇于飛翽翽其羽亦傅于天箋云傅猶戾也○傳音附

藹藹王多吉人維君子命媚于庶人箋云命猶使也善士親愛庶人謂無擾之令不失職○令力呈反下欲令同

疏箋親愛至失職○正義曰撫擾皆安養之義耕墾原隰以種禾黍治其絲麻以爲布帛皆民之職也愛庶人者清靜爲政不亂在下安養之使不失此職耳

鳳皇鳴矣于彼高岡梧桐生矣于彼朝陽梧桐柔木也山東曰朝陽梧桐不生山岡太平而後生朝陽箋云鳳皇鳴于山脊之上者居高視下觀可集止喻賢者待禮乃行翔而後集梧桐生者猶明君出也生於朝陽者被溫仁之氣亦君德也鳳皇之性非梧桐不棲非竹實不食○梧音吾彼皮寄反棲音西

菶菶萋萋雝雝喈喈梧桐盛也鳳皇鳴也臣竭其力則地極其化天下和洽則鳳皇樂德箋云菶菶萋萋喻君德盛也雝雝喈喈喻民臣和協○菶布孔反又薄孔反又薄公反萋七西反喈音皆鳳皇鳴也

疏鳳皇至喈喈○毛以爲上既言鳳皇由吉人所致此又摠而結之以告戒於王言今鳳皇鳴矣於彼高岡之上又梧桐生矣於彼朝陽之地其梧桐之生則菶菶萋萋而茂盛其鳳皇之鳴則雝雝喈喈而和協是太平之實驗矣○鄭以爲鳳皇之將出則先鳴矣於高山之脊居高視下觀可集止見其梧桐生矣於彼山東之朝陽乃往集之以興賢者將仕也則相時待禮擇可歸就見其明君出矣於彼仁聖之治世乃往仕之梧桐之生則菶菶萋萋而茂盛以興明君亦德盛也鳳皇之鳴也則雝雝喈喈然音聲和協以興民臣亦和協也○傳梧桐至朝陽○正義曰梧桐可以爲琴瑟是柔韌之木故曰柔木釋木云櫬梧郭璞曰今梧桐又曰榮桐木郭璞云則梧桐也然則梧桐一木耳山東曰朝陽釋山文孫炎曰朝先見日也言梧桐不生山岡太平而後生朝陽者山岡與朝陽一也以經有岡故以山言之但梧桐柔脆之木若時未太平地不極化則不生山岡朝陽之地若太平則生山岡之朝陽山頂之東皆早朝見日但是山東之岡脊摠曰朝陽不云鳳鳴處所者以時不太平鳳全不見故不須言鳴之處所○箋鳳皇至不食○正義曰箋以

上二章與求賢人故此亦以鳳皇興賢者梧桐自是鳳之所棲不必太平乃有不得爲太平之事因鳳所集故以興明君焉以鳳鳴而言在岡故知居高視下觀可集止言賢者待禮者明君能以禮召人故以喻焉梧桐可使鳳皇集之則大樹非始生矣而言梧桐生者喻明君出也既以梧桐比君不言生於他處而云生於朝陽者以其早見日陽被溫仁之氣溫仁者亦君之德也故以朝陽之梧桐喻之非梧桐不棲非竹實不食莊子文也然莊子所說乃言鵷鶵鵷鶵亦鳳皇之別白虎通云黃帝之時鳳皇蔽日而至止於東園食常竹實棲常梧桐終身不去且諸讖傳之論鳳事皆云食竹栖梧箋言此者解經既言鳳皇即言梧桐之意也○傳梧桐至樂德○正義曰言梧桐盛解菶菶萋萋鳳皇鳴解雝雝喈喈臣竭其力以下更覆解此鳳鳴木盛之意由臣能竭其力以助於君故使地亦極盡其化生之德生此梧桐使之菶菶萋萋也由臣竭其力故使天下和洽故使鳳皇樂德而來其鳴雝雝喈喈也知臣竭其力爲二事之摠者以此言太平由臣之力明天下和洽亦臣竭力矣萬物草木天之所生言地極其化者以梧桐生在地是地能化之釋訓云藹藹萋萋臣盡力也舍人曰藹藹賢士之貌萋萋梧桐之貌孫炎曰言衆臣竭力則地極其化梧桐盛也是用此傳爲說釋訓又云噰噰喈喈民

協服也不爲鳳皇鳴此傳與爾雅異者毛意以爲由萬民物服故鳳聲雝和亦得合爾雅也。箋菶菶至和協。正義曰菶菶萋萋梧桐之貌也箋於上經以梧桐喻明君故以梧桐盛喻君德爾雅言臣盡力與此箋不同者以君有盛德則能使臣盡其心力亦與爾雅合也雝雝喈喈鳳皇之聲上以鳳皇比賢者其鳴似賢者之政教故以鳳皇聲聞於人人聞之而知其雝和以喻政教加被於民民應之而相與和協爾雅言民協服者彼言所喻之意也。**君子之車既庶且多君子之馬既閑且馳**上能錫以車馬行中節馳中法也箋云庶衆閑習也今賢者在位王錫其車衆多矣其馬又閑習於威儀能馳矣大夫有乘馬有貳車。中丁仲反下同乘承證反**矢詩不多維以遂歌**不多多也明王使公卿獻詩以陳其志遂爲工師之歌焉箋云矢陳也我陳作此詩不復多也欲令遂爲樂歌王曰聽之則不損今之成功也。復扶又反〔疏〕君子至遂歌。毛以爲成王實能用吉士已致大平但名公欲令守其成功故自言作詩之意言今君子賢者來在王位王賜之車馬其所賜君子之車既衆且又能多矣所賜君子之馬既閑習於威儀且又能馳矣是王能用賢不須規戒今我陳作此詩豈不多乎言其實煩多也正以中心不已恐王惰慢故作此詩遂爲樂人之歌冀常求賢士永爲鑒戒不損今日成功也。鄭唯以不多爲作此詩不復多爲異餘同。傳上能至中法。正義曰言上能賜以車馬謂成王於時已能賜之行中節解既閑也馳中法解且馳也言閑馳者美其中節度合禮法。箋庶衆至貳車。正義曰以經言既是王賜之故云今賢者在此位王賜其車衆多矣庶多一也丁寧以足句耳馳者是馬走之名馬既能走今言且馳明是馳合於法故云其馬又閑習於威儀能馳矣車不獨賜駕必以馬車言衆多則馬亦多矣但馬有御之威儀故別言閑馳以美之馬既別文故衆多者唯言車耳言大夫有乘馬有貳車者解其言多之意以車則人有副貳所賜又非一人故言多也言大夫者自大夫以上皆有此不必專指大夫也禮士無貳車又此得兩馬本或有士者衍字定本云大夫士有乘車貳車非也。傳不多至歌焉。正義曰傳反其言以不多爲多者王既能用賢不復須戒故以作詩爲煩多也又解名公獻詩及言遂歌之意以明王使公卿獻詩以陳其所作之人志意遂爲工師之歌故也國語亦云使公卿至於列士獻詩與此同也春秋之師職掌九德六詩之歌工者樂師之揔名即大師是也。箋矢陳至成功。正義曰箋以忠臣諫王其言雖多猶恨心之不盡不當自謂已言已爲多也且順文自通不宜反之故易傳以爲作此詩不復多言其意猶以爲少也樂人之歌常在君側故云王曰聽之則不損今之成功。

卷阿十章六章章五句四章章六句

民勞召穆公刺厲王也厲王成王七世孫也時賦斂重數繇役煩多人民勞苦輕爲姦宄彊陵弱衆暴寡作寇害故穆公以刺之。民勞如字從此至桑柔五篇是厲王變大雅斂力豔反數音朔繇本亦作傜音遙宄音軌本亦作軌〔疏〕民勞五章章十句。正義曰經五章上四句言民勞之須安次四句言寇虐之當止下二句言王當行善政以安民皆是刺王之事。箋厲王至刺之。正義曰世本及周本紀皆云成王生康王康王生昭王昭王生穆王穆王生恭王恭王生懿王及孝王孝王生夷王夷王生厲王凡九王從成王言之不數成王又不數孝王故七世也左傳服虔注云穆公召康公十六世孫然康公與成王同時穆王與厲王竝世而世數不同者生子有早晚壽命有長短故也注述詳略不必有例而商頌列祖箋云中宗殷王大戊也湯之玄孫玄鳥箋云高宗殷王武丁也中宗玄孫之孫是則以詩相繼因而明之此以厲王之詩承成王詩後故本之於成王也其文武成及厲宣幽若王風之平桓莊皆父子相繼中間無隔故不假言之小雅之序無成王之文故六月不以宣王繼成王十月之交推之而知是厲王耳而序文不爲厲字故就此以明世數也郊特牲云天子失禮自夷王以下注云夷王周康王玄孫之子繫之康王者以記文事雜上無所據文武成康俱爲明王失禮是初衰之始故繫於明王之最末者言之此以天子事皆因有所隔而詳其世數國風雖有隔絕皆不明言詳天子而略諸侯亦尊卑之義也序略言刺王箋明其刺意賦斂重數繇役煩多使民勞苦即五章皆上四句是也輕爲姦宄以彊陵弱以衆暴寡作爲寇害五章皆次四句是也故穆王以此刺之也五章下二句皆教王爲善政以安止之非勞虐之實事故箋略之

民亦勞止汔可小康惠此中國以綏四方汔危也中國京師也四方諸夏也箋云汔幾也康綏皆安也惠愛也今周民罷勞矣王幾可以小安之乎愛京師之人以安天下京師者諸夏之根本。汔許一反說文巨乞反夏戶雅反下同幾音祈下同罷音皮**無縱詭隨以謹無良式遏寇虐憯不畏**

明詭隨詭人之善隨人之惡者以謹無良慎小以懲大也憯曾也箋云謹猶慎也良善式用遏止也王爲政無聽於詭人之善不肯行而隨人之惡者以此勑慎無善之人又用此止爲寇虐曾不畏敬明白之刑罪者疾時有之○詭俱毀反遏於葛反慘七感反本亦作憯柔遠能邇以定我王柔安也箋云能猶伽也邇近也安遠方之國順伽其近者當以此定我國家爲王之功言我者同姓親也○揉音柔本亦作柔能徐云毛如字鄭奴代反伽檢字書未見所出廣雅云如若也均也義音相似而字則異舊音如庶反義亡難見鄭注尚書云能恣也與此不同

[疏]民亦至我王○毛以爲穆玉諫王言今周民亦皆疲勞止而又危耳近於喪亡王可以小省賦役而安息之愛此中畿之國京師之人以安天下四方諸夏之國若安此勞民當糾察有罪無得聽縱其詭人之善隨人之惡者以此無阿縱之法故以勑慎其爲無善之人亦用此法以止其爲寇虐之行曾不畏敬明白之刑罰者當用正法刑罰而禁止之令民得無勞也所以令王先愛京師以及四方者以王之政欲安遠方之國當先順伽其近王當行之以此定我周家爲王之功恐其不能安定而喪失之○鄭唯以汔爲幾云此民亦皆已勞止王幾可以小安之爲異餘同○傳汔危至

諸夏○正義曰以汔之下卽云小康明是由危須安故以汔爲危也中國之文與四方相對故知中國謂京師四方謂諸夏若以中國對四夷則諸夏亦爲中國言各有對故不同也○箋汔幾至根本○正義曰傳以汔之爲危旣無正訓又小康者安此勞民直以勞民須安不當更云危也釋詁云幾汔也孫炎曰汔近也郭璞曰謂相摩近反覆相訓是汔得爲幾也昭二十年左傳引此詩杜預云汔期也然則期字雖別皆是近義言其近當如此史記稱漢高祖欲廢太子周昌曰臣口不能言然臣期知其不可陛下雖欲廢太子臣期不奉詔言期者意亦與此同也康綏皆安惠愛皆釋詁文又云愛京師得安四方之意由京師者諸夏之根本根本旣安枝葉亦安京師王之所尊王若安之則四方諸侯亦皆效王安之○傳詭隨至憯曾○正義曰詭戾人之善隨從人之惡以其故爲此惡情不可原是故不得聽縱之也此詭隨無良寇虐俱是惡行但惡有大小詭隨小惡無良其次寇虐則大惡也詭隨未爲人害故直云不得縱之無良則爲小惡已著故謹勑之寇虐則害加於民故遏止之然則三者各自爲罪而云無縱詭隨以謹無良以爲相須之意故傳解之云謹愼其小以懲創其大以無良之惡大於詭隨詭隨者尚無所縱則無良者謹愼矣至於寇虐則不可以謹故別云式遏謂加之大罪也憯曾釋言文爾雅本或作慘○曾音義同○箋謹猶至有之○正義曰謹慎俱是勑戒之言故言謹猶慎以傳言慎小故申足之式用釋言文遏止釋詁文此無縱之文爲下揔目無良寇虐蒙之故云又用此止爲寇虐曾不畏敬明白之刑罰者言又用者亦用此無縱之事不畏明白之刑卽以與寇虐爲一故長讀之穆公諫王無縱明實有其人故云疾時有之○傳柔安○正義曰釋詁文○箋能猶至姓親○正義曰尚書無逸云柔遠能邇注以能爲恣則此云伽者與恣同謂順適其意也邇近釋詁文安遠方之國當先順伽其近者卽論語所謂悅近來遠是也此與上文相成能邇謂惠中國柔遠卽綏四方也厲王身爲王矣而云以定我王故知以定我周家爲之功若廣論天下之事雖則異姓可以稱我今指王身而文稱我是共王有周家之辭故云我者同姓親也

民亦勞止汔可小休惠此中國以爲民逑休定也逑合也箋云休止息也合聚也○逑音求○無縱詭隨以謹惛怓式遏寇虐無俾民憂惛怓大亂也箋云惛怓猶讙譁也謂好爭者也俾使也○惛音昏說文作惛云怓也釋交惛亦不憭也怓女交反鄭云猶讙譊也說文云怓亂也讙音歡

又許元反譊女交反本又作譁音花好呼報反爭爭鬭之爭○無棄爾勞以爲王休休美也箋云勞猶功也無廢女始時勤政事之功以爲女王之美述其始時者誘掖之也○休許蚪反掖音亦

[疏]民亦至王休○毛以爲今周民亦皆疲勞止而又危耳近於死亡王可以小安定止息矣當愛此中畿之國以爲諸夏之民使得會聚王若施善救當糾察有罪無得縱此詭人之善隨人之惡者以此勑愼其讙譁爲大惡者又用此無縱之事止其寇虐之善無使有遭此寇虐之憂又誘王言其始時有善勸令終之無棄爾王始時之政事之功以爲王政之美○鄭唯汔幾爲異餘同○傳休定逑合○正義曰釋詁云休息也定止也息亦定之義故以休爲定逑合詁文箋云休之爲定於義雖通而未是正訓故以休爲止息合爲聚所以申足毛義○傳惛怓大亂○正義曰惛怓者其人好鬭爭惛惛怓怓然故箋以爲猶讙譁謂好爭訟者是其言語爲大聒亂人故云大亂非是爲大禍亂也○傳休美○正義曰釋詁文○箋勞猶至掖之○正義曰勞力然後有功故云勞猶功也知汝勞爲汝始時勤政事之功者以云無棄明其先有而不棄也厲王暴虐初則然矣而述其始有功者誘掖之耳誘掖之言出衡門之序謂誘導而扶掖之以小人貪功聞已先有

善或將勉力故誘之民亦勞止汔可小息惠此京師以綏四國息止也○無縱詭隨以謹罔極式遏寇虐無俾作慝慝惡也箋云罔無極中也無中所行不得中正○慝吐得反○敬愼威儀以近有德求近德也○近附近之近注同民亦勞止汔可小愒惠此中國俾民憂泄愒息泄去也箋云泄猶出也發也○愒起例反徐丘罽反泄以世反又息列反無縱詭隨以謹醜厲式遏寇虐無俾正敗醜衆厲危也箋云厲惡也春秋傳曰其父爲厲厲○壞也無使先王之正道壞戎雖小子而式弘大戎大也箋云戎猶女也式用也弘猶廣也今王女雖小子自遏而女用事於天下甚廣大也易曰君子出其言善則千里之外應之況其邇者乎出其言不善則千里之外違之況其邇者乎是以此戒之○應應對之應○【疏】民亦至弘大○毛以爲民亦疲勞止又危耳可以止息之先愛止中國之京師便諸夏之民其憂寫泄而去又當無縱詭隨之人以此勑愼衆爲危殆之行者又用此止其寇虐之害無使王之正道敗壞也所以須然者在王之大位者雖小子而用事甚大大不可不愼故須息勞民而止寇虐也○鄭以汔爲幾厲爲惡戎汝弘廣爲異餘同○傳愒息泄去○正義曰愒息釋詁文云泄漏也然則泄者閉物漏去之名故以爲去箋以爲憂泄者是憂氣在腹而發出故云出也發也其意亦與毛同月令是謂泄天地之氣是發出之義也○傳醜衆厲危○正義曰醜衆釋詁文易之言厲者皆危之義乾九三夕惕若厲之類皆是危也故以爲危醜厲謂衆爲惡行以危人者也○箋厲惡至道壞○正義曰箋以言人之惡當指其惡狀危非惡之名故以厲爲惡秋官司厲注云犯政爲惡曰厲是也所引春秋傳曰襄十七年左傳云衞孫蒯田于曹隧飲馬于重丘毀其瓶重丘人閉門而詬之曰親逐而君爾父爲厲是之不憂而何以田爲以厲爲罵辭明是惡矣故引之以證厲爲惡釋詁云壞毀也敗亦毀損之名故以爲壞言正敗是正者敗故云無使先王之正道壞言寇虐之人能壞先王正道也○傳戎大○正義曰釋詁文王肅云在王者之大位雖小子其用事甚大也○箋戎猶至戒之○正義曰以下已有大故訓戎爲汝弘復爲大則大文太重故弘猶廣廣亦大之義耳小子無知之稱故抑曰於乎小子未知臧否言雖小子故知自遏

如小子居天子之位故用事廣大引易曰盡邇者子皆上繫辭也出言善否千里之外違之應之是其用事廣大出言不易是以穆公以此言戒之必易傳以戎爲汝者孫毓云戎之爲汝詩人通訓言大雖小子於文不便箋義爲長民亦勞止汔可小安惠此中國國無有殘賊義曰殘箋云王愛此京師之人則天下邦國之君不爲殘酷無縱詭隨以謹繾綣式遏寇虐無俾正反繾綣反覆也○繾綣上音遣下起阮反字或作卷覆芳服反○王欲玉女是用大諫箋云玉者君子比德焉王乎我欲令女如玉然故作是詩用大諫正女此穆公至忠之言○令力呈反【疏】傳賊義曰殘○正義曰孟子云賊仁曰賊賊義曰殘言是賊敗仁義之事○傳繾綣反覆○正義曰昭二十五年左傳繾綣從公無通外內則繾綣者牢固相著之意非善惡之辭但施於善則善施於惡則惡耳此云以謹繾綣是人行反覆爲惡固義不捨常爲惡行也

民勞五章章十句

板凡伯刺厲王也凡伯周同姓周公之胤也入爲王卿士○板音版○【疏】板八章章八句○箋凡伯至卿士○正義曰僖二十四年左傳曰凡蔣邢茅胙祭周公之胤也知爲王卿士者以經云我雖異事及爾同寮是爲王官也以其伯爵故宜爲卿士瞻仰凡伯之刺幽王春秋隱七年天王使凡伯來聘世在王朝蓋畿內之國杜預云汲郡共縣東南有凡城共縣於漢屬河內郡蓋在周東都之畿內也上帝板板下民卒癉出話不然爲猶不遠板板反也上帝以稱王者也癉病也話善言也猶道也箋云猶謀也王爲政反先王與天之道天下之民盡病其出善言而不行之也此爲謀不能遠圖不知禍之將至○卒子恤反癉本又作癉當但反沈本作擅出如字徐尺遂反話戶快反說文云會合善言也靡聖管管不實於亶管管無所依繫亶誠也箋云王無聖人之法度管管然以心自恣不能用實於誠信之言言行相違也○亶丁旦反行下孟反猶之未遠是用大諫猶圖也箋云王之謀不能圖遠用是故我大諫王也【疏】上帝至大諫○毛以爲尊比上帝之王者其爲政教反又反也既反於先王又反於

天道以此之故天下之民蒙其惡政盡皆困病矣假使王出嘉善話言則不肯是而用行之如此則王之所爲之道不能長遠唯趍於淺近不知禍之將至也又王之所爲惡無聖人之法管管然以心自恣無所依據不能用實於誠信之言既不依聖人之法不實誠信之言以此圖事不能至遠我以王所圖之事未能及遠恐王將有禍難以是之故用大諫正王○鄭唯以猶皆爲謀爲異餘同○傳板板至猶道○正義曰釋訓云板板僻也邪僻即反戾之義故爲反也上帝以稱王者謂假上帝之尊稱之以比王者若實指上天則天無所反故知以斥王也癉病話善言猶道皆釋詁文彼猶作繇義同也○箋猶謀至將至○正義曰猶謀釋詁文以言不遠則無不能深知遠事故易傳以猶爲謀以重言反反則反有二事故云王爲政反先王與天道王者爲政當遵用先王上承天意故知所反有二事反先王與天也以其先王舊章乃失天意故後言天也其出善言不行之謂王自出而不行也小人之言雖不盡善亦知愛其善時復言之但言之易行之難不能行之耳知非他人爲王設善言王不能行者他人之言則是諫諍經不得言出也不用他言則是不從箋不得言不行也以此知是王自出言不能行之人必深謀遠慮乃能預防患禍王之爲謀不能遠圖是不知禍之將至也○傳管管

詩疏十七之四　十五

至亶誠○正義曰以管管與靡聖同文既無聖法故知無所依繫亶誠釋詁文○箋王無至相違○正義曰以無聖而言管管是違法任情故知以心自恣不能用實於誠信之言謂意欲爲善終不能行是於言爲虛故云不能用實於誠信之言有言不行是言行相違也此不實於亶還是上出話不然也下言猶之未遠還是上爲猶不遠也作者反覆重言耳○傳猶圖○正義曰釋言文圖即謀也箋言王之謀者申傳意耳言大諫謂其諫之深自此以下是大遠也

天之方難無然憲憲天之方蹶無然泄泄憲憲猶欣欣也蹶動也泄泄猶沓沓也箋云天斥王也王方欲艱難天下之民又方變更先王之道臣乎女無憲憲然無沓沓然爲之制法度達其意以成其惡○憲許建反蹶俱衛反泄徐以世反爾雅云憲憲泄泄制法則也說文作呭云多言也爲于僞反

辭之輯矣民之洽矣辭之懌矣民之莫矣輯和洽合懌說莫定也箋云辭辭氣謂政教也王者政教和說順於民則民心合定此戒語時之大臣○輯音集又七入反懌音亦本亦作懌說音悅下同語魚庶反○【疏】天之至莫矣○正義曰王之爲惡侵亂下民則有諂佞之臣助爲惡政此又責以王之尊比於上天故謂王爲天言王之方行暴虐之政以艱難天下之民汝臣等無得如是欣欣然喜樂而勸之王之方欲動變先王之道而行邪僻之政汝臣等無得如是沓沓然隨從而助之戒之使無得爲王制作法度以通達其意使王成惡故又言己之意所以不欲令臣制作法度者以國之安危在於出令王者若出敎令其辭氣之和順矣則下民之心相與合聚矣其辭氣之悅美矣則下民之心皆得安定矣言民合定在於王敎故汝臣等不得爲王制虐政以亂下民也○傳憲憲至沓沓○正義曰釋訓云憲憲泄泄制法則也李巡曰皆惡黨爲制法則也孫炎曰厲王方虐諂臣並爲制作法令此直解詩人言此之意而不解其狀故傳解憲憲泄泄之義憲憲猶欣欣喜樂貌也謂見王將爲惡政而喜樂之泄泄猶沓沓競進之意也謂見王將爲惡政競隨從而爲之制法也蹶動釋詁文○箋天斥至其惡○正義曰戒臣不令助之故天斥王非斥上天也方者未至之辭故言方欲謂將爲敎令之時也難是困苦之事故知艱難天下之民動爲變改之事故知變更先王之道以下云及爾同寮故知是責臣之辭達其意者謂君意始發往通達其心與之合和爲作法以成其惡也定本集注皆作達其意俗爲逢者誤也○傳輯和至莫定○正義曰輯和洽合莫定釋詁文又云懌悅樂也

詩疏十七之四　十六

俱訓爲樂故以懌爲悅○箋辭辭至大臣○正義曰論語云出辭氣故以此辭爲辭氣也此辭加于下民故知謂政敎也知此大臣者以凡伯卿士而云與己同寮且非大臣不得與王制法故知是戒語時之大臣也

我雖異事及爾同寮我即爾謀聽我嚻嚻寮官也嚻嚻猶警警也箋云及與即就也我雖與爾職事異者乃與女同官俱爲卿士我就女而謀反忠告以善道女反聽我言警警然不肯受○僚字又作寮力彫反嚻五刀反警五報反道音導下牖道道民皆同

我言維服勿以爲笑先民有言詢于芻蕘芻蕘薪采者箋云服事也我所言乃今之急事女無笑之古之賢者有言有疑事當與薪采者謀之匹夫匹婦或知及之況於我乎○芻初俱反蕘如謠反說文云蕘草薪也知音智又如字

【疏】我雖至芻蕘○正義曰上言戒語大臣而大臣不受此又責之言我雖與汝異其所職之事要乃與汝同其官寮以同官之類當相用其言語我今就汝謀慮告此以善道而汝聽我言反嚻嚻然不肯受用何也我之所言維是當今急事汝勿以爲非而笑之先世上古之民賢者有善言云我有疑事當詢謀於芻蕘薪采者以樵采之賤者猶當與之謀

況我與汝之同寮，得棄其言也。○傳「寮官」至「謷謷」。○正義曰：寮官，釋詁文。言同寮者，謂同爲王官。文七年左傳荀林父謂先蔑曰：「同官爲寮，吾嘗同寮，敢不盡心乎？」是寮爲同官也。囂囂者，是不聽之狀。釋訓云：「囂囂，傲也。」謂傲慢其言而不聽之，故言猶謷謷。○箋「及與」至「肯受」。○正義曰：及，與，釋詁文。我卽爾謀，謂往與之謀，故知卽爲就。周禮六官各有所掌，故異職而同官也。論語說朋友之交云「忠告而善道之」，故知就與之謀，是其忠誠之心，告之以善道，卽上章所云勿爲王制法度是也。○傳「芻蕘，薪采者」。○正義曰：言詢于芻蕘，謂謀於取芻取蕘之人，非謀於草木，故云芻蕘，薪采者，是賤人也。說文云：「薪，蕘也。」「蕘，卽薪也。」然則芻者飼馬牛之草，蕘者供燃火之草，蕘是薪耳。以薪者亦是采取，故連言之。○箋「服事」至「我乎」。○正義曰：服，事，釋詁文。知所言是急事者，凡伯責其不用，明是事之急切，以其惡急，故責汝無笑之。先民者，是古昔之民耳。但以其言傳於後世，爲人所倣習，故知是古之賢者。親取薪采，則是賤者，故云匹夫匹婦或知及之，況於我乎？中庸云：「夫婦之愚，可以與知焉。」彼言夫婦，卽此箋所謂匹夫匹婦也。庶人無妾媵，唯夫婦相匹，故稱匹也。

天之方虐，無然謔謔。老夫灌灌，小子蹻蹻。謔謔然喜樂。灌灌猶款款也。蹻蹻，驕貌。箋云：今王方爲酷虐之政，女無謔謔然以讒慝助之。老夫諫女款款然，自謂也。女反蹻蹻然，如小子不聽我言。○謔，虛虐反。灌，古亂反。蹻，其略反。樂音洛。匪我言耄，爾用憂謔。多將熇熇，不可救藥。八十曰耄。熇熇然熾盛也。箋云：將，行也。今我言非老耄有失誤，乃告女用可憂之事，而女反如戲謔，多行熇熇慘毒之惡，誰能止其禍。○耄，莫報反。熇，徐許酷反，沈又許各反，說文云：「火熱也。」

【疏】「天之」至「救藥」。○正義曰：又責大臣，言比天之王者方爲酷虐之政，將害於民，汝等大臣無得如是謔謔然喜其所爲，而以讒慝助之。我老夫教諫汝，其意乃款款然，情至意盡，何爲汝等而未知幼弱之小子反蹻蹻然自驕恣而不聽用我之言乎？汝不用我言，豈不以我爲老也？非我之言爲老耄有所失誤，乃告汝可憂之事，汝何爲反用可憂之事以爲戲謔而慢我？汝既不用我言，反助王爲惡，多行慘毒之惡，熇熇然使惡加于民，不可救止而藥治之。言王之爲惡，皆大臣之由，故責之。○傳「謔謔」至「驕貌」。○正義曰：此言謔謔，猶上憲憲，見王爲惡，如喜樂之，故爲喜樂也。釋訓云：「灌灌，憂無告也。」解其言灌灌之意耳，非解灌灌之義，故云猶款款。言已至誠款實而告之，但彼不受用，卽是無所告耳。釋訓又云：「蹻蹻，驕也。」孫炎曰：「謂驕慢之貌。」○箋「今王」至「我言」。○正義曰：謔謔直是喜樂之貌，而云以讒慝助之者，釋訓云：「謔謔、謞謞，崇讒慝也。」舍人曰：「謔謔、謞謞，皆盛烈貌。」孫炎曰：「厲王暴虐，大臣謔謔然喜，謞謞然盛，以興讒惡也。」是以讒慝助之事也。下云「匪我言耄」，則凡伯老矣，故云老夫諫汝款款然者，是凡伯自謂也。小子是幼弱無知之稱，以其不可教誨，故謂之小子，言汝反蹻蹻然如小子不聽我言也。○傳「八十」至「熾盛」。○正義曰：八十曰耄，曲禮文。熇熇是氣熱之氣，故爲熾盛也。○箋「今我」至「其禍」。○正義曰：老耄，老人言多惛忘，故云非我言耄有其失誤。此「爾用憂」三字，皆言耄之下與謔字共文，則是凡伯自言我告汝可憂之事，而汝反用此可憂之事而好爲戲謔，故箋分之以見此意。熇熇是熾盛之貌，而言不可救止，故知是多行慘酷毒害之惡，誰能止其禍，如人病甚，不可救以藥。

天之方懠，無爲夸毗。威儀卒迷，善人載尸。懠，怒也。夸毗，體柔人也。箋云：王方行酷虐之威怒，女無夸毗以形體順從之。君臣之威儀盡迷亂，賢人君子則如尸矣，不復言語。時厲王虐而弭謗。○懠，才細反，疾怒也。夸，苦花反。復，扶又反。弭，彌耳反，止也。民之方殿屎，則莫我敢葵。喪亂蔑資，曾莫惠我師。殿屎，呻吟也。葵，揆也。蔑，無。資，財也。箋云：葵，揆也。民方愁苦而呻吟，則忽然有揆度知其然者。其遭喪禍，又素以賦斂空虛，無財貨以共其事，窮困如此，又曾不肯惠施以賙贍衆民，言無恩也。○殿，都練反，郭音坫，說文作唸。屎，許伊反，郭音香惟反，說文作吚。呻音申。吟如字，本又作唫，同。度，待洛反。斂，力艷反。共音恭，本亦作恭。施，式豉反。賙音周。贍，市艷反。

【疏】「天之」至「我師」。○正義曰：此又責羣臣，言比天之王者方欲威怒行酷虐之害，汝等無得爲此夸毗足恭，前却以體從之。君既爲惡，臣又從之，則上下威儀盡迷亂矣。其善人君子則如尸然，不復言語矣。故令天下之民方欲愁苦而呻吟矣，汝君臣忽然，則莫有察我民敢能揆度知其情者。此民又遭虐政之喪禍，重斂之危亂，其室空虛，無有資財，而汝等君臣亦曾莫有肯惠施我之衆人欲賙贍之者。言愁貧並至，民困之甚，而上無恩恤，故以刺之。○傳「懠怒」至「柔人」。○正義曰：懠，怒，釋言文。舍人曰：「懠，怒聲也。」釋訓去：「夸毗，體柔也。」李巡曰：「屈己卑身，求得於人，曰體柔。」然則夸毗者，便僻其足，前却爲恭，以形體順從於人，故云以體柔人。○箋「君臣」至「弭謗」。○正義曰：尸謂祭時之尸，以爲神象，故終祭而不言。賢人君子則如尸，不復言語，是政故也。時厲王虐而弭謗，事見周語。弭，止也。止人之謗已者。○傳「殿屎，呻吟」。○正義曰：釋訓文。孫炎曰：「人愁苦呻吟之聲。」

也○箋葵揆至無息○正義曰葵揆釋言文民愁苦而呻吟是無所告訴也無有揆度知其然謂君臣並不察民也君行既惡則致天災故民有遭喪禍者政亂則稅民無藝故又責以賦斂也內供喪費外充稅斂故空虛無資財以供其事用也定本集注責以賦斂責字皆作素俗本爲責誤矣素者先也謂先重賦斂故困窮也○天之牖民如壎如篪如璋如圭如取如攜牖道也如壎如篪言相和也如璋如圭言相合也如取如攜言必從也箋云王之道民以禮義則民和合而從之如此○壎許元反篪音池攜下圭反和如字又胡臥反攜無曰益牖民孔易民之多辟○無自立辟辟法也箋云易易也女攜掣民東與西與民皆從女所爲無曰是何益爲道民在已甚易也民之行多爲邪辟者乃女君臣之過無自謂所建爲法也○孔易鄭音亦注易易也上字同又以豉反多辟匹亦反邪也注同立辟婢亦反注同易也以豉反下同摩本又作掣尺製反與並音餘行下孟反邪似嗟反○【疏】天之至立辟○正義曰自此以上言政惡民困此言可反之使善言天王之導民也如壎然如篪然言民必應君命如壎篪之相和也如璋如圭然言民必同君心如圭璋之相合也又如往取物如手攜物言其必從君化如攜取之隨人君也若然民之從已如手攜之汝王無曰是何益與勿謂如手攜無益王者之導民甚易言上爲善政民必爲善是甚易也汝當行善以化之今民之所行皆多邪僻乃汝君臣之過汝無自謂所建立者爲法當更改行以化民無得行此惡政也○傳牖道至必從○正義曰牖與誘古字通用故以爲導也壎篪俱是樂器其聲相和以喻民之應君故云相和也半圭爲璋合二璋則成圭以喻民合君心故云言相合也取謂物在他處行往取之攜謂物在地上手舉攜之人所攜取必從手而來故云言必從也壎篪圭璋相類之物故言相也取攜謂人攜取物而物名不見與上不類故變言必從而不言相也○傳辟法○正義曰釋詁文○箋易易至爲法○正義曰以韻當爲改易之易故轉之爲難易之易也上有六如獨言攜者以攜者取處末故乘而反之以比攜民之東西价人維藩大師維垣大邦維屏大宗維翰价善也藩屏也垣牆也王者天下之大宗翰幹也箋云价甲也被甲之人謂卿士掌軍事者大師三公也大邦成國諸侯也大宗王之同姓之適子也王當用公卿諸侯及宗室之貴者爲藩屏垣幹爲輔弼無疏遠之○价音界說文同鄭作介藩方

元反大師音泰注大師同垣音袁翰胡旦反徐音寒被皮寄反適丁歷反下同遠于萬反懷德維寧宗子維城無俾城壞無獨斯畏懷和也箋云斯離也和女德無行酷虐之政以安女國以是爲宗子之城使免於難遂行酷虐則禍及宗子是謂城壞城壞則乖離而女獨居而畏矣宗子謂王之適子○難乃旦反【疏】价人至斯畏○毛以爲上既令王施法此言立法之事言王當用善人爲官維以爲藩鄣又用大師之大臣維以爲垣牆又用大邦諸侯維以爲屏蔽王又身爲大宗維當施政爲之楨幹又和安汝德以施於民無行酷虐之政維安汝之國矣不但安汝之國亦與汝之宗子維以爲城言其可以蔽身又得敝子王必常行此德無使宗子之城壞又無得疏遠藩屏之人令王獨居此則王有所畏矣○鄭以爲當用此被甲卿士之人維爲其藩鄣太師三公之大臣維爲垣牆大邦成國之諸侯維爲藩蔽大宗同姓之宗適維爲楨幹皆近而任之令爲王用無得疏遠之下四句同唯訓斯爲離○傳价善至翰幹○正義曰价善釋詁文藩者園圃之籬可以屏蔽行者故以藩爲屏也垣者小牆之名故云垣牆亦是屏蔽之義也以太師是三公之官大邦是諸侯之國大宗文在其下則是天子之身故云王者天下之大宗以禮有大宗小宗爲其族人所尊故稱宗子天子則天下所尊故謂之大宗也傳以藩垣屏皆防衛之名幹是施法之稱言以善人及三公諸侯鄣蔽寇難天子居內設法而撫安之价人揔言用善則百官皆是故文在大師之上諸侯非王朝之人故退大邦之文於下翰幹釋詁文○箋价甲至遠之○正義曰箋以詩戒王使親其官人不勸王擇人爲官故不從以价爲善也价者甲之別名故以价爲甲以其身被甲故稱甲人君言宗人華人也被甲之人謂卿士掌軍事者於周禮司馬之卿也以兵甲之事國之所重且舉司馬以明六卿猶言太師以顯三公也尚書周官曰立太師太傅太保茲惟三公是太師爲三公也以言大邦則不兼小國故知爲成國諸侯也太宗伯云五姓賜則注云則未成國之名又云七命賜國則伯以上爲成國也襄十四年左傳成國不過半天子之軍周爲六軍諸侯之大者三軍可也明堂位注成國之賦千乘則侯地四百里以上始爲成國其伯未成國也此言大邦成國當亦侯以上也以天子諸侯皆絕其宗名且以上文類之不得爲王之身大者衆多之辭宗者與王同族故知大宗王之同姓世適子也此价人大師大邦大宗皆王宜親愛故揔之云王當用公卿諸侯及宗室之貴者爲藩屏垣幹爲輔弼無疏遠之也文次如此者卿雖卑於公而親掌職事

又兵用事重故先公言之大邦非在王朝太宗未爲官職尊卑次之也箋以公親於卿故便文而先言公耳。傳懷和。正義曰懷之爲訓思也來也止也思止亦和之義故爲和也。箋斯離至適子。正義曰斯離釋言文以上章刺王酷虐故知懷德維寧謂和汝德無行酷虐之政以安汝國也懷德之下即言宗子維城明以此懷德爲宗子之城宗子王之適子也有天下者皆欲福及長世恐子孫之不安故言以德爲城使免於患難城可以禦寇難故以城喻焉又解城壞之意若其不和汝德遂行酷虐之政則民不堪命禍及宗子是謂城壞宗子之城既壞則羣臣乖離而汝王獨居而有所畏懼矣以是欲王之親輔弼之臣使不乖離固宗子之城使不傾壞則令已無獨畏之憂也以上言大宗謂同姓之適此言宗子嫌與上同故辨之云宗子謂王之適子也周語曰彘之亂宣王在召公之宫國人圍之召公以其子代宣王是禍及宗子也雨無正曰正大夫離居莫知我勩是君臣乖離也昭二十六年左傳曰至於厲王王心戾虐萬民弗忍居王於彘是獨居而畏也是賢人之言皆有徵矣

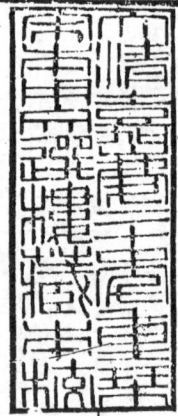

敬天之怒，無敢戲豫。敬天之渝，無敢馳驅。戲豫逸豫也馳驅自恣也 箋云渝變也。渝用朱反

昊天曰明，及爾出王。昊天曰旦，及爾游衍。王往旦明游行衍溢也箋云及與也昊天在上人仰之皆謂之明常與女出入往來游溢相從視女所行善惡可不慎乎。昊胡老反旦音越下同羨餘戰反溢也一音延善反本或作衍

疏 敬天至游衍。正義曰上既勸王和德以安國故又言當畏敬上天當敬天之威怒以自肅戒無敢忽慢之而戲謔逸豫又當敬天之災變以常戰慄無敢忽之而馳驅自恣也天之變怒所以須敬者以此昊天在上人仰之皆謂之明常與汝出入往來游溢相從終常相隨見人善惡既曰若此不可不敬慎也。傳戲豫至自恣。正義曰戲豫謂戲而逸豫馳驅謂馳騁自恣皆謂非禮而動反道違天如此者則上天罰之故戒王使敬天也孔子迅雷風烈必變注云敬天之怒則天之怒者謂暴風疾雷也周禮大怪異灾則去樂徹膳則天之變者謂大怪異災也言上天之道有此變怒之時故常須敬戒非謂當此變怒之時獨禁逸豫自恣也。箋渝變。正義曰釋言文。傳王相至衍溢。正義曰以王與出共文故爲往也既有出往則亦有入來故箋言出入往來此出王游衍還是上戲豫馳驅之事故云游衍衍溢亦自恣之意也

板八章章八句

生民之什十篇六十五章四百三十三句

附釋音毛詩注疏卷第十七　十七之四

刑部員外南昌黃中栻栞

毛詩注疏挍勘記（十七之四）　阮元撰盧宣旬摘錄

○卷阿

王能爲賢有所樂　閩本明監本毛本同案有當作者形近之譌

自縱弛之意也　閩本明監本毛本同小字本相臺本弛作弛案弛卽弛字也釋文云從本又作縱施本又作弛同正義本是縱弛字

而優自休息也　閩本明監本毛本同小字本相臺本優下有游字考文古本同案有者是也

似先公酋矣　唐石經小字本相臺本同案此釋文本也釋文云酋在由反云云是其證正義云遒終釋詁文彼遒作酋音義同也是其本作遒字標起止云酋終合併以後依經注本所改也郭璞爾雅注引嗣先公爾酋矣或出於三家毛鄭詩非有爾字也箋云嗣先君之功而終成之此無爾字之明證正義云又嗣其先君之功汝王能終之矣乃自爲文耳如何人斯之五章經中三爾字而正義有六汝字板之二章經中二爾字而正義亦六汝字可以知其例矣凡他書引用不可以爲典要者如此○按正義當本作酋終釋詁文彼酋作遒寫者亂之耳舊挍非也

書傳稱成湯之閒　閩本明監本毛本同案浦鏜云湯當康字誤是也

謂居民土地屋宅也以教之故民有所法則王　閩本明監本毛本同案土上浦鏜云脫以字是也王字當衍

德大天之福　閩本明監本毛本福誤性案山井鼎云作得大大之福似是者是也大大正義常語屢見於楚茨以下及賓之初筵旱麓行葦潛等篇

故以茀爲小福故以茀爲小　閩本明監本毛本同案浦鏜云故以茀爲小福六字當衍是也

豫撰几擇佐食　小字本相臺本同案此正義本也正義云此本或云豫饌食者誤耳孫毓載箋唯言撰几擇佐食是也定本亦作饌字非也釋文云饌几士戀反又士轉反具也本亦作撰是釋文與定本同也正義以

或本饌下有食字者爲非則固然矣其以定本字作饌爲非則誤古用饌食字爲撰具字是爲假借撰字不見於說文當以定本釋文本爲長

佐合入助之　閩本明監本毛本合作食小字本相臺本合入作食案此十行本分食爲二字之誤也仍衍入字者非

引長翼輔皆釋詁文　閩本明監本毛本翼輔誤倒案山井鼎云傳作翼敬無輔訓也其說是也爾雅亦有翼敬無翼輔輔當爲敬涉傳上文而誤

佐食遷肵俎特特牲云　閩本明監本毛本不重特字案所刪是也浦鏜云所誤肵是也

然則凡與佐食　閩本明監本毛本同案浦鏜云几誤凡下同是也

少牢又云祝筵尸　閩本明監本同毛本初刻同後改筵作延下祝筵尸同案所改是也

尸入升祝先主人從　閩本明監本主誤生毛本不誤案山井鼎云入升恐升入之誤以特牲考之其說是也

如圭如璋　閩本明監本毛本同唐石經圭作珪小字本相臺本同注同案唐石經是也餘經作圭乃用字不畫一之例此經及正義中字皆作圭當是後人用他經所改考文古本因此每改他經字作珪者亦非○按珪者圭之古文也毛詩不當用古舊挍非

以禮義相切瑳　閩本同小字本相臺本瑳作磋明監本毛本同案釋文云磋或作瑳已見淇奧谷風瑳字是也正義當用磋字十行本皆作瑳乃依注改也

人聞之則有善聲譽　小字本相臺本同案此正義本也正義云有善聲譽爲人所聞知又云故有善聲譽是其證釋文云聲論魯困反與正義本不同也山井鼎云譽恐論誤是以釋文本改正義本也殊爲失之

鳳皇于飛　唐石經小字本相臺本同閩本明監本毛本皇作凰下同案凰俗字不當用於經典

鳳皇靈鳥仁瑞也　小字本相臺本同案正義云言此鳥有神靈也又云說文云鳳神鳥也段玉裁

云此傳及說文皆當作禮鳥也麟之趾傳言麟信而應禮騶虞傳言騶虞義獸也有至信之德則應之此傳意謂禮而應仁言禮鳥而應仁德之瑞也所謂詩毛說者如此與左氏春秋說同正義本誤。按召南傳當云麟信獸而應禮各本奪獸字

亦與衆鳥也　閩本明監本毛本同小字本相臺本與作亦考文古本同案與字誤也

因時鳳皇至因以喻焉　小字本同閩本明監本毛本同相臺本下因字作故考文古本同案故字是也

故鳳皇亦與之同止於　閩本明監本毛本同案止於當作於止此說經之爰止也

故龍不生　閩本明監本毛本同案生下浦鏜云得字脫是也

燕頷喙五色備舉　閩本明監本同毛本喙作雞案此欲補雞字而誤改喙字耳二字皆當有爾雅疏卽取此正有可證

字從鳥几聲也　閩本明監本毛本同案浦鏜云凡誤几是也

飲食自歌自舞　閩本明監本毛本同案盧文弨云飲食下有自然二字見南山經是也此複出自字而脫

郭璞云小之形未詳　閩本明監本毛本同案浦鏜云小上疑脫大字是也

故集止以亦傳天亦集止　閩本明監本毛本同案浦鏜云傳天下當脫傳天以三字是也

故云亦集衆鳥也　閩本明監本毛本同案集當作亦

以羣士慕賢　閩本明監本毛本同案浦鏜云以當似字誤是也

此經旣云多言吉士　閩本明監本毛本同案浦鏜云王多誤多言是也

謂無擾之　閩本明監本毛本同小字本相臺本無作撫考文古本同案撫字是也

出東曰朝陽　閩本明監本毛本同小字本相臺本出作山考文古本同案出字誤也

由萬民物服　(補)案物當作協形近之譌毛本正作協

欲今遂為樂歌　閩本明監本毛本同小字本相臺本今作令考文古本同案令字是也

以車則人有副貳　閩本明監本毛本同案此不誤山井鼎云則恐賜誤非也

春秋之師職掌九德六詩之歌　閩本明監本同毛本秋之作官大案所改是也浦鏜云六誤九是也

〇民勞

輕為奸宄　閩本同小字本相臺本奸作姦明監本毛本同案奸為僞字釋文以奸宄作音正義中十行本亦作奸

本亦作傜　(補)釋文校勘通志堂本同盧本作徭案集韻四宵云傜使也通作繇可見徭乃後來俗譌字耳

穆王與厲王竝世誤　(補)案上王字當作公篇內同毛本不

憯不畏明　唐石經小字本相臺本同案釋文云憯七感反本亦作朁會也正義云朁會釋言文爾雅本或作朁會音義同是其本亦作朁字標起止云至朁會當是後改詩經小學云說文朁會也從曰兓聲詩曰朁不畏明節南山十月之交云雲漢及此憯字皆同音假借是也考釋文十月之交亦作慘以憯作慘猶以訛作譌之誤耳考文古本作摻采釋文而又誤

曾不畏敬明白之刑罪者　小字本相臺本同閩本明監本毛本亦同案正義云曾不畏敬明白之刑罰者又云故云又用此止為寇虐曾不畏敬明白之刑罰者是罪當作罰

當以此定我國家為王之功　小字本相臺本同閩本明監本毛本亦同案正義云以此定我周家又云是共王定我周家為王之功又云故知以定我周家有周家之辭是國當作周考文古本作周采正義

傳以汔之為危　閩本明監本毛本同案傳以當作以傳

正義曰詭戾人之○善　閩本明監本毛本無○案所刪是也

爾雅本或作僣曾　閩本明監本毛本僣作云案山井鼎云僣恐憯誤是也

尚書無逸云　閩本明監本毛本同案浦鏜云舜典誤無逸是也

故知以定我周家爲之功　閩本明監本毛本同案山井鼎云爲下當有王字是也

無縱詭隨　明監本毛本縱誤蹤以上本皆不誤

惽怓猶讙譁也　小字本相臺本同考文古本同閩本明監本毛本脫猶字案此正義本也正義云以此勑慎其讙譁爲大惡者又云故箋以爲猶讙譁是其證也釋文云譊本又作譁此亦取聲音爲訓詁當以釋文本爲長

謂好爭者也　閩本明監本毛本同小字本相臺本爭下有訟字考文古本同案有者是也

說文作惽　(補)釋文挍勘通志堂本惽作昬盧本作怋云今挍改案怋字是也小字本所附正作怋字

釋文惽亦不憭也　(補)釋文挍勘通志堂本同盧本釋文惽亦四字作又釋惽云案所改非也當作又云惽不憭也與旱麓燎下又云燎放火也同例釋衍字又誤文云誤亦倒在惽下遂不可讀今特訂正

王若施善救　(補)案救當作政形近之譌毛本正作政

止其寇虐之善　閩本明監本毛本同案山井鼎云善恐害字是也

遂合詁文　明監本毛本詁上有釋字閩本剜入案所補是也

是其言語無大聒亂人　(補)毛本無作爲案爲字是也

春秋傳曰　閩本明監本毛本同小字本相臺本傳作左氏二字案正義云所引春秋傳曰是其本作傳字

厲壞也　閩本明監本毛本同小字本相臺本厲作敗考文古本同案厲字誤也

先愛止中國之京師　閩本明監本毛本同案山井鼎云止恐此字是也物觀補遺所載云宋板止作此必誤用他章文當之耳

云泄漏也　閩本明監本毛本同案浦鏜云一上當有脫字是也

以爲人者也　閩本明監本毛本同案山井鼎云爲恐厲誤是也

犯改爲惡曰厲　閩本明監本毛本同案浦鏜云政誤改是也

重上人閉門而詢之　毛本同閩本明監本詢作詢案詢字是也

固義不捨　閩本明監本毛本同案義當作著形近之譌

○板

不實於亶　小字本相臺本同閩本明監本毛本同唐石經於作于案唐石經是也正義云此不實於亶當是易爲今字耳

管管無所依繫　閩本明監本毛本同小字本相臺本繫作也考文古本同案也字是也正義云無所依據又云故知無所依繫皆自爲文不當依以改傳○按廣韻作悹悹

則無不能深知遠事　閩本明監本毛本同案浦鏜云無當爲字誤是也

自此以下是大遠也　閩本明監本下誤不毛本不誤案山井鼎云遠恐諫誤是也

辭之懌矣　唐石經小字本相臺本同案釋文云繹本亦作懌正義本是懌字頍弁釋文云懌本又作繹繹懌同字也考文古本作繹采釋文○按古無懌字以繹爲之釋文是也

此於上天　(補)毛本此作比案比字是也

汝臣等無得如是沓沓正隨從而助之　閩本明監本毛本正作兢案皆誤也當作然

及爾同寮　唐石經小字本相臺本同閩本明監本毛本寮作僚案釋文云僚字又作寮正義本是寮字閩本以下依釋文改耳

反忠告以善道　閩本明監本毛本反作及小字本相臺本作欲案欲字是也

告此以善道　閩本明監本毛本同案此當作之下文以證

得棄其言也　閩本明監本毛本得上有不字案所補是也

言曰至誠款實而告之　補閩本明監本毛本同案曰當己字之譌

以興讒惡也　閩本明監本毛本惡作慝案所改是也

八十曰耄曲禮云　閩本明監本毛本同案浦鏜云云當文字誤是也

夸毗體柔人也　閩本明監本毛本同小字本相臺本體上有以字考文古本同案釋訓云夸毗體柔也無以字

則忽然有揆度知其然者　小字本相臺本同閩本明監本毛本亦同案正義云汝君臣忽然莫有察我民敢能揆度知其情者又云無有揆度知其然是忽然下當有無字考文古本有采正義

又素以賦斂　小字本相臺本同案正義云定本集注責以賦斂責字皆作素俗本爲責誤矣素者先也是正義本作責字

民之多辟　唐石經小字本相臺本同案釋文云多僻匹亦反邪也注同考七月序正義云古避辟譬僻皆同作辟字而借聲爲義是正義本作辟字其正義云皆多邪僻者易爲今字而說之也蕩釋文云辟匹亦反邪也本又作僻注同而於此經獨以僻爲正者以下立辟文連故別之其實毛氏詩經但作辟與下經立辟同字傳云辟法也不更指其何辟猶昔育恐育鞫傳之育長不指言何育也後漢書玉篇文選注引作僻乃以破引之當以正義本爲長考文古本作僻依釋文

摩　補釋文挍勘記通志堂本盧本同案段玉裁云摩誤摩是也小字本所附正是摩字乃出於善本此釋文當本作摩轉譌從广耳小毖篇同

如攜取之隨人君也　閩本明監本毛本同案君當作者形近之譌

以攜者取處末　閩本明監本取作處毛本末作未案山井鼎云此疏恐有誤字是也者取當作文最

大宗王之同姓之適子也　閩本明監本毛本同小字本相臺本下之字作世案世字是也

維爲藩蔽　閩本明監本毛本同案浦鏜云藩當屏字誤是也

君言宗人宰人也　閩本明監本毛本同案浦鏜云君疑若字誤是也

五姓賜則　閩本明監本毛本同案浦鏜云命誤姓

又兵用事重　閩本明監本毛本同案用當作甲形近之譌

及爾游衍　唐石經小字本相臺本同案釋文云游羨餘戰反溢也一音延善反本或作衍正義本是衍字

孔子迅雷風列　閩本明監本毛本列作烈案所改是也

附釋音毛詩注疏卷第十八

蕩之什詁訓傳第二十五

毛詩大雅　鄭氏箋　孔穎達疏

蕩召穆公傷周室大壞也厲王無道天下蕩蕩無綱紀文章故作是詩也。蕩蕩唐黨反召時照反本又作邵卷內召公召作皆同（疏）蕩八章章八句至是詩。正義曰蕩詩者召穆公所作以傷周室之大壞也以厲王無人君之道行其惡政反亂先王之政致使天下蕩蕩然法度廢滅無復有綱紀文章是周之王室大壞敗也故穆公作是蕩詩以傷之傷者刺外之有餘哀也其恨深於刺也瞻仰召旻皆云刺幽王大壞此不言刺厲王而云傷周室者幽王承宣王之後父善子惡指刺其身此則厲王以前周道未缺一代大法至此壞之故言傷周室大壞此經八章皆是大壞之事首句言蕩蕩爲下之摠目故序亦述首句以爲一篇之義言天下蕩蕩無綱紀文章綱紀文章謂治國法度聖人有作莫不皆是此經所傷傷其盡廢之也

蕩蕩上帝下民之辟上帝以託君王也辟君也箋云蕩蕩法度廢壞之貌厲王乃以此居人上爲天下之君言其無可則象之甚。之辟必亦反注同沈云毛音婢益反疾威上帝其命多辟疾病人矣威罪人矣箋云疾病人者重賦斂也威罪人者峻刑法也其政教又多邪辟不由舊章。辟匹亦反本又作僻注同斂力豔反駿荀閏反本亦作峻邪似嗟反天生烝民其命匪諶靡不有初鮮克有終諶誠也箋云烝眾鮮寡克能也天之生此眾民其教道之非當以誠信使之忠厚乎今則不然民始皆庶幾於善道後更化於惡俗。烝之承反諶市林反鮮息淺反注同道音導本亦作導（疏）蕩蕩至有終。正義曰穆公傷厲王無道壞滅法度言今蕩蕩然廢壞法度者上帝之君王乃以此無法度而爲下民之君也又言王無法度之事重賦斂以疾病人峻刑法以威罪人如此者是上帝之君王又其下政教之命甚多邪僻言其無法度不由舊章也元本天之生此眾民其使人君爲政化之命以教導之非欲使之誠信乎言天欲使之誠信今王以邪僻教之故民皆無復誠信無不有其初心欲庶幾慕善道少能有其終行今皆化從惡俗是違天生民立教之意故所以傷之也。傳上帝至辟君。正義曰上帝者天之別名天無所壞不得與蕩蕩共文故知上帝以託君王言其不敢斥王故託之上帝也板傳曰上帝以稱王者桑柔傳曰昊天斥王然則王稱天稱帝詩之通義而言託者以下章不敢斥言乃假文王咨商明知此亦不斥故變言託耳其實稱帝亦斥王此下諸章皆言文王曰咨此獨不然者欲以蕩蕩之言爲下章摠目且見實非殷商之事故於章首不言文王以起發其意也辟君釋詁文。箋蕩蕩至之甚。正義曰蕩蕩是廣平之名非善惡之稱若論語云蕩蕩乎民無能名焉洪範云王道蕩蕩言其無復惡事善事廣平是蕩蕩爲善也此序言蕩蕩無綱紀文章言其除去善事知此蕩蕩是法度廢壞之貌釋訓云蕩蕩僻也孫炎曰蕩蕩法度廢壞之僻取此箋爲說也。箋疾病至舊章。正義曰此申說傳意也人以財貨而生財盡則人困病故知疾病人者重賦斂也君以刑法威人法峻則人得罪故知威罪人者峻刑法也君之於人唯此而已故知是此二事也峻者高險之名謂重其科禁不可登陟如山之陵阪然其政教又多邪僻不由舊章不依周公所制典禮先王所行舊法也。傳諶誠。正義曰釋詁文。箋烝眾至惡俗。正義曰烝眾鮮寡皆釋詁文克能釋言文言天意欲使人君發

命教民當以誠信忠厚既本天意又傷今政言當今之民皆有始無終是由人君不施忠厚之命而下邪僻之教故民化於惡俗教之使然以王政不順天故反覆言之民始皆庶幾於善道言民生自有此性後更化於惡俗謂君政令之變改言靡不爲盡然之辭鮮克爲少有之稱文不同者容有君子不改其操故言鮮以見之文王曰咨咨汝殷商曾是彊禦曾是掊克曾是在位曾是在服咨嗟也彊禦彊梁禦善也掊克自伐而好勝人也服服政事也箋云厲王弭謗穆公朝廷之臣不敢斥言王之惡故上陳文王咨嗟殷紂以切刺之女曾任用是惡人使之處位執職事也。禦魚呂反掊蒲侯反聚斂也徐又甫垢反好呼報反朝直遙反下朝廷同天降滔德女興是力天君滔慢也箋云厲王施倨慢之化女羣臣又相與而力爲之言競於惡。滔他刀反漫也漫亡諫反本亦作慢又作嫚下同一音亡半反倨居庶反。（疏）文王至是力。正義曰穆公傷王之惡又不敢斥言昔文王以紂政亂數嗟歎之故穆公假爲之辭以責厲王言文王恨紂始言曰咨咨嗟乎汝殷商之君汝爲人君當任用賢者何曾以是彊梁禦善之人何曾以是掊克好勝之人

曾任用二者惡人使之在位執職事乎？既責其君任非其人，又責此臣助君爲惡，言比天之王者，此倨慢之德化已自惡矣，汝等何爲起是氣力而佐助之？以其同惡相成，故至於大壞，所以傷之也。○傳「咨嗟」至「政事」。○正義曰：咨是歎辭，故言嗟以類之，非訓爲嗟也。彊梁者，任威使氣之貌。禦善者，見善事而抗禦之，是心不嚮善，不從教化之人也。自伐解掊。好勝解克。定本「倍」作「掊」，掊即倍也。倍者，不自量度，謂己兼倍於人而自矜伐。論語云「願無伐善」是也。克者，勝也。己實不能，恥於受屈，意在陵物，必勝而已，如此者謂之克也。釋詁云：「服，事也。」且在服與在位對文，故知服政事，謂非徒備官，又委任之也。○箋「厲王至職事」。○正義曰：民勞亦穆公所作，皆斥王惡，此篇獨畏彊諫不斥言者，民勞之詩汎論王惡，欲王惠中國以綏四方，其惡非深，不須假託。蕩則陳王凶暴，將至滅亡，號呼沈湎，俾晝作夜，其言既切，故假文王。至如家父作誦，自著己名，凡伯、芮伯直言不諱者，其人既異，所作有殊。二章箋獨言厲王者，以假託文王咨嗟殷紂，不得不言厲王。六章以下言殷紂者，以小大近喪，顛覆滅亡之事，故指言殷紂。又經之設文須有足句，四言曾是，其義爲一，故箋并言之。汝曾任用是惡人，使之處位執職事也。言曾者，謂何曾如此，今人之語猶然。○傳「天君滔慢」。○正義曰：天君，釋詁文。以言汝興是力，責臣明是人君，非上天也。虐君所下，明是慢人之德，故以滔爲慢也。○箋「厲王至於惡」。○正義曰：此箋言厲王，自下單言王，省文也。在身爲德，施行爲化，內外之異耳。相與而力爲之，定本作「相興而力爲之」。

文王曰咨，咨女殷商。而秉義類，彊禦多懟。流言以對，寇攘式內。對，遂也。箋云：義之言宜也。類，善。式，用也。女執事之臣，宜用善人，反任彊禦衆懟爲惡者，皆流言謗毀賢者。王若問之，則又以對。寇盜攘竊爲姦宄者，而王信之，使用事於內。○懟，直類反。攘，如羊反。宄音軌。侯作侯祝，靡屆靡究。作、祝，詛也。屆，極。究，窮也。箋云：侯，維也。王與羣臣乖爭而相疑，日祝詛求其凶咎無極已。○作，側慮反，注同。本或作「詛」。祝，周救反。

〔疏〕「文王」至「靡究」。○毛以爲文王曰咨咨嗟汝殷商，汝秉執政事之臣，宜用善人，何爲不用善人，反更信任彊禦衆懟爲惡之人，爲流言以遂成其惡事者？又寇盜攘竊爲姦宄之人，王信任之，使用事於內。小人用事，數相謗毀，遂令君臣乖爭，以致相疑，維爲是詛，維爲是祝，求告鬼神，令加凶咎，無有終極窮已之時。豈小人於朝，以祝詛求言，是綱紀廢滅，可傷之甚。○鄭唯流言以對爲異，言此彊禦衆懟爲惡之人，作此流言謗毀賢者，若王

問賢人，則以此謗毀而對，使王不得用之。餘同。○傳「對，遂」。○正義曰：釋言文。○箋「義之」至「於內」。○正義曰：凡言義者，允於事宜，故云義之言宜，以義爲宜，則而爲汝矣。類，善，釋詁文。式，用，釋言文。衆懟爲惡者，懟謂很戾，戾非一人，故言衆也。此彊禦衆懟之人，不但很戾而已，又皆流言語以謗毀賢者。王若問之，則又以對，謂就此衆懟之人問賢人之行，則又以謗毀之言對王，令王不用之，使賢者黜退也。既退賢者，乃進其黨類，故寇盜攘竊爲姦宄者，進在王朝，而信之使用事於內也。上言執事，下言用事於內，則執事者亦在內矣。但執事者舊在王朝，用事者後來之人，以小人後至，而自外入內，故云式內以充之。言寇攘者，書費誓注云：「寇，劫取也。因其亡失曰攘。」盜竊則總名，故箋以盜竊配之。○傳「作祝」至「究窮」。○正義曰：作即古詛字，詛與祝別，故各自言。侯，傳辨作爲詛，故言作祝詛也。屆，極；究，窮，皆釋言文。○箋「侯維」至「極已」。○正義曰：釋詁云：「維，侯也。」故侯得爲維。上言用惡人在官，此言詛祝，明是王與羣臣乖爭相疑而祝詛也。靡屆靡究，言其無窮已之時，故知日日爲之也。詛者，盟之細，事用豕、犬、雞三物，告神而要之。祝無用牲之文，蓋口告而祝詛之也。皆是情不相信，聽以明神，若有犯約，使加之凶禍，故云求其凶咎無極已。

文王曰咨，咨女殷商。女炰烋于中國，斂怨以爲德。炰烋，猶彭亨也。箋云：炰烋，自矜氣健之貌。斂聚羣不逞作怨之人，謂之有德而任用之。○炰，白交反。烋，火交反。亨，許庚反。逞，勑領反。不明爾德，時無背無側。背無臣，側無人也。箋云：無臣無人，謂賢者不用。爾德不明，以無陪無卿。無陪貳也，無卿士也。○陪，本又作「培」，蒲回反。

〔疏〕「文王」至「無卿」。○正義曰：言文王曰咨咨汝殷商，汝既官不得人，徒彭亨然自矜莊，以爲氣健，在於中國，斂聚此志意不逞好作怨之人，以爲有德而任用之。由其任用惡人以爲德，故不光明汝王之德也。正由背後無良臣，傍側無賢人也。故又言汝王之德所以不光明者，以其無陪貳大德之公，無幹事明哲之卿故也。王何故聚此小人，使之用事？○箋「炰烋」至「用之」。○正義曰：炰烋是人之形狀，故言自矜莊氣健之貌，與傳彭亨一也。上章言用惡人在官，下章言傍無賢人，故知斂怨以爲德，謂聚羣不逞作怨之人，謂之爲有德而任用之。羣不逞，襄十年左傳文。逞，快也。謂志意不快，好作怨禍者也。○傳「無陪」至「卿士」。○正義曰：陪貳謂副貳王者，則三公也。卿士謂六卿也。昭三十二年左傳曰：「物有陪貳。」天生季氏，以貳魯侯。諸侯以上卿爲貳，則知天子陪貳唯三公也。冢宰雖亦貳王治事，當

從卿士之列也。**文王曰咨，咨女殷商。天不湎爾以酒，不義從式。**義，宜也。箋云：式，法也。天不同女顏色以酒，有沈湎於酒者，是乃過也。不宜從而法行之。○湎，面善反，徐莫顯反。飲酒齊色曰湎。韓詩云：飲酒閉門不出客曰湎。**既愆爾止，靡明靡晦。式號式呼，俾晝作夜。**使晝爲夜也。箋云：愆，過也。女既過沈湎矣，又不爲明晦，無有止息也。醉則號呼相傚，用晝日作夜，不視政事。○愆本又作諐，起連反。號，戶刀反，注同。呼，火胡反，又火故反，注同。崔本作謼，或一本作或號或呼。卑，必爾反，使也，本亦作俾，後皆同。眈本或作湛，都南反。不爲，于僞反。〔疏〕「文王」至「作夜」。○正義曰：上言任非其人，此言其共從行非度。文王曰：咨咨嗟汝殷商，汝君臣何爲眈荒如是？天不湎然同汝顏色以酒，汝乃自眈此酒，使色同耳。此乃過誤之事，不宜從而法行之。汝沈湎如是，既已愆過於汝之容止，又無明無晦而飲酒不息，及其醉也，用是叫號，用是讙呼，使晝日作夜，不嘗視事，此所以大壞。○箋「天不」至「行之」。○正義曰：酒誥注云：「飲酒齊色曰湎。」然則湎者，顏色湎然齊一之辭，故云「天不同汝顏色」，亦謂湎爲同色也。湎者，人之所爲，非天生之物。聖人用酒，所以祭祀養賢。周公作戒，使

德將無醉，是湎然而醉者，人自爲之，非天爲之也。**文王曰咨，咨女殷商。如蜩如螗，如沸如羹。**蜩，蟬也。螗，蝘也。箋云：飲酒號呼之聲，如蜩螗之鳴；其笑語沓沓，又如湯之沸、羹之方熟。○蜩音條。螗音唐。沸，方味反。蟬，市延反。字林云：蟪蛄。蝘音偃，蟬屬也。草木疏云：一名蛁蟟，青徐謂之螇螰，楚人名之蟪蛄，秦燕謂之蛥蚗，或名之蜓蚞。郭云：俗呼爲胡蟬，江南謂之螗蛦。沓，徒荅反。**小大近喪，人尚乎由行。**言居人上欲用行是道也。箋云：殷紂之時，君臣失道如此，且喪亡矣。時人化之，甚尚欲從而行之，不知其非。○近喪，附近之近，又如字，注同。**內奰于中國，覃及鬼方。**奰，怒也。不醉而怒曰奰。鬼方，遠方也。箋云：此言時人忕於惡，雖有不醉，猶好怒也。○奰，皮器反，舊音備。覃，徒南反。忕，市制反，又時設反，說文云：習也。好，呼報反。〔疏〕「文王」至「鬼方」。○毛以爲文王曰：咨咨嗟汝殷商，汝君臣飲酒，其號呼如蜩之聲，如螗之鳴，言其讙譁之無次也。其笑語如湯之沸，如羹之熟，言其噂沓無節也。王者所行，無小無大，莫不皆近喪亡，以此行居人之上，於是猶欲下民用行此道也。由君欲民行，故天下化之，惡及四遠。于初奰然不醉而怒，在於中國，但人皆傚

之，此奰然惡行，乃延及中國之外，至於鬼方之遠。鄉言其惡化之廣也。○鄭唯小大近喪，謂君臣失道，近於喪亡，時人化之甚，猶尚於是欲從而行之，言舉世皆不知其惡也。○傳「蜩蟬，螗蝘」。○正義曰：釋蟲云：「蜩，蜋蜩，螗蜩。」舍人曰：「皆蟬也。」方語不同，三輔以西爲蜩，梁宋以東謂蜩爲蝘，楚地謂之蟪蛄。楚辭云「蟪蛄鳴兮啾啾」是也。陸機疏云：「螗，一名蝘蛁。」字林：蛁或作蟟也。青徐人謂之螇螰。然則螗、蝘亦蟬之別名耳。○箋「飲酒」至「方熟」。○正義曰：文承號呼之下，蜩螗多聲之蟲，故知號呼之聲如蜩螗也。沸無食名，故知唯是沸湯。羹熟則停，故知其欲熟。以羹湯非蟬之類，故以比笑語。禮有燕笑語兮，但不得沓沓無節耳。○傳「言居」至「是道」。○正義曰：如傳此言，則以尚爲上，由爲用，言居人上欲用行此道，謂欲使天下民從已之行。○箋「殷紂」至「其非」。○正義曰：以言近喪，紂實喪亡；鬼方，殷之諸侯，則其言施於紂世，故云殷紂之時。以覃及鬼方，是化流於遠，故易傳以爲時人化之，甚尚欲從而行之，不知其非。由人傚其非，欲從而行之，不知其惡，及遠地，爲文之次也。○傳「奰怒」至「遠方」。○正義曰：西京賦云：「巨靈奰屭，以流河曲。」則奰者，怒而自作氣之貌，故爲怒也。怒不由醉，而云不醉而怒者，以其承上醉事，嫌是醉時之怒，故辨之焉。此雖怒時不醉，乃是醉醒而怒，亦由酒醉所致，故既言飲酒無節，即又責其

奰怒也。中國是九州，覃及是及遠，故知鬼方遠方，未知何方也。易既濟九三「高宗伐鬼方，三年乃克」，象曰「憊也」，言疲憊而後克之。以高宗之賢，用師三年，憊而乃克，明鬼方是遠國也。**文王曰咨，咨女殷商。匪上帝不時，殷不用舊。**箋云：此言紂之亂，非其生不得其時，乃不用先王之故法之所致。**雖無老成人，尚有典刑。**箋云：老成人，謂若伊尹、伊陟、臣扈之屬。雖無此臣，猶有常事故法可案用也。○扈音戶。**曾是莫聽，大命以傾。**箋云：莫，無也。朝廷君臣皆任喜怒，曾無用典刑治事者，以至誅滅。〔疏〕「文王」至「以傾」。○正義曰：文王曰：咨咨嗟汝殷商，汝所以將至滅亡者，非爲上帝生之，使不得其時，乃由汝殷紂自不用先王舊故之法所致耳。又言其不用舊故之事，今時雖無年老成德之人若伊陟之類，猶尚有先王常事故法可案而用之。汝今君臣皆任喜怒，以自專恣，曾於是常事故法莫肯聽受用之，由此汝之大命以致傾覆而誅滅。今王何不以紂爲戒，自改悔乎？○箋「老成」至「案用」。○正義曰：以殷不用舊章，即以殷臣言之，故云老成人謂若伊尹、伊陟、臣扈之屬。於厲王則周、召、毛、畢之倫也。君奭曰：「在昔成湯既受命，時則有若伊

尹在太甲時則有若保衡在太戊時則有若伊陟臣扈巫咸在祖乙時則有若巫賢在武丁時則有若甘盤注云伊尹名摯湯以爲阿衡以尹天下故曰伊尹至太甲改曰保衡則伊尹保衡一人也伊陟伊尹之子據君奭之文從上言之盡臣扈三人以下猶有巫咸巫賢甘盤故言之屬以包之○箋朝廷至誅滅○正義曰以莫爲撼辭故知朝廷君臣也不用典刑則是自制威福故云皆任喜怒雲漢云大命近止謂民之性命此言大命以傾亦謂君臣性命故云以至誅滅

文王曰咨咨女殷商人亦有言顛沛之揭枝葉未有害本實先撥顛仆沛拔也揭見根貌箋云揭蹶貌撥猶絶也言大木揭然將蹶枝葉未有折傷其根本實先絶乃相隨俱顛拔喻紂之官職雖俱存紂誅亦皆死○顛都田反沛音貝揭紀竭反撥蒲末反仆蒲北反又音赴拔皮八反又半末反見賢遍反謂樹根露見王如字言可見蹶其厥反沈居衛反一音厥**殷鑒不遠在夏后之世**箋云此言殷之明鏡不遠也近在夏后之世謂湯誅桀也後武王誅紂今之王者何以不用爲戒○夏戶雅反注同〔疏〕文王至之世○正義曰文王曰咨咨嗟汝殷商古之賢哲之人亦有遺言

云樹木將欲顛仆傾拔之時其根揭然而見此時枝葉未有折傷之害而根本實先斷絶但根本既絶枝葉亦從而絶以喻王位將欲傾覆喪亡之時而其勢微弱而危此時羣臣未有死亡之害而王身實先誅滅王身既滅羣臣亦隨之而滅汝若不信則殷之所鑒鏡者非遠耳止近在往前夏后之世言桀爲成湯所誅紂惡亦當爲周人所殺汝何以君臣同惡不用典刑也此意欲令厲王以紂爲鑒改脩德教故也○傳顛仆至根貌○正義曰顛是倒頓之名仆是偃僵之義故以顛爲仆謂樹倒也沛者忽遽離本之言此論木事故知爲拔謂樹枝也揭者蹶倒之意故以爲見根貌此顛沛之揭正謂樹將倒拔而已見其根但未絶耳○箋揭蹶至皆死○正義曰傳言見根不辨根之所見故以揭爲蹶貌蹶謂倒也樹倒故根見與傳同撥者撥去之去其餘根故云猶絶也揭實已倒故云蹶貌但倒不至地根猶未盡故枝葉未有折傷本實先絶枝葉乃與根相隨俱拔喻紂未滅之前官職雖俱存紂誅則與之皆死也稱人亦有言者牧誓文亦如此注云以古賢之言爲驗是苦其不信故引古以爲證也

蕩八章章八句

抑衛武公刺厲王亦以自警也自警者如彼泉流無淪胥以亡○抑於力反抑密也警居領反〔疏〕抑十二章上三章章八句下九章章十句至自警○正義曰抑詩者衛武公所作以刺厲王也雖志在刺王亦所以自警戒已身以王之爲惡將致滅亡羣臣隨之已亦淪陷故箋指而言之○箋自警至以亡○正義曰言無如泉水相率俱亡是則已亦恐亡自警之意故以此句當之楚語云昔衛武公年九十有五矣猶箴儆於國曰自卿以下至於師長苟在朝者無謂我老而捨我於是乎作懿以自儆韋昭云昭謂懿詩大雅抑之篇也抑讀曰懿毛詩序曰抑衛武公刺厲王亦以自警如昭之言武公年耄始作抑詩案史記衛世家武公者僖侯之子共伯之弟以宣王三十六年卽位則厲王之世武公時爲諸侯之庶子耳未爲國君未有職事善惡無豫於物不應作詩刺王必是後世乃作追刺之耳正經美詩有後王時作以追美前王者則刺詩何獨不可後王時作而追刺前王也詩之作者欲以規諫前代之惡其人已往雖欲盡忠無所裨益後世追刺欲何爲哉詩者人之詠歌情之發憤見善欲論其功覩惡思言其失獻之可以諷諫詠之可以寫情本願申已之心非是必施於諫往者之失誠不可追將來之君庶或能改雖刺

前世之惡冀爲未然之鑒不必虐君見在始得出辭其人已逝卽當杜口雨無正之篇鄭爲流彘後事既出居政不由已雖欲箴規亦無所及此篇彼意於義亦同以此知章氏之言爲得其實若然自警者羣臣爲惡恐禍及已若前人已死則非禍所及而箋所以責厲王之臣爲武公自警者以人之得失在於朋儕武公雖非厲王之臣亦是朝廷之士論胥以敗無世不然冀望遠彼惡人免其患禍雖文刺前朝實意在當代故誦習此言以自肅警侯包亦云衛武公刺王室亦以自戒行年九十有五猶使臣日誦是詩而不離於其側其意亦取楚語爲說與韋昭小異

抑抑威儀維德之隅人亦有言靡哲不愚抑抑密也隅廉也靡哲不愚國有道則知國無道則愚○箋云人密審於威儀抑抑然是其德必嚴正也古之賢者道行心平可外占而知內如宮室之制內有繩直則外有廉隅今王政暴虐賢者皆佯愚不爲容貌如不肖然○哲本又作哲亦作悊陟列反智也下同則知音智

庶人之愚亦職維疾哲人之愚亦維斯戾職主戾罪也箋云庶衆也衆人性無知以愚爲主言是其常也賢者而爲愚畏懼於罪也〔疏〕抑抑至斯戾○正義曰此時厲

王弭謗賢者佯愚言人有此抑抑然密審之威儀維爲德之廉隅矣言内有其德則外有威儀與德之爲廉隅也若外無威儀則内無德行是爲愚人矣古之賢人有言曰無道之世無有一哲人而不爲愚者言當時賢哲皆故毁威儀而佯爲愚人也若衆庶凡人之爲此愚亦主由維有疾病故耳今哲人之爲此愚亦維乃畏懼於時之罪戾非性然也由王酷虐濫罰無罪故賢哲之人皆佯爲愚病言王虐之甚也○傳抑抑至則愚○正義曰抑抑密釋訓文舍人曰威儀静密也隅者角也廉者稜也角必有稜故云廉隅集注定本廉下皆無隅字其義是也哲者智也愚者癡也上智下愚不移之定分而云靡哲不愚故解之云國有道則智國無道則愚論語說甯武子之行爲然也○箋人密至不肖然○正義曰此以屋之外角喻人之外貌由内方而外正故觀外而知内故人能密審於威儀抑抑然是其德必嚴正也緜曰其繩則直是内有繩直也斯干曰如矢斯棘○毛以棘爲稜廉是外有廉隅也宫室可入内而觀之人則不可忖度而知之故言古之賢者可以外占而知内○傳職主戾罪○正義曰皆釋詁文

無競維人四方其訓之有覺德行四國順之無競競也訓教覺直也箋云競彊也人君爲政無彊於得賢人得賢人則天下教化於其俗有大德行則天下順從其政言在上所以倡道○行下孟反注同倡昌亮反道徒報反本亦作導下教道同

訏謨定命遠猶辰告訏大謨謀猶道辰時也箋云猶圖也大謀定命謂正月始和布政于邦國都鄙也爲天下遠圖庶事而以歲時告施之○訏況于反謨莫蒲反沈云本亦作漠音莫爲于僞反篇末今我爲王同

敬慎威儀維民之則箋云則法也

［疏］無競至之則○毛以爲上言賢人不用毁儀佯愚此言宜用賢者使之慎儀言人君爲國無彊乎維在得其賢人若得賢人則國家彊矣所以得賢則彊者以此賢人有德四方之俗有不善者其可使此賢人教訓之此賢人可以教訓者此賢者有正直大德行四方之民得其教化其皆慕仰而順從之四方皆順是爲彊也又言施教之法當豫大計謀定其教命爲長遠之道而以時節告民施之王之朝廷又當敬慎其舉動威儀維與下民之爲法則也言王當如此不得棄賢不用使民無所法也○鄭唯以猶爲圖爲異餘同○傳無競至覺直○正義曰以得賢則彊而云無競故知反其言也訓教誨之别名故爲教也釋詁云梏較直也與覺字異音同○箋競彊○正義曰釋言文○傳訏大至辰時○正義曰訏大謨謀猶道皆釋詁文

唯彼猶作繇耳釋訓云不辰不時也是辰爲時○箋猶圖至施之○正義曰以命既是道故以猶爲圖既云謀定而别云時告則謀定時未告也太宰職曰正月之吉始和布治於邦國都鄙乃縣治象之法於象魏使萬民觀治象挾日而斂之小宰職曰正歲帥治官之屬而觀治象之法周禮言正歲者皆謂夏之正月太宰言正月懸之小宰言正歲觀之則是再懸之也故彼注云正月周之正月也吉謂朔日也太宰以正月朔日布王治之事於天下至正歲又書而懸於象魏使萬民觀焉周禮六官其存者五惟春官無此事其餘皆有之唯所主異耳然春官主禮周公所制禮爲定法更不改張故不須再懸王之教命不過六典和之告之二時不同與謀定時告相合故以大謀定命謂正月始布政教于邦國都鄙是也爲天下遠圖庶事而以歲時告施之即正歲懸之象魏是也邦國謂畿外諸侯都鄙謂畿内采邑○

其在于今興迷亂于政顛覆厥德荒湛于酒箋云于今謂今厲王也興猶尊尚也王尊尚小人迷亂於政事者以傾敗其功德荒廢其政事又湛樂於酒言愛小人之甚○覆芳服反下覆謂覆用并注同湛都南反注及下同樂音洛下文及注同

女雖湛樂從弗念厥紹罔敷求先王克共明刑紹繼共執刑法也箋云罔無也女君臣雖好樂嗜酒而相從不當念繼女之後人將傚女所爲無廣索先王之道與能執法度之人乎切責之也○共九勇反注同好呼報反嗜市志反傚戶教反索所白反

［疏］其在至明刑○正義曰上言用賢可使四方順從此言今之不能也其在於今之厲王不能用賢之故而尊尚其小人使迷亂於政教以傾敗其功德荒廢其政事又耽樂於酒是愛小人之甚也汝雖好耽樂嗜酒而相從縱合不慙於今時何故弗念其繼汝之人不慮子孫將效之也汝何故無心欲廣索先王之道及能執守明白法度之賢人而用之乎責其不用賢者而與小人荒耽○箋興猶至之甚○正義曰興謂舉而用之故爲尊尚以覆爲傾敗故云傾敗其功德○傳紹繼至刑法○正義曰皆釋詁文唯彼共作拱耳○

肆皇天弗尚如彼泉流無淪胥以亡淪率也箋云肆故今也胥皆也王爲政如是故今皇天不高尚之所謂仍下災異也王自絶於天如泉水之流稍就虚竭無見率引爲惡皆與之以亡戒羣臣不中行者將并誅之○淪音倫

夙興夜寐洒埽庭内維民之章洒灑章表也箋云章文章法度也厲王之時不

恤政事故戒羣臣掌事者以此也○洒色解反注同又所寄反埽素報反廷音庭灑色蟹反

脩爾車馬，弓矢戎兵，用戒戎作，用逷蠻方。

逷遠也箋云逷當作剔剔治也蠻方蠻畿之外也此時中國微弱故復戒將率之臣以治軍實女當用此備兵事之起用此治九州之外不服者○逷他歷反沈上益反復扶又反將子匠反帥所類反本或作率

〔疏〕肆皇至蠻方○毛以為上言王之耽亂此又乘而責之言由王耽亂如此故今皇天不高尚王之所為而下此災異王將自絕於天如彼泉水之流稍稍以就虛竭言今王漸漸將致滅亡也又告語羣臣以自警戒王既為惡汝當行善無相率率為惡皆以滅亡既不聽為惡即教之行善當侵早而起既夜而寐洒埽室庭之內勤行政事維與民之為表憲文章又戒將帥之臣當脩治汝征伐之車馬及弓矢與戎兵之器用以此戒備戎兵動作之處當征伐之又用此以驅遠蠻方之來內侵者當逐令遠去使不得來侵○鄭唯用此以治蠻方之外不服者為異餘同○傳淪率○正義曰釋言文○箋肆故至誅之○正義曰肆故今也胥皆也皆釋詁文天道遠人道邇言皇天不高尚王當有其狀故知謂仍下災異也天之為災所以譴告王者冀其改悟若欲養成其惡則不復以

災告之今仍有災異是天未絕於王但王自絕於天如彼泉水之流稍稍就於虛竭也泉之大者則流行無窮小者有時而虛竭故以此王將至於滅亡王既有惡而臣亦同之是相率為惡武公惜其亡而戒之故知戒羣臣不中行者恐將并誅之也及厲王之出周召共和是不與同惡則不誅○傳洒灑章表○正義曰洒埽者以水灑地而埽之故為灑謂洒水灑地也章者在人之上為之表憲故云表也○箋章文至以此○正義曰申傳為表之義以有文章法度故得為民之表也戒之使為民之表章則是戒朝廷大臣非戒洒埽之人令埽地也直以厲王之時不恤政事王綱不振戒之使勤於職事但職事在庭治之故假庭內不埽以見職事不理耳故云戒羣臣掌事者掌事謂六卿也○傳逷遠○正義曰釋詁文○箋當至不服者○正義曰以用戒戎作謂兵戎備之則用逷蠻方謂遠方不服則剔治之故知逷當作剔剔謂治毛髮故為治也周禮九服六服之內為中國七服以外為夷狄而第六者大行人謂之要服職方氏謂之蠻服大司馬謂之蠻畿此經有二義用戒戎作為中國則用剔蠻方為夷狄且蠻方與彼蠻畿同故知蠻方是蠻畿之外也用兵是將帥之事故知戒將帥之臣以治軍實也掌主兵事唯司馬耳其出師也則六卿皆為軍將此戒將帥揔戒將兵之人不必獨戒司馬也軍實者即車馬弓矢戎兵是也弓矢即戎兵而又言戎兵容戈盾矛戟之類軍之所用皆是隱五年左傳曰歸而飲至以數軍實楚語曰射不過講軍實焉皆謂兵器也言汝當用備兵事之起謂備之於國隨其所須中國起者即用之也用此治九州之外不服者謂治夷鎮蕃三服大行人既列其服朝見之數乃云九州之外世一見是蠻畿以外為九州之外也

質爾人民，謹爾侯度，用戒不虞。

質成也不虞非度也箋云侯君也此時萬民失職亦不肯趨公事故又戒鄉邑之大夫及邦國之君平女萬民之事慎女為君之法度用備不億度而至之事○非度待洛反下不億度同○

慎爾出話，敬爾威儀，無不柔嘉。

話善言也箋云言謂教令也柔安嘉善也○話戶快反○

白圭之玷，尚可磨也；斯言之玷，不可為也。

玷缺也箋云斯此也玉之缺尚可磨鑢而平人君政教一失誰能反覆之○玷丁簟反沈丁念反說文作刮鑢音慮同○復音服又豐服反本亦作覆

〔疏〕質爾至可為○正義曰此又戒鄉邑大夫及邦國之君言汝等當平治汝民人之政事勑汝為君之法度用此以戒備將來不億度之事謂非常驚

急當豫防之既戒臣事畢又復諫王當謹慎爾王所出之教令又當恭敬爾在朝之威儀使教令威儀無不安審美善言使之皆安善也又言教令尤須謹慎白玉為圭圭有損缺猶尚可更磨鑢而平若此政教言語之有缺失則遂往而不可改為王者安危在於出令故特宜慎之○傳質成至非度○正義曰釋詁云質平成也則質者平治成就之義故傳以為成箋以為平其意同也釋言云虞度也不度者非意所億度之事也○箋侯君至之事○正義曰侯君釋詁文詩之所戒隨失而言故知此時萬民失職故令質爾民人也不肯趨公事故令謹爾侯度也鄉邑之大夫謂六卿與公邑亦可以兼六遂與采地也以所戒者廣故知亦及邦國之君也平汝萬民之事即教令是也慎爾為君之法度即威儀是也治民即是為君故文兼鄉邑大夫亦稱君焉不億度而至之事謂非常寇盜君子安不忘危故常豫戒○箋言謂至嘉善○正義曰以此言人君為政之事故知是教令之言此文雖承戒鄉邑邦國之下而與下章無易由言相接以下皆是言王事則此慎話敬威儀是使王身敬慎非戒臣之辭柔安嘉善皆釋詁文○箋王之至覆之○正義曰政教一失誰能反覆謂已往者不可更反論語所謂駟不及舌是也其言改過者謂改將來過耳此經申上慎爾出話之事上文亦言威儀不重述

者以言失爲重故特殷勤之孝經重述法言亦此類也。**無易由言無曰苟矣莫捫朕舌言不可逝矣**莫無捫持也箋云由於逝往也女無輕易於教令無曰苟且如是今人無持我舌者而自聽恣也教令一往行於下其過誤可得而已之乎。易以豉反注同捫音門。**無言不讎無德不報惠于朋友庶民小子**讎用也箋云惠順也教令之出如賣物物善則其售賈貴物惡則其售賈賤德加於民民則以義報之王又當施順道於諸侯下及庶民之子弟。讎市由反徐云鄭市又反售市又反一本作讎此音則與毛同賈加霸反下同**子孫繩繩萬民靡不承**箋云繩繩戒也王之子孫敬戒行王之教令天下之民不承順之乎言承順也。靡一本作是。

〔疏〕無易至不承。毛以爲出言爲重又復戒之言王無得輕易於此言語之教令無得言曰我出言苟且如是矣假有不善人無執持我舌而不聽我言者實無人能執王之舌要王苟且出言不可使之往行於天下往則不可復改故特須慎之必須慎者王之所出無有一言而不爲人用善惡人皆承而用之無有恩德而下不報答之言王有善德人必

報王故王當施行順道於朋友謂諸侯及卿大夫等下及庶民之子弟小子王皆須以順道教之王若教以順道則民皆行之若王之子孫能繩繩然敬戒而行王之教令則天下之衆民無有不承順而奉行之言皆承順而奉行之勸王使慎教令爲下民之法施順道爲子孫之基也。鄭唯以讎爲異餘同。○傳捫持。○正義曰字書以捫爲摸摸索其舌是手持之也。○箋由於至已之乎。○正義曰由於逝往皆釋詁文唯彼由作繇音義同釋詁云朕我也自周以前朕爲通言故皋陶曰朕言惠屈原曰朕皇考是也秦始皇既平六國制天子之法號爲皇帝自稱曰朕後代遂遵用之宣十二年公羊傳何休注云天子自稱曰朕以漢法言之也言不可往明爲往不可故云教令一往行於天下其過誤不可得而改也。定本無天字又言過誤可得而已之乎定本是也。○傳讎用。○正義曰相對謂之讎讎者相與用言語故以讎爲用。○箋教令至子弟。○正義曰箋以用非讎之正訓且與報德連文故以爲讎報物價釋詁云讎匹也是匹敵相報故應對物價謂之讎其意言王出教令民則從其善惡以荅王也武王謂諸侯云我友邦冢君是朋友謂諸侯亦可以兼羣臣公卿也小子幼稚之稱故爲庶民子弟○庶民猶令及之則以上無不及矣○箋繩繩戒○正義曰釋訓文**視爾友君**

子輯柔爾顏不遐有愆輯和也箋云柔安遐遠也今視女諸侯及卿大夫皆脇肩諂笑以和安女顏色是於正道不遠有罪過乎言其近也。輯徐音集又七入反脇本又作脅香及反又虛劫反沈又於闔反諂勑檢反趙岐注孟子云脇肩竦體也諂笑强笑也近之附近之近一本無之字近則依字讀**相在爾室尚不愧于屋漏無曰不顯莫予云覯**西北隅謂之屋漏覯見也箋云相助顯明也諸侯卿大夫助祭在女宗廟之室尚無肅敬之心不慙媿於屋漏有神見人之爲也女無謂是幽昧不明無見我者神見女矣屋小帳也漏隱也禮祭於奥既畢改設饌於西北隅而厞隱之處此祭之末也。相息亮反注同媿俱位反屋如字或云鄭於角反漏鲁豆反覯古豆反奥烏報反西北隅謂之奥饌仕眷反厞扶味反隱也沈云許慎几非反**神之格思不可度思矧可射思**格至也箋云矧況射厭也神之來至去止不可度知況可於祭末而有厭倦乎。度待洛反注度知同矧由忍反射音亦

〔疏〕視爾至射思。正義曰上勸王惠於朋友此言王朋友不思我今視汝王之所友諸侯及卿大夫之君子皆不忠正但脅肩諂笑以

和安爾王之顏色以求王愛無能一匡諫王者是於正道不遠其有罪過言其近有罪過矣此臣非但諂佞於王又惰慢於事其助祭於汝王宗廟之室尚無肅敬之心不慙媿於屋漏祭當盡敬尚無媿心其於諸事怠惰明矣因即責此不媿之人汝無得言曰此屋漏幽闇不明之處無有於我云能見之者謂神不見遂爲此慢以神之明必見汝矣何則神之初來至思不可度而知思況於祭之所末可得厭倦之思言若能知其去來則可神去乃倦既不見來亦不知其去何得祭末疑去即厭之也。○箋今視至其近。○正義曰此皆以王爲文故爾友爲王之友爾顏爲王之顏也脅肩諂笑口柔之貌也孟子曰脅肩諂笑病于夏畦趙岐云脅肩竦體也諂笑强笑也病極也言其意苦勞極甚於仲夏之月治畦灌園之勤是其事也此正是罪過而言其近者爲文之勢耳。○傳西北隅謂之屋漏。○正義曰釋宮文覯見釋詁文。○箋相助至之末。○正義曰釋詁云相助慮也俱訓爲慮是爲助也又云顯光也是顯得爲明也上言友君了有過下句責其厭倦則非王之身故知是諸侯及卿大夫助祭之時無肅敬之心也責令勿道神不我見故知其意言神見汝矣天官幕人職掌帷幕幄帟注云幕以布帟以繒爲之雜記云諸侯行而死於道緇布裳帷素錦以爲幄而行皆先言帷幕而後言幄則幄

在帷幕之內，帷幕是大帳，則幄爲小帳也。漏隱，釋言文。祀之有帷幕，皆於野張之，以代宮室，其宮內不張幕也。幄則室內亦有之。屋漏者，室內處所之名，可以施小帳，而漏隱之處，正謂西北隅也。言不媿屋漏，則屋漏之處有神居之矣，故言祭時於屋漏有事之節。祀祭於奧中，既畢，尸去，乃改設饌食西北隅屏隱之處，此祭末之時事也。特牲禮尸謖之後，云：「佐食徹尸薦俎敦，設于西北隅，几在南，屏用筵，納一尊，佐食闔牖戶，降。」注云：「屏，隱也。不知神之所在，或者遠人乎？尸謖而改饌爲幽闇，庶其饗之。」是其事也。若然，當闔戶牖，則室中無人，而云在室不媿屋陋者，此羣臣雖情非祭初即倦，當有事屋漏之時乃始倦耳。因當時屋漏有神而責其不媿，非謂助祭之人在屋漏之處。言在室者，正謂在宗廟中耳。爾雅孫炎解屋漏云：「當室之白，日光所漏入。」非鄭義也。案祀記曾子問云：「殤不備祭，何謂陰厭陽厭？」鄭注云：「祭成人，始設奠於奧，是謂陰厭。尸既謖之後，改饌於西北隅，是謂陽厭。若宗子爲殤，唯有陰厭；若庶子適殤，宗子適殤，唯有陽厭。」案特牲士祀有陰厭陽厭，又此詩不媿于屋漏，則天子亦有陽厭，以上下言之，諸侯亦同。雅上大夫無陽厭，故儀祀少牢祭末不徹饌於西北隅，鄭注云：「無陽厭者，爲大夫當日賓尸故也。」○傳「格至」。○正義曰：釋詁文。○箋「矧況」至「倦乎」。○正義曰：矧，況，釋言文。射，厭，

釋詁文。凡言況者，皆以輕況重。此經直言至於尸謖，謂神實去矣，於此之時，乃有情慢，故詩人之意，言神來不知其來，則尸去神未必去，屋漏之處仍有祭事，則神猶在矣。祭初神實未來，尚不敢慢，況今祭末，神或未去，而可有厭倦乎？以此故言矧可射思。箋申其意，故來至去止並言之，不然，經止有來，不須言去也。**辟爾爲德，俾臧俾嘉。淑愼爾止，不愆于儀。不僭不賊，鮮不爲則。**女爲善，則民爲善矣。止，至也。爲人君止於仁，爲人臣止於敬，爲人子止於孝，爲人父止於慈，與國人交止於信。僭，差也。箋云：辟，法也。止，容止也。當審法度女之施德，使之爲民臣所善所美，又當善愼女之容止，不可過差於威儀。女所行不信不殘賊者少矣，其不爲人所法。○譖本亦作僭，子念反，注及下我譖同。鮮，息淺反，少也。**投我以桃，報之以李。**箋云：此言善往則善來，人無行而不得其報也。投猶擲也。○擲，直赤反。○**彼童而角，實虹小子。**童羊之無角者也，而角自用也。虹，潰也。箋云：童羊譬皇后也。而角者，喻與政事有所害也。此人實潰亂小子之政。祀，天子未除喪稱小子。○虹，戶公反，鄭戶江反。潰，戶對反。○

〔疏〕「辟爾」至「小子」。○毛以爲王當法度汝之所爲施行之德，則使民善之，使臣美之。又當善愼汝心之所止，使常止仁信，不過於汝之威儀，令不差貳，不殘賊。王能如此，少矣而不爲人所法則，言多爲人所法則。人有投擲我以桃者，我必報之以李。善往則善來，無物不報。王若以善道施民，民必以善事報王也。王之所以不善者，彼童羊實無角而爲有角，自用妄爲，觝觸人，以喻王后本實無德而爲有德，自用橫干政事。此人實潰亂我王小子之政，使爲不善，王何以不遠之乎？○鄭唯止爲容止爲異，餘同。○傳「女爲」至「僭差」。○正義曰：傳解辟爾爲德所以能俾臧俾嘉之意，由君爲善則民善之。辟爾爲德，是汝爲善也。俾臧俾嘉，是則民善也。止者，所居之名，故爲至。至是所至之處也。爲人君止於仁，至止於信，皆大學文也。彼既爲此言，乃引此詩以證之，故傳依用焉。此說君事，唯當言止於仁耳，因彼成文而盡引之。譖毀人者是差貳之事，故云僭差。箋言不信，義亦同也。○箋「止容止」。○正義曰：以經言淑愼爾止，不愆于儀，即是愼其容止，得威儀不過耳，故易傳以止爲容止。○箋「此言」至「其報」。○正義曰：以經之文是爲善來則善往，而箋反之者，逐便而言耳。○傳「童羊」至「虹潰」。○正義曰：言童知是羊者，童者未冠之名，猶畜之無角。其文即云而角，明此物之類有有角者，有無角者，畜之如此者唯羊耳。言童而角，是無角而爲有角自用也。

虹潰，釋言文。○箋「童羊」至「小子」。○正義曰：上文說政事，此言而角以潰小子。小子是王之稱，此人特能潰之，則是專恣之人，能亂朝政者也。人臣則不堪如此，此唯王后乃能然，故知童羊譬王后也。言而角，則是用角矣。用角觝觸，則於物有所害，故以喻於政事有所害。此人實亂小子之政也。定本集注於政事有所害，於字皆作喻與，其理是也。祀，天子未除喪稱小子，下曲祀文，引之以證稱王爲小子之意。在喪之稱小子，以其未理政事，爲無知之辭。下言亦聿既耄，則厲王非復在喪，但欲見王之無知，故假在喪之稱以名之。民勞云「戎雖小子」者，言王意以小子自遇，非臣之稱君，故箋不引祀記。○

荏染柔木，言緡之絲。溫溫恭人，維德之基。緡，被也。溫溫，寬柔也。箋云：柔忍之木荏染然，人則被之弦以爲弓。寬柔之人溫溫然，則能爲德之基，止言內有其性，乃可以有爲德也。○荏，而甚反。染，而漸反。荏染，柔意。緡，亡巾反。共，音恭，本亦作恭。被，皮寄反，下同。忍，音刃，本亦作○。**其維哲人，告之話言，順德之行。其維愚人，覆謂我僭，民各有心。**話言，古之善言也。箋云：覆猶反也。僭，不信也。語賢智之人以善言，則順行之。告愚人

反謂我不信民各有心二者意不同。詁戶快反說文作詁云詁故言也語魚慮反下音語之同知音智〔疏〕荏染至有心○正義曰上既發王行德此言王不可教有荏染然柔忍之木是維可以爲弓之幹我乃緡被之以絲則有弦而成弓可以爲弓明矣亦猶溫溫然寬柔之人是維可以爲德之基我乃教訓之以學則有能而成德可以爲法矣但人性不同有可教以否若其維賢哲之人告之以善言則順其道德之行而行之若其維愚蔽之人告之以善言則反謂我言不信而拒之是爲民之賢愚各自其有本心言王無本性不可教也○傳緡被至寬柔○正義曰釋言云緡綸也綸則繩之別名言緡之絲正謂以絲爲繩被之於木故云緡被不訓緡爲被釋訓云溫溫柔也故爲寬柔○箋柔忍至爲德○正義曰以荏染猶溫溫柔木猶恭人則言緡之絲與維德之基互相足維德之基猶維弓之幹言緡之絲猶言訓之以學二者資於本性故云内有其性乃可以爲德

於乎小子未知臧否匪手攜之言示之事匪面命之言提其耳箋云臧善也於乎我傷王不知善否我非但以手攜挈之親示以其事之是非我非但對面語之親提撕其耳此言以教道之孰不可啟覺○於乎上音烏下音呼凡此二字相連皆放此臧否音鄙注同臧善也否惡也提音啼挈尺世反攜也撕音西

借曰未知亦既抱子借假也箋云假令人云王尚幼少未有所知亦以抱子長大矣不幼小也○借子夜反注及下同知如字沈音智下夙知亦同令力呈反少時照反長丁丈反

民之靡盈誰夙知而莫成莫晚也箋云萬民之意皆持不滿於王誰早有所知而反晚成與言王之無成本無知故也○莫音慕本亦作慕與音餘〔疏〕於乎至莫成○正義曰此又言王不可教於乎此小子之厲王其心未能識知於善否我非但以手攜挈之我乃親示以其事之是非庶其覩之而悟也我又非但對面命語之我又親提撕其耳庶其志而不忘言己教導之孰而不可啟悟假令有人言曰王尚幼少未有所知亦既抱子矣已爲人父非復幼少也今萬民之意皆持不滿於王謂才智褊小不能滿足其意望王更益才智晚有所成故解其意誰復早有所知而晚成者也明早知則早成晚知則晚成今王晚亦無知是終無所成也○箋萬民至知故○正義曰王爲天下之主德度當滿民心今王無所知則民意不滿故言萬民之意皆持不滿於王嫌王才度之淺近也上言借曰未知冀其長大有知此言人意不滿亦望在後更益是冀王有晚成之意即又解之誰早有所知而晚有成乎

昊天孔昭我生靡樂視爾夢夢我心慘慘夢夢亂也慘慘憂不樂也箋云孔甚昭明也昊天乎乃甚明察我生無可樂也視王之意夢夢然我心之憂悶慘慘然愬其自恣不用忠臣○樂音洛注同夢莫空反沈莫登反注同慘七感反愬音素後皆同○〔疏〕傳夢夢至不樂○正義曰夢夢亂也釋訓文孫炎曰夢夢昏昏之亂也然則夢夢者言王政昏亂之意也釋訓又云慘慘慍也李巡曰慘慘憂怒之慍然則慘慘者憂慍憔悴之貌故爲憂不樂也○箋孔甚至忠臣○正義曰孔甚釋言文釋詁云昭光也故爲明言昊天明察者以其明察庶知己情故以我生訴之也上言其不可教誨下言誨而不入故知訴其自恣不用忠臣○

誨爾諄諄聽我藐藐匪用爲教覆用爲虐藐藐然不入也箋云我教告王口語諄諄然王聽聆之藐藐然忽略不用我所言爲政令反謂之有妨害於事不受忠言○諄字又作訰之純反又之閏反說文埤蒼竝云告曉之孰藐美角反爾雅云悶也聆音零○〔疏〕傳藐藐然不入○正義曰藐藐者王不聽受之貌是諫者之言不入王心故言其不入也釋訓云藐藐悶也舍人曰憂悶也謂王不受之言者憂悶也○

借曰未知亦聿既耄耄老也○耄莫報反〔疏〕傳耄老○正義曰曲禮云八十九十曰耄是耄爲老也箋傳皆不解聿之義爾雅之訓聿爲述也亦爲自也縣箋以聿爲自以此宜從自借曰未知者冀王更有長進詩人解其意言王亦將從此既昏耄矣無有所知昭元年左傳曰所謂老將知而耄及之是耄則無智也○

於乎小子告爾舊止聽用我謀庶無大悔箋云舊久也止辭也庶幸悔恨也○天方艱難曰喪厥國箋云天以王爲惡如是故出艱難之事謂下災異生兵寇將以滅亡○曰喪上音越下息浪反韓詩作聿喪○

取譬不遠昊天不忒回遹其德俾民大棘箋云今我爲王取譬喻不及遠也維近耳王當如昊天之德有常不差忒也王反爲無常維邪其行爲貪暴使民之財匱盡而大困急○忒他得反遹于橘反邪似嗟反行下孟反匱求位反〔疏〕於乎至大棘○正義曰自上以來諫王之情已極於此自言諫意以結之於乎可歎傷者小子無知之我王告汝以久故往昔之道止言己所陳皆先世舊章也汝

若聽用我之計謀，幸望無大罪責而恨者，王何故不用之乎？天以王爲惡之故，方下艱難之事於王，謂使之有災異，生兵寇，其意言曰當欲喪滅其國。我憂王將滅，故爲王謀。而取譬不爲深遠而難知，唯淺近耳。王之爲政，當如昊天之德，寒暑有常，不爲差忒。王何以不效昊天有常，反爲無常而邪僻其德，貪暴稅斂，而使下民貧財皆盡，甚大困急？我以是故而諫王也。○箋「天以至滅亡」。○正義曰：以言曰喪厥國，是稱天之意，故知艱難謂下災異，生兵寇也。此曰爲辭，故韓詩作聿。○

抑十二章，三章章八句，九章章十句。

附釋音毛詩注疏卷第十八（十八之二）

黄中拭乘

阮元撰盧宣旬摘錄

○蕩

峻刑法也　小字本、相臺本同。案此正義本也。釋文云：駿本亦作峻。正義云：峻者，高險之名。是其本作峻字。

其政教又多邪辟　小字本、相臺本同。閩本、明監本、毛本辟誤僻。案僻者，正義所易之今字耳。

曾是掊克　唐石經、小字本、相臺本同。案釋文云：掊克，蒲侯反，聚斂也。又自伐而好勝人也。徐又甫垢反。正義云：自伐解倍，好勝解克，定本倍作掊，掊即倍也。考自伐而好勝人，乃傳義，正義所論自矣。釋文作掊，與定本同，以爲聚斂，則非。

自伐解掊　閩本、明監本、毛本同。案掊當作倍。

四言曾是　明監本、毛本同。案閩本自此曾是起至下以言汝興是力是字止，并三行爲二行，初刻脫一行而剜添也。凡閩本初刻誤而剜添是者，依十行本所挍補，明監本、毛本即不誤矣，今多不悉出。

日祝詛求其凶咎無極已　小字本、相臺本同。考文古本同。閩本、明監本日作且，毛本同。又已誤也。案日字是也。正義云：故知日日爲之也。是其證。

以祝詛求言　閩本、明監本、毛本言作信。案所改是也。

懟謂很戾　閩本、明監本、毛本很作狼。案浦鏜云：當很字誤。是也。

咨女殷商　閩本、明監本、毛本同。案咨字下浦鏜云：脫嗟。是也。

飲酒閉門不出客曰湎　補通志堂本、盧本、盧文弨攷證云：詩亦作容，或有作容者，譌也。按盧挍非是。釋文挍勘云：閉門不出客者，如陳遵投轄井中是也。初學記引韓詩曰：齊顏色，均衆寡，謂之沈；閉門不出，謂之湎。下句奪客字。魏都賦沈湎千日，李善引薛君韓詩章句，與初學記同，而譌奪不可讀。賦文沈字誤爲流，注客字誤爲容。

式號式呼　唐石經、小字本、相臺本同。案釋文云：或一本作或號或呼。考正義云：用是叫號，用是讙呼。是正義本

作式字

女既過沈湎矣 小字本相臺本同案釋文云耽湎本或作湛都南反正義云汝君臣何爲耽荒如是又云汝乃自耽此酒是正義本亦作耽下文云汝沈湎如是當是後改也上箋云有沈湎於酒者是乃過也釋文不爲作音或其本但作有酒○按漢人浮沈字作湛今本箋作沈乃淺人所改耳經文載沈載浮亦泆非古本

釋蟲云蜩蜋蜩螗 閩本明監本毛本同案螗下浦鏜云脫蜩字是也

顛仆沛拔也 小字本相臺本同案釋文以仆也作音是其本有也字考文古本有閩本明監本拔誤按毛本不誤

揭見根貌 小字本相臺本同案此正義本也釋文揭下云根見貌又云見貌賢遍反謂樹根露見王如字言可見正義云揭者蹶倒之意故以爲見根貌此顛沛之揭正謂樹將倒拔而已見其根又云傳言見根不辨根之所見標起止云至根貌是正義讀見如字又見在根上與釋文本不同也

○抑

以宣王三十六年卽位 閩本明監本毛本同案浦鏜云三衍字是也

如矢斯棘○ 閩本明監本毛本同案浦鏜云衍○是也

女雖湛樂從 小字本相臺本同唐石經樂下旁添克字案添者誤

洒埽庭內 小字本相臺本庭作廷唐石經初刻庭後改廷案釋文云廷音庭唐石經改依釋文也正義中字皆作庭或其本作庭但未有明文今無可考餘經如著斯干小旻有瞽等皆作庭

故復戒將率之臣 小字本相臺本同閩本同明監本毛本率作帥案釋文云帥本或作率明監本毛本依之改也考箋每用率字正義每用爲帥字而說之當以或作本爲長

沈上益反 〔補〕通志堂本盧本同盧文弨考證云宋本作土益當是也案小字本所附亦作土不誤

楚語曰射不過講軍實焉 閩本明監本射誤財毛本不誤案浦鏜云榭誤射非也劉

達注吳都賦引亦作射是其證射古之榭字九經古義論之詳矣

質爾人民 唐石經小字本相臺本同案正義云汝等當平治汝民人之政事又云故令質爾民人也是其本人民作民人郭璞注爾雅引詩質爾民人與正義本正合說苑引告爾民人鹽鐵論引諸爾民人皆卽此經也當是唐石經誤倒如有狐序之比也

鑪音慮同 〔補〕通志堂本盧本無同字案此誤衍也

謂非常驚急 閩本明監本毛本同案浦鏜云驚當警字誤是也

敎令一往行於下其過誤可得而已之乎 小字本相臺本同案此定本也正義云敎令一往行於天下其過誤不可得而改也定本無天字又言過誤可得而已之乎定本是也考文古本已作改采正義

物善則其售賈貴 小字本相臺本同下同案釋文云則售市又反一本作讎謂讎物價也正義云故以爲讎報物價與一本同考讎卽售也古今字耳釋文正義以爲有分別者非考文古本作讎采釋文正義

萬民靡不承 唐石經小字本相臺本同案釋文云一本靡作是正義云無有不承順而奉行之是其本作靡字段玉裁云依釋文一本與箋合

今視女諸侯及卿大夫 閩本明監本毛本同小字本相臺本女下有之字案有者是也

皆脇肩諂笑 相臺本同小字本諂作讇閩本明監本毛本同案讇字誤也餘同此釋文云脅本又作脇正義本是脇字

言其近也 小字本相臺本同案釋文云近之也附近之近一本無之字近則依字讀正義云此正是罪過而言其近者標起止云至其近是其本與一本同

尙不愧于屋漏 小字本相臺本同明監本毛本同唐石經作媿案媿字是也釋文云媿俱位反正義中字皆作媿是其證箋不慚媿於屋漏有神雅毛本誤作愧耳何人斯經用愧字此不畫一之例

而⿸广非隱之處　小字本相臺本同案⿸广非當作厞說文五經文字皆在厂部爾雅不誤此釋文亦誤為⿸广非詳後考證正義中厞字十行本皆未誤

⿸广非扶味反　〔補〕釋文校勘記通志堂本同盧本⿸广非作厞案所改是也字書此字皆從厂釋文當本如此作寫者轉譌耳

此言王朋友不思　〔補〕案思當忠字之譌毛本正作忠

相助慮也俱訓為慮　閩本明監本毛本同案山井鼎云慮當作勴是也淸廟及雍二正義引皆作勴可證

不僭不賊　唐石經小字本相臺本同案釋文云不譖本亦作僭子念反差也注及下我譖同正義云譖毀入者是差貳之事故云僭差箋言不信義亦同也是正義本亦作譖字今標起止及其餘僭字皆合倂後依經注本所改也考譖僭古通用字此借譖爲僭耳不必如正義所說也巧言云僭始既涵瞻卬云譖始竟背桑柔云朋友已譖及此不譖我譖箋皆云不信也毛巧言傳云僭數也乃以僭爲譖之假借瞻卬無傳者同彼爲數也桑柔無傳者同此爲差也又抑傳云不僭不濫也意亦同此爲差鄭不異毛合而觀之可得其證矣桑柔釋文譖本亦作僭瞻卬釋文同耳

女所行不信不殘賊者　小字本相臺本同考文古本同閩本明監本毛本信誤僭案不字當重僭不信也不不信不僭也脫去一不字遂又誤改信字

彼童而角　毛本角誤覺明監本以上皆不誤

童羊譬皇后也　閩本明監本毛本同小字本相臺本皇作王考文古本同案王字是也正義可證

此人實賓亂小子之政　〔補〕案賓當作濱正義可證

故以喻於政事有所害　閩本明監本毛本同案十行本誤剜作以喻也故至於剜添者一字當是云字

忍音刃本亦作〇　〔補〕通志堂本盧本〇作刃案刃字是也

告之話言　唐石經小字本相臺本同案段玉裁云當作告之詁言詁話詳下

話言古之善言也　小字本相臺本同案釋文告之話言下云話言古之善言段玉裁云當作詁言古之善言也前愼爾出話傳云話善言也此云詁言古之善言也一篇之內依字分訓而相蒙如此釋文云說文作詁蓋說文稱毛詩告之詁言陸氏所據說文詁字未誤而話字亦已誤爲言矣

語賢智之人　閩本明監本毛本同小字本相臺本智作知案知字是也

於呼小子　唐石經小字本相臺本呼作乎閩本明監本毛本同案呼字誤也

此言以教道之孰　小字本相臺本同閩本明監本毛本孰誤熟正義中字同山井鼎云似屬下句讀者誤

亦以抱子長大矣　小字本相臺本同考文古本同閩本明監本毛本以作已案所改是也

不幼小也　閩本明監本毛本同小字本相臺本小作少案少字是也

皆持不滿於王　閩本明監本毛本不作無誤

冀其長大有失　補案失當識字之譌毛本作識

我心慘慘　唐石經小字本相臺本同案釋文云慘慘七感反正義云釋訓云慘慘慍也是釋文本正義本皆作慘慘與唐石經同也此以韻求之當作懆懆懆見白華

匪用爲教　唐石經小字本相臺本同閩本明監本毛本用爲誤倒

附釋音毛詩注疏卷第十八〔十八之二〕

毛詩大雅　鄭氏箋　孔穎達疏

桑柔芮伯刺厲王也芮伯畿內諸侯王卿士也字良夫○芮如銳反國名〔疏〕桑柔十六章上八章章八句下八章章六句○箋芮伯至良夫○正義曰書序云巢伯來朝芮伯作旅巢命武王時也顧命同召六卿芮伯在焉成王時也桓九年王使虢仲芮伯伐曲沃桓王時也此又厲王之時世在王朝常爲卿士故知是畿內諸侯爲王卿士也書敘注云芮伯周同姓國在畿內則芮伯姬姓也杜預云芮國在馮翊臨晉縣則在西都之畿內也顧命注芮伯入爲宗伯畿內而言入者入有二義若對畿內則畿外爲入衛武公入相於周是也若對在朝無封爵者則有國者亦爲入畢國亦在畿內顧命注亦云畢公入爲司馬是也文元年左傳引此云周芮良夫之詩曰大風有隧周書有芮良夫之篇知字良夫也

菀彼桑柔其下侯旬捋采其劉瘼此下民興也菀茂貌旬言陰均也劉爆爍而希也瘼病也箋云桑之柔濡其葉菀然茂盛謂蠶始生時也人庇陰其下者均得其所及已捋采之則葉爆爍而疏人息其下則病於爆爍興者喻民當被王之恩惠羣臣恣放損王之德○菀音鬱注同又於阮反旬如字又音荀捋力活反注同瘼音莫陰於鴆反本亦作蔭下同爆本又作爆同音剝下同爍本又作樂或作落同音洛郭盧角反○濡而轉反庇必寐反又音祕本亦作芘同被皮寄反

不殄心憂倉兄填兮倉喪也兄滋也填久也箋云殄絕也民心之憂無絕已喪亡之道滋久長○倉初亮反注同兄音況注同本亦作況填音塵

倬彼昊天寧不我矜昊天斥王者也箋云倬明大貌昊天乃倬然明大而不矜哀下民怨愬之言○倬陟角反〔疏〕菀彼至我矜○毛以爲菀然而茂者彼桑也其葉稚而柔濡故菀然茂盛於此之時人息其下維均得蔭皆無暑熱之患及其捋而采之其枝之葉劉然爆爍而稀疏不復能蔽蔭炎日則病此其下所息之民矣以興王有明德天下之民均得其恩若有羣臣放恣損王之德則困苦天下之民矣今厲王之臣皆以放恣損王之害下民故使天下之民不能絕已其心中之憂民所以不絕者以民之喪亡之道滋益久長兮言上行虐政不已是民之亡道益長所以心憂不復絕又告王而愬之倬然而尊大譬彼

昊天之王者汝居民上爲民之父母寧不於我而矜哀之何爲忍之而行此喪亡之政乎○鄭唯倬彼昊天爲愬之上天異餘同○傳旬言至瘼病○正義曰釋言云旬均也某氏引此詩李巡曰洵徧之均也則旬是均之義故云言蔭均也釋詁云毗劉爆爍也舍人曰毗劉爆爍之意也木枝葉稀疏不均爲爆爍郭璞曰謂樹木葉缺落蔭疏爆爍也劉者葉之稀疏爆爍之意故云爆爍而稀也瘼病釋詁文○箋桑之至之德○正義曰箋以菀彼捋采爲異時之事故以柔濡謂蠶始生時爆爍謂過蠶之後均得其所謂俱蒙蔭覆病於爆爍謂苦於炎熱也捋采是其人采之非蔭先薄故以喻羣臣恣損王非王本惡也然厲王之惡實出本心非必臣能損之箋時亦無所善作者以君臣一體助君爲惡故歸咎於臣以刺君耳○傳倉喪至填久○正義曰倉之爲喪其義未聞況訓賜也賜人之物則益滋多故況爲滋也釋言云烝塵也孫炎曰烝物久之塵則塵爲久義古者塵塡字同故塡得爲久○箋殄絕至久長○正義曰殄絕釋詁文民心之憂憂此喪亡之道有時而遇則民憂可與絕已之期今茲益久長故憂不絕已此喪亡之道正謂君之虐政虐政方行不止是喪亡之道滋益久長也○傳昊天斥王者○正義曰傳以蕩蕩上帝皆斥君王故以此亦斥王者○箋倬明至之言○正義曰箋以倬爲明大之貌此厲王暗亂不得稱倬然彼昊天故易傳以天爲上天此是下民怨訴上天之言

四牡騤騤旟旐有翩亂生不夷靡國不泯騤騤不息也鳥隼曰旟龜蛇曰旐翩翩在路不息也夷平泯滅也箋云軍旅久出征伐而亂日生不平無國而不見殘滅也言王之用兵不得其所適長寇虐○騤求龜反旟音餘旐音兆偏音篇本亦作翩泯面忍反又名賓反徐又音民隼荀允反適長上丁歷反下丁丈反

民靡有黎具禍以燼黎齊也箋云黎不齊也具猶俱也災餘曰燼言時民無有不齊被兵寇之害者俱遇此禍以爲燼者言害所及廣○黎力奚反盡才刃反本亦作燼同

於乎有哀國步斯頻步行頻急也箋云頻猶比也哀哉國家之政行此禍害比比然○比毗志反又如字下同廣雅云頻比也〔疏〕四牡至斯頻○毛以爲上文以喪亂憂心此言騤騤然建旟旐之旆有翩翩然在於道路常不息止王本用兵欲以除亂但伐不得罪而亂日生不復能平之王既不能平之諸侯自相攻伐無有一國而不見殘滅民悉被兵今民或死或生無有能齊一平安者假有存者俱是遺禍災以爲餘

滅燼耳。言其時民衆死多於生，以此故歎而傷之，於乎有是可哀痛哉！國家行此困急於民之道，是可哀痛也。○鄭以黎爲不齊，言其時之民無有不齊被兵寇者。又以頻爲比，言國家行此禍害比比然，言其行之不已也。餘同。○傳「騤騤」至「泯滅」。○正義曰：騤騤，馬行之貌，言其常行，則是不息也。鳥隼曰旟，龜蛇曰旐，春官司常文。翩翩是旟旐行而舒張之貌，故重言翩翩也。旟旐止則納之弢中，言其行而翩翩，是在路不息。以旟旐馬事異，故再言不息。曲禮云「在醜夷不爭」，夷是齊等之言，故爲平也。○釋詁云：「泯、滅，盡也。」俱訓爲盡，故泯得爲滅。○箋「軍旅」至「寇虐」。○正義曰：四牡旟旐是軍行之物，亂生國滅是加兵之辭，故知此言軍旅久出征伐也。王既不能平亂，則徧殘諸國，諸侯彊弱相陵，小者滅亡，大者殘破，無國而不見殘滅也。言王之用兵不得其所，適所以益長寇虐也。○傳「黎，齊」。○正義曰：黎，衆也。衆民皆然，是齊一之義。○箋「黎不齊」至「兵廣」。○正義曰：箋以黎爲不齊，但義勢當然，言無有不齊被兵寇加者耳。燼是燋爛既然之餘，以比兵寇災害民之餘，故云災餘曰燼。言其時之民得存性命者，皆死亡之餘，天下之民齊皆如此，言其害之所及者廣也。○傳「步，行。頻，急」。○正義曰：步者，人舉足，故爲行也。事有頻頻而爲者，皆急速，故爲急也。○箋「頻猶」至「比比然」。○正義曰：頻頻正是次比之義，故云猶

比。上言喪亡之道，滋益久長，此斯頻剮成上文，故爲行此禍害比比然。○傳「疑，定」。○正義曰：疑音凝。凝者，安靖之義，故爲定也。

國步滅資，天不我將。靡所止疑，云徂何往。疑，定也。箋云：蔑猶輕也。將猶養也。徂，行也。國家爲政，行此輕蔑民之資用，是天不養我也。我從兵役，無有止息時，今復云行當何之往也。○蔑音滅。疑，魚陟反。復，扶又反，下「不復考愼」同。

君子實維，秉心無競。誰生厲階，至今爲梗。競，彊。厲，惡。梗，病也。箋云：君子謂諸侯及卿大夫也。其執心不彊於善，而好以力爭，誰始生此禍者，乃至今日相梗不止。○梗，古杏反。好，呼報反。爭，爭鬬之爭，下同。

疏○傳「梗，病」。○正義曰：言其誰生厲階，明是病於此惡，故以梗爲病。箋云「相梗不止」，亦謂爲病不已耳。

憂心慇慇，念我土宇。我生不辰，逢天僤怒。自西徂東，靡所定處。宇，居。僤，厚也。箋云：辰，時也。此士卒從軍久勞苦自傷之言。○慇，於巾反，樊光於謹反，爾雅云：「憂也。」僤，都但反，本亦作亶，同。卒，尊忽反。

多我覯痻，孔棘我圉。圉，垂也。箋云：痻，病也。圉當作禦。多矣，我之遇困病。甚急矣，我之禦寇之事。○痻，武巾反，一音昏，注同。圉，魚呂反。

疏「憂心」至「我圉」。○毛以爲，上言不知所往，此言在役而憂。我既不得還歸，故皆懷憂，其心慇慇然顧念我之鄉土居宅也。既不得歸，故自傷我之生也，不得時節，正逢天之厚怒，使我從西而往於東，無所安定而居處，是逢天怒時，故遭此勞役也。又自歎傷：多矣，我之所遇之病，言遇貧困之病多也；甚急矣，我之在於邊垂，言已守邊之勞甚也。○鄭唯圉爲禦寇爲異，餘同。○傳「宇，居。僤，厚」。○正義曰：屋宇所以居人，故宇爲居。僤、亶音相近，義亦同。釋詁云：「亶，厚也。」某氏曰：「詩云：『俾爾亶厚。』」是僤、亶同也。○箋「此士」至「之言」。○正義曰：既是士卒自傷，則念土宇者，自念已之鄉土居宅也。王肅云「乃念天下居土之不安」，其意以爲詩人廣念天下。傳既無說，箋意不然。○傳「圉，垂」。○正義曰：釋詁文。舍人曰：「圉，拒邊垂也。」孫炎曰：「圉，國之四垂也。」此是行役所傷，自傷在邊垂也。○箋「痻病」至「之事」。○正義曰：痻字從病而以昏爲聲，是昏忽之病。箋讀圉爲禦者，若守邊垂，不得爲無所定處，且云我垂，於文不足，故以爲禦寇之事。

爲謀爲毖，亂況斯削。毖，愼也。箋云：女爲軍旅之謀，爲重愼兵事也，而亂滋甚，於此日見侵削，言其所任非賢。○毖音祕。削，相畧反。

告爾憂恤，誨爾序爵。誰能執熱，逝不以濯。濯所以救熱也，禮亦所以救亂也。箋云：恤亦憂也。逝猶去也。我語女以憂天下之憂，教女以次序賢能之爵，其爲之當如手持熱物之用濯，謂治國之道當用賢者。○濯，直角反。語，魚據反。

其何能淑，載胥及溺。箋云：淑，善。胥，相。及，與也。女若云此於政事何能善乎？則女君臣皆相與陷溺於禍難。○難，乃旦反，下「患難」同。

疏「爲謀」至「及溺」。○正義曰：此以王無賢輔，欲教之用賢。言觀汝王爲軍旅之謀，爲重愼兵事，雖心欲重愼，而謀慮不長，更使亂亡滋甚，於此日見侵削，皆由所任非賢，行之失理故也。故今告汝以憂天下之憂，誨汝次序賢能之爵，但能用賢人，則無憂可矣。所以然者，誰能執火熱之物而去之不以水濯手者乎？言以水濯手則可以止熱，以興誰能處危亂之國而治之不用賢人行禮者乎？以禮任賢，則可以止亂。汝若謂我此言，其於政事何能善乎？則汝君臣皆相與陷溺於禍難矣。以其拒諫無謀，故當至於滅亡。○傳「毖，愼」。○正義曰：釋詁文。○箋「女爲」至「非賢」。○正義曰：以承上軍旅之事，故知謀爲軍旅之謀，愼爲重愼兵事也。厲王謀則失機，師出多敗，爲人所陵，故爲亂滋甚，日見侵削，言其所任非賢也。○傳「濯所」至「救亂」。○正義曰：襄三十一年左傳引此詩，乃云禮之

於政如熱之有濯也濯以救熱何患之有是以濯救熱喻以禮救亂也必賢人乃能行禮故箋云治國之道當用賢以申足傳意也。箋女若至禍難。正義曰王肅以爲如今之政其何能善但君臣相與陷溺而已如此理亦可通箋不然者以此文承上告教之言宜爲不受之勢故以爲假設拒已之辭示之不可之狀以相者非一人之言故以爲君臣俱陷於禍難

如彼遡風亦孔之僾民有肅心荓云不逮好是稼穡力民代食遡鄉僾唈荓使也力民代食代無功者食天祿也箋云肅進逮及也今王之爲政見之使人唈然如鄉疾風不能息也王爲政民有進於善道之心當任用之反却退之使不及門但好任用是居家吝嗇於聚斂作力之人令代賢者處位食祿明王之法能治人者食於人不能治人者食於人禮記曰與其有聚斂之臣寧有盜臣聚斂之臣害民盜臣害財。遡音素僾音愛荓字又作迸音普耕反徐補耕反本或作拼同逮音代一音大計反好呼報反注但好同家王申毛音駕謂耕稼也鄭作家謂居家也下句家穡惟寶同穡本亦作嗇音色王申毛謂收穡也鄭云吝嗇也尋鄭家嗇二字本皆無禾者下稼穡卒痒始從禾鄉本又作嚮同許亮反下同唈烏合反令力呈反食

不能治人者食於人音嗣

稼穡維寶代食維好箋云此言王不尚賢但貴吝嗇之人與愛代食者而已

〔疏〕如彼至維好。毛以爲王不任賢政教暴虐此傷而戒之言王之爲政使人見之如彼嚮於疾風之時亦甚可爲之唈然使人傷氣而不能息言王政之虐逆於人心之甚也此由王不任賢故又陳而戒之民有進於善道之心王當任用反却退之使去不得及門而維任小人甚可傷也又發王當任用人之法當愛好是知稼穡艱難之人有功於民者使之代無功者食天祿如此則王政善矣民心樂之所以然者此知稼穡之事者維爲國之寶也使能者代不能者食祿維使政之好也王何不擇任之乎。鄭唯下四句爲與王既退賢者使不及門但好任是居家吝嗇及聚斂作力之人令代賢者處位食祿又言王愛小人之甚王見此居家吝嗇之人維以爲寶使此作力之人代賢者食祿維以爲好以此故使政亂而民憂。傳僾唈至天祿。正義曰僾唈釋言文孫炎曰心唈也郭璞曰嗚唈短氣也荓使釋詁文夏官司勳云治功曰力則力民謂善人有力功加於民者也故知力民代食謂使代無功者食天祿也祿是君之所授而謂之天者以上天不自治人立官以治之居官乃得食祿是祿亦天之所與故謂之天祿矣力民代食傳既如此則好是稼穡亦異於鄭當謂好是知稼穡艱難之人也論語曰禹稷躬稼而有天下無逸云先知稼穡之艱難乃逸是君上之美事故勸王好之也王肅云當好知稼穡之艱難有功力於民代無功者食天祿是也。箋肅進至害財。正義曰肅進逮及皆釋詁文唈者風唈人氣故云使人不能息息謂喘息論語云屏氣似不息者是也民有肅心是民之善者責王不能用善故知荓云不逮者是使之不得及門也以仕進者得入君門故謂不居位者爲不得及門論語云從我於陳蔡皆不及門者是其事也鄭以文勢荓云不逮是退賢則好是家嗇爲進惡故以家嗇爲居家吝嗇箋不言稼當爲家則所授之本先作家字也孔子曰如有周公之才之美使驕且吝其餘不足觀也已居家吝嗇爲人之惡行不宜好之也聚斂作力之人而用心作力也直言力民不言作力之事而知於聚斂之事作力者論語曰季氏富於周公而求也爲之聚斂而附益之非吾徒也小子鳴鼓而攻之可也是孔子大疾聚斂之臣也禮記云與其有聚斂之臣寧有盜臣是聚斂之臣之惡行者也以厲王貪而重賦斂故知所愛力民其爲已作力於民爲君作力於人唯聚斂耳故知力民代食是使聚斂作力之人代賢者食祿也明王之法能治人者食於人謂居官受祿取食於人也不能治人者出於人謂出其賦稅養食賢

人也此文孟子有其事言此者解惡人不宜代賢人食祿之意也所引禮記者大學文也盜者避忌主人有時而竊聚斂則恃公作威徵責不已故與其有聚斂之臣寧有盜臣何者聚斂之臣則害民盜臣則止害財財輕於民斂甚於盜然則聚斂之臣王政之大害而樂記云君子聽竽笙簫管之聲則思畜聚之臣復思得之者彼謂在官主掌畜積受納輸稅若載師倉人之類非冉求之輩橫斂下民且樂記云畜聚不言聚斂與此異也。箋此言至而已。正義曰重舉此文明是責王之貪好之也傳於上文既異於鄭則此亦不同矣王肅云能知稼穡之事唯國寶也使能者代不能者食祿則政唯好傳意當然

天降喪亂滅我立王降此蟊賊稼穡卒痒箋云滅盡也蟊食苗根曰蟊食節曰賊耕種曰稼收斂曰穡卒盡痒病也天下喪亂國家之災以窮盡我王所恃而立者謂蟊孽爲害五穀盡病。蟊莫侯反說文作𧕒痒音羊孽魚列反說文作蠥云衣服謌謠草木之怪謂之妖禽獸蟲蝗之怪謂之蠥

哀恫中國具贅卒荒靡有旅力以念穹蒼贅屬荒虛也穹蒼蒼天箋云恫痛也哀痛乎中國之人皆見係屬於兵役家家空虛朝廷曾無有同力諫諍念天所爲下

此災。○同音通，本又作恫。贅，之芮反，又拙稅反。穹，起弓反。朝，○直遙反，下皆同。與音餘，下「所行者惡與」同。【疏】天降至穹蒼○正義曰：言天以王貪酷之政，故下此死喪亂國之災，以滅盡我所恃立以爲王者之物，謂災害五穀也。又說災害之事，降此蟊賊殘食苗稼之蟲，食民所斂種之稼穡，莫不盡被病害，是滅我立王也。既天災如此，以致兵亂，可哀痛哉！今中國之人俱見繫屬於兵役，家家盡皆空虛，是深可哀矣。何謂汝之朝廷羣臣無有欲衆力一心共諫爭王，以念止此穹蒼止天所下之災者乎？○箋滅盡至盡病○正義曰：滅、盡，釋詁文。食根曰蟊，食節曰賊，釋蟲文。卒、盡，痒、病，亦釋詁文。以此經文勢相接，於滅我立王之下即言蟊災病穀，則知滅我立王者是滅穀也，故箋辨之。窮盡我王所恃而立者，正謂蟊災爲害，五穀盡病。以言盡，故知摠五穀也。○傳贅屬至蒼天○正義曰：贅猶綴也，謂繫綴而屬之。長發云「爲下國綴旒」，襄十六年公羊傳曰「君若綴旒然」，是贅、綴同也。孟子曰「太王屬其耆老」，書傳云「贅其耆老」，是贅爲屬。漢書謂男子在婦家爲贅壻，亦此義也。穹蒼，蒼天，釋天云：李巡曰：「古時人質，仰視天形穹隆而高，色蒼蒼然，故曰穹蒼。」是也。○箋恫痛至此災○正義曰：恫，痛，釋言文。以贅是繫屬，故民所繫屬唯兵耳，故知繫於兵役，家家盡空虛矣。言悉從行也。旅訓衆也，故知靡

有旅力，責朝廷曾無衆同力諫爭，念天所爲下此災也。衆力則非一人所能，故摠之而云靡有者，責其無有發此心者。○

維此惠君，民人所瞻。秉心宣猶，考慎其相。相，質也。箋云：惠，順。宣，徧。猶，謀。慎，戒。相，助也。維至德順民之君，爲百姓所瞻仰者，乃執正心，舉事徧謀於衆，又考誠其輔相之行，然後用之。言擇賢之審。○相，毛如字，鄭息亮反。徧音遍，下同。行，下孟反，下「荼毒之行」、「悖逆之行」、「民之行」皆同。

維彼不順，自獨俾臧。自有肺腸，俾民卒狂。箋云：臧，善也。彼不施順道之君，自多足，獨謂賢，言其所任之臣皆善人也，不復考慎。自有肺腸，行其心中之所欲，乃使民盡迷惑也。彼是又不宜猶。○肺，本又作勝，芳廢反。【疏】維此至卒狂○毛以爲上責王不任賢，此言不能任意。維此至德順民之君，爲百姓民人之所瞻仰者，乃執正其心，偏謀於衆，又稽考誠信，用其賢明之有美質者以爲臣。維彼不施順道於民之君，自獨用己心，謂己所任使之臣皆爲善人，不復詳考善惡，更施順道於民之君，自獨用己心，謂己所任使之臣皆爲善人，不復詳考善惡，更求賢人，自以己有肺腸，行心所欲，不謀於衆人，任用惡人，乃使下民化之，盡皆迷惑如狂人，是不謀於衆，無可瞻仰也。○鄭唯考誠其輔相之行爲異，餘同。○傳相質○正義曰：傳訓相如「金玉其相」，故以爲質，謂大賢之人有美質者。其考慎之義，亦當與箋同。○箋惠順至之審○正義曰：惠，順，宣，徧，釋言文。慎，誠，釋詁文。以相爲相導之相，故爲助也。秉訓爲執，猶訓爲謀。君之用臣，必謀之朝廷，故云執正心，舉事必謀於衆。假使衆雖同舉，或言非誠信，又當考察誠信其輔相之行，知其實善，然後用之。言其擇賢之審，謂順民之君能如此也。○箋臧善至宣猶○正義曰：臧，善，釋詁文。此經之順，猶上惠也。上言惠君，知此不順者，不施順道之君也。獨者，自以己身獨有才智，謂衆人之所不及，故云自多足，謂賢者。言此人自多其事，以己爲足，無所假人，獨自謂己賢，若皇父孔聖是也。身實不賢，專己自任，則迷於是非，不知善惡，所使實非善人，信其諂諛之語，即言所任使之人皆爲善人，不如惠君考慎也。肺腸，五藏之物，言之以表其心，故云自有肺腸，行其心之所欲。但所欲不得於道，以之行化，使之迷惑如狂，是又不如惠君宣猶之也。言又者，對不考慎爲文也。上先宜猶而後考慎，此反上文而倒者，以此二者經文大小不類，上云民人所瞻，此當有民人不瞻之意；此云俾民卒狂，上應有使民得理之意。文既不同，故互相先後。臣實不善而謂之爲善，是不考慎；自行所欲，不謀於衆，是不宜猶。故箋隨文所反而引以譬之，故與上文倒也。

瞻彼中林，甡甡其鹿。朋友已譖，不胥以穀。甡甡，衆多也。箋云：譖，不信也。胥，相也。以，猶與也。穀，善也。視彼林中，其鹿相輩耦行，甡甡然衆多。今朝廷羣臣皆相欺，皆不相與以善道，言其鹿之不如。○甡，所巾反，聲類云聚貌。譖，子念反，本亦作僭。相輩，一本作相配。背音佩，卒章同。

人亦有言，進退維谷。谷，窮也。箋云：前無明君，却迫罪役，故窮也。○罪役，一本作罷役，罷音皮。【疏】瞻彼至維谷○正義曰：此責臣不相信，令百姓困窮。言視彼中林之處，乃見甡甡然衆多者，是其羣鹿。鹿乃走獸，猶以其類相善，輩偶而行，以驗朝廷羣臣，亦當以善相與共處官位。何爲今汝羣臣朋友皆以此僭差，情不相信，不肯相告以善道者，是乃鹿之不如也。既政惡如此，上下有害，古之賢人亦有言曰：無道之世，其民前無明君，却迫罪役，其進與退，維皆困窮。此即今時是也。○傳甡甡衆多○正義曰：甡即詵字，詵詵，羣聚之貌，故爲衆多也。○箋譖不至不如○正義曰：讒僭是爲妄之言，故爲不信也。胥，相，釋詁文。以猶與者，解以穀之義也。穀，善，亦釋詁文。事有相對，勢有相反，言朋友不信，不相與善道，則鹿之甡甡者爲相親善矣，故言鹿相輩類偶匹，爲相親善之意。羣臣皆相欺背，

不相與善，是則不能甡甡，故言鹿之不如。○傳「谷，窮」。○正義曰：谷謂山谷，墜谷是窮困之義，故云「谷，窮」。○箋「前無至故窮」。○正義曰：人君是施政之本，民心所向，故以爲前；罪役是旣施之後，民心所畏，故以爲却。以此故進退有窮也。王肅云：進不遇明君，退不遇良臣，維以窮。箋不然者，以臣之佐君，共成其惡，不宜分之爲二，故以施政本末爲進退。**維此聖人，瞻言百里；維彼愚人，覆狂以喜。**瞻言百里，遠慮也。箋云：聖人所視而言者百里，言見事遠而王不用。有愚闇之人，爲王言其事淺且近耳，王反迷惑信用之而喜。○覆，芳服反，下及注除「覆蔭」字皆同。狂，王居況反，鄭求方反。爲，于僞反。**匪言不能，胡斯畏忌。**箋云：胡之言何也。賢者見此事之是非，非不能分別皁白言之於王也，然不言之何也？此畏懼犯顏得罪罰。○別，彼列反。皁，在早反。〔疏〕「維此」至「畏忌」。○正義曰：此又言王親愚遠聖而賢者不敢言之。維此聖而通知之人，其所觀視而言者，乃遠知於百里之事，而王不寵用之。維彼愚而蔽闇之人，其所觀視而言者，乃遠不過知於分寸之理，今王反迷惑以歡喜用之。賢者見王如是，實能辯其善惡，非是言之不能，其實能辯言之而不肯言之者，何乎？此乃畏懼犯顏得罪，故不敢言之。刺王寵愛愚人，虐而拒諫。**維此良人，弗求弗迪；維彼忍心，是顧是復。**迪，進也。箋云：良，善也。國有善人，王不求索，不進用之；有忍爲惡之心者，王反顧念而重復之。言其忽賢者而愛小人。○迪，徐徒歷反。索，音色。〔疏〕傳「迪，進」。○正義曰：釋詁文。○箋「國有」至「小人」。○正義曰：王不求索者，謂不肯求訪搜索而覓之，假得又不肯進用之，故分爲二也。顧念，謂初即見顧眷而念愛之，既用爲官，又復重而昇進之，故亦分爲二。維顧小人，不求進賢者，言其忽賢者而愛小人。**民之貪亂，寧爲荼毒。**箋云：貪猶欲也。天下之民苦王之政，欲其亂亡，故安爲苦毒之行，相侵暴慍恚使之然。○荼，音徒。慍，紆運反。〔疏〕箋「貪猶」至「之然」。○正義曰：貪欲皆是意之所思，故云「貪猶欲」也。民性本好安寧，今所以貪欲亂亡者，以疾苦王者之政，欲使天下之亂，得喪滅此王也。荼，苦葉；毒者，螫蟲。荼毒皆惡物，故此惡行。天下之民苦王之政，民欲其亂亡，故安然而爲此惡行，以相侵暴，謂强陵弱，衆暴寡也。此非民之本性，乃由慍恚王者使之然也。**大風有隧，有空大谷。**隧，道也。箋云：西風謂之大風。大風之行，有所從而來，必從大空谷之中。喻賢愚之所行，各由其性。○大，毛

如字，鄭音泰。隧，音遂。**維此良人，作爲式穀；維彼不順，征以中垢。**中垢，言闇冥也。箋云：作，起；式，用；征，行也。賢者在朝，則用其善道；不順之人，則行闇冥。受性於天，不可變也。○垢，古口反。〔疏〕「大風」至「中垢」。○正義曰：上言王用惡人，此又云惡有本性不可變改。言大風所從之來，自有其道，乃從彼有空大谷而來也。以喻賢愚所爲之行，亦自有其本，乃由彼有稟天性而然。由善惡自有本性，所行各依其本。維此善德順道之人，其所起爲之事，皆用其善道，行昭明之德；維彼反道不順之人，其所行作之事，皆不以其善，用闇冥之行。是各受天性，不可改移。刺王用此不移之惡，使行政亂民。○傳「隧，道」。○正義曰：隧者，道之別名。襄二十五年左傳曰「當陳隧者，井堙木刊」，謂當陳道道也。○箋「西風」至「其性」。○正義曰：「西風謂之大風」，釋天文。彼大作泰。孫炎曰：西風成物，物豐泰也。以下文說良人與不順之人性行，故知喻賢愚各由其性。○傳「中垢，言暗冥」。○正義曰：垢者，土處中而有垢土，故以中垢言暗冥也。**大風有隧，貪人敗類。聽言則對，誦言如醉。**類，善也。箋云：類，等夷也。對，荅也。貪惡之人，見道聽之言則應荅之，見誦詩書之言則冥臥如醉。居上位而行此，人或效之。○敗，伯邁反，注同。應，應對之應。**匪用其良，覆俾我悖。**覆，反也。箋云：居上位而不用善，反使我爲悖逆之行，是形其敗類之驗。○悖，蒲對反。〔疏〕「大風」至「我悖」。○毛以爲大風之來也有道，以喻貪人之所爲也有性。貪人有此惡行，敗於善道。又言其敗善之事，見彼道聽之言則應荅之，見誦詩書之言則眠臥如醉。居上而爲此行，令使下民效之，非能聽用其言，反使我下民效之，爲悖逆之行，是以惡行敗善也。○鄭唯類爲等夷爲異，餘同。○傳「類，善也」。○正義曰：釋詁文。○箋「類等」至「傚之」。○正義曰：箋以貪者惡行自然，反善不宜言敗善也。類者，比類，故爲等夷，謂尊卑齊平朝廷之人。禮記注引四皓曰「陛下之等夷」，亦謂尊卑等也。聽言與誦言相對，誦言是誦習詩書之言，則聽言非典法之言，故以爲道聽之言，即論語所謂「道聽塗說」者也。貪人之識，不能鑒遠，聞淺近之言，合其志意，則應荅之；見誦詩書之言，非心所解，則眠臥如醉。樂記魏文侯自言「端冕而聽古樂，唯恐臥」，史記稱商鞅說秦孝公以帝道，孝公睡而弗應，皆是心所不悟，如醉然也。民之所爲，皆效君上，故云「居上位而行此，人或效之」。言或者，容其不必盡然。○箋「居上」至「之驗」。○正義曰：居上位而不用善，即上「誦言如醉」是也。由其不能用善，並皆用惡，此惡行以教下民，令民效之，是使我爲悖逆

之行詩人善。此事者是以形見其敗類之驗也敗類者謂敗其朝廷等類此使民爲惡行則非其等類而以此爲敗類驗者以善人與惡人爲類善人欲教人爲善今惡人教人爲惡是善者敗也故爲敗驗**嗟爾朋友予豈不知而作如彼飛蟲時亦弋獲**箋云嗟爾朋友者親而切瑳之也而猶女也我豈不知女所行者惡與直知之女所行如是猶鳥飛行自恣東西南北時亦爲弋射者所得言放縱久無所拘制則將遇伺女之間者得誅女也。間如字又音閑**既之陰女反予來赫**赫炙也箋云之往也口距人謂之赫我恐女見弋獲既往覆陰女謂啟告之以患難也女反赫我出言悖怒不受忠告。陰鄭音蔭覆蔭也王如字謂陰知之赫毛許白反炙也與王赫斯怒同義本亦作嚇鄭許稼反莊子云以梁國嚇我是也難乃旦反〔疏〕嗟爾至來赫。正義曰上既言貪人敗善故又責此貪人嗟乎汝朋友謂朝廷臣等我豈不知汝之所行者爲惡與言已知其惡也爲惡不已如彼飛蟲之蟲恃其羽翮之力自恣東西南北有時亦爲弋者所獲言貪人恃此詐僞之智自恣侵害良善有時亦將爲所誅恐汝見誅之故既以善言往覆蔭汝謂告之患難使之改行汝何爲反於我來嚇

然而拒我也言其不受忠告必將誅滅。箋嗟爾至誅女。正義曰此言朋友還是上之貪人貪人非詩人所親而謂之朋友者意欲親而切瑳之故以朋友言之經言飛蟲箋言飛鳥者爲弋所獲明是飛鳥蟲是鳥之大名故羽蟲三百六十鳳皇爲之長是鳥之稱蟲者也放縱久無所拘制謂侵害善人作惡不已則將有人伺汝之間暇誅汝謂知其間隙發揚其罪告王使誅之也。傳赫炙。正義曰來赫者言其拒已之意故轉爲嚇與王赫斯怒義同是張口瞋怒之貌故箋以爲口拒人謂之嚇定本集注毛傳云赫炙也王肅云我陰知汝行矣乃反來嚇炙我欲有以退止我言者也傳意或然俗本誤也**民之罔極職涼善背**涼薄也箋云職主諒信也民之行失其中者主由爲政者信用小人工相欺違。涼毛音良鄭音亮下同**爲民不利如云不克**箋云克勝也爲政者害民如恐不得其勝言至酷也。酷口毒反**民之回遹職競用力**箋云競逐也言民之行維邪者主由爲政者逐用彊力相尚故也言民愁困用生多端。邪似嗟反〔疏〕民之至用力。毛以爲上既爲不善政使民俗亦敗言下民之爲此無中和之行主爲偷薄之俗唯善於相欺背之事是由上行惡政故使之然在上行政爲民所不利者如云恐畏不勝其人者然言其盡力爲酷唯恐不勝也上以虐政臨下下則姦巧避責令下民之行皆邪僻矣主爲競逐用力言民皆以力相陵由上化然也。鄭以爲民之無中正者主由在上信用小人之工善於相欺背者下二句言民之所以邪僻主由爲政競逐用力唯以強力相尚務勝其民故下民愁苦皆爲邪僻也餘同。傳涼薄。正義曰涼者薄之別名莊三十二年左傳曰虢多涼德謂虢君薄德是涼爲薄也王肅云民之無中和主爲薄俗善相欺背傳意當然此傳以涼爲薄職謂民所主爲則下云職競職盜皆是民之所主不得與鄭同。箋職主至欺違。正義曰職主諒信皆釋詁文箋以民之爲惡由政不善則所言職者皆主由君政不宜爲民意所主故易傳以諒爲信由爲政者信用小人之工相欺違者以此故下民皆無中正學相欺違也善其事曰工故以工解善。箋競逐至多端。正義曰釋言云競逐強也俱訓爲強故競得爲逐逐用強力相尚者謂有強力能威服下民者則尊尚之以此相尚則在位者皆競爲強故下民愁困用此之故各生多端多端即邪僻是也。毛以職競用力爲民所主爲則是民主相與競用力爲邪僻也故王肅云今民之爲邪僻乃主相與競用力爲之是也**民之未戾職盜爲寇**戾定也箋云爲政者主作盜賊爲寇害令民心動搖不安定也。令力呈反**涼曰不可覆背善詈**箋云善猶大也我諫止之以信言女所行者不可反背我而大詈言距已諫之甚。詈力智反**雖曰匪予既作爾歌**箋云予我也女雖觝距已言此政非我所爲我已作女所行之歌女當受之而改悔。觝距都禮反距或作拒〔疏〕民之至爾歌。毛以爲由上非理化民故下民之心未能安定矣今民心皆主作盜賊相爲寇害是未得安定矣以民之不定故我以信言諫王曰汝所行者於理不可望王受而用之反背我而大罵詈拒已作此惡事云非已所爲汝雖言曰此惡政非我所爲我知汝實爲之已作汝所爲之歌歌汝之過汝當受而改之。鄭唯上一句爲異餘同。傳戾定。正義曰釋詁云戾定止也俱訓爲止是戾得爲定。毛以職盜爲寇爲民所主行則是民自作盜賊相寇害也

桑柔十六章八章章八句八章章六句

雲漢仍叔美宣王也宣王承厲王之烈內有撥

亂之志遇烖而懼側身脩行欲銷去之天下喜於王化復行百姓見憂故作是詩也仍叔周大夫也春秋魯桓公五年夏天王使仍叔之子來聘烈餘也。雲漢天河也自此至常武六篇宣王之變大雅仍而升反撥半末反行下孟反銷音蕭去起呂反復扶又反下注復重并篇末注同見憂並如字徐憂於救反【疏】雲漢八章章十句至是詩。正義曰雲漢詩者周大夫仍叔所作以美宣王也以宣王承其父厲王衰亂之餘政內有治亂之志遇此旱災而益憂懼側身以脩德行欲以善政而銷去之天下之民見其如此喜於王者之化復得施行百姓見王所憂矜故仍叔述民之情作是雲漢之詩以美之也必本之於厲王之烈者爲撥亂張本明宣王悼父之非自力爲善已有撥亂之心志遇災而益憂懼見其憂民之情深也撥亂者以前有衰亂欲治理之哀十四年公羊傳曰撥亂世反諸正莫近於春秋何休云撥猶治也其意言春秋撥亂而作欲治此亂世使反諸正道是撥亂爲治亂也遇災謂旱災卽經旱既太甚是也側者不正之言謂反側也憂不自安故處身反側欲行善政以消去此災也喜於王化復行者厲王之亂王化不行宣王施布王

化故喜其復行經稱憂其旱災爲之祈禱卽是王化行也王之憂旱正爲百姓是天下百姓見彼憂矜非百官也宣王遭旱早晚及旱年多少經傳無文皇甫謐以爲宣王元年不藉千畝虢文公諫而不聽天下大旱二年不雨至六年乃雨以爲二年始旱旱積五年謐之此言無所憑據不可依信經八章皆言王之憂旱百姓喜之之事。箋仍叔至烈餘。正義曰仍氏叔字春秋之例天子公卿稱爵大夫則稱字此言仍叔故知大夫也桓五年夏天王使仍叔之子來聘則春秋經也引之者證此仍叔是天子大夫也以史記考之桓之五年上距宣王之崩七十六年至其初則百餘年也未審此詩何時而作爲別人可也何則春秋之世晉之知氏世稱伯趙氏世稱孟仍氏或亦世稱字叔爲別人可也烈餘釋詁文

倬彼雲漢昭回于天回轉也箋云雲漢謂天河也昭光也倬然天河水氣也精光轉運於天時旱渴雨故宣王夜仰視天河望其候焉。倬陟角反王云著也說文云著大也渴苦蓋反負也本又作渴苦葛反篇末同

王曰於乎何辜今之人天降喪亂饑饉薦臻薦重。臻至也箋云辜罪也王憂旱而嗟歎云何罪與今時天下之人天仍下旱災亡亂之道饑饉之害復重至也。饑音

飢又音機饉其靳反薦在見反臻側巾反重直用反下同與音餘下所因與精誠與殺我與同靡神不舉

靡愛斯牲圭璧既卒寧莫我聽箋云靡莫皆無也言王爲旱之故求於羣神無不祭也無所愛於三牲禮神之圭璧又已盡矣曾無聽聆我之精誠而興雲雨。聽依義吐定反協句吐丁反爲于僞反下爲旱同聆音零【疏】倬彼至我聽。正義曰於時旱災已甚王憂念下民夜仰視天瞻望雨矣見倬然而明大者彼天之雲漢其水氣精光轉運於天未有雨徵王乃言曰於乎可嗟歎我何罪乎我今時之人何罪而爲天所罰乃使上天下此喪亂之災使饑饉之害頻頻重至也何罪故以訴之又言已爲旱之故祈禱明神無有神不求而舉祭之者言其徧祭羣神又無愛於此三牲言其不恡牲物又禮神圭璧既已盡矣言已牲玉不愛精誠又甚何爲諸神曾無於我而見聽聆欲加祐助者而使其旱災若此也。箋雲漢至候焉。正義曰此雲漢與大東天漢爲一故云天河也昭光釋詁文河圖括地象云河精上爲天漢是天河水光之精氣也望其候者謂望天之星辰及風雲之氣冀見雨之徵候也惟言望雲漢者以天河水氣與雨爲類覩天之水氣傷地之無雨宜王意在天河故作者特言焉。傳薦重臻至

。正義曰釋言云荐再也僖十三年左傳曰晉荐饑釋天云仍飢爲荐此薦與荐字異義同故爲重也臻至釋詁文。箋辜罪至重至。正義曰辜罪釋詁文天仍下旱災亂亡之道正謂旱是亂亡之道理也定本集注仍字皆作乃字宣王遭旱非止一年故皇甫謐以爲旱積五年五年之言未知信否要言飢饉薦臻必是連年不熟故云飢饉之害復重至也。箋言王至雲雨。正義曰求於羣神無所不祭卽下經所陳上天下地從郊至宮之類也大司徒以荒政十有二聚萬民其有一曰索鬼神注云荒凶年也鄭司農云索鬼神者求廢祀而脩之雲漢之詩所謂靡神不舉靡愛斯牲是也下傳亦云國有凶荒則索鬼神而祭之是遭遇天災必當廣祭羣神神皆用牲祭之故言靡愛斯牲徧祈羣神所祭者廣天地五帝當用特牲其餘諸神或用太牢或用少牢三牲皆用故言無所愛於三牲也祭神又用玉器春官大宗伯以玉作六器以禮天地四方以蒼璧禮天以黃琮禮地以青圭禮東方以赤璋禮南方以白琥禮西方以玄璜禮北方典瑞云四圭有邸以祀天兩圭有邸以祀地祼圭有瓚以祀先王圭璧以祀日月星辰璋邸射以祀山川皆是祭神所用故云禮神之圭璧已盡矣禮神之圭器自有多名言圭璧爲其揔稱以三牲用不可盡故言無愛圭璧少而易竭故言既盡莊二十五年左

傳曰凡天灾有幣無牲而此云靡愛斯牲者設文之意各有所主彼因日食大水而發此言天之見異所以譴告人君只欲令改過脩善非爲求人飲食而降此灾異於時魯不罪已脩政謂天求飲食而用牲祭之望天不爲咎故傳據正禮諸侯當用幣於社以告請上公伐鼓於朝退以自責不宜用牲於社與之飲食故云有幣無牲謂救止天灾告社之法不當用牲也至於水旱荐至禱祀羣神以祈福祥過止灾沴者則不得不用牲也何則司徒荒政索鬼神謂祭祀之也若不以牲祭索之何也祭法曰瘞少牢於泰昭祭時也禳祈於坎壇祭寒暑也王宮祭日也夜明祭月也幽禜祭星也雩禜祭水旱也注云凡此以下皆祭用少牢寒暑不時或禳之或祈之是說祈禱之祭用牲也又春官太祝掌六祈以同鬼神示類造禬禜攻說注云造類禬禜皆有牲攻說用幣而已是天灾祈禱有用牲也歲或水旱皆是上天之爲假祭羣神未必能已聖王制此禮者何哉將以灾旱不熟必至於死人君爲之父母不可忍觀窮厄固當責躬罪已求天禱神罄忠誠之心爲百姓請命聖人緣人之情而作爲此禮非言祈禱必能止災也徒以民情可矜不得不爲之禱禱而無雨不得不訴於神耳

旱既大甚蘊隆蟲蟲蘊蘊而暑隆隆而雷蟲蟲而熱○箋云隆隆而雷非雨雷也雷聲尚殷殷然○大音泰徐他佐反下大甚並同蘊紆粉反本又作煴紆文反韓詩作鬱同蟲直忠反徐徒冬反爾雅作爞云熏也郭又徒冬反韓詩作烔音徒東反殷於謹反或如字然一本作雨雷之聲當殷殷然**不殄禋祀自郊徂宮上下奠瘞靡神不宗**上祭天下祭地奠其禮瘞其物宗尊也國有凶荒則索鬼神而祭之○箋云宮宗廟也爲旱故絜祀不絕從郊而至宗廟奠瘞天地之神無不齊肅而尊敬之言徧至也○奠徒薦反瘞於例反埋也索色白反齊側皆反本亦作齋徧音遍**后稷不克上帝不臨耗斁下土寧丁我躬**丁當也○箋云克當作刻刻識也斁敗也奠瘞羣臣而不得雨是我先祖后稷不識知我之所困與天不視我之精誠與猶以旱耗敗天下爲害曾使當我之身有此乎先后稷後上帝亦從宮之郊○耗呼報反韓詩云惡也斁丁故反說文字林皆作殬

[疏]旱既至我躬○毛以爲皆述宣王之辭言天雨不降旱勢已太甚矣其暑氣蘊蘊然雷聲隆隆然熱氣爞爞然酷熱如此無復雨意故我勤於請禱不絕其絜敬之祭既祀天於郊又從郊而往至宗廟之宮以次而祭未嘗絕已其祭之禮則上祭天下祭地而天則奠其禮地則瘞其物從此以至於百靈無神而不齊肅尊敬之者言皆尊敬之我精誠如此雨澤不降是先祖后稷不能福祐我也皇天上帝不能臨饗我也若稷能祐我天意臨我則應助我以福何故以此旱災耗敗天下王地之國曾使正當我身有此旱乎○鄭唯不克不臨爲異餘同○傳蘊蘊至而熱○正義曰蘊蘊暑氣附人之氣故云而暑溫字定本作蘊隆隆是雷聲不絕之狀故云而雷爞爞是熱氣蒸人之貌故云而熱以蘊隆貌狀宜重言故復言之也暑熱大同蘊平常之熱蟲蟲又甚熱故暑熱異其文釋訓云爞爞薰也郭璞曰旱熱薰炙人也○箋隆隆至殷殷然○正義曰以雷雨相將嫌旱不得有雷故辨之云非雨雷取殷其靁以證之明雷同而事別也○傳上祭至之○正義曰以郊爲祭天即此上也上既爲天下與之對故知是地也奠謂置之於地瘞謂埋之於土禮與物皆謂爲禮事神之物酒食牲玉之屬也天言奠其禮見燔其物地言瘞其物亦奠其禮也天地各舉其一互以相通國有凶荒則索鬼神而祭之即司徒荒政索鬼神是也言此者解靡神不宗之意○箋宮宗至徧至○正義曰以言祭事而云宮故知宮爲宗廟也祭郊祭廟不以同日爲之而云自郊徂宮爲相因之勢者明其不絕之意也靡神不宗與奠瘞別句則所宗者天地之外其餘百神而箋連其文云奠瘞天地之神無不齊肅而尊敬之以奠瘞即是尊敬之事明其餘羣臣亦奠瘞之無不者廣及之辭言其祭祀徧至也○傳丁當○正義曰釋詁文毛無破字之理必不與鄭同蓋以克爲能王肅云后稷不能福祐我邪上帝不能臨饗我邪天下耗敗當我身邪傳意或然則能與臨異文者以后稷是己之先祖心必助之但苦其不能耳天則非己之親故云不臨○箋克當至之郊○正義曰以上帝不臨者上帝不視下則后稷不克者當謂后稷不知已故轉克爲刻刻削所以記識故云刻識也洪範云彝倫攸斁斁是毀敗之義故爲敗也不知困苦不視精誠其意亦同正以困苦欲其知精誠欲其見故分屬之耳上云不絕禋祀郎云從郊往宮此先言后稷後言上帝與上郊至宮文倒明又見從宮至郊爲不絕之義也

旱既大甚則不可推兢兢業業如霆如雷周餘黎民靡有孑遺推去也兢兢恐也業業危也孑然遺失也○箋云黎眾也旱既不可移去天下困於飢饉皆心動意懼兢兢然業業然狀有如雷霆近發於上周之眾民多有死亡者矣今其餘無有孑遺者言又餓病也○推吐雷反注同兢本又作矜居陵反業如字郭五荅反霆音庭又音挺一音徒佞反孑居熱反去起呂反下同恐

上勇反下同**昊天上帝則不我遺胡不相畏先祖于摧**摧至也箋云摧當作嗺嗺嗟也天將遂旱餓殺我與先祖何不助我恐懼使天雨也先祖之神于嗟乎告困之辭○相毛如字鄭息亮反摧在雷反又子雷反鄭作嗺子雷反〔疏〕旱既至于摧○毛以爲宣王言旱熱已太甚矣不可令之移去矣天下困於飢饉心動意懼皆兢兢然而恐怖業業然而憂危其危恐也如有雷霆之鼓於天如有雷之發於上言其恐怖之甚也疑此故周之民多死亡矣其餘不死之衆民無有孑然得遺漏而不餓病者言死亡之餘又皆飢困也昊天上帝如此酷旱則不於我民使有遺留其意將欲盡殺我民也先祖之神見天如此何不助我畏此旱災使天雨也天若不雨民將餓死先祖之神於何所歸而至乎言民盡餓死則神無所歸欲令先祖助已憂也此胡不相畏責先祖不助已則先祖之文宜在胡不之上但下之與于摧共句耳○鄭唯以于摧爲嗟歎告困苦之辭爲異餘同○傳摧去至遺失○正義曰推是違離之辭故爲去也釋訓云兢兢戒也以恐怖而後戒懼故爲戒也業業危釋訓云孑然孤獨之貌言靡有孑遺謂無有孑然得遺漏定本及集注皆云孑然遺失也俗本有無字者誤也○箋黎衆至餓病○正義曰黎衆釋詁文以旱災殺人而言周餘衆民故知餘是死亡之餘既言有餘則是有民存矣而復言靡有孑遺無有孑遺乃是悉盡之言故知無有孑遺謂餓病也其意言死者已死在者又餓無有孑然不餓病者非謂盡死無孑然也○傳摧至○正義曰釋詁文孫毓云我今死亡先祖之神於何所至言將無所歸也今以孫爲毛說○箋摧當至之辭○正義曰箋以先祖于至於辭不安故轉摧爲嗺嗺者咨嗟告困之辭以上言死亡者已死遺餘者復病是天意遂欲餓殺我也解則不我遺之意相訓助也畏是懼也故言何爲不助我恐懼使天雨也責其不助已者責先祖也先言所責之意乃呼之既呼即吁嗟告困故先祖與于摧共句爲文勢然**旱既太甚則不可沮赫赫炎炎云我無所大命近止靡瞻靡顧**沮止也赫赫旱氣也炎炎熱氣也大命近止民近死亡也箋云旱既不可却止熱氣大盛人皆不堪言我無所庇廕處衆民之命近將死亡天曾無所視無所顧於此國中而哀閔之○沮在呂反炎于廉反本或作惔音同近附近之近芘音祕又必二反本亦作庇廕於鴆反本亦作蔭**羣公先正則不我助父母先祖胡寧忍予**先正百辟卿士也先祖文武爲民父母也箋云百辟卿士雩祀所及者今曾無肯助我憂旱先祖文武又何爲施忍於我不使天雨○辟音壁下同雩音于祭名〔疏〕旱既至忍予○正義曰宣王言旱勢既已太甚則不可止卻之矣故使旱之爲勢赫赫然氣盛炎炎然熏熱其時之人不能堪之皆云我欲避之無庇廕處所是旱熱之甚以此之故令多大衆民之命近將死亡言其去死不遠上天何曾無肯瞻察無肯顧念而哀閔之也既言怨天不顧念又復廣訴明神古者有德之羣公及先世之長官百辟卿士之等何曾不於我民助憂此旱令天降雨也其爲民之父母者先祖文王武王如此聖德應能動天何曾施忍於我不使天雨是欲不爲民之父母棄此民故訴之○傳沮止至死亡○正義曰沮者止壞謀慮之言故爲止也赫赫燥熱之狀故爲旱氣釋訓云炎炎薰也郭璞曰旱熱薰炙人是炎炎爲熱氣也命者人所稟受之度死則謂之命盡今言大命近止言期不遠將斷故爲民近死亡大者多衆之辭故箋以爲衆民之命○傳先正至父母○正義曰正者長也先世爲官之長又與羣公相配故知是百辟卿士也凡在民上皆欲爲民父母但他人稱之唯謂受命安民者也於民則爲父母於周則爲先祖故言先祖文武以其爲民父母故稱父母欲見先祖父母爲一故先解先祖必知先祖唯文武者以此詩所訴皆所祭之神周立七廟親廟四非受命立功不足徧訴上章已言后稷明此唯文武耳○箋百辟至天雨○正義曰解其訴先正不助之意由雩祀所及故也月令仲夏乃命百官雩祀百辟卿士有益於民者注云百辟卿士古之上公以下若勾龍后稷之類彼以經無羣公之文故鄭注百辟之文兼羣公矣此則羣公與先正別文故以先正爲卿士以下凡有采地皆稱曰君舉衆言之故謂之百辟鄭唯言百辟卿士雩祀所及不言羣公羣公亦是雩祀所及即月令注云上公是也但乘傳而說又據月令成文故不言羣公耳百辟卿士訴其不助我憂旱先祖文武言施忍於我不使天雨二文不同互以相足**旱既太甚滌滌山川旱魃爲虐如惔如焚我心憚暑憂心如熏**滌滌旱氣也山無木川無水魃旱神也惔燎之也憚勞熏灼也箋云憚猶畏也旱既害於山川矣其氣生魃而害益甚草木燋枯如見焚燎然王心又畏難此熱氣如灼爛於火言熱氣至極○滌徒歷反魃蒲末反惔音談說文云炎燎也徐音炎焚本又作燓同扶云反憚毛丁佐反韓詩云苦也鄭徒旦反熏本又作燻許云反燎力皎反又力照反燋子消反難乃旦反**羣**

公先正，則不我聞。昊天上帝，寧俾我遯。箋云：不我聞者，忽然不聽我之所言也。天曾將使我心遯遯懃愧於天下，以無德也。○遯本亦作遂，徒困反。【疏】「旱既至我遯」。○毛以爲宣王言旱勢已太甚矣，其旱氣乃滌滌然害及於山川，使山無木，川無水也。又熱氣積聚，生此旱魃之神，爲此虐害，旱更益甚也。令草木燋枯，如炎之惔燒，如火之焚燎然也。我王之心又勞於暑熱之氣，憂在於心，如爲火所熏灼於已。以旱熱之極，又告訴明神羣公先正，曾不於我有所聞察，而告知其精誠邪？而不使天雨。昊天上帝何曾使我心遯遯懃媿於天下也，以無德不能致雨，故王心所以懃媿。○鄭唯以憚暑爲畏懼此暑爲異，餘同。○傳「滌滌」至「熏灼」。○正義曰：此皆爲旱而言，故知滌滌是旱氣也。旱氣之害於山川者，故爲山無木、川無水，蓋以少而不茂，非全無也。魃字從鬼，連旱言之，故知旱神。神異經曰：「南方有人，長二三尺，袒身而目在頂上，走行如風，名曰魃。所見之國大旱，赤地千里。一名旱母。遇者得之，投溷中卽死，旱災消。」此言旱神，蓋是鬼魅之物，不必生於南方，可以爲人所執獲也。焚燎皆火燒之名，下有「如焚」，故以惔爲燎也。定本經中作「如惔如焚」。「憚，勞」，釋詁文。毛讀爲憚，丁佐反，故爲勞也。熏灼俱焚炙之義，故爲灼也。○箋「憚猶」至「至極」。○正義曰：箋以暑熱人之所畏，故讀爲憚，徒旦反。憚猶畏也。此與上章同言旱事，而先輕後重，使稍稍益甚，故至於此章言害及山川，又生魃鬼，爲加增於前，故箋言「而害益甚」。上言「而害益甚」，上言云「我無所直」，是民無所庇，此言王心畏憚，似見其甚於前也。以天子之尊，寒暑有備，尚云畏難，此言熱氣至極也。

旱既太甚，黽勉畏去。胡寧瘨我以旱？憯不知其故。箋云：瘨，病也。黽勉，急禱請也。欲使所尤畏者去，所尤畏者，魃也。天何曾病我以旱？曾不知爲政所失而致此害。○黽，彌忍反，又音湎。瘨，都田反，沈又都薦反。韓詩作疹，恥吝反，云：重也。憯，七感反，曾也。禱，丁老反，或都報反。

祈年孔夙，方社不莫。昊天上帝，則不我虞。敬恭明神，宜無悔怒。悔，恨也。箋云：虞，度也。我祈豐年甚早，祭四方與社又不晚，天曾不度知我心肅事明神如是，明神宜不恨怒於我，我何由當遭此旱也？○莫音暮，本亦作暮。明祀本或作明神。怒，協韻乃路反。度，待洛反，下同。【疏】箋「瘨病」至「此害」。○正義曰：以瘨字從病，類故爲病也。黽勉者，勉力事神，是急於禱請。承上章旱魃之下，故知所尤畏者魃也。水旱之災多由政失，故言曾不知爲政所失而致此害。○箋「我祈」至「不晚」。○正義曰：月令孟春祈穀于上帝，孟冬祈來年於天宗，是也。祭四方與社，卽以社以方，是也。

旱既太甚，散無友紀。鞫哉庶正，疚哉冢宰。趣馬師氏，膳夫左右。歲凶，年穀不登，則趣馬不秣，師氏弛其兵，馳道不除，祭事不縣，膳夫徹膳，左右布而不脩，大夫不食粱，士飲酒不樂。箋云：人君以羣臣爲友。散無其紀者，凶年祿餼不足，人無賞賜也。鞫，窮也。庶正，衆官之長也。疚，病也。窮哉、病哉者，念此諸臣勤於事而困於食，以此言勞倦也。○鞫，居六反。疚音救，本或作宄，又作究，同。趣，七口反，趣馬，官名。秣音末，穀馬也，說文作䬴。施，式氏反，本又作弛，同。縣音玄。餼，許氣反。長，丁丈反，下之長同。勞，力報反。

靡人不周，無不能止。周，救也。無不能止，言無止不能也。箋云：周當作賙。王以諸臣困於食，人人賙給之，權救其急，後日乏無，不能豫止。○賙音周。

瞻卬昊天，云如何里。箋云：里，憂也。王愁悶於不雨，但仰天曰：當如我之憂何？○卬音仰，本亦作仰，下同。里如字，憂也。本亦作瘇，爾雅作悝，竝同。王曰：瘇，病也。【疏】「旱既至何里」。○毛以爲上言訴不得雨，此言殺礼救厄。宣王言今旱既太甚矣，歲凶如此，汝羣

臣宜且離散，無復羣臣朋友之綱紀。王者班爵賜祿，所以綱紀羣臣，今祿餼不足，是無綱紀也。祿既不足，故設辭閔之。窮困哉汝衆官之長，飢病哉汝冢宰，及趣馬、師氏、膳夫、左右之官，所以令汝窮困哉。汝等諸臣無有一人而不賙救其百姓困急者，謂諸臣之中無有自言不能賙救而止不爲者，以此分貧恤寡之故，使汝等益困也。王見羣臣之困如此，乃瞻望而仰視昊天，訴之云：如之何使我如此憂也？欲令天知其憂，愁得釋。○鄭唯靡人不周，言我王於汝衆臣無人不且賙給之，以權救其急難，雖後日乏無，不能豫止而不賙給，言王竭其所有，欲與羣臣俱困，不自留以爲餘糧也。餘同。○傳「歲凶」至「不樂」。○正義曰：釋天云：「夏曰歲，周曰年。」孫炎曰：「四時一終曰歲，取歲星行一次也。年取穀一熟也。」然則歲之與年，異名而實同。歲凶，謂此歲凶也。年穀不登，登，成也，謂此年之穀不成熟也。此卽凶年之實，故言歲凶爲之目。於此時，則趣馬之官不以粟秣養其馬，師氏之官弛廢其兵而不用，所驅馳之大道不使人除治之，祭祀之事不懸其樂，膳夫之官減徹王之膳食，左右之官布列於位，不令有所脩造，大夫不得食穀米，士飲酒之時不得作樂。此當先有成文，故傳引之以明凶年之礼。雖經無其事，以類言之。其歲凶年穀不登，馳道不除，祭事不縣，大夫不食粱，士飲酒不樂，下曲礼有其事。其餘

不知所出也曲禮又有君膳衣祭肺馬不食穀與此徹膳不秣意同而文異耳左右君之左右摠謂諸臣不備者無所備作穀梁傳曰百官布而不制是也歲凶者摠辭而其凶有大小故穀梁傳又曰一穀不升謂之嗛二穀不升謂之饑三穀不升謂之饉四穀不升謂之康五穀不升謂之大侵皆是歲凶也趣馬主馬故言不秣師氏掌使其屬率四夷之隸各以其兵服守王之門外且蹕朝在野外則守列是掌其近王之兵故令弛其兵也大司徒荒政其十有二曰除盜賊注云除之者饑饉則盜賊多不可不除則當用兵此言弛之者弛謂舍力不役之耳其除盜賊之兵不得廢也故春秋僖二十一年旱左傳稱臧文仲慮無道之國因凶加兵勸僖公使脩城郭明凶年盜賊益須防之彼以春秋之世強弱相陵文仲度時而言勸脩城郭不是凶荒之年必須脩城也馳道不除者曲禮注云爲妨民取蔬食故也穀梁傳大侵之禮亦云道不除四穀不升以上道或仍除之地官均人注云人食二釜之歲猶云旬用一日是小凶之年猶有道渠之役也言祭事不懸則有事但不懸樂耳穀梁傳又曰大侵之禮禱而不祀然則此云祭者正謂祈禱之祭不用樂也司徒荒政九曰蕃樂杜子春云蕃謂藏樂器而不作是凶年吉事皆無樂也徹膳者天子日食太牢今減損之也曲禮云君膳不祭肺注云不

祭肺則不殺以人君之於凶年令不殺矣而穀梁大侵之禮又云君食不兼味白虎通云五穀不熟故王者爲之不盡味大戴禮云不備牲言不兼不盡不備是猶有牲肉但不備之耳然則鄭云則不殺者謂不如常法日日殺之耳非是常不殺也其非大侵者大戴禮白虎通皆云一穀不升徹鶉鷃二穀不升去鳧鴈三穀不升去○兔四穀不升去囿獸是凶有大小所徹不等也大夫不食粱士飲酒不樂亦明皆飲酒而不樂也○箋人君至勞倦○正義曰尚書武王稱我友邦冢君抑云視爾友君子是人君謂羣臣爲友也君臣之義不可廢而云散無綱紀者由祿餼不足又無賞賜皆困於飢不能如常相紀領故謂之散非卽分散去朝也衆官之長者周官三百六十每官各有其長疚病釋詁文經言鞠哉庶正是摠言羣臣又言疚病哉乃歷數其人疚哉之文通及於下冢宰以下亦是庶正故箋摠之云窮哉病哉念此諸臣勤於事而困於食故以此言勞倦之以旱則無食乃病故先窮後病重言爲深閔之辭○傳周故至不能○正義曰以救而念之周備故周爲救也無不能止者無爲不能救人而自止故解其意言朝廷之臣悉皆救人無止而不能者王肅云靡人而不周其急也無不能而止者其發倉廩散積聚有分無多分寡無敢有不能而止者言上下同也○箋周當至豫止○正義曰

以周救於人其字當從貝故轉爲賙以上言王之於臣祿餼不足則此言當謂王救羣臣不宜爲羣臣救人故易傳以爲王雖不得如常豐年依法祿賜以諸臣困於食故人人亦賙給之權時救其人急若言王盡恩於臣也○箋里憂○正義曰釋詁文彼里作悝音義同

瞻卬昊天有嘒其星大夫君子昭假無贏大命近止無棄爾成嘒衆星貌假至也箋云假升也王仰天見衆星順天而行嘒嘒然意感故謂其卿大夫曰天之光耀升行不休無自贏緩之時今衆民之命近將死亡勉之助我無棄女之成功者若其在職復無幾何以勸之也○嘒呼惠反假音格沈云鄭古雅反贏音盈幾居豈反

何求爲我以戾庶正戾定也箋云使女無棄成功者何但求爲我身乎乃欲以安定衆官之長憂其職事○爲于僞反注同

瞻卬昊天曷惠其寧箋云曷何也王仰天曰當何時順我之求令我心安乎渴雨之至也得雨則心安○令力呈反

【疏】瞻卬至其寧○毛以爲上閔羣臣同恤此又勸以終之宣王以旱之故遂瞻望仰視於昊天唯見有嘒然光明之衆星以天星炳耀未有雨徵遂感而言曰汝卿大夫之君子

所同恤者當昭見其至誠於天下無敢有私贏而不敷散所以然者多大衆人之命皆近於死亡止汝當救以全之無得贏而不救以棄汝之成功言能救而全之則功成也又云令汝必救之者何止求爲我欲存於民困乎乃以安定汝之所居爲此衆官之長以其爲官之長則與君同憂故勸使救民以自安定王旣勸羣臣仍憂民困又瞻望仰視昊天訴之云昊天何時當順我所求其令我心得安寧言求而得雨則心安也○鄭以爲王旣賙救羣臣又勸其勉力助己王瞻仰昊天見有嘒嘒然其星順天而行無時止息因而意感謂羣臣卿大夫之君子此天之光耀升行至極無自贏緩之時今衆民之命近將死亡汝等亦當去天無贏助我求雨無得解怠棄汝成功言天不懸盡殺衆民雨將不久若其得雨卽是功成故勸令勉力餘同○傳嘒衆至假至○正義曰以嘒文連星故爲星貌假至釋詁文王肅云大夫君子公卿大夫也昭其至誠於天下無敢有私贏之而不數散大夫君子所以無私贏者以民近死亡當賑救之以全汝之成功傳意或然觀此文勢上章或亦不同令以毛無別訓遂作同解○箋假升至勸之○正義曰假升釋詁文以承天星之下宜爲天星光耀升行故易傳也仰天見星卽戒大夫君子故知見衆星順天而行意感也以天星升行不休謂人亦當然因此而勸之

言無棄爾爲戒勸之辭故知令勉之助我也又解助已求雨所以得爲成功者以天之生民終無盡殺之理令民命近死若其民當存生復無幾何時必應得雨故以此言勸之○箋使女至職事○正義曰此衆官之長爵位已高體國情深助王憂雨於已職事不能安定今勸令助已亦所以安定其身故云何但求爲我身乎乃欲安定汝衆官之長憂其職事

雲漢八章章十句

附釋音毛詩注疏卷第十八（十八之二）

黃中模栞

毛詩注疏挍勘記（十八之二）　阮元撰盧宣旬摘錄

○桑柔

桑之柔濡補小字本相臺本濡作濡釋文云濡而轉反釋文挍勘云通志堂本盧本同案段玉裁云當是本作偄也今考集韻二十八獮云輭亦作濡濡通作耎濡字本此凡從耎之字多轉而從需故此釋文以而轉反音濡字也○按耎需之音分別詳段玉裁說文注

箋云桑之柔濡反段玉裁云當是本作偄也補小字本相臺本濡作濡釋文云濡而轉

人庇陰其下者小字本相臺本同案釋文云庇本亦作芘同考芘字是也采薇箋云腓當作芘雲漢箋云言我無所芘蔭而處是鄭自用芘字也

之害下民補閩本明監本毛本同案之當作侵

釋言云旬均也閩本明監本毛本同案旬當作洵下文引李巡注不誤

今茲益久長補案茲當作滋

頻猶比也小字本相臺本同考文古本同閩本明監本毛本比作比十行本初刻比剜改比案比字誤也

以比兵窮災害民之餘補閩本明監本毛本同案窮當作寇

比比然○傳疑定閩本同明監本毛本移傳疑定以下至故爲定也二十字於下章中是也

憂心慇慇唐石經小字本相臺本同案釋文以慇慇作音是其本如此正義云其心殷殷然是其本字作殷考北門經作殷正月經作慇北門釋文云本又作慇同

正義曰瘏字從病疒字誤也閩本明監本毛本同案浦鏜云病當

亂況斯削唐石經小字本相臺本同案此況字當作兄上經無傳箋云倉兄塡兮傳兄滋也箋云喪亡之道滋久長此下互爲詳略耳唐石經上作兄下作況非也倉兄釋文云本亦作況亦與

禮亦所以救亂也閩本明監本毛本同相臺本救誤忠小字本無亦字案無者是也

如彼遡風　小字本相臺本同唐石經初刻作愬後改作遡案初刻非也李善注月賦引作愬當是三家異字石經誤用之耳亦所云字體乖師法也

亦孔之僾　毛本孔誤恐明監本以上不誤

好是稼穡　唐石經小字本相臺本同案釋文云家王申毛音駕謂耕稼也鄭作家謂居家也下句家穡惟寶同穡本亦作嗇音色王申毛謂收穡也鄭云吝嗇也尋鄭家穡二字本皆無禾者下稼穡卒痒始從禾正義云箋不言稼當爲家則所授之本先作家字也依此是毛鄭詩本作家嗇王申毛乃爲稼穡耳正義每取王爲傳說故其本作稼穡而唐石經以下從之段玉裁云改稼穡者非也見下亦見經義雜記

力民代食代無功者食天祿也　小字本相臺本同案詩經小學云傳云力民代食無功者食天祿也鄭申其意而王肅所見之本誤衍一代字因曲爲之說曰有功力於民代無功者食天祿且改家嗇字從禾而不知代無功食天祿語最無理

不能治人者食於人　閩本同小字本相臺本無於字毛本同明監本初刻有後剜去案無者是也釋文可證

鄭云吝穡也　[補]通志堂本吝誤名盧本作吝嗇按嗇字是也

不能治人者出於人　閩本出作食明監本同剜去於字毛本無案食人是也十行本出於人剜添者一字

明是責王之貢好之也　[補]毛本貢作貴案貴字是也

滅我立王　小字本相臺本同唐石經初刻威後改滅案初刻誤也

朝廷曾無有同力諫諍　小字本相臺本同案釋文朝廷下以者與作音是其本此箋有二字也但其何屬未可考

說文作蟊　[補]通志堂本盧本蟊作蝥盧文弨考證云古本蝥作蟊是也說文乃作蝥今正文作蟊遂妄改說文案釋文挍勘記云其說誤甚說文蚰部蟊是蠿蟊字非蟊賊字不得云說文乃作蟊也蟊字雖不見說文蟲部蠿字下云蟲食艸根者从蟲象其形其字作蠿轉寫失其形作蟊蝥皆非是

同音通本又作恫　[補]案同當作侗釋文挍勘云通志堂本盧本侗作恫恫作痌案所改未是當是釋文本此經字作侗與唐石經以下各本不同耳小字本所附上恫下侗乃順正文改易耳

滅盡釋詁云　[補]案云當作文

穹蒼蒼天釋天云　[補]案云當作文

故民所繫屬唯兵耳　閩本明監本毛本同案浦鏜云故疑衍字是也

愼戒相助也　閩本毛本同小字本相臺本戒作誡考文古本同案山井鼎云據下文考誡之語古本似是是也正義云愼誡釋詁文亦可證明監本誤作病

言其所任之臣　小字本同閩本明監本毛本同相臺本任下有使字案有者非也正義云謂己所任使之臣乃自文耳非其本有使字考文古本有亦采正義之誤也

乃使民盡迷惑也彼是又不宜猶　小字本相臺本也彼作如狂閩本明監本毛本同案如狂是也

不復詳考善惡更施順道於民之君自獨用己心謂己所任使之臣皆爲善人不復詳考善惡更求賢人　閩本明監本毛本不重施順至惡更三十一字案所刪是也此十行本複衍

郄迫罷役　小字本相臺本同案釋文云一本作罷役正義本是罷字

讒僭是僞妄之言　閩本明監本毛本同案僭當作譖抑正義可證

荼苦葉　閩本毛本同明監本葉作茶案浦鏜云茶字誤是也

故此惡行　[補]毛本此作比案比字是也

垢者土處中而有垢土 明監本毛本同案此當云垢者土處地中而有垢錯誤耳

則寘臥如醉 小字本相臺本同閩本明監本毛本亦同案正義云則眠臥如醉是其本作瞋瞋眠古今字易而說之也考文古本作瞋采正義而爲之

箋類等至傚之 明監本毛本傚誤效閩本不誤案正義上下文皆作效者易字也今各本箋皆作效亦誤

詩人善此事者 閩本明監本毛本同案浦鏜云善疑言字誤是也

親而切瑳之也 閩本同小字本相臺本瑳作磋明監本毛本同案瑳字是也見淇奧十行本正義中字亦作瑳依經注改耳

反予來赫 唐石經小字本相臺本同案釋文云赫本亦作嚇考此但當作赫加口旁者依注義以改字耳

赫炙也 小字本相臺本同案釋文赫下云毛許白反炙也正義云故轉爲嚇又云定本集注毛傳云赫炙也又云俗本誤也是其本與俗本同作赫赫也標起止云傳赫炙乃後改今考此傳當作赫赫也毛意謂此赫盛字即拒赫字也○按此即北風虛虛也葛屨要要也之例

口距人謂之赫 小字本相臺本同案釋文赫下云鄭許嫁反口距人也莊子云以梁國嚇我是也正義云故箋以爲口拒人謂之嚇是其本作嚇考此是申傳赫也之意非箋經中赫字也正義本經作赫傳作赫嚇也箋作謂之嚇可以知其讀矣但其字當本皆作赫

赫毛許白反光也 補通志堂本盧本光作炙小字本相臺本所附亦作光釋文挍勘云考此傳正義本作赫嚇也引定本集注作赫炙也今經注各本皆作炙之所自出也釋文本當是赫光也與定本集注正義本又各不同諸本所附得陸氏之舊其作炙字者經後人以經注本字改之耳

則將有人伺汝之閒暇誅汝 閩本明監本毛本同案暇當作得正義讀閒爲閒隙不爲閒暇

諒信也 閩本明監本毛本同小字本相臺本諒作涼案涼字是也鄭但易毛訓耳意以爲涼即諒之假借也未嘗改其字正義云諒信又云以諒爲信乃易字而說之之例依以改箋者非

互相欺違 小字本同閩本明監本毛本同相臺本互作工考文古本同案工字是也正義可證

遂用彊力相尚故也 閩本明監本毛本同小字本相臺本遂作逐考文古本同案逐字是也

是也○毛以職競用力 閩本明監本毛本同案○當衍下章正義○毛以職盜爲寇同明監本毛本不誤

涼曰不可 小字本相臺本同唐石經涼作諒案唐石經非也釋文云職涼毛音良薄也鄭音亮信也下同詩經小學云所云下同者即此涼曰之涼是也正義因此涼字無傳遂取鄭爲毛說而云故我以信言諫王曰云云不知此涼字毛自與上傳同訓爲薄不訓爲信也然其本亦未必竟改經作諒字唐石經乃始上作涼此作諒失之甚矣當依釋文正之

言距已諫之甚 小字本相臺本同考文古本同閩本明監本毛本距作拒案拒字誤也乃正義所易之今字耳

○雲漢

遏烖而懼 唐石經小字本相臺本同閩本同考文古本同明監本毛本烖誤災案正義作灾者易而說之也

烈餘也 閩本明監本毛本此下有注小字本相臺本無考文古本同案山井鼎云此十六字釋文混入於注是也

時旱渴雨 小字本相臺本同案釋文云愒苦蓋反貪也本又作渴苦葛反篇末同正義本未有明文今無可考

薦重臻至也 小字本相臺本同案釋文以重也作音是其本有也字考文古本有

何罪故以訴之 閩本明監本毛本同案何當作無

言其不恡牲物〔補〕毛本恡作悋

其有一曰索鬼神 閩本明監本毛本有一倒案倒者誤也其下當有十字

堙少牢於泰昭〔補〕毛本堙作埋

類造禬禜攻說 閩本明監本毛本攻誤政案山井鼎云下政說用幣宋板同誤亦當作攻是也

蘊隆蟲蟲 唐石經小字本相臺本同案正義云溫字定本作蘊以小宛正義考之當云蘊字定本作溫正義屢云蘊蘊是其本作蘊之證也釋文云蘊紆粉反本又作熅紆文反依紆文反是讀同烟烟熅熅之熅與作溫又不同

雷聲尙殷殷然 小字本相臺本同案釋文云一本作雨雷之聲尙殷殷然正義本未有明文今無可考殷其靁正義引與一本正同或其本當爾

爾雅作爞〔補〕通志堂本同盧本作爞云舊譌從蟲今改正釋文挍勘云小字本所附亦作爞不誤

耗斁下土 小字本相臺本同閩本明監本毛本同唐石經耗作秏案秏字是也詳詩小學

負瘞羣臣而不得雨 小字本同考文古本同相臺本臣作神閩本明監本毛本同案神字是也十行本正義中誤同

熱氣爞爞然 明監本毛本爞爞誤蟲蟲閩本不誤案以下同唯一處誤爲蟲蟲耳經作蟲蟲正義作爞爞者蟲爞古今字易而說之也例見前

耗敗天下王地之國〔補〕案王當土字之譌毛本正作土

暑熱夫同 閩本明監本毛本作不同案夫當作大形近之譌

爞蟲是熱氣蒸人之貌〔補〕案蟲當作爞

蘊平常之熱蟲蟲又甚熱 閩本明監本毛本蟲蟲上衍而字案蟲蟲當作爞爞十行本上句剜去者一字當是因有衍而下句甚下脫於字剜而未補也輒添而字者非

瘞謂堙之於土〔補〕毛本堙作埋

兢兢業業 唐石經小字本相臺本同案釋文云兢兢本又作矜正義云釋訓云兢兢戒也是其本作兢字考文古本作矜采釋文

靡有孑遺 小字本相臺本同唐石經初刻誤子後改孑

孑然遺失也 小字本相臺本同案正義云定本及集注皆云孑然遺失也俗本有無字者誤也考此傳本云無孑然遺失也六字一句讀乃揔說靡有孑遺也定本集注非是考文古本采正義有無字而加於遺字上誤甚

狀有如雷霆 閩本明監本毛本同小字本相臺本有如作如有考文古本同案如有是也

疑此故周之民多死亡矣 閩本明監本毛本同案浦鏜云疑當以字誤是也山井鼎云宋板疑作以其實不然當是剜也

無有孑然得遺滌 閩本明監本毛本同案滌當作漏下文謂無有孑然得遺漏是其證山井鼎云宋板滌作漏當是剜也

故爲戒也 閩本明監本毛本同案浦鏜云恐誤戒是也

業業危釋訓云 閩本明監本毛本同案浦鏜云文誤云是也

言我無所庇陰處 閩本明監本毛本同小字本相臺本庇陰作芘蔭下有而字考文古本有案有者是也釋文云芘本亦作庇蔭本亦作廕考桑柔箋當作陰正義當作蔭今正義亦作陰依注改耳

正義曰宣王立〔補〕毛本立作言

如惔如焚 唐石經小字本相臺本同案釋文云如惔音談燎也說文云炎燎也徐音炎正義云定本經中作如惔如焚是正義本經中作如惔如焚也詩經小學云章懷注章帝記引韓詩如炎如焚作炎爲善說文炎燎也傳云惔燎之也蓋毛亦作炎也上文赫赫炎炎本或作惔是其明證

憂心如薰 唐石經小字本相臺本薰作熏閩本明監本毛本同案十行本注及正義中仍作熏釋文以如熏作

音薰字非也考文古本作薰依上正義中引爾雅薰也而爲之耳

焚本又作燓補通志堂本同盧本燓作燓云舊譌燓案說文燓燒田也據改正釋文挍勘云燓字是也小字本所附是燓字

毛讀爲憚丁佐反閩本明監本毛本同案丁佐反三字當旁行細書正義自爲音例如此也

故讀爲憚徒且反閩本明監本毛本同案徒且反三字當旁行細書

故箋言而害益甚上言而害益甚上言云我無所閩本明監本毛本上而字誤爲案此言而害益甚上六字不當重十行本複衍耳閩本以下改而作爲以遷就之者誤

似見其甚於前也閩本明監本毛本同案浦鏜云似當以字誤是也

敬恭明神唐石經小字本相臺本同案釋文云明祀本或作明神正義本未有明文今無可考箋云天曾不度知我心肅事明神如是明神宜不恨怒於我則作明神者是也

師氏弛其兵小字本相臺本弛作弛閩本明監本毛本同正義中同案釋文云施本又作弛同考文古本作施采釋文

人無賞賜也小字本相臺本同閩本明監本毛本同案正義云又無賞賜是人當作又乃形近之譌又者又上祿不足也考文古本作又采正義其云宋板同者必山井鼎誤

所以令汝窮困哉閩本明監本毛本同案哉當作者

曲禮又有君膳衣祭肺補毛本衣作不案不字是也

謂之兼補閩本明監本毛本兼作歉非也案兼當嗛字之譌

天子日食太牢閩本明監本毛本同案此不誤浦鏜云少誤太非也周禮是太牢與玉藻不同鄭志有此問在鶖鶖正義中浦失考

三穀不升去兔閩本明監本毛本同案去下浦鏜云脫雉字是也

權時救其人急若明監本毛本人誤太閩本不誤案若當作苦形近之譌

令我心安乎小字本相臺本同案釋文以令心作音是其本無我字正義云其令我心得安或自爲文也今無可考

因而意咸毛本同閩本明監本意誤感案咸當作感此欲改咸字而誤改意字也

汝等亦當去天無羸是也閩本明監本毛本去誤法挍所改

傳嘒衆至假至〇正義曰閩本重假至以下至星貌十四字明監本毛本初刻有後剜去案山井鼎云挍宋板文當相接非有闕誤是也

令以毛無别補毛本令作今

雲漢八章章十句各本同案此誤脱今補栞

附釋音毛詩注疏卷第十八（十八之三）

毛詩大雅　鄭氏箋　孔穎達疏

崧高，尹吉甫美宣王也。天下復平，能建國親諸侯，襃賞申伯焉。尹吉甫申伯皆周之卿士也尹官氏申國名。崧息忠反釋名云崧竦也甫本又作父音同後人名字放此後音服又扶又反襃保毛反

【疏】崧高八章章八句至伯焉○正義曰崧高詩者周之卿士尹吉甫所作以美宣王也以厲王之亂天下不安今宣王興起先王之功使天下復得平定能建立邦國親愛諸侯而褒崇賞賜申國之伯焉以其褒賞得宜故尹吉甫作此崧高之詩以美之也易比卦象曰先王建萬國親諸侯桓二年左傳云天子建國祭法曰天下有王分地建國皆謂天子分割土地造立邦國以封人爲諸侯也唯周禮惟王建國鄭以爲建立王國與此異耳此與易皆親建相對封立謂之建賞勞謂之親建謂立其國親謂親其身也褒賞者錫賚之名車馬衣服是褒賞之物也何休云有土加之曰褒無土建國曰封中候考河命曰褒賜羣臣賞爵有分稷契臯陶益土地然則益之土地褒也此申伯舊國已絶今改而大之據其新往謝邑是爲初建論其舊有國土亦爲褒崇也天下復平能建國親諸侯雖爲申伯發文要是摠言宣王之美其褒賞申伯乃叙此篇之意經八章皆是褒賞申伯之事其南國是式式是南邦錫爾介圭路車乘馬是褒賞之實也。箋尹吉至國名。正義曰六月言宣王北伐吉甫爲將禮軍將皆命卿也此美申伯云維周之翰明亦身爲王官故言周之卿士也知非三公。必兼六卿故舉卿士言之伊摯尹天下謂之伊尹洪範曰師尹惟日立政云三亳阪尹楚官多以尹爲號左傳稱官有世功則有官族今尹吉甫以尹爲氏明其先嘗爲尹官而因氏焉故云尹官氏外傳有申呂王風云戍申故知申爲國名

崧高維嶽，駿極于天。維嶽降神，生甫及申。崧高貌山大而高曰崧嶽四嶽也東嶽岱南嶽衡西嶽華北嶽恒堯之時姜氏爲四伯掌四嶽之祀述諸侯之職於周則有甫有申有齊有許也駿大極至也嶽降神靈和氣以生申甫之大功箋云降下也四嶽卿士之官掌四時者也因生方嶽巡守之事在堯時姜姓爲之德當嶽神之意而福興其子孫歷虞夏商世有國土周之甫也申也齊也許也皆其苗胄。嶽字亦作嶽魚角反白虎通云嶽者何桷功德也駿音峻守音狩本亦作狩夏戸雅反下同

維申及甫，維周之翰。四國于蕃，四方于宣。翰榦也箋云申申伯也甫甫侯也皆以賢知入爲周之楨榦之臣四國有難則往扞禦之爲之蕃屏四方恩澤不至則往宣暢之甫侯相穆王訓夏贖刑美此俱出四嶽故連言之○翰戸旦反又音寒蕃方元反知音智本或作哲楨音貞榦乃旦反扞戸旦反相息亮反贖音樹一音常欲反

【疏】崧高至于宣○正義曰此方美申伯之見賞本其先祖所由之興言有崧然而高者維是四岳之山其山高大上至于天維此至天之大嶽降其神靈和氣以福祐伯夷之後生此甫國之侯及申國之伯以伯夷常掌其神祀故祐助其後使其國則歷代常存子孫則多有賢智維此申伯及此甫侯維爲周之卿士楨榦之臣若四表之國有所患難則往捍禦之爲之蕃屏四方之處恩澤不至則往宣暢之使霑王化是由神所祐故有此賢智也。傳崧高至大功。正義曰崧者山形竦然故爲高貌劉熙釋名云崧竦也亦高稱也山大而高曰崧釋山文李巡曰高大曰崧郭璞曰今中岳。崧高山蓋依此名是也白虎通云岳者何桷也桷功德也風俗通云嶽桷考功德黜陟也然則以四方方有一山天子巡狩至其下桷考諸侯功德而黜陟之故謂之岳也傳言岳四岳謂四方之岳也又解此岳降神生申甫之意當堯之時有姜氏者爲四方王官之伯掌此四岳之祭祀述其岳下諸侯之職德當岳神之意故此岳降神助其子孫使之歷代有國於周之世則有甫有申有齊有許此四國皆姜氏之苗裔也駿大極至釋詁文又解四國而獨言申甫者岳降神靈和氣以生申伯甫侯二人有德能成大功是岳神生申甫之大功故特言申甫也經典羣書多云五岳此傳唯言四岳者以堯之建官而立四伯主四時四方之岳而已不主中岳故堯典每云咨四岳而不言五也周語說伯夷佐禹云共工之從孫四岳佐之又曰祚四岳國命爲侯伯皆謂伯夷爲四岳此將言伯夷之事故指言四岳也其云五岳者即此四與崧高而五也孝經鉤命決云五岳東岳岱南岳衡西岳華北岳恒中岳崧高是五岳又數崧高之文也故王肅之注尚書服虔之注左傳鄭於大宗伯注皆然春官大司樂云五岳四鎮崩令去樂注云四鎮山之重大者謂楊州之會稽青州之沂山幽州之醫無閭山冀州之霍山五岳岱在兖州衡在荆州華在豫州岳在雍州恒在并州司樂宗伯同是周禮而司樂之注不數崧高者蓋鄭有所案據更見異意也釋山發首云河南華河西岳河東岱河北恒江南衡此五山之名不復更言餘山雖不謂此五山爲五岳明有爲岳之理鄭緣此

旨以司樂之丈連言四鎮五岳并之正九當九州各取一山以尭之而夏官職方氏九州皆云其山鎮曰某山每州曰其大者而其文有岳山無崧高爾雅河西岳在五山之例取岳山與岱衡恒華爲五岳之數以其餘四者爲四鎮令司樂職方自相配足見一州之內最大山者其或崩圮王者當謂之變容岳山得從五岳之祀故傳會爾雅職方之文以見此意非謂五岳定名取岳山也其正名五岳必取崧高宗伯之注是定解也或以爲雜問志有云周都豐鎬故以吳岳爲西岳周家定以岳山爲西岳不數崧高知不然者以宗伯亦是周禮而以華爲西岳安得至於司樂卽云華非西岳也若必據已所都以定方岳則五岳之名無代不改何則軒居上谷處恒山之西舜居蒲坂在華陰之北豈當據已所在改岳祀乎五岳之名隨時變改則都之所在本無方岳尚書之注何云周處五岳之外乎雜問之志首尾無次此言或有或無不可信也且釋山又云泰山爲東岳華山爲西岳霍山爲南岳恒山爲北岳崧高爲中岳若五岳之山每代一改爾雅何當定此五者永爲岳名乎若然何知此言崧高非中岳而以崧爲高貌廣舉四岳者此詩之意言比岳降神祐助姜氏姜氏不主崧高故知崧高維岳謂四岳也傳言四岳之名東岳岱南岳衡爾雅及諸經傳多云泰山爲東岳霍山爲南岳者皆山有二名也風俗通云泰山山之尊一曰岱宗岱始也宗長也萬物之始陰陽交代故爲五岳長王者受命恒封禪之衡山一名霍言萬物霍然大也華變也萬物成變由於西方也恒常也萬物伏北方有常也崧高也言高大也是解衡之與霍泰之與岱皆一山而有二名也若然爾雅云江南衡地理志云衡山在長沙湘南縣張揖廣雅云天柱謂之霍山地理志云天柱在廬江潛縣則在江北矣而云衡霍一山二名者本衡山一名霍山漢武帝移岳神於天柱又名天柱亦爲霍故漢魏以來衡霍別耳郭璞爾雅注云霍山今在廬江潛縣西南別名天柱山漢武帝以衡山遼曠移其神於此今其土俗人皆呼之爲南岳南岳本自以兩山爲名非從近也而學者多以霍山不得爲南岳又言從漢武帝始乃名之如此言爲武帝在爾雅前乎斯不然矣竊以璞言爲然何則孫炎以霍山爲誤當作衡山案書傳虞夏傳及白虎通風俗通廣雅並云霍山爲南岳豈諸文皆誤明是衡山一名霍也周語說尭使禹治水四岳佐之帝嘉禹德賜姓曰姒氏曰有夏祚四岳國爲侯伯氏曰有呂此一王四伯韋昭云一王謂禹也四伯謂四岳也爲四岳伯故稱四伯是當尭之時姜氏爲四伯也周語唯云四岳不言名字其名則鄭語所云伯夷能禮於神以佐尭者也言禮於神是掌禮之官舜命羣官使伯夷典禮則伯夷於尭之時已掌禮也掌禮之官舜時爲秩宗於周則宗伯也宗伯掌天神人鬼地祇之禮摠主諸神故掌四岳之祀尭典注云尭之末年庶績多闕羲和之子則死矣於時分四岳置八伯四岳四時之官主方嶽之事然則尭時四岳內典王朝之職如周之六卿外掌諸侯之事如周之牧伯故又述諸侯之職然述職者述其所主之方耳其掌四岳之祀者則四岳皆掌之由掌四岳故獨得四岳之名伯夷所掌徧掌四岳則此詩所言維嶽降神亦摠謂四岳故傳以四岳解之明不徧指一山言岳降神靈和氣以生申甫者正謂德當神意山神祐之使有賢子孫耳非言山氣憑人以生之也何則神氣之所憑依不由先祖掌祀與乙卯大跡不相類也○箋降下至苗胄○正義曰降下釋言文傳唯言掌四岳之祀而不辯官之尊卑故云四岳卿士之官又解其名爲四岳之意掌四時因主方岳巡守之事故稱岳也立四伯既主四時又主方岳蓋因其時而主其方春官主東夏官主南也身在王朝外治岳事及掌天子巡守之事在尭時姜姓爲之謂於四岳之中而爲其一爲四岳之一而獨得四岳之名者雖同爲岳官而又特主岳祀故外傳史記特稱伯夷爲四岳由主岳祀故也傳言姜氏箋言姜姓者姜實是姓對則氏姓有異散則以姓配氏春秋稱夫人姜氏是其事也以伯夷主岳而擇生申甫故知德當岳神之意而福興其子孫故稱使之世有賢才也周語稱大姜之姪逢伯陵爲殷之諸侯史記齊世家云太公望其先祖嘗爲四岳佐禹有功虞夏之際封於呂或封於申是歷虞夏商而世有國土也周語云齊許申呂由大姜言此四國是大姜之宗故知皆是苗胄說文云胄胤也禮謂適子爲胄子言此四國皆四岳之後或是其枝苗或是其適胄也○箋申申伯至言之○正義曰以下章乘此維申文轉之以爲申伯則知申甫並指其人不指其國故云申申伯甫甫侯入爲周之楨榦之臣謂爲卿士也蕃者障蔽冠難故云有難則往捍禦之宣者播揚王澤故知恩澤不至則往宣暢之難則自彼所有從我往屏之恩由王而出就彼宣布之有彼此之異也又解此詩主美襃賞申伯而言及甫侯之意由甫侯佐相穆王以王年老耄荒恐其重行刑罰故教訓王行夏時贖罰之刑功加百姓爲前世賢臣美此甫侯與申伯上世俱出於四岳故連言之甫侯訓夏贖刑卽今尚書呂刑之篇是也訓王不以周刑而用夏者以王者用刑世輕世重而周刑重於夏欲矯穆王之太重故舉夏之輕刑以訓之所謂臣救其惡也尚書作呂刑此作甫侯者孔安國云呂侯後爲甫侯詩及禮記作甫尚書與外傳作呂蓋因燔詩書字遂改易後人各從其學不敢定之故也此箋定以甫爲甫侯而

孔子閒居引此詩注以甫爲仲山甫者案外傳稱樊仲山甫則是樊國之君必不得與申伯同爲岳神所生注禮之時未詳詩意故耳

亹亹申伯王纘之事于邑于謝南國是式謝周之南國也箋云亹亹勉也纘繼于往于於法式也亹亹然勉於德不倦之臣有申伯以賢入爲王之卿士佐王有功王又欲使繼其故諸侯之事往作邑於謝南方之國皆統理施其法度時改大其邑使爲侯伯故云然○亹亡匪反纘祖管反韓詩作踐踐任也

王命召伯定申伯之宅登是南邦世執其功召伯召公也登成也功事也箋云之往也申伯忠臣不欲離王室故王使召公定其意令往居謝成法度於南邦世世持其政事傳子孫也○離力智反下欲離同令力呈反下皆同傳直傳反

疏亹亹至其功○正義曰言亹亹然勉力於德行之不倦者申伯也以其行德不倦王使之繼其故諸侯之事令往作邑於謝之地以統理南方之國於是施其法度以治之又以申伯忠臣不欲離背王室當先營彼國以安定其心故王乃命召伯先營謝邑以定申伯往居之處得使申伯居之以成是法度於南方之邦國世世恒執持其政教之事傳之子孫○傳謝周之南國○正義曰經言南國者謂謝傍諸國解其居謝邑而得南國法之故云謝是周之南國杜預云申國在南陽宛縣是在洛邑之南也○箋亹亹至云然○正義曰亹亹勉也纘繼釋詁文以文勢宜爲往邑於謝故上于爲往下于爲於以申伯之賢當使南國法之故以式爲法言申伯以賢入爲王之卿士則申伯先封於申來仕王朝又言王欲使繼其故諸侯之事往作邑於謝者蓋申伯本國近謝今命爲州牧故改邑於謝取其便宜若申伯不先爲諸侯不得云入爲卿士下言我圖爾居莫如南土者言餘處不如汝舊居之南方故還封之於南方言申伯當是伯爵出封於謝當自理其國而已而云南國是式則爲一州之牧故知改大其邑不同舊時又解詩人言南國是式之意以其使爲侯伯故云然僖元年左傳曰凡侯伯救患分災又二十八年左傳曰王命王子虎策命晉侯爲侯伯其策文云王曰叔父用州牧之禮是謂州牧爲侯伯此言侯伯亦謂爲州牧也旄丘箋云侯爲牧此申伯伯爵而得爲牧者侯伯七命伯亦得爲牧故太宗伯云八命作牧注云謂侯伯有功德者加命得專征伐於諸侯是侯之與伯俱得爲牧也且申伯雖舊是伯爵今改封之後或進爵爲侯史記周本紀云申侯與西戎共攻幽王彼申侯者不過是此申伯子之與孫耳明此時得進爲侯箋言改大其

〈詩疏十八之三〉　五

邑或亦褒進其爵矣○傳召伯至功事○正義曰以常武之序知召伯是召穆公也登成釋詁文又云纘功也轉以相訓是功德爲事○箋之往至子孫○正義曰之往釋詁文封諸侯者當即使其人自定居處不必天子爲築城邑然後遣之此宣王獨先命召公定申伯往居之宅故解其言定之意王以申伯忠臣不欲遠離王室使召伯先繕治其居欲以定申伯之意故言定也定其意者以營築城郭其事既了知已不得不去則嚮國之意定也必使召公往營之者王肅云召公爲司空主繕治案黍苗序云卿士不能行召伯之職然則營築城郭召伯所主其事或如肅言

王命申伯式是南邦因是謝人以作爾庸庸城也箋云庸功也召公既定申伯之居王乃親命之使爲法度於南邦今因是故謝邑之人而爲國以起女之功勞言尤章顯也

王命召伯徹申伯土田徹治也箋云治者正其井牧定其賦稅○牧手又反又如字後放此

王命傅御遷其私人御治事之官也私人家臣也箋云傅御者二王治事謂冢宰也

疏王命至私人○毛以爲王既命召伯令定申伯之居又告申伯以將封之意王乃命諸申伯云我欲使汝爲法度於是南方之國今因是故謝邑之人以改作汝之國城也召公於時猶尚未發王又命召伯云汝往謝邑非徒營立申伯之居宅而已又當治理申伯國內土田使之正其井牧定其賦稅也王於是又命傅御於王者治事之臣謂冢宰也令使冢宰遷徙其申伯之私人謂申伯私家之臣在京師者遷之使從申伯共歸其國也○鄭唯以作爾庸爲異餘同○傳庸城○正義曰傳以下云有俶其城故以庸爲城○箋庸勞至章顯○正義曰庸勞釋詁文以王命申伯當意在顯其功勞不宜直言爲其作城而已故易傳也召公既定申伯之居謂王既命之使定耳其居未是定也下言寢廟既成乃爲定耳王親命之亦謂告語申伯以爲作國之意未是命遣之也下言我圖爾居乃是命遣之辭王朝之臣有大功德乃出封爲國君則封之大國可以起發其功故云以起汝之功勞言尤欲使之彰顯也○箋治者至賦斂○正義曰公劉之箋以徹爲稅名此從傳爲治者以召伯先往治之未即徵稅故爲治也地官小司徒職曰乃經土地而井牧其田野而令貢賦凡稅斂之事是爲國之法當先正井牧定賦稅故知治其土田指謂此也襄二十五年左傳曰井衍沃牧隰皐舊說以衍沃之地九夫爲井隰皐之地九夫爲牧二牧而當一井鄭於小司徒之注取以爲說云授民田有不易有一易有再易通率二而當一是之謂

〈詩疏十八之三〉　六

井牧然則正其井牧者觀其地之肥墝爲等級以校民也定其賦稅者豫制其所出之多少也此時召伯未發但王先命召伯使定申伯之宅卽告申伯使知其意然後以此言更命召伯故再言王命召伯也。傳御治至家臣。正義曰王之所命明是官人訓御爲治故云御治事之官私人者對王朝之臣爲公人家臣爲私屬也有司徹云主人降獻私人注云大夫言私人明不純臣此申伯雖是王之卿士亦是不得純臣故稱私人也王命使遷其私人告令其人使之裝載耳其遷猶與申伯同行也。箋傳御至冢宰。正義曰三公有大傳知此非者以王之所命當有職事三公無職故知非也僖二十八年左傳曰鄭伯傳王是謂輔相王事者爲傳也副貳於王以治國事者唯冢宰爲然故知謂冢宰也

申伯之功，召伯是營。有俶其城，寢廟既成。俶作也箋云申伯居謝之事召公營其位而作城郭及寢廟定其人神所處。俶本又作俶尺叔反**既成藐藐，王錫申伯。四牡蹻蹻，鉤膺濯濯。**藐藐美貌蹻蹻壯貌鉤膺樊纓也濯濯光明也箋云召公營位築之已成以形貌告於王王乃賜申伯爲將遣之。藐亡角反蹻渠略反濯直角反沈士學反樊步丹反爲于僞反

【疏】申伯至濯濯。正義曰此說往營謝邑訖而告王言申伯居謝之事乃召伯於是營其位處於營之處有所作者其是謝邑之城郭也既作其城又作寢廟寢廟既已成矣此既成之形貌藐藐然而美也王知其美將遣申伯乃賜申伯以四牡之馬蹻蹻然而強壯又賜以在首之金鉤在膺之樊纓濯濯然而光明將欲遣之故賜以此物也。傳俶作。正義曰釋詁文。箋申伯至所處。正義曰亦訓功爲事故言居謝之事是營之下乃云有俶是先營而後作之故云營其位而作城郭此有俶之文下連寢廟其既成之文上兼其城明其皆作成也牆垣廐庫無所不爲而獨言寢廟者主言定其人神所處故也寢人所處廟神亦有寢但此宜總據人神不應獨言廟事故以爲人寢也廟先作而文在寢下不說作之次第從便言也。傳藐藐至光明。正義曰鉤者馬婁頷之鉤是器物之名膺者直是馬之膺前非是器物以鉤類之明言膺者謂膺上有飾故取春官巾車之文以足之謂膺有樊纓也案巾車金路鉤樊纓九就同姓以封申伯異姓而得此賜者以其命爲侯伯故得車如上公

王遣申伯，路車乘馬。我圖爾居，莫如南土。乘馬四馬也箋云王以正禮遣申伯之國故復有車馬之賜因告之曰我謀女之所處無如南土之最善。乘繩證反注同後扶又反下同**錫爾介圭，以作爾寶。**寶瑞也箋云圭長尺二寸謂之介非諸侯之圭故以爲寶諸侯之瑞圭自九寸而下。介音界**往近王舅，南土是保。**近已也申伯宣王之舅也箋云近辭也聲如彼記之子之記保守也安也。近音記

【疏】王遣至是保。毛以爲王於是發遣申伯令使之國故贈送之以大路之車及乘駟之馬因告之曰我謀度汝之所居無如謝邑之最善汝宜往居之又特賜汝以大圭謂桓圭九寸者也以爲汝之執瑞既賜其物又歎而送之往去已此王之舅也當於南方之土於是安居之矣皆命遣之辭。鄭唯介圭謂長尺二寸之圭以作國之珍寶爲異餘同。箋王以至最善。正義曰王者之封諸侯必以車服賜之是禮之正也故云以正禮遣申伯之國故復有車馬上既賜以四牡鉤膺是王之私恩此又以正禮賜之故言復也言無如南土之最善示已厚之意。傳寶瑞。正義曰春官典瑞掌玉瑞玉器注云人執以見曰瑞禮神曰器瑞符信也則瑞謂所執之玉堯典云輯五瑞卽五等諸侯之圭璧也此賜介圭賜申伯令執之言介者大於常圭故王肅云寶瑞也桓圭九寸諸侯圭之大者所以朝天子是也。箋圭長至而下。正義曰釋器云珪大尺二寸謂之介長大一也引之而變其文也長尺二寸則非諸侯所當執又寶者居守之辭非瑞信之語故云非諸侯之圭故以爲寶又言諸侯之瑞圭自九寸明其無尺二寸不得稱介示已所以易傳之意孫毓云特言賜之以作爾寶明非五等之玉且申伯受侯伯之封當信圭七寸又不得受上公之制九寸桓圭而謂之介箋義爲長。傳近已至之舅。正義曰以命往之國不復得與之相近故轉爲已以爲辭也近得爲已其聲相近故箋申之云如彼已之已也下云王之元舅此則宣王命之故知宣王之舅如鄭意厲王之后曰豔妻而得申伯爲王舅者蓋豔妻無子姜氏生宣王

申伯信邁，王餞于郿。郿地名箋云邁行也申伯之意不欲離王室王告諭之復重於是意解而信行餞送行飲酒也時王蓋省岐周故于郿云。餞賤淺反沈祖見反一音賤字林子扇反云送去食也郿亡悲反又亡冀反地名屬扶風今爲縣諭音喻據反重直用反解音蟹**申伯還南，謝于誠歸。**箋云還南者北就王命于岐周而還反也謝于誠歸誠歸于謝**王命召伯，徹申伯土疆。以峙其粻，式遄其行。**箋云粻糧式用遄速也王使召公治申伯土界

之所至峙其糧者令廬市有止宿之委積用是速申伯之行○郿居良反峙如字本又作峙直紀反兩通粻音張遄市專反委於僞反積子賜反【疏】申伯至其行○正義曰申伯初意不欲離王王告語復重心開意解申伯於是信實欲行王乃以酒餞之於郿申伯乃旋反而南行此南方謝國申伯於是誠實歸之矣言其不得顧戀也又言先者申伯未發之時王豫命召伯令治申伯之國土界所至之疆境又以峙具其糧食謂自京至國在道所須令皆預備委積用是以速其申伯之行由在道無所闕乏故得疾至言王厚申伯也俗本峙作峙者誤也○傳郿地名○正義曰於漢屬右扶風在鎬京之西也○箋邁行至郿云○正義曰邁行釋言文此言信行則往前心未欲行於時乃信故解其意言王告語復重於是意解而信行也上歷言以作爾庸我圖爾居往近王舅是復重也申在鎬京之東南自鎬適申塗不經郿解其得餞郿之意時宣王蓋省視岐周申伯從王至岐自岐遣之故餞之於郿也江漢箋云岐周周之所起爲其先祖之靈以有先祖之靈故時省之言省者王自須省視非爲申伯故往江漢言于周受命是爲召公故往是以經云于周與此異也○箋還南至于謝○正義曰以言還者迴反之辞故云北就王命於岐周而還反也蓋王先在岐得召公之報知營謝已訖召申伯於鎬至岐周而命之也申伯既受命王餞還歸於謝而後適申故云北就還南也言謝于誠歸正是誠心歸於謝國古人之語多倒故申明之誠歸者決意不疑之辞○箋粻糧至之行○正義曰粻糧式用釋言文遄速釋詁文治申伯土界之所至者謂治理申國之四境豫定封疆令申伯至國之時不與四鄰爭訟也峙其糧者謂自京至謝所在道路以具其粮食使申伯所舍所宿須則有之不乏絕也令廬市有止宿之委積者地官遺人云掌道路之委積凡國野之道十里有廬廬有飲食三十里有宿宿有路室路室有委五十里有市市有候館候館有積注云廬若今野候徒有房也宿可止宿若今亭有室矣候樓可以觀望者也一市之間有三廬一宿是也此復云王命召伯者召伯嘗謝既成遣使報王王知城郭既了又復命以此事蓋遣使命之不必召伯親來而復往也欲速申伯之行唯峙其糧一事耳徹申伯土疆非是速申伯之事於此言之者前命召伯唯使定其居宅治其土田未命之使正其疆界故於是乃命之既命正定其疆界因令具糧以待申伯耳

申伯番番既入于謝徒御嘽嘽番番勇武貌諸侯有大功則賜虎賁徒御嘽嘽徒行者御車者嘽嘽喜樂也箋云申伯之貌有威武番番然其入謝國車徒之行嘽嘽安舒言得禮也禮入國不馳○番音波嘽吐丹反賁音奔樂音洛**周邦咸喜戎有良翰**箋云周徧也戎猶女也翰幹也申伯入謝徧邦內皆喜曰女乎有善君也相慶之言○翰協句音寒徧音遍下同**不顯申伯王之元舅文武是憲**不顯申伯顯矣申伯也文武是憲言有文有武也箋云憲表也言爲文武之表式【疏】申伯至是憲○毛以爲此言申伯至國之事言申伯有勇武之貌番番然謂在路之時有此威貌也既已入於謝邑其從行者御車者皆嘽嘽然安舒得宜不妄馳驟謝人觀其儀貌知是賢君徧邦之內悉皆喜悅而相慶曰今有大良善幹事之君申伯既受封而爲民所悅如是豈不光顯申伯乎言實光顯矣又歎美申伯此王之長舅文人武人皆於是以爲表憲而法則之也言申伯有文有武可爲人之表式也○鄭唯戎爲汝爲異餘同○傳番番至喜樂○正義曰以番番之文在入謝之上則是在道之容故爲勇武貌箋云威武義亦同也又以申伯爲天子大臣出封下國美國君之貌不應言身之有勇故辨之云諸侯有大功則天子賜之虎賁之士爲之武備故道路觀之則番番然捴言其行從之勇非其身也申伯有女功受州牧之禮故得虎賁之賜徒行御車謂申伯之從也嘽嘽安舒之狀行則安舒貌則喜樂與箋相接成也箋云入國不馳曲禮文○箋徧至之言○正義曰周匝是徧之義故爲徧也翰幹釋詁文汝者相於之辞故知是相慶之言以申伯新爲之君故遞相慶賀也毛於戎字皆訓爲大知此亦與鄭不同○傳不顯至有武○正義曰文武是憲謂文人武人以申伯爲表式故解其意言由申伯有文有武故得與文武之人爲表式箋以其略故申成之

申伯之德柔惠且直揉此萬邦聞于四國箋云揉順也四國猶言四方也○揉本亦作柔汝又反又如字一音柔注同聞音問**吉甫作誦其詩孔碩其風肆好以贈申伯**吉甫尹吉甫也作是工師之誦也肆長也贈增也箋云碩大也吉甫爲此誦也言其詩之意甚美大風切申伯又使之長行善道以此贈申伯者送之令以爲樂○風福鳳反注同王如字云音也贈詩之本皆爾鄭王申毛並同崔集注本作贈增也崔云增益申伯之美【疏】申伯至申伯○正義曰此章以申伯歸謝事終捴歎其美且言作詩之意言申伯之德安順而且正直以此順直之德揉服此萬邦不順之國使之皆順其善聲譽皆聞達於彼四方之國是申伯之德實大美矣令吉甫作是工師之

誦其詩之意甚美大矣其風切申伯又使之長行善道故以此詩增長申伯之美言使申伯歌誦此詩見人言已之美更復身慎不息以增德行也鄭唯贈送一字別。箋「揉順」。正義曰易稱揉木爲耒謂屈橈之也有不如意揉之使善是爲順之義言揉萬邦使順善也周無萬國因古有萬國乘大數耳。傳「吉甫至贈增」。正義曰吉甫尹吉甫毛不注序故於此詳之詩者工師樂人誦之以爲樂曲故云作是工師之誦欲使申伯之樂人常誦習此詩也肆者陳設之言是進長之義故以肆爲長凡贈遺者所以增長前人贈之財使富增於本贈之言使行增於善故云贈增也。箋「碩大至爲樂」。正義曰碩大釋詁文言風切申伯使之長行善道者言其善事使之自勉也其詩之意甚美大者述其善事令更增長是美大也君子之道貴在謙虛而言吉甫作詩自述云甚美者欲使前人聽受其言故美大以入之令以爲樂者令使申伯常歌樂此詩以自規戒也如此言則此詩之作主美申伯而已申伯有德王能建之美申伯亦所以美宣王故爲宣王詩也

崧高八章章八句

烝民尹吉甫美宣王也任賢使能周室中興焉

疏「烝民八章章八句至中興焉」。正義曰烝民詩者尹吉甫所作以美宣王也以宣王能親任賢德用使能人賢能在官職事修理周室既衰中道復興故美之也任賢使能者任謂委任使謂作用之雖大意爲同而細理小別有德謂之賢有伎謂之能故太宰八統三曰進賢四曰使能注云賢有善行者也能多才藝者也是賢能相對爲小別散則皆相通也經八章皆言仲山甫有美德王能任用之是任賢使能也襃賞申伯指斥其人此不言任用山甫者見王所使任非獨一人而已故言賢能以廣之韓奕之序不言錫命韓侯義亦然崧高之序已有建國親諸侯爲之廣大故指言申伯焉由其任賢使能故得周室中興中興之事於經無所當也

天生烝民有物有則民之秉彝好是懿德烝衆物事則法彝常懿美也。箋云秉執也天之生衆民其性有物象謂五行仁義禮智信也其情有所法謂喜怒哀樂好惡也然而民所執持有常道莫不好有美德之人。彝音夷好呼報反注皆同知音智樂音洛惡烏路反

天監有周昭假于下保茲天子生仲山甫仲山甫樊侯也。箋云監視假至也天視周王之政教其光明乃至于下謂及衆民也天安愛此天子宣王故生樊侯仲山甫使佐之言天亦好是懿德也書曰天聰明自我民聰明。假音格注同

疏「天生至山甫」。正義曰言天生其衆民使之心性有事物之象情志有去就之法既稟此靈氣而有所依憑故民之所執持者有常道莫不愛好是美德之人以爲君也民之所好如是天亦從民所好故天乃監視有周之王政教善惡見此周王其政教之光明乃行而施至於下民矣即王有懿德天亦愛之天乃安愛此天子之宣王乃爲之生樊侯仲山甫大賢之人使佐以興之。傳「烝衆至懿美」。正義曰烝衆則法夷常懿美皆釋詁文凡言萬物則萬事也故以物爲事。箋「秉執至之人」。正義曰秉執釋詁文以言好是懿德所好出於情性然上言有物有則即是情性之事物者身外之物有象於已則者已之所有法象外物其實是一從內外而異言之耳因經物則異文故箋分性情爲二性爲五性情爲六情以充之五性本於五行六情本於六氣洪範五行水火金木土禮運曰人者天地之心五行之端是人性法五行也昭元年左傳曰六氣陰陽風雨晦明也昭二十五年左傳民有好惡喜怒哀樂生于六氣是六情法六氣也孝經援神契曰性者生之質命者人所稟受也情者陰之數精內附著生流通也又曰性生於陽以理執情生於陰以繫念是性陽而情陰五

行謂仁義禮智信者鄭於禮記之說以爲木行則仁金行則義火行則禮水行則智土行則信是也六情有所法者服虔左傳之注以爲好生於陽惡生於陰喜生於風怒生於雨哀生於晦樂生於明是也此數情有六經傳亦多言六情唯禮運云何謂人情喜怒哀懼愛惡欲七者弗學而能獨言七者云是其正彼依附而異文耳愛即好也欲即樂也懼蓋怒中之別出已情爲怒聞彼怒而懼是怒之與懼外內相依以爲彼此之異故分之爲七大意猶與此同也人之情性共稟於天天不差忒則人亦有常故民所執持有常道莫不好美德之人下句言天見民意好此美德故天亦愛此天子之事此言好美德之人謂好之以爲君也若然物以同聲相應人以同志相親聖明之君乃愛賢臣無道之世惡人得寵古先帝代莫不盡然君既如此則民亦如之惡人當愛惡君矣而云同好美德之人者人之本意皆欲愛善雖則逐臭之夫當時不以爲惡但識鑒不同謂爲善耳未有故知是其惡而愛之者也且民之愛君爲被其政教雖則愚民亦知愛善君矣。傳「仲山甫樊侯」。正義曰言仲山甫是樊國之君爵爲侯而字仲山甫也周語稱樊仲山甫諫宣王是山甫爲樊國之君也韋昭云食菜於樊僖二十五年左傳說晉文公納定襄王王賜之樊邑則樊在東都之畿內也杜預云經傳不見畿內

之國稱侯男者天子不以此爵賜畿內也如預之言畿內本無侯爵傳言樊侯不知何所案據。箋監視至聰明。正義曰監視假至釋詁文上句言民好有德之君故以此明至於下爲周之政教光明至於天下正謂宣王政教明也但天子之文見於下句故直言有周耳上言民好有德此言天愛宣王爲生賢佐言天亦好是懿德亦猶民也引書曰者泰誓文也彼注云天之所謂聰明有德者由民也言天所善惡與民同引之者証天從民意也案序云任賢使能周室中興是由有賢臣佐王政始得光明此文乃言山王政教光明天乃爲生賢佐先後不同者宣王之明與山甫之賢皆是上天爲之山甫之年未必不長於宣王非是宣王既明始生山甫但作者見明君而有賢臣爲天愛王之勢非實事也

仲山甫之德柔嘉維則令儀令色小心翼翼箋云嘉美令善也善威儀善顏色容貌翼翼然恭敬**古訓是式威儀是力天子是若明命使賦**古故訓道若順賦布也箋云故訓先王之遺典也式法也力猶勤也勤威儀者恪居官次不解于位也是順從行其所爲也顯明王之政教使羣臣施布之。道音導解佳賣反本又作懈下文匪解同

疏　仲山甫至使賦。正義曰上言天生山甫此言生而有則又能善其動止之威儀善其容貌之顏色又能慎小其心翼翼然恭敬既性行如是至於爲臣則以古昔先王之訓典於是遵法而行之在朝所爲之威儀於是勤力而勉之以此人隨天子之所行於是從行而順之既天子爲善山甫順之故能顯明王之教命使羣臣施布行之羣臣奉行王命由於山甫故得爲此明君中興周室。傳古故至賦布。正義曰古是舊故之義故以古爲故也訓道釋詁文若順釋言文賦與人物是布散之義故以賦爲布也。箋故訓至布之。正義曰古訓者故舊之道故爲先王之遺典也是力者勤力爲之故云勤威儀者恪居官次謂恒常恭敬居於官之次舍不解怠於其職位也恪居官次襄二十三年左傳云不解于位假樂篇也是順謂從其所爲言君須爲善從君之意以成善事也顯明王之政教使羣臣施布之身爲大臣故得使在下者布行王政也

王命仲山甫式是百辟纘戎祖考王躬是保戎大也箋云戎猶女也躬身也王曰女施行法度於是百君繼女先祖先父始見命者之功德王身是安使盡心力於王室。辟音璧**出納王命**

王之喉舌賦政于外四方爰發喉舌冢宰也箋云出王命者王口所自言承而施之也納王命者時之所宜復於王也其行之也皆奉順其意如王口喉舌親所言也以布政於畿外天下諸侯於是莫不發應。出納並如字納亦作內音同喉音侯應應對之應

疏　王命至爰發。毛以爲王命此仲山甫曰汝可以爲長官施其法度於是天下之百君當繼而光大爾之祖考又奉承汝王之身於是而安寧之仲山甫既受命爲官乃施行職事於是出納王之教命王有所言出而宣之下有所爲納而白之作王之咽喉口舌布其政教於畿外之國政教明美所爲合度四方諸侯被其政令於是皆發舉而應之美其出言而善人皆應和也。鄭唯戎字爲異餘同。箋戎猶至王室。正義曰戎之爲大雖是正訓於理不愜故易以爲汝汝施法度於是百君謂百辟卿士通畿外諸侯下云賦政于外明百辟之言兼畿外矣言纘汝先祖明其先有功先祖有功必是始封之君故云始見命者之功德也言盡心力於王室者發舉由心施行在力令盡心力使爲至忠也。傳喉舌冢宰。正義曰上句云式是百辟與百君爲法則王朝上卿故爲冢宰舜命龍作納言云出納朕命彼特立納言之官以典王命出入即今之納言也與此出納王命者

異。箋出王至發應。正義曰以出從於王故爲王口所自言納自外來故爲時之所宜復於王復白也太宰職曰王視治朝則贊聽治注云治朝在路門外羣臣治事之朝王視之則助王平斷焉是出王命也又曰歲終則令百官府各正其治受其會聽其政事而詔王廢置注云平其事來至者之功狀而奏白王是納王命也宰夫掌諸臣之復注云復之言報也反也反報於王謂朝廷奏事是謂奏事爲復也天下諸侯於是莫不發應即易所謂出其言善千里之外應之是也。

肅肅王命仲山甫將之邦國若否仲山甫明之將行也箋云肅肅敬也言王之政教甚嚴敬也仲山甫則能奉行之若順也順否猶臧否謂善惡也。否音鄙惡也注同舊方九反王同云不也。**既明且哲以保其身夙夜匪解以事一人**箋云夙早夜莫匪非也一人斥天子。莫音暮

疏　肅肅至一人。正義曰肅肅然甚可尊嚴而畏敬者是王之教命嚴敬而難行者仲山甫則能奉行之畿外邦國之有善惡順否在遠而難知者仲山甫則能顯明之能內奉王命外治諸侯是其賢之大也既能明曉善惡且又是非辨知以此明哲擇安去危而保全其身不有禍敗又能早起夜

夙非有懈惰之時以常尊事此一人之宣王也

人亦有言柔則茹之剛則吐之箋云柔猶濡毳也剛堅強也剛柔之在口或茹之或吐之喻人之於敵彊弱○茹音汝又如庶反廣雅云食也濡如朱反一音如宛反毳昌銳反本又作脆七歲反彊其良反下同或其丈反

維仲山甫柔亦不茹剛亦不吐不侮矜寡不畏彊禦矜古頑反

【疏】人亦至彊禦○正義曰上既言明哲勤事此又言其發舉得中人亦有俗諺之常言說人之恒性莫不柔濡者則茹食之堅剛者則吐出之喻見前敵寡弱者則侵侮之彊盛者則避畏之言凡人之性莫不皆然維有仲山甫則不然雖柔亦不茹雖剛亦不吐不欺侮於鰥寡孤獨之人不畏懼於彊梁禦善之○不侮不畏即是不茹不吐既言其喻又言其實以充之茹者敢食之名故取菜之入口名爲茹祀稱茹毛亦其事也○

人亦有言德輶如毛民鮮克舉之我儀圖之儀宜也箋云輶輕儀匹也人之言云德甚輕然而衆人寡能獨舉之以行者言政事易耳而人不能行者無其志也我與倫匹圖之而未能爲也我吉甫自我也○輶餘久反又音由鮮息淺反我義毛如字宜也鄭作儀儀匹也易以豉反

維仲山甫舉之愛莫助之愛隱也箋云愛惜也仲山甫能獨舉此德而行之惜乎莫能助之者多仲山甫之德歸功言耳

衮職有闕維仲山甫補之有衮冕者君之上服也仲山甫補之善補過也箋云衮職者不敢斥王之言也王之職有闕輒能補之者仲山甫也○衮古本反冕服名

【疏】人亦至補之○毛以爲人亦有俗諺之常言德之在人此於無德之時非復益重其輕如毛然其輕如毛行之甚易要民無其志寡能舉行之者我以人之此言實得其宜乃圖謀之觀誰能行德維仲山甫獨能舉此德而行之其德義深遠而隱莫有能助行之者山甫既無人助獨行之耳故服衮冕之人職事有所廢闕維仲山甫能補益之以此故可任用以致中興○鄭唯儀爲匹愛爲惜爲異餘同○箋輶輕至自我○正義曰輶輕釋言文儀匹釋詁文然則鄭讀爲儀故以爲匹以言圖之當與前人共謀故易傳也表記稱仁之爲器也重其爲道也遠舉者莫能勝也行者莫能致也則德當重矣而云輕如毛者若論德所施行實爲重大若言在人身體則於人不重故爲輕也言如毛者舉輕物以喻其輕之甚耳其實輕於毛也故中庸引此云毛猶有倫是怪其所比爲重也舉者提持之言既以重輕爲喻故以舉言之舉謂施行之故云舉之以行既引人言乃云我圖故知我吉甫自我也○傳愛隱○正義曰釋言文○箋愛惜至言耳○正義曰愛者悋惜之言故爲惜也惜其無助則爲嘆傷之深故易傳也宣王之臣賢者多矣而云莫能助之辭爲太甚故云多山甫之德歸功言之也○傳有衮至補過○正義曰傳以天子之服其名多矣而獨言衮職之意以衣服之中有衮冕者是人君之上服故舉衮以表君也君然天子以大裘之冕爲尊故覲禮謂衮冕爲裨冕而言上服者以大裘之冕無旒事天乃服以示質耳非與人君行禮之正衣故以衮爲上也善補過者易繫辭文言善補衮職之人過也宣二年左傳引此乃云能補過也○箋衮職至山甫○正義曰衮職實王職也不言王而言衮不敢指斥而言猶律謂天子爲乘輿也王之職有缺輒能補之謂有所不可則諫爭之○

仲山甫出祖四牡業業征夫捷捷每懷靡及言述職也業業言高大也捷捷言樂事也箋云祖者將行犯軷之祭也懷私爲每懷仲山甫犯軷而將行車馬業業然動衆行夫捷捷然至仲山甫則戒之曰既受君命當速行每人懷其私而相稽留將無所及於事○捷在接反軷步葛反道祭也

四牡彭彭八鸞鏘鏘王命仲山甫城彼東方東方齊也古者諸侯之居逼隘則王者遷其邑而定其居蓋去薄姑而遷於臨菑也箋云彭彭行貌鏘鏘鳴聲以此車馬命仲山甫使行言其盛也○將七羊反本亦作鏘同逼本亦作偪彼側反隘於懈反菑側其反臨菑地名

【疏】仲山甫至東方○正義曰既言在內佐王又說外行述職言仲山甫既受王命將欲適齊出於國門而爲祖道之祭正陳車騎而人觀之見其所乘之駟牡業業然動而高大所從衆人之行夫捷捷然敏而樂事於其祖而既餞仲山甫則戒其從人曰爾等既受君命當須速行若每人懷其私而相稽留將無所及於事也既戒乃乘其駟牡之馬彭彭然而行八鸞之聲又鏘鏘然而鳴所以爲此行者王命仲山甫以此車馬令乘之而行往築城於彼東方之國謂使之城齊也○傳言述至樂事○正義曰仲山甫爲王之卿士職當省諸侯言此出行者述其卿士之職也業業動之貌言高大者見其高大而動故業業然捷捷者舉動敏疾之貌行者或苦於役則舉動遲緩故言捷捷以見其勸樂於事也○箋祖者至於事○正義曰以行者既祖乃卽於路故云將行犯軷而祭也每懷靡及在征夫之下而與皇皇者華文同故亦依彼取外傳而經

破之云懷私爲每懷此征夫是山甫從人故知山甫戒之恐其無及於事也皇皇者華傳以懷爲和箋破和爲私以申傳意其義不異於傳故知此箋之意亦與傳同也但毛傳省略彼王肅爲之作說亦云已與毛同未知誰得毛旨此亦當然王肅云仲山甫雖有柔和明知之德猶自謂無及傳意未必不然也○傳東方至臨菑○正義曰下言徂齊故知東方齊也又解王命城齊之意由古者諸侯之居逼隘則王者遷其邑而定其居時齊居逼隘故王使仲山甫往城而定之也既言所定不知定在何處故云蓋去薄姑而遷於臨菑也毛時書籍猶多去聖未遠雖言蓋爲疑辭其當有所依約而言也史記齊世家云獻公元年徙薄姑都治臨菑計獻公當夷王之時與此傳不合遷之言未必實也○箋彭彭至其盛○正義曰承上出祖之後則是在道之事故以彭彭爲行貌馬動則鸞鳴故言鏘鏘爲鳴聲也既言車馬乃云王命明王以此車馬命山甫使行以王命所賜而作者言其貌狀如是言其車馬之盛

四牡騤騤八鸞喈喈仲山甫徂齊式遄其歸騤騤猶彭彭也喈喈猶鏘鏘也遄疾也言周之望仲山甫也箋云望之故欲其用是疾歸○騤求龜反喈音皆**吉甫作誦穆如清風**

詩疏十八之三　七

仲山甫永懷以慰其心清微之風化養萬物者也箋云穆和也吉甫作此工歌之誦其調和人之性如清風之養萬物然仲山甫述職多所思而勞故述其美以慰安其心【疏】四牡至其心○正義曰此言周人欲山甫之速歸并說已作詩之意言仲山甫乘王命之四牡騤騤然壯健八鸞之聲喈喈然而鳴仲山甫乘此車馬以往於齊周人欲山甫用此壯健車馬疾其在路而早歸也山甫既行役如此故我吉甫作是工師之誦其調和人之情性如清微之風化養萬物使之日有長益也以仲山甫述職日月長久而多所思故述其美以慰安其心欲使之自忘勞也○傳騤騤至山甫○正義曰此所陳者還是上之車馬故猶之也釋詁云遄速即疾也欲使之速歸者言山甫有德周人愛之不用使久在於外故云式遄其歸言周人思望仲山甫也○傳清微至萬物○正義曰解詩而比風之意以清微之風化養萬物故以比清美之詩可以感益於人也清微者言其不暴疾也化養萬物謂谷風凱風也○箋穆和至其心○正義曰穆是美之貌故爲和也穆下即云如清風是穆爲清之用故和爲調和人之性也

烝民八章章八句

卷第十八（十八之三）

毛詩注疏挍勘記（十八之三）

阮元撰盧宣旬摘錄

○崧高

知非三公必兼六卿 閩本明監本毛本同案浦鏜云三公下疑脫者以三公四字是也

皆以賢知 小字本相臺本同案釋文云知音智本或作哲正義本是知字故易爲智字而說之

維是四岳之山 閩本明監本毛本同案岳當作嶽此寫者以岳爲嶽之別體而改之耳下同

王者當詔之變 閩本明監本毛本詔作爲案所改是也

言北岳降神 閩本明監本毛本同案浦鏜云北當山字誤是也

張揖廣推云 閩本明監本毛本同案浦鏜云雅誤推是也

明不偏指一山 閩本明監本毛本同案山井鼎云偏恐徧誤是也

是功德爲事 閩本明監本毛本同案浦鏜云德當得字誤是也

箋云庸功也 小字本相臺本同案此釋文本也釋文庸下云鄭云功也可證正義云庸勞釋詁文標起止云箋庸勞是其本作勞也

詩疏十八之三挍勘記　十六

牧手又反又如字 【補】通志堂本盧本同釋文挍勘云按牧字不得有手又反之音蓋大字作井收與正義本作井牧絕異也後人用正義改大字耳井收謂井田所收也

二王治事 小字本相臺本二作貳閩本明監本毛本同案此寫者以二爲貳之別體而誤也

箋治者至賦斂 閩本明監本毛本治者誤徹治斂作稅案稅字是也

俶本又作併 【補】釋文挍勘記通志堂本同盧本併作㑣云㑣舊譌併案所改是也山井鼎云併恐㑣字

寢人所處廟神亦有寢 閩本明監本毛本同案廟下浦鏜云脫神所處三字是也

往近王舅 唐石經小字本相臺本同案此正義本也正義標起止云傳近已下云以命往之國不復得與之相近故轉爲已唐石經之所本也釋文云近音記六經正誤云說文作釿今作近音記字誤作近不敢改其說是也釋文當

本作迒今亦作近者後人改之耳近不得音記段玉裁云此借迒爲已詳詩經小學正義本唐石經皆誤也

箋云近辭也　小字本相臺本同案此釋文本也釋文近下云毛已也鄭辭也是其證正義本未有明文今無可考段玉裁云此傳謂迒者已之假借箋申之曰已辭也讀如彼記之子之記見王風鄭風箋蓋已記忌迒其五字同已仍作近誤

特言賜之以作爾　閩本明監本毛本爾下有賓字案所補是也

以峙其粻　小字本相臺本同唐石經損案此正義本也正義云俗本峙作時者誤也釋文云以時如字本又作峙直紀反兩通時即峙字之譌正義之意以爲峙具字不從田故曰誤

贈增也　小字本相臺本同案此正義本也正義云凡贈遺者所以增長前人贈之則使富增於本贈之言使行增於善故云贈增也釋文云贈送也詩之本皆爾鄭王申毛並同崔集注本作贈增也崔云增益申伯之美考渭陽傳云贈送也此傳亦然故箋云送之也女曰雞鳴韓奕箋皆云贈送也集注本非當以釋文本爲長○按舊挍未確

○烝民

夷常懿美皆釋詁文　閩本明監本毛本夷作彝案所改非也依此當是正義本經是夷字與孟子所引同潛夫論亦引作夷故又破爾雅彝爲夷也釋文唐石經皆作彝與正義本不同耳閩本以下改去此夷遂不復有知正義本作夷者矣

云是其正　閩本明監本毛本同案補鏜云云當六字誤是也

襄二十三年左傳云　閩本明監本毛本同案山井鼎云云恐文誤是也

聽其政事而詔王廢置　閩本明監本毛本同案山井鼎云政作致爲是是也

不畏懼於彊梁禦善之　閩本明監本毛本之下有人字案所補是也

茹者敢食之名　閩本明監本毛本同案山井鼎云敢恐噉誤是也

我儀圖之　唐石經小字本相臺本同案釋文云我義毛如字宜也鄭作儀儀匹也正義云儀匹釋詁文然則鄭讀爲儀故以爲匹考此知釋文正義二本字皆作義鄭以義爲儀之假借耳未嘗改爲儀也唐石經乃竟作儀字誤

正陳車騎而人觀之　閩本明監本毛本同案補鏜云正疑止字誤是也泉水正義作止

而經破之云　閩本明監本毛本同案山井鼎云經恐徑誤是也

如是言其車馬之盛　閩本明監本毛本同案補鏜云如當知字誤是也

以慰其心　唐石經小字本同閩本明監本毛本同相臺本其誤我

附釋音毛詩注疏卷第十八

毛詩大雅　鄭氏箋　孔穎達疏

韓奕尹吉甫美宣王也能錫命諸侯梁山於韓國之山最高大爲國之鎮所望祀焉故美大其貌奕奕然謂之韓奕也梁山今左馮翊夏陽西北韓姬姓之國也後爲晉所滅故大夫韓氏以爲邑名焉幽王九年王室始騷鄭桓公問於史伯曰周衰其孰興乎對曰武實昭文之功文之祚盡武其嗣乎武王之子應韓不在其晉乎○奕音亦韓姬姓國也梁山奕奕然爲韓國之鎮故曰韓奕翊音翼騷素刀反動也祚徂路反【疏】韓奕六章章十二句至諸侯○正義曰韓奕詩者尹吉甫所作以美宣王也美其能錫命諸侯謂賞賜韓侯命爲侯伯也不言韓侯者欲見宣王之所錫命非獨一國而已故變言諸侯以廣之錫謂興之以物二章是也命謂授之以政首章是也經序倒者經先言受命以顯其美序先言賜者欲見命亦是賜春秋有來錫公命是命爲賜也三章言公侯得賜而歸四章說其娶妻之事五章言其得妻之田卒章言欲得命歸國施行政事既美其人言汎及之主爲錫命而作故序言錫命以揔之○箋梁山至晉乎○正義曰此經雖有韓有奕而文非共句故解其名篇之意也知梁山於韓國之山最高大者以韓後屬晉釋山云梁山晉望也孫炎曰晉國所望祭也晉爲大國尚以爲望明於韓地最高大也夏官職方氏每州皆云其山鎮曰某山是其大者謂之爲鎮故知梁山爲韓國之重鎮也禮諸侯之於山川在其地祭以祈福山必望而祀之故云所望祀焉經云奕奕梁山是美其貌奕奕然以其韓國之奕故謂其篇爲韓奕也又辨其處云今在左馮翊郡夏陽縣之西北也漢於長安畿內立三郡謂之三輔京兆在中馮翊在東扶風在西外郡之長謂之太守此三輔者謂之京兆尹左馮翊右扶風左右猶外郡之名太守也計此止須言馮翊耳不須言左但漢書稱馮翊扶風之人皆并言左右故鄭亦連言左范曄後漢書始於馮翊扶風之人不言左右耳以前皆并言左右服虔左傳解贊云右扶風賈君是也又辨韓國興滅之由襄二十九年左傳說晉滅諸國云霍揚韓魏皆姬姓也以此知韓是姬姓之國後爲晉所滅也此韓是武王之子以卒章之傳已言韓侯之先祖武王之子故直辨其姬姓也故大夫韓氏以爲邑名焉謂食邑於韓以韓爲氏也桓三年左傳云曲沃武公伐翼韓萬御戎服虔云韓萬晉大夫曲沃桓叔之子莊伯之弟晉爲大夫以韓爲氏也襄昭之間有韓宣子六國之韓王是此韓爲之後也晉之滅韓未知何君之世宣王之時韓爲侯伯武公之世萬已受之蓋晉文侯輔平王爲方伯之時滅之也故韋昭云近宣王時命韓侯爲侯伯其後爲晉所滅以爲邑以賜桓叔之子萬是爲韓萬則其亡在平王時也幽王九年以下皆鄭語文韋昭云騷謂適庶交爭也武武王也文王子孫魯衛是也祚盡謂衰也嗣繼也武王子孫當繼之而興不在者言不在應韓當在晉也引此者證幽王之時韓仍在也彼先言桓公之問史伯之對下言九年王室始騷此引之而與彼文倒者彼文先說史伯之言於後歷陳事驗故始騷之文列之於後此則畧取其意辨其問荅之年故進之於上

奕奕梁山維禹甸之有倬其道韓侯受命奕奕大也甸治也禹治梁山除水災宣王平大亂命諸侯有倬其道有倬然之道者也受命受命爲侯伯也箋云梁山之野堯時俱遭洪水禹甸之者決除其災使成平田定貢賦於天子周有厲王之亂天下失職今有倬然者明復禹之功者韓侯受王命爲侯伯○甸毛徒遍反鄭繩證反或云鄭亦徒遍反倬陟角反明貌韓詩作晫音義皆同**王親命之纘戎祖考無廢朕命夙夜匪解虔共爾位**戎大虔固共執也箋云戎猶女也朕我也古之恭字或作共○解音懈共毛九勇反鄭音恭云古恭字**朕命不易榦不庭方以佐戎辟**庭直也箋云我之所命者勿改易不行當爲不直違失法度之方作楨榦而正之以佐助女君女君王自謂也○榦古旦反辟音壁君也爲于僞反楨音貞【疏】奕奕至戎辟○毛以爲此奕奕然高大之梁山其傍之野本遭洪水之災維爲禹所治之謂決除其災使成平田而貢賦於天子也今居其地復禹之功有倬然著明其道德者韓侯也韓侯以此明德受天子之命爲侯伯也王身親自命之云汝當紹繼光大其祖考之舊職復爲侯伯以繼先祖無得弃我之教命而不用之其在職也當早起夜臥非有解怠用心堅固執持汝此侯伯之職位我之所命汝者不得改易而不行以此爲楨榦有違道不直之方以此佐助汝大君之天子此是王命辞之畧也○鄭以甸爲乘甸之甸戎爲汝共爲恭敬言繼汝祖考之舊職恭於汝職以助汝君爲異餘同○傳奕奕至侯伯○正義曰以其言山之形而云奕奕故知大也甸者田也治爲平田故云甸治大禹之功功在治水故知治梁山除水災謂治山傍之地有水之處使成平田也又本韓侯受命之意宣王平大亂謂

平定厲王之亂政而命諸侯謂擇諸侯賢者而命之故有倬然之道者韓侯受命爲侯伯也以其命之使榦不庭方又言因以其伯故知爲侯伯謂爲州牧也以其言奄受北國知非東西大伯也言宣王平大亂者本其命諸侯所由耳不以平亂比治水也○箋梁山至侯伯○正義曰以言其甸之施於平地之辭故言之野言梁山者表韓國所在亦猶信彼南山其意在於原隰也言俱遭洪水者堯時洪水非獨梁山之傍梁山與天下俱遭之耳見禹之所治不獨梁山上言禹治梁山下言韓侯受命則維禹甸之言亦爲韓侯而發信南山維禹甸之之下云曾孫田之美成王能復禹之功然則此維禹甸之之下又云有倬其道亦美韓侯復禹之功也禹與成王俱爲天子養民之情既同其功可以相復今韓侯非禹之類而亦言復禹功則所復之事有異於成王故箋辨之禹能決除其災使成平田定其貢賦於天子今韓侯居禹所治之地修理其田供其貢賦於天子禹定其制韓侯奉行以此爲復禹之功也周有厲王之亂天下失職謂諸侯不修臣職不貢賦也今有倬然著明之道復禹之功謂韓侯修臣職奉貢賦也下云介圭入覲即是著明之事韓侯以此著明故得受命爲侯伯有倬然受命皆是韓侯之事韓侯之文處其中使得上下俱兼也以信南山之箋甸爲田甸之知此使成平田定貢賦亦是上句之也定本集注貢賦上皆無定字○傳戎大虔固共執○正義曰皆釋詁文彼唯共作拱耳傳讀爲拱故爲執也○箋朕我至作共○正義曰朕我釋詁文言古之恭字或作共則爲恭敬之義以爲恭字義強故易傳也○傳庭直○正義曰釋詁文

四牡奕奕，孔脩且張。韓侯入覲，以其介圭，入覲于王。脩長張大覲見也箋云諸侯秋見天子曰覲韓侯乘長大之四牡奕奕然以時覲於宣王覲於宣王而奉享禮貢國所出之寶善其尊宣王以常職來也書曰黑水西河其貢璆琳琅玕此覲乃受命先言受命者顯其美也○見賢遍反下同黑水西河一本黑上有書曰二字璆其樛反又其休反琳字又作玪音林孔安國云璆玪美玉也鄭注尚書云璆美玉玪美石琅音郎玕音干琅玕珠也

王錫韓侯，淑旂綏章，簟茀錯衡，玄袞赤舄，鉤膺鏤錫，鞹鞃淺幭，鞗革金厄。淑善也交龍爲旂綏大綏也錯衡文衡也鏤錫有金鏤其錫也鞹革也鞃軾中也淺虎皮淺毛也幭覆式也厄烏蠋也箋云王爲韓侯以常職來朝享之故多錫以厚之善旂旂之善色者也綏所引以登車有采章也簟茀漆簟以爲車蔽今之藩也鉤膺樊纓也眉上曰錫刻金飾之今當盧也鞗革謂轡也以金爲小環往往纏搤之○綏本亦作緌毛如誰反鄭音蕤簟徒點反茀音弗錯七各反雜也沈采故反舄音昔鏤音漏錫音羊鞹苦郭反皮去毛曰鞹鞃苦弘反沈又音弘亦作軾胡肱反又苦三同幭莫歷反一音蔑本又作幭同鞗音條鞗革謂轡也厄於革反蠋音蜀爾雅作蠋蠋桑蠋也韓子云大如指似蠶沈音蠋字爲于爲反朝直遙反藩方袁反本作蕃同樊步丹反搤於革反一本作厄

【疏】四牡至金厄○毛以爲上言王命韓侯乃由朝而得命故又本其來朝并言所賜之物言四牡之馬奕奕然其形甚長而且高大韓侯在道乘之將以入而朝覲也既行到京師乃以其所執之大圭入行覲禮而見於王王言其朝覲之得禮也王於是錫賚韓侯以美善所畫交龍之旂而建之竿其上又有大綏以爲表章以方文漆簟爲車之蔽錯置文采爲車之衡又賜身之所服以玄爲衣而畫以袞龍足之所屨配以赤色之舄馬則有金鉤之飾其膺亦有美飾謂樊纓也又以鏤金加於馬面之錫又以皮革鞹於軾中虎皮淺毛幭覆其軾鞗皮爲轡首之革此革之末以金飾之如厄蟲言韓侯有德見命而受此厚賜也○鄭以爲四牡高大者韓侯乘之以入京師行朝覲之禮既畢乃以其國所有寶王大圭

復入而享覲於王言以常職來朝依禮貢獻也又以綏章爲車上所引之綏有采章金厄爲小環纏搤之以此爲異餘同○傳脩長至覲見○正義曰禮稱廣脩皆謂長爲脩故脩爲長也物之小者張之使大若左傳稱張公室謂使公室強大是張爲大之義也諸侯秋見天子曰覲是覲爲見也毛於嵩高以介圭爲所執之瑞則此言介圭亦爲瑞也以其介圭入覲於王謂正行覲禮則上句言韓侯入覲其在路之時言其將欲入覲非正覲時也執圭入覲禮之常也而詩人言此者美韓侯之德能稱此命圭至京師而即得見王○箋諸侯至其美○正義曰諸侯秋見天子曰覲大宗伯有其事以朝者四時通名覲則唯是秋禮以非通名故特解之駁異義云朝通名也秋之言覲據時所用禮是鄭意以韓侯秋來見王時行覲禮也下云奄受北國則韓侯是北方諸侯而得秋覲王者諸侯之朝天子四方時節其文不明說周禮者賈逵以爲一方四分之或朝春或覲秋或宗夏或遇冬藩屏之臣不可虛方俱行故分趣四時助祭也馬融以爲在東方者朝春在南方者宗夏在西方者覲秋在北方者遇冬是由經無正文故先儒爲此二說鄭於大宗伯注云六服之内四方以時分來或朝春或宗夏或覲秋或遇冬名殊禮異更遞而徧秋官大行人注云六服以其朝歲四時分來更遞而徧二注並言

分來則是從賈之說一方而分爲四時也韓侯雖是北方諸侯其在北方爲西偏蓋於時分之使當秋覲也若然明堂位注云魯在東方朝必以春似東方諸侯皆朝春者正以彼記魯之祭禮云夏礿秋嘗冬烝獨無春祀明爲朝王闕之故云朝必以春魯在東方尤爲東偏蓋亦分之使春朝故嘗闕春祭也箋以經再云入覲故分之爲二韓侯人覲爲行覲禮入覲于王爲行享禮行享而云介圭則圭是爲享之物大行人陳諸侯見王之禮云廟中將幣三享注云享皆束帛加璧庭實惟國所有朝士儀曰奉國地所出重物而明臣職也是朝覲之禮既以朝禮見又以享禮見王故再云入覲也言三享者初享以馬若皮其餘以國地所有之物分之爲二以備三享享者獻也貢獻已國所出之寳是諸侯事天子之常禮故曰云善其尊宜王以常職來朝解其備言覲享之意也引書以者禹貢文彼注云球美玉也琳美石也琅玕珠也引此者以西河之地法當貢玉韓在西河之西故以介圭入覲介圭當是奇異之大玉可以爲圭璧也以所寳善圭故以圭爲衆寳之稱不必獨獻一圭也案禹貢黑水西河之下云惟雍州注云州界自黑水而東至於西河然則箋本云雍州貢球琳琅玕是矣不言雍州而云黑水西河者以禹貢大界略言所至地形不可如圖境界互相侵入且堯與周世州境不同命韓

侯言奄受北國則是北方之國非雍州也夏官職方氏正北曰幷州韓屬幷州矣以韓國實在西河而非雍州故唯得言西河不得言雍州也箋又怪其文倒故解之云此覲乃受命先言受命顯其美以受命爲美事故先言以顯之也○傳淑善至烏蠋○正義曰淑善釋詁文交龍爲旂司常文綏大綏者即王制所謂天子殺下大綏者是也天官夏采注云徐州貢夏翟之羽有虞氏以爲綏後世或無染鳥羽象而用之或以旄牛尾爲之綴於幢上所謂注旄於竿首者然則綏者即交龍旂竿所建與旂共一竿爲貴賤之表章故云綏章王肅云章所以爲表章也說文云鞹革也獸皮治去其毛曰革是鞹者去毛之皮也軾者兩較之間有橫木可憑者也淺爲軾中蓋相傳爲然言鞹鞃者蓋以去毛之皮施於軾之中央持車使牢固也幭字禮記作幦周禮作複字異而義同玉藻言羔幦鹿幦春官巾車言犬複豻複皆以有毛之皮爲幦此云淺幭則以淺毛之皮爲幭也獸之淺毛者唯虎耳故知淺是虎皮淺毛者月令其蟲倮注云虎豹之屬恒淺毛是虎爲獸中之最淺毛者也此幭與天官冪人之字異其義亦同彼冪人之官掌以巾冪覆器是冪爲覆蓋之名少儀說御車之法云負良綏申之面拖諸幦前授綏而云拖諸幦則在軾上故知覆軾也禮注謂之覆軨軨即軾傍之立木此幭亦覆之上

故彼此各言其一也厄烏蠋釋蟲文郭璞曰大蟲如指似蠶韓子云蠶似蠋毛以厄爲厄蟲則金厄者以金接轡之端如厄蟲然也○箋王爲至嗌之○正義曰旂雖同畫交龍而爲之有惡有善故曰善旂旂之善者以此經所陳其事各別若綏是大綏則共旂一物淑旂可以兼之不應重出其文故易傳以綏爲所引登車者即少儀所謂執君之乘車僕者負良綏注云良綏君綏是也此綏是升車之索當以采絲爲之故云綏章謂有采章也茀者車之蔽簟者席之名言簟茀正是用席爲蔽而知漆簟以爲車蔽者以巾車云王之喪車五乘皆有蔽其一曰木車蒲蔽未有采飾其五曰漆車藩蔽既以漆爲車名明藩亦漆之故注云漆席以爲之此車禪所乘也禪將即吉尚以漆席爲茀明吉車之等漆之也鉤膺樊纓者以膺文連鉤與巾車金路鉤樊纓同故知膺者見膺上有飾即樊纓是也巾車注云鉤婁頷之鉤樊讀如鞶帶之鞶謂今馬大帶纓今馬鞅鉤以金爲之樊及纓皆以五采罽飾之案釋言云氂罽也郭璞云氂音貍今人曰氂謂毛也罽胡人績羊毛而作然則罽者織毛爲之若今之毛氍毹以衣馬之帶鞅也知五采罽者以之爲飾明雜色也風有子之清揚抑若揚兮是揚者人面眉上之名故云眉上曰錫人既如此則馬之鏤錫施鏤於揚之上矣釋器云金謂之鏤故知刻金爲飾

若今之當盧巾車注亦云錫馬面當盧刻金爲之所謂鏤錫當盧者當馬之額盧在眉眼之上所謂鏤錫指此文也案巾車王路錫樊纓金路鉤樊纓注云金路無錫有鉤討王路非賜臣之物此言鉤膺必金路矣而得有鏤錫者蓋特賜之使得施於金路也釋器云轡首謂之革故知鞗革謂轡也此不言如厄則非比諸外物不得爲蟲故易傳以金爲小環往往纏搤之往往者言其非一二處也

韓侯出祖，出宿于屠。顯父餞之，清酒百壺。屠地名也顯父有顯德者也箋云祖將去而犯軷也既覲而反國必祖者尊其所往去則如始行焉祖於國外畢乃出宿示行不留於是也顯父周之公卿也餞送之故有酒○屠音徒父音甫本亦作甫注同

其殽維何？炰鼈鮮魚。其蔌維何？維筍及蒲。其贈維何？乘馬路車。蔌菜殽也筍竹也蒲蒲蒻也箋云炰鼈以火熟之也鮮魚中膾者也筍竹萌也蒲深蒲也贈送也王既使顯父餞之又使送以車馬所以贈厚意也人君之車曰路車所駕之馬曰乘馬○肴戶交反本亦作殽同炰鄭蒲交反徐甫九反鼈卑滅反蔌音速筍字或作笋恤尹反乘繩證反注同下百乘亦同蒻音弱膾古外反

籩豆有且，侯氏燕胥。箋云：且，多貌。胥，皆也。諸侯在京師未去者，於顯父餞之時，皆來相與燕，其籩豆且然，榮其多也。○且，子餘反，又七敘反。胥，思徐反，又思呂反。

【疏】正義曰：此言韓侯既受賜而將歸，在道餞送之事也。言韓侯出京師之門，爲祖道之祭，爲祖若訖，將欲出宿于屠地。於祖之時，王使卿士之顯父以酒餞送之，其清美之酒乃多至於百壺，言愛韓侯而送酒多也。於此餞飲之時，其殽饌之物維有何乎？維有以炰之鱉與可膾鮮魚也。其蔌菜之物維有何乎？乃有竹萌之筍及在水深蒲也。不但以酒送之，王又以物贈之。其贈之物維有何乎？乃有所乘之四馬與所駕之路車，言王以厚意送之也。其時所盛脯醢之籩豆有且然而多，其在京師未去之諸侯於是飲燕而皆在，言其愛樂韓侯，俱來餞送之也。○傳「屠地至德者」。○正義曰：以屠可止宿，故知地名。又解於時餞者當衆，而獨言顯父者，以顯父有顯德者，故特言之。父者，丈夫之稱。以有顯德，故稱顯父，廣言有美德者，非止一人也。○箋「祖將至有酒」。○正義曰：始行而爲祖祭者，爲尊其往也。反則自歸其國，非復所尊，而亦作祖祭，故解之云：尊其所往，故去則如始行焉；言其來爲尊王，歸亦謹慎，故反國亦爲祖祭也。祖與所宿不是一處，故云祖於國外，畢乃出宿。餞訖然後出宿，今出宿之文在餞之上者，示行不留於是也，故於祖之下即言出宿也。諸侯反國，爲王臣所送，送者唯卿士耳，故知顯父周之卿士也。送行飲酒曰餞，故云餞送之，故有酒，解其酒多之意也。○傳「蔌菜至蒲蒻」。○正義曰：蔌者，菜茹之揔名。釋器云：「菜謂之蔌。」故云蔌菜殽，對肉殽，故云菜殽，謂爲菹也。若平常蔌亦兼肉，故周易鼎卦云「鼎折足，覆公蔌」，鄭注以蔌爲八珍所用是也。天官醢人加豆之實有深蒲、筍菹，是菹有筍有蒲也。言筍竹萌，蒲蒻亦謂竹萌深蒲，但傳文略耳。○箋「炰鱉至曰乘馬」。○正義曰：案字書，炰，毛燒肉也。炰，烝也。服虔通俗文曰：「燥煮曰炰。」然則炰與炰別，而此及六月云炰鱉者，音皆作炰，然則炰與炰以火熟之，謂烝煮之也。新殺謂之鮮魚，餒則不任爲膾，故云鮮魚中膾者。六月云膾鯉，此云鮮魚，欲取魚字爲韻，因言鮮以見新殺也。筍，竹萌，釋草文。孫炎曰：「竹初萌生謂之筍。」蒲深蒲，謂蒲蒻入水深。醢人注云：「深蒲，蒲始生水中。」是也。陸機疏云：「筍，竹萌也。皆四月生，唯巴竹筍八月九月生，始出地，長數寸，鬻以苦酒豉汁浸之，可以就酒及食。蒲始生，取其中心入地，蒻大如匕柄，正白，生噉之甘脆，鬻而以苦酒浸之，如食筍法。」是說筍蒲菹之法也。贈者，以物送人之名，故云贈，送也。於酒殽之下始言其贈維何，則是王使人至餞飲之處贈之，故曰既使顯父餞之，又使送以車馬，所以贈厚意也。采菽及此言乘馬路車，皆以賜諸侯，故知人君之車曰路車，所駕之馬曰乘馬。又巾車五路，止云以封諸侯，不以賜人臣，其卿大夫以下則謂之服車，是人君謂之路車也。箴膏肓引采薇「彼路斯何？君子之車」，言大夫亦得爲路車者，以路名本施人君，因其散文，卿大夫亦得稱路耳。於卿大夫亦未有乘馬路車并言之者，故知唯於人君。言此者，以贈在餞之下，文與其殽其蔌相類，嫌是顯父所贈，卿大夫無乘馬路車之名，則非顯父贈之，言此以明車馬是王贈之意。○箋「且多至其多」。○正義曰：以配百壺，故知且爲多貌。胥，皆，釋詁文。言侯而不言韓侯，且韓侯一人，不足稱皆，故知侯氏燕胥，諸侯在京師未去者，於是之時皆來相與燕也。其籩豆且然，榮其多，言作者以多爲榮，故言有且也。

韓侯取妻，汾王之甥，蹶父之子。汾，大也。蹶父，卿士也。箋云：汾王，厲王也。厲王流于彘，彘在汾水之上，故時人因以號之，猶言莒郊公、黎比公也。姊妹之子爲甥。王之甥，卿士之子，言尊貴也。○取，七喻反，本亦作娶，下注同。汾，符云反。蹶，居衞反。彘，直例反。黎音離，又力兮反，又作黎。比音毗。梨比，莒君號也。

韓侯迎止，于蹶之里。里，邑也。箋云：于蹶之里，蹶父之里。百兩彭彭，八鸞鏘鏘，不顯其光。百兩，百乘。不顯，顯也。光猶榮也。氣有榮光也。○將，七羊反，本亦作鏘。

諸娣從之，祁祁如雲。韓侯顧之，爛其盈門。祁祁，徐靚也。如雲，言衆多也。諸侯一取九女，二國媵之。諸娣，衆妾也。顧之，曲顧道義也。箋云：媵者必娣姪從之，獨言娣者，舉其貴者。爛爛，粲然鮮明且衆多之貌。○娣，大計反。妻之女弟爲娣。從，才用反，注同，又如字。祁，巨移反。靚音靜，又才性反。媵音孕，又繩證反。曲顧，一本作回顧。道如字，又音導。

【疏】「韓侯至盈門」。○毛以爲既言韓侯能受王之賜命，因言韓侯有可美之事。言韓侯之娶妻也，乃娶得尊大天王之外甥，是卿士蹶父之子女。韓侯親自迎之於彼蹶父之邑里，其迎之時，則有百兩之車彭彭然而行，每車皆有八鸞之聲鏘鏘然而鳴也。車馬之盛，禮備如此，可謂不顯其禮之有光榮乎？言顯其有光榮也。其妻出於蹶父之門，諸娣隨而從之，其行徐靚，祁祁然如雲之衆多也。韓侯於是迴顧而視之，見其鮮明粲爛然，而其盈滿於蹶父之門也。此韓侯娶妻，未必受命之後始取，但作者先言受命，乃次及之耳。○鄭唯以汾王爲居汾水之王爲異，餘同。○傳「汾大至卿士」。○正義曰：釋詁云：「墳，大也。」傳音以墳、汾音同，故亦爲天也。王肅云：「大王，王之尊稱也。」知蹶父卿士者，以韓侯娶妻必於貴家蹶氏父字不書國爵則非諸侯下言靡國不到則是爲王聘使之人故知卿士也○箋汾王至尊貴○正義曰箋以汾作汾水之汾不得訓之爲大且作者當舉其實不宜濫言大王故以爲厲王在汾因號厲王爲汾王也左傳稱王流于彘於漢則河東永安縣也永安西臨汾水故云在汾水之上以其久在汾地時人因以號之猶言莒郊公黎比公亦以所居之地而號之也左傳於昭公之世有莒郊公襄公之世有黎比公箋先言郊公者以其文單令與莒相配使黎比蒙莒文也莒在東夷不爲君謚每世皆以地號公此外猶有茲丕公著丘公之等以二者足以明義不復徧引之也姊妹之子爲甥釋親文王肅雖申毛傳以汾王爲大王其意亦爲厲王之甥此無其文正以經稱汾王是指他王也若是宣王之甥當如上篇言王之元舅不宜別言王號故知非宣王之甥宣王之前唯厲王耳故箋傳之意皆以爲厲王○傳祁祁至道義○正義曰既言從之則祁祁如雲是行動之貌故以爲徐靚也莊十九年公羊傳曰媵者何諸侯娶一國則二國往媵之以姪娣從姪者何兄之子娣者何女弟也諸侯一娶九女是一娶九女二國媵之之事也衆妾之名有姪有娣有媵媵又自有姪娣其名不盡爲娣而言諸娣衆妾者箋云獨言娣者舉其貴以衆妾之中娣爲最貴故舉娣以言衆妾明諸

言可以兼姪娣也以君子不妄顧視而言韓侯顧之則於禮當顧故云曲顧道義謂既受女揖以出門及升車授綏之時當曲顧以道引其妻之禮義於是之時則有曲顧顧也本或曲爲回者誤也定本集注皆爲曲字

蹶父孔武，靡國不到。爲韓姞相攸，莫如韓樂。姞蹶父姓也箋云相視攸所也蹶父甚武健爲王使於天下國國皆至爲其女韓侯夫人姞氏視其所居韓國最樂○爲韓于僞反注同姞其一反又其乙反又音佶相息亮反注同樂音洛注及下文注同使所吏反【疏】傳姞蹶父姓○正義曰以婦人稱姓今以姓配夫之國謂之韓姞故知姞是蹶父之姓也○箋相視至最樂○正義曰相視釋詁文攸所釋言文蹶父爲王卿士人臣不得外交故知無國不到是爲王使也昏禮男先求女而蹶父爲女擇夫者禮陽倡陰和固當男行女隨但男女長幼賢愚當最敵取匹女家意相許可然後遣媒故女家亦擇男也天下之國多矣非一人所能盡到不必韓國之樂實能特勝他邦作者爲與奪之勢見深美之言耳

孔樂韓土，川澤訏訏，魴鱮甫甫，麀鹿噳噳，有熊有羆，有貓有虎。訏訏大也甫甫然大也噳噳然衆也貓似虎淺毛者也箋云甚樂矣韓之國土也川澤寬大衆魚禽獸備有言饒富也○訏況甫反魴音房鱮音序麀音憂噳愚甫反本亦作麌同熊音雄羆彼皮反貓如字又武交反本又作苗音同爾雅云虎竊毛曰虥貓虥音仕版反

慶既令居，韓姞燕譽。箋云慶善也蹶父既善韓之國土使韓姞嫁焉而居之韓姞則安之盡其婦道有顯譽○令力呈反使也又力政反命也王力政反善也燕於遍反又於顯反安也譽協句音餘

溥彼韓城，燕師所完。師衆也箋云溥大燕安也大矣彼韓國之城乃古平安時衆民之所築完○溥音普燕於見反注同徐云鄭於顯反王肅孫毓並烏賢反云北燕國完音桓○

以先祖受命，因時百蠻。王錫韓侯，其追其貊。奄受北國，因以其伯。韓侯之先祖武王之子也因時百蠻長是蠻服之百國也追貊戎狄國也奄撫也箋云韓侯先祖有功德者受先王之命封爲韓侯居韓城爲侯伯其州界外接蠻服因見使時節百蠻貢獻之往來後君微弱用失其業今王以韓侯先祖之事如是而韓侯賢故於入覲使復其先祖之舊職賜之蠻服追貊之戎狄令撫柔其所受王畿北面之國因

以其先祖侯伯之事盡予之皆美其爲人子孫能興復先祖之功其後追也貊也爲玁狁所逼稍稍東遷○追如字又都回反貊武伯反說文作貉云北方人也長張丈反令力呈反檢本亦作玁音險狁如字本亦作狁

實墉實壑，實畝實藉。實墉實壑言高其城深其壑也箋云實當作寔趙魏之東實寔同聲寔是也藉稅也韓侯之先祖微弱所受之國多滅絕今復舊職興滅國繼絕世故築治是城濬脩是壑井牧是田畝收斂是賦稅使如故常○實毛如字鄭作寔市力反下同壑火各反城池也濬音峻深也

獻其貔皮，赤豹黃羆。貔猛獸也追貊之國來貢而侯伯總領之○貔本亦作豼音毗即白狐也一名執夷草木疏云似虎或曰似熊遼東人謂之白羆【疏】溥彼至黃羆○正義曰此言韓侯既受賜歸國行政之事也可美大矣彼韓國所居之城乃於古昔平安之時天下衆民之所築完言其城有之已久矣宣王以此韓侯之先祖嘗受王命爲一州侯伯既治州內之國因又使之時節百蠻之國其有貢獻往來爲之節度也以韓侯先祖如此故今王賜韓侯北方有其追貊之夷狄亦令時節之也使之撫安其所受王畿北面之國因以其先祖爲侯伯之事而盡與之言韓侯之賢能復先祖舊職也既爲

侯伯以時節百蠻韓侯於是令其州內所有絕滅之國高築是城濬深是壑正是田畝定是稅籍皆使之復於故常又令百蠻追貊獻其貔獸之皮及赤豹黃羆之皮韓侯依舊法而總領之美韓侯之賢而王命得人也○箋溥大至築完○正義曰溥大釋詁文燕禮所以安賓故燕爲安也此言溥猶生民之言誕故云大矣爲歎美之辭韓城之言爲下而發則韓侯先祖亦居此城故知燕師所完是古昔平安之時衆民共築而完之據於時尚不毀壞故言完也本於古上或有太衍字也定本亦無太字○傳韓侯至奄撫○正義曰僖二十四年左傳曰邘晉應韓武之穆也是韓侯之先祖武王之子也以言先祖受命故本之始封之君言初爲韓君者受此侯伯之命也言因時百蠻者本立侯伯主治州內因主外夷故云因也因時百蠻者與百蠻爲時節是爲之宗長以總領之故云長此蠻服之百國也四夷之名南蠻北狄散則可以相通故北狄亦稱蠻也周禮要服一曰蠻服謂第六服也言蠻服謂蠻夷之在服中於周禮則夷服鎮服非周禮之蠻服也何則周禮蠻服猶在九州之內自當州牧主之非復時節而已且不得言因此言因時則非州內故知於周禮爲夷鎮之服卽大行人所云九州之外謂之蕃國是也臯陶謨云外薄四海咸建五長下曲禮云其在東夷北狄西戎南蠻雖大曰子

注云謂九州之外長也天子亦選其賢者以爲之子子猶牧也然則蠻夷之內自有長牧以領之而此又言中國之侯伯長之者夷中雖自有長而國在九州之外來則由於中國其時節早晚執贄多少之宜皆請於所近州牧由之而後至京以非專屬故云因時以其統之故稱長也知追貊戎狄之國者以貊者四夷之名論語云蠻貊之邦魯頌云淮夷蠻貊是貊爲貢名而追與之連文故知亦是戎狄此追貊是二種之大名耳其種非止一國亦是百蠻之大總也奄者撫有之言故以爲撫謂撫柔之也○箋韓侯至東遷○正義曰以韓侯先祖嘗爲侯伯以是之故命韓侯亦由韓侯有德能復祖舊業此一經皆言得王命復舊職之事爲下四句施政張本於先祖言因時百蠻則今命韓侯亦時百蠻也其追其貊貊卽是百蠻之國百蠻言因時則追貊亦因時也於韓侯言奄受北國則先祖亦受北國以文見於下故上空其文也末言因以其伯謂因以先祖伯事與之是今之韓侯盡復舊矣韓是武王之子其封當在成王之時其命爲侯伯或成或康未知定何時也因見使之時節百蠻明州界外接蠻服也時節百蠻貢獻往來謂來則使人致之於王往則使人送之返國制其貢獻之數而爲其來去之節也今王復命韓侯明是往前失職故云後君微弱用失其業謂不得爲侯伯也不知何世失之故漫言後君耳若使韓侯之先不爲侯伯今王未必命此韓侯若使此韓侯不賢自然王不賜命此則今古相須故云今王以韓侯先祖之事如是而韓侯賢故於入覲使復其先祖之舊職也上言百蠻下言追貊則知追貊卽百蠻故云賜之蠻服追貊之戎狄夏官職方氏正北曰幷州言受王畿北面之國當是幷州牧也以其先祖侯伯之事盡與之正謂撫北國時百蠻是侯伯之事盡得之也皆美其爲人子孫能興復先祖之功總解一經之意也言其後追也貊也爲玁夷所逼稍稍東遷者以經傳說貊多是東夷故職方掌四夷九貊鄭志答趙商云九貊卽九夷也又秋官貊隸注云征東北夷所獲是貊者東夷之種而分居於北故於此時貊爲韓侯所統魯頌云淮夷蠻貊莫不率從是於魯僖之時貊近魯也至於漢氏之初其種皆在東北於幷州之北無復貊種故辨之玁狁之最強故知爲玁夷所逼定本集注皆作玁狁字○傳實墉至其壑○正義曰墉者城也故云高其城壑卽城下之溝釋言云隍壑也舍人曰隍城池也壑溝也李巡曰隍城池壑也易泰卦上六城復于隍注亦云隍壑也○箋實當至故常○正義曰凡言實者已有其事可復實之今此方說所爲不宜爲實故轉爲寔訓之爲是也趙魏之東實寔同聲鄭以時事驗之也春秋桓六年州公寔來而左傳作實來是由

聲同故字有變異也宣十五年公羊傳曰什一而籍是籍爲稅之義也上論韓城既完則實墉實壑非韓之城壑自然是所部諸國之城壑也今言脩之明是往前絕滅今韓侯既復舊職而興繼之也厲王之時斬伐四國韓之所稅又近於此夷明有絕滅者也故美韓侯能築城脩壑治田收斂使如故常也若然州牧擇州中賢者爲之不必繼世爲牧韓之先祖自微他國當自爲之而得使諸侯絕滅者以夷厲之時天子不明亦無賢伯公羊傳所謂上無明天子下無賢方伯是也○傳貔猛至領之○正義曰釋獸云貔白狐其子穀郭璞曰一名執夷虎豹之屬陸機疏云貔似虎或曰似熊一名執夷一名白狐遼東人謂之白羆赤豹毛赤而文黑謂之赤豹毛白而文黑謂之白豹羆有黃羆有赤羆大於熊其脂如熊白而麤理不如熊白美也貔皮之上言獻其則豹羆亦獻之貔言皮則豹羆亦獻皮也禹貢梁州貢熊羆狐狸是中國之常貢此則北夷自以所有而獻之所謂各以貴寶也

韓奕六章章十二句

江漢尹吉甫美宣王也能興衰撥亂命召公

平淮夷。召公，召穆公也，名虎。○江漢，二水名。[疏]江漢六章章八句至淮夷。○正義曰：江漢詩者，尹吉甫所作以美宣王也。以宣王承厲王衰亂之後，能興起此衰撥治此亂。於時淮水之上有夷不服王命，其臣召公爲將，使將兵而往平定淮夷，故美之也。淮夷不服，是衰亂之事，而命將平定，是興撥之事也。此實平定淮夷耳，而言興衰撥亂者，見宣王之所興撥，非獨淮夷而已，故言興撥以廣之。經六章皆是命召公平淮夷之事。○箋召公召至名虎。○正義曰：經言召公，皆召康公也。嫌此亦爲康公，故辨之。經云王命召虎，是名虎也。於世本，穆公是康公之十六世孫。○

江漢浮浮，武夫滔滔。匪安匪遊，淮夷來求。浮浮，衆強貌。滔滔，廣大貌。淮夷，東國，在淮浦而夷行也。箋云：匪，非也。江漢之水合而東流浮浮然，宣王於是水上命將率，遣士衆，使循流而下滔滔然，其順王命而行，非敢斯須自安也，非敢斯須遊止也，主爲來求淮夷所處，據至其境，故言來。○滔，吐刀反。浦音普。夷行，下孟反。將，子匠反。帥，所類反，或作率。循流如字，本亦作順流。爲，于僞反，下主爲同。竟，竟境，本亦作境，同。○既出我車，既設我旟。匪安匪舒，淮夷來鋪。鋪，病也。箋云：車，

戎車也。鳥隼曰旟。兵至竟而期戰地，其日出戎車，建旟。又不自安，不舒行者，主爲來伐討淮夷也。據至戰地，故又言來。○鋪，普吳反。徐音孚。○[疏]江漢至來鋪。○正義曰：宣王之時，淮夷皆叛，王於是至江漢之水浮浮然合流衆強之處，親自命其將帥勇武之夫滔滔然多而廣大者，令之順此東流以行征伐。武夫既受王命，急趨其事，行也非敢斯須自安，非敢斯須遊止。所以不敢安遊者，以已本爲淮夷來求討伐之故也。既至淮夷之境，克期將戰，至於期日，此武夫既已自陳出我征伐之戎車，既已張設我將帥之旟以往對陣而戰，又非敢自安，非敢寬舒。所以不敢安舒者，以已主爲淮夷而來，當討而病之故也。言其肅將王命，所以克勝也。○傳浮浮至夷行。○正義曰：浮浮實江漢之貌，而言衆強者，以其合而東流，是水之衆而強大也。下云武夫洸洸，與此滔滔相類，傳以洸洸爲武貌，則此言滔滔廣大者，亦謂武夫之多大，故侯苞云衆至大也。禹貢導淮自桐柏，東入于海，其傍之民不盡爲夷，故辨之，云淮夷東國，在淮浦而爲東夷之行者也。知在東國者，禹貢徐州淮夷蠙珠，則淮夷在徐州也。春秋時淮夷病杞，齊桓公東會於淮以謀之，左傳謂之東畧，是淮夷在東國。昭四年，楚子會諸侯于申，而淮夷爲國號，其君之名姓則書傳無文。○箋江漢至言來。○正義曰：禹貢嶓冢導漾，

水東流爲漢，又東爲滄浪之水，過三澨，至于大別，南入于江。是至大別之南，漢與江合而東流也。漢書地理志大別在廬江安豐縣界，則江漢合處在揚州之境也。下云江漢之滸，王命召虎，故知宣王於是水上命將帥也。并云遣士卒者，明武夫之文兼有將帥也。宣王不於京師命之，而於江漢之上命者，蓋別有巡省，或親征至彼也。言順水流而下者，以水東流，兵亦東下，故云順流而下，非乘舟浮水而下也。滔滔，武夫之貌，非水之貌也。何則？士衆陸行，不在於水，故言非安非遊，不得云水之滔滔也。淮在江北，相去絕遠，夷在淮上，兵當適淮，而云順流下者，命將在江漢之上，蓋今廬江之左右，江自廬江亦東北流，故順之而行，將至淮夷，乃北行經之也。如此，則召公伐淮夷，當在淮水之南，營僞所伐淮夷，應在淮水之北，當淮之南北皆有夷也。淮夷來求，正是來求淮夷，古人之語多倒，故箋言來求淮夷所處，倒其言以曉人也。凡言來，據自彼至此之辭。今命將始往而言來求，故解之，據至淮夷之境，故言來，敘武夫之情言已來也。○傳鋪病。○正義曰：釋詁文。彼鋪作痡，音義同。○箋車戎至言來。○正義曰：鳥隼曰旟，春官司常文也。上言來求，已至淮夷之境，此承其下云出車設旟，明至境之後出之設之，是爲戰而言，故云兵至境而期戰地，至期日而出車建旟也。兵法止則有壘，謂從營壘而出陳之

也。旐旆無事則納之於弢，故將戰乃建之也。○江漢湯湯，武夫洸洸。經營四方，告成于王。洸洸，武貌。箋云：召公既受命伐淮夷，服之，復經營四方之叛國，從而伐之，克勝則使傳遽告功於王。○湯，書羊反。洸音光，又音汪。復，扶又反。傳，張戀反，以車曰傳。遽，其據反，以馬曰遽。鄭注玉藻云：以車馬給使。○四方既平，王國庶定。時靡有爭，王心載寧。箋云：庶，幸。時，是也。載之言則也。召公，忠臣，順於王命，此述其志也。○爭，爭鬭之爭。○[疏]江漢至載寧。○正義曰：上章既言臨戰，此又本其命已而言戰勝之事。言王初於江漢之水湯湯然流盛之處，命此勇武將帥之夫洸洸然武壯者，使之征伐。今既伐淮夷而克之，又以戰勝之威經營於四方之國，有不服者則從而伐之，每有所克，則使傳遽之驛告其成功於宣王也。召公既遣人告，又自言其事：今四方既已平服，王國之內幸應安定，時既無有叛戾乖爭者，我王之心於是則安寧矣。言王以四方不服，故遣已出伐，今王國既定，冀王心永安，是召公盡忠之言，述其志也。○箋召公至於王。○正義曰：上言來至戰地，此言經營四方，明是既戰而勝，乃經營四方之叛國也。下云王命召虎，式辟四方，是王本命之使

既克淮夷更討不服也言告成于王是有成而告故知伐之克勝使傳遽告王也玉藻云士曰傳遽之臣注云傳遽以車馬給使者也謂若今時乘驛遞傳而遽疾故謂之傳遽也知非召公親告王者以下章方云于疆于理則是召公未還且王國庶定是未見王之辭也故知使人告也

江漢之滸王命召虎式辟四方徹我疆土匪疚匪棘王國來極召虎召穆公也箋云滸水涯也式法疚病棘急極中也王於江漢之水上命召公使以王法征伐開辟四方治我疆界於天下非可以兵病害之也非可以兵急躁切之也使來於王國受政教之中正而已齊桓公經陳鄭之間及伐北戎則違此言者○滸音虎涯又音許疆居良反注及下同疚音救王命行伐一本作王法征伐兵操操音七刀反一本無兵字又一本兵操作急躁躁音早報反

于疆于理至于南海箋云于往也于於也召公於有叛戾之國則往正其境界脩其分理周行四方至於南海而功大成事終也○分符問反

【疏】江漢至南海○正義曰既言淮夷平定此又本其命辭言王在江漢之水上王親命召虎云汝當以王法開闢四方之國言有叛戾者皆征之使服又當治我疆界之土令之脩理土田使徧達四境其爲之也當優寬以禮所經之處非可以兵病害之所與戰者非可以兵急躁切之但以正道代之使於我王國來復從受其政教之中正而已召公既受此命已定淮夷復平叛戾之國往正其疆界往脩其分理周行四方至於南海言其功成事終稱王之命也○箋滸水至此言者○正義曰滸水厓釋水文疚病釋詁文棘急釋言文彼棘作悈音義同以王法行征伐謂以王者之正法不妄殺以爲功不譎詐以求勝也治我疆界於天下謂盡其土境正定其疆界也上言式辟四方則所爲者廣匪疚匪棘其事非一故以爲二事○可以兵病害之謂所遠之處不得厚斂資財使民困病也非可以兵急躁之謂所與對戰不得多所殺傷殘害民命也以病害急躁其言不同明此爲二事矣故引齊桓二事以反之經陳鄭之閒取左氏之說是病害之也及伐北戎取公羊之說是急躁之也宜王使行王法齊桓則用霸道霸道劣於王法故違此言僖四年左傳稱桓公率諸侯伐楚楚既與齊盟齊將還師陳轅濤塗謂鄭申侯曰師出於陳鄭之閒國必甚病若出於東方觀兵於東夷循海而歸其可也申侯曰善濤塗以告齊侯許之後知其詐而執之其意以齊侯所經之處多有徵發陳鄭二國當其軍道去既過之來又過之則民將困病故欲許之使出於東方是齊桓之兵病害人也莊三十年齊人伐山戎公羊傳曰齊侯也其稱人何貶曷爲貶子司馬子曰蓋以躁之爲已蹙矣何休云躁迫也已甚也蹙痛也蓋戰迫之而甚痛其意言齊桓殺傷過多甚可痛蹙是齊桓之兵急躁之也鄭言急躁意出於彼本或作慘感之者誤也定本云非可急躁切之公羊爲躁字則慘非也如彼年世之次先伐山戎後經陳鄭此倒其事者依此疚棘爲次耳○箋于往至事終○正義曰以召公承王命而往治之故以于爲往凡言至于明有從往之辭上言經營四方故知周行四方乃至於南海九州之外謂之四海至於南海則盡天子之境是其功大成由此成功故下章而賜之本或往下有于於二字衍也定本集注皆有于於二字有者是非衍也

王命召虎來旬來宣文武受命召公維翰旬徧也召公召康公也箋云來勤也旬當作營宣徧也召康公名奭召虎之始祖也王命召虎女勤勞於經營四方勤勞於徧疆理衆國昔文王武王受命召康公爲之楨榦之臣以正天下爲虎之勤勞故述其祖之功以勸之○來毛如字鄭音賚下同旬毛音巡又音荀鄭作營翰戶旦反又音寒徧音遍下同奭音釋爲于僞反下爲虎爲其同

無曰予小子召公是似肇敏戎公用錫爾祉似嗣肇謀敏疾戎大公事也箋云戎猶女也女無自減損曰我小子耳女之所爲乃嗣女先祖召康公之功今謀女之事乃有敏德我用是故將賜女福慶也王爲虎之志大謙故進之云爾○肇音兆韓詩云長也祉音恥福也大謙音泰

【疏】王命至爾祉○毛以爲王以召公功成將欲賞之此陳其命之之言王乃命召虎曰汝勤勞於徧服四方勤勞於宣揚王命言其功實大已悉知之因又勸之云昔我先王文王武王受命之時汝之先君召康公維爲楨榦之臣以匡正於天下汝亦當繼康公之業不可憚勞也而召虎謙退不敢自同先君王又進之云汝無得言曰我小子耳汝之所爲者乃召公之功是嗣言其堪繼康公也今我謀汝敏德大事足繼先君我用是之故當賜汝之福慶也○鄭唯以旬爲營宣爲徧戎爲汝爲異餘同○傳旬徧至康公○正義曰旬徧釋言文彼旬作衍音義同爲既以可爲徧則宜不復爲徧當謂宜布王命也召公召康公嫌是召虎故辨之○箋來勤至勸之○正義曰來勤釋詁文宣徧釋言文上章云經營四方告成於王又言于疆于理至於南海則召虎大功在此二事而已今王命召虎稱其功勞則來旬來宣當指此二事且宣訓爲徧旬不宜亦訓爲徧旬之與營字相類故知當爲營來旬謂勤勞於

經營四方來宣謂勤勞於徧理衆國以統上二文也。傳肇謀至公事。正義曰肇謀戎大公事皆釋詁文孔安國論語注云敏行之疾也地官師氏三德有敏德是敏爲識解之疾也**釐爾圭瓚秬鬯一卣告于文人**釐賜也秬黑黍也鬯香草也築煮合而鬱之曰鬯卣器也九命錫圭瓚秬鬯文人文德之人也箋云秬鬯黑黍酒也謂之鬯者芬香條鬯也王賜召虎以鬯酒一罇使以祭其宗廟告其先祖諸有德美見記者。釐力之反沈又音賚瓚才旱反秬音巨鬯勑亮反卣音酉又音由中尊也本或作攸**錫山土田于周受命自召祖命**諸侯有大功德賜之名山土田附庸箋云周岐周也自用也宣王欲尊顯召虎故如岐周使虎受山川土田之賜命用其祖召康公受封之禮岐周周之所起爲其先祖之靈故就之。錫本或作錫之山川土田附庸者是因魯頌之文妄加也**虎拜稽首天子萬年**箋云拜稽首者受王命策書也臣受恩無可以報謝者稱言使君壽考而已

【疏】釐爾至萬年。正義曰上言用錫爾祉此言賜之之事言王命召虎云今賜汝以圭柄之玉瓚又副以秬米之酒芬香條鬯者一卣尊汝當受之以告祭於汝

先祖有文德之人王命辭如此於此之時又賜之以山川使得專爲其有又加益以土田令之大於故時也召虎於時往于岐周之地受王此命王乃用召虎之祖康公受命之禮以命之也虎既受命即拜而稽首稱言使天子得万年之壽臣蒙君恩無以報荅故願君長壽而已。傳釐賜至之人。正義曰釐賜釋詁文秬黑黍釋草文禮有鬱鬯者築鬱金之草而煮之以和秬黍之酒使之芬香條鬯故謂之鬱鬯鬯非草名而此傳言鬯草者蓋亦謂鬱爲鬯草何者禮緯有秬鬯之草中候有鬯草生郊皆謂鬱金之草也以其可和秬鬯故謂之鬯草毛言鬯草蓋亦然也言築煮合而鬱之謂築此鬱草又煮之乃與秬鬯之酒合和而鬱積之使氣味相入乃名曰鬯言合而鬱積之非草名如毛此意言秬鬯者必和鬱乃名鬯未和不爲鬯與鄭異也釋器云卣中尊故云卣器也案春官鬱人掌和鬱鬯以實彝而陳之則鬯當在彝而此及尚書左傳皆云秬鬯一卣者當祭之時乃在彝未祭則在卣賜時未祭故卣盛之王制云三公一命衮若有加則賜三公八命復加一命乃始得賜是圭瓚之賜九命乃有故云九命然後賜圭瓚秬鬯也文人謂先祖有文德者故云文德之人。箋秬鬯至見記。正義曰以毛解秬鬯其言不明似必和鬱乃名爲鬯故辨之明黑黍之酒自名爲鬯不待和鬱也春官鬯人注云秬鬯不和鬱者是黑黍之酒卽名鬯也知者以鬯人掌秬鬯鬱人掌和鬱鬯明鬯人所掌未和鬱也故孫毓云鬱是草名今之鬱金煮以和酒者也鬯是酒名以黑黍和一秠二米作之芬香條鬯故名曰鬯鬯非草名古今書傳香草無稱鬯者箋說爲長賜之鬯酒令之祭祀是使徧祭宗廟特云告于文人故知告諸有德美見記者。傳諸侯至土田。正義曰禮名山大川不以封諸侯有大功德乃得賜之故云諸侯有大功德則賜之名山土田附庸案召本岐山之陽采地之名且爲畿內之國書傳無召穆出封之文則益之土田卽於故耳未成爲大國也此經無附庸傳云附庸者以土田卽是附庸定本集注毛傳皆有附庸二字。箋周岐至就之。正義曰時實周世而特言于周受命明非京師以召祖之故地在岐周故知周爲岐周也又解其命不在京師而向岐周之意由宣王欲尊顯召虎故如岐周如往也以虎祖康公在岐周事文武有功而受采地今虎嗣其業功與之等故往岐周命之明其復祖之業所以尊顯之也還用其祖召康公受封之禮明虎之功與康公同也祭統云賜爵祿必於太廟以岐是周之所起爲其有先王之靈謂有別廟在焉故就之也禮宗子去國則以廟從此周既徙都仍得有廟存者宗子去國則所居之處非復已有故以廟從文武雖則去岐岐仍天子之地故因而其廟爲別廟焉

虎拜稽首對揚王休作召公考天子萬壽明明天子令聞不已矢其文德洽此四國對遂考成矢施也箋云對荅休美作爲也虎既拜而荅王策命之時稱揚王之德美君臣之言宜相成也王命召虎用召祖命故虎對王亦爲召康公受王命之時對成王命之辭謂如其所言也如其所言者天子萬壽以下是也。休許糾反聞音問施如字爾雅作施式氏反

【疏】虎拜至四國。毛以爲上既受賜今復謝之言虎拜而稽首遂稱揚王之德美乃作其先祖召康公對王命成事之辭曰使天子得萬年之壽又令此明明顯盛之天子其善聲聞長見稱誦不復有已止之時又施布其經緯天地之文德以和洽此天下四方之國使皆蒙德本召公之荅天子其辭如此今宣王以康公受命之法命召虎故虎亦以康公荅王之辭荅宣王也。鄭唯對爲荅爲異餘同。傳對遂至矢施。正義曰傳以對爲遂者以爲因事之辭言君既命之臣遂稱之矢施也謂施陳文德定本爲施字非也。箋對荅至下是。正義曰箋以君臣共語宜爲應荅故以對爲荅休美釋詁文作爲釋言文以王命召虎用召祖命故虎亦爲召康公受命之

時對成王命之辭謂對王命舊事成辭因而用之謂如其召康公所言天子萬壽以不是也定本集注皆云對成王命之辭

江漢六章章八句

附釋音毛詩注疏卷第十八（十八之四）

黃中模栞

毛詩注疏挍勘記（十八之四）

阮元撰盧宣旬摘錄

○韓奕

所望祀焉　閩本明監本毛本同小字本相臺本所作祈考文古本同案所字誤也

錫謂與之以物　閩本明監本毛本與作與案所改是也山井鼎云宋板與作賜其實不然當是剜也

三章言公侯得賜而歸　閩本明監本毛本公作諸案皆誤也當作韓

卒章言欲得命歸國　閩本明監本毛本同案山井鼎云宋板欲作其當是剜也其字是

是此韓爲之後也　閩本明監本毛本同案山井鼎云宋板爲作萬當是剜也萬字是

定貢賦於天子　小字本相臺本同案此正義本也正義云定本集注貢賦上皆無定字此箋意謂貢其賦不謂定其貢賦也當以無者爲長

傳庭直○正義因釋詁文之　〔補〕案之字衍也閩本明監本毛本文下衍也字

琳字又作玲　〔補〕通志堂本盧本玲作玲案玲字非也說文玲玉聲從玉令聲玲玲墊石之次玉者從玉今聲二字顯然分別陸氏引鄭注尚書云美石正與說文玲字義合

鞗膺鏤錫　唐石經小字本相臺本同閩本明監本毛本鏤誤錫餘同此

鞹鞃淺幭　小字本相臺本同唐石經初刻幭後改幭案五經文字集韻二十三錫皆作幭此釋文云幭本又作簚曲禮素簚釋文云本又作幭二幭字當本作幭爲張參丁度所據也○按正字當作幦假借幭字爲之幭从巾蔑聲五經文字體譌舊挍非也

厄烏蠋也　小字本相臺本同案此正義本也正義云厄烏蠋釋蟲文釋文金厄下云毛云烏蠋也下云烏噣音蜀爾雅作蠋又云沈音晝段玉裁云烏噣軛也小爾雅釋名謂之烏喙古噣喙通用沈重音晝是也正義牽合釋蟲如風馬牛之不相及陸氏雖誤引爾雅噣尚未譌爲蠋鄭士喪禮注云今文軛爲厄此可見軛爲正字厄爲假

借詳見詩經小學

又茲三同〔補〕釋文挍勘記通志堂本同盧本作又作茲王同云舊脫作字王誤三今從毛居正改案六經正誤云又作茲王同欠作字王同謂王肅本與此同作三同誤與國本作王同其說最誤此陸說字之或體與王肅如風馬牛之不相及何得謬加附會與國本乃誤字耳上云亦作軏軏此云又茲合而言之故曰三同小字本所附亦作三不誤

善旂旂之善色者也　相臺本同閩本明監本毛本同小字本無也字

又以綏章爲車上所引之綏有采章　閩本明監本毛本同案浦鏜云車上疑倒是也

說文云鞹革也　閩本明監本毛本同案鞹當作鞟下文可證載驅正義引作鞟

顯父周之公卿也　小字本相臺本同案正義云王使卿士之顯父又云送者唯卿士耳故知顯父周之卿士也是公卿當作卿士

又七救反〔補〕釋文挍勘記通志堂本盧本同案相臺本所附救作敘敘字是也有客且七序反是其證小字本所附仍誤救山井鼎云初疑救字敘誤及挍元文亦然者謂通志堂本

筍竹萌釋草云〔補〕毛本云作文案所改是也

鬻以苦酒　閩本明監本毛本同案浦鏜云鬻誤鬻下同是

籩籩且多至其多〔補〕案籩籩當衍一字

黎比公也　小字本相臺本同案釋文云黎音離又力兮反又作黎正義本是黎字案此見左襄十六年傳今杜預注本作犂釋文云徐力私反一音力兮反犂黎黎皆通用字也

顧之曲顧道義也　小字本相臺本同案正義云本或曲爲何者誤也定本集注皆爲曲字釋文云一本作回顧段玉裁云曲顧見白虎通列女傳淮南子注是也六經正誤云顧之猶顧蓋曲誤爲由由又轉爲猶當改作曲以諸本皆誤未有善本可證姑仍其舊依此是宋時監潭撫閩蜀本皆譌作猶字今之宋本因毛居正據正義釋文論之而改正也又云道義者謂引導新婦之儀如此也

韓侯於是迴顧而視之　閩本明監本毛本同案迴當作曲正義下文可證

傳音以墳汾音同　閩本明監本毛本同案上音字當作意形近之譌

正義曰箋曰汾〔補〕毛本曰作以案以字是也

專以汾王爲大王　閩本明監本毛本專誤傳

而言韓侯顯之〔補〕案顯當作顧形近之譌毛本正作顧

及升車授綏之時　閩本明監本毛本同案山井鼎云綏恐綏誤是也

當最敵取匹　閩本明監本毛本同案此當作當取其敵匹匹錯誤也

麀鹿噳噳　唐石經小字本相臺本同案此釋文本也釋文云噳噳本亦作麌同吉日釋文云麌麌說文作噳唐石經彼經作麌此經作噳本諸釋文也正義本此經亦是麌字與吉日經同郎亦作本也彼正義云麌麌衆多與韓奕同則傳本作麌字又云此麌不破字則鄭本亦作麌也是其證考吉日傳麌麌衆多箋易之云麕牝曰麌而此傳不復易者以其文同從可知而省也毛詩字本用噳麕牝曰麌亦當假借此字故說文鹿部無麌是其實二經皆當作噳

爲獵狁所逼　小字本相臺本同案正義云爲獫夷所逼又云故知爲獫夷所逼定本集注皆作獫狁字釋文云允如字本亦作狁與正義本不同

實畝實藉　唐石經小字本同相臺本藉作籍閩本明監本毛本同案正義云定是稅籍又云公羊傳曰什一而籍是籍爲稅之義也是正義本作籍字詳載芟序

所受之國多滅絕　閩本明監本毛本同小字本相臺本受作伯考文古本同案伯字是也

又今百蠻追貊〔補〕毛本今作令

邢晉應韓〔補〕明監本毛本邢誤邪案邪當作邢邢形近之譌

亦時百蠻也其追其貊貊 閩本明監本毛本同案亦下當脱因字重貊字衍

獫狁之最彊 閩本明監本毛本同案此當作獫夷貊之最彊脱誤也

韓之所獫又近於北夷 閩本明監本毛本同案此當作韓之所部又近於獫夷錯誤也

其子穀 閩本明監本毛本同案浦鏜云穀誤穀是也

○江漢

使循流而下 小字本相臺本同案釋文云循流如字本亦作順流正義本是順字

據至其境 小字本同閩本明監本毛本同相臺本境作竟案竟字是也境是正義所易今字

竟竟境 〔補〕通志堂本盧本作竟音境案音字是也

其曰出戎車建旗 小字本同毛本同相臺本曰作日閩本明監本同考文古本同案日字是也

而淮夷爲國號 閩本明監本毛本同案淮夷下當有與會是淮夷五字因複出而脱也

非可以兵急躁切之也 小字本相臺本同案正義云是齊桓之兵急躁之也鄭言急躁意出於彼本或作慘感之者誤也定本云非可急躁切之公羊爲躁字則慘非也釋文云非可以兵操切之也操音七刀反一本無兵字又一本兵操作急躁躁音早報反考此箋躁切卽王風箋之躁感急字乃兵字之誤不當二字竝有正義本無切字讀急躁之連文者非

于於也 小字本相臺本同案正義云本或往下有于於二字衍也依此各本有者皆誤

非可以兵急躁切之 閩本明監本毛本同案此切字衍也下文急躁之凡三見此合併以後人用經注本添耳

彼棘作棫音義同 閩本明監本毛本同案浦鏜云棫誤械是也

故以爲二事可以兵病害之 閩本明監本毛本同案事當作非讀下屬上於二字斷句

定本集注皆有于於二字有者是非衍也 閩本明監本毛本同案浦鏜云有者是非衍也六字疑誤衍是也皆有當作皆無○按六字係校書者語

爲既以旬爲徧 閩本明監本毛本上爲字作毛案所改是也

錫山土田 小字本相臺本同唐石經錫下旁添之字山下旁添川字土田下旁添附庸字案釋文云錫山土田本或作錫之山川土田附庸者是因魯頌之文妄加也又正義云此經無附庸傳云附庸者以土田卽是附庸定本集注毛傳皆有附庸二字依此是傳亦有本無附庸者釋文或本當如此故不云因傳加

和者以鬯人掌秬鬯 閩本明監本毛本同案浦鏜云知誤和是也

以黑黍和一秠二米作之 閩本明監本毛本同案山井鼎云和恐秬誤是也

矢施也 相臺本同閩本明監本毛本同小字本施作弛案釋文云施如字爾雅作弛式氏反正義云矢施也謂施陳文德定本爲弛字非也依此是釋文正義二本皆作施惟定本乃作弛耳孔子閒居引此經皇本作施載釋

文其實施弛古今字見周禮小宰等注泮水觩弛貌釋文云施貌式氏反本又作弛同正義中作弛亦可證也

對成王命之辭 小字本相臺本同案正義云定本集注皆云對成王命之辭如其所言非爲異本當有誤也正義本未有明文今無可考

傳對遂至矢弛 閩本明監本毛本弛作施案所改是也

附釋音毛詩注疏卷第十八（十八之五）

毛詩大雅　鄭氏箋　孔穎達疏

常武名穆公美宣王也有常德以立武事因以爲戒然戒者王舒保作匪紹匪遊徐方繹騷○繹音亦騷素刀反徐音蕭【疏】常武六章章八句至爲戒然○正義曰常武詩者名穆公所作以美宣王也經無常武之字故又解之云美其有常德之故以立此武功征伐之事故名爲常武非直美之又因以爲戒戒之使常然定本集注皆有然字經六章三章上五句以上言命遣將帥脩戒兵戎無所暴掠民得就業此事可常以爲法是有常德也三句以下言征伐徐國使之來庭克翦放命服王威武此事武功成立是立武事也其因以爲戒則如箋之所言就常德之中戒使常行之也宣王末年德衰此云有常德者是謂常時所行之德可以爲常非言宣王終始有常故因以爲戒戒王使之有常也此章王肅述毛以爲王不親行王基述鄭爲此章王自親行王既親行仍須命元帥以統領六軍故左傳鄢陵之戰楚王雖自親行仍命子反將中軍是也○箋戒者至釋騷○正義曰三事就緒以上命將帥之辭震驚徐方以下是往伐徐國之事唯赫赫業業五句說王之軍行云舒緩而無懈怠自然前敵恐動是用兵之道不假暴疾雖美其實事亦戒使常然故以此言當之

赫赫明明王命卿士南仲大祖大師皇父整我六師以脩我戎赫赫然盛也明明然察也王命南仲於大祖皇甫爲大師箋云南仲文王時武臣也顯著乎昭察乎宣王之命卿士爲大將也乃用其以南仲爲大祖者今大師皇父是也使之整齊六軍之衆治其兵甲之事命將必本其祖者因有世功於是尤顯大師者公兼官也○赫火百反字又作爀大祖音泰下及注大師大祖皆同將子匠反第一章注同

既敬既戒惠此南國箋云敬之言警也警戒六軍之衆以惠淮浦之旁國謂勑以無暴掠爲之害也每軍各有將中軍之將尊也○警音景掠音亮【疏】赫赫至南國○毛以爲今有赫赫然顯盛明明然昭察者宣王也所以爲盛察者以王命卿士南仲者於王太祖之廟使之爲元帥親兵又命爲太師之公者皇父使之監撫軍衆既使此二人爲將爲監乃告之云當整齊我六軍之衆以治我甲兵之事令師嚴器備既已嚴備當恭敬臨之既已恭敬又當戒懼而處之施仁愛之心於此南方淮浦之傍國勿得暴掠爲民之害此是王之顯察也鄭以南仲爲皇父遠祖止命皇父一人而已言王命卿士以南仲爲大祖者太師三公皇父也此人爲將以整齊六師又以敬爲警言既以警肅之既已戒勑之以此爲異餘同○傳赫赫至太師○正義曰釋訓云赫赫迅也舍人曰赫赫顯著之迅郭璞曰盛疾之貌是赫赫爲盛之意也明明察釋訓文舍人曰明明言其明甚孫炎曰明明性理之察也言王命南仲於大祖謂於太祖之廟命南仲也皇父爲太師謂命此皇父爲太師毛蓋見其文煩故以爲二人南仲卿士文在太祖之上是先爲卿士今命以爲大將太師皇父在太祖之下則於太祖之廟始命以爲太師其實皆在太祖之廟並命之故太祖之文處其中也南仲爲卿士未知於六官何卿也皇父新爲太師未知於舊何官也止以二文不同知皇父新命之耳下章王謂尹氏命程伯休父則此二人亦當尹氏命之矣此言太祖下言尹氏互相足也太師三公之官則是尊於卿士先言王命南仲者以南仲爲上將皇父爲監以皇父不親兵故特言命南仲王肅云皇父以三公而撫軍也殊南仲於王命親兵也○箋南仲至兼官○正義曰箋以王命卿士以爲大將止當命一人爲元帥不應並命二人故以爲止命皇父而已

以出車之篇言之知南仲文王時武臣是今所命者皇父之太祖故本言之命皇父爲將必遠本其祖者因其有積世之功尤欲使之彰顯故也上言王命卿士則皇父爲卿士矣太師三公之名復言太師皇父一人是公兼官謂三公而兼卿士之官必易傳者孫毓云宣王之大將復字南仲傳無聞焉且古之命將皆於禰廟未有於后稷太祖之廟者又經言南仲太祖明以南仲爲太祖非命於太祖之文也昔陳勝擧兵稱項燕命將本祖古今有之箋義爲長陳勝擧兵者史記漢書皆有其事十月之交皇父擅恣君爲厲王則在此之先若爲幽王則在此之後皆相接連與此皇父得爲一人或皇氏父字傳世稱之亦未可知也○箋敬之至尊○正義曰箋以戒爲戒勑則敬非戒類不宜相配而言故知敬之言警承上六師之下故云警戒六軍之士衆軍之所行多苦暴掠故知施惠南國是使無暴掠爲之害也又以天子六軍軍各有將今獨命皇父使整六師惠南國不命餘將故解之雖每軍各有將中軍之將尊故特命之使總攝諸軍也左傳稱晉作諸軍常以中軍之將爲元帥元帥是其尊也諸侯三軍分爲左右可得有中軍焉天子六軍而得有中軍者亦當分之爲三中與左右各二軍也春秋桓五年蔡人衛人陳人從王伐鄭左傳曰王爲中軍虢公林父將右軍周公黑肩將左軍是天

子之軍分爲左右之事也鄭轉敬言警而毛不爲傳則毛不變敬字當以敬爲恭敬戒爲戒懼使此二將恭敬以臨之戒懼而處之不得與鄭同也**王謂尹氏命程伯休父左右陳行戒我師旅率彼淮浦省此徐土**尹氏掌命卿士程伯休父始命爲大司馬浦淮也箋云尹氏天子世大夫也率循也王使大夫尹氏策命程伯休父於軍將行治兵之時使其士衆左右陳列而勑戒之使循彼淮浦之旁省視徐國之土地叛逆者軍禮司馬掌其誓戒○陳如字徐直覲反行戶剛反列也浦音普涯也說文云水濱也**不畱不處三事就緒**誅其君弔其民爲之立三有事之臣箋云緒業也王又使軍將豫告淮浦徐土之民云不久處於是也女三農之事皆就其業爲其驚怖先以言安之○爲之于僞反下爲其同將子匠反下同

疏王謂至就緒○毛以爲上命將元帥此命司馬王謂其內史大夫尹氏汝當爲策書命此程國之伯字休父者謂命之爲大司馬之卿也鄭言所命之意今軍出之時使此司馬令其士衆左右陳力而爲行稱王之命戒勑我六軍之師旅往循行淮之浦厓省視此徐之國土有叛逆者從而討之又當預告徐土之人我兵之來

也不久畱不停處直誅爾叛逆之君爲汝立三有事之臣使就其事業當卽還師勿驚怖也○鄭唯三事就緒謂三農之事皆就業爲異餘同○傳尹氏至浦厓○正義曰以王謂之而使命人故知尹氏掌命卿士卽內史也其職曰凡命諸侯及孤卿大夫則策命之是也特云命之知往前未爲此官始命之也知爲大司馬者以大司馬職云若大師則掌其戒令此言戒我師旅是司馬之事又楚語云重黎氏世敍天地其在周程伯休父其後也當宣王失其官守而爲司馬氏韋昭云程國伯爵休父名也失官謂失天地之官而以諸侯爲大司馬也案父宜是字而昭以爲名未能審之孫炎曰厓水邊也說文云浦水濱也則浦厓一物故云浦也○箋尹氏至誓戒○正義曰此時尹氏當是尹吉甫也下至春秋之世天子大夫每有尹氏見於經傳以此知天子世大夫也吉甫卿士也而云大夫者以吉甫身爲卿士其繼世者不必常得爲卿而大夫是其摠號身命臣者內史之事周禮內史中大夫故以大夫言之吉甫卿士而掌命臣者蓋爲卿而兼內史也於六軍將行治兵之時者軍禮出曰治兵此行治兵之禮然後乃出故行禮之時勑戒師旅也禮軍行司馬掌其誓戒者卽其職所云大司掌其戒令是也此經云徐土下云徐方徐國其義一也言其居在一方而有國土耳此徐當謂徐州之地

未必卽是春秋之世徐子之國何則春秋之世徐國甚小宜王之時非能背叛而使王親征之六軍並出則是強敵者也明非春秋徐國但不知於時之君何姓名耳○傳誅其至之臣○正義曰告之以不畱不處是安慰民情之辭故解其意誅其君弔其民由弔愍其民故不久畱處而擾亂之立三有事之臣與十月之交擇三有事文同彼傳云三有事者國之三卿卽此亦爲之立三卿也止言立卿不言立君舉其立臣明亦爲之立君或擇此君之宗賢者而立之或別封他人無文可以明之就緒者王肅云就其事業亦當謂民得就業○箋緒至安之○正義曰釋詁云業緒也反覆相訓故緒爲業連上命將之事而王實未行故知又使軍將豫告之也以誅君弔民使之就業民之就業唯農事耳故知三事謂三農之事大宰九職一曰三農生九穀注云三農原隰及平地則三農謂此也十月之交云擇三有事是有事者三而擇立之爾無正云三事大夫文連大夫故得以爲公卿至於此者言民就農事不宜以爲三卿故易傳也**赫赫業業有嚴天子王舒保作匪紹匪遊徐方繹騷**赫赫然盛也業業然動也嚴然而威舒徐也保安也匪紹匪遊不敢繼以敖遊也繹陳騷動也箋云作行也紹緩也繹當作驛王之

軍行其貌赫赫業業然有尊嚴於天子之威謂聞見者莫不憚之王舒安謂軍行三十里亦非解緩也亦非敖遊也徐國傳遽之驛見之知王兵必克馳走以相恐動○嚴毛魚檢反鄭如字紹如字繼也徐云鄭人遶反繹音亦鄭作驛音同謂傳驛也騷如字徐音蕭舒序也一本作舒徐也憚徒旦反解音懈傳張戀反恐丘勇反下同**震驚徐方如雷如霆徐方震驚**箋云震動也驛馳走相恐懼以驚動徐國如雷霆之恐怖人然徐國則驚動而將服罪○霆音庭

疏赫赫至震驚○毛以爲上言戒勑將帥此言王軍往行言赫赫然而盛業業然而動有儼然威武而爲天子之容者此宣王之軍也以此而往征伐徐國之君乃舒徐而安行不爲急疾言其依於軍法日行三十里耳雖於禮舒行又非敢繼之以敖遊言其不始而安行未以敖遊繼之謂終常敬戒不惰慢也故徐土之方厎候之使見其如此乃陳說王之此威往告以恐動之其動驚此徐方之國如雷之發聲如霆之奮擊以恐怖人然故使徐方之國聞之則皆動驚而將服罪此事可常以爲法故美王能行之○鄭以爲王之軍行其儀貌赫赫然有尊嚴於天子之威王旣其貌如此出則舒而安行亦非解緩亦非敖遊由此徐方之國傳遽之驛見之知王兵必克馳走

以相恐動餘同。傳赫赫至驟動。正義曰赫赫盛貌業業動狀軍行而又見其狀故以業業爲動也儼然而有威謂其軍儼然有可畏之貌舒徐也定本云舒序非也釋詁云紹繼也以紹遊共爲一句皆是不敢爲之故云不敢繼以敖遊以凡人之心莫不初勤後情況今以安舒爲始或當以敖遊繼之而宣王能終始如一故美其不敢繼以敖遊繹陳騷動皆釋詁文。箋作行至恐動。正義曰此説軍已動發故以爲行匪紹匪遊各自言匪每者一義不得言繼以敖遊也故讀之爲紹訓之爲緩言繹騷則騷由此繹故知繹當作傳驛之驛言有嚴天子爲他人所尊嚴故易傳言有嚴天子之威謂聞見者莫不憚之王舒安行嫌其解緩故云亦非敖遊也左傳稱兵交使在其間王將伐徐必使候故云徐國傳遽之驛見之知王兵必克歸以報其國馳走以相恐動

王奮厥武如震如怒進厥虎虎之自怒虓然濆涯仍就臣闞如虓虎鋪敦淮濆仍執醜虜虜服也箋云進前也敦當作屯醜衆也王奮揚其威武而震雷其聲而勃怒其色前其虎臣之將闞然如虎之怒陳屯其兵於淮水大防之上以臨敵就執其衆之降服者也。如震如怒一本此兩如字皆作而闞呼減反徐火斬反又火敢反

一音噉虓火交反虎怒貌鋪普吳反徐音孚陳也韓詩作敷云大也敦王申毛如字厚也韓詩云迫鄭作屯徒門反淮濆符云反鄭大防也仍如字本或作扔音同勃步忽反降戶江反

截彼淮浦王師之所截治也箋云治淮之旁國有罪者就王師而斷之。截才結反斷端亂反

疏王奮至之所。毛以爲既到淮浦臨陣將戰王乃奮揚其威武其狀如天之震雷其聲如人之勃怒其色言嚴威之可懼也即進而前其虎臣之將闞然如虓怒之虎令布陳敦厚之陣於淮水濆厓之上就而執其衆之所降服之虜既敗其根本又窮其枝葉因復使人治彼淮浦之傍有罪之國皆執而送之來就王師之所而聽誓言盡得其支黨也。鄭唯以敦爲屯爲異餘同。傳虎之至虜服。正義曰此論武將之威言如虓虎故知虎之自怒虓然釋丘云墳大防李巡曰墳謂厓岸狀如墳墓是墳爲厓也釋詁云仍因也因是就之義也虜者因係之名爲人虜獲是屈服也。進前至服者。正義曰以其臨陣當進而前之故以進爲前也敦訓爲厚於義不協故破之爲屯毛無破字之理必以爲厚宜爲布陳敦厚之陣也醜衆釋詁文言虎臣之將者以虎臣稱臣爲王所特進非廣言士卒故知是將也就執其降服者此篇上下不言其戰則是見敵即服故就執之

王旅嘽嘽如飛如翰如江如漢如山之苞如川之流嘽嘽然盛也疾如飛摯如翰苞本也箋云嘽嘽閒暇有餘力之貌其行疾自發舉如鳥之飛也翰其中豪俊也江漢以喻盛大也山本以喻不可驚動也川流以喻不可禦也。嘽吐丹反摯音至閒音閑

緜緜翼翼不測不克濯征徐國緜緜靚也翼翼敬也濯大也箋云王兵安靚且皆敬其勢不可測度不可攻勝既服淮浦矣今又以大征徐國言必勝也。緜如字韓詩作民民同度待洛反

疏王旅至徐國。正義曰上既克定淮浦之國此又進而伐徐言王之師旅雖經淮夷其師之盛嘽嘽然閒暇而有餘力也其行動之疾也如鳥之飛其赴敵之速也如摯之翰其軍之衆多也如江之廣如漢之大也其固守則不可驚動如山之基本其往戰則不可禦止如川之流逝其行之時緜緜然安靜不行暴掠翼翼然恭敬各司其事其形勢不可測度不可克勝以此嚴威武力將大往而征此徐國言其盛不可當往必克敵也。傳嘽嘽至苞本。正義曰嘽嘽閒暇之貌由軍盛所以嘽嘽然故云盛也疾如飛如鳥飛也摯如翰者摯擊也翰是之疾者言其擊物尤疾如鳥之疾飛者翰飛戾天飛翰爲一

此別言如故爲二事也。箋嘽嘽至可禦。正義曰此皆以傳大畧故申述之鳥飛已是迅疾翰又疾於飛故云翰其中豪俊者若鷹鸇之類摯擊衆鳥者也故傳以爲摯如翰謂其擊戰之時也江漢以比盛大即漢之廣矣江之永矣軍師之衆其廣長似之也兵法有動有靜靜則不可驚動故以山喻動則不可禦止故以川喻如川之流取流爲喻如江如漢不取其流取其盛大耳。傳緜緜至濯大。正義曰緜緜舒緩之意故爲靜也釋訓云翼翼恭也故爲敬濯大釋詁文。箋王兵至必勝。正義曰以上文説其勇猛而勇猛失於殘害故言安靜且敬以解之兵法應敵出奇故美其不可測度不可攻勝正謂他人不能勝已也上已言截彼淮浦此言濯征徐國是既服淮浦之國今又伐徐也此篇與上篇事別非名穆平淮夷之事然則淮浦之國非淮夷也未知何國以彊弱相懸而云大征故知言必勝也

王猶允塞徐方既來猶謀也箋云猶尚允信也王重兵兵雖臨之尚守信自實滿兵未陳而徐國已來告服所謂善戰者不陳。陳直刃反下同

徐方既同天子之功四方既平徐方來庭來王庭也徐方不回王曰還歸箋云回猶違也還歸振旅也

【疏】王猶至還歸。○毛以爲王師既盛如此，又王之謀慮信而誠實，用兵有常伐，得其罪，故兵未陳而徐方既已自來告服。其罪因此歸功於王。徐方來與他國同服於王者，是天子之功使之然也。又四方既已平定，徐方又來在王庭，便是天下實安，不須用武。徐方先嘗叛者已不敢違命，則無復有事。王乃告之曰：可以還歸矣。是武事既立，故述而美之。○鄭唯以猶爲尚爲異。○傳猶謀。○正義曰：釋詁文。○箋猶尚至不陳。○正義曰：箋以徐方畏威望軍而服，不由計謀所致，故易傳以猶爲尚。兵法臨敵設權，王尚守信，自實所以爲美也。不言對戰執虜，故知兵未陳。徐國已來告服，善戰者不陳，莊八年穀梁傳文。○傳來王庭。○正義曰：言來王庭，謂既降服後朝京師而至王庭，不必在王軍之庭也。

常武六章，章八句。

瞻卬，凡伯刺幽王大壞也。凡伯，天子大夫也。春秋魯隱公七年冬，天王使凡伯來聘。○卬音仰。此及名旻二篇，幽王之變大雅也。【疏】瞻卬七章，上二章與卒章章十句，次三章盡六章章八句。至大壞。○正義曰：幽王承父宣王中興之後，以行惡政之故，而令周道廢壞，故刺之也。經七章所陳，皆刺大壞之事。○箋凡伯至來聘。○正義曰：凡國伯爵，祇侯伯之入王朝則爲卿，故板箋以凡伯爲卿士。此言大夫者，大夫，卿之摠稱也。所引春秋者，隱七年經也。引之者，證天子之臣有凡伯也。凡國伯爵，稱世稱之，不謂與此必爲一人矣。

瞻卬昊天，則不我惠。孔填不寧，降此大厲。昊天，斥王也。填，久。厲，惡也。箋云：惠，愛也。仰視幽王爲政，則不愛我下民，甚久矣。天下不安，王乃下此大惡以敗亂之。○昊，户老反。填音塵，下篇同。**邦靡有定，士民其瘵。蟊賊蟊疾，靡有夷屆。罪罟不收，靡有夷瘳。**瘵，病。夷，常也。罪罟，設罪以爲罟。瘳，愈也。箋云：屆，極也。天下騷擾，邦國無有安定者，士卒與民皆勞病，其爲殘酷痛病於民，如蟊賊之害禾稼然，爲之無常，亦無止息時；施刑罪以羅網天下而不收斂，爲之亦無常，無止息時。此自王所下大惡。○瘵，側界反，字林側例反。蟊本又作蝥，音牟。屆音界。罟音古。瘳，勑留反。卒，尊忽反。【疏】瞻卬至夷瘳。○正義曰：言己瞻望而仰視此昊天王者之爲政，曾不於我百姓而施恩愛也。若愛百姓，當以善政安之。今甚久矣，天下不安，言不安以來已久也。王又乃下此大惡之政以敗亂之。又說所下大惡之狀：王爲虐政，天下騷擾，邦國

無有定安者，士卒其民其盡勞病矣。其殘酷於民，如蟊賊之蟲病害於禾稼然，爲此殘酷無有常，又無有已止時也。其殺害於民，則施刑罪以網羅天下，一徑施行，不復收斂，爲此殺害無有常，又無瘳愈時也。言王降大惡如此，故下民所以不安。○傳昊天至填久。○正義曰：以則不我惠謂王不愛民，故知昊天斥王。卒章昊天與無不克鞏文連，固於天位，是王之事，故知卒章昊天亦斥王也。作者既假昊天以斥王，其言天事則單言天耳。天何以刺天之降網，實論天事，嫌亦斥王，故不言昊，以異其文。釋詁云：塵，久也。古書填與塵同，故以爲久。○箋惠愛至亂之。○正義曰：惠，愛，釋詁文也。言幽王爲政不愛爲目，不愛我下民。正謂降此大厲，即是不愛之驗。先言不愛爲目，乃覆說不愛之狀。甚久矣，天下不安來久，鄭語稱幽王九年王室始騷，此言不安已久，蓋九年已後也。王下此惡以敗亂之，言其不安之意也。○傳瘵病至瘳愈。○正義曰：瘵，病，夷，常，釋詁文。彼夷作彝，音義同。罟非罪名，而云罪罟，故知設罪以爲罟，謂多立科條，使人易犯，若設網以待鳥獸，是以謂之罟。云瘳謂病愈，愈亦止也。○箋屆極至大惡。○正義曰：屆，極，釋言文。極者窮盡之義，故又轉爲已，已，止也。邦國是畿外之辭，故云天下騷擾，謂王以虐政擾動之也。以士民連文，故云士卒與民。士卒即從軍者也。言爲殘酷與施刑罪者，殘酷謂加害於民，施刑謂布陳科禁，雖害民是一，所從言之異，故重設其文也。蟊賊者，害禾稼之蟲。蟊疾是害禾稼之狀，言王之害民如蟲之害稼，故比之也。箋以蟊賊是損害之實，故以殘酷痛疾言之。罪罟是張設之言，故以施刑罪言之。不收者，以田設網罟有收斂之期，王施刑禁則不復收斂，故責其不收也。言目王所下大惡者，謂條目王惡。定本作目，俗本爲自，誤也。

人有土田，女反有之。人有民人，女覆奪之。箋云：此言王削黜諸侯及卿大夫無罪者。覆猶反也。○覆，芳服反，服也，注及下同。**此宜無罪，女反收之。彼宜有罪，女覆說之。**收，拘收也。說，赦也。○說音稅，注同，一音他活反。**哲夫成城，哲婦傾城。**哲，知也。箋云：哲謂多謀慮也。城猶國也。丈夫陽也，陽動，故多謀慮則成國。婦人陰也，陰靜，故多謀慮乃亂國。○知音智，王申毛如字。喆音哲，本亦作哲。【疏】人有至傾。○正義曰：上八句言王之爲惡，皆由婦人。下二句謂婦人之言不可聽用。若謂智多謀慮之丈夫，則興成人之城國；若爲智多謀慮之婦人，則傾敗人之城國。婦言是用，國必滅亡。王何故用婦人之言，爲此大惡，故疾之也。○傳哲知。○箋哲謂至亂國。○正義曰：哲

智釋言文。智者役心以謀慮，故云哲謂多謀慮也。國之所在必築城居之，作者以城表國，箋以其有城居之嫌，故云城猶國也。箋以丈夫陽，陽動故多謀慮則成國；婦人陰，陰靜故多謀慮則亂國。由陰陽不等，動靜事異，故俱多謀慮而成傾有殊也。若然，謀慮苟當，則婦人亦成國，任姒是也；謀慮理乖，雖丈夫亦傾城，宰嚭无極是也。然則成敗在於是非，得失不由動靜，而云陰陽不同者，於時襃姒用事，干預朝政，其意言襃姒有智，唯欲身求代后，子圖奪宗，非有益國之謀，勸王不使聽用，非言婦人有智皆將亂邦也。

懿厥哲婦，爲梟爲鴟。箋云：懿，有所痛傷之聲也。厥，其也。其，幽王也。梟、鴟，惡聲之鳥，喻襃姒之言無善。○懿，於其反，注同，沈又如字。梟，古堯反。姒，音似。**婦有長舌，維厲之階。亂匪降自天，生自婦人。匪教匪誨，時維婦寺。**寺，近也。箋云：長舌，喻多言語。是王降大厲之階，階所由上下也。今王之有此亂政，非從天而下，但從婦人出耳。又非有人教王爲亂，語王爲惡者，是惟近愛婦人，用其言故也。○寺，徐音侍，亦如字。近，附近之近，下近愛、近川同。上，時掌反。語，魚據反。

疏　箋懿有至無善○正義曰：懿與噫字雖異，音義同。金縢云「噫！公命我勿敢言」，與此同也。噫者，心有不平而爲聲，故云有所痛傷之聲，痛傷襃姒亂國政也。厥，其，釋言文。此刺幽王，而襃姒是其婦，故知其，幽王也。○傳寺近○正義曰：寺即侍也。侍御者必近其傍，故以寺爲近。○箋長舌至言故○正義曰：以舌動而爲言，故謂多言爲長舌。論語云「駟不及舌」，亦謂言爲舌也。

鞫人忮忒，譖始竟背。豈曰不極，伊胡爲慝。忮，害。忒，變也。箋云：鞫，窮也。譖，不信也。竟，猶終也。胡，何。慝，惡也。婦人之長舌者，多謀慮，好窮屈人之語，忮害轉化，其言無常，始於不信，終於背違。人豈謂其是不得中乎？反云維我言何用爲惡不信也。○鞫，居六反。忮，之豉反。忒，他得反。譖，本又作僭，子念反。背，音佩，注同。慝，他得反。好，呼報反。**如賈三倍，君子是識。婦無公事，休其蠶織。**休，息也。婦人無與外政，雖王后猶以蠶織爲事。古者天子爲藉千畝，冕而朱紘，躬秉耒；諸侯爲藉百畝，冕而青紘，躬秉耒，以事天地山川社稷先古，敬之至也。天子諸侯必有公桑蠶室，近川而爲之，築宮仞有三尺，棘牆而外閉之。及大昕之朝，君皮弁素積，卜三宮之夫人世婦之吉者，使入蠶于蠶室，奉種浴于川，桑于公桑，風戾以食之。歲既單矣，世婦卒蠶，奉繭以示于君，遂獻繭于夫人。夫人

曰：「此所以爲君服與？」遂副褘而受之，少牢以禮之。及良日，后夫人繅，三盆手，遂布于三宮夫人世婦之吉者使繅，遂朱綠之，玄黃之，以爲黼黻文章。服既成矣，君服之以祀先王先公，敬之至也。箋云：識，知也。賈物而有三倍之利者，小人所宜知也，君子反知之，非其宜也。今婦人休其蠶桑織紝之職，而與朝廷之事，其爲非宜亦猶是也。孔子曰：「君子喻於義，小人喻於利。」○賈，音古，注同，爾雅云市也。倍，蒲罪反。無與，音預。紘，獲耕反。耒，力對反。昕，音欣。奉，芳勇反，下同。種，章勇反。戾，力計反，燥也。食，音嗣。單，音丹。繭，古顯反。君服與，音餘。褘，音輝，副，首飾，褘是褘衣。少，詩照反。繅，素刀反，本亦作繰，同。盆，蒲門反。紝，女金反。而與，音預。朝，直遙反，下朝廷同。

疏　鞫人至蠶織○正義曰：上言長舌之惡，更說爲惡之狀。此婦人之長舌多謀慮者，乃好窮屈人之言語，出言則爲人患害，且又變化無常，所言以不信爲始，終竟於後背而違之。豈肯自曰我之此言不中正乎？反云維我此言何用爲惡？惡而不知其非，故爲可痛傷也。既云出言不善，又責其干亂朝政。如商賈之求利三倍，乃君子之人於是識知之，非其宜也。汝今婦人之不宜與朝廷公事，而休止養蠶織紝，干預男子之政，亦非宜也。○傳忮害忒變○正義曰：忮者，以心忮格前人，爲之患害，故以忮爲害也。釋言云：「爽，忒也。」孫炎曰：「忒，變雜不一。」是忒爲變之義也。○箋鞫窮至不信○正義曰：鞫，窮，釋言文。讒譖者皆不信之言，故以譖爲不信也。竟者，卒盡之義，故云竟猶終也。胡，何；慝，惡，皆詩之通訓。佞人似智，好人亂德，皆自以爲善。此刺襃姒自以爲賢，豈謂是不得中乎？反云維我言何用爲惡不信。自謂所行皆得中，疾時人謂之惡，不自嫌其不信，所以至亡而不改也。○傳休息至之至○正義曰：休，息，釋詁文。傳解婦人无與外事，雖王后之貴，猶以蠶織爲事，故引禮記以證之。自古者天子以下，皆祭義文也。謂之藉田者，天官甸師注云：「藉之言借也。王一耕之，而使庶人芸芓終之。」月令注云：「借民力所治之。」然也。天子千畝，諸侯百畝，以事神有多少，因而爲之等差也。冕者，祭服之冠。紘謂冕之下而仰屬者。止言服冕，而冕有等級，未知服何冕也。夫人受繭服副褘，則人君耕藉或亦用祭服，蓋天子以袞冕也，諸侯自祭其廟用玄冕，耕藉之服不過用玄冕也。其紘，天子以朱，諸侯以青者，以朱，南方太陽之色，故天子用之；青，東方少陽之色，故諸侯用之。所以下天子。天子藉田在南郊，諸侯藉田在東郊，亦此意也。躬秉耒耜，謂親耕之。月令孟春「天子親載耒耜，躬耕帝藉」，是其事也。此文兼有天子諸侯，故云以事天地山川社稷先古，揔舉諸神以爲言也。祭義作「先古」，注云：「先古，先祖。」定本作「先公」，涉下先公而誤耳。既言人君親耕，又言王后親蠶，見祭祀之

禮必夫婦致敬也蠶室必近川者夏官馬質注引蠶云蠶爲龍精然則以龍是水物故近川爲之取其氣勢也築宮謂築蠶宮之院牆也七尺曰仞言仞有三尺則蠶宮之牆高一丈矣尚書夏傳文與此畧同云築宮有三尺者其文誤也故彼注云宮當爲宮雉長三丈高一丈度長以長度高以高則蠶宮高一丈礼志曰仞有三尺七尺曰仞彼文直云宮有三尺宮下當脫仞字也雉者城牆之度故鄭計雉之數以推之又引礼記以證之復言七尺曰仞是仞有三尺乃充一雉之度明其宮不得高丈三矣彼注或云蠶宮高一丈三尺者衍三尺二字也棘牆謂牆上布棘以禁人之踰越不以禦寇故外閉之大昕之朝者彼注云季春朔日之朝也知者以既卜之下即言養蠶之事季春始蠶故知是季春也昕者朝旦之名言大昕明是朔日之朝也皮弁素積者士冠禮注云皮弁者白鹿皮爲冠象上古也積猶辟也以素爲裳辟蹙其腰中皮弁之衣用布十五升其色象焉是也卜三宮之夫人世婦之吉者謂天子則卜三夫人諸侯則卜世婦也月令注留養蠶者所卜夫人與世婦是天子之夫人親蠶事也周礼王后六宮言三宮者亦據諸侯言之也故彼注云諸侯夫人三宮半王后也言三宮據諸侯夫人有三宮言三宮之夫人亦容天子三夫人人各居一宮也以文兼天子諸侯故雜互陳之奉種浴

於川文承大昕之下則以三月浴之矣天官內宰云仲春詔后率外內命婦始蠶于北郊馬質注云月直大火則浴其種以仲春浴之者蓋二月浴之至將生又浴之故不同也風戾以食之者彼注云葉及早涼脆采之風戾之使露氣燥乃可食蠶蠶性惡濕也歲既單矣單盡故彼注云歲單謂三月月盡之後也言歲者蠶歲之大功事畢於此也世婦卒蠶獻繭於夫人據諸侯爲說若天子則夫人卒蠶獻於后夏傳注云此諸侯之礼天子則獻繭於后是也於君言示於夫人言獻以繭是夫人之事主獻夫人故夫人受之夫人而云副褘者彼注云副褘王后之服而云夫人記者容二王之後與以記意或然故言與爲疑之辭雖王后受繭其服尊不過亦副褘也少牢以禮之者設少牢之饌以禮遇世婦也彼注云禮之者禮奉繭之世婦也繅三盆手者彼注云三盆手者三絻也凡繅每絻大揔而手振之以出緒也夏傳注云手猶親也言后夫人親以手揔之也言君服之以祀先王先公敬之至也以文兼天子諸侯故先王先公互言之。箋識知至於利。○正義曰利之多少其數無常必以三倍爲言者以三是三才之數數之小成故舉以言焉

天何以刺

何神不富舍爾介狄維予胥忌刺責富福狄遠忌怨也箋云介甲也王之爲政既無過惡天何以責王見變異乎神何以不福王而有災害也王不念此而改脩德乃舍女被甲夷狄來侵犯中國者反與我相怨謂其疾怨羣臣叛違也。舍音捨注同介音界狄毛他歷反鄭如字謂夷狄見賢遍反被皮寄反

不弔不祥威儀不類人之云亡邦國殄瘁類善殄盡瘁病也箋云弔至也王之爲政德不至於天矣不能致徵祥於神矣威儀又不善於朝廷矣賢人皆言奔亡則天下邦國將盡困窮。弔如字又音的瘁似醉反

【疏】天何至殄瘁。○鄭唯以介狄別解餘皆同。○傳刺責至忌怨。○正義曰刺譏者皆責之辭故刺爲責也言何神不富則富是神之所加故以富爲福也毛讀狄爲逖故爲遠也則介當訓爲大不得與箋同也忌者相憎怨之言故以忌爲怨也。○王肅云舍爾大道遠慮反與我賢者怨乎。○箋介甲至叛違。○正義曰以辭有與奪意爲彼此言維予胥忌是不當怨而怨則舍爾介狄者是當怨而舍之也且幽王荒淫惑亂將至滅亡兵在其頸尚不知悟安能復知大道遠慮又大道遠慮非幽王之所有何云舍汝乎何以者問之辭故云王之政無過惡天何以責王也既問天之刺責又問神不福助亞前爲勢故何在神上天者羣臣之精言天則神可知去天以外而別言

神則謂人鬼地祇山川社稷之類也天之所責唯有妖變而已故云見變異若日食星殞山崩川竭之屬也神所不福則是已有禍罰故云有災害謂水旱蟲螟霜雹疫癘之等也於時已有此等事故責王不改脩德教也不應舍而舍則是已來犯王故知被甲夷狄來侵犯中國者臣若阿諛順旨必不爲王所怨故知反與我相怨謂其疾怨羣臣叛違也以正直不肯從邪故爲王所怨。○傳類善殄盡瘁病。○正義曰皆釋詁文。○箋弔至至困病。○正義曰弔至釋詁文此經與上義相配成天刺神不福皆由政惡所致以王之爲政德不至於天故天以刺之不能致徵祥於神故神不福之威儀有不善於朝廷故相與怨忌

天之降罔維其優矣人之云亡心之憂矣優渥也箋云優寬也天下羅罔以取有罪亦甚寬謂但以災異譴告之不指加罰於其身疾王爲惡之甚賢者奔亡則人心無不憂。○渥於角反譴棄戰反

天之降罔維其幾矣人之云亡心之悲矣幾危也箋云幾近也言災異譴告離人身近愚者不能覺。○離力智反

【疏】天之至悲矣。毛以爲上既言天刺責王賢人將去此又言其可憂之狀天之所下此災異之羅網維其饒渥而多矣賢人

之言皆云已欲亡去我天下之人其心爲之憂愁矣又丁寧言之天之所下災異之羅網維其危險而甚矣賢人之言皆云欲亡去我天下之人其心爲之悲哀矣。鄭唯以優爲寬幾爲近爲異餘同。傳優渥。正義曰以優爲優饒之義故爲渥也信南山云既優既渥是優渥爲豐多之意也。箋優寬至不憂。正義曰以天之降罔是羅網寬廣優饒者寬容之義故易傳以優爲寬天下羅網以取有罪正謂欲取王也不指害其身而微加譴告是其寬也。傳幾危。正義曰釋詁文上言優者謂自天降而多也此言幾者謂至人身而危二者相接成也。箋幾近。正義曰釋詁文上寬者謂微加譴告告而不改則禍及其身故離人近二者亦相接成但以忠臣諫君宜稱禍近爲切故易傳也

觱沸檻泉維其深矣心之憂矣寧自今矣不自我先不自我後 箋云檻泉正出涌出也觱沸其貌涌泉之源所由者深喻已憂所從來久也惡政不先已不後已怪何故正當之。觱音必沸音弗觱沸泉出貌檻胡覽反徐音下斬反 **藐藐昊天無不克鞏** 藐藐大貌鞏固也箋云藐藐美也王者有美德藐藐然無不能自堅固於其位者微箴之也。藐亡角反鞏九勇反箴之林反 **無忝皇祖式救爾後** 箋云式用也後謂子孫也

【疏】觱沸至爾後。正義曰言觱沸然而涌出者檻泉也此泉漬涌而出言其所從來維其深遠矣喻天下之人心之憂悲亦所由來久遠寧從今日矣我之所憂憂此惡政怨恨何故不從我之先何故不從我之後而正當我之身也既言王政之惡故以箴王言人君有美大之德藐藐然可以比於昊天則無不能堅固於其位者是守位者必由美德也王當美德固之无使辱汝君祖之先王用此美德以救汝後世之子孫使之保守王位无喪邦國也。箋檻泉正出涌出。正義曰釋水文也李巡曰水泉從下上出曰涌泉。傳藐藐至鞏固。正義曰釋詁云藐藐美也言大貌者爲美大之貌也鞏固釋詁文。箋王者至箴之。正義曰下云無忝皇祖則知能固者謂能固其王位也不直言無德則不能民而云有美德者無不能固反言以見意而文不指斥是微箴之也

瞻卬七章三章章十句四章章八句

召旻凡伯刺幽王大壞也旻閔也閔天下無如召公之臣也 旻病也。召旻上時照反下密巾反下同

【疏】召旻七章上四章章五句下三章章七句至之臣。正義曰召旻詩者周卿士凡國之伯所作以刺幽王大壞也又解名篇之義是閔傷當時天下無如文武之世召康公之臣以時無賢臣深可痛傷故以召旻名篇其敘大壞之意經七章皆大壞之事也首章曰旻天疾威卒章云有如召公雖有召旻之字而其文不次作者錯綜以名篇故敘特解經之旻天自由天之閔下以旻爲天名此敘轉爲閔箋訓爲病則與旻天之義其意小乖是借名以見意作者指言旻天爲此故也先王佐命之臣能開闢土地者蓋多矣而獨言召公者作者意所欲言無他義也

旻天疾威天篤降喪瘨我饑饉民卒流亡 箋云天斥王也疾猶急也瘨病也病乎幽王之爲政也急行暴虐之法厚下喪亂之教謂重賦稅也病中國以饑饉令民盡流移。瘨都田反沈又音殄又音田令力呈反一本作令故民 **我居圉卒荒** 圉垂也箋云荒虛也國中至邊竟以此故盡空虛。圉魚呂反竟音境本亦作境

【疏】旻天至卒荒。正義曰言此旻天之王者其爲政教乃急疾而行此威虐之法比天之王者又厚下與民喪亂之教而病害我國中以饑饉令國中之民盡流移而散亡以此故令我所居中國至於四境邊陲民皆逃散而盡空虛是王暴虐所致之。箋天斥至流移。正義曰箋以此詩刺王大壞而承以饑饉流亡明是王使之然於文勢非言上天故以天爲斥王旻天亦斥王也故箋即言幽王之爲政急行暴虐之法厚下喪亂之教以幽王文揔二事是經之二天皆斥王也小旻云旻天疾威文與此同彼箋云旻天之德疾王者以刑罰威恐萬民則以天爲上天疾爲疾惡而此不然者以此下云天降罪罟承以蟊賊內訌內訌是人自潰亂非上天降之文與下相類故知疾威降喪亦是王自行之非天疾王非天降之也小旻之文連敷於下土布政下土是王之所爲明天以是故疾惡於王觀文而說故與此異蕩之疾威與此不同義亦然也急行暴虐之法厚下喪亂之敎所以爲異者以二句相連疾與篤爲類則威爲酷刑罰喪爲亂亦賦稅則急者行之必速之辭厚者爲之加重之稱則二者俱急而且重也但以言疾則爲行之理已著言篤直是厚而近爲行之理未彰故又言降以見之因此故下單言天降以配而成句也其實天與旻天俱斥王耳箋又揔解暴虐喪亂之事正謂重賦斂病中國以饑饉令盡流移也。傳圉垂。正義曰釋詁文。箋荒虛至空虛。正義曰荒虛釋詁文某氏曰周禮云野荒民散

則削之，唯某氏之本有荒字耳。其諸家爾雅則無之，要周禮野荒必是虛之義也。居謂城中所居之處，圉謂邊境。以此故盡空虛，以謂虐政故也。

天降罪罟，蟊賊內訌。訌，潰也。箋云：訌，爭訟相陷入之言也。王施刑罪以羅罔天下，衆爲殘酷之人，雖外以害人，又自內爭相讒惡。○訌，戶工反，徐云鄭音工。爭，爭鬭之爭，下同。惡，烏路反。**昏椓靡共，潰潰回遹，實靖夷我邦。**椓，夭椓也。潰潰，亂也。靖，謀。夷，平也。箋云：昏、椓皆奄人也。昏，其官名也。椓，椓毀陰者也。王遠賢者而近任刑奄之人，無肯共其職事者，皆潰潰然維邪是行，皆謀夷滅王之國。○椓，丁角反。共音恭，注皆同。潰，戶對反。遹音聿，一音述。奄如字，本又作閹。遠，于萬反。近，附近之近。邪，似嗟反。

〔疏〕天降至我邦。○正義曰：上言王以暴亂病民，此又言所病之事。今比天之王者，下此刑罰羅網之法於天下，諂佞之臣又助爲此刑罰殘酷，其害於人，如蟊賊之害禾稼然。又內自潰亂，相陷以罪人也。又王所親任，是刑餘之人，此昏奄椓毀之小人，無供其職事者，皆潰潰然昏亂其行，邪僻實謀滅我王之邦國，王何故信任之？○傳「訌，潰」。○正義曰：釋言文。○箋「訌爭」至「讒惡」。○正義曰：傳「訌，潰」之義，以訌字從言，故知訌者是爭訟相陷入之言。由爭訟相陷故至潰敗，故爾雅以訌爲潰。訌言內，則蟊賊爲外，故云衆爲殘酷之人，雖外以害人，又內相讒惡。言惡人所在爲害，又自不相親也。天降罪罟，是王所下之知；蟊賊內訌，是臣之衆殘酷之人爲之者。以訌是相惡之言，若亦王所下之，不得言其相惡，故知臣之佞者助王以殘酷害人，又內自相讒惡也。○傳「椓夭」至「夷平」。○正義曰：傳意亦以椓爲去陰，但以正月云「夭夭是椓」，夭謂夭殺，椓謂椓破，夭椓文連，故并舉其類以曉人。潰潰，昏亂之意，故爲亂也。靖，謀，釋詁文。夷，平，易也，俱訓爲易，是夷得爲平。言平殄而滅之。○傳「昏椓」至「王之國」。○正義曰：解名此人爲昏椓之意，故云皆奄人也。天官閽人注云：「閽人司昏晨以啟閉者。」是昏其官名也。椓，椓毀陰者，爲犯淫罪而刑之也。書傳曰：「男女不以禮交者，其刑宮。」秋官司刑注云：「宮者，丈夫則割其勢，女子閉於宮中。」此椓毀其陰，即割勢是也。謂之奄者，天官酒人注云：「奄，精氣閉藏者。」引月令「其器閎以奄」，是由割去其勢，精氣閉藏，故謂之奄人也。若然，秋官掌戮云「墨者使守門」，閽人之注引掌戮之文，則閽人乃是墨者，非奄人矣。而此箋以昏爲奄者，案周禮序官，閽人上有內小臣，下有寺人。內小臣之與寺人，皆是奄人爲之。閽人與之爲類，官居其閒，則亦奄人也。閽人云：「王宮每門四人，囿遊亦如之。」注云：「囿，禁院也。遊，離宮也。」然則王宮之與囿遊所守門者，其官

皆曰閽人，是閽之用人非獨奄也。掌戮「墨者使守門，宮者使守內，刖者使守囿」，則墨、刖皆亦爲閽，非獨宮刑者矣。但內門則用奄以守之，其外門則用墨耳。閽人職曰「掌守王宮之中門之禁」，注云：「中門於外內爲中，天子五門，雉門爲中門。」是雉門以內用奄，庫門以外用墨，其囿則用刖也。官與寺人爲類，主以奄者爲名。月令仲冬「命奄尹審門閭，謹房室」，是門房之守皆奄爲之，故知閽是奄人之官名也。奄者防守門閭，親近人主。凡庸之君，闇於善惡，以其少小慣習，朝夕給使，顧訪無猜憚之心，恩狎有可悅之色，且其人久處宮掖，頗曉舊章，常近牀第，探知主意，或乃色和貌厚，挾術懷姦，或乃捷對敏才，飾巧亂實，於是邪正並行，情貌相越，遂能迷罔視聽，因惑愚主，謂其智足匡時，忠能輔國，信而使之，親而任之，國之滅亡多由此作。故詩人責王遠賢者而近刑奄之人也。原其本心，不欲滅國，但所謀不當滅國之道也，故謂之謀滅王國也。

皋皋訿訿，曾不知其玷。皋皋，頑不知道也。訿訿，窳不供事也。箋云：玷，缺也。王政已大壞，小人在位，曾不知大道之缺。○皋音羔，爾雅云：「刺素食也。」訿音紫，爾雅云：「莫供職也。」玷，丁簟反。窳音庾，裴駰云：「病也。」說文云：「嬾也。」一本又作寙。**兢兢業業，孔填不寧，我位孔貶。**貶，隊也。箋云：兢兢，戒也。業業，危也。天下之人戒懼危怖甚久矣，其不安也。我王之位又甚隊矣。言見侵侮，政教不行，後犬戎伐之，而周與諸侯無異。○業如字，一音五荅反。貶，彼檢反。隊，直類反，又作墜。

〔疏〕皋皋至孔貶。○正義曰：上言小人爲謀將滅王國，此言其致滅之狀。小人在位，皋皋然志識頑鈍而不知治道，訿訿然在公窳惰而不供職事，心頑力惰，自以爲宜。王政已壞，曾不知其大道之玷缺也。臣既如此，害及天下，故今時之人皆兢兢而戒懼，業業然而危怖甚久矣。天下不安，言不安已久矣。民既不安，其我王之位又甚貶退，言其卑微與諸侯無異也。○傳「皋皋」至「共事」。○正義曰：釋訓云：「皋皋、琄琄，刺素食也。」舍人曰：「皋皋，不治之貌。」某氏曰：「無德而空食祿也。」無德不治而空食祿，是頑不知其道也。釋訓又云：「翕翕、訿訿，莫供職也。」是訿訿爲窳不供其職也。說文云：「窳，嬾也。」草木皆自豎立，唯瓜瓠之屬臥而不起，似若嬾人常臥室，故字從字。○音眠。

如彼歲旱，草不潰茂，如彼棲苴。潰，遂也。苴，水中浮草也。箋云：潰茂之潰當作彙。彙，茂貌。王無恩惠於天下，天下之人如旱歲之草，皆枯槁無潤澤，如樹上之棲苴。○潰，毛戶對反，鄭作彙，音謂。棲音西，謂棲息也。苴，士如反。槁，口老反。**我相此邦，無不潰止。**箋云：潰，亂

也無不亂者言皆亂也春秋傳曰國亂曰潰邑亂曰叛○相息亮反[疏]如彼至潰止○毛以爲言王無恩於民致使下民如彼歲之大旱其草不得申遂而盛茂致使此草如彼水上棲止逐流之浮苴也旱歲之草如水上之苴言其枯槁無潤下民不得王恩亦如是也民不見德澤亂將起詩人閔之言我視此王之邦國無有不亂止言其必將亂也後犬戎殺王是此言之信○鄭唯以潰爲彙棲苴謂樹上爲異餘同○傳潰遂至浮草○正義曰草之生當遂其生長之性今言以草不潰故以潰爲遂苴是草之枯槁逐水流者故云苴水中之浮草如是則棲爲浮義謂棲息於水上也○箋潰茂至棲苴○正義曰潰茂連文以潰爲遂於義不安故易傳言潰當作彙如易泰卦拔茅以彙之字彙是茂盛之貌也箋不直言潰當作彙而云潰茂之潰當作彙者以下有無不潰止嫌亦爲彙故連茂言之又以棲者居在木上之名謂水上爲棲理亦不愜故以爲如樹上之棲苴苴是草木之枯槁者故在樹未落及已落爲水漂皆稱苴也此經再云如者言民如旱草草又如苴見其枯槁之極喻王無恩之甚也○箋春秋至曰叛○正義曰僖四年公羊傳文也引之者證邦潰爲國亂之意也

維昔之富不如時往者富仁賢今也富讒佞箋云富福也時今時也**維**

今之疢不如茲今則病賢也箋云茲此也此者此古昔明王○疢音救病也字或作疚**彼疏斯粺胡不自替職兄斯引**彼宜食疏今反食精粺替廢況茲也引長也箋云疏麤也謂糲米也職主也彼賢者祿薄食麤而此昏椓之黨反食精粺女小人耳何不自廢退使賢者得進乃茲復主長此爲亂之事乎責之也米之率糲十粺九鑿八侍御七○粺皮賣反兄音況下同糲蘭末反沈音賴又音厲復扶又反下同長如字又張丈反率字又作㪷音類又音律又所律反鑿子洛反又音昨字林云糲米一斛舂爲八斗音子沃反[疏]維昔至斯引○毛以爲邦國之亂由遠賢者而任小人故舉明王之政以並之言維昔明王之所富者不如今之時言昔時富賢人今時富讒佞也又言今時所以異於昔者維今世之所病者不如此明王言明王富賢人今世則病賢人是其異於昔也由病其賢者故小人得進故又責之言彼宜食疏今乃反食精粺之小人由汝當路以病賢者何不早自廢退使賢者得進乃復主爲滋益此亂之事使更長也言小人用事益使亂長故責之○鄭唯彼疏斯粺爲異餘同○傳彼宜至引長○正義曰以小人爲彼故云彼宜食疏今食精粺言其富小人也替廢釋言文爾雅之訓況爲賜也賜小人之物使之益多故以況爲滋滋又爲益引長釋詁文○箋疏麤至御七○正義曰以疏對粺則以麤爲粺也麤於粺者唯糲米耳故知謂糲米也職主釋詁文以疏粺文稱彼此則有相形之勢上文責王病賢者富小人則此亦相對不得爲一人故易傳以賢者食麤皆椓之黨食精也職況斯引職訓之爲主茲此引長言主爲益此使亂之長故便而倒之云乃茲復主長此爲亂之事責之也言米之率糲十粺九鑿八侍御七者其術在九章粟米之法彼云粟率五十糲米三十粺二十七鑿二十四御二十一言粟五升爲糲米三升以下則米漸細故數益少四種之米皆以三約之得此數也言此明糲麤於粺故爲疏也

池之竭矣不云自頻頻厓也箋云頻當作濱厓猶外也自由也池水之溢由外灌焉今池竭人不言由外無益者與言由之也喻王猶池也政之亂由外無賢臣益之○頻舊云毛如字鄭作濱音賓俱云厓也案張揖字詁云瀕今濱則瀕是古濱字者與音餘**泉之竭矣不云自中**泉水從中以益者也箋云泉者中水生則益深水不生則竭喻王猶泉也政之亂又由內無賢妃益之**溥斯害矣職兄斯引不烖我躬**箋云溥猶徧也今時徧有此內外之害矣乃茲

復主大此爲亂之事是不烖王之身乎責王也烖謂見誅伐○溥音普烖音災徧音遍下同[疏]池之至我躬○正義曰既言小人在朝又傷王無輔助言人見池水之竭盡矣豈不言云由其外之濱厓無水以益之故也以喻人見王政之喪亂矣豈不言曰由其外之羣臣無賢以佐之故也人見泉水之枯竭矣豈不言曰由其內之地中無水以生之故也以喻人見王政危亂矣豈不言曰由其內之妃后無德以助之故也今王內無賢后外無賢臣溥徧有此內外無賢之害矣而在故小人乃復主益此亂使之更大亂漸益大於欠豈得不災害我身乎言其必將害之○箋頻當至益之○正義曰以水厓之濱其字不應作頻故破之也傳作頻者蓋以古多假借或通用故也池者穿地引水家語曰池水之大魚鼈生焉萑葦長焉誰知其非泉也是池由自外引水而爲之故云池水之益由外灌焉上章刺王遠賢故知以池竭喻外無賢臣益之也既以池竭外無益以喻外無賢臣故知下經以泉竭內無益以喻無賢妃也**昔先王受命有如召公日辟國百里今也日蹙國百里**辟開蹙促也箋云先王受命謂文王武王時也召公召康公也言有如者時賢臣多非獨召公也今幽王臣○辟音闢

夔子六反於乎哀哉維今之人不尚有舊 箋云哀哉哀其不高尚賢者尊任有舊德之臣將以喪亡其國○喪息浪反 〔疏〕昔先王至有舊○正義曰言日闢日蹙甚言之耳不得一日之間便有百里之校於蹙國之上不言無賢臣者以不尚有舊事見於下故空其文以下句互而知之

召旻七章四章章五句三章七句

蕩之什十一篇九十二章七百六十九句

附釋音毛詩注疏卷第十八 十八之五

黃中栻栞

毛詩注疏挍勘記（十八之五）

阮元撰盧宣旬摘錄

○常武

因以爲戒然 唐石經小字本相臺本同案正義云定本集注皆有然字是正義本無標起止云至爲戒然當是後添也

既已戒勑之 閩本明監本毛本已誤以案上文既以警肅之以亦當作已

於軍將行治兵之時 小字本相臺本同案考文古本軍上有六字山井鼎云疏疊出此注作於六軍將有六字者似是其說非也此軍將二字連文將子匠反下箋云王又使軍將云云又者又此箋也行治兵者謂行治兵之禮正義有明文三字連文也釋文於上章大將下云子匠反第二章注同亦其證古本所采正義乃誤字耳見下

傳尹氏至浦厓 明監本毛本厓誤涯閩本不誤下同案厓字經注本多從水釋文亦然正義中多作厓當是其本不從水也考厓爲正字涯爲俗字依經注本改正義者非○按正義之例多以今字易古字此等轉寫有譌亂耳

於六軍將行治兵之時者 閩本明監本毛本同案於六當作云於錯誤耳

大司掌其戒令是也 閩本明監本毛本司下有馬字案所補是也

舒徐也 小字本相臺本同案此正義本也正義云舒徐也定本云舒序非也釋文云舒序也一本作舒徐也考舒徐也與野有死麕傳同定本釋文依爾雅耳當以正義本爲長

以驚動徐國 小字本相臺本同考文古本同閩本明監本毛本驚誤震案正義云其動驚此徐方之國又云則皆動驚而將服罪是此箋當作動驚下箋云徐國則驚動而將服罪亦動驚之誤也

如震如怒 唐石經小字本相臺本同案釋文云一本此兩如字皆作而正義云其狀如天之震雷其聲如人之勃怒其色是其本經中字亦作如也考箋云而震雷其聲而勃怒其色鄭意以爲震怒自是實事不假外象轉經如字作

而以說之毛氏詩如而互通鄭但於都人士箋云而亦如也餘多不言者省文耳一本乃依鄭意改經作而似是實非

緜緜靚也　小字本相臺本同案考文古本靚作靜考靜字與韓奕傳同釋文緜緜下云靚也正義緜緜然安靜者易靚為靜而說之耳考文古本誤采正義所易之字也韓奕正義字仍作靚不易當是後人改耳○按毛傳於楚茨閟宮皆曰清靜於韓奕常武曰徐靚曰靚毛意靚與靜有別靚有清麗之意上林賦注曰靚糚粉白黛黑也是也

○瞻卬

天王使凡伯來騁　閩本明監本毛本同小字本相臺本騁作聘案騁字誤也正義標起止十行本閩本皆不誤明監本毛本亦誤作騁

稱世稱之　閩本明監本毛本同案上稱字浦鏜云當傳之誤是也常武正義云或皇氏父字傳世稱之可證。

其為殘酷痛病於民　小字本同閩本明監本毛本同相臺本病作疾考文古本同案正義云箋以蟊賊是損害之實故以殘酷痛疾言之相臺本考文古本皆依此所改也正義上文云其殘酷於民如蟊賊之蟲病害於禾稼乃用病字則下疾乃誤字耳依之改者非

施刑罪以羅網天下　小字本同閩本明監本毛本同相臺本網作罔案罔字是也下箋天下羅罔不誤網乃正義所易今字

此自王所下大惡　小字本同閩本同相臺本自作目明監本毛本同案自字是也考文古本作因誤甚

梟鴟聲之鳥　小字本相臺本聲上有惡字閩本剜入明監本毛本同案十行本脫也

借民力所治之然也　閩本明監本毛本然作田案所改是也

夏官馬質注引蠶云　明監本毛本云上有書字閩本剜入案所補是也

則天下邦國將盡困窮　閩本明監本毛本同小字本相臺本窮作病考文古本同案病字是也十行本閩本正義中標起止云至困病不誤明監本毛本亦誤改為窮

天者羣臣之精也　閩本同明監本毛本臣作神案所改是

觱沸其貌　小字本相臺本同考文古本同閩本明監本毛本其誤出案釋文觱沸下云泉出貌乃檃栝箋意耳不知者取其改箋誤也

瞻卬七章　小字本相臺本同唐石經初刻仰後改卬案雲漢釋文云卬本亦作仰卬仰古今字也考文古本經序皆作仰亦非

○召旻

亡賦稅則急者行之必速之辭　閩本明監本毛本則作也案所改非也此亡當作云耳

而近為行之理未彰　閩本明監本毛本同案近字當衍

窳不供事也　小字本相臺本同案釋文云窳音庾裴駰云病也說文云嬾也一本作窊正義云說文云窳嬾也草木皆自豔立唯瓜瓠之屬臥而不起似若嬾人常臥室故字從宀此是釋文正義二本皆作窳唐人此字從宀也所引說文今無其文正義所據往往非今十五篇說文如第字之類是也窳字出揚承慶字統草本皆自豔立以下即取彼文以為說耳毛傳當本用窳字

故字從字音眠　閩本同明監本毛本字作穴案皆誤也當作宀下音眠二字當旁行細書正義自為音例如此

今言以草不潰故以潰為遂　閩本明監本毛本同案故上浦鏜云脫茂字又云上以字當衍皆是也

況茲也　小字本相臺本同閩本明監本毛本同案況當作兄正義中作況乃易字耳考文古本經作況亦非

也

乃茲復主長此爲亂之事乎　小字本相臺本同案考文古本茲作滋下章箋同考此及常棣桑柔經傳箋皆當兄茲二字正義中作況滋者皆易字也今常棣唐石經已誤況桑柔傳箋各本皆誤滋此箋考文古本又誤采正義字改爲滋也又按此等茲字皆當上从艸下从絲省聲艸木多益也滋字从水从艸部之茲益也今人所寫茲滋皆譌字

池水之溢由外灌焉　閩本明監本毛本同小字本相臺本溢作益考文古本益字亦同案益字是也正義中益字各本不誤

而在故小人　閩本明監本毛本故作位案所改非也在故當作任政形近之譌

於乃豈得不災害我身乎　閩本明監本毛本同案山井鼎云乃恐舊誤其說非也於乃二字當衍我下當脫王之二字上衍而下脫耳

昔先王受命有如召公　唐石經小字本相臺本同案此正義本也序下正義云卒章云有如召公是其證也關雎正義云六字者昔者先王受命有如召公之臣是也所引不與此同如出其東門引白旆英英而本篇乃作央央下泉大東皆引二之日栗冽而本篇仍作烈是其比矣良由撰者既非一人六朝義疏本有各家或復存舊致此歧互耳經義雜記欲依彼正義改此文未爲當也

言曰闢曰戚　閩本明監本毛本闢誤辟案闢是正義所易之今字皇矣江漢正義皆可證

附釋音毛詩注疏卷第十九（十九之一）

清廟之什詁訓傳第二十六

毛詩周頌　鄭氏箋　孔穎達疏

周頌譜

周頌者，周室成功致太平德洽之詩。其作在周公攝政、成王即位之初。○正義曰：言致太平德洽，即成功之事。據天下言之爲太平，據王室言之爲功成，治定王功既成，德流兆庶，下民歌其德澤，即是頌聲作矣。然周自文王受命，武王伐紂，雖屢有豐年，未爲德洽。及成王嗣位，周公攝政，脩文武之德，定武王之烈，干戈既息，嘉瑞畢臻，然後爲太平德洽也。書敘：既黜殷命之後云：「唐叔得禾，異畝同穎，王命唐叔歸周公於東。」周公旅天子之命，作嘉禾。是攝政之初，嘉禾生也。書傳曰：「三年踐奄。」多方曰：「惟五月丁亥，王來自奄。」自此之後，無復征伐。易注云：「行誅之後，致太平。」自三年數也。故四年之封康叔，因欲營洛，以觀民心。康誥曰：「周公初基作新大邑於東國洛，四方民大和會。」是德洽及民之事也。故書傳曰：「周公將作禮樂，優游之三年，不能作。君子恥其言而不見從，恥其行而不見隨。將大作，恐天下莫我知；將小作，恐不能揚父祖功烈德澤。然後營洛，以觀天下之心。於是四方諸侯率其羣黨，各攻位於其庭。周公曰：『示之以力役且猶至，況導之以禮樂乎？』然後敢作禮樂。書曰：『作新大邑于東國洛，四方民大和會。』此之謂也。」如書傳此言，則周公以三年太平，即應作禮樂，但爲優游之故，至六年乃作。其禮樂自優游，未作頌聲乃人志所爲。制禮之前，頌已作矣。故周禮太師教六詩，六曰頌。樂師帥學士歌徹，謂歌雍也。制禮之時，得取頌詩爲樂，是制禮之前有頌也。制禮之後，民俗益和，明頌聲乃作，可知。故總云其作之時，在周公攝政、成王即位之初也。史傳羣書稱成康之間，四十餘年刑措不用，則成王終世太平。正言即位之初者，以即位之初，禮樂新定，其詠父祖之功業，述時世之和樂，宏勳盛事，已盡之矣。以後無以過此，採者不爲復錄。且檢周頌事迹，皆不過成王之初，故斷之以爲限耳，不謂其後不得作頌也。故曰成康沒而頌聲寢，不廢康王之時乃有其頌，但今詩所無耳。雅不言周者，以別商魯也。周頌言周者，蓋孔子所加也。何則？孔子以前，六詩並列，故太師教六詩，是六詩皆別題也。書敘列虞夏商周，書各爲一科，當代異其第，則詩本亦當代爲別。商頌不與周頌相雜爲次第也。周詩雖六義並列，要先風雅而後頌也。見事相因，漸爲商頌不得在周頌之上，間廁之也。商頌自以配樂，當如樂貴者用前，賤者用後，不可以先代之頌在後代之下，必是獨行爲一代之法。國語曰：有正考甫者，校商之名頌十二篇於周之太師，以那爲首。若在周詩之中，則天下所共，不須獨校於周之太師也。明不與周詩同處矣。商既不雜於周，不須有所分別，則知孔子以前未題周也。孔子論詩，雅頌乃次魯商於下，以示三代之法。故魯譜云：「孔子錄其詩之頌，同之王者後。」商譜云：「孔子錄詩，列之以備三頌。」是商頌者，孔子列之於詩末也。既有商魯，須題周以別之，故知孔子加周也。頌之言容。天子之德，光被四表，格于上下，無不覆燾，無不持載，此之謂容。於是和樂興焉，頌聲乃作。○正義曰：此解名之爲頌之意。頌之言容，歌成功之容狀也。「光被四表，格于上下」，堯典文也。左傳季札見舞韶箾，曰：「德至矣哉！大矣哉！如天之無不燾，如地之無不載。」是所據之文也。尚書說堯之德也，左傳說舜之德也。帝王之德當爲優劣，此引堯舜之事以言周者，聖人示迹不同，所遇異時，故號有帝王，爲優劣之稱。若乃至誠盡物，前聖後聖，其歸一也。故中庸說孔子之德，亦云無不覆燾，無不持載。明聖人之道同也。噫嘻「成王既昭假爾」，書傳說越常之譯曰：「久矣，天之無烈風淫雨。」中候摘雒戒云：「曰若稽古周公旦，欽惟皇天順，踐祚即攝，七年，鸞鳳見，蓂莢生，青龍銜甲，玄龜背書。」是周德光被四表，格于上下之事也。言頌聲者，詩各有聲，故公羊傳曰：「什一而稅，頌聲作。」是也。此頌聲由其時之君德洽於民而作，則頌聲係於所興之君，不係於所歌之主。故周頌三十一篇，左方中皆以爲周公、成王之頌也。以其雖詠往事，顯祖業，昭文德，述武功，皆令歌頌述之，以美今時，不爲祖父之頌矣。但祖父之功由此以顯，顯其父祖之功，所以頌子孫也。故時邁之等，盡爲武王之事，要歸頌聲於周公、成王也。若然，清廟祀文王，執競祀武王，非文武之頌；而那祀成湯，烈祖祀中宗，玄鳥祀高宗，即爲所祀之王頌者，頌既治平而興，文武雖有盛德，時未太平，不可爲頌。成王致太平，乃有頌，雖祀文王、武王，皆歌當時成功，告其父祖之神明，故周頌祀文王、武王者，皆非文武之頌也。若殷之三王，既中興受命，本皆太平，明生時自有頌聲，但商書殘缺，無以言焉。今死而作頌，故係於所歌之王。因此而談，不廢成王崩後亦有追頌，或本不錄，今詩無耳。祖父未太平而子孫太平，頌聲之興係於子孫，周頌是也。祖父太平而子孫未太平，則所頌之詩係其父祖，魯商頌是也。若父祖子孫俱太平，作頌於子孫之時，論父祖之事者，則所係之主，由作者本意，無定準也。頌者，述盛德之容，至美之名，因此復有借其美名，因以指所頌者，駉頌僖公是也。止頌德政之容，無復告神之事，以位在諸侯，不敢輒作。雖非告神，又非風體，故曰：「季孫行父請命於周，而史克作是頌。」

也。然魯頌之文尤類小雅，此於商頌體制又異，明三頌之名雖同，其體各别也。此周頌所頌之事，多在成王即位之前，今檢其作之早晚，前後亦參差不同。案賚序云「大封於廟也」，箋云「大封，武王伐紂時封諸臣有功者」。宣十二年左傳：「昔武王克商而作頌：載戢干戈，載櫜弓矢。又作武，其三曰：鋪時繹思，我徂惟求定。其六曰：綏萬邦，屢豐年。」其文在時邁與般，敘武賚桓也，而桓說武王伐紂之事。時邁與般序言巡守，案康王之誥云：「王若曰：庶邦侯甸男衞。」注云：「獨舉侯甸男衞四服者，周公居攝六年，制禮班度量，至此積三十年，再巡守，餘六年。侯甸男要服正朝，要服國遠，既事遣之，衞服前冬來，以王有疾留之。」如鄭此言，以攝政六年而六服咸在，以爲年端，則成王即位後十年乃巡守，是爲攝政至成王之初無巡守也。明時邁與般，武王時也。此四篇皆武王時事也。閔予小子、訪落、敬之三篇，序云「嗣王」，經稱「小子」，是成王除喪嗣位，未改喪中之稱，攝政之前事也。有客，微子來見祖廟，箋云：「成王既黜殷命，殺武庚，命微子代殷後，既受命來朝而見。」命尚書敘，微子之命在誅管蔡之前，則微子來見，攝政二年之事也。凡此八篇，事皆在太平之前也。雝，禘太祖，以魯禮言之，武王以成王年十歲十二月崩，則成王年十三祫於武王之廟，年十四禘於羣廟，乃年十七攝政三年而祫，至五年而禘。雝於周禮，徵而歌之，則事在攝政六年之前，而攝政五年及成王十四時俱有禘，檢其篇中，二者無以可明，而雝箋云「得天下之懽心」，似五年之事也。維天之命，太平告文王，箋云「告太平者，居攝五年之末」，則亦五年之事也。明堂位曰：「昔周公朝諸侯於明堂之位。」謂在洛邑也。孝經曰：「昔者周公郊祀后稷以配天，宗祀文王於明堂以配上帝。」然則朝諸侯、郊祀，皆攝政六年所爲，而清廟，周公既成洛邑，朝諸侯，率以祀文王焉。我將，祀文王於明堂。思文，后稷配天。皆六年時事也。昊天有成命，郊祀天地，不指年月，而郊祀周公所定，思文頌所配之人，昊天有成命言感生之帝，祫及後世，以事相況，蓋與思文同時也。振鷺，二王之後來助祭，箋云：「二王，夏、殷也。其後，杞也，宋也。」微子攝政二年始爲殷後，獨來見於祖廟。杞本先封，不當與宋俱至。今二王之後並來助祭，則在有客之後也。杞宋異服，不應並朝，蓋亦周公朝諸侯於明堂之時，與天下俱至，則振鷺亦六年也。或者杞宋一國，亦得云二王之後，如是則其時不可知也。酌，告成大武，亦六年之事，故箋云「其始成，告之而已」是也。既告，當作之以觀其和否。有瞽，始作樂而合於太祖，云始作，明既告之後，合而觀之，即告也。合各有禮，於廟以樂初成，所以合而作之，故曰「既備乃奏，肅雝和鳴」，亦爲六年時事也。朝明堂之時，諸侯及二王之後皆未去，故云「我客戾止，永觀厥成」。以此考之，事相符合也。周公攝政六年，制禮作樂，則大武之樂當奏之矣，而酌箋云「歸政成王，乃後祭於宗廟而奏之」者，以周公之作禮樂，主爲成王，故據成王而言之，不言攝政之時已奏大武，則武詩之作，其時未可明也。載見，箋云「諸侯始見君王，謂見成王也」。小毖曰「予其懲而」，箋云「我其創艾於往時矣」，皆成王即位之初也。烈文，成王即政，檢成王除武王之喪，周公未攝之時，與周公致政之後，二者皆爲即政。若除喪之時，事宜與閔予同時，而閔予三篇與羣臣謀事，稱「未堪家多難」，有求賢自退之志。今烈文之篇，申勑諸侯卿士，以賞罰爲已任，亦宜爲歸政之後，成王即位之初也。故服虔注左傳亦云「烈文，成王初即洛邑，諸侯助祭之樂歌」是也。其維清，敘皆得爲武王之事，但敘云奏者，容周公、成王時所奏，述其事而爲頌，故不可必定也。噫嘻曰「既昭假爾」，臣工曰「迄用康年」，豐年曰「多黍多稌」，載芟曰「萬億及秭」，良耜曰「其崇如墉」，潛曰「潛有多魚」，言豐年物多，以告神明，是論太平後事，但不知攝政三年之後，定指何年耳。天作，祀先王先公，事與天保「于公先王」文同，以禴祠烝嘗類之，是爲時祭。執競，祀武王，詠武王生時之功。絲衣，繹賓尸，說繹祭得禮之宜，推檢無以知其早晚，以祭乃繹，是告神之作，亦宜其太平之年事也。所檢止知其事之早晚，而作者當時不必皆爲有事而作，先後有事後而先作者，不可以事定其作之時也。此云頌聲乃作，則頌自民之歌謠，而外傳引思文、時邁，皆言周文公之頌，所以周公之時還得自頌者，以周公攝政，歸功成王，歌其先人之功，事由不涉於已，故得自爲風雅。此篇既有義理，頌亦當有也。武王之事不爲頌首，不以事之先後必爲次矣。雖作於制禮之前，而在烈文、清廟之後，又不以作之先後爲次矣。禮記每云「升歌清廟」，然則祭宗廟之盛，歌文王之德，莫重於清廟，故爲周頌之首。文王受命，爲王者之端，武王即因其業，且俱爲聖人，令父先於子，故頌以文王爲首，其事盛者在先，所以先清廟也。次以維天之命者，言文王德與天同，謚於後世，周公收其道以制法，告其廟以太平，盛之次也。文王既道可爲法，政致清明，故武王象其伐事以制歌樂，故又次維清也。道既可法，諸侯當法而行之，故次烈文也。道爲諸侯所法，可以祭祀先祖，故次天作也。人本於祖，推以配天，既祀於廟，又當郊天柴望，故次昊天有成命、我將、時邁也。雖告祭之歌，說武王能持彊道，爲神降福，故次執競也。武王之持彊道，致牟麥之瑞，由后稷之功，故次思文也。由稷以致牟麥，牟麥爲豐年之祥，故次臣工也。年之所康者，因所穀而致福，故次噫嘻也。以祈穀大事，必有助祭，故次振鷺也。助祭得禮，以致年豐，當以報祭，故次豐年也。既獲年豐，天下和樂，故合諸樂奏而聽之故次有瞽也既和樂年豐萬物得所信及潛逃故次潛也既樂作魚多可以告神祭祖故次雝也說諸侯助祭之事而諸侯之來朝有禮故次載見也既朝祭得禮則主所愛敬故次有客也以諸侯之來見奏樂以示之使知一代之功德故次武也武武王之大事周之最盛者也但周推文德以先文王則武王爲子道故武詩不在周頌之初故禮記每云升歌清廟下管象象謂武也子道而在堂下示上下之義武詩主歌武王之功而未致太平王崩子幼朝廟謀事羣臣進戒故次閔予小子訪落敬之也先朝而後謀謀君事訪問而臣進戒事之次也臣既進謀君又求助故次小毖也既謀事求助致敬民神春祈秋報故次載芟良耜也社稷雖國之貴神卑於郊宗告祭故次時邁之後以所歌皆民事非先王之盛德故也既年豐民安所以祭祀則有明日之繹以致胡考故次絲衣也天下所以年豐壽考本以文王得用師之道武王克定厥家封功臣陟四岳祀河海故次酌桓賚般以爲和樂之終焉周頌皆太平之歌所論多告神之事篇多而事相類所次意不似風雅觀其大歸清廟之什陳文武盛德郊宗柴望配祀之大者臣工之什言助祭所報合樂朝見事劣於清廟閔予之什傷家道之未成創往時之禍難又陳繹告之末祭類禡之小祀比臣工又差劣焉大率周頌之次雖其中有

曲而變要以盛者爲先般與時邁同爲巡守般非告祭之文無明昭震疊之威故同時而不次也且社稷以祈報此篇嗣王繼事義相類郊宗由大祀類聚繹禡爲末祭羣分觀此則次有義矣可以粗論難以精悉也。禮運曰政也者君之所以藏身也。正義曰以頌者告神之歌由於政平神悅所致故說政從神下歌以報神所以爲頌之意引禮記以證之言藏身者鄭云藏謂輝光於外而形體不見若日月星辰之神言日月星神有光輝形藏於中而不可見猶人君施政教身藏於中而不可害猶日月星辰然。是故夫政必本於天殽以降命。正義曰既言藏身由政又本政所由出言是故乘上文爲勢也以天爲神之尊者故先之本之者卽殽以降命也殽之言效鄭云效天之氣以下教令天有運移之期陰陽之節也若賞以春夏刑以秋冬皆效天也。命降於社之謂殽地。正義曰鄭云謂教令由社下者也社者土地之主土會之法有五地之物生此則教令本下於社是謂效地之宜以下者也教令由社而云效地者以社五土之揔神爲土地主也大司徒職曰以土會之法辨五地之物生一曰山林宜皁物二曰川澤宜膏物三曰丘陵宜核物四曰墳衍宜莢物五曰原隰宜叢物是地有山川高下物生各有所宜人君當效之亦順合所宜而任之山者不使居川渚者不使居中原之

類所效亦多矣以上文因政者君之所以藏身卽云政必本於天既云本天遂從天向下而言故云殽以降命則云降命者自人君降之於民也故鄭云效天之氣以下教令是君下之於民也社廟以下四前文亦政之所本據令教令本之由於社廟則所云降者皆從社廟降於人君也故鄭云教令由社下者由社廟下於人君也隨文勢而互言之皆神降於人君君又降之於民也降於祖廟之謂仁義。正義曰鄭云謂教令由祖下者大傳曰自禰率而上之至於祖遠者輕仁也自祖率而下之至於禰高者重義也是祖廟有仁義降於人君人君法之下於民。降於山川之謂興作。正義曰鄭云謂教令由山川下者山川有草木禽獸可作器物供國事也言山川有材用可以興作器物有此法以降人君人君所效降興作之教令於民也。降於五祀之謂制度。正義曰鄭云謂教令由五祀下者五祀有中霤門戶竈行之神中霤謂室也室及門戶竈行人之動作所由爲皆有制度是五祀有制度以降人君人君所以下於民爲之制度也上棟下宇起自黃帝有室則有門戶矣行是道途所由竈有爨烹之用則五祀乃大之所爲而云降制度於人君者以五祀雖人所爲要理自當有聖人有以見天下之賾而創爲之旣爲其器卽立其神神有制度故可法象猶社祀句龍廟祭先祖亦人立

之而效之降命與此同。又曰祭帝於郊所以定天位祀社於國所以列地利祖廟所以本仁山川所以儐鬼神五祀所以本事。正義曰以上教令皆降於郊社祖廟山川五祀而此又祭之見其爲取法象焉故云所以本仁所以本事也祭帝於郊謂祭感生之帝容五帝之兆也天之法象多不可指其所本因其天象在上而祭有處所故云定天位也祀社土地之主土地生物人所利用祭之而見有此利於民故云列地利也物雖資天所生其見在地所以將地言之地之爲利也博故言其利不言所本也自祖廟以下不言祭蒙上祭文祖廟有仁有義其仁可以揔之五祀本爲制度而制度興舉卽是事也故云本事山川亦有所本因山川爲神不明故云儐鬼神言賓敬山川鬼神而祭之與本仁本事互見敬鬼神而本之。又曰祀行於郊而百神受職焉祀行於社而百貨可極焉祀行於祖廟而孝慈服焉祀行於五祀而正法則焉。正義曰上既言祭羣臣此言祭得所之驗也故鄭云信得其禮則神物與人皆應之百神列宿也百貨金玉之屬如此爲聖王既法象羣神人君誠心事之禮行於神則百神應而受職百貨出而可盡入服於孝慈俗正其法則矣知百神爲列宿者以繫天言之爲天之諸神分宿所主各守所職使不僭濫寒暑節風雨時令萬物茂百穀成也百貨金玉者舉金玉

言之祭地得所地不愛寶山出器車地出醴泉銀甕丹甑金玉百貨可盡爲人用焉又祖廟得所則民化上知孝於祖禰慈愛子孫而服於君之政教矣五祀得所則制度可法是正法則矣不言山川者上既言儐鬼神則已爲禮行矣故畧之○故自郊社祖廟山川五祀義之脩禮之藏也○正義曰以此五者聖王教令所法象祭而事之則神得而事治義理由此以脩飾禮法從之而出見是義興於此禮藏其中故鄭云脩猶飾也藏若其城郭然此言聖王之政法象天地羣神之爲而爲之政政成而神得其所神得其所則事順人和而德洽於神舉矣功大如此可不美報乎故人君必絜其牛羊馨其黍稷齊明而薦之歌之舞之所以顯神明昭至德也○正義曰案今周頌郊社祖廟山川之祭自以歲時之常非爲太平而報而鄭云功大如此可不美報者人君是羣神之主故曰有天下者祭百神其祭不待於太平也但太平之時人民和樂謳歌吟詠而作頌者皆人君德政之所致也以人君法神以行政歸功於羣神明太平有所由是故因人君祭其羣神則詩人頌其功德故謂太平之祭爲報功也時邁般桓之祭於時雖未太平以其太平乃歌亦爲報也歌之舞之謂祭神之後詩人歌之非謂當祭之時即歌舞也故清廟之經曰雝顯相濟濟多士駿奔在廟皆是既祭之後述祭時之事明

非祭時即歌也但既作之後常用之故書傳說清廟云周公升歌文王之功烈德澤尊在廟中嘗見文王者愀然如復見文王是作後每祭嘗歌之也頌之作也主爲顯神明多由祭祀而爲故頌敍稱祀告澤及朝廟於廟之事亦多矣唯敬之小毖不言廟祀而承謀廟之下亦當於廟進戒廟中求助者然頌雖告神爲主但天下太平歌頌君德亦有非祭祀者臣工有客烈文振鷺及閔予小子小毖之等皆不論神明之事是頌體不一要是和樂之歌而已不必皆是顯神明也今頌昊天有成命我將思文噫嘻載芟良耜及桓是郊社之歌也其清廟維天之命維清天作執競雝武酌賚之等爲祖廟之祭也其烈文臣工振鷺豐年潛有瞽載見有客閔予小子訪落絲衣之等雖有祖廟之事其頌德又與上異也時邁與般有望祭河岳之事是山川之祭也唯五祀之祭頌無其歌耳頌爲四始之主歌其盛德者也五祀爲制度常事非其盛故無之羣神之中亦有圓丘之天神方澤之地祇五方之帝六宗之祀今頌皆無者以其頌者感今德澤上述祖父郊以祖配故其言及之至於圓丘方澤所配非周之祖不可歌之以美周德五方之帝與六宗同於天神所配之人不異於思文與我將詩人不爲之頌所以今皆無也毛氏之義傳訓不具王肅準鴟鴞之傳而爲之說則周公攝政成王之事年毛意

或如王肅言也維天之命傳曰成王能厚行之爲成王即政之後事也成王年十四周公攝政爲元年攝政三年春朝廟閔予小子之篇是也有客亦周公東征三年之後來而始封宜攝政四年之事以王來自奄非攝政時與鄭異不可約之爲三年中也三年除喪明年禘於羣廟則雝爲四年事其餘則錯互不可盡檢或與鄭同

清廟，祀文王也。周公既成洛邑，朝諸侯，率以祀文王焉。

清廟者祭有清明之德者之宮也謂祭文王也天德清明文王象焉故祭之而歌此詩也廟之言貌也死者精神不可得而見但以生時之居立宮室象貌爲之耳成洛邑居攝五年時○廟本又作庿古今字也苗笑反杜預云肅然清淨之稱也雒音洛本亦作洛水名字從水後漢都洛陽以火德爲水剋火故改爲各傍佳朝直遥反

疏 清廟八句至王焉○正義曰清廟詩者祀文王之樂歌也序又申說祀之時節周公攝王之政營邑於洛既已成此洛邑於是大朝諸侯既受其朝又率之而至於清廟以祀此文王焉以其祀之得禮詩人歌詠其事而作此清廟之詩後乃用之於樂以爲常歌也周禮四時之祭其祭者春曰祠因春是四時之首故以祠爲通名楚茨經云烝嘗序稱祭祀是秋冬

之祭亦以祀目之此祀文王自當在春餘序之稱祀不必皆春祀也以王制之法及鄭志所云殷禮春礿夏禘四時皆無祀名而商頌之序亦稱祀者子夏生於周世因以周法言之那與烈祖皆云烝嘗而序稱爲祀是祀爲通名也案召誥經序營洛邑者乃是召公所爲而云周公既成洛邑者以周公攝行王事君統臣功故以周公爲主既成洛邑在居攝五年其朝諸侯則在六年明堂位所云周公踐天子之位以治天下六年朝諸侯於明堂即此時也成洛邑後年始朝諸侯而此繫之成洛邑者以洛邑既成之後朝事莫此之先故繫之也此朝諸侯在明堂之上於時之位五等四夷莫不咸在言率之以祀文王則朝者悉皆助祭序雖文王諸侯其實亦有四夷但四夷世乃一見助祭非常故畧而不言之耳諸侯之朝當依服數而至明堂之位得夷夏并在者以其禮樂初成將頒度量故特使俱至異於常朝也顧命諸侯見王之禮名公率西方諸侯畢公率東方諸侯則率諸侯者皆二伯爲之此言率者謂周公使二伯率之以從周公祀文王也文王之廟雖四時常祀而禮特異於常諸侯皆在祭事最盛詩人述此祭而爲此詩故序備言其事此經所陳皆是祀文王之事其言成洛邑朝諸侯自明祀之時節於經無所當也○箋清廟至年時○正義曰此解文王神之所居稱爲清廟之意以

其所祭乃祭有清明之德者之宮故謂之清廟也此所祭者止祭文王之神所以有清廟之德者天德清明文王象焉以文王能象天清明故謂其廟爲清廟樂記曰是故清明象天是天德清明也孔子閒居曰清明在躬注云謂聖人之德亦清明也易稱聖人與天地合其德是文王能象天也賈逵左傳注云肅然清靜謂之清廟鄭不然者以昔傳說清廟之義云於穆清廟周公升歌文王之功烈德澤尊在廟中嘗見文王者愀然如復見文王說清廟而言功德則清是功德之名非清靜之義也廟者人所不居雖非文王孰不清靜何獨文王之廟顯清靜之名以此故不從賈氏之說也言祭之而歌此詩者謂公之時詩人述之而作此清廟之詩墓門云歌以訊之箋云歌謂作此詩是也既作之後其祭皆升堂歌之以爲常曲故禮記每云升歌清廟是其事也立宮室象貌而爲之者言死者之宗廟象生時之宮室容貌故冬官匠人所論宗廟及路寢皆制如明堂是死之宗廟猶生之路寢故云象貌爲之由此而言自天子至於鄉士得立廟者其制皆如生居之宮矣案鄭志說顧命成王崩於鎬因先王之宮故有左右房爲諸侯制也是文武之世路寢未如明堂樂記注云文王之廟爲明堂制則文王之廟不類生宮而云象貌爲之者文王以紂尚在武王初定天下其宮室制度未暇爲天子制耳若爲天子之制其寢必與廟同亦是象王生宮也若然祭法注云宗廟者先祖之尊貌也孝經注云宗尊也廟貌也親雖亡沒事之若生爲立宮室四時祭之若見鬼神之容貌如此二注象先祖身之形貌者以廟類生人之室祭則想見其容故彼注通言其意耳作廟者爲室不爲形必不得象先祖之面貌矣知成洛邑攝五年時者書序云成王在豐欲宅洛邑使召公先相宅作召誥召公既相宅周公往營成周使來告卜作洛誥如是則作洛邑與成周同年營之矣書傳說周公攝政五年營成周故知洛邑亦以五年成之也言此者以成洛邑在五年則朝諸侯在六年明此朝諸侯與明堂位所朝爲一事也

於穆清廟肅雝顯相於歎辭也穆美肅敬雝和相助也箋云顯光也見也於乎美哉周公之祭清廟也其禮儀敬且和又諸侯有光明著見之德者來助祭。於音烏注同後發句皆放此以意求之相息亮反注同見賢遍反下著見同

【疏】於穆清廟。毛以爲於乎美哉周公之祭清廟也其祭之禮義既內敬於心且外和於色又諸侯有明著之德來助祭也其祭之時又有濟濟然美容儀之衆士亦來助祭於此衆士等皆能執持文王之德無所失墜文王精神已在於天此衆士之行皆能配於在天言其行同文王與之相合也此明著諸侯與威儀衆士長奔走而來在文王之廟後世常然供承不絕則文王之德豈不顯於天豈不承於人所以得然者以文王之德爲人所樂無見厭倦於人斯由人樂之不厭故皆奔走承之。鄭唯以駿奔走二句爲異言諸侯之與多士大奔走而來在文王之廟豈不光明文王之德與言其光明之豈不承順文王之意與言其承順之餘同。傳於穆至相助。正義曰於乎皆古之嗚呼之字故爲歎辭穆美釋詁文書傳云穆者敬之言穆爲敬之美也樂記引詩云肅雍和鳴夫肅肅敬也雍雍和也夫敬以和何事而不行是肅爲敬雍爲和也。釋詁云相助勴也俱訓爲勴是相得爲助。箋顯光至助祭。正義曰此祀文王之歌美其肅雍故云周公之[illegible]亦爲相矣此箋以肅雍屬周公而書傳云肅雍顯相注云四海敬和明德來助祭以敬和爲諸侯者義得兩通也

濟濟多士秉文之德對越在天執文德之人也箋云對配越於也濟濟之衆士皆執行文王之德文王精神已在天矣猶配順其素如生存

【疏】傳執文德之人。正義曰[illegible]言此經多士皆是執文德之人也亦與鄭同。箋對配至生存。正義曰釋詁云妃合會對也是對爲配之義[illegible]執行文王之德謂被文王之化執而行之[illegible]之相配也序言朝諸侯率以祀文王止率諸侯耳多士亦助祭之序不言率之者王朝之臣助祭爲常非所當率故不須言也以朝廷之臣親受文王之化故言秉文之德則外臣疏遠言其自有光明亦所以互相通也

駿奔走在廟不顯不承無射於人斯駿長也顯於天矣見承於人矣不見厭於人矣箋云駿大也諸侯與衆士於周公祭文王俱奔走而來在廟中助祭是不光明文王之德與言其光明之也是不承順文王志意與言其承順之也此文王之德人無厭之。駿音峻下篇同射音亦厭也見厭於豔反下同與音餘下同

【疏】駿

長至於人矣○正義曰駿長釋詁文言長者此奔走在廟非唯一時之事乃百世長然故言長也以文王精神已在於天非光顯文王是顯於天也此奔走助祭是承事文王故見承於人也不見厭於人者由文王德美不爲人厭所以諸侯多士奔走助之結上助祭之意也見承於人上或有不字衍字與不見厭相涉爲誤定本集注並無不字○箋駿大至厭之○正義曰駿大釋詁文也以詩人所歌據其見事非是逆探後世不宜以駿爲長此承諸侯多士之下揔言奔走則文兼上事故云諸侯與衆士於周公祭文王俱奔走而來在廟中助祭以其俱來故訓駿爲大大者多而疾來之意禮記大傳亦云駿奔走注駿疾也疾奔走言勸事也其意與此相接成也又以上言在天者見文王其身雖死其道猶存旣言人能配行故指在天爲義此言奔走在廟主述祭時之事無取於在天故以爲光明文王之德承順文王之意光明文王之德雖亦得爲顯之於天但於文勢直言人所昭見不當遠指上天故易傳也此文王之德人無厭之卽是不見厭於人與傳同也

清廟一章八句

維天之命大平告文王也 告大平者居攝五年之末也文王受命不卒而

崩今天下大平故承其意而告之明六年制禮作樂○維韓詩云維念也大音泰後大平皆放此【疏】維天之命八句○正義曰維天之命詩者大平告文王之樂歌也以文王受命造立周邦未及大平而崩不得制禮作樂今周公攝政繼父之業致得大平將欲作樂制禮其所制作皆是文王之意故以大平之時告於文王謂設祭以告文王之廟言今已大平已將制作詩人述其事而爲此歌焉經陳文王德有餘衍周公收以制禮順文王之意使後世行之是所告之事也○箋告大平至作樂○正義曰樂記云王者功成作樂治定制禮功成治定卽大平之事此經所云我其收之駿惠我文王是制作之意明其將欲制作有此告耳制禮作樂在六年之初故知此告大平五年之末也又解所以必告文王者文王受命不卒而崩卒者終也聖人之受天命必致天下大平制作一代大法乃可謂之終耳文王未終此事而身已崩是其心有遺恨今旣天下大平成就文王之志故承其素意而告之冀使文王知之不復懷悵故也文王之不作禮樂者非謂智謀不能制作正以時未大平故不爲耳今於五年之末以大平告之明已欲以六年成就之言六年者爲制作成就之時其始草創當先於此矣明堂位云六年制禮作樂頒度量而天下大服明是制作已就故度量可頒其禮亦應頒之未卽施用洛誥說七年時事周公猶戒成王使肇稱殷禮祀于新邑則是成王卽政始用周禮也武王亦不卒而崩推告文王者當時亦應並告但以文王是創基之主紂尚未滅遺恨爲深周公之作周禮稱爲文王之意故作者主於文王辭不及武王序亦順經之意指言告文王焉

維天之命於穆不已 孟仲子曰大哉天命之無極而美周之禮也○箋云命猶道也天之道於乎美哉動而不止行而不已【疏】維天之命○毛以爲言維此天所爲之教命於乎美哉動行而不已言天道轉運無極止時也天德之美如此而文王能當於天心又歎文王於乎豈不顯乎此文王之德之大言文王美德之大實光顯也文王德旣顯大而亦行之不已與天同功又以此嘉美之道以戒愼我子孫言欲使子孫謹愼行其道文王意旣如此我周公其當斂聚之以制典法大順我文王之意作之若成當使曾孫成王厚行之以爲天下之法周公以此意告文王故作者述而歌之○鄭以純爲純美溢爲盈曾孫通謂後世之王唯此爲異其大意則同○傳孟仲至之禮○正義曰文當如此孟子云齊王以孟子辭病使人問醫來孟仲子對趙岐云孟仲子孟子從昆弟學於孟子者也譜云孟仲子者子思弟子蓋與孟軻共事子思後學於孟軻著書論詩毛氏取以

爲說言此詩之意稱天命以述制禮之事者歎大哉天命之無極而嘉美周世之禮也美天道行而不已是歎大天命之極文王能順天而行周禮順文王之意是周之禮法效天爲之故此言文王是美周之禮也定本作美周之禮或作周公之禮者誤也譜云子思論詩於穆不已仲子曰於穆不似此傳雖引仲子之言而文無不似之義蓋取其所說而不從其讀故王肅述毛亦爲不已與鄭同也○箋命猶至不已○正義曰天之教命卽是天道故云命猶道也中庸引此詩乃云蓋曰天之所以爲天也是不已爲天之事故云動而不已行而不止易繫辭云日往則月來暑往則寒來乾卦象曰天行健君子以自強不息是天道不已止之事也

於乎不顯文王之德之純假以溢我我其收之駿惠我文王 純大假嘉溢愼收聚也○箋云純亦不已也溢盈溢之言也於乎不光明與文王之施德教之無倦已美其與天同功也以嘉美之道饒衍與我我其聚斂之以制法度以大順我文王之意謂爲周禮六官之職也書曰考朕昭子刑乃單文祖德○假音暇溢音逸徐云毛音謚愼市震反本或作順案爾雅云謐神溢愼也不作順字王肅及崔申毛並作順解也明與音餘單音丹

曾孫篤

之成王能厚行之也箋云曾猶重也自孫之子而下事先祖皆稱曾孫是言曾孫欲使後王皆厚行之非維今也○厚之也一本作能厚行之也今或作能厚成之也重直龍反【疏】傳純大至收聚○正義曰純大假嘉溢愼皆釋詁文舍人曰溢行之愼某氏曰詩云假以溢我愼也收者斂聚之義故為聚也○箋純亦至祖德○正義曰中庸引此云於乎不顯文王之德之純蓋曰文王之所以為文也純亦不已指說此文故箋依用之箋意言純亦不已則不訓為大當謂德之純美無玷缺而行之不止息也孝經云滿而不溢是溢為盈溢之言也易傳者以下句即云我其收之溢是流散收為收聚上下相成於理為密故易之也文王既行不倦已與天同功是其道有饒行至於滿溢故言以嘉美之道饒衍與我我其聚斂之以制法度謂收聚文王流散之德以制之也其實周公自是聖人作法出於己意但以歸功文王故言收文王之德而為之耳文王本意欲得制作但以時未可為是意有所恨今既太平作之是大順我文王之本意也欲指言所作以曉人故言謂為周禮六官之職即今之周禮是也禮經三百威儀三千皆是周公所作以儀禮威儀行事禮之末節樂又崩亡無可指據指以周禮統之於心是禮之根本故舉以言焉引書曰者洛誥文也書之意言周公告成王云

今所承我明子成王所用六典之法者乃盡是配文祖明堂之人文王之德我制之以授子是用文王之德制作之事故引以證此彼注云成我所用明子之法度者乃盡明堂之德明堂者祀五帝太皞之屬為用其法度也周公制禮六典就其法度而損益用之如彼注直以文祖為明堂不為文王者彼上文注云文祖者周曰明堂以稱文王是文王德稱文祖也彼此更自觀經為說與此引意不同義得兩通故也○傳成王能厚行之○正義曰傳以周公制禮成王行之乃是為成王而作故以信南山經序準之以曾孫為成王也厚行之者用意專而隆厚即假樂所云不愆不忘率由舊章是也○箋曾猶至維今○正義曰箋以告之時禮猶未成不宜偏指一人使之施用一代法當通之後王故知曾孫之王非獨成王也曾猶重也孫之子為曾孫也孫是其正稱自曾孫已下皆得稱孫哀二年左傳云曾孫蒯聵敢告皇祖文王烈祖康叔是雖歷多世亦稱曾孫也小雅曾孫唯斥成王文各有施不得同也

維天之命一章八句

維清奏象舞也象舞象用兵時刺伐之舞武王制焉○刺七亦反【疏】維清五句

正義曰維清詩者奏象舞之歌樂也謂文王時有擊刺之法武王作樂象而為舞號其樂曰象舞至周公成王之時用而奏之於廟詩人以今太平由彼五伐覩其奏而思其本故述之而為此歌焉時邁般桓之等皆武王時事成王之世乃頌之此象舞武王所制以為成王之時奏之成王之時頌之理亦可矣但武王既制此樂其法遂傳於後春秋之世季札見觀樂見舞象是於成王之世猶尚奏之可知頌必大平乃為明是覩之而作又此詩所述述其作樂所象不言初成新奏以此知奏在成王之世作者見而歌之也經言文王之法可用以成功是制象舞之意○箋象舞至制焉○正義曰此詩經言文王序稱象舞則此樂象文王之事以象武為名故解其名此之意牧誓曰今日之事不愆于六伐七伐乃止齊焉注云一擊一刺曰一伐是用兵之時有刺有伐此樂象於用兵之時刺伐之事而為之舞故謂之象武也知者以其言象則是有所法象樂記說文武之樂象武王之伐明此象武象文王之伐知武王制焉者以為人子者貴其成父之事文王既有大功武王無容不述中庸曰武王周公其達孝矣乎孝者善繼人之志善述人之事明武王有所述矣於周公之時已象伐紂之功作大武之樂不言復象文王之伐制為別樂故知象舞武王制焉武王未及太平而作此樂一代大典須

待太平此象文王之功非為易代大法故雖未制禮亦得為之周公大作故別為武樂耳春官大司樂六代之樂唯舞大武以享先祖此象舞不列於六樂蓋大合諸樂乃為此舞或所告所用周禮無之代二十九年曾為季札舞之明其有用明矣案彼傳云見舞象箾南籥者服虔曰象文王之樂舞象也箾舞曲名言天下樂削去無道杜預曰箾舞者所執南籥以籥也其言箾為所執未審何器以箾為舞出不知所出要知箾與南籥必是此樂所有也傳直云舞象象下更無舞字則此樂名象而已以其象事為舞故此文稱象舞也象舞之樂象文王之事其大武之樂象武王之事二者俱是為象但序者於此云奏象舞於武之篇不可復言奏象故指其樂名言奏大武耳其實大武之樂亦為象也故禮記文王世子明堂位祭統皆云升歌清廟下管象象與清廟相對即俱是詩篇故明堂位注象謂周頌武也謂武詩為象明大武之樂亦為象矣但記文於管之下別云舞大武謂武詩則簫管以吹之武樂則干戚以舞之所以並設其文故鄭并武解其意於文王世子注云象周武王伐紂之樂也以管播其聲又為之舞於祭統注云管象吹管而舞武象之樂也皆武詩武樂並解之也必知彼象非此篇者以彼三文皆云升歌清廟下管象若是此篇則與清廟俱是文王之事不容一升一下今

清廟則升歌象則下管明有父子尊卑之異文王世子於升歌下管之後覆述其意云正君臣之位貴賤之等而上下之義行焉言君臣上下之義明象非文王之事故知下管象者謂武詩但序者避此象名不言象耳

維清緝熙文王之典典法也箋云緝熙光明也天下之所以無敗亂之政而清明者乃文王有征伐之法故也文王受命七年五伐也○緝七入反熙許其反【疏】維清緝熙○正義曰詩人既觀太平見奏象舞乃述其所象之事而歸功於文王言今日所以維皆清靜光明無敗亂之政者乃由在前文王有征伐之法故也其伐早晚爲之乃本受命始爲禋祀昊天之時以行此法而伐紂之枝黨言其祭天乃伐其法重而可遵故至今武王用之伐紂而有成功致得天下清明是此征伐之法維爲周家得天下之吉祥矣故武王述其事而制此舞詩人見其奏而歌之爲此維清緝熙是當時之事作者先言時事然後上本文王又據文王說之而下故其言不次○傳典法○正義曰釋詁云典法常也俱訓爲常是典得爲法○箋緝熙至五伐○正義曰釋詁緝熙皆爲光也但光亦明也故連言之無敗亂之政而清明者雖伐紂之後亦得爲此言要大爲清明必是太平之世此當是周公成王之時見其清明乃上本文王也文王七年五伐即尚書傳所云二年伐邘三年伐密須四年伐犬夷五年伐耆六年伐崇是也

肇禋肇始禋祀也箋云文王受命始祭天而枝伐也周禮以禋祀祀昊天上帝○肇音兆禋音因徐又音烟【疏】傳肇始禋祀○正義曰肇始釋詁文又云禋祀祭也是禋祭爲祀○箋文王至上帝○正義曰禋者祭天之名故云文王受命始祭天而枝伐中候我應云枝伐弱勢注云先伐紂之枝黨以弱其勢若崇侯之屬是枝之文也文王祭天必在受命之後未知以何年初祭皇矣說伐崇之事云是類是禡類即祭天也伐崇之後乃稱王應伐崇之時始祭天耳五伐容有未祭天而已伐者但所伐唯崇爲強言祭天而伐據崇爲說也我應云玄湯伐亂崇孽首王曰於戲斯在伐崇謝告注云斯此也天命此在伐崇侯虎謝百姓且告天是祭天而伐主爲崇也引周禮者大宗伯文引之以證禋爲祭天也文王之時禘郊未備所祭不過感生之帝而已引昊天上帝者取禋祀之成文彼又云祀五帝亦如之雖祭感生帝亦用禋也

迄用有成維周之禎迄至禎祥也箋云文王造此征伐之法至今用之而有成功謂伐紂克勝也征伐之法乃周家得天下之吉祥○迄許乞反禛音其爾雅云同徐云本又作禎音貞與崔本同【疏】傳迄至禎祥○正義曰迄至釋詁文禛祥釋言文舍人曰禛福之祥某氏曰詩云維周之禛定本集注禛字作禎○箋文王至吉祥○正義曰此詩之作在周公成王之時以文王爲古故謂武王爲今自是辭相對耳非言作詩之時爲武王也祥者是徵兆之先見者也文王始造伐法武王用以成功是文王之法爲伐紂徵兆故爲周家得天下之吉祥

維清一章五句

烈文成王即政諸侯助祭也新王即政必以朝享之禮祭於祖考告嗣位也○朝直遥反【疏】烈文十三句○正義曰烈文詩者成王即政諸侯助祭之樂歌也謂周公居攝七年致政成王成王乃以明年歲首即此爲君之政於是用朝享之禮祭於祖者有諸侯助王之祭既祭因而戒之詩人述其戒辭而爲此歌焉經之所陳皆戒辭也武王崩之明年與周公歸政明年俱得爲成王即政但此篇勑戒諸侯用賞不以爲已任非復喪中之辭故知是致政之後年之事也臣工序云遣於廟此不言遣者彼勑之使在國有事來咨於王又令及時教民農業是將遣而戒故言遣以戒之此則戒以爲君之法其辭不爲將遣故不言遣箋意於經亦有卿士序不言者以諸侯爲重故舉諸侯以摠之○箋新王至嗣位○正義曰解即政所以有祭得爲諸侯所助之意以新王即政必以朝享之禮祭於祖考廟告已今繼嗣其位有此祭故諸侯助之也必知用朝享之禮者以此告事而已不得用時祭之禮而周禮四時之閒祀有追享朝享者追享者追祭遷廟之主以事有所禱請非即政所當用朝享者朝廟受政而因祭先祖以月朔爲之即春秋文六年閏月不告朔猶朝於廟祭法天子親廟與太祖皆月祭之是其事也人君即政必以月正元日此日於法自當行朝享之禮故知成王即政用此禮以祭而有諸侯助之也新王即政以歲首朔日則是周正月矣臣工箋周之季春於夏爲孟春諸侯之朝在周之季春此於周之孟春得有諸侯在京助王祭者以新王即政故特命使朝或去冬朝者留得歲初也鄭於顧命之注以居攝六年爲年端則云此年未必六服盡來蓋近者至也案洛誥說周公致政之事云烝至歲文王騂牛一武王騂牛一王命作冊逸祝冊惟告周公其後注云歲成王元年正月朔日也用二特牛祫祭文王武王於文王廟使史逸讀所冊祝之書告神以周公其宜爲後謂封伯禽也彼言正月朔日與此祭祖告嗣同日事也此言以朝享之禮彼言祫祭文武者此即政助祭是王自祭廟告已嗣位彼祭文武謂告封周公此二禮必不得同

也何則身未受位不可先以封人明是二者各自設祭當是先以朝享之禮徧祭羣廟以告已嗣位於祭之末卽勑戒諸侯事訖乃更以禮合祭文武於文王之廟以告封周公也必知彼與此非一祭者此卽政用朝享之禮當各就其廟彼封周公唯祭文武而已故知不同也彼注知合祭文武於文王廟者以彼經云文王騂牛一武王騂牛一卽云王命作册是并告二神一處爲祭卑當就尊故知在文王廟也此祭祖者則徧告羣廟而箋唯言祖考者祖考揔辭可以兼諸廟也

烈文辟公，錫茲祉福。惠我無疆，子孫保之。烈光也文王錫之箋云惠愛也光文百辟卿士及天下諸侯者天錫之以此祉福也又長愛之無有期竟子孫得傳世安而居之謂文王武王以純德受命定天位○辟音壁注下皆同祉音恥疆居良反竟也傳直專反

【疏】烈文辟公○毛以爲成王於祭之末呼諸侯而戒之曰汝等有是光明文章者君人之辟公我先君文王賜汝以此祉福也言文王造始周國此等作周藩屏得爲諸侯之福乃是文王賜之文王既賜以此福又愛我此等諸侯無有竟已之時令其子孫得常安之言文王終常愛之使得傳世不絶也既言文王如此又說武王亦然我武王伐紂之後以舊國皆應削滅而我武王觀汝舊爲君者誠無大累於汝國維我武王其就封立之言武王亦愛諸侯不復貶退也我文王武王愛汝先人如此汝當念此先人之大功繼續父祖餘胤序其美之欲使之循行美政以繼其先祖也又爲之陳武王之德無疆乎維是得賢人若得其賢則國家強矣四方有不率服者其可訓導之不顯乎維是有德若能有德此賢人則身必顯矣百辟有無所法者其可師此顯德而法象之言武王有顯德任賢人能以訓四方刑百辟是武王之道至美矣於乎我之前王則此武王其道不可忘也示之以武王之道欲使法而行之○鄭以爲助祭者有卿士與諸侯公辟兼戒之成王於祭之末呼之曰汝有光明文章者百辟卿士與羣公諸侯等上天賜我文王以此王天下之祉福又愛我文王武王其愛之多無有疆畔使其子孫常得安而居之故我今得嗣守其位制賞罰之柄汝諸侯等若無大罪惡累及於汝國維我王家其必寵而益厚之謂增其爵命加之土地也汝卿大夫等若能念此居官大功勤事不廢我則使汝繼世在位得其次序有殊勳異績其出於外而居之汝等當勤力爲善也又教之爲善之法汝辟公等無疆乎維是得賢人若得賢人則國家強矣四方鄰國知汝任賢其皆順從之汝卿士等不明乎維是勤其德若能勤德則身明顯矣百辟卿士知汝有德其皆法則之此任賢勤德之事事之美者於乎我之前王文王武王能勤行此道之故人稱誦之不忘汝等宜法效前王亦勤行之○傳烈光至錫之○正義曰烈光釋詁文以辟公之下卽言賜福是賜之以福使得爲此辟公也文王是周之創業之主文王造此周國此等得在周畿內列爲諸侯乃是文王之所錫故言文王錫之其實武王封建亦是武王賜之矣傳以錫茲祉福爲文王賜諸侯則惠我無疆亦是文王愛諸侯子孫保之謂諸侯得繼世也其文皆無卿士則辟公謂君人之公非百辟卿士矣○箋惠愛至天位○正義曰惠愛釋詁文也以月令云百辟是卿士之揔稱下有爾邦百辟與此相承則辟當下百辟公當下爾邦故分辟公爲二卽辟公謂卿士及天下諸侯也此既分辟公爲二故下兩經亦分爲二皆上戒諸侯下戒百辟與此勢相成也又以下云爾邦謂諸侯爲爾則此經云我是成王自我非我諸侯也故易傳以爲天賜祉福謂賜文王武王以王天下之福也愛之無有期竟謂卜世三十卜年七百是長遠無期。也先解經文後指其事故云謂文王武王以純德受命定天位也純德者純美之德卽上篇所云之德之純是也以文武俱受天命故連言之

無封靡于爾邦，維王其崇之。念茲戎功，繼序其皇之。封大也靡累也崇立也戎大皇美也箋云崇厚也皇君也無大累於女國謂諸侯治國無罪惡也王其厚之增其爵土也念此大功勤事不廢謂卿大夫能守其職得繼世在位以其次序其君之者謂有大功王則出而封之○累劣僞反下同

【疏】傳封大至皇美○正義曰定四年左傳云吳爲封豕長蛇封與長爲類則封豕爲大豕故封爲大也靡謂侈靡奢侈淫靡是罪累之事故靡爲累也釋詁云崇高也高是立之義故以崇爲立也戎大皇美皆釋詁文傳於此篇不言鄭士則此經所陳皆戒諸侯之事上已言文王賜之此又言維王立之封立諸侯始王於武王則維王立之謂武王也既陳文武之愛諸侯乃云念此戎功則是戒諸侯使念父祖之大功也諸侯各爲一國之君不得有大序之義釋詁云敘緒也則繼父祖之胤緒也故王肅云武王得天下因殷諸侯無大累於其國者就立之序繼也思繼續先人之大功而美之○箋崇厚至封之○正義曰以崇訓高也高是厚義故爲厚也皇君釋詁文無大累則是有功王者勸誘之辭耳其實小累亦不可也若無罪累則有功王者之於諸侯有功則賞之故知厚之謂增其爵土也念此大功勤事不廢謂人臣守職當念立所職之功奉行不倦也言大功者爲之揔目於大功之中又爲等級功小者猶得繼世在位得其次序謂卿之子

爲卿大夫之子爲大夫守其祿位不失舊業也功尤大者則其君之謂出封爲諸侯也春官典命云王之三公八命其卿六命其大夫四命其出封加一等是有大功者王則出而封之

無競維人，四方其訓之。不顯維德，百辟其刑之。於乎前王不忘。競，彊。訓，道也。前王，武王也。箋云：無彊乎維得賢人也，得賢人則國家彊矣，故天下諸侯順其所爲也。不勤明其德乎？勤明之也，故卿大夫法其所爲也。於乎先王文王武王，其於此道，人稱頌之不忘。○道音導。

疏　傳競彊至武王。正義曰：競，彊，釋言文也。教訓者所以導誘人，故訓爲道也。成王之前唯武王耳，故知前王武王。傳以此篇皆戒諸侯之辭，此經所言陳武王之事，使諸侯慕之也。○箋無彊至不忘。正義曰：得賢國強則四鄰畏威慕德，故天下諸侯順其所爲，言諸侯得賢人則其餘諸侯順之。不顯維德與上無競維人相當，箋云不明乎維勤其德，勤其德則身明矣，欲明其德必勤行之，故箋從省文，通以爲句耳，其意亦與上同也。人雖同在寮位，有德則尊，故卿大夫能勤明其德者，其餘卿大夫則法其所爲也。文王武王勤行此道，謂行此求賢勤德之事，故人稱誦之不忘也。定本有文王武王，俗本唯有武王，誤也。

烈文一章十三句

天作，祀先王先公也。先王謂大王已下，先公諸盩至不窋。○大音泰，大王、大祖皆同。盩，直留反，又音舟。窋，陟律反。

疏　天作七句。○正義曰：天作詩者，祀先王先公之樂歌也。謂周公成王之時，祭祀先王先公，詩人以今太平是先祖之力，故因此祭，述其事而作歌焉。祀先王先公，謂四時之祭禴祠烝嘗，但祀是摠名，未知在何時也。時祭所及，唯親廟與大祖，於成王之世爲時祭，當自大王以下，上及后稷一人而已。言先公者，唯斥后稷耳。於王既摠稱先王，故亦謂后稷爲先公，令使其文相類。經之所陳，唯有先王之事，而序并言先公者，以詩人因於祭祀而作此歌，近舉王跡所起，其辭不及於后稷，序以祭時實祭后稷，故其言及之。昊天有成命經無地而序言地，般經無海而序言海，亦此類也。○箋先王至不窋。○正義曰：周公之追王，自大王以下，此序并云王公，故辨之也。諸盩至不窋，於時並爲毀廟，唯祫乃及之。此言祀者，乃是時祭，其祭不及此等先公，而箋言之者，因以先公之言，廣解先公之義，不謂時祭皆及也。時祭先公唯后稷耳，若直言先公謂后稷，嫌此等不爲先公，欲明此皆爲先公，非獨后稷，故除去后稷而指此先公也。或緣鄭此言，謂此篇本爲祫祭。案玄鳥箋云「祀當爲祫」，若鄭以爲祫，亦當破此祀字，今不破祀字，明非祫也。天保云「禴祠烝嘗，于公先王」，彼舉時祭之名，亦兼言公王，此亦時祭，何故不可兼言公先也？彼祭亦不盡及先公，而箋廣解先公，此何故不可廣解先公也？且此詩若是祫祭，作序者言祫於太祖，則辭要理當，何須煩文言先王先公也？以此知所言祀者，正是時祭。

天作高山，大王荒之。作，生。荒，大也。天生萬物於高山，太王行道能安天之所作也。箋云：高山謂岐山也。書曰：「道岍及岐，至于荊山。」天生此高山，使興雲雨，以利萬物。大王自豳遷焉，則能尊大之，廣其德澤，居之一年成邑，二年成都，三年五倍其初。○岐，其宜反。道音導。岍，口田反，又口見反。豳，彼貧反。

疏　天作　高山，毛以爲天之生此萬物，在於高山之上，大王居岐，循其道德，使興雲雨，長大此天所生者，即陰陽和，是其能長大之。下四句又說文王之德，彼萬民居岐邦，築作宮室者，文王則能安之。彼萬民又後往者，由此岐邦之君有佼易之德故也。下一句云，由父祖之德若此，令子孫得保天位。前往者，文王安之，後往者亦能安之；後往者以岐邦之君有佼易之德，前往者亦然，爲互文也。○鄭上二句別，其在箋，餘同。○傳作生至所作。○正義曰：作者，造立之言，故爲生也。荒者，寬廣之義，故爲大也。○箋高山至其初。○正義曰：以文王未徙豐之前，與大王皆在岐，故知高山謂岐山也。以云天生高山，不言天生萬物，故易毛也。引書曰「導岍及岐，至于荊山」，禹貢文。彼言禹所開導，從岍山及岐山，至於荊山，皆舉大山以言，而岐山在其中，引之以證岐山爲高山也。祭法稱山林川谷能出風雨。僖三十一年公羊傳云：「觸石而出，膚寸而合，不崇朝而雨天下者，其唯泰山乎？」是高山能興雲雨而利萬物也。大王能尊大之，廣其德澤者，謂德及草木，使之茂殖，若旱麓云「榛楛濟濟」，是廣山之德澤也。山之德澤既廣，則山之爲神益尊，是尊大之也。韋略云大王秩祀之而尊大焉，指謂祭之爲大，未必然也。大王能廣山德澤，明其愛民甚矣，故民皆從之，居之一年成邑，二年成都，三年五倍其初，是由王之有德，故致然也。自一年成邑以下，中候稷起之注亦與此同，當有成文，不知事何所出。周禮四井爲邑，四邑爲丘，四丘爲甸，四甸爲縣，四縣爲都。左傳曰：「邑有先君之宗廟曰都，無曰邑。」各自相對爲文耳，此都邑不與彼同也。邑是居處之名，都是衆聚之稱，都必大於邑，故一年即成邑，二年乃成都也。書傳說大王遷岐，周民東循奔而從之者三千乘，止而成三千戶之邑，謂初遷時也。此云一年，當謂年終之時，其邑當不啻三千，但不知其定數耳。○鄭注禹貢，以爲堯之時土廣五千里，禹弼成五服

土廣萬里王肅難鄭云禹之時土廣三倍於堯計萬里爲方五千里者四而肅謂三倍則除本而三此云五倍蓋亦除本而五并本爲六也

彼作矣文王康之彼徂矣岐有夷之行

箋云彼彼萬民也徂往行道也彼萬民居岐邦者皆築作宮室以爲常居文王則能安之後之往者又以岐邦之君有佼易之道故也易曰乾以易知坤以簡能易則易知簡則易從易知則有親易從則有功有親則可久有功則可大可久則賢人之德可大則賢人之業以此訂大王文王之道卓爾與天地合其德。行如字王徐並下孟反夷易羊豉反下徐易曰皆同佼古卯反乾其連反巛若魂反字亦作坤訂待頂反沈又直丁反說文云訂議也譜云參訂時驗謂平比之也字詁云訂平也

子孫保之

〔疏〕傳夷易。正義曰釋詁文。箋彼彼至其德。正義曰彼徂爲民往則彼作爲民作徂作皆是民事故知彼彼萬民也徂往釋詁文以道者人所行故行爲道也徂謂新往者則作爲前至者此作矣卽緜詩所謂曰止曰時築室於茲故云皆築作宮室以爲常居言常者見其心樂此居不復移轉也後之往者以岐邦之君有佼易之道者謂此君其性佼健和易愛民之情深故歸之也引易曰盡賢人之業皆繫辭文也言乾以佼易故爲知坤以凝簡故爲能人能佼易則其情易知凝簡則其行易從情易知則人親之故易知則有親行易從則功可就故易從則有功人以物不我親不能以久故有親則可久由舉事無功不能以大故有功則可大爲物所親事可長久是爲德有所成故可久則賢人之德舉事有功道可廣大是爲業有所就故可大則賢人之業生人能事德業而已易簡爲之無往不究故彼又云易簡而天下之理得是天地之德易簡而已岐邦之君亦有易簡之行是與天地同功訂者比並之言卓然高遠之稱以此乾坤之義比並大王文王之道則此二王之德卓爾高遠與天地合其德矣若然易簡之義窮天下之精則聖人乃能而云賢人之德賢人之業者王弼云不曰聖人者聖人體無不可以人名而名故易簡之主皆以賢人名之然則以賢是聖之次故寄賢以爲名窮易簡之理盡乾坤之奧必聖人乃能耳文王可以當之大王則未能而並云與天地合德者以大王是亞聖大賢可以比於文王襃美其事故連言之其實大王未能盡此妙也譜云參訂時驗是訂爲比並之言也論語云如有所立卓爾是卓爾爲高遠之稱

天作一章七句

附釋音毛詩注疏卷第十九（十九之一）

毛詩注疏挍勘記十九之一

阮元撰盧宣旬摘錄

周頌譜

脩文武之德 閩本明監本毛本同案浦鏜云武當王誤是也

當代異其弟 閩本明監本毛本弟作第案所改是也餘同此

德至矣哉大矣哉 閩本明監本毛本同案浦鏜云下哉字衍是也

但商書殘鈌 明監本毛本鈌誤闕閩本作缺案鈌卽缺之別體俗字耳

其文在時邁與般敘武賚桓也 閩本明監本毛本同案此不誤浦鏜云敘武賚三字疑衍文非也敘卽序般序在下文

至此積三十年 閩本明監本毛本同案此不誤浦鏜云當作十三年誤倒非也此依鄭以顧命在致政後廿八年見尚書正義是上距攝政六年制禮時積三十年也十二年一巡狩故下云再巡守餘六年也浦不考之甚

是成王除沒嗣位 閩本明監本同毛本沒作喪案所改是也

來朝而見命 閩本明監本毛本同案浦鏜云也誤命以彼箋考之是也

或者杞宋一國 毛本一誤二閩本明監本不誤案浦鏜云監本誤非也杞宋一國者或杞或宋一國也

朋既告之後合而觀之卽告也合各有禮於廟 閩本明監本毛本同案也字當在觀之下錯誤耳卽正義每用爲則告合二字連文告謂酌合謂有瞽故云各

而作者當時不必皆爲有事而作先後 閩本明監本毛本同案讀當作時字爲字斷句下文云故得自爲又云多由祭祀而爲可證也下當云有事先而後作誤錯先後二字在下耳

風雅此篇既有義理 閩本明監本毛本同案山井鼎云此篇恐誤是也此當作比形近之

誤

武王之事不爲頌首不以事之先後必爲次矣閩本明監本毛本同案武字當重上武詩也下武論也正義下文云武武王之大事可證也必字衍

雖祭告之歌閩本明監本毛本同案此不誤山井鼎云雖恐唯誤非也執競既祭告之歌卽當與雝相次而今乃次思文上故曰雝耳浦鏜所改則更誤

訪樂敬之也閩本明監本毛本同案浦鏜云落誤樂是也

郊宗柴望配禮之大者閩本明監本毛本同案此不誤浦鏜云配當祀字誤非也配謂思文

且社稷以祈報此篇閩本明監本毛本同案此當作比

山林宜皇物閩本明監本同毛本皇作阜案所改是也

君又降之於民也閩本明監本同毛本也下剜入〇案所補是也

而德洽於神舉矣閩本明監本同毛本矣下剜入〇案所補是也

〇清廟

周公既成洛邑唐石經小字本相臺本同案釋文雒音洛本亦作洛水名字從水後漢都洛陽以火德爲水尅火故改爲各旁隹正義中字作洛是其本與亦作同唐石經所本也段玉裁云豫州之水自古作雒周禮逸周書職方淮南地形訓之屬皆有其證後漢改之魚豢錄魏詔云爾則魏文帝之失也詳見尚書撰異中當以釋文本爲長考文古本作雒采釋文

雖文王諸侯也閩本明監本毛本同案浦鏜云主誤王是也

所以有清廟之德者閩本明監本毛本廟作明案所改是也

謂公之時閩本明監本同毛本公上剜添周字案所補是也

顯光也見也小字本相臺本同案釋文云見也賢遍反正義云顯光釋詁文定本集注皆云顯光也見也於義爲是當是正義無見也二字

於穆清廟〇閩本明監本毛本同案此一乃每下篇之總正義也合併經注正義乃以隸於首節有注之下爲割裂而失其次經注正義宜各單行於此可見以後盡同

其祭之禮義閩本明監本毛本同案盧文弨云義當作儀是也

鄭唯以駿奔走二句爲異閩本明監本毛本同案浦鏜云三誤二是也

名多士亦爲相矣閩本明監本毛本同案名當作明

如存生存小字本同閩本上存作在明監本同毛本如誤知相臺本無上存字考文古本無亦同案無者是也

皆是執文德之人也毛本也上有謂是能執行文王之德之人十一字閩本明監本無案此誤補也

不見厭於矣小字本相臺本於下有人字閩本明監本毛本同案此十行本誤脫

〇維天之命

動而不止行而不已小字本相臺本同案正義云故云動而不已行而不止又云是天道不已止之事也是其本上已下止今各本互誤

溢愼小字本相臺本同案釋文云溢愼也市震反或本作順案爾雅毖神溢愼也不作順字王肅及崔申毛皆作順解也正義本是愼字

成王能厚行之也小字本相臺本同案此正義本也釋文云成王能厚之也一本作能厚行之也今或作能厚成之也正義本與一本同今考此傳但云能厚之箋始云能厚行之一本有行字者涉箋而衍耳當以釋文本爲長

今所承我明子成王閩本明監本毛本同案浦鏜云成誤承是也此成爲考作訓

彼法更自觀經爲說閩本明監本毛本同案浦鏜云法當注字誤是也

一代法當通之後王閩本明監本毛本同案此當作一代之法當通後王錯之字在下耳

○維清

季札見觀樂見舞象是於成王之世閩本明監本毛本同案上見字衍是下當有後字

故謂之象武也閩本明監本毛本武作舞案所改是也上云以象武爲名下云明此象武二武字亦當作舞

樂記說文武之樂閩本明監本毛本同案浦鏜云文當大誤是也

伐二十九年閩本明監本毛本伐作成案皆誤也山井鼎云當作襄是也

明其有用明矣毛本同閩本明監本上明作名案所改非也此明字當作則

南籥以籥也閩本明監本同毛本籥下剜入舞字案所補是也

故此文稱象象舞也閩本明監本毛本同案浦鏜云當衍一象字是也

而枝伐也閩本明監本毛本同小字本相臺本枝作征考文古本同案箋上下言征伐此言枝伐正義於此引中候以說枝伐之義不容并此亦改爲征伐也小字本相臺本自是誤字

維周之禎小字本相臺本同唐石經初刻楨後改禎案釋文云祺音其祥也爾雅同徐云本又作禎音貞與崔本同正義云定本集注祺字作禎考此傳云祺祥也箋云乃周家得天下之吉祥皆用爾雅祺祥祺吉之文釋文正義二本皆作祺是也其作禎字者非也詩經小學云恐是改易取韻亦見經義雜記唐石經初刻又誤作楨乃涉大雅耳

厶氏曰閩本明監本毛本厶誤某案厶字出穀梁桓二年傳注正義中惟此一字作厶或舊用此字餘皆作某者爲後改也

○烈文

祭於祖者諸本者作考是也

用賞不以爲已任閩本明監本毛本同案不當作罰諸正義可證

無疆乎唯是得賢人閩本明監本毛本同案浦鏜云彊誤疆下同是也

其出於外而居之閩本明監本毛本同案浦鏜云君誤居是也

是長遠無期也閩本明監本毛本同案浦鏜云期下當脫竟字是也

謂侯治國無罪惡也閩本明監本毛本同小字本相臺本謂下有諸字考文古本同案有者是也

始至於武王閩本明監本毛本同案至當作立形近之譌

人稱頌之不忘小字本相臺本同案正義云故人稱誦之不忘也是其本頌作誦字

○天作

能安天之所作也小字本相臺本同案段玉裁云當作能大天之所作也晉語叔詹曰周頌曰天作高山大王荒之荒大之也大天所作可謂親有天矣箋云大王能尊大之今本云能安天之所作誤今考正義云長大此天所生者又云是其能長大之是正義本此傳作能大天之所作不誤

下徐易曰皆同補通志堂本同盧本徐作除云舊譌徐從山井鼎挍改釋文挍勘云所改是也

彼萬民居岐邦築作宮室者閩本明監本毛本同案浦鏜云彼誤被是也

有佼易之德故也閩本明監本毛本同案德當作道下同

但不知其定數耳○閩本明監本毛本脫定字案浦鏜云衍○是也

附釋音毛詩注疏卷第十九（十九之二）

六四

毛詩周頌　鄭氏箋　孔穎達疏

昊天有成命，郊祀天地也。【疏】昊天有成命七句。○正義曰：昊天有成命詩者，郊祀天地之樂歌也。謂於南郊祀所感之天神，於北郊祭神州之地祇也。天地神祇佑助周室，文武受其靈命，王有天下。詩人見其郊祀，思此二王能受天之命，勤行道德，故述之而爲此歌焉。經之所陳，皆言文武施行道德，撫民不倦之事也。所感天神者，周人木德，感蒼帝靈威仰而生，祭之於南郊。神州之神則祭之於北郊。此二者雖南北有異，祭俱在郊，故摠言郊祀也。案禮祭祀天地非止一事，此言郊祀天地，不言所祀之神，但祭之於郊，而天地相對，唯有此二神耳。何者？春官大司樂職曰：冬日至於地上之圜丘奏樂，六變則天神皆降；夏日至於澤中之方丘奏樂，八變則地祇皆出。注云：天神則主北辰，地祇則主崑崙。彼以二至之日祭之於丘，不在於郊，此言郊祀，必非彼也。大司樂又曰：舞雲門以祀天神，舞咸池以祭地祇。注云：天神謂言五帝，王者又各以夏正月祀其所受命之帝於南郊；地祇所祭於北郊，謂神州之神也。地官牧人云：陽祀用騂牲毛之，陰祀用黝牲毛之。注云：陽祀，祭天於南郊；陰祀，祭地於北郊。此二祀文相對，此郊祀天地俱言在郊，而天地相對，故知是所感之帝、神州之神也。其祀天南郊，鄭云夏之正月，其祭神州之月則無文。此序同言郊祀，蓋與郊天同，亦夏正月也。此經不言地，序云地者，作者因祭天地而爲此歌，王者之有天下，乃是天地同助，言天可以兼地，故辭不及地。序知其因此二祭而作，故具言之。

昊天有成命，二后受之。成王不敢康，夙夜基命宥密。二后，文武也。基，始。命，信。宥，寬。密，寧也。箋云：昊天，天大號也。有成命者，言周自后稷之生而已有王命也。文王、武王受其業，施行道德，成此王功，不敢自安逸，早夜始順天命，不敢解倦，行寬仁安靜之政以定天下。寬仁所以止苛刻也，安靜所以息暴亂也。○成王，王如字，徐于況反。其音基，本亦作基。宥音又。王功，于況反。解音懈，下同。苛音河。刻音克。【疏】昊天有成命。○正義曰：此篇毛傳皆依國語，唯廣固二字，鄭不爲別訓，而破以同已，則是不異於毛，但意不必有感生之帝，與鄭小異。今既無迹可據，皆同之鄭爲言。昊天蒼帝有此成就之命，謂降生后稷，爲將王之兆，而經歷多世，至於文武二君，乃應而受之。二君既受此業，施行道德，以成此王功，而不敢暫自安逸，常早起夜臥，始於信順天命，不敢懈倦，行其寬仁安靜之政，以定天下。二君既能如此，於乎可歎美也。此二君成王之德既光明矣，又能篤厚其心，而爲之不倦，故於其功業終能和而安之。以此之故，得至於太平，是乃昊天之德，故因其祭而歌之。○傳「二后」至「密寧」。○正義曰：此以太平之歌作在周公成王之世，成王之前有成其王功者，唯文武耳，故知二后，文王、武王也。以二王俱受天命，其成周道，故連言之。自「基，始」以下及下傳，皆周語文也。周語稱叔向聘於周，單靖公與之語，說昊天有成命。叔向告單子之老曰：「昊天有成命，頌之盛德也。」卽全引此篇，乃云：「是道成王之德也。成王能明文昭，定武烈者。天道成命者，而稱昊天，翼其上也。二后受之，讓於德也。成王不敢康，敬百姓也。夙夜，恭也。基，始也。命，信也。宥，寬也。密，寧也。緝，明也。熙，廣也。亶，厚也。肆，固也。靖，和也。其始也，翼上德讓而敬百姓；其中也，恭儉信寬，帥歸於寧；其終也，廣厚其心，固和之。始於德讓，中於信寬，終於固和，故曰成。」王是全釋此篇之義也。古人說詩者，因其節文，比義起象，理頗溢於經意，不必全與本同，但檢其大旨，不爲乖異，故傳采而用焉。此詩作在成王之初，非是崩後，不得稱成之謚，所言成王，有涉成王之嫌。韋昭云：「謂文武脩己自勤，成其王功，非謂周成王身也。」鄭、賈、唐說皆然。是時人有疑是成王身者，故辨之也。○箋「昊天」至「暴亂」。○正義曰：以此郊天之歌，言其所感蒼帝，蒼帝非太帝，而云昊天，昊天與帝名同，故解昊天是天之大號，故蒼帝亦得稱之也。后稷以大迹而生，是天之精氣。中苗興稱堯受圖書，已有稷名在錄，言其苗裔當王，是周自后稷之生，已有王命。言其有將王之兆也。傳訓命爲信，既有所信，必將順之，故言早夜始順天命。經中之命已訓爲信，其言天命，鄭自解義之辭，故非經之命也。正以言信必所信，有信上言天有成命，故知所信順者，始信順天命也。言始者，王肅云：「言其脩德常如始。」易曰「日新之謂盛德」，義當然也。傳以密爲寧，寧又訓爲安也，故云行寬仁安靖之政，以定天下。又解二后行寬安之意，寬者體度弘廣，性有仁恩，已上行既如此，則其下效之，不復爲苛虐急刻；安者綏於御物，爲政清靖，玉上行既如此，其下效之，不復爲殘暴擾亂。此寬仁所以止苛刻，安靜所以息暴亂，故二后勤行之。

緝熙，單厥心，肆其靖之。緝，明。熙，廣。單，厚。肆，固。靖，和也。箋云：廣當爲光，固當爲故，字之誤也。**於**美乎，此成王之德也，既光明矣，又能厚其心矣，爲之不解倦，故於其功終能和安之。謂夙夜自勤，至於天下太平。○單，都但反，注同。【疏】箋「廣當」至「之誤也」。○正義曰：箋以外傳之訓與爾雅皆同，而釋詁云「熙，光也」，「肆，設也」，則是

聲相涉而字因誤故破之

昊天有成命一章七句

我將祀文王於明堂也〔疏〕我將十句○正義曰我將詩者祀文王於明堂之樂歌也謂祭五帝之於明堂以文王配而祀之以今之大平由此明堂所配之文王故詩人因其配祭述其事而爲此歌焉經陳周公成王法文王之道爲神祐而保之皆是述文王之事也此言祀文王於明堂即孝經所謂宗祀文王於明堂以配上帝是也文王之配明堂其祀非一此言祀文王於明堂謂大享五帝於明堂也曲禮曰大饗不問卜注云大饗五帝於明堂莫適卜月令季秋是月也大享帝注云言大享者徧祭五帝曲禮曰大饗不問卜謂此也是於明堂有總祭五帝之禮但鄭以月令爲秦世之書秦法自季秋周法不必然矣故雜問志云不審周以何月於月令則季秋正可不審祭月必有大享之禮明堂是祀天之處知大享當在明堂又以孝經言之明堂之祀必以文王爲配故知祀文王於明堂是大享五帝之時也其餘明堂之祀則法小於此矣玉藻注云凡聽朔必以特牲告其帝及神配以文王武王論語注云諸侯告朔以羊則天子特牛焉是告朔之在明堂其祭止用特牛此經言維羊維牛非徒特牲而已故知非告朔之祭也雜問志云四時迎氣於四郊祭帝還於明堂亦如之則四時迎氣亦祀明堂但迎氣於郊已有祭事還至明堂不可不爲禮耳其盛乃在於郊明堂之祭不過與告朔同也何則堯典說巡守之禮云歸格于藝祖用特鄭以藝祖爲文祖猶周之明堂巡守之歸其告止用特牲則迎氣之還其祭亦不是過也明亦用特牲矣此之維牛維羊則是祭之大禮故知此祀明堂是大享五帝非迎氣告朔也此經雖有維牛之文不言其牛之色大宗伯云以玉作六器以禮天地四方以蒼璧禮天以黃琮禮地以青圭禮東方以赤璋禮南方以白琥禮西方以玄璜禮北方皆有牲幣各放其器之色注云禮東方以立春謂蒼精之帝禮南方以立夏謂赤精之帝禮西方以立秋謂白精之帝禮北方以立冬謂黑精之帝然則彼稱禮四方者謂四時迎氣牲如其器之色則五帝之牲當用五色矣然則大享五帝雖是施設一祭必周五種之牲國語云禘郊之事則有全烝既總享五帝明不用一全烝而已論語云敢用玄牡敢昭告于皇皇后帝者彼謂告天之祭故用天色之玄與此別祭法云祖文王而宗武王注云祭五帝之神於明堂曰祖宗則明堂之祀武王亦配之矣此唯言祀文王者詩人雖同祀明堂而作其辭主說文王故序達其意唯言文王耳郊天之祭祭天而以后稷配也昊天有成命指說天之命周辭不及稷思文唯言后稷有德不述天功皆作者之心有異序亦順經爲辭此之類也

我將我享維羊維牛維天其右之將大享獻也箋云將猶奉也我奉養我享祭之羊牛皆充盛肥腯有天氣之力助言神饗其德而右助之○將如字享許丈反徐許亮反右音又注及下同本亦作佑肥腯徒忽反說文云羊曰肥豕曰腯〔疏〕我將我享○毛以爲周公成王之時祀於明堂言我所美大我所獻薦者維是肥羊維是肥牛也以此牛羊所以得肥者維爲上天其佑助之故得無傷病也我周公成王善用法此文王之常道日日用之以謀四方之政維天乃大文王之德既佑助文王於我周公成王之祭又歆饗之也善法文王之常道而得爲天所佑我周公成王而今而後其常早起夜臥畏敬天之威怒於是安之言安行文王之道以爲常法也○鄭上三句唯一將字別次四句云我周公成王則法象行此文王之常道以日日施於天下以治此四方之民維我得受此嘏福於文王此文王既佑助我而歆饗之故所以與我報福也餘同○傳將大享獻○正義曰皆釋詁文○箋將猶至助之○正義曰以將與享相類當謂致之於神不宜爲大將者送致之義故云猶奉養謂以此牛羊奉養明神也牛羊充盛肥腯有天氣之助有其爲天佑助故無病傷桓六年左傳云奉牲以告曰博碩肥腯謂其民力之普存也謂其畜之碩大蕃滋也謂其不疾瘯蠡也謂其備腯咸有也彼傳言善於治民不妄勞役民之畜産無疾故祭祀之牲得肥明牛羊肥而無疾是天之力助天之助人唯德是與故云神饗其德而佑助之維天佑之當是佑助於人而已爲佑助牛羊者以下句乃云既佑饗之則此未是佑人文連牛羊知是佑助牛羊亦是饗人之德故助之也此祀文王於明堂則是祭天矣禮稱郊用特牲祭法云燔柴於泰壇祭天用騂犢則明堂祭天亦當用特牛矣而得有羊者祭天以物莫稱焉貴誠用犢其配之人無莫稱之義自當用太牢也郊特牲云帝牛不吉以爲稷牛是配者與天異饌明其當用太牢此祀有文武爲配於禮得其有羊也夏官羊人云釁積共其羊牲注云積積柴以祭天有羊牲者彼釁在積上明所云積柴非祭天當謂槱燎祀司中司命之等有羊也

儀式刑文王之典日靖四方伊嘏文王既右饗之儀善刑法典常靖謀也箋云靖治也受福曰嘏我儀則式象法行文王之常道以日施政于天

下維受福於文王，既右而饗之。言受而福之。○嘏，古雅反，毛大也。【疏】傳「儀善」至「靖謀」。○正義曰：皆釋詁文。刑既爲法，則式不復爲法，當訓爲用。毛於嘏字皆訓爲大，此嘏亦爲大也。王肅云：「善用法文王之常道，日謀四方，維天乃大文王之德，既佑助而歆饗之。」○箋「靖治」至「而福之」。○正義曰：靖，治，釋詁文。特牲、少牢皆祝以神辭嘏主人，與之以福，是受福曰嘏。儀者，威儀；式者，法式，故以儀式爲則象，謂則象法行文王之常道也。以此能治四方，所以蒙佑，不宜爲謀之，故以靖爲治，謂施於天下也。既佑助饗之，是釋其所以致福之意，故云言受而福之，謂神受其德，故降與之福也。我其夙夜，畏天之威，于時保之。箋云：于，於。時，是也。早夜敬天，於是得安文王之道。

我將一章十句

時邁，巡守告祭柴望也。巡守告祭者，天子巡行邦國，至于方岳之下而封禪也。書曰：「歲二月，東巡守，至于岱宗，柴，望秩于山川，徧于羣神。」○巡音旬。守，手又反，本或作狩，注同。柴，士佳反，說文、字林作祡。行，下孟反，下「出行」同。禪，市戰反。徧音遍。【疏】「時邁」十五句。○正義曰：時邁詩者，巡守告祭柴望之樂歌也。謂武王既定天下，而巡行其守土諸侯，至于方岳之下，乃作告至之祭，爲柴望之禮。柴祭昊天，望祭山川，巡守而安祀百神，乃是王者盛事。周公既致太平，追念武王之業，故述其事而爲此歌焉。宣十二年左傳云：「昔武王克商，作頌曰：『載戢干戈。』」明此篇武王事也。國語稱周公之頌曰「載戢干戈」，明此詩周公作也。治天下而使之太平者，乃是周公爲之，得自作頌者，於時和樂既興，頌聲咸作，周公採民之意，以追述先王，非是自頌其身，故得親爲之。序不言周公作者，頌見天下同心歌詠，例皆不言姓名。經之所陳，皆述巡守告祭之事。指文而言，「時邁其邦」是巡守之辭也，「懷柔百神」及「河喬嶽」是告祭之事。柴望祭天，經不言天，百神以天爲宗，其文可以兼之矣。○箋「巡守」至「羣神」。○正義曰：此解巡守之名及告祭之意。天子封建諸侯以爲邦國，令之爲王者守土，天子以時往行其邦國，至於其方岳之下，爲此告祭，而又爲封禪禮焉。以此故有柴望之事也。「書曰」以下，堯典文。彼說舜受堯禪，卽位之後巡守之事，其言柴望與此同，故引以證之，明此告祭柴望是至方岳而祭也。所以爲此巡守之禮者，以諸侯爲王者守土，專制一國，告從令行，而王者垂帷端拱，深居高視，一日二日庶事萬機，耳目不達於遠方，神明不照於幽僻，或將強以陵弱，恃衆以侵寡，擁遏王命，寃不上聞，而使遠道細民受枉。聖世聖王知其如是，故制爲此禮，時自巡之。大司馬職曰：「及師大合軍，以行禁令，以救無辜，伐有罪。」注云：「師謂巡守若會同。」是巡守之禮有伐罪正民之事也。堯典說巡守之禮云：「協時月正日，同律度量衡。」王制說巡守之禮云：「命太師陳詩以觀民風，命市納賈以觀民之所好惡，不敬者君削以地，不孝者君黜以爵，革制度衣服者爲叛，叛者君討，有功德於民者加地進律。」是其事也。王者代天理民，今既爲天遠行，所至不可不告；五岳地之貴神，今既來至其傍，又亦不可無禮。是故燔柴以告天，望祭山川。白虎通云：「巡守爲祭天何？本巡守爲天所告至也。」王制注亦云：「柴，祭天告至也。」云望秩者，山川之神，望其所在，以尊卑次秩祭之。堯典注云：「徧以尊卑次秩祭之」是也。言至於方岳之下者，每至其方之岳，皆爲告祭之禮，非獨東岳而已。告祭則四岳皆然，其封禪者唯岱宗而已，餘岳不封禪也。聚土曰封，除地曰禪，禪變墠言禪，神之也。封禪必因巡守，而巡守不必封禪。何則？雖未太平，王者觀民風俗而可以巡守；其封禪必太平功成，乃告成於天，非太平不可也。又封禪者每一代唯一封而已，其巡守則唐虞五載一巡守，周則十二年一巡守，以爲常，非直一巡而已，此其所以異也。封禪之見於經者，唯大宗伯云「王大封則先告后土」，以外更無封文也。禮器云：「因名山升中于天，而鳳皇降，龜龍假。」雖不言封，亦是封禪之事。故注云：「升，上也。中猶成也。謂巡守至於方岳，而燔柴祭天，告以諸侯之成功，而太平陰陽和而致象物。」是則功成瑞至，然後可以升中，明未太平必不可也。白虎通云：「王者易姓而起，必升封太山何？告之義也。始受命之時，改制應天，天下太平，功成封禪，以告太平也。所以必於太山何？萬物交代之處也。必於其上何？因高告高，順其類也。故升封者，增高也；下禪梁甫之山，基廣厚也。天以高爲尊，地以厚爲德，增太山之高以報天，附梁甫之基以報地，明天之所命，功成事就，有益於天地，若高者加高，厚者加厚矣。」是說封禪之義。若然，巡守不必封禪，封禪必待太平，則武王之時未封禪矣。此詩述武王之事，而箋云「至方岳之下而封禪」者，廣解巡守所爲之事，言封之事亦因巡守爲之，非言武王得封禪也。史記封禪書云：「齊桓公欲封禪，管仲曰：『古者封泰山、禪梁甫者七十二家，而夷吾所記者十有二焉。』」乃數十二，於周唯言「成王封泰山，禪社首」，是武必不封禪。其巡守則武王爲之，以左傳之文參之，此詩是武王巡守矣。白虎通曰：「何以知太平乃巡守？以武王不巡守，至成王乃巡守。」其言違詩反傳，所說非也。徧於羣神一句，於堯典乃在上文「正月上日，受終於文祖」之時云類於上帝禋於六宗望於山川徧於羣神於二月巡守之下唯有柴望秩於山川而已不言徧於羣神此一句衍字也定本集注皆有此一句案王制說巡守之禮亦云柴而望祀不言徧羣神也堯典注云羣神丘陵墳衍之屬般序止云四岳河海經唯言墮山喬岳不言墳衍丘陵是必不徧羣神也其以堯典之文上下相校正月所祭之神多於祭岱之時而至岱不禋六宗何知當徧羣神也是由二文相涉後人遂增之耳

時邁其邦昊天其子之實右序有周薄言震之莫不震疊懷柔百神及河喬嶽允王維后邁行震動疊懼懷來柔安喬高也高岳岱宗也箋云薄猶甫也甫始也允信也武王既定天下時出行其邦國謂巡守也天其子愛之右助次序其事謂多生賢知使為之臣也其兵所征伐甫動之以威則莫不動懼而服者言其威武又見畏也王行巡守其至方岳之下來安羣神望于山川皆以尊卑祭之信哉武王之宜為君美之也○右音又注同助也疊徒協反柔如字本亦作濡兩通俱訓安也喬音橋嶽本亦作岳同音岳知音智

【疏】時邁其邦○正義曰周公以時既大平追述武王之事言武王既定

天下以時行其邦國其出也天行雲轉六軍皆從羣臣賢智各司其職於是乃見昊天其於武王子愛之矣實佑助而次序我有周之事謂生賢智之臣使得以為用是子愛之也其所往之處始欲我武王以軍威動之莫不動懼而服是威又可畏不假用兵也至於方岳之下其來乃為安寧百神及河與高岳皆次秩祭之武王巡行邦國而使人神得所信乎武王之德如是維宜為天下之君也於此行也明見天之愛我有周使俊乂之臣用次序在位多生賢哲令之在官是其子愛之效於此明見之也動之以威莫敢不服武王於是則聚其干戈而納之則韜其弓矢而藏之是由往則震懼故不用之也我武王能如此求有美德之士而任用之其功其大美矣故陳其功狀於是大樂而歌之信哉我武王之德能長安之言能安此大樂之美故歌之也○傳邁行至岱宗○正義曰邁行懷來釋言文震動疊懼喬高釋詁文彼疊作慴音義同釋詁云柔安也某氏引詩云懷柔百神定本作柔集注作濡柔是也言高岳岱宗者以巡守之禮必始於東方故以岱宗言之其實理兼四岳般祀四岳是也謂之岱宗者應劭風俗通云岱始也宗長也万物之始陰陽交代故為五岳長白虎通云岱者言万物相代於東方也○箋薄猶至美之○正義曰芣苢傳云薄辭箋云薄言我薄其云薄欲如此亦是初

始之義故轉之為甫訓甫為始也允信釋詁文序言巡守故知出行其邦國謂巡守也佑序之文承昊天之下故知亦是昊天助之次序其事下云式序在位故知謂多生賢智使為之臣也時雖無敵可伐但兵行主伐有罪故云其兵所征伐甫動之以威則莫不動懼而服言其威武又見畏謂不但為天所愛復為人所畏故言又也樂記說武王克定天下其兵包以虎皮示不復用則伐紂之後天下即服至於巡守始言莫不服者以王者之為巡守慮有不服之處故美其無不服耳非謂時有叛者見兵乃服也又解巡守之行得有動威之意以王行巡守以軍從故也知者以大司馬云及師大合軍以行禁令以救無辜伐有罪又曰若大師則掌其戒令涖釁主及軍器上云及師下云若大師則二者之師不同也大師言釁主及軍器是征伐實事則上云及師非征伐也明大師為征伐及師為巡守故及師之下注云師謂王巡守若會同司馬起師合軍以從所以威天下行其政也不言大者未有敵不尚武是巡守之禮當師從也言大合軍猶大司樂言大合樂大合樂者偏作六代之樂則知大合軍者亦六軍皆行也而雜問志云天子巡守禮無六軍之文者鄭意以巡守必有六軍但禮無正文故云無六軍之文耳天子海內之主安不忘危且云救無辜伐有罪安得無六軍也百神者謂天與

山川之神神以王為主祭之則安故云來安羣神謂望於山川堯典云望秩於山川秩者次秩故云皆以尊卑祭之此解百神止云由川而已箋明序下之箋無偏於羣神也允王維后惣上事而歎之故云信哉武王之德宜為君美之也

明昭有周式序在位明矣知未然也昭然不疑也箋云昭見也王巡守而明見天之子有周家也以其有俊乂用次第處位言此者著天其子愛之右序之效也

【疏】傳明矣至不疑○正義曰明之與昭俱是見義但以達見遠事謂之為明其昭者大明之狀故云明矣知未然也昭然不疑言因此巡守知天而今而後常愛周家其事昭然不復為疑與鄭明見之義同但分而言之耳○箋明見至之效○正義曰昭見釋詁文也以毛意微申使易曉故云王巡守而明見天之子有周○正以俊乂之人用次第處位故也此經二句覆上佑序有周故云言此者著天其子愛佑序之效驗也

載戢干戈載櫜弓矢戢聚櫜韜也箋云載之言則也王巡守而天下咸服兵不復用此又著震疊之效也○戢側立反櫜音羔韜吐刀反復扶又反

【疏】傳戢聚櫜韜○正義曰戢聚釋詁文櫜者弓衣一名韜故內弓於衣謂之韜弓

我求懿德肆于時夏

夏大也箋云懿美肆陳也我武王求有美德之士而任用之故陳其功於是夏而歌之樂歌大者稱夏○肆音四夏戶雅反下注同**允王保之**箋云允信也信哉武王之德能長保此時夏之美【疏】○傳夏大○正義曰釋詁文○箋懿美至稱夏○正義曰懿美釋詁文肆者張設之言故爲陳也言求是自此求彼之辭故知求美德之士而用之謂武序在位是武王求而得之也以言陳之於夏故知夏爲樂名又解名爲夏之意以夏者大也樂歌之大者稱夏也思文箋云夏之屬有九與此意相足言由周禮有九夏知此夏爲樂歌也春官鍾師凡樂事以鍾鼓奏九夏王夏肆夏昭夏納夏章夏齊夏族夏陔夏驁夏注云夏大也樂之大歌有九是九夏之名也彼注引呂叔玉云肆夏繁遏渠皆周頌也肆夏時邁也繁遏執競也渠思文也玄謂以文王鹿鳴言之則九夏皆詩篇名頌之族類也此歌之大者載在樂章樂崩亦從而亡是以頌不能具然則鄭以九夏別有樂歌之篇非頌也但以歌之大者皆稱夏耳

時邁一章十五句

執競祀武王也執競其敬反執持也韓詩云執服也【疏】執競十四句○正義曰執競詩者祀武王之樂歌也謂周公成王之時既致太平祀於武王之廟時人以今得太平由武王所致故因其祀述其功而爲此歌焉經之所陳皆述武王生時之功也

執競武王無競維烈不顯成康上帝是皇無競競也烈業也不顯乎其成大功而安之也顯光也皇美也箋云競彊也能持彊道者維有武王耳不彊乎其克商之功業言其彊也不顯乎其成安祖考之道言其又顯也天以是故美之予之福祿○大功本或作天功【疏】執競武王○正義曰言有能持強盛之道者維武王耳此武王豈爲無強乎維克商之功業實爲強也豈不顯乎其成安祖考之道實爲顯也由其既強且顯上天以是之故嘉美之以大福又重述武王強顯得福之事武王用彼成安祖考之道故得受命伐紂同有天下四方之民而斤斤然其爲周家一代明察之君是其顯而得福也又武王之祭宗廟也作鍾鼓之樂其聲和樂喤喤然奏磬管之音其聲合集鏘鏘然合於禮度當於神明故神下與之福衆多而穰穰然下與福豐大而簡簡然於時助祭之人又威儀順習反反然其祭之末此羣臣等既醉於酒矣既飽於德矣於祭之事終始無違故致福祿復來與之言武王受此多福故今得太平是以述而歌之○傳無競至皇美○正

義曰無競反其言故爲競也烈業顯光皇美皆釋詁文又曰康安故云成大功而安之大功謂伐紂也安之謂安祖考也武王祖考其心冀成王業未就心皆不安武王既伐紂是成大功安祖考故云成大功而安之其意與鄭同○箋競強至福祿○正義曰競強釋言文時是釋詁文武王大業在於伐紂故知維烈是克商之功業也下武云三后在天王配於京永言孝思應侯順德故知成安是成安祖考之道也既強顯之下乃言天美之與之福祿謂使之胤嗣長遠享國不絕也

自彼成康奄有四方斤斤其明自彼成康用彼成安之道也奄同也斤斤明察也箋云四方謂天下也武王用成安祖考之道故受命伐紂定天下爲周明察之君斤斤如也○斤紀覲反【疏】傳自彼至明察○正義曰訓自爲用故云用彼成安之道奄同釋言文又云奄蓋也鄭於閟宮玄鳥箋皆以奄爲覆覆蓋四方同爲已有與傳不異也釋訓文明明斤斤察也此連其明故云明察

鍾鼓喤喤磬筦將將降福穰穰降福簡簡威儀反反既醉既飽福祿來反喤喤和也將將集也穰穰衆也簡簡大也反反難也反復也箋云反反順習之貌武王既定天下祭祖考之廟奏樂而八音克諧神與之福又衆大謂如嘏辭也君臣醉飽禮無違者以重得福祿也○喤華彭反徐音皇又音宏注同筦音管本亦作管同將七羊反注同說文作鏘鏘行貌穰如羊反反反如字沈符板反又音販復扶又反重也又音服重直用反【疏】傳喤喤至反復○正義曰喤喤將將俱是聲也故言和與集謂與諸聲相和與諸樂合集也釋訓云喤喤樂也穰穰福也舍人曰喤喤鍾鼓之樂也穰穰衆多之貌也某氏引此詩明穰穰是福豐之貌也簡簡大釋訓文李巡曰簡簡降福之大也箋以反反爲順習之貌傳言反反難者謂順禮閑習自重難也釋言云復反也是反得爲復定本作覆○箋武王至福祿○正義曰箋以文承奄有之下降福是祭祀之事故知是武王既定天下祭祖考之廟也少牢大夫嘏辭尚云受祿于天宜稼于田天子嘏辭致福固宜衆且大矣故云謂如嘏辭也祭義說祭祀之禮主人慤而趨賓客則濟濟漆漆然則威儀反反是卽祭者之容也既醉既飽文在反反之下故知謂羣神醉飽也祭末旅酬下及羣臣故有醉飽之義卽既醉所云醉酒飽德是也此時祭之末節人多倦而違禮故美其禮無違者以重得福祿卽經之來反也此陳祭之事止應一降福耳但作者於樂音和集之下以言降福於羣臣既醉之

下復言福祿，每於一事得禮，一言獲福，欲見善不虚作，福必報之，爲節文之勢，故言福祿復來也。祭祀宗廟，當有酒食之饌，此不言黍稷牲牢，唯云聲樂者，詩人意之所言，無義例也。

執競一章十四句

思文后稷配天也。[疏]「思文」八句。○正義曰：思文詩者，后稷配天之樂歌也。周公既已制禮，推后稷以配所感之帝，祭於南郊。既已祀之，因述后稷之德可以配天之意，而爲此歌焉。經皆陳后稷有德可以配天之事。國語云：周文公之爲頌曰：思文后稷，克配彼天。是此篇周公所自歌，與時邁同也。后稷之配南郊，與文王之配明堂，其義一也。而此與我將序不同者，我將主言文王饗其祭祀，不說文王可以配上帝，故云祀文王於明堂。此篇主說后稷有德可以配天，不說后稷饗其祭祀，故言后稷配天。由經文有異，故爲序不同也。

思文后稷，

克配彼天。立我烝民，莫匪爾極。極，中也。箋云：克，能也。立當作粒。烝，衆也。周公思先祖有文德者，后稷之功能配天。昔堯遭洪水，黎民阻飢，后稷播殖百穀，烝民乃粒，萬邦作乂，天下之人無不於女時得其中者，言反其性。○烝，之丞反。粒音立。阻，莊呂反，難也。馬融注尚書作祖，云：始也。艾音刈。鄭注尚書五蓋反，本或作反，音同。

[疏]「思文后稷」○毛以爲周公自言我思先祖之有文德者后稷也，此后稷有大功德，堪能配彼上天。昔堯遭洪水，后稷播殖百穀，存立我天下衆民之命，使衆民無不於爾后稷得其中正。言民賴后稷，復其常性，是后稷有大功矣。由后稷有穀養民之故，天乃遺我武王以所來之牟麥。正以牟麥遺我者，帝意所命，用此后稷養天下之物，表記后稷之功，欲廣其子孫之國，使無疆境於汝今之經界，言於此今之經界，其內不立封疆，是命大有天下，牢籠九服也。以是之故，陳其久常之功於是夏樂而歌之，言后稷功爲常久，永在歌樂，故所以配天共食也。○鄭唯以立爲粒，率爲循，其文義大同。○傳「極，中」。○正義曰：北極以居天之中，故謂之極，是爲中之義也。傳不解立，但毛無破字之理，必其不與鄭同，宜爲存立衆民也。○箋「克能」至「其性」。○正義曰：克，能，釋言文。此「立我烝民」，與尚書「烝民乃粒」事義正同，故破立從粒。烝，衆，釋詁文。孝經云：昔者周公郊祀后稷以配天。是后稷配天，周公爲之。此詩周公所作，故云周公思先祖有文德者。后稷有此文德，故周公思之，非謂偏思先祖后稷獨有文德也。堯典云：帝曰：咨四岳，湯湯洪水方割。是堯遭洪水也。又舜典云：帝曰：弃，黎民阻飢，汝后稷播時百穀。注云：阻讀曰俎。阻，厄也。時讀曰蒔。始者洪水時，衆民厄於飢，汝居稷官，種蒔百穀以救活之。是黎民阻飢，后稷播殖百穀也。益稷云：禹曰：予暨稷播，奏庶艱食鮮食。烝民乃粒，万邦作乂。注云：禹復與稷教民種澤物菜蔬艱厄之食，授以水之衆鼃食，謂魚鼈也。粒，米也。乂，養也。衆民乃復粒食，万國作相養之禮。是烝民乃粒，万邦作乂也。

貽我來牟，帝命率育。無此疆爾界，陳常于時夏。牟，麥。率，用也。箋云：貽，遺。率，循。育，養也。武王渡孟津，白魚躍入于舟，出涘以燎。後五日，火流爲烏，五至，以穀俱來。此謂遺我來牟，天命以是循存后稷養天下之功，而廣大其子孫之國，無此封竟於女今之經界，乃大有天下也。用是故陳其久常之功於是夏而歌之。夏之屬有九。書說烏以穀俱來，云穀紀后稷之德。○貽音夷，字又作詒，同。牟並如字，字書作䴎，音同。牟字或作麰，孟子云：麰，大麥也。廣雅云：䴎，小麥；麰，大麥也。疆，居良反。竟也。介音界，大也。後放此。夏，戶雅反，注同。遺，唯季反，下同。涘音仕。燎，力召反。竟音境，本或作境。

[疏]傳「牟麥」「率用」。○正義曰：孟子云：麰麥，播種而耰之。趙岐注云：麰麥，大麥也。說文云：䴎，周受來牟也。一麥二夆，象其芒刺之形，天所來也。釋詁云：率，由也。由，自也。由、自俱訓爲用，故率爲用也。○箋「貽遺」至「之德」。○正義曰：貽，遺，釋言文。率，循，育，養，釋詁文。「武王渡孟津」至「以穀俱來」，皆尚書文。大誓云：惟四月，太子發上祭於畢，下至於孟津之上。注云：孟津，地名。又云：太子發升舟，中流，白魚入於王舟，王跪取，出涘以燎之。注云：白魚入舟，天之瑞也。魚無手足，象紂無助。白者，殷正也。天意若曰：以殷予武王，當待無助。今尚仁人在位，未可伐也。得白魚之瑞，即變稱王，應天命定號也。涘，涯也。王出於岸上，燔魚以祭，變禮也。又云：至於五日，有火自上復於下，至於王屋，流之爲鵰，其色赤，其聲魄。五至，以穀俱來。注云：五日，燎後日數。王屋，所在之舍上。流，猶變也。鵰，當爲鴉。鴉，烏也。燎後五日而有火爲烏，天報武王以此瑞。書說曰：烏有孝名，武王卒父業，故烏瑞臻。赤，周之正。穀，記后稷之德。又禮說曰：武王赤烏穀芒應。周尚赤，用兵，王命曰：爲牟天意若曰須暇紂五年，乃可誅之。武王即位，此時已三年矣。穀蓋牟麥也。詩云：貽我來牟，是鄭所據之文也。周自后稷以來，得穀瑞者唯彼，云以穀俱來，此言來牟，彼云穀，至彼此交相證明，其事同也。太誓止云白魚，不言魚之大小。中候合符后云：魚長三尺，赤文有字，題之目下。授右，注云：右，助也。天告以伐紂之意，是其助。然則目下有此授右之字也。而彼授右之下猶有一百二十餘字，乃云王維退寫成，以二十字魚文消，蓋其鱗甲之

上有此字非目下所能容直言出涘以燎不言廻舟蓋在此岸燎也太誓之注不解五至而合符后注云五至猶五來不知爲一日五來爲當異日也言五至以穀則第五至時乃有穀耳彼穀此牟理當爲一故云此謂遺我來牟也又解帝命率育之義天命武王正以是牟麥者備而存記此后稷養天下之功言后稷以穀養天下故命武王以穀存記之也是欲廣大其子孫之國也無此封境於汝今之經界者謂當時經界已廣大萬里於汝此之內使無封疆是乃大有天下之辭也言無此疆爾界者周公自據當時故云此稱天之意故云爾自汝當時之土境也此與時邁皆周公所作俱云時夏則以此二者爲大功故於樂爲大歌也夏之屬有九即鍾師九夏是也書說烏以穀具來云穀以記后稷之德者尚書旋機鈐及合符后皆有此文注云稷好農稼今烏銜穀故云記之也

思文一章八句

清廟之什十篇十章九十五句

臣工之什詁訓傳第二十七

臣工諸侯助祭遣於廟也疏臣工十五句○正義曰臣工詩者諸侯助祭遣於廟之樂歌也謂周公成王之時諸侯以禮春朝因助天子之祭事畢將歸天子戒勑而遣之於廟詩人述其事而作此歌焉此諸侯來朝行朝享之禮已終天子饗食燕賜之事又畢唯待祭訖而去故於祭之末因在廟中遣之經陳戒諸侯之臣使助其公事又戒車右令及時勸農天子賓敬諸侯不勑其身戒其臣亦所以戒諸侯是其遣之事也此諸侯助祭是下士諸侯自外來也振鷺有客序皆云來此與烈文不言來者振鷺有客經言有客無止主陳其來之意故序言來助來見此與烈文王告戒之以事不說其來但因助祭而戒之當言其助而已不須言來也載見述其始見故序亦指言始見不言其來

嗟嗟臣工敬爾在公王釐爾成來咨來茹嗟嗟勑之也工官也公君也箋云臣謂諸侯也釐理咨謀茹度也諸侯來朝天子有不純臣之義於其將歸故於廟中正君臣之禮勑其諸官卿大夫云敬女在君之事王乃平理女之成功女有事當來謀之來度之於王之朝無自專○釐力之反茹如預反徐音如度待洛反下同朝直遙反下皆同疏嗟嗟臣工○正義曰此周公成王於祭之末將遣諸侯不直戒其身爲其太斥故戒其卿大夫及車右以警切之將戒先嗟而又嗟重歎以呼之曰我臣之下諸官謂諸侯之卿大夫也汝等皆當敬慎於汝在君之職事汝能如此則我王家當來理汝之成功知其勤惰亦不忘汝勞汝若有大事賞罰當來咨謀計度於我王之廟無得自專欲使諸侯聞之亦敬其事而不自專也又勑其車右以農事亦嗟而又嗟重歎而呼之曰爾從君之保介謂車右衣甲之人也今已是維暮之春矣汝若歸國亦有何所求施於民乎維汝如何於民之新田畬田言汝當祭此民之新田畬田何欲其勸民耕之也所以令汝勸民耕田者何於乎美哉本赤烏所與俱來之牟麥以瑞我周家大受其光明謂得此牟麥之瑞而爲天下所休慶也此光明之事乃見於上帝言爲上帝所聞知也至今用以此瑞之故常有樂歲遂時和年豐耕則必獲是田不可舍汝可命我衆民令之具汝所用錢鎛之田器勤力以事農畝於久必多銍刈宜以此告勑下民使勤於田事○傳嗟嗟至公君○正義曰嗟嗟歎聲將勑而嗟歎故云嗟嗟勑之非訓爲勑也皐陶謨曰百工惟時天工人其代之皆謂官也故以工爲官公君釋詁文○箋臣至自專○正義曰此遣諸侯之歌勑臣之工使敬君事故知臣謂諸侯堯典云允釐爲理之義故爲理也咨謀釋詁文茹度釋

言文又解所以謂諸侯爲臣者諸侯來朝天子有不純臣之義於其歸故於廟正其爲臣之禮明天子以主人之義不純臣於諸侯其諸侯之心則當純臣於天子恐彼不知以不純爲常故於廟中稱之爲臣以正臣之禮既正臣禮而君臣分定因以示義見事當上逆下勞故勑其下諸官而警切之使之敬其君事有大事來謀於王雖呼其臣而戒之實亦戒諸侯之身也言諸侯朝天子有不純臣之義者以秋官大行人掌大賓之禮與大客之儀注云大賓要服以內諸侯大客謂其孤卿然則天子之於諸侯謂之爲賓賓者敵主之辭是不純臣之義也異義公羊說諸侯不純臣左氏說諸侯者天子蕃衞純臣謹案禮王者所不純臣者謂彼人爲臣皆非已德所及易曰利建侯侯者王所親建純臣也玄之聞也賓者敵主人之稱而禮諸侯見天子稱之曰賓不純臣諸侯之明文矣唯鄭據大行人之文以爲不純之證也以賓客之文明不純臣之義則謂天子與諸侯對爲賓主行禮是爲不純臣君與朝廷之臣行禮饗燕則使人爲主諸侯燕其臣使宰夫爲獻主不與臣對行禮是純臣之也大行人又云九州之外謂之蕃國世一見注云謂其君爲小賓臣爲小客小行人云凡四方之使大客則擯小客則受其幣聽其辭見於夷狄君臣亦稱賓客則四夷諸侯亦不純臣也此則天子於諸侯之義

耳若諸侯於天子皆純臣矣北山云率土之濱莫非王臣皐陶謨云萬邦黎獻共惟帝臣是彼於王者皆純臣也書傳周公謂越常氏之譯曰德澤不加焉則君子不享其質政令不施焉則君子不臣明政令之所及盡爲純臣故此所以正臣之禮也何知不是臣之與工君臣並勑而以爲獨勑其卿大夫者以下勑保介其文不與臣連是獨勑保介則知此亦獨勑其臣不勑其君也且君臣禮絶尊卑不同天子之戒諸侯當正尊卑之禮不可使人臣與君並受其命以此知勑臣之工不勑臣也諸侯之朝天子必有卿與大夫隨之爲介故云勑其諸官卿大夫也秋官司儀云諸公相爲賓及將幣每門止一相及廟唯上相入則諸侯朝天子亦應唯上相入廟耳此得卿大夫及車右俱在廟中受勑者彼謂將幣饗食行禮之時唯上相入耳此諸侯將歸遣之於廟是召入而戒之非致幣之類也敬汝在君之事王乃平理汝之成功謂有大功則賜之車服以寵章之若左傳宣十六年晉侯請於王以黻冕命士會將中軍襄十九年鄭公孫蠆卒范宣子言諸晉侯以其善於伐秦晉侯請於王王追賜之大路以行禮是有功王平理之事也言來謀之度之於王之廟者以其在廟勑之而言來故知來謀於王之廟也且古者大事謀於廟中訪落序云嗣王謀於廟國語云謀之廊廟失之中原是大事必謀於

廟也定本集注廟字作廟於義爲是

嗟嗟保介維莫之春亦又何求如何新畬田二歲曰新三歲曰畬箋云保介車右也月令孟春天子親載耒耜措之於參保介之御間莫晚也周之季春於夏爲孟春諸侯朝周之春故晚春遣之物其車右以時事女歸當何求於民將如新田畬田何急其教農趨時也介甲也車右勇力之士被甲執兵也○莫音暮本或作暮注同畬音餘耒力對反耜音似措七故反夏戶雅反被皮寄反

【疏】箋保介至執兵○正義曰此所以勑人也以月令準之知保介爲車右故即引月令以證之盡保介之御間皆月令文彼說天子耕籍田之禮天子親載耒耜措置之於參乘之人保介之與御者二人間君之車上止有御者與車右二人而已今言保介與御明保介即車右也引之者證保介爲車右也又明以農事勑車右之意以諸侯耕籍勸農則此人與之同車而置田器於其間常見勸農之事故勑之也不勑御人偏勑車右者以御人本主於御車不主輔君故尊勑車右明其御君車也言保介之御間者以人君左載御在中央明其遠君措之故繫於車右因御字單言之以便文耒耜不近君而置御右之間者彼注云明已勸人非農人故也莫晚者古暮字作莫說文云日在茻中爲莫是晚之義也時有三月季爲其晚故以周之季春爲晚春也知非夏之季春者以月令季冬命民修耒耜具田器農書稱孟春耕者急發不得於建辰之月方始勸農故知是夏之孟春也且此諸侯來朝而遣之若是夏之季春非復朝王之月故云諸侯朝周之春以明此爲夏之正月也知諸侯之朝必以夏之正月者明堂位云季夏六月以禘禮祀周公於太廟雜記云七月而禘獻子爲之以六月爲正譏川七月則祭用夏之孟月矣故王制注云祭以首時薦以仲月諸侯時祭用夏之正月王制云諸侯礿則不禘禘則不嘗嘗則不烝烝則不礿注云虞夏之制諸侯歲朝廢一時祭明是朝祭同月故廢之也明堂位云夏礿秋嘗冬烝天子之禮獨不言春祀得不爲朝王而闕之故彼注云魯在東方朝必以春或闕之以此而言明諸侯之朝皆用孟月可知也孟春耕期既過故勑其車右以其時事即耕田是也汝歸當何求於民言無所可求於民唯求其勤力於農耳如新田畬田何如猶奈何也當奈此田何王意急其教農以趨時恐時之晚過也更解謂車右與保介之義介甲也車右勇力之士被甲執兵故謂之保介也月令注云保猶衣也勇力之士衣甲執兵此云被彼云衣皆保之義

於皇來牟將受厥明明昭上帝迄用康年康樂也箋云將大迄至也於美乎赤烏以牟麥俱來故我周家大受其光明謂爲珍瑞天下所休慶也此瑞乃明見於天至今用之有樂歲五穀豐熟○於音烏注同迄許乞反樂音洛下同見賢遍反

【疏】傳康樂○正義曰釋詁文○箋將大至豐熟○正義曰將大迄至釋詁文於者歎辭皇訓爲美於美乎歎其受麥瑞而得豐年也大受其光明謂爲天下所休慶者由受天瑞而人歸之是其爲所美慶也此瑞乃明見於上天言既爲人知又爲天知美其瑞之著也人知謂天下歸之天知謂今之豐熟此瑞本自天來而云見於天者見天人相因以爲人見天瑞而歸之天見人歸而降福美此周德賜之豐年至今用之常有樂歲正謂五穀豐熟五穀者五行之穀月令春食麥夏食菽季夏食稷秋食麻冬食黍天官疾醫以五穀養其病注云五穀麻黍稷麥豆是也鄭以五行之穀爲五穀也夏官職方氏豫州其穀宜五種注云五種黍稷菽麥稻不以五行之穀爲五種者以職方辨九州土地生殖之所宜每州不同非五行當穀豫州之界東接青州宜稻麥西接雍州宜黍稷明豫州宜黍稷稻麥也菽則土地多生人所常種明通菽爲五也職方又云幽州宜三種注云黍稷稻兗州宜四種注云黍稷稻麥皆準約所與連接者言之也

命我衆人庤乃

錢鎛奄觀銍艾　庤具錢銚鎛鎒銍穫也箋云奄久觀多也教我庶民具女田器終久必多銍艾勸之也。庤持恥反錢子踐反鎛音博奄鄭音淹王徐並如字觀古玩反又如字注同銍珍栗反艾音刈銚七遙反何土堯反沈音遙世本云垂作銚鎒乃豆反或作耨呂氏春秋云耨柄尺此其度也其耨六寸以間稼也高誘注云耨芸田也六寸所以入苗間也字詁云頭長六寸柄長一尺鎒古字也今作耨同穫戶郭反本或作鑊音同釋名云銍穫鐵也說文云銍穫禾短鐮也此則銍器可以穫禾故云銍穫也小爾雅云截顈謂之桎截顈即穫也

疏「傳庤具至銍穫」正義曰庤具釋詁文說文云錢銚古田器世本云垂作銚宋仲子注云銚刈也然則銚刈物之器也說文云鎛田器也釋名云鎛鋤類也鎛迫也去草也本云垂作耨釋器云斪斸謂之定李巡曰鋤也郭璞曰鋤屬廣雅云定謂之耨呂氏春秋云耨柄尺此其度也其耨六寸所以間稼也高誘注云耨芸苗也六寸所以入苗間此云鎛耨當是一器但諸文或以為耨即鋤或云鋤類古器變易未能審之釋名云銍穫禾鐵也說文曰銍穫禾短鐮也然則銍器可以穫禾故云銍穫也管子云一農之事必有一銍一耨一鎌然後成農是三者皆田器。箋奄久觀多。正義曰釋詁文彼奄作淹蓋鄭讀爾雅以淹為奄故也王肅云奄同也毛於執競之傳以奄為同言同多銍刈但無傳可據故同之鄭焉

臣工一章十五句

噫嘻春夏祈穀于上帝也　祈猶禱也求也月令孟春祈穀于上帝夏則龍見而雩是與。噫嘻意又作噫同於其反嘻音禧禱丁老反又丁報反見賢遍反雩音于與音餘

疏「噫嘻八句。」正義曰噫嘻詩者春夏祈穀於上帝之樂歌也謂周公成王之時春郊夏雩以禱求膏雨而成其穀實為此祭於上帝詩人述其事而作此歌焉經陳播種耕田之事是重穀為之祈禱戒民使勤農業故作者因其禱祭而述其農事。箋祈猶至是與。正義曰春官太祝掌六祈之辭以祈福祥求永貞知祈為禱求謂禱請求天降雨以成穀也月令孟春祈穀於上帝及左傳夏則龍星見而雩此二者是此春夏祈穀於上帝之事與以孟春祈穀文與此同以雩者又是為穀求雨之祭故以二者為此祭也龍星見而雩桓五年左傳有其事此引之不言左傳者以月令事在孟春其時月分明故顯言月令左傳之言龍見則時月不明故取其意言夏則非彼成文故不云左傳也言是與者為若不審之辭亦所以足句也必知雩祭亦是祈穀者月令仲夏大雩帝以祈穀實是雩為祈穀之明文但雩以龍見為之當在孟夏之日為月令者錯至於仲夏失正雩之月故不引之左傳稱凡祀啓蟄而郊龍見而雩郊雩文連事正當此不并引左傳者又以傳無祈穀之文故月令左傳各取其一也郊特牲云郊之祭也大報天而主日書傳曰祀上帝於南郊所以報天德然則郊以報天而云祈穀者以人非神之福不生為郊祀以報其已往又祈其將來故祈報兩言也天者至尊之物善惡莫不由之故於此一祭可以為報天可以為祈穀襄七年左傳曰夫郊祀后稷以祈農事故啓蟄而郊郊而後耕是郊為祈穀之事也孝經云郊祀后稷以配天宗祀文王於明堂以配上帝止言配天不言祈穀者鄭箴膏肓云孝經主說周公孝以必配天之義本不為郊祈之禮出是以其言不備月令孟春元日祈穀於上帝是即郊天也後乃擇元辰天子親載耒耜躬耕帝籍是郊而後耕二者之禮獻子之言合是郊天之與祈穀為一祭也案禮記大傳注云王者之先祖皆感太微五帝之精以生蒼則靈威仰皆用正歲之正月郊祭之蓋特尊焉孝經曰郊祀后稷以配天配靈威仰也然則夏正郊天祭所感一帝而已月令注云雩祀五精之帝則雩祭揔祀五帝矣郊雩所祭其神不同此序并云祈穀于上帝者以其所郊之帝似五帝之一同有五帝之名故一名上帝可以兼之也月令孟春祈穀於上帝之下注云上帝大微五帝者亦謂祈穀所祭也是大微之一不言祈穀揔祀五帝也春官典瑞云四圭有邸以祀天旅上帝注云祀天夏正郊天也上帝五帝所郊亦五帝殊言天者尊異之此不殊之者非周氣相對之例序者省以便文也

噫嘻成王既昭假爾率時農夫播厥百穀　意歎也嘻和也成王成是王事也箋云噫嘻有所多大之聲也假至也播猶種也噫嘻乎能成周王之功其德已著至矣謂光被四表格于上下也又能率是主田之吏農夫使民耕田而種百穀也。成王如字又于況反注同假鄭王並音格沈云毛如字彼皮寄反

疏「噫嘻成王。」毛以為噫嘻然嗟歎而有所戒勑者成是王事之王謂周公成王也此王既已政教光明至於天下德既光明顯著如此猶能敬重農事率是典田之官令之教民耕田而種百穀典田之官既受率約即告民云我欲得大發汝之私田終於三十里欲使各極其望無不墾耕汝等須大事汝所耕及時趍農十千人維為配耦恐其失時欲令万夫俱作天下既已太平尚能重民如此為之祈神殷勤戒勑故美而歌之。鄭唯噫嘻三字與毛駿字別又三十里為一部一吏主之實

有十千之數具說在箋○傳噫歎至王事○正義曰孔子見顏淵死曰噫天喪予成湯見四面羅者曰嘻盡之矣則噫嘻皆是歎聲爲歎以勑之傳因其文重分而屬之非訓噫嘻爲歎勑也此噫嘻猶上篇云嗟嗟耳毛亦以上篇重農嗟嗟而勑保介此文類之明亦噫嘻而勑之○箋噫嘻至百穀○正義曰以噫嘻之下方美其成王明至而率時農夫乃在下句則噫嘻之言未是勑戒故以爲有所多大之聲謂作者有所多美大而爲聲以歎之故言噫嘻有所多大之聲假至釋詁文彼假作格音義同言既明至亦是君德著明而有所至故引尚書以當之光彼四表格于上下堯典文也注云言堯德光耀及四海之外至於天地所謂大人與天地合其德與日月齊其明彼說堯德而聖人道同周公成王德亦如之故美其能昭假也先言此者人之恒性莫不急於未就情於已成今成王者德既著至而猶尚重農以是而益可美矣故云又能率是主田之吏農夫使民耕田而種百穀謂王者率農夫教下民也知農夫是主田之吏者以文承成王之下則是王者率之若田農之夫非王所親率而釋言云畯農夫也畯即豳風小雅及春官籥師所云田畯者也田畯至典田之官而爾雅謂之農夫故知農夫是主田之吏也

駿發爾私終三十里亦

服爾耕十千維耦私民田也言上欲富其民而讓於下欲民之大發其私田耳終三十里言各極其望也箋云駿疾也發伐也亦大服事也使民疾耕發其私田竟三十里者一部一吏主之於是民大事耕其私田萬耦同時舉也周禮曰凡治野田夫間有遂遂上有徑十夫有溝溝上有畛百夫有洫洫上有塗千夫有澮澮上有道萬夫有川川上有路計此萬夫之地方三十三里少半里也耜廣五寸二耜爲耦一川之間萬夫故有萬耦耕言三十里者舉其成數○駿本亦作畯音峻毛大也鄭云疾也發發伐一本無一發字徑古定反畛之忍反又之人反洫況域反澮古外反廣古曠反

疏　傳私民至其望○正義曰毛以此經皆勑民之言故解其勑意所在皆有公田在民井田之間亦當民所耕發而云駿發爾私者上意欲富其民而讓於下欲民之大發私田使之耕以取富故言私而不及公令民知君於已之事則感而樂業故也大田云雨我公田遂及我私是民意之先公也此云駿發爾私言不及公主意之讓下也以彼公私相對知此言私對公訓駿爲大故云大發其私田也又解正言三十里意終三十里者各極其望謂人目之望所見極於三十每各極望則徧及天下矣三十以極望爲言則十千維耦者以萬爲盈數故舉之以言非謂三十里內有十千人也王肅云三十里天地合所之而三十則天下徧此申毛之意也言人目所望三十里而天地合於三十里外不復見之是爲極望也○箋駿疾至成數○正義曰釋詁云速疾也駿速也轉以相訓是駿爲疾也冬官匠人云一耦之伐伐發地故云發伐也言伐者以耜擊伐此地使之發起也亦大服事釋詁文彼亦作弈音義同箋以播厥百穀是王者率約農夫之言駿發爾私終三十里是農夫教民之言故云使民疾耕發其私田謂農夫使之也終訓竟也正使之竟三十里者王者之立田官每三十里分爲一部令一主田之吏主之主田之吏謂農夫是也農夫自勑終已境界故指言三十里也亦服爾耕十千維耦是民從農夫號令之事故云於是民大耕其田萬耦同時舉足而耕也知此三十里爲部使一吏主之者以王者率農夫使教民種穀農夫即號令其人令疾發私田終三十里明三十里者此農夫所部之界故知每三十里分爲一部使一吏主之公羊傳曰三公者何天子之吏則吏者在官之通稱七月傳云畯田大夫畯即此農夫也三十里而有一吏蓋皆以大夫爲之箋又以萬人爲耦與三十里大數相應故引周禮以證之所引周禮盡川上有路皆地官遂人文也彼意言凡治郊外野人之田一夫之間有通水之遂廣深各二尺也此遂上即有一步徑以通

牛馬其十夫有通水之溝廣深各四尺也此溝上即有一徑畛以通大車其百夫有通水之洫廣深各八尺也此洫上即有一大塗以通乘車其千夫有通水之澮廣丈六尺深丈四尺也此澮上即有一通道以容二軌其萬夫有自然之大川此川上即有一廣路以容三軌是周禮以萬夫爲限與此十千相當又計此萬夫之地一夫百畝方百步積萬夫方之是廣長各百夫以百百乘是萬也既廣長皆百夫夫有百步三夫爲一里則百夫爲三十三里餘百步即三分里之一爲少半里是三十三里又少半里也耜廣五寸二耜爲耦冬官匠人文也此一川之間有萬夫故爲萬人對耦而耕此萬人受田計之乃三十三里少半里正言三十里者舉其成數也以三十里與十千舉其成數正足相充故鄭首尾爲一以易傳也遂人注云十夫二鄰之田百夫一酇之田千夫二鄙之田萬夫四縣之田遂溝洫澮皆所以通水於川也遂廣深各二尺溝倍遂洫倍溝澮廣二尋深二仞徑畛塗道路皆所以通車徒於國都也徑容牛馬畛容大車塗容車一軌道容二軌路容三軌以南畝圖之則遂從溝橫洫從澮橫九塗而川周其外焉是鄭具解五溝五塗之事也以遂人治野田故還據遂中鄰里酇鄙縣而說之四縣爲一部計六遂三十縣爲七部猶餘二部蓋與公邑采地共爲部也何者遂人於川上有

路之下云以達於畿鄭云以至於畿則中雖有都鄙遂人盡主其地是都鄙與遂同制此法明其共為部也地官序縣正每縣下大夫一人鄙師每鄙上士一人酇長每酇中士一人里宰每里下士一人鄰長五家則一人計四縣有二十鄙百酇四百里二千鄰則鄰長以上合有二千五百二十四人矣而云一吏主之者彼謂主民之官與典田者別職其主田之吏一部唯一人也遂人注所言遂溝洫澮廣深之數皆冬官之文也徑畛塗道路所容於匠人差約而為之耳無正文言以南畝圖之遂從溝横洫從澮横者以夫間有遂則兩夫俱南畝於畔上有遂故遂從也其遂既從則必注於横者也故溝横也百夫方千步除外畔其間則南北者九遂東西者九溝其東西之畔即是洫也從洫必注於横澮則南北之畔即是澮也萬夫方萬步為方千步者百除外畔其間南北者九洫東西者九澮其四畔則川周之故云川周其外也如是者九則方百里故遂人注又云萬夫者方三十三里少半里九而方一同也此皆設法耳川者自然之物當逐地形而流非於萬夫之外必有大川遶之且川者流水不得方折而匝之也

噫嘻一章八句

附釋音毛詩注疏卷第十九（十九之二）

黃中模栞

毛詩注疏挍勘記（十九之二）

阮元撰盧宣旬摘錄

○昊天有成命

注云天神謂言五帝　閩本明監本毛本同案浦鏜云言衍字是也

早夜始順天命　小字本相臺本同案正義云始於信順天命又云故知所信順者始信順天命也考此箋始信乃經之基命傳所云基始命信也故正義云傳訓命為信既有所信必將順之故言早夜始信順天命經中之命已訓為信其言天命鄭自解義之辭故非經中之命也其順上有信字顯然今各本箋中脫者非也又此正義信字今亦刪去見下

天道成命者而稱昊天　閩本明監本毛本同案上天字浦鏜云夫誤是也

故曰成王　閩本明監本毛本同案此不誤浦鏜云王衍字非也今周語脫王字韋昭注云成成其王命也當成王成其王命也亦誤刪王字

耆帝非太帝也　閩本明監本毛本同案浦鏜云大誤太是也

中苗與稱堯受圖書　閩本明監本毛本同案中下當脫候字盧文弨補之是也生民正義引作稷起注當是鄭據苗與以注稷起耳

故言早夜始順天命　閩本明監本毛本同案中下當脫信字上下文皆可證

所必信有信　閩本明監本毛本同案下信字當作事

王上行既如此　閩本明監本毛本同案王當作已

肆設也　補案設當故字之譌毛本正作故

○我將

謂祭五帝之於明堂　閩本明監本毛本同案浦鏜云之下當脫神字是也

莫適十　閩本明監本毛本同毛本十作卜案所改是也

四時迎氣於四郊祭帝毛本祭下剜添一字閩本明監本無案此誤補也言帝於文自足南齊書禮志有一字以義添之耳

詩人雖同祀明堂而作閩本明監本毛本同案浦鏜云同當因字誤是也

維羊維牛唐石經小字本相臺本同案經義雜記云正義本作維牛維羊周禮羊人疏隋書宇文愷傳引亦如此今考正義其說是也唐石經與正義本不合未詳其所本經注各本箋皆云我奉養我享祭之羊牛與唐石經合當是一本也

維是肥羊維是肥牛也閩本明監本毛本同案經義雜記云此非孔氏原本原本作維牛維羊前後俱未及盡改是也羊牛字當互換

謂其不疾瘯蠡也明監本毛本蠡誤𤺊閩本不誤○案集韻有𤺊字正義以今字易古字耳左傳𤺊作蠡

○時邁

偏于羣神小字本相臺本同案正義云此一句衍字也定本集注皆有此一句云云釋文云偏于音遍段玉裁云司馬彪祭祀志光武封大山刻石文亦有此四字經言秩則包偏于羣神在內鄭注云偏以尊卑次秩祭之是也鄭以經文前後詳略互見故引之如此正義非是見尚書撰異中

遠行也閩本明監本毛本同小字本同相臺本無此三字案山井鼎云古本無後補入考無者是也此釋文邁行也誤入於注而又譌邁作遠遂不可解當是經注各本始附釋文者不加○為隔故也小字本正如此是其驗矣

國語稱周公之頌曰閩本明監本毛本同案公上浦鏜云脫文字是也

除地曰禪閩本明監本毛本禪作墠案所改是也

而鳳望降閩本明監本同毛本望作皇案所改是也

七十三家［補］閩本明監本毛本同案三當作二

懷柔百神唐石經小字本相臺本同案正義云釋詁云柔安也某氏引詩云懷柔百神定本作柔集注作濡柔是也釋文云懷柔如字本亦作濡兩通俱訓安也段玉裁云當從集注本作濡見詩經小學

高岳岱宗也閩本明監本毛本同小字本相臺本岳作嶽案嶽字是也十行本經中皆作嶽字注及正義中多作岳字乃以岳為嶽之別體字而用之以取省也與說文所謂岳為古文者全不相涉盧文弨經典釋文考證牽合之殊誤

而明見天之子有周閩本明監本毛本同案周下浦鏜云脫家字是也

○執競

祀武王也閩本明監本毛本此下有注小字本相臺本無考文古本同案山井鼎云此亦釋文混入於注是也

其心冀成王業未就閩本明監本毛本同案浦鏜云王業下當脫王業二字是也

釋訓文明明斤斤［補］案文當作云

君臣醉飽小字本相臺本同閩本明監本毛本同案正義云此羣臣等既醉於酒矣既飽於德矣又云故知謂羣臣醉飽也祭末旅酬下及羣臣是其本作羣作君皆誤考文古本作羣采正義

穰穰衆多之貌也閩本明監本毛本同案貌當作皃

故知謂羣神醉飽也閩本明監本毛本同案山井鼎云神恐臣誤是也

○思文

黎民徂飢閩本明監本毛本徂誤阻

徂讀曰阻閩本明監本毛本徂阻字互誤按此條可證古本尚書十行本最佳處也古文尚書撰異中詳之

無此疆爾界小字本相臺本同唐石經初刻界後磨改介案釋文云界音介大也是釋文本此字作介也考

箋無此封竟於女今之經界乃大有天下也云無此封竟於女之經界者說經疆爾也經界之界鄭自解義之辭非經中之介云乃大有天下者訓介爲大乃經中之介也正義本亦自不誤故釋文正義初無異說不知者誤認箋中界字爲經中介字乃改經耳此唐石經初刻之誤而各本同之者也李善注魏都賦引薛君云介界也然則韓詩讀介爲界或相涉而亂耳當據釋文本正之考文古本作介采釋文

白魚躍入于舟　小字本同閩本明監本毛本同相臺本于作王案相臺本非也正義引大誓白魚入於王舟尚書之文本如此箋以上句有武王故下不更云王耳考文古本于王竝有亦采正義而誤

說文云㜪周受來牟也　閩本明監本毛本同案㜪當作來此引說文來字下文不知者誤改之耳

言無此疆爾界者　閩本明監本毛本同案界當作介此因經注本之誤而改正義耳

○臣工

於王之朝無自專　小字本相臺本同案此釋文本也釋文上來朝下云直遙反下皆同謂此箋及下箋諸侯朝周之春二朝字也正義云定本集注朝字作廟於義爲是正義本亦是廟字與釋文不同

言汝當祭此民之新田畬田何　[補]祭當作奈形近之譌毛本正作奈

耕則必獲也　閩本明監本毛本同案浦鏜云獲當作穫是也

於乃必多銍刈　閩本明監本毛本同案浦鏜云終誤於是也

周公謂越常氏之譯曰　閩本明監本毛本常誤裳

定本集注廟字作廟　閩本明監本毛本上廟作庿案所改非也山井鼎云恐朝字誤是也

曰在茻音莽中爲莫　毛本音莽誤口閩本明監本不誤案此正義自爲音之末誤入正文者也

○按此則文理不得不作小字者與前有別

以禘禮記周公於太廟　閩本明監本毛本同案山井鼎云記恐祀誤是也

更解謂車右與保介之義　閩本明監本毛本同案山井鼎云與恐爲誤是也

麻黍稷麥豆是也鄭以五行之穀　閩本明監本毛本同案是也當誤倒是屬下句讀

非王行當穀　[補]毛本當作常案所改是也

鎛鎒　小字本相臺本同案此釋文本也釋文云鎒乃豆反或作耨又引字詁云鎒古字也今作耨同正義云此云鎛耨當是其本作耨

高誘注云耨芸田也　[補]釋文校勘記通志堂本同盧本田作苗云苗舊作田今依本書改案此當是陸所引與今本不同改之未是小字本所附亦作田也○按當云所以芸田也俗人往往刪古書所以二字

銍獲鐵也　[補]通志堂本盧本獲作穫案穫字是也

截穎謂之秷　[補]通志堂本盧本秷作銍案銍字是也

鎛迫也　[補]毛本也作地案所改是也

也本云垂作耨　閩本明監本同毛本剜也作世案所改是也

○噫嘻

噫嘻　唐石經小字本相臺本同案釋文意嘻下云意本又作噫同正義引噫歎畏予是其本作噫唐石經以下之所本也其實意即噫之古字假借耳當以釋文本爲長

當在孟夏之日也　閩本明監本同毛本日作月案所改是也

夫報天而主日　[補]閩本明監本毛本同案夫當作大

郊而後祈　閩本明監本同毛本祈作耕案所改是也

意歎也　[補]案此不誤意即噫之古字假借耳毛本改作噫非

噫和也　小字本同閩本明監本毛本同相臺本和作勑考文古本同案釋文云毛云噫歎也嘻和也是其本作和正義云爲歎以勑之因其文重分而屬之非訓噫嘻爲歎勑也是其本作勑經注本當出於釋文岳氏古本皆依正義改之

及春官籥師　閩本明監本毛本官誤宮案浦鏜云章誤師是也

田畯至典田之官　閩本明監本毛本同案山井鼎云至恐主誤是也

駿發爾私　唐石經小字本相臺本同案釋文云浚本亦作駿音峻毛云大也鄭云疾也正義本是駿字

發伐也　小字本相臺本同案釋文云發發伐也一本無一發字正義云冬官匠人云一耦之伐伐發地故云發伐也是正義本與一本同考發伐於聲類爲至近故用爲訓詁無取於疊字也當以正義本爲長○按俗有墢字垡字皆謂耕起土也古祇作發作伐伐人謂土曰伐人發之曰發故增一發字

竟三十里者一部一吏主之於是民大事耕其私田　小字本同相臺本者下衍言字閩本明監本此二十字全脫去毛本初刻同後改有案因上文云使民疾耕發其私田複出私田而致誤

方三十三里少半里也　小字本相臺本同閩本明監本毛本上三字誤作二考文古本三字不誤但物觀補遺所載但云三十里無下三字則更誤矣

主意之讓下也　補閩本明監本毛本同案主當作上

深丈四尺也　閩本明監本毛本同案此不誤浦鏜云六尺誤四尺非也此深二仞七尺曰仞是丈四尺考工匠人鄭箋人注及此正義皆有明文浦不考之甚

以百百乘是萬也　閩本明監本毛本下百字作自案所改非也

九塗而川周其外焉　閩本明監本毛本同案浦鏜云澮誤塗是也

附釋音毛詩注疏卷第十九（十九之三）（六五）

毛詩周頌　鄭氏箋　孔穎達疏

振鷺二王之後來助祭也二王夏殷也其後杞也宋也○振鷺土之愼反下音路一名舂鉏水鳥也一音盧夏戸雅反杞音起〔疏〕振鷺八句○正義曰振鷺詩者二王之後來助祭之樂歌也謂周公成王之時已致太平諸侯助祭二王之後亦在其中能盡禮備儀尊崇王室故詩人述其事而為此歌焉天子之祭諸侯皆助獨美二王之後來助祭者以先代之後一旦事人自非聖德服之則彼情未適今二王之後助祭得宜是其敬服時王故能盡禮客主之美光益王室所以特歌頌之○箋二王至杞宋○正義曰樂記稱武王伐紂既下車封夏后氏之後於杞投殷之後於宋故知之也史記杞世家云武王克殷求禹之後得東樓公封之於杞以奉夏后氏之祀是杞之初封即為夏之後矣其殷後則初封武庚於殷墟後以叛而誅之更命微子為殷後書序云成王既黜殷命殺武庚命微子啓作微子之命是宋為殷後成王始命之也樂記武王封先代之後已言投殷之後於宋者以微子終為殷後作記者從後錄之其實武王之時始封於宋宋為殷後也樂記注云投者舉徙之辭謂微子在殷先有國邑今舉而徙之別封宋國也若然僖六年左傳曰許僖公見楚子於武城許男面縛銜璧大夫衰絰士輿櫬楚子問諸逢伯對曰昔武王克殷微子啓如是武王親釋其縛受其璧而祓之焚其櫬禮而命之使復其所史記宋世家亦云周武王克殷微子乃持其祭器造於軍門肉袒面縛左牽羊右把茅膝行而前以告於是武王乃釋微子復其位如故言復位以還為微子但微國本在紂之畿內既以武庚君於畿內則微子不得復封於微也但微子自囚以見武王武王使復其位正謂解釋其囚使復臣位不是復封微國也以樂記之文知武王初即封微子於宋矣但未知爵之尊卑國之大小耳至成王既殺武庚命為殷後當爵為公地方百里至制禮之後當受上公之地更方五百里史記以為成王之時始封微子於宋與樂記文乖其說非也如樂記之文武王始封夏後於杞而漢書酈食其說漢王曰昔湯伐桀封其後於杞武王伐紂封其後於宋者主言夏殷之滅其後得封耳以伐夏者湯克殷者武故繫而言之其意不言湯即封杞武即封宋也王者所以必立二王之後者以二代之先受命之祖皆聖哲之君故能克成王業功濟天下後世子孫無道喪其國家遂令宗廟絕享非仁者之意

詩䟽十九之三　一

也故王者既行天罰封其支子爵為上公使得行其正朔用其禮樂立祖王之廟郊所感之帝而所以為尊賢德崇三統明王位非一家之有也故郊特牲曰王者存二代之後猶尊賢也尊賢不過二代書傳曰天子存二王之後與已三所以通天三統立三正鄭駁異義云言所存二王之後者命使郊天以天子禮祭其始祖受命之王自行其正朔服色此之謂通天三統是言王者立二王後之義也

振鷺于飛于彼西雝我客戾止亦有斯容興也振振羣飛貌鷺白鳥也雝澤也客二王之後箋云白鳥集于西雝之澤言所集得其處也興者喻杞宋之君有絜白之德來助祭於周之廟得禮之宜也其至止亦有此容言威儀之善如鷺然○處昌慮反〔疏〕振鷺于飛○正義曰言有振振然絜白之鷺鳥往飛也其往飛則集止於西雝之澤色絜白之水鳥而集於澤誠得其處也以興有威儀之杞宋往行也其往而行則來助祭於有周之廟美威儀之人臣而助祭王廟亦得其宜也此鷺鳥之色有絜白之容我客杞宋之君其來至止也亦有此絜白之容非但其來助祭有此姿美耳又在於彼國國人皆悅慕之無怨惡之者今來朝周周人皆愛敬之無厭依之者猶復庶幾於善夙夜行之以此而能長終美譽言其善於終始為可愛之極也○傳振振至之後○正義曰此鳥名鷺而已振與鷺連即言于飛魯頌之言振振鷺故知振振羣飛貌也言鷺白鳥者以言亦有斯容則義取絜白故云白鳥也以鷺是水鳥明所往為澤故知雝澤也謂澤名為雝故箋云西雝之澤也明在作者之西有此澤言其往彼耳無取於西之義也序言二王之後故知客二王之後客者敵主之言諸侯之於天子雖皆有賓客之義但先代之後時王偏所尊敬特謂之客昭二十五年左傳云宋樂大心曰我於周為客臯陶謨曰虞賓在位此及有瞽皆云我客有客之篇以微子為客皆以二王之後特稱賓客也○箋白鳥至鷺然○正義曰以此詩美其助祭明以在澤喻在廟取其得所為義也以鷺鳥之白興客之威儀前云絜白之德即鷺鳥之容也以上言飛往西雝喻其嚮京而朝而其容之美未見故又云亦有斯容明上句興喻之中亦有絜白之義故云杞宋之君有絜白之德也言威儀之善如鷺然正謂絜白是也

在彼無惡在此無斁庶幾夙夜以永終譽箋云在彼謂居其國無怨惡之者在此謂其來朝人皆愛敬之無厭之者永長也譽聲美也○斁音亦厭也厭於豔反

詩䟽十九之三　二

振鷺一章八句

豐年秋冬報也報者謂嘗也烝也。豐芳弓反【疏】豐年七句。正義曰豐年詩者秋冬報之樂歌也謂周公成王之時致太平而大豐熟秋冬嘗烝報祭宗廟詩人述其事而爲此歌焉經言年豐而多積黍稻爲酒醴以進與祖妣是報之事也言烝畀祖妣則是祭於宗廟但作者主美其報故不言祀廟耳不言祈而言報者所以追養繼孝義不祈於父祖至秋冬物成以爲鬼神之助故歸功而稱報亦孝子之情也作者見其然而主意於報故此序特言報耳其時則不然故那與烈祖實爲烝嘗而序稱爲祀以義不取於報故也其天地社稷之神雖則常祭謂之祈報故噫嘻載芟良耜之等與宗廟異也

豐年多黍多稌亦有高廩萬億及秭豐大稌稻也廩所以藏齍盛之穗也數萬至萬曰億數億至億曰秭箋云豐年大有年也亦大也萬億及秭以言穀數多。稌音杜徐勑古反廩徐力錦反又力荏反倉也秭咨履反一本作數韓詩曰陳穀曰秭也齍盛上音資下音成穗音遂數萬色主反下數億同爲酒爲醴烝畀祖妣以洽百禮降福孔皆皆偏也箋云烝進畀予也。醴音禮畀必寐反予也注同妣必履反洽胡甲反本或作洽偏音遍予音與【疏】豐年多黍。正義曰言今爲鬼神祐助而得大有之豐年多有黍矣多有稻矣既黍稻之多復有高大之廩於中盛五穀矣其廩積之數有萬與億及秭也爲神所祐致豐積如此故以之爲酒以之爲醴而進與先祖先妣以會其百衆之禮謂牲玉幣帛之屬合用以祭故神又下予之福甚周偏矣。傳豐大至曰秭。正義曰豐大釋詁文稌稻釋草文郭璞曰今沛國呼稻爲稌是也言廩所以藏齍盛之穗者器實曰齍在器曰盛齍盛謂飯食也以米粟爲之遠本其初出於禾穗故謂廩之所藏爲齍盛之穗也禹貢百里賦納總二百里銍銍即穗也禾稼當積而貯之不在倉廩其穗當在廩藏之故言藏齍盛之穗則自穗以往秸及粟米皆在倉廩矣以穗鄰於禾稼嫌不在廩故特舉其穗以下皆可知也又以經言高廩則廩之高大於藏穗爲宜故言穗也此言藏穗則廩唯藏粟也而地官廩人注云藏米曰廩者對則藏米曰廩藏粟曰倉其散即通也彼廩人職掌萬民之食四釜三釜皆是米事故云藏米耳彼注又云廩人舍人倉人司祿官之長是廩爲倉之總可以兼米粟也明堂位云米廩有虞氏之庠注云魯謂之米廩虞帝令藏齍盛之委焉記言米鄭言委則以廩之所容兼米兼粟也且此言爲酒爲醴以米爲之明亦藏米可知祭祀酒食當用籍田之粟此言廩之所容乃至萬億及秭則是稅民之物而云以爲酒醴者祭祀之禮亦用稅物信南山云曾孫之穡以爲酒食畀我尸賓是用稅物之文也由其亦用稅物故舉廩之多容以爲豐年之狀也言數萬至萬曰億數億至億曰秭於今數爲然定本集注皆云數億至萬曰秭毛以億云及秭萬下不云及億嫌爲萬箇億故辨之也知然者以億言及秭則万與億亦宜相累但文不可再言及耳。箋豐年大有年。正義曰年之豐熟必大有物豐訓爲大故云豐年大有之年也春秋宣十六年穀梁傳曰五穀大熟爲大有年公羊以爲大豐年是也桓三年經書有年穀梁傳曰五穀皆熟爲有年公羊傳曰僅有年彼春秋之文相對爲例耳他經散文不必然也魯頌曰歲其有年亦當謂大豐年矣。傳皆偏。正義曰偕訓俱也亦偏之義。箋烝進畀予。正義曰皆釋詁文

豐年一章七句

有瞽始作樂而合乎祖也王者治定制禮功成作樂合者大合諸樂而奏之。瞽音古無目眹曰瞽眹音直謹反本或作鼓合乎祖也本或作合乎大祖治直吏反【疏】有瞽十三句。正義曰有瞽詩者始作樂而合於太祖之樂歌也謂周公攝政六年制禮作樂一代之樂功成而合諸樂器於太祖之廟奏之告神以知善否詩人述其事而爲此歌焉經皆言合諸樂器奏之事也言合於太祖則特告太祖不因祭祀且不告餘廟以樂初成故於最尊之廟奏之耳定本集注直云合於祖無太字此太祖謂文王也。箋王者至奏之。正義曰王者功成作樂治定制禮樂記文也引之者證此時成功故作樂也彼注云功成治定同時耳功主於王業治主於教民然則武王雖巳克殷未爲功成故至於太平始功成作樂也大合諸樂而奏之謂合諸樂器一時奏之即經所云鞉磬柷圉簫管之屬是也知不合諸異代樂者以序者序經之所陳止說周之樂器言既備乃奏是諸器備集然後奏之無他代之樂故知非合諸異代樂也

有瞽有瞽在周之庭設業設虡崇牙樹羽應田縣鼓鞉磬柷圉瞽樂官也業大板也所以飾栒爲縣也捷業如鋸齒或曰畫之植者爲虡衡者爲栒崇牙上飾卷然可以縣也樹羽置羽也應小鞞也田大鼓也縣鼓周鼓也鞉鞉

鼓也。柷，木椌也。圉，楬也。箋云：瞽，矇也。以爲樂官者，目無所見，於音聲審也。周禮上瞽四十人，中瞽百人，下瞽百六十人，有視瞭者相之。又設縣鼓。田當作朄。朄，小鼓，在大鼓旁，應鞞之屬也。聲轉字誤，變而作田。○虡音巨。應，應對之應，注同。田，毛如字，鄭作朄，音胤。縣音玄，注皆同。鞉字亦作鼗，音桃。柷，尺叔反。圉，魚呂反。栒，荀允反。鐻音據。植，時力反，又直吏反。衡，華盲反。卷音權，又起圓反。鞞，步兮反。椌，苦江反。楬，苦瞎反。矇音蒙，有目眹而無見也。瞭音了，視瞭，有目人也。相，息亮反。

【疏】有瞽有瞽○毛以爲始作大武之樂，合於太廟之時，有此瞽人，有此瞽人，其作樂者，皆在周之廟庭矣。既有瞽人，又使人爲之設其橫者之業，又設其植者之虡，其上刻爲崇牙，因樹置五采之羽以爲之飾。既有應之小鼓，又有田之大鼓，其鼓懸之虡業，爲懸鼓也。又有鞉有磬有柷有圉，皆視瞭設之於庭矣。既備具，乃使瞽人擊而奏之。又有吹者編竹之簫，併竹之管，已備舉作之，喤喤然和集其聲。此等諸聲，皆恭敬和諧而鳴，不相奪理，先祖之神於是降而聽之。於時我客二王之後，適來至止，與聞此樂，其音感之，長令多其成功，謂感於和樂，遂入善道也。此樂能感人神，爲美之極，故述而歌之。○鄭唯應田俱爲小鼓爲異，餘同。文須如此者，以樂皆瞽人爲之，故先言有瞽有瞽，於瞽下言於周之庭，則樂皆在庭矣。周人初改爲懸，故於諸樂先言懸事。於虡業言設，則柷圉以上皆蒙設文。其簫管則執以吹之，非所當設，於乃奏之下別言備舉。助祭之人，蓋應多矣，獨言我客者，以二王之後尊，故特言之也。○傳瞽樂至圉楬○正義曰：周禮瞽矇爲大師之屬，職播鞉柷圉簫管弦歌，是瞽爲樂官也。釋器云：大板謂之業。是業爲大板也。又解業之所用，所以飾栒爲懸也。懸之橫者爲栒，其上加之以業，所以飾此栒而爲懸設也。其形刻之捷業然如鋸齒，故謂之業。或曰畫之，謂既刻又畫之，以無明文，故爲兩解。業即栒上之柷○，與栒相配爲一，故通解栒虡之體。植者爲虡，橫者爲栒也。知者，以春官典庸器、冬官梓人及明堂位、檀弓皆言栒虡而不言業，此及靈臺言虡業而無栒文，皆與虡相配，栒業互見，明一事也。名生於體，而謂之爲業，則是其形捷業，宜橫以置懸，故知橫者爲栒。既言業所以飾栒，則與之爲一，據栒定其橫植，而業統名焉，故不言橫曰業也。栒業既橫，則虡者自然植矣。釋器云：木謂之虡。郭璞云：懸鍾磬之木，植者名虡。虡既用木，則栒亦木爲之也。又知崇牙上飾卷然可以爲懸者，靈臺云虡業維樅，樅即崇牙，上飾卷然，可以爲懸者也。繫於業而言維，明在業上爲之，故與此二文以互言業，不言栒也。虡者立於兩端，栒則橫入於虡，其栒之上加於大板，則著於栒，其上刻爲崇牙，似鋸齒捷業然，故謂之業。牙即業之上齒也。故明堂位云：夏后氏之龍簨虡，殷之崇牙。注云：橫曰簨，飾之以鱗屬，以大板爲之，謂之業。殷又於龍上刻畫之爲重牙，以掛縣紘。是牙即業之上齒也。以其形卷然，得掛繩於上，故言可以爲懸也。言掛懸紘者，紘謂懸之繩也。樹羽置羽者，置之於栒虡之上角。漢禮器制度云：爲龍頭及頷口銜璧，璧下有旄牛尾。明堂位於崇牙之下又云：周之璧翣。注云：周人畫繒爲翣，載以璧，垂五采羽其下，樹翣於簨之角上，飾鞞多是也。知應小鞞者，釋樂云：大鼓謂之鼖，小者謂之應。是應爲小鼓也。大射禮應鞞在建鼓東，則爲應和建鼓，應鞞共文，是爲一器，故知應小鞞也。應既是小，田宜爲大，故云田大鼓也。明堂位云：夏后氏之足鼓，殷人楹鼓，周人懸鼓。是周法鼓始在懸，故云懸鼓周鼓，解此詩特言懸意也。若然，大射禮者，是周禮也，其樂用建鼓，建鼓則殷之楹鼓也。而大射用之者，以彼諸侯射禮略於樂，備三面而已，故無懸鼓也。鞉者，春官小師注云：鞉如鼓而小，持其柄搖之，旁耳還自擊。是也。柷木椌、圉楬者，以樂記有椌楬之文，與此柷圉爲一，故辨之。言木椌者，明用木爲之。言柷用木，則圉亦用木，以木可知而畧之。大師注：木，柷敔也。是二器皆用木也。臯陶謨云：合止柷敔。注云：柷狀如漆筩，中有椎，合之者，投椎於其中而撞之。敔狀如伏虎，背上刻之，所以止鼓，謂之止。釋樂云：所以鼓柷謂之止，所以鼓敔謂之籈。郭璞云：柷如漆筩，方二尺四寸，深一尺八寸，中有椎柄，連底挏之，令左右擊，止者其椎名也。敔如伏虎，背上有二十七鉏鋙，刻以木，長尺，櫟之，籈者其名也。此等形狀，蓋依漢之大予樂而知之。其栒簨圉敔，古今字耳。○箋瞽矇至作田○正義曰：瞽矇相對，則目有小異。周禮謂其官爲瞽矇，故連言之。解以瞽矇爲樂官之意，以目無所見，思絕外物，於音聲審故也。周禮上瞽四十人，中瞽百人，下瞽百六十人，春官序官文也。彼注云：命其賢智者以爲太師、小師。是以才智爲差等，不以目狀爲異也。又解此無目而可用者，有視瞭者相之。又使此視瞭設懸鼓，因明設業以下皆視瞭設之，非瞽自設也。春官序於瞽矇之下云：視瞭三百人。則一瞽一視瞭也。注云：瞭，目明者也。其職云：掌大師之懸，凡樂事相瞽。注云：大師當懸，則爲之相，謂扶工。是主相瞽，又設懸也。以經傳皆無田鼓之名，而田與應連文，皆在懸鼓之上，應者應大鼓，則田亦應之類。大師職云：下管播樂器，令奏鼓朄。注云：爲大鼓先引。是古有名朄，引導鼓，故知田當爲朄，是應鞞之屬也。又解誤爲田意，朄字以柬爲聲，聲既轉去柬，唯有中在，申字又誤去其上下，故變作田也。○既備

乃奏簫管備舉喤喤厥聲肅雝和鳴先

祖是聽 箋云：既備者，懸也，棟也，皆畢已也。乃奏，謂樂作也。簫，編小竹管，如今賣餳者所吹也。管如篴，併而吹之。○喤，華盲反，又音橫，又音皇。編，薄殄反，又必緜反，史記音甫連反，字林、聲類、韻集並布千反。餳，夕清反，蜜也，又音唐，方言云張皇也，即乾餹也，音唐。篴，字又作笛，同徒歷反。併，步頂反。【疏】箋「簫編」至「吹之」。○正義曰：釋樂云：「大簫謂之言，小者謂之筊。」李巡曰：「大簫聲大者言言也，小者聲揚而小，故言筊。筊，小也。」郭璞曰：「簫大者編二十三管，長尺四寸，小者十六管，長尺二寸。一名籟。」易通卦驗云：「簫長尺四寸。」風俗通云：「簫參差象鳳翼，十管，長二尺。」其言管數長短不同，蓋有大小故也。要是編小竹管為之耳。如今賣餳者所吹，其時賣餳之人吹簫以自表也。史記稱伍子胥鼓腹吹簫，乞食吳市，亦為自表異也。方言云：「餳謂之張皇，或云滑餹，凡飴謂之餳，關東之通語也。」然則餳者餹之類也。管如笛，併而吹之，謂並吹兩管也。小師注云：「管如笛，形小，併兩而吹之，今大予樂官有之。」是也。釋樂云：「大管謂之簥。」李巡曰：「聲高大，故曰簥。簥，高也。」郭璞曰：「管長尺，圍寸，併漆之，有底。」賈氏以為如篪，六孔。

我客戾止，永觀厥成。箋云：我客，二王之後也。長多其成功，謂深感於和樂，遂入善道，終無愆過。○觀，古衍反，又如字，注同。多也，樂，如字，或音洛。愆，去連反。

有瞽一章十三句

潛，季冬薦魚，春獻鮪也。冬魚之性定，春鮪新來。薦獻之者，謂於宗廟也。○潛，在廉反。爾雅作涔，郭音潛，又音岑。韓詩云：涔，魚池。小雅作槮，時砧反。鮪，于軌反。【疏】「潛」六句。○正義曰：潛詩者，季冬薦魚、春獻鮪之樂歌也。謂周公、成王太平之時，季冬薦魚於宗廟，至春又獻鮪，澤及潛逃，魚皆肥美，獻之先祖，神明降福。作者述其事而為此歌焉。經惣言冬春，雜陳魚鮪，皆是薦獻之事也。先言季冬而後言春者，冬即次春，故依先後為文，且冬薦魚多，故先言之。冬言季冬，春亦季春也。月令季春薦鮪於寢廟，天官漁人「春獻王鮪」，注引月令季春之事，是薦鮪在季春也。不言季者，以季春鮪魚新來，正月未有鮪，言春則季可知，且文承季冬之下，從而略之也。冬言薦，春云獻者，皆謂子孫獻進於先祖，其義一也。經言「以享」，是冬亦為獻。月令季春言薦鮪，是冬亦有薦，因時異而變文耳。冬則衆魚皆可薦，故惣稱魚；春唯獻鮪而已，故特言鮪。○箋「冬魚」至「宗廟」。○正義曰：冬魚之性定者，冬月既寒，魚不行，乃性定而肥充，故冬薦之也。天官庖人注云「魚鴈水涸而性定」，則十月已定矣，但十月初定，季冬始肥，取其尤美之時薦之也。月令季冬乃命漁師始漁，天子親往，乃嘗魚，先薦寢廟。注云：「此時魚絜美，故特薦之。」白虎通云：「王者不親取魚以薦廟，故親行，非此則不可。」故隱五年「公矢漁於棠」，春秋譏之，是也。魯語里革云：「古者大寒降，土蟄發，水虞於是乎講罛罶，取名魚而嘗之廟。」言大寒降，與此季冬同；其言土蟄發，則孟春也。以春魚始動，猶兼冬先肥，氣序既移，故又取以薦。然則季冬、孟春皆可以薦魚也。韋昭以為薦魚唯在季冬，國語云孟春者，誤。案月令孟春獺祭魚，則魚肥而可薦，但自禮文不具，無其事耳。里革稱古以言，不當謬也。言春鮪新來者，陸機云：「河南鞏縣東北崖上山腹有穴，舊說云此穴與江湖通，鮪從此穴而來，北入河，西上龍門，入漆沮。」故張衡云「王鮪岫居」，山穴為岫，謂此穴也。然則其來有時，以春取而獻之，明新來也。陸機又云：「大者為王鮪，小者為鮛鮪。」言王鮪，謂鮪之大者也。序止言薦獻，不言所在，故言「薦獻之者，謂於宗廟也」。

猗與漆沮，潛有多魚。有鱣有鮪，鰷鱨鰋鯉。漆沮，岐周之二水也。潛，槮也。箋云：猗與，歎美之言也。鱣，大鯉也。鮪，鮥也。鰷，白鰷也。鰋，鮎也。○猗，於宜反。與，音余。漆，音七。沮，七余反。鱣，張連反。鰷，音條。鱨，音常。鰋，音偃。鯉，音里。槮，素感反，舊詩傳及爾雅本並作米傍參，小爾雅云：「魚之所息謂之橬。橬，槮也，謂積柴水中，令魚依之止息，因而取之也。」郭景純因改爾雅從小爾雅，作木傍參，音霜甚反，又疏廩反，又心廩反。字林作罧，音山沁反，義同。鮥，音洛，爾雅云鮥叔鮪。鮎，乃謙反，沈又奴廉反。【疏】「猗與漆沮」。○毛以為可猗嗟而歎美與此漆沮之二水，其中有養魚之潛，此潛之內乃有多衆之魚，有鱣有鮪，又有鰷鱨鰋鯉，是其多也。我太平王者以獻之先祖，以之祀宗廟，神明饗之，以此得大大之福也。○鄭唯介為助，餘同。○傳「漆沮」至「潛槮」。○正義曰：漆沮自豳歷岐周以至豐鎬，以其薦獻所取，不宜遠於京邑，故不言豳，言岐周者，鎬京去岐不遠，故繫而言之，其實此為潛之處，當近京邑。釋器云：「槮謂之涔。」李巡曰：「今以木投水中養魚曰涔。」孫炎曰：「積柴養魚曰槮。」郭璞曰：「今之作槮者，聚積柴木於水中，魚得寒入其裏藏隱，因以薄圍捕取之。」槮字諸家本作米邊，爾雅作木邊，積柴之義也。然則槮用木不用米，當從木為正也。涔、潛古今字。○箋「鱣大」至「鰋鮎」。○正義曰：鱣鮪已釋於衛風。言白鰷、鰋鮎，以時驗而言之也。釋魚有鰋，郭璞曰：「今鰋額白魚也。」

以享以祀，以介景福。箋云：介，助。景，大也。

潛一章六句

雝禘大祖也禘大祭也大於四時而小於祫大祖謂文王○禘大計反大音泰祫戶夾反大祭名也○疏雝十六句○正義曰雝者禘大祖之樂歌也謂周公成王太平之時禘祭大祖之廟詩人以今之太平由此大祖故因其祭述其事而爲此歌焉經言祭祀文王諸侯來助神明安慶孝子愛予之多福皆是禘文王之事也毛於禘祫其言不明唯閟宮傳曰諸侯夏禘則不礿秋祫則不嘗然則天子亦有禘祫禘祫者皆殷祭蓋亦如鄭三年一祫五年一禘也武王以周十二月崩其明年周公攝政稱元年十二月小祥二年十二月大祥三年二月禫四年春禘蓋此明也若復五年則成王即政之年頌之大例皆是元年前事此不應獨在五年禘時也鄭以武王十二月崩成王三年二月禫周公避流言而出明年春禘於時周公未反時非太平必不得爲此頌也又明年周公反而居攝是爲元年至三年而祫五年禘常禘當以夏此即攝政五年之夏禘也然則此禘毛以春鄭以夏又不同○箋禘大至文王○正義曰禘大祭釋天文嫌祭之最大故又辨之云大於四時而小於祫礼記祭法禘嚳而郊稷禘謂祭天圜丘也大傳曰王者禘其祖之所自出禘謂祭感生之帝於南郊也然則圜丘與郊亦爲禘祭知釋天所云非祭天者以爾雅之文即云繹又祭繹是宗廟之祭故知禘亦宗廟之禘也但宗廟尚爲大祭則郊丘大祭可知故鄭志云禘大祭天人共之是也若然禘既大祭宜大不是過而得小於祫者以四時之外特爲此祭大於四時故云大祭但此大祭五年再爲一則合聚祭之一則各就其廟故以合祭爲祫就廟爲禘禘尚大祭祫大可知是舉輕以明重故鄭每云五年再殷祭殷大也謂祫禘二者俱爲大祭也礼宜小者稠大者稀而礼緯言三年一祫五年一禘反禘稀而祫數者聖人因事見法以天道三年一閏五年再閏故制礼象之三年一祫五年一禘每於五年之內爲此二礼據其年端數之故言三年五年耳其實禘祫自相距各五年非祫多而禘少也知禘小於祫者春秋文二年大事於大廟公羊傳曰大事者何祫也毀廟之主陳於大祖未毀廟之主皆升合食於大祖是合祭羣廟之主謂之大事昭十五年有事於武宮左傳曰禘於武公是禘祭一廟謂之有事也祫言大事禘言有事是祫大於禘也知大祖謂文王者以經云假哉皇考又言文武維后是此皇考爲天下之人后明非后稷若是后稷則身非天子不得言維后也大祖謂祖之大者既非后稷明知謂文王也文王雖不得爲始祖可以爲大祖也若此祭文王則於礼當諱而經云克昌厥後者以此詩自是四海之人歌頌之聲本非廟中之事故其辭不爲廟諱反採得之後即爲經典詩書不諱故无嫌耳烝民云四方爰發亦此類也○

有來雝雝至止肅肅相維辟公天子穆穆於薦廣牡相予肆祀相助廣大也箋云雝雝和也肅肅敬也有是來時雝雝然既至止而肅肅然者乃助王禘祭百辟與諸侯也天子是時則穆穆然於進大牡之牲百辟與諸侯又助我陳祭祀之饌言得天下之歡心○相息亮反注同辟音壁君也注同於鄭如字王音烏○疏有來雝雝毛以爲有是從彼本國而來其顏色雝雝然而柔和既至止於此則容貌肅肅然而恭敬助祭事者維爲國君之諸公於是時天子之容則穆穆然而美言助祭者敬和祭者又美賓主各得其宜又指言助祭之事於我天子薦進大牡之牲其時辟公助祭陳其祭祀之饌言得天下之歡心由大祖德及使之然可嘉美哉君考文王其德彼於後世能安定我之孝子故今爲天下所歸是可嘉也皇考徧使之有才智者維天下之人謂皇考行化教之令之有智所以然者由以文德武功維爲之君故也由皇考能徧使民智故孝子得安皇考之德又能安及皇天使無三辰之災而有徵祥之瑞以此爲天所祐故能昌大其後之子孫令長有天下以今禘祭則皇考又安祐我之孝子得年有秀眉之壽光大孝子以繁多之福也我孝子非徒爲皇考所福既見祐助於光明之考亦見祐助於文德之母言武王大姒以皇考之故亦祐助孝子也○鄭唯辟爲卿士公謂諸侯又以介爲助爲異餘同○傳相助廣大○正義曰釋詁云相助勴也俱訓爲勴是相得爲助廣是寬博亦大之義傳於烈文辟公皆斥諸侯無卿士之義則此辟亦非卿士當謂國君諸公也故王肅云來助祭者維國君諸公天子穆穆然以美德爲之王○箋雝雝至歡心○正義曰雝雝和肅肅敬樂記文也和在色敬在心和敬賢者之常因未至異文而分之耳其實常雝肅也以序言禘故云助王禘祭孝子當愨而趨言穆穆者以孝子於祖父則爲子孫之容若非對神前則可爲穆穆也言於薦大牡之牲舉其祭時所用楚茨所謂潔爾牛羊以往烝嘗或剝或烹之類是助王陳祭祀之饌言其得天下之歡心此言肆祀箋以爲陳祭祀之饌牧誓云商王受昏弃厥肆祀注云肆祀祭名者以祭必肆之故言肆祀尚書指言紂之所弃故知祭名此言所助是其爲肆故不以爲祭名理亦相通也

假哉皇考綏予孝子宣哲維人文武維后假嘉也箋云宣徧也嘉哉皇考斥文王也文王之德乃安我孝子謂受命定其基業也又徧使天下之人有才

知以文德武功爲之君故。假音暇徐古雅反哲音哲本亦作哲同偏音遍下同知音智【疏】傳假加。詁文。箋宣徧至君故。正義曰宣徧釋言文釋詁云皇君也此大祖宜爲一代始王故知嘉哉君考斥文王也閔予小子皇考與皇祖相對故知皇考爲武王此則下有烈考爲武王故知皇考爲文王考者成德之名可以通其父祖故也祭法云父曰考祖父曰王考曾祖曰皇考此與閔予小子非曾祖亦云皇考者以其散文取尊君之義故父祖皆得稱之安我孝子言其享有天下故知謂受命定其基業述皇考一人之德而言文武故知謂文德武功即文王有聲所云文王受命有此武功是文王有文有武也並舉文武者文以教化武以除暴暴止教興故人皆有才智也。**燕及皇天克昌厥後綏我眉壽介以繁祉**燕安也箋云繁多也文王之德安及皇天謂降瑞應無變異也又能昌大其子孫安助之以考壽與多福祿。克昌如字或云文王名此諱於文王之詩也周人以諱事神不應犯諱當音處亮反應應對之應。【疏】箋繁多至福祿。正義曰昭二十八年左傳曰惡直醜正寔繁有徒是繁爲衆之義故爲多也天之監下作爲徵祥今言皇考之德能安及皇天故知謂降瑞應也以此

福慶流及後昆故言又能昌大其子孫子孫既蒙其福今祭而得祀故文王之神安我孝子以壽考予之以福祿上言綏予孝子是皇考綏之今言綏我眉壽亦是皇考綏之以覆成上意也。**既右烈考亦右文母**烈考武王也文母大姒也箋云烈光也子孫所以得考壽與多福者乃以見右助於光明之考與文德之母歸美焉。右音祐下同助也大姒音泰下音似文王妃【疏】傳烈考至大姒。正義曰以大祖爲文王皇考當之矣而別言烈考故知爲武王即洛誥所云烈考武王宏朕恭一也彼注以烈爲威此箋以烈爲光者義得兩通故也文母繼文言之雖大似自有文德亦因文王而稱之也此非頌所主而言之者明時得祀之多故歸美焉

雝一章十六句

載見諸侯始見乎武王廟也。見賢遍反下同。【疏】載見十四句。正義曰載見詩者諸侯始見武王廟之樂歌也謂周公居攝七年而歸政成王成王即政諸侯來朝於是率之以祭武王之廟詩人述其事而爲此歌焉經言諸侯來朝車服有法助祭得福皆爲見廟而言故舉見廟以摠之案經載

見辟王謂見成王也又言率見昭考乃是見於武王之廟今序唯言始見於武王廟不言始見成王者以作者美其助祭不美朝王主意於見廟故序特言之但諸侯之來必先朝而後助祭故經始見君王與率見昭考爲首引耳武王之崩至於成王即政歷年多矣立廟久矣諸侯往前之朝已應嘗經助祭於此乃言始見於武王廟者以成王初即王位万事改新成王之於此時親爲祭主言諸侯於成王之世始見武王非謂立廟以來諸侯始見也烈文成王即政諸侯助祭箋以爲朝享之祭則是周之正月朔日也於時始告嗣位不得祭前已受諸侯之朝此詩言既朝成王乃後助祭則與烈文異時也要言始見君王不宜過後淹久蓋以夏之正月來朝即助春祀之祭也四時之祭徧祭羣廟獨言見武王者作者特言昭考其意主於武王故也。**載見辟王曰求厥章龍旂陽陽和鈴央央鞗革有鶬休有烈光**載始也龍旂陽陽言有文章也和在軾前鈴在旂上鞗革有鶬言有法度也箋云諸侯始見君王謂見成王也曰求其章也求車服禮儀之文章制度也交龍爲旂鞗革轡首也鶬金飾貌休者休然盛壯。辟音璧下同鈴音零左傳云鍚鑾和鈴昭其聲也央於良反徐音英

鞗音條鶬七羊反本亦作鎗同休許虯反又許求反注同軾音式。【疏】載見辟王。毛以爲諸侯始來朝而見君王作者美而述之曰此等皆能自求其章謂能內脩諸已自求車服禮儀文章使不失法度以此之故其所建交龍之旂陽陽然而有文章其在軾之和與旂上之鈴央央然而有音聲又以鞗皮爲轡首之革其末以金爲飾有鎗然而美此旂和鈴革如是休然盛壯而有以光是能自求文章故無所不美也既能朝見以祀至於祭時伯又率之以見於明德之考謂令入武王之廟使之助祭以致孝子之事以獻祭祀之祀以光大我王使得秀眉之壽又敘諸侯之意言此孝享介壽之道長我諸侯能安而行之思使我君成王得衆多之福也是光明文章之君公能得祀如是我昭考之神乃安此諸侯以多福使之皆有光明之德以至於大大謂令傳世無窮長爲國君也。鄭以介爲助辟公謂百辟與諸侯俾緝熙于純嘏謂使之皆光明於大嘏之意唯此爲異餘同。傳載始至法度。正義曰釋詁云哉始也哉載義同故亦爲始龍旂者旂上畫爲交龍故知陽陽言有文章和亦鈴也言在軾前相傳爲然無正文也釋天云有鈴曰旂李巡曰以鈴著旐端郭璞曰懸鈴於竿頭畫交龍於旒是鈴在旂上鞗革有鎗鎗爲革之貌言有法度雖在有鎗之下主爲鞗革而言其意亦兼

言旂鈴皆有法也。○箋「諸侯至盛壯」。○正義曰：以辟公文見於下，故先言諸侯。此詩成王時事，故知始見君王謂見成王也。曰求其章者，將自說其事，故言曰以目之。作者所稱曰，非諸侯自言曰也。諸侯謹慎奉法，卽是自求其章。旂鈴是在車之物，故知車服禮儀文章制度也。交龍爲旂，春官司常文。釋器云：「轡首謂之革。」故知鞗革，轡首也。轡用皮革，而云有鶬，故知鶬爲金飾貌，卽韓奕所云「鞗革金厄」是也。休與烈光連文，故爲盛壯。

率見昭考，以孝以享，以介眉壽。永言保之，思皇多祜。昭考，武王也。享，獻也。箋云：言我，皇君也。諸侯既以朝禮見於成王，至祭時，伯又率之見於武王廟，使助祭也。以致孝子之事，以獻祭祀之禮，以助考壽之福，長我安行此道，思成王之多福。○祜音戶，福也。朝，直遙反，下篇並同。【疏】傳「昭考武王」「享獻」。○正義曰：見武王而言昭考，故知爲武王。享獻，釋詁文。○箋「言我至多福」。○正義曰：言我皇君，皆釋詁文。又上謂諸侯見成王，卽云率見昭考，明是率此諸侯。以孝以享，是祭祀之事也，故知於祭時伯又率之見於武王廟，使助祭也。以顧命畢公、召公爲二伯率諸侯，故知此亦伯率之也。三言以者，皆以諸侯爲此也。以致孝子之事，孝子卽成王也，之事謂祭事，諸侯致之，謂助

行之也。以獻祭祀之禮，亦是孝子之事，但所助非一，別言之耳。以助壽考之福，謂助行其禮，使孝子得壽考之福。三者相通爲一事也。長我安行此道，敘諸侯之意。此道卽以孝以享、以介眉壽之道也。長安行之，庶當神明之意，思使成王之多福，言諸侯之愛成王，卽經之思皇也。

烈文辟公，綏以多福，俾緝熙于純嘏。箋云：俾，使。純，大也。祭有十倫之義，成王乃光文百辟與諸侯，安之以多福，使光明於大嘏之意。天子受福曰大嘏，辭有福祚之言。○卑，必爾反，本又作俾。緝，七入反。嘏，古雅反。祚，才故反。【疏】箋「俾使至之言」。○正義曰：俾，使；純，大，釋詁文。十倫之義者，祭統文也。彼云：「夫祭有十倫焉：見事鬼神之道焉，見君臣之義焉，見父子之倫焉，見貴賤之等焉，見親疏之殺焉，見爵賞之施焉，見夫婦之別焉，見政事之均焉，見長幼之序焉，見上下之際焉。此之謂十倫。」引之者，解其言俾意，以祭祀大而難明，有十種倫理之義，是爲難曉，故言使光明之也。此光文百辟與諸侯助祭得禮，當於神明，昭考之神乃安之以多福，又使之光明於大嘏之意，謂神使之光明之也。所以得光明大嘏意者，天子受福，故曰大嘏。嘏辭有福祚之言，以諸侯之意思使成王得多福，令嘏辭以福予成王，是稱滿諸侯之意，則諸侯曉解神心，故云使之光明之也。俾緝熙是神使辟公光明之，則綏以多福，是神安辟公以多福，非謂安孝子也。知天子受福曰大嘏者，禮運曰：「天子祭天地，諸侯祭社稷，祝嘏莫敢易其常，是謂大嘏。」案特牲、少牢皆祝以福慶之言告主人，謂之嘏，故知禮運大嘏是天子受福之事也。彼天子與諸侯連文，獨言天子者，以此天子之事，故言天子耳，不可謂諸侯不然。魯頌曰「天錫公純嘏」，是諸侯亦爲大嘏也。此經雖無毛傳，但毛於辟公皆不言百辟，嘏皆爲大，不爲嘏辭，則此辟公指謂諸侯，純嘏謂大大也。

載見一章，十四句。

有客，微子來見祖廟也。成王既黜殷命，殺武庚，命微子代殷後，既受命，來朝而見也。○有客，二王之後爲客也。見，賢遍反，序注同。絀，勑律反，又作黜，同。【疏】「有客」十二句。○正義曰：有客詩者，微子來見祖廟之樂歌也。謂周公攝政二年，殺武庚，命微子代爲殷後，乃來朝而見於周之祖廟，詩人因其來見，述其美德而爲此歌焉。經之所陳，皆說微子之美，雖因見廟而歌，其意不美在廟，故經無廟事。爲周太平之歌而述微子之美者，言王者所封得人，卽爲王者之美，故歌之也。言見於祖廟，必是助祭。序不言所祭之名，不指所在之廟，無得而知之也。○

箋「成王至而見」。○正義曰：自「命微子」以上，皆書序文。彼注云：「黜殷命，謂殺武庚也。微，采地名。微子啓，紂同母庶兄也。武王投之於宋，因命之封爲宋公，代殷後，承湯祀。」是也。彼言作微子之命，所由微子先封於宋，但未得爲殷後耳。於此時命爲宋公，故作此命辭。或召來命之，或遣使就命，史傳無文，未可知也。要是既受命乃來朝而見也。知非此時召來受命見祖廟者，以經言「亦白其馬」，「敦琢其旅」，是自國而來之辭。若未受命，不得已乘白馬，明是受命而後乃來，與上有鷺振鷺或亦一時事也。

有客有客，亦白其馬。有萋有且，敦琢其旅。殷尚白也。亦，亦周也。萋且，敬慎貌。箋云：有客有客，重言之者，異之也。亦，亦武庚也。武庚爲二王後，乘殷之馬，乃叛而誅，不肖之甚也。今微子代之，亦乘殷之馬，獨賢而見尊異，故言亦，駁而美之。其來威儀萋萋且且，盡心力於其事，又選擇衆臣卿大夫之賢者與之朝王。言敦琢者，以賢美之，故王言之。○萋，七西反。且，七序反。敦，都回反，徐又音彫。琢，陟角反。重，直用反。肖音笑。駁，鄭邦角反，又音角，雜也。【疏】「有客」至「京師」。○毛以爲微子來至京師，爲周人所愛，故述而歌之。言我周家今有承先代之客，此客亦如我周，自乘所尚而白其馬。其來則有萋萋然，有且且然，言能敬慎威儀，盡心力於

其事也身既如此又敦琢其從行之徒旅言選擇從者如敦琢玉然是從者皆賢故爲周人所愛有客已一宿又一宿有客經一信復一信至已多日可以去矣我周人授之縶絆以絆其馬愛而留之不欲使去也至於將去王始言餞送之左右之臣又從而安樂之謂與之餞燕厚之無已又歎美微子得爲王者之後用其正朔行其禮樂既有大法則矣神明降與之福則又甚易言有德故易福○鄭唯亦白其馬亦武庚爲異餘同○傳殷尚至愼貌○正義曰解言亦白其馬意以殷尚白故也檀弓曰殷人戎事乘翰翰白色馬雖戎事乘之亦以所尚故白言亦白其馬則是一代所尚宜以代相亦故云亦亦周也萋萋且且承白馬之下則是微子威儀故云敬愼貌○箋有客至言之○正義曰客止一人而重言有客有客是丁寧殊異以尊大之以亦爲亦武庚者此自周人而言有客爲彼此之勢則是據周爲辭不宜反以亦已故爲亦武庚也白馬武庚所當乘乃叛而誅之不肖之甚今微子亦乘殷之白馬不應乘而得乘之獨賢而見尊異故丁寧美大之言亦者駮武庚之惡而反以美之此箋申明易傳之意也既言有客見其乘馬則萋且爲來至之貌故云其來也威儀萋萋且且威儀多之狀故復言之威儀出於心而以力行之故言盡心力於其事也旅是從者之衆敦琢治玉之名人而言

敦琢故爲選擇明尊其所往故擇卿大夫之賢者與之朝王從亦有士舉卿大夫而士同可知又解人而言敦琢之意以其此人賢故以玉言之謂以治玉之事言擇人也釋器云玉謂之雕又云玉謂之琢是雕琢皆治玉之名敦雕古今字○

有客宿宿有客信信言授之縶以縶其馬一宿曰宿再宿曰信欲縶其馬而留之箋云縶絆也周之君臣皆愛微子其所館宿可以去矣而言絆其馬意各殷勤○縶陟立反絆音半○**薄言追之左右綏之**箋云追送也於微子去王始言餞送之左右之臣又欲從而安樂之厚之無已○餞音賤樂音洛○〔疏〕傳一宿至曰信○正義曰釋訓云有客宿宿再宿也有客信信四宿也彼因文重而倍之此傳分而各言之其意同也○箋周之至殷勤○正義曰言其所館宿可以去矣是宿宿信信之後也古之朝聘留停日數不可得而詳易豐卦初九遇其配主雖旬無咎注云初脩禮上朝四四以匹敵恩厚待之雖留十日不爲咎正以十日者朝聘之禮止於主國以爲限聘禮畢歸大禮日旬而稍旬之外爲稍久留非常如鄭此言似諸侯之朝鄰國其留以十日爲限案春秋相朝動經時月雖復亂世之法正禮亦應當然又聘禮記曰致饔明日夕

夫人歸禮既致饔則旬而稍於大禮之後每旬而稍稍供其芻秣亦非一旬卽歸且諸侯朝王必待助祭祭前齋齋猶十日明非一旬而反但鄭以雖旬之言故云十日爲限不必從來至去唯十日也故此唯言可以去矣亦不知於信信之後幾日乃可去也○箋追送至無已○正義曰追謂已發上道逐而送之故以追爲送客以王爲主故知於微子去王始言餞送亦以王意不欲其去故留之以久於是始言餞送之明先不言送故稱始也左右之諸臣又從而安樂之亦猶顯父餞之與之歡燕以安樂其心是厚之無已**既有淫威降福孔夷**淫大威則夷易也箋云既有大則謂用殷正朔行其禮樂如天子也神與之福又甚易也言動作而有度○易以豉反下同○〔疏〕傳淫大威則夷易○正義曰淫大夷易釋詁文威則釋言文○

有客一章十二句

武奏大武也大武周公作樂所爲舞也○大如字徐音泰注同○〔疏〕武七句○正義曰武詩者奏大武之樂歌也謂周公攝政六年之時象武王伐紂之事作大武之樂既成而於廟奏之詩人覩其奏而思武功

故述其事而作此歌焉經之所陳皆武王生時之功也直言其奏不言其所奏之廟作者雖因奏作歌其意不在於廟故不言廟此與有瞽及酌或是一時之事但作者之意各有主耳○箋大武至爲舞○正義曰以王者功成作樂必待太平明堂位云周公攝政六年制禮作樂故知大武是周公作樂所爲舞也謂之武者禮器云樂也者樂其所自成注云非樂者緣民所樂於巳之功然則以武王用武除暴爲天下所樂故謂其樂爲武樂武樂爲一代大事故歷代皆稱大也**於皇武王無競維烈允文文王克開厥後**烈業也箋云皇君也於乎君哉武王也無彊乎其克商之功業言其彊也信有文德哉武王也能開其子孫之基緒○於音烏注同〔疏〕於皇武王○毛以爲於乎可美而君哉者武王也此武王可謂無彊乎維其克商之功業言克商之功業實最爲彊也所以能致此業而得爲彊者由於信有文德者之文王以聖德受命能開其後世子孫之基緒故武王繼嗣其迹而受之謂復受天命以伐紂勝此殷家止於殺人之害以致安定汝武王之大功其盛業如此故象而制樂是以美而歌之○鄭下三句爲異言嗣子武王受其業而行之舉兵伐紂勝殷而止其殺人至年老乃定汝之大功言不汲汲誅紂是

其功業之盛故作樂象之。傳烈業。正義曰釋詁文。箋皇君至基緒。正義曰皇君釋詁文臣工於皇箋以爲美此爲君者以其述伐紂之事是爲君之道故也文王能開子孫之基緒謂受命作周七年五伐皆是也 **嗣武受之勝殷遏劉耆定爾功** 武迹劉殺耆致也箋云遏止耆老也嗣子武王受文王之業舉兵伐殷而勝之以止天下之暴虐而殺人者年老乃定女之此功言不汲汲於誅紂須暇五年。遏於葛反耆毛音指致也鄭巨移反韓詩音同鄭云惡也汲音急 疏傳武迹至耆致。正義曰武迹釋訓文劉殺釋詁文宣十二年左傳引此云耆定爾功耆昧也其意言致紂於昧故以耆爲致王肅云致定其大功謂誅紂定天下。箋遏止至五年。正義曰遏止釋詁文曲禮六十日耆耆爲老也既言文王開後即云嗣武受之其文相承故以爲嗣子武王受文王之業也其勝殷已是殺紂而别言遏劉者則所遏非紂也故以爲止天下暴虐而殺人者言天下爲衆多之辭謂紂時諸官亦化紂暴虐而殺害善人紂身既已被誅此等亦皆貶黜故得止殺人者論語云如有王者必世而後仁謂積世始得去殺此武王纔始伐紂即得止殺人者論語所云謂令天下盡仁不復刑殺此謂遏止其時枉殺人者非止天下之用刑

也年老乃安定汝之功者言武王之意不汲汲於早誅紂也紂惡久矣武王嗣位即應誅之猶尚冀紂變改須待寬暇積年始誅之文王受命七年而崩武王以八年即位至十三年乃誅紂是須暇五年也多方云維爾商後王逸厥逸天惟降時喪惟聖罔念作狂惟狂克念作聖天惟五年須暇湯之子孫注云天待暇其終至五年欲使傳子孫五年者文王受命八年至十三年是須暇五年之事也如尚書之言是天須暇紂此箋意以爲武王須暇紂者武王知天未喪故亦順天不伐據人事而言亦是武王須暇之也天生此紂故以滅殷下愚不移非可待變而云克念作聖須暇子孫者設教勸誘之言耳易傳者以其美武王能老乃定功不汲汲於誅紂以爲不得已而取天下是美之深故易之

武一章七句

臣工之什十篇十章一百六句

閔予小子之什詁訓傳第二十八

閔予小子嗣王朝於廟也 嗣王者謂成王也除武王之喪將始即政朝於廟也。朝直遥反注同。 疏閔予小子十一句。正義曰閔予小子詩者嗣王朝於廟之樂歌也謂成王嗣父爲王朝於宗廟自言當嗣之意詩人述其事而作此詩歌焉此朝廟早晚毛無其説毛無避居之事此朝廟事武王崩之明年周公即已攝政成王未得朝廟且又無政可謀此欲夙夜敬慎繼續先緒必非居攝之年也王肅以此篇爲周公致政成王嗣位始朝於廟之樂歌毛意或當然也此及小毖四篇俱言嗣王文勢相類則毛意俱爲攝政之後成王嗣位之初有此事詩人當即歌之也鄭以爲成王除武王之喪將始即政則是成王十三周公未居攝於是之時成王朝廟自言敬慎思繼先緒訪落與羣臣共謀敬之則羣臣進戒文相應和事在一時則俱是未攝之前後至太平之時詩人追述其事爲此歌也小毖言懲創往時則是歸政之後元年之事以其居攝之日抗禮世子今始即政周之新王故亦與此爲類稱嗣王也經云於乎皇考下篇羣臣進謀云率時昭考皆以武王爲言計歲首命諸羣廟皆朝此特謀政故在武王廟也此篇王所自言亦是謀政之事但謀者與人之辭故下篇言謀此則獨述王言故稱爲朝且此三篇一時之事以一人之作皆因朝廟而有此事故首篇言朝以冠之。箋嗣王至朝於廟。正義曰以頌皆成王時事故知嗣王謂成王曲禮云内

事曰孝王某外事曰嗣王某彼謂祝之所言以告神因其内外而異稱此非告神之辭直以嗣續先王稱嗣王耳古者天子崩百官聽於冢宰世子以三年之内不言政事此嗣王朝廟自謀爲政則是即政之事故知除武王喪將始即政朝於廟也曲禮稱天子在喪曰予小子若已除喪當爲吉稱而經言小子在疚爲喪中辭者以其服雖除去喪日近又序其在喪之事故仍同喪稱言將始即政者始欲即政先朝於廟既朝而即聽政故言將也烈文箋云新王即政必以朝享之禮祭祀考告嗣位然則除喪朝廟亦用朝享之禮祭於廟矣序不言祭者以作者主述王言其意不在於祭故畧而言朝則祭可知。 **閔予小子遭家不造嬛嬛在疚** 閔病造爲疚病也箋云閔悼傷之言也造猶成也可悼傷乎我小子耳遭武王崩家道未成嬛嬛然孤特在憂病之中。嬛其傾反崔本作煢疚本又作宊音救 疏閔予小子。毛以爲成王將涖政而朝於廟乃追悼於已過欲自強於未然故感傷而言曰困病乎我小子也往日遭此家道之不爲言先王既崩家事無人爲之使已孤特嬛嬛然在於憂病之中賴周公代爲家事得致太平今將自爲政故追述其父於乎可歎美者我之君考謂武王也此武王之道長可後世法之能爲孝行常

能念此君祖文王上事天下治民以正直之道而行止子行父業是能孝也皇考以念皇祖而能同其德行維我之小子當早起夜卧敬慎而行此祖考之道止言將不敢懈倦也於乎可歎美者我文武之君以道有此德故我當繼其緒業思其所行不敢遺忘也由不敢忘故夙夜行之○鄭以爲周公未攝之前成王因朝廟而感傷言曰可悼傷乎我小子耳今遭此家道之不成雖此爲異餘同○傳閔病至疚病○正義曰閔病疚病皆釋詁文造爲釋言文言毛意若在歸政之後則武王崩已多載今言小子在疚遭家不爲追述武王初崩之時也言遭家不爲謂家事無人爲之賴周公爲之已得太平將欲躬行故上念父祖追述此事爲下言發端故王肅云病乎我小子乃遭家之不爲言先王崩則家事莫爲徒嬛嬛在憂而病故周公代爲家事以致太平傳意或然○箋閔悼至之中○正義曰閔者哀閔之辭故爲悼傷之言有所造爲終必成就故造猶成也人之所行死則事廢後主當更造立故云家道未成父在則有所依恃無之則已身孤特故云嬛嬛孤特在憂病之中易傳者以閔疚並訓爲病於文太重孫毓云傳以閔爲病以造訓爲雖義不異於辭不便箋說爲長

於乎皇考永世克孝念兹皇祖陟降庭止庭直也箋云兹此也陟降上下也於乎我君考武王長世能孝謂能以孝行爲子孫法度使長見行也念此君祖文王上以直道事天下以直道治民信無私枉○上時掌反又如字孝行下孟反〔疏〕傳庭直○正義曰釋詁文○箋兹此至私枉○正義曰兹此釋詁文又云陟升也釋言云降下也故以陟降爲上下也武王身爲孝子耳而云長世是其孝之法可後世長行故知謂以孝行爲子孫法度使長見行之也文王身爲王矣無人得在其上故爲上以直道事天爲君所以牧民故爲下以直道治民卽與文王所云文王陟降一也以庭止與陟降共文則二者皆用直道故分而屬之直者卽不私枉之謂故云言無私枉論語云舉直措諸枉是枉者不直也禮記曰奉三無私是直者無私

維予小子夙夜敬止於乎皇王繼序思不忘序緒也箋云夙早敬慎也我小子早夜慎行祖考之道言不敢懈倦也於乎君王歎文王武王也我繼其緒思其所行不忘也○解音懈〔疏〕傳序緒○正義曰釋詁文以王世相繼如絲之端緒故轉爲緒○箋敬慎至不忘○正義曰敬者必慎故言敬慎也以上有皇考皇祖故云慎行祖考之道上文之意言皇考自念皇祖非成王念之此言繼緒思不忘宜爲繼武王之緒思不忘武王耳而以爲兼念文王者以成王美武王能念文王明成王亦當念之此文處未可以揔前祖考故知兼念文王也

閔予小子一章十一句

訪落嗣王謀於廟也謀者謀政事也〔疏〕訪落十二句○正義曰訪落詩者嗣王謀於廟之樂歌也謂成王既朝廟而與羣臣謀事詩人述之而爲此歌焉

訪予落止率時昭考於乎悠哉朕未有艾將予就之繼猶判渙訪謀落始時是率循悠遠猶道判分渙散也箋云昭明艾數猶圖也成王始卽政自以承聖父之業懼不能遵其道德故於廟中與羣臣謀我始卽政之事羣臣曰當循是明德之考所施行故荅之以謙曰於乎遠哉我於是未有數言遠不可及也艾扶將我就其典法而行之繼續其業圖我所失分散者收斂之○艾五蓋反徐音刈判普半反渙音奐〔疏〕訪予落止○毛以爲成王始卽王政恐不能繼聖父之業故於廟中與羣臣謀事汝等當謀我始卽政之事此羣臣對王曰當循是明德之考令效武王所施而爲之王又謙而荅之曰於乎可嗟歎也此昭考之道悠然至遠哉我去之懸絶未有等數言其遠不可及不能循之汝若將我就之使我繼此先人之業則先人之道乃分散而去矣言已之才不足以繼之也維我小子才智淺短未任統理國家衆難成之事所以不能循是昭考也又述昭考之德言武王能繼其父文王以直道施於上下又能上下其家之職事謂治理羣臣使有次序也美矣我之君考武王能以此文王之道自安尊其身是昭考德同文王已不能及欲令羣臣助謀之也○鄭唯繼猶判渙謂繼續其業圖我所失分散者而收斂之未堪家多難謂年幼未堪以此爲異餘同○傳訪謀至渙散○正義曰訪謀落始率循時是悠遠猶道皆釋詁文春秋莊三年紀季以酅入于齊左傳曰紀於是乎始判是判爲分之義也渙然是散之意故爲散也王肅云將予就繼先人之道業乃分散而去言已才不能繼傳意或然○箋昭明至收斂之○正義曰釋詁云昭光也光卽明義故爲明也釋詁云艾歷也歷數也轉以相訓故艾爲數猶圖釋言文此篇所述皆是王言獨知率時昭考一句爲羣臣言者以王方謀於臣不得自言率考且於乎悠哉朕未有艾是報荅率時昭考之言序云謀於廟明此句是臣爲君謀也率時昭考猶曰儀刑

文王欲令法效之也。就其典法而行之，謂就昭考之法也。圖我所失分散者，謂已不能行，分張散失者，欲令羣臣圖謀而收斂聚之，以助已也。易傳者，以謀於羣臣，當是求臣之助，不宜過自謙退，言已不堪繼續，故易之。

維予小子，未堪家多難。箋云：多，衆也。我小子耳，未任統理國家衆難成之事，必有任賢待年長大之志。難成之事，謂諸政有業未平者。○難如字，協韻乃旦反。任音壬，下二篇注皆同。長，張丈反。

疏　箋多衆至未平者。○正義曰：多，衆，釋詁文。此「未堪家多難」，文與小毖正同，但鄭以此篇在居攝之前，小毖在致政之後，下箋云謂使周公居攝時，與此異者，各準時事而爲說，故不同也。又重解難成之事，謂諸政教已有基業，未得平平，亦成也，謂若制禮作樂、營洛之等，於時未成也。此經雖無傳，但毛以此篇爲致政之後，不得言年幼而未堪也，當自謂才智淺短而未堪耳。言未者，言已得臣之助則堪之，故以無助爲未堪也。

紹庭上下，陟降厥家。休矣皇考，以保明其身。箋云：紹，繼也。厥家，謂羣臣也。繼文王陟降庭止之道，上下羣臣之職以次序者，美矣我君考武王，能以此道尊安其身，謂定天下，居天子之位。○休，許虯反。

疏　箋紹繼至之位。○正義曰：紹，繼，釋詁文。以大夫稱家，其家謂其羣臣之家，故知謂羣臣也。上言昭考，此言皇考，皆斥武王也。武王所繼者文王耳，故知繼文王陟降庭止之道。上篇陟降庭止，與此文相協，故全引而說之。上云「念茲皇祖」，此言「紹庭上下」，文義正同，彌似一人之作。上下羣臣之職以次序者，謂以德詔爵，以功詔祿，隨才任之，不失次序也。言尊安其身，則以保爲安，明爲尊。禮運云「君者所明」，注云：「明猶尊也。」以此道尊安其身，謂用此文王之道以定天下，居天子之位，是安而且尊也。言此者，以武王美道如是，已欲謀而行之，故以此事告羣臣，令爲已謀之也。

訪落一章十二句

敬之，羣臣進戒嗣王也。敬之，一本無之字。

疏　敬之十二句。○正義曰：敬之詩者，羣臣進戒嗣王之樂歌也。謂成王朝廟，與羣臣謀事，羣臣因在廟而進戒嗣王，詩人述其事而作此歌焉。

敬之敬之，天維顯思，命不易哉。無曰高高在上，陟降厥士，日監在茲。顯，見。士，事也。箋云：顯，光。監，視也。羣臣見王謀卽政之事，故因時戒之曰：敬之哉，敬之哉，天乃光明，去惡與善，其命吉凶不變易也。無謂天高又高，在上遠人而不畏也。天上下其事，謂轉運日月，施其所行，日月瞻視，近在此也。○易，鄭音亦，王以豉反。見，賢遍反。遠，于萬反。上，時掌反。

疏　敬之至在茲。○毛以爲成王旣謀於廟，羣臣進而戒之曰：王當敬其事而行之，敬其事而行之。天之臨下，乃光明顯見，去惡與善，其命吉凶不變易哉。王無得稱曰此天乃高而又高，在上以爲不見人之善惡而不畏。天乃升降以行其事，謂轉運日月，照臨四方，日日視人，其神近在於此，不爲遠也。王旣承其戒，荅之以謙曰：維我小子，不聰達於此敬之之意，言已心不能達。將欲以漸學之，令日有所成就，月有所可行，且欲學作有光明之事於彼光明之人，謂賢中之賢，乃從之學，又大是相克勝之道。汝等羣臣當示導我以顯明之德行。是王求戒之言也。鄭唯「佛時仔肩」一句別義，具在箋。○傳顯見士事。○正義曰：顯，見，釋詁文。士，察也。獄官謂之士者，言其能察理衆事，是士爲事之義也。○箋顯光至在此。○正義曰：顯，光。監，視，釋詁文。以此承上篇，事相首尾，故言羣臣見王謀卽政之事，故因時戒之。天乃光明，去惡與善，謂天道去惡人，與善人，其事光明，不暗昧也。其吉凶不可變易，謂善則予之吉，惡則加之凶，此事一定，終不變易，言天之可畏也。天高又高在上，言遠人之意，勿以天爲極高，謂其不見人之善惡而不畏之。言天上下其事，謂以日月行於晝夜，自上至下，照知其事，故云轉運日月。施其所行，日日瞻視，其神近在於此，故須敬也。天神察物，不必以日月而知，以人事所見，舉驗者言之。定本注云「無謂天高又高在上」。

維予小子，不聰敬止。日就月將，學有緝熙于光明。佛時仔肩，示我顯德行。小子，嗣王也。將，行也。光，廣也。佛，大也。仔肩，克也。箋云：緝熙，光明也。佛，輔也。時，是也。仔肩，任也。羣臣戒成王以敬之敬之，故承之以謙云：我小子耳，不聰達於敬之之意，日就月行，言當習之以積漸也。且欲學於有光明之光明者，謂賢中之賢也。輔佛是任，示道我以顯明之德行。是時自知未能成文武之功，周公始有居攝之志。○佛，毛符弗反，鄭音弼。仔音茲。毛云「仔肩，克也」，此二字共訓，鄭亦同訓此二字，云「仔肩，任也」。肩，古賢反。德行，下孟反，注同。浸，子鴆反。道音導。

疏　傳小子至肩克。○正義曰：上二篇亦有小子，於是始解者，舉下以明上。釋言云：「將，送也。」孫炎曰：「將行之送。」是將亦行之義，故爲行也。以光之照耀，所及廣遠，故以光爲廣。佛之爲大，其義未聞。釋詁云：「肩，克也。」直以肩爲克耳。傳言「仔肩，克也」，則二字共訓爲克，猶權輿之爲始。箋亦云仔肩任也雖所訓不同亦二字共義○箋緝熙至之志○正義曰釋詁云緝熙光也故爲光明鄭讀佛爲輔弼之弼時是釋詁文釋詁云肩勝也即堪任之義故爲任也敬之者止謂恭敬其事而已言不聰達者謙雖由已隨事而生事有不知無所施敬言不聰達其意也日就謂學之使每日有成就月將謂至於一月則有可行言當習之以積漸也定本集注漸作浸王身當理政事而言學有光明是王意以已不達於政未能即任其事且欲學作有光明於彼光明之人謂選擇賢中之賢乃從之學以賢者必有光明之德故以光明表賢也身方學之未堪爲政故輔弼是任示導我以顯明之德行欲使輔弼之人示語已也王既謙虛如是是自知未能成文武之功周公於是之時始有居攝之志知者以周公若已居攝則王不得朝廟謀政明於此時未攝政也周公之攝必當有因王自知不堪思任輔弼周公之志宜因此興故於是乃有攝意也若然成王本欲任賢周公因之以攝所以管蔡流言復爲疑惑者成王本欲身自爲主委任賢臣及周公居攝乃代之爲主人臣而代天子曠世之所罕聞成王既幼復爲管蔡所惑故致疑也周公不爲臣輔之必攝其政者若使爲臣奉主每事稟承雖可以盡心而不得行意欲制禮作樂非攝不可故不得已而居之也中庸曰非天子不議禮不制度不考文又曰雖有其德苟无其位不敢作禮樂焉周公之攝王政其意在於此也

敬之一章十二句

附釋音毛詩注疏卷第十九

黃中楸栞

毛詩注疏校勘記（十九之三）　阮元撰盧宣旬摘錄

○振鷺

宋爲殷後也 閩本明監本毛本同案浦鏜云宋當杗字誤是也

士輿襯也 閩本明監本毛本同案浦鏜云櫬誤襯下同是也

無厭依之者 閩本明監本依作射毛本初刻同剜改作倦案所改是也

前云絜白之德也 閩本明監本同毛本前作所案所改是

○豐年

數億至億曰秭 小字本相臺本案此正義本也正義云數億至億曰秭於今數爲然定本集注皆云數億至萬曰秭釋文云數億至萬曰秭一本作數億至億曰秭考伐檀楚茨傳億字毛用今數則此傳自亦是今數當以正義本爲長

以洽百里 唐石經小字本相臺本同案釋文云袷本或作洽案載芟正義云賓之初筵與豐年皆有以洽百禮之文是正義本此作洽與彼二經同也彼二經箋皆云洽合也此無箋者從可知而省袷雖有合義而其字非此之用當以正義本爲長

○有瞽

而合乎祖也 唐石經小字本相臺本同案釋文云而合乎祖也本或作合乎太祖正義云定本集注直云合乎祖於祖無太字此太祖謂文王也考雝序云禘太祖也鄭云大祖謂文王若此序先云太祖不容鄭不解之正義以彼注云謂文王者傳合於此非也當以釋文定本集注爲長

告神以知善否 閩本明監本同毛本善作和案所改是也諸正義云以觀其和否是其證

或曰畫之 小字本相臺本同案正義云或曰畫之謂既刻又畫之以無明文故爲兩解段玉裁云或曰當作以白字之誤也說文業下云大版也所以飾懸鐘鼓捷業如鋸齒以白畫之象其鉏鋙相承也正用此傳

鞉鞉鼓也　小字本相臺本同考文古本同閩本明監本毛本下鞉字誤小案正義云鞉者春官小師注云鞉如鼓而小言如鼓而小即不得云小鼓矣釋文鞉下云鞉鞉鼓也通志堂本亦誤改作小

職播鞉柷圉　閩本明監本同毛本職下剜添掌字案所補是也

業即栒上之柷　閩本明監本毛本同案浦鏜云板誤柷是也

加於大板　閩本明監本毛本同案於當作施形近之譌

以掛懸綻　閩本明監本毛本綻作統案皆誤也當作紘

言掛懸紘者統謂懸之繩也　閩本明監本毛本紘誤統案下統字亦紘之誤山井鼎云案禮記注作紘爲是是也

飾鞞多是也　閩本明監本毛本同案山井鼎云禮注鞞作彌是也

夏后氏之足鼓　閩本明監本毛本同案此不誤浦鏜云鼓足誤倒非也足鼓在商頌傳不盡依

明堂位耳亦載廣雅

中有推　閩本同明監本毛本推作椎案所改是也下同

所以止鼓之謂止　閩本明監本毛本同案浦鏜云所以鼓之以止樂之誤是也爾雅疏即取此正作所以鼓之以止樂可證

背上有二十七鉏敔刻　閩本明監本毛本同案浦鏜云鉏誤敔考爾雅疏浦校是也

蓋依漢之大予樂而知之　閩本明監本毛本大予誤大子案下正義引小師注云今大予樂官有之不誤東都賦曰大予樂李善注引東觀漢記大予樂是也山井鼎據誤本後漢書欲改爲大子非又見爾雅疏

如今賣餳者所吹也　小字本同毛本同相臺本餳作餳閩本明監本同案餳字是也見六經正誤正義中字同釋文亦誤餳

管如篴　小字本相臺本同案釋文云篴字又作笛正義引小師注云管如笛形小當是其本作笛字故引後注之篴爲笛也

張皇反　補　通志堂本同盧本反作也云舊譌作反今從宋本案正義引方言云餳謂之張皇是張皇即爲餳之別名也字是也小字本所附亦作反非

餭之類也　閩本明監本毛本餭作餭案所改是也

長多其成功　小字本相臺本同案考文古本上有永長也觀多五字考釋文永觀下云注同當是其本有觀多之訓考文古文采而爲之耳

○潛

謂周公成王太平時　閩本明監本同毛本平下剜入之字案所補是也

乃命魚師始漁　閩本明監本毛本同案浦鏜云漁誤魚是也此與下矢魚互易之誤耳

公矢漁於棠　閩本明監本毛本漁作魚案所改是也此誤與上互易

潛槮也　閩本明監本毛本同小字本相臺本槮作糝案釋文云糝也素感反舊詩傳及爾雅本作米旁參小爾雅云云郭景純因改爾雅從小爾雅作木旁參音霜甚反又疏廕反正義云槮字諸家本作米邊爾雅作木邊積柴之義也然則槮用木不用米當從木爲正也考正義所謂諸家本者即釋文所謂舊詩傳也爾雅釋文亦云爾雅舊文并詩傳並米旁作是槮字特郭璞所改不可轉依以改詩傳正義所說非也當以釋文本爲長

槮糝也　補　釋文挍勘記通志堂本同盧本糝作槮云槮字舊譌從米旁今改正案所改是也

傳滲沮至潛槮　閩本明監本毛本槮誤糝案此不知正義本作槮而以釋文糝字改之也

○雝

神明安慶孝子愛子之多福皆是禘文王之事也　閩本明監本慶作愛毛本初刻同後剜去予上愛字案十行本孝至也剜添者二字是慶愛二字皆當衍神明安孝子五

字爲一句

蓋此明也閩本同明監本毛本明作時案所改是也

反採得之後閩本明監本同毛本反作及案所改是也

和敬賢者之嘗閩本同明監本毛本嘗作常案所改是也

嘉哉皇考斥文王也小字本同閩本明監本毛本同相臺本皇作君案君字是也正義云可嘉美哉君考文王又云故知嘉哉君考斥文王也是其證閩予小子及訪落皆經言皇考箋言君考也

下音似〔補〕通志堂本音似作同姒釋文挍勘記云盧本同姒作音似云舊譌下同姒今從宋本正案考此宋本謂十行本所附也小字本相臺本所附亦是音似○按舊挍非也下同姒不誤古姒姓或作似如潛夫論及漢碑可證此當是鄭箋作大似故陸云下同姒宋本所附乃妄改也大明思齊作大姒則不爲音

○載見

鞗革有鶬唐石經小字本相臺本同案此釋文本也釋文云鶬七羊反本亦作鎗同正義本是鎗字

曰求其章也小字本同閩本明監本毛本同相臺本也作者考文古本同案者字是也

如是休然盛壯而有以光閩本明監本毛本以作顯案所改是也

以助考壽之福小字本相臺本同考文古本同閩本明監本毛本考壽作壽考案正義云以助壽考之福壽考是也雍箋考壽字兩見依彼正義亦壽考之誤

思成王之多福閩本明監本毛本同小字本相臺本思下有使字考文古本同案有者是也

祝嘏莫敢易其常閩本明監本毛本同案常下浦鏜云脫古字是也

○有客

駁而美之相臺本同閩本明監本毛本同小字本駁作駮案駮字乃是倨牙食虎豹之獸本當作駁取馬色不純之意也後人輒用駮字

既致饔則旬而稍閩本明監本毛本同案浦鏜云旬誤甸是也

箋云既有大則小字本相臺本同案山井鼎云古本大下補法字不知據何本也今考此宋正義云既有大法則矣而爲之耳非有本也

○武

注云非樂者閩本明監本同毛本非作作案所改是也

須暇湯之子孫閩本明監本毛本同案浦鏜云湯衍字是也皇矣正義引作須夏之子孫注云夏之言暇此直作暇者以破引之

○閔予小子

計歲首命諸羣廟皆朝閩本明監本毛本同案浦鏜云命疑合字譌是也

閔悼傷之言也小字本相臺本同案釋文閔予小子下云鄭云閔傷悼之言正義云可悼傷乎又云

故爲悼傷之言標起止云箋閔悼二本不同也

以道有此德閩本明監本毛本同案道字當在此字下錯誤耳

言不敢懈倦也相臺本同閩本明監本毛本同小字本懈作解案解字是也

信無私枉小字本相臺本同案正義云故云言無私枉是信字當言字之誤也考文古本作言采正義

○訪落

嗣王謀於廟也小字本相臺本同唐石經初刻朝後改廟案初刻誤也

艾扶將我小字本同閩本明監本毛本同相臺本艾作女案女字是也正義云汝若將我就之可證考文古本作汝采正義

必有任賢待年長大之志閩本明監本毛本同小字本相臺本必作心案心字是也山井鼎云古本後人旁記云必異本作心

〇敬之

敬之羣臣進戒嗣王也唐石經小字本相臺本同案釋文云一本無之字正義云敬之十二句是其本有

無謂天高又高在上小字本相臺本同案正義云定本注云無謂天高又高在上如其所言非爲異本當有誤也意必求之或定本仍作高高無又字故正義用注以目之

日月瞻視近在此也小字本相臺本同閩本明監本毛本同案正義云日月視人其神近在於此又云日日瞻視其神近在於此是月字乃涉上而誤耳今閩本以下并正義中盡改爲日月誤之甚矣考文古本作日采正義

定本注云天謂天高又高在上閩本明監本毛本同案上天字當作无形近之譌十行本每書無作无當時以爲别體字也

言當習之以積漸也小字本相臺本同案正義云定本集注漸作浸釋文云浸也子鴆反考文古本作侵山井鼎云侵恐浸誤采釋文正義也

附釋音毛詩注疏卷第十九（十九之四）六

毛詩周頌　鄭氏箋　孔穎達疏

小毖，嗣王求助也。

毖慎也天下之事當慎其小小時而不慎後爲禍大故成王求忠臣早輔助已爲政以救患難。毖音祕難乃旦反禍難之難皆同〔疏〕小毖八句。正義曰小毖詩者嗣王求助之樂歌也謂周公歸政之後成王初始嗣位因祭在廟而求羣臣助己詩人述其事而作此歌焉經言創艾往過戒慎將來是求助之事也毛以上三篇亦爲歸政後事於訪落言謀於廟則進戒求助亦在廟中與上一時之事鄭以上三篇居攝之前此在歸政之後然而頌之大判皆由神明而與此蓋亦因祭在廟而求助也。箋毖慎至患難。正義曰毖慎釋詁文箋以經文無小字而名曰小毖故解其意此意出於允彼桃蟲翻飛維鳥而來也言早輔助者初嗣王位而卽求之是其早也

予其懲而毖後患，莫予荓蜂，自求辛螫。

毖慎也荓蜂摩曳也箋云懲艾也始者管叔及其羣弟流言於國成王信之而疑周公至後三監叛而作亂周公以王命

舉兵誅之歷年乃已故今周公歸政成王受之而求賢臣以自輔助也曰我其創艾於往時矣畏慎後復有禍難羣臣小人無敢我摩曳謂爲譎詐誑欺不可信也女如是徒自求辛苦毒螫之害耳謂將有刑誅。懲直升反韓詩云苦也荓普經反爾雅作甹音同蜂本又作夆孚逢反螫音釋韓詩作辛赦赦事也摩尺制反本又作掣以制反艾音刈字或作忞下同創初亮反復扶又反譎音決誑九況反〔疏〕予其懲而。毛以爲成王卽政求助於羣臣告之云我其懲創於往時而謂管蔡誤已以爲創艾故慎彼在後恐更有患難汝等羣臣莫復於我摯曳牽我以入惡道若其如是我必刑誅於汝是汝自求是辛苦毒螫之害耳以管蔡誤已尋被誅戮故自說懲創戒使勿然既言將欲慎患又說當慎其小惡之初始信如彼桃蟲耳爲惡不已於後更大似桃蟲翻然而飛維爲大鳥矣其意言管蔡始則讒毀周公後遂舉兵誅叛逆是積小成大言後有此類當小卽誅之勿使至大又言求助之意以我才智淺薄未任獨當國家多難之事恐我又集止於患難以蓼菜之辛苦然故須汝等助我慎之言又者非徒多難又集辛苦以此之故求人助已也。鄭於下四句文勢大同屬意小異言已所以創於往時者往始之時信以管蔡之讒爲小如彼桃蟲耳故不卽誅之乃叛而作亂爲王室大患如桃蟲翻然而飛維爲大鳥矣於時我年幼少未任統理國家衆難成之事故使周公攝政卽有三監及淮夷作亂使我又會於辛苦皆由不慎其小以致使然我今欲慎小防患故須汝等助我言已求助之意也。傳荓蜂摩曳。正義曰釋訓文孫炎曰謂相掣曳入於惡也彼作甹夆古今字耳王肅云以言才薄莫之藩援則自得辛毒孫毓云羣臣無肯牽引扶助我我則自得辛螫之毒此二家以蛢蜂爲掣曳爲善自求爲王身自求案傳本無此意故同之鄭說。箋懲艾至刑誅。正義曰懲與創艾皆當有事思自改悔之言此云予其懲而明是有事可創故鄭述其創艾之所由管叔及其羣弟流言於國成王信之而疑周公金縢有其事也三監叛而作亂周公以王命誅之書序有其事也成王年十五周公自東都反而居攝稱元年其年卽舉兵東伐至二年滅殷三年踐奄叛逆之事始得平定是歷年乃已也既創往時畏慎後禍恐其將復如是故戒羣臣小子無敢摯曳我也摯曳者從傍牽挽之言是挽離正道便就邪僻故知謂譎詐誑欺不可信若管蔡流言之類也毒螫如彼毒蟲之螫故言謂將有刑誅

肇允彼桃蟲，拚飛維鳥。

桃蟲鷦也鳥之始小終大者箋云肇始允信也始者信以彼管蔡之屬雖有流言之罪如鷦鳥之小不登

誅之後反叛而作亂猶鷦之翻飛爲大鳥也鷦之所爲鳥題肩也或曰鴞皆惡聲之鳥。拚芳煩反鷦子消反鳥始小後大者也〔疏〕傳桃蟲鷦至終大。正義曰釋鳥云桃蟲鷦其雌各鴱舍人曰桃蟲名鷦其雌名鴱郭璞曰鷦䳭亡消反。桃雀也俗名爲巧婦鷦鷯小鳥而生鵰鶚者也陸機疏云今鷦鷯是也微小於黃雀其鶵化而爲鵰故俗語鷦鷯生鵰言始小終大者始爲桃蟲長大而爲鷦鳥以喻小惡不誅成爲大惡傳言始小終大其文得與箋同俱毛以周公爲武王崩之明年卽攝政爲元年時卽管蔡流言成王信之周公舉兵誅之成王猶尚未悟既誅之後得風雷之變啓金縢之書始得周公箋言王意以管蔡流言爲小罪恨不登時誅之毛不得有此意耳是其必異於鄭當謂將來之惡宜慎其小耳故王肅云言患難宜慎其小是謂將來患難非悔不誅管蔡也。箋肇始至之鳥。正義曰肇始允信釋詁文管蔡初爲流言成王信之既信其言自然不得誅之今悔於不登時誅之者此謂啓金縢後既信周公之心已知管蔡之妄宜卽執而戮之乃迎周公當時以管蔡罪小不卽誅殺至使叛而作亂爲此大禍故所以爲創也箋又言鷦之所爲鳥題肩或曰鴞皆惡聲之鳥定本集注皆云或曰鴞皆惡鳥也案月令季冬云征鳥厲注云征鳥題肩齊人謂之擊征或曰鷹然則

題肩是鷹之别名與鴞不類鴞自惡聲之鳥鷹非惡聲不得云皆惡聲之鳥也說文云鷦鷯桃蟲也郭璞云桃蟲巧婦也方言說巧婦之名自關而東謂之桑飛或謂之工雀或謂之過羸或謂之女匠自關而西謂之桑飛或謂之韈雀郭璞注云即鷦鷯是也諸儒皆以鷦爲巧婦與題肩又不類也今箋以鷦與題肩及鴞三者爲一其義未詳且言鷦之爲鳥題肩事亦不知所出遺諸後賢

未堪家多難予又集于蓼堪任予我也我又集于蓼言辛苦也箋云集會也未任統理我國家衆難成之事謂使周公居攝時也我又會於辛苦遇三監及淮夷之難也○蓼音了

【疏】傳堪任至辛苦○正義曰釋詁云堪勝亦任之義也予我釋詁文毛不得有追悔管蔡之事上經謂慎將來則此亦謂將來之事不得與鄭同也當言已才智淺短未任國家多難之事既已多難又會辛苦故王肅云非徒多難而已又多辛苦是說將來之事對多難爲文蓼辛苦之菜故云又集於蓼言辛苦也○箋集會至之難○正義曰集會釋言文會謂逢遇之也世道未平戰鬬不息於王者爲辛苦之事故言又會於辛苦也上以翩飛爲喻謂長惡使成此云又集于蓼謂逢其叛逆故上箋言管蔡此箋言三監猶是一事但指憶有先後耳言三監及淮夷之難者淮夷之叛亦三監使然故連言之也

小毖一章八句

載芟春籍田而祈社稷也籍田甸師氏所掌王載耒耜所耕之田天子千畝諸侯百畝籍之言借也借民力治之故謂之籍田○芟所銜反除草也甸田見反

【疏】載芟三十一句○正義曰載芟詩者春籍田而祈社稷之樂歌也謂周公成王太平之時王者於春時親耕籍田以勸農業又祈求社稷使獲其年豐歲稔詩人述其豐熟之事而爲此歌焉經陳下民樂治田業收穫弘多釀爲酒醴用以祭祀是由王者耕籍田祈社稷勸之使然故序本其多穫所由言其作頌之意經則主說年豐故其言不及籍社所以經序有異也月令孟春天子躬耕帝籍仲春擇元日命民社大司馬仲春教振旅遂以蒐田獻禽以祭社然則天子祈社亦以仲春與耕籍異月而連言之者雖則異月俱在春時故以春揔之祭法云王爲羣姓立社曰泰社王自爲立社曰王社此二社皆應以春社之但此爲百姓祈祭文當主於泰社其稷與社共祭亦當謂泰社社稷焉○箋籍田至籍田○正義曰天官甸師掌耕耨王籍月令孟春云天子親載耒耜躬耕帝籍是籍田者甸師所掌王所耕也天子千畝諸侯百畝祭義文王親耕者一人獨發三推而已借民力使終治之故謂之籍田也月令說耕籍之事云天子三推公五推卿諸侯九推周語說耕籍之事也王耕一發班三之庶人終於千畝韋昭云王無耦以一耜耕班次也三之者下各三其上王一發公三卿九大夫二十七然則每耕人數如周語其推之數如月令則王一人發而三推公三人發各五推卿九人發各九推大夫推數則無文以三孤并六卿是爲九其大夫雖多見相三之數取二十七人爲之耳其士蓋八十一人爲之耳月令止有卿而韋昭兼言大夫明亦宜有士也庶人終於千畝謂甸師之屬徒也天官序云甸師下士二人府一人史二人胥三十人徒三百人其職云掌帥其屬而耕耨王籍注云其屬府史胥徒也耨芸芓也王以孟春躬耕帝籍天子三推三公五推卿諸侯九推庶人終於千畝庶人謂徒三百人籍之言借也王一耕之而使庶人芸芓終之是借民者謂借此甸師之徒也王者役人自是常事而謂之借者言此田耕耨皆當王親爲之但以聽政治民有所不暇故借人之力以爲已功是以謂之借也漢書孝文元年開籍田應劭曰籍田千畝典籍之田臣瓚案景帝詔曰朕親耕后親桑率天下先本不得以假借爲稱而鄭以爲

借民力者凡言典籍者謂作事設法書而記之或復追述前言號爲典法此籍田在於公地歲歲耕墾此乃當時之事何故以籍爲名若以事載典籍即名籍田則天下之事無非籍矣何獨於此偏得籍名瓚見親耕之言即云不得假借豈籍田千畝皆天子親耕之乎聖王制法爲此籍田者萬民之業以農爲本五禮之事唯祭爲大以天子之貴親執耒耜所以勸農業也祭之所奉必用已力所以敬明神也祭義云天子爲籍千畝躬秉耒耜以事天地山川社稷先古以爲醴酪齍盛於是乎取之敬之至也是說籍田之意也

載芟載柞其耕澤澤千耦其耘徂隰徂畛侯主侯伯侯亞侯旅侯彊侯以除草曰芟除木曰柞畛場也主家長也伯長子也亞仲叔也旅子弟也彊強力也以用也箋云載始也隰謂新發田也畛謂舊田有徑路者強有餘力者周禮曰以強予任民以謂閒民今時傭賃也春秋之義能東西之曰以成王之時萬民樂治田業將耕先始芟柞其草木土氣烝達而和耕之則澤澤然解散於是耘除其根株輩作者千耦言趨時也或往之隰或往之畛父子餘夫俱行強有餘力者相助又取傭賃務疾畢已當種也○柞側伯反除木也澤澤音釋釋注同爾雅作

耡音同云耕也郭云言士解也耦五口反芸音云本又作耘除草也畛之忍反徐又音眞強其良反有餘力易本又作場音亦長張丈反下同徑古定反閒音閑傭音容賃女鴆反烝音證解音蠏

【疏】載芟載柞○毛以爲周公成王之時耕籍以勸下民祈社而求穀實故其時之民樂治田業於是始芟其所田之草始柞其所田之木待其土氣烝達然後耕之其耕則釋釋然土皆解散又二人相對者有千耦之人其皆耘除此所芟柞草木之根株也其耘之時或往之隰或往之畛其所往之人維爲主之家長維處伯之長子維次長之仲叔維衆之子弟維強力之兼士維所以傭賃之人此等俱往畛隰芸除草木盡家之衆皆服作勞有嗿然而衆其來饟饋之人即其婦之與士也此農人不以其身爲苦乃謂饟已爲勞思逆而媚其行饟之婦有愛其從來子弟是王化之深務農之至也此農人既去草木根株有畧然而利者其所用之耜以此利耜始耕於南畝之中以種其百衆之穀此穀之種實皆含此當生之活氣故從土中驛驛然其鑽土以射出其土也乃有厭然而特茂者其傑立之苗也厭厭然而長大者其齊等之苗也於是農人則縣縣然用其力麃芸之以此至於大熟則穫刈之濟濟然穗衆而難進有成實而多者其此民之積聚也乃有萬與億而及秭言其多無數也天下豐熟而此在上稅而取之以爲三種之酒以爲五齊之醴進予先祖先妣又以會聚其百衆之禮而爲祭祀此所爲之酒醴有飶然其氣芬香用之以祭祀爲鬼神所饗爲我國家之光榮也此所爲之酒醴有如椒之馨香用之以祭祀爲鬼神降福則得年壽與成德之安寧也既治田得穀用之祭祀而使鬼神歡悅邦國安寧祭祀得所故能誠感天地心非云此而有此謂禎祥之應事未至而先來也心非云今而有今謂嘉慶之事不先聞而即至也此事乃自古以來當如此言脩德行禮莫不獲報非獨於此周時○鄭以俶載爲熾菑熾然入地而菑殺其草於南畝之中又以烝畀祖妣爲祭祀之祀以事宗廟以洽百禮爲饗燕之禮以待賓客既言二禮又反而申之言此所爲之酒醴有飶然其氣芬香用之以饗燕賓客爲賓所悅爲我國家光榮也又其爲酒醴有如椒之香馨用之以祭祀鬼神爲鬼神降福則得年壽與成德之安寧也文以且爲辭以振爲古餘同○傳除草至以用○正義曰隱六年左傳云如農夫之務去草焉芟夷蘊崇之是除草曰芟也秋官柞氏掌攻草木及林麓是除木曰柞地官遂人云十夫有溝溝上有畛則畛謂地畔之徑路也至此而易之主故以畛爲場信南山云驅場翼翼是也坊記云家無二主主是一家之尊故知主家長也主既家長而別有伯則伯是主之長

子也亞訓次也次於伯故知仲叔也不言季者以季幼少宜與諸子爲類也令旅中兼之旅訓衆也謂幼者之衆即季弟及伯仲叔之諸子故云旅子弟也此子弟謂成人堪耕芸者若幼則從饟而行下云有依其士是也強謂力能兼人故云強強力也以者傭賃之人以意驅用故云用也○箋載始至當種○正義曰此本其開地之初故載爲始原隰者地形高下之別名隰指進形而言則是未嘗墾發故知謂新發田也畛是地畔道路之名故知謂舊田有徑路者強有餘力謂其人強壯治一夫之田仍有餘力能佐助他事者也周禮曰以強予任民地官遂人文彼注云強予謂民有餘力復予之田引之以證強有餘力彼民作甿注云變民言甿異外內也然則甿民是一故以民言之以謂閑民今時傭賃者太宰以九職任萬民其九曰閑民无常職轉移執事鄭司農云閑民謂無事業者轉移爲人執事若今時傭力也是有閑民傭賃之事也又解之以之意春秋之義能東西之曰以此傭力隨主人所東西故稱以也僖二十六年左傳曰凡師能左右之曰以左右即東西也彼雖爲師發例要以者任其東西故引之以證此太平之世而得有閑民者人之才度等級不同自有不能有立於爲人所役者聖人順而任之周禮列於九職是雖太平之世必爲人傭故此得有之也土氣烝達者周語說將耕之事云陽氣俱烝土膏其動弗昭云烝升也月令孟春天氣下降地氣上騰注云此陽氣烝達可耕之候然則土氣烝達者謂陽氣升上達出於是耕之故土得釋釋然而散也釋訓云釋釋耕也舍人曰釋釋猶藿藿解散之意言輩作者合家盡行輩輩俱作言趨時也千耦謂爲耦者千是二千人爲千耦與十千維耦異也或往之隰或往之畛言其所往皆徧也故王肅云有隰則有原言畛新可見美其陰陽和得同時就功也及解所以合家俱作之意務疾畢已當種也已猶了欲疾耕使畢了故下經而種之○

有嗿其饁思媚其婦有依其士

嗿衆貌士子弟也箋云饁饋饟也依之言愛也婦子來饋饟其農人於田野乃逆而媚愛之言勸其事勞不自苦○嗿勑感反饁于輒反饋其愧反饟式亮反

【疏】傳嗿衆至子弟○正義曰以耘者千耦饟者必多故知嗿爲衆貌士者男子之稱而不在耕芸之中宜是幼者行饟故爲子弟此經言有嗿其饁以目之婦士俱是行饟之人七月云同我婦子子卽此之士也○箋饁饋至自苦○正義曰饁饋釋詁文孫炎曰土野之饋也依文與媚相類媚爲愛故知依亦愛也

有略其耜俶載南畝播厥百穀實函斯活

畧利也箋云俶

載當作𢦏菑播猶種也實種子也函含也活生也農夫既耘除草木根株乃更以利耜𢦏菑之而後種其種皆成好含生氣。畧如字字書作㔉同俶載毛並如字鄭作𢦏菑下篇同函戸南反下篇同𢦏尺志反盛也菑側其反種章勇反下其種同株音誅　疏　傳畧利。正義曰釋詁文。箋實種至活生。正義曰此說初種故知實爲種子函者容藏之義故轉爲含猶人口含之也活者生活故爲生言種子內含生氣種之必生也

驛驛其達有厭其傑厭厭其苗緜緜其麃　達射也有厭其傑言傑苗厭然特美也麃耘也箋云達出地也傑先長者厭厭其苗衆齊等也。驛音亦爾雅作繹繹云生也厭於豔反下同緜緜如字爾雅云麃也韓詩作民民云衆貌麃表嬌反芸也說文作穮音同云穮耨鉏田也字林云穮耕禾間也方遙反射食亦反長張丈反　疏　傳達射至麃耘。正義曰苗生達也則射而出故以達爲射釋訓云驛驛生也舍人曰穀皆生之貌是驛驛其達謂苗生達也也厭者苗長茂盛之貌其傑苗之傑者亦是苗也而與其苗異文傑謂其中特美者苗謂其餘齊等者二者皆美茂故俱稱厭但以齊等苗多重言厭厭耳以二者相涉故傳詳其文故云有厭其傑言苗傑然特美也箋申特美之意故云先長者傑既是先長明厭厭其餘衆苗齊等者麃是芸之別名緜緜是麃之貌釋訓云緜緜麃也孫炎曰緜緜言詳密也郭璞曰芸不息也王肅云芸者其衆緜緜然不絶也

載穫濟濟有實其積萬億及秭　濟濟難也箋云難者穗衆難進也有實實成也其積之乃萬億及秭言得多也。穫戸郭反積子賜反又如字注同秭音姊　疏　傳濟濟難。正義曰釋訓云濟濟容止也在田穫刈不得有濟濟之容但容止濟濟者必舉動安舒此刈者以禾稠難進不能速疾故亦以濟濟言之言難者箋申之云穗衆難進也

爲酒爲醴烝畀祖妣以洽百禮　箋云烝進畀予洽合也進予祖妣謂祭先祖先妣也以洽百禮謂饗燕之屬。烝之丞反畀必二反注同　疏　傳百禮言多。正義曰檢定本集注皆無此文有者誤也。箋烝進至之屬。正義曰烝進畀予洽合皆釋詁文箋以下云有飶有椒重設其文則是二事故分此以當之以洽百禮爲合聚衆禮其用酒醴者祭祀以外唯饗燕耳故言謂饗燕之屬賓之初筵與豐年皆有以洽百禮之文與此同而賓之初筵其文之下鄭云有壬有林林謂諸侯之君故箋以爲合見百國所獻之禮豐年止言報祭無饗燕之義故箋不爲說則與烝畀祖妣共爲祭祀之禮此以有二事故以爲饗燕之禮皆觀文爲義故三者皆異毛既無饗燕之言明皆據祭祀與鄭不同

有飶其香邦家之光　飶芬香也箋云芬香之酒醴饗燕賓客則多得其歡心於國家有榮譽。飶蒲即反芬芳也說文云食之香也字又作苾音同一音蒲必反注同　疏　傳苾芬香。正義曰飶者香之氣故爲芬香也。箋芬香至榮譽。正義曰箋以此充饗燕下充祭祀者以言邦家之光謂國有光榮是於賓客之辭也胡考之寧言身得壽考與祭之祝慶萬壽無疆義同是於鬼神之辭也故知此爲饗燕下爲祭祀以饗燕施於賓客故云得其歡心於國家有榮譽祭祀進於祖妣故云多得福祿於身得壽考

有椒其馨胡考之寧　椒猶飶也胡壽也考成也箋云寧安也以芬香之酒醴祭於祖此則多得其福右。椒子消反徐子料反沈作俶尺叔反云作木自誤也此論釀酒芬香無取椒氣之芳也案唐風椒聊箋云椒之性芬芳王註云椒芬芳之物此傳椒猶飶芬香椒是芬芳之物此正相協無故改字爲俶俶始也非芬香馨呼庭反　疏　傳椒猶至考成。正義曰椒是木名非香氣也但椒木之氣香作者以椒言香故傳辨之云猶如飶也僖二十三年左傳曰雖及胡耇周書謚法保民耆艾曰胡胡爲壽也考成釋詁文言考者明老而有成德蕩曰雖無老成人是也

匪且有且匪今斯今振古如茲　且此也振自也箋云匪非也振亦古也饗燕祭祀心非云且而有且謂將有嘉慶禎祥先來見也心非云今而有此今謂嘉慶之事不聞而至也言脩德行禮莫不獲報乃古古而如此所由來者久非適今時。且七也反又子餘反下同見賢遍反　疏　傳且此振自。正義曰毛以雖有此訓其義與鄭不殊。箋振亦至今時。正義曰箋以爾雅有此正訓故易傳以爲振亦古也以上陳祭饗二事此承上文故云饗燕祭祀宜言饗燕祭祀謂爲之得其所也有天下者主於敬待神人接之以禮則人神慶悅至誠感物祥瑞必臻故知非且有且非今斯今謂嘉慶禎祥之事非謂其有而已有之以言報應之疾也且實語助但今謂今時則且亦今時其實是一作者美其事而丁寧重言之耳嘉慶謂王者所得美善之實事禎祥謂嘉慶之前先見爲徵應者也以其分爲二文故屬禎祥於上句屬嘉慶於下句但禎祥爲嘉慶而先見故言將有嘉慶禎祥先來見也以禎祥是事之先應故言先來見嘉慶是善之實事故云不聞而至二者意亦同也此禎祥嘉慶自天爲之享燕之禮得所不謂其至而已

至言脩德行禮莫不獲報乃古又古以來嘗皆如此非適今時美此大平之主能重於農業獲此福慶故歌之也

載芟一章三十一句

良耜秋報社稷也。耜音似田器也 疏 良耜二十三句。正義曰良耜詩者秋報社稷之樂歌也謂周公成王太平之時年穀豐稔以爲由社稷之所祐故於秋物既成王者乃祭社稷之神以報生長之功詩人述其事而作此歌焉經之所陳其末四句是報祭社稷之事婦子寧止以上言其耕種多獲以明報祭所由亦是報之事也經言百室盈止婦子寧止乃是場功畢入當十月之後而得言秋報者作者先陳人事使畢然後言其報祭其實報祭在秋寧止在冬也本或秋下有冬衍字與豐年之序相涉而誤定本無冬字

畟畟良耜，俶載南畝。播厥百穀，實函斯活。畟畟猶測測也箋云良善也農人測測以利善之耜熾菑是南畝也種此百穀其種皆成好含生氣言得其時。畟楚側反爾雅云畟畟耜也郭云言嚴利也種章勇反 疏 畟畟良耜○毛以爲農人以畟畟然利刃善耜始事於南畝而耕之種其百衆之穀其實皆含此當時生之氣故生而漸長農人事而芸之於是有來視汝之農人者載其方筐及其圓筥其筐筥所盛以饟者維是黍也既饟到田見其農夫所戴之笠維糾然其田器之鎛以此趙而刺地以薅去荼蓼之草其荼蓼之草既朽敗止黍稷乃茂盛止及其成熟乃穫刈之挃挃然爲聲既穫訖乃積聚之栗栗然衆多所積聚者其大如城雖之峻壯其比迫如櫛齒之相次既蹂踐而治之則以開百室一時而納之於是百室皆盈滿而多穀粟止婦子皆不行而安寧止天下大熟民安如此內家乃殺是犉牡之牲有捄然者此牲之角用此牲以報祭社稷所以報祭之者以嗣繼其先歲復求其豐年以續接其往歲復得以養人又求良善司嗇以續古昔之人庶其常勤勤農常得豐年也鄭唯俶載爲熾菑爲異餘同。傳畟畟猶測測。正義曰以畟畟文連良耜則是刃利之狀故猶測測以爲利之意也釋訓云畟畟耜也舍人曰畟畟耜入地之貌郭璞曰言嚴利也

或來瞻女，載筐及筥，其饟伊黍。其笠伊糾，其鎛斯趙，以薅荼蓼。笠所以禦暑雨也趙刺也蓼水草也箋云瞻視也有來視女謂婦子來饁者也筐筥所以盛黍也豐年之時雖賤者猶食黍饁者見戴糾然之笠以田器刺地薅去荼蓼之事言閔其勤苦。筐丘方反筥紀呂反饟式亮反笠音立糾居黝反又其皎反鎛音博趙徒了反刺也又如字洗起了反又徒少反薅呼毛反說文云拔田草也又云或作茠引此以茠荼蓼荼音徒下音了刺七亦反下同盛音成去起呂反 疏 傳笠所至水草。正義曰笠之爲器暑雨皆得禦之故兼言也其鎛斯趙則趙是用鎛之事鎛是鋤類故趙爲刺地也又釋草云薔虞蓼某氏曰薔一名虞蓼孫炎曰虞蓼是澤之所生故爲水草也蓼是穢草荼亦穢草非苦菜也釋草云荼委葉舍人曰荼一名委葉某氏引此詩則此荼謂委葉也王肅云荼陸穢蓼水草然則所由田有原有隰故並舉水陸穢草。箋瞻視至勤苦。正義曰瞻視釋詁文下言婦子寧止明此以爲不寧故知有來視汝謂婦子來饁者也筐筥之下即云饟黍故知筐筥所以盛黍也少牢特牲大夫士之祭禮食有黍明黍是貴也玉藻云子卯稷食菜羹爲忌日貶而用稷是爲賤也賤者當食稷耳故云豐年之時雖賤者猶食黍瞻汝是見彼農人之時而陳其笠其鎛故知見農人戴糾然之笠以田器刺地薅去荼蓼之草其定本集注皆云薅去荼蓼之事言閔其勤苦與俗本不同

荼蓼朽止，黍稷茂止。穫之挃挃，積之栗栗。其崇如墉，其比如櫛。以開百室，挃挃穫聲也栗栗衆多也墉城也箋云百室一族也草穢既除而禾稼茂禾稼茂而穀成熟穀成熟而積聚多如墉也如櫛也以言積之高大且相比迫也其已治之則百家開戶納之千耦其耘輩作尚衆也一族同時納穀親親也百室者出必共洫間而耕入必共族中而居又有祭酺合醵之歡。朽虛有反爛也挃珍栗反積子賜反比毗志反注同櫛側瑟反酺音蒲又音步醵其據反又其畧反合錢飲酒也 疏 傳挃挃至墉城。正義曰釋訓云挃挃穫也栗栗衆也李巡曰栗栗積聚之衆孫炎曰挃挃穫聲也皆取此爲說也城之與牆俱得爲墉但此比高大故爲城。箋百室至之歡。正義曰周禮五家爲比五比爲閭四閭爲族是百室爲一族於六鄉則一族於六遂則一酇是鄭以鄉尊於遂故舉鄉言耳上篇言千耦此篇言百室雖未必人作而其文千百不同故解其意千耦其芸輩作者尚衆故舉多言也一族同時納穀見聚居者相親故舉少言也又解族黨州鄉皆爲聚屬獨以百室爲親親之意由百室出必共洫間而耕入必共族中而居又有同祭酺合醵之歡也故偏言之也遂人云百夫有洫故知百室共洫間而耕彼注云百夫一酇之田爲六遂之法族在六鄉而引彼者小司徒注云鄉之田制與遂同故得

舉鄭之制以言族也祭酺者族師職云春秋祭酺注云酺者爲人物災害之神也故書酺爲步杜子春云當爲酺玄謂校人職又有冬祭馬步則未知此世所云蝝螟之酺與人鬼之步與蓋亦爲壇位如雩禜云族無飲酒之禮因祭酺而與其民以長幼相酬酢焉鄭於彼雖以酺步爲疑而以酺爲正故此以酺言之蝝螟食穀之蟲害及人物此神能爲災害故祭以止之因此祭酺聚錢飲酒故後世聽民聚飲皆謂之酺漢書每有嘉慶令民大酺五日是其事也彼注云因祭酺而與其民長幼相酬卽此合醵也禮器云曾子曰周禮其猶醵與注云合錢飲酒爲醵王居明堂之禮乃命國家醵是也族師雖云祭酺不言卽爲醵飲酒禮記自有醵語不云醵是族法鄭知祭酺必有飲酒合醵是族法者以族師上文云月吉則屬民而讀邦法書其孝悌睦婣有學者卽云春秋祭酺亦如之是於祭酺亦屬民讀法因祭而聚族民明其必爲行禮不可徒然又以族無飲酒之禮故知因祭酺必合錢飲酒與其民長幼相酬酢也鄉飲酒之禮州長於春秋有屬民射於州序之禮黨正於國索鬼神而祭祀有屬民飲酒于序以正齒位之禮此皆禮有飲酒當以公物供之無爲須合錢也唯族無飲酒之禮明合錢飲酒是族師之法故箋以爲同族之禮

百室盈止婦子寧止殺時犉牡有捄其角以似以續續古之人黃牛黑脣曰犉社稷之牛角尺以似以續嗣前歲續往事也箋云捄角貌五穀畢入婦子則安無行饁之事於是殺牲報祭社稷嗣前歲者復求有豐年也續往事者復以養人也續古之人求有良司穡也○犉如純反本亦作犉捄音虯復扶又反下同【疏】傳黃牛至往事○正義曰釋畜直云黑脣犉以言黑脣明不與身同色牛之黃者衆故知黃牛也某氏亦云黃牛黑脣曰犉取此傳爲說也地官牧人云凡陰祀用黝生毛之注云陰祀祭地北郊及社稷也然則社稷用黝牛角以黑而用黃者蓋正禮用黝至於報功以社是土神故用黃色仍用黑脣也以經言角辨角之長短故云社稷之牛角尺也王制云祭天地之牛角繭栗宗廟之牛角握賓客之牛角尺無社稷之文畢於宗廟宜與賓客同尺也禮緯稽命徵云宗廟社稷角握此箋不易毛傳蓋以禮緯難信不據以爲正也社稷太牢獨云牛者牛三牲爲大故特言之以似以續似訓爲嗣嗣續俱是繼前之言故爲嗣前歲續往歲之事前往一也皆求明年使續今年據明年而言故謂今年爲前往也○箋捄角至司嗇○正義曰此有捄其角與兕觥其觩角弓其觩觩皆與角共文故爲角貌以上言其饁是婦子所爲此

言寧止遙結上句故知安無行饁之事序云秋報社稷故云於是殺牲以報祭社稷也此爲年豐報祭而云更求嗣續故知嗣前歲者復求有豐年也續往事者復求以養人也言今歲已有豐年得穀養人求今後歲復然也嗣續一義也豐年養人亦一事故因其異文而分屬之耳甫田云以介我稷黍是求有年也以穀我士女是求養人也續古之人文連犉牡之末則亦祭求之非人無以續人明求將來之人使續往古之人農事須人雖司嗇耳故知求有良司嗇謂求善田畯也言得善官教民可以益使年豐故也司嗇已所選擇而祭神求之者得賢以否亦是神明所助故因祭求之

良耜一章二十三句

絲衣繹賓尸也高子曰靈星之尸也繹又祭也天子諸侯曰繹以祭之明日卿大夫曰賓尸與祭同日周曰繹商謂之形○繹絲衣繹祭之服音亦祭之明日又祭也字書作繹融餘戎反尚書作形音同【疏】絲衣九句○正義曰絲衣詩者繹賓尸之樂歌也謂周公成王太平之時祭宗廟之明日又設祭事以尋繹昨日之祭謂之爲繹以賓事所祭之尸行之得禮詩人述其事而爲此歌焉經之所陳皆繹祭始末之事也子夏作序則唯此一句而已後世有高子者別論他事云靈星之尸言祭靈星之時以人爲尸後人以高子言靈星尚有尸宗廟之祭有尸必矣故引高子之言以證賓尸之事子夏說受聖旨不須引人爲證毛公分序篇端於時已有此語必是子夏之後毛公之前有人著之史傳無文不知誰著之故鄭志答張逸云高子之言非毛公後人著之止言非毛公後人亦不知前人爲誰也以鄭言非毛公後人著之不云詩序本有此文則知鄭意不以此爲子夏之言也鄭知非毛公後人著之者鄭玄去毛公未爲久遠此書有所傳授故知毛時有之若是後人著之則鄭宜除去荅之以此明已不去之意以毛公之時已有此言故也高子者不知何人孟軻弟子有公孫丑者稱高子之言以問孟子則高子與孟子同時趙岐以爲齊人此言高子蓋彼是也靈星者不知何星漢書郊祀志云高祖詔御史令其天下立靈星祠張晏曰龍星左角曰天田則農祥也晨見而祭之史傳之說靈星唯有此耳未知高子所言是此以否○箋繹又至之形○正義曰繹又祭釋天文李巡曰繹明日復祭曰又祭知天子諸侯同名曰繹以祭之明日者宣八年六月辛巳有事于太廟仲遂于垂壬午猶繹有事謂祭事也以辛巳日祭壬午而繹是魯爲諸侯用祭之明日此則天子之禮同名曰繹故知天

子亦以祭之明日也故公羊傳曰繹者何祭之明日也知卿大夫曰賓尸者今少牢饋食禮者卿大夫之祭禮也其下篇有司徹云若不賓尸注云不賓尸謂下大夫也以言若不賓尸是對有賓尸者有司徹所行卽賓尸之禮是卿大夫曰賓尸案其禮非異日之事故知與祭同日然則天子諸侯謂之繹卿大夫謂之賓尸是繹與賓尸事不同矣而此序云繹賓尸者繹祭之禮主爲賓事此尸但天子諸侯禮大異日爲之別爲立名謂之爲繹言其尋繹昨日卿大夫禮小同日爲之不別立名直指其事謂之賓尸耳此序言繹者是此祭之名賓尸是此祭之事故特詳其文也周曰繹商謂之肜者因繹又祭遂形釋天以明異代之禮別也彼云周曰繹商曰肜孫炎曰肜者亦相尋不絕之意尚書有高宗肜日是其事也

絲衣其紑載弁俅俅自堂徂基自羊徂牛鼐鼎及鼒絲衣祭服也紑絜鮮貌俅俅恭順貌基門塾之基自羊徂牛言先小後大也大鼎謂之鼐小鼎謂之鼒箋云載猶戴也弁爵弁也爵弁而祭於王士服也繹禮輕使士升門堂視壺濯及籩豆之屬降往於基告濯具又視牲從羊之牛反告充已乃舉鼎冪告絜禮之次也鼎圜弇上謂之鼒○紑孚浮反徐孚不反又音培又音弗載如字又

音戴同弁皮變反俅音求恭愼也說文作絿同鼐乃代反郭音乃鼒音玆徐音災郭音才說文作鎡字音玆塾音孰門側堂也或音育冪亡歷反本亦作鼏圖音圓弇古奄字

【疏】絲衣其紑○正義曰此述繹祭之事上五句言祭之初下四句言祭之末初言卑者恭順則當祭尊者可知祭末舉其不慢則當祭敬明矣是舉終始以見中舉輕以明重上言於祭之前使士之行禮在身所服以絲爲衣其色紑然而鮮絜在首載其爵色之緅弁其貌俅俅而恭順此絲衣載弁之人從門堂之上旣視壺濯及籩豆降往於門塾之基告君以濯具更視三牲從羊而往牛所以告肥充又發舉其鼐鼎及鼒鼎之覆冪而告此鼎之絜矣祭之初使卑者行事尚能恭順故至於當祭事尸禮無失者以此至於祭末旅酬之節兕觵罰爵其觩然徒設無所用之所以然者由此助祭飲美酒者皆思自安不讙譁不傲慢每事如禮故無所罰恭順如此當於神明是得壽考之休徵言祭而得禮必將得福故美而歌之○傳絲衣至之鼒○正義曰此述祭事故知絲爲之故云絲衣祭服傳雖不解弁亦當以爲爵弁爵弁之服玄衣纁裳皆以絲爲之故云絲衣也絲衣與紑共文故爲絜鮮貌也載弁謂人戴弁也戴弁者捄捄則俅俅人貌故爲恭順貌也基門塾之基者釋宮云門側之堂謂之塾孫炎曰夾門堂也冬官匠人云門堂三之二注云以爲塾也白虎通云所以必有塾何欲以飾門因取其名明臣下當見於君必熟思其事是塾爲門之堂也直言自堂徂基何知非廟堂之基者以繹禮在門不在廟故知非廟堂也郊特牲曰繹之於庫門內祊之於東方失之矣繹於門內爲失明其當在門外祊以東方爲失明其當在西方是祊之與繹一時之事故注云祊之禮宜於廟門外之西室繹又於其堂神位在西二者同時而大名曰繹又禮器曰爲祊乎外注云祊祭明日之繹祭也謂之祊者於廟門外之傍因名焉其祭之禮旣設祭於室而事尸於堂孝子求神非一處也以此二注言之則祊繹大同而繹統名焉繹必在門故知基是門塾之基謂廟門外西夾之堂基也自羊徂牛是從此往彼爲先後之次故知詩意言先小後大爲行事之漸也釋器云鼎絕大者謂之鼐鼐旣絕大自然小故曰小鼎謂之鼒此經自堂徂基但言所往之處不言所爲之事牛羊但言所視之物不言所往之處互相足也鼐及鼒不言自徂蒙上自徂之文鼎則先大後小與牛羊異者取鼐鼒爲韻故變其文也○箋載猶至之鼒○正義曰載者在上之名故經稱載弁若言以頭戴之則於人易曉故云載猶戴也禮有冠弁韋弁皮弁皆不以絲爲衣且非祭祀之服雜記云士弁而祭於公冠而祭於已士冠禮有爵弁服緅衣與

此絲衣相當故知此弁是爵弁士服之以助君祭也又解天子之朝羣官多矣所以不使服冕之人而使戴弁之意由繹之禮輕故使士也若正祭則小宗伯云視滌濯祭之日逆齊省鑊告時於王告備於王彼正祭重使小宗伯此繹祭輕故使士蓋亦宗伯之屬士也知使士升門堂視壺濯及籩豆者以特牲雖則士禮而士卑不嫌其禮得同君故準特牲爲說特牲先夕陳事主人卽位於堂下宗人升自西階視壺濯及籩豆反降東北面告濯具主人出復外位宗人視牲告充宗人舉鼎冪告絜彼先視濯籩豆次視牲次舉鼎先後與此羊牛鼐次第正同自堂徂基文在牛羊之上自然是視壺濯籩豆矣以此知自堂徂基是告濯具從羊之牛是告充鼐鼎及鼒是舉冪告絜也禮之次者謂特牲之禮爲此次故準之以說天子之禮也鼎圜弇上謂之鼒釋器文孫炎曰鼎斂上而小口者以傳直言小鼎不說其形故取爾雅文以足之

兕觵其觩旨酒思柔不吳不敖胡考之休吳譁也考成也箋云柔安也繹之旅士用兕觵變於祭也飲美酒者皆思自安不讙譁不敖慢也此得壽考之休徵○兕字又作兕徐履反觵古橫反罰爵也字又作觥同觩音虯本又作觓吳舊如字說文作吳吳大言也何承天云吳字誤當作吳從口

下大故魚之大口者名吳胡化反此音恐驚俗也音話敖五誥反本又作傲注同譁音花讙火官反又火元反慢亡諫反

疏 傳吳譁考成○正義曰人自娛樂必讙譁爲聲故以娛爲譁也定本娛作吳考成釋詁文○箋柔安至休徵○正義曰柔安釋詁文少牢特牲大夫士之祭也其禮小於天子尚無兕觥故知天子正祭無兕觥矣今此繹之禮至旅酬而用兕觥變於正祭也知至旅而用之者兕觥所以罰失禮未旅之前無所可罰至旅而可獻酬交錯或容失禮宜於此時設之也有司徹是大夫賓尸之禮猶天子之繹所以無兕觥解者以大夫禮小卽以祭日行事未宜有失故無也上經說祭初行禮唯謂士耳此言飲美皆思自安則是諸助祭者非獨士也以祭末多倦怠傲慢故美其於祭之末能不讙譁不傲慢則於祭前齊敬明矣恭敬明神必將獲福故以此得壽考之休徵壽考未然之事故言徵也

絲衣一章九句

酌告成大武也言能酌先祖之道以養天下也

周公居攝六年制禮作樂歸政成王乃後祭於廟而奏之其始成告之而已○酌音灼字亦作汋大如字徐音泰

疏 酌九句○正義曰酌詩者告成大武之樂歌也謂周公攝政六年象武王之事作大武之樂既成而告於廟作者覩其樂成而思其武功述之而作此歌焉此經無酌字序又說名酌之意言武王能酌取先祖之道以養天下之民故名篇爲酌毛以爲述武王取紂之事卽是武樂所象鄭以爲武王克殷用文王之道故經述文王之事以昭成功所由功成而作此樂所以上本之也言告成大武不言所告之廟有瞽始作樂而合乎太祖此亦當告太祖也大司樂舞大武以享先祖然則諸廟之中皆用此樂或亦徧告羣廟也言酌先祖之道者周之先祖后稷以來先世多有美道武王酌取用之除殘去暴育養天下故詩人爲篇立名謂之爲酌序其名篇之意於經無所當也鄭以經陳文王之道武王得而用之亦是酌取之義但所酌之事不止此耳經有遵養時晦毛謂武王取紂鄭爲文王養紂此言以養天下則是愛養萬民非養紂身雖養字爲同非經養也酌左傳作汋古今字耳○箋周公至而已○正義曰周公攝政六年制禮作樂明堂位文雖六年已作歸政成王乃後祭於廟而奏之初成之時未奏用也其始成告之而已故此篇歌其告成之事言此者以明告之早晚謂在居攝六年告之也知然者以洛誥爲攝政七年之事而經稱周公戒成王云肈稱殷禮祀於新邑

明得成王卽政乃行周禮禮既如此樂亦宜然故知大武之樂歸政成王始祭廟奏周公初成之日告之而已

於鑠王師遵養時晦時純熙矣是用大介

鑠美遵率養取晦昧也箋云純大熙興介助也於美乎文王之用師率殷之叛國以事紂養是闇昧之君以老其惡是周道大興而天下歸往矣故有致死之士助之○於音烏注同鑠舒灼反○

疏 於鑠王師○毛以爲因告大武之成故歌武王之事於乎美哉武王之用師也率此師以取是闇昧之君謂誅紂以定天下由既誅紂故於是令周道大明盛矣是大明之故遂有大而又大謂致今時之太平也又本用師取昧之事所以爲可美者以我周家用天人之和而受之言所以和受殷非苟用強力也蹻蹻然有威武之貌者我武王之所爲則用此武而有嗣文王之功王能如是故歎美之實維爾王之事信得用師之道以此故作爲大武以象其事鄭以爲大武象武王伐紂本由文王之功故因告成大武追美文王之事於乎美哉文王之用師衆也乃率殷之叛國養是暗昧之君以成其惡故民服文王能以多事寡以是周道乃大興矣由有至美之德誠義足以感人是以大賢士來而助之賢士既來我文王寵而受之來者既受用故蹻蹻然有威武之士競於我王之造言其皆來造王王則寵而用之以此而有嗣續言其傳相致達續來不絕由是武王因之得成功作樂故歎美之實維以武王之事信得用師之道言武王以文王之故故得道也○傳鑠美至晦昧○正義曰鑠美釋詁文又云遵率循也俱訓爲循是遵得爲率養武王於紂養而取之故以養爲取宣十二年左傳引此云遵養時晦耆昧也故轉晦爲昧言取是暗昧則謂武王取紂不得與鄭同也又緝熙訓皆爲光明介字毛皆爲大則此亦宜然王肅云於乎美哉武王之用衆也率以取是昧謂誅紂定天下以除昧於是道大明是用有大大言太平也○箋純大至助之○正義曰純大熙興皆釋詁文以卒句乃言信得用師之道於此未宜歎其大大故依常訓以介爲助以武王之業因於文王養紂不伐是文王之事此說大武功成文宜本之於父故以爲美文王之師養者承事之辭故云率殷之叛國以事紂左傳云者昧也皇矣云上帝者之是養之至老故云養是暗昧之君以老其惡論語云三分天下有其二以服事殷周之德可謂之至德孔子歎美文王謂之至德是周道以養紂之故遂得大興也孟子說伯夷避紂居北海之濱太公避紂居東海之濱聞文王作興而歸之二老者天下之大老也而歸之是天下父歸之也天下父歸之其子焉往也是天下歸往之也文

武之士並歸周但下言蹻蹻是威武之貌故云有致死之士衆來助之文王率殷之叛國以事紂襄四年左傳文

我龍受之，蹻蹻王之造，載用有嗣。龍和也蹻蹻武貌造爲也箋云龍寵也來助我者我寵而受用之蹻蹻之士皆爭來造王王則用之有嗣傳相致○蹻居表反造毛才老反鄭七報反詣也傳直專反 疏 傳龍和至造爲○正義曰龍之爲和其訓未聞魯頌稱蹻蹻虎臣故爲武貌造爲釋言文王肅云我周家以天人之和而受殷用武德嗣文之功傳意或然天人之和謂天助人從和同與周也○箋龍寵至相致○正義曰上言大介爲大來助周則我龍受之龍此大介寵字以龍爲聲故龍爲寵也來即寵受人皆美之故蹻蹻之士爭來造王而王又用之則其餘嗣續而至儒行說交友之道久相待遠相致故以有嗣爲傳相致也從大介至有嗣即之爲三等言從周之士有先後而至也○傳公士○正義曰釋詁文

實維爾公允師。公事也箋云允信也王之事所以舉兵克勝者實維女之事信得用師之道 疏 箋允信至之道○正義曰允信釋詁文上說文王之士至此乃述武王故言武王之士所以舉兵克勝謂伐紂勝之也

酌一章九句

桓，講武類禡也。桓，武志也。類也禡也皆師祭也○禡馬嫁反桓武志也本或以此句爲注 疏 桓九句○正義曰桓詩者講武類禡之樂歌也謂武王將欲伐殷陳列六軍講習武事又爲類祭於上帝爲禡祭於所征之地治兵祭神然後克紂至周公成王太平之時詩人追述其事而爲此歌焉序又說名篇之意桓者威武之志言講武之時軍師皆武故取桓字名篇也此經雖有桓字止言王身之武名篇曰桓則謂軍衆盡武諡法闢土服遠曰桓是有威武之義桓字雖出於經而與經小異故特解之經之所陳武王伐紂之後民安年豐克定王業代殷爲王皆由講武類禡得使之然作者主美武王意在本由類禡故序達其意言其作之所由講武是軍衆初出在國治兵也類則於內祭天禡則在於所征之地自內而出爲事之次也○箋類也至師祭○正義曰釋天云是類是禡師祭也王制云天子將出征類乎上帝禡於所征之地注云上帝謂五德之帝所祭於南郊者言祭於南郊則是感生之帝夏正於南郊祭者周則蒼帝靈威仰也南郊所祭一帝而已而云五德之帝者以記文不指言周不得斥言蒼帝故漫言五德之帝以揔之又嫌普祭五帝故言南郊以別之五德者五行之德此五方之帝各有本德故稱五德之帝太昊炎帝之等感五行之德生亦得謂之五德之帝但類於上帝謂祭上天非祭人帝也且人帝無時在南郊祭者以此知非人帝也謂之類者尚書歐陽說以事類祭之天位在南方就南郊祭之春官肆師云類造上帝注云造猶即也爲兆以類禮即祭上帝也類禮依郊祀而爲之者言依郊祀爲之是用歐陽事類之說爲義也言爲兆以祭上帝則是隨兵所嚮就而祭之不必祭於南郊但所祭者是南郊所祭之天耳正以言造故知就其所往爲其兆位而祭之不要在南郊此言小異於歐陽也南郊之祭天周以稷配此師祭所配亦宜用常配之人周即當以后稷也禡之所祭其神不明肆師云凡四時之大田獵祭表貉則爲位注云貉師祭也於立表處爲師祭祭造軍法者禱氣勢之增倍也其神蓋蚩尤或曰黃帝又甸祝掌四時之田表貉之祝號杜子春云貉兵祭也田以講武治兵故有兵祭習兵之禮故貉祭禱氣勢之十百而多獲由此二注言之則禡祭造兵爲軍法者爲表以祭之禡周禮作貉貉又或爲貊字古今之異也貉之言百祭祀此神求獲百倍

綏萬邦，婁豐年。箋云綏安也婁亟也誅無道安天下則亟有豐孰之年陰陽和也○婁力住反亟欺冀反數也下同 疏 綏萬邦○毛以爲武王誅紂之後安此萬邦使無兵寇之害數有豐年无飢饉之憂所以得然者上天所命爲善不解倦者以爲天子桓桓然有威武之武王則能安有其天下之事是其爲善不倦故爲天所命於是用其武事於四方除其四方之殘賊能安定其家謂成就先王之業遂爲天下之主乃歎而美之於乎此武王之德乃明見於天殷紂以暴虐之故武王得用此美道以代之○鄭唯下二句爲異言於明乎曰天言天道之大明也紂爲天下之君但由爲惡之故天以武王代之餘同○箋綏安至陽和○正義曰綏安釋詁文又云亟屢疾也同訓爲疾是屢得爲亟也經言萬國箋言天下天下即萬國也堯典云協和萬邦哀七年左傳曰禹會諸侯於塗山執玉帛者萬國則唐虞夏禹之時乃有此萬國耳王制之注以殷之與周唯千七百七十三國无萬國矣此言萬國者因下有萬國遂舉其大數此文廣言天下之大不斥諸侯之身國數自可隨時變易其地猶是萬國之境故得舉萬言之此安天下有豐年謂伐紂即然僖十九年左傳云昔周飢克殷而年豐是伐紂之後即有豐年也

天命匪解。桓桓武王，保有厥士，于以四方，克定厥家。士事也箋云天

命爲善不解倦者，以爲天子。我桓桓有威武之武王，則能安有天下之事。此言其當天意也。於是用武事於四方，能定其家，先王之業遂有天下。○解音懈，注同。【疏】箋天命至天下。○正義曰：以天命匪解爲下文撫之克定厥家，是天子之事，故知天命以爲天子也。安有天下之事，謂天下衆事武王能安而有之，以天下爲任，而行之不解，言其當於天意也。以當天意，故天命之。於是用其武事於四方，謂既能誅紂，又四方盡定，由是萬國得安，陰陽得和。此言結上之意也。家者承世之辞，故云能定其家。先王之業遂有天下，先王雖有其業，而家道未定，故於伐紂其家始定也。

於昭于天，皇以閒之。

閒，代也。箋云：于，曰也。皇，君也。於明乎曰天也，紂爲天下之君，但由爲惡，天以武王代之。○於音烏，注同。閒，閒厠之閒，注同。【疏】傳閒代。○正義曰：釋詁文。毛傳未有以于爲曰、皇多爲美，此義必不與鄭同也。王肅云：於乎周道乃昭見於天，故用美道代殷定天下。傳意或然。○箋于曰至代之。○正義曰：于曰、皇君，釋詁文。言於明乎曰天，言天去惡與善，其道至光明也。以武王代紂，即是明之事。言武王當天意以代紂，所以歎美之。

桓一章九句

賚，大封於廟也。賚，予也。言所以錫予善人也。

大封，武王伐紂時封諸臣有功者。○賚，來代反，與也。徐又音來。【疏】賚六句。○正義曰：賚詩者，大封於廟之樂歌也。謂武王既伐紂，於廟中大封有功之臣以爲諸侯。周公、成王大平之時，詩人追述其事而爲此歌焉。經無賚字，序又說其名篇之意。賚，予也。言所以錫予善德之人，故名篇曰賚。經之所陳，皆是武王陳文王之德以戒勑受封之人，是其大封之事也。此言大封於廟，謂文王廟也。樂記說武王克殷之事云：將帥之士使爲諸侯。下文則云：虎奔之士脫劒，祀乎明堂。注云：文王之廟爲明堂制。是大封諸侯在文王之廟也。○箋大封至有功者。○正義曰：以言大封，則所封者廣，雖初定天下可有此事，守文之世不應得然。且宣十二年左傳曰：昔武王克商而作頌，其三曰：敷時繹思，我徂維求定。引此文以爲武王之頌，故知武王伐紂時封諸臣有功者封爲諸侯。樂記說武王克殷，未及下車而封薊、祝、陳，下車而封杞、宋，又言將率之士使爲諸侯，是大封也。昭二十八年左傳曰：昔武王克商，光有天下，其兄弟之國者十有五人，姬姓之國者四十人。古文尚書武成篇說武王克殷而反，祀於周廟，列爵惟五，分土惟三，大賚于四海，而萬民悅服。皆是武王大封之事。此言大封於廟，樂記未至廟而已封三恪二代者，言其急於先代之意耳。祭統曰：古者明君必賜爵祿於太廟，示不敢專也。然則武王未及下車，雖有命封之，必至廟受策乃成封耳，亦在此大封之中也。皇甫謐云：武王伐紂之年夏四月乙卯，祀於周廟，將率之士皆封，諸侯國四百人，兄弟之國十五人，同姓之國四十人。如謐之言，此大封是伐紂之年事也。

文王既勤止，我應受之。敷時繹思，我徂維求定。

勤，勞。應，當。繹，陳也。箋云：敷猶徧也。文王既勞心於政事，以有天下之業，我當而受之。敷是文王之勞心，能陳繹而行之，今我往以此求定，謂安天下也。○敷音孚。繹音亦。徧音遍，下篇同。【疏】文王既勤止。○正義曰：武王既封諸臣有功者於文王之廟，因以文王之道戒勑之，言我父文王既以勤勞於政事止，以勤勞於事，故有此天下之業，我當受而有之，故我徧於是文王勞心之事，皆陳而思行之。我往以此維求安定，言用文王之道往行天下，以求天下之定。此文王勞心之事，是我周之受天命而王之所由。於乎！今汝諸臣受封者，亦當陳而思行之。言已陳行文王之道，勑諸臣亦使陳而行之，以此而至於太平，故追述而歌之也。○傳勤勞應當繹陳。○正義曰：皆釋詁文。○箋敷猶至天下。○正義曰：敷

訓爲布，是廣及之義，故云猶徧也。文王既勞心於政事者，尚書所謂日昃不遑暇食，是其事也。由此勞心以有天下之業，我當受之，謂受其位爲天子也。今我往以此求定者，往者自已及物之辞，謂行之於天下以求安定天下也。

時周之命，於繹思。

箋云：勞心者，是周之所以受天命而王之所由也。於女諸臣受封者，陳繹而思行之，以文王之功業勑勸之。○於，鄭如字，王音烏。王，于況反，又如字，下篇同。【疏】箋勞心至勤之。○正義曰：言是者，上之勞心也。上天之命，命不解怠者，故知勞心是周之所以受天命而王之所由。此詩爲大封而作，故知於繹思是勑諸臣受封，使陳而思行之文王之道，可永爲大法，故以文王之功業勑勸之。於，亦歎辞也。

賚一章六句

般，巡守而祀四嶽河海也。

般，樂也。○般，薄寒反，注同。守，手又反。般，樂也，音洛。崔集注本用此注爲序文。【疏】般七句。○正義曰：般詩者，巡守而祀四岳河海之樂歌也。謂武王既定天下，巡行諸侯所守之土，祭祀四岳河海之神，神皆饗其祭祀，降之福助。至周公、成王太平之時，詩人述其事而作此歌焉。經稱

喬嶽翕河，是祀河岳之事也。經無般字，序又說其名篇之意。般，樂也，爲天下所美樂。定本般樂二字爲鄭注，未知孰是。岳實有五，而稱四者，天子巡守遠適四方，至於其方之岳，有此祭祀。於中岳無事，故序不言焉。四瀆者，五岳之四，故同祀岳瀆，連文。序既不言五岳，故亦不言四瀆，以河是四瀆之一，故舉以爲言。漢書溝洫志曰：中國川原以百數，莫著於四瀆，而河爲宗。然則河爲四瀆之長，巡守四瀆皆祭，言河可以兼之。經無海而序言海者，海是衆川所歸，經雖不說，祭之可知，故序特言之。

於皇時周，陟其高山，嶞山喬嶽，允猶翕河。高山，四嶽也。嶞山，山之嶞墮小者也。翕，合也。箋云：皇，君。喬，高。猶，圖也。於乎美哉，君是周邦而巡守，其所至則登其高山而祭之。望秩於山川，小山及高嶽皆信案山川之圖而次序祭之。河言合者，河自大陸之北敷爲九，祭者合爲一。○於音烏，注同。嶞，吐果反，注同。郭云：山狹而長也。又同果反，字又作墮。喬嶽，上音橋，下音岳。翕，許及反。

【疏】於皇時周○毛以爲於乎美哉，是周家也。既定天下，巡省四方，所至之處則登其高山之岳而祭之。其祭之也，於大山之傍有嶞嶞然之小山與高而爲岳者，皆信案山川之圖者，又合九河爲一，以大小次序而祭之也。徧天之下山川，皆聚其神於是，配而祭之，能爲百神之主，德合山川之靈，是周之所以受天命由此也。○鄭唯以皇爲君、褒爲衆爲異，餘同。○傳高山至翕合○正義曰：岳必山之高者，故知高山，四岳也。嶞山對高山爲小，故知山之小者，嶞嶞然，言其狹長之意也。毛於皇字多訓爲美，王肅云：美矣，是周道已成，天下无違，四面巡岳，升祭其高山。傳意或然。翕，合，釋詁文。○箋皇君至爲一○正義曰：皇，君，釋詁文。猶，圖，釋言文。以於己是歎美之辭，故以皇爲君。君是周邦，謂爲天子也。巡守所至則登其高山而祭之，謂每至其方，告祭其方之岳也。堯典及王制說巡守之祀，皆言望秩于山川。堯典注云：徧以尊卑次秩祭之。則知墮山喬岳，允猶翕河，皆謂秩祭之事，故云小山高岳皆信案山川之圖而次序祭之，此即望秩之事也。喬岳與上句高山猶是一事，但巡守之祀，其祭主於方岳，故先言陟其高山，又說望秩之意，言小山亦可與四岳同祭，故又言喬岳，令與小山爲類，見其同祭之耳。允猶之文承山岳之下，可案山圖耳，而并云川者，山之與川共爲一圖，言望秩山川，則亦案圖耳。但河分爲九，合而祭之一，故退翕河之文在允猶之下，使之不蒙允猶。自河以外，其餘衆川明皆案圖祭之，故云信案山川之圖。信者，謂審信而案之。又解山不言合，獨河言合者，河自大陸之北敷爲九河，祭者合之爲一，故云翕也。禹貢導河自積石至于龍門，南至于華陰，東至于底柱，又東至於孟津，東過洛汭，至于大伾，北過降水，至于大陸，又北播爲九河，同爲逆河，入于海。是大陸之北敷爲九河。數者，分散之言，與播義同，故彼注云：播猶散也。同，合也。下尾合爲逆河，言相迎受也。然則因大陸分而爲九，至下又合爲一，以其首尾是一，故祭者合之。漢書地理志鉅鹿郡有鉅鹿縣，大陸澤在其北。禹貢注云在鉅鹿。鄭志荅張逸云：鉅鹿，今名廣河澤。然則河從廣河之北分爲九也。禹貢兖州：九河既道。孔安國注云：河水分爲九道，在此州界，平原以北是也。鄭注云：河水自上至此，流盛而地平無岸，故能分爲九，以衰其勢，壅塞，故通利之也。九河之名：徒駭、大史、馬頰、覆釜、胡蘇、簡絜、鉤盤、鬲津。周時齊桓公塞之，同爲一。今河間弓高以東至平原鬲盤，往往有其遺處焉。鄭言九河之名，釋水文也。李巡曰：徒駭者，禹疏九河，以徒衆起，故曰徒駭。大史者，禹大使徒衆通水道，故曰大史。馬頰者，河勢上廣下狹，狀如馬頰。覆釜者，水多渚，其渚往往而處，狀如覆釜。胡蘇者，其水下流，故曰胡蘇。胡，下也；蘇，流也。簡者，水深而簡大也。絜者，言河水多山石之苦，故絜絜苦也。鉤盤者，河水曲如鉤，屈折如盤，故曰鉤盤。鬲津者，河水狹小，可隔爲津，故曰鬲津。孫炎曰：徒駭，禹疏九河，功難，衆懼不成，故曰徒駭。太史者，大使徒衆，故依名云。胡蘇者，水流多散，胡蘇然。簡者，水通易也。鉤盤者，水曲如鉤，盤桓不前也。鬲津者，水多阨狹，可隔以爲津而橫渡也。是解九河之名意也。溝洫志稱成帝時博士許商以爲古記九河之名，有徒駭、胡蘇、鬲津，今見在成平、東光、鬲界中。自鬲以北至徒駭間，相去二百餘里。今河雖數移，不離此域。如商此言，上舉三河之名，下以縣充之，則徒駭在成平，胡蘇在東光，鬲津在鬲縣。其餘六者，商所不言，蓋於時以不能詳知其處故也。又商言自鬲以北至徒駭間相去二百餘里，則徒駭是九河之最北者，鬲津是九河之最南者。然則爾雅之文從北而說也。太史、馬頰、覆釜文在胡蘇之上，則三者在成平之南、東光之北也。簡絜、鉤盤文在胡蘇之下，則三者在東光之南、鬲縣之北也。鄭亦不能具知所在，故云往往有其遺處，是其不審之辭也。郭璞云：徒駭今在成平縣，東光有胡蘇亭，鬲盤今皆爲縣，屬平原、渤海、東光、成平、河間、弓高以東，往往有其遺處焉。璞言盤今爲縣，以爲盤縣，其餘亦不審也。雖古之河跡難得而詳，要於禹貢之時皆在兖州之界。於漢之世，則兖州之所部近南，其界不及於北，故鄭志趙商謂河在兖州之北已分爲九，河分而復合於大陸之北，又分爲九，故問之曰：禹貢導河至于大陸，又北播爲九河，然則大陸以南固未播也。在於兖州，安得有九？至於何時復得合爲一，然後從大陸已北復播爲九也？荅曰：

兗州以濟河爲界河流分兗州界文自明矣復合爲一乃在下頭子走南北何所求乎觀子所云似徒見今兗州之界不及九河而青冀州分之故疑之耳既知今亦當知古是鄭以古之九河皆在兗州之界於漢乃冀州域耳言復合爲一乃在下頭正以經云同爲逆河入于海明并爲一河乃入于海故云在下頭耳亦不知所并之處故不斥言之齊桓公塞爲一者不知所出何書其并爲一未知并從何者

敷天之下裒時之對時周之命　裒聚也箋云裒衆對配也徧天之下衆山川之神皆如是配而祭之是周之所以受天命而王也○裒蒲侯反於繹思毛詩無此句齊魯韓詩之今毛詩有者衍文也崔集注本有是採三家之本崔因有故解之

【疏】傳裒聚○正義曰釋詁文○箋裒聚至而王○正義曰釋詁云裒衆多也俱訓爲多是裒得爲衆釋詁云妃合會對是對得爲配言徧天之下則無有不祭故以爲衆山川之神皆配祭之王言配者山川大小相從配之祭無不偏之意也是周之所以受天命而王者言其得神之助故能受天之命武王受命伐紂後乃巡守方始祭祀山川而云受命由此者作者以神能助人歸功於神見受命之前已能敬神及今巡守猶能敬之故所以得受天命而王天下言此是神明之助故也此篇末俗本有於繹思三字誤也

般一章七句

閔予小子之什十一篇十一章百三十七句

附釋音毛詩注疏卷第十九（十九之四）

黃中模栞

毛詩注疏校勘記（十九之四）　阮元撰盧宣旬摘錄

○小毖

然而頌之大列　闔本明監本同毛本列作例案所改非也列當作判形近之譌

翻飛維鳥而來也　闔本明監本毛本同案此不誤浦鏜云經作拚非也翻字出箋鄭意以拚爲翻之假借故於訓釋中竟改其字而正義依之耳

而毖後患　小字本相臺本同唐石經毖下旁添彼字案正義云故愼彼在後當是自爲文耳非其本更有彼字也用之添者誤

自求辛螫　小字本相臺本同唐石經初刻同後磨改螫作蠚案螫字是也五經文字云螫式亦反是其證

蜂本又作峯　【補】釋文校勘通志堂本盧本峯作蠭案蠭字誤改也小字本所附亦作峯但峯亦譌字作夆爲是集韻三鍾載夆蜂二形云爾雅粤夆掣曳也或作蜂可證

摩尺制反　【補】通志堂本盧本同釋文挍勘云案摩非也考爾雅釋文云掣本或作摩同充世反說文云引而縱之依此是於說文爲瘛字集韻十三祭所載掣瘛二字下皆無摩

子其懲而　闔本明監本毛本而作八句二字案所改非也山井鼎云而字上屬爲是是也正義讀而斷句釋文以懲而作音

莫復於我掣曳　闔本明監本毛本同案注作摩正義作掣摩掣古今字易而說之也標起止仍作摩釋文云摩本又作掣非正義本也今爾雅作掣考文古本注作掣者采釋文正義耳○案掣本作瘛見說文說文無掣字也作摩更非

後遂舉兵誅叛逆　闔本明監本毛本同案誅當作謀形近之譌

以蓼桒之辛苦然　闔本明監本毛本同案山井鼎云以恐似誤是也

此二家以蛢蜂也　闔本同明監本毛本蛢作荓案所改是

爲挈曳爲善 閩本明監本毛本同案此不誤浦鏜云善疑惡字誤非也王肅孫毓挈曳爲善與鄭挈曳正相反正義上有明文浦不考之甚

便就邪僻 閩本明監本毛本同案浦鏜云使誤便是也

或曰鴞皆惡聲之鳥 小字本相臺本同案正義云定本集注皆云或曰鴟鴞皆惡鳥也云云考鳥之單名鴞者鵩也單名鴟者梟也皆與桃蟲迥非一物此箋當本作或曰鴟鴞皆惡鳥也合爾雅方言廣雅陸璣疏觀之可得其證○案當作或曰鶚月令注云征鳥題肩齊人謂之擊征或曰鷹鶚與鷹正一類二注正同耳此取小鳥化大鳥之義無取惡聲之義蓋有鶚誤爲鴞之本而淺人乃妄增皆惡聲之鳥五字耳鴞惡聲之鳥見毛傳題肩非惡聲也舊挍云當作或曰鴟鴞甚誤鴟鴞鸋鴂古說即桃蟲非桃蟲所變化也詳段玉裁詩經小學

鷚鳥云桃蟲鷦其雌名鴱 閩本明監本毛本同案浦鏜云名衍字是也此涉下所引注而誤

鷦鷯亡消反桃雀也 閩本明監本毛本同案亡消反三字當旁行細書正義自爲音也

俱毛以周公 閩本明監本毛本同案山井鼎云俱恐但誤是也

始得周公 閩本明監本毛本同案得當作信

○載芟

春籍田而祈社稷也 閩本明監本毛本同唐石經籍作藉小字本相臺本同案說文作耤者爲正字諸書作藉者爲假借字或又用籍字爲之故此正義引應氏漢書注以典籍爲說也當是正義本字從竹十行本字多作籍依正義也經注本字作藉依石經也餘同此

周語說耕籍之事也 閩本明監本毛本同案浦鏜云也當云字誤是也

王耕一發 閩本明監本毛本同案此不誤浦鏜云墢誤發非也發古墢字正義所引國語自如此不與今本同也

甸師下士一人 閩本明監本毛本同案浦鏜云二誤一是也

徒二百人 閩本明監本毛本同案浦鏜云三誤二是也

漢書孝文元年 閩本明監本毛本同案浦鏜云二誤元是也

率天下先 閩本明監本毛本同案山井鼎云漢書率作爲非也正義所引漢書自如此耳

畛場也 小字本相臺本閩本明監本毛本場誤埸案釋文云易本又作場音亦正義本字作場皆可證

强强力也 閩本明監本毛本同小字本相臺本强皆作彊案强字誤也下及正義中同寫者以强爲彊之別體字而亂之耳

維强力之兼士 閩本明監本毛本士作土案士字是也

爲鬼神所嚮 閩本明監本毛本同案浦鏜云嚮當饗字誤是也

隰指連形而言 閩本明監本毛本連作地案皆誤也當作田

又解之以之意 閩本明監本毛本同案上之字當作云形近之譌

自有不能有立 閩本明監本同毛本下有字作存案所改是也

及解所以合家俱作之意 閩本明監本毛本同案浦鏜云及當又字誤是也

饁饋饟也 小字本相臺本同案此釋文本也釋文以饁饋饟也作音可證正義云饁饋釋詁文是其本無饟字考爾雅饟字在饋字上甫田箋取彼成文併解經之饁攘二字七月傳云饁饋也此箋與之同下文云婦子來饋饟其農人於田野乃取饟字以足句耳非此句中先有饟字也當以正義本爲長

孫炎曰土野之饋也 閩本明監本毛本土作饁案所改是也七月正義作饁可證

正義曰苗生達也則射而出 閩本明監本毛本同案也當作地壞字耳

謂苗生達也也厭者苗長茂盛之貌 閩本明監本毛本下也字作厭案此誤改耳上也字當作地讀也字句絕厭者下屬乃說經有厭之文不得重厭字

郭璞曰芸不息也閩本明監本毛本同案此不誤浦鏜云案爾雅注作芸耨精非也正義所引自如此

釋訓云濟濟容止也閩本明監本毛本同案此不誤浦鏜云釋訓無容字非也容字正義增之不依本書耳文王正義所引亦有可證

箋云烝進小字本相臺本同案正義本上有傳標起止云傳百禮言多正義云檢定本集注皆無此文有者誤也

有椒其馨唐石經小字本相臺本同案釋文云椒子消反徐子料反又云沈作俶尺叔反云作椒者誤也云云正義本是椒字與釋文本同考釋文有云無故改字爲俶當是毛氏詩舊本無作俶者特始於沈重改之耳故釋文正義唐石經皆不從也

僖二十三年左傳曰閩本明監本毛本同案浦鏜云二誤三是也

乃古古而如此相臺本同閩本明監本毛本同小字本上古字作自案小字本誤

○良耜

秋報社稷也唐石經小字本相臺本同案釋文云本或有冬字者非正義云本或秋下有冬衍字與豐年之序相涉而誤定本無冬字

以續接其往歲閩本明監本毛本同案浦鏜云歲當事字誤是也

薅去荼蓼之事言閔其勤苦小字本相臺本同案正義云薅去荼蓼之草定本集注皆云薅去荼蓼之事言閔其勤苦與俗本不同依此是正義本事當作草無言閔其勤苦五字也

古書醻爲步閩本明監本毛本同案浦鏜云故誤古是也

如雩榮云閩本明監本毛本榮作祭案所改非也山井鼎云榮恐禜誤是也

乃命國家醵是也閩本明監本毛本同案浦鏜云家衍文是也

後求有豐年也小字本同閩本明監本毛本同相臺本後作復考文古本同案復字是也釋文正義皆可證

求有良司穡也小字本相臺本同案正義標起止云至司嗇是其本作嗇字

用𪊟生毛之閩本明監本生作牛毛本初刻同後剜作牲案所改是也

牛角以黑而用黃者閩本明監本毛本同案浦鏜云角當色字誤是也

亦一事故因其異文閩本明監本毛本同案故當作箋下屬讀之山井鼎云宋板故作也其實不然當是剜也

○絲衣

商謂之肜小字本相臺本同案釋文云之融餘戎反尚書作肜音同依此是鄭此注本用融字今正義中字皆作肜標起止亦云至之肜或其本作肜與釋文本不同也爾雅亦作肜

字書作釋補通志堂本同盧本作襗云舊作釋今改正

令其天下立靈星祠閩本明監本毛本同案浦鏜云其令二字誤倒是也

仲遂于垂閩本明監本同毛本于上剜入卒字案所補是也

遂形釋天閩本明監本毛本形作肜案皆誤也當作取

乃舉鼎冪告絜小字本相臺本同案釋文以舉冪作音是其本無鼎字正義云是舉冪告絜也其本亦當無鼎字有者後人以正義所引特牲文添之耳

士冠禮有爵弁服紂衣閩本明監本毛本紂作絲案皆誤也當作純

視滫濯閩本明監本同毛本滫作滌案所改是也

次視牲次舉鼎閩本明監本毛本同案鼎當作冪

不吳不敖唐石經小字本相臺本同案傳云吳譁也正義云人自娛樂必讙譁爲聲故以娛爲譁也定本娛作

吳釋文云不吳皆如字譁也是正義本作娛釋文定本作吳也詳正義之意因傳云吳譁也而說之以娛樂讙譁又例以爲毛不破字故定經文從娛也其實此經字與泮水經同彼箋卽用此傳經文皆本是吳字說文云吳大言也義與譁合當以釋文定本爲長盧文弨校乃依史記所引改爲虞誤也

說文作吳吳大言也（補）釋文挍勘記通志堂本同盧本二吳字皆作吳案所改是也

何承天云吳字誤當作吳從口下大（補）通志堂本盧本吳作吳吳作吳案所改是也

傳吳譁考成　閩本明監本毛本同案吳當作娛

此言飲美皆思自安　閩本明監本毛本同案美下浦鏜云脫酒字是也

○酌

酌九句　閩本明監本毛本同案此不誤浦鏜云八誤九章末並同非也讀以實唯爾公爲一句允師爲一句唐石經亦云九句也

卽是武樂所象衆　閩本明監本毛本同案盧文弨云衆疑衍是也

酌左傳作約　閩本明監本毛本同案山井鼎云約當作汋是也

卽之爲三等　閩本明監本毛本同案山井鼎云卽恐節誤是也

傳公士○正義曰釋詁文　閩本明監本毛本在下節首十行本誤在上節末案山井鼎云士當作事是也下同

○桓

桓武志也　唐石經小字本相臺本同案釋文云本或以此句作注正義云序又說名篇之意桓者威武之志云云是正義本亦爲序文

夏正於南郊祭者　閩本明監本毛本同案正當作至形近之譌

以記文不旨言周　閩本明監本毛本同案浦鏜云旨當指字誤是也

且入帝無時在南郊祭者　閩本明監本毛本同案時當作特形近之譌

婁豐年　唐石經小字本相臺本同閩本明監本毛本婁作屢案釋文作婁是其證也正義中字作屢當是易爲今字耳餘經依釋文皆當作婁正義自爲文作屢者皆易字之例唐石經錯見屢字者非屢乃俗字耳今杜預集解本於宣十二年傳所引此經亦作屢非左氏之舊矣

卽玉帛者萬國　閩本明監本毛本同案山井鼎云左傳卽作執是也

○賚

○般

般樂也　小字本相臺本同案此釋文本也釋文云崔集注本用此注爲序文正義云經無般字序又說其名篇之意般樂也爲天下所美樂定本般樂二字爲鄭注未知孰是是正義本爲序文與集注同也考此序解般樂也與桓序云桓武志也賚序賚予也言所以錫予善人也正爲一例當以集注正義本爲長唐石經序末無此三字出於釋文定本而經注各本之所祖也

墮山山之嶞墮小者也　小字本同閩本明監本毛本同相臺本墮作嶞案相臺本是也正義云有嶞墮然之小山是嶞嶞疊經字不容下一字作墮也釋文云字又作墮考說文山部云嶞山之嶞嶞者乃用此傳文則作嶞爲正矣十行本正義中字多作嶞唯故知山之小者墮墮然一處作墮或正義本是墮字後依經注本改之而未盡也明監本毛本并改作嶞嶞閩本此與十行本同而上下文又改嶞爲墮

東至於底柱也　閩本明監本毛本同案浦鏜云厎誤底是也

鉤盤者河水曲如鉤屈折如盤故曰鉤盤　閩本明監本毛本同案浦鏜云盤李本作股以爾雅釋文考之是也但此當是正義涉孫郭本而誤非其字有譌也

以爲古記九河之名　閩本明監本毛本同案此不誤浦鏜云說誤記非也正義引漢志如此

時周之命唐石經小字本相臺本同案正義云此篇末俗本有於繹思三字誤也釋文云於繹思毛詩無此句齊魯韓有之今毛詩有者衍文也崔集注本有是採三家之本崔因有故解之今考正義釋文所說自得其實經義雜記乃并三家此句亦以爲衍誤矣

箋裒聚至而王閩本明監本毛本同案山井鼎云據注聚當作裒是

王言配者閩本明監本毛本同案浦鏜云王疑正字誤是也

附釋音毛詩注疏卷第二十 二十之一 六七

駉之什詁訓傳第二十九

毛詩魯頌　鄭氏箋　孔穎達疏

魯頌譜

魯者少昊摯之墟也國中有大庭氏之庫則大庭氏亦居茲乎。正義曰昭十七年左傳云郯子曰少皥摯之立也定四年左傳祝佗曰命伯禽封於少皥之墟是其文所出也明堂位曰封周公於曲阜少皥之墟卽曲阜也漢書地理志云周興以少皥之墟曲阜封周公子伯禽爲魯侯以爲周公主應劭云曲阜在魯城中委曲長七八里然則其都在此曲阜其地則名魯也昭十八年宋衛陳鄭災左傳稱梓愼登大庭氏之庫以望之經傳之文雖不言大庭居魯而此庫繫大庭言之故爲疑辭云則大庭氏亦居此乎杜預曰大庭氏古國名在魯城內魯於其處作庫高顯故登以望氣然則大庭之居在於魯城內於其處作庫非大庭氏所作也。在周公歸政成王封其元子伯禽於魯。正義曰洛誥言七年冬周公致政成王時事其經云烝祭歲文王騂牛一武王騂牛一王命作册逸祝册惟告周公其後注云

謂將封伯禽也又閟宮云王曰叔父建爾元子俾侯于魯是周公歸政成王封其元子伯禽之事也史記魯世家云武王旣克殷封周公旦於少皥之墟曲阜是爲魯公周公不就封於是卒相成王而使其子伯禽代就封於魯然則周公於武王之時已受魯封但身不之魯使伯禽就國至歸政之後成王乃大啓土宇令地方七百里魯之封疆於是始定故據後定言之。其封域在禹貢徐州大野蒙羽之野。正義曰禹貢海岱及淮惟徐州云蒙羽其藝大野旣豬徐州是魯之界故知之。自後政衰國事多廢十九世至僖公當周惠王襄王時而遵伯禽之法養四種之馬牧於坰野。正義曰魯自伯禽之後有武公魯人追立其廟以爲世室又有孝公爲樊仲山甫所薦雖復賢於諸公不爲時所歌頌不能遵伯禽之法故揔云政衰事廢明僖公興之故致頌也世家云伯禽卒子考公酋立卒弟熙立是爲煬公卒子幽公宰立十四年弟濆弑幽公而立是爲魏公卒子厲公擢立卒魯人立其弟具是爲獻公卒子眞公濞立卒弟敖立是爲武公卒子戲立爲懿公九年兄括之子伯御與魯人攻殺懿公而立伯御爲君十一年周宣王伐魯殺伯御乃立懿公弟稱是爲孝公卒子弗湟立是爲惠公卒子息姑攝行君事是爲隱公十一年冬公子翬殺隱公立其弟允爲君是爲桓公十八年卒立太子同是爲莊公三十二年卒立子開爲閔公立其卒於是季友奉公子申立之是爲僖公從周公數之故爲十九世僖公以惠王十九年卽位襄王二十五年薨是當周惠王襄王時也。尊賢祿士脩泮宮崇禮教。正義曰有駜頌僖公用臣必先致祿食振鷺言絜白之士羣集君朝是尊賢祿士也泮水頌僖公能脩泮宮是脩泮宮崇禮教也舒瑗云魯不合作頌故每篇言頌以名生於不足故也能脩泮宮土功之事春秋經不書者泮宮止國學也脩謂舊有其宮脩行其教學之法功費微少非城郭都邑例所不書也。僖十六年冬會諸侯于淮上謀東畧公遂伐淮夷。正義曰春秋僖十六年經書冬十有二月公會齊侯宋公等于淮左氏傳曰會于淮謀鄫且東畧如傳之意以言此會主爲謀鄫且東行畧地今鄭言謀東略則鄭意言此會非直謀鄫且謀東畧以爲二俱謀之僖九年左傳宰孔云齊侯不務德而勤遠畧故北伐山戎南伐楚西爲此會東畧之不知西則否矣是謂征伐爲畧也此言謀東畧者謂東征伐而畧地也淮會旣有此謀公所以遂伐淮夷泮宮之篇所說伐淮夷事是也但春秋經傳僖公無伐淮夷之事故鄭推校早晚以爲淮會之謀東畧卽是謀伐淮夷旣謀卽伐故稱遂也案左傳僖十六年冬公會諸侯于淮未歸而使師取項公爲齊所止十七年方始得還傳云書曰公

至自會猶有諸侯之事焉且諱之也然則伐淮夷者是在十七年末公還之後乃興師伐之詩稱旣作泮淮夷攸服則是受成於學然後出師非因會而遂行也淮會謀東略者與諸侯共謀詩稱伐淮夷者專美魯侯蓋以淮夷居淮水之上在徐州之界最近於魯於時霸者使魯獨征之故詩專美僖公也用兵征伐事之大者春秋之例君舉必書所以經傳無伐淮夷文者當是史文脫漏故經傳皆闕。僖二十年新作南門又脩姜嫄之廟至於復魯舊制未徧而薨。正義曰二十年新作南門春秋經也閟宮云閟宮有侐實實枚枚又曰新廟奕奕奚斯所作是又脩姜嫄之廟也序稱僖公能遵伯禽之法而牧馬門廟魯之舊事是至於復魯舊制也伯禽之後國事多廢則所廢者非徒馬及門廟而已故云未徧而薨所以死後追頌若然新然南門左傳云書不時也而以爲僖公之美者僖公新作南門意在脩復古制但不從啓塞之時是於禮爲小失春秋貶纖介之惡故取以爲譏論其復舊之情實爲美事作南門脩廟其事相類故鄭言脩廟因說作門贊成僖公之大美言其致頌之本意也脩姜嫄之廟春秋不書者魯國舊有此廟更脩理之用功少例所不書也。國人美其功季孫行父請命於周而作其頌。正義曰旣言未徧而薨乃云請周作頌則此頌之作在僖公薨後知者以大夫無故不

得出境上請天子追頌君德雖則羣臣發意其行當請於君若在僖公之時不應聽臣請王自頌己德明是僖公薨後也文六年行父始見於經十八年史克名見於傳則克於文公之時爲史官矣然則此詩之作當在文公之世其年月不可得而知也行父請周而不見於經者凡羣臣出使嘉好聘享受命而行者乃書之耳此行父適周自以羣臣之心請王作頌雖復告君乃行不稱君命以使非史策所得書也駉頌序云史克作是頌廣言作頌不指駉篇則四篇皆史克所作閟宮云新廟奕奕奚斯所作自言奚斯作新廟耳而漢世文人班固王延壽之等自謂魯頌是奚斯作之謬矣故王肅云當文公時魯賢臣季孫行父請于周而令史克作頌四篇以祀是肅意以其作在文公之時四篇皆史克所作也四篇一人之作而爲此次者以駉言務農重穀爲政之本又善於任賢故次有駜言君臣之有道也君臣同心則能脩教征伐故次泮水言能脩泮宮服淮夷也文武既備明神降福則能克剪放命復其疆宇故終以閟宮四篇皆頌僖公之美德也若然春秋僖八年秋七月禘于太廟用致夫人三十一年夏四月四卜郊不從猶三望三十三年薨于小寢皆爲春秋所譏則是行不純善而得作頌者春秋所譏皆人事小失非有損於國家僖以魯之先君國事多廢遠遵伯禽之法能復周公之宇安寧魯國作爲賢君緣王者不陳其詩故臣子請而作頌亦猶他國作詩美其君耳非是太平德洽和樂頌聲雖復行有小失不妨其作文也僖公能遵伯禽之法尚爲魯人所頌則伯禽之德自然堪爲頌矣所以無伯禽頌者伯禽以成王元年受封於魯於時天下太平四海如一歌頌之作事歸天子列國未有變風魯人不當作頌○文公十三年太室屋壞○正義曰此春秋經也閟宮箋與此俱引此文者以彼傳云書不恭也杜預云簡慢宗廟使至傾頹故書以見臣子不恭然則宗廟毀壞者譏其不恭明脩造繕治者於事爲善申說僖公之復舊制作新廟爲可頌之事故引大室壞而反以證之公羊穀梁皆以太室爲世室謂伯禽之廟服杜皆以爲太廟之室鄭無所說蓋與左氏義同也○初成王以周公有太平制典法之勳命魯郊祭天三望如天子之禮故孔子錄其詩之頌同於王者之後○正義曰明堂位云武王崩成王幼周公踐天子之位以治天下六年制禮作樂頒度量而天下大服七年致政於成王以周公爲有勳勞於天下命魯公世世祀周公以天子之禮是以魯君孟春乘大輅載弧韣旂十有二旒日月之章祀帝于郊配以后稷天子之禮也是成王命魯之郊天也春秋每云不郊猶三望是魯郊祭天而因祭三望也鄭以三望爲河海岱是魯之境內山川也祭其境內

山川則自是諸侯常法亦云天子之禮者以春秋郊望連文故因說郊天而并云三望耳禮運云夫杞之郊也禹宋之郊也契是王者之後得郊天由命魯得郊天○子祀廚爲王者之後故孔子亦錄其詩之頌同於王者之後也王者之後而有頌者正謂宋有商頌解魯頌所以得與商頌同稱頌之意也○問者曰列國作詩未有請於周者行父請之何也曰周尊魯巡守述職不陳其詩至於臣頌君功樂周室之聞是以行父請焉○正義曰變風之序皆不言請周此獨言請故問而釋之王制說巡守之禮云命太師陳詩以觀民之風俗然則天子巡守采諸國之詩觀其善惡以爲黜陟今周尊魯若王者巡守述職不陳其詩雖魯人有作周室不采商譜云巡守述職不陳其詩示無貶黜客之義然則不陳魯詩亦示無貶黜魯之義也巡守陳詩觀民風俗善則賞之惡則貶之既示無貶黜不采其詩雖有善詩不得復采故王道既衰變風皆作而魯獨無之以無魯風故知巡守述職不陳其詩魯之臣子緣周室尊魯不陳其詩是不欲使魯有惡既不欲其惡當喜聞其善至於臣頌君功亦樂使周室聞之是以行父請焉魯人請周不作風而作頌者以頌者美盛德之形容是詠歌之善稱王者有成功盛德然後頌聲作焉今魯詩稱穆穆魯侯敬明其德是美盛德也既克淮夷孔淑不逆是成功也既有盛德復有成功雖不可上比聖王足得臣子追慕故借其嘉稱以美其人言其所美有形容之狀故稱頌也以作頌非常故特請天子以魯是周公之後僖公又實賢君故特許之不然亦不得轉借其名而作頌也○周之不陳其詩者爲憂耳其有大罪侯伯監之行人書之亦示覺焉○正義曰又解不陳其詩所以爲勸誡者其大罪州牧侯伯監察之行人之官書記之亦足示覺知之焉雖則不陳其詩亦足以爲黜陟也商譜云示無貶黜客之法此言亦示覺焉互相補足皆是示法而已其有善惡不得不黜陟之也此言主於戒惡故言有大罪耳其實小善小惡亦監之書之也侯伯者州牧之別名僖元年左傳曰凡侯伯救患分災討罪禮也是州內諸侯有善惡者侯伯當監之也秋官小行人云及其萬民之利害爲一書其禮俗政事教治刑禁之逆順爲一書其悖逆暴亂作慝猶犯令者爲一書其札喪凶荒厄貧爲一書其康樂和親安平爲一書凡此五物者每國辨異之以此反命于王以周知天下之故是諸國有善惡行人當書之

駉頌僖公也僖公能遵伯禽之法儉以足用寬以愛民務農重穀牧于坰野魯人尊之於是季

孫行父請命于周，而史克作是頌。季孫行父，季文子也。史克，魯史也。○駉，古熒反，說文作驍，又作駫，同。牧，徐音目。坰，苦熒反，徐又苦營反，或苦瓊反，遠也，下同。父音甫，注同。

【疏】駉四章，章八句至作是頌。○正義曰：作駉詩者，頌僖公也。僖公能遵伯禽之法，伯禽者，魯之始封賢君，其法可傳於後。僖公以前莫能遵用，至於僖公乃遵奉行之，故能性自節儉，以足其用，情又寬恕，以愛於民，務勤農業，貴重田穀，牧其馬於坰遠之野，使不害民田。其爲美政如此，故既薨之後，魯國之人慕而尊之。於是卿有季孫氏名行父者，請於周，言魯爲天子所優，不陳其詩，不得作風，今僖公身有盛德，請爲作頌。既爲天子所許，而史官名克者作是駉詩之頌，以頌美僖公也。定本、集本皆直有僖公，字言能遵伯禽之法者，伯禽賢君，其法非一，僖公每事遵奉，序者撮以爲言也。不言遵周公之法者，以周公聖人，身不之魯，魯國之所施行，皆是伯禽之法，故繫之於伯禽，以見賢能慕賢之意也。儉者，約於養身，爲費寡少，故能畜聚貨財，以足諸用。寬者，緩於馭物，政不苛猛，故能明慎刑罰，以愛下民。此雖僖公本性，亦遵伯禽爲然也。務農，謂止舍勞役，盡力耕耘，重穀，謂愛惜禾黍，不妄損費，其事是一，但所從言之異耳。由其務農，故牧於坰遠之野，使避民居

與良田。即四章上二句是也。其下六句是因言牧在於坰野，即說諸馬肥健，僖公思使之善，終說牧馬之事也。儉以足用，寬以愛民，說僖公之德，與務農重穀爲首引耳，於經無所當也。僖公之愛民務農，遵伯禽之法，非獨牧馬而已，以馬畜之賤，尚思使之善，則其於人事無所不思明矣。魯人尊之以下，以諸侯而作頌詩爲非常，故說其作頌之意，雖復主序此篇，其義亦通於下三篇，亦是行父所請，史克所作也。此言魯人尊之，謂既薨之後，尊重之也。○箋季孫至魯史。○正義曰：行父是季友之孫，故以季孫爲氏，死謚曰文子。左傳、世本皆有其事。文十八年左傳稱季文子使太史克對宣公，知史克，魯史也。此雖借名爲頌，而體實國風，非告神之歌，故有章句也。禮，諸侯六閑，馬四種，有良馬，有戎馬，有田馬，有駑馬。僖公使牧於坰野，馬皆肥健，作者因馬有四種，故每章各言其一。首章言良馬，朝祀所乘，故云彭彭，見其有力有容也。二章言戎馬，齊力尚強，故云伾伾，見其有力也。三章言其田馬，田獵齊足，尚疾，故云驛驛，見其善走也。卒章言駑馬，主給雜使，貴其肥壯，故云祛祛，見其強健也。馬有異種，名色又多，故每章各舉四色以充之。宗廟齊豪，則馬當純色，首章說良馬而有異毛者，容朝車所乘故也。

駉駉牡馬，在坰之野。駉駉，良馬腹幹肥張也。坰，遠野也。邑外曰郊，郊外曰野，野外曰林，林外曰坰。箋云：必牧於坰野者，辟民居與良田也。周禮曰：以官田、牛田、賞田、牧田任遠郊之地。

薄言駉者，有驈有皇，有驪有黃，以車彭彭。牧之坰野則駉駉然。驪馬白跨曰驈，黃白曰皇，純黑曰驪，黃騂曰黃。諸侯六閑，馬四種，有良馬，有戎馬，有田馬，有駑馬。彭彭，有力有容也。箋云：坰之牧地，水草既美，牧人又良，飲食得其時，則自肥健耳。○驈，戶橘反，阮孝緒于密反，顧野王餘橘反，郭音述。驪，力知反，沈又郎西反，說文、字林云：深黑色馬也。跨，苦花反，又苦故反，又胡化反，郭云：髀間也。蒼頡篇云：兩股間也。騂，息營反，赤黃曰騂，下文同。字林火營反。種，章勇反。駑音奴。飲食，上音蔭，下音嗣，又並如字。

思無疆，思馬斯臧。箋云：臧，善也。僖公之思遵伯禽之法，反覆思之，無有竟已，乃至於思馬斯善，多其所及廣博。○疆，居良反，竟也。覆，芳服反。

【疏】駉駉至斯臧。○正義曰：僖公養四種之馬，又能遠避良田，魯人尊重僖公，作者追言其事。駉駉然腹幹肥張者，所牧養之良馬也。所以得肥張者，由其牧之在於坰遠之野，其水草既美，牧人又良，飲食得所，莫不肥健，故皆駉駉然。薄言駉者有何馬也？乃有白跨之驈馬，有黃白之皇馬，有純黑之驪馬，有黃騂之

黃馬。此等用之以駕朝祀之車，則彭彭然有壯力，有儀容矣。是由牧之以理，故得使然。此僖公思遵伯禽之法，反覆思之，無有竟已，其所思乃至於馬，亦令之使此善，是其所及廣博，不可忘也。定本牧馬字作牡馬。○傳駉駉至曰坰。○正義曰：腹謂馬肚，幹謂馬脅。宣十五年左傳曰：雖鞭之長，不及馬腹。謂鞭馬肚也。莊元年公羊傳曰：拉公幹而殺之。謂折公脅也。肥張者，充而張大，故其色駉駉然，是馬肥之貌耳。但毛以四章分說四種之馬，故言駉駉良馬腹幹肥張，明首章爲良馬，二章爲戎馬也。坰者，闊廣之義，故爲遠。釋地云：邑外謂之郊，郊外謂之牧，牧外謂之野，野外謂之林，林外謂之坰。此傳出於彼文，而不言郊外曰牧，注云郊外曰野者，自郊以外，野爲通稱，因即據野爲說，不言牧。且彼郊外之牧，與此經牧馬，字同而事異，若言郊外牧，嫌與牧馬相涉，故略之也。郊、牧、野、林、坰，自邑而出，遠近之異名。孫炎曰：邑，國都也。設百里之國，五者之界，界各十里。然則百里之國，國都在中，去境五十，每十里而異其名，則坰爲邊畔，去國最遠，故引之以證坰爲遠也。彼據小國言之，郊爲遠郊，牧、野、林、坰自郊外爲差，則郊也、牧也、野也、坰也，四者不同處。箋稱牧於坰野，又言牧在遠郊，便是郊、牧、坰、野共爲一處，與爾雅異者，自國都以外，郊爲大限，言牧在遠郊，謂所牧之處在遠郊之外，正謂在坰是也。野

者郊外通名故周禮六遂在遠郊之外遂人職云凡治野田是其郊外之地揔稱野也牧於坰野自謂放牧在坰非遠近之名雖字與爾雅相涉其意皆不同也孫炎言百里之國十里爲郊則郊之遠近計境之廣狹以爲差也聘禮云賓及郊注云郊遠郊周制天子畿内千里遠郊百里以此差之遠郊上公五十里侯四十里伯三十里子三十里男十里也近郊各半之是鄭之所約也以聘禮下云賓至于近郊故知賓及郊者爲遠郊也司馬法云王國百里爲遠郊且王畿千里其都去境五百里爾雅從邑之外止有五明當每皆百里故知遠郊百里也知近郊半之者書序云周公既没命君陳分正東郊成周於時周都王城而謂成周爲東郊則成周在其郊也於漢王城爲河南成周爲洛陽相去不容百里則所言郊者謂近郊故注云天子近郊五十里今河南洛陽相去則然是鄭以河南洛陽約近郊之里數也周禮杜子春注云五十里爲近郊白虎通亦云近郊五十里遠郊百里是儒者相傳爲然昭二年叔弓如晉左傳曰晉侯使郊勞服虔云近郊三十里或當别有依約與鄭異也書傳云百里之國二十里之郊七十里之國九里之郊三十里之國三里之郊言其百里七十里是夏殷諸侯之國其郊與周異也○箋必牧至之地○正義曰解牧馬必在坰野之意以國内居民多近都之地

貴必牧於坰野者避民居與良田故也以序云務農重穀牧於坰對故知有避民田之義也引周禮者地官載師文彼注鄭司農云官田者以備公家之所耕也牛田者以養公家之牛也賞田者賞賜之田也牧田者牧六畜之田玄謂官田庶人在官者其家所受田也牛田牧田畜牧者之家所受田也必易司農者以載師掌在土之法以物地事所陳者爲制貢賦而言也若官所耕田及牛牧之田則自公家所田無賦稅之事下文何云近郊十一遠郊二十而三爲稅法也以此故易之彼司農以牛田爲牧家所受則非復放牧之田而引證此者以牧人之牧六畜常在遠郊之外因近其牧之處而給之田故引此爲證牧馬之處當遠於國也彼雖天子之法明諸侯亦當然則牧在遠地避民良田乃是禮法當然自僖公以前不能如禮故特美之○傳牧之至力有容也○正義曰上言駉駉牡馬在坰之野是馬之肥乃言其牧處此云薄言駉者有驈有皇是就其所牧之中言肥馬之色此駉駉之肥由牧之使然故傳辨之云牧之坰野則駉駉然釋畜云驪馬白跨驈孫炎曰驪黑色也白跨股脚白也郭璞云跨髀間也然則跨者所跨據之處謂髀間白也釋畜又云黄白皇舍人曰黄白色雜名皇也其驪與黄則爾雅無文月令孟冬云駕鐵驪象時之色檀弓云夏后氏尚黑戎事乘驪故知純黑曰驪

爾雅黄白皇謂黄而色白者名之爲皇則黄而赤色者直名爲黄明矣故知黄騂曰黄騂者赤色謂黄而雜色者也諸侯六閑馬四種夏官校人有其事故知邦國六閑傳雖變邦國以爲諸侯耳以四章所論馬色既别皆言以事明其每章各有一種故言此以充之不於上經言之者以上文二句四章皆同無可以爲别異故就此以車異文而引之也閑謂馬之所在有限衛之處校人之注以爲二百一十六匹爲一廄三廄爲一閑諸侯有四種其三種别爲一閑駑一種而分爲三閑也傳既言馬有四種又辨四種之異故云有良馬有戎馬有田馬有駑馬彼校人上文辨六馬之屬種戎齊道田駑本無良馬之名鄭於彼注以爲諸侯四種無種戎而有齊道田駑此傳有良戎而無齊道與彼異者彼上文說六馬之屬下言天子六種邦國四種家二種自上降殺以兩明當漸有其等差其義必如鄭說今傳言良馬非彼六馬之名則戎馬非彼之義戎馬自以時事名之蓋謂齊馬爲良馬道馬爲戎馬也何則國之大事在祀與戎諸侯之國必有朝祀征伐之事謂朝祀所乘爲良馬征伐所乘爲戎馬非周禮之種戎也彼鄭注以次差之玉路駕種馬戎路駕戎馬金路駕齊馬象路駕道馬田路駕田馬駑馬給宫中之役彼以天子具有五路故差之以當六馬而諸侯路車多少不等有自金路以下者

有象路以下者有革路以下者車雖有異馬皆四種則知其爲差次不得同天子故傳準所用别爲立名謂之良戎不言齊道案魯以同姓勳親有金路以下則當金路象路共駕良馬戎路駕戎馬田路駕田馬駑馬給宫中之役其餘諸侯無金路者事窮則同蓋亦準其時事分乘四種大夫本無路車亦有二種之馬明以時事乘之不必要駕路車也若然案夏官戎右注云此充戎路之右田亦爲之右然則戎田相類何知不象路駕戎馬戎路駕田馬而必知諸侯有金路者金路象路共駕良馬戎路駕戎馬者以兵戎國之大事當駕善馬不得與田馬同也天子戎路以其無飾故卑於象路戎馬以其尚強故戎馬先於齊馬以此知諸侯戎路亦不得與田路同馬且戎路之衡高於田路田馬不得駕之冬官輈人爲輈國馬之輈深四尺有七寸田馬之輈深四尺注云國馬謂種馬戎馬齊馬道馬高八尺兵車乘車衡高八尺七寸田馬七尺則衡高七尺七寸是戎馬之高當與齊道同不與田馬等故知戎馬不得駕田路也戎馬必駕戎路則知有金路者金路象路共駕良馬明矣校人又云凡頒良馬而養乘之注云良善也善馬五路之馬彼以五路之馬皆稱爲良此傳獨以齊馬爲良馬者以其用之朝祀故謂之良不與周禮同也朝祀所乘雖取其力亦須儀容故云彭彭有力有容言其能備

五御之威儀也。箋臧善至廣博。正義曰臧善釋詁文彊者竟也故言反覆思之無竟已言伯禽之法非一僖公每事思之所思衆多乃至於思馬斯善以馬是賤物舉微以見其著多大其思之所及者能廣博也

駉駉牡馬在坰之野薄言駉者有騅有駓有騂有騏以車伾伾蒼白雜毛曰騅黃白雜毛曰駓赤黃曰騂蒼祺曰騏伾伾有力也。騅音隹駓符悲反字又作駓郭云今桃花馬也字林作駓。音丕騏音其伾敷悲反說文同字林作駓走也父之反音丕祺音其字又作騏

思無期思馬斯才才多材也

疏 傳倉白至有力。正義曰釋畜云倉白雜毛騅郭璞曰即今騅馬也又云黃白雜毛駓郭璞曰今之桃華馬也此二者皆云雜毛是體有二種之色相間雜上云黃白曰皇黃騂曰黃止一毛色之中自有淺深與此二色者異故不云雜毛也其騂騂爾雅無文周人尚赤而牲用騂綱祀稱陽祀用騂牲是騂爲純赤色言赤黃者謂赤而微黃其色鮮明者也上云黃騂曰黃謂黃而微赤此云赤黃曰騂謂赤而微黃此其所以異也騏者黑色之名倉騏曰騏謂青而微黑今之騘馬也顧命曰四人騏弁注云青黑曰騏引詩云我馬維騏是騏爲青黑色此章言戎馬戎馬貴多力故云伾伾有力

駉駉牡馬在坰之野薄言駉者有驒有駱有駵有雒以車繹繹青驪驎曰驒白馬黑鬣曰駱赤身黑鬣曰駵黑身白鬣曰雒繹繹善走也。驒徒河反說文云馬文如鼉魚也韓詩及字林云白馬黑髦也駱音洛樊孫爾雅並作白馬黑髦鬣尾也駵音留字林云赤馬黑髦尾也雒音洛本或作駱同繹音亦善足也一本作善走也崔本作驛驎本亦作鄰郭良忍反毛色有深淺班駮隱鄰。今之連錢驄也呂沈良振反孫炎音隣云似魚鱗也鬣力輒反

疏 傳青驪至善走。正義曰釋畜云青驪驎驒孫炎云色有淺深似魚鱗也郭璞曰色有深淺班駮隱鄰。今之連錢驄也又云白馬黑鬣駱郭璞引禮記曰夏后氏駱馬黑鬣然則髦即是鬣皆謂馬之鬉也定本集注髦字皆作鬣其駵雒爾雅無文爾雅有駵白駁駵馬黃脊騝音乾則駵是色名說者以駵爲赤色若身鬣俱赤則騂馬故爲赤身黑鬣曰駵即今之駵馬也黑身白鬣曰雒則未知所出檢定本集注及徐音皆作駱。字而俗本多作駮字爾雅有駵白駁謂赤白雜色駁而不純非黑身白鬣也東山傳曰駵白曰駁謂赤白雜取爾雅爲說若此亦爲駁不應傳與彼異且注爾雅者樊光孫炎於駵白駁下乃引易乾爲駁馬引東山皇駁其馬皆不引此文明此非駁也其字定當爲雒但不知黑身白鬣何所出耳此章言田馬田獵尚疾故言繹繹善走

思無斁思馬斯作作始也箋云斁厭也思遵伯禽之法無厭倦也作謂牧之使可乘駕也。斁音亦

疏 傳作始。正義曰釋詁訓爲作爲始是作亦得爲始思馬斯始謂令此馬及其古始如伯禽之時也。箋斁厭至乘駕。正義曰斁厭釋詁文彼作射音義同以上章斯臧斯才皆馬之身事故易傳以作爲作用謂牧之使可作用乘駕也

駉駉牡馬在坰之野薄言駉者有駰有騢有驔有魚以車祛祛陰白雜毛曰駰彤白雜毛曰騢豪骭曰驔二目白曰魚祛祛彊健也。駰舊於巾反讀者並音因騢音遐說文云赤白雜色文似鰕魚驔音簟徒點反字林云又音譚有魚如字字書作䱊字林作驙音並同毛云一目白曰魚爾雅云一目白瞯二目白瞷瞯音閑祛起居反彤徒冬反赤也骭戶晏反

疏 傳陰白至強健。正義曰釋畜云陰白雜毛駰舍人曰今之泥驄也樊光曰駰者目下白也孫炎曰陰淺黑也郭璞曰陰淺黑今之泥驄或云目下白或云白陰皆非也璞以陰白之文與驪白黃白倉白彤白相類故知陰是色名非目下白與白陰也又云彤白雜毛騢舍人曰赤白雜毛今赭馬名騢郭璞云彤赤也即今赭白馬是也又云一目白瞯二目白魚舍人曰一目白曰瞯兩目白爲魚郭璞曰似魚目也其驔爾雅無文說文云骭骹也郭璞曰骭脚脛然則骭者膝下之名釋畜云四骹皆白驓無豪骭白之名傳言豪骭白者蓋謂豪毛在骭而白長名爲驔也驓則四骹雜白而毛短故與驔異也此章言駑馬主以給官中之役貴其肥壯。故曰祛祛強健也

思無邪思馬斯徂箋云徂猶行也思遵伯禽之法專心無復邪意也牧馬使可走行。邪似嗟反注同復扶又反

疏 箋徂猶至走行。正義曰徂訓爲往行乃得往故徂猶行也思牧馬使可走行亦上章使可乘駕之事也王肅云徂往也所以養馬得往古之道毛於上章以作爲始則此未必不如肅言但無迹可尋故同之鄭說

駉四章章八句

有駜頌僖公君臣之有道也有道者以禮義相與之謂也。駜備

筆反，又符必反。字林父必反。疏「有駜」三章，章九句，至「有道」。○正義曰：君以恩惠及臣，臣則盡忠事君，君臣相與皆有禮矣，是君臣有道也。經三章皆陳君能祿食其臣，臣能憂念事君，夙夜在公，是有道之事也。此主頌僖公，而兼言臣者，明君之所爲美，由與臣有道，道成於臣，故連臣而言之。○箋「有道至之謂」。○正義曰：蹈履有法謂之禮，行允事宜謂之義。君能致其祿食，與之燕飲，是君以禮義與臣也。臣能夙夜在公，盡其忠敬，是臣以禮義與君也。

有駜有駜，駜彼乘黄。駜，馬肥彊貌。馬肥彊則能升高進遠，臣彊力則能安國。箋云：此喻僖公之用臣，必先致其祿食，祿食足而臣莫不盡其忠。○乘，繩證反，下同。**夙夜在公，在公明明。**箋云：夙，早也。言時臣憂念君事，早起夜寐，在於公之所；在於公之所，但明義明德也。禮記曰：「大學之道，在明明德。」○大學音泰。**振振鷺，鷺于下。鼓咽咽，醉言舞。于胥樂兮。**振振，羣飛貌。鷺，白鳥也，以興絜白之士。咽咽，鼓節也。箋云：于，於。胥，皆也。僖公之時，君臣無事，則相與明義明德而已。絜白之士羣集於君之朝，君以禮樂與之飲酒，以鼓節之咽咽然，至於無算爵，則又舞燕樂，以盡其歡，君臣於是則皆喜樂也。○咽，

本又作淵，鼓同，烏玄反，又於巾反。樂音洛，注「喜樂」下「于胥樂兮」及注「安樂」同。朝，直遥反。疏「有駜」至「樂兮」。○正義曰：言有駜有駜然肥強之馬，此駜然肥強者，彼之所乘黄馬也。將欲乘之，先養以芻秣，故得肥強，乘之則可以升高致遠，得爲人用矣。以興僖公有賢能之臣，將任之，先致其祿食，故皆盡忠，任之則可以安國治民，得爲君用矣。羣臣以盡忠之故，常侵早遠夜在於公所。其在於君所，則君臣無事，相與明義明德而已。以君臣閒暇，共明德義，故在外賢士競來事君。振振然而羣飛者，絜白之鷺鳥也。此鷺鳥於是下而集止於其所，以喻絜白者衆士也。此衆士於是來而集止於君朝。既集君朝，與之燕樂，以鼓節之咽咽然，至於無算爵而醉，爲君起舞以盡其歡。於是君臣皆喜樂兮，是其相與之有道也。○傳「駜馬至安國」。○正義曰：以駜與乘黄連文，故知駜者馬肥強之貌。以序言君臣有道，下句皆說臣事，故知以肥馬喻強臣也。四馬曰乘，故言乘黄。○箋「此喻至其忠」。○正義曰：傳以馬之肥強喻臣之強力。馬由人所養飼，乃得肥強，肥強乃能致遠；人得祿食充足，乃能盡忠，盡忠乃肯用力。若其不然，雖有強力，不肯用之，故箋重申傳意。案夏官司士云「以功詔祿」，儒行云「先勞而後祿，不亦易祿乎」，然則臣當先施功勞，然後受祿。此僖公用臣所以先致祿食者，彼二文皆謂君初用臣，臣初仕君，必試之有功，乃與之祿。若其位定之後，食祿是常，君當豐其祿食，要其功効，不得復待有功方始祿之。故美僖公先致祿食，使臣盡忠，此則禮之常法，美僖公能順禮也。○箋「夙早至明德」。○正義曰：夙，早，釋詁文。以臣之於君，德義而已，以經有二明，故知謂明義明德也。定本、集本皆云「議明德也」，無上明字。施物得宜爲義，在身得理爲德，雖內外小殊，而大理不異。引大學明德者，彼謂顯明明德之事，故引之以證此爲明德也。○箋「于於至喜樂」。○正義曰：于，於；胥，皆，釋詁文。絜白之士不仕庸君，以僖公君臣無事，相與明義明德而已，德義明，乃爲賢人所慕，故絜白之士則羣集於君之朝。既言君臣相與明義明德，别言絜白之士羣集君朝，則絜白之士謂舊臣之外新來者也。上言在公明明，據臣爲文，則明義明德唯應臣明之耳，而云相與者，以言在公，則是共公明之，故知君臣並明德義也。以禮與之飲酒，謂爲燕禮。燕禮以樂助勸，故以鼓節之咽咽然。醉始言舞，故知至於無算爵則有舞。盡歡以君與臣燕，故知君臣於是皆喜樂也。

有駜有駜，駜彼乘牡。夙夜在公，在公飲酒。言臣有餘敬，而君有餘惠。疏傳「言臣至餘惠」。○正義曰：臣禮朝朝暮夕，不當常在君所，今閒暇無事，而夙夜在公，是臣有餘敬也。君之

於臣，饗燕有數，今以無事之故，即與之飲酒，是君有餘惠也。**振振鷺，鷺于飛。鼓咽咽，醉言歸。于胥樂兮。**箋云：飛喻羣臣飲酒醉欲退也。疏箋「飛喻至欲退」。○正義曰：以上言於下，此言於飛，是既下而飛去，故知喻羣臣飲酒醉欲退也。絜白之士謂新來之人，但所來之人即在臣列，且與舊臣同燕，故以羣臣言之。

有駜有駜，駜彼乘駽。青驪曰駽。○駽，呼縣反，徐又火玄反，又胡眄反，又音炫。**夙夜在公，在公載燕。**箋云：載之言則也。疏傳「青驪曰駽」。○正義曰：釋畜云「青驪駽」，舍人曰：「青驪馬，今名駽馬也。」孫炎曰：「色青黑之間。」郭璞曰：「今之鐵驄也。」**自今以始，歲其有。君子有穀，詒孫子。于胥樂兮。**歲其有豐年也。箋云：穀，善。詒，遺也。君臣安樂，則陰陽和而有豐年，其善道則可以遺子孫也。○歲其有，本或作「歲其有矣」，又作「歲其年者」，矣皆衍字也。詒孫子，以之反，本或作「詒厥孫子」、「詒于孫子」，皆是妄加也。遺，唯季反，下同。疏「自今」至「樂兮」。○正義曰：君臣有道如此，可致陰陽和順，從今以爲初始，歲其當有豐年，言君德可以感之也。君子僖公有善道

可以遺其子孫言其德澤堪及於後也以此之故於是君臣皆喜樂兮。傳歲其有豐年。正義曰春秋書有年者謂五穀大熟豐有之年故知其有年謂從今以去當有豐年也定本集注皆云歲其有年此詩僖公薨後乃作而云自今以始者上言在公載燕因卽據燕爲今與將來爲始非以作詩爲始。箋穀善貽遺。正義曰穀善釋詁文貽遺釋言文

有駜三章章九句

泮水頌僖公能脩泮宮也。泮普半反 疏 泮水八章章八句至泮宮正義曰作泮水詩者頌僖公之能脩泮宮也泮宮學名能脩其宮又脩其化經八章言民思往泮水樂見僖公至於克服淮夷惡人感化皆脩泮宮所致故序言能脩泮宮以揔之定本云頌僖公脩泮宮无能字

思樂泮水薄采其芹泮水泮宮之水也天子辟廱諸侯泮宮言水則采取其芹宮則采取其化箋云芹水菜也言已思樂僖公之脩泮宮之水復伯禽之法而往觀之采其芹也辟廱者築土雝水之外圓如璧四方來觀者均也泮之言半也半水者蓋東西門以南通水北无也天子諸侯宮異制因形然。僖音希頖音判本多作泮泮宮諸侯之學也泮半也半有水半无水也鄭注禮記言頖班也所以班政教芹其巾反辟音璧下同圜音圓觀古亂反又音官

魯侯戾止言觀其旂其旂茷茷鸞聲噦噦無小無大從公于邁戾來止至也言觀其旂言法則其文章也茷茷言有法度也噦噦言其聲也箋云于行邁行也我采水之芹見僖公來至于泮宮我則觀其旂茷茷然鸞和之聲噦噦然臣无尊卑皆從君行而來稱言此者僖公賢君人樂見之。茷蒲害反又普貝反本又作茷噦呼會反 疏 思樂至于邁。正義曰僖公能脩泮宮爲宮立水水傍生菜宮內行化魯人言已思樂往泮宮之水我欲薄采其芹之菜也既采其菜又觀其化傳魯侯僖公來至此泮宮我觀其車之所建之旂而有文章法度則其旂乃茷茷然有法度其鸞則噦噦然有聲言其車服得宜行趨中節也又魯之羣臣无小无大皆從公往行而至泮宮言僖公之賢人樂見之也。傳泮水至其化。正義曰此美僖公之脩泮宮述魯人之辭而云思樂泮水故知泮水卽泮宮之外水也天子辟廱諸侯泮宮王制文其餘諸侯止有泮宮一學魯之所立非獨泮宮而已明堂位曰米廩有虞氏之庠也序夏后氏之序也瞽宗殷學也頖宮周學也是魯禮得立四代之學魯有四代之學此詩主頌其脩泮宮者先代之學尊魯侯得立之示存古法而已其行禮之飲酒養老兵事之受成告克當於周世之學在泮宮也僖公之伐淮夷將行則在泮定謀既克則在泮獻馘作者主美其作泮宮而能服淮夷故特言其脩泮宮耳僖公志復古制未必不四代之學皆脩之也又解泮宮泮水正是一物而此詩或言宮或言水之意以菜生於水化出於宮言水則采取其芹言宮則采取其化故詩言采芹藻之菜則言泮水說行禮獻之事則云泮宮下章去既作泮宮淮夷攸服是言克淮夷者由宮內行化而服之故言宮也泮宮之名既定亦可單稱爲泮此經四言在泮及集于泮林皆謂泮宮爲泮也采者取菜之名而化亦言采者俱是已往取之因采菜而同其文。箋芹水至形然。正義曰采菽云觱沸檻泉言采其芹芹生於泉水是水菜也言水菜者解其就泮水之意藻茆亦水菜從此可知也魯人之樂泮水意在觀化非主采菜但水能生菜因采取之并以采菜爲言故箋解其意言已思樂僖公之脩泮宮之水復伯禽之法而往觀之采其芹也是其思樂者樂僖公所脩觀宮因采其菜其往不專爲菜又申傳辟廱泮宮之義辟廱者築土爲堤以壅水之外使圓如璧令四方來觀者均故謂之辟廱也釋詁云肉倍好謂之璧孫炎云肉身也好孔也身大而

孔小然則璧體圓而內有孔此水亦圓而內有地是其形如璧也圓既中規而望水內則遠近之路等故四方來觀者均言均得所視也此箋言築土壅水四方來觀者均說水之外畔靈臺傳云水旋丘以節觀者說水之中央所據不同互相發見也言四方來觀者均則辟廱之宮內有館舍外无牆院也後漢書稱光武中元二年初載建三廱明帝卽位親行其禮天子始冠通天衣日月備法物之駕盛清道之儀坐明堂而朝羣臣登靈臺以望雲物袒割辟廱之上尊養三老五更饗射禮畢帝正坐自講諸儒問難於前冠帶搢紳之人圜橋門而觀聽者蓋億万計是由外无牆院故得圜門觀之也天子之宮形既如璧則諸侯宮制當異矣而泮爲名則泮是其制故云泮之言半半水者蓋東西門以南通水北无也既以蓋爲疑辭必疑南有水者以行禮當南面而觀者宜北面嚮水本以節觀宜其先節南方故知南有水而北无也北无水者下天子耳亦當爲其限禁故云東西門以南通水明門北亦有溝塹但水不通耳諸侯樂用軒懸去其南面泮宮之水則去北面者樂爲人君而設貴在近人與其去之寧去遠者泮水自以節觀故留南方各從其宜不得同也天子諸侯之宮異制因形然言由形異制殊所以其名亦別也定本集注皆作形然俗本作殺字誤也此解辟廱泮宮之義皆以其形

名之而王制注云辟明也廱和也所以明和天下泮之言班也所以班政教也以物有名生於形因名立義以此天子諸侯之宮實圓水半水耳不以圓半爲名而謂之辟泮故知辟泮之稱有義存焉故於禮注解其義與此相接成也○傳戾來至有聲○正義曰釋詁云戾來至也俱訓爲至是戾得爲來也止者至而止住故云至非訓止爲至也復解泮宮在郊旂鸞在車之飾諸侯禮當有之今云言觀者欲法則其文意故美而觀之也此是魯人作詩而自稱其君爲魯侯者以其魯君之美可爲四方所則因其請王而作遂爲外人之辭以示僖公之德非獨魯人所頌也○箋其音至德音○正義曰以其馬是僖公之馬故知其音是僖公之音以文承馬下嫌是馬音故明之

思樂泮水薄采其藻魯侯戾止其馬蹻蹻其馬蹻蹻其音昭昭其馬蹻蹻言彊盛也箋云其音昭昭僖公之德音○藻音早水草也蹻居表反昭之繞反**載色載笑匪怒伊教**色溫潤也箋云僖公之至泮宮和顏色而笑語非有所怒於是有所教化也**思樂泮水薄采其茆**茆鳧葵也○茆音卯徐音柳韋昭萌藻反于賓云今之鳧蹏草堪爲菹江東有之何承天云此菜出東海堪爲菹醬也鄭小同云江南人名之蓴菜生陂澤中草木疏同又云或云水戾一云今之浮菜即猪蓴也本草有鳧葵陶弘景以入有名無用品解者不同未詳其正沈以下同及草木疏所說爲得鳧音符

詩疏二十之二　十五

魯侯戾止在泮飲酒既飲旨酒永錫難老箋云在泮飲酒者徵先生君子與之行飲酒之禮而因以謀事也已飲美酒而長賜其難使老難使老者最壽考也長賜之者如王制所云八十月告存九十日有秩者與○者與音餘**順彼長道屈此羣醜**屈收醜衆也箋云順從長遠屈治醜惡也是時淮夷叛逆既謀之於泮宮則從彼遠道往伐之治此羣爲惡之人○屈丘勿反鄭云治也徐云鄭又其勿反韓詩云屈收也收斂得此衆聚

疏　思樂至羣醜○毛以爲魯人言已思樂往泮宮之水我薄欲采其茆之菜也既采其菜又觀其化值魯侯來至在泮水之宮與羣臣飲酒謂召先生君子與之行飲酒之禮既飲此美酒而得其宜則天長與之以難老之福故能順彼仁義之長道以收斂此羣衆人民○鄭以爲既飲此美酒又長賜其難老之人謂所養老人常有賜餼也又言僖公行飲酒之禮因以謀征伐之事乃欲從彼長遠之道路以治此羣爲惡之人謂時淮夷叛逆魯謀伐之此章言其謀行故下章言其伐克也○傳茆鳧葵○正義曰陸機疏云茆與荇菜相似菜大如手赤圓有肥者著手中滑不得停莖大如匕柄葉可以生食又可鬻滑美江南人謂之蓴菜或謂之水葵諸陂澤水中皆有○箋在泮至者與○正義曰泮宮者行禮養老之宮而云在泮飲酒明是以禮飲酒故知徵先生君子與之行飲酒之禮也鄉飲酒鄉射之禮皆以明日息司正而復行小飲酒之禮云徵唯所欲以告于先生君子可也鄉射注云先生鄉大夫致仕者君子有德不仕者鄉飲酒注云先生不以筋力爲禮於是可以采可者召唯所欲是飲酒之禮有召老之法下句言永錫難老明是召之與飲也王制云天子將出征受命於祖受成於學注云定兵謀也天子之禮如是則知諸侯亦然下章言淮夷攸服明當於是謀之故知行飲酒之禮因以謀伐淮夷之事也難老者言其身力康強難使之老故云謂最壽考者長賜終老者之身賜之不絕故言如王制所云八十月告存九十日有秩彼注以爲告存者每月致膳有秩者日有常膳然則八十者每月一致膳九十者日日常有膳所膳之物則無文蓋如漢世老人有名德者時詔郡國常以八月致羊酒之類也王制告存之文承七十不俟朝之下則謂朝臣有德致仕者也庶人之老者則不能然

詩疏二十之二　十六

行復除以養之耳王制又云凡三王養老皆引年八十者一子不從政九十者其家不從政注云引戸校年當行復除老人衆多非賢者不可皆養之也○傳屈收醜衆○正義曰屈者屈彼從己是收斂之義故爲收也醜衆釋詁文毛云收此羣衆則是不斥淮夷當謂順行長遠之道收斂魯國之民人也王肅云天長與之難老之福乃能順彼仁義之長道以斂此羣衆傳意或然○箋順從至之人○正義曰順者隨從之義長者遙遠之言故順爲從長爲遠也屈治釋詁文彼屈作淈某氏引此詩是音義同也下云既作泮宮淮夷攸服則將伐淮夷於泮宮謀之明是飲酒因謀此則謀之之事故以醜爲惡此則謀治之耳未是兵已行也下云淮夷攸服乃是伐而服之

穆穆魯侯敬明其德敬愼威儀維民之則允文允武昭假烈祖假至也箋云則法也僖公之行民之所法傚也僖公信文矣爲脩泮宮也信武矣爲伐淮夷也其聰明乃至於美祖之德謂遵伯禽之法○假古百反行下孟反又如字**靡有不孝自求伊祜**箋云祜福也國人無不法傚之者皆庶幾力行自求福祿○祜音戸

疏　穆穆至伊祜○正義曰穆穆然美者是魯侯僖

能敬明其德又敬愼其舉動威儀內外皆善維爲下民之所法則也信有文矣信有武矣文則能脩泮宮武則能伐淮夷既有文德又有武功其明道乃至於功烈美祖謂遵伯禽之法其道同於伯禽也以此化民民皆傚之魯國之民無有不爲孝者皆庶幾庶行孝自求此維多福祿言能勉力行善則福祿自來歸之僖公行己有道化之深也

明明魯侯克明其德既作泮宮淮夷攸服箋云克能攸所也言僖公能明其德脩泮宮而德化行於是伐淮夷所以能服也

矯矯虎臣在泮獻馘淑問如皐陶在泮獻囚囚拘也箋云矯矯武貌馘所格者之左耳淑善也囚所虜獲者僖公既伐淮夷而反在泮宮使武臣獻馘又使善聽獄之吏如皐陶者獻囚言伐有功所任得其人○矯本又作矯亦作蹻居表反馘古獲反截耳也皐陶音遙皐陶唐虞之士官

疏明明至獻囚○正義曰明明然有明德之魯侯甚能明其德也又說其明德之事既作泮水之宮以行其德化謀伐淮夷而淮夷所以順服是其德之明也僖公既伐淮夷有功而反矯矯然有威武如虎之臣使之在泮宮之內獻其截耳之馘善問獄如皐陶者使之在泮宮之內獻其所執之囚言折馘則有威武執囚則善問獄美其所伐有功而所任得人也○箋克能攸所○正義曰皆釋言文○傳囚拘○正義曰釋言文○箋馘所至其人○正義曰釋詁云馘獲也皇矣傳曰殺而獻其左耳曰馘故云馘所獲者之左耳謂臨陣格殺之而取其耳也淑善釋詁文囚所虜獲者謂生執而係虜之則所謂執訊者也王制云天子將出征受成於學出征執有罪反釋奠於學以訊馘告注云釋菜奠幣禮先師是將出則謀於學而後行反則禮先師以告克故僖公既伐淮夷而反在泮宮也彼云以訊馘告者即此獻馘是其事也所馘者是不服之人須武臣之力當殺其人而取其耳故使武臣如虎者獻之所囚者服罪之人察獄之吏當受其辭而斷其罪故使善聽獄如皐陶者獻之執俘截耳而還言伐有功也有武力者折馘善問獄者執囚言任得其人也此章言淮夷攸服即說獻囚急見所任得人以明其服之狀故下二章更說往伐之事

濟濟多士克廣德心桓桓于征狄彼東南桓桓威武貌箋云多士謂虎臣及如皐陶之屬征征伐也狄當作剔剔治也東南斥淮夷○狄王他歷反遠也豫毓同鄭作剔音同沈云毛如字未詳所出韓詩云鬄除也

烝烝皇皇不吳不揚不告于訩在泮獻功烝烝厚也皇皇美也揚傷也箋云烝烝猶進進也皇皇當作暀暀暀暀猶往往也吳譁也訩訟也言多士之於伐淮夷皆勸之有進進往往之心不讙譁不大聲僖公還在泮宮又無以爭訟之事告於治訟之官者皆自獻其功○烝之丞反皇毛如字鄭作暀于況反吳鄭如字讙也又王音誤作吳音話同瘍余章反訩音凶讙音歡譁音花爭爭鬭之爭

疏濟濟至獻功○毛以爲上言任得其人此本往還之事言濟濟然多威儀之多士皆能廣其德心謂心德寬弘並無褊躁又桓桓然有威武之容其往征也遠服彼東南淮夷之國此多士之德烝烝然而厚皇皇然而美不爲過誤不有損傷於軍旅之間更無忿競其迴還也不有告於官司爭訟之事者唯在泮宮之內獻其戰功而已美其軍旅齊整又能克捷鄭唯以狄彼東南三句爲異言以威武往征剔治彼東南之國其往之時莫不相勸有進進往往之心不讙譁不揚聲美其樂戰之心而在軍又整餘同○傳桓桓威武貌○正義曰釋訓云桓桓威也故爲威武貌毛無破字之理瞻仰傳以狄爲遠則北狄亦爲遠也王肅云率其威武往征遠服東南謂淮夷來服也○箋多士至淮夷○正義曰上言反而獻功此又本其初往此言濟濟多士還是獻捷之人故知多士謂虎臣及如皐陶之屬所謂伐而正其罪故以征爲伐征伐所以治罪故讀狄爲剔剔治毛髮故爲治也淮夷之國在魯之東南故知東南斥淮夷也○傳烝烝至揚傷○正義曰釋訓云烝烝作也衆作是厚重之意故爲厚也皇皇美釋詁文揚與誤爲類故爲傷謂不過誤不損傷也王肅云言其人德厚美不過誤有傷者○箋烝烝至其功○正義曰釋詁云烝進也故烝烝猶進進也謂前進則皇爲往行故知皇當作往釋詁云往往皇皇美也俱訓爲美聲又相近故因而誤也鄭讀不吳爲不娛人自娛樂必讙譁爲聲故以娛爲譁也訩訟釋言文揚者高舉之義不娛爲不讙譁不揚爲不揚聲故云多士之伐淮夷皆勸之有進進往往之心不讙譁不大聲謂初反及在軍之時能如此也僖公還泮宮又無爭訟之事告治獄之官由在軍不競故無所告皆自獻其功而已

角弓其觩束矢其搜戎車孔博徒御無斁既克淮夷孔淑不逆觩觩弛貌五十矢爲束搜衆意也箋云觩弓觩然言持弦急也束矢搜然言勁疾也博當作傅甚傅緻者言安利也徒行者御車者皆敬其事又無厭倦也僖公以此兵衆伐淮夷而勝之其士卒甚順軍法而善無有爲逆者謂堙井刊木之類○觩音

蚪搜依字作接色留反博徐云毛如字王同大也鄭作傳音附釋本又作射又作斁作懌皆音亦厭也施式氏反本又作弛同致直置反卒尊忽反埋音因塞也刊苦干反服虔云創也

式固爾猶，淮夷卒獲。

箋云式用猶謀也用堅固女軍謀之故故淮夷盡可獲服也謀謂度已之德慮彼之罪以出兵也。度待洛反

【疏】角弓至卒獲。毛以爲多士以威武而往伐淮夷望而卽服故角弓其觩然弛而不張束矢其搜然衆而不用其兵車甚博大徒行御車之人皆敬其事無厭倦者故能克服淮夷既克淮夷而淮夷甚化於善不復爲逆亂也此淮夷不逆是僖公之功故述而美之言僖公用能固執大道之故故淮夷卒皆服也。鄭以爲既言服而獻功更陳克捷之勢言僖公之伐淮夷也以角爲弓其張則觩然而持弦甚急所束之矢其發則搜然而勁又且疾其戎車甚傳緻而牢固徒行之人又並無厭倦者從軍之初發至於既克淮夷其軍旅士卒甚善矣不有違逆軍法號令者此皆僖公之德故稱美之言此由僖公用堅固爾軍謀之故故淮夷盡得服也。傳觩弛至衆意。正義曰毛以美僖公之克淮夷必美其以德不以力此當設言爲不戰之辭故以觩爲弛貌荀卿論兵云魏氏武卒衣三屬之甲操十二石之弩負矢五十箇是一弩用五十矢矣荀則毛氏之師故從其言以五十矢爲束也大司寇云入束矢於朝注云古者一弓百矢其百箇與則鄭意以百矢爲束此箋不易傳者百矢爲束亦無正文以尚書及左傳所言賜諸侯以弓矢者皆云彤弓一彤矢百以一弓百矢故謂束矢當百箇而在軍之禮重弓以備折壞或亦分百矢以爲兩束故不易傳也已。以爲搜與束矢共文當言其束之多故搜爲衆意得以弓言觩矢言搜其意言弓不張矢不用是僖公不至大戰而克服淮夷也又毛於猶字皆訓爲道則下句猶亦爲道王肅云言弓弛而不張矢衆而不用兵車甚博大徒行御車無厭其事者已克淮夷淮夷甚化於善不逆道也魯侯能固執其大道卒以得淮夷傳意或然上有四馘則非全不戰傳意蓋以此章爲深美之言。箋角弓至之類。正義曰以上言獻馘獻囚是戰而克之此章不宜復言弛弓束矢故云角弓觩然則言持弦急謂弓張故弦急也搜爲矢行之聲故束矢搜然言勁且疾也車之廣狹度量有常不得以甚博爲言故博當作傳其車甚傳緻言安穩而調利也用兵貴於順禮而云孔淑不逆則謂士卒所爲不逆軍之正法故云士卒甚順軍法而善無有不善者於既克淮夷之下乃云孔淑不逆言其從始至終皆不逆也此美僖公用兵不逆則當時行兵有逆者謂埋井刊木之類襄二十五年左傳云陳侯會楚子伐鄭當陳隧者井堙木刊服虔云堙塞刊削也。箋式用猶謀。正義曰式用釋言文猶謀釋詁文

翩彼飛鴞，集于泮林。食我桑黮，懷我好音。

翩飛貌鴞惡聲之鳥也黮桑實也箋云懷歸也言鴞恒惡鳴今來止於泮水之木上食其桑黮爲此之故故改其鳴歸就我以善音喻人感於恩則化也。翩音篇鴞于嬌反黮說文字林皆作葚時審反爲于僞反

憬彼淮夷，來獻其琛。元龜象齒，大賂南金。

憬遠行貌琛寶也元龜尺二寸賂遺也南謂荆楊也箋云大猶廣也廣賂者賂君及卿大夫也荆楊之州貢金三品。憬九永反沈又孔永反說文作懬音獷云闊也一曰廣大也琛勑金反犍爲舍人云美寶曰琛賂音路遺唯季反

【疏】翩彼至南金。正義曰翩然而飛者彼飛鴞惡聲之鳥今來集止於我泮水之林食我泮宮之桑黮歸我好善之美音惡聲之鳥食桑黮而變音喻不善之人感恩惠而從化憬然而遠行者是彼淮夷來就魯國獻其琛寶其所獻之物是大龜象齒又廣賂我以南方之金言君臣並皆得之是脩泮宮所致故以此結篇也。傳憬遠至荆楊。正義曰淮夷去魯既遙故以憬爲遠行貌琛寶釋言文舍人曰美寶曰琛來獻其琛捴言獻寶其龜象南金還是寶中之別以其物貴特舉而言其獻非唯此等也漢書食貨志云龜不盈尺不得爲寶此言元龜龜之大者故云元龜尺二寸也賂者以財遺人之名故賂爲遺也荆楊之州於諸州最處南偏又此二州出金今云南金故知南謂荆楊也禹貢徐州淮夷蠙珠洎魚則淮夷居在徐州貨唯珠魚而已其土不出龜象其國不屬荆楊而得有龜象南金獻於魯者禹貢所陳謂常貢天子土地所出此則僖公伐而克之覺以賂魯其國先得此寶以其國寶爲獻非是淮夷之地出此物也。箋大猶至三品。正義曰大賂者賂之多大故云大猶廣也春秋襄二十五年晉帥諸侯伐齊齊人賂晉侯自六正五吏三十帥及處守者皆有賂是及羣臣故知廣賂者君及卿大夫也又申傳南荆楊之義故云荆楊之州貢金三品禹貢楊州厥貢惟金三品荆州云厥貢羽毛齒革惟金三品彼注云三品者銅三色也王肅以爲三品金銀銅鄭不然者以梁州云厥貢鏐鐵銀鏤爾雅釋器云黃金之美者謂之鏐白金謂之銀貢金銀者既以鏐銀爲名則知金三品者其中不得有金銀也又檢禹貢之文厥貢鏐鐵錫鉛而獨無銅故知金卽銅也僖十八年左傳曰鄭伯始朝于楚楚子賜之金既而悔之與之盟曰無以鑄兵故以鑄三鍾考工記云六分其金而

錫居一謂之鍾鼎之齊是謂銅爲金也三色者蓋青白赤也

泮水八章章八句

附釋音毛詩注疏卷第二十（二十之一）

刑部員外南昌黃中杰栞

毛詩注疏校勘記（二十之一）

阮元撰盧宣旬摘錄

駉之什詁訓傳閩本明監本毛本同唐石經小字本相臺本皆無之什二字案釋文云本或作駉之什者隨例而加耳商頌亦然鹿鳴正義云今魯頌四篇商頌五篇皆不滿十無之什也或有者承此推頌之什之後爾誤耳云云是釋文正義本皆無此二字唐石經及經注各本是也十行本始誤同或本耳考文古本亦有之什二字可見其本之未善

魯頌譜

其封域在禹貢〔補〕案其上當○

立子開爲閔公立其卒閩本明監本毛本同案浦鏜云二年誤立其是也

以惠王十九年即位閩本明監本毛本同案浦鏜云八誤九從年表挍是也

襄王二十二年薨閩本明監本毛本同案下二字浦鏜云五誤從年表挍是也

脩泮宮守禮教閩本明監本毛本同案浦鏜云崇誤守考正義云是脩泮宮崇禮教也浦挍是也

舒瑗云閩本明監本毛本同案浦鏜云瑗誤瑗以正義考之是也隋書經籍志作援

僖十六年冬〔補〕案僖上當○

詩稱既作泮閩本明監本毛本稱既誤倒案泮下當有宮字

新然南門〔補〕案然當作字之譌

由命魯得郊天子禮明監本毛本由誤申閩本不誤案盧文弨云子禮上當有用天二字是也此天字複而脫

周爲王者之後閩本明監本毛本同案山井鼎云作同於王者之後是也

是不欲侵魯有惡閩本明監本毛本同案盧文弨云侵疑使是也

周之不陳其詩者爲憂耳　閩本明監本毛本同案浦鏜云優誤憂是也駉正義魯爲天子所優可證

示無貶黜客之法　閩本明監本毛本同案此不誤浦鏜云義誤法非也彼譜是義字而正義云示無貶黜者示法而已故此引作法不盡依本文也上文引仍作義如此等者非有定例不可拘也

○駉

頌僖公也僖公能遵伯禽之法　唐石經小字本相臺本同案正義云定本集注皆重有僖公字是正義本直云頌僖公能遵伯禽之法云云也考此頌僖公也一句乃揔序而後申其意故文與下三篇序不同正義本乃涉下而誤當以定本集注爲長

牧于坰野　唐石經小字本相臺本同案釋文以牧乎作音是其本于作乎也考正義云牧其馬於坰遠之野于於古今字易而說之則其本當是于字唐石經以下之所從出也

詩爲作頌　閩本明監本毛本同案浦鏜云請誤詩是也

駉駉牡馬　小字本相臺本同唐石經初刻牡後改牧下同案釋文云牡馬茂后反草木疏云騭馬也說文同本或作牧正義云定本牧馬字作牡馬考在六朝時江南書皆作牝牡之牡河北本悉爲放牧之牧見顏氏家訓顏據此章傳良馬之文以爲有騭無騲定從牡字段玉裁云考周官馬政凡馬特居四之一絕無郊祀朝聘有騭無騲之說且序云牧于坰野傳云牧之坰野則駉駉然正義云駉駉然腹幹肥張者所牧養之良馬也經文作牧爲是顏氏說誤詳詩經小學今考正義云但毛以四章分說四種之馬故言駉駉良馬腹幹肥張明首章爲良馬二章爲戎馬也又云以四章所論馬色既別皆言以車明其每章各有一種故言此以充之不於上經言之者以上文二句四章皆同無可以爲別異故就此以車異文而引之也正義此言深得傳旨若如顏說則四章止有良馬耳自與傳乖已不可通矣當以正義本爲長經義雜記又以爲釋文於牡馬下引草木疏云騭馬也陸璣亦作牡乃三國時本更爲可據其說非也草木疏雖亡但所云騭馬也者非有專疏此詩之明徵也特陸引之使就此牡字耳下文云說文同今說文具存更何得指馬部騭字爲專解此詩乎又以爲唐石經初刻牧後改牡亦誤

不言牧馬　閩本明監本毛本同案浦鏜云馬當爲誤是也

又言牧在遠郊　閩本明監本毛本同案浦鏜云任誤在是也

子三十里　閩本明監本毛本同案浦鏜云二誤三是也

或當別有依終　閩本明監本毛本同案終當作約形近之譌

三十里之國　閩本明監本毛本同案浦鏜云五誤三是也

以載師掌在士之法　閩本同明監本毛本士作土案所改是也山井鼎云在恐任誤是也

上言駉駉牡馬　閩本明監本毛本同案牡當作牧此不知正義本作牧者誤改之耳

乃言其牧處　閩本明監本毛本同案乃當作及形近之譌

皆言以事　閩本明監本毛本同案浦鏜云車誤事是也正義下文可證

故知戎馬不得駕田馬也　閩本明監本同毛本上馬字作路案所改是也

蒼祺曰騏　小字本同閩本明監本毛本同相臺本祺作騏案釋文云蒼祺字又作騏相臺本依之改也釋文之意以祺爲假借字但考小戎尸鳩傳騏文皆本是綦文此傳用字當同蒼騏亦本是蒼綦也祺字恐非此之用正義云蒼騏曰騏謂青而微黑不知其本果作騏抑或後人所改也段玉裁云古假騏爲綦因而以騏釋騏小戎尸鳩傳皆同此亦以虘釋虘以要釋要之例也

字林作駓走也　［補］釋文挍勘記通志堂本盧本同案駓字各本皆誤當作⿰馬否集韻六脂云⿰馬否馬走也本此陸氏有駓下本云字林作⿰馬否伾伾下本云字林作⿰馬否今釋文皆云字林作駓者伾伾下誤也小字本十行本所附字林作⿰馬否反在有駓下亦誤倒今特訂正

而牲用騂綱　閩本明監本毛本綱誤剛案所改非也此當作犅形近之譌

以車繹繹　唐石經小字本相臺本同案釋文云繹繹崔本作驛考正義於序下云故云驛驛見其善走也是其

本字作驛與崔本正同其此章正義云故言繹繹善走當是後人以經注本改之耳浦鏜乃挍序下云繹驛經作繹繹此不知經注本非正義本之誤也○案繹者正字驛者俗字此葢正義易字釋經之例也

白馬黑鬣曰駱 小字本相臺本同案正義云定本集注髦字皆作鬣是其本作黑髦也釋文云黑鬣力輒反又駱下云樊孫爾雅並作白馬黑髦爾雅釋文同又四牡驛驛駱馬傳釋文云黑鬣力輒反本亦作髦音毛依此則正義本四牡傳亦當是髦字但未有明文耳

善走也 小字本相臺本同案釋文繹繹下云善足也一本作善走也正義本是走字此及序下標起止皆可證

班駁隱粼 補 通志堂本盧本同影宋本粼作瓢釋文挍勘云案瓢字誤也爾雅釋文所載郭注作粼粼郎鄰也唐揚之水粼粼可互證

班駁隱鄰 閩本明監本毛本班駁誤斑駮明監本毛本鄰作瓢閩本作鄰案此當作鄰皆形近之譌也釋文騂字下亦誤爲瓢○案此本無正字皆用同音字耳舊挍非也瓢字多讀作去聲故郭良刃反呂良振反

駉馬黃脊驪音乾 閩本明監本脊誤春毛本不誤案音乾二字當傍行細書乃正義自爲音也

皆作駱字 閩本明監本毛本同案駱當作雒下文云其字定當爲雒是其證

以車祛祛 小字本同閩本明監本毛本同唐石經作袪袪相臺本同案袪字是也六經正誤云作祛誤从示者祛逐也从衣者袪袪也考此但毛居正聽爲區別其實說文不載祛字無容見於毛氏詩也惟從衣之字每見混於從示之字今釋文正義袪字從示者皆傳寫之誤而毛居正以後人又誤認從示爲正耳

豪骭曰驔 小字本相臺本同案此釋文本也釋文驔下云豪骭曰驔此經注各本之所本也正義云釋畜云四骹皆白驓無豪骭白之名傳言豪骭白者葢謂豪毛在骭而白長名爲驔也是其本骭下有白字

二目白曰魚 小字本相臺本同案釋文云毛云一目白曰魚爾雅云一目白瞷二目白魚考正義亦引爾雅并舍人郭璞注而不云有異是其本字與爾雅同亦作二目也但考毛傳多有與爾雅不合者如卷耳崔嵬岨陟岵岵屺之類或此傳亦然正義本依爾雅改耳

主以給官中之役 閩本明監本毛本同案山井鼎云官恐宮誤是也

貴其肥牡 閩本明監本毛本牡作壯案所改是也

思馬斯徂 明監本馬誤焉各本皆不誤

○**有駜**

但明義明德也 小字本相臺本同案正義云以經有二明德也無上明字段玉裁云義是衍字羣經言明明者皆連二字爲文當作但明明德也今考此箋之下引大學在明明德彼注云謂顯明其至德也訓同爾雅及毛大明傳還與此明明相證成不得如正義所說以二明字分屬一義一德也段說爲是下箋則相與明義明德而已義字衍同定本集注亦誤

本又作淵鼓 補 案淵鼓二字當鼝之譌文選東京賦雷鼓鼝鼝注引詩咽咽作鼘鼘鼘即鼝字說文鼝鼓聲也詩曰鼝鼓鼝鼝

其在於君所 閩本明監本毛本同案君當作公上句可證

載言則也 閩本明監本毛本同小字本相臺本載下有之字考文古本同案有者是也

今之鐵總也 補 毛本總作驄案所改是也

歲其有 小字本相臺本同唐石經有下旁添年字案釋文云歲其有本或作歲其有矣又作歲其有年者矣皆衍字也正義本未有明文唯周頌豐年正義云魯頌曰歲其有年當是其本有年字與或作本同唐石經本之添也考此詩有與下子韻不容更有年字依釋文本爲是惠棟引漢西華山廟碑有歲其有年之文此或出於三家耳考文古本有矣字采釋文釋文亦有誤當正

詒孫子　小字本相臺本同唐石經詒下旁添厥字案釋文云本或作詒厥子孫詒于孫子皆是妄加也正義本未有明文考正義說此經云可以遺其孫子若以其說厥則其本或有厥字也但當依釋文爲是惠棟引劉氏列女傳貽厥孫子此正三家詩也

歲其有豐年也　小字本相臺本同案此正義本也正義云定本集注皆云歲其有年標起止云傳歲其有豐年可證也考此經本云歲其有年傳本云歲其有年也傳以有年說經之有也經誤衍有下年字傳又誤衍年上豐字皆失其旨當以定本集注爲長

又作歲其年者矣　補通志堂本盧本歲其下有有字小字本所附同釋文挍勘段玉裁云矣字衍

箋穀善貽遺　閩本明監本毛本同案浦鏜云貽箋作詒通非也當是正義本經作貽字不與各本同耳

○泮水

頌僖公能脩泮宮也　唐石經小字本相臺本同案此正義本也標起止云至泮宮下文同可證釋文云頖宮音判本多作泮考此亦序與經不同字之例當以釋文本爲長

其旂茷茷　唐石經小字本相臺本同案釋文云伐伐蒲害反又普貝反言有法度本又作茷正義云則其旂乃茷茷然有法度與釋文又作本同也經義雜記以爲正義本當亦作伐是以釋文改正義失之矣羣經音辨入部載此乃取諸釋文非賈昌朝曾見經文作伐之本也

噦噦言其聲也　閩本明監本毛本同小字本相臺本其作有考文古本同案有字是也正義云其鸞則噦噦然有聲可證也

箋云于行　閩本同小字本相臺本行作往考文古本同明監本毛本作邁案往字是也行形近之譌邁字誤改也

傳魯侯僖公　閩本明監本毛本同案浦鏜云值誤傳是也三章正義云值魯侯來至其證也

明堂位曰釆廩也　毛本同閩本明監本釆作米案所改是也

是小菜也　補小當作水下句言水菜者可證

其住不專爲菜　補住當作往

釋詁云肉倍好　閩本明監本毛本同案浦鏜云器誤詁是也

光武中元二年初載建三雝　閩本明監本毛本同案浦鏜云元誤二載疑衍字以後漢書儒林傳考之浦挍是也

欲法則其文意　閩本明監本毛本文誤立案意當作章形近之譌

箋其音至德音　閩本同明監本毛本以此節正義改入下章其音昭昭句注下首脫箋字案此十行散附時所誤繫耳

茱大如手　閩本明監本毛本同案浦鏜云葉誤茱是也

又可礐　閩本明監本同毛本礐作礱案所改是也

於是可以采　閩本明監本毛本同案山井鼎云鄕飲酒注作於是可以來是也

可者召唯所欲　閩本同案山井鼎云鄕飲酒注作可者召不召唯所欲又云當以彼注爲正也非也此正義不全引耳明監本毛本作可以召尢誤

皆庶幾庶行孝　閩本明監本毛本同案浦鏜云庶行當力行之誤是也箋文可證

矯矯虎臣　唐石經小字本相臺本同案釋文云蟜蟜本又作矯正義云蟜蟜然有威武如虎之臣是其本作蟜字也

故云馘所獲者之左耳　閩本明監本毛本同案獲當作格箋文是格字正義下文云謂臨陣格殺之可證

不吳不揚　唐石經小字本相臺本同案正義云鄭讀不吳爲不娛人自娛樂必讙譁爲聲故以娛爲譁也釋文

云不吳鄭如字譁也王音誤考此經字與絲衣同鄭此箋卽彼傳也釋文以爲鄭如字者最合箋意正義以爲鄭讀不娛者亦自據其彼經而言耳卽王音誤其經仍是吳字但讀作誤以爲申毛而與鄭相難也盧文弨挍乃以此幷前絲衣同改爲虞皆失之也釋文於不吳下于詡上以瘍字作音云余章反今考箋云不大聲則經自是揚字正義本及唐石經等皆不作瘍字或是傳揚傷也傷字釋文本作瘍與正義本不同而爲之作音今本誤錯出在上耳瘍傷古通用巧言釋文有其證盧文弨於此釋文瘍上添入不字亦爲專輒○案此毛鄭不同毛作瘍訓傷鄭讀瘍爲揚訓大聲後人從鄭改經字

吳譁也小字本相臺本同案此正義本也正義云故以誤爲譁也釋文云譁也音歡考鄭用絲衣傳當以正義本爲長

其往征也閩本明監本毛本征誤往下以威武往征剔治彼東南之國毛本亦誤

則北狄亦爲遠也閩本明監本毛本同案北字山井鼎云恐此是誤是也

故知皇當作往釋詁云往往閩本明監本毛本同案浦鏜云三往字皆當作暀是也

徒御無斁唐石經小字本相臺本同案釋文云釋本又作射又作斁或作懌皆音亦厭也正義本未有明文今無可考餘經射斁字多不畫一依釋文本則此經又假借作釋其用字之例本有如此者也

甚傳緻者閩本明監本毛本同小字本相臺本緻作致案致字依定本釋文是也

巳以爲搜與束矢共文閩本明監本毛本同案巳當作毛形近之譌

得以弓言觩矢言搜閩本明監本毛本同案浦鏜云傳誤得是也

琛圭釋言文閩本明監本毛本同案山井鼎云圭當作寶是也

厥貢鏐鐵錫鉛閩本明監本毛本同案錫當作銀見下鏐鐵銀在梁州鉛在青州也

而獨無銅明監本毛本而誤銀閩本不誤案山井鼎云作銀屬上讀者似是非也上文銀誤作錫乃誤改去而字耳

附釋音毛詩注疏卷第二十（二十之二）

毛詩魯頌　鄭氏箋　孔穎達疏

閟宮頌僖公能復周公之宇也宇居也。閟筆位反音祕同僖音希〔疏〕閟宮八章首章十七句二章十二句三章三十八句四章十七句五章六章章八句七章八章章十句至之宇。○正義曰作閟宮詩者頌美僖公能復周公之宇謂復周公之時土地居處也明堂位曰成王以周公爲有勳勞於天下是以封周公於曲阜地方七百里革車千乘是周公之時土境特大異於其餘諸侯也伯禽之後君德漸衰鄰國侵削境界狹小至今僖公有德更能復之故作詩以頌之也復周公之宇雖辭出於經而經之所言止爲常許此則揔序篇義與經小殊其言復周公之宇主以境界爲辭但僖公所行善事皆是復故非獨土地而已自三章周公之孫以下皆述僖公之德作者將美僖公追述遠祖上陳姜嫄后稷至於文武大王爰及成王封建之辭魯公受賜之命言其所以有魯之由與僖公之事爲首引耳序者以其非頌所主之意故從而畧之

閟宮有侐實實枚枚閟閉也先妣姜嫄之廟在周常閉而無事孟仲子曰是禖宮也侐清淨也實實廣大也枚枚礱密也箋云閟神也姜嫄神所依故廟曰神宮。侐況域反說文云靜也一音火季反枚莫回反韓詩云閈暇無人之貌也嫄音元禖莫回反礱路東反厲也

赫赫姜嫄其德不回上帝是依無災無害彌月不遲上帝是依依其子孫也箋云依依其身也彌終也赫赫乎顯著姜嫄也其德貞正不回邪天用是馮依而降精氣其在之又無災害不坼不副終人道十月而生子不遲晚。災字又作灾本亦作菑音同邪似嗟反馮依本又作憑同皮陵反一本作馮依其身坼勑宅反裂也副孚逼反

是生后稷降之百福黍稷重穋稙穉菽麥奄有下國俾民稼穡先種曰稙後種曰穉箋云奄猶覆也姜嫄用是而生子后稷天神多與之福以五穀終覆蓋天下使民知稼穡之道言其不空生也后稷生而名弃長大堯登用之使居稷官民賴其功後雖作司馬天下猶以后稷稱焉。重直容反本又作種同穋音六本又作稑音同稙徵力反徐將力反韓詩曰長稼也穉音雉韓詩云幼稺也菽音叔大豆也畀必爾反本又作俾下皆同長張丈反

有稷有黍有稻有秬奄有下土纘禹之緒緒業也箋云秬黑黍也緒事也堯時洪水爲災民不粒食天神多予后稷以五穀禹平水土乃教民播種之於是天下大有故云纘禹之事也美之故申說以明之。秬音巨纘子管反繼也粒音立〔疏〕閟宮至之緒。○毛以爲將美僖公上述遠祖周人立姜嫄之廟常閉而無事欲說姜嫄又先言其廟言在周所閉之宮有侐然清淨其宮之內則實實然而甚廣大其宮之材則枚枚然而礱之密之此是姜嫄廟也既言其廟遂說其身赫赫然顯著者其姜姓之女名嫄也此姜嫄其德貞正不回邪故上帝之天用是之故依其所生子孫使其在母之時令其母無災殃無患害終人道之月而生之不遲也是所生者乃是后稷天神又下與之以百種之福使之有明哲之性曉稼穡之事又與之黍與之稷先種後熟之重後種先熟之穋先種之稙後種之穉及菽之與麥下此衆穀令稷種之同有天下諸國使民知稼穡之道民賴后稷之功多又復申說其事后稷之所種者有稷有黍有稻有秬以此衆穀徧教下民同有此穀於天下之土以繼大禹之業言禹平水土稷教播種事業可以相繼故言纘禹之緒以美之。○鄭以閟宮爲神宮於魯國有其宮故先言廟而逆說姜嫄上帝是依謂憑依其身降之精氣又以奄爲覆緒爲事爲異餘同。○傳閟閉至礱密。○正義曰莊三十二年左傳稱公見孟任從之閟謂閉戶拒公故閟爲閉也下句言赫赫姜嫄則此述姜嫄之廟禮生曰母死曰妣姜嫄是周之先母故謂之先妣說姜嫄之廟而謂之閟宮故知常閉而無事春官大司樂云舞大護以享先妣則先妣之廟有祭事矣且立廟所以祭神而云閉而無事者案祭法王立七廟五廟皆月祭之二祧享嘗乃止彼文據周爲說其言不及先妣先妣立廟非常而祭之又疎月朔四時祭所不及比於七廟是閑而無事也周禮定其用樂明其有祭之時但其祭時節禮無明文或因大祭而則祭之也傳亦以此司樂之文知姜嫄之廟在周耳言其在周則謂魯無其廟以周立是非常故魯不得有也孟仲子曰是謂禖宮蓋以姜嫄祈郊禖而生后稷故名姜嫄之廟爲禖宮嫄廟清淨之處故以侐爲清淨實謂宮內所容重言實實故謂宮之廣大枚枚者細密之意故云礱密晉語及書傳說天子廟飾皆云斲其材而礱之加密石焉是礱密之事也又鄭注禮器云宮室之飾士首本大夫達稜諸侯斲而礱之天子加密石是也。○箋閟神至神宮。○正義曰箋以詩人之作覩事與辭若魯無姜嫄之廟不當先述閟宮又卒章云新廟奕奕奚斯所作發首

言閟宮於末言新廟則所新之廟新此閟宮首尾相承於理爲順奚斯作之自然在魯不宜獨在周也且立廟而祭不宜以閟爲名釋詁云毖神慎也俱訓爲慎是閟得爲神閟與毖字異音同故閟爲神也以其姜嫄神之所依故廟曰神宮凡廟皆是神宮以姜嫄之事說之於下故先言神宮以顯之○傳上帝至子孫○正義曰毛氏不信履迹之事不得言天依姜嫄故爲依其子孫正謂依助后稷使其母無災害也此直依其子耳兼言孫者以后稷後世克昌皆是天所依祐并孫言之以協句也○箋依依至遲晚○正義曰箋以生民之篇說姜嫄履帝迹而有后稷則是上帝憑依姜嫄而使之有子故以依爲依其身履其拇指之處而心體歆歆然如有人道感已是其依之也以姜嫄其德貞正不回邪上天用是之故憑依其身而降之精氣使得懷任后稷也生民言不坼不副無災無害文在先生如達之下則謂當生之時無災害也此篇無災無害文在彌月不遲之上則是未生之時無災害也言懷任以至於生其母常無災害故文有先後災害可兼未生其不坼不副雖謂生時不爾此箋云其生之又無災害不坼不副災害謂懷任時坼副謂生時也以其意與彼同故引彼爲說家語執轡篇大戴禮本命篇皆云人十月而生此云彌月不遲故知終人道十月而生子美其不遲晚也○傳先

種至曰稺○正義曰重穋稙稺生熟早晚之異稱耳非穀名先種曰稙後種曰稺當謂先種先熟後種後熟但傳略而不言其熟耳七月傳曰後熟曰重先熟曰穋天官內宰鄭司農注云先種後熟謂之種後種先熟謂之稑是傳亦略而不言其種與此互相明也執競傳以奄爲同則此奄亦爲同也王肅云堯命以后稷使民知稼穡下國同時有是大功也○箋奄猶至稱焉○正義曰網奄覆鳥獸而取之故以奄猶覆也天神多與之福者王肅云謂受明哲之性長於稼穡是言天授之智慧爲與之福也以五穀終覆蓋天下使民知稼穡之道謂堯遭洪水之後種百穀以教民也言其不空生謂生必濟世不徒然也孝經援神契曰聖人不空生生必有所制是大賢不徒生也又解后稷其名曰弃末爲司馬不言弃爲司馬而言后稷之意以其居稷官之日民賴其功後雖作司馬天下猶以后稷稱之周本紀云初欲弃之因名曰弃堯典云帝曰弃是后稷生名曰弃也本紀又云堯舉弃爲農師天下得其利是堯登用之使居稷官民賴其功也堯典之文未說舜命羣官使禹宅百揆即天官也契在五教爲司徒即地官也伯夷爲秩宗即春官也咎繇爲士即秋官也垂爲共工即冬官也雖夏官不言命而上句禹讓稷契之下帝曰弃黎民阻飢汝后稷播時百穀褎述其爲稷之功不言命而爲官明是稷作司馬爲夏官也且尚書刑德放云稷爲司馬契爲司徒故云後雖作司馬猶以后稷稱焉○傳緒業○正義曰釋詁云業緒也故緒爲業也○箋秬黑至明之○正義曰秬黑黍釋草文緒事釋詁文事業大同耳當時所爲謂之事後人所祖謂之業禹稷同時其事相繼此述當時之事非謂在後相祖故易之爲事堯典云帝曰湯湯洪水方割是堯時洪水爲災也思文之美后稷云粒我烝民是洪水之時民不粒食也生民云誕降嘉種者從上而下之辭是天神多與后稷以五穀也言天神與者以種之必長歸功於天非天實與之也若洪水未平則無地可種故知禹平水土乃教民播種之於是天下大有謂大有五穀也禹能平水土稷能種穀二者俱以利民故謂之繼禹之事稷之播種種禹所治之地故言禹平水土乃教民播種爲先後之辭耳其實禹稷所爲亦同時矣非洪水大平之後始教之也此經與上事同文重故解其意美之申說以明之

后稷之孫，實維大王。居岐之陽，實始翦商。翦，齊也。箋云：翦，斷也。大王自豳徙居岐陽，四方之民咸歸往之，於時而有王迹，故云是始斷商。○大音泰，後大王、大平皆同。翦，子踐反，鄭斷也。斷音短，下同。豳，彼貧反。王，于況反。

至于文武，纘大王之緒。致天之屆，于牧之野。無貳無虞，上帝臨女。虞，誤也。箋云：屆，極；虞，度也。文王、武王繼大王之事，至受命，致天所罰，極紂於商郊牧野。其時之民皆樂武王之如是，故戒之云：無有二心也，無復計度也，天視護女，至則克勝。○屆音戒。貳音二。極，紀力反，下同。度，待洛反，下同。復，扶又反。**敦商之旅，克咸厥功。**箋云：敦，治；旅，眾；咸，同也。武王克殷而治商之臣民，使得其所，能同其功於先祖也。后稷、大王、文王亦周公之祖考也，伐紂，周公又與焉，故述之以美大魯。○敦，鄭都回反，注同；王徐都門反，厚也。與音預。

【疏】后稷至厥功○毛以爲上言后稷之事此又接說其後言后稷後世之孫實維是周之大王也此大王自豳而來居於岐山之陽民歸往之初有王迹實始有翦齊商家之萌兆也至於文王武王則能繼大王之業於時商家暴虐天欲誅之武王乃致天之誅於牧野之地民皆樂戰不自以爲苦反勸戒武王云今天下歸周無有貳心無有疑誤乃由上天之臨視汝矣言民從天助往必克勝欲使之勉力決戰也武王於是伐而克之乃以禮法治商之眾民莫不得所能同其功於先祖謂先祖欲成王業武王卒能成之是合同其功○鄭雖以翦爲斷緒爲事無貳無

虞謂民勸武王無有二心無復計度上帝今臨視汝爲異餘
同。傳翦齊箋翦斷至斷商。正義曰翦齊釋言文齊卽斬
斷之義故箋以爲斷斷其意同也大王之居岐陽民咸歸之是
有將王之迹故云是始斷商言有滅商之萌兆也。傳虞誤
爲民無貳心傳以虞爲誤則亦爲民之情謂民無疑誤也王
肅云天下歸周無貳心無疑誤上帝臨命汝傳意或然。箋
届極至克勝。正義曰届極虞度釋言文釋言又云殛誅也
然則此極又轉爲誅紂爲無道天欲誅之武王奉行天意故
云致天之届牧誓云時甲子昧爽武王朝至于商郊牧野乃
誓是致天所罰殺紂於牧野定本集注皆云極紂於牧野極
是殺非也箋以汝者汝武王故以無貳無虞爲戒武王之辭
太誓說十一年觀兵盟津之時八百諸侯皆曰受可伐王曰
爾未知天意未可伐是其所計度故今戒之云無有貳心無
復計度也致天之誅雅武王耳此經文武共文以其受命伐
紂事相接成故也。箋敦治至先祖。正義曰旅衆釋詁文
武王克紂治商之衆故以敦爲治釋詁云咸皆也皆亦同之
義故以咸爲同也同其功於先祖者周自后稷以來世脩其
業大王文王之意皆欲成周之功但時未可耳今武王誅紂
克先祖之意故美其能同其功於先祖言與先祖同成其功

也
王曰叔父建爾元子俾侯于魯大啓爾宇
爲周室輔王成王也元首宇居也箋云叔父謂周公也
成王告周公曰叔父我立女首子使爲君於
魯謂欲封伯禽也封魯公以爲周公後故云大開女居
以爲我周家之輔謂封以方七百里欲其彊於衆國。乃
命魯公俾侯于東錫之山川土田附庸箋云
東東
藩魯國也旣告周公以封伯禽之意乃策命伯禽使爲君於
東加賜之以山川土田及附庸令專統之王制曰名山大川
不以封諸侯附庸則不得專臣也
。藩方元反策初革反令力呈反周公之孫莊公之子
龍旂承祀六轡耳耳春秋匪解享祀不忒周
公
之孫莊公之子謂僖公也耳耳然至盛也箋云交龍爲旂承
祀謂視祭事也四馬故六轡春秋猶言四時也忒變也。解
音懈忒
他得反皇皇后帝皇祖后稷享以騂犧是饗
是宜降福旣多騂赤犧純也箋云皇皇后帝謂天也成
王以周公功大命魯郊祭天亦配之以

君祖后稷其牲用赤牛純色與天子同也天亦饗之宜
之多予之福。騂息營反赤色也犧許宜反純毛牲周
公皇祖亦其福女秋而載嘗夏而楅衡白牡
騂剛犧尊將將毛炰胾羹籩豆大房萬舞洋
洋孝孫有慶諸侯夏禘則不礿秋祫則不嘗唯天子兼
之楅衡設牛角以楅之也白牡周公牲也
騂剛魯公牲也犧尊有沙飾也毛炰豚也胾肉也羹大羹鉶
羹也大房半體之俎也洋洋衆多也箋云此皇祖謂伯禽也
載始也秋將嘗祭於夏則養牲楅衡其牛角爲其觸牴人也
秋嘗而言始者秋物新成尙之也大房玉飾俎也其制足間
有橫下有柎似乎堂後有房然萬舞干舞也。楅音逼也
犧尊鄭素河反毛云有沙飾則宜同鄭王許宜反尊名也將
七羊反炰蒲包反胾側吏反羹音庚又音衡洋音羊徐音翔
禴羊灼反祫咸夾反楅音逼有沙蘇河反刻鳳皇於尊其羽
形婆娑然也一云畫也豚字又作豘徒門反鉼字又作鉶
音刑爲其于僞反牴都禮反橫古曠反一音光柎方于反俾
爾熾而昌俾爾壽而臧保彼東方魯邦是常。

不虧不崩不震不騰三壽作朋如岡如陵震動
也騰
乘也壽考也箋云此皆慶孝孫之辭也俾使臧善保安常守
也虧崩皆謂毀壞也震騰皆謂僭踰相侵犯也三壽三卿也
岡陵取堅固也。熾
尺志反僭子念反【疏】王曰至如陵。毛以爲上旣述遠
祖之功以美大魯國此乃說其封
建之由及今僖公之事言將欲封魯之時成王乃告周公曰
叔父我今欲立汝首子使之爲侯於魯國大開汝之所居爲
爲周室藩輔告周公旣訖乃爲書以策命魯公伯禽使之爲
侯於東方賜之以境內之山川使之專有又賜之以境內之
土田幷小國之附庸命使四鄰小國附屬之言其統於衆國
也至於今日周公後世之孫魯莊公之子謂僖公也其車建
交龍之旂承奉宗廟祭祀所乘四馬其六轡耳耳然而至盛
春秋四時非有解息所獻所祀不有忒變因說祭祀之事皇
皇而美者爲君之天及君祖后稷獻之以赤與純色之牲天
與后稷於是歆饗之於是以爲宜下福與之旣已多大矣非
徒天與后稷降之多福周公與君祖伯禽亦其福汝僖公矣
又言祭宗廟得祉故先祖福之更說祭廟之事將於前秋則爲
嘗祭此夏而已楅衡其牛言豫養所祭之牛設橫木於角以
楅之令其不得牴觸人也所養者是白色之牲與赤色之特

盛酒之器有犧羽所飾之尊將將然而盛美也其饌則有爓火去其毛而炰之豚又有切肉之胾與大羹鉶羹其食器有竹籩木豆又有大房之俎鼎俎既陳籩豆已列於是歌舞其神執干戚而爲萬舞者洋洋然衆多禮樂不愆祭祀得所孝孫僖公於是有慶賜之榮作者喜其德當神明故說神慶之使汝得福熾盛而昌大使汝年命長壽而臧善安於彼東方之國魯邦是其常有其堅固如山不可虧損不可崩落言其無毀壞之時其安靜如川不可震動不可乘陵言其無僭踰相犯國之三壽考之卿與作朋友君臣相親國家堅固使之如岡然如陵然言永無散亂也○鄭唯秋而載嘗爲異以載爲始言秋而始欲嘗祭於夏則養牲餘同○傳王成至宇居○正義曰洛誥說周公攝政七年十有二月歸政成王之事其經云歲文王騂牛一武王騂牛一王命作冊逸祝冊告周公其後注云歲成王元年正月朔日於廟二特牛禘祭文武於文王廟使逸讀所作冊祝之書告神以周公其宜爲後者謂將封伯禽則是成王卽政之元年正月朔日封伯禽也呼周公爲叔父知王是成王也釋詁云元首始也俱訓爲始是元得爲首屋宇用以居人故以宇爲居○箋東東藩至得專臣○正義曰諸侯爲天子蕃屏故云東藩魯國也賜謂與之使爲已有故言加賜之山川及附庸令專統之也以土田者是魯國之土田亦既封爲魯君自然田爲魯有而山川附庸與土田共蒙賜之文土田既是專統則知山川附庸亦專統也箋以專統土田是諸侯之常而山川附庸則是加賜故特言加賜之山川附庸以明之凡言賜之謂非所當得也故引王制名山大川不以封諸侯故山川當言賜也附庸則不得專臣故附庸亦言賜也王制云名山大澤不以封鄭以經有山川故改澤爲川也彼又論夏殷之禮云子男五十里不能五十里者不合於天子附於諸侯曰附庸言附諸侯事大國不得專臣也若然魯亦不得專臣而與山川土田同言賜者以於法不得有之故言賜耳非謂賜之使專臣也何則諸侯之有附庸者以其土田猶少未及大國之數故令有附庸使之附屬功德若進擬以給之其地方五百里者土地已極無復進期不得更有附庸也魯爲侯爵以周公之勳受上公之地可爲五百里耳於法無附庸也明堂位封周公於曲阜地方七百里是於五百里之上又復加之附庸故注云上公之封地方五百里加魯以四等之附庸方百里者二十四并五五二十五積四十九開方之得七百里大司徒注云凡諸侯爲牧正帥長及有德者乃有附庸爲有祿者當取焉公無附庸侯附庸九同伯附庸七同子附庸五同男附庸三同進則取焉退則歸焉魯於周法不得有附庸故言錫之也言地方

七百里者包附庸以大言之也附庸二十四言得兼此四等矣如鄭此言是由法不得有故謂之賜猶不使魯專臣也論語云顓臾昔者先王以爲東蒙主是社稷之臣顓臾魯之附庸謂之社稷之臣者以其附屬於魯亦謂魯之社稷其國猶自繼世非專臣也以非專臣故季氏將伐若其純臣魯君季氏豈得伐取之也言四等附庸者侯九伯七子五男三并之得二十四也夏殷之禮不能五十里者爲附庸則周法附庸不滿百里而云九同七同者聚積其國使得同耳非謂一同一附庸也○箋交龍至忒變○正義曰交龍爲旂春官司常文承者奉持之義故云承祀謂祀祭事此龍旂承祀謂祀宗廟之祭何則明堂位云魯君孟春乘大輅載弧韣旂十有二旒日月之章祀帝于郊配以后稷天子之禮也彼祀天之旂建日月之章明此龍旂是宗廟之祭也異義古詩毛說以此龍旂承祀爲郊祀者自是舊說之謬非鄭所從故此箋直言祀祭不言祭天也作者錯舉春秋以明冬夏故云春秋猶言四時也釋言云爽忒也孫炎曰忒變雜不一是忒爲變之義也○箋皇皇至之福○正義曰釋詁云皇皇美也后君也以天者尊神故以美言之而謂之爲君也論語曰皇皇后帝注云帝謂大微五帝此亦云皇皇后帝直言謂天者以論語說舜受終于文祖宜摠祭五帝魯不得徧祭五帝故直言謂天謂祭周所感生蒼帝也故明堂位祀帝于郊之下注云帝謂蒼帝靈威仰也昊天上帝魯不祭是魯君所祭唯祭蒼帝耳蒼帝亦太微五帝之一故同稱皇皇后帝焉明堂位稱成王以周公爲有勳勞於天下是以魯君祀帝於郊配以后稷天子之禮也是成王命魯郊天亦配以后稷之事言亦者亦周也地官牧人云陽祀用騂牲毛之注云陽祀祭天於南郊是天子祭天南郊用赤牛純色今魯亦云享以騂犧是與天子同也天亦饗之宜之言亦者亦周也以諸侯不得祭天嫌其不可故每事言亦也○傳諸侯至衆多○正義曰毛以載爲則言秋而則嘗謂當祫之年雖爲祫祭而則爲嘗祭故解其意言諸侯之禮於夏爲大祭之禘則不爲時祭之礿於秋爲大祭之祫則不爲時祭之嘗唯天子兼之雖爲禘祫不廢時祭今魯亦兼天子之禮故言秋而則嘗謂爲祫復爲嘗鄭禘祫志云儒家之說禘祫通俗不同或云歲祫終禘或云三年一祫五年再禘鄭駁異義云三年一祫五年一禘百王通義以禮讖所云故作禘祫志考春秋禘祫之數定以爲三年祫五年禘毛氏之言禘祫唯此傳耳而不辨禘祫年數或與鄭同也傳言夏禘秋祫則以爲禘在夏祫在秋鄭於禘祫志云周改先王夏祭之名爲礿故禘以夏先王祫於三時周人一焉則宜以秋是從毛此說爲禘在夏祫在秋也諸侯禘則不

礿祫則不嘗所以下天子也唯天子兼之言魯禮亦如天子
故云載嘗也傳之此言無正文正以王制說先王之法云天
子犆礿祫禘祫嘗祫烝言天子當祫之歲以春物未成犆礿
而已於夏秋冬則爲祫復爲時祭也王制又云諸侯礿犆禘
一犆一祫嘗祫烝祫其意言諸侯當祫之歲春則犆礿夏則
祫而不禘秋冬乃爲時祭而復爲祫也先王之禮諸侯與天
子不同明知周世諸侯亦當異於天子故知禘則不礿祫則
不嘗鄭於諸侯禘祫更無明說亦當如此傳也楅衡謂設橫
木於角以楅迫此牛故云設牛角以楅之也地官封人云凡
祭祀飾其牛牲設其楅衡注云楅設於角衡設於鼻如椵狀
如彼注楅衡別兩處設之此箋申傳言楅衡其牛角爲其觗
觸人以楅衡爲一者無文故兩解也白牡周公牲騂剛魯公
牲者文十三年公羊傳云魯祭周公何以爲牲周公用白牡
魯公用騂犅羣公不毛何休云白牡殷牲也周公死有王禮
謙不敢與文武同也不以夏黑牲者嫌改周當以夏避嫌也
魯公諸侯不嫌也故從周制是周公魯公異牲之意也說文
云犅特也白牡謂白特騂犅謂赤特也犧尊之字春官司尊
彝作獻尊鄭司農云獻讀爲犧犧尊飾以翡翠象尊以象鳳
皇或曰以象骨飾尊此傳言犧尊者沙羽飾與司農飾以翡
翠意同則皆讀爲娑傳言沙卽娑之字也阮諶禮圖云犧尊

飾以牛象尊飾以象於尊腹之上畫爲牛象之形王肅云將
將盛美也大和中魯郡於地中得齊大夫子尾送女器有犧
尊以犧牛爲尊然則象尊尊爲象形也王肅此言以二尊形
如牛象而背上負尊皆讀犧爲義與毛鄭義異未知孰是毛
炰豚者地官。封人祭祀有毛炰之豚故知毛炰是豚彼注
云爓。去其毛而炰之也胾謂切肉曲禮注云胾切肉是也大
羹鉶羹者以特牲士之祭祀尚有大羹鉶羹故以此羹兼二
羹也特牲注云大羹湆煑肉汁不和貴其質也鉶羹肉味之
有菜和者也大羹謂大古之羹鉶羹謂盛之鉶器其大羹則
盛之於登以大爲名故不舉所盛之器也大房與籩豆同文
則是祭祀之器器之名房者唯俎耳故知大房半體之俎明
堂位曰俎有虞氏以梡夏后氏以嶡殷以椇周以房俎注云
梡斷木爲四足而已嶡謂中足爲橫距之象椇謂曲橈之也
房謂足下跗也上下兩間有似於堂房然是俎稱房也知是
半體者周語云禘郊之事則有全烝王公立飫則有房烝親
戚燕饗則有殽烝如彼文次全烝謂全載牲體殽烝謂體解
節折則房烝是半體可知此亦云房故知是半體之俎言禘
郊乃有全烝宗廟之祭唯房烝耳故舉大房而言也昏禮婦
饋舅姑特豚合升側載注右胖載之。舅俎左胖載之姑俎是
俎載半體之事也明堂位稱祀周公作大廟俎用梡嶡此云

大房蓋魯公之廟用大房也洋洋與萬舞共文則是舞者之
貌故爲衆多魯得以八佾舞周公故美舞者衆多也。箋皇
祖至干舞。正義曰以周公皇祖之下卽云白牡騂犅騂犅
是魯公之牲故知皇祖謂伯禽也此皇祖之文在周公之下
故以爲二人上文皇祖在后稷之上且上與皇皇后帝連文
則是配天之人故知上文皇祖卽后稷也箋以禘祫之事於
文不見不宜以載爲則故易之爲始以秋物新成始可嘗之
故言始嘗也定本集注皆言秋物新成尙之也言貴尙新物
故言始也作嘗字者誤也又解房俎稱大之意以其用玉飾
之美大其器故稱大也知大房玉飾者以俎豆相類之物明
堂位說祀周公之禮云薦用玉豆豆旣玉飾明俎亦玉飾其
制足間有橫其下有跗以明堂之文差次爲然跗上有橫似
於堂上有房故謂之房也萬舞干舞宣八年公羊傳文。傳
震動至壽考。正義曰震動壽考皆釋詁文月令稱累牛騰
馬騰是相乘之義故爲乘也。箋此皆至堅固。正義曰上
言孝孫有慶此則致福之言故爲慶孝孫之辭下章用兵之
後亦有此慶則作者以意慶之非嘏辭也俾使臧善皆釋詁
文自保守者安居之義故保爲安也魯邦是常言其常守魯
國故以常爲守也虧崩以山喻故皆謂毀壞也震騰以川喻
故皆謂僭踰相侵犯也言上下相侵犯猶水之相乘陵也老

者尊稱天子謂父事之者爲三老公卿大夫謂其家臣之長
者稱室老諸侯之國立三卿故知三壽卽三卿也言作朋者
謂常得賢人儔公與之爲朋卽伐木傳云國君友
其賢臣是也岡陵不動之物故言取其堅固也

公車千乘朱英綠縢二矛重弓大國之賦千乘朱英矛飾
也縢繩也重弓重於鬯中
也箋云二矛重弓備折壞也兵車之法左人持弓右人持矛
中人御。乘繩證反注千乘同英如字徐於耕反縢徒登反
重直龍反注同鬯勑亮
反弓衣也字或作韔同

公徒三萬貝冑朱綅烝徒增增貝冑貝飾也朱綅以朱綅綴之增增衆也箋云万二
千五百人爲軍大國三軍合三萬七千五百人言三
萬者舉成數也烝進也徒進行增增然。冑直又反綅息廉
反說文云綫也沈又蒼林反又音侵烝之升反增如字綴沈
知稅反又
張劣反

戎狄是膺荊舒是懲則莫我敢承膺當
承止也箋云懲艾也僖公與齊桓舉義兵北當戎
與狄南艾荊及羣舒天下無敢禦也。艾音刈

俾爾昌而熾俾爾壽而富黃髮台背壽胥與試箋云此慶

僖公勇於用兵討有罪也。黃髮台背，皆壽徵也。胥，相也。壽而相與試，謂講氣力不衰倦。台背，他來反，下音貝。

俾爾昌而大，俾爾耆而艾。萬有千歲，眉壽無有害。

箋云：此又慶僖公勇於用兵討有罪也。中時魯微弱，爲鄰國所侵削，今乃復其故，故喜而重慶之。俾爾，猶使女也。眉壽，秀眉亦壽徵。艾，五蓋反。中，張仲反。重，直用反。

【疏】「公車」至「有害」。正義曰：上既美其祭祀鬼神，此又美其用兵征伐。公之兵車有千乘矣，車上皆有三人，右人所持者朱色之英，左人所持者綠色之繩。此朱英綠縢者，是二矛重弓也。言二矛載於車上，皆朱爲英飾，重弓共在鬯中，以綠繩束之。又公之徒衆有三萬人矣，以貝飾冑，其甲以朱繩綴之。進行之時，增增然衆多。車徒既多，甲兵又備，西戎北狄來侵者，於是以此膺當之；荆楚羣舒叛逆者，於是以此懲創之。軍之所征，往無不克，則無有於我僖公敢禦止之者。由其無敵於天下，故得民庶安寧，土境復故。作者喜其討罪，設辭慶之：使汝昌大而熾盛，使汝長壽而富足，髮有黃色之髮，背有台文之背，得有如此長壽，相與講試氣力，奇其老而不衰也。以其用兵之善，又重慶之：使汝得福，則昌而且大；使汝年壽，則耆而又艾，使得萬有千歲，爲秀眉之壽，無有患害。以魯衰

而復興，故喜而重慶之也。○傳「大國」至「鬯中」。○正義曰：明堂位云「封周公於曲阜，地方七百里，革車千乘」，今復其故也。司馬法成方十里出革車一乘，計魯方七百里，爲車多矣，而云千乘者，坊記云「制國不過千乘」，然則地雖廣大，以千乘爲限，故云大國之賦千乘。司馬法兵車一乘，甲士三人，步卒七十二人，計千乘有七萬五千人，則是六軍矣，與下公徒三萬數不合者，二者事不同也。礼，天子六軍，出自六鄉，萬二千五百家爲鄉，萬二千五百。爲軍。地官小司徒曰「凡起徒役，無過家一人」，是家出一人，鄉爲一軍，此則出軍之常也。天子六軍既出六鄉，則諸侯三軍出自三鄉，下云公徒三萬，自謂鄉之所出，非此千乘之衆也。此云公車千乘，自謂計地出兵，非彼三軍之事也。二者不同，故數不相合。所以必有二法者，聖王治國，安不忘危，故令所在皆有出軍之制。若從王伯之命，則侯國之大小出三軍、二軍；若其前敵不服，用兵未已，則盡其境內皆使從軍，故復有此計地出軍之法。但鄉之出軍是正，故家出一人；計地所出則非常，故成出一車，以其非常，故優之也。○清人云「二矛重英」，故知朱英，矛飾，蓋絲纏而朱染之，以爲矛之英飾也。小戎云「竹閉緄縢」，傳曰「緄，繩。縢，約」，謂內弓於閉，以繩束之。此云縢，繩者，縢亦爲約之以繩，非訓縢爲繩，但傳詳彼而略此耳。重弓，謂內弓於鬯，鬯中有二弓。小戎云「交韔二弓」，是其事也。○箋「二矛」至「人御」。○正義曰：弓矛所用，執一而已，解其有二矛重弓之意，故云備折壞也。考工記云「酋矛常有四尺，夷矛三尋」，則矛法自有二等。此云二矛，知非二等之矛者，以重弓是一弓而重之，故知二矛亦一矛而有二，俱是備折壞也。矛有二等，此當是酋矛。何則？考工記又云「攻國之兵用短，守國之兵用長」，此美其富，戎狄懲荆舒，則是往伐之，明是酋矛而有二也。此朱英綠縢與二矛重弓，兩句自相充配，朱英是二矛飾之以朱染，綠縢是重弓束之以綠繩，所異者，二矛各自有英飾，二弓共束以綠繩耳。又解車乘之下，鄭說弓矛之意，故云兵車之法，左人持弓，右人持矛，中人御。宣十二年左傳云：「楚許伯御，樂伯，攝叔爲右，以致晉師。樂伯曰：吾聞致師者，左射以菆。」樂伯在左而云左射，是左人持弓也。成十六年晉侯與楚戰于鄢陵，左傳稱欒鍼爲右，使人告楚令尹子重曰「寡君之使，使鍼御持矛焉」。哀二年鐵之戰，左傳稱鄭無恤御簡子，衛太子爲右，禱云「蒯聵不敢自佚，備持矛焉」，是右人持矛也。甘誓云：「左不攻于左，汝不共命；右不攻于右，汝不共命；御非其馬之正，汝不共命。」既云左右，又別云御，是御在中央也。○傳「貝冑」至「增增衆」。○正義曰：貝者，水蟲，甲有文章也。冑謂兜鍪，貝非爲冑之物，故知以貝爲飾。說文云：「綅，綫也。」然則朱綅直謂赤綫耳。文在冑下，則是甲之所用，

故云以朱綅綴之，謂以朱綫連綴甲也。增增，衆，釋訓文。定本、集注皆作增字，其義是也，俗本作增，誤也。○箋「萬二」至「增增然」。○正義曰：萬二千五百人爲軍，大國三軍，皆夏官序文也。舉成數者，謂略其七千五百，直言三萬耳。如此箋，以爲僖公當時實有三軍矣。荅臨碩云：「魯頌公徒三萬，是三軍之大數。」又以此爲三軍者，以周公受七百里之封，明知當時從上公之制，備三軍之數。此敍云「復周公之宇」，故此箋以三萬爲三軍，言其復古制也。又以凡舉大數，皆舉所近者，若是三万七千五百，文數可爲四萬。此頌美僖公，宜多大其事，不應減退其數以爲三萬，故荅臨碩謂此爲二軍，以其不安，故兩解之也。今以春秋檢之，則僖公無三軍。襄十一年經書「作三軍」，明已前無三軍也。昭五年又書「舍中軍」，若僖公有三軍，則作之當書也；自文至襄，復減爲二，則舍亦當書也。春秋之例，以軍賦事重，作舍皆書，於僖公之世，無作舍之文，使知當時無三軍也。鄭以周公、伯禽之世合有三軍，僖公能復周公之宇，遵伯禽之法，故以三軍解之，其實於時唯二軍耳。烝，進，釋詁文。步行曰徒，故以爲行也。上句既云公徒，則知此言烝徒，謂進行之時，且與增增共文，明是行時衆多也。○傳「膺當」「承止」。○正義曰：膺，當，釋詁文。承者，當待之義，不敢當待，即是不敢禦止，故以承爲止也。○箋「懲艾」至「禦之」。○正義曰：懲、艾皆創

故爲艾也。僖公之時，齊桓爲霸，故知與齊桓公舉義兵也。僖公之世用兵於戎狄荆舒者，唯有僖公耳。僖四年經書公會齊侯等侵蔡，蔡潰，遂伐楚。楚一名荆，羣舒又是楚之與國，故連言荆舒。其伐戎狄則無文。雖十年經書齊侯許男伐北戎，其時蓋魯使人助之，師賤兵少，故不書。或别有伐時，經傳脱漏，如伐淮夷之類。

泰山巖巖，魯邦所詹。奄有龜蒙，遂荒大東。至于海邦，淮夷來同。莫不率從，魯侯之功。詹，至也。龜，山也。蒙，山也。荒，有也。箋云：奄，覆。荒，奄也。大東，極東。海邦，近海之國也。來同，爲同盟也。率從，相率從於中國也。魯侯，謂僖公。○大音泰，本又作泰，下注大室皆同。荒如字，韓詩作荒，云至也。近，附近之近。

疏　泰山至之功○毛以爲既美征伐遠夷，又美境界復故，言泰山之高巖巖然，魯之邦境所至也。魯境又同有龜山、蒙山，遂包有極東之地，至於近海之國。淮夷舊不服者，亦來與之同盟。凡此東方之國，莫不相率而從中國，是魯侯僖公之功也。○鄭以奄爲覆，覆有龜蒙之山，遂奄有極東之地，餘同。○傳詹至至荒有○正義曰：詹，至，釋詁文。春秋定十年，齊人來歸鄆、讙、龜陰之田，謂龜山之北田也。論語說顓臾云：昔者先王以爲東

蒙主，謂顓臾主蒙山也。魯之境内有此二山，故知龜蒙是龜山、蒙山也。龜蒙今在魯地，故言奄有。泰山則在齊魯之界，故言所詹，見其不全屬魯也。禮祭法：諸侯之祭山川，在其地則祭之，亡其地則不祭。春秋僖三十一年，不郊，猶三望。者公羊傳曰：三望者何？泰山、河、海。鄭駮異義云：昔者楚昭王曰：不穀雖不德，河非所獲罪。言境内所不及則不祭也。魯則徐州地。禹貢：海岱及淮惟徐州。以昭王之言，魯之境界亦不及河，則所望者海也、岱也、淮也，是之謂三望。又王制云：諸侯祭名山大川之在其地者。注云：魯人祭泰山，晉人祭河是也。是由魯境至於泰山，故得望而祭之。禮器云：齊人將有事於泰山，必先有事於配林。齊人亦祭泰山，是齊境亦及之矣。由其泰山廣長，故二國皆以爲望也。荒訓爲奄，此云荒有者，亦謂奄有之也。○箋奄覆至中國○正義曰：釋言云：弇，蓋也。孫炎曰：弇，覆蓋。亦覆之義，故以奄爲覆。荒，奄，釋言文。大者，廣遠之言。以大東爲極東，地之最東至海而已。大東之下即云至于海邦，故以東爲極東，言其極，蓋地之東偏。春秋之世，諸侯同盟以獎王室，故知來同爲同盟。當僖公之世，東方淮夷小國見於盟會，唯邾、莒、滕、杞而已。其餘小國及淮夷同盟，不見於經，蓋主會者不列之耳。言莫不率從，有從魯之嫌，故明之，相率從於中國。以僖非盟主，不得爲從魯故也。

保有鳧繹，遂荒徐宅。至于海邦，淮夷蠻貊，及彼南夷。莫不率從。莫敢不諾，魯侯是若。鳧，山也。繹，山也。宅，居也。淮夷蠻貊而夷行也。南夷，荆楚也。若，順也。箋云：諾，應辭也。是若者，是僖公所謂順也。○鳧音符，山名也。繹音亦，一音夕，字又作嶧，同，山名也。貊字又作貉，武伯反。行，下孟反。應，應對之應。○

疏　保有至是若○正義曰：此又美僖公境界廣遠，威德所及。言安有鳧山、嶧山，遂有是徐方之居，至于近海之國。淮夷爲蠻貊之行者，及彼南方之夷，謂荆楚之國，莫不相率而從於中國。若王伯有命，則莫敢不應諾順從。此皆由魯侯之功，於是順服也。○傳鳧山至若順○正義曰：禹貢徐州：嶧陽孤桐。謂嶧山之陽有桐木也。鳧、嶧連文，與龜蒙相類，故知是鳧山、嶧山也。宅，居，釋言文。言淮夷蠻貊如夷行者，以蠻貊之文在淮夷之下，嫌蠻貊亦服，故辨之。以僖公之從齊桓，唯能服淮夷耳，非能服南夷之蠻、東夷之貊，故即淮夷蠻貊，謂淮夷如蠻貊之行。僖四年從齊桓伐楚而服之，故言南夷謂荆楚。鄭志荅趙商云：楚交中國而近南夷，末世夷行，故謂之夷也。若，順，釋言文。定本、集注若順之上有諾順兩字。○

天錫公純嘏，眉壽保魯。

居常與許，復周公之宇。常、許，魯南鄙、西鄙。箋云：純，大也。受福曰嘏。許，許田也，魯朝宿之邑也。常或作嘗，在薛之旁。春秋魯莊公三十一年，築臺于薛，是與周公有嘗邑。許田未聞也。六國時，齊有孟嘗君，食邑於薛。○嘏，古雅反。朝，直遥反。薛字又作薛，息列反。與音餘。

魯侯燕喜，令妻壽母。宜大夫庶士，邦國是有。既多受祉，黃髮兒齒。箋云：燕，燕飲也。令，善也。喜，公燕飲於内寢，則善其妻，壽其母，謂爲之祝慶也。與羣臣燕，則欲與之相宜，亦祝慶也。是有，猶常有也。兒齒亦壽徵。○兒，五兮反，齒落更生細者也，字書作齯，音同，一音如字。爲，于僞反。祝，之又反，下同。

疏　天錫至兒齒○毛以爲既言僖公威德被及廣遠，又言天與之福，復其故居。天乃與公大夫之福，使有秀眉之壽，而保其魯國，又能居其常邑與許邑，復周公之故居也。魯侯僖公燕飲而皆喜，燕於内寢，則善其妻，壽其母，謂爲之祝慶，使妻善而母壽也。其燕於外寢，則宜其大夫與衆士，亦謂爲之祝慶，使與之相宜也。其魯之邦國七百里之封，僖公於是常保有之。既多受其福，又有黃髮兒齒。由僖公每事得所，故慶之使宜其永年。○鄭唯以嘏爲福爲異，餘同。○傳常許至西鄙○正義

曰春秋言伐我東鄙西鄙者皆謂伐其邊邑故月令注云鄙界上之邑此美其復故之宇當舉邊邑言之故知常許皆是鄙邑也言常許魯南鄙西鄙則常爲南鄙許爲西鄙或當有所依據不知出何書也○箋純大至於薛○正義曰純大釋詁文禮特牲少牢尸致福於主人皆謂之嘏是受福曰嘏傳以常許爲魯之鄙邑書傳無文故箋易之許許田也魯朝宿之邑也諸侯有大德受采邑於京師爲將朝而宿焉謂之朝宿之邑魯以周公之故成王賜之許田春秋之時魯不朝周邑無所用而許田近於鄭國鄭有祊田地勢之便而與鄭易之桓元年鄭伯以璧假許田公羊傳曰許田者何魯朝宿之邑也此魯朝宿之邑易爲謂之許田諱取周田繫之許近許也如此則魯之有許見於經傳明此常與許卽是彼之許邑彼以近許繫許則非魯之鄙邑故箋言此以易傳也桓公以許與鄭僖公又得居之故美其能復周公之宇也春秋於僖公之世不書得許田蓋經傳闕漏故無其事也旣以許爲朝宿而常邑無文故推本其事言常字詩本或有作嘗字者常邑在薛之傍春秋魯莊公三十一年築臺于薛是與築臺于薛春秋經文是與者其是此嘗邑與嘗在薛傍魯有薛邑故言是與爲疑之辭周公之有許邑事見春秋嘗則無文故云周公有嘗邑許田未聞也鄭云嘗邑在薛之傍亦無明文故

又自言其證六國時齊有孟嘗君食邑於薛以其居薛邑而號孟嘗君則嘗在薛傍共爲一地也六國者韓魏燕趙齊楚在春秋之後俱僭稱王號爲六國孟嘗君者姓田名文父曰靜郭君田嬰嬰者齊威王少子而齊宣王庶弟也宣王卒嬰相齊湣王湣王三年封田嬰嬰卒文代立於薛是爲孟嘗君史記有其傳

徂來之松，新甫之柏。是斷是度，是尋是尺。徂徠山也新甫山也八尺曰尋○斷音短度待洛反

松桷有舄，路寢孔碩。新廟奕奕，奚斯所作。桷榱也舄大貌路寢正寢也新廟閔公廟也有大夫公子奚斯者作是廟也○箋云孔甚碩大也奕奕姣美也脩舊曰新新者姜嫄廟也僖公承衰亂之政脩周公伯禽之教故治正寢上新姜嫄之廟姜嫄之廟廟之先也奚斯作者教護屬功課章程也至文公之時大室屋壞○桷音角方曰桷舄音昔徐又音託奕音亦榱巴追反姣古卯反屬音燭

孔曼且碩，萬民是若。曼長也箋云曼脩也廣也且然也國人謂之順也○曼音萬

【疏】徂來至是若○毛以爲僖公威德遠及國內咸宜乃命彼賢臣脩造寢廟取彼徂來山上之松新甫山上之柏於是斬斷之於是量度之其度之也於是用入尺之尋於是用十寸之尺旣量其材乃用松爲桷有舄然而大作爲君之正寢甚寬大又新作閟公之廟奕奕然廣大作寢則人安作廟則神悅人神安悅君德備矣此廟是誰爲之乃是奚斯所作美其作之得所故舉名言之奚斯監護而已其作用民之力故又美民之勸事言廟甚長廣而且大用功雖多萬民於是謂之順民旣以之爲順明其不憚劬勞故言之以頌僖公也○鄭唯以新廟爲姜嫄之廟爲異餘同○傳桷榱至是廟○正義曰桷之與榱是椽之別名莊二十四年刻桓宮桷謂刻其椽也舄是桷狀故爲大貌王肅云言無刻飾文章徒見松桷強大至牢固義或當然路寢正寢公羊穀梁傳並云然定本集注云路正也釋詁云路大也以君之正寢故以大言之言新廟是作此廟僖公繼閔公爲君故以新廟爲閔公廟王肅云僖公以庶兄後閔公爲之立廟奕奕盛大美其作之中禮能自儉而崇大宗廟是申說毛義稱作是廟美僖公之意也奚斯與新廟連文故云公子奚斯作是廟欲見作者主爲新廟而言奚斯其意不兼路寢也閔二年慶父出奔莒左傳曰以賂求共仲于莒莒人歸之及密使公子魚請不許哭而往共仲曰奚斯之聲也乃縊是奚斯爲公子也如傳文蓋名魚而字奚斯○箋孔甚至屋壞○正義曰孔甚釋言文碩大釋詁文孔碩言其寢美也定

本集注云孔碩甚佼美也與俗本異春秋有新作南門新作雉門說者皆以脩舊曰新改舊曰作故鄭依用之以閟公後死禮當遷入祖廟止可改塗易簷不應別更作之而此詩首章言閟宮卒章言新廟明是脩彼閟宮使之新故易傳以爲所新者姜嫄之廟也作寢廟所以爲美者以僖公承衰亂之後寢廟廢壞能脩周公伯禽之教故治其正寢上新姜嫄之廟由其脩治廢壞故可美也又言姜嫄之廟廟之先者欲見姜嫄之廟旣新之則餘廟毀壞亦脩之然則舉其治正寢則餘寢亦治之矣又解奚斯所作之意正謂爲之主帥主帥教令工匠監護其事屬付功役課其章程而已非親執斧斤而爲之也中候握河紀說帝堯受河圖之禮云稷辨護注云辨護供時用相禮儀是監典謂之護也昭三十二年左傳說城成周之事云屬役賦丈謂付屬作者以功役也漢書稱高祖使張蒼定章程謂定百工用材多少之量及制度之程品是屬課章程之事也引文十三年太室屋壞者與譜同以壞者譏其不恭則脩者事爲可善反明詩人稱新作寢廟以美僖公之意也○箋曼脩至之順○正義曰定本集注箋曼脩也廣也且然也國人謂之順順與俗本不同

閟宮八章二章章十七句一章十二

句一章三十八句二章章八句二章章十句

駉四篇二十三章二百四十三句

附釋音毛詩注疏卷第二十（二十之二）

大清嘉慶二十年重刊宋本[illegible]藏本校

黃中模栞

毛詩注疏校勘記二十之二　阮元撰盧宣旬摘錄

○閟宮

侐清淨也　按各本皆同攷釋文作清靜也引說文侐靜也當依釋文更正楚茨傳莫莫言清靜而敬至也亦可證

天神多與之福　小字本相臺本同案與當作予下箋云天予后稷以五穀是其證正義作與乃易字耳考文古本并作與非

先種之植　閩本明監本同毛本植作稙案所改是也下非穀名先種曰植誤同

而則祭之也　閩本明監本毛本同案此不誤浦鏜云則疑衍字非也而則祭者下經之而載嘗也本句下正義可證

此箋云其生之又無災害　閩本明監本毛本同案浦鏜云任誤生是也

又解后稷其名曰弃　閩本明監本毛本弃作棄下同案箋字作棄生民可證正義自爲文亦用棄字引尚書史記乃依彼作弃字十行本盡作弃以閩本以下盡作棄皆有誤凡唐石經於棄字皆作弃以其中爲世字諱而避之也正義避諱之例則不如此如泄字唐石經避作洩而正義仍作泄當是作正義時例但缺畫也

且尚書刑德故云　閩本明監本毛本同案浦鏜云放誤故是也

纘大王之緒　毛本纘誤攢明監本以上皆不誤

箋云居極虞度也　小字本相臺本同考文古本同閩本明監本毛本極作殛案殛字誤也釋文云居極紀力反下同之居下云極也正義云居極虞度釋言文云云是正義釋文二本皆本是極字也閩本以下又盡改正義中極字作殛誤甚十行本不誤見下段玉裁尚書撰異中凡三論極殛字至爲詳矣

致大平天所以罰也　小字本相臺本同案大平及以三字衍正義云是致天所罰復舉箋文可爲

明證且此與大平迴不相涉而武王又實未大平其說見於栞皆正義斷爲衍字無疑矣各本皆誤當正

極紂於商郊牧野小字本相臺本同考文古本同案正義云殺紂於牧野定本集注皆云極紂於牧野極是殺非也是正義本極作殺必當時俗本如此而正義定從定本集注以極爲是以殺爲非也釋文居極下云下同是釋文本亦作極不作殺

謂民勸武王無有二心閩本明監本同毛本二作貳案所改是也

箋屆極至克勝閩本明監本毛本極誤殛案山井鼎云宋板此疏除釋言又云殛誅也外皆作極考此一殛字亦極之誤菀柳正義引可證也

克先祖之意閩本明監本毛本同案浦鏜云克當竟字誤是也

秋物新成尚之也小字本相臺本同案正義云以秋物新成始可嘗之故言始嘗也定本集注皆言秋物新成尚之也言貴尚新物故言始也作嘗字者誤也是正義本尚作嘗

下有柎小字本相臺本同閩本明監本毛本柎作跗案釋文云有柎方于反考常棣箋用柎字從手柎柎實一字也正義中字皆作跗或是其所易今字耳各本依之未是

俾爾熾而昌唐石經小字本相臺本同案盧文弨云俾一作畀見校官碑今考上釋文以畀民作音云本又作俾下皆同是釋文本作畀字也餘經盡然盧未細考耳又案段玉裁云說文云俾門持人也凡經傳言俾者皆取義於此門持人今說文譌作門侍人莊述祖正之畀者俾之假借字

魯邦是嘗唐石經小字本相臺本嘗作常閩本明監本毛本同案嘗字誤也

與赤色之特閩本明監本毛本同案此不誤浦鏜云特當犅字誤非也正義下引說文云犅特也故此自爲文以犅爲特也

則有爛火去其毛而炰之豚閩本明監本毛本爛作以案皆誤也當作爓下文彼注云爓去其毛而炰之也同

正月朔日於周二特牛閩本明監本毛本同案於當作也周當作用烈文正義引可證

地官〇封人閩本明監本毛本〇作中案皆誤也當衍

大羹渚羹肉汁也閩本毛本同明監本渚作湆案所改是

稱祀周公作大廟閩本明監本毛本同案浦鏜云於誤作是也

卽云白牡騂犅閩本明監本毛本牡誤牲案浦鏜云犅經作剛非也正義中犅字皆其所易耳

天下無敢禦也小字本同閩本明監本毛本同相臺本也作之案之字是也正義云則無有於我僖公敢禦止之也標起止云至禦之可證也考文古本也上有之字采正義

萬二千五百爲軍閩本明監本毛本同案浦鏜云爲上疑脫人字是也

俗本作增誤也閩本明監本同毛本增作憎案所改是也

是三軍之大數又以此爲三軍者閩本明監本毛本同案三字盧文弨云當作二下同是也正義下文云故答臨碩謂此爲二軍二字不誤可證

文數可爲四萬閩本明監本毛本同案浦鏜云文疑大字誤是也

使知當時無三軍也閩本明監本毛本同案浦鏜云便誤使是也

唯有僖公耳閩本明監本毛本同案僖字盧文弨云當作桓是也浦鏜校改上文僖公二字作春秋非也

師賤兵少閩本明監本毛本同案山井鼎云師當作帥是也此因帥字俗體有作師者而譌耳

魯邦所詹唐石經小字本相臺本同考文古本詹作瞻案古本非也傳訓詹爲至毛氏詩不作瞻明甚唯說苑等引此文作瞻者是三家詩也韓詩外傳有其證

淮夷蠻貊而夷行也小字本相臺本同案此傳而當依正義作如其讀則以淮夷蠻貊四字爲逗傳之複舉經文者也如夷行也四字爲句傳文之說經也以毛公文字簡奧故說經本但有淮夷而并言蠻貊之

意云如夷行也如者譬況之言謂經此文是譬況淮夷之行也以爲足以明之矣厥後作正義者所受之讀未誤故引而伸之曰言淮夷蠻貊如夷行者以蠻貊之文在淮夷之下嫌蠻貊亦服故辨之以僖公之從齊桓唯能服淮夷耳非能服南夷之蠻東夷之貊故卽淮夷蠻貊謂淮夷如蠻貊之行其言極爲明晰可據以正各本如作而之誤卽可據以正岳本黜淮夷二字逗蠻貊而夷行也六字爲句之誤也經義雜記讀之不審一改傳文作淮夷蠻貊夷行如蠻貊也再改正義言淮夷蠻貊如夷行者作言淮夷如蠻貊之行者紛紛塗竄皆由未得其句逗所致

鳧嶧連文 閩本明監本毛本嶧誤繹案經文作繹此作嶧者繹嶧古今字易而說之也例見前禹貢爾雅說文皆作嶧是嶧爲正字釋文云字又作嶧亦指禹貢等言之也毛氏詩但作繹古文多假借也○段玉裁云繹山與葛峰山是兩山尚書嶧陽孤桐此葛峰山也地理志在東海下邳今在淮安府邳州魯頌及左傳邾國之繹此繹山也地理志在魯國騶縣今在兗州府鄒縣前說云繹嶧古今字非是繹山字史記及漢志作嶧要以秦碑作繹爲正

許口田未聞也 小字本許田不空考文古本同閩本明監本毛本空處誤補許字相臺本許田作所由案所由是也

天乃與公大夫之福 閩本明監本毛本夫作大案所改是也

許田未聞也 閩本明監本毛本同案此許田亦所由之誤

徂來之松 唐石經相臺本同閩本明監本毛本同小字本來作徠考文古本同案傳徂來山也相臺本仍作來餘本皆作徠正義中來字十行本作來閩本以下改作徠而標起止未改是正義本唐石經皆作來爲可據矣

孔甚碩大也奕奕姣美也 小字本相臺本同案正義云孔甚釋言文碩大釋詁文孔碩言其寢美也定本集注云孔碩甚佼美也與俗本不同考正義上文云作爲君之正寢甚寬大又新作閟公之廟奕奕然廣大初無奕奕佼美之文今本箋有誤故與定本集注及俗本俱不合釋文以甚姣作音當是其本與定本集注同今釋文各本甚誤作其非也

新者姜嫄廟也 小字本同閩本明監本毛本同相臺本無也字新上有所字考文古本有案無者是也相臺本乃所謂以疏中字微足其義者耳

曼脩也廣也且然也國人謂之順也 小字本相臺本同案正義云定本集注箋曼脩也廣也且然也國人謂之順與俗本不同如其所言非爲異本當有誤也今無可考

附釋音毛詩注疏卷第二十（二十之三）

毛詩商頌　鄭氏箋　孔穎達疏

商頌譜

商者，契所封之地。有娀氏之女名簡狄者，吞鳦卵而生契。堯之末年，舜舉爲司徒，有五教之功，乃賜姓而封之。○正義曰：殷本紀云：契母曰簡狄，有娀氏之女也，爲帝嚳次妃。三人行浴，見鳥墮其卵，簡狄取吞之，因孕生契。契長而佐禹治水有功，帝舜乃封於商。又中候亦有其事。文十八年左傳云：高辛氏有才子八人，天下之民謂之八元。舜臣堯，舉八元，使布五教於四方：父義、母慈、兄友、弟恭、子孝，內平外成。又尚書堯典云：帝曰：契，汝作司徒，敷五教五教在寬。由此言之，敷五教者是契之所爲。舉八元使布五教者，正謂舉契使布之也。故云堯之末年，舜舉爲司徒，有五教之功也。乃賜姓曰子而封之於商也。中候握河紀云：堯曰：嗟，朕無德，欽奉丕圖，賜示二三子。斯封稷、契、皋陶，賜姓號。注云：封三臣，賜姓號者，契爲子，稷爲姬，皋陶未聞。又契握湯說契云：賜姓子氏，以題朕躬。注云：題，名也。躬，身也。引孝經援神契曰：堯知天命，賜契子氏，知有湯。是堯賜之姓而封之商也。本紀稱帝舜封契於商者，長發箋云：堯封之於商，爲小國；舜之末年，益其土地，爲大國。是舜亦封之，故歸之舜也。商者，成湯一代之大號，而此云商者契所封之地，則鄭以湯取契之所封以爲代號也。服虔、王肅則不然。襄九年左傳曰：閼伯居商丘，相土因之。服虔云：商丘，地名。相土，契之孫。因之者，代閼伯之後居商丘，湯以爲號。又書序王肅注云：契孫相土居商丘，故湯因以爲國號。而鄭玄以爲由契封商者，契之封商，見於書傳、史記、中候，其文甚明。經典之言商者，皆單謂之商，未有稱爲商丘者。又相土居商丘以後，不恆厥邑。相土之於殷室，雖是先公，後者譬之於周，則公劉之儔耳。既非湯功所起，又非王迹所因，何當取其所居以爲代號也？商之有契，猶周之有稷。成湯以商爲代號，文王不以郃爲代號者，自契至湯，雖則八遷，而國號不改，商名未易。成湯以商受命，故當以商爲號。周卽處郃，處豳，國名變易，大王來居周地，其國始名曰周。文王以周受命，當以周爲號，不得遠取郃也。若然，湯在亳地受命，不以亳爲代號，而禮記郊特牲云亳社北牖，襄三十年左傳云鳥鳴于亳社，皆謂殷亡國之社也。謂之亳社者，禮存亡國之社以爲戒，亳實湯所居地，故指地而言。以殷紂無道，喪滅湯之所居，欲使諸侯觀之，思自保固，故不舉代號而指亳社也。亳是湯之所居耳，及紂滅之時，則在朝歌，非復亳地也。成湯之初，以商爲號，及盤庚遷於殷以後，或呼爲殷，故名

序云：盤庚五遷，將治亳殷。注云：商家改號曰殷。玄鳥云：殷受命咸宜。殷武云：撻彼殷武。是其兼稱殷也。雖或稱殷，不是全改商號。故大明云殷商之旅，蕩云咨汝殷商，皆取前後二號而雙言之，是其不全改也。○世有官守，十四世至湯，則受命代夏桀，定天下。○正義曰：堯以契爲司徒，又封之商國，子孫則當世爲諸侯，或入爲王官，故云世有官守。國語云：玄王勤商，十四世而興。殷本紀云：契卒，子昭明立。卒，子相土立。卒，子昌若立。卒，子曹圉立。卒，子冥立。卒，子振立。卒，子微立。卒，子報丁立。卒，子報乙立。卒，子報丙立。卒，子主壬立。卒，子主癸立。卒，子天乙立，是爲成湯。是從契至湯爲十四世也。中候雒予命云：天乙在亳，東觀於洛，黃魚雙躍，出濟于壇，黑鳥以雒，隨魚亦上，化爲黑玉，赤勒曰：玄精天乙受神福，命之予伐桀，命克予商滅夏，天下服。是受命伐桀定天下也。○後世有中宗者，嚴恭寅畏天命，自度治民，祗懼不敢荒寧。後有高宗者，舊勞於外，爰洎小人，作其卽位，乃或諒闇，三年不言，言乃雍，不敢荒寧，嘉靖殷邦，至于小大，無時或怨。○正義曰：此尚書無逸文也。彼注云：中宗，謂大戊也。高宗，謂武丁也。舊，猶久也。爰，於。洎，與也。武丁爲太子時，殷道衰，爲其父小乙將師役於外，與小人之故，言知其憂樂也。作，起也。諒闇轉作梁闇，楣謂之梁，闇，廬也。小乙崩，武丁立，憂喪三年之禮，居倚廬，柱楣，不言政事。○此三王有受命中興之功，時有作詩頌之者。○正義曰：受命謂成湯也。中興謂中宗、高宗也。商頌五篇，唯有此三王之詩，故鄭歷言其功德也。殷本紀云：大戊立，亳有祥桑穀共生於朝，一暮大拱。大戊懼，問伊陟。伊陟曰：臣聞妖不勝德，帝之政其有闕與？帝其脩德。大戊從之，而祥桑穀枯死，殷復興，諸侯歸之，故稱中宗。禮記喪服四制曰：書云：高宗諒闇，三年不言。善之也。王者莫不行此禮，何以獨善高宗？高宗者，武丁。武丁者，殷之賢王，繼世卽位，而慈良於喪。當此之時，殷衰而復興，禮廢而復起，故善之。善之故載之書中，高而宗之，故謂之高宗。是中宗、高宗中興也。由此三王皆有功德，時人有作詩頌之者。那序云祀成湯，是頌成湯也。烈祖序云祀中宗，是頌中宗也。玄鳥、殷武序皆云高宗，長發居中，從可知，是玄鳥三篇頌高宗也。此頌之者，皆在崩後。頌之那祀成湯，經稱湯孫，箋以湯孫爲太甲，則那之作當太甲時也。烈祖祀中宗，箋稱此祭中宗，諸侯來助，明是其崩之後，或子孫之時，未知當誰世也。玄鳥祀高宗，箋以祀當爲祫，高宗崩而始祫祭於契之廟，歌是詩焉，是崩後可知也。殷武云祀高宗，則亦在其崩後。玄鳥、殷武既是崩後，則知長發之作亦在崩後矣。長發述其生存之日祫祭先王，殷武述其征伐荊楚、脩治寢室，皆是崩後追述之也。○商德之壞，武王伐紂，乃以陶唐氏火正閼伯

之墟封紂兄微子啓爲宋公代武庚爲商後。正義曰商德之壞謂紂時也樂記說武王伐紂既下車而投殷之後於宋是伐紂卽封微子昭元年左傳曰昔高辛氏有二子伯曰閼伯季曰實沈居于曠林不相能也日尋干戈相征討后帝不臧遷閼伯于商丘主辰商人是因故辰爲商星襄九年左傳曰陶唐氏之火正閼伯居商丘祀大火而火紀時焉相土因之故商主大火以此言之是宋居閼伯故地故漢書地理志云周封微子於宋今之睢陽是也本陶唐氏火正閼伯之墟鄭取其言以爲說也晉傳云武王殺紂繼公子祿父史記衛世家云武王已克殷紂復以殷餘民封紂子武庚祿父以奉其先祀是武王初殺紂以武庚爲商後也至周公攝政武庚叛而誅之乃命微子代武庚爲商後書序云成王旣黜殷命殺武庚命微子是命微子在成王時也今因伐紂之下卽連言封微子於宋代武庚爲商後者以封之於宋竟爲商後以宋是武王所封故終言之。其封域在禹貢徐州泗濱西及豫州盟豬之野。正義曰禹貢徐州云泗濱浮磬豫州云導河澤被孟豬地理志云孟豬澤在梁國睢陽東北是孟豬在豫州地理志云宋地今之梁國市楚山陽濟陰東平及東都之須昌壽張皆宋分也據時驗之是宋之封域東至泗濱西至孟豬也。自從政衰散亡商之禮樂七世至戴公時當宣王大夫正考父者校商之名頌十二篇於周太師以那爲首歸以祀其先王。正義曰微子爲商之後得行殷之祀樂明時商頌皆在宋矣於後不具明是政衰而失之那序云微子至於戴公其間禮樂廢壞是散亡商之祀樂也史記宋世家云微子啓卒弟仲衍立卒子宋公稽立卒子丁公申立卒子湣公共立卒弟煬公熙立湣公子鮒祀殺煬公而自立是爲厲公厲公卒子釐公舉立卒子惠公覸立卒子哀公立卒子戴公立自微子至戴公凡十君除二及餘八君是微子之後七世至戴公也世家又云惠公四年周宣王卽位戴公二十九年周幽王爲犬戎所殺考校其年宣王以戴公十八年崩是戴公當宣王時也正考父考校商之名頌十二篇於周之大師以那爲首魯語文也韋昭云名頌頌之美者然則言校者宋之祀樂雖則亡散猶有此詩之本考父恐其舛謬故就太師校之也此頌皆爲祀先王而作故知校之既正歸以祀其先王也。孔子錄詩之時則得五篇而已乃列之以備三頌著爲後王之義監三代之成功法莫大於是矣。正義曰今詩是孔子所定商頌止有五篇明是孔子錄詩之時已亡其七篇雖得此五篇而已王者存二王之後所以通天三統夏之篇章既以泯弃雖有商頌而已孔子既錄魯頌同之二王之後乃復取商頌列之以備三頌著爲後王之義使後人監視三代之成法其法莫大於是言聖人之有深意也。闕者曰列國政衰則變風作宋何獨無乎曰有焉乃不錄之王者之後時王所客也巡守述職不陳其詩亦示無貶黜客之義也。正義曰巡守之陳詩者以觀民之好惡示有刺責則貶黜之今不陳其詩示無貶黜客之義亦既示無貶黜不陳惡詩雖有其美者亦不得復採故所以無宋詩也示無貶黜者示法而已其有大罪亦當如曾譜所云侯伯監之行人書之不得全無貶黜故春秋之時杞爲伯爵是其爲時王所黜也○又問曰周太師何由得商頌曰周用六代之樂故有之。正義曰以周用六代之樂樂章固當有之故得有商頌也然則自夏以上周人亦存其樂而得無其詩者或本自不作或有而滅亡故也此商頌五篇自是商世之書由宋而後得有故鄭爲譜因商而又序宋也

那，祀成湯也。微子至于戴公，其間禮樂廢壞，有正考甫者，得商頌十二篇於周之大師，以那爲首。禮樂廢壞者君怠慢於爲政不脩祭祀朝聘養賢待賓之事有司忘其禮之儀制樂師失其聲之曲折由是散亡也自正考甫至孔子之時又無七篇矣正考甫孔子之先也其祖弗甫何以有宋而授厲公。那乃河反微子名啓紂庶兄周武王封之於宋爲殷後正考父音甫本亦作甫宋湣公之曾孫孔子七世祖大音泰後大甲大古大戊大祖皆放此朝直遙反折之設反

【疏】那一章二十二句至爲首。○正義曰那詩者祀成湯之樂歌也成湯創業垂統制禮作樂及其崩也後世以時祀之詩人述其功業而作此歌也又揔序商頌廢興所由言微子至于戴公之時其間十有餘世其有君闇政衰致使禮樂廢壞令商頌散亡至戴公之時其大夫有名曰正考父者得商頌十二篇於周之太師此十二篇以那爲首是故孔子錄詩之時得其五篇列之以備三頌也殷本紀云主癸生天乙是爲成湯案中候雒予命云天乙在亳注云天乙湯名是鄭以湯之名爲天乙也則成湯非復名也周書謚法者周公所爲禮記檀弓云死謚周道也則自殷以上未有謚法蓋生爲其號死因爲語耳謚法安民立政曰成除殘去虐曰湯蓋以天乙有此行故號曰成湯也長發稱武王載旆又呼湯爲武王者以其伐紂革命成就武功故以武名之非其號謚也國語云校商之名頌十二篇此云得商頌十二篇謂於周之太師校定眞僞是從太師而得之也言得之太師以那爲首則太師先以那爲首矣且殷之

創基成湯爲首那序云祀成湯明知無先那者故知太師以那爲首也經之所陳皆是祀湯之事毛以終篇皆論湯之生存所行之事鄭以奏鼓以下言湯孫太甲祭湯之時有此美事亦是祀湯而有此事故序摠云祀成湯也○箋祀樂至厲公○正義曰祀樂廢壞者正謂祀不行樂不用故令之廢壞廢壞者若牆屋之不脩也但祀事非一箋略舉祀之大者以言焉由君不復行祀有司不復脩習故忘其祀之儀制由君不復用樂樂師不復脩習故失其聲之曲折由是祀樂崩壞故商詩散亡也知孔子之時七篇已亡者以其考甫校之太師歸以祀其先王則非煩重蕪穢不是可棄者也而子夏作序已無七篇明是孔子之前已亡滅也世本云宋湣公生弗甫何弗甫何生宋父宋父生正考甫正考甫生孔父嘉爲宋司馬華督殺之而絶其世其子木金父降爲士木金父生祁父祁父生防叔爲華氏所偪奔魯爲防大夫故曰防叔防叔生伯夏伯夏生叔梁紇叔梁紇生仲尼則正考甫是孔子七世之祖故云孔子之先也其祖弗父何以有宋而授厲公昭七年左傳文也服虔云弗父何宋湣公世子厲公之兄以有宋言湣公之適嗣當有宋國而讓與弟厲公也宋世家稱厲公殺煬公而自立傳言弗父何授之者何是湣公世子父卒當立而煬公篡之蓋厲公既殺煬公將立弗父何而何讓與厲公也

猗與那與置我鞉鼓猗歎辭那多也鞉鼓樂之所成也夏后氏足鼓殷人置鼓周人縣鼓箋云置讀曰植植鞉鼓者爲楹貫而樹之美湯受命伐桀定天下而作濩樂故歎之多其改夏之制乃始植我殷家之樂鞉與鼓也鞉雖不植貫而搖之亦植之類○猗於宜反與音余下同置毛如字殷人置鼓鄭作植字時職反又音值鞉音桃小鼓也夏戶雅反注同縣音玄下同楹音盈柱也貫古亂反濩戶故反殷湯樂曰大濩**奏鼓簡簡衎我烈祖湯孫奏假綏我思成**衎樂也烈祖湯有功烈之祖也假大也箋云奏鼓奏堂下之樂也烈祖湯也湯孫太甲也假升綏安也以金奏堂下諸縣其聲和大簡簡然以樂我功烈之祖成湯湯孫太甲又奏升堂之樂弦歌之乃安我心所思而成之謂神明來格也禮記曰齊之日思其居處思其笑語思其志意思其所樂思其所嗜齊三日乃見其所爲齊者祭之日入室僾然必有見乎其位周旋出戶肅然必有聞乎其容聲出戶而聽愾然必有聞乎其歎息之聲此之謂思成○衎苦旦反假毛古雅反鄭作格升也樂音洛下以樂我同齊側皆反本亦作齋下同者市志反爲于僞反僾音愛愾苦代反**鞉鼓淵淵嘒**

嘒管聲既和且平依我磬聲嘒嘒然和也平正平也依倚也磬聲之清者也以象萬物之成周尚臭殷尚聲箋云磬玉磬也堂下諸縣與諸管聲皆和平不相奪倫又與玉磬之聲相依亦謂和平也玉磬尊故異言之○淵古玄反又烏玄反嘒呼惠反倚於綺反**於赫湯孫穆穆厥聲庸鼓有斁萬舞有奕**於赫湯孫盛矣湯爲人子孫也大鍾曰庸斁斁然盛也奕奕然閑也箋云穆穆美也於盛矣湯孫呼太甲也此樂之美其聲鍾鼓則斁斁然有次序其干舞又閑習○於音烏注同庸如字依字作鏞大鍾也斁奕繹並音亦繹字又作懌同**我有嘉客亦不夷懌自古在昔先民有作溫恭朝夕執事有恪**夷說也先王稱之曰在古古曰在昔昔曰先民有作有所作也恪敬也箋云嘉客謂二王後及諸侯來助祭者我客之來助祭者亦不說懌乎言說懌也乃大古而有此助祭禮禮非專於今也其禮儀溫溫然恭敬執事薦饌則又敬也○恪苦各反說音悅下同薦牋練反本又作荐同饌士戀反**顧予烝嘗湯孫之將**箋云顧猶念也將猶扶助也嘉客念我殷家有時祭之事而來者乃太甲之扶助也序助者之來意也○烝之丞反

【疏】猗與至湯孫之將○毛以爲成湯既崩後祀於其廟詩人美湯功業述而歎之曰猗與湯之功亦甚多而能制作護樂植立我殷家鞉與鼓也既立一代之樂用之以祭其先祭之時廟中奏此鞉鼓其聲簡簡然而和大也以樂我有功烈之祖湯之上祖有功烈者謂契冥相士之屬也既以樂祭祖而德當神明故更述湯功美其奏樂言湯之能爲人子孫也奏此大樂以祭鬼神故得降福安我所思而得成也思之所成者正謂萬福來宜天下和平也又述祭時之樂其鞉鼓之聲淵淵而和也嘒嘒然而清烈者是其管籥之聲諸樂之音既以和諧且復齊平不相奪倫又依倚我玉磬之聲與之和合以其樂音和諧更復歎美成湯於乎赫然盛矣者乃湯之爲人之子孫也穆穆然而美者其樂之音聲大鍾之鏞與所植之鼓有斁然而盛執其干戈爲萬舞者有奕然而閑習言其用樂之得宜也於此之時有王者之後及諸侯來助湯祭我有嘉善之賓客矣其助祭也豈亦不夷悅而懌樂乎言其夷悅而懌樂也此助祭之法乃從上古在於昔代先正之民有作此助祭之禮非專於今故此嘉客依禮來助祭其儀溫溫然而恭敬早朝鄉夕在於賓位其執事薦饌則有恭敬此嘉賓所以

來顧念我此烝嘗之時祭者正以湯爲人之子孫亦有顯大之德所致也以湯能制作禮樂善爲子孫嘉客助祭鬼神降福故陳其功德以歌頌之也○鄭以奏鼓以下皆述湯孫祭湯之事烈祖正謂成湯是殷家有功烈之祖也湯孫奏假謂太甲奏升堂之樂綏我思成謂神明來格安我所思得成也於赫湯孫美太甲之盛顧予烝嘗謂嘉客念太甲之祭湯孫之將言來爲扶助太甲雖此爲異其文義畧同○傳猗歎至縣鼓○正義曰齊風猗嗟共文是猗爲歎謂美而歎之也那多釋詁文鞉鼓樂之所成者禮記曰鼓無當於五聲五聲不得不和是樂之所成在於鼓也鞉則鼓之小者故連言之王制曰天子賜諸侯樂則以柷將之賜伯子男樂則以鞉將之注云柷鞉皆所以節樂是樂成亦由鞉也夏后氏足鼓以下皆明堂位文所異者唯彼置作楹傳依此經而改之矣○箋置讀至之類○正義曰金縢云植璧秉圭注云植古置字然則古者置植字同故置讀曰植此云植我鞉鼓明堂位作楹鼓故知植鞉鼓者爲楹貫而樹之大濩之樂殷之樂也此述成湯之功而云植我鞉鼓明是美湯作濩樂故歎之多其改夏之制始植我殷家之鼓也呂氏春秋仲夏紀云殷湯即位夏爲無道暴虐萬民湯於是率六州以討桀之罪乃命伊尹作爲大濩歌晨露脩九招六列以見其善高誘注云大濩晨露九

招六列皆樂名也是成湯作濩樂之事也晨露九招六列之樂蓋大濩之樂別曲名也又解鞉亦稱植之意鞉雖不植以木貫而搖之亦植之類故與鼓同言植也春官小師注云鞉如鼓而小持其柄搖之傍耳還自擊是說鞉之狀也○箋衎樂至假大○正義曰衎樂假大皆釋詁文下傳湯爲人子孫則此篇上下皆述湯事美湯之祭而云烈祖則是美湯之先公有功烈者故云烈祖湯有功烈之祖湯之前有功烈者止契冥相土之屬也王肅云湯之爲人子孫能奏其大樂以安我思之所成謂萬福來宜天下和平○箋奏鼓至思成○正義曰禮設樂縣之位皆鍾鼓在庭故知奏鼓堂下樂也以序稱禮成湯則經之所陳是祀湯之事不宜爲湯之祀祖故易傳以烈祖爲湯下篇烈祖既是成湯則知此亦成湯其子孫奏鼓以樂之也殷本紀湯生太丁太丁生太甲太甲成湯適長孫也故知湯孫謂太甲也孫之爲言雖可以關之後世以其追述成湯當在初崩之後太甲是殷之賢王湯之親孫故知指謂太甲也假升綏安皆釋詁文也以奏者作樂之名假又正訓爲升故易傳以奏假爲奏升堂之樂對鼓在堂下故言奏升堂之樂樂之初作皆擊鍾奏之經雖言鼓而鍾亦在焉故云以金奏堂下諸縣也琴瑟在堂故知奏升堂之樂謂弦歌之聲也於祭之時心之所思唯思神耳故知安我心所

思而成之謂神明來格也臯陶謨說作簫韶之樂得所而云祖考來格意與此協故言神明來格取彼意以爲說也所引禮記祭義文也致思之深想若聞見視其有所成故引以證之此之謂思成也所思五事先思居處後思樂嗜者先粗而後精自外而入內也居處措身之所笑語貌之所發此皆目所可見是外之粗者在內有常理可測度者志意也在內無常緣物而動者樂嗜也內事難測深思然後及之故後言之也齊三日乃見其所爲齊者謂致齊也散齊則不御不弔而已未能至於深思而及此五事也祭之日所以得有出戶而聽者彼注云周旋出戶謂設薦時也無尸者闔戶若食間則有出戶而聽之是由無尸者有闔戶出聽之事也古之祭者莫不以孫行者爲尸而得有無尸者士虞記云無尸則禮及薦饌皆如初注云無尸謂無孫列可使者也是祭有無尸者故作記者言及之也○傳磬聲至尚聲○正義曰傳意亦以磬爲玉磬聘義說玉之德云其聲清越以長是玉聲必清故云聲之清者解其別言依磬之意也象萬物之成者以秋天是萬物成就之時其律呂數短聲調皆清故楚辭宋玉云秋之爲氣也天高而氣清周尚臭殷尚聲郊特牲文言此者以祭祀之禮有食有樂此詩美成湯之祭先祖不言酒食唯論聲樂由其殷人尚聲故解之○箋磬玉磬○正義曰此申說

傳意言磬聲清之意也知是玉磬者以鍾鼓磬管同爲樂器磬非樂之主而云鼓管和平來依磬聲明此異於常磬非石磬也臯陶謨云戛擊鳴球謂玉磬也成二年左傳齊人賂晉以玉磬是古人以玉爲磬也由玉磬尊故異言之○傳於赫至然閑○正義曰毛以此篇祀成湯美湯之德而云湯孫故云湯善爲人之子孫也以上句言衎我烈祖陳湯之祭祖故以孫對之子孫祭祖而謂祖善爲人之子孫猶閔予小子言皇考之念茲皇祖永世克孝也此篇三云湯孫於此爲傳者舉中以明上下也釋樂云大鍾謂之鏞是大鍾曰庸也以斁爲鍾鼓之狀故爲盛奕萬舞之容故爲閑也箋云斁斁然有次序亦言其音聲盛也○箋嘉客至扶助○正義曰王制祭統言四時祭名皆云春礿夏禘秋嘗冬烝注以爲夏殷祭名是烝嘗爲時祭故云念我殷家有時祭之事而來也若然郊特牲云饗禘有樂而食嘗無樂故春禘而秋嘗注禘當爲礿字之誤也王制云春礿夏禘鄭引王制以正特牲之文則特牲所云食無樂當是夏殷禮矣此云烝嘗則是秋冬之祭而上句盛陳聲樂者此經所陳揔論四時之祭非獨爲秋冬發文直取烝嘗之言爲韻耳縱使嘗實無樂而礿禘有之故得言其聲樂也且禮文殘缺鄭以異於周法者即便推爲夏殷未必食嘗無樂非夏禮也箋以湯孫爲太甲故言太甲

之扶助傳以湯爲人之子孫則將當訓爲大不得與鄭同也王肅云言嘉客顧我烝嘗而來者乃湯爲人子孫顯大之所致也

那一章二十二句

烈祖祀中宗也 中宗殷王大戊湯之玄孫也有桑穀之異懼而脩德殷道復興故表顯之號爲中宗。烈祖。烈祖有功烈之祖復扶又反下亦復同〔疏〕烈祖一章二十二句。正義曰烈祖詩者祀中宗之樂歌也謂中宗既崩之後子孫祀之詩人述中宗之德陳其祭時之事而作此歌焉經稱成湯王有天下中宗承而興之諸侯助祭神明降福皆是祀時之事故言祀以揔之。箋中宗至中宗。正義曰案殷本紀云湯生太丁太丁生太甲崩子沃丁立崩弟太庚立崩子小甲立崩弟雍已立崩弟大戊立是太戊爲湯之玄孫也本紀又云太戊立亳有祥桑穀共生於朝一暮大拱大戊懼問伊陟伊陟曰帝之政其有闕與帝其脩德大戊從之而祥桑穀枯死殷復興諸侯歸之故稱中宗是表顯立號之事也禮王者祖有功宗有德不毁其廟故異義詩魯說丞相匡衡以爲殷中宗周成宣王皆以時毁古文尚書說經稱中宗明其廟宗而不毁謹案春秋公羊御史大夫貢禹說王者宗有德廟不毁宗而復毁非尊德之義鄭從而不駁明亦以爲不毁也則非徒六廟而已鄭言殷六廟者據其正者而言也禮稽命徵曰殷五廟至於子孫六注云契爲始祖湯爲受命王各立其廟與親廟四故六是此六者湯定不毁故鄭據之以爲殷立六廟至於中興之主有德則宗宗既無常數亦不定故鄭不數二宗之廟也

嗟嗟烈祖有秩斯祜申錫無疆及爾斯所既載清酤賚我思成 秩常申重酤酒賚賜也箋云祜福也賚讀如往來之來嗟嗟乎我功烈之祖成湯既有此王天下之常福天又重賜之以無竟界之期其福乃及女之此所女女中宗也言承湯之業能興之也既載清酒於尊酌以祼獻而神靈來至我致齊之所思則用成重言嗟嗟美歎之深。祜音戶疆居良反竟也下同酤音戶賚毛如字鄭音來重直用反下皆同王天下于況反竟音境本又作境祼古亂反齊側皆反本亦作齋

亦有和羹既戒既平鬷假無言時靡有爭綏我眉壽黃耇無疆 戒至鬷總假大也總大無言无爭也箋云和羹者五味調腥熟得節食之於人性安和喻諸侯有和順之德也我既祼獻神靈來至亦復由有和順之諸侯來助祭也其在廟中既恭肅敬戒矣既齊立乎列矣至于設薦進俎又總升堂而齊一皆服其職勸其事寂然無言語者無爭訟者此由其心平性和神靈用之故安我以壽考之福歸美焉。鬷子東反假毛古雅反鄭音格至也下以假以享同爭爭鬭之爭注同綏音安安也耇音苟總音揔調音條祼音灌

約軧錯衡八鸞鶬鶬以假以享我受命溥將自天降康豐年穰穰 八鸞鶬鶬言文德之有聲也假大也箋云約軧轂飾也鸞在鑣四馬則八鸞假升也享獻也將猶助也諸侯來助祭者乘篆轂金飾錯衡之車駕四馬其鸞鶬鶬然聲和言車服之得其正也以此來朝升堂獻其國之所有於我受政教至祭祀又溥助我言得萬國之歡心也天於是下平安之福使年豐。軧祁支反錯如字徐又采故反鶬七羊反本又作鏘溥音普穰如羊反轂古木反下音式鑣彼苗反篆直轉反朝直遙反

來假來饗降福無疆 箋云享謂獻酒使神享之也諸侯助祭者來升堂來獻酒神靈又下與我久長之福也。假音格鄭云升也王云至也

顧予烝嘗湯孫之將 箋云此祭中宗諸侯來助之所言湯孫之將者中宗之享此祭由湯之功故本言之〔疏〕嗟嗟至之將。毛以爲中宗崩後子孫祀之中宗之有天下乃由成湯創業作者述成湯之功言其福流於後故言嗟嗟乎我功烈之祖成湯也有常者是此王天下之福言當常王天下也成湯既有此福天又重賜我商家以无疆境之期故得及爾中宗以此處所也謂能成湯之業復使中興也中宗既有此業故祭祀之既載清酒於樽酌以祼獻以其絜敬之故神明賜之我所思而得成亦謂萬福來宜大下和平也其祭之時非直羣臣而已亦有和羹也羹者五味調和以喻諸侯有和順之德此和順諸侯來在廟中既肅敬而戒至矣既齊立於列位矣莫不揔集大眾而能寂然無言語者於時凡在廟中無有爭訟者以此故神靈安我孝子以秀眉之壽使得黃髮耇老無有疆境之福也既言在廟助祭又本其初來之時所乘之車以朱篆約其長轂之軧以綵飾錯置於衡之上其八鸞之聲則鏘鏘然以其大禮而來以獻國之所有於我殷王受其政教之命至祭祀之時又溥來助祭由此得萬國之歡心故從天下平安之福故獲得豐年穰穰然而每物豐多也既言天使之豐又說神降之福中宗之神來至其坐矣來享其祭矣乃下與

大福無有疆境也又言諸侯所以來故念我此烝嘗之時祭者乃由湯善爲人子孫亦顯大之所致也此祭中宗而引湯善爲子孫者以湯是商家王業之所起故歸功於湯○鄭以賚我思成謂神靈來至我孝子所思得成也鬷假無言謂揔集升堂皆無言語也以假以享謂來朝升堂獻國之所有也來假謂諸侯來升堂獻酒來饗謂神來歆饗之湯孫之將正謂此時設祭之君諸侯來扶助之然則此時祭者當是中宗子孫而云湯孫者中宗之饗此祭由湯之功故本言之雖中宗子孫亦是湯遠孫故亦得言湯孫也唯此爲異其文義畧同○傳秩常至賚賜○正義曰秩常申重賚賜皆釋詁文也言賜我思成者王肅云先祖賜我思之所成也知酤是酒者以此說祭事而云既載清酤文與旱麓清酒既載事同故知酤是酒也○箋酤福至思成○正義曰酤福釋詁文以思成者齊之所思成也思之得成由神明來格故知賚讀如往來之來商之王功起於湯故知烈之祖正謂成湯也王天下之常福言湯之子孫常王天下也既言常福又言重賜無疆界福之長短天之所賜故知是天重賜之也及汝之此所所謂處所言中宗之得中興是天福之所及也此祭中宗也故知汝者汝中宗也言中宗承湯之業能中興之故陳湯有常福以及中宗也酒者祼獻所用故知既載清酒於樽謂

酌以祼獻案禮言周法祼用鬱鬯殷禮雖則不明其祼亦應用鬱而云用酒以祼獻者鬱鬯釀秬爲酒築鬱金草和之而已揔而言之亦是酒也詩人所述舉其大綱非如記事立制曲辯酒齊之異清酤之言可以祼獻之用故鄭並舉祼獻以充之○傳戒至至言無爭也○正義曰言戒至者謂恭肅敬戒而至非訓戒爲至也鬷揔古今字之異也故轉之以從今假大釋詁文揔大無言無爭者以諸侯大衆揔集或有言語忿爭故云無言無爭美其能心平性和也○箋和羹至美焉○正義曰祭之設饌有大羹鉶羹何知不實論羹而以爲喻諸侯有和順之德者以昭二十年左傳晏子曰和如羹焉水火醯醢鹽梅以烹魚肉燀之以薪宰夫和之齊之以味濟其不及以泄其過君子食之以平其心君臣亦然故曰亦有和羹既戒且平鬷假無言時靡有爭彼引此和羹證君臣之和則知以和羹爲喻非實羹也下句約軝錯衡諸侯來朝之事無言無爭文美助祭之人故知亦有和羹謂諸侯對朝廷羣臣而稱亦也釋詁假爲升故易傳以鬷假爲設薦進俎之時諸侯揔集而升堂齊一也神之降福自祭之得祇非獨爲助祭者也而云神靈用是之故安我以壽考之福者善其助祭得祇故歸美焉○傳八鸞至假大○正義曰此解在車之飾非直鸞和而已獨言鸞聲之意故云言文德之有聲也有聲

謂此助祭諸侯有文德有聲聞故作者因事見義舉其鸞聲以顯之傳訓假爲大而其義不明但軝衡是諸侯之車以享謂獻國之所有則以假亦是來朝之事當謂以大禮而來朝也○箋約軝至歡心○正義曰軝者長轂之名約謂以綵色纏約之故云約軝轂飾也采芑言約軝錯衡文與此同傳云朱而約之則此亦當以皮纏約而朱漆之也鄭於秦風駟驖之箋云置鸞於鑣異於乘車禮記注云鸞在衡則鄭以乘車之鸞必在衡而此之鸞在鑣者以鸞之所在經無正文而殷周或異故從舊說以爲在鑣以示不敢質也言篆轂金飾者考工記云容轂必直陳篆必正注云篆轂約也容轂者治轂爲之形容彼言篆轂即此約軝故言諸侯來助祭者乘篆轂金飾錯衡之車也知金飾者以采芑約軝錯衡與輅車有奭連文奭亦貌則彼是金輅彼爲金輅則此亦金輅知約軝錯衡爲金飾也案春官巾車之職金輅同姓以封則王子母弟同姓公侯乃得乘金輅耳殷禮雖亡不應三等之爵皆乘金輅此說諸侯來助獨言金輅舉其尊者言之耳假之爲升乃是正訓諸侯之朝必升堂授玉故易傳以假爲來朝升堂也朝必獻國所有故言以享也既行朝禮後乃助祭故云至祭祀又溥助我言其得萬國之歡心也○箋享謂至獻酒○正義曰箋以說祭之事而云來享故知是獻酒使神享之也獻

酒必升堂故知來假謂來升堂獻酒也傳於上下假皆不訓爲升則此亦不得與鄭同也王肅云祖考來至來享嘉薦然則音爲格故訓爲至也○箋此祭至言之○正義曰此祭中宗在中宗崩後當是中宗子孫而云湯孫故知本之傳於上篇以湯孫爲湯爲人子孫則此亦當然祭中宗而美湯之爲人子孫者王肅云祭中宗而引湯者本王業之所起也

烈祖一章二十二句

玄鳥祀高宗也

祀當爲祫祫合也高宗殷王武丁中宗玄孫之孫也有雊雉之異又懼而脩德殷道復興故亦表顯之號爲高宗云崩而始合祭於契之廟歌是詩焉古者君喪三年既畢禘於其廟而後祫祭於太祖明年春禘于羣廟自此之後五年而再殷祭一禘一祫春秋謂之大事○玄鳥玄鳥燕也一名鳦音乙祀毛上如字鄭作祫戶夾反三年喪畢之祭也雊古豆反之異尚書云高宗祭成湯有飛雉升鼎耳而雊是也復扶又反契息列反殷之始祖也本又作偰同又作禼古字也後放此古者喪三年既畢祫于大祖明年禘于羣廟一本作古字君喪三年既畢禘于其廟而後祫祭于太祖明年春禘于羣廟案此序一注舊有兩本前祫後禘是前本禘夾一祫是後本也

疏

玄鳥一章二十二句。○正義曰：玄鳥詩者，祀高宗之樂歌也。鄭以祀爲祫，謂高宗崩，三年喪畢，始爲祫祭於契之廟，詩人述其事而作此歌焉。以高宗上能興湯之功，下能垂法後世，故經遠本玄鳥生契，帝命武湯，言高宗能興其功業；又述武丁孫子無不勝服，四海來至，百祿所歸，言高宗之功澤流後世。因祫祭而美其事，故序言祫以揔之。毛無破字之理，未必以此爲祫，或與鄭同爲時祀，但所述之事自有廣狹耳。○箋「祀當」至「大事」。○正義曰：知此祀當爲祫者，以經之所陳，乃上述玄鳥生商及成湯受命，若是四時常祀，不應遠頌上祖。殷武與此皆云祀，殷武所陳高宗身事而已，則知此與彼殊，宜當爲祫也。案殷本紀，太戊生仲丁及外壬及河亶甲，亶甲生祖乙，祖乙生祖辛，祖辛生祖丁，祖丁生陽甲及盤庚及小辛及小乙，小乙生武丁，是武丁爲太戊玄孫之孫。書序云：「高宗祭成湯，有飛雉升鼎耳而雊，作高宗肜日。」殷本紀稱武丁見雉升鼎耳，懼而脩政行德，天下咸懽，殷道復興，立其廟爲高宗。喪服四制說高宗之德云：「當此之時，殷衰而復興，禮廢而復起，高而宗之，故謂之高宗。」是殷道復興，表顯立號之事也。禮，三年喪畢，祫於太祖之廟，以新崩之主序於昭穆。此高宗崩，喪畢之後，新與羣廟之主始合祭於契之廟，故詩人因此祫祭之後，乃述序其事而歌作詩焉。鄭駁異義云：「三年一祫，百王通義。」則殷之祫祭三年一爲，而必知此崩而始祫者，以序云祫高宗也。若是三年常祫，則毀廟之主陳於太祖，未毀廟之主皆升合食於太祖，使偏及先祖，不獨主於高宗。今序言祫高宗，明是爲高宗而作祫，故知是崩後初祫於契之廟也。旣言崩而始祫，因辯祫之先後，及言古者君喪以下，以明禘祫之疏數也。大宗伯及王制之注皆云：「魯禮，三年喪畢，祫於太祖。明年春，禘於羣廟。自此之後，五年而再殷祭，一禘一祫。春秋謂之大事。」彼二注其言與此正同，而云魯禮，則此云古者君喪以下，謂魯禮也。此箋及禮注所言禘祫疏數，經無正文，故鄭作魯禮禘祫志以推之。其畧云：「魯莊公以其三十二年秋八月甍，閔二年五月而吉禘。此時慶父使賊殺子般之後，閔公心懼於難，務自尊成，以厭其禍。至二年春，其間有閏，二十一月禫，除喪，夏四月則祫，又卽以五月禘。此月大祭，故譏其速。譏其速者，明當異歳也。經獨言吉禘於莊公，閔公之服凡二十一月，於禮少四月，又不禫，無恩也。魯閔公二年秋八月，公甍，僖二年除喪，而明年春禘，自此之後，乃五年再殷祭。六年祫，故八年經曰：『秋七月，禘於大廟，用致夫人。』然致夫人自魯禮，因禘事而致哀美，故譏焉。魯僖公以其三十三年冬十二月甍，文二年秋八月祫，僖甍至此而除，間有閏，積二十一月，從閏除喪，不禫，故明月卽祫。經云：『八月丁卯，大事於太廟，躋僖公。』僖公之服亦少四月，不刺者，有恩也。魯文公以其十八年春二月甍，宣二年除喪而祫，明年春禘，自此之後，五年而再殷祭，與僖爲之同。六年祫，故八年禘。經曰：『夏六月辛巳，有事於大廟，仲遂卒於垂。』說者以爲有事謂禘，爲仲遂卒張本，故畧之，言有事耳。魯昭公十一年夏五月，夫人歸氏甍，十三年夏五月大祥，七月而禫，公會劉子及諸侯於平丘，公不得志，八月歸，不及祫。冬，公如晉。明十四年春，歸乃祫，故十五年春乃禘。經曰：『二月癸酉，有事於武宮。』傳曰：『禘於武公。』及二十五年傳『將禘於襄公』，此則十八年祫，二十年禘，二十三年祫，二十五年禘，於茲明矣。儒家之說禘祫也，通俗不同，學者競傳其聞，是用訩訩爭論，從數百年來矣。竊念秋者，書天子諸侯中失之事，得禮則善，違禮則譏，可以發起是非，故據而述焉。從其禘祫之先後，考其疏數之所由，而粗記注爲魯禮。三年之喪畢，則祫於太祖，明年春，禘於羣廟。僖也，宜也，八年皆有禘祫祭，則公羊傳所云『五年而再殷祭』，祫在六年明矣。明堂位曰：『魯，王禮也。』以相準況，可知也。」此是鄭君考校魯禮禘祫疏數之事也。閔二年五月吉禘於莊公，卽是春秋之經，而於禘之前經無祫事，鄭知四月祫者，以文二年經書「大事於太廟」，公羊傳曰：「大事者何？祫也。」彼是除喪而祫，則知閔之吉禘之前，亦當先有祫祭。於祫所以不譏者，以時有慶父之難，君子原情免之，但爲祫足以成尊，不假更復爲禘，而五月又禘，故譏之而書吉禘也。譏之言吉，則是未應從吉，故知明當異歳也。且「五年而再殷祭」，乃是公羊傳文，後禘去前禘當五年矣。僖也，宜也，皆八年有禘，明知前禘當在三年矣。文公以二年祫祭，祫在除喪之年，禘宜在三年，是其與祫當異歳也。鄭以春秋上下考校，知其必然，故此箋及禮注皆爲定解，仍恐後字致惑，故又作志以明之。如志之言，五年再殷祭，先祫後禘，而此云一禘一祫，先言禘者，恐其文便，無義例也。春秋謂之大事，指謂文二年祫祭之事耳。其禘則春秋或謂之禘，或云有事，皆不言大事，僖、宜八年之經是也。此箋或云古者君喪三年，喪畢，禘於其廟，而後祫於太祖，自此之後，五年而再殷祭者，其文誤也。何則？禮注及志皆無此言，則此不當獨有也。定本亦無此文。

天命玄鳥，降而生商，宅殷土芒芒。

玄鳥，鳦也。春分，玄鳥降。湯之先祖有娀氏女簡狄配高辛氏帝，帝率與之祈于郊禖而生契，故本其爲天所命，以玄鳥至而生焉。芒芒，大貌。箋云：降，下也。天使鳦下而生商者，謂鳦遺卵，娀氏之女簡狄吞之而生契，爲堯司徒，有功，封商。堯知其後將興，又錫其姓焉。自契至湯八遷，始居亳之殷地而受命，國日以廣大芒芒然。湯之受命，由契之功，故本其天意○芒莫剛反後同娀夙忠反契母之本國名郊禖音梅本亦作高禖卵力管反亳傍各反地名**古帝命武湯正域彼四方方命厥后奄有九有**正長域有也九有九州也箋云古帝天也天帝命有威武之德者成湯使之長有邦域爲政於天下方命其君謂徧告諸侯也湯有是德故覆有九州爲之王也○長張丈反下同徧音遍**商之先后受命不殆在武丁孫子**武丁高宗也箋云后君也商之先君受天命而行之不解殆者在高宗之孫子言高宗興湯之功法度明也○解音懈**武丁孫子武王靡不勝龍旂十乘大糦是承**勝任也箋云交龍爲旂糦黍稷也高宗之孫子有武功有王德於天下者無所不勝服乃有諸侯建龍旂者十乘奉承黍稷而進之者亦言得諸侯之歡心十乘者二王後八州之大國○武王于況反又如字注同勝毛音升鄭式證反乘繩證反注同糦尺志反韓詩云大祭也任音壬下何任同**邦畿千里維民所止肇域彼四海**畿疆也箋云止猶居也肇當作兆王畿千里之內其民居安乃後兆域正天下之經界言其爲政自內及外○疆居良反**四海來假來假祁祁景員維河殷受命咸宜百祿是何**景大員均何任也箋云假至也祁祁衆多也員古文作云河之言何也天下旣蒙王之政令皆得其所而來朝覲貢獻其至也祁祁然衆多其所貢於殷大至所云維言何乎言殷王之受命皆其宜也百祿是何謂當擔負天之多福○假音格下同祁巨移反或上之尺之二反員毛音圓鄭音云河王以爲河水本或作何何音河河可反本亦作荷音同鄭云擔負也下篇何天同朝直遙反擔都藍反下篇同

【疏】天命至是何○毛以爲契母簡狄於春分玄鳥至日祈於高禖而生契封商後世有此殷國今以高宗有國本而美之言上天命此玄鳥使下而生此商國故契之子孫得言此殷王其國境廣大芒芒然旣揔言天命生商又指陳商興之節古之天帝命有威武之德者成湯令長有彼四方之國謂爲之君長有其土地天旣命成湯爲長又命四方歸之方方命其諸侯之君使歸成湯故得同有此九州之民也成湯旣受天命子孫又能循之商之先君受天之命年世延長所以不至危殆者在此高宗武丁善爲人之孫子也此武丁爲人之子孫○行其先祖武德之王道威德

盛大無所不勝任之也故於此祀高宗也乃有諸侯建龍旂者十乘來助殷祭於祭之時有大黍稷之食此諸侯於是奉承而進之言高宗澤及天下故子孫祭之得萬國之歡心也高宗前世殷政衰微又述高宗能興之狀殷之邦畿之內地方千里維是民之所安止矣然後始有彼四海言高宗爲政先安畿內之民後安四海之國以爲己有由此能有彼四海故四海諸侯莫不來至其來至也祁祁然數甚衆多此衆多諸侯其辭皆云殷王之政甚大均矣維如河之潤物然言其無不霑及也成湯旣受天命子孫克循其道則殷之受命皆得其宜故百衆福祿於是宜擔負之高宗興殷之道能爲四海所慶故因其祀也述而歌之鄭以爲簡狄吞鳦卵生契故言天命玄鳥降而生商也正域彼四方言長有邦域爲政於四方又以奄爲覆言覆有九州爲之王也又受命不怠在武丁孫子謂行之不解怠者在武丁之孫子言高宗興湯之功法度著明以教戒後世子孫行之不解怠也武王靡不勝謂武丁孫子有武功有王德者於天下無所不勝由高宗功被後世故子孫能服天下也兆域彼四海謂正天下之經界爲營兆境域以至於彼四海也景云維河言諸侯大至所言維云何乎殷受命咸宜百祿是荷即其言之所云也唯此爲異餘文義畧同○傳玄鳥至大貌○正義曰釋鳥云燕燕鳦也

色玄故又名爲玄鳥毛氏不信讖緯以天無命鳥生人之理而月令仲春云是月也玄鳥至之日以大牢祀于高禖天子親往后妃率九嬪御玄鳥降則日有祀郊禖之禮也大戴禮帝係篇說帝嚳卜其四妃之子皆有天下云有娀氏女簡狄則契爲高辛之子簡狄高辛之妃而云玄鳥至生商則是以玄鳥至日祈而得之也故以爲春分玄鳥降湯之先祖簡狄祈郊禖而生契也玄鳥以春分而至氣候之常非天命之使生契但天之生契將令王有天下故本其欲爲天所命以玄鳥至而生焉記其祈福之時美其得天之命故言天命玄鳥使下生商也玄鳥之來非從天至而謂之降者重之若自天來然月令季春戴勝降于桑注云是時指在桑言降者若始自天來重之故稱降也襄四年左傳稱芒芒禹迹畫爲九州是芒芒爲大貌也○箋天使至天意○正義曰鄭以中候契握云玄鳥翔水遺卵流娀簡吞之生契封商殷本紀云簡狄行浴見玄鳥墮其卵簡狄取吞之因孕生契此二文及諸緯候言吞鳦生契者多矣故鄭據之以易傳也書序云自契至於成湯八遷湯始居亳又云盤庚五遷將治亳殷於湯言居亳於盤庚言亳殷則殷是亳地之小別名故知湯是亳之殷地而受命之也自契至湯八遷者皇甫謐云史失其傳故不得詳是八遷地名不可知也其亳地在河洛之間書序注云

今屬河南偃師地理志河南郡有偃師縣有尸鄉殷殷湯所都也皇甫謐云學者咸以爲亳在河洛之間書序注云今屬河南偃師地理志河南郡有偃師縣有尸鄉殷湯所都也皇甫謐云學者咸以亳在河洛之間今河南偃師西二十里有尸鄉亭是也謐考之事實失其正也孟子稱湯居亳與葛爲鄰案地理志葛今梁國寧陵之葛鄉是也湯地七十里耳葛伯不祀湯使亳衆爲之耕有童子餉食葛伯奪而殺之古文仲虺之誥曰湯征自葛始計寧陵去偃師八百里而使亳衆爲耕有童子餉食非其理也今梁國自有二亳也南亳在穀熟之地北亳在蒙地非偃師也書序曰盤庚五遷將治亳殷即偃師是也然則殷有三亳二在梁國一在河洛之間穀熟爲南亳即湯都也蒙爲北亳即景亳是湯所受命也偃師爲西亳即盤庚所徙者也立政之篇曰三亳阪尹是也如謐之言非無理矣鄭必以亳爲尸鄉者以地理志言尸鄉爲殷湯所都是舊說爲然故從之也且中候格予命云天乙在亳東觀在洛若亳在梁國則居於洛東不得東觀於洛也所言三亳阪尹謂其尹在阪謐之所言三亳其地非皆有阪故立政注云三亳者湯舊都之民分爲三邑其長居險故云阪尹蓋東成皐南轘轅西降谷也是鄭以三亳爲分亳民於三處有亳地也杜預以景亳爲周地河南鞏縣西南有湯亭或說即偃師也漢書音義曰臣瓚案湯居亳今濟陰薄縣是也今薄有湯冢已氏有伊尹冢皆相近又以亳爲濟陰薄縣以其經無正文故各爲異說地名變易難得而詳也孟子稱湯以七十里有天下則湯之初國猶尚小耳言日以廣大芒芒然謂至湯身而漸大也又解將述成湯而遠言契意以湯之受命由契之功故本其天意而言契之初生也○傳正長至九州○正義曰正長釋詁文域有者言封域之內皆爲己有非訓域爲有也言九有九有是同有天下之辭言分天下以爲九分皆爲己有故知九有九州也傳於奄字皆訓爲同王肅云同有九州之貢賦也○箋古帝至之王○正義曰湯之受命上天命之故知古帝謂天也尚書緯云曰若稽古帝堯稽同也古天也是謂天爲古故得稱天爲古帝也方命其君謂於四方之國方方命之故爲徧告諸侯言湯有是德天道遠矣非與人道言云徧告之者正謂授湯聖德令之所征無敵使諸侯徧聞是徧告之也○傳武丁高宗○正義曰作詩所以稱王名者王肅云殷質以名篇商之先君成湯受天命所以不危殆者在武丁之爲人孫子也毛以爲湯孫湯爲人子孫則此亦當如肅言也○箋商之至度明○正義曰商之先君受天命成湯是也以天下之大王業之重創基甚難守亦不易故言行之不懈怠者在高宗之孫子美此高宗孫子能得行之不懈怠也又解此詩主頌高宗而美高宗子孫者言高宗興湯之功法度著明故子孫能得行之亦是高宗之美故主頌高宗而言其子孫也○箋交龍至大國○正義曰交龍爲旂春官司常文也言以大糦是承謂奉承助祭祭之粢盛唯黍稷耳糦字從米故知是黍稷也乃有諸侯建龍旂者十乘奉承黍稷而進之殷禮既亡無可案據若以周法言之則謂諸侯來墨車建龍旂入天子之門至祭時奉黍稷之饎以助祭也覲禮曰侯氏裨冕乘墨車載龍旂弧韣乃朝注云墨車大夫制也乘之者入天子之國車服不可盡與王同交龍爲旂諸侯所建是入天子之門乘墨車也其在道路則隨其尊卑故覲禮記云偏駕不入王門注云在傍與己同曰偏同姓金輅異姓象輅四衛革輅蕃國木輅駕之與王同謂之偏駕不入王門者乘墨車以朝偏駕之車舍於館矣是未入於王門駕不入王門者則所駕之車隨其尊卑其建龍旂則終始同也又解諸侯衆多獨言十乘之意謂二王之後與八州之大國故十也八州大國謂州牧也諸侯當以服數來朝而得十乘並至者舉其有十乘耳未必同時至也或者王不巡守之歲則諸侯並時來朝四時更來則年之間而十乘俱至也○傳畿疆○正義曰畿者爲之畿限疆畔故爲疆也毛無破字之理則肇當訓爲始王肅云殷道衰四夷來侵至高宗然後始復以四海爲境域也○箋肇當至及外○正義曰箋以肇域共文當謂界域當兆故轉肇爲兆言已令千里之內民得安居乃後正天下之經界以四海爲兆域先安畿內後正四海言其自內及外也○傳景大員均何任○正義曰景大釋詁文員者周匝之言故爲均也荷者在負之義故爲任也傳解維河之義既以景員爲大均則維河者當謂政教大均如河之潤物然言其霑潤無所不及也○箋假至至多福○正義曰假至釋詁文彼作格音義同轉員爲云河爲何者以頍弁既醉言維何者皆是設問之辭與下句發端此下句言殷受命咸宜是對前之語則此言維何當與彼同不得爲水傍河也故知河當爲何維何既是問辭則大員是諸侯大至口之所云不得爲大均之義且古文云員字同故易傳也上言兆域彼四海以四海爲界也既言四海爲界也因即乘而立文言四海來假正謂四海之內中國諸侯來至貢獻非自四夷貢獻也所云維言何予將故述其美殷之言故問其問端也荷任即是擔負之義故言擔負天之多福

玄鳥一章二十二句

附釋音毛詩注疏卷第二十（二十之三）

毛詩注疏挍勘記二十之三　阮元撰盧宣旬摘錄

卷第二十　二十之三　六九十行本此下脫那詁訓傳第三十一行閩本以下有考文古本同是也但那下仍衍之什二字說見前又閩本以下誤在毛詩商頌鄭氏箋孔穎達疏後說見卷一當依唐石經小字本相臺本刪之什二字補在毛詩商頌一行之上也

商頌譜

汝作司徒敷五教五教在寬　明監本毛本敷上有敬字閩本剜入案所補非也考殷本紀重五教二字非也正義引之不備耳浦鏜云衍五教二字正用尚書文唐石經初刻亦然後乃摩去合諸此正義所引可知唐時本尚書自重二字不得依今本輒刪之也

斯封稷皐陶　閩本明監本毛本同案稷下浦鏜云脫契字是也長發正義引有

契孫相土居商丘　閩本同明監本毛本土作士案所改非也當是王肅自用士字故依彼引之不得用正義改爲士也○按楊升菴欲改左傳士氏爲士氏以合在周爲唐杜之文而不知士卽理官士氏以官得氏也

故名序云　〔補〕毛本名作書是也

代夏桀定天下　閩本明監本毛本同案代當作伐正義可證

中候維予命云　閩本明監本毛本同案浦鏜云維誤維是也那正義引作維

此三主有受命中興之功　閩本同明監本毛本主作王案所改是也此正義及長發正義引皆可證山井鼎考文所載以爲毛本主宋板王諸本同皆誤

故故終言之　閩本明監本毛本不重故字案所改非也下故字當作譜此亦寫者誤而未及改正耳不當輒刪

西及豫州盟豬之野　閩本明監本毛本同案陳譜作明豬正義引此文亦作明今作盟當誤正義中孟字據地理志及陳譜正義所引尚書訂之則當作盟

導河澤　閩本明監本毛本同案河字盧文弨云當作菏是也此誤落去上卄耳

今之梁國市　〔補〕閩本明監本毛本同案市當作沛

及東都之須昌壽張　閩本明監本毛本同案都字盧文弨云當作郡是也

自從政衰　閩本明監本毛本同案浦鏜云後誤從是也

所以通大三統　閩本明監本毛本同案大當作天形近之譌通天三統書傳較異義皆有其文引在振鷺正義

○那

那祀成湯也　小字本同閩本明監本毛本同相臺本那作那唐石經初刻那摩改那案那字是也下同

有正考甫者　唐石經小字本相臺本同案釋文云父本亦作甫此唐石經之所出也正義云其大夫有名曰正考父者是其本作父字今正義中父甫字互歧乃合併以後依經注有所改耳

正義曰那詩詩者　〔補〕閩本明監本毛本上詩字作之案所改非也當衍一詩字

死因爲語耳　閩本同明監本毛本語作謚案所改是也

以其伐紂革命　閩本明監本毛本同案紂當作桀

宋父生正考甫　閩本明監本同毛本甫作父案所改是也但餘多仍作甫

言湣公之適嗣　〔補〕毛本嗣作嗣

亦不夷懌　唐石經小字本相臺本同案釋文云繹字又作懌正義本是懌字當爲唐石經之所本也○按懌者俗字從繹爲是

先王稱之曰在古　小字本相臺本同段玉裁云魯語先聖王之傳恭猶不敢專稱曰自古古曰在昔昔曰先民韋注引傳亦曰先王稱之曰自古然則各本作在字誤也山井鼎云古本本同後改在作自不知據何本

也考此乃依國語改而偶有合也

序助者之來意也　相臺本同閩本明監本毛本同小字本之來作來之案小字本是也

而能制作護樂　閩本明監本毛本護作濩案所改非也當是正義本作護字正義下文皆作濩乃合併以後依經注改之耳

大鍾之鏞　閩本明監本毛本同案經傳作庸正義作鏞庸鏞古今字易而說之也例見前

乃從上古在於昔代先正之民　閩本明監本毛本正作王案所改是也又按正義時其本作在昔

視其有所成　閩本明監本毛本同案視當作是

則特牲所云食無樂當是夏殷禮矣　閩本明監本毛本食下有嘗字是上無嘗字案所補是也所刪非也

○烈祖

既齊立乎列矣　補毛本同案乎當平字之譌

鬷總假大也　小字本相臺本同案釋文以總也作音是其本多也字

神靈用之故　小字本相臺本同案之是也此也正義說經云以此故可證下文云而云用是之故當是正義自爲文耳考文古本用下有是字采正義而爲之耳

假升也　小字本相臺本同考文古本同閩本明監本毛本升誤大案山井鼎云不可與傳混也是也

來假來饗　唐石經小字本相臺本同考文古本同閩本明監本毛本饗誤享案經中饗享二字截然有別享者下享上也饗者上饗下也自歐陽脩本義以來諸家論之審矣○按有同字義別而相因者如獻神爲享神食其所獻亦爲享是也此等在訓詁中蓋未可枚舉後儒曲爲分別乃以獻之作享神食所獻作饗於我將閟宮烈祖皆用此例定其字故唐石經宋本似是而非今俗本槩作享似非而是此篇前享字箋云獻也後享字箋云謂獻酒使神享之也相承爲說當時斷非有二形也

享謂獻酒使神享之也　閩本明監本毛本同小字本相臺本享作饗考文古本同案享字誤見上十行本下箋中宗之享此祭誤同與經文爲岐出正義中歆饗字亦饗享錯雜此寫者以享爲饗別體字而亂之耳閩本以下仍之而不覺又因此而改經文亦爲享誤

甚

來升堂來獻酒　小字本相臺本同案來升堂者來假也來獻酒者來饗也上箋云饗謂獻酒使神饗之也此箋乘上爲文故省而但言獻酒下箋說經降福無疆云神靈又下與我久長之福也又者又神饗之也是此獻酒括上使神饗之而言明甚矣箋之兩來字即經之兩來字本自無誤正義云來假謂諸侯來升堂獻酒來饗謂神來歆饗之又云獻酒必升堂故知來假謂來升堂獻酒也以獻酒連升堂入於來假之下以來饗屬之神來微失箋意箋意來饗之來仍是諸侯來不是神來但饗是神饗之耳王肅述毛則以兩來字皆屬之神此其與鄭異也經義雜記因正義此言以爲下一來字是淺人所增其說非也

故余祀之　閩本明監本毛本余作今案此皆誤也當作祭形近之譌

又言諸侯所以來故念我　補毛本故作顧

箋祜福至思成也　閩本同明監本毛本思作用案所改是

鬷揔古今字之異也　閩本同明監本毛本揔作總案所改非也揔卽總字正義自爲文多用之唯順經注乃有總字明監本以下悉改之爲總者非

既戒且平　閩本明監本毛本同案此不誤浦鏜云既平誤且平非也考杜預注及正義傳文本作且晏子春秋亦作且可見此正義引傳爲是今傳作既者依此詩改之耳申鑒亦引作且皆不與毛氏詩同

箋約軝至歡心　閩本明監本毛本軝誤軧下同案正義本是軧字上文作軝者皆後人改耳已見采芑經

鄭於秦風駟驖之箋云　閩本明監本毛本驖作鐵案所改是也

謂未升堂獻酒也　閩本同明監本毛本未作來案所改是也

○元鳥

古者君喪三年既畢禘於其廟而後祫祭於太祖明年春禘于羣廟　小字本相臺本同案釋文云古者喪三年既畢祫于大祖明年禘于羣廟一本作古者君喪三年既畢禘于其廟而後祫祭于大祖明年春禘于羣廟此序一注舊有兩本前祫後禘是前本也兩禘夾一祫是後本也正義此箋或云古者君喪三年喪畢禘於其廟而後祫于大祖自此之後五年而再殷祭者其文誤也何則禮注及志皆無此言則此不當獨有也定本亦無此文惠棟云正義本無經及傳箋南宋刻正義始增入之而誤入宋時所傳之本此箋正義已言其誤而書仍載者刻書之人載入之箋不與正義相涉故也今考正義本與釋文同所謂前本者也

而歌作詩焉　補毛本同案作當此字之譌

此月大祭故譏其速　閩本明監本毛本同案此當作比形近之譌

僖二年除喪而　閩本明監本毛本同案而下當脫祫字

因禘事而致哀美　閩本明監本毛本同案山井鼎云美當作姜是也

僖公之服亦少四月　閩本明監本毛本同案此不誤浦鏜云文誤僖非也上文閔公之服自服者而言也此僖公之服自所爲服而言也二者文不同而義俱通無容改而一之也

學者競傳其閒　補閩本明監本毛本同案閒當作聞

仍恐後字致惑　閩本明監本毛本同案山井鼎云字恐學誤是也

祈于郊禖而生契　小字本相臺本同案釋文云郊禖本或作高禖正義云祈於高禖而生契是正義本當作高字下文又作郊禖者或合併後所改○按月令作高禖毛傳生民元鳥皆作郊禖月令正義分析甚明是傳不當作高也或云郊或云高者鄭志焦喬荅王權甚明此正義自當作郊禖舊挍非也

受命不殆　唐石經小字本相臺本同案箋云受天命而行之不解殆者正義云又受命不怠在武丁孫子謂行之不解怠者在武丁之孫子言高宗興湯之功法度著明以教戒後世子孫行之不解怠也又云言行之不懈怠者在高宗之孫子美此高宗孫子能得行之不懈怠也考此經字作殆故正義引王述毛以爲危殆也鄭以爲殆卽懈怠字故箋云不解殆而字仍作殆正義乃易爲怠字而說之也趙岐注孟子告子下王弼注易震皆用殆爲怠可見在鄭時不煩改字矣般武經用怠字此不盡一之例也

八州之大國　小字本相臺本同案釋文云大國與音余是其本國下有與字正義云又解諸侯衆多獨言十乘之意謂二王之後與八州之大國故十也不云言與爲疑辭是其本無也此無正文當以釋文本爲長

景員維河　唐石經小字本相臺本同案釋文云鄭云河之言何也王以爲河水本或作何正義云轉員爲云河爲何者云云是其本作河也此經本是何字故王申毛以爲河水或作本乃以箋改經耳

音河河可反本亦作苛　補釋文挍勘通志堂本盧本同案盧文弨云音河當作音荷非也俟人釋文云何戈何可反又音河是河字不誤也小字本所附同相臺本所附作又河可反又字當有苛盧文弨云荷字之誤是也

貟古文作云　按作字衍也謂貟是古文云字此言古文之假借說文多云古文以某爲某皆言假借秦誓古文若弗貟來衞包始改爲云來貟是古文云是今字若衍作字則古今互易矣詳段玉裁詩經小學

謂當擔負天之多福　小字本相臺本同案此與長發箋擔皆當作檐羣經音辨木部檐下載此箋是其證也羣書亦多用從木字如釋名云檐任也之屬正義中本皆作檐今檐擔錯雜改之而未盡也音辨本取釋文而通志堂本誤改從才

得言此殷王　閩本明監本毛本同案山井鼎云言恐居誤王士誤是也

○行其先祖武德之王道　閩本同明監本毛本○作能案所改非也○當衍

元鳥降則曰有祀郊禖之禮也　閩本同明監本毛本則作之案此誤改也則曰

二字當倒耳郊當作高見上○按作郊者是

注云是時指在桑 閩本明監本毛本同案山井鼎云指當作恆是也

簡狄行洛 閩本毛本同明監本洛作浴案浴字是也譜正義引作浴

墮其卵 閩本明監本毛本同案浦鏜云墮本紀作墯是也譜正義引作墯

故知湯是亳之殷地而受命之也 閩本同明監本毛本下之字作者案所改非也之當衍字

殷殷湯所都也 閩本明監本毛本不重殷字脫也字案不重是也

學者咸以爲亳在河洛之閒書序注云今屬河南偃師地理志河南郡有偃師縣有尸鄉殷湯所都也皇甫謐云學者咸以亳在河洛之閒 閩本明監本毛本無書序以下至河洛之閒四十二字案此十行本複衍也

且中候格予命云 閩本明監本毛本同案山井鼎云格恐洛誤是也譜正義引作雒

東觀在洛 閩本明監本毛本同案在當作於譜正義引作於此與下互換而誤也

不得東觀於洛也 閩本明監本毛本同案於當作在此與上互換

言九有九有 閩本明監本毛本同案上九字當作奄下文云是同有天下之辭以同辭奄也

殷質以名篇 閩本明監本毛本同案篇當作著形近之譌

在傍與己同曰偏駕 閩本明監本毛本同案己當作王

荷者在負之義 閩本明監本毛本同案浦鏜云在當任字誤是也

既言四海爲界也 閩本明監本毛本同案浦鏜云也疑衍字是也

將故述其美殷之言 〔補〕毛本故作欲案欲字是也

荷任即是擔負之義 明監本毛本脫荷字閩本不誤案擔當作檐見上

故言檐負天之多福 閩本明監本毛本檐作擔字按儋是正字俗作擔从手蓋唐早有之集韻平聲儋擔同字去聲擔檐同字

附釋音毛詩注疏卷第二十　二十之四

毛詩商頌　鄭氏箋　孔穎達疏

長發大禘也　大禘郊祭天也禮記曰王者禘其祖之所自出以其祖配之是謂也○長如字禘大計反王云殷祭也王者于況反又如字

疏　長發七章首章八句次四章章七句一章九句卒章六句○正義曰長發詩者大禘之樂歌也禘者祭天之名謂殷王高宗之時以正歲之正月祭其所感之帝於南郊詩人因其祭也而歌此詩焉經陳洪水之時已有將王之兆玄王政教大行相土威服海外至於成湯受天明命誅除元惡王有天下又得賢臣爲之輔佐此皆天之所祐故歌詠天德因此大禘而爲頌故言大禘以摠之經無高宗之事而爲高宗之頌者以高宗禘祭得禮因美之而爲此頌故爲高宗之詩但作者主言天德止述商有天下之由故其言不及高宗此則鄭之意耳王肅以大禘爲殷祭謂禘祭宗廟非祭天也毛氏既無明訓未知意與誰同○箋大禘至是謂○正義曰祭法云殷人禘嚳而郊冥注云禘謂冬至祭天於圓丘則圓丘之祭名爲禘也又王制及祭統言四時祭名春礿夏禘秋嘗冬烝注云蓋夏殷之制則殷之夏祭宗廟亦名禘也又鄭駁異義云三年一祫五年一禘百王通義以爲禮讖云殷之五年殷祭亦名禘也然則祭之名禘者多矣而知此大禘爲郊祭天者以冬至爲祭乃是天皇大帝神之最尊者也爲萬物之所宗人神之所主非於別代異姓曲有感助經稱帝立子生商謂感生之帝非天皇大帝也且周頌所詠靡神不舉皆無圓丘之祭殷人何獨捨其感生之帝而遠述昊天上帝乎以此知非圓丘之禘也時祭所及親廟與太祖而已而此經歷言玄王相土非時祭所及又非宗廟夏禘也五年殷禘鄭於禘祫志推之以爲禘祭各就其廟今此篇上述商國所興之由歷更前世有功之祖非是各就其廟之言以此又知非五年殷祭之禘也彼諸禘者皆非此篇之義故知此云大禘唯是郊祭天耳天南郊亦名爲禘故引禮記以證之所引者喪服小記及大傳皆有此文大傳注云凡大祭曰禘自由也祭其先祖所由生謂郊祀天也王者之先祖皆感太微五帝之精以生蒼則靈威仰赤則赤熛怒黃則含樞紐白則白招拒黑則汁光紀皆用正歲之正月郊祭之蓋特尊焉孝經曰郊祀后稷以配天配靈威仰也宗祀文王於明堂以配上帝謂汎配五帝也如彼注則殷人之祖出於汁光紀故以正歲正月於郊禘而祭之故此序謂之大禘也易緯稱王王之郊一用夏正故知郊天皆用正歲正月也鄭志趙商問此云案祭法殷人禘嚳而郊冥又喪服小記及大傳皆云王者禘其祖之所自出以其祖配之注皆以爲祭天皇大帝以嚳配之然則此詩之禘亦宜以爲圓丘之祭不審云郊何荅曰郊祀后稷以配天則以祖配其祖從出之明文也云注皆以爲祭天皇大帝詩之大禘宜爲圓丘之祭探意大過得無誣乎禘者祭名天人共云是鄭解此禘爲郊天之事也小記大傳言禘祖之所自出者注皆以爲郊所感之帝而商云祭天皇大帝故云得無誣乎祭法稱殷人禘嚳而郊冥此若郊天當以冥配而不言冥者此因祭天歌詠天德言其能降靈氣祐殷興耳其意不述祭時之事不美所配之人昊天有成命郊祀天地亦是南郊之祭而辭不及稷何怪此篇不言冥也馬昭云長發大禘者宋爲殷後郊祭天以契配不郊冥者異於先王故其詩詠契之德宋無圓丘之禮唯以郊爲大祭且欲別之於夏禘故云大禘此說非也何則名曰商頌是商世之頌非宋人之詩安得云宋郊契配也諸稱三王有受命中興之功時有作詩頌之者則是殷時作之理在不惑而云宋人郊天虛妄何甚而馬昭雖出鄭門其言非鄭意也若然商非宋詩而樂記云溫良而能斷者宜歌商注云商宋詩者以宋承商後得歌商頌非謂宋人作之也

濬哲維商長發其祥洪水芒芒禹敷下土方外大國是疆幅隕旣長　濬深洪大也諸夏爲外幅廣也隕均也箋云長猶久也隕當作圓圓謂周也深知乎維商家之德也久發見其禎祥矣乃用洪水禹敷下土正四方定諸夏廣大其竟界之時始有王天下之萌兆歷虞夏之世故爲久也○濬音峻哲音哲字或作哲芒音亡依韻音忙疆居良反竟界也幅方目反隕音圓徐于貧反夏戶雅反下皆同圓音還又音圓王知音智見賢遍反禎音貞祥也竟音境天下于況反下湯王言王之王德皆同

有娀方將帝立子生商　有娀契母也將大也契生商也箋云帝黑帝也禹敷下土之時有娀氏之國亦始廣大有女簡狄吞鳦卵而生契堯封之於商後湯王因以爲天下號故云帝立子生商

疏　濬哲至生商○毛以爲有深智者維我商家之德也昔在前世久發見其禎祥矣其祥在何時乎往者唐堯之末有大水芒芒然有大禹者敷廣下土以正四方京師之外大國於是畫其疆境令使中國廣大均平既已長遠矣於是時契已佐禹是其禎祥久見也又說商興之由有娀氏之女方欲長大之時天爲之生立其子而使之生商謂上天祐契使賢而生有商國也○鄭以隕爲圓

言中國廣大而圓周也有娀方將謂有娀之國方始廣大黑帝憑依簡狄使之有子立其子使生商國其文義畧同○傳濬深至隕均○正義曰濬深釋言文洪大釋詁文諸夏爲外對京師爲內也幅如布帛之幅故爲廣也王肅云外諸夏大國也京師爲內諸夏爲外言禹外畫九州境界禹平治水土中國既廣已平均且長也○箋隕當至爲久○正義曰箋云深智乎維商家之德者揔歎商家深智不指斥一人也禹敷下土廣大其境界之時正謂水害既除輔成五服之時也始有王天下之萌兆謂契能佐禹治水敷五教功被當世故後嗣克昌是其王之萌兆也爾時已有萌兆卽是久見其祥此至成湯之興歷虞夏之世故爲久也○傳有娀至生商○正義曰有娀契母之姓婦人以姓爲字故云有娀契母也將大釋詁文謂契母方成大之時天爲生立其子商者成湯王天下一代之大號此商之有天下其本由契而來故言契生商也詩言商興所由上須言契而已上句乃述禹敷下土者以契禹俱事帝堯皆有大功故將欲論契先言洪水也○箋帝黑至廣大○正義曰禘者郊天之名郊祭所感之帝商是水德黑帝之精故云黑帝謂汁光紀也且以下云玄王故以黑帝言之以有娀是簡狄國名非簡狄之身言有娀方將不得爲簡狄長大故以爲禹敷下土之時有娀氏之國亦始廣

大也有娀氏國之大小非復商家之事而言及之者君子言人之美務欲加之因其國實廣大見簡狄爲大國之女猶大明之篇言摯莘也

玄王桓撥受小國是達受大國是達率履不越遂視既發玄王契也桓大撥治履禮也箋云承黑帝而立子故謂契爲玄王遂猶徧也發行也玄王廣大其政治始堯封之商爲小國舜之末年乃益其土地爲大國皆能達其教令使其民循禮不得踰越乃徧省視之教令則盡行也○撥本末反韓詩作發發明也徧音遍下同治直吏反

【疏】傳玄王至履禮○正義曰上言有娀生子此句卽言玄王故知玄王卽契也且國語云玄王勤商十四世而興玄王爲契明矣履禮釋言文公羊傳云撥亂世謂治亂世故以撥爲治也○箋承黑至盡行○正義曰箋以契不爲王玄又非謚解其稱玄王之意玄黑色之別以其承黑商立子故謂契爲玄王也以湯有天下而稱王契卽湯之始祖亦以王言之尚書武成云昔先王后稷國語亦云昔我先王后稷又曰我先王不窋韋昭云周之禘祫文武不先不窋故通謂之王商頌亦以契爲玄王是其爲王之祖故呼爲王非追號爲王也玄王廣大其政治正謂達其教令是也知堯封爲小國舜益爲大國者中候握河紀說堯云斯封稷契皋陶賜姓號是堯封之也考河命說舜之事云褒賜羣臣賞爵有功稷契皋陶益土地是舜益地爲大國也自殷以上大國百里握河紀注云稷契公也公卽周禮三公八命其出封加一等然則堯之封契已應百里便是土地之極而舜又益之者以其身有大功特加褒賜如周之賜魯衞之屬越禮特賜既賜之後不必止於百里而已率履不越文承是達之下明民從政化非契身率禮故云使其民循禮不得踰越徧省視之教令則盡行卽是達之驗也

相土烈烈海外有截相土契孫也烈烈威也箋云截整齊也相土居夏后之世承契之業入爲王官之伯出長諸侯其威武之盛烈烈然四海之外率服截爾整齊○相息亮反注相上皆同截才結反長張丈反

【疏】箋截整至整齊○正義曰截者斬斷之義故爲齊也相土是昭明之子契之孫也故云居夏后之世承契之業契封商國相土嗣之止爲一國之君而已不得威行海外今云海外有截故知入爲王官之伯出長諸侯也僖四年左傳管仲說太公爲王官之伯云五侯九伯汝實征之以夾輔周室是王官之伯分主東西得征其所職之方故得云威武烈烈然而四海之外截而整齊分主東西則威加一面而已而云四海者不知所主何方故揔舉四海言之截然整齊謂守

其所職不敢內侵外畔也王肅云相土能繼契四海之外截然整齊而治言有烈烈之威則相土在夏爲司馬之職掌征伐也說春秋者亦以太公爲司馬之官故得征五侯九伯與鄭異也

帝命不違至于湯齊至湯與天心齊箋云帝命不違者天之所以命契之事世世行之其德浸大至於湯而當天心○湯齊如字浸子鴆反

湯降不遲聖敬日躋昭假遲遲上帝是祇帝命式于九圍不遲言疾也躋升也九圍九州也箋云降下假暇祇敬式用也湯之下士尊賢甚疾其聖敬之德日進然而以其德聰明寬暇天下之人遲遲然言急於已而緩於人天命是故愛敬之也天於是又命之使用事於天下言王之也○日躋子兮反鄭注禮記讀上爲湯躋讀此爲日齋齋莊也假古雅反鄭云暇也徐云毛音格鄭音暇案王肅訓假爲至格是王音也沈云鄭箋云寬暇以此義訓非韓字也祇諸時反下士遐嫁反

【疏】帝命至九圍○正義曰上陳玄王相土論商興所由此下皆述成湯指言與事言天之所以命契之事自契之後世世行而不違失天心雖已漸大未能行同於天至於成湯而動合天意然後與天心齊也因說成湯之行湯之下士尊賢甚疾

而不遲也其聖明恭敬之德日升而不退也以其聰明寬假天下之人遲遲然而舒緩也上天以是之故常愛敬之故天命之使用事於九州爲天下王也。傳至湯與天心齊。正義曰言至湯者謂從契而至湯也自契以後雖則不違天命未能齊於天心至湯而與之齊以爲漸大之意也上言帝命卽云湯齊故知湯所與齊唯天心耳易稱聖人與天地合其德此之謂也傳以此爲湯齊甚分明矣而孔子開居注云詩讀湯齊爲湯躋者言三家詩有讀爲躋者也。箋帝命至天心。正義曰契无受命之事矣而云天命契者正謂授以上智之性使之佐舜有功建國於商德垂後裔是天所以命契之事也湯以孤聖獨興父祖未有王迹而云其德浸大者以言至於湯齊又爲漸高之勢故述其意言浸大耳定本作浸序其實相土至湯有令聞者唯其冥勤其官而水死耳其餘不能漸大也。傳升至九州。正義曰躋升釋詁文謂九州爲九圍者蓋以九分天下各爲九處規圍然故謂之九圍也。箋降下至於人。正義曰降下式用釋言文祇敬釋詁文假者假借之義故爲暇也湯爲天子而云湯降故知下者是下士尊賢也晉語宋公孫固說公子重耳之德引此詩乃云降有禮之謂也是亦以此爲下賢也寬暇天下之人謂不責人所不能馭之舒緩也待士則疾馭下則舒言其急於己而緩於人也

受小球大球爲下國綴旒何天之休球玉綴表旒章也。箋云綴猶結也旒旌旗之垂者也休美也湯旣爲天所命則受小玉謂尺二寸圭也受大玉謂珽也長三尺執圭搢珽以與諸侯會同結定其心如旌旗之旒縿著焉擔負天之美譽爲衆所歸鄉。球音求美玉也下同綴陟劣反徐又張衞反毛云表也鄭云結也二同休虛虯反珽吐頂反天子玉笏長三尺杼上終葵首長直亮反縿所衘反著直略反鄉本亦作嚮許亮反下篇同

不競不絿不剛不柔敷政優優百祿是遒絿急也優優和也遒聚也。箋云競逐也不逐不與人爭前後。絿音求徐音虯遒子由反又在由反

疏受小球至是遒。毛以爲上言用事九圍此言用事之實湯之用事也受小球玉謂尺二寸之鎮圭也大球玉謂三尺之珽也受此二玉以作天子爲下國諸侯之表章能荷負天之美譽也又述湯之行能致美譽之由湯之性行不爭競不急躁不大剛猛不大柔弱舉事其得其中敷陳政教則優優而和美以此之故百衆之祿於是聚而歸之福祿聚歸能荷之也鄭唯下國綴旒爲異言湯受二玉與諸侯而會同諸侯心繫天子如旌旗之旒綴著於縿餘同。傳球玉至旒章。正義曰禹貢雍州厥貢球琳琅玕是球爲玉之名也綴之爲表其訓未聞冕之所垂及旌旗之飾皆謂之旒旒者所以章明貴賤故爲章也。箋綴猶至著焉。正義曰內則云衣裳綻裂紉箴請補綴是綴爲連結之義也又襄十六年公羊云君若贅旒然言諸侯反繫屬於大夫也此言綴旒文與彼同明以旌旗爲喻故易傳以綴猶結也旒爲旌旗之垂也秋官大行人及考工記說旌旗之事皆云九旒七旒爾雅說旌旗云練旒九是旌旗垂者名爲旒也言受小玉大玉者此小玉大玉是天子之器非爲天子不得執用湯旣爲天所命則得用之是受之於天故言受也知小玉謂尺二寸圭大玉謂珽長三尺者考工記玉人云大圭長三尺杼上終葵首天子服之鎮圭尺有二寸天子守之所服所守唯此二玉故知也春官典瑞云王搢大圭執鎮圭藻五采五就以朝日覲禮云天子乘龍載大旂象日月升龍降龍出拜日於東門之外反祀方明注云此謂會同以春者也引朝事儀曰天子冕而執鎮圭尺有二寸乘大輅率諸侯朝日於東郊所以教尊尊也退而見諸侯由此而言知朝日與諸侯會同俱是執圭搢珽今言受小玉大玉卽云爲下國綴旒故知執圭搢珽與諸侯會同結定其心如旌旗之旒縿結著焉也定本云如旌旗之縿旒著焉此言執圭搢珽而玉人云天子執冒四寸以朝諸侯者此謂國外會同彼謂在國受朝也故玉人注云名玉曰冒者言其德能覆冒天下也四寸者方以尊接卑以小爲貴是爲在國受朝下諸侯故執冒也

受小共大共爲下國駿厖何天之龍共法駿大厖厚龍和也。箋云共執也小共大共猶所執搢小球大球也駿之言俊也龍當作寵寵榮名之謂。小共大共毛音恭鄭音拱執也一云毛亦音拱駿音峻鄭俊也又一云毛亦作俊讀厖莫邦反徐云鄭音武講反是叶拱及寵韻也龍毛如字鄭作寵

敷奏其勇不震不動不戁不竦百祿是總。戁恐竦懼也。箋云不震不動不可驚憚也。敷傳音孚本亦作敷戁奴版反竦小勇反總子孔反本又作緵音宗恐曲勇反憚末丹反

疏受小至是總。毛以爲此又言成湯之用事也受小玉之法受大玉之法施之諸侯成諸侯之性行爲下國之大純厚能荷負天之和道也又述成湯之行能荷天之和道所由湯之陳進其勇不可震不可動不戁恐不竦懼所征無敵克平天下百衆之祿於是揔聚而歸之故能荷天之和道也。鄭以爲此又覆述上章言湯受小玉而執之受大玉而執之執此二玉與諸侯會同爲下國作英俊厚德之君能荷負天之榮寵餘同

○傳「共法」至「寵和」。○正義曰：傳讀共爲恭敬之恭，故爲法也。駿大、厖厚，釋詁文。龍之爲和，其訓未聞。言小法大法，正謂執圭搢珽與諸侯爲法也。言爲下國大厚，謂成其志性，使大純厚也。王肅云：「言湯爲之立法，成下國之性，使之大厚，乃荷任天之和道也。」○箋「共執」至「之謂」。○正義曰：拱執，釋詁文。以此章文類於上，玉必以手執之，故易傳以爲小拱大拱，猶所執搢小球大球也。大球實搢之而言執者，將搢亦執，故同言拱也。又以上言綴旒爲諸侯之所繫屬，則知此言駿厖亦是諸侯之言，天子故讀駿爲俊，言成湯與諸侯作英俊厚德之君也。又荷天之龍，與上荷天之休，其文相值，休爲美譽，則此宜爲榮名，且韻宜爲寵，故易之也。

武王載旆，有虔秉鉞。如火烈烈，則莫我敢曷。武王，湯也。旆，旗也。虔，固。曷，害也。箋云：有之言又也。上既美其剛柔得中，勇毅不懼，於是有武功，有王德，及建旆興師出伐，又固持其鉞，志在誅有罪也。其威勢如猛火之炎熾，誰敢禦害我。○旆，蒲具反。鉞音越。中，張仲反。

苞有三蘖，莫遂莫達。九有有截，苞，本。蘖，餘也。箋云：苞，豐也。天豐大先三正之後世，謂居以大國，行天子之禮樂，然而無有能以德自遂達於天者，故天下歸鄉湯，九州齊一截然。○蘖，五葛反。韓詩云：㔾也。

韋顧既伐，昆吾夏桀。有韋國者，有顧國者，有昆吾國者。箋云：韋，豕韋，彭姓也。顧、昆吾，皆己姓也。三國黨於桀惡，湯先伐韋、顧，克之。昆吾、夏桀則同時誅也。○韋、顧，二國名也。漢書古今人表作韋鼓。己音紀，又音杞。

【疏】「武王」至「夏桀」。○以爲上言成湯進勇，此述爲勇之事，有有武功、有王德之成湯，載其旆旗以出征伐，又能固執其鉞，志在誅殺有罪。其威勢嚴猛，如火之炎熾烈烈然，曾無於我成湯敢害之者。又述成湯得衆之由，克伐既滅，封其支子爲王者之後，猶樹木既斬其根本，更有蘖生之條。言夏桀與二王之後根本之上有三種蘖餘，承藉雖重，必無德行，莫有能以行申遂天意者，莫能以德自達於天者。天下諸國無所歸依，故九州諸侯截然齊整，一而歸湯也。九州諸國既盡歸湯，唯有韋、顧、昆吾黨桀爲惡，成湯於是恭行天罰，韋、顧二國既已伐之，又伐昆吾之與夏桀。羣惡既盡，天下廓清，成湯於是乃即眞爲天子。○鄭唯以苞爲豐，言天豐有三正之餘，使爲大國而不能遂達，故九州歸湯，餘同。○傳「苞本蘖餘」。○正義曰：易稱「繫于苞桑」，謂桑本，故以苞爲本。盤庚云「若顛木之有由蘖」，謂本根已顛，更生枝餘，故云蘖餘也。言本有三餘，謂上世受命剏基之君爲之本，當時二王之後及今夏桀是其餘也。其意與箋言三正之後亦同。○箋「苞豐」至「截然」。○正義曰：苞，豐，釋詁文。以此詩之旨，言國之大者不得天意，故使諸國一時歸湯，而云豐有三蘖。蘖者，樹木於根本之上更生枝餘之名，則知三蘖皆諸帝王之後也。郊特牲稱王者存二代之後，猶尊賢也。尊賢不過二代，則是先代有二，與今王爲三也。故云天豐大先三正之後世，謂居以大國，行天子之禮樂也。三正者，謂夏與唐虞也。正朔三而改，夏以建寅爲正，則舜當以建子，堯當以建丑，是之謂三正也。桀爲天子，與二王之後尊卑不類，但三者俱得行其正朔，故與桀同稱三也。以三者承藉餘緒，國大禮盛，宜爲天下所歸，而不能以德自達，故天下歸湯。美湯以小國而得天意也。莫達謂不能以德自達，則莫遂謂不能以行申遂天意也。○箋「韋豕」至「時誅」。○正義曰：鄭語云：「祝融其後八姓不，歷數之，己姓昆吾、顧、溫，彭姓豕韋，則商滅之矣。」故知韋即豕韋，彭姓也。顧與昆吾皆己姓也。鄭語又云「豕韋爲商伯」，此已滅之，又得爲商伯者，成湯伐之，不滅其國，故子孫得更興爲伯也。爲湯所伐，明與桀同心，故知三國黨於桀惡。昆吾、夏桀共文在既伐之下，故知先伐韋、顧，克之，昆吾、夏桀則同時誅。昆吾與桀亦是成湯伐之，而不言伐者，以上句言既伐，足明下句亦是伐，作文之體，句有所施，以其足相發明，不須更言伐也。禮器云：「湯放桀，武王伐紂，時也。」則桀

放而不誅，而云同時誅者，對則誅放有異，散文則放之遠方亦爲誅也。昭十八年左傳云：「二月乙卯，周毛得殺毛伯過，萇弘曰：『毛得必亡，是昆吾稔之日也。侈故之以。』」言昆吾以乙卯日亡也。是昆吾與桀同日誅，則桀亦以乙卯日亡也。故檀弓注云：「桀以乙卯亡。」則亡日必是乙卯，未知何月也。

昔在中葉，有震且業。允也天子，降予卿士。葉，世也。業，危也。箋云：中世謂相土也。震猶威也。相土始有征伐之威，以爲子孫討惡之業，湯遵而興之，信也。天命而子之，下予之卿士，謂生賢佐也。春秋傳曰：「畏君之震，師徒橈敗。」○中如字，又張仲反。橈，女教反，一音女卯反，亂也。

實維阿衡，實左右商王。阿衡，伊尹也。左右，助也。箋云：阿，倚；衡，平也。伊尹，湯所依倚而取平，故以爲官名。商王，湯也。○左音佐，注同。右音又，注同。倚，於綺反，下同。

【疏】「昔在」至「商王」。○毛以爲既言成湯伐桀，又上本未興之時及得臣之助，云昔在中間之世，謂成湯之前，商爲諸侯之國，有震懼而且危怖矣。至於成湯，乃有聖德，言實也，上天子而愛之，下大賢之人予之，使爲卿士。此卿士者，實爲阿衡之官，實佐助我成湯，故能克桀而有天下。此皆上天之力，高宗祭又得禮，故因大禘之祭述而歌也。○鄭以爲昔在中世謂相土

之時有征伐之威且爲子孫討惡之業故成湯亦遵用其道皇天子而愛之餘同。箋中世至橈敗。正義曰傳以業爲危則湯未興之前國弱而危懼也箋易之者以此篇上述玄王相土言至湯而齊於天心則是自契以來作漸盛之勢不應於此方言上世衰弱故易傳也以上言相土烈烈威服海外是相土有征伐之威爲子孫討惡之業也所引春秋傳者成二年左傳文引之者證震得爲威之義。傳阿衡至右助。正義曰以言左右商王則是功最大者成湯佐命之臣唯伊尹耳故知阿衡是伊尹也伊是其氏尹正也言其能正天下故謂之伊尹阿衡則其官名也君奭曰在昔成湯既受命時則有若伊尹格于皇天在太甲時則有若保衡格于上帝注云伊尹名摯湯以爲阿衡至太甲改曰保衡阿衡保衡皆公官然則伊尹摯阿衡保衡一人也彼注阿衡爲公官此言卿士者三公兼卿士也

長發七章一章八句四章章七句一章九句一章六句

殷武祀高宗也【疏】殷武六章首章六句二章七句三章五句四章五章章六句卒章七句至高宗。正義曰殷武詩者祀高宗之樂歌也高宗前世殷道中衰宮室不脩荆楚背叛高宗有德中興殷道伐荆楚脩宮室既崩之後子孫美之詩人追述其功而歌此詩也經六章首章言伐楚之功二章言責楚之義三章四章五章述其告曉荆楚卒章言其脩治寢廟皆是高宗生存所行故於祀而言之以美高宗也

撻彼殷武奮伐荆楚罙入其阻裒荆之旅撻疾意也殷武殷王武丁也荆楚荆州之楚國也罙深裒聚也箋云有鍾鼓曰伐罙冒也殷道衰而楚人叛高宗撻然奮揚威武出兵伐之冒入其險阻謂蹦方城之隘克其軍率而俘虜其士衆。撻他達反韓詩云達也罙面規反說文作罙從内米云冒也阻莊呂反險也裒蒲侯反冒莫報反下同隘於懈反窄也俘音孚四也有截其所湯孫之緒箋云緒業也所猶處也高宗所伐之處國邑皆服其罪更自勑整截然齊壹是乃湯孫大甲之等功業。處昌慮反下同【疏】撻彼至之緒。毛以爲撻然而疾者彼殷王之武丁也又言其疾之意乃能奮揚其威武往伐荆楚之國深入其險阻之内聚荆國之人衆俘虜而以歸也既伐楚克之則無往不服有截然而齊整者其高宗往伐之處所是高宗之功乃湯之

爲入子孫之業也美高宗之伐與湯同也鄭以罙爲冒又以湯孫之緒爲太甲之等功業高宗之功與太甲之等同也餘同。傳撻疾至裒聚。正義曰撻疾是速疾之意言伐楚之疾也述高宗而言殷武故知是殷王武丁也定本直云殷武武丁也荆是州名楚是國名故云荆州之楚也周有天下始封熊繹爲楚子於武丁之世不知楚君何人也罙者深入之意故爲深也裒聚釋詁文。箋有鍾至士衆。正義曰有鍾鼓曰伐莊二十九年左傳文以其遠入險阻宜爲冒突之義故易傳爲冒也僖四年左傳稱楚大夫屈完對齊桓公曰楚國方城以爲城漢水以爲池雖君之衆無所用之服虔云方城山也漢水名皆楚之隘塞耳今言冒入其阻故知蹦方城之隘戰勝必當俘虜言聚荆之旅故知俘虜其士衆也。箋緒業至功業。正義曰釋詁云業緒也反覆相訓緒得爲業是乃湯孫太甲之等功業言高宗此功同於太甲之等殷之諸賢王之功也太甲以下皆是湯孫故言之等以包之傳於那篇言湯孫者湯爲人子孫則此亦當然故王肅云於所伐截然大治是湯爲人子孫之業大武丁之伐與湯同

維女荆楚居國南鄉昔有成湯自彼氐羌莫敢不來享莫敢不來王曰商是常鄉所也箋云氐羌夷狄國在西方者也享獻也世見曰王維女楚國近在荆州之域居中國之南方而背叛乎成湯之時乃氐羌遠夷之國來獻來見曰商王是吾常君也此所用責楚之義女乃遠夷之不如。氐都啼反世見賢遍反而背音佩【疏】箋氐羌至不如。正義曰氐羌之種漢世仍存其居在秦隴之西故知在西方者也享獻釋詁文氐羌遠夷一世而一見於王以經言來故解之云世見曰來王秋官大行人云九州之外謂之蕃國世一見其國父死子繼及嗣王即位乃來朝是之謂世見也言維汝荆楚則是以言告楚故知此所用責楚之義謂未伐之前先以此言告之但此詩主美伐功故上章先言伐事此章盡五章以來更本其告責之禮耳

天命多辟設都于禹之績歲事來辟勿予禍適稼穡匪解辟君適過也箋云多衆也來辟猶來王也天命乃令天下衆君諸侯立都於禹所治之功以歲時來朝覲於我殷王者勿罪過與之禍適徒勑以勸民稼穡非可解倦時楚不脩諸侯之職此所用告曉楚之義也禹平水土弼成五服而諸侯之國定是以云然。多辟音璧下同注放此王音辟邪也適直革反徐張革反注同韓詩云數也解音

僻注同朝直遙反〔疏〕天命至匪解。正義曰：此亦責楚之辭。言上天之命乃令天下衆君諸侯建設都邑於禹所治功處，謂布在九州也。常以歲時行朝覲之事來見君王，我殷王勿予之患禍，不責其罪過，唯告之以勸民稼穡之事，非得有解惰而已。王者之待諸侯，其義如此，汝何得不脩諸侯之職，不來朝見王也。○箋禹平至云然。○正義曰：箋以諸侯之立，其來久矣，非由禹治洪水始建都邑，而云設都於禹之績，故作此言以解之。皋陶謨云禹曰「予惟荒度土功，弼成五服，至于五千」，注云：「荒，奄也。奄大九州四海之土，數土既畢，廣輔五服而成之，至於面各五千里，四面相距爲萬里。堯制五服，服各五百里，要服之內四千里曰九州，其外荒服曰四海。禹所弼五服之殘數，亦每服者合五百里，故有萬里之界焉。」又禹貢云「五百里甸服」，每言五百里一服者，是堯舊服。每服之外更言三百里、二百里者，是禹所弼之殘數也。堯之五服，服五百里耳。禹平水土之後，每服更以五百里輔之，是五服服別千里，故一面而爲差，至於五千也。賈逵、馬融之說尚書，云甸服之外每百里爲差，所納總銍秸粟米者，是甸服之外特爲此數。其侯服之外每言三百、二百里者，還就其服之內別爲名耳，非是服外更有其地也。史記司馬遷說以爲諸小數者，皆是五百里服之別名，大界與堯不殊，四面相距

爲五千里耳。王肅注尚書揔諸義而論之，云：「賈、馬既失其實，鄭玄尢不然矣。禹之功在於平治山川，不在於拓境廣土。土地之廣三倍於堯，而書傳無稱焉，則鄭之創造難可據信。漢之孝武疲弊中國，甘心夷狄，天下戶口至減太半，然後僅開緣邊之郡而已。禹方憂洪水，三過其門而不入，未暇以征伐爲事。且其所以爲服之名，輕重顛倒，遠近失所，難得而通。先王規方千里以爲甸服，其餘均平分之，公、侯、伯、子、男使各有寰宇，而使甸服之外諸侯皆入禾藁，非其義也。史遷之旨蓋得之矣。」如肅之難，非無理也。鄭不然者，何哉？將以山川帶地，土境不移，前聖後聖，義終一揆。禹之所導山川也，西被流沙，東漸滄海，南距衡山之陽，北臨碣石之北，經塗所宜，萬有餘里。若其所弼五服唯極五千，而遠遊夷狄之表，勞功荒服之外，復何爲哉？又周公制禮，作爲九服，蠻畿之內尚至七千。舜禹之功，不應劣於周世，何由土境蹙促，三倍狹於周世？又外傳稱「禹會諸侯于塗山，執玉帛者萬國」，執玉帛者唯中國耳。若要服之內唯止四千，率以下等計之，正容六千餘國，況諸侯之大地方百里，三等分土，纔至數千，安得有萬國之言乎？唐堯之初，協和萬國，於時境界蓋應廣矣。至於洪水滔天，烝民不粒，土地既削，國數亦減，故五服之界纔至五千。洎乎禹治洪水，地平天成，災害既除，大制疆域，固當復其故地，而至五千，何云不在於拓境廣土也？若云大禹之功不在拓境廣土，則武王、周公之功豈專以境界爲事，而能使要服之內有七千里乎？且經稱「弼成五服，至於五千」，若五服之廣猶是堯之舊制，何弼成之有乎？而稱之以爲功也。凡言至於者，皆從此到彼之辭，明是自京師而至於四境爲五千耳。若其四面相距爲五千，則設文從何而往，而言至於哉？漢之孝武，德非聖人，乘其六世之資，而與夷狄角力，以開緣邊之郡，境界踰於萬里，何由舜禹之境纔至五千？此乃所以爲證，非所以爲難也。肅意將謂大禹之德不逮於漢武乎？何其取譬之非類也！先王作法，遭時制宜，甸服之外，去京未遠，使入禾藁，復何傷乎？而云非其義也。鄭以尚書之文上下相校，禹稱弼成五服，至於禹貢歷數服名，正合五千之數，參之以周、漢之域，驗之於山川之圖，則廣万里爲得其實，故不從賈、馬，別爲此說。

天命降監，下民有嚴。不僭不濫，不敢怠遑。命于下國，封建厥福。嚴，敬也。不僭不濫，賞不僭，刑不濫也。封，大也。箋云：降，下。遑，暇也。天命乃下視下民，有嚴明之君，能明德慎罰，不敢怠惰自暇於政事者，則命之於小國，以爲天子，大立其福。謂命湯使由七十里王天下也。時楚僭號王位，此又所用告曉楚之義。○僭，

子念反。王，于況反。〔疏〕傳嚴敬至封大。○正義曰：「嚴，敬」，釋詁文。襄二十六年左傳曰：「善爲國者，賞不僭而刑不濫。賞僭，懼及淫人；刑濫，懼及善人。」彼文又引此詩，故知不僭不濫，謂賞不僭差，刑不濫溢也。定四年左傳曰「吳爲封豕長蛇」，是封爲大之義。○箋降下至之義。○正義曰：「降，下」，「遑，暇」，釋言文。「明德慎罰」，康誥文。中候契握曰：「若稽古王湯，既受命，興由七十里起。」孟子所云「湯以七十里，文王以百里」。案契爲上公，受封舜之末年，又益以土地，則當爲大國，過百里矣。而成湯之起止由七十里，蓋湯之前世有君衰弱，土地減削，故至於湯時止有七十里耳。以此經責楚之辭，而說成湯有明德而王天下矣，明是於時楚僭慢王位，故告曉之。

商邑翼翼，四方之極。赫赫厥聲，濯濯厥靈。壽考且寧，以保我後生。商邑，京師也。箋云：極，中也。商邑之禮俗翼翼然可則傚，乃四方之中正也。赫赫乎其出政教也，濯濯乎其見尊敬也。王乃壽考且安，以此全守我子孫。此又用商德重告曉楚之義。○重，直用反。〔疏〕商邑至後生。○正義曰：此又責楚之辭。言商王之都邑翼翼然，皆能礼讓恭敬，誠可法則，乃爲四方之中正也。赫赫乎顯盛者，其出政教之美聲也。濯濯乎光明者，其見

尊敬如神靈也故商王得壽考且又安寧以保守我後嗣所生子以我商家之德盛明如此汝何故敢背叛不從我化乎以楚不識商之明德故告曉之

陟彼景山，松柏丸丸。是斷是遷，方斲是虔。松桷有梴，旅楹有閑，寢成孔安。

丸丸易直也遷徙虔敬也梴長貌旅陳也寢路寢也箋云椹謂之虔升景山掄材木取松柏易直者斷而遷之正斲於椹上以為桷與衆楹路寢既成王居之甚安謂施政教得其所也高宗之前王有廢政教不脩寢廟者高宗復成湯之道故新路寢焉○斷音短注同斲陟角反說文云斫也虔其連反爾雅作㨜桷音角梴丑連反又力鱣反柔梴物同耳字音鱣俗作。易以豉反下同椹陟金反掄曹門反擇也沈音倫理也

【疏】陟彼至孔安○毛以為高宗前王有廢於政教不脩寢廟者高宗既伐荆楚四方無事乃使人升彼大山之上觀松柏之木丸丸然易直者於是斬斷之於是遷徙之又方正而斲之於是之時工匠皆敬其事不惰慢也以松為屋之椽桷有梴然而長陳列其楹有閑然而大及寢室既成王居之而甚安矣美其能脩治寢廟復故法也○鄭以榩又為椹言正斲於椹上又以旅為衆雅此為異餘同○傳丸丸至路寢○正義曰易直者言其滑易而調直也徙謂徙之來歸也虔敬旅陳釋詁文桷者椽也椽以長為善故梴為長貌王之所居路寢是寢之尊者故知謂路寢也箋云不解閑義梴為桷之長貌則閑為楹之大貌○王肅云桷楹以松柏為之言無彫鏤也陳列其楹有閑大貌○箋椹謂至寢焉○正義曰椹謂之榩釋宮文孫炎曰椹斲材質也以其方論斲斫楹桷不宜言敬故易傳也地官山虞云凡邦工入山掄材不禁注云掄猶擇也此經丸丸之文在斲遷之上是謂擇取易直者故言升景山掄材木也言為桷與衆楹則訓旅為衆也以其方始斲之未宜已為陳列故易傳也居寢所以行政政不得所王者不安故知居之甚安謂施政教得其所也今美高宗之能脩寢廟明是前王有廢政教不脩寢廟者也案殷本紀盤庚崩弟小辛崩弟小乙立崩子武丁立盤庚始遷於殷時卽為寢廟其不脩者蓋小辛小乙耳未知誰世故不斥言經止有寢耳箋并言廟者君子將營宮室宗廟為先明亦脩廟故連言之經無廟者詩人之意主美寢也

殷武六章，三章章六句，二章章七句，一章五句。

那五篇十六章百五十四句

附釋音毛詩注疏卷第二十（二十之四）

黃中栻栞

毛詩注疏挍勘記二十之四　阮元撰盧宣旬摘錄

○長發

歷更前世有功之祖　閩本明監本同毛本更作陳案所改是也

赤則赤摽怒也　閩本明監本毛本同案浦鏜云熛誤摽是也

黃則含樞細　閩本同明監本毛本細作紐案所改是也

易緯稱王王之郊　閩本明監本毛本同案山井鼎云上王恐三誤是也

諸稱三王有受命中興之功　閩本明監本毛本同案浦鏜云諸誤諸是也

幅隕既長　唐石經小字本相臺本同閩本同考文古本同明監本毛本隕誤幀

隕當作圓　相臺本同閩本明監本毛本同小字本圓作員案正義云鄭以隕爲圓是其本作圓也釋文云作圓音還又音圓考圓即圓之正字考工記注云故書圓或作員當作圓其證也羣書圓圓員不一

王知音智　(補)通志堂本盧本並無王字案當是下王天下王字誤在上

天下于況反　(補)通志堂本盧本並作王天下于況反案天下上當有王字此誤在前知音智上

禹平治水土　閩本明監本毛本同案禹當作內形近之譌

上須言契而已　閩本明監本毛本同案上當作止形近之譌

以其承黑商立子　閩本明監本毛本同案山井鼎云商恐帝誤是也

國語亦云昔我先王后稷　閩本明監本毛本同案先王浦鏜云周語作先世非也國語本作昔我先王世后稷誤本乃無王字耳正義所引當亦王世兩有而緜正義引云昔我先世后稷各少一字

文武不先不窋　閩本明監本毛本上不字誤之窋誤窟案上文我先王不窋十行本已誤窟閩本以下同

故爲齊也　閩本明監本毛本同案齊上浦鏜云脫整字是也

截而整齊　閩本明監本毛本同案浦鏜云而箋作爾此譌是也

其德浸大　小字本相臺本同案釋文云浸大子鴆反正義云定本作浸字如其所言非爲異本當有誤也意必求之或正義本是漸字正義云雖已漸大又云以爲漸大之意也又云其餘不能漸大也當是本此箋文又云而云其德浸大者又云故述其意言浸大耳二浸字依經注本之所改也○按古浸寖同字容是一本作寖耳

不違言疾也　(補)毛本違作遲案遲字是也

天命是故愛敬之也　閩本明監本毛本同小字本相臺本命作用案用字是也

非韓字也　(補)釋文挍勘通志堂本同盧本韓作攺云攺舊譌韓非也案小字本所附亦如此韓當作形近之譌

以其聰明寬假天下之人　閩本明監本毛本假作暇案所改是也

傳升至九州　閩本明監本毛本同案升上當脫躋字

晉維朱公孫固　閩本明監本固誤因毛本不誤案山井鼎云維恐諱誤是也

如旌旗之旒縿著焉　小字本相臺本同案正義云定本云如旌旗之縿旒者焉釋文云旒縿所衘反著焉直略反是釋文本與正義本同也此箋當讀旒字略逗縿著焉三字爲句定本非是○按爾雅及周禮注正幅曰縿旒著於正幅之旁然則當云旌旗之縿旒著焉正義本非

舉事其得其中　閩本明監本毛本上其字作甚案所改非也此具字之誤

如旌旗之縿旒者焉　閩本明監本毛本者誤首○按依定本上縿下旒爲是者字亦是著字之譌也直略反

敷奏其勇　唐石經小字本相臺本同案釋文云傅奏音孚本亦作敷正義本未有明文今無可考大戴禮所引是傅字此少如尚書敷納敷土敷淺原多引作傅也

百祿是總　唐石經小字本相臺本同案釋文云是總子孔反本又作總音宗正義標起止云至是總是其本作總字總總烈祖正義以爲古今字也○按此當總字爲長箋人以總字與上文三上聲相叶而輒改耳

戁恐竦懼也　小字本相臺本同案釋文以恐也作音是其本多也字考文古本有亦采釋文耳

採爲美譽　補案採當作俫毛本不誤

九州齊一截然　閩本明監本毛本同小字本相臺本一作壹考文宋板同

○以爲上言成湯進勇　閩本明監本毛本同案浦鏜云以上當脫毛字是也

克伐既滅以封支子　閩本明監本毛本同案克伐當作先代形近之譌

謂本根已顛也　明監本毛本顛作顛閩本作顧案顛字是

不歷數之　閩本明監本毛本同案浦鏜云下誤不是也

移故之以譌　補閩本明監本毛本同案移當作侈形近之

是吾與桀　補毛本是作昆案昆字是也

言實也上天子而愛之　閩本明監本毛本同案浦鏜云言疑信字譌是也實當衍字此以信也說經允也浦屬上句讀者誤

○殷武

撻彼殷武　小字本相臺本同唐石經自撻彼起下至設都止五行每行十二字案此落去上序一行從後改入故變而每行多二字也

罙入其阻　唐石經小字本相臺本同閩本明監本毛本罙誤采案依字當作罙詳詩經小學

裒聚釋詁○也　閩本明監本毛本詁下有文字案所補是

曰商是常　小字本相臺本同唐石經商下旁添王字案旁添誤也箋云曰商王是吾常君也王字是箋文而非經文也

謂之藩國　閩本明監本毛本藩作蕃案所改非也藩即蕃字耳○按依說文藩是正字

此章盡五章以來更本其告責之禮耳　明監本毛本以來更誤叙未伐閩本更誤吏以來不誤

亦每服者合五百里　閩本明監本毛本同案浦鏜云合當各之誤是也

經塗所宜　閩本明監本毛本同盧文弨云宜疑直嚴杰云亦非也此用蜀都賦經涂所亘五千餘里之句亘居鄧切竟也

烝民不粒　閩本同明監本毛本烝作蒸案所改是也

時楚僭號王仰　閩本同小字本相臺本仰作位明監本毛本同案位字是也正義云明是於時楚僭慢王位或其本是慢字然無明文也考文古本作慢采正義

中候契握曰若稽古王湯　閩本明監本毛本同案曰字當重而誤脫其一

松桷有梴　唐石經小字本相臺本同案釋文云梴丑連反又力鱣反長貌柔梴物同耳字音羶俗作埏段玉裁云釋文柔梴物同耳老子音義曰梴字林云長也丑連反又一曰柔梴合此二音義觀之則毛詩本作挺而說文木部梴字恐後人羼入今考正義云有梴然而長五經文字木部云梴長貌見詩頌其本字皆從木唐石經之所本也釋文舊多誤當正詳後考證

字音羶　補釋文挍勘通志堂本盧本同按小字本所附作羶不誤

俗作　補釋文挍勘記通志堂本同盧本作下有埏字云埏字舊無今補白帖卷一百引詩松桷有埏則唐時本有俗從土者案段玉裁云是也今考小字本此十行本所附皆作下更無字當是釋文舊如此矣

鄭以梴又爲椹　閩本明監本毛本同案浦鏜云又疑衍字是也經及箋作虔正義作椳虔椳古今字易而說之也例見前

箋云不解閑義之譌　閩本明監本毛本同案云當作亦形近

弟小辛崩閩本同明監本毛本辛下有立字案所補是也